HANDBUCH DER HISTORISCHEN BUCHBESTÄNDE
IN DER SCHWEIZ

RÉPERTOIRE DES FONDS IMPRIMÉS ANCIENS
DE SUISSE

REPERTORIO DEI FONDI ANTICHI A STAMPA
DELLA SVIZZERA

HANDBUCH DER HISTORISCHEN BUCHBESTÄNDE
IN DER SCHWEIZ

RÉPERTOIRE DES FONDS IMPRIMÉS ANCIENS
DE SUISSE

REPERTORIO DEI FONDI ANTICHI A STAMPA
DELLA SVIZZERA

Herausgegeben von der Zentralbibliothek Zürich

Q
Olms-Weidmann
Hildesheim · Zürich · New York
2013

HANDBUCH DER HISTORISCHEN BUCHBESTÄNDE
IN DER SCHWEIZ

RÉPERTOIRE DES FONDS IMPRIMÉS ANCIENS
DE SUISSE

REPERTORIO DEI FONDI ANTICHI A STAMPA
DELLA SVIZZERA

Band 3
Kantone Uri bis Zürich,
Register

Herausgegeben von der Zentralbibliothek Zürich

Bearbeitet von
Urs B. Leu, Hanspeter Marti und Jean-Luc Rouiller

Olms-Weidmann
Hildesheim · Zürich · New York
2013

Publiziert mit Unterstützung des Schweizerischen Nationalfonds zur Förderung
der wissenschaftlichen Forschung

Erarbeitung und Publikation des vorliegenden Werkes wurden durch
namhafte Beiträge unterstützt von:

Bundesamt für Bildung und Wissenschaft

Bundesamt für Kultur

Ecoscientia Stiftung

Ernst Göhner Stiftung

Silva Casa Stiftung

Vontobel-Stiftung

Das Werk ist urheberrechtlich geschützt. Jede Verwertung außerhalb der engen Grenzen
des Urheberrechtsgesetzes ist ohne Zustimmung des Verlages unzulässig.
Das gilt insbesondere für Vervielfältigungen, Übersetzungen, Mikroverfilmungen und
die Einspeicherung und Verarbeitung in elektronischen Systemen.

Die Deutsche Nationalbibliothek verzeichnet diese Publikation
in der Deutschen Nationalbibliografie; detaillierte bibliografische Daten
sind im Internet über http://dnb.d-nb.de abrufbar.

Gedruckt auf säurefreiem und alterungsbeständigem Papier
Herstellung: Books on Demand GmbH, 22848 Norderstedt
Alle Rechte vorbehalten
Printed in Germany
2., unveränderte Auflage 2013
© Georg Olms Verlag AG, Zürich 2011
www.olms.de
ISBN 978-3-487-30031-3

INHALT

Uri

Kantonsbibliothek Uri, Altdorf 7

Staatsarchiv Uri, Altdorf 19

Bibliothek der Benediktinerinnenabtei
St. Lazarus, Seedorf 24

Waadt / Vaud

Archives cantonales vaudoises,
Chavannes-près-Renens 29

Bibliothèque des Archives de la Ville de
Lausanne 41

Bibliothèque cantonale et universitaire,
Lausanne 46

Bibliothèque des Cèdres, Lausanne 58

Bibliothèque du Cercle littéraire
de Lausanne 65

Centre international de recherches sur
l'anarchisme (CIRA), Lausanne 70

Bibliothèque de l'École polytechnique
fédérale, Lausanne 73

Bibliothèque Édouard Fleuret, Lausanne 79

Bibliothèque de l'Institut universitaire
d'histoire de la médecine et de la santé
publique, Lausanne 81

Bibliothèque des Musée et Jardins botaniques
cantonaux, Lausanne 85

Bibliothèque du Musée monétaire cantonal,
Lausanne 90

Bibliothèque du Tribunal Fédéral Suisse,
Lausanne 96

Bibliothèque municipale de Morges 100

Bibliothèque du château d'Oron 109

Bibliothèque communale de Rolle 113

Bibliothèque du château de La Sarraz 122

Bibliothèque médiathèque municipale de
Vevey 126

Bibliothèque publique d'Yverdon-les-Bains .. 134

Wallis / Valais

Bibliothèque de l'Hospice du Grand-Saint-
Bernard 144

Bibliothèque du Chapitre cathédral, Sion.... 156

Médiathèque Valais, Sion................ 160

Bibliothèque du couvent des capucins, Sion .. 170

Bibliothèque de l'Abbaye de Saint-Maurice ... 175

Bibliothèque du couvent des capucins, Saint-
Maurice 182

Zug

Bibliothek im Priorat der Olivetaner-
Benediktinerinnen zu Heiligkreuz, Cham.... 188

Bibliothek der Zisterzienserinnenabtei
Frauenthal, Hagendorn (Gemeinde Cham)... 191

Stadt- und Kantonsbibliothek Zug......... 195

Pfarrbibliothek St. Michael, Zug 204

Bibliothek des ehemaligen Kapuzinerklosters
Zug 212

Zürich

Paul Kläui-Bibliothek Uster 220

Winterthurer Bibliotheken 222

Bibliothek des Münzkabinetts und
der Antikensammlung der Stadt Winterthur.. 263

Die Breslauer Seminarbibliothek in der
Bibliothek der Israelitischen Cultusgemeinde
Zürich 267

ETH-Bibliothek, Zürich................. 270

Bibliothek der Israelitischen Cultusgemeinde
Zürich 288

Bibliothek des schweizerischen
Landesmuseums 291

Bibliothek des Medizinhistorischen Instituts
und Museums der Universität Zürich....... 298

Münchhausen-Bibliothek, Zürich.......... 301

Museumsgesellschaft Zürich 305

Provinzbibliothek der Schweizer Jesuiten,
Zürich 313

Schweizerisches Sozialarchiv, Zürich 317

Staatsarchiv des Kantons Zürich 326

Zentralbibliothek Zürich 365

Graphische Sammlung und Fotoarchiv der
Zentralbibliothek Zürich 473

Handschriftenabteilung der Zentralbibliothek
Zürich 478

Abteilung Karten und Panoramen der
Zentralbibliothek Zürich 480

Musikabteilung der Zentralbibliothek
Zürich 485

Bibliothek Oskar R. Schlag, Zürich 490

Zürcher Hochschule der Künste ZHdK,
Medien- und Informationszentrum MIZ 492

Zürcher Hochschule der Künste (ZHdK),
Grafiksammlung 497

Register

Personenregister 503

Sachregister (dt.) 537

Sachregister (fr.) 580

KANTONSBIBLIOTHEK URI, ALTDORF

Kanton: Uri

Ort: Altdorf

Bearbeiterin: Karin Marti-Weissenbach unter Mitarbeit von Hanspeter Marti und Eliane Latzel

Adresse: Bahnhofstrasse 13, 6460 Altdorf

Telefon: +41 41 875 22 21

Telefax: +41 41 875 22 26

Homepage: www.kbu.ch

E-Mail: kantonsbibliothek@ur.ch

Träger:
Kanton Uri (80 %), Gemeinde Altdorf (20 %) und Gönnerverein Kantonsbibliothek Uri, vormals Bibliotheksgesellschaft (jeweils projektbezogen)

Funktion:
Kantonsbibliothek, Studien- und Bildungsbibliothek, Allgemeine Öffentliche Bibliothek

Sammelgebiete:
Uraniensia in Form von Fachliteratur, Belletristik und AV-Medien von Urnerinnen und Urnern und über Uri. Unselbständige Urner Literatur wird bibliographiert. Studienliteratur in Auswahl, v. a. zu Geschichte, Theologie, Recht sowie Sprach- und Literaturwissenschaften (Neuakzessionen zu Geschichte, Volkskunde und Kunst werden vom Staatsarchiv beschafft, aber von der Kantonsbibliothek verwaltet).

Benutzungsmöglichkeiten:
Ausleihe: Freihand. Öffnungszeiten: Montag bis Mittwoch 15.00–19.00 Uhr; Freitag 15.00–19.00 Uhr; Samstag 14.00–17.00 Uhr. Schalter, Lesecafé, Magazinausleihen, Lesesaal. Öffnungszeiten: Montag 8.00–12.00 Uhr, 14.00–18.00 Uhr; Dienstag bis Freitag 8.00–12.00 Uhr, 14.00–17.30 Uhr; Samstag 9.00–12.00 Uhr. Präsenzbenutzung der historischen Bestände im Lesesaal.

Technische Einrichtungen für den Benutzer:
Terminals vor Ort zur Abfrage des Bibliotheksbestands. Ausnahmen: Urner Kleindruckschriftensammlung (Akzidenzdrucke), Kapitelsbibliothek und Periodica-Titel. Online-Zugriff auf den Bibliothekskatalog und diverse andere Bibliothekskataloge via Website. Internet-Arbeitsplatz, Mikrofiche-Lesegerät, Mikrofilm-Lesegeräte und Reader-Printer (Besitzer: Staatsarchiv Uri), Fotokopiergerät. Notebooks können gemietet werden.

Gedruckte Informationen:
Benutzungsordnung (Stand 1. Jan. 2004), Gebührenordnung (Stand 1. Jan. 2004) und Lesesaalordnung (Stand 1. Juni 2003) sowie »Informationen« (2004).

Hinweise für anreisende Benutzer:
Schnellzug bis Flüelen, Unterführung zur Bushaltestelle »Alte Kirche Flüelen«, Bus bis Haltestelle »Altdorf Telldenkmal«. Ca. 3 Gehminuten, Nähe Postgebäude. – Regionalzug bis Altdorf. Fussweg vom Bahnhof Altdorf ca. 15 Gehminuten. – Mit dem Auto von Luzern / Gotthard: N 2, Autobahnausfahrt Flüelen-Altdorf, Kreisel Richtung Altdorf. Dorfzentrum Altdorf, Abzweigung Bahnhofstrasse. Nähe Postgebäude. – Von Zürich: A 4, Kreisel Richtung Altdorf. Dorfzentrum Altdorf, Abzweigung Bahnhofstrasse. Nähe Postgebäude. – Keine eigenen Besucherparkplätze, blaue Parkzonen bei der Kantonsbibliothek (im gleichen Gebäude wie Staatsarchiv Uri).

1. BESTANDSGESCHICHTE

1.1 Ob- und Nidwalden, Appenzell-Innerrhoden und Uri waren zu Beginn der 1950er-Jahre die letzten Schweizer Kantone, die noch über keine Kantonsbibliothek verfügten. Initiant für die Realisierung einer Urner Kantonsbibliothek war Staatsarchivar Hans Schuler (1908–1981) mit vielen gleichgesinnten Urnerinnen und Urnern. »Die Gesellschaft zur Förderung einer Kantonsbibliothek« wurde am 8. März 1953 gegründet. Sie hatte zum Ziel, durch freiwillige Beiträge die Gründung einer Kantonsbibliothek zu ermöglichen und langfristig die öffentliche Hand in das Vorhaben einzubeziehen. Schritt für Schritt gelang die Realisierung. 1955 wurde in der Ankenwaage, dem Standort des

Staatsarchivs Uri, der Korridor für die provisorische Kantonsbibliothek zur Verfügung gestellt. Ein Lesesaal zu Studienzwecken blieb vorerst Fernziel. Fast zwanzig Jahre später gelang es der Gesellschaft, den Kanton und die Gemeinde Altdorf als Rechtsträger zu gewinnen. Am 15. Dezember 1971 wurde die Stiftungsurkunde beglaubigt, Statuten und Vertrag wurden unterzeichnet. Der Stiftungspartner Kanton Uri übergab damals gemäss Stiftungsurkunde der Kantonsbibliothek u. a. Schrifttum und Sammelgut, die sich im Staatsarchiv Uri befanden und ihrer Natur nach in die Kantonsbibliothek gehörten. Auch die beiden anderen Stiftungspartner, die Gemeinde Altdorf und die Bibliotheksgesellschaft, überreichten der neu gegründeten Kantonsbibliothek vorhandenes oder erworbenes Schrifttum.

1.2 Staatsarchiv und Kantonsbibliothek Uri kämpften seit den 1960er-Jahren mit grossen Platzproblemen. Die Magazinbestände waren in räumlich teilweise weit auseinanderliegenden, keineswegs immer optimalen langjährigen Provisorien untergebracht. Unter Staatsarchivar Hans Stadler-Planzer (im Amt 1973–1988) wurde das Raumproblem intensiv angegangen. 1982 erwarb die Urner Regierung die damalige Coop-Liegenschaft an der Bahnhofstrasse 13 in Altdorf. Anlässlich der Abstimmung vom 2. Dezember 1984 wurde vom Volk der Baukredit von 3,8 Mio. Franken für das Projekt zur Unterbringung von Staatsarchiv und Kantonsbibliothek verworfen. Erst ein zweites, um 700.000 Franken reduziertes Projekt wurde am 2. Februar 1986 nach einer grossen Informationskampagne vom Urner Volk genehmigt. Im Mai 1988 konnten die neuen Räumlichkeiten bezogen werden.

1.3 Im Jahr 1988 wurde die Leitung der Kantonsbibliothek von derjenigen des Staatsarchivs getrennt und verselbständigt. Als Studien-, Bildungs- sowie allgemein-öffentliche Bibliothek entwickelte sie sich sprunghaft zu einem attraktiven, kundenorientierten und modernen Bibliotheksbetrieb.

1.4 1992 wurde mit der Automatisierung des Betriebs begonnen. Über 100.000 Einheiten sind per Katalog abfragbar. Der regionale Sammelauftrag wurde bereits in den Statuten der Stiftung Kantonsbibliothek vom Dezember 1971 definiert und stimmt im Grundsatz mit dem seit 2001 geltenden Leistungsauftrag überein. Das Sammelgut »Uraniensia« besteht aus Print- und AV-Medien, die aus Sicherheitsgründen in mindestens 2 Exemplaren gesammelt werden, davon wird jeweils ein Exemplar der Neuzugänge als »nicht-entleihbar« aufgearbeitet. Vor 1900 erschienene Werke sind nur im Lesesaal einsehbar. Häufig gefragte urnerische Magazinwerke – auch jene mit Erscheinungsjahr vor 1900 – werden als zusätzliche Mehrfachexemplare für die Gebrauchsleihe angeschafft, so dass die Benutzungseinschränkung keine wesentlichen Nachteile für den Kunden oder die Kundin bringt.

1.5 Inhaltlich umfasst der Sammelauftrag alle Lebensbereiche und alle Sachgebiete in Urner Geschichte und Gegenwart, aber auch Dokumente von und über Urner und Urnerinnen sowie bildliche Darstellungen. Berücksichtigt werden alle Gattungen mit Ausnahme der Urner Amtsdruckschriften, die zur Sammeltätigkeit des Staatsarchivs gehören. Gegenwärtig sind rund 25.000 bibliographierte Einheiten in Zeitungen und Zeitschriften von Urner Autoren, Urner Autorinnen oder über den Kanton Uri am Katalog abfragbar.

1.6 Gesammelt werden vorwiegend literarische und wissenschaftliche Nachlässe wie jene von Walter Hauser (1902–1963), Ludwig Lussmann (1911–2003) und von Ingenieur Armin Oskar Lusser (1882–1979). Aufbewahrt wird auch das Archivmaterial des Projekts »Urner Namenbuch« (Albert Hug, Viktor Weibel: *Das Urner Namenbuch. Die Orts- und Flurnamen des Kantons Uri*, 4 Bde, Altdorf, 1988–1991).

1.7 Zu den bedeutendsten in die Kantonsbibliothek Uri eingebrachten Beständen zählen besonders diejenigen der im Folgenden präsentierten Vorbesitzer (Kapitelsbibliothek, Professorenbibliothek, Fintan-Bibliothek).

Kapitelsbibliothek

1.8 Die Bibliothek des Priesterkapitels Uri, auch Kapitelsbibliothek genannt, kam durch Staatsarchivar Hans Schuler in den Besitz der Kantonsbibliothek Uri. Es handelt sich hierbei um einen geschlossen aufgestellten Altbestand, der als solcher aber erst in der ersten Hälfte des 19. Jhs, aus verschiedenen Quellen gespeist, zusammenkam und dem Priesterkapitel Uri als Fachbibliothek diente. Die Besitzvermerke mit Datierung aus dem 18. und 19. Jh weisen namentlich auf Geistliche in Uri, insbesondere in Altdorf, Bauen, Bürglen, Erstfeld, Flüelen, Göscheneralp, Gurtnellen, Hospental und Urseren hin. Interessant sind u. a. Besitzvermerke des in Sarnen geborenen Pfarrers von Spiringen und Seelisberg, Josef Anton Fruenz (1773–1812, gest. in Stans), der als »Wunderheiler« in die Geschichte einging, sowie zahlreiche Bde des Stanser Pfarrers (Johann) Jakob Kaiser (1755–1821). Auch das Jesuitenkolleg Luzern war, wie die Einträge zeigen, Vorbesitzer mehrerer Bücher. 4 Werke aus der ersten Hälfte des 19. Jhs tragen den Vermerk »Leihbibliothek Altdorf« (3) bzw. »Lesebibliothek Altdorf« (1). Damit ist ein- und dieselbe Institution gemeint, die nur dem Priesterkapitel zugänglich war. Als einer der wenigen weltlichen Donatoren ist zu Beginn des 19. Jhs Thaddäus Schmid (1741–1812; Landammann 1788–1790 und 1804–1806) mit 7 Werken eruierbar. Im Abschnitt »Kapitelsbibliothek« der Bestandsbeschreibung wird ausführlich auf diesen Teilbestand eingegangen, weil er beispielhaft die Zusammensetzung einer Weltgeistlichen-Bibliothek widerspiegelt.

Professorenbibliothek des Kollegiums Karl Borromäus, Altdorf

1.9 P. Lukas Schenker, Abt von Beinwil-Mariastein, ermöglichte in den 1980er-Jahren, vor dem Rückzug der Benediktiner aus Altdorf nach Mariastein, die Übergabe der Bücher an die Kantonsbibliothek, wo sie in die bisherigen Bestände integriert wurden. Diese Schenkung, die dank der vollständigen elektronischen Erfassung jederzeit vergegenwärtigt werden kann, ist geprägt durch Werke der Theologie, der Literaturgeschichte und der Geschichte. Von grosser Bedeutung für die Kantonsbibliothek und ihren Sammelauftrag sind Zuwendungen von urnerischen Privatpersonen an die damalige Professorenbibliothek wie jene von Landrat und Historiker Karl Leonhard Müller (1802–1879) und anderen Donatoren. Die im Katalog nachweisbaren 500 Bde mit dem Eintrag »aus der Bibliothek von Karl Leonhard Müller« sind vorwiegend im 19. Jh in deutscher Sprache erschienen. Inhaltlich überwiegen Werke der Schweizer Geschichte sowie der Weltgeschichte; zu erwähnen sind einige Bde Rechtsgeschichte.

Fintan-Bibliothek

1.10 Auch dieser Bestand ist elektronisch erfasst. Er ist nach dem Benediktinerpater Fintan Amstad (1888–1973) benannt und kam 1996 in den Besitz der Kantonsbibliothek Uri. P. Fintan Amstad war Lehrer, Präfekt, Theaterregisseur, Kustos, Zeremoniar und Bibliothekar am Kollegium Karl Borromäus, zudem Leiter des historischen Museums in Altdorf. Die Fintan-Bibliothek umfasst rund 2500 Einheiten aus dem 15.–20. Jh. Der Bestand weist diverse handschriftliche oder gestempelte Besitzvermerke auf; dank ihm sind Privatbibliotheken von Urner Persönlichkeiten des öffentlichen Lebens heute noch nachweisbar. Etwa 45 Bde aus der Fintan-Bibliothek waren einst im Besitz von Maria Franziska Rosa von Hettlingen. Sie war die Tochter des Schwyzer Landammanns Josef Viktor Laurenz von Hettlingen (1733–1793) und der Maria Josefa Karolina, geb. von Hettlingen, wurde am 27. August 1772 in Schwyz geboren und heiratete am 7. September 1809 in Einsiedeln den Witwer Carl Martin Müller (1767–1831) von Uri. Die handschriftlichen Einträge fallen in die Jahre 1798–1808. Neben den gedruckten Werken aus von Hettlingens Besitz gibt es zudem ein von Hand geschriebenes Gebetbüchlein, Abschriften aus Originalwerken wie Johann Caspar Lavaters *Vermischte Lehren an seine Tochter Anna Luisa* (1796) und ein handgeschriebenes *Lieder-Büchl* aus dem Jahre 1804. Drei der Bücher aus von Hettlingens Besitz weisen auch den Eintrag einer Sophia Epp auf, verbunden mit der Jahrzahl 1900. In der Fintan-Bibliothek befindet sich das älteste Exemplar der Kantonsbibliothek: *Specula omnis status humane vite venerabilis patris Dionisii, prioris; i domus Carthusie in Ruremund* (Nürnberg 1495). Die Verfasserschaft dieser Inkunabel ist ungeklärt. Das Werk wird auch Jacobus de Gruytroede zugeschrieben.

Lehrmittelsammlung

1.11 Die Lehrmittelsammlung, ein Bestandteil der Uraniensia-Sammlung, dokumentiert vorwiegend im Kanton Uri verwendete Schulmittel auf der Volksschulstufe. Die Sammlung wurde zu Beginn der 1970er-Jahre aufgebaut und wird kontinuierlich weitergeführt. Vor allem die Bestände aus dem 19. Jh vermitteln einen guten Überblick über die damals verwendeten Unterrichtsmittel im Kanton Uri, erlauben Rückschlüsse auf das vermittelte Wissen und dokumentieren Urner Schulgeschichte. In den 20er-Jahren des 19. Jhs wurden die ersten Lesebücher »Zum Gebrauche der Volksschulen in Ury« von der Druckerei Franz Xaver Z'graggen, Flüelen/Altdorf, gedruckt.

Kleindruckschriftensammlung

1.12 Die Kleindruckschriftensammlung ist in den 1970er-Jahren entstanden, wird laufend erweitert und dokumentiert das Schaffen der Urner Druckereien im Bereich der Akzidenzdrucke. Die Sammlung ist topographisch aufgebaut (Uri und Gemeinden des Kantons) und innerhalb der Topographie chronologisch. Belege des 19. Jhs oder frühere finden sich nur vereinzelt in dieser Sammlung.

Kalendersammlung

1.13 Die Kalendersammlung der Kantonsbibliothek entstand in den 1980er-Jahren und wird kontinuierlich um Bildkalender vermehrt, die thematisch den Kanton Uri dokumentieren.

2. BESTANDSBESCHREIBUNG

Chronologische Übersicht

2.1 Im insgesamt 8509 Einheiten zählenden Bestand der vor 1901 erschienenen Drucke findet sich eine Inkunabel; 176 Einheiten, etwas mehr als 2%, wurden im 16. Jh gedruckt, davon 18 zwischen 1501 und 1550, 158 zwischen 1551 und 1600, 274 oder 3,2% stammen aus dem 17. Jh, davon 111 aus der ersten, 163 aus der zweiten Jahrhunderthälfte, 1915 oder 22,5% gehören dem 18. Jh an, davon 382 oder 4,5% der ersten, 1533 oder 18% der zweiten Jahrhunderthälfte, und der mit 6143 Einheiten oder 72,2% grösste Teil stammt aus dem 19. Jh, davon 2969 oder 34,9% aus der ersten, 3174 oder 37,3% aus der zweiten Jahrhunderthälfte.

Übersicht nach Sprachen

2.2 Weitaus die meisten der alten Drucke, nämlich 7126 oder 83,7%, erschienen in deutscher Sprache.

Es folgen mit 936 oder 11 % die lateinischen, mit 309 oder 3,6 % die französischen, mit 114 oder 1,3 % die italienischen Drucke. Vereinzelte Schriften sind in griechischer (12), englischer (5), spanischer und rätoromanischer (je 3), 1 Publikation ist in holländischer Sprache gedruckt.

Systematische Übersicht

2.3 Die Einteilung der Bestände in »Magazin allgemein«, »Uraniensia«, »Periodika« und »Kapitelsbibliothek« kann, was die beiden ersten Gruppen betrifft, einer differenzierteren Beschreibung nicht zugrunde gelegt werden. Die mit 4189 Einheiten beinahe die Hälfte des Altbestands umfassende Gruppe der »Uraniensia« enthält zudem, anders als die Bezeichnung erwarten lässt, nicht nur Literatur über Uri, von Urnern oder in Uri gedruckte, sondern in der Mehrzahl solche, die wie die »Fintan-Bibliothek« ursprünglich in urnerischem Besitz war, aber keineswegs nur auf Uri bezogen ist. In der systematischen Übersicht werden daher die 617 unter »Magazin allgemein« aufgeführten Bücher gemeinsam mit den 4189 unter »Uraniensia« verzeichneten als eine Gruppe von insgesamt 4806 Einheiten, 56,5 % des Gesamtbestands, betrachtet. Diese nach dem Computerausdruck gezählten und in Zweifelsfällen am Regal verifizierten Altbestände werden im Folgenden unter geeigneten Kategorien beschrieben. Besonders erwähnt werden fachweise jeweils auch die wirklich Urner Themen behandelnden, von Urnern verfassten und/oder im Kanton Uri gedruckten Schriften, die insgesamt 671 Einheiten, 7,9 %, ausmachen. Nicht eingeschlossen sind unter diesen die »Periodika«, die einen separaten Teilbestand mit einem kleinen Anteil von urnerischen Einheiten bilden. Vereinzelte Kalender, Zeitungen oder Zeitschriften, insgesamt 142 Einheiten, kommen allerdings auch in »Magazin allgemein« und »Uraniensia« vor und werden weiter unten kurz beschrieben. 117 Uraniensia- und 32 Periodikaeinheiten, insgesamt 1,8 %, behandeln das Thema »Gotthard«, sind aber unterschiedlichen Sachkategorien zuzurechnen (insbesondere Schweizer Geographie, Wirtschaft, Schweizer Geschichte, Naturwissenschaften). Ein gutes Beispiel dafür ist die technische Probleme der Tunnelentwässerung beim Bau des Gotthardtunnels behandelnde Schrift von Friedrich Moritz Stapff *Les Eaux de Tunnel du St-Gotthard* (Bern 1891). Eine gesonderte Darstellung erhält die »Kapitelsbibliothek«, ein Teilbestand von 3212 vor 1901 erschienenen Werken, 37,7 %, der an den Regalen ausgezählt wurde.

Magazin allgemein und Uraniensia

2.4 Unter den 568 theologischen Werken, 11,8 % dieses Teilbestands, gibt es die erwähnte Inkunabel. Ein hagiographisches Werk, des Petrus von Natalis *Catalogus sanctorum et gestorum eorum* (Lyon 1508) aus dem Vorbesitz des »venerabilis cleri Uraniensis«, erschien zwischen 1501 und 1550, gut zwei Fünftel, nämlich 238 Einheiten, wurden zwischen 1801 und 1850 publiziert. 474 Einheiten oder 83,5 %, wurden in deutscher, 69 in lateinischer, 16 in französischer, 8 in italienischer, und eine Schrift wurde in englischer Sprache veröffentlicht. 182 oder 32 % der theologischen Werke sind vom Inhalt her der Aszetik zuzuordnen, und von ihnen sind 13 im 17. Jh, die meisten aber, nämlich 115, zwischen 1751 und 1850 erschienen, 44 bis 1800, 71 danach, unter ihnen auch das anonym publizierte, auf den ersten Blick eher zur Geographie zu rechnende Erbauungsbuch *Der Rigiberg, der Gottesmutter geweiht* (Zug 1845). Die siebensprachige Ausg. von Thomas a Kempis' *De imitatione Christi* (Sulzbach 1837) wurde als lateinischsprachig gezählt. Der Dogmatik gehören 146 Einheiten an, von denen 63 zwischen 1801 und 1850 erschienen. Erwähnenswert sind auch 74 hagiographische Werke, von denen 49 im 19. Jh gedruckt wurden. Weiter sind 44 Predigtsammlungen und Schriften zur eloquentia sacra, v. a. des 19. Jhs, 23 Bibeln und exegetische Werke, 23 moraltheologische, 13 liturgische und 5 patristische Schriften zu nennen. Gesondert gezählt wurden 58 Einheiten, die einen engen Bezug zu Uri haben, v. a. Bruderschaftsstatuten. Unter ihnen befinden sich nur 2 vor 1801 erschienene Schriften, 1 aus der zweiten Hälfte des 17., 1 aus der zweiten Hälfte des 18. Jhs. Alle sind deutschsprachig.

2.5 Bei den juristischen Schriften handelt es sich um 184 Einheiten, 3,8 % der Gruppe »Magazin allgemein und Uraniensia«. 169 von ihnen sind im 19. Jh erschienen, die älteste, *De magno matrimonii sacramento tractatus*, ein Werk des Theologen Martin Bonacina, wurde 1625 in Brescia gedruckt. 3 erschienen zwischen 1701 und 1750, 11 zwischen 1751 und 1800. 178 sind in deutscher, 4 in lateinischer, 2 in italienischer Sprache gedruckt. Einen nicht unbeträchtlichen Anteil an dieser Gruppe haben die eidgenössischen Militärreglemente, von denen 36 in der ersten, 2 in der zweiten Hälfte des 19. Jhs erschienen. 70 Einheiten betreffen urnerische Rechtsangelegenheiten, darunter als einzige aus dem 18. Jh die 44-seitige *Eyd-Schuldige Geschenk-Vermeidung, Das ist: Wie man sich in Gericht- und Rechts-Sachen zu Ury aller Mieth und Gaaben entschlagen solle* ([Zug] 1756), die übrigen 69 aus dem 19. Jh. Alle 70 Uri betreffenden Einheiten erschienen in deutscher Sprache.

2.6 Die medizinischen Schriften bilden mit 56 Einheiten nur ein sehr kleines Kontingent. 41 von ihnen wurden im 19. Jh, 12 im 18. und 3 im 17. Jh veröffentlicht, darunter das umfangreiche Werk von Felix und Rudolf Wuertz *Wund-Artzney* (Basel 1675) aus der Fintan-Bibliothek. 48 erschienen in deutscher, 4 in französischer, 3 in lateinischer, und die kleine Schrift von Bartolomeo Bonaccorsi, *Modo facile e breve a preserva, e cura di peste* (Bologna 1631), ebenfalls aus der Fintan-Bibliothek, wurde in italienischer Sprache gedruckt. Unter den Einheiten des 19. Jhs befinden sich auch einige sanitätspolizeiliche Anweisungen des Kantons Uri.

2.7 Der Bestand enthält auch 368 (7,7 %) naturwissenschaftliche Schriften. Die ältesten 2 stammen aus der zweiten Hälfte des 17. Jhs, 4 aus der ersten Hälfte, 23 aus der zweiten Hälfte des 18. Jhs. Die überwiegende Mehrheit von 339 Stück aber wurde im 19. Jh publiziert. Ebenso ist der grösste Teil, 331 Einheiten, deutschsprachig, 20 erschienen in französischer, je 3 in lateinischer und in italienischer, und 1 in rätoromanischer Sprache. In dieser Gruppe finden sich viele Pflanzenbücher, Werke zur Mineralogie, aber wenig Fachliteratur zu Chemie und Physik. Mitgezählt wurden auch Werke zur Mathematik wie Jean-Marie-Constant Duhamels *Cours d'analyse de l'école polytechnique* (2 Teile, Paris 1847) und zur Geodäsie sowie land- und forstwirtschaftliche Fachliteratur, z. B. Peter Tschudis *Der Schweizer-Bauer* (3. Aufl., 2 Teile, Aarau 1864) und in 2 Exemplaren Karl Kasthofers *Der Lehrer im Walde* (2 Teile, Bern 1828).

2.8 Die unter dem Sachbegriff »Wirtschaft« gezählten 277 Einheiten (5,8 %) bilden keine einheitliche Gruppe. Neben Schriften, die Land- und Waldbau unter wirtschaftlichen Aspekten behandeln, finden sich hier solche zu Handel und Gewerbe, z. B. das *Wanderbüchlein für das Mitglied des katholischen Gesellen-Vereins* (Konstanz 1875), ferner Berichte über gewerbliche Ausstellungen, Bücher über einzelne Handwerke, Technik, Münzkunde, Hauswirtschaft und Militaria, so Gerhard von Scharnhorsts *Militairisches Taschenbuch zum Gebrauch im Felde* (3. Aufl., Hannover 1815) und zahlreiche zu allen möglichen technisch-militärischen Belangen vom eidgenössischen Militärdepartement erlassene Vorschriften. 121 Einheiten beziehen sich auf Uri, unter ihnen viele landwirtschaftliche. Die Mehrzahl der Schriften, nämlich 215, stammt aus der zweiten Hälfte des 19. Jhs, nur 7 wurden im 18. Jh gedruckt. 266, darunter alle Urner Schriften, erschienen in deutscher, 6 in französischer und 5 in italienischer Sprache.

2.9 Werke zur Geographie und Reiseliteratur, die nicht die Schweiz betreffen, umfassen 147 Einheiten (3,1 %). Die älteste dieser Schriften ist Eustache Du Refuges *La géographie historique universelle et particulière* (Paris 1659) mit Besitzvermerken der Fintan-Bibliothek, des Kollegiums Karl Borromäus und der Kantonalen Gemeinnützigen Gesellschaft Uri. 52 Einheiten erschienen im 18. Jh, 94 im 19. Jh. Auch hier sind die meisten, nämlich 132 Einheiten deutschsprachig. 9 erschienen in französischer, 6 in italienischer Sprache. Zu erwähnen sind Joachim Heinrich Campes *Reisebeschreibungen für die Jugend* (6 Bde zu je 2 Teilen, Reutlingen 1786–1793), aber auch religiös-philosophische Werke wie Thomas Moores und Moritz Liebers *Reisen eines Irländers, um die wahre Religion zu suchen* (4. Aufl., Aschaffenburg 1840).

2.10 Zu den 244 Einheiten »Schweizer Geographie« (5,1 %), gehören Reisebeschreibungen über die Schweiz, z. B. Johann Georg Kohls *Alpenreisen* (2 Teile, Dresden 1849), und einzelne Kantone, geographische Darstellungen verschiedener schweizerischer Regionen sowie vorwiegend zwischen 1851 und 1900 erschienene Karten. Die älteste Schrift stammt aus der ersten Hälfte des 18. Jhs, 161 Einheiten wurden in der zweiten Hälfte des 19. Jhs publiziert. Zu erwähnen sind Horace-Bénédict de Saussures *Reisen durch die Alpen, nebst einem Versuche über die Naturgeschichte der Gegenden von Genf* (4 Bde, Leipzig 1781–1788). Diese 4 und 214 weitere Einheiten erschienen in deutscher, 23 in französischer, 2 in italienischer, und eine Schrift wurde in englischer Sprache gedruckt. Diese und die beiden italienischsprachigen gehören zur kleinen Untergruppe der 58 Schriften zur Urner Geographie, die alle im 19. Jh publiziert wurden.

2.11 Zur relativ kleinen Gruppe »Philosophie und Pädagogik« von 153 Einheiten (3,2 %) gehören Erasmus von Rotterdams *De civilitate morum* (o. O. 1545) aus dem Vorbesitz der Fintan-Bibliothek, des Kollegiums Altdorf sowie des Priesters und Urner Staatsarchivars Eduard Wymann (1870–1956), ferner eine weitere lateinische Schrift aus der ersten Hälfte des 17. Jhs, eine deutschsprachige und eine italienische aus der zweiten Hälfte des 17. Jhs, 57 zwischen 1751 und 1800 sowie 92 im 19. Jh erschienene Einheiten. Insgesamt 137 Einheiten wurden in deutscher, 7 in lateinischer, 6 in französischer und 3 in italienischer Sprache veröffentlicht. Zu dieser Gruppe wurden auch staatsphilosophische Publikationen wie Konstantin Siegwart-Müllers *Ein Wort über Landsgemeinden* (Zürich 1829) und August Nicolas' *Der Staat ohne Gott, das sociale Uebel unserer Tage* (Mainz 1872) gezählt. Unter den pädagogischen Schriften fallen Lehrpläne für die Urner Schulen, Inspektionsberichte an den Erziehungsrat von Uri sowie mehrere Exemplare von Franz Nagers *Übungsstoff für Fortbildungs-Schulen* (Altdorf 1897) zahlenmässig ins Gewicht.

2.12 Die historische Literatur in »Magazin allgemein« und »Uraniensia« umfasst insgesamt 1495 Einheiten. Mit 31,1 % ist das fast ein Drittel des Teilbestands. Für die genauere Beschreibung wurden die 2 Gruppen, »Allgemeine Profan- und Kirchengeschichte« sowie »Schweizer Profan- und Kirchengeschichte einschliesslich Urner Geschichte«, gebildet.

2.13 Zur Gruppe »Allgemeine Profan- und Kirchengeschichte« von insgesamt 397 Einheiten, 8,3 % des Teilbestands, gehören 311 profangeschichtliche Werke, denen auch Biographien, kultur- und sozialgeschichtliche Schriften sowie solche zur Mythologie zugezählt wurden. Die übrigen 86 Einheiten gehören der allgemeinen Kirchengeschichte an. Die ältesten 3 Werke, alle aus dem Vorbesitz der Fintan-Bibliothek, sind eine Ausg. von Claude Paradins *Les devises héroïques* (Lyon 1557) mit weiteren Besitzvermerken (Eduard Wymann; Kollegium Altdorf), Francesco Guicciardinis *L'historie* (Rom 1572) in einer italienischen Ausg. von Manilio Plantedio Cosentino sowie die zur Kirchengeschichte gezählten *Constitutiones et decreta condita in provinciali synodo Mediolanensi quarta* ([Mailand] 1580). 10 Werke erschienen in der ersten Hälfte des 18. Jhs, darunter Flavius Josephus' *Alterthümer* (3 Teile, Zürich 1735) aus dem Vorbesitz von Johann Georg Sulzer, 81, davon 5 kirchengeschichtliche, in der zweiten Hälfte des 18. Jhs. Im 19. Jh wurden 299, davon 101 kirchengeschichtliche Einheiten publiziert. Die sprachliche Verteilung sieht folgendermassen aus: 332 Publikationen erschienen in deutscher, 43 in französischer, 15 in italienischer, 6 in lateinischer, und 1 in spanischer Sprache. 18 französischsprachige Einheiten wurden in der zweiten Hälfte des 18. Jhs publiziert, darunter die Biographiensammlung von François Xavier de Feller, *Dictionnaire historique ou Histoire abrégée des hommes qui se sont fait un nom* (8 Bde, Lüttich 1790–1794).

2.14 Die mit 1098 Einheiten (22,8 %) umfangreichste Gruppe der Schweizer Profan- und Kirchengeschichte einschliesslich der Urner Geschichte enthält als ältestes Buch *Constitutiones et decreta synodalia civitatis et dioecesis Constantiensis* (Dillingen 1569). 2 weitere Konstanzer Synodaldekrete sowie Jakob Mercks *Chronick Dess Bistthumbs Costantz, Das ist: Ein kurze Beschreibung aller Costantzischen Bischöffen* (Konstanz 1627) wurden zwischen 1601 und 1650, 18 Schriften zwischen 1651 und 1700, 88 zwischen 1701 und 1800, 987 zwischen 1801 und 1900 publiziert. 1042 Einheiten erschienen in deutscher, 27 in französischer, 17 in lateinischer, 12 in italienischer Sprache. Selbstverständlich fehlt auch eine Ausg. von Johannes von Müllers *Geschichten Schweizerischer Eidgenossenschaft* (16 Teile, Frankenthal [1790–1808]) nicht. Auffällig sind zahlreiche Schriften, die die Existenz von Wilhelm Tell zu beweisen suchen. Unter den 265 Einheiten zur Urner Geschichte, von denen bis auf 6 alle im 19. Jh und bis auf 5 französische alle in deutscher Sprache publiziert wurden, finden sich recht viele zum Urner Armenwesen und zu den gemeinnützigen Bestrebungen des Kantons. Zu erwähnen ist auch Anton Deniers Werk *Urkunden aus Uri* (4 Teile, o. O. 1885). Sowohl unter den Urner als auch unter den übrigen Schweizer Schriften, die zur Profangeschichte gezählt werden, befinden sich zahlreiche Amtsdruckschriften, z. B. *Beschlüsse und Proklamationen des Vollziehungsdirektoriums der helvetischen Republik* (o. O. 1799).

2.15 Die Gruppe »Sprache und Literatur« umfasst insgesamt 971 Einheiten (20,2 %), darunter sehr viele Ausg. von Schillers *Wilhelm Tell*, weitere Werke Schillers, viele Tell-Spiele anderer Autoren sowie weitere »vaterländische« Schau- und Festspiele. Bemerkenswert ist eine anonyme Ausg. von Matthias Claudius' *Asmus omnia sua secum portans* (3 Teile, Karlsruhe 1784). Neben belletristischer findet sich hier auch altphilologische Literatur, ferner kommen Lesebücher sowie Sprachlehren, Grammatiken und Wörterbücher vor. Eine besondere Untergruppe bilden die 99 »urnerischen« Einheiten, die alle im 19. Jh und bis auf eine französische Schrift alle in deutscher Sprache erschienen sind, 84 davon in der zweiten Jahrhunderthälfte. Es handelt sich meist um Lesebücher der Urner Schulen; aber auch 8 »Narrenblätter« der Urner Fasnacht (1870–1900) sowie die in Hamburg unter dem fingierten Druckort Uri veröffentlichte Tellparodie von August Christian Heinrich Niemann, *Wilhelm Tell der Tausendkünstler oder der travestierte Tell* (Uri 1805), befinden sich darunter. Die zeitliche Verteilung der Gruppe sieht folgendermassen aus: 1 Werk wurde in der zweiten Hälfte des 16. Jhs in griechischer Sprache gedruckt, 11 erschienen im 17. Jh, 154 im 18. Jh, 805 im 19. Jh. Auch wenn 814 Einheiten deutschsprachig sind, kommen hier erwartungsgemäss am meisten Sprachen vor: 80 sind französisch geschrieben, darunter eine ganze Anzahl um 1820 erschienener Romane von heute kaum mehr bekannten Autoren; 37 wurden in lateinischer, 21 in italienischer, 10 weitere in griechischer, 3 in englischer, 2 in rätoromanischer, und je 1 Einheit wurde in spanischer und in holländischer Sprache veröffentlicht.

2.16 Unter dem Titel »Künste und Musik« konnten nur 18 Musikalien und musikgeschichtliche sowie 34 kunst- und architekturgeschichtliche Schriften gezählt werden: 2 lateinische aus der zweiten Hälfte des 16. Jhs, eine davon Glareans *Musica* (Basel 1558) aus der Fintan-Bibliothek, 3 aus der zweiten Hälfte des 18. Jhs und 47 aus dem 19. Jh. 44 erschienen in deutscher, 4 in französischer, je 2 in lateinischer und in italienischer Sprache. Bemerkenswert ist das Vorhandensein von Johann Caspar Lavaters *Kupfer-Sammlung aus den physiognomischen Fragmenten* (3 Teile, Winterthur 1806).

2.17 Unter den 149 Einheiten zählenden »Lexika« sind das *Leipziger Handwörterbuch der Handlungs-, Comptoir- und Warenkunde* (2 Teile, Leipzig 1819), Enzyklopädien, aber auch Bibliographien und Bibliothekskataloge wie der *Catalogus bibliothecae societatis physicae Turicensis* (Zürich 1815) zu erwähnen. 53 Einheiten wurden im 18., 113 im 19. Jh gedruckt. 129 erschienen in deutscher, 9 in lateinischer, 7 in französischer und 4 in italienischer Sprache.

2.18 Bei den 142 Periodikaeinheiten, 3 % der Abteilung »Magazin allgemein und Uraniensia«, handelt es sich nicht um zusammenhängende Jahrgangsreihen bestimmter Zeitungen oder Zeitschriften wie zumeist bei der gleichnamigen Abteilung der Kantonsbibliothek, sondern um Einzelexemplare, oft auch Dubletten, die wegen ihres besonderen Inhalts ins »Magazin allgemein« oder unter die »Uraniensia« aufgenommen wurden. 42 erschienen im 18. Jh, 100 im 19. Jh. Zu erwähnen sind hier 4 zusammengebundene Exemplare des *Kalenders für Zeit und Ewigkeit* (Freiburg i.Br. 1872, 1875, zweimal 1883), die Erzählungen von Alban Stolz enthalten und aus der Fintan-Bibliothek stammen, aber auch Besitzvermerke der Kantonalen Gemeinnützigen Gesellschaft Uri sowie des Kollegiums Karl Borromäus, Altdorf, tragen.

Periodika

2.19 Die als besondere Abteilung der Bibliothek geführten Periodika wurden jahrgangsweise gezählt und enthalten 43 Titel mit 491 vor 1901 erschienenen Einheiten, 5,8 % des gesamten Altbestands. Dabei fallen 31 zwischen 1851 und 1900 in deutscher Sprache erschienene urnerische Stücke auf wie der *Urner Kalender* (1879–1882), aber auch Jahres- bzw. Geschäftsberichte, z. B. des *Verwaltungsrathes der Vereinigten Dampfschifffahrtgesellschaft des Vierwaldstättersees* (ab 1871) und der *Direktion und des Verwaltungsrathes der Gotthardbahn* (ab 1871). Die übrigen 460 sind »allgemeine«, d. h. schweizerische und ausländische Periodika. 52 wurden in der ersten, 408 in der zweiten Hälfte des 19. Jhs publiziert, 435 davon in deutscher, 22 in französischer, 2 in lateinischer, und 1 in italienischer Sprache. Zu erwähnen sind Jahresberichte verschiedener Innerschweizer Schulen, u. a. des Benediktinerstifts Maria-Einsiedeln (ab 1840), des Töchterpensionats und Lehrerinnenseminars »Theresianum« in Ingenbohl (ab 1893), des Knabenpensionats und freien katholischen Lehrerseminars St. Michael in Zug (ab 1894), theologische Periodika wie die *Schweizerische Kirchenzeitung* (ab 1853) und die *Stimmen aus Maria-Laach* (ab 1874), ferner fachlich ausgerichtete Blätter wie die *Neuen Denkschriften der Allgemeinen Schweizerischen Gesellschaft für die gesammten Naturwissenschaften* (1837–1881), das *Jahrbuch des Schweizer Alpenclubs* (ab 1865) und *Die Eisenbahn: Schweizerische Wochenschrift für die Interessen des Eisenbahnwesens* (1874–1882).

Kapitelsbibliothek

2.20 Die 3212 Einheiten der Kapitelsbibliothek (37,7 % des Gesamtbestands der vor 1901 erschienenen Schriften) wurden am Regal gezählt. Diese vorwiegend theologischen (1850 Einheiten oder 57,6 % dieses Teilbestands) und historischen (782 Einheiten, 24,3 %), aber in geringerem Umfang auch weitere Sachgebiete betreffenden Schriften gehen bis in die erste Hälfte des 16. Jhs zurück, aus der 16 Einheiten stammen, darunter von Gregor dem Grossen *In librum beati Iob* (Basel 1503) mit dem Besitzvermerk der Kapuzinerbibliothek Baden, ferner von Hilarius *Opera* (Paris 1510), ein Sammelband, der auch Werke von Cyrill von Alexandrien enthält, von Athanasius *Opera* (Paris 1519) und die zur Patristik gezählten *Autores historiae ecclesiasticae* (Basel 1525). Alle genannten Werke haben Folioformat, ebenso eines der beeindruckendsten Bücher der Kapitelsbibliothek, der handkolorierte Atlas des niederländischen Geographen und Kartographen Abraham Ortelius (Oertel), *Theatrum orbis terrarum* (Antwerpen 1592) mit Besitzeinträgen von Bonaventura a Bodeck und Christoph Hagenbach aus dem 17. Jh. 2337 Titel (72,8 %) wurden zwischen 1751 und 1850 gedruckt, davon 916 (28,5 %) in der zweiten Hälfte des 18. Jhs, 1421 (44,2 %) in der ersten Hälfte des 19. Jhs. 142 Einheiten stammen ferner aus der zweiten Hälfte des 16. Jhs, 198 aus dem ganzen 17. sowie 198 aus der ersten Hälfte des 18. Jhs. 253 Werke (7,9 %) schliesslich wurden zwischen 1851 und 1900 publiziert. Die Verteilung über die Jhe ist in diesem Teilbestand viel ausgewogener als im gesamten Altbestand. 2373 Einheiten (73,9 %) erschienen in deutscher, 777 (24,2 %) in lateinischer, 31 in französischer, 29 in italienischer, je 1 Einheit wurde in griechischer und in spanischer Sprache publiziert. Eine detaillierte Beschreibung, insbesondere der theologischen Sachgruppen, drängt sich auf.

2.21 Die grösste Gruppe bilden, wie erwähnt, mit 1850 Einheiten die theologischen Schriften. Für sie gilt bei der zeitlichen Verteilung etwa dasselbe wie für den ganzen Bestand der Kapitelsbibliothek: Zwischen 1751 und 1850 erschienen allein 1259 Schriften, ausserdem 13 zwischen 1501 und 1550, 126 zwischen 1551 und 1600, 140 im 17. Jh, 165 zwischen 1701 und 1750 und schliesslich 147 zwischen 1851 und 1900. Obwohl auch hier Deutsch mit 1274 Einheiten vorherrscht, behauptet Latein mit 649 nicht überraschend einen Anteil von mehr als einem Drittel. Erstaunlicherweise kommen mit 23 Einheiten die italienischsprachigen Schriften noch vor den französischen, die nur mit 3 Titeln vertreten sind.

2.22 Den grössten Anteil unter den theologischen haben mit 474 Einheiten diejenigen der Dogmatik, gefolgt von 420 Einheiten Predigtliteratur, 316 aszetischen Schriften, 287 Bibeln und biblischen Schriften, 128 patristischen, 106 hagiographischen, 78 moraltheologischen und 41 liturgischen Werken.

2.23 Zur Dogmatik wurden u. a. verschiedene Ausg. von Thomas von Aquins *Summa* gezählt, darunter eine vierbändige Edition (Lyon 1568) mit Besitzeinträgen verschiedener Urner Geistlicher aus dem 18. Jh, die 1833 dem Priesterkapitel geschenkt wurde, ferner die Werke des ehemaligen französischen Jansenisten Pierre Nicole (5 Titel) in deutscher Übers. aus der zweiten Hälfte des 18. Jhs, darunter *Der Geist des Herrn Nicole oder Unterricht in den Religionswahrheiten* (Bamberg, Würzburg 1774), ein Geschenk des Landammanns Thaddäus Schmid von 1812.

2.24 Unter den Predigtautoren fällt Ludwig von Granada auf (3 lateinische Titel aus der zweiten Hälfte des 16. Jhs und 2 deutsche Übers. aus den 1830er-Jahren), z. B. seine *Conciones de tempore* (3 Bde, Antwerpen 1577, 1581; 1671 im Besitz des Kapuzinerklosters Baden).

2.25 Die Aszetik ist u. a. mit Paul Barrys *Paedagogia caelestis sive de beneficiis et cultu ss. angelorum* (München 1650) aus dem Vorbesitz des Jesuitenkollegs Luzern und Jakob Kaisers, mit dem *Giardino fiorito* (Mailand 1671) des Kapuziners Pietro Ruota da Martinengo sowie mit Schriften von Paul Segneri vertreten, z. B. mit *Devotus Mariae virginis* (Konstanz 1735) aus dem Vorbesitz von Jakob Kaiser; von Segneri sind auch dogmatische Werke vorhanden.

2.26 Unter der Bibelliteratur sind neben Bibeln und Konkordanzen die *Opera omnia* (Venedig 1596) von Alfons Tostatus, ein 26 Bde umfassender Bibelkommentar, aber auch die Kommentare des Cornelius a Lapide zu einzelnen Büchern der Bibel sowie Isaak Joseph Berruyers *Die Geschichten des ausserwehlten Volcks=Gottes* (7 Bde, Luxemburg 1753), 1812 von Thaddäus Schmid geschenkt, zu erwähnen.

2.27 Die Patristik ist mit gewichtigen Foliobänden und mit 55 Einheiten allein des 16. Jhs vertreten, von Ambrosius' *Opera* (Paris 1549), aus dem Vorbesitz der Regensburger Franziskaner, bis zu Tertullians *Opera* (Basel 1528), die neben Jakob Kaiser zwei Basler als Vorbesitzer ausweisen. 102 der 128 patristischen Werke sind in lateinischer Sprache erschienen.

2.28 Unter den hagiographischen Werken ist neben Lebensgeschichten einzelner Heiliger und Seliggesprochener ein anonym erschienenes *Ausführliches Heiligen-Lexicon* (Köln, Frankfurt 1719) aus dem Vorbesitz Jakob Kaisers zu erwähnen.

2.29 Zur Moraltheologie gehören u. a. Anacletus Reiffenstuels *Theologia moralis* (München 1699) aus dem Vorbesitz eines Karl von Roll, Alphons von Liguoris *Theologia moralis* (3 Bde, Bassano 1772) aus dem Vorbesitz des Jesuiten (Franz) Joseph Segesser (1736–1809) und als deutsche Übers. Alfons Rodriguez' *Übung der Vollkommenheit und der christlichen Tugenden* (6 Bde, Wien 1836–1844). Zum Fach »Liturgie« zählen Leodegar Mayers *Explicatio ceremoniarum ecclesiasticarum* (Zug 1737) und Franz Grundmayrs *Lexikon der Römischkatholischen Kirchengebräuche* (Augsburg 1801) sowie weitere Werke aus dem Vorbesitz Jakob Kaisers.

2.30 Unter den Theologen sind 2 Autoren des 18. Jhs besonders gut vertreten, die sich nicht auf ein bestimmtes Fach festlegen lassen, die beiden Jesuiten Franz Neumayr (1697–1765) und Joseph Anton Weissenbach (1734–1801). Von letzterem, dem späteren Zurzacher Kanoniker und Antiaufklärer, enthält der Bestand mehr als 25 Einheiten, darunter in Deutsch und in Lateinisch Predigtliteratur, Patristik, Bibelliteratur, hagiographische Schriften zu Ignaz von Loyola und Bruder Klaus, aber auch historische Schriften wie *Ueber das Wesentlichste in der Geschichtskunde* (Zürich 1789) und philosophisch-politische Werke wie *Kann der Mensch was mehr bewundern, als sich selbst?* (Basel 1794) und *Und wie lang, meine Herren! Wird der Staat die Religion noch überleben?* (o. O. 1792). Die allermeisten Werke Neumayrs und Weissenbachs tragen den Besitzvermerk von Jakob Kaiser.

2.31 Unter den 782 Einheiten im Fach Geschichte ist mit 582 Schriften die Kirchengeschichte prominent vertreten, wobei nur 26 Einheiten, 20 deutsch- und 6 lateinischsprachige, die Schweizer Kirchengeschichte behandeln. 7 kirchengeschichtliche Titel erschienen zwischen 1551 und 1600, 36 im 17. Jh, 250 im 18., weitere 289 Einheiten im 19. Jh; Bücher zur Schweizer Kirchengeschichte kommen aber erst ab dem 17. Jh vor. Insgesamt 411 Einheiten dieser Gruppe sind in deutscher, 165 in lateinischer, darunter die 86 Bde von Claude Fleurys *Historia ecclesiastica* (Augsburg, Innsbruck 1758–1798), 4 in italienischer und 2 in französischer Sprache publiziert. Neben allgemeinen Kirchengeschichten wie Caesar Baronius' *Annales ecclesiastici* (Paris 1613), 1614 im Besitz des Luzerner Jesuitenkollegs, und weiteren Folioausgaben von Baronius, Friedrich Leopold Stolbergs *Geschichte der Religion Jesu Christi* (45 Bde, Sitten, Solothurn, Mainz 1817–1848) gibt es mehrere Papstviten, aber auch Christoph Gottlieb Murrs *Acht und zwanzig Briefe über die Aufhebung des Jesuiterordens* (o. O. 1774) aus dem Besitz Jakob Kaisers sowie desselben Autors *Geschichte der Jesuiten in Portugal* (2 Teile, Nürnberg 1787/88), aus dem Vorbesitz eines Prof. Joseph Müller und mit dem Exlibris des Pfarrers von Bürglen, Johann Joseph Gisler (1794–1861). Erwähnenswert, da hier nicht unbedingt zu erwarten, ist das Vorhandensein von Johann Jakob Hottingers *Helvetischen Kirchen=Geschichten* (3 Teile, Zürich 1698, 1707).

2.32 Von den 200 profangeschichtlichen Schriften gehören 104 der Schweizer Geschichte an, die übrigen 96 behandeln andere historische Gegenstände. Johannes Cuspinianus' *Ein ausserlessne Chronicka von C. Julio Caesare* (Strassburg 1541) mit handschriftlicher Widmung des Übersetzers Kaspar Hedio an den Kanzler des Kurfürsten und Pfalzgrafen Ludwig, Heinrich Hassius, von 1542 sowie eine weitere Schrift stammen aus der ersten, 6 Einheiten, darunter Johannes Stumpfs *Gemeiner loblicher Eydgnoschaft Beschreibung* (Zürich 1586) aus der zweiten Hälfte des 16. Jhs. 10 profangeschichtliche Schriften erschienen im 17. Jh, 64 im 18. Jh, 102 in der ersten, 16 in der zweiten Hälfte des 19. Jhs. 102 Einheiten zur Schweizer und 80 zur übrigen Profangeschichte wurden in deutscher Sprache gedruckt. Insgesamt erschienen 12 in lateinischer Sprache, darunter Johann Baptist Plantinis *Helvetia antiqua et nova* (Zürich 1737) aus dem Besitz des reformierten Glarner Pfarrers Johann Melchior Schuler und Hermann Conrings *De scriptoribus XVI. post Christum natum commentarius* (Breslau 1727), 5 in französischer und Cesare Campanas *Delle historie del mondo* (nur Bd 2, Como 1601) in italienischer Sprache. Neben Ausg. römischer Historiker (Tacitus) sind Darstellungen der Französischen Revolution und der Feldzüge Napoleons zu erwähnen, z. B. Jean-Jacques G. Pelets *Feldzug des Kaisers Napoleon in Deutschland im Jahre 1809* (4 Bde, Stuttgart 1824–1828), 1843 im Besitz eines Leutnants Joseph Schmid. Zur Profangeschichte gezählt wurden auch biographische Werke wie Johann Burkhard Menckes *Compendiöses Gelehrten-Lexicon* (Leipzig 1715).

2.33 Die übrigen Fächer sind eher spärlich dotiert, am besten die Philosophie mit 87 Einheiten, von denen 79 zwischen 1750 und 1850 erschienen und 81 in deutscher, 6 in lateinischer Sprache gedruckt wurden. Aus dem 16. Jh gibt es eine schön gebundene lateinische Ausg. der Werke des Philo von Alexandrien, *Lucubrationes quotquot haberi potuerunt*, ins Lateinische übers. von Sigismund Gelenius, denen von Athenagoras *De mortuorum resurrectione* und von Aeneas Gazaeus *De immortalitate animarum, & corporum resurrectione* (2 Bde, Basel o. J. und 1558) beigebunden sind. Louis-Antoine de Caraccioli ist mit mehreren Werken in deutscher Übers. vertreten, darunter *Briefe an ein vornehmes Frauenzimmer* (Augsburg 1773), die einst dem Urner Jakob Angelus Renner (1734–1810, Pfarrer in Silenen 1782–1799) gehörten. Neben antiaufklärerischen Schriften wie der anonym erschienenen *Die Kunst, sich überall zu widersprechen, und das heisst nun Aufklären* (o. O. 1789) sind auch Gottfried Wilhelm Leibniz' *System der Theologie* (Mainz 1820) in einer Übers. von Andreas Räss und Nikolaus Weiss, ferner Julius Bernhard von Rohrs *Phytotheologia* (Frankfurt, Leipzig 1740), welche die Leibnizsche Theodizeethematik aufgreift, 2 in Hamburg in deutscher Sprache erschienene Werke des englischen Physikotheologen William Derham, Alexander Gottlieb Baumgartens *Metaphysica* (Halle 1768) sowie Johann Georg Sulzers *Vermischte philosophische Schriften* (Leipzig 1773) zu erwähnen.

2.34 70 Einheiten, darunter Rhetoriken wie Catharinus Dulcis' *Schola Italica* (Frankfurt o. J. [erste Hälfte des 17. Jhs]) aus dem Besitz des Klosters Disentis, Ausg. antiker Klassiker und poetische und dramatische Werke, wurden zu »Sprache und Literatur« gezählt. 9 Werke stammen aus dem 17. Jh, 33 aus dem 18. Jh, 28 aus dem 19. Jh, 46 erschienen in deutscher, 20 in lateinischer, 2 in französischer und je 1 Schrift wurde in italienischer und in griechischer Sprache veröffentlicht. Zu erwähnen sind Jakob Baldes *Carmina selecta* (Zürich 1805), ein Geschenk des Herausgebers Johann Konrad von Orelli, Barthold Heinrich Brockes' *Schwanen=Gesang* (Frankfurt, Leipzig 1747), Albrecht von Hallers *Versuch von schweizerischen Gedichten* (Bern 1734), Klopstocks *Messias* (4 Bde, Wien 1775–1783) aus dem Vorbesitz von Josef Anton Fruenz und mehrere Theaterstücke der Luzerner Jesuiten Joseph Ignaz Zimmermann und Franz Regis Crauer.

2.35 50 Einheiten umfasst die Gruppe »Geographie und Reiseliteratur« mit dem erwähnten lateinischsprachigen Atlas Örtels aus dem 16. Jh, ferner einem Werk aus dem 17. Jh, Hans Erhard Eschers *Beschreibung des Zürich Sees* (Zürich 1692), 42 Einheiten aus dem 18. und 6 aus dem 19. Jh. 49 Werke erschienen in deutscher Sprache. Neben Büchern zu religiös inspirierten Reisen wie Franz Kellers *Reise-Beschreibungen, welche von denen Missionariis der Gesellschaft Jesu aus beyden Indien zusammengetragen* (Wien 1758) ist hier Johann Georg Sulzers *Tagebuch einer von Berlin nach den mittäglichen Ländern getanen Reise* (Leipzig 1780) zu erwähnen.

2.36 Bei den 36 Werken zur Jurisprudenz handelt es sich v. a. um kirchenrechtliche Schriften wie Vitus Pichlers *Candidatus iurisprudentiae sacrae* (5 Bde verschiedener Aufl., Augsburg 1722–1733), 1752 im Besitz von Franz Bernhard Schmid (1734–1803, 1757–1767 Prof. für Rhetorik in Altdorf, 1767–1774 Pfarrhelfer in Spiringen, 1774–1803 Kaplan zum oberen Hl. Kreuz in Altdorf). Das älteste Buch dieser Gruppe ist aber ein profanrechtliches Werk, Nicasius de Voerdas *Enarrationes in quattuor libros institutionum imperialium* (Lyon 1550) mit dem Besitzvermerk »pro M. Balthasaro Weidneri«. Die übrigen Einheiten dieser Gruppe sind wesentlich jünger: 22 wurden im 18. Jh, 13 im 19. Jh publiziert, 12 in deutscher, 24 in lateinischer Sprache.

2.37 Nur 4 Einheiten aus der ersten Hälfte des 19. Jhs sind der Medizin zuzurechnen. 29 Einheiten gehören in den Bereich der Naturwissenschaften; davon sind 11 in deutscher und 18 in französischer Sprache sowie 24 im 18. Jh erschienen, darunter Johann Bernoullis *Essay d'une nouvelle théorie de la manœuvre des vaisseaux* (Basel 1714), Johann Albert Fabricius' *Hydrotheologie* (Hamburg 1734) sowie Christian Wolffs *Anfangs=Gründe aller mathematischen Wissenschaften* (2 Teile verschiedener Ausg.: Halle 1716 und 1717) und eine weitere Schrift desselben Autors. Das älteste Werk dieser Gruppe ist Bernhard Verzascas *Neu Vollkommenes Kräuter-Buch* (Basel 1678), das 1780 dem Viehartzt von Flaach, Hans Konrad Brandenberger, gehörte.

2.38 4 Werke sind der Technik zuzurechnen, von denen 2 im 18. Jh, 2 in der ersten Hälfte des 19. Jhs, 3 in deutscher und 1 in französischer Sprache, gedruckt wurden. Eine deutschsprachige Schrift aus der zweiten Hälfte des 18. Jhs gehört ins Fach »Künste, Kunstgeschichte«. Von den 14 Einheiten Lexika sind alle in deutscher Sprache und 12 im 19. Jh erschienen. Johann Hübners *Reales Staats-, Zeitungs- und Conversations-Lexikon* (Regensburg, Wien 1769) weist das Exlibris von Jakob Jodocus Joseph von Beroldingen mit der Jahrzahl 1771 auf.

2.39 Auch zur Kapitelsbibliothek gehören Periodika, die zwar selten grössere zusammenhängende Kontingente bilden, aber insgesamt doch 285 Einheiten ausmachen und sämtlich in deutscher Sprache erschienen. 24 wurden zwischen 1751 und 1800 gedruckt, 249 zwischen 1801 und 1850, die restlichen 12 zwischen 1851 und 1900.

3. KATALOGE

Moderne Kataloge

Online-Bibliothekskatalog [Bestände und unselbständige Literatur, ausgenommen Urner Kleindruckschriftensammlung (Akzidenzdrucke), Kapitelsbibliothek und Periodica-Titel]

Zeitschriftenliste [allgemeine Periodica. Excel-Tabelle], via www.kbu.ch

Zeitschriftenliste [urnerische Periodica. Excel-Tabelle], via www.kbu.ch

Orts- und Personenregister zum Historischen Neujahrsblatt, Bd 1, 1895 ff., via www.kbu.ch

Historische Kataloge

Handschriftliche Kataloge

Alphabetischer Autorenkatalog zur Kapitelsbibliothek Uri [Zettelkatalog]

Uraniensia-Sachkatalog [Zettelkatalog; DK-Katalog und Bibliographie bis 1992; seit der Einführung von EDV nicht mehr als Zettelkatalog weitergeführt. Alle Titel wurden per EDV aufgenommen]

Handschriftliche Zuwachsverzeichnisse und Kataloge

Handschriftliches Akzessionsjournal: 1972–1992

Gedruckte Zuwachsverzeichnisse und Kataloge

Bibliotheks-Katalog der hochwürdigen Geistlichkeit des Sextariats-Capitel von Ury. Altdorf 1835 [inkl. »Gesetze für die Leser«]

Katalog über die Bibliothek des hochw. Priesterkapitels von Uri. Altdorf 1872 [inkl. Statuten]

Bibliographie der V Orte. Uri. In: Geschichtsfreund. Mitteilungen des historischen Vereins der Fünf Orte Luzern, Ury, Schwyz, Unterwalden und Zug. Ab Bd 101, 1948 [mit Rückblick auf Vorläufer-Verzeichnisse in Bd 101, 1948, S. 389. Titelaufnahmen seit den 70er-Jahren grösstenteils identisch mit den Beständen der Kantonsbibliothek Uri]

4. QUELLEN UND DARSTELLUNGEN ZUR GESCHICHTE DER BIBLIOTHEK

Ungedruckte Quellen

Rechenschaftsbericht über die Staatsverwaltung und Rechtspflege des Kantons Uri Jahre 1952 und 1953 ff. [jeweils unter Staatsarchiv. Diverse Hinweise auf die Stiftungsgründung 1971 und auf Zugänge in der Kantonsbibliothek und im Staatsarchiv Uri] [Staatsarchiv Uri]

Jahresbericht Kantonsbibliothek Uri Stiftung, 1972

Geschäftsakten. Protokolle des Stiftungsrates und der Bibliothekskommission, ab 1971

Kantonsbibliothek Uri Stiftung. Statut und Vertrag vom 15. Dezember 1971. Mit Änderungen, Ergänzungen 1988. Altdorf 1988 [mschr.]

Vertrag zwischen dem Kanton Uri, der Einwohnergemeinde Altdorf, dem Gönnerverein Kantonsbibliothek Uri (früher »Volkshochschule Uri«, vormals »Gesellschaft zur Förderung der Kantonsbibliothek Uri«) und der Stiftung »Kantonsbibliothek Uri«. Altdorf 2002 [mschr.; der Leistungsauftrag ist Bestandteil dieses Vertrags]

Gedruckte Quellen

Kantonsbibliothek Uri Stiftung. Statut und Vertrag vom 15. Dezember 1971. Altdorf 1971

Verordnung über die Unterstützung der Kantonsbibliothek Uri (vom 5. April 2000). Rechtsbuch Uri

Darstellungen

Aschwanden, Felix: Braucht Uri eine öffentliche Bibliothek? In: Urner Wochenblatt, 8. Dezember 1972 (Nr. 97); Gotthard Post, 9. Dezember 1972 (Nr. 49)

Bourgeois, Pierre: Der Direktor der Schweizerischen Landesbibliothek äussert sich zur Frage der Gründung einer Urner Kantonsbibliothek. In: Gotthard Post, 7. März 1953 (Nr. 10)

Egger, Eugen: Bedeutung und Aufgabe einer Kantonsbibliothek. In: Urner Wochenblatt, 23. Januar 1954 (Nr. 7), 27. Januar 1954 (Nr. 8), 30. Januar 1954 (Nr. 9); Gotthard Post, 28. Januar 1954 (Nr. 3) [Referat, gehalten an der konstituierenden Versammlung der Gesellschaft zur Gründung einer Urner Kantonsbibliothek]

Egger, Eugen; Bedeutung und Aufgabe einer Urner Kantonsbibliothek. In: 7. Jahresgabe der Kantonsbibliothek Uri 1960, S. 5–13

Entwicklungsmöglichkeiten einer urnerischen Kantonsbibliothek. In: Urner Wochenblatt, 10. Dezember 1955 (Nr. 95)

Feitknecht, Ursula: Die Kantonsbibliothek Uri im Dienste der Bevölkerung. In: Urner Wochenblatt, 22. Juli 1972 (Nr. 57)

Frohe Kunde aus der Kantonsbibliothek Uri. In: Urner Wochenblatt, 1. November 1974 (Nr. 86): ill. [Erweiterung der Ausleihe, Bibliographie des Kantons Uri]

Gisler-Jauch, Rolf: Aus der Bibliotheksgesellschaft wurde Volkshochschule: GV der Volkshochschule Uri. In: Urner Wochenblatt, 23. Mai 1992 (Nr. 40): ill. [betr. Statutenänderung und Umbenennung hinsichtlich Zweckbestimmung der bisherigen Bibliotheksgesellschaft]

Kantonsbibliothek und Volkshochschule Uri in Zahlen. In: Urner Wochenblatt, 20. Juni 1964 (Nr. 48)

Kantonsbibliothek Uri Stiftung: Ein ungelöstes Problem: Die Unterbringung des Staatsarchives und der Kantonsbibliothek Uri: Kantonale Volkabstimmung vom 2. Februar 1986. Hrsg.: Stiftungsrat der Kantonsbibliothek Uri; überparteiliches Komitee »Ja für Archiv und Bibliothek«. Altdorf 1986

Latzel, Eliane: Von der Idee in den fünfziger zur Trägerschaft in den siebziger Jahren. In: Urner Wochenblatt, 25. Januar 1997 (Nr. 7): ill.

Mitgliederverzeichnis der Gesellschaft zur Förderung einer Kantonsbibliothek. In: 2. Jahresgabe der Kantonsbibliothek Uri 1955, S. 21–31

Müller-Marzohl Alfons: Die Wissenschaft vom Kanton Uri: Festansprache anlässlich der Einweihungsfeier des Staatsarchives und Kantonsbibliothek Uri vom 9. September 1988. [Altdorf] 1989

[Stadler-Planzer, Hans]: Die Schulbibliotheken im Kanton Uri. In: Urner Schulblatt, Juni 1984 (Nr. 76), S. 19–21 [Zusammenarbeit und Funktion der Kantonsbibliothek Uri]

Stadler-Planzer, Hans: Staatsarchiv und Kantonsbibliothek Uri: 1988. Altdorf 1988

Eine Urner Kantonsbibliothek. In: Gotthard Post, 28. Februar 1953 (Nr. 9) [Gründungsbericht]

Einer Urner Kantonsbibliothek entgegen. In: Gotthard Post, 14. März 1953 (Nr. 11) [zur Gründungsversammlung]

Windlin, Dorothee; Arnold, Daniela: Bibliotheksgeschichte des Kantons Uri. Teil 1. In: KBU-Letter-Box 2 (1966) Nr. 5, S. 3–7

Wird die Kantonsbibliothek Wirklichkeit? In: Urner Wochenblatt, 14. März 1953 (Nr. 20)

Zurfluh, Kurt: Die Kantonsbibliothek ist 10 Jahre alt. In: Urner Wochenblatt, 13. November 1982 (Nr. 89): ill.; Gotthard Post, 20. November 1982 (Nr. 46)

Zurfluh, Kurt: Nun der Gönnerverein Kantonsbibliothek Uri: Verein Volkshochschule Uri. In: Urner Wochenblatt, 2. Juni 1999 (Nr. 42): ill.

Zur Errichtung einer Gesellschaftsbibliothek und kantonalen Sammlung. In: Urner Wochenblatt, 16. Februar 1884 (Nr. 7)

Zwanzig Jahre Kantonsbibliothek Uri. In: Urner Wochenblatt, 28. April 1973 (Nr. 33)

5. VERÖFFENTLICHUNGEN ZU DEN BESTÄNDEN

Bütler, Anselm: Pater Fintan Amstad OSB, Altdorf/ Mariastein. In: Borromäer Stimmen 54 (1973/74), S. 23–26; ill.

Furrer-Truttmann, Annegret: Bibliothek der Sektion Gotthard des Schweizer Alpen-Clubs. In: Urner Wochenblatt, 25. Mai 1996 (Nr. 40): ill. [Die Sektion SAC Gotthard wurde 1881 gegründet. Die Bibliothek des SAC Sektion Gotthard befindet sich seit 1975 in der Kantonsbibliothek Uri als Depositum]

Furrer-Truttmann, Annegret: Wer hier einkehrt, wird als Persönlichkeit begrüsst. In: Urner Wochenblatt, 2. August 1997 (Nr. 60): ill. [über die Sammlung von Urner Hotelprospekten aus der Zeit vom Ende des 19. Jh bis heute, in der Kleindruckschriftensammlung / Akzidenzdrucksammlung]

Kantonsbibliothek Uri Stiftung: Uraniensia-Themenlisten: Suchhilfen für Schüler und Schülerinnen der Sekundarstufen, der Berufsschulen und Mittelschulen. Altdorf 2000

Latzel, Eliane: Bibliographie der Urner Periodica. Diplomarbeit der Vereinigung Schweizerischer Diplombibliothekare. Altdorf 1979 [mschr.]

Latzel, Eliane: Marias und Engel als Exportgut. In: Urner Wochenblatt, 29. November 1997 (Nr. 94): ill. [über die Herstellung von Andachtsbildern der Urner Druckereien im 19. Jh und über die Sammlung von »Helgä« im Bestand der Kantonsbibliothek Uri]

Meier, Gabriel: Sebastian von Beroldingens Bibliothek nebst einem Anhang über die Bücherzensur von 1604 im Lande Uri. In: Historisches Neujahrsblatt Uri 1904, S. 1–12

R. D. Jacob Kaiser missionarii ap[osto]l[i]ci in Helvetia conciones et missiones habitae. [hschr.; anonyme Biographie. Zeitraum 1755–1816; ca. 1816] [Staatsarchiv Uri]

Roubik, Peter: Glaube und Wunderglaube im Kanton Uri vor 200 Jahren: Das Wirken des Pfarrhelfers Josef Anton Fruenz in Spiringen 1808. In: Urner Wochenblatt, 22. März 1980 (Nr. 22): ill.;

Gotthard Post, 22. März 1980 (Nr. 12): ill. [Werke mit Besitzvermerk von Josef Anton Fruenz in der Kapitelsbibliothek]

Sommerauer, Barbara: Inventarisierung der allgemeinen Periodicabestände der Kantonsbibliothek Uri im Hinblick auf eine spätere EDV-Zeitschriftenverwaltung. Diplomarbeit der Vereinigung Schweizerischer Diplombibliothekare. Altdorf 1991 [mschr.]

Wymann, Eduard: Die Bibliothek der Kaplanei Beroldingen 1573. In: Zeitschrift für schweizerische Kirchengeschichte 1 (1907), S. 56–59

STAATSARCHIV URI, ALTDORF

Kanton: Uri

Ort: Altdorf

Bearbeiterin: Karin Marti-Weissenbach
unter Mitarbeit von Rolf Aebersold
und Hanspeter Marti

Adresse: Bahnhofstrasse 13, 6460 Altdorf

Telefon: +41 41 875 22 21

Telefax: +41 41 875 22 26

Homepage: www.staur.ch

E-Mail: staatsarchiv@ur.ch

Träger: Kanton Uri

Funktion: Kantonsarchiv

Sammelgebiete:
Urkunden, Behörden- und Verwaltungsschriftgut seit 1196; Unterlagen der modernen kantonalen Urner Verwaltung, der Behörden und deren Kommissionen; private Urner Nachlässe; verschiedene Sammlungen (graphische Blätter, Ansichtskarten, Plakate, Bilddokumente). Kantonale Kunst- und Kulturgut-Sammlung Uri (Werke der bildenden Kunst, Staatsaltertümer, Münzen und Medaillen, archäologische Bodenfunde).

Benutzungsmöglichkeiten:
Nur im Lesesaal. Öffnungszeiten: Montag 8.00–12.00 Uhr, 14.00–18.00 Uhr; Dienstag bis Freitag 8.00–12.00 Uhr, 14.00–17.30 Uhr; Samstag 9.00–12.00 Uhr. Bei Samstagsbesuchen wird um Anmeldung unter Angabe des Forschungsgebietes gebeten.

Technische Einrichtungen für den Benutzer:
Fotokopiergerät, Mikrofilmlesegerät.

Hinweise für anreisende Benutzer:
Anreise per Auto: Nationalstrasse A 2 Ausfahrt Flüelen, Richtung Altdorf/Klausen, Dorfzentrum Altdorf, Abzweigung Bahnhofstrasse, Staatsarchiv 200 m (neben dem Postgebäude); Parkplätze (Blaue Zone) befinden sich direkt beim Staatsarchiv, weitere Parkplätze beim Gemeindehaus, auf dem Lehnplatz oder in der Tiefgarage. Per Bahn: Bahnhof Flüelen, Unterführung zur Bushaltestelle »Alte Kirche Flüelen«, Bus nach Altdorf (Haltestelle »Telldenkmal«).

1. BESTANDSGESCHICHTE

1.1 Die älteste Urkunde des Staatsarchivs Uri ist auf den 30. August 1196 datiert und dokumentiert die Vermittlung des Pfalzgrafen Otto von Burgund in Grenzstreitigkeiten zwischen Uri und Glarus. Dorfbrände in den Jahren 1400, 1693 und 1799 dezimierten die vorhelvetischen Akten stark. Allerdings konnte der grössere Teil der Urkunden gerettet werden. Einigermassen überliefert sind die Bereiche Gesetzgebung, Vogteien, Staatshaushalt und Fremde Dienste. Die Kontinuität der staatlichen Überlieferung beginnt aber erst nach 1800. Im 19. und 20. Jh sind, teils aus Gründen der Zuständigkeit, teils aus Mangel an aktenkundig gewordenen Aktivitäten, die Bereiche Landwirtschaft, Gewerbe und Handel, Bildung und Kirche schwach dokumentiert. Dagegen gelangten die Notariatsarchive und die Amtsdruckschriften nach 1800 vollständig, die Akten der Bereiche Finanz-, Bau-, Justiz-, Militär-, Zivilstandswesen und Gerichte sowie im 20. Jh diejenigen des Energiewesens weitgehend ins Staatsarchiv. In der zweiten Hälfte des 20. Jhs hat sich das Staatsarchiv Uri auch zum Zentrum für die ikonographische Überlieferung des Kantons entwickelt. Umfangreiche Sammlungen von graphischen Blättern, Plakaten, Photographien und Negativen, Post- und Ansichtskarten, Filmen, Tonträgern und Videos werden laufend ergänzt und dokumentieren eindrücklich wichtige Ereignisse und die Veränderungen der Kulturlandschaft. Privatarchive wurden und werden immer wieder ins Staatsarchiv aufgenommen, da sie eine wichtige Ergänzung zur staatlichen Überlieferung darstellen. So enthält der Nachlass des Urner Kulturschaffenden Karl Iten (1931–2001) neben einer national bedeutenden Sammlung von Menu- und Speisekarten auch eine solche teils alter Kochbücher, auf die die Bestandsbeschreibung näher eingeht. In der Kantonalen Kunst- und Kulturgut-Sammlung Uri betreut das Staatsarchiv neben der Sammlung von Werken der bildenden Kunst auch die sogenannten Staatsaltertümer, Banner, Insignien, Siegel, Masse, Münzen und Medaillen sowie archäologische Bodenfunde.

1.2 Ursprünglich war das Urner Archiv als Bestandteil der Standeskanzlei im Rathaus untergebracht und wurde vom Landschreiber betreut. Erst seit 1906 besteht ein besonderes Amt mit dem Staatsarchivar als Vorsteher. Damals erhielt das Staatsarchiv in der Ankenwaage in Altdorf eigene Räume. Da es im 20. Jh ständig wuchs, mussten immer mehr Bestände ausgelagert werden, so dass sie schliesslich in insgesamt sieben teils weit voneinander entfernten Gebäuden untergebracht waren. 1988 konnte das Archiv, gemeinsam mit der Kantonsbibliothek, ins 1911 erbaute Gebäude des ehemaligen Konsums an der Bahnhofstrasse 13 in Altdorf einziehen. Da das Staatsarchiv weiterhin wächst, sind auch jetzt Auslagerungen unumgänglich.

2. BESTANDSBESCHREIBUNG
Chronologische Übersicht

2.1 Gedruckte Bücher gehören zwar ebenfalls zum Bestand des Staatsarchivs Uri, sind aber, abgesehen von den Amtsdruckschriften und der Archivbibliothek, neben den handschriftlichen Unikaten doch in der Minderheit. Von den insgesamt 4588 vor 1901 gedruckten Einheiten fallen denn auch allein 2038 Stück, das sind 44,4 %, unter die Kategorie »Kantonale Amtsdruckschriften«, von denen fast durchweg Mehrfachexemplare zu zählen waren. Sie alle erschienen im 19. Jh. Die übrigen 2550 Einheiten (55,6 %) verteilen sich wie folgt auf die Jhe: 5 entfallen auf die zweite Hälfte des 16. Jhs, 4 auf die erste, 21 auf die zweite Hälfte des 17. Jhs, 66 auf die erste, 134 auf die zweite Hälfte des 18. Jhs, 628 auf die erste, 1692 auf die zweite Hälfte des 19. Jhs. Auch ohne die Amtsdruckschriften, die für die Zeitspanne zwischen 1851 und 1900 1881 Stück ausmachen, gehören über 66 % der Drucke in die letzten 50 Jahre der untersuchten Erscheinungszeit.

Übersicht nach Sprachen

2.2 Noch erdrückender ist mit 4396 Einheiten (96 %) das Übergewicht der deutschen Sprache. Sämtliche 2038 Amtsdruckschriften sind auf Deutsch erschienen. Aber auch von den übrigen gedruckten Einheiten sind 2358 (92,5 %) deutschsprachig. 80 wurden in französischer, 62 in lateinischer, 43 in italienischer, 6 in englischer und 1 in spanischer Sprache publiziert.

Systematische Übersicht

2.3 Von den gedruckten Beständen sind 1757 Einheiten im allgemein zugänglichen EDV-Katalog erfasst, der auch einen grossen Teil der Bücher der Kantonsbibliothek verzeichnet. Es handelt sich um die von der Kantonsbibliothek verwalteten Bestände »Allgemeine Werke«, »Lesesaal«, »Uraniensia« und »Sammlung Graphica« sowie um den grössten Teil der Periodika, die Amtsdruckschriften nicht eingerechnet. All diese Bestände konnten nach dem Katalogausdruck gezählt werden. Lediglich in Zweifelsfällen wurden Überprüfungen am Regal vorgenommen. Da sich die Einteilung für eine inhaltliche Beschreibung nicht eignet und in allen Bestandsgruppen sowohl eigentliche Uraniensia als auch nichturnerische Einheiten festgestellt werden konnten, wurden diese Bücher bei der Zählung geeigneten Fachgruppen zugeordnet. Als eigentliche Uraniensia, in diesem Bestand insgesamt 259, wurden in den Gruppen »Geschichte«, »Geographie«, »Wirtschaft / Technik«, »Recht«, »Theologie« sowie bei den Periodika diejenigen Drucke besonders gezählt, die von Urner Autoren stammen, im Kanton Uri gedruckt wurden und / oder ausschliesslich Urner Themen behandeln.

2.4 Die grösste Gruppe bilden mit 674 Einheiten die historischen Werke und unter ihnen mit 598 diejenigen zur Schweizer Geschichte wie Jakob Lauffers *Genaue und umständliche Beschreibung Helvetischer Geschichte* (18 Teile plus Register, Zürich 1736–1739). 44 Schriften sind der Schweizer Kirchengeschichte zuzuordnen wie die *Constitutiones et decreta synodi dioecesanae Constantiensis* (Konstanz 1609) und weitere Konstanzer Diözesankonstitutionen. 82 behandeln Themen der Urner Geschichte, darunter weitere kirchengeschichtliche, sowie, v. a. aus dem 19. Jh, solche über das Armenwesen des Kantons, so in mehreren Exemplaren *Die neuerrichtete Armenanstalt in Altdorf im Kantone Uri* (Zug 1806), und über Naturkatastrophen, z. B. die *Einfache Darstellung der Unglücksfälle durch Schneelauwinen im Kanton Ury im Christmonate 1808* (Altdorf 1809). Zu den ältesten Drucken zur Geschichte von Uri gehören Rechtsgutachten über den Prozess um den Urner Obersten Sebastian Peregrin Zwyer von Evibach (*Eidgenoessischer und redlicher Bericht*, o. O. 1658, sowie in 2 Exemplaren *Deduction oder Wahrer gruendtlich- und ausfuehrlicher Bericht*, o. O. 1658). Ausserdem sind mehrere Exemplare von Franz Vinzenz Schmids *Allgemeiner Geschichte des Freystaats Ury* (2 Teile, Zug 1788–1790) zu erwähnen. Die restlichen 76 Einheiten behandeln Themen der Geschichte anderer Länder, davon 20 solche zur Kirchengeschichte. Betrachtet man diese Gruppe nach den Erscheinungsjahren, so wurden 2 Bücher in der zweiten Hälfte des 16. Jhs gedruckt, darunter Johannes Stumpfs *Schwytzer Chronica auss der grossen in ein handbüchle zusamen gezogen biss 1546* (Zürich 1554). Ein Buch erschien in der ersten Hälfte, 5 Einheiten erschienen in der zweiten Hälfte des 17. Jhs, 28 in der ersten Hälfte, 30 in der zweiten Hälfte des 18. Jhs, 191 in der ersten Hälfte und 417 in der zweiten Hälfte des 19. Jhs. Bei der Übersicht nach Sprachen dominiert wie im Gesamtbestand Deutsch mit 622 Einheiten neben 26 französischen, 16 italienischen und 10 lateinischen Drucken. Letztere gehören alle der Schweizer Geschichte bzw. Kirchengeschichte an, darunter Johann Baptist Plantinus' *Helvetia antiqua et nova* (Bern 1656).

2.5 Eine weitere Gruppe bilden die 155 der Geographie zuzuordnenden Werke, unter denen sich Reiseliteratur, landeskundliche Schriften sowie Landkarten befinden. 137 Einheiten sind der Schweizer Geographie zuzurechnen, z. B. Johann Leopold Cysats *Beschreibung des Berühmbten Lucerner oder 4. Waldstätten Sees* (Luzern 1661) und Johann Jakob Haugs *Rediviva Helvetia* (o. O. 1682). 20 der Schriften zur Schweizer Geographie sind Uraniensia, so von Peter Furrer *Die Wallfahrt und Gnadenkapelle zu Maria Sonnenberg* (Ingenbohl 1864). Nur 18 Einheiten behandeln nichtschweizerische Themen. Ins Gewicht fällt hier die *Neue Sammlung geographisch-historisch-statistischer Schriften* (Bde 6–17 plus Register, Weissenburg; ab Bd 7 Weissenburg und Schwabach 1787–1795). Die zeitliche Verteilung stellt sich folgendermassen dar: 3 Einheiten gehören der zweiten Hälfte des 17. Jhs, 26 der zweiten Hälfte des 18. Jhs, 126 dem 19. Jh an. 144 Werke sind in deutscher, 6 in italienischer, 4 in französischer und 1 in englischer Sprache erschienen.

2.6 Die übrigen Gruppen zählen alle weniger als 100 Einheiten. Am umfangreichsten ist mit 75 diejenige der Lexika, der Bibliographien und das Bibliothekswesen betreffenden Bücher, von denen 27 im 18. und 48 im 19. Jh, alle aber in deutscher Sprache erschienen sind. Ins Gewicht fällt hier für das 18. Jh Hans Jakob Leus *Allgemeines helvetisches, eydgenössisches oder schweizerisches Lexicon* (20 Teile, Zürich 1847–1765) und Hans Jakob Holzhalbs *Supplement* dazu (6 Teile, Zürich 1786–1795). Weitere 60 Einheiten, alle im 19. Jh in deutscher Sprache gedruckt, bilden eine Gruppe »Wirtschaft und Technik«, unter denen 26 speziell den Kanton Uri betreffen. Es handelt sich mehrheitlich um Schriften zur Landwirtschaft und zum Bau der Gotthardbahn. 47 Schriften sind unter der Sachrubrik »Sprache und Literatur« zusammenzufassen. Sie erschienen alle im 19. Jh, 44 in deutscher, 3 in französischer Sprache. 27 Einheiten dieser Gruppe sind Urner Drucke, die meisten Schullesebücher. Weitere 47 Schriften sind der Rechtsliteratur zuzuordnen, auch sie aus dem 19. Jh stammend und in deutscher Sprache publiziert, darunter 22 Uraniensia, z. B. die *Kurze aktenmässige Darstellung des von Anton Senn von Bürglen an der Anna Franziska Arnold begangenen Mordes* (Luzern 1842). Eine weitere kleine Gruppe bilden die 23 theologischen Werke, von denen 13 Uraniensia sind.

2.7 Die übrigen 65 Einheiten sind alle in deutscher Sprache publiziert. Es handelt sich um 20 naturwissenschaftliche Veröffentlichungen, wovon 8 aus dem 18. Jh (darunter die entweder von Edme-Gilles Guyot oder von Guillaume-Germain Guyot publizierten *Neuen physikalischen und mathematischen Belustigungen*, 7 Bde, Augsburg 1772–1777), die übrigen aus dem 19. Jh stammen, ferner um 2 Periodika aus dem 18. Jh, 2 aus dem 19. Jh, 21 dem Fach »Künste und Musik« zuzuordnende Schriften, 18 philosophische bzw. pädagogische Publikationen sowie 2 medizinische Schriften, alle aus dem 19. Jh.

2.8 Hier sind aber auch noch Periodika zu nennen (615 Einheiten), v. a. Zeitschriften und Kalender, eine zahlenmässig gewichtige Gruppe. Sie wurden band- oder jahrgangsweise aufgrund von Computerausdrucken gezählt. 2 erschienen zwischen 1751 und 1800, 26 in der ersten, 587 in der zweiten Hälfte des 19. Jhs. 585 Periodika wurden in deutscher, 20 in italienischer und 10, die sich auf den Bau der Gotthardbahn beziehen, in französischer Sprache gedruckt. 69 Einheiten, alle aus dem 19. Jh und bis auf 2 in der zweiten Jahrhunderthälfte erschienen, sind urnerische Periodika, darunter mit den meisten Einheiten das *Amtsblatt des Kantons Uri* (ab 1849).

2.9 Die im Folgenden beschriebenen Bestände sind nicht über den EDV-Katalog der Kantonsbibliothek, sondern – soweit bereits inventarisiert – über archivische Findmittel zugänglich.

2.10 Zunächst ist hier eine Gruppe von weiteren 114 Zeitschriften und Zeitungen zu nennen, darunter solche der Helvetik wie *Der Schweizerische Republikaner* (1798, 1799) und das *Neue Helvetische Tagblatt* (1799–1801). Sie wurden im Prinzip jahrgangsweise, Einzelnummern aber jeweils als eine Einheit, am Regal gezählt. Sämtliche Einheiten sind in deutscher Sprache erschienen, 5 zwischen 1751 und 1800, 50 zwischen 1801 und 1850, 59 zwischen 1851 und 1900.

2.11 Die inventarisierten Privatarchive, das Alte Archiv und 2 weitere Kleinbestände (Buchwerke in der Sammlung Graphica und 3 Einzelwerke) wurden für die Beschreibung zu einer Gruppe zusammengefasst, da sie alle schon aufgearbeitet sind und es sich mit insgesamt 217 nur um relativ wenige Einheiten handelt. Sie verteilen sich auf 10 Fachgruppen, wobei auf Medizin nur ein Buch aus dem 18. Jh, auf Recht 4, auf Wirtschaft sowie auf Philosophie/Pädagogik je 6 Schriften, alle aus dem 19. Jh, entfallen.

2.12 Das grösste Kontingent bilden mit 83 Einheiten die historischen Schriften, von denen 74 die Schweizer Geschichte betreffen. Von diesen wiederum sind 31 Uraniensia, darunter *Der Eidschwur im Rütli* (Schaffhausen 1845) aus dem Vorbesitz der Bibliothek der öffentlichen Mädchenschule. Von den 9 Schriften zur allgemeinen Geschichte, die alle deutschsprachig sind, stammt eine aus der zweiten Hälfte des 16., eine aus der zweiten Hälfte des 18. Jhs, 7 erschienen im 19. Jh. Die Schriften zur Schweizer Geschichte verteilen sich wie folgt auf die

Jhe: 3 wurden zwischen 1651 und 1700, 10 im 18. Jh, 61 im 19. Jh publiziert, 72 in deutscher Sprache, je 1 Schrift erschien in Lateinisch und in Französisch.

2.13 Ferner sind 59 theologische Publikationen zu erwähnen, von denen 3 im 18. Jh, darunter des Kapuziners Moritz von Menzingen *Philomela Mariana. Die Marianische Nachtigall* (Zug 1713), 56 im 19. Jh, 54 in deutscher, 4 in lateinischer und 1 in französischer Sprache gedruckt wurden.

2.14 Von 24 geographischen Einheiten betreffen 18 die Schweizer Geographie, davon 8 die urnerische und 6 diejenige anderer Länder. 3 Werke erschienen im 18. Jh, 21 im 19. Jh, 20 in deutscher, 3 in französischer und 1 in lateinischer Sprache. Unter den Schriften zur Schweizer Geographie sind zu erwähnen Johann Gerhard Reinhard von Andreäs *Briefe aus der Schweiz nach Hannover geschrieben in dem Jahre 1763* (Zürich, Winterthur 1776) und Friedrich Wilhelm Delkeskamps *Malerisches Relief des klassischen Bodens der Schweiz* (Frankfurt a. M. o. J. [ca. 1830]). Die kartographische Rarität trägt das Exlibris des ehemaligen Urner Kanzleidirektors Friedrich Gisler (1876–1956).

2.15 Die Schriften der übrigen Fächer wurden alle in Deutsch publiziert. 18 bilden die Fachgruppe »Kunst und Musik«, darunter auch Operntexte. 3 erschienen zwischen 1751 und 1800, 15 im 19. Jh. 12 Einheiten sind der Fachgruppe »Sprache und Literatur« zuzuzählen, davon 1 aus der zweiten Hälfte des 18. Jhs und 11 aus dem 19. Jh. Ein *Wilhelm Tell* (Stuttgart 1860) von Schiller trägt das Exlibris der König-Leesenbergschen Fideikommissbücherei. Ausser 4 Zeitschriften und Kalendern wurden die übrigen sehr kleinen, auf Schriften des 19. Jhs beschränkten Fachgruppen schon erwähnt.

2.16 Des Weiteren sind die alten Drucke der nicht inventarisierten Archive zu beschreiben. In Betracht kommen namentlich die Druckschriften des im Jahr 2000 ins Staatsarchiv überführten Pfarrarchivs Wassen, das vorwiegend Predigtliteratur sowie Hirtenbriefe enthält, ferner Privatarchive von Regierungsrat Karl Gisler (1863–1940) bzw. von Amtsarzt Karl Gisler (1905–1976) sowie der Hoteliersfamilie Tresch, Amsteg, die 1995 und 2000 ins Staatsarchiv gelangten. Es finden sich unter diesen Drucken Bücher und Schriften, die den Fachgruppen (Urner) Geographie (10 Stück), Recht (9 Stück), Sprache und Literatur (6 Stück), Pädagogik / Philosophie und Naturwissenschaften (je 3 Stück), Medizin und Musik (je 2 Stück) zugewiesen werden können. Hinzu kommen ein Lexikon sowie 3 Urner Amtsdruckschriften. Zahlenmässig bedeutender sind die 109 theologischen und die 101 historischen Werke sowie Ausg. von Zeitungen und Zeitschriften (87 Einheiten). Von letzteren stammt fast die Hälfte aus einem Konvolut des Nachlasses von Karl Gisler, z. B. *Neujahrsblätter der Gesellschaft zum schwarzen Garten* (Zürich 1808–1825), die *Augsburger Postzeitung* (1847, 1849), die *Staatszeitung der katholischen Schweiz* (1843, 1845, 1846) und die *Wochen=Zeitung* (Zürich 1845, 1846). Von den übrigen Periodika kommen die meisten aus dem Privatarchiv der Familie Siegwart. Sie wurden v. a. vom Vordenker der Schweizer Konservativen der Sonderbundszeit, Konstantin Siegwart-Müller (1801–1869), gesammelt.

2.17 Insgesamt handelt es sich um 336 Einheiten, von denen 12, nur theologische, aus dem 17. Jh, 34 mehrheitlich theologische aus dem 18. und 290 aus dem 19. Jh stammen, von denen ferner, wenn man die Sprache betrachtet, 289 in Deutsch, 39, insbesondere theologische, in Latein und 8 in Französisch gedruckt wurden. Aus dem Pfarrarchiv Wassen sind namentlich zu erwähnen Joseph Mansis *Locupletissima bibliotheca moralis* (4 Bde, Mainz 1670–1674) sowie einige Bücher aus dem Vorbesitz des Pfarrers Alois Joseph Regli, z. B. Patricius Sporers *Theologia moralis super decalogum* (2 Bde, Salzburg 1701/02).

2.18 Einen besonders wertvollen Bestand an alten Drucken enthält die 725 Titel zählende Sammlung von Kochbüchern, die Karl Iten im Laufe seines Lebens zusammengetragen hat und die mit seinem Nachlass ins Staatsarchiv Uri gekommen ist. Sie wird daher in einem besonderen Abschnitt vorgestellt. Unter den 126 vor 1901 erschienenen Einheiten kommen vereinzelt auch Werke über Ökonomie vor wie Georg Heinrich Zinckes *Allgemeines oeconomisches Lexicon* (Leipzig 1744), medizinische Bücher, z. B. der älteste Druck dieser Sondersammlung, Pietro Andrea Mattiolis *Kreutterbuch* (Frankfurt a. M. 1586) in der Ausg. von Joachim Camerarius (deutsche Übers. von Georg Handsch), sowie solche über Öfen und Kamine wie Johann Heinrich Sachtlebens *Die Holzersparungskunst* (Quedlinburg 1790). 2 Schriften erschienen zwischen 1551 und 1600, 1 wurde zwischen 1651 und 1700 gedruckt, 4 Bücher wurden zwischen 1701 und 1750, 10 zwischen 1751 und 1800, 29 in der ersten, 80 in der zweiten Hälfte des 19. Jhs publiziert, davon 95 in deutscher, 24 in französischer, 5 in englischer und je 1 in italienischer und in spanischer Sprache. Zu nennen sind neben älteren Ausg. der Kochbücher von Henriette Davidis Jean-Anthelme Brillat-Savarins *Physiologie du goût* (u. a. 2 Bde, Paris 1828), C. F. Kleins *Die Küche: Vollständiges praktisches Handbuch der Kochkunst* (u. a. Mainz 1870), *Ein Kochbuch für gesunde und sonderlich für Kranke* (o. O. 1596), Francis Collingwoods und John Woolams *The universal cook and city and country housekeeper* (London 1797) sowie *Supp', Gemüs' und Fleisch: Ein Kochbuch für bürgerliche Haushaltungen* (Darmstadt 1839).

3. KATALOGE

Online-Bibliothekskatalog, ausgenommen Periodica-Titel, via www.kbu.ch

Zeitschriftenliste [allgemeine Periodica. Excel-Tabelle], via www.kbu.ch

Zeitschriftenliste [urnerische Periodica. Excel-Tabelle], via www.kbu.ch

Archivische Findmittel [Inventare], vor Ort und teils via www.staur.ch

4. QUELLEN

Altdorf. Staatsarchiv und Kantonsbibliothek Uri. 1988. Altdorf 1988

Aebersold, Rolf: Staatsarchiv Uri, Altdorf. Von Tell bis Königin Viktoria. In: Arbido 17 (September 2002), S. 5–8

Bessler, Carl Joseph: Verzeichnuss der Bücher der Pfrundt Berlingen im Pfrundt Hauss zu Altdorff. 29. Februar 1728 und 26. Januar 1733 [Signatur: P-9/32]

Capitels=Statuten in Absicht auf seine Bibliothecke 1813 [Priesterkapitel] [Signatur: P-29]

Cathalogus aliq[uorum] librorum[.] Bibliotheca v[enerandi] capituli Uraniensis 1813 [Signatur: P-29/5]

[Fründt, Lienhardt]: Verzeichnus der Büechern der pfruond Berlingen im Pfruond haus ze Alltorff. [17. Januar 1604] [Signatur: P-9/4]

Seratius, Henricus: Beneficii in Beroldingen constitutiones per Henric[um] Seratium dictum Shlosser ei[us] beneficii sacell[anum] è Germanico idiomate in Latinum translatae. Cum multis alijs idem beneficium concernentibus. 1573 [Signatur: P-9/3]

BIBLIOTHEK DER BENEDIKTINERINNENABTEI ST. LAZARUS, SEEDORF

Kanton: Uri

Ort: Seedorf

Bearbeiter: Hanspeter Marti und Sonja Schibli

Adresse: Klosterweg 2/4, 6462 Seedorf

Telefon: +41 41 870 15 82

Telefax: +41 41 870 53 82

Homepage: www.kloster-seedorf.ch

E-Mail: info@kloster-seedorf.ch

Träger: Benediktinerinnenabtei Seedorf

Funktion: Klosterbibliothek

Sammelgebiete:
Aszese.

Benutzungsmöglichkeiten:
Hausbibliothek für internen Gebrauch, nicht öffentlich zugänglich. In Ausnahmefällen Bewilligung durch die Äbtissin.

Technische Einrichtungen für den Benutzer:
Kopiergerät.

Hinweise für anreisende Benutzer:
Anreise mit dem Auto: Gotthardautobahn Luzern bis Ausfahrt Flüelen, dann den Hinweisschildern »Seedorf« folgen, im Dorf nach rechts. Richtung Bauen; 200 m bis zum Torbogen der Einfahrt ins Klosterareal. Parkplätze vorhanden. Mit der Bahn von Luzern bis Flüelen oder Altdorf. Von dort mit dem Bus nach Seedorf bis zur Haltestelle »Post« ca. 100 m vor dem Klostereingang.

1. BESTANDSGESCHICHTE

1.1 Im Jahre 1559 wurde das von den Lazaritern im Hochmittelalter gegründete, leerstehende Doppelkloster von Benediktinerinnen aus Claro (TI) neu besiedelt. Noch 1635 umfasste der kleine Konvent bloss 8 Chorfrauen und eine Laienschwester. Von einer eigentlichen Bibliothek kann, nicht zuletzt auf Grund des Fehlens früher Besitzvermerke in den heute noch vorhandenen ältesten Druckwerken, bis zu dieser Zeit kaum gesprochen werden. Aus den vom Einsiedler Abt Placidus Reimann (1594–1670) im Jahre 1644 erweiterten Statuten, die das Armutsgebot in den Mittelpunkt stellen, geht hervor, dass »etliche Bett= und geistliche Büechlin« zwar zum Gebrauchsinventar der Klosterfrauen gehören durften, nicht aber kostbare Einbände mit Silberbeschlägen und Goldschnitt oder Bücher mit aufwendigen Registern. Obwohl in einer Aufzählung der Zuständigkeiten der einzelnen Schwestern aus dem Jahre 1690 eine Bibliothekarin nicht vorkommt, entstand in der zweiten Hälfte des 17. Jhs allmählich eine Sammlung von hauptsächlich aszetischen Werken, von denen einige den Besitzvermerk von Äbtissin Maria Kunigunde Schmid (um 1630–1681) und einzelnen ihrer Mitschwestern, so von Maria Mechthild Schindler (gest. 1710), tragen. Die enge Beziehung des Klosters Seedorf zur Benediktinerabtei Einsiedeln bezeugen viele Einsiedlerdrucke aus der ganzen Frühen Neuzeit und dem 19. Jh sowie weitere buch- und bibliotheksgeschichtliche Zeugnisse, darunter ein Geschenk des Einsiedler Visitators Wolfgang Weisshaupt (gest. 1676). Dessen posthum erschienene *Einsambe Angela* (Einsiedeln 1680) ist in mehreren Exemplaren und mit handschriftlichen Eintragungen – Indiz für den damaligen Gebrauch – in der Seedorfer Bibliothek vorhanden. Einzelne Besitzvermerke lauten auf den Stifter der Klosterkirche, den Nidwalder Weltgeistlichen Kaspar Barmettler (1636–1703). Seit der ersten Hälfte des 18. Jhs treten häufiger Besitznachweise in den Büchern auf. Darunter befinden sich solche der in Einsiedeln geborenen Seedorfer Äbtissin Maria Anna Eberlin (1668–1727) und weitere ihres Bruders Michael Leonz Eberlin (gest. 1735), von dem Bücher 1784 in die Klosterkaplanei und später in die Bibliothek des Frauenklosters gelangten. Der ehemalige Sarmensdorfer Pfarrer, der seine letzten Lebensjahre im Kloster Seedorf verbrachte, war der Initiant der Seedorfer Herz-Jesu-Bruderschaft, über die und für die er *Alles in Einem / Oder das Göttliche in sich schließende Hertz Jesu* (Einsiedeln 1710) verfasste. Auf ihn geht auch die Herz-Jesu-Emblematik in der Klosterkirche und anderen Klostergebäuden zurück. In einem Klosterinventar von 1798 ist weder von Büchern noch von der Bibliothek die Rede, obwohl diese auch während und nach der Zeit der Helvetik fortbestand. Einzelne Schwestern wie Maria Josepha Theresia Leutenegger (1762–1830) besassen zudem privat einige vornehmlich aszetische Werke. Im Jahre 1867 brachte der Einsiedler Stiftsbibliothekar Gall Morel (1803–1872) Handschriften und frühneuzeitliche Aszetica von Seedorf in seine Abtei, um die dortige Sammlung von Einsiedlerdrucken zu vervollständigen. Die Benediktinerinnenabtei entschädigte er 1869 mit Einsiedler Neuerscheinungen. Kurz darauf kamen weitere historische Buchbestände, v. a. Musikdrucke des 17. und 18. Jhs, von Seedorf nach Einsiedeln. Umgekehrt weisen Seedorfer Bestände zahlreich Besitzvermerke von Einsiedler Beichtvätern wie Beat Rohner (1836–1891), Otto Bitschnau (1825–1905) und Gerold Bucher (1836–1891) auf. Wohl Ende des 19. Jhs gelangten viele Bücher des Altdorfer Handelsmanns und Geschichtsfreunds Karl Leonhard Müller (1802–1879), eines Sohns von Landammann Karl Martin Müller (1767–1831), in die Seedorfer Klosterbibliothek, deren Bestände im letzten Viertel des 19. Jhs, v. a. im Jahre 1885, und in der Zeit nach der Jahrhundertwende generell stark vergrössert wurden. Wie handschriftliche Verzeichnisse belegen, waren damals viele, selbst ältere Werke im Besitz einzelner Schwestern und überhaupt auf verschiedene Standorte im Kloster (Abtei, Priorat, Bibliothek, Lehrstube, Schreibstube, Küche) verteilt. Buchgeschenke der späteren Zeit verdankt die Seedorfer Bibliothek der Salzburger Benediktinerinnenabtei Nonnberg, von wo Äbtissin Gertrudis Kaeslin (1917–2001) in ihren ersten Amtsjahren eine Novizenmeisterin beizog. Der grösste Teil des historischen Buchbestands ist in einem eigens eingerichteten Zimmer im obersten Stockwerk des Westtrakts untergebracht, während der Bibliotheksraum, in dem er bis jetzt Platz fand, nun hauptsächlich für neuere, von den Schwestern gebrauchte Publikationen bestimmt ist.

2. BESTANDSBESCHREIBUNG

Chronologische Übersicht und Übersicht nach Sprachen

2.1 Der historische Bestand umfasst 3233 Einheiten, wovon 26 (0,8 %) im 16. Jh, 369 (11,4 %) im 17. Jh, 895 (27,8 %) im 18. und 1943 (60 %) im 19. Jh erschienen. 2882 Werke sind in deutscher (89,1 %), 294 (9,1 %) in lateinischer, 50 (1,6 %) in französischer und 7 (0,2 %) in italienischer Sprache verfasst.

Systematische Übersicht

2.2 Für die inhaltliche Beschreibung des historischen Bestands wurden, z. T. von der in der Bibliothek vorgenommenen systematischen Aufstellung abweichend, geeignete Sachgruppen gebildet. Jede von diesen ist einer der beiden Obergruppen, der Theologie (2962 Einheiten; 91,6 %) oder den profanen Disziplinen (271 Einheiten; 8,4 %), zugeordnet.

2.3 Nach der Beschreibung der theologischen Fächer in der Reihenfolge ihrer Quantität werden die profanen Sachgebiete vorgestellt. Mit fast der Hälfte des gesamten historischen Bestands (49 %) steht die Aszese mit grossem Vorsprung an der Spitze, gefolgt von der Kirchengeschichte (8,7 %), der Dogmatik (6,9 %), der Hagiographie (6,2 %) und der Liturgie (5,6 %). Unter den Profandisziplinen nimmt die Schöne Literatur (3,3 %), zu der auch die geistlichen Dichtungen gezählt wurden, den ersten Platz ein.

Theologie

2.4 Im weitesten Sinn des Begriffs wird hier sämtliche Literatur, die das Christentum, insbesondere den katholischen Glauben sowie dessen Geschichte und Ausübung, betrifft, zur Theologie gerechnet. Wie in Frauenkloster-Bibliotheken generell weisen die Dogmatik und die Moraltheologie einen verhältnismässig geringen Bücheranteil auf, der in Seedorf mit nicht einmal einem Zehntel des gesamten theologischen Altbestands (8,3 %) selbst für Frauenklöster deutlich unter dem Durchschnitt liegt.

2.5 Von der 1583 Einheiten (48,9 % des Gesamtbestands) zählenden Sachgruppe »Aszese« fallen nur 8 (0,5 %) in das 16. Jh, 258 (16,4 %) ins 17. Jh, 575 (36,5 %) ins 18. und 742 (46,6 %) ins 19. Jh, 94,8 % sind in deutscher, nur 3 % in lateinischer und 2 % in französischer Sprache verfasst. Die hauseigene aszetische Tradition spiegelt sich auch in den beiden anderen Hauptwerken Michael Leonz Eberlins, dem *Allgemeinen Sonnen-Liecht* (Zug 1708) und dem *Marianischen Hertz=Häuslein* in erweiterter Aufl. (Augsburg 1755), sowie in den Offenbarungen der heiligen Frauen Mechthild und Gertrud. Wie andere Erbauungsbücher stammt der lateinischsprachige *Zodiacus christianus* (München 1632) Jeremias Drexels aus Eberlins Bücherbesitz. Das *Geistliche Lust=Gärtlein* (Zug 1690), eine Sammlung von Gebeten, wurde vom Verleger der Seedorfer Äbtissin Cäcilia Ursula Püntener (um 1630–1700) und ihren in der Dedikation mit Namen erwähnten Mitschwestern gewidmet. Hin und wieder begegnen in aszetischen Werken Besitzvermerke, die auf Beziehungen Seedorfs zur Benediktinerabtei Einsiedeln hinweisen, so in der *Instructio novitiorum* (München 1633) des Johannes a Jesu Maria, in der *Consolatio pusillanimium. Das ist Trost der Kleinmüethigen* (Augsburg 1650) sowie in Lorenz Forers *Leben Iesu Christi*

(Dillingen 1639). Einsiedler Beichtväter wie Beat Rohner (*Maria und Joseph*, Einsiedeln u. a. 1878) sind zudem mit eigenen Werken vertreten. Vereinzelt treten Provenienzen anderer Deutschschweizer Benediktinerklöster in Erscheinung, so in Thomas a Kempis' *De imitatione Christi* (Köln 1675) Rheinau mit einem Besitzvermerk von Abt Gerold Zurlauben II (1649–1735), Engelberg mit Abt Benedikt Keller (1587–1639) bereits im Jahre 1623 in Robert Bellarmins *Von den siben Worten/Welche Christus am H. Creutz geredt* (Augsburg 1619), einem Geschenk an die Seedorfer Schwester Justina Bugglin (gest. 1638), und St. Gallen mit 4 Ausg. des 19. Jhs von Iso Walsers *Handbuch zur Ewigen Anbetung* sowie mit Basilius Balthasars *Geistlichem Eifer wider die verderbliche Lauigkeit* (St. Gallen 1752; mit Besitzvermerk der Äbtissin Maria Anna Eberlin). Unter den übrigen Benediktinerautoren befindet sich Anselm Fischer mit der *Einöde deß Heiligen Benedicti* (Ottobeuren 1752). Zu den am stärksten vertretenen aszetischen Schriftstellern zählen Alphons von Liguori und Alban Stolz (je 33 Titel), Martin von Cochem (19), Ludwig Blosius (17), Franz von Sales (15), Thomas von Kempis (13) Jacques Nouet und Ulrich Probst (je 11 Titel) und Michael Sintzel (10). Amonius Bachners *Das Licht und die Lieb der Welt* ist in 7 Ausg., Johann Gersons *Vier Bücher von der Nachfolgung Christi* sind bis zum Erscheinungsjahr 1900 in 5 Ausg. (Kempten 1676; Einsiedeln 1683, 1701, 1738, 1748), Michael Langs *Seelen-Weyd* in 3 Ausg. (Zug 1676; Dillingen 1707; Konstanz o. J.) vorhanden. Hinzu kommen Werke zur geistlichen Betreuung der Kranken und zur Ars moriendi, so Matthäus Vogels *Monathliche Vorbereitung zu einem Heiligen Tod* (Köln, Frankfurt a. M. 1756), einst das Geschenk einer Zisterzienserin aus Frauenthal an eine Ordensschwester in Rathausen, bevor dieses Werk, wohl durch Rathausener Schwestern nach der Aufhebung ihres Klosters, nach Seedorf kam. Zu erwähnen sind weitere Einführungen ins Noviziat und abermals Bruderschaftsliteratur. Zu den ältesten in Seedorf befindlichen Druckschriften zählen Johann Taulers *Excercitia über Leben und Leiden Christi* (Lyon 1572; Vorbesitz Michael Leonz Eberlin, 1784 Kaplanei Seedorf), sonst bemerkenswert ein *Vollständiges Lese- und Betbuch zum Gebrauche der Katholiken* (nur 1 Teil, München, Ingolstadt 1783) von Johann Michael Sailer aus dem Vorbesitz von Landammann Karl Martin Müller, des Vaters von Karl Leonhard, von Adam Walassar die *Vita Christi. Das Leben unsers Erlösers* (München 1651), die Kaspar Barmettler gehörte. Eine Übers. der *Himmlischen Tischreden* (Köln 1632) von Cäsar Franciotti ins Deutsche durch den Eichstätter Hofkaplan Johann Thirmair wurde der Äbtissin Kunigunde Schmid vom Bischofszeller Propst Johann Melchior Imhof (1609–1684) geschenkt. Das *Geistliche Blumen=Büschlein* (München 1751) stammt aus dem Benediktinerinnenkloster Nonnberg in Salzburg. Aszetische Gebrauchsliteratur wurde, wie angedeutet, nicht selten mehrfach aufbewahrt, so der *Modus precandi & gratias agendi* (Disentis 1738) in 30 Exemplaren.

2.6 Die Kirchengeschichte (281 Einheiten; 8,7 %) verdankt den zweiten Platz in der Grössenordnung der Fächergruppen Karl Leonhard Müller, von dem umfangreiche Werke, so Friedrich Leopold Stolbergs *Geschichte der Religion* (15 Teile, Hamburg 1811–1818), eine weitere Stolbergausgabe (53 Bde, Mainz 1824–1864) und Andreas Räss' *Convertitenlexikon* (4 Bde, Freiburg i. Br. 1866/67), übernommen werden konnten. Dies erklärt den hohen Anteil (96,4 %) von im 19. Jh erschienenen kirchengeschichtlichen Publikationen. Der Einsiedler Benediktiner und Seedorfer Spiritual Albert Kuhn schenkte im Jahre 1881 ein Exemplar seiner *Roma. Die Denkmale des christlichen und des heidnischen Rom* (Einsiedeln u. a. 1877) mit einer handschriftlichen Zueignung Äbtissin Josepha Gertrud Widmer (1823–1883) und dem Seedorfer Konvent.

2.7 Dass die Dogmatik (225 Einheiten; 7 %), inkl. Katechese, Kontroverstheologie und der Hirtenbriefe, weniger umfangreich als die Kirchengeschichte vertreten ist, hängt einmal mehr mit der Herkunft vieler einschlägiger Werke, z. B. der Traktate zur päpstlichen Unfehlbarkeit, aus der Bibliothek Karl Leonhard Müllers zusammen. Denn in den Frauenklöstern ist die wissenschaftliche Theologie allgemein von untergeordneter Bedeutung. Die meisten Publikationen stammen wiederum aus dem 19. Jh (82 %) und sind in deutscher Sprache verfasst (88,4 %). Aus der früheren Zeit sind u. a. ein anonym erschienener *Kurtzer Underricht Jn etlichen Catholischen Glaubens=Puncten* (München 1666; Vorbesitz des Jesuitenkollegiums Solothurn, datiert auf das Jahr 1674) sowie der *Incredulus non excusatus* (Köln 1694), ein Werk Paul Segneris in der lateinischen Übers. von Johann Ignaz Kappenhagen (Vorbesitz Michael Leonz Eberlins und der Klosterkaplanei), zu nennen.

2.8 Mehr noch als bei der aszetischen Literatur fällt im Nachbarfach »Hagiographie« (202 Einheiten; 6,2 %) die Vielzahl deutschsprachiger Werke (98 %) sowie von Publikationen des 19. Jhs (89 %) auf, ferner der unmittelbare Bezug zahlreicher Schriften zu den im Kloster Seedorf verehrten Heiligen, am ausgeprägtesten im *Speculum poenitentiae* (Freiburg i. Ü. 1616) des Einsiedler Abts Augustin Hofmann (1556–1629) mit den Beispielen von Magdalena, Martha und Lazarus. Den Benediktinerheiligen allgemein (Franz Metzger, *Heiliges Benedictiner-Jahr*, München 1690) und Heiligengestalten der näheren Umgebung (Niklaus von Flüe) sind die meisten hagiographischen Schriften gewidmet. Eine bemerkenswerte Ausnahme stellen die *Leben heiliger Seelen* (2 Bde, München

1815) des Protestanten und Pietisten Gerhard Tersteegen dar.

2.9 Der allgemeinen Präferenz für Literatur zur kirchlichen Frömmigkeitspraxis entspricht der grosse Anteil an liturgischen Werken, z. B. von Missalen und Offizien (181 Einheiten; 5,6 %), unter denen die Einsiedler Drucke aus allen Jhn sowie Geschenke von Einsiedler Benediktinern herausragen, darunter ein *Antiphonarium monasticum* (1681) und das *Epitome gradualis Romani* (Regensburg 1892), von P. Paul Schindler (1838–1908) dem Kloster Seedorf, seinem Wirkungsort als Spiritual, zugeeignet. Unter den älteren Drucken sind auch das *Diurnum monasticum* (Venedig 1585) und ein französischsprachiges Offizium (Lyon 1643) hervorzuheben.

2.10 Die verhältnismässig zahlreichen Ausg. von Ordensregeln und Regelerklärungen (131 Einheiten; 4 %) ab dem beginnenden 17. Jh betreffen fast ausschliesslich den eigenen Orden und sind teilweise in mehreren Exemplaren vorhanden: Aus dem 17. Jh stammen 28, aus dem 18. Jh 55 und aus dem 19. Jh 48 Einheiten. Eine Ausnahme ist die *Regel der Geselschafft Sanct Ursulae* (Köln 1615).

2.11 Bibeln und Bibelliteratur (125 Einheiten; 3,9 %), hauptsächlich Konkordanzen und, seltener, exegetische Werke, z. B. Jakob Philipp Lallements *Kurze Auslegung der Psalmen Davids* (Augsburg 1778), erschienen zur Hauptsache im 18. Jh (19,2 %) und im 19. Jh (72 %) sowie in deutscher Sprache (91 %). Erwähnenswert sind eine Dietenberger Bibel (Köln 1561), eine frühe Edition der Vulgata (Köln 1590), eine Nürnberger Bibelausgabe von 1744, das umfangreiche Bibelwerk Ignaz Weitenauers (13 Bde, Augsburg 1777–1781) sowie eine Kinderbibel (Zug 1838). Die lateinsprachige *Sylva* (Köln 1701), ein Werk über den allegorischen Schriftsinn von Hieronymus Lauretus, stammt aus dem Besitz Michael Leonz Eberlins und ging, wie verschiedene andere Druckschriften, 1784 in den der Klosterkaplanei Seedorf über.

2.12 Die Predigten (95 Einheiten; 3 %) weisen Spitzenanteile im 18. Jh (54,7 %) mit grösseren Sammlungen einzelner Autoren (z. B. Georg Wedels; früher im Besitz des Einsiedler Spirituals in Seedorf, Anton Kunz) und in der deutschen Sprache (88 %) auf. Eine Ausg. deutschsprachiger Taulerpredigten (Köln 1660) kaufte im Jahr 1662 Äbtissin Maria Kunigunde Schmid, Johann Hofmaisters Predigten (Ingolstadt 1550) gehörten schon 1635 dem Kloster Seedorf, und das *Geschicht- und Predigbuch* (2 Teile, Augsburg, Graz 1737/38) des Augsburger Benediktiners Reginbald Berckmar, eine Sammlung von Heiligenpredigten, kam aus der Zisterzienserinnenabtei Rathausen nach Seedorf.

2.13 Unter den Brevieren (74 Einheiten; 2,3 %) herrschen, bei gleichmässigen Anteilen des 18. und des 19. Jhs (34 bzw. 33 Stück) die lateinischsprachigen (91 %) vor. Sehr häufig erscheint Einsiedeln als Druckort. Ausnahmen sind u. a. das in Antwerpen erschienene *Breviarium Romanum* (1659) aus dem Vorbesitz Kaspar Barmettlers sowie das *Breviarium monasticum* (Venedig 1678).

2.14 Der Bestand an patristischer Literatur (43 Einheiten; 1,3 %) geht im Wesentlichen auf eine von Karl Leonhard Müller übernommene Kirchenväterausgabe des 19. Jhs (39 Bde, Kempten 1835–1853) zurück. An älterer Literatur sind Werke Gregors des Grossen, darunter seine Benediktsvita in verschiedenen Editionen (Köln 1653, 1663, 1701; Kempten 1677) sowie eine Ausg. der *Dialoge* (Dillingen 1571), und von Augustinus die *Confessionum libri tredecim* (Würzburg 1581) aus dem Vorbesitz von Michael Leonz Eberlin und der Kaplanei (1784) zu erwähnen.

2.15 Das kleinste Kontingent unter den theologischen Disziplinen weist die Moraltheologie (22 Einheiten; 0,7 %) auf, darunter nicht unbedeutende Einzelwerke, so Laelio Zeccos *Responsiones casuum conscientiae* (Köln 1589) und Philipp Harttungs *Philippicae sive invectivae* (Eger 1687).

Profane Literatur

2.16 Die nichttheologischen Disziplinen (271 Einheiten, 8,4 % des Gesamtbestands) wurden in die Sachgruppen »Schöne Literatur« (105 Einheiten), »Profangeschichte« (83), »Naturwissenschaften, Medizin« (39), »Philosophie« (26) und »Künste, Musik« (18) aufgeteilt.

2.17 Die »Schöne Literatur« umfasst ausser den nicht zahlreichen Dichtungen, darunter Albrecht von Hallers *Versuch Schweizerischer Gedichte* (Danzig 1743), Werke des 19. Jhs, Schriften zur Pädagogik, Grammatiken und Lesebücher, einige Briefsteller des 18. Jhs, darunter Philanders *Allerneuesten Vorrath von Auserlesenen Briefen* (Frankfurt a. M., Leipzig 1748), und andere Schreibanleitungen, z. B. *Le secrétaire des secrétaires* (Rouen 1631), sowie Lexiken und Wörterbücher wie das *Dictionarium Teutsch-Jtaliänisch* (Frankfurt a. M. 1605) des Hulsius Levinus.

2.18 Die meisten profanhistorischen Werke stammen aus der Bibliothek Karl Leonhard Müllers, so Michael Ignaz Schmidts *Geschichte der Deutschen* (22 Teile plus Registerband, Ulm 1778–1808) und im 19. Jh erschienene Schriften zur Geschichte der Freimaurerei. Aus dem Vorbesitz Michael Leonz Eberlins und der Kaplanei (1784) ist die Genealogie des Murenser Abts Dominik Tschudi über das Geschlecht der Habsburger (Muri 1702) vorhanden.

2.19 Am meisten Aufmerksamkeit verdient das Kontingent naturwissenschaftlicher und medizinischer Schriften (16. Jh 3, 17. Jh 4, 18. Jh 13 und 19. Jh 19 Einheiten), v. a. Rezept-, Botanik- und Kräuterbücher. Das *Artzneybuch* (Tübingen 1595) von Oswald Ghabelkover wurde wahrscheinlich von Äbtissin Anna Gimmer (gest. 1632) gekauft. Hier befinden sich auch Werke zur Färbetechnik und vereinzelt solche des 17. und 18. Jhs zur Mathematik und zur Ökonomie.

2.20 Unbedeutend ist das Fach »Philosophie«, das auch die Politik, immerhin die erweiterte Ausg. von Christian Weises *Klugem Hofmeister* (Hamburg, Leipzig 1712) umfasst.

2.21 Unter den Künsten sind Musik und Gesang am besten vertreten. Der hier zugerechnete *Tenor armonicae* (Mailand 1651) von Sixtus Reina a Sarono ist im Grenzbereich zur Liturgie anzusiedeln.

3. KATALOGE
Moderne Kataloge

Autorenkatalog [alphabetisch, Zettelform; enthält einige Hinweise zu handschriftlichen Besitzvermerken in den Büchern sowie vereinzelt themenbezogene Sachwörter (z. B. Herz-Jesu) mit der Angabe auch älterer Literatur]

Systematischer Katalog [alphabetisch, Zettelform; nur Werke des 20. und vereinzelt des 19. Jhs]

4. QUELLEN

Bücherlisten mit Besitz- und Standortnachweisen aus der zweiten Hälfte des 19. und dem ersten Jahrzehnt des 20. Jhs

ARCHIVES CANTONALES VAUDOISES, CHAVANNES-PRÈS-RENENS

Canton: Vaud

Lieu: Chavannes-près-Renens

Auteur: Gilbert Coutaz, avec la collaboration d'Hélène Denebourg, Jean-Luc Rouiller et Jean-Luc Wermeille

Adresse: Rue de la Mouline 32, 1022 Chavannes-près-Renens

Téléphone: +41 21 316 37 11

Fax: +41 21 316 37 55

Homepage: http://www.vd.ch/archives-cantonales

E-mail: info.acv@vd.ch

Rattachement administratif:
Etat de Vaud, Secrétariat général du Département de l'Intérieur.

Fonctions:
Bibliothèque scientifique de travail à disposition des archivistes et des chercheurs; bibliothèques patrimoniales (publiques et privées) conservées dans certains fonds d'archives.

Collections:
1. Histoire vaudoise (y compris généalogie, héraldique), mais aussi suisse et des régions étrangères limitrophes; imprimés de l'administration cantonale vaudoise; archivistique. – 2. Théologie, littérature (populaire), histoire, sciences (agriculture), droit.

Conditions d'utilisation:
La bibliothèque de travail est en libre-accès; les fonds anciens et autres imprimés modernes en magasins. Consultation uniquement sur place, du lundi au vendredi de 9 h à 17 h, sauf le mercredi de 14 h à 19 h. Aucun prêt d'ouvrage à domicile.

Equipement technique:
Photocopieuse (copies faites par le personnel, selon les tarifs affichés), lecteurs-reproducteurs et lecteurs-scanners de microfilms, deux postes OPAC, Wifi.

Informations imprimées:
Guide de l'usager; Règlement de la salle de lecture.

Informations pour les utilisateurs de passage:
Les ACV se trouvent près du site universitaire de Dorigny. Depuis la gare CFF de Lausanne, prendre le métro m2 jusqu'à «Lausanne-Flon», puis le métro m1, jusqu'à «Mouline». Depuis l'autoroute, suivre la direction «Lausanne-Sud» et sortir à «Université», suivre ensuite la signalisation; places de parc gratuites devant l'entrée principale du bâtiment.

1. HISTORIQUE DU FONDS

1.1 Les Archives cantonales vaudoises (ACV) sont filles de l'Indépendance vaudoise. Installées dès leurs origines en 1798 dans le beffroi de la cathédrale, elles abritèrent probablement assez rapidement des imprimés officiels. Quoi qu'il en soit, dès son entrée en fonction en 1838, le premier archiviste d'Etat en titre, Pierre-Antoine Baron (1788–1864), se préoccupa d'acquérir des ouvrages de références utiles à la recherche, jetant ainsi les bases de la bibliothèque de travail actuelle. D'abord destinée à l'usage des archivistes, la bibliothèque fut complétée et valorisée par ses successeurs. En 1899, d'après une liste établie par le sous-archiviste Alfred Milloud (ACV, K VII b 22/1899, n° 1084), elle comprenait modestement 96 titres, représentant 254 vol., répartis selon les douze domaines suivants: bibliographie; histoire suisse (11 titres en 125 vol.); histoire et géographie vaudoises (le domaine le plus important par le nombre de titres: 19 en 29 vol.); histoire de la Savoie et de l'Italie; histoire genevoise; histoire, généralités, Moyen Age; droit; numismatique; héraldique, sigillographie; Archives; paléographie, diplomatique; linguistique, civilisation, etc., patois.

1.2 Ce n'est que dans le cadre du déménagement des Archives à la rue du Maupas 47, en 1955/56, que le Conseil d'Etat engagea une bibliothécaire diplômée, Mme Jacqueline Exchaquet. Pendant une vingtaine d'années, jusqu'en 1973, elle s'occupa de la gestion des ouvrages et des imprimés. Elle fut à l'origine d'un nouveau système de classement avec des cotes matières, aujourd'hui abandonné; elle créa aussi les fichiers auteurs/anonymes, matières et topographiques. A son départ à la retraite, la fonction de bibliothécaire ne fut pas repourvue, mais confiée à l'un des archivistes: Laurette Wettstein (1973–1979), puis Michel Depoisier (1979–2002); les tâches d'enregistrement et d'établissement des fiches des nouvelles acquisitions étaient dévolues au secrétariat. La croissance du nombre de titres amena, en 1979, l'abandon des cotes matières, excepté pour les périodiques, au profit d'une cotation continue de toutes les nouveautés (introduction des cotes VA, VB et VC, selon les formats).

1.3 Le transfert des Archives à Chavannes-près-Renens (à l'ouest de Lausanne), dans un bâtiment neuf inauguré en octobre 1985, a permis d'offrir des surfaces plus importantes à la gestion de la bibliothèque, de valoriser le libre-accès et d'accroître la capacité d'accueil des fonds d'imprimés issus de bibliothèques privées, publiques ou de services de l'Etat, comme la bibliothèque de la famille Monod (1990) ou celle de la paroisse de Dommartin (1991). Le dépôt, en 2005, de la bibliothèque de la paroisse de Villars-le-Terroir viendra s'ajouter aux autres fonds de paroisses catholiques entrés jusqu'alors aux ACV (Bottens, 1983; Assens, 1987–1989; Rolle, 1993). Quatre autres bibliothèques offrent un éventail étoffé d'ouvrages relatifs à l'agriculture et à la viticulture: Service de l'agriculture, Ecole cantonale vaudoise d'agriculture du Champ de l'Air sur Lausanne (voir Collections particulières), Ecoles et stations agricoles de Marcelin-sur-Morges (S 210 en 1992, et SB 69 en 1998) et Ecole de fromagerie et d'industrie laitière à Moudon (SB 72, en 1998); ces deux dernières ne proposant toutefois qu'un faible nombre de volumes antérieurs à 1900. Depuis 1990, les ACV font partie du RERO et le catalogue de la bibliothèque de travail sera progressivement informatisé. Son traitement fut confié, dans un premier temps, à l'agence bibliothéconomique Clavel (1990–1997). Dès janvier 2003, la bibliothèque est organisée autour d'une bibliothécaire professionnelle, engagée comme auxiliaire à 50%, et depuis 2008 d'un bibliothécaire nommé à 80%. Riche de plus de 25'000 ouvrages catalogués, la bibliothèque proprement dite est complétée des nombreuses bibliothèques particulières gérées comme des fonds d'archives. Si les imprimés de la bibliothèque de travail (fonds moderne) et ceux de la Réserve (voir Collections particulières) sont signalés dans le catalogue du Réseau romand, ceux intégrés dans les fonds d'archives ne le sont pas encore à ce jour; en revanche, une partie de ces derniers fonds fait l'objet d'inventaires dactylographiés plus ou moins détaillés.

1.4 La statistique des acquisitions de la bibliothèque de travail est connue depuis 1959, date à laquelle le premier registre des entrées est ouvert, avec un état des titres fixé à 3'490 notices. Les chiffres fournis montrent une augmentation relativement constante, tout en restant modeste, jusqu'au milieu des années 1980. Depuis 1990, ils ont tendance à grossir fortement: l'importance des dons, la fixation de politiques renouvelées dans le domaine des achats et des tris des fonds d'archives, la densification des échanges (depuis 2002, les ACV bénéficient directement des échanges de la Société vaudoise d'histoire et d'archéologie, disposant ainsi de l'ensemble des revues d'histoire cantonale publiées en Suisse et celles des régions frontalières, française et italienne) et l'extension des champs d'intervention de la bibliothèque (elle s'efforce, entre autres acquisitions, de faire entrer tous les travaux rédigés à partir des fonds d'archives, en privilégiant notamment les mémoires de licence) expliquent un tel développement. Ainsi entre 1985 et 1995, la bibliothèque s'est enrichie en moyenne de 340 titres par année, puis de 450 titres entre 1998 et 2002 et finalement de 570 titres entre 2003 et 2007. Le nombre des livres entrés dépasse parfois la barre des mille documents lors d'années exceptionnelles comme 1997 ou 2008.

1.5 Les ACV n'ont pas de mission officielle réglementairement définie pour la conservation des imprimés. Cela ne les a pas pour autant empêché de développer une politique de collecte relativement originale par rapport aux autres bibliothèques d'Archives cantonales. Dans un souci de mieux se profiler dans le réseau des bibliothèques scientifiques du canton de Vaud, elles poursuivent les objectifs suivants: intérêt pour les publications à caractère encyclopédique et général; complémentarité dans les travaux de caractère historique vaudois; politique définie en fonction des fonds d'archives et de la place de la bibliothèque des ACV dans le RERO. Autrement dit, la bibliothèque doit autant servir à valoriser les fonds d'archives qu'à pallier leur inexistence ou leur absence.

1.6 Les ACV gèrent et entretiennent différentes bibliothèques, selon qu'elles servent à une meilleure connaissance de l'histoire cantonale et locale, qu'elles introduisent les fonds d'archives dont les ACV ont la responsabilité, qu'elles reflètent l'ensemble de la production imprimée de l'administration cantonale, et qu'elles assurent le développement des connaissances techniques et professionnelles du personnel. Ainsi, il a été procédé en 1996 aux distinctions suivantes parmi les bibliothèques des ACV: bibliothèque scientifique; bibliothèque des archivistes; bibliothèque administrative et juridique; bibliothèque technique et professionnelle; bibliothèque généalogique; bibliothèque des périodiques; bibliothèques particulières de la Rédaction des Monuments d'art et d'histoire et de l'Office cantonal de la protection des biens culturels (en partie intégrées dans celles des ACV suite au transfert de ces deux services le 1er janvier 2001); bibliothèques d'archives officielles, para-administratives et privées. La section «Documentation», ouverte en 1966, comptabilise 717 cartons et comprend neuf sous-sections cotées de QA à QL (imprimés officiels vaudois, imprimés officiels fédéraux, statistiques, imprimés officiels cantonaux, Association des archivistes suisses, imprimés vaudois, périodiques vaudois, suisses et étrangers, imprimés non officiels suisses, affiches isolées, données économiques), toutes fermées depuis le 31 décembre 1996, à l'exception de la sous-section «Association des archivistes suisses» (QE).

1.7 Enfin, au même titre qu'elles regroupent des fonds d'archives, les ACV prônent la conservation intégrale de certaines bibliothèques, moins en fonction de la qualité des ouvrages pris individuellement que de l'importance de la masse et de la valeur informative donnée par l'ensemble desdits ouvrages sur leur propriétaire. Elles se démarquent en ce sens de l'action des bibliothèques scientifiques, davantage intéressées par la collecte de l'ouvrage manquant que par l'intégration de blocs compacts de livres. Le meilleur exemple de cette politique poursuivie par les ACV est fourni par la bibliothèque de l'Ecole supérieure de commerce de Lausanne (S 213), qui échappe à la présente enquête en raison de ses dates de constitution (toute fin du 19e s.).

2. DESCRIPTION DU FONDS
Avertissement

2.1 En raison des fonds d'archives qui sont déposés, donnés ou exceptionnellement achetés, les imprimés sont présents aux ACV bien au-delà de la bibliothèque de travail. Leur présence a été repérée dans 225 fonds. En effet, à la différence des bibliothèques traditionnelles, les imprimés conservés dans un dépôt d'archives peuvent se trouver, rangés ou classés, à de multiples endroits et dans de nombreux fonds qui ne rappellent pas nécessairement, par leur intitulé et leur organisation, leur présence. En ce sens, leur repérage a dû se faire selon des critères multiples et à partir de mots-clefs apparentés à l'imprimé et signalés dans la base de données des ACV. Ainsi, à côté des livres, les ACV abritent des imprimés du type: actes officiels, affiches, cartes postales, cartes topographiques, coupures de presse, estampes, étiquettes de vin, brochures, faire-part, journaux et périodiques, menus, partitions musicales, placards, programmes, prospectus, etc.

2.2 Aux ACV, la place de l'imprimé aux côtés du manuscrit se renforce avec les siècles parmi les fonds officiels, soit ceux de l'administration. Leur présence est prépondérante parmi les mandats souverains (Ba), les archives de la République helvétique (H), les «Affaires fédérales» (J), le Grand Conseil vaudois (K II, S 25), le Conseil d'Etat vaudois (K III, S 26), la Chancellerie vaudoise (S 27). Sous la cote GC (Cartes et plans), les archivistes ont regroupé environ 5'000 pièces isolées, imprimées entre la fin du 16e s. et 1900, autour des communes et des matières particulières suivantes: délimitations internationales et intercantonales; bailliages; glaciers; forêts, marais et montagnes; installations de pisciculture; mines et salines; routes et ponts; chemins de fer; lacs et ports; rivières; domaines de l'Etat; bâtiments de l'Etat; pénitenciers; bains; antiquités; hors pays; cartes imprimées isolées. Tous ces fonds n'ont pas été retenus pour la statistique de cette étude.

2.3 Dans ces conditions, il n'est pas possible de faire un décompte chiffré et systématique des imprimés dans l'ensemble des fonds des ACV, tant en raison de leur diversité et de leur éparpillement que de leur densité variable. Nous savons toutefois que la bibliothèque principale comptait plus de 25'550 titres au 30 septembre 2009. En outre, il faut souligner que la plupart des fonds ou collections qui renferment des imprimés ne sont souvent qu'un faible reflet du nombre d'imprimés initialement conservés; souvent, nous avons affaire à des épaves de bibliothèques, difficiles à reconstituer en raison de la destruction du contexte et de la volonté du donateur d'attribuer des parties à différentes institutions (comme la bibliothèque des étudiants de l'Académie de Lausanne, PP 112). Nos données comptables relèvent d'une sélection aussi objective que possible; en général, elles ont été établies livre en main, avec rigueur, puisque la plupart des vérifications ont été opérées en même temps que les inventaires des fonds considérés étaient dressés.

Survol chronologique et par langues

2.4 Pour les raisons évoquées ci-dessus, il est impossible de déterminer le nombre total d'imprimés anciens conservés aux ACV. Il s'élève toutefois à plusieurs milliers. Les fonds qui ont été retenus pour cet inventaire, et qui ne donnent qu'une image partielle et sous-évaluée de la réalité, renferment plus de 6'800 titres (livres et brochures) antérieurs à 1900 (bibliothèque de Villars-le-Terroir non comprise). Les plus nombreux sont les imprimés du 19e s.: plus de 5'170 titres (76 %). Les imprimés du 18e s. forment un ensemble supérieur à 710 titres (10 %). Les éditions du 17e s. sont nettement moins nombreuses (plus de 230 titres), tout comme celles du 16e s. (24 titres). Les ouvrages les plus anciens sont une Bible latine imprimée par Jean Froben (Bale 1491) et une édition vénitienne des *Opuscula* de saint Thomas d'Aquin (1497). Quelques centaines d'imprimés anciens n'ont pas de date. Les imprimés en français dominent, avec quelque 5'700 titres (83 %), suivis, loin derrière, par ceux en latin (environ 380 titres) et ceux en allemand (quelque 280 titres); reste une centaine de titres dans d'autres langues (surtout anglais et italien).

Aperçu systématique

2.5 Comme la grande partie des fonds retenus n'est pas classée par matières, une systématique simplifiée a été définie dans le cadre de cet inventaire. Chaque imprimé s'est donc vu attribuer une matière générale à cette occasion. L'analyse détaillée des fonds laisse parfois transparaître des tendances à l'intérieur de chaque grand domaine.

2.6 Dans l'ensemble des fonds traités (bibliothèque de Villars-le-Terroir non comprise), deux domaines ressortent : les langues et littératures et la théologie. Le domaine des langues et littératures est le mieux représenté: plus de 1'550 titres. Il s'agit avant tout de littérature dite populaire que l'on pouvait trouver dans les petites bibliothèques publiques de la seconde moitié du 19e s. (comme à Dommartin et à Trey), donc surtout des œuvres du 19e s. d'auteurs français ou d'auteurs étrangers traduits en français.

2.7 La théologie est aussi bien représentée à raison de plus de 1'600 titres. Il s'agit surtout de théologie catholique, puisque 80 % des ouvrages proviennent des bibliothèques des paroisses catholiques d'Assens, de Bottens et de Rolle. Si la part des éditions du 19e s. est toujours nettement prépondérante, on trouve toutefois un nombre non négligeable d'éditions des 17e et 18e s., voire même aussi quelques-unes du 16e s. C'est en théologie que l'on trouve le plus d'ouvrages en latin.

2.8 Viennent ensuite deux autres domaines: l'histoire et les sciences. Du premier relève un ensemble de plus de 1'100 titres, dont la majorité concerne l'histoire suisse et plus spécialement celle du canton de Vaud. La période révolutionnaire est aussi bien représentée. Ces ouvrages se trouvent surtout concentrés dans la Réserve des ACV, dans les fonds de l'historien Eugène Mottaz et de la paroisse catholique d'Assens.

2.9 Les 1'000 et quelques titres de sciences, pour la plupart du 19e s., proviennent, pour plus de la moitié, de la bibliothèque de l'Ecole d'agriculture et portent donc plus spécialement sur les différentes facettes de ce domaine. A signaler aussi quelque 170 titres du 19e s. relatifs aux chemins de fer suisses.

2.10 Le droit renvoie à plus de 650 titres, provenant surtout de la bibliothèque Monod et de la Réserve des ACV. Les autres domaines sont bien moins pourvus: un peu plus de 230 titres pour l'économie et la politique (surtout de la Réserve) et presque autant pour la géographie, une centaine pour la philosophie et une soixantaine pour les beaux-arts. Reste quelque 170 titres de périodiques ou ouvrages généraux.

Collections particulières

2.11 Le regroupement des bibliothèques par nature (ou par genre) réduit le nombre de situations et rend leur interprétation plus aisée. A côté de la bibliothèque de la Réserve, nous avons relevé des bibliothèques administratives (services de l'Etat, école), de particuliers (historien) ou de familles, de paroisses et de sociétés. Notre choix a été dicté par l'homogénéité du contenu, la taille et la nature des fonds.

La Réserve

2.12 La Réserve des ACV est composée d'ouvrages antérieurs à 1850 de provenances multiples, que les ex-libris encore présents dans plusieurs volumes permettent de situer, sans pour autant que nous sachions les modalités de leur entrée. Cette Réserve abrite (en octobre 2009), quelque 1'150 titres pour environ 1'800 vol.: 2 titres du 15e s., 4 du 16e s., 24 du 17e s., 315 du 18e s. et 800 titres de la première moitié du 19e s. Le français domine avec 980 titres (86 %), suivi par l'allemand avec 105 titres (9 %) et le latin (50 titres, 4 %); reste une dizaine de titres en anglais ou en italien.

2.13 Le domaine qui ressort est l'histoire avec 446 titres (36 %): 10 titres du 17e s., 134 du 18e s. et 302 du 19e s.; une cinquantaine de titres sont en allemand; il renvoie à des biographies, à des ouvrages de diplomatique, de paléographie, de numismatique et à des inventaires d'archives. Parmi les plus anciens, nous pouvons signaler: *Origine et pratique des armoiries à la gaulloise* de Philibert Monet (Lyon 1631), *Traité historique de la Chambre des comptes de Savoye* de François Capré (Lyon 1662). Le droit forme un ensemble de 247 titres (21 %): 1 du 16e s., 2 du 17e s. (*Edict et règlement faict par le roy sur le cours et prix des monnoyes tant de France qu'estrangères*, Lyon 1636 et *Les Lois et statuts du pays de Vaud*, Berne 1616), 61 du 18e s. et 183 du 19e s. On y trouve des textes législatifs, des traités de paix, des règlements et lois, des traités de notaire, des ouvrages d'histoire du droit. Le domaine «politique et économie» comprend 160 titres (14 %), répartis entre les 18e (45) et 19e s. (115); ce sont avant tout des rapports au gouvernement, des brochures politiques, des questions de secours et d'enseignement public, des listes de prix et des almanachs économiques. Tous les autres domaines ne dépassent pas la septantaine de titres, la majorité éditée au 19e s.: 68 titres de théologie (y compris l'histoire religieuse et les lois ecclésiastiques), dont 2 du 15e s., 3 du 16e s., 9 du 17e s. et 25 du 18e s.; 54 titres de sciences (art militaire, fortifications, ponts et chaussées, navigation, salines, médecine, sciences naturelles), dont 16 du 18e s.; 37 titres de géographie, dont 4 du 17e s. (comme *La parfaite introduction à la géographie universelle*, Neuchâtel 1694), 11 du 18e s. et y compris les récits de voyage, comme *Les six voyages de Jean Baptiste Tavernier* (Paris 1681); 33 titres de philosophie (10 du 18e s.); 29 titres de langues (dictionnaires, chrestomathies), dont 10 du 18e s.; 23 titres de beaux-arts (fêtes des vignerons et gravures) et 46 titres de périodiques (y compris les catalogues de bibliothèques).

Bibliothèques de services de l'Etat

2.14 Quelques bibliothèques de services de l'Etat sont conservées par les ACV. Parmi celles qui méritent la citation, mentionnons la petite bibliothèque du Service de justice et législation (K VII a 9), qui réunit 41 titres, dont 23 (126 vol.) du 19ᵉ s.; il s'agit avant tout de revues, de protocoles et de monographies de droit. La bibliothèque ferroviaire du Département des travaux publics (K IX 204/3–260) compte 260 titres, dont 215 (248 vol.) de la seconde moitié du 19ᵉ s., relatifs aux chemins de fer de la Suisse occidentale (aspects légaux, techniques et économiques). Deux bibliothèques touchent à l'agriculture: celle du Service de l'agriculture (K XII a 948–1013), qui possède 70 titres (283 vol.), dont 22 (81 vol.) du 19ᵉ s., et celle de l'ancienne Ecole cantonale vaudoise d'agriculture du Champ de l'Air sur Lausanne (K XII a 1091–1127). Cette dernière regroupe quelque 1'000 titres (1'150 vol.), dont 710 livres et brochures (767 vol.) antérieurs à 1900: 1 date du 18ᵉ s. (*Instruction sur les moyens les plus propres à assurer la propagation des bêtes à laine de race d'Espagne* de F.H. Gilbert, Paris 1797), 44 des deux premiers tiers du 19ᵉ s., 582 du derniers tiers, 83 n'ont pas de date. 548 titres sont en français, 137 en allemand et 25 dans d'autres langues. Tout en étant une bibliothèque spécialisée (565 titres sur les 710 concernent l'agriculture, soit 80%), elle comprend aussi quelques ouvrages de droit (39 titres), de politique et d'économie (36 titres), d'histoire (12 titres) et de géographie (10 titres).

Bibliothèque Eugène Mottaz

2.15 Instituteur né en 1862 à Syens (VD), Eugène Mottaz consacra sa retraite à ses travaux historiques. Son nom demeure lié à la *Revue historique vaudoise* et à la *Société vaudoise d'histoire et d'archéologie,* dont il fut un des fondateurs, respectivement en 1893 et en 1902. Nous lui devons aussi le précieux *Dictionnaire historique, géographique et statistique du canton de Vaud* (Lausanne 1911–1921). En 1952, l'Etat acheta à sa veuve la bibliothèque historique de cet érudit, mort l'année précédente, dont seule une part a, semble-t-il, été gardée pour être intégrée dans le fonds P Mottaz, qui contient aussi des manuscrits (notes de dépouillement, articles préparatoires) et des coupures de presse. Les imprimés conservés reflètent donc les sujets d'étude travaillés par l'historien.

2.16 Parmi les quelque 550 imprimés du fonds, 370, dont un nombre important de brochures et de placards, sont antérieurs à 1901. 167 titres sont du 18ᵉ s. (seconde moitié) et 203 du 19ᵉ s. Ils sont tous en français, sauf 1 en allemand. Environ 280 titres concernent la Révolution, ses prémices et ses conséquences (imprimés entre 1760 et 1850 environ). Plus précisément, une centaine d'imprimés touchent la période pré-révolutionnaire à Genève (documents officiels imprimés entre 1765 et 1785); une soixantaine la République helvétique dans le canton de Vaud (documents officiels imprimés entre 1798 et 1804); une soixantaine porte sur l'histoire du canton de Vaud au 19ᵉ s.; une quarantaine sur la Révolution en France (plus de la moitié sont de la seconde moitié du 18ᵉ s.). Parmi les autres imprimés, qui relèvent aussi tous de l'histoire, on notera des écrits francs-maçons de Maurice Glayre (6 de la première moitié du 19ᵉ s.), des études sur ou des écrits de Frédéric-César de La Harpe (des 18ᵉ et 19ᵉ s.), quelques imprimés du 18ᵉ s. relatifs à la Pologne et des études du 19ᵉ s. sur différents aspects de l'histoire romande.

Bibliothèque de la famille Bridel

2.17 Le fonds de la famille Bridel (*P Bridel*) a été donné aux ACV en plusieurs lots, de 1968 à 1986. A côté d'une part importante de documents, le plus souvent manuscrits, relatifs à cette famille entre la fin du 18ᵉ s. et le début du 20ᵉ s. (actes officiels, correspondance, etc.), recueillis par Georges-Antoine Bridel (1867–1946), ce fonds abrite (dans sa section H) un ensemble de plus de 260 ouvrages (350 vol.). Certains ont été rédigés par des membres de la famille Bridel, comme le doyen Philippe-Sirice Bridel (1757–1845) ou Philippe-Louis Bridel (1788–1856), d'autres sont des publications éditées au 19ᵉ s. par la maison Georges Bridel et Cie, d'autres encore sont des ouvrages offerts, dédicacés ou appartenant à des membres de la famille. 186 titres (270 vol.) sont d'avant 1901. Le plus ancien livre est du 16ᵉ s. (*Institutionis christianae religiosis* de Jean Calvin, Genève 1568), 4 sont du 17ᵉ s., 30 (49 vol.) du 18ᵉ s. et 134 (199 vol.) du 19ᵉ s. (80%), 17 ne sont pas datés. La quasi-totalité des livres est en français, à l'exception de 10 titres en latin et 10 en allemand.

2.18 Les domaines de prédilection des imprimés antérieurs à 1901 sont la théologie, et, les langues et littératures: le premier domaine comporte 61 titres (78 vol.), dont 1 du 16ᵉ s., 2 du 17ᵉ s., 9 du 18ᵉ s. Le second domaine ne renferme que 29 titres, mais en 83 vol., dont 8 (24 vol.) du 18ᵉ s. Viennent ensuite trois domaines qui sont représentés par presque le même nombre d'ouvrages: sciences et loisirs (25 titres, 28 vol.), histoire (22 titres, dont 2 du 17ᵉ s., 5 du 18ᵉ s., *Duo Gallicarum rerum scriptores nobilissimi*, Hanovre 1619) et géographie (19 titres, dont *Voyage de messieurs de Bachaumont et La Chapelle*, Cologne 1697). Reste 8 titres de philosophie, 6 titres de droit, 6 de beaux-arts, 3 de politique et économie, et 7 périodiques.

Bibliothèque de la famille Monod

2.19 Le 7 novembre 1990, la Municipalité de Corseaux a donné aux ACV 171 cartons d'archives comprenant l'ensemble des ouvrages de la bibliothèque de la famille Monod (PP 372). Imposante par ses dimensions, la bibliothèque réunit 1'447 titres en 1'686 vol., dont 516 titres (637 vol.) antérieurs à 1901 et 184 titres non datés. Le plus ancien est un volume de 1699; 28 titres (51 vol.) sont du 18ᵉ s. et 487 (585 vol.) du 19ᵉ s. La plus grande partie des ouvrages sont en français: 482 titres; seuls 18 titres sont en latin, 7 en allemand et 9 dans d'autres langues.

2.20 Les domaines les plus importants de cette bibliothèque sont le droit et les langues et littératures: le premier domaine compte 187 titres (220 vol.), dont 6 du 18e s. Le second domaine comprend 158 titres (189 vol.), dont 1 du 17e s. et 13 (18 vol.) du 18e s., y compris 72 titres d'œuvres de littératures étrangères (le plus souvent traduites) ou liées à l'enseignement des langues. Vient ensuite l'histoire avec 44 titres (dont 2 du 18e s.), auxquels on peut ajouter 19 titres de géographie (dont des récits de voyage). La théologie renvoie à 34 titres (tous du 19e s.), auxquels on peut adjoindre 17 titres (19e s.) de psautiers et recueils de chants. Reste 22 titres de sciences, 10 de politique et économie (dont une encyclopédie d'économie), 9 de philosophie ou éducation (dont 6 du 18e s.), 6 de beaux-arts et 10 périodiques (42 vol.).

Bibliothèque du château de Coinsins

2.21 La bibliothèque du château de Coinsins, ou du moins ce qu'il en reste, a été remise aux ACV en 1994, avec un fonds d'archives (PP 530). Les livres de la bibliothèque appartenaient pour la plupart à la famille Guébhard (d'origine neuchâteloise et propriétaire du château de 1830 jusqu'aux années 1930), comme en témoignent les ex-libris manuscrits présents dans de nombreux ouvrages. De rares livres portent une dédicace, dont le *Voyage de Figaro en Espagne* (Séville 1785), donné par l'auteur à Louis Guébhard. Nous sommes en présence d'une bibliothèque familiale, encyclopédique, sensée répondre aux besoins quotidiens de base des habitants du château, dans les différents domaines du savoir, mais il ne s'agit pas d'une bibliothèque de bibliophile. Dans son état actuel, la bibliothèque contient 260 titres en 457 vol., dont 239 titres (402 vol.) antérieurs à 1901, partitions musicales non comprises; 36 titres (61 vol.) sont du 18e s. et 203 (341 vol.) du 19e s. 176 titres (316 vol.) sont en français, 28 (29 vol.) en allemand, 14 en italien, 8 en anglais, 8 en espagnol (52 vol. pour l'italien, l'anglais et l'espagnol) et 5 en latin.

2.22 La plus grande partie des ouvrages relève des langues et littératures, soit 96 titres en 142 vol., dont 16 titres (34 vol.) du 18e s.; 55 titres (84 vol.) sont en français, 20 en allemand et 20 dans d'autres langues (italien, espagnol, anglais, latin). La répartition des langues témoigne de l'intérêt porté pour les littératures européennes et l'apprentissage desdites langues (grammaires, dictionnaires de langue). On signalera quelques éditions originales d'œuvres littéraires, ainsi que, parmi les 19 titres en français de la première moitié du 19e s., *Le cimetière de la Madeleine* de Regnault-Warin (Paris 1800), *Louise et Cécile* de Joséphine de Sirey (Paris 1822) et surtout *L'hermite du Mont St.-Bernard, ou les bisarreries de la fortune* par L.F. Zelottinni (Paris 1801). Viennent ensuite 54 titres (102 vol.) de sciences et arts, dont 6 titres du 18e s. (*Avis aux personnes qui font usage des eaux minérales de Plombières*, de Nicolas Didelot, Bruyères 1782). Plus précisément, il s'agit de 37 titres (82 vol., dont 33 de *L'Année scientifique et industrielle*, 1857-) de sciences (surtout agriculture, comme le *Traité des végétaux qui composent l'agriculture de l'empire français* de Claude Tollard, Paris 1805), 8 de philosophie, éducation, 5 de politique, économie et 4 de beaux-arts. L'histoire est représentée par 44 titres (66 vol.), dont 8 titres (13 vol.) du 18e s. Parmi ces ouvrages, on trouve 10 biographies et 18 titres (25 vol.) de géographie, dont 9 récits de voyage. 37 titres (48 vol., dont 38 du 19e s. en français) concernent la théologie, dont 25 titres (32 vol.) relèvent plutôt de la théologie pratique, comme, pour le 18e s., les *Considérations sur l'œuvre de Dieu dans le règne de la nature et de la providence pour tous les jours de l'année* (3 vol., Genève, Paris 1788). On trouve aussi pas moins de 8 psautiers du 19e s. Reste 5 titres (6 vol.) de droit, du 19e s. en français, et 3 ouvrages généraux (38 vol.), dont 36 vol. du *Magasin pittoresque*.

2.23 La bibliothèque du château de Coinsins renferme encore plus de 127 partitions musicales imprimées (130 vol.); il s'agit soit d'œuvres isolées soit de recueils d'œuvres; quelques partitions sont datées du 19e s., les non datées (la majeure partie) sont probablement aussi du 19e s. On y trouve des méthodes pour apprendre le piano, des œuvres pour piano, des airs d'opéra, des chansons ou scènes populaires. Des ex-libris manuscrits montrent que ces partitions appartenaient aux membres de la famille Guébhard.

Bibliothèque paroissiale de Dommartin

2.24 La Bibliothèque paroissiale de Dommartin (PP 348) a été créée en 1865. Aucun document connu ne permet de retracer les étapes et les motivations de sa création. Cependant, il paraît clairement que cette bibliothèque est tournée dès l'origine vers la lecture publique et le prêt: pauvre en ouvrages de théologie, mais riche en romans, livres d'histoire et récits de voyage, le fonds est de plus constitué exclusivement d'ouvrages en français (auteurs romands, français et traductions). La reliure de ces livres est également typique d'une telle bibliothèque. Elle possédait 260 vol. en 1868 (Heitz, 53). La bibliothèque est restée en activité jusqu'en 1960 au moins, année des dernières inscriptions dans le registre du prêt. Elle a été alimentée avant tout par des achats directs, même si des dons importants et parfaitement datés démontrent qu'elle a suscité l'intérêt de nombreuses personnes et institutions. Les volumes sont estampillés (deux timbres ont été utilisés: «Bibliothèque de la paroisse. Dommartin» et «Eglise nationale. Paroisse de Dommartin»). Les volumes les plus anciens portent également une inscription manuscrite: «Bibliothèque paroissiale de Dommartin et Sugnens». Plusieurs ouvrages ont été perdus et cela alors que la Bibliothèque était encore active, comme l'attestent les marques faites sur les trois catalogues manuscrits, probablement lors d'inventaires.

2.25 Le fonds, entré sous forme de dépôt en 1991 aux ACV, se compose au total de 1'197 titres en 1'322 vol., dont 655 titres (758 vol.) sont antérieurs à 1900. La quasi-totalité des ouvrages est du 19e s. (560 titres), seuls 4 sont du 18e s.; 91 n'ont pas de date (mais sont probablement antérieurs à 1900). Ils sont tous en français. Le domaine des belles-lettres (littérature en français) est le plus fourni: 499 titres (76 %) pour 508 vol. Suivent les ouvrages d'histoire (61 titres ou 9 %, pour 97 vol.), de géographie (38 titres en 46 vol.), de sciences (29 titres en 32 vol.) et de théologie (9 titres, 16 vol.). Reste 10 titres de périodiques (48 vol.), 6 de politique et d'économie, 2 de philosophie et 1 de droit.

2.26 Les ACV conservent aussi quelques ouvrages de la bibliothèque du pasteur de la paroisse (PP 405/1–85). Sur les 85 titres, seuls 12 sont antérieurs à 1901. Le plus ancien a été édité à Berne en 1773 (*Ordonnances ecclésiastiques pour le Pays-de-Vaud*). Pour le reste, il s'agit essentiellement de livres de liturgie et de Bibles du 19e s. à l'usage dudit pasteur.

Bibliothèque paroissiale de Trey

2.27 La commune de Trey (près de Payerne) est érigée en paroisse en 1840, puis réunie à Granges en 1846, avant d'être rétablie en 1864 et repourvue en 1869. C'est justement depuis cette date que nous remarquons les premières activités de la bibliothèque paroissiale. Elle est placée sous la responsabilité du Conseil de paroisse et reçoit des dons du Département de l'Instruction publique et des cultes, de la Société genevoise de publications religieuses et de plusieurs particuliers. Les ouvrages portent les traces d'une ou de plusieurs cotes et d'un ou de deux timbres: «Bibliothèque paroissiale de Trey» et «Bibliothèque paroissiale-Trey». La bibliothèque cessera toute activité peu après 1950.

2.28 A l'origine, les volumes ont reçu une cote de classement alphanumérique. Trois catégories ont été retenues: *A* pour les ouvrages *religieux*, *B* pour les ouvrages *instructifs* et *C* pour les ouvrages *récréatifs* (littérature). En janvier 1872, la bibliothèque comptait 248 titres (282 vol.) répartis comme suit: en *A* 47 titres (48 vol.), en *B* 81 titres (101 vol.) et en *C* 120 titres (133 vol.). Quatre ans plus tard (décembre 1875), les 335 titres (370 vol.) se composaient de 53 titres (53 vol.) *religieux*, 113 titres (135 vol.) *instructifs* et 169 (182 vol.) *récréatifs*, soit la moitié.

2.29 Le fonds (PP 350), entré sous forme de dépôt aux ACV en 1990, est exceptionnellement documenté par un registre de prêt et dix catalogues manuscrits, dont le premier fut ouvert en 1878. Actuellement, sur les 804 titres (956 vol.) de la bibliothèque, 605 (713 vol.) sont antérieurs à 1901: 1 du 18e s., 515 (612 vol.) du 19e s. et 89 (93 vol.) non datés (probablement du 19e s.). Tous les ouvrages sont en français. La ventilation des titres présente selon les domaines des similitudes frappantes avec celle qui prévaut pour la bibliothèque de la paroisse de Dommartin: soit 424 titres (437 vol.) pour les belles-lettres (69 %), 74 titres (89 vol.) pour l'histoire (12 %), 39 titres (44 vol.) pour la théologie (6,5 %), 26 titres (33 vol.) pour la géographie et 20 titres (23 vol.) pour les sciences (3 %). Ferment la marche les périodiques (8 titres pour 73 vol.), la politique et l'économie (7 titres), la philosophie et l'éducation (6) et le droit (1).

Bibliothèque de la paroisse catholique de Bottens

2.30 La paroisse catholique de Bottens a déposé son fonds d'archives (PP 127) aux ACV en novembre 1983. Dans ce fonds se trouvent une centaine d'ouvrages et plus de 500 brochures, placards et circulaires imprimés. Nous n'avons pas retrouvé de documents qui permettent de reconstituer l'histoire de cette bibliothèque catholique en terre protestante. Ces ouvrages devaient faire partie de la bibliothèque de la cure et non pas d'une bibliothèque paroissiale. Nous pouvons penser qu'une partie des livres fut égarée, car une vingtaine d'œuvres n'est constituée que de volumes épars. La moitié des volumes possède un ex-libris manuscrit, rarement une étiquette. Nous apprenons ainsi que certains ouvrages de trouvaient à la cure déjà depuis le 17e s. (comme ce *Missale romanum* de 1672 portant l'ex-libris manuscrit «Sum Ecclesiae de Bottens»), que d'autres appartenaient au curé de l'endroit (Placide Longchamp, Alphonse Pittet au 19e s.) ou furent donnés par des curés des environs, quand ils ne provenaient pas du Collège des Jésuites de Fribourg.

2.31 Actuellement, la bibliothèque est constituée de 94 titres (95 vol.), dont la grande partie (91 titres pour 92 vol.) est antérieure à 1901. La moitié est du 19e s. (45 titres pour 39 vol.), 30 titres (33 vol.) sont du 18e s., 14 (18 vol.) du 17e s. et 2 du 16e s. Les deux langues représentées sont le français (58 titres pour 54 vol.) et le latin (33 titres pour 38 vol.). Les ouvrages de théologie catholique dominent le lot; ils se répartissent ainsi: histoire religieuse (21 titres/11 vol.), théologie pratique (14 titres/15 vol.), liturgie (13 titres/14 vol.), Ecriture sainte (9 titres/11 vol., dont *La Saincte Bible ... traduite par les théologiens de Louvain*, Lyon 1585), théologie dogmatique (8 titres/9 vol.), sermons (6 titres) et théologie morale (4 titres/8 vol.). On trouve encore 4 ouvrages de droit (ecclésiastique), 5 de sciences (dont *L'onanisme* de Samuel Tissot, Lausanne 1769) et 4 de belles-lettres.

2.32 Le fonds renferme aussi plus de 500 brochures, placards et circulaires, la plupart du 19ᵉ s. en français. Les imprimés en latin sont au nombre d'une trentaine au 19ᵉ s. et d'une quinzaine au 18ᵉ s. La grande partie de ces brochures ont un lien avec la religion, plus spécialement avec le catholicisme dans son rapport avec les problèmes (religieux, politiques, sociaux) du 19ᵉ s. Parmi ces imprimés, quelque 180 documents sont des mandements d'évêques (dont ceux de Mgr Yenni et de Mgr Marilley), 160 relèvent du droit (arrêtés pour le Jeûne, lois, constitutions, instruction publique vaudoise), 80 concernent l'histoire (Vaud, Fribourg, «Affaires catholiques» du milieu du 19ᵉ s.), 30 les polémiques religieuses avec Genève.

Bibliothèque de la paroisse catholique d'Assens

2.33 La paroisse d'Assens, au nord de Lausanne, est une paroisse mixte (protestante et catholique). L'église servit aux deux communautés jusqu'en 1845, date à laquelle les catholiques inaugurèrent leur nouvel édifice. Un de ses curés, François-Joseph Martin (en fonction de 1828 à 1849), fit partie de la «Petite Eglise», un groupe de prêtres conservateurs, soucieux de leur formation intellectuelle et religieuse. La constitution de la bibliothèque de la cure est bien sûr bien antérieure à l'existence de ce mouvement (1810–1844), mais le développement de son fonds au 19ᵉ s. ne lui est sans doute pas étranger. Son histoire est mal documentée, mais nous savons qu'elle s'accrut des dons ou legs successifs d'ecclésiastiques de la région, comme par exemple le legs de Jacques Monnay (curé d'Assens entre 1692 et 1728) ou celui du curé François Silvestre Garson vers 1765. En 1829, elle possédait 205 titres en 455 vol. (PP 224/12). En 1878, selon son catalogue systématique, la bibliothèque renfermait quelque 650 vol. (dont 19 à l'index), estimés à 1'750 francs. La bibliothèque fut progressivement abandonnée au début du 20ᵉ s. (dans son état actuel, les titres du 20ᵉ s. sont moins nombreux que ceux du 17ᵉ). Vers 1920, une bibliothèque paroissiale (catholique) voit le jour.

2.34 Entreposée dans les combles de la cure, la bibliothèque fut déposée, avec le fonds d'archives de la paroisse (PP 224), aux ACV entre 1987 et 1989. Elle regroupe 1'250 titres pour 1'824 vol., dont quelque 1'100 titres en 1'560 vol. antérieurs à 1901, y compris une centaine d'éditions non datées (130 vol.). 685 titres (55 %) en 932 vol. sont du 19ᵉ s.; les ouvrages du 17ᵉ s. (170 titres en 278 vol.) sont plus nombreux que ceux du 18ᵉ s. (126/210); reste 13 titres (15 vol.) du 16ᵉ s. L'imprimé le plus ancien est un incunable édité à Venise en 1498 (*Opuscula Sancti Thome*). Dans le fonds ancien, deux langues dominent: le français et le latin, avec, respectivement, 910 titres (82 %) en 1'276 vol. et 180 titres (16 %) en 282 vol.; reste 4 titres en allemand, 1 en grec et 1 en italien.

2.35 Si nous partons du principe que les ouvrages du 16ᵉ s. ont été acquis assez rapidement, nous pouvons en déduire que dès les origines, la bibliothèque reflète l'ouverture d'esprit de ses responsables. En effet, les 13 titres du 16ᵉ s. (en latin) concernent autant la religion (une Bible, 5 écrits dogmatiques ou patristiques et un texte polémique), que le droit (1), la pharmacologie (1), la linguistique (un dictionnaire latin, grec, français) ou l'histoire (2).

2.36 Plus de la moitié (54 %) des ouvrages anciens relèvent de la théologie, soit 592 titres en 863 vol., dont 8 (10 vol.) du 16ᵉ s., 146 (244) du 17ᵉ s. et 90 (149) du 18ᵉ s.; 151 (252) sont en latin, surtout en liturgie, en dogmatique et patristique. Toutes les branches sont représentées: on notera 152 titres (91 vol.) liés à la théologie polémique (17ᵉ–19ᵉ s., essentiellement en français), 114 titres (143 vol.) à la théologie pratique (dont 42 du 17ᵉ s.), 76 titres (200 vol.) à la théologie morale et cathéchétique. Viennent ensuite la théologie dogmatique et patristique (53 titres en 106 vol., dont 24 titres du 17ᵉ s.), l'Ecriture sainte, les dictionnaires et concordances (44 titres en 107 vol., dont 18 du 17ᵉ s.), la liturgie (76 titres en 95 vol., 17ᵉ–19ᵉ s.), les recueils de sermons (33 titres en 73 vol., surtout 17ᵉ et 19ᵉ s.). Reste 30 titres (34 vol.) liés aux confréries (19ᵉ s.) et 14 aux conciles et encycliques. Les catéchismes, les recueils de sermons et les textes polémiques sont en relation avec la question des Jésuites et les luttes entre catholiques et protestants.

2.37 L'histoire (religieuse et profane, biographies et hagiographies) représente 12 % des titres (133 titres en 221 vol.), surtout en français, dont 2 du 16ᵉ s., 10 du 17ᵉ s. et 12 du 18ᵉ s. Un peu moins de 10 % relève des langues (linguistique) et littératures (romans classiques et populaires): 104 titres en 131 vol., surtout en français et du 19ᵉ s. Les autres domaines ont moins de 100 titres: 87 titres (58 vol.) de droit (droit canon et, notamment, la législation scolaire du 19ᵉ s.), surtout en français et du 19ᵉ s.; 52 titres (55 vol.) de sciences (naturelles et techniques); 37 titres (47 vol.) de philosophie (y compris la franc-maçonnerie et l'éducation); 30 titres (37 vol.) de géographie (18ᵉ–19ᵉ s., tous en français), notamment les guides de voyage pour les pèlerinages; 27 titres de politique et économie (18ᵉ–19ᵉ s., tous en français) et 10 de beaux-arts (musique et peinture, français, 19ᵉ s.). Reste 16 périodiques (42 vol.) en français (revues religieuses, littéraires, politiques et almanachs) et 8 titres (79 vol.) classés sous généralités.

Bibliothèque de la paroisse catholique de Rolle

2.38 La paroisse catholique de Rolle a été fondée en 1842 à l'instigation du chanoine André Schwertfeger, qui en sera le premier curé. Selon Heitz (p. 58), la «Bibliothèque paroissiale de Rolle» a été fondée en 1868, date à laquelle elle possédait 400 vol.; elle était propriété du curé. On peut penser que les ouvrages déposés aux ACV en 1993 constituent ce qui reste de cette bibliothèque paroissiale. Ses bases ont sans doute été jetées par Schwertfeger lui-même (aussi membre de la «Petite Eglise», voir Assens ci-dessus), qui a laissé une quarantaine d'ouvrages munis de son ex-libris. Une dizaine d'autres ex-libris se rencontre sur d'autres livres, mais ils ne sont pas très fréquents. La bibliothèque du Centre diocésain, à Fribourg, a aussi prêté des ouvrages. Si nous examinons le contenu, très théologique, de l'ensemble des livres, nous pouvons en déduire qu'il ne s'agit pas d'une bibliothèque populaire, mais plutôt de la bibliothèque de la cure à l'usage des desservants successifs de la paroisse. Les ouvrages ne portent ni cote, ni sceau, ni ex-libris au nom de la bibliothèque et aucun catalogue du 19e s. n'a été retrouvé.

2.39 Le fonds est constitué de 192 titres en 353 vol., dont 182 (330 vol.) antérieurs à 1901. La répartition par siècles fait apparaître la plus forte proportion de titres au 18e s.: 85 titres (46 %) pour 152 vol., alors que pour le 19e s., on compte 66 titres en 143 vol., pour le 17e s., 27 titres en 31 vol. et pour le 16e s., 4 titres en autant de vol. Le français domine avec 109 titres (60 %), suivi par le latin avec 63 titres (35 %); reste 8 titres en italien et 2 en allemand.

2.40 Plus des deux tiers des titres ont un rapport avec les différents domaines de la théologie catholique. Les trois domaines les plus riches sont la liturgie, la théologie pratique et la «théologie en général», soit quelque 25 titres chacun. Les bréviaires sont les plus nombreux (10 éditions, pas toujours complètes) des ouvrages de liturgie, comme *Breviarium monasticum* (Venise 1683). Parmi les œuvres de théologie pratique, on notera 18 titres liés à la perfection chrétienne ou à la méditation, dont les *Médiations sur les principales véritez chrétiennes et ecclésiastiques* de Mathieu Beuvelet (Lyon 1674–1680) ou des œuvres d'Alphonse de Liguori. Une dizaine d'œuvres de «théologie en général» renvoie à des textes produits par les papes, les conciles ou les synodes. Puis vient un second groupe d'ouvrages liés à l'Ecriture sainte (dont 4 Bibles), à la théologie morale et dogmatique et à la prédication (des recueils de sermons, surtout du 18e s., comme les *Prônes sur les commandemens de Dieu* de François Ballet, Paris 1747–1755): une quinzaine de titres pour chacune de ces catégories. Dans les domaines non théologiques, l'histoire et la géographie dominent avec 23 titres, dont 7 concernent l'histoire religieuse. Viennent ensuite 18 titres de langues et littératures (*Œuvres complètes* de Jacques-Henri Bernardin de Saint-Pierre, Paris 1823, 18 vol.) et 11 de droit, dont 6 de droit canon. Le reste est constitué d'ouvrages de sciences (5) et de généralités (6, dont le *Dictionnaire théologique, historique, poétique, cosmographique et chronologique* de D. de Juigné Broissinière, Lyon 1669).

Bibliothèque de la paroisse catholique de Villars-le-Terroir

2.41 Comme la paroisse catholique de Villars-le-Terroir n'a déposé sa bibliothèque aux ACV que le 30 septembre 2005, les ouvrages n'ont pas pu être comptabilisés dans la Description du fonds. Aucun document d'archives en rapport avec le fonds n'a été retrouvé, si bien que nous n'avons que très peu de renseignements sur l'histoire de cette bibliothèque. De 1987 à 2005, les ouvrages (plus de 300 vol.) étaient rangés dans la loge de la salle polyvalente communale, à côté des archives de la commune et de la paroisse. Avant 1987, ils étaient entreposés dans le grenier de la cure.

2.42 A l'origine, Villars-le-Terroir faisait partie de la paroisse catholique d'Echallens. Elle s'en détacha par décret du 19 janvier 1847, pour se constituer en paroisse indépendante. Lors de la séparation, les biens attachés à la cure d'Echallens furent répartis entre les deux paroisses. On peut penser que ce fut aussi le cas pour la bibliothèque de la cure. Quoi qu'il en soit, au moins 25 ouvrages portent la mention «Cure d'Echallens» et une quinzaine d'autres l'ex-libris de curés d'Echallens (17e–19e s.). Moins nombreux sont les ouvrages munis de l'ex-libris «Paroisse de Villars-le-Terroir» ou de celui de curés de cette paroisse (19e–20e s.). La plupart des autres ex-libris (une cinquantaine de noms différents) sont de religieux ou d'ecclésiastiques de la région (Vaud, Fribourg, Genève). Parmi ceux-ci, on relèvera surtout le nom de Claude Dufey (mort en 1698), curé d'Autigny (FR): la bibliothèque possède au moins 20 ouvrages lui ayant appartenu. A noter que nous ne savons pas ce qu'il est advenu de la bibliothèque proprement dite de la (nouvelle) paroisse d'Echallens.

2.43 La présence de cotes manuscrites au dos de près de la moitié des vol. (145) témoigne d'un classement à un moment donné. Toutefois, l'absence de certaines cotes et de certains volumes d'une même œuvre laissent entendre que nous ne sommes pas en présence de la bibliothèque intégrale de la cure, mais de ce qu'il en reste. Elle semble avoir été avant tout constituée de dons et avoir été surtout à l'usage du curé. Aucun catalogue ancien n'a été conservé. Le 1er septembre 1987, un inventaire a été dressé par les ACV. Il contient d'abord les ouvrages cotés, puis les volumes non cotés, classés eux par ordre chronologique. Un nouvel inventaire sera dressé en 2007.

2.44 La bibliothèque est constituée de 207 titres en 334 vol. Plus des deux tiers des ouvrages sont antérieurs à 1800. 30 % sont du 17e s. Plus précisément, nous avons 5 titres du 16e s., 65 titres (84 vol.) du 17e s., 70 titres (148 vol.) du 18e s., 61 titres (90 vol.) du 19e s. et 6 titres (7 vol.) du 20e s. Environ un quart des ouvrages est en latin (55 titres en 75 vol.); le reste est en français.

2.45 La plus grande partie des ouvrages (85%) relève de la théologie catholique et de ses différents aspects. Les aspects les mieux représentés sont: les recueils de sermons (57 vol., 17e et 18e s.); les ouvrages de piété, spiritualité, méditation (comme *La théologie affective ou sainct Thomas en méditation* de Louis Bail, Paris 1654); les traités de morale; les Bibles, recueils de Psaumes et commentaires de l'Ecriture sainte (les commentaires sont tous en latin et tous du 16e ou 17e s., comme ceux de Cornelius a Lapide, Anvers 1695); les ouvrages de liturgie (graduels, missels, rituels; la moitié en latin; surtout des 18e et 19e s.). Chacun de ces domaines renferme une vingtaine de titres. Viennent ensuite les ouvrages utiles à la vie du clergé (17e et 18e s., comme *La vraye guide des curez, vicaires et confesseurs* de Pierre Milhard, Rouen 1619) et les cathéchismes: une quinzaine de titres chacun. Les autres aspects de la théologie sont moins bien représentés: apologie/controverse; dogmatique/doctrine; Pères de l'Eglise (saint Augustin et saint Thomas d'Aquin); droit canon (tous en latin): 5 à 8 titres chacun. Les quelques livres profanes se répartissent ainsi: 22 titres en 37 vol. d'histoire (dont 12 d'histoire religieuse; le plus ancien est une édition lyonnaise de 1558 des *Historiae* d'Hérodote; les autres sont surtout du 19e s.); 10 titres (17 vol.) de langue et littérature (18e et 19e s., dont une édition des *Œuvres* de Monstesquieu, Paris 1788, 5 vol.); 8 titres (19 vol.) de philosophie et 3 de sciences et art.

Les bibliothèques de Romainmôtier

2.46 En 1984 et en 1994, Jean-Pierre Tuscher, pasteur à Romainmôtier, a donné aux ACV des documents provenant de trois bâtiments différents: la cure (elle abritait probablement la Bibliothèque paroissiale), la «Maison Rochaz» (devenue depuis l'hôtel *Au lieutenant baillival*) et la Maison des moines. L'analyse de ces documents a permis de les répartir en huit fonds et de mettre en exergue le côté exceptionnel de ce don. Chacun de ces fonds contient des imprimés, mais nous en trouvons en plus forte quantité dans ceux de la famille Rochaz (PP 142 et PP 555: un peu plus de 300 titres anciens), des bibliothèques populaires de Romainmôtier (PP 526), qui retiendront notre attention, de la Société de développement (PP 557: 40 titres anciens en 100 vol.) et de la bibliothèque médicale (PP 141: 23 titres anciens).

2.47 Plusieurs bibliothèques populaires ont été créées à Romainmôtier, dont deux de manière sûre: la Bibliothèque paroissiale de l'Eglise nationale et la Bibliothèque de l'Eglise libre (Bibliothèque évangélique). La Bibliothèque paroissiale de l'Eglise nationale (PP 526/100) a dû être fondée avant 1895, date à laquelle elle existe de manière certaine. Elle disparut après 1951. Les dates d'existence de la seconde (PP 526/500) sont inconnues; elle a précédé celle de l'Eglise nationale, et est peut-être due à l'initiative du pasteur de l'Eglise libre de Romainmôtier entre 1862 et 1864, Charles Porta, dont les livres se retrouvent dans la bibliothèque. La masse des imprimés qui n'a pas pu être attribuée à l'une ou l'autre de ces deux bibliothèques a été regroupée pour former une bibliothèque reconstituée (PP 526/800), qui n'a sans doute jamais eu d'existence en tant que telle, mais dont les ex-libris permettent de retrouver certaines provenances: Jeunes paroissiens, Infirmerie Contesse, Croix-Bleue et plusieurs particuliers.

2.48 L'étude des différents catalogues de la Bibliothèque paroissiale de l'Eglise nationale nous montre qu'elle renfermait, au 20e s., 1'108 titres pour 1'256 vol.; le plus ancien titre remontait à 1823, 267 titres étaient du 19e s., 434 du 20e s. et 407 sans date. Tous les titres étaient en français et quasi tous relevaient des belles-lettres (619 titres, 92%). De cette bibliothèque, les ACV ne conservent plus que 168 titres (179 vol.), dont 119 titres (123 vol.) antérieurs à 1900: 78 du 19e s. et 41 non datés (mais anciens). Le plus ancien ne date que de 1846 (*Un livre pour les femmes mariées* de Valérie de Gasparin, Paris, Toulouse 1846). Tous les ouvrages sont en français. Ils relèvent quasi tous des belles-lettres (104 titres, 87%), à l'exception de 7 ouvrages d'histoire et de 5 de théologie.

2.49 La Bibliothèque de l'Eglise libre a été mieux conservée que la Bibliothèque paroissiale, puisqu'elle comporte 46% des vol. (et 43% des titres) initiaux. Dans son extension la plus grande, elle renfermait au moins 266 titres (303 vol.), quasi tous (263) antérieurs à 1900: 250 titres du 19e s., 4 du 18e s. et 3 du 20e s. 102 titres concernaient les belles-lettres, 90 la théologie. Telle qu'elle est conservée aujourd'hui, cette bibliothèque abrite 115 titres (141 vol.), dont 113 (139 vol.) antérieurs à 1901, tous du 19e s., sauf 3 du 18e s. Tous les livres sont en français. Près de la moitié est constituée d'ouvrages de belles-lettres (50 titres, 44%), près du tiers relève de la théologie (30 titres, 27%), un peu moins de 20% de l'histoire (19 titres), reste 6 périodiques et 4 ouvrages de géographie.

2.50 La bibliothèque reconstituée compte, dans son extension la plus grande, 376 titres (439 vol.), dont 219 antérieurs à 1901. Le plus ancien datait de 1806, le plus récent de 1974. 40% des titres relevait des belles-lettres (150 titres), 28% de la théologie (105 titres), 21% de l'histoire (78 titres); restaient 16 titres de périodique et 8 de géographie. Les ACV abritent encore 102 titres (241 vol.) de cette bibliothèque, dont 52 (55 vol.) antérieurs à 1901, tous de langue française et probablement édités au 19e s. Ils sont répartis comme suit: 18 de théologie, 9 d'histoire, 9 de littérature, 7 de sciences, 5 périodiques ou ouvrages généraux, 4 dans les autres domaines du savoir.

3. CATALOGUES

Catalogues modernes généraux

Catalogue alphabétique auteurs, titres anonymes [sur fiches; n'est plus alimenté depuis la fin des années 1980; les livres de la Réserve s'y trouvent, mais pas ceux contenus dans les fonds d'archives]

Catalogue systématique [sur fiches; n'est plus alimenté depuis la fin des années 1980; les livres de la Réserve s'y trouvent, mais pas ceux contenus dans les fonds d'archives]

Catalogue par cotes [sur fiches; avec indications topographiques; n'est plus alimenté depuis la fin des années 1980; les livres de la Réserve s'y trouvent, mais pas ceux contenus dans les fonds d'archives]

Catalogue du Réseau vaudois [depuis 1990; ne concerne que très partiellement les imprimés antérieurs à 1901]

Catalogues modernes spécialisés

[Catalogue de la bibliothèque du Service de l'agriculture]. [s.l., s.d.] [dactyl., chronologique, inclus dans l'inventaire du fonds K XII a]

Bibliothèque ferroviaire du Département des travaux publics. [s.l., s.d.] [K IX 204/3-260, dactyl., systématique, inclus dans l'inventaire du fonds K IX du Départements des travaux publics]

Inventaire du fonds Eugène Mottaz. Chavannes-près-Renens 2000 [P Mottaz; inventaire dactyl., systématique, mêlant mss et imprimés]

[Catalogue de la bibliothèque de la famille Bridel]. Chavannes-près-Renens 2003 [dactyl., systématique; inclus dans l'inventaire du fonds P Bridel, ici section H]

[Catalogue de la bibliothèque de la famille Monod]. Chavannes-près-Renens s.d. [PP 372; inventaire dactyl. inachevé, systématique]

Inventaire du fonds château de Coinsins. Chavannes-près-Renens 2000 [PP 530, la section I concerne les imprimés, dactyl., systématique]

Bibliothèque paroissiale de Dommartin. Répertoire numérique. Chavannes-près-Renens 2001 [PP 348; inventaire dactyl. ne contenant que la liste des cotes classées par matières; précédé d'une introduction; il existe trois catalogues mss de ce fonds: un antérieur à 1915, un de 1915 et un de 1922]

Bibliothèque du pasteur. Chavannes-près-Renens 2001 [dactyl., chronologique, inclus dans l'inventaire PP 405 de la paroisse de Dommartin]

Paroisse de Trey. Répertoire numérique. Chavannes-près-Renens 2001 [PP 350; inventaire dactyl. de la bibliothèque paroissiale ne contenant que la liste des cotes classées par matières; précédé d'une introduction]

[Catalogue de la bibliothèque de la cure catholique d'Assens]. Chavannes-près-Renens 2001 [inclus dans l'inventaire dactyl. du fonds PP 224, systématique]

Bibliothèque de la paroisse catholique de Rolle. Chavannes-près-Renens 1993 [PP 453; dactyl.; chronologique; il existe aussi un catalogue ms. du même fonds dressé par Gilbert Stocker en 1993]

Bibliothèque de la paroisse catholique de Villars-le-Terroir. Chavannes-près-Renens 2007 [PP 840; dactyl.; systématique]

Inventaire des bibliothèques de Romainmôtier. Chavannes-près-Renens 2000 [PP 526, dactyl., systématique]

[Catalogue de la bibliothèque Rochaz]. Chavannes-près-Renens 2000 [inclus dans les inventaires dactyl. des fonds PP 142 et PP 555; systématique]

Bibliothèque médicale de Romainmôtier. Chavannes-près-Renens 2000 [PP 141, dactyl., chronologique]

[Catalogue de la bibliothèque de la Société de Développement de Romainmôtier] Chavannes-près-Renens 2000 [inclus dans l'inventaire dactyl. du fonds PP 557, section 2; systématique]

Catalogues anciens spécialisés

Bibliothèque du bureau des Archives cantonales. [1899] [liste ms., systématique, K VII b 22/1899, n° 1084]

Catalogue de la bibliothèque de l'Ecole cantonale vaudoise d'agriculture. Lausanne 1914 [systématique; un supplément a été édité en 1919]

Catalogue de la bibliothèque paroissiale de Dommartin. 1922 [ms., *numerus currens*, PP 348/03]

Catalogue de la bibliothèque paroissiale de Trey [10 cahiers mss, systématique, vers 1878–vers 1918, PP 350/100/03–012]

Bibliothèque curiale d'Assens. Inventaire dressé en 1878 par un ancien bibliothécaire, vicaire du dit lieu [1 cahier ms., systématique, PP 224/504]

Bibliothèque paroissiale de Romainmôtier. Orbe 1918 [systématique]

4. SOURCES ET ÉTUDES SUR L'HISTOIRE DE LA BIBLIOTHÈQUE

Archives

Les bibliothèques des Archives cantonales vaudoises [Instructions internes, 18 décembre 1995, ACV 9]

La bibliothèque des Archives cantonales vaudoises. Quel avenir? [Procès-verbal n° 29 de la réunion des archivistes du 30 octobre 2002, p. 285–306]

La bibliothèque des Archives vaudoises. Quel avenir? [Instructions internes, 31 octobre 2002, ACV 9/Annexe 1]

Rapport d'activité [des] Archives cantonales vaudoises. Chavannes-près-Renens 1996– [existe depuis 1863, sous différents titres]

Registres des entrées de la bibliothèque des Archives cantonales vaudoises [ms., 1959–]

Travaux préparatoires à la rédaction de la notice des Archives cantonales vaudoises pour le Répertoire des fonds imprimés anciens de Suisse [1 classeur dactyl., septembre 2002]

Études

Dessemontet, Olivier: Histoire des Archives cantonales vaudoises, 1798–1956. Lausanne 1956 [sur la bibliothèque, p. 33]

Rochat, Philippe: La place de l'imprimé dans un service d'archives. L'exemple des Archives cantonales vaudoises (Suisse). Mulhouse 1997 [mémoire de D.E.S.S., dactyl.]

Coutaz, Gilbert; Depoisier, Michel: La bibliothèque des Archives cantonales vaudoises ou la place de l'imprimé dans un dépôt d'archives. In: Rapport d'activité [des] Archives cantonales vaudoises 1997, p. 29–47

5. PUBLICATIONS SUR LES FONDS

Bon peuple vaudois, écoute tes vrais amis! Discours, proclamations et pamphlets diffusés dans le Pays de Vaud au temps de la révolution (décembre 1797–avril 1798). Lausanne 1999 (Bibliothèque historique vaudoise 114)

Coutaz, Gilbert: Deux personnalités de la recherche historique disparaissaient il y a cinquante ans. Eugène Mottaz et Maxime Reymond. In: Revue historique vaudoise 2001, p. 189-204 [sur la bibliothèque d'Eugène Mottaz, p. 191–196]

Gfeller, Martine: Les brochures politiques dans le pays de Vaud, 1789–1791. Infiltration des idées révolutionnaires et lutte pamphlétaire. Lausanne 1984 [mémoire de licence dactyl., Université de Lausanne, faculté des lettres]

Guide des Archives cantonales vaudoises. Chavannes-près-Renens 1993 [sur la bibliothèque, p. 101; sur les imprimés de la «Série Q», p. 91–93]

Heitz, Ernst: Die öffentlichen Bibliotheken der Schweiz im Jahre 1868 = Les bibliothèques publiques de la Suisse en 1868. Bâle 1872 [sur les bibliothèques du canton de Vaud, 1ère partie p. 41–43, 2e partie p. 51–58]

Lugrin, Betty: La bibliothèque de MM. les étudiants de l'Académie de Lausanne. Lausanne 1943 (Etudes et documents pour servir à l'histoire de l'Université de Lausanne 1)

Menamkat, Jasmine: Patriotes et contre-révolutionnaires. Luttes pamphlétaires dans le canton du Léman sous la République helvétique. Lausanne 2005 (Bibliothèque historique vaudoise 125)

BIBLIOTHÈQUE DES ARCHIVES DE LA VILLE DE LAUSANNE

Canton: Vaud

Lieu: Lausanne

Auteure: Fabienne Chuat, avec la collaboration de Jean-Luc Rouiller

Adresse: Rue du Maupas 47, 1004 Lausanne

Téléphone: +41 21 315 21 21

Fax: +41 21 315 21 20

Homepage: www.lausanne.ch/archives

E-mail: archives-bibliotheque@lausanne.ch

Rattachement administratif:
Bibliothèque et Archives de la Ville de Lausanne (Direction Culture, Logement, Patrimoine)

Fonctions:
Bibliothèque de recherches spécialisées et bibliothèque d'Archives

Collections:
1. De façon générale, imprimés de l'administration lausannoise (règlements, publications officielles) et imprimés, ayant, tout sujet confondu, un rapport avec Lausanne, ainsi qu'histoire, architecture et urbanisme; 2. Pour le fonds ancien: histoire et droit, puis politique, belles-lettres, sciences, théologie, géographie.

Conditions d'utilisation:
Consultation uniquement sur place. Salle de travail avec libre-accès, accessible du mardi au vendredi de 8 h à 11 h 45 et de 13 h 30 à 17 h. Pas de prêt des ouvrages à domicile, mais prêt entre bibliothèques (PEB) et prêt international possibles, sauf dispositions particulières (les livres anciens sont exclus du prêt).

Equipement technique:
Photocopieuse, lecteur de microfilms, scanner de microfilms, un poste OPAC.

Informations imprimées:
Fiche signalétique des Archives de la Ville et carte-repère.

Informations pour les utilisateurs de passage:
Quitter l'autoroute A9 à Lausanne-Blécherette, puis suivre Palais de Beaulieu, gare CFF; places de parc limitées à disposition. Depuis la gare CFF, prendre le bus n° 3 direction Bellevaux, ou le bus n° 21 direction Blécherette, arrêt Saint-Roch.

1. HISTORIQUE DU FONDS

1.1 Dans un préavis rédigé et présenté au Conseil communal en 1983, intitulé *Transfert des Archives communales*, on lit en préambule: «Un peu partout, dans les villes de chez nous, les Archives ont été, pendant des décennies ou des siècles, le secteur négligé de l'administration. Lausanne n'a pas échappé à cette 'règle', qui permettait de réaliser des économies dans un domaine 'mort' par définition, mangeur d'espaces, et dont les servants – l'image était commode, mais loin d'être toujours vraie – passaient pour des amateurs de poussière et des gloseurs de grimoires.» Auparavant, les commissions de gestion du Conseil communal avaient régulièrement noté – de 1897 à 1977 – la précarité des locaux. Suite à ce préavis, les Archives de la Ville (ci-après AVL) déménagent de l'Hôtel de Ville et de ses dépendances (19 locaux) à la rue du Maupas, où elles succèdent aux Archives cantonales en 1986. Dès ce transfert, et depuis 15 ans, les AVL ont pu développer et élargir leurs collections, accueillir le public dans de meilleures conditions et étoffer l'équipe de professionnels. La bibliothèque des Archives a, en particulier, grandement bénéficié de ce déménagement, puisqu'elle est devenue un outil de travail à part entière pour les chercheurs; elle est en partie organisée en libre-accès.

1.2 «Les Archives de la Ville recueillent, conservent, classent et mettent en valeur tous les documents qui renseignent sur le passé et le présent de la commune» (*Règlement des Archives de la Ville du 21 août 1985*, art. 1). Une longue histoire, qui prend sa source à l'Hôtel de Ville, siège central du pouvoir et lieu «naturel» de conservation pour des archives; c'est à la Palud qu'elles furent conservées au cours de quatre siècles et demi d'histoire. A l'origine, il y avait deux dépôts d'archives lausannoises, correspondant à la division «administrative» de la Ville. Les archives de la Ville inférieure (bannières de Bourg, de la Palud, du Pont et de Saint-Laurent) étaient déposées dans un local voûté et en pierre du couvent des dominicains à la Madeleine (le premier inventaire date de 1401), alors que les archives de la Cité, sous la tutelle de l'évêque, étaient dans la Cathédrale, puis dans la chapelle Saint-Maur (premier inventaire de 1411). Suite au traité d'unification de la Ville en 1481, les archives des deux anciennes communautés furent réunies à la Palud dès 1527 et regroupées définitivement à la fin du 16e s. Du 17e au 19e s., les inventaires des archives sont régulièrement complétés et refondus. C'est en 1883 que la Ville confie à Ernest Chavannes le soin de réorganiser les archives et de rédiger l'inventaire systématique des registres et documents d'avant 1803. Aloïs Hämmerli, et plus tard Louis Grivel (archiviste de la Ville de 1932 à 1964) ont procédé quant à eux au classement systématique des pièces administratives du 19e s.

1.3 Si le classement des Archives remonte au début du 15e s., ce n'est qu'à la fin du 19e s. que l'on aperçoit les prémices de l'existence d'une bibliothèque organisée. En effet, en 1892, l'archiviste Aloïs Hämmerli sépare, dans son classement, dossiers, registres et imprimés, trois catégories auxquelles il attribue des cotes spécifiques. De cet inventaire, mis à jour jusqu'en 1939, il ressort que la bibliothèque comptait à la fin du 19e s. 413 titres, avant tout des imprimés de l'administration, et une dizaine de titres de journaux lausannois et vaudois. Auparavant, Ernest Chavannes avait déjà inclus, dans son inventaire de registres de 1884, 42 brochures (des règlements administratifs) et des listes d'ouvrages, qui ne représentaient qu'un choix de titres parmi les imprimés les plus anciens. Il n'existait pas jusque-là de distinction entre documents d'archives et imprimés.

1.4 On peut affirmer que c'est avec Louis Grivel que la bibliothèque connut un premier développement conséquent, lié à une gestion spécifique et à un recensement sur fiches, qu'il termina en 1962; il laissa un fichier regroupant 600 titres et un millier de références à des monographies et à des articles (classées thématiquement). Dès la nomination de Gilbert Coutaz en 1981, les AVL bénéficient d'une véritable gestion bibliothéconomique: d'abord sous forme d'une collaboration avec la BCU de Lausanne dès 1982, qui a catalogué de grandes séries sur informatique et établi un premier cadre de classement, puis avec l'obtention dès 1985 d'un poste de bibliothécaire à temps plein, fonction auparavant assumée par le rédacteur du *Bulletin du Conseil communal*. La bibliothèque des AVL fut ainsi la première bibliothèque d'un dépôt d'archives à entrer dans le RERO. En 1991 fut établi le classement systématique, adapté de la CDU, qui organise son libre-accès. Son accroissement est constant depuis 20 ans: de 3'000 titres qu'elle comptait en 1981, on en dénombrera environ 12'000 en 1991 et 17'000 en 2001.

1.5 Conformément au règlement des AVL, le but de la bibliothèque est de «faciliter les recherches sur la commune» (art. 3). La bibliothèque est ainsi un outil complémentaire aux fonds d'archives et à la section «documentation». Elle rassemble les imprimés qui concernent de près ou de loin Lausanne, toute thématique confondue. Ses points forts sont l'histoire, l'architecture et l'urbanisme, ainsi que les imprimés des services administratifs. En tant que bibliothèque d'Archives d'une administration publique, sa mission est de conserver la trace des imprimés de l'administration, ainsi que de documenter le contexte dans lequel ils sont produits. Elle est essentiellement alimentée par des dons, mais aussi par des achats et par des versements de fonds d'archives. Il en va de même pour son fonds ancien. Ce n'est qu'en 1993 qu'une section «réserve», comprenant les imprimés parus jusqu'en 1850, a été créée. Cette section regroupe les ouvrages acquis au coup par coup, qui ne font pas partie d'une collection particulière. Elle est ouverte, et s'accroît selon les moyens disponibles et la politique d'achat (livres d'histoire lausannoise et vaudoise, ouvrages d'intérêt plus large édités à Lausanne). Pour le reste des imprimés anciens, ils sont regroupés dans d'autres dépôts, selon leur provenance (collections particulières) ou leur thématique (règlements, journaux, etc.).

1.6 Des sources telles que les inventaires d'archives (pour les collections venant de tris d'archives), les journaux d'acquisition de la bibliothèque et les rapports internes, voire les tampons apposés dans les livres, nous indiquent que c'est depuis 1980 que la majeure partie du fonds ancien d'imprimés des AVL s'est constituée. Seules les séries de journaux d'actualité (tels la *Gazette de Lausanne*, la *Feuille d'Avis de Lausanne*), des règlements administratifs et certaines études historiques sont conservées depuis plus longtemps aux AVL. C'est par l'Association du Vieux-Lausanne et le musée du Vieux-Lausanne, qui ont été les récipiendaires de plusieurs collections (Oratoire des âmes intérieures, famille Constant de Rebecque, Marcel Benoist) léguées à la Ville de Lausanne (respectivement en 1916, 1953 et 1965), que les AVL se sont enrichies de l'essentiel de leur fonds d'imprimés anciens, entre 1981 et 1987. Par convention, les AVL et le Musée historique de Lausanne (auparavant Musée du Vieux-Lausanne) poursuivent en effet des missions bien distinctes, mais complémentaires, et c'est ainsi que ces bibliothèques de particuliers et de familles, dont il fallait respecter l'unité, ont été parfois séparées des objets qui les accompagnaient. Les autres provenances importantes à signaler sont l'administration et ses différents services, le Musée des arts décoratifs (anciennement Musée industriel) qui a transmis aux AVL en 1981 sa bibliothèque ancienne, des privés passionnés d'histoire lausannoise, tels Géo Würgler et Louis Polla, des versement d'archives (fonds famille Rivier, fonds Jeanne de Reyher, fonds Laufer, Société vaudoise d'horticulture, etc.). Certains de ces fonds sont décrits ci-après dans les «Collections particulières».

2. DESCRIPTION DU FONDS

2.1 La recension des imprimés, étant donné la diversité des composantes du fonds ancien, tant du point de vue de la provenance que du traitement, fut semi-manuelle. Pour la partie du fonds cataloguée dans le catalogue du RERO, nous nous sommes aidés de ce catalogue informatisé. Pour les collections qui ne figurent pas encore dans ce catalogue (Constant de Rebecque, une partie de la «réserve», les imprimés déposés dans les fonds d'archives), nous avons soit recouru aux inventaires dactylographiés, soit procédé à un comptage au rayon. Les chiffres indiquent le nombre de titres, et non de volumes. Précisons encore que nous n'avons pas pris en compte les nombreux extraits de publications imprimées (lois, *Bulletin du Conseil communal*, journaux, etc.) inclus dans certains fonds d'archives.

Survol chronologique et par langues

2.2 Sur les quelque 17'500 titres que compte actuellement la bibliothèque des AVL, nous avons recensé 3'654 titres d'imprimés publiés avant 1900, y compris les «Collections particulières». La grande majorité de ces titres anciens ont été publiés au 19e s. (938 titres entre 1801 et 1850, 1'954 titres entre 1851 et 1900), soit les 79 % du fonds ancien. On compte aussi 705 titres (19 %) pour le 18e s. (92 titres de 1701 à 1750, 613 de 1751 à 1800), 34 titres pour le 17e s., 20 pour le 16e s. et 3 incunables. La quasi totalité des imprimés anciens est en français (3'525 titres, soit 96 %). On dénombre toutefois 55 titres en allemand, 39 titres en latin, 20 en anglais, 7 en hollandais, 5 en italien, 2 en espagnol et 1 en grec.

Aperçu systématique

2.3 La systématique choisie pour l'analyse du fonds ancien s'inspire du classement retenu par la «Table Brunet-Parguez» et de la CDU qui gère le libre-accès (à la différence que cette dernière est plus détaillée et que certaines classes n'y sont pas représentées, car elles concernent uniquement le 20e s.). Les «Collections particulières» sont aussi comptabilisées ici.

2.4 Les domaines les plus représentés sont l'histoire (957 titres) et le droit (851 titres), qui regroupent à eux deux près de la moitié du fonds ancien. Viennent ensuite la politique (474 titres), la géographie (423 titres, y compris des plans), les belles-lettres (366), les sciences (229), la théologie (196), la philosophie (78), les beaux-arts (55) et les généralités (25).

2.5 En histoire, sur les 957 titres au total, 4 ont été publiés au 16e s., dont une *Schwytzer Chronica* (Zürich 1554), 9 au 17e s., 98 au 18e s. et 846 au 19e s. (avec 639 titres pour la seule période 1851–1900). Outre des ouvrages relatifs à l'histoire suisse, vaudoise et locale, et des notices biographiques, on trouve des préavis de l'administration et des rapports de services de l'administration liés à la mise en place d'une œuvre législative considérable et au développement de l'administration de la Ville, comme un *Mémoire adressé à la Municipalité de la Ville de Lausanne concernant un pompage d'eau du lac* (s.l. 1896) par Constant Butticaz, ou une *Notice historique sur les écoles primaires de Lausanne* (Lausanne 1896).

2.6 Parmi les 851 ouvrages de droit, on compte 2 imprimés du 16e s. (dont *De antiquo jure civium Romanorum*, Francfort 1593, de Carlo Sigonio), 8 du 17e s., 231 du 18e s. et 610 du 19e s. On notera une collection de règlements administratifs ou de sociétés locales, comme par exemple le *Règlement pour les employés allumeurs* (Lausanne 1897), ou le *Règlement concernant l'Exposition nationale suisse des engins destinés à combattre l'incendie* (Lausanne 1888). On dénombre aussi 187 mandats souverains de la fin du 18e s. et 226 ordonnances du début du 19e s. (Directoire et République helvétique), comme un *Mandat souverain ordonnant l'interdiction de libelles qui tendent à soulever le peuple contre le gouvernement* (Berne 1790), ou une *Instruction de la Chambre administrative du canton du Léman concernant le payement régulier et nécessaire des impôts par les citoyens* (Lausanne 1800).

2.7 En politique, sur 474 titres, on compte 1 titre du 17e s. (Jean-Louis Guez de Balzac, *Aristippe, ou de la cour*, Leyde 1658), 213 du 18e s. (seconde moitié) et 260 du 19e s. On signalera les journaux satiriques lausannois, qui s'opposent au gouvernement en place et qui fleurissent au 19e s., comme le *Nouveau charivari politique vaudois* (1839), *Le grelot* (1843–1846), *La guêpe* (1851–1854). A retenir également une importante collection (352 titres) de brochures politiques, sous forme de placards ou d'adresses aux citoyens, souvent rédigés anonymement dans les années 1790–1803, comme *Adresse d'un ami de la religion et de l'ordre aux pasteurs de Pays-de-Vaud* (s.l. 1791), ou *Adresse aux patriotes vaudois et aux sujets des gouvernements suisses* de Louis Porta (s.l. 1798).

2.8 En géographie, sur 423 titres, seulement 9 ont été publiés au 18e s. (comme *Les délices de la Suisse* d'Abraham Ruchat, Leide 1714), et 414 au 19e s., dont 241 cartes et plans (voir sous «Collections particulières»). Outre des récits de voyages, on relèvera la présence de guides touristiques lausannois, comme le *Guide du voyageur à Lausanne et dans ses environs* (Lausanne 1834).

2.9 En science, sur 229 titres, 3 ont été imprimés au 16e s., comme le *Tractatus de sphera* (s.l. 1512), 5 au 17e s., 33 au 18e s. et 188 au 19e s. On notera un certain nombre d'imprimés provenant de la Société vaudoise d'horticulture, comme l'*Instruction pour les jardins fruitiers et potagers* de Jean de La Quintinye (Paris 1756), ou le *Guide du botaniste dans le canton de Vaud* (Genève 1862) de Daniel Rapin.

2.10 En religion, sur 196 titres, 3 sont des incunables (un traité en latin sur les péchés, Venise 1477, une Bible latine de 1495 et un livre d'heures, Paris 1500), 5 sont du 16e s., 6 du 17e s., 48 du 18e s. et 134 du 19e s. Outre les Bibles et les ouvrages de doctrine, on signalera des imprimés liés au «Réveil» et à l'Eglise libre, comme *Qu'est-ce que l'Eglise? Ecrit relatif aux circonstances actuelles de l'Eglise dans le canton de Vaud* (Lausanne 1845) de Samuel Thomas, ou *Trois nouveaux sermons pour le temps présent* (Lausanne 1848) de Louis Burnier.

Collections particulières

Bibliothèque Marcel Benoist

2.11 Marcel Benoist (1864–1918) était un magistrat français, fin lettré et amateur d'art. En 1911, par crainte de la guerre imminente, il transféra sa collection d'objets d'art et ses papiers à Lausanne, où il résida la majeure partie du temps entre 1914 et 1918. Par testament, il fit don à la Confédération suisse d'un legs important (collection comprenant gravures et livres et une partie de sa fortune) destiné à la création d'une Fondation portant son nom, visant à promouvoir la recherche scientifique. La ville de Lausanne, qui abritait dans la villa de Mon-Repos la collection Marcel Benoist, la racheta à la Fondation en 1965, et la bibliothèque comprenant 714 titres (dont 446 anciens) fut déposée aux AVL en 1983.

2.12 Cette bibliothèque est essentiellement constituée d'ouvrages du 19e s.: 440 titres, contre 6 pour le 18e s. Elle se distingue tout particulièrement pour ses ouvrages de belles-lettres et ses récits de voyage (253 titres), essentiellement des auteurs français et anglais dans des éditions du 19e s., comme les *Œuvres complètes* de Walter Scott (Paris 1822–1830) et d'Honoré de Balzac (Paris 1842–1855); plusieurs éditions sont rares et richement illustrées, comme les *Fables choisies* (Paris 1755–1759) de Jean de La Fontaine, ou *La Caricature* (Paris 1830–1835). A remarquer aussi les ouvrages sur les beaux-arts, les sciences et la philosophie (94 titres pour les trois), comme *Tapisseries, broderies et dentelles: recueil de modèles anciens et modernes* (Paris 1890), les *Principes généraux d'arboriculture* (Paris 1884) d'Alphonse Du Breuil, ou *La morale* (Paris 1880) de Paul Alexandre René Janet.

Bibliothèque de Constant Rebecque

2.13 Marc-Rodolphe de Constant Rebecque (1885–1953), dernier membre de la branche Constant d'Hermenches, légua par testament à sa ville natale de Lausanne, ses collections de famille, dont une bibliothèque de 280 titres (687 vol.), constituée de 263 ouvrages antérieurs à 1900: 1 titre du 16e s. (*Flandriae descriptae commentarii* de Jacques Marchant, Anvers 1596), 10 du 17e s., 103 du 18e s. et 149 du 19e s. Elle comprend pour l'essentiel des ouvrages de belles-lettres (87 titres), comme les *Œuvres* de Jean-Baptiste-Louis de Gresset (Londres 1755) ou les *Fables* de Jean-Pierre Claris de Florian (Paris 1793), d'histoire (71 titres), comme le *Recueil historique, généalogique, chronologique et nobiliaire des maisons et familles illustres et nobles du royaume* (Bruxelles 1826) de Charles-Joseph de Francquen, et de sciences naturelles (33 titres, dont le *Cours complet d'agriculture, théorique, économique et de médecine rurale et vétérinaire* de François Rozier, Paris 1781–1805). A noter que cette bibliothèque de famille, dont plusieurs membres ont accompli une carrière militaire à l'étranger, notamment au service de Hollande, est à l'origine de la plupart des titres en langues minoritaires de l'ensemble du fonds ancien des AVL.

Bibliothèque de l'Oratoire des âmes intérieures

2.14 Cet Oratoire, inspiré par les doctrines quiétistes, fut fondé vers 1750 à la rue Cité-Derrière par Jean-Phillipe Dutoit-Membrini (1721–1793) et son ami Jean-François Ballif (1726–1790). La bibliothèque à laquelle avaient accès les membres était composée essentiellement d'ouvrages religieux du 18e s., des œuvres de Jeanne-Marie Bouvier de la Mothe Guyon (1648–1717) et Jean-Baptiste Massillon (1663–1742). Ces ouvrages transitèrent également par le Musée du Vieux-Lausanne, avant de rejoindre la bibliothèque des AVL en 1987. On dénombre 52 titres anciens liés au quiétisme: 1 du 17e s., 33 du 18e s. et 18 du 19e s., comme *Les livres de l'Ancien Testament* de Jeanne-Marie Bouvier de La Mothe Guyon (Cologne 1714–1715).

Cartes et plans

2.15 Les AVL possèdent 241 plans imprimés au 19e s., représentant pour la plupart la ville de Lausanne dans son ensemble ou certains secteurs de la ville, et lithographiés par les imprimeurs de la place: Spengler, Zwahlen, Magnenat, Müller et Trüb. Bon nombre, notamment les plans cadastraux, ont des ajouts et modifications manuscrites à l'encre, ou sont aquarellés. Les plans cadastraux sont édités en plusieurs feuilles, chacune de ces feuilles a été comptabilisée.

3. CATALOGUES

Catalogues modernes généraux

Catalogue du Réseau vaudois [l'essentiel de la bibliothèque «moderne» y est catalogué, mais pas encore tout le fonds ancien]

Base AVL sur Cindoc [dans cette base se trouvent répertoriés les inventaires des fonds d'archives administratives et privées, dans lesquels peuvent se trouver des imprimés anciens, ainsi que les cartes et plans]

Catalogues modernes spécialisés

Chuat, Fabienne; Mottaz, Thierry: La donation Marc-Rodolphe de Constant-Rebecque à la Ville de Lausanne. Une bibliothèque de famille raconte son histoire. Genève 1995 [travail de diplôme ESID, dactyl.; contient le catalogue de la bibliothèque de la famille Constant]

Catalogue des placards révolutionnaires [chronologique, sur fiches; concerne les placards déposés par l'Association du Vieux-Lausanne (P 48)]

4. SOURCES ET ÉTUDES SUR L'HISTOIRE DE LA BIBLIOTHÈQUE

Archives

Inventaire Hämmerli du 24 mars 1892 [cet inventaire est organisé en «directions», avec pour chaque «direction» une rubrique «imprimés», ainsi qu'une rubrique séparée «journaux«]

Rapport de la Municipalité de Lausanne au Conseil communal sur sa gestion pendant l'année... Lausanne 1845– [sous Administration générale et Archives de la Ville, on trouve quelques informations sur la bibliothèque]

Bulletin du Conseil communal de Lausanne. Lausanne 1886– [les AVL possèdent un classement thématique de toute cette série, avec une entrée Archives communales]

Archives du Secrétariat municipal [fonds C15, avec un dossier Archives communales]

Bibliothèque des Archives de la Ville de Lausanne. Acquisitions. Lausanne 1982–1995 [dactyl., dès 1996 sous forme informatisée]

Études

Coutaz, Gilbert: La bibliothèque des Archives de la Ville de Lausanne. In: Bulletin REBUS 43 (1983), p. 1–4

Coutaz, Gilbert: Histoire des Archives de la Ville de Lausanne des origines à aujourd'hui (1401-1986). [Lausanne] 1986

Coutaz, Gilbert: Guide des Archives de la Ville de Lausanne. Lausanne 1993 [sur la bibliothèque p. 145–148]

5. PUBLICATIONS SUR LES FONDS

Chuat, Fabienne; Mottaz, Thierry: Une famille lausannoise au fil de ses livres. La donation Marc-Rodolphe de Constant-Rebecque à la Ville de Lausanne. In: Mémoire vive 5 (1996), p. 166–170

Menamkat, Jasmine: Patriotes et contre-révolutionnaires. Luttes pamphlétaires dans le canton du Léman sous la République helvétique. Lausanne 2005

Ruegg, Marcel: Incursion dans le monde des périodiques aux AVL. In: Mémoire vive 2 (1993), p. 129–130

Tosato-Rigo, Danièle; Corsini, Silvio: Bon peuple vaudois, écoute tes vrais amis! Discours, proclamations et pamphlets diffusés dans le Pays de Vaud au temps de la Révolution (décembre 1797–avril 1798). Lausanne 1999

BIBLIOTHÈQUE CANTONALE ET UNIVERSITAIRE, LAUSANNE

Canton: Vaud

Lieu: Lausanne

Auteur: Silvio Corsini

Adresse: Site universitaire de Dorigny, l'Unithèque, 1015 Lausanne

Téléphone: +41 21 692 48 02

Fax: +41 21 692 48 45

Homepage: www.unil.ch/bcu/

E-mail: wwwbcu@unil.ch

Rattachement administratif:
Etat de Vaud, Département de la formation, de la jeunesse et de la culture.

Fonctions:
Bibliothèque de l'Université de Lausanne et bibliothèque cantonale vaudoise, à vocation patrimoniale.

Collections:
Collections encyclopédiques couvrant tous les domaines des sciences humaines.- 2 *Valdensia*; théologie 16e s.

Conditions d'utilisation:
La BCU se déploie sur quatre sites: Dorigny, BDSE, Riponne, Cèdres. La grande partie des ouvrages anciens se consulte à Dorigny, dans une salle surveillée (16 places), ouverte le lundi de 13 h à 17 h et du mardi au vendredi de 10 h à 17 h; uniquement sur rendez-vous pour les consultations à grande échelle. 750 autres places de travail sont réparties dans le libre-accès, ouvert du lundi au vendredi de 8 h à 22 h et le samedi de 8 h à 17 h. Prêt des ouvrages postérieurs à 1850, après inscription, du lundi au vendredi de 9 h à 18 h et le samedi de 8 h à 12 h. Médiathèque: du lundi au vendredi de 13 h à 17 h. Prêt interurbain et international.

Equipement technique:
Nombreux postes pour l'OPAC, l'internet et les supports numériques; visionneuse de microfilms; photocopieuses noir-blanc et couleur; service de reproduction.

Informations imprimées:
Une bibliothèque, quatre sites.

Informations pour les utilisateurs de passage:
La bibliothèque de Dorigny, située aux portes de la ville, côté ouest (Genève), peut être atteinte par le train ou l'autoroute. Par l'autoroute, suivre la direction «Lausanne-Sud» jusqu'à la sortie «UNIL-EPFL»; une fois sur le site de l'UNIL, suivre «Quartier Centre» puis «l'Unithèque»; parking à disposition. Par les transports en commun, prendre à la gare CFF de Lausanne le m2 jusqu'au «Flon», puis le m1 jusqu'à «UNIL-Dorigny»; de là rejoindre «Quartier Centre» puis «l'Unithèque».

1. HISTORIQUE DU FONDS

La Bibliothèque de l'Académie

1.1 Les origines de la BCU se confondent avec celles de l'Académie de Lausanne. Sans qu'aucun document officiel ne le confirme, on estime qu'une bibliothèque a été constituée dès les premiers temps de l'Académie, fondée en 1537 au lendemain de la conquête du Pays de Vaud par les Bernois. La première mention de la Bibliothèque de l'Académie remonte à 1549: appelé à enseigner à Lausanne, Théodore de Bèze se charge d'acheter des livres pour la bibliothèque et en transmet la facture au bailli, qui représente à Lausanne le pouvoir bernois. On ignore la localisation de la bibliothèque à ses origines. Elle se trouvait au début de l'année 1587 dans un local du «Château de Menthon» (ancienne maison forte de la famille de Menthon, située à l'est de la cathédrale, dans la Cité), peut-être depuis 1562, date de l'acquisition de la bâtisse par la ville de Lausanne. Suite à un incendie survenu en janvier 1587, dont elle a probablement souffert (quelques ouvrages anciens en gardent les traces), la bibliothèque est déplacée dans l'Ancienne Académie, construite dès le 24 avril 1587 sur l'emplacement de la vieille «Clergie», tout près de la cathédrale. Dès 1628, elle occupe une salle située au-dessus de l'auditoire de théologie, nouvellement établi dans l'aile droite du bâtiment (Chavannes, 15). Elle y demeurera jusqu'en 1657, date à laquelle elle sera transférée dans un local attenant à l'auditoire de théologie, au rez-de-chaussée.

1.2 Pour Alexandre-César Chavannes, qui rédigea une histoire de la bibliothèque en 1780, «dans sa première origine, elle ne fut qu'une très chétive collection de rituaires et de quelques ouvrages ecclésiastiques et scolastiques qui furent trouvés dans la résidence de l'évêque ou dans des maisons religieuses. Sans doute qu'on y joignit bientôt après quelques Bibles hébraïques et grecques, quelques vieilles éditions des Pères, les ouvrages des réformateurs, les meilleurs auteurs scolastiques et plusieurs anciennes éditions des classiques» (p. 16). On note, toutefois, pendant les vingt premières années un accroissement régulier. La crise ecclésiastique de 1559, qui pousse les principaux professeurs actifs à Lausanne à fonder à Genève une académie appelée à devenir la première en importance dans le domaine francophone, brise cependant l'élan pris par l'Académie de Lausanne. Dès lors, la bibliothèque entre dans une phase de stagnation qui se poursuivra jusqu'au milieu du 17e s. Aux rares ouvrages recueillis des couvents (supprimés lors du passage à la Réforme) et aux impressions savantes du 16e s. (nombreuses éditions de Froben, Estienne, etc., la plupart en latin) viennent alors s'ajouter des ouvrages de philosophie, de physique, d'histoire naturelle; la bibliothèque s'enhardit jusqu'à souscrire aux *Mémoires de l'Académie des sciences de Paris*, aux *Mémoires de l'Académie des inscriptions et belles-lettres*, au *Journal des savants* et aux *Acta* de Leipzig. Avec la création d'une chaire de droit et d'histoire, au début du 18e s., la collection s'ouvre à des livres d'histoire et de jurisprudence. Pour l'essentiel, l'enrichissement des collections, jusqu'à l'aube du 18e s., est le fait de dons ou de legs.

Développement de la Bibliothèque de l'Académie au 18e s.

1.3 La nouveau départ pris par l'Académie dans les années 1720 à la faveur d'un développement sensible du nombre des étudiants, parmi lesquels de nombreux hôtes étrangers venus à Genève ou à Lausanne se perfectionner dans une langue en train d'étendre son empire, n'est sans doute pas étranger aux changements qui surviennent. Réservée jusque-là à l'usage exclusif des professeurs, la bibliothèque, à la demande des étudiants, leur est ouverte une fois par semaine dès l'automne 1727. Cette évolution étant susceptible de générer un surcroît de travail, il est alors décidé d'adjoindre au bibliothécaire (traditionnellement élu par ses pairs pour un mandat de deux puis trois ans, selon un schéma qui perdurera jusqu'en 1845) un sous-bibliothécaire (ou bibliothécaire ordinaire), chargé d'assurer la gestion pratique du fonds, choisi parmi les étudiants avancés. Moins d'une année plus tard, en août 1728, les autorités bernoises, «considérant l'état misérable de la bibliothèque académique» (Perret, 263), se soucie de contribuer plus activement à son développement: une subvention de 1'000 écus blancs (environs 3'000 francs) lui est attribuée (un quart de la somme sera affecté à l'achat de la bibliothèque de Jacques Lenfant, célèbre théologien réformé, mort à Berlin l'année même) et un crédit annuel de 100 florins (environ 33 francs) est alloué pour les achats. De plus, de nombreux doublets provenant de la Bibliothèque des Bourgeois de Berne prennent le chemin de Lausanne; leurs supra-libros et leurs cachets encrés permettent de les repérer aisément au sein du fonds. On décide alors de tenir un registre des prêts, et le sous-bibliothécaire, Daniel Pavillard, est chargé de dresser le catalogue des livres constituant la Bibliothèque de l'Académie. Etabli en 1728 selon un classement systématique, ce catalogue est le plus ancien qui nous soit parvenu; il recense 538 titres formant 1'019 vol.

1.4 La nomination du professeur Béat-Philippe Vicat au rang de bibliothécaire en chef, en 1749, inaugure une nouvelle période de développement pour la bibliothèque. Le règlement édicté cette année-là témoigne d'une certaine ouverture de la bibliothèque à un public extérieur à l'institution: le bibliothécaire est désormais autorisé à prêter des livres à des bourgeois de la ville et à des étrangers... à ses risques et périls! C'est également à partir de 1749 que l'Académie se soucie de favoriser les vocations parmi les professeurs, visiblement peu enclins à endosser la responsabilité de la collection. Durant les cinq premières années passées à la tête de la bibliothèque (il restera en fonction jusqu'en 1762), Béat-Philippe Vicat s'appliquera à rédiger deux catalogues, l'un topographique (reprenant le classement systématique des livres sur les étagères), l'autre alphabétique par auteurs-titres. Le catalogue alphabétique sera achevé en 1752 (il sera mis à jour en 1757, afin d'intégrer les ouvrages du professeur Hyacinthe Bernal de Quiros, décédé en 1753), le catalogue systématique en 1754; celui-ci comporte onze classes désignées par des chiffres romains: I Bible, II Pères de l'Eglise, III Exégèse biblique, IV Théologie, V Sermons, VI Histoire des Eglises, VII Géographie et histoire, VIII Grec et latin, IX Dictionnaires, X Sciences, XI Droit. C'est également à Vicat que l'on doit la rédaction du premier catalogue imprimé des livres de la Bibliothèque de l'Académie, en 1764. Ce catalogue, classé par ordre alphabétique des auteurs, recense plus de 2'700 titres. Il ne comprend pas les livres de la bibliothèque du professeur Charles-Guillaume Loys de Bochat, acquise en 1755, mais dont l'institution ne put disposer légalement qu'à partir de 1779. L'incorporation de cette collection, riche, selon l'inventaire dressé au moment de son acquisition, d'environ 1'600 titres (BCU, Archives XLI/1), nécessitera l'établissement d'un nouveau catalogue. Confié aux soins du bibliothécaire Alexandre-César Chavannes (à la tête de l'institution de 1772 à 1781 puis de 1788 à 1799), le «Catalogue général des livres de la Bibliothèque académique de Lausanne» (aujourd'hui perdu) recensait environ 7'000 ouvrages répartis en vingt et une classes, soit deux fois plus qu'en 1754, ceci en raison de la subdivision de la théologie, du droit et des sciences. Une vingt-deuxième classe, consacrée aux beaux-arts, sera ajoutée en 1786 lors de la mise à jour du catalogue, qui comporte alors 7'120 titres. Ce classement demeurera en usage jusqu'au milieu du 19e s. Chavannes est également à l'origine de la constitution d'un cabinet d'histoire naturelle et de médailles, dont les objets sont aujourd'hui déposés au Musée de zoologie et au Musée monétaire cantonal, avec le catalogue dressé à l'époque par le bibliothécaire.

1.5 Même en ajoutant aux revenus courants (émoluments perçus lors des immatriculations et des délivrances de titres, amendes, etc.), le crédit annuel de 100 florins et les dons ponctuels faits par les autorités, les revenus de la bibliothèque ne lui permettent pas de constituer un fonds susceptible de combler les attentes des professeurs. Pour pallier ce manque chronique de ressources, plusieurs loteries sont mises sur pied dans la seconde moitié du siècle, avec un succès considérable. De 800 francs en 1755, les revenus de la bibliothèque passent ainsi à 4'000 francs en 1775, 11'000 en 1776, 16'000 en 1787. Cette évolution réjouissante autorise des achats réguliers et variés, parfois même certaines folies, comme l'acquisition en 1820, pour la somme de 4'500 francs, de la monumentale *Description de l'Égypte* publiée par le Gouvernement français.

1.6 La croissance régulière du budget consacré aux acquisitions explique probablement la création, en 1788, d'une commission permanente de gestion de la bibliothèque (intitulée Commission de la bibliothèque), composée du bibliothécaire en chef, de trois professeurs et du bibliothécaire ordinaire. Cette commission était principalement chargée de valider les propositions d'achats et d'administrer le rentier de la bibliothèque (ordonnance souveraine de 1789). Dès 1795, les diverses facultés de l'Académie sont représentées dans la commission, puis, à la faveur de l'ouverture progressive de la bibliothèque à un public non universitaire, on y accueille, dès 1845, des personnalités extérieures au monde académique. Cette commission survécut jusqu'en 1897.

Assimilation de la Bibliothèque publique de Lausanne

1.7 En 1791, les ayants-droit à la Bibliothèque publique de Lausanne (parfois intitulée Bibliothèque de l'Hôpital), cercle privé fondé en 1781 par un groupe de notables et organisé sur un double système de souscriptions et de cotisations, remettent à la Bibliothèque de l'Académie l'ensemble de leurs collections, soit environ 1'000 titres, formant environ 2'400 vol. (décompte d'après le dernier catalogue imprimé de 1788). La fusion de cette collection avec la Bibliothèque de l'Académie aura diverses conséquences. Tout d'abord une ouverture plus grande vers la cité, puisque les souscripteurs de la Bibliothèque publique (une centaine de personnes) obtiendront le droit de consulter gratuitement les collections réunies à l'Académie. Ensuite, il sera possible d'emprunter les livres deux fois par semaine. Enfin, l'opération donnera lieu en 1792 à la refonte du catalogue imprimé. Ce catalogue connaîtra plusieurs suppléments durant la première moitié du 19e s. (1800, 1812, 1829, 1835–1838).

1.8 Les collections de la Bibliothèque de l'Académie, riches d'une dizaine de milliers de volumes à la fin du 18e s., comportent en grande majorité des ouvrages utiles à la formation des pasteurs. La théologie y domine, accompagnée d'ouvrages historiques et littéraires nécessaires à l'enseignement des sciences, de la philosophie et des lettres, disciplines auxquelles l'Académie s'ouvre progressivement au cours du siècle. Cette relative sévérité est contrebalancée, dans les dernières années du siècle, par l'apport de la collection réunie par les propriétaires de la Bibliothèque publique, où l'on trouve, à côté d'ouvrages savants, quantité de lectures plus légères, telles les *Œuvres* de Frédéric II de Prusse, réputés impies. Suite à la découverte de ce volume sur les rayons de la bibliothèque, le Conseil académique, présidé par Alexandre Leresche, professeur de théologie, décrète que les livres qui peuvent être «dangereux pour les lecteurs superficiels» seront mis à part pour n'être prêtés qu'à ceux «qui peuvent les lire sans danger».

La Bibliothèque de l'Académie devient Bibliothèque cantonale

1.9 Dans les années agitées qui suivent la révolution helvétique (1798), la bibliothèque, à l'instar de l'Académie elle-même, semble connaître une phase de repli. En 1799, le recteur se plaint aux autorités que les soldats français, logés dans les salles sises au-dessus de la bibliothèque, à la Cité, coupent du bois pour se chauffer; outre les désagréments évidents causés aux usagers, il dénonce les dégradations subies par les plafonds, ainsi que les risques d'incendie et de vol. On décide alors de répartir temporairement les livres les plus précieux au domicile des professeurs (Dupraz, 38). Il se pourrait bien que, durant cette période troublée, un certain nombre d'usagers aient renoncé à fréquenter la bibliothèque. Signe d'un éventuel ralentissement de l'activité, le supplément au catalogue pour les années 1800 à 1812 recèle moins de 500 titres incorporés (soit une moyenne d'environ 40 titres par an), contre environ 900 titres pour la période précédente, qui va de 1792 à 1800 (soit quelque 75 titres par an). En dépit de cette situation, les revenus encaissés, constitués essentiellement par les intérêts de divers prêts d'argent à des particuliers, permettent au bibliothécaire d'arrondir, année après année, la fortune de la bibliothèque, une fois les dépenses courantes honorées (BCU, Archives XLI/1; Dupraz, 53).

1.10 Entre temps, conséquence directe de la création du canton de Vaud sous la Médiation, en 1803, la Bibliothèque de l'Académie avait été rebaptisée en 1806 «Bibliothèque cantonale». Cette appropriation par les autorités cantonales, opérée sans consultation préalable dans le cadre de la nouvelle loi sur l'instruction publique, suscita la rédaction d'un mémoire adressé au Petit Conseil (exécutif vaudois) où l'Académie tenta de prouver, pièces à l'appui, que ses droits sur la propriété de la bibliothèque étaient incontestables et que, par conséquent, la «cantonalisation» de l'institution ne reposait sur aucune base juridique (ACV, K XIII 52/1). Le combat mené apparaît toutefois comme un combat d'arrière garde. Loin de défavoriser l'Académie, la loi de 1806 lui donnera un nouveau souffle: huit chaires seront créées (quatre pour les sciences, deux pour la médecine et deux pour le droit), et le nombre des étudiants croîtra de manière significative, passant de 100 en 1798 à 156 en 1815 (Lugrain, 26).

1.11 Outre les professeurs et instituteurs de l'Académie et du Collège, les étudiants et les membres de l'ancienne Bibliothèque publique, la bibliothèque accueille dès la fin du 18e s. un certain nombre d'abonnés payants, qui doivent acquitter une finance annuelle de 4 francs (1 petit écu) pour les personnes domiciliées à Lausanne (ou dans le canton), contre 8 francs (un gros écu) pour les étrangers. Elle ne s'ouvre plus largement à la population locale qu'à partir de 1825, au moment où la décision est prise de créér une salle de lecture. Au fil des 19e et 20e s., les heures d'ouverture iront en augmentant. A partir de janvier 1900, le prêt est gratuit pour tout citoyen vaudois (Règlements 1844, 1900 et 1921).

1.12 Jusqu'au début du 19e s., la bibliothèque s'enrichit essentiellement par des dons et legs d'ouvrages. Dès 1810, un budget est réservé aux acquisitions. Les sommes consacrées aux achats et abonnements restent toutefois modestes: elles oscillent entre 2'200 et 5'000 francs de 1837 à 1877, avec une pointe à 6'200 francs en 1838 et un minimum de 1'100 francs en 1850. Dans la dernière décennie du 19e s., à la faveur peut-être de la transformation de l'Académie en Université, les sommes à disposition augmenteront de manière spectaculaire: alors que le budget des acquisitions des années 1888–1890 plafonne à 7'000 francs, il passera de 13'000 francs en 1891 à 21'000 en 1903.

1.13 Parmi les bibliothèques particulières importantes qui ont enrichi l'institution au cours du 19e s., on signalera celle de Philippe-Sirice Bridel (le «doyen Bridel», 1757–1845), dont une partie fut acquise en 1837 (1'200 titres), celle de deux des pères fondateurs de la patrie vaudoise, Frédéric-César de La Harpe (1754–1838), entrée en 1838 (18'000 vol.), et Auguste Pidou (1754–1821), léguée par son fils François en 1877 (plus de 4'000 vol, spécialement de droit, d'histoire et de littérature).

1.14 L'une des figures indissociables de l'histoire de la Bibliothèque cantonale au 19e s. est sans conteste Charles-Philippe Dumont-Lambert. Amateur d'histoire et de généalogie, Dumont-Lambert exerce la fonction de sous-bibliothécaire pendant près d'un demi-siècle (1832–1875), avant de diriger l'institution de 1875 à 1882. Il est à l'origine de l'adoption d'un nouveau système de cotes de classement, lié à la refonte totale des différents catalogues de la bibliothèque. Le nouveau *Catalogue de la Bibliothèque cantonale vaudoise* paraît entre 1853 et 1856. Il adopte une nouvelle classification qui nécessita le recotage et le réétiquetage de tous les volumes: A Généralités, B Périodiques, C Histoire et géographie, D Histoire universelle, E Histoire des Etats moderne, F Histoire de la Suisse, G Histoire des religions et des superstitions, H Histoire ecclésiastique de la Suisse, J Anecdotes, biographies, éloges, mémoires etc., K Linguistique, L Littérature orientale et littérature ancienne, M Littérature moderne, N Philosophie et éducation, O Sciences mathématiques, P Sciences physiques et naturelles, Q Sciences médicales, R Arts et métiers, S Politique, T Jurisprudence, U Théologie générale et exégèse, V Théologie systématique et pratique. Ce catalogue connaîtra deux suppléments, l'un pour les années 1856–1886, l'autre pour les années 1887–1902. Dès 1902, les nouvelles acquisitions seront signalées dans un fichier (systématique et alphabétique auteurs). Ce fichier sera alimenté jusqu'au 31 décembre 1931, date à laquelle de nouvelles cotes (cotes de gestion pure, sans rapport avec le sujet de l'ouvrage) seront ouvertes. A noter que les cotes-sujets attribuées de 1853 à 1931 sont toujours valables.

De la Bibliothèque cantonale à la Bibliothèque cantonale et universitaire

1.15 Au seuil du 20e s., en 1905, la Bibliothèque cantonale, rebaptisée Bibliothèque cantonale et universitaire (BCU) dès 1898, quitte les locaux qu'elle occupait à la Cité depuis plusieurs siècles pour emménager dans l'aile sud du palais offert par Gabriel de Rumine à la collectivité pour y loger l'Université, la Bibliothèque et les Musées, dont la construction vient tout juste de s'achever sur la place de la Riponne. Il faudra toutefois attendre près de vingt ans pour que soit créée, en vertu du Règlement général de l'Université du 8 mars 1918, une Commission de la Bibliothèque destinée à favoriser le dialogue entre l'Université et la Bibliothèque. Cet organe se réunira pour la première fois en 1920.

1.16 Succédant à Louis Dupraz (1894–1920) et Auguste Reymond (1920–1930), Alfred Roulin, qui dirigera la BCU pendant vingt ans, est à l'origine d'une modernisation nécessaire de l'institution. A son arrivée, en 1930, il est décidé de signaler l'ensemble des collections sur des fiches de format standard, classées alphabétiquement par auteurs et titres anonymes. L'abandon au 31 décembre 1931 du système des cotes-sujets créé par Dumont-Lambert en 1853, l'ouverture de cotes de gestion simples (parmi lesquelles une série de cotes destinées spécifiquement aux ouvrages antérieurs à 1910 nouvellement acquis: AA, AB et AC), la création de catalogues alphabétique matières, bio-bibliographique et topo-bibliographique seront les conséquences directes de cette décision. L'abandon des anciennes cotes-sujets constitue l'acte de fondation du fonds ancien de la bibliothèque, désormais séparé physiquement des ouvrages entrés à partir de 1932. Soucieux de permettre une meilleure conservation et une mise en valeur plus rationnelle des trésors conservés à la BCU, Alfred Roulin est également à l'origine cette année-là de la constitution de la Réserve des manuscrits et de la Réserve précieuse. La formation de ces réserves, alimentées au gré des découvertes dans les rayons, durera plusieurs dizaines d'années; dès 1966, l'ensemble des ouvrages du 16e s. seront regroupés à la Réserve précieuse (1'056 unités).

1.17 Le mandat d'Alfred Roulin est encore marqué par deux décisions du gouvernement vaudois qui n'ont pas été sans conséquences pour l'avenir de la BCU. La première est l'entrée en vigueur, en 1938, du «dépôt légal» vaudois, déjà stipulé dans le mandat bernois sur la censure de 1768, et repris dans les lois vaudoises de 1817 et 1832; son application n'avait pas été jusqu'alors un grand succès. Pour assurer le stockage des volumes reçus en dépôt légal, la BCU doit louer des surfaces dans un bâtiment au 3 de la rue Neuve. La seconde décision est le rattachement, en 1945, du Musée historique vaudois à la BCU, dont il formera le Cabinet iconographique. Ce cabinet, qui s'est enrichi au cours des ans par de nombreux apports, notamment ceux du pasteur Paul Vionnet, du photographe Gaston de Jongh et de Marguerite de Lalancy, sera transféré en 1963 à la place de la Riponne, puis en 1965 à la rue du Maupas (ACV). Il sera détaché de la BCU le 31 décembre 1978, pour constituer, avec d'autres collections, la substance du Musée de la gravure créé dans la maison de l'Elysée. En 1981, après la transformation du Musée de la gravure en Musée de la photographie, les collections de gravures de maîtres seront transférées à Vevey, au Musée Jenisch, pour former la base du Cabinet cantonal des estampes, les autres documents (iconographie locale, photographies, etc.) restant sur place, avec les fichiers constitués par les bibliothécaires entre 1945 et 1981.

1.18 De nombreux legs ont permis au fonds ancien de la BCU de s'accroître notablement durant le 20e s. On citera pour mémoire une «bibliothèque japonaise» réunie par Maurice Milliou (335 titres), acquise en 1895, et qui renferme notamment quelques ouvrages publiés au 17e s., illustrés de gravures sur bois coloriées (*Ise monogatari*, 1669, et *Heike monogatari*, 1672); la collection de l'historien Albert de Montet, en 1919 (plus de 3'000 vol.) et celle d'Albert Delpech, relative aux magazines de mode délicatement illustrés, parus aux 18e et 19e s., et acquise en 1941; la bibliothèque de Vilfredo Pareto, parvenue à la BCU en deux étapes (1921 et 1980), celle du marquis Giuseppe d'Ayala-Valva, décédé à Lausanne en 1951, riche de plus de 11'000 vol., le plus souvent des éditions recherchées (littérature, histoire de l'art, sciences naturelles, histoire), celle de Robert Fazy, léguée en 1956, qui comprend plus de 2'000 ouvrages relatifs à l'Orient (histoire, géographie, vie quotidienne), souvent richement illustrés, ou encore celle de Jean Herbette, diplomate français décédé à Clarens en 1960 (2'000 livres et manuscrits en rapport avec la Russie, l'Iran, la littérature française, la politique).

1.19 C'est en 1945 que les livres de la Bibliothèque des étudiants, fondée en 1720, sont répartis dans les différentes bibliothèques des facultés, à la BCU et aux Archives cantonales vaudoises. Certains doublons sont mis en vente. Jusqu'à ce moment-là, cette collection était conservée dans les combles de l'Académie; elle s'était constituée essentiellement par des dons successifs. Un premier catalogue manuscrit avait été rédigé en 1723; d'autres, imprimés, lui avaient succédé jusqu'en 1866. A cette époque, le fonds était constitué de 8'100 titres répartis en six classes: Généralités (1'450 titres), Histoire (1'500), Littérature (1'350), Sciences et arts (1'000), Jurisprudence (600), Théologie (2'200).

1.20 L'histoire de la BCU dans le troisième quart du 20e s. est placée sous le signe du manque de locaux. Le développement rapide des collections nécessite plusieurs campagnes de transformations des espaces dans les années 1950–1960. Cette évolution permet à la BCU d'intégrer de nouveaux fonds (1958: bibliothèque de l'Ecole des sciences sociales et politiques; 1966: Bibliothèque des Cèdres) et de proposer de nouveaux services (atelier de microfilmage, salle Ramuz, département de musique et phonothèque). Le dynamisme que connaît alors la bibliothèque est incontestablement lié à la personne de Jean-Pierre Clavel, directeur de 1958 à 1986, appelé à devenir l'un des pionniers, en Europe, de l'informatisation des bibliothèques. Il pilotera le déménagement des fonds dans la nouvelle bibliothèque construite sur le nouveau site universitaire de Dorigny, aux portes de la ville. Planifié dès 1968, inauguré en deux temps (1977 pour la Bibliothèque de droit et sciences économiques

BDSE, 1982 pour la Bibliothèque des sciences humaines BCUD, avec un libre-accès de 150'000 vol. et une collection de 350'000 vol. en magasins), le site de Dorigny intègre les bibliothèques des facultés et des instituts des sciences humaines. Elle abrite aussi l'essentiel du fonds ancien (exception faite des ouvrages de médecine et des périodiques), la Réserve précieuse, le Département des manuscrits et, dès 1990, la Médiathèque. La bibliothèque de la Riponne, amputée de ces collections universitaires, est dévouée au grand plublic; elle abrite aussi la Phonothèque et les Archives musicales. La préparation du déménagement entraînera, à partir de 1972, l'informatisation du catalogue, puis du service du prêt et des achats, à l'aide du logiciel SIBIL (Système informatisé pour les bibliothèques de Lausanne), créé pour l'occasion.

1.21 L'accroissement des collections de la BCU, dû pendant les premiers siècles de l'existence de la bibliothèque principalement à des legs et dons, a subi dès la fin du 19e s. surtout, une croissance remarquable: estimée à 3'000 titres (sans compter la bibliothèque de Charles-Guillaume Loys de Bochat) en 1764, 7'000 en 1779 et environ 30'000 en 1886 (décompte effectué sur la base des catalogues imprimés), le fonds comprend en 1920 300'000 vol. (Perret, 266). Il doublera encore dans les trente années qui suivent (on dénombre 600'000 vol. en 1955), pour atteindre à la fin du 20e s. plus d'un million et demi de documents.

1.22 Lors d'une vaste opération qui s'est déroulée sur deux ans (novembre 2007 à décembre 2009), la majeure partie des imprimés antérieurs à 1870 a été numérisée et mise en ligne dans le cadre du programme Google Book Search, avec accès intégral au contenu des volumes. Cette opération a porté sur quelque 100'000 ouvrages. Les imprimés les plus anciens (15e–16e s.), ainsi que la plupart des livres conservés à la Réserve précieuse n'ont toutefois pas été pris en considération. Des liens ajoutés au catalogue informatisé du Réseau romand des bibliothèques (RERO) permettent d'accéder directement aux contenus numériques.

2. DESCRIPTION DU FONDS
Avertissement

2.1 Le catalogue alphabétique auteurs de la BCU a fait l'objet d'un recatalogage sommaire sur ordinateur. L'essentiel du fonds ancien est donc signalé dans le catalogue informatisé de la BCU. L'approche statistique de ce fonds a été effectuée sur la base d'un produit informatique réalisé en mai 1999. Le produit demandé consista en une statistique du nombre d'ouvrages ou titres (notices bibliographiques) par siècles, par langues et par sujets (classification matière élémentaire).

2.2 Les chiffres obtenus ne comprennent pas la plupart des ouvrages anonymes publiés après 1600 (Bibles, ouvrages collectifs, livres dont l'auteur n'a pas été identifié, etc., soit 30'000 ouvrages au total, dont probablement quelque 3'000 titres antérieurs à 1900), ni les périodiques anciens, ni une collection de livres japonais entrée en 1924 (335 titres).

2.3 Les chiffres donnés quant aux sujets des ouvrages ne sont pas absolument fiables et doivent donc être pris avec un surcroît de méfiance. Les codes-sujets sommaires utilisés pour le catalogage dans le Réseau romand des bibliothèques (RERO, zone 072) sont mal adaptés aux livres anciens et donc susceptibles d'interprétations variables, voire erronées dans le cas d'un recatalogage effectué sur la base des anciennes fiches, sans avoir le volume en main. Plusieurs ouvrages de droit consacrés à des coutumes locales, par exemple, ont été dotés fautivement du code «et» (ethnographie, anthropologie)! Il convient par ailleurs de tenir compte du fait que seul le premier code-sujet indiqué a été pris en compte (plusieurs codes possibles). Finalement, ils ne proposent pas de subdivisions dans les grands domaines comme la théologie, le droit ou la philosophie.

2.4 Pour plus de clarté, les différents codes-sujets ont été regroupés selon les grandes catégories qui constituent le cadre de classement de la plupart des bibliothèques jusqu'à la fin du 19e s. (classification dite «des libraires de Paris»): Généralités, Catalogues, Bibliographies; Théologie; Philosophie, Psychologie, Pédagogies; Droit; Histoire, Géographie, Voyages, Us et coutumes; Littérature; Sciences, Médecine; Sciences et arts, Économie, Politique.

Survol chronologique et par langues

2.5 Les pages internet de la BCU signalent pour l'ensemble de ses quatre sites la présence de 1,9 million de documents, 6'650 abonnements à des périodiques, 8'800 enregistrements audiovisuels, 1'200 CD-Rom, 25'000 CD musicaux, 30'000 partitions musicales, 71'200 microfiches, 685 fonds manuscrits, plus de 130 fonds d'archives musicales, 1'500 revues sous forme électronique en ligne.

2.6 87'460 notices bibliographiques relatives à des imprimés parus avant 1901 ont été comptabilisées. En arrondissant ce chiffre à 90'000 (y compris les anonymes non recatalogués) et en adoptant un indice – arbitraire – de deux unités physiques par unité catalographique, on peut estimer le fonds à quelque 180'000 vol. (soit environ 12 % du fonds total des imprimés, estimé à 1,5 million d'unités).

2.7 Le nombre d'incunables est relativement modeste, proportionnellement à l'importance du fonds antérieur à 1901: 122 ouvrages (0,14 %). Ces derniers sont principalement rédigés en latin (118 titres, soit près de 98 %). On relève deux titres en grec (une grammaire grecque de Theodorus Gaza,

Venise 1495 et *Celestis hierarchia* de Denis l'Aréopagite, Paris 1498) et 2 en allemand (*Summa confessorum* de Jean de Fribourg, Ulm 1484, et *Die heyligen Reyssen gen Iherusalem zu den heiligen Grab* de Bernard von Breydenbach, Mayence 1486).

2.8 Le nombre d'ouvrages du 16e s. recensés est de 3'390 (soit 4 % du fonds antérieur à 1901), dont 1'120 titres proviennent de la Bibliothèque des Cèdres). Comme pour le 15e s., la langue qui prédomine est le latin (2'090 titres, soit 62 %). Viennent ensuite le français (600 titres, 18 %), l'allemand (230 titres, 7 %), l'italien et le grec (108 et 107, 3 %). Dans les idiomes faiblement représentés, on relève le néerlandais (17 titres), l'hébreux (7), l'anglais (5), l'espagnol (3), le syriaque (un Nouveau Testament imprimé à Vienne en 1562), le polonais (un ouvrage d'histoire de Bartosz Paprocki imprimé à Cracovie en 1578) et le tchèque (une *Kronyka czeská* de 1541). 220 notices (6 %) se rapportent en outre à des ouvrages multilingues.

2.9 On dénombre 4'437 ouvrages publiés au 17e s. (5 % du fonds ancien). Le latin domine encore (2'207 titres, 50 %), mais les livres en français connaissent une progression marquée (1'510 titres, 34 %). Au chapitre des langues étrangères vivantes, l'allemand demeure la langue la plus présente (246 titres, 6 %), suivie par l'italien (115 titres, 3 %). Tout en restant modestement représentés, le néerlandais (30 titres), et surtout l'anglais (64 titres), sont en nette progression. On relève en outre 14 titres en espagnol, 11 en grec (contre 107 au siècle précédent!), 1 en suédois, en arabe et en syriaque. Enfin, 237 ouvrages sont classés sous la rubrique *multilingue*.

2.10 Le nombre d'éditions du 18e s. est trois fois plus élevé que celui des siècles précédents: 12'930 ouvrages, soit 15 % du fonds ancien. Cette progression traduit principalement un «décollage» du livre en langue française (7'670 titres, 59 %), qui dépasse très largement le latin, jusqu'alors prédominant (2'515 titres, 19 %). L'allemand connaît également une progression sensible (1'527 titres, 12 %), ainsi que l'anglais (456 titres, 4 %, sept fois plus d'ouvrages qu'au 17e s.) et l'italien (293 titres, 2 %). On recense encore 76 livres en grec, 36 en espagnol, 20 en néerlandais (en net déclin par rapport au 17e s.). Apparaissent également quelques titres en russe (16), en romanche (5), en portugais (2) et en arabe. Le danois, le suédois, le polonais et le hongrois (traduction de l'*Avis au peuple sur sa santé du docteur Tissot*, Kl. Nyomtattatott Nagy Károly 1772) sont représentés par un seul ouvrage, ainsi que le telougou (un recueil de textes à l'usage des missionnaires rédigé par Benjamin Schultze et imprimé à Halle en 1746). Enfin, le nombre des titres catalogués sous la rubrique *multilingue* s'élève à 307.

2.11 Avec 66'590 titres (plus des trois quarts du fonds ancien, 76 %), le 19e s. surpasse de loin les périodes précédentes. Le français se taille évidemment la part du lion avec 40'710 titres (61 %), mais c'est l'allemand et l'anglais qui connaissent, proportionnellement, la plus forte progression avec respectivement 12'850 (19 %, huit fois plus qu'au 18e s.) et 4'340 titres (7 %, dix fois plus qu'au 18e s.). Le latin stagne (2'830 titres, soit 4 %), contrairement au grec (732 titres, 1 %). On dénombre en outre 180 titres en espagnol, 163 en russe, 84 en néerlandais, 39 en roumain et en suédois, 38 en portugais, 27 en hébreux (y compris l'araméen), 25 en sanscrit, 23 en norvégien, 21 en hongrois, 19 en danois, 11 en arabe, 9 en romanche et en polonais, 5 en syriaque, 3 en pali et en chinois, 2 en serbo-croate, en bulgare, en slovène, en finlandais et en persan. Le tchèque, le catalan, le turc, le copte, l'éthiopien, le bengali et le japonais totalisent chacun un seul ouvrage. Enfin 1'625 livres sont considérés comme *multilingue* (2 %) et 350 portent le code *indéterminé*.

2.12 La répartition par langues est, globalement, la suivante: français 58 % (50'487 titres), allemand 17 % (14'857), latin 11 % (9'762), anglais 6 % (4'865), italien 3 % (2'954), multilingue 3 % (2'388), grec 1 % (928). Parmi les langues résiduelles (moins de 1 %), on relève l'espagnol (232), le russe (179), le néerlandais (151), le suédois (41), le portugais (40), le roumain (39), l'hébreux (avec l'araméen, 34), le sanskrit (25), le norvégien (23), le hongrois (22), le danois (20), l'arabe et le romanche (14), le polonais (11), le syriaque (6), le pali et le chinois (3), le croate (y compris le serbo-croate), le slovène, le bulgare, le tchèque, le finlandais et le persan (2), enfin le catalan, le turc, l'éthiopien, le syriaque, le copte, le bengali, le telougou (langue du sud de l'Inde) et le japonais (1).

2.13 A noter que la plupart des langues d'Europe centrale et d'Asie n'apparaissent qu'au 19e s., à l'exception notable du russe, déjà bien présent au siècle précédent. Ces idiomes, à l'instar des langues africaines, sont probablement sous-représentés dans la statistique informatisée, qui ne prend pas en compte, notamment, diverses éditions des livres saints et des recueils de prières imprimés à l'usage des missions protestantes (titres signalés dans le fichier des anonymes, non repris sur ordinateur).

Aperçu systématique

2.14 La littérature et la philologie regroupent 22'487 titres (26 % du fonds ancien). Très présente au 15e s. (53 titres sur les 122 incunables recensés, soit 43 %), principalement en raison de l'existence de nombreuses éditions des classiques grecs (6 titres) et latins (45 titres), la littérature tombe à 25 % (844 titres) au 16e s., puis à 20 % (916 titres) au 17e s. Sa quote-part se stabilise au 18e et au 19e s. à 26 %: respectivement 3'310 et 17'365 titres. La part des lettres classiques (latin et grec) diminue avec régularité au fil des siècles: 96 % (51 titres) au 15e s., 79 % (666 titres) au 16e s., 56 % (512 titres) au

17ᵉ s., 21 % (705 titres) au 18ᵉ s., 5 % (3'564) au 19ᵉ s. Inversement, celle de la littérature française croît régulièrement du 16ᵉ au 18ᵉ s., passant de 7 % (60 titres) à 27 % (250 titres), puis à 57 % (1'888 titres), pour marquer le pas au 19ᵉ s. (46 %, 7'927). Pour les langues étrangères, on notera l'importance des lettres italiennes aux 16ᵉ et 17ᵉ s. (55 titres pour le 16ᵉ s., soit 6 %, chiffre comparable à la littérature française; 47 titres pour le 17ᵉ s., soit 5 %), relayées au 18ᵉ s. par l'anglais et l'allemand, dont on comptabilise 224 et 245 titres (7 %). L'orientalisme fait son apparition au 17ᵉ s. (un seul ouvrage, *Les paroles remarquables, les bons mots et les maximes des Orientaux* d'Antoine Galland, Lyon 1695) et progresse sensiblement: 16 titres au 18ᵉ s., 250 au 19ᵉ s. En littérature russe, on compte 10 ouvrages du 18ᵉ s. et 306 du 19ᵉ s. Quant à la philologie et à la linguistique, elles se développent surtout au 19ᵉ s., avec 436 livres.

2.15 Avec 19'467 titres, l'histoire et la géographie représentent 22 % de l'ensemble du fonds ancien. De 7 % (9 titres) au 15ᵉ s., la part de l'histoire passe à 12 % (409 titres) au 16ᵉ s., puis se stabilise autour des 22 à 23 % (987 titres au 17ᵉ s., 2'995 au 18ᵉ s.). Au sein de cette catégorie, on recense 2'678 ouvrages généraux (14 %), 2'140 titres traitant d'archéologie et histoire ancienne (11 %), 1'482 d'histoire médiévale (8 %) et 9'440 d'histoire moderne (49 %); cette dernière branche prend son essor aux 17ᵉ et 18ᵉ s., avec respectivement 378 et 1'364 titres. Enfin, les récits de voyage et la géographie se montent à 3'746 unités (19 %), avec une pointe à 24 % (729 titres) au 18ᵉ s.

2.16 Dans le domaine des sciences, on recense 14'040 titres (16 % du fonds ancien). De 6 % (213 titres) au 16ᵉ s., la part des livres scientifiques passe à 13 % (591 titres) au 17ᵉ s., puis à 20 % (2'568 titres) au 18ᵉ s., avant de retomber à 16 % (10'669 titres) au 19ᵉ s. Dans ce domaine, la médecine et la pharmacie occupent la principale place, avec 7'130 titres, ce qui représente globalement 51 % des ouvrages de sciences (64 %, 137 titres, pour le 16ᵉ s.; 55 %, 327 titres, pour le 17ᵉ s.; 57 %, 1'467 titres, pour le 18ᵉ s.; 49 %, 5'198 titres, pour le 19ᵉ s.). Une analyse plus fine montre l'émergence de certaines sciences et le déclin d'autres; ainsi la botanique, importante au 16ᵉ s. (12 %, 26 titres), décline au 17ᵉ s. (9 %, 54 titres), avant de remonter au 18ᵉ s. (18 %, 276 titres) et de retomber au 19ᵉ s. (7 %, 727 titres). La physique, faiblement représentée au 16ᵉ s. (2 %, 4 titres), s'épanouit au 17ᵉ s. (8 %, 40 titres), puis perd du terrain (6 %, 133 titres, au 18ᵉ s.; 4 %, 432 titres, au 19ᵉ s.). La chimie, encore plus modestement représentée au 16ᵉ s. (un seul ouvrage) et aux 17ᵉ et 18ᵉ s. (2 %, respectivement 12 et 77 titres) atteint les 4 % (380 titres) au 19ᵉ s. La géologie et la minéralogie, très faiblement présentes jusqu'au 18ᵉ s., forment au 19ᵉ s. 16 % (1'740) des livres de sciences.

2.17 La théologie, avec 10'580 titres, représente 12 % de l'ensemble du fonds ancien. Son poids dans les différents siècles varie fortement et va en diminuant à partir du 16ᵉ s.: 36 % de l'ensemble des livres du 15ᵉ s. (44 titres) relève de la théologie, 43 % au 16ᵉ s. (1'460 titres), 27 % au 17ᵉ s. (1'200 titres), 12 % au 18ᵉ s. (1'526 titres), 10 % au 19ᵉ s. (6'350 titres).

2.18 Le domaine des «Sciences et arts», qui comprend les ouvrages d'économie et les livres de sciences sociales et politiques, mais pas ceux de sciences décrits ci-dessus, regroupe 8'800 titres (10 % du fonds ancien). Son importance va croissante au fil des siècles: 1 % au 16ᵉ s. (44 titres), 4 % au 17ᵉ s. (162 titres), 6 % au 18ᵉ s. (778 titres), enfin 12 % au 19ᵉ s. (7'820 titres). On note que la part des impressions du 19ᵉ s. est plus importante en «Sciences et arts» que dans les autres grands domaines. Les rubriques «Politique et société» (2'230 titres ou 25 %) et «Économie, agriculture» (1'970 titres ou 22 %) représentent à elles seules près de la moitié des livres recensés dans ce domaine. La première comprend 23 titres du 16ᵉ s., 75 du 17ᵉ s., 185 du 18ᵉ s. et 1'946 au 19ᵉ s., tandis que la seconde compte 5 titres du 16ᵉ s., 5 du 17ᵉ s., 164 du 18ᵉ s. et 1'800 du 19ᵉ s. Viennent ensuite la musique (16 % ou 1'400 titres, répartis à raison de 1 titre du 16ᵉ s., 5 du 17ᵉ s., 49 du 18ᵉ s., 1'345 du 19ᵉ s.), les beaux-arts (15 % ou 1'350 titres: 1 titre du 16ᵉ s., 30 du 17ᵉ s., 130 du 18ᵉ s. et 1'190 du 19ᵉ s.), puis, loin derrière avec moins de 10 % chacun, les sciences de l'ingénieur (720 titres: 3 titres du 16ᵉ s., 19 du 17ᵉ s., 97 du 18ᵉ s. et 600 du 19ᵉ s.), les sports et les jeux (460 titres: 4 titres du 16ᵉ s., 5 du 17ᵉ s., 51 du 18ᵉ s. et 400 du 19ᵉ s.), l'architecture (300 titres: 6 du 16ᵉ s., 9 du 17ᵉ s., 37 du 18ᵉ s. et 245 du 19ᵉ s.), les arts et métiers (260 titres: 1 du 16ᵉ s., 14 du 17ᵉ s., 62 du 18ᵉ s. et 183 du 19ᵉ s.) et les routes et l'urbanisme (112 titres: 3 du 18ᵉ s. et 109 du 19ᵉ s.).

2.19 Le droit comptabilise 6'227 titres (7 % du fonds ancien). La quote-part de cette discipline est très stable, oscillant entre 6 et 7 % selon les siècles: 7 titres imprimés au 15ᵉ s., 189 au 16ᵉ s., 305 au 17ᵉ s., 742 au 18ᵉ s. et 4'984 au 19ᵉ s.

2.20 La philosophie, avec 4'516 titres, couvre 5 % du fonds ancien. Sa quote-part est également stable, avec un minimum de 4 % au 17ᵉ s. On compte 7 titres imprimés au 15ᵉ s., 193 au 16ᵉ s., 200 au 17ᵉ s., 776 au 18ᵉ s. et 3'340 au 19ᵉ s.

2.21 La rubrique «Généralités, bibliographies, catalogues» comprend 900 titres (1 % du fonds ancien). Ils ont pour la plupart été publiés au 19ᵉ s. (78 %, 700 titres); 145 titres l'ont été au 18ᵉ s. (16 %), 38 au 17ᵉ s. (4 %) et 16 au 16ᵉ s. (2 %).

2.22 Enfin 440 titres, classés dans la catégorie «Indéterminé», échappent à toute classification (20 titres au 16ᵉ s., 38 au 17ᵉ s., 90 au 18ᵉ s., 292 au 19ᵉ s.).

Collections particulières

La Réserve précieuse

2.23 La Réserve précieuse a été constituée à partir de 1932, date à laquelle il fut décié de retirer les ouvrages les plus précieux des magasins courants pour les placer dans un local spécifique. La collection s'est enrichie au gré des découvertes dans les rayons des magasins et grâce à des achats coûteux (bibliophilie contemporaine surtout). L'ensemble des volumes constituant la Réserve précieuse a été transféré dans les nouveaux locaux de la BCU à Dorigny en 1982. Ils sont actuellement classés en sept grands secteurs, suite à une révision partielle effectuée en 1995. La *Réserve incunables* (177 vol.), la *Réserve 16ᵉ s.* (3'416 vol.), la *Réserve Ayala* (choix de 2'165 vol. de la collection du marquis d'Ayala particulièrement précieux) et la *Réserve lilliput* (377 vol. de petite dimension) sont restées inchangées. Les anciennes *Réserve illustration* et *Réserve reliure* ont été redistribuées pour former une *Réserve A* (fonds ancien, choix d'ouvrages publiés du 17ᵉ au milieu du 19ᵉ s., intéressants pour leur provenance, leur reliure, leur statut, leurs illustrations: 3'850 vol.) et une *Réserve B* (bibliophilie moderne, ouvrages de bibliophilie à tirage limité publiés depuis 1850, livres d'artistes: 3'510 vol.). Finalement, une *Réserve Valdensia* (fonds ancien vaudois, de 1600 à 1850) a été créée (5'055 vol. actuellement).

2.24 Le livre le plus prestigieux conservé à la Réserve précieuse est sans conteste un exemplaire d'une édition incunable de l'*Historia naturalis* de Pline (Venise 1472) relié pour le célèbre bibliophile français Jean Grolier. Il a été acquis par la Bibliothèque de l'Académie de Lausanne à la mort de Marie-Louise-Charlotte de Roll-Estavayer (1778–1844), de concert avec divers ouvrages particulièrement précieux, notamment plusieurs volumes ayant appartenu à l'homme politique fribourgeois Pierre Falck, apparenté aux Estavayer de Mollondin: Tite-Live, *Historiae romanae decades III* (Rome, vers 1469, ouvrage le plus ancien conservé à la BCU), Flavius Blondus, *Italiae illustratae libri VIII* (Rome 1474) et *Historiarum ab inclinatione romanorum imperii decades* (Venise 1483). Au rang des provenances célèbres, il convient de signaler également un exemplaire ayant appartenu au diplomate français Jacques Bongars (Lucien de Samosate, *Opera*, Venise 1503), entré en 1728 avec le lot de doubles offert à la Bibliothèque de l'Académie de Lausanne par la Bibliothèque des Bourgeois de Berne (où se trouve l'essentiel de la collection Bongars). Un autre bibliophile du 16ᵉ s. est représenté dans les collections de la BCU: il s'agit de Thomas Maioli, dont un des livres (*Le lettere di M. Francesco Sansovino sopra le dieci giornate del Decamerone di M. Giovanni Boccaccio*, [Venise?] 1543), relié en maroquin havane avec décor à chaud et mouchetures polychromes à la cire, a été acquis en 1972 à la vente Esmérian, à Paris.

2.25 Un des points forts du fonds ancien de la BCU est la Réserve des éditions du 16ᵉ s. Au noyau original (2'367 vol.) se sont ajoutés 1'050 vol. en provenance de la Bibliothèque des Cèdres). Bien qu'aucun décompte précis n'ait été effectué, l'importance quantitative des ouvrages issus de la plume de théologiens réformés paraît évidente au sein d'une collection dont le noyau a été formé par les professeurs et les pasteurs vaudois gravitant autour de l'Académie fondée à Lausanne en 1537 par les Bernois, peu après l'annexion du Pays de Vaud et l'adoption de la religion réformée. On signalera, entre autres trésors, les exemplaires du *In librum Psalmorum commentarius* de Jean Calvin ([Genève] 1557) et du *Sermons sur les trois premiers chapitres du Cantique des cantiques* de Théodore de Bèze (Genève 1586), comportant tous deux quelques annotations de la main des auteurs, ainsi que le seul exemplaire connu de la première édition de l'*Exposition familière sur le symbole des apostres* du réformateur vaudois Pierre Viret (Genève 1544), dont la BCU conserve la plupart des ouvrages parus de son vivant.

2.26 Chargée de préserver le patrimoine imprimé vaudois, la BCU conserve l'essentiel des livres publiés ou imprimés dans le canton de Vaud depuis l'impression des deux seuls incunables vaudois connus jusqu'à nos jours: le *Fasciculus temporum* de Werner Rolevinck, imprimé par Henricus Wirzburg dans le prieuré Rougemont en 1481, et le *Missale ad usum Lausannensis* imprimé à Lausanne par Jean Belot en 1493. Parmi les fleurons de l'édition vaudoise, on peut aussi citer l'*Historia plantarum universalis* de Jean Bauhin, publiée à Yverdon en 1650 (2 vol. in-folio illustrés de gravures) ou encore les *Opuscula mathematica, philosophica et philologica* d'Isaac Newton (Lausanne 1744, 3 vol.). A noter que les productions lausannoises du 18ᵉ s. font depuis plusieurs années l'objet d'une recherche particulière, afin d'identifier les nombreux ouvrages publiés dans le canton sous des adresses fictives.

2.27 Au rayon géographie, la BCU conserve plusieurs atlas anciens rehaussés en couleur à la main (*Theatrum orbis terrarum* d'Abraham Ortelius, Anvers 1570, et *Novus atlas sive theatrum orbis terrarum* de Johann Jansson, Amsterdam 1658, 11 vol.), ainsi qu'une collection de cartes déposées depuis 1985 au Département des manuscrits. Cette collection a été formée en 1893 par le pasteur Paul Vionnet, créateur d'une «Collection historique vaudoise» à l'origine du Cabinet iconographique de la BCU, dissous en 1978 (voir plus haut). Elle s'est enrichie au fil des ans, particulièrement grâce aux cartes provenant de la collection du Marquis d'Ayala, gravées au 18ᵉ s. et qui concernent l'Europe et le Monde. Le fonds renferme aussi des cartes de la région lausannoise, du bassin lémanique, du canton de Vaud et de la Suisse. L'ensemble abrite quelque 1'500 cartes gravées avant 1850.

Parmi les pièces maîtresses de la collection, on peut signaler la «Carte du Ballivage de Lausanne» gravée par Gabriel Leclerc en 1678 à l'échelle de mille pas (1:15'000), d'après le dessin d'Abraham de Crousaz.

3. CATALOGUES

Catalogue moderne général

Catalogue du Réseau vaudois [ensemble des ouvrages anciens et modernes, à l'exception d'une partie des périodiques anciens et des publications émanant de collectivités]

Catalogues modernes spécialisés

Catalogue des thèses [sur fiches; alphabétique auteurs; n'est plus alimenté depuis 1965?]

Catalogue des cartes topographiques [sur fiches; n'est plus alimenté depuis 1972]

Catalogues des partitions musicales [sur fiches; n'est plus alimenté depuis 1976]

Catalogues des éditions vaudoises 1500–1800 [sur fiches; n'est plus alimenté depuis 1978]

Catalogues anciens généraux

Catalogus omnium librorum qui reperiuntur in Bibliotheca Lausannensis [ms.; 1728; systématique; ACV Bd 1/8, p. 259–274]

Catalogus librorum Bibliothecae Academiae Lausannensis [ms.; vers 1749–1754; systématique; BCU Archives VII/2]

Catalogus librorum qui in Bibliotheca Academiae Lausannensis asservantur. Lausanne 1764 [alphabétique auteurs et titres anonymes]

Catalogue général des livres de la bibliothèque académique de Lausanne dressé l'an 1779 au mois d'avril par Alexandre-César Chavannes [ms.; avec un historique; BCU Archives VII/3, perdu à ce jour]

Bibliothecae Academiae Lausannensis catalogus. 1786 [ms.; systématique; BCU Ms. A 389]

Catalogus librorum Bibliothecae Academicae Lausannensis. Lausanne 1792 [systématique; contient un Règlement et un Avis]

Catalogus librorum Bibliothecae Academicae Lausannensis. Supplementum. Lausanne 1800 [systématique]

Catalogus librorum Bibliothecae Academicae Lausannensis. Supplementum alterum. Lausanne 1812 [systématique]

Catalogue de la Bibliothèque cantonale. Troisième supplément. Lausanne 1829 [systématique; contient une histoire de la Bibliothèque]

Quatrième supplément au catalogue de la Bibliothèque cantonale. Lausanne 1835 [systématique]

Appendice au quatrième supplément du catalogue de la Bibliothèque cantonale. Lausanne 1838 [systématique]

Catalogue de la Bibliothèque cantonale vaudoise. Lausanne 1853–1856, 2 vol. [systématique; avec une préface et des tables]

Catalogue de la Bibliothèque cantonale vaudoise. Supplément 1856–1886. Lausanne 1887 [systématique]

Catalogue de la Bibliothèque cantonale vaudoise. Supplément 1886–1902. Lausanne 1905, 2 vol. [systématique; avec une Notice historique]

Catalogue systématique 1902–1930 [sur fiches; classement par cotes matières; n'est plus alimenté depuis 1931]

Répertoires topographiques [79 vol. mss; ne sont plus alimentés depuis 1975]

Catalogue alphabétique auteurs [sur fiches; n'est plus alimenté depuis 1979]

Catalogue alphabétique des titres anonymes [sur fiches; comprend aussi les Bibles, les ouvrages collectifs, les mélanges, les catalogues de ventes et d'expositions; n'est plus alimenté depuis 1978]

Catalogue matières méthodique 1930–1964 [sur fiches; alphabétique matières; n'est plus alimenté depuis 1965]

Catalogue alphabétique matières [sur fiches; suite du précédent; n'est plus alimenté depuis 1979]

Catalogue alphabétique des collectivités-auteurs [sur fiches; n'est plus alimenté depuis 1979]

Catalogue alphabétique biographique 1930–1964 [sur fiches; n'est plus alimenté depuis 1965]

Catalogue alphabétique géographique 1930–1964 [sur fiches; n'est plus alimenté depuis 1965]

Catalogues anciens spécialisés

[Catalogue de la bibliothèque de Charles Guillaume Loys de Bochat] [ms.; systématique; vers 1754-1779; BCU Archives VII/1]

Catalogue de la bibliothèque donnée par le général Frédéric César de La Harpe [ms.; systématique; 1838; BCU Archives VIII/1]

Inventaire de la bibliothèque de feu Mr. le conseiller fédéral Louis Ruchonnet. 1895 [ms.; systématique; BCU Archives VIII/4]

Bibliothèque grecque. Auteurs, traductions, commentaires. 1849 [ms.; BCU Archives VIII/2, deuxième exemplaire en VIII/3]

Premier catalogue de la Bibliothèque publique de Lausanne. Lausanne 1781 [alphabétique des titres]

Catalogue de la Bibliothèque publique de Lausanne. Lausanne 1788 [alphabétique des titres]

Catalogue des livres de la bibliothèque de Mrs. les étudians de la V. Académie de Lausanne. 1752 [ms.; par format, puis par ordre alphabétique auteurs et anonymes; BCU, Ms., IS 1929, t. 26]

Librorum qui studiosorum Lausannae Academiae bibliothecae annumerantur catalogus. 1758 [ms.; alphabétique auteurs et anonymes; BCU, Ms., IS 2153/1]

Catalogue des livres de la bibliothèque de Messieurs les étudians de l'Académie de Lausanne. Lausanne 1814 [systématique; avec un Avis et un Règlement; un Supplément a été imprimé en 1820, il est introuvable à ce jour]

Catalogue des livres de la bibliothèque de Messieurs les étudians de l'Académie de Lausanne. Lausanne 1828 [systématique; avec un Avis et un Règlement; un Supplément a été imprimé en 1835]

Catalogue de la bibliothèque de MM. les étudiants de l'Académie de Lausanne. Lausanne 1866 [systématique; avec une Préface]

Catalogue alphabétique des périodiques [sur fiches; n'est plus alimenté depuis 1979]

4. SOURCES ET ÉTUDES SUR L'HISTOIRE DE LA BIBLIOTHÈQUE

Archives

Une partie des documents d'archives est conservée aux Archives cantonales vaudoises (ACV, Bd 1/8, Bdd et K XIII), l'autre partie à la BCU (Département des manuscrits)

Chavannes, Alexandre-César: Histoire abrégée de l'Académie de Lausanne depuis son origine. 1780 [ms.; BCU, Ms., B 800]

Notice sur la Bibliothèque cantonale vaudoise. 1878 [ms.; BCU, Ms., A 223]

Acta academica [20 vol. mss; 1636-1838; ACV, Bdd 51]

Projet pour la conservation et l'augmentation de la Bibliothèque de l'Académie, aussi bien pour la rendre plus utile, approuvé par la Vén. Compagnie le 9 mars 1728 [ms.; ACV Bd 1/8, p. 255–256]

Compte rendu du Conseil d'Etat. Lausanne 1829-

Procès-verbaux de la Commission de la Bibliothèque [7 cahiers mss; 1823–1943; BCU Archives XIX]

Procès-verbal des séances de la Commission des Musées et de la Bibliothèque [2 vol. mss; 1849-1873; ACV K XIII/54]

Registres des séances du Conseil académique [mss; 1806–1885; ACV K XIII/4, 11 et 13]

Rapport annuel [de la] Bibliothèque cantonale et universitaire. Lausanne 1913-

Règlement pour la Bibliothèque, 1749 [ms.; ACV Bdd 51/6, p. 16–18]

Règlement pour la Bibliothèque. Lausanne 1820

Règlement pour la Bibliothèque cantonale. Lausanne 1844

Règlement de la Bibliothèque cantonale et universitaire du 29 décembre 1899. Lausanne 1900

Règlement de la Bibliothèque cantonale et universitaire du 31 mai 1921. Lausanne 1921

Registres d'entrée des livres, 1845–1922 [11 vol. mss; lacunaires; BCU Archives X]

Registres des dons, 1795–1954 [7 vol. mss; BCU Archives IX/1–7]

Registres des prêts, 1729–1933 [50 vol. mss; BCU Archives I/1–50]

Registres des prêts spéciaux (professeurs, personnalités), 1818–1934 [1 vol. mss., BCU Archives II]

Journal du bibliothécaire (dépenses courantes, versements), 1750–1762 [ms.; BCU Archives I/5]

Livre de comptes, 1748–1828 [ms.; BCU Archives XLI/1]

Registre des perceptions (abonnements, amendes), 1820–1844 [1 vol. ms.; BCU Archives XLII]

Inscription des lecteurs, 1843–1960 [9 vol. mss et 18 cartons; BCU Archives III]

Correspondance reçue, 1728–1945 [18 cartons et 1 portefeuille; BCU Archives XXV]

Copie de lettres envoyées par la BCU, 1844–1943 [28 vol. mss; BCU Archives XXXV]

Études

Archinard, Charles: Histoire de l'instruction publique dans le canton de Vaud. Lausanne 1870 [sur la bibliothèque, p. 236–245]

Clavel, Jean-Pierre: La Bibliothèque cantonale et universitaire de Lausanne. In: Cahier [de l']Alliance culturelle romande 20 (1974) p. 21–26

Clavel, Jean-Pierre: La Bibliothèque cantonale et universitaire de Lausanne. In: Bibliothèques en Suisse. Berne 1976, p. 46–48

Clavel, Jean-Pierre: Les mutations de la Bibliothèque cantonale et universitaire de Lausanne (1967–1982). In: Bestandserschliessung und Bibliotheksstruktur. Wiesbaden 1979, p. 173–191 (Beiträge zum Buch- und Bibliothekswesen 17)

Clavel, Jean-Pierre: La bibliophilie à la Bibliothèque cantonale et universitaire de Lausanne. In: Librarium 24 (1981) p. 2–18

Corsini, Silvio: On ne prête qu'aux riches... Les bibliothèques publiques du Pays de Vaud au dix-huitième siècle. In: Revue française d'histoire du livre 56 (1987) p. 381–413

Corsini, Silvio: Les bibliothèques en 1803. In: Vaud sous l'Acte de médiation, 1803–1813. Lausanne 2002, p. 335–343 (Bibliothèque historique vaudoise 122)

Dupraz, Louis: La Bibliothèque cantonale et universitaire à Lausanne. Notice historique. Lausanne 1905

Gindroz, André: Histoire de l'instruction publique dans le canton de Vaud. Lausanne 1853 [sur la bibliothèque, p. 31–33, 151–152]

Lugrain, Betty: La Bibliothèque de MM. les étudiants de l'Académie de Lausanne. Lausanne 1943 (Etudes et documents pour servir à l'histoire de l'Université de Lausanne 1)

Monnard, Charles: Préface. In: Catalogue de la Bibliothèque cantonale. Troisième supplément. Lausanne 1829, p. III–LXXIV

Perret, Louis-Daniel: Histoire de la BCU par ses catalogues. De la bibliothèque artisanale à la bibliothèque informatisée. In: De l'Académie à l'Université de Lausanne, 1537–1987. 450 ans d'histoire. Lausanne 1987, p. 263–276 [catalogue d'exposition]

5. PUBLICATIONS SUR LES FONDS

A l'ombre des lumières. Un médecin lausannois et ses patients, Auguste Tissot, 1728–1797. Lausanne 1997 [catalogue d'exposition BCU]

La bibliophilie à la Bibliothèque cantonale & universitaire. Lausanne 1981 [catalogue d'exposition BCU]

Caraïon, Martha: Candide chez les sauvages. Voyageurs dans le Nouveau monde au 18e siècle. Lausanne 1995 [catalogue d'exposition BCU]

Corsini, Silvio (dir.): Le Livre à Lausanne, 1493–1993. Cinq siècles d'édition et d'imprimerie. Lausanne 1993

Corsini, Silvio: La preuve par les fleurons? Analyse comparée du matériel ornemental des imprimeurs suisses romands 1775–1785. Ferney-Voltaire 1999

Géa et ses livres. Lausanne 2002 [catalogue d'exposition BCU]

Hefti, Jocelyne: Dessine-moi la terre! Cartes et atlas au cours des âges. Lausanne 2002 [catalogue d'exposition BCU]

Les introuvables. Lausanne 2003– [réimpressions d'ouvrages rares de la Réserve]

Jolliffe, John W.: Draft bibliography of Lausanne and Morges imprints, 1550–1600. Oxford 1981

Manuscrits, livres, estampes des collections vaudoises. Lausanne 1976 [catalogue d'exposition BCU]

Mémoire d'une fête. La Fête des vignerons. Lausanne 1999 [catalogue d'exposition BCU]

Menamkat, Jasmine: Patriotes et contre-révolutionnaires. Luttes pamphlétaires dans le canton du Léman sous la République helvétique. Lausanne 2005 (Bibliothèque historique vaudoise 125)

Papiers et filigranes. Lausanne 1978 [catalogue d'exposition BCU]

Tosato-Rigo, Danièle; Corsini, Silvio (éd.): Bon peuple vaudois, écoute tes vrais amis! Discours, proclamations et pamphlets diffusés dans le Pays de Vaud au temps de la Révolution (décembre 1797–avril 1798). Lausanne 1999 (Bibliothèque historique vaudoise 114)

Wullyamoz, Jean-François: Editions et impressions lausannoises 1801–1890. Deuxième éd. 2 vol. Lausanne 1998

BIBLIOTHÈQUE DES CÈDRES, LAUSANNE

Canton: Vaud

Lieu: Lausanne

Auteur: Jean-Luc Rouiller, avec la collaboration de Mohamed Slim Ben Younes pour l'inventaire

Adresse etc: Voir BCU Lausanne

Fonctions:
Ancienne bibliothèque de la Faculté de théologie de l'Eglise évangélique libre du canton de Vaud.

Collections:
1. Théologie, à dominante protestante, dont histoire de l'Eglise, bibles, exégèse, théologie pratique (sermons, liturgies, psautiers); histoire, philosophie, langues et littératures; sciences et arts en très faible proportion. – 2. Piétistes, théosophes, mystiques des 17e–18e s.

1. HISTORIQUE DU FONDS

1.1 L'origine de la Bibliothèque des Cèdres est étroitement liée à celle de l'Eglise évangélique libre du canton de Vaud et à sa Faculté de théologie. Si tous trois doivent beaucoup au «Réveil» religieux des années 1820 et à Alexandre Vinet, l'élément déclencheur reste la crise politique et ecclésiastique de 1845. Cette année-là, le nouveau gouvernement radical d'Henri Druey oblige les pasteurs vaudois à lire en chaire une «proclamation» favorable à la nouvelle constitution. De nombreux pasteurs s'opposent à ce mot d'ordre et fondent l'Eglise libre qui tiendra son Synode constituant dès novembre 1846. Trois professeurs ordinaires de l'Académie, sur quatre, démissionnent et créent l'année suivante une Faculté de théologie liée à la nouvelle Eglise.

1.2 Les procès-verbaux du Synode mentionnent pour la première fois la Bibliothèque en séance du 7 juin 1849, lorsque les étudiants demandent «que l'administration de la Bibliothèque soit laissée aux étudiants sous la surveillance générale de la Commission d'études.» La Bibliothèque remonte toutefois aux origines de la Faculté, puisqu'en 1847 elle avait reçu quelque 90 vol. de la veuve d'Alexandre Vinet († 4 mai 1847), ainsi qu'une septantaine de vol. du professeur Johann Jakob Herzog avant son départ pour l'Université de Halle. Le *Catalogue des livres inscrits à mesure qu'ils entrent dans la bibliothèque* répertorie ces premiers dons, auxquels viendront s'ajouter, au fil des décennies, les livres cédés par d'autres professeurs de la Faculté, par des pasteurs ou autres bienfaiteurs, comme la Société biblique britannique et étrangère qui offrira, en 1852, une vingtaine de Bibles en diverses langues. Les achats ne constitueront jamais qu'une petite partie du développement des collections, en raison des faibles allocations annuelles du Synode: 100 francs en 1850, 200 dès 1855, 300 dès 1860, 500 dès 1905. La Bibliothèque s'efforcera d'accroître ces sommes en vendant ses doublets.

1.3 En juin 1848, la Bibliothèque des étudiants, comme on l'appelait alors, est installée dans la maison dite la Brasserie au Valentin, là où se déroulaient les cours. Un premier règlement, que nous n'avons pas retrouvé, est approuvé par la Commission des études le 7 février 1851. Le 12 mai de l'année suivante, elle obtient une reconnaissance officielle en faisant l'objet de l'article 3e du Règlement de la Faculté de théologie. Suite à quelque désordre, un nouveau règlement est accepté le 25 janvier 1859, selon lequel un professeur est chargé de la surveillance de la Bibliothèque et un étudiant nommé bibliothécaire. La charge de surveillant sera occupée pendant cinq mois par le professeur Rodolphe Clément (†1876), qui annonce le 27 juin 1859 «la confection d'un nouveau catalogue» manuscrit, le plus ancien catalogue systématique qui nous soit parvenu. La Bibliothèque abrite alors plus de 1'860 volumes, tandis qu'elle n'en possédait que 745 en 1852.

1.4 Trop à l'étroit dans ces anciens bâtiments, la Faculté et la Bibliothèque déménagent en 1864 dans leur nouvel immeuble du chemin des Cèdres, inauguré le 24 mai de la même année. La Bibliothèque possède alors environ 3'000 vol., rangés dans une salle trop vaste, sous la surveillance du professeur Samuel Chappuis (qui a succédé à Rodolphe Clément le 27 juin 1859). Lorsqu'en 1869 ce dernier édite le premier catalogue imprimé, accompagné d'un nouveau règlement, la Bibliothèque abrite 8'500 vol. La systématique du catalogue (théologie générale, théologie exégétique, théologie historique, théologie systématique, théologie pratique, philosophie, histoire, littérature, mélanges) est quasi identique à celle adoptée dans le précédent catalogue manuscrit; elle s'appuie sans doute, pour la théologie, sur celle adoptée par l'*Encyklopädie und Methodologie der theologischen Wissenschaften* (Leipzig 1833) de Karl Rudolf Hagenbach. On est en droit de penser que les livres devaient être classés au rayon suivant ces grandes subdivisions, comme c'est le cas aujourd'hui.

1.5 Suite à la mort du professeur Chappuis le 3 avril 1870, la Bibliothèque reçoit plus de 5'000 vol. concernant le protestantisme français aux 16e et 17e s., ainsi que quelques incunables. En 1873, la Bibliothèque acquiert les livres du pasteur Louis Burnier, dont environ 140 vol. ayant trait à l'éducation, puis, en juin 1874, ceux de Daniel Petillet, libraire et disciple du pasteur Jean-Philippe Dutoit-Membrini. Ce dernier don comporte, entre autres, quelque 2'000 vol. relatifs aux mystiques, théosophes et illuminés des 17e et 18e s., ce qui constitue une des spécificités de la Bibliothèque des Cèdres. Tous ces dons ont fait l'objet d'inventaires séparés.

1.6 L'accroissement continu des fonds oblige la Commission des études à créer en 1874 un véritable poste de bibliothécaire, attribué dans un premier temps à l'ancien libraire Ernest Chavannes (†1895). Ce dernier rédige un nouveau règlement (manuscrit) approuvé par la Commission en novembre 1874, dans lequel est mis en avant le nouveau rôle du bibliothécaire (aux dépens partiels des étudiants). Chavannes se voit confié le soin de plus de 16'000 vol. que les locaux d'alors ne peuvent contenir. Profitant d'un legs de Gabriel Rumine de 100'000 francs à la Faculté libre (en 1872), la Bibliothèque se dote d'une annexe accolée au nord du bâtiment primitif, utilisable dès le printemps 1876. La même année, elle reçoit environ 300 vol. de théologie et d'exégèse du professeur Rodolphe Clément; puis, en 1885, 1'200 vol. et des centaines de brochures de Louis Vulliemin sur l'histoire en général et l'histoire suisse en particulier. La Bibliothèque possède alors plus de 20'000 vol.

1.7 Un tel accroissement des fonds rend l'impression d'un nouveau catalogue indispensable, pour remplacer ceux rédigés par Chavannes en 1879 et en 1889. En mai 1884, le Synode accorde 3'000 francs pour mener à bien cette entreprise. Il faudra toutefois attendre plus de dix ans avant que ne débute en 1895 l'édition. La nomination du pasteur Charles Monastier-Gonin au poste de bibliothécaire en 1893 avait permis d'en accélérer la rédaction. A la fin 1898, le catalogue systématique est imprimé, mais pas encore distribué à large échelle, car il est nécessaire d'y ajouter un supplément pour intégrer les livres acquis depuis le début de son élaboration.

André Langie, premier bibliothécaire de carrière engagé en 1903, participe activement à l'élaboration de ce supplément imprimé en 1905 (c'est alors seulement que l'on diffuse l'ensemble des deux parties en un vol.) et à l'impression du *Répertoire alphabétique* de 1907.

1.8 La période de l'édition du catalogue correspond à des années fécondes pour la Bibliothèque, marquées par la présence du professeur Auguste Bernus qui fonctionne comme surveillant de 1891 à 1904. Après sa mort (31 mars 1904), une souscription permet à la Bibliothèque d'acquérir quelque 1'000 vol. du professeur, «relatifs surtout à l'histoire de l'Eglise catholique au XIXe siècle» (Meyhoffer, p. 5), en plus des nombreux volumes cédés par Bernus de son vivant. C'est aussi durant cette période que la Bibliothèque achète (en 1901), suite à une souscription, 1'700 vol. de la bibliothèque d'Aimé Herminjard: un apport des plus importants sur l'histoire du protestantisme français, dont plusieurs incunables et ouvrages rares du 16e s. Au début du siècle (1905), la Bibliothèque abrite plus de 40'000 vol., parmi lesquels il faut compter plus de 1'900 thèses des facultés de Paris, Montauban, Montpellier, Strasbourg, Genève, Lausanne (Eglise libre), la plupart publiées entre 1880 et 1910; ces thèses ont d'abord fait l'objet, de 1874 à 1897, d'un catalogue manuscrit séparé, puis ont été inscrites dans le grand catalogue imprimé interfolié.

1.9 Dans les années 1920 et 1930, la Bibliothèque des Cèdres bénéficie de legs importants de plusieurs professeurs. Il convient de mentionner celui de Lucien Gautier, mort en 1924, qui fit don de centaines de volumes de brochures concernant l'Ancien Testament et les études palestiniennes, ainsi que la grande édition de Weimar des oeuvres de Luther commencée en 1883. A la mort de René Guisan en 1934, elle entre en possession de ses livres, un fonds constitué d'oeuvres récentes touchant tous les domaines de la théologie. Une souscription permet d'acheter la bibliothèque de Philippe Bridel, mort en 1936, constituée essentiellement d'ouvrages de philosophie (histoire et oeuvres). Le don d'Auguste Gampert mort en 1936 fournit de nouveaux livres concernant l'Ancien Testament, complétant ainsi ceux légués par Lucien Gautier. On peut aussi mentionner les dons des pasteurs Louis Monastier-Schroeder (hymnes et liturgie), Henry Lehr (jansénisme et jésuite) et du prof. Carl Eschmann-Dumur (musique, musiciens). Des ex-libris permettent de retrouver les noms des principaux donateurs. Ces nouvelles acquisitions, plus de 13'000 vol., incitent Jean Meyhoffer à aménager une nouvelle salle pour les accueillir. En 1941, la Bibliothèque compte quelque 80'000 vol., dont plus de 3'400 thèses. En 1943, l'ensemble du fonds est (re)catalogué sur fiches (fichier alphabétique auteurs et fichier systématique); l'opération avait débuté en 1936, à l'arrivée de Meyhoffer.

1.10 Suite à la fusion de l'Eglise nationale et de l'Eglise libre en 1966, la Faculté de théologie de l'Eglise libre ferme ses portes. Sa Bibliothèque est rattachée officiellement à la Bibliothèque cantonale et universitaire au début de l'année suivante. Elle prendra le nom de Bibliothèque des Pasteurs puis, dès 1981, de Bibliothèque des Cèdres. De 1982 á 2011, suite à la réorganisation de la Bibliothèque cantonale et universitaire (BCU) en quatre sites, la Bibliothèque des Cèdres devient un de ces sites et est rattachée à la BCU-Riponne pour les questions administratives.

1.11 La fusion entraîne aussi des mouvements de livres. En 1966-1967, les manuscrits, dont ceux d'Alexandre Vinet, les incunables (une vingtaine) et les livres du 16e s. sont transférés à la BCU-Riponne; plus tard, ils seront déposés au département des manuscrits et à la réserve précieuse de la BCU-Dorigny; il s'agit de quelque 2'000 titres qui n'apparaissent donc pas dans la description du fonds des Cèdres. Dans les années 1980, la grande partie (4/5) des ouvrages de sciences et arts (cote S&A) et la moitié de langues et littératures (cote L&L) sont relogés soit à Dorigny (L&L), soit à la Riponne (S&A et L&L); en novembre 2000, les cotes L&L de la Riponne sont à leur tour transférées à Dorigny; ces derniers transferts (S&A et L&L) concernent quelque 2'500 titres considérés comme faisant encore partie du fonds des Cèdres, donc comptabilisés dans notre statistique. En 1989, suite à des dégâts d'eau dans les combles des Cèdres, les 4'000 premiers ouvrages de théologie exégétique (cote TE) sont déplacés à Dorigny; tous ces TE ont aussi été pris en compte dans notre statistique. Il en va de même pour les quelque 20'000 vol. stockés à Dorigny (2009) dans le cadre de l'opération de numérisation des ouvrages antérieurs à 1870 conservés par la BCU.

1.12 Depuis l'édition du Catalogue de 1905 et jusqu'à l'informatisation de la Bibliothèque à l'aide de l'ancien système SIBIL en 1988, les nouvelles acquisitions ont été inscrites dans un exemplaire du Catalogue systématique interfolié, éclaté en sept volumes et dans les fichiers. Aucun catalogue ne sera imprimé durant cette période. En 1997, la Bibliothèque migre sur le système VTLS (VIRTUA depuis 2000-2001), en même temps que les autres établissements vaudois du Réseau des Bibliothèques de Suisse occidentale (RERO). Une opération de rattrapage menée en 2007 permet d'intégrer la totalité du fichier auteurs des Cèdres au catalogue du RERO, si bien que tous les livres de la Bibliothèque des Cèdres y sont signalés. Le fonds cesse de croître au début des années 2000. L'Etat de Vaud ayant vendu le bâtiment, la Bibliothèque ferme ses portes en mars 2011. Le fonds sera transféré à Dorigny.

2. DESCRIPTION DU FONDS

2.1 Comme la présente enquête a été réalisée avant l'informatisation du catalogue sur fiches, le dénombrement des livres a été effectué durant l'année 2000 à partir du Catalogue imprimé de 1905, en tenant compte des ajouts manuscrits inscrits dans l'exemplaire interfolié de ce même catalogue. Le comptage des livres de langues et littératures (cote L&L) et ceux de sciences et arts (cote S&A) a toutefois été effectué directement au rayon. Nous avons compté le nombre de titres, en étant conscients des erreurs qu'une telle opération peut générer, d'où le principe d'arrondir le plus souvent à la dizaine. Le Catalogue imprimé et les ajouts manuscrits comportent un certain nombre de titres sans date (environ 680 dans le Catalogue) que nous n'avons pas pris en compte pour la description du fonds.

Survol chronologique et par langues

2.2 Le nombre total de titres ou de volumes n'est pas connu avec précision: une étude de 1987 comptabilise environ 150'000 volumes, un rapport interne de 1991 près de 84'000 unités bibliographiques. Le nombre total de périodiques vivants en 1989 se chiffrait à 296 titres. D'après notre comptage, le nombre de titres antérieurs à 1901 s'élève à un peu plus de 42'100 (brochures et périodiques compris): 15'800 dans le Catalogue imprimé de 1898, 5'540 dans le supplément de 1905 et 16'150 dans les ajouts manuscrits. Suite aux transferts évoqués ci-dessus, les ouvrages les plus anciens ne remontent qu'au 17e s.; on en compte un peu plus de 4'020 (10%). 6'800 titres (16%) sont du 18e s. Près des trois quarts des ouvrages (74%) sont du 19e s., soit quelque 31'280 titres.

2.3 65% des livres sont en français, soit 27'400 titres (17e s.: 2'430, 18e s.: 4'020, 19e s.: 20'950). Parmi les langues étrangères, l'allemand est le mieux représentée avec 8'240 titres (19,5%), puis viennent les ouvrages en latin, 3'160 titres (7,5%), et en anglais, 2'220 titres (5,3%). Le reste se répartit entre le grec (380 titres ou 0,9%), l'italien (230 titres ou 0,5%) et diverses autres langues (480 titres ou 1,1%) comme le néerlandais, le suédois, le russe, l'hébreu, l'arabe, certains idiomes africains tel le gwamba, le ronga, le tsonga, le sessouto, le kabyle. Ces derniers ouvrages concernent des Nouveaux Testaments, cantiques, chants d'école, catéchismes, dictionnaires, grammaires édités à la fin du 19e s. pour les besoins des Missions des Eglises évangéliques libres de Suisse romande.

Aperçu systématique

2.4 La systématique et l'ordre retenus pour l'analyse du fonds ancien se fondent sur le classement du Catalogue systématique de 1905. Plus de la moitié des titres (58%) relève des différentes branches de la théologie (24'540 titres). L'histoire et les biographies sont aussi bien représentées (9'350 titres ou

22 %); la philosophie (3'760 titres) l'est dans une proportion moindre, tout comme les langues et littératures (3'370 titres). Le solde restant concerne les sciences et arts (1'030 titres).

2.5 Quelque 1'600 titres concernent la théologie en général. 130 titres sont du 17e s., 490 du 18e s. et 970 du 19e s. Un tiers est en latin (560 titres), un tiers en français (520 titres). On y trouve des encyclopédies, des oeuvres des Pères de l'Eglise et des théologiens qui leur ont succédé, comme Luther, Zwingli, Calvin, Melanchthon, les réformateurs anglais, le plus souvent dans des éditions du 19e s. Les périodiques spécialisés étant classés dans les différents domaines, la section abrite 290 titres à caractère général, pas toujours complets, la plupart nés au 19e s., non seulement en français (150 titres), mais aussi en allemand (85 titres, dont 6 du 18e s.), en anglais (40 titres) et en italien (8 titres). Trois des six périodiques allemands du 18e s. ont été édités par Johann Caspar Lavater.

2.6 Près de 5'400 titres relèvent de la théologie exégétique. 520 sont du 17e s., 700 du 18e s. et 4'170 du 19e s. 40 % sont en français (2'180 titres), 29 % en allemand (1'560 titres), 14 % en latin (760 titres). Ce grand ensemble d'ouvrages comprend tout d'abord les textes de l'Ecriture sainte (Bibles, Anciens et Nouveaux Testaments) dans différentes versions et dans différentes langues. On y trouve plus de 220 Bibles. 37 sont du 17e s., dont les 8 vol. de la *Saincte Bible* de Jacques Corbin (Paris 1643), 57 du 18e s., comme la *Biblia sacra* éditée par François Grasset (Anvers, en fait Lausanne, 1758). Parmi les 130 Bibles du 19e s., plusieurs sont des traductions dans des langues aussi diverses que le syriaque, l'arabe, l'arménien, l'hébreu, le gaélique, le breton, le hollandais, le danois, le suédois, le polonais, le hongrois, le bohémien, le chinois, le malais (caractère arabe), le romanche. Il en va de même pour les Nouveaux Testaments du 19e s., traduits en langue des Esquimaux du Labrador, en sessouto, en tsonga, en gwamba, en langue tahitienne, en lithuanien, en serbe, en tchèque, en persan. A signaler aussi le *Nouveau Testament* dit de Mons, en 2 vol., imprimé à Amsterdam chez Daniel Elzevier en 1667. On trouve encore environ 170 psautiers, dont *Les pseaumes de David* (Grenoble 1661). Cette section renferme aussi les outils nécessaires à l'analyse des textes, à savoir les concordances, les dictionnaires analytiques, les dictionnaires de langues, les grammaires (dont 250 pour la langue hébraïque), les dictionnaires bibliques, les ouvrages relatifs à l'archéologie et à l'histoire bibliques et des livres d'introduction à l'Ecriture sainte. Les commentaires à proprement parler de l'Ecriture sainte se montent à un peu plus de 1'460 titres (près de 30 % des titres de théologie exégétique), dont 140 sont du 17e s., 200 du 18e s. et 1'120 du 19e s., autant en allemand (520 titres) qu'en français (525 titres). Finalement, apparaissent les ouvrages de «théologie biblique» et quelques mélanges.

2.7 La théologie historique est riche de quelque 6'460 titres: 950 du 17e s., 880 du 18e s. et 4'630 du 19e s. 69 % sont en français (4'460 titres), 18 % en allemand (1'190 titres), 6 % en anglais (400 titres), 5,5 % en latin (360 titres). Ces ouvrages concernent l'histoire de l'Eglise (depuis les origines et dans différents pays), l'histoire de la propagation du christianisme (missions), l'histoire intérieure de l'Eglise, l'histoire des dogmes, des hérésies, etc. On mentionnera par exemple l'*Histoire du glorieux sainct Sigismond martyr* (Sion 1666) ou le *Bref de suppression de la ci-devant dite Compagnie de Jésus* (Neuchâtel 1773). Parmi les domaines les plus fortement représentés, on trouve près de 960 titres (15 %) liés aux diverses polémiques, surtout entre catholiques et protestants (400 du 17e s., 110 du 18e s. et 440 du 19e s.), essentiellement en français (83 %), dont les auteurs les plus prolifiques sont François Veron, Pierre Nicole, Jacques-Bénigne Bossuet, David-Augustin de Brueys, Pierre Du Moulin, Charles Drelincourt, Jean Daillé, Pierre Jurieu, Antoine Serre (*La morale des calvinistes*; *Douze demandes faites aux ministres de la R.P.R. assemblez au Synode tenu à Charenton [en] 1679*, Paris 1680; *Table de passages choisis tirez des saintes écritures*, Paris 1698). Un fonds d'environ 750 titres (11,5 %) se rattache à l'histoire ecclésiastique de la France protestante (17e s.: 100, 18e s.: 100, 19e s.: 550), comme par exemple *Les soupirs de la France esclave qui aspire à la liberté* (Amsterdam 1689).

2.8 Quelque 3'530 titres relèvent de la théologie systématique, apologétique (env. 15 %), dogmatique (env. 50 %) et morale (env. 15 %) comprises. 400 sont du 17e s., 770 du 18e s. et 2'360 du 19e s. 62 % en français (2'180 titres), 25 % en allemand (870 titres), 7 % en latin (250 titres), 6 % en anglais (210 titres). Cette section abrite un riche fonds de près de 400 titres liés aux théosophes et illuminés, répartis comme suit: 66 du 17e s., 210 du 18e s. et 120 du 19e s.; l'allemand domine avec 64 % des titres (260), contre 30 % pour le français (120). On y trouve entre autres des oeuvres, très souvent des premières éditions, de Valentin Weigel (8 titres, dont *Ein nützliches Tractätlein vom Ort der Welt*, Halle 1613), Hendrik Jansen (9 titres dont ceux de l'édition allemande de 1687), Jacob Böhme, Christian Hohburg (5 titres), Quirinus Kuhlmann (5 titres, dont *Prodromus quinquennii mirabilis*, Leyde 1674), Friedrich Breckling (3 titres, dont *Mysterium iniquitatis*, [s.l.] 1662), Thomas Bromley (6 titres traduits en allemand), Jane Lead (14 titres traduits en allemand), Johannes Pordage (4 titres traduits en allemand, dont *Sophia*, Amsterdam 1699), Balthasar Koepke (4 titres), Johann Conrad Dippel (5 titres), Johann Tennhardt (7 titres), Johann Wilhelm Petersen, Johannes Kayser (5 titres), Victor Christoph Tuchtfeldt (5 titres, dont *Das* [sic] *endliche Berichte der grossen und kleinen heutigen Religionen*, [s.l.] 1724), Charles-Hector de Marsay (9 titres), Louis-Claude de Saint-Martin (plus de 10 titres), Jean-Philippe Dutoit-Membrini, Pierre Fournier (*Ce que nous avons été, ce que nous sommes et ce que nous deviendrons*, Londres 1801).

2.9 Notre comptage a montré que les ouvrages de théologie pratique sont les plus nombreux du fonds ancien, avec quelque 7'750 titres répartis à raison de 930 titres pour le 17e siècle, 1'270 pour le 18e et 5'550 pour le 19e. Un peu plus de 17 % (1'340) des titres sont en allemand, 6 % en anglais (460), près de 73 % en français (5'640). A côté de livres d'ecclésiologie, de liturgique, d'homilétique et d'hymnologie (*Recueil de cantiques à l'usage des assemblées de prières en faveur des missions évangéliques*, [Lausanne ?] 1828), une part importante des ouvrages, soit 2'670 titres (34 %), concernent des homélies et sermons protestants: 460 sont du 17e s., 350 du 18e s. et 1'860 du 19e s.; près de 13 % de ces sermons sont en allemand (340 titres), 6 % en anglais (160 titres), l'essentiel du reste étant en français (2'140 titres, soit 80 %). A relever aussi la présence de plus de 500 catéchismes protestants en français et en allemand. Parmi les «ouvrages d'édification», on signalera surtout un ensemble d'oeuvres de mystiques (350 titres) du 17e s. (105 titres), 18e s. (130 titres) et 19e s. (115 titres), surtout en français (250 titres ou 71 %), dans une moindre mesure en allemand (74 titres) et en latin (27 titres), comme par exemple des oeuvres de Jean de Saint-Samson (5 titres), Jean-Baptiste de Saint Jure (4 titres), Jean-Joseph Surin (7 titres), Jean-Jacques Olier (3 titres), Jean de Labadie (plus de 8 titres, dont *La pratique de l'oraison et méditation chrétienne*, Genève 1660), Giovanni Bona (5 titres traduits en français et un en allemand), Pierre Poiret (10 titres, dont *Die Reinigung der Seelen, vor oder nach dem Tode*, s.l. 1711 et plus de 10 publications comme éditeur), Jeanne-Marie Bouvier de la Motte Guyon (23 titres, dont certains traduits en allemand comme *Poetischer Versuch einiger geistlichen Gesänge*, s.l. 1744-1764), Gerhard Tersteegen (13 titres), Franz Karl von Eckartshausen (plus de 15 titres). A relever encore la présence exceptionnelle d'oeuvres de mystiques jésuites espagnols (Meyhoffer, p. 2-3), comme celles de Luis de la Puente (une œuvre en latin et 2 traductions françaises, dont *Très-excellentes méditations sur tous les mystères de la foy*, Lyon 1625, 2 vol.).

2.10 Quelque 3'760 titres relèvent de la philosophie, anthropologie, psychologie et morale comprises. 190 sont du 17e s., 560 du 18e s. et 3'010 du 19e s. 18 % des titres sont en allemand (680), 75 % en français (2'810). Près du quart (23 %) des ouvrages concernent l'histoire de la philosophie (860 titres), dont 31 % sont en allemand (260 titres) et 90 % du 19e s. Ces 3'760 ouvrages comprennent aussi 815 titres liés aux sciences sociales et juridiques, surtout du 19e s. et surtout en français (710 titres ou 87 % dans les deux cas) et 460 titres en rapport avec l'éducation, dont 390 (84 %) en français. Parmi les livres les plus anciens: Antonio de Guevara *Mespris de la cour et louange de la vie rustique* ([Genève] 1605). On peut aussi relever deux textes de Jean Astruc *Dissertation sur l'immatérialité et l'immortalité de l'âme* et *Dissertation sur la liberté* (Paris 1755), ou encore *Elémens du droit naturel* de Jean-Jacques Burlamaqui (Lausanne 1775).

2.11 Histoire et biographies forment un ensemble de près de 9'350 titres. Les quelque 3'120 biographies et recueils de lettres se répartissent de la façon suivante: 90 pour le 17e s., 240 pour le 18e s. et 2'790 pour le 19e s. 690 sont en allemand (22 % des biographies), 140 en anglais, la grande majorité du reste en français (2'190 titres ou 70 %). On y trouve des biographies de théologiens (*La vie du père Paul de l'ordre des serfs de la Vierge*, Venise 1665), mais aussi de quelques musiciens ou écrivains. 6'220 titres concernent l'histoire (géographie comprise); 390 sont du 17e s., 810 du 18e s. et 5'020 du 19e s. 18 % de ces titres sont en allemand (1'120); la part des titres en latin et en anglais est identique: un peu plus de 4 % chacun. 32 % des ouvrages d'histoire concernent l'histoire suisse (un peu moins de 2'000 titres), parmi ceux-ci 20 % sont en allemand (près de 400 titres), comme par exemple la *Schweytzer Chronick* de Johannes Stumpf (Zürich 1606). Un peu moins de 1'000 titres concernent l'histoire de la France (dont 90 du 17e s. et 150 du 18e s.), 550 l'histoire ancienne, 480 l'histoire des religions.

2.12 Quelque 3'370 titres concernent les langues et littératures (catalogues de bibliothèques compris), dont un peu moins de 1'650 sont en dépôt à la BCU-Dorigny. 420 sont du 17e s., 1'000 du 18e s. et 1'940 du 19e s. Après les ouvrages en français, ceux en latin sont les plus nombreux (610 titres ou 18 %), ce qui donne une part importante de classiques de la littérature grecque et latine dans des éditions des 17e et 18e s., mais aussi des oeuvres de la littérature française comme *Les amours de Psiché et de Cupidon* de Jean de La Fontaine (Paris 1669), les *Lettres de deux amans* de Jean-Jacques Rousseau (3 vol., Amsterdam 1761), *La Henriade* de Voltaire (Londres 1728), ou la *Relation contenant l'histoire de l'Académie françoise* de Paul Pellisson-Fontanier (Paris 1653).

2.13 Le domaine sciences et arts ne compte que 1'030 titres, dont 800 titres sont en dépôt à la BCU-Riponne. 37 sont du 17e s., 150 du 18e s. et 840 du 19e s. 200 titres sont en allemand (près de 20 %). On y trouve des ouvrages en rapport avec les mathématiques (Charles Louis Dumont *Nouvelle & très-facile pratique d'arithmétique*, Berne

1736), les sciences naturelles (Noël-Antoine Pluche *Le spectacle de la nature*, 9 vol., Paris 1749–1756), les sciences occultes (*Les prophéties de Michel Nostradamus*, Lyon [1644?]), la médecine (*Auguste Tissot, Avis au peuple sur sa santé*, Lausanne 1761), l'astronomie (Galilée, *Systema cosmicum*, Londres 1663).

3. CATALOGUES

Catalogues modernes généraux

Catalogue du Réseau vaudois [tout le fonds s'y trouve catalogué]

Catalogue systématique [sur fiches; d'après la systématique du catalogue imprimé de 1905; n'est plus alimenté depuis 1988]

Catalogues modernes spécialisés

Fichier péricopes bibliques [dépouillement des principaux périodiques des années 1950 à 1995]

Fichier matières Revues [dépouillement des principaux périodiques des années 1950 à 1995]

Catalogues anciens généraux

Catalogue des livres inscrits à mesure qu'ils entrent dans la Bibliothèque de la faculté libre de théologie, N° 1 1847–1850 [liste manuscrite des premiers ouvrages entrés à la Bibliothèque; suivent les registres d'entrée pour les années 1865–1875, 1875–1898 et suivantes]

Catalogue de la Bibliothèque de la Faculté de théologie de l'Eglise évangélique libre du Canton de Vaud [1858/59–1869, ms., systématique]

Catalogue de la Bibliothèque de la Faculté de théologie de l'Eglise évangélique libre du canton de Vaud. Lausanne 1869 [systématique; il existe deux exemplaires interfoliés, de format différent, de ce premier catalogue imprimé, avec ajouts mss]

Catalogue de la Bibliothèque de la Faculté de théologie de l'Eglise évangélique libre du canton de Vaud. 2 vol. 1879 [ms, systématique, par Ernest Chavannes; ce catalogue est accompagné d'une Table alphabétique des auteurs et des ouvrages anonymes, manuscrite en 2 vol.]

Catalogue de la Bibliothèque de la Faculté de théologie de l'Eglise évangélique libre du canton de Vaud. 3 vol. 1889 [ms., systématique, par Ernest Chavannes]

Catalogue de la Bibliothèque de la Faculté de théologie de l'Eglise évangélique libre du canton de Vaud. Lausanne 1905 [systématique, deux livraisons en un vol.; il existe un exemplaire en 7 vol. interfoliés, accompagnés de 5 petits classeurs, avec ajouts mss des livres entrés entre 1905 et 1988]

Répertoire alphabétique des livres de la Bibliothèque de la Faculté de théologie de l'Eglise évangélique libre du canton de Vaud. Lausanne 1907 [alphabétique auteurs, titres anonymes; il existe un exemplaire en 3 vol. interfoliés avec ajouts mss des livres entrés entre 1905 et 1988]

Registres par cotes matières [14 vol. mss, *numerus currens*, abandonnés en 1988]

Catalogue alphabétique auteurs, titres anonymes [sur fiches; gelé en 1988]

Catalogues anciens spécialisés

Catalogue des doublets de la Bibliothèque de la faculté de théologie de l'Eglise libre du canton de Vaud qui sont en vente aux prix marqués [1871, autographié]

Catalogue des livres donnés par Madame Noir-Petilliet et de la bibliothèque d'éducation de Mr le pasteur L. Burnier [après 1874, ms.]

Bibliothèque de la faculté de théologie de l'église libre du canton de Vaud. Index des livres légués par S. Chappuis [1874, par Le Coultre, ms., alphabétique auteurs, titres anonymes; un autre catalogue manuscrit, systématique, accompagné d'une Table alphabétique est déposé aux départements des manuscrits de la BCU/Dorigny]

Catalogue des thèses théologiques de la Bibliothèque de la Faculté de théologie de l'Eglise libre vaudoise. 1874 [ms., systématique, abandonné à la fin 1897]

Catalogue des incunables de la Bibliothèque de la Faculté de théologie de l'Eglise évangélique libre du canton de Vaud [ms., dressé par André Langie en 1911]

4. SOURCES ET ÉTUDES SUR L'HISTOIRE DE LA BIBLIOTHÈQUE

Archives

Les archives de la Bibliothèque, y compris les rapports annuels (depuis 1935) et les procès-verbaux de la Commission des études (1847–1966), devront être relogées. Les archives de l'Eglise évangélique libre du canton de Vaud sont déposées aux Archives cantonales vaudoises, sous la cote PP 516; voir surtout les procès-verbaux des synodes (PP 516/139–153) et les rapports de la Commission des études (PP 516/491–493).

Langie, André: Mon chant du cygne. 2 cahiers. 1945 [déposés au département des manuscrits de la BCU-Dorigny, TH 6827/2]

Études

Bernus, Henri: Bibliophiles d'il y a cinquante ans. In: Gutenbergmuseum 10 (1924), n° 1, p. 10–12 [sur Auguste Bernus]

Cart, Jacques: Histoire des cinquante premières années de l'Eglise évangélique libre du Canton de Vaud. Lausanne 1897 [sur la Bibliothèque p. 73–74, 121, 229–231, 241–243]

De l'Académie à l'Université de Lausanne, 1537–1987. 450 ans d'histoire. Lausanne 1987

Faculté de théologie de l'Eglise libre du canton de Vaud. Séance commémorative de son installation dans le bâtiment du Maupas en 1864, 10 octobre 1889. Lausanne 1889 [sur la Bibliothèque p. 17–18]

Faculté de théologie de l'Eglise évangélique libre du canton de Vaud, Lausanne chemin de Cèdres. Lausanne [1923?] [sur la Bibliothèque p. 5–6]

Vautier, Armand: Notice historique sur la Bibliothèque de la faculté de théologie de l'Eglise libre du canton de Vaud. In: Catalogue de la Bibliothèque de la faculté de théologie de l'Eglise évangélique libre du canton de Vaud. Lausanne 1905, p. V–XII

Vautier, Edouard: La Maison des Cèdres. Faculté de théologie de l'Eglise libre vaudoise. Neuchâtel 1935 [sur la Bibliothèque p. 156–161]

5. PUBLICATIONS SUR LES FONDS

Baumgartner, Lina: Inventaire et catalogage des périodiques vivants de la Bibliothèque des Cèdres. Introduction et rapport de travail. Lausanne 1989 [travail de diplôme ABS, dactyl.]

Meyhoffer, Jean: La Bibliothèque de la Faculté de théologie de l'Eglise libre du Canton de Vaud. Quelques-unes de ses raretés. In: Nouvelles [de l'] Association des bibliothécaires suisses 17 (1941), n° 2, p. 21–44

Schilt, Françoise: Autour de Jean-Philippe Dutoit-Membrini, ministre vaudois (1721–1793). Introduction et rapport de travail. Lausanne 1989 [travail de diplôme ABS, dactyl.]

BIBLIOTHÈQUE DU CERCLE LITTÉRAIRE DE LAUSANNE

Canton: Vaud

Lieu: Lausanne

Auteure: Marianne Bovay, avec la collaboration de Jean-Luc Rouiller

Adresse: Place Saint-François 7, Case postale 2433, 1002 Lausanne

Téléphone: +41 21 312 85 02

Fax: +41 21 312 85 18

E-mail: admin@cerclelitteraire.ch

Rattachement administratif:
Cercle littéraire

Fonctions:
Bibliothèque privée réservée aux membres du Cercle

Collections:
1. Fonds moderne à tendance encyclopédique, avec accent sur les romans, l'histoire, l'actualité. 2. Fonds ancien constitué, pour les trois-quarts, d'ouvrages d'histoire et de belles-lettres, surtout du 19e s.

Conditions d'utilisation:
Les livres sont présentés en libre-accès et peuvent être empruntés par les membres seulement. Les chercheurs qui souhaitent consulter un ouvrage sur place adressent une demande écrite au président du Cercle littéraire. Pour les membres, la bibliothèque est ouverte du lundi au vendredi, de 9 h à 13 h 30 et de 14 h à 18 h 30, ainsi que le samedi de 10 h à 17 h; pour les chercheurs, sur rendez-vous.

Equipement technique:
Une photocopieuse, un poste internet et un poste pour la consultation du catalogue.

Informations pour les utilisateurs de passage:
En venant de Genève ou d'Yverdon, quitter l'autoroute A1 à Lausanne-Sud-Maladière, puis suivre «Centre»; en venant de Fribourg ou de Martigny, quitter l'autoroute A9 à Lausanne-Blécherette, puis suivre «Centre»; parking couvert Saint-François à 300 m. Depuis la gare CFF, bus n° 1, arrêt Saint-François, ou métro m2, arrêt Flon.

1. HISTORIQUE DU FONDS

1.1 La conférence prononcée par Charles Gilliard, lors du centenaire de la société en 1920, sert de référence pour l'étude du Cercle littéraire. Toutefois, les principaux renseignements concernant la bibliothèque ne figurent pas dans cette conférence, l'auteur ne disposant pas alors de sources suffisantes. En effet, d'importants papiers relatifs à l'origine de la société et à l'attention accordée à la bibliothèque furent découverts lors de transformations des locaux réalisées en 1956. Lorsque Jean-Charles Biaudet publie, en 1966, la conférence de Gilliard, il y ajoute une introduction et des notes qui rendent compte des connaissances acquises sur l'histoire de la bibliothèque.

1.2 Le dimanche 24 janvier 1819, les souscripteurs du futur Cercle littéraire se réunissent en assemblée constitutive à l'Hôtel de Ville, sous la présidence du médecin François Verdeil. Les principes de la société sont admis. Celle-ci aura en particulier pour objet «de fournir aux sociétaires la lecture régulière des ouvrages périodiques publiés dans les principales langues de l'Europe, relatifs aux arts, aux sciences et aux lettres; de conserver ces collections dans un dépôt où les sociétaires puissent avoir un accès journalier; d'exciter l'émulation de la jeunesse studieuse en l'admettant à ces moyens d'instruction, etc.» (Gilliard, p. 24). A ces fins, on envisagea la location de deux salles, une pour la lecture, une pour la conversation, et on chargea une commission de réaliser le projet. Nous possédons la liste des 114 membres fondateurs parmi lesquels figurent Samuel Clavel de Brenles, Frédéric-César de La Harpe, ainsi que quelques étrangers illustres: le comte Fédor Golowkin par exemple, premier bibliothécaire du Cercle, de 1819 à 1820, puis président pour l'année 1821. Après avoir loué pendant deux ans le premier étage de la maison de Philippe-Louis Will, membre fondateur, donnant sur la Place Saint-François, cinquante-trois souscripteurs réunissent les fonds nécessaires à l'achat de l'immeuble.

1.3 Une remarque de Ch. Gilliard permet de cerner l'esprit qui anime la nouvelle société. L'auteur constate que, parmi les sociétaires, ne figure aucun des propriétaires de maisons de la rue aristocratique qu'était la rue de Bourg, à l'exception de César de Constant, qui avait la réputation de ne jamais faire les choses comme les autres gens de son monde. Cette abstention s'expliquerait par le fait que les résidents de la rue de Bourg, «de tendances réactionnaires, ne voulaient pas se mêler au monde, en général sans naissance, d'esprit libéral et progressiste, qui avait présidé à la fondation du Cercle littéraire» (Gilliard, p. 34). La société toutefois n'a aucun but politique, même si elle fournit des revues politiques à ses membres. Elle manifeste l'esprit de curiosité scientifique et le goût pour la culture de l'intelligence qui marqua la première moitié du 19e s. Les membres sont répartis en trois classes (*Règlement* 1843, p. 1). Une finance d'entrée et une cotisation annuelle sont demandées.

1.4 Dès l'origine, le Cercle prévoit l'existence d'une bibliothèque, alimentée par des dons et dûment gérée, puisque, en décembre 1819, le comte Golowkin informe le Comité que le libraire Henri Fischer accepte la place de bibliothécaire - en tant qu'employé - qui lui a été proposée. Dans les quatre à cinq premières années, «quelque mille volumes» sont ainsi offerts à la bibliothèque («Cercle littéraire», p. 379). Les ex-libris figurant dans certains livres rappellent cette pratique initiale du don. On trouve ainsi celui du comte Golowkin dans les *Lettres à une princesse d'Allemagne* de Leonhard Euler (Paris 1787). La collection s'enrichit également grâce aux achats, rendus possibles dès 1820 par un bilan positif. Relevons que «certaines acquisitions sont faites, même à une époque où les achats sont encore rares, aussitôt l'ouvrage sorti de presse; c'est le cas pour le premier volume du *Port-Royal* de Sainte-Beuve, paru à Paris fin avril 1840 et qui sera acquis moins de trois semaines plus tard, le 17 mai déjà!» (Gilliard, p. 13). La pratique du don perdure puisque, récemment, deux ouvrages de Samuel Guichenon ont été offerts à la bibliothèque par Colin Martin, l'*Histoire généalogique de la Royale Maison de Savoye* (Lyon 1660) et la *Bibliotheca sebusiana* (Turin 1780). Par contre, l'achat d'éditions anciennes précieuses reste exceptionnel, comme par exemple le *Grand dictionnaire historique* de Louis Moreri (Bâle 1740–1745, 9 vol.) et le *Dictionnaire historique et critique* de Pierre Bayle (Rotterdam 1697, 4 vol.).

1.5 Le premier *Règlement général* imprimé (connu), celui de 1843, parle de la bibliothèque comme étant «essentiellement le dépôt des journaux et ouvrages périodiques, auxquels la société est abonnée, [et qu'elle] doit être enrichie de nouveautés scientifiques et littéraires dans tous les genres».

Elle est ouverte «deux fois par semaine pendant deux heures chaque fois» (*Règlement* 1843, p. 16, 18), - à une époque où le Cercle ouvrait ses portes tous les jours de 8 h à 23 h. La bibliothèque est fermée durant la dernière quinzaine de décembre pour l'inventaire. Ce règlement est particulièrement strict à l'égard des lecteurs: «S'il arrivait qu'un membre pût se permettre de [...] sortir du Cercle un livre ou journal, avant l'époque permise, le Comité, assisté de douze membres propriétaires qu'il tirerait au sort, peut prononcer son expulsion au scrutin secret et à la majorité des trois quarts des suffrages» (*Règlement* 1843, p. 6). Il précise également qu' «on ne peut, en prenant des notes, placer sur un journal le papier sur lequel on écrit» (*Idem*, p. 15). Par la suite, les heures d'ouverture de la bibliothèque vont augmenter: dès 1890, elle sera ouverte six jours par semaine, durant deux heures, en alternance de 14 h à 16 h ou de 17 h à 19 h (*Règlement* 1890, p. 8 et *Supplément* 1917). La responsabilité de la bibliothèque incombait à un des membres du Cercle. A l'exception des années 1823–1827, nous connaissons la liste des 25 membres du Comité, responsables à tour de rôle de la bibliothèque (et ce jusqu'à aujourd'hui). Au début, ils se succèdent toutes les années ou tous les deux ans. Puis, dès 1846, le règlement prévoit que le bibliothécaire est nommé pour trois ans et est rééligible, ce qui donne lieu à des mandats de longue durée comme celui de Gustave Dentan, en fonction de 1929 à 1964.

1.6 Le premier catalogue, établi en 1829 et imprimé l'année suivante, n'a pas été retrouvé (Gilliard, p. 92). Le plus ancien catalogue conservé date de 1846, il porte le titre suivant: *Catalogue des livres et journaux du Cercle littéraire de Lausanne*. Il comptabilise plus de 560 titres regroupés en cinq grandes classes: théologie et morale religieuse (36 titres), jurisprudence législative et droit (26 titres), sciences et arts (92 titres répartis dans six domaines), belles-lettres (149 titres répartis dans quatre domaines), histoire (258 titres répartis dans quatre domaines). On note aussi 102 titres de journaux et une collection de brochures diverses reliées en 60 vol. Comme l'indique l'«Avis» figurant en tête de ce catalogue, «toute personne qui fera une demande de livres au Bibliothécaire, devra lui remettre un billet signé de sa main, qui indiquera la classe générale à laquelle l'ouvrage appartient, avec la lettre de subdivision, puis le N° d'ordre et le titre» (*Catalogue* 1846, p. [2]).

1.7 Le deuxième catalogue imprimé de la bibliothèque a été publié en 1908. Il contient environ 5'000 titres, 112 recueils de brochures et 177 journaux et revues. L'organisation des matières a été sensiblement modifiée. La philosophie est devenue une rubrique en soi, de même que la géographie et les beaux-arts. Pour l'histoire, les différentes régions (Vaud, Suisse, France, Nord de l'Europe, etc.) ont leur numérotation propre alors que précédemment elles étaient confondues. Ce catalogue nous apprend qu'à cette époque les livres étaient répartis entre l'«ancienne bibliothèque», la «salle de lecture» et la bibliothèque proprement dite (*Catalogue* 1908, p. [3]). La systématique reste la même pour les suppléments du catalogue imprimé en 1917 et 1934. Le premier supplément, couvrant la période 1908-1915, comptabilise plus de 2'150 titres nouveaux, le second, environ 4'800 (sans les brochures) pour les années 1916-1933. Les acquisitions ultérieures, et ce jusqu'en 1956-1957, sont répertoriées dans un catalogue manuscrit relié aux catalogues imprimés. Ce gros volume composite comporte de nombreuses corrections manuscrites mentionnant les livres éliminés ou recotés. On constate que durant cette période les mathématiques ont été intégrées aux sciences naturelles. Dès 1917, l'ensemble du fonds est catalogué dans un fichier auteurs (*Catalogue* 1917, p. [IV]). Le fichier matières est postérieur. A partir de 1956, les nouvelles acquisitions sont répertoriées sous forme de listes dactylographiées annuelles. Dès 1992, elles sont cataloguées à l'aide du logiciel *Bibliomac* (puis *Bibliomaker*). Les ouvrages acquis avant cette date sont en cours de recatalogage.

1.8 En 1868, le Cercle acquiert l'immeuble contigu donnant sur le passage Saint-François, où sera installée plus tard la bibliothèque actuelle. Organisée sur deux étages, elle est équipée de compactus au niveau supérieur, depuis 1977. Une partie des livres anciens (plus de 700 vol.) est conservée dans une petite pièce indépendante, dite Salle du comité (car le comité du Cercle y tient séance). En 1994, un local situé dans le passage Saint-François a été aménagé pour stocker les revues. Actuellement, l'accroissement annuel moyen est de 850 vol. (uniquement en français) et, pour les revues, de 520 fascicules. Les périodiques, en français et en langues étrangères, sont éliminés après trois ou six mois.

2. DESCRIPTION DU FONDS

2.1 Le catalogue imprimé de 1908, dont une version annotée indique les modifications ultérieures (changements de cotes et de dépôts, élimination de vol.), a servi de base pour l'inventaire du fonds ancien. Toutefois, pour réduire la marge d'erreur, le décompte a été effectué livre en main au rayon. Nous avons comptabilisé les titres et les vol., en arrondissant parfois à la dizaine.

Survol chronologique et par langues

2.2 La bibliothèque abrite actuellement quelque 59'000 vol. et 26'000 fascicules (dénombrés à partir du recensement de 1991). Le fonds ancien compte près de 3'900 titres en 6'220 vol. La plus grande partie des livres (95 % des titres) est du 19e s. (3'700 titres en 5'600 vol.). Les ouvrages du 18e s. (176 titres en 590 vol.) ne représentent que 4,5 % du fonds ancien. 7 titres en 15 vol. sont du 17e s. 15 titres (17 vol.) n'ont pas pu être datés. Tous les ouvrages sont en français, à l'exception de 57 titres (140 vol.) en langues étrangères: soit 36 titres (73 vol.) en allemand, 20 titres (66 vol.) en italien ou en anglais, 1 titre (2 vol.) en latin. Parmi ces ouvrages non francophones, 11 titres (45 vol.) datent du 18e s., le reste du 19e s.

Aperçu systématique

2.3 Pour la présentation des matières, nous suivons la division des catalogues de 1846 et de 1908. Les belles-lettres et l'histoire constituent les trois-quarts du fonds ancien. Le reste se répartit entre les sciences et arts (12 %), la théologie et le droit (un peu plus de 4 % chacun).

2.4 Avec ses 160 titres (245 vol.), tous en français, la théologie est le domaine le moins bien représenté dans le fonds ancien (4,2 %). Les ouvrages traitent principalement de l'histoire des religions, de l'histoire de l'Eglise catholique, avec un intérêt particulier pour les Jésuites, et de l'histoire de la Réforme et du protestantisme, à Genève et dans le canton de Vaud en particulier. L'*Histoire des variations des Eglises protestantes* de Jacques Bénigne Bossuet (Paris 1688) est le seul livre du 17e s. Neuf ouvrages (21 vol.) datent du 18e s., dont les *Sermons sur la Passion* de Jacques Saurin (Lausanne 1759) et le *Traité des sources de la corruption qui règne aujourd'hui parmi les chrétiens* de Jean-Frédéric Ostervald (Neuchâtel 1774). Les autres titres sont du 19e s., comme *De la religion* de Benjamin Constant (Paris 1824-1831, 5 vol.).

2.5 Le droit (éducation, économie, politique comprises) renferme quasi le même nombre d'ouvrages que la théologie: 170 titres en 240 vol., tous en français, représentent le 4,4 % du fonds ancien. On compte 13 titres (37 vol.) du 18e s., dont le *Traité des délits et des peines* de Cesare Bonesana Beccaria (Philadelphie, en fait Yverdon, 1775) et les 22 vol. des *Causes célèbres et intéressantes* recueillies par François Gayot de Pitaval (La Haye 1737-1745). Le reste, 155 titres en 200 vol., est du 19e s. Quelques ouvrages traitent du travail, de la classe ouvrière, de la pauvreté, reflétant par là un certain intérêt non seulement pour les théories économiques, mais aussi pour les questions sociales.

2.6 L'ancienne classe «sciences et arts» (philosophie et morale comprises) compte quelque 475 titres en 765 vol., soit le 12 % du fonds ancien. 25 titres (80 vol.) sont du 18e s. et 445 titres (680 vol.) du 19e s. Pour les sciences (170 titres en 330 vol.), parmi les onze titres (37 vol.) du 18e s. et les 160 titres (295 vol.) du 19e s., relevons la seule oeuvre en latin du fonds ancien, l'*Astrologia helvetica* de Jean Gaudin (Paris 1811). La rubrique beaux-arts (115 titres en 200 vol.) est constituée de trois titres (8 vol.) du 18e s. et de 110 titres (190 vol.) du 19e s., dont trois en allemand. La philosophie et la morale (185 titres en 230 vol.) comptent onze titres (35 vol.) du 18ᵉ s., dont *The Spectator* (London 1729-1733, 8 vol.) et 175 titres (195 vol.) du 19ᵉ s.

2.7 Avec ses 32 %, les belles-lettres constituent le deuxième grand domaine du fonds ancien. Parmi les quelque 1'250 titres en 1'900 vol., 470 titres (565 vol.) sont des romans, genre le mieux représenté (37 % des belles-lettres); la quasi totalité de ces romans est du 19ᵉ s. (essentiellement de la seconde moitié) et en français; seules 10 oeuvres (30 vol.) sont du 18ᵉ s., comme par exemple *Les veillées du château* de Stéphanie Félicité de Genlis (Maastricht 1784, 4 vol.). En deuxième, viennent les oeuvres de «polygraphes» et les mélanges (365 titres en 650 vol.): deux titres du 17ᵉ s., dont une édition des oeuvres de Lucien (Amsterdam 1683), treize titres (130 vol.) du 18ᵉ s. (Germain-François Poullain de Saint-Foix, Gabriel Bonnot de Mably, etc.) et 350 titres (520 vol.) du 19ᵉ s., parmi lesquels on peut relever une acquisition récente: *Analyse du jeu des échecs* de François-André Danican Philidor (Paris 1803). Dans la rubrique «histoire de la langue et littérature» (240 titres en 400 vol.), le seul titre du 17ᵉ s. est le *Dictionnaire historique et critique* de Pierre Bayle (Rotterdam 1697). Six titres (28 vol.) sont du 18ᵉ s., dont les 7 vol. du *Dictionnaire universel français et latin de Trévoux* (Paris 1743-1752). Pour le 19ᵉ s., on recense 230 titres en 370 vol. Avec ses quelque 180 titres en 275 vol., la rubrique «poésie et drame» est la moins bien représentée des belles-lettres: 28 titres (77 vol.) sont du 18ᵉ s., dont les plus anciens sont le *Théâtre* de Philippe Quinault (Paris 1715, 5 vol.) et les *Oeuvres* de Jean-François Regnard (Lyon 1736, 3 vol.), 154 titres en 200 vol. sont du 19ᵉ s.

2.8 C'est en histoire, géographie et biographies incluses, que l'on trouve le plus fort pourcentage de titres (près de 44 % du fonds ancien), soit 1'700 titres en 2'945 vol., dont trois titres (6 vol.) du 17ᵉ s., 64 (180 vol.) du 18ᵉ s., 1'630 (2'750 vol.) du 19ᵉ s. L'histoire à proprement parler totalise quelque 880 titres en 1'660 vol. Les deux seuls titres du 17ᵉ s. sont les *Histoires* d'Hérodote (Grenoble 1665, 3 vol.) et l'*Histoire généalogique de la Royale Maison de Savoye* de Samuel Guichenon (Lyon 1660, 3 vol.); 38 titres (110 vol.) sont du 18ᵉ s., dont l'*Introduction à l'histoire générale et politique de l'univers* de Samuel de Pufendorf (Amsterdam 1732, 7 vol.). Parmi les 840 titres (1'545 vol.) du 19ᵉ s., on notera 20 titres (50 vol.) en allemand, essentiellement sur l'histoire suisse. L'histoire de France est la mieux représentée, avec près de 35 % des titres (d'histoire), soit 306 titres en 660 vol. Mentionnons pour le 18ᵉ s. deux titres de Godefroi d'Estrades, *Ambassades et négociations* (Amsterdam 1718) et *Lettres, mémoires et négociations* (Bruxelles puis La Haye 1709-1710, 8 vol.). Seuls 15 % des ouvrages d'histoire concernent la Suisse: 132 titres (276 vol.), dont 43 (90 vol.) touchent à l'histoire du canton de Vaud. La géographie, surtout des récits, journaux ou lettres de voyage, compte 363 titres (484 vol.): 18 titres (58 vol.) du 18ᵉ s., dont les *Letters from Portugal, Spain, Italy and Germani* de Christopher Hervey (Londres 1796, 3 vol.), 345 titres (426 vol.) du 19ᵉ s. Parmi les biographies (460 titres en 800 vol.), 52 % des ouvrages retracent la vie de personnalités qui se sont illustrées dans le domaine de la politique ou des lettres essentiellement, 32 % sont des mémoires (ceux des hommes politiques occupent une part importante) et 16 % des journaux intimes et des recueils de correspondance. L'ouvrage le plus ancien, et seul du 17ᵉ s., est *La vie du vicomte de Turenne* de Gatien de Sandras de Courtilz (La Haye, 1695). 7 titres (12 vol.) datent du 18ᵉ s., 450 titres (805 vol.) du 19ᵉ s.

2.9 La bibliothèque possède également 132 vol. de brochures reliées, portant sur les sujets les plus divers. Huit de ces vol. renferment des brochures du 18ᵉ s., le reste étant du 19ᵉ s. On trouve aussi une vingtaine de périodiques (plus de 2'000 vol.), dont les deux plus anciens sont nés à la fin du 18ᵉ s. (16 vol.), couvrant tous les domaines, à l'exception des sciences, dont plusieurs ne sont constitués que de vol. isolés. A mentionner *Charivari* (1834-1903), la *Revue des deux mondes* (dès 1830), la *Bibliothèque britannique* (dès 1796).

3. CATALOGUES

Catalogues modernes

Catalogue alphabétique auteurs [fichier dactyl.; entrée au titre pour les romans; n'est plus alimenté depuis fin 2007]

Catalogue matières [fichier dactyl; n'est plus alimenté depuis fin 2007]

Catalogue périodiques [fichier dactyl; n'est plus alimenté depuis fin 2007]

Catalogue informatisé [*Bibliomaker*, depuis 1992; les ouvrages acquis avant cette date sont en cours de recatalogage]

Catalogues anciens

Catalogue des livres et journaux du Cercle littéraire de Lausanne. Lausanne 1846 [systématique; BCU Lausanne, NED 8229]

Catalogue de la Bibliothèque du Cercle littéraire de Lausanne 1883-1908. Lausanne 1908 [systématique, avec un règlement et un index des auteurs et des anonymes]

Catalogue manuscrit 1908 à 19[15] [systématique]

Premier supplément au Catalogue de la Bibliothèque du Cercle littéraire de Lausanne, 1908–

1915. Lausanne 1917 [systématique, avec un règlement et un index des auteurs]

Catalogue manuscrit 1915 à 1933 [systématique]

Second supplément au Catalogue du Cercle littéraire de Lausanne, 1916–1933. Lausanne 1934 [systématique avec un règlement et un index des auteurs; la bibliothèque possède un exemplaire avec ajouts mss des titres acquis de 1934 à 1957]

4. SOURCES ET ÉTUDES SUR L'HISTOIRE DE LA BIBLIOTHÈQUE

Archives

Les procès-verbaux des séances de comité sont conservés depuis l'origine du Cercle à l'exception des années 1821–1835. Les archives renferment également un vol. de «Comptes annuels» pour les années 1819–1882, un vol. de «Compte général», 1844–1882 et deux vol. de «Comptes de caisse» pour la période 1817–1890.

Règlement général du Cercle littéraire. Lausanne 1843 [sur la bibliothèque, p. 16–18]

Règlement du Cercle littéraire de Lausanne. Lausanne 1890 [sur la bibliothèque, p. 8–11]

Études

Cercle littéraire de Lausanne. In: Feuille du Canton de Vaud, 1823, p. 378–383 [sur la bibliothèque, p. 379]

Gilliard, Charles; Biaudet, Jean Charles: Le Cercle littéraire, 1819–1919. Lausanne 1966

Meylan, Maurice: Le Cercle littéraire de Lausanne de 1819 à nos jours. Genève 2007 [sur la bibliothèque, p. 93–137]

CENTRE INTERNATIONAL DE RECHERCHES SUR L'ANARCHISME (CIRA), LAUSANNE

Canton: Vaud

Lieu: Lausanne

Auteure: Marianne Enckell, avec la collaboration de Jean-Luc Rouiller

Adresse: Avenue de Beaumont 24, 1012 Lausanne

Homepage: www.cira.ch

E-mail: cira@plusloin.org

Rattachement administratif:
Association du Centre international de recherches sur l'anarchisme

Fonctions:
Collection privée, spécialisée, accessible au public

Collections:
Anarchisme: toute langue, toute période, tout support.

Conditions d'utilisation:
Petit libre-accès avec espace de travail ouvert du lundi au vendredi de 16 h à 19 h ou sur rendez-vous; consultation en principe gratuite; prêt uniquement aux membres munis d'une carte de lecteur payante; prêt direct par poste.

Equipement technique:
Photocopieuse, scanner, appareil photographique avec trépied, radiocassette, moniteur vidéo, poste pour la consultation du catalogue.

Informations imprimées:
Feuillet d'information en plusieurs langues.

Informations pour les utilisateurs de passage:
Les chercheurs sont priés d'annoncer leur venue pour des demandes particulières ou s'ils souhaitent être logés (une à deux places à disposition). Depuis la gare CFF, métro m2, direction Croisettes, arrêt CHUV, puis prendre à droite l'avenue Pierre-Decker; le Centre se trouve au bout de cette avenue, après l'Hôpital orthopédique. Par l'autoroute, sortie Lausanne-Vennes/Hôpitaux, puis suivre direction CHUV. Parking couvert du CHUV, quelques places dans les environs, une place privée.

1. HISTORIQUE DU FONDS

1.1 Le Centre international de recherches sur l'anarchisme (CIRA) a été fondé à Genève en 1957, aux fins de préserver et de mettre à disposition des lecteurs des collections souvent mal conservées, reléguées dans des greniers ou chez des particuliers. La base de la bibliothèque a été constituée par les collections du *Réveil anarchiste*, journal publié par Louis Bertoni à Genève de 1900 à 1947, par des journaux et publications reçus en échange et par la Bibliothèque Germinal du groupe anarchiste local. Elle s'est élargie par des dons d'individus ou d'organisations, des legs, des échanges et des hommages. Les achats forment toujours l'exception, le CIRA fonctionnant avec un budget minimum. Les périodiques en cours proviennent de leurs éditeurs, les livres d'éditeurs, d'auteurs ou d'amis. Le financement est assuré par les cartes de lecteurs, par quelques dons et de rares subventions ponctuelles. Le personnel est bénévole.

1.2 Pour diverses raisons, la bibliothèque a été transférée à Lausanne de 1964 à 1974; elle est retournée à Genève de 1975 à 1989 avant de revenir à son adresse actuelle, dans des locaux construits spécifiquement pour l'abriter. Le catalogage, qui jusque-là avait été essentiellement assuré par des bénévoles non professionnels, s'est professionnalisé depuis 1985 avec un fichier matières alphabétique (travail de diplôme ABS d'Anne Cassani); il s'est informatisé depuis 1995 (logiciel *PMB* depuis 2007). Les 20'000 notices saisies à ce jour couvrent la totalité du fonds (ancien et moderne; monographies, périodiques, CD, DVD).

1.3 En raison de l'amateurisme des bibliothécaires, les origines des dons ne sont malheureusement pas toujours repérables. Signalons toutefois quelques acquisitions qui concernent le fonds ancien: une centaine de volumes ont été rachetés en 1963 à la Bibliothèque des Quartiers de l'Est à Lausanne (ancienne bibliothèque de la Maison du Peuple). De nombreux ouvrages en anglais (Tom Keell Collection) ont été offerts au CIRA en 1970. Des militants suisses-romands ou leurs familles (Jacques Gross, Léon Berchtold, Louis Bertoni, Carlo Frigerio, Henri Baud, Auguste Fornerod, Lucien Tronchet) ont donné des ouvrages et des collections de périodiques. Une importante collection de journaux publiés par Pierre-Joseph Proudhon en 1848/1849 a été retrouvée, dans les années 1960, sous le plancher d'une maison en rénovation et sauvée pour être déposée au CIRA. Un lot de livres en yiddish a été offert par les derniers rédacteurs du journal *Freie Arbeiter Stimme* (New York); des ouvrages en allemand ou en portugais (Brésil), qui avaient été cachés pendant les périodes de dictature, ont été sauvés par des militants et certains envoyés au CIRA. Ces péripéties expliquent l'état de délabrement de plusieurs ouvrages et périodiques, délicats à consulter. La question de la conservation matérielle et de la numérisation de certains titres sont une priorité depuis 2009.

1.4 En 1897, l'historien Max Nettlau publiait une *Bibliographie de l'anarchie* (Bruxelles, Paris) où il répertoriait, dans une optique assez généreuse, quelque 800 périodiques et d'innombrables livres et brochures publiés dans plus de 30 pays et dans plus de 20 langues. Le CIRA n'en possède qu'une infime partie. «Ces écrits, relevait Nettlau, disparaissent pour la plupart, littéralement absorbés, mis hors d'usage par la grande circulation nécessaire à la propagande, quand ils ont échappé aux poursuites continuelles et aux saisies policières; il ne faut pas compter qu'ils trouvent un asile dans les bibliothèques publiques qui, presque toutes, ne s'en occupent qu'avec indifférence [...].» Indifférence malheureusement partagée par la plupart des éditeurs militants qui n'ont pas déposé leurs publications.

2. DESCRIPTION DU FONDS

2.1 Les ouvrages étant classés par langue et par format (gain de place), il n'y a pas de cote particulière pour les imprimés anciens; ils forment toutefois la majorité de l'indice X (ouvrages exclus du prêt). Pour notre description, nous avons choisi d'inclure dans le fonds ancien tous les imprimés édités jusqu'en 1914, date charnière pour les mouvements sociaux. Les comptages ont été réalisés à partir du catalogue informatisé.

Survol chronologique et par langues

2.2 L'ensemble des fonds du CIRA comprend près de 20'000 livres et brochures, 3'500 périodiques et plusieurs centaines de publications éphémères, ceci dans une trentaine de langues. Le français est la langue la mieux représentée (environ 5'000 titres), suivie de l'italien, de l'espagnol, de l'anglais et de l'allemand puis, loin derrière, du suédois, du portugais, du yiddish, du chinois, etc.

2.3 Le fonds ancien, comme défini ci-dessus, compte environ 1'200 livres et brochures, 140 périodiques et un certain nombre de publications éphémères (quelques centaines). Les livres et les brochures se répartissent en trois tiers égaux. 400 ouvrages datent du 19e s. stricto sensu; à de rares exceptions près (Mary Wollstonecraft, *A Vindication of the Rights of Women*, Londres 1802, par exemple), ils ont été publiés dans la deuxième moitié du siècle. De 1900 à 1908, on compte aussi environ 400 ouvrages, et autant de 1909 à 1914. Une soixantaine de périodiques ont été fondés au 19e s., 80 autres entre 1900 et 1914.

2.4 Une grande majorité des ouvrages anciens (plus de 700) sont en français, ce qui s'explique par les origines diverses du fonds; environ 150 titres sont en anglais et 150 en italien, les autres langues étant nettement moins bien représentées. (Pour les périodiques, voir les Collections particulières.)

Aperçu systématique

2.5 Le catalogue systématique du CIRA a été établi «sur mesure», en fonction des thèmes récurrents des ouvrages anarchistes ou sur l'anarchisme et de la périodisation spécifique. Des imprimés anciens se trouvent dans presque toutes les matières. On retiendra sept grands domaines où ils sont particulièrement représentés. Les œuvres de Pierre-Joseph Proudhon (1803–1865), d'abord: une cinquantaine de livres parus de son vivant ou peu après sa mort, cinq périodiques, quelques traductions. Sur la Commune de Paris de 1871, une cinquantaine de publications contemporaines (livres, affiches), de mémoires et témoignages, d'ouvrages critiques. Pour l'Association internationale des travailleurs, une quarantaine de livres et de brochures parus de 1864 à 1878. Sur le Premier Mai: une trentaine d'ouvrages et de brochures sur les événements de mai 1887 à Chicago. La «propagande par le fait»: une cinquantaine d'ouvrages sur la période des attentats et les procès contre les anarchistes de 1887 à 1907 environ. Francisco Ferrer (1859–1909): une trentaine d'ouvrages de et sur Ferrer, l'École moderne (y compris des livres scolaires) et son procès.

2.6 Le groupe le plus important reste celui catalogué sous le mot-matière «doctrine» (plus de 100 titres): œuvres de Michel Bakounine, Pierre Kropotkine, Max Stirner, Benjamin Tucker, Elisée Reclus, William Morris, Léon Tolstoï, Ferdinand Domela Nieuwenhuis, John Henry Mackay, Pietro Gori, Jean Grave, Sébastien Faure, Errico Malatesta, etc., en premières éditions ou en réimpressions.

2.7 Mentionnons encore d'importantes collections de brochures, comme la *Bibliothèque des «Temps nouveaux»* (une soixantaine de titres sur les 72 publiés à Paris à des dizaines de milliers d'exemplares de 1896 à 1914, avec des couvertures illustrées par des artistes comme Lucien Pissarro, Théophile Steinlen, Maximilien Luce, etc.), la *Nouvelle géographie universelle* d'Elisée Reclus (Paris, 1878–1894, 17 vol. sur les 19 parus) ou encore plusieurs vol. dédicacés voire annotés par leurs auteurs (Proudhon, Kropotkine, Nettlau entre autres).

Collections particulières

2.8 Les collections de périodiques anciens au CIRA sont pour la plupart lacunaires. Outre les 5 journaux de Proudhon déjà mentionnés, la bibliothèque possède 5 titres de périodiques de l'Association internationale des travailleurs et quelque 65 périodiques en français d'avant 1914 (25 avant 1900, 40 de 1900 à 1914), français, belges et suisses surtout. Les périodiques italiens (publiés en Suisse et aux États-Unis en sus de l'Italie) sont au nombre de 30 (10 avant 1900, 20 de 1900 à 1914), en allemand au nombre de 16 (publiés en Allemagne, en Autriche, en Suisse et aux États-Unis). Il y a en outre de rares périodiques en espagnol (publiés en Espagne et en Argentine), en néerlandais et en suédois, et plusieurs titres bi- ou trilingues (Argentine, États-Unis surtout). La plupart des collections sont incomplètes, mais importantes pour plusieurs titres (*Le Réveil/Il Risveglio*, Genève 1900–; *Le Libertaire*, Paris 1895–; *Freedom*, Londres 1886–, par exemple) qui se trouvent rarement dans d'autres bibliothèques de Suisse.

2.9 Les almanachs sont pour la plupart classés avec les périodiques, mais il vaut la peine de les distinguer. Pour la période considérée, cinq almanachs sont en français (publiés pendant un à dix ans), deux en anglais, un en allemand, un en espagnol et italien.

2.10 Les publications éphémères sont grossièrement classées par pays et par périodes; le fonds ancien ne représente que quelques cartons d'archives, provenant surtout de Suisse et de France.

2.11 La collection d'affiches ne contient qu'un très petit nombre de documents anciens (une ou deux dizaines).

3. CATALOGUES

Catalogues modernes généraux

Catalogue en ligne [sur *PMB*; fonds ancien et moderne: monographies, périodiques, cassettes audio, CD, vidéocassettes]

Catalogues modernes spécialisés

Inventaires partiels: affiches et iconographie (numérisation en cours), archives imprimées, archives manuscrites

Dossiers documentaires [individuels, par pays et par thèmes]

Catalogues anciens

Fichier manuel d'articles et bio-bibliographique [dépouillement de périodiques; fonds extérieurs à la bibliothèque]

4. SOURCES ET ÉTUDES SUR L'HISTOIRE DE LA BIBLIOTHÈQUE

Archives

Rapports annuels et rapports financiers de l'Association

Études

Cassani, Anne: Un fichier alphabétique des matières pour le CIRA. Genève 1985 [travail de diplôme ABS]

Enckell, Marianne: Le Centre international de recherches sur l'anarchisme. In: Archives, histoire et identité du mouvement ouvrier. Genève 2006, p. 80–85

Enckell, Marianne: L'école et la barricade. In: Réfractions 1 (1997), p. 83–88 (traduction anglaise in: Progressive Librarian 16 (2000), p. 11–27)

Ferrua, Pietro: Appunti per una cronistoria del CIRA. In: Rivista storica dell'anarchismo 7 (2000), n° 2, p. 99–108

Ferrua, Pietro: La breve esistenza della sezione brasiliana del CIRA. In: Rivista storica dell'anarchismo 8 (2001), n° 1, p. 51–60

Holzer, Christian: Politique de conservation au Centre international de recherches sur l'anarchisme (CIRA) à Lausanne. Etat des lieux et recommandations. Genève 2009 [mémoire CESID]

Mikhaïlo, Marie-Christine: Chronique des «grandes années» du CIRA. In: Bulletin [du] Centre international de recherches sur l'anarchisme 58 (mars–octobre 2002), p. 3–8

5. PUBLICATIONS SUR LES FONDS

Bulletin [du] Centre international de recherches sur l'anarchisme. Genève, Lausanne 1957– [avec liste des nouvelles acquisitions, parfois réparties par fonds ou donations]

Bettini, Leonardo: Bibliografia dell'anarchismo. Periodici e numeri unici anarchici in lingua italiana pubblicati all'estero (1872–1971). Florence 1976

Bianco, René: Un siècle de presse anarchiste d'expression française, 1880–1983. Aix en Provence 1987 [thèse d'État en ligne]

Datenbank des deutschsprachigen Anarchismus

Madrid Santos, Francisco: La prensa anarquista y anarcosindicalista en España desde la Primera Internacional hasta el final de la Guerra Civil. Barcelone 1988 [thèse]

BIBLIOTHÈQUE DE L'ÉCOLE POLYTECHNIQUE FÉDÉRALE, LAUSANNE

Canton: Vaud

Lieu: Lausanne

Auteur: François Schmitt; avec la collaboration de Lucienne Kováts (historique) et de Jean-Luc Rouiller

Adresse: Ecole polytechnique fédérale de Lausanne
Station 20
Bibliothèque Rolex Learning Center
1015 Lausanne

Téléphone: +41 21 693 21 56

Fax: +41 21 693 51 00

Homepage: http://library.epfl.ch/

E-mail: rara.bc@epfl.ch

Rattachement administratif:
Ressources académiques (RA) de la Vice-présidence formation (VPF) de l'Ecole polytechnique fédérale de Lausanne (EPFL), qui dépend elle-même de la Confédération suisse.

Fonctions:
Bibliothèque publique au service de la communauté estudiantine et professorale de l'EPFL, ainsi qu'aux chercheurs et aux privés. En plus de son rôle de répondre aux besoins de la communauté scientifique, elle a pour mission de conserver et de diffuser les thèses de l'Ecole.

Collections:
Sciences et techniques (architecture, biologie, construction, électronique, électrotechnique, énergie, génie civil et environnemental, informatique, machines, matériaux, mathématiques, mécanique, physique, sciences de la terre, télécommunications, trafic et transport), mais aussi histoire, philosophie des sciences et des techniques. – Fonds ancien (surtout 19e s.) axé sur le génie civil, l'architecture, les beaux-arts, les sciences pures (mathématiques, physique) et naturelles. Fonds précieux.

Conditions d'utilisation:
Le Rolex Learning Center est ouvert tous les jours de 7 h 30 à 24 h et les services aux publics (prêts, informations, etc.) du lundi au vendredi de 8 h à 20 h. Libre-accès. Nombreuses places de travail. Pour la consultation des ouvrages précieux (consultation surveillée), il est recommandé de prendre rendez-vous (lundi au vendredi de 9 h à 17 h). Prêt entre bibliothèques (PEB) et prêt international.

Equipement technique:
Le Rolex Learning Center dispose des toutes dernières technologies dans le domaine des bibliothèques et des sciences de l'information

Informations pour les utilisateurs de passage:
La Bibliothèque de l'EPFL est située dans le Rolex Learning Center, à Ecublens (à l'Ouest de Lausanne), sur le campus de l'Ecole polytechnique. Pour y accéder en voiture depuis Lausanne, prendre la route cantonale (route du lac) direction Genève et suivre EPFL (places de parc sur le campus); par l'autoroute, suivre Lausanne-Sud et sortir à «EPFL». En transports publics, depuis la gare CFF de Lausanne, prendre le métro (m2) direction Croisettes, arrêt Lausanne-Flon, puis le m1 direction Renens jusqu'à l'arrêt EPFL.

1. HISTORIQUE DU FONDS

1.1 La création de la Bibliothèque centrale (BC) fut décidée dans le procès-verbal de fondation, daté du 19 août 1853, de ce qui fut alors nommé l'«Ecole spéciale de la Suisse française». Dès cette date, l'embryon de la BC eut pour berceau, en même temps que son institution-mère, la maison Bischoff à la rue Saint-Pierre 4. Son fonds initial était constitué de dons des membres fondateurs, complétés par la souscription de l'abonnement aux publications des frères Armengaud, ingénieurs français spécialisés dans le dessin des machines et titulaires d'un bureau de brevets. La suite du développement de la Bibliothèque connut des fortunes diverses en raison, notamment, des nombreux emplacements qui furent tour à tour attribués à l'Ecole, au tournant du siècle et ce jusque dans les années 1930: rue de la Tour, Valentin, Chauderon, entre autres. En 1901, un grand projet élaboré par l'architecte Charles Bonjour, avec pour emplacement un site à la prairie de la Cure du Pénitencier (actuel Bugnon), prévoit une vaste bibliothèque flanquée d'une salle de lecture. Mais ce projet n'aboutit pas.

1.2 En 1903, lors de la célébration du cinquantenaire de ce qui était entre-temps devenu l'«Ecole d'ingénieurs» rattachée à l'Université de Lausanne, la Société académique vaudoise alloue un crédit de 300 francs destiné, entre autres, au «développement de la bibliothèque». Un catalogue imprimé, réalisé à cette date par André Langie, fait état de trois bibliothèques distinctes: la bibliothèque de l'Ecole d'ingénieurs, la bibliothèque Bertolini (fonds d'architecture légué en 1883) et la bibliothèque de la Société vaudoise des ingénieurs et des architectes. Ces trois collections formaient, à la fin décembre 1903, un ensemble d'environ 4'500 vol. et portefeuilles et 900 brochures, réparti comme suit: 2'900 vol. et 400 brochures pour l'Ecole d'ingénieurs, près de 1'300 vol. et 500 brochures pour la Société et environ 300 vol. et portefeuilles pour le fonds Bertolini. Dans les années 1930, on retrouve la bibliothèque au Collège classique, alors situé à la Riponne, mais elle est, semble-t-il, peu fréquentée. Le professeur Emile Schnitzler se souvient ne l'avoir lui-même consultée qu'une seule fois durant ses années d'études (1930–1934). Il se rattrapera par la suite puisqu'il en deviendra le premier directeur.

1.3 En 1935, conscient de la nécessité de réunir sur un même site tous les bâtiments de l'Ecole, l'Etat fait l'acquisition de 50'000 m^2 de terrain au Pavement. Mais le coût élevé du projet commandité, qui comporte une bibliothèque dans le bâtiment central, en empêche la réalisation. Il faudra attendre huit années encore, durant lesquelles l'Ecole se développera progressivement autour du quartier de Chauderon, pour qu'enfin elle s'installe en 1943 dans l'ancien Hôtel Savoy, 29–33 avenue de Cour: les étudiants disposent ainsi d'une bibliothèque technique spécialisée, dont les locaux sont enfin intégrés au bâtiment principal. Les collections proviennent en majeure partie de dons de professeurs ou de personnalités liées à l'institution. Il convient de mentionner à ce titre le fonds Bühler (du nom d'un ancien directeur des CFF diplômé de l'Ecole), don qui, à lui seul, représente 60 caisses de publications intéressant principalement le domaine du génie civil.

1.4 En 1946, le premier directeur officiel de la BC est nommé en la personne d'Emile Schnitzler. A son arrivée, il trouve un effectif de trois collaborateurs, parmi lesquels Francis Lugeon, chronologiquement premier bibliothécaire de la BC, puisqu'il y travaillait dans les années trente déjà. Mme Renata Segantini, petite fille du peintre, fera également partie du personnel de la Bibliothèque, bien que pour une courte durée. Dès l'entrée en fonction du professeur Schnitzler, un accord passé avec le *Bulletin technique de la Suisse romande* permet à la Bibliothèque d'enrichir ses fonds à peu de frais: en échange de comptes rendus bibliographiques sur les nouvelles parutions que le *Bulletin* publie dans ses colonnes, les ouvrages et articles de périodiques ainsi analysés par E. Schnitzler sont remis gracieusement et intégrés à ses fonds. Les autres acquisitions se font d'entente ou sur proposition des enseignants et sont financées, d'une part par les taxes et finances de cours des étudiants, de l'autre grâce à des subventions occasionnelles de sociétés ou du directeur de l'Ecole lui-même. En 1953, année du centenaire de l'Ecole (devenue EPUL en 1946), la BC possède au total quelque 20'000 livres et près de 500 périodiques, avec un accroissement annuel se situant entre 500 et 1000 unités, toutes catégories confondues. A cette même époque, le nombre de lecteurs se situe entre 20 et 50 par jour et augmente quelque peu en période d'examens ou de travaux de diplômes. Les ouvrages sont accessibles grâce à un catalogue sur fiches (jusque-là manuscrites), classées respectivement par auteurs et par matières, selon une séquence alphabétique, ancêtre de l'actuelle cote alphanumérique. La CDU, par contre, est d'emblée utilisée comme classification pour l'analyse des articles de périodiques, E. Schnitzler étant secondé pour cela par le spécialiste de la documentation de l'EPFZ, Walter Mikulaschek. Il convient de mentionner à ce propos le fichier documentaire d'articles ainsi créé par le professeur Schnitzler et par lui «alimenté» jusqu'à son départ définitif en 1977. Ce travail admirable de pionnier ne fut malheureusement pas poursuivi, faute de personnel, mais surtout en raison du foisonnement progressif de périodiques de plus en plus spécialisés et de l'apparition des bases de données bibliographiques.

1.5 En 1955, tout en gardant certaines tâches à la BC, le professeur Schnitzler est remplacé à sa tête par Mme Suzanne Roulin, qui assure un essor indéniable à la Bibliothèque jusqu'en 1973. De tempérament énergique, elle s'emploie à réorganiser la BC et ses méthodes de travail. A son départ, elle a pour successeur Thomas Tanzer qui, entre autres tâches, est chargé de préparer puis d'assurer le transfert de la Bibliothèque à Ecublens, dans le nouveau complexe de l'Ecole polytechnique, devenue fédérale en 1969. La première étape de la construction n'est pas encore achevée que la Bibliothèque figure parmi ses premiers locataires. C'est ainsi que le déménagement de 1978 marque un nouveau grand tournant dans son développement. Quelque 200'000 vol. sont transférés dans les vastes locaux mis à sa disposition sur le nouveau site et sont répartis sur 7 km de rayonnages. Cette nouvelle installation va lui permettre d'accroître sensiblement ses collections tout en offrant aux lecteurs des conditions de travail et un accès à ses fonds grandement facilités: ouvrages en libre-accès, classés au rayon selon des cotes matières alphanumériques, introduction de la CDU comme système de classification pour l'indexation de tous les documents avec création d'un fichier matières correspondant, lieu réservé pour les périodiques, grande salle de lecture incluant des isoloirs, section avec *carrels* de consultation pour moyens audiovisuels, magasin fermé au rez-de-chaussée, relié au service du prêt par un pater noster: telles sont les innovations majeures par rapport à l'organisation antérieure. Enfin, les lecteurs disposent à Ecublens d'un service nouveau répondant au besoin grandissant d'information de pointe.

1.6 Durant les années 1983 et 1988, deux faits marquants illustrent l'histoire de la BC: d'abord la décision par le Conseil des Ecoles polytechniques de l'informatiser en adoptant le système ETHICS (ETH Information Control System, conçu par l'EPFZ pour sa propre Bibliothèque), puis l'inauguration du système lui-même par sa mise en oeuvre effective dans les services respectifs du catalogage et de l'indexation. Dès 1988, la saisie des notices en ligne succède aux catalogues sur fiches et le fichier CDU fait place à un ample registre matières multilingue (allemand-français-anglais), également accessible à l'écran pour toutes les Bibliothèques du réseau.

1.7 Thomas Tanzer prenant sa retraite à la fin de l'année 1989, c'est Mme Annette Winkel qui est nommée pour lui succéder. Sa mission sera brève, à peine plus d'un an; durant cette période pourtant, une opération d'envergure sera lancée: l'équipement par un système d'antivol de quelque 45'000 vol. du libre-accès, ceci afin de mieux assurer la sécurité des collections. Depuis lors, ce traitement est systématiquement appliqué, en même temps que l'étiquetage, à chaque document incorporé dans les fonds.

1.8 Sous la houlette de Mme Josette Noeninger, directrice de 1991 à 2002, une attention particulière a été apportée aux besoins des étudiants de première et de deuxième année en ce qui concerne les ouvrages de base utilisés dans le cadre de leurs cours et une «Collection d'enseignement», mettant à disposition plusieurs exemplaires de toutes les références conseillées par le corps enseignant, fut mise en place. Cette collection remporte un vif succès et reste un des fonds les plus utilisés. Enfin, un fonds d'un peu plus de 900 vol. précieux a été rassemblé entre 1983 et 2001 par Meletis Michalakis, responsable des acquisitions à ces dates. La collection n'a pas été constituée selon des critères strictement bibliophiliques, mais afin d'illustrer, par des livres intéressants, le domaine de l'histoire et de la philosophie des sciences et plus spécialement les travaux scientifiques d'auteurs suisses. Le fonds se veut un miroir de l'évolution des sciences et des techniques du 16e au 19e s. et privilégie un éclairage humaniste centré sur le rapport entre l'homme et les progrès scientifiques.

1.9 En février 2010, la Bibliothèque centrale, son fonds ancien et toutes les bibliothèques de l'EPFL s'installent dans le nouveau Learning center. Elles se regroupent sous l'entité Bibliothèque de l'EPFL.

2. DESCRIPTION DU FONDS

2.1 Le comptage a été effectué sur la base du catalogue informatisé, complété par un dénombrement manuel au rayon (état 2002). Il ne porte que sur l'ancienne Bibliothèque centrale. Nous avons voulu différencier le nombre de titres du nombre de volumes chaque fois que cela était possible; les recueils artificiels non catalogués ont été comptabilisés en tant que volumes, sans tenir compte du nombre d'œuvres qu'ils regroupaient. La date butoir a été fixée jusqu'à et y compris 1900. Dans quelques rares cas, les livres sans date attribuable ont été écartés de la statistique. Les pourcentages sont calculés d'après les volumes.

Survol chronologique et par langues

2.2 Aucun inventaire n'ayant été réalisé dernièrement, le nombre total de documents ne peut qu'être estimé: il se montait à environ 350'000, avant déménagement dans le Learning Center. Le nombre d'imprimés antérieurs à 1901 s'élève à 1'580 titres représentant 5'135 vol., toute forme de publications confondue. Déduction faite des périodiques, journaux, revues (80 titres en 2'502 vol.) et de la collection spéciale «MELETIS» des livres précieux (565 titres en 904 vol.), le «fonds commun» (935 titres en 1'729 vol.) est composé de monographies. A cela s'ajoute en chiffres ronds 500 cartes topographiques de la fin du 19e s., concernant en majorité la Suisse (échelles 1:25'000 et 1:50'000 principalement) et pour la plupart issues du *Topographischer Atlas der Schweiz* (386 feuillets). Ces cartes, qui ne sont ni cataloguées ni inventoriées, n'apparaissent pas dans les décomptes suivants.

2.3 Chronologiquement, deux titres (1 vol.) datent du 15e s., et le 16e s. ne comprend que 45 titres (42 vol.). Il faut attendre les éditions du 17e s. pour atteindre la centaine d'ouvrages (92 titres en 102 vol.). Quant au 18e s. - avec ses 302 titres (576 vol.), soit 11 % - il n'est en rien comparable avec le 19e s., où se situe l'essentiel (86 %) du fonds: 1'139 titres en 4'414 vol.

2.4 La répartition linguistique indique que près de 75 % des livres sont en français, soit 1'239 titres en 3'846 vol. (16e s.: 11 titres/11 vol., 17e s.: 46 titres/49 vol., 18e s.: 263 titres/512 vol., 19e s.: 919 titres/3'274 vol.). Au deuxième rang, avec 15 %, se trouve l'allemand: 176 titres en 802 vol. (16e s.: 1 titre/1 vol., 17e s.: 1 titre/1 vol., 18e s.: 8 titres/14 vol., 19e s.: 162 titres/786 vol.). Vient ensuite l'anglais avec 41 titres en 308 vol. (17e s.: 2 titres/2 vol., 18e s.: 5 titres/9 vol., 19e s.: 34 titres/297 vol.), soit 6 %. Le latin arrive à la quatrième place avec 78 titres en 90 vol. (15e s.: 2 titres/1 vol., 16e s.: 23 titres/20 vol.,

17ᵉ s.: 32 titres/43 vol., 18ᵉ s.: 18 titres/23 vol., 19ᵉ s.: 3 titres/3 vol.), soit près de 2 %. Seuls 35 titres en 60 vol. (16ᵉ s.: 10 titres/10 vol., 17ᵉ s.: 7 titres/7 vol., 18ᵉ s.: 7 titres/10 vol., 19ᵉ s.: 11 titres/33 vol.) sont en italien. 11 titres en 29 vol. (18ᵉ s.: 1 titre/8 vol. et 19ᵉ s.: 10 titres/21 vol.) sont multilingues.

Aperçu systématique

2.5 L'ensemble du fonds ancien est divisé en deux collections bien distinctes: d'une part le «fonds commun» (1'015 titres en 4'231 vol.), qui comprend lui-même un bel ensemble de périodiques, le tout classifié selon une systématique propre à la BC, et, d'autre part, la collection de livres précieux «Mirabiles Editiones Librorum Etiam Tenentes Ingeniosas Scientias» (collection MELETIS, 565 titres en 904 vol.), pour laquelle la systématique de la Table Brunet-Parguez a été appliquée. Ces deux classifications et la présence de nombreux périodiques dans le «fonds commun» imposent une présentation en trois temps: monographies du «fonds commun», périodiques du «fonds commun», collection MELETIS.

Monographies

2.6 Les monographies du «fonds commun» (935 titres en 1'729 vol.) sont toutes du 19ᵉ s., sauf 19 titres (23 vol.) du 18ᵉ s. et 1 titre (2 vol.) du 17ᵉ s. Le français (756 titres en 1'442 vol.) représente plus de 83 % des vol. et l'allemand (139 titres en 232 vol.) plus de 13 %, le reste étant dévolu à l'anglais (19 titres/23 vol.), à l'italien (11 titres/11 vol.) et aux ouvrages multilingues (10 titres/21 vol.). Ces monographies se répartissent en trois grands domaines distincts, dont deux en sciences. Premièrement, les sciences techniques: 365 titres en 656 vol. (38 % des monographies). Ce domaine regroupe des ouvrages relatifs au génie civil (73 titres en 140 vol., soit 8 %), à la géodésie (28 titres en 78 vol., soit 4,5 %), aux constructions (48 titres en 79 vol., 4,5 %), à la statique et à la résistance des matériaux (41 titres en 77 vol., 4,5 %) et à l'électrotechnique (44 titres en 66 vol., près de 4 %). On y trouve encore, mais dans une moindre proportion, des livres sur les mécaniques appliquée (19 titres en 51 vol.) et rationnelle (29 titres en 49 vol.), sur le trafic et les transports (28 titres en 43 vol.), l'énergie thermique et la pneumatique (17 titres en 25 vol.), les matériaux (16 titres/20 vol.). Reste quelques traités sur les machines hydrauliques (10 titres/11 vol.), les sciences de la terre (6 titres/8 vol.), les industries (5 titres/7 vol.) et les télécommunications (1 titre/2 vol.).

2.7 Deuxièmement, les sciences pures: 236 titres en 349 vol. (20 % des monographies). Ce domaine regroupe 154 titres en 218 vol. (plus de 12 %) de mathématiques, 62 titres en 100 vol. (près de 6 %) de physique (optique, électricité, thermodynamique) et 20 titres en 31 vol. (2 %) de chimie. Troisièmement, les sciences humaines: 334 titres en 724 vol. (42 % des monographies). Ce sont avant tout des ouvrages d'architecture et de beaux-arts (dessin, gravure, sculpture): 180 titres en 296 vol. (plus de 17 %), mais aussi des dictionnaires et encyclopédies (33 titres en 253 vol., soit plus de 14 %), comme la *Nouvelle biographie générale* de Firmin Didot (Paris 1852–1866). Le fonds comprend aussi 91 titres en 125 vol. (plus de 7 %) d'histoire, de philosophie des sciences et des techniques, et de vulgarisation. Reste 30 titres en 50 vol. de biographies, généralités et mélanges.

Périodiques

2.8 Le «fonds commun» regroupe une collection de 80 titres de périodiques du 19ᵉ s., en 2'500 vol., dont plus de 66 % sont en français et près de 22 % en anglais. L'ensemble de cette collection représente près la moitié des vol. anciens de la BC.

2.9 La moitié des titres concerne des périodiques liés aux sciences techniques. Les plus nombreux relèvent du génie civil (machines, hydraulique, navigation, tunnels, etc.): 13 titres en 818 vol., dont 316 vol. de *Description des machines et procédés pour lesquels des brevets d'inventions ont été déposés* (Paris 1850–), 149 vol. du *Polytechnisches Journal* (Stuttgart 1820–), 104 vol. des *Minutes and proceedings of the Institution of civil engineers* (London 1842–). Suivent les publications consacrées aux industries et aux mines, avec 11 titres en 363 vol., dont 193 vol. du *Journal des mines* (Paris 1794–1801), puis celles touchant l'architecture, avec 7 titres en 248 vol., dont 78 vol. de l'*Allgemeine Bauzeitung* (Wien 1836–), et celles relatives aux constructions (conceptions et travaux en bois, maçonnerie, béton et métal), avec 6 titres en 417 vol., comme par exemple les 370 vol. des *Annales des Ponts et Chaussées* (Paris 1831–). On peut encore signaler 3 titres (114 vol.) sur la mécanique appliquée (machines, outils).

2.10 Dans les sciences pures, les périodiques consacrés aux mathématiques représentent 11 titres en 128 vol. et ceux à la physique 10 titres en 122 vol., dont 7 titres concernent plus spécialement l'électricité. Quant au reste de la collection, il comprend 4 titres relatifs aux chemins de fer (71 vol.), 1 à la biologie (39 vol.), 1 à la chimie (35 vol.), 1 au génie militaire (31 vol.), 1 à la géodésie (29 vol.) et 1 à la météorologie (14 vol.).

Collection particulière

Collection «Mirabiles Editiones Librorum Etiam Tenentes Ingeniosas Scientias» (MELETIS)

2.11 Cette collection de 565 titres en 904 vol. est constituée de 435 titres de sciences (556 vol.), de 117 titres de sciences humaines (260 vol.) et de 13 titres de généralités (88 vol.). Plus de la moitié des ouvrages sont du 18ᵉ s.

2.12 Les ouvrages de sciences se répartissent à part plus ou moins égale entre les sciences techniques et les sciences pures, auxquels il faut ajouter ceux de sciences naturelles. Parmi les 193 titres en 215 vol. de sciences techniques, on notera avant tout 161 titres (177 vol.) de mathématiques appliquées (mécanique, astronomie, optique, marine, art militaire et génie), point fort de la collection MELETIS, avec près de 20 % des vol., répartis entre le 16e s. (24 titres/19 vol. en majorité en latin), 17e s. (33 titres/31 vol.), 18e s. (80 titres/100 vol.) et 19e s. (24 titres/27 vol.), principalement en français pour ces trois derniers siècles; à mentionner le *Theatre des instrumens mathematiques & mechaniques* de Jacques Besson (Lyon 1579), qui a appartenu à Jacques Auguste de Thou. 32 autres titres (38 vol.) étoffent les sciences techniques en traitant des arts mécaniques, des métiers et des industries (19 titres en 22 vol., la plupart du 18e s.), auxquels s'ajoutent 13 titres (16 vol.) de médecine (6 titres/6 vol. du 17e s., 5 titres/8 vol. du 18e s. et 2 titres/2 vol. du 19e s.), principalement en français.

2.13 On dénombre 184 titres (243 vol.) de sciences pures. Plus de la moitié sont des traités de mathématiques pures: 102 titres en 103 vol. (11 % du fonds MELETIS), du 16e s. (4 titres/4 vol.), 17e s. (7 titres/7 vol.), 18e s. (43 titres/54 vol., principalement en français) et 19e s. (47 titres/37 vol., la plupart en français.); le plus ancien est un *De arithmetica* de Boèce (Venise 1499). Les vol. de physique constituent aussi 11 % des vol. du fonds MELETIS, avec 57 titres en 100 vol. (13 titres/14 vol. du 17e s., 33 titres/68 vol. du 18e s. et 11 titres/18 vol. du 19e s.), la plupart en français; on y trouve principalement des traités généraux, des ouvrages sur des expériences pratiques (comme ce livre de Charles-Vernon Boys sur les *Bulles de savon*, Paris 1892) ou sur l'électricité et le magnétisme (*Traitté de l'aiman*, de Joachim d'Alencé, Amsterdam 1687). La section des sciences pures abrite encore 25 titres en 40 vol. (4,4 %) de chimie (13 titres/24 vol. du 18e s. et 8 titres/12 vol. du 19e s.), principalement en français.

2.14 Les autres ouvrages de sciences relèvent des sciences naturelles, soit 58 titres en 98 vol. (près de 11 % du fonds MELETIS) de géologie, botanique et zoologie, du 16e s. (6 titres/8 vol.), 17e s. (9 titres/17 vol.), 18e s. (29 titres/55 vol.) et 19e s. (14 titres/18 vol.); à signaler, parmi les plus anciens, quelques opuscules de Georgius Agricola parus à Bâle chez Froben entre 1550 et 1558 et une *Historia animalium* de Konrad Gessner (Zurich 1551-1558).

2.15 117 titres en 260 vol. concernent les sciences humaines, ou les branches traditionnellement rattachées à celles-ci, dont plus de la moitié des titres concernent les beaux-arts (peinture et architecture), soit 68 titres en 96 vol. (près de 11 % du fonds MELETIS), répartis entre le 16e s. (9 titres/8 vol., en italien principalement), 17e s. (9 titres/10 vol.), 18e s. (33 titres/56 vol.) et 19e s. (17 titres/22 vol.), quasi tous en français; à relever la traduction française réalisée par Jean Martin de *L'architecture et art de bien bastir* de Leon Battista Alberti (Paris 1553). Les sciences philosophiques (philosophie, métaphysique, morale, politique et économie) constituent près de 8 % du fonds (23 titres/71 vol.), répartis principalement entre les 18e (14 titres/61 vol.) et 19e s. (7 titres/8 vol.), la plupart en français. A noter ici, parmi les premières acquisitions, l'*Encyclopédie ou Dictionnaire raisonné des sciences, des arts et des métiers* (Paris 1758-1777) de Diderot et d'Alembert, où quelques planches coupées, par censure, dans les domaines de l'anatomie et de la chirurgie ont pu être remplacées par la suite grâce à celles d'une autre édition. L'histoire (archéologie, histoire de la culture, biographies et bibliographies) représente aussi près de 8 % de la collection MELETIS (14 titres/71 vol.) et se répartit entre le 18e s. (8 titres/50 vol.) et le 19e s. (6 titres/21 vol.), en majorité en français. On trouve également 9 titres (8 vol.) de géographie (16e s.-19e s.), 2 titres (11 vol.) de belles-lettres (1 du 17e s. et 1 du 18e s.) et 1 titre (3 vol.) du 19e s. relatif aux jeux.

2.16 Finalement, la collection MELETIS comprend 13 titres (en 88 vol.) d'encyclopédies, dictionnaires et journaux, pour plus de la moitié du 18e s. (6 titres/50 vol.), dont 30 vol. du *Journal des sçavans*, combiné avec les *Mémoires de Trévoux* (Amsterdam 1754-1763?). 4 titres en 35 vol. sont du 19e s. (principalement en français), dont 30 vol. de la *Bibliothèque universelle des sciences, belles-lettres et arts* (Genève 1816-1835).

3. CATALOGUES

Catalogues modernes généraux

Catalogue alphabétique auteurs, titres anonymes et collectivités [sur fiches, n'est plus alimenté depuis 1977]

Catalogue systématique [sur fiches, n'est plus alimenté depuis 1977]

Catalogue CDU 1978-1988 [sur fiches, n'est plus alimenté depuis 1989; accès réservé]

Catalogue du réseau NEBIS

Catalogues modernes spécialisés

Catalogue des périodiques [exhaustif]

Catalogue des thèses de l'EPFL [exhaustif depuis 1920]

Catalogue analytique [sur fiches, systématique, 400 tiroirs en magasin fermé, fruit du dépouillement de revues scientifiques parues dans les années 1960-1975]

Catalogue en ligne du fonds précieux (MELETIS)

Catalogue ancien général

Catalogue de la Bibliothèque de l'Ecole d'ingénieurs de l'Université de Lausanne. Lausanne 1903 [alphabétique auteurs et anonymes; contient les catalogues des bibliothèques de l'Ecole d'ingénieurs, du fonds Bertolini et de la Société vaudoise des ingénieurs et des architectes; un «Catalogue analytique» est commun à ces trois bibliothèques; contient aussi une brève postface sur l'histoire de ces fonds]

Catalogues anciens spécialisés

Catalogue des nouvelles acquisitions [sur fiches de 1975 à 1996, accès réservé]

Registres topographiques [classement par cotes de gestion, clos en 1996]

Catalogue des bibliographies des professeurs (Ecole polytechnique de l'Université de Lausanne, etc.) [sur fiches, en magasin fermé]

Répertoire des périodiques. Liste alphabétique (complet). Lausanne 1998 [éd. antérieures: 1986, 1990, 1992]

4. SOURCES ET ÉTUDES SUR L'HISTOIRE DE LA BIBLIOTHÈQUE

Archives

Bulletin technique de la Suisse romande. Lausanne 1900–1978 [contient les rapports d'activité annuels de la Société vaudoise des ingénieurs et architectes]

Ecole polytechnique fédérale de Lausanne. Rapport d'activité. Lausanne 1971– [brèves informations sur la bibliothèque dans les RA de 1973–1976, 1978, 1991–1999, etc.]

Implantation à Ecublens de l'EPFL. Conception de la Bibliothèque centrale. Lausanne 1972 [EPFL Bureau de Planification ThB/jm, réf 101 BF 3.00.53; cote EPF-BC: AC 1211: (1972)]

Dossiers bibliographiques sur les ouvrages de la collection MELETIS [12 classeurs]

Sommer, Christine: Bibliothèques de l'EPF Lausanne. Introduction à l'utilisation de 63 bibliothèques = Bibliotheken der ETH Zürich. Wegleitung zu 63 Bibliotheken. Zürich 1989 [fiche signalétique sur la BC; éd. mises à jour en 1991, 1993, 1994]

Catalogue des livres disparus [sur fiches, jusqu'en 1999, classement par cote de gestion, accès réservé]

Études

Dapples, Charles: Notice historique sur l'Ecole d'ingénieurs de l'Université de Lausanne. In: Cinquantenaire de l'Ecole d'ingénieurs de l'Université de Lausanne 1853–1903. Album de fête. Lausanne 1904, p. 21–26

Kováts, Lucienne: Bref historique de la Bibliothèque Centrale de l'Ecole polytechnique fédérale de Lausanne à partir de 1946. In: Conctact GRD [Groupe romand de documentation]. Lausanne 68 (1995), p. 2–3

Paschoud, Maurice: Notice historique. In: Ecole polytechnique de l'Université de Lausanne. Ouvrage publié à l'occasion de son centenaire 1853–1953. Lausanne 1953, p. 15–56 [sur la Bibliothèque, p. 36, note 1]

5. PUBLICATIONS SUR LES FONDS

Nouvelles acquisitions [de la] Bibliothèque [de l'] Ecole Polytechnique Fédérale [de] Lausanne. Lausanne 1974–1988

Schmitt, François: Meletis redivivus. Valorisation du fonds précieux de la Bibliothèque centrale de l'Ecole polytechnique fédérale Lausanne. Fribourg 2003 [travail final de certificat en gestion de documentation et de bibliothèque, Fribourg et Genève]

BIBLIOTHÈQUE ÉDOUARD FLEURET, LAUSANNE

Canton: Vaud

Lieu: Lausanne

Auteur: Denis Ramelet, avec la collaboration de Cécile Fornerod (inventaire) et de Jean-Luc Rouiller

Adresse: Université de Lausanne, Internef, 1015 Lausanne

Téléphone: +41 21 692 48 90

Fax: +41 21 692 48 95

Homepage: www.unil.ch/central/page5019_fr.html

E-mail: biblio.fleuret@unil.ch

Rattachement administratif:
Fondation Edouard Fleuret

Fonctions:
Bibliothèque privée accessible au public

Collections:
1. Droit suisse. – 2. Droit français, histoire du droit pour le fonds ancien.

Conditions d'utilisation:
Bibliothèque de consultation. Tous les ouvrages sont en libre-accès, sauf ceux antérieurs à 1801, qui sont dans des armoires. La Bibliothèque est ouverte du lundi au vendredi de 9 h à 19 h. Elle offre une quarantaine de places de travail.

Equipement technique:
Photocopieuse, un poste pour l'OPAC et la recherche sur internet.

Informations pour les utilisateurs de passage:
La Bibliothèque se trouve à Dorigny, sur le campus de l'Université de Lausanne. Elle est reliée par une passerelle à la Bibliothèque de droit et sciences économiques (BDSE), qui se trouve dans l'Internef. Par l'autoroute, suivre «Lausanne-Sud», et sortir à «Université-EPFL». Depuis la gare CFF de Lausanne, prendre le métro m2 jusqu'à «Lausanne-Flon», puis le métro m1 jusqu'à «UNIL-Dorigny».

1. HISTORIQUE DU FONDS

1.1 En 1962, un particulier crée une fondation en souvenir d'Edouard Fleuret, magistrat français retiré à Lausanne, où il décède en 1961. Le but de la Fondation Edouard Fleuret est de favoriser les études de droit à Lausanne, principalement par la constitution d'une bibliothèque juridique destinée à compléter celle de la Faculté de droit de l'Université de Lausanne. Au départ, les livres acquis par la Fondation sont entreposés avec ceux de la Faculté de droit, à l'Ancienne académie (à la Cité). En 1976, lorsque la Faculté déménage sur le nouveau site universitaire de Dorigny, la Fondation Fleuret décide de rester en ville et installe sa bibliothèque à l'avenue de la Gare. Par la force des choses, les usagers de la bibliothèque sont alors principalement les praticiens (avocats et notaires) lausannois. A la fin des années 1990, la fréquentation de la bibliothèque ayant fortement baissé au cours de la décennie, la Fondation décide de se rapprocher des étudiants en déménageant à son tour sur le site de Dorigny. Elle fait construire sur le flanc ouest de l'Internef un bâtiment qui ouvre ses portes le 1er septembre 2000.

1.2 A la mort du professeur Philippe Meylan en 1972, la Fondation fait l'acquisition de l'ensemble de ses ouvrages d'histoire du droit (l'ensemble de ses ouvrages de droit romain étant acquis par la Bibliothèque cantonale et universitaire). En 1995, elle intègre une partie de l'ancienne bibliothèque de l'Ordre des avocats vaudois. On signalera aussi quelque 160 traités et conventions du 19e s., entre la Confédération ou les cantons et les gouvernements étrangers (reliés en quatre recueils artificiels), provenant de la bibliothèque de l'avocat Jules Roguin (1823–1908). Le fonds ancien s'est étoffé au fil des achats, particulièrement depuis 1995, en s'efforçant surtout de développer sa collection de sources de droit français de l'Ancien Régime. En 2002, la Bibliothèque intègre le Réseau des Bibliothèques de Suisse occidentale (RERO) et recatalogue tout son fonds dans le catalogue dudit Réseau.

2. DESCRIPTION DU FONDS
Survol chronologique et par langues

2.1 La bibliothèque abrite plus de 12'000 vol., une centaine de périodiques vivants et une vingtaine de publications à feuillets mobiles. D'après le comptage manuel effectué pour cet inventaire, le fonds ancien (livres antérieurs à 1901) compte 500 titres représentant 1'410 vol. Cette remarquable différence entre le nombre de titres et de vol. (1 pour 3) vient de certaines séries du 19e s. (pour les titres, voir ci-après).

2.2 Avec 321 titres en 1'144 vol., les livres du 19e s. représentent 64 % des titres et 81 % des vol. du fonds ancien. Quant aux livres antérieurs à 1801 (177 titres en 266 vol.), ils représentent par conséquent 36 % des titres et 19 % des vol. du fonds ancien. Parmi ces livres antérieurs à 1801, 105 titres en 172 vol. sont du 18e s., 58 titres en 77 vol. du 17e s. et 14 titres en 17 vol. du 16e s. 244 titres (la moitié du fonds ancien) sont en français, 144 titres (près de 30 %) en allemand (presque tous du 19e s.), 55 titres en hollandais (la moitié du 17e s.) et 50 titres en latin (presque tous les titres du 16e s. et la moitié de ceux du 17e s.).

Aperçu systématique

2.3 Parmi les 177 titres (266 vol.) antérieurs à 1801, 97 titres (122 vol.) sont des traités, principalement de droit civil. 55 % sont du 18e s. (comme *De re diplomatica libri VI* de Jean Mabillon, Naples 1789), la plupart en français; 35 % sont du 17e s., la moitié en latin et un quart en hollandais; 10 % sont du 16e s., 6 titres en latin et 3 en français.

2.4 35 titres (51 vol.) sont des coutumes ou commentaires de coutumes, la plupart en latin. 21 titres sont du 18e s. (comme *Les coutumes du duché de Bourgogne* de Jean Bouhier, Dijon 1742–1746) et 14 du 17e s.

2.5 20 titres (38 vol.) sont des lois et des ordonnances. 65 % sont du 18e s., la moitié en français, l'autre en hollandais (comme *Groot Pacaet-boeck ... van Hollandt*, La Haye 1658-1746, 5 vol.); 4 titres sont du 17e s. (2 en latin, 1 en français et 1 en hollandais) et 2 du 16e s. (en latin).

2.6 13 titres (41 vol.) sont des recueils de jurisprudence, tous en français: 10 titres sont du 18e s. (dont le *Répertoire universel et raisonné de jurisprudence* de Pierre Guyot, Paris 1784–1785, 17 vol.,) et 3 du 17e s. Les 12 titres (14 vol.) restant ne rentrent pas dans ces quatre catégories.

2.7 Les 321 titres (1'144 vol.) du 19e s. traitent de différents domaines de la science juridique, spécialement en droit privé et en histoire du droit. On notera, entre autres, quelque 90 textes législatifs des cantons alémaniques et une dizaine de cours de droit français (une centaine de vol., dont les *Principes de droit civil français* de François Laurent, Bruxelles 1876–1878, 33 vol.), ainsi que plusieurs publications en série, comme le *Bulletin des séances du Grand Conseil du canton de Vaud* (Lausanne 1829–, 138 vol. pour le 19e s.), le *Recueil des lois ... du Canton de Vaud* (Lausanne 1804–, 78 vol. pour le 19e s.), la *Feuille fédérale* (Berne 1848–, 175 vol. pour le 19e s.), le *Recueil général des anciennes lois françaises* (Paris 1824–1833, 30 vol.), le *Répertoire universel et raisonné de jurisprudence* de Philippe Antoine Merlin (Paris 1812–1815, 15 vol.), la *Revue judiciaire* (Lausanne 1885–1898). Elles totalisent à elles seules près de la moitié des vol. du 19e s. A signaler aussi une part importante d'études sur l'histoire suisse, surtout du canton de Vaud, la plupart éditées dans la première série des *Mémoires et documents publiés par la Société d'histoire de la Suisse romande* (Lausanne 1838–1898, 39 vol.).

3. CATALOGUES

Catalogue du Réseau vaudois [la quasi totalité du fonds ancien s'y trouve catalogué]

Catalogue alphabétique auteurs, titres anonymes [sur fiches, n'est plus alimenté depuis 2000]

Catalogue systématique [sur fiches, n'est plus alimenté depuis 2000]

Catalogue de la bibliothèque de l'ordre des avocats vaudois. Lausanne 1956 [systématique]

4. SOURCES ET ÉTUDES SUR L'HISTOIRE DE LA BIBLIOTHÈQUE

La Fondation conserve ses propres archives.

Philippe Meylan (1893–1972). Hommage de la Faculté de droit à l'occasion du centenaire de sa naissance. [Lausanne 1993]

BIBLIOTHÈQUE DE L'INSTITUT UNIVERSITAIRE D'HISTOIRE DE LA MÉDECINE ET DE LA SANTÉ PUBLIQUE, LAUSANNE

Canton: Vaud

Lieu: Lausanne

Auteur: Jean-Luc Rouiller, avec la collaboration de Daniela Vaj et de Danièle Calinon, et celle de Marie-Laure Meier et Floriane Morattel pour l'inventaire

Adresse: Chemin des Falaises 1, 1005 Lausanne

Téléphone: +41 21 314 70 52 / +41 21 314 82 22

Fax: +41 21 314 70 55

Homepage: www.chuv.ch/iuhmsp/ihm_home/ihm_bibliotheque.htm

E-mail: hist.med@chuv.ch

Rattachement administratif:
Centre hospitalier universitaire vaudois: bibliothèques universitaires de médecine et santé publique.

Fonctions:
Bibliothèque scientifique spécialisée de l'IUHMSP, ouverte au public.

Collections:
1. Fonds moderne: histoire de la psychiatrie et des neurosciences, philosophie de la médecine et éthique médicale, histoire de la médecine antique, histoire des hôpitaux et des institutions médicales, histoire de la médecine en Suisse, plus particulièrement dans le canton de Vaud. - 2. Fonds ancien: psychiatrie, chirurgie, anatomie, médecine (ses différentes disciplines), étude des maladies.

Conditions d'utilisation:
Les *études* sur l'histoire de la médecine sont en libre-accès, les *sources* et les différents fonds anciens dans les compactus et dans un dépôt. Une dizaine de places de travail sont à la disposition des chercheurs. La Bibliothèque est ouverte du lundi au vendredi midi, de 9 h à 12 h et de 13 h à 17 h.

Equipement technique:
Un poste pour la consultation de l'OPAC, une photocopieuse, un lecteur-reproducteur de microfilms et microfiches.

Informations imprimées:
Feuille d'information (français-anglais).

Informations pour les utilisateurs de passage:
Quitter l'autoroute à Lausanne-Vennes (Hôpitaux), puis suivre la direction CHUV/Hôpitaux. La Bibliothèque se trouve à côté du CHUV. Parking couvert du CHUV à proximité. Depuis la gare CFF, métro m2, direction Croisettes, arrêt CHUV.

1. HISTORIQUE DU FONDS

1.1 L'Institut universitaire d'histoire de la médecine et de la santé publique (IUHMSP) a été créé juridiquement le 12 juin 1987, sous l'impulsion du professeur Michel Dolivo et inauguré le 12 octobre 1989 dans ses locaux du chemin des Falaises. Le premier responsable de l'Institut fut l'historien Guy Saudan. A ses débuts, les activités de recherche et d'enseignement de l'Institut se concentrent autour des questions liées à la «médecine et société..., avec une prédilection pour la période moderne en Suisse romande (dès le XVIIIe siècle)» (RA 1990). La Bibliothèque, qui a ouvert ses portes au public au printemps 1990, possédait déjà 4'500 vol. à la fin 1989, date à laquelle 39 particuliers et 17 institutions avaient fait des dons de livres et d'objets (RA 1989). Danièle Calinon en a été la première bibliothécaire responsable, de mars 1990 à juillet 2008. En septembre de cette année, Daniella Vaj lui succèda. Dès le début, les livres furent signalés dans le catalogue du RERO.

1.2 On trouve d'un côté les derniers ouvrages parus en lien avec les centres d'intérêt de l'IUHMSP, à savoir l'histoire de la médecine et des sciences du vivant, mais aussi des livres en rapport avec la socio-anthropologie du corps et de la santé, la philosophie et l'éthique médicale. D'un autre côté, la bibliothèque abrite un fonds ancien digne d'intérêt, constitué par différents dons successifs.

1.3 La richesse de ce fonds ancien doit beaucoup au legs du professeur Henri Stilling. Né à Cassel (Allemagne) en 1853, celui-ci occupa la chaire d'anatomie pathologique de l'Université de Lausanne de 1891 à sa mort en 1911. Il légua sa riche collection d'ouvrages, qu'il avait davantage choisis pour leur contenu que pour leur beauté. Cette collection fut dans un premier temps entreposée à l'Institut de pathologie, puis, dès 1967, à la Bibliothèque cantonale et universitaire (BCU) de la Riponne, dans l'attente de la création de l'IUHMSP. Un premier lot d'ouvrages arriva à la Bibliothèque en 1990, un deuxième en 1991. Ces ouvrages sont actuellement regroupés au rayon et munis d'une cote STI. Ils forment un total de plus de 1'600 titres, du 16e au 19e s. Une première partie du fonds Stilling fut cataloguée et analysée par Martine Gagnerot en 1994. En 1915, on avait déjà publié le catalogue de la bibliothèque du professeur, qui dénombrait aussi quelque 1'600 titres édités entre le 16e s. et le début du 20e s., plus une septentaine de titres de revues ou publications périodiques, pas toujours complètes.

1.4 Parmi les nombreux autres dons ou dépôts, on peut signaler, en 1989, le dépôt de la Ligue vaudoise contre la tuberculose (environ 180 ouvrages du 20e s. et des archives) et le don César Roux (quelques centaines d'ouvrages des 19e–20e s. de médecine et chirurgie, transmis par la BCU Lausanne). En 1998, l'IUHMSP reçoit en dépôt les ouvrages anciens de la bibliothèque de l'Hôpital psychiatrique de Cery: environ 400 titres antérieurs à 1900, la plupart du 19e s., les deux tiers en français et un tiers en allemand. En 2001, la Bibliothèque reçoit en dépôt de l'Institut de biologie cellulaire et de morphologie (IBCM, ancien Institut d'anatomie) quelque 250 titres anciens d'anatomie, du 16e s. au 19e s. Depuis 1997, la Bibliothèque gère aussi les ouvrages mis en dépôt par la Fondation René Chassot pour l'éthique médicale; ce fonds «moderne» croît régulièrement; il renferme actuellement plus de 2'000 ouvrages relatifs à l'éthique biomédicale, à la philosophie de la médecine et de la santé.

1.5 Plus récemment, en 2004, l'Institut Galli-Valerio, rattaché au Service vétérinaire cantonal, dépose un fonds de quelque 1'300 vol. anciens liés à la médecine vétérinaire; ils sont rangés selon une classification empruntée aux bibliothèques françaises de médecine vétérinaire. Il dépose également sa collection de tirés à part des publications du professeur Bruno Galli-Valerio et des chercheurs de l'Institut (600 documents), ainsi qu'une sélection significative (800 titres) de la collection d'anciennes thèses de médecine vétérinaire, qui en comptait environ 8000. En 2007, la BCU de Fribourg fait don d'une collection très importante de plus de 1'200 anciennes thèses d'histoire de la médecine et de monographies. La même année, l'Institut reçoit la bibliothèque de la Fondation Claude Verdan – Musée de la main, du nom de ce fameux spécialiste de la chirurgie réparatrice de la main (1909–2006), fondateur de la Clinique de Longeraie (1946). Le fonds comporte un millier d'ouvrages anciens et modernes, touchant aussi bien au domaine de la chirurgie qu'à celui de l'art, de l'ethnographie ou de la sociologie. En 2008, Patrice Rossel donne la bibliothèque de son oncle, le médecin généraliste lausannois Pierre Rossel (1915-1993), constituée d'environ 300 titres.

1.6 Tous les ouvrages de la bibliothèque sont rangés par matière selon une classification «maison», qui se fonde sur celle de l'Institut d'histoire de la médecine de Zurich; les études d'histoire de la médecine sont en libre-accès, les sources et les fonds historiques en «compactus» ou dans un dépôt. Dans l'ensemble, le fonds croît d'environ 1'000 ouvrages par année.

1.7 Notons qu'entre 1994 et 2004, la collaboration avec l'Institut d'histoire de la médecine et de la santé de Genève avait donné naissance à un éphémère Institut romand d'histoire de la médecine et de la santé, sans que cela n'ait toutefois eu d'impact sur la Bibliothèque de Lausanne.

2. DESCRIPTION DU FONDS

2.1 Les chiffres ont été extraits du catalogue informatisé du Réseau vaudois, pour ce qui regarde le Survol chronologique et par langues (nombres de titres), et d'un inventaire partiel au rayon, pour ce qui concerne l'Aperçu systématique (nombres de titres et de volumes). Les matières retenues pour l'Aperçu systématique se fondent sur la systématique du classement au rayon, mais des regroupements ont été opérés pour faire apparaître les points forts du fonds. L'ordre de présentation est fonction de l'importance des matières. Les ouvrages du fonds Stilling y sont aussi comptabilisés.

Survol chronologique et par langues

2.2 La bibliothèque compte quelque 30'000 ouvrages, dont environ 15'000 modernes en libre-accès, ainsi qu'une collection de tirés à part et de dossiers biographiques consultables sur place. Elle possède aussi quelques centaines d'ouvrages anciens d'histoire de la médecine sous forme de microfiches. Elle est abonnée à une centaine de périodiques, surtout en histoire de la médecine et des sciences, et en éthique médicale.

2.3 Selon le catalogue du Réseau vaudois (état décembre 2009), le fonds ancien est constitué de près de 4'700 titres (ou notices bibliographiques, qui renvoient non seulement à des monographies, mais aussi à des pièces reliées en recueils, à des tirés à part et à des volumes d'ouvrages en plusieurs volumes) publiés avant 1900. La très grande majorité (86 %) des titres est du 19e s., soit près de 4'000. Un peu plus de 10 % des titres est du 18e s., soit environ 520. Le reste se divise entre les ouvrages du 17e s. (110 titres) et du 16e s. (15 titres). La proportion des ouvrages en allemand est importante (près de 40 %, soit 1'800 titres), presque autant que celle des titres en français (47 %, soit 2'200 titres). Près de 7 % des titres (320) sont en latin. Reste 220 titres en anglais, une septantaine en italien, le reste dans d'autres langues.

Aperçu systématique

2.4 La répartition des imprimés par matières a été réalisée à partir d'un inventaire au rayon (effectué en 2000) sur la base d'un large échantillon de quelque 2'500 titres anciens (environ 3'600 vol.). Les chiffres sont arrondis à la dizaine. La quasi-totalité du fonds ancien a un lien avec la médecine (au sens large du terme) et son histoire. Un quart du fonds inventorié est constitué d'ouvrages relatifs aux «disciplines fondamentales», soit 670 titres en 880 vol., ce qui en fait le domaine le mieux représenté dans le fonds. La proportion des ouvrages du 19e s. (530 titres, 710 vol.) et 18e s. (110 titres, 140 vol.) correspond à celle de l'ensemble du fonds inventorié; on y trouve par contre une plus forte proportion d'ouvrages du 16e s. (4 sur les 8 inventoriés) et du 17e s. (30 sur 70). Il s'agit avant tout de traités d'anatomie (350 titres en 450 vol., comme *De humani corporis fabrica libri septem* d'André Vésale, Venise 1568) et de physiologie (180 titres en 240 vol.). Le reste se répartit entre la microbiologie, l'anatomie pathologique (110 titres en 140 vol. pour ces deux domaines) et la pharmacie (40 titres en 60 vol.), comme l'*Histoire générale des drogues* de Pierre Pomet (Paris 1694).

2.5 La psychiatrie et la chirurgie regroupent chacune plus ou moins 20 % de l'échantillon des ouvrages inventoriés. 570 titres en 630 vol. relèvent de la psychiatrie et de la neurologie. Les livres du 19e s. sont ici proportionnellement plus nombreux (530 titres, 580 vol.) qu'ailleurs (près de 95 %), comme l'*Iconographie photographique de La Salpêtrière* de Désiré-Magloire Bourneville et Paul Regnard (Paris 1876-1880, 3 vol.); reste 30 titres du 18e s. (40 vol.) et 2 du 17e s. Le nombre d'ouvrages de chirurgie est aussi élevé: 490 titres en 700 vol., avec une proportion d'ouvrages du 18e s. supérieure à la moyenne (110 titres en 160 vol., soit 22 %, comme la *Dissertation sur l'inutilité de l'amputation des membres* de Johann Ulrich Bilguer, Paris 1764), aux dépens des ouvrages du 19e s. (380 titres, 540 vol.) et du 17e s. (6).

2.6 Viennent ensuite les ouvrages traitant des différentes disciplines de la médecine et ceux relatifs aux différentes maladies: respectivement 12 % et 9 % des titres du fonds inventorié. 320 titres en 470 vol. concernent la médecine (en général, ou disciplines particulières). La proportion d'ouvrages du 19e s. (220 titres, 320 vol.) est ici inférieure à la moyenne (70 %), aux profits des éditions du 18e s. (60 titres, 120 vol.) et surtout du 17e s. (30 titres). On y trouve aussi 3 titres du 16e s. Les œuvres des grands médecins sont là, comme les *Opera omnia* d'Hippocrate (Venise 1737-1739), les *Opera medica* de Thomas Sydenham (Genève 1707), de Steven Blankaart (Leyde 1701), de Herman Boerhaave (Naples 1751). Les traités touchant aux maladies (235 titres, 270 vol.) se répartissent essentiellement entre le 19e s. (210 titres, 240 vol.), et le 18e s. (30 titres); seul 3 titres sont du 17e s. Environ la moitié de ces traités concerne des maladies infectieuses, essentiellement la variole, la tuberculose, la syphilis et le choléra (*Recherches sur le traitement du choléra-morbus* de Joseph Récamier, Paris 1832) et l'autre moitié les autres maladies, surtout les maladies de l'estomac, intestin, foie (*Traitement contre le ténia ou ver solitaire pratiqué à Morat en Suisse*, Paris 1775), celles du goitre et de la thyroïde, le cancer et les maladies du poumon.

2.7 Les autres domaines sont moins bien représentés. Un peu plus de 4 % du fonds inventorié est constitué d'ouvrages liés aux rapports entre la médecine et la société (surtout la médecine légale et la médecine sociale), soit 120 titres en 170 vol.: 90 titres (120 vol.) du 19e s., 30 titres (40 vol.) du 18e s., comme par exemple l'*Avis au peuple sur sa santé* de Samuel Tissot (Lausanne 1761) et 3 du 17e s., comme *Sepulchretum* de Théophile Bonet (Genève 1679). Une trentaine de titres concernent l'histoire des sciences et de la médecine: 30 titres (70 vol.) du 19e s., comme le *Catalogue commercial ou prix courant général des drogues simples* de la droguerie Menier (Paris 1860) et 4 titres (8 vol.) du 18e s., comme les *Mémoires sur les hôpitaux de Paris* (Paris 1788) de Jacques Tenon. 35 ouvrages (36 vol.) traitent de la médecine dans un pays particulier ou à une période précise (essentiellement du 19e s.), dont une vingtaine relatifs à la Suisse.

2.8 Le solde de l'échantillon des ouvrages inventoriés a été regroupé sous la rubrique généralités (catalogue de bibliothèques, encyclopédies et dictionnaires médicaux, correspondance, etc.), soit 130 titres en 420 vol. (1 du 16e s., 1 du 17e s., 10 titres/40 vol. du 18e s. et 110/370 du 19e s.). A signaler le *Dictionnaire universel de médecine, de chirurgie* de Robert James (Paris 1746–1748, 3 vol.) et les 100 vol. du *Dictionnaire encyclopédique des sciences médicales* (Paris 1864–1889).

Collection particulière

Fonds Stilling

2.9 Selon le catalogue du Réseau vaudois (état décembre 2009), le fonds Stilling est constitué de 1'630 titres (ou notices bibliographiques, qui renvoient non seulement à des monographies, mais aussi à des pièces reliées en recueils, à des tirés à part et à des volumes d'ouvrages en plusieurs volumes). Plus des trois quarts des titres, soit 1'280, sont du 19ᵉ s.; 270 autres titres (env. 16%) sont du 18ᵉ s., 70 du 17ᵉ s. et 10 du 16ᵉ s.

2.10 La plus grande partie des ouvrages est en allemand (plus de 60%), soit 1'000 titres. Le français regroupe 300 titres (18%) et le latin 220 titres (13%). Reste 70 titres en anglais et 40 titres dans d'autres langues, essentiellement en italien.

2.11 La répartition des imprimés par matières a été réalisée suite à un inventaire au rayon (réalisé en 2000) sur la base d'un large échantillon de quelque 1'100 titres anciens (environ 1'500 vol.). Les chiffres sont souvent arrondis à la dizaine. Plus du quart des ouvrages inventoriés (300 titres en 410 vol.) ont trait aux «disciplines fondamentales» (2 du 16ᵉ s., 15 du 17ᵉ s., 54 titres en 70 vol. du 18ᵉ s., 230/320 du 19ᵉ s.), à savoir: l'anatomie (140 titres en 190 vol., comme *De re anatomica* de Realdo Colombo, Venise 1559, ou *Adversaria anatomica omnia* de Giovanni Battista Morgagni, Leyde 1723), la physiologie (70 titres en 100 vol.), la microbiologie (40/54), l'anatomie pathologique (36/42) et la pharmacie (16/28, dont le *Stirpium icones et sciagraphia* de Dominique Chabree, Genève 1666). Les livres de chirurgie sont aussi bien représentés, puisqu'ils totalisent près du quart des ouvrages inventoriés dans le fonds Stilling: 280 titres en 370 vol. (5 du 17ᵉ s., 70/95 du 18ᵉ s. et 200/260 du 19ᵉ s., comme *Erklärung der anatomisch-chirurgischen nebst Beschreibung der chirurgische Operationen* de Ludwig Joseph von Bierkowski, Berlin 1827, 2 vol.).

2.12 Viennent ensuite trois domaines d'importance comparable. Premièrement, la médecine (en général, ou disciplines particulières) avec 160 titres en 230 vol. (2 du 16ᵉ s., 16/18 du 17ᵉ s., 26/50 du 18ᵉ s. et 110/160 du 19ᵉ s.), dont 70 titres (80 vol.) concernent l'étude de disciplines particulières et le reste la médecine en général, comme les *Opera omnia* de Thomas Willis (Genève 1695), de Gabriel Fallopio (Francfort 1600–1606), le *Canon medicinae* d'Avicenne (Venise 1595), les œuvres de Galien (Bâle 1531), d'Aetius (Bâle 1542), de Paracelse (Strasbourg 1616). Deuxièmement, la psychiatrie (60/80) et la neurologie (110/120, comme *Nevrographia universalis* de Raymond Vieussens, Lyon 1685) avec 170 titres en 200 vol. (2 du 17ᵉ s., 22/24 du 18ᵉ s., 140/170 du 19ᵉ s.). Troisièmement, les ouvrages traitant de maladies avec 130 titres en 150 vol. (3 du 17ᵉ s., 10 du 18ᵉ s., 120/140 du 19ᵉ s.), dont 50 titres (60 vol.) concernent les maladies contagieuses.

2.13 Reste les ouvrages portant sur des rapports entre la médecine (au sens large) et d'autres domaines: 20 titres (30 vol.) touchent à l'histoire des sciences (*Historia naturalis ranarum nostratium* d'August Rösel von Rosenhof, Nuremberg 1758), dont 10 (16 vol.) plus particulièrement à l'histoire de la médecine; une trentaine de livres traitent des liens entre la médecine et la société. Le solde concerne les généralités (60 titres en 120 vol.), dont 10 bibliographies (en 50 vol.), comme *Bibliotheca medicinae practicae* d'Albert de Haller (Bâle, Berne 1776–1788).

3. CATALOGUES

Catalogues modernes

Catalogue du Réseau vaudois [tout le fonds, ancien et moderne, s'y trouve catalogué]

Liste des nouvelles acquisitions. 1992– [semestrielle]

Catalogue ancien

Bibliothèque médicale du professeur Henri Stilling. Catalogue. Lausanne 1915 [alphabétique auteurs]

4. SOURCES ET ÉTUDES SUR L'HISTOIRE DE LA BIBLIOTHÈQUE

Archives

Rapport annuel [de l']Institut universitaire d'histoire de la médecine et de la santé publique. Lausanne 1989–1993 [dactyl.]

Lettre d'information [de l']Institut romand d'histoire de la médecine et de la santé. Lausanne, Genève 1995–2004

Lettre d'information [de l']IUHMSP, Institut universitaire d'histoire de la médecine et de la santé publique. Lausanne 2004–

Études

Inauguration de l'Institut d'histoire de la médecine et de la santé publique. In: Revue médicale de la Suisse romande 110 (1990), p. 289–295

5. PUBLICATIONS SUR LES FONDS

Calinon, Danièle: Le «Medicinal Dictionary» de Robert James. In: Revue médicale de la Suisse romande 114 (1994), p. 289–291

Calinon, Danièle: L'«Iconographie photographique de La Salpêtrière». In: Revue médicale de la Suisse romande 116 (1996), p. 927–929

Christe, Sabine: La bibliothèque historique de la Clinique universitaire de Cery. Traitement du fonds et création d'une nouvelle classification. Lausanne 1998 [travail de diplôme BBS, dactyl.]

Gagnerot, Martine: Catalogage et analyse du fonds Stilling. Lausanne 1994 [travail de diplôme BBS, dactyl.]

BIBLIOTHÈQUE DES MUSÉE ET JARDINS BOTANIQUES CANTONAUX, LAUSANNE

Canton: Vaud

Lieu: Lausanne

Auteure: Joëlle Magnin-Gonze, avec la collaboration de Jean-Luc Rouiller

Adresse: Av. de Cour 14bis, 1007 Lausanne

Téléphone: +41 21 316 99 82

Fax: +41 21 616 46 65

Homepage: www.botanique.vd.ch

E-mail: joelle.magnin-gonze@unil.ch

Rattachement administratif:
Service des affaires culturelles (SERAC) du Département de la formation, de la jeunesse et de la culture (DFJC) de l'Etat de Vaud

Fonctions:
Bibliothèque de recherches spécialisée des Musée et Jardins botaniques cantonaux

Collections:
Les principaux domaines couverts concernent la botanique systématique, la géobotanique, la floristique, la biologie végétale, l'écologie végétale, l'ethnobotanique, l'horticulture, la palynologie et l'archéobotanique.

Conditions d'utilisation:
Bibliothèque de consultation et de prêt avec libre-accès et espace de lecture, ouverte au public du lundi au vendredi de 8 h à 12 h. – Prêt limité. – Prêt entre bibliothèques (PEB). – La consultation de la Bibliothèque ne se fait que sur rendez-vous.

Equipement technique:
Un poste de consultation pour le catalogue informatisé interne, un poste Internet et OPAC, une photocopieuse.

Informations imprimées:
Guide pour la consultation avec présentation de la classification utilisée.

Informations pour les utilisateurs de passage:
Quitter l'autoroute à Lausanne-Sud; au rond-point de la Maladière suivre la direction Centre; l'accès au Jardin botanique et à la Bibliothèque se fait par la place de Milan; quelques places de parc à l'intérieur du Jardin botanique; parking de Bellerive à 5 minutes. Depuis la gare CFF, bus n° 1 direction Maladière, arrêt Beauregard ou métro m2, arrêt Montriond.

1. HISTORIQUE DU FONDS

1.1 L'origine du Musée botanique cantonal remonte à la création du Cabinet de botanique du Musée cantonal en 1824. En 1832, les conservateurs du Musée, Daniel-Alexandre Chavannes et Charles Lardy, acquièrent, à l'occasion de la mise en vente de l'herbier et de la bibliothèque de Johann-Christoph Schleicher, le *Prodromus systematis naturalis regni vegetabilis* d'Augustin-Pyrame et Alphonse de Candolle et la *Flora helvetica* de Jean-François Gaudin.

1.2 En 1844, les collections de botanique et la bibliothèque, qui ne comporte encore qu'une douzaine d'ouvrages de botanique, sont transférées dans le bâtiment de l'ancienne Ecole normale à la Cité. Le Musée cantonal d'histoire naturelle achète, en 1848, une part de la bibliothèque de Frédéric de Gingins-La Sarraz: 378 ouvrages, dont une petite partie reviendra au Cabinet de botanique. Entre 1872 et 1891, les modestes moyens permettent cependant l'achat d'une centaine d'ouvrages auxquels viennent s'ajouter quelques dons, comme ceux de Louis-Alexandre Prenleloup (1872), de Mme A. Chavannes (1879), de William Barbey (1880–1887), d'Emile Burnat (172 ouvrages de la bibliothèque de Louis Leresche donnés en 1885), de M. Boiceau (1883–1884) et de Louis Favrat (1885–1890). En 1887, le prof. Jean-Balthazar Schnetzler, conservateur, rapporte que la bibliothèque renferme 241 vol. se rattachant aux différentes branches de la botanique.

1.3 En 1895, le Musée botanique est transféré dans le bâtiment de l'actuelle préfecture sur la place du Château. Le directeur, Ernest Wilczek, signale qu'à cette occasion une révision de la bibliothèque a été faite. En 1899, un catalogue sur fiches est établi. En octobre 1905, les collections de botanique déménagent encore une fois dans de nouveaux locaux plus spacieux au palais de Rumine. Les dons continuent d'enrichir la bibliothèque, notamment ceux du diatomiste S. Thomas (35 vol. en 1909), du Dr M. Ozenne (95 vol. en 1910) et de feu Louis-Alexandre Prenleloup (50 vol. en 1911).

1.4 En 1917, le fichier de la bibliothèque est presque achevé; plus de 3'500 fiches ont été établies. En décembre 1920, le Musée prend livraison de l'important legs d'Emile Burnat: 740 vol. et 83 brochures. Ce botaniste avait offert en 1911 sa bibliothèque et son herbier à la ville de Genève et avait demandé que tous les ouvrages à double soient légués à la Bibliothèque du Musée botanique à Lausanne. Le legs est en outre augmenté d'un certain nombre d'ouvrages cédés à cette occasion par le Conservatoire botanique de Genève. La bibliothèque est alors forte de 5'000 vol.

1.5 En 1922, le catalogue de la bibliothèque compte plus de 8'400 notices. Le rapport annuel nous informe que chaque ouvrage porte sur la garde, au crayon, les indications permettant de le situer. Est-ce déjà une sorte de classification par matière? Rien ne permet de l'affirmer. En 1926, par contre, il est clairement indiqué que le reclassement de la bibliothèque d'après la classification décimale universelle est entrepris. L'opération sera terminée en 1929. Le fichier contient alors 12'000 fiches. En 1931, il en compte 14'500 et en 1932, 15'300. Les dons participent toujours au développement des fonds: certains sont modestes, d'autres plus importants tels ceux de Mme Delafield (800 vol. en 1934), de Samuel Aubert (200 vol. en 1955) et d'Arthur Maillefer (nombreux vol. en 1961).

1.6 En 1962, l'accroissement de la Bibliothèque de botanique représente un problème difficile à résoudre, si bien qu'en 1967, les collections du Musée, herbier et bibliothèque, sont déplacées sur la colline de Montriond, dans un bâtiment provisoire construit au sein du Jardin botanique déjà installé depuis 1946. A cette occasion, la bibliothèque est scindée en raison de la séparation de l'Institut de physiologie végétale du reste du tronc constitué par le Musée et l'Institut de botanique. Puis, en 1983, l'Institut de botanique systématique et de géobotanique déménage dans les nouveaux locaux de l'Université à Dorigny emportant avec lui une autre partie de la bibliothèque (environ 3'000 ouvrages récents de géobotanique). Le fonds ancien n'est pas touché par cette seconde scission.

1.7 Au début du 19e s., la Bibliothèque du musée était avant tout une bibliothèque d'herbier, dans le sens où les donateurs léguaient outre leurs herbiers, les ouvrages qui leur étaient attachés, souvent en les munissant d'ex-libris. Très spécialisée, elle n'était accessible qu'aux chercheurs ou visiteurs avertis. A la fin du 19e s. avec la création du Laboratoire de botanique systématique (reconnu officiellement en 1896), elle devient également une Bibliothèque utilisée pour l'enseignement. Sa gestion dépendait des deux institutions, le Musée et l'Institut universitaire. En 1983, lors du départ de l'Institut de botanique sur le campus universitaire à Dorigny, la Bibliothèque retrouve sa condition initiale de bibliothèque liée à un herbier, mais en plus, elle s'ouvre à un plus large public.

1.8 Tout au long de son histoire, les nombreuses personnes chargées de s'en occuper n'ont jamais eu, à notre connaissance, de formation bibliothéconomique. Ils étaient naturalistes, préparateurs, conservateurs, secrétaires ou même chômeurs en programme d'occupation. Depuis 1984, un demi-poste d'administration, puis de bibliothécaire documentaliste, et enfin de conservateur est consacré à la gestion de la bibliothèque. Ce poste est actuellement occupé par une personne de formation scientifique. Depuis 1986, une opération de recatalogage de l'ensemble des fonds est en cours à l'aide du logiciel *File Maker Pro*. A ce jour, cette base de données renferme près de 25'000 notices, soit près de 80 % de la bibliothèque. En plus, depuis 1991, la Bibliothèque est rattachée au Réseau des Bibliothèques de Suisse occidentale (RERO); quelque 12'000 titres y sont actuellement catalogués.

1.9 L'accroissement des collections et son ouverture au public ont conduit à la nécessité d'extraire de l'ensemble de la collection les ouvrages anciens et de les conserver dans des conditions ad hoc. Ils y sont classés par ordre alphabétique des auteurs et possèdent tous une cote matière. C'est ainsi que dès 1990, le fonds ancien s'est peu à peu individualisé du reste de la bibliothèque.

2. DESCRIPTION DU FONDS
Survol chronologique et par langues

2.1 Suite aux diverses scissions mentionnées ci-dessus, la bibliothèque renferme actuellement environ 30'000 titres auxquels s'ajoutent 500 titres de périodiques dont une centaine sont courants. Quelque 3'260 titres et une soixantaine de périodiques sont antérieurs à 1900, tous catalogués dans le fichier informatisé de la bibliothèque (*File Maker Pro*), base de notre étude statistique.

2.2 Le fonds ancien se répartit comme suit: 18 titres du 16e s., 35 du 17e s., 273 du 18e s. (50 de la première moitié du s. et 223 de la seconde) et 2'932 du 19e s. (723 de la première moitié et 2'207 de la seconde), soit près de 90 %. Les 107 titres prélinnéens (ouvrages antérieurs à 1753, utilisant une nomenclature ancienne) sont compris dans ces chiffres. Par contre, pour le 19ᵉ s., il faut ajouter une soixantaine de périodiques.

2.3 Près de 50% des ouvrages, soit 1'582 titres, sont en français, 753 en allemand, 460 en latin, 258 en anglais, 87 en italien et 120 en d'autres langues européennes (espagnol, suédois, norvégien, néerlandais, roumain, polonais, etc.).

Aperçu systématique

2.4 Le fonds traite pour l'essentiel de floristique, de botanique générale, de géobotanique et de botanique systématique. Certains ouvrages capitaux qui font référence pour différentes branches de la botanique, une quarantaine de titres, ont été comptabilisés dans plusieurs domaines, comme par exemple l'*Historia plantarum generalis* de John Ray (Londres 1693-1704).

2.5 La floristique est le domaine le plus représenté avec près de 1'000 titres. Les 2 plus anciens datent du 16ᵉ s.: *Rariorum aliquot stirpium per Hispanias observatorum historia* de Charles de l'Ecluse (Anvers 1576) et l'*Historia generalis plantarum* de Jacques Dalechamps (Lyon 1586). Dans les 13 ouvrages de floristique du 17ᵉ s. se trouvent les *Stirpium historiae* (Anvers 1616) du médecin malinois Rembert Dodoens et des ouvrages prestigieux tel l'*Historia plantarum universalis* de Johann Bauhin (Yverdon 1650-1651). S'y trouvent également les premiers catalogues floristiques comme le *Catalogus plantarum circa Basileam sponte nascentium* de Kaspar Bauhin (Bâle 1622), le *Catalogus plantarum Angliae* de John Ray (Londres 1677), ainsi que la première esquisse de flore au sens moderne, le *Botanicum Monspeliense* de Pierre Magnol (Montpellier 1686). Parmi la centaine d'ouvrages du 18ᵉ s., 15 sont encore des prélinnéens, tels les *Plantae per Galliam, Hispaniam et Italiam observatae iconibus* de Jacques Barrelier (Paris 1714) et l'*Histoire des plantes qui naissent aux environs de Paris* de Joseph Pitton de Tournefort (Paris 1725). Les 65 autres titres du 18ᵉ s. comptent notamment la *Flore française* de Jean-Baptiste de Lamarck (Paris 1778) et la première ébauche d'une flore suisse, l'*Historia stirpium indigenarum Helvetiae inchoata* d'Albert de Haller (Berne 1768). La proportion d'ouvrages du 19ᵉ s. s'élève à près de 90%. Certains sont de grandes flores richement illustrées comme les 23 vol. de *Deutschland Flora* de Jacob Sturm (Berlin 1801-1839) et les 36 vol. de *English botany* de James Sowerby (Londres 1790-1814). D'autres plus réduites n'en sont pas moins importantes, tel *Flora helvetica* de Johann Rudolf Suter (Zurich 1802) et les 7 vol. de *Flora helvetica* de Jean-François Gaudin (Zurich 1828-1833).

2.6 C'est dans le domaine de la botanique médicale ou des plantes médicinales (81 titres) qu'on trouve les ouvrages les plus anciens de la bibliothèque. Quatorze ouvrages datent du 16ᵉ s., telle l'édition du *Materia medica* de Dioscorides par Jean Ruel (s.l. [ca 1526-1552]) et les *Commentarii in sex libros Pedacii Dioscoridis Anarzabei de medica materia* de Pietro Andrea Matthioli (Venise 1565). La collection comprend aussi un certain nombre d'ouvrages intitulés «Histoire des plantes» ou «Kreuterbuch», typiques de ce siècle. Parmi les plus anciens, figurent ceux de Eucharius Rösslin, Leonhart Fuchs, Hieronymus Bock, Adam Lonitzer, Jacobus Theodorus, Jacques Daléchamps et Rembert Dodoens. Parmi les 6 ouvrages du 17ᵉ s. et les 7 du 18ᵉ s. se trouvent la fameuse *Histoire générale des drogues* de Pierre Pomet (Paris 1694) et le *Traité universel des drogues simples* de Nicolas Lémery (Paris 1732). Certains titres du 19ᵉ s. sont de grands formats contenant des gravures remarquables à l'image des *Plantae officinales* de Theodor Friedrich Nees von Esenbeck (Düsseldorf 1828) et des *Deutschlands wildwachsende Arzney-Pflanzen* de Johann Gottlieb Mann (Stuttgart 1827-1830).

2.7 Le fonds ancien réunit près de 600 titres de botanique systématique. 2 sont du 17ᵉ s., 53 du 18ᵉ s. et le reste du 19ᵉ s. 9 d'entre eux sont des prélinnéens comme le *Pinax theatri botanici* de Kaspar Bauhin (Bâle 1671), l'*Historia plantarum generalis* de John Ray (Londres 1693-1704) et les *Institutiones rei herbariae* de Joseph Pitton de Tournefort (Lyon 1719). La collection compte une cinquantaine de titres de Carl von Linné dont *Genera plantarum* (Paris 1743), *Species plantarum* (Stockholm 1753), *Systema naturae* (Stockholm 1767-1768) et *Systema vegetabilium* (Göttingen 1784). Elle contient également les grands travaux de botanique systématique du 18ᵉ s., tels *Genera plantarum* de Antoine Laurent de Jussieu (Paris 1789), les nombreux ouvrages des frères de Candolle et *Die natürlichen Pflanzenfamilien* d'Adolf Engler et Karl Prantl (Leipzig 1889-1914, 24 vol.). On compte un nombre important d'études monographiques (500 titres) tels *Agrostographia* de Johann Scheuchzer (Zurich 1719), *Agrostologia helvetica* de Jean Gaudin (Paris et Genève 1811) et *Revisio saxifragarum* de Kaspar von Sternberg (Ratisbonne 1810, 1822).

2.8 La collection comporte 147 titres de botanique générale. 32 titres sont du 18ᵉ s. comme par exemple l'*Historia plantarum* d'Hermann Boerhaave (Rome 1727) ou les *Principes de botanique* d'Etienne Pierre Ventenat (Paris 1795). 113 titres sont du 19ᵉ s. On y trouve entre autres le *Tableau de l'école de botanique* de René Louiche Desfontaines (Paris 1804), l'*Introduction à l'étude de la botanique* d'Alphonse de Candolle (Bruxelles 1837) ainsi que de nombreux «Cours élémentaires» de botanique comme celui d'Adrien de Jussieu (Paris 1860) ou des «Leçons élémentaires de botanique» à l'image de celles d'Emmanuel Le Maout (Paris 1844).

2.9 Les 90 titres de géobotanique sont du 19ᵉ s. Parmi eux se trouvent les ouvrages généraux à l'origine de cette discipline, tels l'*Essai de phytostatique* de Jules Thurmann (Berne 1849), la *Géographie botanique raisonnée* (Paris 1855) et *La phytographie* (Paris 1880) d'Alphonse de Candolle. On y trouve également des études géobotaniques plus locales telles que *De vegetatione et climate in Helvetia septentrionali* de Göran Wahlenberg (Zurich 1813) ou le *Rapport sur l'essai de phytostatique appliquée à la chaîne du Jura* d'Alexis Jordan (Lyon 1850).

2.10 Dans le domaine de la botanique appliquée (horticulture, agriculture), la bibliothèque possède une centaine d'ouvrages antérieurs à 1900. Le plus ancien, et seul du 16ᵉ s., est une édition allemande de l'*Opus ruralium commodorum* de Pietro de Crescenzi (Strasbourg 1531). Cette section comprend aussi 3 titres du 17ᵉ s., dont l'*Hortus Eystettensis* de Basilius Besler (s. l. 1640) et *Le théâtre d'agriculture* d'Olivier de Serres (Genève 1651). 15 titres sont du 18ᵉ s., comme le *Dictionnaire des jardiniers* de Philipp Miller (Paris 1785) et l'*Œconomie générale de la campagne ou nouvelle maison rustique* de Louis Liger (Amsterdam 1701). Les titres du 19ᵉ s. comprennent, entre autres, les 23 vol. de la *Flore des serres et des jardins de l'Europe* (Gand 1845–1880).

2.11 Une quarantaine de titres relève de la paléobotanique. Mis à part un titre du 18ᵉ s., *Herbarium diluvianum* de Johann Jakob Scheuchzer (Leyde 1723), les autres sont du 19ᵉ s., telle la *Flore fossile des environs de Lausanne* de Charles Théophile Gaudin et Philippe de la Harpe (Lausanne 1855).

2.12 La majorité des 47 ouvrages de morphologie et d'anatomie végétales datent du 19ᵉ s. On trouve cependant 2 titres du 17ᵉ s., dont *The anatomy of plants* de Nehemiah Grew (Londres 1682) et 2 titres du 18ᵉ s., dont *De fructibus et seminibus plantarum* de Joseph Gaertner (Stuttgart 1788–1807). La collection renferme quelques ouvrages fondamentaux pour ces disciplines, tels l'*Organographie végétale* d'Augustin Pyramus de Candolle (Paris 1827) et l'*Essai sur la métamorphose des plantes* de Johann Wolfgang von Goethe (Genève 1829).

2.13 430 titres traitent de la botanique des végétaux cryptogames, ou cryptogamie. La collection comprend 4 titres du 18ᵉ s. dont l'*Historia fucorum* de Samuel Gottlieb Gmelin (Saint-Petersbourg 1788). Les autres titres sont du 19ᵉ s. Ce sont des études systématiques, comme la *Synopsis methodica lichenum* d'Erik Acharius (Lund 1814) ou des travaux sur la morphologie, l'anatomie et la physiologie, comme les *Observations sur la physiologie des algues marines* de Jean Vincent Lamouroux (s.l. 1809).

2.14 La collection groupe 17 titres de physiologie végétale. 2 titres, l'un du 17ᵉ s., *Excercitationes de utilitate philosophiae naturalis experimentalis* de Robert Boyle (Lindau 1692) et l'autre du 18ᵉ s., *La statistique des végétaux* de Stephen Hales (Paris 1735), sont à l'origine de la physiologie végétale.

Les 15 autres titres sont du 19ᵉ s., comme les *Recherches chimiques sur la végétation* de Nicolas-Théodore de Saussure (Paris 1804) et d'autres ouvrages plus récents tel le *Manuel de physiologie végétale* de Pierre Boitard (Paris 1829).

2.15 Le reste des ouvrages du fonds ancien, 224 titres, est constitué de 89 biographies, 22 récits de voyage, 15 dictionnaires, 18 encyclopédies de sciences naturelles, d'ouvrages traitant de l'histoire de la botanique et de divers titres comme *Das neüwe Distilier buoch* de Hieronymus Brunschwig (s.l. 1531), les *Poésies* d'Albert de Haller (Berne 1760) ou l'*Essai sur les glaciers* de Jean de Charpentier (Lausanne 1841). A noter finalement 57 titres de périodiques qui remontent au 19ᵉ s., comme par exemple le *Bulletin de la Société vaudoise des sciences naturelles* dont le premier fascicule date de 1842.

3. CATALOGUES

Catalogues généraux

Catalogue alphabétique auteurs [sur fiches, n'est plus alimenté depuis 2007]

Catalogue matières [sur fiches, d'après la CDU, n'est plus alimenté depuis 2007]

Catalogue du Réseau vaudois [pour le fonds moderne; les livres acquis avant 1991 ne sont qu'en partie recatalogués dans ce catalogue; les périodiques vivants s'y trouvent]

Catalogues spécialisés

Catalogue des ouvrages anciens de la bibliothèque. Lausanne 2010 [alphabétique auteurs, réalisé par Joëlle Magnin-Gonze; contient l'ensemble des ouvrages antérieurs à 1900; en ligne sur le site *web* du Musée; consultable à la bibliothèque sur *File MakerPro*]

Catalogue des ouvrages prélinnéens. Lausanne 2010 [alphabétique auteurs; réalisé par Joëlle Magnin-Gonze; en ligne sur le site *web* du Musée; consultable à la bibliothèque sur *File MakerPro*]

Catalogue des périodiques [en ligne]

4. SOURCES ET ÉTUDES SUR L'HISTOIRE DE LA BIBLIOTHÈQUE

Archives

Registre de dons et achats faits au Cabinet de botanique du Musée cantonal à Lausanne [ms.; 1873–1892]

Musées d'Histoire naturelle de Lausanne. Rapports annuels des conservateurs à la Commission des

Musées. Lausanne 1891–1954 [extrait du Rapport du Conseil d'Etat]

Musée et jardins botaniques. Rapports présentés par le directeur. Lausanne 1954–1962

Département de l'Instruction publique et des cultes. Compte rendu. [Lausanne] 1974–1995

Musée et jardins botaniques. In: Bulletin [des] Musées cantonaux vaudois. 1989–1995

L'étamine. Bulletin d'information [des] Musée et jardins botaniques cantonaux. 1997–

Études

Magnin-Gonze, Joëlle: Histoire de la botanique. Paris 2009 [signale de nombreux ouvrages de la bibliothèque]

Wilczeck, Ernest: Histoire du musée botanique cantonal. In: Bulletin de la Société vaudoise des sciences naturelles 60 (1937), p. 3–28

BIBLIOTHÈQUE DU MUSÉE MONÉTAIRE CANTONAL, LAUSANNE

Canton: Vaud

Lieu: Lausanne

Auteur: Cosette Lagnel, avec la collaboration de Jean-Luc Rouiller

Adresse: Palais de Rumine,
Place de la Riponne 6,
1014 Lausanne

Téléphone: +41 21 316 39 90

Fax: +41 21 316 39 99

Homepage: www.musees-vd.ch/fr/musee-monetaire/

E-mail: musee.monetaire@vd.ch

Rattachement administratif:
Etat de Vaud, Département de la formation, de la jeunesse et de la culture, Service des affaires culturelles

Fonctions:
Bibliothèque de recherches spécialisée du Musée monétaire cantonal.

Collections:
Numismatique antique, médiévale et moderne (vaudoise, suisse et européenne), sigillographie, héraldique.

Conditions d'utilisation:
Bibliothèque de prêt et de consultation, avec libre-accès et salle de lecture. Horaire d'ouverture: mardi-jeudi 9 h à 12 h et 14 h à 17 h. Annoncer sa venue. Prêt entre bibliothèques (PEB).

Equipement technique:
Une photocopieuse, un poste OPAC.

Informations pour les utilisateurs de passage:
Quitter l'autoroute à Lausanne-Vennes, suivre Centre ville, puis parking de la Riponne. Depuis la gare CFF, prendre le métro m2 direction Croisette, arrêt Riponne-M. Béjart.

1. HISTORIQUE DU FONDS

1.1 L'origine des collections du Musée monétaire (un des plus anciens du canton) remonte à 1701. Cette année-là, LL.EE. de Berne demandent à Samuel Gaudard de rassembler les découvertes de monnaies à la Bibliothèque de l'Académie (ancêtre de la Bibliothèque cantonale). Un premier catalogue des monnaies est commencé en 1779 par Alexandre-César Chavannes. A cette époque, la collection est conservée au sein du Cabinet de curiosités de la Bibliothèque, avec d'autres objets. Au 18ᵉ s., cette bibliothèque possède plusieurs ouvrages de numismatique (tel *Numismata aerea imperatorum* de Jean Foy-Vaillant, Paris 1697), comme en témoignent les catalogues manuscrits de cette période. Mais ce n'est qu'au 19ᵉ s., semble-t-il, que ces ouvrages commencent à être extraits du fonds principal pour former la bibliothèque du Cabinet des médailles et du Musée archéologique, dont les destinées seront pour longtemps unies. Dès 1818, Pierre-Antoine Baron, futur archiviste de la chancellerie vaudoise, consacre une partie de son temps à l'étude de la collection de monnaies de l'Académie. En 1832, il demande au Département de l'Intérieur de placer cette collection en sécurité dans une armoire, avec les plus importants ouvrages de numismatique, ceci afin de pouvoir y accéder en tout temps, indépendamment des heures d'ouverture de la Bibliothèque de l'Académie. En 1842, il souhaite que le fonds de monnaies et de médailles, nouvellement augmenté des prestigieuses collections Levade et Gindroz, soit présenté dans une salle accessible au public, et que le conservateur puisse disposer d'un petit cabinet distinct.

1.2 Il faudra attendre 1849 pour qu'un conservateur en titre soit nommé à la tête du Cabinet des médailles, en la personne de Rodolphe Blanchet, auteur du *Mémoire sur les monnaies des pays voisins du Léman* (Lausanne 1854), la plus ancienne synthèse de numismatique régionale. L'année suivante, Pierre-Antoine Baron, devenu conservateur du Musée archéologique, demande qu'une trentaine d'ouvrages «sur les antiquités, les médailles, etc., existans à la Bibliothèque cantonale» soient déposés dans la salle que le Musée archéologique et le Cabinet des médailles se partagent. Mais ce n'est qu'avec Arnold Morel-Fatio, nommé conservateur du Cabinet en 1864 (et dès 1866 aussi du Musée archéologique) que la bibliothèque va véritablement prendre forme.

1.3 Connu, entre autres, pour une série de publications sur les monnaies suisses, dont l'*Histoire monétaire de Lausanne*, il vouera une attention particulière à la création de la bibliothèque du Cabinet, pratiquement inexistante à son arrivée. Le fonds comprendra 450 titres en 1876, 650 en 1880, 714 en 1883, 778 en 1884, 978 en 1885, y compris plusieurs ouvrages d'archéologie. L'accroissement important du nombre de livres est en partie dû aux dons de son conservateur: pas moins de 86 ouvrages, dont 51 titres du 18e s., 20 du 17e s. et 2 du 16e s. Ces chiffres sont toutefois très certainement inférieurs à la réalité, car la mention «don Morel-Fatio» n'a pas été systématiquement mentionnée dans le catalogue informatisé. Morel-Fatio fait également déposer d'autres livres de numismatique de la Bibliothèque cantonale au Cabinet des médailles. Il va aussi recevoir des ouvrages du Ministère de l'Instruction publique de Paris. En 1868, il commence à rédiger le catalogue des imprimés, le premier qui nous soit parvenu. Une note au début de ce catalogue précise que les ouvrages font bien partie de la «bibliothèque spéciale du Département des Médailles au Musée Cantonal [et qu']ils ne doivent sous aucun prétexte être reversés dans la Bibliothèque cantonale».

1.4 Son successeur, le professeur de droit Henri Carrard, ne restera que deux ans en place (1887–1889), le temps d'acquérir, par l'Etat, une partie de la bibliothèque personnelle de Morel-Fatio, que ce dernier utilisait pour ses travaux scientifiques au Musée. Suite au décès de Carrard (1889), la place de conservateur reste vacante pendant quatre ans, jusqu'à la nomination d'Aloys de Molin en 1893. Pendant les premières années de son activité, la bibliothèque se développe de façon régulière. Par la suite, on note un accroissement nettement plus irrégulier. Le catalogue commencé par Morel-Fatio, qui sera mis à jour jusqu'en 1898, signale 1'086 titres à cette date.

1.5 Entre 1906 et 1907, les collections numismatiques quittent l'Académie pour le Palais de Rumine, récemment construit sur la place de la Riponne. Le Cabinet des médailles obtient une salle d'exposition et un bureau pour le conservateur. De 1914 à 1938, le conservateur Julien Gruaz ne fait que très rarement des achats pour développer la bibliothèque. C'est lui toutefois qui rédige un nouveau catalogue, systématique cette fois, mais qui inclut toujours les ouvrages d'archéologie, pour un total de près de 1'000 titres (A: archéologie, 289 titres; B: bibliographie, 19 titres; E: épigraphie, 53 titres; G: géographie, topographie, 6 titres; H: histoire, 58 titres; J: préhistoire, 50 titres; N: numismatique, 410 titres; P: religion, philosophie, 8 titres; R: périodiques, 11 titres; S: sigillographie, héraldique, 22 titres; V: divers, 48 titres). Le rapport annuel de 1923 signale que la bibliothèque a été réorganisée et que son catalogue est sur le point d'être achevé, ce qui ne semble pourtant pas avoir donné une nouvelle impulsion au développement du fonds. Gruaz est-il à l'origine de la séparation des ouvrages de numismatique des autres imprimés, comme pourrait le laisser croire le catalogue qu'il copia et qui ne contient justement que lesdits ouvrages? L'hypothèse est probable, même si aucune trace dans les rapports annuels de l'époque ne le confirme. Il n'est en tout cas pas l'auteur du catalogue des 361 «Traités sur la numismatique appartenant à la Bibliothèque cantonale» (monographies, brochures, périodiques), dressé en 1937.

1.6 Avec Colin Martin, conservateur de 1938 à 1980, la bibliothèque prend un nouvel essor. En effet, estimant qu'il est impossible d'effectuer des travaux scientifiques ou de classer les collections sans une bonne bibliothèque, il en accroît le fonds, dès les débuts de son activité, par de nombreux achats et dons. Dans son rapport de 1938, il signale que la bibliothèque est cataloguée sur fiches et précise que les ouvrages de numismatique des autres bibliothèques lausannoises figurent également dans le catalogue. En 1943, le Cabinet reçoit des héritiers d'Henri Cailler, premier bibliothécaire de la Société suisse de numismatique, un don de 300 vol. et brochures. En 1945, le conservateur obtient que la Bibliothèque cantonale dépose dans les locaux du Cabinet «certains livres de numismatique [qu'il] ne possédait pas» encore, sans que l'on sache précisément combien. L'année 1949 est marquée par une recrudescence des relations avec les musées et les collectionneurs étrangers. Les barrières créées par la guerre disparaissent une à une, ce qui permet d'acquérir un certain nombre d'ouvrages très importants parus à l'étranger. Dans son rapport annuel de 1953, Colin Martin souligne que le rôle du Cabinet se dessine de plus en plus dans le sens d'un centre de travail et d'information. En effet, les numismates et historiens viennent y travailler, profitant des collections et des nouveautés de la bibliothèque. En 1957, la bibliothèque reçoit un don de plus de 40 vol. de l'héritière de Karl Thalmann. Une contribution de Fritz Aubert et Charles Lavanchy permet l'acquisition d'un ouvrage rare et important: la *Descripción general de las monedas hispano-cristianas desde la invasión de los Arabes* d'Aloïss Heiss (Madrid, Paris 1865–1869, 3 vol.).

1.7 De 1959 à 1960, la bibliothèque est réorganisée et à nouveau cataloguée sur fiches (fichier auteurs-anonymes et fichier matières) par deux étudiants en bibliothéconomie, dans le cadre de leur travaux de diplôme. Hans-Ulrich Geiger établit le catalogue des ouvrages des sections de l'Antiquité, du Moyen Age, de la France, de l'Italie et de l'Orient. Marianne Garnier réalise le catalogue des ouvrages de numismatique suisse.

1.8 Colin Martin fait de nombreux dons à la bibliothèque du Cabinet tout au long de son activité. De plus, par le dépouillement systématique de catalogues d'antiquaires et de bouquinistes et lors de voyages à l'étranger, il réussit à enrichir la bibliothèque d'ouvrages précieux et souvent rares. Ainsi, avec beaucoup de patience, la collection presque complète du *Catalogue of the Greek coins in the British Museum* a pu être peu à peu constituée. Il parvient à développer le fonds pour en faire une bibliothèque de référence dans le domaine en Suisse. De 1980 à 1994, alors à la retraite, il fait encore de fréquents dons à la bibliothèque, dont un grand nombre de livres précieux. Parmi les 205 ouvrages offerts, on trouve notamment 79 titres datant du 18e s. et surtout 45 titres parus avant 1600, ainsi que plus de 60 ordonnances monétaires et livres de changeurs.

1.9 Dès 1980, la conservation du Cabinet des médailles est reprise par Anne Geiser qui, avec l'appui de la Bibliothèque cantonale et universitaire (BCU), décide de commencer à cataloguer la bibliothèque dans le catalogue du RERO et de reclasser le fonds selon la CDU. Des ouvrages de numismatique de la BCU sont encore déposés au Cabinet. A ce jour, les dépôts successifs d'ouvrages de la BCU (du moins ceux qui ont été repérés comme tels) se montent à quelque 150 titres, dont 53 titres du 19e s., 20 du 18e s. et 12 du 17e s. La conservatrice ouvre l'accès de la bibliothèque au public et plus spécialement aux étudiants de l'Université de Lausanne. En 1989, le Cabinet déménage dans des locaux plus vastes, offrant la possibilité d'ouvrir une salle de lecture et d'améliorer l'accès au public. Les plus anciens ouvrages sont alors déposés en magasin fermé, les autres (imprimés après 1850) sont rangés en libre-accès. En 2003, le Cabinet des médailles prend le nom de Musée monétaire cantonal.

2. DESCRIPTION DU FONDS

2.1 La bibliothèque comprend plus de 6'330 titres de monographies et de brochures, reliées ou isolées, y compris plus de 200 titres de revues, vivantes ou non. A cela, il convient d'ajouter quelques centaines de titres qui ne sont pas encore catalogués dans le catalogue du RERO, dont quelques dizaines parus avant 1900. Le comptage des ouvrages a été effectué à partir du catalogue informatisé du RERO. Nous parlons en nombre de titres (notices). Précisons que quelque 70 titres anciens existent en plusieurs exemplaires, classés sous différentes CDU; ces exemplaires supplémentaires n'ont pas été pris en compte dans l'inventaire ci-dessous.

Survol chronologique et par langues

2.2 Pour le survol chronologique et par langues, nous avons aussi tenu compte d'une soixantaine d'ouvrages sans CDU. Le nombre d'imprimés antérieurs à 1901 se monte à 1'380 notices (monographies, périodiques et brochures), y compris 28 titres de revues fondées au 19e s. Un peu plus de 70 % des titres datent du 19e s., soit 974 notices: 195 de la première moitié du s. et 779 de la seconde. Un peu plus de 15 % des titres datent du 18e s., soit 215 notices: 81 de la première moitié du s. et 134 de la seconde. Près de 10 % des titres sont du 17e s., soit 132 titres. Seules 51 notices (3 %) datent du 16e s. 8 titres ne sont pas datés.

2.3 Les titres en français ne représentent qu'un peu plus de la moitié (54 %) du fonds ancien, soit 746 notices (17 du 16e s., 56 du 17e s., 72 du 18e s., 593 du 19e s. et 8 sans date). Parmi les titres en langues étrangères, l'allemand est la langue la mieux représentée: plus de 16 % ou 229 titres (6 du 16e s., 9 du 17e s., 37 du 18e s., 177 du 19e s.). Puis vient le latin: 10 % ou 140 notices (8 du 16e s., 45 du 17e s., 76 du 18e s., 11 du 19e s.). On note encore 89 titres (un peu plus de 6 %) en italien (4 du 16e s., 2 du 17e s., 12 du 18e s., 71 du 19e s.), 86 titres en anglais (8 du 18e s., 78 du 19e s.) et 51 en néerlandais (16 du 16e s., 19 du 17e s., 1 du 18e s., 15 du 19e s.). Reste 30 titres bilingues: en latin-français ou français-allemand, souvent des «sources» éditées, ainsi que 4 titres en suédois, 3 en espagnol et 2 en portugais.

Aperçu systématique

2.4 La description ci-après se fonde sur le classement CDU des ouvrages au rayon. Nous avons effectué des regroupements, afin de mieux faire ressortir les points forts du fonds. La plus grande partie de la bibliothèque traite de numismatique, à l'image de la collection d'objets qui comprend principalement des monnaies et médailles. Cette collection contient également des sceaux, quelques camées et des objets relatifs aux poids et mesures, d'où la présence de quelques imprimés anciens sur la sigillographie, la glyptique, la métrologie et l'héraldique. Les ouvrages se répartissent en trois grands domaines: numismatique antique, numismatique médiévale et moderne, numismatique en général.

Numismatique antique

2.5 Près du quart des ouvrages anciens relève de la numismatique antique (près de 320 titres). Dans cette section, le domaine de la numismatique romaine est celui qui comprend le plus de titres, soit 86, dont la moitié est antérieure à 1800: 2 titres du 16e s., 21 du 17e s., 19 du 18e s. et 44 du 19e s. On notera la présence de 32 titres en latin et de 12 en italien, à côté de 32 en français, 7 en allemand et

3 en anglais. On y trouve avant tout des ouvrages (près de 40) étudiant les monnaies à une période donnée («sources historiques»), des manuels (15), dont l'*Imperatorum romanorum numismata* d'Adolf Occo (Milan 1730, édition augmentée de notes et d'illustrations, publiée par Francisco Mezzabarba Birago, dit Mediobarbus) et des catalogues (10), telle la *Description historique des monnaies frappées sous l'Empire romain* d'Henry Cohen (Paris, Londres 1859–1868, 7 vol.).

2.6 La numismatique grecque est aussi bien représentée: une septantaine de titres, essentiellement du 19e s. (64), et plus de la moitié en langues étrangères (19 en anglais, 12 en allemand, 5 en italien, 4 en latin). Quelque 45 titres portent sur une région ou un pays particuliers, tel *Numismata regum Macedoniae* de Jean-Jacques Gessner (Zurich 1738). Les autres titres traitent d'un thème précis (catalogues, typologie, etc.), comme le *Mélange de diverses médailles* de Joseph Pellerin (Paris 1765). Dans ce domaine se trouvent aussi une dizaine de titres (du 19e s.) du spécialiste suisse de la numismatique grecque, Friedrich Imhoof-Blumer, dont *Monnaies grecques* (Amsterdam 1883).

2.7 Les autres régions du monde font aussi l'objet d'études (80 titres). 28 titres concernent le Proche-Orient (Egypte: 10 titres; Israël, Palestine: 9 titres; Perse, Iran, Irak: 9 titres): 20 titres du 19e s., 6 titres du 18e s. et 2 titres du 17e s.; autant en langues étrangères (7 titres en latin, 6 en anglais, 1 en allemand et 1 en italien) qu'en français (13 titres). On peut signaler *Arsacidarum imperium* de Jean Foy-Vaillant (Paris 1728, 2 vol.). La numismatique antique en France, au Bénélux, dans la Péninsule ibérique et en Grande-Bretagne forme un ensemble de 38 titres, tous du 19e s., sauf 1 titre du 18e s. Ils sont exclusivement en français pour la France et le Bénélux (12 titres) et pour la Péninsule ibérique (4 titres). Pour la Grande-Bretagne, on compte 21 titres en anglais et 1 titre en français. Reste 13 titres du 19e s., en français, relatifs à la numismatique celtique.

2.8 En numismatique antique, on trouve encore un ensemble de quelque 80 titres plus généraux: des manuels (33), comme *Specimen universae rei nummariae antiquae* d'Andreas Morel (Paris 1683), ou *Thesaurus numismatum* de Charles Patin (Paris 1672), des catalogues (18), comme celui de la prestigieuse collection Théodore-Edme Mionnet, annoté de sa main, *Description de médailles antiques grecques et romaines* (Paris 1806-1837, 16 vol.), des «sources historiques» (11), etc. Ici, les titres du 18e s. sont les plus nombreux (38), suivis de ceux du 19e s. (29), du 17e s. (12) et du 16e s. (2). Les titres en latin sont majoritaires (39 titres), accompagnés de 26 titres en français, 7 en italien, 5 en anglais, 3 en allemand et 1 multilingue.

Numismatique médiévale et moderne

2.9 Les études de numismatique concernant la période allant du Moyen Age au 19e s. sont les plus nombreuses. Elles forment un ensemble de plus de 720 titres. Parmi ceux-ci, près de 100 portent sur un thème particulier: la numismatique en relation avec son environnement social et politique (50 titres, dont l'*Ordonnance et instruction, selon laquelle se doibvent conduire & régler doresnavant les changeurs ou collecteurs des pièces d'or & d'argent*, Anvers 1633), les manuels (15), la technique (9), les catalogues (8), etc., dont 40% sont antérieurs à 1800 (23 titres du 18e s., 10 du 17e s. et 7 du 16e s.), y compris le *Prontuario delle medaglie de piu illustri & fulgenti huomini & donne* de Guillaume Rouillé (Lyon 1553), un des plus anciens titres de la bibliothèque; le reste date du 19e s. Un peu plus de la moitié des titres est en français (59); 15 titres sont en allemand, 8 en latin, 6 en néerlandais, 5 multilingues, 3 en italien, 2 en anglais et 1 en espagnol.

2.10 La majorité de ces 720 titres portent sur la numismatique d'un pays européen, soit près de 460 titres, y compris une soixantaine d'ordonnances monétaires et livres de changeurs, datant principalement du 16e s. Le pays le mieux représenté est la France (179 titres, dont 11 du 16e s. et 37 du 17e s.), avec notamment l'*Histoire métallique de Napoléon* d'Aubin Louis Millin et James Millingen (Londres 1819-1821). Viennent ensuite l'Allemagne et l'Autriche (90 titres, dont l'imprimé le plus ancien de la bibliothèque, une ordonnance monétaire de 1482, publiée à Ulm par Johann Zainer), la Hollande (56 titres, dont 12 du 16e s., 20 du 17e s. et l'*Histoire métallique des XVII provinces des Pays-Bas* de Gerard Van Loon, La Haye 1732-1737, 5 vol.), l'Italie (55 titres), la Belgique (22 titres), l'Angleterre (15 titres), la Savoie (15), l'Espagne (9), etc. La répartition par siècles montre un nombre de titres du 17e s. (62) supérieur à celui du 18e s. (44); 322 titres sont du 19e s. et 26 du 16e s. La répartition par langues est fonction des pays étudiés: 252 titres en français, 83 en allemand, 42 en italien, 43 en néerlandais et 15 en anglais, 9 en latin, 4 en suédois, etc.

2.11 A ces quelque 460 titres, on doit ajouter 147 titres propres à la numismatique suisse, dont 96 portent sur un canton particulier (27 sur Genève, 22 sur Vaud, etc.). Ils datent pratiquement tous du 19e s. (139 titres), sauf 7 titres du 18e s. et 1 du 17e s. Ils sont soit en français (96 titres), soit en allemand (50 titres). 26 titres concernent la numismatique d'un pays non européen, soit 15 titres (11 du 19e s. et 4 du 18e s.) sur la numismatique d'Arabie et d'Iran (en plusieurs langues), 6 titres sur la numismatique byzantine et turque (5 du 19e s. et 1 du 18e s.), 3 titres sur celle des Balkans et Chypre, 1 titre sur celle d'Afrique et 1 titre sur celle d'Amérique du Nord.

Numismatique en général

2.12 La troisième grande partie du fonds ancien est constituée de quelque 210 imprimés qui couvrent plusieurs périodes. Plus précisément, il s'agit de 58 titres de numismatique générale (aspects techniques, manuels, etc.). Ici, la part des titres antérieurs à 1800 (58%) est plus importante que dans l'ensemble du fonds ancien: 8 titres du 16e s., 12 titres du 17e s., 14 titres du 18e s., 23 titres du 19e s. Les titres en français sont majoritaires (33 titres), suivis par les ouvrages en allemand (13), en latin (6), en italien (4) et en anglais (2). On signalera le *Trattato delle monete e valuata loro* de Guillaume Budé (Florence 1562) et *La science des médailles* de Louis Jobert (Paris 1739) avec ses traductions allemande (Leipzig 1718) et italienne (Venise 1728). On note aussi la présence de quelques ouvrages d'histoire (47) et de dictionnaires, bibliographies, atlas (34), parmi lesquels on relèvera 16 titres du 18e s., côtoyant 60 titres du 19e s., 4 du 17e s. et 1 du 16e s. Le français reste majoritaire avec 47 titres, accompagnés de 14 titres multilingues, 11 titres en allemand et 10 en latin, comme la *Margarita philosophica* de Gregor Reisch (Bâle 1517). Parmi les 73 autres titres, la plupart sont des recueils artificiels d'écrits de numismates connus (Arnold Morel-Fatio, Charles-François Trachsel, Roger Vallentin du Cheylard). Tous les titres datent du 19e s. et sont avant tout en français (56 titres), mis à part 8 titres en allemand, 6 titres en italien, 2 titres multilingues et 1 titre en anglais.

2.13 Une soixantaine de titres de domaines proches de la numismatique figurent également dans le fonds. Il s'agit de 32 titres d'héraldique (y compris la généalogie et l'onomastique), dont 7 concernent plus spécialement la Suisse (23 du 19e s., 5 du 18e et 4 du 17e s., comme l'*Abbrégé méthodique des principes héraldiques* de Claude-François Menestrier, Lyon 1677); les titres en langues étrangères sont ici plus rares: 3 en allemand, 1 en anglais et 1 en italien. On peut y ajouter 32 titres sur la sigillographie et la glyptique, dont 13 concernent la Suisse; ils datent essentiellement du 19e s. (26 titres), contre seulement 5 titres du 18e s. et 1 titre du 17e s. Près de la moitié des titres sont en français (15); les autres sont en allemand (11), en latin (4) et en italien (1). On signalera encore une dizaine de titres de la magnifique collection *Trésor de numismatique et de glyptique* (Paris 1834–1858).

3. CATALOGUES

Catalogues modernes

Catalogue du Réseau vaudois [la quasi totalité du fonds ancien s'y trouve catalogué]

Biblia [sur *Access*, fruit du dépouillement des périodiques du Musée]

Catalogues anciens

Catalogue de la Bibliothèque du Médaillier [1 vol. ms., 1868–1898; alphabétique auteurs; par Arnold Morel-Fatio]

Catalogue de la Bibliothèque du Musée d'archéologie et du Médaillier [1 vol. ms., 1923?; systématique; par Julien Gruaz]

Catalogue de la Bibliothèque numismatique du Médaillier cantonal [1 cahier ms., 1923?; systématique; par Julien Gruaz]

Traités sur la numismatique appartenant à la Bibliothèque cantonale. Catalogue systématique [1 cahier ms., 1937]

Catalogue alphabétique auteurs, titres anonymes [sur fiches; état 1960]

Catalogue alphabétique matières [sur fiches; état 1960]

4. SOURCES ET ÉTUDES SUR L'HISTOIRE DE LA BIBLIOTHÈQUE

Archives

Les rapports annuels ont paru dès 1849 dans le Compte rendu du Conseil d'Etat [voir surtout les années 1876, 1880, 1883–1885, 1888, 1923, 1938, 1945, 1949, 1953, 1957, 1959, 1960]

Baron, Pierre-Antoine: Liste de quelques ouvrages sur les antiquités, les médailles etc. existans à la Bibliothèque cantonale, qu'il serait nécessaire ou utile de placer dans la salle d'antiquités & du médaillier au Musée cantonal [1 liste ms., 1850]

Baron, Pierre-Antoine: [Lettre au recteur et aux membres de l'Académie de Lausanne, 12 novembre 1832] [ms.]

Baron, Pierre-Antoine: Rapport et préavis de la commission de la Bibliothèque cantonale [...] relatifs à l'arrangement & à la conservation du Médaillier devenu collection publique, 7 juin 1842 [1 dossier ms.]

Études

Geiger, Hans-Ulrich: Histoire du Cabinet des médailles de Lausanne. In: Revue suisse de numismatique 43 (1963) p. 7–24 [édition et traduction du travail de diplôme ABS: Das Cabinet des médailles zu Lausanne und seine Bibliothek, Berne 1960; dactyl.]

Geiser, Anne: Le Cabinet des médailles de Lausanne. In: Compte-rendu [de la] Commission internationale de numismatique 40 (1993), p. 52–54

Geiser, Anne; El Sherbiny, Chérine: Collections monétaires. Exposition permanente du Cabinet des médailles cantonal, Lausanne Palais de Rumine. Lausanne 2002, p. 11–13

5. PUBLICATIONS SUR LES FONDS

Garnier, Marianne: Cabinet des médailles de Lausanne. Classement et cataloguement de sa bibliothèque et établissement d'une bibliographie de la numismatique suisse. Genève 1961 [travail de diplôme ESID, dactyl.]

Lagnel, Cosette: Bibliothèque. In: Bulletin [des] Musées cantonaux vaudois, 1989, p. 67–69

Lagnel, Cosette: Livres rares et précieux au Cabinet des médailles. In Bulletin [des] Musées cantonaux vaudois, 1990, p. 65

Lagnel, Cosette: Quelques dons précieux de Colin Martin aux collections et à la bibliothèque du Cabinet des médailles de Lausanne. In: Hommage à Colin Martin pour son 85e anniversaire. Lausanne, 1992, p. 55–58

Lagnel, Cosette: Quelques nouveaux dons précieux à la bibliothèque du Cabinet des médailles. In: Bulletin [des] Musées cantonaux vaudois, 1992, p. 68–69

Lagnel, Cosette: Ordonnances monétaires au Cabinet des médailles. In: Bulletin [des] Musées cantonaux vaudois, 1993, p. 69–70

Lagnel, Cosette: La «Margarita philosophica» de Gregor Reisch. In: Bulletin [des] Musées cantonaux vaudois, 1994, p. 70–72

Lagnel, Cosette: Quelques livres précieux reçus en don. In: Bulletin [des] Musées cantonaux vaudois, 1995, p. 74

BIBLIOTHÈQUE DU TRIBUNAL FÉDÉRAL SUISSE, LAUSANNE

Canton: Vaud

Lieu: Lausanne

Auteur: Jacques Bühler, avec la collaboration de Jean-Luc Rouiller

Adresse: Avenue du Tribunal-Fédéral 29, 1000 Lausanne 14

Téléphone: +41 21 318 94 38
+41 21 419 36 48

Fax: +41 21 323 37 00
+41 21 419 36 84

Homepage: www.bger.ch/fr/index/jurisdiction/jurisdiction-inherit-template/jurisdiction-biblio.htm

E-mail: Bibliothek@bger.admin.ch

Rattachement administratif:
Tribunal Fédéral Suisse

Fonctions:
Bibliothèque juridique à l'usage des juges et des greffiers du Tribunal fédéral

Collections:
I. Général: 1. Droit, essentiellement le droit suisse mais également le droit des pays voisins de la Suisse ainsi que des institutions internationales dont la Suisse fait partie et de l'Union européenne. En outre, droit comparé, droit international public et droit ecclésiastique. Enfin, philosophie, sociologie, psychologie, histoire et théorie générale du droit. 2. Domaines non-juridiques utiles à l'examen des affaires qui doivent être jugées par le Tribunal, notamment criminologie, médecine, psychologie, géologie, géographie, économie, sciences sociales et politiques. 3. Domaines non-juridiques utiles au bon fonctionnement des services du Tribunal, notamment informatique, ressources humaines, technique documentaire. 4. Littérature générale dans des domaines de culture générale notamment histoire, arts. – II. Fonds ancien: 1. Droit, essentiellement le droit civil suisse, y compris le droit des obligations et le droit commercial, ainsi que les sources du droit (recueil de lois, de jurisprudence, etc.), et, de façon moins représentative, des documents dans les domaines du droit public et administratif, de la procédure civile, du droit international public, du droit pénal, de la procédure pénale, du droit ecclésiastique. 2. Domaines non-juridiques: histoire du droit, histoire générale et géographie.

Conditions d'utilisation:
La bibliothèque est exclusivement réservée aux juges et aux greffiers. Elle n'est pas ouverte au public. Cependant, lorsqu'un document n'existe dans aucune autre bibliothèque suisse, il est possible de l'obtenir par prêt entre bibliothèques (PEB) ou de venir le consulter sur place, uniquement sur rendez-vous. Les documents se trouvent tous en libre-accès, soit dans la salle de lecture principale de la bibliothèque, soit dans les armoires mobiles situées de part et d'autre de celle-ci.

Equipement technique:
Plusieurs postes pour la consultation du catalogue et des autres bases de données (CD-thèque). Les documents électroniques plus spécifiques peuvent être consultés dans une petite salle de consultation attenante à la bibliothèque. Des photocopieuses sont également à la disposition des lecteurs.

Informations imprimées:
Manuel d'utilisation BRABIB (Juin 1999).

Informations pour les utilisateurs de passage:
Quitter l'autoroute A9 à «Lausanne Vennes/hôpitaux», prendre direction «Centre» sur 1 km puis direction «Tribunal Fédéral» et «Parking Mon-Repos». Parking couvert de Mon-Repos à proximité. Depuis la gare CFF, métro m2, direction «Croisettes», arrêt «Ours», puis emprunter le Passage Perdonnet, à gauche, et descendre les escaliers pour rejoindre l'avenue du Tribunal-Fédéral.

1. HISTORIQUE DU FONDS

1.1 L'histoire de la bibliothèque du Tribunal fédéral suisse est étroitement liée à l'histoire et au développement de l'institution qu'elle sert. Le Tribunal fédéral suisse est une autorité permanente de notre Etat fédéral, avec siège à Lausanne depuis 1875. C'est à cette année que remonte la création de la bibliothèque du Tribunal. Celle-ci prend ses premiers quartiers dans les locaux du bâtiment de l'ancien casino de Derrière-Bourg, près de la place Saint-François à Lausanne.

1.2 C'est à partir de son installation dans le Palais de Justice de Montbenon (actuellement Tribunal d'arrondissement de Lausanne) en 1886 que le Tribunal a bénéficié d'une véritable bibliothèque. Elle se composait d'une salle unique d'environ huit mètres sur dix, située au deuxième étage du Palais, ainsi que de magasins dans les combles. D'après le premier catalogue imprimé, la bibliothèque abritait environ 1'800 ouvrages (titres) le 30 juin 1892. Le deuxième en 1897 en comptait environ 3'100. Le troisième catalogue de 1903 dénombrait environ 5'200 titres, tandis que celui de 1918 en comptait environ 6'700. Entre 1915 et 1933, la bibliothèque s'accroît en moyenne d'une centaine d'ouvrages par an. Elle reçoit aussi des dons.

1.3 C'est en 1927 que la bibliothèque déménage dans ses locaux actuels dans le Palais de Justice de Mon-Repos. Celle-ci comprend une salle principale servant aussi de salle de lecture qui est surmontée d'une galerie; le tout est éclairé par une verrière. De part et d'autre de la salle principale, sont situées des armoires mobiles accessibles aux lecteurs. Les ouvrages sont classés par matières dans leur ordre d'acquisition. Les livres anciens ne sont pas séparés du reste du fonds, mis à part une vingtaine d'in-folios rangés dans un local climatisé. Le catalogue a été informatisé en 1997 et la bibliothèque rattachée au réseau Alexandria des bibliothèques de l'administration générale de la Confédération. En 2009, elle quittera ce réseau pour entrer dans RERO. Les données propres au Tribunal fédéral sont extraites chaque semaine de *Virtua* (logiciel utilisé par RERO) et mises à disposition des lecteurs de la bibliothèque du Tribunal au moyen de l'application informatique *TechLib-Plus*. En 2007, le Tribunal fédéral a fusionné avec le Tribunal fédéral des assurances (TFA). Depuis cette date, l'ancien TFA a été remplacé par deux cours de droit social sises à Lucerne et la bibliothèque de ces deux cours constitue un site décentralisé de la bibliothèque principale du siège lausannois du Tribunal.

1.4 Les fonds de la bibliothèque du Tribunal fédéral ont suivi l'évolution du droit. On distingue traditionnellement quatre sources du droit: la coutume, la loi, la jurisprudence et la doctrine. Cela permet de situer le rôle essentiel de la bibliothèque du pouvoir judiciaire de notre Etat fédéral, puisque c'est à elle qu'incombe la mission de mettre la doctrine à disposition des juges de manière à ce que ceux-ci puissent rendre leurs jugements en tenant compte des derniers développements de la doctrine, soit pour la suivre, soit pour s'en écarter en connaissance de cause.

1.5 La répartition des titres entre les diverses branches du droit reflète bien les domaines de compétence du Tribunal fédéral au 19e s. (voir ci-dessous). Le nombre des domaines de compétence de la Confédération et, par voie de conséquence, du Tribunal fédéral ayant fortement augmenté depuis le début du 20e s., la répartition des titres entre les diverses branches du droit est maintenant plus équilibrée; le droit public et administratif, y compris le droit des assurances sociales, tend à occuper une place toujours plus importante. En revanche, la répartition géographique des titres est demeurée stable au fil du temps; actuellement le droit d'organisations supra-étatiques - principalement des organes du Conseil de l'Europe, de l'Union européenne et de l'ONU - vient s'ajouter aux droits internes et au droit des gens.

2. DESCRIPTION DU FONDS

2.1 Le dénombrement du fonds a été effectué à partir du catalogue imprimé en 1919 et du catalogue informatisé. Nous parlons en nombre de titres (notices bibliographiques), sans distinguer les monographies des périodiques.

Survol chronologique et par langues

2.2 La banque de données actuelle de la bibliothèque du Tribunal contient environ 130'000 notices bibliographiques, parmi lesquelles quelque 4'600 titres de monographies ou de périodiques constituent le fonds ancien. Ils sont quasi tous du 19e s., soit 400 notices pour la période allant de 1800 à 1848 et un peu plus de 4'000 pour la période de 1848 à 1900. Reste 102 notices d'ouvrages édités avant 1800, dont 6 datent du 16e s., 13 du 17e s. et 83 du 18e s. Les documents édités avant 1900 sont pour 75 % en allemand (soit 3'443 titres), 20 % en français (937 titres), 3 % en italien (136 titres), 1 % en latin (47 titres) et 1 % dans d'autres langues, principalement en anglais (24 titres).

Aperçu systématique

2.3 La systématique adoptée pour la présente analyse correspond au plan de classement utilisé dans la bibliothèque du Tribunal à Lausanne pour l'attribution des cotes.

2.4 Un peu moins du tiers des ouvrages de l'ensemble du fonds ancien appartient au droit civil. Ces 1'268 titres sont tous du 19e s. Ces ouvrages se subdivisent en plusieurs domaines, dont les six principaux sont: premièrement le droit civil proprement dit, qui regroupe quelque 330 titres répartis entre droit des personnes (25 titres), droit de la famille (78 titres, dont *De l'usufruit paternel* de

Théodore de Saussure, Genève 1849), droits des successions (46 titres, dont *Die Schweizerischen Erbrechte in ihrer Entwicklung seit der Ablösung des alten Bundes vom deutschen Reich* de Eugen Huber, Zurich 1872) et droits réels (184 titres, dont *Des systèmes hypothécaires* de Pierre Odier, Genève 1840). Le droit des obligations, deuxième domaine, renferme 152 titres, comme par exemple *Über das altrömische Schuldrecht* de Friedrich Carl von Savigny (Berlin 1834). Les autres domaines sont le droit commercial (119 titres, dont *Zur Reform des Aktiengesellschaftsrechts der Schweiz* de Karl Gareis, Berne 1874), le droit des papiers-valeurs (52 titres), le droit de la propriété intellectuelle (123 titres, dont *Traité de la contrefaçon en tous genres et de sa poursuite en justice* de Etienne Blanc, Paris 1855) et le droit des assurances (68 titres, dont *Theoretisches Handbuch der Lebens-Versicherung* de Wilhelm Karup, Leipzig 1870).

2.5 Les autres domaines du droit sont aussi représentés. Ils constituent un petit tiers du fonds ancien. Par ordre décroissant, nous avons notamment la procédure civile (382 titres, dont *Einleitung zum Civil-Process* de Jacob Friedrich Ludovici, Halle 1725), le droit constitutionnel (372 titres, dont *Abriss des eydgenössischen Staatsrechtes* de Leonhard Meister, Saint-Gall 1786), le droit pénal (217 titres, dont *Lehrbuch des gemeinen in Deutschland gültigen peinlichen Rechts* de Anselm von Feuerbach, Giessen 1826), le droit de procédure pénale (122 titres, dont *Des pouvoirs et des obligations des jurys* de Richard Philipps, Paris 1826), le droit des poursuites et des faillites (131 titres, dont *Geschichte des Concursprozesses der Stadt- und Landschaft Zürich*, Zurich 1845), le droit international public (102 titres, dont *De jure belli ac pacis libri tres* de Hugo Grotius, Amsterdam 1720).

2.6 Le dernier tiers des notices (1'406 titres) concerne des ouvrages à caractère historique ou non-juridique. C'est parmi ce groupe d'ouvrages que l'on trouve la plus grande proportion de titres antérieurs à 1848. Il s'agit tout d'abord de sources du droit (notamment droit de l'ancienne Confédération, de la République helvétique ou des cantons), soit 270 recueils des lois (comme par exemple *Entwurf einer peinlichen Prozess-Ordnung*, Berne 1791) et 50 recueils de jurisprudence, tel *Die staatsrechtliche Praxis der schweizerischen Bundesbehörden* de Rudolf Eduard Ullmer (Zurich 1862–1866). Viennent ensuite les ouvrages relatifs à l'histoire du droit (338 titres, dont *Der Statt Bern vernüwerte Grichts-Satzung*, Berne 1615), le droit canon y compris (78 titres), et ceux relatifs à l'histoire (369 titres). Parmi ce dernier groupe, on peut signaler la présence d'anciennes chroniques suisses: celle de Johannes Stumpf (*Gemeiner loblicher Eydgnoschaft Stetten*, Zurich 1548), de Michael Stettler (*Schweitzer Chronic*, Berne 1626–1627) ou d'Aegidius Tschudi (*Chronicon Helveticum*, Bâle 1734–1736). Les ouvrages de sciences politiques sont aussi assez nombreux: 244 titres, comme par exemple l'*Essai sur les nouveaux principes politiques* de David Frédéric Monneron (Lausanne 1800). Le droit romain, en sa qualité de source importante du droit actuel, est présent avec 146 ouvrages au sein de la bibliothèque sur le site de Lucerne (*Corpus juris civilis* de Christoph Freiesleben, Cologne 1748) et de Lausanne (*Digestum novum, seu pandectarum juris civilis tomus tertius, ex pandectis florentinis...*, de Franciscus Accursius, Antoine Leconte et Jacques Cujas, Lyon 1589). Reste 71 dictionnaires (de droit et de langue), tel le *Dictionnaire de droit et de pratique* de Claude-Joseph de Ferrière (Paris 1762), 31 titres de géographie, géologie (dont *Natur-Geschichte des Schweizerlandes* de Johann Jacob Scheuchzer, Zurich 1746) et 33 titres de philosophie du droit ou de théorie générale du droit (comme par exemple *De officio hominis et civis* de Samuel von Pufendorf, Francfort 1715).

2.7 En raison du rôle du Tribunal fédéral, les monographies et les périodiques acquis par sa bibliothèque concernent naturellement en premier lieu le droit fédéral, mais également le droit des cantons; environ 40% des documents traite de droits étrangers, principalement des pays voisins de la Suisse (notamment l'Allemagne, la France, l'Autriche et l'Italie) et plus rarement de pays rattachés au système juridique anglo-saxon.

3. CATALOGUES

Catalogues modernes

Catalogue du Réseau vaudois [tout le fonds s'y trouve catalogué]

Bulletin des articles récents. 1972– [fruit du dépouillement des revues de la bibliothèque]

Catalogues anciens

Katalog der Bibliothek des Schweizerischen Bundesgerichts vom 30. Juni 1892. Berne 1893 [systématique]

Katalog der Bibliothek des Schweizerischen Bundesgerichts vom 31. Dezember 1897. Lausanne 1898 [systématique]

Katalog der Bibliothek des Schweizerischen Bundesgerichts. I: vom 31. Dezember 1897. II: (Supplement) vom 31. Dezember 1903. Lausanne 1898–1903 [systématique]

Katalog der Bibliothek des Schweizerischen Bundesgerichts vom 31. Dezember 1918. Lausanne 1919 [systématique]

Catalogue alphabétique auteurs, titres anonymes [sur fiches; n'est plus alimenté depuis 1997]

Catalogue topographique [sur fiches; classement par cote matière; n'est plus alimenté depuis 1997]

4. SOURCES ET ÉTUDES SUR L'HISTOIRE DE LA BIBLIOTHÈQUE

Les procès-verbaux de la cour plénière ainsi que de la commission de la bibliothèque contiennent des informations sur les premières acquisitions de la bibliothèque ainsi que sur la politique documentaire ultérieure.

Bulletin [des] nouvelles acquisitions. 1972–

BIBLIOTHÈQUE MUNICIPALE DE MORGES

Canton: Vaud

Lieu: Morges

Auteur: Jean-Luc Rouiller, avec la collaboration de Luc Jolidon pour l'inventaire

Adresse: Place du Casino 1, 1110 Morges

Téléphone: +41 21 804 97 21

Homepage: www.morges.ch/view.asp?DomId=158 (Informations sommaires)

E-mail: bibliotheque@morges.ch

Rattachement administratif:
Municipalité de Morges

Fonctions:
Bibliothèque publique de la ville de Morges

Collections:
1. Fonds moderne de type lecture publique avec une section jeunesse. 2. Fonds ancien encyclopédique dominé par l'histoire et les belles-lettres, avec une forte proportion d'ouvrages du 18e s.

Conditions d'utilisation:
Bibliothèque de prêt (cotisation annuelle) avec libre-accès et coin lecture. Ouverte du lundi au vendredi de 15 h à 19 h, le mercredi de 10 h à 12 h et de 13 h 30 à 19 h, le samedi de 10 h à 12 h.- La consultation du fonds ancien ne se fait que sur rendez-vous.

Equipement technique:
Une photocopieuse, deux postes OPAC.

Informations imprimées:
Guide du lecteur.

Informations pour les utilisateurs de passage:
Quitter l'autoroute A 1 à Morges Est (depuis Lausanne) ou Morges (depuis Genève), puis suivre Centre ville. Parking couvert des Charpentiers à 200 mètres. Depuis la gare CFF, suivre la direction du lac (débarcadaire). La Bibliothèque se trouve aux 1er et 2e étages du Centre culturel (Grenier bernois).

1. HISTORIQUE DU FONDS

1.1 L'histoire de la Bibliothèque de Morges commence officiellement le 28 novembre 1767. Ce jour-là, les personnes qui ont souscrit au «Projet» du pasteur François-Samuel Mandrot (1732–1812), daté du 2 septembre 1767, se sont réunies à l'Hôtel de Ville. Dans son projet concocté au sein de la Société littéraire locale, Mandrot présente «les avantages qui résulteraient de l'établissement d'une Bibliothèque à Morges». Il précise que chaque souscripteur devra au minimum verser un louis d'or neuf d'entrée, soit plus ou moins le salaire mensuel d'un ouvrier du bâtiment (Corsini, p. 396), à quoi s'ajoutera une contribution annuelle de 10 batz. Ceux qui le désirent peuvent souscrire pour 2, 3 ou 4 louis. Les souscrivants à 4 louis, 19 personnes représentant les «bonnes» familles de la ville, seront exemptés de la contribution annuelle et pourront transmettre à tous leurs enfants leur droit à la Bibliothèque. La possibilité d'un abonnement annuel à 4 Livres (Règlement, art. XVIII) est aussi offerte, mais elle ne semble pas avoir rencontré de succès. Au total, la souscription a réuni, parmi les 2'600 habitants de la ville, 139 personnes, pour un montant de 237 louis neufs (ou 3'792 Livres). Mandrot ouvre l'Assemblée générale, qui se réunira désormais chaque printemps, par un «discours sur l'utilité de l'imprimerie». Ensuite, l'Assemblée adopte un règlement et se dote d'une Direction de 15 personnes (dont les 10 membres de la Société littéraire), qui s'occupera de l'achat des livres et de la bonne marche de l'établissement. Mandrot se propose d'en être le bibliothécaire et «boursier», et cela sans rémunération pour les quatre ans à venir. Considéré comme le véritable fondateur de la Bibliothèque, il en sera l'âme jusqu'à sa mort en 1812.

1.2 Le bailli Samuel-Friedrich Fasnacht approuve le projet. Le Conseil de la Ville met gratuitement à disposition un «appartement, composé d'une grande chambre, d'une petite & d'un vestibule, le tout boisé & garni de rayons» (Catalogue de 1770, p. 4), dans le Collège, à la rue Couvaloup. Des barrières mettent «les livres hors de portées de la main» (ACM, AJJ 1). La Bibliothèque a sans doute ouvert ses portes à la mi-octobre 1768 (PV du 20 novembre 1769), à raison d'un jour par semaine, le mercredi de 10 h à 12 h, puis les mercredis et samedis dès 1771. Les premiers mois seront consacrés à l'acquisition, parfois difficile, des livres. A cet effet, on élabore rapidement une liste de plus de 200 ouvrages à acheter. Après un appel d'offre fait à au moins quatre libraires, une convention est passée le 15 février 1768 avec Jean-Pierre Heubach à Lausanne qui s'engage à fournir ces ouvrages pour la somme de 1'085 Livres. La Bibliothèque achète aussi des livres à des particuliers. Elle décide que les in-12 et les in-8 devront être «couverts d'un papier bleu» (PV du 9 juillet 1768), peut-être celui qui recouvre encore les livres. Dès le départ, la Bibliothèque bénéficie de dons. Le premier catalogue, imprimé en 1768, mentionne 47 bienfaiteurs qui ont offert une soixantaine de titres en 280 vol.; parmi eux, Messieurs du Conseil de la Ville de Morges qui ont payé l'*Encyclopédie* de Diderot et d'Alembert reliée en veau, le bailli Fasnacht, le naturaliste Charles Bonnet, le médecin Samuel-Auguste Tissot, le comte russe Alexandre Golowkin et Albert de Haller. L'année suivante, Voltaire offre son portrait (toujours conservé à la Bibliothèque) et 31 vol. de ses œuvres, comme en témoignent deux billets conservés à la Bibliothèque, dont l'un serait de sa main (Corsini, p. 395). Le catalogue de 1768 comptabilise 530 titres en un peu plus de 2'000 vol., classés par ordre alphabétique des titres. Nous ne savons pas comment les livres étaient rangés dans la Bibliothèque elle-même. Chacun devait porter un numéro propre (sans lettre) et on peut supposer qu'ils étaient classés par format, comme c'est le cas actuellement et comme cela apparaît dans l'«Inventaire général de la Bibliothèque de Morges» (vers 1802).

1.3 Bien que la première souscription ait connu un succès certain, Mandrot se préoccupe d'assurer l'avenir financier de la Bibliothèque. A cet effet, le 21 décembre 1768 déjà, il fait lecture d'un «Nouveau projet pour la Bibliothèque publique de Morges», dont le but est de permettre aux membres fondateurs de «perfectionner la souscription» et à la Bibliothèque d'augmenter son capital que l'on pourra «placer en créances» pour accroître la rente annuelle. Cette opération permettra de récolter 5'048 Livres supplémentaires à la fin 1769. Pour gérer la capitalisation des avoirs de la Bibliothèque, on mettra sur pied une «Grande direction» constituée de la Direction ordinaire et de 10 personnes supplémentaires (Catalogue 1770, p. 17 et 1811, p. 18-19, 34). Dès lors, les PV ne cesseront de mentionner les tractations liées à ces prêts et aux rentes qu'ils rapportent. Ces préoccupations occulteront en partie celles liées à l'acquisition de nouveaux ouvrages, à tel point que dans le catalogue de 1770, on s'excuse auprès des souscripteurs du faible accroissement du fonds et ceci parce qu'«on s'est attaché à faire des capitaux pour avoir des rentes, par conséquent on n'a pu acheter beaucoup de livres» (Catalogue 1770, p. 60). Mandrot propose aussi d'organiser une loterie de 16'000 Livres en capital pour améliorer l'état des finances. Celle-ci aura finalement lieu en 1770, avec l'autorisation de LL.EE. de Berne, puisque le Pays de Vaud est sous leur administration depuis la conquête de 1536, autorisation qui sera renouvelée le 1er juin 1776 pour le déroulement d'une seconde loterie, à condition que la Bibliothèque n'abrite «aucun livre nuisible et désavantageux à la jeunesse» (PV du jour). Une lettre du bailli Samuel de Bonstetten du 8 août 1770 demandait déjà à la Bibliothèque de lui montrer tous les nouveaux ouvrages, afin «qu'il ne s'introduise aucun livre contraires aux bonnes mœurs et de l'espèce qui sont prohibés». Cet ordre ne semble pas avoir été appliqué avec rigueur: le 18 mars 1773, le bailli se plaint que depuis une année il n'a plus vu les nouvelles acquisitions. Tout nouveau catalogue était soumis à l'approbation du bailli, auquel on offrait l'usage de la Bibliothèque (PV des 18 novembre 1780, 25 septembre 1786, 4 novembre 1792).

1.4 La Bibliothèque fait imprimer un deuxième catalogue, en automne 1770, qui annonce 650 titres en près de 2'400 vol., soit un accroissement annuel moyen d'environ 65 titres (165 vol.). En deux ans, le nombre des souscripteurs s'est accru de 49 personnes (réparties en 3 classes, pour un total de 188) et le nombre de bienfaiteurs de 35 (pour un total de 82). Ce premier engouement se tempère dans la décennie qui suit. L'accroissement annuel moyen diminue quasi de moitié, comme en témoigne le catalogue dressé en janvier 1781, incorporant le supplément de 1774. La Bibliothèque abrite alors 1'000 titres en 3'340 vol. Le nombre des nouveaux bienfaiteurs fléchit aussi, passant seulement de 82 à 98 (dans le même temps), tout comme celui des souscripteurs (de 188 à 191). Parmi les dons importants, on peut mentionner, en 1774, celui du négociant Jean Solier: 121 vol. «dont la plupart sont de valeur» (PV du 15 juin 1774), celui du général Charles-Emmanuel de Warnery, en 1785, qui offre «ses ouvrages sur l'art militaire» et son portrait (PV du 1er août 1785), et, en 1788, celui du bailli Charles de Ryhiner qui donne une centaine de vol. (38 titres), d'histoire pour l'essentiel. Les achats se font au coup par coup, en fonction de l'état des finances. Dès 1801, une nouvelle Direction dite «étroite» reçoit «plein pouvoir d'acheter pour L. 100 par années de livres», une mesure qui vise avant tout à simplifier l'acquisition des nouveautés, plus qu'à en accroître le nombre. En effet, entre la fin du 18e s. et le début du 19e s., l'accroissement annuel moyen stagne aux environs de 25 titres, comme cela apparaît dans les suppléments de 1794, 1802 et 1807. Seuls des dons importants, comme les 210 vol. (115 titres) légués par le colonel Jossevel en juin 1807, permettent un développement plus rapide du fonds qui se monte à plus de 5'000 vol. au tout début du 19ᵉ s. L'augmentation de ce fonds et la multiplication des suppléments depuis 1781 rendaient la réalisation d'un nouveau catalogue général (le quatrième) indispensable. Ce travail sera confié au pasteur et bibliothécaire en second, Jean-Samuel Guex (1734–1822). Imprimé en 1811, ce catalogue renferme le règlement avec toutes les modifications apportées depuis 1769, dont l'augmentation des prix de souscription décidée en 1810: de 100 francs à 160 francs (pour soi et sa postérité), de 40 fr. à 60 fr. (pour la vie), l'abonnement annuel étant maintenu à 8 fr. (Catalogue 1811, p.10, 20). Le nombre des ayants droit se maintient légèrement en dessous de 200, celui des bienfaiteurs augmente à 137 et celui des vol. à plus de 6'000, ce qui ne va pas sans entraîner des problèmes de place (PV des 6 mai 1806, 7 mai 1819 et 4 mai 1820).

1.5 En 1828, et non pas en 1823–1824 (PV du 10 mai et 29 août 1828, 6 mai 1830; Compte n° 60; Bisseger, p. 432, n. 330), pour éviter d'être privé de local, mais surtout à cause du manque de place, la Bibliothèque déménage dans le tout nouveau bâtiment de la Grenette-Casino (rue Louis-de-Savoie 68), où elle occupe «un emplacement beaucoup plus vaste et beaucoup plus commode» (Rapport 1844) au second étage, mais qui ne sera plus gratuit. Pour en payer le loyer à la Municipalité, elle lui remet un capital de 3'600 Livres, dont l'intérêt représente «la jouissance du local» (PV du 4 mai 1837). Puisque la Bibliothèque occupe de plus vastes locaux, elle pourra abriter dans ses murs, dès 1836, son «cabinet d'histoire naturelle» qu'elle avait dû loger jusqu'alors dans la tour de l'église. Constitué dans les années 1819–1821, suite à quatre dons, il abrite un herbier, des collections d'oiseaux, de papillons et, plus tard, d'insectes. Le manque de place obligera cependant la Bibliothèque à remettre ces collections au Collège en 1879 (PV du 12 octobre 1878, 12 et 20 février 1879 et 2 octobre 1879).

1.6 Avant le déménagement dans les locaux de la Grenette-Casino, les PV ne font quasi pas d'allusion à des dysfonctionnements dans la Bibliothèque. En 1818, suite à une révision complète, qui n'avait pas été entreprise «depuis plus d'un demi siècle», on constate la perte de 43 ouvrages (environ 70 vol.), ce qui oblige l'Assemblée générale à remettre en vigueur le système des amendes (PV du 7 mai 1819). Après le déménagement, une nouvelle révision déplorera la perte de 14 vol., ce qui poussera la Direction à interdire l'«entrée dans l'intérieur des barrières de la Bibliothèque» (PV des 7 et 9 mai 1829), mesure qui sera assouplie pour les ayants droit en 1843, s'«ils s'abstiennent de toucher aux livres» (PV du 26 mai 1843). En 1850, le président signale «divers abus qui se sont introduits dans la Bibliothèque, qui consistent à ce que plusieurs personnes gardent des livres pendant plusieurs mois, que d'autres les font circuler chez des personnes qui n'ont aucun droit à les recevoir» (PV du 6 février 1850). De nouvelles pertes de livres seront constatées en 1887, à la suite desquelles on essaiera de mieux réglementer la distribution des ouvrages (PV du 6 juillet 1887); ces mesures seront peu appréciées des copropriétaires et devront être simplifiées (PV du 19 juin 1889).

1.7 La Bibliothèque ne semble pas avoir profité du nouvel élan qu'aurait pu générer son déménagement. Entre 1829 et 1845, on note une nette diminution de l'accroissement moyen des fonds: 7 titres par an, ce qui semble bien être le reflet de difficultés financières, voire d'une mauvaise gestion. En 1838, on accepte des souscriptions de 6 mois pour 6 Livres (PV du 1ᵉʳ mai 1838), sans que cela n'améliore la situation. En 1842, la Direction étroite demandera, en vain, à la Municipalité la restitution de 1'200 Livres (sur les 3'600), car «les ressources de la Bibliothèque sont très minimes» (PV du 6 mai 1842). En 1845, elle revient à la charge «en offrant pour compensation quelques souscriptions en faveur de Messieurs les instituteurs et la jouissance du cabinet d'histoire naturelle pour des leçons du collège» (PV 28 janvier 1845). Entre temps, en 1836, une révision du règlement visait à alléger les structures dirigeantes de la Bibliothèque: une «Direction étroite» de 7 membres, dont un président et un bibliothécaire distincts (ce qui n'était pas le cas jusqu'alors) et une «Grande direction» pour discuter des placements d'argent. Le premier président est un certain Mousson (PV 29 septembre 1836). Les changements apportés au règlement en 1836 ne porteront guère de fruits, si bien que le 12 mai 1843, une Commission est chargée d'«examiner les modifications [...] à apporter aux statuts de la Bibliothèque» (PV du 12 mai 1843 et Rapport 1844). Dans un Rapport assez alarmant, la Commission analyse «les causes qui ont amené la Bibliothèque dans l'état où elle se trouve actuellement». En effet, après un 18ᵉ s. prometteur, «depuis un assez grand nombre d'années, la Bibliothèque a perdu une partie de ses ressources et [...] est tombée dans un état de langueur qui semble la menacer d'une issue funeste» (Rapport 1844). En raison du loyer à payer, des frais liés au déménagement, de l'accroissement des frais d'administration, de la perte de 4'000 fr. dans une affaire de prêt non remboursé, le capital a passé de 18'595 fr. en 1821 à 11'004 fr. en 1833. Le Rapport critique surtout «la capitalisation des intérêts» qui empêche d'acheter suffisamment de livres, ce qui se traduit par une diminution constante de la moyenne annuelle de vol. acquis: «un état pareil est vraiment déplorable», affirme le rapporteur Forel, regrettant encore que l'«on a établi des obstacles presque insurmontables à toute tentative d'innovation». Le Rapport propose plusieurs modifications que l'on retrouvera dans le nouveau règlement adopté par l'Assemblée générale du 17 décembre 1844. La Bibliothèque sera désormais dirigée par une seule Direction de 7 membres. Dans l'espoir d'attirer de nouveaux lecteurs, les tarifs sont revus à la baisse: de 160 fr. à 120 fr., de 60 fr. à 40 fr., de 8 fr. à 6 fr. pour l'abonnement annuel (PV du 17 décembre 1844). Ces changements ne semblent pas avoir eu d'effet, puisqu'en 1846 on ne signale aucun nouvel abonnement à l'année. Pour pouvoir acheter des livres, la Direction fera même préparer un «projet de souscription à faire circuler chez les membres propriétaires» (PV du 28 janvier 1845). Bien que la Bibliothèque continue à placer ses fonds, on notera une amélioration dans l'acquisition des livres: plus et plus régulièrement, peut-être parce que le règlement stipule que «les revenus de la Bibliothèque devront être exclusivement employés aux frais d'administration, à l'achat et à l'entretien des livres et collections» (article 4).

1.8 Un nouveau catalogue paraît en avril 1852, quelques mois après la nomination du nouveau président, Benjamin de Beausobre (en place jusqu'en 1890). Dernier catalogue général (des suppléments suivront), sans doute rédigé par Forel-Morin, il marque un changement important par rapport aux précédents, puisque pour la première fois le classement des notices est systématique (les livres ne sont pas recotés): théologie, jurisprudence, sciences et arts, littérature, sciences historiques, périodiques. On voit dès lors que sur les 2'500 titres, soit près de 9'100 vol., que compte la Bibliothèque, la plus forte proportion d'ouvrages se trouve en histoire (41 % des titres, 36 % des vol.) et en littérature (30 % des titres, 32 % des vol.), puis viennent les sciences et arts (14 %, 11 %), la théologie (10 %, 6 %), le droit (3 %, 2 %) et les revues (1 %, 11 %).

1.9 Dans le troisième quart du 19e s., la Bibliothèque recevra d'importants dons. En 1858, Mme Devenoge donne la moitié de la bibliothèque de son défunt mari pasteur, l'autre moitié sera achetée (pour 250 à 300 fr.). Le 29 janvier 1864, la Direction annonce qu'Alphonse de Mandrot a fait don «d'une collection de brochures diverses dont plusieurs de feu [Frédéric] de Gingins» (PV du jour). Avant 1867, la Bibliothèque reçoit la collection juridique et politique du landamann Henri Monod (1753–1833), dont plusieurs brochures publiées autour de 1800 et l'exemplaire de l'Acte de médiation que lui a remis Napoléon Bonaparte. En 1867, la Bibliothèque renferme plus de 4'200 titres en près de 12'500 vol. Un supplément du catalogue sorti de presse cette année-là annonce un accroissement (depuis 1852) de plus de 1'700 titres en près de 3'350 vol., soit une moyenne annuelle d'environ 110 titres ou 220 vol., c'est-à-dire plus de 7 fois supérieur en titres (plus de 3 fois en vol.) que pour la période allant de 1811 à 1852. Ce fort accroissement, qui ne sera pas égalé avant longtemps, est dû aux dons mentionnés ci-dessus. L'acquisition de la bibliothèque du pasteur Devenoge a fait croître la proportion d'ouvrages de théologie, qui ne représente toutefois qu'un dixième (à peine) de l'ensemble des vol. Le droit est encore plus marginal (300 vol.). La Bibliothèque était consciente de ces disparités: «ce qui manque le plus à la Bibliothèque ce sont, me semble-t-il, les livres de théologie moderne et de droit. Devant satisfaire à des besoins très divers, elle ne peut être complète sur aucun point vu son peu de ressources» (lettre du 19 octobre 1871, dans le registre des PV 1853–1876). Les dons accentuent ce phénomène: «ceci pourra expliquer les lacunes qu'on remarquera dans la suite des publications, ainsi que l'abondance ou l'absence de certaines catégories de livres» (Supplément de 1867, p. [III]). L'accroissement du fonds n'a pas été suivi d'un accroissement du nombre de lecteurs. En effet, en 1869, il n'y a plus que 11 abonnés et «54 familles d'ayants droit qui prennent des livres» (PV du 29 mai 1869), ce qui semble indiquer un certain manque d'intérêt de la part des membres pour leur Bibliothèque, quand on sait qu'en 1811 il y avait 198 membres et qu'il y en aura 163 en 1880 (PV des 13, 25 février et 12 octobre 1878), date à laquelle sera introduit un «registre à souche» ou «Registre matricule des membres de Bibliothèque».

1.10 Si le montant élevé à payer pour devenir membre de la Bibliothèque permettait de filtrer en quelque sorte les entrées, cela était moins le cas avec les abonnements. Un Rapport de 1861 affirme que la baisse du prix de l'abonnement annuel a ouvert la porte à des lecteurs «peu soigneux», d'où plus d'"usure» et de «dégradation» des livres. On relèvera donc le prix des abonnements, «afin que la Bibliothèque ne joue le rôle de dupe dans les facilités qu'elle accorde au public pour l'usage de ses livres». D'ailleurs, «il y a dans la ville deux autres bibliothèques publiques, la Bibliothèque religieuse et la Bibliothèque de ville et de campagne, dont le choix des livres et le prix d'abonnement sont calculés de manière d'être à la portée du plus grand nombre» (PV du 29 janvier 1861). Cet état d'esprit réapparaîtra soixante ans plus tard, en 1925, lorsqu'un membre de la Direction «met en garde contre une multiplication trop grande [des] abonnés» et souhaite que l'on choisisse «soigneusement les intellectuels et gens capables de jouir de [la] bibliothèque, sans abaisser son niveau littéraire» (PV du 8 mars 1925).

1.11 Au 20e s., comme le nombre d'ayants droit ne dépassera jamais celui du siècle précédent (il sera de 149 en 1933 et de 120 en 1946, d'après les PV des 16 mars 1933 et du 3 juillet 1946), on focalisera son attention sur les abonnés. Si on en juge au nombre d'abonnements, les quarante premières années du 20e s. n'ont pas été très dynamiques pour la Bibliothèque, même si celle-ci est parfois dénommée «Grande Bibliothèque de Morges». A l'exception des années 1915 à 1920 et en 1925, les PV parlent régulièrement de diminution du nombre d'abonnés et proposent, en vain, de mieux faire connaître la Bibliothèque en faisant paraître des annonces dans les journaux locaux ou en envoyant des «circulaires au public de Morges et environ» (PV des 23 mars 1901, 19 avril 1911, 26 mars 1912, 16 avril 1929, 3 mars 1932, 13 et 24 mars 1936). Cette période verra tout de même la parution de trois suppléments en 1909, 1923 et, le dernier connu, en 1931. Ils présentent un accroissement annuel régulier, conforme à la moyenne. Le supplément de 1909 renferme près de 1'200 titres (près de 2'900 vol.) antérieurs à 1900; réalisé par V. Fridérici, il englobe ceux de 1872, 1888, 1902 et 1905. Parmi les dons, à signaler «un certain nombre de volumes» cédés par Georges de Seigneux en 1894 (PV du 29 septembre 1894).

1.12 Suite au départ de V. Fridérici après cinquante ans d'activité, l'engagement, en 1938, de Mlle Edmée Warnery au poste de bibliothécaire va donner un nouveau souffle à la Bibliothèque. La fréquentation de ses locaux et le nombre d'abonnés augmentent dans les années 1940 (PV des 24 mai 1941, 12 juin 1943 et 20 mai 1944). C'est aussi durant cette période que le fichier est mis en place, dans un premier temps uniquement pour les nouvelles acquisitions (PV du 7 mai 1949) et que de nouveaux statuts sont adoptés (25 juillet 1946): ils font de la Bibliothèque une «association» au sens du Code civil suisse et conservent la répartition des membres en quatre catégories (A, B, C, D). En 1946 et 1954, la Bibliothèque s'enrichit d'un don de Maurice Muret: 260 titres, dont quelques-uns du 19e s. En 1958 (PV du 8 juillet), elle reçoit la bibliothèque de Maurice Gehri (1885-1957). Un accroissement régulier des membres D (abonnés à l'année) dans les années 1950 (environ 10 personnes par an), une bonne fréquentation qui provoque une «intense activité» pour l'année 1961 (PV du 6 octobre), ne résolvent pas les problèmes de locaux (convoités par la Municipalité), de moisissure, d'accès.

1.13 En 1969, la Bibliothèque déménage pour la deuxième fois et s'installe au premier étage de la maison de Seigneux (rue Dr Yersin 1). L'inauguration officielle a lieu le 21 novembre 1969. Elle change alors de statut pour devenir «Bibliothèque municipale», car l'ancienne organisation n'arrivait plus à satisfaire les besoins des lecteurs (trois heures d'ouverture hebdomadaire) en raison de ses ressources financières modestes. De plus, elle était dans l'obligation de trouver un nouveau local et un bibliothécaire (Micha Sofer). La convention entre la Bibliothèque et la Ville de Morges entrera en vigueur le 30 juin de la même année. Suite à l'ouverture d'un libre-accès, le fonds ancien est logé, pour la plus grande partie, dans le galetas de la maison, le reste dans un local de la maison de Saint-Louis (place Saint-Louis 2). C'est aussi à cette occasion que la Bibliothèque entre en possession du don Daniel Simond: 1'500 vol. relatifs à la littérature romande des années 1920-1960. Dans la nuit du 12 au 13 avril 1974, un incendie dans la Maison de Seigneux endommage une vingtaine de reliures anciennes (Rapport annuel 1974). En 1987, la Bibliothèque «A la découverte», créée en 1955 par des bénévoles, devient la section jeunesse de la Bibliothèque municipale. Un troisième déménagement, en 1990, amènera la Bibliothèque dans ses locaux actuels, au premier et au deuxième étage du Centre culturel (ancien grenier et magasin à sel). Trois ans plus tard, la Bibliothèque informatise, sous la conduite de Luc Jolidon, le catalogue de son fonds moderne à l'aide du logiciel OPSYS (PMB dès 2008). Depuis 1997, le fonds ancien est logé dans deux locaux de la protection civile au Collège de Beausobre.

2. DESCRIPTION DU FONDS

2.1 Le comptage des ouvrages a été effectué à partir du catalogue imprimé systématique de 1852 et de ses suppléments de 1867, 1909 et 1923. Ces catalogues correspondent dans l'ensemble à l'état actuel du fonds ancien. Nous donnons le nombre de titres, suivi en général du nombre de vol., souvent arrondi à la dizaine.

Survol chronologique et par langues

2.2 Le fonds moderne en libre-accès compte environ 15'000 vol. et une trentaine de périodiques en consultation dans la section adulte, ainsi que quelque 15'000 vol. en section jeunesse. Parmi les quelque 20'000 ouvrages conservés dans les magasins fermés du Collège de Beausobre, quelque 5'500 titres en 15'500 vol. sont antérieurs à 1901, brochures et périodiques compris. La répartition des ouvrages par siècles montre que la Bibliothèque possède presque autant de livres édités au 18e s. qu'au 19e s.: 2'190 titres pour le 18e s. (40%) et 2'510 pour le 19e s. (46%); le nombre de vol. du 18e s. est même supérieur à celui du 19e s.: respectivement 7'300 et 7'160. Le reste se répartit entre le 17e s. (550 titres en 730 vol.) et le 16e s. (120 titres en 140 vol.). Une centaine de titres en 140 vol. ne comportent pas de date, dont plus de la moitié sont anciens; ces ouvrages ont été pris en compte dans les statistiques. Plus de 86% des titres (4'750) sont en français; ce pourcentage se monte à 93, si l'on considère le nombre de vol. (14'400). La langue étrangère la mieux représentée est le latin: un peu plus de 600 titres (11%) en 845 vol. (5,5%). Le grec, l'anglais, l'allemand et l'italien se répartissent à peu près équitablement les 120 titres en 220 vol. restants.

Aperçu systématique

2.3 L'analyse systématique du fonds suit la classification des catalogues imprimés. Elle conserve les six grands domaines retenus dans ces catalogues, en les présentant dans l'ordre de leur importance quantitative. Par contre, elle sélectionne et regroupe les 64 matières qui subdivisent ces grands domaines. 65 % des ouvrages anciens relèvent de deux domaines: sciences historiques et littérature.

2.4 Le domaine le plus fortement représenté est celui des «sciences historiques» avec un peu plus de 2'200 titres en 5'740 vol., soit 40 % des titres (37 % des vol.) anciens. Ce grand domaine comprend la géographie, les biographies et aussi les sciences politiques et sociales. La part d'ouvrages du 19e s. (57 % soit 1'260 titres en 3'050 vol.) est supérieure à la moyenne et ceci au détriment des ouvrages du 16e s. (30 titres), du 17e s. (135 titres en 195 vol.) et du 18e s. (745 titres en 2'420 vol.). La proportion d'œuvres en langues étrangères est nettement inférieure à la moyenne: moins de 6 % des titres.

2.5 Quelque 550 titres en près de 1'380 vol. concernent la géographie. 5 titres sont du 16e s., 13 du 17e s., 215 du 18e s. et 290 du 19e s. Parmi ces ouvrages, 420 (1'060 vol.) relèvent du récit de voyage, dont 140 en Europe, 80 en Asie, plus de 50 en Amérique (*Voyage historique de l'Amérique méridionale* de Jorge Juan y Santacilia, Amsterdam, Leipzig 1752, 2 vol.), 50 en Afrique et 100 sous la dénomination «voyages divers» (souvent autour du monde); ces récits de voyage sont du 18e s. (165) et 19e s. (240). Parmi les œuvres du 18e s., on peut relever les premières éditions françaises des trois voyages de James Cook (Paris 1774, 1778, 1785), le *Voyage autour du monde* de Louis Antoine de Bougainville (Paris 1771), le *Voyage à la Nouvelle Guinée* de Pierre Sonnerat (Paris 1776), ainsi que des œuvres de William Coxe, de George Vancouver, de George Anson, etc. 120 titres concernent la géographie en général ou des «descriptions des divers pays», comme *Les observations de plusieurs singularitez et choses mémorables* de Pierre Belon (Anvers 1555), ou une *Geographia* de Claude Ptolémée (Strasbourg 1522).

2.6 Quelque 1'030 titres en près de 3'000 vol. concernent l'histoire à proprement parler. Ils se répartissent à raison de 20 titres pour le 16e s., 100 (130 vol.) pour le 17e s., 360 (1'300 vol.) pour le 18e s. et 550 (1'520 vol.) pour le 19e s. La plus forte proportion d'ouvrages, près de 25 %, concerne l'histoire de France: près de 250 titres en plus de 830 vol; le plus ancien, et unique du 16e s., est *Histoire et chronique mémorable* de Jean Froissart (Paris 1574); parmi les 15 titres du 17e s., on peut signaler les *Mémoires du duc de Rohan* (s.l. 1646), parmi les 54 du 18e s., *Mémoires secrets sur les règnes de Louis XIV et de Louis XV* de Charles Pinot Duclos (Lausanne 1791) et parmi les 173 du 19e s., *Bonaparte à Sainte-Hélène* de James Tyder (Paris 1816). L'histoire ancienne et l'histoire suisse viennent ensuite, regroupant quelque 190 titres chacun. L'histoire ancienne renferme la plus forte concentration d'ouvrages en latin (77 sur les 110 que comptent les sciences historiques) et d'ouvrages du 16e s. (15 sur les 30), comme *Des guerres des Romains* d'Appianus (Lyon 1544); elle compte aussi plus de titres du 18e s. (75) que du 19e s. (55), 48 titres sont du 17e s. On y trouve les principaux historiens de l'Antiquité. La plus grande partie des ouvrages d'histoire suisse sont du 19e s. (120 titres) et du 18e s. (60 titres), seulement 6 titres sont du 17e s. Il n'y a quasi pas d'ouvrages en allemand (7 titres). Près de la moitié des titres concernent l'ensemble de la Suisse (Franz-Adam Vogel, *Les privilèges des Suisses*, Paris 1731), les deux cantons les mieux représentés sont Vaud et Genève (*Relation des troubles qui ont régné dans la Ville de Genève pendant l'année mil sept cens trente-quatre* de Michel Léger, Rouen 1736). Quelque 230 ouvrages concernent les autres pays européens, répartis à part quasi égale entre le 18e s. et le 19e s.; la proportion d'ouvrages du 17e s. reste faible, une vingtaine de titres, dont *La vie de l'imposteur Mahomet* de Humphrey Prideaux (Paris 1699); ceux relatifs à l'histoire de la Grande-Bretagne sont les plus nombreux (une soixantaine), comme par exemple l'*Histoire des révolutions d'Angleterre* de Pierre Joseph d'Orléans (Paris 1693–1694, 3 vol.). 50 titres concernent les autres continents, dont 30 l'Amérique (Garcilaso de la Vega, *Histoire de la conquête de la Floride*, Leyde 1731).

2.7 Ont aussi été regroupés sous sciences historiques plus de 500 titres (1'150 vol.) de biographies (210), mémoires (170) et lettres (130), dont 3 du 16e s., 24 (50 vol.) du 17e s., 130 (405 vol.) du 18e s. et 345 (695 vol.) du 19e s. On peut relever les *Vies des hommes illustres* de Plutarque (s. l. 1559?), les *Lettres de Sophie et du chevalier de* *** par François-Georges Desfontaines (Londres, Paris 1766) ou les *Mémoires de Charles Perrault* (Avignon 1759). On y trouve finalement quelque 120 ouvrages (près de 230 vol.) de sciences politiques, sociales et économiques. Les deux plus anciens sont *Les six livres de la République* de Jean Bodin (s.l. 1599) et *L'ambassadeur et ses fonctions* d'Abraham Van Wicquefort (La Haye 1682). Les autres ouvrages sont du 18e s. (45) et du 19e s. (75). Les auteurs les mieux représentés sont Jacques Necker (6 œuvres), Jean Louis Antoine Reynier (5), Antoine-Elisé Cherbuliez (3), Jeremy Bentham (3).

2.8 Le deuxième domaine le plus fortement représenté est la «littérature» qui totalise 28 % du fonds ancien, avec quelque 1'520 titres en 4'420 vol. Les ouvrages du 18e s. sont les plus nombreux, plus de 660 titres en 2'420 vol, suivis de près par ceux du 19e s.: 640 titres en 1'730 vol.; le reste est du 16e s. (50 titres/70 vol.) et 17e s. (130 titres/160 vol.). La proportion d'ouvrages en langues étrangères est de peu supérieure à la moyenne: 18 %, dont un peu plus des trois quarts sont en latin. 340 titres en 1'020 vol. ne sont pas des œuvres littéraires: 5 titres du 16ᵉ s., 33 du 17ᵉ s., 115 (près de 600 vol.) du 18ᵉ s., 180 (360 vol.) du 19ᵉ s. Il s'agit de grammaires ou de dictionnaires (près de 90 titres en près de 150 vol.), comme par exemple 3 éditions du *Dictionarium* d'Ambrogio Calepino (Bâle 1558, Venise 1575, Lyon 1585), d'ouvrages de rhétorique ou d'histoire littéraire (140 titres en près de 540 vol.), de mélanges ou de catalogues (plus de 110 titres en 340 vol.).

2.9 1'180 ouvrages en 3'400 vol. sont des œuvres littéraires, éditées essentiellement aux 18ᵉ s. (550 titres / 1'820 vol.) et 19ᵉ s. (460 / 1'370), 100 titres (115 vol.) sont du 17ᵉ s. et 50 (60 vol.) du 16ᵉ s. La plus forte proportion (un quart) de ces œuvres sont des romans (près de 300 titres en 750 vol.), répartis presque équitablement entre le 18ᵉ s. (130/390) et le 19ᵉ s. (150/330), comme par exemple *Voyage autour de ma chambre* de Xavier de Maistre (Turin, en fait Lausanne, 1794), ou *Lettres écrites de Lausanne* d'Isabelle de Charrière (Toulouse, en fait Genève, 1785), seul 4 titres sont du 17ᵉ s. (*L'illustre Rosimante*, Paris 1643). 260 titres (près de 420 vol.) relèvent des classiques de l'Antiquité (90/170 pour la littérature grecque et 170/250 pour la littérature latine) édités au 16ᵉ s. (42/55), 17ᵉ s. (72/83), 18ᵉ s. (105/187, dont *Comoediae* de Térence, *De rerum natura* de Lucrèce et les *Opera* de Catule, Tibulle et Properce, tous trois édités par Jean Baskerville à Birmingham en 1772) et 19ᵉ s. (40/90). Le fonds ancien abrite encore près de 180 œuvres complètes ou diverses (1'000 vol.), essentiellement éditées aux 18ᵉ s. (76/520) et 19ᵉ s. (90/470), comme celles de Rousseau (Genève 1780-1789, 17 vol.) ou de Voltaire ([Kehl] 1785-1789, 70 vol.). On trouve encore, en plus faible proportion, du théâtre (100/450), de la poésie (130/300), des contes et dialogues (45/130), comme *Il decamerone* de Giovanni Boccace (Lyon 1555) et des fables (25/30). Certaines œuvres littéraires sont consacrées à l'éducation (60 titres en 150 vol.) ou à la morale (90 titres en 170 vol.), comme les *Colloquia familiaria* (Bâle 1537) d'Erasme.

2.10 Les grands domaines des «sciences et arts» et de la «théologie» contiennent presque le même nombre de titres (respectivement 780 et 790, soit 14 % du fonds ancien chacun), mais les sciences et arts regroupent plus de volumes: 1'750 contre 1'460 pour la théologie. En sciences et arts, comme en littérature, on note aussi une légère prédominance des œuvres du 18ᵉ s. (360 titres en 990 vol., dont l'*Encyclopédie* de Diderot et d'Alembert, Paris, etc. 1751-1780, 35 vol., dont 12 de pl.) sur celles du 19ᵉ s. (330 titres en 650 vol.), une proportion plus faible d'ouvrages du 16ᵉ s. (16 titres) et du 17ᵉ s. (54 titres en 73 vol.), et une prépondérance du latin dans les ouvrages en langues étrangères. Presque toutes les sciences sont représentées et de façon équilibrée. Les mieux fournies sont les mathématiques (*Nova extimi coeli motus explicatio* de Salomo Pleppius, Morges 1582), les sciences médicales (dont 8 œuvres d'Albert de Haller), l'agriculture/horticulture (*Le théâtre d'agriculture* d'Olivier de Serres, Genève 1651) et les beaux-arts (3 éditions du *De architectura* de Marcus Vitruvius Pollio, dont celle d'Amsterdam 1649; *Architecture* d'Andrea Palladio, La Haye 1726): environ 70 titres chacune. Puis viennent la physique (Nicolas Fatio De Duillier, *Lettre ... à monsieur Cassini touchant une lumière extraordinaire*, Amsterdam 1686), la zoologie (*Histoire naturelle des oiseaux* de Georges Louis Leclerc de Buffon, Paris, 1770-1786, 24 vol., dont 14 de pl. rehaussées à l'aquarelle; *Icones insectorum rariorum* de Carolus Clerck, Stockholm 1759, avec 55 pl. en couleur), la géologie, minéralogie (*Recueil de divers traités sur l'histoire naturelle de la terre et des fossiles* d'Elie Bertrand, Avignon 1766), les sciences militaires: entre 40 et 60 titres chacune. La botanique (26/48, dont *Les roses* peintes par Pierre-Joseph Redouté, 3 vol., Paris 1817-1824) et la chimie (15/50) sont moins bien représentées. On y trouve aussi 270 titres en 330 vol. (16ᵉ s.: 3, 17ᵉ s.: 12/20, 18ᵉ s.: 80/160, 19ᵉ s. 77/150), comme par exemple l'*Organon* d'Aristote (Morges, en fait Genève, 1584), le *Traité sur la tolérance* de Voltaire (s. l., 1763) ou les *Observations sur le sentiment du beau et du sublime* d'Immanuel Kant (Paris 1796).

2.11 C'est en théologie (790 titres en 1'460 vol.) que l'on trouve le plus grand nombre d'ouvrages du 17ᵉ s.: près de 200 titres en près de 260 vol. (soit 35 % de l'ensemble des titres du 17ᵉ s.), au détriment des ouvrages du 19ᵉ s. (240 titres en 450 vol.) proportionnellement moins nombreux que dans les autres domaines; la proportion d'ouvrages du 18ᵉ s. (310 titres en 700 vol.) est conforme à la moyenne; restent une trentaine de titres du 16ᵉ s. La langue étrangère la plus représentée est encore le latin: 130 titres, soit 16 % des ouvrages de théologie. Parmi les 9 subdivisions de ce domaine, les 3 plus importantes concernent l'histoire ecclésiastique (160/400), la théologie dogmatique et apologétique (160/235, dont *Problemata theologica* de Benedictus Aretius, Morges 1583) et l'homilétique (120/243, dont *Les souspirs des fidèles* de François Murat, Genève 1641). L'histoire ecclésiastique est le seul domaine où les ouvrages du 19ᵉ s. (90/240) sont deux fois plus importants que ceux du 18ᵉ s. (40/120), et plus de la moitié de ces ouvrages concernent le protestantisme ou sont le fait d'auteurs protestants, comme par exemple: Pierre Jurieu, *Abbrégé de l'histoire du Concile de Trente* (Genève 1682) ou Jacques Basnage, *Le grand tableau de l'univers* (Amsterdam 1714). Les autres subdivisions sont moins bien représentées: une soixantaine (115 vol.) de «commentaires» (dont *In Iesaiam prophetam hypomnematon* de Jean Œcolampade, Bâle 1525), également une soixantaine (80 vol.) de «controverses» (dont *Les Toulousaines* d'Antoine Court de

Gébelin, Edimbourg, en fait Lausanne, 1763, et 3 œuvres d'Antoine de la Roche Chandieu éditées au 16e s.), une quarantaine de textes (45 vol.) de l'Ecriture Sainte (dont *Les pseaumes mis en rime françoise* par Clément Marot et Théodore de Bèze, [Genève] 1566 et *La Bible* traduite par Olivétan, Neuchâtel 1535), une quarantaine également de «mythologie et religions diverses» (70 vol.), une vingtaine de patristique (25 vol.).

2.12 Le fonds ancien n'abrite que peu d'ouvrages de «jurisprudence», à peine 3 % de l'ensemble, soit 150 titres en 420 vol., dont 50 % env. sont du 18e s. (80/200); le reste est du 19e s. (30/180), du 17e s. (30/36) et du 16e s. (4). 34 % des œuvres sont en latin (50 titres), ce qui représente un pourcentage nettement supérieur à la moyenne. On y trouve avant tout des «traités» (85 titres en 140 vol., dont *Le droit de la nature et des gens* de Samuel von Pufendorf, Amsterdam 1706), mais aussi des «codes et lois» (50/170, dont le *Code criminel de l'empereur Charles V*, Paris 1734) et des «plaidoyers» (16/120, dont *Défense de Louis* [XVI], par Romain Desèze, Paris 1793).

2.13 36 titres de journaux ou périodiques ont des numéros antérieurs à 1900 (1'670 vol.): 22 titres sont nés au 18e s., 12 au 19e s. On relèvera l'unique titre du 17e s.: *Nouvelles de la république des lettres* (1684–1718).

3. CATALOGUES

Catalogues modernes généraux

Catalogue «Fichier d'entrée» [catalogue topographique sur fiches, par format puis *numerus currens*; n'est plus alimenté depuis 1969]

Catalogue alphabétique auteurs, titres anonymes [sur fiches; n'est plus alimenté depuis 1993]

Inventaire sommaire du fonds ancien de la Bibliothèque de Morges, établi d'après un fichier topographique et les catalogues de 1852, 1867, 1909, 1923. Morges 1969 [1 vol. dactyl.]

Catalogue informatisé sur PMB [depuis 1993; essentiellement le fonds moderne en libre-accès]

Catalogues modernes spécialisés

Catalogue du Fonds Maurice Muret [sur fiches dactyl.; fichier *numerus currens*, fichier auteurs et fichier systématique]

Catalogue du Fonds morgien [sur fiches dactyl.; n'est plus alimenté depuis 1993]

Catalogues anciens

Catalogue des livres de la Bibliothèque de Morges. Lausanne 1768 [alphabétique des titres; contient le projet et le discours de Mandrot, un règlement, la liste des souscripteurs et des bienfaiteurs]

Second catalogue de la Bibliothèque de Morges. [s. l.] 1770 [alphabétique des titres; contient le projet de Mandrot, un règlement, la liste des souscripteurs et des bienfaiteurs; est suivi d'un Supplément du 18 janvier 1774]

Troisième catalogue de la Bibliothèque de Morges. [Morges] 1781 [alphabétique des titres; contient le projet de Mandrot, un règlement, la liste des souscripteurs et des bienfaiteurs]

Cinquième supplément au catalogue de la Bibliothèque de Morges de 1781. [Morges] 1794 [alphabétique des titres; ne se trouve qu'à la BCU Lausanne, cote NE 9181]

Sixième supplément au catalogue de la Bibliothèque de Morges de 1801 [*sic* pour 1781]. [s.l.] 1802 [alphabétique des titres, avec règlement]

Septième supplément au catalogue de la Bibliothèque de Morges de 1781. [s.l.] 1807 [alphabétique des titres]

Huitième supplément au catalogue de la Bibliothèque de Morges de 1781. [s.l.] 1809 [alphabétique des titres]

Quatrième catalogue général de la Bibliothèque de Morges. [Lausanne] 1811 [alphabétique des titres, avec projet, règlement, listes des souscripteurs et des bienfaiteurs]

Premier supplément au quatrième catalogue de la Bibliothèque de Morges dressé en 1811. [s.l.] 1819

Supplément provisoire de la Bibliothèque de Morges. [s.l.] 1829

Supplément provisoire de la Bibliothèque de Morges. [s.l.] 1845

Cinquième catalogue général de la Bibliothèque de Morges. Lausanne 1852 [systématique, avec un règlement]

Supplément au cinquième catalogue de la Bibliothèque de Morges. Lausanne 1867 [systématique]

Second supplément au catalogue de la Bibliothèque de Morges. Lausanne 1872 [systématique]

Troisième supplément au catalogue de la Bibliothèque de Morges. Lausanne 1888 [systématique]

Second supplément au catalogue de la Bibliothèque de Morges. Morges 1909 [systématique, ouvrages acquis entre 1867 et 1908; intègre la Liste des ouvrages entrés en 1900 et 1901, et la Liste des ouvrages entrés en 1902, 1903, 1904 et 1905]

Troisième supplément au catalogue de la Bibliothèque de Morges. Morges 1923 [systématique, ouvrages acquis entre 1909 et 1923; inclus les deux listes Ouvrages acquis en 1912, 1913, 1914, et, Ouvrages acquis entre 1915, 1916, 1917 et 1918]

Ouvrages acquis de 1924 à 1931. Morges 1931 [systématique; dernière catalogue connu]

Inventaire général de la Bibliothèque de Morges. [1802?]–1903 [ms, classement par format, puis numerus currens]

4. SOURCES ET ÉTUDES SUR L'HISTOIRE DE LA BIBLIOTHÈQUE

Archives

Les archives sont conservées à la Bibliothèque. Elles renferment cinq registres de procès-verbaux des assemblées générales et des séances des différentes Directions, de 1767 à 1966. On y trouve aussi des livres de comptes (1767–1829, 1930–1945), les anciens catalogues et la correspondance depuis les origines.

Nouveau projet pour la Bibliothèque publique de Morges. 1768 [ms]

Rapport pour l'Assemblée générale de la Bibliothèque de Morges. 1844 [ms]

Archives cantonales vaudoises, Bb 28/3, 673, 677, 681, 697, 701, 705

Archives communales de Morges, AJJ 1, 6 juin 1769, «Devis pour la chambre de la Bibliothèque»; AAA 20, Cons. 296, 14 septembre 1767

Études

Bissegger, Paul: La ville de Morges. Bâle 1998 (Les monuments d'art et d'histoire de la Suisse, 91) [sur la Bibliothèque, p. 180, 189, 432]

Corsini, Silvio: On ne prête qu'aux riches… Les bibliothèques publiques du Pays de Vaud au dix-huitième siècle. In: Revue française d'histoire du livre 56 (1987) p. 381–413

L'héritage des Lumières. Histoire de la bibliothèque de Morges. Morges 2007

Sopher, Micha: Bibliothèque de Morges. In: Journal de Morges, 11 novembre 1969, p. [5]

BIBLIOTHÈQUE DU CHÂTEAU D'ORON

Canton: Vaud

Lieu: Oron

Auteur: Jean-Luc Rouiller

Adresse: Association pour la conservation du château d'Oron,
Case postale 6,
1608 Oron-le-Châtel

Téléphone: +41 21 907 90 51

Fax: +41 21 907 90 65

Homepage: www.swisscastles.ch/Vaud/Oron/

E-mail: chateau.oron@bluewin.ch

Rattachement administratif:
Association pour la conservation du château d'Oron

Fonctions:
Bibliothèque privée du château

Collections:
1. Encyclopédique, avec accent sur l'histoire et surtout les belles-lettres. – 2. Roman français de la période révolutionnaire et de l'Empire.

Conditions d'utilisation:
Les ouvrages ne se prêtent pas et ne se consultent pas sur place. Pour consulter un livre, le chercheur transmet sa demande à l'Association pour la conservation du château d'Oron par l'intermédiaire de la Bibliothèque cantonale et universitaire (BCU) de Lausanne, qui met à disposition ses infrastructures pour la consultation.

Equipement technique:
Voir la notice de la BCU Lausanne. Celle-ci peut *scanner* les ouvrages, aux frais du chercheur.

Informations pour les utilisateurs de passage:
Le château et la bibliothèque se visitent les samedis et dimanches d'avril à septembre. Quitter l'autoroute A9 à Lausanne-Vennes et suivre la route d'Oron. Parking sur place. Gare CFF à Oron. Pour accéder à la BCU Lausanne (site de Dorigny), voir cette notice.

1. HISTORIQUE DU FONDS

1.1 La bibliothèque du château d'Oron ne date pas, comme on peut s'en douter, des origines de la forteresse médiévale. Aucune trace n'indique l'existence d'une bibliothèque avant la fin du 19e s. Les différents propriétaires du lieu – les seigneurs d'Oron (jusqu'en 1388), puis ceux de Gruyères, les baillis bernois (1557–1798), la famille Roberti de Moudon (1801–1870) – n'ont pas laissé de collection de livres. En août 1870, le château est racheté par l'homme d'affaires français Adolphe Gaiffe (1830–1903), établi à Paris, qui en fera sa résidence secondaire. C'est à lui que l'on doit la présence de la bibliothèque actuelle au château d'Oron. Bibliophile averti, journaliste et ami de nombreuses célébrités littéraires (Gautier, Flaubert, Baudelaire), Adolphe Gaiffe avait réuni à Paris une importante collection de livres. Il possédait entre autres les principales oeuvres des réformateurs français et des plaquettes historiques ou satiriques du 16e s. C'est vers 1880 qu'il acquiert la bibliothèque de la famille polonaise des comtes Potocki.

1.2 Une grande partie de cette bibliothèque avait été rassemblée par Hélène Massalska (1763–1815). Epouse du prince Charles de Ligne (fils aîné du prince Charles Joseph de Ligne), puis du comte Vincent Potocki (vers 1755–1825), elle vécut entre Paris et la Pologne. Elevée à l'Abbaye-aux-Bois (Paris), lectrice passionnée de romans, elle recevait de librairies de Paris, de Moscou ou de Saint-Petersbourg (comme l'attestent les papillons collés dans certains volumes) les derniers romans parus. Un inventaire écrit de sa propre main vers la fin de sa vie indique que sa bibliothèque, à Paris, se composait de «20'000 volumes de romans [et] 20'000 volumes précieux» (Perey 1924, p. 489), estimation invérifiable. Après sa mort, les héritiers d'Hélène (sa fille Sidonie de Ligne et François Potocki, le mari de celle-ci, lui-même fils d'un premier mariage de Vincent Potocki) transférèrent probablement la bibliothèque dans leur château de Brody (au nord-est de Lviv, en Ukraine). C'est là qu'Adolphe Gaiffe en fera l'acquisition, dans des circonstances difficiles à préciser vu le manque de documents écrits s'y rapportant. On sait que la famille Mlodecki était propriétaire du château depuis 1834, et qu'elle était en proie à de graves difficultés financières dans la seconde moitié du 19e s. Seraient-ce là les raisons qui auraient poussé à la vente de la bibliothèque ? Toujours est-il qu'en mai 1883, les livres arrivent en gare d'Oron. Réunis aux collections d'Adolphe Gaiffe, ils sont, pour la plupart, installés dans l'ancienne Salle d'audience des baillis bernois (dite aussi Salle des chevaliers). Rangées sur des rayonnages en bois, les reliures anciennes aux ors ternis tapissent les parois de cette pièce triangulaire qui servait aussi de salle de lecture et dans laquelle Adolphe Gaiffe aimait recevoir ses amis lettrés.

1.3 De son vivant, en 1900, Adolphe Gaiffe vend plus de 800 livres (titres) précieux au professeur Ernest Stroehlin (1844–1907) de Genève. En avril 1904, les héritiers du châtelain d'Oron mettent en vente à Paris plus de 543 ouvrages, les plus rares et les plus beaux de la collection. Il semble toutefois que le fonds Potocki n'ait pas trop souffert de ces dispersions, si l'on en croit les catalogues de ces deux ventes (voir plus bas la liste des catalogues). Ce qui reste de la bibliothèque est racheté en 1936, avec les bâtiments, par l'Association pour la Conservation du château d'Oron, l'Etat de Vaud ayant non seulement refusé d'acquérir le château, mais aussi de l'accepter en don.

1.4 Le fonds Potocki actuel, environ 6'000 vol. (Giraud, p. 19), constitue l'intérêt majeur de la bibliothèque du château d'Oron, dans le sens où il forme une collection romanesque unique renfermant la plupart des titres publiés en français entre 1775 et 1825 environ; souvent, ce sont les seuls exemplaires connus – comme nous l'apprennent deux bibliographies consacrées au roman français (v. Publications sur les fonds) – d'auteurs que la critique redécouvre depuis peu. Ce fonds, constitué pour les trois quarts de romans, est formé de trois couches successives que l'on distingue grâce à des inscriptions manuscrites, des cachets ou des ex-libris. Il s'agit d'environ 1'000 vol. de la famille Potocki, de quelque 2'000 à 2'500 vol. d'Hélène Potocka et de 2'000 à 2'500 vol. de sa fille Sidonie et de son gendre François Potocki (Giraud, p. 19), qui a apposé son ex-libris sur une grande partie des volumes.

1.5 Jusqu'au début des années 1950, la bibliothèque n'était dotée d'aucun inventaire, ni catalogue. Les livres étaient rangés selon des critères esthétiques visant à mettre en évidence l'harmonie des reliures. En 1951, une équipe de quatre futures bibliothécaires de l'ESID établit un catalogue auteurs et anonymes sur fiches dactylographiées, mettant avant tout l'accent sur la recherche des vedettes auteurs. Le classement des livres au rayon n'est pas modifié et aucun catalogue matière n'est réalisé. Seul un registre topographique permet de retrouver les livres. En 1971–1973, Maurice Rebetez, futur bibliothécaire, et Louis-Daniel Perret, de la Bibliothèque cantonale et universitaire de Lausanne, remanient totalement la disposition des livres en les classant par matières, classement toujours en vigueur aujourd'hui. Les ouvrages reçoivent une cote unique et sont regroupés en plus de 40 domaines, avec un soin particulier accordé aux romans. Ceux-ci sont ventilés en 18 catégories, d'après un classement, parfois discutable, proposé par le *Dictionnaire des romans anciens et modernes, ou méthode pour lire les romans* (Paris 1819). C'est aussi à cette occasion que le fichier auteurs de 1951 est entièrement redactylographié, sans toutefois faire l'objet d'une révision complète.

1.6 L'Association pour la conservation du château d'Oron achète, en 1983, la collection de feu Jean Chalon. Il s'agit de quelque 670 vol. anciens (126 titres), surtout des oeuvres romanesques du 18e s. et des livres d'histoire, actuellement rangés dans deux armoires de la Chambre Alice Paquelier-Gaiffe. Comme ces volumes ne sont pas encore catalogués, ils n'ont pas été intégrés dans la description générale du fonds.

1.7 En 1996/1997, le fichier matières a été informatisé à l'aide du logiciel *File Maker Pro*, puis mis en ligne, via internet, au printemps 2003. Pour l'instant, cette base de données ne contient ni les notices d'une centaine de vol. rangés au-dessus de la porte qui donne accès à la Salle des chevaliers, ni celles de quelque 150 vol. du petit local de la Salle de la galerie, ni celles du fonds Chalon.

2. DESCRIPTION DU FONDS
Survol chronologique et par langues

2.1 Les données statistiques ont été élaborées à partir du catalogue informatisé (*File Maker Pro*), état 1997, et ne tiennent pas compte d'environ 2'400 vol. non catalogués à ce moment-là. Elles font état du nombre de titres, suivi parfois du nombre de vol. La bibliothèque contient 6'785 titres (13'050 vol.) répartis en deux salles : 5'130 titres dans la Salle des chevaliers et 1'655 titres dans la Salle de la galerie. 246 titres (312 vol.) ne comportent pas de date. Le fonds ancien est formé de 6'400 titres (12'500 vol.) antérieurs à 1901; ils se répartissent de la façon suivante : 12 titres pour le 16e s., 170 titres (207 vol.) pour le 17e s., 2'797 titres (6'673 vol.) pour le 18e s. et 3'422 titres (5'600 vol.) pour le 19e s. La plus grande partie des ouvrages, près de 80 %, a été éditée entre 1750 et 1830 (5'107 titres en 10'316 vol.), avec comme décennies les plus fortement représentées: 1800–1809 (1'074 titres en 1'797 vol.) et 1820–1829 (1'120 titres en 1'997 vol.). Plus de 95 % des titres sont en français. Sur les quelque 200 titres en langues étrangères, on compte 110 titres en allemand, 68 en latin et le reste dans diverses langues.

Aperçu systématique

2.2 L'aperçu systématique du fonds s'appuie sur le classement matières élaboré par Rebetez et Perret; nous avons regroupé certains domaines pour les besoins de notre présentation. Près de 60% des titres (soit 3'778) font partie des belles-lettres, alors que le reste (2'623 titres) se répartit dans les autres domaines du savoir.

2.3 Les généralités, la religion, le droit et la philosophie sont peu représentés, moins de 10% du fonds ancien à eux quatre. Parmi les 54 titres (40 du 18e s. et 14 du 19e s.) en 293 vol. classés sous généralités, on trouve deux éditions de l'*Encyclopédie* de Diderot et d'Alembert (Paris 1751–1780, 30 vol. in-folio, dont 10 de pl., et Lausanne, Berne 1779–1782, 39 vol. in-8, dont 3 de pl.), ainsi que la *Description des arts et métiers* (Paris 1761–1789, 25 vol. in-folio). La religion est représentée par 147 titres: 2 du 16e s., 11 du 17e s., 76 du 18e s. et 58 du 19e s. Le plus ancien est le *Dictionnaire en théologie contenant entière déclaration des mots, phrases et manières de parler de la Saincte Escriture* (Genève 1560). 195 titres concernent le droit (5 du 17e s., 110 du 18e s., 80 du 19e s.), économie et politique incluses. Même incomplètes, les *Causes célèbres, curieuses et intéressantes de toutes les cours souveraines du royaume* de Des Essarts (Paris 1775–1787) occupent une part importante de cette section avec ses 84 vol. La philosophie - morale, coutumes, pédagogie comprises - compte 163 titres (9 du 17e s., 104 du 18e s. et 50 du 19e s.), dont la *Lettre sur les sourds et muets, à l'usage de ceux qui entendent et qui parlent* de Denis Diderot (s.l. 1751).

2.4 Près de 10% des ouvrages font partie des sciences et arts, soit 630 titres (14 du 17e s., 323 du 18e s. et 293 du 19e s.). Dans cette section, la médecine domine, avec ses 251 titres (1 du 17e s., 101 du 18e s., 149 du 19e s.), dont 6 oeuvres du médecin lausannois Samuel-Auguste Tissot. La bibliothèque possède aussi 4 éditions en petits formats, pas toujours complètes, de l'*Histoire naturelle* de Georges Louis Leclerc de Buffon, dont celle en 54 vol. in-12 éditée aux Deux-Ponts (Sanson) entre 1785 et 1791 et munie de planches coloriées. On y trouve encore les 26 premiers vol. des *Annales de chimie* de Morveau et Lavoisier. A remarquer également un beau livre illustré de 24 fines gravures en couleur, *Die Kennzeichen der Insekten*, de Johann Heinrich Sulzer (Zürich 1761).

2.5 Le domaine le plus représenté en dehors des belles-lettres est celui de l'histoire, avec 1'434 titres (7 du 16e s., 36 du 17e s., 476 du 18e s. et 915 du 19e s.), soit un peu plus de 22% du fonds ancien. Parmi ces livres, on note la présence de 484 titres de géographie et de récits de voyage (1 du 16e s., 3 du 17e s., 95 du 18e s. et 385 du 19e s.). L'histoire de France est fortement représentée, spécialement par des ouvrages consacrés à la Révolution et à l'Empire. Comme livres rares, on signalera les *Mémoires historiques sur la guerre que les François ont soutenue en Allemagne depuis 1757 jusqu'en 1762* de Pierre Joseph de Bourcet (Paris 1792, 3 vol.), ainsi qu'une traduction en italien des deux premières *Décades asiatiques* de João de Barros (*L'Asia*, Venise 1561–1562).

2.6 Les belles-lettres forment la partie la plus importante du fonds ancien de la bibliothèque du château d'Oron avec quelque 3'778 titres (près de 60%), dont 3 du 16e s., 94 du 17e s., 1'668 du 18e s. et 2'013 du 19e s. Dans ce fonds, il faut surtout signaler la présence d'au moins 2'518 titres de romans, contes ou nouvelles, édités pour la plupart aux 18e (805 titres) et 19e s. (1'706 titres); seulement 7 titres sont du 17e s. Parmi ces ouvrages, les «romans sentimentaux» dominent avec 357 titres (1 du 17e s., 151 du 18e s. et 205 du 19e s.), puis viennent les «romans en lettres» avec 209 titres (3 du 17e s., 140 du 18e s. et 66 du 19e s.), les romans historiques avec 203 titres (3 du 17e s., 50 du 18e s. et 150 du 19e s.), les «romans de gaieté» avec 147 titres (71 du 18e s. et 76 du 19e s.), etc. On note aussi un certain nombre de romans traduits (306 titres), surtout de l'anglais (146 titres, dont *Clarisse Harlowe* de Samuel Richardson, illustré par Daniel Chodowiecki, Genève, Paris 1785–1786) et de l'allemand (88 titres), comme ceux d'August Lafontaine (58 titres). La bibliothèque renferme les oeuvres de nombreux romanciers ou romancières de la Révolution et de l'Empire, comme François-Guillaume Ducray-Duminil (12 romans), Joseph-Marie Loaisel de Tréogate (5 titres), Pierre Nougaret (22 romans), Charles Pigault-Lebrun (24 romans, 1 comédie), Fanny de Beauharnais (5 romans), Charlotte de Bournon Malarme (28 romans), Sophie Cottin (3 romans), Stéphanie Félicité de Genlis (38 titres), Elisabeth Guénard Méré (48 romans), Adelaïde de Souza (7 romans), la comtesse de Lagrave (6 romans). On y trouve aussi les premiers romans d'Honoré de Balzac (parfois sous le pseudonyme d'Horace de Saint-Aubin), 10 oeuvres de Charles Nodier, certains écrits de Denis Diderot, dont l'*Exemple singulier de la vengeance d'une femme* (Londres 1793), «conte moral» posthume d'abord publié en allemand par Friedrich von Schiller en 1785. Les écrivains suisses sont représentés par Samuel Elisée Bridel, Samuel de Constant de Rebecque, Constance de Cazenove d'Arlens, Isabelle de Charrière (*Sir Walter Finch et son fils William*, Genève 1806), Isabelle de Montolieu (*Recueil de contes*, Genève 1803), Jeanne-Françoise Polier de Bottens, Françoise-Louise Pont-Wullyamoz.

3. CATALOGUES

Catalogues modernes

Catalogue alphabétique auteurs, titres anonymes [1972, sur fiches dactyl.]

Catalogue alphabétique des cotes matières [1989, sur fiches dactyl.]

Registre par cotes matières [1971, 4 vol. mss, dont 2 vol. pour la Salle des chevaliers et 2 pour la Salle de la galerie]

Classeur topographique [permet de visualiser la localisation actuelle des ouvrages par matières]

Catalogue en ligne

Catalogues anciens

Catalogue de livres anciens et modernes provenant de la Bibliothèque de feu M. A. Gaiffe, Paris 1904 [catalogue de vente]

Catalogue de la bibliothèque de feu M. Ernest Stroehlin. Deuxième partie comprenant le Cabinet formé par M. Adolphe Gaiffe, Paris 1912 [catalogue de vente]

Bibliothèque du château d'Oron. Inventaire [registre topographique ms.; réalisé en 1951, il témoigne du classement des ouvrages à cette époque]

4. SOURCES ET ÉTUDES SUR L'HISTOIRE DE LA BIBLIOTHÈQUE

Archives

Les archives de la bibliothèque sont conservées au château.

Roulin, Alfred: La bibliothèque du château d'Oron. Exposé lors de l'Assemblée de la Société d'histoire de la Suisse romande au château d'Oron le samedi 2 octobre 1948 [dactyl., au château]

Études

Association pour la conservation du château d'Oron 1934–1984. Oron 1984 [sur la bibliothèque p. 48–51]

Brondel-Cuenod Clémence; Wavre-Bovet Catherine: La bibliothèque du château d'Oron. In: Librarium 4 (1961) p. 125–138

Bulletin [de l'] Association pour la conservation du château d'Oron, 1990–

Giraud, Yves: Coup d'œil sur la bibliothèque. In: Bulletin [de l'] Association pour la conservation du château d'Oron 1 (1990) p. 18–19

Liard, Héli: Le château et la seigneurie d'Oron. Neuchâtel 1979 (Trésor de mon pays, 109) [sur la bibliothèque p. 29–30, pl. 22–24]

Perey, Lucien: Histoire d'une grande dame au XVIIIe siècle. La princesse Hélène de Ligne. Paris 1888 [sur la bibliothèque p. VI]

Perey, Lucien: Histoire d'une grande dame au XVIIIe siècle. La comtesse Hélène Potocka. Paris 1924 [sur la bibliothèque p. 489]

5. PUBLICATIONS SUR LES FONDS

Augsbourger, Mireille *et al.*: Le catalogue de la bibliothèque du château d'Oron. Genève 1951 [travail de diplôme ESID, dactyl.]

Giraud, Yves; Clin-Lalande, Anne-Marie: Nouvelle bibliographie du roman épistolaire en France des origines à 1842. Fribourg 1995 (SEGES) [sur la bibliothèque p. VI, 159, 166, 167, 169, 171, 173, 176, 261–270]

Martin, Angus; Mylne, Vivienne G.; Frautschi, Richard: Bibliographie du genre romanesque français 1751–1800. Londres 1977 [sur la bibliothèque p. xvii et 337, 410–418, 420, 424–436, 438–439, 445]

Rebetez, Maurice: Réorganisation de la bibliothèque du château d'Oron. Oron 1972 [travail de diplôme ABS, dactyl.]

BIBLIOTHÈQUE COMMUNALE DE ROLLE

Canton: Vaud

Lieu: Rolle

Auteur: Jean-Luc Rouiller

Adresse: Grand-Rue 46, 1180 Rolle

Téléphone: +41 21 822 44 11

E-mail: bibliotheque@rolle.ch

Rattachement administratif:
Commune de Rolle

Fonctions:
Fonds patrimonial de la Bibliothèque communale

Collections:
Fonds ancien encyclopédique, avec accent sur l'histoire, la littérature, le droit et les éditions du 18e s.

Conditions d'utilisation:
Le fonds ancien est un fonds fermé, consultable uniquement sur rendez-vous. La Bibliothèque communale est ouverte le lundi et jeudi de 14 h à 18 h 30, le mercredi de 10 h à 12 h et de 14 h à 18 h 30 et le samedi de 10 h à 12 h.

Informations pour les utilisateurs de passage:
La Bibliothèque communale est à 10 minutes à pied de la gare CFF. Autoroute A1, sortie Rolle. Parking à proximité. Le fonds ancien est conservé au château, à 500 m. de la Bibliothèque communale.

1. HISTORIQUE DU FONDS

Les origines

1.1 L'initiative de la fondation de la Bibliothèque communale de Rolle ne revient pas à la Municipalité, mais à quelques citoyens de la ville et de ses environs, «amis des lumières» et soucieux de faire profiter le «public» des «avantages de l'instruction» (Catalogue 1845, III). Cette initiative trouva un terrain favorable à sa réalisation dans les lois cantonales de 1833, 1834 et 1837, qui réorganisaient l'instruction publique en instituant, entre autres, des *écoles industrielles ou moyennes*, qui pouvaient se combiner avec les collèges. De plus, le règlement cantonal du 7 août 1835 pour les écoles moyennes exigeait la création de bibliothèques dans les collèges (art. 99/9). A Rolle, on créa un *Collège-école-moyenne* en 1838. Il faudra toutefois attendre 1840 pour voir se concrétiser la fondation d'une bibliothèque.

1.2 Au printemps de cette année-là, un «Prospectus» circule dans la population rolloise et des environs pour inciter les habitants à souscrire à un projet de bibliothèque publique, «son caractère devant être supérieure à celui d'une bibliothèque populaire proprement dite, et pourtant inférieure à celui d'une bibliothèque d'académie». Les personnes intéressées «s'engagent simplement à faire plus tard un don en argent ou en livres et cela dans la mesure que chacun jugera bon» (PV, 6). Cinquante-trois d'entre elles ont, dans un premier temps, répondu à l'appel, dont Mme de La Harpe, veuve de Frédéric César, et le baron Théodore de Grenus. Elles sont convoquées pour une première assemblée le 25 mars 1840 au château de Rolle. Lors de cette assemblée, on élabore le premier «Règlement fondamental». La «Bibliothèque publique» est ouverte à tous, mais sur cotisations: 34 francs 50 pour les abonnements à vie, 3 francs 45 pour les abonnements annuels et 2 francs pour six mois (art. 1, 2, 15). L'usage en est gratuit pour les instituteurs et les élèves de l'Ecole moyenne et du Collège de Rolle (art. 3, 16). Elle est gérée par un comité de sept membres, dont un représentant de la Municipalité et un représentant des Ecoles, qui «fait le choix des livres à acheter» (art. 6, 7, 11). Le règlement précise la répartition budgétaire des acquisitions, en signifiant d'entrée la volonté de mettre l'accent sur les ouvrages «scientifiques». En effet, ceux-ci devront absorber 6/10 des dépenses, contre 3/10 pour les ouvrages «littéraires» et 1/10 pour les ouvrages «religieux», sans tenir compte des dons (art. 4), qui pourront être refusés si le Comité les juge «dangereux» ou «inutiles» (art. 11).

1.3 Les fondateurs décident d'emblée d'offrir la bibliothèque à la commune de Rolle, qui devra entre autres mettre un local à disposition. L'acte de donation ne sera toutefois signé que le 11 janvier 1842

(Catalogue 1845, XI–XII). Le règlement sera sanctionné le 2 avril 1840 par une nouvelle assemblée générale des fondateurs, qui nommera le premier comité, formé de B. Dumont, de l'instituteur Auguste Ernst, du pasteur Jacques-Louis Gleyre, du médecin Gustave Campiche, de l'écrivain Nicolas Châtelain (1769–1856), de Jean-Jacques Lochmann (1802–1897), directeur du collège, et du syndic Charles Juillerat, qui sera président du comité de 1842 à 1861.

1.4 La Municipalité va installer les ouvrages dans le château, qui abritait aussi les écoles publiques. Plus précisément, le 24 août 1840, elle autorise le comité à déposer les livres dans «le cabinet du directeur de l'école moyenne» (PV, 15). En octobre de la même année, elle peut ouvrir son fonds au public (PV, 24), à raison de deux fois par semaine. Grâce à la générosité des fondateurs, la bibliothèque va renfermer, après une année (avril 1841), quelque 1'200 vol. et posséder une somme de 800 francs. Les achats ne représentent qu'une faible part des acquisitions: une quarantaine de titres. L'accroissement va se poursuivre, mais à un rythme moins soutenu. En novembre 1842, le fonds est constitué de 1'800 vol. Un inventaire du 15 avril 1843 parle de 2'150 vol. (livres et cartes), estimés à 3'270 francs (B.KKF 433). Un premier catalogue alphabétique (des titres) existe sous forme manuscrite. En 1845, le nombre des *fondateurs* se monte à 118 (dont 13 dames et 9 demoiselles) et celui des *bienfaiteurs* à plus de 64.

La bibliothèque Favre

1.5 Après un départ somme toute classique, la bibliothèque va prendre son envol en été 1843. Le 24 juin de cette année, le comité annonce à la Municipalité qu'il vient d'entrer en possession de la riche bibliothèque des familles Favre et Reverdil, composée d'environ 10'000 vol. Il l'a acquise de «Louis Favre à Rolle et Vich, à un prix fort en dessous de la valeur réelle» (A.ABA 8, n°44, 62), soit 400 francs, payés grâce à une souscription. Louis a dû l'hériter du jurisconsulte Jean-Marc-Louis Favre (1733–1793) de Rolle. La bibliothèque Favre à proprement parler renfermait, si l'on en croit un catalogue manuscrit (sans titre et sans date), quelque 6'500 vol., dont un nombre important d'ouvrages de droit (670 vol.), mais aussi d'histoire (1'400 vol.) et de géographie (220), de belles-lettres (1'100), de sciences naturelles (1'130), de théologie (350), etc. Si peu de volumes portent l'ex-libris «Favre», certains, surtout ceux de droit, sont annotés, peut-être de la main même du jurisconsulte, à qui l'on doit sans doute la constitution de la plus grande partie de la bibliothèque. Celle-ci renfermait aussi des manuscrits, dont ceux de l'historien Abraham Ruchat; ces derniers seront cédés en 1844 à la Bibliothèque cantonale de Lausanne. Quelques livres de ce dernier ont toutefois été conservés, comme en témoigne certains ex-libris.

1.6 La part de la bibliothèque issue de la famille Reverdil a probablement été constituée par deux de ces membres illustres: Elie Salomon François (1732–1808), non seulement beau-frère du jurisconsulte, mais surtout conseiller d'Etat du roi Christian VII de Danemark, et son frère, Marc Louis Reverdil (1734–apr. 1793), bibliothécaire du roi Stanislas de Pologne. Le catalogue de ce fonds a aussi été conservé. Il renferme quelque 3'500 vol. classés par matières: histoire (800 vol.) et géographie (310), sciences (730), littérature (580), théologie (250), droit (230), philosophie et éducation (160), etc. On y trouve entre autres une septantaine de vol. sur l'histoire du Danemark, de la Suède et de la Pologne, une autre septantaine sur la «géographie & satistique» du Danemark et de la Suède. Quelques-uns portent l'ex-libris «Reverdil». La souscription permettra aussi de payer les 150 francs dépensés pour l'achat de la bibliothèque d'Isaac Henri Mayor (mort en 1843), négociant, propriétaire de la Gordanne, de loin moins importante que celle de Favre-Reverdil: probablement seulement quelques centaines de volumes.

1.7 Grâce à ces volumineuses acquisitions, la bibliothèque de Rolle devient, pour un temps, l'un des plus importants fonds publics du canton, si ce n'est le plus important, à l'exception de Lausanne. Elle a passé d'un coup de moins de 2'500 vol. à quelque 12'000, accroissement qui demande en temps normal plus de dix ans. Le comité en est fier, comme on peut le voir dans une lettre à la Municipalité (B.KKF 433, 24 juin 1843). Dès lors, de nouveaux locaux sont nécessaires: les autorités vont mettre à disposition «deux pièces contiguës à la bibliothèque actuelle», pour ranger les livres récemment acquis (A.ABA 8, n°44, 62).

1.8 Le premier catalogue imprimé, déjà demandé dans le règlement de 1840 (art. 13), ne sortira de presse qu'en 1846 (et non pas en 1845 comme indiqué sur la page de titre). Il est l'œuvre du comité, plus spécialement du bibliothécaire Auguste Ernst. Le fonds est à ce moment-là constitué d'un peu plus de 6'160 titres (comptage d'après le catalogue), ce qui représente un ensemble de quelque 12'000 vol. (Catalogue 1845, IV), estimés à 18'000 francs. Le classement des notices bibliographiques suit une systématique calquée sur celle du catalogue de 1839 de la Société de lecture de Genève (voir cette notice), répartissant les ouvrages en six grands domaines, eux-mêmes subdivisés en plusieurs sous-domaines. En s'appuyant sur ce catalogue, on constate que le domaine le mieux fourni est celui des sciences historiques (1'700 titres), suivi des sciences et arts (1'430 titres), des langues et littératures (1'280 titres), de la jurisprudence (1'120 titres), de la théologie (560 titres). Cette répartition ne correspond pas tout á fait à celle voulue par le règlement de 1840: les domaines scientifiques sont surreprésentés, aux dépens de la littérature et de la théologie, certainement en raison de la couleur scientifique de la bibliothèque Favre-Reverdil. La variété des ouvrages montre l'ouverture d'esprit de leurs possesseurs, car ils ne concernent pas uniquement la Suisse ou la France, mais toute l'Europe et dans des langues très diverses, et ce pour tous les domaines.

1.9 A côté des noms déjà mentionnés, on rencontre aussi plusieurs volumes portant des ex-libris de personnalités de la région, comme le professeur Charles-Guillaume Loys de Bochat (1695-1754), le bailli Bernard Tscharner (1728-1778), Albrecht Friedrich von Erlach von Jegenstorf, Frédéric César de la Harpe, Emmanuel de la Harpe (1782-1842), et, parmi les plus prestigieux, le roi Frédéric II de Prusse ou Benjamin Franklin. Certains de ces volumes ont probablement transité par les familles Favre ou Reverdil.

La routine de la seconde moitié du 19e s.

1.10 Dans la seconde moitié du 19e s., la bibliothèque va continuer à s'accroître, mais à un rythme nettement plus lent, car l'argent manque pour faire des achats réguliers et en suffisance, et les dons ne permettent pas de combler les lacunes. La conséquence est la baisse du nombre d'abonnés. En 1875-1876, il n'y aura plus que 27 abonnés payants. L'allocation annuelle de 100 francs versée par la commune dès les années 1880 n'est pas suffisante. Pour «attirer l'attention du public» et «pour solliciter des abonnements», le comité diffuse des circulaires auprès de la population (PV 10 mai et 23 juillet 1861), sans grand succès. On parle tout de même de 16'000 vol. dans les années 1868-1870, ce qui correspond à un accroissement moyen d'environ 160 à 170 vol. par an depuis 1846.

1.11 En 1876-1877, Jean-Pierre Déglon réorganise la bibliothèque, car les livres étaient mal rangés, la cotation absente ou déficiente et les volumes recouverts de «lits de poussière et de toiles d'araignées», comme on peut le lire dans son rapport fort instructif. Il était difficile de retrouver un ouvrage, parmi les quelque 18'000 vol. présents. Déglon a coté chaque ouvrage dans le catalogue imprimé, en introduisant un système de chiffres romains, de lettres majuscules et minuscules, suivies d'un chiffre arabe, soit la cotation alphanumérique matières telle qu'elle a été conservée à ce jour. Il a ensuite classé au rayon les livres selon l'ordre de ces cotes, puis les a tous dépoussiérés et munis d'une étiquette. On trouvait ainsi dans la première pièce, qui servait aussi à la distribution des livres, la jurisprudence (cote II); dans la pièce du milieu (ou deuxième salle), on avait la littérature (IV), l'histoire (V.E), les encyclopédies et les périodiques (VI.A; VI.B); dans la tour (ou troisième pièce), on avait la théologie (I), les sciences et arts (III), les sciences historiques (V.A à V.D; V.F et V.G). Disposition que l'on retrouve en grande partie aujourd'hui, à l'exception des ouvrages de jurisprudence qui ont été déplacés dans la tour pour laisser la place au fonds vaudois, constitué en 1983-1984 (voir «Collection particulière»).

1.12 Dans le dernier quart du 19e s., la bibliothèque semble vivre sur ses acquis et son fonds correspondre de moins en moins à l'évolution des sciences. Après la ferveur des premières années, le rythme des séances du comité, qui avait déjà diminué à partir des années 1850, va encore s'affaiblir dès 1882, pour devenir annuel. Entre 1879 et 1881, aucune séance n'est signalée dans le registre des procès-verbaux; il semblerait même que la bibliothèque ait fermé durant cette période. Quoiqu'il en soit, le 9 décembre 1882, le comité fait paraître un «Communiqué» dans la *Feuille d'Avis de la Côte*, dans lequel il annonce que «la distribution des livres reprendra son cours [...] à l'occasion de la rouverture» de la Bibliothèque. Il appelle la population à s'abonner ou à faire des dons en argent pour l'acquisition de livres, car la bibliothèque est «suffisamment pourvue en livres anciens et surabondamment en ceux de jurisprudence, mais les progrès dans les sciences, dans l'économie politique et sociale, les découvertes des naturalistes et explorateurs, les travaux philosophiques, littéraires et de pédagogie, ceux aussi du domaine religieux, nécessitent un enrichissement plus fréquent et plus varié», appel lancé en 1870 déjà et qui avait alors permis de récolter 326 francs (PV du 28 août 1873).

1.13 En 1895, le comité tente une nouvelle opération: il souhaite vendre des volumes de la *Revue des deux mondes* (1868-1881) et de la *Bibliothèque universelle* (1868-1886), ainsi que des doublets, tant pour faire de la place que pour récolter quelques fonds pour acquérir de nouveaux ouvrages; mais nous ne savons pas si cette opération remporta ou non un franc succès. Elle est surtout liée à une «réorganisation» de la bibliothèque. En fait, le comité se doit de modifier le règlement pour permettre à de nouveaux membres de participer à l'assemblée générale, car «tous les membres fondateurs [sauf un] et tous les abonnés à vie de la bibliothèque sont décédés» (PV du 13 fév. 1895), si bien que les assemblées générales sont désertées. La Municipalité participe aussi à cette «réorganisation» en versant un subside de 500 francs, y compris pour l'achat de livres (PV du 6 déc. 1895). Le comité en profite pour faire imprimer, en 1896, le premier supplément au catalogue de 1845. Il comptabilise près d'un demi-millier de nouveaux titres, numérotés de 1 à 493, ce qui corrrespond à un accroissement moyen annuel de 30 à 40 titres depuis 1880-1883, date à laquelle on a dû abandonner les anciennes cotes pour des cotes purement numériques (*numerus currens*). Jusqu'alors, les nouvelles acquisitions étaient inscrites dans un exemplaire du catalogue de 1845. Non seulement ce supplément entérine l'utilisation des nouvelles cotes pour les ouvrages nouvellement acquis, mais il montre l'orientation «littérature moderne» donnée au fonds, puisque les trois quarts des nouveaux titres ont trait à ce domaine.

Le 20ᵉ s.: le fonds ancien reste au château

1.14 Les conséquences de la réorganisation sont difficiles à déterminer, car le registre des procès-verbaux des séances du comité s'arrête au 1ᵉʳ mai 1896. Les suivants n'ont pas été retrouvés, pas plus que l'article inséré dans le *Courrier de la Côte* et qui devait annoncer la réorganisation au public. Il nous reste les suppléments du catalogue, parus en 1914 (1'420 titres en 1'820 vol.), en 1918 et en 1935. L'accroissement annuel moyen entre 1897 et 1914 est d'environ 65 titres; l'orientation littéraire des nouvelles acquisition se confirme.

1.15 Un dernier supplément au catalogue sort de presse en 1935. Il reprend les titres signalés dans le Supplément de 1914, toujours selon un classement alphabétique des auteurs, avec toujours une cotation numérique (*numerus currens*). Il contient 2'226 titres en 2'790 vol., plus 34 titres de périodiques (plus de 700 vol.), ce qui fait un accroissement annuel moyen de 38 monographies (46 vol.) par an entre 1914 et 1934. Il est l'œuvre du bibliothécaire Edgar Delisle (professeur à Rolle), qui dressera le premier catalogue sur fiches. Les séances de distribution n'ont toujours lieu que deux fois par semaine, comme en 1840 et en 1914. La Bibliothèque joue toujours le rôle de bibliothèque scolaire et de bibliothèque communale.

1.16 Pour faire face au manque de place, en 1977, la bibliothèque quitte le château pour s'installer au premier étage de l'immeuble de La Couronne (Grand-Rue 44). Elle n'emmène avec elle que les ouvrages les plus récents, laissant le fonds ancien dans ses anciens locaux. Une année plus tard, des infiltrations d'eau le long de la tour du château provoquent le développement de champignons et causent des dégâts aux livres entreposés au bas des bibliothèques. Cette situation obligera une réfection des locaux et amènera Louis-Daniel Perret, de la Bibliothèque cantonale et universitaire, à proposer à trois futurs bibliothécaires de faire leurs travaux de diplôme sur ce fonds ancien: au milieu des années 1980, on verra alors la constitution d'un fonds vaudois (voir «Collection particulière») et le reclassement de la section sciences et arts (philosophie, sciences, etc.). Dès lors, le fonds ancien devient un fonds fermé, conservé au château, et la Bibliothèque communale de lecture publique va prendre un nouveau départ dans ses locaux de la Grand-Rue. En 2005, l'Association des amis du château de Rolle voit le jour. Elle se fixe, entre autres, pour objectif l'informatisation du catalogue du fonds ancien et la mise en valeur de ce dernier.

2. DESCRIPTION DU FONDS

2.1 Le comptage des ouvrages a été effectué directement au rayon. Nous parlons en nombre de titres et de volumes, parfois arrondi à la dizaine. Nous n'avons pas tenu compte de quelque 200 vol. rangés dans la salle du milieu, non étiquetés et non classés, datant des 17ᵉ–19ᵉ s., ni de plusieurs liasses de brochures déposées dans une armoire de la première salle, ni d'environ 500 à 1'000 vol. (estimation) du 19ᵉ s. rangés dans douze grosses caisses en bois (toujours dans la première salle), qui eux portent une cote moderne CDU et qui devaient faire partie du fonds «moderne» de la bibliothèque. En conséquent, le nombre d'ouvrages du 19ᵉ s. sera quelque peu sous-évalué.

Survol chronologique et par langues

2.2 Compte tenu de ces remarques, le fonds ancien de la Bibliothèque communale de Rolle est constitué de 6'300 titres pour 12'560 vol., y compris les brochures ou recueils de brochures (leur nombre n'est pas très élevé) et près de 1'000 vol. de périodiques. La plus grande partie des ouvrages (70%) est du 18ᵉ s., soit 4'380 titres pour 8'750 vol. Les imprimés du 19ᵉ s. comptabilisés se montent à 1'040 titres (16%) pour 2'800 vol. Reste encore 730 titres (11%) du 17ᵉ s. en 870 vol. et 142 titres (2%) du 16ᵉ s. en 147 vol. Deux volumes sont des incunables: une *Biblia latina* (Bâle 1495) et les Status de Savoie (Turin 1487).

2.3 Les trois quarts des volumes (9'460) sont en français, mais seulement 65% des titres (4'100): 28 titres en 30 vol. du 16ᵉ s., 285/386 du 17ᵉ s., 2'870/6'440 du 18ᵉ s., 920/2'600 du 19ᵉ s. Parmi les langues étrangères, le latin arrive en tête, avec 1'330 titres (21%) pour 1'710 vol. (13%): 85/88 du 16ᵉ s., 382/407 du 17ᵉ s., 840/1'180 du 18ᵉ s. et 20/36 du 19ᵉ s. La langue étrangère vivante la mieux représentée est l'allemand, avec 590 titres (9%) pour 926 vol. (7%): 6/6 du 16ᵉ s., 33/40 du 17ᵉ s., 474/763 du 18ᵉ s. et 77/118 du 19ᵉ s. Viennent ensuite l'anglais (142 titres en 264 vol.) et les autres langues (136/192), surtout l'italien et le grec, mais aussi le danois, le néerlandais.

Aperçu systématique

2.4 L'aperçu systématique se fonde sur le classement matières des ouvrages au rayon, ceux-ci étant répartis en six grands domaines (cotes I à VI). Une cote VII (environ 260 titres en 890 vol.) regroupe des additions, déjà signalées comme telles dans le Catalogue de 1845: 85 titres en 457 vol. pour l'histoire, 40/135 pour la littérature, 56/72 pour le droit, 37/62 pour la philosophie, 35/48 pour la théologie et 8/13 pour les sciences. Pour les besoins de l'aperçu, nous avons réparti au mieux ces ouvrages dans les différentes matières de chaque grand domaine. De plus, nous n'avons pas tenu compte du nouveau classement des ouvrages de sciences et arts (philosophie, sciences, etc.) réalisé en 1985, préférant conserver celui d'origine, plus précis, afin de maintenir l'unité de la systématique originelle. En revanche, nous avons tenu compte de la création du fonds vaudois, mais nous l'avons traité à part en «Collection particulière». Globalement, on consate que l'ensemble du fonds ancien se partage plus ou moins équitablement en quatre grands domaines: sciences historiques, sciences et arts, littérature et jurisprudence (de 22 à 18% des titres et de 26 à 13% des vol.). La théologie est plus faiblement représentée.

Sciences historiques

2.5 1'380 titres en 3'230 vol. concernent les sciences historiques (cote V), y compris la géographie, les récits de voyage, la statistique et l'économie politique. Ils représentent 22% des titres et 25% des vol. du fonds ancien. La répartition des ouvrages par siècles et par langues correspond plus ou moins à celle de l'ensemble du fonds ancien.

2.6 Les ouvrages d'histoire proprement dits forment un ensemble de 850 titres en 2'000 vol.: 26/26 du 16^{e}s., 123/208 du 17^{e}s., 600/1'470 du 18^{e}s. et 102/294 du 19^{e}s. Les trois quarts (630/1'410) des livres portent sur l'histoire moderne des différents pays européens (12/12 du 16^{e}s., 76/124 du 17^{e}s., 455/1'020 du 18^{e}s. et 90/255 du 19^{e}s.), y compris le Danemark, la Norvège et la Suède (au moins 3 titres du 18^{e}s. en suédois), avec un accent sur la France (essentiellement du 18^{e}s., comme *Recherches sur l'origine de l'esclavage religieux et politique du peuple en France*, Londres 1783; mais aussi du 17^{e}s., tel *Journal des exploits des armées royales de sa Majesté très chrestienne contre les Hollandois*, [Lausanne] 1672) et la Suisse (Christian Wurstisen, *Baszler Chronick*, Bâle 1580); seuls quelques titres portent sur l'Amérique et l'Asie. 114 titres en 280 vol. concernent l'histoire ancienne (près de la moitié en latin et 10 du 16^{e}s., 25/38 du 17^{e}s.), surtout romaine, comme cette édition en français des *Commentaires* de César (Lyon 1555). On trouve tant des œuvres d'historiens antiques (Hérodote, Thucydide, Tite Live, César, Salluste, Tacite, Suétone, Justin; Josèphe Flavius, *Le grant almageste*, Paris 1533) que celles d'historiens du 18^{e}s. 18 ouvrages en 118 vol. traitent de l'histoire universelle, comme celle de de Thou (Bâle 1742, 11 vol.), celle de l'abbé Millot (Leipzig 1777-1793, 13 vol. trad. en allemand) ou d'Antoine-Jacques Roustan (*Abrégé de l'histoire universelle*, Paris 1790, 9 vol.). Rares sont les livres sur le Bas-Empire et le Moyen Age (Blaise de Vigenère, *Histoire de Geoffroy de Villehardouyn*, Paris 1585). A côté de ces ouvrages, on trouve des introductions à l'étude de l'histoire et des chronologies (40/70), dont la *Méthode pour étudier l'histoire* de Nicolas Lenglet-Dufresnoy (Paris 1772, 15 vol.).

2.7 A ces ouvrages d'histoire peuvent facilement être associées une centaine de biographies (350 vol.): 1 du 16^{e}s., 13/12 du 17^{e}s., 68/130 du 18^{e}s., 23/206 du 19^{e}s. On trouve soit des dictionnaires (comme le *Dictionnaire portatif des femmes célèbres*, Paris 1788), soit des biographies individuelles, portant tant sur l'Antiquité (Diogène Laërce, *Vitae philosophorum*, [Genève] 1594) que sur l'Ancien régime (*Procès de Joseph Balsamo surnommé le comte Cagliostro*, Liège 1791). Les ouvrages d'archéologie sont peu nombreux: 44 titres en 59 vol. (1 du 16^{e}s., 5 du 17^{e}s., 38/53 du 18^{e}s.), dont plus de la moitié porte sur les «mœurs» antiques ou sur la numismatique (Guillaume Budé, *De asse et partibus ejus libri V*, Lyon 1550).

2.8 Les sciences historiques regroupent aussi les ouvrages de géographie et les récits de voyage. Les premiers forment un ensemble de 117 titres en 210 vol. (4 du 16^{e}s., 17 du 17^{e}s., 62/120 du 18^{e}s., 34/70 du 19^{e}s.), auquel on peut ajouter une soixantaine de cartes imprimées entre le 17e et le 19e s. On trouve une quarantaine de traités généraux (Sebastian Münster, *La cosmographie universelle*, Bâle 1568); une quinzaine de titres portent plus spécialement sur la géographie antique (Strabon, *Rerum geographicarum libri XVII*, Bâle 1571), une soixantaine sur la géographie moderne, tant de la Suisse (Matthias Merian, *Topographia Helvetiae, Rhaetiae et Valesiae*, [Francfort] 1642) que des différents pays européens. Parmi les quelques atlas (une dizaine), on signalera surtout *A collection of plans of the capital cities of Europa* (Londres 1771), 2 vol. portant l'ex-libris de Frédéric II de Prusse. On compte 110 récits de voyage en 325 vol.: 5 titres du 17^{e}s., 75/200 du 18^{e}s., 30/118 du 19^{e}s. Hormis les voyages accomplis dans les différentes parties du monde, on trouve surtout des voyages en Europe et en Suisse.

2.9 Ont aussi été regroupés parmi les sciences historiques, les ouvrages de statistiques et les almanachs (48 titres en 106 vol., sur la Suisse, mais aussi sur d'autres régions d'Europe, comme la Laponie: Johann Scheffer, *Lappland*, Francfort 1675) et ceux d'économie politique, démographie, finances, commerce compris (80/117 du 18^{e}s. et 30/48 du 19^{e}s.), comme la *Nouvelle relation de quelques endroits de Guinée et du commerce d'esclaves qu'on y fait* de William Snelgrave (Amsterdam 1735).

Sciences et arts

2.10 Les sciences et arts (cote III) regroupent un ensemble de 1'350 titres (21%) en 2'220 vol. (18%). La répartition par siècles est conforme à celle de l'ensemble du fonds ancien, avec toutefois une proportion d'édition du 18^{e}s. (990 titres en 1'610 vol.) légèrement supérieure, aux dépens des éditions du 16^{e}s. (17/22), du 17^{e}s. (132/141) et du 19^{e}s. (213/446). La répartition par langues est aussi conforme à celle de l'ensemble du fonds ancien: 916/1'638 en français, 228/300 en latin, 153/200 en allemand, 35/62 en anglais et 18/21 dans d'autres langues.

2.11 Près de 200 titres en près de 260 vol. concernent les mathématiques: 1 du 16e s., 10/11 du 17e s., 155/188 du 18e s., 31/57 du 19e s. Il s'agit, plus précisément, d'ouvrages d'arithmétique (24), de géométrie (18/23), d'algèbre (18/21), de mécanique (14/17), d'astronomie (30/50), d'arpentage (20/17), d'art militaire (44/50, comme *Le directeur général des fortifications*, Sébastien Le Prestre de Vauban, La Haye 1685), plus une trentaine de traités généraux. Ils sont plus nombreux que les ouvrages de physique (78/139: 4 du 17e s., 63/121 du 18e s., 11/14 du 19e s., *Traittez des baromètres* de Joachim d'Alencé, Lièges 1691) ou ceux de chimie (49/93: 35/70 du 18e s. et 14/23 du 19e s.; essentiellement en français).

2.12 70 titres en 105 vol. concernent la «technologie» (ou arts et métiers): 1 du 16e s., 2 du 17e s., 44/74 du 18e s. (Auguste-Denis Fougeroux de Bondaroy, *Art du tonnelier*, [Paris] 1763) et 22/28 du 19e s. 190 titres en près de 310 vol. portent sur les sciences médicales: 9/11 du 17e s., 152/260 du 18e s. et 29/37 du 19e s.; les aspects les mieux représentés sont la «pathologie et thérapeutique» (48/100, comme *Briefve et facile méthode pour se préserver et guérir de la peste* de Jacques Dorenet, Dole 1629), la «matière médicale» (28/50) et la physiologie (23/31).

2.13 Les ouvrages d'«histoire naturelle» forment un sous-ensemble important des sciences et arts: 185 titres en 464 vol. (1 du 16e s., 12/8 du 17e s., 106/232 du 18e s., 56/223 du 19e s.). Ce domaine regroupe des traités généraux (37/200), dont une *Histoire naturelle* de Buffon en 127 vol. (Paris 1799–1808, in-8°) et six éditions de l'*Histoire naturelle* de Pline, des ouvrages de géologie (29/43, dont *Relazione dell'ultimo terremoto delle Calabrie e della Sicilia* de William Hamilton, Florence 1783), de botanique (32/67), d'agriculture (60/100), de zoologie (14/38) et quelques mélanges (14/17). On signalera au passage une dizaine de titres (une vingtaine de vol.) en rapport avec les sciences occultes (2 du 17e s. et 9/17 du 18e s.), comme *Le manuel de Xéfolius* ([Paris] 1788) ou *Opera nova* de Bartolomeo della Rocca (s. l., s. d.).

2.14 La philosophie regroupe 520 titres (près de 40% des sciences et arts) en 760 vol., dont la plus grande partie des éditions du 16e s. (12/17) et près des deux tiers des éditions du 17e s. (90/100) des sciences et arts; 380 titres en 590 vol. sont du 18e s., 38/52 du 19e s.; 124/146 en latin, 58/86 en allemand, 21/37 en anglais. Si différentes branches de la philosophie sont représentées (logique 14/16, métaphysique 22/28, psychologie 20/29), on note un accent sur les ouvrages de «morale et mœurs» (98/139, comme *Les œuvres morales & philosophiques* de Plutarque, Paris 1597), d'éducation (58/75) et sur la politique (82/102, comme *Intérêts et maximes des princes et des Etats souverains*, Cologne 1666). 106 titres (201 vol.) sont des œuvres de philosophes, anciens (*Opera omnia* d'Aristote, Lyon 1580, 7 vol.) et surtout modernes. La partie beaux-arts est négligeable, puisqu'elle ne renferme que 40 titres en 47 vol. (2 du 17e s., 26/33 du 18e s. et 12 du 19e s.), surtout en architecture, mais pas seulement (*Fragmens de Daphnis et Chloé* de Jean-Jacques Rousseau, Paris 1779).

Littérature

2.15 Le domaine «Littérature» (cote IV) regroupe un ensemble de 1'210 titres (19%) en 2'490 vol. (20%). La répartition des ouvrages par siècles montre une proportion d'ouvrages du 19e s. de peu inférieure à celle de l'ensemble du fonds ancien, au profit des éditions du 18e s.: 34 titres sont du 16e s., 135/155 du 17e s., 867/1'983 du 18e s. et 146/320 du 19e s.

2.16 Un peu moins du tiers des ouvrages (365/620) ne sont pas des œuvres littéraires: 10 du 16e s., 50/57 du 17e s., 266/485 du 18e s. et 40/67 du 19e s., avec une part de livres en latin supérieure à la moyenne: 110 titres en 160 vol. Ces ouvrages touchent à la linguistique (127/170, dictionnaires et grammaires), à la rhétorique (47/70), à la critique littéraire (66/127), à l'histoire littéraire (68/182), à la diplomatique et à la bibliographie (57/70). Ils concernent différentes langues et diverses littératures anciennes et modernes.

2.17 Un peu moins du quart des œuvres littéraires sont des œuvres de l'Antiquité: 200 titres en 350 vol. La plus grande partie est en latin (134/197). 23 titres sont du 16e s. (soit les deux tiers des éditions du 16e s. de «Littérature»), 54/65 sont du 17e s., 110/232 du 18e s., 13/30 du 19e s. Il s'agit surtout de littérature latine, ancienne (120/220, comme une édition parisienne de 1515 des *Opera* de Virgile), mais aussi moderne (34/40), avec quelques œuvres grecques (45/88).

2.18 Quelque 650 titres en 1'520 vol. relèvent de la littérature moderne. La part des éditions du 18e s. est plus grande que dans le reste de la «Littérature»: 520 titres en 1'266 vol. 94 titres en 223 vol. sont du 19e s., 31/33 du 17e s. et un du 16e s. (Machiavel, *Tutte le opere*, s. l. 1550). 77 titres en 122 vol. sont en allemand, 24/56 en anglais et 30/48 dans d'autres langues (surtout en italien). Les œuvres poétiques et dramatiques forment un ensemble de 266 titres en 388 vol. Le reste se répartit entre les «prosateurs» (138/295, dont *Les bigarrures et touches du seigneur des Accords*, Paris 1608), les «polygraphes» (75/343, dont les *Œuvres* de Montesquieu, Amsterdam, Lausanne 1761, 6 vol.) et les romans (120/377, comme les *Lettres d'une Péruvienne*, Paris [i.e. Lausanne] 1748). 48 titres en 120 vol. ont été regroupés sous la rubrique «mélanges», comme *Guerre littéraire, ou Choix de quelques pièces de M. de V**** ([Lausanne] 1759).

Jurisprudence

2.19 Le fonds ancien est constitué d'un bel ensemble d'ouvrages de droit (cote II): 1'120 titres (18 %) en 1'570 vol. (12 %). Pour la répartition par siècles, on note une proportion plus faible d'ouvrages du 19e s. (80/136), au profit des éditions du 18e s. (846/1218) et du 17e s. (170/186); reste 27 titres (29 vol.) du 16e s. Les titres en latin (528) sont plus nombreux que ceux en français (463), mais pas les vol. (618 contre 778); reste 109 titres (142 vol.) en allemand, 17 (24) en anglais et 5 (7) dans d'autres langues. Le droit romain est le mieux représenté: 330 titres en 417 vol. (13/14 du 16e s., 47/59 du 17e s., 255/330 du 18e s., 15/15 du 19e s.); le plus ancien est *Civilis historiæ juris* d'Aymar Du Rivail (Mayence 1527), la plupart sont en latin, y compris 7 recueils de brochures jurdiques reliées (une centaine de pièces du 18e s. en latin). Le droit français (260/490: 6 du 16e s., 39/47 du 17e s., 190/383 du 18e s., 25/52 du 19e s., essentiellement en français, comme une édition parisienne de 1539 de *La grant somme rural* de Jean Boutillier) et le droit allemand (146/163: 1 du 16e s., 33/28 du 17e s., 104/123 du 18e s., 8/11 du 19e s., essentiellement en latin et en allemand) sont mieux représentés que le droit suisse (87/93, droit vaudois non compris). 60 titres (77 vol.) concernent le droit d'autres pays (Angleterre, Hollande, Pologne, Italie, Etats-Unis). Les autres ouvrages portent sur le droit ecclésiastique (41/63, dont le *Traité sur la tolérance* de Voltaire, s. l. 1763), sur le droit de la nature et des gens (30/60), le droit public international (28/48, comme *Du contract social* de Jean-Jacques Rousseau, Amsterdam 1762), le droit féodal (24/24), le droit des peuples anciens (12/19), d'autres encore sur la philosophie du droit (47/66, dont le *Traité philosophique et politique de la peine de mort* de Camilo Ciamarelli, Mantoue 1789), l'histoire du droit (17/16); reste quelques bibliographies (17/23) et ouvrages généraux (22/25).

Théologie

2.20 Le fonds ancien comporte relativement peu d'ouvrages de théologie (cote I): quelque 510 titres (8 %) en 760 vol. (6 %), surtout en rapport avec le protestantisme. Exceptionnellement, les éditions du 18e s. sont proportionnellement moins nombreuses que dans les autres domaines du fonds ancien (276 titres en 410 vol.) et ce au profit des livres du 16e s. (30/28, dont *Ein schon bewertes lied vonn der reynen unbefleckten entpfengnüsz Marie*, [s. l., s. d.]), du 17e s. (108/116) et du 19e s. (100/210). La proportion des langues est standard: 330 titres en 540 vol. en français, 116/128 en latin, 43/70 en allemand, 12/16 en anglais et 11/12 dans d'autres langues (surtout en grec). Aucun aspect ne domine. Nous avons ainsi par ordre décroissant: apologétique et polémique (80 titres en 103 vol., comme *Defensio orthodoxae fidei de sacra Trinitate* de Jean Calvin, [Genève] 1554), théologie historique (80/130, comme l'*Histoire ecclésiastique des Eglises réformées au royaume de France*, Anvers 1580, 3 vol.), homilétique (57/108, dont les *Sermons sur divers textes de l'Ecriture sainte* de Samuel Jossevel, Genève 1735, ou les *Homélies prononcées à Londres en 1765* de Voltaire, [Genève] 1767), «critique biblique» (56/75, des Bibles et commentaires, comme *In Acta apostolorum paraphrasis* d'Erasme, Bâle 1524), morale et ascétique (60/73, comme les *Lettres fanatiques* de Beat Louis de Muralt, Londres [i. e. Lausanne] 1739), dogmatique (35/39), catéchétique (18/26), pastorale (17/21) et aussi la mythologie (23/39, dont *Daemonolatreiae libri tres* de Nicolas Remi, Francfort 1596). Les autres aspects ne sont représentés que par quelques livres, comme l'islam (5 corans, dont un de 1550).

2.21 Le fonds ancien abrite encore une quinzaine d'encyclopédies (cote VI) en une centaine de vol., essentiellement du 18e s., en allemand et en français. On signalera une édition genevoise de l'*Encyclopédie* de Diderot et d'Alembert de 1777-1779 (36 vol. de texte et 3 vol. de pl., in-4°). Ajoutons une trentaine de périodiques (près de 1'000 vol.), comme la *Bibliothèque britanique* (dès 1796), le *Mercure historique* (dès 1686) ou l'*Illustration* (dès 1861), qui ne sont toutefois pas complets.

Collection particulière

Fonds vaudois

2.22 Un fonds vaudois a été créé en 1984 par deux futures bibliothécaires diplômées, dans le cadre de leur travail de fin d'études. Tous les ouvrages imprimés dans le canton de Vaud (du moins ceux qui ont été repérés comme tels), ceux d'auteurs vaudois (d'origine ou d'adoption) et ceux traitant du canton de Vaud ont été extraits du fonds ancien principal, recatalogués sur fiches, reclassés, recotés et rangés dans la première salle (en entrant) de la bibliothèque, elle-même rénovée (1985).

2.23 Pour ce fonds, nous avons réalisé le comptage à partir du catalogue (registre) topographique, tout en effectuant certaines vérifications au rayon. Il s'agit d'un ensemble de 670 titres en 1'200 vol. Les éditions du 18e s. représentent plus de la moitié (58 %) du fonds, soit 387 titres en 700 vol.; les 270 titres (487 vol.) du 19e s. (40 %) sont avant tout de la première moitié du siècle; reste 5 titres du 16e s. et 14 du 17e s. Plus de 90 % des titres (620) sont en français; on a seulement une trentaine de titres en latin (70 vol.), une quinzaine en allemand et 5 en anglais ou italien.

2.24 Les livres les plus anciens sont des œuvres des théologiens Pierre Viret (4 titres, dont *Traittez divers pour l'instruction des fideles*, Genève 1559) et Antoine de Chandieu (*Traité theologic et scholastique de la parole de Dieu*, [Genève] 1596). Plus de 430 ouvrages ont été imprimés dans le canton, comme *La science ou les droits et les devoirs de l'homme* (Lausanne 1773). En revanche, des œuvres d'une soixantaine d'auteurs vaudois ont été imprimées hors du canton de Vaud. On y trouve aussi des textes de dix-huit auteurs étrangers ayant vécu et joué un rôle important dans le canton, comme Isabelle de Charrière, Fortuné de Felice, Edward Gibbon, Albert de Haller.

2.25 Un peu plus de la moitié des titres (346) relève des sciences et arts. Parmi ceux-ci, ceux qui concernent les sciences sociales (droit, éducation, politique, art militaire, statistiques et économie politique) sont les plus nombreux: 187 titres en 365 vol. (4 titres du 17e s., 117 titres en 187 vol. du 18e s. et 66/174 du 19e s.), comme le *Mémoire sur l'état de la population dans le Pays de Vaud* de Jean Louis Muret (Yverdon 1766). Viennent ensuite 74 titres (107 vol.) de sciences appliquées (médecine, agriculture, technologie, dont *L'art du vigneron* de Pierre Reymondin, Lausanne 1798), 50 titres (70 vol.) de sciences pures (mathématiques, chimie, sciences naturelles), 30 titres (44 vol.) de philosophie, comme le *Traité du jeu* de Jean Barbeyrac (Amsterdam 1709), et seulement 4 titres de beaux-arts.

2.26 Un deuxième groupe d'ouvrages est constitué par quelque 153 titres (270 vol.) d'histoire, biographies (*Mémoires sur l'éducation, la vie, les ouvrages & le caractère de feu Monsieur Gab. de Seigneux*, Lausanne 1776), géographie, récits de voyage compris (2/2 du 17e s., 82/154 du 18e s. et 69/114 du 19e s.). La théologie et la littérature (y compris quelques ouvrages sur la langue) sont représentées par un nombre de titres presque identique: 85 (122 vol.) pour la première (2 du 16e s., 1 du 17e s., 40/64 du 18e s., 42/55 du 19e s.) et 75 (135 vol.) pour la seconde (7/8 du 17e s., 47/85 du 18e s., 21/42 du 19e s.), comme *Les nuits champêtres* de Jean-Charles Thibault de Laveaux (Lausanne 1784). Reste 13 titres regroupés sous *généralités* (catalogues de bibliothèques, périodiques); à signaler l'*Encyclopédie oeconomique* de Fortuné-Barthélemy de Félice (Yverdon 1770–1771, 16 vol.).

3. CATALOGUES

Catalogues modernes

Catalogue alphabétique auteurs et anonymes [sur fiches]

Catalogues du fonds vaudois [sur fiches; 1984; un fichier alphabétique auteurs et anonymes, un fichier alphabétique matières, un fichier des imprimeurs et un registre topographique ms.]

Catalogues anciens généraux

[Catalogue alphabétique des titres] [ms., avant 1843–1845; l'étiquette porte «Collège 1903»; a aussi été utilisé comme Registre de prêt entre 1903 et 1915]

Catalogue de la Bibliothèque publique de Rolle. Lausanne 1845 [systématique; avec un avant-propos, un règlement, l'acte de donation, la liste des fondateurs et des bienfaiteurs et un index des auteurs et des anonymes]

Bibliothèque publique de Rolle. Premier supplément au Catalogue général 1896. Rolle 1896 [systématique; *numerus currens* 1–493]

Deuxième supplément 1901 [1 cahier bleu ms., *numerus currens* 494–1065]

Deuxième supplément du Catalogue [1 cahier ms. noir; 1909–1914/1916; *numerus currens* 494–1'887]

Bibliothèque communale de Rolle. Supplément au catalogue général de 1845. Rolle 1914 [alphabétique auteurs; avec un extrait du règlement; reprend les titres mentionnés dans le supplément de 1896; *numerus currens* 1–1'667]

Bibliothèque communale de Rolle. Premier supplément au catalogue de février 1914. Rolle 1918 [alphabétique auteurs]

Bibliothèque communale de Rolle. Supplément au catalogue général de 1845. Rolle 1935 [alphabétique auteurs; reprend les titres mentionnés dans le Supplément de 1914; avec un extrait du règlement]

Premier supplément au catalogue de 1935 [dactyl.; aphabétique auteurs; 1936?]

Catalogues anciens particuliers

Catalogue de la bibliothèque Reverdil [1 registre ms., probablement du 19e s.; systématique]

[Catalogue de la bibliothèque Favre?] [1 registre ms., probablement du 19e s.; sans titre, 181 p.; systématique]

4. SOURCES ET ÉTUDES SUR L'HISTOIRE DE LA BIBLIOTHÈQUE

Archives

Les Archives communales de Rolle (ACR) possèdent un dossier sur la bibliothèque (B.KKF 433, n° 416, 8 documents du 19e s.); il est aussi fait allusion à la bibliothèque dans les registres de la Municipalité de Rolle (A.ABA 8, n° 43, 1838–1842 à A.ABA 44, n° 79, 1982–1985). Toutefois, l'essentiel des archives est conservé dans une armoire de la première salle de la bibliothèque, au château. Outre la correspondance et quelques registres de dons, de prêts et de comptes, on signalera spécialement:

[Registre des procès-verbaux des séances du comité de la Bibliothèque publique de Rolle] [1 vol. ms., 1840–1896]

Règlement fondamental de la Bibliothèque publique de Rolle. [s.l.] 1840

Déglon, Jean-Pierre: Rapport sur la réorganisation de la Bibliothèque communale de Rolle. 29 novembre 1877 [ms., ACR B.KKF 433, n° 416]

Études

Archinard, Charles: Histoire de l'instruction publique dans le canton de Vaud. Lausanne 1870 [sur la bibliothèque, p. 233]

Meylan, Anne; Schauenberg Evelyne: Bibliothèque publique de Rolle. Essai de réorganisation. Rolle 1984 [travail de diplôme ABS, dactyl.]

Santschi, Catherine; Roth, Charles: Catalogue des manuscrits d'Abraham Ruchat. Lausanne 1971 [sur la bibliothèque Favre, p. 10–12]

5. PUBLICATIONS SUR LES FONDS

Vaudroz, Isabelle: Fonds de philosophie. Rolle 1985 [travail de diplôme ABS, dactyl.]

BIBLIOTHÈQUE DU CHÂTEAU DE LA SARRAZ

Canton: Vaud

Lieu: La Sarraz

Auteur: Jean-Luc Rouiller

Adresse: Château de La Sarraz, 1315 La Sarraz

Téléphone: +41 21 866 64 23 (château)

Fax: +41 21 866 11 80

Homepage: www.swisscastles.ch/Vaud/lasarraz/

E-mail: chateau.lasarraz@bluewin.ch

Rattachement administratif:
Société des amis du château de La Sarraz – Musée romand

Fonctions:
Bibliothèque privée du château

Collections:
Encyclopédique avec accent sur l'histoire et les belles-lettres; 18e s.

Conditions d'utilisation:
Les ouvrages ne se prêtent pas. Pour consulter un livre, le chercheur devra adresser une demande motivée à la Société des amis du château de La Sarraz. La consultation ne peut se faire que de mai à septembre.

Informations pour les utilisateurs de passage:
Quitter l'autoroute A1 à La Sarraz, puis suivre la signalisation. Places de parc devant le château et dans le Bourg. Gare CFF à La Sarraz. Le château est ouvert tous les après-midi (sauf les lundis) de juin à la fin août et les week-ends en avril, mai, septembre et octobre.

1. HISTORIQUE DU FONDS

1.1 Le château de La Sarraz, construit dès le 12e s. par les seigneurs de Grandson, fut propriété des barons de Gingins de 1542 à 1902. Il passa ensuite à la famille de Mandrot qui le légua à la Société du Musée romand en 1920. La dernière châtelaine, Hélène de Mandrot, qui en aura l'usufruit jusqu'à sa mort en 1948, en fera une «Maison des artistes». Ces changements de propriétaires ne sont pas le fruit d'achat, mais de mariages et d'héritages. Dès lors, il n'est pas étonnant que la bibliothèque du château soit constituée de plusieurs fonds provenant de divers membres de ces familles.

1.2 Même si la bibliothèque actuelle renferme une centaine d'ouvrages des 16e et 17e s., dont quelques-uns sont probablement dans la famille depuis cette époque (comme VIII.8.17 qui a appartenu à Isaac de Gingins, mort en 1642), il est difficile de repérer l'existence d'une véritable collection de livres avant le 18e s. Il faut en effet attendre la seconde moitié de ce siècle pour trouver le premier inventaire qui contienne une liste, sommaire et non organisée, de titres: il s'agit sans doute de la bibliothèque d'Amédée-Philippe de Gingins (1731–1783), baron de La Sarraz, constituée de quelque 230 titres en 440 vol. (ACV, P château de La Sarraz, C 528), dont une partie ne semble pas être parvenue jusqu'à nous. Il est possible que l'incursion des «Bourla-Papeys», qui brûlèrent les archives du château dans la nuit du 19 au 20 février 1802, ait été préjudiciable aux livres imprimés qui s'y trouvaient.

1.3 La première attestation d'une pièce du château affectée à la bibliothèque se trouve sur un plan, probablement antérieur à 1828 (*Château de La Sarraz: rénovation*, plan IV, p. 85). Ce plan situe la bibliothèque au rez-de-chaussée, dans l'actuelle «Salle des porcelaines», mais ne nous dit pas depuis quand elle y est installée, ni ce qu'elle contenait. Vers 1830, la bibliothèque est transférée dans une pièce un peu plus grande, toujours au rez-de-chaussée, près de son ancien emplacement; elle s'y trouve encore de nos jours. Le transfert a sans doute été réalisé par Frédéric de Gingins (1790–1863), dans le cadre des transformations des années 1828–1836. Le 18 septembre 1828, on note dans la comptabilité du château une dépense faite pour le «papier bleu pour la bibliothèque» (*Château de La Sarraz: rénovation*, p. 83). Le legs d'Antoine-Charles de Chevilly, mort en 1823, a dû motiver le changement de local.

1.4 Dans son testament du 21 juin 1822, Antoine-Charles annonce qu'il disposera de sa bibliothèque «comme bon [lui] semblera, par codicille» (ACV, P château de La Sarraz, D 14). Mort sans enfant, il la léguera, avec 70 tableaux de famille, à ses cousins Frédéric et Henri (1792-1874) de Gingins (*Château de La Sarraz: rénovation*, p. 83). L'absence du codicille et de l'inventaire après décès ne nous permet pas de nous faire une idée précise de cette bibliothèque. On peut supposer qu'Antoine-Charles avait lui-même hérité de la bibliothèque de son père, Wolfgang-Charles de Gingins (1728-1811), seigneur de Chevilly. Tous deux n'ont pas résidé au château, ce qui sous-entend que leurs livres ne sont arrivés à La Sarraz qu'après la mort d'Antoine-Charles. Près de la moitié des ouvrages (environ 550) conservés à ce jour portent l'ex-libris (étiquette imprimée) de Wolfgang-Charles («W.C.D. G.»). Ce dernier avait hérité des biens de son cousin Victor de Gingins, seigneur de Moiry (1708-1776), donc de sa bibliothèque de 290 vol. (ACV, P château de La Sarraz, C 515); ce qui explique pourquoi on trouve dans la plupart des quelque 40 ouvrages portant l'ex-libris «De Moiry» ou «De Moiry fils», l'ex-libris «W.C.D.G.» Le catalogue systématique de la bibliothèque de Victor recense avant tout des ouvrages d'histoire et de littérature, le reste se répartissant entre la philosophie, la théologie, la politique et le droit. La plupart de ces ouvrages sont conservés, munis précisément de l'ex-libris «W.C.D.G.» A côté de ces ex-libris, on rencontre aussi, dans l'ensemble de la bibliothèque, ceux de plusieurs membres des différentes branches de la famille de Gingins : «de Watteville», «de Rovéréa» ou «Marie de Gingins», une vingtaine chacun. Il semblerait, par contre, que peu d'ouvrages aient appartenu à la branche des Gingins, seigneurs d'Eclépens.

1.5 Vers 1845, un projet avorté de partage entre les deux frères Frédéric et Henri, qui avaient hérité du château en indivision, souligne la double origine du fonds, ainsi que sa valeur patrimoniale. Ce projet précise en effet que «la bibliothèque provenant soit de M. [Antoine-Charles] de Chevilly, soit de Monsieur [Charles-Gabriel ?] de Lassaraz [...] sera [...] inamovible du château de Lassaraz» (ACV, P château de La Sarraz, D 80). Lorsque Frédéric finira par céder, en 1851, sa part du domaine et du château à son neveu Aymon (1823-1893), il renoncera à «un grand corps de bibliothèque pour y placer la bibliothèque léguée par M. de Chevilly» (*Château de La Sarraz: rénovation*, p. 83), probablement le meuble de style Empire, dans lequel sont toujours rangés les livres. Il est par contre difficile de se faire une idée exacte de la part provenant des barons de La Sarraz, puisque très peu de livres portent actuellement l'ex-libris de Charles-Gabriel (1761-1842) ou celui de Charles (1733-1801). En outre, la bibliothèque de Frédéric (cofondateur de la Société d'histoire de la Suisse romande en 1837), qui comptait plus de 1'000 titres, a été vendue aux enchères en 1863 à Lausanne. Un inventaire de ses biens, daté de la même année, fait allusion à près de 170 vol. de littérature, déposés dans le «salon du rez de chaussée» (ACV, P château de La Sarraz, D 56). Actuellement, parmi les ouvrages conservés au château, seule une vingtaine portent un ex-libris à son nom.

1.6 Le fonds le plus récent provient des derniers propriétaires (par héritage) du château: les de Mandrot. La bibliothèque actuelle abrite une petite centaine d'ouvrages ayant appartenu au colonel Louis-Alphonse (1814-1882) et à son fils Henry (1861-1920). Il faut aussi ajouter une centaine de brochures, périodiques et livres modernes, dont certains portent la dédicace d'hôtes de la «Maison des artistes», conservés dans d'autres pièces du château, ultimes témoins de la bibliothèque de la femme d'Henry, Hélène de Mandrot (1867-1948) (Baudin, p. 241, 317).

1.7 Les informations sur l'état des collections sont assez lacunaires pour la première moitié du 20e s. En 1916, Henry de Mandrot donna plus de 150 vol. à des sociétés savantes vaudoises et 140 vol. à la Bibliothèque des Cèdres de Lausanne (Catalogue, vers 1910). Nous savons aussi que dans les années 1920-1930, Hélène de Mandrot demanda à son ami alsacien Eugène Alphonse Kuhlmann de classer, et probablement de cataloguer, la bibliothèque (Poncy, p. 4; Pilet, p. 29, 50) et qu'à la mort d'Hélène (en 1948), le conservateur du Musée romand, Charles Knébel (†1964), «aménage la bibliothèque» (*La Sarraz*, p. 59). Il faudra attendre la seconde moitié du siècle pour que l'on s'attelle au travail qui donnera à la collection son aspect actuel: en 1963-1964, Mlle Milly Braissant, qui a succédé à Knébel, réorganise la bibliothèque. Le local qui l'abrite subit une rénovation complète. Les ouvrages, qui étaient jusqu'alors vraisemblablement classés par matière, sont à présent rangés par format, afin de privilégier l'aspect esthétique de l'ensemble; ils ne sont en revanche pas cotés. Un catalogue topographique (dactylographié) «reproduit les éléments contenus dans les fiches en carton bristol dont le premier tome de chaque ouvrage est pourvu» (*Catalogue*, 1964, p. [1]). Sur ces fiches dactylographiées, peut-être réalisées à ce moment-là, on a distingué les ouvrages provenant de la famille de Gingins par la mention «Fonds de Gingins»: environ 760 titres. Ce catalogue contient aussi les brochures et livres brochés conservés dans le «petit local attenant à la bibliothèque».

1.8 De 2000 à 2002, la nouvelle conservatrice, Mme Barbara Walt, recatalogua l'ensemble des ouvrages et brochures conservés dans la bibliothèque, dans le petit local attenant et dans le reste du château. Elle leur attribua une cote en fonction de leur emplacement, sans en modifier le classement, ainsi qu'une matière. Le travail fut réalisé à l'aide du logiciel *File Maker Pro*, puis mis en ligne sur internet.

2. DESCRIPTION DU FONDS

2.1 Le comptage des ouvrages a été réalisé à partir du catalogue informatisé (sur *File Maker Pro*); nous donnons le nombre de titres, suivi parfois du nombre de volumes. Nous n'avons pas tenu compte des quelque 460 brochures et ouvrages brochés ou cartonés, d'histoire, de littérature, de droit, des 18e–20e s., souvent en mauvais état, renfermés dans le petit local attenant à la bibliothèque, ni des brochures rassemblées dans deux armoires murales de la bibliothèque.

Survol chronologique et par langues

2.2 La bibliothèque abrite quelque 1'100 titres en un peu plus de 2'550 vol., dont 35 manuscrits modernes. Les ouvrages imprimés antérieurs à 1901 sont au nombre d'environ 1'020, dont 45 ne sont pas datés. 675 titres, soit la plus forte proportion (plus des deux tiers des titres anciens) sont du 18e s. Puis viennent 200 titres du 19e s. (près de 20%), une centaine du 17e s. (près de 10%) et 8 titres du 16e s. Près des trois-quarts des ouvrages sont en français (755 titres), 190 sont en allemand (un peu plus de 18%). Le reste se répartit entre l'anglais, le latin (40 chacun), et l'italien (12).

Aperçu systématique

2.3 Pour la description systématique, nous avons tenu compte des matières mentionnées dans le catalogue informatisé, tout en y apportant certaines modifications et en procédant à des regroupements.

2.4 Le domaine le mieux représenté est celui des sciences historiques, géographie comprise: quelque 400 titres (1'110 vol.). Les ouvrages de géographie ne sont pas très nombreux: 70 titres (140 vol.), dont la moitié sont des récits de voyage (en français et du 18e s. pour l'essentiel), comme par exemple les *Voyages dans les Indes orientales* de Johan Lucas Niecamp (Lausanne 1772, 3 vol.). Quelque 330 titres en 970 vol. relèvent de l'histoire à proprement parler; la répartition par siècle et par langue est plus ou moins identique à celle de l'ensemble du fonds ancien. Un peu plus du quart des titres (un tiers des vol.) concerne l'histoire suisse (y compris 25 titres touchant à l'histoire du canton de Vaud); la proportion d'ouvrages du 19e s. et d'ouvrages en allemand, comme par exemple la *Neue Appenzeller Chronick* de Gabriel Walser (Saint-Gall 1740), est ici plus importante qu'ailleurs. Plus de 120 vol. font partie de la collection des *Mémoires et documents publiés par la Société d'histoire de la Suisse romande*. Restent 45 titres (120 vol.) traitant de l'histoire de France, une trentaine de l'histoire ancienne et du peuple juif (105 vol.) et une trentaine de biographies et mémoires (85 vol.). Parmi les autres ouvrages d'histoire (130 titres/350 vol.), une cinquantaine concernent les autres pays européens, une dizaine les Amériques; on trouve aussi quelques ouvrages généraux et quelques dictionnaires.

2.5 Les langues et littératures constituent le deuxième groupe d'ouvrages: quelque 220 titres en 520 vol. La plus grande partie de ces ouvrages sont en français (153 titres/384 vol.) et des 18e (150/292) et 19e s. (48/188). Parmi les belles-lettres (187/454), les œuvres de la littérature française sont les plus nombreuses (94/260, dont 80% sont des éditions du 18e s.), comme par exemple *Le fils naturel, ou les épreuves de la vertu* de Denis Diderot (Amsterdam 1757); les autres littératures sont moins bien représentées: littérature classique 24/64, littérature anglaise 26/33, littératures allemande et italienne 17/68, poésie 26/30. Reste 35 ouvrages de linguistique (66 vol.), dont 20 dictionnaires de langue (30 vol.).

2.6 Le grand domaine des sciences et arts (philosophie et sciences politiques comprises) renferme près de 200 ouvrages (300 vol.), pour les trois-quarts en français et du 18e s. Parmi ces ouvrages, on remarquera un ensemble de près de 70 titres (près de 90 vol.) liés à l'art militaire du 18e s. (*L'instruction du roy en l'exercice de monter à cheval* d'Antoine de Pluvinel, Amsterdam 1668), ainsi qu'une cinquantaine (90 vol.) d'ouvrages de philosophie ou d'éducation, du 18e s. aussi, comme par exemple l'*Histoire critique de l'âme des bêtes* de Guer (Amsterdam 1749). Reste une trentaine de titres de sciences politiques ou d'économie (une quarantaine de vol.), une trentaine de sciences diverses (dont la moitié de sciences naturelles, comme deux éditions du *Spectacle de la nature* de Noël Antoine Pluche, Paris 1737–1746 et 1749–1756) et une dizaine touchant aux beaux-arts.

2.7 Les autres domaines sont moins bien représentés. 90 ouvrages (130 vol.) concernent le droit (essentiellement du 18e s.), dont les deux tiers touchent au droit en Suisse (moitié en allemand, moitié en français), spécialement dans les cantons de Vaud et de Berne, comme par exemple *Versuch einer Einleitung zu den Geschichten des Bernischen Stadtrechts* (Berne 1780). On trouve aussi 90 titres de théologie (110 vol.), en français et du 18e s. essentiellement, dont le tiers consiste en éditions de textes sacrés, comme *L'Alcoran de Mahomet translaté d'arabe en francois* (Paris, Anvers 1719). A signaler enfin un exemplaire complet de l'*Encyclopédie* d'Yverdon (Yverdon 1770–1780).

3. CATALOGUES

Catalogues modernes

Château de La Sarraz (Musée romand). Catalogue de la Bibliothèque. [s.l.] 1964 [dactyl., classement topographique]

Catalogue en ligne [2002, contient tous les documents conservés dans le château]

Catalogues anciens

Catalogue des livres de feu Msr. le Ballif de Gingins d'Yverdun [ms., vers 1776; bibliothèque de Victor de Gingins; ACV, P château de La Sarraz, C 515]

Catalogue: livres [ms., seconde moité du 18ᵉ s.; probablement la bibliothèque d'Amédée-Philippe de Gingins; ACV, P château de La Sarraz, C 528]

Catalogue des livres formant la bibliothèque de M. le baron Fred. de Gingins-La-Sarra. Lausanne 1863 [catalogue des livres vendus aux enchères en 1863; ce catalogue existe aussi sous forme de fichier ms., dans une boîte, au château]

Catalogue des livres au petit salon, grand salon et bibliothèque du château de La Sarraz [ms., vers 1910, systématique]

4. SOURCES ET ÉTUDES SUR L'HISTOIRE DE LA BIBLIOTHÈQUE

Archives

Archives cantonales vaudoises, P château de La Sarraz [fonds de la famille de Gingins; voir entre autres D 14, D 42, D 56, D 80, D 121]

Etudes

Baudin, Antoine: Hélène de Mandrot et la Maison des Artistes de La Sarraz. Lausanne 1998 [sur la bibliothèque, p. 32, 241, 317]

Château de La Sarraz. Bulletin d'information de la Société des amis du château de la Sarraz-Musée romand. La Sarraz 1974–1995 [bulletin annuel]

Château de La Sarraz. Rénovation 2000. La Sarraz 1988 [sur la bibliothèque, p. 16 (plan), 78–80, 83, 85 (plan IV), 92]

La Sarraz. Château du milieu du monde. Lausanne 1972 [sur la bibliothèque, p. 59]

Pilet, Jean-Marie: Hélène de Mandrot et la Maison des artistes de La Sarraz. Chronique, extraits des archives, éléments de la correspondance 1920–1948. Lausanne 1999 [dactyl.; sur la bibliothèque, p. 29, 50, 167]

Poncy, Eric: Souvenirs sur Hélène de Mandrot et le Château de La Sarraz 1924–1948. Lausanne 1990 [dactyl.; sur la bibliothèque, p. 4]

Reymond, Maxime: Gingins. In: Recueil de généalogies vaudoises, t. 2, Lausanne 1935, p. 49–112

BIBLIOTHÈQUE MÉDIATHÈQUE MUNICIPALE DE VEVEY

Canton: Vaud

Lieu: Vevey

Auteur: Jean-Luc Rouiller, avec la collaboration de Mélanie Esseiva pour l'inventaire.

Adresse: Quai Perdonnet 33, 1800 Vevey

Téléphone: +41 21 921 33 49

Fax: +41 21 921 48 82

Homepage: www.vevey.ch/bibliotheque

E-mail: biblio@vevey.ch

Rattachement administratif:
Municipalité de Vevey

Fonctions:
Bibliothèque publique de la ville de Vevey

Collections:
1. Fonds moderne de type lecture publique avec phonothèque et section jeunesse. Donation Clarisse Francillon. 2. Fonds ancien encyclopédique dominé par l'histoire et les belles lettres.

Conditions d'utilisation:
Bibliothèque de prêt (finance d'inscription) avec libre-accès et salle de lecture. Ouverte le lundi et jeudi de 14 h à 20 h, le mardi et mercredi de 10 h à 18 h, le vendredi de 14 h à 18 h, le samedi de 10 h à 12 h 30.- La consulation du fonds ancien ne se fait que sur rendez-vous.

Equipement technique:
Trois postes OPAC, un poste internet et CD-ROM, une photocopieuse.

Informations pour les utilisateurs de passages:
Quitter l'autoroute A9 à Vevey, puis suivre Centre ville. Parking couvert «Panorama» à 300 mètres. La Bibliothèque se trouve au bord du lac, à 5-10 minutes à pieds de la gare CFF.

1. HISTORIQUE DU FONDS

1.1 La Bibliothèque publique de Vevey doit sa fondation à deux sociétés locales. La première, la *Société d'émulation*, résume ses intentions dans un «Projet d'une bibliothèque à Vevey» et lance une souscription en mars-avril 1805. La seconde, la *Société littéraire*, qui possède une «bibliothèque de circulation» depuis 1780, cède son fonds de livres comme «noyau» de la future Bibliothèque (Richardet, p. 8; Corsini, p. 266). A partir de là, les choses vont très vite. L'assemblée des souscripteurs se réunit le 4 mai 1805; la Commission directrice de la Bibliothèque, le 16; le 30, elle adopte un premier règlement; le 21 juin, les deux bibliothécaires, Couvreu de Morrens et Dejoffrey, présentent le catalogue méthodique du fonds (485 titres en 1'210 vol.). En plus des 18 membres de la Société littéraire, qui deviennent d'office membres de 1ère classe, la souscription a permis de réunir 66 personnes, réparties en deux classes. Ces personnes deviennent copropriétaires de la Bibliothèque, après avoir payé 80 Livres de Suisse pour les 14 membres de 1ère classe (droit de propriété transmissible aux enfants mâles) et 24 Livres pour les 52 de 2e classe, à quoi s'ajoutera une contribution annuelle. Elles se réuniront chaque année en Assemblée générale. La Bibliothèque est dirigée par une Commission directrice de 7 membres (5 dès 1834) «chargée de l'administration et responsable des fonds et des livres» (Règlement de 1806). La présidence de cette Commission sera assumée par le docteur Louis Levade (1748–1839) jusqu'en 1824. En étant membres des deux sociétés qui sont à la base de la Bibliothèque, Levade, Couvreu et Dejoffrey ont joué un rôle important dans sa fondation. Toutes les réunions feront l'objet de procès-verbaux conservés (à l'exception des années 1909–1933), qui permettent de reconstituer une histoire assez précise de l'institution.

1.2 La Bibliothèque s'installe dans un local du Nouvel Hôpital (construit entre 1734 et 1738, actuellement à la rue du Simplon 38), mis à disposition par la Municipalité. Elle s'ouvre au *public* le 14 décembre 1805 et sera dans un premier temps accessible chaque samedi de 10 h à 12 h. Les non-membres devront payer un abonnement annuel de 4 Livres. Elle restera dans ce bâtiment jusqu'en 1896, tout en changeant à trois reprises de locaux et d'étages (1815, 1840, 1851). Dès le début, des dons enrichissent le fonds de base: entre autres, en juin 1805, 178 vol. de Dejoffrey et 100 vol. de Couvreu de Morrens; des livres sont aussi achetés (en 1805, 212 titres en 832 vol.). Le Cercle de la Placette dépose quatre périodiques (345 vol.). Le fonds double rapidement. Le premier catalogue imprimé date de juillet 1806, accompagné d'un règlement. Les livres sont répartis en quatre classes, comme dans la bibliothèque: sciences intellectuelles, sciences naturelles, littérature et mélanges, histoire et voyages, chacune subdivisée, pour un total de 890 titres en 3'150 vol. (périodiques compris). Ce travail est dû à Chavannes Comte, qui fonctionnera comme bibliothécaire jusqu'en 1820. Vers avril 1807, Vincent Perdonnet donne 9 titres en 140 vol. Un premier supplément au catalogue paraît en juillet 1810, accompagné d'une liste de 27 bienfaiteurs. Il annonce 240 titres (840 vol.) supplémentaires. Malgré la «modicité des fonds de l'établissement» (Catalogue de 1810), le succès est certain, d'où la nécessité, dès l'été 1810, d'engager un aide-bibliothécaire salarié. Suite au départ de Chavannes Comte et au décès de Dejoffrey, la Commission directrice se voit dans l'impossibilité de trouver deux bibliothécaires en son sein, si bien que «chacun de ses membres sera bibliothécaire à son tour pendant deux mois» (PV du 24 décembre 1821). Cette situation durera de 1822 à juillet 1826, date à laquelle la Commission devra nommer un bibliothécaire salarié (64 Livres par an).

1.3 Les moyens financiers modiques de la Bibliothèque ne lui permettent pas d'effectuer tous les achats souhaités. Le 6 février 1823, par exemple, la Commission directrice annonce qu'en raison des frais de reliure, «pour le moment, on ne fera point d'achat de livres, à moins qu'il ne se présente quelque occasion d'en acheter à bon marché» (PV du jour). On s'efforce alors d'augmenter le nombre de membres (souscripteurs) en diminuant les finances d'entrée de 100 L. à 64 L. pour la 1ère classe et de 30 L. à 24 L. pour la seconde et en ouvrant la Bibliothèque deux fois par semaine (mercredi et samedi de 11 h–12 h). Il semble que ces mesures aient momentanément porté leurs fruits, puisqu'en 1826 et 1827, 28 nouvelles personnes deviennent membres de 1ère classe. Il faudra toutefois attendre 1834/1836 avant qu'un nouveau catalogue ne soit imprimé. Résultat de la refonte du premier catalogue et de ses trois suppléments (1810, 1820, 1825), ce deuxième catalogue comporte un nouveau règlement dans lequel est stipulé que «la Bibliothèque publique de Vevey est un fonds indivisible et inaliénable: en cas d'extinction de tous les descendants mâles des membres copropriétaires, elle deviendra la propriété de la Ville de Vevey» (§ 1). Depuis le premier catalogue (1806), le nombre de titres a plus que doublé, passant de 890 à 2'300. Les principes généraux de la systématique ne sont pas modifiés et les livres sont toujours classés au rayon comme dans le catalogue. A ce jour, 60 personnes sont copropriétaires de 1ère classe et 28 de 2e classe. La liste des bienfaiteurs, depuis les origines, s'élève à 51 personnes. Parmi les dons, à signaler, en 1834, 180 vol. et 80 brochures cédés par Couvreu de Saussure.

1.4 Dès le règlement de 1834, on précise que la Commission directrice devra «surveiller» les bibliothécaires et chaque membre «inspecter la bibliothèque à tour de rôle» (§ 19). Cette mesure ne semble pas avoir toujours porté ses fruits et devra être rappelée le 12 juin 1843. Entre temps, les procès-verbaux signalent, comme en mars 1839 ou en mai 1843, des abus dans le prêt des livres et demandent au bibliothécaire et à son aide de mieux surveiller la Bibliothèque et de mieux assurer ses services. Les problèmes vont perdurer. Le 1er juillet 1850, la Commission impose au bibliothécaire une reprise en main axée sur l'ordre, la propreté, la régularité, le rangement et le prêt des livres. Jusqu'en 1845, la bibliothèque était en libre-accès, ce qui peut expliquer en partie ces problèmes. Le 29 décembre 1821 déjà, la Commission directrice avait ajourné «la proposition faite par un de ses membres de construire des barrières pour empêcher les personnes qui viennent à la Bibliothèque d'approcher des livres» (PV du jour). Le 12 juin 1843, trois ans après l'installation de la Bibliothèque dans une nouvelle salle (au rez-de-chaussée), la Commission souhaite «isoler complètement les livres» (PV du jour), ce qui sera fait dès avril 1845. Cette façon de faire semble avoir survécu au déménagement de 1851 au deuxième étage du bâtiment de l'Hôpital, si l'on en croit une remarque de la Commission directrice dans sa séance du 24 novembre 1874: «il est interdit aux membres copropriétaires de franchir la barrière qui dépare la bibliothèque de la salle d'attente» (PV du jour).

1.5 Les soucis financiers signalés plus haut réapparaîtront de façon récurrente. Au printemps 1848, «le manque d'argent a fait suspendre les nouvelles acquisitions de livres et différer l'impression du supplément au catalogue» (PV du 25 mars), qui ne paraîtra qu'en juin 1850. Pour améliorer les finances, on introduit un abonnement pour trois mois (25 batz pour 2 vol., 18 batz pour 1 vol.) et on demandera au bibliothécaire Delafontaine (en place de 1828 à 1855) de «se procurer à ses frais un aide», dès 1850 (PV du 15 novembre 1849). Plusieurs dons permettent néanmoins de compléter les collections. Parmi les plus importants, on mentionnera 107 vol. (88 titres) de Louis Levade, légués par son fils au début 1853: ouvrages anciens et précieux en latin dont les deux tiers portent sur les sciences. A partir d'août 1854, Mme Zollikoffer et son gendre Hottinger donneront quelque 360 vol. (130 titres), dans tous les domaines, dont une moitié environ en allemand. Ces dons, le plus souvent munis d'ex-libris, feront l'objet d'inventaires.

1.6 Dans le troisième quart du siècle, la Bibliothèque semble connaître une phase de stagnation, même si elle est désormais ouverte trois fois par semaine. Le 22 novembre 1856, l'Assemblée générale des copropriétaires ne peut délibérer «vu le trop petit nombre de membres» présents. En mars 1863, on souhaite mieux faire connaître la Bibliothèque au public par voie de presse. Suite à la démission du président Marc de Montet en novembre 1866, le poste ne semble pas avoir été immédiatement repourvu. Les assemblées se font plus rares. En mars 1869, la Commission directrice décide, pour la première fois, de convoquer l'Assemblée générale annuelle des copropriétaires à l'aide d'une circulaire de deux pages «exposant la situation actuelle de l'établissement [...], dans le but de raviver, si possible l'intérêt du public en faveur de la bibliothèque.» A cette occasion, la Commission directrice a besoin «d'être éclairée sur les changements [...] et d'être appuyée à l'égard des mesures que l'état actuel de l'établissement semble réclamer [quant à] l'avenir de la Bibliothèque» (Circulaire). Il faudra toutefois attendre mars 1873 avant qu'une telle circulaire ne soit effectivement envoyée (pour la séance du 25 mars). Cette façon de faire ne semble pas avoir eu le succès attendu (de Montet, 21 janvier 1882), malgré l'admission de sept nouveaux membres de 1ère classe (dont des fils de membres). Suite à une diminution du prix des abonnements, le nombre des abonnés passera de 42 à 78 dans le courant de 1874. A la fin de cette année, la Commission décide de faciliter l'accès de la Bibliothèque aux membres du corps enseignant en demandant à la «bourse communale» de payer 5 francs par an pour chaque emprunteur (jusqu'à concurrence de 100 fr.). Dans la foulée, on décide la confection d'un nouveau catalogue de l'ensemble du fonds constitué de plus de 12'000 vol., en incorporant les suppléments de 1850, 1855 et 1868. L'opération sera rapidement menée grâce au travail bénévole d'Albert de Montet (†1920). Le nouveau catalogue sortira en juin 1875, proposant une nouvelle systématique et une nouvelle cotation de tout le fonds (25 classes désignées par les 25 lettres de l'alphabet), selon les principes de la Bibliothèque cantonale. La Bibliothèque a dû emprunter environ 2'000 fr. pour permettre la publication de ce catalogue. Peu de temps avant cette opération de reclassement, le 3 mars 1873, un début d'incendie dans une «chambre située au dessous de la salle de la bibliothèque» (PV du 25 mars 1873) avait détruit 22 vol. et endommagé sérieusement 22 autres (l'*Encyclopédie* de Diderot et d'Alembert et les *Oeuvres* de Voltaire).

1.7 Afin de maintenir le souffle nouveau généré par la parution de son catalogue et de perpétuer ses tentatives d'ouverture vers un plus large public, la Commission directrice rédige, pour la première fois, un rapport à l'Assemblée générale des copropriétaires sur l'exercice 1874–1875. Ce rapport sera même publié dans le *Journal de Vevey* le 27 juillet 1875. Le 12 mars 1876, on propose d'adresser «une lettre circulaire à plusieurs Veveysans pour les engager à se faire recevoir membres copropriétaires» (PV du jour). Pour attirer de nouveaux abonnés, on décide de déposer un exemplaire du catalogue et du règlement dans les pensions et hôtels de Vevey (PV du 1er novembre 1877). Ces mesures ne semblent pas avoir porté leur fruit, puisque le 4 janvier 1883, la Commission décide, vu le «petit nombre de nos abonnés», que la Bibliothèque ne sera momentanément plus ouverte le jeudi (PV du jour). Malgré un don en argent (1'000 fr. de Jean-Henri Nicod en 1884) et le legs de la bibliothèque du jurisconsulte belge, Leirens (octobre-novembre 1886), la Bibliothèque semble traverser une nouvelle phase de stagnation dans les années 1880–1890: peu de monde aux Assemblées générales qui sont parfois annulées, diminution du nombre d'abonnés, situation financière difficile, «désordre et malpropreté» des locaux. La Commission serait même prête à céder la Bibliothèque à la Ville, ce qui n'empêche pas quelques dons (signalés en octobre 1894 et janvier 1896), comme ceux de Genton-Rusch (80 vol., dont 22 en anglais), de Marcusen (100 vol. divers) ou des héritiers de la comtesse de Waldenbourg (264 vol. dont un bon nombre en anglais, allemand et hollandais).

1.8 Suite à son installation dans le nouveau Musée Jenisch en automne 1896, la Bibliothèque va connaître une brève renaissance: aide financière de la commune, article dans la presse, nomination d'un conservateur, volonté de se développer. Elle compte à ce moment là environ 20'000 vol. On envisage même «la formation d'une bibliothèque musicale» (PV du 8 avril 1896). Une salle de lecture sera ouverte trois soirs par semaine dès le 2 décembre 1898. Toutes ces bonnes volontés ne semblent pas avoir attiré un plus large public. La salle de lecture devra être fermée le 30 avril 1900 suite à une trop faible fréquentation. Le 6 février 1907, la Bibliothèque annonce (à nouveau) que «provisoirement» elle n'ouvrira plus le jeudi. Le dernier catalogue imprimé sera le supplément de septembre 1908, incorporant celui de 1887, sans changer de systématique. Il totalise un accroissement de quelque 1'500 titres depuis 1875, ce qui représente une moyenne d'environ 45 titres par an, quasi la même que celle de la période 1806–1834/1836. Ce catalogue marque une étape, puisque les livres entrés après sa parution seront classés au rayon par format et non plus par matière, et cotés différemment, peut-être pour des raisons de place. C'est à ce moment-là que les premières femmes travaillent à la Bibliothèque. Mlle Reitzel (enseignante au collège de Vevey) est engagée temporairement à la révision et au nouveau supplément du catalogue dans la seconde moitié de 1906. Mlle Jeanne Cuénod est nommée secrétaire en août de la même année. Il faudra cependant attendre 1954 pour voir la première femme bibliothécaire: Mlle Laurette Blanc.

1.9 Il est difficile de se faire une idée précise de l'évolution de la Bibliothèque de 1908 à 1934, puisque le registre des procès-verbaux de cette époque manque. Nous sont toutefois parvenus une sorte de registre des entrées («Catalogue dès 1908») et trois registres des livres empruntés. Lorsque les PV réapparaissent, la Bibliothèque semble encore avoir traversé une situation difficile. Quoiqu'il en soit, en 1934, Victor Cuénod (président jusqu'en 1963, il jouera aussi le rôle de bibliothécaire jusqu'à la fin 1945) devra «prendre les premières mesures nécessaires à la mise en état de la Bibliothèque [...] en vue de [lui] redonner vie» (PV du 23 juillet 1934). La réorganisation est marquée par la mise en place d'un véritable registre des entrées, par la rédaction, en 1936, d'un supplément (tapuscrit) au catalogue et par la réalisation de quatre catalogues topographiques successifs (s.d., 1936, 1939, 1952). Entre 1908 et 1936, le fonds s'est enrichi d'environ 3'000 titres. La volonté reste de mieux faire connaître la Bibliothèque qui ne possède en mars 1937 que 36 abonnés (PV du 3 mars 1937). C'est sans doute aussi Cuénod qui a organisé la mise en place de la nouvelle cotation et celle du catalogue sur fiches. Cette dernière opération a commencé avant mars 1939, date à laquelle un «nouveau fichier» a été acheté (PV du 10 mars 1939). Le fichier méthodique actuel en est (sans doute) la continuation; il respecte le plan de classement adopté dans le catalogue de 1875, tout en le complétant de quelques subdivisions supplémentaires.

1.10 Ne pouvant plus assurer la gestion de l'institution, la Commission directrice «remet l'ensemble des livres de la Bibliothèque à la ville de Vevey», par Convention du 30 novembre 1962. Le transfert «prendra effet le 1er janvier 1963». «Le fonds actuel constituera une section» de la nouvelle Bibliothèque. En 1987, le fonds ancien sera transféré dans la salle de gymnastique du collège du Clos, puis, en 1995, dans deux locaux des abris antiatomiques du collège Bleu; il s'y trouve toujours, sans avoir subi de changement dans la cotation ni dans le classement. L'écrivain Clarisse Francillon, cède en 1979, un fonds d'environ 5'000 vol. qui seront mis en libre-accès en 1989. Il s'agit essentiellement de littérature française du 20e s. Six ans plus tard, la Bibliothèque informatise, à l'instigation de Louisette Rastoldo, le catalogue de son fonds moderne à l'aide du logiciel OPSYS; l'opération s'achèvera en été 1997. En 2006, elle emménage dans de nouveaux locaux au bord du lac, sur le quai Perdonnet.

2. DESCRIPTION DU FONDS

2.1 Le comptage des ouvrages a été effectué à partir du fichier méthodique de l'ancien fonds. Il est possible que ce fichier ne corresponde pas exactement à l'état actuel du fonds, car aucune révision n'a été entreprise depuis les années 1960; l'écart doit cependant être relativement minime. Nous donnons le nombre de titres, suivi en général du nombre de vol., arrondis à la dizaine. Un premier comptage, accompagné d'une analyse du fonds, a été réalisé en 1994 par Marc Borloz dans le cadre de son travail de diplôme ABS, sans prendre en compte la variable «langue» et sans compter le nombre de titres. Les résultats chiffrés de ces deux comptages ne comportent pas de grosses différences significatives.

Survol chronologique et par langues

2.2 En 2009, le fonds moderne en libre-accès compte environ 45'000 vol. et une trentaine de périodiques en consultation dans la section adulte, ainsi que quelque 15'000 vol. en section jeunesse. La Bibliothèque abrite aussi environ 3'000 CD et 300 DVD. Plus de 23'500 vol. sont conservés en magasin (Borloz, p. 33, 43). Parmi eux, quelque 550 titres (690 vol.) n'ont pas de date, plus de la moitié en langues et littératures, et n'ont de ce fait pas été retenus dans l'analyse présentée ci-dessous. Le nombre de titres datés, antérieurs à 1901, s'élève à environ 6'580 en 16'380 vol., périodiques compris.

2.3 Près des trois quarts des titres (4'880 en 11'380 vol.) sont du 19e s. Un peu moins du quart (1'530 titres en 4'750 vol.) est du 18e s. 135 titres (200 vol.) sont du 17e s. et 40 (50 vol.) du 16e s. La Bibliothèque possède un incunable de 1496. Près de 93% des titres (soit 6'100 en 15'560 vol.) sont en français. Le solde se répartit entre le latin (190 titres en 290 vol.), l'allemand (180 titres en 320 vol.), l'anglais (60 titres en 130 vol.). Reste quelque 45 titres (70 vol.) en italien, hollandais, grec. A noter que les livres en langues étrangères proviennent plutôt de dons que d'achats.

Aperçu systématique

2.4 L'analyse systématique du fonds reprend les matières du fichier méthodique (112 en tout), en les présentant dans l'ordre de leur importance quantitative, après avoir effectué sélections et regroupements. 70% des titres anciens relèvent de deux domaines: histoire puis langues et littératures.

2.5 L'histoire, géographie comprise, est le domaine le plus fortement représenté dans le fonds ancien (35% des titres) avec 2'360 titres en 5'580 vol., dont 720 titres (1'660 vol.) concernent la géographie et les récits de voyage. Sur ces 720 titres, 520 sont du 19e s., 190 du 18e s., 8 du 17e s. (Melchisedech Thévenot, *Relations de divers voyages curieux qui n'ont point esté publiées*, Paris 1663–1666, 3 vol.). Le plus ancien, et seul du 16e s., est la *Géographie* de Strabon (Bâle 1539). Le pourcentage des ouvrages en langues étrangères est inférieur à la moyenne: 13 titres en anglais, 6 en allemand, 2 en latin. Tous les continents sont considérés, avec une prédominance pour l'Europe (360 titres, dont 90 sur la Suisse). On trouve des récits de voyage maritimes, comme le *Voyage autour du monde* de Louis Antoine de Bougainville (Neuchâtel 1772–1773, 3 vol.), les trois voyages de James Cook, et des récits de voyage continentaux, comme ceux d'Alexander von Humboldt, de David Livingstone, de Thomas Shaw.

2.6 Parmi les 1'640 titres (3'920 vol.) d'histoire à proprement parler, 15 sont du 16e s., 44 (60 vol.) du 17e s., 410 (1'310 vol.) du 18e s. et 1'160 (2'530 vol.) du 19e s. Le pourcentage de titres non francophones est légèrement supérieur à la moyenne: 80 titres (138 vol.) en allemand, 50 (66 vol.) en latin, 10 (23 vol.) en anglais. Les ouvrages traitent de toutes les périodes (dont 80 titres en 230 vol. relatifs à l'histoire ancienne, comme les *Annales* de Constantinus Manasses, Bâle 1573) et de nombreux pays; ils touchent aussi aux sciences auxiliaires de l'histoire. Pour ce qui concerne les pays, l'histoire de la France domine avec quelque 470 titres (1'370 vol.), dont 2 du 16e s., 12 du 17e s., 120 (450 vol.) du 18e s. et 330 (890 vol.) du 19e s. Les deux plus anciens sont *De l'origine des Bourgongnons et antiquité des estats de Bourgongne* de Pierre de Sainct-Julien (Paris 1581) et *Les mémoires historiques de la république séquanoise* de Loys Gollut (Dôle 1592). Puis vient l'histoire suisse avec 300 titres (530 vol.), dont 2 du 16e s. (Aegidius Tschudi *De prisca ac vera Alpina Rhaetia*, Bâle 1538), 4 du 17e s., 38 du 18e s., 250 du 19e s. 40 titres sont en allemand. Pour l'histoire des autres pays, la part des ouvrages du 18e s. est souvent proche de celle du 19e s. et le latin est absent. Dans les sciences auxiliaires (350 titres en 650 vol.), la part d'ouvrages consacrés à l'histoire militaire l'emporte avec 115 titres (226 vol.), dont le plus ancien est une édition des *Commentarii de bello Gallico* de César (Anvers 1586). Suivent les biographies avec 88 titres (195 vol.), comme le *Promptuarium iconum insigniorum a seculo hominum* de Guillaume Rouillé (Lyon 1581), l'archéologie avec 72 titres (86 vol.), dont 2 du 16e s. (Giovanni Pierio Valeriano Bolzani, *Hieroglyphica*, Bâle 1567), 4 du 17e s. (Filippo Buonanni, *Templi Vaticani historia*, [Rome 1700?]), 12 du 18e s. et 44 du 19e s.

2.7 Le domaine langues et littératures est aussi fortement représenté (34 % des titres) dans le fonds ancien avec 2'240 titres en 4'650 vol., qui se répartissent à raison d'un titre pour le 15e s. (Francesco Petrarca, *Opera latina*, Bâle 1496), 12 titres pour le 16e s., 31 titres pour le 17e s., 440 titres (1'500 vol.) pour le 18e s. et 1'760 (2'980 vol.) pour le 19e s. La proportion des titres en langues étrangères est conforme à la moyenne: 65 titres en latin, 46 en allemand, 23 en anglais. C'est en littérature ancienne (115 titres en 245 vol.) que l'on trouve la plus forte proportion d'ouvrages du 16e s. (9 titres) et du 17e s. (19 titres), comme par exemple les *Noctes atticae* d'Aulu-Gelle (Strasbourg 1521), les *Métamorphoses* d'Ovide (Bâle 1543), les *Epistulae ad familiares* de Cicéron (Zurich 1559). Environ 55 % des ouvrages relèvent de la littérature française, soit 1'240 titres en 2'600 vol., dont un titre du 16e s. (Antoine Du Verdier, *Les diverses leçons*, Lyon 1584), 7 du 17e s., 250 (1'017 vol.) du 18e s. et 984 (1'580 vol.) du 19e s. Parmi ces œuvres, 720 (1'040 vol.) sont des romans, contes ou nouvelles (80 du 18e s. et 640 du 19e s.), comme par exemple les 40 vol. du *Cabinet des fées* (Genève 1787–1789). Suivent 80 œuvres complètes en 640 vol. dont près des trois quarts des vol. sont du 18e s., comme les *Œuvres* de Voltaire (70 vol., Kehl 1785–1789), de Rousseau (17 vol., Genève 1782–1789), de Montesquieu (6 vol., Amsterdam, Leipzig 1764). Le reste relève de la poésie (150 titres), du théâtre (120 titres en 380 vol.), de la correspondance (76 titres en 170 vol.), de l'essai (50 titres en 100 vol.). A noter aussi quelque 400 romans traduits (760 vol.), surtout de l'anglais (250 titres en 500 vol.), du 19e s. essentiellement.

2.8 Les ouvrages de sciences et arts viennent en troisième position (14 % des titres) avec 950 titres en 1'850 vol. (16e s.: 10 titres, 17e s.: 33 titres, 18e s.: 280 titres en 670 vol., 19e s.: 627 titres en 1'130 vol.), dont 610 titres (1'360 vol.) relatifs aux sciences, 250 titres (380 vol.) à la philosophie et 85 titres (105 vol.) aux beaux-arts.

2.9 Parmi les ouvrages de sciences (5 titres du 16e s., 19 titres du 17e s., 190 titres en 490 vol. du 18e s. et 400 titres en 850 vol. du 19e s.), les plus nombreux sont ceux consacrés à la médecine (140 titres en 205 vol.), à la botanique (82 titres en 195 vol.) et aux mathématiques et art militaire (70 titres en 140 vol.). Le latin est la langue étrangère la mieux représentée (55 titres en 84 vol.) en sciences. Parmi les ouvrages du 16e s., on signalera *Universae naturae theatrum* de Jean Bodin (Lyon 1596), *Magiae naturalis* de Giambattista Della Porta (Naples 1558). En médecine (16e s.:1 titre, 17e s.: 9 titres, 18e s.: 48 titres en 100 vol., 19e s.: 82 titres en 95 vol.), le titre le plus ancien est *Hippocratis Prognostica commentarii* de Benedetto Vettori (Florence 1551). Pour le 18e s., à noter quatre traités de Albrecht von Haller. On remarquera aussi quelques ouvrages ornés de planches d'anatomie comme *Explicatio tabularum anatomicarum* de Bernhard Siegfried Albinus (Leyde 1744), *Exposition exacte ou tableaux anatomiques en taille-douces des différentes parties du corps humain* de François-Michel Disdier (Paris 1778). En botanique (2 titres du 17e s., 25 titres en 90 vol. du 18e s., 55 titres en 100 vol. du 19e s.), on remarquera entre autres l'*Historia stirpium indigenarum Helvetiae inchoata* d'Albrecht von Haller (Berne 1768, 3 vol.), trois œuvres de Carl von Linné, dont *Genera plantarum* (Halle 1752). Les ouvrages de mathématiques (art militaire compris) sont du 18e s. (18 titres en 40 vol.) et 19e s. (50 titres en 100 vol.) à l'exception d'un ouvrage du 17e s. (Jacques Ozanam *Dictionnaire mathématique*, Paris 1691). A relever surtout de Henri Sbonski de Passebon, *Plan de plusieurs bâtimens de mer* (Marseille [ca 1700]). A noter encore parmi les ouvrages de géologie (66 titres en 97 vol.), les *Campi Phlegraei* de William Hamilton (Naples 1776-1779, 3 vol.), et, parmi ceux de zoologie (35 titres en 170 vol.), deux éditions de l'*Histoire naturelle* de Buffon (40 vol., Lausanne, Berne 1784-1791, et, 80 vol., Paris 1796-1803).

2.10 Parmi les ouvrages de philosophie (3 titres du 16e s., 6 titres en 13 vol. du 17e s., 80 titres en 160 vol. du 18e s. et 160 titres en 207 vol. du 19e s.), 50 titres (90 vol.) relèvent plutôt de l'éducation, 70 (94 vol.) de la morale. Les 3 titres les plus anciens sont les *Opera omnia* de Platon (Bâle 1546), *De rebus philosophicis* de Plotin (Bâle 1559) et *Discussionum peripateticarum* de Francesco Patrizi (Bâle 1581). Les beaux-arts, matière la moins représentée des sciences et arts, regroupent des ouvrages plus récents: mis à part un titre du 16e s. (*I dieci libri dell'architettura* de Vitruve, Venise 1567), le reste est du 18e s. (11 titres en 25 vol.), tel *Architecture hydraulique* de Bernard Forest de Bélidor (Paris 1737-1770, 4 vol.) et du 19e s. (73 titres en 80 vol.), comme *L'art en Alsace-Lorraine* de René Ménard (Paris 1876). Les ouvrages relatifs au dessin et à la peinture sont les plus nombreux: 38 titres en 48 vol.

2.11 560 titres (un peu plus de 8%) en près de 1'000 vol. relèvent de la théologie: 1 titre du 16e s., 23 titres (48 vol.) du 17e s., 106 titres (248 vol.) du 18e s. et 430 titres (700 vol.) du 19e s. Seuls 33 titres (un peu moins de 6%) sont en langues étrangères et seuls 20 ne concernent pas le christianisme. Près de 290 titres (près de 570 vol.) touchent à l'histoire du christianisme (17e s.: 10 titres en 20 vol.; 18e s.: 37 titres/90 vol.; 19e s.: 240/455), comme par exemple *Préjugez légitimes contre le papisme* de Pierre Jurieu (Amsterdam 1685), dont 160 (340 vol.) traitent du protestantisme, tel l'*Histoire générale des Eglises évangéliques des vallées du Piémont ou vaudoises* de Jean Léger (Leiden 1669). En théologie chrétienne (250 titres en 400 vol.), plus de la moitié des titres concernent les dogmes et doctrines (67 titres en 100 vol.), l'apologétique (55 titres en 65 vol.) et les textes et leurs critiques (43 titres en 64 vol.), tels un *Nouveau Testament* en latin (Bâle 1522), un autre en latin, grec, français (Genève 1628), les *Biblische Erzählungen des alten und neuen Testaments* de Johann Ludwig Ewald, accompagnées de *Die Heiligen Schriften des Alten [2: des Neuen] Testaments, in hundert biblischen Kupfern dargestellt* par Carl Schuler (Freiburg ca 1825-1830) ou encore les *Critici sacri* (Londres 1660, 10 vol.).

2.12 Les domaines du droit, politique et économie politique regroupent quelque 280 titres en 440 vol. (4 titres du 17e s., 60 titres en 140 vol. du 18e s. et 217 titres en 290 vol. du 19e s.), un tiers environ dans chaque matière. Pour le 17e s., relevons *Les loyx et statuts du Pays de Vaud* (Berne 1616), pour le 18e s., les 18 vol. des *Causes célèbres et intéressantes* de François Gayot De Pitaval (La Haye 1737-1742).

2.13 Les quelque 190 titres (2'860 vol.) restants relèvent des généralités; ils sont du 18e s. (32 titres en 210 vol.) et du 19e s. (156 titres en 2'650 vol.). On y trouve des périodiques à caractère général (60 titres, dont 13 du 18e s.), tels *The spectator* (Londres 1744, 8 vol.) ou *Aristide ou le citoyen* (Lausanne 1766-1767), des catalogues et annuaires (35 titres en 50 vol., comme *L'exposition universelle de 1867 illustrée*, Paris 1867), des recueils artificiels (100 vol.), des bibliographies (24 titres en 60 vol.) et des encyclopédies ou dictionnaires (20 titres en 250 vol.), tels le *Dictionnaire de la conversation et de la lecture* (Paris 1832-1839, 52 vol.) ou l'*Encyclopédie* de Diderot et d'Alembert (Lausanne, Berne 1781, 36 vol.), accompagnée de 8 vol. de planches (Lausanne, Berne 1780-1782, 1791-1793).

3. CATALOGUES

Catalogues modernes

Catalogue auteurs, titres anonymes [sur fiches, concerne le fonds conservé en magasin, n'est plus alimenté depuis 1985]

Catalogue matières [sur fiches, concerne le fonds conservé en magasin, n'est plus alimenté depuis 1985]

Catalogue méthodique [sur fiches, concerne le fonds conservé en magasin; la systématique est très proche de celle du catalogue de 1875, avec des subdivisions supplémentaires, plus de 112 en tout; n'est plus alimenté depuis 1962]

Catalogue informatisé sur OPSYS [depuis 1995, sans le fonds ancien]

Catalogues anciens généraux

Société littéraire dès 1780 [ms., catalogue alphabétique des titres en possession de la Société littéraire avant la cession du fonds à la Bibliothèque publique de Vevey; contient aussi les dépenses et recettes, ainsi que des listes de membres; Archives communales de Vevey, A orange 10 bis/1bis]

Catalogue de la Bibliothèque publique de Vevey. [Vevey] 1806 [systématique, avec une introduction et un règlement]

Premier supplément au catalogue de la Bibliothèque de Vevey. [Vevey] 1810

Second supplément au catalogue de la Bibliothèque publique de Vevey. [Vevey] 1820

Troisième supplément au catalogue de la Bibliothèque publique de Vevey. [Vevey] 1825 [ces trois suppléments sont tous systématiques et possèdent chacun une liste des bienfaiteurs et une introduction]

Second catalogue de la Bibliothèque publique de Vevey. Vevey 1834 [systématique, avec une introduction, un règlement, une liste des copropriétaires et des bienfaiteurs]

Premier supplément au second catalogue de la Bibliothèque publique de Vevey. [Vevey] 1850 [systématique, avec une introduction]

Second supplément au second catalogue de la Bibliothèque publique de Vevey. [Vevey] 1855 [systématique, avec une introduction et un règlement]

Troisième supplément au second catalogue de la Bibliothèque publique de Vevey. Vevey 1868 [systématique]

Troisième supplément au catalogue de la Bibliothèque publique de Vevey [vers 1868, ms., systématique]

Catalogue par ordre de numéros de la Bibliothèque publique de Vevey. 1851 [ms., topographique; il en existe un deuxième exemplaire, sans titre, postérieur à 1851]

Catalogue de la Bibliothèque publique de Vevey [1875 ou peu avant, 4 cahiers mss, systématique]

Catalogue de la Bibliothèque publique de Vevey. Vevey 1875 [systématique, avec une introduction]

Premier supplément au catalogue de la Bibliothèque publique de Vevey. Vevey 1887 [systématique]

Supplément au catalogue de la Bibliothèque publique de Vevey 1875–1907 [6 cahiers mss, systématique]

Catalogue [avant 1908?, ms., systématique]

Supplément du catalogue de la Bibliothèque publique de Vevey. Vevey 1908 [systématique]

Catalogue dès 1908 [ms., sorte de registre des entrées, utilisé jusque vers 1922?]

Supplément du catalogue [vers 1918?, dactyl. avec ajouts mss jusqu'au début des années 1930, systématique]

Supplément au catalogue, comprenant les livres entrés depuis 1908. 1936 [2 vol. dactyl., systématique]

Catalogue topographique comprenant les livres contenus dans les catalogues de 1875 & 1908 [dactyl.; 1936]

Catalogue topographique comprenant les livres contenus dans les catalogues de 1875 & 1908 [dactyl.; 1939]

Catalogue topographique comprenant les livres contenus dans les catalogues de 1875 & 1908. [dactyl.; 1952]

Catalogue topographique comprenant les livres entrés depuis 1908 [dactyl., commencé dans les années 1930? et utilisé jusque dans les années 1960?]

Catalogues anciens spécialisés

Répertoire manuscrit des brochures et opuscules réunis en recueils artificiels [1861?, systématique]

Catalogue manuscrit des brochures et opuscules réunis en recueils artificiels [1875?]

4. SOURCES ET ÉTUDES SUR L'HISTOIRE DE LA BIBLIOTHÈQUE

Archives

Les archives de la Bibliothèque sont conservées aux Archives communales de Vevey sous la cote *A orange 10 bis*. On y trouve les anciens catalogues, les registres de procès-verbaux (1805–1908, 1934–1963), les livres de comptes (1805–1964), les registres de prêts, la correspondance (1805–1964), les registres d'entrées (1936–1997). Les Archives communales de Vevey abritent aussi le registre des procès-verbaux de la Société d'émulation (1803–1805) sous la cote *A orange 68*.

Projet d'une Bibliothèque à Vevey. [s.l. 1805] [la version manuscrite de ce texte se trouve au début du premier registre des procès-verbaux]

Circulaire adressée aux membres copropriétaires de la Bibliothèque publique de Vevey. Vevey 1873

Rapport de la direction à l'Assemblée générale des co-propriétaires de la bibliothèque publique de Vevey pour l'année 1874. In: Journal de Vevey, 27 juillet 1875, p. 2–4

Deux registres sont déposés au Musée historique de Vevey. Constitués par Victor Cuénod, ils renferment une liste d'environ 500 livres achetés par la Société littéraire entre 1780 et 1806, deux listes d'ouvrages donnés à la Bibliothèque entre 1805 et 1907, une quarantaine d'ex-libris décollés dans les volumes et une vingtaine de formulaires décollés des volumes issus de la «Bibliothèque circulante» [en partie dactyl.; MHV 5170]

Études

Corsini, Silvio: On ne prête qu'aux riches... Les bibliothèques publiques du Pays de Vaud au dix-huitième siècle. In: Revue française d'histoire du livre 56 (1987) p. 381–413 [sur la Bibliothèque, p. 381]

[Montet, Albert de]: Notice historique sur la Bibliothèque de Vevey. In: Journal de Vevey 31 décembre

1881, p. 3; 7 janvier 1882, p. 3–4; 14 janvier 1882, p. 3; 21 janvier 1882, p. 3–4; 28 janvier 1882, p. 3

[Richardet, Eugène]: La Bibliothèque publique de Vevey. In: Feuille d'avis de Vevey et des districts d'Aigle et d'Oron, 31 octobre 1896, p. 8

Vuille, Daniel: Bibliothèque municipale de Vevey. In: Bibliothèques en Suisse. Bern 1976, p. 119–120

5. PUBLICATIONS SUR LES FONDS

Borloz, Marc: Historique et analyse du fonds ancien de la Bibliothèque municipale de Vevey. [Vevey] 1994 [travail de diplôme BBS, dactyl.]

BIBLIOTHÈQUE PUBLIQUE D'YVERDON-LES-BAINS

Canton: Vaud

Lieu: Yverdon-les-Bains

Auteurs: Cécile Vilas (texte), Francine Perret-Gentil (inventaire); avec la collaboration de Jean-Luc Rouiller

Adresse: Rue de l'Ancienne-Poste 4,
Case postale 217,
1401 Yverdon-les-Bains

Téléphone: +41 24 423 60 40

Homepage: www.yverdon-les-bains.ch/culture/

E-mail: biblio@yverdon-les-bains.ch

Rattachement administratif:
Commune d'Yverdon, Dicastère de l'éducation et de la culture.

Fonctions:
Bibliothèque publique, scolaire et patrimoniale de la Ville d'Yverdon-les-Bains et de la région du Nord vaudois.

Collections:
1. Fonds moderne de type lecture publique, section adulte et jeunesse (adolescents); documentation régionale. - 2. Fonds ancien de type encyclopédique et scientifique: langues et littératures, histoire, théologie, médecine, économie, agriculture, géographie. – 3. Photos, manuscrits, plans, tableaux et objets.

Conditions d'utilisation:
Bibliothèque de consultation et de prêt (abonnement annuel); libre-accès; salle de lecture (20 places de travail). Ouverture: lundi, mercredi, jeudi 13 h 30 à 18 h 30, mardi 10 h à 18 h 30, vendredi 10 h à 12 h et 13 h 30 à 19 h, samedi 9 h 30 à 11 h 30. Consultation du fonds ancien: uniquement sur rendez-vous.

Equipement technique:
Photocopieuse, 3 postes publics pour l'internet, 2 postes OPAC.

Informations imprimées:
Guide du lecteur; règlement.

Informations pour les utilisateurs de passage:
La bibliothèque est située en face de la gare CFF; grand parking à proximité; autoroute A1, sortie Yverdon-Sud.

1. HISTORIQUE DU FONDS

1.1 En 1761, le pasteur et naturaliste Elie Bertrand (1713–1797), secrétaire de la Société économique de Berne, s'adresse à plusieurs notables de la ville d'Yverdon et des environs pour les inciter à créer une «société économique», qui fonctionnerait comme «filiale correspondante» de la société mère de Berne. Le but de ces sociétés était d'«encourager l'agriculture», de «favoriser les arts utiles» et d'«étendre le commerce» (*Registre*, 1, p. 1). Le premier juin de la même année, dix-sept de ces notables répondent favorablement à l'appel et se constituent, sous la présidence du bailli Victor de Gingins, en Société économique d'Yverdon. Lors de cette première séance, ils décident, entre autres, «de rechercher les moyens de trouver des fonds pour se procurer les livres d'agriculture, d'arts et de commerce nécessaires […] pour former avec le temps une Bibliothèque publique à l'usage de la Ville» (*Registre*, 1, p. 5). C'est pour cette raison que l'on peut fixer à 1761 les origines de la constitution du fonds de la bibliothèque actuelle. Quatre «Registres» conservent, et ce dès le départ, les procès-verbaux des séances de la Société et sa correspondance, grâce auxquels nous pouvons suivre assez précisément les discussions relatives à la bibliothèque et les démarches entreprises pour les achats de livres.

1.2 Les fondateurs décident de demander une cotisation aux membres de la Société pour l'achat d'ouvrages. Ils adresseront également des demandes de subventions au Conseil de la Ville, ainsi qu'à Leurs Excellences de Berne. Pour stimuler leurs discussions et faciliter la rédaction de «mémoires», les membres de la jeune Société économique doivent se procurer «de bons livres». Ils se tournent alors vers Elie Bertrand pour qu'il leur fournisse «le catalogue des meilleurs auteurs et des meilleurs journaux sur les matières en question» (*Registre*, 1, p. 8, lettre du 28.08.1761). Avec l'aide du pasteur bernois et celle d'autres personnalités sollicitées, la Société va petit à petit se constituer, tant à partir de dons que d'achats, une bibliothèque scientifique à caractère encyclopédique, avec une accentuation particulière en économie et en agriculture. Parmi les premières acquisitions, on signalera le *Dictionnaire universel de commerce* de Jacques Savary, *Le grand dictionnaire historique* de Louis Moreri ou l'*Histoire naturelle générale et particulière* de Buffon. Certains livres sont acquis à l'étranger, comme en janvier 1762, lorsqu'un des membres «a bien voulu se charger d'en faire l'achat à Paris au meilleur marché» (*Registre*, 1, p. 12). Quant aux dons (en livres ou en espèces), ils sont signalés dans le «Livre blanc»: on y voit des donateurs prestigieux comme Elie Bertrand (près de 400 ouvrages), Jean-Jacques Rousseau, Voltaire ou Vincent-Bernard Tscharner de Bellevue.

1.3 La Société décide, le 2 juin 1762, que son secrétaire serait nommé bibliothécaire et qu'il devrait noter toutes les sorties et entrées des livres empruntés. De plus, deux copies de l'inventaire des livres devraient être effectuées. Le problème majeur réside dans la recherche de ressources financières pour la bibliothèque qui, pendant ses deux premières années d'existence, est réservée aux membres de la Société économique. Le 4 août 1762, lecture est donnée d'un «Règlement pour la Bibliothèque» et d'un «Projet de souscription en sa faveur», rédigé par Jean-Georges Pillichody. Y sont définis le profil et l'utilisation de la bibliothèque. Un projet de financement impliquant la ville d'Yverdon y est également proposé. On demande au Conseil de la ville «de contribuer comme ils le trouveront bon à un établissement si avantageux à la bourgeoisie, en le dotant d'une somme une fois payée, ou en lui destinant une fixe annuellement, avec une chambre pour la Bibliothèque» (*Projet*, p. 5). Au début de l'année suivante, le *Projet pour une Bibliothèque publique* est approuvé par la Société et la demande au Conseil confirmée. Celui-ci, généreux, donne 25 louis d'or, soit 400 francs, pour la création d'une Bibliothèque publique, même si «on ne trouve pas qu'un tel établissement puisse procurer bien grands avantages à cette bourgeoisie» (*Registre*, 1, p. 39, 19.02.1763). Le *Projet* sera publié à 200 exemplaires et distribué en ville et dans la région, invitant les notables à souscrire à cette fondation, à raison de 30 Livres à vie ou de 3 Livres par année.

1.4 L'établissement d'une bibliothèque n'est pourtant pas la seule mission de la Société économique. Ses activités principales restent la rédaction de «mémoires» (certains seront imprimés dans les *Mémoires et observations recueillies par la Société oeconomique de Berne*, d'autres, restés à l'état manuscrit, sont conservés à la Bibliothèque), l'organisation de débats, les expérimentations scientifiques faites sur le terrain et, bien évidemment, la communication avec la société mère de Berne et le monde scientifique de l'époque. Il n'est dès lors pas trop étonnant, et ceci est le cas pour de nombreuses bibliothèques des Lumières, que les dons offerts à la bibliothèque consistent parfois en des «curiosités naturelles», comme les collections minéralogiques d'Elie Bertrand ou ces «deux poissons volants et [ce] millepié conservés dans de l'esprit de vin» (*Registre*, 1, p. 64, 05.12.1765). La Société économique et ses collections grandissantes ne seront ainsi pas uniquement à l'origine de la fondation de la Bibliothèque, mais aussi de celle du Musée d'Yverdon, qui ne se sépareront institutionnellement qu'en 1904.

1.5 Les discussions et débats organisés par la Société ne se limitaient pas aux questions économiques et agricoles, mais pouvaient aussi aborder des thèmes politiques ou sociaux, au déplaisir de Leurs Excellences. Une lettre du 20 septembre 1766, provenant de l'avoyer et du Conseil de Berne et adressée aux baillis du canton, leur demande expressément de faire en sorte que les Sociétés économiques limitent leurs débats, car LL. EE. ne permettaient pas «que dans ces sociétés il s'y traite d'autres matières que celles qui ont rapport à la culture des vignes, des champs et des prés». Bâillonnés, les membres de la Société économique se réunissent de moins en moins souvent, si bien que la fréquence des comptes rendus (transcrits dans le *Registre*) diminue. Lors de l'assemblée du 21 mai 1773, ils décident même d'abandonner «les matières d'économie», la Société étant «résolue de s'occuper uniquement du soin et de l'accroissement de la Bibliothèque publique de la Ville». Ce changement entraînera aussi une modification du nom de l'institution: elle s'appellera désormais *Société littéraire*.

1.6 La nouvelle Société compte vingt-quatre membres. La Bibliothèque est ouverte tous les mardis, pendant deux heures. Elie Bertrand, revenu à Yverdon après de longues années passées à Berne et à l'étranger, devient boursier de la Société. Il sera aussi chargé de «dresser une instruction à Messieurs les bibliothécaires». Le comité prépare deux tableaux avec les noms des bienfaiteurs et des souscripteurs à vie de la Bibliothèque. Il devra aussi «faire ranger les livres par matières ou par facultés» (*Registre*, 1, p. 97, 22.5.1773), selon une systématique que l'on retrouve dans un catalogue méthodique à usage interne; un autre catalogue, alphabétique, sera destiné au public; un registre de prêt (aujourd'hui perdu) permettra un meilleur contrôle des mouvements de livres. Le *Registre* du 18e s. relate aussi les accords trouvés avec les imprimeurs de la place, notamment avec Fortuné-Barthélemy de Félice et Jean-Jacques Hellen, qui devaient remettre à la Bibliothèque un exemplaire de chaque livre imprimé. De Félice, l'éditeur de l'*Encyclopédie d'Yverdon*, n'a pas toujours honoré cet accord. En 1821, le comité reviendra sur le sujet, en décidant de collectionner systématiquement les livres imprimés à Yverdon.

1.7 En 1789, la *Société littéraire* modifie encore son nom pour devenir la *Direction de la Bibliothèque*. Dix ans plus tard (pendant l'Helvétique), les réponses à un questionnaire envoyé par le gouvernement central nous apprennent que la bibliothèque renferme quelque 2'000 ouvrages, formant 4'426 vol., classés en neuf divisions. Puis, pendant six ans (1799–1805), pour des raisons de personnel (la génération des fondateurs se fait vieillissante), mais très probablement aussi pour des motifs politiques, la Direction de la Bibliothèque n'aura guère d'activités. Elle se reconstitue avec de nouveaux membres. Il est proposé de baisser le prix de la souscription annuelle, pour donner à un public plus large la possibilité d'emprunter des livres. Dès 1807, la Bibliothèque est ouverte deux fois par semaine. Ses activités restent modestes, les procès-verbaux s'espaçant de plus en plus.

1.8 Au 19ᵉ s., la Bibliothèque cherchera longtemps de meilleures formes de fonctionnement, en modifiant souvent ses statuts. Le 12 novembre 1827, l'Assemblée générale se donne un nouveau règlement (*Registre*, 1, p. 213–216). La *Direction de la Bibliothèque* s'appelle désormais *Société de la Bibliothèque*; elle convoque l'Assemblée générale, qui, à son tour, nomme un Comité (président, caissier, bibliothécaire, etc.). De nouvelles modifications au règlement seront apportées en 1830 et 1831. En 1846, elle en adopte un nouveau, préparé par Roger de Guimps, règlement qui sera revu en 1876. En septembre 1875, le Comité reçoit une lettre de la Municipalité demandant «que la bibliothèque soit plus accessible» et que la position de la Commune vis-à-vis de la Bibliothèque soit définie. Dans sa réponse, il rappelle que la Bibliothèque avait toujours fonctionné modestement, grâce aux cotisations et aux importants dons en espèces d'Elie Bertrand, de Jean-Georges Pillichody et du général Frédéric Haldimand, qu'elle était ouverte à tous et que «la distribution des livres a[vait] lieu deux fois par semaine, le mardi et le samedi, dès 11 heures à midi et demi et jamais les abonnés n'ont articulé aucune plainte» (*Registre*, 3, p. 23). Ce n'est qu'en 1885 qu'une convention reliant la Bibliothèque à la Commune entrera finalement en vigueur.

1.9 Dans les années 1830, le Comité décide l'acquisition de livres pour des montants allant de 400 à 800 francs par année. La politique d'achats correspond toujours au profil de l'ancienne Société économique: il s'agit presque exclusivement d'acquisitions d'ouvrages scientifiques (histoire, géographie). Malgré ses activités plus modestes, la bibliothèque reçoit toujours des dons, parfois précieux, comme «le grand ouvrage sur l'Egypte», c'est-à-dire les 35 vol. de la *Description de l'Egypte* édités par Panckoucke (Paris 1820–1830). Les moyens économiques restent limités; l'abonnement annuel coûte 8 francs et 10 francs pour les personnes de l'extérieur. Ces moyens restreints expliquent aussi l'accroissement lent des collections et l'écho assez limité de la bibliothèque. La recherche de fonds et les discussions autour des placements financiers occuperont désormais une part importante du travail du Comité. Il a même été envisagé de vendre *La Bible* d'Olivétan, proposition heureusement rejetée.

1.10 A partir de 1905, la Bibliothèque reçoit de la Commune un subside annuel de 100 francs. Ce montant restera pendant de nombreuses années le même. Les recettes et les dépenses se maintiennent pendant longtemps au-dessous de 1'000 francs. Le nombre des abonnés demeure très modeste: autour de 60 personnes. Il n'est pas possible d'être plus précis, car le *Bureau* a décidé (le 18 juillet 1920) de ne plus conserver les anciens registres des abonnés. D'après le *Registre*, la politique d'acquisitions semble très restrictive et ce n'est apparemment qu'en 1915 qu'il est décidé qu'un certain nombre de romans sera acheté «pour accéder au désir de quelques abonnés ou pseudo-abonnés». Cette méfiance face à la production romanesque ne semble toutefois pas s'étendre à toute la création littéraire puisque, d'après notre inventaire, 25 % des ouvrages anciens (titres) sont des œuvres littéraires (voir l'Aperçu systématique).

1.11 En 1926, à la mort de l'ancien syndic et bibliothécaire d'Yverdon, John Landry, la Bibliothèque reçoit un legs de dossiers et de papiers sur l'histoire de la ville, désormais connus sous l'appellation *Fonds Landry*. Vers la fin des années 1920, la gestion de la Bibliothèque piétine, les membres du Bureau étant devenus de plus en plus âgés. Dès 1937, grâce à la Fondation Petitmaître, la Bibliothèque recevra annuellement 2'000 francs, à condition d'ouvrir au public une salle de lecture. Satisfait, le Comité décide de renoncer à la moitié du subside communal et d'ouvrir, sans grande conviction, une salle de lecture. En 1939, l'instituteur Léon Michaud (1879–1968), personnalité bien aimée des Yverdonnois, est nommé bibliothécaire: il occupera le poste jusqu'en 1967. Les années 1940 à 1960 s'écoulent sans qu'il y ait d'événements spéciaux à signaler: quelques dons, quelques demandes de renseignements sur le fonds ancien, un nombre d'achats toujours très modeste et, bien évidemment, des problèmes financiers.

1.12 Ce n'est qu'à partir de 1975 que la Bibliothèque et la lecture publique commencent vraiment à se développer. Le 29 mai 1976, elle s'installe dans le bâtiment des anciennes prisons (aujourd'hui Maison d'Ailleurs). Le fonds ancien reste au château. Deux bibliothécaires professionnelles sont engagées. Dix ans plus tard, la bibliothèque déménage dans les nouveaux locaux de l'ancienne poste; le fonds ancien y trouve aussi sa place, au sous-sol. En 1988, l'Association de la Bibliothèque nomme, parmi les membres du Comité, une «Commission pour le fonds ancien» qui définit les priorités les plus urgentes, notamment l'installation d'un appareil de climatisation et de déshumidification. Dès le 1ᵉʳ janvier 1994, la Bibliothèque devient une institution communale: la Ville d'Yverdon est désormais propriétaire de toutes les collections. Une année plus tard, le fonds ancien est à nouveau l'objet d'intérêt. Une Fondation est alors créée pour trouver les moyens financiers nécessaires à la restauration des livres anciens. Après quelques années d'existence, elle a réuni une somme d'environ 120'000 francs permettant de restaurer quelques ouvrages importants, comme l'*Encyclopédie* de Diderot et d'Alembert (in-folio) et l'*Encyclopédie d'Yverdon*. Les conditions de conservation sont encore améliorées.

1.13 Dès les origines, la Ville (plus tard la Commune) se charge de loger la bibliothèque. Installée dès sa fondation à l'Hôtel de Ville, elle sera transférée en 1830 au château d'Yverdon, dans l'ancien dortoir de l'Institut Pestalozzi (*Registre*, 2, p. 12). Dès 1903, la Municipalité ayant besoin de ce dortoir pour y installer des salles de classe, la bibliothèque déménage dans les combles du Nouveau Casino (aujourd'hui Théâtre Benno Besson), ce qui ne fera que freiner son développement: peu de lecteurs et peu d'achats de livres (guère quelques dizaines d'exemplaires par année). En 1914, la bibliothèque revient s'installer au château: elle y occupe trois salles. Elle y restera jusqu'en 1976, voire même jusqu'en 1986 pour le fonds ancien (voir ci-dessus).

1.14 Tout au long de son existence, la Bibliothèque s'est préoccupée de l'élaboration de catalogues. Le premier qu'elle publie date de 1765. Dressé par Jean-Georges Pillichody, il dénombre quelque 330 livres, entrés à la bibliothèque depuis 1761 et montre clairement la nette prépondérance des dons (90%) sur les achats (10%). Ceux-ci portent sur les domaines de prédilection de la Société, principalement l'agriculture et l'agronomie. A relever aussi le livre de Jean Henri Formey: *Conseils pour former une bibliothèque* (Berlin 1755), ainsi que l'achat de revues internationales, comme le fameux *Journal encyclopédique* et le *Journal des sçavans*. Le catalogue nous apprend encore que la bibliothèque possédait déjà 10 vol. de l'*Encyclopédie* de Diderot et d'Alembert, ainsi que le *Dictionnaire universel d'agriculture et de jardinage* (Paris 1751). Une liste des bienfaiteurs (16), des souscripteurs à vie (33) et des souscripteurs annuels (16) complète le catalogue. Un premier supplément sera publié en 1768 (Corsini, 274).

1.15 Elie Bertrand est chargé de préparer un grand catalogue alphabétique, dans lequel seront fondus les anciens catalogues. Ce catalogue, tiré à 500 exemplaires, sortira en 1774. La liste des bienfaiteurs s'élève à 100 personnes ou institutions. Parmi les 59 souscripteurs à vie (qui devaient payer au moins 30 francs) se retrouvent des notables de la ville, mais aussi quelques dames, veuves ou filles de personnalités yverdonnoises. Ce catalogue s'ouvre par des «instructions» aux bibliothécaires et aux lecteurs. Le nombre de titres se monte à 1'625. Dix ans plus tard (en 1783), on publie un premier supplément. Quatre nouveaux «bienfaiteurs de la bibliothèque» (dont une dame) viennent s'ajouter, mais ce supplément ne contient plus de liste des lecteurs. L'accroissement de la collection est d'environ 540 titres. En 1809, un deuxième supplément – assez sommaire quant à la description bibliographique – est imprimé. Les livres latins sont recensés à part.

1.16 Le catalogue de 1817 regroupe toujours les titres par ordre alphabétique, mais accompagnés cette fois d'une cote alphanumérique: les huit lettres choisies correspondant à une classification matières assez sommaire (A agriculture, D droit, H histoire, L littérature, M médecine, P philosophie, T théologie). Un catalogue systématique sortira en 1831 (on passe à 11 lettres matières), ainsi qu'un supplément en 1844. En 1859, la bibliothèque possède 3'600 ouvrages. Quatre ans plus tard, en 1863, un nouveau catalogue imprimé, constitué par Charles Grandjean, voit le jour. Il signale 4'361 ouvrages pour 11'862 vol., répartis comme suit: «encyclopédie» 75 ouvrages, 460 de «religion», 250 de «philosophie», 420 de «sciences sociales», 450 de «sciences et arts», 1'200 de «sciences historiques», 1'010 de «littérature» et 56 «ouvrages périodiques». Un tableau des «états de la bibliothèque» (p. II) indique l'évolution du fonds qui comptait 1'567 ouvrages (4'426 vol.) en 1799, 3'026 (8'230 vol.) en 1844 et 4'159 ouvrages (11'322 vol.) en 1861. Grandjean introduit un nouveau *numerus currens* qui remplace les anciennes cotes alphanumériques et qui est toujours utilisé. Une première partie de ce catalogue («Répertoire des titres») classe les notices par ordre alphabétique des auteurs et des titres anonymes, une seconde («Répertoire des sujets») par ordre des matières. On y trouve aussi le «Supplément Doxat», qui signale les quelque 230 ouvrages (environ 750 vol.) offerts par Alexis Doxat peu avant 1863. Ce catalogue Grandjean servira de référence jusqu'au 20ᵉ s. et sera utilisé pour créer le fichier. Il sera suivi de quatre suppléments, en 1875, 1883, 1897 et 1912; un dernier supplément recense les ouvrages entrés à la bibliothèque de 1912 à 1924. Ce n'est qu'à partir de 1934, après une dizaine d'années de discussions, que commence enfin la création d'un catalogue sur fiches. Le fichier alphabétique des auteurs n'est, en fait, qu'une copie des catalogues et suppléments imprimés, incluant également les nouveautés. Le fichier alphabétique des matières ne se développera qu'à partir de 1948, grâce au travail fourni par Jeanne-Marie Anex dans le cadre de son travail de diplôme. Ces fichiers seront alimentés jusqu'à fin 1999. A partir de l'an 2000, le fonds de lecture publique sera catalogué sur le logiciel OPSYS (sur PMB depuis 2009). Depuis 2008, tout le fonds ancien jusqu'à 1850 est signalé dans le catalogue du RERO.

2. DESCRIPTION DU FONDS

2.1 Réalisé avant le catalogage du fonds ancien en machine, l'inventaire a été effectué livre en main. Sauf exception, nous parlons seulement en nombre de titres. Les chiffres qui pourraient être extraits du catalogue informatisé divergeraient sans doute des résultats fournis ci-dessous, sans pour autant donner une image fondamentalement différente du fonds.

Survol chronologique et par langues

2.2 Le fonds moderne compte quelque 55'000 livres: 50'000 en libre-accès (dont 1'000 titres en langues étrangères, 3'000 œuvres de science-fiction, 12'000 titres en section jeunesse) et 5'000 en magasins fermés. La Bibliothèque est abonnée à une trentaine de revues. Le fonds ancien (jusqu'à 1900) compte 7'300 titres, pour 17'360 vol., brochures comprises. La collection du 19e s. comprend 4'170 titres pour 9'300 vol. et représente, quantitativement, la partie la plus importante du fonds ancien (57 %). Viennent ensuite 1'927 titres (6'300 vol.) imprimés au 18e s. (26 %), 1'033 titres (1'535 vol.) au 17e s. (14 %) et 170 titres (189 vol.) au 16e s. (2 %). Deux incunables (Publius Faustus Andrelinus, *De Neapolitana victoria*, Paris ca 1495; Niccolò Perotti, *Cornucopie*, Milan 1498) complètent la collection. Les 193 titres (676 vol.) imprimés à Yverdon sont inclus dans ces chiffres (voir Collection particulière). La langue la mieux représentée dans le fonds ancien est le français, à raison de 80 % (5'820 titres); 13 % du fonds est en latin (920 titres); reste un faible pourcentage (3 % chacun) en allemand (230) et en anglais (220), encore moins en italien (76), en grec (21) et en d'autres langues. La part importante des ouvrages du 19e s. et celle des livres en français ne doivent pas nous faire oublier les nombreuses éditions en latin, toutes, ou presque, antérieures à 1800.

Aperçu systématique

2.3 Comme le fonds ancien n'est plus classé par matières, nous avons dû, pour l'aperçu systématique, attribuer à chaque ouvrage une des dix-huit matières sélectionnées à cet effet, en nous inspirant de la CDU du catalogue sur fiches. Certaines de ces matières ont été regroupées, pour mieux faire ressortir les points forts et les lacunes du fonds. Les deux domaines principaux, *langues et littératures* et *histoire*, abritent à eux deux 52 % du fonds ancien.

Langues et littératures

2.4 Le domaine le mieux représenté est celui des *langues et littératures*. Avec 2'294 titres, il correspond à 32 % du fonds ancien. Près des trois quarts de ces titres (1'710) sont du 19e s., ce qui représente 41 % de l'ensemble des éditions du 19e s. (1'710 titres sur 4'170 titres); 418 titres appartiennent au 18e s. (18 %), 142 au 17e s. et 24 au 16e s. 1'918 titres sont en français (84 %), 124 en anglais (5 %), 98 en latin (4 %), 79 en allemand (3 %), 49 en italien, 16 en grec et 10 dans d'autres langues.

2.5 Un peu plus de 80 % de ces titres (1'850) sont des œuvres littéraires (*littératures*) à proprement parler. Cette proportion est encore plus forte au 19e s. (1'442 titres), mais elle est aussi valable – à un moindre degré – pour les siècles précédents. Ces 1'442 œuvres littéraires du 19e s. correspondent à 20 % de l'ensemble du fonds ancien, à 35 % de tous les livres du 19e s. et à 78 % des œuvres littéraires. La proportion des œuvres littéraires par rapport aux ouvrages de *langues* (grammaire, histoire littéraire, dictionnaire) va augmenter avec les siècles: parmi les livres du 16e, elle est de 50 %; parmi ceux du 17e, elle est de 53 %, puis elle passe à 76 % parmi les éditions du 18e et à 84 % parmi celles du 19e s. Une proportion importante des œuvres littéraires est en français, les autres langues correspondant à des taux bien plus faibles. Les œuvres de la littérature française sont nombreuses, même si pour les 12 titres du 16e s., les auteurs latins et grecs sont majoritaires, à l'exception d'une édition des *Œuvres* de François Rabelais (Lyon ca 1580) et des *Œuvres* de Clément Marot (Rouen 1596). Parmi les 76 titres du 17e s., on note une légère majorité d'auteurs classiques (ou néoclassiques) aux dépens des auteurs français, tandis que les auteurs étrangers sont très faiblement représentés. Nous citerons, pour les auteurs français, *Aristippe* de Jean Louis Guez de Balzac (Paris 1658) et une édition des *Conversations sur divers sujets* de Mademoiselle de Scudéry (Amsterdam 1686) et, pour les traductions, *L'homme de cour* de Baltazar Gracián (Paris 1684). Le 18e s. comprend 321 titres, englobant les auteurs les plus importants du siècle des Lumières. Les écrivains français sont ici majoritaires, suivis par les étrangers (dans une proportion de deux pour un), tandis que les auteurs classiques sont devenus minoritaires. Nous signalons trois éditions des *Œuvres* de Voltaire: une complète (Lausanne 1770–1776, 48 vol.) et deux incomplètes (Bâle 1784–1790 et s.l. années 1770), deux éditions des *Œuvres* de Jean-Jacques Rousseau (Neuchâtel 1764, 10 vol.; Lyon 1796, 33 vol.) et les *Poésies* d'Albert de Haller (Berne 1760). Pour les langues étrangères, mentionnons les *Commedie* de Carlo Goldoni (Venise 1753, 7 vol.), offertes par Elie Bertrand. Ce dernier s'est aussi distingué comme auteur de fiction: *Le Thévenon ou les journées de la montagne* (Neuchâtel 1777). Parmi les œuvres du 19e s., celles d'auteurs français sont encore plus nombreuses, exception faite de la *Collection of ancient and modern British novels and romans*.

2.6 20 % du domaine *langues et littératures* relève des *langues*. Nous avons tout d'abord 71 dictionnaires qui se répartissent à raison de 5 titres pour le 16e s. (*Dictionarium latinogermanicum et vice versa germanicolatinum* de Petrus Dasypodius, Strasbourg 1569), 18 pour le 17ᵉ s. (*Nova nomenclatura quatuor linguarum* de Nathanaël Duez, Leyde 1652), 22 pour le 18ᵉ s. et 26 pour le 19ᵉ s. Viennent ensuite 122 titres de grammaire ou linguistique, dont la grande partie est du 18ᵉ s. (42 titres) et 19ᵉ s. (48 titres), accompagnée de 4 titres du 16ᵉ s. (dont *Le prothocolle des secrétaires*, Lyon 1534) et de 28 titres du 17ᵉ s. (dont l'*Abrégé de la nouvelle méthode pour apprendre facilement et en peu de temps la langue grecque* de Claude Lancelot, Paris 1682). Les langues anciennes font tout autant l'objet d'études que le français. On signalera par exemple le *Thesaurus grammaticus linguae sanctae hebraeae* de Johannes Buxtorf (Bâle 1620) ou les *Recherches sur les langues anciennes et modernes de la Suisse et principalement du Pays de Vaud* (Genève 1758) d'Elie Bertrand, annonciatrices de la dialectologie. Finalement, 225 titres relèvent de l'histoire littéraire, essentiellement des éditions du 19ᵉ s. (189 titres), accompagnées de quelques 18ᵉ s. (27), 17ᵉ s. (7) et 16ᵉ s. (2).

Histoire

2.7 Le deuxième domaine le plus fortement représenté est l'histoire, archéologie comprise. Avec 1'441 titres, il correspond à 20 % du fonds ancien. Les ouvrages du 19ᵉ s. sont les plus nombreux (879 titres), suivis par ceux du 18ᵉ s. (375 titres); 150 titres sont du 17ᵉ s. et 37 du 16ᵉ. La proportion de livres en français est de 89 %, de 6 % pour le latin et de 3 % pour les titres allemands, auxquels s'ajoutent quelques titres en italien et en anglais.

2.8 323 titres – formant ainsi le domaine numériquement le plus important – sont des ouvrages concernant l'histoire de France, édités principalement aux 19ᵉ s. (208 titres) et 18ᵉ s. (82 titres); 32 titres l'ont été au 17ᵉ s. (dont le *Bouclier d'estat et de justice* de François Paul de Lisola, s.l. 1667) et 3 au 16ᵉ s., comme *Les coustumes et statutz particuliers de la pluspart des bailliaiges ... du royaulme de France* (Paris 1552). Parmi les titres du 19ᵉ s., on note une part importante d'ouvrages relatifs à la période napoléonienne, comme la *Relation circonstanciée de la campagne de Russie en 1812* d'Eugène Labaume (Paris 1814). 302 ouvrages concernent l'histoire d'autres pays, à nouveau avec une majorité du 19ᵉ s. (177 titres); 93 titres sont du 18ᵉ s., 31 du 17ᵉ (comme l'*Histoire de la guerre de Flandre* de Guido Bentivoglio, Paris 1634), et 1 seul du 16ᵉ s. (*Historiae de regno Italiae* de Carlo Sigonio, Bologne 1580). L'histoire suisse regroupe 255 titres. Un titre est du 16ᵉ s. (*Gemeiner loblicher Eydgnoschafft Stetten, Landen und Völckeren Chronick wirdiger Thaaten Beschreybung* de Johannes Stumpf, Zurich 1548), 3 titres sont du 17ᵉ s. (dont l'*Abbrégé de l'histoire générale de Suisse* de Jean-Baptiste Plantin, Genève 1666), 37 titres sont du 18ᵉ s. et 214 du 19ᵉ s. Plusieurs titres concernent le canton de Vaud, comme l'*Histoire du Pays de Vaud* de Jean François Dellient (Lausanne 1809).

2.9 Contrairement aux autres sections de l'histoire, très axées sur les 18ᵉ et 19ᵉ s., les 197 titres relatifs à l'histoire ancienne et à l'archéologie se répartissent de manière assez équilibrée entre les quatre siècles recensés: 25 titres du 16ᵉ s., 33 du 17ᵉ s. (dont *Antiquitatum romanarum corpus absolutissimum* de Thomas Dempster, Genève 1659), 65 titres du 18ᵉ s. et 74 du 19ᵉ s. Les biographies et les mémoires (160 titres) sont très représentés au 19ᵉ s. avec 117 titres, mais le sont moins aux siècles précédents: 37 titres pour le 18ᵉ s., 5 pour le 17ᵉ et un seul pour le 16ᵉ (Martin du Bellay, *Les mémoires*, Genève 1594). 6 titres sont consacrés à l'histoire biblique. Finalement, 198 ouvrages concernent l'histoire en général. Plus de la moitié de ces derniers ouvrages est antérieure à 1800: 63 titres du 18ᵉ s., 44 du 17ᵉ s. (comme l'*Ars belli et pacis* de François David Bonbra, Straubing 1643) et 6 du 16ᵉ s. (dont le *Discours sur les moyens de bien gouverner* d'Innocent Gentillet, [Genève] 1576); le reste est du 19ᵉ s. (85 titres).

Théologie

2.10 Avec 752 titres (10 % du fonds ancien), la religion représente le troisième point fort de la collection. Les livres se répartissent de façon presque égale entre le 17ᵉ s. (208 titres), le 18ᵉ s. (258 titres) et le 19ᵉ s. (254 titres); reste 32 titres du 16ᵉ s. Les livres théologiques du 17ᵉ s. représentent à eux seuls 20 % des livres anciens de ce siècle. Une forte majorité des titres (604 ou 80 %) est en français; 113 titres sont en latin (15 %), 13 en allemand, 10 en anglais, 3 en italien, 2 en grec et 7 en d'autres langues.

2.11 On notera d'abord la présence de 52 Bibles, dont 12 éditions du 16ᵉ s., principalement en latin, mais aussi en français, en grec et en hébreux; comme rareté, citons *La Bible qui est toute la Saincte Escripture* traduite en français par Robert Olivétan (Neuchâtel 1535). Parmi les 15 Bibles du 18ᵉ s., relevons la fameuse version de Jean-Frédéric Ostervald (Neuchâtel 1744) et *La sainte Bible* (Bienne, Yverdon 1746). Pour le tournant du 19ᵉ s., signalons encore *La sainte Bible*, traduite par Le Maistre de Sacy (Paris 1789–1804).

2.12 Les autres ouvrages de théologie se répartissent entre des matières assez variées, pour ne pas dire quelque peu hétéroclites. Au-delà des ouvrages de théologie générale, on trouve des œuvres des réformateurs suisses (Pierre Viret, Jean Calvin et Ulrich Zwingli parmi les livres du 16ᵉ s.), mais aussi des sermons (Jean Daillé, Louis de Bons, Philip Doddridge, Pierre Du Moulin, Jean Mestrezat, les Turrettini) et des livres sur l'histoire biblique et l'histoire des églises et des confessions; spécialement sur l'histoire des églises réformées de Suisse (Abraham Ruchat), sur le calvinisme ou les huguenots, ainsi que sur les différentes églises régionales de France et d'Angleterre. La bibliothèque abrite aussi quelques titres concernant l'Edit de Nantes (*Edict du roy sur la pacification des troubles de ce royaume*, Paris 1644) et sa révocation, et de nombreux textes, en partie polémiques, sur le catholicisme (William Sherlock) ou les jésuites (*Apologie des lettres provinciales* de Louis de Montalte, Rouen 1698) et, en contrepartie, des titres tout aussi virulents du jésuite Louis Maimbourg contre le calvinisme.

2.13 D'autres ouvrages concernent les dogmes, la morale, la théologie pratique et l'exégèse (Pierre Bayle). De nombreux titres apologétiques (William Chillingworth, Hugo Grotius, Pierre Jurieu, Jean La Placette, Bénédict Pictet) s'y trouvent aussi, tout comme des livres concernant la confession catholique: histoire et exégèse catholiques (*La France toute catholique sous le regne de Louys le Grand*, Lyon 1684), liturgie, Contre-Réforme (*Canones et decreta Concili Tridentini*, Rouen 1663). Le fonds recèle encore quelques textes anticléricaux (*Conduite scandaleuse du clergé depuis les premiers siècle de l'Eglise jusqu'à nos jours*, Paris 1793, ou Joseph de Maistre, *Du pape*, Lyon 1830), quelques titres sur la religion juive, l'islam (*L'Alcoran de Mahomet*, Paris 1672) et le bouddhisme. Finalement, signalons un ouvrage décrivant les religions du monde: *Cérémonies et coutumes religieuses de tous les peuples du monde* (Amsterdam 1789). Il faut encore ajouter 4 vol. de thèses genevoises reliées (soit 75 pièces, essentiellement du 18e s.), non comptabilisées ici.

Droit, politique, économie, pédagogie

2.14 Un ensemble de 782 titres concerne le droit, la politique, l'économie et la pédagogie, représentant 11% du fonds ancien. Le droit réunit 337 titres: 18 titres (tous en latin) du 16e s., 119 (79 en latin) du 17e s., 139 (72 en latin) du 18e s. et 61 du 19e s. Si les ouvrages du 19e s. sont majoritairement en français, la proportion est inversée pour les autres siècles, où les textes latins sont plus nombreux. Les différentes branches du droit (droit de la nature, droit canon, droit criminel, droit romain, etc.) sont représentées. Le Code justinien est particulièrement bien documenté, au 16e s. (Christoph Freiesleben, *E divi Justiniani institutionibus erotemata*, Cologne 1554) et surtout au 17e s. (comme les *Justiniani institutiones*, Amsterdam 1647), ainsi que le droit français et le droit vaudois (*Les loyx et statuts du Pays de Vaud*, Berne 1616, et *Remarques sur les loix et statuts du Pays de Vaud* de Jacques François Boyve, Neuchâtel 1776).

2.15 Les trois autres domaines (politique, économie, pédagogie) totalisent 445 titres: 324 pour le 19e s., 105 pour le 18e s. et 16 pour le 17e s. L'économie étant le domaine de prédilection des fondateurs de la bibliothèque, nous citerons parmi les titres du 18e s. le *Dictionnaire portatif de commerce* (Bouillon 1770) ou le *Dictionnaire oeconomique* de Noël Chomel (Paris 1732). Les grands économistes y sont représentés, comme Adam Smith (*An inquiry into the nature and causes of the wealth of nations*, Glasgow 1805), Victor Riquetti de Mirabeau (*L'ami des hommes*, s.l. 1758–1760) ou Jacques Necker (*De l'administration des finances de la France*, Lausanne 1785). Pour la pédagogie, signalons les œuvres de Johann Heinrich Pestalozzi (comme le *Manuel des mères*, Genève 1821 ou *Léonard et Gertrude*, Genève 1827) et les études sur ce pédagogue qui joua un rôle important dans la ville d'Yverdon (Eduard Biber, *Beitrag zur Biographie Heinrich Pestalozzi's*, Saint-Gall 1827; Karl Justus Blochmann, *Heinrich Pestalozzi*, Leipzig 1846; Roger de Guimps, *Histoire de Pestalozzi, de sa pensée et de son œuvre*, Lausanne 1874). Il faut encore ajouter 24 vol. de thèses de droit reliées (soit env. 400 pièces des 17e et 18e s.), non comptabilisées ici.

Médecine

2.16 Avec 515 titres (7%), la médecine constitue un domaine important du fonds ancien, non seulement quantitativement, mais aussi pour sa part d'éditions antérieures à 1800. En effet, dans aucun autre domaine les ouvrages des 16e et 17e s. sont aussi nombreux, respectivement 44 et 233 titres; viennent ensuite les éditions du 18e s. (186 titres) et celles du 19e s. (seulement 52 titres, dont quelques-uns de psychiatrie, comme les *Névrosés* d'Arvède Barine, Paris 1898). C'est aussi le seul domaine où le latin est la langue la mieux représentée (300 titres), suivie par le français (212 titres). Le fonds est riche en titres représentatifs et les classiques de l'histoire de la médecine sont nombreux. Différents aspects de la médecine sont représentés: ouvrages généraux, traités d'anatomie, de chirurgie, livres sur la guérison des fièvres (comme le *De febribus* de Daniel Sennertus, Lyon 1627). Parmi les 44 titres (41 en latin, 3 en français) du 16e s., signalons la *Pharmacopoea dogmaticorum restituta* de Joseph Du Chesne (s.l. 1607), la *Practica major* de Michele Savonarola (Venise 1547), les *Opera* de Galien (Bâle 1542) et *De corporis humani fabrica libri septem* d'André Vésale (Bâle 1555). Avec 233 titres (197 en latin, 36 en français), les livres médicaux du 17e s. sont particulièrement bien représentés (comme le *Canon medicinae* d'Avicenne, Venise 1608). Parmi les 186 titres du 18e s., on note plusieurs ouvrages du médecin hollandais Herman Boerhaave et de son élève Julien Offray de La Mettrie (*Traité de la petite vérole*, Paris 1740), ainsi que plusieurs titres d'Albert de Haller (comme *Opuscula pathologica*, Lausanne 1755 ou *Deux mémoires sur la formation des os*, Lausanne 1758) et de Samuel Tissot (11). Il faut encore ajouter 9 vol. de thèses reliées (soit 144 pièces, essentiellement du 18e s.), non comptabilisées ici.

Géographie, voyages

2.17 Le domaine concernant la géographie et les voyages compte 455 titres (6% du fonds ancien), en grande partie (343 titres) du 19e s.; pour le 18e s., nous comptons 86 titres et 26 pour le 17e s. (16 en français et 10 en latin). Une très grande majorité des livres est en français. Les récits de voyage sont nombreux, particulièrement parmi les livres du 18e s., comme le *Voyage autour du monde* de George Anson (Genève 1750 et Amsterdam, Leipzig 1751) ou l'*Histoire générale des voyages* (Paris 1746-1770, 19 vol.). Pour le 17e s., signalons les auteurs de l'Antiquité, tel Strabon, mais aussi des textes contemporains comme les *Mémoires et observations faites par un voyageur en Angleterre* de François Maximilien Misson (La Haye 1698). Parmi les éditions du 19e s., remarquons plusieurs titres de Valérie de Gasparin, auteur installée dans la région du Nord vaudois: *A travers les Espagnes* (Paris 1869) ou son *Journal d'un voyage au Levant* (Paris 1848).

2.18 Nombreux sont les récits de voyage en Suisse, comme par exemple les *Lettres de M. William Coxe à M. W. Melmoth sur l'état politique, civil et naturel de la Suisse* (Paris 1782) ou les textes de Charles Joseph Mayer, d'Horace-Bénédict de Saussure et de Jacques Cambry et, pour le 19e s., la *Suisse historique et pittoresque* (Genève 1855-1856) et *Switzerland* de William Beattie (Londres 1836). Nous trouvons aussi des auteurs suisses parlant de leurs voyages en terres étrangères, comme Beat Louis de Muralt ou Charles Victor de Bonstetten. Plusieurs récits racontent des voyages en terres lointaines (Amérique, Afrique, Asie, pôles), comme le *Voyage aux régions équinoxiales du nouveau continent* (Paris 1816-1831, 13 vol.) d'Alexander von Humboldt, le *Journal d'un voyage aux mers polaires* (Paris 1854) de Joseph René Bellot, le *Voyage aux sources du Nil* de James Bruce (Londres 1790-1792, 13 vol.), les *Voyages d'Ali Bey el Abbassi en Afrique et en Asie* (Paris 1814) et surtout la *Description de l'Egypte ou recueil des observations et des recherches qui ont été faites en Egypte pendant l'expédition de l'armée française* (Paris 1820-1830, 35 vol.). La bibliothèque abrite aussi quelques atlas, dont des éditions hollandaises du 17e s. et des atlas propres à un pays, comme le *Novus atlas sinensis* de Martino Martini (s.l. ca 1654) ou l'*Atlas topographique de la Suisse* du général Dufour (s.l. 1833-1863).

Sciences et autres

2.19 423 titres relèvent des sciences, soit 6% du fonds ancien. La grande partie de ces titres est en français, mais on en trouve aussi quelques-uns en latin, en allemand ou en anglais. Parmi ces 423 ouvrages, 74 concernent les mathématiques (31 du 19e s., 27 du 18e, 12 du 17e et 4 du 16e s.), comme par exemple les *Elémens des mathématiques* de François-Frédéric de Treytorrens (Yverdon 1725). Une cinquantaine d'ouvrages traite de physique, avec une prédominance de titres du 18e s. (25), accompagnés de 11 titres du 19e s. et 11 du 17e s. Une quarantaine de livres relève de l'astronomie (22 du 19e s., 8 du 18e et 8 du 17e s.). Le reste (264 titres) se répartit entre les autres sciences (botanique, zoologie etc.) et les ouvrages à caractère général: 162 titres du 19e s. (61%), 74 du 18e s. (Christoph Jacob Trew, *Plantae selectae quarum imagines*, Nuremberg 1750-1770; Thomas Pennant, *Arctic zoology*, Londres 1784-1785), 27 du 17e et 1 du 16e s. (Otto Brunfels, *Herbarum vivae eicones*, Strasbourg 1532-1536).

2.20 Avec 323 titres, le domaine «morale, philosophie, psychologie» représente 4,5% de l'ensemble du fonds ancien. Les ouvrages du 18e s. (139 titres) sont les plus nombreux, suivis de ceux du 19e s. (111), du 17e (66) et du 16e (7). Tous les titres du 16e s. sont en latin; ils sont encore majoritaires au 17e s. (39 pour 25 en français); le rapport est inversé par la suite (97 en français contre 25 en latin au 18e s. et 109 en français au 19e s.). Nous y avons inclu toutes les encyclopédies, particulièrement riches en volumes, dont les trois éditions de l'*Encyclopédie* de Diderot et d'Alembert: l'originale, celle de Lausanne et Berne (1779-1782) et celle de Genève (1777-1779).

2.21 Un dernier ensemble d'ouvrages concernent les beaux-arts (130 titres), les métiers (117 titres), l'architecture (25 titres) et la musique (17 titres: 16 du 19e s. et 1 du 18e s.). Les beaux-arts (moins de 2% du fonds ancien) regroupent principalement des livres du 19e s. (104 titres, comme la *Manière universelle de Mr. Desargues pour pratiquer la perspective par petit-pied*, Paris 1648). Pour les métiers, le nombre de livres du 18e s. (55) est identique à celui du 19e s.; reste 5 titres du 17e s. et 2 du 16e s.; le français domine (91% au 19e s. et 85% au 18e s.), tout comme l'agriculture (Henri-Louis Duhamel Du Monceau, *Eléments d'agriculture*, Paris 1762). La distribution des livres d'architecture est analogue à celle des beaux-arts: 18 titres pour le 19e s., 4 pour le 18e s. (*L'architettura* de Vitruve, Naples 1758), 2 pour le 17e s. et un seul pour le 16e s.

Collection particulière

2.22 La bibliothèque abrite 193 ouvrages (676 vol.) sortis des imprimeries yverdonnoises, tous comptabilisés dans l'«Aperçu systématique». L'âge d'or a été le 18e s.: 180 impressions, en grande partie sorties des ateliers de Fortuné-Barthélemy de Félice, contre seulement 11 titres au 17e s. et 2 au 19e s. (*Notice sur la vie de Pestalozzi* de Roger de Guimps, Yverdon 1843). 184 éditions sont en français, 7 en latin, 1 en allemand et 1 en italien. Le domaine le mieux représenté est celui des langues et littératures (50 titres: 44 au 18e s., 4 au

17e s. et 2 au 19e s.), qui donne en fait la part belle à la littérature: 42 œuvres, dont plusieurs titres de James Rutledge (*Le bureau d'esprit*, Londres [en fait Yverdon] 1777); seuls 5 titres concernent l'histoire littéraire, auxquels s'ajoutent 2 dictionnaires (*Le grand dictionnaire francois-latin*, Yverdon 1621) et un ouvrage de linguistique (*Thrésor de l'histoire des langues de cest univers* de Claude Duret, Yverdon 1619). Viennent ensuite 25 ouvrages d'histoire (dont 2 du 17e s.): 4 relèvent de l'histoire ancienne ou de l'archéologie, 5 de l'histoire générale, 5 de l'histoire de France, 8 de l'histoire de différents pays (*Nouvelles observations sur l'Angleterre* de Gabriel François Coyer, Yverdon 1779), 2 de l'histoire suisse et 1 seul de mémoires (*Mémoires historiques concernant M. le général d'Erlach*, d'Albert d'Erlach, Yverdon 1784). Il y a presque égalité entre les titres de médecine (20, dont l'*Essai sur la santé et sur l'éducation médicinale des filles* de Jean-André Venel, Yverdon 1776), de religion (19), de politique, économie (18), de droit (14) et de morale, philosophie (15), parmi lesquels on peut signaler deux gros ouvrages édités par de Félice: les 58 vol. de l'*Encyclopédie ou dictionnaire universel raisonnée des connoissances humaines* (Yverdon 1770–1780) et les 13 vol. du *Dictionnaire universel raisonné de justice naturelle et civile* (Yverdon 1777–1778). Reste 8 titres de sciences, dont l'*Historia plantarum universalis* de Jean Bauhin (Yverdon 1650–1651).

3. CATALOGUES

Catalogues modernes généraux

Catalogue alphabétique auteurs, titres anonymes [sur fiches; ne concerne que le fonds moderne; n'est plus alimenté depuis fin 1999]

Catalogue alphabétique matières [sur fiches; ne concerne que le fonds moderne; n'est plus alimenté depuis fin 1999]

Catalogue systématique [sur fiches; géographie, histoire, littérature, biographie, mémoires, Suisse; ne concerne que le fonds moderne; n'est plus alimenté depuis fin 1999]

Catalogue informatisé sur *PMB* [fonds moderne en libre-accès et documentation régionale]

Catalogues modernes spécialisés

Catalogue alphabétique auteurs, titres anonymes [sur fiches; uniquement le fonds ancien et les auteurs nés avant 1900; n'est plus alimenté depuis 1999]

Catalogue alphabétique matières [sur fiches; uniquement le fonds ancien; abandonné dans les années 1970]

Catalogue du Réseau vaudois [uniquement le fonds ancien jusqu'à 1850]

Catalogues anciens généraux

Catalogue des livres apartenans à la Société oeconomique d'Yverdon [1 fascicule in-folio ms., non daté, mais sans doute antérieur au catalogue imprimé de 1765; sans classement particulier]

Catalogue des livres de la Bibliothèque d'Yverdon. Yverdon 1765 [alphabétique auteurs et titres anonymes; liste des bienfaiteurs et des souscripteurs; cotes numériques]

Première suite du catalogue des livres de la Bibliothèque d'Yverdon. [Yverdon 1768] [alphabétique auteurs et titres anonymes; liste des bienfaiteurs et des souscripteurs; cotes numériques; ACV LA 400]

Catalogue alphabétique des livres de la Bibliothèque de la Ville d'Yverdon. Yverdon 1774 [alphabétique des titres; sans cotes; avec listes des bienfaiteurs et des souscripteurs à vie et instruction aux bibliothécaires]

Premier supplément au catalogue publié en 1774 de la Bibliothèque de la Ville d'Yverdon. Yverdon 1783 [alphabétique des titres; sans cotes]

Second supplément du catalogue de la Bibliothèque de la Ville d'Yverdon. Yverdon 1809 [alphabétique des titres; sans cotes; avec un catalogue séparé des «Livres latins»]

Catalogue de la Bibliothèque publique d'Yverdun. [Yverdon] 1817 [alphabétique des titres; avec cotes alphanumériques et avec un catalogue séparé des «Livres latins»; la bibliothèque conserve une version ms., systématique, en plusieurs fascicules in-folio]

Catalogue de la Bibliothèque publique d'Yverdun. Yverdon 1831 [systématique; avec un règlement]

Supplément au catalogue de la Bibliothèque publique d'Yverdun. Yverdon 1844 [systématique]

Grandjean, Charles: Catalogue de la Bibliothèque publique d'Yverdon. Lausanne 1863 [alphabétique auteurs et titres anonymes; avec un «Répertoire des sujets» et une préface; la bibliothèque conserve une version ms. de ce catalogue, sans le «Répertoire»]

Supplément au catalogue de la Bibliothèque publique d'Yverdon. Lausanne 1875 [alphabétique auteurs et titres anonymes]

Bibliothèque publique d'Yverdon. Deuxième supplément au catalogue. Yverdon 1883 [alphabétique auteurs et titres anonymes; avec les statuts]

Bibliothèque publique d'Yverdon. Supplément au catalogue général de 1863. Lausanne 1897 [alphabétique auteurs et titres anonymes; refonte des suppléments de 1875 et de 1883; avec pièces liminaires; un «Répertoire des sujets» en 2 fascicules mss est conservé à la bibliothèque]

Bibliothèque publique d'Yverdon. Deuxième supplément du catalogue général, 1897–1911. Yverdon

1912 [alphabétique auteurs et titres anonymes; avec une introduction]

Liste des ouvrages entrés à la Bibliothèque pendant les années 1912 à 1924. Yverdon 1925 [alphabétique auteurs et titres anonymes]

Registre des entrées [plusieurs vol. mss, 1925–1999, *numerus currens*]

Catalogues anciens spécialisés

Catalogue des impressions yverdonnoises [sur fiches, alphabétique auteurs et titres anonymes]

Catalogue du fonds 16e siècle [sur fiches, alphabétique auteurs et titres anonymes]

4. SOURCES ET ÉTUDES SUR L'HISTOIRE DE LA BIBLIOTHÈQUE

Archives

Les archives de la Bibliothèque publique et de l'ancienne Société économique sont conservées à la bibliothèque.

Registre de la Bibliothèque publique d'Yverdon [4 vol. mss, procès-verbaux et correspondance, 1761–1988]

Procès-verbaux des séances de comité; rapports des bibliothécaires [dactyl., 1989–1993, suite du précédent]

Rapport de la Municipalité d'Yverdon-les-Bains au Conseil communal. Yverdon-les-Bains 1994– [contient le rapport annuel de la Bibliothèque publique]

Registre des comptes de la Bibliothèque [1 vol. ms., 1761–1916], auquel s'ajoutent 8 recueils de factures et de correspondance [ms. et dactyl., 1823–1930]

Lettres d'Elie Bertrand & autres se rapportant aux origines de la Bibliothèque publique d'Yverdon [1 recueil ms., 1761–1765]

Projet pour une Bibliothèque publique dans la ville d'Yverdon. [Yverdon] 1763 [il en existe une copie ms. contemporaine]

Liste des souscripteurs à vie de la Bibliothèque publique de la ville d'Yverdon dressée en 1774 [ms., encadrement sous verre]

Liste des bienfaiteurs de la Bibliothèque publique de la ville d'Yverdon dressée par reconnoissance en 1774 [ms., encadrement sous verre]

Livre blanc ou Registre de la Bibliothèque publique d'Yverdon contenant, dans l'ordre alphabétique, les noms & les titres de ses bienfaiteurs & de ses souscripteurs à vie [1 vol. ms., 1763–1780]

Registres de prêt [7 vol. mss, 1808–1815, 1890–1964]

Études

Anex, Jeanne-Marie: Etablissement d'un catalogue par matières pour la Bibliothèque d'Yverdon. Genève 1948 [travail de diplôme Ecole d'études sociales, dactyl.]

Bäschlin, Conrad: Die Blütezeit der ökonomischen Gesellschaft in Bern 1759–1766. Laupen 1917 [sur Yverdon, p. 210–214]

Bibliothèque publique d'Yverdon. [Yverdon 1986] [plaquette publiée lors de l'installation de la Bibliothèque dans l'ancienne poste]

Brusau, Carine: Le XVIIIe siècle. Une époque florissante. In: Histoire d'Yverdon, 2. Yverdon-les-Bains 2001, p. 155 à 218 [sur la bibliothèque, p. 215–218]

Candaux, Jean-Daniel: Les «sociétés de pensée» du Pays de Vaud (1760–1790). Un bref état de la question. In: Annales Benjamin Constant 14 (1993), p. 63–73

Corsini, Silvio: On ne prête qu'aux riches... Les bibliothèques publiques du Pays de Vaud au dix-huitième siècle. In: Revue française d'histoire du livre 56 (1987), p. 381–413

Droz, Laurent; Lachat Stéphanie: Yverdon au cœur de l'Europe des Lumières ou comment de grandes idées fleurissent dans une petite ville. In: Annales Benjamin Constant 18–19 (1996), p. 171–186 [sur la bibliothèque, p. 176–177]

Erne, Emil: Die schweizerischen Sozietäten. Lexikalische Darstellung der Reformgesellschaften des 18. Jahrhunderts in der Schweiz. Zürich 1988 [sur Yverdon, p. 240–243]

Raemy, Daniel de: Châteaux, donjons et grandes tours dans les Etats de Savoie (1230–1330). Un modèle, le château d'Yverdon. Lausanne 2004 [sur la bibliothèque, p. 610]

Weidmann, Marc: Un pasteur-naturaliste du XVIIIe siècle Elie Bertrand (1713–1797). In: Revue historique vaudoise 94 (1986), p. 63–108

5. PUBLICATIONS SUR LES FONDS

Debétaz, Marie; Pellet, Alexandra: Inventaire et catalogage d'une série de recueils factices appartenant au fonds ancien de la Bibliothèque publique d'Yverdon et contenant des textes de droit des XVIIe et XVIIIe siècles. Genève 1986 [travail de diplôme ESID, dactyl.]

Perret, Jean-Pierre: Les imprimeries d'Yverdon au XVIIe et au XVIIIe siècle. Lausanne 1945 (Bibliothèque historique vaudoise 7)

BIBLIOTHÈQUE DE L'HOSPICE DU GRAND-SAINT-BERNARD

Canton: Valais

Lieu: Bourg-Saint-Pierre

Auteur: Jean-Pierre Voutaz (CRB), avec la collaboration de Jean-Luc Rouiller

Adresse: Hospice du Grand-Saint-Bernard, 1946 Bourg-Saint-Pierre

Téléphone: +41 27 787 12 36

Fax: +41 27 787 11 07

Homepage: www.gsbernard.ch

Rattachement administratif:
Congrégation des chanoines du Grand-Saint-Bernard, Bourg-Saint-Pierre.

Fonctions:
Bibliothèque historique de la Congrégation

Collections:
Moitié théologie catholique (surtout piété, sermons etc.), moitié ouvrages profanes (surtout histoire, langues et littératures, sciences etc.).

Conditions d'utilisation:
Bibliothèque privée; accès réservé aux chercheurs, sur demande motivée adressée au prieur; les ouvrages se consultent sur place; de juin à septembre, possibilité de les faire numériser, aux frais du chercheur.

Equipement technique:
Un poste pour la consultation du catalogue informatisé, photocopieuse.

Informations pour les utilisateurs de passage:
Quitter l'autoroute A 9 à Martigny et suivre la direction Grand-Saint-Bernard, jusqu'au col. En juillet et août, un service de bus relie Martigny à Aoste par le col (consulter les horaires). D'octobre à juin, l'hospice est accessible uniquement à l'aide de skis de randonnée ou de raquettes.

1. HISTORIQUE DU FONDS

Au Moyen-Âge

1.1 Au milieu du 11e s., Bernard, archidiacre d'Aoste, dit de Menthon ou de Mont-Joux, fonde l'hospice qui portera plus tard son nom. Construit au sommet du col du Mont-Joux (actuellement: col du Grand-Saint-Bernard), à 2'473 mètres d'altitude, ce nouveau monastère remplace celui de Bourg-Saint-Pierre (au pied du col), détruit un siècle auparavant lors d'incursions de Sarrasins. Suite à l'intensification du commerce en Europe, l'établissement d'une maison de charité à cet endroit où la nature se révèle dangereuse et hostile, surtout en hiver, allait s'avérer des plus précieuses pour les personnes désireuses de franchir les Alpes. De cette époque, un seul fragment de parchemin nous est parvenu (AGSB 2565): écrit en minuscule caroline du 11e s., il contient le début de la légende de saint Nicolas de Myre, céleste protecteur de l'hospice.

1.2 L'histoire ancienne de la bibliothèque de l'hospice n'est pas documentée et donc fort mal connue. L'incendie qui a ravagé les bâtiments le 29 septembre 1554 n'explique pas totalement cette méconnaissance, car une partie des archives et de la bibliothèque ont survécu à cet événement (AGSB 288). Deux livres portent encore les traces de ce sinistre: un antiphonaire manuscrit rédigé pour l'hospice en 1553, dont la reliure est fortement noircie, et un incunable (Jacobus Philippus Bergomensis, *Supplementum chronicarum*, Venise 1490), dont les éléments métalliques de la reliure ont tellement chauffé qu'ils sont presque tous tombés.

1.3 La première mention de livres se trouve dans les actes du Chapitre de 1409 (Quaglia 1956, 20), lorsque ledit Chapitre prend des dispositions relatives aux dépouilles des religieux, précisant que le bréviaire du défunt revient au prévôt (supérieur général), à moins qu'il n'appartienne à l'église. Les plus anciens catalogues de la bibliothèque, établis lors d'inventaires généraux de l'hospice, remontent aussi au 15e s.; ils renvoient surtout à des textes liturgiques. Le premier catalogue, rédigé en 1419 (AGSB 1159, fol. 2v), recense 30 *codices* manuscrits, dont trois missels, cinq psautiers, trois antiphonaires, deux bibles, ainsi que cinq ouvrages non liturgiques, qui servaient probablement aux lectures à table. Le second catalogue, daté de 1446 (AGSB

1160, fol. 9v-10r), comptabilise trois *codices* supplémentaires. Actuellement, la bibliothèque conserve 11 livres manuscrits et de nombreux fragments.

1.4 Remarquons que seuls les chanoines les plus jeunes et les plus robustes vivaient à l'hospice en raison des conditions de vie très rudes en hiver; les autres assumaient la desservance de paroisses. Le prévôt, quant à lui, s'était installé en plaine dès le 13e s. Aussi les différents lieux de vie des chanoines abriteront-ils des collections d'ouvrages, qui, ensemble, forment la bibliothèque de la Congrégation. L'inventaire de l'hospice de 1446 mentionne des livres conservés sur les rives du lac Léman à Pisy (rive nord, près d'Etoy) et à Meillerie (rive sud, près d'Evian), toutes deux résidences du prévôt, précisant chaque fois leur lieu de dépôt, soit l'église (AGSB 1160, fol. 1r et AGSB 1160, fol. 20r). Comme ils sont tous à usage liturgique, nous pouvons penser que les autres ouvrages étaient conservés par le prévôt, qui les considérait comme sa propriété et non comme celle de l'hospice.

1.5 Cette opinion se confirme en lisant en parallèle les constitutions élaborées à Etoy en 1437, qui visaient à entériner les us et coutumes, et celles de 1438, qui visaient à une vie religieuse plus stricte, particulièrement dans le domaine de la pauvreté. Celles de 1437 («De libraria», titre 38) exigent qu'une bibliothèque soit aménagée dans les maisons situées à Etoy et à Meillerie, pour y déposer les ouvrages de théologie, de droit canon et de droit civil, de médecine et tous les livres qui se trouvent dans la Congrégation, sauf ceux qui sont utilisés pour la liturgie. Celles de 1438, au contraire, («De Libraria et exercicio studii», titre 23), demandent qu'une bibliothèque soit tenue à l'hospice du Mont-Joux et qu'elle soit pourvue de livres nécessaires à l'édification, pour l'honnête et utile emploi du temps des religieux, des serviteurs et aussi pour la consolation des personnes retenues par le mauvais temps. Le prévôt ne peut disposer ou transférer à Etoy ou à Meillerie que les doubles et seulement avec l'accord du Chapitre conventuel. Pour s'assurer de l'accroissement progressif de la bibliothèque, les constitutions prévoient que lors des décès de chanoines, leurs effets personnels doivent rejoindre l'hospice («De spoliis», titre 46).

1.6 Dès 1438, les structures préparant la formation d'une bibliothèque digne de ce nom sont en place. Mais cela ne se réalisera que bien plus tard en raison de la commende qui s'installe de 1438 à 1586, période durant laquelle les prévôts pensaient davantage à leur enrichissement personnel qu'à celui de la bibliothèque communautaire. A la fin de cette période, le prévôt André de Tillier (1587–1611), originaire de la Vallée d'Aoste, déplace la résidence prévôtale de Meillerie à Aoste, emportant avec lui sa bibliothèque. Notons que la maison d'Etoy a été sécularisée par la Réforme en 1536, avec ce qu'elle contenait. A partir de 1596, le prévôt se fixe à Saint-Jacquême d'Aoste, l'ancien séminaire du diocèse, qui restera la demeure des prévôts du Grand-Saint-Bernard jusqu'en 1752. La force de la coutume va perdurer: les livres continueront d'augmenter le volume de la bibliothèque de la maison prévôtale et non pas celle de l'hospice.

Le tournant du 18e siècle

1.7 Pour l'histoire de la Congrégation et aussi pour celle de la bibliothèque, la «Relation de l'état du monastère et de l'hôpital de Mont-Joux», par le prieur Pierre François Ballalu, fait date. Dans ce manuscrit rédigé en 1709, le prieur note: «Il n'y a point icy de bibliothèque, ni livres communs, sinon quelques livres détachés, qui sont dans la chambre du R[évérendissi]me prévôt, en confusion sur une petite étagère, qui consistent en quelques sermonaires, une Bible et quelques autres vieux livres, des quels on n'a jamais fait de catalogue, ni mémoire, et ces livres ne sont pas proprement commun[s], bien que le prieur en prête quelques à quelques religieux. J'ay vû depuis quelques années que des relig[ieu]x ont aceptés de leur propre mouvement, quelques *Sommes* de S. Thomas et quelques autres livres, de l'argent de leur pécule, mais ces livres ne sont pas communs, ils les tiennent en leur particulier et les emportent quand ils sortent d'icy. Et quand des relig[ieu]x sont morts dans les bénéfices, ou ailleurs, s'ils ont laissé quelques livres, je n'ay pas encore vû qu'on en aye fait apporter icy. J'ay ouï dire que feu R. Nicolas Paulet, prieur de Lens, en avait beaucoup, surtout des sermonnaires, et que le R[évérendissi]me prévôt les a fait porter à la maison de S. Jacques de la cité d'Aoste» (AGSB 332, 1ère partie, p. 224–226). Ballalu explique en partie cette absence de bibliothèque commune par le peu de cas que les religieux font de l'étude.

1.8 Le prévôt Louis Boniface sera l'homme du tournant non seulement pour l'observance religieuse, mais aussi pour l'accroissement de la bibliothèque. Durant son long mandat de coadjuteur (1699–1724), puis pendant son abbatiat (1724–1728), il va tout faire pour que les chanoines vivent selon leurs constitutions, qu'il fera imprimer en 1711 et en 1723. Comme Boniface est l'artisan du renouveau des constitutions, des ouvrages quittent enfin sa demeure et certaines maisons dépendant de la prévôté pour rejoindre l'hospice. De plus, lors du décès des chanoines, leurs livres rejoignent aussi la bibliothèque, comme le prévoyaient déjà les constitutions de 1438.

1.9 Cet élan vers une vie plus austère et conforme aux constitutions va entraîner une grave scission parmi les chanoines du Grand-Saint-Bernard. Les défenseurs de la coutume vont se battre contre ces idées qui viennent bouleverser leur vie; ils porteront un procès en cour romaine, qui se terminera par la victoire des constitutionnels. Par la bulle «In supereminenti» du 19 août 1752, Benoît XIV décide d'amputer de la Congrégation tous les hommes et toutes les propriétés situés dans les Etats sardes. Par une clausule, la bibliothèque de la maison prévôtale – seule bibliothèque mentionnée – n'est heureusement pas démembrée, mais assignée au séminaire d'Aoste (AGSB 500, p. 12). Ce sont ainsi 4'500 ouvrages qui changent de propriétaire (Duc, 239) et qui constituent aujourd'hui encore le fonds ancien de la bibliothèque de ce séminaire (Devoti, 38–39). L'étude de ce fonds compléterait notre propos, mais comme il se trouve en territoire italien, il sort de notre cadre géographique.

L'essor de la bibliothèque (18e et 19e siècles)

1.10 A partir du début du 18e s., la bibliothèque de l'hospice commence enfin à vivre. Les inventaires se succèdent (AGSB 2969): en 1716 (inventaire partiel de 192 vol.), en 1725 (seule la mention de cet inventaire nous est parvenue en AGSB 2969, fol. 1r), en 1754 (inventaire de 1'383 vol.); ils sont les témoins de la croissance du nombre de volumes. En 1772, la bibliothèque s'enrichit encore de 10 vol., puis de 234 entre 1775 et 1776. Dans tous ces inventaires, les notices bibliographiques ne sont pas classées par matières, mais par ordre alphabétique-auteurs.

1.11 Pour connaître exactement la provenance des ouvrages, il faudrait effectuer une étude approfondie de leurs annotations, dont une grande partie, surtout en théologie, provient de volumes issus de bibliothèques de chanoines décédés; cela est attesté au moins depuis le début du 17e s. avec le prévôt Roland Viot (1611–1644), dont nous avons repéré l'ex-libris sur plusieurs volumes (voir entre autres BIB 11511 et BIB 19020). A partir des années 1760 et jusqu'au milieu du 20e s., les études de théologie des jeunes chanoines s'effectuent habituellement à l'hospice. Aussi la partie théologique de la bibliothèque devient-elle la plus fournie.

1.12 De nombreux ouvrages sont offerts par des passants et bienfaiteurs de l'hospice, anonymes ou célèbres, en remerciement de l'hospitalité exercée alors gratuitement. Le 16 août 1813, le comte de Lacépède envoie de Paris son *Histoire naturelle des poissons* (Paris 1798–1803). Napoléon III, qui avait visité l'hospice incognito, fait envoyer le 24 juin 1864, 25 ouvrages pour la bibliothèque (AGSB 2987 et BIB 12537 à 12539, BIB 13384). Frédéric Guillaume de Prusse et son épouse Victoria dédicacent une édition de luxe de l'*Imitation de Jésus-Christ* (Berlin 1874) en octobre 1888. Rodolphe Töpfer offre l'*Histoire de M. Jabot* (Genève 1833) et d'autres de ses œuvres. Un petit ouvrage de prière sans dédicace, mais écrit en langue slave (BIB 11367) indique qu'il est l'offrande d'un passant: doté d'un fermoir, sa reliure se distingue par la blancheur de la bakélite, rehaussée de garnitures néogothique en métal sur un fond de velours bleu.

Une dédicace se fait aussi remarquer, celle du prince Sixte de Bourbon (BIB 13675). Il arrive aussi que des laïcs lèguent à l'hospice une partie de leur bibliothèque, comme le docteur d'Argentier, d'Aoste, décédé à la fin du 19e s.: 120 vol. portent son sceau avec un numéro.

1.13 A partir du milieu du 18e s., la curiosité de l'esprit des Lumières atteint un grand nombre d'ecclésiastiques en contact avec les savants de passage à l'hospice. Dès 1760, les chanoines Jean-Isidore Darbellay (1733–1812), Jean-Joseph Ballet (1738–1813), Laurent-Joseph Murith (1742–1816) entreprennent des fouilles archéologiques sur l'antique col du Mont-Joux, au lieu-dit Plan de Jupiter. Ils achètent des ouvrages de numismatique pour identifier leurs découvertes (BIB 00016 et 00017, BIB 00095 et 00096). En relation avec Horace-Bénédict de Saussure, Murith va s'intéresser aux mesures d'altitude (BIB 12038); il n'hésitera pas à escalader le Vélan, vers 1787, pour faire des calculs (AGSB 118). Il fera aussi des mesures de l'humidité relative de l'air (BIB 12378 et BIB 12435), se familiarisant avec les instruments de météorologie, ce qui prépare l'inauguration de la station météorologique de l'hospice, le 14 septembre 1817. Durant ses excursions, il ramasse des pierres et des plantes, qui finissent en grandes collections de minéraux et en herbiers, passionnants pour l'histoire locale (AGSB 2973, inventaire des minéraux réalisé vers 1800, BIB 13219, BIB 13245). Murith sera aussi un des membres fondateurs de la Société helvétique des sciences naturelles (1815). En plus d'être à l'origine du développement phénoménal de la bibliothèque, il donnera son nom à la nouvelle Société valaisanne de sciences naturelles, «la Murithienne» (1861).

1.14 Les objets d'histoire naturelle rassemblés par le chanoine Murith, ainsi que quelques objets romains découverts sur le col pouvaient se visiter au prieuré de Martigny, dès 1791. Il s'agit des premiers prêts du tout jeune musée de l'hospice (1765). Une partie de la bibliothèque se développera alors en parallèle avec ce musée, mettant à jour à chaque génération les connaissances utiles à la gestion des collections exposées (pierres et fossiles, insectes, coquillages, herbiers, monnaies, objets archéologiques, animaux naturalisés, etc.). Ainsi, à la fin du 18e s., la bibliothèque, d'inexistante ou presque, devient à la fois un réservoir de connaissances diversifiées et le témoin des inventaires successifs des collections de l'hospice. Avec des générations de chanoines s'intéressant aux sciences naturelles et à l'histoire de la Congrégation – comme François Joseph Biselx (1791–1870), Jean François Benoît Lamon (1792–1858), Gaspard Abdon Delasoie (1818–1877), Pierre Germain Tissières (1828–1868), Emile Florentin Favre (1834–1905), Maurice Besse (1864–1924), Nestor Cerutti (1886–1940), Philippe Farquet (1883–1945), Alfred Pellouchoud (1888–1973), Lucien Quaglia (1905–

2001) – la bibliothèque s'est régulièrement agrandie jusqu'au milieu du 20ᵉ s.

1.15 La Congrégation des chanoines du Grand-Saint-Bernard a passé à travers la Révolution sans dommages majeurs. Non seulement elle n'a pas été supprimée par les gouvernements successifs, mais elle a été admirée pour sa charité. Lors des guerres du Sonderbund, il en fut tout autrement. L'Etat a confisqué tous les biens de la Congrégation en Valais et dans le canton de Vaud jusqu'en 1856. Par bonheur, la bibliothèque a été épargnée.

Apogée et déclin au 20ᵉ siècle

1.16 Le 20ᵉ s. apporte à la bibliothèque son lot d'événements: vols d'enluminures, déménagements du fonds, catalogage rigoureux, transfert d'ouvrages lié au départ du séminaire, incendie, décision de ne plus ajouter d'ouvrage et informatisation du catalogue.

1.17 Depuis la fin du 18ᵉ s., une grande partie du médaillier et des objets du musée était exposée dans une salle du premier étage, sur des tables entre les rayonnages de la bibliothèque. Des visiteurs en ont profité pour découper les plus belles pages des manuscrits, ainsi que quelques titres et colophons de livres anciens. De plus, la bibliothèque s'est trouvée trop petite pour accueillir de nouveaux ouvrages. Ainsi, il a été décidé, en 1923, de séparer le musée de la bibliothèque. Le musée est resté au premier étage jusqu'à sa réorganisation de 1987. Il a profité de l'espace libéré pour s'agrandir et s'installer désormais dans trois salles, dont une pour les antiquités romaines, les insectes, les animaux naturalisés et les livres anciens, exposés cette fois dans des meubles vitrés. La bibliothèque a déménagé au quatrième étage de l'hospice, à l'angle nord ouest, sous les toits, se répartissant aussi dans trois salles, selon la même logique de classement matières qu'auparavant. Très tôt, une gouttière est apparue. Pour empêcher l'eau d'abîmer des rayonnages entiers, le bibliothécaire a utilisé deux incunables, qui ressemblent aujourd'hui à des morceaux de bois.

1.18 Le dernier catalogue manuscrit de la bibliothèque a été rédigé sur un grand registre non daté (probablement autour de 1870). Il signale environ 7'100 vol., classés par ordre topographique-matières. Ce registre comprend aussi un supplément, couvrant les années 1872 à 1907 et totalisant 247 vol. (surtout des ouvrages de médecine). Aussi bien le catalogue que le supplément ne reflètent apparemment qu'une partie du fonds. Son abandon est probablement la conséquence de la mise en place du catalogue sur fiches (peut-être par le chanoine Pierre Gard). Vers le milieu du 20ᵉ s., voire peu avant, le chanoine Alfred Pellouchoud (1888–1973), aide-bibliothécaire de 1911 à 1928, puis bibliothécaire de 1940 à 1946 et de 1953 à 1955, désirant réviser le fonds, reclassa patiemment tous les ouvrages, en conservant la systématique du 18ᵉ–19ᵉ s. Il a ainsi vérifié le fichier, livre après livre, donnant à chaque fiche trois cotes: la première, un chiffre écrit au crayon violet, servait à dénombrer les ouvrages de la bibliothèque, par domaine; la seconde cote indiquait la CDU (éditions de 1905 et 1911); la troisième, alphanumérique, indiquait la place de l'ouvrage au rayon. Les ouvrages étaient classés à l'intérieur des armoires par format.

1.19 Dès 1753, les prévôts s'étaient fixés à Martigny et leur bibliothèque allait devenir une concurrente potentielle à celle de l'hospice, ce qui adviendra deux siècles plus tard. En 1960, en effet, le séminaire de la Congrégation quitte l'hospice pour Martigny, emportant avec lui la partie de la bibliothèque qui lui est utile (environ 1'000 vol.). Il s'agit essentiellement des grands dictionnaires de théologie du 19ᵉ et du 20ᵉ s., d'ouvrages de philosophie, des derniers livres de théologie (postérieurs à 1920), ainsi que les grands classiques, comme les manuels de dogme, de morale, de droit canon, les œuvres de saint Thomas d'Aquin, des Pères de l'Eglise et quelques livres de spiritualité, comme les vies de saints. Cet événement marque le déclin de la bibliothèque de l'hospice, qui n'est dès lors plus alimentée, ni par de nouvelles acquisitions, ni par les ouvrages de chanoines décédés, ce rôle revenant à la bibliothèque de Martigny. Cette dernière bibliothèque finira aussi par tomber en léthargie suite aux transferts du séminaire à Fribourg (en 1970), puis à Givisiez (en 1995), ce qui entraînera un nouveau déplacement des ouvrages les plus utiles vers ces lieux (à ce jour, la bibliothèque du séminaire compte 8'000 vol. modernes). Finalement, lors du Chapitre général d'avril 2004, la Congrégation a pris l'option de diminuer sa bibliothèque centrale, pour ne gérer plus que les ouvrages traitant de son histoire (env. 5'000 vol.), de la mission (env. 1'000 vol.) et ceux provenant des bibliothèques historiques des cures desservies par la communauté (comme Bovernier, Trient). Aussi la plupart des ouvrages de la bibliothèque de Martigny a-t-elle été déposée auprès de l'Institut Philanthropos à Fribourg (env. 15'000 vol.).

1.20 A l'hospice, à la fin de l'été 1967, suite à une surchauffe de cire destinée à encaustiquer les planchers, un incendie dépose de la suie dans la bibliothèque. Tous les livres doivent alors être nettoyés. Seules les pages des grands formats, dépassant des étagères, sont noircies de manière irréversible, telles celles du *Larousse du XXe siècle* en 6 vol. Les grands vol. du 18ᵉ s., conservés à ce moment-là dans des armoires vitrées, n'ont pas souffert de cet incendie.

1.21 Au milieu des années 1980, la Congrégation des chanoines du Grand-Saint-Bernard s'est interrogée sur l'utilisation de la bibliothèque de l'hospice. Après de longues et pénibles tractations, il a été décidé de la conserver *in situ*, mais de la considérer comme une bibliothèque patrimoniale, c'est-à-dire de ne plus y ajouter d'ouvrages, sauf les dons de passants et tout ce qui concerne le Grand-Saint-Bernard (*Bernardina*). Sous la direction du chanoine Jean-Michel Girard, prieur de l'hospice, la bibliothèque a été transférée dès 1989, du quatrième étage à l'ancien salon des hôtes de marque (étage un et demi). On en a profité pour y ranger aussi les livres conservés jusqu'alors dans la sacristie. Par contre, la plupart des livres postérieurs à 1950 (qui étaient encore au col) a été transférée à la bibliothèque de Martigny. A cette occasion, le don d'un généreux mécène a permis d'informatiser le catalogue, livre en main, sur le logiciel ISIS développé par l'Unesco. Les volumes ont été recotés, en adoptant le *numerus currens*, jusqu'à 19'712 (dix numéros de réserve ont été laissés à chaque changement de thèmes, pour y intégrer les ouvrages en prêt depuis des années).

Des pistes pour une histoire globale

1.22 Mises à part les bibliothèques de l'hospice, d'Aoste, de Martigny et du séminaire, il vaudrait la peine d'étudier les anciennes bibliothèques des maisons locales et des cures, même si la tâche risque d'être ardue. De la sorte, on devrait mieux comprendre l'influence culturelle des chanoines du Grand-Saint-Bernard au cours du dernier millénaire.

1.23 La ferme d'Ecône (entre Martigny et Sion), par exemple, propriété des chanoines depuis 1302, avait une bibliothèque intéressante, et ce dès la fin du 19e s., car les chanoines y avaient ouvert, en 1892, la première école d'agriculture du Valais et publiaient des ouvrages à l'usage de leurs élèves. Lorsqu'en 1923, l'Etat prendra la relève en ouvrant une nouvelle école à Châteauneuf, une partie de la bibliothèque y sera transférée. Lors de la vente de la propriété en 1968, le reste de la bibliothèque sera démembrée entre celles de Martigny, du Grand-Saint-Bernard et de l'hospice du col du Simplon. Cette dernière bibliothèque sera à son tour dispersée dans les années 1970, puis, pour ce qui restait, envoyé par container en Afrique dans les années 1990. Comme nous l'avons signalé plus haut, les chanoines de chacune des cures possédaient des ouvrages à leur usage, parfois empruntés à la bibliothèque de l'hospice et souvent non rendus. Au fil des restaurations de ces cures, ces bibliothèques furent démembrées, vendues à des antiquaires ou simplement jetées aux «vieux papiers», et cela jusqu'à nos jours. Suite au décès du prévôt Angelin Lovey (en 2000), sa bibliothèque a été dispersée: les ouvrages jugés importants et ceux concernant la mission ont été intégrés dans la bibliothèque de Martigny, ceux de spiritualité ont été mis à disposition des paroissiens de Martigny et le reste a été remis à une bouquiniste.

2. DESCRIPTION DU FONDS

2.1 Le comptage des volumes a été effectué à partir du catalogue informatisé de la bibliothèque. Comme le catalogage est approximatif pour les ouvrages antérieurs à 1600, nous avons vérifié les notices douteuses ou incomplètes en allant consulter les livres au rayon et en nous appuyant sur l'étude de Marzia Silvia Zanetti concernant les imprimés du 16e s. Nous parlons en nombre de volumes, souvent arrondi à la dizaine.

Survol chronologique et par langues

2.2 L'ensemble de la bibliothèque de l'hospice compte environ 32'500 vol.: 20'000 vol. en forment la partie principale (y compris les *Bernardina*, pas encore catalogués); le reste est constitué d'environ 4'500 brochures et tirés à part rangés dans des boîtes thématiques et de plusieurs milliers de numéros de périodiques (estimés à 8'000). Seule la partie principale de la bibliothèque a ici été prise en considération. Pour le reste, voir les «Collections particulières».

2.3 Parmi les 20'000 vol. de la partie principale, 6'850 datent du 20e s.; les 13'150 autres sont antérieurs à 1901. Dans le fonds ancien, c'est le 19e s. qui l'emporte, avec les deux tiers des volumes (8'960 ou 68%); le reste se répartit de manière décroissante entre le 18e s. (2'460 vol. ou 18%), le 17e s. (980 vol. ou 7%), le 16e s. (190 vol.), les incunables (17 vol.) et 550 vol. non datés, souvent dans un état de conservation déplorable, dont une partie remonte au 16e s. Les 11 *codices* et les nombreux fragments (11e–16e s.) manuscrits n'ont pas été retenus.

2.4 Parmi les langues représentées, le français vient en premier avec 9'710 vol. (74%), suivi du latin avec 2'360 vol. (18%). Le reste (8%) se répartit entre l'italien (340), l'allemand (340), l'anglais (240) et les autres langues (150). Le latin domine largement le français dans quelques domaines comme la liturgie, la patristique, les commentaires bibliques, la théologie dogmatique et la théologie morale.

Aperçu systématique

2.5 La systématique retenue est celle du classement des ouvrages au rayon, même s'il est souvent discutable. Les matières et les cotes sont celles qui étaient indiquées sur les anciens meubles de la bibliothèque (par exemple: botanique, cote R) et qui sont toujours en usage. Elles sont ici présentées en suivant l'ordre alphabétique. La bibliothèque contient autant d'ouvrages profanes (51%, philosophie comprise) que de livres traitant des divers aspects de la vie chrétienne (49% des vol.).

2.6 15% des vol. du fonds ancien concerne l'histoire (1'880 vol.), dont un peu plus du quart (530 vol.) relève précisément de l'histoire de l'Eglise (cotes Aa et Ab); le reste se répartit entre l'histoire et l'archéologie (A, 360 vol.), l'histoire antique (Ba, 285 vol.), l'histoire générale (Bb, 230 vol.), l'histoire de France (Ca, 210 vol.) l'histoire suisse (Cb, 100 vol.), l'histoire du Valais, de la Savoie et quelques ouvrages d'archivistique (D, 165 vol.). Le 90 % des vol. d'histoire est en français (1'702 vol.), suivent le latin (77 vol.), l'italien (62 vol.), l'allemand (21 vol.), l'anglais (16 vol.) et d'autres langues (2 vol.). 70 % de l'ensemble de ces vol. d'histoire date du 19e s. (1'320 vol.), 23 % du 18e s. (430 vol.); reste quelques vol. du 17e s. (75 vol.), 39 vol. sans date et 16 vol. du 16e s. (4 en français, 12 en latin). En histoire et archéologie, la Révolution occupe une place de choix et en France (Louis-François Jauffret, *Histoire impartiale du procès de Louis XVI*, Paris 1793) et en Suisse (*Recueil des loix*, Lausanne 1799). L'histoire de l'Eglise se répartit entre des monographies (70 %), comme *Les vies, faictz et gestes des sainctz peres, papes, empereurs et roys de France* de Bartholomeo Platina (Paris 1551) et des encyclopédies (30 %), comme les *Mémoires pour servir à l'histoire ecclésiastique des six premiers siècles* de Sébastien Le Nain de Tillemont (Bruxelles 1695–1730, 30 vol.). L'histoire antique renvoie principalement à des ouvrages sur Rome, mais aussi sur les Gaulois, les Grecs et les Carthaginois. Ces ouvrages, comme ceux d'archéologie sont liés aux fouilles entreprises sur le col du Grand-Saint-Bernard dès 1760. Cependant, 37 ouvrages des 16e et 17e s. semblent indiquer que l'intérêt pour ces matières est plus ancien, pour autant que ces volumes soient à l'hospice depuis des temps reculés (Hérodien, *L'histoire des empereurs romains*, Lyon 1546). L'histoire locale recoupe la réalité de l'ancienne Savoie, soit principalement le Valais (Josias Simmler, *Vallesiae descriptio*, Zurich 1574) et la Vallée d'Aoste jusqu'aux alentours de Turin (Guillaume Paradin, *Cronique de Savoie*, Lyon 1552). Les ouvrages d'histoire locale sont aussi en lien avec les fonds d'archives de la Congrégation, comme l'installation éphémère de trappistes à Sembrancher de 1794 à 1796 (*Réglemens de la Maison-Dieu de Notre-Dame de la Trappe* d'Armand de Rancé, Fribourg 1794, 2 vol.).

2.7 Quelque 770 vol. sont regroupés sous la cote E. Il s'agit de la patristique (cote Ea, 224 vol., dont les *Opera omnia* de saint Grégoire le Grand, Venise 1768–1776, 17 vol.), de diverses éditions de la Bible (cote Eb, 192 vol.) et de ses commentateurs (cote Ec, 354 vol., dont *Authoritatum sacrae scripturae et sanctorum patrum* de Pierre Canisius, Venise 1560, 3 vol. ou Michel Aiguani, *Commentaria in Psalmos*, Lyon 1673). Le 19e s. est le mieux représenté avec 450 vol. (59 %), suivi par le 18e s. (215 vol., 28 %), le 17e s. (70 vol., 9 %) et le 16e s. (20 vol., 4 %). La majorité de ces ouvrages est écrite en latin (490 vol.), le solde se répartissant entre le français (230 vol.) et l'italien (50 vol.). L'intérêt de cette section réside dans la diversité des éditeurs de bibles, comme, au 16e s., Johannes Froben (Nouveau Testament d'Erasme, Bâle 1522), Nikolaus Brylinger (Bâle 1551), Luxembourg de Gabiano (Lyon 1546), Robert Estienne (Paris 1555), Antoine Gryphius (Lyon 1569), Gilles et Jacques Huguetan (Lyon 1540), Jean Moylin (Lyon 1516), Christophe Plantin (Anvers 1565), Jean Prevel (Paris 1528), Jacques Saccon (Lyon 1522), Simon de Colines (Epîtres de saint Paul, Paris 1539) et Antoine Vincent (Lyon 1540).

2.8 La cote F regroupe 863 vol. Elle comprend la théologie systématique (541 vol., uniquement en latin) et la théologie pratique ou pastorale (322 vol., en diverses langues). Près de la moitié de l'ensemble de ces ouvrages est du 19e s. (378 vol., soit 240 pour la systématique et 138 pour la pastorale), le reste se répartissant de manière décroissante entre le 18e s. (252 vol., soit 166 et 86), le 17e s. (183 vol., soit 108 et 75), le 16e s. (22 vol., soit 16 et 6) et les vol. sans date (28 vol., soit 11 et 17). La systématique se subdivise en deux parties: le dogme (cote Fa, 272 vol.) et la morale (cote Fb, 269 vol.). Seulement le tiers des vol. de pastorale (cote Fc) est en latin (34 %, 109 vol.), le reste étant en français (66 %, 213 vol.). Cette différence dans la répartition par langues s'explique d'abord par l'orientation de la pastorale vers la pratique de la foi au quotidien qui évolue en même temps que les générations, tandis que les réflexions sur Dieu et l'agir humain, qui en découlent, revêtent une grande stabilité au cours des siècles. Ensuite, le public visé par la pastorale est plus ample: chanoines et passants. Enfin, lorsque le séminaire de la Congrégation du Grand-Saint-Bernard a déménagé à Martigny, une partie des ouvrages de théologie dogmatique et de théologie morale (dont ceux en français) a suivi le séminaire, tandis que la théologie pastorale est restée à l'hospice, car désuète pour les nouvelles générations. La pastorale de la fin du 16e s. est orientée vers l'explication de la foi en contradiction avec la Réforme, comme *La saincte messe déclarée et défendue contre les erreurs sacramentaires de nostre temps* de Louis Richeome (Bordeaux 1600, 2 vol.).

2.9 Quelque 1'060 vol. forment la cote G (Ga, Gb et Gc) qui regroupe les orateurs sacrés. La répartition par siècles donne une majorité certaine (58 %) aux ouvrages du 19e s. (620 vol.), avec les nombreuses rééditions de Jacques Bénigne Bossuet, Fénelon et Louis Bourdaloue; suivent les vol. du 18e s. (245), du 17e s. (140 vol.), les non datés (40) et ceux du 16e s. (12 vol.). Il s'agit essentiellement de matériaux de base pour les sermons. Ainsi l'écrasante majorité de cette section (1'030 vol.) est rédigée en français (François Le Picart, *Les sermons et les instructions chrestiennes*, Paris 1567); seul 17 recueils d'homélies sont en latin (16e et 17e s., comme les *Conciones de tempore et sanctis* de Louis de Grenade, Lyon 1598, 4 vol.); encore plus rares sont les recueils en allemand (6 vol.) et en italien (4 vol.).

2.10 Les ouvrages de piété sont au nombre de 1'200 vol. Ils se divisent en deux sections: piété en général (cotes Hb, Hc et Hd, 938 vol., dont saint François de Sales, *Traité de l'amour de Dieu*, Lyon 1617) et piété sacerdotale (cote I, 262 vol., dont *Le miroir des chanoines* de Vital Bernard, Paris 1630). 66 % des vol. sont du 19e s. (soit 800 vol., dont Henri Lasserre, *Notre-Dame de Lourdes*, Paris 1870), 17 % du 18e s. (200 vol., dont Louis-Antoine de Caraccioli, *La religion de l'honnête homme*, Paris 1768), 13 % du 17e s. (150 vol., dont Lorenzo Scupoli, *Le combat spirituel*, Lyon 1677), 1 % du 16e s. (12 vol., dont Erasme, *Enchiridion militis Christiani*, Bâle 1535) et 4 % sans date (40 vol.). Ces ouvrages, visant la sainteté des lecteurs, sont, dans leur écrasante majorité, en français (1'110 vol., soit 865 pour les cotes H et 245 pour la cote I). Le reste se répartit entre le latin (48 vol., soit 40 et 8), l'allemand (22 vol., soit 14 et 8), l'anglais (12 vol., soit 11 et 1) et l'italien (10 vol.).

2.11 On peut y ajouter les cathéchismes (cote Ha), soit 222 vol., dont 207 en français, contre seulement 9 en latin, 3 en allemand et 3 en italien. La répartition par siècles est conforme à celle des autres sections, avec 170 vol. du 19e s. (*Le catéchisme en famille*, Lyon 1889), 24 vol. du 18e s. (*Le catéchiste des peuples de la campagne et des villes*, Lyon 1727, 4 vol.), 19 vol. du 17e s. (*Le catéchisme du Concile de Trente*, Mons 1691, 2 vol.) et 8 vol. sans date. Un seul catéchisme remonte au siècle qui les a vus naître: *Catechismus ex decreto Concilii Tridentini ad parochos* (Cologne 1573).

2.12 Les deux sections suivantes regroupent les hagiographies (cote Ka, 450 vol.) et les biographies ecclésiastiques (cote Kb, 270 vol.). La large majorité de ces vol. est en français (637 vol., soit 373 Ka et 264 Kb); suivent le latin (77 vol., soit 75 et 2) et les autres langues (12 vol.). 87 % des vol. sont du 19e s. (625 vol., soit 395 et 230, dont les *Acta sanctorum*), 7 % du 18e s. (47 vol., soit 23 et 24), 3 % du 17e s. (26 vol., soit 17 et 9, dont la *Vie de Monseigneur Alain de Solminihac* par Léonard Chastenet, Cahors 1662), un seul vol., en italien, remonte au 16e s. (Marc de Lisbonne, *Croniche de gli ordini instituiti dal P. S. Francesco*, Parme 1586).

2.13 Les langues et littératures occupent 15 % du fonds ancien, soit 1'990 vol., répartis comme suit: 1'480 vol. du 19e s. (74 %), 235 vol. du 18e s. (12 %), 138 vol. du 17e s. (7 %), 22 vol. (seulement en latin et en grec) du 16e s. (1 %) et 115 vol. sans date (6 %). Ils ont été classés en huit subdivisions: littérature française (cotes La, Lb et Lc, 825 vol., dont les *Fables choisies* de Jean de La Fontaine, Paris 1678-1694, 5 vol., et le *Génie du christianisme* de François-René de Chateaubriand, Paris 1802, 4 vol.); dictionnaires de la langue française (cote Z, 298 vol., dont le *Dictionnaire universel* d'Antoine Furetière, La Haye 1702, 2 vol.); langue et littérature anglaises (cote M, 124 vol., soit 109 pour la langue et 15 pour la littérature, dont Charles Dickens, *The posthumous papers of the Pickwick club*, Londres 1845); langue et littérature allemandes (cote M, 146 vol., soit 73 et 73); langue et littérature italiennes (cote M, 91 vol., soit 52 et 39, dont *La Divina commedia* de Dante Alighieri, illustrée par Gustave Doré, Milan 1868-1869, 3 vol.); autres langues et littératures étrangères (cote M, 107 vol., soit 78 et 29, touchant des langues comme l'arabe, l'arménien, le chaldéen, l'espagnol, le flamand, l'hébreu, le nahuatl du Mexique, le néerlandais, le polonais, le russe, le syriaque, le turc); langue et littérature latines (cote Z, 361 vol., toute période confondue, comme les *Opera* de Virgile, Zurich 1577, et le *De dialectica libri tres* de Lorenzo Valla, Paris 1530); langue et littérature grecques (cote Z, 34 vol., comme cette édition de l'*Iliade* et l'*Odyssée* d'Homère datée de 1604).

2.14 Sous la cote Ma (177 vol.) ont été regroupés les ouvrages qui n'entraient pas dans les autres matières. On y trouve la bibliothéconomie et les «antiquités». La bibliothéconomie (96 vol.) compte 91 vol. en français, le reste étant en latin. Le 19e s. est le mieux représenté (86 vol.), suivi par le 18e s. (7 vol.), le 17e s. (2 vol.) et le 16e s. (*Catalogus et index librorum prohibitorum*, Lyon 1577). La section «antiquités» comprend des livres anciens, pour la plupart endommagés et difficilement identifiables. Nous avons intégré les bibles, les liturgies et les ouvrages de philosophie dans leur domaine respectif. Sur les 86 vol. restants (84 en latin, 2 en français), 2 sont du 18e s., 15 du 17e s., 44 du 16e s. (souvent sans page de titre ou colophon, comme *Aurea legenda sanctorum* de Jacques de Voragine, Lyon 1509); 25 vol. pourraient dater du 15e ou du 16e s.

2.15 Avec la médecine (cote N, 368 vol.), nous entrons vraiment dans la partie profane de la bibliothèque. 280 vol. sont du 19e s., 50 du 18e s. (Nicolas Lemery, *Dictionaire ou traité universel des drogues simples*, Rotterdam 1727), 7 du 17e s. et 2 du 16e s.; 29 vol. n'ont pas de date. L'essentiel de ces vol. est en français (334 vol.), contre 18 vol. pour l'anglais, 10 pour le latin (*Commentaria in Aphorismos Hippocratis*, Venise 1549), 4 pour l'italien et 2 pour l'allemand. On y trouve des ouvrages de pharmacie (43 vol., dont Philibert Guybert, *Le médecin charitable*, Lyon 1667), de pathologie générale (35 vol.), d'hygiène (32 vol.), d'histoire de la médecine (15 vol.), d'anatomie (7 vol., dont Philipp Verheyen, *Corporis humani anatomia*, Cologne 1712, 2 vol.). Le reste concerne d'autres domaines de la médecine (236 vol.), comme l'ophtalmologie (3 vol.) ou la médecine dentaire (Jean Louis Colondre, *Essai sur les plus fréquentes maladies des dents*, Genève 1791).

2.16 420 vol. (cote O) relèvent des sciences appliquées. La répartition par siècles est semblable à celle des autres sections: 67 % des vol. sont du 19e s. (280 vol.), 24 % du 18e s. (102 vol.), 1 % du

17ᵉ s. (3 vol.) et 8 % sans date (35 vol.). 365 vol. sont en français (83 %), 19 en latin, 17 en anglais, 15 en italien et 4 en allemand. Ces sciences sont représentées ici par la physique (56 vol., dont François Bayle, *Dissertationes physicae*, La Haye 1678), l'arithmétique (36 vol., dont F. Gaillard-Pousaz, *Le système métrique des poids et mesures*, Lausanne 1876), la chimie (25 vol, dont le *Traité élémentaire de chimie* d'Antoine Laurent Lavoisier, Paris 1793, 2 vol.), l'astronomie (21 vol, dont Charles Eugène Delaunay, *Théorie du mouvement de la lune*, Paris 1860-1867, 2 vol. dédicacés par l'auteur), la géométrie (21 vol, dont Sébastien Le Clerc, *Pratique de la géométrie sur le papier et sur le terrain*, Paris 1682), la météorologie (10 vol., dont Robert Fitzroy, *The weather book*, Londres 1863). Parmi les autres livres de sciences appliquées (251 vol.), signalons *Exposition et histoire des principales découvertes scientifiques modernes* de Louis Figuier (Paris 1851-1857, 4 vol.).

2.17 Les sciences naturelles (cote P) sont bien représentées avec 435 vol. Les éditions du 19ᵉ s. sont les plus nombreuses (318 vol.), suivies par celles du 18ᵉ s. (92 vol.); un seul vol. est du 17ᵉ s. (Charles Estienne, *L'agriculture et maison rustique*, Lyon 1645); le reste est sans date (24 vol.). 93 % des vol. sont en français (404 vol.); le reste se répartit entre le latin (13 vol.), l'allemand (10 vol.), l'italien (4 vol.) et l'anglais (4 vol.). Cette cote regroupe 148 vol. d'entomologie (Charles de Linné, *Entomologia*, Lyon 1789, 4 vol.), 73 vol. de zoologie (dont une édition illustrée des *Oeuvres complètes* de Georges Louis Leclerc de Buffon, Paris 1853-1855, 12 vol.), 49 vol. d'ornithologie (Paolo Savi, *Ornitologia italiana*, Florence 1873-1876, 3 vol.), 46 vol. de minéralogie (Buffon, *Histoire naturelle des minéraux*, Paris 1783-1788, 9 vol.), 11 vol. de géologie et des ouvrages plus généraux comme les *Oeuvres d'histoire naturelle et de philosophie* de Charles Bonnet (Neuchâtel 1779-1783, 18 vol.) ou sur d'autres sciences (108 vol.).

2.18 Les 394 vol. anciens de botanique (cote R) donnent à la bibliothèque une partie de son intérêt scientifique. La répartition par siècles ne tranche pas avec la logique habituelle du fonds; c'est encore le 19ᵉ s. (227 vol.) qui domine, suivi par le 18ᵉ s. (149 vol.), les vol. sans date (13 vol.), ceux du 17ᵉ s. (4 vol., dont *La manière de cultiver les arbres fruitiers* de Robert Arnauld d'Andilly, Paris 1676) et un unique vol. du 16ᵉ s. comprenant 5 titres, dont *Rariorum aliquot stirpium per Hispanias observatarum historia* de Charles de l'Ecluse (Anvers 1576). Les trois quarts des vol. de cette section sont en français (292 vol.); le reste se répartit entre le latin (81 vol.), l'allemand (16 vol.), l'anglais (4 vol.) et l'italien (1 vol.). Nous y trouvons des noms qui ont marqué l'histoire de la botanique comme Charles de Linné (*Critica botanica*, Leyde 1737), Albert de Haller (*Nomenclator ex historia plantarum indigenarum Helvetiae excerptus*, Berne 1769), Jean-Baptiste de Lamarck et Augustin-Pyramus de Candolle (*Synopsis plantarum in flora gallica descriptarum*, Paris 1806), ainsi que des ouvrages significatifs dans l'histoire de l'impression en couleur, tels la *Phytanthoza iconographia* de Johann Wilhelm Weinmann (Ratisbonne 1737-1745, 4 vol.) ou l'*Herbier général de l'amateur* de Mordant de Launay (Paris 1816-1827, 8 vol.). A signaler aussi, entre autres, des livres sur la géobotanique de l'Europe (130 vol., dont Jacob Edward Smith, *Flora britannica*, Zurich 1804-1805, 3 vol.) et sur des classes de plantes (80 vol., dont Emile Burnat, *Catalogue raisonné des hieracium des Alpes maritimes*, Genève 1883). Mentionnons enfin le très rare *Catalogue de plantes suisses* de Louis Thomas (s.l. ca 1806).

2.19 Situé dans un lieu de passage fréquenté, l'hospice a reçu de passants un grand nombre de récits de leurs voyages et aventures, soit 614 vol. formant les sections géographie et voyages (cote S, 283 vol.) et *Alpina* (cote T, 331 vol.), présentées ici comme un tout. Les trois quarts sont écrits en français (458 vol., soit 247 et 211); le reste en allemand (81 vol., soit 6 et 75), en italien (49 vol., soit 17 et 32) et en anglais (26 vol., soit 13 et 13). La répartition par siècles souligne l'essor du tourisme au 19ᵉ s. (451 vol.), essor amorcé au 18ᵉ s. (79 vol.); seul deux vol. remontent au 17ᵉ s.; un certain nombre (82 vol.) ne sont pas datés. Ces sections se divisent en voyages autour du globe (257 vol.), comme les *Voyages dans les colonies du milieu de l'Amérique septentrionale* d'André Burnaby (Lausanne 1778); périodiques de clubs alpins (134 vol. dont l'*Annuaire du Club alpin français*, Paris 1874-); alpinisme (100 vol.), principalement d'intérêt local, comme la *Description des glacières, glaciers et amas de glace du duché de Savoye* de Marc-Théodore Bourrit (Genève 1773); atlas (65 vol., dont l'*Atlas élémentaire de la géographie, contenant les quatre parties du monde*, Paris 1766); géographie du monde (58 vol.), de l'Europe (50 vol.), dont *La guide universelle de tous les Pays-Bas* d'Adam Boussingault (Paris 1673), et des autres pays (8 vol.), comme *La géographie de la Terre Sainte* de Louis Segond (Paris 1851).

2.20 Comme l'apologétique (cote U, 425 vol.) vise à instruire les fidèles en faisant l'apologie de la foi chrétienne, il n'est pas étonnant d'y trouver un fort pourcentage (92 %) d'ouvrages en français (386 vol.). Les autres langues sont nettement moins bien représentées: latin, 17 vol. (le plus ancien est du 18ᵉ s.); italien, 14 vol. du 19ᵉ s.; anglais, 4 vol. du 19ᵉ s. Le 19ᵉ s. est majoritairement représenté (72 % ou 299 vol.), suivi par le 18ᵉ s. (22 % ou 93 vol.), le 17ᵉ s. (22 vol.), les ouvrages sans date (6 vol.) et un unique vol. du 16ᵉ s. (Albertus Pighius, *Controversiarum praecipuarum in comitiis Ratisponensibus tractatarum*, Paris 1549). L'apologétique est parfois polémique, comme dans *Le fouet des apostats* de Nicolas Aubespin (Lyon 1601), mais elle se présente habituellement sous la forme d'un plaidoyer convaincant, comme ces *Réflexions sur les différends de la religion* de Paul Pellisson-Fontanier (Paris 1686).

2.21 Avec leurs 500 vol. (cote V), la philosophie (455 vol.) et la psychologie (45 vol. dont David Hartley, *De l'homme, de ses facultés physiques et intellectuelles*, Paris 1802) tiennent une place importante. Le 19e reste le siècle le mieux représenté (75 %, 373 vol.), suivi par le 18e (12 %, 59 vol.), le 17e (10 %, 53 vol.), les ouvrages sans date (10 vol.) et ceux du 16e s. (8 vol.). Relevons que les ouvrages en latin offrent une répartition différente: il y a autant de vol. du 17e que du 19e s. (51 vol. chacun), suivis par ceux du 18e s. (23 vol.), du 16e (6 vol.) et les ouvrages sans date (4 vol.). Les trois quarts des vol. sont en français (363 vol.), le reste étant en latin (135 vol.), mis à part quelques vol. isolés en allemand (4 vol.) et en italien (1 vol.). La philosophie ici est à entendre au sens d'une bibliothèque ecclésiastique ancienne servant de prémices à la théologie. Elle comprend des manuels (65 vol.), des périodiques (15 vol.), des dictionnaires de philosophie (Pierre Bayle, *Dictionnaire historique et critique*, Amsterdam 1740, 4 vol.), des ouvrages sur l'histoire de la discipline (56 vol.). Elle comprend aussi des textes de philosophes grecs (25 vol., dont une édition genevoise de 1607 des œuvres d'Aristote en 2 vol.), romains (10 vol., dont Cicéron, *De philosophia, prima pars*, Venise 1555), avec leurs commentateurs (35 vol., dont Johannes Velcurio, *Commentarii in universam physicam Aristotelis libri quatuor*, Tübingen 1540), ainsi que les œuvres des philosophes chrétiens jusqu'aux commentateurs de saint Thomas d'Aquin (60 vol.), des philosophes modernes (70 vol.), comme Etienne Bonnot de Condillac (*Essai sur l'origine des connoissances humaines*, Paris 1777), Baruch Spinoza, René Descartes, Francis Bacon, Voltaire, Nicolas Malebranche. Le reste est un ensemble de monographies (160 vol.) sur des thèmes variés, dont les mieux représentés sont la cosmologie (29 vol., dont *Philosophia naturalis Joannis Duns Scoti*, Paris 1622) et la métaphysique (25 vol.). Nous y trouvons même de la philosophie politique (Bezian Arroy, *Le prince instruit en la philosophie*, Lyon 1671).

2.22 Le droit civil (cote X) est représenté par 273 vol., en français pour la plupart (89 % ou 244 vol.); le reste se répartissant entre le latin (14 vol.), l'italien (8 vol.), l'allemand (5 vol.) et d'autres langues (2 vol.). La majeure partie de ces ouvrages a été publiée au 19e s. (76 % ou 211 vol.) et au 18e s. (21 %, 56 vol.), accompagnés de quelques 17e (4 vol.) et 16e s. (2 vol.). L'ensemble se subdivise en science politique (39 vol., dont Joseph Eschasseriaux, *Le mécanisme des sociétés politiques*, Sion 1803), économie politique (21 vol., dont Charles Périn, *Les économistes, les socialistes et le christianisme*, Paris 1849), sociologie politique (13 vol., dont Guillaume De Greef, *Les lois sociologiques*, Paris 1893), droit public (20 vol., dont le *Manuel du droit public de la Suisse*, Aarau 1815), droit privé (60 vol., dont le *Code Napoléon*, Paris 1807), droit romain (12 vol., dont les *Institutiones juris civilis Justiniani*, Venise 1568), droit pénal (13 vol., dont Francis Cunningham, *Notes recueillies en visitant les prisons de la Suisse*, Genève 1820), droit ecclésiastique (25 vol., dont Jean-Baptiste Ferrero, *Jurisprudence du mariage sous le rapport moral*, Turin 1808). Le reste (70 vol.) se répartit entre les manuels de droit, l'histoire du droit, le droit naturel et même les droits de l'homme (Thomas Paine, *Droits de l'homme en réponse à l'attaque de M. Burke sur la Révolution françoise*, Paris 1791).

2.23 La moitié des 214 vol. de droit canon (cote Y) est en français (109 vol.), l'autre en latin (104 vol.), 1 seul est en italien. Les vol. imprimés au 19e s. sont les plus nombreux (58 % ou 124 vol.), suivis par ceux du 18e s. (21 %, 45 vol.), du 17e s. (14 %, 30 vol.), du 16e s. (5 %, 11 vol.) et ceux qui n'ont pas de date (4 vol.). Nous y trouvons les sources du droit canon (44 vol.), dont de nombreuses éditions latines des canons et décrets du Concile de Trente (Novare 1564, Lyon 1566, Cologne 1576), des manuels (27 vol.) et des dictionnaires (6 vol.), mais aussi des ouvrages relatifs au droit des personnes (45 vol, dont Ascanius Tamburinius, *De jure abbatum et aliorum praelatorum*, Lyon 1650), au droit des bénéfices ecclésiastiques (19 vol., dont l'*Abrégé des matières bénéficiales selon l'usage de l'Eglise gallicane* de Jean Husson-Charloteau, Paris 1664), ainsi que des monographies (73 vol.).

2.24 Les 206 vol. anciens de liturgie (suite de la cote Y), outre les incunables, ont un lien étroit avec l'histoire de la Congrégation des chanoines du Grand-Saint-Bernard, comme l'achat de la luxueuse édition du *Pontificale romanum* (Rome 1663) au moment où les prévôts obtiennent le droit de porter la mitre (1762). Ils sont aussi les témoins de son implantation, particulièrement avant les progressives mises en application de la centralisation liturgique du Concile de Trente. La bibliothèque conserve cinq ouvrages liturgiques remarquables, à l'usage du diocèse de Genève: deux manuels (Genève 1508 et Genève 1523), un bréviaire (Annecy 1556), un rituel (Lyon 1612) et un missel (Genève 1498). Les vol. en latin (143 vol.) sont en principe des livres liturgiques; ceux en langues vernaculaires, français (60 vol.), anglais (2 vol.) et italien (1 vol.), ne sont que des ouvrages expliquant l'art liturgique. Le 19e est le siècle le mieux représenté (57 %, 118 vol.), suivi par le 18e s. (18 %, 36 vol.), le 17e s. (11 %, 23 vol.), le 16e s. (10 %, 20 vol.) et les ouvrages sans date (9 vol.).

2.25 Deux armoires fermées à clef renferment 226 vol. mis à l'index (cote Index). Plus des trois quarts (77% ou 173 vol.) sont du 19ᵉ s.; ils sont accompagnés de 20 vol. (9%) du 18ᵉ s., 2 du 17ᵉ s., 1 du 16ᵉ s. et 30 sans date. Ces ouvrages sont principalement rédigés en français (92%, 208 vol.), à l'exception de quelques textes en allemand (7 vol.), en latin (4 vol.), en italien (3 vol.) et en d'autres langues (4 vol.). L'index se subdivise en plusieurs matières jugées douteuses quant à leur contenu: la littérature (73 vol., dont Victor Hugo, *La fin de Satan*, Paris 1886), la philosophie (53 vol., dont Louis Büchner, *Conférences sur la théorie darwinienne de la transmutation des espèces*, Leipzig 1869), l'occultisme (34 vol., dont le célèbre *Malleus maleficorum* de Jakob Sprenger, Lyon 1584), les théologies non catholiques (28 vol., principalement des bibles protestantes et anglicanes) et la médecine (38 vol., dont ceux qui traitent de gynécologie et des maladies vénériennes).

2.26 Une partie négligeable de la bibliothèque comptabilise 26 vol. de partitions de musique antérieures à 1901; 11 sont du 19ᵉ s. et 15 sans date; 2 partitions (données par des passants) sont en anglais (*The three favorite masses composed by Mozart, Haydn and Beethoven*, Londres s.d.).

2.27 La section *Bernardina* (constituée, semble-t-il, dans les années 1970–1980) regroupe une partie des ouvrages consacrés au Grand-Saint-Bernard. Elle forme un ensemble de 177 vol. anciens, principalement en français (132 vol.), mais aussi en italien (20 vol.), en anglais (15 vol.), en allemand (8 vol.) et en latin (2 vol.); 2 vol. sont du 17ᵉ s., 15 du 18ᵉ s. et 160 du 19ᵉ s., sans compter 320 ouvrages du 20ᵉ s. Aucun de ces ouvrages n'est catalogué. Les vol. sont classés parmi les subdivisions suivantes: saint Bernard, histoire du lieu, archéologie, chiens, tunnels, Valais, Val d'Aoste, publications des chanoines, prospectus et divers. Pour l'instant, cette section se comprend comme un complément aux ouvrages relatifs au Grand-Saint-Bernard encore répartis dans les diverses sections de la bibliothèque.

Collections particulières

Incunables

2.28 La bibliothèque compte 17 incunables, dont 11 relèvent de la théologie, principalement des ouvrages de liturgie propres aux différents lieux desservis par les chanoines à la fin du 15ᵉ s., comme le bréviaire de Sion (Chambéry 1482), le bréviaire de Tarentaise (Moutiers-en-Tarentaise 1486) ou le missel de Genève (Genève 1498). On y trouve aussi deux chroniques, dont le *Liber chronicarum* d'Hartman Schedel (Nuremberg 1493), ainsi que deux ouvrages de philosophie, dont les *Opera* d'Aristote (Venise 1496), un de littérature et un de droit canon.

Tirés à part

2.29 Dans une annexe de la bibliothèque, ont été rassemblés quelque 4'500 documents (petites brochures et tirés à part) concernant des thèmes particuliers (climat, géographie, archéologie, numismatique, conchyliologie, botanique, guerre de 1914, théorie des glaciers, lettres pastorales des évêques de différents diocèses, etc.), collectionnés du début du 19ᵉ s. aux années 1960. La moitié de ces documents remonte précisément au 19ᵉ s. Ils n'apparaissent pas dans l'aperçu systématique.

Périodiques

2.30 Les périodiques, imprimés entre 1750 à 1960, sont en attente de classement. Le nombre de numéros est estimé à 8'000. Ils recouvrent les thèmes des ouvrages de la bibliothèque. Signalons tout de même les *Mémoires de l'Académie celtique* (Paris 1807–1812), les *Bulletins des travaux de la Société Murithienne* (1861–) de sciences naturelles, les *Schweizerische meteorologische Beobachtungen* (Zurich 1864–) et la revue *Magnetical and meteorological observations made at the Royal Observatory Greenwich* (1840–1937), qui complètent les données issues de la station météorologique de l'hospice.

Cartes topographiques

2.31 Une collection de 218 cartes de géographie de grand format (dont 42 doubles) parfait la section géographie et voyages (cote S) de la bibliothèque. Ces cartes couvrent la période allant de la fin du 17ᵉ s. au début du 20ᵉ s. Quelques 150 cartes récentes, depuis les cartes Dufour (1870) jusqu'à nos jours, ne sont pas encore classées.

Estampes

2.32 Une collection de 668 estampes et gravures (dont 203 doubles) enrichit le patrimoine imprimé du Grand-Saint-Bernard. Elles remontent à la fin du 18ᵉ s., mais l'écrasante majorité d'entre elles datent du 19ᵉ s. Elles représentent surtout des vues de l'hospice et de ses alentours. Celles qui concernent d'autres lieux, des personnages ou des membres de familles régnantes sont en principe des dons de voyageurs (voir AGSB 2979, 2982).

3. CATALOGUES

Catalogue moderne général

Catalogue BIB [tous les livres s'y trouvent catalogués; fonctionne avec le logiciel CDS/ISIS 1.31, novembre 1998, © UNESCO; une copie gravée sur cd-rom a été transmise à la Médiathèque Valais de Sion]

Catalogues modernes spécialisés

Catalogue DOC [tous les tirés à part s'y trouvent catalogués; fonctionne avec le logiciel CDS/ISIS 1.31, novembre 1998, © UNESCO]

Catalogue des cartes topographiques [sur *Access*]

Catalogue des estampes [sur *Access*]

Catalogues anciens

Inventaire des ouvrages de la bibliothèque de 1419 [ms.; AGSB 1159, fol. 2v]

Inventarium 1440 (!), soit inventaire des ouvrages de la bibliothèque de 1446 [ms.; AGSB 1160, fol. 9v–10r; ces deux inventaires sont publiés dans Quaglia 1973]

Suitte de l'inventaire des livres de la bibliothèque de St-Bernard. 1716 [ms.; alphabétique-auteurs; AGSB 2969, 4 fol. volants]

Inventaire des livres de la bibliothèque du Grand-Saint-Bernard Mont Joux. 1754 [ms.; alphabétique-auteurs; AGSB 2969, fol. 1r–38v, 41r–42v]

Catalogue des livres nouvellement acheptés. 1772 [ms.; alphabétique-auteurs; AGSB 2969, fol. 42r]

Livres nouvellement acquis de 1775 à 1776 [ms.; alphabétique-auteurs; AGSB 2969, fol. 39r–40r]

Catalogue topographique-matières [registre ms.; vers 1870; contient un Supplément 1872–1907; BIB 19132]

Catalogue alphabétique des auteurs [sur fiches mss et dactyl.; abandonné dans les années 1970]

Catalogue CDU [sur fiches mss et dactyl.; abandonné dans les années 1970]

4. SOURCES ET ÉTUDES SUR L'HISTOIRE DE LA BIBLIOTHÈQUE

Archives

Les archives sont conservées à l'hospice (AGSB). Leur inventaire est consultable sur le web et aux Archives de l'Etat du Valais à Sion, qui peuvent fournir aux chercheurs les microfilms des documents recherchés. Les principales sources concernant la bibliothèque sont rassemblées dans le fonds «bibliothèque et musée» (AGSB 2963–3018). D'autres documents remarquables pour l'histoire de la bibliothèque, mais classés dans d'autres fonds, méritent d'être signalés:

Ballalu, Pierre François: Relation de l'état du monastère et de l'hôpital de Mont-Joux soit du Grand-Saint-Bernard, 1ère partie, 1709 [ms.; sur la bibliothèque p. 224–229; AGSB 332]

Copia Bullae Benedicti papae XIV. Redigendis ad statum saecularem canonicos praepositurae Montis Jovis existentes intra ditionem regis Sardiniae. Sion 1753 [sur la bibliothèque p. 12, lignes 20–26; AGSB 500]

Quaglia, Lucien; Giroud, Charles: Les constitutions de la prévôté du Grand-Saint-Bernard. Turin 1956 [sur la bibliothèque, p. 20 (constitutions de 1409, AGSB 825), p. 51 (constitutions de 1437, AGSB 692), p. 93–94, 112 (constitutions de 1438, AGSB 694)]

Quaglia, Lucien; Theurillat, Jean-Marie: Les comptes de l'Hospice du Grand-Saint-Bernard (1397–1477). In: Vallesia 28 (1973), p. 1–162 [sur la bibliothèque médiévale p. 69, n° 1268–1269, p. 89–90, n° 1608–1637]

Études

Devoti, Chiara: Terra Sancti Jacobi. Origine e storia del Seminario Maggiore di Aosta. Turin 1996 [mémoire de licence dactyl., Université Turin, Faculté d'architecture; sur la bibliothèque p. 37]

Duc, Etienne-Pierre: La Maison du Grand-Saint-Bernard et ses très révérends prévôts. Aoste 1898 [sur la bibliothèque p. 239]

Frutaz, Amato Pietro: Le fonti per la storia della Valle d'Aosta. Rome 1966 [sur la bibliothèque p. 49–51, 132–133]

Quaglia, Lucien: La Maison du Grand-Saint-Bernard des origines aux temps actuels. Martigny 1972 [sur la bibliothèque p. 194–195, 263, 292–295, 433–434]

Zenhäusern, Gregor: Le Grand-Saint-Bernard. In: Les chanoines réguliers de Saint-Augustin en Valais. Bâle, Francfort-sur-le-Main 1997, p. 25–220 (Helvetia Sacra 4,1) [sur la bibliothèque p. 53, 79–80, 90, 92–93]

5. PUBLICATIONS SUR LES FONDS

Besson, Marius: L'Eglise et l'imprimerie dans les anciens diocèses de Lausanne et de Genève jusqu'en 1525. Genève 1937–1938 [une petite dizaine de livres sont analysés]

Leisibach, Josef: Schreibstätten der Diözese Sitten. Genève 1973 (Scriptoria Medii Aevi Helvetica 13) [sur la bibliothèque médiévale p. 135–159]

Leisibach, Josef; Huot, François: Die liturgischen Handschriften des Kantons Wallis (ohne Kapitelsarchiv Sitten). Fribourg 1984 (Spicilegii Friburgensis subsidia 18, Iter Helveticum 4) [sur la bibliothèque médiévale p. 77–111]

Moret, Jean-Louis: Note sur les catalogues de vente de plantes de la famille Thomas, de Bex (VD, Suisse). In: Bulletin de la Société vaudoise des sciences naturelles 86 (1999), p. 191–198

Stenzl, Jürg: Repertorium der liturgischen Musikhandschriften der Diozesen Sitten, Lausanne und

Genf. Fribourg 1972, vol. 1 [quelques manuscrits musicaux sont analysés]

Zanetti, Marzia Silvia: Le cinquecentine della Valle d'Aosta. Biblioteca dell'Ospizio del Gran San Bernardo. Turin 1997 [Tesi di Laurea in Letteratura umanistica, dactyl., Université Turin, Faculté des lettres et de philosophie]

BIBLIOTHÈQUE DU CHAPITRE CATHÉDRAL, SION

Canton: Valais

Lieu: Sion

Auteur: Jean-Luc Rouiller

Adresse: Archives du Chapitre,
c/o chanoine Josef Sarbach,
Place de la Cathédrale 1,
1950 Sion

Téléphone: +41 27 322 98 65

Homepage: www.cath-vs.ch/sous-sites/chapitre-sion/archives.html

E-mail: chapitre@bluewin.ch

Rattachement administratif:
Chapitre de la cathédrale

Fonctions:
Bibliothèque historique du Chapitre de la cathédrale

Collections:
Liturgie, Ecritures saintes, théologie, droit, histoire, incunables.

Conditions d'utilisation:
Bibliothèque de consultation, intégrée aux Archives du Vénérable Chapitre, munie d'une petite salle pour l'étude. Ouverte uniquement sur rendez-vous. Pas de prêt.

Equipement technique:
Une photocopieuse, un poste pour la consultation du catalogue.

Informations pour les utilisateurs de passage:
Quitter l'autoroute A 9 à Sion-ouest, puis suivre Centre ville. Parking couvert de La Planta à proximité. Depuis la gare CFF, monter l'avenue de la Gare jusqu'à la Place de la Planta (env. 500 mètres). La Bibliothèque se trouve au sommet de la Place de la Planta, dans le bâtiment des Archives du Chapitre et du Musée de l'Evêché, à côté de la Maison épiscopale.

1. HISTORIQUE DU FONDS

1.1 La bibliothèque du Chapitre cathédral de Sion est surtout connue pour ses 120 codex manuscrits du Moyen Age, mis en valeur par les études de Josef Leisibach et Albert Jörger. Par contre, les incunables et les imprimés postérieurs n'ont encore que très peu retenu l'attention des spécialistes, Marius Besson mis à part: l'histoire de cette bibliothèque à l'époque moderne et contemporaine reste difficile à reconstituer, en raison de la rareté des sources à disposition et de leur côté fragmentaire. Une exploitation plus systématique de ces sources (*Calendes*, testaments de chanoines, comptes) permettrait peut-être de découvrir plus d'informations.

1.2 Le Chapitre cathédral de Sion est mentionné dans les documents dès le milieu du 11e s. Une partie des quelque trente chanoines résidaient dans le bourg capitulaire de Valère, autour de la fameuse église fortifiée, érigée sur l'une des deux collines de la ville. L'un d'entre eux, le sacristain, avait la responsabilité du trésor de l'église, de ses ornements sacrés et des livres. Dès le 12e s., le Chapitre était responsable de la chancellerie et ses archives conservaient les actes produits, dans un local souterrain «situé en soubassement dans le collatéral sud» de l'église (Huot, p. 103). Les chanoines devaient sans doute posséder aussi un modeste *scriptorium* où était copiée une partie des codex liturgiques ou de droit utilisés par le Chapitre. Aucun catalogue médiéval de la bibliothèque ne nous est parvenu. Un inventaire partiel de 1364 mentionne près de 45 livres à Valère et environ 35 à la cathédrale de Sion; ils étaient sans doute déposés dans la sacristie ou sur les autels; cet inventaire signale aussi un coffre dans lequel se trouvaient d'autres livres (Leisibach, *Schreibstätten*, p. 93). La présence de livres nous est aussi révélée par des testaments de chanoines, par des factures ou autres documents administratifs du Chapitre. Nous apprenons, par exemple, qu'en 1343, ce dernier acquiert une partie de la bibliothèque du curé de Saint-Germain (commune de Savièse, sur Sion). En 1499, le sacristain Bartholomäus Kalbermatter lègue à ses héritiers, le cas échéant au Chapitre, sa bibliothèque de manuscrits et d'imprimés (*Das Bistum*, p. 488). Les évêques passaient aussi commande de manuscrits, comme Guillaume VI de Rarogne (1437–1451), Jost de Silenen (1482–1496) et surtout Walter Supersaxo (1457–1482) qui possédait une riche bibliothèque de droit.

1.3 C'est peut-être suite à un incendie qui détruisit le toit et la charpente de l'église en 1382, qu'une partie des archives a été transférée à l'étage supérieur d'une annexe accolée à l'église, côté ouest, probablement construite à cet effet. On y accède par un escalier depuis l'intérieur de l'église. Il s'agit d'une belle salle éclairée par de grandes fenêtres de style gothique tardif. Cette salle abritait aussi des livres déposés sur des étagères, comme on peut le voir sur un dessin des années 1860, réalisé par le Bâlois Emil Wick (Leisibach et Jörger, *Livres sédunois*, p. 38). Ce dessin montre aussi un certain nombre de livres enchaînés aux étagères, parmi lesquels se trouvent peut-être quelques-uns des sept incunables qui ont conservé leur chaîne. Tous les livres ne devaient toutefois pas se trouver dans ce local.

1.4 La notion de «bibliothèque du Chapitre» existait bel et bien, du moins à partir du 17e s., si l'on en croit certains livres portant l'ex-libris *Ex bibliotheca Venerabilis Capituli Sedunensis*. La fin de ce siècle a sans doute dû voir une réorganisation des archives et de la bibliothèque. En effet, dans les années 1674–1689, le chanoine Christian Schröter rédige un inventaire général méthodique des archives, qui ne répertorie malheureusement pas les imprimés. C'est lui qui inscrit *Sum Venerabilis Capituli Sedunensis* dans bon nombre de livres manuscrits et imprimés (Leisibach, *Schreibstätten*, p. 103). Cet ex-libris est parfois accompagné d'un autre probablement antérieur: *Cap[ituli] Sed[unensis]*. On peut aussi se demander si les quelques livres portant l'ex-libris *Sum Ecclesiae Sedunensis* et surtout *Ecclesia cathedralis Sedunensis* étaient à un moment donné conservés dans la cathédrale de Sion et si ceux portant la mention *Sum Ecclesiae Valeriae* l'étaient dans l'église de Valère. Toujours de la fin du 17e s., et peut-être de la même personne, nous sont aussi parvenus deux catalogues: un *Index librorum in cancellaria V[enerabilis] C[apituli] S[edunensis]* comptabilisant quelque 140 ouvrages classés par ordre alphabétique auteurs et un autre, non titré, portant la mention «*In superiori loco*» réunissant une centaine d'œuvres, classées par *numerus currens*. Ces deux catalogues très sommaires ne se recoupent pas et ne permettent pas de distinguer les manuscrits des imprimés; de plus, les numéros de notice (cotes) ne correspondent pas aux anciennes étiquettes conservées sur certains livres imprimés; leur interprétation reste donc difficile, même si actuellement la bibliothèque abrite plus ou moins le même nombre d'imprimés antérieurs à 1700. Ces deux inventaires permettent toutefois de déduire que les livres étaient conservés, en dehors de la sacristie et des autels (comme au 14e s.), dans la chancellerie, qui correspond probablement à la salle des archives, et dans un «local supérieur», peut-être le troisième niveau (combles) de l'annexe, même si ce niveau ne semble pas avoir été aménagé pour recevoir des livres.

1.5 La bibliothèque s'est enrichie des ouvrages remis par les chanoines à leur mort. Plusieurs d'entre eux ont laissé leurs ex-libris manuscrits dans les livres. Grâce à ces marques, on peut voir que certains ouvrages ont appartenu à plusieurs propriétaires successifs. Les ex-libris de chanoines morts au 17e s. sont inscrits dans un bon nombre d'ouvrages, comme ceux de Mattheus Molitor, d'Aegidus Jodocus, de l'official et sacristain Jean de Sepibus: chacun de ces noms apparaît dans une vingtaine d'ouvrages. Les archives du Chapitre ont conservé les testaments des chanoines Molitor (Tir. 19/14) et de Sepibus (Tir. 19/15). Le premier, daté de 1668, ne fait aucune allusion à ses livres, tandis que dans le second, daté de 1664, le testateur demande à «[s]on frère de remettre fidèlement au vénérable Chapitre les livres et les écrits qui appartiennent au Chapitre et également les livres qu'[il] pourrait avoir au moment de [s]a mort et qui ne [lui] appartiendraient pas». De rares ouvrages ont été donnés par les auteurs eux-mêmes, comme le *Dodekachordon* (Bâle 1547) et le *Liber de asse* (Bâle 1550) de Henricus Loritus (dit Glareanus), muni de corrections manuscrites autographes. Ce volume a en fait été offert à l'évêque Jean Jordan (ca 1494–1565) en 1553 et fait partie des rares ouvrages qui ont passé des mains d'un évêque à celles du Chapitre.

1.6 Vers 1800, tous les chanoines s'établissent en ville, quittant définitivement la colline de Valère, emmenant peut-être avec eux une partie des livres. Cet abandon du site explique la faible proportion d'ouvrages du 19e s. conservés dans la bibliothèque: moins de 5%. De 1817 à 1874, les bâtiments abritent le séminaire diocésain. Dans les années 1860, nous l'avons dit, la bibliothèque retient l'attention d'Emil Wick, mais aussi celle du chanoine François Fleury de Genève, qui décrit brièvement le *Grisélidis* en 1868 (Besson, II, p. 506–508). A la fin du 19e s., l'état des lieux est préoccupant, si bien qu'en 1891, l'Etat du Valais et le Chapitre signent une convention stipulant que l'Etat prend en charge la restauration des bâtiments de Valère; le Chapitre conserve toutefois l'utilisation du local des archives.

1.7 Les incunables et les autres imprimés ont été (re)cotés à une période indéterminée. L'article de Fleury et l'étude de Besson permettent toutefois de déduire que la cotation actuelle des incunables a été faite entre 1868 et 1937. Il est possible que la personne qui a réalisé le fichier actuel, vraisemblablement le chanoine archiviste Denis Imesch (1868–1947), ait aussi recoté les livres. En 1957, le chanoine Clemens Schnyder étant archiviste, les archives et la bibliothèque du Chapitre sont transférées de Valère en ville de Sion, près de la cathédrale. Elles logeront dans un premier temps dans la nouvelle maison des chanoines, à la rue Matthieu Schiner 5, puis, dès mai 1992, dans l'annexe de la Maison épiscopale, aménagée pour abriter le Musée de l'Evêché et les Archives de la commune de Sion. Actuellement, les ouvrages sont classés par *numerus currens*, d'un côté les incunables et post-incunables (Inc 1 à Inc 87), de l'autre les livres des 16e–19e s. (de AJ 1 à AJ 215). Certains sont en mauvais état. Durant l'année 2000, le chanoine archiviste Paul Werlen a transcrit le fichier des incunables et celui des autres livres imprimés dans une base de données *Access*.

2. DESCRIPTION DU FONDS

2.1 Les données statistiques ont été élaborées à partir du fichier informatisé (*Access*), même si celui-ci est assez sommaire et parfois imprécis. Comme le nombre de volumes n'est que très légèrement supérieur au nombre de titres, nous nous contenterons de parler en nombre de titres.

Survol chronologique et par langues

2.2 La bibliothèque abrite quelque 120 œuvres manuscrites (codex médiévaux), allant du milieu du 9e s. à la fin du 15e s., dont certains sont richement enluminés. L'essentiel de ces codex est constitué de manuscrits liturgiques (55), de texte de droit (une trentaine) et de livres scolaires (en plus faible proportion). Les quelque 300 imprimés sont tous antérieurs à 1900, y compris les 20 œuvres sans date. Plus de 60 % des titres ont été imprimés avant 1600: 85 incunables et 110 œuvres du 16e s. On note encore 50 titres du 17e s., 23 du 18e s. et 10 du 19e s. Le latin est la langue la plus représentée: 86 % des œuvres, soit 260 titres. Le reste se répartit équitablement entre le français et l'allemand.

Aperçu systématique

2.3 Comme les livres ne sont pas classés par matière et qu'aucune matière n'est mentionnée dans les catalogues, nous avons dû en attribuer une à chaque ouvrage.

2.4 Incunables compris, 60 % des œuvres ont trait à la religion, soit 180 titres répartis de la façon suivante. Près de 50 ouvrages concernent la liturgie, dont la moitié sont des missels, comme le *Missel de Lausanne* (Lausanne 1493 et Lyon 1522) ou celui de Genève (Lyon? 1491 et Genève 1508). On trouve aussi une dizaine de bréviaires, dont le *Bréviaire de Sion* (Chambéry? vers 1482) et un *Bréviaire de Genève* (Genève ou Lyon vers 1520). Près de 30 titres concernent l'Ecriture sainte, dont la moitié sont des *Bibles* (la plus ancienne a été éditée à Bâle en 1477), certaines avec commentaires. Parmi le reste des ouvrages de théologie, ressortent les œuvres de pères ou docteurs de l'Eglise (saint Augustin, saint Antonin, saint Thomas d'Aquin), celles qui relèvent de la théologie dogmatique et polémique, comme la *Response du P. Marcelin au narré du ministre de Grenoble* (Grenoble 1615), celles qui touchent à la mystique (dévotion), comme le *Liber quatuor novissimorum* (Genève ca 1487), celles qui concernent la théologie générale (scolastique), comme les cinq éditions ou commentaires du *Livre des sentences* de Pierre Lombard, ainsi que des recueils de sermons, comme le *De arte et vero modo praedicandi* (Genève 1481): chacun de ces domaines regroupant 15 à 20 titres. Les autres domaines de la théologie sont moins bien représentés.

2.5 En dehors de la théologie, on trouve près de 40 ouvrages de droit, dont 24 de droit canon, tel le *Décret de Gratien* (Bâle 1476 et 1512, Lyon 1513) et autres *Décrétales*. 35 titres concernent l'histoire, comme l'*Historia scholastica* de Pierre Comestor (Genève ou Chambéry? ca 1482–1486) ou le *Fasciculus temporum* (Rougemont 1481) de Werner Rolewinck, une vingtaine la linguistique (dictionnaires, grammaires, rhétorique) et les belles-lettres, dont *La patience de Grisélidis* (Genève ca 1482), 13 la philosophie.

Collection particulière

2.6 Les incunables sont tous en latin, à l'exception du *Grisélidis*. On en trouve dans quasi tous les domaines retenus pour notre analyse systématique, mis à part la mystique (dévotion) et les catéchismes. Plus ou moins la moitié des ouvrages de linguistique, de droit civil, de philosophie, de pères de l'Eglise, de recueils de sermons conservés dans la bibliothèque sont des incunables. Il est plus difficile de déterminer la provenance de ces incunables, car ils ne possèdent que peu d'ex-libris personnels (chanoines ou autres personnalités). Le plus ancien aurait été imprimé vers 1469, peut-être à Strasbourg: *Epistolae* de saint Jérôme.

3. CATALOGUES

Catalogues modernes

Catalogue des incunables [comprend aussi quelques post-incunables, existe sous trois formes au contenu quasi identique: fichier ms. topographique, catalogue dactyl. topographique et fichier informatisé sur *Access*]

Catalogue des imprimés [fichiers ms. topographique, sans les incunables, a aussi été informatisé]

Catalogues anciens

Index librorum in cancellaria V[enerabilis] C[apituli] S[edunensis] [Tir. 68/69; ms., 17e s., alphabétique auteurs, contient sans doute aussi des livres mss]

In superiori loco [Tir. 68/67; ms., 17e s., topographique, contient sans doute aussi des livres mss]

4. SOURCES ET ÉTUDES SUR L'HISTOIRE DE LA BIBLIOTHÈQUE

Archives

Les Archives du Chapitre abritent entre autres les procès-verbaux (1497–1986) des réunions capitulaires (ou *Calendes*) au cours desquelles on débattait de l'administration des biens communs et d'autres affaires importantes. Il est possible qu'on y trouve des renseignements sur la bibliothèque.

Études

Das Bistum Sitten = Le diocèse de Sion, l'archidiocèse de Tarentaise. Bâle 2001 (Helvetia sacra I/5) [sur le Chapitre cathédral, p. 359–410; sur la bibliothèque, p. 405–406]

Huot, François: L'Ordinaire de Sion: étude sur sa transmission manuscrite, son cadre historique et sa liturgie. Fribourg 1973 (Spicilegium Friburgense 18) [sur les archives, p. 103]

5. PUBLICATIONS SUR LES FONDS

Besson, Marius: L'église et l'imprimerie dans les anciens diocèses de Lausanne et de Genève jusqu'en 1525. Genève 1937–1938 [une quinzaine d'incunables et post-incunables sont analysés]

Fleury, [François]: Variétés. In: Le Courrier de Genève, 7 juin 1868, p. [4] et 28 juin 1868, p. [4] [brève description du *Grisélidis*]

Leisibach, Josef: Schreibstätten der Diözese Sitten. Genève 1973 (Scriptoria medii aevi helvetica 13) [sur la bibliothèque médiévale, p. 82–120]

Leisibach, Josef; Jörger, Albert: Livres sédunois du moyen âge. Enluminures et miniatures. Trésors de la bibliothèque du Chapitre de Sion. Sion 1985 (Sedunum nostrum 10)

MÉDIATHÈQUE VALAIS, SION

Canton: Valais

Lieu: Sion

Auteur: Antoine Lugon, avec la collaboration de Simon Roth et celle de Jean-Luc Rouiller pour la Description.

Adresse: Avenue de Pratifori 18, Case postale 182, 1951 Sion

Téléphone: +41 27 606 45 50

Fax: +41 27 606 45 54

Homepage: www.mediatheque.ch

E-mail: mv.sion@mediatheque.ch

Rattachement administratif:
Etat du Valais, Département de l'éducation, de la culture et du sport.

Fonctions:
La Médiathèque Valais (MV) est active sur quatre sites: Saint-Maurice, Martigny, Sion et Brigue. Selon le site concerné, elle peut être une médiathèque générale d'étude et d'information, une médiathèque patrimoniale du Valais, une médiathèque de lecture publique, un centre de documentation pédagogique et la médiathèque spécialisée de la HEP, une médiathèque pour l'enseignement secondaire II et une bibliothèque spécialisée dans le domaine musical. Dans le domaine patrimonial, la MV-Martigny a la responsabilité de l'audiovisuel en lien avec le Valais, la MV-Sion celle du patrimoine imprimé. La Description ci-dessous et les statistiques évoquées concernent les collections de la MV-Sion.

Collections:
Fonds moderne: *Vallesiana*, collections encyclopédiques avec accent sur les sciences humaines; fonds ancien: histoire et géographie, belles-lettres, théologie, sciences et droit.

Conditions d'utilisation:
La Médiathèque Valais-Sion comporte un libre-accès de 130'000 vol. environ, une salle de lecture (35 places), des magasins et une réserve précieuse. Elle est ouverte du lundi au samedi de 8h à 18h (samedi, fermeture à 17h); le service du prêt fonctionne de 9h 30 à 18h (samedi: 17h). Consultation du fonds ancien sur rendez-vous.

Equipement technique:
Plusieurs postes OPAC; accès internet; visionneuse de microfilms; photocopieuses noir-blanc et couleur.

Informations imprimées:
Guide de la bibliothèque.

Informations pour les utilisateurs de passage:
Quitter l'autoroute A9 à Sion-ouest, puis suivre Centre ville; quelques places de parc à côté de la Bibliothèque; parking couvert de La Planta à proximité. Depuis la gare CFF, monter l'avenue de la Gare (env. 500 mètres) jusqu'à l'avenue de Pratifori (sur la gauche).

1. HISTORIQUE DU FONDS

1.1 Avant le milieu du 19e s., il n'existait pas de bibliothèque publique dans le canton du Valais. La suppression, par l'arrêté du 9 décembre 1847, de l'Ordre des jésuites et la sécularisation, en 1848, de leurs biens, firent parvenir une partie de leur bibliothèque (trois ou quatre cents volumes échappés à la dispersion et au pillage) en mains de l'Etat. Ils furent joints à la «Bibliothèque nationale» (c'est ainsi qu'on appelait auparavant la bibliothèque privée à l'usage du gouvernement). Ce fut l'occasion, en 1853, de créer autour de ce premier noyau (environ 600 vol.) une bibliothèque destinée au public. Le besoin d'une meilleure diffusion des connaissances s'était fait sentir et l'idée de faciliter l'accès aux livres, voire de créer une bibliothèque, était déjà dans l'air. Dans une brochure intitulée *Entwurf einer Kantonal-Bibliothek* (Sion 1850), le secrétaire-archiviste Gaspard Stockalper von Thurn, après avoir envisagé comme irréalisables trois possibilités d'améliorer la lecture en Valais, à savoir une bibliothèque cantonale, une société de lecture ou une librairie, proposait que l'on éditât au moins un catalogue des livres se trouvant dans le pays, qu'ils soient à acheter, à vendre, à compléter, à louer ou à échanger.

Première installation

1.2 Dans le compte général de l'Etat (*Rapport de gestion du conseil d'Etat*, cité désormais *RG*) pour l'année 1850, au titre du Département de l'Instruction publique, on enregistre (p. 73), sous la rubrique Bibliothèque cantonale, une dépense de 278 francs. C'est la première fois, à notre connaissance, qu'on l'appelle cantonale. Le *Rapport de gestion* pour l'année 1851 fait état de travaux effectués au magasin des sels, bâtiment aujourd'hui disparu, situé à l'angle de la rue Mathieu Schiner et de la rue de la Tour, et que le conseil d'Etat a décidé d'exhausser d'un étage pour y établir la bibliothèque (*RG* 1851, p. 82). La mise à l'abri des ouvrages appartenant à l'Etat a lieu dans le cours de l'année 1853. Le rapport de gestion de l'Instruction publique pour cette année comporte, pour la première fois, une rubrique *Bibliothèque cantonale*, qui rapporte l'événement (*RG* 1853, p. 25). Dès son origine, la Bibliothèque dut compter, pour l'accroissement de ses fonds, sur la générosité de donateurs privés, autant, voire plus que sur les minces allocations budgétaires. Le Père Etienne Elaerts (1795–1853), professeur au collège de Sion et premier architecte cantonal, inaugure une longue liste de bienfaiteurs en faisant don à l'Etat d'une soixantaine d'ouvrages scientifiques. Peu après, l'Etat reçut la bibliothèque et les manuscrits du chanoine et naturaliste Alphonse Rion (1809–1856) et les écrits du savant chanoine Joseph-Antoine Berchtold (1780–1859). Le règlement du 29 août 1857 pour la chancellerie et les bureaux du Conseil d'Etat est le premier texte légal à faire mention de la Bibliothèque cantonale.

Premier déménagement

1.3 Au cours de l'année 1862 déjà, la Bibliothèque connaît son premier déménagement: elle est transférée dans les combles de l'hôtel du gouvernement (Place de la Planta) et l'on dresse un inventaire des ouvrages qui la composent. Cet inventaire est certainement la base du «catalogue manuscrit dressé en 1864» que le rapport de gestion pour 1873 juge insuffisant. Il faut sans doute lire «dressé en 1863»: Philippe Aebischer, dans son *Catalogue de la Bibliothèque Cantonale du Valais* (Sion 1877, p. 3) mentionne un «Catalogue de la bibliothèque cantonale valaisanne, dressé en 1863 sous la direction de M. le conseiller d'Etat De Bons, Ms. in-fol. 1863». Ce catalogue manuscrit n'a pas été conservé. On élabore à cette occasion un premier règlement qui, en quinze articles, définit les heures d'ouverture: «dans la règle, tous les jeudis de 2 à 5 heures de l'après-midi, depuis le 1er octobre jusqu'au 31 août», ainsi que les droits et devoirs des lecteurs et du bibliothécaire. Ce dernier est chargé, entre autres tâches, «de diriger les lectures des étudiants en leur remettant de préférence les ouvrages qui ont rapport avec leurs études du moment». Il veillera aussi à ne point confier aux jeunes gens des livres dont la lecture pourrait être dangereuse pour eux.

1.4 Peu avant 1870, la Bibliothèque cantonale se voit confier par la Bourgeoisie de Sion un précieux dépôt: une collection de 95 ouvrages latins et allemands du 15e au 17e s. (droit canon, droit civil, commentaires du droit romain et théologie). Stanislas de Lavallaz, bibliothécaire cantonal du 28 janvier 1870 au 18 décembre 1878, joint au rapport de gestion pour 1872 une rétrospective assortie d'un premier bilan statistique sommaire des fonds de la Bibliothèque. Celle-ci possède alors 4'200 vol. environ, répartis comme suit: religion et philosophie 371 vol., histoire générale 1'310 vol., histoire suisse 170 vol., voyages 63 vol., littérature générale 292 vol., mélanges scientifiques et littéraires 946 vol., recueil des lois, journaux, etc. 236 vol., sciences et arts 794 vol., soit au total, en y comprenant les 95 vol. de la Bourgeoisie, 4'277 vol. Ce nombre de 4'277 vol. est exagéré comme le montre le rapport de l'année suivante (1873): «Pour arriver aux 4'277 volumes, chiffre indiqué dans notre rapport de l'année dernière, il a fallu réunir le ban et l'arrière-ban des doublets et des non-valeurs. En défalquant ceux-ci, les indications de la statistique subiraient une réduction énorme.» Le premier catalogue imprimé de la Bibliothèque cantonale, publié en 1877, permet de revenir à des chiffres plus réalistes: pour un total de 2'400 vol., il répertorie 1'591 titres répartis comme suit: généralités 133, théologie 148, jurisprudence 125, sciences 478, histoire 378, belles-lettres 329.

1.5 Bien que dépourvue de bibliothécaire attitré de 1878 à 1893 et gérée tant bien que mal par le secrétariat du Département de l'instruction publique, la Bibliothèque reçoit une série de dons de plus ou moins d'importance. En 1881, elle acquiert la bibliothèque du chanoine Jean-Joseph Beck (1814–1883) et celle du curé Jean-Baptiste Henzen (1815–1881). En 1889, l'abbé Moritz Tscheinen (1808–1889) lui lègue toute sa bibliothèque, à l'exception des ouvrages religieux et théologiques.

Nouvelle installation

1.6 Après l'abandon d'un premier projet en 1873 et sa reprise une quinzaine d'années plus tard, la construction du nouveau Lycée-collège de Sion (actuel Palais de Justice) eut lieu de 1891 à 1892. Le 30 juin 1893, le conseil d'Etat met fin à une vacance de poste de quinze ans, en nommant comme nouveau bibliothécaire l'ancien conseiller d'Etat Alphonse Walther (1836–1898), à qui il confie en même temps le soin des Archives cantonales, détachées alors de la Chancellerie (Donnet 1943, p. 101). Vingt ans tout juste après avoir été réclamé comme une nécessité (*RG* 1873, p. 35) le transfert de la Bibliothèque se fait en décembre 1893 au rez-de-chaussée du corps central du nouveau bâtiment du Lycée-collège. Il est suivi de celui des Archives de l'Etat, installées au sous-sol du même édifice. Le rapport de gestion pour 1894 se réjouit de l'amélioration de la situation de la Bibliothèque «qui dispose de trois grandes salles, dont celle du milieu est uniquement utilisée comme bureau et comme salle de lecture pour le public. Les deux autres salles Nos I et II sont destinées à la bibliothèque proprement dite et elles peuvent contenir, d'après leur aménagement actuel, 5'000 volumes environ chacune.» Le rapport fait état d'un accroissement de 4'993 vol. pour la période de 1877 à 1893. Cet accroissement se répartit comme suit: généralités 613, littérature 1'560, théologie 1'375, sciences et arts 788, histoire 550, jurisprudence 107. En seize ans, le nombre de volumes a donc triplé.

1.7 La carrière de bibliothécaire d'Alphonse Walther s'achève le 31 décembre 1896. Le rapport de gestion pour 1896 rappelle son bref passage et l'arrivée de son successeur, le notaire Gustave Oggier (1866–1921), qui restera en fonction de janvier 1897 à août 1905. Chargé, comme son prédécesseur, des Archives et de la Bibliothèque, Gustave Oggier entame la rédaction d'un nouveau catalogue, qui sera achevé en 1905. La Bibliothèque achète en 1903 la bibliothèque du conseiller d'Etat Achille Chappaz (1856–1902) qui comprenait la bibliothèque de Jacques-Etienne d'Angreville (1803–1867): environ 600 titres pour 750 vol. «L'histoire», nous dit le *Rapport de gestion* pour 1903, «et principalement l'histoire de France, y occupe la principale place, puis viennent les traités des sciences (botanique, médecine, physique etc.) et ensuite la littérature. Plusieurs manuscrits s'y trouvent, dont quelques-uns assez intéressants.» Selon une autre source, elle renfermait «tous les livres et les brochures imprimés en Valais depuis l'introduction de la presse typographique» (Pellissier, p. 235).

Nouvel essor

1.8 En 1904, la Bibliothèque est dotée d'un statut (*Recueil des lois*, t. XX, p. 308–316, 356–363) qui définit la composition et les attributions d'une Commission pour la Bibliothèque, ainsi que celles du bibliothécaire. Aux termes de l'arrêté du 4 novembre 1904, c'est la Commission, composée de trois membres, qui joue un rôle de tout premier plan dans la direction de la Bibliothèque. Elle dispose des crédits et préavise sur le choix des acquisitions. Le bibliothécaire n'a qu'une voix consultative aux séances de la Commission, auxquelles il n'assiste que sur sa demande. On voit que le souhait exprimé en 1873 par Philippe Aebischer de voir «élever le poste de bibliothécaire à la hauteur d'une direction» n'est pas encore tout à fait exaucé. Composée de l'abbé Dionys Imesch, professeur, d'Isaac Marclay, juge-instructeur, et d'Oscar Perrollaz, télégraphiste, la Commission déploie, dès sa création, une intense activité. Peu de temps après, en août 1905, Gustave Oggier ayant été nommé secrétaire à la Chancellerie, le Conseil d'Etat désigne pour lui succéder l'abbé Léo Meyer (1870–1942), professeur. En étroite collaboration avec le nouveau bibliothécaire, chargé en même temps des Archives de l'Etat, la Commission commence ses travaux, qu'elle résume elle-même en six mots: économie, élimination, classification, reconstitution, augmentation, fréquentation (*RG* 1905, p. 36).

1.9 Une enquête auprès d'une dizaine de bibliothèques de Suisse permet au secrétaire Perrollaz de recueillir des renseignements et de faire, dans le rapport pour 1904, les propositions suivantes, qui touchent à la fois aux mesures d'économie et d'augmentation des fonds: «Pour augmenter le fond de livres de la bibliothèque, en diminuant les frais, je proposerais: 1. d'obtenir des imprimeries du Valais un exemplaire gratuit des ouvrages qu'elles publient, de même que de toutes les brochures, proclamations, etc.; 2. d'agir auprès des familles de personnes notables décédées, en vue de se faire délivrer, en don ou en dépôt, les imprimés du défunt (Frauenfeld); 3. d'acheter dorénavant en antiquariat, tout ce qui peut être acquis par cette voie. Il est en effet contraire au bon sens commercial, de payer fr. 3,50 un livre broché, neuf, quand on peut l'avoir à fr. 1,50, une année plus tard, en très bon état» (*RG* 1904, p. 53–58). La Commission obtient aussi un abonnement gratuit de tous les éditeurs de journaux valaisans.

1.10 Pour ce qui a trait à l'élimination d'ouvrages inappropriés, la Commission décide d'éliminer des revues illustrées telles que *Gartenlaube* ou *Das Buch für Alle, Lectures pour tous*. Quant à la classification, le nouveau catalogue est achevé par quatre fascicules publiés en 1905, et l'on prévoit un supplément à brève échéance. Le catalogue énumère 3'840 titres pour 6'457 vol. et brochures. Un tri est intervenu et une partie des volumes n'a pas été prise en compte dans le catalogue, puisqu'en 1894 déjà, la Bibliothèque possédait 7'393 vol. et brochures et s'était accrue chaque année depuis lors des dons ou des acquisitions nouvelles. En 1907 apparaît une innovation: un premier catalogue sur fiches «grâce auquel tout livre appartenant à la bibliothèque peut être trouvé aussitôt» (*RG* 1907, p. 19–21).

1.11 Pour la reconstitution des collections incomplètes (essentiellement les journaux), tout comme pour obtenir, de façon économique, un accroissement des collections, la Commission n'hésite pas, en septembre 1905, à recourir à la publicité et à lancer dans la presse un vibrant appel aux donateurs privés. L'appel sera entendu: l'année 1906 voit le don par Charles de Rivaz (1850–1915) des archives et de la bibliothèque de Rivaz. La même année, Adolphe Fama (1853–1939) fait don d'une collection de journaux valaisans.

De nombreux donateurs

1.12 Afin, sans doute, de susciter chez de possibles donateurs une certaine émulation, la Commission ne manque pas de relever publiquement le geste des donateurs. La *Gazette du Valais* consacre ainsi au don de Rivaz un entrefilet dans son numéro du 8 novembre 1906, sous le titre «Don à l'Etat»: «Nous apprenons avec plaisir que M. Charles de Rivaz, député de Sion et président du Grand-Conseil, vient de céder à l'Etat du Valais les documents et livres de sa belle bibliothèque. Le Conseil d'Etat a exprimé au généreux donateur ses vifs remerciements pour ce legs précieux tout en décidant de lui affecter un local spécial des Archives cantonales, sous le nom de *Salle de Rivaz, archives et bibliothèque*.» Ce fonds regroupe diverses bibliothèques d'au moins deux générations antérieures, rassemblées en collection à la fin du 18e s. et réunies à sa bibliothèque personnelle par l'homme d'Etat Charles-Emmanuel de Rivaz (1753–1830). Quelque peu augmenté par ses descendants, il compte, avec son supplément, 4'120 vol. du 15e au 19e s. (dont un peu plus de la moitié du 18e s.), en français (79 %), latin, allemand, anglais et italien. Tous les domaines du savoir sont couverts, avec un accent mis sur l'histoire, géographie (27 %) et les belles-lettres (18 %).

1.13 En 1910, deux autres gros dépôts viennent accroître considérablement le volume des collections: la Murithienne (Société valaisanne des sciences naturelles) qui, en 1884, se déclarait «disposée à céder la jouissance de sa belle bibliothèque à l'Etat lorsque celui-ci disposera d'un local plus convenable et plus spacieux», passa à l'acte, tout comme la section Monte-Rosa du Club Alpin Suisse. Le rapport pour cette année ajoute: «Les deux bibliothèques du Club alpin et de la Murithienne, logées dans une salle attenante aux Archives, forment une digne annexe de la Bibliothèque cantonale, spécialement en ce qui concerne les sciences naturelles.» Durant les sept années d'activité de la Commission, l'accroissement du volume des collections est particulièrement spectaculaire. De 1905 à 1912, il est d'environ 600 ouvrages par an, soit près de 4'000 unités bibliographiques qui se répartissent comme suit: sciences naturelles 600, théologie et philosophie 500, généralités 70, philologie 200, histoire suisse 700, *Vallesiana* 1'400, histoire générale 200, littérature française 200 (*RG 1912*, p. 17–19). Stimulées par l'exemple des de Rivaz, plusieurs familles patriciennes déposeront en mains de l'archiviste et bibliothécaire aussi bien leurs archives que leurs bibliothèques. En 1913, Mme Lucie de Courten-de Riedmatten, à Sion, fait don de 46 vol., parmi lesquels une Bible imprimée à Lyon en 1479. La même année, la Bibliothèque reçoit en dépôt les bibliothèques et les archives des familles Philippe de Torrenté et Philomin (père d'Augustin) de Riedmatten, à Sion. Le premier fonds contient 256 vol., du 15e au 19e s. (dont 100 vol. du 16e s.), près de la moitié en latin; on y trouve tous les domaines du savoir, avec un accent mis sur la religion et les belles-lettres. Le second, actuellement connu sous le nom de Fonds Augustin de Riedmatten, abrite 590 vol., surtout en latin (63 %) et en allemand (25 %); près de la moitié sont du 18e s.; 60 % concernent la religion; quelques-uns ont une belle reliure.

1.14 Pour la première fois, le rapport de gestion pour 1932 fait état d'un «Livre d'or» des généreux donateurs: «Tous les dons reçus ont été catalogués et mis à la disposition du public. C'est la meilleure manière de remercier les généreux donateurs et de leur gagner de nombreux imitateurs. Honneur au livre d'or». Avec l'appui de la Commission, puis seul dès 1913, l'abbé Meyer imprime aux acquisitions de la Bibliothèque une ligne de plus en plus cohérente. Avoir dès l'origine une politique définie était difficile, la Bibliothèque devant compter, pour son accroissement, sur la générosité des donateurs plus que sur les disponibilités du budget. De 1853 à 1940 néanmoins, se font progressivement jour les deux axes de la politique d'acquisition et de développement des collections: il s'agit en premier lieu d'éviter la littérature de divertissement (romans et autres frivolités) et d'acquérir des ouvrages de fond; en second lieu, on veut offrir un «centre de renseignements aux amis de l'histoire»; il faut pour cela acquérir aussi exhaustivement que possible tout ce qui a trait au Valais dans la production littéraire indigène et exogène. Ainsi la Bibliothèque cantonale est conçue à la fois comme une bibliothèque de formation et d'étude, et comme la seule bibliothèque visant à posséder tout (ou presque) sur le Valais. La mise en place d'un accord tacite et coutumier (une «*lex consuetudinaria*») avec les imprimeurs et éditeurs permet d'atteindre ce but, tout en évitant la lourdeur d'une législation sur le dépôt légal.

1.15 La mobilisation de 1914 n'empêche pas la Bibliothèque de poursuivre son accroissement. La collection des *Vallesiana*, enrichie de nombreux dons et acquisitions, est de plus en plus complète: «Notre Bibliothèque, affirme le rapport de gestion pour 1914, ne tardera pas à contenir tous les ouvrages ou travaux publiés sur le Valais au cours des siècles.» En 1920, plusieurs donateurs ajoutent leurs noms à la liste du «Livre d'or» de la Bibliothèque cantonale: Mlle F. de Sépibus, Dr O. Bayard à Zermatt, F. Rinccer à Langnau (Zurich), le député Jacques de Riedmatten, qui fait don d'environ 300 livres et brochures et de quelques manuscrits, Dr Ch. Bonvin, qui cède un grand nombre de livres et de manuscrits, dont un lot d'actes judiciaires des années 1793 à 1813. En 1923, la Bibliothèque enregistre le don du Dr Alfred Comtesse, à Monthey, qui envoie une partie de la bibliothèque de feu son père, le conseiller fédéral Robert Comtesse. Ce geste (145 vol. et brochures) enrichit la section des «sciences sociales».

Une prestigieuse acquisition

1.16 Mais l'acquisition la plus prestigieuse date de l'année 1930. Grâce aux bons offices du Dr Rudolf Riggenbach de Bâle, la bibliothèque Supersaxo est acquise par l'Etat du Valais et prend place aux Archives cantonales. Ce fonds devient, par achat à la famille de Lavallaz, propriété intégrale de l'Etat du Valais. A la demande de la Ville de Genève, le Département de l'Instruction Publique cède à celle-ci, pour le prix de 15'000 francs, les incunables N° 3 «Appolin de Tir», et N° 42 «Olivier de Castille et Artus d'Algarbe», tous deux imprimés à Genève. Plus qu'un geste d'amitié confédérale, ce fut, avec le subside fédéral de 10'000 francs, une manière pour l'Etat de financer l'achat de l'ensemble de la bibliothèque, dont le prix s'éleva à 32'000 francs. Le transfert de ce véritable trésor a lieu les 2 et 3 décembre 1930. Nettoyés, contrôlés, classés par formats et, si possible, par matières, les livres sont installés dans un buffet vitré, dans la salle dite de la Bourgeoisie de Sion. Commencée par Walter Supersaxo (évêque de Sion de 1457 à 1482) et augmentée par son fils Georges et par ses descendants, cette collection abrite 21 manuscrits, 72 incunables et 66 autres livres (dont 60 du 16e s.), plus de la moitié de droit et de belles-lettres, surtout en latin.

1.17 De 1905 à 1940, l'abbé Léo Meyer, archiviste et bibliothécaire, accomplit une tâche qui aujourd'hui encore nous laisse admiratifs. Avec des moyens financiers limités, il réussit à augmenter les collections de la Bibliothèque, de 9'000 à 40'000 vol. et brochures.

Recatalogage et création d'une «Réserve»

1.18 Son successeur, André Donnet, archiviste et bibliothécaire cantonal de 1941 à 1968, s'attache à donner à la Bibliothèque cantonale la place qui lui revient. André Donnet poursuit essentiellement deux objectifs: la Bibliothèque «doit contenir d'abord les *Vallesiana*, c'est-à-dire les publications qui concernent le Valais et celles qui ont pour auteur des Valaisans.» En second lieu, elle doit impérativement devenir une bibliothèque publique, un «instrument de travail à l'usage de n'importe quel lecteur» (Donnet 1943, p. 107). Sur le terrain des collections, le premier acte du nouveau bibliothécaire sera une révision sommaire, au cours de laquelle on choisit pour une salle de lecture les ouvrages consultatifs et on élimine «d'innombrables bouquins et brochures inutilisables ou insolites.» On crée ensuite cinq catégories: collections et périodiques, ouvrages consultatifs, réserve (incunables, ouvrages rares et précieux etc.), brochures (ouvrage isolé de moins de 100 p.), ouvrages isolés (qui n'entrent dans aucune des catégories précédentes).

1.19 La salle de lecture prévue, «dès que les circonstances le permettr[aie]nt», par l'arrêté du 4 novembre 1904, est créée et inaugurée le jeudi 3 décembre 1942. Les *Nouvelles* [de l'] *Association des Bibliothécaires suisses* du 25 janvier 1943 (p. 9–10) rendent compte en termes élogieux de l'événement, en mettant l'accent sur les nouveautés introduites dans la gestion de la Bibliothèque, rendue «plus accueillante, plus utile, plus vivante, [par] une sensible majoration des crédits officiels, l'installation d'une salle de lecture commode [... et par] l'augmentation du personnel et du nombre des heures d'ouverture.»

1.20 Suite à une vaste opération de triage, de reclassement et de recatalogage, est constituée, dès 1943, une Réserve où vont être réunis peu à peu tous les ouvrages de valeur, rares ou précieux (*Vallesia* 1946, p. 8). Ainsi en 1948, les ouvrages dispersés de la bibliothèque d'Angreville sont réunis et catalogués dans cette Réserve (*Vallesia* 1949, p. 5). Les fonds anciens de la Bibliothèque cantonale du Valais sont ainsi constitués de *membra disjecta* au fur et à mesure des dons ou des acquisitions dans le cadre des disponibilités du budget. Il suffit de parcourir les rapports annuels de gestion du Conseil d'Etat et ceux publiés depuis 1946 dans la revue *Vallesia*, pour constater à quel point l'accroissement des collections n'a cessé d'être tributaire de la générosité de nombreux donateurs.

1.21 Au cours de l'automne 1957, les collections et les bureaux de la Bibliothèque et des Archives s'installent dans les locaux aménagés à leur intention dans les anciens bâtiments de la Banque cantonale, à la rue des Vergers. Le service de la Bibliothèque et des Archives occupe le rez-de-chaussée et le sous-sol des deux bâtiments (la Bibliothèque à l'est et les Archives à l'ouest). La Réserve est installée dans l'ancienne chambre forte de la banque. Les étages supérieurs sont attribués à divers services du Département des Finances, dont celui des contributions. Cette cohabitation avec le Département des Finances durera jusqu'en juillet 1964, date à laquelle le service des contributions évacue les trois étages qu'il occupait dans les bâtiments. En 1968, André Donnet demande au Conseil d'Etat d'être libéré, à partir du 30 juin, de sa fonction de directeur de la Bibliothèque et des Archives, qu'il occupait depuis 1941. Le 4 juin, le Conseil d'Etat décide la séparation administrative provisoire des Archives et de la Bibliothèque et désigne comme archiviste cantonal M. Grégoire Ghika, et comme bibliothécaire cantonal, M. Anton Gattlen, tous deux adjoints depuis 1947. De 1968 à nos jours, les Archives et la Bibliothèque sont demeurées deux services administrativement distincts.

Documentation régionale et collections particulières

1.22 Sous l'impulsion d'Anton Gattlen, bibliothécaire cantonal de 1968 à 1987, la Bibliothèque cantonale décentralise ses services vers les régions périphériques du canton (Brigue, puis Saint-Maurice).

En vue de mieux répondre aux demandes de documentation spécifiquement valaisanne, elle entreprend le dépouillement rétrospectif systématique des revues et périodiques valaisans mais également, à partir de 1950, le dépouillement quotidien de la presse valaisanne et des périodiques auxquels elle était abonnée. Il s'agissait de repérer, de sélectionner et de signaler à travers quatre fichiers corrélés (lieux, matières, personnes et auteurs) tout ce qui, dans la presse valaisanne ou dans celle extérieure au Valais, avait quelque importance pour le canton. C'est ainsi qu'est née la *Bibliographie valaisanne*, vaste instrument de documentation et de recherche locale qui n'a guère d'équivalent en Suisse.

1.23 Pour résoudre le problème que posait, en raison du grand développement de l'imprimerie, l'acquisition des imprimés valaisans, plutôt que d'imposer une loi sur le dépôt légal, jugée trop coercitive, Anton Gattlen choisit de fixer par une convention écrite avec les imprimeurs: la «*lex consuetudinaria*», qui s'était progressivement mise en place du temps de l'abbé Léo Meyer. En 1969, les membres valaisans de la Société suisse des maîtres imprimeurs prennent l'engagement de confier à la Bibliothèque les imprimés sortant de leurs presses. La Bibliothèque, quant à elle, se charge de réunir, classer et conserver lesdits imprimés et de constituer une collection des productions de chaque entreprise. C'est ainsi que la Bibliothèque cantonale, menant une politique pionnière d'acquisition, a pu compléter les collections les plus diverses de règlements, statuts, rapports, livrets de fêtes, prospectus touristiques etc. et en constituer de nouvelles: affiches, cartes postales, menus, publicités, faire-part, images mortuaires.

L'entrée en réseau et l'intégration des nouveaux supports

1.24 Sous la direction de Jacques Cordonier (1988–2008), la Bibliothèque cantonale adhère en 1988 au RERO et procède, dans ce cadre, à l'informatisation de son catalogue (d'abord pour les nouvelles acquisitions – la rétroconversion du fichier auteurs et des ouvrages de la Réserve ne sera achevée qu'en 2009) et, dès 1993, de ses services de prêt. Le 1er janvier 1997, le Centre valaisan du film et de la photographie, créé en 1987, devient le Centre valaisan de l'image et du son (CEVIS) et il est rattaché à la Bibliothèque cantonale. Les collections de cartes postales de la Bibliothèque cantonale de Sion sont alors transférées au CEVIS à Martigny. Depuis novembre 2000, date d'inauguration du libre-accès de Pratifori, à Sion (dans les bâtiments des anciens arsenaux de la Confédération et du canton), la Bibliothèque cantonale du Valais est connue sous sa nouvelle dénomination de Médiathèque Valais, que portent également ses succursales de Brigue, de Saint-Maurice et celle, vouée tout spécialement à l'image et au son, de Martigny.

1.25 Sous la direction de Damian Elsig (en fonction depuis le 1er janvier 2009), de nouveaux magasins souterrains sur quatre niveaux sont construits à Pratifori. Ils sont destinés à recueillir toutes les collections dispersées et la nouvelle Réserve. Aussi, en été 2009, les locaux de la rue des Vergers sont abandonnés et toute la Médiathèque (fonds et personnel) est désormais réunie sur le seul site de Pratifori. Prochainement, les Archives de l'Etat du Valais feront de même. La création de la nouvelle Réserve, bien plus vaste, a fourni l'opportunité d'un reclassement: 5'045 vol. des magasins (2'673 titres), du 16e s. à nos jours, ont ainsi été sélectionnés pour être intégrés au fonds initial de l'ancienne Réserve. A cela s'ajoutent deux bibliothèques à caractère religieux (env. 6'000 vol.) en provenance du séminaire de la congrégation du Grand-Saint-Bernard et de l'ancien Grand séminaire diocésain, intégrée en 2009, après une sélection *in situ*, mettant l'accent sur les volumes antérieurs à 1830. Le fonds de la nouvelle Réserve a ainsi été multiplié par plus de deux (en terme de volumes), depuis la situation à la rue des Vergers (avant 2009). En 2011, la Médiathèque reçoit en dépôt le fonds de la Bibliothèque des capucins de Sion (voir cette notice).

2. DESCRIPTION DU FONDS

2.1 Si l'on excepte la bibliophilie contemporaine (20e s.) et les bibliothèques de particuliers (cote Ach, Bibliothèque Albert Chavaz; cote AR, Bibliothèque Jean-Claude Rouiller, etc.) ou d'institutions totalement ou partiellement intégrées à la Réserve et relevant pour l'essentiel également du 20e s., la Médiathèque Valais a réuni dans cet espace de nombreux fonds anciens constitués en collections; ils correspondent grosso modo aux principales acquisitions mentionnées dans notre historique. On y distingue deux catégories: d'une part, des fonds historiques constitués par une famille ou une institution et conservés tels que légués ou acquis: fonds Supersaxo (cote S, 110 vol.), fonds de Rivaz (cote Rz, 3'747 vol. et 372 vol. pour le supplément), fonds Augustin de Riedmatten (cote Ri, 591 vol.), fonds d'Angreville (cote Ra, 239 vol.), fonds Xavier de Riedmatten (cote Dg, 34 vol.), fonds Josef Imseng (cote CR, 177 vol.), bibliothèque du séminaire de la congrégation du Grand-Saint-Bernard (cote RGB, 965 vol.), bibliothèque de l'ancien Grand séminaire diocésain (cotes RSA, RSB, RSC, 5'116 vol.). D'autre part, la Réserve abrite des collections anciennes regroupées par siècles: fonds Re (incunables et 16e s., 254 vol.), fonds Rf (17e s., 573 vol.), fonds Rg (18e s., 2'663 vol.), fonds Rh (19e s., 2'744 vol.). L'ensemble de la Réserve de la MV-Sion compte ainsi, au début 2010, 19'606 vol. (12'128 titres). Abstraction faite des vol. non datés, 16'756 vol. ont été imprimés avant 1900 (10'343 titres).

2.2 Les Archives de l'Etat du Valais, institution sœur de la MV, possède également quelques bibliothèques associées à leurs fonds d'archives. Quatre d'entre elles méritent d'être signalées pour leurs livres anciens: la bibliothèque de la Bourgeoisie de Sion (cote Rd, 96 vol.), la bibliothèque militaire de Courten (cote Acn, 377 vol.), celles de Philippe de Torrenté (cote AT, 231 vol.) et d'Eugène de Courten (275 titres).

Survol chronologique et par langues

2.3 L'ensemble des collections de la MV-Sion représente environ 550'000 vol., à quoi s'ajoutent des collections spéciales de petits imprimés (environ 55'000), d'affiches (environ 10'000), de partitions musicales (environ 8'100), d'étiquettes de vins (environ 50'000), de cartes topographiques (environ 1'500) et de périodiques vivants (environ 1'800). Comme sa nouvelle dénomination l'indique, la MV-Sion possède aussi un fonds récent comprenant des phonogrammes (environ 10'000) et des films (4'410 supports DVD de fiction).

2.4 Le catalogue informatisé du Réseau valaisan (état janvier 2010) nous apprend que parmi les 16'756 vol. antérieurs à 1900 de la Réserve, la plus forte proportion (près de 50 %) a été éditée au 18e s. (8'006 vol.). Puis viennent les ouvrages du 19e s. avec 5'616 vol. (près de 34 %), ceux du 17e s. avec 2'162 vol. (13 %) et ceux du 16e s. avec 874 vol (5 %). Le fonds abrite aussi près de 100 incunables (98). Cette répartition par siècle ne se confirme pas parmi les ouvrages en latin (où les plus fortes proportions se retrouvent aux 17e s. et 18e s.), en allemand et en anglais (où la plus forte proportion se concentre au 19e s.).

2.5 Si l'on se base sur une analyse des 10'343 *titres* de la Réserve antérieurs à 1900, et en faisant abstraction des ouvrages comportant une deuxième langue autre que le français (grec, latin ou allemand), la langue dominante de l'ensemble est le français (près de 43 %), avec 4'406 titres: 7 du 15e s., 64 du 16e s., 511 du 17e s., 1'865 du 18e s. et 1'959 du 19e s. Le latin réunit 3'550 titres (34 %): 83 du 15e s., 615 du 16e s., 1'090 du 17e s., 1'459 du 18e s. et 303 du 19e s. Viennent ensuite l'allemand, avec 1'762 titres (17 %): 2 du 15e s., 51 du 16e s., 120 du 17e s., 891 du 18e s. et 698 du 19e s.; l'anglais avec 251 titres (2,4 %): 67 du 18e s. et 184 du 19e s., et l'italien avec 206 titres (2 %):1 du 15e s., 16 du 16e s., 40 du 17e s, 96 du 18e s. et 53 du 19e s.

Aperçu systématique

2.6 L'Aperçu systématique reflète l'état de la Réserve en 2001 (quand elle était encore à la rue des Vergers), à une époque où elle comptait deux fois moins de volumes qu'actuellement. Si la proportion des ouvrages par siècles n'a pas fondamentalement changée, celle par matières a évoluée vers une plus forte représentativité d'ouvrages de théologie, en raison de l'apport des bibliothèques du séminaire de la congrégation du Grand-Saint-Bernard et celle de l'ancien Grand séminaire diocésain. Les comptages ont été en grande partie réalisés à partir du Registre d'entrées; quelques vérifications ont été effectuées directement aux rayons. Les résultats sont exprimés en nombre de volumes, brochures comprises, le plus souvent arrondis à la dizaine. Comme les différents fonds anciens n'étaient pas classés par matières et comme aucun catalogue matières spécifique à ces ouvrages n'existait, il a fallu attribuer une matière à chaque livre et proposer une systématique qui évitait de se perdre dans les détails. Les fonds traités dans les Collections particulières ne sont pas comptabilisés ici, ce qui réduit à 7'110 le nombre de vol. pris en considération.

2.7 Le domaine le mieux représenté est celui des sciences historiques (géographie comprise) qui totalise un ensemble de quelque 1'970 vol. (28 %). Dans cet ensemble, 650 vol. concernent la géographie, dont la moitié date du 19e s. (24 du 16e s., dont trois éditions de la *Cosmographie universelle* de Sebastien Münster, 77 du 17e s. et 230 du 18e s.). C'est en géographie que l'on trouve la plus forte proportion d'ouvrages en anglais: 14 % (90 vol.), comme *Views to illustrate the route of the Simplon* (Londres 1822) de James Pattison Cockburn. 120 vol. sont en allemand. Seuls 14 vol. ont trait à la géographie du Valais. Parmi tous ces ouvrages, un certain nombre s'apparentent au thème du voyage (en Suisse), dont certains sont très richement illustrés, comme par exemple, pour le 18e s., *Ouresiphoites Helveticus, sive itinera per Helvetiae alpinas regiones* (Leyde 1723) de Johann Jacob Scheuchzer, ou les *Tableaux topographiques, pittoresques, physiques, historiques, moraux, politiques, littéraires de la Suisse* (Paris 1780–1788, 4 vol.) de Jean-Benjamin de La Borde et de Beat Fidel Zurlauben; pour le 19e s.: *Le Rhône: description historique et pittoresque de son cours depuis sa source jusqu'à la mer* (Paris 1829) de Jean-Baptiste-Balthazar Sauvan, ou *Voyage pittoresque de Genève à Milan par le Simplon* (Bâle 1819).

2.8 1'320 vol. concernent l'histoire à proprement parler, dont près de la moitié (640 vol.) est du 18e s.; 400 vol. sont du 19e s., 200 du 17e s. et 80 du 16e s. La proportion d'ouvrage en français (70 %) est supérieure à la moyenne: 930 vol. Seuls 230 vol. touchent à l'histoire suisse (surtout des 19e et 18e s., en français et dans une moindre mesure en allemand, comme par exemple la chronique de Johannes Stumpf, *Gemeiner loblicher Eydgnoschafft Stetten*, Zurich 1586) et 70 à l'histoire du Valais (surtout en français et du 19e s.). Parmi les 1'020 vol. qui n'ont pas de rapport avec l'histoire suisse, la plupart traitent de l'histoire de France.

2.9 Le deuxième point fort du fonds ancien concerne les belles-lettres: 1'420 vol., surtout en français (880 vol. ou 62 %) et en latin (300 vol. ou 30 %). C'est dans ce domaine que l'on trouve la plus forte concentration d'ouvrages en italien: une cinquantaine de vol., dont 38 du 18ᵉ s. Plus de la moitié de l'ensemble (730 vol.) est du 18ᵉ s. Les éditions du 16ᵉ s. sont, proportionnellement, nombreuses: 165 vol., comme les *Essais* de Montaigne (Paris 1595). 380 sont du 19ᵉ s. et 140 du 17ᵉ s. Sur l'ensemble, seule une petite partie concerne des grammaires et des dictionnaires, comme les *Grammaticae institutiones graecae d'Urbanus* (Bâle 1530). Pour l'essentiel, il s'agit de classiques latins et de romans français.

2.10 Le troisième point fort a trait à la religion et à la théologie: 1'050 vol., dont la moitié (520 vol.) est aussi du 18ᵉ s. La proportion d'ouvrage du 17ᵉ s. (29 % ou 300 vol.) et du 16ᵉ s. (13 % ou 140 vol.) est plus forte que dans les autres domaines, au détriment des éditions du 19ᵉ s. (seulement 90 vol.). Les ouvrages en latin (470 vol., 45 %) et en français (420 vol.) sont les plus nombreux. Les éditions des Ecritures saintes sont peu représentées; à noter toutefois une Bible imprimée à Zurich en 1536 par Christophe Froschouer, *Die gantze Bibel, das ist alle bücher allts unnd neüws Testaments*. On y trouve par contre quelques ouvrages de liturgie, comme ce *Missale ad usum romane ecclesie* (Lyon 1505), et passablement d'ouvrages de piété et de morale religieuse.

2.11 900 vol. concernent les sciences et arts, dont la plus grande partie est du 18ᵉ s. (500 vol. ou 55 %), comme *The complete dictionary of arts and sciences* (Londres 1768-1769, 3 vol.), et du 19ᵉ s. (260 vol. ou 29 %). Les éditions sont surtout en français (630 vol. ou 70 %) et en latin (150 vol. ou 16 %). Les ouvrages relatifs à l'art sont peu nombreux (53 vol.). Aucune science particulière n'est prépondérante.

2.12 Les 780 vol. de droit sont particulièrement anciens, puisqu'on en compte 240 du 17ᵉ s., un peu plus de 200 du 16ᵉ s. et autant du 18ᵉ s. et seulement 130 du 19ᵉ s. La plus grande partie des ouvrages est en latin (460 vol., soit près de 60 %) et en français (270 vol. ou 34 %).

2.13 Les ouvrages de philosophie ne sont pas très nombreux : 200 vol. (90 du 18ᵉ s., une cinquantaine du 16ᵉ s. et du 17ᵉ s., 8 du 19ᵉ s.), en latin (105 vol.) et en français (95 vol.), comme les *Epistolae* d'Erasme de Rotterdam (Bâle 1521).

2.14 Restent quelque 780 vol. de périodiques, essentiellement du 18ᵉ s. (400 vol.) et du 19ᵉ s. (370 vol.), en français (640 vol.), traitant essentiellement de politique, de littérature et de sciences humaines en général.

Collections particulières

Incunables

2.15 Les différents fonds de la Réserve renferment au total 98 vol. incunables (une centaine de titres), dont la moitié provient du fonds Supersaxo. La plupart des vol. sont en latin (84). Les principaux lieux d'édition sont Venise, Bâle, Strasbourg et Lyon. Le principal domaine couvert est le droit (romain et canon): une quarantaine de titres, comme par exemple la *Nova decretalium compilatio* de Grégoire IX (Venise 1486). Un autre ensemble important d'œuvres concerne la théologie, la morale et la philosophie: environ 25 titres, comme le *De civitate Dei* (Venise 1475) de saint Augustin. On note encore une quinzaine d'ouvrages de grammairiens, tels les *Rudimenta grammatices* (Venise 1475) de Nicolas Perottus et 7 œuvres d'auteurs classiques, comme le *De arte amandi* (Venise 1494) d'Ovide. A noter aussi trois superbes ouvrages richement illustrés de gravures: la *Cosmographia* (Ulm 1482) de Claude Ptolémée, le *Liber Chronicarum* (Nuremberg 1493) d'Hartmann Schedel et le *Liber de arte distillandi de simplicibus* (Strassbourg 1500) de Jérôme Brunschwig.

Fonds Imseng

2.16 Le fonds Josef Imseng a été acquis par la section Monte Rosa du Club Alpin Suisse, dont la bibliothèque est déposée à la Médiathèque Valais. Classé dans la Réserve, il compte 177 vol., dont 80 sont du 19ᵉ s. et une centaine du 20ᵉ s. Presque tous les ouvrages (155 vol.) sont en anglais: 68 du 19ᵉ s. et 87 du 20ᵉ s. Le reste est constitué de livres en allemand du 20ᵉ s. Le monde des Alpes est le thème central de cette remarquable collection. Le domaine prédominant du fonds est la géographie (alpine) qui totalise 80 vol.; les autres livres se répartissent à peu près équitablement entre les belles-lettres et l'histoire: une cinquantaine pour chacun des domaines.

Journaux valaisans

2.17 Cette collection, qui rassemble les titres de la presse valaisanne depuis ses origines, et qui se poursuit jusqu'à nos jours avec les principaux titres actuels, compte pour la période antérieure à 1900, 167 vol. pour une dizaine de titres. Y figurent des journaux encore vivants, comme le *Walliser Bote* (depuis 1840) et le *Confédéré* (depuis 1861).

Cartes topographiques

2.18 Le fonds des cartes topographiques, qui recense environ 1'500 unités, fait partie des *Collections spéciales* de la Médiathèque Valais. Il rassemble 207 cartes historiques antérieures à 1900, dont 112 concernent le Valais et les régions limitrophes et 95 différentes versions des cartes topographiques fédérales (Dufour, Siegried, Office topographique fédéral). On y trouve aussi les réalisations plus modestes produites par l'activité touristique.

Affiches

2.19 Le Valais a produit ou donné lieu à la production de nombreuses affiches intéressantes. La Médiathèque Valais en possède une collection d'environ 10'000 unités, dont 830 sont antérieures à 1970; une vingtaine remontent à la fin du 19ᵉ s. On peut les ranger sous quatre grandes catégories: touristique, commerciale, politique et culturelle. Les plus anciennes concernent avant tout le tourisme.

Partitions musicales

2.20 La collection des partitions musicales de la Médiathèque Valais compte plus de 8'000 titres. Elle concerne essentiellement la musique vocale de compositeurs d'origine valaisanne et suisse. La très grande majorité du fonds a été imprimée au 20ᵉ s.

3. CATALOGUES

Catalogues modernes généraux

Catalogue du Réseau valaisan [concerne les ouvrages modernes et anciens, les cartes topographiques, les partitions musicales, les documents audiovisuels]

Catalogues anciens généraux

Catalogue de la Bibliothèque cantonale du Valais. Sion 1877 [systématique, avec un règlement]

Catalogue de la Bibliothèque cantonale du Valais. Sion 1903–1905 [5 fascicules, systématique, avec un règlement]

Catalogue alphabétique auteurs, titres anonymes [sur fiches; n'est plus alimenté depuis 1988]

Catalogue alphabétique matières [sur fiches; n'est plus alimenté depuis 1988]

Registre d'entrées [ms, depuis 1941, les livres anciens ont été réinscrits dans ce registre, fonds par fonds, au fur et à mesure de leur recatalogage sur fiches]

Répertoires topographiques [ms., de 1941 à 1988]

Catalogues anciens spécialisés

Catalogue des affiches [sur fiches; n'est plus alimenté; classement par thèmes et par artistes; les affiches sont signalées et nurmérisées dans le catalogue de la Collection d'affiches suisses]

Catalogue audiovisuel [sur fiches; n'est plus alimenté depuis 1980; classement par matières, par interprètes et anonymes et par collections]

Catalogue des cartes topographiques [sur fiches; n'est plus alimenté depuis 1988; classement titres/auteurs et lieux]

Catalogue des partitions musicales [sur fiches; n'est plus alimenté depuis 1980; classement par genres puis par difficultés]

Catalogue matières des *Vallesiana* [sur fiches; n'est plus alimenté depuis 1988]

Catalogue de la bibliothèque à fin 1935 [du] Club Alpin Suisse, section Monte Rosa. Martigny 1935

4. SOURCES ET ÉTUDES SUR L'HISTOIRE DE LA BIBLIOTHÈQUE

Archives

Archives de l'Etat du Valais, Fonds anciens du DIP 2/53/–108; 54.1 (1867–1921); 54.2 (1931–1938); 55 (1919–1930); 56.1 (1920–1925); 56.2 (1919–1930); 61

Archives de l'Etat du Valais, Fonds du DIP 4330 1983/16, vol. 1 (1950–1971); 4330 1987/56 (1968–1985)

La Bibliothèque cantonale en... / Kantonsbibliothek im Jahre... In: Vallesia (1946–) [rapports annuels]

Rapport de gestion du Conseil d'Etat. Sion 1850–

Recueil des lois, décrets et arrêtés du canton du Valais. Sion 1802–

Registres de prêts [ms., non cotés, 1855–1862, 1865, 1894, 1904–1905, 1905–1923, 1923–1940, 1940–1943]

Stockalper von Thurn, Gaspard: Entwurf einer Kantonal-Bibliothek. Sion 1850

Études

Bruttin, Françoise; Cassina, Gaëtan: L'ancien collège de Sion 1892–1980. Genèse du bâtiment et chronique de la vie scolaire. Sion 1983 [sur la Bibliothèque, p. 46–47]

Cordonier, Alain: Hommage à Monsieur Anton Gattlen à l'occasion de sa retraite. In: Vallesia 43 (1988), p. V–VII

Cordonier, Jacques: La Bibliothèque cantonale du Valais. In: Annales valaisannes (1999), p. 17–30

De la Bibliothèque cantonale à la Médiathèque Valais (1853–2003). 150 ans au service du public. Sion 2003 (Cahiers de Vallesia 9)

Donnet, André: La Bibliothèque cantonale du Valais. In: Annales valaisannes (1943), p. 91–112

Donnet, André: Un curieux «projet de Bibliothèque cantonale» en 1850. In: Annales valaisannes (1952), p. 284–291

Donnet, André: Aperçu sur l'histoire et le développement de la Bibliothèque Cantonale du Valais (1853–1960). In: Nouvelles de l'Association des Bibliothécaires Suisses (1960), p. 161–170

Donnet, André: Quelques aspects de la recherche fondamentale dans un canton non universitaire (Valais). In: Etudes de lettres (1969), p. 38–60 [sur la Bibliothèque, p. 45–47]

Gattlen, Anton: La Bibliothèque cantonale du Valais. In: Librarium 29 (1986), p. 1–8

Gorin, Michel: Analyse et présentation de la Bibliothèque cantonale du Valais (Sion), en vue de son rattachement au Réseau romand des bibliothèques. Genève 1988

5. PUBLICATIONS SUR LES FONDS

Andenmatten, Paul-Alain: Classement et catalogage de la collection des cartes topographiques valaisannes de la Bibliothèque cantonale du Valais. Sion 1981 [travail de diplôme ABS, dactyl.]

Comtesse, Alfred: Les ex-libris valaisans antérieurs à 1900. In: Annales valaisannes (1927), p. 3–128

Comtesse, Alfred: Les ex-libris valaisans [suppléments]. In: Annales valaisannes (1929-1932) p. 1–36, p. 126–131; (1936), p. 89–95

Cordonier, Alain: Bibliographie des imprimés valaisans des origines jusqu'à la fin de l'Ancien Régime (1644–1798). Suivie de Notices biographiques des imprimeurs (1644–1798). In: Vallesia 39 (1984), p. 9–96

Della Santa, Manon: Contribution à la création d'un répertoire des éditeurs du Valais Romand de 1799 à 1950. Recherches effectuées à partir de l'ancien catalogue de la Bibliothèque cantonale du Valais. Genève 1998, 2 vol. [travail de diplôme ESID]

Donnet, André: La bibliothèque de la «Murithienne» déposée à la Bibliothèque cantonale à Sion. In: Bulletin de la Murithienne 65 (1947-1948), p. 117–127

Donnet, André: Inventaire de la Bibliothèque Supersaxo. Suivi de l'Inventaire des incunables conservés à la Bibliothèque cantonale et dans les autres fonds des Archives cantonales du Valais à Sion. In: Vallesia 29 (1974), p. 31–106

Donnet, André: Catalogue des papiers de Maurice Charvoz (1865–1954), Dr ès sciences à Bagnes, conservés aux Archives cantonales à Sion, précédé d'une introduction et d'une note sur sa bibliothèque. In: Annales valaisannes (1977), p. 161–192

Gattlen, Anton: Zur Geschichte der ältesten Walliserkarte. In: Vallesia 8 (1953), p. 101–120

Gattlen, Anton: Sammlung und Erschliessung der Vallesiana in der Kantonsbibliothek. In: Vallesia 33 (1978), p. 547–555

Gattlen, Anton: Die älteste Walliserkarte. In: Cartographica Helvetica 5 (1992), p. 31–40

Humair, Jacques-André; Fachard, Marc: L'affiche valaisanne. Classement et catalogage de la collection d'affiches de la Bibliothèque cantonale du Valais. Sion 1978 [travail de diplôme ABS, dactyl.]

Lugon, Antoine: La presse écrite en Valais. Origines, principaux courants, évolution. Sion 2008 (Cahiers de Vallesia 18)

Luyet, Jean-Jacques: Bibliographie des Codes valaisans (1794–1963). In: Vallesia 23 (1968), p. 205–239

Pellissier, Jacqueline: Jacques-Etienne d'Angreville et sa bibliothèque. In: Annales valaisannes (1950), p. 221–242

Quendoz, Dominique: Paysages valaisans pour affiches ferroviaires suisses (des origines à nos jours). In: Vallesia 46 (1991), p. 113–124

Rivaz, Marie-José de: Une bibliothèque valaisanne au XVIIIe siècle. In: Vallesia 2 (1947), p. 167–178 [sur la bibliothèque de Charles-Emmanuel de Rivaz]

Wyder, Bernard: Affiches valaisannes. Viège 2004

BIBLIOTHÈQUE DU COUVENT DES CAPUCINS, SION

Canton: Valais

Lieu: Sion

Auteur: Jean-Luc Rouiller, avec la collaboration de Norbert Sapin† OFMCap

Adresse etc.: Voir Médiathèque Valais

Rattachement administratif:
Province des capucins suisse

Fonctions:
Ancienne bibliothèque de couvent

Collections:
Surtout théologie (sermons, théologie ascétique, etc.) et histoire; dans une moindre mesure: belles-lettres, philosophie, droit et sciences.

1. HISTORIQUE DU FONDS

1.1 L'installation des capucins à Sion, au début du 17e s., ne se fit pas sans effort, car la capitale valaisanne était alors sous l'influence du parti protestant. A cela s'ajoutait un conflit d'intérêt entre les capucins de la Province suisse et ceux de la Savoie. Il se passa presque trente ans entre le moment où les autorités décidèrent la fondation d'un couvent (1602) et le moment où l'on commença la construction des bâtiments à son emplacement actuel (1631), au nord de la ville. La bibliothèque a été installée, depuis cette époque semble-t-il, dans une salle de l'aile ouest, probablement au premier étage. Les bâtiments seront rénovés en 1767, suite à l'incorporation du couvent à la Province suisse, sans que nous sachions si la bibliothèque bénéficia de ces rénovations. En fait, nous ne savons rien d'elle avant la fin du 18e s.

1.2 Lors des troubles révolutionnaires de 1798, le 17 mai, la ville de Sion fut soumise au pillage par les troupes de la République helvétique et «le couvent mis à sac» (Crettaz, p. 139). Nous pouvons toutefois nous demander si la bibliothèque le fut aussi. En effet, dans un inventaire dressé le lendemain, on note que «la bibliothèque est assez belle», et que, «beaucoup de livres appartenant au R.P. en particulier, on a mis le sceau sur la porte» (R 215/2/2, p. 216–218). Par décret impérial du 3 janvier 1812, Napoléon supprima les couvents valaisans (à l'exception de l'abbaye de Saint-Maurice et de l'hospice du Grand-Saint-Bernard). Les capucins quittèrent les lieux le 14 février 1812. Six jours après, les autorités civiles procédèrent à un inventaire des biens et de la bibliothèque, qui renfermait 1'936 vol. classés par matières. Cet inventaire nous apprend que les livres étaient munis d'une cote alphabétique, allant de A à Z et que les matières les mieux représentées étaient O (317 vol.), F (280 vol.) et Q (199 vol.), mais on ne donne pas le nom de ces matières (Rz 78/3/2). Lorsque les Pères retourneront au couvent, à partir d'octobre 1814, ils ne trouveront «que ruines et dévastation: portes arrachées, serrures brisées, cellules spoliées...» (Crettaz, p. 142–143), mais nous ne savons pas dans quelle mesure la bibliothèque a souffert de cet abandon. Le couvent ne semble par contre pas trop avoir pâti de la révolution de 1848: «Les capucins tombaient bien sous la loi qui réunissait au domaine de l'Etat les biens [...] des couvents [...], mais comme il n'y avait rien à prendre, on se contenta de les conserver sur le pied et mode actuels et l'Etat leur laissa la jouissance des avoirs dont ils avaient joui jusqu'à ce jour» (Crettaz, p. 144). En 1895, un vieux tilleul s'abattit sur la bibliothèque, ce qui entraîna sa reconstruction: «On profita pour élever la bibliothèque actuelle, construction très légère en plats de ciment» (*Chronica*, p. 63).

1.3 Au 19e s., les Pères provinciaux montrèrent une certaine préoccupation pour les bibliothèques de leur ordre, ce qui les amena à rédiger au moins trois directives, en 1817, 1837 et 1888, relatives au prêt des ouvrages, à l'accroissement des fonds et à leur conservation, sans exiger toutefois la rédaction de catalogues (IV, Provincialia, 8). En 1856, un frère rédigea tout de même un catalogue systématique dans un grand et lourd volume aux dimensions de livre de chœur (38 cm par 45 cm), portant comme étiquette: *Catalogus librorum bibliothecae PP. capucinorum Seduni*. Il sera mis à jour en 1880, peut-être suite à un inventaire de la bibliothèque. Les notices de ce catalogue furent regroupées par langue et en 21 domaines, chacun représenté par une lettre alphabétique (A *Biblia sacra*, B *Expositores*, C *Patres Ecclesiae*, D *Vitae sanctorum*, E *Theologia dogmatica et moralia, pastorales*, F et L *Concionatores, catechetici*, G *Concilia et juridici*, H *Regulares*, I *Philosophi*, J *Liturgici*, K *Scholares*, M et P *Ascetici*, N *Historia*, O *Apologetica*, Q *Italici*, R *Incunabula*, W *Historia naturalis*, X *Litteratura*, Y *Miscellanea*), plus la médecine (lettre Z) qui ne comporte pas de notices. La bibliothèque comptait à ce moment-là plus de 4'000 titres en près de 8'000 vol. (plus de 2'600 vol. en allemand, plus de 2'300 en français, plus de 1'000 en latin, plus de 1'700 en latin ou en français et plus de 100 en italien, regroupés sous la rubrique *Italici*), soit quatre fois plus qu'en 1812. La majeure partie des livres était des ouvrages de théologie, avec comme point fort les recueils de sermons (quelque 640 titres en 1'650 vol.), la théologie ascétique (quelque 680 titres en plus de 1'000 vol.) et la théologie dogmatique et morale (quelque 380 titres en 750 vol.). Les ouvrages profanes étaient avant tout des livres d'histoire (quelque 1'230 vol. d'histoire sacrée et profane), de philosophie (260 vol.), des manuels pour étudiants (230 vol. sous la rubrique *Scholares*), ainsi que 120 vol. d'histoire naturelle et autant de littérature. Ce catalogue indique que les 119 vol. inscrits sous la rubrique *Incunabula* (dont 90 du début du 16e s.) et les ouvrages de médecine étaient rangés dans la «cellule IV».

1.4 La bibliothèque crût par dons successifs des Pères décédés et suite à des legs de membres du clergé (local) ou de bienfaiteurs laïcs. Les ex-libris apposés dans les incunables et dans les ouvrages du 16e s. n'ont pas permis de mettre à jour de gros dons (voir Collections particulières). Une analyse systématique des ex-libris présents dans les autres livres permettrait peut-être de repérer d'importants donateurs. Les achats, minoritaires, dépendaient de l'initiative des supérieurs; nous en avons retrouvé des traces dans la comptabilité, conservée seulement depuis les années 1860, comme par exemple 262 francs dépensés pour la bibliothèque en 1871–1872, 51 francs en 1873–1874 (VII, Localia Temporalia, 1). En 1921–1922, le couvent procéda à «de grands achats de livres […] grâce à l'instigation du P. Cassian [Lauber], bibliothécaire» (*Chronica*, p. 75). En 1951–1952, la *Chronica* (p. 124) relève l'achat, pour 3'730 francs, de la patrologie latine de Migne.

1.5 Couvent d'études (noviciat depuis 1768), les bâtiments abritaient de nombreux étudiants (théologiens et candidats non-prêtres), ce qui nécessita au moins deux campagnes d'agrandissement dans la première moitié du 20e s. La deuxième, en 1930, vit le rallongement de l'aile sud (vers l'ouest), permettant l'agrandissement de la bibliothèque. En 1945–1946, «la pose de nouveaux rayons […] dédouble environ le contenu du local» (*Chronica*, p. 111). Lorsque les Pères de langue allemande s'installèrent, en 1948, dans leur nouveau couvent de Brigue, ils emportèrent avec eux les ouvrages de leur langue, qui étaient utiles à leur bibliothèque. C'est pourquoi, des 2'600 vol. en allemand catalogués en 1880, il n'en reste plus que 660 en l'an 2000. Durant les années 1960, l'architecte vénitien Mirco Ravanne (1928–1991) donna au couvent son aspect actuel, en transformant profondément l'ensemble des bâtiments, tout en conservant les structures de base et en agrandissant les surfaces habitables. La bibliothèque fut alors transférée à l'autre extrémité, constituant désormais le premier étage de l'aile est et l'extrémité est du corps principal. Ravanne dessina les bibliothèques coulissantes destinées à recevoir tant les périodiques et le fonds moderne qu'une partie des ouvrages anciens, mais son aménagement reste peu fonctionnel. Le déménagement des ouvrages a entraîné un recatalogage complet des fonds, composés, en plus du fonds ancien, des bibliothèques des étudiants, des professeurs et du noviciat des frères, devenues inutilisées suite au transfert de l'enseignement à Fribourg, à la fin des années 1960. Ce recatalogage sera entrepris par le P. Norbert Sapin de Fribourg, de septembre 1972 à janvier 1977; il réutilisera une partie des fiches de l'ancien catalogue et éliminera celles devenues obsolètes. Il créa ainsi deux (nouveaux) catalogues: auteurs et matières. Il élabora aussi de nouveaux registres topographiques dactylographiés.

1.6 Les ouvrages sont répartis en trois locaux: premièrement, la bibliothèque proprement dite, formée des fonds ancien et moderne et des périodiques; deuxièmement, le local des archives où sont rangés 26 incunables et 164 vol. du 16e s.; troisièmement, près du clocher, la bibliothèque des doublets, non cataloguée et non classée (quelques milliers d'ouvrages, du 20e s. surtout), qui abrite aussi un meuble vitré contenant 450 à 500 vol. des 17e, 18e et 19e s., découverts après coup. Les ouvrages du fonds ancien sont – à l'exception des incunables, des ouvrages du 16e s. et de ceux du local des doublets – classés par matière et munis d'une cote alphanumérique, allant de A à V, système adopté bien avant le changement de local et conforme au plan de classement des bibliothèques capucines. Les matières correspondent en grande partie à celles du catalogue de 1856, mais leur succession diffère. Depuis les années 1970, les ouvrages (modernes) ont continué à être classés par domaine, à la suite des anciens, mais munis d'une cote de classement purement numérique. En 2011, le couvent dépose sa bibliothèque à la Médiathèque Valais.

2. DESCRIPTION DU FONDS

2.1 Le comptage a été réalisé à partir du catalogue topographique (état 2005). Nous parlons en nombres de titres et de vol., le plus souvent arrondis. Les quelques doublets anciens n'ont pas été comptabilisés, ni les quelques revues de la fin du 19e s.

Survol chronologique et par langues

2.2 Le nombre total des vol. de la bibliothèque commune n'est pas connu; il doit se monter à plus de 25'000, à quoi s'ajoutent les ouvrages des bibliothèques privées de certains Pères. Le couvent reçoit encore quelque 130 périodiques. Le nombre d'ouvrages et de brochures antérieurs à 1900 se monte à quelque 2'700 titres pour environ 5'000 vol. Près de 60 % des titres sont du 19e s., soit quelque 1'550 titres en 2'760 vol. Les titres du 17e s. (470) sont un peu plus nombreux que ceux du 18e s. (environ 440), mais pas les vol.: respectivement 830 et 1'100 environ. Reste près de 200 titres en 164 vol. du 16e s. et 26 vol. d'incunables.

2.3 La majorité (environ 60 %) des ouvrages sont en français: 1'540 titres pour 3'080 vol. Près de 800 titres sont en latin (quelque 1'200 vol.). Il ne reste plus qu'environ 350 titres en allemand (660 vol.) et 24 dans d'autres langues, surtout en italien. Les ouvrages en français et en allemand sont surtout du 19e s., tandis que ceux en latin sont répartis plus ou moins équitablement entre les 17e, 18e et 19e s.

Aperçu systématique

2.4 La description ci-après se fonde sur le classement des ouvrages au rayon (même s'il est parfois discutable), sans en suivre l'ordre, qui est ici fonction de l'importance de chaque domaine. Nous ne tenons compte ni des incunables, ni des ouvrages du 16e s., ni des volumes des 17e–19e s. conservés dans les bibliothèques vitrées du local des doublets, près du clocher (voir Collections particulières).

2.5 La plus forte proportion d'ouvrages, un peu plus de la moitié, relève naturellement de la théologie, un peu plus du tiers des sciences historiques. Le reste se répartit entre les belles-lettres, la philosophie, le droit et les sciences.

2.6 Quelque 1'200 titres en plus de 2'400 vol. touchent à la théologie. La plus forte proportion de vol., plus du tiers de la théologie, concerne les recueils de sermons (cote Q), soit 890 vol., représentant près de 290 titres, pour l'essentiel en français; les vol. du 17e s. (245) et ceux du 18e s. (280) sont à eux deux plus nombreux que ceux du 19e s. (370). Certains forment de grandes collections (une douzaine en 10 vol. et plus), comme les 14 vol. de *Sermons* de Nicolas de Dijon (Lyon 1687–1694) ou les 17 vol. des œuvres oratoires d'Edme-Bernard Bourrée (Lyon 1702–1705).

2.7 Les ouvrages ascétiques (cote F) constituent le deuxième plus important groupe de livres de théologie, avec plus de 310 titres en 420 vol., dont près des deux tiers en français et du tiers en latin; ce sont avant tout des traités du 17e s. (plus de 130 titres en plus de 150 vol.) et du 19e s. (plus de 100/150), un peu moins du 18e s. (plus de 60/90).

2.8 Quelque 140 titres en un peu plus de 200 vol. concernent des ouvrages faisant l'apologie (cote I) du catholicisme ou du christianisme, parfois en recourant à la polémique, et ce principalement avec le protestantisme; ces ouvrages sont essentiellement en français (130/190) et du 19e s. (plus de 110/160).

2.9 Le domaine de l'Ecriture sainte est représenté par une centaine de titres en 270 vol. (cotes A et C), répartis essentiellement entre le français (40/134) et le latin (plus de 50/110). Ici aussi les éditions du 17e (30/80) et du 18e s. (27/80) réunies sont plus nombreuses que celles du 19e s. (45/110). Il s'agit avant tout de commentaires (une cinquantaine de titres, dont 7 vol. de Cornelius a Lapide dans des éditions du 17e s.), d'éditions de la Bible (une vingtaine, dont une *Biblia sacra*, Cologne 1609) et de quelques concordances, ouvrages d'histoire biblique, dictionnaires bibliques.

2.10 La pastorale (surtout liturgie, mais aussi sacrements, conduite des âmes) est aussi représentée par une centaine de titres, mais en seulement 140 vol. (cote G), répartis aussi essentiellement entre le français (50/84) et le latin (45/53). Un tiers des titres est du 17e s. (13/14) et du 18e s. (18/35), le reste est du 19e s. (65/88). On peut y ajouter les livres de catéchétique (cote R): une soixantaine de titres en quelque 110 vol., essentiellement en français (50/100) et du 19e s. (environ 40/90); il s'agit avant tout de différentes éditions de catéchismes, dont le plus ancien est *Dottrina christiana* de Robert Bellarmin (Pavie 1619).

2.11 Suivent deux domaines qui ont plus ou moins le même nombre de titres: la dogmatique (plus de 70 titres en plus de 160 vol., cote D) et la morale (près de 80/140, cote E). On y trouve surtout des ouvrages en latin (plus de 40/90 pour la dogmatique et 65/110 pour la morale). Si les traités de dogmatique sont majoritairement du 19e s. (plus de 40/90), ceux de morale sont surtout du 17e s. (24/30) et du 18e s. (20/46). C'est en dogmatique que l'on a conservé le plus d'ouvrages de théologie en allemand (20/53).

2.12 Reste une trentaine de titres de patristique, en plus de 70 vol., auxquels il faut ajouter les 221 vol. de la patrologie latine (*Patrologiae cursus completus... Series latina*) de Jacques-Paul Migne (Paris 1844–1891). Les éditions sont surtout en latin et en français, et équitablement réparties entre les 17e, 18e et 19e s. On y trouve des œuvres de Cyprien (Paris 1672), Jean Chrysostome (Lyon 1687, Bar-le-Duc 1863–1867), Bernard de Clairvaux (Lyon 1679), etc.

2.13 Quelque 800 titres en près de 1'340 vol., majoritairement en français et du 19e s., relèvent des sciences historiques, dont la moitié environ concerne l'histoire religieuse (environ 380 titres en 680 vol.). Ce dernier sous-ensemble comprend 265 titres (485 vol.) d'histoire de l'Eglise et de

Franciscana (cote K), dont seulement 27 titres (37 vol.) du 17e s. et 30 (60 vol.) du 18e s. (le reste étant du 19e s.), ainsi que 110 titres (190 vol.) d'hagiographies et de biographies religieuses (cote L), dont seulement 8 titres du 17e s. (François Bernard, *Le héros des Alpes ou la vie du grand S. Bernard de Menthon*, Aoste 1683) et 7 du 18e s. (le reste étant du 19e s.). L'autre moitié des ouvrages d'histoire est constituée d'*Helvetica* (cote M): 350 titres en 440 vol., dont seulement 5 titres du 17e s. et 18 titres (30 vol.) du 18e s. (le reste étant du 19e s.); la part des ouvrages en allemand est ici supérieure à la moyenne; on y trouve un nombre important de brochures, ainsi qu'environ un tiers de *Vallesiana* et aussi quelques ouvrages liés à l'histoire religieuse et au droit. Reste quelque 80 titres en 220 vol. d'histoire profane non suisse (cote N): 7 titres du 17e s., 23/76 du 18e s. (*Histoire universelle* de Jacques de Thou, La Haye 1740) et environ 50/140 du 19e s.

2.14 Parmi les ouvrages non théologiques, on notera encore quelque 140 titres (230 vol.) de langue et littérature. Plus de la moitié sont des œuvres littéraires (80 titres/155 vol., cote T), avant tout françaises (plus de 70 titres en plus de 140 vol.) et du 19e s. (70/140); la plus ancienne est *Le faut-mourir* de Jacques Jacques (Bordeaux 1669). Le reste se répartit entre les traités sur la langue et les classiques latins (63/76, cote S), surtout en latin (33/40, comme cette édition genevoise de 1636 des *Opera omnia* de Sénèque ou cette édition lyonnaise des *Bucolica, Georgica et Aeneis* de Virgile, commentées par Jean Louis de la Cerda, 1608–1617, 3 vol.) et en français (20/25), du 19e s. (36/40), mais aussi du 18e s. (16/20) et du 17e s. (10/15, comme par exemple une édition du *Dictionarium octolingue* d'Ambrosius Calpinus, Lyon 1663).

2.15 Reste trois domaines d'importance quasi égale: la philosophie (cote P), le droit (cote H) et les sciences (cote O): une septantaine de titres en une centaine de vol. chacun. Les ouvrages de philosophie (70/110) sont surtout en français (34/44) et en latin (23/53) et du 19e s. (46/60), accompagnés de quelques-uns des 18e (13/25) et 17e s. (9/27), comme le *Digestum sapientiae* d'Yves de Paris (Paris 1659–1672); on notera quelques ouvrages sur les questions sociales de la fin du 19e s. et d'autres sur les démons et la magie. Ceux de droit (70/116) relèvent avant tout du droit canon, surtout en latin (40/70) et en français (22/28); ils se répartissent entre les 17e (18/27), 18e (24/50, dont *Les ennemis déclarez de la constitution Unigenitus privez de toute juridiction spirituelle dans l'Église*, Nancy 1720) et 19e s. (26/37). Les livres de sciences (70/100) concernent plutôt la médecine et les sciences naturelles; ils sont avant tout en français (environ 50/60) et du 19e s. (près de 60/70), et, dans une moindre mesure, du 18e s. (10/30), comme le *Traité complet d'anatomie* de Raphaël Bienvenu Sabatier (Paris 1792).

Collections particulières

Incunables

2.16 Les capucins possèdent une collection de 26 vol. d'incunables, cotés de W 1 à W 28, contenant une quarantaine de titres, quasi tous en latin. Environ la moitié des vol. comporte un ou plusieurs ex-libris manuscrits, mais aucun nom ne paraît de façon récurrente. On rencontre onze noms d'ecclésiastiques, quelques noms de notaires et d'autres sans qualification, en général de Sion ou des environs. Un exemplaire du *Bréviaire de Sion* ([Chambéry] 1482) a été cédé par un boulanger de la ville en 1856, date à laquelle la plupart des vol. semble être déjà dans la bibliothèque, puisque le catalogue de 1856 en mentionne 24 (vol.). Certains portent la mention «*Ad usum FF. minorum capucinorum conventus sedunensis*». L'archiviste et bibliothécaire cantonal, André Donnet (1913–1989), en dressa le catalogue en 1962/63. On y trouve quelques Bibles, des œuvres des Pères de l'Eglise, des recueils de sermons, des traités sur la langue. Le plus ancien semble être une édition de 1473 du *Speculum vitae humanae* de Rodericus, éditée à Beromünster.

Fonds 16e siècle

2.17 Les 164 vol. du 16e s., représentant près de 200 œuvres, ont été regroupés (tardivement) dans le local des archives, peut-être suite aux transformations des années 1960, car ils n'apparaissent pas regroupés de la sorte dans le catalogue de 1856, ni dans le plan de classement (tableau) de la bibliothèque («*Ordo bibliothecae*»). Ils ne sont pas munis de cotes matières, mais d'un simple *numerus currens* (de 1 à 164). Environ la moitié des vol. comporte un ou plusieurs ex-libris manuscrits, représentant quelque 140 noms différents (dont plusieurs chanoines de Sion); ceux qui apparaissent le plus souvent (de 3 à 7 fois) sont ceux de Georges Supersaxo (mort en 1529), des évêques Hildebrand de Riedmatten (mort en 1604) et Adrien II de Riedmatten (mort en 1613), du chanoine Antoine Bourdin (17e s.), du prêtre Jacques Willermaula (17e s.), du capucin Joseph Alexis Eggo (1761–1840), comme cela transparaît du catalogue topographique de ces ouvrages. On ne distingue donc pas de gros dons. Les ouvrages sont pour la grande partie en latin, mis à part quelques-uns en allemand et en français (Jean Bodin, *De la démonomanie des sorciers*, Paris 1580). Il s'agit avant tout de livres de théologie (morale, ascétique, pastorale), avec une légère dominante dans les recueils de sermons (une trentaine, dont *Sermones* de Vincent Ferrier, Strasbourg 1503), les éditions de l'Ecriture sainte (une vingtaine, dont *Die gantze Bibel*, Zurich 1536) et les œuvres de Pères de l'Eglise. On signalera aussi une vingtaine d'ouvrages relatifs à l'histoire de l'Eglise (*Historia Martini Lutheri* de Johannes Cochlaeus, Ingolstadt 1582), et des éditions de classiques latins (aussi une vingtaine).

Fonds ancien du local des doublets (bibliothèques vitrées)

2.18 Le local des doublets, près du clocher, abrite cinq bibliothèques vitrées, garnies de quelque 160 titres en près de 500 vol. Il s'agit d'ouvrages des 17e (environ 60 titres), 18e (environ 60 titres) et 19e s. (environ 35 titres), non classés. La moitié en latin, la moitié en français, une dizaine en allemand. Ce petit fonds contient, proportionnellement, un peu moins d'ouvrages de théologie et de sciences historiques que le fonds principal, au profit de la philosophie, du droit, des sciences, de la langue et littérature. En chiffres absolus, cela donne: environ 75 titres de théologie, une trentaine d'histoire (religieuse et profane), une dizaine (chacun) de langue et littérature, de philosophie, de droit et de sciences.

3. CATALOGUES

Catalogues modernes généraux

Catalogue alphabétique auteurs, titres anonymes [sur fiches dactyl.]

Catalogue alphabétique matières [sur fiches dactyl.]

Catalogue topographique [7 classeurs dactyl., dont 2 pour les ouvrages anciens, y compris les ouvrages des 17e–19e s. rangés dans les bibliothèques vitrées du local des doublets, mais sans les incunables, ni les ouvrages du 16e s.]

Catalogues modernes spécialisés

Catalogue auteurs [sur fiches dactyl., uniquement les ouvrages du 16e s. et ceux des 17e–19e s. déposés dans le local des doublets]

Donnet, André: Bibliothèque du couvent des capucins Sion. Catalogue des incunables et des manuscrits. [Sion] 1962–1963 [dactyl.; topographique, description matérielle des vol.]

Catalogue des ouvrages du 16e s. conservés aux archives. [Sion, vers 1970] [dactyl., topographique, description matérielle des vol.]

Catalogues anciens

Catalogus librorum bibliothecae PP. capucinorum Seduni 1856 [ms., systématique, mis à jour en 1880]

4. SOURCES ET ÉTUDES SUR L'HISTOIRE DE LA BIBLIOTHÈQUE

Archives

Description sommaire des archives, dans Mayer, p. 609. Une partie des documents se trouve au couvent des capucins de Sion (en dépôt provisoire aux Provinzarchiv Schweizer Kapuziner Luzern pour inventaire); voici les pièces les plus intéressantes pour la bibliothèque:

Inventaire des meubles et immeubles du couvent des capucins de Sion, dressé le 18 mai 1798. In: Manuscrits historiques du Père Isidore Rudaz, p. 216–218 [ms.; R 215/2/2]

Chronica conventus Sedunensis [ms.; dès 1917, précédé d'un historique depuis les origines]

Praescripta pro bibliotheca [ms.; IV, Provincialia, 8; 3 documents de 1817, 1837 et 1888]

Status oeconomicus 1848–1928 [ms.; VII, Localia Temporalia, 1]

Inventaire du 20 janvier 1812 [ms.; Archives de l'Etat du Valais, Rz 78/3/2 et Rz 78/3/3]

Études

Bolli, Christophe: Le couvent des capucins de Sion. Sion 1998 (Sedunum nostrum 66) [mention de la bibliothèque aux p. 8, 10, 12, 18, 26]

Crettaz, Sulpice: Les capucins en Valais. Saint-Maurice 1939 [mention de la bibliothèque à la p. 150]

Mayer, Beda: Kloster Sitten. In: Die Kapuziner und Kapuzinerinnen in der Schweiz. Berne 1974, tome 1, p. 604–624 (Helvetia sacra 5, 2, 1)

5. PUBLICATIONS SUR LES FONDS

Besson, Marius: L'église et l'imprimerie dans les anciens diocèses de Lausanne et de Genève jusqu'en 1525. Genève 1937–1938 [le Bréviaire de Sion de 1482 est décrit dans le vol. 1, p. 168–173]

BIBLIOTHÈQUE DE L'ABBAYE DE SAINT-MAURICE

Canton: Valais

Lieu: Saint-Maurice

Auteurs: Chanoine Olivier Roduit, Jean-Luc Rouiller; avec la collaboration d'Yves Petignat pour l'inventaire.

Adresse: Avenue d'Agaune 15, Case postale 34, 1890 Saint-Maurice

Téléphone: +41 24 486 04 04

Fax: +41 24 486 04 05

Homepage: http://www.stmaurice.ch/

E-mail: biblio@stmaurice.ch

Rattachement administratif:
Abbaye de Saint-Maurice

Fonctions:
Bibliothèque de la communauté des chanoines de l'Abbaye

Collections:
Théologie catholique, histoire, littérature, et, dans une moindre mesure, droit, sciences, philosophie.

Conditions d'utilisation:
La bibliothèque se trouvant à l'intérieur de la clôture du monastère, elle n'est pas directement accessible. Il est donc nécessaire de prendre rendez-vous par téléphone ou par écrit. Une salle de lecture pour la consultation des documents offre 12 places de travail.

Equipement technique:
Photocopieuse, poste Internet.

Informations pour les utilisateurs de passage:
L'Abbaye se trouve dans la vieille ville, au pied de la falaise, à 5–10 minutes à pied de la gare CFF. Autoroute A9, sortie Saint-Maurice. Quelques places de parc.

1. HISTORIQUE DU FONDS

1.1 L'Abbaye de Saint-Maurice d'Agaune doit son origine au sanctuaire élevé vers 380, par saint Théodore, sur le tombeau de saint Maurice et de ses compagnons, martyrisés un siècle auparavant. Ce premier sanctuaire sera remplacé par une abbaye, fondée en 515 par le roi burgonde Sigismond. Au 9e s., les moines laissent la place à des chanoines, qui adoptent, en 1128, la règle de saint Augustin encore en vigueur de nos jours. Sur la route internationale du col du Grand-Saint-Bernard, l'Abbaye devient rapidement un lieu de passage pour les pèlerins et un centre spirituel et intellectuel important. Au fil des siècles, plusieurs catastrophes (pillages, incendies) ont mis à mal bâtiments et collections. Le dernier grand incendie en date, celui de 1693, a détruit une grande partie de l'Abbaye et de la ville.

La bibliothèque avant l'incendie de 1693

1.2 L'histoire de la bibliothèque avant l'incendie de 1693 est très mal connue, par manque de documents. L'Abbaye devait en posséder une dès le Moyen Age, époque à laquelle un *scriptorium* produisait des chartes et probablement aussi des *codices*. Seuls quelques fragments (10e s.) et quelques manuscrits (13e–15e s.) de cette époque nous sont parvenus.

1.3 A notre connaissance, la plus ancienne mention explicite de la bibliothèque date de février 1589, lorsque l'abbé Adrien II de Riedmatten fait l'inventaire des ornements liturgiques de l'Abbaye. On apprend que la plus belle chasuble est rangée «dans la sacristie située à côté du chœur peint, soit dans la bibliothèque du chapitre» (AEV, AV 106/10, fol. 150r), sans que l'on puisse en savoir plus, ni la localiser précisément. Un inventaire des biens de l'Abbaye du milieu du 17e s. (1645) confirme ces informations en donnant quelques précisions. Parmi les «meubles existans en l'une et l'autre sacristie», il mentionne quatre grands antiphonaires, «six speauthiers», deux bréviaires de chœur, deux graduels, trois rituels et «divers autres volumes manuscripts et nottez en parchemin comme l'on se servoit jadis à l'Eglise» (AASM, LIB 0/0/14, fol. 10r-v). Parmi ces ouvrages, devait se trouver un antiphonaire imprimé à Toul, acheté le 25 août 1627 pour la somme de 9 doubles d'or. Dans sa

Chronique (p. 93), le chanoine Gaspard Bérody précise que le chapitre «s'est acquitté de la moitié de cette somme en vendant certains vieux livres manuscrits en parchemin, qu'ils ont remis au même marchand au tarif de 3 batz la livre».

1.4 L'étude des ex-libris montre qu'aux 16e et 17e s. les abbés possédaient leur propre bibliothèque. En effet, sans avoir examiné de façon systématique tous les ouvrages, nous avons pu repérer quelques dizaines de livres ayant appartenu à ces abbés, de Jean Miles à Pierre-François Odet. A leur mort, on peut supposer que leurs livres devaient soit demeurer dans la maison abbatiale soit être déposés dans la bibliothèque de la communauté. D'autres volumes sont marqués aux noms de chanoines de la même période, voire de la sacristie ou de l'Abbaye. De plus, trois incunables imprimés par Jean Belot étaient aussi très certainement à l'Abbaye au 16e s. déjà, soit les deux missels de Lausanne de 1493, et celui de Genève de 1498 (Roduit, mars, p. 51). L'absence de catalogue de cette époque nous empêche d'avoir une idée plus précise de l'état du fonds.

18e siècle: nouvelle salle et reconstitution du fonds

1.5 La présence de ces ex-libris montre, contrairement à ce qui a souvent été écrit, que tous les ouvrages n'ont pas disparu dans l'incendie qui détruisit l'Abbaye et la ville de Saint-Maurice en 1693. C'est dans l'aile du bâtiment la moins endommagée par le sinistre, et qui abritait auparavant le réfectoire, que l'on aménagea la nouvelle bibliothèque. La reconstruction des bâtiments commença en 1706 sous l'abbatiat de Nicolas Camanis. Pour ce qui nous concerne, en août 1712, les documents parlent d'une «grande salle» (18 m. sur 7,50 m.) à la décoration baroque, éclairée par douze fenêtres et au plafond soutenu par deux colonnes de marbre. Un peu plus tard, l'inscription «Bibliotheca» sera gravée au-dessus de la porte de cette salle, qui subira différentes restaurations et améliorations aux 18e et 19e s. (Roduit, mars, p. 32–36).

1.6 A cette nouvelle bibliothèque semble correspondre une nouvelle gestion. C'est du moins depuis 1721 que l'on connaît le nom du chanoine bibliothécaire. Le premier sera Pierre Alexis Ribordy (1697–1750). Un autre, Jean-Pierre Corthey (1725–1778), sera bibliothécaire en 1751, date à laquelle il avait prévu de réaliser un nouveau catalogue, tâche qu'il ne mena apparemment pas à terme (AASM, CPT 400/0/15).

1.7 La reconstruction de la salle entraîne la reconstitution du fonds. Après l'incendie, l'Abbaye a probablement dû recevoir plusieurs dons de livres pour réparer les pertes subies. Elle a aussi acquis plusieurs ouvrages. On trouve la trace de ces acquisitions dans les archives, mais aussi dans les marques de propriété qui sont parfois datées. L'abbé Nicolas Camanis (1673–1715) a acheté plusieurs livres (au moins 46) qui portent l'inscription: «je suis acheté pour la bibliotheque de l'Abbaye de St Mauris...». Ses successeurs ont eux aussi laissé plusieurs volumes marqués de leur nom.

1.8 En outre, les archives conservent sept quittances de lots de livres achetés à Saint-Maurice, à Rome et à Paris, entre 1731 et 1745, soit environ 125 titres. Il se pourrait aussi que l'abbaye de Sainte-Geneviève à Paris ait payé en livres imprimés la redevance (ou rente) qu'elle devait en raison de la reprise par elle du prieuré de Semur-en-Auxois. Dans les années 1730, l'Abbaye de Saint-Maurice a engagé un intermédiaire à Paris, le libraire Jean Debure, qui a utilisé cette rente pour acheter des ouvrages et les envoyer en Valais. Dans son livre de caisse, l'abbé Jean-Joseph Claret note lui avoir payé, en 1740, 763 livres, argent de France. Parmi ces ouvrages, nous trouvons une majorité d'œuvres éditées par les Mauristes. Ce livre de caisse rapporte encore au moins neuf dépenses pour des livres entre 1741 et 1758 (AASM, CPT 400/0/9, fol. 21r). D'autres documents comptables des 18e et 19e s. mentionnent aussi plusieurs acquisitions (Roduit, mars, p. 52–53).

19e siècle: troubles révolutionnaires et catalogues

1.9 Durant les troubles révolutionnaires et les premières années du 19e s., l'Abbaye servit plusieurs fois de logement aux soldats et à leurs officiers; elle ne fut toutefois pas pillée. Par précaution, à la fin 1797 ou au début 1798, elle mit en lieu sûr ses biens les plus chers. Ainsi, des manuscrits précieux et nombre d'ouvrages importants furent envoyés dans un village des environs (Vionnaz) chez une Demoiselle Dufour; d'autres livres furent cachés avec des provisions dans les «catacombes». Au printemps 1798, en vue d'un inventaire, la Diète Helvétique mit les scellés sur la porte de la bibliothèque, ce qui semble l'avoir préservée d'un éventuel pillage, comme le raconte le chanoine Boccard (p. 159–160, 179).

1.10 Dans les années 1812–1814, la bibliothèque a intégré pendant quelques temps des livres du couvent des capucins de Saint-Maurice. Avant que la bibliothèque des capucins ne soit temporairement transportée à Sion, «Messieurs les chanoines de l'abbaye de Saint-Maurice (du consentement, sans doute, de nos pères) en prirent occasion de venir secrètement y prendre d'excellents livres, pour les échanger contre de vieux bouquins qu'ils y apportaient». Ces livres ont par la suite été rendus aux capucins; quelques-uns portent encore la mention «à l'usage des Rds chanoines réguliers de Saint-Maurice» à côté de l'ex-libris des capucins; sur certains, on a même découpé cette inscription (Roduit, mars, p. 54).

1.11 C'est aussi durant cette période de troubles, en 1807, que l'Etat du Valais reconnaît le Collège de l'Abbaye. En 1814, il octroie un subside annuel de 300 francs pour la bibliothèque du Collège (créée à cette occasion) et son cabinet de physique. Bien que l'Etat peinât à payer régulièrement ce subside, un fonds d'ouvrages utiles aux élèves se constitua petit à petit. D'après un catalogue établi en 1845, on peut estimer à 570 le nombre de titres. Il y aura 1'220 vol. en 1868. Une partie de ces livres sera par la suite déposée dans la bibliothèque de l'Abbaye. On les reconnaît à l'ex-libris ou au tampon humide qu'ils portent (Roduit, décembre, p. 50–52).

1.12 Il faut attendre la seconde moitié du 19e s. pour pouvoir se faire une idée un peu plus précise de la bibliothèque de l'Abbaye, car c'est de cette époque que datent les plus anciens catalogues qui nous soient parvenus. Un de ceux-ci (*Catalogus operum componentium Bibliothecam Abbatiae Sancti Mauritii Agaunensis*) contient une table qui signale le nombre de volumes pour chaque matière. On voit ainsi que dans les années 1860 la bibliothèque était constituée de quelque 6'400 vol., répartis comme suit: A *Scriptura Sacra* (180 vol.), B *Concilia* (95 vol.), C *Patres* (50 vol.), D *Interpretes* (108 vol.), E *Jus civile et canonicum* (268 vol.), F *Theologia scholastica* (86 vol.), G *Theologia moralis* (305 vol.), H *Theologia dogmatica* (413 vol.), I *Apologia religionis* (528 vol.), J *Philosophia* (277 vol.), K *Litteratura* (380 vol.), L *Scientiae naturalis, physica* (87 vol.), M *Chimia* (56 vol.), N *Medicina et chirurgia* (63 vol.), O *Historia naturalis* (140 vol.), P *Mathematica* (45 vol.), Q *Agricultura* (67 vol.), R *Historia profana* (570 vol.), S *Historia ecclesiastica* (340 vol.), T *Ascetici* (900 vol.), U *Praedicatores* (830 vol.), V *Geographica* (46 vol.), X *Liturgia* (60 vol.), Z *Miscellaneae* (503 vol.). Les deux tiers des vol. ont donc trait à la religion. La systématique devait probablement correspondre au classement des ouvrages au rayon.

1.13 C'est aussi de cette période que date le plus ancien plan de l'abbaye qui atteste de l'emplacement de la bibliothèque, dans le corps central du bâtiment: «la bibliothèque est une grande galerie, bien éclairée, dont les parois sont garnies de rayons; un corps de rayons à deux faces occupe le centre de la salle, et des pupitres à demeure sont disposés dans chaque embrasure de fenêtre. Les livres, nombreux, bien choisis et classés avec beaucoup d'ordre, suffisent largement aux besoins des travailleurs, soit qu'ils étudient la théologie, l'histoire, la géographie ou les sciences exactes» (Aubert, p. 195–196).

20e siècle: manque de place et nouvelle bibliothèque

1.14 Au cours du 20e s., le fonds ne cessera de croître. On parle de 10'000 vol. en 1911, de 15'000 à 20'000 vol. en 1933, nombre qui ira en grossissant pour être finalement estimé à 100'000 à la fin du 20e s. Cet accroissement va nécessiter l'aménagement régulier de nouvelles étagères. En 1952, la bibliothèque est divisée en deux parties, à l'aide d'une paroi-étagère: d'un côté une salle de lecture, de l'autre le magasin de livres. Un catalogue partiel sur fiches existe (Roduit, mars, p. 37, 54–55). Finalement, en 1987, une nouvelle bibliothèque est installée dans les combles réaménagées des ailes nord et ouest de l'Abbaye (aile du Martolet et aile Saint-Joseph). Elle abrite une salle de lecture et le fonds moderne (livres imprimés après 1850, ainsi que les dons provenant des bibliothèques des séminaires du Grand-Saint-Bernard et du diocèse de Sion, qui ont récemment cédé de belles collections du 19e et du début du 20e s.), classé selon la CDU. Quelques locaux annexes abritent les Agaunensiana, des Vallesiana, la bibliothèque musicale et d'anciens livres liturgiques (dont une douzaine anciens). Commence alors le catalogage des livres modernes sur ordinateur. Les nombreux doublets sont vendus. En 2002/2003, l'ancienne bibliothèque est totalement restaurée et transformée en salle capitulaire. Le premier chapitre y est tenu le 16 avril 2004. La salle abrite treize bibliothèques, sous forme d'armoires en partie fermées, en partie grillagées, placées contre les parois, offrant 177 mètres linéaires de rayonnages flambant neufs. Ceux-ci accueillent les ouvrages antérieurs à 1850, recotés et rangés selon l'ordre des anciennes cotes matières.

1.15 De part et d'autre de la porte, à l'extérieur, ont été dressées deux armoires vitrées, pour contenir les ouvrages légués par le diplomate et ami de l'Abbaye, Clément Albert Rezzonico (1897–1976). Il s'agit là de 53 ouvrages (196 vol.) antérieurs à 1850, essentiellement de la seconde moitié du 18e s. et de la première moitié du 19e s., auxquels s'ajoutent quelques imprimés de la seconde moitié du 19e s. et du 20e s. Ils sont tous très bien reliés et concernent surtout la littérature (avant tout latine et française, avec Ovide, Racine, Corneille...), mais aussi l'histoire, la philosophie et la théologie.

1.16 La salle des archives, rénovée en 2000, joue aussi le rôle de réserve précieuse de la bibliothèque. Cette réserve comprend à ce jour 157 titres anciens (167 vol.), dans tous les domaines, dont 23 incunables. On y a aussi déposé les livres du fonds Tonoli, qui se trouvaient depuis leur donation en 1946 dans des caisses en bois. A cette date, le chanoine François Tonoli (1875–1947) avait légué les collections de son défunt frère Albert (né en 1876), peintre et amateur d'art. A côté de gravures, de dessins et d'estampes, on note dans ce petit fonds la présence d'une soixantaine d'imprimés, dont 6 incunables et une cinquantaine d'impressions du 16e s., pour la plupart en latin. La grande partie des ouvrages ont trait à la religion (y compris quelques livres des réformateurs Martin Luther et Philippe Melanchton, certains publiés du vivant de leur auteur) et à la littérature (Roduit, décembre, p. 47–49).

1.17 Tous les ouvrages imprimés avant 1850 ont été sommairement catalogués sur *BiblioMaker* et leurs pages de titre numérisées. Ce catalogue, baptisé *Amatus*, est en ligne depuis 2006.

2. DESCRIPTION DU FONDS

2.1 Le nombre total des ouvrages de la bibliothèque de l'Abbaye n'est pas encore connu avec exactitude. Si l'on en croit certaines estimations, il se monterait à plus de 100'000 vol. De plus, elle conserve près de 550 titres de périodiques et de journaux «morts» (abonnements non renouvelés) et reçoit régulièrement une centaine d'autres périodiques. Comme la salle capitulaire renferme les ouvrages antérieurs à 1850, il a été décidé de retenir cette date comme limite. Les ouvrages de la seconde moitié du 19e s. sont en libre-accès et ne sont de loin pas tous catalogués. La description du fonds ancien porte donc sur les ouvrages antérieurs à 1851, catalogués à l'aide de *BiblioMaker* (état 2005), soit près de 3'700 titres pour près de 7'200 vol., périodiques compris. Ces chiffres sont susceptibles de croître en fonction de la découverte de vol. dispersés dans le libre-accès ou ailleurs dans l'Abbaye. La majeure partie de ces vol. (env. 6'200) est conservée dans la salle capitulaire; les autres se trouvent aux archives (incunables, fonds Tonoli et autres; cotes AR et TO; env. 230 vol.), dans les armoires devant la salle capitulaire (fonds Rezzonico et autres; cotes P et Q; env. 430 vol.), dans la salle de lecture de la nouvelle bibliothèque (37 vol.) et dans des locaux environnants (env. 240 vol.: quelques *Vallesiana*, *Agaunensiana* et ouvrages de liturgie). La description du fonds considère tous ces volumes comme un tout, à l'exception des incunables traités dans la rubrique Collection particulière. Nous parlons en nombre de titres et de vol., parfois arrondis à la dizaine.

Survol chronologique et par langues

2.2 En raison de la date limite fixée à 1850, le nombre de vol. du 18e s. (3'170, soit 45%) est supérieur à celui des vol. (de la première moitié) du 19e s. (2'570, soit 36%), ce qui n'est pas le cas pour le nombre de titres (1'240 ou 34% du 18e s. et 1'300 ou 35% du 19e s.). Le nombre de titres du 17e s. n'est de loin pas négligeable: près de 870 (24%), pour 1'140 vol. (16%). 236 titres (plus de 6%) pour 218 vol. (3%) sont du 16e s. et 26 des incunables (voir Collection particulière). L'essentiel du fonds ancien se répartit entre les ouvrages en français (environ les deux tiers, soit 2'150 titres en 4'820 vol.: 12 titres/12 vol. du 16e s., 372/510 du 17e s., 740/2'343 du 18e s., 1'020/1'950 du 19e s.) et les ouvrages en latin (environ un tiers, soit 1'220 titres en 1'780 vol.: 198/180 du 16e s., 450/566 du 17e s., 406/700 du 18e s., 164/340 du 19e s.). Le reste est constitué de livres en allemand (130 titres/170 vol.), en italien (80/190), en grec (38/74), en anglais (12/30) et dans d'autres langues (25/30: hébreu, hollandais, espagnol, etc.).

Aperçu systématique

2.3 La systématique s'inspire du classement des ouvrages à la fin du 19e s. L'ordre de présentation est fonction de l'importance de chaque matière. Les livres qui ont trait à la religion (y compris l'histoire religieuse, le droit canon et la scolastique) représentent un peu plus de la moitié du fonds ancien.

Théologie

2.4 L'homilétique (sermons) est la branche de la théologie la mieux représentée dans le fonds ancien, avec plus de 310 titres en près de 730 vol. La plupart (280 titres en 670 vol.) est en français. Les prédicateurs des 17e (110 titres en 164 vol.) et 18e s. (143 titres/367 vol.), comme Louis Bourdaloue, Jean-Baptiste Massillon ou Jacques-Bénigne Bossuet, sont bien représentés. Il y a aussi bon nombre d'éditions du 19e s. (52/186). Nettement moins nombreux sont les prédicateurs du 16e s. (10/10), comme Thomas Stapleton et son *Promptuarium morale super Evangelia dominicalia totius anni* (Anvers 1593).

2.5 L'Ecriture sainte et les commentaires forment un important ensemble de 250 titres en 450 vol., plus ou moins répartis équitablement entre les deux. On remarquera une très forte proportion d'ouvrages des 16e (33 titres/34 vol., dont une *Biblia* de Luther, Iéna 1594) et 17e s. (105/123), aux dépens des 18e (55/125) et 19e s. (57/170). Ici, plus de la moitié des imprimés est en latin (146/240), contre 70/160 en français. Parmi les commentateurs, on retrouve entre autres Denys le Chartreux, Cornelius a Lapide, Jean-Etienne Menochius, Augustin Calmet.

2.6 Plus de 220 titres en près de 310 vol. relèvent de la spiritualité: 1/1 du 16e s., 63/66 du 17e s., 77/120 du 18e s., 82/120 du 19e s.; la proportion des ouvrages en français est supérieure à la moyenne (163 titres/248 vol.). On y trouve entre autres des textes de saint François de Sales, de sainte Thérèse, de saint Bernard, des ouvrages de méditations, des exercices spirituels, etc.

2.7 La liturgie est représentée par un ensemble de près de 150 titres en 185 vol.: 12/11 du 16e s., 32/37 du 17e s., 52/71 du 18e s., 52/66 du 19e s., surtout en latin (105/120). Presque le même nombre d'ouvrages concerne la pastorale (catéchismes, instructions, manuels, etc.), soit 123 titres en 175 vol.: 3/2 du 16e s., 27/37 du 17e s., 48/87 du 18e s., 45/49 du 19e s., en français pour l'essentiel (100/140). Les ouvrages de théologie morale sont au nombre de 110 pour 215 vol.: 1/1 du 16e s., 32/38 du 17e s., 48/96 du 18e, 30/80 du 19e s., moitié en français, moitié en latin.

2.8 Les autres branches de la théologie sont représentées par moins de 100 titres. On relève une centaine d'ouvrages (153 vol.) de Pères de l'Eglise (25/30 du 16ᵉ s., 42/74 du 17ᵉ s., 17/26 du 18ᵉ s., 14/23 du 19ᵉ s.), plus de la moitié en latin, avec une forte présence des œuvres de saint Augustin (dont une édition parisienne de 1586 de ses *Opera*, en 10 tomes), mais aussi de saint Bernard de Clairvaux, de saint Jean Chrysostome, de saint Grégoire. Les œuvres des Pères de l'Eglise sont en fait plus nombreuses, car certaines ont été classées dans d'autres domaines de la théologie. Suivent près de 90 titres (150 vol.) de dogmatique (7/6 du 16ᵉ s., 35/57 du 17ᵉ s., 38/72 du 18ᵉ s., 10/16 du 19ᵉ s., les trois quarts en latin), 60 titres (83 vol.) d'apologétique (5/5 du 16ᵉ s., 5/6 du 17ᵉ s., 25/32 du 18ᵉ s., 26/40 du 19ᵉ s.; la grande majorité en français) et une cinquantaine (130 vol.) sur les conciles (13/4 du 16ᵉ s., 15/58 du 17ᵉ s., 15/42 du 18ᵉ s., 5/26 du 19ᵉ s.; quasi tous en latin).

2.9 Peu nombreux sont les ouvrages anciens de théologie qui n'ont pas (ou peu) de lien avec le catholicisme. Une petite centaine concerne le protestantisme (textes de réformateurs, polémiques, histoire): 11/11 du 16ᵉ s., 8/9 du 17ᵉ s., 14/24 du 18ᵉ s., 60/46 du 19ᵉ s., pour l'essentiel en français. 5 titres portent sur le judaïsme et 12 (18 vol.) sur d'autres religions ou sur la mythologie.

Ouvrages profanes

2.10 Le domaine profane le mieux représenté est l'histoire (18 % des titres et 21 % des vol. du fonds ancien), avec 670 titres en 1'510 vol. La proportion des éditions du 19ᵉ s. (360 titres pour près de 850 vol.) est plus importante qu'ailleurs, tout comme celle des ouvrages en français (près de 510 titres pour 1'210 vol.); 22 titres en 19 vol. sont du 16ᵉ s., 110/134 du 17ᵉ s. et 178/510 du 18ᵉ s. Parmi ces ouvrages, 243 titres (563 vol.) touchent à l'histoire religieuse; on y trouve les grandes entreprises des 17ᵉ–18ᵉ s., comme l'*Histoire ecclésiastique* de Claude Fleury ou l'*Histoire de l'Eglise* d'Antoine-Henri de Bérault-Bercastel (Paris 1778–1790, 24 vol.), mais aussi des ouvrages plus curieux comme les *Figures des différents habits des chanoines réguliers en ce siècle* (Paris 1666) de Claude du Molinet. Cent autres titres (220 vol.) sont des biographies, de saints ou d'ecclésiastiques pour la plupart. Près de 290 titres (près de 680 vol.) concernent l'histoire profane (comme le *Poliorceticon* de Juste Lipse, Anvers 1599, ou cette 5ᵉ éd. du *Dictionnaire historique et critique* de Pierre Bayle, Paris 1740, 4 vol.), dont au moins 40 (76 vol.) l'histoire suisse (le plus souvent des ouvrages généraux). Reste 40 titres (54 vol.) qui relèvent plus spécialement de la géographie (manuels, récits de voyage, dictionnaires, atlas), comme l'*Atlas novus* des frères Blaeu (Amsterdam 1644–1646, 4 vol.).

2.11 La littérature est le deuxième domaine profane le mieux représenté (15 % du fonds ancien): 540 titres en 1'060 vol. La répartition par siècles est assez conforme à celle de l'ensemble du fonds ancien: 48 titres/42 vol. du 16ᵉ s., 90/80 du 17ᵉ s., 206/540 du 18ᵉ s., 197/400 du 19ᵉ s. La répartition par langues est aussi standard: plus de 280 titres en près de 690 vol. sont en français, 185/250 en latin, 20/30 en allemand, 25/33 en italien (dont deux exemplaires magnifiquement illustrés de l'*Orlando furioso* de l'Arioste, Venise 1568 et 1584), 15/30 en grec, 7/25 en anglais et 6/7 dans d'autres langues. Parmi les imprimés en français, on trouve des ouvrages sur la langue (rhétorique, grammaires, dictionnaires, comme cette édition de 1740 du *Dictionnaire de l'Académie françoise*), quelques classiques latins traduits, du théâtre (Molière, Racine, etc.) et des écrivains comme Bossuet, Fénelon, Saint-Simon, Lesage, Voltaire (*Œuvres complètes*, 1791–1792, 100 vol.), Rousseau (*Emile*, Amsterdam 1762; *La nouvelle Héloïse*, Neuchâtel 1764), Chateaubriand, etc. Les imprimés en latin sont bien sûr surtout le fait d'auteurs de l'Antiquité romaine (Cicéron occupe une bonne place), mais on y trouve aussi quelques auteurs modernes, ainsi que des ouvrages sur la langue.

2.12 260 titres en près de 420 vol. relèvent du droit (y compris le droit canon), soit un peu plus de 7 % des titres et près de 6 % des vol. anciens. 23 titres/19 vol. sont du 16ᵉ s., 80/80 du 17ᵉ s., 120/260 du 18ᵉ s. et seulement 38/60 du 19ᵉ s. Ils sont quasi tous en latin (187/232) et en français (67/180). Ces proportions se retrouvent dans les 164 titres (267 vol.) de droit canon, où l'on rencontre, entre autres, plusieurs éditions de *Decretales* (Gratien, Paris 1542; Grégoire IX, Paris 1547; Boniface VIII, Lyon 1606, etc.).

2.13 Les sciences forment à peine le 5 % des ouvrages du fonds ancien, avec 175 titres en 350 vol. Les imprimés du 18ᵉ s. sont proportionnellement supérieurs à la moyenne (103 titres/226 vol.), aux dépens des ouvrages des 16ᵉ (3/3), 17ᵉ (16/15) et 19ᵉ s. (53/105). Le nombre d'ouvrages en français est nettement supérieur à la moyenne (144/320), au détriment du latin (17/17, surtout en médecine et en mathématiques); 14/11 sont dans d'autres langues. Par ordre décroissant, nous avons 50 titres en 147 vol. de sciences naturelles (dont quelques grandes entreprises du 18ᵉ s. en plusieurs vol.), 46 titres/55 vol. de médecine (dont une partie sur la chirurgie), 25/34 de mathématiques, 20/32 de physique, 13/23 de chimie, 11/40 d'agriculture, 7/16 de sciences diverses et 4/3 d'ésotérisme.

2.14 Les ouvrages de philosophie (antique, mais pas seulement) forment un ensemble quantitativement proche de celui des sciences: 172 titres en 243 vol. La part des imprimés du 17ᵉ s. est plus de deux fois plus importante que dans l'ensemble du fonds ancien (83/110), au détriment des imprimés des 18ᵉ (44/72) et 19ᵉ s. (30/44); 15 titres/16 vol. sont du 16ᵉ s. (comme deux éditions des *Libri quatuor sententiarum* de Pierre Lombard, Venise 1566, et 1593). Les ouvrages en latin sont ici plus nombreux (110/156) que ceux en français (54/80). Sont compris 57 titres (88 vol.) relatifs à la scholastique (saint Thomas d'Aquin), du 17ᵉ s. ou en latin pour l'essentiel.

2.15 Quelques ouvrages concernent les arts (27 titres en 40 vol., des 18ᵉ et 19ᵉ s.) et les sciences sociales et politiques (14 titres en 13 vol., essentiellement du 19ᵉ s. ou en français, comme *Du contrat social* de Jean-Jacques Rousseau, Amsterdam 1762). 50 titres en 570 vol. ont été regroupés sous «Références» (1/1 du 16ᵉ s., 3/30 du 17ᵉ s., 18/433 du 18ᵉ s., 27/110 du 19ᵉ s.; quasi tous en français). Ce sont surtout des périodiques, comme le *Journal des sçavans* (1679–1770), des encyclopédies ou dictionnaires, comme l'*Encyclopédie* de Diderot et d'Alembert (Genève 1777–1779, 39 vol.).

2.16 La bibliothèque abrite encore 120 *Vallesiana* (155 vol.), surtout du 19ᵉ s. (103/127), mais aussi du 18ᵉ s. (13/19) et du 17ᵉ s. (4/9), en français (91/105), en latin (16/39) et en allemand (13/11). On peut y ajouter une cinquantaine d'*Agaunensia* (1/1 du 16ᵉ s., 7/11 du 17ᵉ s., 13/25 du 18ᵉ s. et 26/14 du 19ᵉ s.).

Collection particulière

Incunables

2.17 Peut-être en raison des dégâts réitérés qu'elle eut à subir, la bibliothèque de l'Abbaye n'abrite que 23 vol. incunables (26 titres), conservés dans le local des archives. Six proviennent du legs Tonoli. La majorité des œuvres concerne la théologie (Bible, commentaires, dogmatique, etc.); le reste étant de la littérature antique (Térence, Esope, Virgile). Ils sont tous en latin (comme les deux exemplaires du *Missale ad usum Lausannensem*, Lausanne 1493), sauf 1 en allemand et 1 en italien. Ils sortent des presses françaises (au moins 8), suisses (au moins 7, dont une édition bâloise de 1490 de la *Legenda aurea sanctorum* de Jacques de Voragine), allemandes (au moins 4) ou italiennes (au moins 3).

3. CATALOGUES

Catalogues anciens

[Catalogue alphabétique auteurs] [registre ms., sans page de titre ni date, utilisé au moins jusqu'en 1872; AASM DIV 11/3/30]

Catalogus operum componentium Bibliothecam Abbatiae Sancti Mauritii Agaunensis 1859–60 [registre ms., systématique; AASM DIV 11/3/32]

Cotaloque [sic!] [registre ms., sans page de titre ni date; alphabétique auteurs et titres anonymes; utilisé au moins jusqu'en 1892; AASM DIV 11/3/31]

Bourban, Pierre: Catalogue des ouvrages mss. et imprimés contenus dans la grande armoire des archives de l'abbaye [ms.; avant 1920; en fin du 2ᵉ vol. de l'inventaire des archives d'Hilaire Charles; AASM DIV 11/1/5]

Catalogue matières [sur fiches; partiel; utilisé vers 1940–1950; 4 tiroirs intitulés «Fichier de la bibliothèque», 2 autres «Fichier des *Vallesiana*»]

[Registre de contrôle] [classeur ms., vers 1970–1976; ne concerne que la littérature]

Catalogue de la Bibliothèque du Collège de St-Maurice, 1845 [ms.; Archives de l'Etat du Valais, 1DIP 4.1/16]

Catalogues modernes

Catalogue en ligne du fonds ancien [sur *BiblioMaker*; tout le fonds ancien y est sommairement catalogué]

4. SOURCES ET ÉTUDES SUR L'HISTOIRE DE LA BIBLIOTHÈQUE

Sources

Les archives de la bibliothèque sont conservées à l'Abbaye sous différentes cotes (AASM). On signalera surtout les documents suivants:

Inventaire des biens de l'Abbaye de 1645 [ms.; AASM LIB 0/0/14, fol. 10r–v]

Ouvrages prêtés [1 registre ms.; vers 1880–1920; concerne surtout les documents des archives et moins les livres anciens et incunables; AASM COM 9/85/1]

Boccard, François: Histoire de la Légion thébéenne et Monumens historiques sur l'antique et royale Abbaye de S. Maurice d'Agaune, t. 2, 1832 [ms.; AASM DIV 1/2/20, p. 159–160, 179]

Bourban, Pierre (éd.): Chronique de Gaspard Bérody. Fribourg 1894 [p. 93; AASM DIV 13/0/1]

Inventaire des ornements liturgiques de l'Abbaye de 1589 [ms.; Archives de l'Etat du Valais, AV 106/10, fol. 150r]

Etudes

Aubert, Edouard: Trésor de l'Abbaye de Saint-Maurice. Paris 1872 [sur la bibliothèque, p. 102, 195–197]

Besse, Alain; Favre-Bulle, Eric-James: Bibliothèque baroque Abbaye Saint-Maurice. Rapport, investigations, sondages, examens. Martigny 2001 [dactyl.]

Besson, Marius: L'Eglise et l'imprimerie dans les anciens diocèses de Lausanne et de Genève jusqu'en 1525. Genève 1937–1938 [quelques imprimés y sont décrits]

Coram-Mekkey, Sandra: Trois siècles à l'abbaye de Saint-Maurice d'Agaune 1313–1618. Genève 2003 [thèse de doctorat à la Faculté des Lettres de l'Université de Genève, dactyl.; sur la bibliothèque, p. 80]

Coutaz, Gilbert (*et al.*): Saint-Maurice d'Agaune. In: Les chanoines réguliers de Saint-Augustin en Valais. Bâle, Francfort-sur-le-Main 1997, p. 281–494 (Helvetia sacra 4,1) [sur la bibliothèque, p. 371]

Dupont Lachenal, Léon: Stucs et inscriptions d'autrefois à la bibliothèque de l'Abbaye et à l'ancien théâtre du Collège. In: Les Echos de Saint-Maurice, 37 (1938), p. 265–279

Leisibach, Josef: Saint-Maurice. In: Schreibstätten der Diözese Sitten. Genève 1973, p. 121–134 (Scriptoria Medii Aevi Helvetica 13)

Roduit, Olivier: Histoire de la bibliothèque de l'Abbaye. In: Les Echos de Saint-Maurice, mars 2007, p. 30–64, décembre 2007, p. 40–64 [très complet, avec de nombreuses références]

BIBLIOTHÈQUE DU COUVENT DES CAPUCINS, SAINT-MAURICE

Canton: Valais

Lieu: Saint-Maurice

Auteur: Jean-Luc Rouiller

Adresse: Rue Saint-François 10, 1890 Saint-Maurice

Homepage: www.capucins.ch

E-mail: st-maurice@capucins.ch

Rattachement administratif:
Couvent des capucins de Saint-Maurice

Fonctions:
Bibliothèque de couvent

Collections:
Théologie catholique, spécialement recueils de sermons et ascétisme.

Conditions d'utilisation:
La bibliothèque est à l'usage des frères du couvent; accès réservé aux chercheurs, uniquement sur demande motivée, adressée au Père gardien.

Equipement technique:
Une photocopieuse.

Informations pour les utilisateurs de passages:
Le couvent se trouve dans la vieille ville, à 5–10 minutes à pied de la gare CFF. Autoroute A 9, sortie Saint-Maurice. Quelques places de parc.

1. HISTORIQUE DU FONDS

1.1 Arrivant de Thonon (Savoie), les premiers capucins commencèrent à prêcher en Valais dès 1602, dans l'intention de faire reculer le protestantisme, qui s'était fortement implanté dans la vallée du Rhône. En 1611, l'abbé de Saint-Maurice leur remit les bâtiments et la chapelle Saint-Laurent, situés hors des murs de la ville (ce sera le premier hospice du canton). Quelques ex-libris nous renseignent sur la bibliothèque des origines. Ils laissent supposer que les premiers pères durent rapidement posséder une collection d'ouvrages, même modeste, outil indispensable à leur mission. Un petit nombre de livres porte la mention «capucins de Thonon» (cotes 49/3-5, 81/5-6, 91/3) ou «capucins d'Annecy» (79/43), un autre celle du gardien de Thonon, le Père Chérubin Fournier de Maurienne, qui envoya les premiers pères en Valais (5/1).

1.2 Pour cause d'insalubrité, les capucins quittèrent leur premier couvent et, grâce à la générosité du capitaine Antoine de Quartéry (1576–1641), purent fonder, en 1639, un deuxième couvent, *intra muros*, à l'emplacement qu'il occupe encore aujourd'hui. Ce couvent brûla le 23 février 1693, avec l'ensemble de la ville. Avant l'incendie, la bibliothèque se trouvait au-dessus de la sacristie et du réfectoire, apparemment sous les toits. Elle «s'étendait jusqu'à l'escalier du dortoir» (Herménégilde, 6). Les documents manquent pour établir précisément la constitution du fonds. Toutefois, comme pour toutes les bibliothèques de couvents de capucins, ce fonds s'est accru par quelques achats et surtout par des dons, soit de pères décédés, soit d'ecclésiastiques de la région (comme Aegidus Jodocus, chanoine de Sion), soit de laïcs. Parmi ces laïcs, on mentionnera le châtelain de Monthey Jean Devantéry (1615–1678), le notaire Ganioz de Martigny et surtout Bernardine Ganioz et Nicolas Quartéry, vidomne de Massongex et châtelain de Saint-Maurice, mort vers 1665. La première ne donna pas moins d'une douzaine de vol.; le second en offrit au moins une quinzaine, en contrepartie de quoi les pères devaient dire des messes pour le salut de son âme (339/9). En même temps, les capucins de la Province de Savoie faisaient la chasse aux «livres hérétiques, censurés, défendus ou suspects à la foi», brûlant ceux qu'ils trouvaient (Charles de Genève, 211, 224).

1.3 La description de l'incendie, telle qu'elle est rapportée par le Père Herménégilde Deschenaux dans sa chronique de 1772, mentionne pour la première fois la bibliothèque: au cours du désastre, les pères ne purent apparemment sauver que «la moindre partie des livres de la bibliothèque» (p. 11), qui fut emmenée, avec le tabernacle, les vases sacrés, les chasubles, sur des chariots, à la ville voisine de Monthey, chez Antoine Devantéry, autre bienfaiteur du couvent. L'absence de catalogue antérieur à l'incendie et l'absence de livre de comptes ou de registre des dons ne permettent pas de se faire une idée exacte des ouvrages qui ont été perdus dans ce désastre. Il semblerait qu'une grande part des 740 vol. imprimés au 17e s. et des 25 vol. du 16e s., actuellement dans la bibliothèque, ait été acquise après l'incendie, car il y a très peu d'ex-libris antérieurs à 1693. Toutefois, quelques ex-libris montrent que certains livres ont bel et bien survécu au désastre (338/19, 521/9, etc.).

1.4 La reconstruction du couvent occasionna des modifications dans la disposition et l'affectation des locaux. L'ancienne chapelle de la Vierge fut murée. Le local ainsi transformé abrita «au palier supérieur» (Crettaz, 113–114) la bibliothèque, qui fut alors déplacée de l'autre côté du couvent. Le Père Herménégilde constate, en 1772, «par la façon des fenêtres de la bibliothèque, qu'elles sont un reste de celles de l'ancienne chapelle» (p. 6). L'ensemble des travaux fut achevé en 1696. L'incendie suscita des élans de générosité parmi la population locale. L'évêque de Sion, quant à lui, demanda à son clergé de tout faire pour aider les capucins à reconstruire leur couvent. Quelques livres portent des ex-libris de peu postérieurs à l'incendie (394/4), mais aucun ne mentionne explicitement l'événement. Au moins quatre ouvrages ont été donnés en 1694 par le Père Pierre-Angélique de Kalbermatten, de Sion (42/1-4, 50/1-2). Deux autres livres portent l'ex-libris du Père Angélique, de Bourg-Saint-Pierre, daté de 1696 (569/4, 569/8). Il semble bien que ce soit à Louis XIV que l'on doive la reconstitution de la bibliothèque (ou partie de celle-ci) après l'incendie, car ce dernier donna au couvent une pension annuelle de 100 francs, destinée à l'achat de livres (Rudaz, vol. 2, 213). D'après les ex-dono, on constate qu'au moins 46 vol. (une quinzaine de titres), essentiellement des in-folio, ont été acquis grâce à l'«aumône» du roi de France, entre 1696 et 1727 (31/1 à 31/12, etc.).

1.5 En 1767, le couvent fut rattaché à la Province suisse, ce qui entraîna une rénovation des bâtiments et peut-être aussi de la bibliothèque. Plusieurs ouvrages portent un ex-libris manuscrit du couvent, daté des années 1767–1768 (349/6). Onze ans plus tard (1779), une prescription édictée par le provincial suisse affirme que les bibliothèques des couvents doivent être considérées comme un «trésor»; un père bibliothécaire doit y maintenir l'ordre, dresser un catalogue, surveiller de près le prêt des livres. S'il est difficile de percevoir l'influence réelle de cette prescription sur la vie de la bibliothèque, on sait qu'elle eut une importance assez grande pour être recopiée, plus de cent ans après, dans le catalogue de 1887.

1.6 L'impact de la période révolutionnaire sur le couvent et la bibliothèque n'est guère documenté. Il semblerait qu'elle n'ait pas trop souffert, ce qui n'est pas le cas des archives. En revanche, grâce à un texte du Père Cyprien Riondet (1754–1830), nous sommes un peu mieux renseignés sur l'état du fonds en 1812–1814. Suite au décret impérial supprimant les couvents capucins dans le département du Simplon en 1812, celui de Saint-Maurice servit d'hôpital pour des soldats italiens, et ce jusqu'en 1814, date à laquelle les pères purent réintégrer les lieux. Les livres ne pâtirent pas trop de l'absence des religieux, car le ministre de l'intérieur de l'empire avait demandé qu'ils soient transportés à Sion, pour être répartis entre le séminaire épiscopal et la future bibliothèque publique. Le tri ne fut toutefois pas effectué et les livres restèrent quelque temps à l'évêché, avant de redescendre à Saint-Maurice, au frais du couvent, précise la chronique. Il est possible que ces transports aient entraîné des pertes d'ouvrages. Il est difficile d'être plus précis tant que n'aura pas été retrouvé l'inventaire dressé à cette période par le commissaire Joseph de Nucé. Il est par contre avéré que les chanoines de l'abbaye de Saint-Maurice profitèrent de ces périodes de troubles pour «venir secrètement y prendre d'excellents livres pour les échanger contre de vieux bouquins», sans qu'aucune liste n'ait été dressée (Biollaz, 110). Quelques ouvrages portent encore les traces des mouvements de livres entre l'abbaye et le couvent (8/5-13, 429/3-8).

1.7 Pour le 19e s., nous n'avons pas plus d'informations que pour les siècles antérieurs sur la politique et les modes d'acquisition. Plusieurs livres portent l'ex-libris manuscrit d'ecclésiastiques de la région (comme Jean-Maurice Clément, vicaire de Val d'Illiez) ou de capucins, comme Sébastien Briguet, Cyprien Dussex, Cyprien Riondet, frère Raymond de Delémont, etc.: apparemment pas plus d'une dizaine de titres par capucin. L'installation d'un scolasticat, en 1880, va générer la création d'une bibliothèque propre; quelques livres en portent encore le sceau. De plus, en 1883, le Père gardien Joseph-Alexis May «fait refaire la bibliothèque» (Crettaz 1925, 65): les travaux portent avant tout sur l'aménagement des lieux (porte, fenêtres, poutres, volets).

1.8 En 1887, un catalogue est dressé, probablement par le Père Cyprien Crettaz, bibliothécaire. Ce catalogue, le premier qui nous soit parvenu, doit correspondre à une volonté de mise en ordre. Quoi qu'il en soit, il s'ouvre par la prescription de 1779 et par une page d'«Observations» à suivre pour maintenir la bibliothèque en bon état: les ouvrages empruntés doivent être remis à leur place et les nouvelles acquisitions classées en fonction de la systématique du catalogue et inscrites dans ledit catalogue. Celui-ci est divisé en trois parties: matières, auteurs et titres. Les grandes matières ne sont pas explicitement mentionnées, mais simplement indiquées par une lettre alphabétique. On y reconnaît toutefois: Bibles et commentaires (90 titres en 234 vol.), droit canonique (90/256), morale (107/

313), apologétique (120/260), vies de saints (94/165), vie intérieure (méditation, dévotion, ascétisme, spiritualité: 287/520), liturgie, pastorale (66/98), sermons (258/970), histoire religieuse (100/267), histoire profane (70/320), langue et littérature, sciences, philosophie (123/278), *franciscalia* (84/150); une dernière rubrique rassemble les ouvrages acquis après coup (47 titres en 127 vol. édités entre 1850 et 1910). L'ensemble représente un fonds d'environ 1'330 titres anciens (28 titres du 16e s., 340 du 17e s., 410 du 18e s., 550 du 19e s.), plus quelques dizaines de titres postérieurs à 1900. Il semblerait que ce catalogue ait été tenu jusqu'au début du 20e s. (les ouvrages les plus récents datent de 1912); ensuite, on a dû commencer un catalogue sur fiches. Il doit refléter assez fidèlement l'état du fonds à la fin du 19e s., même si actuellement la bibliothèque renferme plus de 2'350 titres antérieurs à 1900. La différence provient surtout des éditions du 19e s., dont une grande partie a dû être acquise au 20e s. (ou après l'arrêt de la mise à jour du catalogue). La comptabilité de la fin du 19e s. (dès 1884) recèle quelques dépenses pour des achats de livres, pour des renouvellements d'abonnements à des revues et pour la reliure.

1.9 Au 20e s., la bibliothèque reçut des livres du couvent des capucins de Delémont, plutôt des éditions du début du 20e s. Un manque de place se fit sentir dans les années 1920. En 1935–1936, «pour décongestionner la bibliothèque, [on] plaça des rayons dans une des deux chambres construites sur l'emplacement des anciens cabinets au sud-ouest du couvent» (Crettaz 1925, 125). Il fallut attendre les lourdes transformations de 1938–1939 (surélévation d'un étage) pour résoudre le problème du manque de place. A ce moment-là, on ajouta une aile au bâtiment principal et au second étage de cette nouvelle aile, on installa la bibliothèque dans une grande salle. Un inventaire du 3 août 1939 parle d'environ 7'000 à 8'000 vol., rangés dans dix bibliothèques doubles et quatre simples, en sapin (Dos.3.2), comme c'est encore le cas aujourd'hui. Une salle au-dessus du «chœur intérieur» de l'église abritait les archives. L'utilisation de la CDU, dès 1942–1943, n'a pas perduré. Aucune trace ne se voit actuellement sur les livres ni dans la bibliothèque. La cotation des ouvrages semble par contre dater de cette période: elle est numérique et en fonction de la place des livres sur les étagères, eux-mêmes classés par matières.

2. DESCRIPTION DU FONDS

2.1 Le comptage des ouvrages anciens a été effectué directement au rayon. Nous parlons en nombres de titres et de vol., souvent arrondis à la dizaine. Nous ne tenons pas compte des quelque 700 vol. anciens entreposés dans l'ancien local des archives (voir Collection particulière).

Survol chronologique et par langues

2.2 Le nombre total des vol. de la bibliothèque commune n'est pas connu; nous l'estimons à environ 8'000. Le couvent reçoit encore une trentaine de périodiques. Le nombre d'ouvrages antérieurs à 1901 se monte à quelque 2'350 titres pour environ 4'480 vol. La majorité des titres (63 %) et des vol. (53 %) sont du 19e s., soit 1'500 titres en 2'370 vol. Le 18e s. est aussi bien représenté, puisqu'il concerne 20 % des titres (30 % des vol.), soit 460 titres en un peu plus de 1'310 vol. Environ 16 % des ouvrages sont du 17e s., soit 370 titres en 740 vol. Seuls 21 titres (25 vol.) sont du 16e s.

2.3 L'écrasante majorité (82 %) des ouvrages est en français: 1'940 titres pour 3'710 vol. (7/19 du 16e s., 234/490 du 17e s., 340/1'037 du 18e s., 1'358/2'174 du 19e s.). Presque tout le reste est en latin (15 %): 347 titres en 690 vol. (13/15 du 16e s., 128/242 du 17e s., 108/263 du 18e s., 98/170 du 19e s.). Il n'y a que 40 titres en allemand et 30 dans d'autres langues (surtout en italien).

Aperçu systématique

2.4 La description ci-après se fonde sur le classement des ouvrages au rayon (une trentaine de matières, en partie dérivée du catalogue manuscrit), mais n'en suit pas l'ordre, qui est ici fonction de l'importance de chaque domaine. Nous avons aussi effectué des regroupements, afin de mieux faire ressortir les points forts du fonds.

2.5 Un peu plus de 80 % des ouvrages du fonds ancien concerne la théologie au sens large (histoire ecclésiastique et droit canon compris), avant tout catholique. Parmi les ouvrages profanes, ceux d'histoire et ceux de langues et littératures dominent.

2.6 Parmi les ouvrages de théologie, on remarque comme point fort les recueils de sermons: 420 titres en 1'070 vol., dont seulement 23 titres (48 vol.) en latin. La proportion des titres du 19e s. (210/430) est moins importante qu'ailleurs, au profit des éditions du 18e s. (100/383), du 17e s. (105/247) et du 16e s. (7/10). On y trouve des sermons panégyriques ou dominicaux, des homélies sur le Christ, sur la Vierge ou sur l'Eucharistie. Les auteurs sont variés, capucins ou non; pour les 17e et 18e s., on peut mentionner Nicolas de Dijon, François de Toulouse, Antoine Caignet, Claude Lion, Joseph Lambert, Edme-Bernard Bourée, Jacques François René de Latourdupin, etc.

2.7 Un autre point fort de la théologie est l'ascétisme: 334 titres en 520 vol. Le nombre d'édition du 17e s. et du 18e s. est presque identique, respectivement 63 titres (94 vol.) et 65 titres (128 vol.); 203 titres (296 vol.) sont du 19e s.; reste 3 titres du 16e s., comme le *Livre de la vanité du monde* de Diego de Estella (Lyon 1591). La proportion des ouvrages en français est nettement supérieure à la moyenne: 316 titres (500 vol.), contre seulement

17 titres (20 vol.) en latin, comme les *Opera* de Thomas a Kempis (Dillingen 1576, 2 vol.). On y trouve des livres de méditation sur le Sacré-cœur, la Passion (comme *Gemmeum monile animae christianae*, Oliva 1683), l'Eucharistie.

2.8 On peut y ajouter les ouvrages de dévotion sur la vie de Marie et de Joseph et, dans une faible proportion (4/10), de Jésus: soit un petit ensemble de 70 titres en 100 vol., dont 2 seulement en latin. Ils sont quasi tous du 19e s. (63/89); parmi les rares du 17e s. (4/5), on signalera *La Mariade* de Felippe Diez (Paris 1609, 2 vol.) ou *Le Rosaire de la très sacrée Vierge Marie* (Lyon 1603).

2.9 La liturgie et la pastorale forment un ensemble de 242 titres en 282 vol. Parmi les 44 titres de liturgie (52 vol.), on trouve une proportion d'ouvrages en latin (16 titres) supérieure à la moyenne, aux dépens du français (28/35). La proportion d'ouvrages du 19e s. est aussi supérieure à la moyenne: 34 titres en 40 vol.; reste 8 titres du 18e s. et 2 du 17e s. Près de 200 titres (230 vol.) concernent la pastorale, dont 25 en latin (le reste, 173/205, étant en français). Les ouvrages du 17e s. sont ici plus nombreux (30/40) que ceux du 18e s. (24/33); la part des éditions du 19e s. est moins importante que dans l'ensemble du fonds ancien: 143/156. Le plus ancien est un *Enchiridion theologiae pastoralis* de Peter Binsfeld (Trier 1599). La plus grande partie des titres concerne les prêtres (direction des âmes, confession,...) et l'état religieux, comme *La grande guide des curez, vicaires et confesseurs* de Pierre Milhard (Lyon 1610). Quelques titres portent plus spécialement sur la famille, les jeunes filles ou les jeunes hommes.

2.10 Les ouvrages d'apologétique et ceux de controverses forment aussi un ensemble relativement important: 152 titres en 241 vol., tous en français (à 3 exceptions près), comme *L'hérésie des protestans* de Claude Andry (Lyon 1714). Le nombre de titres du 18e s. est proportionnellement supérieur à la moyenne (38/82, dont le *Témoignage de l'Eglise universelle en faveur de la bulle Unigenitus*, Bruxelles 1718), tout comme celui des titres du 19e s. (106/149), aux dépens des éditions du 17e s. (7/9). Le plus ancien, et unique du 16e s., est *Défense de la foy* de Christophe de Cheffontaines (Paris 1586).

2.11 73 titres, pour un ensemble de 250 vol., relèvent des Ecritures saintes, de leurs commentaires et, dans une moindre mesure, de l'histoire de la Bible. Les titres se répartissent de façon équitable entre le français et le latin; en revanche, on a deux fois plus de vol. en français. Les ouvrages se répartissent aussi presque équitablement entre les 17e (26/99), 18e (23/73) et 19e s. (23/75). On peut signaler une *Biblia maxima* en 19 vol. (Paris 1660). La plus ancienne Bible est une édition lyonnaise de 1479. Parmi les commentateurs, relevons Hugues de Saint-Cher, Cornelius a Lapide, Joannes da Sylveira, Augustin Calmet.

2.12 La théologie morale (78 titres en 172 vol.), la catéchétique (67/150) et la dogmatique (55/135) forment trois ensembles plus ou moins de la même taille. La part des ouvrages en latin domine en morale (50/95, comme *Locupletissima bibliotheca moralis praedicabilis* de Joseph Mansi, Anvers 1701, 4 vol.), elle est quasi inexistante en catéchétique (6/14) et égale à celle du français en dogmatique (28/70). Quant aux siècles, on note spécialement une prépondérance des ouvrages des 17e (32/69) et 18e s. (26/62) en morale, aux dépens de ceux du 19e s. (20/40). En cathéchétique, la répartition est standard (7/9 du 17e s., 16/40 du 18e s., 44/100 du 19e s.), tout comme en dogmatique (2 du 16e s., 10/27 du 17e s., 11/25 du 18e s., 32/81 du 19e s.). On signalera le *Catéchisme par demandes et réponses à l'usage du diocèse de Bâle* (Colmar 1786).

2.13 Parmi les Pères ou docteurs de l'Eglise (36 titres en 183 vol.), on signalera surtout les éditions du 17e s. in-folio (15 titres en 40 vol., comme les œuvres de saint Bonaventure, Lyon 1668; de saint Grégoire, Paris 1675; de saint Augustin, Lyon 1664) et celles du 18e s. (10/60, dont les œuvres d'Origène, Paris 1733–1740); les impressions du 19e s. sont proportionnellement moins représentées (12/84, dont les œuvres d'Alphonse-Marie de Liguori, Paris 1876–1879). Les éditions en latin (20 titres en 100 vol.) sont plus nombreuses que celles en français (14/80).

2.14 Quelque 140 titres en 150 vol. concernent plus spécialement le monde des franciscains. 45 titres en 53 vol. ont été classés sous «bibliographie franciscaine» (4 du 17e s., 9/10 du 18e s., 32/40 du 19e s., quasi tous en français); on y trouve surtout des biographies de saints ou de bienheureux franciscains écrites par des auteurs franciscains, comme la *Vita et admiranda historia S.P. Francisci* (Augsburg 1694). D'autres (43 titres en 47 vol.) ont trait à la spiritualité franciscaine (10/11 du 17e s., 8/12 du 18e s., 25/24 du 19e s.), autant en latin (18/24) qu'en français (22/20). Un petit nombre touche au Tiers ordre (40/34, surtout en français et du 19e s.) et à l'histoire franciscaine (15/17), comme *Annalium seu sacrarum historiarum ordinis minorum* de Zaccaria Boverio (Lyon 1632-1639, 2 vol.).

2.15 Près de 330 titres en plus de 590 vol. relèvent de l'histoire. Près du tiers des titres (100 en 170 vol.) sont des vies de saints, accompagnées de rares biographies; ces titres sont tous en français (sauf un en allemand) et du 19e s., sauf 7 du 17e s. et 8 (en 29 vol.) du 18e s., comme *Vies des pères, des martyrs et des autres principaux saints* d'Alban Butler (Paris 1783-1788, 12 vol.). 72 autres titres (212 vol.) portent sur l'histoire de l'Eglise, dont près de la moitié sont du 18e s. (30/120); le reste étant du 17e (6/11, comme l'*Histoire du fanatisme de nostre temps* de David Augustin de Brueys, Paris

1692) et du 19ᵉ s. (35/82), essentiellement en français (65/180), comme l'*Histoire ecclésiastique* de Claude Fleury (Paris 1722–1738, 36 vol.). Nous ne dirons rien sur les 12 titres du 19ᵉ s. relatifs aux missions ou à la géographie. Le solde des ouvrages d'histoire (144 titres en 193 vol.) concerne l'histoire profane, pour leur grande majorité du 19ᵉ s. en français (120/150): histoire du Valais (70 titres), histoire suisse (45 titres), le reste portant surtout sur l'histoire de France et l'histoire universelle (*Histoire universelle* de Jacques-Auguste de Thou, Bâle 1742, 11 vol.).

2.16 Un peu plus de 80 titres en 180 vol. concernent le droit, essentiellement canonique. Les éditions du 19ᵉ s. sont nettement minoritaires (30 titres en 33 vol.), au profit des ouvrages antérieurs à 1800: 30 titres (114 vol.) du 18ᵉ s., 21 titres (31 vol.) du 17ᵉ s. et 3 titres du 16ᵉ s.; ils sont majoritairement en latin (50/94). Une partie des ouvrages portent sur les conciles, comme les *Canones et decreta* du concile de Trente, relié avec l'*Index librorum prohibitorum* (Milan 1564), ou comme l'*Universum sacrosanctum concilium tridentinum* (Turin 1564) ou encore l'*Analyse des conciles généraux et particuliers* de Charles-Louis Richard (Paris 1772–1777, 5 vol.).

2.17 Les autres domaines purement profanes sont nettement moins bien représentés. 76 titres (136 vol.) de langues et littérature (y compris quelques-uns sur la musique et l'art), 42 titres (60 vol.) de philosophie, 33 titres (34 vol.) sur des questions sociales, 30 titres (39 vol.) de sciences (surtout naturelles) et de médecine, 36 ouvrages (40 vol.) de théologie et de littérature en allemand et en italien, et 55 dictionnaires (145 vol.) de langues, de théologie ou autre (*Dictionnaire de la conversation et de la lecture*, Paris 1873-1878, 20 vol.). Dans tous ces domaines, la proportion des ouvrages en français est nettement supérieure à la moyenne, sauf en philosophie et parmi les dictionnaires. La part des ouvrages du 19ᵉ s. est supérieure à la moyenne en littérature, en philosophie, en sciences et parmi les ouvrages sur les questions sociales; elle est standard pour les livres en allemand et en italien, ainsi que pour les dictionnaires. A signaler *Les six premiers livres des éléments d'Euclide* (Paris 1564), *Voltaire: recueil des particularités curieuses de sa vie & de sa mort* (Porrentruy 1781), *Delle lima universale de vitii* de Vincenzo Ferrini (Venise 1599).

Collection particulière

2.18 L'ancien local des archives, aménagé au-dessus du chœur de l'église en 1939, renferme quelque 700 vol. anciens, non classés, surtout des éditions des 18ᵉ-19ᵉ s. Ces volumes ont dû faire partie de la bibliothèque, puis, suite à un tri, être mis à part dans ce local. Les ouvrages portent différents systèmes de cotation (y compris les cotes matières alphanumériques du 19ᵉ s.). On y trouve quelques périodiques modernes, mais surtout des ouvrages anciens concernant tous les domaines de la théologie, dont trois Bibles du 16ᵉ s. (Lyon: Luxembourg de Gabiano 1546; Anvers: Arnold Birckmann 1570; Venise 1538), la deuxième partie de la *Somme théologique* de saint Thomas (Venise 1500) et la *Legenda sanctorum* de Jacques de Voragine (Lyon 1516). S'y cache aussi un des deux incunables du couvent: la troisième partie de la *Somme théologique* (*Summa theologiae*, P. III, Venise 1486). Certains volumes portent la mention manuscrite «à l'index», ajoutée probablement au 20ᵉ s., mention que l'on retrouve dans le catalogue de 1887.

3. CATALOGUES

Catalogues modernes

Catalogue alphabétique auteurs [sur fiches; livres anciens et modernes; partiellement à jour]

Catalogue alphabétique anonymes [sur fiches; livres anciens et modernes]

Catalogue alphabétique matières [sur fiches; livres anciens et modernes]

Catalogue topographique [sur fiches; inachevé]

Catalogue ancien

Catalogue de la bibliothèque du couvent des RRPPC Saint-Maurice 1887 [ms., en trois parties: systématique, alphabétique auteurs, alphabétique des titres; contient un règlement de 1779 et des «Observations sur la façon de classer les livres»]

4. SOURCES ET ÉTUDES SUR L'HISTOIRE DE LA BIBLIOTHÈQUE

Archives

Les archives du couvent (AcapStMaurice) ne contiennent que très peu de documents utiles à l'histoire de la bibliothèque. On signalera deux lettres du Père provincial de 1818 et 1820 (Dos.9.2), une liste des livres à l'index en 1850 (Dos.9.2), un cahier des «Bienfaiteurs du couvent, de l'église, de la sacristie» de la seconde moitié du 19ᵉ s., les livres des dépenses et recettes depuis 1884, un inventaire du 3 août 1939 (Dos.3.2), ainsi que des chroniques; la plus ancienne, celle du Père Augustin Pelleta (1615-1616), ne parle pas de la bibliothèque.

Charles de Genève: Histoire abrégée des missions des Pères capucins de Savoye. Chambéry 1867 [l'original latin date de 1657]

[Deschenaux] Herménégilde: «Annotations faites sur l'origine, les changemens, les bâtimens, les réparations, la maitenence, les quêtes, les travaux & coutumes de ce couvent, l'année 1772» [ms., sur la bibliothèque, p. 6, 11, 16; cote 6/22; publié par

Jean-Luc Rouiller, in: Helvetia Franciscana 35/2 (2006), p. 203–257]

Biollaz, Léo: La relation du Père Cyprien Riondet sur la rentrée des capucins au couvent de Saint-Maurice en 1814. In: Vallesia 14 (1959), p. 99–116 [sur la bibliothèque, p. 110]

Rudaz, Isidore: Manuscrits historiques [3 vol. mss aux archives du couvent des capucins de Sion, R 215/2/1-3; le vol. 2, p. 201–211, renferme une copie presque complète de la chronique du Père Herménégilde, ainsi qu'un autre bref extrait relatif à la bibliothèque et au roi de France (p. 213)]

Crettaz, Sulpice [et al.]: Chronique du couvent des capucins de St-Maurice (Valais) [ms.; 1925- ; précédée d'une histoire du couvent]

Études

Crettaz, Sulpice: Les capucins en Valais. Saint-Maurice 1939 [sur la bibliothèque, p. 108, 112, 114, 144]

Fleury, Paul: Une ancienne chapelle disparaît. Saint-Laurent hors-les-murs à Saint-Maurice. In: Les échos de Saint-Maurice 1959, p. 42–67 [sur la bibliothèque, p. 59]

Mayer, Beda: Kloster St-Maurice. In: Die Kapuziner und Kapuzinerinnen in der Schweiz. Berne 1974, tome 1, p. 516–532 (Helvetia sacra 5, 2, 1)

Mayor, Julien: Saint-Maurice, transformation et agrandissement du couvent. In: Sanct Fidelis 28 (1941), p. 67–68

Rouiller, Jean-Luc: Les bibliothèques historiques franciscaines en Suisse romande au début du XXIe siècle, un état des lieux. In: Helvetia Franciscana 32/1 (2003), p. 34–59 [sur la bibliothèque, p. 37–38]

BIBLIOTHEK IM PRIORAT DER OLIVETANER-BENEDIKTINERINNEN ZU HEILIGKREUZ, CHAM

Kanton: Zug

Ort: Cham

Bearbeiterin: Sr. M. Aquinata Buschauer

Adresse: Priorat Heiligkreuz, Bibliothek, 6330 Cham

Telefon: +41 41 785 03 41

Telefax: +41 41 785 03 41

Homepage: www.kloster-heiligkreuz.ch

E-Mail: bibl.hl.kreuz@bluewin.ch

Funktion:
Der Altbestand bildet eine eigene Abteilung der Hausbibliothek des Klosters. Daneben existieren vorläufig noch eine Schul- und eine Lehrerbibliothek.

Sammelgebiete:
Geistliche Literatur.

Benutzungsmöglichkeiten:
Auf schriftliche Anfrage mit Angabe der Interessen.

Technische Einrichtungen für den Benutzer:
Kopiergerät.

Hinweise für anreisende Benutzer:
Von der Bahnstation Cham aus fährt der Bus Nr. 43 (Richtung Rumentikon) bis zur Haltestelle »Heiligkreuz«. Anfahrt mit dem Auto: Über die Autobahn A 4 Luzern–Zürich, Ausfahrt Cham, Richtung Sins–Aarau, dann nach ca. 300 m links Richtung Hünenberg abbiegen, nach ca. 200 m Parkplätze des Klosters Heiligkreuz.

1. BESTANDSGESCHICHTE

1.1 Die ersten vier Schwestern, die sich 1853 in Cham niederliessen, kamen aus dem »Institut der armen Schwestern zu St. Jost in Baldegg«, das einem zeitgenössischen Kommissionsbericht zufolge »einem geistlichen, und zwar den Jesuiten affiliierten Orden« angehört haben soll und auf regierungsrätlichen Beschluss 1853 aufgehoben wurde. So dürften die ersten Bücher jene geistlichen Unterweisungen gewesen sein, die der Direktor der Baldegger Schwestern, Kaplan Josef Leonz Blum (1786–1859), den ersten Schwestern zum Studium gegeben und ihnen in ansehnlicher Zahl auch handschriftlich gewidmet hat. Einige tragen den Eigentumsvermerk von Sr. Ottilia Kaufmann (1821–1865), die für die ersten Schwestern als Fluchtort nach der Vertreibung aus Baldegg ihren Heimatort Cham auswählte. Spätere Vorsteherinnen hinterliessen ebenfalls Bücher mit ihrem Besitzvermerk. Mehrere Bücher gehörten dem langjährigen Direktor der jungen Chamer Ordensgemeinschaft, Jodokus Köpfli (1863–1911). Auch von späteren Priestern in Heiligkreuz oder seinen Filialen stammen einzelne Bde. Etwa 40 Bücher tragen den charakteristischen Eigentumsvermerk von Johann Probst (1803–1882), einem hochgelehrten Diakon, der nach einem bewegten Leben als Lehrer die letzten sechs Lebensjahre in Heiligkreuz verbrachte. Viele Bücher sind geschenkweise einzelnen Schwestern gewidmet worden. Andere waren Schenkungen befreundeter Familien an das Kloster, am meisten von Mitgliedern der Zuger Familie Schönenberger und der mit ihr verschwägerten Familie Weckbecker. August Weckbecker (1888–1939) schuf für die Institutskirche zwei Figuren der Kreuzigungsgruppe.

1.2 Grössere Zugänge erfolgten im 20. Jh, als Filialkonvente, z. B. die Internatsschule Wieshoiz bei Ramsen (SH) und die Internatsschule Walterswil bei Baar (ZG), aufgelöst und der Aufbewahrung für wert erachtete Bücher ins Mutterhaus gebracht wurden. Schliesslich dürfte ein Teil des Bestands aus späteren Erwerbungen antiquarischer Bücher stammen. Bis heute bringen manchmal ältere Personen Bücher, die ihnen teuer sind, in die Obhut der Klosterbibliothek.

2. BESTANDSBESCHREIBUNG

2.1 Die vor 1900 erschienenen Bücher bilden einen Teil der heutigen Klosterbibliothek. Sie sind in einem gesonderten Raum untergebracht, mit fortlaufender Numerierung versehen und durch separate EDV-Verzeichnisse erschlossen. Wenige Exemplare befinden sich noch im regulären Bibliotheksbereich; sie sind deshalb auch in die Katalogkarten eingearbeitet.

Chronologische Übersicht

2.2 Von den insgesamt 1287 Bdn, die bis zum Jahr 1900 erschienen sind, stammen 6 aus dem 17. Jh: eine deutsche Vollbibel (Köln 1604), *Betrachtungen* (Münster 1627) des Ludwig De Ponte, *Die vollkommene Closter-Frau* (München 1700) von Carlo Andrea Basso, eine lateinische *Theologia moralis* (Lyon 1643) von Paul Laymann SJ, der *Hortus pastorum* (Lyon 1651) mit weiteren Werken des Autors Jacques Marchant (1587–1648) und das französische Büchlein *Saint Domice et Ste Ulphe* (Amiens 1664) des Kapuziners Pierre de Saint-Quentin. Das 18. Jh ist mit 215 und das 19. Jh mit 1066 Bdn vertreten.

Übersicht nach Sprachen

2.3 1156 Bücher sind in deutscher Sprache und 52 in Latein verfasst. Ausser 67 französischen finden sich 5 italienische, 2 rätoromanische und 5 englische Publikationen.

Systematische Übersicht

2.4 Die Sachgruppe »Bibel und Bibelliteratur« umfasst 96 Bde. Sie enthält eine lateinische, eine lateinisch-deutsche und zahlreiche deutsche Übers., die älteste von Johann Dietenberger (Köln 1604). Andere Übers. stammen von Dominikus von Brentano, Thaddäus Anton Dereser und J. Martin Augustin Scholz (14 Teile, Frankfurt 1790–1833), Heinrich Braun (NT, 2. Aufl., Nürnberg 1803), Carl und Leander van Ess (NT, 3. Aufl., Sulzbach 1817), Johannes Hyazinth Kistemaker (NT, 7 Bde, Frankfurt, Einsiedeln 1823–1825), Joseph Franz Allioli (verschiedene Ausg.) und Franz Xaver Massl (NT mit Erklärungen in 13 Bdn, Straubing, Regensburg 1831–1850).

2.5 Von den 21 dogmatischen Werken sind zwei Drittel in Latein abgefasst. Das älteste ist die *Theologia christiana* (5 Teile, Pappenheim, Ingolstadt, München 1776/77) von Benedikt Stattler. Die einzige Werkausgabe von Thomas von Aquin stammt aus dem 19. Jh (Parma 1852–1854). Die kontroverstheologische Literatur beschränkt sich auf 14 Titel des 19. Jhs; darunter befinden sich ein lateinisches Lehrbuch von Johannes Schwetz (Wien 1858), die *Symbolik* (2 Bde, Regensburg 1871/72) von Johann Adam Möhler und eine englischsprachige Publikation, *Infidelity* (New York o. J.), mit Beiträgen zur Auseinandersetzung mit dem englischen Rationalismus. Unter den 13 Bdn zur Moraltheologie findet sich u. a. Paul Laymanns *Theologia moralis* gleich in 2 Aufl. (Lyon 1643; Venedig 1719).

2.6 67 Bde können zur aszetisch-mystischen Literatur gerechnet werden. *Die vollkommene Closter-Frau* von Carlo Andrea Basso ist auch in einer späteren deutschen Ausg. (Regensburg 1867) vorhanden. Derselbe Titel erschien aber auch anonym (Luzern 1759/60) mit unterschiedlichem Inhalt. *Der geistliche Streit* (Augsburg 1798) von Lorenz Scupoli und seine *Geistlichen Schriften* (2. Aufl., Augsburg 1830) eröffnen eine Reihe von Ausg. älterer aszetischer Werke, die im 19. Jh neu herausgegeben wurden, darunter solche von Ludwig von Granada (1504–1588), Ludwig Blosius (1506–1566), Alfons Rodriguez (1538–1616), Franz von Sales (1567–1622) und Alphons von Liguori (1696–1787).

2.7 Die Fachgruppe »Kirchenväter und Klassiker der spirituellen Literatur« zählt 68 Einheiten. Lateinische Augustin- und Anselmtexte erschienen 1755 in Augsburg in 1 Bd vereinigt. Augustin ist mit 11 weiteren Bdn vertreten, Gregor der Grosse mit seinen Briefen (5 von 6 Bdn, Kempten 1807–09), Cyprian mit *Sämmtlichen ächten Werken* (München 1818), Bernhard von Clairvaux mit *Schriften* (Solothurn 1824). Mehrfach vorhanden sind auch Werke von Thomas a Kempis (auch französisch) und Teresa von Avila.

2.8 Unter den 49 katechetischen Werken seien v. a. die Veröffentlichungen von Bernard Overberg, Johann Baptist von Hirscher, Wilhelm Wilmers SJ und Karl Möhler genannt. 65 Bde sind liturgischen Inhalts, z. B. Leonard Valentin Mayrs *Heilige Charwoche* (Augsburg 1796). Die 5 Bde *Liturgia sacra* von Joseph Marzohl und Joseph Schneller sind 1834 in Luzern erschienen. Mehrere Messbücher zum Gebrauch der Gläubigen (auch in Französisch) gehen ins 19. Jh zurück. Vollständig vorhanden sind die Reihen *Psallite sapienter* (Freiburg i. Br. 1871–1890) von Maurus Wolter und *Das Kirchenjahr* (Mainz, ab 1878) von Prosper Guéranger.

2.9 Ausser pastoraltheologischer Literatur finden sich auch Predigten und Reden. Letztere machen 83 Bde aus, wobei diejenigen aus dem 18. Jh fast zur Hälfte französisch sind. Louis Bourdaloue und Jean-Baptiste Massillon sind dabei die bekanntesten Namen. Hingewiesen sei aber auch auf Edilbert Mennes *Leichtfassliche Predigten eines Dorfpfarrers* (3 Bde, Augsburg 1793/94) und viele ähnliche Predigt- und Christenlehrvorlagen.

2.10 Die Sachgruppe »Kirche, Kirchengeschichte und Kirchenrecht« zählt 76 Einheiten, darunter Johann Sebastian Wittmanns umfangreiche *Allgemeine Religionsgeschichte* (9 Bde, 2. Aufl., Augsburg 1834) und August Friedrich Gfrörers ausführliches Werk *Pabst Gregorius VII. und sein Zeitalter* (7 Bde, Schaffhausen 1859–1861). Erwähnenswert sind auch die Arbeiten von Jean de Gallemart, Wilhelm Smets und Valentin Loch, welche die Ergebnisse des Tridentinums beschreiben. Weitere 21 Werke sind der Ordens- und der benediktinischen Literatur gewidmet. Darunter befindet sich beispielsweise die deutsche Übers. *Betrachtungen über die Regel des hl. Vaters Benedicti* (Augsburg 1776) des Abtes Armand-Jean de Rancé.

2.11 371 Bde (rund 30%) entfallen auf Gebets- und Meditationsliteratur. 75 davon stammen aus dem 18. Jh. Das älteste Gebetbuch ist *Der grosse Baum-Garten* (Einsiedeln 1749) von Martin von Cochem. Fremdsprachige Autoren sind sehr zahlreich vertreten, wenn auch meist in deutscher Übers., so u. a. Bonaventura, Louis Bourdaloue, Jean Croiset, Abbé (Arnaud-Bernard) Duquesne und Ludwig de Ponte.

2.12 121 Bde, etwa 10% des gesamtem Altbestands, enthalten Biographien, und zwar fast ausnahmslos Lebensbilder von Heiligen. Nebst dem oben erwähnten Titel *Saint Domice et Ste Ulphe* (Amiens 1664) sind nur 3 Werke vorhanden, die vor 1800 erschienen: das Bruder-Klausen-Buch (Luzern 1732) des Kapuziners Benno von Stans, ein Werk über den heiligen Fintan des Rheinauer Benediktiners Fintan Birchler (o. O. 1793) und *Helvetia sancta* (St. Gallen 1750) des Kartäusermönchs Heinrich Murer. Die älteste Sammlung, die *Grosse Haus-Legend der Heiligen* (2 Teile, Augsburg 1808), geht auf Dionysius von Luxemburg zurück.

2.13 Die Sparte »Literarisches« ist mit 37 Titeln unbedeutend. Den übrigen Wissensgebieten zugeordnet sind Werke zu Philosophie (14), Pädagogik (34), Geschichte und Geographie (74) sowie Sprachwissenschaften (18), darunter Wörterbücher, z. B. eine sehr späte Ausg. des lateinisch-deutschen Wörterbuches (Zürich 1712) des Zürcher Philologen Johannes Fries oder der *Kern der Deutschen Sprachkunst* (5. Aufl., Leipzig 1766) von Johann Christoph Gottsched.

2.14 Schliesslich ist anzumerken, dass sich in der (separaten) Lehrerbibliothek rund 100 Bücher befinden, die vorwiegend aus der zweiten Hälfte des 19. Jhs stammen und seinerzeit in der Internatsschule zu Unterrichtszwecken gebraucht wurden.

3. KATALOGE

EDV-Katalog

BIBLIOTHEK DER ZISTERZIENSERINNENABTEI FRAUENTHAL, HAGENDORN (GEMEINDE CHAM)

Kanton: Zug

Ort: Frauenthal

Bearbeiter: Hanspeter Marti und Gabriella Wietlisbach

Adresse: 6332 Hagendorn

Telefon: +41 41 780 10 55

Träger: Zisterzienserinnenabtei Frauenthal

Funktion: Klosterbibliothek

Sammelgebiete:
Aszetik, Mystik, Breviere.

Benutzungsmöglichkeiten:
Hausbibliothek für internen Gebrauch, nicht öffentlich zugänglich. Nach Absprache.

Hinweise für anreisende Benutzer:
Autobahn A 4 Zürich–Luzern, Ausfahrt Cham, dann Richtung Sins–Aarau, Abzweigung nach rechts bis Hagendorn, Abzweigung links bis Frauenthal. Parkplätze beim Kloster. Mit dem Schnellzug Zürich–Luzern bis Zug, umsteigen in den Regionalzug Richtung Rotkreuz–Luzern, bis Cham, von dort Bus bis Hagendorn, dann zu Fuss ca. 25 Minuten bis zum Kloster Frauenthal.

1. BESTANDSGESCHICHTE

1.1 Freiherr Ulrich von Schnabelburg und Graf Ludwig von Froburg schenkten einer Beginenniederlassung in Hausen am Albis ein an der Lorze gelegenes Grundstück, auf dem nach dem Willen der Donatoren ein Kloster gegründet werden sollte, was in der Zeit zwischen 1240 und 1244 geschah. Durch Kauf und Schenkungen konnte im Laufe der Zeit der Güterbesitz ausgedehnt werden. Seit dem ausgehenden 14. Jh besass die Stadt Zug Aufsichtsbefugnisse, seit der Reformationszeit auch Vogteirechte über die Abtei Frauenthal. Mit der von zugerischer Seite veranlassten Berufung der Dominikanerin Anna von Fulach (gest. 1566) aus dem Kloster St. Katharinenthal bei Diessenhofen zur Klostervorsteherin in Frauenthal war ein Anfang gemacht, die von der Glaubensspaltung herbeigeführte Krise zu überwinden. Nicht zufällig datieren die ersten überlieferten Nachrichten über den vereinzelten Besitz gedruckter Bücher aus dieser Zeit. Im Frauenthaler Exemplar des Zisterziensermissales (Strassburg 1487), dessen Druck Abt Nikolaus Weidenbusch (Salicetus) (gest. um 1493) aus dem Kloster Baumgarten bei Strassburg veranlasste, befindet sich ein Besitzvermerk aus dem Jahre 1554, der auf die Äbtissin Anna lautet, ein gleicher von 1558 in einem *Teutsch Römisch Brevier* (Augsburg 1535). Erst im frühen 17. Jh scheint allmählich eine nicht vorwiegend auf liturgische Gebrauchsliteratur beschränkte kleine Büchersammlung entstanden zu sein, die von der Äbtissin Margareta Honegger (gest. 1625) um mystisch-aszetisches Schrifttum erweitert wurde. Ihr, ihrer unmittelbaren Nachfolgerin Katharina Letter (gest. 1655) und v. a. Äbtissin Verena Mattmann (1650–1726), die alle den Bestand auch mit gezielten Ankäufen von Andachtsliteratur vergrösserten, verdankte die Bibliothek die von der Mitte des 17. bis zum ersten Viertel des 18. Jhs dauernde Blütezeit. Nachdem die Abtei Frauenthal ab 1573, mit Ausnahme der Jahre 1579 bis 1588, der geistlichen Seelsorge der Zisterzienserabtei Wettingen unterstellt worden war, drückte sich die enge Beziehung beider Klöster auch in Buchgeschenken der Wettinger Konventualen, v. a. der in Frauenthal wirkenden Beichtväter aus. Bereits der erste Wettinger Spiritual, P. Heinrich Lang (1562–1620), schenkte den Schwestern 1605 Diego de Estellas *Weltlicher eytelkait Verachtung* (Köln 1586). Seit dem frühen 17. Jh sind weitere Donatoren nachweisbar, z. B. 1602 der Murenser Abt Johann Jodok Singisen (um 1557/58–1644), der Bruder der Frauenthaler Schwester Elisabeth Singisen (gest. 1627). Nach dem Tod Verena Mattmanns ging der Bucherwerb zurück, obwohl es zu weiteren Schenkungen von mit Frauenthal verbundenen Wettinger Zisterziensern kam und einzelne Klosterfrauen wie Benedikta Gerolda Jost (1714–1766), die Nichte Abt Gerold Haimbs von Muri (1678–1751), oder Ursula von

Hospental (1724–1800) Bücher kauften und geschenkt erhielten. Aus weiteren verwandtschaftlichen Beziehungen zog die Bibliothek beträchtlichen Nutzen, wie auch Buchgeschenke des Pfäferser Benediktiners und Dekans Paul Gugelberg (1665–1748) an seine Schwester Johanna Regina (gest. 1744), eine Frauenthaler Zisterzienserin, beweisen. Im 19. und frühen 20. Jh hatte die Bibliothek ihre zweite Blütezeit, die hauptsächlich den von den Spiritualen Nivard Künzli (1750–1831), Robert Gmür (1818–1873), Ambrosius Mauchle (1843–1921) und v. a. Paul Moosbrugger (1834–1917) übernommenen oder geschenkten Büchern zu verdanken ist. Die Äbtissinnen Martina Augustina Weber (1765–1840) und Wilhelmina Dossenbach (1838–1896) zeigten sich Buch und Bibliothek gegenüber aufgeschlossen. Beliebte Andachtsbücher waren hundert und mehr Jahre im Gebrauch, indem sie von Schwester zu Schwester weitergegeben oder vererbt wurden.

1.2 Vor kurzem wurde die Bibliothek in einem eigens restaurierten kleinen Gebäude zweckmässig untergebracht, der historische Buchbestand katalogisiert (EDV) und, getrennt von den neueren Büchern, die sich im ersten Stock befinden, nach Sachgruppen geordnet im Parterre aufgestellt. Damit bleibt der Altbestand, der die jahrhundertealte religiöse Tradition der Zisterzienserinnenabtei Frauenthal anschaulich bezeugt, als kulturelles Denkmal der Nachwelt erhalten.

2. BESTANDSBESCHREIBUNG

Chronologische Übersicht und Übersicht nach Sprachen

2.1 Der Altbestand setzt sich aus 3497 Einheiten zusammen, von denen 2 vor 1500, 50 im 16. Jh (1,4 %), 433 im 17. Jh (12,4 %), 1185 im 18. (33,9 %) und 1827 (52,2 %) im 19. Jh erschienen. 2815 Werke (80,5 %) sind in deutscher, 633 (18,1 %) in lateinischer, 26 in französischer (0,7 %), 21 in italienischer (0,6 %) und je 1 Schrift ist in englischer und in griechischer Sprache verfasst.

Systematische Übersicht

2.2 Der historische Buchbestand wurde bei der Katalogisierung in die Sachgruppen »Rara«, »Bibel, Bibelliteratur«, »Kirchenväter«, »Katholische Theologie«, »Biographien, Legenden«, »Kirchenjahr« (Sonn- und Festtage), »Aszetische Literatur«, »Marianische Literatur«, »Zeitschriften, Jahrbücher, Chroniken«, »Breviere« und »Varia« unterteilt. In der folgenden inhaltlichen Beschreibung wurden diese Vorgaben, soweit möglich, übernommen. Wo sie, wie bei den »Rara«, von den für andere Frauenkloster-Bibliotheken verwendeten Deskriptoren sehr abwichen, wurde eine für Vergleichszwecke geeignete Zuordnung vorgenommen. Vorerst werden die Bestände der einzelnen theologischen Fachgebiete nach ihrer Grösse beschrieben, im Anschluss daran, nach demselben Grundsatz, die der profanen Disziplinen, einschliesslich der Kirchengeschichte.

2.3 Mit Abstand die grösste Sachgruppe ist »Aszetike, Mystik« mit 1987 Einheiten (56,8 %), gefolgt von den Brevieren mit 358 (10,3 %), der Dogmatik mit 218 (6,2 %), der Liturgie und den Biographien mit je 199 (5,6 %), den »Bibeln« inkl. Bibelliteratur mit 115 (3,3 %), der Geschichte mit 114 (3,3 %), der Profanliteratur mit 91 (2,6 %), den Predigten mit 90 (2,6 %), den Zeitschriften mit 82 (2,4 %) und »Technik, Naturwissenschaften« mit 44 Einheiten (1,3 %).

2.4 Unter dem Oberbegriff »Aszetik, Mystik« sind die verschiedensten Gattungen von Meditations- und Betrachtungsliteratur, insbesondere Werke zur Mariologie, Gebetbücher, dazu Bruderschaftssatzungen, Ordensregeln und Regelkommentare sowie Anleitungen zum Klosterleben vereinigt. Mit den Brevieren, die inhaltlich auch dieser Gruppe angehören, hier aber separat gezählt und behandelt werden, bildet die Andachtsliteratur, wie in anderen Frauenklöstern, den historischen Kernbestand der Bibliothek. In Frauenthal ist der Prozentanteil von Werken des 16. und 17. Jhs in dieser Sachkategorie vergleichsweise hoch. Unter den frühen Publikationen befinden sich die von Äbtissin Margareta Honegger gekauften *Betrachtungen uber die fürnemste Geheimnussen unsers Glaubens* (6 Teile, Augsburg 1615–1617) von Ludwig de Ponte und die *Christliche Vermanung* (Ingolstadt 1583) von Claudius Viexmontius, in der sich die Besitzerin selbstbewusst mit einem kurzen, reimförmigen Lebenslauf vorstellt. Heinrich Seuses *Manual oder Handtbüchlein der ewigen Weyßheit* (Konstanz 1591) trägt den Besitzvermerk der Amtsvorgängerin von Margareta Honegger, Äbtissin Elisabeth Meyenberg (gest. 1644). Auch Katharina Letter, die Nachfolgerin von Äbtissin Margareta, schaffte u. a. bereits im Erscheinungsjahr Erbauungsbücher Jeremias Drexels an, Äbtissin Verena Mattmann neben anderen aszetischen Schriften eine Ausg. der ignazianischen Exerzitien (Mainz 1628), Eberhard Omlins *Der zweyen HH. Schwestern S. Gertrudis und S. Mechtildis Gebett-Buch* (Einsiedeln 1673), einen der vielen, oft mehrfach vorhandenen Einsiedler Drucke und zugleich eines der zahlreichen Gertrudenbücher in der Frauenthaler Bibliothek. Johann Jakob Schmids *Motus perpetuus* (Zug 1689), ein deutschsprachiges Andachtsbuch, erhielt Verena Mattmann wohl als Geschenk des Verfassers im Erscheinungsjahr. Auch bekam sie die *Vita Christi* (Zug 1698) des Kapuziners Franz Sebastian von Beroldingen (1635–1698) vom Zuger Säckelmeister Johann Landtwing am 1. September 1702 zum Tag ihrer Geburt, der erst mit der handschriftlichen Widmung in diesem Buch bekannt wurde. Die auffallend grosse Präsenz von alten

Zuger Drucken, v. a. von aszetischen Kleinschriften, weist auf das – allerdings oft belastete – Verhältnis der Zisterzienserinnenabtei Frauenthal zur Stadt Zug hin. Der St. Galler Benediktiner Viktor Spielmann (1769–1849), Sohn eines Zuger Ratsherrn und Goldschmieds, schenkte seiner Schwester, der Frauenthaler Zisterzienserin Aloisia Spielmann (1766–1827), mehrere Bücher. *Das betrachtete Evangelium auf alle Tage im Jahre* (8 Teile, Bamberg, Würzburg 1789/90) gelangte im Jahre 1809 aus dem Nachlass des Spirituals Marian Jud (1747–1808) in den Besitz von Äbtissin Martina Augustina Weber (1765–1840). *Der von dem Tod zu dem Leben erweckte Sünder* (Zug 1750), den ein unbekannter Somasker verfasste und der vom Wettinger Zisterzienser Alberich Wenger ins Deutsche übersetzt wurde, ist in 5 Exemplaren vorhanden, darunter eines mit dem Besitzvermerk der Äbtissin Agatha Herzog (1723–1806). Überhaupt sind Werke über Krankheit und Tod, insbesondere zur Ars moriendi, stark vertreten. Sie wurden mit Vorliebe im Krankenzimmer aufgestellt, wie aus entsprechenden handschriftlichen Vermerken hervorgeht. Von Johann Roothans *Drei Büchern über das Sterben nach christlicher Vollkommenheit* (Schaffhausen 1855) besitzt die Bibliothek 15 Exemplare. Von der Anzahl Titel her sind Bernhard von Clairvaux (15), Franz von Sales (19, davon 11 aus dem 19. Jh) und Alphons Maria von Liguori (55), ferner neben weiteren Autoren auch Barthélemy Baudrand, Martin von Cochem, Jacques Nouet und Joseph Pergmayr häufig anzutreffen. Der erste Besitzvermerk in Marian Schotts *Warhafftige Bildtnuß Jesu Christi* (Konstanz 1678) lautet auf das Erscheinungsjahr, der letzte datiert aus dem Jahre 1876. Die lange Zeitspanne des Gebrauchs deutet auf die auch in anderen Erbauungsschriften bezeugte Langzeit-Verwendung des dem irdischen Leben abgewandten Lesestoffs hin. Das Ordensschrifttum wird hauptsächlich durch Benediktinerregeln und Regelerklärungen repräsentiert, darunter eine 1752 in St. Gallen erschienene Regelausgabe in 7 Exemplaren. Beliebt waren die *Anmerckungen uber die Regel S. Benedicti* (Konstanz 1679) des Fischinger Abts Joachim Seiler, die schon 1680 zum Frauenthaler Buchbestand gehörten. Den Ascetica zugeordnet wurden auch geistliche Dichtungen der Jesuiten Jakob Balde (*Poemata de vanitate mundi*, Köln 1717) und Wilhelm Dondinus (*Selecta heroum spectacula*, Köln 1717). Als weitere Einzelwerke sind die *Kurze Anleitung zur sonderbaren Verehrung der heiligen Jungfrau und Martyrin Agatha* (St. Gallen 1775) mit dem Besitzvermerk von Schwester Agatha Hediger (1753–1820), die vom Zisterzienser Adam Egetter veröffentlichten und ins Deutsche übersetzten Texte von Bernhard von Clairvaux (Freiburg i. Br. 1619) sowie *Das arme Leben und bitter Leiden unseres Herrn Jesu Christi* (Regensburg 1881) von Clemens Brentano aus dem Besitz von Äbtissin Wilhelmina Dossenbach (1838–1896) zu erwähnen.

2.5 Die Sammlung der Breviere, unter denen sich vereinzelt auch Literatur zur Organisation des Gottesdiensts befindet, die daher hier zu den Liturgica gezählt wird, besteht aus vornehmlich in Paris gedruckten ordenseigenen Werken. Besitzvermerke weisen einen über anderthalb Jhe dauernden Gebrauch einzelner Zisterzienserbreviere aus, die in Frauenthal sorgfältig aufbewahrt wurden. So ist das *Diurnale Cisterciense* (Paris 1788) in 13, das *Breviarium Cisterciense* (Paris 1778) in 20 Exemplaren vorhanden. Das *Breviarium ad usum sacri ordinis Cisterciensis* (Paris 1687) wurde Verena Mattmann zur Erinnerung an ihre Wahl zur Äbtissin geschenkt. Des weiteren sind ein französischsprachiges Ordensbrevier (Paris 1696) sowie das *Breviarium Cisterciense* (Paris 1771) hervorzuheben, das Geschenk des Wettinger Abts Sebastian Steinegger (1736–1807) an Martina Augustina Weber, als sie im Jahr 1806 Äbtissin wurde.

2.6 Unter »Dogmatik« sind sämtliche Sparten der theologischen Wissenschaft zusammengefasst, zu der ausser der Lehre von den Dogmen die Moral- und die Kontroverstheologie, die Katechese, das Kirchenrecht und die Patristik zählen. Neben den Katechismen, v. a. aus dem 19. Jh, und Lehrbüchern (Stefan Wiest) finden sich hier Werke zur mystischen Theologie (Tobias Lohner), zu den Sakramenten, insbesondere über die Messe, ferner Konzilsbeschlüsse, päpstliche Dekrete, Nachschlagewerke zu theologischen Begriffen und ein Leitfaden für pastoraltheologische Vorlesungen. Ein grosser Teil dieses Schrifttums diente als theologische Fachliteratur den Beichtvätern, so die moraltheologischen Standardwerke von Eusebius Amort, Benjamin Elbel und Anakleth Reiffenstuel. Leonhard Goffinés *Christkatholisches Unterrichtsbuch*, das in 12 zwischen 1797 und 1897 erschienenen Aufl. vorhanden ist, war für die Ausbildung von Schwestern in der Glaubenslehre bestimmt. Die Aufklärungskritik ist mit Lancelins *Triumph der Religion wider die heutigen Ungläubigen und Neuphilosophen* (Augsburg 1790) und mit dem zweiten Buch von Ludwig Anton Muratoris *Philosophie der Sitten* (Augsburg 1762) vertreten, das aber erst im Jahre 1830 nach Frauenthal kam.

2.7 Unter den Liturgica, zu denen das in der Bestandsgeschichte genannte Zisterziensermissale gehört, befindet sich auch die andere Inkunabel, das *Psalterium Latinum cum canticis* (Ulm, um 1480). Ein späteres *Psalterium in canticos* (Einsiedeln 1728) war im Erscheinungsjahr eine Gabe des Einsiedler Abts Thomas Schenklin (1681–1734) an die Zisterzienserabtei Salem. Es bleibt offen, wann und wie es nach Frauenthal gelangte. Vom *Officium hebdomadae sanctae* (Einsiedeln 1700) gibt es 5 Stück, von denen 3 Exemplare Gebrauchs-Zeitspannen von 140 bis 190 Jahren aufweisen. Zusammen mit Carolus de Baucios *Complementum artis exorcisticae* (Venedig 1643) gehört ein *Bene-*

dictionale (Konstanz 1597) zu der den Liturgica zugerechneten Literatur über den Exorzismus. Besondere Aufmerksamkeit verdient ein *Antiphonale Cisterciense* (Paris 1690), das Hauptmann Beat Jakob Zurlauben (1660–1717), der spätere Zuger Ammann, in Paris besorgte, von dort nach Zug bringen liess und das einen Besitzvermerk aus dem Jahre 1692 von Äbtissin Elisabeth Dietrich (1664–1707) des Zisterzienserinnenklosters Tänikon (TG) aufweist.

2.8 Unter den Biographien befinden sich Legenden von Heiligen beiderlei Geschlechts, Papstviten und vereinzelt Literatur über Wallfahrtsorte sowie geistliche Orden und Kongregationen, z. B. *St. Ursula Königin, Jungfrau und Martyrin samt ihrer heiligen Gesellschafft* (Weingarten 1718). Die Vita der Maria Magdalena de Pazzi (Köln 1654) von Vincentius Puccinus war im Besitz Verena Mattmanns. Äbtissin Gerarda Wickihalter (1803–1874) erhielt vom Verfasser Heinrich Gisbert Rütjes die Biographie von Papst Pius IX. (Oberhausen o. J.) und kaufte im Jahre 1867 die *Legende oder der christliche Sternhimmel* (Freiburg i.Br. 1865) von Alban Stolz.

2.9 Die Sachgruppe »Bibeln, Bibelliteratur« enthält neben den Bibeln, darunter einer *Biblia sacra* (Lyon 1710), einige exegetische Werke v. a. zu den Psalmen. Ludwig Eschborns *Auslegung und nutzliche Betrachtungen über den fünffzigsten Psalm Davids, genannt Miserere* (Bamberg 1751) war ein Geschenk des Engelberger Abts Leodegar Salzmann (1721–1798) an eine Frauenthaler Zisterzienserin; Franz Karl Kienles Psalmeninterpretation (Augsburg 1787), die in 3 Exemplaren vorhanden ist, wurde für den Unterricht der angehenden Schwestern verwendet. Als Auslegung der ganzen Heiligen Schrift ist das Werk des Jakob Tirinus (16 Bde, Augsburg 1787–1794) zu nennen, das einst der Spiritual Robert Gmür besass.

2.10 Unter der nicht zahlreichen Predigtliteratur sind fast ausschliesslich Sammlungen aus der zweiten Hälfte des 18. Jhs und aus dem 19. Jh zu verzeichnen. Darunter befinden sich solche von Giuseppe Antonio Bordoni, einst im Besitz Robert Gmürs, von Louis Bourdaloue (13 Bde, Dresden, Prag 1760) und von Philipp Peter Schommartz.

2.11 Die Literatur zum Fach »Geschichte« setzt sich v. a. aus regionalhistorischen Werken (Zug, Luzern, Aargau, Uri), kleinen Gesetzessammlungen (Zug), aus Schulbüchern, die einst für den Unterricht der im Kloster Frauenthal im Jahre 1850 eingerichteten Mädchenschule verwendet wurden, und aus kirchengeschichtlicher Literatur, insbesondere über den Zisterzienserorden, zusammen. Auffällig ist das Vorhandensein einer kleinen Sammlung von Gesetzen und Verordnungen der Fürstabtei St. Gallen aus den 90er-Jahren des 18. Jhs sowie der anonym erschienenen *Brevis notitia monasterii B.V.M. Ebracensis* (Rom 1739), die einst dem Bamberger Dominikaner Pius Brunquell (1752–1828) gehörte. Unter den wenigen Werken zur allgemeinen Profangeschichte ist einzig Johann Meermans *Geschichte des Grafen Wilhelm von Holland* (2 Bde, Leipzig 1787) erwähnenswert.

2.12 Die Sachgruppe »Profanliteratur« umfasst, die Profangeschichte ausgenommen, alle übrigen weltlichen Disziplinen. Es sind hauptsächlich Wörterbücher zur deutschen, lateinischen, französischen und italienischen Sprache (28 Titel), darunter François-Antoine Pomey, *Le grand dictionnaire royal* (Frankfurt a. M. 1709), Pierre Richelets *Dictionnaire portatif de la langue françoise* (2 Bde, Lyon 1780) und Johannes Fries, *Dictionarium bilingue* (Zürich 1693), Grammatiken, Anleitungen zum Unterricht in Gesang und Musik, andere Lehrbücher und moderne Literatur, wenige Werke nur zur Philosophie und zur Pädagogik. Neben verschiedenen Briefstellern des späten 18. und des 19. Jhs und einem Lehrbuch für Kanzleitätigkeit aus dem 17. Jh besitzt die Bibliothek eine Ausg. von Johann Christoph Gottscheds *Deutscher Sprachkunst* (Wien 1775).

2.13 Das Fach »Naturwissenschaften, Technik« fasst eine breite Palette von Disziplinen zusammen, die von Schriften über Handwerk und Gewerbe über die Hausväterliteratur, darunter auch Kochbüchern, bis zu Werken zur Pflanzen- und Kräuterkunde, zum Gartenbau und zur Medizin (Nervenkrankheiten) reicht. Hinzu kommen Publikationen des 19. Jhs über die Imkerei, die Fischzucht, über die Drainage und über die Buchbindekunst, mit der sich einzelne Frauenthaler Schwestern beschäftigten. Den Haushaltsarbeiten gewidmet sind das einst dem Verfasser, dem Luzerner Jesuiten Josef Ignaz Zimmermann, gehörige Exemplar von *Die junge Haushälterinn* (2 Bde, Wien 1789), das auch einen Besitzvermerk des Klosters Frauenthal aus dem Jahre 1794 trägt, Odilo Schregers *Speismeister* (Augsburg 1778) und Sofia Juliana Weilers *Augsburgisches Kochbuch* (Augsburg 1790). Gartenbücher, darunter Johann Christoph Riedels *Kurzabgefastes Garten Lexicon* (Nordhausen 1751), stammen aus der zweiten, die *Georgica Helvetica curiosa* (Basel 1706) aus der ersten Hälfte des 18. Jhs. Unter den erwähnenswerten naturkundlichen Schriften befindet sich Johannes Florentinus Martinets *Kleiner Katechismus der Natur* (Leipzig 1780).

2.14 Unter den Zeitschriften, die alle auf das 19. Jh zurückgehen und hauptsächlich theologischen oder ordenshistorischen Inhalts sind, fällt der *Kirchenschmuck, ein Archiv für weibliche Handarbeit* (1857–1869 mit dem Registerband von 1874) auf.

3. KATALOGE

Wietlisbach, Gabriella: Bibliothekskatalog (EDV)

STADT- UND KANTONSBIBLIOTHEK ZUG

Kanton: Zug

Ort: Zug

Bearbeiter: Mirjam Infanger-Christen und Hanspeter Marti

Adresse: St. Oswalds-Gasse 21, Postfach, 6301 Zug

Telefon: +41 41 728 23 13

Telefax: +41 41 728 23 80

E-Mail: bibliothek@zug.zg.ch

Homepage: www.bibliothekzug.ch

Träger: Stadt und Kanton Zug

Funktion: Stadt- und Kantonsbibliothek

Sammelgebiete:
Zuger Sammlung (»Tugiensia«).

Öffnungszeiten:
Montag und Donnerstag 9.00–20.00 Uhr, Dienstag, Mittwoch, Freitag 9.00–18.00 Uhr, Samstag 9.00–16.00 Uhr. An Vorabenden von gesetzlichen Feiertagen schliesst die Bibliothek um 18.00 Uhr.

Technische Einrichtungen für den Benutzer:
Online-Abfrage für Bestände der Freihandbibliothek, des Lesesaals und teilweise für Literatur, die sich im Magazin befindet. Öffentliche Internet-Stationen im Lesesaal, Kopiergeräte, Mikrofilmlese- und Rückvergrösserungsgerät sowie Möglichkeit zur CD-ROM-Abfrage.

Gedruckte Informationen:
Benutzungsordnung und Merkblatt zur Benutzung.

Hinweise für anreisende Benutzer:
Anreise per Auto: ab Autobahn Ausfahrt Zug via Postplatz–Casino. Öffentliche Parkhäuser (z. B. Casino, direkt oberhalb der Bibliothek) und Parkplätze (beschränkte Parkdauer) vorhanden. Zu Fuss ab Bahnhof in südlicher Richtung (ca. 15 Min.) oder mit Bus Nr. 11 (Zugerberg), Haltestelle »Casino«, oder Bus Nr. 3, Haltestelle »Casino«, und von dort 2 Min. zu Fuss.

1. BESTANDSGESCHICHTE

1.1 Der Zuger Stadtpfarrer Magister Johannes Eberhart (1435–1497) leitete den Bau der Kirche St. Oswald, dessen erste Etappe 1480 abgeschlossen wurde. Der Neubau bot in der oberen Sakristei Raum für eine Bibliothek, die »libery St. Oswald« genannt wurde. Das von Magister Eberhard geführte Baurodel nennt als Donatoren vornehmlich Angehörige des geistlichen Standes. Der Zuger Stadtschreiber Wolfgang Vogt (1652–1717) legte 1684 ein Bücherverzeichnis der »libery St. Oswald« an, in dem er 97 Bücher und Handschriften auflistet. 1748 verfasste Stadtschreiber Philipp Landtwing (1695–1769), wohl in Unkenntnis des Vogtschen Bücherverzeichnisses, erneut einen Katalog, der 94 Titel und Handschriften nennt.

1.2 Im 17. und 18. Jh besassen politisch einflussreiche Zuger Familien wie die Zurlauben oder die Wickart ansehnliche private Büchersammlungen. Dekan und Stadtpfarrer Beat Karl Anton Wolfgang Wickart (1689–1758) regte 1758 mit einem Stifterbrief die Gründung einer öffentlichen Bibliothek an, deren Grundstock sein eigener Buchbesitz bilden sollte. Sein Vorhaben wurde im gleichen Jahr von der Regierung gutgeheissen. Der Stifterbrief diente zugleich als Bibliotheksordnung. Zudem wurden darin Verwaltungsform, Kriterien des Bucherwerbs und die Benutzungsordnung festgehalten. In diese öffentliche Bibliothek gelangten, neben der Wickartschen Sammlung, die Bücher der »libery St. Oswald«. Die Bibliothek war im damaligen Schulhaus an der St. Oswald-Gasse, wo sich heute das Stadtbauamt befindet, untergebracht. Es ist unklar, ob ein Bibliothekar und eine Bibliothekskommission gewählt wurden. Stadtpfarrer Wickart legte selber ein Verzeichnis der in der öffentlichen Bibliothek befindlichen Bücher an. Es handelte sich um ca. 400 v. a. theologische Titel. Noch heute finden sich unter den Beständen der Stadt- und Kantonsbibliothek Zug Bücher, die einst Wickart gehörten und aus deren handschriftlichen Besitzvermerken teilweise hervorgeht, von wem Wickart Buchgeschenke erhielt.

1.3 Nach Wickarts Tod kümmerte man sich längere Zeit nicht mehr um die Bibliothek. Erst 1803, mit dem Beginn der Mediation, besann man sich wieder auf die Notwendigkeit, eine öffentliche Bibliothek zu pflegen. Stadtpfarrer Johann Konrad Bossard (1765–1830) liess die Wickartsche Büchersammlung, die, aus unbekannten Gründen, ins Kapuzinerkloster überführt worden war, in sein Pfarrhaus bringen. Bossard selbst arbeitete ein Projekt einer Bibliothek aus, das der Stadtrat 1806 guthiess. Trägerin der neuen bzw. wiedereröffneten Bibliothek war die Zuger Lesegesellschaft. Deren Mitglieder wählten eine fünfköpfige Kommission, der der Stadtpfarrer als Präsident vorstand und die die Bibliothekare zu ernennen hatte. Der Stadtrat hielt 1806 in einem Protokoll fest, dass die Gemeinde Zug Eigentümerin der Büchersammlung sei. 1807 veröffentlichte die Lesegesellschaft einen alphabetischen Katalog, in dem sie auch alle ihre Mitglieder namentlich erwähnte. Das Verzeichnis listet etwa 1000 Titel in ca. 1600 Bdn auf, die einem breiten Leserkreis zur Lektüre empfohlen wurden, enthält aber nicht sämtliche in der Bibliothek vorhandenen Titel. Die Bücher der Oswald-Sammlung und die meisten der Wickartschen Bibliothek waren darin nicht aufgeführt, letztere, weil sie »für das Publikum ungeniessbar« seien. Buchgeschenke erhielt die neue Bibliothek v. a. von Stadtpfarrer Bossard und dem Rischer Pfarrer Bernhard Hildebrand (1756–1838). 1824 vermachte zudem der Geistliche Franz Xaver Brandenberg (1774–1824) seine Bücher der Bibliothek. Es handelte sich dabei v. a. um theologische und philosophische Publikationen. Durch Kauf erwarb man gezielt aufklärerische Werke und Unterhaltungsliteratur, Schriften, die bei einer breiten Leserschaft Anklang finden sollten. 1828 erschien der kompletteste Katalog des Buchbestands der Lesegesellschaft, der wahrscheinlich von Bossard und Beat Jakob Hegglin (1807–1849) erstellt worden war.

1.4 Stadtpfarrer Bossard überwarf sich mit den Mitgliedern der Lesegesellschaft und verlor zunehmend an Unterstützung. Auch bewahrheitete sich Bossards Idee, mit populären Büchern ein grosses Publikum ansprechen zu können, nicht. Der Arzt und Historiker Franz Karl Stadlin (1777–1829) wurde in dieser Frage zum schärfsten Kritiker Bossards. Der Stadtrat beendete 1824 die Streitereien zwischen Bossard und Stadlin, indem er beschloss, die Bibliothek vom Pfarrhaus ins Pfrundhaus St. Konrad zu verlegen. Um die Bücher einer breiten Öffentlichkeit zugänglich und die Bibliothek wieder attraktiv zu machen, forderte der Stadtrat 1833, die Buchbestände auf eine zu gründende städtische Burgerbibliothek und eine Bibliothek für Geistliche zu verteilen. Grundstock der Burgerbibliothek sollten die von der Stadt und der Lesegesellschaft nach 1806 angeschafften Bücher bilden, alle bis 1806 eingegangenen Werke dagegen im Pfarrhaus nach den Statuten von Dekan Wickart aufbewahrt werden. 1836 war die Trennung vollzogen: Der Bibliothek im Pfarrhaus, Pfarrbibliothek genannt, fielen 1200 Titel in 2000 Bdn zu, der Burgerbibliothek 300 Werke in 1270 Bdn. Jene Werke, die an die Stadt gingen, wurden im Zurlaubenpfrundhaus an der St. Oswald-Gasse untergebracht, unweit des heutigen Standorts der Stadt- und Kantonsbibliothek. Am 1. Juli 1838 wurde die städtische Bibliothek eröffnet, während die Pfarrbibliothek nach der Trennung nie mehr öffentlich zugänglich war. 1924 wurde diese schliesslich im Pfarrhaus St. Michael untergebracht.

1.5 1838 erschien ein gedruckter Katalog zu den Beständen der Stadtbibliothek, ein Jahr später ein weiterer, der einen Zuwachs von 110 Titeln in 400 Bdn verzeichnet. 1856 schliesslich trat der geistliche Präfekt Bonifaz Staub (1816–1887) die Stelle als Stadtbibliothekar an. Er verkaufte der Stadtbibliothek zahlreiche Werke aus seinem Privatbesitz. 1857/58 kam es zu einer erneuten Ausscheidung von Büchern. Dabei gelangten theologische Werke aus der Stadtbibliothek in die Bibliothek des Pfarramts und nicht-theologische der Pfarrbibliothek in die Stadtbibliothek. 1858 wurden die Bestände der Stadtbibliothek zum ersten Mal nach Sachgebieten katalogisiert. Im Jahr darauf erschien ein gedruckter Katalog. 1866 erhielt die Stadtbibliothek verschiedene Schriften und Bücher von der Lukasbruderschaft, die aufgelöst wurde. Darüber hinaus liessen Schenkungen verschiedener Zuger Familien den Bestand rasch anwachsen.

1.6 Mit dem Inkrafttreten der Bundesverfassung von 1848 wurde die bisherige Einheitsgemeinde in eine Ortsbürger- und in eine Korporationsgemeinde aufgeteilt. Die Stadtbibliothek ging an die Ortsbürgergemeinde über. 1874 wurde die Stadtbibliothek im Rahmen einer erneuten Güterausscheidung zwischen den verschiedenen »Gemeinden« Eigentum der neu geschaffenen Einwohnergemeinde. Drei Jahre später zählte die Bibliothek ungefähr 8200 Bde. 1893 schenkte der Zuger Bürgerrat die Privatbibliothek von Bonifaz Staub.

1.7 1909 begann man mit der Katalogisierung der Bestände der Stadtbibliothek in Zettelform. Zudem unterschied man neu eine belletristische und eine wissenschaftliche Abteilung. 1910 war die Abteilung A (belletristische Literatur) erschlossen, aber erst 1938 lag der Zettelkatalog zu den wissenschaftlichen Beständen vor.

1.8 Ebenfalls 1910 bezog die Stadtbibliothek, die aus allen Nähten platzte, im alten Zeughaus neue Räumlichkeiten. Bereits 13 Jahre später wurde die belletristische Abteilung aus Platzmangel in das damalige Gewerbeschulhaus ausgelagert. 1939 bewilligte der Stadtrat Gelder für einen erneuten Umbau des alten Zeughauses, der 2 Jahre später realisiert war. Im gleichen Jahr schlossen der Einwohnerrat der Stadtgemeinde Zug und der Regierungsrat des Kantons Zug den sogenannten Bibliotheks-Vertrag. Gemäss diesem wurden die Bestände der Kantonsbibliothek der Stadtbibliothek »als Depot« übergeben. Die Stadtbibliothek erhielt den Auftrag zur Bestandserschliessung sowie zur Sammlung sämtlicher Tugiensia.

1.9 Die ins Gewerbeschulhaus verlegte belletristische Abteilung konnte dank der neu gewonnenen Platzverhältnisse wieder im alten Zeughaus untergebracht werden. 1945 wurde Hans Koch (1907–1987) zum ersten vollamtlichen Bibliothekar gewählt, 1951, wie vertraglich vereinbart, die Lehrerbibliothek in die Bestände der Stadtbibliothek integriert. 1974 wurde eine Freihandbibliothek eröffnet. 1985 zählte der Bestand 116.800 Druck- und Handschriften, Ton- und Bilddokumente sowie Mikrofichen. Seit 1985 werden die neu erworbenen Werke mittels EDV erschlossen. Am 1. Oktober 1986 zog die Stadtbibliothek vom alten Zeughaus an die St. Oswalds-Gasse 21 um.

2. BESTANDSBESCHREIBUNG

Chronologische Übersicht

2.1 Der Altbestand umfasst 17.511 Einheiten, die nach Sachgebieten unterteilt im Kulturgüterschutzraum (Magazin) aufgestellt sind. Darunter befindet sich eine Inkunabel: Francesco Petrarca, *Trionfi Canzoniere* (Venedig 1490–1492). 144 Bde (0,8 %) erschienen im 16. Jh, 503 (2,9 %) im 17., 2385 (13,6 %) im 18. und 14.478 (82,7 %) im 19. Jh.

Übersicht nach Sprachen

2.2 Die 17.511 Bde sind folgenden Sprachen zuzuordnen: Deutsch (15.997 Einheiten oder 91,3 %), Latein (699 oder 4 %), Französisch (601 oder 3,4 %), Italienisch (110 oder 0,6 %), Englisch (46 oder 0,3 %), Griechisch (45 oder 0,3 %), Hebräisch (6), Spanisch (3), Holländisch (2) sowie Ladin und Volapük (je 1). Während von den 144 im 16. Jh erschienenen Werken über 58 % in Latein verfasst worden sind (Deutsch 33 %), büsst dieses bereits im folgenden Jh die führende Rolle zugunsten des Deutschen (59 %) ein. Nur noch 35 % der insgesamt 503 Werke des 17. Jhs liegen in Latein vor. Während das Deutsche im 18. und 19. Jh zu 78 bzw. 95 % vorherrscht, ist der Anteil des Lateinischen mit 12,6 % bedeutend kleiner bzw. mit 0,9 % sehr gering. Im Zugerischen Altbestand des 18. Jhs finden sich allerdings 4,5 % mehr lateinische als französische Werke.

Systematische Übersicht

2.3 Aufgrund des nach Sachgebieten geordneten Zettelkataloges machen die Tugiensia den am besten dotierten Bestand aus (17,6 %), gefolgt von den Gruppen »P. Periodica« (ohne Tugiensia, 17,4 %), »S. Sprache/Schrifttum« (10 %), »H. Helvetica« (9,9 %), »Th. Theologie« (6,6 %), »G. Allgemeine Geschichte« (5,9 %), »N. Naturwissenschaften« (3 %), »Bro. Broschüren« (2 %), »E. Erdkunde« (1,5 %), »K. Kunst« (0,7 %), »L. ehemalige Lehrerbibliothek« (0,6 %), »R. Recht« (0,6 %), »Ph. Philosophie/Pädagogik« (0,6 %), »B. Belletristik« (0,1 %) und »C. Ökonomie«. Zu den Sondersammlungen zählen die Dublettensammlung der Tugiensia (16,2 %), die Dubletten der Periodica (0,3 %), die unbearbeiteten Tugiensia (3,4 %), der unerschlossene Altbestand (0,4 %) und die Kleindruckschriften Zuger Gemeinden (3,2 %).

2.4 Im 16. Jh sind die Sachgruppen »Theologie« (25,5 %) und »Naturwissenschaft« (25 %) am stärksten vertreten. Die im 17. Jh erschienenen Werke können zur Hauptsache den Tugiensia (33,4 %) und ebenfalls der Theologie (18 %) zugeordnet werden. Werke des 18. Jhs gehören v. a. den Sachgruppen »Tugiensia« (23 %), »Helvetica« (14,8 %), »Sprache/Schrifttum« (13,4 %), »Theologie« (8,7 %) und »Allgemeine Geschichte« an (8,5 %), während sich die Werke des 19. Jhs hauptsächlich auf Periodica (19,9 %), Tugiensia (15,4 %), Theologie (9,5 %) und Helvetica (9,4 %) verteilen, wobei hier die Dublettensammlung der Tugiensia einen Anteil von 18,2 % ausmacht.

Bro. Broschüren

2.5 Der historische Bestand an Broschüren beträgt 335 Einheiten. Davon sind 11 im 18. und 324 im 19. Jh erschienen. Unter den Werken des 18. Jhs ist die Joseph Anton Felix von Balthasar zugeschriebene *Vertheidigung des Wilhelm Tell* (o. O. 1760) zu erwähnen, eine Entgegnung auf Uriel Freudenbergers *Wilhelm Tell – ein dänisches Mährgen* (o. O. 1760). Die Titel des 19. Jhs befassen sich vorwiegend mit dem schweizerischen Eisenbahnwesen sowie mit der Numismatik, den Massen und Gewichten der Schweiz oder sind Festschriften zu Schweizer Jubel- oder Schlachtfeiern.

B. Belletristik

2.6 Dieser Sachgruppe sind lediglich 14 Werke (alle in deutscher Sprache und im 19. Jh erschienen) zugeordnet, darunter 5 Titel von Jules Verne.

C. Ökonomie / Politik / Soziologie

2.7 Die 6 Werke aus dem 19. Jh befassen sich hauptsächlich mit dem Eisenbahnwesen.

E. Erdkunde

2.8 Von den 255 Einheiten stammen 1 Werk (0,4 %) aus dem 16. Jh, 6 Publikationen (2,4 %) aus dem 17. Jh, 61 (23,9 %) aus dem 18. Jh und 187 (73,3 %) aus dem 19. Jh. Den Schwerpunkt bildet die Untergruppe »Geographie«, die v. a. Bücher über die Schweiz, aber auch Europa, Afrika, Asien und Südamerika umfasst. Das früheste Werk ist Ludwig Guicciardinis *Niderlands Beschreibung*

(Basel 1580). Auch Mattheis Quads *Enchiridion cosmographicum: das ist ein Hand-büchlein der gantzen Welt* (Köln 1604) zählt wie der *Mercurius hospiti fidus per Italiae praecipuas regiones et urbes* (o.O. 1642) von Johann Heinrich von Pflaumern zu den früheren geographischen Titeln. Von den Beschreibungen des 18. Jhs ist diejenige Amerikas von August Ludwig Schlözer zu erwähnen. Die meisten Werke sind dem 19. Jh zuzuordnen, darunter zahlreiche Publikationen Karl Baedekers (zu Österreich, England, Schottland). Ferner sind Werke über Nord- und Südamerika, Russland (Kaukasus-Expeditionen), Asien und Afrika (Michael Russell, Henry Morton Stanley) sowie zu Polarexpeditionen (Fritjof Nansen, William Edward Parry) vorhanden.

2.9 Beschreibungen der Schweiz finden sich aus dem 17. Jh (Hans Erhard Escher, Matthäus Merians *Topographia Helvetiae, Rhaetiae et Valesiae* [Frankfurt a. M. 1654]), aus dem 18. Jh (William Coxe, Johann Konrad Fäsi, Johann Konrad Füssli, Johann Gottfried Ebel) und aus dem 19. Jh (Gerold Meyer von Knonau, Markus Lutz, Josef Businger). Die Geographie der näheren Umgebung Zugs ist Gegenstand zahlreicher Abhandlungen.

2.10 Die älteste Reisebeschreibung ist Johann van der Behrs *Diarium oder Tage-Buch über dasjenige so sich Zeit einer neunjährigen Reise zu Wasser und zu Lande zugetragen* (Breslau 1668). Zu erwähnen sind des weiteren die *Sammlung der besten und neuesten Reisebeschreibungen* (33 Bde, Berlin 1765–1793) sowie Zacharias Konrad von Uffenbachs *Merkwürdige Reisen durch Niedersachsen, Holland und Engelland* (3 Bde, Frankfurt, Ulm 1753/54). Aus dem 19. Jh stammen Reiseberichte ins Heilige Land, in den fernen Osten wie auch in andere aussereuropäische Regionen.

G. Allgemeine Geschichte

2.11 Auf diesen Fachbereich entfallen 1033 Werke. 26 Einheiten oder 2,5 % sind dem 16. Jh, 47 (4,6 %) dem 17. Jh, 203 (19,7 %) dem 18. Jh und 757 (73,2 %) dem 19. Jh zuzuordnen.

2.12 Zur Universalgeschichte zählen Jakob August Thuanus' *Historiarum sui temporis libri CXX* (2 Bde, Paris 1606), Pierre Bayles *Dictionnaire historique et critique* (4 Bde, Amsterdam, Leipzig 1730), Isaak Iselins *Über die Geschichte der Menschheit* (2 Bde, Frankfurt, Leipzig 1764), Jacques-Bénigne Bossuets *Discours sur l'histoire universelle* (Amsterdam, Leipzig 1755) sowie dessen *Einleitung in die Geschichte der Welt* (Leipzig 1757).

2.13 Verfasser von Werken zur alten Geschichte sind Titus Livius und Lucius Florus mit *Von Ankunfft und Ursprung des Römischen Reichs* (Strassburg 1581), aus dem 17. Jh Flavius Josephus (*Von alten jüdischen Geschichten* sowie die *Fünf Bücher vom jüdischen Krieg* in je 2 Ausg.: Strassburg 1601, 1603) und aus dem 19. Jh Jacob Burckhardt mit *Die Zeit Constantin's des Grossen* (Leipzig 1880).

2.14 Unter den Darstellungen zur europäischen Geschichte sind Schriften zur Geschichte Frankreichs und im besonderen zur Französischen Revolution, darunter anonym erschienene, zahlreich. Weitere Werke des 18. Jhs befassen sich mit der Geschichte Deutschlands, z. B. Michael Ignaz Schmidts *Neuere Geschichte der Deutschen* (32 Bde, Frankenthal 1785–1808; 8 Bde, Wien 1783–1787), eine Werkausgabe Friedrich II. (15 Bde, Frankfurt, Leipzig 1788) sowie Konrad Mannerts *Germania, Rhaetia, Noricum, Pannonia* (Nürnberg 1792). Johannes Crassets *Ausführliche Geschicht der japonesischen Kirch* (Augsburg 1738) beleuchtet die aussereuropäische Geschichte.

2.15 Unter den Schriften zur Kriegstechnik finden sich Pietro Cataneos *Libro nuovo di fortificare, offendere [...]* (Brescia 1567), das *Florilegium fortificatorium tripartitum oder [...] Krieges-Bau-Kunst* (Halle 1662) oder Abbé du Fays *Manière de fortifier selon la methode de Monsieur Vauban* (Paris 1681). Das 17. Jh ist ferner mit Wilhelm Dilichius' *Kriegsschule* (Frankfurt a. M. 1689) vertreten. Auch Werke von und zu Julius Caesar sind zu erwähnen, so die von Josef Scaliger d. J. hrsg. *Opera* (Leiden o. J.).

H. Helvetica

2.16 Diese Abteilung ist, neben den Tugiensia und »Sprache und Schrifttum« mit 1737 Werken die stärkste Sachgruppe mit 5 Werken aus dem 16. Jh (0,1 %), 24 aus dem 17. Jh (1,4 %), 352 aus dem 18. Jh (20,5 %) und 1356 aus dem 19. Jh (78 %).

2.17 Die für die frühneuzeitliche Schweizer Geschichtsschreibung (16./17. Jh) wichtigen Autoren Johannes Stumpf, Petermann Etterlin, Aegidius Tschudi, Josias Simler, Johann Lauffer und Michael Stettler sind mit ihren Werken teilweise mehrfach vertreten. Besonders hervorzuheben ist ferner als Sammelschwerpunkt Literatur über Niklaus von Flüe, worunter auch entlegenere Titel zu finden sind, z. B. *Niklaus von Flüe, eine Erscheinung aus dem Reich der Todten in Helvetien. Eine patriotische Zeitschrift* (Helvetien 1793).

2.18 Zu den Werken des 17. Jhs zählen zahlreiche politische Pamphlete und Flugschriften. Einen weiteren Schwerpunkt stellt die Revolutionsgeschichte des 18. Jhs dar. Aus der Revolutionszeit stammen zudem etliche Darstellungen zur Geschichte der Schweiz, darunter Carl Marchese von Grosses *Die Schweiz* (Halle 1791). Darüber hinaus finden sich Titel, die repräsentativ sind für Aufklärung, Helvetik und Mediation.

2.19 Die Werke des 19. Jhs sind v. a. Themen mit Zentralschweizer Bezug gewidmet wie dem Sonderbundskrieg, der Jesuitenfrage, dem Freischarenzug, verschiedenen Schlachtfeiern (darunter zahlreiche Werke von Theodor von Liebenau und von Thaddäus Müller) oder dem Kulturkampf (24-bändige Broschürensammlung mit den Schwerpunkten Genf, bernischer Jura, Aargau und Basel), insbesondere der Aufhebung der Aargauer Klöster. Im Helvetica-Bestand befinden sich auch patriotische Reden, z. B. Franz Joseph Stalders *Gedächtnißrede der Sempacherschlacht* (Luzern 1820), die *Apologie des Suisses ou Réponse aux inculpations* (Basel 1796) und Werke, die Kritik am Patriotismus üben (Moritz von Reymond, *Die Theilung der Schweiz oder wohin führt uns der patriotische Optimismus?*, Bern 1879).

K. Kunst

2.20 Mit 129 Bdn ist das Sachgebiet Kunst schwach besetzt. Es sind ein Werk des 16. Jhs vorhanden (0,8 %) (Marcus Vitruvius, *Zehen Bücher von der Architectur und künstlichem Bawen*, Basel 1575), 2 des 17. Jhs (1,6 %), 13 des 18. Jhs (10 %) und 113 des 19. Jhs (87,6 %). Alle widmen sich Themen aus den Gebieten Architektur, Malerei, Heraldik und Musik.

2.21 Einige Titel des 18. Jhs befassen sich mit der Schreibkunst (Christoph Weigel), der Kupferstecherkunst (Hans Rudolph Füssli) oder der Architektur. Unter den Publikationen des 19. Jhs befinden sich Kunst- und Kulturführer sowie Werke zu Heraldik, Baukunst und Kunstgeschichte.

L. Ehemalige Lehrerbibliothek

2.22 Der Bestand L umfasst 116 Werke, die alle im 19. Jh erschienen sind. Die Bde werden mit Hilfe einer bestimmten Buchsignatur in verschiedene thematische Untergruppen aufgeteilt (z. B. »Literaturerziehung« und »Literaturgeschichte«). Die Periodika, die einst Bestandteil der Lehrerbibliothek waren, finden sich separat unter den Zeitschriften aufgestellt. Einen thematischen Schwerpunkt bildet die *Sammlung der bedeutendsten pädagogischen Schriften aus alter und neuer Zeit* (13 Bde, Paderborn 1889–1900), die Werke namhafter Autoren wie Jean-Jacques Rousseau, Johann Heinrich Pestalozzi oder Karl Borromäus vereint. Darüber hinaus finden sich weitere Titel zur Pädagogik wie auch zur Schweizer Geschichte.

N. Naturwissenschaften

2.23 Von den 520 Einheiten stammen 36 (6,9 %) aus dem 16. Jh, 31 (6 %) aus dem 17. Jh, 194 (37,3 %) aus dem 18. und 259 (49,8 %) aus dem 19. Jh. Hauptbestandteil der naturwissenschaftlichen Sammlung sind die medizinischen Werke.

2.24 Bemerkenswert ist der Bestand an Drucken des 16. Jhs, worunter sich v. a. Kräuterbücher und medizinische Schriften befinden. Dazu zählen Lorenz Fries' *Spiegel der Artzney* (Strassburg 1529), Galens *De usu partium corporis humani libri XVII* (Leiden 1550), Johannes Heurnius' *Praxis medicinae* (Leiden 1587), Heinrich Rantzovs *De conservanda valetudine liber* (4. Aufl., Frankfurt 1596) sowie *Die grosse Wundartzney* (Ulm 1536) von Paracelsus. Zu den Verfassern von Kräuterbüchern gehören Leonhard Fuchs, Bernhard Verzascha, Pedanios Dioskurides und Thomas Bartholinus. An bekannteren Medizinern des 17. Jhs sind vertreten: Gerhard Blasius, Sempronius Gracchus, Duncanus Liddel, Melchior Frick, Johann Kaspar Groenefeld, Andreas Laurentius, Johann Jakob Wepfer, Matthias Glandorp, Johann Georg Macarius, Heinrich Screta, Samuel Schönborn. Zu den frühen Werken im Fachgebiet »Technik« zählen Johann Faulhabers *Anderer Theil der Ingenieurs Schul, darinnen die Regular Fortification* (Ulm 1633), *Le theatre agriculture et mesnage des champs* (o. O. 1653) von Olivier de Serres du Pradel, das *Theatrum machinarum novum* (Nürnberg 1673) von Georg Andreas Böckler und die *Architectura civilis* (Nürnberg 1668) von Johann Wilhelm.

2.25 Unter den medizinischen Titeln des 18. Jhs ist die Urinschau wiederholt ein Thema. Zu Biologie und Zoologie gehören u. a. Schriften von Plinius d. J., Carl von Linné, Georges-Louis Leclerc de Buffon, Johann von Muralt, Albrecht Höpfner und Charles Bonnet. Auch einzelne Werke zur Mathematik (Joseph Spengler) und zur Physik (Isaac Newton) finden sich im Zuger Altbestand. Christoph von Hellwigs *Hauskalender* ist in 4 Ausg. vorhanden, und auch die *Oekonomisch-technologische Encyklopädie* (242 Bde, Berlin 1782–1858) von Johann Georg Krünitz fehlt nicht.

2.26 Im 19. Jh ist klar ein Trend weg von der Medizin, hin zur Biologie erkennbar (Christian Ferdinand Hochstetter, Heinrich Rudolf Schinz, Johann Wolff, Lorenz Oken, u. a. dessen *Allgemeine Naturgeschichte für alle Stände* (14 Bde, Stuttgart 1833–1842), Bernard-Germain-Etienne de La Cèpéde, Friedrich von Tschudi, Alexander von Humboldt). Wenige Werke finden sich zur Chemie (Joens Jakob Berzelius), zu Geologie (Bernhard Studer), Agronomie und Pharmazie.

P. Periodica

2.27 Mit 3052 Einheiten zählt diese Bestandsgruppe zu den umfangreichsten. Davon sind 164 im 18. Jh und 2888 im 19. Jh erschienen. 192 waren einst Bestandteil der Bibliothek des Schweizer Alpenclubs. 103 Bde gehörten der ehemaligen Lehrerbibliothek.

2.28 Von den Publikationen des 18. Jhs bzw. des Übergangs vom 18. zum 19. Jh sind Johann Caspar Lavaters *Christliches Wochenblat für die gegenwärtige Zeit* (Zürich 1798), dessen *Christliche Monat-Schrift für Ungelehrte* (24 Hefte, Zürich 1794–1795), der *Schweizerische Republikaner* (11 Bde, 1798–1801) und Ernst Ludwig Posselts

Europäische Annalen (101 Bde, Tübingen 1795–1820) erwähnenswert.

2.29 Die Periodica des 19. Jhs setzen sich u. a. aus Jahrbüchern, Taschenbüchern, Monatsblättern verschiedener Kantone, mehrbändigen Publikationen der Schweizerischen Eidgenossenschaft (Statistiken, Bundesgerichtsentscheide) und Neujahrsblättern zusammen. Schweizerische naturwissenschaftliche Zeitschriften liegen zu Meteorologie, Geologie und Ornithologie vor. Ein Schwerpunkt liegt bei den katholischen Periodica, worunter genannt seien: *Katholische Schweizer-Blätter für christliche Wissenschaft* (28 Bde, Luzern 1860–1900), *Revue de la Suisse Catholique* (56 Hefte, Freiburg i. Ü. 1869–1900), *Historisch-politische Blätter für das katholische Deutschland* (81 Bde, München 1839–1896) und die von Bruno Franz Liebermann hrsg. Zeitschrift *Der Katholik – Eine religiöse Zeitschrift zur Belehrung und Warnung* (138 Bde, Strassburg, Speyer 1827–1885). Unter den Monatsschriften sind Robert Webers *Helvetia* (13 Bde, Basel 1881–1892), *Nord und Süd – Eine deutsche Monatsschrift* (70 Bde, Breslau 1882–1899) und *Westermanns Jahrbuch der Illustrierten Deutschen Monatshefte* (47 Bde, 1874–1900) zu nennen. Zahlreich sind auch die Periodica zur Schweizer Geschichte.

Ph. Philosophie / Pädagogik

2.30 Lediglich 101 Bde zählen zu diesem Sachgebiet. 44 Einheiten (43,6 %) erschienen im 19. Jh, 41 (40,6 %) im 18. Jh, 15 (14,8 %) im 17. Jh und 1 Werk (1 %) im 16. Jh.

2.31 Die Aufklärung ist durch eine französische Gesamtausgabe von Jean-Jacques Rousseaus Werken (24 Bde, Zweibrücken 1782/83), die Erstausgabe von Moses Mendelssohns *Phädon* (Berlin 1767) sowie die deutsche Erstausgabe von John Lockes *Versuch vom menschlichen Verstand* (Altenburg 1757) vertreten. Mit der Pädagogik Pestalozzis setzen sich etliche Publikationen kritisch auseinander, z. B. *Das Pestalozzische Institut an das Publikum. Eine Schutzrede gegen verläumderische Angriffe* (Yverdon 1811) sowie der *Bericht über die Pestalozzische Erziehungs-Anstalt zu Yverdon* (Bern 1810). Unter den recht zahlreichen Werken des deutschen Idealismus sei auf die Erstausgabe von Hegels *Wissenschaft der Logik* (Nürnberg 1812/13) hingewiesen.

R. Recht

2.32 Diese Sachgruppe umfasst 112 Bde. 91 (81,2 %) sind dem 19. Jh, 14 (12,5 %) dem 18. Jh, 5 (4,5 %) dem 17. und 2 (1,8 %) dem 16. Jh zuzuordnen. Bei den ältesten Titeln handelt es sich um 2 Werke von Sebastian Brant *Der richterlich Clagspiegel* (Strassburg 1538) und der *Layenspiegel* (Strassburg 1532).

S. Sprache / Schrifttum

2.33 Die Abteilung Sprache / Schrifttum vereint 1769 Einheiten. Davon erschienen 28 (1,6 %) im 16. Jh, 61 (3,4 %) im 17. Jh, 295 (16,7 %) im 18. und 1385 (78,3 %) im 19. Jh. Ausg. antiker Klassiker gibt es aus allen Jhn, v. a. aber aus dem 16. und 17. Jh. Ebenso finden sich Grammatiken und Wörterbücher zu den klassischen und den neueren Sprachen aus allen Jhn (Johannes II Buxtorf, Jakob Gretser, Anselm Desing, Johann Christoph Adelung). Verfasser neulateinischer Literatur sind Iustus Petrus Sautel, Erasmus von Rotterdam und die Jesuiten Jakob Balde (4 Titel), Matthias Kasimir Sarbievius (*Lyricorum lib. IV.*, Rom 1643), Jakob Bidermann, Joseph Simon, Nicolaus Avancini. Ausser einigen anonym erschienenen Lehrbüchern der Rhetorik sind solche von François-Antoine Pomay, Cyprianus Soarius, Stanislaus Rapalius, Franz Neumayr und Paul Engelhardt vorhanden.

2.34 Als einziger deutscher Barockautor ist Julius Wilhelm Zincgref vertreten. Die Aufklärung repräsentieren Friedrich von Hagedorn, Friedrich Gottlieb Klopstock, Gotthold Ephraim Lessing, Christian Fürchtegott Gellert, Salomon Gessner und Christoph Martin Wieland mit *Die Natur der Dinge* (Erstausgabe, Halle 1752). Von den Klassikern Schiller und Goethe sind zahlreiche Editionen und Einzelwerke zu finden. Zu den Autoren des 19. Jhs zählen Johann Peter Hebel, Joseph Viktor von Scheffel und Nikolaus Lenau.

2.35 Unter den Schweizer Autoren ragen Albrecht von Haller, Johann Caspar Lavater, Franz Regis Crauer, Johann Ignaz Zimmermann, Johann Heinrich Pestalozzi, Heinrich Zschokke, Conrad Ferdinand Meyer, Jeremias Gotthelf und Meinrad Lienert hervor.

2.36 An Autoren aus dem romanischen Sprachraum sind zu nennen Dante Alighieri, Boccaccio und Tasso, der Spanier Lope de Vega sowie die Franzosen Racine, Molière, Lafontaine, Voltaire, Fénelon, Pascal und Montesquieu.

2.37 Mit Blick auf die englischen Autoren sei auf William Shakespeare, John Milton, Edward Young, den Aufklärer Richard Steele sowie Lord Byron und Henry Wadsworth Longfellow aus dem 19. Jh hingewiesen.

T. Tugiensia

2.38 Zu dieser Sachgruppe zählen 3077 Einheiten. Dazu gehören 408 Broschüren (13,3 %) und 1077 Periodica (35 %) (darunter Zuger Zeitungen). Die restlichen Tugiensia lassen sich den Untergruppen »Theologie« (17,3 %), »Politik / Recht« (10,9 %), »Pädagogik« (2,7 %), »Schöne Literatur« (2,2 %), »Naturwissenschaften« (1,8 %), »Geschichte Zugs« (1,7 %) und »Allgemeine Geschichte« (1,1 %) zuordnen. 14 % der Tugiensia machen Werke aus, die nicht in Zug erschienen sind. Allen Tugiensia gemeinsam ist, dass Autor, Thema, Druckort oder ein anderes Merkmal, z. B. ein Vorbesitzvermerk, auf Zug bzw. Zuger Einwohner hinweisen.

Zuger Drucke

Theologie

2.39 109 Titel sind im 17. Jh, 262 im 18. und 162 im 19. Jh veröffentlicht worden. Der Schwerpunkt bei den Publikationen des 17. Jhs liegt auf aszetischen Werken und Liedersammlungen. Darunter finden sich Schriften des Kapuziners Rudolf von Schwyz, v. a. solche, die sein Verhältnis zu den reformierten Glarnern betreffen. Weiter sind Werke von Placidus Zurlauben (Abt des Klosters Muri), Martin von Cochem (*Das kleine Baum-Gärtlein* [Baden 1691, verlegt in Zug]), Johann Kaspar Weissenbach, Louis Abelly (*Cron dess christlichen Jahrs* [Zug 1680], vom Zuger Franz Brandenberg übers.), Kaspar Lang sowie Abraham a Sancta Claras (*Judas der Ertz-Schelm für ehrliche Leuth* [1. Teil, Zug 1687]) vertreten. Auch der Bestand des 18. Jhs enthält mehrheitlich aszetisches Schrifttum und Predigtliteratur. Wichtige Autoren sind Petrus Canisius, erneut Martin von Cochem, Michael Wickart und Karl Borromäus. Eugen von Zug veröffentlichte die *Kostliche Speiss, des ohne Speiss lebenden Nicolai von Flüe* (Zug 1733). Die Reihe von Schriften über den heiligen Bruder Klaus setzt sich bis ins 19. Jh fort. Thematisch lässt sich der Bestand des 19. Jhs ebenfalls der Aszetik und Homiletik, aber auch der Katechese zuordnen.

Politik / Recht

2.40 291 der 334 Titel stammen aus dem 19. Jh. Darunter finden sich v. a. Statuten verschiedener Vereine, Geschäftsberichte, Militaria, Rechtsgutachten, Gesetze und Anträge an kantonale und eidgenössische Behörden. Die Publikationen des 18. Jhs bestehen v. a. aus politischen Schriften, zu denen das *Hohe Staats-Regiment unserer Gnädigen Herren und Oberen* (Zug 1768–1787).

Pädagogik

2.41 Zu den 67 im 19. Jh gedruckten Werken gehören Sprachlehren, Lesebücher, Lehrpläne und Literatur zu Lehranstalten. Unter den 15 im 18. Jh publizierten Titeln ist Felix Leonz Zürchers in mehrfacher Ausg. vorliegende *Arithmetica* erwähnenswert. Ein weiterer Schwerpunkt liegt auf den Lehrbüchern zur lateinischen Sprache (Josef Bartholomäus Zurkirchen, Emanuel Alvarez).

Schöne Literatur

2.42 Unter den 66 Einheiten an Literatur steht Pierre Brumoys *Isak, ein Trauerspiel in fünf Aufzügen* (Zug 1769) für die zahlreichen Schauspiele, die den Bestand des 18. und 19. Jhs ausmachen. Im 19. Jh fallen v. a. Isabelle Kaiser und Josef Spillmann mit ihren belletristischen Werken auf.

Naturwissenschaften

2.43 Von den 54 Einheiten sind 6 im 18. Jh erschienen und behandeln u. a. philosophische Gegenstände, z. B. Franz Michael Blunschis *Theses ex universa philosophia et elementis matheseos* (Zug [1788]) oder medizinische Themen (Literatur zum Pfäferser Bad). Die Werke des 19. Jhs widmen sich v. a. der Medizin, speziell der Hydrotherapie, Balneologie und Gynäkologie, ferner dem Strassenwesen, der Geographie und naturwissenschaftlichen Fachgebieten.

Zuger Geschichte

2.44 Diese Untergruppe mit 53 Einheiten enthält Literatur zu Zuger Familien und zur Topographie Zugs.

Allgemeine Geschichte

2.45 Schwerpunkt der 37 Einheiten umfassenden Bestandsgruppe bilden Geschichte und Politik anderer Kantone oder der Eidgenossenschaft.

Broschüren

2.46 Die separat aufgestellten Broschüren zählen 408 Titel. Erwähnenswert ist Martin Luthers *Von Anbeten des Sacrament des heyligen Leychnams Christi* (Wittenberg 1523) mit handschriftlichen Marginalien des Zürchers Werner Steiner (1492–1542), einem Freund der Reformatoren. Aus dem 17. Jh stammen Kalender, Predigten sowie theologische Literatur, aus dem 18. Jh v. a. theologische und geschichtliche Abhandlungen. 350 Einheiten erschienen im 19. Jh. Sie behandeln vorwiegend Themen der Kranken- und Armenpflege, des Schul- und Vereinswesens (Statuten), der Kantonalpolitik und des kantonalen Rechtswesens.

Periodica

2.47 Dem 1077 Einheiten umfassenden Periodica-Bestand gehören 22 dem 18. Jh und 1055 dem 19. Jh an. Unter den 131 im 19. Jh erschienenen Grossformaten finden sich – neben dem *Zuger Wochenblatt*, dem *Volksblatt*, den *Zuger Nachrichten* und der *Neuen Zuger Zeitung* – *Der Zuger Bote* (1862–1864), *Der Zugerbieter* (1865–1868), *Das Feuerhorn – Löschblatt für die Gesammt-Jnteressen des stadtzugerischen Feuerwehrwesens* (14 Einheiten, 1887–1900) sowie das *Fremdenblatt für den Zuger-See und Umgebung* (1890–1894).

Andere Tugiensia

2.48 Von den insgesamt 433 nicht in Zug erschienenen Werken haben 154 ein zugerisches Thema zum Inhalt. Die übrigen 279 Einheiten weisen eine andere Beziehung zu Zug auf. So wurde beispielsweise Louis Bails *Theologia affectiva* (Baden 1678) vom Zuger Franz Brandenberg ins Deutsche übersetzt. Auch Laurentius von Schnüffis' *Mirantisches Flötlein oder geistliche Schäfferey* (Konstanz 1682) ist Teil der Tugiensia-Sammlung, da Schnüffis eine

Zeitlang im Kapuzinerkloster Zug weilte. Besondere Erwähnung verdienen für das 18. Jh Beat Fidel Anton Zurlaubens *Tableaux de la Suisse* (4 Bde, Paris 1780–1786), der *Code militaire des Suisses* (4 Bde, Paris 1758–1764), die *Lettre sur la vie de Guillaume Tell* (Paris 1767) und die *Tables généalogiques des augustes Maisons d'Autriche et de Lorraine* (Paris 1770). Auch Johann Arndts *Sämtliche VI Geistreiche Buecher vom wahren Christenthum* (Zürich 1783) sind vertreten, da diese Ausg. vom Zuger Kupferstecher Johann Jakob Hiltensperger illustriert worden ist. Unter den Titeln des 19. Jhs befinden sich v. a. Predigten, patriotische Reden, medizinische Dissertationen, Rechtsliteratur und belletristisches Schrifttum (Josef Spillmann).

Th. Theologie

2.49 Der Bestand an theologischer Literatur umfasst 1159 Einheiten. Davon sind 37 Bde (oder 3,2 %) im 16. Jh, 91 (7,9 %) im 17. Jh, 208 (17,9 %) im 18. Jh und 823 (71 %) im 19. Jh erschienen. Die Werke können folgenden Sachgebieten zugeordnet werden: Aszetik (265), Kirchengeschichte (240), Dogmatik (160), Bibeln und Bibelliteratur (99), Predigten (78), Katechese (75), Hagiographie (66), Moraltheologie (40), Pastoraltheologie (30), Liturgie/Breviere (28), Kirchenrecht (28), Philosophie/ Pädagogik (18), Patristik (16), Profangeschichte (9), geistliche Rhetorik (5) und Kontroverstheologie (2).

2.50 Die ältesten 6 Bibeln erschienen zwischen 1501 und 1550, darunter 4 griechische und 2 lateinische. Insgesamt zählt man unter den fremdsprachigen Bibeln bis zum 19. Jh 7 griechische, 18 lateinische und 1 italienische. Den Hauptanteil machen die 74 deutschsprachigen Bibeln aus, von denen 61 dem 19. Jh zuzuordnen sind.

2.51 In der bestdotierten theologischen Disziplin, der Aszetik (allein 77 Werke aus dem 18. Jh), ist Johann Arndts *Paradies-Gärtlein* (Ulm 1708) erwähnenswert. Das Exemplar weist den Zuger Alt-Landammann Anton Weber (1839–1924) als Vorbesitzer aus. Bemerkenswert ist auch das Vorhandensein der Reden (Barby 1781) Nikolaus Ludwig Zinzendorfs. Zur Moraltheologie, die mit 6 Werken einen kleinen Anteil der im 18. Jh erschienenen Titel ausmacht, zählen der *Confessarius meditans seu exercitia peragens spiritualia* (Freiburg i. Ü. 1769) und Marianus ab Angelis' *Examen theologico-morale* (Augsburg 1782). Von den 16 im 18. Jh erschienenen Predigttiteln sind Modest Hahns *Neue Predigten auf die Feste der Heiligen* (Augsburg 1791) zu nennen. Zur Katechese zählen Franz Anton Reichles *Kurzer Auszug des Römischen Katechismus* (Konstanz 1767) und Johann Georg Schenklis in mehreren Ausg. vorliegende *Englische Kinder-Lehr* (St. Gallen 1709, 1741, 1748). Kritisch zur Aufklärung äussern sich die *Drey Reden über die zu weit getriebene Aufklärung* (o. O. 1790). Zur Diözese Konstanz finden sich aus dem 16. und dem 18. Jh verschiedene Publikationen. Die im 19. Jh erschienenen Werke sind v. a. der Kirchengeschichte (190), der Aszetik (153), der Dogmatik (117), der Bibelliteratur (66) und der Hagiographie (59) zuzuordnen.

Sondersammlungen

Dubletten

2.52 Diese Sammlung umfasst 2830 Tugiensia, wobei 37 (1,3 %) im 17. Jh, 158 (5,6 %) im 18. und 2635 (93,1 %) im 19. Jh veröffentlicht wurden. Eine weitere Dublettensammlung enthält 49 Periodika des 19. Jhs.

Unerschlossene Tugiensia

2.53 Der unerschlossene Altbestand umfasst 663 Einheiten, davon 598 Tugiensia. Letztere enthalten zahlreiche Schriften zum Toggenburger Handel, ferner Literatur zur Helvetik, Reiseliteratur und geographische Werke. Die entsprechenden Publikationen des 19. Jhs vereinen hauptsächlich Gesetzestexte des Kantons Zug und entsprechende Rechtsliteratur sowie Schriften zum Zuger Schul- und Vereinswesen (Statuten). Schwerpunkt der anderen 65 Einheiten des unerschlossenen Altbestands bilden theologische Werke, v. a. aszetische, hagiographische, kirchengeschichtliche und liturgische Publikationen, aber auch Titel aus anderen Fachgebieten.

Kleindruckschriften zugerischer Gemeinden

2.54 Dieser Bestand umfasst 554 Einheiten, von denen 10 im 18. und 544 im 19. Jh erschienen sind. Dabei handelt es sich vorwiegend um Sammlungen von Gesetzen und Erlassen, um Abstimmungsunterlagen und Reglemente, Statuten verschiedener Vereine und Organisationen, Tagungsprogramme und Schriften von Korporationen.

3. KATALOGE

Moderne Kataloge

Autorenkatalog [Zettelform]

Sachkatalog [Zettelform]

EDV-Katalog [Bearbeitungszeitraum: ab 1986]

Katalog der Tugiensia-Bestände [Zettelform, ab 1995 auf EDV]

Zumbach, Ernst: Zuger Bibliographie [Zettelform]

Historische Kataloge

Katalog der Bücher der Stadtgemeinde Zug, sammt einem Namensverzeichnisse derjenigen, die der Lesegesellschaft zur Benützung und Aeufnung der Büchersammlung beygetretten sind. Zug 1807

Erste Fortsetzung des im Jahre 1807 herausgegebenen Catalogs der Büchersammlung der Stadtbibliothek Zug. Zug 1812

Lutiger, Franz: Bücher-Verzeichniß der Leihbibliothek von Franz Lutiger, Buchbinder in Zug. Zug 1830

Katalog der Büchersammlung der Stadtgemeinde Zug 1838. Zug 1838

Katalog der Stadtbibliothek von Zug. Zug 1839, 1858, 1876

Katalog der Stadtbibliothek von Zug. Nachträge. Zug 1842, 1846, 1867, 1886, 1893

Morel, Gall: Verzeichnis in Zug gedruckter Bücher. [Pfarrarchiv Zug]

Katalog der Stadtbibliothek Zug. Zug 1910

Stadtbibliothek Zug: Katalog. Belletristik, Jugendbücher. Zug 1955

4. QUELLEN UND DARSTELLUNGEN ZUR GESCHICHTE DER BIBLIOTHEK

Archivalien

Ausleihjournal der Lesegesellschaft [Pfarrarchiv Zug]

Bibliothekswesen [Pfarrarchiv Zug]

Bibliothekswesen [Stadtarchiv Zug]

Diverse Akten der Stadtbibliothek [u. a. Protokoll- und Rechnungsbücher] [Stadtbibliothek Zug]

Darstellungen

Bieler, Anton: Zuger Buchdrucker. Katalog der Zuger Drucke 1671 bis ca. 1820 [mschr.; Stadtbibliothek Zug, Signatur: ATq 6636.1-3; Benutzungskopie, Signatur: Tq 6635]

Einladung zur Teilnahme an der neueingerichteten Stadtbibliothek. Zug 1838

Matter, Gerhard: Die Zuger Lesegesellschaft. In: Librarium 29/1 (1986), S. 17-38

Meyer, Wilhelm Josef: Das Bibliothekswesen. In: Das Buch vom Lande Zug. Zug 1952, S. 244-248

Meyer, Wilhelm Josef: Das älteste gedruckte Buch in Zug. Johannes Balbus de Janua: Catholicon. In: Zuger Neujahrsblatt 1912, S. 43-46

Meyer, Wilhelm Josef: Über die Bibliothek des Generals Zurlauben. In: Zuger Neujahrsblatt 1944, S. 3-9

Meyer, Wilhelm Josef: Über die ältesten Büchersammlungen in Zug. In: Heimatklänge 1928, Nrn. 30, 31, S. 117f., S. 121

Matter, Gerhard; Raschle, Christian; Carlen, Aldo; Meier, Kurt-Werner; Ott, Peter (Redaktion): Stadtbibliothek Zug. Zur Eröffnung der Stadt- und Kantonsbibliothek Zug. Hrsg. unter dem Patronat des Zuger Vereins für Heimatgeschichte. Zug 1986

Statuten über die Benutzung der Büchersammlung der Stadtgemeinde Zug. Zug o. J.

Statuten des Lese-Club der Stadt Zug. Zug 1876, 1890

Zumbach, Ernst: Unsere Bibliotheken. In: Zuger Neujahrsblatt 1929, S. 3-15, und 1942, S. 11-14

5. VERÖFFENTLICHUNGEN ZU DEN BESTÄNDEN

Morf, Heinz: Die Zuger Bibliographie. Beschreibung, Ergänzung, bestehende Lücken. Diplomarbeit der Vereinigung schweizerischer Bibliothekare. Zug 1981 [mschr.]

PFARRBIBLIOTHEK ST. MICHAEL, ZUG

Kanton: Zug

Ort: Zug

Bearbeiter: Hanspeter Marti und Thomas Marti

Adresse: Pfarramt St. Michael
Kirchenstrasse 17
6300 Zug

Telefon: +41 41 727 20 10

Telefax: +41 41 710 78 70

Homepage: www.kath-zug.ch

E-Mail: kirchenrat@kath-zug.ch

Träger: Katholische Kirchgemeinde Zug

Funktion: Pfarrbibliothek

Sammelgebiete:
Theologica (Dogmatik, Predigten), Pädagogik.

Benutzungsmöglichkeiten:
Nach Absprache.

Technische Einrichtungen für den Benutzer:
Kopiergerät.

Hinweise für anreisende Benutzer:
Anreise mit dem Auto: ab Autobahn Ausfahrt Zug via Postplatz-Casino. Öffentliche Parkhäuser (z. B. Casino, direkt unterhalb des Pfarrhauses St. Michael) und Parkplätze (beschränkte Parkdauer). Zu Fuss vom Bahnhof in südlicher Richtung (ca. 15 Min.) oder mit dem Bus Nr. 11 (Zugerberg), Haltestelle »St. Michael« resp. Bus Nr. 3 und 5, Haltestelle »Casino«, von dort 5 Min. zu Fuss zum Pfarrhaus St. Michael.

1. BESTANDSGESCHICHTE

1.1 Bis zum Jahre 1838, als die Zuger Stadtbibliothek eröffnet wurde und nach einem langwierigen Ausscheidungsprozedere einen Teil der Bücher der Pfarrbibliothek übernahm, hatten die beiden Bibliotheken dieselbe Geschichte. Hauptsächlich die letzte Phase vor jenem Gründungstermin wird im Artikel »Stadt- und Kantonsbibliothek Zug« eingehend geschildert, auf den ausdrücklich verwiesen sei. Um unnötige Wiederholungen zu vermeiden, beschränkt sich diese Bestandsgeschichte auf einen knappen Abriss der wichtigsten Fakten sowie auf Ergänzungen, die aus dem Blickwinkel der Geschichte der Pfarrbibliothek Zug notwendig erscheinen.

1.2 Aus der Zeit von Magister Johannes Eberhard (1435–1497), der die »libery St. Oswald« gründete, sind in der Pfarrbibliothek Handschriften und Inkunabeln erhalten geblieben, so die *Documenta moralia Catonis* (Ulm um 1476–1478), ein Geschenk Rudolf Zeltmeisters (gest. 1490), des Kaplans in Meierskappel, an die Zuger Kirche. 6 weitere Inkunabeln stammen aus dem Besitz der Gebrüder Stefan und Johannes Baumgartner, die, von württembergischer Herkunft, in der zweiten Hälfte des 15. und bis ins erste Jahrzehnt des 16. Jhs in Zug als Geistliche tätig waren. Der vorreformatorische Bestand von mindestens 20 bis höchstens 40 Drucken setzte sich hauptsächlich aus religiös-kirchlicher Gebrauchsliteratur wie Bibeln, Messbüchern sowie aus Publikationen zum Kirchenrecht zusammen. Nach dieser frühen Blüte im ausgehenden Spätmittelalter hatte die St. Oswaldsbibliothek eine lange Zeit des Niedergangs zu verzeichnen, wie die Inventare von Stadtschreiber Wolfgang Vogt aus dem Jahr 1684 sowie von Stadtschreiber Philipp Landtwing (1695–1769) von 1748 zeigen, die beide nur knapp 100 Einträge aufweisen. Den Aufschwung führte Dekan Beat Karl Anton Wolfgang Wickart (1689–1758) im Jahre 1758 herbei. Unterstützt von den Stadträten Jakob Bernhard Brandenberg und Franz Fidel Landtwing, errichtete er mit den von ihm angeschafften Büchern eine Stiftung. In der Stiftungsurkunde vom 4. April 1758 ist eine Bibliotheksordnung mit bis ins Einzelne gehenden organisatorischen Anweisungen enthalten. Mit der Aufsicht über die Bibliothek wurde der Stadtpfarrer betraut, den zwei weitere Zuger Geistliche und zwei weltliche Personen unterstützten. Ausnahmsweise durften Bücher gegen ein Entgelt nach Hause ausgeliehen werden; Donatoren waren von der Gebühr befreit. Verbotene Werke waren in einem für sie bestimmten Kasten aufzubewahren. Bei der jährlichen Visitation hatte der Bibliothekar, der von der Stiftung entlöhnt wurde, den Aufsichtspersonen über seine Tätigkeit Rechenschaft abzulegen und die Bewilligung für Anschaffungen und andere Vorhaben einzuholen. Mit der Stiftung wollte Wickart dem beim Zuger Klerus festgestellten Bildungsdefizit begegnen, ohne das Laienpublikum von der Benutzung der Bibliothek ganz auszuschliessen, was u. a. vielleicht auch das gestiftete Exemplar von Grimmelshausens *Simplicissimus* belegt, das allerdings heute in der Pfarrbibliothek nicht mehr vorhanden ist. Durch Schenkungen weiterer Zuger Stadtpfarrer, so Karl Martin Landtwings (1716–1773), Johann Konrad Bossards (1765–1830), Johann Baptist Sidlers (1806–1893) und Franz Xaver Uttingers (1845–1904), wurde auch vom späten 18. bis zum beginnenden 20. Jh die Büchersammlung stark auf die Theologie ausgerichtet. Das Bild der typischen Pfarrbibliothek bestätigte sich ferner durch den Erwerb von Büchern aus dem Besitz anderer Zuger Weltgeistlicher wie Carl Franz Brandenbergs (1660–1738), Pfarrers in Meierskappel, Beat Michael Keisers (1646–1724), Josef Anton Landtwings (1695–1755), später Jakob Carl Keisers (1729–1815), Pfarrers in Steinhausen, und Josef Weiss', Pfarrhelfers in Zug (1841–1920). Eher selten weisen handschriftliche Eintragungen in den Büchern auf Schenkungen wohlhabender Zuger oder auf persönliche Beziehungen von Zuger Klerikern zur städtischen Oberschicht hin. So treten vereinzelt »Senator« (Ratsherr) Mark Anton Fidel Keiser (1733–1810) sowie hin und wieder die Zurlauben als Donatoren und als Vorbesitzer von Büchern der Pfarrbibliothek auf. Seit dem 19. Jh wurde grosser Wert gelegt auf den Kauf von Nachschlagewerken wie des Zedlerschen *Universallexikons* und von Johann Georg Krünitz' *Oekonomisch-technologischer Encyclopädie*, auf die Ausdehnung der Büchersammlung auf profane Einzeldisziplinen überhaupt. Der Bestand an Schulbüchern und an übriger pädagogischer Literatur spricht für den Einsatz der Stadtpfarrer und anderer Zuger Geistlicher im Dienste der Verbesserung des Schulwesens und der Volksbildung in der ersten Hälfte des 19. Jhs. Eine beträchtliche Anzahl frühneuzeitlicher Publikationen aus verschiedenen Sachgebieten gelangte erst in den Jahren 1888–1896 in die Pfarrbibliothek, so *Das verbüthschiert mit siben Sigeln verschlossen Buoch* (o. O. 1539) des mystischen Spiritualisten Sebastian Franck (um 1500–1543) mit dem handschriftlichen Eintrag: »Lies dieses Buch mit dem Geiste, in welchem es der Verfasser geschrieben hat und du wirst darin nichts als lautere Weisheit finden.« Auch der *Philosophische Beweis von der Wahrheit der christlichen Religion* (Königsberg, Leipzig 1763) von Martin Knutzen, des Lehrers von Immanuel Kant, kam, wie eine der beiden frühen Ausg. der Kantschen *Religion innerhalb der Grenzen der blossen Vernunft* (1793) erst

Ende des 19. Jhs an den heutigen Standort. Seit dem Beginn des 20. Jhs hat die heute stark museale Züge aufweisende Pfarrbibliothek, vom Erwerb von Tugiensia und aktueller pastoraler Gebrauchsliteratur abgesehen, keine wesentliche Bestandserweiterung mehr erfahren. In letzter Zeit wurde sie als Forschungsgegenstand entdeckt. Sie repräsentiert das Verhältnis katholischer Weltgeistlicher zur Schrift- und Buchkultur vom Spätmittelalter bis zum 19. Jh in für die Deutschschweiz einmaliger historischer Kontinuität.

2. BESTANDSBESCHREIBUNG

Chronologische Übersicht und Übersicht nach Sprachen

2.1 Der gesamte historische Bestand umfasst 6392 Einheiten, darunter 69 Inkunabeln, 48 Drucke aus der ersten, 47 aus der zweiten Hälfte des 16. Jhs, 457 Publikationen des 17. Jhs, nur 126 aus dessen erster Hälfte, 1867 Werke des 18. Jhs (681 erste, 1186 zweite Jahrhunderthälfte) sowie 3904 aus dem 19. Jh, von denen 1651 zwischen 1801 und 1850 erschienen.

2.2 4527 Werke (70,8 %) sind in deutscher, 1266 (19,8 %) in lateinischer, 460 (7,2 %) in französischer, 101 (1,6 %) in italienischer, 28 (0,4 %) in griechischer, 8 in englischer und 1 in hebräischer Sprache verfasst.

Systematische Übersicht

2.3 Der Sachkatalog in Zettelform umfasst folgende Rubriken: Apologie und Dogmatik (AD), Askese (As), Belletristik (Be), Biblisches (Bi), Biographie und Hagiographie (BH), Controvers-Schriften (CS), Enzyklopädien, Lexika (EL), Geographie und Naturwissenschaft (GN), Homiletik (Ho), Jurisprudenz (Jus), Katechetik und Pädagogik (KP), Kirchengeschichte (Kg), Kriegsliteratur (Kl), Kultur- und Kunstgeschichte (KK), Liturgik (Li), Moral (Mo), Pastoraltheologie (Pas), Patristik (Pat), Philosophie, Psychologie (Ph), Schweizer Geschichte (Sg), Alte Sprachen (AS), Moderne Sprachen (MS), Staatswissenschaft (Sw), Tugiensia (Tu), Varia (V), Weltgeschichte (Wg) und Zeitschriften (Z). Mit Rücksicht auf die Sachzugehörigkeit sind den im Grossen und Ganzen nach Disziplinen aufgestellten Büchern aber Numerus-currens-Signaturen vergeben worden.

2.4 Die Bestandsbeschreibung nach inhaltlichen Gesichtspunkten wird nicht auf Grund der bibliothekseigenen Systematik, sondern nach einer zweckentsprechenden, den Beständen von anderen geistlichen Bibliotheken angepassten Rubrizierung erfolgen. Diese erlaubt den Vergleich der Pfarrbibliothek mit den Büchersammlungen verschiedener Klosterbibliotheken, u. a. der des aufgehobenen Kapuzinerklosters Zug.

2.5 Die 6392 Einheiten verteilen sich prozentual wie folgt: Predigten (16,7 %), Dogmatik (15,4 %), Zeitschriften (10,3 %), Schöne Literatur (8,2 %), Mystik und Aszese (7,1 %), Pädagogik (7,1 %), Bibel und Exegese (6,4 %), Kirchengeschichte (4,2 %), Schweizer Geschichte (3,5 %), Liturgie (3,1 %), Weltgeschichte (2,6 %), Moraltheologie (2,5 %), Philosophie (2,4 %), Recht (1,8 %), Patristik (1,7 %), Wirtschaft und Politik (1,4 %), Hagiographie (1,2 %), Kontroverstheologie (1 %), Geographie (1 %), Naturwissenschaften (0,6 %), Medizin (0,4 %), Ökonomie (0,1 %).

2.6 Zuerst werden die theologischen Disziplinen, einschliesslich der Kirchengeschichte, in der Reihenfolge der Bestandsgrössen vorgestellt, dann analog dazu die profanen Fächer, am Schluss die Zeitschriften sowie die nicht den Sachgebieten zugeschlagenen Inkunabeln.

2.7 Mit geringem Vorsprung zur Dogmatik bilden die Predigten (1066 Einheiten) eine zentrale Sparte der Gebrauchsliteratur der Weltgeistlichen, die grösste Sachgruppe (16. Jh: 7; 17. Jh: 126; 18. Jh: 534; 19. Jh: 399). Der überwiegende Teil (857) ist deutschsprachig, 152 sind lateinisch-, 47 französisch- und 10 italienischsprachig. Ausser Predigtsammlungen und Einzelpredigten aller Art, von denen ein grosser Teil für breite Bevölkerungsschichten und die Landbewohner (Edilbert Menne, *Leichtfaßliche katechetische Reden eines Dorfpfarrers*, 4 Bde, Augsburg 1791) bestimmt ist, umfasst diese Sachgruppe Anleitungen und Nachschlagewerke für Prediger, darunter von Rudolf Graser die *Vollständige Lehrart zu predigen* (Steyr 1766), von Vincent Houdry die *Bibliotheca concionatoria* (5 Bde, Augsburg, Innsbruck 1757–1764) und Ambrosius Kollenetz' *Neues und vollständiges Lexikon für Prediger* (3 Teile, Breslau, Hirschberg 1789). Werke fremdsprachiger Prediger sind in deutscher Übers. oder in der Originalsprache (Serafino da Vicenza OFMCap, *Orazioni sacre*, 2 Bde, Venedig 1752) vorhanden. Hinzu kommen Einzelpredigten von Zuger Geistlichen (Johann Konrad Bossard, *Der Glaube an die Eine, heilige, katholische und apostolische Kirche*, Zug o. J.; Neujahrspredigt von 1819), Predigtsammlungen von weiteren Kapuzinern (Heribert von Salurn), Predigten aus der Zeit der Spätaufklärung, so des Banzer Benediktiners Roman Schad (*Gründe der Zufriedenheit des Landmanns mit seinem Stande*, o. O. 1793) und des Protestanten August Christian Bartels (*Predigten zur Beförderung einer vernünftigen Aufklärung in der Religion*, Züllichau 1793) sowie, ebenfalls von protestantischer Seite, von Georg Joachim Zollikofer und August Friedrich Wilhelm Sack (*Predigten über verschiedene wichtige Wahrheiten zur Gottseligkeit*, 2. Teil, Magdeburg 1773; aus dem Besitz Karl Martin Landtwings). Georg Pistorius' *Allgemeines Klaghauß* (Dillingen 1658) stammt aus dem Vorbesitz des Zuger Stadtpfarrers Johann Jakob Schmid (1634–1696) und Beat Karl Anton Wolfgang Wickarts, das Exemplar von Johann Hofmeisters *Homiliae in evangelia* (o. O. 1547) aus der Benediktinerabtei Rheinau, Matthias Fabers *Concionum opus tripartitum* (Ingolstadt 1631) aus dem Benediktinerkloster Engelberg. Im Jahre 1850 erwarb der spätere Zuger Stadtbibliothekar Bonifaz Staub (1816–1887) Bernhardin von Bustis *Mariale* (Strassburg 1502), das, im Jahre 1539 von einem Ittinger Kartäuser gekauft, erst 1857 in die Pfarrbibliothek Zug gelangte.

2.8 Fast gleich stark wie die Predigten ist die Sachgruppe »Dogmatik« (984 Einheiten), die sich aus 681 deutsch-, 248 lateinisch-, 52 französisch- und 2 englischsprachigen Werken und 1 Schrift in italienischer Sprache, aus 10 Publikationen des 16. Jhs, 67 des 17., 236 des 18. und 671 des 19. Jhs zusammensetzt. Darunter befinden sich, ausser eigentlichen Lehrbüchern der Dogmatik und der Pastoraltheologie sowie 48 Hirtenbriefen des 18. und rund 200 des 19. Jhs, Handreichungen für den Katecheten und Abhandlungen über Einzelfragen, z. B. das Zölibat (Benedikt Maria Werkmeister) oder die *Gedanken eines Land=Pfarrers über die Verminderung der Feyertaege* (Wallerstein 1781), Schriften über kirchliche Bräuche, theologische Lexika (Franz Karl Kienle) sowie kirchliche Verordnungen. Hervorzuheben sind Publikationen Benedikt Stattlers, Sebastian Mutschelles und Stephan Wiests sowie des Luzerner Sailerschülers Alois Gügler (5 Titel), an protestantischen Autoren Hugo Grotius (*De veritate religionis christianae*, 2 Ausg.: Jena 1727, Halle 1740), Johann Caspar Lavater und Karl Heinrich Sack (*Werth und Reiz der Theologie und des geistlichen Standes*, Berlin 1814). Augustin Redings *Theologia scholastica* (6 Bde; Einsiedeln 1667–1674) und Peter Binsfelds *Enchiridion theologiae pastoralis* (Pruntrut 1598) besass einst die Benediktinerabtei Rheinau, Thomas von Aquins *Summa theologica* (5 Bde, Padua 1698) wurde im Jahre 1760 vom Zuger Drucker und Präses der Lukasbruderschaft Heinrich Anton Schell der Pfarrbibliothek geschenkt. Jakob Marchantius' *Hortus pastorum* (Lyon 1662) war ein Geschenk des Wettinger Zisterziensers Ludwig Zurlauben (1661–1724), längere Zeit Spiritual im Kloster Frauenthal, an Beat Karl Anton Wickart.

2.9 Die unter »Aszese, Mystik« einzuordnende Meditationsliteratur (456 Einheiten) zählt nur eine einzige Publikation des 16. Jhs, 63 Werke des 17., 160 des 18. und 232 des 19. Jhs, davon 137 aus dessen erster Hälfte. Unter sprachlichem Blickwinkel dominiert Deutsch (282) vor Latein (97), Französisch (62) und Italienisch (15). Neben den Werken zur geistlichen Betrachtung, die auch protestantisches Erbauungsschrifttum (Christian Scriver, Gerhard Tersteegen, Johann Caspar Lavater, Johann Jakob Hess) einschliessen, umfasst die Sachgruppe Gebetbücher, Anleitungen zur Krankenbetreuung, Bruderschaftsliteratur, v. a. mit Zuger und Innerschweizer Bezug, sowie Literatur von und über Sodalitäten, manche Werke mit Zug als Erscheinungsort. Vorhanden sind 4 Ausg. von Hermann Busenbaums *Medulla*, ferner um die 10 Titel, darunter 4 Telemach-Ausgaben, von François de Salignac Fénelon, ein mariologisches Werk von Maximilian Sandaeus, die *Maria gemma mystica* (Mainz 1631), der von einem nicht mit Namen genannten Jesuiten verfasste *Ritiramento spirituale* (Venedig 1742), Jean Croisets *Andachtsübungen* (17 Bde, Augsburg 1749–1750) und 6 Titel von Jeremias Drexel, einschliesslich dessen Gesamtwerk. In französischer Sprache liegt Johannes vom Kreuz' *La vive flamme d'amour* (Paris 1641) vor. Johann Jakob Schmids *Motus perpetuus* (Zug 1689) war 1690 im Besitz des Jesuitenkollegiums Solothurn und kam erst im Jahre 1885 als Geschenk in die Zuger Pfarrbibliothek. Die *Septem verborum quae Christus ex cruce protulit brevis et pia explicatio* (Antwerpen 1556), eine Predigt des Minoriten Franciscus Zicherius, gehörte einst dem Luzerner Konvertiten Lienhart Rissi, dessen Bibliothek von Kaspar Pfyffer (gest. 1611), dem Gründer des Luzerner Kapuzinerklosters, gekauft und den Luzerner Kapuzinern geschenkt wurde. Rissis Bücher werden dort heute noch als geschlossener, in grosser Vollständigkeit erhaltener Bestand aufbewahrt. Die vom Kapuziner Paul von Lagny gesammelten *Canones amoris sacri* (Paris 1659), ein Geschenk Johann Jakob Schmids an Pfarrer Beat Michael Keiser, hatte noch 1748 Pfarrer Jakob Karl Leonz Keiser in Besitz. Kapuzinische Erbauungsschriften erfreuten sich bei den Zuger Pfarrern grosser Beliebtheit.

2.10 Recht zahlreich sind Bibeln und Bibelliteratur (406 Einheiten) anzutreffen, darunter Auslegungen der ganzen und von Teilen der Heiligen Schrift, angeführt von den Standardwerken August Bispings (3 Titel), Cornelius a Lapides, Heinrich Brauns, Dominik Brentanos, Jakob Tirinis und von Karl Loders biblischer Geschichte (17 Teile, Konstanz 1761–1766; 2 Exemplare). Hinzu kommen Bibellexika und -konkordanzen, aber auch Bibelausgaben und -auslegungen von protestantischen Autoren (August Hermann Niemeyer, Johann David Michaelis, Johann Caspar Lavater). Das biblische Fach weist die grösste sprachliche Vielfalt auf mit 266 deutsch-, 114 lateinisch-, je 10 griechisch- und französisch-, 3 italienisch- und 2 hebräischsprachigen Publikationen sowie mit 1 englischsprachigen Schrift. Auf die Erscheinungszeit bezogen handelt es sich um 7 Werke des 16. Jhs, 43 des 17., 165 des 18. und 191 des 19. Jhs. Erwähnenswert sind *Das Plenarium oder Ewangelybuoch* (Basel 1516), Le Prévost Herblays *Vie de N. Seigneur Iésus-Christ ou la concordance des évangiles* (Paris 1655), Johann Ulrich Kraus' *Heilige Augen= und Gemüths=Lust* (Augsburg o. J.), eine Bilderbibel, und Johann von Sylveiras Apokalypsekommentar (2 Bde, Lyon 1667–1669). Johann de Pinedas Hiobkommentar (Köln 1600) war einst im Besitz der Stadtpfarrer Jakob Huser und Oswald Schön. Schön hatte ihn vom Bremgartner Pfarrer und Barockdichter Johannes Mahler (gest. 1634) geschenkt bekommen.

2.11 Wesentlich schwächer als die 4 eben vorgestellten Fächer, doch mit einigen Standardwerken (Caesar Baronius, Bonaventura Racine, Antoine-Henri de Bérault-Bercastel, Jacques-Bénigne Bossuet, Johann Matthias Schröckh) ist die Kirchengeschichte (270 Einheiten) vertreten. Es handelt sich um 9 Publikationen des 16., nur 14 des 17. Jhs, 82 des 18. und 165 des 19. Jhs mit einem grösseren Anteil (100) aus dessen erster Hälfte. Deutlich überwiegen die deutschsprachigen (232) vor den lateinisch- (25), den italienisch- (7) und den französischsprachigen (6) Drucken. Zahlreich sind Werke zum Konzil von Trient mit Editionen von Dekreten und Satzungen, ferner zu Päpsten und Konzilien, Ordensgemeinschaften, Häresien (Arianer, Täufer), aber auch zur Französischen Revolution. Vom Konstanzer Generalvikar Ignaz Heinrich von Wessenberg, mit dem Zuger Geistliche in Kontakt standen, liegen über die Fächer verteilt 6 Titel vor, darunter *Die grossen Kirchenversammlungen des 15. und 16. Jahrhunderts* (4 Bde, Konstanz 1840). Michael Buchingers *Historia ecclesiastica nova* (Mainz 1560) stammt aus dem Besitz des Späthumanisten Johannes Hürlimann, der sie im Jahre 1571 kaufte, und ging 1621 in den Besitz von Johann Heinrich Amrhein, Chorherr in Beromünster, über, der auch die *Autores historiae ecclesiasticae* (Basel 1523) besass, nachdem sie zunächst dem Solothurner Propst Urs Manslib (Somander; 1501–1573) und dann ebenfalls Hürlimann (1557) gehört hatten.

2.12 Zur theologischen Gebrauchsliteratur der Pfarrei gehörten auch die Liturgica (196 Einheiten), die nicht selten jahrzehntelang, wenn nicht sogar während mehr als hundert Jahren Verwendung fanden. 10 Publikationen entfallen auf das 16. Jh, 27 auf das 17., 73 auf das 18. und 86 auf das 19. Jh. 162 lateinischsprachigen Werken stehen 27 deutsch- und 7 französischsprachige gegenüber. In dieser Sachgruppe befinden sich Breviere, Missale, Offizien und Literatur zur Hexen- und Dämonenbekämpfung, darunter Nicolaus Remigius' *Daemonolatreiae libri tres* (Köln 1596). Ein *Missale Romanum* (Graz 1642) ist ein Geschenk Johann Baptist Zurlaubens (1622–1644) aus dem Jahre 1644, dessen Restaurierung 1701 Maria Barbara Zurlauben (1660–1724) bezahlte. Wie die Zurlauben hatten auch Zuger Kapuziner gute Beziehungen zur Pfarrei, was Gregor Rippells *Alterthumb, Ursprung und Bedeutung aller Ceremonien* (Strassburg 1723) bezeugt, das von Michael Wickart im Jahre 1775 dem Bibliotheksstifter geschenkt wurde. Beachtung verdienen liturgische Kleinschriften aus der zweiten Hälfte des 18. Jhs, von denen 28 in einem einzigen Sammelband (Sign.: 4793) vereinigt und 16 in Zug erschienen sind. Offizien des 19. Jhs stammen vorwiegend aus der Diözese Basel.

2.13 Im Fach »Moraltheologie« (157 Einheiten) stehen v. a. die gängigen frühneuzeitlichen Lehrbücher, eine Anzahl Beichtspiegel, darunter Barthold Berteaus *Director confessariorum* (3. Teil, Dillingen 1650) in Katechismusform, in die lateinische Sprache übers. vom Einsiedler Benediktiner Adalrich Schwarz (gest. 1656). Wie bei den Liturgica überwiegen die lateinischsprachigen Werke (89) vor den deutsch- (44), den italienisch- (20) und den französischsprachigen (4) mit der *Théologie morale, composée par l'ordre de l'évesque de Grenoble* (nur Bd 2, Paris 1688). 16 Werke sind im 17. Jh, 73 im 18. und 68 im 19. Jh, davon 51 in dessen erster Hälfte, erschienen.

2.14 Der Patristik lassen sich 110 Werke zuordnen, darunter 11 aus dem 16. Jh, 10 aus dessen erster Hälfte, nur 5 aus dem 17. Jh, 50 aus der zweiten und nur 2 aus der ersten Hälfte des 18. Jhs sowie 42 aus dem 19. Jh, 30 aus dessen zweiter Hälfte. 75 Schriften sind in lateinischer, 33 in deutscher und je 1 in französischer und in griechischer Sprache gedruckt. Mit 15 Titeln ist Augustinus am besten vertreten, u. a. mit einer Briefausgabe (München 1668), die im Erscheinungsjahr dem Jesuitenkollegium Ingolstadt gehörte. Bernhard von Clairvaux' *Opera* (Lyon 1579) waren einst im Besitz der Luzerner Jesuiten.

2.15 Das Sachgebiet »Hagiographie« (79 Einheiten) besteht aus 68 deutsch-, 7 lateinisch- und 3 französischsprachigen Drucken sowie aus 1 Werk in italienischer Sprache. 58 Bücher entfallen auf das 19. Jh, 13 auf das 18. Jh, 6 auf das 17. und 2 auf das 16. Jh. Darunter befinden sich ausser Viten einzelner Heiliger (Antonius, Karl Borromäus) allgemeine Nachschlagewerke wie Alban Butlers *Leben der Väter und Märtyrer* (23 Bde, Mainz 1823–1827), François-Philippe Mésanguys *Lebensgeschichte der Heiligen* (4 Bde, Würzburg 1789/90) oder die *Nouvelle vie des saints* (2 Bde, Rouen 1704) von Echard von Commanville aus dem Vorbesitz des Zuger Stadtschreibers Heinrich Zurlauben (1690–1734).

2.16 »Kontroverstheologie« ist zahlenmässig unbedeutend (66 Einheiten), weist aber, über einige Jhe verteilt (17. Jh: 13; 18. Jh: 45; 19. Jh: nur 8 Werke), ein breites Themenspektrum auf, das von Konvertitengesprächen und Anleitungen zur Konversion über Anklagen gegen die Kapuziner bis zu Aufklärungskritik (Josef Anton Weissenbach, Karl von Eckartshausen) reicht. 47 Schriften sind in deutscher, 18 in lateinischer und 1 in französischer Sprache abgefasst. Zur Calvinismuskritik liegen vor Franciscus Fevardentius' *Theomachia Calvinistica sedecim libris profligata* (Paris 1604) aus dem Vorbesitz von Dekan Johann Georg Signer (1631–1675) sowie Johann Federers *Calvinismus detectus et dedoctus* (Innsbruck 1672).

2.17 Unter den Profandisziplinen steht an erster Stelle das Fach »Schöne Literatur« (525 Einheiten), dem auch die Literatur- und die Kunstgeschichte sowie die Ästhetik zugeordnet wurden. 10 Werke erschienen im 16., nur 6 im 17. Jh, 63 im 18. Jh, davon 52 zwischen 1751 und 1800, und 446 im 19. Jh, davon 334 in dessen zweiter Hälfte. Sprachlich dominiert Deutsch (272) vor Französisch (145), Latein (64), Italienisch (30), Griechisch (13) und Englisch (1). Im Vordergrund stehen einige frühneuzeitliche Ausg. antiker Klassiker (Plutarch, Ovid, Seneca, Horaz in gereinigter Form, Cicero) sowie Werke von Humanisten, so von Antoine Muret (2 Bde, Köln 1600/01) und Angelus Polizianus (*Epistolarum libri duodecim*, Basel 1522). Bei den Inkunabeln aufgestellt ist ein Sammelband mit weiteren Humanistenschriften (u. a. Heinrich Glarean, Heinrich Bebel und Jakob Wimpfeling), die im frühen 16. Jh erschienen. Ferner sind vorhanden Texte italienischer Klassiker von Torquato Tasso bis Alessandro Manzoni und von deutschen Aufklärern (Christian Fürchtegott Gellert, Salomon Gessner, Albrecht von Haller, Friedrich Gottlieb Klopstock und Wilhelm Rabener); unter den französischen Autoren ragt Alphonse de Lamartine (12 Bde, Frankfurt a. M. 1854–1856) heraus.

2.18 Zur pädagogischen Literatur (456 Einheiten) wurden Wörterbücher, Grammatiken und Sprachlehrbücher (Deutsch, Französisch, Italienisch, Latein, Griechisch und Hebräisch), Rechenbücher, Einführungen in die Handelskorrespondenz, Wörterbücher, Synonymiken, Briefsteller, Rhetoriken, Poetiken, Florilegien und Enzyklopädien, darunter Zedlers Universallexikon, und allgemeine pädagogische Literatur, v. a. aber Katechismen gezählt. Es handelt sich um 6 Publikationen des 16. Jhs, 15 des 17. Jhs, 168 des 18. und 267 des 19. Jhs. Der Hauptanteil (356) ist in deutscher, 49 Werke sind in lateinischer, 40 in französischer, 7 in italienischer, 3 in griechischer, und eine Schrift ist in englischer Sprache gedruckt. Erwähnenswert sind Anton Rudolf Cevallerius' *Rudimenta Hebraicae linguae* (Wittenberg 1591) aus dem Vorbesitz des Berner Ramisten Markus Rütimeyer, 4 Ausg. von Jakob Pontanus' *Progymnasmata*, von Jean-Baptiste Morvan de Bellegarde *Die vollkommene Erziehung* (Danzig 1763), Rhetoriklehrbücher Johann Christoph Gottscheds, von Amos Comenius die *Ianua linguarum* (Amsterdam 1662), Joseph Langs *Polyanthea* (Lyon 1669) sowie von Antonius van Schore die *Phrases linguae Latinae* (Köln 1595). Joseph Jungmann warnt in einem Traktat vor den Gefahren der Belletristik (Innsbruck 1872).

2.19 Die 226 Einheiten Schweizer Geschichte gehen zum grössten Teil (185) auf das 19. Jh (124 zweite Jahrhunderthälfte) zurück, nur 36 auf das 18. und 5 auf das 17. Jh. Dementsprechend handelt es sich überwiegend um Werke in deutscher Sprache (204), die durch 20 französisch- und 2 lateinischsprachige ergänzt werden. Die *Histoire militaire des Suisses au service de la France* (8 Bde, Paris 1751–1753) trägt einen Schenkungsvermerk des Verfassers, General Beat Fidel Zurlaubens (1720–1799), für Xaver Keiser Im Hof.

2.20 »Weltgeschichte« (169 Einheiten) setzt sich aus Universalgeschichten, Biographien (Herzog Eugen von Savoyen; Voltaire), Werken zur Geschichte des Altertums (Charles Rollin) und fremder Erdteile (Indien) sowie vereinzelten ganz unerwartet in der Pfarrbibliothek vorhandenen Publikationen wie der *Epitome emblematum panegyricorum academiae Altorfinae* (Nürnberg 1602) zusammen. Auch hier dominiert die deutsche (126) vor der französischen (30) und der lateinischen (6) Sprache, dann aber gefolgt von der italienischen (5) und der englischen (2). 4 Werke stammen aus dem 16. Jh, 7 aus dem 17. Jh, 35 aus dem 18. und 123 aus dem 19. Jh, davon 74 aus dessen erster Hälfte. Erwähnenswert sind Johann Heinrich Zedlers *Allgemeine Staats-, Kriegs-, Kirchen- und Gelehrten-Chronicke* (16 Bde, Leipzig 1733–1749; Bd 6 fehlt), Thomas Moores *History of Ireland* (2 Bde, Paris 1837 und 1840) und Jacques de Callières *Courtisan prédestiné ou le duc de Joyeuse capucin* (Paris 1662).

2.21 Im Fach »Philosophie« (153 Einheiten) ist Literatur ganz unterschiedlicher Denkrichtungen vereinigt, von Aristoteles über den mittelalterlichen Thomismus und dessen frühneuzeitliche Derivate bis zu Jean-Jacques Rousseau (*Œuvres complètes*, 12 Bde, Frankfurt a. M. 1855–1857), Johann Michael Sailer (29 Titel über verschiedene Sachgebiete verteilt) und *Kant's Theorie der reinmoralischen Religion mit Rücksicht auf das reine Christenthum* (Riga 1796) des Steingadener Prämonstratensers Gregor Leonhard Reiner. 2 Publikationen stammen aus dem 16. Jh, 9 aus dem 17. Jh, 51 aus dem 18. Jh (49 zwischen 1751 und 1800) und 91 aus dem 19. Jh. 129 deutschsprachigen stehen 17 lateinisch- und 6 französischsprachige Publikationen gegenüber; 1 Werk ist in Griechisch verfasst. Thematisch liegen die Schwerpunkte bei der Metaphysik und der Ethik, die den Bestand zur Moraltheologie ergänzt. Hingewiesen sei auf die Platoübersetzung (Frankfurt a. M. 1602) von Marsilius Ficinus sowie auf die *Philosophiae moralis et juris naturae institutiones* (2 Bde, Rom 1847) von Domenico Solimani. Aus dem 19. Jh ist der Landshuter Prof. Patriz Benedikt Zimmer (1752–1820) mit 3 Titeln aus dem Grenzgebiet von Theologie und Philosophie vertreten.

2.22 Die kleine Sachgruppe »Recht« (117 Einheiten) weist ein breites Literaturangebot auf, das ausser dem Feudalrecht und dem Jus publicum sämtliche Sparten, selbst Werke frühneuzeitlicher protestantischer Rechtslehrer (Benedikt Carpzov, Mathias Wesenbeccius), inklusive Natur- und Völkerrecht, umfasst. Carpzovs *Practica nova imperialis Saxonica rerum criminalium* (3 Teile, Wittenberg 1677–1684) gehörte dem Aristokraten und Politiker Beat Caspar Zurlauben (1644–1706). Die Bilanz nach Erscheinungsjahrhunderten ist ausgeglichener als in den meisten anderen Disziplinen (16. Jh: 10; 17. Jh: 24; 18. Jh: 41; 19. Jh: 42), auch die Verteilung auf die Sprachen Deutsch (67) und Latein (49), neben einem einzigen italienischsprachigen Druck. Lehrbücher des kanonischen Rechts und für Notare sowie Konstitutionen des Bistums Konstanz stehen neben Werken zum Reichsrecht, Kammergerichtsordnungen und Traktaten über das Verhältnis von geistlicher und weltlicher Macht sowie Ordensregeln. Unter den Kanonisten befinden sich Joseph Biner, Zeger Bernard van Espen und Gregor Zallwein. Nicht unerwartet stösst man auf den *Thesaurus practicus* (Nürnberg 1697) des Konvertiten Christoph Besold. Ein Decretum Gratians aus der ersten Hälfte des 16. Jhs (Basel o. J.) mit einem Eingangsgedicht Sebastian Brants weist die Kartause Torberg als Vorbesitzerin aus. Die *Praxis rerum criminalium* (Antwerpen 1601) des Iodocus Damhouderius gehörte im 17. Jh Johann Ludwig Sorg und dessen Nachfolger Georg Breuning, beide Äbte des süddeutschen Benediktinerklosters Gengenbach, und wurde von Rochus Meyenberg aus Bremgarten im Jahr 1713 Beat Karl Anton Wolfgang Wickart geschenkt.

2.23 Zu »Politik, Wirtschaft, Handel« (89 Einheiten; 87 deutsch-, 2 französischsprachig; 19. Jh: 86; 18. Jh: 3) zählen 4 Bde Bundesgesetze aus der zweiten Hälfte des 19. Jhs, Warenlexika, Handbücher für Buchhaltung, Rechnungswesen und Verwaltung, der Nationalökonomie (Johann Baptist Say, *Vollständiges Handbuch der praktischen National=Ökonomie*, 5 Bde, Stuttgart 1829) sowie ein Briefsteller für Kaufleute in drei Sprachen (Augsburg 1771).

2.24 »Geographie« (67 Einheiten; 16. Jh: 2; 17. Jh: 2; 18. Jh: 22; 19. Jh: 41) besteht aus Länderbeschreibungen, Reiseführern, v. a. ins Heilige Land, nach Italien und Rom, sowie einer *Allgemeinen Historie der Reisen zu Wasser und zu Lande* (21 Bde, Leipzig 1748–1774). 49 deutschsprachigen stehen 15 französischsprachige Publikationen und je 1 Werk in Latein, Italienisch und Englisch gegenüber.

2.25 Bei »Naturwissenschaften, Technik« (39 Einheiten; 16. Jh: 3; 17. Jh: 2; 18. Jh: 5; 19. Jh: 29) sind 6 deutschsprachige Publikationen des 19. Jhs über Landwirtschaft und Ökonomie enthalten, v. a. über Gartenbau und Baumpflege (Johann Ludwig Christ, *Der Baumgärtner auf dem Dorfe*, Frankfurt a. M. 1804). Im übrigen handelt es sich um naturkundliche Studien wie Charles Bonnets *Betrachtung über die Natur* (Leipzig 1774), ein Lehrbuch der Zoologie und Johann Baptist Veit Kochs *Hand=Buch, für neu angehende Büchsenmeister und Feuerwerker* (Bamberg, Würzburg 1770).

2.26 Beachtung verdient die kleine Sammlung medizinischer Werke (26 Einheiten; 18 lateinisch- und 8 deutschsprachig), die wohl erst Ende des 19. Jhs in die Pfarrbibliothek gelangten. Es sind 1 Druck des 16. Jhs, 7 Werke des 17. Jhs, 10 des 18. und 8 Publikationen des 19. Jhs, Vorlesungen zur Medizin, ein Werk über die Gerichtsmedizin, ein weiteres über die Irrtümer des Volks in medizinischen Fragen und eines über Pharmazeutik, ferner Johann Helfrich Jungkens *Modernae praxeos medicae vademecum* (Nürnberg 1694), die *Basilica chymica* und der *Tractatus de signaturis internis rerum* (Frankfurt a. M. 1609) des Paracelsisten Oswald Croll.

2.27 Unter den Periodica (660 Einheiten) befinden sich theologische Fachzeitschriften, Zeitungen wie das *Wochenblatt der Kantone Uri, Schwyz, Unterwalden und Zug* (1816–1820), das *Zuger Neujahrsblatt* und einige Kalender. 649 Einheiten sind in deutscher, 8 in französischer und 3 in lateinischer Sprache verfasst. Sämtliche Periodica stammen aus dem 19. Jh, fast drei Viertel aus dessen zweiter Hälfte.

2.28 Die 69 Inkunabeln (68 lateinisch-, 1 deutschsprachig) verteilen sich wie folgt auf die einzelnen Fächer: Bibel und Exegese 21, Kirchenrecht 15, Liturgie 8, Philosophie 7, Dogmatik 6, Geschichte 5, Predigten 3, Aszese 2, Naturwissenschaft und Geographie je 1. Ausser den Bibeln, den päpstlichen Dekretalen und den Liturgica, die den ursprünglichen Kernbestand der Pfarrbibliothek ausmachen, sind Werke der Scholastik, so Sentenzen (Nürnberg 1491) des heiligen Bonaventura, ein Geschenk der Gebrüder Baumgartner aus dem Jahre 1506, Duns Scotus und Petrus Lombardus, zu erwähnen, des weiteren Heiligenpredigten (Basel 1490) Robert von Lecces und Fastenpredigten (Ulm 1476) von Konrad Gritsch, ein Geschenk von Kaplan Rudolf Zeltmeister an die Zuger Kirche. Ferner sind von Antoninus Florentinus die *Chronik* (Basel um 1500) aus dem Vorbesitz Mark Anton Fidel Keisers sowie Vinzenz von Beauvais' *Speculum naturale* (2 Bde, Strassburg 1477) vorhanden. Als Druckorte kommen Basel, Strassburg, Augsburg und Nürnberg am häufigsten vor. Keine andere katholische Pfarrbibliothek der Deutschschweiz verfügt über einen so bedeutenden Inkunabelbestand wie die der Zuger Pfarrei St. Michael.

3. KATALOGE

Moderne Kataloge

Alphabetischer Autorenkatalog [Zettelform; 2 Karteikästen: A–K; L–Z]

Sachkatalog [Zettelform; nach den Abkürzungen für die Sachgebiete; 2 Kästen: A–J und K–Z]

Ferrari, Michele C.: Verzeichnis der Handschriften und der Inkunabeln der Pfarrbibliothek St. Michael in Zug. In: Vil guote Buecher zuo Sant Oswalden. Die Pfarrbibliothek in Zug im 15. und 16. Jahrhundert. Im Auftrag des Kirchenrates der Katholischen Kirchgemeinde Zug hrsg. von Michele C. Ferrari. Zürich 2003, S. 119–133

Historische Kataloge und Bücherverzeichnisse

[Signaturen des Pfarrarchivs St. Michael (Zug), am Schluss der Nachweise in eckigen Klammern]

Inventar der 1478 gestifteten St. Oswaldsbibliothek, von Stadtschreiber Philipp Landtwing (2.9.1748) [A 14/53]

Verzeichnis der von Stadtpfarrer Beat Wickart gestifteten öffentlichen Bibliothek (1757/58) [A 1/247]

Bücherverzeichnis von 1832 [A 1/251]

Bücherverzeichnis der Pfarrbibliothek von Präfekt Bonifaz Staub (1859), korrigiert und ergänzt von Stadtpfarrer Franz Xaver Uttinger, 1888–1896 [A 1/254]

Bücherverzeichnis der Pfarrbibliothek, revidiert von Stadtpfarrer Franz Xaver Uttinger (1896) [A 1/257]

Verzeichnis der defekten Bücher der Pfarrbibliothek, erstellt von Stadtpfarrer Franz Xaver Uttinger (1896) [A 1/258]

Verzeichnis der Pfarrbibliothek (1900–1950) [A 1/259]

Katalog der Inkunabeln in der Pfarrbibliothek (1900–1980) [A 1/261]

Register der Pfarrbibliothek, erstellt von Stadtpfarrer Franz Xaver Uttinger (um 1900) [A 1/264 – A 1/268]

Verzeichnis der Inkunabeln und älteren Drucke der Pfarrbibliothek (erstellt von Stadtpfarrer Franz Xaver Uttinger; um 1900) [A 1/269]

Verzeichnis der Inkunabeln der Pfarrbibliothek in Zug, von Dr. Wilhelm Jos. Meyer (1913/14), mit Ergänzungen und einem Nachtrag von Dr. Inge Dahm (1980/81) [A 1/271]

4. QUELLEN UND DARSTELLUNGEN ZUR GESCHICHTE DER BIBLIOTHEK

Quellen

Bibliothekstiftung von Stadtpfarrer Beat Wickart. Entwurf des Stiftungsbriefs (19.3.1758) mit Kommentaren des stadtzugerischen Klerus [A 1/248]

Stiftungsbrief (4.4.1758), ratifiziert vom Stadtrat (22.4.1758) [A 1/248]

Unterstützungsaufruf »Biblioteck der statt Zug!« für die Bibliothekstiftung von Stadtpfarrer Beat Wickart, gerichtet an den Klerus [vielleicht Oktober

1784, eventuell von Beat Fidel Zurlauben verfasst] [A 1/249]

Ausleihjournal 1809–1832 [nicht der Pfarrbibliothek, wohl der Zuger Lesegesellschaft] [A 1/250]

Diverse Geschäfte (Bibliotheksordnung, Trennung Pfarr- und Stadtbibliothek; Korrespondenz zwischen dem Zuger Stadtrat und Stadtpfarrer Johann Jakob Bossard) (1832–1836) [A 1/252]

Vertrag über das Verhältniß der Pfarrbibliothek und der Stadtbibliothek Zug (10.1.1876) [A 1/255]

Herstellung des Verzeichnisses der Pfarrbibliothek: diverse Notizblätter und Arbeitsunterlagen von Stadtpfarrer Franz Xaver Uttinger (um 1900) [A 1/263]

Ältere Druckwerke in der Pfarrbibliothek: Korrespondenz mit der Bürgerbibliothek Luzern betreffend ergänzende bibliographische Angaben (1900) [A 1/270]

Korrespondenzen 1987–1990 [A 1/289]

Darstellungen

Bruggisser-Lanker, Therese: Zur Geschichte der Pfarrbibliothek (Seminararbeit: Die Bibliothek von St. Oswald in Zug) (Universität Bern, August 1983; mschr.) [A 1/286]

Ferrari, Michele C. (Hrsg.): Vil guote Buecher zuo Sant Oswalden. Die Pfarrbibliothek in Zug im 15. und 16. Jahrhundert. Im Auftrag des Kirchenrates der Katholischen Kirchgemeinde Zug. Zürich 2003

Marti, Hanspeter: Eine Rüstkammer der Gegenaufklärung. Die Kapuzinerbibliothek Zug in den letzten beiden Jahrzehnten des Ancien Régime und in der Zeit der Helvetik. In: Programm und Exempel. Texte und Studien der Arbeitsstelle für kulturwissenschaftliche Forschungen. Bd 1. Engi 1996, S. 66–103, hier S. 100f. [mit der wohl unzutreffenden Zuschreibung einer Provenienz an Johann Caspar Lavater]

Matter, Gerhard: Die Anfänge (1. Die libery St. Oswald; 2. Die Bibliotheksstiftung von Dekan Wickart 1758; 3. Neugründung einer Bibliothek 1806: Die Zuger Lesegesellschaft; 4. Die Pfarrbibliotheken nach der Teilung). In: Stadtbibliothek Zug. Zur Eröffnung der Stadt- und Kantonsbibliothek Zug, von Gerhard Matter, Christian Raschle, Aldo Carlen, Kurt-Werner Meier und Peter Ott (Redaktion). Hrsg. unter dem Patronat des Zuger Vereins für Heimatgeschichte. Zug 1986, S. 7–85

BIBLIOTHEK DES EHEMALIGEN KAPUZINERKLOSTERS ZUG

Kanton: Zug

Ort: Zug

Bearbeiter: Hanspeter Marti und Verena Blaas

Adresse: Bürgerkanzlei Zug, Rathaus, Fischmarkt, 6300 Zug

Telefon: +41 41 725 37 50

Telefax: +41 41 725 37 59

E-Mail: kanzlei@buergergemeinde-zug.ch

Träger: Bürgergemeinde Zug

Funktion: Klosterbibliothek

Sammelgebiete:
Theologie, v. a. Aszetik und Predigten; Geschichte.

Öffnungszeiten:
Nach Absprache.

Hinweise für anreisende Benutzer:
Vom Bahnhof Zug mit dem Bus Nr. 1 oder Nr. 2 bis zur Haltestelle »Kolinplatz«, von da zu Fuss ca. 5 Minuten bis zur Klosterpforte. Mit dem Auto Richtung Zug-Zentrum, dort ins Parkhaus »Casino« oder zu den gebührenpflichtigen Parkplätzen am Höhenweg.

1. BESTANDSGESCHICHTE

1.1 1595 wurde mit Unterstützung der städtischen Obrigkeit das Zuger Kapuzinerkloster gegründet, dessen älteste noch erhaltene Buchbestände in die Anfangszeit des Konvents zurückreichen. Der erste handschriftliche Besitzvermerk im historischen Buchbestand datiert aus dem Jahre 1598 und befindet sich in einer *Vita* des heiligen Bonaventura (Antwerpen 1597). Im 17. Jh vergrösserte sich die kapuzinische Büchersammlung durch Geschenke und testamentarische Vergabungen der Stadtpfarrer Jakob Hauser (1562–1632) und Oswald Schön (1582–1654). Im ersten Jh ihres Bestehens blieb die Zuger Kapuzinerbibliothek eine typische Schenkungsbibliothek, was auch die weit weniger zahlreichen Buchgeschenke von weltlichen Personen wie zum Beispiel des Zuger Münzmeisters Kaspar Weissenbach (1563–1639) beweisen. In der zweiten Hälfte des 17. Jhs kamen die Büchernachlässe von Stadtpfarrer Johann Jakob Schmid (1634–1696) sowie seines Bruders, des Zurzacher Chorherren Johann Rudolf Schmid (1629–1693), hinzu. Johannes Bonaventura Letter (1631–1704) fertigte zwischen 1677 und 1680, in den Jahren seines Zuger Guardianats, eine Bibliotheksordnung an, die Aufschluss über die systematische Aufteilung der damaligen Bestände gibt.

1.2 Auch im 18. Jh vermehrte sich der Bücherbestand durch weitere Geschenke und Vermächtnisse von Weltgeistlichen, unter denen als Gönner Josef Anton Landtwing (1695–1755) sowie Franz Josef Michael Richener (1727–1784) herausragen. Gleichzeitig traten vermehrt Zuger Politiker aus angesehenen Familien, z. B. Hauptmann und Kornherr Franz Michael Bossard (1713–1774), oder hohe Offiziere und Söldnerführer wie Beat Fidel Zurlauben (1720–1799) als Buchdonatoren in Erscheinung. In der zweiten Hälfte des 18. Jhs konnten die kleinen, heute noch erhaltenen Gebrauchsbibliotheken von zwei aus Zug stammenden kapuzinischen Militärseelsorgern übernommen werden. Es handelte sich um den Buchbesitz von Roman Roos (1700–1766), der in Italien tätig war und hauptsächlich Predigten und aszetische Werke in italienischer Sprache hinterliess, und um die vornehmlich französische Predigtbände umfassende Sammlung von Beda Weber (1726–1795), der von 1755 bis 1758 als Militärkaplan in Paris wirkte. Die Bücher, die im Gebrauch dieser beiden Kapuziner standen, sind heute geschlossen im unteren Bibliotheksraum aufgestellt.

1.3 Im letzten Viertel des 18. Jhs erlebte die Kapuzinerbibliothek ihre Blüte. In dieser Zeit politischer Veränderungen wurde sie sukzessive zu einer geistigen Rüstkammer gegen die Aufklärung, die Französische Revolution und ihre Folgen sowie gegen die Staatsauffassung der Helvetik ausgebaut. Unter dem von 1780 bis 1793 dauernden Guardianat von P. Angelikus Weissenbach (1736–1812) entstand der schlichte, aber zweckmässige Bibliothekssaal (untere Bibliothek). Von seinem Bruder, dem Jesuiten und Antiaufklärer Joseph Anton Weissenbach, unterstützt, beschaffte P. Angelicus an Auktionen in Zürich und Basel (holländische) Ausg. antiker Klassiker. In den frühen 80er-Jahren des 18. Jhs begann man die Bücher in einem Verzeichnis von 22 Sachklassen zu katalogisieren. Die beiden stärksten Gruppen, Predigten und Aszetica, wiesen eine deutsche und eine lateinische Abteilung auf. Schon 1789 und 1790 verzeichnete der Exprovinzial Dionysius Zürcher (1721–1792) die Buchbestände von Grund auf neu in zwei allgemeinen, nach Sachgruppen gegliederten Katalogen und in einem Spezialverzeichnis, das nur die patristische Literatur umfasste. 1790 erliess das Definitorium eine Bibliotheksordnung, die den Ordensbrüdern die Regeln im Umgang mit Büchern in Erinnerung rief. Grosse Verdienste um die Bibliothek erwarb sich Gotthard Weber (1734–1803), in der Zeit der Französischen Revolution und während der Helvetik Provinzial der Schweizer Kapuziner. Dank finanziellen Zuwendungen von Gönnern schaffte er von ca. 1783 an bis zum Jahr 1803 mehr als tausend Bde für die Zuger Klosterbibliothek an, v. a. teure Kirchenvätereditionen, Werke zur Kirchengeschichte, zur Dogmatik und zur Kontroverstheologie, Predigten sowie juristische, hauptsächlich kirchenrechtliche Literatur. In diesen Erwerbungen spiegelt sich Webers Aversion gegen die mit der Französischen Revolution eingetretenen politischen Umwälzungen. Am Ende der Helvetik war die Zuger Bibliothek mit derjenigen von Luzern, dem Sitz des Provinzialministers, die bedeutendste der Schweizer Kapuzinerprovinz. In der ersten Hälfte des 19. Jhs gingen die Erwerbsquoten merklich zurück, bis sie im Vorfeld und während des Kulturkampfes wieder stark anstiegen. Viele Bücher tragen den Gebrauchsvermerk von P. Anizet Regli (1810–1872), der von 1854 bis 1857 dem Zuger Kapuzinerkloster vorstand und dort auch starb. 1912 konnten auf eine Umfrage des eidgenössischen statistischen Amts hin keine Angaben über die Bestandszahlen der Zuger Kapuzinerbibliothek gemacht werden. Nach einigen Vorstufen in den früheren Jahrzehnten erfolgte in den 60er-Jahren des 20. Jhs durch Regionalbibliothekar P. Klementin Sidler (1905–1998) eine umfassende Katalogisierung der Bestände sowohl nach alphabetischen als auch nach sachlichen Kriterien. 1997 schenkte der Kapuzinerorden die kulturhistorisch bedeutende Klosterbibliothek mit verschiedenen Auflagen der Bürgergemeinde Zug.

2. BESTANDSBESCHREIBUNG

2.1 Die Bibliothek besteht aus zwei Teilen, aus der oberen Bibliothek, die im Turmzimmer untergebracht ist, und aus der unteren Bibliothek, die sich in den in der zweiten Hälfte des 18. Jhs erstellten, zweckentsprechenden Räumlichkeiten befindet. Es handelt sich um eine Doppelbibliothek, in deren beiden Abteilungen die meisten Sachklassen ohne erkennbare Zuweisungskriterien parallel geführt werden. Die Zahlen der systematischen Übersicht entsprechen den in beiden Teilbibliotheken insgesamt vorhandenen Beständen der einzelnen Sachgebiete.

Chronologische Übersicht und Übersicht nach Sprachen

2.2 Der gesamte historische Bestand, der 8578 Einheiten zählt, setzt sich aus 44 Inkunabeln, 418 Drucken des 16. Jhs, 1332 des 17. Jhs, 2979 des 18. und 3805 Werken des 19. Jhs zusammen. Vom gesamten Altbestand entfallen 6480 Einheiten auf die untere und 2098 auf die obere Bibliothek.

2.3 4969 Werke (58 %) sind in deutscher, 2933 (34 %) in lateinischer, 352 (4 %) in italienischer, 292 (3,4 %) in französischer, 28 in griechischer und je 2 in englischer und in hebräischer Sprache abgefasst.

Systematische Übersicht

2.4 Die stärksten Sachgruppen sind, typisch für die vornehmlich in Predigt und Seelsorge tätigen Kapuziner, Predigten (20 %) und Askese (12 %), gefolgt von Kirchengeschichte (8 %), Geschichte (5,4 %), Schweizer Geschichte (5,4 %), Kontroverstheologie (5,2 %) und Dogmatik (4,9 %). Hier schliessen Hagiographie (4,5 %), Kirchenrecht (4 %), Liturgie und Pastoraltheologie (4 %), Zeitschriften (3,6 %), Patristik (3,4 %), Exegese (3 %), Philosophie (3 %), Katechese (3 %) und Moraltheologie (2,4 %) an. Schwach vertreten sind die Schöne Literatur (1,5 %) und die Naturwissenschaften (1,3 %).

2.5 Die einzelnen Sachgebiete werden, unabhängig von der Grösse ihrer Bestände, in der Abfolge der ihnen alphabetisch zugeordneten und in Klammern angegebenen Buchstabensignaturen vorgestellt.

2.6 Den Bibeln (A) werden ausser den Ausg. der Heiligen Schrift auch Bibelflorilegien und -lexiken, Konkordanzen sowie biblische Exempelbücher zugeordnet. Von den 139 Werken sind 87 in deutscher, 44 in lateinischer, 4 in griechischer, 2 in hebräischer und je 1 Werk in italienischer und französischer Sprache verfasst. Unter den frühneuzeitlichen Bibelausgaben befinden sich 4 von Johann Dietenberger (1575, 1607, 1609 und 1650) sowie 3 der Vulgata (Antwerpen 1618, 1715; Venedig 1677). Die Bibeledition des Jakob Tirinus (16 Bde, Augsburg 1787–1794) gehörte einst dem Kapuzinerkloster Bremgarten, Ignaz Weitenauers umfangreiche *Biblia sacra* (14 Bde, Augsburg 1778/79) besass ein Zuger Uhrmacher. Unter den späteren Kommentatoren fällt der der Aufklärung nahestehende Heinrich Braun auf. Er ist mit *Die göttli-*

che heilige Schrift (13 Bde, Augsburg 1788/89) und mit dem *Biblischen Universal=Lexikon* (2 Bde, Augsburg 1806/07) vertreten.

2.7 Knapp die Hälfte der 293 patristischen Werke (B) erschien in der zweiten Hälfte des 18. Jhs im Folioformat und geht zum grössten Teil auf Anschaffungen Gotthard Webers zurück. Vereinzelt gelang es ihm, auch ältere Kirchenväterausgaben zu erwerben (Eusebius, Basel 1542; Gregor von Nyssa, 3 Bde, Paris 1638). Webers Initiative verdankt die Bibliothek verschiedene spätere Editionen von Ambrosius (8 Bde, Venedig 1781/82), Augustinus (18 Bde, Venedig 1756–1769), Chrysostomus (13 Bde, Roboreti 1753–1764), Gregor dem Grossen (16 Bde, Venedig 1768–1775) und Hieronymus (11 Bde, Venedig 1766–1772). Ausserdem ist Laktanz in verschiedenen Ausg. (Florenz 1513, Köln 1513, Graz 1726, Kempten 1875) vertreten. Unter den Erscheinungsorten dominieren Venedig und Basel. Von den Autoren des Mittelalters sind Martianus Capellas *De nuptiis Philologiae et Mercurii* (Basel 1577) sowie Isidor von Sevilla in zwei Ausg. (Basel o. J.; 2 Bde, Madrid 1778) vorhanden. Auch Kirchenväterbibliotheken, z. B. die von Andreas Gallandius herausgegebene (14 Bde, Venedig 1765–1781), wurden angeschafft.

2.8 Fast gleich gross wie die Patristik ist die Sachgruppe »Exegese« (C) mit 268 Werken, die einschlägige Publikationen zu allen Teilen der Bibel vereinigt. Besonders zahlreich sind Auslegungen der Psalmen, darunter Johann Velasquez' *In psalmum Davidis centesimum commentarii* (Lyon 1637), Robert Bellarmins *Explanatio in psalmos* (Köln 1619), Franz Titelmanns *Elucidatio in omnes psalmos* (Venedig 1587), Cornelius Jansenius' *Paraphrasis in psalmos omnes Davidicos* (2 Bde, Lyon 1597) und Ludolf von Sachsens *In psalterium expositio* (Paris 1514). Monumentale Standardwerke der frühneuzeitlichen katholischen Bibelexegese von Augustin Calmet und Cornelius a Lapide fehlen ebenfalls nicht. Vertreten sind ferner 3 exegetische Kommentare von Angelo Paciuchelli, Peter Daniel Huets *Demonstratio evangelica* (Bassano 1782) sowie die Protestanten Johann Gottlob Carpzov mit seinem *Apparatus historico criticus antiquitatum sacri codicis* (Frankfurt a. M., Leipzig 1748) und August Hermann Niemeyer mit der *Charakteristick der Bibel* (5 Bde, Halle o. J.).

2.9 Der für ein Kapuzinerkloster beträchtliche dogmengeschichtliche Buchbestand (D) mit 419 Titeln erklärt sich zum Teil damit, dass im 17. Jh, in der ersten Hälfte des 18. Jhs und während kurzer Zeit im 19. Jh der Ordensnachwuchs in Zug ausgebildet wurde und daher ein Bedarf an theologischen Lehrbüchern bestand. Diese stammen von Ordensbrüdern wie Gervasius von Breisach, Bernhard von Bologna und v. a. Thomas von Charmes, aber auch von Benediktinern wie der *Cursus theologicus S. Galli* (10 Bde, St. Gallen 1670) oder die voluminösen Werke des Einsiedler Abtes Augustin II. Reding von Biberegg. Ein Schwerpunkt des Erwerbs lag bei der mittelalterlichen Scholastik, namentlich bei Duns Scotus und seinen Interpreten, beim Sentenzenwerk des Petrus Lombardus, aber auch bei Thomas von Aquin, dessen *Opera* in frühen Ausg. (*Summa theologiae*, 3 Bde, Lyon 1587; *Catena aurea*, Paris 1528) wie auch insbesondere in solchen der zweiten Hälfte des 19. Jhs vorliegen. Unter den Frühscholastikern sind Alkuin (2 Bde, Regensburg 1777) und Anselm von Canterbury (2 Bde, Venedig 1744) hervorzuheben. Die Schultheologie des 17. Jhs ist u. a. mit einer späten Ausg. von Alexander Natalis' *Theologia dogmatico-moralis* (10 Bde, Einsiedeln 1768–1772), diejenige des 18. Jhs mit Joseph Widmanns *Institutiones universae theologiae* (6 Bde, Augsburg 1775/76) vertreten. Interessant ist zudem eine Ausg. der *Opera* (8 Bde, Basel 1563) von Beda Venerabilis, die 1568 ein St. Galler Konventuale für die fürstäbtische Bibliothek in Paris gekauft hatte.

2.10 Die Moraltheologie (E) (203 Werke), wie die Dogmatik eine wichtige Unterrichtsdisziplin, die den Ordensmann auf die Seelsorgetätigkeit vorbereitet, nimmt in der Kapuzinerbibliothek Zug einen wichtigen Platz ein. Neben den Lehrbüchern setzt sich die Fachliteratur hauptsächlich aus Anleitungen zur Beichtpraxis, Kommentaren zum Dekalog und aus Traktaten zusammen, die einzelne moraltheologische Themen behandeln. Es wurden vornehmlich Werke von (italienischen) Ordensbrüdern (Jakob von Corella, Gabriel von Varceno, Raphael von Tusculo) und solche von Jesuiten angeschafft. Die Lehrbücher der Jesuiten Hermann Busenbaum und Paul Laymann sind in verschiedenen Ausg. vorhanden.

2.11 Mit 1025 Einheiten steht die Sachgruppe »Askese« (F) mengenmässig an zweiter Stelle. Sie umfasst Betrachtungs- und Meditationsliteratur, Werke zur Marienverehrung, zur Ars moriendi und zur Mystiktheologie, Gesang- und Gebetbücher, Ordensregeln, Bruderschaftsstatuten und vereinzelt Missions- sowie weitere Kirchenväterliteratur (Johannes Cassianus). Unter den häufigen Repräsentanten frühneuzeitlicher katholischer Spiritualität befinden sich Thomas a Kempis (21 Titel), Jeremias Drexel (17 Titel), Ludwig von Granada und Alban Stolz (je 16 Titel), der Kapuziner Cajetan von Bergamo (12 Titel), Franz von Sales (10 Titel), Liborius Siniscalchi (6 Titel), Johann Baptist von Saint-Jure (5 Titel) sowie Alois Bellecius (4 Titel), darunter dessen *Virtutis solidae praecipua impedimenta* (Augsburg 1769), ein Geschenk des seliggesprochenen Kapuziners Apollinaris Morel an die Zuger Bibliothek. Diese Fachgruppe weist 103 italienische Werke, v. a. aus dem 17. Jh, auf, darunter solche von Daniel Bartoli (7 Titel). Unter den 13 französischen Drucken befindet sich Fénelons *De la véritable et solide piété* (Augsburg 1752). Erwähnenswert sind verschiedene seltene Zuger Drucke des 17. bis 19. Jhs, so Michael Leonz Eberleins *Allgemeines Sonnen=Liecht* (1708) und das *Pericardium cordis Jesu* (1722), Johann Kaspar Weissenbachs *Trawr=Gedancken einer christlichen Seelen* (1679) sowie Gotthard Webers *Rigyberg der Himmelskönigin* (1820). Aus dem Kapuzinerkloster Bremgarten stammt Juvenal von Nonsbergs *Manuductio neophyti* (Augsburg 1680), eine kapuzinische Wegleitung für Novizen. Der Zuger Münzmeister Kaspar Weissenbach schenkte den Kapuzinern die *Sonderbaren Gaben des Orden Stands* (Augsburg 1606) von Hieronymus Platus. Die protestantischen Erbauungsschriftsteller werden durch Christoph Christian Sturm, die Konvertiten durch Graf Friedrich Leopold von Stolberg repräsentiert.

2.12 Der 341 Werke umfassende Fachbereich »Pastoraltheologie/Liturgie« (G) weist moraltheologische Schriften, insbesondere Beichtväterliteratur, vereinzelt aber auch Publikationen zur Patristik und zur Dogmatik auf. Den Kernbestand bilden liturgische Titel, darunter zahlreiche Missale, Breviere und Rituale, so etwa das *Rituale Argentinense* (Strassburg 1742) sowie das *Caeremoniale ad usum fratrum minorum capuccinorum provinciae Helveticae* (Freiburg i.Ü. 1743), einschliesslich gewisser Arbeiten zur Lehre von den kirchlichen Fest- und Feiertagen (Karl Guyet, *Heortologia, sive de festis propriis*, Urbino 1728). Von Martin II. Gerbert, Benediktinerabt in St. Blasien, sind die liturgie- und musikgeschichtlichen Hauptwerke vorhanden. Hinzuweisen ist auf die Literatur gegen Magie, Zauberei und Hexenwesen sowie auf die Anleitungen zur Durchführung von Exorzismen (u.a. Candidus Brognoli, *Manuale exorcistarum*, Bergamo 1651). Karl Borromäus' *Instructiones ad confessarios* (Zug 1726) gelangten als Geschenk des Luzerner Nuntius Domenico Passionei in die Bibliothek.

2.13 Im Fachgebiet »Kirchenrecht« (H) (355 Werke) finden sich sämtliche juristischen Publikationen, also auch alle Sparten des weltlichen Rechts. 74% der Drucke sind in Latein verfasst. 49% wurden im 18. und nur 26% im 19. Jh gedruckt. Während die Rechtsliteratur des Josephinismus spärlich vorkommt, sind einige protestantische Autoren des 17. und 18. Jhs vertreten (Christoph Heinrich Freiesleben, Benedikt Carpzov). Neben Hugo Grotius und Samuel von Pufendorf findet sich unter den Naturrechtslehrern der deutsche Aufklärer Christian Wolff (*Grundsätze des Natur= und Völkerrechts*, Halle 1754). Einen wichtigen Platz nehmen das Ordensrecht, hauptsächlich des Mendikantenordens (u.a. Johann Baptist Confetti, *Collectio privilegiorum ordinum mendicantium*, Venedig 1604), und die zum grössten Teil hier untergebrachten Ordensregeln (Kapuziner, Jesuiten, Benediktiner, Drittorden, Franziskaner, Dominikanerinnen) ein. Hervorzuheben – auch als Zuger Druck (1718) – sind *Regel und Leben der Brüderen und Schwesteren von der Buß oder deß dritten Ordens Francisci*. Hinzu kommen die Publikationen zum Strafrecht, einschliesslich der Literatur über Hexenprozesse, die Ausg. des Jus Canonicum, manche einschlägigen Kommentare und Dekrete u.a. des Konzils von Trient (Venedig 1565), Notariatsbücher (u.a. Frankfurt a.M. 1534), Kanzleianleitungen und andere juristische Nachschlagewerke (u.a. Claude-Joseph de Ferrières *Dictionnaire de droit et de pratique*, 2 Bde, Paris 1740), eine ältere Ausg. des katholischen Index (Rom 1704), Quellenausgaben wie das vom Zuger Kapuziner Michael Wickart edierte *Bullarium* (7 Bde, Rom 1740–1752) und schliesslich Werke bevorzugter Autoren (Louis Thomassin [3 Titel], Josef Biner [8] und Jakob Anton Zallinger [4]).

2.14 Mit 450 Werken, davon rund 70% in deutscher Sprache, war auch in Zug die Kontroverstheologie (J), wie für die Kapuziner als Orden der Gegenreformation allgemein, ein wichtiges Sachgebiet. Die zum Glaubenskampf der Kirche vorhandene Literatur setzt mit der Polemik gegen die Ausbreitung des neuen Glaubens ein, die sich gegen Martin Luther (Hieronymus Emser, *Annotationes über Luthers neuw Testament*, Freiburg i.Br. 1535), die Reformation in der Schweiz (*Die disputacion vor den XII orten*, Luzern 1527) sowie gegen die Täufer (u.a. verschiedene 1550 in Augsburg erschienene Traktate von Johann Faber) wendet, und findet ihre Fortsetzung in hauptsächlich von Jesuiten (Lorenz Forer, Jakob Bidermann) und Kapuzinern (Rudolf von Schwyz, 7 Titel) verfassten konfessionalistischen Schriften des 17. Jhs. Beide Orden beteiligten sich auch in vorderster Front am Kampf gegen die Aufklärung (Sigismund von Musson OFMCap, Josef Biner SJ, Josef Anton Weissenbach SJ). Weltgeistliche (Kaspar Lang), Benediktiner (Johann Weisslinger) und Dominikaner (Antonin Valsecchi, Vinzenz Gotti, Ignaz Hyazinth Graveson), mit deren Werken die Bibliothek ausgestattet wurde, setzten sich ebenfalls für die Glaubenswahrheiten der römisch-katholischen Kirche ein oder bekämpften, wie der Elchinger Benediktiner Meinrad Widmann (18. Jh), die hauptsächlich von Protestanten getragene deutsche Aufklärung. Nicht zu vergessen die Streitliteratur von Konvertiten wie Jakob Rüegg (1623–1693) und die Konvertitenlexika (Andreas Räss, David Rosenthal) aus der zweiten Hälfte des 19. Jhs. Neben dem Kampf gegen die einzelnen Glaubensrichtungen des Protestantismus (Johann Federer, *Calvinismus detectus*, Innsbruck 1672) und die Häresien allgemein (Pierre Doré, *Paradoxa ad profligandas haereses*, Paris 1543) bekundeten die Zuger Kapuziner auch Interesse an innerkatholischen Auseinandersetzungen, z.B. mit dem Jansenismus (Paul von Lyon OFMCap, *Jansenius exarmatus*, 3 Bde, Solothurn, Baden 1720). Ebenfalls in der Aufklärung (1775) erschienen die in einem Sammelband vereinigten Streitschriften um Johann Josef Gassners

Wunderkuren. Das Vorhandensein von Literatur zum Kulturkampf und zur Sozialen Frage bezeugt das gesellschafts- und sozialpolitische Engagement der Kapuziner während der Modernismusdiskussion am Ende des 19. Jhs.

2.15 In der Kirchengeschichte (K) (692 Werke) fällt der Hauptanteil der Bücher auf grossangelegte Standardwerke (Claude Fleury, 88 Bde; Antoine Godeau, 36 Bde; Antoine-Henri de Bérault-Bercastel, 24 Bde; Anton Josef Binterim und Louis-Sébastien Tillemont, je 23 Bde; Ludwig Pastor und René-François Rohrbacher, je 16 Bde; Caesar Baronius und Karl Joseph von Hefele, je 9 Bde, Alexander Natalis, 7 Bde). Gut dokumentiert sind neben der allgemeinen Kirchengeschichte wichtige Ereignisse, z. B. das Konzil von Trient, ferner die Geschichte der Märtyrer, der Päpste, der franziskanischen Orden, der Stadt Rom sowie das Leben einzelner Ordensleute und Kirchenschriftsteller. Der Jansenist Ludwig Du Pin ist mit *De antiqua ecclesiae disciplina* (Paris 1686), der Lutheraner Johann Ludwig Mosheim mit seiner Kirchengeschichte (2 Bde, Helmstedt 1737/1741), der Calvinist Jakob Basnage mit dem *Thesaurus monumentorum ecclesiasticorum* (6 Bde, Antwerpen 1725) und William Cave mit der *Scriptorum ecclesiasticorum historia literaria* (2 Bde, Oxford 1740/1743) vertreten. Die beiden letztgenannten Werke, obwohl im Index der verbotenen Bücher aufgeführt, wurden von Provinzial Gotthard Weber angeschafft. Mit der Missionstätigkeit der Kapuziner hängt deren Vorliebe für die Literatur über aussereuropäische Völker und Kirchen sowie der Besitz der von Emmerich Däger von Perlach OFMCap übersetzten *Missio apostolica Thibetano-seraphica* (München 1740) von Francesco Orazio della Penna di Billi OFMCap sowie Johann Crassets *Außführliche Geschicht der japonesischen Kirch* (Augsburg 1738) zusammen, die einst dem Luzerner Jesuitenkollegium gehörte und, noch bevor sie die Zuger Kapuziner erwarben, Eigentum von Franz Laurenz von Fleckenstein, Propst des Kollegiatsstifts St. Leodegar in Luzern, war.

2.16 Unter den hagiographischen Titeln (L) (386 Werke) finden sich neben Heiligenviten und Märtyrererzählungen auch Schriften zur Wunderthematik, z. B. Franz Wilhelm Aymairs *Authentisirter Begriff deß Wunderthätigen Glaubens deß P. Marci de Aviano* (Konstanz 1681), sowie erneut ordensgeschichtliche Werke, darunter eine italienische Übers. der Ordenschronik des Franziskaners Markus von Lissabon (Venedig 1597). Lebensbeschreibungen des heiligen Franziskus, von Ignatius von Loyola, Niklaus von Flüe und von Fidelis von Sigmaringen sind in teilweise seltenen Ausg. und verschiedenen Sprachen vorhanden. Die interkonfessionelle Wirkung des Pietismus wird durch Gerhard Tersteegens *Leben heiliger Seelen* (2 Bde, München 1814/15) bezeugt.

2.17 Besondere Aufmerksamkeit schenkte man der Schweizer Geschichte (M) (462 Werke), insbesondere der Anschaffung von Chroniken (Fortunat Sprecher von Bernegg, Michael Stettler, Johannes Stumpf, Christian Wurstisen, Aegidius Tschudi) und Chroniksammlungen (*Thesaurus historiae Helveticae*, Zürich 1735), landeskundlichen Darstellungen (Johann Georg Altmann, Johann Konrad Fäsi, Hans Konrad Füssli, Jakob Samuel Wyttenbach), Kantons-, Bistums-, Kloster-, Pfarrei- und Ortsgeschichten, Ortslexiken sowie Werken zur Schweizer Verfassungsgeschichte (Josias Simler) und zur Geschichte von Wallfahrten und Heiligtümern. Die Schweiz betreffende naturwissenschaftliche Darstellungen wie Johann Jakob Wagners *Historia naturalis Helvetiae curiosa* (Zürich 1680), Karl Niklaus Langs *Historia lapidum figuratorum* (Venedig 1708) sind wegen ihrer Beziehung zu Topographie und Historie hier zugeordnet. Unter den zahlreichen Tugiensia finden sich Periodika (*Zugerisches Neujahrsblatt* ab 1842; *Zuger Kalender* ab 1856), die militärgeschichtlichen Hauptwerke General Beat Fidel Zurlaubens, dem die Kapuzinerbibliothek Leonhard Meisters *Helvetische Szenen* (Zürich 1785) verdankt, sowie (nicht nur auf die einheimische Miliz bezogene) militärische Reglemente und Verordnungen, z. B. *Der wohlunterrichtete Beamtete für die Lieferungs= Einquartierungs= und Requisitions=Geschäfte* (Bern 1800) aus der Zeit der Helvetik. Weitere in einem Sammelband vereinigte politische Mandate und Verordnungen datieren aus dem 16. und 17. Jh. Unter den Schweizer Zeitschriften des späten 18. und des 19. Jhs befindet sich der *Helvetische Volksfreund* (1799/1800). Im Fach »Schweizer Geschichte« machen sich die in anderen Fächern festgestellten konfessionellen Bindungen kaum bemerkbar, was, ausser durch die erwähnten Landeskunden, mit der Anschaffung von Johann Kaspar Ulrichs *Sammlung Jüdischer Geschichten* (Basel 1768) bestätigt wird.

2.18 Die Profangeschichte (N) (463 Werke) setzt sich aus Publikationen zur Länder- und Herrschergeschichte, zur Universalhistorie, zu den historischen Hilfswissenschaften und aus Reiseliteratur zusammen. Gegenstand verschiedener Werke sind einzelne Ereignisse, so in Adolf Brachelius' *Historia nostri temporis* (2 Bde, Köln 1652) der 30-jährige Krieg, in anderen die Französische Revolution oder die Pariser Kommune. Sowohl Werke zu Verfassung und Geschichte des Heiligen Römischen Reiches Deutscher Nation als auch vereinzelt solche zur Geschichte deutscher Länder wie Sachsens (Sigmund von Birken, *Chur= und Fürstlicher Sächsischer Helden=Saal*, Nürnberg 1677) oder Schlesiens (Joachim Cureus, *Gentis Silesiae annales*, Wittenberg 1571) oder des benachbarten Elsass (Johann Daniel Schöpflins *Alsatia illustrata* [2 Bde, Colmar 1751/1761]) fanden Eingang in die Bibliothek. Unter den Autoren mehrbändiger Geschichtswerke befinden sich Charles Rollin und Thomas Salmon, namentlich deren Publikationen zur aussereuropäischen Geschichte, unter den 3 italienischen das *Teatro della Turchia* (Mailand 1681) von Michele Febure. Als historische Nachschlagewerke dienten Johann Albert Fabricius' *Bibliographia antiquaria* (Hamburg, Leipzig 1716) und Louis Moréris *Le grand dictionnaire historique* (4 Bde, Amsterdam 1698).

2.19 Vergleichsweise schwach dotiert sind die Naturwissenschaften (O) mit 112 Werken, die sich neben der medizinischen Literatur aus Einführungen in Mineralogie, Zoologie, Astronomie, in die Newtonsche Physik, Schriften über die Sonnen- und Mondfinsternis, allgemeinen naturgeschichtliche Werken, Schul- sowie Kräuterbüchern zusammensetzen. An frühen medizinischen Drucken sind Christoph Wirsung, *Ein New Artzney Buch* (Neustadt an der Hardt 1597), Karl Stengels *Historia pestis* (Augsburg 1614) sowie Johannes von Mailands *Schola Salernitana* (Rotterdam 1657) vorhanden. Aus dem 19. Jh ist François-Sulpice Beudants *Populäre Naturgeschichte* (14 Bde, Stuttgart 1844) zu erwähnen.

2.20 Auch unter den philosophischen Werken (P) (258 Werke) finden sich Lehrbücher, v. a. zur Dialektik und zur Ethik, vereinzelt auch zur Physik (Johann Baptist Horvath) und zur allgemeinen Naturlehre (Karl von Eckhartshausen). Unter den Publikationen zur antiken Philosophie, worunter diejenigen von und über Aristoteles überwiegen, befinden sich auch eine Platon-Ausgabe (3 Bde, Genf 1592) sowie eine Sentenzensammlung aus Senecas Schriften (Amsterdam 1642). Besonderen Anklang fand die Leibniz-Wolffsche Philosophie: Ausser Christian Wolff (12 Titel) sind Leibniz mit der *Theodicee* (Hannover, Leipzig 1744) sowie der Wolff-Anhänger Johann Friedrich Stiebritz mit der *Erläuterung der Wolffischen Vernünftigen Gedanken* (Halle 1747) vertreten. An katholischen Autoren sind Donatus a Transfiguratione, Heinrich Sander, Sigismund von Storchenau, Johann Michael Sailer, Konstantin Gutberlet und Albert Stöckl zu nennen. Ein Sammelband enthält 23 philosophische Dillinger Dissertationen der Jahre 1615–1622, darunter mehrere unter Georg Stengel SJ verteidigte. Aus dem späten 18. Jh sind Jakob Anton Zallingers *Disquisitionum philosophiae Kantianae libri duo* (2 Bde, Augsburg 1799), die Ethik des Salzburger Benediktiners und Aufklärers Augustin Schelle (2 Teile, Salzburg 1785) und aus dem 19. Jh Friedrich Albert Langes *Arbeiterfrage* (Winterthur 1875) erwähnenswert.

2.21 Bei den 1691 Titeln Predigtliteratur (Q) handelt es sich um das umfangreichste Sachgebiet, was für eine frühneuzeitliche Kapuzinerbibliothek typisch ist. Verhältnismässig hoch ist der Anteil französischer (115) und italienischer (176) Publikationen. Unter den letzteren überwiegen für das 16. und 18. Jh venezianische, für das 17. Jh Mailänder Drucke. Unter den deutschen Predigten ist der am häufigsten genannte Druckort für das 17. Jh Köln und für das 18. Jh Augsburg. Neben den seltenen Predigtsammlungen italienischer Kapuziner und den Predigtwerken deutscher Ordensbrüder (z. B. Prokop von Templin, Vinzenz von Ebern) treten Publikationen von Antonio Bianchetti, Louis Bourdaloue, Gervasius Bulffer, Franz Neumayr, Adrian Gretsch, Modest Hahn, Anton Vieira und Franz Xaver Weniger mehrfach auf wie auch Hagenauer Frühdrucke. Dieses breite Autorenspektrum wird durch Predigtkollektionen ergänzt, die nicht an einen einzigen Verfasser gebunden sind wie die *Neue Sammlung auserlesener Kanzelreden* (21 Bde, Augsburg 1777–1791) und die *Conciones historicae et panegyricae* (Zug 1699). Aufmerksamkeit verdienen rare Tugiensia, darunter Einzelpredigten des Kapuziners Michael Wickart. Ausser den Predigten befinden sich hier auch homiletische Loci communes-Sammlungen, z. B. Johann Dadraeus' *Loci-communes similium et dissimilium* (Köln 1594) und Franz Lubatas *Loci communes ad conciones digesti* (Köln 1627). Weniger zahlreich sind die Homiletiken. Ungewöhnlich ist, dass *Die gute Mutter* (Luzern 1780), ein Lesebuch der im Schulunterricht beschäftigten Ursulinen, unter den Predigten eingereiht wurde.

2.22 Im Bereich »Katechese« (R) (250 Werke) sind neben den Katechismen, die den Hauptanteil ausmachen, auch Exempelbücher eingeordnet. Einige Unterrichtswerke, u.a. Friedrich Nauseas *In catholicum catechismum libri quinque* (Antwerpen 1551), dienten auf allgemein kirchlicher Ebene der Umsetzung der Bestimmungen des Konzils von Trient. Andere sind stärker auf regionale kirchliche Unterweisung abgestimmt wie der *Auszug aus dem tabellarischen Katechismus* (Luzern 1816) des St. Urbaner Zisterziensers Nivard Crauer oder die *Catecheses extemporaneae* (3 Bde, St. Gallen 1722) des St. Galler Benediktiners Mauritius Geiger. Von der fremdsprachigen katechetischen Literatur sind Maximus von Valenzas OFMCap *Lezionario catechistico* (Mailand 1740) sowie Claude Fleurys *Catéchisme historique* (Paris 1762) zu nennen, der auch in einer deutschen Ausg. (Wien 1750) vorliegt.

2.23 Die heterogene Sachgruppe S (182 Werke) vereinigt, abgesehen von einer Goethe- (36 Bde, Stuttgart, Tübingen 1827–1830) und einer Schiller-Ausgabe (12 Bde, Stuttgart, Tübingen 1838) im wesentlichen Fremdsprach- und Rhetoriklehrbücher, Rede- und Briefsammlungen sowie Grammatiken. Neben Daniel Martins *Colloques françois & allemands* (Strassburg 1627) fallen Rede- und Anstandslehren protestantischer Frühaufklärer auf, darunter Christian Weises *Gelehrter Redner* (Leipzig 1692), Friedrich Hallbauers *Anleitung zur politischen Beredsamkeit* (Jena, Leipzig 1736) und

Christian Thomasius' *Kurze Anleitung zu einer guten Conduite* (Leipzig 1753).

2.24 Schwerpunkte im Bereich Literatur (T) (130 Werke) liegen bei der Dramatik der zweiten Hälfte des 18. Jhs mit *Die kleine Ährenleserin* (Leipzig 1777) von Johann Adam Hiller, Johann Ludwig Ambühls *Schweizerbund* (Zürich 1779) und den patriotischen Stücken des Luzerner Ex-Jesuiten Franz Regis Crauer sowie bei einzelnen Werken der Aufklärungsliteratur (Barthold Heinrich Brockes, Albrecht von Haller, Gottlieb Wilhelm Rabener und Karl Wilhelm Ramler). Im weiteren finden sich 13 Titel des Luzerner Pfarrers und Volksschriftstellers Xaver Herzog (1810–1883) sowie 3 Schriften des Antiaufklärers Karl von Eckartshausen.

2.25 Bei den Zeitschriften (U) (310 Bde) handelt es sich ausschliesslich um theologisch-kirchliche und historische Periodika des 19. Jhs, darunter viele Jg. der *Katholischen Schweizerblätter* (ab 1859), *Des Sendboten des göttlichen Herzens Jesu* (ab 1865), der *Schweizerischen Kirchenzeitung* (ab 1832) sowie der *Alten und Neuen Welt* (ab 1867), einer illustrierten katholischen Monatsschrift zur Unterhaltung und Belehrung.

2.26 Die Sachgruppe »Kunst« (V) (21 Werke) enthält Ästhetiken der zweiten Hälfte des 19. Jhs (Josef Jungmann, Albert Stöckl) sowie eine literarische Kuriosität, die *Geheimversuchten experimentirten Geheimnisse zum Nutzen junger Künstler und Handwerker* (Amsterdam 1784).

2.27 Unter den Lexika (X) (66 Bde) sind, ausser dem schweizerischen Lexikon von Johann Jakob Leu und Johann Jakob Holzhalb (23 Bde, Zürich, Zug 1747–1795), keine nennenswerten älteren Nachschlagewerke zu finden, da diese in der Regel themenspezifisch den anderen Sachgruppen zugeteilt wurden.

2.28 Die Sachgruppe Z (62 Werke) umfasst 43 Inkunabeln, 42 lateinische und 1 deutsche, 17 Frühdrucke, v. a. von Humanisten (Erasmus von Rotterdam, Bartolomeo Sacchi, Jakob Wimpheling, Johann Murmellius, Gasparino Barzizza), sowie 2 zufällig hier eingeordnete spätere Drucke. Zu den Inkunabeln zählen u. a. Bibelausgaben, Hartmann Schedels *Weltchronik* (Augsburg 1497), die Dekretalen Gregors IX (Basel 1486) und mehrere Predigtbände von Vinzenz Ferrer. Provenienzgeschichtlich von Bedeutung sind Thomas von Kempis' *War nachvolgung Cristi* (Augsburg 1486), die einst dem 1525 aufgehobenen Augustiner-Chorherrenstift St. Martin auf dem Zürichberg gehörte, sowie Ludolf von Sachsens *Vita Christi* (Nürnberg 1483) aus dem Vorbesitz der Kartause Ittingen.

3. KATALOGE

Moderne allgemeine Kataloge

Autorenkatalog, alphabetisch [Zettelform]

Katalog der Kapuzinerautoren, alphabetisch [Zettelform]

Katalog der Inkunabeln [Zettelform]

Sachkatalog [Zettelform; fast nur Literatur des 19. und des 20. Jhs]

Standortkatalog, untere Bibliothek. 4 Bde [mschr.]

Standortkatalog, obere Bibliothek. 2 Hefte [mschr.]

Moderne Sonderkataloge

Sidler, Klementin OFMCap: Unikate Zug (Luzern 1995) [mschr.]

Standortkatalog, Zeitschriften (Signaturgruppe U). 2 Hefte [mschr.]

Historische Kataloge

Ruopp resp. Ruepp, Isidor (OFMCap, von Muri): Bibliothekskatalog [frühe 80er-Jahre des 18. Jhs; Anordnung nach Sachgruppen, innerhalb dieser alphabetisch] [Provinzarchiv der Schweizer Kapuziner, Luzern]

Zürcher, Dionysius (OFMCap, von Luzern): Catalogus bibliothecae interioris Tugii conscriptus a R. P. Dionysio Lucernensi Ex-Provinciale Ao: MDCCLXXXIX [Sachkatalog, innerhalb der Sachgebiete alphabetisch] [Provinzarchiv der Schweizer Kapuziner, Luzern]

Zürcher, Dionysius (OFMCap, von Luzern): Bibliotheca // FFr. Capucinorum Tugij // debet // Fabricae Structuram // ARP. Angelico a Bremgartha Definitori // Librorum Augmentum // MRP. Gotthardo a Tugio Provinciali // Ordinem, & Catalogum // MRP. Dionysio a Lucerna ex=Provinciali // MDCCLXXXIX [Katalog der Bibliotheca nova der Zuger Kapuziner: Sachkatalog, innerhalb der Sachgebiete alphabetisch, mit alphabetischem Autorenverzeichnis] [Provinzarchiv der Schweizer Kapuziner, Luzern]

Zürcher, Dionysius (OFMCap, von Luzern): Catalogus sanctorum patrum; ac veterum ecclesiasticorum scriptorum Graecorum et Latinorum sub annotatis literis reperiendorum collectus a MRP. Dionysio Lucern: exprovinciale in supplementum catalogi universalis Tugii anno domini MDCCXC [Spezialkatalog der Väterliteratur und zu anderen alten Kirchenschriftstellern, alphabetisch nach Autoren] [Provinzarchiv der Schweizer Kapuziner, Luzern]

Sachkatalog [33 kleine Bde, darunter die heute nicht mehr existierende Sachgruppe »Libri vetiti«; im zweiten Viertel des 20. Jhs entstanden, bis ungefähr 1940 reichend]

4. QUELLEN UND DARSTELLUNGEN ZUR GESCHICHTE DER BIBLIOTHEK

Archivalien

Bibliotheksordnung von Guardian Johannes Bonaventura Letter [entstanden zwischen 1677 und 1680] [Provinzarchiv der Schweizer Kapuziner, Luzern]

Akzessionslisten von Gotthard Weber OFMCap [Provinzarchiv der Schweizer Kapuziner, Luzern]

Darstellungen

Marti, Hanspeter: Eine Rüstkammer der Gegenaufklärung. Die Kapuzinerbibliothek Zug in den letzten beiden Jahrzehnten des Ancien Régime und in der Zeit der Helvetik. In: Helvetia Franciscana 24/2 (1995), S. 149–203. – Dasselbe mit einigen Ergänzungen. In: Programm und Exempel (Texte und Studien der Arbeitsstelle für kulturwissenschaftliche Forschungen, Bd 1). Engi 1996, S. [66]–103

Schweizer, Christian: Kapuziner-Bibliotheken in der Deutschschweiz und Romandie – Bibliothekslandschaften eines Reform-Bettelordens seit dem 16. Jahrhundert in der Schweiz nördlich der Alpen. In: Helvetia Franciscana 30/1 (2001), S. 63–78 [zu Zug S. 77]

5. VERÖFFENTLICHUNGEN ZU DEN BESTÄNDEN

Kamber, Peter; Tobler, Mathilde: Curiositäten aus der Klosterbibliothek. Ein Rundgang. In: Brüder des heiligen Franziskus. 400 Jahre Kapuzinerkloster Zug 1595–1995. Zug 1995, S. 61–80

Kamber, Peter; Tobler, Mathilde: Die Büchersammlung der Zuger Kapuziner. Ein Auswahlkatalog. In: Helvetia Franciscana 24/2 (1995), S. 204–251

PAUL KLÄUI-BIBLIOTHEK USTER

Kanton: Zürich

Ort: Uster

Bearbeiter: Pietro Maggi und Lucas Nicolussi

Adresse: Zürichstrasse 11, Postfach 1118, 8610 Uster

Telefon: +41 44 944 72 24

Homepage: www.uster.ch

E-Mail: stadtarchiv@stadt-uster.ch

Träger: Stadt Uster

Funktion: Stadtarchiv und historische Bibliothek für die Region Zürcher Oberland

Sammelgebiete:
Uster, Region Uster, Zürcher Oberland (Schriften, Photos, historische Pläne). Grundlagenwerke zur Kantonsgeschichte, zürcherische Rechts- und Industriegeschichte, Genealogie und Heraldik des Kantons Zürich, einschlägige Lexika. Volkskunde. Handschriften.

Benutzungsmöglichkeiten:
Öffentlich zugängliche Präsenzbibliothek, ausgenommen Nachschlagewerke und Preziosen, Benützung gebührenfrei.

Öffnungszeiten:
Nach Vereinbarung per Telefon oder E-Mail.

Technische Einrichtungen für den Benutzer:
Kopiergerät, Scanner, Internetzugang, Arbeitsplätze mit Stromanschluss.

Hinweise für anreisende Benutzer:
S-Bahn Zürich–Uster–Rapperswil, bis Uster, 5 Gehminuten vom Bahnhof. Anfahrt mit dem Auto: Von Zürich her: Oberland-Autobahn (A 53), Ausfahrt Uster-West, Richtung Zentrum bis Einkaufszentrum »Illuster«. Parkgarage und Parkplätze in der Nähe.

1. BESTANDSGESCHICHTE

1.1 Den Grundstock der 1967 eröffneten Paul Kläui-Bibliothek bildet die private Bibliothek des Historikers Paul Kläui (1908–1964). Der Ustermer Zahnarzt Paul Reimann (1900–1980) erwarb sie von dessen Erben und schenkte sie der Stadt Uster. Sie wurde anfänglich im ersten Stock der neu gegründeten Gemeindebibliothek an der Kanzleistrasse 2 untergebracht, zog mit derselben 1973 an die Bankstrasse 17 in den hinteren Teil des Erdgeschosses und 1998 ins benachbarte Gebäude. Wegen des seitherigen Wachstums macht der Anfangsbestand heute nur noch einen Bruchteil des Gesamtkomplexes aus. Neben den laufenden Anschaffungen, die teilweise durch den rund 400 Mitglieder, darunter etliche Gemeinden der Region, zählenden Verein der Paul Kläui-Bibliothek finanziert und als dauernde Deposita zur Verfügung gestellt werden, kamen verschiedene grössere Bestände dazu. Zu erwähnen sind hier namentlich die Bibliothek der Genealogisch-Heraldischen Gesellschaft Zürich und die kunsthistorische Bibliothek des Ustermer Sekundarlehrers Max Brunner (1899–1977). Neben kleineren Beständen der Schulkapitel Uster und Pfäffikon (ZH) und einer Sammlung von Schulbüchern fällt die Bibliothek des reformierten Pfarrkapitels Uster ins Gewicht. Sie war vom Ustermer Pfarrer Friedrich Salomon Vögelin (1837–1888), nachmals Prof. für Kunst- und Kulturgeschichte an der Universität Zürich und Nationalrat, begründet worden. Er war ein führender Exponent der liberalen theologischen Richtung, die ausserhalb der Städte ihre Schwerpunkte in Langenthal und Uster besass. Neben diesbezüglichen Werken findet sich in diesem Bestand aber auch eine äusserst reichhaltige Sammlung von Originaldrucken im Zusammenhang mit dem Straussenhandel und dem Züriputsch von 1839. Die Volkskunde der Gegend wurde durch die Bibliothek des seinerzeit in Wald wirkenden »Vaters der Zürcher Oberländer Chronisten« Heinrich Krebser (1891–1976) alimentiert, die Oberländer Rechtsgeschichte durch diejenige des in Uster wohnhaft gewesenen Oberrichters Arthur Bauhofer (1893–1976), des »rechtshistorischen Wanderers im Tössbergland«.

2. BESTANDSBESCHREIBUNG

Chronologische Übersicht und Übersicht nach Sprachen

2.1 Die Bibliothek umfasst rund 20.000 Werke, von denen 2444, also weniger als ein Achtel, den Altbestand ausmachen. Der überwiegende Teil desselben stammt aus dem 19. Jh, nur vereinzelt finden sich ältere Werke. Das älteste ist Wolfgang Hunger, *Der Hofleut Wecker* (Strassburg 1582), eine Übers. von Antonio de Guevaras Fürstenspiegel. Die Zahl der nichtdeutschsprachigen Bücher des Altbestands ist verschwindend klein: 27 sind französisch, 21 lateinisch, 10 englisch, 3 italienisch, je 1 rätoromanisch, griechisch und hebräisch.

Systematische Übersicht

2.2 Den gewichtigsten geschlossenen Komplex des Altbestands enthält die Pfarrkapitelsbibliothek (Abteilung »Pf«) mit 671 Werken, gut einem Viertel. Innerhalb desselben sind am stärksten vertreten die Kirchengeschichte mit 237 Titeln, davon 175 Straussiana, und die Homiletik mit 109 Werken. 23 Werke stammen aus dem 18. Jh; ein Katechismus (Zürich 1639) geht auf das 17. Jh zurück. Ein namhafter Altbestand findet sich sodann im Komplex »Arthur Bauhofer« (Abteilung »SA«), insgesamt 234 Werke, davon 10 aus dem 18. Jh. Dabei nehmen die zürcherische Rechtsgeschichte mit 44, die Quelleneditionen mit 26 und die Personen- und Wissenschaftsgeschichte mit 22 Einheiten den grössten Anteil ein. In der Abteilung »Schulbücher (SC)« stammen 158 Titel aus dem 19. Jh, der weitaus grösste Teil aus dessen zweiter Hälfte. Einzig Friedrich Eberhard von Rochaus *Versuch eines Schulbuchs für Kinder der Landleute oder Unterricht für Lehrer in niedern und Landschulen* (Berlin 1776) erschien früher. Die restlichen 56,5 % des Altbestands verteilen sich ohne besondere Schwerpunkte auf die verschiedenen Abteilungen. Darunter finden sich mehrere im 19. Jh einsetzende Zeitschriften.

3. KATALOGE

Moderne Kataloge

Zettelkataloge [alphabetischer Autorenkatalog; Sachkatalog gemäss thematischen Rubriken]

Elektronischer Katalog [in Ausarbeitung begriffen]

Historischer Katalog

Catalog der Capitelsbibliothek Uster [hschr., undatiert], mit Bibliotheksprotokollen 1866–1927 und Verzeichnis der Ausleihen 1867–1909

4. DARSTELLUNG ZUR GESCHICHTE DER BIBLIOTHEK

Schmid, Bruno: Die Paul Kläui-Bibliothek in Uster. In: Zürcher Taschenbuch auf das Jahr 1988, S. 96–112

WINTERTHURER BIBLIOTHEKEN

Kanton: Zürich

Ort: Winterthur

Bearbeiter: Karin Marti-Weissenbach und Hanspeter Marti

Adresse: Obere Kirchgasse 6, Postfach 132, 8402 Winterthur

Telefon: Verwaltung: +41 52 267 51 45; Kundendienst: +41 52 267 51 48; Sondersammlungen: +41 52 267 51 55

Telefax: +41 52 267 51 40

Homepage: www.bibliotheken.winterthur.ch

E-Mail: stadtbibliothek@win.ch

Träger: Stadt Winterthur

Funktion: Studien- und Bildungsbibliothek; öffentliche Bibliothek

Sammelgebiete:
Universalbibliothek mit einem Schwerpunkt in der frühneuzeitlichen reformierten Theologie; Klassikerausgaben; Elzevierdrucke; Vitodurensia.

Benutzungsmöglichkeiten:
Siehe Internetauftritt der Winterthurer Bibliotheken.

Technische Einrichtungen für den Benutzer:
Kopiergeräte.

Gedruckte Informationen:
Merkblatt »Sondersammlungen«, auch als pdf-Datei.

Hinweise für anreisende Benutzer:
8 Fussminuten vom Bahnhof SBB; Haltestelle »Stadthaus« der Buslinien 1, 3, 5, 10 und 14. Die Studienbibliothek teilt das Gebäude mit dem Kunstmuseum und dem Naturmuseum. Parkplätze für eine Stunde vor und hinter dem Gebäude. Nächstes Parkhaus: »Theater Winterthur«.

1. BESTANDSGESCHICHTE

1.1 Die Stadtbibliothek Winterthur wurde 1660 auf Initiative des Pfarrers Hans Heinrich Meyer (1606–1670), des Gründers des Musikkollegiums, seines Sohnes, des Diakons und späteren ersten Rektors Jakob Meyer (1629–1712), und des Tuchhändlers Hans Georg Künzli (1623–1669) nach dem Vorbild der Stadtbibliothek Zürich gegründet. Unterstützung erhielten die Gründer von der Stadtbehörde, insbesondere vom ebenfalls an der Gründung des Musikkollegiums beteiligten Schultheissen Hans Ulrich Hegner (1594–1665) und vom Stadtschreiber Jakob Hegner (1615–1682; 1671–1682 Schultheiss).

1.2 Eine Sitzung am 11. November 1660 gab der Gründung eine verbindliche Form und den Namen »Bürgerbibliothek«. Diese stellte eine Art öffentlicher Stiftung dar, der schon wenige Wochen später vom Rat der Stadt gut 40, von Privaten etwa 540 Bücher, die einstweilen in einer Kammer im Hinwilerhaus aufbewahrt wurden, sowie 1609 Gulden zugesagt waren. Unter den Bücherdonatoren befanden sich neben den oben genannten, direkt an der Gründung der Bibliothek Beteiligten weitere Honoratioren der Stadt, insbesondere aus dem Geschlecht Hegner, aber auch aus den Familien Blum, Forrer, Hanhart, Hettlinger, Künzlin, Steiner, Sulzer, Wynmann/Weinmann und Ziegler. Selbst von weit her kamen Geschenke. So ist der Kaufmann Georg Meyer, Bürger von Nürnberg, unter dem 18. November 1661 mit 35 Büchern eingetragen. Bartholomäus Anhorn (1616–1700), Pfarrer in Bischofszell, gab 23 Bücher. Besonders grosszügig waren Druckereibesitzer, an der Spitze mit 100 Büchern die Brüder Hans Jakob (1617–1676) und Heinrich Bodmer, die Inhaber der Froschauerschen Offizin in Zürich.

1.3 1662 wurde die nun auf 1200 Bde angewachsene Sammlung in einem feierlichen Umzug zu ihrem ersten eigentlichen Domizil, dem Rathaus, gebracht, wo sie im Hintergebäude einen eigenen Raum erhielt. Die Bibliothek war der Aufsicht eines sogenannten Konvents unterstellt, der aus 10, später 12 Mitgliedern bestand und unter dem Vorsitz des Schultheissen oder des amtsältesten sogenannten Consiliarius tagte. Ein Secretarius sollte Protokoll führen, doch fehlen für die Jahre 1670 bis

1721 und auch später wieder für Jahrzehnte entsprechende Aufzeichnungen. Trotzdem war in der Person des Mitgründers Jakob Meyer für die ersten 50 Jahre, bis zu dessen Tod 1712, für eine kontinuierliche Pflege der Bibliothek gesorgt. Das erste Reglement stammt von 1664 und hält u. a. fest, dass jeder, der die Bibliothek benutzen wolle, auf Neujahr eine freiwillige Spende, nicht unter fünf Schilling, zu leisten habe. Bei jeder Benutzung durfte jeweils nur ein einziges Buch ausgeliehen werden. Die Ausleihen wurden in ein Diarium eingetragen. Da aber sämtliche Mitglieder des Konvents, der Bibliotheksbehörde, nebenamtlich und unentgeltlich die Anschaffung, Einordnung und Ausleihe der Bücher sowie die Aufsicht über den Bibliotheksraum besorgten, kam es immer wieder zu Versehen und Übertretungen. Für das kontinuierliche Wachstum der Bibliothek bzw. die immer wieder notwendigen Buchanschaffungen war man auf erhebliche Mittel angewiesen, die schon ab 1663 zu einem grösseren Teil von der Stadtbehörde bewilligt, zu einem kleineren aber durch Spenden und letztwillige Vergabungen zusammengebracht wurden. Da in der zweiten Hälfte des 18. Jhs die Menge der anzuschaffenden Neuerscheinungen ständig wuchs, geriet der Konvent in einen finanziellen Engpass. Er verzichtete daher 1777 demonstrativ auf seine einzige Entschädigung, ein Mahl bei der jährlichen Rechnungsabnahme, und bat den Rat, die für dieses Essen aufzuwendende Summe jährlich der Bibliothek zu schenken. Die Behörde erliess daraufhin dem Konvent eine Schuld von 125 Gulden, spendete als einmalige Zuwendung 100 Gulden und sagte überdies 20 Gulden als jährlichen Beitrag zu. Wichtig für den Zuwachs blieben aber neben den Ankäufen die Buchschenkungen. Insbesondere einzelne Mitglieder des Konvents vermachten ihre ganze Bibliothek, z. B. der Pietist und Rektor Hans Kaspar Sulzer (1693–1760) ganze 358 Bde. Über 180 z. T. sehr alte Drucke allein in den Signaturgruppen A bis N sowie a, c und d tragen den Vorbesitzvermerk des vielseitigen Arzts und Unternehmers Johann Heinrich Ziegler (1738–1818), der sie um 1755, damals als Theologiestudent, gekauft haben muss.

1.4 Die Bibliothek stellte aber damals nicht nur eine Büchersammlung dar, sondern sie war ursprünglich als Hort der Wissenschaften und Künste eingerichtet worden und hatte als solcher auch alles aufzunehmen, was man an Raritäten und Kuriositäten als aufbewahrenswert erachtete. In der Zeit der Bibliotheksgründung empfand man es als selbstverständlich, neben Musiknoten 1664 z. B. eine ganze Orgel anzuschaffen, die 1773 für einen Bruchteil des Ankaufspreises dem Musikkollegium überlassen werden musste. Ab 1665 kamen regelmässig die Porträts der Schultheissen, dann auch andere Gemälde von Winterthurer Malern in die Bibliothek. Auch »Naturalien«, d. h. naturwissenschaftliche und ethnologische Schaustücke (z. B. Fischversteinerungen in Schiefer und japanische Waffen), ferner sog. Antiquitäten, d. h. Fundgegenstände aus römischer Zeit und Kunst- bzw. kunstgewerbliche Objekte wurden aufbewahrt. Die bedeutenderen unter diesen so unterschiedlichen Gegenständen bildeten den Anfang der heutigen Sammlungen für Kunst und Wissenschaft im Kunstmuseum, im Heimatmuseum Lindengut und andernorts. Die Münzsammlung blieb noch bis in die 1980er-Jahre in der Verwaltung der Stadtbibliothek, und noch heute sind die Buchbestände des Münzkabinetts z. T. auch über die Kataloge der Stadtbibliothek erschlossen. Die Anhäufung von Objekten aller Art spiegelte den wirtschaftlichen Aufschwung der Stadt, der aber der Büchersammlung selbst nicht zugute kam. Da sie anscheinend im Ruf stand, mehr wissenschaftlichen als allgemeinbildenden Zwecken zu dienen, und in der zweiten Hälfte des 18. Jhs nicht mehr den Bedürfnissen der Bürger entsprach, interessierte sich kaum jemand für sie. Sie fristete während Jahrzehnten ein Schattendasein. Als 1782–1784 das Rathaus neu gebaut wurde, kam die Bibliothek schlecht weg, indem man sie über dem neuen Ratssaal in einem weder genügend tragfähigen noch ausreichend trockenen Raum unterbrachte, der überdies nach gut 25 Jahren baufällig wurde. Dennoch gab es gerade auch in dieser Zeit der Geringschätzung der Bücher Leute, die deren Wert erkannten. Zu ihnen gehörte der Arzt, Politiker und Schriftsteller Ulrich Hegner (1759–1840), der 1789–1833 als Mitglied des Konvents direkte Verantwortung für die Bibliothek trug. Er traf eine Reihe von Massnahmen zum Schutz und zur Bekanntmachung der städtischen Bücherschätze. Als erstes liess er die mit Kupferstichen illustrierten Werke in einen Glasschrank bringen, so dass sie nicht mehr ohne weiteres zugänglich waren. 1793 veröffentlichte er einen Auswahlkatalog von 44 Seiten, und im ersten Jahrzehnt des 19. Jhs war er an der Abfassung eines neuen Reglements beteiligt.

1.5 Die Neujahrsblätter, welche die Bibliothek seit Beginn herausgab, weitete Hegner als gewandter Schriftsteller zu kleinen Broschüren aus, mit denen er für die Bibliothek warb. Von Hegner ging das Präsidium des Konvents an den liberalen Politiker und Rektor Johann Konrad Troll (1783–1858) über, der bis zu seinem Tod der Stadtbibliothek vorstand und auch die Neujahrsblätter betreute. Unter seiner Leitung zog die Bibliothek 1842 ins neue Knabenschulhaus, das spätere Gymnasium, heute Sammlung Oskar Reinhart, um. Seit dieser Zeit besorgten die Schulhausabwarte die Buchausleihe. Ulrich Hegner hatte vor seinem Rücktritt noch erreicht, dass eine eigentliche Bibliothekarsstelle geschaffen wurde, die freilich mit 300 Franken Jahreslohn schlecht bezahlt war. 1834 trat als erster der Theologe und Gelehrte Emanuel (genannt Emil) Steiner (1810–1876) diese Stelle an. Er schaffte wissenschaftlich wertvolle Neuerscheinungen an und war 1855 an einer Gesamtrevision der Bibliothek beteiligt. Besonderes Augenmerk legte Steiner auf die Buchgeschichte. Die zwischen 1592 und 1710 in den Niederlanden entstandenen Drucke der Familie Elzevier lagen ihm besonders am Herzen, sodass dank seinem Sammeleifer neben Stockholm die Stadtbibliothek Winterthur ausserhalb Hollands den bedeutendsten Bestand Elzeviriana aufweist. Ferner stellte er die verschiedenen Bibelausgaben zu einer Sammlung zusammen und schuf eine besondere Abteilung »Deutsche Klassiker«, in welche vor allem Ausgaben aus der zweiten Hälfte des 18. und aus der ersten des 19. Jhs Aufnahme fanden. Privat sammelte er 3.470 seltene Bücher, die er der Bibliothek teils zu Lebzeiten schon vermachte, teils verkaufte. Die Bibliothek erlebte unter ihm und ab 1858 unter dem Konventsvorsitz des Naturkundelehrers und Karthographen Jakob Melchior Ziegler (1801–1883) einen grossen Aufschwung. Dieser war allerdings auch der wirtschaftlichen Blüte der Stadt zu verdanken, deren Beitrag zwischen 1834 und 1878 von 200 auf 4.500 Franken anstieg. Hinzu kamen seit 1873 600, seit 1875 1.000 Franken Kantonsbeitrag sowie 200 Franken vom städtischen Schulrat. Allerdings wurden diese Gelder nicht nur für Buchanschaffungen, sondern auch zum Ausbau der übrigen Sammlungen benutzt. 1872 gab man den alten Namen »Bürgerbibliothek« auf und ging zum neuen »Stadtbibliothek« über. Trotz der neuen Bezeichnung blieb die Institution bis 1914 Eigentum der Bürgergemeinde. Der Aufschwung rief nach mehr Personal. So wurde dem Bibliothekar Steiner schon 1866 der ehemalige Pfarrer und Historiker Albert Hafner (1826–1888) als Hilfskraft zur Seite gestellt. Er verfasste einen dreibändigen Katalog und eine Übersicht über die Handschriften. Nach Steiners Tod wurde er dessen Nachfolger. Als ab 1878 wegen der Nationalbahnkrise die Finanzen drastisch gekürzt wurden, bemühte er sich erfolgreich um Mittel aus privater Hand für die Bibliothek. Auch führte er den Tauschverkehr mit verschiedenen Gesellschaften und Bibliotheken ein, um den Lesern in Form von Zeitschriften weiterhin Neuerscheinungen anbieten zu können. Dennoch litt die Stadtbibliothek, wie Emanuel Dejung (1900–1990), Stadtbibliothekar von 1929 bis 1965, berichtet, über Jahrzehnte hin, ja, bis 1950 unter den Folgen der Sparmassnahmen am Ende des 19. Jhs. Aber auch an Raum und an Personal wurde gespart. Der Germanist Charles Biedermann (1856–1901), 1888 Hafners Nachfolger und erster vollamtlicher Bibliothekar, musste in Personalunion die immer wachsenden Ausleihe- und Katalogarbeiten bewältigen; ein Lesesaal wurde nicht bewilligt. Unter Hans Barth (1871–1926), Stadtbibliothekar von 1901 bis 1909, begann man den alphabetischen Verfasserkatalog in Zettelform anzulegen. Daneben wurden neue Standortkataloge in Bandform geschaffen. Damals lieferten viele Vereine ihre Büchersammlungen an die Stadtbibliothek aus. Heinrich Brunner (1869–1928), Bibliothekar von 1909 bis 1928, setzte die Katalogisierungsarbeit fort und konnte am Ende seiner Amtszeit auf 110.000 aufgearbeitete Bände verweisen. Die Ausleihe stieg in seiner Zeit von 8.000 auf 25.000 Bde im Jahr. 1916 konnte die Stadtbibliothek ins neue Bibliotheks- und Museumsgebäude einziehen. Damit waren vorderhand die Platzprobleme gelöst, die zuvor vor allem eine Benutzung der Bestände des 17. und 18. Jhs fast verunmöglicht hatten. Dennoch waren Umbauten und Anpassungen notwendig, damit man den stets sich ändernden Anforderungen gerecht wurde. Auch im 20. Jh lag das Hauptgewicht des Buchzugangs bei den Geschenken, unter denen sich auch immer wieder alte, teils bibliophile Ausgaben befanden. Unter Emanuel Dejung entwickelte sich die Stadtbibliothek vermehrt zur Studienbibliothek, und die Ausleihe wissenschaftlicher Bücher stieg dank der 1902 begonnenen und 1939 vollendeten Erfassung der Bestände in einem Verfasser- und in einem Sachkatalog von 10 auf rund 60 Prozent. Seit 1937 begann man in einem Winterthurer Zentralkatalog die Bestände der übrigen Winterthurer Bibliotheken zu erfassen. Die immer stärker wissenschaftliche Ausrichtung der Bibliothek führte aber in den 1960er-Jahren zu einem Rückgang der Ausleihen von 85.544 Bdn (1953) auf 62.275 Bde. Auf diesem Niveau stagnierte die Bibliotheksnutzung bis in die 1980er-Jahre. Seit damals bemüht man sich, den Bildungsbedürfnissen der Winterthurer Bevölkerung besser Rechnung zu tragen durch vermehrte Anschaffung von allgemein bildenden Sachbüchern, von Fachliteratur für die Gymnasialstufe und von wissenschaftlich-propädeutischen Werken sowie von zeitgenössischer Literatur. Dies alles ging zu Lasten der wissenschaftlichen Spezialliteratur. Sodann liess man die Bibliothek auch über Mittag und in den Schulferien geöffnet und weitete den Freihandbereich aus. Ab 1984 verlieh die Stadtbibliothek als erste Schweizer Bibliothek auch neue Medien (Compact Discs, ab 1987 auch Video-Spielfilme). 1993 wurde ein Teil des Magazins zur zweistöckigen Freihandabteilung umgebaut und zugleich ein elektronisches Ausleihsystem in Betrieb genommen, ohne das der sehr starke Aufschwung der Buch- und Medienausleihe nicht hätte bewältigt werden können. Die seit 1982 unter der Leitung des Stadtbibliothekars stehenden Quartierbibliotheken wurden ins elektronische Ausleihsystem einbezogen und mit der Stadtbibliothek sowie untereinander vernetzt. Einen vorläufigen Abschluss fand die konsequente Anpassung an die Bedürfnisse des Publikums 2003 in der Eröffnung der neuen Stadtbibliothek am Kirchplatz. Bei der Aufstellung werden thematische Schwerpunkte gesetzt, Ausleihe wie Rückgabe sind dank Mikrochip-Ausrüstung jedes Mediums vollautomatisiert. Das alte Bibliotheksgebäude von 1916 dient als logistische Zentrale des gesamten Bibliotheksnetzes und steht mit den Sondersammlungen und der Studieninfrastruktur dem Publikum weiterhin offen.

2. BESTANDSBESCHREIBUNG

Chronologische Übersicht

2.1 Die Gesamtzahl der vor 1901 erschienenen Drucke ergab 111.887 Einheiten. Es muss aber bei einem so grossen Bestand mit einer relativ hohen Fehlerquote gerechnet werden, da v. a. viele der im 19. Jh erschienenen Drucke nicht am Regal, sondern an den meist kurz nach 1900 angelegten Standortkatalogen gezählt wurden. Seither wurden, wie Überprüfungen der einzelnen Bestandszählungen ergaben, da und dort, insbesondere bei den Zeitschriftensignaturen, Bestände entfernt. Was das 19. Jh betrifft, wurden andererseits beim sehr umfangreichen Sonderbestand »Bibliothek Rudolf Hunziker« (BRH) die genau ermittelten Zahlen für die Signaturen 1 bis 3199/12 für den Rest des Bestands (Signatur 5002 bis etwa 10.000; die Nummern 3199/13 bis 5001 fehlen) hochgerechnet. Auch konnten trotz intensiver Recherchen viele Drucke ohne Erscheinungsjahr nicht gezählt werden. Insgesamt mögen sich die Zahl der nicht gezählten und die Zahl der allenfalls zuviel gezählten ungefähr die Waage halten. Von den 111.887 Einheiten sind 167 Inkunabeln (0,15 %), 2342 (2,1 %) erschienen im 16., 6308 (5,6 %) im 17. Jh, 3872 (3,5 %) zwischen 1701 und 1750, 11.658 (10,4 %) zwischen 1751 und 1800, 25.707 (23 %) zwischen 1801 und 1850, 61.831 (55,3 %) zwischen 1851 und 1900.

Übersicht nach Sprachen

2.2 Es kommen 28 bis 30 Sprachen vor. Je nachdem, wie fein man z. B. die rätoromanischen oder die niederdeutschen Dialekte unterscheidet, sind es noch etwas mehr. Weitaus der grösste Teil des Altbestands, 82.722 Einheiten (73,9 %), wurde in deutscher Sprache publiziert, gefolgt von 14.948 Einheiten (13,4 %) in Französisch, 8407 (7,5 %) in Latein, 2394 (2,1 %) in Englisch, 1758 (1,6 %) in Italienisch, 1218 (1,1 %) in Griechisch, d. h. vorwiegend Altgriechisch, 182 in Niederländisch, 69 in Hebräisch, 60 in Spanisch, 42 in Rätoromanisch, 16 in Schwedisch, 11 in Russisch, 9 in Akra, 8 in Arabisch, je 7 in Dänisch, in Sanskrit und in 3 bis 4 weiteren indischen Sprachen, je 4 in Portugiesisch und Slowenisch, 3 in Polnisch, je 2 in Gotisch, Syrisch und Ungarisch, je 1 in Kroatisch, Malaiisch, Norwegisch und Rumänisch.

Systematische Übersicht

2.3 Altbestände sind in den Winterthurer Bibliotheken hauptsächlich unter den im 19. Jh geordneten, sachbezogenen Signaturgruppen zu finden. So steht A für Enzyklopädien und Buchkunde, B für Theologie, C für Jurisprudenz, D für Medizin, E für Naturwissenschaften, F für Philosophie, G für klassische Philologie, H für deutsche Literatur, J für französische, italienische und englische Literatur, K für Geschichte, M für Geographie und N für Mathematik, Physik, Technologie und Landwirtschaft. Diese Gruppen enthalten hauptsächlich die bis 1800 erschienenen Werke. Die ab 1800 publizierten sind zu einem grossen Teil in ähnlicher fachlicher Abfolge wie die vorher Genannten unter den Signaturen I bis XVII eingeordnet, wobei in jeder dieser Gruppen mit einem kleinen Anteil vor 1800 veröffentlichter Schriften gerechnet werden muss. Eine Ausnahme bilden die Signaturgruppen a bis d, mit denen die nachfolgende Beschreibung beginnt. Die Gruppe a ist stark auf die deutsche Klassik ausgerichtet; b beschränkt sich auf Drucke hauptsächlich zweier Verlage (Elzevier, Aldus Manutius), bei c sind Alter und Seltenheit das Kriterium. Die Gruppe d, eine Bibelsammlung, deckt nur einen Teilbereich des Fachs »Theologie« ab. Die Gruppen a bis d und A bis N werden als die historisch interessantesten ausführlich, die folgenden Gruppen I bis XVII sowie die übrigen in Frage kommenden Signaturgruppen summarischer behandelt. Nach den römischen Zahlsignaturen folgen alphabetisch Hdb, Kart, MB-MusBQ, Quart, RAR-RARQ, Sch, VT-VTQM, ferner die Zeitschriftensignaturen HZ, LZ, MZ, NZ, ZaV, Zeit sowie, als separate Gruppe, die einschlägigen Sonderbestände, ebenfalls nach der alphabetischen Reihenfolge der Signaturen. Diese letzteren, 11.384 Einheiten (10,2 % des gesamten Altbestands), von denen 8 im 16. Jh, 10 im 17. Jh, 361 im 18. Jh, 2110 zwischen 1801 und 1850, 8895 zwischen 1851 und 1900 erschienen, 10.261 in deutscher, 605 in französischer, 296 in italienischer, 85 in englischer, 74 in lateinischer, 44 in griechischer und 19 in 7 weiteren Sprachen, wurden in die Gesamtstatistik nach Fachbereichen nicht einbezogen. Von dieser wurden auch die 12'917 (11,5 % des Gesamtbestands) unter den Zeitschriftensignaturen ausgezählten Einheiten ausgenommen.

2.4 Für die systematische Statistik wurden also nur 87.588 Einheiten (78,3 % des Gesamtbestands) berücksichtigt. Zudem muss einschränkend festgehalten werden, dass die in der Signaturgruppe c gezählten 155 Inkunabeln hier nicht ausgewertet sind, weil sie als eigene Sondersammlung betrachtet und nicht einzelnen Fachbereichen zugewiesen wurden. Im Folgenden werden die Zusammensetzung jedes Fachs und fachweise die Zahlen für die Jhe und für die einzelnen Sprachen mitgeteilt. Für »Enzyklopädie, Bibliographie und Biographie« konnten von den Signaturgruppen A, I, Hdb, Quart und Sch folgende Zahlen ermittelt werden: Von den 4864 Einheiten (5,6 %) erschienen 3 im 16. Jh, 56 im 17. Jh, 1357 im 18. und 3448 im 19. Jh, 2933 in Deutsch, 1461 in Französisch, 226 in Latein, 153 in Italienisch, 52 in Englisch, 13 in Griechisch, 7 in Sanskrit, je 4 in Hebräisch, Portugiesisch, Spanisch und Russisch, 2 in Niederländisch, und 1 Werk erschien in Rätoromanisch.

2.5 Die 8819 theologischen Einheiten (10 %) wurden in den Signaturgruppen c, d, B, II, Quart, RAR-RARQ und Sch gezählt. Es gibt hier 13 Inkunabeln; 1162 Einheiten wurden im 16. Jh, 1479 im 17. Jh, 1505 im 18. und 4659 im 19. Jh veröffentlicht, 5890 in Deutsch, 1980 in Latein, 534 in Französisch, 110 in Griechisch, 97 in Englisch, 71 in Niederländisch, 59 in Hebräisch, 33 in Italienisch, 13 in Rätoromanisch, 9 in Akra, je 4 in Arabisch und in Slowenisch, je 3 in Spanisch und in Hindi, 2 in Polnisch, je 1 in Bengalisch, Dänisch, Gotisch, Kroatisch, Malaiisch, Ungarisch und in Urdu.

2.6 2421 Einheiten (2,8 %) juristische und staatswissenschaftliche Literatur wurden in den Signaturgruppen c, C, III, Quart, RAR-RARQ und Sch gezählt. 64 Einheiten wurden im 16. Jh, 96 im 17. Jh, 394 im 18. Jh, 500 zwischen 1801 und 1850, 1367 zwischen 1851 und 1900 gedruckt, 1881 in deutscher, 333 in französischer, 166 in lateinischer, 32 in englischer, 8 in italienischer und 1 in rumänischer Sprache.

2.7 In den Signaturgruppen D, IV, Quart und Sch wurden 4221 medizinische Schriften (4,8 %) ermittelt, von denen 24 im 16. Jh, 325 im 17. Jh, 962 im 18. Jh, 727 zwischen 1801 und 1850, 2183 zwischen 1851 und 1900 erschienen, 3026 in deutscher, 981 in lateinischer, 168 in französischer, 23 in englischer, 14 in italienischer, 8 in griechischer und 1 Einheit in niederländischer Sprache.

2.8 Die 5051 naturwissenschaftlichen Einheiten (5,8 %) wurden in den Signaturgruppen E, V, Quart, RAR-RARQ (hier zusammen mit medizinischen Werken) und Sch ausgezählt. 30 Einheiten erschienen im 16. Jh, 142 im 17. Jh, 174 zwischen 1701 und 1750, 900 zwischen 1751 und 1800, 951 zwischen 1801 und 1850, 2854 zwischen 1851 und 1900, 3596 in Deutsch, 873 in Französisch, 415 in Latein, 86 in Italienisch, 65 in Englisch, je 5 in Niederländisch und in Spanisch, 4 in Dänisch und 2 in Schwedisch.

2.9 Eine weitere Fachgruppe bilden die der Philosophie, der Nationalökonomie, der Psychologie und der Pädagogik zugerechneten 3171 Werke (3,6 %), die aus den Signaturgruppen F, VI, Quart und Sch ermittelt wurden. 28 Einheiten wurden im 16. Jh, 69 im 17. Jh, 938 im 18. und 2136 im 19. Jh veröffentlicht, 2485 in deutscher, 439 in französischer, 187 in lateinischer, 48 in englischer, 6 in italienischer, 5 in spanischer und 1 Schrift in griechischer Sprache.

2.10 Altphilologie, Indogermanistik, Ausg. antiker Autoren, Altertumskunde, einschliesslich alter Geschichte und klassischer Archäologie, sind zu einer weiteren Fachgruppe zusammengefasst. In den Signaturgruppen c, G, VII, Quart und Sch wurden insgesamt 5238 Einheiten (6 %) gezählt, von denen 360 in der ersten, 194 in der zweiten Hälfte des 16. Jhs, 384 im 17. Jh, 823 im 18. und 3477 im 19. Jh, 2019 in deutscher, 1902 in lateinischer, 992 in griechischer, 208 in französischer, 61 in englischer, 51 in italienischer, 2 in syrischer und je 1 Einheit in hebräischer, russischer und in einer indischen Sprache erschienen.

2.11 9604 Einheiten (11 %) deutsche Literatur (Belletristik) wurden aus den Signaturgruppen a, H, VIII und Sch ermittelt. 19 Werke wurden im 17. Jh, 42 zwischen 1701 und 1750, 1691 zwischen 1751 und 1800, 2848 zwischen 1801 und 1850, 5004 zwischen 1851 und 1900 publiziert, 9478 in deutscher, 74 in französischer, 25 in italienischer, je 12 in englischer und in lateinischer, 2 in rätoromanischer und 1 Einheit in russischer Sprache.

2.12 Literatur aus verschiedenen nicht-deutschen Sprachräumen, v. a. dem französischen, englischen und dem italienischen, sowie einschlägige Wörterbücher und Grammatiken wurden in den Signaturgruppen J, IX, IXa-c, Quart und Sch gezählt, insgesamt 6997 Einheiten (8 %). Unter diesen gibt es 1 Inkunabel, 33 Einheiten wurden im 16. Jh, 165 im 17. Jh, 294 zwischen 1701 und 1750, 1075 zwischen 1751 und 1800, 1596 zwischen 1801 und 1850, 3833 zwischen 1851 und 1900 gedruckt, 3630 in Französisch, 1560 in Deutsch, 1134 in Englisch, 612 in Italienisch, 33 in Spanisch, 13 in Rätoromanisch, 7 in Latein, je 2 in Griechisch, Niederländisch und in Schwedisch, je 1 Werk in Dänisch und in Russisch.

2.13 8841 Einheiten (10,1 %) allgemeine Geschichte, ohne Schweizer Geschichte (diese findet sich unter den Helvetica), und Kirchengeschichte konnten in den Signaturgruppen K, X, Quart und Sch ermittelt werden. 10 Einheiten erschienen in der zweiten Hälfte des 16. Jhs, 119 im 17. Jh, 82 zwischen 1701 und 1750, 545 zwischen 1751 und 1800, 1038 zwischen 1801 und 1850, 2067 zwischen 1851 und 1900, 6076 in deutscher, 2084 in französischer, je 268 in englischer und in lateinischer, 135 in italienischer, 4 in spanischer, 3 in griechischer und je 1 Schrift in flämischer, niederländischer und in schwedischer Sprache.

2.14 Geographische Literatur wurde an den Signaturgruppen M, XII, Kart, Quart, RAR-RARQ und Sch ausgezählt, insgesamt 3872 Einheiten (4,4 %), von denen 10 in der zweiten Hälfte des 16. Jhs, 119 im 17. Jh, 82 zwischen 1701 und 1750, 545 zwischen 1751 und 1800 sowie 3105 im 19. Jh publiziert wurden, 2768 in Deutsch, 775 in Französisch, 209 in Englisch, 71 in Italienisch, 32 in Lateinisch, 7 in Niederländisch, 3 in Schwedisch, 2 in Spanisch und je 1 Werk in Bengali, Griechisch, Norwegisch, Polnisch und in Russisch.

2.15 Da mathematische Literatur in den verschiedenen Signaturgruppen in unterschiedlicher Zusammensetzung mit Werken weiterer Fächer vorkommt, mussten diese mitgezählt werden. Zu den 3651 an den Signaturgruppen N, XIII, XIV, XV, Quart, RAR-RARQ, Sch ermittelten Einheiten (4,2 %) gehören, ausser Mathematik und Geometrie, Astronomie, Physik, Technologie, Handel, Land- und Forstwirtschaft. 22 Einheiten erschienen im 16. Jh, 80 im 17. Jh, 94 zwischen 1701 und 1750, 436 zwischen 1751 und 1800, 3019 im 19. Jh, 2842 in deutscher, 637 in französischer, 76 in lateinischer, 56 in englischer, 35 in italienischer, 3 in niederländischer und 2 in griechischer Sprache.

2.16 Kunst- und Musikliteratur werden unter den Signaturgruppen XVI, Quart und Sch gemeinsam, Musikdrucke unter MB, MN, MP, Mus, MusB, MusBq auch separat aufbewahrt. Mit insgesamt 2457 Einheiten (2,8 %) bildet diese Literatur auch im Ganzen kein grosses Kontingent. 4 Einheiten wurden im 16. Jh, 53 im 17. Jh, 164 im 18. Jh, 487 zwischen 1801 und 1850, 1749 zwischen 1851 und 1900 veröffentlicht, 1886 in deutscher, 369 in französischer, 104 in italienischer, 69 in englischer, 19 in lateinischer, 5 in niederländischer, 2 in russischer und je 1 Einheit in griechischer, rätoromanischer und in schwedischer Sprache.

2.17 Eine sehr grosse, wenn auch nicht nach fachlichen Gesichtspunkten, sondern nach dem nationalen Auswahlkriterium zusammengestellte Mischgruppe, in der Schweizer Geschichte das grösste Kontingent ausmacht, bilden die unter den Signaturen XVII, XVIIa, Quart, Sch, VT und VTQM gezählten 14.675 Einheiten (16,8 %) Helvetica, von denen 19 im 16. Jh, 226 im 17. Jh, 1603 im 18. und 12.827 im 19. Jh erschienen, 13.071 in deutscher, 1372 in französischer, 149 in lateinischer, 44 in italienischer, 29 in englischer, 9 in rätoromanischer und 1 in niederländischer Sprache.

Deutsche Klassiker und ältere deutsche Literatur (Signatur a)

2.18 Emil Steiner war dafür besorgt, dass diese besondere Abteilung entstand, welche insgesamt 2171 Einheiten umfasst, von denen 634 (29,2 %) im 18. Jh und 1537 (70,8 %) im 19. Jh gedruckt wurden. Unter den nur 9 zwischen 1701 und 1750 erschienenen befinden sich vom Mitarbeiter Gottscheds, Karl Christian Gärtner, herausgegebene *Neue Beyträge zum Vergnügen des Verstandes und Witzes* (Bd 4, Stück 4 und 5, Bremen, Leipzig 1748) mit dem Besitzeintrag des späteren Winterthurer Stadtschreibers und Freunds Christoph Martin Wielands, Wolfgang Dietrich Sulzer (1732-1794). Bücher aus seinem Besitz tauchen vereinzelt auch in anderen alten Bestandsgruppen auf. Bis auf 12 französischsprachige Werke sind alle (2159) deutschsprachig. Die Bücher wurden am Regal gezählt, für die Bestandsbeschreibung aber auch der 1904 angelegte Standortkatalog beigezogen. Von den 980 Nummern der Gruppe bilden etwa die ersten 400 nach den wichtigen deutschen Klassikern grob geordnete Untergruppen. Die ersten 150 Nummern sind ausschliesslich Goethe gewidmet; die ersten 99 stellen nur Ausg. seiner Werke dar. Zu finden sind hier u. a. 5 Ausg. des *Götz von Berlichingen* in 8 Exemplaren, darunter allein 3 aus dem Entstehungsjahr (ohne Nennung des Autors, o. O. 1773), ferner 2 Exemplare der Erstausgabe (Leipzig 1774) sowie 8 weitere Ausg. des *Werther*, darunter eine 1775 in Bern gedruckte und eine französische (*Passions du jeune Werther*, Paris 1786). Auch Gesamtausgaben fehlen nicht, z. B. *Werke. Vollständige Ausgabe letzter Hand* (56 Bde und Register, Stuttgart, Tübingen 1828-1835), ferner die berühmte, ab 1887 im Auftrag der Grossherzogin Sophie von Sachsen herausgegebene mit insgesamt weit über 100 Bdn, von denen aber die letzten um 1920 publiziert wurden. Unter den im weitesten Sinn zur Goethe-Literatur zu zählenden Schriften sind auch solche der frühen Weggefährten des Dichters, Jakob Michael Reinhold Lenz und Johann Heinrich Merck, aus den 1770er-Jahren zu nennen. Die anschliessenden Nummern 152-169 gehören dem Werk Johann Gottfried Herders, wobei vereinzelt in der zweiten Hälfte des Bestands weitere Herder-Ausgaben vorkommen. Neben Einzelwerken gibt es 3 Gesamtausgaben, die älteste in 45 Bdn 1805-1820 in Tübingen erschienen. Überaus reich vertreten ist auch das Werk Friedrich Schillers mit 91 Nummern, zumeist Einzelwerken, aber auch 2 Gesamtausgaben (je 18 Bde, wobei Bd 2 der älteren Ausg. fehlt, Stuttgart, Tübingen, 1822-1826 bzw. 1827/28). Allein die *Räuber* kommen in 9 Ausg. und 11 Exemplaren, einschliesslich der Erstausgabe (Frankfurt, Leipzig 1781), vor. Zu finden sind auch die von Schiller herausgegebenen Zeitschriften, *Rheinische Thalia* (Heft 1, Mannheim 1785), *Thalia* (3 Bde, Leipzig 1787-1791), *Neue Thalia* (4 Bde, Leipzig 1792/93), *Die Horen* (6 Bde, Tübingen 1795-1797) sowie der *Musenalmanach* (5 Jg., Neustrelitz, Tübingen 1796-1800). 3 Gesamtausgaben sowie 16 Einzeltitel sind von Christoph Martin Wielands Werken vorhanden, darunter die *Sammlung einiger Prosaischen Schriften* (3 Teile, Zürich 1758) mit dem handschriftlichen Vermerk, dass es sich um ein Geschenk des befreundeten Autors handle. Von Gotthold Ephraim Lessings Werken finden sich insgesamt 28 Titel. Gut vertreten sind auch Klopstock, Gellert, Salomon Gessner, Johann Caspar Lavater, Albrecht von Haller sowie mit mindestens 5 einzeln erschienenen Dichtungen die 1760 als deutsche Sappho entdeckte Anna Luise Karsch. Nur vereinzelt kommen Werke von Ewald von Kleist, Friedrich von Hagedorn, Ludwig Heinrich Christoph Hölty, Johann Gottfried Seume, Theodor Körner, Gottfried August Bürger, Friedrich von Matthisson sowie von Johann Gaudenz von Salis und Heinrich Pestalozzi (*Lienhard und Gertrud*, ohne Nennung des Autors, Berlin, Leipzig 1781) vor. Der zweite Teil der Bestandsgruppe ist bunt gemischt, wobei insgesamt die Seltenheit der

Schweizer Autoren des 19. Jhs auffällt. Neben dem schon erwähnten von Salis finden sich wenige Titel von Jeremias Gotthelf. Erwähnenswert sind Übers. und Ausg. mittelhochdeutscher Epen, v. a. des Nibelungenlieds, Jean Paul [Richters] *Sämtliche Werke* (33 Bde ohne Bd 3, Berlin 1840–1842) sowie eine *Allgemeine Blumenlese der Deutschen* (6 Teile, Zürich 1782–1788).

»Elzevier-Drucke« (Signatur b)

2.19 Die Sammlung umfasst 2691 Einheiten, hauptsächlich Elzevier-Drucke und andere vornehmlich in den Niederlanden erschienene Schriften. 2509 Einheiten (93,2 %) wurden im 17. Jh, der Blütezeit der Elzevier-Druckereien, publiziert. 62 Einheiten (2,3 %) erschienen im 16. Jh, bis auf 1 Schrift alle in der zweiten Hälfte des Jhs, 115 (4,3 %) im 18. Jh, bis auf 5 alle zwischen 1701 und 1750, und 5 im 19. Jh. Latein dominiert mit 1668 Einheiten (62 %), gefolgt von Französisch mit 863 (32 %), Italienisch mit 57, Griechisch mit 40, Deutsch mit 38, Niederländisch mit 18, Arabisch mit 4, Hebräisch mit 2 Einheiten sowie 1 Werk in Gotisch. Die Geschlossenheit des Bestands zeigt sich in der Dominanz der Profanwissenschaften und dem verhältnismässig geringen Anteil an Theologie, in der Bedeutung von Späthumanismus und Schöner Literatur, von Philologie, Politik und Geschichte sowie im häufigen Vorhandensein derselben Werke in zahlreichen Ausg. Um die ungefähre Verteilung nach Sachgebieten ermitteln zu können, wurden die nicht nach solchen geordneten Werke in geeigneten Gruppen zusammengefasst. An erster Stelle stehen Literatur und Sprache mit rund 500 Einheiten, gefolgt von den je rund 450 Einheiten umfassenden Gruppen »Antike Autoren und Kulturgeschichte des Altertums« sowie »Geschichte«. Vor der ungefähr 340 Schriften zählenden Theologie stehen »Philosophie, Politik, Psychologie und Pädagogik« (ca. 370 Einheiten). Es folgen die Jurisprudenz und die Geographie mit je rund 150, die Medizin mit 120 und die Verlags- und Bücherkataloge sowie die Zeitschriften.

2.20 Zu »Literatur und Sprache« zählen Sprachlehrbücher, so eine Einführung in das Arabische (Leiden 1628) von Thomas Erpenius, Grammatiken (Nathanael Duez, 23 Einträge), Werke zur Sprachdidaktik, darunter Amos Comenius, und zur Exegese (Johannes Meursius, in allen Fachgebieten 35 Einträge), Traktate zum Lob einzelner Sprachen, z. B. des Hebräischen, Rhetoriklehrbücher und Emblembücher, Literatur in den modernen Fremdsprachen, darunter die Italiener Giovanni Boccaccio, Giovanni Battista Guarini und Giambattista Marino, unter den Engländern John Barclay (13 Einträge) und John Owen (5), besonders zahlreich die französischen Dichter Pierre Corneille (53 Einträge), Molière (51) und Jean-Louis Guez de Balzac (18), weniger stark vertreten der französische Humanismus mit Clément Marot und François Rabelais (*Œuvres*, 2 Bde, o. O. 1666), zahlreiche wenig bekannte französische Autoren, weitere Klassiker (La Fontaine) und die Moralisten. Unter den neulateinischen Autoren treten die niederländischen Späthumanisten hervor, Daniel Heinsius (31 Einträge), Claudius Salmasius (16) mit dem unter dem Pseudonym »Simplicius Verinus« erschienenen Traktat *De transsubstantiatione* (Den Haag 1646) und Gerhard Johann Vossius mit seinen Lehrbüchern, selten Jesuiten (Jakob Balde). Hinzu kommen Schäfer- und Liebesdichtungen, auch in französischer Sprache, Satiren und Utopien (Francis Bacon, Thomas Campanella, Thomas Morus). Deutlich zurück steht die deutsche Barockliteratur, vertreten u. a. mit Werken von Martin Opitz und Philipp von Zesen. Stärker ist das Gewicht der Schönen Literatur, wenn die hier separat gezählten antiken Autoren hinzugerechnet würden, die – v. a. die Römer – in grosser Vollständigkeit, z. T. mit vielen Ausg. einzelner Werke vorhanden sind. Als Beispiel diene der Historiker Quintus Curtius Rufus, dessen Geschichte Alexanders des Grossen in mindestens 5 und dessen *Historiarum libri* in mindestens 8 holländischen Editionen des 17. Jhs, z. T. in bis zu 4 Exemplaren, vorliegen. In dieser Gruppe befinden sich auch Travestien von Vergil und von Homers Odyssee sowie Werke zur antiken Kulturgeschichte. Die humanistische Ausrichtung der Sammlung kommt auch in der allgemeinen Priorität des historischen Fachs, der Berücksichtigung der meisten europäischen Länder sowie im einzelnen in den Geschichtswerken des Johannes Sleidanus zum Ausdruck. Es treten hinzu Werke über die Hanse, die Städte Venedig, Konstantinopel und Florenz (Machiavelli). Thomas Capanellas *De monarchia Hispanica* liegt in 3 Ausg. (Amsterdam 1640, 1641 in 2 Exemplaren, 1653) vor. Erwähnenswert sind Schriften zur Kultur- und Sittengeschichte, über Genussmittel (Tabak) sowie für und gegen die Lehre von den Präadamiten. Einen Schwerpunkt bildet unter den philosophischen Disziplinen die Politik mit zahlreichen staatsgeschichtlichen Werken, mit z. T. seltenen Lehrbüchern, Sammlungen von Nachrichten, Fürstenspiegeln und Hoftraktaten, darunter Joachim Pastorius' *Aulicus inculpatus* (Amsterdam 1649), zum Naturrecht (Hugo Grotius) und mit Traktaten zu einzelnen politischen Themen, so Galeazzo Gualdo Prioratos *Il trattato della pace* (Bremen 1664), und Schriften einflussreicher Autoren wie Erasmus von Rotterdam (8 Ausg. der *Colloquia* aus dem 17. Jh) und Justus Lipsius. Lehrbücher zu den übrigen philosophischen Fächern (Logik, Physik und Ethik) und ihren Unterabteilungen (Psychologie) ergänzen das breite Angebot, in dem frühneuzeitliche Denker wie René Descartes (45 Einträge) mit seinen Anhängern (Johannes Clauberg, Christoph Wittich, Daniel Lipstorpius) und Thomas Hobbes, im Gegensatz zum fehlenden Spinoza, stark vertreten, weitere Autoren wie der Leidener Philosophieprofessor

Franco Burgersdijk (15 Einträge) in seltener Vollständigkeit vorhanden sind. Unter den naturwissenschaftlichen Schriften befinden sich die *Discorsi* (Leiden 1638) Galileo Galileis sowie Werke weiterer Repräsentanten der von Experiment und Empirie beherrschten Naturforschung (Petrus Gassendi, Robert Boyle). Ihnen schliessen sich Werke zur Medizin mit den Pesttraktaten und solche zur Architektur, namentlich über das Festungswesen, an. Über die von Descartes propagierte Erkenntnis »nach geometrischer Art« gibt es Literatur, so Franciscus a Schootens *Tractatus de concinnandis demonstrationibus geometricis* (Amsterdam 1661), auch zu einzelnen geistigen Vermögen wie der Einbildungskraft (Thomas Fienus, *De viribus imaginationis*, Leiden 1635) sowie zur Unterteilung der Moralphilosophie mit der Decorumlehre des Lambert van Velthuysen. Die Universität Leiden verzeichnet zahlreiche akademische Kleinschriften aus den drei höheren Fakultäten, u. a. mit Dissertationen über den Blutkreislauf, Auktionskataloge und eine Schrift über den botanischen Garten. Selbstverständlich fehlen Elzevier-Verlagskataloge nicht. Unter den Geographen fallen Philipp Cluver mit 14 Einträgen und vielen Ausg. seines Lehrbuchs auf, viele Länderkunden, darunter die *Descriptio regni Japoniae* (Amsterdam 1649) von Bernhard Varenius, unter den Juristen Johann Arnold Corvinus (19 Einträge). Erwähnenswert ist Literatur von und über Frauen, die von der Beschreibung des weiblichen Körpers über geschlechtsspezifische Unterhaltungs- bis zur Erbauungslektüre reicht. Schwerpunkte in der Theologie liegen bei den reformierten Autoren (Johann Coccejus) und ihrer Kontroverstheologie (Johann Hoornbeck), wozu auch 30 Utrechter Dissertationen zählen, bei der antisozinianischen und antijesuitischen Polemik, der lutherischen Erbauungsliteratur (Johann Gerhard), aber auch bei einzelnen Richtungen der katholischen Dogmatik (Jansenismus), der jesuitischen Ordensregel und den 20 Ausg. des Neuen Testaments aus dem 17. Jh. Im einzelnen zu erwähnen sind die mystischen Spiritualisten Jakob Böhme und Jean de Labadie, im Grenzbereich der christlichen Theologie Nostradamus' *Les vrayes centuries et prophéties* (Amsterdam 1668) und ausserhalb davon Koranausgaben. Zusammenfassend nimmt dieses geschlossene, mehrheitlich dem 17. Jh zugehörige Literaturangebot Säkularisierungstrends vorweg, wie sie gewöhnlich erst im folgenden Jh zu beobachten sind.

Inkunabeln, Seltenheiten (Signatur c)

2.21 Den Inhalt der Abteilung (1931 Einheiten) umschreibt der Standortkatalog vom Jahre 1908 mit »Inkunabeln, Humanisten, Reformatoren, Aldinen, Seltenheiten und Curiositäten«. Für die sachbezogene Übersicht wurden die Gruppen Theologie (975 Einheiten, 50,5 %), antike Autoren, Humanisten (414 Einheiten, 21,5 %), Verschiedenes (348 Einheiten, 18 %), Inkunabeln (155 Einheiten, 8 %) und Jurisprudenz (39 Einheiten, 2 %) gebildet, die hier in der Reihenfolge der Mengenanteile beschrieben werden. Am stärksten vertreten sind mit 1529 Einheiten die Drucke des 16. Jhs, darunter herausragende Zeugnisse der frühen Buchproduktion. 195 Titel wurden im 17. Jh, 41 im 18. und 11 im 19. Jh publiziert. Bei den Sprachen liegen mit 1063 Einheiten die lateinischsprachigen an erster Stelle, gefolgt von 700 in deutscher, 53 in griechischer, 43 in niederländischer, 32 in italienischer, 31 in französischer, je 3 in hebräischer und in slowenischer, 2 in spanischer und 1 in englischer Sprache. Mit zahlreichen alten Ausg. sind die Hauptexponenten der Reformation, Martin Luther, Johannes Calvin sowie die Zürcher Ulrich Zwingli und Heinrich Bullinger vertreten, weitere Repräsentanten des Protestantismus, so der Glaubensflüchtling Pietro Vermigli, sowie der linke Flügel der Reformation (Andreas von Karlstadt, Kaspar Schwenckfeld) und des mystischen Spiritualismus (Johann David Joris, Sebastian Franck). Hinzu kommen Predigten des Zürcher Antistes Rudolf Gwalther, Predigtlehren, darunter Wilhelm Zeppers *Ars habendi et audiendi conciones sacras* (Siegen 1598), Werke von Lutheranern (Johannes Brenz, Johannes Bugenhagen), Universitätsreden und theologische Dissertationen (Tübingen), Erbauungsliteratur in niederländischer Sprache, Thomas a Kempis in mindestens 16 Editionen, Kirchenordnungen, Schriften gegen die Täufer, Katechismen und Lehrbücher über Exegese, des weiteren Kirchenväterausgaben sowie eine Edition des Korans, *Machumetis Saracenorum principis alcoran* (o. O. [1543]) mit einer Ermahnung Melanchthons, hrsg. und annotiert von Theodor Bibliander, dem sein Schüler Rudolf Gwalther das in der Winterthurer Stadtbibliothek befindliche Exemplar eines eigenen Werks, die *Servus ecclesiasticus* (Zürich 1548) betitelte Rede, handschriftlich zueignete. Eine Zwingliausgabe von Rudolf Gwalther, die erste der lateinischen Werke (*Opera D. Huldrychi Zvinglii*, 4 Bde, Zürich 1544), mit dem Widmungsvermerk »communis reformatoris opera« war ein Anfangsgeschenk der Zürcher Stadtbibliothek vom 12. April 1661 an ihre Winterthurer Schwester. Bernardino Ochinos *Apologen* (o. O. 1559) stammen aus dem Vorbesitz von Ernst Salomon Cyprian, dem orthodoxen Lutheraner und Pietismuskritiker, Christoph Obenheims *Novi testamenti locorum pugnantium ecclesiastica expositio* (Basel 1563) gehörte Ulrich Zwingli (1528–1571), dem Sohn des Reformators, dem Zisterzienserkloster St. Urban die jetzt in Winterthur vorhandene Ausg. der Dekrete des Konzils von Trient (Antwerpen 1565), den Kapuzinern von Baden die *Passio Jesu Christi* (Strassburg 1513) von Benedictus Chelidonius. Auf das 17. Jh gehen u. a. gegen die Jesuiten gerichtete Kontroversschriften sowie kirchenhistorische Werke zurück, so Philipp von Limborchs *Historia inquisitionis* (Amsterdam

1692) aus dem Vorbesitz des Zürcher Frühaufklärers Johann Heinrich Schweizer (1646-1705).

2.22 Die historischen Bestände der Winterthurer Stadtbibliothek sind, wie alle auf die Frühe Neuzeit zurückgehenden Büchersammlungen der reformierten Schweizer Städte, stark vom Humanismus des 16. und 17. Jhs geprägt. Unter den zum Teil kostbaren Ausg. fast aller antiken Klassiker und von Werken der Humanisten befinden sich zahlreiche Aldinen, darunter z. B. Ovidausgaben (1502; 1503; 1516; 1533), von denen einzelne mehrfach vorliegen, und Petrarca- (1501; 1521; 1533; 1546) sowie Dante-Editionen (1502; 1515). Das Kontingent von Werken italienischer Humanisten (u. a. Pietro Bembo, Lorenzo Valla) wird ergänzt durch Publikationen aus dem französischen Sprachbereich, z. B. solche des Henricus Stephanus, Théodore Bèze (*Poemata juvenilia*, o. O. 1600, Vorbesitz des Altdorfer Prof. Johann Konrad Feuerlein), von Clément Marot (Lyon 1535) und einen Druck des Amadisromans (Lyon 1571). Unter den Schriften deutscher Humanisten fallen solche zum Reuchlinstreit, von Nicodemus Frischlin, Ökolampadius, Philipp Melanchthon und Johann Sturm auf. Erasmus von Rotterdam ist zahlreich, Thomas Morus mit der ins Deutsche übersetzten *Utopie* (Basel 1524), Sebastian Castellio mit den *Dialogorum sacrorum libri quatuor* (Basel 1551) vertreten. Aus dem benachbarten Zürich fanden Werke von Rudolf Wirth (Hospinian) (1547-1626) (mindestens 5 Titel) Eingang in die Bibliothek. In verschiedenen handschriftlichen Einträgen prominenter Vorbesitzer bestätigt sich sowohl der humanistische, auch stark auf profane Literatur ausgerichtete Einschlag dieses historischen Bestands wie der grosse Radius von dessen geographischer Provenienz. So gehörte eine Terenzausgabe (Lyon 1522) 1566 dem Luzerner Stadtschreiber Renward Cysat (1545-1614) und 1629 dem Luzerner Jesuitenkollegium, ferner dem Zürcher Naturforscher Konrad Gessner eine Celsusausgabe (Antwerpen 1539), dem Strassburger Späthumanisten und Schulgründer Johann Sturm ein Sammelband u. a. mit Werken Ciceros und Senecas. Erwähnung verdient eine Aldine mit den sog. posthomerischen, griechischen Dichtungen des Quintus Smyrnaeus (*Quinti Calabri derelictorum ab Homero libri quatuordecim*, [Venedig 1505]) aus dem 3. nachchristlichen Jh, die einst der Hamburger Polyhistor Michael Richey (1678-1761) besass.

2.23 Das Spektrum der Disziplinen und Literaturgattungen reicht in der Untergruppe »Verschiedenes« von Ratsmandaten (Zürich, Bern) und anderen politischen Verordnungen (z. B. zum Landfrieden), Militaria, Schweizerchroniken (Petermann Etterlin), Formelbüchern und Rhetoriken, Fachliteratur über den Feldbau, Kometenschriften und Kosmographie allgemein bis zu medizinischen Standardwerken (Andreas Vesal, Paracelsus), Briefausgaben, Emblembüchern sowie Schriften über Zauberkunst und Hexerei. Rudolf Agricolas *De inventione dialectica* (Köln o. J.) war zusammen mit einem Kommentar zum selben Werk von Bartholomäus Latomus (Basel 1536) einst im Besitz des Provisors am Zürcher Fraumünster Samuel Pellican (1527-1564). Das Winterthurer Exemplar von Konrad Gessners *De anima* (Zürich 1563) trägt eine handschriftliche Widmung des Autors an den Zürcher Reformator Heinrich Bullinger. Zahlenmässig stärker ins Gewicht fällt die deutsche Literatur des 16. und 17. Jhs, die Werke von Hans Sachs, verschiedenen Barockautoren, neben Paul Fleming, Georg Philipp Harsdörfer, Johann Rist auch Schriften von Martin Opitz und solche von Johann Balthasar Schupp, sowie in den Jahren 1625 und 1626 entstandene Wittenberger Kasualschriften aufweist. Unter den seltenen katholischen Autoren ist Aegidius Albertinus mit dem *Hirnschleiffer* (München [1618]) vertreten. Von marginaler Bedeutung in dieser Gruppe sind Titel des 18. Jhs (Johann Jakob Bodmer, Christian Friedrich Daniel Schubart).

2.24 Der in diese Signaturgruppe integrierte Inkunabelbestand setzt sich hauptsächlich zusammen aus Werkausgaben von Autoren der heidnischen Antike (z. B. Cicero, Horaz), Kirchenvätern und mittelalterlichen Scholastikern, Bibeln, Beichtspiegeln, Predigten und Geschichtswerken. Hinsichtlich der Provenienz ist auf eine Psalmenausgabe in deutscher Sprache (Augsburg 1498) aus dem Kapuzinerinnenkloster Maria-Hilf in Altstätten (SG), auf Johannes Meders *Quadragesimale* (Basel 1495) aus dem Kapuzinerkloster Bremgarten sowie auf *De triplici vita* (o. O. o. J.) des italienischen Renaissanceplatonikers Marsilius Ficinus hinzuweisen, die einst dem Basler Humanisten Bonifacius Amerbach (1495-1562) gehörte.

2.25 Schliesslich ist eine Anzahl deutschsprachiger juristischer Traktate zu nennen, u. a. einer zum württembergischen Landrecht (o. O. 1554), der der Stadtbibliothek im Jahre 1662 von Heinrich Striemer, einem Richter in Töss, geschenkt wurde.

Die Bibelsammlung (Signatur d)

2.26 Die geschlossene Aufstellung von Bibeln, Bibelnachdichtungen und Bibelkommentaren geht ebenfalls, wie erwähnt, auf Emil Steiner zurück, der wohl auch zur Vermehrung der Sammlung beigetragen hat. Der 1908 begonnene Standortkatalog wies bis 1960 431 Nummern nach, zu denen bis heute noch 8 hinzugekommen sind. Insgesamt handelt es sich um 727 Einheiten, darunter 12 Inkunabeln (1,7 %), 176 Drucke (24,2 %) des 16. Jhs, 229 (31,5 %) des 17. Jhs, 194 (26,7 %) des 18. und 116 (knapp 16 %) des 19. Jhs. Mit 161 Einheiten (22,1 %) ist die zweite Hälfte des 17. Jhs am besten vertreten, gefolgt von der ersten Hälfte des 18. mit 114 Stück (15,7 %). Bei den Sprachen überwiegt die deutsche mit 284 Einheiten (39 %), gefolgt von Latein mit 173 (23,8 %), Griechisch mit 85 (11,7 %), Französisch mit 70 (9,2 %), Hebräisch mit 48 (6,6 %), Englisch mit 16, Niederländisch mit 12, Romanisch mit 10, die afrikanische Sprache Akra mit 9 noch vor Italienisch mit 7 Einheiten. Mit je 2 Einheiten sind Spanisch, Arabisch und Hindi, mit je einer Einheit Polnisch, Ungarisch, Slowenisch, Kroatisch, Bengali, Malaiisch und Gotisch vertreten, letzteres in einer von Franciscus Junius besorgten Ausg. der Wulfilabibel (Dordrecht 1665), die zugleich noch den altenglischen Text bietet. Zu den lateinischsprachigen Werken wurde Edmund Castells *Lexicon heptaglotton* (London 1669), das die Wörter ausser in lateinischer auch in hebräischer, chaldäischer, syrischer, samaritanischer, äthiopischer, arabischer und persischer Sprache wiedergibt, zu den deutschsprachigen eine Polyglottenbibel (Bielefeld 1846) gezählt. Unter den Inkunabeln befinden sich 3 von Johann Froben, Basel, gedruckte lateinische Bibeln (zweimal 1495 und einmal 1491). Die eine der beiden 1495 gedruckten kam laut handschriftlichen Einträgen am 23. Dezember 1661 aus dem Besitz des aus Feuerthalen stammenden Johann Rudolf Wiser (1630–1693), gewesenen Pfarrers in Herbishofen (Pfalz), in die neugegründete Stadtbibliothek. Aus dem 16. Jh fallen 25 Drucke, darunter 18 Bibeln oder Teile der Bibel, der Zürcher Offizin Froschauer auf, darunter eine von Sebastian Münster und Erasmus von Rotterdam emendierte lateinische *Biblia sacra utriusque testamenti* (Zürich 1539) und zwei griechische Neue Testamente (Zürich 1559 und 1566). Das zweite gehörte 1622 dem späteren Landammann Johann Heinrich Elmer (1600–1679) in Glarus. Im selben Jahr gelangte es in den Besitz einer Familie Zwicky, wo es über 200 Jahre verblieb; erst im 19. Jh kam es in die Stadtbibliothek Winterthur. Ebenfalls gut vertreten sind die Basler Druckereien, erneut auch Froben mit lateinisch-griechischen Ausg. des Neuen Testaments von Erasmus von Rotterdam (Basel 1516, 1522 und 1527). Unter den Bibelkommentaren fallen Martin Butzers *Enarrationes perpetuae, in sacra quatuor evangelia* (Strassburg 1530) auf, die 1533 dem Amtsnachfolger Zwinglis, Heinrich Bullinger, gehörten. Aus dem 17. Jh gibt es 3 Ausg. von Johann Piscators deutscher Bibelübersetzung (8 Bde, Herborn 1602–1652; 3 Bde, Herborn 1612; 8 Teile, Herborn 1606–1624) sowie seine *Apologia, Das ist Verthädigung der newen Hornischen Bibel* (Herborn 1608), zahlreiche weitere in Zürich, v. a. in der Offizin Bodmer gedruckte Bibeln, z. B. *Das gantze newe Testament* (Zürich 1656), aber auch mindestens 6 Elzevier-Drucke, so in holländischer Sprache *Biblia, dat is, de gantsche heylige Schrifture* (Leiden 1663) sowie 4 griechische Ausg. (Leiden 1633; Amsterdam 1658, 1670 und 1675). Eine romanische Bibel wurde von Jakob Anton Vulpius und Jakob Dorta 1679 in Schuls herausgegeben. Zu erwähnen sind auch 3 englische Bibelausgaben *The holy bible* (Amsterdam 1647; London 1647 und 1648) sowie der als Weckruf an die Christen vom radikalen Pietisten Friedrich Breckling verfasste *Liber librorum, confessio christianorum* (o. O. o. J. [Amsterdam 1663]). Im 18. Jh kommen zu den Zürcher Bodmer-Bibeln auch solche der Druckereien Gessner, darunter ein italienischsprachiges Neues Testament (Zürich 1710), und, in der zweiten Jahrhunderthälfte, Bürkli hinzu, die u. a. mehrfach die Lobwasserschen Psalmen auflegte. Es gibt auch viele weitere Psalmenübersetzungen, u. a. diejenigen von Moses Mendelssohn in 2 Ausg. (Frankfurt, Leipzig 1787; 2. Aufl., Frankfurt, Leipzig 1791). Ebenfalls zu nennen ist die als biblisch-naturwissenschaftliches Werk von Johann Jakob Scheuchzer und Johann Andreas Pfeffel geschaffene Kupfer-Bibel (4 Teile, Augsburg, Ulm 1731–1735). Das 19. Jh ist u. a. durch die von Johann Christian Zahn unter Betonung des sprachhistorischen Aspekts herausgegebene Wulfilabibel (Weissenfels 1805) mit gotischem und lateinischem Text sowie Glossar, durch eine von missionarischen Überlegungen geleitete Auswahl alttestamentlicher Bücher in englischer und bengalischer Sprache (*The preceptive and devotional books*, Calcutta 1843) und durch vereinzelte, v. a. in Zürich gedruckte Gesangbücher vertreten.

Enzyklopädie, Bibliographie, Biographie (Signatur A)

2.27 Die 2856 Einheiten umfassende Abteilung enthält eine Reihe von mehrbändigen, in einzelnen Fällen über 200 Bde zählende Nachschlagewerke (Johann Georg Krünitz, *Oekonomisch-technologische Encyklopädie*, 242 Bde, von denen der 202., der 222. und der 231. Bd fehlen, Berlin 1787–1858), darunter weitere Enzyklopädien, Lexika verschiedenster Art und gelehrte Zeitschriften. Die Schwerpunkte liegen im 18. Jh (1301 Einheiten, 45,6 %, davon zweite Jahrhunderthälfte 1029 Einheiten oder 36 %), bei der Aufklärung und im 19. Jh (1498 Einheiten oder 52,5 %). Auf das 17. Jh entfallen nur 53 Einheiten, auf das 16. Jh bloss ein Frankfurter Messekatalog (Frankfurt a. M. 1592). Signifikant für die Zusammensetzung sind die Sprachanteile mit 1462 Einheiten in Deutsch (51,2 %), 1186 in Französisch (41,5 %), nur 161 in Latein (5,6 %), aber 35 in Englisch und 12 in Italienisch. Die grosse Zahl französischsprachiger Werke erklärt sich aus dem Vorhandensein umfangreicher Enzyklopädien (Fortuné-Barthélemy de Felice, *Encyclopédie*, 56 Bde, Yverdon 1770–1780), Akademieschriften (z. B. *Histoire de l'académie royale des inscriptions et belles lettres*, 47 Bde inkl. Register, Paris 1717–1793) sowie von Katalogen französischer Privatbibliotheken des 19. Jhs, darunter rund 70 allein aus dessen zweiter Hälfte, vermutlich von Emil Steiner angeschafft. Der Bestand dieser Signaturgruppe bietet neben den grossformatigen

Standardwerken und vereinzelten enzyklopädischen und bibliographischen Publikationen des 17. Jhs (Johann Heinrich Alsted; Georg Draudius) das litterärgeschichtliche Instrumentarium des 18. und beginnenden 19. Jhs in grosser Vollständigkeit: Akademiegeschichten, Preisschriften von Akademien, v. a. der durch Johann Georg Sulzer mit Winterthur verbundenen Berliner Akademie, zahlreich die Litterärgeschichten des 18. Jhs, Kataloge von Bibliotheken der deutschsprachigen Länder, Gelehrtenlexika, Inkunabel-, Raritäten- und Handschriftenverzeichnisse, Museumskataloge, Handbücher, Geschichten und Bibliographien zu einzelnen Disziplinen, Bibliotheksgeschichten. Erwähnenswert sind eine englischsprachige Enzyklopädie der Wissenschaften und Künste, Ephraim Chambers' *Cyclopaedia* (4 Bde, London 1738/1753), in Hannover erschienene Gelehrtenjournale, Kataloge von Leihbibliotheken, z. B. der *Catalog der Beyel'schen Leihbibliothek unterm Rüden in Zürich* (Zürich, Frauenfeld 1841), und von Bibliotheken wissenschaftlicher Gesellschaften, so der *Catalogus bibliothecae societatis physicae Turicensis* (Zürich 1815), Kataloge verschiedener Sammlungen, z. B. Carl Lindenbergs *Katalog der Marken-Sammlung des Reichs-Postmuseums* (Berlin 1888), der Hamburger Commerzbibliothek (1 Bd und 3 Fortsetzungen, Hamburg 1841–1850), von belgischen Stadtbibliotheken (Brügge, Antwerpen), Publikationen zur Hamburger Stadtbibliothek, zu den Bibliotheken in Heidelberg und Dresden sowie Nachschlagewerke über berufliche Tätigkeiten, über die Typologie der Geschlechter und der menschlichen Charaktere sowie über geistige Strömungen (Freimaurer). Zahlreich vertreten sind Kataloge von Schweizer Bibliotheken, ferner als Besonderheiten eine Enzyklopädie für Damen, die *Bibliothèque universelle des dames* (153 Bde, Paris 1785–1797), sowie ein Exemplar der *Sammlung Critischer, Poetischer, und andrer geistvollen Schriften* (12 Stück, Zürich 1740–1744) mit einer Widmung des Herausgebers Johann Jakob Bodmer an Johann Georg Sulzer.

Theologie, ältere Abteilung (Signatur B)

2.28 Die zeitlichen Schwerpunkte der 2405 Einheiten umfassenden Gruppe liegen beim 17. (1134 oder 47,2 %) und 18. Jh (1133 oder 47,1 %). 99 Einheiten erschienen im 16. Jh, 39 in der ersten Hälfte des 19. Jhs. Die Literatur der Reformationszeit und des späteren 16. Jhs befindet sich hauptsächlich in der thematischen Mischgruppe (Rara; Signatur c), wenn man von einigen Ausnahmen absieht, zu denen u. a. Jodocus Naums *Analytica epistolae Pauli ad Romanos explicatio* (Hanau 1598), John Rainolds *De Romanae ecclesiae idolatria* (Oxford 1596), eine Predigtsammlung von Kirchenvätern (Basel 1516), eine italienische Übers. von Johann Bodinus' Dämonologie (Venedig 1582), Zwinglis Sendbrief *An die durchtlüchtige Fürsten Tütscher nation zuo Ougspurg* ([Zürich] 1530) und Eobanus Hessus' *Psalterium Davidis* (Frankfurt a. M. 1560) gehören. Wie erwartet stark vertreten sind theologische Werke aus reformierten Gebieten, darunter Autoren wie Johann Piscator (18 Titel), die Zürcher Johann Heinrich Heidegger (1633–1698) (14 Titel) und Johann Rudolf Stucki (1596–1660) (25 Titel), einschliesslich der Niederländer, z. B. Heinrich Alting, Samuel Desmarest (15 Titel) und Hugo Grotius (*De veritate religionis christianae* in 5 Ausg.). Ferner gibt es englisches Erbauungsschrifttum und englische Predigten in der Originalsprache sowie in deutschen Übers., häufig aus dem Vorbesitz Johann Heinrich Zieglers, Werke zur anglikanischen Kirchengeschichte, darunter George Ritschels und Gilbert Burnets, sowie Nachschlagewerke in englischer Sprache. Hinzu kommen eine Bibelkonkordanz in Englisch, deutschsprachige Werke englischer Kirchenhistoriker (Wilhelm Cave), theologische Enzyklopädien (Johann Heinrich Alsted) und Dissertationen reformierter Hoher Schulen, v. a. derjenigen von Zürich, Bern, Genf, Herborn und Bremen, holländischer Universitäten, aber auch der Hochschulen von Sedan (3 Stück) und Saumur, wo auch die *Paraphrase sur l'évangile* in 6 Ausg. (1644, 1645, 1646, 1647, 1651, 1654) gedruckt wurde. Auffällig sind die grosse Zahl niederländischer Drucke sowie vereinzelte Werke in niederländischer Sprache wie Theodor Akersloots *De Send=Brief* (Franeker 1695). Von reformierten Theologen der Niederlande, aber auch aus angrenzenden Gebieten und von Lutheranern, z. B. Johann Adam Osiander, stammen Kritiken frühneuzeitlicher philosophischer Systeme (Descartes, Spinoza) sowie des Deismus. Unter den reformierten Druckorten kommt Hanau verhältnismässig häufig vor (Abraham Scultetus u. a. mit *Axiomata concionandi practica*, 1619), unter den theologischen Sachgebieten »Exegese« mit Schriften des Amos Comenius sowie erneut holländischer Philologen, darunter Johann Coccejus und Jean Leclerc. Auf Interesse stiess Literatur über die Hugenottenverfolgungen, die Katechese (*Catéchisme ou instruction sur la religion chrétienne*, Genf 1788) und die Kirchengeschichte mit den Hauptwerken von Mathurin Veyssière La Croze. Aus den Kreisen der lutherischen Orthodoxie stammen Anleitungen zum Studium der Theologie von Johann Gerhard, von Johann Scharf aus Wittenberg, von David Chytraeus, ferner Werke zur Theodizee (Wilhelm Derham, Friedrich Christian Lesser, letzterer aus dem Vorbesitz Johann Heinrich Zieglers), zur Naturtheologie (Kilian Rudrauff) und zum Synkretismus (Georg Calixt), Polemiken gegen Jesuiten, die Täufer und die Juden, darunter Johann Andreas Eisenmengers *Entdecktes Judenthum* (2 Teile, Königsberg 1711). Der späten Aufklärung verpflichtet sind Werke Karl Friedrich Bahrdts, darunter das *Glaubensbekenntnis* ([Halle] 1779) und die Antwort Johann Salomo Semlers (Halle 1779), Freimaurer- und Illuminatenschriften, Samuel Formeys *Christlicher Philosoph* (Frankfurt

a. M. 1757), Samuel Reimarus' *Vornehmste Wahrheiten der natürlichen Religion* (Hamburg 1754), die Auseinandersetzung um Johann Joseph Gassners Wunderkuren und Ausg. von Totengesprächen. Stark vertreten sind der gemässigte Pietismus (Philipp Jakob Spener, August Hermann Francke), mehr noch die radikale Richtung mit Johann Wilhelm Petersen, Johann Konrad Dippel, Johann Heinrich Horch, Johann Georg Gichtel, Nikolaus Ludwig von Zinzendorf (und den böhmischen Brüdern) und v. a. mit Gottfried Arnold (mindestens 19 Titel, ohne die von ihm herausgegebenen Übers. u. a. von mystischen Autoren) samt der bis ins 16. und in das beginnende 17. Jh zurückreichenden Tradition des mystischen Spiritualismus (Jakob Böhme mit mindestens 18 Titeln; Christian Hoburg) sowie dem der lutherischen Orthodoxie nahestehenden Johann Arndt mit verschiedenen Ausg. des *Wahren Christenthums* (z. B. Mengeringhausen 1729). Von den Berner Pietisten sind Samuel Lutz und Abraham Kyburz mit Schriften vertreten. Im einzelnen müssen eine deutsche Koranausgabe (Lemgo 1746), sämtliche Werke von Fausto Sozzini (2 Bde, Irenopolis 1656), Philipp von Zesens *Assenat* (Amsterdam 1670), 2 Bücher mit Schenkungsvermerken ihrer Autoren, *De sacramentali manducatione corporis Christi* ([Genf] 1589) des reformierten Franzosen Antoine de La Roche Chandieu (Pseudonym: Sadeele) und Jakob Lectius' *Adversus codicis Fabriani ... praescriptionum libri duo* (Genf 1607), sowie Ananias Meyers *Sand-gründiges Lutherthumb* (Oliva 1695) aus dem Vorbesitz des bischöflichen Priesterseminars in Pelplin, Polen, erwähnt werden. Aufmerksamkeit verdient das Kontingent katholischer Literatur, so das im Jahre 1662 an die Münsterlinger Benediktinerinnen verkaufte *Missale Romanum* ([Lyon] 1660), das später in den Besitz Johann Heinrich Zieglers gelangte, die zum Anlass der Bibliotheksgründung von Johannes Hegner geschenkte Thomas von Aquin-Ausgabe (Köln 1640), die deutsche Ausg. der Werke des Mystikers Johannes vom Kreuz (Prag 1697) und der *Seraphische Paradeys-Garten* (Salzburg 1664) des Kapuziners Maximilian von Deggendorf.

Jurisprudenz, Staatswissenschaft (Signatur C)

2.29 Von den 474 Einheiten der älteren Rechtsliteratur gehen 24 ins 16. Jh, 94 ins 17. Jh, 354 ins 18. Jh, davon 259 in dessen zweite Hälfte, und lediglich 2 ins 19. Jh zurück. Bei den Sprachen steht Deutsch (199 Einheiten) an erster Stelle, gefolgt von Französisch (146) und Latein (120); der Rest verteilt sich auf Englisch (8 Einheiten) und eine einzige italienischsprachige Schrift, Cesare Beccarias ohne Angabe des Autorennamens publizierte *Dei delitti e delle pene* (Harlem 1766), die auch in einer deutschen, durch Karl Ferdinand Hommel besorgten Ausg. (Breslau 1778) und einer französischen Übers. (o. O. 1766) vorliegt. Am besten vertreten sind die Rechtsliteratur der Aufklärung von den Theoretikern des Naturrechts bis zu den französischen Staatsphilosophen (Rousseau, Montesquieu) sowie die französische und preussische Gesetzgebung. Vorhanden sind auch Schriften über die Finanzpolitik (Jacques Necker), die Kameralwissenschaft und die Statistik, wirtschaftstheoretische Werke (Adam Smith; deutsch- und englischsprachig), Abhandlungen über das Verhältnis der Juden zum Staat (Christian Wilhelm von Dohm) und über den Luxus. Die zahlreichen Publikationen über völkerrechtliche Fragen wie Krieg und Frieden, das Jus publicum und das Reichsrecht, die Fürstenspiegel sowie Gesetze und Verordnungen aus eidgenössischen Ständen (v. a. Zürich) z. B. eine Bettelordnung der Stadt Zürich, aus dem 16. Jh (Zürich 1590), belegen zusätzlich die Dominanz staatsrechtlich-politischer Publikationen, obwohl die übrigen Rechtssparten wie das römische Recht und das Kirchenrecht beider Konfessionen nicht völlig fehlen. Hinzu kommen Nachschlagewerke zur Jurisprudenz, 35 juristische Basler Dissertationen aus den Jahren 1663–1671, politische Exempelbücher (Justus Lipsius) sowie Sammlungen von Gerichtsfällen (François Gayot de Pitaval). Vereinzelt sind den juristischen Schriften sachfremde Publikationen beigebunden, z. B. Johann Wilhelm Ludwig Gleims *Der blöde Schäfer* (Zürich 1767), die trotzdem hier mitgezählt wurden.

Medizin, ältere Bestände (Signatur D)

2.30 Von den 951 Einheiten der älteren Medizinbestände gehören 640 Titel (67,3 %), also mehr als zwei Drittel, dem 18. Jh an. 23 Einheiten (2,4 %) stammen aus dem 16. Jh, davon allein 13 Exemplare von 2 Galenausgaben, einer griechischen (5 Bde, *Opera omnia*, Basel 1538) und einer lateinischen (8 Teile, *Opera*, Basel 1542). Ebenfalls zu erwähnen ist hier eine Ausg. von Hippocrates' *De somniis* (Lyon 1539). Das 17. Jh ist mit 278 (29,2 %), das 19. lediglich mit 10 Einheiten aus der ersten Jahrhunderthälfte vertreten. Dem Alter des Bestands und dem Fach entspricht die mit 604 Einheiten (63,5 %) hohe Anzahl lateinischer Bücher, denen 284 deutschsprachige (29,9 %), 47 französische (4,9 %), 9 englische und 7 altgriechische folgen. Etwa 65 Titel stammen aus der Bibliothek des Winterthurer Chirurgen und Stadtphysicus Johann Heinrich Kronauer (1713–1773) und seines gleichnamigen Sohnes (1741–1813), ebenfalls Arzt, der in Rolle starb und der Stadtbibliothek neben den Büchern seine Naturaliensammlung, Instrumente und anatomische Präparate vermachte. Die betreffenden Bücher sind am weissen Pergamenteinband mit dem roten Rückenschild erkennbar und bieten einen Querschnitt der Medizin des 17. Jhs sowie des zeitgenössischen medizinischen Wissens, u. a. mit Werken des aus Ragusa stammenden und in Rom lehrenden Giorgio Baglivi, des Dänen Thomas Bartholinus, Hermann Boerhaves und Gerhard van Swietens, des Anhängers der philadelphischen Bewegung Johann Samuel Carls, des Leipziger Prof. Michael Ettmüller, des Hallenser Cartesianers Friedrich Hoffmann sowie des sog. englischen Hippokrates, Thomas Sydenham. Das älteste Werk aus der Kronauerschen Bibliothek ist Felix Platters d. Ä. *Praxeos seu de cognoscendis, praedicendis, praecavendis, curandisque affectibus homini incommodantibus tractatus* (3 Bde, Basel 1602–1609). Es kommen aber in Neuauflagen Werke des 16. Jhs wie Jodocus Lommius' (= Joost van Lom) *Observationum medicinalium libri tres* (Frankfurt, Leipzig 1722) und Bartolommeo Castellis *Lexicon medicum Graeco-Latinum* (Leipzig 1713) vor. Neben grundlegenden allgemein-medizinischen Werken, ferner solchen zur Gynäkologie, zur Geburtshilfe und zur Kinderheilkunde (Georg Wolfgang Wedels *Liber de morbis infantum*, Jena 1717) sowie zur Pharmazie (*Pharmacopoeia Augustana renovata*, Augsburg 1710) fallen relativ zahlreiche chirurgische und anatomische Lehrmittel auf wie Lorenz Heisters *Chirurgie* (3. Aufl., Nürnberg 1731), desselben Autors *Compendium anatomicum* (Altdorf, Nürnberg 1727), Henri-François Le Drans *Observations de chirurgie* (2 Bde, Paris 1731), Johann von Muralts *Chirurgische Schrifften* (Basel 1691), Johann Zacharias Platners *Institutiones chirurgiae rationalis tum medicae tum manualis* (Venedig 1747) und Johann Veslings *Syntagma anatomicum* (Utrecht 1696). Im allgemeinen kann die Kronauersche Bibliothek als verkleinertes Abbild der ganzen Bestandsgruppe betrachtet werden. Allerdings gibt es unter den Kronauerschen Büchern ausser dem genannten von Muralts und zweien des Basler Prof. Theodor Zwinger III nur wenige Werke von Schweizer Autoren, während insgesamt neben Johann von Muralt auch Johann Heinrich Rahn, der Volksaufklärer Auguste Tissot mit 3 Zürcher Ausg. seiner *Anleitung für das Landvolk in Absicht auf seine Gesundheit* (1762, 1767, 1768), und insbesondere die später geborenen Albrecht von Haller und Johann Georg Zimmermann recht gut vertreten sind. Hinzu kommen, neben weiteren Nachschlagewerken, das *Lexicon medicum* des niederländischen Arzts Steven Blanckaert (1650–1702) in 2 Ausg. (Halle 1748; 2 Bde, Leipzig 1777), ein frühes Zeugnis der Medizingeschichtsschreibung, sowie eine Sammlung von 22 hauptsächlich in Basel, aber auch in Marburg, Steinfurt und Valence erschienenen medizinischen Dissertationen des 17. Jhs.

Naturwissenschaften (Signatur E)

2.31 Die 1187 Einheiten der Signaturgruppe E »Naturwissenschaften (ältere Bestände)« sind u. a. in einem 1907 angelegten Standortkatalog erfasst. Auch hier liegt der Schwerpunkt mit 912 Einheiten (76,8 %) im 18. Jh, und zwar im Zeitraum 1751–1800 (766 Einheiten, 64,5 %). Die Verteilung auf die übrigen Jhe stellt sich wie folgt dar: 16. Jh 28 Titel (2,4 %), 17. Jh 138 (11,6 %) und 19. Jh, ausschliesslich erste Hälfte, 109 (9,2 %). 523 Einheiten (44,1 %) erschienen in deutscher, 363 (30,6 %) in französischer, 286 (24,1 %) in lateinischer, 13 in englischer und 2 in italienischer Sprache. Da bis etwa 1800 die naturwissenschaftlichen Fächer wie Physik und Chemie, ebenso wie die Mathematik, zur Philosophie gehörten, Pharmazie zur Medizin, sind hier Überschneidungen nicht zu vermeiden. So finden sich denn auch einige Werke in dieser Gruppe, die man zur Medizin zählen könnte, z. B. mehrere Kräuterbücher des 16. Jhs. Otto Wilhelm Struves *Essais ou réflexions intéressantes relatives à la chymie, la médecine, l'économie et le commerce* (Lausanne 1772) wäre einer fachübergreifenden Gruppe zuzuordnen; das Werk wurde aber der weiter unten beschriebenen gemischten Untergruppe zugerechnet.

2.32 Dennoch sind auch sachliche Schwerpunkte auszumachen. Insgesamt 54 Einheiten, 6 aus dem 16. Jh, 26 aus dem 17. und 22 aus dem 18. Jh, sind der Alchemie gewidmet. Von ihnen erschienen 36 in deutscher, 17 in lateinischer, 1 in französischer Sprache. Zu den ältesten Drucken dieser Untergruppe gehört das Werk des wegen seines Glaubens von Bergamo über Graubünden nach Basel ausgewanderten Bergamasker Arzts Guglielmo Grataroli (1516–1568) *Verae alchemiae artisque metallicae, citra aenigmata, doctrina* (Basel 1561) mit dem Besitzeintrag des Schaffhauser Arzts Christoph Harder (1625–1689). Ferner sind hier zu nennen *Clavis Raymundi Lulli* (Jena 1612), eine Leseanleitung zum Werk des katalanischen Dichters und Alchemisten Raimundus Lullus (1232–1315), ferner das unter dem Pseudonym »Pantaleon« erschienene *Examen alchymisticum* (Nürnberg 1676) des schlesischen Mediziners Franz Gassmann sowie, gleichzeitig erschienen, die *Tractatus duo egregii de lapide philosophorum* (Hamburg 1676) des englischen Abenteurers Edward Kelley alias Edward Talbot (1555–1597) mit dem Besitzeintrag des Schaffhauser Mathematikers Stephan Spleiss (1623–1693). Aus dem 18. Jh sind auch alchemiekritische Schriften zu nennen wie Georg Wilhelm Wegeners (Pseudonym: Tharsander) *Adeptus ineptus* (Berlin 1744) und, anonym publiziert, *Falscher und wahrer lapis philosophorum* (Frankfurt, Leipzig 1752).

2.33 Als weitere Untergruppe können 86 Schriften zu Mineralogie, Geologie und zum Bergbau aufgefasst werden. 2 wurden im 16. Jh, 3 im 17. Jh, 80 im 18. Jh gedruckt, und Johann Carl Wilhelm Voigts *Versuch einer Geschichte der Steinkohlen, der Braunkohlen und des Torfes* erschien 1802 in Weimar. Mit 67 Einheiten liegt hier der mengenmässige Schwerpunkt zwischen 1751 und 1800. Fast ebenso viele, nämlich 65 Einheiten, erschienen in deutscher Sprache, 12 in Französisch, 8 in Latein; eine Schrift wurde in Englisch publiziert, nämlich Richard Kirwans *Elements of Mineralogy* (London 1784), die aber auch in 2 deutschen Ausg. (Berlin, Stettin 1785 und 1796) vorliegt. Hierher gehören Lehrbücher wie August Beyers *Gründlicher Unterricht von Berg-Bau* (Schneeberg 1749). Ebenfalls zu dieser Untergruppe gezählt wurden Werke über Erdbeben, z. B. Johann Burgowers (1573–1611) *Christlicher/grundtlicher Underricht von den Erdbidmen* (Zürich 1651), und Vulkanologie, so Franz von Beroldingers *Die Vulkane älterer und neuerer Zeiten* (2 Teile, Mannheim 1791).

2.34 Ebenfalls besonders gezählt wurden 126 Drucke zur Chemie mit einem klaren zeitlichen Schwerpunkt von 105 Einheiten zwischen 1751 und 1850, wobei auf das ganze 17. Jh nur 5, auf das ganze 18. dagegen 97 und auf die erste Hälfte des 19. Jhs 24 Einheiten entfallen. Die sprachliche Verteilung ergibt in dieser Untergruppe folgendes Bild: 77 Einheiten sind in Deutsch, 34 in Französisch, 14 in Lateinisch, 1 in Englisch erschienen. Hierher gehören neben Handbüchern wie Antoine-Laurent Lavoisiers *Traité élémentaire de chimie* (2. Aufl., 2 Bde, Paris 1793) und Friedrich Albrecht Carl Grens *Systematisches Handbuch der gesammten Chemie* (2. Aufl., 4 Teile, Halle 1794–1796) Fachzeitschriften wie die *Annales de chimie* (6 Bde, Paris 1789/90). Weitere Schriften behandeln Einzelthemen, darunter Johann Henrich Potts *Physikalische Chymische Abhandlung von dem Urin-Saltz* (Berlin 1761), Heinrich Hagens *Physisch-Chemische Betrachtungen über den Torf in Preußen* (Königsberg 1761) oder beschreiben technologische Anwendungen chemischen Wissens wie Jeremias Friedrich Gülichs *Die neueste und beste Vorschriften zum Blaichwesen und zur ganzen Farbenmacherey für Cottunfabrikanten* (Ulm 1795). In der Gruppe E befinden sich insgesamt mindestens 16 Publikationen, die den Besitzvermerk Johann Heinrich Zieglers tragen.

2.35 Der weitaus grösste Teil der Signaturgruppe E, nämlich die 921 verbleibenden Einheiten (77,6 %), müssen als gemischte Untergruppe zusammenfassend beschrieben werden. Ihre zeitliche Verteilung mit 20 Einheiten im 16. Jh, 104 im 17. Jh, 713 im 18. Jh und 84 in der ersten Hälfte des 19. Jhs überrascht nicht. Mit 345 Drucken in deutscher, 316 in französischer und 247 in lateinischer Sprache, wobei noch 11 in Englisch und 2 in Italienisch hinzukommen, ist das Verhältnis etwas ausgewogener als für die Signaturgruppe insgesamt. Hier finden sich allgemein naturkundliche oder -wissenschaftliche Werke wie Hermolaus Barbarus d. J. (1453–1493) *Naturalis scientiae totius compendium* (Basel 1548) in der Bearbeitung von Konrad Gessner, Petrus van Musschenbroeks *Elementa physicae* in zwei lateinischen Editionen (Leiden 1734; Venedig 1745) und einer deutschen Ausg. (*Grundlehren der Naturwissenschaft*, Leipzig 1747, hrsg. von Johann Christoph Gottsched), Buffons vielbändige *Histoire naturelle* in 2 Ausg., ferner Lexika wie Jacques-Christophe Valmont de Bomares *Dictionnaire raisonné universel d'histoire naturelle* (3. Ausg., 9 Bde und Suppl., Lausanne 1776, 1778; 4. Ausg., 12 Bde, o. O. 1780) und Zeitschriften wie die *Miscellanea curiosa academiae naturae curiosorum* (25 Bde, Leipzig, dann Nürnberg 1670–1706). Reich vertreten ist unter den Einzelfächern die Botanik mit 24 Titeln allein von Carl Linné, von denen allerdings mehrere die Grenzen dieses Fachs überschreiten. Hierher gehören auch Beschreibungen der Pflanzenwelt einzelner Länder oder Gebiete wie William Hudsons *Flora Anglica* (2. Aufl., 2 Bde, London 1778), Abhandlungen über Genussmittel, so Johann Gottlob Krügers *Gedancken Vom Caffee, Thee, Toback und Schnupftoback* (2. Aufl., Halle 1746), sowie praxisbezogene Schriften wie Franz Hermann Heinrich Lueders *Briefe über die Anlegung und Wartung eines Blumengartens* (Hannover 1777). Nicht ganz so zahlreich sind Bücher über die Tierwelt. Als Beispiel sind Guillaume Rondelets (1507–1566) *Libri de piscibus marinis* (Lyon 1554) und Johann Melchior Gottlieb Besekes *Versuch einer Geschichte der Hypothesen über die Erzeugung der Thiere* (Mitau 1797), ferner Werke zur Insektenkunde wie die in Winterthur gedruckten *Archives de l'histoire des insectes* (1794) von Johann Kaspar Füssli sowie über die im 18. Jh v. a. in den Naturalienkabinetten sehr beliebten Muscheln zu nennen. Unter den fast 50 eigentlich physikalischen Schriften finden sich mindestens 20, die elektrische Phänomene behandeln, z. B. Jan Hendrik van Swindens *Recueil de mémoires sur l'analogie de l'électricité et du magnétisme* (3 Bde, Den Haag 1784). Hinzu kommen Darstellungen über die Blitze, z. B. 2 in Hamburg erschienene von Johann Albert Heinrich Reimarus (1778; 1794), und über den Blitzschutz wie Jacques de Romas' *Mémoire sur les moyens de se garantir de la foudre dans les maisons* (Bordeaux 1776). Von James Ferguson ist ein Werk zur Elektrizität und solche zu weiteren physikalischen Phänomenen vorhanden, so *Lectures on select subjects in mechanics hydrostatics, hydraulics, pneumatics and optics* (6. Aufl., London 1784). Von den Schweizern sind in dieser Signaturgruppe insbesondere Albrecht von Haller mit Beschreibungen der schweizerischen Pflanzen und Tiere und der Salzbergwerke von Aigle sowie Johann Jakob Scheuchzer mit seinen *Natur-Geschichten des Schweizerlands* (3 Jahrgänge, Zürich 1705–1707) sowie weiteren Werken gut vertreten.

Philosophie und Pädagogik (Signatur F)

2.36 Die im Standortkatalog vom Jahre 1905 erfasste Signaturgruppe F »Ältere Philosophie und Pädagogik« setzt sich aus 915 Einheiten zusammen, von denen 806 oder 88,1 % auf das 18. Jh, dagegen nur 28 Werke (3,1 %) auf das 16. Jh, 69 (7,5 %) auf das 17. und die übrigen auf das 19. Jh entfallen, dessen einschlägige Produktion zur Hauptsache anderswo aufgestellt ist. Der Spitzenanteil der zweiten Hälfte des 18. Jhs (653 Einheiten oder 71,4 %)

erklärt, weshalb die modernen Sprachen vorherrschen, neben dem Deutschen (454 Einheiten oder 49,6 %) das Französische (268 Einheiten oder 29,3 %), das Latein im Vergleich dazu stark in den Hintergrund gedrängt ist (167 Einheiten oder 18,3 %). Bemerkenswert ist ein kleines Kontingent von Publikationen in englischer Sprache (21 oder 2,3 %). Nicht unerwartet liegen die Schwerpunkte bei der Literatur der Aufklärung, daher die zahlreichen französischsprachigen Werke, beim Schrifttum aus protestantischen deutschen Ländern und bei den verschiedenen dort auftretenden Richtungen aufklärerischen Denkens. Für die früheren Jhe ist, ausser auf Petrus Ramus und René Descartes, auf die in reformierten Stadtbibliotheken gewöhnlich anzutreffenden Werke ramistischer und cartesianischer Prägung (u. a. Bartholomäus Keckermann, Johann Clauberg, Adrian Heereboord) hinzuweisen. Während Spinoza in frühneuzeitlichen Ausg. gänzlich fehlt, ist Thomas Hobbes' *Leviathan* (London 1676) vorhanden. Auf das erste Jahrzehnt des 17. Jhs gehen Tübinger Universitätsreden Kaspar Buchers zurück, auf dessen zweite Hälfte 3 Werke über die Gelehrten, verfasst vom Augsburger Pietisten Gottlieb Spizel. Der Leipziger Philosophieprof. Jakob Thomasius ist immerhin mit einer späten Ausg. seiner Reden (Leipzig 1737) vertreten, während sein Sohn Christian und dessen Anhänger kaum vorkommen. Dagegen treten der Naturrechtler Samuel von Pufendorf und die leibniz-wolffsche Tradition, abgesehen von ihren beiden Begründern (Leibniz 10, Wolff 34 Katalogeinträge), unter den Namen verschiedener Schulphilosophen, allen voran Alexander Gottlieb Baumgarten (8 Einträge) und Georg Friedrich Meier (4 Einträge), zahlreich in Erscheinung. Dasselbe gilt für die Zürcher Aufklärer mit den Lehrbüchern Johann Jakob Bodmers und Johann Jakob Breitingers, für den aus Winterthur stammenden und hauptsächlich in Berlin wirkenden Johann Georg Sulzer, vertreten mit 13 Titeln, darunter dessen Entwurf zur Einrichtung eines Gymnasiums in Kurland (Mitau 1774) sowie für den Basler Isaak Iselin und den Genfer Charles Bonnet (8 Titel). Unter den deutschen Spätaufklärern sind der Göttinger Philosophieprof. Johann Georg Heinrich Feder und der Verfasser philosophischer Aphorismen und Arzt Ernst Platner zu nennen. Die englischen und französischen Aufklärer, einschliesslich der Materialisten Helvétius und Holbach, sind wie eine Anzahl ihrer Kritiker in dieser Signaturgruppe vorhanden, von den Engländern Henry St. John Bolingbroke, David Hume, Henry Home, Isaac Watts, Francis Hutcheson und Shaftesbury. Unter den Schriften John Lockes befindet sich der *Essai philosophique concernant l'entendement humain* (Amsterdam 1700) mit einer handschriftlichen Widmung vom 7. November 1701 des späteren Mathematikers Jakob Hermann (1678–1733) an den Basler Prof. Samuel Werenfels. Isaac Newtons Naturphilosophie wird durch verschiedenartige Publikationen den Lesern nahegebracht, wie allein Francesco Algarottis *Le Newtonianisme pour les dames* (2 Bde, Paris 1738) zeigt. Kants Philosophie ist hier allein in den Schriften seiner Anhänger Karl Leonhard Reinhold und Karl Christian Erhard Schmid sowie in den anonym publizierten *Originalideen über die empyrische Anthropologie nach Kantischen Grundsätzen* (Leipzig 1796) gegenwärtig. Im Gegensatz dazu liegen die Vertreter der Popularphilosophie (Karl Friedrich Bahrdt, Christian Garve, Johann Jakob Engel und Moses Mendelssohn), einschliesslich der Volksaufklärung, im Original recht zahlreich vor. Hinzu kommen Werke Samuel Formeys (5 Titel) und anderer Autoren im Umfeld der Berliner Akademie, Sozietätsakten, Akademie- und Preisschriften, kaum aber akademische Kleinschriften, vereinzelt moralische Wochenschriften, so *Der Druide* (Berlin 1749/50). Der aufklärerische Streit um Philosophie und Religion ist u. a. in der anonymen *Confession d'un philosophe* (Amsterdam 1774) sowie in Jean Salchlis (des Sohns) *Lettres sur le Déisme* (unvollständiges Exemplar, Lausanne 1756), die Ästhetik in den Werken von Charles Batteux und in Geschmackslehren der Frühaufklärung dokumentiert. Im pädagogischen Sektor sind Werke zur Mädchenbildung, Publikationen von Johann Bernhard Basedow (13 Katalogeinträge) und über ihn sowie von Joachim Heinrich Campe, über den Gymnasialunterricht, zur Anstandslehre und vereinzelt Rhetoriklehrbücher zu erwähnen. André Danican Philidors *Praktische Anweisung zum Schachspiel* (Gotha 1797) ist bereits im Grenzbereich von Belehrung und Unterhaltung anzusiedeln, Heinrich Nudows *Versuch einer Theorie des Schlafs* (Königsberg 1791) vollzog den Übergang zu einer modernen Psychologie. Die einseitige Fixierung auf Literatur protestantischer Herkunft wird nur durch wenige katholische Beispiele relativiert, so durch Johann Michael Sailers Vernunftlehre, eine *Kunst wol zu sterben* (Dillingen 1667) von Adam Walassar und ein politisches Emblembuch (Amsterdam 1655) von Diego de Saavedra Fajardo. Eine Sonderstellung nehmen Johann Prätorius' *Daemonologia Rubinzalii Silesii* (Arnstadt 1662) und die generell untervertretene Politik mit der *Philosophia civilis sive politica* (4 Bde, Halle 1756–1759) des Wolffianers Michael Christoph Hanov ein.

Klassische Philologie (Signatur G)

2.37 Die Kenntnis der alten Sprachen gehört zum Rüstzeug der Theologen. Allein die 33 Titel mit dem Besitzvermerk des schon erwähnten Johann Heinrich Ziegler, Lehrbücher des Hebräischen, darunter Johann Leusdens *Philologus Hebraeus* (Basel 1739), Johann Kaspar Schweizers *Lexicon Graeco-Latinum, et Latino-Graecum* (Zürich 1683), eine griechisch-lateinische Ausg. von Homers *Odyssee* mit angehängten pseudohomerischen Dichtungen (Amsterdam 1707), als besonderes Prunkstück eine alte griechische Plutarchausgabe (Basel 1560), 2 Aelianausgaben, ferner philologische Lehrbücher wie Jean Leclercs *Ars critica* (2 Bde, Amsterdam 1697), Benjamin Hederichs *Anleitung zu den fürnehmsten philologischen Wissenschaften* (Wittenberg, Zerbst 1746) und Johann Gottlieb Heineccius' *Fundamenta stili cultioris* (Leipzig 1736), eine lateinische Sprachgeschichte von Francisco Sanchez (*Minerva, sive de causis Latinae linguae*, Franeker 1687), Ausg. von Terenz, Lukrez, Cicero, Horaz, Vergil, Seneca d. J., Plinius und Quintilian, stellen einen Querschnitt des propädeutischen Wissens eines angehenden Pfarrers dar. Solche und weitere Werke bildeten denn auch seit der Eröffnung und über lange Zeit einen wichtigen Bestandteil der Bibliothek. Insgesamt umfasst die Gruppe 1363 Einheiten mit einem mengenmässigen Schwerpunkt von 738 Titeln (54,1 %) im 18. Jh. 171 Einheiten (12,5 %) stammen aus dem 16., 364 (26,7 %) aus dem 17. und 90 (6,6 %) aus dem 19. Jh. Zu den 842 lateinischen Einheiten (61,8 %) wurden auch die Mehrsprachenwörterbücher mit lateinischen Erläuterungen gezählt. Nicht überraschend folgt als zweithäufigste Sprache mit 271 Einheiten (19,9 %) die griechische, gefolgt von 125 (9,2 %) in Deutsch, 97 (7,1 %) in Französisch, 18 in Italienisch, 8 in Englisch und 2 in Syrisch. Die griechische Literatur ist besonders gut durch Homer mit etwa 20 Ausg., vom frühen 16. Jh (z. B. Strassburg 1542) bis zum frühen 19. Jh, und Übers. (z. B. von Anne Dacier), unter den Tragödiendichtern durch Sophocles (12 Titel), ferner durch den Komödiendichter Aristophanes (insgesamt 7 Titel, darunter 2 Ausg. des 16. Jhs: Basel 1532; Venedig 1538), die Geschichtsschreiber Thukydides, Xenophon (18 Titel) und Plutarch, die Philosophen Platon und Aristoteles (mit 4 Basler Humanistenausgaben und in Köln zwischen 1603 und 1609 erschienenen jesuitischen Kommentaren), den Redner Isokrates sowie den Satiriker Lukian vertreten. Für die goldene Latinität sind v.a. Cicero (etwa 30 Titel), Horaz (22 Titel), Vergil (21 Titel), Terenz (15 Titel), Catull (8 Titel) und Lukrez (7 Titel) zu nennen. Die auffallendsten Vertreter der Kaiserzeit bzw. der silbernen Latinität sind der jüngere Seneca (15 Titel), Tacitus (15 Titel), Ovid (11 Titel), Sallust (10 Titel), Juvenal (9 Titel), Senecas Neffe Lukan (9 Titel) und Martial (7 Titel). Eine wichtige Untergruppe bilden die Humanisten, in erster Linie Erasmus von Rotterdam mit 20 v. a. im 17. Jh erschienenen Titeln, aber auch, mit insgesamt etwa 45 Titeln besonders reich vertreten, der Späthumanist Justus Lipsius sowie neulateinische Dichter wie Daniel Heinsius (*Poemata*, Leiden 1606). Der Göttinger Philologe Johann Matthias Gesner (1691-1761) ist als Autor mehrerer Werke und sogar als Vorbesitzer des einzigen erhaltenen Liebes- und Abenteuerromans von Achilles Tatius (*Erotikon libri VIII*, Griechisch und Lateinisch, Leiden 1640) präsent. Prominente Vorbesitzer von Büchern sind auch Markus Rütimeyer (1580-1647), dem einst Mario Nizzolis *Observationes in M. T. Ciceronem* (Basel 1536) gehörten, ein Buch, das 1836 vom Präsidenten des Bibliothekskonvents, Johann Konrad Troll, der Bibliothek geschenkt wurde, sowie Friedrich Schleiermacher (1768-1834), aus dessen Besitz Aristophanes' *Comoediae undecim* (Griechisch und Lateinisch, Amsterdam 1710) stammen. Besondere Erwähnung unter den zahlreichen geschenkten Büchern dieser Gruppe verdient schliesslich eine griechische Pindarausgabe (Frankfurt a. M. 1542) mit handschriftlichen Bemerkungen Philipp Melanchthons, die 1819 als Geschenk des Rektors der städtischen Schulen, Jakob Hanhart (1750-1820), in die Bibliothek gelangte.

Ältere deutsche Literatur (Signatur H)

2.38 Besonders hier wird deutlich, dass man in der Anschaffungspolitik nach 1760 vermehrt den Lesebedürfnissen eines breiteren Publikums, sogar der Kinder, entgegenkam. Von den 1311 Einheiten dieser Signaturgruppe sind genau 1000 (76,3 %) zwischen 1751 und 1800 erschienen. Die Titel sind in einem 1904 angelegten Standortkatalog verzeichnet. Bei der Auszählung am Regal wurden 700 Einheiten Periodika (53,4 %) besonders vermerkt, von denen 7 zwischen 1701 und 1750, 498 (38 % bzw. 71,1 %) zwischen 1751 und 1800 sowie 195 (14,9 % bzw. 27,9 %) zwischen 1801 und 1850 erschienen. Bis auf eine lateinischsprachige Zeitschrift sind alle Periodika deutschsprachig. Mit insgesamt über 220 Einheiten macht allein die *Allgemeine deutsche Bibliothek* bzw. *Neue allgemeine deutsche Bibliothek* (Berlin, Stettin 1765-1806) von Christoph Friedrich Nicolai fast ein Drittel des Periodikabestands dieser Signaturgruppe aus. Ebenfalls viele Bde umfasst der etwa im gleichen Zeitraum erschienene von Christoph Martin Wieland herausgegebene *Teutsche Merkur* bzw. *Neue teutsche Merkur* (Weimar 1773-1795). Älter sind die moralischen Wochenschriften wie Johann Jakob Bodmers *Mahler der Sitten* (2 Bde, Zürich 1746) und *Der Jüngling* (26 Stück, Leipzig 1747), zu denen auch *Der Erinnerer* (Zürich 1766) zu zählen ist. Ferner gehören hierher die von Joachim Heinrich Campe herausgegebene *Kleine Kinderbibliothek* (Bde 2-24, Hamburg 1779-1793) sowie weitere Reihen für Kinder.

2.39 Die 611 Einheiten Einzeltitel und Gesamtwerke der Signaturgruppe (46,6 %) verteilen sich wie folgt auf die Jhe: 17 erschienen im 17. Jh, 523 im 18. Jh, davon 502 (38,3 % bzw. 82,2 %) in der zweiten Jahrhunderthälfte, und 71 zwischen 1801 und 1850. Bis auf 3 lateinischsprachige Schriften und 1 französische erschienen alle in deutscher Sprache. Zu den ältesten Drucken gehören eine seltene deutsche Ausg. von Giovanni Boccaccios *Decamerone* (*Cento Novella*, Frankfurt a. M. 1601) und Johann Kaspar Weissenbachs Drama *Eydgnossisches Contrafeth* (Zug 1673). Im Vergleich zur

Signaturgruppe a ist hier, abgesehen von einer wohl erst später hinzugekommenen Goethe-Werkausgabe (55 Bde und Suppl.; Stuttgart, Tübingen 1827–1833), die deutsche Klassik kaum vertreten. Dagegen finden sich Dichter des Rokoko bzw. der Anakreontik wie Friedrich von Hagedorn mit in Karlsruhe erschienenen Werkausgaben von je 3 Teilen (1775; 1777), Johann Wilhelm Ludwig Gleim, Salomon Gessner, Johann Peter Uz und mit zahlreichen Titeln Christoph Martin Wieland. Karlsruhe ist übrigens auffallend häufig Erscheinungsort, nämlich bei etwa 140 Einheiten, die alle zwischen 1770 und 1790 publiziert wurden. Ferner sind Fabeldichter zu nennen, allen voran mit vielen Titeln Christian Fürchtegott Gellert, aber auch Gottlieb Konrad Pfeffel, der Satiriker Gottlieb Wilhelm Rabener, der humoristische Schriftsteller Theodor Gottlieb von Hippel und der Dichter der Empfindsamkeit Friedrich Gottlieb Klopstock. Unter den Schweizern sind neben Gessner, auch in dieser Signaturgruppe, Albrecht von Haller, u. a. mit dem *Versuch schweizerischer Gedichte* (Karlsruhe 1778) und mit seinen politischen Romanen (*Usong*, Karlsruhe 1778), Johann Jakob Bodmer, u. a. mit dem biblischen Epos *Noah* (Zürich 1752) und mit Trauerspielen, ebenfalls mit Dramen Johann Ludwig Ambühl (*Der Schweizerbund*, Zürich 1779) und Johann Caspar Lavater u. a. mit den *Schweizerliedern* (Bern o. J.) sowie mit der Bibeldichtung *Jesus Messias* (5 Bde, Zürich 1783–1787) vertreten. Das letztgenannte Werk ist laut handschriftlichem Vermerk von Georg Gessner (1765–1843), dem Schwiegersohn Lavaters, im Namen der Witwe und der Kinder des eben Verstorbenen am 15.1.1801 einer von dessen Grossnichten, Elisabeth Schinz, als Andenken gewidmet. Eine Ossianausgabe (Düsseldorf 1775) kam erst in neuerer Zeit in die Signaturgruppe. Mehr am Rand zu erwähnen sind mindestens 7 Gesangbücher mit meist geistlichen Liedern, ein *Lesebuch für die Schüler der ersten und zweyten Klasse* (Winterthur 1792), ferner populärphilosophische und essayistische Werke wie Thomas Abbts *Vom Verdienste* (Berlin, Stettin 1765) und Karl Viktor von Bonstettens durch Friedrich Matthisson herausgegebene *Schriften* (Zürich 1793). Ebenfalls vorhanden sind dichtungstheoretische Werke wie Johann Jakob Breitingers *Critische Dichtkunst* (2 Bde, Zürich 1740). Schliesslich fehlen mit Johann Christoph Gottscheds *Kern der deutschen Sprachkunst* (Leipzig 1754) weder die Sprachlehren noch, mit einer Reihe von Werken Johann Christoph Adelungs, die deutsche Sprachwissenschaft des 18. Jhs.

Ältere französische, italienische und englische Literatur (Signatur J)

2.40 Der Standortkatalog dieser 1477 Einheiten umfassenden Gruppe wurde 1905 angelegt. Die meisten Werke, nämlich 1238 (83,8 %), stammen, wie bei den übrigen Beständen der Gruppen A bis N, aus dem 18. Jh, wobei 950 (64,3 %) zwischen 1751 und 1800 publiziert wurden. Ferner gibt es eine Inkunabel, die *Epistole devotissime* (Venedig 1500) der Katharina von Siena, eine Aldine, die laut Stempel aus der Königlichen Bibliothek Berlin nach Winterthur gelangte. 33 Einheiten wurden im 16. Jh, 165 (11,2 %) im 17. und 40 im 19. Jh gedruckt. Unter den Sprachen steht Französisch mit 1041 Einheiten (70,5 %) an erster Stelle, gefolgt von 200 italienischen (13,5 %), 123 englischen (8,3 %), 104 deutschen (7 %), 5 lateinischen, 3 spanischen Einheiten und 1 niederländischen Titel. Aus der ersten Hälfte des 16. Jhs sind weitere Aldinen wie Ludovico Ariostos *Orlando furioso* (Venedig 1545) und des französischen Humanisten Guillaume Budé *Libri quinque de asse* (Venedig 1522), ferner Werke von Giovanni Boccaccio, Machiavellis *Tutte le opere* (o. O. 1550) und Pier Francesco Giambullaris *Origine della lingua Fiorentina* (Florenz 1549) zu nennen. Aus der zweiten Hälfte des 16. Jhs stammen neben weiteren Ariost- und Boccaccio-Ausgaben, darunter einer französischen des *Decamerone* (Lyon 1597) aus dem Vorbesitz Wolfgang Dietrich Sulzers, eine weitere Aldine, Savino de Bobalis *Rime amorose* (Venedig 1589), ferner eine frühe Ausg. von Giovanni Battista Guarinis Schäferdrama *Il pastor fido* (Venedig 1597), der im 17. Jh noch 2 weitere folgen, und 2 Petrarca-Ausgaben (Lyon 1551; Venedig 1565). Aus dem französischen Sprachbereich sind zu erwähnen Jean de Boyssières' *Les secondes œuvres poétiques* (Paris 1568 [id est 1578]), Joachim Du Bellays *Les œuvres françoises* (Paris 1584), 2 Ausg. von Pierre Le Roys *Satyre Menippée* (o. O. und Paris 1593). Bemerkenswert sind ein dichtungstheoretisches Werk, Francesco Patrizis *Della poetica* (Ferrara 1586), und Stefano Guazzos Anstandslehre *La civile conversation* ([Genf] 1592). Für die erste Hälfte des 17. Jhs ist neben einigen genannten italienischen Dichtern Giambattista Marini mit *La sampogna* (Venedig 1621) zu nennen; ferner sind die Franzosen, z. B. Jean-Louis Guez de Balzac mit Ausg. seiner Briefe, Pierre Corneille mit *Le Cid* (Paris 1640) und weitere Autoren mit Cid-Parodien sowie Georges de Scudéry mit 2 Tragikomödien aus derselben Zeit zu erwähnen. Als früheste Cervantes-Ausgabe ist *Los trabaios de Persiles y Sigismunda* (Madrid, Paris 1617), als früheste *Don Quichote*-Ausgabe die zweibändige Rouen 1646 zu nennen, der noch spätere, auch in Spanisch (z. B. 2 Teile, Brüssel 1662) folgen. Ab der zweiten Hälfte des 17. Jhs überwiegen französische Autoren deutlich, obwohl sich unter den Italienern erstmals Torquato Tasso mit *Il Goffredo* (Venedig 1667) und *La Hierusalem delivrée* (Bd 1, Paris 1671) findet. Neben den Klassikern Boileau, Pierre und Thomas Corneille, Molière und Racine sind François Rabelais und der Burleskendichter Paul Scarron in dieser Zeit wie auch später gut vertreten; hinzu kommen Sprachbetrachtungen wie Dominique Bouhours'

Remarques nouvelles sur la langue françoise (Paris 1682) und philosophische Werke wie Antoine Arnaulds anonym erschienene *Logique ou l'art de penser* (Paris 1668) mit dem Wappen der Freiherrn von Im Thurn, Nicolas Malebranches *De la recherche de la vérité* (2 Bde, Amsterdam 1688) aus dem Vorbesitz Johannes von Muralts (1645–1733) sowie Blaise Pascals *Pensées* (Paris 1670) und sogar Geschichtsbücher wie François Raguenets *Histoire d'Olivier Cromwel* (Paris 1691). Erwähnenswert als früheste in dieser Gruppe sind auch englischsprachige Drucke, nämlich Abraham Cowleys *Davideis* (London 1681) und *The second part of the works* (London 1682) desselben Autors. Im 18. Jh nehmen die Philosophen und Essayisten überhand, so Fénelon, Fontenelle, Formey, Montesquieu, in mehreren Ausg. Rousseau, Saint-Evremond, Voltaire, später auch Helvétius, aber auch der viel ältere Michel de Montaigne mit einer späten Ausg. Als schweizerisches Druckerzeugnis ist die moralische Wochenschrift *Le Misanthrope* (2 Bde, Lausanne, Genf 1741) erwähnenswert. Daneben finden sich Märchen (*Les mille et une nuit*, 6 Bde, Paris 1726) und volkstümliche Autoren wie La Fontaine und Alain-René Le Sage mit *Les avantures de Gil Blas* (4 Bde, Amsterdam 1739–1741) und späteren Ausg. Für die zweite Hälfte des 18. Jhs sind die Enzyklopädisten Denis Diderot und Jean-François La Harpe, ferner Unterhaltungsautoren wie Choderlos de la Clos (*Les liaisons dangereuses*, 2 Teile, Amsterdam 1782) zu nennen. V. a. in dieser Zeit kommen vermehrt Werke englischer Autoren wie Henry Fieldings, John Gays, John Miltons, Alexander Popes, Samuel Richardsons, des Erfinders des sentimentalen Romans, erstmals auch Shakespeares (*The tragedy of Macbeth*, London 1745; *The merry wives of Windsor*, London 1756), Laurence Sternes und Edward Youngs vor, ausserdem englische Zeitschriften, so *The gentleman's magazine* (Bde 21–26, London 1751–1756) aus dem Vorbesitz Johann Heinrich Zieglers und die moralische Wochenschrift *The spectator* (8 Bde, London 1753). Eine aufklärerische italienische Zeitschrift ist *Il caffe* (2 Bde, Venedig 1766). Daneben sind auch italienische Autoren wieder häufiger zu finden, so Carlo Goldoni mit mehreren Ausg. seiner Komödien und Pietro Metastasio, aber erstmals auch eine Ausg. der *Divina commedia* (Bergamo 1752) von Dante. Sie gelangte allerdings erst im 20. Jh aus dem Vorbesitz von Ulrico Hoepli (1845–1937) in die Bibliothek. Ausser Rousseau kommen nur noch zwei Schweizer Autoren vor, Philippe-Sirice Bridel mit dem Gedicht *Les tombeaux* (o. O. o. J.) und Johann Georg Sulzer mit einer französischen Übers. der *Unterredungen über die Schönheit der Natur* (Frankfurt a. M. 1755). Schliesslich sind Französischlehrbücher, französische und italienische Grammatiken sowie englische, französische und italienische Wörterbücher zu erwähnen. Aus dem 19. Jh fallen eine deutsche und eine französische Ausg. von Fénelons *Telemach* (Stuttgart 1815; Paris 1840), Jean-François La Harpes *Œuvres choisies* (2 Bde, Paris 1819, 1814), ein Auszug aus Alphonse de Lamartines *Voyage en Orient* (Leipzig 1836) sowie weitere italienische Ausg. von Werken Metastasios auf.

Geschichte, ältere Bestände (Signatur K)

2.41 Die 2360 Einheiten sind in einem 1906 angelegten Standortkatalog unter 811 Signaturnummern verzeichnet, wobei in ganz wenigen Fällen über 30 Kleinschriften unter einer Nummer zusammengefasst sind. Aus dem 16. Jh gibt es 83 (3,5 %), aus dem 17. Jh 457 (19,4 %), aus dem 18. Jh 1556 (65,9 %) und aus der ersten Hälfte des 19. Jhs 264 Einheiten (11,2 %). 1312 Schriften (55,6 %) erschienen in deutscher, 725 (30,7 %) in französischer, 220 (9,3 %) in lateinischer, 57 in italienischer, 43 in englischer und 3 in spanischer Sprache. Das älteste Buch ist die Erstausgabe von Sebastian Francks *Chronica, Zeytbuch und geschycht bibel* (Strassburg 1531), eine Weltgeschichte, der sich zwei posthum ergänzte spätere Ausg. ([Bern] 1551; o. O. 1565) sowie weitere Werke Francks anschliessen. Vergleichbar ist die vom Astrologen Johannes Carion begonnene, von Philipp Melanchthon und Kaspar Peucer überarbeitete und von Eusebius Menius übersetzte *Newe vollkomene Chronica* (Frankfurt a. M. 1569). Ebenfalls eine Verknüpfung von Heils- und Weltgeschichte stellt Jacques-Bénigne Bossuets *Discours sur l'histoire universelle* (jeweils 1. Teil; 2 Aufl., Paris 1681 und 1682) dar. In mehreren Fassungen (deutsch, französisch und lateinisch) sind das Werk von Johannes Sleidanus über die vier Imperien sowie weitere Schriften dieses Autors zu finden. Zu erwähnen ist hier auch Johann Matthias Schröckhs in didaktischer Absicht verfasste *Allgemeine Weltgeschichte für Kinder* (6 Bde, Leipzig 1779–1784), von der noch 2 weitere, allerdings unvollständige Exemplare vorhanden sind.

2.42 Zu den ältesten Schriften gehört das unter Giovanni Boccaccios Namen erschienene *Compendium Romanae historiae* (Strassburg 1535), eine Kurzfassung der römischen Geschichte des Mailänder Humanisten Pier Candido Decembrio (1392–1477) nach dem griechischen Autor Appian. Mehr landeskundlich ausgerichtet sind die Werke des Wolfgang Lazius. Spätere Werke zur römischen Geschichte sind Burkhard Gotthelf Struves *Antiquitatum Romanarum syntagma* (Jena 1701) sowie 2 deutsche Ausg. von Edward Gibbons monumentaler *Geschichte der Abnahme und des Falls des Römischen Reichs* (14 Bde, Magdeburg, Wien 1788–1792; 13 Teile, Frankfurt a. M., Leipzig 1800–1803). Samuel von Pufendorfs *Einleitung in die Historie der vornehmsten Reiche und Staaten* (Frankfurt a. M. 1695) aus dem Vorbesitz des Arzts Kronauer ist, mit abgewandeltem Titel, auch in einer späteren vierteiligen Ausg. vorhanden (Frankfurt a. M., Leipzig 1746–1750). Eine der ältesten Ländergeschichten ist *Des Aller//mechtigsten künig //reichs inn Ungern, warhafftige Chronick* (Basel 1545) von Antonio Bonfini in der Übers. Hieronymus Boners. Zur deutschen Geschichte sind Hermann Conrings *De Germanorum imperio Romano liber unus* (Helmstedt 1644), dem der *Discursus de origine secularis potestatis in Romana ecclesia* von Francesco Guicciardini beigefügt ist, zu erwähnen, aber auch der von Johann Ehrenfried von Zschackwitz hrsg. *Neu eröffnete Welt- und Staatsspiegel* (8 Bde, Den Haag 1709–1716), Jakob Wegelins *Mémoire historique sur les principales époques de l'histoire d'Allemagne* (Berlin 1766), Michael Ignaz Schmidts *Geschichte der Deutschen* (5 Teile, Ulm 1778–1783), der mehrere Aufl. und Erweiterungen folgen, sowie Johann Stephan Pütters Werke über die deutsche Reichs- und Verfassungsgeschichte (Göttingen 1793; 3 Teile, Göttingen 1786, 1787). Die französische Geschichte ist z. B. in Pierre Matthieus Darstellungen der Ereignisse während der Regierungszeit Heinrichs III. und Heinrichs IV. (o. O. 1601; Paris 1614 und 1606), Michel Le Vassors *Histoire du règne de Louis XIII* (10 Bde, Amsterdam 1700–1711) und Henri-Philippe de Limiers *Histoire du règne de Louis XIV* (12 Bde, Amsterdam 1718) präsent. Vom selben Autor gibt es auch eine Geschichte Schwedens unter der Regierung Karls XII. (6 Bde, Amsterdam 1721). Beide Werke stammen aus dem Besitz Johann Heinrich Zieglers. In mehreren Ausg. ist die *Storia d'Italia* bzw. *Historiae sui temporis* von Francesco Guicciardini, darunter eine aus dem Vorbesitz des Jesuitenkollegs Luzern und der Kantonsbibliothek Luzern, vorhanden. Erwähnenswert sind ferner Machiavellis *Historie [fiorentine]* (Piacenza 1587), Geschichten Venedigs von Paolo Paruta (erste Hälfte des 17. Jhs) und Battista Nani (zweite Hälfte des 17. Jhs), von Lodovico Muratori die ins Deutsche übersetzte *Geschichte von Italien* (9 Teile, Leipzig 1745–1750) mit einer Vorrede Christian Gottlieb Jöchers sowie eine italienische Ausg. desselben Werks (*Annali d'Italia*, 24 Bde, Venedig 1794–1801). Juan de Marianas *Historiae de rebus Hispaniae libri XX* (Toledo 1592) fehlt ebensowenig wie Teile der englischen Geschichte von David Hume in Deutsch und in Englisch (insgesamt 7 Bde), 2 französische Editionen und eine englische Ausg. von Jean-Louis de Lolmes *Constitution de l'Angleterre* sowie das von Johann Philipp Abelin begonnene monumentale Annalenwerk *Theatrum Europaeum* (20 Teile, Frankfurt a. M. 1635–1738) und Johann Wilhelm von Archenholz' mehrbändige Geschichten Englands, Italiens und des Siebenjährigen Kriegs. Den Vorgängen im 30-jährigen Krieg, der Vertreibung der Jesuiten aus Ungarn, Böhmen und Mähren sowie weiteren Ereignissen sind eine Reihe von zeitgenössischen Kleinschriften gewidmet. Schliesslich finden sich hier wenige Autoren von Schweizer Geschichten, so Josias Simler, Franz Guilliman, Jakob Christoph Iselin, Johann Konrad Faesi, und die Zeitschrift *Nouveau Journal helvétique* (2 Bde, Neuenburg 1777).

2.43 Die spanischen Eroberungen in Amerika werden in einer Ausg. von Pietro Martire d'Anghieras *De rebus oceanicis* (Köln 1574) beschrieben. Guillaume-Thomas Raynals in Zusammenarbeit mit Denis Diderot verfasste *Histoire philosophique et politique des établissmens & du commerce des Européens dans les deux Indes* (6 Bde, Amsterdam 1772), der mehrere in der Schweiz gedruckte Aufl. folgen, klärt über die Grausamkeiten der europäischen Eroberungszüge auf. Folgerichtig preist Raynal in *Révolution de l'Amérique* (London 1781) den Aufstand der Vereinigten Staaten gegen das englische Mutterland.

2.44 Vielfältig ist die Memoirenliteratur, u. a. durch Philippe de Comines, Benjamin Franklin und Charles-François du Périer Dumouriez vertreten. Von den Biographien und biographischen Nachschlagewerken seien Johann Burkhard und Friedrich Otto Menckes *Deutsche Acta eruditorum* (20 Bde, 1712–1739), Jean Le Rond d'Alemberts *Histoire des membres de l'académie françoise* (6 Bde, Paris, Amsterdam 1787) in 2 Ausg. sowie Melchior Adamus' *Vitae*, lateinische Biographien deutscher Theologen, Rechtsgelehrter, Mediziner und Philosophen des 16. Jhs, erwähnt. Schliesslich sei auf die Kulturgeschichten Christoph Meiners' (11 Titel), auf historische Lexika wie den *Nouveau dictionnaire historique* (6 Bde, Paris 1772) von Louis Mayeul Chaudon, auf Werke zu historischen Hilfswissenschaften wie Philipp Jakob Speners *Heraldik* (2 Teile, Frankfurt a. M. 1680/1690) und auf eine deutsche Übers. von Thomas Morus' *Utopia* (Leipzig 1612) hingewiesen.

Ältere Geographie (Signatur M)

2.45 Auch diese Sachgruppe von 681 Einheiten hat ihren Schwerpunkt im 18. Jh; 475 Einheiten (69,8 %) erschienen zwischen 1751 und 1800. 10 Drucke wurden zwischen 1551 und 1600, 112 (16,4 %) im 17. Jh, 76 (11,2 %) zwischen 1701 und 1750 und 8 zwischen 1801 und 1850 publiziert. Mit 508 Einheiten (74,6 %) ist die deutsche Sprache vorherrschend, während Französisch mit 134 (19,7 %) folgt und Latein mit 16 Einheiten, Italienisch mit 14, Englisch mit 10, Russisch und Bengalisch mit je einer Einheit insgesamt nur gut 5 Prozent des Bestands ausmachen. Allgemeine Werke zur Erdkunde wie Johann Ulrich Müllers *Kurtzbündige Abbild- und Vorstellung der Gantzen Welt* (Ulm 1692) finden sich hier nur spärlich. Johann Christoph Becmanns anonym erschienene *Historia orbis terrarum geographica* (Frankfurt/Oder 1673) verbindet allgemeine Geographie mit Staatenkunde und Herrschergeschichte, während das älteste Werk der Bestandsgruppe, Jakob Schoppers *Neuwe Chorographia* (2 Teile, Frankfurt a. M. 1582), und

Sebastian Münsters *Cosmographey* (Basel 1598) sich weitgehend auf die Landeskunde Deutschlands beschränken. Abraham Ortelius' *Thesaurus geographicus* (Hanau [1611]) bietet eine Ortsnamensammlung dar, Paul Jakob Bruns *Geographisches Handbuch* (Nürnberg 1789) ist auf den praktischen Gebrauch von Industrie und Handel ausgerichtet. Die meisten Werke enthalten Beschreibungen einzelner Regionen und Länder. Eines der frühesten dieser Art ist ein Elzevier-Druck, die ins Französische übersetzte *Histoire du nouveau monde ou description des Indes occidentales* (Leiden 1640) des niederländischen Späthumanisten und Direktors der Westindischen Kompanie Johannes de Laet. Mindestens 24 Titel, Beschreibungen meist deutscher, aber auch anderer europäischer Länder, gehen auf den Polyhistor Martin Zeiller (1589–1661) zurück. Anton Friedrich Büschings *Neue Erdbeschreibung* findet sich in einer 10-teiligen Schaffhauser Ausg. (1766–1768). Das Exotische erhält besondere Beachtung, so Grönland in 2 Werken (Isaac de La Peyrère und Simon de Vries; Paul Hansen Egede), ferner Island und Marokko. Marc-Théodore Bourrit stellt in mehreren Schriften die Hochalpen, insbesondere die Gletscher, vor. Mit Landwirtschaft befassen sich Arthur Youngs *Politische Arithmetik* (Königsberg 1777) und Louis Ligers *La nouvelle maison rustique* (Paris 1772) und wären daher wohl eher bei der Signaturengruppe N einzuordnen. Beschreibungen von Städten wie Amsterdam, Berlin, Dresden, Genua, Neapel, Potsdam und Rom liegen vor. Eine grosse Gruppe bilden die Reiseberichte, angefangen bei den Schweizerreisen mit Johann Georg Sulzers *Beschreibung der Merckwürdigkeiten* (Zürich 1743) bis zu Reisen ins gelobte Land, in den vorderen Orient, nach Afrika, v. a. nach Ägypten, nach Amerika, Ostasien, insbesondere nach China, und um die ganze Welt, z. B. mit Admiral George Ansons *A voyage round the world* (London 1753), zusammengetragen von Richard Walter. Hierher gehört auch Joseph de La Portes *Voyageur françois* (26 Bde, Paris 1772–79). Schliesslich sind Zeitschriften zu nennen wie Johann Wilhelm von Archenholtz' *Litteratur und Völkerkunde* (8 Bde, Dessau, Leipzig 1782–1786) sowie deren Fortsetzung *Neue Litteratur und Völkerkunde* (9 Bde, Dessau, Leipzig 1787–1791), die, wie im vorliegenden Fall, auch die Fachgrenzen überschreiten können.

Mathematik, Physik, Technologie, Landwirtschaft (Signatur N)

2.46 Die zweite Sachgruppe älterer naturwissenschaftlicher Disziplinen enthält die beiden Grundfächer Mathematik und Physik, vermehrt um die Astronomie, die Technik und die Ökonomie, von der allgemeinen Hausväterliteratur bis zur Spezialliteratur, welche die Arbeiten in Haus und Hof, aber auch fast alle übrigen beruflichen Tätigkeiten betrifft. Von den 597 Einheiten entfallen 22 auf das 16. Jh, 80 (13,4 %) auf das 17. Jh, 490 (82,1 %) auf das 18. und nur 5 auf das 19. Jh. 389 (65,2 %) sind deutschsprachige, 124 (20,8 %) französische, 63 (10,6 %) lateinische, 15 englische, 4 italienische und 2 griechische Publikationen, darunter eine Euklidausgabe (Basel 1533) mit handschriftlichen Besitzvermerken des Nürnberger Gelehrten Joachim Camerarius d. J. (1534–1598) von 1551 und des Leipziger Philologen und Historikers Friedrich Benedikt Carpzov (1649–1699) von 1670. Zu sämtlichen Teilbereichen der Mathematik (Arithmetik, Geometrie, Stereometrie, Trigonometrie) liegen Lehrbücher vor, die wie Markus Rudolf Balthasar Gerhardts *Beyträge zur kaufmännischen Rechnungskunde* (Berlin 1788) auf bestimmte berufliche Anforderungen zugeschnitten sind. Breit ist das Angebot an Literatur zur Ökonomik, das von Garten-, Feld- und Weinbau, von der Obstbaumzucht, dem Kartoffelanbau, der Herstellung von Branntwein, von der Salpetersiederei bis zur Forstwirtschaft, mit Ausnahme der Vieh- und Milchwirtschaft, fast alle landwirtschaftlichen Domänen berücksichtigt. Ein Schwerpunkt liegt bei den häufig in Zürich erschienenen volksaufklärerischen Traktaten zur Verbesserung der Waldpflege und der Bodenerträge. Aber auch ausserhalb Zürichs erschienene ökonomische Schriften sind zu nennen, so diejenigen der Berner ökonomischen Gesellschaft oder des Volksaufklärers Johann Beckmann. Hinzu kommen Rezeptbücher wie *Der Frantzösische Becker* (o. O. 1665), das auch ein Kapitel *Der Frantzösische Koch* enthält, weitere Lehrbücher über einzelne Handwerke, solche für Kaufleute und über den Handel, eingeschlossen berufsspezifische Nachschlagewerke wie den *Dictionnaire universel de commerce* (3 Bde, Genf 1742) von Jacques Savary des Bruslons und Berufsenzyklopädien wie den *Schauplatz der Künste und Handwerke* (21 Bde, Berlin, Stettin, Leipzig 1762–1795). Ebenfalls ein weites Feld ist die Technikliteratur, die Publikationen über naturwissenschaftliche Instrumente, Erfindungen, die Sonnenuhren, Maschinen aller Art, den Bergbau, das Hüttenwesen und die Schmelzkunst, die Porzellanherstellung und die Bearbeitung von Textilien umfasst. Für Winterthur typisch ist das grosse Sortiment von Schriften über Heizungstechniken und den Ofenbau, auffallend ferner die englischsprachigen Werke, darunter einige Raritäten im deutschen Sprachraum wie Philipp Millers *The gardeners kalendar* (London 1760 und 1765) und *The gardeners dictionary* (3 Bde, London 1754) sowie Thomas Skaifes *A key to civil architecture* (London 1788). Zu den Seltenheiten gehören ferner Johann Baptist Herrenbergers unter dem Pseudonym »Konstanzer-Hanß« erschienene *Wahrhafte Entdeckung der Jauner- oder Jenischen-Sprache* (Sulz am Neckar 1791), eine Basler Taxordnung aus dem Jahr 1646 sowie eine Abhandlung in italienischer Sprache über optische

Instrumente des Herstellers Biagio Burlini (Venedig 1758), eine Art Werbebroschüre in eigener Sache. Unter den Autoren sind Johann Elert Bode, Christoph Dibuadius, Leonhard Euler, Abraham Kästner und, einmal mehr, Christian Wolff hervorzuheben.

Enzyklopädie, Biographie, Bibliographie, Lexika, Buch- und Schriftwesen ab 1800 (Signatur I)

2.47 Die 1106 Einheiten wurden am 1902 angelegten Standortkatalog ausgezählt. 32 Drucke (2,9 %) erschienen im 18. Jh, 121 (10,9 %) zwischen 1801 und 1850, 953 (86,2 %) zwischen 1851 und 1900, 750 (67,8 %) wurden in Deutsch, 136 (12,3 %) in Italienisch, 129 (11,7 %) in Französisch, 38 (3,4 %) in Latein, 14 in Englisch, 13 in Griechisch, 7 in Sanskrit, je 4 in Spanisch, Portugiesisch, Hebräisch und Russisch, 2 in Niederländisch und 1 in Rätoromanisch publiziert. Die beherrschende Stellung von Italienisch unter den Fremdsprachen geht auf etwa 130 von Ulrico Hoepli geschenkte Bde aus seinem Mailänder Verlag Manuali Hoepli zurück. In erster Linie enthält die Signaturgruppe Wörterbücher aller Art, auch etymologische, sowie Glossare. Das älteste Buch, Guy Mièges englisch-französischer *Short french dictionary* (2 Teile, Den Haag 1701), Giovanni Veneronis viersprachiger *Dictionnaire impérial* in 4 Ausg. des 18. Jhs (zweimal Frankfurt a. M. 1714; zweimal Köln u. a. 1766), weitere mehrsprachige wie das *Wörterbuch der deutschen, ungarischen und slovakischen Sprache* (3 Bde, Pest 1869–1871) von Josef Loos sowie Charles du Fresne Du Canges *Glossarium mediae et infimae latinitatis* in mehreren Ausg. sind hier zu nennen. Ferner gibt es Grammatiken, v. a. der romanischen Sprachen, Bücherkataloge und -lexika, z. B. Wilhelm Heinsius' *Allgemeines Bücher-Lexicon* (5 Bde, Leipzig 1793–1798), Biographien, Sammlungen von Vorträgen, Literaturgeschichten, bemerkenswert v. a. die italienischen, Lexika des Handelswesens, Münz-, Mass- und Gewichtstabellen. Erwähnenswert ist eine Ausg. des *Augsburgerischen Adress-Sack-Calenders* (Augsburg 1801).

Theologie (Signatur II)

2.48 Die Gruppe umfasst 3802 Einheiten, von denen 3646 auf das 19. Jh, davon 2072 auf die erste und nur 1576 auf die zweite Jahrhunderthälfte, 136 auf das 18. Jh, 19 auf das 17. und nur eine einzige Publikation, ein deutschsprachiges *Märtyrbuch* (Basel 1597), auf das 16. Jh entfallen. 3470 Einheiten sind in deutscher, 145 in französischer, 111 in lateinischer, 62 in englischer und 14 in anderen Sprachen verfasst. Unter den vor der Aufklärung erschienenen Publikationen befinden sich Werke des 17. Jhs zur Waldensergeschichte, v. a. im Piemont, unter denen des 18. Jhs solche von Zürcher Theologen wie Johann Caspar Lavater und Johann Jakob Hess, von dem auch Ausg. des 19. Jhs vorliegen (insgesamt 25 Einträge). Bei der Suche nach katholischen Autoren stösst man auf Johann Michael Sailer. Inhaltliche Schwerpunkte liegen bei der Mission, den Predigten, den katechetischen Lehrbüchern und der weiteren reformierten Unterrichtsliteratur, die französischsprachige Katechismen, so den *Catéchisme à l'usage de toutes les églises de l'empire français* (Paris 1806), umfasst. Auch die Gesangbücher stammen vorwiegend aus dem Raum des Kantons Zürich und aus anderen reformierten Regionen der Schweiz, aber auch aus deutschen Ländern lutherischer Konfession, so Baden-Baden, Württemberg und Sachsen. Unter den Autoren von im 18., hauptsächlich aber im 19. Jh (wieder) gedruckten Erbauungsschriften befinden sich Pietisten (Johann Christoph Blumhardt, Karl Heinrich von Bogatzky, der Berner Samuel Lutz, Philipp Jakob Spener, Gerhard Tersteegen, Nikolaus Ludwig Zinzendorf) und ihre Vorläufer wie Johann Arndt und der Engländer Richard Baxter. Die wissenschaftliche Theologie ist mit Lehrbüchern der Dogmatik, gedruckten Vorlesungen, Werken zur Exegese, theologischen Enzyklopädien und kontrovers aufgenommenen Werken (David Friedrich Strauss), vereinzelt mit älteren Kompendien, z. B. mit Christian Wolffs *Vernünfftigen Gedancken von Gott, der Welt und der Seele des Menschen* (Frankfurt a. M., Leipzig 1729), vertreten. Hinzu kommen Bibeleditionen, darunter der Katechese nahestehende Kinderbibeln, Kirchenväterausgaben, Zeitschriften, u. a. aus Herrnhuterkreisen und zur Hugenottengeschichte, zahlreiche weitere Werke zur biblischen und zur Kirchengeschichte, zur Christologie, zum Vaterunser und zum Glaubensbekenntnis, seltener zu Einzelthemen der Theologie (Ehe). Die Reihe der am häufigsten vorkommenden Autoren des 19. Jhs führt Friedrich Daniel Ernst Schleiermacher (72 Einträge) an, dem mit grossem Abstand u. a. Alexander Schweizer (27), Wilhelm Martin Leberecht de Wette (19), Carl Gottlieb Bretschneider (18), August Neander (16), der Rechtshegelianer Philipp Marheineke und Christoph Friedrich Ammon (je 15) folgen. Über Schleiermacher findet sich auch viel Sekundärliteratur, u. a. die Schleiermacherkritik des Hegelianers Carl Rosenkranz (Königsberg 1836), von dem auch eine theologische Enzyklopädie (Halle 1831) und *Der Zweifel am Glauben. Kritik der Schriften: De tribus impostoribus* (Halle, Leipzig 1830) vorliegen. Ferner sind theologische Nachschlagewerke, ein Katalog theologischer Dissertationen (Leipzig 1847) von Otto Fiebig sowie eine Ausg. von *Die Eintracht zwischen Kirche und Staat* (Aarau 1869) des Reformkatholiken und Konstanzer Generalvikars Ignaz Heinrich von Wessenberg zu erwähnen, schliesslich Publikationen zur Religionsphilosophie und zu den nichtchristlichen Weltreligionen, darunter Jean-Antoine Dubois' *Hindu manners, customs and ceremonies* (Oxford 1899). Die Wirkungsgeschichte von protestantischen Schriftstellern der Frühen Neuzeit, beginnend mit den Reformatoren, lässt sich am grossen Textkorpus von Ausg. des 19. Jhs studieren, die Einflussnahme der Zürcher Kirchbehörden auf die Kirchenorganisation an den gedruckten Verordnungen und Reglementen, so an einer *Stillstandsordnung* (Zürich 1803).

Rechts- und Staatswissenschaft ab 1800 (Signatur III)

2.49 1907 wurde der Standortkatalog für diese 1624 Einheiten umfassende Gruppe angelegt. 28 (1,7 %) wurden zwischen 1751 und 1800, 468 (28,8 %) zwischen 1801 und 1850, 1128 (69,5 %) zwischen 1851 und 1900 publiziert, 1405 (86,5 %) in deutscher, 169 (10,4 %) in französischer, 23 in englischer, 20 in lateinischer, 6 in italienischer und 1 Schrift in rumänischer Sprache. In diesem Bestand finden sich Ausg. der römischen Rechtsliteratur (z. B. *Corpus iuris civilis* und *Pandekten*, Justinians *Digesten*, Gaius, Ulpian) sowie zahlreiche Lehrbücher dazu, z. B. von Joachim Marquardt und Theodor Mommsen, sowie einschlägige Lexika. Ferner gibt es verschiedene Ausg. des Sachsenspiegels, Werke zum Völker- und zum Staatsrecht, z. B. Robert von Mohls, Jacques Neckers *Du pouvoir exécutif dans les grands états* (2 Bde, [Paris] 1792) und Carl Ludwig von Hallers *Restauration der Staatswissenschaft* (4 Bde, 2. Aufl., Winterthur 1820–1822) sowie wenig Kirchenrecht. Speziell auf das Schweizer Staatsrecht gehen Johann Jakob Blumer, Ludwig Snell und Johann Kaspar Bluntschli ein, letzterer auch auf weitere Sparten des Rechts. Zum Strafrecht sind Cesare Beccarias *Dei delitti e delle pene* (26. Aufl., Mailand 1810) und Paul Johann Anselm von Feuerbachs *Lehrbuch des gemeinen in Deutschland gültigen peinlichen Rechts* (Giessen 1818) zu erwähnen, wobei letzteres noch in weiteren Aufl. vorhanden ist. Das Privat- bzw. das Zivilrecht ist durch Autoren wie Karl Friedrich Eichhorn und Karl Joseph Anton Mittermaier vertreten. Eine Reihe von Schriften befasst sich mit dem Eigentum. Eine wichtige Untergruppe bilden Werke zur Nationalökonomie und zur Volkswirtschaft, zur allgemeinen Wirtschaftstätigkeit, zum Handel, zum Banken- und Geldwesen sowie zu den entsprechenden Rechtsfragen. Als Autor mehrerer einschlägiger Standardwerke und Einzelschriften ist hier Friedrich List zu nennen. Zahlreich sind Gesetzessammlungen aller Art, v. a. des Kantons Zürich, aber auch des Deutschen Reichs samt einschlägigen Kommentaren und Lehrbüchern. Viel Literatur ist der sozialen Frage gewidmet, so sind von Ferdinand Lassalle neben dem Gesamtwerk auch zahlreiche Einzelschriften, u. a. *Herr Bastiat-Schulze von Delitzsch, der ökonomische Julian oder: Capital und Arbeit* (Chicago 1872) vorhanden sowie mehr als 100 weitere Schriften zu Sozialismus und Sozialpolitik, ferner 3 zum Kommunismus, mindestens 12 zur Arbeiterfrage und mindestens 7 zum Pauperismus. Nennenswert sind auch Schriften von August Bebel über die Frauen, darunter *Die Frau und der Sozialismus* (Stuttgart 1898), sowie, in dieser Sachgruppe merkwürdig, eine Reihe militärischer Fachbücher.

Medizin ab 1800 (Signatur IV)

2.50 Von den 1791 Einheiten dieser Gruppe, die nach dem 1903 angelegten Standortkatalog gezählt wurden, entstanden 6 im 17. Jh, 23 (1,3 %) im 18. Jh, 603 (33,7 %) zwischen 1801 und 1850, 1159 (64,7 %) zwischen 1851 und 1900, 1636 (91,3 %) in deutscher, 75 (4,2 %) in französischer, 59 (3,3 %) in lateinischer, 13 in italienischer und 8 in englischer Sprache. Von den 6 lateinischen Schriften des 17. Jhs sind 3 Basler Universitätsdrucke und 2 aus Padua in einem Bd zusammengebunden. Schriften zu Wasserkuren (z. B. Julius Brauns *Systematisches Lehrbuch der Balneotherapie*, Berlin 1868) und Beschreibungen von Badeorten, hauptsächlich solchen der Schweiz, sind gut vertreten. Die am häufigsten beschriebenen Krankheiten sind solche der Haut und der Geschlechtsteile, Cholera, Typhus, mit Darstellung einer Epidemie in Kloten, Tuberkulose, Augen-, Ohrenleiden und Krankheiten der Atemwege, insbesondere durch belastende Arbeit entstandene, dargestellt z. B. in Ludwig Hirts *Die Staubinhalations-Krankheiten* (Breslau 1871). Zu nennen sind im weiteren Lehrbücher der Gynäkologie und der Geburtshilfe, z. B. von Elias von Siebold (2 Bde, Leipzig 1803/04), der Pathologie, z. B. von Theodor Billroth, der Militär- und Kriegsmedizin sowie insbesondere der Chirurgie, Handbücher der Anatomie, der Gerichtsmedizin, z. B. von Johann Heinrich Ferdinand Autenrieth, ferner Werke zur Pharmazie wie Johann Friedrich Christian Düffers und David Samuel von Madais *Kurze Beschreibung der Würkungen und Anwendungsart der bekannten Hallischen Waisenhaus-Arzeneyen* (Halle 1808) sowie Schriften zu Kinderkrankheiten und -ernährung. Hygiene als öffentliche Aufgabe, v. a. in den Schulen, wird in zahlreichen Schriften thematisiert, z. B. in Carl Breitings *Untersuchungen betreffend den Kohlensäuregehalt der Luft in Schulzimmern* (Basel 1871). In diversen Aufl. vorhanden ist Carl Ernst Bocks sehr populäres *Buch vom gesunden und kranken Menschen*. Erwähnenswert sind schliesslich 2 Anleitungen zum Bauchreden. Selten findet sich eine allgemeine naturwissenschaftliche Schrift in dieser Gruppe.

Naturwissenschaften ab 1800 (Signatur V)

2.51 Die nach dem 1906 angelegten Standortkatalog gezählte Gruppe enthält 2674 vor 1901 erschienene Einheiten, von denen 81 (3 %) zwischen 1751 und 1800, 744 (27,8 %) zwischen 1801 und 1850 und 1849 (69,1 %) zwischen 1851 und 1900 gedruckt wurden, 2159 (80,7 %) in deutscher, 348 (13 %) in französischer, 75 (2,8 %) in lateinischer,

48 in italienischer, 31 in englischer, je 4 in spanischer und in niederländischer, 3 in dänischer und 2 in schwedischer Sprache. Mehrere Bücher der Gruppe tragen Besitzvermerke Robert Kellers (1854–1939), des Winterthurer Rektors der höheren Stadtschulen und Pflanzenforschers, oder an ihn gerichtete Schenkungsvermerke. Die Untergruppe Botanik umfasst 621 Einheiten (26,2 %), von denen 12 im 18. Jh, 117 zwischen 1801 und 1850, 492 zwischen 1851 und 1900, 431 in deutscher, 77 in französischer, 60 in lateinischer, 38 in italienischer und 15 in vier anderen Sprachen erschienen. Hier sind u. a. die Werke von Augustin-Pyramus de Candolle und mehrere Abhandlungen von Oswald Heer, darunter eine mit handschriftlichem Schenkungsvermerk des Autors, sodann Joseph-Philippe de Clairvilles *Collection choisie de plantes et arbustes* (Bd 1, französisch / deutsch, Zürich 1796) und eine grössere Anzahl von Kleinschriften, hauptsächlich Dissertationen, zu nennen, darunter eine über die Flora von Grönland. Von den 390 der Zoologie zuzuordnenden Einheiten (14,6 %) wurden 24 im 18. Jh, 119 in der ersten, 247 in der zweiten Hälfte des 19. Jhs publiziert, 313 in deutscher, 60 in französischer, 10 in lateinischer und 7 in englischer Sprache. Einen wichtigen Teil dieser Untergruppe machen die Werke zur Insektenkunde aus, u. a. Johann Rudolf Schellenbergs zusammen mit Johann Jakob Römer publizierte *Genera insectorum* (Winterthur 1789) und die von ihm allein veröffentlichten *Entomologischen Beyträge* (Winterthur 1802). Die Fischkunde ist mit Marc-Eliezer Blochs *Ichtyologie* (6 Teile, Berlin 1785–1788) in Französisch, die übrige Zoologie u. a. mit Werken Georges-Chrétien de Cuviers, darunter *Le règne animal* (4 Bde, Paris 1817), sowie Charles Darwins, vertreten. Recht viele Bücher behandeln die Pferdezucht und -haltung. Die Untergruppe »Chemie und Physik« umfasst 621 Einheiten (26,2 %), von denen 34 zwischen 1751 und 1800, 209 zwischen 1801 und 1850, 378 zwischen 1851 und 1900, 581 in deutscher, 36 in französischer und 2 in lateinischer sowie je 1 Einheit in englischer und in italienischer Sprache erschienen. Insbesondere Elektrizitätslehre und ihre technischen Anwendungen sowie die Meteorologie sind hier zu erwähnen. Von Georg Christoph Lichtenberg ist u. a. die *Verteidigung des Hygrometers* (Göttingen 1800), von Michael Faraday in deutscher Übers. die *Chemische Manipulation* (Weimar 1828) vorhanden, von Justus Liebig sind es mehrere Bücher. 293 Einheiten (11 %), bis auf 1 zwischen 1751 und 1800 gedruckte Publikation alle im 19. Jh erschienen, weist die Untergruppe Geologie, Mineralogie, Fossilienkunde, Bergbau und Geographie auf. 190 Drucke wurden in deutscher, 82 in französischer, 12 in englischer, 7 in italienischer, je ein Werk in lateinischer und in schwedischer Sprache publiziert. Hierzu wurden auch Immanuel Kants *Physische Geographie*, hrsg. von Friedrich Theodor Rink (2 Bde, Königsberg 1802),

und einige der vielen sonst der Untergruppe »Naturwissenschaften allgemein« zugerechneten Werke zum Thema »Urwelt« wie Oscar Fraas' *Vor der Süntfluth!* (Stuttgart 1866) und Oswald Heers *Urwelt der Schweiz* (Zürich 1865) gezählt. Zur Mischgruppe »Naturwissenschaften allgemein« gehören alle inhaltlich heterogenen Werke, darunter Buffons *Œuvres complètes* (34 Bde, Paris 1825–1828), Ludwig Christian Lichtenbergs von Johann Heinrich Vogt fortgesetztes *Magazin für das Neuste aus der Physik und Naturgeschichte* (23 Bde, Gotha 1781–1799) sowie die wenigen Schriften zur Alchemie. Die 749 Einheiten (28 %) sind, bis auf die 10 eben erwähnten, im 19. Jh erschienen, 221 zwischen 1801 und 1850, 518 zwischen 1851 und 1900, 644 in deutscher, 93 in französischer, die übrigen 12 in 6 weiteren Sprachen. Bemerkenswert ist in dieser Untergruppe die grosse Anzahl auf ein jugendliches Lesepublikum ausgerichteter Werke, darunter neben vielen Schulbüchern Friedrich Justin Bertuchs *Bilderbuch für Kinder* (4 Bde, Weimar 1816–1830) und Georg Christian Raffs *Naturgeschichte für Kinder* (Tübingen 1803).

Philosophie, Pädagogik und Nationalökonomie ab 1800 (Signatur VI)

2.52 Die nach dem 1905 angelegten Standortkatalog gezählte Gruppe umfasst insgesamt 1690 Einheiten, von denen 121 (7,2 %) im 18. Jh, bis auf eine Schrift alle in der zweiten Hälfte des Jhs, 658 (38,9 %) zwischen 1801 und 1850, 911 (53,9 %) zwischen 1851 und 1900, 1506 (89,1 %) in deutscher, 135 (8 %) in französischer, 26 in englischer, 17 in lateinischer, 5 in spanischer und 1 in italienischer Sprache publiziert wurden. Unter den Philosophen sind mit Einzelwerken, Werkausgaben und z. T. mit Sekundärliteratur Blaise Pascal (7 Titel), John Locke, Jean-Jacques Rousseau, Immanuel Kant (ca. 50 Titel), Christian Garve, Karl Viktor von Bonstetten, Johann Gottlieb Fichte (8 Titel), Georg Wilhelm Friedrich Hegel, Arthur Schopenhauer sowie der Neukantianer Kuno Fischer und der Hegelianer Carl Ludwig Michelet gut vertreten. Überschneidungen mit der Pädagogik ergeben sich z. T. bei den Genannten, v. a. bei Locke, Rousseau und Kant, sowie bei weiteren »Klassikern« der Pädagogik wie Juan Luis Vives, Michel de Montaigne, Amos Comenius, August Hermann Francke, Christian Gotthilf Salzmann, Johann Friedrich Herbart und Adolf von Knigge. Besonders reichhaltig ist die Literatur von und über Heinrich Pestalozzi (insgesamt ca. 30 Titel). Hinzu kommen mindestens 8 pädagogische Handbücher oder Lexika, Beschreibungen von Unterrichtsmethoden und Studienanleitungen (mindestens 13), auffallend viel Literatur über das Turnen, mindestens 9 pädagogische Zeitschriften, ferner Jahresberichte von Schulen sowie Kleinschriften zu Politik und Erziehungswesen. Etwa 20 Publikationen thematisieren die Frau, z. B. Eugen Dührings *Der Weg zur höheren Berufsbildung der Frauen* (Leipzig 1877). Mehrere Bücher befassen sich mit Spielen, z. B. mit Schach. Henry Broughams *Praktische Bemerkungen über die Ausbildung der gewerbetreibenden Classen* (Berlin 1827) leiten über zu etwa 60 Titeln zur »Nationalökonomie«, die z. T. die Arbeiterfrage thematisieren und unter denen Autoren wie Ferdinand Lassalle und August Bebel zu finden sind, vergleichbar mit einem Teil des Bestands III (Rechtswissenschaft etc.). Unter ihnen sind auch Georg Sulzers *Die Zukunft des Sozialismus* (Dresden 1899) und Herbert Spencers *Die Principien der Sociologie* (4 Bde, Stuttgart 1877–1897).

Altertums- und Sprachwissenschaft, Literaturgeschichte ab 1800 (Signatur VII)

2.53 Die 3038 Einheiten wurden am 1905 angelegten Standortkatalog gezählt und verteilen sich zeitlich wie folgt: 59 erschienen zwischen 1751 und 1800, 1471 zwischen 1801 und 1850, 1508 zwischen 1851 und 1900. 1618 Einheiten wurden in deutscher, 664 in griechischer, 610 in lateinischer, 83 in französischer, 48 in englischer, 14 in italienischer und 1 wurde in einer indischen Sprache publiziert. Mindestens 20 Bücher sind ein Geschenk des Altphilologen Hans Barth (1871–1926; 1902–1909 Stadtbibliothekar), der die meisten von seinem Verwandten Achilles Burckhardt (1849–1892) geerbt hatte. Der Bestand beginnt mit Originalausgaben griechischer Autoren, von Aristoteles bis Xenophon, darunter vielen, die von Immanuel Bekker (1785–1871) besorgt wurden, ferner solchen lateinischer Autoren, von Ammianus Marcellinus über Cicero bis Vergil, sowie mit Literatur zur klassischen griechischen und römischen Antike, v. a. zur alten Geschichte. Griechisch-lateinische und griechisch-deutsche Ausg. griechischer Autoren sowie das sich über 34 Signaturnummern erstreckende *Corpus scriptorum historiae Byzantinae* (Bonn, ab 1829) wurden der griechischen Sprache zugerechnet, jedoch z. B. die von Friedrich Dübner besorgte griechisch-lateinische Ausg. der *Epigrammatum anthologia Palatina* (3 Bde, Paris 1871–1890) der lateinischen und Johann Adam Hartungs Ausg. *Die Griechischen Elegiker: Griechisch mit metrischer Übersetzung* (2 Bde, Leipzig 1859) der deutschen Sprache. Französische Ausg. römischer Klassiker, z. B. Terenz oder Tacitus, wurden trotz beigegebener französischer Übers. als lateinischsprachig gezählt. Daneben gibt es eine Reihe von über 65 Titeln deutscher Übers. griechischer und lateinischer Autoren, von Erasmus von Rotterdam die *Colloquia familiaria et encomium moriae* (2 Bde, Leipzig 1829) sowie, mit Illustrationen, *Das Lob der Narrheit* (St. Gallen 1839), Lehrbücher, Grammatiken und Lexika zur griechischen und lateinischen Sprache, *Pauly's Realenzyclopädie der classischen Altertumswissenschaft* (8 Bde, Stuttgart 1842–1864) sowie weitere Nachschlagewerke zur Altertumswissenschaft. Eine Reihe von Werken ist der germanischen Mythologie gewidmet, daneben finden sich Ausg. alt- und mittelhochdeutscher Werke sowie entsprechende Lehrbücher und Lexika, u. a. die Schriften von Jakob und Wilhelm Grimm. Der Bestand umfasst auch recht zahlreich deutsche Literatur des beginnenden 19. Jhs, darunter einige Dramen Achim von Arnims, Fabeln und Schweizer Lieder von Abraham Emanuel Fröhlich und Tragödien von Christian Dietrich Grabbe. Daneben ist die Indogermanistik, z. B. mit Moritz Rapps *Vergleichender Grammatik* (3 Bde, Stuttgart, Tübingen 1852–1859) und mit Adolf Kägis Schriften über den *Rigveda*, vertreten. Unter den Signaturnummern ab 1000 befinden sich viele, meist deutschsprachige Bücher, die alle möglichen Idiome beschreiben und darstellen, so Aramäisch, Hebräisch, Arabisch, Sanskrit, Persisch, Armenisch, Türkisch, Altisländisch, verschiedene moderne europäische Sprachen sowie Suaheli, Hindi, Urdu und Malaiisch. Schliesslich sind Lehrbücher der Stenographie zu erwähnen.

Neuere deutsche Literatur ab 1800 (Signatur VIII)

2.54 Die 5674 Einheiten wurden nach dem 1904 angelegten Standortkatalog gezählt. Von ihnen erschienen 66 im 18. Jh, davon 4 zwischen 1701 und 1750, 1747 (30,8 %) zwischen 1801 und 1850, 3861 (68 %) zwischen 1851 und 1900, 5650 (99,6 %) in deutscher, 10 in französischer, 8 in lateinischer, je 3 in englischer und in italienischer Sprache. Von Goethe ist in diesem Bestand ausser der 30-bändigen Werkausgabe von Karl Heinemann (Leipzig 1900) wenig vorhanden, ebenso von Schiller. Unter den bekannten Dichtern gut vertreten sind Jean Paul, Eduard Mörike, Theodor Fontane und Theodor Storm, ferner die Schweizer Gottfried Keller, Conrad Ferdinand Meyer und Carl Spitteler. Der Bestand vermittelt v. a. einen Überblick über eine heute meist vergessene, zu ihrer Zeit aber eifrig rezipierte deutsche Erzählliteratur, Lyrik und Dramatik, angefangen bei Johann Wilhelm Ludwig Gleims *Versuch in scherzhaften Liedern* (2 Teile, [Berlin 1744]) sowie seinen *Liedern* (Zürich 1749) über etwa 10 Theaterstücke August von Kotzebues, die alle in den 1790er-Jahren erschienen, bis zu Autoren wie Ludwig Anzengruber, Berthold Auerbach, Marie von Ebner-Eschenbach, Ludwig Ganghofer, Emanuel Geibel, Paul Heyse, August Heinrich Hoffmann von Fallersleben, Niklaus Lenau, Wilhelm Raabe, Fritz Reuter, Friedrich Rückert, Viktor von Scheffel, Levin Schücking, Bertha von Suttner und Ludwig Tieck, um nur die bekannteren zu nennen. Zahlenmässig fallen besonders die Erzählungen und Romane von Ida Boy-Ed und Nathalie von Eschstruth, aber auch von Willibald Alexis (eigentlich Wilhelm Häring) und Louise von François ins Gewicht. Unter den Schweizer Autoren sind Johann Konrad Appenzeller, August Corrodi (über 15 Titel), ferner Johanna Spyri und Josef

Viktor Widmann vertreten. Ausg. mittelhochdeutscher Dichtungen sowie die entsprechende Sekundärliteratur, Sagen und Märchen, insbesondere die Werke der Gebrüder Grimm, Literaturgeschichten, z. B. von Heinrich Kurz, Dichtermonographien wie die von Adolf Frey sind zu erwähnen, ferner deutsche Wörterbücher und Grammatiken. Bemerkenswert sind die meist allerdings lückenhaft vorhandenen Zeitschriften *Taschenbuch für Damen* (9 Jg., u. a. Tübingen 1806–1831), *Zeitblüten* (5 Bde, Leipzig 1817), *Aurora* (Leipzig 1826, 1828), *Vergissmeinnicht* (Leipzig 1827, 1828, 1831), *Monatliche Unterhaltungsblätter* (*Eine Beigabe zum Schweizerischen Courier*, Jg. 1–15; 20, 21, Schaffhausen 1832–1846; 1851/52) sowie *Christoterpe* (4 Jg., Tübingen 1836–1847).

Französische Literatur ab 1800 (Signatur IX)

2.55 Die 2671 Einheiten umfassende Gruppe wurde am 1903 angelegten Standortkatalog gezählt. 85 Einheiten (3,2 %) erschienen zwischen 1751 und 1800, 688 (25,8 %) zwischen 1801 und 1850, 1898 (71 %) zwischen 1851 und 1900, 2403 (90 %) in französischer, 261 (9,8 %) in deutscher, 4 in spanischer, 2 in italienischer, und 1 Druck wurde in schwedischer Sprache publiziert. Nur schwach sind in diesem Bestand die französischen Klassiker vertreten, am häufigsten noch La Fontaine, Corneille, Molière und Voltaire, dagegen mit 3 vielbändigen Werkausgaben des ausgehenden 18. und beginnenden 19. Jhs sowie mit Einzelwerken der Rokokoautor Jean-Pierre Claris de Florian, ferner George Sand mit mindestens 80 Titeln, Honoré de Balzac mit etwa 40 und Victor Hugo mit über 40 Titeln, sodann mit je mindestens 10, die meisten aber mit über 20 Titeln, Edmond About, Paul Bourget, Alphonse Daudet, Alexandre Dumas Vater und Sohn, das Autorenteam Emile Erckmann und Alexandre Chatrian, Gustave Flaubert, Anatole France, Henry Gréville, Daniel Lesueur, Pierre Loti, Guy de Maupassant, Marcel Prévost, Eduard Rod, André Theuriet und Emile Zola. Ausserdem fallen 2 Zeitschriften auf, Arnaud Berquins zweimal vorhandene *Le livre de famille ou journal des enfans* (Zürich 1802) sowie *Le magasin des enfans* (4 Teile, Paris 1819) Jeanne-Marie Le Prince de Beaumonts. Es gibt Literaturgeschichten, vereinzelt Werke zur allgemeinen Geschichte, Reiseberichte, ferner Wörterbücher, Sprachlehren und Grammatiken, z. B. eine 1789 in Winterthur erschienene französische für Deutschsprachige.

Italienische Literatur ab 1800 (Signatur IXa)

2.56 Die 475 Einheiten dieser Gruppe wurden am 1904 angelegten Standortkatalog gezählt. Bis auf 2 in der zweiten Hälfte des 18. Jhs erschienene wurden alle im 19. Jh publiziert, 130 (27,4 %) zwischen 1801 und 1850, 343 (72,2 %) zwischen 1851 und 1900, 397 (83,6 %) in italienischer, 57 (12 %) in deutscher, 12 in französischer und 9 in rätoromanischer Sprache. Unter den hier zugeordneten Raetoromanica finden sich Peter Justus Andeers rätoromanische Biographien Luthers und Zwinglis (Schuls 1845); von Andeer sind auch Schriften in Deutsch über die rätoromanische Sprache vorhanden. Von Dante kommen zahlreiche Ausg. der *Divina Commedia*, darunter Übers. ins Deutsche, vor, von Boccaccios *Decamerone* und von Ariosts *Orlando furioso* mehrere Editionen sowie sehr viele von Alessandro Manzonis *Promessi sposi*. Die italienische Einigung ist u. a. mit Werken Ugo Foscolos vertreten. Im übrigen bietet die Gruppe einen Querschnitt der italienischen Literatur v. a. der zweiten Hälfte des 19. Jhs, von Edmondo De Amicis über Gabriele d'Annunzio, Gerolamo Rovetta bis Giovanni Verga. Hinzu kommen Anthologien italienischer Erzähler, italienische und allgemeine Literaturgeschichten in italienischer Sprache sowie italienische Sprachlehren und Grammatiken.

Englische Literatur ab 1800 (Signatur IXb)

2.57 Die Zählung am 1906 angelegten Standortkatalog ergab 1779 Einheiten, von denen 2 zwischen 1701 und 1750, 31 zwischen 1751 und 1800, 591 (33,2 %) zwischen 1801 und 1850 und 1155 (64,9 %) zwischen 1851 und 1900 erschienen, 993 (55,8 %) in englischer, 721 (40,5 %) in deutscher, 63 (3,5 %) in französischer und je 1 Einheit in lateinischer und in spanischer Sprache. Die Gruppe enthält viele Shakespeare-Gesamt- und Einzelausgaben sowie Shakespeare-Sekundärliteratur in Englisch und in Deutsch. Von den Autoren des 19. Jhs sind am besten vertreten George Gordon Byron, v. a. mit deutschen Übers., Edward George Earle Bulwer-Lytton (etwa 115 Einheiten), Walter Scott, der Dichter und Dramatiker Algernon Charles Swinburne, Thomas Carlyle, Charles Dickens, George Payne Rainsford James, Rudyard Kipling, Robert Louis Stevenson, die Amerikaner Mark Twain, Francis Bret Harte und Walt Whitman. Auffällig viele englischsprachige Ausg. sind in Leipzig erschienen. Von den französischen Übers. englischer Autoren fällt beinahe die Hälfte auf Walter Scotts *Œuvres* (31 Bde, Paris 1835). Neben der einzigen lateinischen Schrift, Christian Martin Winterlings *Dissertatio de origine linguae Anglicae et Hispanicae* (Erlangen 1823), gibt es weitere Werke zur englischen Sprache und Literatur.

Romane verschiedener Völker (Signatur IXc)

2.58 Die 382 Einheiten dieser am 1904 angelegten Standortkatalog gezählten Gruppe erschienen bis auf 1 zwischen 1701 und 1750 gedrucktes deutschsprachiges Buch alle im 19. Jh, 115 (30,1 %) in der ersten, 266 (69,6 %) in der zweiten Hälfte, 312 (81,7 %) in deutscher, 29 (7,6 %) in französischer, 25 (6,5 %) in spanischer, je 4 in italienischer und in rätoromanischer, 2 in griechischer, je 1 Druck in lateinischer, englischer, russischer, schwedischer, dänischer und niederländischer Sprache. Es handelt sich hauptsächlich um spanische Literatur mit Werken von Cervantes und Calderón sowie von Fernàn Caballero (eigentlich Cecilia Böhl de Faber [1796–1877] mindestens 11 Titel), ferner um solche von russischen Autoren wie Iwan Turgenjew, Leo Tolstoji und Fjodor Dostojewski, fast ausschliesslich in deutscher Übers., sowie sehr viele erzählende Werke schwedischer Schriftsteller und Schriftstellerinnen. So sind von Emilie Flygare-Carlén mindestens 18 Bücher vorhanden, von Fredrika Bremer 7, von Alfred von Hedenstjerna 6. Daneben finden sich Werke ungarischer, polnischer (Jozef Ignacy Kraszewski, Henryk Sienkiewicz), portugiesischer (Luiz de Camões), belgischer (Hendrik Conscience), norwegischer (Henrik Ibsen) und dänischer Autoren sowie eine Ausg. von *Tausend und eine Nacht* (4 Bde, Stuttgart 1872), übers. und hrsg. von Gustav Weil.

Geschichte ab 1800 (Signatur X)

2.59 Die Zählung des Bestands am 1906 angelegten Standortkatalog ergab 5720 vor 1901 erschienene Einheiten, 77 (1,3 %) aus dem 18. Jh, mit einer Ausnahme alle aus der zweiten Jahrhunderthälfte, 2139 (37,4 %) zwischen 1801 und 1850, 3504 (61,3 %) zwischen 1851 und 1900 publiziert, 4158 (72,7 %) in deutscher, 1244 (21,7 %) in französischer, 206 (3,6 %) in englischer, 68 in italienischer, 41 in lateinischer und je 1 Einheit in spanischer, flämischer und griechischer Sprache. Es handelt sich um einen gemischten Bestand, der u. a. Werke zur Urgeschichte und zur alten Geschichte enthält, insbesondere Edward Gibbons *History of the decline and fall of the Roman Empire* (7 Bde, London 1872–1876) und Barthold Georg Niebuhrs *Römische Geschichte* in mehreren Ausg. Wie erwartet ist die deutsche Geschichtsschreibung des 19. Jhs gut vertreten mit mehrbändigen Werken Friedrich von Raumers, Karl von Rottecks, dessen *Allgemeine Geschichte* in mehreren Aufl. vorhanden ist, ferner solchen Friedrich Christoph Schlossers sowie Leopold von Rankes, v. a. dessen *Fürsten und Völker von Südeuropa im 16. und 17. Jahrhundert* (3 Bde, Berlin 1834–1836), *Deutsche Geschichte im Zeitalter der Reformation* (6 Bde, Berlin 1839–1847) und *Preussische Geschichte* (3 Bde, Berlin 1848). Unter den deutschen Historikern sind ferner zu nennen August Böckh, Karl August Böttiger und sein Sohn Karl Wilhelm mit populären Geschichtsbüchern, Friedrich Christoph Dahlmann (Revolutionsgeschichten), Ferdinand Gregorovius, Wolfgang Menzel und die in die Schweiz emigrierten Friedrich Kortüm, der Militärschriftsteller Friedrich Wilhelm Rüstow (mindestens 12 Titel) sowie Johannes Scherr (14 Titel, darunter auch mehrere nicht-historische Schriften). Hinzu kommen Urkundeneditionen (z. B. von Johann Friedrich Böhmer). Häufige Themen sind Kriege aller Epochen, Friedrich der Grosse, Napoleon und seine Zeit, die Türkei und die Türken, Russland und das Baltikum, die Juden, die Jesuiten, der Papst und der Ultramontanismus, die Freimaurer, Kaspar Hauser, ferner die Arbeiterfrage, der Kommunismus und die Sozialdemokratie (August Bebel, Ferdinand Lassalle, Karl Liebknecht und Hermann Greulich). Als französischer Autor des 18. Jhs ist Jean-François Marmontel mit *Les Incas, ou la destruction de l'empire du Pérou* (2 Bde, Paris 1777) und weiteren Werken zu nennen. Die französische Geschichte ist mit Darstellungen der verschiedenen Epochen abgedeckt; insbesondere sind François Guizot (mindestens 13 Titel), Alphonse de Lamartine (9 Titel), Jules Michelet (9 Titel), François-Auguste Mignet (8 Titel) und Paul-Philippe de Ségur zu erwähnen. Hinzu kommen mindestens 20 Bücher mit *Mémoires* diverser französischer Autoren, alle in den 1820er-Jahren erschienen. Ganz der Unterhaltung dienten Luce Herpins zahlreiche Beschreibungen des Liebeslebens politischer und gesellschaftlicher Grössen des 18. Jhs. Ein bedeutendes Kontingent bilden die Briefwechsel und die Biographien (Karl August Varnhagen von Ense). Unter den Zeitschriften fällt *Die Fackel* (Wien 1899, 1900) von Karl Kraus auf. Schliesslich finden sich in dieser Gruppe Literaturgeschichten und Schriften zu literarischen Themen, Reiseliteratur, Landes- und Volkskunden sowie ein Bd mit 52 kolorierten Kartentafeln *Tabulae geographicae* ([Nürnberg] 1743).

Geographie ab 1800 (Signatur XII)

2.60 Von den 2499 Einheiten, die am 1903 angelegten Standortkatalog gezählt wurden, erschienen 55 (2,2 %) zwischen 1751 und 1800, 941 (37,7 %) in der ersten, 1503 (60,1 %) in der zweiten Hälfte des 19. Jhs, 1775 (71 %) in deutscher, 520 (20,8 %) in französischer, 161 (6,4 %) in englischer, 30 in italienischer, je 4 in lateinischer und in niederländischer, je 1 in griechischer, spanischer, polnischer, norwegischer und schwedischer Sprache. Zu den ältesten Werken des Bestands gehören der anonym erschienene *Atlas de toutes les parties connues du globe terrestre* (o. O. o. J.) von Rigobert Bonne, die *Histoire des découvertes faites par divers savans dans plusieurs contrées de la Russie & de la Perse* (6 Bde, Lausanne, Bern 1779–1787) und Theophil Friedrich Ehrmanns *Geschichte der merkwürdigsten Reisen, welche seit dem 12. Jahrhundert zu Wasser und zu Land unternommen worden sind* (Bde 17–22, Frankfurt a. M. 1797–1799). Dem schliessen sich weitere mehrbändige Werke wie Jean-François de la Harpes *Abrégé de l'histoire générale des voyages* (24 Bde, Paris 1820), die Berichte Alexander von Humboldts, Charles Darwins und David Livingstones über ihre Forschungsreisen, derjenige von Adam Johann von Krusenstern über seine Erdumsegelung sowie die *Voyages de la commission scientifique du nord* (16 Bde, Paris [um 1842/43]) an. Viele Reiseberichte betreffen europäische Länder, v. a. Italien und die italienischen Inseln (Ferdinand Gregorovius), England, insbesondere London (Woldemar Seyffarth), Frankreich, insbesondere Paris. Weitere Werke berichten von Reisen ins Heilige Land (Titus Tobler) und nach Afrika, Heinrich Brugsch über Ägypten und die Sinai-Halbinsel, Heinrich Barth über Nord- und Zentralafrika, Antoine Thomson d'Abbadie und Werner Munzinger über Äthiopien; andere Darstellungen betreffen den heutigen Irak, Persien und Ostasien, ferner Amerika und die nördlichen Polarregionen (Fritjof Nansen). Touristische Handbücher des Verlags Baedeker, von Johann Theodor Gsell-Fels sowie aus Griebens Reise-Bibliothek, viele Bildbände mit Stichen oder Photos zu einzelnen Regionen oder Städten, darunter zahlreiche in Deutschland, sind v. a. aus der zweiten Hälfte des 19. Jhs zu erwähnen. Schliesslich fehlen grundlegende geographische Darstellungen nicht, z. B. von Karl Ritter zur Kultur- und Wirtschaftsgeographie, von Karl Theodor Andree über Nordamerika und die *Geographie des Welthandels* (2 Bde, Stuttgart 1867–1872), die *Bilder-Atlasse* von Alois Geistbeck und die Werke von Friedrich von Hellwald.

Mathematik, Astronomie ab 1800 (Signatur XIII)

2.61 Der Standortkatalog für diese Gruppe wurde 1908 angelegt. Die an ihm vorgenommene Auszählung ergab 1046 Einheiten, davon 18 aus dem 18. Jh, bis auf 1 alle zwischen 1751 und 1800 erschienen, 427 (40,8 %) in der ersten, 601 (57,4 %) in der zweiten Hälfte des 19. Jhs publiziert, 758 (72,4 %) in deutscher, 259 (24,8 %) in französischer, 13 in lateinischer, 11 in italienischer und 5 in englischer Sprache. Die griechische Mathematik ist v. a. durch mehrere Euklidausgaben vertreten, darunter mehrfach die *Elemente*. Ferner sind zahlreiche bedeutende Mathematiker und Astronomen der Frühen Neuzeit bzw. Personen, die in beiden Fächern Hervorragendes leisteten, zu erwähnen: Gottfried Wilhelm Leibniz mit den von Carl Immanuel Gerhardt hrsg. *Mathematischen Schriften* (7 Bde, Berlin 1849–1863), Joseph-Louis Lagrange (mindestens 18 Einheiten), Johann Elert Bode, u. a. mit dem *Astronomischen Jahrbuch* (10 Bde, Berlin 1815–1825), Sylvestre-François Lacroix (mindestens 21 Titel), Joseph Johann Littrow (mindestens 12 Titel), Théodore Olivier, Georg von Vega, Karl Friedrich Gauss (mindestens 8 Titel, darunter *Theoria motus corporum coelestium*, Hamburg 1809), Adam von Burg, Emil Weyr (53 Separata), ferner der Zürcher Johann Kaspar Horner und mit 8 in Winterthur erschienenen Schriften Carl Adams (1811–1849), ein Winterthurer Mathematiklehrer. Zur Mathematikgeschichte liegen Publikationen von Johann Heinrich Moritz Poppe, zur Astronomiegeschichte solche von Ludwig Ideler vor. Rudolf Wolf verfasste historische Werke zu Mathematik und Astronomie in der Schweiz. Zur Anwendung der Mathematik für alle möglichen Berufe sind Werke von Ephraim Salomon Unger vorhanden, zu einzelnen militärischen Techniken u. a. Publikationen von Etienne Bezout und Guillaume-Henri Dufour, zur Mechanik solche von Julius Weissbach.

Technologie und Handel ab 1800 (Signatur XIV)

2.62 Die 1364 Einheiten dieser Gruppe wurden am 1908 angelegten Standortkatalog gezählt. Bis auf 5 zwischen 1751 und 1800 erschienene wurden alle im 19. Jh publiziert, 479 (35,1 %) in der ersten, 880 (64,5 %) in der zweiten Jahrhunderthälfte, 1139 (83,5 %) in deutscher, 186 (13,6 %) in französischer, 20 in englischer, 17 in italienischer und 2 in niederländischer Sprache. Die Gruppe enthält sehr viele Zeitschriften zur Technik und ihrer Entwicklung, so das *Polytechnische Journal* (Stuttgart 1823–1884) und das *Polytechnische Centralblatt* (Leipzig 1835–1875). Meist sind es aber nur wenige Hefte oder Jahrgänge eines Titels, z. B. beim *Magazin der neuesten Erfindungen, Entdeckungen und Verbesserungen*, hrsg. von Johann Heinrich Moritz Poppe u. a. (Leipzig 1816–1819, 1832–1839) und beim *Bulletin de la société d'encouragement pour l'industrie nationale* (Paris 1843–1851). Unter den einschlägigen Nachschlagewerken ist *Das Buch der Erfindungen, Gewerbe und Industrien*, hrsg. von Franz Reuleaux (9 und 10 Bde, Leipzig 1884–1901), zu erwähnen. Gross ist die Zahl der Berichte zu internationalen, z. T. auch nationalen und regionalen technisch-gewerblichen Ausstellungen (mindestens 107 Titel). Unter den einzelnen Techniken und Branchen sind besonders gut vertreten das Bauwesen mit mindestens 25 Titeln, die Elektrotechnik mit mindestens 17, der Handel mit mindestens 40, Heizung und Beleuchtung mit mindestens 11 Titeln, Mechanik und Maschinenbau mit mindestens 110, darunter je 10 Titel von Christoph Bernoulli und Ferdinand Redtenbacher, sowie viele zum Thema »Eisenbahn«, ferner die Textilindustrie einschliesslich Färben und Bleichen mit mindestens 26 Titeln, sodann etwas bescheidener die Artillerie und der Bergbau mit Metallurgie und Mineralogie. Ebenfalls hier zu finden sind mindestens 19 Kochbücher und etwa 10 Haushaltratgeber, darunter Isa von der Lütts *Die elegante Hausfrau* (Stuttgart u. a. 1892).

Land- und Forstwirtschaft ab 1800 (Signatur XV)

2.63 Die Gruppe, die am 1906 angelegten Standortkatalog ausgezählt wurde, umfasst nur 292 Einheiten, von denen 12 zwischen 1751 und 1800, 135 (46,2 %) zwischen 1801 und 1850 und 145 (49,6 %) zwischen 1851 und 1900 erschienen, 271 (92,8 %) in deutscher, 17 (5,8 %) in französischer und 4 in englischer Sprache. Die Gruppe enthält u. a. mindestens 13 Schriften über Ackerbau, 34 über Obst- und Gartenbau, 22 über Weinbau, mindestens 4 über Imkerei, 17 über Nutztiere, v. a. Pferde, sowie ihre medizinische Versorgung und mindestens 60 über Forstwirtschaft. Ausserdem gibt es einschlägige Zeitungen und Zeitschriften sowie wenig Literatur zur Hauswirtschaft. Schliesslich ist Johann Heinrich von Thünens *Der isolirte Staat in Beziehung auf Landwirthschaft und Nationalökonomie* (3 Teile, Rostock 1842–1863) zu erwähnen. Das Werk trägt den Stempel des Grütlivereins Winterthur und kam 1929 in die Stadtbibliothek.

Kunst und Musik ab 1800 (Signatur XVI)

2.64 Die Auszählung am 1905 angelegten Katalog ergab insgesamt 1628 Einheiten, von denen 3 zwischen 1551 und 1600, 48 (2,9 %) im 17. Jh, 145 (8,9 %) im 18. und 1432 (88 %) im 19. Jh erschienen, darunter 407 (25 %) in der ersten Jahrhunderthälfte, 1199 (73,6 %) in deutscher, 281 (17,3 %) in französischer, 78 (4,8 %) in italienischer, 56 (3,4 %) in englischer, 11 in lateinischer und 3 in niederländischer Sprache. Unter den 1316 dem Fach »Kunst« zuzuordnenden Einheiten (80,8 %) sind von besonderem Interesse die vor 1800 publizierten Werke, zu denen mehrere grossformatige Tafelwerke mit Porträts historisch bedeutender Personen, z. B. Jakob Schrenck von Notzings *Der Grossmächtigen Kayser, Fürsten [etc.] warhafftige Bildtnussen* (Innsbruck [1603]) und Sebastian Walchs *Portraits aller Herren Burger-Meistern der Stadt Zürich* (Kempten 1756), sowie mit topographischen Ansichten gehören, u. a. 18 Bücher von Martin Zeiller aus dem 17. Jh und Beat Fidel Anton Zurlaubens *Tableaux de la Suisse* (13 Bde, Paris 1784–1786; 1788). Über die erste deutsche Kunstakademie verfasste Joachim von Sandrart das Quellenwerk *Teutsche Academie der Edlen Bau-, Bild- und Mahlerey-Künste* (Nürnberg 1675). Zur Hauptsache besteht die Gruppe aber aus kunstgeschichtlichen und biographischen Nachschlagewerken, z. B. Johann Kaspar Füsslis *Geschichte der besten Künstler in der Schweiz* (4 Bde, Zürich 1769–1779), Johann Dominik Fiorillos *Geschichte der Künste und Wissenschaften* (5 Bde, Göttingen 1798–1808) und Georg Kaspar Naglers *Neues allgemeines Künstler-Lexicon* (22 Bde, München 1835–1852), aus 80 bis 90 Kunstkatalogen, aus Kunstzeitschriften wie *L'Art. Revue hebdomadaire illustrée* (55 Bde, Paris 1875–1893) und spezialisierten Handbüchern, z. B. zur Architektur, zur Typographie, zur Kostümkunde, zu den Möbelstilen. Hinzu kommen Kunstgeschichten einzelner Epochen, insbesondere der Antike (u. a. Johann Jakob Winckelmanns) und der Renaissance (Jacob Burckhardts) sowie zahlreiche Künstlermonographien, insbesondere der italienischen Maler der Renaissance (u. a. Leonardo da Vincis, Raffaels, Michelangelos), ferner von Schweizer Künstlern wie den Winterthurern Anton Graff und Johann Rudolf Schellenberg illustrierte Bücher. Unter den kunstphilosophischen Werken ist Johann Georg Sulzers *Allgemeine Theorie der schönen Künste* in 3 Aufl. zu erwähnen.

2.65 Nur einen kleinen Teil (19,2 %) machen die 312 Drucke aus, die dem Fach »Musik« zugezählt werden konnten. Es handelt sich zur Hauptsache um Operntexte, ferner um Liederbücher, auch solche mit Kirchenliedern, Werke zur Musikgeschichte und -theorie, Musikermonographien, v. a. über Richard Wagner, sowie Werke von Wagner. Hinzu kommen einige Schriften über das Tanzen und das Turnen, die ebenfalls hier zugerechnet wurden.

Helvetica ab 1800 (Signaturen XVII, XVIIa, XVIIb)

2.66 Die Drucke der 3 Signaturgruppen unterscheiden sich grundsätzlich nur durch ihr Format. Die Einheiten von XVII sind nicht grösser als 25 cm, XVIIa enthält diejenigen der Grösse 25–35 cm (1293 alte Einheiten) und XVIIb alle noch grösseren. Von letzterer Gruppe, die 203 Nummern umfasst, konnten nur wenige vor 1901 erschienene Einheiten ermittelt werden. Sie wurden daher zusammen mit denjenigen der Signaturgruppe XVII an den insgesamt 5 Standortkatalogen gezählt, was 11.231 Einheiten ergab; die Gruppe XVIIa umfasst 1293 Einheiten. Alle Helvetica der 3 Gruppen zusammen enthalten 12.524 alte Drucke, von denen 17 im 16. Jh, 219 (1,7 %) im 17. Jh, 1538 (12,3 %) im 18. Jh, 3621 (28,9 %) zwischen 1801 und 1850, 7129 (56,9 %) zwischen 1851 und 1900 erschienen, 11.036 (88,1 %) in deutscher, 1276 (10,2 %) in französischer, 135 in lateinischer, 39 in italienischer, 28 in englischer, 9 in rätoromanischer und 1 in niederländischer Sprache. Die Beschreibung befasst sich zunächst nur mit den 11.231 Einheiten der Gruppen XVII und XVIIb. Diese wurden verschiedenen Sachgebieten zugeordnet. Dabei ergab sich, dass Geschichte, einschliesslich Kirchengeschichte, mit 4691 Einheiten (41,8 %), davon 3843 aus dem 19. Jh, die umfangreichste Untergruppe bildet. Es handelt sich dabei neben Nachschlagewerken zur Schweizer Geschichte wie dem einmal mit und einmal ohne Suppl. vorhandenen *Allgemeinen Helvetischen, Eydgenössischen oder Schweitzerischen Lexicon* (20 Teile, Zürich 1747–1765; 2 Teile, Zürich 1786/87) von Hans Jakob Leu u. a. um eine sehr grosse Anzahl Kleinschriften, darunter ein Sammelband mit 26 Drucken über das Toggenburg und seine *Lands-Freyheiten* aus den Jahren 1712–1718, Berner Einblattdrucke des 18. Jhs, Amtsdruckschriften und politische Kleindrucke der Helvetik, Schriften zu Tagesgeschäften von Kanton und Stadt Bern, ferner um eidgenössische Verfassungsvorlagen und die dazugehörigen Beratungsprotokolle, Schriften und gedruckte Dokumente zum Aargauer Klosterstreit, zu den Freischarenzügen, zur Jesuitenfrage und zum Sonderbund, zur Berufung von David Friedrich Strauss nach Zürich und dem daraus entstandenen »Handel« sowie Drucke des öffentlichen und halböffentlichen Lebens der Stadt Winterthur (Amtsdrucke, Kommissionsberichte, Statuten von privaten und öffentlichen Organisationen). Ferner sind 2

Ausg. der Stumpf-Chronik (nur Teil 2, Zürich 1547; vollständig und stark erweitert, Zürich 1586) zu erwähnen, Nikolaus Hieronymus Gundlings *Historische Nachricht von der Graffschaft Neufchatel und Valangin* (Frankfurt, Leipzig [1708]) und Ulrich Bräkers von Hans Heinrich Füssli herausgegebene *Lebensgeschichte* und *Tagebuch des Armen Mannes im Tockenburg* (2 Bde, Zürich 1789–1792). Schliesslich kommen biographische Literatur, z.B. 13 Kleindrucke zu Karl Ludwig von Hallers Übertritt zum katholischen Glauben, Nekrologe, archäologische Berichte und Sagen hinzu.

2.67 Eine weitere Untergruppe bilden mit 1253 Einheiten (11,1 %) die geographischen Schriften, von denen 1078 im 19. Jh publiziert wurden. Es handelt sich dabei um landeskundliche Werke wie Gabriel Bodenehrs in der ersten Hälfte des 18. Jhs erschienenes *Theatrum der Vornehmsten Staedte und Örther in der Schweitz* (Augsburg o. J.), die Kantonsbeschreibungen der Reihe *Gemälde der Schweiz*, statistische Literatur, Beschreibungen von Reisen durch die ganze Schweiz und einzelne ihrer Gegenden, ihrer Flora und Fauna, Geologie und Hydrologie, z. B. eine *Aktensammlung über die Verhältnisse des Rheins im Kanton St. Gallen* (10 Hefte, St. Gallen 1848–1884). Zu erwähnen sind auch touristische Broschüren über Schweizer Luft- und Wasserkurorte. Eine *Abbildung und Beschreibung der Insel St. Helena* (Zürich 1815), bei David Bürkli erschienen, gehört ebenfalls zu diesem Bestand.

2.68 Die Untergruppe »Sprache und Literatur« umfasst 617 Einheiten (5,5 %), von denen zwar 498 im 19. Jh erschienen, immerhin aber 53 im 18. Jh, 60 im 17. und noch 6 im 16. Jh. Ein grosser Teil, insbesondere unter den vor 1800 publizierten Schriften, sind Gelegenheitsdichtungen, z. B. zu Hochzeiten, akademischen Ehren und zu politischen Ereignissen wie dem Zweiten Villmergerkrieg. Ferner gibt es eine Reihe von »Schweizerliedern«, darunter *Drey schöne Schweitzerische Lieder* (o. O. o. J.) aus dem 17. Jh, Gedichte über Wilhelm Tell, Gesangbücher und vaterländische Dramen, z. B. Franz Krutters *Schultheisz Wenge von Solothurn* (Solothurn 1845). Bemerkenswert ist Hans Rudolf Rebmanns in Sonette gesetztes und von seinem Sohn Valentin verbessertes *Gastmal und Gespräch zweyer Bergen* (Bern 1620), eine Landeskunde in poetischer Form.

2.69 Der Jurisprudenz konnten 563 Einheiten (5 %) zugeordnet werden, von denen nur 33 vor 1801 erschienen. Zum Teil handelt es sich um Gesetze, ferner um Darlegungen von Rechtsfällen, z.B. durch Heinrich Escher in einer Reihe von Schriften, die er in den 1830er-Jahren publizierte. Aus der zweiten Hälfte des 19. Jhs gibt es besonders viele juristische Dissertationen.

2.70 Die Untergruppe »Theologie« umfasst 640 Einheiten (5,7 %), von denen 44 im 17. Jh, 103 im 18. Jh, 313 zwischen 1801 und 1850, 179 zwischen 1851 und 1900 erschienen. Zumeist handelt es sich um Predigten, vereinzelt aber auch um Gebete, z.B. auf 14 Kleindrucken aus der zweiten Hälfte des 17. Jhs, und um Erbauungsliteratur wie Johann Jakob Usteris *Geistlich Hauszbrot* (Schaffhausen o. J. [um 1670]). Auch einige Abhandlungen zum Straussenhandel wurden hier zugeordnet.

2.71 Bei den 233 der Medizin zugezählten Einheiten (2 %) handelt es sich v. a. um Schriften zum öffentlichen Gesundheitswesen, zu den Spitälern, zur Gesundheitspolizei bzw. um deren Bekanntmachungen, ferner um alles, was das Krankenkassenwesen betrifft, darunter Statuten und Berichte der Krankenkassen.

2.72 Umfangreicher ist mit 894 Einheiten (8 %) die Untergruppe, die alle Schriften zu Industrie, Gewerbe, Verkehr, insbesondere zur Eisenbahn, sowie die entsprechenden gesetzlichen Verordnungen umfasst. 732 Einheiten wurden zwischen 1851 und 1900 publiziert. Hierzu wurden Bekanntmachungen über Masse und Gewichte und entsprechende Umrechnungstabellen gezählt sowie Drucke zum Versicherungswesen, ausgenommen die Krankenkassen.

2.73 Eine Mischgruppe von 1302 Einheiten (11,6 %) enthält philosophische, pädagogische und psychologische Literatur, Schriften zum Buchwesen, z. B. Kataloge verschiedener Winterthurer Vereinsbibliotheken, zur Kunst und zur Kunstgeschichte, ferner militärische Verordnungen und Aufsätze zu Armeefragen. Schliesslich gehören auch Schriften zu Vereinen, zu ihren Jubiläen und Vereinsstatuten hierher.

2.74 Die Periodika wurden ebenfalls als eigene Untergruppe gezählt und ergaben 1038 Einheiten (9,2 %), von denen 145 im 18. Jh, 517 in der ersten, 376 in der zweiten Hälfte des 19. Jhs erschienen. Der Schwerpunkt liegt klar zwischen 1751 und 1850. Es handelt sich um Zeitschriften wie die lateinischsprachige *Tempe Helvetica* (6 Bde, Zürich 1735–1742), eine Sammlung gelehrter Kleinschriften, die an der Schweizer Geschichte orientierte *Helvetische Bibliotheck* (6 Bände, Zürich 1735–1741), *Le conservateur suisse* (8 Bde, Lausanne 1813–1817) und das *Archiv für Schweizerische Geschichte* (20 Bde, Zürich 1843–1875), ferner um Zeitungen, z. B. die kurzlebigen Blätter der Zeit der Helvetik, Kalender sowie Jahresberichte aller Art.

2.75 Die Gruppe XVIIa ist in ihrer Heterogenität ein Abbild im kleinen der eben beschriebenen Gruppen XVII und XVIIb. Von den 1293 Einheiten erschienen 3 zwischen 1551 und 1600, 15 im 17. Jh, 142 (11 %) im 18. Jh, 166 (12,8 %) zwischen 1801 und 1850, 967 (74,8 %) zwischen 1851 und 1900, 1112 (86 %) in deutscher, 136 (10,5 %) in französischer, 31 (2,4 %) in lateinischer, 8 in englischer, 4 in italienischer und 2 in rätoromanischer

Sprache. Auch hier überwiegt die historische Literatur. So sind mehrere alte Chroniken vorhanden, z. B. Christian Wurstisens *Baszler Chronick* (Basel 1580), Franz Guillimanns *Habsburgiaca* (Mailand 1605), letztere mit dem 1613 angebrachten Besitzvermerk Johannes Gulers von Wyneck (1562–1637), des Bündner Ritters mit Beziehungen zu Zürich. Auch diese Gruppe enthält viele Kleinschriften, z. B. 2 Sammlungen politischer und administrativer Art aus dem 18. Jh, 23 französischsprachige zu Neuenburg aus dem Jahr 1707, solche zu Zürcher und sehr viele zu Winterthurer Angelegenheiten des 19. Jhs, v. a. zur Tösstalbahn, sowie Proklamationen aus der Zeit der Helvetik. Hier finden sich auch die insgesamt etwa 75 Bde Sammlungen eidgenössischer Abschiede sowie verschiedene Urkundenbücher (u. a. Fürstabtei St. Gallen, Zürich). Die Geographie ist z. B. durch Gabriel Walsers *Schweizerischen Atlas bestehend in 19 Carten* (o. O. o. J. [ca. 1770]), durch heimatkundliche Schriften wie das in Schreibschrift gedruckte Periodikum *Le Rameau de sapin, organe du club jurassien* (10 Jg., Genf, Neuenburg 1867–1876), amtliche Schriften zum Wasserbau sowie touristische zu einzelnen Ortschaften wie Ludwig Leiners *Konstanz* (Konstanz [1899]), die Zürcher Landeskunde durch mehrere Fortsetzungen der *Memorabilia Tigurina*, von der ersten Hälfte des 18. bis zur zweiten des 19. Jhs, vertreten. Unter den Zeitschriften dieser Gruppe sind *Der Vorläufer* (Schaffhausen 1841–1844), *Stern's Literarisches Bulletin der Schweiz* (Zürich 1892–1896) sowie 12 Jg. des *Nebelspalters* (Zürich 1875–1885, ab 1900) zu nennen. Zu »Diverses« sind u. a. sehr viele Geschäftsberichte von Schweizer Eisenbahnen zu zählen, ferner verschiedene Schulprogramme, 15 lateinischsprachige Vorlesungsverzeichnisse der Universität Zürich aus der zweiten Hälfte des 19. Jhs, die jeweils im Anhang eine lateinische Abhandlung über ein Thema der klassischen Philologie enthalten.

Handbücher (Signatur Hdb)

2.76 Es handelt sich bei dieser am Standortkatalog von 1902 gezählten Literatur um Bibliographien aller Art, z. B. *Christian Gottlob Kayser's vollständiges Bücher-Lexicon* (22 Bde, Leipzig 1834–1883) und die *Bibliographie der Schweiz* (Zürich, ab 1871), ferner um Lexika, Verlagskataloge, sämtliche gedruckten Kataloge der Stadtbibliothek Winterthur, gedruckte Kataloge sehr vieler weiterer Schweizer Bibliotheken, insgesamt 791 Einheiten, von denen 17 (2,1 %) zwischen 1751 und 1800, 82 (10,4 %) in der ersten, 692 (87,5 %) in der zweiten Hälfte des 19. Jhs erschienen, 645 (81,5 %) in deutscher, 126 (15,9 %) in französischer, 16 (2 %) in lateinischer, 3 in italienischer und 1 Werk in englischer Sprache. Hier finden sich auch verschiedene *Neujahrsblätter*, ferner Jahresrechnungen der Stadt Winterthur ab 1832, Voranschläge der Winterthurer Rechnung ab 1834 und Geschäftsberichte der Verwaltungsbehörden von Winterthur ab 1865. Zu erwähnen sind schliesslich Georg Wolfgang Panzers *Annales typographici* (11 Bde, Nürnberg 1793–1803).

Landkarten, Atlanten (Signatur Kart)

2.77 Die v. a. Landkarten der Schweiz und weiterer an die Schweiz angrenzender Länder sowie Stadtpläne umfassende Gruppe konnte am Standortkatalog von 1929 gezählt werden. Es ergaben sich 143 Einheiten, von denen 1 zwischen 1651 und 1700, 12 im 18. Jh, 23 zwischen 1801 und 1850, 130 zwischen 1851 und 1900, 91 in deutscher, 32 in französischer, 9 in italienischer, 7 in lateinischer, 2 in englischer und je 1 Einheit in spanischer und in niederländischer Sprache erschienen. Das älteste Werk ist Nicolas Sansons historischer Atlas zur alten und neuen Geographie (*Tabulae*, 2 Teile, Strassburg 1672). Es wurde laut handschriftlichem Eintrag 1676 vom jungen Winterthurer Theologen Johann Georg Küntzlin (1655–1726) dem »öffentlichen Gebrauch« gewidmet.

Musik (Signaturen MB, MN, MP, Mus, MusB, MusBq)

2.78 Die teils am Regal (MB) teils am elektronischen Katalog (übrige Signaturen) ausgezählten insgesamt 295 Einheiten sind bis auf 30 in der zweiten Hälfte des 19. Jhs erschienen. Die übrigen verteilen sich zeitlich folgendermassen: Ottomar Luscinius' *Musurgia seu praxis musicae* wurde 1536 in Strassburg gedruckt und trägt, wie viele weitere Werke, den Stempel des Musikkollegiums Winterthur. 8 Einheiten wurden im 18. Jh, 21 zwischen 1801 und 1850, 243 in deutscher, 34 in französischer, 8 in italienischer, 4 in englischer, 3 in lateinischer, 2 in russischer Sprache publiziert. Vorhanden ist Giovanni Battista Frizzonis Kirchengesangbuch *Testimoniaunza dall'amur stupenda da Gesu Cristo* (Celerina 1789) in rätoromanischer Sprache. Von den 62 Einheiten der Signatur MB tragen mehrere den Besitzvermerk des Winterthurer Musikmäzens Werner Reinhart (1884–1951). Die Signaturen MN, MP und MB umfassen die Musikbibliothek Werner Reinharts (Hauptanteil), ergänzt durch die Musikbibliotheken von Karl Matthaei (1897–1960), Viktor Desarzens (1908–1986) sowie weitere vom Musikkollegium deponierte Bestände. Es handelt sich um Musikgeschichten, Werkinterpretationen, musiktheoretische Werke, insbesondere solche über das Dirigieren, sowie Biographien und Briefe von Musikern. Besonders gut vertreten ist Literatur von und über Richard Wagner.

2.79 Die 233 unter den übrigen Signaturen enthaltenen vor 1901 erschienenen Einheiten sind meist Musiknoten, ohne oder mit Text, v. a. Partituren, von Johann Sebastian Bach über Wolfgang Amadeus Mozart bis Hector Berlioz, vom vertonten Rütlischwur nach Schiller bis zur Vertonung eines Liebesgedichts von Mathilde Wesendonck durch

Rudolph Ganz. Unter den 11 Titeln der Signatur MP finden sich neben Opernpartituren mehrere Libretti, darunter dasjenige von Mozarts *Don Juan* ([Leipzig] o. J. [nach 1801]). Aufgefallen sind ferner Arcangelo Corellis *Concerti grossi* (London [ca. 1731]), ein Musikdruck mit 7 Instrumentenstimmen, Johann Heinrich Eglis *Schweizerlieder* (Zürich 1787), hrsg. von Ulrich Hegner und Johann Rudolf Schellenberg, 8 Jg. der *Musikalischen Jugendpost* (Köln 1886, Stuttgart, ab 1887) und Salomon Jadassohns *Lehrbuch der Harmonie* (Leipzig 1883).

Grossformate ab 25 cm (Signatur Quart)

2.80 Bei dieser Gruppe handelt es sich um insgesamt 1423 vor 1901 erschienene Drucke, die entsprechend den Fachgebieten, zu denen sie gehören, ausgezählt wurden. 3 Einheiten erschienen im 16. Jh, 11 im 17. Jh, 54 (3,8 %) im 18. Jh, 130 (9,1 %) zwischen 1801 und 1850, 1225 (86 %) zwischen 1851 und 1900, 1019 (71,6 %) in deutscher, 259 (18,2 %) in französischer, 64 (4,5 %) in englischer, 41 (2,9 %) in italienischer, 34 (2,4 %) in lateinischer, 4 in niederländischer, 2 in schwedischer und 1 Schrift in dänischer Sprache. Mit 274 Einheiten (19,2 %) ist »Geographie« die grösste Untergruppe. Neben Atlanten und einzelnen Landkarten wie der *Carte générale de la Suisse* (Genf 1800) finden sich hier Panoramen und Alben mit Landschafts- und Stadtbildern, darunter zwei über Ungarn, Reisebeschreibungen wie Rodolphe Toepffers *Voyages en zigzag* (Paris 1846) und völkerkundliche Werke.

2.81 Ebenfalls eine grössere Untergruppe bildet mit 242 Einheiten (17 %) die »Kunst« bzw. der Kunstunterricht, z. B. mit Etienne Reys *Étude théorique et pratique des ombres* (o. O. o. J.). Hierzu gehören auch Druckwerke, insbesondere Alben, über Architektur, u. a. die *Exercitationes Vitruvianae* (Padua 1739) des Giovanni Polenus, Publikationen über Kunsthandwerk und Kunstgewerbe, Kostüm- und Schriftenkunde, ferner ausfaltbare bildliche Darstellungen von Festumzügen.

2.82 174 Einheiten (12,2 %), darunter 79 in französischer und 74 in deutscher Sprache, umfasst die Untergruppe »Sprache und Literatur«, zu der auch literaturgeschichtliche Werke gehören. Hier fällt v. a. die französische Belletristik auf, darunter immer wieder Werke von Jules Verne. Ferner sind Theaterliteratur und Bildbände wie Friedrich Pechts und Arthur von Rambergs *Goethe-Galerie. Charaktere aus Goethe's Werken* (Leipzig 1864) zu erwähnen.

2.83 Die Naturwissenschaften sind mit 147 Einheiten (10,3 %) vertreten, darunter vielen botanischen Tafelwerken und Pflanzengeographien. Zu den 13 in der ersten Hälfte des 18. Jhs erschienenen Einheiten gehören René-Antoine Ferchault de Réaumurs *Mémoires pour servir à l'historie des insectes* (6 Bde, Paris 1734–1742) und Johann Elias Riedingers *Entwurff Einiger Thiere* (6 Teile, Augsburg 1738–1746).

2.84 Die Geschichtswerke bilden eine Untergruppe von 137 Einheiten (9,6 %), von denen viele der deutschen Geschichte gewidmet sind. Es gibt historische Atlanten und bebilderte Gedenkalben zur Erinnerung an historische Ereignisse. Unter den 6 Büchern zur Schweizer Geschichte befinden sich die 2 Teile von Aegidius Tschudis *Chronicon Helveticum* (Basel 1734–1736). Erwähnenswert sind eine deutsche Übers. von Cäsars *De bello Gallico* (*Historien vom Gallier uñ der Römer Burgerische krieg*, Mainz 1530) sowie eine vermutlich seltene Ausg. von Johannes Stumpfs *beschreybung* des Konzils von Konstanz ([Zürich] 1548).

2.85 Unter den 99 Einheiten (7 %) zu Technologie und Handel befindet sich neben Schriften über Buchhaltung und Versicherung sowie Statistiken vornehmlich Literatur zum Thema »Eisenbahn«, so Julius Schwarzkopfs *Eisenbahn-Handbuch* (Stuttgart 1900). Zu den 82 Schriften (5,8 %), die unter »Altertumskunde« gezählt wurden, gehören Werke zur klassischen Philologie, zur Indogermanistik, zur Archäologie und über antike Kunst sowie Johann Jakob Scheuchzers und Johann Lochmanns *Alphabethi ex diplomatibus et codicibus Thuricensibus specimen* (Zürich 1730). 21 Drucke zählen zum Fach »Theologie«. Unter den 12 Einheiten zu Philosophie und Pädagogik befindet sich Samuel von Pufendorfs *Le droit de la nature* (Bd 2, Amsterdam 1712), unter den 33 zur Medizin Jacques Maygriers und Eduard Kaspar Jakob von Siebolds *Abbildungen aus dem Gesammtgebiete der theoretisch-praktischen Geburtshülfe* (Berlin 1829) und unter den 28 zur Musik Jean-Jacques Rousseaus *Dictionnaire de musique* (Genf 1781). Schliesslich sind 43 Einheiten mathematische und geometrische, 31 Einheiten enzyklopädische, lexikalische, bibliographische und bibliothekarische Literatur, 4 juristische Schriften sowie 97 Zeitschriften und Zeitungen, meist Einzelnummern, zu erwähnen.

Rara (Signaturen RAR, RARF, RARQ)

2.86 98 der 132 vor 1901 erschienenen Bücher dieser gemischten Gruppe wurden am Regal, die 34 Werke der Signaturgruppen RARF und RARQ am elektronischen Katalog gezählt. Es handelt sich, wie der Name sagt, um seltene Drucke, darunter verhältnismässig viel Belletristik (45 Einheiten; 34 %). Das ins Lateinische übersetzte *Chronikon* des Eusebius von Caesarea erschien 1512 in Paris, eine Predigtsammlung 1668 in Basel, 35 Werke (25,8 %) wurden im 18. Jh, 95 (72 %) im 19. Jh gedruckt, 77 (58,3 %) in deutscher, 43 (32,6 %) in französischer, 6 in italienischer, 5 in lateinischer und 1 Schrift in englischer Sprache. 31 Einheiten (23,5 %) lassen sich unter »Technik, Architektur, Festungslehre, Uniformkunde, Kunst, Musik und Tanz« zusammenfassen, 24 (18,2 %) unter »Naturwissenschaften« (v. a. Fauna und Flora) und »Medizin«, je 14 (10,6 %) unter »Recht, Verwaltung und Wirtschaft« und unter »Geographie und Geschichte«, 4 (3 %) unter »Theologie«.

Schachteln (Signatur Sch)

2.87 Bei dieser Gruppe handelt es sich um Kleinschriften, die in Schachteln aufbewahrt werden. Bis zur Schachtel 445 sind fachlich zusammengehörende Broschüren beieinander aufgestellt und im Standortkatalog ist vermerkt, welchem Fachgebiet die jeweilige Schachtel angehört. Diese Zuweisungen wurden für die Zählung übernommen und dann sinngemäss auch dort weitergeführt, wo sie von der Aufstellung her nicht mehr gegeben sind. Insgesamt gehören der Gruppe 8780 vor 1901 publizierte Einheiten an, darunter eine zur Theologie gezählte Inkunabel, nämlich ein Einblattdruck, der in lateinischer Sprache eine Art Abwehrzauber enthält: *Iesus, + Maria +, ss. Apostoli Petrus, & Paulus ...* (Isapuri 1467). 20 Einheiten erschienen im 16. Jh, 80 im 17. Jh, 492 (5,6 %) im 18. Jh, 1251 (14,2 %) in der ersten, 6936 (79 %) in der zweiten Hälfte des 19. Jhs, 7294 (83 %) in deutscher, 736 (8,4 %) in französischer, 561 (6,4 %) in lateinischer, 89 in italienischer, 77 in englischer, 11 in griechischer Sprache und 12 in 6 weiteren Sprachen. Die der Theologie zugewiesenen 886 Einheiten machen gut einen Zehntel des Bestands aus. 49 erschienen vor 1801, 267 zwischen 1801 und 1850, 570 zwischen 1851 und 1900, 720 in deutscher, 131 in französischer Sprache, der Rest in Latein und in 4 weiteren Sprachen. Es handelt sich um Predigten, darunter verhältnismässig viele französische, um theologische Abhandlungen, ferner v. a. in Genf gedruckte Schriften des Kulturkampfs, solche über religiöse Erziehung sowie, besonders unter den vor 1800 publizierten, um Erbauungsliteratur und Gebete. Erwähnenswert sind die griechischen *Epistolai* (Paris 1558) des Ignatius Antiochenus, eines apostolischen Vaters und Märtyrers.

2.88 267 Drucke (3 %), von denen 258 im 19. Jh und 237 in deutscher Sprache erschienen, wurden der Rechts- und der Staatswissenschaft zugewiesen. Viele befassen sich mit einzelnen Prozessfällen, einige geben Auskunft über regionale Rechtsverhältnisse, andere behandeln rechtsphilosophische Fragen wie das Verhältnis von Recht und Pflicht. Hervorzuheben sind ein *Cantzley büchlin* (Strassburg 1522), das über die korrekte Titulierung von Amtspersonen Auskunft gibt, sowie ein *Rapport fait à la convention nationale* (Paris 1793) von Maximilien de Robespierre.

2.89 381 (4,3 %) im 19. Jh erschienene Einheiten, von denen 346 in deutscher, 33 in französischer Sprache veröffentlicht wurden, sind der Nationalökonomie zugeordnet. Hierzu zählen u. a. Abhandlungen über soziale Fragen wie diejenigen von Antoine-Elisée Cherbuliez (1797–1869), solche über Arbeitsbedingungen (Normalarbeitstag) sowie zahlreiche in der Schweiz erschienene Drucke zum Versicherungswesen.

2.90 Die grösste Fachgruppe bildet mit 1446 Einheiten (16,5 %) die medizinische Literatur, darunter in griechischer Originalsprache die Schrift *Prognostikon bibloi* (Basel 1536) von Hippokrates. 41 Einheiten erschienen im 17. Jh, 299 im 18. Jh, 109 zwischen 1801 und 1850, 996 zwischen 1851 und 1900, 1074 in deutscher, 318 in lateinischer, 45 in französischer Sprache und 9 in weiteren Sprachen. Hier finden sich sehr viele Dissertationen aus der zweiten Hälfte des 19. Jhs, insbesondere der Universität Zürich, einige Basler, Berner und solche deutscher Universitäten, lateinischsprachige Dissertationen deutscher Universitäten v. a. aus dem 18. Jh und Leidener Universitätsschriften der zweiten Hälfte des 17. Jhs, ferner medizinische Abhandlungen insbesondere zur Augenheilkunde, zur Gynäkologie, zur Tuberkulose, zur Pflege von Kleinkindern, Beschreibungen von vorwiegend schweizerischen Badeorten und den dort zu erwartenden Heilwirkungen sowie Schriften zur Alkoholfrage. Aufgefallen sind von Germanus Sincerus ein *Medicinisches Handbüchlein für Stadt- und Landwundärzte* (Augsburg 1789), Christian Gottfried Flittners anonym erschienener *Ehestands-Arzt* (Berlin 1810), eher ein psychologischer Ratgeber, und Ignaz Paul Vital Troxlers *Umrisse zur Entwickelungsgeschichte der vaterländischen Natur- und Lebenskunde* (St. Gallen 1839).

2.91 Ebenfalls eine grössere Untergruppe bildet mit 1022 Einheiten (11,6 %) die naturwissenschaftliche Literatur, der auch landwirtschaftliche, mathematische, geometrische und astronomische Schriften zugerechnet wurden. 63 erschienen vor 1801, 76 zwischen 1801 und 1850, 883 zwischen 1851 und 1900, 781 in Deutsch, 143 in Französisch, 74 in Latein, 33 in Italienisch, 16 in Englisch sowie 2 in anderen Sprachen. Auch in dieser Gruppe kommen Universitätsschriften vor, ferner eine Anzahl Abhandlungen des Winterthurer Pflanzenforschers Robert Keller (1854–1939) sowie Anleitungen zur Haltung und Dressur von Pferden.

2.92 199 Einheiten (2,3 %) wurden der Untergruppe »Technologie« zugewiesen, die Schriften zu industriellen, (kunst)handwerklichen und land- bzw. forstwirtschaftlichen Techniken vereinigt. Bis auf eine Schrift erschienen alle Werke im 19. Jh, 164 in deutscher, 31 in französischer Sprache. Hier finden sich viele Kataloge von gewerblichen und industriellen Ausstellungen. Auch militärische Technik und Taktik sind vertreten.

2.93 Die philosophische, pädagogische und psychologische Literatur bildet eine Untergruppe von 554 (6,3 %) Einheiten, von denen bis auf 10 zwischen 1751 und 1800 erschienene alle (544) im 19. Jh publiziert wurden, 462 in der zweiten Hälfte, 515 in deutscher, 34 in französischer Sprache. Hier finden sich viele Schriften zu Bildungsfragen, über das Schulturnen sowie Lehrpläne einzelner Schulen. Zur »Philosophie« wurden auch Abhandlungen über die Freimaurerei gezählt.

2.94 341 Einheiten (3,9%) ergeben die philologischen bzw. altphilologischen Abhandlungen, zu denen auch lateinische und griechische Originaltexte, darunter 17 lateinische Gedichte, und Drucke zur alten Geschichte gezählt wurden. Bis auf 7 sind alle im 19. Jh publiziert worden, 200 in deutscher, 122 in lateinischer, 10 in französischer, 6 in griechischer und 3 in weiteren Sprachen. Bemerkenswert ist Johann Jakob Breitingers textkritische Abhandlung *In versus obscurissimos a Persio sat. I. citatos diatribe historico-litteraria* (Zürich 1723).

2.95 448 Einheiten (5,1%) wurden einer Untergruppe zugewiesen, die deutsche Literatur, Literatur weiterer moderner Sprachen, Literaturgeschichte, Rhetorik und Sprachschulung umfasst. 441 Drucke erschienen im 19. Jh, 363 in Deutsch, 51 in Französisch, 22 in Italienisch, 12 in 3 weiteren Sprachen. Unter den vor 1801 publizierten Werken fallen 2 Bühnenwerke Pierre Corneilles auf, *Le menteur* (Paris 1647) und *Polyeucte martyr* (Paris 1656).

2.96 Die Untergruppe »Geschichte« umfasst neben Zeitgeschichte sehr viel alte Geschichte, historische Hilfswissenschaften und Biographien, soweit letztere nicht klar anderen Fächern zugewiesen werden konnten. Von den 630 Einheiten (7,2%) erschienen 29 vor 1801, 60 zwischen 1801 und 1850, 541 zwischen 1851 und 1900, 516 in Deutsch, 88 in Französisch, die übrigen in 6 weiteren Sprachen. Hingewiesen sei auf Peter Haarers *Eigentliche Warhafftige beschreibung deß Bawrenkriegs* (1525) (Frankfurt a. M. 1625) und auf die *Critique de l'histoire des variations des églises protestantes* (Amsterdam 1689) eines nicht näher bestimmbaren De Meaux, der sich gegen Jacques-Bénigne Bossuets antiprotestantische *Histoire des variations* wendet.

2.97 Dem Fach »Geographie« wurden 264 Einheiten (3%) zugewiesen, von denen bis auf eine vor 1801 gedruckte Schrift alle im 19. Jh erschienen, 216 in deutscher Sprache. Es handelt sich um Karten, dazugehörige Erläuterungen, Ansichten bestimmter Orte und Gegenden, Beschreibungen von Ländern, Fremdenführer, gedruckte Vorträge und Abhandlungen, z. B. über Höhenmessungen und über den Einfluss des Klimas auf die Kultur.

2.98 Ebenfalls 264 Einheiten (3%) wurden zur Untergruppe »Kunst« gezählt. Sie umfasst neben Kunstbetrachtungen, vielen Katalogen von Sammlungen und Ausstellungen Abhandlungen über das Turnen (ohne Schulturnen) und Musikschriften, insbesondere Opern-, Operetten- und Oratorientexte. 8 Einheiten wurden vor 1801, 47 zwischen 1801 und 1850, 209 zwischen 1851 und 1900 publiziert, 222 in deutscher Sprache.

2.99 1998 Einheiten (22,8%) vermischten Inhalts, die aber durchwegs schweizerische Themen behandeln, sind unter dem Begriff »Helvetica« in etwa 80 bis 100 Schachteln zusammengefasst. 2 Einheiten erschienen im 16. Jh, 7 im 17. Jh, 54 im 18. Jh, 388 zwischen 1801 und 1850, 1547 zwischen 1851 und 1900, 1884 in Deutsch, 94 in Französisch, die restlichen 20 in 3 weiteren Sprachen. Neben Amtsdruckschriften, Jahresberichten, insbesondere von Versicherungsgesellschaften, und periodisch erschienenen Statistiken kommen Predigten und Leichenreden, auch aus dem 17. und 18. Jh, vor, ferner Kleinschriften aus der Zeit der Helvetik, Berichte über Zürcher Gerichtsfälle, Gesetze und Gesetzesentwürfe, juristische Dissertationen sowie Dissertationen und weitere Literatur zur Schweizer Geschichte, Biographien, Statuten von Unternehmungen und Vereinen, Schriften zum Eisenbahnwesen, insbesondere zum Simplontunnel, touristische Literatur, Schulberichte und Abhandlungen über das Schulwesen, v.a. des Kantons Zürich, gedruckte Kataloge von Schweizer Bibliotheken, insbesondere der Stadtbibliothek Winterthur (ab 1777), sowie erneut Schriften über die Freimaurerei.

2.100 Eine kleine Untergruppe von 80 Einheiten, von denen 5 vor 1801, 2 sogar im 16. Jh, erschienen, 56 in Deutsch, 15 in Französisch, 9 in 3 weiteren Sprachen, umfasst enzyklopädische und bibliographische Literatur. Bemerkenswert sind der *Catalogus librorum officinae Elsevirianae* (Leiden 1638) sowie Elzevierkataloge des 19. Jhs.

Vitodurensia (Signaturen VT, VTQ und VTQM)

2.101 Die inhaltlich gemischte Gruppe von Drucken, die auf Winterthurer Autoren zurückgehen, Gegenstände von Winterthur und Umgebung behandeln oder in einem einheimischen Verlag erschienen, hat bei der Auszählung am elektronischen Katalog 147 vor 1901 gedruckte Einheiten ergeben. 9 erschienen in der zweiten Hälfte des 18. Jhs, 22 zwischen 1801 und 1850, 116 zwischen 1851 und 1900, 145 in deutscher, 2 in französischer Sprache. Unter den letzteren befinden sich *Vingt fables en prose et en vers* (Winterthur 1780). Zwei Schriften des 18. Jhs haben Johann Rudolf Schellenberg als Autor; an zwei weiteren hat er als Illustrator mitgewirkt. Bemerkenswert ist ferner ein *Verzeichniss aller Häuser der Stadtgemeinde Winterthur* (Winterthur 1800). Bei dem kleinen Bestand handelt es sich im Übrigen meist um Kleinschriften, z. B. Eisenbahnkonzessionen. Eine Ausnahme stellt Carl Ludwig von Hallers *Restauration der Staats-Wissenschaft* (6 Bde, Winterthur 1820–1825) dar. Die Signaturgruppe VTQ enthält grössere Formate, lieferte aber nur ganz wenige Einheiten. VTQM umfasst vorwiegend Musiknoten, mindestens

30 Einheiten, unter denen sich mehrere Werke von Johannes Brahms befinden und von denen die meisten im Verlag Rieter-Biedermann, Leipzig und Winterthur, erschienen.

Zeitschriften, Zeitungen (Signaturen HZ, LZ, MZ, NZ, ZaV, Zeit)

2.102 Bei diesen Gruppen von insgesamt 12.917 vor 1901 erschienenen Einheiten handelt es sich um eigentliche Periodikabestände. 19 Einheiten wurden zwischen 1651 und 1700, 291 im 18. Jh, 1773 zwischen 1801 und 1850, 10.834 zwischen 1851 und 1900 publiziert, 12.222 in deutscher, 455 in französischer, 153 in englischer, 66 in niederländischer und 21 in italienischer Sprache. Die Zählung erfolgte in der Regel nach Jahrgängen, manchmal nach Bdn. Zeitungen und Zeitschriften kommen aber verstreut in sehr vielen weiteren Signaturgruppen vor. Deshalb ist die Gesamtzahl der in den Winterthurer Bibliotheken vorhandenen alten Periodika weit höher.

2.103 Nur 93 Einheiten liessen sich aus den Signaturgruppen »HZ« (Allgemeine Zeitschriften), »ZaV« und »Zeit«, die alle am elektronischen Katalog ausgezählt wurden, ermitteln. 7 Einheiten wurden zwischen 1801 und 1850, die restlichen 86 zwischen 1851 und 1900 gedruckt, 63 in deutscher, 30 in französischer Sprache, wobei letztere alle in die Signaturgruppe HZ gehören und in der zweiten Hälfte des 19. Jhs erschienen.

2.104 Die Zählung der Signaturgruppe LZ (Literarische Zeitschriften) erfolgte teils am Standortkatalog, teils am Regal und ergab 12.114 Einheiten, von denen 19 zwischen 1651 und 1700, 291 im 18. Jh, 1718 zwischen 1801 und 1850, 10.086 zwischen 1851 und 1900 erschienen, 11.578 in deutscher, 297 in französischer, 153 in englischer, 66 in niederländischer und 20 in englischer Sprache. Die behandelten Themen gehen weit über die Belletristik bzw. Literatur hinaus und umfassen ausser Medizin fast alle Sachgebiete. Ferner finden sich hier Amtsdruckschriften, Jahresberichte diverser Institutionen, v. a. von Winterthur und Umgebung, aber auch von Ostschweizer Eisenbahnen. Eine sehr grosse Anzahl Einheiten ergeben die zahlreichen, mehr oder weniger vollständig vorhandenen *Neujahrsblätter*, angefangen bei denen der Stadtbibliothek Winterthur (ab 1835) bis zu denjenigen verschiedener gemeinnütziger oder historischer Vereinigungen in Zürich und weiteren Schweizer Kantonshauptorten. Als aufklärerische Zeitschrift erwähnenswert ist *The universal magazine* (London 1757–1764; unvollständig) und als Volksbuch eine Anzahl der von Philipp Friedrich Wilhelm Örtel unter dem Pseudonym »W. O. von Horn« herausgegebenen *Spinnstube* (Frankfurt a. M. 1847–1895). Unter den Kalendern sind *Le grand messager boiteux* (Jg. 10, Belfort 1830) und einige Jg. von *Der Pilger aus Schaffhausen* (Schaffhausen 1848–1899) zu nennen. Es finden sich aber auch zahlreiche *Gebete für den in der evangelischen Eidgenossenschaft zu feyernden Bettag* (Zürich, ab 1814), ferner etwa 70 Nummern der *Europäischen Wanderbilder*, die in der zweiten Hälfte des 19. Jhs bei Orell Füssli in Zürich und Leipzig erschienen, aber keine Zeitschrift, sondern eine Reihe von touristischen Informationsbroschüren bildeten.

2.105 Nur 61 deutschsprachige Einheiten erschienen in der zweiten Hälfte des 19. Jhs, ergab die Überprüfung der Signaturgruppe MZ am Regal. Ausser dem *Correspondenzblatt für Schweizer Aerzte* (Basel, ab 1871) sind kaum ältere medizinische Zeitschriften vorhanden.

2.106 Ebenfalls viele Zeitschriften müssen bei der Signaturgruppe NZ (Naturwissenschaftliche Zeitschriften) ausgeschieden worden sein. Immerhin ergab die Auszählung am Regal noch 649 Einheiten, von denen 48 in der ersten, 601 in der zweiten Hälfte des 19. Jhs publiziert wurden, 520 in deutscher, 128 in französischer und 1 Einheit in italienischer Sprache. Neben den Organen diverser naturforschender Gesellschaften, zahlreichen geologischen, paläontologischen, glaziologischen und meteorologischen Forschungsberichten finden sich hier die technisch ausgerichtete *Eisenbahn* (ab 4, 1876), fortgesetzt als *Schweizerische Bauzeitung* (17–24, 1891–1894), ferner der *Bericht über das Museum Francisco-Carolinum* (Linz, ab 1843; unvollständig), ein Kunstmuseum in Linz, sowie die *Kochschule, ein Ratgeber* (Zürich, ab 1899/1900).

Besondere Signaturen

2.107 Es handelt sich dabei um ehemalige Privat- und Vereinsbibliotheken oder um Teile davon, die mehrheitlich oder teilweise aus vor 1901 erschienenen Büchern bestehen. Sie wurden fast alle aufgrund der Standortkataloge ausgezählt und lediglich in Zweifelsfällen am Regal überprüft.

Bibliothek Aeschlimann (Signatur Aesch)

2.108 Der aus dem Bernbiet stammende Mathematiker Ulrich Aeschlimann (1855–1910) war Prof. an den höheren Stadtschulen in Winterthur. Von 1881 bis zu seinem Tod gehörte er dem Bibliothekskonvent an und vermachte seine Privatbibliothek daher der Stadtbibliothek. Die 1295 Einheiten wurden als geschlossener Bestand im Magazin aufgestellt. Bis auf 17 Bücher, darunter 16 des 18. Jhs, sind alle im 19. Jh erschienen, 1218 (94 %) zwischen 1851 und 1900. 1021 (78,8 %) wurden in deutscher, 203 (15,7 %) in italienischer, 51 in französischer, 15 in englischer, 4 in lateinischer, je 1 Werk wurde in spanischer und in rätoromanischer Sprache gedruckt. Da der Bestand sowohl mathematisch-naturwissenschaftliche als auch literarische Werke umfasst, wurden für die Auszählung zwei Gruppen gebildet, wobei der ersten, 710 Einheiten (54,8 %) umfassenden neben Schriften zur Physik und Botanik auch solche zur Wirtschaftslehre und zur Buchführung, der zweiten, 585 Drucke (45,2 %) zählenden auch historische, philosophische und geographische Werke zugeordnet wurden. Häufig sind in der mathematisch-naturwissenschaftlichen Gruppe Werke zur Versicherungsmathematik, unter ihnen als eines der ältesten Bücher dieser Art Johann Nikolaus Tetens' *Einleitung zur Berechnung der Leibrenten und Anwartschaften* (2 Bde, Leipzig 1785/86). Das Interesse Aeschlimanns an der Geschichte seines Fachs illustrieren u. a. Christoff Rudolffs Lehrbuch zur Algebra, *Die Coss* (Amsterdam 1615), Werke von Isaak Newton, darunter eine französische Ausg. der *Optik* (Bd 1, Amsterdam 1720), Jakob Bernoullis *Ars coniectandi* (Basel 1713) sowie seine *Opera* (2 Bde, Genf 1744), *Johann Heinrich Lamberts zwölfjähriger Briefwechsel mit Georg Friedrich Brander* (Berlin 1783), französische und deutsche Euler-Ausgaben des 18. Jhs sowie Galileo Galileis *Le opere* (15 Bde und Suppl., Florenz 1842–1856) und Blaise Pascals *Œuvres complètes* (3 Bde, Paris 1889). Als Kuriosität ist die kleine, unter dem Pseudonym »[Leontzi Ursprung] von Buchenblock« erschienene Schrift *Abgekürzter ... Auszug des in der Forstwissenschaft erlauchten Herrn J[ohann] G[ottlieb] Beckmanns fürtreflicher Beschreibung der Holzsaat* (Zürich 1760) zu nennen. Unter den literarischen Werken fallen relativ viele italienischer und russischer Autoren auf. Die Klassiker Dante, Ariost und Tasso sind ebenso vertreten wie die russischen Erzähler Dostojewski, Gogol, Puschkin, Tolstoi und Turgenjew, viele davon in Ausg. von Reclams Universal-Bibliothek. Überhaupt kommen viele Ausg. dieser und weiterer (Meyers Volksbibliothek) populärer Reihen vor. Hervorzuheben sind noch eine Ausg. von Arthur Schopenhauers *Sämtlichen Werken* (7 Bde, Leipzig [1854–1891]) und *Gesammelte Schriften* (12 Bde, Bonn 1876–1878) von David Friedrich Strauss.

Bibliothek Rudolf Hunziker (Signatur BRH)

2.109 Diese mit insgesamt 6740 Einheiten umfangreichste unter den Sondersammlungen stammt aus dem Besitz des an Winterthurer Schulen wirkenden Prof. für Latein, Deutsch und Geschichte, Rudolf Hunziker (1870–1946). 6429 Einheiten (95,4 %) erschienen im 19. Jh, allein 4780 (70,9 %) in dessen zweiter Hälfte. Der Rest verteilt sich wie folgt: 3 Werke wurden im 16. Jh, 6 im 17. Jh, 302 (4,5 %) im 18. Jh publiziert. 6493 Einheiten (96,3 %) sind in deutscher, 76 in französischer, 67 in lateinischer, 46 in italienischer, 44 in griechischer, 5 in englischer, 4 in schwedischer, 3 in hebräischer und 2 in rätoromanischer Sprache gedruckt. Generell ist festzustellen, dass die grosse Anzahl auch aus einer Menge von Kleinschriften resultiert. Wegen des Umfangs der Gruppe und wegen ihrer heterogenen Zusammensetzung wurden bei der Auszählung Untergruppen gebildet: Die grösste unter ihnen, »Sprache und Literatur«, umfasst 1838 Einheiten (27,3 %), v. a. deutsche Literatur, insbesondere von Deutschschweizer Autoren, aber auch Weltliteratur. Jeremias Gotthelf ist auffallend gut vertreten, was nicht verwundert, da Hunziker zusammen mit Hans Bloesch (1878–1945) sämtliche Werke Gotthelfs herausgab. Weiter sind vaterländische Dramen und Festspiele sowie schweizerische Essayistik zahlreich vorhanden. Zu nennen sind auch literarische Periodika und Wörterbücher zu verschiedenen Sprachen. 1795 Schriften dieser Untergruppe (97,7 %) erschienen im 19. Jh, davon 1361 (74 %) zwischen 1851 und 1900, 43 im 18. Jh, bis auf 2 alle zwischen 1751 und 1800. 1784 (97,1 %) wurden in deutscher, 24 in französischer, 21 in italienischer, 4 in schwedischer, 3 in englischer und 2 in lateinischer Sprache veröffentlicht.

2.110 Eine weitere bedeutende Untergruppe bilden mit 699 Einheiten (10,4 %) die Notenbücher und -hefte, (Kirchen-)Gesangbücher, Libretti, insbesondere zu den Opern Richard Wagners, und Liedtexte, Festbroschüren und Geschichten von Sängervereinen, Musikzeitschriften, z. B. 55 Jg. des *Neujahrsgeschenk der allgemeinen Musikgesellschaft in Zürich*, schliesslich die musikgeschichtlichen und -theoretischen Werke. Vermutlich wäre die Untergruppe noch umfangreicher, wenn die vielen Drucke ohne Jahr, v. a. Noten, hätten berücksichtigt werden können. Besonders häufig, oft mit Mehrfachexemplaren, kommen Schriften und Liederbücher Hans Georg Nägelis vor. 615 Drucke (88 %) erschienen im 19. Jh, 84 (12 %) im 18. Jh, 683 (97,7 %) in deutscher, 11 in französischer Sprache.

2.111 Eine andere Untergruppe bilden mit 558 Einheiten (8,3 %) die Schriften zur Altphilologie, griechische und lateinische Literatur zu allen möglichen Themen, insbesondere zur Philosophie, sowie viele Schulausgaben der klassischen Autoren, ferner antike Geschichte und Kultur sowie Archäologie, griechische und lateinische Wörterbücher und Grammatiken, schliesslich Indogermanistik. 538 Einheiten (96,4 %) wurden im 19. Jh veröffentlicht, darunter 474 (84,9 %) zwischen 1851 und 1900, 18 im 18. Jh und 2 zwischen 1501 und 1550, eine Sallustausgabe (Venedig 1539) und ein Bändchen lateinische Lyrik, *Benacus* (Verona 1546), von Georgio Jodoco Bergano. 452 Schriften (81 %) wurden in deutscher, 60 (10,8 %) in lateinischer, 42 (7,5 %) in griechischer, je 2 in französischer und in hebräischer Sprache gedruckt.

2.112 Nur eine kleine Untergruppe bilden die 151 kunstgeschichtlichen Werke (2,2 %), von denen 143 (94,7 %) im 19. Jh, 8 im 18. Jh, 149 (98,7 %) in deutscher und je 1 in englischer und in italienischer Sprache erschienen.

2.113 Alle übrigen 3494 Schriften (51,8 %) wurden in einer heterogenen Restgruppe zusammengefasst. 3338 (49,5%) wurden im 19. Jh gedruckt, davon 2470 (36,6%) zwischen 1851 und 1900, 149 im 18. Jh, 6 im 17. Jh, und eine Publikation erschien Ende des 16. Jhs. 3425 Einheiten (50,8%) wurden in deutscher, 39 in französischer, 19 in italienischer, 5 in lateinischer, je 2 in griechischer und in rätoromanischer und je 1 Schrift in englischer und in hebräischer Sprache gedruckt. Zu diesen Schriften gehören viele Periodika, z. B. Jahrbücher und Kalender, auch solche der Helvetik, aber meist als Einzelnummern. Ferner sind Schweizer Geschichte, Politik und Kirchengeschichte, Biographien, Schweizer Geographie, darunter viele Panoramen, und Reisen gut vertreten. Vermutlich von seinem Vater Otto (1841–1909) erbte Hunziker die vielen theologischen Werke, darunter mehrere Bibeln in verschiedenen Sprachen, aber auch den Grossteil der reichlich vorhandenen pädagogischen Literatur, z. B. Heinrich Pestalozzis ohne Verfassernamen erschienene Schrift *Meine Nachforschungen über den Gang der Natur in der Entwicklung des Menschengeschlechts* (Zürich 1797) sowie zahlreiche Kleinschriften zum Schul- und Armenwesen in verschiedenen Regionen der Schweiz. Für die Philosophie sind u. a. Thomas Hobbes' *Elementa philosophica de cive* (Amsterdam 1647) und Immanuel Kants *Critik der reinen Vernunft* (Riga 1781) zu nennen. Viele weitere Kleinschriften, die Winterthur und Zürich betreffen, sind hier zu erwähnen. Nur schwach sind die Naturwissenschaften vertreten. Schliesslich sei auch auf Rudolf Hunzikers eigene Publikationen hingewiesen, die hier, z. T. in mehreren Exemplaren, vorhanden sind.

Bibliothek Ernst Huber (Signatur EH)

2.114 Der aus Winterthur stammende Tier- und Humanmediziner Ernst Huber (1892–1932) hinterliess nach seinem frühen Tod in Baltimore (USA) eine beachtliche Bibliothek, die allerdings zur Hauptsache nach 1900 erschienene Werke enthält. Die 104 vor 1901 gedruckten Werke sind mit einer Ausnahme alle im 19. Jh erschienen, 92 davon zwischen 1851 und 1900, 51 in deutscher, 40 in englischer, 7 in französischer, 3 in schwedischer, 2 in spanischer und eines in italienischer Sprache. Huber war Assistent am anatomischen Institut der Universität Zürich und verfasste eine Dissertation über Gesichtsmuskeln und -nerven bei Katze und Hund. Die Spezialgebiete Anatomie, Neurologie sowie Schriften über Muskeln sind denn auch unter den älteren Werken seiner Bibliothek gut vertreten, dazu Histologie, Ophthalmologie und Physiologie (Wilhelm Wundt). Ein Interesse für Entwicklungsgeschichte ist u. a. durch Werke Darwins und Alexander Agassiz' belegt, ein solches für die amerikanischen Ureinwohner z. B. durch Edmond Reuel Smith' *The Araucanians; or notes of a tour among the Indian treibes of Southern Chili* (New York 1855).

Schliesslich fällt eine um 1800 erschienene englische Ausg. von Lavaters *Physiognomischen Fragmenten* (London o. J.) auf.

Bibliothek des Gewerbemuseums (Signaturen GB, GBC, GBM bzw. M)

2.115 Diese 434 Einheiten wurden bis auf 3 zwischen 1801 und 1850 erschienene alle in der zweiten Hälfte des 19. Jhs publiziert, 353 (81,3%) in deutscher, 72 (16,6%) in französischer, 7 in italienischer und 2 in englischer Sprache. Die Gruppen GB und GBC wurden am elektronischen Katalog gezählt, wobei GBC nur eine Einheit, GB jedoch den Hauptteil beisteuerte. Die kleine Gruppe GBM oder M besteht aus grossformatigen Büchern oder Mappen, v. a. Tafelwerken. Manche der Mappen enthalten sogar Blätter unterschiedlicher Provenienz und konnten daher nicht gezählt werden. Ebenfalls unberücksichtigt blieben viele Druckwerke ohne Jahr, wenn nicht andere deutliche Merkmale sie dem 19. Jh zuwiesen. Es handelt sich um Literatur zu vielerlei gewerblichen bzw. kunstgewerblichen Tätigkeiten, von der Mechanik bis zur Dekorationsmalerei, von der sehr gut vertretenen Architektur bis zum *Musterbuch venetianischer Nadelarbeiten 1558* (o. O. 1891). Stilkunden und Beschreibungen der Malerei aller Epochen fehlen ebenso wenig wie *Das Buch der Erfindungen, Gewerbe und Industrien* (10 Bde, Leipzig 1896–1901) von F. Ahrens, Carl Arndt und anderen, ein Werk, das grösstmögliche Vollständigkeit in der Beschreibung industrieller Technologien anstrebte. Der Bestand bietet einen guten Überblick zum Historismus und zum frühen Jugendstil.

Bibliothek des Historisch-Antiquarischen Vereins Winterthur (Signatur HAV)

2.116 Der Standortkatalog für diesen Sonderbestand wurde 1908 angelegt. Von den 377 vor 1901 erschienenen Einheiten wurden 348 (92,3%) im 19. Jh publiziert, 305 (80,9%) in der zweiten Jahrhunderthälfte, 22 im 18. Jh, 3 im 17. und 4 im 16. Jh, 346 Drucke (91,8%) in deutscher, 26 in französischer, 3 in lateinischer und je 1 in italienischer und in russischer Sprache. Unter den ältesten Drucken fehlen weder eine Stumpf-Chronik (2 Bde, Zürich 1548; ohne die Seiten 311–313) noch eine Schweizerkarte desselben Autors (*Entwerffung der jetz-lebenden Eydgenossschafft* [Zürich 1547]), noch Heinrich Bullingers von Johann Haller ins Deutsche übers. *Haussbuch* (Heidelberg 1568). Obwohl die historische Literatur überwiegt, gibt es weitere theologische Werke, z. B. Johann Caspar Lavaters *Handbibel für Leidende* (Teil I, Winterthur 1788), aber auch mathematische wie Samuel Marolois' *Opera mathematica ou œuvres mathématiques* (Den Haag 1614) und sogar eine technologische Anleitung zum Gebrauche der Schlussstich-Naehmaschine (Winterthur [1868]) von F. Sulzer. Weniger unerwartet sind die Bücher zur Kunstgeschichte, v. a. zur Glasmalerei, ferner zur Heraldik, zur Münzkunde, Ausstellungskataloge, Festzeitungen und viele historische Zeitschriften.

Bibliothek des Kunstvereins Winterthur (Signatur KuV)

2.117 Nach dem 1957 angelegten Standortkatalog konnten 592 vor 1901 erschienene Einheiten gezählt werden, von denen bis auf 20 im 18. Jh publizierte alle im 19. Jh, davon 449 (75,8 %) zwischen 1851 und 1900, 354 (59,8 %) in deutscher, 220 (37,2 %) in französischer, 10 in englischer, 7 in italienischer und 1 Werk in dänischer Sprache gedruckt wurden. Hier finden sich kunsttheoretische und -geschichtliche Werke, solche zur Kunsterziehung, Darstellungen von künstlerischen Techniken, von Kunstgattungen, insbesondere Graphik, und Werke über Restaurierung sowie Monographien zu einzelnen Künstlern, z. B. viele französischsprachige aus der Reihe Les artistes célèbres. Kunst, Kunstgeschichte und Kunstgewerbe der Schweiz sind gut vertreten. Kataloge von Ausstellungen und Museen, viele Kleinschriften, insbesondere Separata, sowie einschlägige Zeitschriften und Neujahrsblätter gehören ebenso zu dieser Gruppe wie Druckwerke mit besonderem künstlerischem Schmuck.

Bibliothek des Lehrerkapitels Winterthur (Signatur LKW)

2.118 Für den Bestand wurde 1933 ein Standortkatalog angelegt. Die 726 alten Einheiten dieser Gruppe erschienen alle im 19. Jh, 546 (75,2 %) davon zwischen 1851 und 1900, 701 (96,6 %) in deutscher, 17 in französischer, 7 in englischer und 1 Einheit in italienischer Sprache. Der Bestand umfasst pädagogische und psychologische Fachliteratur, so die Werke (Berlin 1842–1850) Friedrich Eduard Benekes, Pädagogikgeschichte, Biographien von Pädagogen (Pestalozzi), Geschichten einzelner Schulen sowie Lehrpläne, v. a. des Kantons Zürich. Hinzu kommen 193 Einheiten Zeitschriften (26,6 %), 49 aus der ersten, 144 aus der zweiten Jahrhunderthälfte. Ausserdem finden sich Lehrbücher zu einzelnen Fachgebieten, insbesondere zu Mathematik, Schweizer Geschichte, allgemeiner Geschichte, Schweizer Landes- und Naturkunde sowie viele literarische Werke, v. a. von Schweizer Autoren wie Jeremias Gotthelf, Gottfried Keller und Conrad Ferdinand Meyer und deren Biographien, ferner Literaturgeschichten, ziemlich viel Reiseliteratur und eine grosse Anzahl Schlussberichte über die einzelnen gewerblichen Gruppen der Schweizerischen Landesausstellung Zürich von 1883.

Offiziersbibliothek (Signatur Off)

2.119 Der Standortkatalog für diesen Sonderbestand von 596 alten Einheiten wurde 1907 angelegt. Auch diese Drucke wurden alle im 19. Jh veröffentlicht, nur 11 davon in der ersten Jahrhunderthälfte, 509 (85,4 %) in deutscher, 80 (13,4 %) in französischer, 5 in italienischer und 2 in englischer Sprache. Es handelt sich um wenige Schriften zur Theorie und zur Philosophie des Kriegs, weiter um historische Werke, insbesondere zur Geschichte des Deutsch-Französischen Kriegs von 1870/71, und um Biographien bedeutender Militärpersonen. Ferner gibt es viele technische oder technisch-taktische Lehrbücher, z. B. von Victor Burnier und Etienne Guillemin das *Handbuch für elektrische Minenzündung* (Bern 1888) und von Hugo Obauer und E. R. von Guttenberg *Das Train-, Communications- und Verpflegswesen vom operativen Standpunkte bearbeitet* (2 Bde, Wien 1871), aber auch viele Werke, die einen bestimmten Aspekt des Kriegshandwerks im historischen Kontext darstellen, z. B. Hermann von Müllers *Thätigkeit der Deutschen Festungsartillerie bei den Belagerungen, Beschiessungen und Einschliessungen im deutsch-französischen Kriege 1870/71* (4 Bde, Berlin 1898–1901). Eine ähnlich theoretisch-praktische Sicht, aber mit Blick auf die Zukunft, nimmt Hermann Müller in der Schrift *Der militärische Gesichtspunkt in der Alpenbahnfrage* (Zürich 1866) ein. Viele Schriften sind Fragen der schweizerischen Militärorganisation gewidmet, v. a. die zahlreichen offiziellen Reglemente zu allen möglichen militärischen Sachfragen. Daneben kommen juristische Abhandlungen wie Johann Kaspar Bluntschlis *Das moderne Kriegsrecht der civilisirten Staten* [sic!] (Nördlingen 1866) und Militärzeitschriften wie die *Revue militaire suisse* (Lausanne, ab 1858; nicht vollständig) vor.

SAC-Bibliothek (Signatur SAC)

2.120 Es handelt sich um die Bibliothek der Sektion Winterthur des Schweizerischen Alpenclubs, die 1939 von der Stadtbibliothek übernommen wurde. Die Auszählung am Regal ergab 411 Einheiten, alle im 19. Jh publiziert, 23 davon zwischen 1801 und 1850, 334 in deutscher, 50 in französischer, 24 in italienischer und 3 in englischer Sprache. Karten, Alpenpanoramen, Beschreibungen einzelner Gebirgsgegenden, v. a. der Schweizer Alpen, aber auch Kurt Boecks *Himalaya-Album* (Baden-Baden [1894]) sowie Werke zur Alpenflora machen den Hauptteil der alten Drucke aus. In einer Sammlung von Separata sind auch Aufsätze des Bergsteigers und Bergfotografen Paul Montandon (1858–1948) enthalten. Ausser dem *Jahrbuch des Schweizer Alpenclubs* (ab 1865) sind weitere Zeitschriften wie diejenige des *Deutschen und Oesterreichischen Alpenvereins* (ab 1879) zu erwähnen. Bemerkenswert ist Edward Whympers *The Ascent of the Matterhorn* (London 1880) mit eigenhändiger Widmung des Verfassers vom Dezember 1880 an die SAC-Sektion Winterthur.

Weitere Sondersignaturen mit sehr kleinen Altbeständen

2.121 Die Gerhart Hauptmann-Bibliothek (Signatur GH) des Musikers und Gelehrten Albert Bickel (1895–1970) enthält 33 Ende des 19. Jhs erschienene Schriften, von denen 27 in deutscher, 3 in französischer, je 1 in englischer, italienischer und in ungarischer Sprache veröffentlicht wurden. Hier finden sich die Erstausgaben fast aller vor 1900 entstandenen Werke des Dichters. *Die Weber* kommen zudem in französischer (Paris 1893) und in ungarischer Übers. (Budapest 1895) vor. Daneben gibt es Sekundärliteratur zu Hauptmann.

2.122 23 zwischen 1851 und 1900 ausschliesslich in deutscher Sprache erschienene Einheiten zählt die Bibliothek des Gartenbauvereins Winterthur (Signatur GV), die 1949 in die Stadtbibliothek kam. Es handelt sich um Handbücher zur Gärtnerei und Gartengestaltung im Allgemeinen, aber auch zu speziellen Themen wie Laubholz, Nadelholz, Obstbau, Schnittblumen, Winterblumen, Kakteen.

2.123 Die Bibliothek des 1892 gegründeten Vereins »Humanitas Winterthur« gelangte 1943 in die Stadtbibliothek (Signatur HUM). Der Bestand enthält 47 im 19. Jh publizierte Einheiten, darunter 7 aus der ersten Jahrhunderthälfte, 44 in deutscher, 3 in französischer Sprache. Es finden sich Werke zur Geschichte, Reiseliteratur, Schriften der Abstinenzbewegung, darunter die Zeitschrift *Die Freiheit* (3 Jg., Basel 1892–1895) sowie Erzählungen und Gedichte von Maurice Reinhold von Stern (1860–1938).

2.124 Nur 5 zwischen 1851 und 1900 in deutscher Sprache erschienene Einheiten enthält die Bibliothek des Vereins für Volksgesundheit (Signatur VVG). Es handelt sich um Literatur zu Naturheilverfahren.

3. KATALOGE

Moderne, allgemeine Kataloge

Alphabetischer Autorenkatalog [eingelagert, im Göttinger Format; Bearbeitungsstand von 1930]

Alphabetischer Schlagwortkatalog [auf kleinen Zetteln für den gesamten Bestand bis 1980]

Standortkataloge [in Bandform; angelegt zwischen 1900 und 1910 (nachgeführt bis 1980) zu den Signaturgruppen a, c und d (Alte Spezialsammlungen), A–N (Literatur bis 1800, jeder Buchstabe ein Sachgebiet), I–VII, X–XVIIb (Belehrende Literatur, darunter Helvetica XVII, XVIIa, XVIIb, ab 1800, vereinzelt auch ältere), VIII–IXc (Belletristik ab 1800, vereinzelt auch ältere), AD–AJ, AN–AP (Belehrende Literatur ab 1930, vereinzelt auch ältere), Quart (Belehrende Literatur, grössere Formate), Sch(achteln), BB, CB, OB (Broschüren in Schachteln), LZ, MZ, NZ, HZ, Zeit (Zeitschriften, Periodika), Kart, Hdb, Taf (Landkarten, Handbücher, Tafelwerke), Mus, MusB, MusBQ, MB, MN (Musiknoten, Musikzeitschriften, Musikbücher) und zu den Sondersammlungen Aesch, BRH, Diss, EH, GH, HAV, HUM, Imhoof, KuV, LKW, Off]

Elektronischer Katalog [sämtliche seit 1980 erschienene Literatur; ältere Literatur der Autorennamen A–F, teilweise auch G]

Moderne, spezielle Kataloge

Alphabetischer Inkunabel-Katalog [auf grossen Zetteln]

Gewerbebibliothek, alphabetischer Sachkatalog [auf kleinen Zetteln, teilweise in den elektronischen Katalog aufgenommen. Die entsprechenden Katalogzettel wurden vernichtet]

Alphabetischer Zeitschriften-Katalog [auf kleinen Zetteln]

Historische Kataloge

Handschriftliche Kataloge

Sulzer, Andreas: Index personalis bibliothecae civicae Vitoduranae. 1727 [Mscr. Fol. 157]

Catalogus librorum bibliothecae civicae Vitoduranae. 1786 [Mscr. Fol. 158]

Meyer, Johann Jakob: Repertorium sive promptuarium bibliothecae civicae Vitoduranae. 1790 [Mscr. Fol. 156]

Hegner, Ulrich; Hanhart, Jakob; Leuzinger, Joachim: Catalogus hiesiger Bürger-Bibliothek. 3 Bde, um 1806–1810 [Mscr. Fol. 160–162]

Steiner, Emanuel; Hafner, Albert: Catalog der Bücher der Stadt-Bibliothek. 3 Bde, um 1870–1876 [Mscr. Fol 170, 171, 171a]

Hafner, Albert: Catalogus der Handschriften der Stadtbibliothek Winterthur. 1877–1879

Gedruckte Kataloge

Verzeichniss einiger auserlesener Bücher der Bürger-Bibliothek in Winterthur; zu gemeinnützigem Gebrauch derselben herausgegeben. [Winterthur] 1777

[Hegner, Ulrich, Bearb.]: Verzeichnisz einiger auserlesener Bücher der Bürger-Bibliothek in Winterthur. [Winterthur] 1793

[Hegner, Ulrich, Bearb.]: Verzeichnisz einiger Bücher der Bürger-Bibliothek in Winterthur. [Winterthur] 1809

[Hegner, Ulrich, Bearb.]: Katalog der Bürger-Bibliothek in Winterthur. [Winterthur] 1836

Erster Anhang zum Kataloge der Bürgerbibliothek in Winterthur. Winterthur 1837

Zweiter Anhang zum Kataloge der Bürgerbibliothek in Winterthur. Winterthur 1845 [erster vollständiger Katalog]

Katalog der Bürger-Bibliothek in Winterthur. [Winterthur] 1855

Erster Anhang. [Winterthur] 1860

Steiner, Emanuel (Bearb.): Verzeichnis einer Sammlung von Elzevir-Drucken. Winterthur 1864

Catalog der Stadtbibliothek in Winterthur. Winterthur 1870

I. Nachtrag. Winterthur 1872

II. Nachtrag. Winterthur 1878

Nachträge I–X zur Unterhaltungsliteratur [später: ... zum schönwissenschaftlichen Katalog]. Winterthur 1885–1906

Catalog der Bibliothek des Gewerbemuseums in Winterthur. 1875–1886. Winterthur 1886

Bibliothek-Catalog der Section Winterthur S.A.C. [Winterthur 1889]

Katalog der Bibliothek des Gewerbemuseums in Winterthur. Winterthur 1890

I. Nachtrag zum Katalog der Bibliothek des Gewerbemuseums in Winterthur. Winterthur 1894

Katalog der Bibliothek der Offiziersgesellschaft Winterthur und Umgebung. Winterthur 1900

Gewerbemuseum Winterthur: Katalog der Vorbilder-Sammlung und Bibliothek. Winterthur 1901. Zusätzlich: Anschaffungen 1901 und 1902

Zuwachsverzeichnis der Stadtbibliothek Winterthur, 1–69. Winterthur 1908–1982

Katalog der Stadtbibliothek Winterthur. Auswahl. 1: Alphabetischer Verfasserkatalog 1800–1910. Winterthur 1923

Bibliothek-Katalog Sektion Winterthur des S.A.C. Ende Dezember 1924. Winterthur 1925

Bibliothekskatalog; »Akazia« Orient Winterthur. Winterthur 1928 [hekt.]

Verzeichnis der Zeitschriften, die im Lesesaal der Stadtbibliothek in Winterthur aufliegen. [Winterthur] 1928

Katalog der Stadtbibliothek Winterthur. Auswahl. 2: Alphabetischer Verfasserkatalog 1911–1930. Winterthur 1931

Verzeichnis der Zeitschriften und Zeitungen im Lesesaal der Stadtbibliothek Winterthur. [Winterthur 1954]

Verzeichnis der Zeitschriften und Zeitungen im Lesesaal der Stadtbibliothek Winterthur 1959. [Winterthur 1959]

Frauenfelder, P[aul]: Bestände naturwissenschaftlich-mathematischer Literatur in der Stadtbibliothek Winterthur. Verzeichnis [Winterthur 1967] [hekt.]

Sulzer, Peter; Müller, Verena: Die Africana-Sammlung in der Stadtbibliothek Winterthur: afrikanische Literaturen und Sprachen. Basel 1977 [enthält Katalog der Africana-Sammlung in der Stadtbibliothek Winterthur]

4. QUELLEN UND DARSTELLUNGEN ZUR GESCHICHTE DER BIBLIOTHEK

Handschriften

Protokoll der Verhandlungen der Bibliothek. Bd I: 1660–1852 [Mscr. Fol 169]; Teil 1: 1850–1887; Teil 2: 1887–1902; Teil 3: 1902–1921 [ab 1914 nur Protokoll der Subkommission]; Teil 4: 1914–1954; Teil 5: ab 1954 [Mscr. Fol. 250/1–5]

Copeybuch der Bibliotheck, 1660–1666 [Mscr. Fol. 166]

Donatorenbüchlein 1660 [Winterthurer Bibliotheken, Sondersammlungen; Signatur: Ms 8° 43]

Donatorenbuch 1661 [Winterthurer Stadtbibliotheken, Sondersammlungen; Signatur: Ms 4° 98]

Bibliothecae novae Vitoduranorum publicae privatae Album, das ist Stamm- und Nammbuch der nöuw angestellten Bibliothec einer Bürgerschaft der löblichen Stadt Winterthur. 1661–1870 [Mscr. Fol. 222]

Statuten, Reglemente, Berichte, Bauprojekte

Reglement für die Benutzung der Stadtbibliothek Winterthur. Winterthur o.J. [18..] [Signatur: XVII_574/3]

Statuten der Bürgerbibliothek in Winterthur. Winterthur 1862 [Signatur XVII_574/4]

Geschäftsberichte, seit 1865 (Bericht über die Stadtbibliothek Winterthur), enthalten im städtischen Geschäftsbericht, als Sonderdruck: ab 1909; Bericht über das Bibliothekamt Winterthur, ab 1922

Projekt für ein Museumsgebäude in Winterthur zur Aufnahme der Stadtbibliothek. [Winterthur 1909]

Bericht der Baukommission an die Städtischen Behörden: Museums- und Bibliothekgebäude in Winterthur. Winterthur 1917

Verordnung über das öffentliche Bibliothekswesen (vom 29. Januar 1996)

Reglement für die öffentlichen Bibliotheken (vom 10. April 1996)

Darstellungen

Brunner, Heinrich: Räumliche Entwicklung und Umzug der Stadtbibliothek Winterthur. In: Verhandlungen der Vereinigung schweizerischer Bibliothekare 2 (1916/17), S. 20–24

Dejung, Emanuel: Die Bibliotheken. In: Winterthur, ein Heimatbuch. Winterthur 1935, S. 183–188

Dejung, Emanuel: Ulrich Hegner und die Stadtbibliothek. In: Für den Sonntag, Beiblatt zum Neuen Winterthurer Tagblatt 1940, Nr. 2, S. 9–13

Dejung, Emanuel; Zürcher, Richard: Die Stadt Winterthur. In: Die Kunstdenkmäler des Kantons Zürich, Bd 6 (Die Kunstdenkmäler der Schweiz, Bd 27), Basel 1952, S. 2–398, insbesondere S. 75–89 und 95–99, sowie Abb. 52, 53

Dejung, Emanuel: Wie stellen wir uns zu andern Bibliotheken am Platze? In: Nachrichten, Vereinigung Schweizerischer Bibliothekare 30 (1954), S. 170–176

Dejung, Emanuel; Sulzer, Peter; Brunner, Pierre: 300 Jahre Stadtbibliothek Winterthur 1660–1960 (291. Neujahrsblatt der Stadtbibliothek Winterthur 1960). Winterthur 1960

Hafner, Albert: Geschichte der Bürgerbibliothek Winterthur. II. Theil: von 1834–1860. Als Fortsetzung des Neujahrs-Blattes von 1835 (Neujahrs-Blatt von der Stadtbibliothek in Winterthur. Auf das Jahr 1874). Winterthur [1874]

Hafner, Albert: Geschichte der Bürgerbibliothek Winterthur. III. Theil: von 1861–1875. Als Fortsetzung des Neujahrsblattes 1835 (Neujahrs-Blatt von der Stadtbibliothek in Winterthur. Auf das Jahr 1875). Winterthur [1875]

Hafner, Albert: Ergänzungen zur Geschichte der Stadtbibliothek in Winterthur als Fortsetzung der Neujahrsblätter derselben von 1835, 1874 und 1875 (Neujahrs-Blatt von der Stadtbibliothek in Winterthur). Winterthur 1888

Haubensak, Pierre; Schwarz, Dieter: Kunst am Bau. Wortwasserfall und Netz. In: Neue Stadtbibliothek in mittelalterlichen Mauern: Geschichte und Gegenwart der neuen Stadtbibliothek und des »Tösserhauses« in Winterthur. Winterthur 2003, S. 65–71

Keller, Friedrich; Romann, Max: Von der Idee zum realisierten Projekt. In: Neue Stadtbibliothek in mittelalterlichen Mauern: Geschichte und Gegenwart der neuen Stadtbibliothek und des »Tösserhauses« in Winterthur. Winterthur 2003, S. 11–27

Kugler, Reinhard: Modernes Bauen in mittelalterlichen Mauern. Architekturkonzept der neuen Stadtbibliothek. In: Neue Stadtbibliothek in mittelalterlichen Mauern: Geschichte und Gegenwart der neuen Stadtbibliothek und des »Tösserhauses« in Winterthur. Winterthur 2003, S. 29–44

Muntwyler, Christian: «Tösserhaus» und «Blumengarten». Eine Hausgeschichte. In: Neue Stadtbibliothek in mittelalterlichen Mauern: Geschichte und Gegenwart der neuen Stadtbibliothek und des »Tösserhauses« in Winterthur. Winterthur 2003, S. 45–64

Neue Stadtbibliothek in mittelalterlichen Mauern: Geschichte und Gegenwart der neuen Stadtbibliothek und des »Tösserhauses« in Winterthur. Winterthur 2003

Romer, Hermann: «Tösserhaus» Vorschau... Lebenslange Kursangebote für selbst gesteuertes Lernen und Edutainment in der neuen Stadtbibliothek am Kirchplatz. In: Neue Stadtbibliothek in mittelalterlichen Mauern: Geschichte und Gegenwart der neuen Stadtbibliothek und des »Tösserhauses« in Winterthur. Winterthur 2003, S. 97–119

Die Stadtbibliothek Winterthur. Ihre Entwicklung und ihre Winterthurer Drucke (Sonderdruck aus »Librarium«, Zeitschrift der Schweizerischen Bibliophilen Gesellschaft, 34, I/1991). Stadtbibliothek Winterthur 1992

Stiefel, Anna C.: Die alten Neujahrsblätter der Stadtbibliothek Winterthur. In: Die Stadtbibliothek Winterthur. Ihre Entwicklung und ihre Winterthurer Drucke (Sonderdruck aus »Librarium«, Zeitschrift der Schweizerischen Bibliophilen Gesellschaft, 34, I/1991). Stadtbibliothek Winterthur 1992, S. 19–32

Troll, Johann Konrad: Geschichte der Bürgerbibliothek zu Winterthur (Neujahrsblatt auf das Jahr 1835). Winterthur [1835]

Weiss, Rolf: Von der Bürgerbibliothek zur Stadtbibliothek Winterthur. In: Die Stadtbibliothek Winterthur. Ihre Entwicklung und ihre Winterthurer Drucke (Sonderdruck aus »Librarium«, Zeitschrift der Schweizerischen Bibliophilen Gesellschaft, 34, I/1991). Stadtbibliothek Winterthur 1992, S. 2–18

Weiss, Rolf: Von der Gelehrtenbibliothek zum Informationszentrum. 343 Jahre Bürger- und Stadtbibliothek Winterthur. In: Neue Stadtbibliothek in mittelalterlichen Mauern: Geschichte und Gegenwart der neuen Stadtbibliothek und des »Tösserhauses« in Winterthur. Winterthur 2003, S. 73–96

5. VERÖFFENTLICHUNGEN ZU DEN BESTÄNDEN

Dejung, Emanuel: Die Neujahrsblätter der Stadtbibliothek. In: Winterthurer Jahrbuch 7 (1960), S. 33–47

Hausherr-Desponds, Stefan: Die Exlibris-Sammlung der Stadtbibliothek Winterthur. In: 25 Jahre Schweizerischer Exlibris Club, Jubiläumsschrift 1968–1993. Giswil 1993, S. 7–30

Joelson-Strohbach, Harry: Vom Winterthurer Musikverleger Jakob Melchior Rieter-Biedermann. In: Die Stadtbibliothek Winterthur. Ihre Entwicklung und ihre Winterthurer Drucke (Sonderdruck aus »Librarium«, Zeitschrift der Schweizerischen

Bibliophilen Gesellschaft, 34, I/1991). Stadtbibliothek Winterthur 1992, S. 51–66

Niederer, Ueli: Die Steinersche Buchhandlung: Winterthurs erstes Verlagsunternehmen. In: Die Stadtbibliothek Winterthur. Ihre Entwicklung und ihre Winterthurer Drucke (Sonderdruck aus »Librarium«, Zeitschrift der Schweizerischen Bibliophilen Gesellschaft, 34, I/1991). Stadtbibliothek Winterthur 1992, S. 33–50

Schertenleib, Urban: Kartographie in Winterthur. In: Die Stadtbibliothek Winterthur. Ihre Entwicklung und ihre Winterthurer Drucke (Sonderdruck aus »Librarium«, Zeitschrift der Schweizerischen Bibliophilen Gesellschaft, 34, I/1991). Stadtbibliothek Winterthur 1992, S. 67–79

Weitere Informationen: http://bibliotheken.winterthur.ch/studienbibliothek/sondersammlungen/

BIBLIOTHEK DES MÜNZKABINETTS UND DER ANTIKENSAMMLUNG DER STADT WINTERTHUR

Kanton: Zürich

Ort: Winterthur

Bearbeiterin: Karin Marti-Weissenbach

Adresse: Villa Bühler, Lindstrasse 8, Postfach, 8402 Winterthur

Telefon: +41 52 267 51 46

Telefax: +41 52 267 66 81

Homepage: www.muenzkabinett.ch

E-Mail: muenzkabinett@win.ch

Träger: Stadt Winterthur

Funktion: Fachbibliothek

Sammelgebiete:
Alle Gebiete der Münz- und Geldgeschichte; griechische, römische und mittelalterliche Numismatik; Nachschlagewerke aller Epochen; Fachzeitschriften und Auktionskataloge.

Benutzungsmöglichkeiten:
Auf telephonische oder schriftliche Anfrage. Die Bestände können unter Aufsicht eingesehen und alle zugänglichen Bücher und Dokumente reproduziert, Photokopien dürfen aber nur durch das Bibliothekspersonal hergestellt werden. Originale werden nicht entliehen.

Technische Einrichtungen für den Benutzer:
Photokopierer.

Gedruckte Informationen:
Ausführliche Faltprospekte zu allen Wechselausstellungen seit 1982 und z. T. Begleitpublikationen.

Hinweise für anreisende Benutzer:
Öffentliche Verkehrsmittel: Bahnhof SBB, Bus 1, 3 oder 6 bis »Stadthaus«. Von dort zu Fuss bis Villa Bühler. Privatauto: ins Stadtzentrum fahren, den braunen Hinweisschildern »Theater, Museen« folgen. Parkplätze auf der Nordseite des Parks, der die Villa Bühler umgibt, und auf dem Parkplatz unter dem Erweiterungsbau des Kunstmuseums.

1. BESTANDSGESCHICHTE

1.1 Zur 1660 gegründeten Bürgerbibliothek Winterthur, der späteren Stadtbibliothek, gehörte neben naturkundlichen, ethnographischen und Kunstobjekten auch seit Beginn eine Sammlung v. a. griechischer und römischer Münzen, denen auch neuere Geldstücke und Medaillen beigefügt wurden. Diese Münzsammlung kam durch Schenkungen von einzelnen Bürgern, von Vereinigungen, von der Stadtbehörde Winterthurs und vereinzelt durch Funde in der Umgebung zusammen. So gelangte 1713 ein am Lettenberg ausgegrabener Tonkrug mit 33 Münzen in die Sammlung, später kamen 37 Geldstücke hinzu, die 1753 bei der Kirche Neftenbach gefunden worden waren. Schon 1755 soll das Münzkabinett 4807 Münzen sowie einige Gemmen enthalten haben. Offenbar verkaufte die Bibliothek aber Teile davon, wenn sie jeweils in finanziellen Schwierigkeiten steckte, so dass sich 1846 bei einer beglaubigten Revision nur noch 2867 Stück vorfanden.

1.2 Zu seiner heutigen Bedeutung gelangte das Münzkabinett durch den Kaufmann und Numismatiker Friedrich Imhoof-Blumer (1838–1920). Dieser gehörte seit 1861 dem sog. Konvent an, der ehrenamtlichen Aufsichtsbehörde der Bürgerbibliothek, und widmete sich ganz der Münzsammlung. 1866 kaufte er mit privaten finanziellen Mitteln die bedeutende Münzsammlung aus dem Nachlass des Berner Regierungsrats Karl F. L. Lohner (1786–1863). 1871 schenkte er sie, ergänzt durch seine eigene Sammlung von Schweizer Münzen, dem Münzkabinett Winterthur. Mit der Schenkung verbunden war die Bedingung, dass die Stadt dem Münzkabinett jährlich einen Ankaufsbeitrag von 500 Franken zugestehe, was auch bewilligt wurde. Imhoof stand dem Münzkabinett bis zu seinem Lebensende vor und vermehrte es in dieser Zeit auf etwa 21.000 Münzen. Es ist seither auf etwa 54.000 Stück angewachsen. Hinzu kommt eine wissenschaftlich wertvolle Sammlung von Münzabgüssen in Gips, die Imhoof aufbaute und die bei seinem Tode 80.000 Stück umfasste. Sie wuchs bis heute auf etwa 135.000 Abgüsse an. Daneben vermehrte Imhoof die Antikensammlung um wichtige Stücke. Er überliess dem Münzkabinett auch seine Fachbibliothek. Nicht nur die unter der Signatur »Imhoof« eingereihten Werke stammen aus seinem Besitz; schon aus der Lohnerschen Sammlung und aus weiteren Quellen gelangten seit etwa 1870 viele, auch alte Fachbücher über Imhoof ins Münzkabinett, wo sie v. a. unter der Signatur »XI« zu finden sind. Die Bibliothek wurde seither stetig ergänzt und wächst auch weiterhin durch Ankäufe, Geschenke und einen zunehmenden Tauschverkehr jedes Jahr um 700–900 Einheiten; sie stellt, zusammen mit der Bibliothek des Musée monétaire cantonal in Lausanne und der Bibliothek des Münzkabinetts im Schweizerischen Landesmuseum in Zürich, die bedeutendste Sammlung numismatischer Drucke in der Schweiz dar. 1982 fand das Münzkabinett, das seit 1916 in den Räumen der Stadtbibliothek untergebracht gewesen war, samt der Antikensammlung und der Fachbibliothek in der Villa Bühler einen eigenen Standort. Damit akzentuierte sich auch seine Entwicklung zu einer eigenständigen Institution, deren Bestände, was die Bibliothek anbelangt, im Zettelkatalog und z. T. (etwa 40 % der Bestände) auch im elektronischen Online-Katalog der Winterthurer Bibliotheken erfasst, aber physisch von diesen getrennt sind. So befinden sich heute die einschlägigen Signaturgruppen XI, XIa, XIb und XIc und »Imhoof« sowie »Imhoof a« und »Imhoof b« vollständig, die übrigen auf verschiedene Signaturgruppen verteilten Altbestände der Winterthurer Bibliotheken zur Münz- und Geldgeschichte weitgehend im Münzkabinett.

2. BESTANDSBESCHREIBUNG

2.1 Es werden nur die Altbestände der Signaturgruppen XI, XIa, Imhoof, Imhoof a und Imhoof b in die Bestandsbeschreibung einbezogen. Die 70 bis 80 Einheiten anderer Signaturgruppen (v. a. XVII und Sch) wurden bei der Zählung der Altbestände der Winterthurer Bibliotheken schon berücksichtigt und, um eine Doppelzählung zu vermeiden, nun weggelassen.

Chronologische und sprachliche Übersicht

2.2 Von den insgesamt 4455 vor 1901 erschienenen Einheiten wurden 4217 (94,7 %) im 19. Jh publiziert, 3661 (82,2 %) in der zweiten, 556 (12,5 %) in der ersten Jahrhunderthälfte. 193 Einheiten (4,3 %) gehören dem 18. Jh, 40 (0,9 %) dem 17. Jh und 5 dem 16. Jh an. 1966 Werke (44,1 %) wurden in deutscher, 1448 (32,5 %) in französischer, 488 (11 %) in englischer, 233 (5,2 %) in italienischer, 216 (4,8 %) in lateinischer, 72 (1,6 %) in griechischer, je 12 in holländischer und in russischer Sprache und 8 in Dänisch, Hebräisch, Spanisch und Rätoromanisch gedruckt.

Systematische Übersicht

2.3 Die Signaturen XI und XIa gehören zu den für die ab 1800 erschienenen Bestände der Stadtbibliothek eingerichteten römischen Zahlsignaturen und reihen sich nach der Geschichte (X), aber vor der Geographie (XII) ein; die Signaturen XIb und XIc wurden 1981 im Münzkabinett für neuere Kleinschriften (Sonderdrucke und Broschüren) eingeführt. Die Signaturen »Imhoof«, »Imhoof a« und »Imhoof b«, die viel mehr Einheiten umfassen, weisen auf Friedrich Imhoof-Blumer als Vorbesitzer hin. Unter ihnen sind, ausser Numismatik, Bücher aus weiteren Fachgebieten zu finden. Die Signaturgruppen XI (samt a, b und c) enthalten fast ausschliesslich numismatische Werke.

Signaturgruppen XI und XIa

2.4 Diese Hauptgruppe von 720 Einheiten (16,2 % des gesamten Altbestands) umfasst 4 im 16. Jh, 29 (4 %) im 17. Jh, 134 (18,6 %) im 18. und 553 (76,8 %) im 19. Jh erschienene Drucke, von denen 226 in französischer, 219 in deutscher, 128 in englischer, 104 in lateinischer, 39 in italienischer, 2 in holländischer und je 1 Druck in dänischer und in griechischer Sprache publiziert wurden. Als ältestes Werk ist Guillaume Budés *De asse et partibus eius libri quinque* ([Paris 1514]) zu nennen. Diethelm Kellers *Kunstliche und aigendtliche bildtnussen der Rhömischen Keyseren* (Zürich 1558) belegt ein frühes Interesse an antiken Münzen im Raum Zürich. Der bedeutende Zürcher Hebraist Johann Heinrich Hottinger publizierte in lateinischer Sprache Uri Ben-Sim'ons *Cippi Hebraici* (2. Aufl., Heidelberg 1662). Der Bd wurde von Johann Heinrich Rahn am 14. September 1666 der Stadtbibliothek Winterthur geschenkt. Von Hubert Goltz finden sich 4 mit vielen Abbildungen versehene lateinische Werke zur Geschichte Siziliens, zu den dort gefundenen römischen Münzen und weiteren Altertümern sowie ein Kommentarband (alle Antwerpen 1644). Geschichtsforschung anhand von Münzen, Inschriften und Monumenten propagiert Nicolas Chevaliers *Histoire de Guillaume III, Roy d'Angleterre* (Amsterdam 1692). Zu den alten münzkundlichen Standardwerken gehören Charles Patins *Introduction à la connoissance des médailles* ([Amsterdam und] Paris 1667), ein Elzevier-Druck, dessen Einband auf eine frühe Anschaffung der Stadtbibliothek Winterthur hinweist, sowie Johannes Vaillants *Numismata imperatorum Romanorum* (Amsterdam 1694) mit dem Exlibris des Arztes Nikolaus August Cervinus. In verschiedenen Ausg. sind die Werke Joseph Hilarius Eckhels vorhanden, darunter die *Doctrina numorum veterum* (8 Bde, Wien 1792–1798). Aus der zweiten Hälfte des 19. Jhs ist unter der numismatischen Fachliteratur Friedrich Imhoof-Blumer selbst als Autor mehrfach vertreten. Daneben sind zahlreiche Münzkataloge, unter ihnen sämtliche von Sotheby's ab 1894, sowie 9 numismatische

Zeitschriften zu erwähnen, die nach Bdn oder Jg. gezählt wurden.

Signaturgruppen Imhoof, Imhoof a, Imhoof b

2.5 Die meisten dieser 3735 Einheiten, nämlich 3664, wurden im 19. Jh publiziert, davon 3221 in der zweiten Jahrhunderthälfte, ferner 59 im 18. Jh, 11 im 17. Jh. 1 Werk wurde im 16. Jh gedruckt. 1747 Einheiten erschienen in deutscher, 1222 in französischer, 360 in englischer, 194 in italienischer, 112 in lateinischer, 71 in griechischer, 12 in russischer, 10 in holländischer, je 2 in dänischer, hebräischer und in spanischer Sprache; 1 Buch wurde in Rätoromanisch veröffentlicht. Von dieser Hauptgruppe ist jedoch nur eine Untergruppe von 899 Einheiten im Münzkabinett selbst aufgestellt, fast alles Fachliteratur des 19. Jhs. Zu den 22 vor 1800 erschienenen Werken der Untergruppe gehört als ältestes eine Stumpf-Chronik (Zürich 1548). Ferner sind zu nennen Pierre Seguins *Selecta numismata antiqua* (Paris 1684), 5 Teile des von Johann Jakob Gessner und dem Stecher Johann Kaspar Füssli geschaffenen Tafelwerks über die Münzen der verschiedenen antiken griechischen Reiche und die der Römer (Numismata, Zürich [1735]–1738) sowie das Tafelwerk zur Münzsammlung von Thomas Herbert (Numismata antiqua, [London] 1746). Es finden sich hier sehr viele weitere Kataloge von privaten und öffentlichen Münzsammlungen, z. B. *The Montagu collection of coins. Catalogue of the British & Anglo-Saxon series* (5 Teile, London 1895–1897) und der *Catalogo del museo nazionale di Napoli. Collezione Santangelo. Monete Greche* (Neapel 1866). In mehreren Bdn sind Sonderdrucke numismatischer Abhandlungen zusammengebunden, die Friedrich Imhoof einst im Austausch von englischen, französischen, deutschen, griechischen und russischen Gelehrten erhalten hatte. Die Aufsätze und Bücher Imhoofs sind vollständig vorhanden; es sind meist durchschossene Exemplare mit zahlreichen handschriftlichen Korrekturen und Ergänzungen. Auch die Münzkataloge und weitere Bücher enthalten oft handschriftliche Einträge Imhoofs. Als weitere Zeitschriften sind der *Illustrierte Anzeiger über gefälschtes Papiergeld* (1865–1872) und der *Report of the operations/proceedings of the numismatic and antiquarian society of Philadelphia* (ab 1880) zu nennen.

2.6 Der weit grössere Teil von Friedrich Imhoof-Blumers Buchbesitz, 2836 Einheiten, ist in einem klimatisierten Aussendepot des Münzkabinetts untergebracht. 2463 Drucke erschienen im 19. Jh, 40 im 18. und 9 im 17. Jh, 1505 in deutscher, 881 in französischer, 185 in englischer, 109 in italienischer, 83 in lateinischer, 60 in griechischer, 6 in holländischer Sprache und 7 in Russisch, Hebräisch, Dänisch und Rätoromanisch. Nicht gezählt wurden in mehreren Bdn zusammengebundene deutsche und französische Prospekte bzw. Werbedrucke, hauptsächlich zu kulturellen Anlässen. Die Bücher und die sehr zahlreichen, in Schachteln aufbewahrten Kleindrucke wiederspiegeln die ganze Bandbreite der Interessen ihres ehemaligen Besitzers. Mit ca. 100 Einheiten sind die eigentlich münzkundlichen Werke in der Minderzahl. Zu den mit der Numismatik in Berührung stehenden Gebieten gehören Archäologie, insbesondere archäologische Zeitschriften, z. B. die *Mittheilungen des deutschen archäologischen Institutes in Athen* (ab 1876), ca. 40 bis 50 monumentale, zwischen 1801 und 1850 erschienene Tafelbände und archäologisch ausgerichtete Reiseliteratur. Ferner sind hier zu nennen antike Geographie, so Konrad Mannerts *Geographie der Griechen und Römer* (11 Teile, Nürnberg, Leipzig 1797–1825), der *Atlas of ancient geography* (London 1874) und weitere Atlanten, auch zur modernen Geographie, Ausg. antiker griechischer und römischer Autoren in der Originalsprache, v. a. aber in französischer oder deutscher Übers., Geschichte, z. B. vertreten durch Louis-Sébastien Le Nain de Tillemonts *Histoire des empereurs* (8 Bde, Brüssel 1692–1693), und Kunst, so die *Zeitschrift für bildende Kunst* (30 Bde, 1867–1895 mit 2 Registern 1875, 1896). Umfangreich ist die Sammlung von französischen, englischen und deutschen Nachschlagewerken.

2.7 Daneben nimmt mit etwa 120 Büchern französische Belletristik, d. h. Romane der Brüder Goncourt, Edouard Rods, André Theuriets und anderer aus der Zeit kurz vor 1900, einen nicht unerheblichen Platz ein. Bescheidener ist der Umfang deutschsprachiger Belletristik, erwähnenswert Werke von Theodor Fontane. Daneben findet sich auch reine Unterhaltungsliteratur. Einzelne Schachteln enthalten Drucke vermischten Inhalts, z. B. sowohl medizinische und als auch militärische. Bemerkenswert ist das unter dem Pseudonym »S.-F. Touchstone« verfasste, bebilderte Werk *Les chevaux de course* (Paris 1889), eine historische Beschreibung der berühmtesten reinblütigen englischen und französischen Rennpferde.

3. KATALOGE

Elektronischer Katalog der Winterthurer Bibliotheken [verzeichnet alle in der Bibliothek des Münzkabinetts vorhandenen Monographien, Zeitschriften und Reihen, den numismatischen Teil der Imhoof-Bibliothek sowie ab 2009 erworbene Kleinschriften wie Sonderdrucke und Broschüren. Die älteren Kleinschriften (XIb und XIc sowie diverse unter den Signaturen XI und XIa sowie Imhoof, Sch etc.) werden ab 2010 ebenfalls für den elektronischen Katalog rekatalogisiert]

Zettelkatalog im Münzkabinett [alphabetischer Autorenkatalog und alphabetischer Schlagwortkatalog für Monographien und Serien bis 2004, Kleinschriften bis 2008]

4. QUELLEN UND DARSTELLUNGEN ZUR GESCHICHTE DER BIBLIOTHEK

Engeli, Adolf: Friedrich Imhoof-Blumer 1838–1920. Winterthur 1924 (258. Neujahrsblatt der Stadtbibliothek Winterthur)

Kaenel, Hans-Markus von: Friedrich Imhoof-Blumer (1838–1920). Ein bedeutender Winterthurer Gelehrter, Sammler und Mäzen. In: Winterthurer Jahrbuch 37 (1990), S. 81–95

Zäch, Benedikt: Münzkabinett und Antikensammlung der Stadt Winterthur. In: Commission internationale de numismatique, Compte rendu 47 (2001), S. 66–77

Zäch, Benedikt: Münzkabinett und Antikensammlung. Abriss einer 340jährigen Geschichte. In: Münzkabinett intern. Mitteilungsblatt der »Freunde des Münzkabinetts Winterthur« 1 (2001), S. 6–11

Zäch, Benedikt: Famous Numismatists – Les grands numismates: Friedrich Imhoof-Blumer (1838–1920). In: Commission internationale de numismatique (CIN), Compte rendu 54, 2007 (2008), S. 30–37

Zindel, Christian: Zur Geschichte des Münzkabinetts Winterthur. In: Antike Kunst 31 (1988) Heft 2, S. 108–114

DIE BRESLAUER SEMINARBIBLIOTHEK IN DER BIBLIOTHEK DER ISRAELITISCHEN CULTUSGEMEINDE ZÜRICH

Kanton: Zürich

Ort: Zürich

Bearbeiter: Yvonne Domhardt, Zsolt Keller, Guido Kleinberger und Michael Leipziger

Adresse: Bibliothek der Israelitischen Cultusgemeinde Zürich (ICZ)
Lavaterstrasse 33
8002 Zürich

Telefon: +41 44 283 22 50

Telefax: +41 44 283 22 23

E-Mail: bibliothek@icz.org

Träger:
Schweizerischer Israelitischer Gemeindebund (Eigentümer); Israelitische Cultusgemeinde Zürich (Betreiberin); vgl. auch den Artikel zur Bibliothèque juive de Genève, «Gérard Nordmann».

Funktion:
Öffentliche Bibliothek

Sammelgebiete:
Hebraica und Judaica.

Benutzungsmöglichkeiten:
Öffentliche Fach- und Gemeindebibliothek.

Öffnungszeiten:
Montag bis Donnerstag 9.00–18.00 Uhr durchgehend.

Hinweise für anreisende Benutzer:
Mit dem Zug oder den Strassenbahnen Nr. 5, 6 oder 7 bis Bahnhof Enge. Von dort via General-Wille-Strasse ca. 100 bis 200 m bis zur Lavaterstrasse.

1. BESTANDSGESCHICHTE

1.1 Das Jüdisch-Theologische Seminar in Breslau war 1854 aus dem Nachlass von Jonas Fraenckel (1773–1846) hervorgegangen und als Lehrstätte resp. »Seminar zur Heranbildung von Rabbinern und Lehrern« konzipiert worden. Als erster Leiter der Abteilung für die »jüdischen Wissenschaften« amtete Heinrich Graetz (1817–1891). Graetz war es auch, der den Grundstock der Breslauer Seminarbibliothek, die berühmte saravalsche Sammlung, in Empfang nahm. Das Seminar in Breslau entfaltete in der Folge eine rege Lehrtätigkeit und avancierte neben der Hochschule für die Wissenschaft des Judentums in Berlin zu einer der wichtigsten Stätten jüdischer Bildung in Europa. In den Novembertagen des Jahres 1938 fiel auch das Breslauer Seminar den pogromartigen Gewaltakten der Nationalsozialisten zum Opfer. Die Bibliothek wurde weitgehend vernichtet, der Lehrbetrieb eingestellt.

1.2 1945 fanden die vorrückenden alliierten Truppen in Deutschland riesige Bestände jüdischen Kulturgutes – Bibliotheken, Kultgegenstände –, die vom sogenannten Einsatzstab Reichsleiter Rosenberg aus dem nationalsozialistischen Einflussbereich zusammengetragen wurden. Rosenbergs Plan, die Errichtung einer »Hohen Schule«, die eine Art Partei-Universität der NSDAP dargestellt hätte, konnte aus kriegstechnischen Gründen nie ganz realisiert werden. Als Aussenstelle entstand aber z. B. 1939 in Frankfurt das »Institut zur Erforschung der Judenfrage«, das offiziell im März 1941 eröffnet wurde. Diesem Institut wurden ab 1940 grosse Lieferungen von Raubgut aus den besetzten Gebieten zugeführt. Unter den geplünderten Bibliotheken fanden sich berühmte Sammlungen wie die Bibliothek der Alliance Israélite Universelle aus Paris, die Bibliotheca Rosenthaliana, die Bibliothek des portugiesisch-israelitischen Seminars Ets Chaim sowie Reste der 1938 fast völlig zerstörten Bibliothek des Breslauer Seminars.

1.3 1949 lagerten im Depot der Commission on European Jewish Cultural Reconstruction, Inc. (JRC) in Wiesbaden, einer Institution, die sich unter dem Präsidium von Salo Baron und u. a. der Mitarbeit von Hannah Arendt seit Beginn der 1940er-Jahre der Bewahrung jüdischen Kulturgutes annahm, rund 11.000 der ursprünglich 30.000 Bde umfassenden Breslauer Seminarbibliothek. Dieser Bestand sollte nach eingehenden Bemühungen von Vertretern des Schweizer Judentums in die Schweiz gebracht werden. Gegen diese Absicht legte jedoch die Jewish National and University Library ihr Veto ein und setzte durch, dass die Reste der ehemaligen Breslauer Seminarbibliothek zwischen den USA, Israel und der Schweiz aufgeteilt werden sollten. Auf diese Weise gingen 1950 nach Angaben der JRC rund 6000 Bde der ehemaligen Breslauer Seminarbibliothek in das Eigentum des Schweizerischen Israelitischen Gemeindebundes (SIG) über und wurden nach Genf gesandt, wo der Bestand entgegengenommen wurde.

1.4 Da man sich nicht auf einen Standort der ehemaligen Breslauer Seminarbibliothek einigen konnte und die Geschäftsleitung des SIG keine der jüdischen Gemeinden bevorzugen wollte, wurde beschlossen, die Bibliothek zwischen der Israelitischen Gemeinde Basel, der Communauté Israélite de Genève und der Israelitischen Cultusgemeinde Zürich aufzuteilen. Die Verteilung des Bestandes gestaltete sich konfliktreich und langwierig. Sie konnte erst im Laufe des Jahres 1953 abgeschlossen werden. Seither befanden bzw. befinden sich die in die Schweiz gelangten Bde der ehemaligen Breslauer Seminarbibliothek in den Bibliotheken der jüdischen Gemeinden Basel, Genf und Zürich. 2006 wurden die Bücher von Basel nach Zürich verlegt.

1.5 Im Folgenden wird der Bestand der Bibliothek der Israelitischen Cultusgemeinde Zürich (ICZ) ohne die aus Basel stammenden Bücher beschrieben.

2. BESTANDSBESCHREIBUNG
Chronologische Übersicht

2.1 Die Breslauer-Seminarbibliothek in der Israelitischen Cultusgemeinde Zürich zählt etwa 2368 Titel. Mit wenigen Ausnahmen handelt es sich um Bücher in hebräischer Sprache. In die Zählung nicht eingeschlossen sind rund 30 Bücher in deutscher Sprache, die bei den Altbeständen der Bibliothek der Israelitischen Cultusgemeinde Zürich aufgeführt sind.

2.2 20 Titel (1 %) entfallen auf das 16. Jh, 95 (4 %) auf das 17. Jh, 630 Werke (26 %) stammen aus dem 18. Jh. Mit 1226 Titeln (52 %) stellt das 19. Jh das grösste Korpus der in der Breslauer Seminarbibliothek enthaltenen Bücher dar. 397 (17 %) entfallen schliesslich auf das 20. Jh. Bei einigen wenigen Broschüren und weiteren Schriftstücken konnte keine genaue Datierung vorgenommen werden.

2.3 Aus dem 16. Jh enthält die Sammlung u. a. ein kabbalistisches Werk mit dem Titel *Assara Ma'amarot* (Venedig 1597) des Rabbi Menachem Asaria de Fano, ferner ein Wörterbuch zu Ausdrücken aus Talmud und Midrasch von Rabbi Elijah ben Ascher Aschkenasi Levita (*HaTíschbi* (Venedig [?] 1541). Erwähnenswert sind auch die Erklärungen von Rabbi Schimon bar Zemach zum Buch Hiob, *Sefer Ohew Mischpat*, und *Sefer Mischpat Zedek* (Venedig [?] 1569/70).

Systematische Übersicht

2.4 Fast ein Drittel (30 % oder 702 Titel) der ehemaligen Breslauer Seminarbibliothek fällt in die Kategorie der halachischen Literatur. Dazu zählen v. a. rabbinische Erklärungen, Responsen sowie Kommentare, aber auch Kommentare zu Kommentaren. Mit 356 Titeln (15 %) stellt die Gruppe der aggadischen Werke mit Erbauungsliteratur und Predigten die zweitgrösste Sammlung dar. An dritter (16 %, 383 Titel) und vierter (11 %, 260 Titel) Stelle stehen Tanach (die hebräische Bibel) und Talmud; die klassischen Texte (z. B. Mikra'ot Gedolot) sind in diesem Korpus nicht vorhanden. Eine mögliche Erklärung hierfür ist, dass diese Textausgaben den jüdischen Kleingemeinden und Thoraschulen in der Schweiz zum Studium und zum praktischen Gebrauch überlassen wurden. Die restlichen Titel der Bibliothek umfassen Gebetbücher, z. B. Psalmen-Ausgaben (Tehillim), mystische Literatur, Texte zur Chassidut sowie philosophische Schriften. Sie bilden jedoch keinen Schwerpunkt der Sammlung. Vereinzelt finden sich auch belletristische Werke, Dichtungen (Pijutim) sowie humoristische Literatur.

3. KATALOGE

Der gesamte Bestand der Breslauer Bibliothek in Zürich ist sowohl in Listen- als auch in Karteikartenform systematisch und inhaltlich erfasst. Ein differenziertes Schlagwortverzeichnis ermöglicht die gezielte Suche nach Themenbereichen.

4. QUELLEN UND DARSTELLUNGEN ZUR GESCHICHTE DER BIBLIOTHEK

Albertini, Francesca: Das Judentum und die Wissenschaft: zum 150. Gründungsjahr des Jüdisch-theologischen Seminars in Breslau. In: Judaica 60 (2004) Heft 2, S. 141–158

Brann, Markus: Geschichte des Jüdisch-theologischen Seminars (Fraenckel'sche Stiftung) in Breslau: Festschrift zum fünfzigjährigen Jubiläum der Anstalt. Breslau [1905]

Das Breslauer Seminar: Jüdisch-theologisches Seminar (Fraenckelscher Stiftung) in Breslau 1854–1938: Gedächtnisschrift = The Breslau seminary: the Jewish-theological seminary (Fraenckel foundation) of Breslau 1854–1938: memorial volume, hrsg. von Guido Kisch. Tübingen 1963 [in deutscher, englischer und hebräischer Sprache]

Festschrift zum 75jährigen Bestehen des Jüdisch-theologischen Seminars Fraenckelscher Stiftung. Bd II. Breslau 1929 [in deutscher und hebräischer Sprache]

Heppner, Aron: Jüdische Persönlichkeiten in und aus Breslau. Breslau 1931

Jahresbericht des Jüdisch-theologischen Seminars »Fraenckelscher Stiftung«. Breslau 1854–[1937]

Keller, Zsolt: Jüdische Bücher und der Schweizerische Israelitische Gemeindebund (1930–1950): Anmerkungen zu einem bislang wenig beachteten Thema. In: Bulletin der Schweizerischen Gesellschaft für Judaistische Forschung (SGJF) 14 (2005), S. 20–34

Kirchhoff, Markus: Häuser des Buches: Bilder jüdischer Bibliotheken, hrsg. vom Simon-Dubnow-Institut für jüdische Geschichte und Kultur an der Universität Leipzig. Leipzig 2002

Loewinger, David Samuel; Weinryb Bernard Dov: Catalogue of the Hebrew manuscripts in the library of the Juedisch-theologisches Seminar in Breslau. Wiesbaden 1965

Rabin, Israel: Bibliotheksbericht. In: [Jahres]bericht des Jüdisch-theologischen Seminars für das Jahr 1930, S. 19–42

Wilke, Carsten L.: Von Breslau nach Mexiko: die Zerstreuung der Bibliothek des Jüdisch-theologischen Seminars. In: Birgit E. Klein, Christiane E. Müller (Hrsg.): Memoria: Wege jüdischen Erinnerns: Festschrift für Michael Brocke. Berlin 2005, S. 315–338

Zuckermann, Benedikt: Katalog der Seminarbibliothek: erster Theil: Vorwort, Handschriften, Druckwerke: Bibel. In: Jahresbericht des Jüdisch-theologischen Seminars »Fraenckel'scher Stiftung« 1870, S. I–X, 1–65

ETH-BIBLIOTHEK, ZÜRICH

Kanton: Zürich

Ort: Zürich

Bearbeiter: Roland Lüthi

Adresse: Rämistrasse 101, 8092 Zürich

Telefon: +41 44 632 35 96

Telefax: +41 44 632 14 39

Homepage: www.ethbib.ethz.ch/alte_drucke/

E-Mail: rara@library.ethz.ch

Träger: Schweizerische Eidgenossenschaft

Funktion: Hochschulbibliothek

Sammelgebiete:
Architektur, Militärwissenschaften, Astronomie, Ingenieurwissenschaften, Eisenbahnwesen, Mechanik, Maschinenbau, Chemie und Pharmazie, Land- und Forstwirtschaft, Mathematik, Physik, Naturwissenschaften, Geistes- und Sozialwissenschaften.

Benutzungsmöglichkeiten:
Präsenzbenutzung der Altbestände im Lesesaal der Spezialsammlungen. Leihverkehr: ILV (nur für gut erhaltene Bücher des 19. Jhs).

Öffnungszeiten:
Sammlung Alte Drucke: Montag bis Freitag 10.00–18.00 Uhr.

Technische Einrichtungen für den Benutzer:
Kopiergerät (für neuere Literatur), Mikrofiche- und Mikrofilm-Lesegeräte. Online-Zugriff auf den Bibliothekskatalog NEBIS, Internet- und Multimedia-Arbeitsplätze.

Gedruckte Informationen:
Benutzungsordnung, diverse Faltprospekte.

Hinweise für anreisende Benutzer:
Fusswegnähe vom Hauptbahnhof (ca. 15 Minuten). Erreichbar mit Tram 6 oder 10 bis Haltestelle ETH/Universitätsspital; die Anzahl der Besucherparkplätze ist sehr beschränkt, gebührenpflichtige Parkplätze an der Karl Schmid-Strasse.

1. BESTANDSGESCHICHTE

1.1 Die Bibliothek der Eidgenössischen Technischen Hochschule in Zürich ist eine vergleichsweise junge Institution. Dennoch weist sie beachtliche historische Bestände auf. Als 1855 die Eidgenössische Polytechnische Schule in Zürich gegründet wurde, war man sich bewusst, dass die bereits in Zürich vorhandenen öffentlichen Bibliotheken den Bedürfnissen einer modernen Ingenieurschule nicht genügen konnten. Es wurde daher beschlossen, der neuen Lehranstalt eine eigene Bibliothek anzugliedern. Am 7. Januar 1856 konnte die Bibliothek des Polytechnikums in provisorischen Räumlichkeiten in der Zürcher Altstadt eröffnet werden.

1.2 1863 bezog die Bibliothek eigene Räumlichkeiten in dem vom Architekten Gottfried Semper (1803–1879) errichteten heutigen Hauptgebäude der ETH Zürich. Die neu gegründete Bibliothek konnte auf keine Vorgänger zurückgreifen und musste deshalb vollständig neu aufgebaut werden. Im Vordergrund stand die Beschaffung aktueller Literatur zu den an der Hochschule vertretenen Fachgebieten, mit Schwergewicht auf der Technik und den Naturwissenschaften. Dieser Bestand vergrösserte sich rasch, da verschiedene Privatpersonen, v. a. Professoren des Polytechnikums, Verlage, Buchhandlungen, der Bund und die Kantone sowie wissenschaftliche Gesellschaften grosszügige Geschenke machten.

1.3 Unter diesen Voraussetzungen könnte man vermuten, die Sammlung Alte Drucke umfasse vorwiegend Werke aus der zweiten Hälfte des 19. Jhs. Dank einer glücklichen personellen Konstellation verfügt die ETH-Bibliothek jedoch auch über eine grosse Anzahl Drucke des 15. bis 18. Jhs, darunter zahlreiche Erstausgaben. Der erste Leiter der Bibliothek, der Astronomieprofessor Rudolf Wolf (1816–1893), widmete einen Schwerpunkt seiner Forschungen der Wissenschaftsgeschichte. So ergänzte er von Anfang an die aktuelle wissenschaftliche Literatur durch den Erwerb von Klassikern der Wissenschaften, wenn möglich in Erstausgaben. Damit legte er die Richtlinien der Sammeltätigkeit der ETH-Bibliothek fest, die von seinen Nachfolgern weitergeführt wurde.

1.4 Wolf trat auch privat als Donator auf. Schon in den ersten Jahren ihres Bestehens schenkte er der Bibliothek so bedeutende Abhandlungen wie Pierre-Simon Laplaces *Système du monde* (Paris 1796), Heinrich Wilhelm Matthias Olbers' *Kometenbahnberechnung* (Weimar 1797), René Descartes' *Geometria* (Amsterdam 1683), Leonhard Eulers *Algebra* (St. Petersburg 1771), Ausg. mehrerer Werke des Apollonius von Perga und Sebastian Münsters *Rudimenta mathematica* (Basel 1551). Später kamen weitere namhafte Schenkungen dazu.

1.5 Wolfs Nachfolger als Bibliotheksleiter, Ferdinand Rudio (1856–1929), zeichnete sich ebenfalls durch ein ausgeprägtes Interesse für die Wissenschaftsgeschichte aus. So war er die treibende Kraft hinter der wissenschaftlichen Gesamtausgabe der Werke Leonhard Eulers. Unter Rudios Leitung erschien im Jahre 1896 der letzte gedruckte Katalog der ETH-Bibliothek. Fortan wurden die Kataloge in nachführbarer Form erstellt, als grossformatige Klebekataloge, sogenannte Foliantenkataloge, mit einem alphabetischen und einem Sachteil. Erst in den 1940er-Jahren wurden diese durch einen Zettelkatalog ersetzt.

1.6 In Bezug auf die historischen Buchbestände ist die Eingliederung der kleinen, aber sehr wertvollen Bibliothek der Mathematisch-Militärischen Gesellschaft in Zürich erwähnenswert. Als im Jahr 1878 am Polytechnikum eine militärwissenschaftliche Abteilung eingerichtet wurde, übergab die Gesellschaft ihre Bibliothek als Leihgabe der Bibliothek des Polytechnikums. 1901 wurde dann ein förmlicher Schenkungsvertrag abgeschlossen. Die Bedeutung dieser Bibliothek hinsichtlich bibliophiler und wissenschaftshistorischer Kriterien kann kaum überschätzt werden, enthält sie doch zahlreiche Werke früherer Jhe, die als Quellen für die Wissenschaftsgeschichte nicht wegzudenken sind. Der Bestand dieser Schenkung geht dabei weit über die militärische Thematik hinaus. Waren die einzelnen Wissensbereiche in früheren Jhn generell weniger deutlich voneinander abgegrenzt als heute, so sind insbesondere die mathematischen Disziplinen immer eng mit kriegstechnischen Fragen verknüpft gewesen.

1.7 Im Laufe der Zeit wurden verschiedene Bibliotheken und Bibliotheksbestände an der ETH in die Hauptbibliothek integriert. Für die Sammlung Alte Drucke war v. a. die Schliessung der Eidgenössischen Sternwarte Zürich und die damit verbundene Überführung ihrer Bibliothek im Jahre 1980 ein wichtiges Ereignis. Die Sternwarte war vom erwähnten Rudolf Wolf gegründet worden. Er baute hier neben einer Sammlung historischer astronomischer Instrumente auch eine Bibliothek auf, die bald bedeutende Werke zur Geschichte der Astronomie enthielt. Dieser Bestand bildet heute einen wichtigen Grundstock der Alten Drucke im Bereich »Astronomie und Physik«.

1.8 Darüber hinaus konnten die Bestände der ETH-Bibliothek immer wieder durch die Inkorporation privater Sammlungen ergänzt werden. Die grösseren Schenkungen wurden jeweils unter einer eigenen Signatur zusammengefasst und sind als Gesamtkomplexe erhalten geblieben. Zu nennen sind die privaten Fachbibliotheken von Eugen Bircher (1882–1956) mit Schwerpunkt Militärwesen und Geschichte, Max Doerner (1884–1959) mit Schwerpunkt Militärwesen, Hans Kern (1867–1940) mit Schwerpunkt Geschichte und Militärwesen, Fritz Medicus (1876–1956) mit Schlüsselwerken der Philosophie und Philosophiegeschichte und Carl Alfred Meier (1905–1995) mit dem Schwerpunkt »Naturwissenschaft, Psychologie, Medizin und Philosophie«. Nicht mit einer eigenen Signatur versehen wurden die vorwiegend erdwissenschaftlichen Werke aus der Schenkung des Vulkanologen Immanuel Friedländer (1871–1948).

1.9 Wesentliche Neuerungen im Interesse einer sicheren Aufbewahrung und besseren Erschliessung der alten Drucke der ETH-Bibliothek gehen auf Paul Scherrer (1900–1992) zurück, der dieser von 1947 bis 1962 zunächst als Oberbibliothekar und ab 1953 als Direktor vorstand. Nach dem schon von Wolf eingeführten Signaturenschema, das auf den Abteilungen (Fakultäten) der Hochschule basierte und innerhalb derselben laufende Nummern vorsah, waren die historischen Bestände über die Büchermagazine verstreut und so jeglicher besonderen Kontrolle und Überwachung entzogen. Zum Schutz dieser kostbaren Werke plante Paul Scherrer 1948 die Schaffung einer »Zimelien- und Handschriftenabteilung« und liess ab 1949 die Signaturen der in Frage kommenden Werke besonders kennzeichnen. Anlass dafür war die Schenkung der Erstausgabe von Charles Darwins *On the Origin of Species* (London 1859) mit einer Widmung an den ETH-Professor Oswald Heer (1809–1883). Entsprechend trägt dieses Werk die Signatur »Rar 01«.

1.10 Die Entdeckung eines Diebstahls war dann im Jahr 1959 Anstoss, die in den Büchermagazinen immer noch verstreuten Zimelien auszusondern und in einem verschlossenen Raum unterzubringen. Als obere zeitliche Grenze und gleichzeitig als Kriterium für die Aufnahme in den Rara-Bestand wurde das Druck- bzw. Entstehungsjahr 1800 festgelegt, ohne indessen Werke jüngeren Datums auszuschliessen.

1.11 1968 erhielt die Zimelien- und Handschriftensammlung, damals meist kurz »Handschriftenabteilung« genannt, den offiziellen Namen »Wissenschaftshistorische Sammlungen der ETH-Bibliothek (WHS)«. Im Laufe der Zeit wurden den WHS neben Rara und Autographen eine ganze Reihe weiterer Spezialsammlungen angegliedert. Im Zuge der Reorganisation der ETH-Bibliothek im Jahre 2001 wurde schliesslich die Sammlung Alte Drucke geschaffen. Deren Kernbestand umfasst grösstenteils Drucke, die vor 1800 erschienen, aber auch Tafelwerke und Zeitschriften bis 1850 und vereinzelt Werke, die im frühen 20. Jh publiziert wurden.

1.12 Bei der Betreuung der Sammlung Alte Drucke steht der Sicherheitsaspekt im Vordergrund. Die Bibliothek will aber die Quellen der Wissenschaftsgeschichte den Forschenden bzw. einer interessierten Öffentlichkeit zur Verfügung stellen. Dies geschieht über den Online-Katalog NEBIS, in dem die Werke bestellt und dann im Lesesaal der Spezialsammlungen konsultiert werden können. Auf der anderen Seite müssen die empfindlichen Bücher für die Nachwelt gesichert werden. Zum Schutz der Originale wurden deshalb im Frühjahr 2003 auch die bisher ausleihbaren Bestände des 19. Jhs von der Heimausleihe ausgenommen und der Sammlung Alte Drucke zur Betreuung übergeben. Dadurch gelangte eine beachtliche Anzahl von Monographien und Periodika in ihre Obhut. Diese Bestände verbleiben zwar räumlich getrennt vom Rara-Kernbestand in den normalen Magazinräumen, können jedoch nur im Lesesaal der Spezialsammlungen eingesehen werden. Ebenfalls unter dem Aspekt der Sicherheit und der fachgerechten Aufbewahrung wurde 2005 der gesamte Rara-Kernbestand vom Dachgeschoss in ein neues klimatisiertes Magazin im Untergeschoss verschoben.

1.13 Die ETH-Bibliothek ist nach wie vor bestrebt, den Bestand alter Drucke durch gezielte antiquarische Neuerwerbungen, den Sammlungsrichtlinien entsprechend, zu vergrössern. In der Regel handelt es sich bei den Erwerbungen um Ergänzungen einzelner Sammlungsgebiete. Hierbei gelingt gelegentlich auch die Akquisition aussergewöhnlicher Preziosen. Vom Erwerb der letzten Jahre seien hier 3 Werke erwähnt: Aus dem Umfeld Galileis stammt die sehr seltene Publikation *De systemate orbis cometici* (Palermo 1654) von Giovanni Battista Hodierna. Im Jahre 2001 gelang es der ETH-Bibliothek, im Rahmen eines Tausches das erste russische Mathematik-Lehrbuch, Leontij Magnickijs *Arifmetika* (Moskau 1703), zu erwerben. Dieses Werk ist ausserhalb Russlands eine Rarität. Noch bedeutender ist jedoch die im Jahre 2002 ebenfalls durch Tausch ermöglichte Erwerbung der *Etymologiae* des Isidorus von Sevilla. Die Inkunabel (Augsburg 1472) enthält die erste gedruckte Karte und ist das bislang älteste Buch in der ETH-Bibliothek.

1.14 Auch in jüngster Zeit kommt es hie und da zu Übernahmen von Bibliotheksbeständen anderer ETH-Institute. Im März 2005 wurden die Altbestände der Bibliothek Erdwissenschaften – ca. 1300 Titel – in die ETH-Bibliothek integriert. Davon wurden rund 150 Titel für den Rara-Kernbestand selektioniert. Eine grössere Aktion im selben Jahr war die Fusion mehrerer Institutsbibliotheken im Bereich »Agrar- und Umweltwissenschaften« zu einer gemeinsamen »Grünen Bibliothek«. Auch hierbei kamen die Altbestände bis zum Erscheinungsjahr 1900 – ca. 1600 Titel – in die Obhut der ETH-Bibliothek. Rund 250 Titel wurden in den Kernbestand der Alten Drucke aufgenommen. Darunter befinden sich wertvolle alte Kräuterbücher wie das *Neuw Kreuterbuch* (Frankfurt a. M. 1588–1591) von Jacobus Theodorus Tabernaemontanus und die erste und zweite lateinische Edition der *Opera omnia* (Frankfurt a. M. 1598 resp. Basel 1674) von Pietro Andrea Mattioli, ferner die Erstausgabe des *Theatrum fungorum* (Antwerpen 1675) von Franciscus van Sterbeeck sowie eine komplette Ausg. der von Carl Friedrich Philipp von Martius begründeten *Flora Brasiliensis* (München, Leipzig 1840–1906).

2. BESTANDSBESCHREIBUNG

2.1 Als wichtigste Quelle für die Bestandsbeschreibung diente neben den Bibliothekskatalogen das Manuskript »Der historische Buchbestand der ETH-Bibliothek« von Heinz Lutstorf aus dem Jahr 2000. Für die systematische Übersicht orientiert sich die vorliegende Beschreibung an der traditionellen Aufstellung der Bestände der ETH-Bibliothek nach Sachgebieten. Rund 80 % der Sammlung Alte Drucke sind nach einem alphanumerischen Signaturensystem geordnet, das den Bestand in 11 Klassen unterteilt: A, Architektur und Kunstgeschichte; M, Militärwesen; 1, Astronomie, Topographie, Geodäsie; 2, Ingenieurwesen; 3, Eisenbahnwesen; 4, Mechanik, Maschinenbau; 5, Chemie, Pharmazie, Verfahrenstechnik; 6, Land- und Forstwirtschaft; 7, Mathematik und Physik; 8, Naturwissenschaften und 9, Humanwissenschaften. Im Zuge der in den Jahren 2006 bis 2008 durchgeführten Umsignierung wurde die Zuordnung zu den alten Bestandsklassen nach aussen hin verdeckt; sie ist aber anhand der internen Dokumentation jederzeit rekonstruierbar.

2.2 Seit 1948 werden die Neuzugänge von Monographien im Rara-Kernbestand mit der Signatur »Rar« versehen. Die inhaltliche und quantitative Einbindung dieser Rar-Signaturen in die Systematik der Beschreibung geschah durch Zuordnung der Titel zu den entsprechenden Bestandsklassen. In gleicher Weise sind auch die Signaturen aus den inkorporierten Privatbibliotheken – Bircher (rund 1650 Titel), Doerner (rund 150 Titel), Kern (rund 750 Titel), Medicus (rund 250 Titel) und Meier (rund 600 Titel) – den jeweiligen Bestandsklassen zugeordnet worden. Kleinere Signaturgruppen, z. B. »Alp« (Alpwirtschaft), »L« (Landwirtschaft), »SEG« (Depositum der Schweizerischen Entomologischen Gesellschaft) sind in der Zählung zwar berücksichtigt, doch wird auf sie nicht näher eingegangen.

2.3 Sämtliche Zahlen wurden durch einen Datenabzug aus dem elektronischen Bibliothekskatalog gewonnen. Naturgemäss kommt es dabei zu Unschärfen, spiegeln sich doch in einer solchen Auswertung alle Schwächen der Katalogaufnahmen wider. Ein Problem stellen die rund 750 Sammelbände dar, bei denen sich die Anzahl Titel (durchschnittlich 5–10 pro Bd) zum Zeitpunkt der Datenerhebung nicht per System eruieren liess; auf eine Hochrechnung wurde verzichtet. Eine andere Schwierigkeit bieten die Periodika des 19. Jhs im Normalbestand: Hier konnte nur die Anzahl Titel einigermassen zuverlässig ermittelt werden. Die Anzahl Bde lässt sich jedoch bei einem Grossteil der Titel nicht per System erheben. Deshalb wurde hier die Gesamtzahl hochgerechnet, basierend auf einer Annahme von durchschnittlich 20 Bdn pro Titel.

2.4 Angesichts dieser Ungenauigkeiten sind die Titelzahlen in der Beschreibung als Annäherungswerte zu verstehen. Insgesamt dürfte sich jedoch mit dieser Ermittlungsmethode ein angemessenes Bild von den Mengenverhältnissen und den chronologischen, sprachlichen und thematischen Gewichtungen im historischen Buchbestand der ETH-Bibliothek ergeben. Es resultiert daraus eine Gesamtzahl von rund 46.000 Titeln oder rund 117.000 Bdn. Die Titel verteilen sich auf den Kernbestand mit rund 10.000 Titeln und auf die Bestände des 19. Jhs mit rund 36.000 Titeln, die nicht in besonderen Magazinen aufbewahrt werden.

Chronologische Übersicht und Übersicht nach Sprachen

2.5 Unter den rund 46.000 Titeln des gesamten Altbestands befinden sich 13 Inkunabeln. Der Rest verteilt sich auf rund 600 Titel (1 %) aus dem 16. Jh, 1400 (3 %) aus dem 17. Jh, 4500 (10 %) aus dem 18. Jh und 39.500 (86 %) aus dem 19. Jh.

2.6 Bei den Sprachen überwiegt Deutsch mit rund 27.000 Titeln (59 %). Es folgen Französisch (9500; 21 %), Englisch (4800; 10 %), Latein (1900; 4 %) und Italienisch (1900; 4 %). Die übrigen 900 Titel (2 %) entfallen in absteigender Folge auf Holländisch, Spanisch, Portugiesisch, Schwedisch, Dänisch, Russisch, Altgriechisch, Tschechisch, Norwegisch, Ungarisch, Rumänisch und Polnisch. Nur sehr vereinzelt sind Finnisch und Japanisch anzutreffen.

Systematische Übersicht

Monographien

2.7 Der gesamte Bestand an Monographien beläuft sich auf 42.693 Titel (darunter 13 Inkunabeln) in rund 57.000 Bdn. Die prozentuale Verteilung der Monographien nach Jhn und Sprachen ist infolge ihres grossen Anteils am Gesamtbestand weitgehend deckungsgleich mit derjenigen in der allgemeinen Übersicht. Für den Zeitraum von 1500 bis 1900 ergibt sich folgendes Bild: 564 Titel des 16. Jhs (1 %), 1343 des 17. Jhs (3 %), 4220 des 18. Jhs (10 %) und 36.553 des 19. Jhs (86 %). Bei den Beständen der Klassen 2 bis 6 und 8 handelt es sich um Wissensgebiete, die – mit Ausnahme der theoretischen Mechanik in Klasse 4 – erst im 19. Jh zu eigenständigen Wissenschaften wurden oder vorher Teile der Mathematik waren und deshalb in der Klasse 7 eingeordnet sind. Es folgt daraus, dass diese Bestände ihren Schwerpunkt im 19. Jh haben. In sprachlicher Hinsicht überwiegt Deutsch (25.468 Titel; 60 %) gefolgt von Französisch (8799; 21 %), Englisch (4054; 9 %), Lateinisch (1884; 4 %) und Italienisch (1755; 4 %). Die restlichen 733 Titel (2 %) verteilen sich in absteigender Folge auf Holländisch, Spanisch, Portugiesisch, Schwedisch, Dänisch, Altgriechisch, Russisch, Tschechisch und Norwegisch.

2.8 Thematische Überschneidungen bestehen v. a. bei den Klassen A (Architektur und Kunstgeschichte), M (Militärwesen), 1 (Astronomie, Topographie, Geodäsie) und 7 (Mathematik und Physik). Einige Autoren in diesen Klassen sind nicht eindeutig einer Klasse zuweisbar und treten bisweilen nicht in der Klasse auf, in der man sie gemeinhin vermutet. So ist beispielsweise Albrecht Dürer mit Drucken zur Architektur und zum Militärwesen ausschliesslich in der Klasse 7 (Mathematik und Physik), nicht aber in den Klassen A (Architektur und Kunstgeschichte) oder M (Militärwesen) zu finden. Des Weiteren sind in der Sammlung Drucke vorhanden, die in verschiedenen Aufl. in mehr als einer Klasse aufgestellt sind. So steht zum Beispiel Bernard Forest de Bélidor mit frühen Ausg. seiner *Architecture hydraulique* in der Klasse A (Architektur und Kunstgeschichte) und mit einer Neuauflage desselben Titels in der Klasse 2 (Ingenieurwesen). Der Titel wird in diesem Fall in beiden Klassen erwähnt, da er sowohl für die Entwicklung der Architektur als auch des Ingenieurwesens von Bedeutung ist.

2.9 Bei den Bestandsklassen A (Architektur und Kunstgeschichte) und M (Militärwesen) bot sich bei der Aufzählung von Autoren aus historischen Gründen eine geographische Ordnung an. Bei den übrigen Klassen wurde diese Ordnung übernommen, wo sich dies aus Gründen der Lesbarkeit aufdrängte. Die geographische Zuordnung von Autoren geschah im Zweifelsfall auf Grund ihres hauptsächlichen Wirkungsorts.

2.10 Bei den Angaben der Anzahl Titel pro Autor wurden alle Ausg. eines Titels bis 1900 im elektronischen Bibliothekskatalog gezählt. Bei Autoren, die in mehreren Bestandsklassen erscheinen, ist die klassenübergreifende Gesamtzahl der Titel angegeben. Die Zählung kann mitunter unvollständig sein, da kleinere Werke in Sammelbänden im elektronischen Katalog nicht konsequent als selbständige Schriften erfasst sind. Die tatsächliche Anzahl Titel pro Autor dürfte somit in manchen Fällen über der angegebenen Menge liegen.

Architektur, Kunstgeschichte (A)

2.11 Der Bestand der Klasse A umfasst 3030 Titel. Sie enthält folgende Sachgebiete: Architekturtheorie, Architekturgeschichte, Gartenarchitektur, Städtebau, Bauhandwerk, Architekturpläne, Kunstgeschichte, Malerei, Bildhauerei, Graphische Künste und Kunstgewerbe.

2.12 Von Vitruvs *De architectura* sind 26 bearbeitete und übersetzte Ausg. vorhanden. Es handelt sich vorab um 6 Ausg. des lateinischen Originals, die zwischen 1511 und 1649 erschienen, darunter die Editionen von Giovanni Giocondo (Venedig 1511), Cesare Cesariano (Como 1521) und Guillaume Philandrier (Strassburg 1550), sowie um 7 italienische, 2 französische, 1 englische und 3 deutsche Übers. der Jahre 1521 bis 1812, darunter diejenigen Walter Hermann Ryffs (Basel 1575) und August Rodes (Leipzig 1796).

2.13 Das 16. Jh ist von italienischer Seite her mit den Werken Leon Battista Albertis, Andrea Palladios, Sebastiano Serlios und Giacomo Barozzi da Vignolas mehrfach vertreten. Von Albertis *De re aedificatoria* liegen 7 Ausg. vor, darunter die beiden ersten lateinischen (Florenz 1485 und Paris 1512). Palladio ist präsent mit *I quattro libri dell'architettura* (Venedig 1570, samt zahlreichen Neuauflagen und Übers. aus den Jahren 1645 bis 1849) und Serlio mit *De architectura* (4 Aufl., Venedig 1569 und 1600, Basel 1608/09 und 1609). Italienische Autoren mit je einem Titel sind Antonio Labacco, Torello Saraina und Santi Solinori. In deutscher Sprache sind Hans Blums *Von den fünff Sülen* (Zürich 1550; Neuauflagen 1562, 1596, 1662, 1668), Wendel Dietterlins *Architectura, von Außtheilung, Symmetria und Proportionalität der Fünff seulen* (Nürnberg 1598) und Walther Hermann Ryffs *Der furnembsten, notwendigsten, der gantzen Architectur angehörigen mathematischen und mechanischen Künst eygentlicher Bericht* (Nürnberg 1547), von französischer und spanischer Seite mit je einem Titel Jacques Androuet du Cerceau, Diego de Sagredo und Juan Bautista Villalpando vorhanden.

2.14 Aus dem 17. Jh stammen Filippo Baldinuccis *Vocabolario toscano dell' arte del disegno* (Florenz 1681), Gian Franco Baroncellis *Invenzioni d'ornamenti di architettura* (o. O. 1666), Pietro Ferrerios *Palazzi di Roma de piu celebri architetti* (Rom 1650) und Vincenzo Scamozzis *Dell' idea architettura universale* (Venedig 1615; dazu Übers. von 1697 und 1713). Aus Frankreich finden sich Augustin-Charles d'Avilers *Cours d'architecture* (Paris 1691), Nicolas-François Blondels *Cours d'architecture* (Paris 1675–1683), Abraham Bosses *Traité des pratiques géométrales et perspectives* (Paris 1665) und dessen *Traité des manières de dessiner les ordres de l'architecture* (Paris 1684), von Roland Fréart de Chambrays die *Parallèle de l'architecture antique et de la moderne* (Paris 1650). Hinzu kommen Werke von Salomon de Caus (6 Titel), Sébastien Le Clerc (9), Antoine Babuty Desgodets (3 Titel, darunter *Les Edifices Antiques de Rome*, Paris 1682), André Félibien (3), Samuel Marolois (5), Charles Perrault und Louis Savot. Philibert de L'Orme ist mit den *Nouvelles inventions pour bien bastir* (Paris 1561) und der *Architecture* (2 Auf., Paris 1626 und Rouen 1648) vertreten. Aus Deutschland finden sich Joseph Furttenbach (Vater und Sohn, 11 Titel), Nikolaus Goldmann (4 Titel), Rütger Kassmann, Gabriel Krammers *Architectura von den 5 Seulen* (Köln 1610), Johann Jacob von Sandrarts *Palatiorum Romanorum* (Nürnberg 1694) und dessen *Teutsche Academie* (Nürnberg 1768–1775), sowie mehrere Schriften von Leonhard Christoph Sturm, darunter die *Sciagraphia templi Hierosolimitani* (Leipzig 1694). Von holländischer Seite sind Hendrik Hondius (4 Titel), Philips Vingboons und Jan Vredeman de Vries (7 Titel, u. a. *Variae architecturae formae*, Antwerpen 1601) zu nennen.

2.15 Aus dem 18. Jh sind von italienischer Seite Francesco Algarotti (3 Titel), Giuseppe Galli da Bibiena (2 Titel), Ottavio Bertotti Scamozzi (5 Titel), Francesco Milizia (5 Titel) und Antonio Bernardo Vittone (2 Titel) vorhanden. Von französischer Seite finden sich Bernard Forest de Bélidor (14 Titel, darunter in den Ausg. Paris 1739–1753, Augsburg 1740–1771 und Paris 1765 die *Architecture hydraulique* sowie *La Science des ingénieurs dans la conduite des travaux de fortification et d'architecture civile*, Paris 1729) und Jacques-François Blondel (3 Titel). Des weiteren sind aus Grossbritannien Isaac Wares Ausg. von Andrea Palladio (London 1738), aus Deutschland Paul Decker (4 Titel) und aus Österreich Salomon Kleiner (4 Titel) zu nennen. Ein Nachschlagewerk zur Architektur ist Christian Ludwig Stieglitz' *Encyclopaedie der bürgerlichen Baukunst* (Leipzig 1792–1798).

2.16 Aus dem 19. Jh finden sich im französischen Kontext Werke von Eugène-Emanuel Viollet-le-Duc (22 Titel), Jean-Nicolas Durand (4), Antoine-Chrysostome Quatremère de Quincy (4) und Jean-Baptiste Rondelet (4), aus dem englischen Sprachbereich 9 Titel von John Ruskin. Unter den deutschen Autoren befinden sich Leo von Klenze (4 Titel) und Karl Friedrich Schinkel (6 Titel). Im Bestand treten auch die Namen der ersten Generation von Hochschulprofessoren am Polytechnikum wie Gottfried Semper (11 Titel) und Jacob Burckhardt (22 Titel) auf.

Militärwesen (M)

2.17 Der Bestand stammt aus der Bibliothek der Mathematisch-Militärischen Gesellschaft und ist mit 3435 Titeln recht umfangreich. Er umfasst hauptsächlich die Themen »Festungsbau«, »Ballistik« und »Artilleriewesen«. Kleinere Werkgruppen bilden das Sanitätswesen, Feldpredigten und Soldatengebete, psychologische und politische Fragen rund um das Soldatentum, Kriegsrecht und Militärreglemente. Des weiteren sind aus allen Epochen von der Antike bis ins 19. Jh Werke zur Kriegsgeschichte, Wörterbücher, Enzyklopädien, Lexika und Biographien von Heerführern vorhanden.

2.18 Das Korpus antiker Autoren umfasst mehrere Ausg. von Vegetius' *De re militari*, darunter eine Inkunabel (Bologna 1495/96). Die übrigen 7 Ausg. datieren aus der Zeit von 1529 bis 1767. Heron von Byzanz liegt in der Übers. von Francesco Barozzi vor, *Heronis mechanici liber* (Venedig 1572). Eine weitere Inkunabel in der Klasse M ist Roberto Valturios *De re militari* (Verona 1483).

2.19 Im 16. Jh sind zum Festungsbau Antonio Cornazano, Leonhard Fronsperger und Battista della Valle (3 Titel) mit allgemeinen Heereskunden bzw. Ratschlägen für das Soldatenhandwerk präsent. Weitere Autoren des 16. Jhs sind Diego de Alaba y Viamont, Giovan Battista Belici, Girolamo Cattaneo (7 Titel), Claude Flamand (3), Justus Lipsius (4), Sancho de Londoño, Buonaiuto Lorini (4), Girolamo Maggi, Adam Junghans von der Olnitz, Daniel Speckle (4 Titel, darunter *Architectura von Vestungen*, Strassburg 1589, sowie Neuaufl. von 1599, 1608 und 1736) und Carlo Tetti, *Discorsi delle fortificationi* (Venedig 1575). Mit Ausnahme von Alaba, Lipsius und Olnitz behandeln alle primär den Festungsbau. Als Pionier der Ballistik tritt im 16. Jh Niccolò Tartaglia in Erscheinung. Seine Schriften sind in Erstausgaben und zeitgenössischen zweiten Aufl. nahezu vollständig vorhanden. Ein artilleriekundliches Nachschlagewerk ist Luis Collados *Practica manuale di artigleria* (Venedig 1586, mit Neuaufl. 1606).

2.20 Aus dem 17. Jh sind zum Festungsbau von französischer Seite Jean Errard (in erster deutscher Übers. und in Nachdrucken), Blaise-François de Pagan (annähernd vollständig mit Ausg. von 1658, 1659, 1674, 1677 und 1684), Sébastien le Prestre de Vauban (17 Titel zwischen 1692 und 1794, die mit seinem Namen verbunden sind) und Antoine de Ville (4 Titel) vorhanden. Von deutsch-niederländischer Seite finden sich Menno van Coehoorn (nur in deutscher und französischer Übers.), Matthias Dögen (annähernd vollständig, ohne lateinische Erstausgabe), Wilhelm Dilichs *Peribologia* (Frankfurt a. M. 1640), Adam Freitag (annähernd vollständig), Nicolaus Goldmanns *Architectura civili-militaris* (o. O. 1719) und Johann Jacob Werdmüller (annähernd vollständig). Zur Artillerie im 17. Jh sind Pierre Surirey de Saint Remys *Mémoires d'artillerie* (Aufl. Paris 1697, 1707 und 1745) und Nicolas-François Blondels *L'art de jetter des bombes* (Aufl. La Haye 1685 und Amsterdam 1690) präsent. Von lokaler Bedeutung sind Johann Ardüser (vollständig) und Hans Conrad Lavater (vollständig). Stellvertretend für zahlreiche Soldatenreglemente ist Jacob de Geyns *Waffenhandlung* (Gravenhagen 1608) zu nennen. Unter den allgemeinen Werken findet sich Wilhelm Dilichs *Kriegsbuch* (Frankfurt a. M. 1689).

2.21 Im 18. Jh liegt der Schwerpunkt im Bereich Festungsbau bei den Franzosen Lazare-Nicolas-Marguerite Carnot (10 Titel) und Marc-René Marquis de Montalembert (4 Titel). Der Holländer Hermann von Landsberg ist dokumentiert mit der Erstausgabe der *Neuen Grund-Risse und Entwürffe der Kriegs-Bau-Kunst* (Dresden, Leipzig 1737). Die deutsche Theorie des Festungsbaus vertritt Leonhard Christoph Sturm mit dem *Freundlichen Wett-Streit der französischen, holländischen und teutschen Krieges-Bau-Kunst* (Augsburg 1718). Von lokalem Interesse sind Johann Anton von Herborts *Nouvelles méthodes pour fortifier les Places* (Augsburg 1735). Als eine der wichtigsten Abhandlungen über Ballistik und Artilleriewesen im 18. Jh sind Benjamin Robins *New principles of gunnery* (Übers. und Bearbeitung durch Leonhard Euler, Berlin 1745) vorhanden.

2.22 Aus dem 19. Jh finden sich zum Festungsbau Werke von Henri-Alexis Brialmont (6 Titel), Charles F. Mandar (2 Titel) und Alexander von Zastrow (2 Titel). Für das Artilleriewesen des 19. Jhs stehen unter vielen anderen Guillaume-Henri Dufours *Cours de tactique* (Paris 1840) und dessen Schüler und spätere Kaiser Napoleon III. mit seinem *Manuel d'artillerie* (Zürich, Strassburg, Paris 1836). Von Ulrich Wille sind 13 Titel vorhanden. Allgemeine Werke des 19. Jhs sind Carl von Clausewitz' *Vom Kriege* (Berlin 1832–1834), Max Jähns' *Handbuch einer Geschichte des Kriegswesens* (Leipzig 1878–1880) sowie dessen *Geschichte der Kriegswissenschaften* (München 1889–1891).

Astronomie, Topographie, Geodäsie

2.23 Der Bestand der Klasse 1 beläuft sich auf 2337 Titel. Die Astronomie war das primäre Interessengebiet und Tätigkeitsfeld Rudolf Wolfs, des ersten Bibliotheksleiters, und ist deshalb in folgenden Themenbereichen gut dokumentiert: Geschichte der Astronomie, theoretische und praktische Astronomie, Astrophysik, Körper des Sonnensystems, Stellarastronomie, Chronologie und Kalendariographie, Nautik, Geodäsie, internationale Erdmessung, Topographie und Kartographie.

2.24 Von den antiken Autoren ist Claudius Ptolemäus präsent mit der ersten vollständigen lateinischen Ausg. des *Almagest* (Venedig 1515) und dessen erster griechischer Ausg. (Basel 1538). Weitere Übers. des *Almagest* sind lateinisch von Georg von Trapezunt (Köln 1537) und deutsch von Johann Ehlert Bode (Berlin 1795). Auch das übrige Werk von Ptolemäus ist meist in mehreren Ausg.

vorhanden, die acht Bücher der *Geographia* in den Ausg. von Sebastian Münster (lateinisch, Basel 1552), italienisch von Girolamo Ruscelli (Venedig 1561) und französisch von Nicolas Halma (Paris 1828), der *Tetrabiblos* in der griechischen Ausg. von Joachim Camerarius (Nürnberg 1535), deutsch von Cyriaco Jacob zum Barth (Frankfurt a. M. 1545) und Johann Wilhelm Andreas Pfaff (Erlangen 1822). Die kürzeren Texte von Ptolemäus sind *Planisphaerium* (Venedig 1558) und *De apparentiis inerrantium et significationibus* im *Uranologion* (Paris 1630) des Jesuiten Dionysius Petavius. Aristarch von Samos ist dokumentiert in einer Bearbeitung von Federico Commandino, *De magnitudinibus et distantiis solis et lunae* (Pesaro 1572). Die *Astronomica* des Marcus Manilius liegen in Ausg. von 1739 und 1786 vor.

2.25 Aus dem 15. Jh sind die Deutschen Georg von Peuerbach und Johannes Regiomontanus zu nennen. Von Peuerbach sind postume Ausg. aus den Jahren 1514, 1516, 1534, 1536, 1596, 1603 und 1604 präsent. Die ältesten Dokumente des 15. Jhs sind 3 Inkunabeln von Johannes Regiomontanus aus den Jahren 1475, 1496 und 1498. Von ihm sind zudem Neuauflagen von *De triangulis* (Basel 1561) und der *Tafelwerke* (Wien 1514, Nürnberg 1559 und Wittenberg 1584) vorhanden.

2.26 Aus dem 16. Jh ist Nikolaus Kopernikus vertreten mit *De lateribus et angulis triangulorum* (Wittenberg 1542) und dem Hauptwerk *De revolutionibus orbium coelestium* (Nürnberg 1543), das auch in diversen Neuauflagen vorliegt. Unter den weiteren Autoren des 16. Jhs finden sich Petrus Apianus (11 Titel, darunter das *Astronomicum Caesareum*, Ingolstadt 1540, und verschiedene Ausg. der *Cosmographia*), Philipp Apianus, Michael Mästlin (5 Titel), Sebastian Münster (17 Titel), Paracelsus mit dem postumen Druck seiner *Astronomica et astrologica* (Köln 1567), Alessandro Piccolomini (4 Titel), Nicolaus Reimarus Ursus (4), Georg Joachim Rhaeticus (3), Johannes de Sacrobosco mit postumen Drucken seiner Schrift *De sphaera* von 1581, 1582 und 1586, Johann Schoner (3) und Johannes Stoeffler (5). Zur Geodäsie ist *L'usage du graphomètre* (Paris 1597) von Philippe Danfrie zu nennen. Eine grössere Werkgruppe des 16. und 17. Jhs befasst sich mit der Gradmessung, darunter Willebrord Snells *Eratosthenes Batavus* (Leiden 1617) und Jean Picards *Traité de Nivellement* (Paris 1671; deutsch, Zürich 1742). Zu den zahlreichen Schriften zur Kalenderreform von 1582 gehört Joseph Justus Scaligers *De emendatione temporum* (postume Ausg., Genf 1629).

2.27 Das 17. Jh wird dominiert von Tycho Brahe, Galileo Galilei und Johannes Kepler, deren gedrucktes Œuvre nahezu vollständig vorhanden ist. Von Brahe finden sich 12 Titel, darunter die *Astronomiae instauratae mechanica* (Nürnberg 1602). Galilei gehört als Mathematiker und Physiker zugleich zur Klasse 7 und ist mit 36 Titeln einer der durch zeitgenössische Drucke am besten dokumentierten Autoren der Sammlung. In der Klasse 1 stehen die Erstausgaben der *Difesa di Galileo Galilei* (Venedig 1607) und des *Dialogo* (Florenz 1632). Von Galilei liegen zudem bis in die neuere Zeit zahlreiche Neuauflagen einzelner Schriften, Anthologien, Festschriften, Konferenzberichte, gesammelte Werke und Bibliographien vor. Kepler ist mit 19 Titeln vertreten. Zu erwähnen ist sein astronomisches Erstlingswerk *Mysterium cosmographicum* (Tübingen 1596). Weitere Autoren des 17. Jhs sind Johann Bayer (3 Titel, darunter die *Uranometria* in 2 Aufl., Augsburg 1603 sowie Ulm 1723), Johann Baptist Cysat, Georg Samuel Dörfel, Johannes Fabricius (2 Titel), Giovanni Battista Hodierna, Christian Huygens (14 Titel), Simon Marius (3 Titel), Nicolaus Mulerius (2 Titel), Christoph Scheiner (7 Titel, darunter die Erstausg. von *De maculis solaribus*, Augsburg 1612) und Leonhard Zubler (7 Titel zum Instrumentenbau, darunter *Novum instrumentum geometricum*, Basel 1607). Zur Topographie ist Matthäus Merians *Topographia Helvetiae* (Frankfurt a. M. 1654) vorhanden.

2.28 Einen Schwerpunkt im 17. und 18. Jh bildet das Werk Isaac Newtons mit 32 Titeln. Der Grossteil seiner Veröffentlichungen zu mathematischen und physikalischen Themen steht in der Klasse 7 (Mathematik und Physik), während die Schriften über die Gravitation in der Klasse 1 eingeordnet sind. Ebenfalls in die Klasse 1 eingereiht ist die *Protogaea* (Leipzig 1749) von Gottfried Wilhelm Leibniz.

2.29 Das 18. Jh wird von Autoren geprägt, die sich mit der Theorie der Störungen und dem Dreikörperproblem beschäftigten, darunter Alexis-Claude Clairaut (10 Titel), Leonhard Euler (56 Titel, davon 3 in der Klasse 1) und Pierre-Louis Moreau de Maupertuis (4 Titel). Pierre-Simon Laplace (14 Titel) ist präsent mit Arbeiten über die Himmelsmechanik und die Geschichte der Astronomie. Zur praktischen Astronomie zählen im 18. Jh die Namen von Johann Friedrich Benzenberg (3 Titel), James Bradley (2), Heinrich Wilhelm Brandes (8), Joseph-Nicolas Delisle (2 Titel, darunter die Erstausg. des *Russischen Atlases*, St. Petersburg 1745), Johann Gabriel Doppelmayr (5 Titel, darunter die Erstausgabe seines *Atlas novus coelestis*, Nürnberg 1742), Edmund Halley (5), Wilhelm Herschel (3), Nicolas Louis de Lacaille (8), Johann Heinrich Lambert (15 Titel, darunter die Erstausgabe der *Photometria*, Augsburg 1760) und Christian Mayer (3). Unter den weiteren Astronomen, Geodäten und Instrumentenmachern des 18. Jhs finden sich George Adams (3 Titel), Jean-Sylvain Bailly (12), Johann Bernoulli III (6), Johann Ehlert Bode (15), Johann Gottfried Friedrich Bohnenberger (7), Roger Joseph Boscovich (13), Jean-Dominique Cassini (4), Nevil Maskelyne (2), Heinrich Wilhelm Olbers (4), Giuseppe Piazzi (6 Titel, darunter *Della specola astronomica*, Palermo 1792), Alexandre-Guy Pingré (3), Michael Scheffelt (7) und Johann Friedrich Weidler (7).

2.30 Einige wichtige Astronomen des späten 18. Jhs sind auch in den ersten Dezennien des 19. noch aktiv, so Jean-Baptiste Delambre, Pierre-Simon Laplace, Giovanni Plana und Siméon-Denis Poisson. Ihre Schriften sind vollständig oder nahezu vollständig vertreten. Ein Hauptthema der astronomischen Literatur des 19. Jhs bildet die Himmelsmechanik. Von Gauss finden sich 21 Titel, darunter Teile der Gesamtausgabe (Leipzig 1863-1929) und die meist noch lateinischen Originalschriften. In der *Theoria motus*, die separat und in zeitgenössischen französischen, englischen und deutschen Übers. vorliegt, entwickelte Gauss die Methode der kleinsten Quadrate. Werke anderer Autoren wie die Andrien-Marie Legendres (17 Titel) und Elie Ritters (7 Titel) machen daraus eine eigene kleine Sachgruppe. Im Bestand liegt dazu eine Spezialbibliographie von Mansfield Merriman vor, *A list of writings relating to the method of least squares* (New Haven 1877). Auf Gauss geht auch die Aufwertung der Erscheinungen des (Erd-) Magnetismus zu einem eigenständigen Wissens- und Forschungszweig zurück, der in der Sammlung eine wichtige Werkgruppe bildet.

2.31 Zur Entwicklung von Methoden zur Bestimmung der Bahnelemente und der gegenseitigen Störungen der Himmelskörper finden sich im 19. Jh George Biddell Airy (18 Titel), Johann Franz Encke (5), Peter Andreas Hansen (3), Simon Newcomb (8) und Theodor Oppolzer (4). Im 19. Jh spiegeln sich mehrere astronomische Entdeckungen im Bestand wider. Dazu findet sich beispielsweise Heinrich Wilhelm Olbers' *Abhandlung über die leichteste und bequemste Methode, die Bahn eines Cometen zu berechnen* (Weimar 1807). Zur Berechnung astronomischer Konstanten finden sich Friedrich Wilhelm Bessel (11 Titel), Magnus Nyrén (6), Carl Friedrich Wilhelm Peters (4) und Wilhelm und Otto Struve (11). Auf dem Gebiet des Vermessungswesens erlangte Johann Jakob Baeyer Bedeutung mit seinem *Entwurf einer mitteleuropäischen Gradmessung* (Berlin 1861). Die Sonnenflecken und mit ihnen verwandte Erscheinungen nehmen in den Schriften des ehemaligen Bibliotheksleiters und Astronomieprofessors Rudolf Wolf einen wichtigen Platz ein. Mit 27 Titeln ist sein Œuvre vollumfänglich in der Sammlung präsent, darunter *Die Sonne und ihre Flecken* (Zürich 1861), das *Handbuch der Astronomie, ihrer Geschichte und Literatur* (Zürich 1890-1893), die *Geschichte der Astronomie* (München 1877) und die *Geschichte der Vermessungen in der Schweiz* (Zürich 1879). Aus den Anfängen der Astrophysik im 19. Jh finden sich Joseph Norman Lockyer (6 Titel), Julius Scheiner (3), Angelo Secchi (11) und Johann Carl Friedrich Zöllner (5), einige von ihnen mit dem vollständigen Œuvre.

Ingenieurwesen

2.32 Die Klasse 2 enthält Werke aus dem Bauingenieurwesen und umfasst 1948 Titel. Ursprünglich wurde sie mit »Ingenieurkunde« bezeichnet (unter Ausschluss des Eisenbahnwesens). In den Anfängen überschneidet sie sich mit den Klassen A (Architektur) und M (Militärwesen), da man terminologisch erst um 1800 zwischen militärischen und zivilen Anwendungen zu unterscheiden begann (»génie militaire« und »génie civil«).

2.33 Die Bestände der Klasse 2 umfassen die Bereiche »Strassenbau« und »Wasserbau« (früher »Wasserbaukunst«). Darunter subsumieren lassen sich Baumaterialien und deren Prüfung, Baumechanik, Brückenbau, Eisenbeton, Flussbau, Kanal- und Hafenbau, Kulturtechnik, Städtereinigung und Wasserversorgung. Darin enthalten sind Konstruktion und Ausführung als wichtige Ingenieurleistung (heute Tragwerksplanung und Baumanagement).

2.34 Einer der ältesten Drucke in der Klasse 2 ist ein illustrierter Sammelband aus dem 17. Jh von Cornelis Meijer. Aus dem 18. Jh finden sich zum Strassen- und Brückenbau aus der Schweiz Henri Exchaquets *Dictionnaire des ponts et chaussées* (Paris 1787), aus Deutschland Lukas Vochs *Abhandlung vom Strassenbau* (Augsburg 1776) und die *Kurzgefasste Abhandlung von Bau- und Besserung derer Strassen im Churfürstenthume Sachssen* (Leipzig 1768), aus Frankreich Hubert Gautiers *Traité des ponts* (Paris 1716, 1728 und 1765), dessen *Traité de la construction des chemins* (Paris 1716, Paris 1778 und die deutsche Übers., Leipzig 1759), Jean-Rodolphe Perronets *Description des projets et de la construction des Ponts de Neuilly, de Nantes, d'Orléans etc.* (2 Ausg.; Paris 1782-1789 und 1788) und Louis de Régemortes' *Description d'un nouveau pont de pierre* (Paris 1771). Aus Italien ist Leonardo Ximenes' *Memoriale ragionato delle città, terre e castelle della Romagna* (Florenz 1763) vorhanden. Zum Wasserbau finden sich einzelne Titel aus Deutschland, Frankreich, Italien und England, darunter 4 von Johann Ludwig Hogrefe und 3 von John Smeaton.

2.35 Aus dem 19. Jh sind zu den wasserbautechnischen Vorhaben in der Schweiz verschiedene Werke von Hans Conrad Escher von der Linth (12 Titel) und Richard La Nicca (9 Titel) vorhanden. Aus der Vielzahl der Verfasser weiterer bautechnischer Schriften des 19. Jhs sind hier stellvertretend die Professoren am Polytechnikum, Karl Culmann, Karl Wilhelm Ritter und Ludwig von Tetmajer, zu nennen. Im Bestand finden sich zudem zahlreiche Lehr- und Handbücher, z. B. Carl Friedrich Emil Fries' *Lehrbuch des Wiesenbaues* (Braunschweig 1850) oder dessen *Handbuch der Ingenieurwissenschaften* (Leipzig 1883-1923). Unter den Nachschlagewerken sind J. R. Delaistres *Encyclopédie de l'ingénieur* (Paris 1812) und Edward Cresys *Encyclopaedia of civil engineering* (London 1847) zu nennen.

Eisenbahnwesen

2.36 Die Bestände zum Eisenbahnwesen umfassen 1163 Titel und gehören sachbedingt dem 19. Jh an. Sie widerspiegeln die Entwicklung von der anfänglichen Vielzahl von Eisenbahnprojekten hin zu den wenigen, meist staatlichen Unternehmen. Eine eigene Professur für Eisenbahnbau existierte am Polytechnikum 1855 nicht. Die Belange des Linienbaus wurden vorerst von der »Ingenieurschule«, diejenigen des Rollmaterials von der »Mechanisch-technischen Schule« wahrgenommen. Dies führte dazu, dass die Klassen 2, 3 und 4 sich teilweise überschneiden und eisenbahntechnische Literatur auch in den Klassen 2 (Ingenieurwesen) und 4 (Mechanik und Maschinenbau) zu finden ist.

2.37 Unter den zahlreichen Projekten des 19. Jhs nehmen das internationale Grossprojekt der Gotthardbahn und die Untertunnelung des Gotthards einen besonderen Platz ein (rund 20 Titel). Daneben finden sich zahlreiche realisierte und nicht verwirklichte Projekte (Arlberg, Grimsel, Lukmanier, Mont Cenis, Simplon und Splügen). Nicht ausgeführt wurde u. a. der Vorschlag einer Eisenbahn durch die Sahara von Armand Duponchel, *Le chemin de fer Trans-Sahérien* (Paris 1879). Von Robert Stephenson sind 3 Titel vorhanden, darunter die *Description of the patent locomotive steam engine* (London 1838) und der *Report on the atmospheric railway system* (London 1844). Mit dem Problem der Überwindung von Steilrampen haben sich mehrere Autoren beschäftigt, darunter Roman Abt (11 Titel), Max Becker (17), August Leopold Crelle (13) und Josef Wolfgang von Deschwanden (6). Ein grösserer Komplex eisenbahntechnischer Literatur stammt von Max Maria von Weber (10 Titel). Bereits Ende des 19. Jhs setzt die Literatur über die städtischen Untergrundbahnen ein mit Ludwig Troskes *Die Londoner Untergrundbahn* (Berlin 1892). Unter den Enzyklopädien über das Eisenbahnwesen findet sich Victor Rölls *Encyklopädie des gesamten Eisenbahnwesens* (Wien 1890–1895).

Mechanik, Maschinenbau

2.38 Die Klasse 4 umfasst 2310 Titel. Die theoretische Mechanik gehörte als ursprünglich mathematische Disziplin zum engeren Interessenbereich des Bibliotheksleiters Rudolf Wolf und ist daher neben der Literatur zu Maschinenbau und Bergbau besonders gut vertreten. Einen Sonderfall des Maschinenbaus bilden die im Bergbau verwendeten Baumaschinen. Die entsprechende Literatur über Bergbautechnik ist in der Klasse 4 zu finden, während allgemeine Fragen des Bergbaus in die Klasse 8 (Naturwissenschaften) fallen. Ebenso wurde Literatur über die ersten Lokomotiven und Dynamos vorerst in den Maschinenbau (nicht in die Klasse 3, »Eisenbahnwesen«) eingereiht. Im 19. Jh verlagern sich die Schwerpunkte auf die theoretische Mechanik und die Maschinenkunde. In der Maschinenkunde treten Dampfkessel und Dampfmaschinen, Fliegerei, Luftschifffahrt, Textilmaschinen, mechanische Uhren und Mühlenbau in den Vordergrund.

2.39 Aus dem 16. Jh liegen mehrere »Theatra machinarum« vor. Es sind dies Jacques Bessons *Théatre des instrumens* (Köln 1594, auch spanisch Lyon 1602), Guidobaldo del Montes *Mechanicorum liber* (Pesaro 1577; italienisch, Venedig 1615; deutsch von Daniel Mögling, Frankfurt a. M. 1629) und Agostino Ramellis *Le diverse et artificiose machine* (Paris 1588). Als früher Beitrag zur theoretischen Mechanik gelten Bernardino Baldis *Exercitationes* (Mainz 1621).

2.40 Am Anfang der Bergbauliteratur stehen die Werke Georg Agricolas. Weitere Vertreter der Bergbauliteratur des 16. Jhs sind Petrus Albinus' *Meissnische Land und Berg-Chronica* (Dresden 1590), Lazarus Erckers *Beschreibung Allerfürnemisten Mineralischen Erzt unnd Bergkwercks arten* (Frankfurt a. M. 1598, auch in Neuauflage unter dem Titel *Aula subterranea*, Frankfurt a. M. 1684 und 1703) und Johannes Mathesius' *Sarepta oder Bergpostill* (Nürnberg 1562).

2.41 Aus dem 17. Jh liegen die *Theatra* von Georg Andreas Boeckler und Heinrich Zeising vor. Quellen zur Geschichte der theoretischen Mechanik des 17. Jhs stammen von Galileo Galilei, Paul Guldini, Blaise Pascal und Pierre Varignon. Aus der praktischen Mechanik im 17. Jh ist Claude Perraults *Recueil de plusieurs machines* (Paris 1700) zu nennen.

2.42 Zum Bergbau des 17. Jhs finden sich Christian Berwards *Interpres phraseologiae metallurgicae* (Frankfurt a. M. 1684), Georg Caspar Kirchmaiers *Hoffnung besserer Zeiten durch das edle Bergwerck* (Wittenberg 1698), Georg Engelhard von Löhneyss' *Gründlicher und aussführlicher Bericht von Bergwercken* (Stockholm, Hamburg 1690), Balthasar Rösslers *Speculum metallurgiae* (Dresden 1700) und Abraham von Schönbergs *Ausführliche Berg-Information* (Leipzig 1693).

2.43 Aus dem 18. Jh stammen 7 Titel von Jakob Leupold. Quellen zur Geschichte der theoretischen Mechanik im 18. Jh gehen auf dänische, deutsche, französische, italienische, österreichische und schweizerische Forscher zurück, z. B. Jean Le Rond d'Alemberts *Traité de dynamique* (Paris 1743) und dessen *Traité de l'équilibre* (Paris 1744), Leonhard Eulers *Mechanica* (Petersburg 1736) und dessen *Theoria motus* (Rostock 1765) sowie Daniel Bernoullis *Hydrodynamica* (Basel 1738). Im Bereich der praktischen Mechanik sind neben verschiedenen deutschen und französischen Autoren fünf Titel des Schweizers Ferdinand Berthoud vorhanden. Zu James Watt liegt Sekundärliteratur vor.

2.44 Zum Bergbau des 18. Jhs finden sich neben wenigen französischen und österreichischen v. a. deutsche Publikationen, z. B. Henning Calvörs *Acta historico-chronologico-mechanica* (Braunschweig 1763) und Johann Andreas Cramers *Anfangsgründe der Metallurgie* (Blankenburg, Quedlinburg 1774-1777).

2.45 Aus dem 19. Jh sind im Bereich »theoretische Mechanik« aus der Schweiz Christoph Bernoulli (12 Titel, darunter das *Vademecum des Mechanikers*, Stuttgart 1859) und Josef Wolfgang von Deschwanden (6 Titel), dokumentiert. Aus Deutschland liegen Publikationen vor von Johann Albert Eytelwein (9 Titel), Arwed Fuhrmann (5), Carl Gustav Jacob Jacobi (5), Otto Lilienthal (2), August Ferdinand Möbius (3), Ferdinand Redtenbacher (20), Karl Heinrich Schellbach (4), Julius Weisbach (17) und August Wilhelm Zachariä (2), aus Frankreich u. a. solche von Edmond Bour (2 Titel), Sadi Carnot (3 Titel, darunter die *Réflexions sur la puissance motrice du feu*, Paris 1824), Jean-Marie-Constant Duhamel (4), Claude-Louis Navier (15), Louis Poinsot (8), Siméon-Denis Poisson (12) und Charles Sturm (8). Italien ist mit Giuseppe Antonio Borgnis (2 Titel), Ottaviano Fabrizio Mossotti (2 Titel) und Giuseppe Venturoli vertreten, Grossbritannien mit William Whewell (11 Titel), Böhmen mit Franz Joseph von Gerstner und Jakob Philipp Kulik (je 3 Titel). Die Schriften der ersten Professoren und Dozenten des Polytechnikums sind fast vollständig vorhanden, so von Rudolf Escher (4 Titel), Albert Fliegner (11), Albin Herzog (5), Ludwig Kargl (3), Franz Reuleaux (20), Georg Veith (7) und Gustav Zeuner (18). Im Bereich »Maschinenbau« sind die Deutschen Hermann Haeder (12 Titel) und Edmund Heusinger (14 Titel) zu nennen. Aus Frankreich finden sich Antoine Andrauds und Cyprien Tessiés *Über die comprimirte Luft* (Weimar 1841), Charles Armengaud (7 Titel), Claude Arnoux' *Système de voitures pour chemins de fer* (Paris 1841) und Jean-Nicolas-Pierre Hachette (5 Titel), aus Grossbritannien William Fairbairn (6 Titel) und aus Schweden Erik Nordwalls *Maschinenlehre* (Berlin 1804).

2.46 Die deutsche Literatur zum Bergbau des 19. Jhs repräsentieren Wilhelm Gottlob Ernst Becker (2 Titel), Johann Christian Gotthard, Carl Hartmann (18 Titel) und Wilhelm August Lampadius (10 Titel), aus Österreich Ignaz von Pantz und A. Joseph Atzl sowie Peter Tunner (3 Titel). An Franzosen sind Jean-François d'Aubuisson mit 5 und Antoine-Marie Héron de Villefosse mit 2 Titeln präsent.

Chemie, Pharmazie, Verfahrenstechnik

2.47 Die Klasse 5 umfasst 3232 Titel mit Schwerpunkt im 19. Jh. Die wichtigsten Sachgebiete sind Geschichte der Chemie, anorganische Chemie und Metallurgie, organische Chemie, physikalische Chemie, analytische Chemie und industrielle Chemie.

2.48 Die antiken Wegbereiter der späteren Chemie, darunter Thales, Anaximenes, Heraklit, Empedokles, Demokrit, Aristoteles und Epikur, sind in der Form von späteren Editionen oder Kommentaren dokumentiert. Die älteste vorhandene Schrift in Klasse 5 befasst sich mit Demokrits Atomlehre, Johannes Chrysostomus' *De atomis* (Pavia 1646).

2.49 Die Alchemie ist mit Erstausgaben und teilweise auch späteren Neuauflagen vertreten, z. B. mit *Le grand éclaircissement de la pierre philosophale* (Amsterdam 1782) von Nicolas Flamel, Nicolas Houels *Pharmaceutice* (Paris 1571), Andreas Libavius' *Alchemia* (Frankfurt a. M. 1597) und dessen *Singularium* (Frankfurt a. M. 1599) sowie Romano Morienos *De transfiguratione metallorum* (Hanau 1593). Zur Metallurgie des 16. Jhs ist Vanoccio Biringuccios *De la pirotechnia* (3 Ausg.; Venedig 1540, Venedig 1559, Bologna 1678) zu nennen.

2.50 Aus dem 16. und frühen 17. Jh liegt zur Iatrochemie von Paracelsus ein zeitgenössischer Druck vor, das *Spittal Buoch* (Frankfurt a. M. 1566). Die Iatrochemiker sind neben Paracelsus und Libavius weiter vertreten durch Johann Baptist van Helmont (*Opera omnia*, Frankfurt a. M. 1682) und Johann Rudolf Glauber (8 Titel von 1651-1661). Von einem unbekannten Autor stammt die deutsche Übers. des *Hortus sanitatis* mit dem Titel *Garth der Gesundheydt* (Strassburg 1536). Zur Glasmacherkunst und zur Pyrotechnik des 17. Jhs liegen Nathan d'Aubignés *Bibliotheca chemica contracta* (Genf 1653), Pietro Bonis *Introductio in artem chemiae integra* (Montbéliard 1602), Christoph Glasers *Traité de la chymie* (Paris 1663) und Werke Johannes Kunckels (6 Titel, darunter 2 Ausg. der *Ars vitraria*, Frankfurt a. M., Leipzig 1689, Nürnberg 1743) vor.

2.51 Aus dem 17. Jh finden sich zur Theorie der Verbrennungsvorgänge 4 Titel Johann Joachim Bechers, darunter die *Natur-Kündigung der Metallen* (Frankfurt a. M. 1661) und dessen *Chymischer Glückshafen* (Frankfurt a. M. 1682). Mit diesen und weiteren Themen befassen sich Robert Boyle (18 Titel, darunter *Opera omnia*, Venedig 1696/97) und Georg Ernst Stahl (4 Titel, darunter das *Specimen Beccherianum*, Leipzig 1703, und die *Zymotechnia fundamentalis*, Frankfurt a. M., Leipzig 1734). Zur Alchimie im 17. Jh sind Nicolas Flamels *Zwey außerlesene chymische Büchlein* (Jena 1680), David Kellners *Via regia naturae* (Nordhausen 1704), Ianus Lacinius' *De alchimia opuscula* (Frankfurt a. M. 1650) und von einem anonymen Autor die *Centuria chymica* (o. O. 1652) vorhanden.

2.52 Aus dem 18. Jh ist zur modernen Verbrennungstheorie Joseph Priestley mit 7 Titeln dokumentiert, darunter die *Experiments and observations on different kinds of air* (London 1775-1777) und die *Experiments and observations relating to various branches of natural philosophy* (London 1779). Von Antoine-Laurent Lavoisier sind 11 Titel vorhanden, u. a. der *Traité élémentaire de chimie* (Paris 1793), *Abhandlungen über die Wirkung des durch die Lebensluft verstärkten Feuers* (Strassburg 1787) und die *Méthode de nomenclature chimique* (Paris 1787). Deutsche Autoren des 18. Jhs sind Christlieb Ehregott Gellert (3 Titel, darunter die *Anfangsgründe zur Metallurgischen Chimie*, Leipzig 1750), Karl Gottfried Hagen mit dem *Grundriss der Experimentalchemie* (Königsberg 1790) und dem *Grundriss der Experimentalpharmacie* (Königsberg 1790) und Martin Heinrich Klaproth (*Chemische Kenntnisse der Mineralkörper*, Posen 1795), Jean Christian Orschall (2 Titel). Hinzu kommen Johann Heinrich Potts *Observationum et animadversionum chymicarum collectio* (Berlin 1739-1741), Christoph Andreas Schlüters *Gründlicher Unterricht von Hütte-Werken* (Braunschweig 1738), 2 Titel von Johann Christian Wiegleb sowie Caspar Neumanns *Praelectiones chemicae* (Berlin 1740) und dessen *Lectiones chymicae* (Berlin 1727). Aus der Schweiz ist Albrecht von Haller mit der *Pharmacopoea Helvetica* (Basel 1771), aus Frankreich sind Antoine Baumé (2 Titel), Jean-Antoine Chaptals *Elémens de chymie* (Paris 1796), Antoine-François de Fourcroy (7 Titel, darunter die *Elémens d'histoire naturel et de chimie*, Paris 1791, und die *Tableaux synoptiques de chimie*, Paris 1799-1800), Claude-Toussaint Marot de la Garayes *Chymie Hydraulique* (Paris 1746) und Pierre-Joseph Macquer (2 Titel) vorhanden. Aus Schweden sind Torbern Olof Bergman (7 Titel, darunter die *Opuscula chemica*, Stockholm, Upsala 1729-1740) und Johann Gottschalk Wallerius (7 Titel) zu nennen.

2.53 An deutschen Autoren des 19. Jhs finden sich Robert Wilhelm Bunsen (5 Titel), Leopold Gmelin (5), Wilhelm August Lampadius (10), Justus von Liebig (28), Eilhard Mitscherlich (5), Wilhelm Ostwald (13), Carl Friedrich Rammelsberg (11), Victor von Richter (12), Heinrich Rose (4), Christian Friedrich Schönbein (5), Hermann Wilhelm Vogel (7) und Friedrich Wöhler (10). Aus Österreich sind Johann Nepomuk Jassnügers *Chymische Versuche* (Wien 1805), aus Frankreich Claude-Louis Berthollet (3 Titel, darunter die *Recherches sur les lois d'affinité*, Paris 1801), Michel-Eugène Chevreul (5 Titel), Louis-Joseph Gay-Lussac (5 Titel, darunter der *Cours de chimie*, Paris 1828) und Louis Pasteur (5 Titel) vorhanden. Aus Schweden liegen Werke von Jöns Jacob Berzelius vor (14 Titel, darunter das *Lärbok i kemien*, Stockholm 1812-1818). Unter den Engländern fallen Humphry Davy (4 Titel) und Henry Enfield Roscoe (19 Titel) auf.

Unter den ersten Beiträgen des Eidgenössischen Polytechnikums zur chemischen Literatur sind solche von Alexander Bolley (16 Titel), Carl Jacob Löwig (7), Georg Lunge (22), Victor Meyer (6), Eduard Schär (3) und Johannes Wislicenus (2) zu nennen. Bei den Nachschlagewerken sind Gabriel Christoph Benjamin Buschs *Handbuch der Erfindungen* (Eisenach 1802-1822) und Leopold Gmelins *Handbuch der Chemie* (Heidelberg 1843-1867) zu erwähnen.

Land- und Forstwirtschaft

2.54 Die Klasse 6 umfasst 2384 Titel und v. a. die folgenden Sachgebiete: Landwirtschaft, Geschichte der Landwirtschaft, die Landwirtschaft einzelner Länder und Regionen, Pflanzenbau, Tierzucht, Molkereiwesen und Alpwirtschaft, landwirtschaftliche Maschinen und Geräte, Forstverwaltung, Waldbau, Forstschutz, Forsteinrichtung, Forstbenutzung, Jagd und Fischerei.

2.55 Die antiken Vorläufer der Land- und Forstwirtschaft liegen in Übers. vor. Cato, Columella, Palladius und Varro finden sich in Johann Matthias Gesners *Scriptores rei rusticae* (Leipzig 1773/74). Die *Geoponica* (Strassburg 1545) von Cassianus Bassus sind in einer deutschen Übers. vorhanden. Der älteste Druck in der Klasse 6 ist eine Inkunabel von Petrus de Crescentiis, *Il libro della agricultura* (Vicenza 1490).

2.56 Aus dem 16. Jh ist Charles Estiennes (Carolus Stephanus) umfangreiches Nachschlagewerk und Wörterbuch zur Landwirtschaft, das *Praedium rusticum* (Paris 1554; französisch *L'agriculture et maison rustique*, Paris 1570), erhalten.

2.57 Aus dem 17. Jh finden sich John Jonstons *Dendrographia* (Frankfurt a. M. 1662), John Evelyns *Sylva* (2 Ausg.; London 1664 und 1729), Ulysses Aldrovandis *Dendrologia* (Frankfurt a. M. 1671), Daniel Tschiffelis *L'école des jardiniers* (Bern 1696) und Jean de la Quintinies *Instruction pour les jardins fruitiers et potagers* (Amsterdam 1692).

2.58 Aus dem 18. Jh sind Henri-Louis Duhamel du Monceau (13 Titel), Antoine-Augustin Parmentier und Albrecht Thaer (14 Titel) zu nennen. Von Duhamel liegen die wichtigsten Arbeiten in Erstausgaben und teilweise in zeitgenössischen deutschen Übers. vor. Aus der Schweiz findet sich zur Landwirtschaft Johann Caspar Hirzel (6 Titel, darunter *Auserlesene Schriften zur Beförderung der Landwirthschaft*, Zürich 1792).

2.59 Dem 19. Jh sind im Bereich »Landwirtschaft« Friedrich Gottlieb Stebler (9 Titel), Justus von Liebigs *Naturwissenschaftliche Briefe über die moderne Landwirthschaft* (Leipzig 1859) und Johann Heinrich von Thünen (3 Titel) zuzuordnen. Von Albrecht Thaers gleichnamigem Enkel sind *Die Wirthschaftsdirection des Landgutes* (Berlin 1879) und das *System der Landwirthschaft* (Berlin 1877) vorhanden. Im Bereich »Forstwirtschaft« liegen von Georg Ludwig Hartig 21 Titel vor, darunter die *Anweisung zur Holzzucht für Förster* (Kassel 1818) und die *Anweisung zur Taxation und Beschreibung der Forste* (Giessen 1819). Von Theodor Hartig finden sich 11 Titel, darunter das *Forstnaturwissenschaftliche Konversationslexikon* (Stuttgart 1836). Von Friedrich Karl Hartig (3 Titel) stammt *Die angewandte Forst-Geometrie* (Leipzig 1811), und von Robert Hartig liegen 16 Titel vor, darunter *Wichtige Krankheiten der Waldbäume* (Berlin 1874). Weitere Exponenten der Forstwirtschaft im 19. Jh sind Johann Wilhelm Coaz (15 Titel), Karl Albrecht Kasthofer (10 Titel) und Heinrich Zschokke (29 Titel, viele davon in der Klasse 9). Zu Zschokkes forstwissenschaftlichen Arbeiten gehören *Die Alpenwälder* (Tübingen 1804) und *Der Gebürgsförster* (Basel 1806). Im Bestand treten auch die Namen der ersten Professoren für Forstwissenschaft am Polytechnikum auf. Es sind dies Johann Jakob Kopp (2 Titel), Elias Landolt (25 Titel) und François-Xavier Marchand. Unter den zahlreichen Nachschlagewerken der Klasse 6 ist der von Francesco Gera herausgegebene *Nuovo dizionario universale e ragionato di agricoltura* (Venedig 1834–1850) zu nennen.

Mathematik und Physik

2.60 Die Klasse 7 stellt mit 5815 Titeln sowohl quantitativ wie qualitativ einen Schwerpunkt der Sammlung dar. Sachbedingt treten darin auch Autoren auf, die bereits im Zusammenhang mit den Klassen A (Architektur, Kunstgeschichte), M (Militärwesen) und 1 (Astronomie, Topographie, Geodäsie) erwähnt wurden. Soweit sie als Ergebnis der physikalischen Forschung angesehen wird, ist auch die Meteorologie in der Klasse 7 eingeordnet.

2.61 Die antiken Autoren Apollonius, Archimedes, Diophant, Eratosthenes, Euklid, Heron, Pappus, Ptolemaeus und Pythagoras sind in der Form von späteren Editionen oder von Kommentaren greifbar. Euklids *Elemente* sind in mehreren Ausg. vorhanden. Bei der ältesten handelt es sich um eine Inkunabel, die 1482 in Venedig gedruckte lateinische Edition von Johannes Campanus. Von Euklid liegen noch andere Schriften vor, z. B. die Abhandlung *Optika kai katoptrika* (Paris 1557) in der griechisch-lateinischen Doppelversion von Jean Pena und in der italienischen Übers. (Florenz 1573) von Egnatio Danti.

2.62 Aus dem frühen Mittelalter ist Severinus Boethius in der Erstausgabe der *Arithmetica* (Paris 1521) von Gérard Roussel vorhanden. Aus dem 13. Jh liegt von Roger Bacon das *Opus maius* in der Ausg. (Venedig 1750) von Samuel Jebb vor. Von Leonardo Fibonaccis *Liber Abaci* findet sich die Ausg. von Baldassare Boncompagni, *Scritti di Leonardo Pisano* (Rom 1857–1862). Von Piero Borgi ist der *Libro de abacho* (Venedig 1501) vorhanden. Nicolas Chuquet ist dokumentiert mit *Le triparty en la science des nombres* (Rom 1881). Von Luca Pacioli liegt die *Summa de arithmetica* (Toscolano 1523) vor. Georg von Peurbach ist präsent mit den *Elementa arithmetices* (Wittenberg 1536) und Johannes Regiomontanus mit *De triangulis* (2 Ausg.; Nürnberg 1533 und Basel 1561). Aus dem 16. und frühen 17. Jh sind die Schriften der Rechenmeister aus Deutschland, Frankreich, Italien, den Niederlanden und Belgien nahezu vollständig präsent. Einen Teilbereich der Physik des 16. Jhs repräsentiert William Gilberts *De magnete* (London 1600). Die ersten meteorologischen Abhandlungen im Bestand sind Leonhard Reynmans *Von warer erkanntnus deß wetters* (Augsburg um 1510) und Johannes Lonitzers *De meteoris* (Frankfurt a. M. 1548).

2.63 Galileis physikalische Erkenntnisse sind vorab im *Discorso intorno alle cose* (Florenz 1612) und in den *Discorsi e dimostrazioni matematiche* (Leiden 1638) enthalten. Die Kontroverse um die Urheberschaft des Proportionalzirkels ist teils durch Erstausgaben, teils durch zeitgenössische Neuauflagen dokumentiert, beispielsweise Galileo Galileis *Le operazioni del compasso geometrico* (Ausg. Strassburg 1612, Padua 1649, Mailand 1741) und Balthasar Capras *Usus et fabrica circini cuiusdam proportionis* (Bologna 1655).

2.64 René Descartes ist mit 18 Titeln vertreten, u. a. mit dem *Discours de la méthode* (2 Ausg.; Paris 1658 und 1668), *La géométrie* (2 Ausg.: Paris 1664; lateinisch, Amsterdam 1683) und den *Principia matheseos universalis* (Amsterdam 1659). Unter den zahlreichen Nachdrucken und Kommentaren finden sich die *Opera philosophica* (Amsterdam 1650) und die *Epistolae omnes* (Frankfurt a. M. 1692).

2.65 Die meisten der 16 Titel von Gottfried Wilhelm Leibniz sind in der Klasse 9 (Humanwissenschaften) eingereiht. Die 32 in der Sammlung vorhandenen Titel Isaac Newtons lassen sich vier Gruppen zuordnen, erstens den verschiedenen Ausg. der *Philosophiae naturalis principia mathematica* (London 1687 und mehrere Neuauflagen, u. a. die französische Übers. der Marquise du Chastellet, Paris 1756), zweitens den Schriften über die Optik (2 Aufl.; *Opticks*, London 1704 und 1718) und drittens den mathematischen Abhandlungen. Die vierte Gruppe umfasst Newtons Schriften über die Gravitation, die in der Klasse 1 (Astronomie, Topographie, Geodäsie) untergebracht sind.

2.66 Als Lehrbuch gilt Johann Heinrich Rahns *Teutsche Algebra* (Zürich 1659). Des weiteren sind Drucke zur praktischen Arithmetik (Logarithmentafeln, Rechenschieber) und zur Theorie und Verwendung geometrischer Instrumente vorhanden. Zur Berechnung von trigonometrischen und Logarithmentafeln sind vorab Henry Briggs (4 Titel),

John Napier (6) und Bartholomäus Pitiscus (9) zu nennen. Die Arbeiten von Jost Bürgi sind dokumentiert in Levin Hulsius' *Tractat Der Mechanischen Instrumente* (2 Aufl.; Frankfurt a. M. 1603/04 und 1615) und in Benjamin Bramers *Apollonius Cattus oder Kern der gantzen Geometria* (Kassel 1684).

2.67 Im Bereich »Physik« des 17. Jhs finden sich aus Deutschland Otto von Guericke (2 Titel, darunter *Experimenta nova,* Amsterdam 1672), Athanasius Kircher (15 Titel), Christoph Scheiner (7) und Johann Christoph Sturm (5). Grossbritannien vertritt Robert Boyle (14), die Niederlande Christian Huygens (14). Aus Frankreich stammen Joachim d'Alencé (4), Edmé Mariotte (9) und Denis Papin (3). Unter den Italienern ist Stefano Degli Angeli mit *Della Gravità dell'aria e fluidi* (Padua 1671/72) zu nennen. Gesamtdarstellungen zur Physik enthalten Jacques Rohaults *Traité de physique* (Paris 1671; lateinische Version 1708 und 1718) und Philippe de Lahires *Mémoires de mathématique et de physique* (Paris 1694). Zur Meteorologie ist William Cocks *Meteorologia* (deutsch, Hamburg 1691) vorhanden. Im 18. Jh sind im Bereich »Mathematik« die Bernoullis gut, noch besser aber ist Leonhard Euler dokumentiert. Von Jakob Bernoulli I sind 8 Titel, von Johann Bernoulli I 4 Titel, darunter die *Opera omnia* (Lausanne, Genf 1742), von Daniel Bernoulli 7 und von Leonhard Euler 56 Titel vorhanden.

2.68 Aus dem 18. Jh liegen im Bereich »Physik« Werke des Deutschen Ernst Chladni (4 Titel), aus den Niederlanden Petrus van Musschenbroeks (9 Titel, darunter die *Dissertatio physica experimentalis de magnete,* Wien 1754) vor. Aus Italien sind Publikationen Giovanni Battista Beccarias (5 Titel, u.a. die Erstausgabe von *Esperimenta,* Turin 1769), Luigi Galvanis (2 Titel, darunter *De viribus electricitatis in motu muscolari,* Mutina 1792) und Alessandro Voltas (3 Titel) vorhanden. Aus Grossbritannien liegen von Robert Smiths *Opticks* mehrere Übers. vor, darunter Abraham Gotthelf Kästners *Vollständiger Lehrbegriff der Optik* (Altenburg 1755). Thomas Young ist mit 3 Titeln dokumentiert. Aus Schweden ist Anders Celsius, aus den USA Benjamin Franklin (5 Titel) zu nennen. Gesamtdarstellungen zur Physik bieten Leonhard Eulers *Lettres à une Princesse d'Allemagne sur divers sujets de physique et de philosophie* (Leipzig 1770–1774), Willem Jacob van s'Gravesandes *Physices elementa mathematica, experimentis confirmata* (Leiden 1742), Nicolas Hartsoekers *Recueil de plusieurs pièces de physique* (Utrecht 1722), Johannes von Muralts *Systema physicae experimentalis* (Zürich 1705), Petrus van Musschenbroeks *Essai de physique* (Leiden 1739), dessen *Elementa physicae* (Leiden 1741) und die *Introductio ad philosophiam naturalem* (Leiden 1762) sowie Georg Wolfgang Krafft *Praelectiones in physicam* (Tübingen 1750–1754). Bei den Nachschlagewerken steht Johann Samuel Traugott Gehlers *Physikalisches Wörterbuch* (Leipzig 1798–1801).

2.69 Zur Meteorologie des 18. Jhs finden sich Jean Le Rond d'Alemberts *Réflexions sur la cause générale des vents* (Berlin 1747), Andreas Casparides' *Dissertatio physica de natura et origine nebularum* (Wittenberg 1756), Louis Cottes *Traité de la météorologie* (Paris 1774) und dessen *Mémoires sur la météorologie* (Paris 1788), John Daltons *Meteorological observations and essays* (London 1793) und Jean-André Deluc (17 Titel).

2.70 Aus dem 19. Jh sind die wichtigen mathematischen und physikalischen Texte weitgehend vollständig als Erstausgaben vorhanden. Im Bereich »Mathematik« finden sich aus der Schweiz Jean-Robert Argand (3 Titel), Ludwig Schläfli (15) und Jakob Steiner (13). Aus Deutschland liegen Werke Georg Cantors, Gustave Lejeune Dirichlets (6), Carl Friedrich Gauss' (21), Hermann Grassmanns (3), Carl Gustav Jacob Jacobis (5), Felix Kleins (16), Leopold Kroneckers (5), Bernhard Riemanns (11) und von Karl Weierstrass (4) vor. Unter den französischen Autoren befinden sich Joseph Bertrand (4 Titel), Michel Chasles (7), Augustin-Louis Cauchy (9), Evariste Galois, Charles Hermite (9), Gabriel Lamé (8), Adrien-Marie Legendre (17), Emile Picard (2) und Jean-Victor Poncelet (12). Aus Grossbritannien liegen Publikationen George Booles (3 Titel), Arthur Cayleys (5), William Rowan Hamiltons (2) und James Joseph Sylvesters (2) vor. Aus Italien sind Francesco Brioschi (4 Titel), Luigi Cremona (17), Ulisse Dini (4) und Paolo Ruffini (10), aus Norwegen Niels Henrik Abel (3) und Sophus Lie (3) zu nennen.

2.71 Im Bereich »Physik« sind Werke der deutschen Autoren Hermann Helmholtz, Heinrich Hertz und Gustav Kirchhoff vorhanden. Frankreich ist mit André-Marie Ampère und François-Dominique Arago, Grossbritannien mit Michael Faraday und James David Forbes, Dänemark mit Hans Christian Oersted vertreten. Die ersten Professoren für Mathematik und Physik am Polytechnikum sind gut dokumentiert, z.B. Elwin Bruno Christoffel, Rudolf Clausius, Richard Dedekind, Wilhelm Fiedler und Georg Ferdinand Frobenius d. A.

2.72 Zur Meteorologie und Klimatologie des 19. Jhs finden sich Werke Alexander Dallas Baches (2 Titel), Wilhelm Jacob van Bebbers (5), Wilhelm von Bezolds (6), Robert Billwillers (2), Alexander Buchans, C.H.D. Buys Ballots (6), Heinrich Wilds (26), ferner Ernst Erhard Schmids Lehrbuch (Leipzig 1860).

Naturwissenschaften

2.73 Die Klasse 8 umfasst 7409 Titel, die anfänglich zusammen mit der Klasse 7 (Mathematik und Physik) den Bedürfnissen der Abteilung für die Ausbildung von Fachlehrern höherer technischer Unterrichtsanstalten genügen sollten.

2.74 Zur Klasse 8 gehören die beschreibenden Naturwissenschaften, die im 19. Jh unter den Bezeichnungen »Naturgeschichte« und »Naturkunde« zusammengefasst wurden. Demzufolge finden sich dort die Mineralogie und die Geologie, andererseits Botanik, Zoologie, Anatomie, Physiologie, Embryologie und Paläontologie. Die dank einem Legat von Carl Alfred Meier in der Sammlung vorhandenen Drucke zur Medizin und zur Geschichte der Medizin werden ebenfalls hier angeführt.

2.75 Überschneidungen bestehen mit botanischen und zoologischen Schriften, die bereits im Zusammenhang mit Klasse 6 (Land- und Forstwirtschaft) erwähnt wurden, während Teile der Bergbauliteratur zum Ingenieurwesen (Klasse 2) und zum Maschinenbau (Klasse 4) gezählt werden. Auch die pharmazeutischen Werke (Klasse 5) befinden sich in der Klasse 8, da grosse Teile der »materia medica« in Gestalt von Pflanzenextrakten auftreten und deshalb vielfach in Botanikbüchern vorgestellt werden. Lateinische und deutsche Übers. liegen von Strabos Geographie vor (Ausg. Amsterdam 1707, Lemgo 1775–1777, Oxford 1807), von Plinius d. Ä. verschiedene Ausg. und Übers. der *Naturalis historia*, von Dioscorides mehrere Neuauflagen und Kommentare des 16. und 17. Jhs, von Galen einige Drucke des 16. Jhs. Aus der frühen Zeit des Buchdrucks sind eine Inkunabel, Bartholomaeus Anglicus' *De proprietatibus rerum* (Nürnberg 1483), und eine Postinkunabel, Pierre d'Aillys *De impressionibus aeris* (o. O. 1504) erhalten.

2.76 Aus dem 16. Jh ist Konrad Gessner mit 17 Titeln einer der bestdokumentierten naturwissenschaftlichen Autoren. Im weiteren finden sich aus dem deutschen Sprachgebiet Schriften Heinrich Glareans und Hieronymus Bocks. Grossbritannien ist mit John Gerard, Frankreich mit Jean Bodins *Universae naturae theatrum* (Frankfurt a. M. 1597) vertreten. Aus Italien sind Prospero Alpinis *De medicina Aegyptiorum* (Venedig 1591), Girolamo Cardanos *De rerum varietate* (Avignon 1558) sowie Publikationen Giulio Iasolinos, Giambattista della Portas (6 Titel), Cosmas Rossellius', Pietro Andrea Mattiolis (4 Titel, darunter *Opera omnia*, Frankfurt a. M. 1598), Scipione Mazzellas (2 Titel) und Tommaso Porcacchis *L'isole piu famose del mondo* (Venedig 1590) verfügbar. Aus Portugal sind Christoval Acosta mit der Erstausgabe seines *Tractado de las drogas* (Burgos 1578) und Garcia da Ortas *Dell'historia de i semplici aromati* (Venedig 1597) zu nennen.

2.77 Aus dem 17. Jh sind die Engländer Francis Bacon, Nehemiah Grew und John Ray gut vertreten. Aus dem niederländisch-deutschen Kontext sind Willem Piso und Georg Markgraf mit *De Indiae utriusque re naturali et medica* (Amsterdam 1658), unter den Italienern Giovanni Alfonso Borelli und Marcello Malpighi zu erwähnen. Im Bereich »Botanik« liegen Werke der Schweizer Johann Bauhin (2 Titel, darunter *De plantis*, Basel 1591), Kaspar Bauhin (5 Titel, darunter *Pinax theatri botanici*, Basel 1671, und *Prodromos theatri botanici*, Basel 1671) sowie Dominique Chabrey (*Stirpium icones et sciagraphia*, Genf 1677) vor. Aus Deutschland ist Basilius Beslers *Hortus Eystettensis* (Nürnberg 1713), aus Belgien Franciscus van Sterbeecks *Theatrum fungorum* (Antwerpen 1675) zu nennen.

2.78 Aus dem 18. Jh sind aus der Schweiz Schriften Johannes Gessners (13 Titel), Albrecht von Hallers (21 Titel), Johann Jakob Scheuchzers (22 Titel, darunter die *Physica oder Natur-Wissenschaft*, Zürich 1701, und die *Kupfer-Bibel*, Augsburg und Ulm 1731) sowie Johannes Scheuchzers *Agrostographia* (Zürich 1719) vorhanden. Aus Deutschland liegen Werke Johann Ludwig Christs (4 Titel) und Wilhelm Friedrich von Gleichens (5 Titel) vor. Unter den Franzosen sind Georges-Louis Leclerc de Buffon (15 Titel), Bernard-Germain-Etienne de la Ville de la Cepède (2) und Jean-Baptiste Lamarck (9) zu nennen, von den Niederländern ist Hermann Boerhaave (5) zu erwähnen. Im Bereich »Botanik« finden sich Publikationen des Franzosen Joseph-Philippe de Clairville und des Schweden Carl von Linné (36 Titel). Im Fach »Geologie« treten die Schweizer Horace-Bénédict de Saussure (11 Titel, darunter *Voyage dans les Alpes*, Neuchâtel 1779–1796), der Österreicher Balthasar Hacquet de la Motte und der Engländer James Hutton (2) hervor. Unter den Deutschen sind es im selben Fachgebiet Johann Friedrich Gmelin (5 Titel), Karl Wilhelm Nose (4) und Abraham Gottlob Werner (8). In der Paläontologie ist Antonio Vallisneris *De corpi marini* (Venedig 1721) verfügbar, im Bereich der Medizin *Die Kunst das menschliche Leben zu verlängern* (Jena 1797) von Christoph Wilhelm Hufeland (insgesamt 8 Titel).

2.79 Aus dem 19. Jh sind Schriften der Pioniere der modernen Naturwissenschaften oft in Erstausgaben, teils in deutschen und französischen Übers. vorhanden. Im Bereich »Entwicklungsgeschichte« liegt Charles Darwins Werk annähernd vollständig in Erstausgaben und in zeitgenössischen Übers. vor. Unter den 48 Titeln befinden sich die *Geological observations* (London 1844; Stuttgart 1877, deutsch) und *On the origin of species* (London 1859). Weitere Autoren aus diesem Fachgebiet sind Edward Drinker Cope, Ernst Haeckel, Thomas Huxley und Alfred Russel Wallace. Die Naturgeschichte allgemein betreffen Werke Isidore Geoffroy Saint-Hilaires, Alexander von Humboldts (38 Titel), Rudolf Albert von Köllikers (8) und Lorenz Okens (4 Titel, u. a. die *Allgemeine Naturgeschichte*, Stuttgart 1833–1842). Schliesslich ist auf Unterrichtsmittel, z. B. Eduard Strasburgers

Lehrbuch der Botanik für Hochschulen (Jena 1894), hinzuweisen.

Humanwissenschaften

2.80 Die Klasse 9 ist mit 9630 Titeln die umfangreichste und diente ursprünglich der »Freifächerabteilung« des Polytechnikums. Im Bibliothekskatalog von 1896 wird die Klasse 9 »Humanwissenschaften« (früher »Geisteswissenschaften«) durch die Sachkategorien »Philosophie, Pädagogik, Geschichte, Sprachen und Literatur, Nationalökonomie, Rechtslehre, Politik, Enzyklopädien etc.« als eine eigentliche Sammelklasse dargestellt. Dazu kommen noch Theologie und Psychologie. Die Klasse 9 erinnert daher am ehesten an die Zusammensetzung der Bestände einer Universitätsbibliothek.

2.81 Die ältesten Drucke in der Klasse 9 sind Inkunabeln, Werke Anselm von Canterburys (Strassburg zwischen 1496 und 1499), von Valerius Maximus (Venedig 1493), Isidor von Sevillas *Etymologiae* (Augsburg 1472) und eine Psalmenexegese von Girolamo Savonarola (Florenz, um 1500). Mehrere antike Autoren sind in alten Ausg. vorhanden. Aus dem 16. Jh liegen mehrere Schriften von Aristoteles vor, darunter Jodocus Clichtoveus' *Philosophiae naturalis paraphrases* (Paris 1510), ferner eine Ausg. mit lateinischen Versionen aristotelischer Schriften (Basel 1542), übers. und kommentiert u. a. von Ioannes Argyropulos, sowie Joannes Bernardus Felicianus' Ausg. der *Moralia Nichomachia* (Paris 1543). Weitere philosophische Texte aus der Antike sind in späteren Editionen (meist des 19. Jhs) greifbar.

2.82 Im Bereich »Philosophie des Mittelalters und der Renaissance« finden sich aus Deutschland Conrad Gallianus' *Practica trium annorum 1522. 1523. 1524.* (Strassburg 1522), Johannes de Indagines *Introductiones apotelesmaticae* (Leiden 1582) und Heinrich Cornelius Agrippa von Nettesheims *De incertitudine et vanitate omnium scientiarum et artium* (Frankfurt a. M., Leipzig 1714). Ebenfalls in die Klasse 9 eingeordnet ist die von Johannes Huser herausgegebene Gesamtausgabe der medizinischen und philosophischen Schriften von Paracelsus (Strassburg 1603). Aus dem 16. Jh finden sich im Bereich »Theologie und Kirchengeschichte« zeitgenössische Übers. von Werken Johannes Calvins, der *Recueil des opuscules* (hrsg. von Theodor von Beza, Genf 1566).

2.83 Zur Geschichte und Geographie finden sich die *Römische Geschichte* von Livius (Genf 1582) in der Übers. von Antoine de la Faye, mehrere Erstausgaben von Josias Simler sowie die von Johann Rudolf Stumpf nachgeführten Ausg. der *Schweytzer Chronick* (Zürich 1586 und 1606). Michael von Aitzings *Leo Belgicus* (Köln 1596) steht für die Werke deutscher, Guillaume Paradins *Cronique de Savoy* (Lyon 1552) für die französischer Autoren, für die Niederländer Vulcanius Bonaventuras *De expeditione Alexandri Magni* (o. O. 1575), für die Italiener sind Pietro Bembos *Della historia Vinitiana* (Venedig 1552) und Lodovico Guicciardinis *Niderlands Beschreibung* (Basel 1580) erwähnenswert.

2.84 Im Bereich »Literatur des 16. Jhs« finden sich frühe Ausg. von Ludovico Ariosto, darunter der *Orlando furioso* (Venedig 1566), Giovanni Boccaccios *Il Decamerone* (Venedig 1516) sowie die Briefsammlung (Venedig 1547 und 1549) des Claudio Tolomei. Unter den Nachschlagewerken stehen Konrad Gessners *Bibliotheca universalis* (Zürich 1545) und deren erweiterte Ausg. (Zürich 1574), die Josias Simler besorgte.

2.85 Im 17. Jh ist im Bereich »Philosophie« Gottfried Wilhelm Leibniz mit 16 Titeln dokumentiert. Die französischen Philosophen sind, abgesehen von Descartes, mit Nicolas de Malebranche (2 Titel) und Blaise Pascal (5 Titel, darunter mehrere Ausg. seiner *Pensées*, französisch Genf 1778 und Paris 1865, deutsch Bremen 1777) vertreten. Aus Grossbritannien liegen Werke Francis Bacons (6 Titel), Thomas Hobbes' (1 Titel) und John Lockes (4 Titel, darunter je eine englische, französische und deutsche Version seines *Essay concerning human understanding*) vor. Benedikt Spinoza ist mit 5 Titeln vertreten.

2.86 Zur Geschichte finden sich aus dem 17. Jh Guido Bentivoglios *Opere* (Paris 1645) und Quellenwerke zur Schweizer Geschichte. Zur Geographie liegen vor Leopold Cysats *Vier Waldstätten See* (Luzern 1661), Hans Erhard Eschers *Beschreibung des Zürich Sees* (Zürich 1692), ein von Jodocus Hondius bearbeiteter Mercator-Atlas (Amsterdam 1634) sowie zeitgenössische Landschafts- und Reisebeschreibungen von Bernardino Amico da Gallipoli und Martin Zeiller (2 Titel).

2.87 Aus der französischen Literatur des 17. Jhs sind – meist als Neuauflagen – Werke von Nicolas Boileau-Despréaux (3 Titel) sowie Pierre und Thomas Corneille (2 Titel) vorhanden. Hinzu kommt eine spätere Ausg. von Pierre Bayles *Dictionnaire historique et critique* (Amsterdam 1730). Aus dem 18. Jh finden sich philosophische Werke deutscher Autoren, z. B. von Johann Gottlieb Fichte, Johann Georg Hamann, Johann Gottfried Herder, Immanuel Kant (36 Titel, weitgehend vollständig in zeitgenössischen Ausg.), Gotthold Ephraim Lessing, Moses Mendelssohn und Christian Wolff. Auch die französische Philosphie ist gut vertreten. Aus Grossbritannien sind George Berkeleys *A defence of free-thinking in mathematics* (Dublin 1735) und *Siris* (London 1744), William Hogarths *The Analysis of Beauty* (London 1753) und David Hume (7 Titel, darunter die *Enquiry concerning the human understanding*, Oxford 1894) zu nennen.

2.88 Zur Geschichte und Geographie finden sich aus dem 18. Jh Quellen und Darstellungen zu den staatsrechtlichen und wirtschaftlichen Verhältnissen der Schweiz. Zeitgenössische Landschafts- und Reisebeschreibungen sind Jean Chappe d'Auteroches *Voyage en Sibérie* (Paris 1768), Jean-Baptiste Christyns *Délices des Pays-Bas* (Lüttich 1769) und Eduard Daniel Clarkes *Reise durch Russland und die Tartarei* (Weimar 1817).

2.89 An deutschschweizerischer Literatur des 18. Jhs liegen Werke Johann Jakob Bodmers (4 Titel), Salomon Gessners (3), Johann Caspar Lavaters (9) und Johann Martin Usteris vor. Zur Pädagogik sind 12 Titel von Johann Heinrich Pestalozzi vorhanden. Unter den deutschen Autoren des 18. Jhs finden sich u. a. Johann Wolfgang von Goethe (13 Titel), Christian Fürchtegott Gellert (2), Johann Christoph Gottsched (2), unter den französischen André Chénier und Alain-René Lesage. Hinzu kommen die Italiener Vittorio Alfieri (2 Titel), Carlo Goldoni (2) und Giuseppe Parini sowie die Engländer Daniel Defoe (3 Titel), Oliver Goldsmith, Laurence Sterne (2), Jonathan Swift und Edward Young.

2.90 Unter den Nachschlagewerken des 18. Jhs befinden sich Johann Beckmanns *Beyträge zur Geschichte der Erfindungen* (Leipzig 1782-1792), Denis Diderots und Jean Le Rond d'Alemberts *Encyclopédie* (Genf, Neuenburg 1777-1779), Louis-Mayeul Chaudons *Nouveau dictionnaire historique* (Caen 1786), Jacob Christoff Iselins *Historisch- und Geographisches Allgemeines Lexicon* (Basel 1726-1744), Christian Gottlieb Jöchers *Allgemeines Gelehrten-Lexicon* (Leipzig 1750/51), Johann Georg Krünitz' *Oekonomisch-technologische Encyklopädie* (Berlin 1783-1858) und Hans Jacob Leus *Allgemeines Helvetisches, Eydgenössisches oder Schweitzerisches Lexicon* (Zürich 1747-1795).

2.91 Aus dem 19. Jh liegen u. a. Werke folgender deutscher Philosophen vor: Gustav Theodor Fechner (18 Titel), Ludwig Feuerbach (*Sämmtliche Werke*, Leipzig 1846-1890), Eduard von Hartmann (5 Titel), Georg Friedrich Wilhelm Hegel (9), Johann Friedrich Herbart (11), Hermann Lotze (5), Karl Marx (7), Friedrich Wilhelm Josef von Schelling (12), Friedrich Schleiermacher (7), Arthur Schopenhauer (4) und Wilhelm Wundt (11). Von den Franzosen ist Auguste Comte (3 Titel) zu erwähnen. Aus Grossbritannien liegen Henry Calderwoods *The philosophy of the infinite* (Edinburgh 1854) sowie 6 Titel Herbert Spencers und 8 Titel John Stuart Mills vor.

2.92 Aus dem 19. Jh sind Publikationen zur politischen Geschichte, zur Kriegs-, Kultur-, Geistes-, Wissenschafts- und Technikgeschichte, zu verschiedenen Institutionen, zur Kirchen- und Religionsgeschichte, zur Ethnologie, zur Sozialgeschichte, zum Gesundheitswesen und zur Hygiene, zur Wirtschafts-, Rechts-, Verfassungs- und Familiengeschichte sowie biographische Literatur vorhanden. Die neuere Verfassungsgeschichte der Schweiz ist durch Originaldrucke von der Zeit der Helvetik bis zur Bundesverfassung von 1874 fast lückenlos dokumentiert. Aus der Schenkung von Max Doerner sind mehrere Biographica zu Napoleon Bonaparte und Literatur zur Französischen Revolution vorhanden. Des weiteren sind die Arbeiten der ersten Professoren für Geschichte am Polytechnikum präsent, so 14 Titel zur Schweizer Geschichte von Wilhelm Oechsli, von Johannes Scherr (53 Titel zu politischer Geschichte, zu Literatur-, Sozial-, Kultur- und Religionsgeschichte), Adolf Schmidt (3 Titel) und Alfred Stern (2 Titel). Unter der Vielzahl von Landschafts- und Reisebeschreibungen des 19. Jhs fällt Giacinto Amatis *Peregrinazione al Gran San Bernardo, Losanna, Friburgo, Ginevra* (Mailand 1838) auf.

2.93 Im Bereich der Deutschschweizer Literatur des 19. Jhs finden sich Werke August Corrodis (2 Titel), Jeremias Gotthelfs (3), David Hess' (4), Gottfried Kellers (12 Titel, meist in zeitgenössischen Ausg., darunter die erste Gesamtausg., Berlin 1895/96, sowie eine Erstausgabe der Urfassung von *Der grüne Heinrich*, Braunschweig 1854/55), Conrad Ferdinand Meyers (8) und Jakob Stutz (3). Die deutsche Literatur des 19. Jhs ist breit vertreten, ebenfalls die französische und die englische. Zur französischen Kulturgeschichte finden sich *Les folies parisiennes* (Paris 1820) und die von Honoré Daumier und anderen illustrierte und von Léon Curmer herausgegebene Enzyklopädie *Les Français peints par eux-mêmes* (Paris 1840-1842). Im Bereich »Literaturgeschichte und Literaturkritik« sind Jakob Baechtold (8 Titel), Hermann Hettner (6), Eugène Rambert (21), Charles Augustin Sainte-Beuve (8), Francesco de Sanctis (2) und Friedrich Theodor Vischer (8) zu nennen.

2.94 An Nachschlagewerken des 19. Jhs sind vorhanden die *Encyclopaedia Britannica* (Edinburgh 1810), der *Dictionnaire de l'Académie françoise* (Paris 1814), *Meyers deutsches Jahrbuch* (Hildburghausen 1872), *Meyers Handlexikon des allgemeinen Wissens* (Hildburghausen 1872), Otto Luegers *Lexikon der gesamten Technik* (Stuttgart 1894-1899), Gustave Vapereaus *Dictionnaire universel des contemporains* (Paris 1861), Johann Christian Poggendorffs *Biographisch-literarisches Handwörterbuch* (Leipzig 1863), Eduard Maria Oettingers *Bibliographie biographique universelle* (Paris 1866) sowie Charles Dezobrys und Théodore Bachelets *Dictionnaire général de biographie et d'histoire* (Paris 1889). Bei den Wörterbüchern sind Samuel Johnsons *Dictionary of the English language* (London 1819), Emile Littrés *Dictionnaire de la langue française* (Paris 1863-1877) und James A. H. Murrays *A new English dictionary* (Oxford 1888) zu erwähnen.

Periodika

2.95 Der Bestand an alten Zeitungen, Zeitschriften und Jahrbüchern vom 17. bis zum 19. Jh enthält neben fachlich einschlägigen Werken auch eine Reihe von Periodika, die an einer Technischen Hochschule nicht gesucht werden.

2.96 Der gesamte Periodikabestand beläuft sich auf 3042 Titel oder rund 60.000 Bde. Der Erscheinungszeitraum erstreckt sich vom *Journal des Savants* (ab 1665) bis zum Jahr 1899, in dem *Die Kunst in der Photographie* erstmals erschien. Die chronologische Verteilung ergibt folgendes Bild: 17. Jh: 9 Titel; 18. Jh: 137 Titel (5 %); 19. Jh: 2896 (95 %). In sprachlicher Hinsicht überwiegt Deutsch (1453 Titel; 48 %), gefolgt von Französisch (647; 21 %) und Englisch (626; 21 %). Der Rest von 316 Titeln (10 %) verteilt sich in absteigender Folge auf Italienisch (148 Titel; 5 %), Spanisch (28; 1 %), Holländisch (20; 1 %), Schwedisch (19; 1 %), Lateinisch (17; 1 %), Russisch (16; 1 %) und auf vereinzelte Zeitschriften in Dänisch, Portugiesisch und Norwegisch.

2.97 Die inhaltliche Zuordnung der Periodika ergibt folgenden Zahlen: Architektur und Kunstgeschichte 150 Titel, Militärwesen 90, Astronomie, Topographie, Geodäsie 98, Ingenieurwesen 112, Eisenbahnwesen 101, Mechanik und Maschinenbau 158, Chemie, Pharmazie, Verfahrenstechnik 218, Land- und Forstwirtschaft 232, Mathematik und Physik 291 Titel, Naturwissenschaften 853 und Humanwissenschaften 739 Titel.

3. KATALOGE

Moderner, allgemeiner Katalog

Online-Katalog Aleph [NEBIS-Verbundkatalog, enthält Bestand ca. ab Erwerbsjahr 1854]

Historische Kataloge (in chronologischer Folge)

Zettelkataloge

Interner alphabetischer Autorenkatalog [ca. 1854 bis ca. 1975; Standort: Sammlung Alte Drucke]

Interner verfilmter alphabetischer Autorenkatalog [ca. 1854 bis ca. 1975; Standort: Sammlung Alte Drucke, Reportsammlung]

Interner alphabetischer Rara-Zettelkatalog [ca. 1854 bis ca. 2003; Standort: Sammlung Alte Drucke]

Interne Standortkartei für Magazinsignaturen [ca. 1854 bis ca. 2003; Standort: Sammlung Alte Drucke]

Handschriftliche Zuwachsverzeichnisse und Kataloge

Gabenbuch der ETH-Bibliothek [1854 bis 1944; Standort: Archive und Nachlässe, Bibliotheksarchiv]

Kaufbuch der ETH-Bibliothek [1855 bis 1945/49; Standort: Archive und Nachlässe, Bibliotheksarchiv]

Standortkatalog [Zuwachsverzeichnis nach Signaturgruppen ab ca. 1854 bis ca. 1995; Standort: Sammlung Alte Drucke]

Alphabetischer Autorenkatalog der Bibliothek des Eidgenössischen Polytechnikums [Klebekatalog in 10 Folianten, ca. 1854 bis ca. 1946; Standort: Archive und Nachlässe, Bibliotheksarchiv]

Fachkatalog der Bibliothek des Eidgenössischen Polytechnikums [Klebekatalog in 24 Bdn, ca. 1854 bis ca. 1946; Standort des Originals: Archive und Nachlässe, Bibliotheksarchiv; gebundene Xerokopie am Informationsschalter der ETH-Bibliothek, Signatur: 942 445; verfilmte Kopie in der Sammlung Alte Drucke, Reportsammlung]

Eingangsbücher [ab ca. 1854; Standort: Sammlung Alte Drucke]

Gedruckte Zuwachsverzeichnisse und Kataloge

Wolf, Rudolf: Verzeichniss der Bibliothek des Schweizerischen Polytechnikums. Zürich 1856

Wolf, Rudolf: Verzeichniss der Bibliothek des Schweizerischen Polytechnikums. Zürich 1857

Wolf, Rudolf: Verzeichniss der Bibliothek des Schweizerischen Polytechnikums. Zürich 1859

Wolf, Rudolf: Verzeichniss der Bibliothek des Schweizerischen Polytechnikums. Zürich 1866

Wolf, Rudolf: Verzeichniss der Bibliothek des Schweizerischen Polytechnikums. Zürich 1876

Wolf, Rudolf: Verzeichniss der Bibliothek des Schweizerischen Polytechnikums. Supplement zur fünften Auflage. Zürich 1887

Rudio, Ferdinand: Katalog der Bibliothek des Eidgenössischen Polytechnikums in Zürich. Zürich 1896

Periodicaverzeichnis der ETH-Bibliothek. Zürich 1980 [letzte Ausg.]

4. QUELLEN UND DARSTELLUNGEN ZUR GESCHICHTE DER BIBLIOTHEK

Zur Geschichte der ETH-Bibliothek und zur Sammlung Alte Drucke sind in der Spezialsammlung »Archive und Nachlässe« (Bibliotheksarchiv) Akten vorhanden, z. B. die Jahresberichte der Bibliothek [ab 1855].

Glaus, Beat: Buntpapier als Buchbezug. Ein Überblick am Bestand der Bibliothek der Eidgenössischen Technischen Hochschule in Zürich. In: Librarium 26 (1983), S. 187–212

Glaus, Beat; Larcher, Vreni: Bibliophile Wissenschaftsgeschichte in der ETH-Bibliothek: Zum Beispiel Galileo Galilei. In: Librarium 29 (1986), S. 56–84

Glaus, Beat: Automaten-Literatur. In: Librarium 32 (1989), S. 109–154

Glaus, Beat: Die ersten Jahrzehnte der ETH-Bibliothek. Zürich 1994

Lutstorf, Heinz: Professor Rudolf Wolf und seine Zeit. Zürich 1993

Lutstorf, Heinz: Der historische Buchbestand der ETH-Bibliothek. Zürich, ca. 1998 [unveröffentlicht]

Mumenthaler, Rudolf; Voegeli, Yvonne: Ohne Bibliothek keine Wissenschaft. Zur Geschichte der ETH-Bibliothek Zürich. In: Blättern & Browsen – 150 Jahre ETH-Bibliothek. Zürich 2005, S. 11–68

Mumenthaler, Rudolf; Neubauer, Wolfram; Unser, Margit: »... die Wahrheit in den Wissenschaften zu suchen« – Buchschätze der ETH-Bibliothek aus vier Jahrhunderten. Zürich 2003

Oechsli, Wilhelm: Geschichte der Gründung des Eidg. Polytechnikums mit einer Uebersicht seiner Entwicklung 1855–1905. Frauenfeld 1905

Rouiller, Jean-Jacques: Die Signaturen-Entwicklung in der ETH-Bibliothek. Zürich 1986 [unveröffentlicht]

Scherrer, Paul: Bibliothek. In: Eidgenössische Technische Hochschule 1855–1955. Zürich 1955, S. 528–534

Sydler, Jean-Pierre: La Bibliothèque principale. In: Eidgenössische Technische Hochschule Zürich 1955–1980. Festschrift zum 125jährigen Bestehen. Zürich 1980, S. 549–556

Wolf, Rudolf: Das Schweizerische Polytechnikum; historische Skizze zur Feier des 25jährigen Jubiläums im Juli 1880. Zürich 1880

BIBLIOTHEK DER ISRAELITISCHEN CULTUSGEMEINDE ZÜRICH

Kanton: Zürich

Ort: Zürich

Bearbeiter: Yvonne Domhardt, Zsolt Keller und Kerstin Paul

Adresse: Bibliothek der Israelitischen Cultusgemeinde Zürich (ICZ), Lavaterstrasse 33, 8002 Zürich

Telefon: +41 44 283 22 50

Telefax: +41 44 283 22 23

Homepage: www.icz.org

E-Mail: bibliothek@icz.org

Träger: Israelitische Cultusgemeinde Zürich

Funktion: Öffentliche Bibliothek

Sammelgebiete:
Hebraica und Judaica.

Benutzungsmöglichkeiten:
Öffentliche Fach- und Gemeindebibliothek.

Öffnungszeiten:
Montag bis Donnerstag 9.00–18.00 Uhr durchgehend.

Hinweise für anreisende Benutzer:
Mit dem Zug oder den Strassenbahnen Nr. 5, 6 oder 7 bis Bahnhof Enge. Von dort via General-Wille-Strasse ca. 100 bis 200 m bis zur Lavaterstrasse.

1. BESTANDSGESCHICHTE

1.1 Die Bibliothek der ICZ ist aus mehreren Buchkollektionen hervorgegangen. Ihre wechselhafte Geschichte ist zugleich eine Art Spiegelbild der Geschichte der Jüdinnen und Juden in Zürich. Die erste »Jüdische Lesehalle mit Bibliothek« öffnete im Dezember 1902 ihre Tore. Sie war eine Gründung der Zionistischen Ortsgruppe Zürich, deren Bestreben es u. a. war, zur Hebung der allgemeinen jüdischen Bildung beizutragen. Den Schwerpunkt dieser ersten Sammlung von Büchern bildete jiddische Literatur sowie – durch Schenkungen und die Übernahme der Bibliothek des akademischen Zionistenvereins »Hechawer« im Jahre 1914 – Bücher über den Zionismus und Palästina. In den folgenden Jahrzehnten wechselte die jüdische Bibliothek ihr Domizil immer wieder. Während des Ersten Weltkrieges wurden die Bestände besonders von ausländischen Studierenden konsultiert, nicht zuletzt deshalb, weil sich die Bücher im »Jüdischen Heim« befanden. 1923 übernahm sodann der zu diesem Zweck gegründete »Verein Jüdische Bibliothek Zürich« die Verantwortung für den Unterhalt der Bibliothek, die in der Folgezeit mehr und mehr ausgebaut wurde. Verschiedene kleinere Bibliotheken wurden in die bereits bestehende Sammlung integriert, z. B. die Bücher der Vereine »Kadimah« und »Haruach« sowie die Jugendbibliothek der ICZ.

1.2 Im Jahre 1932 wurde die Bibliothek abermals umgesiedelt und bei dieser Gelegenheit reorganisiert und nach wissenschaftlichen Grundsätzen neu aufgebaut. In die Zeit der 1930er-Jahre fielen auch grössere Anschaffungen öffentlicher und privater Buchbestände aus Deutschland. Diese hatten zum Zweck, wertvolle jüdische Bücher aus dem Machtbereich der Nationalsozialisten zu retten sowie den Besitzern durch den Kaufpreis zum nötigen Kapital für ihre Flucht zu verhelfen. In dieser Zeit erwarb die Bibliothek der ICZ einen substantiellen Teil ihrer kostbaren und bedeutenden Altbestände.

1.3 Nach der Fertigstellung des neuen Gemeindehauses der ICZ im Jahre 1939 wurde die jüdische Bibliothek mit ihren 2500 Bdn und Broschüren der Israelitischen Cultusgemeinde, in deren Besitz sie sich heute noch befindet, übergeben. Im Gegensatz zu den meisten jüdischen Bibliotheken Europas musste die Bibliothek der ICZ während des Zweiten Weltkrieges nicht geschlossen werden. In der Zeit der Krise übernahm sie vielmehr soziale und integrative Aufgaben. Im Lesesaal konnten sich die Flüchtlinge über Tagesereignisse und jüdische Fragen informieren. Zusammen mit der von der ICZ geschaffenen Gemeindeküche war die Bibliothek eine unentbehrliche Anlauf- und Kontaktstelle dieser Hilfesuchenden. 1940 initiierte die Bibliothekskommission zudem die Schaffung eines Zentralkatalogs aller sich in Schweizer Bibliotheken befindenden Judaica und Hebraica. Dieses Projekt wurde über Jahrzehnte finanziell vom Schweizerischen Israelitischen Gemeindebund (SIG) mitgetragen. Seit den 1990er-Jahren sind die Daten auf elektronischer Basis zugänglich.

1.4 Eine Blütezeit erlebte die Bibliothek der ICZ in den Kriegs- und unmittelbaren Nachkriegsjahren. 1944 verzeichnete die Bibliothek 8512 ausgeliehene Bücher. Ein Jahr später, als eine grosse Zahl von Flüchtlingen und Emigranten die Schweiz verlassen konnte, ging die Bücherausleihe auf 6692 Einheiten zurück. Die Bibliothek behielt jedoch ihre hervorragende Bedeutung für die jüdische Schweiz. Besonders der Zürcher Zentralkatalog sollte die nach dem Krieg in der Schweiz erhoffte wissenschaftliche Renaissance des Judentums vorantreiben. Ganz in diesem Sinne bemühte sich die ICZ zusammen mit dem SIG Ende der 1940er-Jahre um die von den Alliierten in Deutschland gefundenen Reste der ehemaligen Bibliothek des Jüdisch-Theologischen Seminars in Breslau. Seit 1950 befindet sich ein grosser Teil der in die Schweiz verbrachten Bücher des Breslauer Seminars in der Gemeindebibliothek der ICZ (s. a. Artikel über Die Breslauer Seminarbibliothek in der Bibliothek der Israelitischen Cultusgemeinde Zürich sowie über Die Breslauer Seminarbibliothek dans la Bibliothèque »Gérard Nordmann«, Communauté Israélite de Genève).

1.5 In der zweiten Hälfte des 20. Jhs etablierte sich die Bibliothek der ICZ andererseits als führende jüdische Gemeindebibliothek im deutschen Sprachraum, die mit ihren nunmehr rund 50.000 Titeln den Gemeindemitgliedern neben belletristischer Literatur in deutscher, hebräischer, englischer, französischer und jiddischer Sprache auch Bücher allgemeinbildenden Charakters mit Bezug zur jüdischen Geschichte und zum Judentum anbietet. Andererseits ist die Bibliothek der ICZ eine internationale Anlaufstelle für Wissenschaftler und Studierende verschiedenster akademischer Provenienz, die sich mit Hebraica und Judaica sowie der Geschichte Israels und der Jüdinnen und Juden in der Schweiz und in Europa beschäftigen. Neben ihren Buchbeständen beherbergt die Bibliothek der ICZ zudem den künstlerischen Nachlass des Komponisten Max Ettinger (1874–1951) sowie das »Florence Guggenheim Archiv zur Geschichte, Sprache und Volkskunde der Juden in der Schweiz«.

2. BESTANDSBESCHREIBUNG

Chronologische Übersicht und Übersicht nach Sprachen

2.1 Insgesamt verfügt die ICZ-Bibliothek über etwa 50.000 Druckwerke inkl. Broschüren, Zeitschriften und Reihen, wobei bereits an die 19.000 Titel elektronisch erfasst sind. Die Magazin- und Altbestände der ICZ-Bibliothek umfassen, grob geschätzt, etwa 25.000 Bde und werden seit Mitte 2007 sukzessive elektronisch erfasst. Dies bedeutet, dass für die vorliegende Ausg. des *Handbuchs* nur Näherungswerte der vor 1900 erschienenen Werke angegeben werden können (Auswertungsgrundlage: listenförmige Eingangsbücher (Indices) der ICZ-Bibliothek). Weder die ca. 2500 Bde umfassende Jiddisch-Spezialsammlung der ICZ noch die Breslauer Seminarbibliothek, über die ein eigener Artikel vorliegt, sind hier berücksichtigt. Die Bestandsbeschreibung bezieht sich fast ausschliesslich auf die bis 1800 erschienenen Werke.

2.2 7 Drucke stammen aus dem 16. Jh (3 hebräische, 4 in Latein und anderen Sprachen), 11 aus dem 17. Jh (6 hebräische, 5 lateinische und andere), 61 aus dem 18. Jh (30 hebräische, 31 lateinische und andere) und 1634 aus dem 19. Jh (377 hebräische, 33 jiddische und 1224 deutsche).

Systematische Übersicht

2.3 Gemäss dem Sammelschwerpunkt der Bibliothek der Israelitischen Cultusgemeinde Zürich handelt es sich bei den Beständen ausschliesslich um Judaica bzw. Hebraica.

2.4 Das älteste Werk, ein Basler (christlicher) Druck in sehr gutem Zustand, stammt aus dem Jahre 1527. Es handelt sich um ein chaldäisches Wörterbuch Sebastian Münsters in lateinischer Sprache. An dieser Stelle zu erwähnen sind auch eine Kurzgrammatik des Hebräischen (Köln 1580) sowie die in Italienisch verfasste Grammatik zur hebräischen Sprache (Bergamo 1591) von Guglielmo Franchi. In Raschi-Schrift gedruckt, liegt die Rarität von Issachar Ber[mann] ben Naftali ha-Kohen aus dem Jahre 1589 vor (»Sefer Mar'ei Kohen«, ein Index zum Sohar), die in Krakau gedruckt wurde und aus der Heidenheim-Sammlung der Zentralbibliothek Zürich stammt.

2.5 Zu den Drucken des 17. Jhs gehören Johannes Buxtorfs *Synagoga Judaica* (Basel 1641 und dessen *Lexicon Hebraicum et Chaldaicum* (10. Aufl., Basel 1698). Der kleine hebräische Predigtenband *Midbar Jehuda* (Venedig, Daniel Zanetti, 1602) in Raschi-Schrift von Leon da Modena stammt aus der Heidenheim-Sammlung und befindet sich in sehr gutem Zustand, ebenso ein Gebetbüchlein nach italienischem Ritus (Ferrara 1693) mit dem Titel *Sidur miwracha*. Eine weitere Besonderheit des 17. Jhs stellen die beiden am Vorabend des 30-jährigen Krieges in Basel gedruckten Folianten einer hebräischen Bibel dar (der Holzeinband ist in Leder eingeschlagen und mit zwei Schliessen versehen), die sich aber infolge eines Wasserschadens in einem weniger guten Zustand befinden.

2.6 Unter den 61 Titeln aus dem 18. Jh befindet sich die *Sammlung jüdischer Geschichten* (Erstausgabe, Basel 1768) aus der Feder des Zürcher Pfarrers Johann Caspar Ulrich. Bemerkenswert ist, dass im vorliegenden Exemplar an der Stelle des Originaltitelblattes das Titelblatt des 1765 erschienenen Prospekts steht und das Originaltitelblatt von 1768 eine Art Anhang bildet. Eine deutsche Übers. sämtlicher Werke des Flavius Josephus stammt aus Tübingen und wurde in Form eines knapp 40 Zentimeter hohen Folianten 1735 von Johann Friedrich Cotta herausgegeben. Johann Lunds *Die alten jüdischen Heiligthümer* (Hamburg 1738) weist einen defekten Ledereinband auf. Eine besondere Rarität in bestem Zustand, wiederum aus der Heidenheim-Sammlung, stellt der Druck des Daniel-Buches (Mailand 1788) in syrischer Sprache mit lateinischer Übers. von Caietanus Bugatus dar. Der Text ist in Spaltenform, links lateinisch, rechts syrisch, angeordnet.

2.7 Das 19. Jh hat aufgrund der Entwicklungen in der Drucktechnik sowie der Verbilligung des Papiers eine grosse Zahl Drucke hervorgebracht. Bei den in der Israelitischen Cultusgemeinde Zürich vorhandenen Werken handelt es sich vorwiegend um Drucke zu den Themenbereichen Bibel, jüdische (Religions-)Philosophie, jüdische Geschichte, aber auch um Belletristik und erzählende Erbauungsliteratur.

3. KATALOGE

Alle Kataloge der Bibliothek der Israelitischen Cultusgemeinde Zürich werden nach den Grundsätzen wissenschaftlicher Bibliotheken verwaltet; in der formalen Ansetzung wird – neben der Verwendung einiger Hausregeln – im Wesentlichen auf die Schweizer VSB-Katalogisierungsregeln zurückgegriffen. Die Sacherschliessung erfolgt nach einem speziell im Jahre 1940 für die Bedürfnisse der ICZ-Bibliothek erstellten Schlagwort- und Sachregister, das kontinuierlich aktuellen Gegebenheiten angepasst wurde und wird. Der Sachkatalog wird auf der Grundlage des Dewey-Dezimalsystems geführt. Die Aufstellung des Bestands erfolgt nach Autorenalphabet (Belletristik), nach Numerus currens (Sachbuchbereich) sowie nach Grösse (z. B. Quartformat: Bildbände und Folianten).

EDV-Katalog

Seit Januar 2002 werden mit dem Bibliotheksprogramm BIBLIOTHECA 2000 alle Neuzugänge nur noch elektronisch erfasst. Die Rekatalogisierung der Bestände erfolgt etappenweise und erstreckt sich über mehrere Jahre. Derzeit sind folgende Bestände rückwirkend erfasst: Freihandbereich Belletristik, Freihand Kinder- und Jugendbücher, der gesamte Freihandbereich der Fach- und Sachliteratur sowie alle Quartformate. Die Magazinbestände werden seit Mitte 2007 (s. o.) rückwirkend elektronisch erfasst.

Zettelkataloge

Die ICZ-Bibliothek verfügt über einen alphabetischen Autoren- und Titelkatalog (sowohl in lateinischem als auch in hebräischem Alphabet), einen Sachkatalog (s. o.) sowie einen Zentralkatalog, der über Judaica-Bestände der gesamten Schweiz Auskunft gibt. Ferner wird ein umfassender separater Katalog »Auswertung der Deutschschweizer jüdischen Presse zum Schweizer Judentum« insbesondere für historische Forschungsinteressen geführt. Seit Sommer 2009 wird dieser Katalog im Rahmen eines Projektes, das von der ICZ und dem »Archiv für Zeitgeschichte« (AfZ) getragen wird, digitalisiert.

4. QUELLEN UND DARSTELLUNGEN ZUR GESCHICHTE DER BIBLIOTHEK

Bredo, Paul: Der Zentralkatalog der Judaica und Hebraica in schweizerischen Bibliotheken. In: Nachrichten der Vereinigung schweizer. Bibliothekare und der Schweiz. Vereinigung für Dokumentation 24/5 (1948), S. 93–96

Domhardt, Yvonne: The Library oft the Israelitische Cultusgemeinde Zürich (ICZ). In: European Judaism 42 (2009) no. 1, issue 82, S. [180]–183

Festschrift anlässlich des 100jährigen Bestehens der Israelitischen Cultusgemeinde Zürich, hrsg. von der Israelitischen Cultusgemeinde Zürich. Zürich 1962, 72f.

Guggenheim, Florence: 50 Jahre jüdische Bibliothek in Zürich. In: Israelitisches Wochenblatt 1952, Nr. 47, S. 47

Hofmann, Stephanie: Die Bibliothek der Israelitischen Cultusgemeinde Zürich. Geschichte und aktuelle Bedeutung. Zürich, Leipzig 2007 [unveröffentlichte Diplomarbeit an der Hochschule für Technik, Wirtschaft und Kultur, Leipzig]

Jahresbericht der Israelitischen Cultusgemeinde Zürich. Zürich: [ICZ], ab 1939

Pinczover, E.: Jüdische Lesehalle [Zürich]. In: Israelitisches Wochenblatt 1902, Nr. 49, S. 1

Wohlmann-Meyer, Cläre: Kostbarer Schatz jüdischen Wissens. Die Bibliothek der Israelitischen Cultusgemeinde Zürich. In: Israelitisches Wochenblatt 1973, Nr. 37, S. 27f.

BIBLIOTHEK DES SCHWEIZERISCHEN LANDESMUSEUMS

Kanton: Zürich

Ort: Zürich

Bearbeiter: Heinrich Christ

Adresse: Museumstrasse 2, Postfach, 8023 Zürich

Telefon: +41 44 218 65 31

Homepage: www.musee-suisse.com

E-Mail: bibliothek@slm.admin.ch

Träger: Schweizerische Eidgenossenschaft

Funktion:
Wissenschaftliche Fachbibliothek für die Mitarbeitenden des Schweizerischen Landesmuseums und öffentliche Präsenzbibliothek

Sammelgebiete:
Schweizer Geschichte und Landeskunde, Kunstgeschichte, Kulturgeschichte, Ur- und Frühgeschichte, Archäologie, Numismatik, Militaria, Konservierungs- und Restaurierungskunde.

Benutzungsmöglichkeiten:
Präsenzbibliothek, aktive Fernleihe, Wochenend-Ausleihe möglich. Publikationen aus den Bereichen Ur- und Frühgeschichte und der Archäologie (Signaturen beginnend mit F und Zf) befinden sich in der Fachbibliothek Archäologie im Orion Gebäude (Adresse: Hardturmstrasse 185, 8005 Zürich; Dienstag bis Freitag: 9.00 bis 16.00 Uhr, Präsenzbibliothek).

Öffnungszeiten:
Dienstag und Donnerstag: 9.00–12.00 Uhr und 13.30–16.30 Uhr; Mittwoch und Freitag: 13.30–16.30 Uhr

Technische Einrichtungen für den Benutzer:
Kopiergerät, Computerterminal für NEBIS-Abfragen, Videorecorder/Fernseher, Mikrofichenlesegerät.

Hinweise für anreisende Benutzer:
Direkt nördlich des Hauptbahnhofs Zürich; auf dem Museumsareal sind keine Parkplätze vorhanden.

1. BESTANDSGESCHICHTE

1.1 Die Geschichte der Bibliothek im Landesmuseum beginnt mit Zürichs Bewerbung um den Standort des geplanten schweizerischen Nationalmuseums. Im Bewerbungsschreiben um den Sitz dieser Institution wird in der Beschreibung des geplanten Baus auf der Platzspitzwiese neben anderen Arbeits- und Verwaltungsräumen auch »das Lesezimmer (105,6 m^2) und die Bibliothek (91,8 m^2)« erwähnt. Bereits vor der Vollendung des Museumsbaus auf der Platzspitzwiese im Jahr 1898 erscheinen dann in den Jahresberichten bescheidene Ausgaben für den Ankauf der ersten Bibliotheksbücher. Einen bescheidenen Grundstock an Büchern erhielt das Landesmuseum als sogenanntes Depositum in Form einer kleinen Handbibliothek von der Antiquarischen Gesellschaft Zürich, deren »Bibliothekswart« erster Leiter der Bibliothek im Landesmuseum wurde. Die eigentliche Bibliothek der AGZ wurde von der Schenkung aller Sammlungen an das Landesmuseum ausgenommen und ging an die Zentralbibliothek Zürich.

1.2 In den folgenden Jahren wuchs der Bestand um 1.000 bis 2.000 Einheiten jährlich. Wichtige Quellen für Buchzugänge waren der Bücher- bzw. Zeitschriftentausch mit befreundeten Institutionen und Schenkungen an das Landesmuseum. Diese passiven Arten der Bestandserweiterung machen bis heute rund zwei Drittel der Neuzugänge aus. Bei den Zugängen durch Tausch handelt es sich grösstenteils um Publikationen von Museen und historischen Vereinen aus der Schweiz, Deutschland sowie dem übrigen Europa und den USA. Der Themenbereich dieser Publikationen Geschichte, Kunstgeschichte, Archäologie und Museumskunde deckt sich weitgehend mit den Interessensgebieten des Landesmuseums. Zum grossen Teil handelt es sich dabei um oft sehr umfangreiche Museumskataloge und Ausstellungsführer. Die durch Schenkungen erhaltenen Büchern verteilen sich auf alle Themenbereiche, allerdings mit einem Schwerpunkt im Bereich der Schweizer Geschichte und Landeskunde. Bis in die Gegenwart erhält das Landesmuseum auf diesem Weg einen bescheidenen Zuwachs an historischem Buchbestand. Daneben gelangten historische Bücher und Drucke als Ausstellungsobjekte in die Objektsammlung des Landesmuseums.

1.3 1934 erhielt die Bibliothek des Landesmuseums im neubezogenen Verwaltungstrakt zwei grössere Räume im zweiten Obergeschoss, die bis heute als Bibliotheksbüro und Lesesaal dienen. Einzig die umfangreiche Signaturgruppe »Ur- und Frühgeschichte/Klassische Archäologie« wurde 1993 mit dem Umzug der archäologischen Abteilung des Landesmuseums in die Aussenstation ORION an der Hardturmstrasse in Zürich West verlegt.

2. BESTANDSBESCHREIBUNG

Chronologische Übersicht und Übersicht nach Sprachen

2.1 Die Auszählung des historischen Buchbestands erfolgte anhand der verschiedenen Standortkataloge. Einzig die Zeitschriftenbände wurden in den Regalen gezählt.

2.2 Vom Gesamtbestand von etwa 125.000 buchbinderischen Einheiten in der Bibliothek des Landesmuseums zählen rund 7700 Einheiten zum vor 1901 erschienenen historischen Buchbestand. Davon stammen 20 Einheiten aus dem 16., knapp 100 aus dem 17., etwa 370 aus dem 18. und ungefähr 5500 aus dem 19. Jh. Der Grossteil der erfassten Bücher erschien in den letzten beiden Jahrzehnten des 19. Jhs. Bei einer Einheit handelt es sich um 1 Inkunabel.

2.3 Nach Sprachen gliedert sich der historische Bestand in 65 % deutschsprachige, 22 % französischsprachige, 4 % englischsprachige und 2 % italienischsprachige Einheiten. Die restlichen Werke sind in Latein, Holländisch, Spanisch, Portugiesisch oder in skandinavischen und slawischen Sprachen verfasst. Für die einzelnen Jahrhunderte ergibt sich die folgende Verteilung nach Sprachen: Im 16. Jh: 64 % Deutsch und 36 % Latein; im 17. Jh: 69 % Deutsch, 8 % Französisch, 1 % Italienisch und 19 % Latein; im 18. Jh: 82 % Deutsch, 12 % Französisch, 1 % Englisch und 4 % Latein und im 19. Jh: 69 % Deutsch, 23 % Französisch, 2 % Italienisch und 4 % Englisch.

Systematische Übersicht

2.4 Die Bibliothek des Landesmuseums gliedert sich in 21 durch Grossbuchstaben bezeichnete Signaturgruppen, die sich wiederum in durch Kleinbuchstaben bezeichnete Untergruppen teilen. Die einzelnen Signaturgruppen entsprechen grossen Themengebieten, die Untergruppen unterteilen nochmals nach thematischen oder geographischen Aspekten. Auf diese Signaturgruppen bezieht sich auch die Standortsystematik. Innerhalb der einzelnen Untergruppen erfolgt die Aufstellung anhand des Numerus currens.

2.5 Bezüglich der historischen Bestände stärkste Gruppe ist mit rund 1.200 Einheiten der Bereich »Landeskunde und Geschichte der Schweiz«, gefolgt von den für die Pflege der Sammlungen im Landesmuseum wichtigen Gruppen »Kunstgewerbe« mit rund 770 historischen Einheiten, »Militaria« mit etwa 760 historischen Einheiten, »Ur- und Frühgeschichte/klassische Archäologie« mit ungefähr 750 historischen Einheiten und »Kunstgeschichte« mit rund 610 historischen Einheiten. Quantitativ weniger stark vertreten, angesichts der engeren thematischen Eingrenzung aber dennoch von Bedeutung sind die Bereiche »Numismatik« mit knapp 300 historischen Einheiten sowie »Religionskunde und Kirchengeschichte« und »Genealogie und Heraldik« mit je ungefähr 170 historischen Einheiten. Von besonderer Bedeutung sind ausserdem die Sammlung von ungefähr 510 Auktionskatalogen aus dem 19. Jh und die Kalendersammlung mit rund 1800 historischen Einheiten aus dem 18. und 19. Jh.

2.6 In die oben erwähnte Gesamtsumme nicht miteingeflossen sind die Bücher und Drucke in der Objektsammlung des Landesmuseums. Sie werden aber unter dem Abschnitt »Sondersammlungen« kurz beschrieben. Die rund 1300 vor 1901 erschienenen Zeitschriftenbände wurden für den folgenden Überblick bei der jeweiligen thematischen Gruppe hinzugerechnet.

A: Enzyklopädien und Lexika

2.7 Knapp 40 historische Einheiten zählen zur Signaturgruppe »Enzyklopädien und Lexika«. Eine Einheit stammt aus dem 16. Jh, 9 Einheiten stammen aus dem 18. und ungefähr 30 aus dem 19. Jh. Neben verschiedenen Wörterbüchern und allgemeinen Nachschlagewerken, darunter Jacob Certius' griechisch-lateinisches Wörterbuch von 1524 und einer Ausgabe von Reusners und Stimmers reich illustrierter Sammelbiographie von Persönlichkeiten des 15. Jhs aus dem Jahr 1719, finden sich hier rund 15 historische Bibliographien aus dem 18. und 19. Jh wie zum Beispiel die *Bibliothek der Schweizer-Geschichte* von Gottlieb Haller (Bern 1785–1788) oder Ph. Walthers *Systematisches Repertorium über die Schriften sämtlicher historischer Gesellschaften Deutschlands* (Darmstadt 1845).

B: Recht und Verwaltung

2.8 Die Signaturgruppe »Recht und Verwaltung« zählt nur 12 historische Einheiten. Neben einigen Werken aus dem 19. Jh finden sich hier die *Satz und Ordnungen eines frey-löblichen Stadt-Gerichts zu Zürich* (Zürich 1739) sowie das Rechtsbuch *Expositionis sive declarationes omniu tituloru iuris* des Strassburger Humanisten Sebastian Brandt (Basel 1514).

C: Museumskunde

2.9 Der Bereich »Museumskunde« ist mit etwa 250 historischen Einheiten vertreten, die alle aus dem 19. Jh stammen. Zum grossen Teil handelte es sich dabei um Museumskataloge und Ausstellungsführer aus der Schweiz, Deutschland und Frankreich sowie vereinzelten Exemplaren aus dem übrigen Ausland die über den oben erwähnten Schriftentausch mit befreundeten Institutionen in die Bibliothek gelangten. Der unterschiedlichen Herkunft entsprechend finden sich hier auch zahlreiche fremdsprachige Publikationen.

D: Geschichte und Landeskunde (ohne Schweiz)

2.10 Ungefähr 280 Einheiten, davon 5 aus dem 16., 9 aus dem 17., 7 aus dem 18. und rund 260 aus dem 19. Jh, gehören zur Geschichte und Landeskunde des Auslands. Es handelt sich dabei zur Hauptsache um allgemeine Landesbeschreibungen, Geschichtswerke und Werke zur Kulturgeschichte. Den geographische Schwerpunkt bilden die Schriften über Deutschland und Frankreich. Besonders wertvoll scheinen 2 Exemplare von Sebastian Münsters *Cosmographey* (Basel 1598 und 1628), verschiedene Ausgaben der landeskundlichen Werke von Caspar Merian und Martin Zeller und Heinrich Pantaleons Kollektivbiographie *Prosopographiae herorum atque illustrium virorum totius Germanie* (Basel 1565).

E: Geschichte und Landeskunde der Schweiz

2.11 Der Bereich »Geschichte und Landeskunde der Schweiz« ist mit rund 1200 historischen Einheiten die diesbezüglich stärkste Signaturgruppe in der Bibliothek des Landesmuseums. 5 Einheiten stammen aus dem 16., 19 aus dem 17., ungefähr 150 aus dem 18. und gut 1130 aus dem 19. Jh. Die »Geschichte und Landeskunde der Schweiz« unterteilt sich in allgemeine Werke zur Schweizer Geschichte und Landeskunde mit rund 360 Einheiten und Darstellungen zu den einzelnen Kantonen, die insgesamt etwa 370 Einheiten ausmachen. Ungefähr 120 historische Einheiten finden sich zum Kanton Zürich. Ebenfalls gut vertreten sind die Werke zu den Kantonen Basel und Bern mit je rund 50 Einheiten. Unter den älteren Beständen zur »Geschichte und Landeskunde der Schweiz« finden sich unter anderem die historiographischen Werke von Etterlin (Basel 1507), Stumpf (Zürich 1548 und 1554), Guillimann (Freiburg i. Br. 1598), Stettler (Bern 1626 und 1627), Plantin (Bern 1656), Rahn (Zürich 1690), Wagner (Zürich 1701), Simmler (Zürich 1722), Tschudi (Basel 1734 und 1736) und Tscharner (Zürich 1758), die Basler Chroniken von Tonjola (Basel 1661), Wurstisen (Basel 1580) und Petri (Basel 1693) und die Zürcher Chronik von Hottinger (Zürich 1665). Einen weiteren Schwerpunkt bilden die naturräumlichen Landesbeschreibungen aus dem 17. und 18. Jh. Darunter die zum Teil reich illustrierten Werke von Cysat (Luzern 1661), Scheuchzer (Zürich 1716–1718), Herrliberger (Zürich 1754–1773), Gruner (Bern 1760) und Fäsi (Zürich 1766–1768), sowie die *Staats- und Erdbeschreibung der schweizerischen Eidgenossschaft* (Schaffhausen 1770–1772), Johann Konrad Füsslis kritische Antwort auf Fäsis Werk.

2.12 Über ein Drittel der Einheiten in dieser Signaturgruppe machen die ungefähr 470 Zeitschriftenbände zur Schweizer Landeskunde und Geschichte aus. Neben einigen Titeln mit landesweitem Bezug finden sich hier vor allem die Zeitschriften der verschiedenen kantonalen Historischen Gesellschaften.

F: Ur- und Frühgeschichte / klassische Archäologie

2.13 Rund 750 historische Einheiten zählen zur Signaturgruppe »Ur- und Frühgeschichte«. Bis auf 1 Werk aus dem 17. und 8 Einheiten aus dem 18. Jh stammen alle aus dem 19. Jh. Überdurchschnittlich hoch ist hier der Anteil der fremdsprachigen Literatur: Nur 44 % der Einheiten sind deutschsprachig, durchschnittliche 22 % französischsprachig, über 10 % italienischsprachig, 11 % englischsprachig und 12 % in anderen europäischen Sprachen verfasst. Den grössten Teil dieser umfangreichen Signaturgruppe machen die nach Ländern geordneten Darstellungen und Zeitschriftenbände zur Ur- und Frühgeschichte und Archäologie aus: 42 Zeitschriften aus 15 verschiedenen Ländern sind mit rund 230 Bänden aus dem 19. Jh in der Bibliothek vertreten. Neben Werken über Ausgrabungen und Forschungsergebnisse im Schweizer Raum finden sich auch zahlreiche Darstellungen über Deutschland, Frankreich und die skandinavischen Länder. Einen weiteren Schwerpunkt bilden die Darstellungen über die klassische und insbesondere die römische Provinzial-Archäologie. Von besonderem Wert scheint neben den verschiedenen reich illustrierten Werken aus dem 19. Jh Jakob Russingers *De antiquitatibus Augusta Vendelicorum* (Basel 1625).

G: Historische Hilfswissenschaften

2.14 Die »Historischen Hilfswissenschaften« sind mit ungefähr 80 Einheiten im historischen Buchbestand vertreten. 1 Einheit stammt aus dem 17. Jh, 6 Einheiten stammen aus dem 18. und rund 70 aus dem 19. Jh. Die meisten Titel in dieser Signaturgruppe sind französischsprachig. Etwa zwei Drittel der Titel in diesem Bereich gehören in die Untergruppe »Sphragistik«. Dazu zählt auch das mit zahlreichen Stichen illustrierte *Sigilla comitum Flandriae* von Olivarius Vredius (Brügge 1639). Ausserdem finden sich einige Werke zur Epigraphik und Chronologie.

H: Heraldik und Genealogie

2.15 Mit rund 170 Einheiten hat die insgesamt recht kleine Signaturgruppe »Heraldik und Genealogie« einen sehr hohen Anteil an historischem Buchbestand. 14 Einheiten sind dem 17. Jh, 5 dem 18. Jh und ungefähr 150 dem 19. Jh zuzuordnen.

Der thematische Schwerpunkt liegt mit über 100 Einheiten bei der Heraldik, welcher in der Anfangszeit des Landesmuseums offenbar grosses Interesse zuteil wurde. In diesen Bereich gehören auch Conrad Meyers *Kurze Beschreibung der uralt weit-berühmten Statt Zürich samt den Wappen der wohlgeborenen Edlen* (Zürich 1674) sowie Johann Sibmachers *New Wappenbuch* (Nürnberg 1605), die beide reich mit Abbildungen versehen sind. Ungefähr 50 Einheiten beschäftigen sich mit der Schweizer Genealogie.

J: Numismatik

2.16 Mit etwa 300 Einheiten weist auch die Gruppe »Numismatik« einen überdurchschnittlich hohen Anteil an historischen Büchern auf. 2 Einheiten stammen aus dem 16., 7 aus dem 17., gut 20 aus dem 18. und rund 270 aus dem 19. Jh. Auffallend hoch ist hier der Anteil fremdsprachiger Werke mit 35 % französischsprachigen, 6 % englischsprachigen und 5 % lateinischsprachigen Werken. Die meisten Titel finden sich zur Numismatik der Antike und des Frühmittelalters sowie zur Münzgeschichte des Schweizer Raums bis in die Neuzeit. Unter den Werken zur Münzgeschichte der Antike befinden sich einige reich illustrierte Werke aus dem 17. Jh wie zum Beispiel Carolus Patins *Familiae Romanae in antiquis numismatibus* (Paris 1663).

2.17 Die numismatische Abteilung beherbergt ausserdem als Depositum der Zentralbibliothek Zürich geschätzte 700 Einheiten aus dem 18. und 19. Jh. Insgesamt findet der interessierte Numismatiker im Landemuseum also einen beachtlichen Fundus von rund 1000 Einheiten historischen Buchbestands im Gebiet der Münzkunde.

K: Pädagogik

2.18 Mit 5 Werken aus dem späten 19. Jh ist der Bereich »Pädagogik« nur marginal unter den historischen Buchbeständen vertreten.

L: Religionskunde und Kirchengeschichte

2.19 Die rund 170 historische Einheiten umfassende Signaturgruppe »Religionskunde und Kirchengeschichte« hat einen überdurchschnittlich hohen Anteil an Werken aus der Zeit vor 1801: 2 Einheiten stammen aus dem 16., 7 aus dem 17., knapp 30 aus dem 18. und nur etwa 130 aus dem 19. Jh. Über die Hälfte dieser Signaturgruppe machen Werke über die Schweizer Kirchengeschichte sowohl protestantischer als auch katholischer Provenienz aus. Darunter Johann Jacob Hottingers *Helvetische Kirchen* (Zürich 1698-1707) und 2 Ausgaben von Heinrich Murers Sammlung von Heiligenlegenden, die *Helvetia sancta seu paradisus sanctorum Helvetiae* (Luzern 1648 und 1751). Ungefähr 30 Einheiten befassen sich mit dem Christentum und der christlichen Theologie im Allgemeinen und etwa 20 Einheiten mit der ausländischen Kirchengeschichte. In diesen Untergruppen finden sich Johann Stumpfs Beschreibung des Konzils von Konstanz (Zürich 1541) und in einem Band zusammengefasst die 2 ältesten Drucke der Bibliothek im Landesmuseum: die Inkunabel *speculu finalis retributionis* (Basel 1499) von Petrus Reginaldus und Reinhard von Laudenbergs *Passionis Summarium* (Nürnberg 1501). Bei gut 20 Einheiten handelt es sich um historische Gebets- und Gesangbücher aus dem 18. und 19. Jh.

M: Sprachwissenschaft und Literatur

2.20 Zum Bereich »Sprachwissenschaft und Literatur« gehören rund 35 historische Einheiten, davon 5 aus dem 18. und rund 30 aus dem 19. Jh. Neben einigen literarischen Texten finden sich hier hauptsächlich namenkundliche, sprachwissenschaftliche und literaturgeschichtliche Werke.

N: Musikgeschichte

2.21 Knapp 25 historische Einheiten, davon 2 aus dem 18. Jh und gut 20 aus dem 19. Jh, finden sich in der Signaturgruppe »Musikgeschichte«. Dazu gehören einige musikgeschichtliche Abhandlungen und einzelne weltliche Liederbücher wie etwa Johann Caspar Lavaters *Schweizerlieder* (Zürich 1788).

O: Volkskunde

2.22 Die Signaturgruppe »Volkskunde« zählt rund 50 historische Einheiten, mit 2 Vertretern aus dem 16. Jh, 6 aus dem 18. Jh und knapp 50 aus dem 19. Jh. Über die Hälfte dieser Gruppe gehört zum Bereich Trachten- und Kostümkunde. So auch das reich bebilderte und in Versen beschreibende *Trachten und Stammbuch* (St. Gallen 1600). Daneben findet sich in dieser Gruppe eine interessante Sammlung von Kochbüchern aus dem 19. Jh und als Einzelstück Georg Rüxners *Thurnierbuch* (Frankfurt 1566).

P: Zünfte und Vereine

2.23 Zum Zunft- und Vereinswesen finden sich gut 10 Einheiten, die ausschliesslich dem 19. Jh zuzuordnen sind. Es handelt es sich dabei um Vereinsstatuten, Jubiläumsschriften und Ähnliches.

Q: Wirtschaft und Handwerk

2.24 Rund 45 historische Einheiten, davon 4 aus dem 18. Jh. und ungefähr 40 aus dem 19. Jh, gehören zur Signaturgruppe »Wirtschaft und Handwerk«. Von besonderem Interesse scheinen die Ratgeberliteratur für Handwerker und Bauern sowie verschiedene allgemeinere Werke zum Berufsleben in der frühen Neuzeit wie etwa Abrahams *Etwas für alle, das ist: eine kurtze Beschreibung allerley Stands-, Ambts- und Gewerbs-Personen mit beygeruckter sittlichen Lehre und biblischen Concepten* (Würzburg 1711).

R: Naturwissenschaften

2.25 Etwa 45 historische Einheiten sind unter der Bezeichnung »Naturwissenschaften« zu finden. Je 1 Einheit stammt aus dem 16. und 17. Jh, 4 Einheiten stammen aus dem 18. und rund 40 aus dem 19. Jh. Neben Werken zur Restaurations- und Konservierungskunde finden sich hier auch ältere Darstellungen zur Chemie und Pharmazie. So gehören einige interessante Beispiele medizinischer Ratgeberliteratur für den Hausgebrauch aus dem 19. Jh, der *Wund Artzney oder Artzney Spiegell* von Ambrosius Paräus (Frankfurt a. M. 1588) und ein Exemplar der *Pharmacopöe Wirtenbergica Stutgardiae* (Stuttgart 1786) in diese Signaturgruppe.

S: Militärwesen

2.26 Die Signaturgruppe »Militärwesen« besitzt mit knapp 760 historischen Einheiten einen beachtlichen Altbestand. 1 Einheit stammt aus dem 16. Jh, 16 Einheiten stammen aus dem 17., rund 50 aus dem 18. und ungefähr 690 aus dem 19. Jh. 26 % der Einheiten in dieser Gruppe zählen zu den französischsprachigen Werken, bei den Werken des 18. und 17. Jhs sind gar rund 40 % in Französisch verfasst. Thematische Schwerpunkte bilden die Kriegsgeschichte, das Schweizer Militärwesen, die militärische Waffenkunde und die ungefähr 180 Einheiten umfassende Sammlung von in- und ausländischen Reglementen.

2.27 Von speziellem Interesse erscheinen die älteren Werke zur zeitgenössischen militärischen Technologie und Kriegskunst aus der Zeit des Dreissigjährigen Krieges wie Hanzelet Lorraines *La pyrotechnie* (Pont à Mousson 1630), Joseph Furttenbachs reich illustrierte *Beschreibung einer neuuen Büchsemeisterey* (Augsburg 1627) oder Laurentius à Troupitzens *Kriegs Kunst nach königlich schwedischer Manier eine Compagny zu richten* von (Frankfurt a. M. 1633). Beim Werk aus dem 16. Jh handelt es sich um Leonhart Fronspergers *Von Kayserlichem Kriegsrechten* (Frankfurt 1566).

T: Kunstgeschichte

2.28 Der Bereich »Kunstgeschichte« gehört mit rund 610 historischen Einheiten ebenfalls zu den grösseren Gruppen mit historischem Buchbestand. 10 Einheiten sind dem 17., rund 20 dem 18. und ungefähr 580 dem 19. Jh zuzuordnen. Die französischsprachigen Einheiten machen vor allem wegen der zahlreichen französischen Kunstzeitschriften fast 40 % aller Einheiten aus. Insgesamt finden sich in dieser Signaturgruppe über 200 Zeitschriftenbände. Schwerpunkte bilden die Kunstgeschichte der Schweiz und Deutschlands und die Werke zur Architektur, insbesondere zu Sakralbauten sowie Burg- und Schlossanlagen. Zu den älteren Werken gehören 2 Ausgaben von Giacomo Barozzis *Regeln der fünff Säulen* (Nürnberg o. J. und 1699) und einige wertvolle Werke mit ikonographischen Abbildungen aus dem 17. und 18. Jh. Ausserdem finden sich hier einige allgemeinere Werke zum Kunstwesen, wie etwa Johann Rudolf Füsslis *Allgemeines Künstler-Lexikon* (Zürich 1763–1777) oder J. Stauffachers *Freimüthige Äusserungen über Kunst und Leben und speciell über das künstlerische und kunstgewerbliche Bildungswesen* (St. Gallen 1891), ein Bericht über eine Studienreise nach Deutschland.

U: Plastik und Malerei

2.29 Die rund 340 historischen Einheiten im Bereich »Plastik und Malerei« stammen bis auf 3 Einheiten aus dem 17. und 7 Einheiten aus dem 18. alle aus dem 19. Jh. Überdurchschnittlich hoch ist auch hier mit 28 % der Anteil der französischsprachigen Literatur. Die Gruppe deckt das weite Gebiet von der Plastik über Malerei, Miniaturmalerei, Graphik, Zeichnung, Druckgraphik und Lithographie, Glasmalerei, Ornamentik bis zur Buchgeschichte und Exlibris-Kunde ab. Die meisten historischen Titel finden sich zur Malerei, wie etwa Charles Blancs *Grammaire des arts du dessin* (Paris 1867).

V: Kunstgewerbe

2.30 Die umfangreiche Signaturgruppe »Kunstgewerbe« beinhaltet gut 770 historische Einheiten, die sich auf 1 Einheit aus dem 17., 8 Einheiten aus dem 18. und rund 760 Einheiten aus dem 19. Jh aufteilen. Die Gliederung der Signaturgruppe erfolgt anhand der verschiedenen Werkstoffe. Schwerpunkte bilden dabei die Werke zur Metallverarbeitung, die Untergruppe »Glas, Bernstein, Edelsteine, Perlmutt« sowie die Untergruppen »Textilien«, »Möbel«, »Keramik« und »Fliesen«. Bei den Werken aus dem 19. Jh handelt es meist um kunstgeschichtliche Darstellungen, die teilweise, wie zum Beispiel Adolf Bürkli-Meyers *Geschichte der Schweizerischen Seidenindustrie vom Schlusse des 13. Jahrhunderts bis in die neuere Zeit* (Zürich 1884), für die aktuelle Forschung immer noch von Nutzen sind. Unter den älteren Werken finden sich einige wertvolle Bücher technischen Inhalts. So etwa Johann Kunkels *Vollständige Glasmacherkunst* von (Nürnberg 1756) oder ein *Neu hervorkommendes Weber Kunst und Bild Buch, worinnen zu finden wie man künstlich weben oder wirken soll* (Culmbach 1709).

Sondersammlungen

Kalendersammlung

2.31 In der Kalendersammlung finden sich rund 1800 Exemplare von Schweizer Kalendern. 3 Exemplare stammen aus dem 17., etwa 210 aus dem 18. und knapp 1600 aus dem 19. Jh. Rund vier Fünftel der Kalenderblätter stammen aus dem deutschsprachigen Raum, etwa ein Fünftel sind in Französisch verfasst. Während Kalender aus der italienischsprachigen Schweiz fehlen, beinhaltet die

Kalendersammlung 3 Exemplare des rätoromanischen *Chialender d'Engadina* (La Strada 1824, Zuoz 1859 und 1864).

Auktionskataloge

2.32 Eine Besonderheit der Bibliothek im Landesmuseum stellt die Sammlung von Auktionskatalogen des Kunst- und Antiquitätenhandels dar. Rund 510 Exemplare erschienen im 19. Jh und gehören damit zum Historischen Buchbestand. Etwa 60 % stammen aus dem deutschen, ungefähr 30 % aus dem französischen, knapp 10 % aus dem englischen und weniger als 1 % aus dem italienischen Sprachraum.

Historischer Buchbestand in der Objektsammlung des Landesmuseums

2.33 Unter den Objekten in der Sammlung des Landesmuseum befinden sich verschiedene Bücher und andere Druckwerke, wie etwa Druckgraphiken oder Alltagsdrucke, die in einem weiteren Sinn ebenfalls zum historischen Buchbestand gehören. Da diese Museumsobjekte im Gegensatz zu den Beständen der Bibliothek nur schwer fass- und zählbar sind und die Nutzung restriktiveren Bestimmungen unterliegt, wurden diese Objekte nicht in die obige Zählung und Beschreibung miteinbezogen. Trotzdem soll hier ein grober Überblick über die im Zusammenhang mit diesem Artikel interessanten Objekte in der Sammlung des Landesmuseums gegeben werden.

2.34 Ein grosser Teil der Sammlung des Landesmuseums ist durch eine Objektdatenbank erschlossen, in der die einzelnen Objekte anhand eines mehrstufigen hierarchischen Klassifikationsschemas einzelnen Klassifikationsgruppen zugeordnet sind. Unabhängig von ihrer Klassifikation gehören die einzelnen Objekte je in eine »Sammlung«, die auf die fachliche und organisatorischen Zuständigkeit sowie den Aufbewahrungsort verweist. Grössere historische Buchbestände finden sich unter anderen in den Sammlungen »Graphik«, »Rara«, und »Musikinstrumente«. Da die historischen Bücher und Druckwerke über zahlreiche Sammlungen verteilt sind, bietet sich eine Suche und Beschreibung anhand der Klassifikationsgruppen an. Die folgenden Zahlen beziehen sich auf die in der erwähnten Datenbank erfassten Datensätze. Hinter einem solchen Datensatz können eine oder mehrere Einheiten stehen. Ausserdem muss insbesondere im Bereich der Druckgraphiken mit einem beträchtlichen Anteil unerfasster Einheiten gerechnet werden.

2.35 Rund 1200 historische Objektdatensätze gehören in die Klassifikationsgruppe »Bücher und Publikationen«. Dazu gehören 1000 Objektdatensätze mit historischen Büchern und Broschüren, davon verweisen knapp 10 auf das 16., etwa 50 auf das 17., rund 400 auf das 18. und gut 700 auf das 19. Jh. Die meisten dieser überwiegend deutschsprachigen Bücher weisen einen direkten Bezug zur Schweizer Kultur- und Sozialgeschichte auf. So finden sich hier unter anderem Kalender, Liederbücher, Reisebeschreibungen, Enzyklopädien, militärische Literatur und verschiedene zeitgenössische Klassikerausgaben. Zu den Büchern und Broschüren gesellen sich rund 150 Schweizer Zeitungen und Zeitschriften aus dem 17., 18. und 19. Jh und unter der Unterklassifikation ‚Buchzubehör' ungefähr 50 Exlibris-Drucke. Diese in der Datenbank erfassten Exlibris-Drucke bilden aber nur einen Bruchteil der gesamten Exlibris-Sammlung von rund 15.000 Exemplaren, die grösstenteils auf eine 1919 erfolgte Schenkung des Zürcher Kaufmanns und Bibliophilen August Julius Ferdinand Ammann zurückgeht. In dieser umfangreichen Sammlung finden sich Objekte aus ganz Europa, die dem gesamten Untersuchungszeitraum entstammen.

2.36 Knapp 200 Objektdatensätze mit historischen Einheiten finden sich unter »Religion und Kult« in der Unterklassifikationsgruppe »Bibeln und Gebetsbücher«. 3 Objektdatensätze verweisen auf das 16., ungefähr 20 auf das 17., knapp 100 auf das 18. und etwa 70 auf das 19. Jh. Rund die Hälfte dieser Objektdatensätze machen die Bibeldrucke aus, darunter 15 Oktavausgaben der Zürcher Bibel aus dem 17. und 18. Jh.

2.37 Über 10.000 Objektdatensätze mit historischen Einheiten finden sich unter »Bilder und Skulpturen« in der Unterklassifikationsgruppe »Graphik«. Dazu gehören neben knapp 10.000 Objektdatensätzen mit Druckgraphiken und ungefähr 500 Objektdatensätzen mit Landkarten, einzelne Sammelalben und -mappen für Druckgraphiken, Panoramen und gedruckte Zeichenvorlagen. Von den knapp 10.000 Objektdatensätzen mit historischen Druckgraphiken verweisen ungefähr 10 auf das späte 15., rund 100 auf das 16., knapp 1000 auf das 17., um die 2000 auf das 18. und knapp 6000 auf das 19. Jh. In dieser umfangreichen Sammlung von Stichen, Radierungen und Lithographien findet sich von Porträts über Landschaften und Gebäude bis hin zu religiösen Sujets, Trachten- und Schlachtenbildern ein recht breites Spektrum an Motiven. Den grössten Teil machen die romantischen Landschaftsaufnahmen und die Porträts aus. Auch hier finden sich überwiegend Objekte mit einem thematischen oder geographischen Bezug zur Schweiz und insbesondere den Deutschschweizer Kantonen.

2.38 Ebenfalls zum Bereich »Graphik« gehören rund 500 Objektdatensätze mit historischen Landkarten. 7 Objektdatensätze verweisen auf das 16., rund 15 auf das 17., etwa 70 auf das 18. und ungefähr 400 auf das 19. Jh. Bei den Objekten aus dem 16. Jh handelt es sich um verschiedene Ausgaben von Josias Murers Zürcher Karte und seines Plans der Stadt Zürich. Auch im 17. und 18. Jh dominieren die frühen Kantonskarten. Daneben finden sich zahlreiche Schweizerkarten und einige topographische Panoramen.

2.39 Grössere Bestände an Alltagsgraphik beinhalten die Klassifikationsgruppen »Reklame und Verpackungen« mit um die 100 Objektdatensätzen aus dem späten 18. und 19. Jh und »Spielkarten« im Bereich der Spiele mit knapp 200 Objektdatensätzen. Unter den Spielkarten verweisen rund 60 Objektdatensätze auf Holzdrucke aus dem 16. Jh, ungefähr 20 auf das 17. Jh, knapp 30 auf das 18. Jh und etwa 80 auf das 19. Jh. Aus allen Jahrhunderten sind Spielkarten sowohl deutscher (alemannischer) als auch französischer Art vorhanden. Ausserdem beinhaltet die Sammlung einige italienische Kartenspiele aus dem 18. und Tarockkarten aus dem 18. und 19. Jh.

3. KATALOGE

Moderne allgemeine Kataloge

Elektronischer Verbundkatalog ‚NEBIS' (Neuzugänge ab Frühling 1994)

Alphabetischer Katalog [in Zettelform] (Bestand bis Frühling 1994)

Sachkatalog [in Zettelform] (Bestand bis Frühling 1994)

Geographischer Katalog [in Zettelform] (Bestand bis Frühling 1994)

Personenkatalog [in Zettelform] (Bestand bis Frühling 1994)

Museumskatalog [in Zettelform] (Bestand bis Frühling 1994)

Sammlungskatalog [in Zettelform] (Bestand bis Frühling 1994)

Ausstellungskatalog [in Zettelform] (Bestand bis Frühling 1994)

Standortkatalog [in Zettelform] (Bestand bis Frühling 1994)

Moderne Sonderkataloge

Katalog der Auktionskataloge [in Zettelform]

Katalog der Kalendersammlung [in Zettelform]

Zeitschriftenkatalog [in Zettelform]

Objektdatenbank des Landesmuseums

Historische Kataloge

Katalogbücher (nachgeführt bis ca. 1942)

4. QUELLEN UND DARSTELLUNGEN ZUR GESCHICHTE DER BIBLIOTHEK

Zürich und das Schweizerische Landesmuseum: Den hohen eidgenössischen Räten gewidmet. Zürich 1890. (Bewerbungsschreiben Zürichs um den Sitz des Landesmuseums)

Jahresberichte des Schweizerischen Landesmuseums

BIBLIOTHEK DES MEDIZINHISTORISCHEN INSTITUTS UND MUSEUMS DER UNIVERSITÄT ZÜRICH

Kanton: Zürich

Ort: Zürich

Bearbeiter: Heidi Seger, Gertraud Gamper und Monika Huber

Adresse: Hirschengraben 82, 8001 Zürich

Telefon: +41 44 634 20 75; +41 44 634 20 77

Telefax: +41 44 634 45 46

E-Mail: mhbib@mhiz.uzh.ch

Träger: Universität (Kanton Zürich)

Funktion: Öffentliche Institutsbibliothek der Universität Zürich

Sammelgebiete:
Medizin, einschliesslich ihrer gesellschaftlichen Bedeutung und ihres Verhältnisses zu Literatur und Kunst, sämtliche Aspekte der Medizingeschichte; Pharmaziegeschichte.

Benutzungsmöglichkeiten:
Öffentliche und kostenlose Benützung. Ausleihe und Lesesaal. Präsenzbenützung der alten Bestände (vor 1900), der Zeitschriften und Nachschlagewerke. Interbibliothekarische Fernleihe (Schweiz und Ausland).

Öffnungszeiten:
Dienstag bis Donnerstag 9.00–11.30 Uhr, 13.30–17.00 Uhr (Änderungen vorbehalten). Um längere Wartezeiten zu vermeiden, bitten wir, die Bücher einen halben Tag im Voraus zu bestellen.

Technische Einrichtungen für den Benutzer:
Kopiergerät, OPAC-Kataloge, Internet, Mikrofiche- und Mikrofilm-Lese- und Kopiergerät (im Haus verfügbar).

Gedruckte Informationen:
Informationsblatt für Benützer.

Hinweise für anreisende Benutzer:
Ab Hauptbahnhof Zürich knapp 10 Minuten zu Fuss (über die Bahnhofbrücke zum Central, dort Treppe zum Hirschengraben) oder Tram 3, 4, 6, 7, 10 oder Bus 31 bis Central (eine Haltestelle). Ab Bahnhof Stadelhofen Tram 4 oder 15 bis Central. Keine Parkplätze (Parkgarage Seilergraben in unmittelbarer Nähe).

1. BESTANDSGESCHICHTE

1.1 Das Medizinhistorische Institut der Universität Zürich wurde 1951 gegründet und 1988 umbenannt in »Medizinhistorisches Institut und Museum«. Die Bibliothek ist aus der Sammlung hervorgegangen, die der Zürcher Arzt und Privatdozent Gustav Adolf Wehrli (1888–1949) seit 1915 zusammengetragen hatte. Er sammelte alles, was mit Heilkunde zusammenhing: Instrumente und andere medizinische Gebrauchsgegenstände, Votivgaben, Handschriften, Bücher und Bilder. Entsprechend der Entwicklung seiner Interessen waren dies anfänglich Objekte und Dokumente zur Volksmedizin und Kurpfuscherei, später vorwiegend zur wissenschaftlichen Medizin, Pharmazie, Hygiene, Gesundheitserziehung und zum Sport. 1932 übernahm der Kanton Zürich die Sammlung als Studien- und Unterrichtssammlung für die medizinische Fakultät. Nach Wehrlis Tod sprach sich der ehemals in den USA wirkende und international angesehene Medizinhistoriker Henry E. Sigerist (1891–1957) 1950 dafür aus, dass die Kollektion den idealen Grundstock für ein Universitätsinstitut bilde. 1951 wurde das medizinhistorische Institut gegründet und Bernhard Milt (1896–1956) zum ersten Institutsleiter gewählt. In den Anfangsjahren erhielt die Bibliothek umfangreiche Schenkungen und Nachlässe, die sie wie das Institut schon bald zu einem Zentrum der Medizingeschichte im deutschsprachigen Raum machten. Auch unter den folgenden Institutsdirektoren Erwin H. Ackerknecht (1906–1988), Huldrych M. Koelbing (1923–2007) und Beat Rüttimann (*1945) konnte die Bibliothek kontinuierlich ihre historischen Bestände ergänzen. Eine wichtige Erweiterung stellen die rund 6000 Bde dar, die aus dem Nachlass von Henry E. Sigerist erworben werden konnten. Schon vor 1957 waren aus den Beständen der Zentralbibliothek Zürich mehrere tausend lateinischsprachige medizinische Dissertationen, vorwiegend aus dem 18. Jh, in die Bibliothek gelangt. Die Bibliothek befand sich während gut 50 Jahren im Turm des Hauptgebäudes der Universität, von wo sie im Zug der Gesamtrenovation des Kollegiengebäudes im Herbst 2002 an den Hirschengraben umgezogen ist.

2. BESTANDSBESCHREIBUNG

2.1 Das Sammlungsspektrum ist sehr breit gefächert und enthält neben der älteren medizinischen Fachliteratur, den Werken zur Geschichte der Medizin und der Naturwissenschaften auch Schriften zur allgemeinen Geschichte und zur Kulturgeschichte. Die rund 4500 Dissertationen hauptsächlich deutscher Universitäten aus dem 17. und vorwiegend aus dem 18. Jh bilden eine eigene Abteilung. Erwähnenswert ist ein Sammelband von zwischen 1696 und 1706 in Montpellier verteidigten Probestücken.

2.2 Von den ca. 160.000 Titeln (Bücher, Zeitschriften, Sonderdrucke, Dokumentationen, Broschüren und übrige Kleinschriften) des Gesamtbestands entfallen rund 10 % auf den Altbestand. Die Bestände des 15., 16., 17. und 18. Jhs wurden genau ausgezählt. Ab dem Erscheinungsjahr 1800 sind die Titel nach Sachgebieten zusammen mit den Bdn aus dem 20. und 21. Jh aufgestellt. Die Angaben für das 19. Jh beruhen auf Hochrechnungen. Auf das 15. Jh gehen 2 Drucke zurück, darunter ein *Hortus sanitatis* (Augsburg 1485) sowie ein weiterer mit der Schrift *De herbis* (o. O. o. J.). Aus dem 16. Jh stammen 123 Titel in 125 Bdn, davon ein Drittel deutsche und zwei Drittel lateinische Texte sowie 2 englische und 1 italienischer Titel. Neben den rein medizinischen stehen wenige pharmazeutische Texte und einige lateinische Dissertationen. Hier zu nennen sind das erste moderne augenchirurgische Werk, Georg Bartischs *Ophthalmodouleia* (Dresden 1583), die seltene Erstausgabe des sog. »Kleinen Distillierbuchs« (Strassburg 1500) von Hieronymus Brunschwig, die *Chirurgia* (Zürich 1555) mit Marginalien des Verfassers Konrad Gessner, *De conceptu et generatione hominis* des Zürcher Stadtarztes Jakob Rueff (um 1505–1558) aus dem Jahr der deutschen Erstausgabe (Zürich 1554) sowie die von Jost Ammann illustrierte Edition (Frankfurt a. M. 1580) dieses Hebammenbuchs.

2.3 Auf das 17. Jh gehen 272 Titel zurück, davon 162 lateinische, 88 deutsche, 13 französische, 5 italienische und je 2 englische und holländische. Texte allgemein-medizinischen Inhalts überwiegen, die sprachliche Verteilung verschiebt sich, mit Ausnahme der Dissertationen, zugunsten der deutschen Sprache. Zu erwähnen sind das *Kinder-Büchlein* (Zürich 1689) des Zürcher Stadtarztes Johannes von Muralt (1645–1733), ein chirurgisches Handbuch von Johannes Scultetus, die *Cheiroplotheke seu armamentarium chirurgicum* (Den Haag 1656) und auch seine deutsche Ausg. mit dem Titel *Wund-Arzneyisches Zeug-Hauss* (Frankfurt a. M. 1666). Das »Armamentarium« enthält einen Katalog der damals bekannten chirurgischen Instrumente und Geräte.

2.4 Aus dem 18. Jh stammen 1369 Titel in 1766 Bdn. Auch hier findet sich mehrheitlich Literatur zur allgemeinen Medizin; zu erwähnen sind ferner ca. 70 Titel zur Pharmazie und zur Pharmaziegeschichte sowie zusätzlich, wie erwähnt, die lateinischsprachigen Dissertationen. Herausragende Werke sind Nicolas Andrys *L'Orthopédie* (Paris 1741), in der erstmals der Begriff »Orthopädie« erscheint, von Giovanni Alessando Brambilla das mit prachtvollen Illustrationen von chirurgischen und zahnärztlichen Instrumenten in Originalgrösse ausgestattete *Instrumentarium chirurgicum Viennense* (Wien 1781), William Hunters *Anatomia uteri humani gravidi tabulis illustrata* (Baskerville 1774), Johann Jakob Scheuchzers *Kupfer-Bibel* (4 Bde, Augsburg 1731–1735). Samuel-Auguste-André-David Tissot, ein typischer Vertreter der Aufklärung, ist mit verschiedenen Aufl. seiner Standardwerke *De la santé des gens de lettres* und *Avis au peuple sur sa santé* vertreten.

2.5 Im 19. Jh (9000 geschätzte Titel) überwiegt die deutsche Sprache, gefolgt von französischen Werken (10 %) und solchen in weiteren modernen Sprachen wie Italienisch, Spanisch und Englisch. Zahlenmässig folgen der Literatur zur inneren Medizin die Texte allgemeinmedizinischen Inhalts, dann die pharmazeutischen, die chirurgischen, die therapeutischen, die anatomischen sowie die veterinärmedizinischen. Zu erwähnen sind noch ca. 250 naturwissenschaftliche Titel. Wichtige Werke aus dieser Zeit sind Robert Carswells *Pathological Anatomy* (12 Faszikel in 1 Bd, London 1833–1838) mit 48 handkolorierten Lithographien des Autors, Daniel Cornelius Danielssens und Karl Wilhelm Boecks *Atlas colorié de spedalskhed* (*Elephantiasis des Grecs*) (Bergen 1847) mit der ersten modernen Beschreibung der Lepra, Ignaz Semmelweis' *Die Aetiologie, der Begriff und die Prophylaxis des Kindbettfiebers* (Pest, Wien, Leipzig 1861) sowie die Erstausgabe von Rudolf Virchows *Cellularpathologie* (Berlin 1858).

3. KATALOGE

Zettelkataloge für Altbestände: Nominalkatalog, Zeitschriftenkatalog, Sachkatalog, biographischer Katalog

Seit 1994/95 Katalogisierung im Verbund der Institutsbibliotheken der Universität (IDS Zürich Universität)

4. QUELLEN UND DARSTELLUNGEN ZUR GESCHICHTE DER BIBLIOTHEK

Ackerknecht, Erwin H.: L'Institut d'histoire de la médecine à l'Université de Zurich. In: Archives Internationales d'Histoire des Sciences 11 (1958), S. 275–276

Boschung, Urs: Gustav Adolf Wehrli (1888–1949), Gründer der Medizinhistorischen Sammlung der Universität Zürich. In: Gesnerus 37 (1980), S. 91–103

Koelbing, Huldrych M.; Boschung Urs: Das Medizinhistorische Institut der Universität Zürich. In: Zürcher Taschenbuch 96 (1976), S. 40–58

Symposium »50 Jahre Medizinhistorisches Institut Zürich«. In: Gesnerus 58 (2001), S. 199–307

5. VERÖFFENTLICHUNGEN ZU DEN BESTÄNDEN

Seger, Heidi: Die medizinhistorische Bibliothek. In: unizürich. Informationsblatt der Universität Zürich 21 (1990) Nr. 4, S. 22–24

Seger, Heidi; Gamper, Gertraud: Von A »Abdomen« bis Z »Zwillinge«. Die medizinhistorische Bibliothek der Universität Zürich im Überblick. In: Gesnerus 58 (2001), S. 233–239

MÜNCHHAUSEN-BIBLIOTHEK, ZÜRICH

Kanton: Zürich

Ort: Zürich

Bearbeiter: Bernhard Wiebel

E-Mail: info@muenchhausen.ch und info@munchausen.org

Homepage: www.muenchhausen.ch und www.munchausen.org

Träger: Bernhard Wiebel

Status: Privatsammlung (nicht öffentlich)

Sammelgebiete:
Münchhausen-Erzählungen in allen Sprachen und Formen; Quellen und Sekundärliteratur zu Münchhausen.

Benutzungsmöglichkeiten:
Auf Anfrage und nach individueller Absprache, keine Ausleihe.

Öffnungszeiten:
Nach Vereinbarung.

Technische Einrichtungen für den Benutzer:
Fotokopiergerät.

Hinweise für anreisende Benutzer:
Gemäss Absprache.

1. BESTANDSGESCHICHTE

1.1 Die Bibliothek ist dem umfassenden Phänomen »Münchhausen« gewidmet. Sie ist 1993 aus einer wissenschaftlichen Arbeit über das Abenteuer vom Ritt auf der Kanonenkugel erwachsen. Es hatte sich erwiesen, dass die Entwicklungsgeschichte des disparaten Stoffs zu einem kohärenten Buch viele Lücken aufweist, dass die explosionsartige internationale Verbreitung des Buches nach 1786 noch nicht gewürdigt ist, die Bibliographien mangels Autopsie oft unzuverlässig sind und eine Geschichte der Illustration gänzlich fehlt. Eine verlässliche und kritische Forschung ohne physische Präsenz des Materials erschien nicht möglich. So ist kontinuierlich durch systematische Akquisition eine das Thema weit umgreifende Sammlung entstanden, die zugleich Gegenstand und Instrument der spezialisierten Forschung ist.

1.2 Die Bibliothek beteiligte sich 1996 an der Ausstellung »Münchhausen – ein amoralisches Kinderbuch« des Schweizerischen Instituts für Kinder- und Jugendmedien (SIKJM) in Zürich, in deren Katalog nur ein kleiner Teil des heutigen Bestandes erfasst ist. Die Altbestände gehörten auch zu den Exponaten der Ausstellung »Münchhausen – vom Jägerlatein zum Weltbestseller«, die 1998 in der Berliner Nationalbibliothek und in der Universitätsbibliothek Göttingen zu sehen war. Für die Münchhausen-Bibliothek besteht ein provisorisches, bibliographisch nicht vollständiges Bestandsverzeichnis mit Inventarnummern, Kurztiteln und Minimalangaben. Ein sachgerechter Katalog steht noch aus. Im März 2002 hat die Bibliothek eine qualitativ bedeutende Erweiterung erfahren durch die Münchhausen-Sammlung und den themenspezifischen Nachlassteil des deutschen Münchhausen-Forschers und -Bibliographen Erwin Wackermann (1902–1979).

1.3 Damit steht die Münchhausen-Bibliothek Zürich in einer einschlägigen Tradition. Der Literaturwissenschaftler Werner R. Schweizer (1891–1968) legte 1918 an der Universität Bern mit der Dissertation *Die Wandlungen Münchhausens bis auf Immermann* (Leipzig 1921) die erste akademische Arbeit über ein Münchhausen-Thema vor und baute eine anspruchsvolle Sammlung auf (ca. 100 Titel). Er stand in Verbindung mit dem Balladendichter Börries von Münchhausen (1874–1945), der wohl die seinerzeit grösste Münchhausen-Sammlung besass (ca. 500 Titel). Börries schenkte Schweizer einige Münchhausiana. Nach Schweizers Tod kaufte der Verleger und Antiquar Fritz Eggert dessen Sammlung und brachte sie wieder zum Verkauf (Katalog 74, Münchhausen und Münchhausiaden, Antiquariat Eggert, Stuttgart [1969]). Wackermann erwarb aus dem Katalog ca. 30 Nummern. So liegen im historischen Bestand der Münchhausen-Bibliothek heute Objekte aus den Sammlungen Börries von Münchhausen, W. R. Schweizer und E. Wackermann.

1.4 Seit Juni 2002 befinden sich zudem 25 Münchhausen-Titel aus der Sammlung L. H. Dorrenboom in der Münchhausen-Bibliothek.

2. BESTANDSBESCHREIBUNG

2.1 Die Münchhausen-Bibliothek vereinigt vielfältiges Gut, welches mit der historischen Person Hieronymus Carl Friedrich Freiherr von Münchhausen (1720–1797) sowie mit der literarischen Figur des Lügenbarons Münchhausen und deren Urhebern zu tun hat, in erster Linie Druckschriften mit den verschiedenen Texten der Abenteuer, deren Quellen sowie Fortsetzungen und Varianten, aber auch Illustrationen, selbständige Graphik, Filme, Spiele, Gebrauchsgegenstände, Souvenirs etc.; der gesamte Bestand umfasst gut 3200 Objekte.

2.2 Der Bestand an Publikationen, die vor 1901 erschienen sind, ist mit 800 Objekten nicht besonders gross. Doch dürfte die Konzentration von 42 Münchhausen-Ausgaben aus dem 18. Jh an einem Ort einmalig sein, vermutlich auch die von 465 aus dem 19. Jh. Zudem gehören ihr hinsichtlich der Provenienzen (z. B. Familie Wedgewood, die Dichter Karl Wolfskehl und Reinhard Lettau) und der Einbände (z. B. aus der Werkstatt Kalthoeber, London) einige bibliophile Spezialitäten an. Kopien oder Mikrofilme von frühen Ausgaben schliessen forschungsrelevante Lücken der Bibliothek.

Chronologische Übersicht

2.3 Die Münchhausen-Fassungen aus dem 18. Jh sind Satiren mit tagespolitischen Anspielungen, die auf einer Satire-Tradition beruhen. Als Beispiele und Belege für die frühneuzeitliche satirische Illustration fungieren die Holzschnitte *Der Papstesel* und *Das Mönchskalb*, nach Entwürfen von Lucas Cranach d. Ä. (1427–1553) im neunten Bd der Schriften von Martin Luther (bei Lufft, Wittenberg 1558). 3 Bde aus dem 17. Jh dokumentieren die älteren fiktiven Reisebeschreibungen.

2.4 Der Bestand aus dem 18. Jh umfasst 325 Bde, darunter die 42 Ausg. des *Münchhausen* (deutsche, englische, französische, schwedische, holländische). Zu der Gruppe gehören auch 157 Veröffentlichungen von und über Rudolf Erich Raspe. Die übrigen Bde verteilen sich auf Originalausgaben von und zeitgenössische Schriften zu Gottfried August Bürger (1747–1794; Autor des ersten deutschen Münchhausen-Buches), Reise- und Lügenliteratur, exemplarische Publikationen aus dem Umkreis von Raspe und Bürger sowie Material zur Familie von Münchhausen. Aus dem 19. Jh stammen 530 Objekte, die *Münchhausen* enthalten. Hinzu kommt das Konvolut zu Martin Disteli (105 Einheiten).

Übersicht nach Sprachen

2.5 Im historischen Bestand sind 10 Sprachen vertreten. Der historische Gesamtbestand bis 1901 gliedert sich in 500 deutschsprachige, 145 englische und 60 französische Bde sowie ca. 100 Bücher in weiteren Sprachen.

Systematische Übersicht

2.6 Die Abteilung »Münchhausens Abenteuer in deutscher Sprache« umfasst die Erzählungen der Abenteuer Münchhausens, oft in der Fassung von G. A. Bürger, sowie Überarbeitungen für Kinder, gekürzte oder abgeänderte Ausgaben, die sich an den Fassungen des Autors orientieren. Die Geschichten liegen vor in Büchern (Einzelausgaben, Sammelbände), Zeitschriften, Bilderbogen, Spielen.

2.7 Erwähnenswert sind die erste Ausgabe Bürgers (Oxford [recte Göttingen] 1786) und zwei Druckvarianten seiner zweiten Fassung (letzte Hand, Oxford [recte Göttingen] 1788), von denen eine aus der Bibliothek des Literaturwissenschaftlers Eduard Grisebach (1845–1906) stammt und seine handschriftlichen Anmerkungen enthält. Zu den Rarissima zählen der verlagslose Nachdruck mit einem kleinen, 13 Szenen umfassenden Bilderbogen (Frankfurt, Leipzig, etwa 1820) sowie 2 handkolorierte Bilderbogen des Verlags Rudolph Chelius (Stuttgart 1853). Nahezu vollständig ist die Folge der Originalausgaben vom Beginn bis zur 16. Aufl. im Verlag Dieterich (Göttingen bzw. Leipzig, 1786 bis 1922). Den Erfolg einer Jugendausgabe dokumentiert die Präsenz der 77 (von insgesamt ca. 100) unterschiedlich ausgestatteten Aufl.; fast 20 von ihnen fallen ins 19. Jh.

2.8 70 deutschsprachige Münchhausiaden aus der Zeit zwischen 1787 und 1900 zeigen die frühe Vielfalt an Fortsetzungen und Varianten der Abenteuer, in denen unter Verwendung des Namens »Münchhausen« im Titel und/oder im Text die unterschiedlichsten Bereiche berührt werden – vom Krieg über die Technik, die Philosophie bis hin zur Erotik.

2.9 Besonders erwähnenswert ist z. B. die Präsenz von allen 3 bekannten Druckvarianten der *Lügenchronik* bzw. *Lügen-Chronik* im Verlag von J. Scheible (Stuttgart 1839).

2.10 Die Abenteuer des Barons und vielfältigste Münchhausiaden sind heute in 62 Sprachen nachweisbar. Die Münchhausen-Bibliothek dokumentiert davon 35. Der historische Bestand weist 10 Sprachen nach: Englisch, Deutsch, Französisch, Schwedisch, Holländisch, Dänisch, Russisch, Ungarisch, Italienisch und Norwegisch. Im deutschen Sprachraum sehr selten sind die frühesten englischen Ausgaben. Die Bibliothek enthält alle Originalausgaben von der *Third Edition* (Oxford 1786) bis zur *Eighth Edition* (London 1799) und die ersten 3 Aufl. des Fortsetzungsbandes *A Sequel* (London 1792, 1796, 1801). Zusammen mit Kopien der ersten 3 Drucke steht hier die lückenlose Reihe der Entwicklungsstufen des englischen *Munchausen* zur Verfügung. Es kommen hinzu 25 in der Bibliographie Wackermann (Stuttgart 1969 und 1978) nicht erfasste englischsprachige Ausgaben des 18. und 19. Jhs. Unter bibliophilen Gesichtspunkten bemerkenswert sind zwei wort- und seitenidentische Exemplare der *Sixth Edition* (London 1789): Eines ist »roh«, ungeschnitten, nur in Fadenbindung, wie frisch geliefert an den Buchhändler; das zweite im prächtigen Maroquin-Einband mit Goldschnitt.

2.11 Zudem sind zwei textidentische, von Orthographie und Satz her differente Varianten der ersten französischen Ausgabe vertreten (Paris bzw. London, Paris 1786/87).

2.12 Das Phänomen »Münchhausen« taucht in allen Lebensbereichen auf; so versammeln sich unter diesem Titel Objekte unterschiedlichster Art: Bilder, selbständige Illustrationen (Aquarelle, Kupferstiche, Lithographien, Chromolithographien, Holzschnitte und -stiche), Postkarten und Gebrauchsgegenstände.

2.13 Erwähnenswert im historischen Bestand sind die Ansicht von Bodenwerder, Heimat des historischen Freiherrn, in einem Kupferstich (1656) von Caspar Merian (1627–1686) sowie 8 Aquarelle von Jean Geoffroy (1853–1924), welche die Vorlagen für die Ausgabe *Monsieur de Crac* (Paris 1878) bilden.

2.14 Der Bereich »Historisches und intellektuelles Umfeld« umfasst Quellen, Texte und Materialien, welche den Autoren des *Münchhausen* als Vorlagen oder Ideenlieferanten dienten, fiktionale Reiseliteratur, Berichte von Forschungsreisen, Memoiren und Kriegsberichte aus dem 18. Jh sowie Schwankliteratur. Ferner gehören dazu andere Publikationen der Autoren des *Münchhausen*: Rudolf Erich Raspe und Gottfried August Bürger sowie Bücher, Dokumente und Illustrationen mit Bezug zur Familie Münchhausen, zu Raspe und Bürger in Hinblick auf deren Biographie und die Rezeption ihrer Schriften, schliesslich Werke von Zeitgenossen, mit denen sie zu tun hatten. Hervorzuheben ist ferner die *Gründliche Geschlechts-Historie der Herren von Münchhausen* (Göttingen 1740) von Gottlieb Samuel Treuer.

2.15 Die spezifische Sekundärliteratur zu den Erzählungen, zum historischen Münchhausen, zu Raspe und Bürger sowie zum Phänomen Münchhausen umfasst etwa 520 Titel, von denen etwa 100 ihrerseits dem historischen Bestand zuzuordnen sind.

Sondersammlungen

2.16 Der Universalgelehrte Rudolf Erich Raspe (1736–1794) hat in England den Ur-Münchhausen anonym herausgebracht (Oxford [recte London] 1786). Durch seine erdgeschichtlichen Forschungen und Publikationen, die Herausgabe von verschollen geglaubten Manuskripten von Leibniz (Amsterdam, Leipzig 1765) und Theophilus (London 1781), durch Übers. in mehrere Sprachen und vielfältigen Sachgebieten sowie durch die Herausgabe eines gut 15.000 Gemmen und Kameen beschreibenden Kataloges (London 1791) hatte er sich international einen Namen gemacht.

2.17 Die Münchhausen-Bibliothek beherbergt fast alle Publikationen Raspes im Original, einige in Kopie. Es ist keine Bibliothek bekannt, die sein Werk in dieser Vollständigkeit enthält, weder die Landesbibliothek in Kassel, wo Raspe 1767 bis 1775 gelebt hat, noch die British Library in London; Raspe war 1775 nach England geflohen. Keines seiner Werke ist heute im Buchhandel erhältlich. Der Schwerpunkt besteht aus 50 Bdn mit Raspes Veröffentlichungen in Büchern und Periodika; zudem zählt ein inhaltsreicher vierseitiger Brief Raspes an den Berliner Autor und Verleger Friedrich Nicolai (1733–1811) zum Bestand. Die Sammlung verfolgt das Ziel, auch die Bücher, die Raspe übersetzt oder rezensiert hat, in Originalausgaben aufzunehmen; das sind zur Zeit 38 Bde. Ferner gehören 55 Bde dazu, in denen sich Quellen zu Raspes *Münchhausen* befinden.

2.18 Der Schweizer Maler und Karikaturist Martin Disteli (1802–1844) hat 1839/40 den *Münchhausen* mit 16 Radierungen illustriert (Solothurn 1841). Es ist die erste in der Schweiz erschienene Illustrationenfolge zum *Münchhausen*. Sie zählt zu den künstlerisch wertvollsten. Die Münchhausen-Bibliothek dokumentiert deshalb das druckgraphische Werk von Disteli. Sie beherbergt den grössten Teil der zeitgenössischen Veröffentlichungen mit seinen Illustrationen sowie je eine Bleistift- und eine Federzeichnung von eigener Hand.

3. KATALOGE

Wiebel, Bernhard; Gehrmann, Thekla: Münchhausen – ein amoralisches Kinderbuch. Untersuchung zu einem Bestseller und Bibliographie der deutschsprachigen Kinderbuchausgaben des Münchhausen. Zürich 1996 (= Schweizerisches Jugendbuch-Institut Zürich, Arbeitsbericht 17) [vergriffen; auf der Homepage der Bibliothek werden in lockerer Folge einige nach Thema oder Medium ausgewählte Teilbereiche des Bestands in der Rubrik »Verzeichnisse« vorgestellt, z. B. Münchhausen-Bilderbogen]

4. QUELLEN UND DARSTELLUNGEN ZUR GESCHICHTE DER BIBLIOTHEK

Erhalten sind die Bestands-Kartei der ehemaligen Sammlung, die Forschungskorrespondenz zu den Münchhausen-Publikationen von Erwin Wackermann wie auch dessen Handexemplar seiner Bibliographie in einem Privateinband mit durchschossenen Leerseiten, auf denen sich Korrekturen und Ergänzungen befinden – Grundlagen für das Suppl. von 1978. Zudem ist der Verkaufskatalog der Sammlung Schweizer (*Münchhausiana. Katalog 74*.

Antiquariat Fritz Eggert. Stuttgart [1969], 32 S.) mit den Notizen Wackermanns für seine Ankäufe vorhanden. – Schliesslich liegt eine Durchschrift des maschinengeschriebenen Sammlungsverzeichnisses des Börries von Münchhausen vor.

5. VERÖFFENTLICHUNGEN ZU DEN BESTÄNDEN

Wiebel, Bernhard: Münchhausen – Raspe – Bürger: ein phantastisches Triumvirat. Einblick in die Münchhausen-Szene und die Münchhausen-Forschung mit einem besonderen Blick auf R. E. Raspe. In: Münchhausen – Vom Jägerlatein zum Weltbestseller. Hrsg. vom Münchhausen-Museum Bodenwerder. Göttingen 1998, S. 13–55 [der Beitrag beruht auf der Arbeit mit der Sammlung]

Wiebel, Bernhard: Eine münchhausologische Sammlung. In: Marginalien – Zeitschrift für Buchkunst und Bibliophilie 1999, Heft 3, S. 63–74 [mit 2 Abb.; dieser Artikel stellt u. a. Schwerpunkte im historischen Bestand vor]

Wiebel, Bernhard: Gefährliche Abenteuer und wunderbare Rettung eines Pionierwerks – Die Münchhausen-Bibliographie von Erwin Wackermann. In: Marginalien – Zeitschrift für Buchkunst und Bibliophilie 2004, Heft 1, S. 40–48 [dieser Artikel erklärt u. a. die Herkunft der Kenntnisse über den historischen Bestand]

Wiebel, Bernhard: Münchhausen–Bücherkunde und Münchhausen-Stammbäume; Balladen-Börries, Vetter Hieronymus und die Entdeckung des verschollenen Manuskripts. In: Lichtenberg-Jahrbuch 2007, S. 212–239 [der Beitrag berührt u. a. die bibliographischen Voraussetzungen der Münchhausen-Bibliothek]

Wiebel, Bernhard: Werkprofil *Münchhausen*. In: Otto Brunken (u. a.) (Hrsg.): Handbuch zur Kinder- und Jugendliteratur – Von 1850 bis 1900. Stuttgart 2008, Sp. 755–760

MUSEUMSGESELLSCHAFT ZÜRICH

Kanton: Zürich

Ort: Zürich

Bearbeiter: Thomas Ehrsam (Mitarbeit bei der Auszählung: Davina Rodgers und Anja K. Johannsen)

Adresse: Museumsgesellschaft Literaturhaus, Bibliothek, Limmatquai 62, 8001 Zürich

Telefon: +41 44 254 50 05

Telefax: +41 44 252 44 09

Homepage: www.mug.ch

E-Mail: bibliothek@mug.ch

Träger: Museumsgesellschaft Zürich (Verein)

Status: Privatbibliothek

Sammelgebiete:
Belletristik (deutsch, englisch, französisch, italienisch) und allgemeine Sachliteratur.

Benutzungsmöglichkeiten:
Historische Bestände nur im Lesesaal, für Mitglieder gratis, für Nichtmitglieder gegen Gebühr. Anschluss an den interbibliothekarischen Leihverkehr. Kopien durch das Bibliothekspersonal. Neuere Bestände werden ausgeliehen (für Mitglieder und Studenten gratis, für andere gegen Gebühr).

Öffnungszeiten:
Dienstag bis Samstag 10.00–13.00 Uhr, Dienstag und Freitag 15.00–19.00 Uhr. Lesesaal: Montag bis Samstag 9.00–21.30 Uhr, Sonntag 10.00–21.30 Uhr.

Technische Einrichtungen für den Benutzer:
Fotokopierer, OPAC- und Internet-Zugang.

Gedruckte Informationen:
Informationsbroschüre, Benutzerreglement.

Hinweise für anreisende Benutzer:
Tram 4 und 15, Haltestelle Rathaus. Keine Parkplätze.

1. BESTANDSGESCHICHTE

1.1 Am 16. März 1834 haben sich zwei ältere Lesegesellschaften Zürichs, die Gesellschaft auf der Chorherrenstube und die Kaufmännische Lesegesellschaft, zusammengeschlossen und mit den Dozenten der erst ein Jahr zuvor gegründeten Universität Zürich die Museumsgesellschaft Zürich gegründet. Das Ziel war eine »umfassende Lese-Anstalt« (Gründungs-Statuten), die den Mitgliedern einen Lesesaal mit den neusten in- und ausländischen Zeitungen und Zeitschriften zur Verfügung stellen sollte. Von Anfang an sollte sie Männern (ab 1894 auch Frauen) aller Stände und politischen und kulturellen Richtungen offen stehen. Schon ein Jahr nach der Gründung beschloss die Gesellschaft, zusätzlich zum Lesesaal eine Bibliothek aufzubauen. Den noch sehr kleinen Grundstock (von den Vorgängerinstitutionen war offenbar nichts Nennenswertes zu übernehmen gewesen) bildeten die Zeitschriften der »schönen Wissenschaften«, die die Gesellschaft archivierte. Das Sammelgebiet der Bibliothek wurde im Jahresbericht 1835 festgelegt und gilt bis heute: »eine Auswahl der merkwürdigsten Erscheinungen der neusten Literatur, deren Inhalt von allgemeinem Interesse ist, mit Ausschluss aller derjenigen, die den Fachwissenschaften angehören.« Im Vordergrund stand die Belletristik in deutscher, französischer, englischer und italienischer Sprache. Dazu kam, mit langsam zunehmendem Gewicht, allgemeine Sachliteratur: Reiseberichte, Memoirenliteratur, allgemeine Geschichte, Politik etc. Damit wurde im 19. Jh und bis ins beginnende 20. Jh eine Lücke in der Zürcherischen Bibliothekslandschaft geschlossen, denn sowohl die Stadt- wie die Kantonsbibliothek waren hauptsächlich auf wissenschaftliche Literatur ausgerichtet. Da sich die Museumsgesellschaft stark an dem orientierte, was ihre Mitglieder (und ihre Angehörigen) in der Freizeit lesen wollten, wurde auch viel angeschafft, was heute zur Trivialliteratur zählt. »Die angeschafften Werke«, heisst es im Jahresbericht von 1840, »müssen vor allem interessant sein, das heisst durch ihre Erscheinung irgendwelche Aufmerksamkeit erregt haben. Daher brauchen es nicht immer vollendete Werke zu sein, die Anspruch auf langes Leben in sich tragen, sondern häufig muss [...] auch das Schwächere, Einseitige angeschafft werden, wenn es irgend eine Richtung der Zeit zu bezeichnen oder zu vertreten geeignet ist.«

1.2 Der historische Bestand der Museumsgesellschaft ist das Ergebnis kontinuierlichen Sammelns im 19. Jh und wurde nur ganz vereinzelt und unwesentlich mit späteren Schenkungen ergänzt. Umgekehrt wurde das einmal Angeschaffte behalten, höchstens dass hin und wieder gänzlich zerlesene Exemplare durch spätere Neuausgaben desselben Textes ersetzt wurden (z. B. Fontane-Erstausgaben). Nur in 4 genau definierten Gebieten wurde ausgeschieden:

1.3 – Eine bedeutende Flugschriftensammlung von ca. 14.000 Broschüren, die seit der Gründung angelegt worden war, wurde 1893 der Stadtbibliothek (heute Zentralbibliothek) geschenkt, da sie kaum noch benutzt wurde und sich die Museumsgesellschaft ausser Stande sah, sie fachgerecht zu katalogisieren (in den gedruckten Katalogen seit 1864 sind Flugschriften nicht mehr enthalten). Die Sammlung ist heute in die Broschürensammlung der Zentralbibliothek integriert.

1.4 – Bei der periodischen Erneuerung der Handbibliothek im Lesesaal wurden die alten Nachschlagewerke zum grössten Teil als veraltet betrachtet und aus Platzgründen ausgeschieden.

1.5 – Die Kartensammlung wurde im 20. Jh vollständig ausgeschieden und an andere Bibliotheken abgegeben.

1.6 – Die Museumsgesellschaft hat bis zum Ende des 19. Jhs eine stets wachsende Zahl von Zeitschriften auflegen können. Im Jahr 1900 waren es 660 Zeitschriften, von denen der grösste Teil Leihgaben anderer Zürcher Bibliotheken und wissenschaftlicher Gesellschaften waren; für das Auflegen hat die Museumsgesellschaft jeweils einen Teil der Abonnementskosten übernommen. 161 Abonnemente hat die Museumsgesellschaft selber gehalten, davon hat sie 96 archiviert. Platzprobleme haben die Gesellschaft aber gezwungen, einen grossen Teil dieser Zeitschriften später wieder an andere Bibliotheken abzugeben oder zu vernichten. Auf dem Gebiet der Zeitungen und Zeitschriften für Gebildete mit literarischer oder allgemein kultureller Ausrichtung hat sie allerdings eine schöne Sammlung behalten.

1.7 Der Bestand der von Anfang an für die Ausleihbibliothek angeschafften Bücher ist (mit Ausnahme der Dubletten) von diesen Ausscheidungsaktionen verschont geblieben und damit in grosser Vollständigkeit erhalten. Da die Museumsgesellschaft im Zürich des 19. Jhs in ihrem Sammelgebiet weitgehend konkurrenzlos war, dokumentiert der Bestand sehr genau das, was in dieser Zeit von den gebildeten Ständen Zürichs gelesen worden ist.

Durch die auf jede Sachsystematik verzichtende Aufstellung nach Sprachen und innerhalb dieser nach dem Numerus currens lässt sich zudem an den Gestellen direkt ablesen, was in einem bestimmten Jahr angeschafft und gelesen wurde.

1.8 Der Gesamtbestand historischer Bücher beläuft sich auf 26.021 Bde. Davon wurde, verlässt man sich auf die Schenkungs-Eintragungen in den Büchern, etwa jedes siebente Buch (insgesamt 3758 Bde) der Museumsgesellschaft geschenkt. Neben Einzelspenden von Mitgliedern sind 3 grössere Schenkungen zu erwähnen:

1.9 1868: Die belletristisch-literarisch ausgerichtete Bibliothek des Komponisten Xaver Schnyder von Wartensee (1786–1868) im Umfang von 1264 Bdn (die Musikbibliothek vermachte er der Stadtbibliothek). Der Nachlass enthält v. a. Belletristik (733 Bde), Zeitschriften (121 Bde) und Biographien (76 Bde) in Deutsch, Italienisch, Holländisch, Englisch und Französisch. Der grösste Teil der vor 1800 erschienenen Bücher der Museumsgesellschaft stammt aus dieser Schenkung (373 Bde).

1.10 1882: Emmanuel Berris kleine Bibliothek von französischen Klassikern in guten und schönen Ausg. (124 Bde).

1.11 1865–1891: Über diesen langen Zeitraum hinweg hat J. J. Burkhard (eigentlich Hans Jakob Burkhard) der Gesellschaft insgesamt 1826 Bde geschenkt. Burkhard wurde am 10. Juli 1828 in Richterswil geboren (wo er auch Bürger war), gestorben ist er am 11. Januar 1892. Als Beruf wird Partikular, also Privatier, angegeben. Er wurde 1850 Mitglied der Museumsgesellschaft und 1875 in die Vorsteherschaft und in die Bibliothekskommission gewählt; von 1876 bis 1887 war er Aktuar. 1880 hat er die 6. Aufl. des gedruckten Bibliothekskatalogs erarbeitet. Burkhard war kein systematischer Sammler, der auf eine abgerundete Sammlung zu einem definierten Gebiet Wert gelegt hätte. Viele seiner zum grossen Teil offenbar antiquarisch erstandenen Titel scheinen sich dem Zufall und einem sehr weit gespannten Interesse zu verdanken. Immerhin lassen sich klar zwei Schwerpunkte ausmachen: Der erste liegt bei Reiseliteratur, Geographie und Landeskunde (723 Bde). Darunter befindet sich als geschlossenste Gruppe eine Sammlung von Büchern zu China, Japan und anderen ostasiatischen Ländern (202 Bde; in den Zugangsverzeichnissen der Jahresberichte wurde zur Zeit von Burkhards Schenkungen eine eigene Gruppe »Bücher über China und Japan« geführt). In den Umkreis dieser Gruppe gehören auch die 77 Sprachbücher: Grammatiken, Wörterbücher und Chrestomathien fremder Sprachen und Literaturen. Ob Burkhard, der in Hermann Schollenbergers Geschichte zum hundertjährigen Bestehen der Museumsgesellschaft »weitgereist« genannt wird, tatsächlich in Fernost war und die Bücher von dort mitgebracht hat, bleibt ungewiss, da sich eine Passausfertigung für Asien laut Auskunft des Staatsarchivs nicht belegen lässt. Den zweiten Schwerpunkt bilden literarische Texte (589 Bde, davon die Hälfte in Englisch). Dazu kommen als nennenswerte Gruppen Bücher zur Geschichte (162 Bde) und 83 Biographien bzw. Autobiographien. In allen Gebieten sammelte Burkhard Bücher in verschiedenen Sprachen, v. a. in Englisch (768), Deutsch (369), Französisch (308), in slawischen Sprachen (93), in Spanisch (85), Holländisch (59), Portugiesisch (38) und Italienisch (13). Schliesslich finden sich 93 Bde in anderen Sprachen – bis hin zu einer Bibel in Madagassisch. Mit den Schenkungen verband er eine Hoffnung: »Es werden vielleicht durch dieselben einst doch einmal jüngere Leute, welche ihr Glück in der Ferne suchen wollen, zu den dazu nöthigen Vorstudien angeregt werden.« (Jahresbericht 1880, S. 6). Dementsprechend findet sich unter der Reiseliteratur eine Anzahl von Handbüchern für Auswanderer.

1.12 Die Anschaffungspolitik der Museumsgesellschaft blieb seit dem 19. Jh im Wesentlichen gleich. Heute werden jährlich ca. 1000 Bde angeschafft. Im Jahr 2003 trat die Museumsgesellschaft dem Verbund der Zentralbibliothek Zürich und damit NEBIS bei und katalogisiert seither im Bibliothekssystem ALEPH.

2. BESTANDSBESCHREIBUNG

2.1 Der Gesamtbestand beläuft sich auf ca. 120.000 Bde, davon bilden 26.021 den historischen Bestand. Die Standortkataloge konnten für die systematische Beschreibung keine Arbeitsgrundlage bilden, da die Aufstellung nach Sprachen und innerhalb dieser nach dem Numerus currens jede thematische Systematik vermissen lässt; allein die Bibliothek Schnyder von Wartensee und ein Teil der Schenkungen J. J. Burkhards sind mit eigener Signatur separat aufgestellt. Die folgenden Angaben beruhen deshalb auf Auszählung am Regal; die Zuordnung zu Sachgebieten, die zu diesem Zweck eigens erarbeitet wurden, beruht auf Autopsie. Als Band gilt jede gebundene Einheit sowie, bei Sammelbänden mit verschiedenen Schriften, jeder Titel.

Chronologische Übersicht

2.2 Von dem 26.021 Einheiten zählenden historischen Bestand sind nur 2,4 % vor 1801 erschienen. 14 Bde stammen aus dem 16. Jh (alle in Italienisch, aus dem Nachlass Schnyder von Wartensee), 22 aus dem 17. Jh (auch sie, mit einer Ausnahme, aus dem genannten Nachlass), 27 aus der ersten und 548 aus der zweiten Hälfte des 18. Jhs. Ein Fünftel (5122 Bde) ist in der ersten Hälfte des 19. Jhs erschienen und ca. 78 % (20.288 Bde) in dessen zweiter Hälfte. Dieses Verhältnis von einem knappen Fünftel aus der ersten Hälfte und knappen vier Fünfteln aus der zweiten Hälfte des 19. Jhs und einem kleinen Rest, der sich auf das 16.–18. Jh verteilt, gilt dank der konstanten Anschaffungspolitik und einer Bestandsgeschichte ohne grosse Brüche für den gesamten historischen Bestand der Museumsgesellschaft. Bei der folgenden systematischen Übersicht werden die Bestände der einzelnen Gruppen deshalb nur für die Zeit bis 1800 chronologisch aufgeschlüsselt, es sei denn, das Verhältnis der Bestände des 19. Jh weicht von der genannten Verteilung ab.

Übersicht nach Sprachen

2.3 Mit 15.612 Bdn dominieren Werke in deutscher Sprache, gefolgt von 5289 Bdn in Französisch, 3515 in Englisch, 1090 in Italienisch, 162 in Holländisch, 101 in Spanisch, 98 in slawischen Sprachen und 46 in Portugiesisch. 99 Bde liegen in anderen, v. a. skandinavischen Sprachen, aber auch in Ungarisch, Chinesisch und Japanisch vor.

Systematische Übersicht

Belletristik

2.4 Den mit Abstand grössten Teil des historischen Bestands (14.990 Bde; 57,6 %) bildet, wie aus der Bestandsgeschichte nicht anders zu erwarten, die Belletristik. 22 Bde entstammen dem 16. und 17. Jh, 347 dem 18. Jh, der grosse Rest dem 19. Jh. Die Aufteilung nach Sprachen ergibt 9176 (61 %) Bde in Deutsch, 2565 in Französisch, 2397 in Englisch und 645 in Italienisch. Der Rest (207 Bde) verteilt sich auf verschiedene andere Sprachen. Bei 1080 Bdn handelt es sich um Übers. aus anderen Sprachen, zum grössten Teil ins Deutsche: 233 aus slawischen Sprachen, 232 aus dem Englischen, 86 aus dem Französischen, 42 aus dem Italienischen und 39 aus dem Spanischen und Portugiesischen, die übrigen 448 Bde verteilen sich auf andere Sprachen, allen voran auf skandinavische. Auffallend schlecht vertreten sind dagegen Übers. antiker Autoren. Die kleine Zahl der Übers. aus dem Französischen und Italienischen zeigt, dass die Kenntnis dieser Sprachen bei den Mitgliedern der Museumsgesellschaft vorausgesetzt wurde.

2.5 Die Aufteilung nach Gattungen ergibt folgendes Bild: 10.737 Bde gehören zur erzählenden Prosa, 701 Bde zur Dramatik, und 1095 Bde enthalten Texte in gebundener Rede (Lyrik und Epik). Dazu kommen gattungsübergreifende Gesamtausgaben, Almanache, Essays und Briefe (s. u.).

2.6 Von den 10.737 Bdn erzählender Prosa entfallen 6313 auf deutsche, 2089 auf englische, 1809 auf französische, 391 auf italienische Bücher und 126 auf solche in anderen Sprachen. 77 Bde sind vor 1801 erschienen, darunter einige Frühdrucke von Pietro Aretino (*La Vita di Maria Vergine* und die *Humanità di Christo*, beide Venedig 1545, und seine *Ragionamenti*, Bengodi [i. e. London] 1584/1589) und Jean Pauls Erstling *Grönländische Prozesse oder Satirische Skizzen* in der Erstausgabe (2 Bde, Berlin 1783). 1437 Bde (13,4 %) gehören der ersten und 9223 (86%) der zweiten Hälfte des 19. Jhs an. Neben so gut wie allen heute noch bekannten Autoren, die z. T. in Erstausgaben vorliegen, sind die Erfolgs- und Trivialautoren ihrer Zeit (mit Ausschluss der Kolportageliteratur) besonders gut vertreten; über 600 Bde wurden von Frauen verfasst. Diejenigen Autoren und Autorinnen, die mittlerweile aus dem Bewusstsein des breiteren Publikums verschwunden, damals aber viel gelesen und in der Museumsgesellschaft mit mindestens 10 Titeln vertretenen sind, seien hier genannt.

2.7 Deutschsprachige Bücher: Arthur Achleitner, Eufemia Adlersfeld-Ballestrem, Ludwig Anzengruber, Armand (Friedrich Armand Strubberg), Berthold Auerbach, Willibald Alexis (Wilhelm Häring), Rudolf Baumbach, Ludwig Bechstein, Bertha Behrens, Karl Berkow, Ernst von Bibra, Björnstjerne Björnson, Friedrich Bodenstedt, Amely Bölte, Ida Boy-Ed, Albert Emil Brachvogel (23 Titel), Friederike Bremer, Julie Burow, Robert Byr, Michael Georg Conrad, Heinrich Conscience, August Corrodi, Felix Dahn (23 Titel), Johann von Dewall, Georg Döring, Heinrich Düntzer, Georg Ebers (25 Titel), Ernst Eckstein (37 Titel), A. von der Elbe, Nataly von Eschstruth (25 Titel), Karl Emil Franzos (23 Titel), Ilse Frapan, Karl Frenzel, Gustav Freytag, Philipp Galen (27 Titel), Ludwig Ganghofer, Emanuel Geibel, Dagobert von Gerhardt, Ada von Gersdorff, Friedrich Gerstäcker (30 Titel), Adolf Glaser, Julius Grosse, Karl Gutzkow (29 Titel), Friedrich Wilhelm Hackländer (49 Titel), Ida von Hahn-Hahn, Robert Hamerling, Heinrich Hansjakob, Georg Hartwig, Hermann Heiberg (37 Titel), Paul Heyse (53 Titel), Edmund Hoefer (36 Titel), Hans Hoffmann, Karl von Holtei, Hans Hopfen, Wilhelm Jensen (50 Titel), Joseph Joachim, Maurus Jókai (49 Titel; damit klarer Favorit bei der Übersetzungsliteratur), Sophie Junghans, Ewald August König, Heinrich König (22 Titel), Max Kretzer, Heinrich Laube, Fanny Lewald (36 Titel), Paul Lindau, Rudolf Lindau, Emil Marriot, Fritz Mauthner, Oskar Meding, Alfred Meissner, Wladimir Meschtschersky, Melchior Meyr, Balduin Möllhausen, Theodor Mügge, Otto Müller, Theodor Mundt, August W. O. Niemann, Charlotte Niese, Georg von Ompteda, Anton von Perfall, Elise Polko (33 Titel), Robert Prutz, Josef Rank, Fritz Reuter, Wilhelm Heinrich Riehl, Max Ring, Alexander von Roberts, Julius Rodenberg, Leopold von Sacher-Masoch, Adolf Friedrich Schack, Josef Victor Scheffel, Johannes Scherr (31 Titel), Eduard Schmidt-Weissenfels, Ossip Schubin, Levin Schücking, Heinrich Seidel, Friedrich Spielhagen (39 Titel), Karl Spindler, Julius Stinde, Rudolf Stratz, Gustav von Struensee (23 Titel), Bertha von Suttner, Konrad Telmann (39 Titel), Jodocus Donatus Hubertus Temme, Alexander Freiherr von Ungern-Sternberg, Hermine Villinger, Richard Voss, Hans Wachenhusen (45 Titel), Ewald von Wald-Zedtwitz, Ernst Wichert (28 Titel), Josef Widmann (27 Titel), Adolf Wilbrandt, Ernst Willkomm, Ernst von Wolzogen, Arthur Zapp, Fedor von Zobeltitz.

2.8 Französische Bücher: Edmond About, Paul Bourget (23 Titel), Victor Cherbuliez (27 Titel), François Coppée, Comtesse Dash (eigentlich Anne-Gabrielle de Cisternes de Courtiras), Ernest Daudet, Louis Enault, Erckmann-Chatrian, Ferdinand Fabre, Octave Feuillet, Paul Féval, Henri Gréville (31 Titel), Gyp (eigentlich Sibylle de Mirabeau, 28 Titel), Arsène Houssaye, Jules Janin, Alphonse Karr, Hector Malot, Paul Margueritte, Catulle Mendès, Joseph Méry, Paul de Musset, Georges Ohnet (27 Titel), Urbain Olivier, Edmond Rod, Joseph-Henri Rod, Jules Sandeau, Emile Souvestre, Eugène Sue, André Theuriet (28 Titel), Louis Ulbach.

2.9 Englische Bücher: William Harrison Ainsworth (24 Titel), Walter Besant, William Black, Marguerite, Countess Blessington, Rolf Boldrewood (Thomas Alexander Browne), Mary Elizabeth Braddon (31 Titel), Edward Bulwer-Lytton (36 Titel), Wilkie Collins (23 Titel), Marie Corelli, Georgiana Marion Craik, Francis Marion Crawford (26 Titel), Emile Gaboriau, Elizabeth Cleghorn Gaskell, Catherine Grace Gore, Anna Katherine Green, Henry Rider Haggard, Francis Bret Harte (35 Titel), William Dean Howells, Margaret Wolfe Hungerford (25 Titel), George Payne Rainsford James (38 Titel), Charles Lever, Florence Marryat (30 Titel), Frederick Marryat, Anne Marsh, George J. Whyte Melville, Dinah Maria Mulock, William Edward Norris (25 Titel), Margaret Oliphant (26 Titel), Ouida (eigentlich Marie-Louise de la Ramée, 24 Titel), James Payn, F. C. Philips, Charles Reade, William Clark Russell, Richard Henry Savage, Frances Trollope, Mrs. Henry Wood (eigentlich Ellen Wood, 24 Titel), Charlotte Mary Yonge, Israel Zangwil.

2.10 Italienische Bücher: Edmondo de Amicis, Anton Giulio Barrili (31 Titel), Enrico Castelnuovo, Salvatore Farina, Francesco Dominico Guerazzi, Gerolamo Rovetta, Matilde Serao.

2.11 Die dramatische Literatur ist mit 701 Bdn vertreten, davon 473 in Deutsch, darunter die Erstausgaben von Lessings *Nathan* (Berlin 1779), Christian Dietrich Grabbes *Hannibal* (Düsseldorf 1835), Justinus Kerners Schattenspiel *Der Bärenhäuter im Salzbade* (Stuttgart 1837) mit einer Widmung des Autors, und die Dramen von Charlotte Birch-Pfeiffer; 145 in Französisch, 50 in Italienisch, 23 in Englisch und 10 in anderen Sprachen. 27 Bde stammen aus dem 18. Jh, 154 aus der ersten und 520 aus der zweiten Hälfte des 19. Jhs, am stärksten vertreten ist hier Ernst von Wildenbruch.

2.12 1095 Bde enthalten Texte in gebundener Rede, Lyrik und Epik: 755 in Deutsch, z. B. Friedrich von Matthissons *Lyrische Anthologie* (20 Bde, Zürich 1803–1807) und Abraham Emanuel Fröhlichs *Fabeln* (Aarau 1829) mit den Zeichnungen von Martin Disteli, 129 in Englisch, 80 in Italienisch, 79 in Französisch und 52 in anderen Sprachen. Auch hier dominiert die zweite Hälfte des 19. Jhs mit 705 Bdn, gefolgt von 350 aus dessen erster Hälfte, 38 aus dem 18. Jh und je einem Titel aus dem 16. und 17. Jh.

2.13 An Gesamtausgaben mit gattungsübergreifenden Sammlungen – die andern wurden den entsprechenden Gattungen zugerechnet – finden sich 170 Titel mit zusammen 1335 Bdn, 960 davon in Deutsch und 223 in Französisch. 191 Bde stammen aus der zweiten Hälfte des 18. Jhs, z. B. von Pietro Metastasio (7 Bde, Florenz 1791) und von Voltaire (100 Bde, Zweibrücken 1791/92), 689 entfallen auf die erste Hälfte des 19. Jhs, darunter Werke Ludwig Achim von Arnims (22 Bde, Berlin 1839–1856) und die deutsche Ausg. der Werke James Fenimore Coopers (38 Bde, Frankfurt a. M. 1826–1850), 485 auf die zweite Hälfte des 19. Jhs, z. B. die von Karl Emil Franzos hrsg. Werke Georg Büchners (Frankfurt a. M. 1879).

2.14 Zur Belletristik gehören natürlich auch die literarischen Almanache und gattungsübergreifenden Anthologien. Von den 210 Bdn sind fast alle, nämlich 200, in Deutsch geschrieben. Von diesen stammen 182 aus dem 19. Jh, darunter *Jungbrunnen. Ein Schatzbehälter deutscher Kunst und Dichtung* (18 Bde, Berlin 1899–1902), die anderen aus dem 18. Jh.

2.15 Zu den Essays werden auch Aufsatz- und Vortragssammlungen gezählt, die keinem Sachgebiet eindeutig zugeordnet werden können. Sie sind mit 429 Bdn vertreten, wobei hier die französischen Titel (184) vor den deutschen (156), englischen (52) und italienischen (33) dominieren. Fast 90 % entstammen der zweiten Hälfte des 19. Jhs.

2.16 Zu den Briefpublikationen zählen 483 Bde, 319 in Deutsch und 120 in Französisch. Am Anfang stehen die *Lettere amorose di madonna Celia* (Vinegia 1565), der grösste Teil, nämlich 398 Bde, gehört indessen auch hier der zweiten Hälfte des 19. Jhs an, so die erste Ausg. von Briefen Jakob Michael Reinhold Lenz' durch Franz Waldmann (Zürich 1894). Immerhin stammen 74 Bde aus der ersten Hälfte des 19. Jhs.

2.17 936 Bde gehören zur sogenannten Sekundärliteratur, wobei eigentliche Biographien nicht mitgerechnet sind. 535 Bde liegen in Deutsch vor, 201 in Französisch, 100 (gemessen am Bestand italienischer Belletristik also überproportional viel) in Italienisch und nur 84 in Englisch. 12 Bde gehören der zweiten Hälfte des 18. Jhs an, die andern alle dem 19. Jh, v. a. dessen zweiter Hälfte.

2.18 2500 Bde bilden den Bestand an Biographien, Autobiographien und Memoirenliteratur, davon mehr als die Hälfte (1383) in Deutsch, 791 in Französisch, nur 199 in Englisch und 118 in Italienisch, gefolgt von lediglich 9 in anderen Sprachen. Aus der zweiten Hälfte des 19. Jhs, der Blütezeit des Historismus, stammen 2075 Bde, 394 aus dessen erster Hälfte, und 31 gehören dem 18. Jh an.

2.19 Aufgeteilt nach Tätigkeitsbereichen ergibt sich folgendes Bild: 1074 Bde gelten Herrschern, Militärs oder Personen aus deren direktem Umfeld oder haben solche zu Verfassern (nur 10 dieser Titel sind vor 1800 erschienen). Darunter finden sich z. B. Saint-Simons *Mémoires complets et authentiques* (21 Bde, Paris 1829). Die Schriftsteller, Künstler und Musiker sind mit 809 Bdn vertreten, z. B. mit der ersten Mozart-Biographie (Leipzig 1828) Georg Niklaus von Nissens und der *Vie de Voltaire* (London 1790) des Marquis de Condorcet, die Wissenschaftler mit 204, Theaterleute mit 36 (fast ausschliesslich aus der zweiten Hälfte des 19. Jhs), Entdecker und andere Reisende mit 24 Bdn. 318 Bde gelten Vertretern anderer Berufe, z. B. Pfarrern, Geschäftsleuten und Handwerkern. Erwähnenswert sind *Die Erinnerungen eines alten Mechanikers* (Buchs 1887) Niklaus Riggenbachs. Schliesslich finden sich 44 Sammlungen biographischer Porträts.

Reiseliteratur und Länderkunde

2.20 Mit 2424 oft illustrierten Bdn bildet die Reiseliteratur und Länderkunde einen weiteren Schwerpunkt des Bestands. 50 Titel sind vor 1801 erschienen, die allermeisten davon in der zweiten Hälfte des 18. Jhs. 550 Bde entstammen der ersten, 1824 der zweiten Hälfte des 19. Jhs. Die Hälfte liegt in Deutsch vor, 573 Bde in Französisch, 320 in Englisch, 46 in Italienisch und 39 in anderen Sprachen.

2.21 969 Bde gelten europäischen Ländern (inkl. Alpinismus), 401 Asien. Die Hälfte davon bildet die Sammlung Burkhards zu China und Japan; in ihr befindet sich das grosse Werk Chrétien-Louis-Joseph de Guignes, *Voyages à Peking, Manille et l'Île de France* (3 Bde und 1 Tafelband, Paris 1808). 362 Bde betreffen Nord- und Südamerika, 261 Afrika, z. B. Hans Meyers *Ostafrikanische Gletscherfahrten* (Leipzig 1890), 198 Australien und Ozeanien, fast zwei Drittel davon in Englisch, z. B. *Short sea route to Australia: descriptive illustrated handbook of the Singapore route to Australia* (London 1875), 91 den Orient und 15 die Polregionen. 106 Bde enthalten Beschreibungen von Weltreisen, wobei hier die französischen Titel mit 39 Bdn am häufigsten sind. 21 Sammelwerke lassen sich keiner einzelnen Region zuordnen.

Geschichte

2.22 Die Geschichte (ohne Helvetica und militärische Kriegsgeschichte) ist mit 1230 Bdn vertreten. 532 Bdn in Französisch stehen 425 in Deutsch, 157 in Englisch, 85 in Italienisch und 31 in anderen Sprachen gegenüber. Drei Viertel aller Bde gehen auf die zweite Hälfte des 19. Jhs zurück. 713 Bde sind der Ländergeschichte, z. T. nur bestimmten Epochen einzelner Länder, gewidmet. Auffällig gut vertreten sind die Darstellungen der Geschichte aussereuropäischer Länder, z. B. derjenigen Ozeaniens mit *L'histoire de l'Océanie depuis son origine jusqu'en 1845* (Paris 1856) von M. Casimir Henricy und Mexikos mit Michel Chevaliers *Le Mexique ancien et moderne* (Paris 1863). Dazu kommen Darstellungen, die sich nicht an Ländergrenzen halten: 37 Bde befassen sich mit der Antike, 27 mit dem Mittelalter und 349 mit der Neuzeit. Die Kultur- und Sittengeschichte ist mit 72 Bdn vertreten, z. B. mit der *Storia di Venezia nella vita privata dalle origine alla caduta della repubblica* (Turin 1880) von Pompeo G. Molmenti.

Helvetica (ohne Belletristik, Jahrbücher und Almanache)

2.23 Mit 405 Bdn sind die Helvetica, insbesondere die Turicensia, die nur gerade 37 Bde davon ausmachen, darunter eine Schrift (*A Zürichi Magyar Egylet*, Zürich 1873) über die ungarische Gesellschaft in Zürich, anders als man vielleicht erwarten würde, auffallend bescheiden vertreten. Das Interesse der Mitglieder der Museumsgesellschaft richtete sich offenbar viel stärker auf das, was jenseits der Landesgrenzen lag. Die frühesten Titel stammen aus dem 17. Jh, so die *Satire Heutelia* (o. O. 1658) von Hans Franz Veiras und eine Solothurner Geschichte in weltgeschichtlicher Perspektive, Franz Haffners *Der kleine solothurnische Schaw-Platz Historischer Geist- auch Weltlicher vornembsten Geschichten und Händlen* (Solothurn 1666). Drei Viertel des Helvetica-Bestands stammen wiederum aus der zweiten Hälfte des 19. Jhs.

Militaria

2.24 300 Bde bilden den Bestand an Militaria und Kriegsgeschichten, fast alle aus der zweiten Hälfte des 19. Jhs und zur Hälfte in deutscher Sprache, darunter Rudolf Aschmanns *Drei Jahre in der Potomac-Armee oder Eine Schweizer Schützen-Compagnie im nordamerikanischen Kriege* (Richterswil 1865).

Politik

2.25 Politischen Gegenwartsfragen, zu denen zum Bestand der Museumsgesellschaft insbesondere der Sozialismus und die Frauenfrage gehören, widmen sich 406 Bde, 229 davon in Deutsch, z. B. die Erstausgabe von Friedrich Engels' *Die Lage der arbeitenden Klasse in England* (Leipzig 1845), und 121 in Französisch. Der Rest von 50 Bdn verteilt sich auf Englisch, Italienisch und andere Sprachen.

Philosophie

2.26 191 Bde bilden den Bestand an Philosophie, 93 in Deutsch, 64 in Französisch, 23 in Italienisch und 11 in anderen Sprachen. Darunter finden sich Friedrich Heinrich Jacobis *Über die Lehre des Spinoza in Briefen an den Herrn Moses Mendessohn* in der vermehrten Ausg. (Breslau 1789) mit hschr. Bemerkungen Johann Caspar Lavaters, Schopenhauers *Ueber das Sehen und die Farben* (Leipzig 1816) und *Über den Willen in der Natur* (Frankfurt a. M. 1836) sowie der selbständig erschienene Anhang zu Nietzsches *Menschliches, Allzumenschliches* (Chemnitz 1879).

Religion / Theologie

2.27 Unter den 172 Bdn zu diesem Themenbereich finden sich einige Werke Abraham a Sancta Claras aus dem späten 17. Jh und *De betoverde Weereld* (Amsterdam 1691) von Balthasar Bekker. Aber auch hier stammt der grösste Teil (105 Bde) aus der zweiten Hälfte des 19. Jhs.

Kunst und Musik

2.28 126 Bde gelten der bildenden Kunst, darunter John Irelands *Hogarth Illustrated* (London 1791) und einige Kataloge des Salon de Paris (1879–1884).

2.29 Die Musik (ohne die Künstlerbiographien, s. o.) ist mit 100 Bdn vertreten, u. a. mit Richard Wagners *Das Kunstwerk der Zukunft* (Leipzig 1850) und *Oper und Drama* (Leipzig 1852) sowie John Grand-Carterets *Wagner en caricatures* (Paris o. J.).

Sprache

2.30 Bei dem 105 Bde zählenden Bestand an Werken über Sprache (darunter viele Grammatiken und Einführungen) fällt auf, dass ein Drittel (39 Bde) in anderen als den in der Museumsgesellschaft geläufigen Sprachen vorliegen. Auch hier zeigt sich eine Konzentration auf die zweite Hälfte des 19. Jhs; das früheste Werk ist allerdings Francesco Sansovinos anonym erschienene *Osservazioni della lingua volgare di diversi huomini illustri* (Venedig 1562); von Christoph Martin Wieland liegt die seltene Schrift *Geschichte der Formel: Gott helf dir! Beym Niesen* (Lindau 1787) vor.

Naturwissenschaften

2.31 Der kleine und disparate Bestand an naturwissenschaftlichen Schriften umfasst 128 Titel, fast ausschliesslich in Deutsch und Französisch, grösstenteils aus der zweiten Hälfte des 19. Jhs. Neben Populärwissenschaftlichem finden sich auch die Erstausgaben der deutschen (Stuttgart 1860) und russischen (St. Petersburg 1864) Übers. von Darwins Hauptwerk *On the Origin of Species* (London 1859).

Übrige Sachgebiete

2.32 Weitgehend zufälligen Charakter haben die Bestände der übrigen Sachgebiete, was über Wert und Bedeutung einzelner Titel natürlich nichts sagt. Die Jurisprudenz ist mit 70 Bdn vertreten, u. a. mit den aktenmässigen Darstellungen des Hochverrats-Prozesses gegen Pfarrer Friedrich Ludwig Weidig von Friedrich Noellner, Wilhelm Schulz und Carl Theodor Welcker, die Ökonomie mit 56 und die Technik mit 16 Bdn. Auch Medizin und Psychologie sind mit 29 bzw. 10 Bdn nur marginal vertreten. Schliesslich sind die 56 Bde zum Buch- und Pressewesen zu erwähnen, mit mehreren Darstellungen zur Entwicklung des Journalismus; beim Buchwesen fallen mehrere Schriften zum Buchdruckerjubiläum von 1840 auf.

2.33 260 Bde verteilen sich auf andere, hier nicht einzeln erfasste Sachgebiete.

Jahrbücher

2.34 353 Bde bilden den Bestand an Jahrbüchern und nichtliterarischen, insbesondere historisch-politischen Almanachen, fast ausschliesslich in Deutsch und zu drei Vierteln der zweiten Hälfte des 19. Jhs angehörend. Den Anfang macht der *Helvetische Kalender* (Zürich 1780–1822), am Ende der Chronologie der in Betracht gezogenen Erscheinungsjahre steht das *Jahrbuch für die deutsche Frauenwelt* (Stuttgart 1899).

Zeitschriften und Zeitungen

2.35 Der erhalten gebliebene Bestand an Zeitschriften und Zeitungen beläuft sich auf 1147 Bde, wiederum grossmehrheitlich in Deutsch. Unter den 70 fremdsprachigen Bdn ist besonders erwähnenswert das äusserst seltene, in Hongkong gedruckte *Chinese Magazine* von 1868 mit montierten Originalfotos aus dem damaligen China.

2.36 Den Schwerpunkt mit 570 Bdn bilden Zeitschriften und Zeitungen für ein bildungsbeflissenes Publikum, z. B. das komplett vorhandene *Morgenblatt für gebildete Stände* (147 Bde, 1807–1865), die *Zeitung für die elegante Welt* (82 Bde, 1801–1845) und der *Frankfurter Telegraph* (23 Bde, 1837–1847), gefolgt von 237 Bdn stärker literarisch ausgerichteter Zeitschriften. Zu ihnen zählen die *Blätter zur Kunde der Literatur des Auslands* (5 Bde, 1836–1840), Karl Gutzkows *Unterhaltungen am häuslichen Herd* (12 Bde, 1853–1864) und Karl Emil Franzos' *Deutsche Dichtung* (28 Bde, 1887–1901). Dazu kommen 190 Bde unterhaltender Blätter wie *Vom Fels zum Meer* (1882–1917, bis 1900: 38 Bde). Die Wissenschaft ist dem Profil der Bibliothek entsprechend nur mit 82 Bdn vertreten.

3. KATALOGE

Zettelkataloge

Autorenkatalog [gegliedert nach den Sprachen: Deutsch, Französisch, Englisch, Italienisch, Andere Sprachen (bis 2003)]

Schlagwortkatalog [bis 2000, unzuverlässig]

Länderkatalog der Reiseliteratur und Landskunde [bis ca. 1970]

Katalog der Biographien [bis 2000]

Alphabetischer Zentralkatalog der Zentralbibliothek Zürich [bis ca. 1996]

Standortkataloge [nach Sprachen getrennt, bis 1981 hschr. in Katalogbüchern, danach bis 2003 in Zettelform]

Elektronischer Bibliothekskatalog NEBIS [seit 1997, also ohne historische Bestände]

Gedruckte Kataloge

Bibliothek der Museum-Gesellschaft in Zürich. Zürich 1839

Bibliothek der Museum-Gesellschaft in Zürich. Supplement Nro. 1. Zürich 1841

Bibliothek der Museum-Gesellschaft in Zürich. Neue [= 2., neu bearbeitete] Aufl. Zürich 1844 [Umschlag: 1845]

Bibliothek der Museum-Gesellschaft in Zürich. Erstes Supplement zur zweiten Aufl. Zürich 1848

Bibliothek der Museum-Gesellschaft in Zürich. Zweites Supplement zur zweiten Aufl. Zürich 1852

Bibliothek der Museum-Gesellschaft in Zürich. Neue [= 3., neu bearbeitete] Aufl. Zürich 1857

Bibliothek der Museum-Gesellschaft in Zürich. Supplement. Zürich 1861

Catalog der Bibliothek der Museum-Gesellschaft in Zürich. Vierte [neu bearbeitete] Aufl. Zürich 1864

Catalog der Bibliothek der Museum-Gesellschaft in Zürich. Fünfte [neu bearbeitete] Aufl. Zürich 1873

Katalog der Bibliothek der Museum-Gesellschaft in Zürich. Sechste [von J. J. Burkhard neu bearbeitete] Aufl. Zürich 1880

Katalog der Bibliothek der Museum-Gesellschaft in Zürich. I. Theil: Deutsche Bücher. II. Theil: Bücher in fremden Sprachen u. über aussereuropäische Länder. Siebente [neu bearbeitete] Aufl. Zürich 1890 [Titel erstmals mit Signaturen]

Supplementkatalog der Museumsbibliothek in Zürich. Umfassend die Anschaffungen von 1890 bis April 1896. Zürich 1896

Katalog der Bibliothek der Museumsgesellschaft Zürich. Achte [von Theodor Vetter neu bearbeitete] Aufl. Zürich 1902 [mit Vorwort und Statistiken]

Katalog der Bibliothek der Museumsgesellschaft Zürich. Neunte [neu bearbeitete] Aufl. Mit einer kurzen Geschichte der Museumsgesellschaft von Theodor Vetter. Zürich 1912

Bibliothek-Katalog der Museumsgesellschaft Zürich. Zehnte [neu bearbeitete] Aufl. 2 Bde.

Zürich 1930. [erstmals innerhalb der Sprachen grob nach Sachgruppen geordnet]

Zugangsverzeichnisse:

Jährlich in den Jahresberichten 1845–1900

Zweijährlich als Supplemente zu den Katalogen von 1912 und 1930 [erschienen bis 1950]

Jährliche Verzeichnisse der aufgelegten Zeitungen und Zeitschriften in den Jahresberichten 1834–1950.

4. QUELLEN UND DARSTELLUNGEN ZUR GESCHICHTE DER BIBLIOTHEK

Jahresbericht der Museumsgesellschaft, ab 1834

Ehrsam, Thomas: Silentium! Lesen und literarisches Leben in Zürich: Museumsgesellschaft und Literaturhaus. Mit einem Vorwort von Ulrich Pfister und Beiträgen von Richard Reich und Beatrice Stoll. Zürich 2009

Schneebeli, Robert: 150 Jahre Museumsgesellschaft: eine Zürcher Institution jubiliert. In: Neue Zürcher Zeitung Nr. 62, 14. März 1984, S. 51

Schollenberger, Hermann: Hundert Jahre Museumsgesellschaft Zürich 1834 bis 1934. Zürich 1934

Vetter, Theodor: Aus der Geschichte der Museumsgesellschaft in Zürich. In: Neue Zürcher Zeitung, Nr. 169 (unpaginierte Beilage), und Nr. 172 (unpaginierte Beilage), 20. und 23. Juni 1897

Vetter, Theodor: Kurze Geschichte der Museumsgesellschaft. In: Katalog der Bibliothek der Museumsgesellschaft Zürich. 9. Aufl. Zürich 1912, S. V–XXXVII

5. VERÖFFENTLICHUNGEN ZU DEN BESTÄNDEN

Bankowsky-Züllig, Monika: Ältere Slavica aus den Beständen der Museumsgesellschaft Zürich. In: Librarium 28 (1985) H. 3, S. 158–188

Der weisse Fleck. Die Entdeckung des Kongo 1875–1908. Hrsg. von Thomas Ehrsam, Kurt Horlacher und Margrit Puhan. Zürich 2006

PROVINZBIBLIOTHEK DER SCHWEIZER JESUITEN, ZÜRICH

Kanton: Zürich

Ort: Zürich

Bearbeiter: Paul Oberholzer SJ

Adresse: Hirschengraben 74, 8001 Zürich

Telefon: +41 44 204 90 57
(Bibliothekar Paul Oberholzer)

Homepage: www.jesuiten.ch

E-Mail: paul.oberholzer@jesuiten.org
bibliothek.hel@jesuiten.org

Träger: Provinz der Schweizer Jesuiten

Funktion: Provinzbibliothek des Jesuitenordens

Sammelgebiete:
Jesuitenautoren und Darstellungen über den Orden aus allen Fachgebieten (aus der Schweiz vollständig, aus dem deutschen Sprachraum selektiv).

Benutzungsmöglichkeiten:
Nach Absprache.

Hinweise für anreisende Benutzer:
Standort Nähe Central, ca. 10 Gehminuten von Zürich Hauptbahnhof. Anreise mit dem Auto: Richtung Zürich City. Der Hirschengraben ist eine Parallelstrasse zum Seiler-Graben, der Verbindungsstrasse zwischen Central und Neumarkt. Einfahrtmöglichkeit beim Neumarkt, Parkplätze vorhanden; nächstes Parkhaus: »Parkhaus Central« am Seilergraben.

1. BESTANDSGESCHICHTE

1.1 Seit 1947 gehören die Schweizer Niederlassungen der Gesellschaft Jesu zur »Unabhängigen Schweizer Vizeprovinz«. Bis 1773, dem Jahr der Aufhebung der Gesellschaft Jesu durch Papst Clemens XIV., waren sie Bestandteil der Provinz »Germania Superior«. Nach der Wiederherstellung des Ordens im Jahr 1814 bildeten sie bis 1821 die »Missio Helvetica« und von 1821 bis 1826 die »Viceprovincia Helvetica«. Von 1826 bis 1853 waren die Schweizer Häuser der »Provincia Germaniae Superioris« und ab 1853 der »Provincia Germaniae« bzw. nach 1921 der neu abgetrennten »Germania Superior« zugeordnet. Allerdings erfuhr die Präsenz der Jesuiten in der Schweiz 1847 mit der Ausweisung und mit dem verfassungsmässig verankerten Jesuitenverbot von 1848 ein jähes Ende. Zu einer nennenswerten Zahl von Jesuiten in der Schweiz kam es erst wieder im beginnenden 20. Jh.

1.2 Ab 1921 gab es wieder eine »Missio Helvetica«, deren Regionaloberer eine grosse Unabhängigkeit vom Provinzialat in München genoss. Die Schweizer Provinzbibliothek wurde aber erst zusammen mit der »Unabhängigen Schweizer Vizeprovinz« im Jahr 1947 gegründet. Bei dieser Abtrennung von der »Germania Superior« gelangten einige Bde aus der Provinzbibliothek München nach Zürich, darunter die Ordenskonstitutionen (Rom 1570) und das Brevier (Venedig 1583) von Petrus Canisius, dem ersten deutschsprachigen Jesuiten, der 1597 in Fribourg verstorben ist. 1981 wurde der Schweizer Vizeprovinz der offizielle Status einer eigenen Provinz zuerkannt.

1.3 Die Provinzbibliothek sammelt vollständig die Publikationen von Schweizer Jesuiten und über deren Wirken. Zu finden sind hier auch die offiziellen Verlautbarungen und Weisungen aus der Ordenskurie in Rom. Historische, theologische und spirituelle Werke, die den Jesuitenorden betreffen bzw. Veröffentlichungen von Jesuiten aus anderen, v.a. deutschsprachigen Provinzen werden zwar akquiriert, aber man strebt keine Vollständigkeit an.

1.4 Die Schweizer Provinzbibliothek in Zürich ist damit keine Kommunitäts- oder Kollegsbibliothek im eigentlichen Sinn und ist es auch nie gewesen. Vielmehr bildet sie einen Annex zum Provinzarchiv und hat vorwiegend dokumentarischen Charakter. Bücher aus der Zeit vor 1900 sind erst nach 1947 der Provinzbibliothek eingegliedert worden.

1.5 Der Altbestand der Provinzbibliothek, der Werke mit Erscheinungsjahr bis 1900 umfasst, ging hervor aus der Sammlungstätigkeit von Schweizer Jesuiten im ausgehenden 19. und frühen 20. Jh. Es handelt sich dabei nur um eine kleine Zahl älterer

Jesuitica, die durch antiquarische Erwerbungen oder durch Schenkungen zusammengekommen sind. Auf diesem Weg erfährt die Bibliothek bis heute im kleinen Umfang zeitweise Neuzugänge.

1.6 In Basel befindet sich die älteste, noch bestehende Jesuitenniederlassung in der Schweiz. Von dort sind in den letzten Jahrzehnten stückweise Werke aus dem 19. Jh in die Provinzbibliothek übergegangen. Besonders hervorzuheben sind die *Patrologia Latina*, die *Patrologia Graeca*, die *Orateurs* sowie der *Theologiae cursus completus* von Migne, die insgesamt 541 Bde umfassen.

1.7 Wenn eine Niederlassung der Provinz aufgehoben wird, geht deren Buchbestand in einem ersten Schritt an die Provinzbibliothek, wobei ihr nur jene Werke definitiv einverleibt werden, die den oben skizzierten Kriterien entsprechen. Der bedeutendste Zuwachs erfolgte durch die Aufhebung des Jesuitengymnasiums Stella Matutina in Feldkirch, das 1856 gegründet und mit einer Unterbrechung von 1938 bis 1946 durchgehend bis 1979 bestanden hat. Das Kolleg hatte v. a. während des Jesuitenverbots in Deutschland von 1872 bis 1917 für den ganzen deutschen Sprachraum grosse Bedeutung. Ab 1946 gehörte die Stella Matutina zur »Missio Helvetica« bzw. zur »Schweizer Vizeprovinz«. Mit der Aufhebung des Kollegs fiel die bedeutende Kollegsbibliothek unter den Zuständigkeitsbereich des Schweizer Provinzbibliothekars. Nach Zürich überführt wurden aber nur die Jesuitica, während die übrigen Werke der Diözesanbibliothek Feldkirch als unbeschränkte Leihgabe zur Verfügung gestellt wurden. Einige Exemplare müssen bei der Schliessung aber auch an verschiedene Schweizer Kommunitätsbibliotheken gelangt sein, so in die Scheideggstrasse 45, Zürich, und in das Bildungshaus Bad Schönbrunn bei Zug. Die Altbestände dieser letztgenannten Niederlassung kamen im Juni 2006 in die Provinzbibliothek.

1.8 2590 Bde tragen den Bibliotheksstempel der Stella Matutina und 1039 des Noviziats in Tisis bei Feldkirch, das von 1896 bis 1940 für die »Germania« bzw. »Germania Superior« geführt wurde und dessen Gebäude danach als Exerzitienhaus bis zu seiner Schliessung 1963 weiterbestand. Unter den 3629 nachgewiesenen Feldkircher Provenienzen befinden sich zahlreiche Sammelbände, die den jeweiligen Bibliotheksstempel nur einmal führen, aber mehrere Buchtitel umfassen. Die Zahl der aus den beiden ehemaligen und traditionsträchtigen Vorarlberger Niederlassungen stammenden Buchtitel ist also deutlich höher als die nachgewiesenen Provenienzen und bildet damit den grössten Teil der 7115 bis 1900 erschienenen Werke der Schweizer Provinzbibliothek.

1.9 Die Kollegsbibliothek von Feldkirch, die eine bedeutende Sammlung alter Drucke umfasst haben muss, lässt sich in ihrer ursprünglichen Ganzheit aber nicht mehr rekonstruieren, da sie mit der Aufhebung des Gymnasiums an viele Orte aufgeteilt worden ist. Auch die Provinzbibliothek in Zürich vermag über sie nur unzureichenden Aufschluss zu geben, denn es ist keine Bibliotheksgeschichte überliefert.

1.10 Neben den zahlreichen Jesuitica dokumentiert der gegenwärtige, heterogen gewachsene Bestand aber in aufschlussreicher Weise die Sammeltätigkeit der Jesuiten in der zweiten Hälfte des 19. Jhs. Im Zuge ständiger Vertreibungen, 1847 aus der Schweiz und 1872 aus Deutschland, bauten sie ihre Bibliotheken immer wieder neu auf und erstanden dabei stets antiquarisch Bücher von Jesuitenautoren aus dem Alten Orden (bis 1773). Teilweise gelang es den Jesuiten auch, bei der Aufhebung ihrer Niederlassungen grosse Teile ihrer Bibliotheken mitzunehmen und quer durch den ganzen deutschen Sprachraum zu führen.

1.11 Einige Werke stammen aus Bibliotheken alter Jesuitenkollegien von vor 1773 oder aus Stiften und Klöstern, die zu Beginn des 19. Jhs säkularisiert wurden. Erste Auswertungen dieser Provenienzvermerke finden sich in einem folgenden Abschnitt.

2. BESTANDSBESCHREIBUNG

2.1 Die Schweizer Provinzbibliothek lässt sich in zwei Blöcke gliedern. In dem einen werden die Veröffentlichungen von Jesuitenautoren gesammelt. Er wird in vier Bestände unterteilt: Die Schweizer SJ-Autoren des Alten Ordens (bis 1773) und des Neuen Ordens (nach 1814) sowie die SJ-Autoren übriger Herkunft, wiederum aufgeteilt in den Alten und Neuen Orden. Den Beständen des Alten Ordens sind auch die Veröffentlichungen von Ex-Jesuiten zugeteilt, die 1773 in den Weltklerikerstand versetzt worden waren. Eine reiche schriftstellerische Tätigkeit entwickelte Johann Michael Sailer (1751–1832), der von 1770 bis 1773, also bis zum Jahr der Aufhebung, der Gesellschaft Jesu angehörte, anschliessend Weltpriester wurde, sich aber nach 1814 nicht zu einem Wiedereintritt in den Orden entschliessen konnte. Er verfasste v. a. spirituelle, moral- und pastoraltheologische Werke, die in der Provinzbibliothek gut vertreten sind.

2.2 Ein anderer Block setzt sich aus thematisch bestimmten Beständen zusammen: Satzungen und Verlautbarungen der Ordensleitung, Ignatius von Loyola, Exerzitien, Darstellungen des Ordens, Geschichte, Polemik, Aufhebung 1773, Sonderbund, Kollegien, Kongregationen, Theater, Literatur und Biographien. Auch diese Werke haben zu einem grossen Teil Jesuiten verfasst.

2.3 Gegenwärtig werden die Werke der Provinzbibliothek elektronisch neu erschlossen. Allerdings sind zwei Bestände noch nicht verzeichnet und darum in dieser Darstellung nicht berücksichtigt worden: die Bibliothek des Missionsprokurators, die u. a. ethnologische Werke (ca. 50) aus dem

19. Jh enthält, und eine Sammlung von nicht-jesuitischen Autoren, die im Juni 2006 aus dem Bildungshaus Bad Schönbrunn in die Provinzbibliothek gelangt ist und ca. 150 Einheiten aus der Zeit zwischen 1500 und 1900 umfasst.

Chronologische Übersicht und Übersicht nach Sprachen

2.4 Der Altbestand setzt sich aus insgesamt 7115 Titeln zusammen. Das können Monographien, aber auch in Sammelbänden zusammengebundene Predigten, Erbauungsschriften oder politische Pamphlete sein. Kriterium für eine Zähleinheit ist das Vorhandensein eines Erscheinungsjahrs und einer neu einsetzenden Paginierung.

2.5 Zeitlich verteilt sich der Bestand folgendermassen: 1501–1550: 1; 1551–1600: 173 (2,4 %); 1601–1650: 593 (8,3 %); 1651–1700: 699 (9,8 %); 1701–1750: 1246 (17,5 %); 1751–1800: 1399 (19,7 %); 1801–1850: 641 (9 %); 1851–1900: 2315 (32,6 %). 48 Werke (0,7 %) verfügen über keine Jahresangabe.

2.6 Von den 7115 Einheiten des Altbestands sind 3397 (47,8 %) in lateinischer, 2417 (34 %) in deutscher und 784 (11 %) in französischer Sprache geschrieben. Daneben gibt es noch 113 italienische, 21 englische, 10 spanische, 3 portugiesische, 2 holländische Werke und 1 altgriechische Publikation. Bei den 194 lateinisch-griechischen, den 110 lateinisch-französischen und 61 lateinisch-deutschen Einheiten handelt es sich zum grössten Teil (303 Werke) um die bereits erwähnten Reihen von Migne aus der zweiten Hälfte des 19. Jhs.

2.7 Bezeichnenderweise ist die Überlieferung aus der ersten Hälfte des 19. Jhs mit nur 641 Titeln (9 %) auffällig dünn. Dies ist auf die Wiedererrichtung der Gesellschaft Jesu im Jahr 1814 zurückzuführen, nach der sich der Orden vorerst in einer Aufbauphase befand und für wissenschaftliche und schriftstellerische Tätigkeiten wenig Platz blieb. Interessanterweise ist aber die zweite Hälfte des 18. Jhs mit 1399 Titeln (19,7 %) gut vertreten, obwohl der Orden 1773 zu existieren aufgehört hatte.

2.8 Bemerkenswert ist, dass bereits ab der zweiten Hälfte des 18. Jhs deutlich mehr deutsche als lateinische Werke vorhanden sind (1751–1800: Latein 580, Deutsch 689; 1801–1850: Latein 164, Deutsch 230; 1851–1900: Latein 645, Deutsch 985). Für die erste Hälfte des 19. Jhs fällt auf, dass der französische Bestand mit 207 Einheiten fast so gut vertreten ist wie der deutsche. Ferner ist festzustellen, dass aus der ersten Hälfte des 19. Jhs lediglich 4 Werke von Schweizer Jesuiten überliefert sind. Dabei hat die Gesellschaft Jesu nach ihrer Wiedererrichtung im deutschen Sprachraum zuerst im Wallis Fuss gefasst und bis 1847 in der übrigen Schweiz mehrere Niederlassungen gründen können. Bei der Ausweisung der Jesuiten im Jahr 1847 zählte der Orden in der Schweiz gegen 250 Mitglieder.

2.9 Allgemein ist für das 17. und 18. Jh eine grosse sprachliche Bandbreite feststellbar. Neben den lateinischen, deutschen und französischen Werken sind 55 italienische, 19 lateinisch-griechische, 20 lateinisch-deutsche, 3 englische, 3 portugiesische, 2 spanische Schriften, 1 holländische und 1 lateinisch-französische Einheit vertreten. Einige dieser Werke tragen Provenienzvermerke aus Jesuitenniederlassungen der französischsprachigen Schweiz. Die meisten dieser fremdsprachigen Bücher stammen aber aus Bibliotheken des deutschen Sprachraums.

Systematische Übersicht

2.10 Thematisch sind die meisten Titel der Theologie zuzuordnen, nämlich insgesamt 4147 (58,3 %). 662 (9,3 %) sind wissenschaftlichen Charakters; davon bilden Moral mit 106 und Kontroverstheologie mit 77 Büchern die grössten Untergruppen und stammen zumeist aus der Zeit vor 1773. 1399 Werke (19,7 %) sind dem Bereich der Erbauungsliteratur zuzurechnen, 184 davon betreffen direkt die ignatianischen Exerzitien. Unter die Erbauungsliteratur werden auch katechetische und hagiographische Bücher sowie Literatur für die v. a. bis 1773 blühenden Kongregationen subsumiert. 441 Werke (6,2 %) enthalten Predigten oder Predigthilfen. 333 weitere (4,7 %) haben die Bibel zum Thema, 244 davon sind Bibelkommentare aus der Zeit bis 1800, 132 betreffen das Alte und 93 das Neue Testament. Es versteht sich von selbst, dass sich diese einzelnen Themenbereiche nicht genau voneinander trennen lassen. Unter der Erbauungsliteratur befinden sich reine Andachtsbücher, aber auch Titel, die sich in ihrem Inhalt der aszetischen Theologie annähern. Einige Predigtsammlungen sind wiederum nicht leicht von Bibelkommentaren zu trennen.

2.11 772 Einheiten (10,9 %) haben historischen Charakter. 207 betreffen die allgemeine Geschichte, 222 die Kirchengeschichte und 209 den Jesuitenorden. Aus heutiger Sicht gelten ebenfalls die 130 Werke über Missionen und fremde Kulturen als Historica. Auch hier sind die Grenzen zwischen den einzelnen Bereichen fliessend. 140 der historischen Bücher beziehen sich auf den deutschen Sprachraum. Es sind aber auch andere Kulturkreise vertreten: So informieren 63 Titel über verschiedene Länder Asiens und 20 über Lateinamerika. Eigens vermerkt werden sollen auch die 39 naturwissenschaftlichen Bücher.

2.12 636 Einheiten (8,9 %) gehören in den Bereich der konfessionellen Polemik bzw. Verteidigung. Zumeist handelt es sich dabei um kleine Schriften, die auf konkrete politische oder kirchliche Themen Bezug nehmen. In 395 Werken geht es um die Verteidigung des Katholizismus, vor dem 19. Jh zumeist gegen Positionen der reformatorischen Kirchen, danach auch gegen Herausforderungen von aufklärerischer, liberaler und sozialistischer Seite. In 149 Schriften wird die Gesellschaft Jesu verteidigt – sowohl in Anbetracht der Aufhebung von 1773 als auch der Vertreibungen aus der Schweiz 1847 und aus Deutschland 1872. Überliefert sind auch 71 polemische Schriften gegen den Jesuitenorden und 21 gegen die katholische Kirche. In den Bereich der Polemik reichen auch die 41 historischen Werke über die Aufhebung des Ordens im Jahr 1773, die 16 Titel zur Jesuitenberufung nach Luzern von 1844 sowie 19 Einheiten zum Sonderbund und 4 zum Kulturkampf.

Provenienzen

2.13 Die zahllosen Provenienzvermerke können nur überblicksmässig und selektiv ausgewertet werden. Hervorgehoben werden hier die ehemaligen Niederlassungen in der Schweiz vor 1847, die mit zahlreichen Bdn vertretenen deutschen Jesuitenniederlassungen aus der zweiten Hälfte des 19. Jhs und zwei säkularisierte Klöster. Unter den Schweizer Niederlassungen sind v. a. Brig (170) und Sitten (92) vertreten. Bei 24 Werken aus Sitten und bei 37 aus Brig ist nicht klar ersichtlich, ob sie zu den Bibliotheken aus der Zeit der Alten oder der Neuen Gesellschaft gehören. 26 Bde lassen sich aber eindeutig dem alten (1662–1774) und 107 dem neuen (1814–1847) Briger Kolleg zuordnen. Bei Sitten gehörten 23 zur alten (1734–1774) und 45 zur neuen (1805–1874) Bibliothek. Aus dem alten (1580–1773) Kolleg von Fribourg sind 20 und aus dem neuen (1818–1847) 69 Exemplare erhalten. Aus den Kollegsbibliotheken von Luzern (1574–1774) und Solothurn (1646–1774) fanden hingegen nur 8 bzw. 3 Werke den Weg in die Schweizer Provinzbibliothek. Aus dem alten Kolleg Feldkirch (1649–1773) sind 36, aus Estavayer (1827–1847) 16 Einheiten erhalten. Offensichtlich ist es den Jesuiten bis in die zweite Hälfte des 19. Jhs nicht gelungen, bei Ausweisungen ihre Bibliotheken mitzuführen. Die Provenienzen bezeugen aber eine starke Sammeltätigkeit im Wallis nach der Wiederherstellung des Ordens. Mehrmals ist belegt, dass Bücher aus den alten Kollegsbibliotheken an Private gingen, die sie später den wiedererstandenen Gemeinschaften zurückschenkten, was auch auf einen starken Rückhalt der neu zugelassenen Gesellschaft Jesu in der Walliser Bevölkerung schliessen lässt.

2.14 697 Bde tragen den Bibliotheksstempel von Gorheim. In dem 1782 aufgehobenen Franziskanerinnenkloster in der Nähe von Sigmaringen konnten die Jesuiten 1852 ein Noviziatshaus einrichten, das auch als Stützpunkt für Volksmissionare diente und 1872 im Zuge der Ausweisung der Jesuiten aus Deutschland geräumt werden musste. 104 Bücher stammen aus der Bibliothek von Exaten in Holland, einem Gut mit altem Kastell in der Nähe von Roermond. Graf Theodor de Geloes von Elsloe hat es 1872 den aus Deutschland vertriebenen Jesuiten überlassen. Von 1872 bis 1885 war es Noviziat, von 1885 bis 1919 Sitz des Provinzials und wurde 1927 von der Gesellschaft Jesu aufgegeben. Die meisten Bde von Gorheim und Exaten tragen auch den Stempel der Noviziatsbibliothek von Tisis bei Feldkirch. Daraus kann man schliessen, dass die Bibliothek von Gorheim nach 1872 nach Exaten transferiert und mit der Eröffnung des Noviziats in Tisis 1896 dorthin gebracht worden ist.

2.15 Die 140 Bücher aus Regensburg bildeten einen Teil der Hausbibliothek der 1867 dort errichteten kleinen Niederlassung, wo die Jesuiten hauptsächlich als Volksmissionare und Prediger wirkten. Die Bde tragen auch den Stempel der Kollegsbibliothek Feldkirch, wohin sie 1872 überführt worden waren.

2.16 Auffallend zahlreiche Bücher, nämlich 239, haben aus der Bibliothek des Prämonstratenserklosters Weissenau bei Ravensburg (aufgehoben 1803) den Weg über Gorheim und das Noviziatshaus in Feldkirch nach Zürich gefunden. Auch der Bibliotheksstempel des Augustinerinnenklosters Inzigkoven bei Sigmaringen (aufgehoben 1802) ist mit 61 Einträgen auffallend oft zu sehen. Offensichtlich ist es den Jesuiten zwischen 1852 und 1872 gelungen, ihre Bibliothek in Gorheim durch antiquarische Erwerbungen aus nahegelegenen, aufgehobenen Klöstern beträchtlich zu erweitern und damit die Verluste ihrer alten Kollegsbibliotheken aus der Zeit vor 1773 wettzumachen, von denen sie hingegen keine nennenswerte Bestände mehr in ihren Besitz zu bringen vermochten.

3. KATALOGE

Zettelkatalog [nachgeführt bis 2003]. Der elektronische Katalog ist unter www.jesuiten.ch (Provinzbibliothek) online abrufbar.

SCHWEIZERISCHES SOZIALARCHIV, ZÜRICH

Kanton: Zürich

Ort: Zürich

Bearbeiter: Hanspeter Marti

Adresse: Schweizerisches Sozialarchiv
Stadelhoferstrasse 12,
8001 Zürich

Telefon: +41 43 268 87 50 (Bibliothek),
+41 43 268 87 40 (Verwaltung)

Telefax: +41 43 268 87 59

Homepage: www.sozialarchiv.ch

E-Mail: sozarch@sozarch.uzh.ch

Träger: Verein Schweizerisches Sozialarchiv

Funktion:
Öffentliche Spezialbibliothek zu allen gesellschaftlichen Fragen mit Archiv und Dokumentationsstelle.

Sammelgebiete:
Gesellschaftsrelevante Publikationen, insbesondere zu sozialpolitischen und arbeitsbezogenen Themen, zur Geschichte der sozialen Bewegungen (Arbeiterschaft, Frauen, Jugend, neue soziale Strömungen) und zum sozialen Wandel.

Benutzungsmöglichkeiten:
Ausleihe, Anschluss an den Leihverkehr. Benutzung und Ausleihe kostenlos. Postversand in der ganzen Schweiz. Ausleihfrist 1 Monat, Verlängerung möglich. Ausleihbar sind alle Bestände ausser Zeitungsartikeln, Archivalien, Raritäten und Zeitungsbänden. – Öffnungszeiten: Lesesaal, Kataloge: Montag bis Freitag 8.00–19.30 Uhr, Samstag 9.00–16.00 Uhr. Ausleihe und Information: Montag bis Freitag 10.00–19.30 Uhr, Samstag 11.00–16.00 Uhr. Letzte Bestellung: 1/2 Std. vor Schliessung.

Technische Einrichtungen für den Benutzer:
Fotokopierer, Mikrofilmlese- und -kopiergerät, PCs mit Zugang zu Bibliothekskatalogen, Internet, CD-ROM-Angebote.

Gedruckte Informationen:
Leitbild, Informationen über Bestände und Benutzung.

Hinweise für anreisende Benutzer:
Anmeldung von Vorteil. – S-Bahn ab Zürich Hauptbahnhof nach Zürich-Stadelhofen. – Parkplätze im Parkhaus Hohe Promenade.

1. BESTANDSGESCHICHTE

1.1 Auf Initiative des Aussersihler Pfarrers und späteren Zürcher Stadtrats und Nationalrats Paul Pflüger (1865–1947) wurde am 27. Juni 1906 der Verein »Zentralstelle für soziale Literatur der Schweiz« gegründet. In ihrer Zielsetzung folgte die in der damaligen Schweiz einzige derartige Institution ausländischen Vorbildern, v. a. dem des Musée social in Paris, das Pfarrer Pflüger 1900 besucht hatte. Seine Sammlung sozialpolitischer Literatur bildete den Grundstock der Bibliothek der Zentralstelle. Schon in der Gründungszeit kam es zu einer engen Verbindung mit der damaligen Stadtbibliothek. Beim Bucherwerb wurde auf die in den anderen Zürcher Bibliotheken vorhandene Literatur Rücksicht genommen.

1.2 Anfang November 1906 wurden am Seilergraben 31, in der Nähe der Predigerkirche, das Erdgeschoss sowie ein Zimmer im zweiten Stock eines der Stadt gehörigen Gebäudes gemietet. Man beschränkte sich nicht auf die Sammlung schweizerischer Literatur. Die Zentralstelle verstand sich als sozialwissenschaftliche und -politische Spezialbibliothek. Die Bestände wurden in der Anfangsphase nach der internationalen Dezimalklassifikation (DK) geordnet. Die Sachgruppen wurden thematisch weiter unterteilt. Dem ersten Jahresbericht fügte man ein Verzeichnis von 268 Sammelgebieten bei (z. B. Bettelei/Landstreicherei, Grütli-Verein, Italienerfrage [in der Schweiz]). 1907 lagen im Lesezimmer 86 Zeitschriften auf (v. a. Gewerkschaftszeitungen und sozialistische Periodika, aber auch Organe zur Frauenfrage wie die *Frauenbestrebungen* und *Die Vorkämpferin*).

1.3 Bereits im Gründungsjahr beteiligten sich Stadt und Kanton Zürich finanziell an der Einrichtung des Instituts. Auf den 1. Januar 1920 wurde ein Mietvertrag mit der Zentralbibliothek Zürich abgeschlossen. Die Zentralstelle nahm Einzug im Chor der Predigerkirche am Predigerplatz. Die Zentralbibliothek übernahm vorübergehend die Verwaltung des Instituts und nahm auf die Ordnung der Bestände Einfluss. 1919 besass die Zentralstelle ungefähr 6000 Bücher und Zeitschriftenbände sowie etwa 40.000 Broschüren, Jahresberichte und Flugblätter in 1000 Dossiers. Der Zuwachs rührte zu einem erheblichen Teil von Vergabungen und Gratisabonnementen her. Die Bestände blieben primär nach Sachgruppen, innerhalb dieser alphabetisch geordnet.

1.4 Der alphabetische Katalog wies viele Lücken auf. Daher gelang der sichere Zugriff auf die Autoren nur von den Sachrubriken her. Hermann Escher (1857–1938), Direktor der Zentralbibliothek, charakterisierte die Zentralstelle als Zwitterinstitution, teils Archiv, teils Bibliothek. Er wünschte eine Verbesserung der alphabetischen Katalogisierung, die Aufstellung der Bücher nach dem Numerus currens sowie einen Standortkatalog in Buchform. 1930 begann man mit der Erstellung eines verbesserten Sachkatalogs auf der Basis der DK sowie mit einem Standortkatalog. Auch in der Anschaffungspolitik setzte dieses Jahr eine Zäsur. Man legte von nun an auf den Erwerb sozialpolitischer Belletristik besonderen Wert. 1933 begann man zudem mit der Erstellung eines Periodikakatalogs und eines Katalogs der Berichtsliteratur.

1.5 1942 wurde die Zentralstelle in »Schweizerisches Sozialarchiv« umbenannt. Im folgenden Jahr begann man Zeitungsausschnitte über kontroverse sozial- und wirtschaftspolitische Fragen in Dossiers zu sammeln. Vorsteher Eugen Steinemann (1907–1966) forderte zur selben Zeit einen alphabetisch angelegten Schlagwortkatalog für alle Abteilungen mit 12 thematischen Hauptgruppen. In den 40er-Jahren wurde einmal mehr der Raum knapp. Erst am 2. Juni 1957 wurde der Neubau am Neumarkt 28 in Zürich 1 bezogen. Die Bibliothek umfasste 4 weitgehend in sich geschlossene Hauptabteilungen: 26.000 Bücher, etwa 600 Periodika, Dossiers mit 100.000 Broschüren und andere Kleinschriften in Schachteln, thematisch geordnet, darunter Jahresberichte verschiedener sozialer Organisationen, und Zeitungsartikel zu etwa 160 Sachgebieten.

1.6 1960 stellte das Sozialarchiv von der internationalen DK auf ein von Steinemann konzipiertes Klassifikationssystem um. Dieses wurde und wird laufend durch neue Sachbegriffe ergänzt und verfeinert. Es führt zu den in Zettel-Sachkatalogen erfassten Monographien bis 1992 sowie zu den Dossiers mit Kleinschriften und Zeitungsausschnitten. Die ab 1993 erworbenen Monographien sind im Online-Verbundkatalog NEBIS erfasst und sacherschlossen.

1.7 1969–1971 wurden Kleinschriften über die Arbeiterbewegung einzeln katalogisiert. Die Katalogisierung der Broschüren, die vor 1960 in die Bibliothek gelangten, wurde fortgesetzt. Ab 1989 begnügte man sich mit einer sachbezogenen Kollektivverzeichnung dieses Schrifttums. 1974 wurde mit dem Aufbau eines thematischen Zeitschriftenartikel-Katalogs begonnen, an dem die Arbeit 1994 eingestellt wurde.

1.8 Von den späten 70er-Jahren an hatte man sich wieder über katastrophale Raumverhältnisse zu beklagen. Allein der Buchbestand war 1982 auf rund 82.000 Bde angewachsen. Das Sozialarchiv bewahrte damals Dokumentationsmaterial im Stammgebäude und in fünf auswärtigen Lagerräumen auf. Im Sommer 1984 fand die Einweihung des »Sonnenhofs« in Zürich-Stadelhofen, des heutigen Standorts von Verwaltung, Bibliothek und Archiv, statt. 1992 trat das Sozialarchiv dem ETHICS-Verbund (heute NEBIS-Verbund) bei und begann, den Betrieb auf EDV umzustellen.

1.9 Der Buch- und Archivalienbestand nahm durch Ankäufe und namhafte Schenkungen stetig zu. In der unterschiedlichen Provenienz der Buchgeschenke spiegelt sich die Vielfalt der Bestände der Zentralstelle wider, die sich, dem Sammelauftrag gemäss, ausdrücklich dem Grundsatz politischer Neutralität verpflichtet hatte. So fiel dem Sozialarchiv 1933 ein Teil des Nachlasses des Hochschullehrers, Pädagogen und sozialdemokratischen Nationalrates Robert Seidel (1850–1933) zu, hauptsächlich Bücher zur Geschichte der Arbeiterbewegung sowie dessen Broschürensammlung. 1934 trat der Arbeiterarzt Fritz Brupbacher (1874–1945) als Donator in Erscheinung (rund 200 Bücher und zahlreiche Broschüren). Infolge Raummangels konnte seine 1945 für das Sozialarchiv bestimmte Bibliothek (780 Bücher und 339 Broschüren) erst 1949 übernommen werden.

1.10 1936 gingen Werke aus der Privatbibliothek von Heinrich Thomann in den Besitz der Zentralstelle über. Am 12. November 1937 übergab Edwin Manz, der Vermögensverwalter von Frieda Simon, der Tochter August Bebels, die rund 365 Bde zählende Bibliothek des deutschen Sozialisten als Depot. Später ging die Bebelbibliothek in das Eigentum des Sozialarchivs über. Dem deutschen Emigranten August Brose verdankt es 70 Bücher und 100 Broschüren, die 1949 dorthin gelangten. Wenn es die Finanzlage zuliess, kaufte man zur Ergänzung der Bestände Literatur in Antiquariaten ein. Hin und wieder konnten alte Periodika als Geschenke entgegengenommen werden.

1.11 1972 erhielt das Sozialarchiv die ungefähr 5000 Bde umfassende Bibliothek des in Paris verstorbenen Journalisten Pierre Bonuzzi (1908–1970) mit vielen Werken zur sozialen Frage in Frankreich und Italien. 1974 wurde die Bibliothek des Allgemeinen Arbeitervereins von Genf katalogisiert, welche das Sozialarchiv als Geschenk erhielt, nachdem sie der Marx-Forscher Bert Andréas 1957 in einem Kohlenkeller der Rhonestadt gefunden hatte. Aus einem Vergleich mit dem alten gedruckten Katalog der Arbeiterbibliothek geht hervor, dass das sozialistische Schrifttum fehlt (v. a. von Marx und Engels); jedoch sind die von 1896 bis 1940 vom Genfer Arbeiterverein getätigten Anschaffungen noch vorhanden. 1976 ging die etwa 1200 Bde zählende Bibliothek des aus Kroatien stammenden Buchbinders und Gewerkschafters Josef Veselic (1888–1976), der sich 1915 hatte in Zürich einbürgern lassen, beruflich in der Stadtverwaltung tätig gewesen war und sich für Erwachsenenbildung und Volkstourismus eingesetzt hatte, als Schenkung an das Sozialarchiv.

1.12 Im nächsten Jahr erhielt das Sozialarchiv die Bibliothek der Speisegesellschaft Winterthur geschenkt und 1986 die v. a. Werke zur neueren Philosophie umfassende Büchersammlung des Publizisten Rudolf Lüscher (1947–1983) (etwa 3500 Bde). Aus dem Nachlass von Anny Klawa-Morf (1894–1993) gingen u. a. Werke der sozialistischen Jugendbewegung im Ersten Weltkrieg in den Besitz des Sozialarchivs über.

1.13 Ab 1970 wurden verschiedene wichtige Archive übernommen, z. B. diejenigen der Sozialdemokratischen Partei der Schweiz, der Sozialdemokratischen Partei des Kantons Zürich, der Arbeiterunion sowie zahlreiche Gewerkschaftsarchive. Hinzu kamen u. a. die Archive der Frauen-, Jugend-, Friedens- und Umweltbewegungen. Heute befinden sich rund 500 Körperschaftsarchive und Personennachlässe im Sozialarchiv.

2. BESTANDSBESCHREIBUNG

2.1 Der Altbestand setzt sich vorwiegend aus Publikationen der zweiten Hälfte des 19. sowie des beginnenden 20. Jhs zusammen. Traditionelles Sammelgebiet ist die Geschichte der sozialen Frage. Daher ist hier die Zeitgrenze auf 1914, das Jahr des Zusammenbruchs der Zweiten Internationalen, festgelegt worden.

2.2 Das alte Schrifttum in der Abteilung »Monographien«, wozu auch Kleinschriften und einige Zeitschriften gehören, ist an den Gestellen und auf Grund der Angaben in den Standortkatalogen nach Erscheinungsjahren ausgezählt worden. In den Schachteln der Abteilung »Kleinschrifttum« sind, thematisch geordnet, archivalische Quellen, u. a. Typoskripte, Flugblätter, Postkarten, Todesanzeigen und Zeitschriftenartikel, aber auch einige Bücher untergebracht. In diesem heterogenen Teilbestand wurde die Anzahl der Schriften von mindestens vier Druckseiten ermittelt, auf die Zuordnung nach Erscheinungsjahr verzichtet. Stattdessen wurde zwischen vor 1900 erschienenen und von 1901 bis 1914 publizierten Kleinschriften unterschieden. So konnten manche ohne Erscheinungsjahr veröffentlichten Dokumente einer Zeitperiode zugewiesen werden. In der Abteilung »Periodika«, die Zeitungen sowie Zeitschriften und vereinzelt Berichtsliteratur enthält, stellte der Bd oder, bei zusammengeschnürten Nummern, das Paket die Zähleinheit dar. Bei der Berichtsliteratur wurden wie beim Kleinschrifttum Einzelstücke gezählt und, wie bei den Periodika, keine inhaltlichen Zuordnungen vorgenommen. Der Gesamtbestand der Kleinschriften und der Berichtsliteratur sowie die Anzahl Periodikaeinheiten wurden durch Hochrechnung ermittelt.

Chronologische Übersicht

2.3 Von ungefähr 385.000 Druckschriften gehören 29.024 oder etwa 8 % zum Altbestand. Von den 130.000 Monographien zählen 9300 zum historischen Buchbestand. Von den ungefähr 145.000 Kleinschriften sind etwa 15.000 (ca. 10 %) bis 1914 erschienen, von 48.000 Bdn Periodika 1935 (4 %), von etwa 62.000 Einheiten Berichtsliteratur 4350 (7 %). Obwohl hauptsächlich Neuerscheinungen erworben wurden, verdient der Altbestand Beachtung, nicht zuletzt wegen der Sammelgebiete und des seltenen Kleinschrifttums. Neben der sozialwissenschaftlichen Literatur sind Belletristik und utopische Schriften vertreten (z. B. Thomas Morus' *Utopia*, Köln 1629 und Frankfurt 1753).

Systematische Übersicht

Monographien

2.4 Der Bestand ist in 14 Gruppen gegliedert. Mit Ausnahme des zahlenmässig stärksten, nach dem Numerus currens aufgestellten Bestands besitzen die übrigen Teile eine Buchstabensignatur, die auf Provenienz, Format, Erwerbsart oder ein anderes Merkmal hinweist: R: Raritäten; A: Alte Bücher; B: Brupbacher-Bibliothek; Bo: Bonuzzi-Bibliothek; Ve: Veselic-Bibliothek; Lu: Lüscher-Bibliothek; FVS: Freidenker-Vereinigung Schweiz; Gr: Grossformatige Bücher; Gr Fol: Folianten; Hf: Geschenke/Bücher; Hg: Geschenke/Bücher, Grossformate; BG: Büchergilde; BIT: Bureau International du Travail. In BG und BIT fehlen vor 1914 erschienene Werke.

2.5 Fast jedes Buch ist einer oder mehreren der knapp 2000 Sachkategorien des hauseigenen Klassifikationssystems zugeordnet. Dieses umfasst folgende 10 Hauptklassen: 0: Gesellschaft; 1: Kultur, Bildung; 2: Recht, Verwaltung; 3: Politik; 4: Weltpolitik; 5: Sozialismus, Kommunismus, Genossenschaften, Planwirtschaft; 6: Sozialpolitik, Fürsorge; 7: Arbeit; 8: Volkswirtschaft; 9: Wirtschaftszweige.

2.6 Von den 9301 Einheiten des Altbestands sind 7804 (83,9 %) deutsch-, 1118 (12 %) französisch-,

256 (2,8 %) englischsprachig. 47 Werke sind in Serbokroatisch, nur 27 in Italienisch, 18 in Niederländisch und der Rest (31) in anderen Sprachen (Dänisch, Finnisch, Neugriechisch, Hebräisch, Latein, Polnisch, Rumänisch, Russisch, Spanisch, Schwedisch, Ungarisch) abgefasst. Von den Anfängen bis 1900 erschienen 4643 (49,9 %), von 1901 bis 1914 4415 (47,5 %) Publikationen. Den 2054 von 1881 bis 1900 erschienenen Werken stehen 6469 zwischen 1881 und 1914 publizierte (rund 70 % des Altbestands) gegenüber. Nur 158 Bücher (1,7 %) wurden vor 1801 publiziert, wovon die meisten in der zweiten Hälfte des 18. Jhs. In der Magazinaufstellung lassen sich drei zeitliche Schichten unterscheiden: älteste Schicht: Rara (R-Signaturen); mittlere Schicht: A-Signaturen (alte Bücher); jüngste Schicht: Numerus currens-Bestand.

2.7 In der systematischen Zuordnung stehen die Publikationen zum Thema »Kultur und Bildung« an erster Stelle (2175 Einheiten; 23,4 %). Dabei fällt der hohe Anteil an Belletristik auf, die meistens die soziale Frage behandelt. Auf »Kultur und Bildung« folgen Titel zu den Sachgebieten »Sozialismus« mit 1520 (16,3 %) und »Gesellschaft« mit 1421 Werken (15,3 %). Im Mittelfeld befinden sich: Weltpolitik (mit Geschichte) (794; 8,6 %); Arbeit (747; 8 %); Wirtschaftszweige (645; 6,9 %); Volkswirtschaftslehre (544; 5,9 %); Recht und Verwaltung (534; 5,7 %); Sozialpolitik und Fürsorge (503; 5,4 %). Am Schluss steht die Politik mit 418 Werken (4,5 %).

2.8 Die Rara (Signatur R) bilden den Kern des Altbestands. Sie setzen sich aus drei Gruppen zusammen, Monographien (R 1–605), Broschüren (R 606–685) und Werken aus dem Nachlass von Anny Klawa-Morf inkl. weiteren Publikationen (R 686–833).

2.9 Der erste und der dritte Teil der Rara umfassen zusammen 724 Werke, 429 deutsch-, 188 französisch-, 38 englisch-, 4 italienisch-, 3 lateinsprachige sowie 6 holländische und 1 hebräisches. 1 Titel stammt aus dem 16. Jh (Kaspar Stiblins *Coropaedia*, Basel 1555), 4 aus dem 17. Jh (z. B. *Erbrecht deß Gotts Hauses Sant Gallen*, Neu St. Johann 1633; Thomas Campanellas *De monarchia Hispanica*, Amsterdam 1653), 128 aus dem 18. Jh, allein 50 aus der Zeit von 1791 bis 1800. Die meisten Rara (148 Werke) gehen in die Zeit von 1841 bis 1850 zurück. Nur 39 Bücher erschienen von 1901 bis 1914. Auf das Sachgebiet Sozialismus entfallen 190 Werke, 141 auf Kultur und Bildung, 107 auf Politik, 63 auf Weltpolitik resp. Weltgeschichte, je 45 auf Gesellschaft und auf Arbeit, 43 auf Recht und Verwaltung, 36 auf Wirtschaftszweige, 28 auf Sozialpolitik und 26 auf Volkswirtschaft. Auch hier dominieren Werke zum Sozialismus (Erstausgaben: Joseph-Louis Blancs *Révolution française*, Bruxelles 1843; Charles Fouriers *L'harmonie universelle*, Paris 1844; Karl Marx' *Das Kapital*, Hamburg 1867; Johann Joseph Mosts *Die Pariser Commune vor den Berliner Gerichten*, Braunschweig 1875; Pierre-Joseph Proudhons *Du principe fédératif*, Paris 1863; Wilhelm Weitlings *Garantien der Harmonie und Freiheit*, Vivis 1842) sowie zu Kultur und Bildung. Viele Raritäten verdankt das Sozialarchiv Robert Seidel (z. B. die Erstausgabe von Wilhelm Weitling *Evangelium eines armen Sünders*, Bern 1845), Erich Marks, Fritz Brupbacher, G. Starke und Anny Klawa-Morf sowie den Sektionen Steckborn und Weinfelden des sozialreformerischen Schweizer Grütlivereins. Zwei Werke Erich Mühsams weisen persönliche Widmungen des Verfassers auf, *Wüste-Krater-Wolken* (Berlin 1914) eine Dedikation an den Vater. Der Kleinschriftenbestand der Raritätengruppe besteht aus 170 Broschüren in 6 Schachteln. Den Hauptanteil (116 Einheiten) bilden die aus den Kontroversen um die Berufung des deutschen Theologen David Friedrich Strauss (1808–1874) nach Zürich hervorgegangenen Flugschriften (R 606–631).

2.10 Den zweitgrössten Altbestand stellt die Signaturgruppe A (= alte Bücher) mit 2757 Werken dar. Sie lässt sich in drei Teilbestände aufgliedern: A 1001–2632 (1960 Werke); A 3000–3526, 759 Titel der Bibliothek des Allgemeinen Arbeiter-Vereins in Genf; A 3527–3552, 38 Werke der Bibliothek der Speisegesellschaft Winterthur.

2.11 Die 1960 Werke der ersten Untergruppe verteilen sich wie folgt auf verschiedene Sprachen: Deutsch 1536 (78,4 %); Französisch 350 (17,9 %); Englisch 54 (2,8 %); Italienisch 11; Niederländisch 6; Ungarisch 1; Latein 1; Griechisch 1. Mehr als zwei Drittel (1342 Werke, 67,6 %) erschienen von 1871 bis 1900; vor 1800 sind es nur 10 Werke. Innerhalb der Sachbereiche bestätigt sich mit geringen Abweichungen das bereits andernorts gewonnene Bild: 1. Sozialismus: 300; 2. Kultur und Bildung mit hohem Anteil an Schöner Literatur: 295; 3. Gesellschaft mit vielen Biographien: 259; 4. Arbeit: 203 Werke. Unter dem historischen Schrifttum (192 Einheiten) befindet sich v. a. solches zur Revolutionsgeschichte (57). Recht und Verwaltung sind mit 160 Einheiten, Volkswirtschaft mit 170 sowie Sozialpolitik und Fürsorge mit 158 vertreten. Im Sektor »Wirtschaftszweige« sind die Anteile an Literatur zu Industrie (45), Landwirtschaft (32) und zur Wohnungsfrage (27) bemerkenswert.

2.12 Zu den Vorbesitzern zählen Sektionen des Schweizer Grütlivereins (z. B. Brienz, Carouge, Goldach, Murten, Weinfelden), der Arbeiterverein Oerlikon, der Schweizerische Gewerkschaftsbund und das Arbeitersekretariat Kopenhagen. *Die Männer des Volks*, hrsg. von Eduard Duller, 1. Bd (Frankfurt a. M. 1847), wurde den Weinfelder Grütlianern 1889 vom deutschen Arbeiterverein Basel geschenkt. Schriften von und aus dem Besitz von Pfarrer Pflüger und Nationalrat Seidel sind zahlreich vorhanden.

2.13 Von den 759 Publikationen der Bibliothek des Genfer Arbeitervereins sind 753 in deutscher, nur 5 in französischer und 1 Werk in englischer Sprache abgefasst. Sie besteht zur Hauptsache aus Schriften des 19. Jhs. Es handelt sich um eine typische Arbeiterbildungsbibliothek ohne wissenschaftliche Fachliteratur, aber mit einem Angebot an allgemeinverständlichen Werken sowie z. T. anspruchsvoller Belletristik (Shakespeare, Lessing, Goethe, Schiller, Chamisso, Börne, Hauptmann). Mehr als die Hälfte des Bestands (446 Werke) fällt unter das Sachgebiet »Kultur und Bildung«, davon gehören 292 Einheiten zur Belletristik (u. a. Dramen 72; Romane 57; übrige narrative Gattungen 57; Lyrik 39). Werke von Naturalisten (z. B. Emil Zola in deutscher Sprache) nehmen einen wichtigen Platz ein. An zweiter Stelle rangiert Literatur zur Weltpolitik (152). Die Themenbereiche »Sozialismus« (39), »Volkswirtschaft« (11) sowie »Recht und Verwaltung« (5) sind schwach repräsentiert. Die Titel zum Fachgebiet »Gesellschaft« (79) setzen sich zur Hauptsache aus Literatur zur Länderkunde (30) sowie aus Biographien (28) zusammen. Politik einerseits sowie Sozialpolitik und Fürsorge andererseits weisen je 13 Titel auf. Einige Werke tragen den Vorbesitzer-Stempel »Veritas. Verein zur Verbreitung gemeinnütziger Kenntnisse Rostock«.

2.14 Alle 38 Werke aus der Bibliothek der Speisegesellschaft Winterthur sind deutschsprachig. Fast die Hälfte davon erschien im Zeitraum 1881–1890. 14 Titel lassen sich dem Sachgebiet »Sozialismus«, 9 »Kultur und Bildung« und 6 der »Weltpolitik« resp. der »Weltgeschichte« zuordnen.

2.15 Mit 4516 Werken ist der Altbestand, der sich verstreut unter den nach dem Numerus currens aufgestellten Büchern befindet, der grösste der Bücherabteilung. 3950 Einheiten entfallen auf deutsche, 373 auf französische, 143 auf englische sowie 10 auf italienische Schriften. 3389 Werke erschienen von 1901 bis 1914, davon 1179 von 1911 bis 1914. Das älteste Buch der Numerus-currens-Gruppe wurde 1803 gedruckt. Nur 16 Werke erschienen vor 1850 und nur 415 zwischen 1851 und 1890. Auf die Jahre 1891–1900 entfallen 601 Publikationen. Der Numerus-currens-Altbestand repräsentiert die jeweils aktuelle gesellschaftspolitische Literatur, bevorzugt sozialistisch-marxistischer Provenienz. Das Sachgebiet »Kultur und Bildung« steht mit 813 Werken an vorderster Stelle und gliedert sich in die Themenbereiche »Kunst« (248) mit v. a. naturalistischer und gesellschaftskritischer Belletristik (209), »Wissenschaft und Philosophie« (192) sowie »Religion und Kirche« (125). Die beiden mengenmässig folgenden Sachgruppen sind »Gesellschaft« (753) und »Sozialismus« (703). Unter der Kategorie »Gesellschaft« kommt Literatur zur Arbeiterklasse und zum Klassenkampf (163), zur Frauenfrage (101) sowie zur Soziologie und zu den Sozialwissenschaften (99) am häufigsten vor. Das Interesse am Verhältnis des Menschen zur Arbeit wird durch die starke Hauptrubrik »Arbeit« (449) bestätigt. Die Literatur zu ökonomischen Aspekten ist unter den Gebieten »Wirtschaftszweige« (438), hierunter auch die Dissertation von Rosa Luxemburg über *Die industrielle Entwicklung Polens* (Leipzig 1898), und »Volkswirtschaftslehre« (306) gut vertreten. Gleiche Anteile umfassen »Recht und Verwaltung« (293) sowie »Weltpolitik« (319). Zu letzterer gehören viele historische Werke (259). Ähnlich gross ist »Sozialpolitik und Fürsorge« (267) mit einem namhaften Bestand zur Armutsfrage (172). »Politik« ist mit 175 Titeln die schwächste Hauptgruppe.

2.16 Vereinzelt sind im Numerus-currens-Bestand Kleinschriften, Flugblätter und Jahresberichte, z. T. in sachbezogenen Sammelbänden, enthalten. Auch die Aufstellung der übrigen Literatur weist v. a. im Bereich tiefer Signaturennummern streckenweise Spuren einer systematischen Anordnung auf.

2.17 August Bebels Bibliothek wurde in die Numerus-currens-Hauptgruppe integriert (15000–15199/73 sowie 38411–38416/a–c). Sie umfasst 348 Werke, davon 307 in deutscher, 12 in englischer und 9 in französischer Sprache. Bebels *Die Frau und der Sozialismus* ist in weitere Sprachen übersetzt vertreten wie auch die Erstausgabe von Wilhelm Liebknechts *Blick in die Neue Welt* (Stuttgart 1887). Aus dem Zeitraum vor 1850 ist nur 1 Buch (1844) vorhanden. Die Werke der Bebel-Bibliothek verteilen sich hauptsächlich auf die im gesamten Numerus-currens-Bestand bevorzugten Sachgruppen (Sozialismus 138; Gesellschaft 46, darunter 32 zur Frauenfrage; Arbeit 42; Kultur und Bildung 42). Dazu gehört auch der Themenbereich »Weltpolitik« mit 42 Werken und dem Schrifttum zur politischen Geschichte Deutschlands in der zweiten Hälfte des 19. Jhs. Auffällig sind die kleinen Bestände an Rechts- und Verwaltungsliteratur (2) sowie zur Nationalökonomie (5).

2.18 Der Altbestand des Brupbachernachlasses (Signatur B) umfasst 454 Werke, darunter 361 deutsch-, 89 französisch- sowie 3 englischsprachige Publikationen, aber nur eine einzige lateinischsprachige Schrift. Nur 9 Bücher sind vor 1850, die meisten (330) nach 1900 erschienen, was die auf die Zeitgeschichte ausgerichtete Sammeltätigkeit Brupbachers widerspiegelt. Auch hier entfallen grössere Titelmengen auf »Kultur und Bildung« (121 Werke) sowie auf »Sozialismus« (174), was den Konnex von gesellschaftskritischer Fachliteratur und gleichgerichteter politischer Dichtung (85) bestätigt. Unter den sozialistischen Denkrichtungen ist der Anarchismus am besten vertreten (37), unter dem Fachbereich »Politik« (21) die Schweizer Geschichte. Selten sind medizinische und naturwissenschaftliche Werke. Brupbachers Bücher enthalten ein Stempelwappen-Exlibris, das Werk *L'Internationale. Documents et Souvenirs (1864–1878)*

(Paris 1909) trägt eine handschriftliche Widmung des Herausgebers James Guillaume (1844–1916).

2.19 Unter den einschlägigen Drucken (98 Werke) der Bonuzzi-Bibliothek (Signatur Bo) weist das französische Schrifttum (87) den grössten Anteil auf, gefolgt vom deutschen (9) und italienischen (2). Sämtliche Titel sind nach 1841 gedruckt worden. Bezüglich der Sachbereiche zeigt sich das vertraute Bild: Sozialismus (39, v. a. zum Syndikalismus), Kultur und Bildung (16), Arbeit (15).

2.20 Zur Veselic-Bibliothek (Signatur Ve) gehören 202 alte Drucke, 158 in deutscher Sprache und, der Herkunft des ehemaligen Besitzers entsprechend, 44 serbokroatische. Die meisten einschlägigen Schriften (73,3 %) sind nach 1900 erschienen. Das älteste Buch stammt aus dem Jahr 1837, die restlichen 13 aus der Zeit von 1851 bis 1880. Die Titel zu »Bildung und Kultur« (136) überragen die anderen Sachgebiete um ein Vielfaches. Die Dominanz der Belletristik wird noch unterstrichen durch die im Fachbereich »Gesellschaft« enthaltenen Biographien (17).

2.21 Die Lüscher-Bibliothek (Signatur Lu) setzt sich hauptsächlich aus neueren Publikationen zu den philosophischen Klassikern (Aristoteles, Kant, Fichte, Hegel) und zur Philosophie des 20. Jhs (Wittgenstein, analytische Philosophie, Handlungstheorie, Frankfurter Schule) zusammen. Der Altbestand zählt 69 Werke, 64 in deutscher, 4 in französischer und 1 Schrift in englischer Sprache. 55 Einheiten erschienen zwischen 1900 und 1914. Die übrigen verteilen sich gleichmässig auf den Erscheinungszeitraum von 1788 bis 1897. Es handelt sich fast zur Hälfte um philosophische Titel (32). Publikationen zum Sozialismus sind nur marginal vertreten.

2.22 Die dem Sozialarchiv von der Schweizerischen Freidenker-Vereinigung übergebene Bibliothek (Signatur FVS), die 713 Einheiten zählt, weist einen Altbestand von 148 Werken aus, 147 in deutscher und 1 Buch in französischer Sprache. Das älteste Werk erschien 1815, über die Hälfte der Titel wurden nach 1900 publiziert. »Kultur und Bildung« steht wiederum an der Spitze der Sachgebiete (118), unter denen »Religion und Kirche« die bestdotierte Untergruppe ist. Sie enthält Werke über Religion im Allgemeinen, zur Typologie und Geschichte der Weltreligionen und zur Religionskritik. Nur 9 Titel betreffen den Sozialismus. Unter den zahlreichen naturwissenschaftlichen Schriften befinden sich 24 zu Darwins Abstammungslehre. Gut vertreten ist auch Wilhelm Bölsche. Manche Werke tragen den Vorbesitzvermerk »G. Starke, Wien«. Zu erwähnen ist der *Katalog freigeistiger Literatur* (Dresden o. J.) von Franz Gollmann.

2.23 Unter den Grossformaten (Signatur Gr) stehen 296 alte Bücher, 273 in deutscher, 15 in französischer, 6 in englischer und 2 in schwedischer Sprache. Eines stammt aus dem 18. Jh (1747), die meisten aus den Jahren nach 1891, wobei seit 1851 ein stetiger Zuwachs zu verzeichnen ist. Bei 157 Einheiten handelt es sich um statistische Berichte, die zum grössten Teil unter derselben Signatur (Gr 1809) aufgestellt sind. Das der Statistik untergeordnete Sachgebiet »Gesellschaft« zählt 177 Grossformate. Ungefähr gleiche Anteile weisen »Kultur und Bildung« (25), »Sozialpolitik und Fürsorge« (22), »Wirtschaftszweige« (21) und »Arbeit« (18) auf. 9 von 10 einschlägigen Grossformaten (Signatur Gr Fol) sind in deutscher, 1 ist in französischer Sprache abgefasst, 6 erschienen in den Jahren 1910 bis 1914, 4 zwischen 1868 und 1896. Erwähnenswert ist das Plakat zur Zürcher Maifeier von 1913, an der Benito Mussolini als Festredner auftrat.

2.24 Unter den Hf- und den Hg-Signaturen sind seit 1993 erhaltene Buchgeschenke eingereiht (Hf 1–194; Hg 1–212). Nur wenige (27) gehören zum Altbestand, davon sind 25 deutsch- und 2 französischsprachig. Gut die Hälfte der Werke (17) erschien nach 1901. So verschieden die Provenienz der Bücher ist, so unterschiedlich gestaltet sich auch ihr Inhalt. Es handelt sich vornehmlich um Literatur zum Frühsozialismus, zum Verkehrswesen und zur Kriminalität.

Kleinschrifttum

2.25 Die Kleinschriftenabteilung setzt sich aus den bis 1959 sowie aus den unter der Signatur QS registrierten, ab 1960 erschienenen Dokumenten zusammen. Für die Dossierstruktur und damit für die Signaturen des älteren Kleinschrifttums behielt man die DK bei, von der, ausser verschiedenen kleinen, 33 grosse Rubriken übernommen wurden. Viele Kleinschriften sind kollektiv nach ihrem Inhalt katalogisiert. Von den insgesamt rund 145.000 Stück sind 15.301 vor 1915 erschienen, wovon 6218 vor 1901. 13.694 sind deutsch, 1239 französisch, 171 italienisch, 161 englisch, 14 russisch, 12 spanisch, und 10 gehören einer anderen Sprache an.

2.26 Das Sachgebiet »Sozialismus« (668 Schachteln) weist die grösste Materialfülle auf, v. a. zur Geschichte der Internationalen und der sozialdemokratischen Parteien Europas, namentlich Deutschlands, mit den Hauptpersonen Liebknecht, Bebel und Kautsky, aber auch Frankreichs und der Schweiz. Sämtliche sozialistischen Denkrichtungen und ihre Repräsentanten (Frühsozialisten, Lassalle, Marx, Engels), vornehmlich die anarchistischen Strömungen, sind vertreten, die Kleinschriften von Paul Pflüger und Robert Seidel fast lückenlos vorhanden. Georg Kerschensteiners *Begriff der staatsbürgerlichen Erziehung* (Leipzig, Berlin 1910) enthält Notizen Robert Seidels. Ähnlich gut dokumentiert ist der Themenbereich »Arbeit« (430 Schachteln). Es liegt umfangreiches Material über Streiks, die Nacht- und Sonntagsarbeit, das Lohnwesen, die

Gewerkschaften und die Beamten, die Frauenarbeit und über die Arbeiterschutzgesetze (Fabrikordnungen) vor. Vorhanden sind 10 Nummern der *Fackel* von Karl Kraus, Dokumente zur Maifeier, Arbeiterliederbücher und -kalender, Kataloge von Arbeiterbibliotheken und andere Schriften zur Arbeiterkultur sowie Zeugnisse zur Geschichte der Aufklärung, etwa zu den Sozietäten (z. B. *Verhandlungen der Helvetischen Gesellschaft in Olten im Jahr 1789*; *Verfassung der vaterländisch-gemeinnützigen Gesellschaft in Zürich um 1800*). Im Rechtssektor (154 Schachteln) sind es v. a. Kleindrucke zum Wahlproporz, zu dem der Zürcher Politiker Emil Klöti (1877–1963), u. a. Donator von Kleinschriften, Stellung nahm.

2.27 Unter dem Fachgebiet »Politik« (333 Schachteln) fällt das Schrifttum zur Ausländerfrage und zur Friedensbewegung auf. Einzelne Mandate, Verordnungen und Gesetze gehen bis in die Anfänge des 19. Jhs (z. B. der *Gesetzesvorschlag betreffend die Organisation des Gerichtswesens im Canton Zürich* von 1815) und in die Helvetik zurück (*Ueber senatorische und gesezgeberische Zeitungsschreibung*, Helvetien 1801). Auch kantonale Erlasse zum Pressewesen (Basel 1831; Bern 1832) sind zusammen mit Gesetzen, die berufliche Tätigkeiten regeln (z. B. die *Hebammenverordnung Zürich* von 1815; die *Müller-Ordnung des Kantons Basel* aus dem Jahr 1818; die *Markt- und Hausirordnung Bern* von 1829), verfügbar. Der älteste Gesetzesdruck ist die 1779 erschienene *Erneuerte Schul=Ordnung für die Schulen der Evangelisch=Reformirten Kirchgemeinden im Landsfrieden der Stadt Zürich mit der Zürcher Landschaft*. Zahlreiche Druckschriften behandeln das Armenwesen auf eidgenössischer und kantonaler Ebene sowie verschiedene Sparten des Versicherungswesens, z. B. die Feuerassecuranz (Zürich 1782) sowie die Statuten der Zürcher Alterspensionskasse (1827).

2.28 Über alle Lebensbereiche und -probleme, gesellschaftliche Normen und Verstösse (z. B. Verhältnis zu Religion und Kirche, Ferien und Freizeit, Gesundheit und Krankheit, Alkohol, Sexualität, Prostitution) liegen Druckerzeugnisse vor. Beim Zoll- und Steuerwesen stösst man vereinzelt auf Raritäten wie den Zolltarif des Kantons Zug von 1804 in Plakatform oder auf die *Bemerkungen über das neue Auflagen=System vom 15. Dezember 1800 von einem Steuerpflichtigen* (Bern 1801). Weitere Kerngebiete sind die Frauenfrage, insbesondere das Verhältnis der Frau zum Sozialismus, die Landwirtschaft und deren Produktionszweige, die Bodenfrage und der Städtebau, im lokalpolitischen Bereich die Eingemeindungen in die Stadt Zürich, im schweizerischen der Eisenbahnverkehr, v. a. Gotthardbahn und -vertrag sowie die übrigen Alpenbahnen, eingeschlossen die nicht verwirklichten Bauprojekte, z. B. die Ostalpenbahn.

Periodika

2.29 Der Periodikabestand umfasst ungefähr 1200 Zeitungen, Zeitschriften und Jahrbücher. Zum grössten Teil handelt es sich um Schrifttum, das die Geschichte der verschiedenen Arbeiterorganisationen sowie die politischen Aktivitäten der Arbeiterschaft von der zweiten Hälfte des 19. Jhs an dokumentiert. Erwähnenswert sind die zahlreich vorhandenen Zeitungen und Zeitschriften einzelner Gewerkschaften und Berufsverbände, aber auch die Periodika zur Frauenfrage. Dem Altbestand sind eigene Signaturen zugewiesen (GG: Gewerkschaftszeitungen alt; NN: Periodika alt; ZZ: Zeitungen alt). Unter den Rara eingeordnet ist das seltene *Probeblatt. Kommunistische Zeitschrift*. Nr. 1, London, im September 1847, ein Vorbote des Kommunistischen Manifests.

2.30 Insgesamt sind es 213 Zeitschriftentitel mit insgesamt 1935 Bdn, 1825 in deutscher, 109 in französischer und 1 Bd in englischer Sprache. Der Erscheinungszeitraum liegt zwischen der bloss mit dem *Schweizerischen Republikaner* (1798/99) vertretenen Helvetik und dem Jahr des Ausbruchs des Ersten Weltkriegs. Es sind nur wenige Periodika aus der ersten Hälfte des 19. Jhs vorhanden (24 Bde, vornehmlich aus den 40er-Jahren, z. B. 1 Bd der *Frankfurter Arbeiterzeitung* von 1848, 6 Bde des *Westphälischen Dampfboots* der Jahre 1845–1848 sowie 2 Bde des *Vorläufers* von 1843/44). 57 weitere Zeitschriften in 226 Bdn stammen aus der zweiten Hälfte des 19. Jhs, die Masse aus der Zeit nach 1900. Diese Tendenz bestätigen die französischen Periodika (67 Bde ab 1901; 31 von 1881 bis 1900).

Berichtsliteratur

2.31 Unter der Signatur K werden periodisch erscheinende Publikationen aufbewahrt, die in der Regel enger als die übrigen Periodika an die Aktivitäten einer bestimmten Institution (Staat, Firma, Gesellschaft oder Sozietät) gebunden sind (Tätigkeitsberichte, Statuten, Protokolle). 4219 sind in deutscher, 114 in französischer und 18 in englischer Sprache abgefasst. Aus dem Zeitraum vor 1901 stammen 1902 Exemplare und aus den Jahren 1901–1914 2449 Exemplare. Bei den Institutionen, über die berichtet wird, handelt es sich zumeist um soziale, karitative oder um in anderer Weise der gesellschaftlichen Wohlfahrt dienende Körperschaften, um Berufsverbände, z. B. den Schweizerischen Typographenbund, oder um den wirtschafts- und sozialpolitisch wirkenden Staat (z. B. Berichte der eidgenössischen Fabrikinspektoren 1879–1914). Zum Armenwesen und zur Fürsorge ist reiches, auch selten ausgeschöpftes Material vorhanden, das z. T. bis ins frühe 19. Jh zurückreicht.

3. KATALOGE

Moderne, allgemeine Kataloge

Alphabetischer Verfasser- und Anonymenkatalog [Zettelform; Bücher bis 1992, einzeln katalogisierte Broschüren bis 1959]

Systematischer Sachkatalog mit hauseigener Klassifikation [Zettelform; Bücher bis 1992, allgemeine Verweise auf Kleinschriftendossiers, Berichtsliteratur, Archivalien]

Online-Katalog [Titelnachweis aller Bücher; Bücher ab Erscheinungsjahr 1993 sind zusätzlich sachlich erschlossen; Periodika ab 1995 und Berichtsliteratur ab 1993; im Informationsverbund Deutschschweiz (IDS)]

Standortkatalog [zum grössten Teil in Bandform, einige Bestände in Zettelform]

Alphabetischer Zentralkatalog der Zentralbibliothek Zürich (AZK) [Titelnachweise zu Beständen des Sozialarchivs bis 1989 in Zettelform und digitalisiert über den OPAC abfragbar]

Moderne Spezialkataloge

Alphabetischer Periodikakatalog [Zettelform; Zeitschriften, Zeitungen, Jahrbücher bis 1995]

Alphabetischer Katalog zur Berichtsliteratur [Zettelform; Jahres- und Tätigkeitsberichte von Organisationen]

Alphabetischer Katalog zu den bis in die 80er-Jahre des 20. Jhs erschienenen Kleinschriften zum Thema »Sozialismus« [Zettelform]

Systematischer Sachkatalog zu den vor 1960 erschienenen Kleinschriften [Zettelform; nach hauseigener Klassifikation]

Alphabetischer und systematischer Zeitschriftenartikel-Katalog (1974–1994) zu schweizerischen Themen aus Schweizer Zeitschriften [Zettelform]

Verzeichnisse

Systematisches Verzeichnis der Sozialismus-Broschüren mit alphabetischem Register

Verzeichnis von Bildern und Porträts [digitale Bilddatenbank im Aufbau]

Alphabetisches Register und systematische Tafeln zu den thematischen Dossiers der Zeitungsausschnitte (ZA) sowie der Broschüren und Flugschriften ab 1960 [Signaturgruppe QS]

Datenbank Bild + Ton

Online-Archivfindmittel

4. QUELLEN UND DARSTELLUNGEN ZUR GESCHICHTE DER BIBLIOTHEK

Archivalien

Protokollbücher, ab 1906

Jahresberichte der Zentralstelle für soziale Literatur und des Schweizerischen Sozialarchivs, ab 1. Juli 1906

Darstellungen

Lang, Karl: 75 Jahre Schweizerisches Sozialarchiv. In: Nachrichten der Vereinigung Schweizerischer Bibliothekare 57 (1981) N° 4, S. 152–157

Platten, Fritz N.; Tucek, Miroslav: Das Schweizerische Sozialarchiv in Zürich. In: Zürcher Taschenbuch auf das Jahr 1971, S. 121–142 [auch als Broschüre (o. O. o. J.)].

Steinemann, Eugen: Das schweizerische Sozialarchiv als Dokumentationsstelle für den denkenden Arbeiter [Sonderdruck aus: Bildungsarbeit. Mitteilungsblatt der Schweiz. Arbeiterbildungszentrale 15 (1944), Heft 6, S. 65–68]

Steinemann, Eugen: Das Schweizerische Sozialarchiv. In: Sozialversicherung. Zeitschrift für alle Fragen der Sozialversicherung 1 (1944), Heft 2, S. 111–118

Steinemann, Eugen; Eichholzer, Eduard: 50 Jahre Schweizerisches Sozialarchiv 1907–1957. Festschrift zum fünfzigjährigen Bestehen und zur Einweihung des neuen Sitzes des schweizerischen Sozialarchivs in Zürich. Zürich 1958

Steinemann, Eugen: Vom Weg zum eigenen Urteil. Anleitung zur zweckmässigen Behandlung und fruchtbaren Auswertung von Dokumentationsmaterial. Zürich 1964 [hauseigenes Klassifikationssystem]

5. VERÖFFENTLICHUNGEN ZU DEN BESTÄNDEN

Blaser, Fritz: Bibliographie der Schweizer Presse. 1. und 2. Halbband. Basel 1956 und 1958 [Sozialarchiv als wichtige Standortbibliothek für Periodika]

[Bucher, Walter]: Wie suche ich Bücher? Schweizerisches Sozialarchiv Zürich. Zürich o. J.

[Bucher, Walter]: Wie suche ich Kleindokumente, Broschüren, Flugschriften, Zeitungsausschnitte, Zeitungen, Zeitschriften, Jahrbücher, Zeitschriftenartikel, Jahresberichte, Archivalien, Bilder? Schweizerisches Sozialarchiv Zürich. Zürich o. J.

[Bucher, Walter]: Wie bestelle ich Dokumente? Schweizerisches Sozialarchiv Zürich. Zürich o. J.

Fässler, Barbara: Die Abteilung QS im Schweizerischen Sozialarchiv. Broschüren und Flugschriften mit Erscheinungsjahr ab 1960. Kurzfassung der BBS-Diplomarbeit, o. O. 1994

Jenatsch-Walker, Rita: Der christlichnationale Gewerkschaftsbund und seine Verbände. Bibliographie der Zeitungen, Zeitschriften, Tätigkeitsberichte, Protokolle, Schriften und Sekundärliteratur (Diplomarbeit der Vereinigung Schweizerischer Bibliothekare). Zürich 1983

Katalog der Bibliothek des Allgemeinen Arbeiter-Vereins in Genf. Hrsg. im Herbst 1896. Zürich 1896 [ursprüngliche Version; vorhanden im Sozialarchiv Zürich]

Lang, Karl: Kritiker, Ketzer, Kämpfer. Das Leben des Arbeiterarztes Fritz Brupbacher. 2. Aufl. Zürich 1983

Lang, Karl (Hrsg. und Bearb.): Katalog der Bibliothek des Allgemeinen Arbeiter-Vereins in Genf. Hrsg. im Herbst 1896. Zürich 1896. Neu bearb. und hrsg. vom Schweizerischen Sozialarchiv Zürich. Zürich 1975

Lang, Karl: Die Kleindruckschriften des Schweizerischen Sozialarchivs. In: Librarium 22 (1979), S. 20–22

Müller, Elisabeth: Zur Geschichte der Bibliotheken der deutschen Handwerkervereine in der Schweiz bis 1850 mit besonderer Berücksichtigung zürcherischer Verhältnisse, der Bibliotheken von Bern und Winterthur sowie der erhaltenen Genfer Bestände (Diplomarbeit der Vereinigung schweizerischer Bibliothekare). Zürich 1991 [mschr.] [über Genf, v. a. S. 35–38]

Nelz, Walter: Vom Schicksal der Bebelbibliothek im Sozialarchiv, o. O. o. J. [Archivalien: 3: Erwerbung, Geschenke]

Platten, Fritz N. (Hrsg.): Pierre Bonuzzi 1908–1970. Zürich 1973

Ragaz, Jakob: Die anarchistische Bewegung im Schweizer Jura. Zu einer sozialgeschichtlichen Rarität im Sozialarchiv, o. O. o. J. [eine Druckseite]

Répertoire international des sources pour l'étude des mouvements sociaux au XIXe et XXe siècles. 2 Bde. La Première Internationale. Périodiques 1864–1867. Paris 1958–1961

Ribbe-Ochsner, Emma: Der Schweizerische Gewerkschaftsbund und seine Verbände. Bibliographie der Zeitungen, Zeitschriften, Tätigkeitsberichte, Protokolle und Schriftenreihen (Diplomarbeit der Vereinigung Schweizerischer Bibliothekare). Zürich 1980

Schweizerisches Sozialarchiv Zürich. Anhang zur Erhebung über Quellen zur schweizerischen Sozialgeschichte. Verzeichnis der dem Sozialarchiv abgegebenen Dokumente (Druckschriften). Zürich o. J.

Schweizerisches Sozialarchiv Zürich. Anhang zur Erhebung über Quellen zur schweizerischen Sozialgeschichte. Verzeichnis der fotokopierten Dokumente. Zürich o. J.

Wyss, Wilhelm von: Zürichs Bibliotheken. Zürich 1911 [zur Zentralstelle für soziale Literatur der Schweiz, S. 81–84]

STAATSARCHIV DES KANTONS ZÜRICH

Kanton: Zürich

Ort: Zürich

Bearbeiter: Christian Sieber

Adresse: Staatsarchiv des Kantons Zürich, Winterthurerstrasse 170, 8057 Zürich

Telefon: +41 44 635 69 11 (Zentrale), +41 44 635 69 86 (Bibliothekar)

Telefax: +41 44 635 69 05

Homepage: www.staatsarchiv.zh.ch (mit Link zu Bibliothekskatalog und Archivdatenbank)

E-Mail: staatsarchivzh@ji.zh.ch

Träger: Kanton Zürich

Funktion:
Sammlung des kantonalen Verwaltungsschriftguts. Sammlung der kantonalen Amtsdruckschriften. Freihandbibliothek des Staatsarchivs.

Sammelgebiete:
Geschichte des Kantons Zürich, der Schweiz und der übrigen Kantone sowie des angrenzenden Auslands (einschliesslich »Graue Literatur« wie Broschüren und Zeitungsartikel). Literatur zu den historischen Hilfswissenschaften und zum Archivwesen. Amtsdruckschriften des Kantons Zürich.

Benutzungsmöglichkeiten:
Benutzung vor Ort (kostenlos), keine Ausleihe. Präsenzbibliothek (Drucke vor 1800 und Amtsdruckschriften sowie gedruckte Archivalien auf Bestellung).

Öffnungszeiten:
Dienstag bis Freitag 7.45–17.15 Uhr, Samstag 7.45–11.45 Uhr. Bestellungen aus dem Magazin von 8.00–16.30 Uhr halbstündlich, ausgenommen 12.00 und 12.30 Uhr, samstags von 8.00 bis 11.00 Uhr.

Technische Einrichtungen für den Benutzer:
Fotokopierer, Mikrofilm-Lesegerät und -Printer, PCs mit Zugang zu Bibliothekskatalog und Archivdatenbank, Internet, CD-ROM- und DVD-Angebote.

Gedruckte Informationen:
Faltblätter »Allgemeine Informationen« und »Benutzung«, Formular »Reproduktionsauftrag«.

Hinweise für anreisende Benutzer:
Ab Hauptbahnhof Tram Nr. 10 (Haltestelle Bahnhofplatz) bis Haltestelle Irchel oder Tram Nr. 14 (Haltestelle Bahnhofquai) bis Haltestelle Milchbuck und Umsteigen in Tram Nr. 9 oder 10 bis Haltestelle Irchel. – Parkplätze im Parkhaus der Universität Irchel.

1. BESTANDSGESCHICHTE

1.1 Das Staatsarchiv Zürich sammelt in seinem Kernauftrag das Verwaltungsschriftgut des 1803 in der heutigen Form entstandenen Kantons Zürich, d. h. das Schriftgut, das im Vollzug von Rechts- und Verwaltungsakten bei den kantonalen Behörden entsteht (u. a. Urkunden, Akten, Protokolle, Rechnungen, Pläne). Gleichzeitig bewahrt das Staatsarchiv das Verwaltungsschriftgut des alten Stadtstaats Zürich auf, des mittelalterlichen und frühneuzeitlichen Rechtsvorgängers des Kantons, wie er bis 1798 bestanden hat. Neben der Funktion als »amtliches Gedächtnis der Verwaltung« ist das Staatsarchiv heute eine vielseitige Dokumentations- und Forschungsstätte für die Wissenschaft und die interessierte Öffentlichkeit und in diesem Sinn auch »Gedächtnis des Kantons«. Die hauptsächlich in der Archivbibliothek und in der Druckschriftensammlung aufbewahrten Buchbestände sind ein Teil dieser erweiterten Funktion des Archivs.

1.2 »Für Jubiläumszwecke wird meist 1837 als das Jahr der Gründung des Staatsarchivs im modernen Sinn angenommen.« (Reto Weiss) Tatsächlich markiert das Jahr 1837 in mehrfacher Hinsicht den Beginn einer neuen Zeit im Zürcher Archivwesen: Erstens erhielt der zum Nachfolger des bisherigen »Registrators« Hans Jakob Ammann gewählte Historiker Gerold Meyer von Knonau nachträglich die neue Bezeichnung »Staatsarchivar«, zweitens war Meyer von Knonau dank einem Jurastudium in

Berlin der erste wissenschaftlich vorgebildete Archivvorsteher, drittens begann 1837 die Verschmelzung der verschiedenen Sonderarchive des Kantons zu einem Zentralarchiv, das viertens im Fraumünsteramt auch räumlich erstmals selbständig in Erscheinung trat, und fünftens bedurfte die Archivbenutzung durch Aussenstehende fortan nicht mehr der regierungsrätlichen Genehmigung. Von einer eigentlichen »Gründung« des Staatsarchivs durch einen formellen regierungsrätlichen Beschluss oder gar durch ein entsprechendes Gesetz kann aber 1837 nicht gesprochen werden.

1.3 Mit dem Übergang vom Geheimhaltungs- zum Öffentlichkeitsprinzip erweist sich das Staatsarchiv als typisches Kind der Regenerationszeit auf der Grundlage der neuen Kantonsverfassung von 1831. Grosser Rat (heute Kantonsrat), Regierungsrat und Obergericht publizieren seither Rechenschaftsberichte über ihre Tätigkeit (jener des Regierungsrats berichtet u. a. über die Tätigkeit des Staatsarchivs).

1.4 Zuvor war das Archivwesen im alten Stadtstaat Zürich bis 1798 aufs Engste mit dem Kanzleibetrieb verbunden gewesen. Die Verantwortung für das Archiv lag beim Stadtschreiber, bevor 1701 das Amt des »Registrators« geschaffen wurde. Daneben existierten Sonderarchive, namentlich das sogenannte Finanzarchiv (mit den Archivbeständen der säkularisierten Klöster) sowie die Archive der Kirchen- und der Schulbehörden. Der Zugang zum Archiv war im Wesentlichen Amtspersonen vorbehalten. Diese Verhältnisse bestanden nach der Zwischenphase der Helvetik grundsätzlich bis 1831 fort, wobei 1803/05 die Ausscheidung der Stadtgemeinde Zürich die Abtretung gewisser Archivbestände an das verselbständigte Stadtarchiv zur Folge hatte.

1.5 Der erste Staatsarchivar, Gerold Meyer von Knonau (1804–1858), leitete in seiner langen Amtszeit (1837–1858) manches in die Wege und konnte dem Staatsarchiv namentlich die ersten grossen Sonderarchive einverleiben: 1838 das Antistitialarchiv, 1840 das Finanzarchiv, 1848 das Stiftsarchiv des Grossmünsters, in den 1840er-Jahren das Archiv des Kaufmännischen Direktoriums und 1853 das Schularchiv des Karolinums. Die Urkundenabteilung »Stadt und Landschaft« mit den Rechtstiteln und Verträgen des alten Stadtstaats signierte und verzeichnete er neu. Ausserdem erstellte er für Teilbestände 1839 und 1850 die ersten gedruckten Archivpläne, die allerdings durch neue Ablieferungen bald obsolet wurden.

1.6 Sein Nachfolger, der Jurist und Advokat Johann Heinrich Hotz (1822–1883), der 1858 aus nichtfachlichen Überlegungen dem weitaus besser qualifizierten Historiker Georg von Wyss vorgezogen wurde, war nicht in der Lage, die Aufbauarbeit seines Vorgängers adäquat fortzusetzen. Seine Amtszeit (1858–1870), in der 1864 das Archiv des aufgehobenen Benediktinerklosters Rheinau übernommen wurde, endete – nach dem politischen Umschwung zu Gunsten der demokratischen Bewegung – in der Entlassung.

1.7 Als dritter Staatsarchivar nahm Johannes Strickler (1835–1910), Geschichtslehrer von Hirzel (ZH), in seiner Amtszeit (1870–1881) eine eigentliche »Reorganisation« des Archivs in Angriff, nachdem grosse Mängel in der Archivorganisation festgestellt worden waren. Die Reorganisation führte u. a. zum ersten Archivreglement von 1877, das neben der Dokumentation des Ist-Zustands und einem ersten Plan für das Gesamtarchiv einen eigentlichen Aufgabenkatalog für die nähere Zukunft enthielt. Nachdem sich Meyer von Knonau noch vornehmlich mit der Erschliessung der Urkundenbestände befasst hatte, beschäftigte sich Strickler schwergewichtig mit den Aktenbeständen, die er nach dem Pertinenzprinzip und nach zeitbedingten Vorstellungen in »etwas gewagten Experimenten« neu zu ordnen bzw. neu zu bilden begann und dabei selbst gebundene Bestände auflöste. Im Fall der Zwingli-Autographen vereinigte er Stücke aus den Archivbeständen der politischen mit solchen der kirchlichen Behörden zu einer künstlichen »Sammlung der bisher zerstreuten (sic) Handschriften von Zwingli«. Im Zusammenhang mit diesen Arbeiten publizierte Strickler 1878–1884 die *Actensammlung zur schweizerischen Reformationsgeschichte in den Jahren 1521–1532*, parallel dazu veröffentlichte Emil Egli 1879 die *Actensammlung zur Geschichte der Zürcher Reformation in den Jahren 1519–1533*. An grösseren Archivbeständen hatte Strickler 1876 das Spitalarchiv zu übernehmen. Auf Neuzugängen für die Bibliothek und die Druckschriftensammlung vermerkte er – »ein guter Mensch von einer kindlichen Harmlosigkeit des Gemütes« (Wilhelm Oechsli) – häufig sorgfältig das Eingangsdatum sowie den Kaufpreis bzw. den Erhalt als Geschenk.

1.8 Prägend für die weitere Entwicklung des Staatsarchivs wurde die Amtszeit von Paul Schweizer (1852–1932), Staatsarchivar von 1881 bis 1897. Mit ihm übernahm der erste universitär ausgebildete Historiker die Archivleitung. Sein 1882 festgelegter und 1897/1900 als Inventar des Staatsarchives des Kantons Zürich publizierter »Einteilungsplan« ist in den Grundzügen (Archivabteilungen A–V und Y) bis heute gültig geblieben und stellt gleichzeitig bis heute das einzige gedruckte Inventar des Gesamtarchivs dar. Das Archiv etablierte er neben dem Bundesarchiv in Bern als das bedeutendste kantonale Archiv des Landes und festigte dessen Ruf als wissenschaftliche Einrichtung entscheidend.

1.9 Neuzugänge für die Bibliothek und die Druckschriftensammlung (und auch für das Archiv, soweit es sich nicht um ordentliche Ablieferungen der Verwaltung handelte) verzeichnete Schweizer ab

1885 in einem Kaufbuch bzw. ab 1888 in einem Geschenkbuch. 1885 war er Mitinitiant und dann ab 1888 zusammen mit Jakob Escher-Bodmer Bearbeiter des Urkundenbuchs der Stadt und Landschaft Zürich. Bis 1916 erschienen 10 Bde des Urkundenbuchs, für die er verantwortlich zeichnete. Daneben publizierte Schweizer 1894 die *Geschichte des Zürcher Staatsarchives* (eigentlich: des Zürcher Archivwesens) und 1895 seine *Geschichte der schweizerischen Neutralität*. 1891 organisierte er zu Ehren der in Zürich tagenden »Geschichtforschenden Gesellschaft der Schweiz« die erste öffentliche Ausstellung von Archivalien (und Drucken) des Staatsarchivs.

1.10 Mit dem Archivreglement vom 12. Mai 1877 erhielt das Staatsarchiv in der Amtszeit von Johannes Strickler erstmals eine solide rechtliche Grundlage, nachdem zuvor 1871 in § 8 des »Gesetzes betreffend die Organisation und Geschäftsordnung des Regierungsrathes und seiner Direktionen« nur die personellen Belange (Wahl des Staatsarchivars durch den Regierungsrat) geregelt worden waren und man für alles andere auf das zukünftige Reglement verwiesen hatte.

1.11 Paul Schweizer liess das Archivreglement seines Vorgängers während seiner Amtszeit unverändert, war dann aber auf Grund seiner langjährigen Erfahrungen massgeblich an der Ausarbeitung des neuen »Reglements betreffend die Verwaltung des Staatsarchivs« vom 23. August 1900 beteiligt. Seine zahlreichen Abänderungsanträge zum bisherigen Reglement liegen sogar in gedruckter Form vor und wurden grösstenteils auch übernommen. Zu den Neuerungen des zweiten Archivreglements gehörte namentlich die Schaffung einer fünfköpfigen Archivkommission als »wissenschaftlicher Beirat« (Anton Largiadèr) des Archivs, der die Verbindung zur Universität und zur Wissenschaft, später mehr und mehr auch zur Benutzerschaft im Allgemeinen herstellen sollte.

1.12 Das Archivreglement von 1900 wurde formell erst im Jahr 1974 durch die »Verordnung über das Staatsarchiv« abgelöst, die den seither eingetretenen Veränderungen Rechnung trug, nachdem ein von Staatsarchivar Anton Largiadèr 1957 ausgearbeiteter Entwurf für ein neues »Reglement über das Staatsarchiv des Kantons Zürich« von den vorgesetzten Behörden ebenso wenig weiterverfolgt wurde wie 1964 ein zweiter Anlauf seines Nachfolgers Werner Schnyder. In der Zwischenzeit war 1942 lediglich eine Benutzungsordnung erlassen worden, die Teile des Archivreglements von 1900 ersetzte. Neu hinzu kam 1974 namentlich ein ausführlicher Zweckartikel. Zudem wurde die Aktenablieferung der kantonalen Verwaltung und weiterer öffentlich-rechtlicher Körperschaften und Anstalten des Kantons detailliert geregelt und das Aufgabenfeld der nach wie vor einflussreichen Archivkommission abgesteckt. Unter dem Stichwort »Förderung der Geschichtskunde« fand die mit Publikationen und Ausstellungen seit langem gepflegte Öffentlichkeitsarbeit erstmals explizit Erwähnung.

1.13 Die heute gültigen gesetzlichen Regelungen für das Staatsarchiv finden sich im Archivgesetz vom 24. September 1995 und in der Archivverordnung vom 9. Dezember 1998 sowie in der Benutzungsordnung vom 1. Oktober 2007. Das Staatsarchiv wird dabei als »das zentrale Archiv des Kantons und seiner Rechtsvorgänger« definiert. Die wichtigste Neuerung betrifft die Aufnahme persönlichkeits- und datenschutzrechtlicher Bestimmungen im Einklang mit dem 1993 erlassenen kantonalen Gesetz über den Schutz von Personendaten bzw. seit 2008 dem Gesetz über die Information und den Datenschutz (IDG). Die Archivkommission wurde auf neun Personen erweitert, ihre Zusammensetzung und ihr Aufgabenfeld aber eingeschränkt. Organisatorisch gilt das Staatsarchiv als ein Amt der Direktion der Justiz und des Innern.

1.14 Bis 1982 war das Staatsarchiv in Gebäuden untergebracht, die nur als Provisorien gedacht oder zumindest nicht eigens für Archivzwecke gebaut worden waren: Zunächst von 1837 bis 1876 im Fraumünsteramt (am Standort des heutigen Stadthauses), dann von 1876 bis 1919 in einem Annex des Regierungsgebäudes im »Obmannamt« (heute Teil des Obergerichts) und von 1919 bis 1982 im Predigerchor (heute von der Zentralbibliothek genutzt). Erst 1982 erhielt das Archiv ausserhalb des Stadtzentrums im Irchel auf dem Gelände der Universität Zürich einen eigens für seine Bedürfnisse erstellten Bau. Ein Erweiterungsbau wurde im März 2006 bezogen, der darauf folgende Umbau des Archivgebäudes von 1982 war im Oktober 2007 beendet.

1.15 Drucke – und damit historische Buchbestände – finden sich im 1837 geschaffenen Staatsarchiv an verschiedenen Orten, zur Hauptsache aber in der Archivbibliothek und in der Druckschriftensammlung, die beide, zusammen mit der (im Folgenden nicht erfassten) Dublettensammlung, ausschliesslich aus gedruckten Beständen bestehen. Im eigentlichen Archiv einschliesslich der Plansammlung und der Graphischen Sammlung finden sich Drucke dagegen vermischt mit handschriftlichem Material; sie sind gegenüber diesem deutlich in der Minderheit. Die verschiedenen Bereiche des Staatsarchivs sind auch bestandsgeschichtlich auseinanderzuhalten und werden im Folgenden trotz gewissen Überschneidungen getrennt behandelt. Gemeinsam zu behandeln ist an dieser Stelle abschliessend nur die für die Geschichte des Staatsarchivs insgesamt relevante Funktion als »Regierungsbibliothek«.

1.16 Bereits in der zweiten Hälfte des 19. Jhs existierte eine »Bibliothek des Regierungsrates«, die aber in keiner Beziehung zum Staatsarchiv stand und sich vermutlich im Lesezimmer des Regierungsrats im Rathaus befand. Einzelne Bde namentlich juristischer Literatur, die einen entsprechenden Stempel »Zürich: Bibliothek des Reg.rathes« (aber keine eigentlichen Signaturen) tragen, gelangten später, als sie keinen aktuellen Gebrauchsnutzen mehr hatten, aus dieser höchsten kantonalen Verwaltungsbibliothek in die Druckschriftensammlung des Staatsarchivs, z. B. Rudolf Eduard Ullmer, *Die staatsrechtliche Praxis der schweizerischen Bundesbehörden* (2 Bde, Zürich 1862–1866) oder der erste Bd der Entscheide des Schweizerischen Bundesgerichtes (Lausanne 1875).

1.17 Am Anfang des Begriffs »Regierungsbibliothek (im Staatsarchiv)« steht der Tod von Staatsschreiber Heinrich Stüssi (1842–1900). Stüssi hinterliess eine Bibliothek mit reichhaltigem Schrifttum zu verschiedenen Bereichen des öffentlichen Lebens (Recht und Politik im Allgemeinen, Eisenbahnwesen, Versicherungen, Armenwesen, Alkoholismus, Gesundheitswesen, Schulen). Auf der Grundlage eines Gutachtens von alt Staatsarchivar Johannes Strickler kam der Regierungsrat zum Schluss, dass die Bibliothek mit ihren rund 350 Bdn und mindestens 2000 Broschüren »hauptsächlich für eine Staatsverwaltung von grossem Werte« war. Den Schätzpreis von 1500 Franken im Gutachten von Strickler erhöhte die Regierung in Anerkennung der vom Verstorbenen erbrachten Leistungen, »denen seine Besoldung nicht immer entsprochen habe«, grosszügig auf 4000 Franken und beschloss auf dieser Grundlage im Dezember 1900 den Ankauf von der Witwe Stüssis. Für die »Unterbringung und richtige Verteilung« der Bibliothek wurden zunächst die Direktionen der Finanzen und des Innern für zuständig erklärt, tatsächlich war es dann aber die Staatskanzlei, die die »Sichtung, Katalogisierung und Unterbringung« der Stüssi-Bibliothek besorgte.

1.18 Dem Vorschlag im Gutachten von Strickler, der Grossteil der Stüssi-Bibliothek »könnte einer Verwaltungsbibliothek abgegeben werden, welche im Staatsarchiv einzurichten bzw. zu ergänzen wäre«, leistete der Regierungsrat zunächst keine Folge. Vielmehr wurde die Bibliothek 1902 in der Staatskanzlei im Obmannamt, also immerhin in unmittelbarer Nähe zum Staatsarchiv, in mehreren eigens angefertigten Wandschränken mit Glastüren aufgestellt und in der Folge ohne formellen Beschluss als »Regierungsbibliothek« bezeichnet. In diese Regierungsbibliothek gelangten in den folgenden Jahren jeweils durch formellen Regierungsratsbeschluss auch Geschenk- und Widmungsexemplare von Publikationen, die der Regierungsrat aufgrund einer finanziellen Beteiligung oder aus Anlass von Jubiläen erhalten hatte, so erstmals 1905 die von alt Staatsarchivar Johannes Strickler bearbeitete *Actensammlung aus der Zeit der Helvetischen Republik* (1798–1803) (10 Bde, Bern 1886–1905) und dann im folgenden Jahr Walter Wettstein, *Die Gemeindegesetzgebung des Kantons Zürich* (Zürich 1907).

1.19 Sechs Jahre nach der Übernahme der Stüssi-Bibliothek beschloss der Regierungsrat im September 1908 auf Anregung seines Mitglieds Jakob Lutz, für 500 Franken auch die Bibliothek des kurz zuvor verstorbenen Johann Jakob Schäppi (1819–1908) von Horgen anzukaufen, eines führenden, in Schul- und Bildungsfragen engagierten Vertreters der demokratischen Bewegung. Schäppi hinterliess eine Bibliothek, die, wie Kantonsbibliothekar Heinrich Weber feststellte, nicht aktiv nach bestimmten Grundsätzen aufgebaut, sondern vielmehr das Resultat von Zusendungen war, die Schäppi in seinen verschiedenen beruflichen Stellungen zunächst als Lehrer und dann als Politiker erhalten hatte. Mit der Schäppi-Bibliothek wurde so verfahren, dass zunächst der Kantonsbibliothekar 134 Bde (darunter 48 Bde naturwissenschaftlichen, philosophischen und historischen Inhalts), rund 120 grössere broschierte Bde und rund 110 kleinere Broschüren ausscheiden und für seine Institution übernehmen konnte. Anschliessend wählte Staatsschreiber Albert Huber 116 Bde und 43 Broschüren v. a. nationalökonomischen und juristischen Inhalts aus. Dieser Teil der Schäppi-Bibliothek kam nun ebenfalls in die »Regierungsbibliothek« in der Staatskanzlei.

1.20 Die zunehmenden Doppelspurigkeiten, die sich aus dem Wachstum der Regierungsbibliothek einerseits und der Sammlung von Amtsdruckschriften und politischem Tagesschrifttum im Staatsarchiv anderseits ergaben, führten 1910 dazu, dass die Regierungsbibliothek – d. h. im Kern die Stüssi- und die Schäppi-Bibliothek – dem Staatsarchiv »zu einer eigentlichen Regierungsbibliothek einverleibt« wurde. Gesondert signiert und aufgestellt wurde der Bestand im Staatsarchiv nicht, sondern in aufwendiger Arbeit, die sich bis ins Jahr 1912 hineinzog, in die bestehende Systematik der Archivbibliothek und v. a. der Druckschriftensammlung integriert. Weil aber alle Bände und Broschüren aus der Stüssi-Bibliothek wie auch aus der Schäppi-Bibliothek unmittelbar nach dem Erwerb 1900 bzw. 1908 mit entsprechenden Stempeln (»Bibliothek Stüssi« bzw. »Bibliothek Schäppi«) gekennzeichnet worden waren und eine Signatur erhalten hatten, lassen sich die Titel identifizieren.

1.21 In der Folge ist 1911 das Porträt des Staatsarchivs in dem von Wilhelm von Wyss publizierten Nachschlagewerk *Zürichs Bibliotheken* bereits überschrieben mit »Regierungsbibliothek im Staatsarchiv«, bestehend aus den beiden Abteilungen »Handbibliothek für Archivbeamte und -Benutzer« und »Druckschriftensammlung des Archivs«, wobei die Bestände der Stüssi-Bibliothek noch besonders hervorgehoben werden. Im Minerva-Handbuch von 1934 lautet die Überschrift abgeschwächt »Bibliothek des Staatsarchivs und Zürcherische Regierungsbibliothek«, ergänzt mit »Handbibliothek für die Archivbenutzer und für die Staatsverwaltung«.

1.22 Auch weiterhin ist von der »Regierungsbibliothek« hauptsächlich als Aufbewahrungsort für Geschenk- und Widmungsexemplare von Publikationen die Rede. So hat der Regierungsrat bis 1944 insgesamt 50 Publikationen, die ihm von verschiedenster Seite zugekommen waren, durch formellen Regierungsratsbeschluss der Regierungsbibliothek im Staatsarchiv zugewiesen. Typische Beispiele solcher Schenkungen sind etwa 1910 Wilhelm Sidler, *Die Schlacht bei Morgarten* (Zürich 1910), ein Geschenk des Regierungsrats des Kantons Schwyz, 1919 die Jubiläumsschrift *Ulrich Zwingli. Zum Gedächtnis der Zürcher Reformation 1519–1919* (Zürich 1919), 1921 die *Geschichte des Sängervereins Harmonie Zürich 1841–1921* (Zürich 1921), 1932 die Jubiläumsschrift *Hundert Jahre Antiquarische Gesellschaft in Zürich 1832–1932* (Zürich 1932) oder 1936 die *Quellen zur Zürcher Zunftgeschichte* (Zürich 1936). Deutlich ausserhalb des Sammelgebiets liegende Titel wurden später wieder ausgeschieden, so etwa Auguste Piccard, *Auf 16.000 Meter. Meine Fahrten in die Stratosphäre* (Zürich 1933). Andere Publikationen haben die »Regierungsbibliothek« auch auf direktem Weg erreicht; so trägt ein Nachruf auf den Juristen Eugen Huber (1849–1923) den handschriftlichen Vermerk »Für die zürcherische Regierungsbibliothek«. Ebenfalls an die Funktion des Staatsarchivs als Regierungsbibliothek mögen das kaiserlich-deutsche Generalkonsulat in Zürich bzw. die Deutsche Gesandtschaft in Bern gedacht haben, als sie 1914 bzw. 1942 die (im Geschenkbuch verzeichneten, später aber offenbar ausgeschiedenen) Schriften *Vorläufige Denkschrift und Aktenstücke zum Kriegsausbruch* (Berlin 1914) bzw. *Bolschewistische Verbrechen gegen Kriegsrecht und Menschlichkeit. Dokumente, zusammengestellt vom Auswärtigen Amt* (Berlin 1941) zuschickten. Nicht ausgeschieden wurde das unverdächtigere Werk *Ungarn, Antlitz einer Nation* (Budapest 1940), überreicht vom Generalkonsulat in Zürich.

1.23 Obwohl der Begriff »Regierungsbibliothek« nach 1944 aus den Regierungsratsbeschlüssen verschwindet und auch im sonstigen Gebrauch kaum mehr begegnet, wurde er noch 1974 in die neue Archivverordnung übernommen, in der es heisst: »Als Träger der Regierungsbibliothek übernimmt das Staatsarchiv die dem Regierungsrate zukommenden Druckwerke und sammelt alle Publikationen, an deren Herausgabe kantonale Stellen in irgendeiner Form beteiligt sind. Diese Bestände stehen im Sinne einer Präsenzbibliothek der Verwaltung offen.« Entsprechend taucht auch im Nachschlagewerk *Bibliotheken in Zürich* von 1977 bei den Funktionen des Staatsarchivs nochmals der Begriff der »Regierungsbibliothek« auf, verbunden mit dem erklärenden Zusatz »Widmungsexemplare«.

Im Archivgesetz und in der Archivverordnung von 1995 bzw. 1998 findet sich der Begriff dann nicht mehr.

Archivbibliothek

1.24 Die Archivbibliothek des Staatsarchivs Zürich hat von ihrem Ursprung her die Funktion eines Hilfsmittels, d. h. eines Arbeitsinstruments für die Beschäftigung mit den Archivbeständen. Vor diesem Hintergrund war die Bibliothek von Beginn weg eine Spezialbibliothek mit klar begrenzten Sammelgebieten. Innerhalb der Zürcher Bibliothekslandschaft stand sie im Schatten der 1629 gegründeten Stadtbibliothek, die in der Wasserkirche und im angrenzenden Helmhaus untergebracht war, sowie der 1835 gegründeten Kantonsbibliothek (»Bibliothek der Cantonal-Lehranstalten« bzw. »Kantons-(Universitäts-)Bibliothek«), die ab 1873 im Chor der Predigerkirche untergebracht war. Entsprechend forderten die Archivreglemente von 1877 und 1900 denn auch: »Bei den Anschaffungen [...] ist darauf zu achten, dass in anderen öffentlichen Bibliotheken Zürichs Vorhandenes, soweit es nicht dringlich ist, nur ausnahmsweise erworben werde.«

1.25 Als die Stadtbibliothek und die Kantonsbibliothek sowie weitere Gesellschaftsbibliotheken 1914 zur Zentralbibliothek vereinigt wurden, diese 1917 den Neubau am Predigerplatz beziehen konnte und das Staatsarchiv gleichzeitig 1919 vom Obmannamt in den frei gewordenen Chor der Predigerkirche umsiedelte, also in unmittelbare Nachbarschaft zur neuen Kantons-, Stadt- und Universitätsbibliothek, wurde die Nischenfunktion der Archivbibliothek noch augenfälliger.

1.26 Entsprechend ihrer Aufgabe, ein »Hülfsmittel« bei der Arbeit mit den Archivalien zu sein, war die Archivbibliothek von Anfang an als Handbibliothek bzw. Präsenzbibliothek konzipiert, d. h. die Bücher waren grundsätzlich für die Besucher frei zugänglich in den Arbeitsräumen bzw. später in den Lesesälen des Archivs aufgestellt. Eine Ausleihe an Private war gemäss Archivreglement von 1877 nur in Ausnahmefällen »für kürzeste Zeit« und gegen »hinreichende Kaution« möglich. Auch die Archivverordnung von 1974 sah die Ausleihe von Büchern an Private nach wie vor nur »ausnahmsweise« und »gegen Quittung« vor. Dementsprechend beteiligte sich das Staatsarchiv bis heute an keinerlei Formen von Fernleihe.

1.27 Das Prinzip der Freihandbibliothek konnte im Grundsatz bis heute beibehalten werden. Lediglich die Bestände aus der Zeit vor 1800 wurden vor einiger Zeit aus Sicherheitsgründen ins Magazin versetzt, ebenso einige wertvolle Bücher aus der Zeit nach 1800 sowie Publikationen mit eingeschränkter Benutzungsmöglichkeit. Die Signaturen dieser Bestände tragen den Zusatzvermerk »Rotpunkt« (im elektronischen Katalog: »RP«) und müssen wie Archivalien bestellt und im Lesesaal benutzt werden.

1.28 Die Sammelgebiete der Archivbibliothek wurden im ersten Archivreglement von 1877 präzise festgelegt, und zwar sowohl in thematischer als auch in quantitativer Hinsicht. An erster Stelle stehen dabei »die gesamte Literatur betreffend die allgemeine Geschichte des Kantons Zürich« und »die Sammlung zürcherischer Lokalgeschichten [im Archivreglement von 1900 ergänzt durch:] und Biographien« sowie »die Quellenwerke zur kantonalen und eidgenössischen Geschichte«. Anschliessend folgen, in ihrer Bedeutung sorgfältig abgestuft, »die zuverlässigsten Hilfsmittel für die Geschichte der andern Kantone, besonders der angrenzenden Gebiete«, »die zur Topographie des Kantons und der Schweiz erforderlichen Karten«, »die wichtigsten Regestenwerke und Urkundensammlungen des benachbarten Auslandes«, »die unentbehrlichsten Werke für Chronologie, Genealogie, Diplomatik und Archivwesen« und schliesslich »die besten lexikalischen Hülfsmittel für die vorkommenden Sprachen«.

1.29 Es ist offensichtlich, dass die im Bereich der Turicensia (und wohl auch bei den Quelleneditionen) angestrebte Vollständigkeit mit der Forderung des Archivreglements in Konkurrenz geraten musste, nur in »dringlichen« Fällen Bücher anzuschaffen, welche bereits in anderen öffentlichen Bibliotheken Zürichs vorhanden waren. Die Archivbibliothek des Staatsarchivs enthielt demzufolge von Anfang an in der grossen Mehrheit Titel, die in der Stadtbibliothek und/oder in der Kantonsbibliothek, später dann in der Zentralbibliothek, sowie in der Bibliothek des Historischen Seminars ebenfalls vorhanden waren. – Der grosse Anteil von Schenkungen am Wachstum der Bestände der Bibliothek relativierte die Restriktionen des Archivreglements zusätzlich.

1.30 Neuartige Archivbestände sowie neue Forschungsrichtungen innerhalb der Geschichtswissenschaft und z. T. unverkennbar auch spezielle Interessengebiete einzelner Staatsarchivare führten im Laufe der Zeit zu einer gewissen Ausweitung der Sammelgebiete, zu keinem Zeitpunkt aber zu einer grundsätzlichen Neuausrichtung der Bibliothek. Sie war und ist in ihrer Zusammensetzung ein getreues Abbild der Archivbestände, ergänzt um archivwissenschaftliche Publikationen.

1.31 In der Aufzählung der Sammelgebiete in den Archivreglementen von 1877 und 1900 ist – zumindest in den Grundzügen – auch bereits der Aufbau der Bibliothek erkennbar, wie er sich gesichert bis 1911 zurückverfolgen lässt und wie er bis heute beibehalten worden ist, nämlich in die vier nach geographischen Kriterien gebildeten Hauptabteilungen A = Allgemeine Geschichte und Geschichte des Auslandes (v. a. der Nachbarländer), B = Schweizer Geschichte, C = Geschichte der Kantone (ohne Kanton Zürich) und D = Geschichte des Kantons Zürich, ergänzt um E = Historische Hilfswissenschaften (einschliesslich Archivwesen, Buchwesen und Bibliotheken sowie Geographie und Lexika) als fünfte Hauptabteilung. Der jeweilige Grossbuchstabe einer Hauptabteilung bildet dabei gleichzeitig den ersten Teil der alphanumerischen Signatur eines Buches.

1.32 Innerhalb der einzelnen Hauptabteilungen wurden in der Regel zwei- bis dreistufige und meist thematische, z. T. aber auch geographische oder chronologische Untergliederungen eingerichtet, um eine möglichst feingliedrige systematische Aufstellung der Bibliothek zu erreichen. In historischer Perspektive hervorzuheben sind dabei einige thematische Unterbereiche der Bibliothekssystematik des frühen 20. Jhs, die – obwohl längst zeitbedingte Relikte – bis heute »überlebt« haben, so der Unterbereich »Deutsche Geschichte: Elsass (!), Schwaben« oder in derselben Unterabteilung die Feingliederung der deutschen Geschichte des 19. Jhs in zahlreiche Unterbereiche wie »Vormärz«, »Schleswig-Holstein«, »Märzrevolution«, »Deutsch-österreichischer Krieg« und »Bismarck« sowie »Sozialismus«, die eine starke Ausrichtung auf das nördliche Nachbarland erkennen lassen, wie sie in der Zeit nach dem Ersten Weltkrieg keine Fortsetzung fand. Bei den kirchengeschichtlichen Beständen hat in der Bibliothekssystematik analog ein Übergewicht des Protestantismus im Allgemeinen und der Reformation im Besonderen »überlebt«, das die Katholische Kirche als Randerscheinung behandelt und die Literatur zu den Wiedertäufern unter »Sektenwesen« einreiht.

1.33 Personell war es bis ins Jahr 1897 der Staatsarchivar in eigener Person, der neben seinen übrigen Aufgaben auch die Bibliothek betreute. Das erste Zeugnis für eine Katalogisierung der Archivbibliothek stammt aus dem Jahr 1870, als Staatsarchivar Strickler anlässlich seines Amtsantritts »über die bestehende Archivbibliothek einen Katalog aufgenommen« hat. Am Ende des Jahres war dann »in Folge bedeutender Anschaffungen« bereits ein »ganz neuer Katalog« nötig. In den Archivreglementen von 1877 und 1900 ist trotz der im Allgemeinen sehr detailliert gehaltenen Bestimmungen kein Bibliothekskatalog erwähnt. Tatsächlich spricht Paul Schweizer 1897 am Ende seiner Amtszeit nur davon, die Bibliothek »wäre in nächster Zeit neu zu ordnen und zu katalogisieren«. Im Bibliotheksporträt von 1911 ist dann erstmals von einem »alphabetischen Zeddelkatalog« bzw. »Zentralzeddelkatalog« die Rede. Diesen hatte Robert Hoppeler in den Jahren 1900–1905 schrittweise geschaffen; er verzeichnete gemäss dem Jahresbericht von 1905 »endlich« auch die Broschüren und Zeitungsartikel. Parallel dazu hatte sich das Staatsarchiv 1900 dem 1898 gegründeten und von der Zentralbibliothek verwalteten »Alphabetischen Zentralkatalog der zürcherischen Bibliotheken«

(AZK) angeschlossen, in dessen periodisch publizierten Zuwachsverzeichnissen die Archivbibliothek aber jeweils nur mit jenen (relativ wenigen) Titeln vertreten ist, die sie als einzige der angeschlossenen Bibliotheken angeschafft hat. 1934 ist neben dem »alphabetischen Verfasserkatalog auf Zetteln« erstmals von einem »systematischen Katalog in Heften« die Rede, der »zugleich Standortkatalog« war; gleichzeitig wurden nun im Verfasserkatalog die bisher fehlenden Vornamen der Autoren ergänzt. Ein gedruckter Bibliothekskatalog wurde nie publiziert und, soweit ersichtlich, auch nie in Erwägung gezogen. Auch ist kein einziger der früheren Bibliothekskataloge erhalten geblieben.

1.34 Eine in den 1950er-Jahren durchgeführte Reorganisation der Archivbibliothek galt in erster Linie dem Katalog. Eine »Revision sämtlicher Katalogzettel« (deren Zahl, einschliesslich der Druckschriftensammlung, 1933 auf rund 13.000 und 1941 auf rund 18.000 geschätzt wurde) bzw. eine »Überprüfung der Katalogzettel auf Richtigkeit und Vollständigkeit« stand dabei ebenso auf dem Programm wie parallel dazu die Anlage eines neuen Standortkatalogs, der erstmals auch die in Schachteln aufbewahrten Kleinschriften (Broschüren und Sonderdrucke) einzeln verzeichnen sollte. 1949 begann der Bibliotheksverantwortliche Edwin Hauser jährliche Revisionen der Bibliothek mit einer Bestandsaufnahme der vermissten Bücher durchzuführen. Im Jahresbericht des Staatsarchivs erhielt die Bibliothek von 1950–1959 einen eigenen Abschnitt.

1.35 Die letzte vollständige Neufassung des Zettelkatalogs unternahm Staatsarchivar Helfenstein in den Jahren 1973–1978 durch Übertragung der vorhandenen Katalogisate von den alten Katalogkarten im überbreiten Format 21,8 x 8,7 cm auf neue Katalogkarten im internationalen Normformat 12,5 x 7,5 cm, wie es für den AZK in der Zentralbibliothek schon seit 1898 verwendet wurde. In dieser Form wurde der Katalog bis im September 2002 weitergeführt und auf zuletzt rund 170.000 Katalogkarten (einschliesslich der Druckschriftensammlung) erweitert; dann erfolgte der Übergang zur elektronischen Katalogisierung der Neuzugänge mit der Bibliothekssoftware ALEPH durch Beitritt zum Bibliotheksverbund »IDS Zürich Universität« und schliesslich in einem zweiten Schritt im Herbst 2005 die elektronische Retrokonversion des Zettelkatalogs durch eine externe Spezialfirma.

1.36 Die Katalogisierung der Neuzugänge geschah bis an die Schwelle des elektronischen Zeitalters nach einem »hauseigenen, den gebräuchlichen Katalogisierungsregeln [nur] nachempfundenen« und »stark vereinfachten System«. So enthalten die Katalogisate aus der Zeit vor 2002 weder Format noch Seitenumfang noch den Namen des Verlags. Diesen Defiziten im Bereich der Katalogisierung steht als positives Spezifikum die analytische Erschliessung gegenüber: Der Katalog verzeichnet neben monographischer Literatur und Periodika auch Aufsätze in Zeitschriften und Einzelbeiträge in Sammelwerken, soweit sie für das Staatsarchiv thematisch relevant sind, sowie Zeitungsartikel, namentlich zu Zürcher Persönlichkeiten der Gegenwart, mit deren systematischen Sammlung Friedrich Hegi 1905/06 begonnen hat.

1.37 Bestandszahlen für die Bibliothek existieren aus den ersten Jahrzehnten nach Schaffung des Staatsarchivs 1837 keine. Die erste Zahl stammt von 1896, dem vorletzten Amtsjahr von Paul Schweizer, und findet sich in seinem gedruckten Archivinventar von 1897. Archivbibliothek und Druckschriftensammlung zusammen umfassten damals 4387 Bde und 1206 »Theke«, d. h. Schachteln. Im Jahr 1909 wurden für die Archivbibliothek allein 2096 Bde (257 Folio- und Quartbände und 1839 Oktavbände) und 2571 Broschüren gezählt. 1911 ist auf der Grundlage dieser Zahlen von »ca. 4700 Büchern und Broschüren« die Rede, 1916 erscheint die Zahl von 7400 »Bdn«, wobei hier aber erneut die Druckschriftensammlung mit eingerechnet ist, für die allein 1911 »ca. 4000 Bde und Broschüren« genannt werden. 1930 ist auf Grund einer Zählung einschliesslich der Druckschriftensammlung von »etwa 7700 Bdn« und »etwa 2900 Mappen« auf zusammen 815 »Brett[lauf]metern« die Rede, dann aber per 31. Dezember 1937 ebenfalls auf Grund einer Zählung für die Bibliothek allein von 6100 »Bdn« und 420 »Schachteln und Mappen«. In den 1950er-Jahren wurden im Rahmen der jährlichen Bibliotheksrevisionen anhand des Standortkatalogs Zählungen für die einzelnen Hauptabteilungen durchgeführt. Diese ergaben im Jahr 1954 7850 »Bde« und 500 »Schachteln oder Mappen« bzw. 1955 total 13.732 physische Einheiten (Bde und Broschüren), die sich wie folgt verteilten: Hauptabteilung A 1703 (12%), B 3164 (23%), C 3063 (22%), D 3694 (27%) und E 2108 Einheiten (15%); nicht mit eingerechnet ist der damals nur geschätzte Bestand von ca. 2000 Broschüren und Zeitungsartikeln mit biographischer Literatur in der Hauptabteilung D (Da 1000–2206).

1.38 In den folgenden Jahrzehnten wurden offensichtlich keine Zählungen mehr durchgeführt. Teils deutlich divergierende Schätzungen sprechen 1977 von »30.000 Einzelwerken (inbegriffen Broschüren), 3000 Sammelmappen und 140 laufenden Zeitschriften«, 1982 von »rund 15.000 Bdn und ebenso vielen Broschüren«, 1993 (unter Einschluss der Druckschriftensammlung) von »30.000 Bdn, 200 laufenden Zeitschriften und 100.000 amtlichen Schriften« und schliesslich aktuell auf der Homepage des Archivs von »ca. 20.000 Bdn und 15.000 Broschüren«. Eigene Messungen ergaben per Ende 2005 (ohne Zeitungsbestände) einen Umfang von 933 Regallaufmetern (davon 58 Laufmeter als Rotpunktbestand im Magazin), die sich wie folgt auf die einzelnen Hauptabteilungen verteilen: A mit 154 (17%), B mit 231 (25%), C mit 160 (17%), D mit 226 (24%) und E mit 162 Laufmeter (17%).

1.39 Die Bibliothek des Staatsarchivs konnte im Unterschied zur Druckschriftensammlung nur sehr beschränkt auf Bestände von Vorläufereinrichtungen aufbauen. So gross die Menge der in den ersten Jahren und Jahrzehnten nach 1837 aus den verschiedensten Verwaltungsabteilungen im Staatsarchiv zentralisierten Archivalien war, so klein blieben gleichzeitig die Bestände an gedruckter Literatur, die für die Bibliothek überhaupt in Frage kamen. Unter dem Gesichtspunkt der Provenienz handelt es sich dabei jedoch um den eigentlichen Kern des historischen Buchbestands der Archivbibliothek. Um diesen integral zu würdigen, werden an dieser Stelle auch einzelne Bde behandelt, die in die Druckschriftensammlung gelangt sind.

1.40 An erster Stelle unter den Vorläufereinrichtungen des Staatsarchivs ist die alte Stadtkanzlei zu nennen, das Zentrum der Verwaltung des Zürcher Stadtstaats bis 1798, seit 1531 untergebracht im Haus In Gassen 14. Drei Inventare des 17. und 18. Jhs geben Aufschluss über die dort aufbewahrten »Bücher und Schriften«, wobei die Druckwerke – wie üblich in einer frühneuzeitlichen Verwaltungsbibliothek – noch vermischt mit handschriftlichen Bdn (die hier nicht zu behandeln sind) aufgestellt waren und gegenüber diesen deutlich in der Minderzahl blieben.

1.41 Das erste Inventar von 1646 in dem vom Stadtschreiber Johann Heinrich Waser (1600–1669) angelegten »Index archivorum generalis« (heute Katalog 11) verzeichnet unter dem Titel »Catalogus etlicher getruckter Bücheren der Cantzley auch gewidmet und zuo derselben dienlich« 7 Titel (davon 2 als Nachtrag) aus dem Zeitraum 1603–1667; im zweiten Inventar, dem nach 1774 angelegten »Register über die Acta, gebundene Bücher und Schriften in der Statt Canzley in Zürich« (heute Katalog 398) sind es, unterteilt nach Folio- und Quartformat, 19 Titel sowie 3 Sammelbände mit Kleinschriften aus dem Zeitraum 1584–1722, und im dritten Inventar, der »Eintheilung der Schrifften und Bücheren in den offnen Cästen der Stattschreiber-Cantzley«, das 1789 unter Staatsschreiber Hans von Reinhard (1755–1835) angelegt wurde (heute Katalog 400), sind es 20 Titel sowie 2 Sammelbände mit Kleinschriften aus demselben Zeitraum. Hinzu kommt noch das »Verzeichnis aller in der hochobrigkeitlichen Cantzley der Statt-Unterschreibers vorhandenen Geräths-Bücher und Schrifften« (heute Katalog 399) von 1780 mit 3 Titeln aus dem Zeitraum 1648–1700.

1.42 Insgesamt lassen sich in diesen 4 Inventaren 24 Titel sowie 2 Sammelbände mit Kleinschriften aus dem Zeitraum 1584–1722 identifizieren, die mindestens in einem Inventar vorkommen. Davon sind heute 8 Titel sowie 2 Sammelbände mit Kleinschriften in der Archivbibliothek und 4 Titel in der Druckschriftensammlung noch vorhanden; ein Titel wurde 1967 (wohl in Unkenntnis der Provenienz) ausgeschieden.

1.43 Von den 12 noch vorhandenen Titeln und 2 Sammelbänden tragen 3 einen mit seinem Inventar korrespondierenden eigenhändigen Vermerk von Stadtschreiber Waser (z. B. »gewidmet zum gebruch deß stattschrybers cantzlej zuo Zürich«), nämlich Christoph Hartmanns *Annales Heremi monasterii in Helvetia* (Freiburg i. Br. 1612), die *Satzung und Ordnung deß Chor- unnd Ehegrichts* der Stadt Bern von 1634 und die *Christenliche Reformation und Policey-Ordnung* der Stadt Basel von 1637. Daneben verraten die Einsiedler Klostergeschichte von 1612 und *Der Statt Bern vernüwerte Grichts-Satzung* (Bern 1615) ihre Herkunft durch einheitliche Pergamenteinbände mit goldgeprägten Supralibros (Zürcher Wappen mit Löwe als Schildhalter) vorne und hinten, wie sie auch bei handschriftlichen Bdn aus der Stadtkanzlei vorkommen. Die Supralibros allein finden sich auch bei der Basler Polizeiordnung von 1637. Bei den *Warhafftigen Acten der vom Cardinal von Österreich, Bischoffen zu Constantz an Zürych wegen der Religion begerten und gesuchten Disputation*, hrsg. auf Anordnung des Zürcher Rats (Zürich 1603), findet sich ebenfalls (aber nicht von Wasers Hand) der Vermerk »gewidmet zum gebruch der stattschryberey Zürich«. In einem weiteren Bd mit 3 Mainzer Drucken, nämlich Peter Ostermann, *Aller deß Heiligen Römischen Reichs gehaltener Reichs-Tag, Ordnung, Satzung und Abschied vom Jahr 1356 biß auf 1641* (Mainz 1642), einem Reichstagsabschied von 1654 (Mainz 1654) und der Peinlichen Halsgerichtsordnung Karls V. (*Constitutio criminalis Carolina*) von 1530 (Mainz 1642) lautet der Eintrag »von Herrn Melchior Stauffachern für allhiesige Cantzley erkaufft umb 3 Gulden 24 Schilling den 1. September anno 1677.« Bei 4 weiteren Titeln, nämlich *Traité de paix entre les couronnes de France et d'Espagne 1659* (Paris 1660), Johann Heinrich Rahn, *Eidtgnössische Geschicht-Beschreibung* (Zürich 1690), Wilhelm Ernst Tentzel (1659–1707), *Historicae vindiciae pro Hermanni Conringii censura in diploma fundationis ficititium* (Lindau 1700) und *Neue Religions-Gravamina der sämtlichen Evangelisch-, Lutherisch- und Reformirten im heiligen Römischen Reich, welche jüngsthin auf dem Reichs-Tag zu Regenspurg überreichet worden* (4 Bde, Frankfurt a. M. 1720–1723) sowie den 2 Sammelbänden – der eine mit 11 Kleinschriften zum Ersten Villmergerkrieg aus dem Zeitraum 1657–1660 (beschrieben als »allerhand tractetli nach dem Rapperschweiler Krieg und in Herrn Obrist Zweyers Sach ausgegangen«), der andere mit der *Acte de la mise en possession et investiture de la souveraineté de Neufchâtel* (o. O. [1694]) und weiteren 9 Kleinschriften der 1690er-Jahre – fehlen entsprechende Merkmale, die Bde lassen sich aber auf Grund der drei Inventare mit hoher Wahrscheinlichkeit der Stadtkanzlei zuweisen. Dies gilt auch für den 1967 ausgeschiedenen Titel *Reginae christianissimae jura in ducatum Brabantiae et alios ditionis Hispanicae principatus* (o. O. 1667) von Antoine Bilain.

1.44 11 bibliographisch eindeutig identifizierbare Titel müssen als verloren betrachtet werden, darunter als älteste Titel Ambrogio Calepino (1435–1511), *Dictionarium octo linguarum* (Basel 1584), und Johann Heinrich von Pflaumern (1585–1671), *Libertas Einsidlensis oder begründter kurtzer Bericht und Beweiß, daß das Fürstliche Gottshausz Einsidlen in freyem Stand gestifftet* ([Konstanz] 1640).

1.45 Umgekehrt finden sich im heutigen Bestand der Archivbibliothek und der Druckschriftensammlung Bde aus der alten Stadtkanzlei, die in keinem Inventar aufgeführt sind, so Johann Rudolf Wettstein (1594–1666), *Acta und Handlungen betreffend gemeiner Eydgnossschafft Exemption, und was deren durch die Cammer zu Speyr darwider vorgenommenen Turbationen halb negocirt und verrichtet worden* (Basel 1651) mit dem Vermerk »von mir Statt-Underschryber Andreas Schmid der Canzley gewidmet anno 1662«. Auch die 1784 von Stadtschreiber Johann Konrad Hirzel angelegte mehrbändige Sammlung der Zürcher Mandate stammt gemäss Titelblatt aus der »Stattschreiber-Cantzley«.

1.46 Neben der Stadtkanzlei ist mit Drucken aus der Zeit vor 1800 einzig das Antistitialarchiv mit 1 Einzeltitel und 1 Sammelband vertreten, nämlich mit Ignazio Lupis (gest. 1659) *Nova lux in edictum s. inquisitionis ad praxim sacramenti poenitentiae pro cuiuscunque statu ac conditione* (Bergamo 1648), einem Geschenk von Josephus Orelli an Antistes Johann Jakob Ulrich (im Amt 1649–1668). Den Sammelband mit dem Vermerk »gehört ins kleinere Archiv des Antistitii« hat Antistes Johann Jakob Hess (im Amt 1795–1828) zusammengestellt und geschenkt; er enthält 23 (vorwiegend biographische) Kleinschriften aus dem grossen Zeitraum 1566–1804. Ein weiterer Einzeltitel, ein Zürcher Katechismus des Jahres 1609 aus dem Vorbesitz von Antistes Ulrich mit dem Vermerk »gehört ins grössere Archiv des Antistitii«, gelangte in die Druckschriftensammlung.

1.47 Die beiden Hauptstützen für den Aufbau und kontinuierlichen Zuwachs der Archivbibliothek bildeten einerseits Ankäufe (gemäss den Vorgaben der Archivreglemente von 1877 und 1900) und andererseits Schenkungen. Alles in allem haben sich Ankäufe und Schenkungen ungefähr die Waage gehalten.

1.48 Während kein einziger der früheren Bibliothekskataloge erhalten geblieben ist, lassen sich die Neuzugänge der Bibliothek einerseits über die 1885 von Staatsarchivar Schweizer begonnene Verzeichnung der Bücherankäufe und andererseits über das ebenfalls von Schweizer 1888 angelegte »Donationen-Buch« (mit Einträgen zurück bis ins Jahr 1884) detailliert rekonstruieren. So stehen etwa in den zwei Jahren 1889/90 70 Ankäufe 64 Schenkungen gegenüber. 1934 wird der jährliche Zuwachs mit 150 Bdn und einer »nicht bestimmbaren Anzahl« Kleinschriften angegeben.

1.49 Angekauft wurden neben Neuerscheinungen regelmässig auch ältere Publikationen, die in der Bibliothek noch fehlten. Vor allem versuchte man, Lücken in Periodika-Reihen zu schliessen, die man nicht von Anfang an abonniert hatte. Die Schenkungen an die Archivbibliothek bestanden und bestehen bis heute zu einem guten Teil aus Belegexemplaren von Publikationen, die unter Verwendung von Archivalien des Staatsarchivs erarbeitet wurden. Auch um freiwillige Schenkungen an die Bibliothek bemühte sich das Staatsarchiv aktiv. Von 1932 bis 2001 wurde am Ende des Jahresberichts jeweils ein entsprechender Aufruf publiziert, wonach man neben handschriftlichem Material auch Drucke aus den Sammelgebieten entgegennehme.

1.50 Grössere Buchbestände aus privatem Vorbesitz erhielt die Archivbibliothek – in chronologischer Reihenfolge – von Alexander Schweizer (Eingangsjahr 1888), Arnold Nüscheler (1897), Johannes Strickler (1911/12), Johann Rudolf Rahn (1912), Paul Schweizer (1933), Friedrich Hegi (1950 und z.T. bereits früher), Hans Nabholz (1958), Albert Meyer (1959), Georg von Wyss (1967), Anton Largiadèr (1974/75 und 1977) und Edwin Hauser (1976). Titel nicht nur des 19. Jhs, sondern auch aus der Zeit vor 1800 enthielt dabei im Wesentlichen nur die Schenkung von Alexander Schweizer.

1.51 Mengenmässig den bedeutendsten Zuwachs brachten der Archivbibliothek die Bücher aus dem Vorbesitz von Friedrich Hegi, die das Staatsarchiv grösstenteils ankaufen musste, während es sich in den übrigen Fällen ausnahmslos um Schenkungen handelt.

1.52 Aus der bedeutenden Bibliothek des Theologieprofessors Alexander Schweizer (1808–1888) gelangten über seinen Sohn, Staatsarchivar Paul Schweizer, gegen 100 Titel in die Archivbibliothek und vereinzelt auch in die Druckschriftensammlung, davon gemäss Geschenkbuch 13 Titel des 16. Jhs, 17 des 17. Jhs, 15 des 18. Jhs und 40 Titel des 19. Jhs. Insgesamt 17 Titel tragen einen handschriftlichen, teilweise auch datierten Besitzvermerk von Alexander Schweizer aus dem Zeitraum 1835–1858, 5 Titel des 19. Jhs eine an ihn gerichtete Widmung.

1.53 Arnold Nüscheler (1811–1897), ursprünglich Rechenschreiber, d.h. Sekretär des kantonalen Finanzwesens, dann aber über eine Untersuchung der Kollaturverhältnisse der Zürcher Kirchen zum namhaften Geschichtsforscher geworden, vermachte dem Staatsarchiv neben einigen Quelleneditionen und Zeitschriftenreihen namentlich kirchengeschichtliche Literatur katholischer Ausrichtung, insgesamt 157 Bde sowie zahlreiche Broschüren. Auffinden liessen sich 3 Titel des 18. Jhs und 25 Titel des 19. Jhs (in gegen 100 Bdn), die mit der Etikette »Durch testamentarische Verfügung des Herrn Dr. Arnold Nüscheler-Usteri dem Staatsarchiv geschenkt, November 1897« gekennzeichnet sind.

1.54 Aus der Bibliothek von Johannes Strickler (1835–1910), der nach seiner Amtszeit als Staatsarchivar an der monumentalen Actensammlung aus der Zeit der Helvetischen Republik arbeitete, erhielt die Archivbibliothek gemäss Geschenkbuch über seine Witwe 1911/12 insgesamt 95 Titel, davon 81 Titel des 19. Jhs (sowie 14 aus der Zeit nach 1900). 15 Titel davon waren eigene Werke bzw. Editionen von Strickler, die als Dubletten zu betrachten sind.

1.55 Die bis dahin grösste Schenkung gelangte 1912 aus dem Nachlass des Kunsthistorikers Johann Rudolf Rahn (1841–1912) ins Staatsarchiv, nämlich gemäss Geschenkbuch insgesamt 357 Titel, davon 3 Titel des 18. Jhs und 297 Titel des 19. Jhs (sowie 57 aus der Zeit nach 1900). Dabei handelte es sich ausschliesslich um Titel, die die von Rahn primär begünstigte Stadtbibliothek bereits besass und deshalb dem Staatsarchiv überlassen konnte. Auf Grund von Besitzvermerken Rahns liessen sich (aus der Zeit bis 1900) nur 15 Titel identifizieren, darunter 4 aus seiner Jugend- bzw. Studienzeit (1859, Bonn 1864).

1.56 Aus dem Vorbesitz von Staatsarchivar Paul Schweizer (1852–1932) fanden sich ein Titel des 18. Jhs und 14 Titel des 19. Jhs (v. a. zur deutschen Geschichte). Dazu kommen 47 Titel des 19. Jhs mit Verfasserwidmungen an Paul Schweizer, v. a. Sonderdrucke von Kollegen wie Rudolf Thommen, Johannes Häne, Theodor von Liebenau, Hans Herzog, Ferdinand Vetter und Albert Bachmann, die bereits zu Lebzeiten Schweizers in die Bibliothek gelangten, ebenso wie als eigentliche Zimelie die 1892 publizierte Zürcher Dissertation *Die Neutralität der Eidgenossenschaft, besonders der Orte Zürich und Bern, während des spanischen Erbfolgekrieges* von Ricarda Huch (1864–1947) mit der Widmung »Herrn Dr. Paul Schweizer von der Verfasserin«. Im Weiteren überliess Schweizer der Bibliothek verschiedene Handexemplare seiner Werke mit eigenhändigen Korrekturen und Nachträgen, so seinen *Redactionsplan für das Urkundenbuch der Stadt und Landschaft Zürich* von 1885, die dem 50-jährigen Jubiläum der Geschichtforschenden Gesellschaft der Schweiz gewidmete Untersuchung *Das wieder aufgefundene Original des ewigen Bündnisses zwischen Zürich und den vier Waldstätten vom 1. Mai 1351* (Zürich 1891) und die *Geschichte der schweizerischen Neutralität* (Frauenfeld 1895).

1.57 Aus dem Nachlass von Friedrich Hegi (1878–1930) konnte das Staatsarchiv 1950 für 1191 Franken rund 500 Titel bzw. »bibliographische Einheiten« ankaufen, nachdem Hegis Witwe Isabella von Salis-Hegi, geborene Naef (1890–1972), bereits zuvor dem Archiv einzelne Bücher geschenkt oder verkauft hatte. Über den Stempel mit dem Eingangsdatum »18.04.1950«, vereinzelt auch über das Exlibris von Hegi, liessen sich insgesamt 82 Titel aus dem 19. Jh identifizieren, die aus dem Besitz des durch Heirat mit der Tochter des Seidenfabrikanten Edwin Naef wohlhabenden Gelehrten stammen, der nach seinem Rücktritt am Staatsarchiv als Privatgelehrter und Titularprofessor an der Universität Zürich wirkte. Als thematische Schwerpunkte der angekauften Titel sind Heraldik, Genealogie, Diplomatik, Sphragistik und Chronologie erkennbar, so u. a. der von Jean Grellet und Maurice Tripet für die Bibliographie der schweizerischen Landeskunde bearbeitete Faszikel *Heraldik und Genealogie* (Bern 1895) in einem durchschossenen, durch eigenhändige Einträge Hegis ergänzten Exemplar. Vieles hat Hegi mutmasslich über den Antiquariatshandel erworben, so finden sich namentlich 12 Titel aus dem Vorbesitz des österreichischen Historikers Karl Uhlirz (1854–1914) und 8 Titel aus der Bibliothek eines Grafen Axel von Kalckreuth; 2 Titel tragen das Exlibris von Freiin Elise von König-Warthausen (1835–1921) (»Elise Freein Koenig 1873«), 1 Titel das Exlibris des deutschen Heraldikers Adolf Matthias Hildebrandt (1847–1918). Neben dem Staatsarchiv konnte 1950 auch die Zentralbibliothek einen bedeutenden Teil von Hegis Bibliothek erwerben; die Titel sind dort über die Signatur »Hegi« leicht aufzufinden.

1.58 Aus dem Besitz von alt Staatsarchivar Hans Nabholz (1874–1961) gelangten 1958, also noch zu Lebzeiten des Donators, gemäss Geschenkbuch »eine grössere Anzahl Bände und Broschüren«, darunter »verschiedene Broschüren betreffend Archivwesen« an die Archivbibliothek, worunter sich rund 100 Broschüren sowie (nur) 6 Bde befanden, die nicht bereits vorhanden waren. Über den Stempel mit dem Eingangsdatum »28.11.1958« sowie über handschriftliche Besitzeinträge liessen sich 6 Titel aus dem 17. Jh und 15 Titel aus dem 19. Jh identifizieren, von denen einige wiederum aus dem Vorbesitz von Karl Dändliker (1849–1910) stammen.

1.59 Im Jahr 1959 erhielt das Staatsarchiv von Frieda Meyer, einer Nichte von Albert Meyer (1870–1953), zunächst Chefredaktor der NZZ, dann von 1930 bis 1938 Bundesrat, 136 Bde und 293 Broschüren sowie 3 Karten geschenkt, von denen sich über den Stempel mit dem Eingangsdatum »16.04.1959« lediglich ein Titel des 18. Jhs und 3 Titel des 19. Jhs identifizieren liessen.

1.60 1967 konnten von der Zentralbibliothek – neben handschriftlichem Material – 66 Broschüren aus dem Vorbesitz von Georg von Wyss (1816–1893), Altzürcher Historiker und 1858 (gescheiterter) Kandidat für die Nachfolge von Staatsarchivar Gerold Meyer von Knonau, geschenkweise übernommen werden, von denen sich über den Stempel mit dem Eingangsdatum »21.09.1967« 24 Titel des 19. Jhs ausfindig machen liessen. Bereits früher war ein Titel des 19. Jhs mit dem Exlibris seines Stiefbruders, des Rechtshistorikers Friedrich von Wyss (1818–1907), in die Archivbibliothek gelangt.

1.61 Nach seinen Vorgängern Strickler, Schweizer und Nabholz vermachte auch Staatsarchivar Anton Largiadèr (1893–1974) seine Bibliothek in Teilen dem Staatsarchiv, das 1974/75 und 1977 insgesamt 81 Bde (mit 53 Titeln) und 214 Broschüren übernehmen konnte, die – zusammen mit handschriftlichem Material aus dem Nachlass Largiadèrs – gesondert und ausserhalb der Bibliothek in der Archivabteilung »Personen, Familien, private Institutionen« unter der Signatur W I 44 aufgestellt wurden. 33 Titel namentlich aus den Fachbereichen der Diplomatik und Archivwissenschaft stammen aus dem 19. Jh, darunter ein durchschossenes Exemplar des Archivinventars von Paul Schweizer von 1897 mit eigenhändigen Bemerkungen Largiadèrs.

1.62 Als bisher letzter grösserer Zuwachs aus Privatbesitz ist die Schenkung von Edwin Hauser (1891–1973) zu nennen, 1918–1956 als Adjunkt selber für die Archivbibliothek verantwortlich. Das Eingangsbuch des Jahres 1976 führt 47 Titel an, die damals übernommen werden konnten. 6 Titel stammen aus dem 19. Jh.

1.63 Bei den Donatoren einzelner Bücher eröffnet sich über die »Donationen-Bücher« ab 1884 ein ganzes Panorama von Historikern und geschichtsinteressierten Laien, aber auch von Juristen und Angestellten der kantonalen Verwaltung, die z. T. regelmässig als Donatoren in Erscheinung treten, z. T. auch nur einmal auftauchen. Darunter befinden sich aus dem nichtzürcherischen Bereich Johannes Dierauer, Robert Durrer, Hans Herzog, Andreas Heusler, Fritz Jecklin, Johann Baptist Kälin, Theodor von Liebenau, Odilo Ringholz, Philipp Anton von Segesser, Eugen Tatarinoff, Rudolf Thommen, Heinrich Türler, Rudolf Wackernagel und Friedrich Emil Welti, später Bruno Amiet, Hektor Ammann, Frieda Gallati, Rudolf Henggeler, Traugott Schiess, Oskar Vasella, Peter Xaver Weber, Jakob Winteler, Hans Georg Wirz und Eduard Wymann sowie Karl Siegfried Bader (1905–1998), der dem Staatsarchiv die Historische Zeitschrift überliess, die er als Mitherausgeber der Zeitschrift der Savigny-Stiftung für Rechtsgeschichte kostenlos beziehen konnte.

1.64 Nur in seltenen Fällen begegnet man hier allerdings Titeln, die aus der Zeit vor 1800 stammen, wie etwa im Jahr 1912 beim Sohn von Heinrich Zeller-Werdmüller (1844–1903), dem Juristen und späteren Staatsanwalt Heinrich Zeller-Rahn (1874–1920), mit 4 juristischen Titeln des 18. Jhs, darunter Johann Hieronymus Hermann, *Allgemeines Teutsch-Juristisches Lexicon* (Jena 1739–1741), und Heinrich Christian Senckenberg, *Corpus iuris feudalis Germanici* (Giessen 1740), im Jahr 1914 bei alt Fürspech Ferdinand Halter mit Ulrich Zasius, *Opera omnia* (3 Bde, Lyon 1548), oder im Jahr 1926 bei Adrian Corrodi-Sulzer (1865–1944) mit Johann Jakob Leu, *Eydgenössisches Stadt- und Land-Recht der 13 Orten der Eydgenosschafft* (4 Bde, Zürich 1727–1746) aus dem Vorbesitz eines Paul Usteri (»Paulus Usterius hereditate possedit Ao. 1750«). Ergänzend sprechen die Jahres- und die Rechenschaftsberichte sowie die Archivakten von Schenkungen aus dem Nachlass eines Süsstrunk im Jahr 1913, von Pfarrer Rudolf Bölsterli (1847–1917), von Wilhelm Oechsli (1851–1919), von Rudolf Schoch (1850–1920), Redaktor beim Schweizerischen Idiotikon, von Johannes Frick-Huber (1859–1935), von Friedrich Otto Pestalozzi (1846–1940), vom genannten Adrian Corrodi-Sulzer, von Hans Lehmann (1861–1946), von Olga Krause-Stodola (1891–1969) und von Heinrich Hedinger (1893–1978), die aber alle keinen grossen Umfang an Titeln aus der Zeit vor 1901 hatten. Zu den mehrfach mit einem Exlibris vertretenen Vorbesitzern gehört neben Paul Schweizer und Friedrich Hegi auch der Buchdrucker, Verleger und Genealoge Fritz Amberger (1869–1948).

1.65 Auch einzelne Staatsarchivare sowie andere Archivangestellte bedachten die Bibliothek immer wieder mit Einzelschenkungen. Staatsarchivar Paul Schweizer überliess ihr »fast alle mir zum teil mehr persönlich geltenden Bücherschenkungen«. Der Name von Staatsarchivar Anton Largiadèr erscheint während seiner langen Amtszeit (1931–1958) sogar derart häufig in den Geschenkbüchern der Archivbibliothek, namentlich bei Neuerscheinungen, dass faktisch von einer »Aufstockung« des Anschaffungskredits der Bibliothek aus dem – durch Heirat mit Lydia Reinhart von Winterthur durchaus vorhandenen – Privatvermögen Largiadèrs gesprochen werden muss. Bei einer Schenkung von Edwin Hauser, *Wesen und Ziele der Nationalen Bewegung, Schriften der Nationalen Front 1* (Zürich Front-Verlag 1933), verfasst von Robert Tobler (1901–1962), muss offenbleiben, ob sie zu Dokumentationszwecken oder aus Sympathie für die Sache geschah.

1.66 Manches schliesslich gelangte als Dublette oder ausgeschiedener Titel aus anderen Bibliotheken in die Archivbibliothek. Prominentestes Beispiel hierfür ist Jakob Lauffer, *Historische und critische Beyträge zu der Historie der Eidsgenossen* (4 Teile,

Zürich 1739), eine (echte) Dublette aus der Bibliothek von Beat Fidel Zurlauben (1720-1799) mit Zurlaubens Exlibris und der Signatur »B 462« sowie dem Stempel »Verkaufte Doubletten D. Aarg. Kant.s Bibliothek«. Von institutioneller Seite erhielt die Archivbibliothek insbesondere von der Stadt- und der Kantonsbibliothek bzw. nach 1917 von der Zentralbibliothek verschiedentlich Dubletten geschenkt, während sich umgekehrt das Staatsarchiv in den Jahren vor und nach 1900 seinerseits mit eigenen Dubletten am Aufbau der Bibliothek des Historischen Seminars der Universität beteiligte, die Staatsarchivar Largiadèr 1913/14 als junger Student betreut hatte.

1.67 Einen Sonderfall – neben Ankauf und Schenkung als den beiden Hauptkanälen für den Zuwachs der Archivbibliothek – stellen die Ablieferungen der kantonalen Verwaltung und der ihr angeschlossenen bzw. unterstellten Anstalten dar. Diese bestehen in der Regel aus Akten, die auf Grund gesetzlicher Vorschrift innert einer bestimmten Frist abzuliefern sind und ins eigentliche Archiv übernommen werden. In Ausnahmefällen kann es sich aber auch um einzelne ausgeschiedene Bücher oder sogar um ganze aufgelöste Bibliotheken handeln. Gesetzessammlungen und andere juristische Werke wurden dabei jeweils der Druckschriftensammlung zugeteilt, während übrige Literatur mit Blick auf die angestammten Sammelgebiete nur sehr restriktiv in die Archivbibliothek übernommen werden konnte. Dies betraf zuletzt die Bibliothek der 2001 dem »Strickhof« in Lindau (ZH) angegliederten Landwirtschaftlichen Schule Wetzikon, die sowohl Fachliteratur (Agrarwissenschaft, Biologie, Zoologie) als auch Belletristik umfasste, sowie einige Jahre zuvor die Beamten- und die Gefangenenbibliothek der alten Strafanstalt Regensdorf, die während der Bauzeit der neuen Anlage »Pöschwies« im Staatsarchiv zunächst zwischengelagert und 1997 nach dem Bezug des Neubaus dem Archiv definitiv überlassen wurde.

1.68 Während die Bibliothek der Landwirtschaftlichen Schule Wetzikon, soweit erkennbar, keine Literatur aus der Zeit vor 1900 enthielt, befand sich in den beiden weitaus umfangreicheren Gefängnisbibliotheken, die im 20. Jh offenbar nie durchgreifend revidiert worden waren, noch zahlreiche Literatur des ganzen 19., vereinzelt sogar des 18. Jhs. In der Beamtenbibliothek wurden 1916 964 Bde gezählt, in der Gefangenenbibliothek waren es 1868 bereits 2820 Bde, spätere Schätzungen sprechen 1901 von 4000 Bdn, 1916 von 5000 Titeln und 1926 von mehr als 9000 Bdn. Aus beiden Bibliotheken finden sich heute in der Archivbibliothek nur ganz wenige Titel.

1.69 Die insgesamt 5 in der Archivbibliothek nachweisbaren Werke aus der Zeit bis 1900 tragen sprechende Titel wie *Beyspiele des Guten. Eine Sammlung edler und schöner Handlungen und Charakter-Züge aus der Welt- und Menschen-Geschichte aller Zeiten und Völker* (Stuttgart 1821) oder *Historisch-biographisches Universum. Eine Bilder-Chronik von denkwürdigen Ereignissen und berühmten Menschen. Interessante Scenen mit erklärendem Texte von einer Gesellschaft von Künstlern und Gelehrten* (Stuttgart 1841-1843). Als typisch erscheint auch das kleinformatige Periodikum *Alpenrosen. Ein Schweizer-Almanach* (Bern, Luzern 1813-1829 mit Unterbrechungen).

1.70 Aus der ehemaligen Beamtenbibliothek liessen sich in der Archivbibliothek ebenfalls 5 Titel aus der Zeit vor 1900 nachweisen, darunter die Begutachtung des Begnadigungsgesuches von Adolf Bolliger von Wittwyl, erstattet von der Staatsanwaltschaft des Kantons Zürich (Zürich 1897) und Friedrich Locher, *Der Bolligerhandel und was drum und dran hängt* (Zürich 1898), sowie Johann Gottlieb Schaffroth, *Geschichte des Bernischen Gefängniswesens* (Bern 1898). 6 Titel gelangten in die Druckschriftensammlung, u. a. Ignaz T. Scherrs *Leichtfassliches Handbuch der Pädagogik* (3 Bde, Zürich 1839-1847). Bezüglich Fachliteratur orientierte sich die Gefängnisleitung im 19. und beginnenden 20. Jh, von der Schweiz abgesehen, v. a. an Preussen, wie die (nicht mehr vorhandenen) Werke von Carl Eduard Schück, *Handbuch für Gefangen-Aufseher* (Breslau 1864), oder Carl Fliegenschmidt, *Der Beruf des Aufsehers in den Strafanstalten und Gefängnissen* (Leipzig 1902), zeigen.

1.71 Neben der Bestandsvermehrung durch Ankauf, Schenkung und Ablieferung wurden aus der Archivbibliothek im Laufe der Zeit immer wieder auch Bücher ausgeschieden, zweifellos begünstigt durch die Tatsache, dass es sich um eine Präsenzbibliothek mit der Funktion eines Hilfsmittels handelt. Im Einzelnen dokumentiert ist dabei nur die letzte grössere Aktion dieser Art im Jahr 1967. Aus einer Liste möglicher Titel, die ausserhalb der angestammten Sammelgebiete lagen, wurden damals auch 30 Titel aus der Zeit vor 1900 veräussert. Die beiden ältesten Bde gingen an die Zentralbibliothek, blieben also wenigstens im Besitz der öffentlichen Hand: Guillaume du Bellay, *Exemplaria literarum quibus et rex Franciscus ab adversariorum maledictis defenditur* (Paris 1537), und Charles du Moulin, *Sommaire du livre analytique des contractz, usures, rentes constituées, interestz et monnoyes* (Paris 1547). Nur eine dem ersten Titel beigelegte genealogische Tafel, »destiné à legitimer l'invasion de la Savoie«, verblieb in Unkenntnis der Zugehörigkeit als Einzelblatt in der Druckschriftensammlung des Staatsarchivs. Ein weiterer Titel des 16. Jhs wurde 1968 an ein Antiquariat verkauft: Georg Rüxner, *Thurnierbuch. Von Anfang, Ursachen, ursprung und herkommen der Thurnier im heyligen Römischen Reich Teutscher Nation* (Frankfurt a. M. 1566).

Druckschriftensammlung

1.72 Im Unterschied zur Bibliothek mit ihrer subsidiären Aufgabe innerhalb des Archivs gehörte die Sammlung der kantonal-zürcherischen Amtsdruckschriften von Beginn an – neben der Übernahme des eigentlichen Verwaltungsschriftguts in die entsprechenden Archivabteilungen – zu den Kernaufgaben des Staatsarchivs. Und wenn die Druckschriftensammlung in formaler Hinsicht (gedruckte Literatur) der Archivbibliothek zwar näher steht als dem Archiv, so ist sie doch von der Funktion her gerade in historischer Perspektive näher bei den Archivbeständen anzusiedeln und bildete gegenüber der Bibliothek ursprünglich den wichtigeren und auch umfangreicheren Bestand an Drucken. Entsprechend erscheint sie im ersten Archivreglement von 1877 zusammen mit der Aufzählung der einzelnen Archivabteilungen noch als Teil des Archivs, bevor sie im Archivreglement von 1900 als Teil der Bibliothek betrachtet wird.

1.73 Der Kernbestand der Druckschriftensammlung besteht aus den Amtsdruckschriften des Kantons Zürich. Bereits im Jahr 1857 beschloss der Regierungsrat auf eine Anregung von Staatsarchivar Gerold Meyer von Knonau, die Direktionen einzuladen, »sowohl von den noch vorhandenen als von den später erscheinenden Druckschriften, welche sich zur Aufbewahrung eignen, je ein paar Exemplare dem Staatsarchivariate zur Niederlegung im Staatsarchiv zuzustellen.« Das erste Archivreglement von 1877 forderte dann bereits dezidierter: »Das Archivariat hat darauf zu achten, dass alle den Kanton betreffenden amtlichen Publikationen und Druckschriften ins Archiv abgeliefert werden.« Angestrebt wurde also Vollständigkeit der Sammlung, die gleichzeitig auch dadurch an Bedeutung gewann, dass es innerhalb der Verwaltung zunehmend üblich wurde, alle »wichtigeren Berichte und Aktenstücke« drucken zu lassen.

1.74 Gleichzeitig fasste das Archivreglement von 1877 auch die »amtlichen Publikationen des Bundes und der andern Kantone« ins Auge, für deren Sammlung sich das Staatsarchiv mit der Staatskanzlei oder direkt mit den betroffenen Stellen des Bundes und der anderen Kantone in Verbindung setzen sollte. Aus den anderen Kantonen sammelte man spätestens 1871 die Staatskalender und spätestens 1879 auch die Gesetzessammlungen. 1879 wurden die Bestimmungen des Archivreglements insofern konkretisiert, als dass der Kantonsrat den Regierungsrat aufforderte, »auf geeignetem Wege – sei es durch Gesuchstellung bei den betreffenden Staatskanzleien, sei es durch Erwerbung aus dem antiquarischen Buchhandel – für Vervollständigung der offiziellen Sammlung der Gesetze und anderweitigen Publikationen des Bundes und der Kantone besorgt zu sein, und durch Katalogisierung und strenge Kontrolle die Erhaltung [d. h. die Erwerbung] derselben zu sichern.« 1886 konnten die bisher »sehr lückenhaften« Serien der Rechenschaftsberichte, der Staatsrechnungen und der Regierungsetats der anderen Kantone durch aktives Bemühen ergänzt und gleichzeitig neu aufgestellt werden; 1889 begann Staatsarchivar Schweizer mit der Sammlung der Amtsblätter aller Kantone. So galt 1893 schliesslich das Prinzip, bei den anderen Kantonen neben den Gesetzessammlungen auch die Amtsblätter, die Rechenschaftsberichte der Regierungen, Verwaltungen und Gerichte, die Regierungsetats, die Staatskalender sowie die Staatsrechnungen und die Voranschläge zu sammeln; beim Bund wurde sogar »alles, was an amtlichen Druckschriften erreichbar ist«, gesammelt.

1.75 Ein neuerlicher Vorstoss aus dem Kantonsrat wollte das Staatsarchiv 1881 verpflichten, auch ausländische Gesetzessammlungen zu führen (wobei man primär an die Nachbarstaaten der Schweiz dachte). Staatsarchivar Paul Schweizer sprach sich aber 1884 gegen den Vorschlag aus, weil sich in der Praxis gezeigt hatte, dass bereits die Gesetzessammlungen des Bundes und der anderen Kantone »ziemlich selten von den Behörden benutzt werden«; die Kantonsbibliothek schien ihm dafür als Aufbewahrungsort geeigneter. Dennoch entschied der Regierungsrat 1889, es seien »alle ausländischen Gesetzessammlungen, soweit solche schon vorhanden sind oder inskünftig noch eingehen werden, dem Staatsarchiv zur Aufbewahrung und passenden Aufstellung zu übergeben«, worauf die Stadtbibliothek 1891 auf die Fortführung ihrer Reihen verzichtete. In der Folge übernahm das Staatsarchiv von der Staatskanzlei 106 Bde französischer Gesetzestexte ab 1798, 41 Bde aus Österreich ab 1849 und 11 Bde des Deutschen Reichs ab 1867. 1912 wurde der Austausch von Gratisexemplaren der kantonalen Gesetzessammlung gegen entsprechende Publikationen der Nachbarstaaten der Schweiz im Rahmen einer Gesamtregelung, die auch für das Amtsblatt und den regierungsrätlichen Rechenschaftsbericht galt, auf eine neue Rechtsgrundlage gestellt. 1916 erreichte Friedrich Hegi, dass das Staatsarchiv auch mit den Gesetzesblättern Italiens beliefert wurde, denn die »sonst hier in Zürich nur auf den betreffenden Konsulaten« befindlichen ausländischen Gesetzessammlungen würden »von Behörden und Privaten öfters benützt.« Als letzter Nachbarstaat kam 1929 das Fürstentum Liechtenstein hinzu.

1.76 Bezüglich der Ausdehnung der Sammelgebiete der Druckschriftensammlung wurde der Kantonsrat schliesslich noch ein drittes Mal aktiv, und zwar in Bezug auf den Kanton Zürich: »In Folge einer Anregung des Kantonsrats«, berichtet Staatsarchivar Schweizer 1893, »hat sich unsere Sammlung auch auf [kantonalzürcherische] Publikationen von Aktiengesellschaften, gemeinnützigen und wohltätigen Vereinen und Anstalten, Zeitungen und politische Broschüren ausgedehnt. [...] Für den Kanton Zürich wird alles, also auch von Privatanstalten, gesammelt, was erreichbar ist.« Begründen liess sich dieser Schritt mit der Tatsache, dass die betroffenen Vereine, Institutionen und Firmen in irgendeiner Form staatlicher Aufsicht unterstanden bzw. vom Staat teilweise finanziell unterstützt wurden. Allerdings hatte man zwischenzeitlich begonnen, auch in Bezug auf den Bund und die anderen Kantone entsprechendes Schrifttum zu sammeln. So wird bereits im Jahresbericht von 1872 eine Sammlung von Broschüren aus dem Abstimmungskampf um die (im ersten Anlauf gescheiterte) Totalrevision der Bundesverfassung als »literarischer Schatz« für die Druckschriftensammlung bezeichnet.

1.77 Der Ausbau der Druckschriftensammlung in der Zeit vor 1900 hatte v. a. zwei Gründe: erstens die institutionelle Nähe des Staatsarchivs zur Staatskanzlei im Besonderen und zu Verwaltung, Regierung und Parlament im Allgemeinen, die es bereits vor der formellen Bezeichnung zur »Regierungsbibliothek« machte, und zweitens das Fehlen einer »eidgenössischen Centralbibliothek«, die für Staatsarchivar Schweizer den Ausschlag gab, die Amtsdruckschriften der anderen Kantone sowie des Bundes überhaupt derart umfassend zu sammeln. Beim Schrifttum zu politischen und anderen tagesaktuellen Fragen ist darauf hinzuweisen, dass die »Zentralstelle für soziale Literatur«, das heutige »Schweizerische Sozialarchiv«, erst 1906 gegründet wurde.

1.78 Auf gesetzlicher Ebene wurde der Entwicklung der Druckschriftensammlung allerdings keine Rechnung getragen. Das Archivreglement von 1900 übernahm die Bestimmungen von 1877 unverändert.

1.79 Umgekehrt hatte weder die Gründung der »Schweizerischen Landesbibliothek« 1895 in Bern noch die Schaffung der »Zentralstelle für soziale Literatur« 1906 in Zürich eine Einschränkung der Sammelgebiete der Druckschriftensammlung im Staatsarchiv zur Folge. In Bezug auf den Kanton Zürich ist – neben den eigentlichen Amtsdruckschriften – 1908 noch umfassender die Rede von »Jahresberichten und anderen Publikationen aller irgendwie unter der Aufsicht der zürcherischen Regierung stehenden Institute und Vereine wie Eisenbahnen, Banken, Versicherungsinstitute, Kranken- und Versorgungsanstalten, gemeinnützige Anstalten, gewerbliche und Handelsschulen, Privatschulen, Ferienkolonien, landwirtschaftliche Schulen, gemeinnützige Vereine und Gesellschaften«, die gesammelt wurden. Eine ähnlich detaillierte Umschreibung findet sich 1911 im Bibliotheksführer von Wilhelm von Wyss. 1912 kam auf eine Anregung von Kantonsrat Oscar Wettstein (1866–1952), Chefredaktor der »Züricher Post« mit zeitungswissenschaftlichem Lehrauftrag an der Universität Zürich, noch die Sammlung »aller (!) in den Zeitungen und Flugblättern enthaltenen Artikel« zu kantonalen Referendumsabstimmungen hinzu (seit 1869 galt im Kanton Zürich das obligatorische Gesetzesreferendum). Staatsarchivar Hans Nabholz richtete in der Folge einen entsprechenden Aufruf an alle Herausgeber von politischen Zeitungen im Kanton, dem Staatsarchiv das entsprechende Material jeweils abzugeben. Das Resultat dieser Bemühungen sind 59 Bde mit entsprechendem Pressematerial (Zeitungsseiten), das bis zum Mai 1939 in der vorgesehenen Form gesammelt wurde.

1.80 Erst im Jahr 1926 kam es vor dem Hintergrund von Sparmassnahmen in der Kantonsverwaltung erstmals zu einer Anpassung der Sammelgebiete im Sinn einer Reduktion, indem rund 60 Reihen von Jahresberichten – vom »Frauenbund Winterthur« bis zur Versicherungsgesellschaft »Adria« – an die Zentralbibliothek zur Weiterführung abgetreten wurden; auf die Fortführung von rund 30 weiteren Reihen, die die Zentralbibliothek vermutlich bereits führte, wurde verzichtet. In den 1950er-Jahren wurde dann auch darauf geachtet, dass sich »keine stärkeren Überschneidungen« mit den Sammelgebieten des Sozialarchivs und dem 1912 gegründeten »Archiv für Handel und Industrie der Schweiz«, der heutigen »Zentrale für Wirtschaftsdokumentation«, ergaben.

1.81 Selbstverständlich gab es auch innerhalb der Institution Staatsarchiv Abgrenzungsprobleme zwischen Druckschriftensammlung und Bibliothek. Einzelne Titel wurden im Laufe der Zeit versetzt, andere problematische Zuteilungen blieben bestehen; in vielen Fällen aber ist die Zuteilung zum einen oder zum anderen Bücherbestand gar nicht zwingend. Schliesslich finden sich nicht wenige Titel an beiden Orten.

1.82 Wie die Archivbibliothek, so ist auch die Druckschriftensammlung nach einer mehrstufigen Systematik aufgebaut, die 1911 erstmals bezeugt ist, aber vermutlich noch in die Zeit des ausgehenden 19. Jhs zurückgeht. Der Bestand verteilt sich zunächst auf die drei Hauptabteilungen I = Bund, II = Kantone (ohne Kanton Zürich) und III = Kanton Zürich, ergänzt um die Gesetzessammlungen als vierte Hauptabteilung, deren alphanumerische Signatur mit dem jeweiligen Autokennzeichen beginnt, also CH für den Bund, AG bis ZH für die Kantone sowie A, D, F, FL und I für die Nachbarstaaten Österreich, Deutsches Reich und Preussen, Frankreich, Fürstentum Liechtenstein und Italien. Bei den drei anderen Hauptabteilungen bildet die römische Ziffer jeweils den ersten Teil der Signatur eines Buches.

1.83 Während bei den Gesetzessammlungen auf eine weitere Unterteilung verzichtet wurde und die Signaturen deshalb nur zweiteilig sind (Autokennzeichen und Numerus currens), finden sich in den Hauptabteilungen I und III thematische und in der Hauptabteilung II formale Untergliederungen, und zwar in der Hauptabteilung I deren 13, in II deren 6 und in III deren 15.

1.84 Die Hauptabteilungen I und III sind weitgehend parallel anhand der einzelnen Verwaltungsbereiche des Bundes bzw. des Kantons Zürich untergliedert, beginnend mit »Verfassung, Gesetzgebung, Verwaltung« und beim Bund bis »Volkswirtschaft« reichend, während beim Kanton Zürich noch die beiden Unterabteilungen »Landwirtschaft« und »Gemeindewesen« folgen. Die einzelnen Unterabteilungen sind alphabetisch fortlaufend mit Grossbuchstaben signiert, die den zweiten Teil der Signatur bilden, wobei zusätzlich zwischen in Schachteln aufbewahrten Kleinschriften und einzeln aufgestellten Bdn unterschieden wird, indem letztere den Grossbuchstaben doppelt erhalten, z. B. III C für Kleinschriften bzw. III CC für Bände derselben Unterabteilung (»Kanton Zürich: Justiz und Polizei«).

1.85 Die Hauptabteilung II (Kantone ohne Kanton Zürich) ist in 6 nach formalen Gesichtspunkten gebildete Unterabteilungen eingeteilt (Amtsblätter, Geschäftsberichte, Staatskalender, Staatsrechnungen und Voranschläge sowie Varia).

1.86 Wie bei der Archivbibliothek haben auch in der Systematik der Druckschriftensammlung einige zeittypische Bezeichnungen von Unterbereichen bis heute überlebt, so in der Hauptabteilung der kantonalzürcherischen Druckschriften »Krawalle« (in der Unterabteilung »Politik«; im Gefolge von 1968 noch ergänzt durch »Extremisten«), »Geheimmittel, Gifte, Quacksalber« (in der Unterabteilung »Gesundheitswesen«) oder »Behinderte, Gebrechliche, Blinde, Taubstumme und Anormale« (in der Unterabteilung »Armenwesen und soziale Fürsorge«). In der Unterabteilung »Kirchenwesen« finden sich »Sekten, Juden, Heilsarmee und Wiedertäufer« vereinigt.

1.87 Im Unterschied zur Archivbibliothek ist die Druckschriftensammlung seit längerem nicht mehr frei zugänglich, sondern befindet sich – mit wenigen Ausnahmen im Bereich der kantonalzürcherischen Amtsdruckschriften – im Magazin und ist im Lesesaal zu benutzen. Entsprechend ihrer früher grösseren Bedeutung hatte sie 1876 im Obmannamt noch ein »stattliches Lokal« zugewiesen erhalten; 1930 war sie bereits über das ganze Archiv im Predigerchor verteilt.

1.88 Die Katalogisierung der Druckschriftensammlung blieb lange ungenügend und ist bezüglich des Kleinschrifttums noch heute unvollständig, was auch die Auswertung der historischen Bestände im vorliegenden Beitrag erschwert hat. Staatsarchivar Johannes Strickler hatte bei seinem Amtsantritt 1870 – im Unterschied zur damals neu katalogisierten Archivbibliothek – lediglich einen (neuen) Katalog für die gedruckten Mandate angelegt. 1877 wird ein Katalog für die Druckschriften im Archivreglement unter den im Rahmen der Reorganisation des ganzen Archivs noch zu leistenden Aufgaben aufgezählt. Tatsächlich nahm Strickler den Druckschriftenkatalog im folgenden Jahr in Angriff, das gewählte Vorgehen erwies sich aber als zu kompliziert. 1887 fasste dann Staatsarchivar Paul Schweizer einen Druckschriftenkatalog ins Auge, der parallel zum Katalog der »wissenschaftlichen Handbibliothek« die »offiziellen Drucksachen und die politischen Broschüren« einzeln verzeichnen sollte. Die Arbeit an diesem ersten Katalog für die Druckschriftensammlung war im Jahr 1893 offenbar abgeschlossen, als Schweizer von einem »in den letzten Jahren« angelegten »vollständigen Zeddelkatalog aller einzelnen Stücke für Kanton und Bund« mit »vielen tausend Zetteln« spricht. 1911 erwähnt Friedrich Hegi ein »Titelregister, das gerade jetzt im Zusammenhang mit der Einreihung der abgelieferten Stüssibibliothek bedeutend detaillierter werden soll«, und auch in den folgenden Jahren bis hin zur grossen Reorganisation der Archivbibliothek in den 1950er-Jahren ist mehrfach von Erschliessungs- und Katalogisierungsarbeiten an der Druckschriftensammlung die Rede. Ein im Jahr 1955 begonnener »alphabetischer Zettelkatalog« und der zwei Jahre später von Ulrich Helfenstein angelegte Standortkatalog für die ausländischen Gesetzessammlungen scheinen einen gewissen Abschluss dieser Revisionsarbeiten zu markieren.

1.89 Heute existiert einerseits ein im Laufe der Zeit immer wieder à jour gebrachter Standortkatalog in Loseblattform, der die Kleinschriften aber nicht einzeln erfasst, sondern nur schachtelweise und mit Angabe des Zeitraums, aus dem die darin befindlichen Schriften stammen. Andererseits wurde die Druckschriftensammlung kontinuierlich in den Kreuzkatalog der Archivbibliothek mit aufgenommen und ist damit seit Herbst 2005 auch über den elektronischen Katalog erschlossen. Allerdings wurden die in den Schachteln aufbewahrten Kleinschriften nur in wenigen Fällen und nach weder deklarierten noch erkennbaren Gesichtspunkten einzeln verzeichnet.

1.90 Nachdem 1896 in Archivbibliothek und Druckschriftensammlung zusammen 4387 Bde und 1206 Schachteln gezählt wurden, lauten die Zahlen im Jahr 1909 für die Druckschriftensammlung allein 2500 Bde Druckschriften und 1320 Bde Gesetzessammlungen sowie 155 Bde der Neuen Zürcher Zeitung (die später in die Archivbibliothek umgeteilt wurden), total 3975 Bde. Per 31. Dezember 1937 wurden 4200 »Bde« und 1580 »Schachteln und Mappen« gezählt, per 17. Mai 1954 bereits 5450 »Bde« und 1880 »Schachteln oder Mappen«, die sich 1942 auf 602 »[Brett]laufmeter« verteilten. Im Jahr 1970 wurde der Bestand (nach dem Ausscheiden der Amtsblätter der anderen Kantone) auf 500 Laufmeter mit 5000 Bdn, 1200 Sammelmappen und 300 Periodika geschätzt. Aktuell (per 13. Januar 2007) enthält der elektronische Katalog 6054 Katalogisate der Hauptabteilung I, 467 der

Hauptabteilung II und 6640 der Hauptabteilung III sowie rund 500 der Gesetzessammlungen.

1.91 Im Unterschied zur Archivbibliothek verdankt die Druckschriftensammlung einen Grossteil ihrer Bestände aus der Zeit vor der Schaffung des Staatsarchivs den ab 1837 übernommenen und zentralisierten Archiven der kantonalen Verwaltung und ihrer diversen Rechtsvorgänger, aus deren Aktenbeständen grundsätzlich alle Druckschriften entfernt und gemäss Pertinenzprinzip ungeachtet ihrer Herkunft in die entsprechenden Abteilungen der Druckschriftensammlung integriert wurden, soweit sie nicht in Bde mit handschriftlichem Material eingebunden waren. Gut erkennbar ist die Anwendung dieses Prinzips etwa beim Bestand der vom alten Stadtstaat Zürich erlassenen Mandate, wo – neben der 1784 angelegten Sammlung aus der alten Stadtkanzlei – ein Dublettenbestand existiert, der wie ein grosses Sammelbecken Dubletten, Tripletten etc. einzelner Mandate der unterschiedlichsten staatlichen und kirchlichen Provenienzen enthält, welche sich nur noch in Einzelfällen dank älteren Archivsignaturen oder anderen handschriftlichen Bemerkungen eruieren lassen.

1.92 Während im Fall der Zürcher Mandate – und der Zürcher Druckschriften im Allgemeinen – dank der entsprechenden Hauptabteilung III (Kanton Zürich) wenigstens eine gewisse Kontinuität der Archivierung gewahrt blieb, wurde bei nichtzürcherischen Druckschriften des 16. bis 18. Jhs – darunter solchen aus dem Ausland – durch die Schaffung der Hauptabteilungen I (Bund) sowie II (übrige Kantone) jeder Hinweis auf die Provenienz zerstört. Gleichzeitig entfiel jede Unterscheidung zwischen Altbestand und späterem Zuwachs. Die Schachtel »Frankreich« mit Schrifttum, das bis ins Jahr 1535 zurückreicht, befindet sich in derselben Unterabteilung (»Bund: Politik«) wie die mit dem Jahr 1899 einsetzende Schachtel mit dem Schrifttum »Sozialdemokratische Partei der Schweiz und Kommunistische Partei der Schweiz«.

1.93 Beim laufenden Zuwachs zieht sich seit dem ausgehenden 19. Jh das Problem der (möglichst) vollständigen Beschaffung der Amtsdruckschriften und der übrigen Publikationen, die in das definierte Sammelgebiet fallen, wie ein roter Faden durch die Geschichte der Druckschriftensammlung. Anfänglich waren zudem noch Lücken in Reihen zu füllen, die man nicht von Beginn weg gesammelt hatte, doch auch die ständige Fortführung der teilweise periodisch, teilweise unregelmässig erscheinenden Druckschriften, die von den verschiedensten Verwaltungseinrichtungen, aber auch von öffentlichrechtlichen und privaten Institutionen sowie von Vereinen, Gesellschaften und Firmen publiziert wurden, erwies sich als äusserst aufwendig. Am besten funktionierte naturgemäss die Verbindung zur Staatskanzlei, die ihre Druckschriften »regelmässig und sofort« ablieferte; die einzelnen Direktionen taten dies immerhin »gelegentlich«. Ankäufe von Druckschriften wurden nur »in bescheidenem Masse« getätigt.

1.94 Gleichzeitig bemühte man sich durch Aufrufe aktiv um Schenkungen von privater Seite, von Personen, die entsprechendes Schrifttum aus ihrer Tätigkeit in Politik und Verwaltung besassen, angefangen bei den Regierungsräten, die 1908 direkt angeschrieben und um Hilfe gebeten wurden, noch immer bestehende Lücken bis zurück in die 1880er- und 1890er-Jahre zu füllen. Daneben gab es immer wieder Zürcher National- und Ständeräte, die Druckschriften aus ihrer Parlamentstätigkeit überliessen, z. T. sogar Gesetzesentwürfe und Gesetzesfahnen mit ihren handschriftlichen Bemerkungen, so in den 1880er-Jahren Jakob Pfenninger (1841–1891), der zuvor Regierungsrat gewesen war, in den 1890er-Jahren Johannes Stössel (1837–1919), der gleichzeitig langjähriger Regierungsrat war, und Konrad Kramer-Frey, später dann u. a. der oben erwähnte Oscar Wettstein als Ständerat.

1.95 Bei den Schenkungen von privater Seite von geringerer Bedeutung waren Druckschriften aus älterer Zeit. Zu nennen ist hier etwa 1884 Salomon Vögelin (1837–1888) mit einer »Partie offizieller Drucksachen aus der helvetischen und spätern Perioden«. In der Zeit von 1895 bis 1922 erscheint mehrfach der Name des Verwaltungsbeamten Eduard Ringger, zunächst Angestellter in der Abgabenkanzlei, dann Adjunkt im Steueramt, dem offenbar bei seiner Arbeit regelmässig ältere Druckschriften zufielen. Aus dem Nachlass von Clara Holzmann-Forrer (1868–1949) stammen 36 Mandate aus dem Zeitraum 1798–1815, die 1952 allerdings der Archivabteilung zugewiesen wurden; vom Historiker Theodor Müller-Wolfer (1883–1970) erhielt die Druckschriftensammlung 1958 insgesamt 68 Mandate aus dem Zeitraum 1750–1850.

1.96 Über Ablieferungen aus der kantonalen Verwaltung gelangten immer wieder ältere, ausgeschiedene Fachliteratur sowie veraltete Gesetzessammlungen und andere juristische Werke aus Bibliotheken einzelner Direktionen und Amtsstellen ins Staatsarchiv, wo Einzeltitel namentlich in die Druckschriftensammlung integriert wurden. Dass diese Verwaltungsbibliotheken zu Beginn des 20. Jhs teilweise bereits eine beachtliche Grösse hatten, zeigt eine Bibliotheksstatistik von 1916, in der für die 1867 gegründete Bibliothek des Obergerichts 3930 Bde genannt werden, für die 1868 gegründete Bibliothek des Statistischen Bureaus sogar 6923 Bde, während die Bibliothek der Direktion des Innern und des Gefängniswesens nur 450 Bde umfasste, jene der Direktion der Justiz und Polizei und des Militärs 350, jene der Direktion des Gesundheits- und des Armenwesens 300, jene der Direktion des Erziehungswesens 775 und jene der Direktion der öffentlichen Bauten 1900 (zu denen noch 560 Bde in der Bibliothek des Hochbauamts und 1687 Bde in jener des Tiefbauamts kamen).

1.97 Von diesen Bibliotheken sind in der Druckschriftensammlung jene des Obergerichts, des Statistischen Bureaus, der Direktionen des Innern, des Militärs und der Justiz sowie des Hoch- und des Tiefbauamts mit Einzeltiteln aus der Zeit vor 1901 vertreten, ferner jene der Finanz- und der Volkswirtschaftsdirektion sowie der Staatsanwaltschaft, des Landwirtschaftsamts und des Zeughauses.

1.98 Nicht nur in Bezug auf die Katalogisierung blieb die Druckschriftensammlung ein Sorgenkind innerhalb des Staatsarchivs: Im Sinn einer Konzentration auf die archivarischen Kernaufgaben wurden 1967 von den Amtsblättern der übrigen Kantone nur noch die letzten 30 Jahre, also ab 1937, aufbewahrt und die älteren ausgeschieden. Gleichzeitig trat man grössere Bestände an Kantonsrats- bzw. Grossratsprotokollen einzelner Kantone »im Interesse einer Vereinheitlichung« der Druckschriftensammlung an die jeweiligen Kantone ab und verbannte die seit längerem nicht mehr fortgesetzten Reihen der ausländischen Gesetzessammlungen in ein Aussenmagazin im Bezirksgebäude Horgen, später im Milchbucktunnel. In einem zweiten Schritt wurden die Amtsblätter der übrigen Kantone ab 1973 nur noch während 5 Jahren aufbewahrt. 1995 folgte der Entscheid, in der Hauptabteilung II die Reihen der kantonalen Amtsblätter ganz aufzugeben und die Reihen der Geschäftsberichte, Staatskalender, Staatsrechnungen und Voranschläge sowie die Unterabteilung »Varia« nicht mehr weiterzuführen.

1.99 Gleichzeitig mit der Abschliessung der Hauptabteilung II wurden andererseits die Bemühungen verstärkt, im Bereich der Amtsdruckschriften des Kantons Zürich Vollständigkeit zu erreichen, und zwar namentlich durch eine entsprechende Ergänzung der Archivverordnung von 1998, die seit dem 1. August 2005 alle kantonalen Stellen verpflichtet, ein Belegexemplar der von ihnen hergestellten Druckschriften ins Staatsarchiv abzuliefern.

1.100 Am Ende der Reorganisation der Druckschriftensammlung wurden 2007 auch die Hauptabteilungen I und III sowie die Gesetzessammlungen abgeschlossen. Alle seither publizierten Druckschriften (auch in laufenden Reihen) gelangen in die neu geschaffenen Abteilungen AD (Amtsdruckschriften Kanton Zürich) und DS (andere Druckschriften) und werden nach bibliothekarischen Grundsätzen erschlossen mit dem nach wie vor gültigen Ziel, eine Sammlung von »Informationen über das rechtliche, politische und gesellschaftliche Geschehen im Kanton« zu bilden.

Archiv

1.101 Wie bereits ausgeführt, folgte man im 19. Jh dem pertinenzorientierten Prinzip, aus den übernommenen Archiven und Archivbeständen staatlicher sowie kirchlicher Institutionen sämtliches gedrucktes Material bis hinunter zum Einblattdruck auszuscheiden und in die Druckschriftensammlung zu integrieren; einige wenige Drucke wurden auch in die Bibliothek überführt. Frühneuzeitliche Archivsignaturen erlauben es dabei in vielen Fällen mit den nötigen archivgeschichtlichen Kenntnissen, die ursprüngliche Herkunft zu rekonstruieren, in vielen anderen Fällen dürfte die Provenienz aber nicht mehr zu bestimmen sein.

1.102 In den Archivbeständen ausnahmsweise verblieben sind zum einen jene Druckschriften, die bei der Ausscheidung übersehen wurden – oder vielleicht auch bewusst darin belassen wurden, weil sie handschriftliche Vermerke tragen und deshalb als unikal betrachtet wurden (namentlich kaiserliche Mandate). Zum anderen konnte man jene Druckschriften nicht ausscheiden, die zusammen mit handschriftlichem Material eingebunden waren, wie es namentlich in den Abteilungen B (Bücher) und E (Kirchenarchiv) der Fall ist. Von daher enthalten die Archivbestände aus der Zeit vor 1798 bzw. vor 1803 nach wie vor auch gedrucktes Material, das allerdings höchst ungleich verteilt ist. Einen Sonderfall bilden die Archivbestände des 19. Jhs (Abteilungen K–V und Y sowie Provenienzarchiv), die hier nicht weiter behandelt werden.

1.103 Ebenfalls einen Sonderfall stellen die Abteilungen W I (»Personen, Familien, private Institutionen«) und X (»Handschriften und Einzelnes privater Herkunft«) dar, wo einzelne Bestände auch aus Druckschriften bestehen. Zu nennen ist hier der Nachlass von Staatsarchivar Anton Largiadèr, zu dem auch ein Teil seiner Bibliothek gehört, der nicht wie andere Gelehrtenbibliotheken aufgelöst und in die Archivbibliothek integriert wurde.

1.104 Im Rahmen des vorliegenden Beitrags war es nicht möglich, die gesamten Archivbestände auf Druckschriften aus der Zeit vor 1901 durchzusehen. Bereits 1896 umfasste der Gesamtbestand des Archivs – ohne Bibliothek und Druckschriftensammlung – 2674 »Theke«, 5274 Schachteln und Mappen sowie 29.371 Bde. Gleichwohl lassen sich einige Hinweise auf interessante Bestände geben, namentlich solche, in denen Druckschriften gehäuft vorkommen.

Plansammlung

1.105 Die Plansammlung des Staatsarchivs steht in einem engen Bezug zum Archiv, indem es sich grösstenteils um Bestände handelt, die im Laufe der Zeit aus den einzelnen Archivabteilungen ausgeschieden worden sind. So ist die Plansammlung im Archivinventar von 1897 als Abteilung Z bzw. im Archivführer von 1974 als Abteilung X auch noch als integraler Bestandteil des Archivs aufgeführt. Die Sammlung umfasst zur Hauptsache Zehntenpläne, Strassenpläne, Wasserrechtspläne, Forstpläne, Pläne zu Gewässerkorrekturen und Brückenbauten, zu Meliorationen und Güterzusammenlegungen sowie Strassenpolizeipläne mit Leitungsanlagen. Im Aufbau folgt sie einer z. T. geographisch, z. T. thematisch konzipierten Systematik, die in 21 Abteilungen zerfällt, alphabetisch fortlaufend mit den Grossbuchstaben A–V signiert.

1.106 Neben der Erschliessung in der Archivdatenbank stehen ein Standortkatalog mit Orts- und Sachregister sowie ein »Autorenregister« (Kartographen, Zeichner, Stecher, Herausgeber, Verleger und Drucker) zur Verfügung.

Graphische Sammlung

1.107 Die Graphische Sammlung des Staatsarchivs entstand erst in den 1930er-Jahren, als der Regierungsrat begann, graphische Kunst auf Ausstellungen anzukaufen oder solche selber in Auftrag gab, um sie zu Dokumentations- oder Geschenkzwecken zu verwenden, aber auch um Zürcher Künstler in der damaligen Krisenzeit zu unterstützen. Die in jenen Jahren erworbenen Radierungen, Lithographien, Zeichnungen und Aquarelle bilden – zusammen mit einer Schenkung von über 800 Blättern des Kupferdruckers Eduard Feh aus dem Jahr 1940 – den Grundstock der Sammlung. In den folgenden Jahrzehnten kamen weitere Ablieferungen der Staatskanzlei oder einzelner Direktionen hinzu, namentlich Erinnerungsgaben zu den verschiedensten Anlässen. Gleichzeitig erweiterte das Staatsarchiv die Sammlung im Hinblick auf eine bildliche Dokumentation des Kantons Zürich mit graphischen Ansichten, Ansichtskarten, Fotos, Plakaten und Kalendern.

1.108 Die Stücke sind mit Numerus currens in der Reihenfolge des Eingangs signiert (bisher GS 1–841; viele Nummern allerdings bestehen aus mehreren Einzelstücken) und werden neben der Archivdatenbank durch einen 1975 angelegten Standortkatalog sowie durch ein Sachregister in Karteiform erschlossen.

2. BESTANDSBESCHREIBUNG
Ermittlungsmethode

Archivbibliothek

2.1 Die historischen Buchbestände der Archivbibliothek, d. h. alle vor 1901 publizierten Titel, wurden, einschliesslich der in Schachteln aufbewahrten Kleinschriften, in einem ersten Schritt anhand des Standortkatalogs in chronologischer, sprachlicher und thematischer Hinsicht erfasst. In einem zweiten Schritt wurden die erhobenen Daten am Gestell überprüft und sämtliche Bücher und Kleinschriften aus der Zeit vor 1901 auf bestandsgeschichtlich relevante Hinweise untersucht.

Druckschriftensammlung

2.2 Bei der Druckschriftensammlung wurde bezüglich der einzeln aufgestellten Bde gleich verfahren (mit Ausnahme der in einem Aussenmagazin aufbewahrten ausländischen Gesetzessammlungen, die nicht am Gestell überprüft wurden). Die in Schachteln aufbewahrten Kleinschriften konnten hingegen – mit Ausnahme der Stücke aus der Zeit vor 1601 – nicht einzeln ausgezählt und bestandsgeschichtlich ausgewertet werden, weil sie im Standortkatalog nicht einzeln verzeichnet sind und auch im (elektronisch retrokonvertierten) Kreuzkatalog nur in wenigen Fällen und nach weder deklarierten noch erkennbaren Gesichtspunkten einzeln nachgewiesen sind. Die Auszählung der Schachteln anhand des Standortkatalogs, der die Thematik und (allerdings nicht immer ganz zuverlässig) den Zeitrahmen der in einer Schachtel aufbewahrten Kleinschriften angibt, vermittelt zwar einen verlässlichen Eindruck vom Umfang der Druckschriftensammlung, doch verbleibt hier zweifellos die grösste Lücke im vorliegenden Beitrag zu den historischen Buchbeständen des Staatsarchivs Zürich. Eine bessere Erschliessung und Katalogisierung dieser überraschend reichhaltigen Altbestände – ein Stück weit ein »ungehobener Schatz« – gehört denn auch zu den Desiderata des Archivs. Der Sonderbestand der Mandatsammlungen wurde für die Zeit bis 1600 ebenfalls einzeln ausgezählt und ausgewertet; für die Zeit danach wurde nur die Sammlung der Zürcher Mandate ausgezählt, und zwar anhand der vorhandenen Numerierung.

Archiv

2.3 Für die eigentlichen Archivbestände können nur für die Zeit vor 1601 weitgehend verlässliche Zahlen angegeben werden, dies einerseits dank früheren Erhebungen und andererseits einem bis zu diesem Zeitpunkt noch überblickbaren Bestand. Für die drei Jhe danach war eine Auszählung abgesehen von einigen Stichproben aus Zeitgründen nicht möglich. Sie wäre aber mit Blick auf das Verhältnis von Aufwand und Ertrag auch wenig sinnvoll, handelt es sich doch ganz überwiegend um handschriftliches Material, aus dem – wenigstens dem Prinzip nach – sämtliche Druckschriften entfernt und in die Druckschriftensammlung überführt wurden.

Plansammlung

2.4 Auch in der Plansammlung wurde das gedruckte Material nicht ausgezählt, weil der Standortkatalog zu dem relativ grossen Bestand trotz einer Rubrik »Material / Technik« nicht eindeutig zwischen handgezeichneten unikalen und gedruckten vervielfältigten Plänen unterscheidet. Auch das Autorenregister, das u. a. Stecher, Verleger und Drucker verzeichnet, erlaubt keine vollständige Ausscheidung des gedruckten Materials, das aber ganz klar nur einen geringen Anteil am Gesamtbestand hat (mutmasslich deutlich unter 10 %).

Graphische Sammlung

2.5 Bei der Graphischen Sammlung, in der sowohl Druckobjekte als auch unikale Kunstwerke aufbewahrt werden, wurde eine Grobdurchsicht des Standortkatalogs vorgenommen.

Chronologische Übersicht

Archivbibliothek

2.6 Die Archivbibliothek zählt total 4030 Titel aus der Zeit bis 1900. Davon stammen 39 Titel (1 %) aus dem 16. Jh, 144 Titel (3,6 %) aus dem 17. Jh, 406 Titel (10,1 %) aus dem 18. Jh und 3441 Titel (85,3 %) aus dem 19. Jh (wovon nur 578 aus der ersten Hälfte des Jhs). Ein verhältnismässig grosser Teil davon sind Kleinschriften (Broschüren und Sonderdrucke, aber auch Dissertationen sowie Zeitungsartikel), die in Schachteln aufbewahrt werden, nämlich 1940 Titel (48,2 %), wobei 5 Titel aus dem 16. Jh stammen, 26 aus dem 17. Jh, 91 Titel aus dem 18. Jh und nicht weniger als 1809 Titel aus dem 19. Jh (wovon wiederum nur 254 aus der ersten Hälfte des Jhs).

2.7 Der Anteil der vor 1901 publizierten Titel am Gesamtbestand der Bibliothek lässt sich nicht genau beziffern, weil für letzteren nur Schätzungen vorliegen, die teilweise stark differieren. Vermutlich ist der Wert aber bereits vor einiger Zeit unter die Schwelle von 10 % gesunken.

Druckschriftensammlung

2.8 In der Druckschriftensammlung wurden aus der Zeit bis 1900 insgesamt 1410 einzeln aufgestellte Titel gezählt, davon ein Titel (0,1 %) aus dem 16. Jh, 10 Titel (0,7 %) aus dem 17. Jh, 67 Titel (4,8 %) aus dem 18. Jh und 1332 Titel (94,4 %) aus dem 19. Jh (wovon 488 aus der ersten Hälfte des Jhs). Das zeitliche Schwergewicht der Bestände liegt hier also noch ausgeprägter als bei der Archivbibliothek im 19. Jh.

2.9 Bei den Kleinschriften konnten auf Grund der Angaben im Standortkatalog nicht weniger als 937 Schachteln ausgezählt werden, deren Inhalt vor 1901 einsetzt. Unter diesen finden sich 8 Schachteln, bei denen das älteste Stück noch aus dem 16. Jh stammt. Bei 27 Schachteln stammt das älteste Stück aus dem 17. Jh, bei 147 Schachteln aus dem 18. Jh und bei 755 Schachteln aus dem 19. Jh. Einzeln ausgezählt wurden wie erwähnt nur die Stücke des 16. Jh; es handelt sich dabei um 12 Druckschriften.

2.10 Als gesonderter Bestand – neben den einzeln aufgestellten Titeln und den in Schachteln aufbewahrten Kleinschriften – sind die Mandatsammlungen zu behandeln. Sie enthalten 51 Stücke des 16. Jhs (davon 27 Einblattdrucke), wobei 48 Stücke (davon 26 Einblattdrucke) der Zürcher Sammlung angehören. Zur Zürcher Sammlung gehören zudem weitere 54 Mandate des 16. Jhs (davon 26 Einblattdrucke), die als Dubletten und Tripletten in Schachteln aufbewahrt werden. Für das 17. Jh lassen sich für die Zürcher Sammlung aus der Numerierung durch Stadtschreiber Hirzel 289 Stück errechnen, bei den Sammlungen der übrigen eidgenössischen Orte wurden 44 Stücke ausgezählt, total also 333 Stücke. Für das 18. Jh lauten die entsprechenden Werte 782 Stücke bei der Zürcher Sammlung bzw. 334 Stücke bei den Sammlungen der übrigen Orte, total also 1116 Stücke (jeweils ohne die in Schachteln aufbewahrten, nicht ausgezählten Dubletten und Tripletten). Die ab 1803 noch bis 1839 fortgeführte Zürcher Sammlung schliesslich enthält 234 Stücke des 19. Jhs. Dies ergibt für die Zürcher Sammlung (wiederum ohne Dubletten und Tripletten) ein Total von 1353 Stücken und für die Sammlungen der übrigen eidgenössischen Orte ein Total von 381 Stücken bzw. einen Gesamtbestand von 1734 Mandaten. – Der Übersicht halber seien an dieser Stelle noch die Zahlen für die (inkonsequenterweise) in der Archivbibliothek aufgestellten und deshalb dort mitgezählten Mandatsammlungen (namentlich von Basel) genannt: Es sind dies 9 Stücke aus dem 16. Jh (davon 8 Einblattdrucke), 31 Stücke aus dem 17. Jh und 86 Stücke aus dem 18. Jh. Daraus ergibt sich (wiederum ohne Dubletten und Tripletten) ein Gesamtbestand von 1820 Mandaten aus dem Zeitraum von 1525 bis 1839.

Archiv

2.11 Im Rahmen einer Neukatalogisierung grosser Teile der älteren Archivbestände in Form des bis zur Umstellung auf die Archivdatenbank 2009 massgeblichen Hauptarchivkatalogs (»Schwarzer Katalog«) hat Ulrich Helfenstein in den 1960er-Jahren – gleichsam als Nebenprodukt seiner Katalogarbeit – für interne Zwecke einen »Katalog [der] Druckschriften in Aktenbeständen« angelegt. Dieser verzeichnet insgesamt 537 Druckschriften aus der Zeit vor 1901, davon 1 Titel aus dem 15. Jh, 36 Titel aus dem 16. Jh, 223 Titel aus dem 17. Jh und 237 Titel aus dem 18. Jh, ferner 40 Titel aus dem 19. Jh. Die 537 Titel verteilen sich wie folgt auf die einzelnen Archivabteilungen: A 7 Titel, B 234 Titel (wovon 157 in B IX), C 2 Titel, E 289 Titel sowie F und G je 1 Titel, ferner R 1 Titel und W 2 Titel.

2.12 Das Verzeichnis ist bei weitem nicht vollständig, sondern mutmasslich nur eine Sammlung von Zufallsfunden. Auf Grund eigener Durchsicht eines Grossteils der Bestände aus der Zeit vor 1601 im Jahr 2003 und auf Grund verschiedener nachträglicher Funde liessen sich bis heute für das 15. Jh insgesamt 16 Titel eruieren (1 Buch, 1 Kleinschrift und 14 Einblattdrucke), für das 16. Jh sogar 180 Titel (73 Kleinschriften und 107 Einblattdrucke, einschliesslich einiger Dubletten), zuzüglich 5 Fragmente teils des 15., teils des 16. Jhs, total also (ohne Fragmente) 196 Titel aus der Zeit vor 1601, verteilt auf die Archivabteilungen A (Akten) mit 87 Stücken, B (Bücher) mit 29 Stücken, E (Kirchenarchiv) mit 58 Titeln, F (Finanzarchiv) mit 14 Titeln, G (Chorherrenstift Grossmünster) und J (Kloster Rheinau) mit je 1 Titel sowie W I (Personen, Familien, private Institutionen) mit 6 Titeln (Archiv der Antiquarischen Gesellschaft in Zürich; Archiv der Gesellschaft der Bogenschützen; Familienarchiv Steiner).

2.13 Unter den Stücken des 15. Jhs befindet sich das älteste Druckerzeugnis in den Beständen des Staatsarchivs überhaupt, nämlich eine Rechtfertigungsschrift von Graf Eberhard von Württemberg zuhanden der eidgenössischen Orte gegen Ritter Hermann von Eptingen vom 15. Februar 1478 (GW 9176), aber auch der älteste Zürcher Druck, den das Staatsarchiv besitzt, nämlich (in 2 satzdifferenten unikalen Exemplaren) ein Ablassbrief zum Besten des Kampfes gegen die Türken und der Verteidigung von Rhodos des Druckers Sigmund Rot von 1481, handschriftlich ausgestellt für Fridolin Äbli bzw. für Johannes Hettlinger (VE 15 J-51). Ebenfalls in 2 satzdifferenten Exemplaren vorhanden ist die in einer Aufl. von 614 Stück von Hans Rüegger gedruckte Einladung zum grossen Schützenfest in Zürich vom 8. Januar 1504, die den Beginn eines regelmässigen Buchdrucks in Zürich markiert.

2.14 In welchem Umfang sich die aus dem Verzeichnis von Helfenstein gewonnenen Zahlen für die Druckschriften aus dem 17. und dem 18. Jh bei einer vollständigen Durchsicht der Archivbestände erhöhen würden, lässt sich nicht genau abschätzen. Es ist aber offenkundig, dass dem Prinzip des ausgehenden 19. Jhs, sämtliche Druckschriften von den handschriftlichen Archivalien zu trennen und in die künstlich gebildete Systematik der Druckschriftensammlung zu überführen, nicht vollständig nachgelebt wurde. Dort, wo im frühneuzeitlichen Kanzlei- und Archivbetrieb einzelne Druckschriften ganz selbstverständlich in Bde mit handschriftlichem Material mit eingebunden worden waren – dies betrifft wie erwähnt namentlich die Bestände B (Bücher) und E (Kirchenarchiv) –, war eine Trennung ohnehin nicht möglich, wollte man nicht ganze Bde auflösen. Aber auch bei den lose aufbewahrten Archivalien – namentlich in der Abteilung A (Akten) – wurde der Grundsatz nicht immer befolgt, wobei manche Stücke wohl auch einfach übersehen wurden.

2.15 Bei den in den Archivbeständen aufbewahrten Druckschriften muss das 19. Jh völlig ausgeklammert bleiben. Es betrifft dies die Abteilungen K (Helvetik, Mediation, Restauration) und dann v. a. L–V und Y sowie das Provenienzarchiv (Kantonale Verwaltung), wobei aber die eigentlichen Amtsdruckschriften ohnehin nicht hier, sondern in der Druckschriftensammlung zu suchen sind, während einzelne aus Amtsbibliotheken der kantonalen Verwaltung ausgeschiedene Bde den Weg in die Druckschriftensammlung sowie vereinzelt in die Archivbibliothek gefunden haben.

Statistische Auswertung des elektronischen Katalogs

2.16 Die elektronische Retrokonversion des Zettelkatalogs, in dem neben der vollständig verzeichneten Archivbibliothek und der teilweise verzeichneten Druckschriftensammlung auch einzelne Drucke in den Archivbeständen aufgenommen sind, eröffnet mittlerweile zusätzliche Möglichkeiten der statistischen Auswertung, deren Resultate allerdings mit Vorsicht zu verwenden sind, weil zahlreiche Katalogisate unvollständig sind oder aus anderen Gründen noch der Bereinigung bedürfen. Titelzahlen können auf diesem Weg ohnehin nicht eruiert werden, da zahlreiche Katalogisate analytische Titelaufnahmen (u. a. Aufsätze in Zeitschriften und Sammelwerken) betreffen.

2.17 Insgesamt umfasst der elektronische Katalog aktuell 91.474 Katalogisate. 10.166 (11,1 %) betreffen Titel aus der Zeit vor 1901, nämlich 72 Titel des 16. Jhs, 272 des 17. Jhs, 749 des 18. Jhs, 9073 des 19. Jhs, 74.059 des 20. Jhs und 6716 des 21. Jhs (bei 533 Katalogisaten fehlt die Jahresangabe vorläufig noch).

Plansammlung

2.18 Die Plansammlung umfasste per 18. April 1958 insgesamt 8733 Pläne und Karten bzw. 1959 deren 9383. 1968 wird ihre Zahl auf über 10.000 geschätzt, 1977 auf 12.000. Der Bestand an gedruckten Karten und Plänen aus der Zeit vor 1901 wurde, wie erwähnt, nicht ausgezählt. Für die Zeit bis 1800 ist aber mit nur ganz wenigen Stücken zu rechnen. Stücke aus dem 16. Jh fehlen vermutlich ganz, für das 17. Jh konnten 3 Stücke eruiert werden.

Graphische Sammlung

2.19 Auch die gedruckten Bestände der Graphischen Sammlung wurden nicht ausgezählt. Die Grobdurchsicht des Standortkatalogs ergab für das 16. und für das 17. Jh je 1 Stück. Auch für das 18. Jh dürfte die Zahl bescheiden bleiben.

Übersicht nach Sprachen

2.20 Von den total 4030 Titeln der Archivbibliothek wurde die überwiegende Mehrheit, nämlich 3657 Titel, in deutscher Sprache veröffentlicht. In diesem hohen Anteil (90,7 %) widerspiegelt sich die Tatsache, dass die Sammelgebiete der Bibliothek letztlich ein getreues Abbild der Archivbestände sind, bei denen deutschsprachige Gebiete klar dominieren – vom eigentlichen Gebiet des Kantons Zürich über die umliegenden Kantone der Deutschschweiz bis zum benachbarten deutschsprachigen Ausland. Der deutschfreundliche Zeitgeist in den

Jahren von 1870 bis zum Ausbruch des Ersten Weltkriegs, also in der Aufbauphase der Archivbibliothek, hat diese Tendenz noch verstärkt. So sind selbst in der Hauptabteilung A (Ausland) von insgesamt 424 Titeln aus der Zeit bis 1900 nicht weniger als 355 Titel (83,7 %) in deutscher und nur gerade 20 Titel in französischer (sowie 49 Titel in lateinischer) Sprache verfasst. Auch in der Hauptabteilung C (Kantone ohne Zürich) mit insgesamt 732 Titeln aus der Zeit bis 1900 finden sich 655 Titel (89,5 %) in deutscher, aber nur 68 Titel in französischer (sowie 6 Titel in italienischer) Sprache. Entsprechend erscheint in der Rangfolge der einzelnen Kantone Genf als erster nicht-deutschsprachiger Kanton erst an 11. Stelle (nach Bern, Graubünden, St. Gallen, Basel, Aargau, Luzern, Schaffhausen, Thurgau, Glarus und Solothurn), Neuenburg (nach Schwyz) an 13. Stelle und die Waadt (nach Unterwalden, Zug, Appenzell und Wallis) an 18. Stelle (noch vor Freiburg, Uri, Tessin und dem Jura). Die 373 nichtdeutschsprachigen Titel verteilen sich auf folgende Sprachen: 223 Titel in Französisch, 121 in Latein und 16 in Italienisch, ferner 6 Titel in Englisch, 5 in Holländisch und je 1 Titel in Rätoromanisch und Griechisch.

2.21 Von den insgesamt 1410 einzeln aufgestellten Titeln der Druckschriftensammlung wurde auch in der Druckschriftensammlung die ganz überwiegende Mehrheit, nämlich 1255 Titel (89 %), in deutscher Sprache veröffentlicht. Daneben finden sich 123 Titel in französischer und 25 Titel in italienischer Sprache, ferner 5 Titel in Rätoromanisch und 2 in Latein. Für die in Schachteln aufbewahrten Kleinschriften ist in sprachlicher Hinsicht keine wesentlich andere Verteilung zu erwarten. Für die 1820 Mandate ergibt sich – unter der Annahme, dass in der Zürcher Sammlung sämtliche Mandate des 17. bis 19. Jhs in deutscher Sprache publiziert wurden –, folgende Verteilung: 1780 Stücke in deutscher, 39 Stücke in französischer und je 1 Stück in italienischer bzw. lateinischer Sprache.

2.22 Beim Archiv sind Angaben zur sprachlichen Verteilung nur bei den Titeln aus der Zeit bis 1600 möglich. Von den 16 Titeln des 15. Jhs wurden 11 Titel in deutscher Sprache und 6 Titel in Latein publiziert, von den 180 Titeln des 16. Jhs 138 Titel in deutscher Sprache, 36 Titel in Latein, 4 Titel in italienischer und je 1 Titel in französischer und englischer Sprache.

2.23 Die Bestände der Plansammlung und der Graphischen Sammlung wurden nicht nach Sprachen ausgezählt.

Systematische Übersicht

Archivbibliothek

2.24 Thematisch eindeutig im Vordergrund steht mit 2515 von 4030 Titeln wenig überraschend das Fachgebiet der Geschichte (62,3 %), wobei die Auszählung anhand der bibliotheksinternen Systematik für die einzelnen Hauptabteilungen folgende Werte ergibt: Geschichte des Kantons Zürich (Signaturengruppe D) 626 Titel (15,5 % des Gesamtbestands), Geschichte der übrigen Kantone (Signaturengruppe C) 711 Titel (17,6 %), Schweizer Geschichte (Signaturengruppe B) 471 Titel (11,7 %), Geschichte des Auslands (Signaturengruppe A) 412 Titel (10,2 %) sowie historische Hilfswissenschaften und Archivwesen (Signaturengruppe E) 295 Titel (7,3 %).

2.25 An zweiter Stelle steht mit 740 Titeln (18,3 %) die Politik (inkl. Militär und Volkswirtschaft), gefolgt von weiteren Fachgebieten: Recht mit 224 Titeln (5,6 %), Lexika und Allgemeines mit 149 Titeln (3,7 %), Sprache und Literatur mit 99 Titeln (2,5 %), Theologie mit 88 Titeln (2,2 %), Geographie und Reiseliteratur mit 75 Titeln (1,9 %), Bibliographien mit 18 Titeln (0,5 %), Naturwissenschaften mit 12 Titeln (0,3 %) und Kunst mit 5 Titeln (0,1 %). 101 Titel sind dem Bereich Periodika (2,5 %), 4 Titel dem Bereich Zeitungen (0,1 %) zuzuordnen.

Geschichte

2.26 Entsprechend der Hauptfunktion der Archivbibliothek als Hilfsmittel bei der Arbeit mit den Archivalien ist bei den Titeln aus dem Fachgebiet der Geschichte an erster Stelle auf die bis vor die Anfänge der modernen Geschichtswissenschaft zurückreichenden Quelleneditionen einzugehen, die immer wieder auch eigenen Beständen des Archivs galten.

2.27 Noch ins 17. Jh fallen die *Warhaftige Akten der von Cardinal von Österreich, Bischofen zu Constantz, an Zürych wegen der Religion begerten und gesuchten Disputation*, hrsg. auf Anordnung des Zürcher Rats (Zürich 1603) aus der Stadtkanzlei, zu denen als Gegenstück Johannes Pistorius, *Acten der zu Zürich zwischen Cardinaln von Österreich, Bischoffen zu Constantz, und Zürich wegen der Religion angestellter Disputation* (3 Teile, Freiburg i. Br. 1603), gehören, die erst 1963 angekauft wurden und aus dem Vorbesitz eines Johann Jakob Ulrich (vielleicht dem Antistes der Jahre 1649–1668) stammen. Weiter zu nennen ist Melchior Goldast, *Alamannicarum rerum scriptores aliquot vetusti* (Frankfurt a. M. 1606), v. a. aber als Rarum die in Kleinstauflage gedruckten und 1948 als Dublette des Stiftsarchivs Einsiedeln geschenkweise ans Staatsarchiv gelangten *Documenta archivii Einsidlensis* (5 Bde, Einsiedeln 1665–1695) – zusammen mit dem Pendant des Klosters St. Gallen (welches im Archiv aufbewahrt wird) die bedeutendste gedruckte Urkundensammlung eines Klosters im Gebiet der Eidgenossenschaft aus der Frühen Neuzeit.

2.28 Aus dem 18. Jh sind zu nennen *Handlung oder Acta gehaltener Disputation zu Bern in Uchtland, im Jahr 1528* (Bern 1701), eine Neuausgabe der Berner Religionsgespräche, dann Marquard Herrgott (1694–1762), *Genealogia diplomatica augustae gentis Habsburgicae* (3 Bde, Wien 1737) aus dem Vorbesitz von Arnold Nüscheler, Fridolin Kopp (1691–1757), *Vindiciae actorum Murensium* (Muri 1750) mit der besten frühneuzeitlichen Edition der *Acta Murensia*, und Trudpert Neugart (1742–1825), *Codex diplomaticus Alemanniae et Burgundiae Trans-Juranae* (2 Bde, St. Blasien 1791–1795). Frühe Editionen u. a. auch von Zürcher Archivalien – teilweise allerdings aus sekundärer Überlieferung – enthalten Jakob Lauffer (1688–1734), *Historische und critische Beyträge zu der Historie der Eidsgenossen* (4 Teile, Zürich 1739), und Johann Jakob Simler (1716–1788), *Sammlung alter und neuer Urkunden zur Beleuchtung der Kirchen-Geschichte vornemlich des Schweizer-Landes* (2 Bde, Zürich 1757–1763).

2.29 Im 19. Jh folgen dann die nach wissenschaftlichen Kriterien erarbeiteten Urkundenbücher und Regestenwerke, so u. a. die von Johann Friedrich Böhmer bearbeiteten ersten Bde der *Regesta imperii* (Frankfurt a. M. 1831 und 1839–1841) oder die Urkunden zu Johann Kaspar Zellwegers *Geschichte des Appenzellischen Volkes* (3 Bde, Trogen 1831–1838). Nach 1837 steuerten auch die Staatsarchivare Quelleneditionen bei, allerdings unterschiedlicher Qualität. So veröffentlichte Gerold Meyer von Knonau 1843 als Regestensammlung *Die den Städten Zürich und Winterthur, den Klöstern im Canton Zürich und einigen Edeln von Karolingern und Römischen Königen und Kaisern von 852 bis 1400 ertheilten Urkunden* (im Archiv für Schweizerische Geschichte) und bearbeitete 1850 im Rahmen der von Theodor von Mohr hrsg. Reihe *Die Regesten der Archive in der schweizerischen Eidsgenossenschaft* (2 Bde, Chur 1848–1854) die Regesten des Klosters Kappel. Johann Heinrich Hotz publizierte ein rechtshistorisch ausgerichtetes Urkundenbuch zur *Geschichte des Grossmünsterstifts Zürich und der Mark Schwamendingen, vornehmlich der Stiftswaldung und des Stiftsrietes daselbst vom IX.–XIX. Jahrhundert* (Zürich 1865), sein Nachfolger Johannes Strickler die wichtige *Actensammlung zur Schweizerischen Reformationsgeschichte in den Jahren 1521–1532* (5 Bde, Zürich 1878–1884).

2.30 Krönung dieser Editionsarbeiten war das von Paul Schweizer ab 1885 mitbearbeitete *Urkundenbuch der Stadt und Landschaft Zürich* (11 Bde, Zürich 1888–1920 sowie Siegelabbildungen in 11 Lieferungen, Zürich 1891–1925, ferner 2 Nachtragsbände, Zürich 1939 und 1957). Dazu ist als Handexemplar mit eigenhändigen Nachträgen von Schweizer sein *Redactionsplan für das Urkundenbuch der Stadt und Landschaft Zürich* (Zürich 1885) vorhanden.

2.31 An weiteren Editionen aus eigenen Archivbeständen, die damit zum Kernbestand der Archivbibliothek zu zählen sind, sind zu nennen *The Zurich Letters, comprising the correspondance of several English bishops and others with some of the Helvetian reformers during the early part of the reign of queen Elisabeth* (2 Bde, Cambridge 1842–1845), *Das Gerichtsbuch der Stadt Zürich vom Jahre 1553* (Zürich 1845), hrsg. von Joseph Schauberg, Georg von Wyss, *Geschichte der Abtei Zürich* (Zürich 1851–1858), *Zürcherische Rechtsquellen*, hrsg. von Friedrich Ott (1854/55 in der *Zeitschrift für Schweizerisches Recht*), und die *Actensammlung zur Geschichte der Zürcher Reformation in den Jahren 1519–1533* (Zürich 1879), hrsg. von Emil Egli, von welcher der Kanton Zürich 150 Exemplare übernahm und jeder Sekundarschule eines zuhanden »der Lehrer und anderen befähigten Lesern« übergab. Kurz vor der Jahrhundertwende folgen die von Ulrich Stutz (1868–1938) als Musteredition ländlicher Rechtsquellen bearbeiteten *Rechtsquellen von Höngg* (Basel 1897), vorhanden auch als durchschossenes Handexemplar des Bearbeiters mit eigenhändigen Nachträgen und seinem Exlibris.

2.32 Die Urkundenbücher und Regestenwerke des 19. Jhs aus den anderen Kantonen sind vollständig vorhanden, darunter der *Recueil diplomatique du Canton de Fribourg* (8 Bde, Freiburg i. Ü. 1839–1877), der *Codex diplomaticus ad historiam Rhaeticam* (7 Bde, Chur 1848–1889), hrsg. von Theodor von Mohr, und die *Monuments de l'histoire de l'ancien évêché de Bâle* (5 Bde, Pruntrut 1852–1867) von Joseph Trouillat. Als gesamtschweizerisches Editionsunternehmen sind die *Quellen zur Schweizer Geschichte* (Basel, ab 1877) zu nennen. Als Einzelwerk ragen heraus *Die Urkunden und Akten der Belagerung und Schlacht von Murten [1476]* (Freiburg i. Ü. 1876), gesammelt von Gottlieb Friedrich Ochsenbein, vorhanden als offizielles Geschenkexemplar des Festkomitees an den Stand Zürich.

2.33 Bei den ausländischen Quelleneditionen ist eine Beschränkung auf die benachbarten Gebiete unverkennbar. Einzeln zu erwähnen ist hier – neben der durch Franz Joseph Mone besorgten postumen Veröffentlichung der Fortsetzung von Trudpert Neugarts Lebenswerk unter dem Titel *Episcopatus Constantiensis Alemannicus chronologice et diplomatice illustratus* (Freiburg i. Br. 1862) – insbesondere das *Fürstenbergische Urkundenbuch* (7 Bde, Tübingen 1877–1891), dessen Bde das Staatsarchiv jeweils mit sichtlichem Stolz als – im wörtlichen Sinn – »fürstliches« Geschenk aus Donaueschingen in Empfang nehmen durfte. Länderübergreifend bedeutsam ist Jakob Grimm, *Weisthümer* (7 Bde, Göttingen 1840–1878). Von den *Monumenta Germaniae Historica* wurden neben den *Diplomata*-Bänden (Hannover, ab 1879) auch die Reihen der *Leges* und *Necrologia* sowie der *Scriptores rerum Germanicarum in usum scholarum* angeschafft.

2.34 Eine zweite gut vertretene Gruppe an Quelleneditionen stellen die mittelalterlichen und frühneuzeitlichen Chroniken dar. Noch aus dem 18. Jh ist zu nennen Johann Jakob Bodmer und Johann Jakob Breitinger, *Thesaurus historiae Helveticae* (Zürich 1735), dann im 19. Jh Bendicht Tschachtlans *Berner-Chronik* (Bern 1820), hrsg. von Emanuel Stierlin und Johann Rudolf Wyss, Heinrich Bullingers *Reformationsgeschichte* (3 Bde, Frauenfeld 1838–1840), hrsg. von Johann Jakob Hottinger und Hans Heinrich Vögeli, und *Die Klingenberger Chronik* (Gotha 1861) hrsg. von Anton Henne. Unter den Chronikeditionen des benachbarten Auslands steht an erster Stelle die *Zimmerische Chronik* (2. Aufl.; 4 Bde, Freiburg i. Br. 1881/82), hrsg. von Karl August Barack.

2.35 Ebenfalls als Hilfsmittel für die Arbeit mit den Archivalien zu betrachten ist die entsprechend gut vertretene Literatur aus den verschiedenen Bereichen der historischen Hilfswissenschaften.

2.36 Im Bereich der Diplomatik zählt dazu als Klassiker Jean Mabillon, *De re diplomatica libri sex* (2. Aufl., Paris 1709). Das Exemplar wurde allerdings erst 1945 vermutlich aus dem Antiquariatshandel angekauft und stammt aus der Bibliothek des 1804 säkularisierten Benediktinerklosters Huysburg in Sachsen-Anhalt bzw. anschliessendem Besitz des Wiener Buchhistorikers Moriz Grolig (1873–1949) und des Heraldikers Donald Lindsay Galbreath (1884–1949), wie entsprechende Exlibris zeigen.

2.37 Im Bereich der Paläographie findet sich das monumentale Tafelwerk von Otto Posse, *Die Hausgesetze der Wettiner bis zum Jahre 1486. Festgabe der Redaktion des Codex diplomaticus Saxoniae regiae zum 800jährigen Regierungs-Jubiläum des Hauses Wettin* (Leipzig 1889), aus dem Vorbesitz von Friedrich Hegi stammend. Den Bereich der Genealogie vertritt Ottokar Lorenz' *Lehrbuch der gesammten wissenschaftlichen Genealogie* (Berlin 1898).

2.38 Der Bereich der Heraldik ist auch mit älteren Werken gut vertreten, so mit Dietrich Meyer (1572–1658), *Wappenbuch der Geschlächten, so anno 1605 mit Zürich durch Burgrechten verwandt, oder daselbst geregiert und gewonet haben* (Zürich 1605), angekauft allerdings erst 1984, und mit der stark erweiterten Neuausgabe von Meyers Sohn Konrad Meyer (1618–1689), *Kurtze Beschreibung der Stadt Zürich samt den Wappen der edlen und bürgerlichen Geschlechter* (Zürich 1674). S. T. Avelings *Heraldry, ancient and modern* (London 1873) stammt gemäss Exlibris aus dem Vorbesitz Heinrich Angsts (1847–1922), des ersten Direktors des Landesmuseums. Für den verwandten Bereich der Siegelkunde steht das aufwendig gestaltete Werk von Germain Demay, *Le costume au moyen âge d'après les sceaux* (Paris 1880).

2.39 Im Bereich der Numismatik ist an erster Stelle zu nennen Gottlieb Emanuel von Haller, *Schweizerisches Münz- und Medaillenkabinett* (2 Teile, Bern 1780/81) als durchschossenes Exemplar mit handschriftlichen Zusätzen aus der Zeit, u. a. Standortnachweisen zu einzelnen Münzen und Medaillen in (privaten?) Sammlungen. Ein Spezialthema der historischen Hilfswissenschaften behandelt Johann Ludwig Klübers *Kryptographik. Lehrbuch der Geheimschreibekunst in Staats- und Privatgeschäften* (Tübingen 1809).

2.40 Schliesslich ist auch der ganze Bereich des Archivwesens und der Archivwissenschaft vertreten, etwa mit Aimé Champollion-Figeacs *Manuel de l'archiviste des préfectures, des mairies et des hospices* (Paris 1860) und Franz von Löhers *Archivlehre* (Paderborn 1890). Als Beispiel eines Archivinventars kann genannt werden Edouard Rotts *Inventaire sommaire des documents relatifs à l'histoire de Suisse conservés dans les archives et bibliothèques de Paris* (5 Bde, Bern 1882–1894).

2.41 Der grosse Bereich an Darstellungen im Fachgebiet der Geschichte setzt im 16. Jh ein mit Sebastian Franck (1499–1542), *Chronica, Zeyt-Buoch und Geschycht-Bibel* (Strassburg 1531), v. a. aber mit Johannes Stumpfs *Gemeiner loblicher Eydgnoschafft stetten, landen und völckeren Chronik* (Zürich 1547). Das Druckjahr 1547 (und nicht 1548) kennzeichnet die damals u. a. von Stumpfs Sohn an die eidgenössischen Orte und Zugewandten verteilten Widmungsexemplare, die sich in verschiedenen Archiven und Bibliotheken der Schweiz erhalten haben. Überraschenderweise enthält das Exemplar des Staatsarchivs Zürich aber zahlreiche Marginalien hauptsächlich zweier Hände des 16./17. Jhs mit eindeutig anti-zürcherischer und antireformatorischer Stossrichtung aus Ostschweizer Optik (z. B. zum Tod Zwinglis: »was ein grosser schelm und ein weltverfürer, ime sind sine recht angeton, dann er wie ein anderer kätzer verbrennt worden uff dem Cappeller berg«). Offensichtlich handelt es sich dabei also um ein Widmungsexemplar für einen anderen eidgenössischen Ort oder Zugewandten, das auf ungeklärtem Weg nach Zürich gelangt ist. Ebenfalls noch ins 16. Jh gehört von altgläubiger Seite Franz Guillimann (um 1568–1612), *De rebus Helveticorum sive antiquitatum libri V* (Freiburg i. Ü. 1598). Die klassische Darstellung von Josias Simler (1530–1576), *Respublica Helvetiorum* bzw. *Von dem Regiment der loblichen Eydgenoßschaft*, ist dagegen erst in der lateinischen Ausg. (Zürich 1608) sowie in den von Johann Jakob Leu hrsg. deutschen Ausg. (Zürich 1722 und 1735) vertreten.

2.42 Ins 17. Jh gehören neben Simler auch Christoph Hartmann (1565–1637), *Annales Heremi monasterii in Helvetia* (Freiburg i. Br. 1612), Michael Stettler (1580–1642), *Schweitzer-Chronic* (Bern 1627–1631), Johann Heinrich Ott (1617–1682), *Annales anabaptistici* (Basel 1672), und Johann Heinrich Rahn (1646–1708), *Eidtgnössische Geschicht-Beschreibung* (Zürich 1690), das

Hauptwerk des Zürcher Stadtschreibers und Bibliothekars.

2.43 Im 18. Jh folgen das postum von Johann Rudolf Iselin veröffentlichte Hauptwerk von Aegidius Tschudi (1505–1572), *Chronicon Helveticum* (2 Bde, Basel 1734–1736), mit allegorischem Titelkupfer von David Herrliberger. Daneben ist Tschudi mit der ebenfalls postum (von Johann Jakob Gallati) hrsg. *Gallia Comata* (Konstanz 1758) vertreten. Vom bereits genannten Jakob Lauffer stammt die *Genaue und umständliche Beschreibung Helvetischer Geschichte* (10 Bde, Zürich 1736–1739); von Johannes Müller (1733–1816) stammen die *Merckwürdigen Überbleibsel von Alterthümeren an verschiedenen Orthen der Eydtgenosschafft* (12 Teile, Zürich 1773–1783) aus Vorbesitz von Arnold Nüscheler.

2.44 Die konfessionelle Kirchengeschichtsschreibung des 17. und 18. Jhs ist gut vertreten zunächst mit den Werken des Zürcher Kirchenhistorikers und Orientalisten Johann Heinrich Hottinger (1620–1667), nämlich der *Historia ecclesiastica* (9 Bde, Zürich 1651–1667), der *Dissertationum miscellanearum pentas* (Zürich 1654), mit dem wichtigen Abschnitt »Methodus legendi historias Helveticas« (einer ersten Historiographie der Schweiz), dem *Speculum Helvetico-Tigurinum* (Zürich 1665) und dem *Cursus theologicus* (Zürich 1666). Als Gegenstück zur Kirchengeschichte Hottingers ist vorhanden Kaspar Langs *Historisch-Theologischer Grund-Riss der alt- und jeweiligen christlichen Welt* (2 Bde, Einsiedeln 1692) aus dem Vorbesitz von Franz Josef Fridlin, 1691–1705 Lehrer (»scholasticus«) an der deutschen Schule in Zug. Hottingers Sohn Johann Jakob Hottinger (1652–1735) ist vertreten mit *Helvetische Kirchen-Geschichten* (4 Bde, Zürich 1698–1729), von der auch die Neubearbeitung von Ludwig Wirz, *Helvetische Kirchengeschichte* (5 Bde, Zürich 1808–1819), vorhanden ist, sowie mit *Versuchungs-Stund über die evangelische Kirch* (Zürich 1715–1717). Zum Gebiet der Kirchengeschichte gehören schliesslich auch Gottfried Arnold, *Unpartheyische Kirchen- und Ketzer-Historien* (3 Bde, Schaffhausen 1740–1742), und Johann Conrad Füssli (1704–1775), *Beyträge zur Erläuterung der Kirchen-Reformations-Geschichten des Schweitzerlandes* (5 Teile, Zürich 1741–1753), sowie auf katholischem Gebiet Moritz Hohenbaum van der Meer (1718–1795), *Kurze Geschichte der tausendjährigen Stiftung des Gotteshauses Rheinau* (Donaueschingen 1778), und im nicht-christlichen Bereich vom Fraumünsterpfarrer Johann Kaspar Ulrich (1705–1768) die *Sammlung Jüdischer Geschichten in der Schweitz* (Basel 1768).

2.45 Der Bereich der Kantonsgeschichten setzt ein mit Johannes Guler von Wyneck (1562–1637), *Raetia, das ist außführliche und wahrhaffte Beschreibung der dreyen loblichen Grawen Bündten* (Zürich 1616), und Franz Haffner (1609–1671), *Der klein Solothurner allgemeine Schaw-Platz historischer geist-, auch weltlicher vornembsten Geschichten* (Solothurn 1666). Im 18. Jh folgen Christoph Trümpis *Neuere Glarner-Chronick* (Winterthur 1774) und Franz Vincenz Schmids *Allgemeine Geschichte des Freystaats Ury* (2 Teile, Zug 1788–1790), in der ersten Hälfte des 19. Jhs Ildefons von Arx' *Geschichte der Landgrafschaft Buchsgau* (Olten 1819) mit dem Exlibris des Berner Gelehrten und Politikers Karl Friedrich Ludwig Lohner (1786–1863), Franz Karl Stadlins *Topographie des Kantons Zug, enthaltend seine politische Geschichte* (4 Bde, Luzern 1819–1824) mit einem älteren und einem jüngeren Exlibris der »Evangelischen Landesbibliothek Glarus«, Gabriel Walser (1695–1776), *Neue Appenzeller-Chronik* (2. Aufl., Ebnat 1825–1831). Aus der zweiten Hälfte des 19. Jhs stammt namentlich Philipp Anton von Segessers *Rechtsgeschichte der Stadt und Republik Lucern* (4 Bde, Luzern 1850–1858), ferner etwa Konrad Kuhn, *Thurgovia sacra. Geschichte der katholischen kirchlichen Stiftungen des Kantons Thurgau* (3 Bde, Frauenfeld 1869–1883).

2.46 Bei den Gesamtdarstellungen der Schweizer Geschichte findet sich Johann von Müller, *Der Geschichten Schweizerischer Eidgenossenschaft einschliesslich der Fortsetzungen* (15 Bde, Leipzig 1816–1853), und Joseph Eutych Kopp, *Geschichte der eidgenössischen Bünde* (5 Bde, Leipzig 1845–1882). Speziell mit der eidgenössischen Frühgeschichte befasst sich Hermann von Liebenau, *Arnold Winkelried nach neuesten Forschungen* (Aarau 1862), und Odilo Ringholz, *Geschichte des Benediktinerstiftes Einsiedeln unter Abt Johannes I. von Schwanden mit besonderer Berücksichtigung des Marchenstreites* (Einsiedeln 1888), beide mit dem Bibliotheksstempel des »Schweizerischen Arbeitersekretariats«. Gut vertreten mit Darstellungen sind auch die Reformationszeit und die Frühe Neuzeit.

2.47 Verschiedene Werke behandeln Themen der Kulturgeschichte, der Kunst- und Architekturgeschichte – darunter Albert Kuhn, *Der jetzige Stiftsbau Maria-Einsiedeln* (Einsiedeln 1881), 1925 vom dortigen Vizebibliothekar P. Edmund Brosy dem jungen Anton Largiadèr geschenkt –, der Literaturgeschichte, der Historiographie, der Kirchengeschichte und der Rechtsgeschichte. Zu den bedeutenden Titeln zur Geschichte des (benachbarten) Auslands gehören Christoph Friedrich Stälin, *Wirtembergische Geschichte* (5 Bde, Stuttgart 1841–1873), Georg Vögeli, *Der Konstanzer Sturm im Jahre 1548* (Belle-Vue bei Konstanz 1846) und Alexandre Tuetey, *Les écorcheurs sous Charles VII* (2 Bde, Montbéliard 1874).

2.48 Bei den Turicensia ist an erster Stelle die lange Reihe der Memorabilia Tigurina zu nennen, beginnend mit Hans Heinrich Bluntschli, *Merck-*

würdigkeiten der Stadt Zürich und dero Landschafft nach alphabetischer Ordnung (2. Aufl., Zürich 1711) und von verschiedenen Autoren fortgesetzt bis 1860. Als Handexemplar des Verfassers in einem Kalbsledereinband mit goldgeprägtem Rückentitel sowie mit dem Exlibris »Bibliothek von Salomon Hess, Pfarrer« findet sich Salomon Hess (1763–1837), *Geschichte der Pfarrkirche zu St. Peter* (Zürich 1793), aus dem Vorbesitz von Johann Rudolf Rahn stammend. Zu den bedeutenden Gesamtdarstellungen des 19. Jhs gehören Gerold Meyer von Knonaus *Der Kanton Zürich* als erster Bd der Reihe *Historisch-geographisch-statistisches Gemälde der Schweiz* (St. Gallen 1834, bzw. 2. Aufl., 2 Bde, St. Gallen, Bern 1844–1846) sowie Friedrich Salomon Vögelins und Arnold Nüschelers *Das alte Zürich* (2 Bde, Zürich 1878–1890, dazu das Register, Zürich 1928). Für die Rechtsgeschichte steht Friedrich von Wyss, *Geschichte des Concursprozesses der Stadt und Landschaft Zürich bis 1715* (Zürich 1845), für die Kriegsgeschichte Emil Egli, *Die Schlacht von Cappel 1531* (Zürich 1873).

2.49 Die Zürcher Ortsgeschichtsschreibung und die Zürcher Familiengeschichten setzen demgegenüber beide im 19. Jh erst zaghaft ein, so mit Johann Konrad Troll, *Geschichte der Stadt Winterthur* (8 Bde, Winterthur 1840–1847), und Johann Rudolf Denzler, *Fluntern, die Gemeinde am Zürichberg* (Horgen 1858), bzw. Emil Pestalozzi-Pfyffer, *Die Familie Pestalozzi in Zürich 1567–1900* (Zürich 1878), und Carl Keller-Escher, *Die Familie Grebel* (Zürich 1884).

2.50 Dagegen reicht der grosse Bestand an Nekrologen von Zürcher Persönlichkeiten aller Lebensbereiche bis ins 16. Jh zurück, so mit Josias Simler, *Vita Conradi Gesneri Tigurini* (Zürich 1566). Aus dem frühen 17. Jh liegt Johannes Fels' *Oratio de vita et obitu Henrici Bullingeri* (Basel 1600) mit einer handschriftlichen Widmung an den Zürcher Stadtarzt Kaspar Wolf (1532–1601) vor. Zur frühen biographischen Literatur ist auch Johann Rudolf Beyel, *Series atque ordo consulum reipublicae Tigurinae Rodolpho Brunone usque ad tempora nostra* ([Zürich 1577]) zu zählen.

2.51 Spezifisch in der von Friedrich Hegi 1905/06 begonnenen Sammlung biographischer Kleinschriften und Zeitungsartikel (»Kanton Zürich: Biographien«, Signaturengruppe Da 1000–2206), die bis Januar 2007 auf 225 Schachteln mit 6863 einzelnen Stücken angewachsen ist, finden sich 535 Stücke (7,8 %) aus der Zeit vor 1901, davon 100 Stücke aus der ersten und 419 Stücke aus der zweiten Hälfte des 19. Jhs, die Personen aus allen Bereichen des öffentlichen Lebens betreffen. Gut vertreten sind dabei auch populärwissenschaftliche Schriften zu den Grossen der Zürcher Geschichte, namentlich im Umfeld von Jubiläen, wie dem 400. Todestag von Hans Waldmann 1889, dem 400. Geburtstag von Huldrych Zwingli 1884 oder dem 150. Geburtstag von Johann Heinrich Pestalozzi 1896.

2.52 Im Bereich der Turicensia findet sich schliesslich auch eine ganze Reihe von Katalogen zu Ausstellungen zu den verschiedensten, vorab historischen Themen oder aus Anlass von Jubiläen, wie sie ab den späten 1870er-Jahren auch in Zürich stattfanden, z. B. der Katalog über die Zwingli-Ausstellung der Stadtbibliothek Zürich in Verbindung mit dem Staatsarchiv und der Kantons-Bibliothek (Zürich 1884).

2.53 Nachdem sich das Staatsarchiv 1884 bereits an der Zwingli- und 1889 an einer Waldmann-Ausstellung beteiligt hatte, veranstaltete es 1891 im Zusammenhang mit der 600-Jahrfeier der Eidgenossenschaft für die Jahresversammlung der Allgemeinen geschichtsforschenden Gesellschaft der Schweiz erstmals eine eigene Ausstellung mit 160 Zimelien aus seiner Sammlung, zu denen auch 12 Drucke aus der Archivabteilung und der Druckschriftensammlung sowie 10 Drucke und Kupferstiche aus der Kartensammlung gehörten: [Paul Schweizer], *[Katalog der] Ausstellung historischer Documente des Zürcher Staatsarchives, veranstaltet zu Ehren der geschichtsforschenden Gesellschaft der Schweiz bei ihrer Jubiläumsversammlung in Zürich* (Zürich 1891).

Politik

2.54 Aus dem Fachgebiet der Politik (inkl. Militär und Volkswirtschaft), das nicht ganz frei von Überschneidungen mit dem Fachgebiet der Geschichte einerseits und dem des Rechts andererseits ist, können aus dem 17. Jh genannt werden Peter Valkenier, *Das entlarvte Schweitzer-Land* (o. O. 1680), aus dem 18. Jh Johann Jacob Moser, *Die gerettete völlige Souverainete der löblichen Schweizerischen Eydgenoszenschafft* (Tübingen 1731). Aus den Archivbeständen des Klosters Rheinau stammen *Standhafft und unumstösslicher Beweiss, die burgerliche Stadt-Gerechtigkeit zu Rheinau betreffende* (Rheinau 1746) und *Wahrhafft und gründliche Beanthwortung der Schmach-Schrifften wider Rheinau* (Konstanz 1747), beide mit dem Exlibris von Abt Roman Effinger (1753–1758). Johann Heinrich Waser (1742–1780), schillernde Gestalt der Zürcher Aufklärung, ist mit 6 Schriften vertreten, darunter mit der *Abhandlung über die Grösse der ganzen Loblichen Eidgnossschaft überhaupt und des Cantons Zürich insonderheit* (Zürich 1775) und den *Betrachtungen über die zürcherischen Wohnhäuser* (Zürich 1778). Aus der Bibliothek der kantonalen Strafanstalt stammt Adam Smith, *An Inquiry into the nature and causes of the wealth of nations* (4. Aufl., 2 Bde, Dublin 1785). In den Bereich des Schulwesens gehört Johann Heinrich Hottingers *Schola Tigurinorum Carolina* (Zürich 1664) aus dem Vorbesitz von Antistes Peter Zeller (1655–1718), in den Militärbereich *Der löblichen Stadt Zürich Kriegs-Artickel* (Zürich

1708), das im praktischen Taschenbuchformat gedruckt wurde.

2.55 Für die Zeit der Helvetik stehen Titel wie Caspar Joseph Lüss' *Der schröckliche Tag am 9ten September des Jahres 1798 in Unterwalden* (o.O. 1799), Heinrich Zschokkes *Geschichte vom Kampf und Untergang der schweizerischen Berg- und Waldkantone* (Bern, Zürich 1801) und die von Zschokke hrsg. *Historischen Denkwürdigkeiten der helvetischen Staatsumwälzung* (3 Bde, Winterthur 1803–1805), für die Zeit danach Carl Ludwig von Hallers *Restauration der Staats-Wissenschaft* (2. Aufl., 6 Bde, Winterthur 1820–1834), aber auch lokales Tagesschrifttum wie Konrad Nägeli (1768–1828), *Ein wehmüthiger Blick auf die sinkende Moralität der minderjährigen Jugend des Kantons Zürich* (Zürich 1810).

2.56 Die neue Zeit von Regeneration und Bundesstaat kündet sich an in der Pionierstudie des späteren Bundesrats Stefano Franscini (1796–1857), *Statistica della Svizzera* (Lugano 1827), für den Kanton Zürich u.a. in Friedrich Ludwig Keller, *Die gewaltsame Brandstiftung von Uster am 22. November 1832* (Zürich 1833), aus der Bibliothek des Obergerichts stammend. Für die Themen »Industrialisierung und Arbeiterbewegung« können genannt werden John Bowrings *Bericht an das englische Parlament über den Handel, die Fabriken und Gewerbe der Schweiz* (Zürich 1837) sowie August Bebel, *Die Frau und der Sozialismus* (9. Aufl., Stuttgart 1891), aus der Schäppi-Bibliothek stammend und ebenso ausserhalb der eigentlichen Sammelgebiete liegend wie Friedrich Engels, *Der Ursprung der Familie, des Privateigentums und des Staats* (6. Aufl., Stuttgart 1894).

2.57 Aktuelles Zeitgeschehen dokumentiert *Der Brand von Glarus am 10./11. Mai 1861. Berichterstattung des Hülfskomite in Glarus* (Glarus 1862).

Recht

2.58 Der älteste Titel aus dem Fachgebiet des Rechts stellt Ulrich Zasius (1461–1535), *Responsorum iuris sive consiliorum Udalrici Zasii* (13 Teile, Lyon 1548), dar. Auf ihn folgen 2 Sammelbände mit gedruckten Mandaten von Basel (118 Stück) sowie von Luzern (1 Stück), St. Gallen, Mülhausen (jeweils 3 Stücke) und dem Veltlin (1 Stück) aus der von Johannes Leu (1714–1782) angelegten Mandatsammlung, die inkonsequenterweise der Archivbibliothek zugeteilt wurden. Als Rarum innerhalb dieser Sammlung hervorzuheben ist der älteste Bündner Druck, *Li statuti di Valtelina riformati nella Cità di Coira* (Poschiavo, Dolfino Landolfo, 1549).

2.59 An juristischer Literatur des 17. Jhs sind zu nennen Johann Rudolph Sattler, *Thesaurus notariorum, das ist: Notariat- und Formular-Buch* (Basel 1619), und *Ordnung des freyen kaiserlichen Lanndtgerichts in Obern und Nidern Schwaben* (Innsbruck 1643), aus jener des 18. Jhs u.a. Johann Jakob Leu (1689–1768), *Eydgenössisches Stadt- und Land-Recht der 13 Orten der Eydgenosschafft* (4 Bde, Zürich 1727–1746), und Leonhard Meister (1741–1811), *Abriss des eydgenössischen Staatsrechtes überhaupt, nebst dem besondern Staatsrechte jedes Kantons und Ortes* (St. Gallen 1786).

2.60 Zu den Zimelien der Archivbibliothek gehört das Zürcher Exemplar der Mediationsakte Napoleons, *Vermittlungs-Akte des Ersten Consuls der Fränkischen Republik zwischen den Partheyen, in welche die Schweiz getheilt ist* (Bern 1803), die Louis d'Affry, erster Landammann der Schweiz, am Schluss eigenhändig beglaubigt hat. Daneben ist als separater Druck der Abschnitt XIX der Mediationsakte mit der Verfassung des Kantons Zürich (Zürich 1803) vorhanden.

Lexika und Allgemeines

2.61 Dem Fachgebiet »Lexika und Allgemeines« zuzurechnen sind Basilius Fabers *Thesaurus eruditionis scholasticae* (Leipzig 1587), Johann Baptist Escher (1612–1688), *Zahlbüchlin, das ist nutzliche Aussrechnung, gerichtet auf der Statt Zürich Müntz* (Zürich 1677) bzw. vom selben Autor *Wohlausrächnendes Rächenbüchlein* (Zürich 1685). Im 18. Jh folgen August Bohses *Bequemes Hand-Buch allerhand auserlesener Send-Schreiben und mündlicher Complimenten vom allerneuesten Stylo* (vermutlich Leipzig 1712), ein Briefsteller, Johann Hieronymus Hermanns *Allgemeines Teutsch-Juristisches Lexicon* (2 Teile, Jena 1739–1741) und Johann Rudolf Walthers *Lexicon diplomaticum* (Göttingen 1745), dann aber v.a. Hans Jacob Leus *Allgemeines helvetisches, eydgenössisches oder schweitzerisches Lexicon* mit den Supplementbänden von Hans Jakob Holzhalb (26 Bde, Zürich 1747–1795). 1806 bzw. 1822 setzen die als Nachschlagewerk bis heute wichtigen Reihen der Bürgeretats der Städte Zürich und Winterthur ein; sie reichen (unter wechselnden Titeln) im Fall von Zürich bis 1927, im Fall von Winterthur bis 1915. Aus der Staatskanzlei stammt das *Geographisch-statistische Handlexikon des Schweizerlandes* (Zürich 1846), hrsg. von Johann Jakob Leuthy. Als »Geschenk aus der fürstenbergischen Bibliothek« findet sich Karl August Barack, *Die Handschriften der Fürstlich-Fürstenbergischen Hofbibliothek zu Donaueschingen* (Tübingen 1865), und aus dem Nachlass des Altertumswissenschafters und Bibliothekars Jakob Escher-Bürkli (1864–1939) erhielt die Bibliothek 1940 Paulys *Real-Encyclopädie der classischen Altertumswissenschaft* in der Neubearbeitung von Georg Wissowa (Stuttgart, ab 1894), deren Mitarbeiter Escher-Bürkli gewesen war.

Sprache und Literatur

2.62 Zum Fachgebiet »Sprache und Literatur« mit bereits weniger als 100 Titeln aus der Zeit vor 1901 gehört ein schöner Bestand an sogenannten Casualcarmina zu Zürcher Bürgermeisterwahlen, nämlich Johann Heinrich Rahns *Plausus secundi ad Joh. Henricum Rhonium* (Zürich 1659), Johann Kaspar Hirzels *Glückwünschende Ruhm- und Ehrengetichte an Joh. Caspar Hirzel* (Zürich 1669) und Johann Lavaters *Musae Helveticae oder Wunsch- und Freudgetichte zu schuldigem Ehrenruhm [von] Johann Conrad Grebel* (Zürich 1669), der ergänzt wird durch einen Einblattdruck von Johann Wilhelm Simler (1605–1672), *Epigramma oder Uberschrifft der neüwen Syl-brucken bey Langenow in der Gmein Tallwyl zuo Ehren gestellt Herren Johann Holtzhalben als dem Erfinder* ([Zürich] 1642).

2.63 Aus dem 18. und 19. Jh finden sich Editionen von literarischen Texten einerseits und Texte von Schauspielen andererseits, denen jeweils ein Bezug zur Geschichte gemeinsam ist, so die *Sammlung von Minnesingern aus dem schwaebischen Zeitpuncte durch Ruedger Manessen* (2 Teile, Zürich 1758/59), hrsg. von Johann Jakob Bodmer und Johann Jakob Breitinger, Leonhard Meisters *Ulrich Zwingli, ein vaterländisches Schauspiel* (Zürich 1794) und Johann Jakob Hottingers *Rüdiger Maness, ein vaterländisches Schauspiel* (Winterthur 1811).

2.64 Ebenfalls in diesem Fachgebiet einzureihen sind Johann Caspar Lavaters *Schweizerlieder von einem Mitgliede der Helvetischen Gesellschafft zu Schinznach* (Bern 1767) sowie verschiedene Sprichwörter- und Legendensammlungen.

Theologie

2.65 Das Fachgebiet der Theologie, worin ein Grossteil der älteren Literatur aus dem Nachlass von Alexander Schweizer stammt, hat sein Schwergewicht wenig überraschend im Bereich der reformierten Kirchen Zürichs sowie Berns. Huldrych Zwingli ist allerdings nur mit *Action oder Bruch des Nachtmals, Gedechtnus oder Dancksagung Christi* (Zürich 1525) vertreten, während von Heinrich Bullinger 5 Werke vorhanden sind: *Compendium christianae religionis*, zum einen Zürich 1559 (mit dem Wappen-Exlibris von Heinrich Grob [1735–1798]), zum anderen Zürich 1569; *Sermonum decades* (2 Bde, Zürich 1549/50); *Der Widertöufferen Ursprung* (Zürich 1561) aus dem Vorbesitz von Hans Jakob Schädler (1613–1676), Pfarrer und Dekan des oberen Thurgauer Kapitels; *Fundamentum firmum* (Zürich 1563) mit einer eigenhändigen Widmung an Josua Maler (1529–1599), damals Pfarrer in Elgg: »dilecto meo filio Josueo Pictoris Bullingerus suus dono dedit«; *Ratio studiorum* (postum, Zürich 1594).

2.66 Aus dem 17. Jh ist zu nennen Christoph Lüthardts *Disputationis Bernensis 1528 explicatio et defensio* (Bern 1660), aus dem 18. Jh Berner Synodus, *Ordnung wie sich die Pfarrer und Prediger zu Statt und Land Bern in leer und leben halten sollen* (Bern 1728) mit dem Wappen-Exlibris des ersten Besitzers J. Franz von Wattenwyl.

2.67 Die altgläubig-katholische Seite setzt mit Werken Thomas Murners ebenfalls früh ein, unter ihnen *Die Disputation vor den XII Orten einer loblichen Eidtgnoschafft zuo Baden im Ergöw* (Luzern 1527) mit der handschriftlichen Beglaubigung »Johanns Huber zu Lucern, geschworner schriber scripsit«. Im 17. Jh folgen Ignazio Lupis *Nova lux in edictum s. inquisitionis* (Bergamo 1648) und ein *Diurnale monasticum* (Einsiedeln 1699).

Geographie und Reiseliteratur

2.68 Zu den Altbeständen des Fachgebiets »Geographie und Reiseliteratur«, das sich mit dem Fachgebiet der Geschichte überschneidet, gehört Aegidius Tschudis *Alpisch Rhetia* (2. Aufl., Basel 1560). Aus dem 17. Jh folgen Johann Jakob Wagner (1641–1695), *Mercurius Helveticus, fürstellend die Denk- und Schauwürdigsten Anmerkungen und Seltsamkeiten der Eydgnoszschaft* (Zürich 1688), und Hans Erhard Escher (1656–1689), *Beschreibung des Zürich Sees* (postum, Zürich 1692), 1924 geschenkt von Heinrich Wydler, Lehrer in Zürich-Oerlikon, v. a. aber eine Gruppe von (zumeist Zürcher) Bäderschriften. Das 18. Jh ist namentlich mit landeskundlichen Darstellungen vertreten; im 19. Jh folgt als Zeugnis des Frühtourismus Johann Gottfried Ebel (1764–1830), *Anleitung auf die nützlichste und genussvollste Art die Schweiz zu bereisen* (3. Aufl., 4 Bde, Zürich 1809/ 10) aus der »Bibliothek Schweizer Regiment von Ziegler N° 30«. Weiter sind zu nennen Heinrich Körners *Kurze Erdbeschreibung der Schweiz zum Gebrauche der Jugend* (2. Aufl., Winterthur 1817) aus dem Vorbesitz des elfjährigen Alexander Schweizer (1808–1888) und Stefano Franscini, *La Svizzera Italiana* (3 Bde, Lugano 1837–1840) mit einer Widmung des Verfassers.

Bibliographien

2.69 Im Fachgebiet »Bibliographien« steht an erster Stelle das historisch ausgerichtete Standardwerk von Gottlieb Emanuel von Haller (1735–1786), *Bibliothek der Schweizer-Geschichte* (7 Bde, Bern 1785–1788), daneben als Rarum das *Zuverläßige Verzeichniß der annoch vorhandenen alten Handschriften, welche Aegidius Tschudi theils mit eigener Hand geschrieben, theils zu seinen vielen gelehrten Arbeiten gebraucht hat* (Zürich 1767), ein Verkaufskatalog des handschriftlichen Nachlasses von Aegidius Tschudi.

Naturwissenschaften

2.70 Aus dem Fachgebiet der Naturwissenschaften, das ausserhalb der eigentlichen Sammelgebiete der Bibliothek liegt, können genannt werden: Philipp Geiger (1569–1623), *Arithmetica oder ein feine kurtze fundamentalische Beschreibung der Natur und kunstlichen Pratic* (Zürich 1622), die *Pratica Helvetica über der 4 Elementen, 7 Planeten, Drachenhaupt- und schwantz, sampt Fixsternen* (Augsburg 1660), eine Kleinschrift über Himmelserscheinungen seit 1531, sowie zwei Schriften von Johann Jakob Scheuchzer (1672–1733), *Coelum triste ad Julias calendas anni 1731* (Zürich 1731) und *Beschreibung des Wetter-Jahrs 1731* (Zürich 1732). Aus dem 19. Jh stammt Oswald Heer, *Die Urwelt der Schweiz* (2. Aufl., Zürich 1879).

Kunst

2.71 Das Fachgebiet »Kunst« ist mit keinen nennenswerten Titeln vertreten, soweit es sich nicht um kunsthistorische Literatur handelt, die dem Fachgebiet der Geschichte zugeordnet wurde.

Periodika

2.72 Von grösserer Bedeutung namentlich für die Geschichtswissenschaft ist der Bereich der Periodika. Aus dem 18. Jh können dabei angeführt werden Johann Jakob Ulrich (1683–1731), *Miscellanea Tigurina edita, inedita, vetera, nova, theologica, historica, etc.* (3 Bde, Zürich 1722–1724), eine Gelehrtenzeitschrift mit Texten u. a. von Huldrych Zwingli, Heinrich Bullinger, Ludwig Lavater und Johann Jakob Breitinger (1575–1645), dann v. a. Johann Jakob Bodmers (1698–1783) und Johann Jakob Breitingers (1701–1776) *Helvetische Bibliotheck, bestehend in historischen, politischen und critischen Beyträgen zu den Geschichten des Schweizerlandes* (6 Bde, Zürich 1735–1741), die als erste historische Zeitschrift der Schweiz gilt. Aus der zweiten Hälfte des 18. Jhs stammen *Schweitzersches Museum* (Zürich 1783–1790) und *Neues Schweitzersches Museum* (Zürich 1794–1796), aus der ersten Hälfte des 19. Jhs das *Solothurnische Wochenblatt* (Solothurn 1804–1834; vorhanden nur 1811–1831) und *Helvetia, Denkwürdigkeiten für die XXII Freistaaten der Schweizerischen Eidgenossenschaft* (8 Bde, Zürich 1823–1833).

2.73 Besonders breit ist die Palette der Periodika bei den Turicensia. Zu nennen sind hier einerseits die *Mitteilungen der Antiquarischen Gesellschaft in Zürich* (Zürich, ab 1837) und das von Staatsarchivar Gerold Meyer von Knonau mitbegründete *Zürcher Taschenbuch* (Zürich 1858–1862 bzw. Neue Folge Zürich, ab 1878), anderseits die langen, mit wenigen Ausnahmen vollständigen Reihen der Stadtzürcher Neujahrsblätter, so der *Musikgesellschaft ab dem Musik-Saal* (Zürich 1685–1812), der *Constaffler und Feuerwerker* (Zürich 1689–1798) bzw. der *Feuerwerkergesellschaft* (Zürich, ab 1806), der *Music-Gesellschaft ab dem Music-Saal auf der Teutschen Schul* (Zürich 1713–1812) bzw. der *Allgemeinen Musik-Gesellschaft* (Zürich 1813–1835), der *Militärischen Gesellschaft der Pförtner* (Zürich 1744–1798), der *Stadtbibliothek* (Zürich 1759–1916), der *Gesellschaft auf der Chorherrn* (Zürich 1779–1836) bzw. *Zum Besten des Waisenhauses* (Zürich, ab 1837), der *Gesellschaft zum Schwarzen Garten* (Zürich 1786–1832), der *Naturforschenden Gesellschaft* (Zürich, ab 1799), der *Hülfsgesellschaft* (Zürich, ab 1801) und der *Künstler-Gesellschaft* (Zürich 1805–1982) sowie aus Winterthur der dortigen Stadtbibliothek (Winterthur, ab 1826) und der dortigen Hülfsgesellschaft (Winterthur 1863–1966). Weniger gut vertreten sind dagegen Kalender; vorhanden ist Aloys Studers *Helvetisch-Republikanischer Calender von Stäfa für das Jahr 1799* (Stäfa 1798).

2.74 In der zweiten Hälfte des 19. Jhs setzen die Reihen der Zeitschriften der kantonalen Geschichtsvereine ein, so *Der Geschichtsfreund* (Einsiedeln, ab 1844) und die *Argovia* (Aarau, ab 1860). An vergleichbaren Periodika des benachbarten Auslandes ist zu nennen das *Freiburger Diözesan-Archiv* (Freiburg i. Br., ab 1865). Die *Archivalische Zeitschrift* (München, ab 1876), massgebliches Organ der Archivwissenschaft im deutschen Sprachraum, ist in Zürich nur im Staatsarchiv vollständig vorhanden. Die Anschaffung der *Theologischen Zeitschrift aus der Schweiz* bzw. später der *Schweizerischen Theologischen Zeitschrift* (Zürich 1884–1920) verdankt sich zweifellos entsprechenden Interessen von Staatsarchivar Paul Schweizer.

Zeitungen

2.75 Den Bereich der Zeitungen führt die *Neue Zürcher Zeitung* (Zürich, ab 1780) an, die allerdings erst ab 1864 vollständig vorhanden ist. Aus dem 18. Jh sind weiter zu nennen die (unvollständig vorhandenen) *Donnstags-Nachrichten* (Zürich 1730–1799) als erstes städtisches Insertionsorgan und die *Monatlichen Nachrichten einicher Merkwürdigkeiten* (Zürich 1750–1815), aus dem 19. Jh der *Winterthurer Landbote* (Winterthur, ab 1836), vollständig vorhanden ab 1881, die *Züricher Post* (Zürich 1879–1936), vollständig vorhanden ab 1881, und die *Nachrichten vom Zürichsee* (Wädenswil 1883–1937). Das ab 1898 erschienene sozialdemokratische *Volksrecht* ist erst ab 1902 vorhanden.

Druckschriftensammlung

2.76 In der Druckschriftensammlung steht bei den 1410 einzeln aufgestellten Titeln das Fachgebiet »Recht« mit 829 Titeln (58,6 %) nahezu ebenso deutlich an erster Stelle wie in der Archivbibliothek das Fachgebiet der Geschichte. Es folgen mit 375 Titeln (26,5 %) die Politik (inkl. Verwaltung, Soziales, Militär und Wirtschaft), mit 63 Titeln (4,5 %) die Theologie, bezeichnenderweise mit nur 6 Titeln (0,4 %) die Geschichte, mit 5 Titeln (0,4 %) Geographie und Reisen, mit 4 Titeln (0,3 %) Bibliographien, mit 3 Titeln (0,2 %) Naturwissenschaften und mit 1 Titel (0,1 %) Lexika und Allgemeines. 121 Titel (8,6 %) sind den Periodika, 5 Titel (0,4 %) den Zeitungen zuzuordnen.

2.77 Bei den in Schachteln aufbewahrten Kleinschriften dürfte der Anteil des Fachgebiets »Recht«, welches bei den einzeln aufgestellten Titeln über die Gesetzessammlungen seinen hohen Wert erreicht, deutlich tiefer liegen. Umgekehrt ist mit einem markant höheren Anteil des Fachgebiets der Politik zu rechnen. Periodika sind – namentlich in Form von Jahresberichten – auch hier in relativ grosser Zahl zu finden.

2.78 Die Mandate sind alle dem »Recht« zuzuweisen.

Recht

2.79 Das Fachgebiet des Rechts ist für das 18. Jh vertreten mit einem zweiten Exemplar von Hans Jacob Leu, *Eydgenössisches Stadt- und Land-Recht der 13 Orten der Eydgenosschafft* (4 Bde, Zürich 1727–1746) mit dem Wappen-Exlibris von Christian von Willading von Bern (1690–1751), u. a. Landvogt von Baden, dann mit der *Sammlung der vornehmsten Bündnissen, Verträgen, Vereinigungen, welche die Kron Franckrych mit loblicher Eydgnossenschaft und dero Zugewandten insgesamt und insbesonders auffgerichtet* (Bern 1732). Ebenfalls bis ins 18. Jh zurück reicht die lange Reihe des Regierungsetats bzw. (ab 1976) des Staatskalenders des Kantons Zürich (Zürich, ab 1746; ältere nur in Kopie); in 6 Bdn erschien die offiziöse *Sammlung der Bürgerlichen und Policey-Geseze und Ordnungen lobl. Stadt und Landschaft Zürich* (Zürich 1757–1793; auch als aktualisierte Neuauflage, Zürich 1829). Aus der Zeit der Helvetik ist hervorzuheben die *Constitution Genevoise, sanctionnée par le souverain le 5. fév. 1794, l'an troisième de l'égalité, précédée de la declaration des droits et des devoirs de l'homme social* (Genf [1794]) sowie das *Tageblatt der Gesetze und Dekrete der gesetzgebenden Räthe der helvetischen Republik* (Luzern 1798–1803) mit dem alten handschriftlichen Standortvermerk »Rathssaal«. Im 19. Jh folgt als Gesetzessammlung der Mediationszeit die *Officielle Sammlung der von dem grossen Rath des Cantons Zürich gegebenen Gesetze* (6 Bde, Zürich 1804–1814), ebenfalls ein offiziöses Exemplar, wie der Buchrücken in den Zürcher Standesfarben zeigt. Paul Usteris *Handbuch des Schweizerischen Staatsrechts* (2. Aufl., Aarau 1821) trägt das Exlibris »Charles Tscharner, Capitaine au Régiment Suisse de Jenner«. Rechtshistorisch bis heute wichtig ist die *Vollständige Sammlung der Statute des Eidgenössischen Cantons Zürich*, (2 Bde, Zürich 1830–1839), hrsg. von Hans Jakob Pestalozzi. Aus der Beamtenbibliothek der Strafanstalt Regensdorf stammt die *Zürcherische Sammlung photographischer Bilder von Gewohnheitsverbrechern und Landstreichern* (Jg. 1–2, Zürich 1855 und 1861, Jg. 4, Aussersihl 1892). *Die Gesetze, Verordnungen etc. des Kantons Zürich, Volksschulwesen* (Zürich 1881), hrsg. von Staatsschreiber Heinrich Stüssi, liegen in 2 Handexemplaren des Herausgebers aus seiner Bibliothek vor, das eine Exemplar mit zahlreichen handschriftlichen Nachträgen und Korrekturen für eine offensichtlich geplante Neuausgabe. Ebenfalls aus der Stüssi-Bibliothek stammen das *Handbuch für die schweizerischen Civilstandsbeamten* (Bern 1881) sowie mehrere Sammelbände mit Gesetzestexten. Aus der Bibliothek der Finanzdirektion hat u. a. Karl Adolf Brodtbeck, *Unser Bundesrecht in Doppelbesteuerungs-Sachen. Beitrag zur Lösung einer Tagesfrage* (Bern 1898), den Weg ins Staatsarchiv gefunden.

2.80 Als historischer Kernbestand par excellence sind die Mandatsammlungen zu bezeichnen. An erster Stelle zu nennen ist dabei die Sammlung der Zürcher Mandate, angelegt 1784 von Stadtschreiber Hans Conrad Hirzel (1747–1824) und später von anderen für die Zeit von 1803 bis 1839 fortgeführt, in insgesamt 18 Bdn. Sie enthält, mit dem Jahr 1525 einsetzend, sowohl mehrseitige Drucke als auch Einblattdrucke aller Formate. Unter den 102 Stücken des 16. Jhs finden sich immerhin 3 Mandate, die nur in den Beständen des Staatsarchivs Zürich überliefert sind. Gleichzeitig dürfte es sich um den Bestand mit den meisten Dubletten handeln. Handschriftliche Vermerke in vielen Exemplaren geben Aufschluss über die konkrete Praxis der Verlesung der Mandate (z. B. »diser artickel soll nit usgetan sin, sunder soll man in ouch lesen« oder »disen [artickel] soll man nit lesen« in einem Mandat von 1530). Auf einem Bettagsmandat des Jahres 1652 ist vermerkt, dass davon 375 Exemplare verschickt wurden.

2.81 Die Sammlung der Mandate der anderen eidgenössischen Orte wurde von Johannes Leu (1714–1782) angelegt und umfasst 6 teilweise mit einem Kupferstich geschmückte Bände. Die 4 in der Druckschriftensammlung aufbewahrten Bde enthalten Mandate des 17. und 18. Jhs von Bern (123 Stück), Solothurn (19 Stück), Luzern (15 Stück), Freiburg (13 Stück), Schwyz (2 Stück), Zug (1 Stück), Glarus (1 Stück), Schaffhausen (1 Stück), Neuenburg (1 Stück), des Abts von St. Gallen (2 Stück) sowie der Landvogteien Baden (76 Stück) und Thurgau (24 Stück) und der acht Orte insgesamt (2 Stück). Hinzu kommt ein weiterer Sammelband mit nochmals 99 Berner Mandaten aus den Jahren 1587–1764 aus dem Vorbesitz eines Breitinger, vielleicht Johann Jakob Breitingers (1701–1776).

2.82 Von der historischen Mandatsammlung getrennt aufbewahrt wird ein 1783 einsetzender Sonderbestand an Bettagsmandaten der weltlichen und kirchlichen Obrigkeit, von denen die vom Schriftsteller und Staatsschreiber Gottfried Keller (1819–1890) verfassten berühmt geworden sind und auch Nachdrucke erlebt haben.

2.83 Die Reihen der Gesetzessammlungen der anderen Kantone setzen, von 2 Einzeltiteln der

Jahre 1707 und 1797 abgesehen, mit dem Jahr 1803 ein. Von den 243 Titeln aus der Zeit bis 1900 stammen nicht weniger als 85 nachweislich aus der Staatskanzlei. Daneben finden sich 6 Titel der Kantone Bern, Freiburg, St. Gallen und Solothurn aus dem Vorbesitz des liberalen Politikers Hans Jakob Pestalozzi (1801–1874), die mit seinem Exlibris gekennzeichnet sind, ebenso wie der Gesetzeskommentar von Kasimir Pfyffer, *Erläuterung des Bürgerlichen Gesetzbuches des Kantons Luzern* (3 Bde, Luzern 1832–1851).

2.84 Was die ausländischen Gesetzessammlungen anbelangt, so ist das Deutsche Reich mit der Gesetzessammlung der Jahre 1898–1938 sowie dem Bundes- bzw. Reichsgesetzblatt der Jahre 1867–1870 bzw. 1871–1945 vertreten, Baden, Bayern, Hessen, Preussen, Sachsen und Württemberg mit einzelnen Gesetzen aus dem Zeitraum 1820–1890, Österreich mit dem Reichsgesetzblatt der Jahre 1850–1918 sowie weiteren Gesetzestexten bis 1940 und das Fürstentum Liechtenstein und Frankreich mit verschiedenen Gesetzestexten ab 1864 bzw. von 1834–1936. Die entsprechenden Bestände aus Italien umfassen den Zeitraum 1910–1967. Einzeltitel an juristischer Literatur reichen zeitlich noch weiter zurück (bis 1764 im Fall des Deutschen Reichs, bis 1814 im Fall von Österreich und bis 1758 im Fall von Frankreich).

2.85 Das Fachgebiet der Politik (inkl. Verwaltung, Soziales, Militär und Wirtschaft) ist vertreten etwa mit der *Lettre en faveur de l'abolition de la peine de mort* (Genf 1827) des Pazifisten Jean-Jacques Comte de Sellon (1782–1839) und den *Briefen über den Abendberg und die Heilanstalt für Cretinismus* (Zürich 1846) des Pioniers der Behindertenfürsorge Johann Jakob Guggenbühl (1816–1863) mit goldgeprägter Verfasserwidmung und Goldschnitt, andererseits mit den unter verhüllenden Titeln publizierten Streitschriften des Advokaten Friedrich Locher (1820–1910), darunter *Nach den Oasen von Laghuat* (Bern 1864) aus dem Vorbesitz von Georg von Wyss. Aus der Bibliothek der Polizeidirektion stammt Franz Seraphin Hügel, *Zur Geschichte, Statistik und Regelung der Prostitution. Social-medicinische Studie in ihrer praktischen Behandlung und Anwendung auf Wien und andere Grossstädte* (Wien 1865), aus der Schäppi-Bibliothek Friedrich Albert Lange, *Die Arbeiterfrage* (2. Aufl., Winterthur 1870), aus der Bibliothek des Regierungsrats die *Actes [du] Comité International de Secours aux Militaires Blessés* (Genf 1871) und aus der Bibliothek des Arbeitsamts Georg Schanz, *Zur Frage der Arbeitslosen-Versicherung* (Bamberg 1895). Zu den Kuriosa des Fachgebiets »Militär« gehört 1 Bd mit 15 (gefalteten) Aufgebotsplakaten der Jahre 1885–1900.

2.86 Die langen Reihen der Staatskalender der anderen Kantone setzen zwischen 1804 (Basel-Stadt) und 1894 (Tessin) ein, die Reihen der Geschäftsberichte ihrer Regierungen, Verwaltungen und Gerichte zwischen 1814 (Bern) und 1895 (Appenzell-Innerrhoden), die Reihen ihrer Staatsrechnungen zwischen 1803 (Waadt) und 1896 (Obwalden) und die Reihen ihrer Voranschläge zwischen 1839 (Bern) und 1930 (Freiburg).

Theologie

2.87 Aus dem Fachgebiet der Theologie findet sich als frühester Druck eine Zürcher Kirchenordnung von 1581 mit dem handschriftlichen Vermerk von Staatsarchivar Johannes Strickler: »gefunden in einem alten Kasten der Sanitäts-Kanzlei, 1876 Oct. 1«. Aus dem 17. Jh stammt von Pfarrer Rudolf Gwerb (1597–1675) *Christenliche und nothwendige Gebätte für die Schuolmeister und Lehrkinder auff der Landschaft der Statt Zürich, sampt beygethanen nutzlichen Schuol-Satzungen* (Zürich 1658) mit der ersten gedruckten Landschulordnung.

Periodika

2.88 Zentrale kantonale Amtsdruckschrift im Bereich der Periodika ist das *Amtsblatt des Kantons Zürich* (Zürich, ab 1834), das ab 1896 alle Wirte zu abonnieren und in ihren Wirtshäusern aufzulegen hatten und das seit 1903 mit einem gesonderten Inserateteil im Zeitungsformat erscheint. Gemäss § 14 des Publikationsgesetzes von 1998 muss es als amtliches Publikationsorgan des Kantons zusammen mit der *Offiziellen Gesetzessammlung* (diese auch in der Loseblattsammlung) auch im Staatsarchiv einsehbar sein, ebenso wie die *Amtliche* und die *Systematische Sammlung des Bundesrechts*. Hinsichtlich Öffentlichkeitsprinzip auf der entgegengesetzten Seite stehen die (nicht ganz vollständig vorhandenen) *Fahndungsblätter des Zürcherischen Polizeicorps* (Zürich, ab 1847; ab 1897 Zürcherischer Polizeianzeiger), die nur polizeiintern zur Verfügung standen und auch im Staatsarchiv während 80 Jahren für die Benutzung gesperrt bleiben. 2 Bde der 1890er-Jahre weisen ungewöhnliche Gebrauchsspuren in Form von Schusslöchern auf. Aus dem überregionalen Bereich können das *Officielle Notizenblatt die Linthunternehmung betreffend* (22 Stücke, Zürich 1807–1824) von Hans Konrad Escher von der Linth oder die *Geschäftsberichte der Schweizerischen Nordostbahn NOB* (Zürich 1853–1903) erwähnt werden.

Zeitungen

2.89 Der Bereich der Zeitungen ist vertreten mit dem *Kursblatt der Zürcher Effektenbörse* (Zürich, ab 1883) und dem offiziösen Blatt *Der Zürcher Bauer* (Zürich, ab 1869), beide jedoch nicht in vollständigen Reihen.

Kleinschrifttum

2.90 Aus dem grossen Bestand der Druckschriftensammlung an Kleinschriften, der in Schachteln aufbewahrt wird und für den vorliegenden Beitrag, wie erwähnt, nicht systematisch ausgewertet wurde, sollen wenigstens einige Hinweise gegeben werden, um die überraschende Vielfalt der Sammlung und ihren »Wundertüten«-Charakter zu illustrieren.

2.91 So finden sich aus dem 16. Jh Druckschriften, die die Reichsbeziehungen der Eidgenossenschaft beleuchten, wie *Churfürsten, Fürsten und gemainer des heiligen Reichs Stände, so auff dem Reichstage zuo Speir versammlet, Zuoschreiben an gemeine Eydgnosschafft* ([Augsburg 1544]) oder *Warhaffte abgschrifft der Articklen, so Römische künigkliche Mayestatt an die von Costantz, als sy durch erzeygte ungehorsamm inn acht und aberacht kommen, erfordert hatt* (Bern 1549). Aus dem Jahr 1523 liegt überdies ein gedrucktes Breve von Papst Hadrian VI. an die Eidgenossen vor; mit dem Jahr 1577 setzen die gedruckten Zolledikte aus Frankreich ein.

2.92 Für das 17. Jh kann exemplarisch auf die Schachtel »Contagionssachen« verwiesen werden, die gedruckte Mitteilungen über ansteckende Seuchen aus dem Zeitraum 1646–1719 mit insgesamt 145 Drucken, vorab Einblattdrucken, aus Zürich, Bern, Basel, St. Gallen, Schaffhausen, Luzern, Zug, Genf, der Grafschaft Baden, den Freien Ämtern, Chur, Graubünden und Locarno sowie aus Lindau, Ulm, Württemberg, Frankfurt a. M., Nürnberg, Dresden, Leipzig, Wien, Marseille, Brescia, Genua und besonders zahlreich aus Mailand und Bergamo enthält, die z. T. mit handschriftlichen Vermerken versehen oder besiegelt sind – ein schönes Beispiel für Druckschriften, die sich ursprünglich in den Archivbeständen befanden.

2.93 Eine Schachtel mit Druckschriften des (heutigen) Kantons St. Gallen setzt ein mit dem *Erb-Recht der vier oberen Höffenn dess Rhintales Altstetten, Marbach, Balgach und Bernang* (St. Gallen 1698), eine des (heutigen) Kantons Aargau mit einer Schrift von 1713 über die Rechte des Bischofs von Konstanz in der Grafschaft Baden.

2.94 Das 18. Jh ist mit zahlreichen Streitschriften einerseits aus der Zeit des Zweiten Villmergerkriegs, andererseits aus der Zeit der Helvetik vertreten. Solche können jeweils auch aus dem gegnerischen Lager Zürichs stammen, wie etwa *Rettung der Ehren und Rechten der respective Hochen und Ehren-Personen, Ständen und Gemeinen absonderlich der fürstl. Stüfft und Gotteshaus St. Gallen* (St. Gallen 1710). Der oben erwähnte Ausstellungskatalog von Paul Schweizer aus dem Jahr 1891 führt aus der Zeit der Helvetik ein »Verzeichnis der nöthigsten russischen Wörter« sowie ein »satirisches Wörterbuch der französischen Revolutionssprache« an, die als Rara zu gelten haben; die beiden Titel konnten leider nicht aufgefunden werden. In der Schachtel »Frankreich« findet sich u. a. *La Constitution Française, présentée au Roi par l'Assemblée Nationale le 3 Septembre 1791*.

2.95 Besonders heterogen sind schliesslich die Bestände des 19. (und 20.) Jhs. So finden sich in der Schachtel »Bund: Bibliotheken« neben dem *Gründungsbeschluss der Aargauischen Kantonsbibliothek vom 7. Christmonat 1803* auch Gesetzesfahnen mit handschriftlichen Korrekturen eines Zürcher National- oder Ständerats aus den 1910er-Jahren und eine juristische Dissertation über Urheberrecht und Buchverleih von 1975. Die Schachtel »Bund: Schützen-, Sänger-, Turnfeste« dokumentiert solche Veranstaltungen ab 1876 mit gedrucktem Material bis hinunter zum Eintrittsbillet. Die Schachtel mit der (irreführenden) Bezeichnung »Bürgerwachen« enthält u. a. Aufgebotsplakate und Zugsfahrpläne aus der Zeit des Ersten Weltkriegs. Aus der unmittelbaren Vergangenheit stammt eine Dokumentation mit Zeitungsartikeln zu den Zürcher Jugendunruhen 1980/81, die in der Strafanstalt Regensdorf angelegt worden war.

Archiv

2.96 Für die Zeit bis 1600 lassen sich die insgesamt 196 Titel – allerdings mit fliessenden Grenzen – den Fachgebieten »Politik« (75 Titel), »Recht« (72 Titel) sowie »Theologie und Kirche« (49 Titel) zuordnen.

2.97 Es ist davon auszugehen, dass diese Verteilung in etwa auch für die Bestände des 17. und 18. Jhs Gültigkeit hat, von denen im Folgenden neben den Stücken des 16. Jhs wenigstens einige Eindrücke vermittelt werden sollen, während auf Aussagen zu den Beständen des 19. Jhs verzichtet werden muss. Die Beschreibung erfolgt dabei entlang den einzelnen Archivabteilungen A–J sowie W I und X, die im Wesentlichen die Bestände bis 1798 umfassen, während sich die Bestände des 19. Jhs im Wesentlichen in den Abteilungen K–V und Y sowie im Provenienzarchiv befinden.

Abteilung A (»Akten«)

2.98 In der Abteilung A (»Akten«) sind aus der Zeit vor 1600 von Interesse die gedruckten Mandate der Kaiser Friedrich III. (1 Stück von 1481), Maximilian I. (18 Stück von 1495 [2], 1496 [2], 1497, 1498 [2], 1501 [3], 1503, 1504 [3], 1512 [3] und 1517) und Karl V. (11 z. T. eigenhändig unterzeichnete Stücke von 1521 [2], 1522, 1523, 1529, 1532, 1543, 1546, 1551 [2] und 1552) sowie von König Ferdinand von Ungarn (2 Stück von 1527 und 1528), da sie zusammen mit weiteren Kleinschriften und Einblattdrucken aus dem Umfeld der Reichstage sowie von einzelnen Reichsständen (Grafen von Württemberg, Herzöge von Bayern, Pfalzgrafen bei Rhein, Herzöge von Sachsen) die bis in die erste Hälfte des 16. Jhs engen Reichsbeziehungen Zürichs dokumentieren. Ebenfalls mehrfach vorhanden sind Hirtenbriefe von Bischof Hugo von Konstanz (3 Stück von 1519, 1523 und 1524) sowie Einladungen zu auswärtigen Schützenfesten in Ulm, Chur, Wien, Linz und Nördlingen von 1556, 1560, 1563, 1584 und 1585. Über die Landesgrenzen hinaus verweisen auch ein Ausschreiben der Stadt Köln in Bezug auf einen Aufruhr in der Stadt und die Bestrafung der Rädelsführer von 1482, ein Schreiben von Papst Julius II. von 1512 und ein mit Holzschnitten geschmückter Ablassbrief von Papst Paul III. für getaufte Juden von 1538 (?). Als Unikum zu betrachten ist eine in Zürich gedruckte Beichtbescheinigung des Klosters Einsiedeln, die in 4 handschriftlich ausgefüllten und besiegelten Exemplaren für sechs straffällig gewordene Zürcher Teilnehmer eines Kriegszugs nach Piacenza aus dem Jahr 1521 vorliegt, als Rarum der berühmte Kirchendieb- und Ketzerkalender von Thomas Murner aus dem Jahr 1527. In dieselbe Zeit gehört ein öffentlicher Widerruf des Buchdruckers Adam Petri von 1523, der eine gegen Luzern gerichtete »Treue Vermahnung an die gemeinen Eidgenossen« ohne Erlaubnis Zürichs in Druck gebracht hatte. Aus dem späten 16. Jh stammt *Ein christenlichs Gebätt desz Evangelischen Kriegsvolcks, umb ein glückliche reysz in Franckrych, zu hilff der geträngten kilchen* (o. O. 1587).

2.99 Für das 17. und 18. Jh ergaben Stichproben innerhalb der Abteilung A im Bestand »Schützenwesen« aus der Zeit bis 1798 3 weitere Stücke von 1601, 1605 und 1638 bzw. im Bestand »Gemeine Herrschaften: Lauis« im Zeitraum 1772–1782 unter 406 Aktenstücken 5 Drucke bzw. im Bestand »Gemeine Herrschaften: Ennetbirgische Vogteien« im Zeitraum 1784–1795 unter 436 Aktenstücken 8 Drucke. Auch der Bestand »Liebessteuern und Kollekten« enthält vereinzelt gedruckte Spendenaufrufe. Der Bestand »Falsche Steuerbriefe« enthält neben einer 1677 ausgestellten gedruckten Bescheinigung des Klosters Einsiedeln über den Übertritt einer Schaffhauserin zum katholischen Glauben auch gedruckte Bestätigungen der Stadt Bern von 1680 und 1682, wonach die Luft in der Umgebung der Stadt »frisch und gesund« sei und keine Gefahr einer »Pest oder anderer contagiosischer Seuche« bestehe. Der Bestand »Reichssachen« enthält im Zeitraum 1652–1776 insgesamt 8 Drucke, der Bestand »Deutsche Kaiser« im Zeitraum 1600–1675 insgesamt deren 2. Überhaupt keine Drucke enthalten dagegen z. B. die Bestände »Herrschaft Grüningen« (Zeitraum bis 1650), »Kanton Schwyz« (Zeitraum 1585–1672) und »Toggenburg« (Zeitraum 1710–1721 und 1756–1798).

Abteilung B (»Bücher«)

2.100 In der Abteilung B (»Bücher«) finden sich frühneuzeitliche Druckschriften häufig zusammen mit handschriftlichem Material eingebunden. Ein frühes Beispiel ist das 1539 von Stadtschreiber Werner Beyel angelegte »Schwarze Buch«, ein typisches Satzungsbuch des 16. Jhs, mit 6 gedruckten Mandaten der Reformationsjahre 1529–1532, dann auch ein Bd mit Entwürfen städtischer Ratsurkunden, der ein unikales Mandat mit den Regeln für das Armbrustschiessen der Knaben von 1570 enthält. Aus dem 17. Jh stammt ein von Stadtschreiber Hans Heinrich Rahn (im Amt 1687–1689) angelegter Sammelband, der neben handschriftlichen Texten eine Druckausgabe des Westfälischen Friedens enthält, *Traicté de la paix conclu en la ville de Munster en Westphalie* (La Haye 1648). An umfangreicheren Drucken können erwähnt werden *Des Heiligen Römischen Reichs und desselben angehörigen Stennde des löblichen Schwäbischen Krais Ainhellige und schlieszliche Vergleichung unnd verfassung etc.* mit der daran anschliessenden Kriegsverfassung, *Bestallungen unnd Articulbrief* (2 Teile, o. O. 1563) sowie ein zweites Exemplar von Johann Rudolf Wettstein, *Acta und Handlungen betreffend gemeiner Eydgnossschafft Exemption, und was deren durch die Cammer zu Speyr darwider vorgenommenen Turbationen halb negocirt und verrichtet worden* (Basel 1651) in einem Sammelband unbekannter Herkunft mit Originalbriefen Wettsteins. Nur am Rande sei hier auch auf die Praxis hingewiesen, Drucke als Einbandmaterial zu verwenden, so bei einem um 1520 angelegten Sammelband mit Bündnisabschriften.

2.101 Bemerkenswerte Drucke des 18. Jhs finden sich in einigen Bdn aus dem Archiv der bis 1798 in Familienbesitz der Meyer von Knonau befindlichen Gerichtsherrschaft Weiningen, so ein Mandat von Kaspar Meyer von Knonau zur »Beförderung eines ehrbaren und christlichen Wandels« in seiner Herrschaft Weiningen vom 14. März 1782 neben Mandaten von König Leopold II. vom 4. Juni 1790 mit der Aufforderung zur Lehenserneuerung bzw. vom erwählten Römischen Kaiser Franz II. vom 17. April 1794 mit der Aufforderung zur Ablieferung eines Viertels des Ertrags der österreichischen Lehen zur Finanzierung des Krieges gegen das revolutionäre Frankreich.

2.102 In der 1767 vom Staat Zürich angekauften sogenannten Tschudischen Dokumentensammlung, die zur Hauptsache vom Glarner Humanisten Aegidius Tschudi gesammeltes Material enthält, finden sich bis zum Todesjahr Tschudis 1572 insgesamt 17 Druckschriften, was 1,5 % des Gesamtbestands entspricht. Dazu gehören der oben erwähnte älteste Druck des Staatsarchivs überhaupt von 1478 sowie der ebenfalls erwähnte älteste Zürcher Druck von 1481, ferner ein Rechtfertigungsschreiben von Graf Oswald von Tierstein von 1488. Aus dem 16. Jh sind im weltlichen Bereich zu nennen 2 Mandate und eine Rechtfertigungsschrift Kaiser Maximilians aus den 1510er-Jahren und 2 Rechtfertigungsschreiben des französischen Königs von 1535 sowie ein Rechtfertigungsschreiben von Johann Heinrich von Klingenberg zu Hohentwiel von 1517 und mehrere Ausschreiben eidgenössischer Orte der Reformationsjahre 1529 und 1530, darunter Zürichs Manifest im Ersten Kappelerkrieg, und im kirchlichen Bereich ein in der

Literatur bisher unbekanntes Exemplar der lateinischen Fassung des Engelweihablassprivilegs von Papst Julius II. für das Kloster Einsiedeln aus der Zürcher Druckerei von Hans Rüegger von 1513 sowie eine Prozessschrift von Kardinal Matthäus Schiner von 1519, handschriftlich unterzeichnet von Notar Werner Beyel und mit einer Länge von 1130 cm der grösste Einblattdruck aus der Zeit vor 1600 in den Beständen des Staatsarchivs Zürich. 2 Druckschriften gelten dem Konzil von Trient, nämlich die Reden anlässlich der Begrüssung der eidgenössischen Delegation 1562 und als Rarum ein in Brescia gedrucktes Verzeichnis der Konzilsteilnehmer aus demselben Jahr.

2.103 Ebenfalls in der Abteilung B untergebracht ist das Archiv der 1746 gegründeten Naturforschenden Gesellschaft Zürich mit gedrucktem Schrifttum des Vereins selber wie Preisaufgaben im Bereich der Landwirtschaft sowie weiteren Publikationen der Zeit, vorab in- und ausländischem Tagesschrifttum, zu allen möglichen landwirtschaftlichen, naturwissenschaftlichen und technischen Fragen. Der einzige Titel aus der Zeit vor 1700 ist dabei ein Einblattdruck von Philipp Geiger (1569–1623), *Ein schöne künstliche Rechnung dess Einmaleins in Forma eines Trianguli orthogoni* (Rorschach [16??]) des zuvor in St. Gallen tätigen Druckers Leonhard Straub mit einer Widmung Geigers an seinen Bruder Christoph in Zürich. Die eigentliche Bibliothek der Naturforschenden Gesellschaft mit rund 30.000 Bdn ging mittels Schenkungsvertrag im Jahr 1915 an die neugegründete Zentralbibliothek.

Abteilung C (»Urkunden«)

2.104 Selbst in der Abteilung C (»Urkunden«) finden sich Drucke, so im Bestand »Stadt und Landschaft«, dem Kern des alten Stadtarchivs, ein Druck des siebten *Geschworenen Briefs* von 1713, der halbjährlich beschworenen Stadtverfassung, eingebunden zusammen mit der handschriftlichen und besiegelten Ausfertigung. Der Urkundenbestand des Weinungeldes enthält die *Wyn Umbgelts Ordnung der Statt Zürich* ([Zürich] 1643) samt einer späteren Fassung von 1744; im Urkundenbestand der Seevogtei befindet sich die *Hochobrigkeitliche Fischer-Ordnung betreffend den Zürich-See, Limmat und Fischmarkt* ([Zürich] 1776). Ein weiterer Bestand enthält Gesellenbriefe (Vordruckformulare) der Handwerksmeister von Stuttgart und Heidelberg, die jeweils mit einer Stadtansicht geschmückt sind und 1783 bzw. 1805 für Zürcher ausgestellt wurden.

Abteilung D (»Kaufmännisches Direktorium«)

2.105 Mit eher wenig Druckschriften ist in der Abteilung D (»Kaufmännisches Direktorium«) zu rechnen. Beispiele sind die *Erneuerte Sust- und Factorey-Ordnung zu Horgen* ([Zürich] 1777) oder in einem Konvolut (handschriftlicher) Gesuche um sogenannte Liebes- und Brandsteuern die *Ausführliche und denen Acten gemäse Beschreibung der am 27 November 1753 in der Stadt Ohrdruf [in Thüringen] entstandenen Feuers-Brundst* (Öhringen [1753]).

Abteilung E (»Kirchenarchiv«)

2.106 Ganz anders präsentiert sich das Bild in der Abteilung E (»Kirchenarchiv«), die in verschiedene Unterabteilungen zerfällt. Dabei enthält E I (»Religions- und Schulsachen«) u. a. ein Stück aus dem Vorbesitz von Huldrych Zwingli, nämlich die Disputationsthesen von Guillaume Farel (1489–1565) ([Basel] 1524) mit an Zwingli gerichteten Begleitworten von Bonifacius Wolfhart. E II (»Antistitialarchiv«) enthält ein zweites Stück aus dem Vorbesitz von Zwingli, nämlich Leonhard Huber, *Revocationem voluntariam nec non et veram confessionem evangelicae veritatis* (Konstanz 1528), mit einer handschriftlichen Widmung an den Reformator.

2.107 Weiter hervorzuheben sind aus dem 16. Jh nicht weniger als 21 Kleindrucke und Einblattdrucke, die gesichert oder zumindest mit grosser Wahrscheinlichkeit aus dem Vorbesitz von Heinrich Bullinger stammen, darunter in der Mandatsammlung des Antistitialarchivs sowie in einem Sammelband mit Täuferakten 4 bisher nicht bekannte Mandate aus Bullingers Tätigkeit als Pfarrer am Grossmünster mit in 2 Fällen eigenhändigen Vermerken über die Verkündung von der Kanzel 1568 bzw. 1572. Die übrigen Stücke aus Bullingers Vorbesitz sind in der Briefsammlung des Antistitialarchivs grösstenteils noch im ursprünglichen Kontext, d. h. zusammen mit zugehörigem handschriftlichem Material, überliefert, darunter ein Mandat Kaiser Karls V. gegen Dienste für fremde Herrscher von 1538 sowie eine Karte der Eroberung von Tunis durch Kaiser Karl V. aus dem Jahr 1535 (möglicherweise ein Unikum), dann eine Dokumentation zum Abendmahlsstreit mit dem *Bekanthnus unsers heyligen Christenlichen glaubens, wie es die Kilch zu Basel haltet* von 1534 sowie aus späterer Zeit ein in Zürich gedruckter Schaffhauser Katechismus von 1569, ferner als weiteres Unikum ein Einblattdruck mit Thesen des heterodoxen Theologen Martin Borrhaus (1499–1564) aus dem Jahr 1561, eine (einzelne) Schrift des Konzils von Trient sowie ein ganzes Dossier mit kirchenpolitischer Publizistik aus England.

2.108 Noch aus vorreformatorischer Zeit enthält der Bestand E II einen Ablassbrief zum Besten des Kampfes gegen die Türken und der Verteidigung von Rhodos von 1481, in Bern handschriftlich ausgestellt für einen Heinrich Sneler – ein in der Literatur bisher unbekanntes Stück, das sich einreiht in ebenfalls in Bern ausgestellte, andernorts aufbewahrte Exemplare für Ludwig von Diesbach bzw. für eine Anna Streler.

2.109 Aus den mit Drucken durchsetzten Sammelbänden des 16. Jhs ragt ein der Thematik der Wiedertäufer gewidmeter Bd heraus mit Balthasar Hubmaier, *Eine ernste christenliche erbietung an einen Rate ze Schaffhusen* ([Basel] 1524), *Ein Christenlich gespräch gehallten zuo Bern zwüschen den Predicanten und Hansen Pfyster Meyer von Arouw* ([Zürich 1531]), Heinrich Dorpius, *Warhafftige Historie, wie das Evangelium zu Münster angefangen, und darnach durch die Wydderteuffer verstöret, wider auffgehört hat* ([Nürnberg] 1536) und – aus der Offizin des ersten St. Galler Druckers Leonhard Straub – *Ein christlicher einfaltiger Brieff eines gutten frommen Christen auff das Schreiben zweyer Widerteüfferen an ihren Vettern auss Merhern Land* ([St. Gallen] 1583). Ein weiterer Briefband enthält das gedruckte Einladungsschreiben zur Hochzeit von Paulus Melissus (1539–1602), dem neulateinischen Lyriker und Bibliothekar der Palatina in Heidelberg, mit Ämilia Jordan im Heidelberger Gasthof zur Sonne aus dem Jahr 1593, von Melissus persönlich unterzeichnet und ausgestellt für den Zürcher Gelehrten Johann Wilhelm Stucki (1542–1607).

2.110 Für das 17. Jh hat eine (in anderem Zusammenhang unternommene) Durchsicht von 27 Bdn und Mappen (aus einem Gesamtbestand von über 300 Bdn und Mappen) rund 120 Kleinschriften und Einblattdrucke v. a. theologischen und kirchenpolitischen Schrifttums in mehrheitlich lateinischer und deutscher Sprache zutage gefördert, wobei die Anzahl Stücke pro Bd sehr uneinheitlich ausfällt. Über 200 weitere Drucke in anderen Bdn des 17. und 18. Jhs zu denselben Themenbereichen verzeichnet der von Ulrich Helfenstein angelegte Katalog, darunter ein Zensurexemplar von Rudolf Theodor Meyer (1605–1638), *Sterbensspiegel*, »zu end gebracht und vorgelegt« von Conrad Meyer (Zürich 1650).

2.111 Im grossen Bestand der in E III aufbewahrten Pfarrbücher, wie sie im Gefolge einer Anordnung des Zürcher Rats von 1526 in allen Zürcher Stadt- und Landgemeinden eingeführt wurden, finden sich einzelne Bde, die mit gedruckten Mandaten und Kirchenordnungen durchsetzt sind, welche z. T. wertvolle handschriftliche Bemerkungen der jeweiligen Pfarrer über die Verkündung von der Kanzel enthalten, z. B. im Fall von Hinwil: »Hinwyl verkündt am 17. tag Octobris oder wynmonat durch Johansen Bre[nn]wald, pfarrer daselbs imm jar 1529« und »verkündt uff sontag vor sant Meatheus tag, was der 17. tag herbstmo[na]t im jar 1531 durch Joansen Luxen derzit predicant zuo Hinwil«. Zu nennen sind hier neben dem 1525 bzw. 1537 einsetzenden Tauf- und Eheregister von Hinwil mit 3 Mandaten von 1529, 1531 und 1539 auch das 1552 einsetzende Tauf- und Eheregister von Knonau mit einem Mandat von 1535, das 1526 einsetzende Tauf- und Eheregister von Ossingen mit 4 Mandaten von 1530, 1539, 1542 und 1550 und das 1530 bzw. 1525 einsetzende Tauf- und Eheregister von Stammheim mit 3 Mandaten von 1530, 1532 und 1539. Ein Holzschnitt mit einer Ansicht von Zürich, der sich im 1528 einsetzenden Tauf- und Eheregister von Fehraltorf befand, wurde in die Graphische Sammlung versetzt. Schliesslich enthält auch der Bestand E IV (»Kapitelarchive«) vereinzelt Mandate des 16. Jhs.

Abteilung F (»Finanzarchiv«)

2.112 In der Abteilung F (»Finanzarchiv«) mit einem grossen Bestand an Urbaren ist hinzuweisen einerseits auf das 1538 angelegte Urbar der Grafschaft Kyburg, in das insgesamt 28 gedruckte Mandate aus dem Zeitraum 1528–1657 integriert wurden, andererseits auf Johannes Hofmeister, *Einkommen der Geistlichen Pfründen, nicht nur denjenigen, welche dem Synodo lobl. Stand Zürich einverleibt, sondern auch derjenigen von lobl. reformierten Cantons Glarus und Appenzell, wie auch der Grafschaft Toggenburg* (Zürich 1789) mit 3 kolorierten Kupferstichen.

Abteilung G (»Chorherrenstift Grossmünster«)

2.113 Die Abteilung G (»Chorherrenstift Grossmünster«) enthält so unterschiedliche Drucke wie einen Ablassbrief aus dem Jahr 1520 zugunsten der Heiligkreuzkapelle in Lachen (SZ), einzelne Seiten aus Johann Jakob Scheuchzer und Johann Lochmann, *Alphabeti ex diplomatibus et codicibus Thuricensibus specimen* (Zürich 1730), ein Mandat über das Umsichgreifen des Borkenkäfers vom 22. März 1803 und *Zur Geschichte des Grossmünsterstifts und der Mark Schwamendingen* (Zürich 1865), verfasst von Staatsarchivar Johann Heinrich Hotz. Ausserdem wurde der Umschlag der Fabrikrechnung des Grossmünsters von 1518 mit einer Doppelseite aus einem kirchenrechtlichen Frühdruck verstärkt.

Abteilung J (»Kloster Rheinau«)

2.114 Während in der Abteilung H (»Spitalarchiv«) zumindest über den Archivkatalog keine älteren Drucke aufzufinden waren, finden sich in der Abteilung J (»Kloster Rheinau«) namentlich aus dem 18. Jh zahlreiche Stücke. Sie liegen v. a. im grossen Aktenbestand, zusammen mit Hunderten von handschriftlichen Akten, ausnahmsweise noch immer im ursprünglichen Überlieferungszusammenhang, weil das Rheinauer Klosterarchiv erst relativ spät im 19. Jh ins Staatsarchiv gelangte und nur die Urkunden sowie einzeln gebundene Drucke separiert wurden. Eine grobe Durchsicht von 38 der total 129 Aktenschachteln ergab für das 17. Jh 11 Einblattdrucke, für das 18. Jh 49 Kleindrucke und 58 Einblattdrucke, wobei verschiedene Schachteln keine Drucke enthalten, während in anderen bis zu 30 Stück gezählt wurden. Zu den frühesten Stücken gehören Mandate von Erzherzog Maximilian bzw. von Kaiser Leopold von 1613 bzw. 1621. Aus dem

18. Jh liegt ein Konvolut vor von 25 handschriftlich für verschiedene Orte in der Umgebung des Klosters ausgestellte Salvaguardia-Formulare eines französischen Heerführers von 1733, die vor Verwüstung und Plünderung schützen sollten. Von besonderem Interesse sind auch Drucke aus dem Reichsgebiet, die die Beziehungen von Rheinau in den süddeutschen Raum dokumentieren, wie z. B. die Schrift *Überzeugender Beweis, dass ein etwas länger fürdaurende allgemeine Getraid- oder Frucht-Sperre gegen die Schweiz den Hochlöblichen Schwäbischen Reichs-Kreis und die darinnen gesessene Hoch- und Löbliche Stände in kurzer Zeit gänzlichen zu Grund richten müsse* (o. O. 1772). Das 19. Jh ist nicht zuletzt mit jenen Druckschriften vertreten, die im Zusammenhang mit der Aufhebung des Klosters stehen, so das *Memorial des Stiftes Rheinau an [den] Regierungsrath und Grossen Rath des Kantons Zürich* (o. O. 1857) und die *Feierliche Vermahnung von Abt und Konvent des Stiftes Rheinau an den hohen Regierungsrath des Kantons Zürich* (o. O. 1862). Die eigentliche Klosterbibliothek von Rheinau gelangte 1864 an die Kantonsbibliothek und von dieser später an die Zentralbibliothek.

Abteilungen K–V und Y sowie Provenienzarchiv

2.115 Auf die Abteilungen K–V und Y sowie das Provenienzarchiv mit den Archivbeständen der kantonalen Verwaltung des 19. Jhs kann hier nicht weiter eingegangen werden. Dass auch sie in Einzelfällen bedeutende Bestände an Drucken enthalten, zeigt das Beispiel der Fabrikordnungen in der Abteilung O (»Volkswirtschaft«), die 1838 mit den Ordnungen der Firmen Trümpler & Gysi in Oberuster und Näffarb von J. Ziegler-Steiner in Winterthur einsetzen, gefolgt von bekannteren Firmen wie Escher, Wyss & Cie. in Zürich 1846 oder den Mechanischen Werkstätten von Joh. Jakob Rieter & Comp. in Ober-Töss 1854 und der Giesserei und Mechanischen Werkstätten der Gebrüder Sulzer in Winterthur.

Abteilung W I (»Personen, Familien, private Institutionen«)

2.116 Die erst 1941 geschaffene Abteilung W I (»Personen, Familien, private Institutionen«) vereinigt die verschiedensten Bestände; entsprechend vielfältig sind auch die darin befindlichen Drucke. Zu den frühesten Stücken gehören ein auf Pergament gedruckter Ablassbrief zum Besten des Kampfes gegen die Türken des Ablasskommissars Raimund Peraudi von 1489, in Zürich handschriftlich ausgestellt für Johannes Rüsegger und Adelheid Hirt – ein bisher unbekanntes Exemplar, das sich einreiht in 3 weitere andernorts aufbewahrte, handschriftlich ausgestellte Stücke, u. a. in Baden für Abt Johannes Müller von Wettingen, sowie ein zweiter Ablassbrief, ausgestellt im Jahr 1515 in Antwerpen. Beide Stücke befinden sich in der Urkundensammlung der »Antiquarischen Gesellschaft in Zürich«, zu der ursprünglich auch ein an die Zentralbibliothek abgetretener Einblattdruck im Andenken an das Bündnis zwischen Bern, Zürich und Venedig vom 12. Januar 1706 gehörte. Eine Sammlung von Fragmenten ebenfalls der »Antiquarischen Gesellschaft« enthält einen unikalen, undatierten (Zürcher?) Holzschnitt mit der Darstellung der Stadtheiligen Felix, Regula und Exuperantius sowie der Fraumünsteräbtissinnen Mechthild und Fides, der sich ursprünglich im Wappenbuch von Gerold Edlibach (1454–1530) befand.

2.117 Zum Archiv der Familie von Steiner, ehemals Gerichtsherren von Uitikon-Ringlikon, gehört eine in Venedig gedruckte Bibel von 1497 – das älteste Buch des Staatsarchivs Zürich überhaupt –, die Werner Steiner (1492–1542) am 9. Juni 1519 noch als Altgläubiger auf seiner Pilgerfahrt nach Jerusalem in Venedig gekauft hat. Aus späterer Zeit enthält das Familienarchiv die *Kurze Anweisung, was ein Officier von der Infanterie von Absteckung, Trazirung und Erbauung der im Felde vorkommenden Verschanzungen zu wissen nothig hat* (Leipzig 1765).

2.118 Weiter anführen lassen sich die Einladung zum grossen Schützenfest von 1504 im Archiv der Gesellschaft der Bogenschützen in Zürich, (nur) das Titelblatt von Rudolf Gwalthers *In epistolam Pauli apostoli ad Romanos* in der Bearbeitung von Heinrich Wolf d. J. (Zürich 1588) mit einer Widmung des Bearbeiters an einen Johann Ambühl (»Collinus«) im Familienarchiv Wolf, eine Sammlung gedruckter Mandate bezüglich des Thurgaus aus dem Zeitraum 1653–1765 im Archiv der thurgauischen Herrschaft Griessenberg, Ernst Brauns *Novissimum fundamentum et praxis artilleriae, oder: gründlicher Unterricht, was dieses höchst-nützliche Kunst vor Fundamenta habe* (Danzig 1682) im Archiv des Artillerie-Kollegiums, Johannes von Muralts *Hippocrates Helveticus, dass ist Eydgenossischer Stadt-, Land- und Hauss-Artzt* (Basel 1716) im Familienarchiv von Muralt (mit weiteren Publikationen von Familienangehörigen ab 1691 bzw. mit Büchern aus dem Vorbesitz von Familienangehörigen ab 1603) und Christian Gottlieb Reuss' *Anweisung zur Zimmermannskunst* (Leipzig 1789) im Archiv der Zunft zur Zimmerleuten – alles Drucke, die thematisch dem jeweiligen Archiv eng verbunden sind.

Abteilung X (»Handschriften und Einzelnes privater Herkunft«)

2.119 In der gleichfalls heterogenen Abteilung X (»Handschriften und Einzelnes privater Herkunft«) ist namentlich archiviert die gedruckte Urkundensammlung des Klosters St. Gallen, die 1712 einen Teil der Zürcher Kriegsbeute im Zweiten Villmergerkrieg bildete und demzufolge zum sogenannten abt-st.-gallischen Archiv gehörte, bei dessen Rückgabe ans Stiftsarchiv St. Gallen 1931 aber behalten werden durfte. Die ab 1645 gedruckte Sammlung besitzt weder ein Titelblatt noch eine Paginierung, noch haben die Drucker eine bestimmte Abfolge der Einzelblätter vorgesehen, weshalb jedes Exemplar anders aufgebaut ist – dasjenige des Staatsarchivs umfasst 22 nachträglich von Hand foliierte Bde. Ebenfalls aus der St. Galler Klosterdruckerei stammt der *Codex traditionum monasterii Sancti Gallonis ab anno DCLXXVIII usque ad annum domini MCCCLXI ad sanctum Gallum* (St. Gallen 1680 [so das handschriftliche Titelblatt unrichtig statt: 1645]), von dem gemäss Ildefons von Arx nur 24 Exemplare gedruckt worden waren. Aus einer jüngeren Schenkung stammt Hugo Grotius, *Le droit de la guerre et de la paix* (2 Bde, Amsterdam 1724).

Gemeindearchive

2.120 Abschliessend zu würdigen ist noch der in den letzten Jahren im Staatsarchiv aus konservatorischen Gründen vorübergehend deponierte Bestand an Gemeindearchiven, enthalten doch verschiedene Archive von politischen Gemeinden wie auch von Kirchgemeinden z. T. beachtliche Bestände an Mandaten bis zurück ins 17. Jh. Konkret handelt es sich im Fall der politischen Gemeinde Regensberg um 33 Mandate aus dem Zeitraum 1623–1795 (21 mehrseitige Stücke und 12 Einblattdrucke) zu allen möglichen Themen bis hin zu einer *Anleitung wie denen Ertrunkenen zu Rettung des Lebens dienliche Hülfe zu leisten* sei von 1766. Im Fall der Evangelisch-Reformierten Kirchgemeinde Regensdorf sind es (gemäss Archivverzeichnis) 270 Mandate aus dem Zeitraum 1648–1798, im Fall der evangelisch-reformierten Kirchgemeinde Seuzach 24 Mandate aus dem Zeitraum 1746–1795 (u. a. eine *Anleitung, wie die Erdapfel vor dem Gefrieren zu verwahren, und die gefrornen zu behandeln seyen* von 1789), im Fall der Zivilgemeinde Winterberg (Gemeinde Lindau) 18 Mandate aus dem Zeitraum 1757–1823 (3 mehrseitige Stücke und 15 Einblattdrucke) und im Fall der evangelisch-reformierten Kirchgemeinde Kyburg 13 Bettagsmandate und Bussgebete aus dem Zeitraum 1772–1795. Das Archiv der evangelisch-reformierten Kirchgemeinde Regensdorf enthält zudem als Besonderheit 7 Fahndungslisten aus dem Zeitraum 1720–1787, das Archiv der evangelisch-reformierten Kirchgemeinde Männedorf, einer ehemaligen Pfarrkollatur des Klosters Einsiedeln, die Rechtsschrift *Memorial der fürstlichen Stift Einsiedeln in puncto der mit der Muraltischen Ehren-Descendenz in Zürich habenden Appellations-Streitigkeit, den Zehenden ab einigen Gütern zu Männedorf betreffend* ([Einsiedeln] 1770).

Plansammlung

2.121 Von der bekannten Karte des Zürcher Gebiets aus dem Jahr 1566 und der nicht minder bedeutenden Planvedute der Stadt Zürich aus dem Jahr 1576, die beide das Werk von Jos Murer (1530–1580) sind, besitzt das Staatsarchiv im Fall der Kantonskarte lediglich 1 Exemplar der 6. Aufl. von 1765 (und 2 Exemplare der 7. Aufl. von 1859/60 oder der 8. von 1883), im Fall der Planvedute 2 Exemplare der Reproduktion von 1826 der 4. Aufl. von 1766 (und ein Exemplar der 5. Aufl. von 1859/60). Diese Nachdrucke des 18. und 19. Jh wurden (mit Ausnahme der Reproduktion von 1826) – ebenso wie die Nachdrucke der 6. bis 8. Aufl. von 1918, 1966 und 1996 – von den originalen Holzdruckstöcken hergestellt, die in der Objektesammlung des Staatsarchivs aufbewahrt werden. Es handelt sich dabei im Fall der Kantonskarte um 6 Druckstöcke für die eigentliche Karte und 10 Druckleisten für den Rahmen, im Fall der Planvedute um 7 Druckstöcke, wovon einen für das Grossmünster. Im Fall der Kantonskarte 1785 bei Gottlieb Emanuel von Haller noch erwähnt bzw. im Fall der Planvedute 1789 in einem Inventar der Stadtkanzlei noch aufgeführt, galten die Druckstöcke zwischenzeitlich als verschollen, bis sie Staatsarchivar Hotz im Jahr 1859 wiederentdeckte.

2.122 Als älteste gedruckte Karte muss unter diesen Umständen der *Geometrische Grundriss aller Marcken der Gerichts-Herligkeit dess Gotthauss Wettingen* von 1693 betrachtet werden, ein Kupferstich von Johannes Meyer (1655–1712), der als Kartenbeilage zum *Archiv des hochloblichen Gotthauses Wettingen* (Wettingen 1694) diente. An frühen Karten des Kantons Zürich sind zu nennen die ebenfalls von Johannes Meyer hrsg., auf Hans Conrad Gyger (1599–1674) basierende *Nova descriptio ditionis Tigurinae regionumque finitimarum* (1685), die *Delineatio aller Quartieren der Statt und Landschaft Zürich* ([1718?]) von Johann Heinrich Freytag, die *Tabula topographica parochiarum synodo Tigurina* (1718) und die *Nova et accurata agri Tigurini cum confiniis tabula geographica* (1738 und 1742) – alles Karten, die einem bestimmten Gebrauch der Verwaltung dienten. Als frühe Schweizerkarte ist zu nennen François Gressets *Carte de la Suisse ou font les treize Cantons, leurs alliés et leurs sujets* (1769).

2.123 Das 19. Jh ist selbstverständlich vertreten mit der *Topographischen Karte der Schweiz* (1845–1865) im Massstab 1:100.000 von Guillaume-Henri Dufour und dem *Topographischen Atlas der Schweiz* (1870–1922) im Massstab 1:25.000 von Hermann Siegfried sowie der *Karte des Kantons Zürich* im Massstab 1:25.000 von Johannes Wild und Johannes Eschmann, 1852–1868 im Topographischen Bureau des Kantons auf Stein graviert und in vier Farben gedruckt. Andere Karten wie die *Topograpische Karte des Kantons St. Gallen* (um 1850), die *Karte des Kantons Thurgau* (um 1850), die *Carte en relief du Canton de Neuchâtel et de ses environs* (1856) und die *Carte du Canton de Genève* (1868) sowie die *Topographische Karte des Grossherzogtums Baden* (1840), die *Generalkarte von Württemberg* (1859), die *Carte particulière de l'Angleterre* (1827) und die *Übersichtskarte von Spanien und Portugal* (1863) erwecken den Eindruck einer systematischen Grundausstattung mit Übersichtskarten in der Frühzeit des Staatsarchivs. Der im Archivinventar von 1897/99 aufgeführte *Atlas über den Feldzug der Loire-Armee* von 1871 ist heute nicht mehr vorhanden.

2.124 Daneben finden sich namentlich im Bereich der Turicensia auch Spezialkarten bzw. Panoramen und Veduten u. a. aus der grossen Produktion der Lithographen Johann Jakob Hofer (1828–1892) und Heinrich Jakob Burger (1849–1917), z. B. Arnold Nüschelers *Karte der Nachbargemeinden der Stadt Zürich vor Errichtung der Schanzen* (Zürich [um 1890]) oder als Faksimile Hans Conrad Gyger (1599–1674), *Grundriss und ussgemässne Verzeychnuss der wyte Bezirckh und Innhalts des Stadelhoffer Zehendens* (Zürich 1889). Noch spezielleren Themen gewidmet sind Pläne wie *Eisenbahnprojekt Wädenswil–Einsiedeln* (Einsiedeln 1870) oder H. Bräm, *Musterpläne für Schulhäuser* (1836).

Graphische Sammlung

2.125 Die Bestände an Druckkunst der verschiedensten Herstellungsverfahren aus der Zeit bis 1900 in der Graphischen Sammlung sind nicht sehr umfangreich; dafür ist manches in Reproduktionen des 20. Jhs vorhanden. Beispiele aus dem 19. Jh sind etwa die Anerkennungsurkunde für die aus dem Sonderbundskrieg zurückkehrenden zürcherischen Wehrmänner von 1847 und die ebenfalls gedruckten Dankesurkunden der Festkommission 500 Jahre Zürich bei der Eidgenossenschaft von 1851 oder die Lithographie von Jakob Kull, *Wappen-Tafel der löblichen Bürgerschaft der Stadt Zürich* ([Zürich 1854]).

2.126 Aus der Zeit vor 1800 fällt namentlich das älteste Stück in Betracht, ein Holzschnitt mit einer Ansicht von Zürich aus Westen von ca. 1546, der sich, wie erwähnt, ursprünglich im Pfarrbuch von Fehraltorf befand und der als Unikum zu betrachten ist. Aus dem 17. Jh stammt eine unvollständige Serie von 22 (von insgesamt 42) teilkolorierten Kupferstichen von Lucas Kilian (1579–1637) mit den Wappen der Äbte von Einsiedeln, die aus Christoph Hartmanns *Annales Heremi monasterii in Helvetia ordinis s. Benedicti* (Freiburg i. Br. 1612), stammen.

3. KATALOGE

Moderne allgemeine Kataloge

Alphabetischer Verfasser- und Sachkatalog [Zettelform; per September 2002 abgeschlossen]

Online-Katalog im Informationsverbund »IDS Zürich Universität« [Neuaufnahmen ab Oktober 2002; Aufnahme der älteren Bestände mittels elektronischer Retrokonversion des Zettelkatalogs im Herbst 2005; Bibliothekssigel USTAZ]

Beide Kataloge erfassen auch unselbständig erschienene Literatur [analytische Titelaufnahmen]

Moderne Sonderkataloge

Übersicht über die Druckschriften-Sammlung [des Staatsarchivs Zürich] Januar 1970 [mschr.; muss bei der Beratung verlangt werden]

Katalog [der] Druckschriften in Aktenbeständen, angelegt von Ulrich Helfenstein. 1961 [mschr.; muss bei der Beratung verlangt werden]

4. QUELLEN UND DARSTELLUNGEN ZUR GESCHICHTE DER BIBLIOTHEK

Archivalien (nicht allgemein zugänglich)

StAZH, M 17d.2 [Stüssi-Bibliothek 1900, Schäppi-Bibliothek 1908]

StAZH, MM 2.1–256 und MM 3.1–274 [Regierungsratsbeschlüsse 1831–1887 und 1887–2001]

StAZH, N 1206.1 [Staatsarchiv: Bibliothek 1857–1973; darin: Schreiben von Friedrich Hegi mit einem Porträt von Handbibliothek und Druckschriftensammlung (mit beigelegter »Übersicht über den Bestand der durch das Staatsarchiv besorgten Druckschriftensammlung«) vom 15. Juni 1911 zuhanden von Wilhelm von Wyss für dessen Bibliotheksführer; Porträt von Handbibliothek und Druckschriftensammlung von Edwin Hauser vom März 1930 für das Minerva-Handbuch]

StAZH, NN 506.1–5 [Staatsarchiv: Donationen-, später Geschenk-Bücher 1884–1972]

StAZH, NN 507.1–3 [Staatsarchiv: Bücherankäufe 1885–1972]

StAZH, NN 508.1–12 [Staatsarchiv: Neueingänge für Bibliothek und Druckschriftensammlung 1950–1981]

Gesetzliche Grundlagen (chronologisch)

Offizielle Sammlung der seit 10. März 1831 erlassenen Gesetze, Beschlüsse und Verordnungen des Eidgenössischen Standes Zürich. Bd. 1ff., Zürich, ab 1831 [OS]

Gesetz betreffend die Organisation und Geschäftsordnung des Regierungsrathes und seiner Direktionen vom 25. Juni 1871. In: OS 15, S. 514–541

Staatsarchiv des Kantons Zürich, Reglement vom 12. Mai 1877

Gesetz betreffend die Organisation und Geschäftsordnung des Regierungsrates und seiner Direktionen vom 26. Februar 1899. In: OS 25, S. 336–355

Schweizer, Paul: Anträge zur Abänderung des Reglements für das Staatsarchiv, April 1900. Zürich 1900

Reglement betreffend die Verwaltung des Staatsarchivs vom 23. August 1900. In: OS 26, S. 154–165

Benutzungsordnung für das Staatsarchiv Zürich vom 1. Dezember 1942. In: OS 36, S. 689–691

Verordnung über das Staatsarchiv vom 10. April 1974. In: OS 45, S. 54–60

Archivgesetz vom 24. September 1995. In: OS 53, S. 267–270, sowie OS 62, S. 134 [auch elektronisch zugänglich über die Homepage des StAZH bzw. des Kantons Zürich]

Archivverordnung vom 9. Dezember 1998. In: OS 54, S. 956–962, sowie OS 59, S. 288, OS 60, S. 258, und OS 63, S. 334f. [auch elektronisch zugänglich über die Homepage des StAZH bzw. des Kantons Zürich]

Benützungsordnung des Staatsarchivs Zürich vom 1. Dezember 1999

Benutzungsordnung des Staatsarchivs des Kantons Zürich vom 1. Oktober 2007

Jahresberichte und Rechenschaftsberichte

Jahresberichte des Staatsarchivs des Kantons Zürich, 1837–1849 und 1870–1924 im Rechenschaftsbericht bzw. ab 1925 im Geschäftsbericht des Regierungsrats [1850–1869 sind keine Jahresberichte erschienen], daneben 1889–1963 auch als Separatdruck [ab 1905 als »Auszug aus dem Jahresbericht der Direktion des Innern«] bzw. ab 1964 als gegenüber dem Geschäftsbericht zunehmend erweiterter Separatdruck

Largiadèr, Anton: Rechenschaftsbericht über die Verwaltung des Staatsarchivs Zürich 1931 bis 1958. Zürich 1958

Schnyder, Werner: Rechenschaftsbericht über die Verwaltung des Staatsarchivs Zürich 1958–1964. Zürich 1964

Schweizer, Paul: Rechenschaftsbericht über die Verwaltung des Zürcher Staatsarchivs 1881–1897. Zürich 1897

Strickler, Johannes: Rechenschaftsbericht über die Verwaltung des Staatsarchivs in den Jahren 1870–1881. Zürich Juni 1881

Nachschlagewerke, Bibliotheksführer

Bibliotheken in Zürich, hrsg. von der Zentralbibliothek Zürich. Zürich 1977

Handbuch der Bibliotheken: Bundesrepublik Deutschland, Österreich, Schweiz, 3. Ausg. München u. a. 1993

Minerva-Handbücher. 1. Abteilung: Die Bibliotheken. Bd 3, bearb. von Felix Burckhardt. Berlin, Leipzig 1934

Minerva-Handbücher. 2. Abteilung: Die Archive. Bd 1, hrsg. von Paul Wentzcke und Gerhard Lüdtke. Berlin, Leipzig 1932

Rösli, J.: Verzeichnis der öffentlichen schweizerischen Bibliotheken. Bern 1916

Schweizer, Paul: Inventar des Staatsarchivs des Kantons Zürich. Separatdruck Bern 1897; auch in: Inventare Schweizerischer Archive. Bd 2. Bern 1899, S. 1–110 [Seitenzählung gegenüber Separatdruck um 2 tiefer]

Staatsarchiv Zürich, [Kurzführer]. Zürich 1974

Staatsarchiv Zürich, Kurzführer 1982. Zürich 1982

Wyss, Wilhelm von: Zürichs Bibliotheken. Zürich 1911 (Festgabe auf den 1. Ferienkurs für schweizerische Mittelschullehrer, Zürich 1911)

Darstellungen

Enquête betreffend die Gründung einer schweizerischen Nationalbibliothek. Bern 1893

Helfenstein, Ulrich: Ordnung und Unordnung im Zürcher Staatsarchiv. Aus dem Wirken der vier ersten Archivleiter (1837–1897). In: Zürcher Taschenbuch NF 100 (1980), S. 137–150

Helfenstein, Ulrich: 150 Jahre Staatsarchiv 1837–1987. In: Zürcher Taschenbuch NF 108 (1988), S. 4–30

Illi, Martin: Von der Kameralistik zum New Public Management. Geschichte der Zürcher Kantonsverwaltung von 1803 bis 1998. Hrsg. vom Regierungsrat des Kantons Zürich. Zürich 2008

Largiadèr, Anton: Prof. Dr. Paul Schweizer 1852–1932. Zürich 1934

Largiadèr, Anton: Das abt-st.-gallische Archiv in Zürich. In: Festschrift Hans Nabholz. Zürich 1934, S. 329–341

Largiadèr, Anton: Das Staatsarchiv Zürich 1837–1937. Gedenkschrift zum hundertjährigen Bestehen. Zürich 1937

Peyer, Hans Conrad: Das Staatsarchiv Zürich. Bestände – Aufgaben – Benützung. In: Zürcher Taschenbuch NF 88 (1968), S. 131–151

Pretto, Adrian: Die Grafische Sammlung des Staatsarchivs Zürich. In: Zürcher Taschenbuch NF 99 (1979), S. 145–160

Schweizer, Paul: Geschichte des Zürcher Staatsarchives. Zürich 1894

Weiss, Reto: Das Fundament der Zürcher Geschichtsschreibung: Die Zürcher Archivlandschaft. In: Geschichte schreiben in Zürich. Die Rolle der Antiquarischen Gesellschaft bei der Erforschung und Pflege der Vergangenheit. Zürich 2002, S. 93–128

Weiss, Reto: »Dépôt légal« für die kantonalen Amtsdruckschriften. In: Diagonal, Personalzeitung der kantonalen Verwaltung, Nr. 28 (August 2005), S. 9

5. VERÖFFENTLICHUNGEN ZU DEN BESTÄNDEN

Actum 1803. Geschichten aus dem Zürcher Regierungsprotokoll zum kantonalen Neubeginn vor 200 Jahren, hrsg. vom Staatsarchiv des Kantons Zürich. Zürich 2003

Blauert, Andreas; Wiebel, Eva: Gauner- und Diebslisten, Registrieren, Identifizieren und Fahnden im 18. Jahrhundert. Mit einem Repertorium gedruckter südwestdeutscher, schweizerischer und österreichischer Listen. Frankfurt a. M. 2001

Böning, Holger; Siegert, Reinhart: Volksaufklärung. Biobibliographisches Handbuch zur Popularisierung aufklärerischen Denkens im deutschen Sprachraum von den Anfängen bis 1850. Bd 1: Holger Böning: Die Genese der Volksaufklärung und ihre Entwicklung bis 1780. Stuttgart 1990 [darin Anhang B: Zürcher Mandatsschriften 1751–1780]

Egli, Emil: Zum Piacenzerzug vom Herbst 1521: 2. Einsiedler Beichtzeddel. In: Zwingliana 2 (1906), S. 88–90

Eisermann, Falk: Verzeichnis der typographischen Einblattdrucke des 15. Jahrhunderts im Heiligen Römischen Reich Deutscher Nation. 3 Bde. Wiesbaden 2004

Helfenstein, Ulrich: Aus der Geschichte des kantonalen Amtsblattes. In: Zürcher Taschenbuch NF 105 (1985), S. 99–105

700 Jahre Eidgenossenschaft. Dokumente aus dem Zürcher Staatsarchiv zum Bundesjubiläum. Kalender, hrsg. vom Staatsarchiv zum Jahr 1991. Zürich [1990]

Largiadèr, Anton: Die im Staatsarchiv Zürich vorhandene wichtigere ausländische Literatur über Archivwesen. [Zürich 1955] [mschr.; vorhanden: StAZH, Signatur: W I 44 AL 115]

Leemann-van Elck, Paul: Beichtzettel für Einsiedeln in Zürich gedruckt. In: Zwingliana 6 (1934), S. 126–128

Schott-Volm, Claudia (Hrsg.): Repertorium der Policeyordnungen der frühen Neuzeit. Bd 7: Orte der Schweizer Eidgenossenschaft: Bern und Zürich. 2 Bde. Frankfurt a. M. 2006

[Schweizer, Paul]: [Katalog der] Ausstellung historischer Documente des Zürcher Staatsarchives, veranstaltet zu Ehren der geschichtsforschenden Gesellschaft der Schweiz bei ihrer Jubiläumsversammlung in Zürich. Zürich 1891

Sieber, Christian: Handbuch der historischen Buchbestände der Schweiz. Artikel »Staatsarchiv des Kantons Zürich, Zürich«. Zürich 2007 [erweiterte Fassung mit Signaturennachweis; vorhanden: StAZH, Signatur Ed 312, sowie elektronisch zugänglich über die Homepage des StAZH]

Sigg, Otto: Karten und Pläne als Quelle zur Industrie- und Umweltgeschichte am Beispiel des Staatsarchivs Zürich. In: Cartographica Helvetica 6 (1992), S. 29–31

Sigg, Otto: Archivführer der Zürcher Gemeinden und Kirchgemeinden sowie der städtischen Vororte vor 1798. Zürich 2006

Staatsarchiv Zürich, [Katalog der] Ausstellung historischer Dokumente, veranstaltet anlässlich des VIII. Internationalen Kongresses für Geschichtswissenschaft, August/September 1938, Zürich. Zürich 1938

Suter, Meinrad: Kantonspolizei Zürich 1804–2004. Zürich 2004

Kleine Zürcher Verfassungsgeschichte 1218–2000, hrsg. vom Staatsarchiv des Kantons Zürich. Zürich 2000

Vischer, Manfred: Bibliographie der Zürcher Druckschriften des 15. und 16. Jahrhunderts, erarbeitet in der Zentralbibliothek Zürich. Baden-Baden 1991

Vischer, Manfred: Zürcher Einblattdrucke des 16. Jahrhunderts. Baden-Baden 2001

Weber-Steiner, Regula: Glükwünschende Ruhm- und Ehrengetichte. Casualcarmina zu Zürcher Bürgermeisterwahlen des 17. Jahrhunderts. Bern u. a. 2006

Zürcher Dokumente – Texte und Bilder aus dem Staatsarchiv, hrsg. vom Staatsarchiv des Kantons Zürich. Redaktion: Ulrich Helfenstein. Zürich, Schwäbisch Hall 1984

ZENTRALBIBLIOTHEK ZÜRICH

Kanton: Zürich

Ort: Zürich

Bearbeiter: Jean-Pierre Bodmer und Urs B. Leu (Kap. 2)

Adresse: Zähringerplatz 6, 8001 Zürich

Telefon: +41 44 268 31 00

Telefax: +41 44 268 32 90

Homepage: www.zb.uzh.ch

E-Mail: zb@zb.uzh.ch

Träger: Stadt und Kanton Zürich

Funktion:
Stadt-, Kantons- und Universitätsbibliothek

Sammelgebiete:
Alle Wissenschaften (technische Literatur mit Zurückhaltung) und Turicensia.

Benutzungsmöglichkeiten:
Ausleihbibliothek mit Ausnahme von Präsenzbeständen in den Lesesälen und Werken mit Erscheinungsdatum vor 1900. – Ausleihe: Montag bis Freitag: 8.00–20.00 Uhr; Samstag: 9.00–17.00 Uhr. Allgemeiner Lesesaal und Katalog: Montag bis Freitag: 8.00–20.00 Uhr; Samstag: 9.00–17.00 Uhr. Abteilung Alte Drucke und Rara, Handschriftenabteilung und Musikabteilung: Montag bis Freitag: 10.00–18.00 Uhr; Samstag: 10.00–16.00 Uhr. Graphische Sammlung und Fotoarchiv sowie Abteilung Karten und Panoramen: Montag bis Freitag: 14.00–18.00 Uhr; Samstag: 14.00–16.00 Uhr.

Technische Einrichtungen für den Benutzer:
OPAC, CD-Rom-Datenbanken, Mikrofilm-Lesegeräte, Fotokopierer, Digitalisierungszentrum.

Gedruckte Informationen:
Verschiedene Informationsblätter.

Hinweise für anreisende Benutzer:
Von den Bahnhöfen Zürich Hauptbahnhof oder Zürich Stadelhofen zu Fuss in 10 Minuten erreichbar. – Tram Nr. 3 und 15 bis Haltestelle »Rudolf-Brun-Brücke«, dann 2 Minuten zu Fuss. – Beschränkte Parkmöglichkeiten auf öffentlichen Parkplätzen vor der Bibliothek.

1. BESTANDSGESCHICHTE

1.1 Produkt einer durch zwei Volksabstimmungen 1914 demokratisch sanktionierten Fusion von Bibliotheken, nahm die Zentralbibliothek Zürich 1916 den Betrieb auf. Der historische Grundstock beruht auf den Beständen der Vorgängeranstalten: der Stadtbibliothek (seit 1629), der Bibliothek der Naturforschenden Gesellschaft (seit 1746), der Medizinischen Bibliothek (seit ca. 1780), der Juristischen Bibliothek (seit 1823) und der Kantonsbibliothek (seit 1835). In der Kantonsbibliothek wiederum sind 1835 die Bibliothek des Zürcher Chorherrenstifts und 1863 die Rheinauer Klosterbibliothek aufgegangen, zwei geistliche Büchersammlungen mit jahrhundertelanger Vergangenheit. Zu substantiellen Ergänzungen des Altbestandes kam es ferner durch die bei der Stadtbibliothek deponierte Bibliothek des Schweizer Alpenclubs und die bei der Zentralbibliothek deponierte Bibliothek der Allgemeinen Musikgesellschaft Zürich, beide mit eigener Trägerschaft. Bestands- und Wachstumszahlen sind den Quellen und Darstellungen zur Geschichte der Bibliothek entnommen. Wo es geboten schien, wurde anhand von Standortkatalogen nachgezählt. Die Zahlen wurden z.T. gerundet.

Stiftsbibliothek am Grossmünster bis 1832

1.2 Das Zürcher Chorherrenstift und seine Kollegiatkirche, das Grossmünster, hatten ihren Standort bei den Gräbern der Heiligen Felix und Regula, deren Verehrung seit spätestens der Mitte des 8. Jhs nachgewiesen ist. Dass das Stift die 1519 von Huldrych Zwingli (1484–1531) eingeleitete Reformation überstand, wenn auch in veränderter Form als theologische Lehranstalt, verdankte es Zwinglis Amtsnachfolger Heinrich Bullinger (1504–1575). Dieser hatte die Institution u.a. mit dem Hinweis auf die damals als historische Tatsache genommene Gründung durch Karl den Grossen verteidigt. Für die nach dem legendären Gründer mitunter Carolinum genannte Schule setzte nach wenigen Jahrzehnten der langsame Niedergang ein, woran auch einzelne als Gelehrte hervorragende Professoren – als Pädagogen nicht immer die allerbesten – nichts zu ändern vermochten. Das Stift überdauerte zwar noch den Untergang der Alten Eidgenossenschaft 1798 und die Auflösung des Zürcher Stadtstaates 1803, nicht aber die liberale Umwälzung von 1830. Seine von einem Häuflein Traditionalisten vergeblich bekämpfte Aufhebung erfolgte 1832, und als oberste Bildungsanstalt des Kantons Zürich wurde 1833 die Universität ins Leben gerufen.

Bestandsentwicklung

Mittelalter

1.3 Eine Bibliotheksorganisation am Zürcher Chorherrenstift ist erstmals 1260 bezeugt, auch kennt man Rechte und Pflichten des jeweils als Librarius amtenden Chorherrn aus den 1346 revidierten Stiftsstatuten; sonst aber fliessen die Quellen spärlich. Aufwendungen für das Bibliothekslokal und die Tätigkeit von Stiftsangehörigen als Kopisten oder Buchbinder sind am Vorabend der Reformation verschiedentlich belegt. An grösseren Zugängen aus dieser Zeit sind bekannt geworden: der Ankauf der Bücher des Stiftsschreibers Petrus Numagen (ca. 1450–1517), gebürtig von Trier, mit mindestens 53 Bdn diversen Charakters sowie das 1519 vollstreckte Legat des Propstes Johannes Mantz (gest. 1518) mit 60 Bdn, davon mehr als die Hälfte juristischen Inhalts.

16. Jahrhundert

1.4 Den Sturm auf Bilder, Kultgeräte und Bücher musste das Stift 1525 über sich ergehen lassen. 1532 begann der Chorherr und Hebraist Konrad Pellikan (1478–1556) mit dem Aufbau eines neuen Bestandes mit den von der Vernichtung zu Stadt und Land verschonten Büchern aus Kirchenbesitz und der vom Stift angekauften Bibliothek des bei Kappel umgekommenen Huldrych Zwingli.

1.5 Pellikans bis 1551 geführter Bandkatalog weist 771 Bde (Hss. und Drucke) mit ca. 1100 Titeln nach, wovon 171 aus dem Besitz Zwinglis identifiziert werden konnten. Es handelt sich dabei meist um Ausg. klassischer, patristischer und humanistischer Texte. An Schenkungen verzeichnete Pellikan um 1540 18 Bde, zur Hauptsache Theologie, aus eigenem Besitz und 57 Bde aus der Offizin von Christoph Froschauer (1490–1564). Als Vermächtnisse vermischten Inhalts figurieren im Katalog 54 Bde vom ehemaligen Minoriten Enoch Metzger (1535), 35 Bde vom Kaplan Johannes Murer (1537), 15 Bde vom ehemaligen Priester Werner Steiner (1492–1542) und 43 Bde von Johannes Brügger (gest. 1548), vormals Chorherr in Zurzach, der über 60 Flugschriften Luthers besessen hatte. 21 Bde sind als Ankauf aus der Hinterlassenschaft von Chorherr Erasmus Schmid (Fabritius, gest. 1547) inventarisiert.

1.6 Unter Pellikans Nachfolgern Wolfgang Haller (1525–1601) und Ludwig Lavater (1527–1586), die ein neues Inventar anlegten, übernahm das Stift 1554 eine Anzahl nicht näher bezeichneter Bücher aus der Sakristei des Fraumünsters und kaufte 1570 für seine Bibliothek den handschriftlichen Nachlass des Orientalisten Theodor Bibliander (gest. 1564). Wann die 10 Hss. und mindestens 60 Drucke aus dem 1525 aufgehobenen Augustinerchorherrenstift St. Martin auf dem Zürichberg in die Stiftsbibliothek eingefügt wurden, weiss man nicht.

1.7 Von etwa 1576 bis 1595 wirkte am Stift der als Bibliothekar hervorragende Chorherr Johann Jakob Fries (1546–1611). Zu seiner Zeit bekam die Bibliothek 1588 die von der Obrigkeit beschlagnahmte, mit 1028 meist aquarellierten Federzeichnungen illustrierte Nachrichtensammlung von Chorherr Johann Jakob Wick (1522–1588), einen mit 429 Einblattdrucken und ca. 500 Flugschriften durchsetzten Handschriftenbestand von 24 Bdn, und, durch Ankauf aus eigenen Mitteln, diverse von Konrad Pellikan hinterlassene hebräische Hss.

17. Jahrhundert

1.8 Aus dem 17. Jh sind für 1642 der Ankauf einer Anzahl Kirchenväterausgaben zu melden und für 1660 ein Legat von Chorherr und Bibliothekar Johann Rudolf Stucki (1595–1660), dessen Erträge zur Anschaffung von Büchern zu verwenden waren.

18. Jahrhundert

1.9 1732 erhielt die Stiftsbibliothek die vom Kirchenhistoriker und Orientalisten Johann Heinrich Hottinger (1620–1667) angelegte reformationsgeschichtliche Dokumentensammlung. Doch der Bibliothekar, Chorherr Johann Baptist Ott (1661–1742), konnte diesen Thesaurus Hottingerianus nicht ordentlich unterbringen und beschwerte sich 1736 in zwei Denkschriften über missliche Zustände insbesondere des Lokals. Eine Sanierung aber wollte sich das reiche Stift nicht leisten.

1.10 1749 wurde Chorherr Johann Jakob Breitinger (1701–1776), Johann Jakob Bodmers Mitstreiter in literarischen Dingen, zum Bibliothekar bestellt. Er konnte 1752 für das Stift den Nachlass von Antistes Johann Jakob Breitinger (1575–1645) als Schenkung der Nacherben entgegennehmen. 1753 erfolgte die Erwerbung von 24 Bdn Hss. und Druckschriften mystischen Inhalts, die der wegen Häresie abgesetzte Pfarrer Michael Zingg (1599–1676) seinerzeit gesammelt hatte. Im Jahr 1757 verehrte Hans Konrad Heidegger (1710–1778), nachmals Bürgermeister, ein Allerlei von 172 Druckschriften des 16. und 17. Jhs. Auf die 1750er-Jahre ungefähr zu datieren sind weitere Schenkungen, so vom pietisierenden Pfarrer Johann Kaspar Ulrich (1705-1768) 34 Herrnhuterschriften, von Pfarrer Johannes Breitinger (1701-1756) 147 politische und religiöse Flugschriften aus der Zeit des Dreissigjährigen Krieges, die einst dem Antistes Breitinger gehört hatten, und, kurios genug, von Prof. Johann Jakob Zimmermann (1695-1756) 4 in den Jahren von 1732 bis 1736 in Amsterdam in malaiischer Sprache gedruckte Werke. Aus dem Legat von Chorherr David Lavater (1692-1775) wurden 54 Bde angeschafft, darunter auch einige der philosophischen Aufklärung. Chorherr Breitinger trug die Zugänge in den Katalog ein, in dem nun 3340 Bde verzeichnet waren, und sorgte kurz vor seinem Ableben für eine Neuaufstellung des Ganzen.

19. Jahrhundert

1.11 1803 richteten die Chorherren im Stiftsgebäude ein Lesekabinett ein. Für die Stiftsbibliothek erwarben sie 1805 den handschriftlichen Nachlass von Chorherr Johann Jakob Breitinger, sonst aber beschränkten sie sich darauf, 1808 das Lokal für ungeeignet zu erklären und die Bücher ins Haus von Archidiakon und Chorherr Leonhard Brennwald (1750-1818) bringen zu lassen. Dieser betreute die nur ihm und wenigen Liebhabern wie Johann Martin Usteri (1763-1827) zugänglichen Bücher mit grossem Eifer. Nach seinem Tod kamen zwar noch vereinzelte Zugänge, doch niemand benutzte mehr die vorhandenen 3500 Bde (etwa 14.000 Titel). Die Bücher des Stifts wurden in der Folge Grundstock der neuen Kantonsbibliothek.

Bestandsaufstellung und -erschliessung

1.12 Die Bestandsaufstellungen der Stiftsbibliothek mit ihrer Durchmischung von Drucken und Handschriften existieren real nicht mehr.

16. Jahrhundert

1.13 Konrad Pellikans Katalog ist ein Inventar mit Erschliessung nach Verfassern, Wissenschaftssystematik und Materien. Im Gegensatz zu Pellikan, der sich bei der Aufstellung von örtlichen Gegebenheiten leiten liess, verfuhr Johann Jakob Fries nach lokalunabhängigem Schema:

A – Encyclopaedia
B – Miscellanea
C – Grammatici
D – Dialectici
E – Rhetorici
F – Poetae et poetica
G – Mathematici
H – Musica
J – Arithmetici
K – Geometrici
L – Astronomia et astrologia
M – Divinatio
N – Physici
O – Metaphysici
P – Artes illiteratae
Q – Ethici
R – Oeconomici
S – Politici
T – Geographici
V – Historici (I: universales, II: particulares, III: singulares)
X – Jus (I: civile, II: canonicum)
Y – Medicina (Unterteilung in 6 Klassen)
Z – Theologia (Unterteilung in 11 Klassen). Fries' Nominalerschliessung ist verschollen.

18. Jahrhundert

1.14 Um 1710 nahm Chorherr Johann Jakob Hottinger (1652-1735) eine Neuaufstellung der Stiftsbibliothek in folgenden Abteilungen vor:

A – Biblia, concilia, Patres
B – Patres et scriptores ecclesiastici
C – Manuscripta Reformatorum (darunter viele Drucke)
D – Manuscripta membranacea et chartacea antiqua
E – Theologi Tigurini
F – Theologi reformati
G – Theologi Lutherani
H – Theologi pontificii moderni
J – Theologi scholastici ante Reformationem
K – Historici
L – Libri philosophici
M – Philologi
N – Juridici canonici
O – Juridici civiles.

19. Jahrhundert

1.15 Chorherr Brennwald schrieb für die Breitingersche Aufstellung einen neuen ausführlichen Standortkatalog, der die folgenden lokalbezogenen Positionen aufwies:

Repositorium A – Biblia, libri biblico-exegetici, Patres quidam et nonnulla liturgica

Repositorium B – Patres et scriptores ecclesiastici. Varia theologica

Repositorium C – Manuscripta membranacea et chartacea [dabei die Wickiana]

Repositorium D – Die Litteratur des 16. und 17. seculi betreffende Schriften [dabei der Thesaurus Hottingerianus]

Galeria I – Theologi plerumque Tigurini. Manuscripta Reformatorum. Zinggiana. Varia theologica

Galeria II – Theologi reformati. scil. Calviniani, Zwingliani, Arminiani

Galeria III – Lutherus et theologi Lutherani. Dissertationes Tigurinorum et exterorum. Manuscripta Breitingeri. Varia theologica

Galeria IV – Theologi pontificii. Schwenckfeldiana. Miscellanea

Galeria V – Libri philosophici Galeni, Gessneri, Aristotelis, Platonis, Plutarchi, Marsilii Ficini, Theophrasti cum intermixtis aliis diversi generis.

Galeria VI – Libri philosophici maiore ex parte

Galeria VII – Miscellanea theologico-historico-ecclesiastica

Galeria VIII – Varia ex omni litterarum genere, inprimis Turici typis expressa

Galeria IX – Varia omnis generis Zinzendorfiana

Galeria X – Libri juridici, canonici et civiles. Miscellanea. Nonnulla Jesuitica. Mscpta Salom. Hottingeri M. D. et Prof. Phys. [dabei Inkunabeln und Frühdrucke]

Galeria XI – Libri theologorum pontificorum, scholasticorum aliaque varia [dabei Inkunabeln und Frühdrucke]

Galeria XII – [alte Kataloge der Stiftsbibliothek und Zugänge seit der Anlage des Vorgängerkatalogs]

Galeria XIII – [Hss. aus dem Nachlass von Chorherr Breitinger]

Galeria XIV – [neueste Zugänge]. Dank Brennwald hatte die Stiftsbibliothek erstmals seit dem 16. Jh wieder eine nominale Erschliessung.

Klosterbibliothek Rheinau bis 1862

1.16 Die nach traditioneller Auffassung 778 gestiftete Abtei Rheinau (bei Schaffhausen) wurde 858 König Ludwig dem Deutschen übertragen, der ihr Immunität, Schutz und freie Abtwahl gewährte. 1455 übernahmen die Eidgenossen den Schirm des Gotteshauses. Von 1529 bis 1531 infolge der Glaubensspaltung verödet, erlebte Rheinau im 16. Jh die politische und ökonomische Wiederaufrichtung und im 17. Jh, mit dem 1602 vollzogenen Anschluss an die Helvetische Benediktinerkongregation, die innere Reform. In Abt Gerold II. Zurlauben (1649–1735), der von 1697 an regierte, hatte es einen höchst baufreudigen Prälaten. Von 1799 bis 1803 war das Kloster aufgehoben, dann wurde es unter der Hoheit des eidgenössischen Standes Zürich wiederhergestellt. Seitens der liberalen Regierung setzten 1832 Zwänge ein, deren einschneidendster das 1836 verhängte Verbot der Novizenaufnahme war. Als Opfer des Fortschritts wurde das Kloster 1862 aufgehoben.

Bestandsentwicklung

1.17 Über Rheinaus ältestes Schrift- und Buchwesen haben sich die Gelehrten bislang nur mit Zurückhaltung geäussert. 1970 veranschlagten die Liturgieforscher Anton Hänggi und Alfons Schönherr auf Grund der »vereinzelt an alten Rheinauer Codices bemerkbaren, bisher nie ernsthaft beachteten Signaturenzahlen« den Bestand der Stiftsbibliothek Rheinau zu Beginn des 12. Jhs auf ca. 150 Bde.

1.18 Von den Bemühungen Abt Gerolds II., durch Vermittlung der Mauriner in Paris für seine Bibliothek Werke der Hagiographie, Diplomatik, Liturgik, Homiletik, Theologie und Philosophie zu erwerben, zeugen vereinzelte Briefe aus den Jahren 1712 und 1713. Sonst aber sind, bis auf den 1735 von P. Peter Schädler (1705–1775) geschriebenen Katalog, Dokumente zum Zustand der Bibliothek kaum bekannt geworden, und späterhin ist man auf die Zeugnisse von Fremden angewiesen. Augustin Calmet (1672–1757), der gelehrte Benediktinerabt aus Lothringen, der vorab den Handschriften nachging, kritisierte 1756 den Druckschriftenbestand als veraltet. Ähnlich äusserte sich 25 Jahre später Georg Wilhelm Zapf (1747–1810), ein deutscher Bibliograph, doch lobte er immerhin Abt Bonaventura II. Lacher (1738–1789) für aufgeklärtes Wissenschaftsverständnis und Förderung der Bibliothek. Als verständige Rheinauer Mönche würdigte er Moritz Hohenbaum van der Meer (1718–1795), Basilius Germann (1727–1794), Johann Nepomuk Beck (1744–1798) und Gregor Moos (1746–1823).

1.19 Als 1800 der helvetische Minister Philipp Albert Stapfer (1766–1840) die Bibliotheken der Schweiz inspizieren liess, waren Rheinaus bewegliche Kostbarkeiten ausgelagert, und der Kommissar sah nur »die Sammlung alter Impressen, von der der Katalog auch noch da war«. Noch im 19. Jh vermehrte Rheinau seinen Bücherbestand, und dies nicht nur mit Novitäten; so erwarb es 1817 ein prächtiges Psalterium aus dem 13. Jh [ZBZ: Ms. Rh. 167]. Zu den Konventualen, die sich damals mit der Bibliothek befassten, gehörten Blasius Hauntinger (1762–1826) und Johann Baptist Schorno (1808–1856).

1.20 Die Einverleibung der Rheinauer Bibliothek, soweit sie der Staat in Beschlag nahm, in die Kantonsbibliothek wurde 1863 beschlossen, und im Jahr darauf meldete der Oberbibliothekar den mit zehn vierspännigen Wagen bewerkstelligten Transport der Bücher nach Zürich.

Stadtbibliothek Zürich 1629–1915

Trägerschaft und Organisation

1.21 Am 6. Februar 1629 legten Hans Balthasar Keller (1605–1665), Felix Keller (1607–1637), Hans Heinrich Müller (1604–1664) und Hans Ulrich (1606–1670) den Grund zu einer privaten Gesellschaft mit dem Ziel, ihren Mitbürgern zu einer öffentlichen Bibliothek zu verhelfen. Heinrich Ulrich (1575–1630), Onkel des Vorgenannten, lobte in einer Flugschrift umgehend die vier für ihren Bildungseifer und propagierte in einer umfangreichen lateinisch-deutschen Publikation den Nutzen, ja die Notwendigkeit der Unternehmung für Staat und Kirche Zürichs in schwerer Zeit.

1.22 Die Bibliotheca Tigurinorum civica (deutsch: u.a. Gemeine Bürger Bücherey, Burger-Bibliothek, nach Mitte des 18. Jhs auch: Stadtbibliothek) fand sogleich Anklang. Die Obrigkeit gewährte 1631 Raum in der profanierten spätgotischen Wasserkirche, der Ende 1633 bezogen wurde, sowie später auch im anliegenden Helmhaus. Privatpersonen von nah und fern steuerten Bücher, Münzen, Gemälde, Naturalien und Kuriosa bei.

1.23 Einige Schwierigkeiten bereitete anfangs die Landeskirche. Den Versuch der Bibliotheksgesellschaft, in den Genuss des Zensur- und des Zugrechts (d.h. des Vorkaufsrechts) auf die in der Stadt feilgebotenen Bücher zu gelangen, scheint 1639 Antistes Johann Jakob Breitinger durchkreuzt zu haben. Breitinger, der das Erbe der Reformation in Gefahr wähnte, ereiferte sich auch über die in der Wasserkirche befindlichen Bilder und Musikinstrumente.

1.24 Zum ehrenamtlichen Kollegium (später: Engerer Konvent) gehörten ursprünglich 8 Curatores sowie der Praeses (bis 1757 zugleich Quaestor, d.h. Schatzmeister), der Secretarius, 10 Consiliarii und 4 Bibliothecarii. Einkünfte bezog das Kollegium aus den Einstandsgeldern und Leistungen der Gesellschaftsmitglieder, mithin von den Bibliotheksbenutzern; darüber hinaus war stets Verlass auf öffentliches und privates Mäzenatentum. Im Gegenzug war eine seriöse Verwaltung zu gewährleisten; ein in Ergänzung der generellen Satzungen verfasstes Pflichtenheft der Bibliothekare datiert von 1660.

1.25 Bald galt die Stadtbibliothek mit Gebäude, Büchern, Münzsammlung und Kunstkammer als Schatzhaus und Ruhmestempel Zürichs. Vom Wohlstand zeugten auch die seit 1645 periodisch ausgegebenen Neujahrsblätter und, seit 1744, der gedruckte Katalog. Zur Vorsteherschaft gehörten u.a. der Naturforscher Johann Jakob Scheuchzer (1672–1733), die gelehrten Staatsmänner Johann Jakob Leu (1689–1768) und Hans Konrad Heidegger (1710–1778) sowie, aus der Literaturgeschichte bekannt, Prof. Johann Jakob Bodmer (1698–1783), Chorherr Prof. Johann Jakob Breitinger (1701–1776) und Ratsherr Salomon Gessner (1730–1788). Dem von 1778 bis 1788 als Aktuar amtenden Arzt und Philanthropen Hans Kaspar Hirzel (1751–1817) verdankte die Stadtbibliothek die Einrichtung ihres Archivs und die Anfänge ihres regelmässigen Berichtswesens. Der Bibliotheksgesellschaft fern stand Johann Caspar Lavater (1741–1801).

1.26 Mit der Liquidation des Stadtstaates 1803 gingen Gebäude und Sammlungen in das Eigentum der Stadtgemeinde Zürich über. Der Betrieb, nun von der Stadt und seit 1811 auch vom Kanton Zürich subventioniert, verblieb dem Konvent, in welchem 2 Vertreter der Stadtregierung Einsitz nahmen. Diesen präsidierten von 1816 bis 1836 Hans von Reinhard (1755–1835) und von 1836 bis 1868 Hans Konrad von Muralt (1779–1869), hochrangige konservative Politiker des Standes Zürich. Als Vorberatungs- und Entscheidungsgremium fungierte seit spätestens 1833 die aus Konventsherren und den Bibliothekaren zusammengesetzte Bücherkommission. Für die Tagesgeschäfte waren, teilverpflichtet und entsprechend besoldet, der Bibliothekar und 2 Adjunkte zuständig, seit 1831 Oberbibliothekar bzw. Unterbibliothekare genannt. Als Oberbibliothekar wirkte ehrenamtlich seit 1831 der Philologe und Erziehungsreformer Johann Caspar von Orelli (1787–1849).

1.27 Bei der 1833 unter liberalen Auspizien gegründeten Universität und ihren Angehörigen, denen der Konvent die Benutzung nicht in gewünschter Grosszügigkeit erlaubte, hatte die Stadtbibliothek anfangs einen schlechten Ruf, der sich dank Orellis Konzilianz und kompetenter Anschaffungspolitik bald besserte. Andererseits bemühte sich Orelli um weitere städtische Benutzerkreise, wobei aber die Stadtbibliothek ihren gelehrten Habitus bis zum Ende ihres Bestehens beibehielt. Daneben gab es kommerzielle Leihbibliotheken und, mit höherem Anspruch, seit 1834 die Museumsgesellschaft mit eigener Bibliothek, seit 1882 den Lesezirkel Hottingen und seit 1896 die Bibliothek der volkspädagogisch inspirierten Pestalozzigesellschaft. Die Gründungen der Juristischen Bibliothek 1823, der Kantonsbibliothek 1835 und der Bibliothek des Eidgenössischen Polytechnikums 1855 erlaubten es der Stadtbibliothek, ihr aktives Sammeln mehr denn je auf Geschichte, Philologie und Geographie auszurichten. Als 1894 die Eidgenossenschaft die neugegründete Schweizerische

Landesbibliothek in Bern als nationale Sammelstelle für Helvetica (Schweizer Druckschriften) seit 1848 und die 1812 gegründete Bürgerbibliothek Luzern als solche für ältere Helvetica bezeichnete, liess die Stadtbibliothek Zürich ihren eben noch öffentlich und nicht zur allseitigen Freude angemeldeten Primatsanspruch im letztgenannten Bereich fallen. Die Turicensia freilich blieben nach wie vor im Brennpunkt ihrer Interessen.

1.28 Mehr als Johann Jakob Horner (1804–1886), Orellis in jüngeren Jahren tüchtiger und als hilfsbereit gerühmter, später jedoch zur Schrulle neigender Nachfolger, bestimmte der politisch konservative Historiker Georg von Wyss (1816–1893) mit viel Geschäftskenntnis den Kurs der Stadtbibliothek, seit 1842 als Aktuar, seit 1861 als Vizepräsident und seit 1868 als Präsident. Den Auftakt zur Professionalisierung und Modernisierung der Stadtbibliothek gab 1881 der Eintritt des Historikers Hermann Escher (1857–1938), der 1887 allein die Leitung übernahm und unter dem würdigen Präsidium des Juristen Conrad Escher (1833–1919) die Institution mit 3 Bibliothekaren, 7 Angestellten und 6 Hilfskräften in die Bibliotheksvereinigung führte. Obwohl sich die Stadtbibliothek veränderten Bedingungen angepasst hatte und mit dem 1899 eröffneten Zwinglimuseum und dem Gottfried-Keller-Zimmer sowie mit Wechselausstellungen das Publikum vermehrt ansprach, bewahrte sie bis zuletzt elitäre Wesenszüge.

Bestandsentwicklung

1.29 Als 1915 die Stadtbibliothek in der Zentralbibliothek aufging, setzte sich ihr Bestand nach eigenen Angaben zusammen aus 180.000 Bdn, 102.000 Broschüren, 10.000 Handschriften, 102.500 Einzelblättern (Porträts, Ansichten und Karten), 20.000 Münzen und 280 Gemälden und Porträtbüsten. Auch in guten Zeiten auf die Schonung ihrer Eigenmittel bedacht, warb sie unentwegt und mit Erfolg um Zuwendungen. So kam die Stadtbibliothek – von berühmten Einzelstücken einmal abgesehen – kostenlos einerseits zu kompletten Privatbibliotheken namhafter einheimischer Gelehrter und andererseits zu populärer Literatur und Belletristik, wie sie aus der Auflösung von Haushaltungen anzufallen pflegen. In beiden Fällen war der Anteil an jeweils älteren Drucken in der Regel hoch, so dass etwa die Bibliothek um 1900 viel mehr Bücher des 17. Jhs vorweisen konnte, als sie dies um 1700 hätte tun können.

Die ersten zweihundert Jahre

1.30 Zu den Schenkern der Stadtbibliothek gesellte sich 1630 die Obrigkeit mit 14 Bdn diversen Inhalts und ca. 60 juristischen Drucken, meist des 15. Jhs, die bis anhin im Rathaus gelegen hatten. Der als Dichter geschätzte Alumnatsinspektor Johann Wilhelm Simmler (1605–1672) und seine Miterben schenkten, wann ist ungewiss, die 300 Bde der Privatbibliothek von Antistes Rudolf Gwalther (1519–1586) mit vorwiegend theologischen und philologischen Titeln. Wenige Bücher nur vermachte Antistes Breitinger, der als Erben seiner umfangreichen Büchersammlung das Geschlecht Breitinger und als Nacherben das Chorherrenstift bestimmt hatte. 1650 und nochmals 1660 dachte der Konvent an einen Ankauf der Amerbachschen Bibliothek, die dann aber doch in Basel blieb. Von der Erwerbung der vom Theologen Hans Heinrich Heidegger (1633–1698) hinterlassenen Privatbibliothek wurde abgesehen.

1.31 1650 formulierte die Stadtbibliothek erstmals die lückenlose Sammlung der Erzeugnisse einheimischer Autoren und Offizinen als eines ihrer Ziele. 1678 erliess sie einen entsprechenden Aufruf, hierin von der Obrigkeit, die 1665 die Ablieferung von Amtsdruckschriften versprochen hatte, mit einer 1692 und 1728 erneuerten Pflichtexemplarregelung unterstützt. 1683 wurde der Bestand der Stadtbibliothek mit 6612 Bdn angegeben.

1.32 Aus der ersten Hälfte des 18. Jhs sind keine grossen Eingänge an Druckschriften zu verzeichnen. Was aus dem Zweiten Villmergerkrieg von 1712 aus dem Kloster St. Gallen in der Stadtbibliothek Zürich verblieb, war eine Reihe teils hochbedeutender Codices. 1762 schenkte der britische Nonkonformist Thomas Hollis (1720–1774) anonym 84 bibliophil gebundene Bde zur Jesuitenfrage; eine Sammlung, die dank Zugaben anderer auf 200 Bde vermehrt wurde. Mehrfach trug zum Bestandsaufbau der langjährige Vizepräses Johann Jakob Bodmer (1698–1783) bei: durch Einfluss auf das Anschaffungswesen, durch Schenkungen zu Lebzeiten und durch das Vermächtnis seiner Privatbibliothek von mehr als 1250 Werken, von der ein Teil nach einem Umweg über die Töchterschule erst 1807 in die Stadtbibliothek gelangte. Die Erwerbung der vom geschichtskundigen Alumnatsinspektor Johann Jakob Simmler (1716–1788) hinterlassenen Bibliothek liess sich der Rat einiges kosten. Nach Verkauf der Dubletten verblieben der Stadtbibliothek davon mehr als 1300 Bde, dazu die Abschriftensammlung zur reformierten Kirchengeschichte, in welche 1400 Flugschriften des 16. bis 18. Jhs eingestreut waren. Die über 1700 Bde zählende Privatbibliothek sowie der umfangreiche handschriftliche Nachlass des Altertumsforschers Johann Caspar Hagenbuch (1700–1763) gingen durch Vermächtnis des Schwiegersohns Johann Jakob Steinbrüchel (1729–1796) in die Stadtbibliothek über.

1.33 Infolge der »Konkurrenz« durch die Gesellschaftsbibliotheken von Naturforschern seit 1746 und von Ärzten seit spätestens 1782 konnte die Stadtbibliothek ihr Sammelgebiet einschränken. Inkunabeln sammelte sie als Monumenta typographica.

1.34 1813 spendete der Bibliothekar Jakob Christoph Hug (1776–1855) eine bedeutende Sammlung von Inkunabeln, Bibelausgaben, Klassikern und bibliographischen Werken, gleichsam zum Trost für die in alle Winde verstreute Privatbibliothek Bürgermeister Heideggers.

Oberbibliothekariat Orelli 1831–1849

1.35 Bereits 1833 zählte die Stadtbibliothek über 40.000 Bde. Die in diesem und dem folgenden Jahrzehnt am häufigsten genannten Donatoren waren Johann Caspar von Orelli, Pfarrer Felix von Orelli (1799–1871) und die Buchhandels- und Verlagsfirma Orell, Füssli & Co. Die Erben von Paulus Usteri (1768–1831), dem Mediziner, Staatsmann und genauen Beobachter französischer Politik, überliessen 1831 dessen vollständiges Exemplar der *Gazette nationale ou Moniteur universel* als Geschenk. Zugleich boten sie die *Schweizerbibliothek* des Verstorbenen zum Kaufe an, ein Ansinnen, dem sich die Stadtbibliothek aus finanziellen Gründen versagte. Ebenfalls 1831 schenkten die Erben von Bibliothekar Johann Jakob Horner (1772–1831) 180 Bde Philosophie, Ästhetik und Schöne Literatur aus dessen Nachlass. Philosophie war auch der Inhalt der von den Erben von Chorherr Heinrich Hirzel (1766–1833) geschenkten ca. 350 Bde. Leonhard Ziegler (1782–1854), der kulturell und politisch aktive Papierfabrikant, vermachte 1833 zahlreiche Mandate, Proklamationen und Regierungskalender. Käuflich erworben wurde die kunsthistorische Bibliothek des Politikers und Historikers Johann Heinrich Füssli (1745–1832). Salomon Hirzel (1804–1877), Buchhändler in Leipzig, spendete 1834 14 Bde mit sämtlichen Publikationen zum Zürcher Reformationsjubiläum von 1819. Die Erben des Hochschullehrers und Verlagsinhabers Johannes Schulthess (1763–1836) überreichten 1838 dessen umfangreiche theologische Büchersammlung.

1.36 Aus der Hinterlassenschaft von Ludwig Hirzel (1800–1841) schaffte die Stadtbibliothek eine Anzahl Bücher in Ergänzung ihrer Bestände zur alttestamentlichen Wissenschaft und zur Semitistik an. Mit der von 1842 bis 1848 als Neujahrsblatt publizierten *Geschichte der Wasserkirche* konnte sie ihren Tauschverkehr aktivieren.

Oberbibliothekariat Horner 1849–1885

1.37 Zu einer grossen Anschaffung kam es erst wieder 1849, als mit öffentlicher und privater Unterstützung die 3500 Bde umfassende Privatbibliothek des eben verstorbenen Altphilologen Johann Caspar von Orelli erworben wurde; Bücher zur klassischen Philologie, insbesondere Ciceroniana, sowie zu neueren Philologien, zur Philosophie und zur Geschichte. Im selben Jahr war die Möglichkeit geboten, unter den nachgelassenen Büchern von Hans Jakob Ochsner (1776–1849), der bis 1831 am Stift alte Sprachen gelehrt hatte, frei auszuwählen. Dadurch gelangten über 1000 Bde zu Philologie, Theologie, Kirchengeschichte und Bibliographie in die Bibliothek.

1.38 Etwa 750 Bde, insbesondere zur Zeitgeschichte Frankreichs, schenkte 1851 Konventspräsident Hans Konrad von Muralt. 1853 verteilte der Stadtrat die Bücher aus dem an die Stadt Zürich adressierten Legat des Neuenburger Altertumsforschers Frédéric Dubois de Montperreux (1798–1850) unter die Antiquarische Gesellschaft, die Naturforschende Gesellschaft und die Stadtbibliothek, wobei dieser 300 Werke diversen Inhalts zufielen. Epochale Bedeutung als Grundstock künftiger Sammlungen hatte die von Leonhard Ziegler 1854 kurz vor seinem Tode getätigte Schenkung von 50–60.000 Porträts, topographischen Ansichten und Landkarten. 1859 übergab der Industrieunternehmer Hans Konrad Escher (1775–1859) ca. 20 Architekturwerke des 18. und 19. Jhs.

1.39 Die von Gymnasialrektor Johann Ulrich Fäsi (1796–1865), einem Altphilologen und Homerforscher, hinterlassene Privatbibliothek, aus der die Stadtbibliothek bereits zwei Jahre zuvor 120 Werke unterschiedlichen Inhalts auswählen durfte, wurde 1865 angekauft; von den 3000 Bdn verblieben nach Verwertung der Dubletten noch 1000. Der als »Ott-Trümpler« bekannte Baumwollkaufmann und Finanzunternehmer Hans Kaspar Ott (1801–1880) schenkte 30 Jg. der *Gazette nationale ou Le Moniteur universel* und 20 Jg. von *Galignani's Messenger*. Der Kaufmann Hans Konrad Ott (1788–1872), Paulus Usteris Schwiegersohn, vermachte 1865 dessen Sammlung von 6500 politischen Flugschriften der Französischen Revolution, der er einen selbstgefertigten Katalog nachzuliefern versprach. 1869 bereicherte er die Stadtbibliothek mit 47 Periodika der genannten Epoche.

1.40 Von den zahlreichen älteren Drucken, die 1870 von Gerichtspräsident Heinrich Weidmann (1800–1876) und dem Mediziner Felix Weidmann (1815–1891) aus Niederweningen geschenkt wurden, sind 150 Liedertexte des 16. bis 18. Jhs zu erwähnen. Die Erben des Altbürgermeisters Hans Konrad von Muralt ermöglichten der Stadtbibliothek die Auswahl von 400 Bdn meist französischer Literatur diversen Inhalts. Die Sichtung der nachgelassenen Privatbibliothek des Gelehrten Heinrich Meyer-Ochsner (1802–1871) erbrachte eine Schenkung von 80 numismatischen Werken des 18. und 19. Jhs. Aus dem Nachlass von Stadtrat August Scheuchzer (1812–1876), der als Privatgelehrter Altorientalistik betrieben hatte, kam die Stadtbibliothek zu 70 umfangreichen und 66 kleinen Druckschriften aus diesem Gebiet.

Oberbibliothekariat Escher 1885–1915

1.41 Der Ausgang der Ära von Oberbibliothekar Johann Jakob Horner (1804–1886), aus dessen Nachlass die Stadtbibliothek nebst 600 Berichten

840 literarische und historische Titel erwarb, war mit Bezug auf Anschaffungen und Schenkungen nicht eben spektakulär gewesen. Erst wieder 1886 war ein grösserer Eingang zu verzeichnen: 1067 Bde meist deutscher, englischer und italienischer Literatur und 400 kleinere Schriften und Ephemera von der Familie Escher zum Brunnen. Als Legat von Altstadtrat Johann Heinrich Landolt (1831–1885) wurden der Stadtbibliothek im Jahr darauf 224 Bde diversen Inhalts, 600 kleinere Schriften, 700 Mandate, Proklamationen und andere Ephemera zuteil.

1.42 Aus dem Jahr 1888 sind an Hinterlassenschaften zu nennen: 373 Bde vermischten Inhalts von Altstadtrat Jakob Heinrich Hirzel (1807–1887), 109 Bde Hymnologica von Musikdirektor Gustav Weber (1845–1887), 81 Bde und 200 Broschüren vom Seidenindustriellen Hans Konrad Stockar (1802–1888) und 1127 Bde und 179 Broschüren zu Theologie und Kirchengeschichte des 16. bis 19. Jhs von Alexander Schweizer (1808–1888). Aus dem Besitz des Kunsthistorikers, Politikers und Initiators des Schweizerischen Landesmuseums Friedrich Salomon Vögelin (1837–1888), der 1881 bereits ca. 500 Bde Philosophie und Theologie seines Vaters Anton Salomon Vögelin (1804–1880) geschenkt hatte, erhielt 1889 die Stadtbibliothek 955 Bde diversen Inhalts, 600 Broschüren, 600 Berichte und 1424 Einzelblätter.

1.43 Auch in den 1890er-Jahren konnte sich die Stadtbibliothek mancher Bücherspende erfreuen. So bekam sie 1890 vom Kaufmann Hermann Lavater (1840–1909) 50 Bde und Broschüren, vom Historiker Arnold Nüscheler (1811–1897) 145 Bde und Broschüren Helvetica und aus dem Nachlass des Diplomaten Johann Konrad Kern (1808–1888) 202 Bde zur Geschichte des 19. Jhs und 100 Berichte. Im selben Jahr verpflichtete sich die Stadtbibliothek zur Magazinierung und Verwaltung der neugegründeten Zentralbibliothek des Schweizer Alpen-Clubs und entlastete sich auf diese Weise vom aktiven Sammeln alpinistischer und touristischer Literatur.

1.44 Im Jahr 1892 schenkten die Erben von Paulus Usteri mit 752 Bdn und 352 Broschüren zur deutschen und zur französischen Literatur sowie zur Französischen Revolution den bei ihnen verbliebenen Rest von dessen Bibliothek. Im gleichen Jahr übernahm die Stadtbibliothek, nach Ausgang des Erbschaftsprozesses, kraft Vermächtnis des Dichters Gottfried Keller (1819–1890) zugleich mit dessen handschriftlichem Nachlass auch den Buchbesitz, 1378 Bde und 200 Broschüren, sowie den künstlerischen Nachlass und das Mobiliar des Arbeitszimmers. Schliesslich deponierte der Verein Schweizerischer Gymnasiallehrer 1892 seine Sammlung von Mittelschulprogrammen und Amtsdrucksachen.

1.45 1893 überliess die Museumsgesellschaft ihre Broschürensammlung von 10.000 Stück mit der Aussicht auf künftige Nachlieferungen. In diesem Jahr rühmte sich die Stadtbibliothek, ihren Bestand an älterer und seltenerer rätoromanischer Literatur dank einer Geldspende nahezu vervollständigt zu haben. Viel Wert legte sie auch auf ihre Sammlung von Berichtsliteratur, die sie 1894 auf 1000 Bde bezifferte. Die von Johann Jakob Egli (1825–1896) angelegte Sammlung von 1300 Schriften zur geographischen Namenkunde gelangte 1896 auf Grund letztwilliger Verfügung in die Stadtbibliothek.

1.46 1897 übernahm die Stadtbibliothek die 10.000 Landkarten des 1850 gegründeten und nunmehr aufgelösten Kartenvereins in Zürich mit der Auflage, die Sammlung zu vermehren, womit der Anfang für eine Spezialabteilung gesetzt war, deren Entwicklung hier nicht zu schildern ist. Als Geschenk einer Nichte des konservativen Herausgebers der Zürcher Freitagszeitung, Fritz Bürkli (1818–1896), erhielt die Stadtbibliothek 1897 dessen etwa 1250 Bde und 200 Broschüren zählende orientalistische Bibliothek. Der Zwingliverein, 1897 zur Pflege des Andenkens des bekannten Zürcher Reformators und insbesondere zur Unterstützung des im Helmhaus einzurichtenden Zwinglimuseums gegründet, bescherte der Stadtbibliothek während zwei Jahrzehnten immer wieder teils sehr seltene Reformationsdrucke.

1.47 Das Jahr 1898 brachte die Einverleibung der 3700 Bde und 3000 Broschüren umfassenden Bibliothek der 1832 vom Prähistoriker Ferdinand Keller (1800–1881) gegründeten Antiquarischen Gesellschaft in Zürich. Die Stadtbibliothek, fortan Tauschstelle dieses kantonalen Vereins für Geschichte und Altertumskunde, der regelmässig seine »Mitteilungen« publizierte, gewann damit einen an Zeitschriften reichen Bestand zu Geschichte, Archäologie und Kunstgeschichte. Aus Dubletten der Antiquarischen Gesellschaft und aus einer letztmaligen Schenkung aus der Privatbibliothek von Arnold Nüscheler wurde ein Präsenzbestand an Helvetica angelegt. Im gleichen Jahr schenkte Luise Amberger (1846–1899) 550 Bde orientalischer und klassischer Literaturen.

1.48 Die orientalische, insbesondere hebraistische Abteilung der Bibliothek des Rabbinersohns, anglikanischen Geistlichen und Privatdozenten für alttestamentliche Wissenschaft und Semitistik Moritz Heidenheim (1824–1898) mit 3724 Bdn konnte 1899 dank der Israelitischen Cultusgemeinde und einem privaten Gönner erworben werden. Im selben Jahr vermachte der Historiker Gerold Meyer von Knonau (1843–1931) dem Zwinglimuseum die in seiner Familie überlieferte Sammlung von Medaillen und mehr als 400 Druckschriften zum Reformationsjubiläum von 1819 und späteren konfessionellen Gedenkanlässen.

1.49 1901 erhielt die Bibliothek von der Stadtzürcher Kirchgemeinde St. Peter die von Katechet Heinrich Meyer (1751–1825) angelegte Sammlung von 300 Druckschriften zu Werk und Person Johann Caspar Lavaters. 1905 bezog sie aus dem Legat von Ernst Diener (1873–1904) 400 Bde zur Genealogie, Heraldik und Schweizer Geschichte. Die Bibliothek des palästinakundigen Pfarrers Konrad Furrer (1838–1908) ging teils 1908 durch Vermächtnis des Besitzers und durch Kauf von den Erben und teils 1911 durch Schenkung von Pfarrer Heinrich Näf an die Stadtbibliothek: ca. 950 Werke zur Religions-, Kirchen-, Literatur- und zur allgemeinen Geschichte sowie zur Geographie und Linguistik.

1.50 Die Erben von Pfarrer Ludwig Pestalozzi (1842–1909), dem langjährigen Redaktor des *Evangelischen Wochenblattes*, schenkten 1910 aus dessen Hinterlassenschaft Bücher in grosser Zahl. Zugleich liquidierte die »Gesellschaft vom alten Zürich«, ein politisch-geselliger Verein konservativer Couleur, ihre bisher von Pfarrer Pestalozzi betreute Bibliothek. Aus diesen beiden Transaktionen fielen der Stadtbibliothek mehr als 1000 Einheiten zu Theologie und Zeitfragen sowie an Biographien und Belletristik zu.

1.51 Für die Geographisch-Ethnographische Gesellschaft in Zürich, Nachfolgerin des Kartenvereins, übernahm die Stadtbibliothek 1911 den Zeitschriftentausch. 1912 trafen 528 Bde und 580 Broschüren aus der nachgelassenen Fachbibliothek des Kunsthistorikers Johann Rudolf Rahn (1841–1912) mit dem zeichnerischen Lebenswerk von 4600 Blättern ein und als Schenkung des befreundeten Kunsthändlers Heinrich Appenzeller (1854–1921) graphische Blätter in Menge, 84 Schweizer Almanache und 200 Bde künstlerischen oder kunsthistorischen Charakters. Mit dem nach Ableben des Malers Gustav Heinrich Ott (1828–1912) deponierten Familienarchiv dürfte auch die volkswirtschaftliche Privatbibliothek seines Vaters Ott-Trümpler mit etwa 160 Bdn an die Stadtbibliothek gekommen sein. 1915 überliess die Witwe von August Stadler (1850–1910) aus dessen Nachlass 1018 Bde und 353 Broschüren zur Metaphysik und zur Geschichte der Philosophie, insbesondere zu Immanuel Kant.

Abgänge bis 1915

1.52 Worauf sich im Einzelnen die 1844 vom Bibliothekshistoriker und Kirchenrat Salomon Vögelin (1774–1849) vorgebrachte Klage bezieht, es seien im 18. Jh Verluste an bedeutenden literarischen und artistischen Dokumenten der Vorzeit eingetreten, sei dahingestellt. Immerhin betraf die von 1779 bis 1783 vollzogene Liquidation der Kunstkammer und die 1898 erfolgte Deponierung des inländischen Teils der Münzsammlung im Schweizerischen Landesmuseum nicht den historischen Buchbestand. Von einer Ausscheidungsaktion mit marginalen Beständen auswärtiger Zeitungen des 19. Jhs scheint nicht zuletzt die Schweizerische Landesbibliothek profitiert zu haben. Bücherverkäufe der Stadtbibliothek erfassten, soweit erkennbar, ausschliesslich Dubletten und haben die Substanz nicht angegriffen.

Bestandsaufstellung

1.53 Die Stadtbibliothek ordnete ihre Bestände nach Massgabe des Zuwachses und der jeweils verfügbaren Regale. Dies führte für die Hauptsammlung zur Formierung von immer neuen kodierten Bestandessequenzen (einfache Buchstaben, numerierte Galerien, Doppelbuchstaben u.a.) und, für Extrabestände seit der Mitte des 19. Jhs, zur Vergabe von sprechenden Bezeichnungen (Aeg, Bro, Orelli u.a.).

1.54 In der Wasserkirche waren um 1717 das Erdgeschoss, um 1780 die seit 1717 existierende mittlere Galerie und um 1809 die obere Galerie mit Büchern voll belegt; zudem gab es ab 1795 auch im Helmhaus Repositorien. Da aber immer wieder sowohl Zugänge späterer Druckjahre in alte Bestände und solche früherer Druckjahre in modern formierte Bestände eingeordnet wurden, und dies unter dem Zwang der Raumnot zudem oft unter Missachtung der Systematik, kam es in der Folge zu schwer beschreibbaren Zuständen.

1.55 Die lateinische Bestandesnomenklatur ist aus dem 1809 publizierten Katalog übernommen.

Majuskel-Sequenz A–Z, TZ

1.56 Diese Sequenz, älteste noch existierende Bestandesaufstellung der Stadtbibliothek, war spätestens 1744 im Erdgeschoss der Wasserkirche formiert:

A – Patres ecclesiastici et concilia

B – Patres ecclesiastici et concilia

C – Theologi reformati

D – Theologi reformati

E – Theologi Lutherani

F – Theologi pontifici (dabei auch philologische Literatur Mitte des 19. Jhs)

G – Theologi pontifici

H – Juristae, Jus universale, civile et canonicum

J – Juristae, Jus universale, civile et canonicum

K – Historia profana

L – Historia profana

M – Historia profana

N – Historia sacra

O – Libri miscellanei (Literatur- und Bibliotheksgeschichte mit Titeln des 19. Jhs angereichert)

P – Libri miscellanei

Q – Historia vetus (Geschichte des Mittelalters und der Neuzeit, dabei Zeitungen des 17. Jhs)

R – Historia vetus

S – Antiquitates (Altertumswissenschaften, Epigraphik)

T – Auctores mathematici (hier auch Naturwissenschaften und Technik)

U – Litterae orientales

W – Auctores classici (hier auch altsprachliche Texte neuerer Autoren)

X – Lexicographi

Y – Philosophi

Z – Medici, Physici

TZ – Medici, Physici.

Nummern-Sequenz 1–45

1.57 Diese Sequenz hatte ihren ursprünglichen Ort auf der mittleren Galerie, wo schon 1744 Bücher zu stehen kamen, und dürfte kurz vor 1781 formiert worden sein. Sie reichte damals bis Signatur 18, 1809 bis Signatur 29, 1848 bis Signatur 32 und wurde frühestens in den 1890er-Jahren mit den Nummern 42 bis 45 abgeschlossen. Die Grundsignaturen wurden im 20. Jh durch Streichen des Präfixes »Gal« und durch arabische Schreibung der ursprünglich römischen Ziffern modernisiert.

1 – Libri miscellanei, inprimis theologici

2 – Monumenta typographica (Inkunabeln, Drucke des 16. Jhs)

3 – 16. Jh, Bodmer (moderne Bezeichnung; dieser Bestand mit älteren Drucken und mit solchen Büchern, die Johann Jakob Bodmer benutzt oder besessen hatte, wurde gegen Ende des 19. Jhs durch Auswahl aus Altbeständen an Stelle der damals versetzten *Historia litteraria per ephemerides tradita* formiert)

4 – Inkunabeln, Drucke des 16. Jhs (moderne Bezeichnung; an Stelle des alten Bestands »Auctores classici« kam gegen Ende des 19. Jhs ein Teil der »Réserve précieuse«)

5 – Reformatores Tigurini (hier auch fremde Autoren)

6 – Reformatores et theologi saec. 16 et 17 (hier auch einheimische Autoren)

7 – Libri a Turicensibus scripti (einen solchen Bestand hatte es schon im nach 1683 hinfällig gewordenen Aufstellungsplan von 1677 gegeben; der aktuelle Bestand ist durch Versetzung zur Gruppe 3 [Bodmer] dezimiert)

8 – Bibliorum Veteris et Novi Testamenti Hebraicorum, Graecorum et translatorum collectio

8bis – Biblia (Inkunabeln und Drucke des 16. Jhs aus Altbestand; eine Formation des späten 19. Jhs)

9 – Patres ecclesiastici, Historia sacra

10 – Libri miscellanei, historici inprimis et juridici (hier auch Titel bis etwa 1855)

11 – Juristae, quaeque ad jus pertinent (hier auch Titel bis etwa 1865, auch nichtjuristische)

12 – Juristae, quaeque ad jus pertinent

13 – Historia profana (hier auch Titel bis etwa 1860)

14 – Historia litteraria (hier auch Titel bis etwa 1880; der Bestand hiess ursprünglich »Historia profana«)

15 – Historia litteraria (hier auch Titel des 19. Jhs)

16 – Gelehrte Varia (moderne Bezeichnung; hier auch Titel bis etwa 1880; der Bestand hiess ursprünglich »Philosophi«)

17 – Varia (moderne Bezeichnung; Drucke des 16.–19. Jhs; der Bestand hiess früher »Theologi«)

18 – Libri miscellanei et tractatus varii sec. 16 et 17 (der Zürcher Renaissance- und Barockbestand par excellence, nachmals mit Literatur des 18. und 19. Jhs angereichert)

19 – Libri Antiquitates, rem epigraphicam et numismaticam spectantes (Bücher aus der Privatbibliothek von Johann Caspar Hagenbuch)

20 – Auctores classici et philologici (Bücher aus der Privatbibliothek von Johann Caspar Hagenbuch)

21 – Libri theologici et miscellanei (Bücher aus der Privatbibliothek von Johann Caspar Hagenbuch)

22 – Libri miscellanei et theologici (Bücher aus der Privatbibliothek von Johann Caspar Hagenbuch, angereichert mit solchen des 19. Jhs)

23 – Libri miscellanei vetustiores ac recentiores

24 – Libri miscellanei, inprimis ephemerides, vetustiores ac recentiores

25 – Bibiotheca Bodmeriana: Libri miscellanei, praecipue ad poesin, ad critices studium et historiam spectantes (die von Johann Jakob Bodmer der Töchterschule vermachten Bücher)

26 – Philologie

27 – Geschichte

28 – Theologie

29 – Italienische Literatur

30 – Zeitschriften

31 – Schweizerisches

32 – Bibliographie

33 – Enzyklopädien, Bibliographien

34 – Enzyklopädische Zeitschriften
35 – Helvetica, Zeitschriften und Reihenwerke
36 – Helvetica
37 – Zeitschriften und Reihenwerke
38 – Geschichte
39 – Geographie
40 – Klassische Philologie
41 – Biographien
42 – Privatbibliothek von Gottfried Keller (Belletristisches)
43 – Privatbibliothek von Gottfried Keller (Nichtbelletristisches; die Kleinliteratur aus Kellers Besitz ging in der Broschürensammlung der Stadtbibliothek auf)
44 – Ausserdeutsche Literatur
45 – Geschichte.

Galerie-Sequenz

1.58 Die Galerie-Sequenz wurde zwischen 1780 und 1809 auf dem oberen Boden der Wasserkirche und im ersten Geschoss des Helmhauses angelegt:

Gal S – Libri bibliographici et biographici

Gal SS – Encyclopaediae, Bonnet, Frideric II., Lessing, Rousseau, Schiller, Sulzer, Voltaire, Wieland etc. (»Chef d'œuvres« gemäss Titelschild des Standortkataloges)

Gal St – Auctores classici et philologici

Gal Sp – Libri a Turicensibus scripti

Gal Ff – Libri miscellanei inprimis theologici (der Bestand existiert nicht mehr)

Gal Ch – Libri historiae a) Soc. Jesu, b) progredientis linguae Teutonicae culturae inservientes (Hollis-Sammlung und Bücherlegat Johann Jakob Bodmers von 1783 an die Stadtbibliothek, angereichert mit Titeln des 19. Jhs)

Gal T – Historia inprimis profana

Gal V – Historia inprimis profana

Gal W – Historia inprimis sacra

Gal X – Historia litteraria per ephemerides, libellos menstruos aliosque libros periodicos tradita

Gal Y – wie Gal X (dabei der Thesaurus antiquitatum des Blasius Ugolinus)

Gal Z – wie Gal X

Gal Tz – Bibliotheca Simleriana: Historia profana et sacra et litteraria (Bücher aus der Privatbibliothek von Inspektor Johann Jakob Simmler).

Doppelbuchstabensequenz AA-TT

1.59 Diese Sequenz wurde nach 1809 begonnen und reichte 1848 bis zur Signatur RR.

AA – Deutsche Literatur
BB – Englische Literatur
CC – Französische Literatur
DD – Zeitschriften
EE – Geographie
FF – Theologie
GG – Biographien und Briefausgaben
HH – Vermischtes
KK – Tafelwerke, Grossformate (Neuformierung des Extrabestandes Kk [Kupferkasten] der oberen Aufstellung)
LL – Philosophie
MM – Theologie
NN – Rechts- und Staatswissenschaften
OO – Kunst und Kunstgeschichte (hier sind auch Bücher aus dem Besitz von Johann Heinrich Füssli aufgestellt)
PP – Geschichte
RR – Klassische Philologie
TT – Theologie.

W-Sequenz

1.60 Diese Sequenz wurde wahrscheinlich in den 1860er-Jahren begonnen und erhielt 1888 oder kurz danach mit WZ ihren letzten Teilbestand.

WA – Zeitungen (Schweizerische und in geringerem Masse auch ausländische Blätter, 19.–20. Jh; der Bestand wurde zwar auch nach 1915 vermehrt, aber durch Ausscheiden nichtzürcherischer Titel und Versetzungen ausgehöhlt)
WB – Zeitschriften
WC – Französische Literatur
WD – Deutsche Literatur
WE – Theologie und Bibelwissenschaft
WF – Klassische Philologie
WG – Geschichte, Biographien
WH – Geographie
WJ – Klassische Philologie
WK – Geschichte
WL – Literaturgeschichte
WM – Miscellanea
WN – Italienische und spanische Philologie und Literatur
WO – Orientalistik

WP – Abbildungswerke, insbesondere zur Archäologie
WR – Geschichte
WS – Zeitschriften
WT – Jurisprudenz
WU – Philosophie
WV – Deutsche Literatur: Texte
WY – Deutsche Literatur: Texte
WZ – Theologie, 16.–19. Jh (Legat von Alexander Schweizer an die Stadtbibliothek).

K-Sequenz

1.61 Diese Sequenz ist eine Formation des späten 19. Jhs.

KA – Miscellanea (die Nummern 543 bis 600 enthalten Publikationen zur Leichenbestattung, insbesondere zur Kremation)
KB – Zeitschriften
KC – Zeitschriften
KD – Zeitschriften
KE – Varia
KZ – Helvetica.

P-Sequenz

1.62 Diese Signaturengruppe wurde im späten 19. Jh gebildet.

PA – Helvetica
PB – Ausserdeutsche Literatur (die Nummern 701 bis 858: rätoromanische Drucke)
PC – Varia (mit Teilen der philosophischen Privatbibliothek von August Stadler).

Z-Sequenz

1.63 Die in den späten 1890er-Jahren formierte Z-Sequenz erhielt ihren letzten Teilbestand frühestens 1909.

ZA – Philosophie
ZB – Theologie
ZC – Jurisprudenz
ZD – Geschichte
ZE – Geographie
ZF – Helvetica
ZG – Klassische Philologie
ZH – Archäologie und Kunst
ZJ – Allgemeine Sprach- und Literaturgeschichte
ZK – Biographie, Briefe
ZL – Enzyklopädie (hier auch Bibliographien und Bibliothekskataloge)
ZM – Deutsche Literatur
ZN – Französische Literatur
ZO – Englische Sprache und Literatur
ZP – Italienische Sprache und Literatur
ZQ – Andere neuere Sprachen und Literaturen
ZR – Orientalia
ZS – Zeitschriften (hier auch Jg. nach 1915)
ZT – Zeitungen
ZU – Naturwissenschaften
ZV – Handel, Gewerbe, Technik, Haus-, Land- und Forstwirtschaft (hier auch Militaria)
ZX – Varia (Bibliothek von Pfarrer Ludwig Pestalozzi und von der Gesellschaft vom alten Zürich).

Extrabestände

1.64 Mit Ausnahme von Bibl und Kk wurden diese Bestände nach 1848 formiert:

Aeg – Mappenwerke (vorwiegend Titel des 19. Jhs; der sog. Ägyptenkasten)

Apz – Kunstliteratur (meist Bücher des 19. Jhs aus dem Besitz von Heinrich Appenzeller)

Ber – Berichtsliteratur (spätere neue Grundsignatur LK)

Bib – Bibliorum Veteris et Novi Testamenti collectio (Bestandesformation spätestens 1744)

Bro – Broschüren, einzeln geheftet (Aufstellung ohne Rücksicht auf den Inhalt in 2 Formatklassen, und zwar von 1540 bis 1898 nach Druckjahr und danach bis 1916 in zufälliger Folge [auch ältere Stücke]; die Individualnummern wurden erst nach 1910 vergeben. Kleinliteratur gibt es auch in Varia- und Miszellanea-Beständen)

BW – Buchwesen (enthält u. a. Bibliographien und Bibliothekskataloge)

Dr M – Drucke mit hss. Zusätzen [ca. 330 Widmungs- oder Handexemplare, v. a. des 19. Jhs)

Egli – Ortsnamenkunde (Privatbibliothek von Johann Jakob Egli)

FA Lav Dr – Lavater-Sammlung der Kirchgemeinde St. Peter in Zürich (400 Drucke in 186 Bdn gemäss Notiz von Katechet Heinrich Meyer im Standortkatalog)

Fol – Folioformate

Genève	– Genfer politische Flugschriften, 18. Jh	Orelli M	– Miscellanea (aus der Privatbibliothek von Johann Caspar von Orelli)
GK	– Gottfried Keller (handschriftlicher Nachlass, postume Gesamt- und Einzelausgaben, selbständig und unselbständig erschienene Sekundärliteratur)	Ott	– Volkswirtschaft (Bücher aus dem Besitz von Hans Kaspar Ott)
		PAS	– Mappenwerke, Loseblattsammlungen, Sonderformate
		QF	– Querfolioformate
Gr F	– Grossfolioformate	Rahn	– Kunstgeschichte (Privatbibliothek und Nachlass von Johann Rudolf Rahn)
Gy I	– Jahresberichte schweizerischer Mittelschulen (19.–20. Jh)		
Gy II	– Schulbücher (ca. 1800 Titel des frühen 20. Jhs nach Fächern geordnet; Depositum des Vereins Schweizerischer Gymnasiallehrer)	Res	– seltene Drucke, 16.–20. Jh (der Bestand wurde anscheinend gemäss dem Reservebeschluss von 1884 teils durch Auswahl aus Altbeständen formiert und auch nach 1915 vermehrt; bemerkenswert die Nummern 1403 bis 1427, Buchhandelskataloge des 18. und 19. Jhs)
Heid	– Orientalia, insbesondere Judaica und Hebraica (Bücher aus der Privatbibliothek von Moritz Heidenheim)		
Kal	– Kalender (ca. 80 deutsche und 380 schweizerische Titel des 17. bis 19. Jhs nach Druckorten; Bestand lückenhaft)	RK	– Erotica (»Raritätenkasten«, gemäss Haustradition später zum »Giftschrank« umfunktioniert und als solcher auch in der Zentralbibliothek weiter gepflegt)
Kk	– Kupfer-Kasten (Mappenwerke; Bestandesformierung zwischen 1780 und 1809; spätere in die Doppelbuchstabensequenz als Signatur KK integriert)	RP	– Rara (Hss. und Drucke des Raritätenpults)
		Var	– Varia (Gegenstände diversen Charakters)
LZ	– Lesezimmer, Galerie A–F (überwiegend Belletristik des 19. Jhs in Gesamtausgaben)	Usteri	– Flugschriften der Französischen Revolution (Sammlung von Paulus Usteri)
MC	– Numismatik (Bücher des Münzkabinetts)	Zwingli	– Zwinglimuseum (Drucke und Hss.)
M & P	– Mandate und Proklamationen	Zwingli MvK	– Schriften zu Reformationsfeiern (Sammlung der Familie Meyer von Knonau)
Mus	– Musica practica (Bestand des 17. bis 20. Jhs)		
Nachtzeddel	– tägliche gedruckte Bulletins der Fremdenkontrolle der Stadt Zürich aus den Jahren 1780–1811, 1815–1818, 1829		
Ochsner	– Philologie (ca. 1300 Bde aus der Privatbibliothek von Hans Jakob Ochsner)		
Or	– Orientalia (vorwiegend Hss.)		
Orelli C	– Cicero-Ausgaben und -literatur (aus der Privatbibliothek von Johann Caspar von Orelli);		
Orelli G	– Scriptores Graeci (aus der Privatbibliothek von Johann Caspar von Orelli, mit Anreicherungen)		
Orelli L	– Scriptores Latini (aus der Privatbibliothek von Johann Caspar von Orelli, mit Anreicherungen)		

Bestandserschliessung

1.65 Am Anfang einer langen Katalogisierungsgeschichte stehen die bereits fürs 17. Jh bezeugten Lokalkataloge, am Ende die Arbeiten zur Erfüllung eines 1890 inaugurierten grossen Katalogisierungsprogramms. Als bibliothekstechnisches Nonplusultra galt um 1900 das von Hermann Escher propagierte Ausschneiden von Titeln aus gedruckten Katalogen und Zugangsverzeichnissen zwecks Aufklebens auf Zettel in dem in Amerika durch Melvil Dewey unlängst eingeführten Format.

Nominale Erschliessung

1.66 Der 1720 vom Bibliothekar und Mediziner Johannes Scheuchzer (1684–1738) vorgelegte »Universalkatalog«, längst verschollen, war die Grundlage des gedruckten Katalogs von 1744, der sich auf die Bücher im Erdgeschoss der Wasserkirche beschränkte. Die Fortsetzung von 1781 erschloss die Bestände der mittleren Galerie und der Schluss von 1809 diejenigen im Obergeschoss. Aus den Titeldrucken dieser 6 Bde stellte Bibliothekar Jakob Christoph Hug 1813 einen zur Fortsetzung geeigneten »Generalkatalog« zusammen, der nicht erhalten ist.

1.67 Für die Jahre 1828 bis 1845 erschienen Supplemente. Eine in den Jahren 1842 bis 1857 erfolgte Revision aller Titelaufnahmen ermöglichte den Bibliothekaren Johann Jakob Horner und Anton Salomon Vögelin (1804–1880) von 1860 bis 1864 den Druck eines den Gesamtbestand erfassenden Nominalkatalogs, nun freilich ohne Standortbezeichnungen. Für die Verwaltung und das Publikum legte man je einen zum Fortschreiben bestimmten Katalog in grossen Albumbänden an, in welchen die von Hand mit den Standortangaben ergänzten Titeldrucke eingeklebt wurden.

1.68 1888 wurde mit dem Druck halbjährlicher Zuwachsverzeichnisse der Stadtbibliothek begonnen. Der in den Jahren 1896/97 veröffentlichten Katalogfortsetzung gingen die Formulierung von Katalogisierungsgrundsätzen in Abstimmung mit den von Karl Dziatzko aufgestellten Regeln und eine Redaktion der Titelaufnahmen voraus. Der 7-bändige Publikumskatalog war 1901 durch einen 15-bändigen von derselben Machart ersetzt. Mit Berichtsjahr 1897 lief das »Zuwachsverzeichnis der Bibliotheken in Zürich« an, und 1898 setzte die Arbeit an dem 1901 dem Publikum zugänglich gemachten Zürcher Zentralzettelkatalog ein; beides Vorarbeiten, von welchen die spätere Zentralbibliothek profitieren konnte.

1.69 Einen Satz Titelzettel ordnete der von 1903 bis 1909 als Bibliothekar tätige Jakob Escher (1864–1939) während seiner Freizeit zu einem chronologischen Katalog.

1.70 Schon seit geraumer Zeit war Zürich ein Reiseziel gelehrter Forscher geworden. Der deutsche Bibliograph Emil Weller (1823–1886) hatte die Zürcher Bestände verschiedentlich benutzt und 1872 der Stadtbibliothek in Bezug auf den Reichtum an deutschen Flugschriften des 16. Jhs. den ersten Rang ex aequo mit der Königlichen Hof- und Staatsbibliothek in München zuerkannt.

1.71 Das Bibliothekariat liess 1889/90 die Usterische Broschürensammlung von der zeitweilig an der Stadtbibliothek angestellten und nachmals als Schriftstellerin bekannten Historikerin Ricarda Huch (1864–1947) bearbeiten. 1893 war von der Verarbeitung von 2000 schweizerischen Dissertationen des 17. und 18. Jhs zu berichten. Zuhanden des Gesamtkatalogs der Wiegendrucke wurde die Universitätsbibliothek Basel 1913 mit Titelaufnahmen von Inkunabeln beliefert.

Sacherschliessung

1.72 Die frühen Anläufe zu einer umfassenden Sacherschliessung haben, sofern sie nicht überhaupt steckenblieben, keine greifbaren Ergebnisse hinterlassen.

1.73 Hatte sich noch 1890 das Bibliothekariat ganz selbstverständlich die Lösung des Problems mit einem systematischen Verzeichnis in Buchform vorgestellt, so schlug es 1897 nach eingehender Auseinandersetzung mit insbesondere englischsprachiger Fachliteratur den Aufbau eines Schlagwortkatalogs auf Zetteln vor. Zwar stiess die Ausführung auf ungeahnte Schwierigkeiten, und auch im Konvent gab es Widerstand. Jedoch brachte der 1889 bis 1903 als Zweiter Bibliothekar engagierte Gymnasiallehrer Wilhelm von Wyss (1864–1930) das Werk mit ca. 300.000 Zetteln unter etwa 13.000 biographischen und 7000 anderen Schlagwörtern auf Neujahr 1907 zur Benutzungsreife. Das zugehörige Regelwerk und das mittels Dezimalklassifikation erschlossene alphabetische Schlagwortverzeichnis wurden 1909 publiziert.

Konservatorische Massnahmen

1.74 Bereits die Satzungen der Gründungsepoche der Stadtbibliothek trugen der Schutzwürdigkeit kostbarer Objekte Rechnung. Konservatorische Überlegungen standen auch hinter der traditionellen Weigerung, Belletristik zur Unterhaltung auszuleihen. Die Bildung einer »Réserve précieuse« aus dem Altbestand wurde 1884 beschlossen; die Auswirkungen dieser Massnahme sind etwa in den Beständen Res, RK, RP, Zw, 3, 4, 8bis und 18 zu finden. Brandschutz und Feuerversicherung sind für die Jahre nach 1887 mehrfach aktenkundig.

Bibliothek der Naturforschenden Gesellschaft in Zürich 1746–1915

1.75 Die Naturforschende Gesellschaft in Zürich entstand 1746 unter der Ägide des Botanikers und Mediziners Johannes Gessner (1709–1790). Die im 18. Jh meist »Physikalische Gesellschaft« genannte Sozietät befasste sich mit den exakten Wissenschaften, in ihren Anfängen speziell auch mit deren ökonomischem Nutzen, und war beim Wandel Zürichs vom Ancien Régime zur Moderne von Bedeutung.

1.76 Bereits früh ist eine Gesellschaftsbibliothek bezeugt, die ihr Lokal in den Häusern zur Meise und zur Limmatburg hatte, ehe sie 1840 ins Helmhaus übersiedelte. 1779 konnte die Naturforschende Gesellschaft eine grössere Anzahl mathematischer Werke aus dem Nachlass des Ingenieurhauptmanns Hans Konrad Römer (1724–1779) erwerben und 1797 für den Ankauf grosser Teile der angeblich 11.000 Bde zählenden Privatbibliothek Johannes Gessners bedeutende Mittel bereitstellen. Das 1853 empfangene Legat von Frédéric Dubois de Montperreux verschaffte ihr 350 Bde, meist geographische und Reiseliteratur des 18. und 19. Jhs. Aus der Hinterlassenschaft des

Mathematikers Josef Ludwig Raabe (1801–1859) stammen 318 Schriften und aus derjenigen des Zoologen Heinrich Rudolf Schinz (1777–1861) 300 Bde. 700 Broschüren schenkte 1883 der vielseitig forschende Physiker Albert Mousson (1805–1890). Dank Vermächtnissen erhielt die Gesellschaft vor 1885 600 Bde zur Geologie aus der Privatbibliothek von Arnold Escher von der Linth (1807–1872) und 1890 die von Albert Mousson hinterlassenen Bücher. Besonderen Wert legte die Gesellschaft, die einen lebhaften Schriftentausch pflegte, auf die Periodika. Am Ende ihrer Selbständigkeit bestand die Bibliothek der Naturforschenden Gesellschaft aus 26.000 Bdn und 4500 Broschüren.

1.77 Die Bibliothek der Naturforschenden Gesellschaft war in einem Dutzend mit Grossbuchstaben signierter Teilbestände aufgestellt. Das Präfix »N« ist eine Zutat der Zentralbibliothek:

NA – Zeitschriften und Reihenwerke (die beim Übergang in die Zentralbibliothek laufenden Serien und Periodika wurden unter den Signaturen TSN, USN und XSN neu aufgestellt)

NB – Botanik

NE – Mathematik, Astronomie, Mechanik

NF – Kupferwerke

NFF – Kupferwerke in Überformat

NG – Geologie, Paläontologie, Mineralogie

NKE – Diatomeen-Literatur (Publikationen über Kieselalgen aus dem Besitz von Karl Keller-Escher [1851–1916])

NLE – Geologie (Publikationen aus dem Besitz von Arnold Escher von der Linth)

NM – Varia

NNN – Zoologie

NO – Ökonomie, Technologie

NP – Physik (hier auch Chemie)

NR – Geographie, Reisebeschreibungen

NS – Zoologie.

1.78 Die nominale Erschliessung war durch Titeldrucke gewährleistet, wogegen es als Sacherschliessung nur das Aufstellungsschema gab.

Medizinische Bibliothek in Zürich um 1780 bis 1915

1.79 In den 1770er-Jahren gründete der Arzt Hans Heinrich Rahn (1749–1812) mit einigen Kollegen eine Lesegesellschaft, aus der sich die bis 1915 bestehende Medizinisch-chirurgische Bibliotheksgesellschaft entwickelte. Die Bibliothek, die 1782 den Studenten des eben eröffneten Medizinisch-chirurgischen Instituts zur Benutzung empfohlen wurde, hatte ihren Platz erst im Haus zum Schwarzen Garten und später im Hinteramtsgebäude, wo auch die Universität und die Kantonsbibliothek waren. Bei letzterer genoss die Medizinische Bibliothek fortan Gastrecht.

1.80 1831 kam der Medizinischen Bibliothek durch Legat des Mediziners Paulus Usteri (1768–1831) eine Sammlung von 833 Schriften über Mineralquellen zu, deren Grundstock der Testator aus dem Nachlass des Chemikers und hannoverschen Hofapothekers Johann Gerhard Reinhard Andreä (1724–1793) erworben hatte. Die Gesellschaft vermehrte diesen Bestand in den folgenden Jahrzehnten auf 1700 Stück, scheint aber das Interesse an den Brunnen- und Bäderschriften um 1870 verloren zu haben.

1.81 Der Bestand der Medizinischen Bibliothek betrug zuletzt 30.000 Einheiten vorwiegend des 18. und 19. Jhs. Die Aufstellung erfolgte in Gruppen nach den Buchstaben des Alphabets, denen nach 1915 die Sigle »Md« vorgeschaltet wurde. Der Sinn der Disposition ist nicht mehr erkennbar; immerhin lassen sich einige von den Gruppen im Nachhinein benennen: Md C – Zeitschriften, Reihenwerke; Md D – Zeitschriften, Reihenwerke; Md E – Pharmakologie; Md U – Brunnen- und Bäderschriften; Md KW – Überformate.

1.82 Die nominale Erschliessung geschah für den allgemeinen Bestand durch Katalogdrucke bzw. Supplemente bis 1897 und anschliessend durch das Zuwachsverzeichnis der Zürcher Bibliotheken. Im Zentralkatalog war 1911 die Medizinische Bibliothek mit 11.000 Zetteln vertreten. Von den Brunnen- und Bäderschriften waren 1832 ein besonderer Katalog und bis 1847 3 Supplemente publiziert worden. Das gesamte Verfasseralphabet und die Standortangaben sowohl des Hauptbestandes als auch der Brunnen- und Bäderschriften waren nur den internen Bandkatalogen zu entnehmen. Sacherschliessung gab es nicht.

Juristische Bibliothek in Zürich 1823–1915

1.83 Die Juristische Bibliotheksgesellschaft entstand 1823 zwecks Förderung von Rechtswissenschaft und Gesetzgebung, in praxisbezogener Ergänzung der in der Stadtbibliothek befindlichen Rechtsliteratur. 1825 von der Regierung ins Hinteramtsgebäude gelegt, blieb die Juristische Bibliothek fortan in enger Nachbarschaft zur Kantonsbibliothek. Die Juristische Bibliotheksgesellschaft setzte sich aus Beamten, Richtern, Rechtsanwälten und Professoren zusammen, liess aber auch Studenten zur Benutzung zu und bestand nach dem Übergang der Bücher an die Zentralbibliothek bis 1937 als Gönnerverein weiter.

1.84 1863 bezifferte die Juristische Bibliothek ihren Bestand mit 3452 Werken und attestierte sich im römischen, deutschen und schweizerischen

Recht »ziemliche Vollständigkeit«. Beim Übergang zur Zentralbibliothek zählte sie 15.000 Drucke.

1.85 Die von der Zentralbibliothek übernommene Aufstellung der Juristischen Bibliothek geht auf Johann Baptist Sartorius (1798-1884) zurück. Dieser verteilte den Bestand 1836 nach dem Inhalt auf 8 mit Grossbuchstaben bezeichnete Repositorien; die Kolumnen derselben bezeichnete er mit Kleinbuchstaben. So entstand ein aus Fach- und Lokalelementen gemischtes und in der Folge erweitertes Aufstellungsschema:

Aa–Ac – Zivilrecht

Ba–Bb – Zivilrecht und Zivilprozess

Ca–Cc – Deutsches Recht

Da–Dc – Partikularrechte

Ea–Ec – Schweizerische Rechte

Fa–Fc – Kriminalrecht und Kriminalprozess

Ga–Gc – Englisches und französisches Recht

Ha–Hc – Naturrecht, Enzyklopädien, öffentliches Recht (Staats- und Völkerrecht), Kirchenrecht

Ia–Id – undefinierbarer Bestand (Formierung nach 1836)

Ka–Kc – ebenso

L, La – ebenso

Mb – ebenso

Na – ebenso

R II – Nordamerikanisches Recht (Formierung nach 1863). Die Individualsignaturen setzte Sartorius aus römischer Zahl fürs Gestellbrett und aus arabischem Numerus currens je Brett zusammen.

1.86 Für den nominalen Bestandesnachweis gab es die gedruckten Kataloge von 1825, 1840 und 1863; darin nicht enthalten war eine Sammlung älterer Dissertationen, deren Verzeichnis verschollen ist. Der Zugriff auf einzelne Werke war vor 1863 nur mit Umweg über das Repertorium (Akzessionskatalog) möglich; hernach führte man einen internen Nominalkatalog mit Signaturen. Titeldrucke erschienen erst wieder 1898, so dass die Juristische Bibliothek im Zentralzettelkatalog 1911 mit nur 4000 Zetteln figurierte. Der sachlichen Erschliessung diente die von Aloys von Orelli (1827-1892) erstellte Systematik des Katalogs von 1863. Für neuere Literatur war man auf die Kompetenz des Bibliothekars oder auf den Gang zum Regal angewiesen.

Kantonsbibliothek Zürich 1835-1915

Trägerschaft und Organisation

1.87 1830 im Kanton Zürich an die Regierung gelangt, erneuerten die Liberalen mit dem gesamten Staat auch das Erziehungswesen. Die Seele der Unterrichtsreform, die 1833 in der Gründung der Universität Zürich gipfelte, war der aus der Geschichte der Stadtbibliothek bekannte Johann Caspar von Orelli.

1.88 Lorenz Oken (1779-1851), Naturforscher und erster Zürcher Hochschulrektor, strebte für die Universität eine eigene Bibliothek an. Dagegen beschloss der Regierungsrat (Kantonsregierung) am 12. November 1835 die Errichtung einer »Bibliothek der Cantonal-Lehranstalten«. Trägerschaft, Zuordnung zum Erziehungswesen und Zweck der Institution sind aus der offiziellen Bezeichnung ersichtlich. Dabei war die Kantonsbibliothek nie in der Lage, den Literaturbedarf der höheren Schulen Zürichs ganz zu decken. Die Dozenten der Universität, zum guten Teil Ausländer, waren auch auf die Benutzung anderer Bibliotheken angewiesen, was anfangs zu Konflikten mit der Stadtbibliothek führte. Um 1873 zu »Kantons-(Universitäts-)Bibliothek Zürich« umbenannt, ist sie auch nicht zu einer Landesbibliothek für den Kanton Zürich geworden, wenngleich ihr Benutzerkreis sich allmählich ausweitete. Ursprünglich im Hinteramtsgebäude untergebracht, dislozierte die Kantonsbibliothek 1855 ins Münzgebäude und 1873 in den Chor der Predigerkirche.

1.89 Der Kantonsbibliothek verordnete die Regierung eine aus Politikern und Professoren zusammengesetzte Aufsichtskommission sowie eine ehrenamtliche Kollegialverwaltung. Zu letzterem Behufe wurde aus den Hochschullehrern ein Oberbibliothekar gewählt, den, als Unterbibliothekare, Vertreter der 4 Fakultäten sowie des Gymnasiums, der Industrieschule und der Tierarzneischule zu unterstützen hatten. Diese als Professoren und Lehrer besoldeten Mitglieder des Verwaltungskollegiums bezogen für ihre Bibliotheksarbeit zusätzlich Gratifikationen, waren aber fürs Praktische so wenig geeignet, dass bald schon Hilfskräfte eingestellt wurden, bis 1860 der festbesoldete Posten eines Unterbibliothekars geschaffen wurde. Das Oberbibliothekariat, von 1835 bis 1844 vom Philologen Hermann Sauppe (1809-1893) und von 1844 bis 1896 vom Theologen Otto Fridolin Fritzsche (1812-1896) versehen, wurde erst 1896 unter Emil Müller (1851-1901) zum Vollamt.

1.90 Das Budget, das zu ausserordentlichen Ankäufen nicht ausreichte, war gemäss Quoten nach Fakultäten und Schulen aufzuteilen. Zudem standen diesen Gremien weitgehende Anschaffungskompetenzen zu. Dies engte auf die Dauer das Ermessen des Oberbibliothekars ein und bewirkte in den Jahren 1912 und 1913 eine Liquiditäts- und

Organisationskrise, die nur dank behördlichem Eingreifen überwunden wurde. Als die zuletzt von Heinrich Weber (1861–1922) geleitete Kantonsbibliothek Ende 1915 in der Zentralbibliothek aufging, war ihre Belegschaft auf 5 Personen angewachsen.

Anfangsbestand

1.91 Der Gründungsbeschluss fasste 5 Büchersammlungen zur Kantonsbibliothek zusammen, nämlich diejenigen des ehemaligen Chorherrenstifts, der Universität, des Gymnasiums, der Industrieschule und der Tierarzneischule. Den Grossteil der Bücher, 3500 Bde mit schätzungsweise 14.000 Titeln, bezog die Kantonsbibliothek aus der ehemaligen Stiftsbibliothek. Die Gymnasialbibliothek war, da die Stiftsbibliothek für die Schule nicht zur Verfügung stand, 1828 aus den Büchersammlungen des Alumnats, d.h. des Konvikts, und des Chorherrn Johann Konrad von Orelli (1770–1826) eigens formiert worden. Sie umfasste etwa 1700 theologische und philologische Werke, hatte einen gedruckten Katalog und wurde in den frühen 30er-Jahren auch von Angehörigen der Universität rege benutzt. Die neue Industrieschule, Nachfolgeanstalt der 1773 gegründeten Kunstschule, diente der Vorbereitung auf technische Berufe; sie brachte einige wenige Bücher in die Kantonsbibliothek ein. Die 1820 gegründete und im ehemaligen Scharfrichterhaus an der Sihl untergebrachte Tierarzneischule bereicherte die Kantonsbibliothek mit etwa 110 Titeln. Die Büchersammlung der Universität bestand aus ca. 350 als Gaben von Behörden und Dozenten mehr oder minder zufällig zusammengekommenen Werken. Als Bibliothekar amtete von 1833 bis 1836 der Philologe Johann Georg Baiter (1801–1877).

Bestandsentwicklung

1.92 Bei der Gründung dürfte die Kantonsbibliothek etwa 16.000 Einheiten umfasst haben. Beim Übergang in die Zentralbibliothek wurde ihr Bestand auf 300.000 Einheiten inkl. 187.000 Broschüren (meist Hochschulschriften) veranschlagt.

Oberbibliothekariat Hermann Sauppe 1835–1844

1.93 Bereits ein Jahr nach ihrer Gründung musste die Kantonsbibliothek einen Bestandesverlust hinnehmen. 1836 verkauften die Behörden rund 200 meist reformations- und kirchengeschichtliche Hss., darunter die Wickiana und den Thesaurus Hottingerianus, an die Stadtbibliothek. Aus der Hinterlassenschaft des Theologen und Verlagsinhabers Johannes Schulthess (1763–1836) erhielt die Kantonsbibliothek 600 Bde an Philosophie. 1837 erwarb die Regierung aus Mitteln des Stipendienfonds für die Kantonsbibliothek die 3500 Bde und eine unbekannte Anzahl Broschüren umfassende Büchersammlung der Ärzte Hans Heinrich Rahn (1749–1812) und Johann Rudolf Rahn (1776–1835), Vater und Sohn.

Oberbibliothekariat Otto Fridolin Fritzsche 1844–1896

1.94 Aus der 1862 aufgehobenen Benediktinerabtei Rheinau übernahm die Kantonsbibliothek im folgenden Jahr 13.000 Einheiten Druckschriften sowie 215 Pergament- und 230 neuzeitliche Papierhandschriften. Am Rheinauer Bestand haben, der Provenienz entsprechend, katholische Theologie, Liturgie, Kirchengeschichte und Geschichte einen hohen Anteil.

1.95 An grösseren privaten Bücherschenkungen nahm die Kantonsbibliothek entgegen: 60 Bde Medizin von Georg Hermann von Meyer (1815–1892) 1846, 110 Bde Naturwissenschaften von Louise Oken in Jena 1854, 500 Bde diversen Inhalts von Anna Kleophea Escher-Meyer (1805–1886) 1856/57, 100 Bde von Esther Hirzel (1794–1862) 1856/57, 700 Bde Theologie und Philosophie von Johann Ulrich Fäsi (1796–1865) 1863, 100 Bde Geschichte und Politik von Heinrich Escher (1789–1870) 1864, 760 Bde Medizin von Hans Konrad Rahn (1802–1881) 1865, 160 Bde Philologie und Literatur von Erminia Hainisch-von Orelli in Wien 1885 (aus dem Nachlass ihres Vaters Johann Caspar von Orelli), 18 naturwissenschaftliche Werke des 18. und 19. Jhs vom Kaufmann Hermann Lavater (1840–1909) 1889 und 40 Bde Rechtsliteratur des 16. bis 18. Jhs von Friedrich Meili (1848–1914) 1891. Nicht datiert ist die Schenkung von ca. 50 teils mehrbändigen Werken Johann Caspar Lavaters durch Antistes Georg Finsler (1819–1899).

1.96 Als testamentarisch Begünstigte oder aus freiem Entschluss von Erben erhielt die Kantonsbibliothek 650 Bde und 160 Broschüren Human- und Veterinärmedizin von David Rahn (1769–1848), 700 Bde diversen Inhalts vom Goldschmied und Geschichtsforscher Johann Rudolf Rordorf (1788–1854), 250 Bde Psychiatrie von Wilhelm Griesinger (1817–1886), 882 Bde diversen Inhalts vom Kunsthistoriker Friedrich Salomon Vögelin (1837–1888), 426 Werke des 17. und 18. Jhs meist medizinischen Inhalts von Minister Johann Konrad Kern (1808–1888) und ca. 430 theologische Werke des 16. bis 19. Jhs von Alexander Schweizer (1808–1888).

1.97 Beim Brand der anliegenden alten Spitalgebäude 1887 entging die Kantonsbibliothek nur knapp einer Katastrophe.

Oberbibliothekariate Emil Müller und Heinrich Weber 1896–1915

1.98 An bedeutenden Schenkungen wurden verdankt: 140 Werke spanische Literatur von Jean Isler-Cabezas um 1900, 58 Titel, vorwiegend Schul- und Lehrbücher, des Sekundarlehrers Johann Jakob

Heusser (1856–1923) 1901 und 17 weitere des Studenten Erich Metze aus Berlin 1909.

1.99 Auf indirektem Wege erhielt die Kantonsbibliothek 542 Bde und 240 Broschüren Mathematik und Physik von Arnold Meyer (1844–1896), 50 Bde vorwiegend zur Schweizer Geschichte von Arnold Nüscheler (1811–1897), 300 Kirchengesangbücher und Werke zur Hymnologie von Pfarrer Heinrich Weber (1821–1900), 300 Bde zur Philosophie von Andreas Ludwig Kym (1822–1900), viele schweizergeschichtliche Bücher des vormaligen Unterbibliothekars Ernst Diener (1873–1904) und ca. 120 Bde vermischten Inhalts vom Arzt Gottlieb Krüsi (1822–1908).

1.100 Der Kantonsbibliothek zugedacht, aber erst in der Zentralbibliothek aufgestellt, waren umfangreiche Legate der beiden Rechtsprofessoren Hermann Ferdinand Hitzig (1868–1911) und Friedrich Meili (1848–1914). Aus den vom Staat erworbenen Büchernachlässen des Romanisten Jakob Ulrich (1856–1906) und des Politikers Johann Schäppi (1819–1908) durfte die Kantonsbibliothek ihre Bestände ergänzen.

Bestandsaufstellung

Hauptsammlung

1.101 Der von Oberbibliothekar Sauppe für die Hauptsammlung ersonnenen Systematik liegt ein Fünferschema zu Grunde: I Medizin und Naturwissenschaften, II Rechts- und Staatswissenschaften, Kirchengeschichte, III Theologie, IV Diverse Geisteswissenschaften, V Klassische Philologie.

I A	– Medizinische Enzyklopädien, Medizin insgesamt
I B	– Gesammelte Schriften medizinischer Autoren
I C	– Medizinische Zeitschriften
I D	– Anatomie, Physiologie
I E	– Anatomie, Physiologie
I F	– Anatomie, Physiologie, vergleichende Anatomie
I G	– Pathologische Anatomie
I H	– Allgemeine Pathologie, Bakteriologie
I K	– Spezielle Pathologie, Therapie
I L	– Spezielle Pathologie, Therapie
I M	– Spezielle Pathologie, Psychotherapie
I N	– Klinische Medizin
I O	– Chirurgie
I P	– Gynäkologie, Kinderheilkunde
I Q	– Psychiatrie (Legat von Wilhelm Griesinger)
I R	– Pharmakologie
I S	– Pharmakologie, Balneologie
I T	– Medizingeschichte
I W	– Gerichtsmedizin, Hygiene
I Y	– Ältere medizinische Zeitschriften
I Z	– Tierarzneikunde, Landwirtschaft
I AA	– Mathematik, Astronomie
I AB	– Physik, Chemie
I BB	– Biologie insgesamt
I CC	– Botanik
I DD	– Zoologie
I EE	– Technik, Handel
I ZZ	– Werke im Grossformat (Bestandesformierung nach 1915)
II A	– Römisches Recht (später auch modernes Recht und französische juristische Dissertationen 1880–1910)
II B	– Deutsches Recht
II C	– Kanonisches Recht
II D	– Kriminalrecht
II E	– Prozessrecht
II F	– Staatswissenschaften
II AA	– Allgemeine und ältere Kirchengeschichte
II BB	– Kirchengeschichte seit 1517 (auch kirchliche Archäologie und Papstgeschichte)
II CC	– Katholische Kirchengeschichte
II DD	– Kirchengeschichtliche Quellen
II ZZ	– Werke im Grossformat (Bestand nach 1915 formiert)
III A	– Bibelausgaben
III B	– Alttestamentliche Wissenschaft
III C	– Neutestamentliche Wissenschaft
III D	– Neutestamentliche Wissenschaft
III E	– Bibelwissenschaft, englische Zeitschriften
III F	– Bibelwissenschaft, Zeitschriften
III G	– Gesammelte Schriften theologischer Autoren
III H	– Kirchenväter insgesamt
III K	– Griechische Kirchenväter
III L	– Lateinische Kirchenväter
III M	– Autoren der Reformation
III N	– Autoren der Reformation (dabei die Schenkung von Antistes Georg Finsler mit etlichen Widmungsexemplaren Johann Caspar Lavaters für Anna Barbara von Muralt [1727–1805])

III O	– Polemik, Apologetik		V C	– Neuere griechische Dichter (Hellenismus und ältere)
III P	– Dogmatik			
III Q	– Moral, Symbolik		V D	– Griechische Redner (dabei auch andere griechische Autoren)
III R	– Praktische Theologie			
III ZZ	– Werke in Grossformat (Bestand nach 1915 formiert)		V E	– Ältere griechische Philosophen bis Aristoteles
IV A	– Allgemeine Geschichte, Hilfswissenschaften		V F	– Ältere griechische Prosaisten
			V G	– Neuere griechische Prosaisten (nach Aristoteles)
IV B	– Allgemeine Geschichte		V H	– Ältere griechische Historiker
IV C	– Alte Geschichte		V J	– Neuere griechische Historiker nach Plutarch (auch byzantinische Autoren)
IV D	– Griechische Geschichte			
IV E	– Römische Geschichte		V K	– Griechische und lateinische Grammatiker (dabei auch Klassische Philologie im weiteren Sinn)
IV EE	– Mittlere und neuere Geschichte			
IV F	– Deutsche Geschichte			
IV G	– Deutsche Geschichte		V L	– Orientalia (tatsächliche, aber ausserklassische Philologie und Linguistik)
IV GG	– Schweizer Geschichte			
IV GH	– Elsässische und niederländische Geschichte		V M	– Gesammelte Schriften von Altphilologen (dabei auch Sammlungen an Primärliteratur)
IV H	– Italienische Geschichte			
IV K	– Französische Geschichte		V N	– Enzyklopädien und Zeitschriften
IV L	– Geschichte anderer Länder Europas		V P	– Lateinische Prosaisten nachaugusteischer Zeit
IV M	– Aussereuropäische Geschichte			
IV N	– Allgemeine Literaturgeschichte, Bibliographie, Rhetorik, Pädagogik		V Q	– Lateinische Prosaisten seit Julius Obsequens
IV O	– Deutsche und antike Literaturgeschichte		V R	– Römische Dichter bis Horaz
			V S	– Römische Dichter nach Horaz
IV P	– Alt- und mittelhochdeutsche sowie nordische Literatur		V T	– Rednerische Werke Ciceros
			V U	– Nichtrednerische Werke Ciceros
IV PO	– Deutsche Literatur von Luther bis Lessing		V W	– Römische Prosaisten bis und mit Livius
IV PP	– DeutscheLiteratur seit Lessing		V X	– Varia (Nr. 1–161 Schenkung von Erminia Hainisch-von Orelli, Nr. 200–341 Schenkung von Jean Isler-Cabezas)
IV Q	– Italienische, spanische, portugiesische und rumänische Literatur			
IV QR	– Französische Literatur		V Z	– Rara (21 Werke; Bestand nach 1915 formiert)
IV R	– Englische Literatur			
IV RR	– Slawische, finnische und baltische Literatur		V ZZ	– Werke im Grossformat (Bestand nach 1915 formiert).
IV S	– Scholastische und andere Literatur des Mittelalters			
IV T	– Philosophiegeschichte			
IV U	– Philosophen vor Kant			
IV W	– Philosophen seit Kant			
IV Y	– Logik, Ästhetik, Psychologie			
IV ZZ	– Werke in Grossformat (Bestand nach 1915 formiert)			
V A	– Ältere griechische Dichter			
V B	– Griechische Dramen			

Rheinauer Bestand

1.102 Für die Rheinauer Druckschriften verwendete Oberbibliothekar Fritzsche eine andere Systematik, die sein Nachfolger Müller wie folgt zu interpretieren suchte:

Raa	– Inkunabeln
Ra	– Inkunabeln
Rb	– Inkunabeln
Rc	– Kirchengeschichtliche Quellenwerke, Heilige, Klöster

Rd	– Literatur, Varia (Nr. 614–656 das Legat von Arnold Nüscheler an die Kantonsbibliothek)		RRk	– Allgemeine und deutsche Geschichte (ursprünglich Rk)
Re	– Kirchengeschichte		RRl	– Praktisches
Rf	– Kirchengeschichte		RRm	– Philosophie (ursprünglich RR)
Rg	– Kirchengeschichte		RRr	– Zivilrecht und Römisches Recht (ursprünglich Rr).
Rh	– Deutsche Geschichte			
Ri	– Schweizer Geschichte und deutsche Geschichte			

Dissertationensammlung

1.103 Von den Hochschulschriften wurden ausgewählte Titel in den Hauptbestand eingereiht, das Gros aber bildete zusammen mit Schulprogrammen, Berichtsliteratur, Separata und Broschüren die sog. Dissertationensammlung, die 1898 auf 100.000 Einheiten geschätzt wurde. Sie war wie die Hauptsammlung in Grossgruppen eingeteilt, mit dem Unterschied, dass für Medizin eine eigene Abteilung bestand. 1898 oder später neu formiert, scheint die Dissertationen-Sammlung ihren Zuschnitt erst in der Zentralbibliothek bekommen zu haben.

Rk	– siehe RRk
Rl	– Allgemeine und deutsche Geschichte
Rm	– Kirchenväter und Scholastiker
Rn	– Allgemein Geschichtliches, auch über einzelne Länder
Ro	– Dogmatik, Moral, Praktische Theologie
Rp	– Kirchengeschichte
Rr	– siehe RRr
Rs	– Recht und Kirchenrecht (Nr. 100 b bis 100 wa die Schenkung von Friedrich Meili an die Kantonsbibliothek)
Rt	– Kirchengeschichtliche Quellenwerke
Ru	– Biblische Exegese
Rv	– Biblische Exegese
Rw	– Praktisches
Rx	– Naturwissenschaften (Nr. 200–425 das Legat von Johann Konrad Kern an die Kantonsbibliothek, 500–557 die Schenkung von Johann Jakob Heusser, 560–576 diejenige von Erich Metze, 580–701 das Legat von Gottlieb Krüsi)
Ry	– Naturwissenschaften (Nr. 195 e–v Schenkung von Hermann Lavater an die Kantonsbibliothek)
Rz	– Neuere Theologen und theologische Zeitschriften (Nr. 124–140 Bücher aus der Privatbibliothek von Alexander Schweizer)
RR	– siehe RRm
RRa	– Praktische Theologie
RRb	– Erbauliches
RRc	– Philologie
RRd	– Zivilrecht
RRe	– Kirchengeschichte, Polemik
RRf	– Geschichte, Bibliographie und Diplomatik
RRg	– Biblia
RRh	– Philologica
RRi	– Dogmatik
Diss III	– Theologische Dissertationen des 16. bis 18. Jhs und Broschüren, auch neueren Datums (Rest der alten Aufstellung mit vielen Zürcher Disputationsthesen des 17. und 18. Jhs)
Diss Athen	– Dissertationen aus Athen, 19. Jh (3 Stück, unverarbeitet)
Diss Budapest	– Dissertationen aus Budapest, 19. Jh (19 Stück, unverarbeitet)
Diss Cluj	– Medizinische Dissertationen aus Cluj, 20. Jh (164 Stück, unverarbeitet)
Diss Danzig	– Dissertationen aus Danzig, 20. Jh (28 Stück, unverarbeitet)
Diss Deutschland	– Medizinische Dissertationen aus Deutschland, 17.–19. Jh (1360 Stück, unverarbeitet)
Diss Dorpat	– meist medizinische Dissertationen aus Tartu, 19.–20. Jh (550 Stück, unverarbeitet)
Diss Germ	– Disputationsthesen und Dissertationen aus Deutschland, 17.–19. Jh (16.500 Stück, teilweise verarbeitet)
Diss Innsbr	– Staatswissenschaftliche Dissertationen aus Innsbruck, 19.–20. Jh (128 Stück, unverarbeitet)
Diss Krakau und Warschau	– Dissertationen aus Polen, 19. Jh (9 Stück, unverarbeitet)

Diss	Lüttich, Brüssel, Gent	– Universitätsschriften aus Belgien, 19.–20. Jh (99 Stück, unverarbeitet)
Diss	Rio	– Medizinische Dissertationen aus Rio de Janeiro, 20. Jh (285 Stück, unverarbeitet)
Diss	Tüb	– Medizinische Dissertationen aus Tübingen, 18. Jh (26 Stück, unverarbeitet)
Diss	Wien	– Ökonomische Dissertationen aus Wien, 20. Jh (40 Stück, unverarbeitet)
Diss	Würzb	– Medizinische Dissertationen aus Würzburg, 18. Jh (45 Stück, unverarbeitet)
Un	Ba	– Dissertationen der Universität Basel 1898–1916
Un	Be	– Dissertationen der Universität Bern 1898–1916
Un	D	– Dissertationen von deutschen Hochschulen ca. 1890 ff. (1910 ff. in Jahrestranchen)
Un	F	– Dissertationen von französischen Hochschulen 1882 ff. (1910 ff. in Jahrestranchen)
Un	Fr	– Dissertationen der Universität Freiburg (Schweiz) 1898–1916
Un	Ge	– Dissertationen der Universität Genf 1898–1916
Un	La	– Dissertationen der Universität Lausanne 1898–1916
Un	Ne	– Dissertationen der Akademie bzw. (ab 1909) Universität Neuenburg 1898–1916
Un	S	– Dissertationen der schweizerischen Hochschulen, ab 1917
Un	S La.lib	– Dissertationen der Fakultät der Freien evangelischen Kirche des Kantons Waadt 1854–1918
Un	Sk	– Dissertationen von Hochschulen skandinavischer Länder ca. 1900 ff.
Un	Tur	– Dissertationen der Universität Zürich 1833–1897 (online)
Un	US	– Dissertationen von Hochschulen der USA ca. 1900 ff.
Un	Z	– Dissertationen der Universität Zürich 1898–1908 (online)
Un	ZT	– Dissertationen der Eidgenössischen Technischen Hochschule Zürich 1910–1916
Un	ZU	– Dissertationen der Universität Zürich 1909–1916 (online)

Extrabestände

1.104 Diese Gruppe setzt sich aus nur vier Signaturen zusammen:

Hy	– Hymnologie (Legat von Pfarrer Heinrich Weber)
K Bro	– Broschüren (Bestandesformierung nach 1898 nach Auflösung der alten Dissertationensammlung; das Präfix »K« ist Zutat der Zentralbibliothek)
Kupf	– Abbildungswerke
SV	– Varia (Legat von Friedrich Salomon Vögelin an die Kantonsbibliothek)

Bestandserschliessung

Nominale Erschliessung

1.105 Zur nominalen Erschliessung richtete Sauppe einen alphabetischen Katalog in 20 Bänden »nach Heidelberger Muster« ein. Dabei wurden die von Hand auf rechteckige Papierstreifen geschriebenen Titelaufnahmen mittels Fadenschlaufen beweglich in den Alben angebracht. Die ältesten Katalogisate der Kantonsbibliothek sind im Original verloren, jedoch in Fritzsches Katalogdruck von 1859 überliefert. Für die Titelaufnahmen blieb man beim alten Format. Ob die Zettel weiterhin in Albumbände gesteckt wurden oder ob man sich mit alphabetischer Reihung in flachen Schachteln begnügte, ist nicht zu entscheiden. Noch in dem von 1900 bis 1904 gedruckten Katalogsupplement liess man wie 1859 die Standortbezeichnungen im Hinblick auf eine damals noch für möglich gehaltene Umsignierung weg. In einige Verwaltungsexemplare der gedruckten Kataloge wurden die Signaturen nachträglich von Hand eingefügt. Von 1897 an erschienen die Titel der Kantonsbibliothek im *Zuwachsverzeichnis der Bibliotheken in Zürich*. Seit 1901 waren sie zudem aus den gedruckten Verzeichnissen ausgeschnitten und auf Zettel geklebt im Zürcher Zentralkatalog zu finden. Für ihre Benutzer führte die Kantonsbibliothek seit 1904 einen Nominalkatalog in 6 grossformatigen Einklebebänden. Katalogisierungsinstruktionen sind keine überliefert, doch lässt sich von Anfang an, wie bei der Stadtbibliothek, die Einordnung der Nichtverfasserschriften unter dem Substantivum regens beobachten.

1.106 Für die Dissertationensammlung gab es, mit den üblichen Papierstreifen, eine alphabetische Kartei, die aber die naturwissenschaftlichen Titel nur bis 1876, die medizinischen und gar die zürcherischen überhaupt nicht enthielt. Hermann Escher, seit 1896 Mitglied der Aufsichtskommission, empfahl 1898, das Zürcher Material in eigener Regie im Katalogsupplement zu publizieren und hernach zu verzetteln. Für das nichtzürcherische Material seien fremde Verzeichnisse analog zu verarbeiten, aber womöglich unter Ausschluss der medizinischen und chemischen Titel des Auslandes. Wie der aktuelle Dissertationenkatalog der Zentralbibliothek zeigt, wurden die Vorschläge befolgt, wobei jedoch das Beiseitegelassene kaum abzuschätzen ist.

1.107 Der Inkunabelkatalogisierung widmete sich um 1912 der Bibliothekar und Latinist Jakob Werner (1861–1944).

Sacherschliessung

1.108 Für die Sacherschliessung konnten die Standortkataloge herangezogen werden, von denen einzelne mit rudimentären Stichwortverzeichnissen ergänzt worden waren.

Benutzung

1.109 Die Benutzung von alten oder besonders wertvollen Sammlungsgegenständen war reglementarisch seit 1860 an eine Genehmigung des Oberbibliothekars geknüpft.

Zentralbibliothek Zürich seit 1916

Vorgeschichte und Gründung

1.110 Zwischen den Bibliotheken Zürichs existierten mehr oder minder formelle Beziehungen. Im 17. und 18. Jh engagierten sich Mitglieder des Chorherrenstifts in der Stadtbibliothek, und auch sonst hatte die Verwurzelung von Bibliotheken im Sozietätenwesen manche Personalunion in Leitungsgremien zur Folge. Im 19. Jh gediehen die Naturforschende und die Antiquarische Gesellschaft in Symbiose mit der Stadtbibliothek. In der Aufsichtskommission der Kantonsbibliothek sass jeweils der Oberbibliothekar der Stadtbibliothek, und in deren Konvent war umgekehrt die Hochschule durch namhafte Professoren vertreten. Die Museumsgesellschaft schliesslich partizipierte für ihren Lesesaal an Zeitschriftenabonnements anderer Bibliotheken. Auf die Dauer aber konnte dies für eine leistungsfähige Literaturversorgung nicht genügen.

1.111 Der am 9. Juli 1885 vom Archäologen Hugo Blümner (1844–1919) in der *Neuen Zürcher Zeitung* veröffentlichte Artikel zur Remedur des zersplitterten Zürcher Bibliothekswesens setzte in Presse, Bibliotheken und politischen Gremien von Stadt und Kanton Zürich einen langwierigen Prozess in Gang. Greifbare Resultate der zentralen Bestrebungen lagen 1898 mit der ersten Lieferung vom *Zuwachsverzeichnis der Bibliotheken in Zürich* und 1901 mit der Eröffnung des nominalen Zentralkatalogs der Bibliotheken Zürichs vor. Die Kantonsregierung als Oberbehörde der Universität stützte sich in dieser Phase auf die Sachkenntnis der Professoren Ferdinand Rudio (1856–1919) und Theodor Vetter (1853–1922). Der Mathematiker Rudio war Oberbibliothekar der Eidgenössischen Technischen Hochschule, der Anglist Vetter Konventsmitglied der Stadtbibliothek. Zudem präsidierte er die Bibliothekskommission der Museumsgesellschaft sowie die Kommission für den Zentralkatalog und betätigte sich als Politiker.

1.112 1902 stellte der Physiker Adolf Tobler (1850–1923) unter Einschaltung Rudios, der vorerst anonym blieb, der Kantonsregierung unter bestimmten Bedingungen 200.000 Franken für eine zu errichtende zentrale Bibliothek in Aussicht. Die Regierung, nun im Zugzwang, erteilte dem Kantonsbaumeister Hermann Fietz (1869–1931) den Planungsauftrag.

1.113 Welche Bibliotheken der neuen Institution einverleibt werden sollten, stand schon 1903 fest. Bezüglich der Rechtsform legte man sich 1906 auf eine öffentliche Stiftung fest. Nach einigem Hin und Her einigte man sich 1910 mit der Wahl des Amtshausplatzes, wo die 1887 ausgebrannten Spitalgebäude gestanden hatten, auf den Standort der neuen Bibliothek.

1.114 Zeitweilig hatte es danach ausgesehen, als hätte bei der Bibliotheksvereinigung die Kantonsregierung allein das Sagen. Hermann Escher (1857–1938) aber, der Erste Bibliothekar der Stadtbibliothek, vermochte den Kantonsbaumeister und den Hauptförderer, dessen Beitrag sich schliesslich auf 750.000 Franken belaufen sollte, für seine Auffassungen zu gewinnen und, als Kurator der in den Jahren nach 1912 von einer Finanzkrise geplagten Kantonsbibliothek, die Kantonsregierung von seiner Unentbehrlichkeit zu überzeugen. Die von Escher extra gesammelten Spendengelder von mehr als 100.000 Franken stärkten seine Position, und der zum Widersacher gewordene Prof. Vetter zog in der Auseinandersetzung um Einzelheiten des Bauprojekts den Kürzeren.

1.115 Der Vertrag zwischen Kanton und Stadt Zürich über die Errichtung der Zentralbibliothek als öffentliche Stiftung wurde 1914 durch Volksabstimmungen in Kanton und Stadt genehmigt, womit auch die von den Vertragsparteien vorsorglich vereinbarten Bibliotheksstatuten Rechtskraft erlangten. 1916 nahm die Zentralbibliothek mit einer Belegschaft von 15 Personen (Hilfskräfte nicht mitgezählt) den Betrieb auf, und am 2. Mai 1917 öffnete sie den Benutzern ihr neues Gebäude am Zähringerplatz 6.

Trägerschaft und Institution

1.116 Die öffentliche Stiftung Zentralbibliothek gewährt statutengemäss »vorzugsweise den Einwohnern des Kantons Zürich die unentgeltliche Benutzung der durch Schrift und Druck erzeugten

Hilfsmittel zu speziellen wissenschaftlichen Studien oder zur Erlangung allgemeinen sachlichen Aufschlusses irgendwelcher Art« und sammelt und erschliesst die hierzu erforderlichen Materialien. Zu ihrem Unterhalt sind als Stifter Kanton und Stadt Zürich verpflichtet. Statt der bis anhin vereinbarten paritätischen Beitragsaufteilung wurde 1987 ein Modus eingeführt, der den Kanton zu 80 % und die Stadt zu 20 % belastet.

1.117 Ihren Statuten gemäss hat die Zentralbibliothek ihre Sammeltätigkeit einerseits auf die an der Universität Zürich vertretenen Disziplinen und andererseits auf die einheimische Literaturproduktion auszurichten. Wie die Bibliotheksordnung ergänzend vorschreibt, sind aus der wissenschaftlichen Literatur insbesondere die grösseren Werke auszuwählen, deren Anschaffung sich der Einzelne nicht leisten kann. Turicensia sollen ohne Einschränkung, Helvetica in nötig scheinendem Umfang gesammelt werden.

1.118 Die Bibliothekskommission, das leitende Gremium, setzt sich aus je 5 vollberechtigten Abgeordneten der Stifter und je einem Beisitzer von der Naturforschenden Gesellschaft und von der Gesellschaft von Freunden der Zentralbibliothek zusammen. Durch ungeschriebenes Gesetz fiel der Vorsitz von Anfang an dem kantonalen Erziehungsdirektor (Kultusminister) zu. Bis 1962 bestand ein vorberatender und exekutiver Bibliotheksausschuss.

1.119 Die Gesellschaft von Freunden der Zentralbibliothek wurde 1917 als Förderverein der jungen Institution gegründet. Ihre Mitglieder genossen das Privileg des direkten Zugangs zu weiten Teilen des Büchermagazins.

Leitung

1.120 Als Gründungsdirektor prägte Hermann Escher das Erscheinungsbild der Zentralbibliothek bis weit über seine 1932 beendete Amtszeit hinaus. Die aus dem Haus nachgerückten Amtsnachfolger Felix Burckhardt (1883–1962), der bis 1949 wirkte, und Ludwig Forrer (1897–1995), der als Privatdozent an der Universität Zürich Sprachen und Geschichte des islamischen Orients lehrte, hatten es augenscheinlich schwer, aus dem Schatten des Übervaters zu treten. Zwar gab es sogar Ausbaupläne für das Gebäude, doch beschränkte sich am Ende alles auf eine Beibehaltung des Status quo.

1.121 Als Forrer 1962 die Altersgrenze erreichte, berief die Bibliothekskommission den nur wenig jüngeren Paul Scherrer (1900–1992) an seine Stelle. Scherrer hatte sich als Direktor der Bibliothek der Eidgenössischen Technischen Hochschule den Ruf eines grosszügigen Organisators erworben und sorgte an der Zentralbibliothek für Wachstum, Bewegung und Publizität, was durch den glänzenden Zustand der öffentlichen Finanzen begünstigt wurde. Zu den Errungenschaften seiner Ära gehören die Gründung von Dienstabteilungen, 1963 für Handschriften und 1971 für Musikalien, die Institutionalisierung der Fachreferate und die Modernisierung des Kopierwesens. Die beiden bis anhin nur schwach genutzten Ausstellungsräume erhielten neue Zweckbestimmungen.

1.122 Der von 1971 bis 1983 als Direktor amtierende Hans Baer (geb. 1917) brachte seine als Leiter der Bibliothek und der Dokumentation des Betriebswissenschaftlichen Institutes der Eidgenössischen Technischen Hochschule gewonnenen Erfahrungen in die Zentralbibliothek ein. Die nunmehr regelmässig auf Direktions- und Abteilungsleiterebene abgehaltenen Konferenzen markierten die Abkehr vom bisher praktizierten Führungsstil. Eine neugeschaffene Planungsabteilung bekam den Auftrag, die Elektronische Datenverarbeitung in der Bibliothek zu entwickeln und anzuwenden. Unter Baer trat die etwas in Stagnation geratene Planung von Umbau und Neubau der Gebäude ins entscheidende Stadium. Im Chor der Predigerkirche konnte 1972 ein Schauraum für Wechselausstellungen eröffnet werden. Unter Baer, dem die Professionalisierung des Bibliothekswesens ein Anliegen war, setzten 1975 die Zürcher Bibliothekarenkurse ein.

1.123 Unter Baers Nachfolger Hermann Köstler (geb. 1943), der bisher im bayerischen Bibliotheksdienst tätig gewesen war, wurden die Bauplanung abgeschlossen, die Bestände ausgelagert und von 1990 bis 1994 Abbrucharbeiten, Umbau und Neubau ausgeführt. Zeitgleich mit der Eröffnung des Neubaus wurde 1994 der Informationsverbund Zürich mit der Zentralbibliothek und der Bibliothek der Eidgenössischen Technischen Hochschule als den wichtigsten Partnern aktiviert. Keineswegs zu kurz kam in dieser unruhigen Zeit der historische Buchbestand als Objekt weitreichender Restaurierungsprojekte und als Thema dreier wohldokumentierter Anthologien. Als Dienstabteilung wurde 1990 die Sammlung Alte Drucke geschaffen. Der Personaletat stand 1995 auf 126,5 Planstellen, die mit 147 Personen besetzt waren.

1.124 Mit Susanna Bliggenstorfer, Titularprofessorin für Romanische Philologie, übernahm die erste Frau am 1. September 2008 die Führung einer der grössten Schweizer Bibliotheken. Sie ergriff verschiedene Massnahmen zur kantonalen und nationalen Vernetzung der Institution und erkannte es als Gebot der Stunde, den historischen Buchbestand mit Schwerpunkt auf den Turicensia mittels Digitalisierung der Forschung weltweit zugänglich zu machen.

Bestandsentwicklung im Überblick

1.125 Der Anfangsbestand der Zentralbibliothek setzte sich zusammen aus den gemäss Stiftungsvertrag vereinigten Beständen der Stadtbibliothek und der Kantonsbibliothek sowie den 1915 bzw. 1916 durch besondere Verträge mit den damaligen Eigentümern einverleibten oben genannten Gesellschaftsbibliotheken der Naturforscher, Mediziner und Juristen. Von der Stadtbibliothek übernahm die Zentralbibliothek ferner zwei als Deposita vorhandene Gesellschaftsbibliotheken: diejenigen des Schweizer Alpen-Clubs und des Vereins Schweizerischer Gymnasiallehrer.

1.126 Die Zentralbibliothek begann 1916 mit 633.100 Druckschriften. Die in den 1930er-Jahren veranstaltete Bestandszählung, dank archivalischen Unterlagen einigermassen überprüfbar, führte in dem von Felix Burckhardt herausgegebenen Bd *Schweiz* der Minerva-Handbücher zur Publikation folgender Druckschriftenzahlen: 455.000 Bde, 350.000 Broschüren und 1500 Inkunabeln. Später veröffentlichte Zahlen beruhen mehr und mehr auf Schätzungen und Hochrechnungen; diejenigen von *Information Schweiz 1994* lauten: 2.630.000 Bde, 900 Zeitschriften, 188 Zeitungen, 25.000 Handschriften, 334 Nachlässe, 19.000 Autographen, 220.000 Mikroformen, 170.000 Fotos und Ansichtskarten, 15.000 Dias, 179.000 graphische Blätter, 178.000 Landkarten, 29.000 Tonträger, 75.000 Notendrucke, 10 CD-ROMs, 16.000 Kleinschriften, 29.000 Münzen und Medaillen.

Direktorat Hermann Escher 1916–1932

1.127 Noch vor der Betriebsaufnahme trat die Zentralbibliothek zwei bei der Kantonsbibliothek wartende Erbschaften an: 840 Bde, insbesondere zum römischen Recht, von Hermann Ferdinand Hitzig (1868–1911) und über 3500 Werke, vorwiegend Privatrecht, von Friedrich Meili (1848–1914). 1916 gingen der Zentralbibliothek als Legat des bernischen Schulrektors Georg Finsler (1852–1916) 711 Titel zur Homerforschung zu. 1917 erfolgte die Übernahme der Bibliothek der Allgemeinen Musikgesellschaft Zürich als Depositum.

1.128 Aus Sondermitteln erwarb die Zentralbibliothek 1918 aus der Privatbibliothek des Geographen Otto Stoll (1849–1922) 453 Druckschriften zu Ethnologie und Linguistik vorab Mittelamerikas und 1919 aus der Hinterlassenschaft von Georg Cohn (1845–1918) 1400 Bde, insbesondere zum Handelsrecht.

1.129 1919 einigten sich die Militärdirektion des Kantons Zürich und die Allgemeine Offiziersgesellschaft der Stadt Zürich zur Abtretung der damals in einer Kaserne untergebrachten Militärbibliothek des Kantons. Diese war um 1830 von kriegswissenschaftlich interessierten Milizoffizieren gegründet worden, hatte 1852 von Büchern aus dem Nachlass von Oberst Jakob Konrad von Orelli (1799–1852) profitiert und es im Laufe ihres Bestehens auf 4400 Bde gebracht.

1.130 1920 traf bei der Zentralbibliothek als Schenkung des in New York domizilierten Carnegie Endowment for International Peace eine umfangreiche Sendung an Literatur zu Geschichte, Politik und Kultur der USA ein. Die Absicht war, dem Schweizer Publikum die Anschauung einer freien und erfolgreichen Schwesterrepublik zu vermitteln. Weitere Zuwendungen der Carnegie-Friedensstiftung, die freilich Umfang und Bedeutung der ersten nicht erreichten, sind auch späterhin bezeugt. Die mit der Signatur »Carn« versehene Amerikabibliothek (mit der späteren Nordamerika-Bibliothek nicht zu verwechseln) umfasst an die 1900 Bde.

1.131 1922 durfte die Zentralbibliothek aus der Privatbibliothek des Romanisten Ernest Bovet (1870–1941) und, dank der Unterstützung durch ihre Fördergesellschaft, aus dem Büchernachlass Otto Stolls das Passende frei auswählen, was ihr 485 literarische Titel und 359 entomologische Werke einbrachte. Als Vermächtnis von Heinrich Angst (1847–1922), Altdirektor des Schweizerischen Landesmuseums, erhielt sie 150 teils illustrierte Bde des 16. bis 19. Jhs. Der als Mäzen bekannte Adolf Tobler beschenkte sie 1922 mit deutscher Sagen- und Märchenliteratur aus dem Nachlass von Bibliothekar Heinrich Weber (1861–1922).

1.132 Von 1922 bis 1926 versuchten interessierte Kreise vergeblich, die Zentralbibliothek als Käuferin der vom Kulturphilosophen Robert Saitschick (1868–1965) gesammelten 28.000 Bde zu gewinnen.

1.133 1924 erhielt die Bibliothek vom sozialdemokratischen Politiker Hermann Greulich (1842–1925) ca. 170 ökonomische und politische Druckschriften, die einst seinem Gesinnungsvorgänger Karl Bürkli (1823–1901) gehört hatten.

1.134 Der Zürcher Industrielle Gustav Siber (1857–1924) vermachte über 300 Faksimile- und Abbildungswerke. Der in Lugano ansässige niederländische Staatsangehörige A. Hotz schenkte 1926 ca. 1200 Bände zur Geschichte und Landeskunde Irans und seiner Nachbarländer.

1.135 Aus der Sammlung des in Grindelwald verstorbenen Alpinisten William Augustus Brevoort Coolidge (1850–1926) wurden 1928 dank einem privaten Gönner 2400 englische und französische Geschichtswerke erworben.

1.136 Zwei umfangreiche Legate konnten 1931 entgegengenommen werden: 594 Druckschriften, darunter viele amerikanistischen Inhalts, vom politisch und soziologisch interessierten Naturforscher Georges Claraz (1832–1930) sowie 621 Bde, 403 Broschüren, 120 Berichte und 25 Einzelblätter vom Historiker Gerold Meyer von Knonau (1843–1931), dem Letzten seines Stammes.

1.137 An Altbeständen wurden zwischen 1924 und 1933 60 Inkunabeln veräussert sowie in den Jahren 1926 und 1927 Exlibrisdubletten in nicht überlieferter Zahl. 1924 wurden rund 5000 unkatalogisierte Dissertationen des 17. und 18. Jhs an die Preussische Staatsbibliothek in Berlin abgetreten.

Direktorat Felix Burckhardt 1932–1949

1.138 Mit der Anschaffung der Sammlung des Frankfurter Graphikers Hanns L. Katz, die aus über 1000 Stücken revolutionärer Literatur des 18. bis 20. Jhs bestand, bewies die Zentralbibliothek 1932 prophetisches Gespür für das sich im nördlichen Nachbarland zusammenbrauende Unheil. 1933 schenkte ihr Karl Georg Wendriner (1885–1943), der rechtzeitig emigrierte Geschäftsführer der Berliner Antiquariatsfirma Dr. Hellersberg, 273 Druckschriften zu Politik, Wirtschaft und Gesellschaft. Die Zentralbibliothek machte die beiden Akquisitionen mit der Broschüre *Revolutionäre Literatur* publik, wenn auch ohne Offenlegung der Herkunft. Der Zustrom linken Schrifttums, nun überwiegend des 20. Jhs, war damit nicht versiegt. 1934 wurden die in Zürich verbliebenen Bücher des Schriftstellers und einstigen Mitglieds der Münchener Räteregierung Ernst Toller (1893–1939) sowie, von einem Aarauer Bücherantiquar, 2000 Druckschriften einer lokalen Parteibibliothek deutscher Sozialdemokraten erworben. Die Bibliothek des Frankfurter Instituts für Sozialforschung, über deren Sicherstellung Max Horkheimer (1895–1973) 1933 auch mit der Zentralbibliothek Zürich verhandelte, wurde von den deutschen Behörden beschlagnahmt. Weitere Sozialistica des 19. und 20. Jhs wurden aus dem Nachlass des Schweizer Politikers und Sozialpädagogen Robert Seidel (1850–1933) geschenkt (118 Einzelwerke, 28 Zeitschriftenbände, 424 Broschüren und 91 Berichte).

1.139 Zur Jahrhundertfeier der Universität Zürich 1933 bot der aus der Schweiz stammende Mailänder Verlagsbuchhändler Ulrico Hoepli (1847–1935) der Zentralbibliothek an, aus seiner Produktion gratis auswählen zu können, was zur Akzession von 381 Bdn im Katalogwert von über 50.000 Lire führte. 1934 deponierte der Allgemeine Schweizerische Stenografenverband (Zentralverein Stolze-Schrey) seine Bibliothek bei der Zentralbibliothek Zürich, die dafür die Katalogisierung besorgte.

1.140 Nachlass und Privatbibliothek des Dichters Conrad Ferdinand Meyer (1825–1898) fielen nach dem Tod seiner Tochter Camilla Meyer (1879–1936) der Zentralbibliothek zu. Von den etwa 1700 Bdn, in vielen Fällen Dubletten, wurden die meisten im Arbeitszimmer des Meyer-Hauses (seit 1945 Ortsmuseum) in Kilchberg belassen.

1.141 Der nach dem Gründungsort benannte Schweizerische Zofingerverein, eine dem politischen Freisinn nahestehende Studentenverbindung, deponierte 1936 seine damals 200 Bde zählende Büchersammlung bei der Zentralbibliothek. Die Schachgesellschaft Zürich übergab 1937 ihren Bestand von 145 einschlägigen Druckschriften.

1.142 1938 schenkte die Witwe des Staats- und Verwaltungsrechtslehrers Fritz Fleiner (1867–1937) mit dessen handschriftlichem Nachlass auch die Bibliothek mit über 3000 Bdn zu Jurisprudenz, Politik und Geschichte. Auf Ankauf der Privatbibliothek des im Kanton Zürich beheimateten Kirchenrechtlers und Rechtshistorikers Ulrich Stutz (1868–1938) wurde in Abwägung des Nutzens und der Kosten verzichtet. Im gleichen Jahr erhielt die Zentralbibliothek 354 Titel an Baltica und Theologie, die der livländische Pastor Ferdinand von Hoerschelmann (1833–1902) besessen hatte.

1.143 Nach Ableben des Anglisten Bernhard Fehr (1876–1938), der das Gebiet der angloamerikanischen Literatur besonders gepflegt hatte, wurden 800 Bde aus dessen Privatbibliothek angekauft.

1.144 Als der Heilpädagoge Heinrich Hanselmann (1885–1960) 1943 seine ca. 300 Bde umfassende Sammlung von Originalausgaben der Schriften Johann Caspar Lavaters abstiess, konnte diese von der Zentralbibliothek mit Hilfe von Sondermitteln erworben werden.

1.145 Aus der Hinterlassenschaft des Theologen Jakob Hausheer (1864–1943) durfte die Zentralbibliothek über 500 Druckschriften zu Theologie, Religions- und Kirchengeschichte sowie Orientalistik auswählen; »eines der wertvollsten Geschenke der letzten Jahre!«, befand der gedruckte Tätigkeitsbericht.

1.146 Von Jean-Jacques Hess (1866–1949), Extraordinarius für Orientalistik und Islamkunde, erwarb die Zentralbibliothek 1945 200 Druckschriften zur Ägyptologie und 400 geographische Karten verschiedener Länder Asiens.

1.147 1946 wurde eine erste Tranche von 282 genealogischen und heraldischen Druckschriften aus der Bibliothek von Friedrich Hegi (1878–1930) gekauft, der als Privatdozent Historische Hilfswissenschaften an der Universität Zürich lehrte.

1.148 Die Gesellschaft von Freunden der Zentralbibliothek schenkte 1946 eine Anzahl Werke französischer Illustratoren des 19. Jhs aus der Sammlung des Bibliophilen Ludwig Wille (1886–1946).

1.149 Als Aufstockung des orientalistischen Bestandes kam das vom Privatdozenten für alte und neue Sprachen des Nahen Ostens Leo Haefeli (1885–1948) ausgesetzte Legat von mehr als 200 Druckschriften gelegen.

1.150 Von vielen anderen Buchbesitzern, aus deren Beständen das eine oder andere in irgendeiner Weise der Zentralbibliothek in der Ära Burckhardt zugute kam, seien genannt: der Germanist Albert Bachmann (1863–1934), der Mathematiker Rudolf Gerlach (1861–1936), der Rechtsanwalt und Sammler Hans Giesker (1879–1936), der Philologe Eduard Norden (1868–1941), der Pianist Bernhard Stavenhagen (1862–1914) und der Musiker Johannes Wolfensberger (1845–1906).

1.151 In der Amtszeit Burckhardts wurden nach Ausweis des gedruckten Tätigkeitsberichts an alten

Druckschriften ausgeschieden und wenn möglich an andere Sammelstellen abgetreten: marginale Bestände von Zeitungen, Kalendern, Berichten und Dissertationen (1932), Dubletten aus der Medizinischen Bibliothek (1934), solche aus der Kantonsbibliothek (1937) und wehrtechnische Literatur aus der Militärbibliothek (1940). Den Spezialabteilungen hatte es die Bibliothekskommission 1935 freigestellt, ihre kärglichen Mittel durch Verkauf entbehrlicher Sammlungsgegenstände aufzubessern.

1.152 Der bislang von Felix Burckhardt intern betreute nichtschweizerische Teil der Münzensammlung ging 1935 als Depositum ans Schweizerische Landesmuseum.

Direktorat Ludwig Forrer 1949-1962

1.153 1950 erwarb die Zentralbibliothek aus ehemaligem Besitz von Friedrich Hegi ca. 700 Druckschriften zur Genealogie und Heraldik und aus der Hinterlassenschaft von Jean-Jacques Hess, der im Jahr zuvor verstorben war, etwa 260 Druckschriften zur Orientalistik.

1.154 Aus dem Vermächtnis des Typographen Karl Jost (1876-1952) kamen der Bibliothek 1953 346 Bde, 646 Broschüren und 164 mehr oder minder komplette Zeitschriften in Esperanto zu. Etwa ein Drittel des Bestands wurde vor 1916 gedruckt.

1.155 Da sich die Zentralbibliothek 1953 an der Stiftung zur Erhaltung der Fachbibliothek des Nationalökonomen Manuel Saitzew (1885-1951) mit einem namhaften Betrag beteiligte, erhielt sie als Depositum eine Auswahl von gegen 1400 Werken des 16. bis 20. Jhs, wobei viele davon Dubletten zum Altbestand darstellten. Saitzew hatte neben moderner Fachliteratur auch Klassiker der Volkswirtschaft in Originalausgaben und Sozialistica gesammelt.

1.156 1959 entledigte sich die Zentralbibliothek des Depositums des Allgemeinen Schweizerischen Stenographenverbands. 1962 kam es zur massenhaften Liquidation von Graphik- und Kartendubletten; ein Geschäft, bei dem sich die Rechnungsbehörde im Nachhinein mehr Transparenz gewünscht hätte.

Direktorat Paul Scherrer 1963-1971

1.157 Paul Scherrer, der als Privatsammler Bibliophilie mit Literaturwissenschaft verband, hatte im Amt für den historischen Bibliotheksbestand wenig Zeit. Die von diversen Eigentümern bei der Zentralbibliothek deponierten Bibliotheken, denen er, wie so viel anderem mehr, seine Aufmerksamkeit widmete, sind meist modernen Datums und enthalten nur nebenbei alte Drucke.

1.158 1966 wurde der Zentralbibliothek aus dem Vermächtnis von Emil Bebler (1883-1954), Generaldirektor der Schweizerischen Rückversicherungsgesellschaft, eine grosse Autographensammlung geschenkt, die zusätzlich etwa 2000 künstlerisch gestaltete Exlibris des 16. bis 19., v. a. aber des 20. Jhs enthielt.

1.159 Das Pestalozzianum Zürich hinterlegte 1969 bei der Zentralbibliothek 2700 selten benutzte Kinder- und Jugendbücher, davon immerhin ein Drittel älter als 1900.

1.160 Aus der Bibliothek der 1921 gegründeten, bis 1968 von Otto Schlaginhaufen (1879-1973) dominierten Julius-Klaus-Stiftung für Vererbungsforschung, Sozialanthropologie und Rassenhygiene wurde 1970 vom Anthropologischen Institut der Universität Zürich die medizinische und biologische Literatur (ca. 8000 Bde) bei der Zentralbibliothek deponiert. Der Ausdruck »Rassenhygiene« verschwand 1972 aus dem Stiftungsnamen.

1.161 Die Liquidation des Verlagshauses Rascher, das von 1908 bis 1971 bestanden und sich in seinen Anfängen sehr der deutschsprachigen Schweizerliteratur angenommen hatte, brachte die Zentralbibliothek in den Besitz der Hss. und Druckschriften des Firmenarchivs.

Direktorat Hans Baer 1971-1983

1.162 In dieser Epoche sind die grossen Eingänge an alten Druckschriften aus privatem oder körperschaftlichem Besitz v. a. dem Musikalienbestand zugute gekommen, der sowohl mit Einzelstücken europäischen Ranges als auch mit Massen von Dokumenten lokaler Bedeutung vermehrt wurde.

1.163 Aus Sondermitteln erwarb die Zentralbibliothek 1971 aus der Hinterlassenschaft des Komponisten und Dirigenten Ernst Hess (1912-1968) 74 musikalische Erst- und Frühdrucke des 18. und 19. Jhs sowie 394 Partituren und 715 Klavierauszüge derselben Epoche im Jahr darauf.

1.164 1974 wurde mit Hilfe von Sondermitteln der Stifter die durch einen gedruckten Katalog bereits erschlossene Sammlung des auf Musiktheorie und Barockmusik spezialisierten Forschers Erwin Reuben Jacobi (1909-1979) angekauft, insgesamt 52 Hss. und 462 Werke des 16. bis 20. Jhs, davon 195 Notendrucke.

1.165 Die Reihe der Zuwendungen von Körperschaften wurde vom Opernhaus Zürich fortgesetzt, das von 1974 bis 1976 seine während Jahrzehnten gehorteten Aufführungsmaterialien bei der Zentralbibliothek deponierte: Noten und Texte zu über 1200 ernsten und heiteren musikalischen Bühnenwerken des 19. und 20. Jhs.

1.166 Zwei traditionsreiche Zürcher Vereine traten damals ihre Archivalien und Musiknoten an die Zentralbibliothek ab: 1976, kurz vor der Auflösung, der 1828 gegründete Männerchor Aussersihl und 1980 der seit 1863 florierende Gemischte Chor Zürich. Bei beiden Druckschriftenkomplexen handelt es sich weniger um Bibliotheken im eigentlichen Sinne als um Vorräte an Notendrucken.

1.167 Verluste von alten Druckschriften während der Ära Baer sind auf einen professionellen Dieb zurückzuführen, dem 1975 das Handwerk gelegt werden konnte. Der Schaden wird niemals ganz zu ermessen, geschweige denn zu reparieren sein.

1.168 Baer begann damit, originale Zeitungsbestände durch Reproduktionen in Mikroform zu ersetzen, wovon die zürcherischen Blätter aber nicht betroffen waren.

Direktorat Hermann Köstler 1983–2008

1.169 1983 übergab das Zürcher Missionskomitee für die Basler Mission seine aus 5000 einschlägigen, meist deutschsprachigen Publikationen des 19. und 20. Jhs bestehende Bibliothek mitsamt Zettelkatalog. Zwei Jahre später schenkte der im Kanton Glarus wohnende Historiker Eduard Vischer-Jenny (1903–1996) 8 Drucke und 64 graphische Blätter aus der seinerzeit berühmten Sammlung von Daniel Jenny-Squeder (1886–1970). 1992 überliess die Thurgauische Kantonsbibliothek aus der Hinterlassenschaft der in Ettenhausen verstorbenen Schriftstellerin Alja Rachmanova (1898–1991) 286 hierzulande seltene literarische, historische und theologische Russica des 17. bis 20. Jhs, davon 156 vor 1916 gedruckte.

1.170 Die 1990 vom Graphologen und medial veranlagten Parapsychologen Oskar R. Schlag (1907–1990) vermachte Esoterik-Sammlung wurde 1995 mit 26.000 Einheiten des 16. bis 20. Jhs akzessioniert. Ebenfalls 1995 erhielt die Zentralbibliothek den Nachlass und die Bücher aus dem Besitz des Schriftstellers Elias Canetti (1905–1994), der 1981 mit dem Empfang des Nobelpreises für Literatur aller Welt auch als Einwohner Zürichs bekannt geworden war.

1.171 Dank der Aufmerksamkeit eines Winterthurer Bibliothekars wurden die vom Buchdrucker Fritz Amberger (1869–1948) gesammelten 4480 Exlibris des 16. bis frühen 20. Jhs, meist schweizerische Stücke des 18. und 19. Jhs, 1996 durch die Zentralbibliothek erworben. Zwei Jahre später übergab der Buch- und Papierkünstler Franz Zeier (geb. 1923) seinen Nachlass als Schenkung, darunter über 220 vom ihm gestaltete bibliophile Bucheinbände.

1.172 Umfangreiche Schenkungen stellten zudem die ungefähr 33.000 Titel der Studienbibliothek zur Geschichte der Arbeiterbewegung dar (ohne Zeitschriften), die 2001 in die Zentralbibliothek überführt wurden, sowie 2005 die über 2600 Werke zählende hymnologische Bibliothek des Theologen Markus Jenny (1924–2001), wovon gegen die Hälfte dem historischen Buchbestand zuzuzählen ist.

1.173 Die Musikabteilung der Zentralbibliothek konnte 1984 die Notensammlungen des 1848 gegründeten und in Auflösung begriffenen Sängervereins Harmonie Zürich sowie des seit 1825 blühenden Männerchors Zürich und seiner 1893 entstandenen Eliteformation Chambre XXIV entgegennehmen. Das Stadtarchiv Zürich übergab 1988 die kompletten Aufführungsmaterialien der Tonhallegesellschaft Zürich mit 265 gedruckten und 308 ungedruckten Kompositionen des 19. und 20. Jhs. Zur Ergänzung der Nachlässe von Erwin Reuben Jacobi und Czeslaw Marek (1891–1985) wurden im Jahr 1989 Sondermittel eingesetzt; in letzterem Fall ging es um die Erwerbung von 689 Drucken von Klavierstücken des 19. und frühen 20. Jhs aus dem Besitz des 1963 in Zürich verstorbenen Boris Verkholantzeff. Von Arthur Schenker in Pfäffikon (ZH) wurden 1991 400 Wiener Notendrucke aus der Zeit von Lanner und Strauss überlassen.

Direktorat Susanna Bliggenstorfer (ab 2008)

1.174 In ihrem Antrittsjahr konnte eine namhafte Sammlung an Drucken der theosophisch ausgerichteten Gichtelianer (Anhänger von Jakob Böhme und Johann Georg Gichtel) aus Oberglatt erworben werden, die 2009 um einige seltene Stücke ergänzt wurde.

Bestandsaufstellung insgesamt

1.175 Die Zentralbibliothek übernahm die Aufstellungen der Vorgängerbibliotheken. Davon wurde das Gros stillgelegt. Nur die Zeitungen in der Signatur WA, einzelne Zeitschriften in ZS sowie einige Extrabestände wurden weitergeführt. Ein Teil der Serien und Zeitschriften wurde neu aufgestellt. Für den neu zu formierenden Normalbestand – als normal gelten Rückenhöhen bis 33 cm – sieht das Schema von 1916 eine Aufstellung in zeitlichen Schichten und innerhalb derselben nach Fächern vor. Für Publikationen in besonderen Formats- oder Qualitätsklassen sind kodierte Sondergruppen reserviert. Gemäss der Tradition der Stadtbibliothek wurden Extrabestände weiterhin mit sprechenden Grundsignaturen versehen.

Aufstellung älterer Drucke

A-, B-, D- und E-Sequenzen

1.176 Für Einzelwerke und Fortsetzungen im Normalformat mit Erscheinungsjahr bis 1880 gibt es seit 1916 die A-Signaturengruppe, für solche mit Erscheinungsjahr von 1881 bis 1915 die B-Sequenz und für Broschüren ohne zeitliche Grenzen die D-Signaturen. Weniger wichtige Druckschriften wurden in der Ära Burckhardt in der E-Sequenz aufgestellt:

AAN, BA, DA, EA – Allgemeines

AB, BBN, DB, EB – Theologie

AC, BC, DC, EC	– Recht
AD, BD, DDN, ED	– Volkswirtschaft
AE, BE, DE, EEN	– Medizin
AF, BF, DF, EF	– Veterinärwissenschaft
AG, BG, DG, EG	– Philosophie
AH, BH, DH, EH	– Sprachen und Literaturen im Allgemeinen
AJ, BJ, DJ, EJ	– Klassische und orientalische Sprachen und Literaturen
AK, BK, DK, EK	– Deutsche Sprache und Literatur
AL, BL, DL, EL	– Andere neuere Sprachen und Literaturen
AM, BM, DM, EM	– Belletristik
AN, BN, DN, EN	– Geschichte
AO, BO, DO, EO	– Historische Hilfswissenschaften
AP, BP, DP, EP	– Biographien, Briefe und Memoiren
AQ, BQ, DQ, EQ	– Kunst und Archäologie
AR, BR, DR, ER	– Geographie und Ethnographie
AS, BS, DS, ES	– Naturwissenschaften I: Allgemeines, Mathematik, Astronomie, Physik, Chemie
AT, BT, DT, ET	– Naturwissenschaften II: Geologie, Mineralogie, Meteorologie, Biologie
AU, BU, DU, EU	– Helvetica
AV, BV, DV, EV	– Varia.

Bei den Broschüren wurden mit Zugangsjahr 1965 die Gruppen DB–DV abgeschlossen und fortan die Zugänge aus allen Fächern der Signatur DA zugeteilt.

T-, U-, X- und Y-Sequenzen

1.177 1916 wurden für Serien im Normalformat die T-Sequenz, für stark benutzte laufende Zeitschriften die U-Signaturen, für schwach benutzte laufende Zeitschriften die X-Sequenz und für 1916 nicht laufende Zeitschriften die Y-Signaturengruppe eingeführt:

TA, UA, XA, YA	– Allgemeines
TB, UB, XB, YB	– Theologie
TC, UC, XC, YC	– Recht
TE, UE, XE, YE	– Medizin
TG, UG, XG, YG	– Philosophie
TK, UH, XH, YH	– Sprachen, Literaturen und Belletristik
TN, UN, XN, YN	– Geschichte
TQ, UQ, XQ, YQ	– Kunst und Archäologie
TR, UR, XR, YR	– Geographie und Ethnographie
TS, US, XS, YS	– Naturwissenschaften
TSN, USN, XSN, YSN	– Tauscheingänge der Naturforschenden Gesellschaft
TU, UU, XU, YU	– Helvetica
TV, UV, XVN, YV	– Varia.

Kodierte Sondergruppen

1.178 Für Druckschriften in besonderen Formats- und Qualitätsklassen (als Folioformat gilt maximal 45 cm Höhe x 35 cm Breite und als Grossformat maximal 60 cm Höhe x 45 cm Breite) gibt es die Gruppen:

AW	– Drucke des 15. und 16. Jhs
AWA	– Wertvolle Drucke des 17. bis 19. Jhs in allen Formaten (Bestandsformierung nach 1990)
AWB	– Wertvolle Drucke des 20. Jhs (Bestandsformierung nach 1990)
AWC	– Wertvolle Drucke des 21. Jhs (Bestandsformierung nach 1990)
AWD	– Widmungs- und Provenienzexemplare (Bestandsformierung nach 1990)
AWG	– Vollständige Sammlungen (Bestandsformierung nach 1990)
AX	– Wertvolle Werke 1601 ff. gewöhnlichen Formats
AY	– Sekreta (Hetzliteratur jeder Couleur, Erotisches, Sexuelles, Esoterisches, politisch Missliebiges)
AZ	– Überformate
AZZ	– Liegende Überformate
BX	– Wertvolle Folioformate
BY	– Querfolio (maximal 45 cm Höhe x 60 cm Breite)
BZ	– Grossformate
CW	– Wertvolle Querquartformate (maximal 33 cm Höhe x 45 cm Breite)
CWW	– Gewöhnliche Querformate (maximal 33 cm Höhe x 45 cm Breite)
DW	– Quartbroschüren (maximal 34 cm Höhe x 25 cm Breite)
DX	– Foliobroschüren
UX	– Laufende Zeitungen im Folioformat
UZ	– Laufende Zeitungen im Grossformat

XXN	– Laufende Zeitschriften im Folioformat	Dr M	– Drucke mit hss. Zusätzen (in der Stadtbibliothek gegründeter Bestand mit mittlerweile 330 Werken, v. a. aus dem 19. Jh; Widmungs- oder Handexemplare)
XZ	– Laufende Zeitschriften im Grossformat		
YX	– Abgeschlossene Zeitungen und Zeitschriften im Folioformat		
YZ	– Abgeschlossene Zeitungen und Zeitschriften im Grossformat.	EDR	– Einblattdrucke (wachsender Bestand von mittlerweile 1000 Stück aus dem 16. bis 20. Jh)

Extrabestände

1.179 Hier sind aus den Vorgängerbibliotheken stammende Spezialbestände mit aufgeführt, die in der Zentralbibliothek als solche aufbewahrt und vermehrt wurden:

Atl	– Geographische Atlanten (wachsender Bestand von mittlerweile 2000 Einheiten, meist des 19. und 20. Jhs; ältere Atlanten sind auch in anderen Signaturen vorhanden)	Esp	– Esperantoliteratur (Lehrbücher, meist des 20. Jhs, und ins Esperanto übersetzte literarische Texte aus der Privatbibliothek von Karl Jost)
		EXL Amberger	– Exlibris (Sammlung von Fritz Amberger)
Bibliogr	– bis 1994 gewachsener Bestand an Fach-, Spezial- und Personalbibliographien (dann zugunsten neuer Aufstellungen dezimiert, seither nur noch Restbestand)	EXL Bebler	– Exlibris (Sammlung von Emil Bebler)
		Fleiner	– Rechtswissenschaft, Politik, Geschichte (1625 Einheiten des 19. und 20. Jhs aus der Privatbibliothek von Prof. Fritz Fleiner)
BW	– Buchwesen (wachsender Bestand, dabei u. a. Nationalbibliographien, Bibliothekskataloge und bibliothekswissenschaftliche Literatur, 1994 zugunsten neuer Aufstellungen dezimiert)	Gen	– Schweizerische und ausländische Genealogie (wachsender Bestand von Werken, vorwiegend des 19. und 20. Jhs, dabei inländische Regierungskalender, Bürgerverzeichnisse und Adressbücher; Bestandsformierung um 1932, Erneuerung ist vorgesehen)
CAN	– Privatbibliothek von Elias Canetti (Bücher meist des 20. Jhs, getrennt aufgestellt nach Londoner und Zürcher Domizil)	GK	– Gottfried Keller (in der Stadtbibliothek gegründeter, wachsender Bestand; handschriftlicher Nachlass, postume Gesamt- und Einzelausgaben, selbständig und unselbständig erschienene Sekundärliteratur)
Carn	– Amerikabibliothek (die vom Carnegie Endowment for International Peace 1918 gestifteten Bücher des 19. und frühen 20. Jhs)	Gy I	– Jahresberichte schweizerischer Mittelschulen
CFM	– Nachlass und Werke von Conrad Ferdinand Meyer, auch einschlägige Sekundärliteratur (wachsender Bestand von Büchern des 19. und 20. Jhs, dabei Belegexemplare des Verlegers)	Hegi	– Ausländische Genealogie und Heraldik (Bücher meist des 19. und 20. Jhs aus der Privatbibliothek von Prof. Friedrich Hegi)
CFM K	– die im Ortsmuseum Kilchberg aufbewahrte Privatbibliothek von Conrad Ferdinand Meyer (Bücher zu Geschichte und Literatur, meist des 19. Jhs)	HG	– Rechtswissenschaft, insbesondere römisches Recht (842 Bde des 19. und 20. Jhs aus der Privatbibliothek von Prof. Hermann Ferdinand Hitzig)
		Hoepli	– Verlagstitel von Ulrico Hoepli (336 teils mehrbändige Werke aus den Jahren 1884 bis 1932, davon ist etwa die Hälfte vor 1916 erschienen)
Cohn	– Rechtswissenschaft, insbesondere Handelsrecht (ca. 1800 Einheiten des 19. und frühen 20. Jhs aus der Privatbibliothek von Prof. Georg Cohn)	Ink K	– Inkunabeln (ca. 350 Bde aus dem Magazinbestand der Kantonsbibliothek)
Diplome	– gedruckte Ehrenurkunden (400 Stück aus dem 17. bis 19. Jh)	JKS	– Anthropologie, Genetik (Bibliothek der Julius Klaus-Stiftung)
Diss	– ältere Dissertationen (Übersicht s. Bestandsgeschichte der Kantonsbibliothek)	Jug P	– Jugendschriften (wachsender Bestand von Büchern, meist des 19. und 20. Jhs

aus dem Pestalozzianum, dabei 31 Werke von Johanna Spyri, 40 deutsche Jugendbücher des 18. Jhs, 39 deutsche Bilderbücher des 19. Jhs, 600 deutsche Jugendbücher des 19. Jhs, 33 englische und 39 französische Jugendbücher des 19. Jhs; seit 1987 Eigentum der Zentralbibliothek)

Jug Z — Jugendschriften (wachsender Bestand von Büchern, v. a. des 20. Jhs aus der Zentralbibliothek, dabei 28 deutsche Jugendbücher des 19. Jhs)

KAL — Einblattdruck-Kalender (50 Stück aus dem 15. bis 19. Jh)

Kal — Kalender (stark lückenhafter Bestand volkstümlicher Kalender schon der Stadtbibliothek, mittlerweile 80 deutsche und 380 schweizerische Titel des 17. bis 20. Jhs nach Druckorten)

Kart — Kartographische Literatur (wachsender Bestand von mittlerweile 2600 Einheiten, vorwiegend des 19. und 20. Jhs)

Konzertprogramme aus der Schweiz (chronologisch sortierter Bestand des 19. und 20. Jhs, davon 900 Stück bis 1915)

Lav H — Lavateriana (300 Bde, meist des 18. Jhs, aus der Privatsammlung von Prof. Heinrich Hanselmann)

LK — Berichtsliteratur (»Laubenkasten«, ehemals Ber; in der Stadtbibliothek gegründeter, wachsender Bestand aus dem 19. und 20. Jh)

LKR — seltene, nicht einzeln katalogisierte Druckschriften (dabei Theaterdrucksachen von Schulen der katholischen Schweiz 1665–1870 und vom Stadttheater Zürich 1832–1889 sowie diverse Gelegenheitsdrucke von Gedichten und Liedern)

LS/Praes — bis 1994 Präsenzbestand des Lesesaals (dann zugunsten neuer Aufstellungen dezimiert, seither nur noch Restbestand)

MCN — Numismatik (Bücher des Münzkabinetts, 19.–20. Jh)

Meili — Rechts- und Verwaltungswissenschaften, insbesondere internationales Privatrecht (3294 Bde des 16.–19. Jhs aus der Privatbibliothek von Prof. Friedrich Meili)

Mi — Militaria (die alte kantonale Militärbibliothek mit 3000 von der Zentralbibliothek aufgestellten Bdn des 19. und 20. Jhs, 1940 zugunsten der Bibliothek der Eidgenössischen Technischen Hochschule dezimiert)

Miss — Missionsbibliothek (5000 meist deutschsprachige Einheiten des 19. und 20. Jhs vom Zürcher Missionskomitee für die Basler Mission)

Mus — Musiknoten (in der Stadtbibliothek begonnener Bestand des 17. bis 20. Jhs)

Mus BAZ — Bibliothek des Opernhauses Zürich (Bibliothek des Aktientheaters Zürich, Aufführungsmaterial zu 1234 musikalischen Bühnenwerken des 19. und 20. Jhs)

Mus JAC — Musikbibliothek von Erwin Reuben Jacobi (195 Musikwerke und 267 Werke der Musikliteratur des 16. bis 20. Jhs; 52 Hss.)

Mus MAR — Musiknoten aus dem Besitz von Czeslaw Marek (Drucke des 19. und 20. Jhs)

Mus T — Musiknoten von der Tonhallegesellschaft Zürich (Drucke des 19. und 20. Jhs)

Nekr — Nekrologe (19. und 20. Jh)

Or — Orientalia (in der Stadtbibliothek gegründeter Bestand, meist Hss.)

PAS — Mappenwerke, Loseblattsammlungen, Sonderformate (in der Stadtbibliothek gegründeter, wachsender Bestand)

Progr — wissenschaftliche Beilagen zu Schulprogrammen (4491 Exemplare des 19. und 20. Jhs, meist aus Deutschland, nominal nach Verfassern; neue Formierung des gleichnamigen Bestandes schon in der Stadtbibliothek)

Rascher — Produktion des Verlags Rascher (1929 Bücher und 110 Prospekte, meist nach 1916; kein Exemplarnachweis im AZK)

Res — seltene Drucke des 16.–20. Jhs (Bestand schon der Stadtbibliothek, anscheinend gemäss dem Reservebeschluss von 1884 teils durch Auswahl aus Altbeständen formiert; bemerkenswert, mit Nummern von 1403 bis 1427, Buchhandelskataloge des 18. und 19. Jhs)

Revol — revolutionäre Literatur (wachsender Bestand von mittlerweile 3100 Einheiten des 18. bis 20. Jhs; den Grundstock bildete die Sammlung von Hanns L. Katz)

RK — Erotica (schwach wachsender Bestand des sog. »Raritätenkastens« der Stadt-

	bibliothek; »Giftschrank« mit 180 Werken des 16. bis 20. Jhs)
RP	– Rara (Hss. und Drucke des einstigen Raritätenpults der Stadtbibliothek)
Saitzew	– Sozialwissenschaften (1400 Werke des 18. bis 20. Jhs aus der Privatbibliothek von Prof. Manuel Saitzew, darunter Klassiker der Volkswirtschaft und Schriften zu Sozialismus und Kommunismus)
SCH	– Esoterikbibliothek von Oskar Schlag
Schach	– Schachliteratur (210 meist deutschsprachige Werke des 18. bis 20. Jhs, davon einige aus der Stadtbibliothek, und 17 meist unvollständige Periodika)
Stoll	– Ethnologie und Linguistik (400 Titel des 17. bis 20. Jhs, insbesondere zu Süd- und Mittelamerika, aus der Privatbibliothek von Prof. Otto Stoll)
Un	– neuere Dissertationen (Übersicht s. Bestandsgeschichte der Kantonsbibliothek)
Var	– Varia (bereits Bestand der Stadtbibliothek; Gegenstände unterschiedlicher Art)
Wap	– schweizerische und ausländische Heraldik (wachsender Bestand von Werken meist des 19. und 20. Jhs; Bestandsformierung um 1932)
Zof	– Bibliothek des Schweizerischen Zofingervereins (wachsender Bestand von Publikationen meist des 20. Jhs, dabei ältere Studentica).

2. BESTANDSBESCHREIBUNG

Klosterbibliothek Rheinau

Chronologische Übersicht

2.1 Von den 13.358 Einheiten erschienen 326 im 15. Jh, 1748 im 16. Jh, 4088 im 17. Jh, 3948 im 18. Jh, 3042 im 19. und 206 im 20. Jh (1901–1916). Auch nach der Überführung der Bücher in die Kantonsbibliothek wurden noch vereinzelt Titel unter Rheinau-Signaturen aufgestellt.

Übersicht nach Sprachen

2.2 8072 Einheiten wurden in lateinischer, 4316 in deutscher, 553 in französischer, 228 in italienischer, 112 in verschiedenen germanischen, 49 in englischer, 17 in spanischer und 11 in griechischer Sprache gedruckt.

Systematische Übersicht

2.3 Mehr als ein Drittel des Bestands stellen geschichtswissenschaftliche und kirchengeschichtliche Werke dar, womit sie den Schwerpunkt der Sammlung bilden. Ebenfalls gut vertreten sind sprach- und literaturwissenschaftliche sowie juristische Titel, gefolgt von Arbeiten zur Praktischen Theologie, zu den Naturwissenschaften sowie zu Dogmatik, Exegese, Philosophie, Periodika, Bibeln sowie Buch- und Bibliothekswesen.

Kirchengeschichte

2.4 Kirchengeschichtliche Literatur findet sich unter den Signaturen Rc (279 Einheiten), Re (654), Rf (198), Rg (471), Rm (396), Rp (724), Rt (182) und RRe (266).

2.5 In der Bestandsgruppe Rc (16. Jh: 41; 17. Jh: 129; 18. Jh: 106; 19. Jh: 3) überwiegen die lateinischen Titel mit 209 von 279 Einheiten deutlich. Nebst Sammlungen von Konzilsakten, Bullen, Heiligenleben und Märtyrerschicksalen findet sich v. a. Literatur zu einzelnen Orden, insbesondere zum Benediktinerorden. Auffällig sind in diesem Zusammenhang die verschiedenen Ausg. der Benediktsregel. Darüber hinaus fanden auch protestantische Klassiker Eingang in die Klosterbibliothek wie etwa Jean Crespins *Histoire des martyres* (Genf 1619) oder die Fortsetzung von Johannes Sleidans Reformationsgeschichte (Strassburg 1625).

2.6 Von den 654 Einheiten der Signatur Re (16. Jh: 36; 17. Jh: 75; 18. Jh: 274; 19. Jh: 269) wurden 419 in deutscher, 198 in lateinischer, 36 in französischer und 4 in italienischer Sprache gedruckt. Zeitlich decken die Werke das gesamte Spektrum der Kirchengeschichte von der Patristik bis ins 19. Jh ab. Dementsprechend finden sich verschiedene kirchengeschichtliche Überblicksdarstellungen sowie Werke zur Konzils- und Missionsgeschichte, nicht zuletzt zur katholischen Mission in Japan. Nebst einer Handvoll Titel über die Jesuiten fällt das kirchenpolitische Schrifttum des 19. Jhs mit Bezug zum Aargau und zum badischen Kirchenstreit auf. Eingestreut sind auch Werke zur Dogmatik, Praktischen Theologie und Geographie.

2.7 Die in der Signatur Rf aufgestellten Titel (16. Jh: 1; 17. Jh: 25; 18. Jh: 117; 19. Jh: 55) erschienen vorwiegend in Lateinisch (99) und Deutsch (95). Nebst kirchengeschichtlichen Werken sind auch etliche kirchen- und schulpolitische Schriften des 19. Jhs vertreten. Unter den wenigen protestantischen Publikationen ragen die von David Herrliberger reich bebilderten Werke über die religiösen Riten und Zeremonien der Völker (Zürich 1746 und 1748) heraus.

2.8 Der relativ umfangreiche Bestand der Signatur Rg (18. Jh: 106; 19. Jh: 365) verteilt sich ausschliesslich auf deutsche (375) und lateinische Titel (96). Sie vereinigt v. a. mehrbändige kirchengeschichtliche Werke wie die *Acta sanctorum* (Antwerpen, Brüssel 1643–1940), die *Bibliotheca maxima veterum patrum* (Lyon, Genf 1677–1707) und Friedrich Leopold Graf zu Stolbergs 56 Bde zählende *Geschichte der Religion Jesu* (Hamburg, Mainz 1806–1864). Hinzu kommen gross angelegte enzyklopädische Werke wie die *Allgemeine Encyclopädie der Wissenschaften und Künste* (Leipzig 1818–1889) von Johann Samuel Ersch und Johann Gottfried Gruber oder die zweite Aufl. der *Real-Enzyklopädie für protestantische Theologie und Kirche* (Leipzig 1877–1888).

2.9 Im weiteren Sinn gehört auch die Signatur Rm (16. Jh: 104; 17. Jh: 133; 18. Jh: 108; 19. Jh: 46; 1901–1916: 5) zur Kirchengeschichte. Die 327 lateinischen und nur 69 deutschen Einheiten beinhalten Kirchenväterliteratur und Schriften mittelalterlicher Theologen wie Alkuin, Beda Venerabilis, Gabriel Biel, Bonaventura, Bernhard von Clairvaux, Petrus Lombardus, Hugo von St. Victor, Johannes Tauler, Thomas von Aquin, Thomas von Kempis und anderen. Den Abschluss bildet die fast hundertbändige Reihe *Die Geschichtsschreiber der deutschen Urzeit* (1849–1914).

2.10 Der umfangreichste kirchengeschichtliche Bestand wurde unter der Signatur Rp (16. Jh: 66; 17. Jh: 225; 18. Jh: 356; 19. Jh: 77) aufgestellt. Von den 724 Einheiten erschienen 355 in lateinischer, 298 in deutscher, 66 in französischer und 5 in italienischer Sprache. Nebst allgemeiner kirchengeschichtlicher Literatur wie der 38 Bde umfassenden *Kirchengeschichte* (Augsburg 1768–1796) von Antoine Godeau und der 17-bändigen *Histoire universelle sacrée et profane* (Strassburg 1735–1771) von Auguste Calmet finden sich etliche Publikationen zur Kirchen- und Missionsgeschichte Asiens. Die zahlreichen kontroverstheologischen und polemischen Arbeiten gegen die Reformationskirchen werden ergänzt durch ein paar protestantische Polemiken gegen die katholische Kirche.

2.11 179 der 182 Einheiten der Signatur Rt sind lateinisch verfasst. Sämtliche Werke erschienen im 18. Jh. Der Bestand setzt sich im Wesentlichen aus 4 umfangreichen Werken zusammen, nämlich aus der von Andrea Gallandi herausgegebenen Kirchenväterbibliothek (Venedig 1765–1781), den von Giovanni Domenico Mansi gesammelten Konzilsdokumenten (Florenz, Venedig 1759–1792), den von Luke Wadding zusammengestellten Annalen der vom heiligen Franziskus gegründeten Orden (Rom 1731–1745) und der von Claude Fleury bearbeiteten *Historia ecclesiastica* (Augsburg 1755–1798).

2.12 In der mit 166 lateinischen, 94 deutschen und 3 französischen Titeln (166) bestückten Signatur RRe (16. Jh: 50; 17. Jh: 101; 18. Jh: 82; 19. Jh: 33) ist die katholische Polemik gegen Lutheraner und Reformierte besonders stark vertreten, flankiert von einigen apologetischen und dogmatischen Werken. Johann Ecks (1486–1543) *Enchiridion locorum communium adversus Lutherum et alios hostes ecclesiae* ist in 5 verschiedenen, zwischen 1549 und 1600 gedruckten Ausg. vorhanden. Auch die Arbeiten von August Reding (1625–1692), Fürstabt von Einsiedeln, fallen in quantitativer Hinsicht auf.

Praktische Theologie

2.13 Die Literatur zur Praktischen Theologie verteilt sich auf die Signaturen Rw (693), RRa (180), RRb (288) und RRl (358).

2.14 Die Signatur Rw (16. Jh: 49; 17. Jh: 205; 18. Jh: 427; 19. Jh: 12) beherbergt 333 lateinische Einheiten, 261 deutsche, 92 französische und 7 italienische. Den Schwerpunkt des Bestands machen Werke zur katholischen Mystik, zu den Exerzitien, Erbauungsliteratur und Predigten aus. Mehrere Schriften stammen von Franz von Sales, dem Ordensgründer der Salesianerinnen, und von Joachim Seiler, Abt des Klosters Fischingen (TG).

2.15 Unter der Signatur RRa (16. Jh: 23; 17. Jh: 72; 18. Jh: 84; 19. Jh: 1) finden sich viele Predigtsammlungen (z. B. Buss-, Fasten-, Sonntagspredigten) und Literatur praktisch-theologischen Inhalts (95 lateinisch, 83 deutsch, je 1 französisch und italienisch).

2.16 Ähnlich gestaltet sich der unter RRb aufgestellte Bestand (16. Jh: 45; 17. Jh: 129; 18. Jh: 113; 19. Jh: 1) mit 185 lateinischen, 88 deutschen, 10 französischen und 5 italienischen Einheiten. Ausser 2 umfangreichen Predigtsammlungen des Dominikaners Ludwig von Grenada (1505–1588) sind Predigtreihen, Postillen, moraltheologische Titel und erbauliches Schrifttum unter dieser Signatur aufgestellt.

2.17 Die Bestandsgruppe RRl (16. Jh: 38; 17. Jh: 168; 18. Jh: 144; 19. Jh: 8), die 178 lateinische, 153 deutsche, 18 französische und 9 italienische Einheiten zählt, enthält ebenfalls Predigtsammlungen (z. B. Sonntags-, Festtags-, Passionspredigten), Lobreden auf Heilige und Leichenreden. Zudem finden sich einige Titel zur Askese und zur Marienfömmigkeit sowie rund 80 erbauliche Kleinschriften.

Dogmatik

2.18 Dogmatische Werke finden sich v. a. in den Signaturen Ro (16. Jh: 55; 17. Jh: 204; 18. Jh: 303; 19. Jh: 27) und RRi (16. Jh: 41; 17. Jh: 343; 18. Jh: 217; 19. Jh: 32). In beiden überwiegen die lateinischen Werke deutlich (Ro: 542 von 589; RRi: 613 von 633). Ro vereinigt dogmatische, aber auch moraltheologische und praktisch-theologische Druckschriften (Breviarien und Missale). Auffällig sind die 5 verschiedenen Ausg. der *Summa doctrinae christianae* des Jesuiten Petrus Canisius (1521–1597), der in der deutschen Gegenreformation eine wichtige Rolle spielte, sowie die Aufnahme einzelner protestantischer Titel, wie etwa von Philipp Melanchthons *Loci communes* (Wittenberg 1521). RRi enthält ebenfalls 5 Ausg. von Canisius' *Summa* sowie weitere Publikationen von ihm. Zahlreiche Werke und über 300 Kleinschriften sind dogmatischen Fragestellungen gewidmet, nicht zuletzt der

Eucharistie. Zudem findet sich Literatur über die Scholastik, Thomas von Aquin, moraltheologische Themen und zur katholischen Mystik.

Bibelexegese

2.19 Auch unter den in den Signaturen Ru (16. Jh: 25; 17. Jh: 91; 18. Jh: 48) und Rv (16. Jh: 72; 17. Jh: 97; 18. Jh: 140; 19. Jh: 17) versammelten Werken finden sich zur Hauptsache lateinische Publikationen (Ru: 163 von 164; Rv: 257 von 326). Dieser nicht sehr umfangreiche Bestand an Literatur zur Bibelexegese (490) umfasst zahlreiche Konkordanzen, Veröffentlichungen zur griechischen und hebräischen Philologie sowie zur biblischen Geographie und Geschichte. Unter den verschiedenen Bibelkommentaren finden sich auch 2 umfangreiche Werke des Jesuiten Cornelius a Lapide aus dem 18. Jh sowie die *Physica sacra* (Augsburg 1731–1735) des frühaufklärerischen Protestanten Johann Jakob Scheuchzer.

Bibeln

2.20 Der Bestand RRg (16. Jh: 59; 17. Jh: 23; 18. Jh: 104; 19. Jh: 5) enthält fast ausschliesslich Bibeln und Bibelteile, darunter auch lutherische und reformierte, in Latein (92), Deutsch (76), Französisch (17) und je 2 in griechischer, italienischer und anderen germanischen Sprachen.

Geschichte

2.21 Die geschichtswissenschaftlichen Publikationen verteilen sich auf die Signaturen Rh (322), Ri (329), Rl (166), Rn (1285) und RRk (470).

2.22 Von den in der Signatur Rh aufgestellten Werken (16. Jh: 40; 17. Jh: 99; 18. Jh: 102; 19. Jh: 81) sind 184 in Deutsch, 133 in Latein und 1 in Griechisch abgefasst. Sie widmen sich vorwiegend der deutschen Geschichte. Ausser verschiedenen Klassikern des 16. Jhs (Johannes Carion, Johannes Pantaleon, Johannes Trithemius) fallen die 4 Titel von Friedrich Emanuel Hurter auf, der als ehemaliger Vorsteher der Schaffhauser Kirche im Alter von 57 Jahren zum Katholizismus konvertierte und ab 1846 als kaiserlicher Hofhistoriograph in Wien angestellt war.

2.23 Ausser Titeln zur deutschen Geschichte beinhaltet der Bestand Ri (16. Jh: 9; 17. Jh: 35; 18. Jh: 128; 19. Jh: 157) vorwiegend solche zur Schweizer Geschichte. 260 sind in deutscher, 53 in lateinischer, 14 in französischer und 2 in italienischer Sprache veröffentlicht worden. Zu den Klassikern der Schweizer Geschichte zählen Ausg. der Chroniken von Petermann Etterlin, Diebold Schilling, Johannes Stumpf, Aegidius Tschudi und Christian Wurstisen. Darüber hinaus sind auch landeskundliche Werke zur Schweiz und viele Kleinschriften zur deutschen sowie zur schweizerischen Politik und Geschichte vorhanden.

2.24 In der Bestandsgruppe Rl (16. Jh: 21; 17. Jh: 49; 18. Jh: 67; 19. Jh: 29) finden sich Überblicksdarstellungen wie Universalgeschichten, Arbeiten zur Chronologie, historisch-geographische Länderbeschreibungen und Lexika. 68 erschienen in deutscher, 52 in französischer, 43 in lateinischer und 3 in italienischer Sprache.

2.25 Rn macht die umfangreichste geschichtswissenschaftliche Signatur aus (16. Jh: 81; 17. Jh: 366; 18. Jh: 607; 19. Jh: 231), in der 930 deutsche, 179 lateinische, 138 französische, 18 italienische und 20 anderen romanischen Sprachen zugehörige Einheiten vereinigt sind. Die somit mehrheitlich aus dem 18. Jh stammenden deutschen Arbeiten stellen zur Hauptsache Werke zur allgemeinen Geschichte oder Zeitungen und Periodika des 17. und 18. Jhs dar.

2.26 Die Signatur RRk (ehemals Rk; 16. Jh: 43; 17. Jh: 74; 18. Jh: 297; 19. Jh: 55) ist mit ihren 213 deutschen, 121 lateinischen, 76 französischen, 38 italienischen, 13 spanischen und 8 englischen Einheiten eine bibliophile Fundgrube. Zu den klingenden Autorennamen zählen berühmte Altertumsforscher wie Antonio Francesco Gori, Ludovico Antonio Muratori, Adolph Occo und Aeneas Sylvius Piccolomini. Nicht minder bekannt sind die klassischen *Antiquités d'Herculaneum* (Paris 1787–1796) oder Athanasius Kirchers *Obeliscus Pamphilus* (Rom 1650). Der Bestand weist zudem Werke des Zürchers Johann Conrad Füssli, verschiedene numismatische Standardwerke sowie wertvolle Atlanten von Willem Janszoon Blaeu (Amsterdam 1645–1647) und Gerhard Mercator (Amsterdam 1609, Amsterdam 1636) auf.

Sprach- und Literaturwissenschaften

2.27 Sprach- und literaturwissenschaftliche Publikationen finden sich in den Signaturen Rd (1026), Rq (705), RRc (178) und RRh (332).

2.28 Die Bestandsgruppe Rd (16. Jh: 8; 17. Jh: 30; 18. Jh: 520; 19. Jh: 429; 1901–1916: 39) enthält vorwiegend deutsche und französische Publikationen (Primär- und Sekundärliteratur). 715 Einheiten wurden in Deutsch, 224 in Französisch, 46 in Italienisch und 41 in Latein abgefasst. Interessanterweise finden sich darunter auch aufklärerische Titel, z.B. eine Ausg. der *Encyclopédie* (Lausanne, Bern 1780–1782) von Denis Diderot und Jean Le Rond d'Alembert oder eine 54 Bde umfassende Werkausgabe (London 1770–1775) von Voltaire. Einen schönen Teil macht auch die 261 Bde zählende *Bibliothek des literarischen Vereins in Stuttgart* (Stuttgart 1843–1913) aus, die verschiedene Texte der deutschen Literatur, aber auch literaturwissenschaftliche Untersuchungen enthält.

2.29 Während Rd volkssprachlichen Literaturen gewidmet ist, beinhaltet Rq (16. Jh: 204; 17. Jh: 310; 18. Jh: 167; 19. Jh: 24) v.a. Titel der lateinischen Literaturen quer durch die Jhe. 634 Einheiten sind lateinisch, 42 deutsch, 13 französisch, 10 italienisch, 3 griechisch, 2 spanisch und eine Einheit englisch erschienen. Es finden sich nicht nur Grammatiken, Wörterbücher und Lehrbücher zur Rhetorik der lateinischen Sprache, sondern auch griechische und lateinische Klassiker der Antike, Werke von Humanisten und lateinische Barockliteratur. Mehrfach vertreten sind Titel aus der Feder der Jesuiten Jacob Balde und Jacob Bidermann sowie des Jesuiten-Gegners John Barclay.

2.30 Die stark mit lateinischen Drucken des 16. Jhs (119) angereicherte Signatur RRc (16. Jh: 125; 17. Jh: 27; 18. Jh: 15; 19. Jh: 11) enthält fast ausschliesslich antike Klassiker, Wörterbücher zur griechischen und lateinischen Sprache, darunter zahlreiche Ausg. des *Dictionarium* von Ambrosius Calepinus, sowie Werke verschiedener Humanisten, z. B. Erasmus von Rotterdams, Baptista Mantuanus', Lorenzo Vallas, Jakob Wimpfelings usw.

2.31 Eine ähnliche Zusammensetzung weist die Bestandsgruppe RRh auf (16. Jh: 39; 17. Jh: 69; 18. Jh: 206; 19. Jh: 18), die 174 lateinische Einheiten umfasst, gefolgt von 110 holländischen, 42 deutschen, 5 französischen und 1 italienischen Einheit. Die darin enthaltenen Ausg. bekannter griechischer und lateinischer Klassiker, die verschiedenen Griechisch- und Lateinlehrbücher sowie die Lehrbücher zur griechischen und lateinischen Grammatik, Rhetorik, Poetik und Metrik haben als Lehrmittel in der Klosterschule gedient. Die 110 holländischen Bde des theologischen Periodikums *Prysverhandelingen van het Genootschap tot Verdediging van den christelyken Godsdienst* (Leiden, Harlem 1788–1897) passen thematisch nicht in dieses Umfeld.

Rechtswissenschaften

2.32 Die rechtswissenschaftliche Literatur verteilt sich auf die Signaturen Rs (1325), RRd (140) und RRr (642).

2.33 Die in der Signatur Rs (16. Jh: 100; 17. Jh: 185; 18. Jh: 494; 19. Jh: 384; 1901–1916: 162) aufgestellten Werke sind mehrheitlich in Latein (538) und Deutsch (467), aber auch in Französisch (172), Italienisch (136), Englisch (10) und Spanisch (2) abgefasst. Sie behandeln verschiedenste juristische Fachbereiche wie Diplomatik, Kirchenrecht, Rechtsgeschichte, Staatsrecht, Strafrecht und Völkerrecht. Auch wirtschaftswissenschaftliche und finanzwirtschaftliche Titel fanden Eingang. Die ebenfalls vertretenen Werke zur Moraltheologie und zur Praktischen Theologie mit verschiedenen Katechismen und katechetischen Werken erscheinen innerhalb dieser Signatur als Fremdkörper.

2.34 In der Bestandsgruppe RRd sind Werke des 16. Jhs reichlich vorhanden (16. Jh: 71; 17. Jh: 47; 18. Jh: 21; 19. Jh: 1), wobei die lateinischen deutlich überwiegen (129 von 140). Mehrere Titel stammen von den mittelalterlichen Juristen Bartolus de Saxoferrato und Alexander Tartagnus von Imola. Auch vom *Codex Justiniani* sind mehrere Exemplare aufgestellt sowie 2 Ausg. der Werke des französischen Juristen Jacobus Cujacius (Paris 1584 und Paris 1658).

2.35 Heterogener gestaltet sich die Signatur RRr (16. Jh: 123; 17. Jh: 378; 18. Jh: 108; 19. Jh: 33), die v. a. lateinische Werke (469), aber auch deutsche (149), französische (19) und italienische (5) Titel aufweist. Primär enthält sie Literatur zum Kirchenrecht. Theologischer Natur sind auch die Wegweisungen für Priester sowie die Publikationen zum Febronianismus. Daneben sind aber auch verschiedenste Sparten des weltlichen Rechts vertreten wie etwa Literatur zum Jagd- und Fischereirecht, Staatsrecht und Strafrecht. Wiederum sind verschiedene Ausg. des *Codex Justiniani* aufgestellt. Nebst Kommentarwerken dazu wurden von den Mönchen auch rechts- und staatswissenschaftliche Klassiker von Hugo Grotius, Justus Lipsius oder eine deutsche Ausg. des *Code Napoléon* (Dessau 1808) gelesen.

Naturwissenschaften

2.36 Unter den Signaturen Rx (16. Jh: 31; 17. Jh: 140; 18. Jh: 364; 19. Jh: 269) und Ry (16. Jh: 103; 17. Jh: 56; 18. Jh: 279; 19. Jh: 41) wurden Titel aus unterschiedlichen Fachbereichen der Naturwissenschaften und der Medizin gesammelt, wobei sich Rx aus 461 deutschen, 202 lateinischen, 123 französischen, 11 italienischen, 5 englischen und 2 griechischen Einheiten zusammensetzt, wohingegen Ry 232 lateinische, 226 deutsche, 19 französische und 2 italienische umfasst. Unter der für eine Klosterbibliothek eindrücklichen Sammlung finden sich auch zahlreiche wissenschaftshistorische Klassiker, so von Konrad Gessner, John Johnstone, Georg Eberhard Rumpf und Jan Swammerdam für die Zoologie, von Pier Andrea Matthioli für die Botanik, von Agostino Scilla für die Paläontologie sowie vom Zürcher Johann Jakob Scheuchzer für die Naturwissenschaften allgemein und Paracelsus für die Medizin. Darüber hinaus fanden hier ein paar architektonische, geographische und okkulte Titel ihren Platz.

Philosophie

2.37 Bei den philosophischen Titeln (Signatur RRm; 16. Jh: 32; 17. Jh: 172; 18. Jh: 231; 19. Jh: 18) überwiegen die lateinischen deutlich (401 von 453). Zu den vorzugsweise behandelten philosophischen Gebieten gehören Dialektik, Logik, Metaphysik und Moralphilosophie. Beachtlich ist die grosse Anzahl an Kleinschriften. Zudem fallen zahlreiche Werke zur aristotelischen sowie einige zur thomistischen Philosophie auf.

Bibliothekswesen

2.38 Die buch- und bibliothekswissenschaftlichen Bücher wurden unter der Signatur RRf aufgestellt

(16. Jh: 4; 17. Jh: 6; 18. Jh: 172; 19. Jh: 8). Sie umfasst 87 lateinische Einheiten, 51 französische, 39 deutsche, 8 italienische und 5 englische. Aufnahme gefunden haben alte gedruckte Handschriftenverzeichnisse und Bibliothekskataloge sowie Werke zu Buchgeschichte, Buchwesen und Diplomatik. Von Interesse sind auch die Kataloge der Frankfurter Buchmesse der Jahre 1564–1587.

Zeitschriften

2.39 Die Mehrheit der in der Bestandsgruppe Rz (16. Jh: 6; 17. Jh: 25; 18. Jh: 64; 19. Jh: 302) aufgestellten Publikationen erschien im 19. Jh auf Deutsch (299 von 397). Nebst wenigen dogmatischen Werken protestantischer Theologen des 16. und 17. Jhs und Werkausgaben katholischer Theologen der Frühen Neuzeit, z. B. Carlo Borromeos oder Robert Bellarmins, enthält die Signatur katholische Zeitschriften und Zeitungen.

Stadtbibliothek

Chronologische Übersicht

2.40 Die 245.742 Einheiten der Stadtbibliothek enthalten etwa die Hälfte des Altbestands der Zentralbibliothek Zürich. 658 datieren aus dem 15. Jh, 15.113 aus dem 16. Jh, 21.186 aus dem 17. Jh, 54.506 aus dem 18. Jh, 131.687 aus dem 19. Jh und 22.649 aus dem 20. Jh (bis 1916).

Übersicht nach Sprachen

2.41 Weitaus die meisten, nämlich 136.850, wurden deutsch gedruckt, 49.087 französisch, 36.177 lateinisch, 9728 englisch, 7364 italienisch, 2634 hebräisch, 1595 griechisch, 778 in verschiedenen germanischen Sprachen, 550 spanisch, 443 rätoromanisch, 111 in slawischen und 100 in weiteren romanischen sowie 298 in übrigen Sprachen.

Systematische Übersicht

Bibliographien, Enzyklopädien, Lexikographie

2.42 Allgemeine Nachschlagewerke finden sich vorwiegend in den Signaturen X, 32, 33, Gal S, ZL und BW aufgestellt, wobei letztgenannte Signatur ab 1917 in der Zentralbibliothek weitergeführt wurde.

2.43 Der älteste Bestand wird unter der Signatur X »Lexicographi« (16. Jh: 42; 17. Jh: 78; 18. Jh: 39) aufbewahrt. 126 Einheiten wurden lateinisch, 14 deutsch, 11 französisch, 7 italienisch und eine Einheit englisch gedruckt. Neben zahlreichen Wörterbüchern zu den *tres linguae sacrae* hebräisch, griechisch und lateinisch sowie zu modernen Sprachen fanden auch andere Nachschlagewerke wie Bibelkonkordanzen, Sprichwörtersammlungen, Fachlexika (z. B. zur Philosophie oder zum Ingenieur- und Artilleriewesen), historisch-geographische Nachschlagewerke und sogar einschlägige mittelalterliche Werke (Isidor von Sevilla, Suidas) Aufnahme.

2.44 Die meisten Werke der Signatur 32 »Libri bibliographici et biographici« (16. Jh: 2; 17. Jh: 21; 18. Jh: 166; 19. Jh: 380) erschienen in französischer Sprache (227), gefolgt von deutschen (182), lateinischen (115), italienischen (30), englischen (11) und spanischen (4) Publikationen. Nebst biographischen Nachschlagewerken und Bibliographien finden sich auch Bibliotheks- und Handschriftenkataloge sowie Literatur zur Bibliophilie und zu den Bibliothekswissenschaften.

2.45 Gal S mit dem gleichen Titel »Libri bibliographici et biographici« wiederum beherbergt 253 deutsche, 98 lateinische, 65 französische und 11 italienische Einheiten, wobei 2 aus dem 16. Jh, 5 aus dem 17. Jh, 290 aus dem 18. und 130 aus dem 19. Jh stammen. Den Hauptbestand machen Bibliotheks- und Handschriftenkataloge, biographische Nachschlagewerke, Bibliographien sowie einzelne Titel zu den Rechtwissenschaften, historischen Hilfswissenschaften und Werke zur Buch- und Literaturgeschichte aus. Einen schönen Teil der Signatur beanspruchen ausserdem die 133 Bde des *Deutschen Merkurs* bzw. des *Neuen deutschen Merkurs* (1773–1810).

2.46 Die Signatur ZL »Enzyklopädie« mit der stattlichen Anzahl von 962 Einheiten (18. Jh: 65; 19. Jh: 655; 1901–1916: 242) vereinigt Werke zahlreicher Sprachen, nämlich 559 deutsche, 251 französische, 61 englische, 20 italienische sowie 40 lateinische, und 31 gehören anderen Sprachen an. Wiederum stehen Bibliographien, Bibliotheks- und Handschriftenkataloge im Vordergrund und werden ergänzt durch literatur- und wissenschaftsgeschichtliche Arbeiten, Nachschlagewerke sowie Titel zu unterschiedlichen Themen.

2.47 Die Literatur zum Buchwesen ist unter BW untergebracht (17. Jh: 4; 18. Jh: 45; 19. Jh: 974; 1901–1916: 644). Die Signatur wurde nach Überführung der Stadtbibliothek in die Zentralbibliothek weiter gepflegt. Die 756 deutschen, 421 französischen, 205 lateinischen, 186 englischen, 76 italienischen und 23 Einheiten anderer Sprachen enthalten Bibliographien, Bibliothekskataloge sowie Werke über Archivwesen, Buchgeschichte, Buchkunde und Museologie.

Theologie

2.48 Etwa ein Zwölftel (19.925) entfällt auf das Fachgebiet Theologie. Dies erstaunt nicht, wenn man bedenkt, dass die theologischen Wissenschaften in Zürich seit dem Mittelalter gepflegt wurden und dass ihnen im Zeitalter von Reformation und Orthodoxie im Wissenschaftsbetrieb eine Vorreiterrolle zukam. Besonders erwähnenswert ist nicht nur das reiche zürcherische bzw. reformierte theologische Schrifttum, sondern auch – nach gut zwinglischer Manier – die gute Dotierung an Patristik und

Bibelausgaben. Auffällig ist auch die verhältnismässig starke Berücksichtigung katholischer Werke.

Theologie allgemein

2.49 Die Signaturen 1, 6, 28, FF, MM, TT, WE und ZB beinhalten vornehmlich theologische Werke, die keiner bestimmten theologischen Unterdisziplin zugeordnet werden können. Konfessionell ist die Literatur der protestantischen Grosskirchen am besten vertreten. Quantitativ ergibt sich für diese 8 Signaturen folgendes Bild: Von den 12.435 Einheiten stammen 1249 aus dem 16. Jh, 2125 aus dem 17. Jh, 3114 aus dem 18. Jh, 5705 aus dem 19. Jh und 240 aus dem Zeitraum von 1901–1916. Das Schwergewicht liegt auf deutschsprachigen Werken (7298 Einheiten), gefolgt von lateinischen (3257), französischen (1140), englischen (310), italienischen (111) und griechischen (102). Darüber hinaus finden sich Titel in germanischen Sprachen (64 Einheiten), in Spanisch (33), Hebräisch (28), Rätoromanisch (9), weiteren romanischen (4) sowie slawischen (6) und anderen Sprachen (73).

2.50 Die Signatur 1 (Libri miscellanei, inprimis theologici: 16. Jh: 171; 17. Jh: 500; 18. Jh: 25) enthält vorwiegend lateinische (271), französische (215) und deutsche (151) Titel, wenige italienische (31) und englische (24), 3 anderer germanischer Sprachen sowie 2 slawische und 1 rätoromanisches Werk. Der thematische Schwerpunkt liegt bei den Theologica des 16. und insbesondere des 17. Jhs quer durch alle Konfessionen, von Heinrich Bullinger, Johannes Calvin, Martin Luther über Jakob Böhme und Kaspar Schwenckfeld bis zu Kardinal Robert Bellarmin und zum Mailänder Erzbischof Federigo Borromeo. Etwa ein Drittel des Bestands machen wenige zeitgeschichtliche französische Werke und 3 frühe französische Zeitungen aus, allen voran der über 150 Bde umfassende, in Lyon gedruckte *Mercure galant* der Jahre 1680–1694.

2.51 Auffällig viele Zürcher Drucke sind in der Signatur 6 untergebracht (Reformatores et theologi: 16. Jh: 284; 17. Jh: 835; 18. Jh: 465), die fast alle lateinisch (1058) oder deutsch (486) vorliegen. Die Mehrzahl der Publikationen ist theologischer Natur, darunter zahlreiche Werke berühmter Zürcher Reformatoren des 16. Jhs sowie der bekannten Theologen Johann Heinrich Heidegger (1633–1698) und Johann Jakob Hottinger (1652–1735). Nebst theologischen Arbeiten fanden medizinische und naturwissenschaftliche Bücher sowie Werke anderer Disziplinen Eingang, wofür stellvertretend auf die zahlreichen Publikationen des Arztes Johannes von Muralt (1645–1733) und des Naturforschers Johann Jakob Scheuchzer (1672–1733) hingewiesen sei.

2.52 Die Signatur 28 (Theologie: 16. Jh: 306; 17. Jh: 243; 18. Jh: 163; 19. Jh: 491) zeichnet sich v. a. durch protestantische theologische Literatur des 19. Jhs aus. Ausser einigen Bibeln finden sich 49 thematisch geordnete Sammelbände mit kleineren theologischen Schriften des 16. bis 18. Jhs, die wiederum ein breites Spektrum von Bullingeriana, Melanchthoniana über Jesuitica bis hin zu 1 Bd mit Schwenckfeldiana abdecken. 683 Einheiten sind in deutscher, 347 in lateinischer, 81 in französischer, 34 in griechischer Sprache abgefasst, 22 in germanischen Sprachen, 10 in hebräischer, 9 in englischer, 5 in italienischer, 2 in rätoromanischer, 1 in einer slawischen und 9 in anderen Sprachen.

2.53 Die Bestandsgruppe FF (Theologie: 16. Jh: 325; 17. Jh: 313; 18. Jh: 1268; 19. Jh: 122) beinhaltet Bücher sämtlicher theologischer Fachgebiete und mehrheitlich Drucke des 16. bis 18. Jhs aus den protestantischen Grosskirchen, wobei fast die Hälfte deutschsprachige Titel des 18. Jh ausmachen. Nebst insgesamt 1092 deutschen Einheiten sind 736 in lateinischer, 158 in französischer, 24 in italienischer, 8 in englischer, 5 in germanischen Sprachen, 3 in griechischer und je eine Einheit in rätoromanischer und spanischer Sprache abgefasst. 19 Bibelausgaben runden die theologische Literatur ab. Vereinzelt ufert die Signatur in andere Fachgebiete aus, so etwa in Philosophie, Literaturwissenschaften, Kunstgeschichte und Erdwissenschaften.

2.54 Während sich die Signatur FF schwerpunktmässig durch deutschsprachige Theologica des 18. Jhs auszeichnet, liegt die Stärke von MM (16. Jh: 45; 17. Jh: 35; 18. Jh: 545; 19. Jh: 3137; 1901–1916: 3) auf den deutschsprachigen Theologica des 19. Jhs, die etwa zwei Drittel des Bestands ausmachen. Es sind Bücher sämtlicher theologischer Fachgebiete überwiegend aus den protestantischen Grosskirchen vertreten. Nebst wenigen Bibelausgaben haben auch Standard-Editionen des 19. Jhs Eingang gefunden, so die umfangreichen Corpus Reformatorum-Ausgaben der Werke Calvins und Melanchthons sowie verschiedene theologische Periodika. Insgesamt sind 2834 Einheiten in deutscher, 473 in lateinischer, 259 in französischer, 51 in griechischer, 47 in englischer, 28 in spanischer, 8 in italienischer Sprache, 5 in germanischen und 60 in anderen Sprachen gedruckt worden.

2.55 Auch die Bestandsgruppe TT (Theologie: 16. Jh: 24; 17. Jh: 38; 18. Jh: 142; 19. Jh: 349) beinhaltet Literatur unterschiedlicher theologischer Fachgebiete, wobei fast ausschliesslich protestantischer Provenienz. Etwa die Hälfte sind deutschsprachige Bücher des 19. Jhs. Von den 553 Einheiten wurden 388 in deutscher, 89 in lateinischer, 43 in französischer, 17 in englischer, 6 in italienischer, 4 in griechischer, 3 in hebräischer, 2 in spanischer und eine Einheit in rätoromanischer Sprache abgefasst. Auffallend sind ausser den zahlreichen Bibelkommentaren und Predigten die verhältnismässig vielen Titel zur hebräischen Sprache und Literatur sowie die 24-bändige Ausg. von Luther-Schriften, die von 1740 bis 1753 in Halle erschien.

2.56 In der Signatur WE (Theologie und Bibelwissenschaft: 16. Jh: 60; 17. Jh: 103; 18. Jh: 273; 19. Jh: 435) sind alle Arten theologischer Literatur von Reisebeschreibungen ins Heilige Land über Bibelausgaben und Gesangbücher bis zu wissenschaftlichen Werken vertreten, darunter auch verschiedene katholische Autoren. Unter den zahlreichen Orientalia fallen quantitativ die Titel zur hebräischen Sprache und Literatur auf. Erwähnung verdient auch ein Unikat, nämlich die vermutlich 1529 gedruckte katalanische Übers. von Erasmus von Rotterdams *Handbüchlein eines christlichen Streiters* mit dem Titel *Enquiridio o manual del cavallero Christiano*. Von den 871 Einheiten erschienen 493 in deutscher, 186 in lateinischer, 86 in englischer, 41 in französischer, 27 in italienischer, 10 in hebräischer, 6 in griechischer, 4 in rätoromanischer, 10 in weiteren germanischen, 4 in weiteren romanischen und 2 in slawischen Sprachen sowie 1 Einheit in einer anderen Sprache.

2.57 Das Schwergewicht der unter der Signatur ZB (Theologie: 16. Jh: 34; 17. Jh: 58; 18. Jh: 233; 19. Jh: 1171; 1901–1916: 237) untergebrachten Werke unterschiedlicher theologischer Disziplinen liegt zwar auf protestantischen Titeln, aber auch katholische Bücher sind verhältnismässig gut vertreten. Augenfällig ist die grosse Zahl deutschsprachiger und französischer Publikationen des 19. Jhs. Insgesamt liegen 1171 Einheiten in deutscher, 312 in französischer, 119 in englischer, 97 in lateinischer, 18 in germanischen Sprachen, 10 in italienischer, 3 in griechischer, je 1 Werk in spanischer, einer weiteren romanischen und einer slawischen Sprache vor.

Bibeln

2.58 Die drei historischen Standortkataloge für die Signaturen 8, 8bis und Bibl tragen die Inhaltsbezeichnung »Biblia« (total 624 Einheiten: 15. Jh: 11; 16. Jh: 257; 17. Jh: 166; 18. Jh: 169; 19. Jh: 21), wobei vereinzelt auch Konkordanzen und Wörterbücher für die biblischen Sprachen darin aufgenommen wurden. 275 Bibeln und Bibelteile erschienen in lateinischer, 151 in deutscher, 53 in französischer, 39 in griechischer, 38 in hebräischer, 15 in italienischer und 53 in anderen Sprachen. Darunter befinden sich verschiedene Zimelien wie etwa die Strassburger Mentelin-Bibel von 1466, die Complutensische Polyglotte (Alcalá de Henares 1514–1517) oder eine ganze Anzahl von Zürcher Bibeln, die seit dem Druck des ersten deutschen NT 1524 für die Schweizer Protestanten von Bedeutung waren.

Patristik

2.59 Die Lehre der Zürcher Reformatoren gründete primär auf der Bibel, doch waren sie keineswegs abgeneigt, ihre Dogmatik sekundär mit Argumenten der Kirchenväter zu untermauern. Zwingli besass bekanntlich eine grosse Vorliebe für Hieronymus und sein Nachfolger Heinrich Bullinger für Augustin. So erstaunt es nicht, dass diese Tradition weiter gepflegt worden ist und in den Beständen der alten Stadtbibliothek die Kirchenväterausgaben des 16. bis 18. Jhs gut vertreten sind. Sie sind in den Signaturen A, B und 9 aufgestellt (total 685 Einheiten: 16. Jh: 152; 17. Jh: 287; 18. Jh: 246). 499 wurden lateinisch, 94 deutsch, 64 französisch, 14 griechisch, 8 englisch und 6 italienisch gedruckt.

2.60 In der Signatur A fallen neben Sammlungen von Konzilstexten v. a. die Kirchenväter-Ausgaben der Mauriner auf, womit die Angehörigen der 1618 in Paris von Laurent Bénard gestifteten, heute nicht mehr bestehenden Benediktiner-Kongregation vom heiligen Maurus gemeint sind. Die Signatur B zeichnet sich nicht nur durch Kirchenväter aus, wobei Augustin mit 3 mehrbändigen Ausg. des 16. Jhs vertreten ist, sondern auch durch einzelne antike Klassiker wie etwa dem berühmten Handexemplar der Werke von Aristoteles mit unzähligen handschriftlichen Annotationen des Zürcher Arztes und Universalgelehrten Konrad Gessner (1516–1565). Während A und B v. a. Drucke des 16. und 17. Jhs aufweisen, stehen in der Signatur 9 (Patres ecclesiastici, Historia sacra) zu fast zwei Dritteln Publikationen des 18. Jhs. Die Kirchenväter sind schlecht vertreten, dafür finden sich verschiedene Titel an Konzilienliteratur sowie Werke über die alte Kirche wie auch die neuere protestantische und katholische Kirchengeschichte.

Protestantische Literatur

2.61 Die Reformation hat vier protestantische Kirchen hervorgebracht (Anglikaner, Lutheraner, Reformierte und Täufer), von denen zwei, nämlich Reformierte und Täufer bzw. ein wichtiger Zweig dieses nonkonformen Flügels, in Zürich wurzeln. Es erstaunt daher nicht, dass der v. a. in den Signaturen C, D, E, 5, Zw und Zw MvK untergebrachte historische Buchbestand zum Protestantismus quantitativ ein Viertel der Theologica ausmacht (total 5062 Einheiten, wovon 16. Jh: 2259; 17. Jh: 1852; 18. Jh: 505; 19. Jh: 421).

2.62 Ganz der Zürcher Reformation verpflichtet sind die in den Signaturen Zw und Zw Mvk aufgestellten Titel. Die erste Gruppe enthält die vom 1897 gegründeten Zwingliverein im Hinblick auf ein Zwingli-Museum angeschafften Werke, das nie realisiert wurde. Darunter befinden sich seltene Reformationsdrucke wie etwa Luthers Septembertestament von 1522 oder Heinrich Bullingers persönliches Exemplar einer 2-bändigen hebräischen Bibel (Basel 1534). 184 der 261 Einheiten stammen aus dem 16. Jh, wobei 168 deutsch, 56 lateinisch, 21 deutsch und 11 englisch gedruckt worden sind. Die 542 in der Signatur Zw MvK aufgestellten Titel stellen eine Schenkung des Historikers Gerold Meyer von Knonau (1843–1931) dar, die neben einigen Werken des 16. Jhs zum grössten Teil deutschsprachige Publikationen zum Reformationsjubiläum von 1819 und zu späteren Gedenkanlässen enthält (16. Jh: 114; 17. Jh: 10; 18. Jh: 52; 19. Jh: 366).

2.63 Das Schwergewicht der Signatur C liegt auf Publikationen des 17. Jhs (16. Jh: 84; 17. Jh: 359; 18. Jh: 29). 366 der 472 der Werke zur reformierten Theologie sind in lateinischer Sprache erschienen (41 deutsch, 62 französisch, 3 rätoromanisch). Die meisten wurden von Autoren aus der Schweiz, Deutschland, den Niederlanden und England verfasst, wobei die Exegetica einen verhältnismässig grossen Anteil ausmachen.

2.64 Ebenfalls der reformierten Theologie ist die Signatur D gewidmet, deren zeitliches Schwergewicht im 16. und 17. Jh liegt (16. Jh: 357; 17. Jh: 558; 18. Jh: 10). Sprachlich überwiegen unter den 925 Drucken wiederum die lateinischen (537), deutschen (188) und französischen (173). Inhaltlich werden unterschiedliche theologische Fachgebiete von der Apologetik bis zur Polemik tangiert. Verhältnismässig gut vertreten sind dogmatische Werke wie etwa verschiedene Ausg. von Calvins *Institutio* (Strassburg 1545; Genf 1562; Lausanne 1576; Heidelberg 1608) belegen.

2.65 Die Signatur 5 reiht sich thematisch fast nahtlos an, wobei die Drucke des 16. Jhs überwiegen (16. Jh: 955; 17. Jh: 582; 18. Jh: 68). Die lateinische und die deutsche Sprache herrschen bei diesen 1609 mehrheitlich aus Zürich stammenden Drucken vor (957 bzw. 644 Titel), die nicht nur theologische, sondern stellenweise auch andere Fachgebiete berühren.

2.66 Seitens der Lutheraner bestand zwar über Jhe ein gespanntes Verhältnis zu den Zürchern, trotzdem fand lutherische Literatur Eingang in die Stadtbibliothek. Die unter der Signatur E vereinigten Titel stammen aus dem 16. bis 18. Jh (16. Jh: 565; 17. Jh: 342; 18. Jh: 346), wovon 830 lateinisch und 419 deutsch vorliegen. Schätzungsweise gegen 10 % machen verschiedene Schriften und Werkausgaben Luthers aus. Darüber hinaus sind auch zahlreiche Titel von Johannes Brenz und Philipp Melanchthon vertreten. Nebst einzelnen pietistischen Publikationen verdienen die etwa 300 in Deutschland gedruckten theologischen Dissertationen Beachtung, die aus der zweiten Hälfte des 17. und dem ersten Drittel des 18. Jhs stammen.

Katholische Literatur

2.67 Die in den Signaturen F und G versammelte katholische Literatur wurde zum grössten Teil im 17. Jh in Latein veröffentlicht (16. Jh: 107; 17. Jh: 273; 18. Jh: 36). Quantitativ fallen unter den 416 Einheiten die grossformatigen Werkausgaben von Thomas von Aquin auf (Rom 1570 und Paris 1660–1663). Ausser den ebenfalls mehrbändigen Bibelkommentaren und Werkausgaben von Cornelius a Lapide und anderen bekannten Theologen des 17. Jhs stellt der Bestand, ohne erkennbare thematische Schwerpunkte, einen Querschnitt durch die katholische Produktion des entsprechenden Zeitraums dar.

Kirchengeschichte

2.68 Die 762 kirchengeschichtlichen Einheiten verteilen sich auf die Signaturen N (16. Jh: 11; 17. Jh: 234; 18. Jh: 54) und Gal W (16. Jh: 2; 17. Jh: 108; 18. Jh: 326). Bei beiden überwiegen die lateinischen Titel (408) vor den deutschen (195), französischen (142) und italienischen (12). Beide Bestandsgruppen enthalten v. a. kirchengeschichtliche Werke, die unterschiedliche Zeiträume, Regionen und Konfessionen abdecken bis hin zu Anglikanismus, Hussitismus, Jansenismus und Pietismus. Auffällig sind die 70 Bde der *Acta sanctorum* (Brüssel 1643–1940), die beiden mehrbändigen Darstellungen zur Geschichte des Benediktinerordens und die in 12 Folianten vorliegenden *Annales ecclesiastici* (Antwerpen 1611–1670) von Kardinal Caesar Baronius, die auch auf protestantischer Seite auf grosses Interesse stiessen. So wurde das Werk beispielsweise vom Zürcher Kirchenhistoriker Johann Heinrich Ott auf tausenden von Seiten exzerpiert und ergänzt, die heute in der Staats- und Universitätsbibliothek Hamburg aufbewahrt werden.

Rechtswissenschaften

2.69 Die insgesamt 4730 Einheiten rechtswissenschaftlicher Literatur verteilen sich auf 7 Signaturen. Dazu gehören auch 38 Inkunabeln, auf die hier nicht eingegangen wird (s. Kapitel »Inkunabeln«). In den zum ältesten Bestand der Stadtbibliothek gehörenden Signaturen H (16. Jh: 85; 17. Jh: 74; 18. Jh: 9) und J (16. Jh: 60; 17. Jh: 90; 18. Jh: 30) herrschen unter den 386 Einheiten die lateinischen (312) und deutschen (69) Titel vor. Sie decken den gesamten Bereich an Rechtswissenschaften ab (ius universale, civile und canonicum). Breiten Raum nehmen die Werke des mittelalterlichen Rechtsgelehrten Bartolus de Saxoferrato ein, der die Zivilrechtslehre bis ins 18. Jh hinein geprägt hat, sowie die Arbeiten seines Schülers Baldus de Ubaldis, Publikationen der französischen Rechtsdenker des 16. Jhs Jacques Cujas und Hugues Doneau sowie des Leipziger Prof. Benedikt Carpzov d. Ä., der im 17. Jh wirkte. Ins gleiche Saeculum weisen die insgesamt 22 Ausg. von Hugo Grotius' *De jure belli ac pacis*, die im gesamten Altbestand der Zentralbibliothek aufbewahrt werden, davon einige aus der alten Stadtbibliothek. Für die reiche Rezeption des Titels in der Limmatstadt spricht auch der Umstand, dass der Text dort 1689 und 1694 in lateinischen Editionen und 1718 in einer deutschen Ausg. erschien. Quantitativ fallen die fast 30 Einheiten zum *Decretum Gratiani* auf, die *Acta publica* (Frankfurt 1611–1625) des Historikers Michael Caspar Lundorp sowie das *Teutsche Reichsarchiv*

(Leipzig 1710–1722) des Leipziger Stadtschreibers Johann Christian Lünig, letzteres eine Fundgrube für die Geschichte des Staatsrechts.

2.70 Die Werke von Lünig setzen sich in den Signaturen 11 (16. Jh: 61; 17. Jh: 176; 18. Jh: 364; 19. Jh: 403) und 12 fort (16. Jh: 61; 17. Jh: 83; 18. Jh: 127; 19. Jh: 379), die wiederum einen guten Querschnitt durch die juristische Literatur der Zeit vermitteln. Dabei haben auch politikwissenschaftliche Titel Aufnahme gefunden wie etwa Jean Bodins *Six livres de la République* (Lyon 1580), Jean-Jacques Rousseaus *Discours sur l'économie politique* (Genf 1760) oder John Stuart Mills *On Liberty* (London 1865). Zu den klingenden Namen gehören weiter Johannes Althusius, Gottfried Wilhelm Leibniz, Samuel von Pufendorf und nicht zuletzt der aufgeklärte Jurist und Philosoph Christian Thomasius, von dem 17 Abhandlungen in einem Sammelband zusammengebunden vorliegen. Neuartig für die Zeit war die von François Gayot de Pitaval herausgegebene Sammlung der *Causes celebres et interessantes* (La Haye 1747–1751), in der die berühmtesten Rechtsfälle, die bis dahin Geheimnisse der Gerichtshöfe waren, veröffentlicht wurden. Als fachliche Fremdkörper erscheinen die umfangreichen, ab Mitte des 19. Jhs herausgegebenen *Fontes rerum Austriacarum*.

2.71 Während die Werke der Signaturen H und J fast ausschliesslich lateinisch und deutsch veröffentlicht wurden, liegen 466 der 1654 Einheiten der Signaturen 11 und 12 lateinisch vor sowie 580 in deutscher, 518 in französischer und 74 in italienischer Sprache.

2.72 Bei den nachfolgenden jüngeren Signaturen NN (16. Jh: 11; 17. Jh: 7; 18. Jh: 227; 19. Jh: 885), WT (16. Jh: 1; 17. Jh: 18; 18. Jh: 22; 19. Jh: 376) und ZC (17. Jh: 7; 18. Jh: 105; 19. Jh: 843), die v. a. Werke des 19. Jhs vereinigen, liegt das Schwergewicht naheliegenderweise auf deutschen (1562), französischen (686) und englischen (244) Publikationen. Im Bestand NN fällt der hohe Anteil französischer Titel auf, z. B. die Napoleonischen Gesetzeswerke, juristische und ökonomische Veröffentlichungen vom Vorabend der Revolution und aus den Revolutionsjahren sowie Arbeiten des französisch-schweizerischen Staatstheoretikers Benjamin de Constant. Texte zum chinesischen Strafrecht in englischer Sprache, zum spanischen, griechischen sowie hinduistischen und islamischen Recht runden den Bestand ab. Die Signaturen WT und ZC decken wiederum ein weites Spektrum an rechts- und staatswissenschaftlichem Schrifttum ab, wobei zu ZC der reiche Anteil an Literatur zur Frauenbewegung mit über 100 Einheiten erwähnenswert ist.

Geschichte

2.73 Die Titel zum Fachgebiet Geschichte übertreffen mit 23.956 Einheiten sogar die Theologie, was das starke Interesse der Zürcher an historischen Themen unterstreicht, das sich heute noch an den beachtlichen Studentenzahlen des Fachs an der Universität Zürich ablesen lässt. Die Bestände der einzelnen Signaturen sind durch die Jhe breit gefächert und zeigen nur selten fachliche Schwerpunktsetzungen.

2.74 Unter den 2051 Einheiten, die in den ältesten Signaturen der Stadtbibliothek K, L, M, Q und R aufgestellt worden sind (16. Jh: 414; 17. Jh: 1.139; 18. Jh: 478; 19. Jh: 20), sind die meisten lateinisch publiziert worden (810), gefolgt von Arbeiten in deutscher (557), französischer (515) und italienischer Sprache (139). In die Signaturen K, L und M haben verschiedene historiographische Klassiker der Frühen Neuzeit Aufnahme gefunden, wie die Werke von Paulus Jovius, Johannes Nauclerus, Johann Sleidan oder die Kosmographien von Sebastian Münster beweisen. Mehrere Titel stammen aus der Feder des anglikanischen Theologen James Ussher, der sich nachhaltig mit der alttestamentlichen Chronologie beschäftigte. Breiten Raum nehmen die umfangreichen Vorläufer der heutigen Zeitungen mit den Titeln *Diarium Europaeum* (Frankfurt 1658–1683) und *Mercure françois* (Paris 1619–1639) ein. Frühe Exemplare periodisch erscheinender Zeitungen finden sich in den Signaturen Q und R, die darüber hinaus ein breites Spektrum abdecken, das von antiken Geschichtsschreibern über Papst- und Reformationsgeschichte bis hin zu Ländergeschichten reicht. Dabei fanden auch Darstellungen über Nordeuropa, die Türkei, China, Amerika und Afrika Aufnahme, wie die *Relation historique de l'Ethiopie* (5 Bde, Paris 1732) des Franziskaners Jean-Baptiste Labat belegt.

2.75 Die 18.463 Einheiten der später angelegten Signaturen Gal T, 10, 13, 27, 45, PP, WG, WK, WR und ZD (16. Jh: 281; 17. Jh: 719; 18. Jh: 3913; 19. Jh.: 11.798; 1901–1916: 1727) enthalten ebenfalls unterschiedlichste historische Abhandlungen von Francisco Lopez de Gomaras *Historia General de las Indias* (Antwerpen 1554) über Johann Daniel Schoepflins *Historia Zaringo Badensis* (7 Bde, Karlsruhe 1763–1766) bis hin zu umfangreichen Sammelwerken, z. B. der *Collection des mémoires relatifs à l'histoire de France* (Paris 1820–1829) oder den seit 1877 erscheinenden *Monumenta Germaniae Historica*. Die meisten liegen in deutscher Sprache vor (8343), gefolgt von französischen (6891), lateinischen (1226) und italienischen Publikationen (965). Im Unterschied zur heutigen Gelehrtenkultur fanden die angelsächsischen Veröffentlichungen (892) relativ wenig Beachtung.

2.76 Besondere Erwähnung verdienen die verschiedenen Sammlungen an Flug- und Kleinschriften, so die mehreren Hundert, zwischen 1815 und 1838 in Paris gedruckten Broschüren zur Zeitgeschichte (Signatur 10), die Hunderten von deutschen und französischen Kleinschriften aus der ersten Hälfte des 19. Jhs (Signatur 27), die über 200 deutschen Flugschriften in Quart zum Siebenjährigen Krieg (Signatur Gal T) sowie die etwa 500 Broschüren zu unterschiedlichen Themen, die in verschiedenen Sprachen abgefasst und mehrheitlich in der zweiten Hälfte des 19. Jhs gedruckt wurden (Signatur ZD).

2.77 Autobiographien, Biographien und Briefwechsel v. a. europäischer Gelehrter, Schriftsteller, Kirchen- und Staatsmänner werden unter den Signaturen 41 (17. Jh: 10; 18. Jh: 6; 19. Jh: 159; 1901-1916: 4) und GG (16. Jh: 23; 17. Jh: 37; 18. Jh: 420; 19. Jh: 2780; 1901-1916: 4) aufbewahrt. Dazu gehören auch Personenlexika, Tagebücher und Abhandlungen zu biographischen Einzelfragen. Die 3442 Einheiten wurden mehrheitlich in deutscher Sprache gedruckt (2031), gefolgt von französischen (860), englischen (201), italienischen (189) und lateinischen Publikationen (136).

Flugschriften

2.78 Ausser den unter dem Fachbereich Geschichte bereits aufgeführten Flugschriftenbeständen beherbergt die Signatur 18 (15. Jh: 10; 16. Jh: 3654; 17. Jh: 5299; 18. Jh: 3472; 19. Jh: 1468) Tausende von Flugschriften und Broschüren. Der Gattung entsprechend, die sich an ein breites Publikum wendet, überwiegen die deutschsprachigen Publikationen (10.028), wozu sich namhafte Bestände lateinischer (2187), französischer (1318) und italienischer (336) Drucke gesellen. Das Schwergewicht liegt auf dem 17. Jh. Über 200 Flugschriften zu den Ereignissen in Frankreich während des ersten Viertels des 17. Jhs wurden von Theologieprofessor Kaspar Waser (1565-1625) zusammengetragen. Der Grundstock einer weiteren Sammlung von über 700 Einheiten zum Dreissigjährigen Krieg geht auf seinen Sohn, Pfarrer Josias Waser (1598-1629), zurück. Beide Sammlungen befinden sich in mehreren Bdn der Signatur 18.

2.79 Ein namhafter Flugschriftenbestand von ca. 1400 Einheiten des 16. bis 18. Jhs befindet sich innerhalb der umfangreichen Abschriftensammlung zur reformierten Kirchengeschichte (Ms S 1-266), die Alumnatsinspektor Johann Jakob Simmler (1716-1788) zusammentrug. Darüber hinaus wurde auch seine Privatbibliothek erworben, deren Stärke auf theologischen Publikationen des 17. und 18. Jhs liegt und die im Laufe der Zeit auch mit anderen Werken angereichert wurde (15. Jh: 55; 16. Jh: 747; 17. Jh: 499; 18. Jh: 1112; 19. Jh: 10). 1168 Einheiten erschienen lateinisch, 1060 deutsch, 175 französisch, 4 italienisch und 6 in anderen Sprachen.

2.80 Von internationaler Bedeutung ist die 6675 Einheiten zählende Flugschriftensammlung zur Französischen Revolution des Zürcher Medizinisers und Staatsrats Paulus Usteri (1768-1831). Von den insgesamt 6675 Drucken erschienen 6670 im 18. Jh, nur 5 in 19. Jh. Sprachlich überwiegen die französischen Titel (6505), gefolgt von deutschen (100), italienischen und englischen (je 25) sowie lateinischen und spanischen (je 10). Die Sammlung wurde 1865 von Usteris Schwiegersohn Hans Konrad Ott-Usteri der Stadtbibliothek geschenkt. Drei Jahre darauf übergab er eine letzte Tranche sowie den von ihm beendeten Katalog. Zwanzig Jahre später konstatierte die Bibliotheksleitung, dass der vorhandene, auf Titelkopien angelegte Katalog den bibliographischen Anforderungen nicht mehr entspreche. Bibliotheksdirektor Hermann Escher versuchte unter den Studenten des Historischen Seminars, die sich unter der Leitung von Professor Alfred Stern (1846-1936) gerade mit der Geschichte der Französischen Revolution beschäftigten, eine freiwillige Hilfskraft für die Neukatalogisierung zu gewinnen. Es meldeten sich Ricarda Huch (1864-1947) und ein Student, der sich bald wieder zurückzog. Da man hoffte, einen gedruckten Katalog herausgeben zu können, wurden die Titel im Alphabetischen Zentralkatalog nicht nachgewiesen. Eine derartige Publikation erfolgte aber nie, obschon die Sammlung zu einer der drei weltweit grössten mit französischen Flugschriften der Revolutionszeit gehört. Weitere 840 französische Flugschriften sind unter der Signatur »Genève« aufgestellt, die Themen der Genfer Geschichte aus den Jahren 1725 bis 1846 aufgreifen.

Sprach- und Literaturwissenschaften

Historia literaria

2.81 Der aus der Mode gekommene Begriff der »Historia literaria« kann am ehesten mit »Berichten aus der gelehrten Welt« übersetzt werden. Dies belegt beispielsweise ein Blick auf das Titelblatt der bekannten Zeitschrift *Sammlung von Natur- und Medicin- wie auch hierzu gehörigen Kunst- und Literatur-Geschichten*, wo »Literaturgeschichte« im Sinn von »Berichte über neue wissenschaftliche Arbeiten« verstanden werden muss. Entsprechend weit gefächert sind die unter den Signaturen 14 und 15 aufgestellten 1983 Einheiten, die typischerweise vornehmlich aus dem 18. Jh stammen (16. Jh: 213; 17. Jh: 358; 18. Jh: 1049; 19. Jh: 363). Davon erschienen 614 in lateinischer, 600 in deutscher, 499 in französischer, 225 in italienischer und 43 in englischer Sprache. Die fachliche Zusammensetzung reicht von altertumswissenschaftlichen Werken berühmter Forscher wie Bernard de Montfaucon, Ludovico Muratori oder Scipione Maffei, Titeln zur hebräischen Sprache und Literatur sowie weiteren geisteswissenschaftlichen Gebieten bis hin zu Lexika und Wörterbüchern.

Klassische Philologie

2.82 Die Pflege der alten Sprachen spielte in Zürich seit Einführung der Reformation eine wichtige Rolle. Profunde Kenntnisse derselben waren nicht nur innerhalb der gelehrten, vom Humanismus geprägten Welt von Bedeutung, sondern galten auch als unabdingbare Voraussetzung für eine solide Bibelauslegung. Während das Lateinische bis Mitte des 18. Jhs als internationale Gelehrtensprache wichtig war, erfuhr das Griechische insbesondere auf Initiative Zwinglis eine besondere Gewichtung im frühneuzeitlichen Lehrbetrieb. So schreckte man beispielsweise nicht davor zurück, mit der schulisch fortgeschrittenen Jugend griechische Theaterstücke aufzuführen. Diese jahrhundertealte philologische Tradition wurde bis vor kurzem nicht in Frage gestellt und widerspiegelt sich auch im entsprechend gut dotierten Bibliotheksbestand.

2.83 Von den 8681 Einheiten (16. Jh: 912; 17. Jh: 657; 18. Jh: 1864; 19. Jh: 4779; 1901–1916: 256), die in den 8 Signaturen W, Gal St, 26, 40, RR, WF, WJ und ZG aufgestellt wurden, erschienen 4452 in lateinischer, 847 in griechischer und 13 in hebräischer Sprache. Etwas mehr als ein Drittel der Bücher zur Klassischen Philologie wurde deutsch (2260), französisch (630), italienisch (121) oder englisch (119) publiziert, was auf einen namhaften Bestand an volkssprachlichen Übersetzungen und Sekundärliteratur hinweist.

2.84 Kernbestand sind die zahlreichen griechischen und römischen Klassikerausgaben quer durch die Jhe, die ergänzt werden durch wenige mittellateinische und verschiedene neulateinische Autoren wie Jacob Balde, Erasmus von Rotterdam oder Justus Lipsius. Auch die Sekundärliteratur bietet einen schönen Querschnitt durch die Klassikerkommentierung des 16. bis 19. Jhs von Julius Caesar Scaliger und Johann Gerhard Vossius bis zu Johan Nicolai Madvig und Karl Lachmann. Auffällig sind die über 100 Titel an Sekundärliteratur des 19. Jhs zu Homer innerhalb der Signatur WF.

2.85 Die mittel- und neugriechische Literatur ist nur schwach vertreten und liegt meistens in Übers. vor. Hingegen ufert der Bestand nicht selten in Nachbargebiete aus wie Ägyptologie, Bibelwissenschaft, Indogermanistik, Numismatik, Papyrologie und semitische und slawische Sprachwissenschaften. Auch Inschriftensammlungen wie die *Inscriptiones christianae urbis Romae* (Rom 1861–1888) des italienischen Katakombenforschers Giovanni Battista de Rossi oder das heute noch massgebliche *Corpus inscriptionum Latinarum* (Berlin, ab 1853) sind vorhanden. Darüber hinaus finden sich auch einzelne Fachzeitschriften.

Germanistik

2.86 Von den 8607 Einheiten erschienen fast drei Viertel im 19. Jh (16. Jh: 8; 17. Jh: 36; 18. Jh: 1613; 19. Jh: 6095; 1901–1916: 855), wobei naheliegenderweise die meisten deutsch erschienen (8486), gefolgt von wenigen Titeln in französischer (56), lateinischer (31) und anderen Sprachen. Das Schwergewicht dieser in den Signaturen AA, WD, WV, WY und ZM aufgestellten Werke bilden die zahlreichen Ausg. an Primärliteratur, die von mittelhochdeutschen Texten bis zur Literatur des frühen 20. Jhs reichen. Quantitativ fallen die umfangreichen Werkausgaben von Achim von Arnim, Johann Wolfgang Goethe, Heinrich Heine, Jean Paul, Heinrich Pestalozzi, Friedrich Schiller, Christoph Martin Wieland, Johann Heinrich Daniel Zschokke sowie verschiedene Almanache und Fachzeitschriften auf. Deutlich geringer vertreten sind die Sekundärliteratur wie auch linguistische Arbeiten und Übers. fremdsprachiger Literaturen ins Deutsche.

Romanistik

2.87 Die meisten der unter den Signaturen CC und ZN aufgestellten 4892 Titel zur französischen Sprache und Literatur stammen aus dem 18. und 19. Jh (16. Jh: 12; 17. Jh: 110; 18. Jh: 2366; 19. Jh: 2315; 1901–1916: 89). Der grösste Teil (4225) wurde in französischer Sprache gedruckt, gefolgt von englischen (278), deutschen (168) und italienischen Publikationen (62). Eine Besonderheit stellen die 136 rätoromanischen Werke der Signatur CC dar, von denen mehr als die Hälfte aus dem 18. Jh stammt. Sie behandeln nicht primär literaturwissenschaftliche, sondern theologische und andere Themen. Zur Hauptsache ist Primär-, aber auch einiges an Sekundärliteratur vorhanden. Darüber hinaus finden sich verschiedene französische Autoren in deutscher Übers. sowie Repräsentanten verschiedener Literaturen in französischer Übersetzung. Ausser der Erstausgabe von Jean-Jacques Rousseaus *Confessions* (Paris 1798) fallen auf Grund der zahlreichen Ausg. die beiden Autoren Emil Zola und Charles-Paul de Kock auf.

2.88 Werke zur italienischen Sprache und Literatur werden in den Signaturen 29, WN und ZP aufbewahrt (16. Jh: 59; 17. Jh: 54; 18. Jh: 418; 19. Jh: 1252). Die meisten erschienen italienisch (1573), doch haben auch 113 spanische, 70 deutsche, 43 französische, 41 verschiedener germanischer Sprachen, 33 lateinische und wenige Publikationen in anderen Sprachen darin Aufnahme gefunden. Das Schwergewicht bilden Werkausgaben italienischer Autoren des 15. bis 19. Jhs, darunter auffallend viele Dante-Ausgaben.

Anglistik

2.89 Während das Englische heute aus dem Wissenschaftsbetrieb nicht mehr wegzudenken ist, spielte es im Zürcher Bildungswesen bis Mitte des 20. Jhs keine herausragende Rolle. Dieser Sachverhalt spiegelt sich auch im Altbestand der Stadtbibliothek wider, in der englische Publikationen im Unterschied zu heute etwa gleich gut vertreten sind wie italienische. Sie sind in den Signaturen BB und ZO untergebracht (17. Jh: 9; 18. Jh: 279; 19. Jh: 1308; 1901–1916: 68). Neben den 1433 englischen

Einheiten befinden sich darunter auch 166 deutsche, 56 französische und 3 italienische Veröffentlichungen. Nebst einigen amerikanischen Drucken des 19.Jhs sind auch verschiedene Ausg. vorhanden, die in Zürich gedruckt wurden, wo verschiedene englische Autoren, z.B. John Milton, seit der Aufklärung rezipiert wurden. Der Bestand beschränkt sich nicht nur auf sprach- und literaturwissenschaftliche Werke, sondern enthält englische Publikationen aus England, Irland, Nordamerika und Schottland zu unterschiedlichen Sachgebieten.

Orientalistik

2.90 Die Orientalia werden unter den Signaturen U, WO und ZR aufbewahrt (16.Jh: 115; 17.Jh: 287; 18.Jh: 107; 19.Jh: 1521; 1901–1916: 35). Die auf den Gründungsbestand der Stadtbibliothek zurückgehende Signatur U vereinigt nebst 199 lateinischen, 165 hebräische und 65 anderssprachige Einheiten. Die zahlreichen Judaica enthalten rabbinisches Schrifttum, AT-Exegetica, Titel zur hebräischen Sprache und Literatur sowie zur Chronologie. Gut vertretene Autoren sind die beiden frühneuzeitlichen Hebraisten Sebastian Münster und Johannes Buxtorf. Unter den verschiedenen Koranausgaben befindet sich auch ein Exemplar der berühmten Basler Ausg. von 1543 aus dem Besitz des Zürcher Reformators Rudolf Gwalther. Als Kuriosum muss die christliche Glaubenslehre des Kardinals Robert Bellarmin in arabischer Sprache bezeichnet werden (Rom 1613). Während die unter der Signatur WO aufgestellten Werke hauptsächlich Fachliteratur zur Ägyptologie, Altorientalistik, Indologie, Islamwissenschaften, Judaistik und Sinologie aus dem 19.Jh in deutscher (127), englischer (44) und französischer Sprache (34) enthalten, weisen die unter ZR aufgestellten Bücher 687 arabische Titel auf, eine Zahl, die ziemlich genau der Hälfte des Bestands entspricht, wobei das unter den Signaturen ZR 3003 bis 3019 aufgestellte, seit 1903 erscheinende und mehrere Lfm. umfassende *Corpus christianorum orientalium* nicht mitgezählt wurde. Die andere Hälfte der Signatur ZR enthält Werke in Deutsch (190), Englisch (133), Französisch (128), Latein (96), verschiedenen romanischen Sprachen (12), Sanskrit (64), Hindi (17), Persisch (6), Pali (6), Osmanisch (4) und anderen Sprachen (19). Ausser einzelnen Grammatiken und Wörterbüchern sind v.a. arabische Klassiker aus den Bereichen Geschichte, Recht und Religion vertreten, flankiert von europäischer Sekundärliteratur. Auffällig sind nicht nur die 4 Drucke des 16.Jhs, die alle aus Rom stammen, sondern auch die zahlreichen Bulaq-Drucke (Vorort von Kairo) aus der zweiten Hälfte des 19.Jhs. Darüber hinaus finden sich etliche Titel, die in Bombay, Istanbul und Kalkutta gedruckt wurden. Der Hauptteil, schätzungsweise 1000 Einheiten, stammen aus der Privatbibliothek des freisinnigen Zürcher Redaktors der *Freitagszeitung* und Herausgebers des beliebten Bürkli-Kalenders Fritz Bürkli (1818–1896). Die Sammlung gelangte auf Veranlassung von Bürklis Nichte, Frau Amberger-Schinz, 1897 als Schenkung in zwei Tranchen in die Stadtbibliothek. Neben seltenen persischen Steindrucken finden sich darunter verschiedene Zimelien wie etwa die gedruckte arabische Erstausgabe von »1001 Nacht« (Kalkutta 1839–1842).

Allgemeine Sprach- und Literaturwissenschaften

2.91 Die Signaturen 44 und PB enthalten v.a. Werke französischer, italienischer und englischer Autoren (16.Jh: 3; 17.Jh: 14; 18.Jh: 361; 19.Jh: 553). Besonders erwähnenswert sind die 221 rätoromanischen Einheiten, von denen 145 aus dem 19.Jh stammen. Ein ähnliches Profil weisen die Bücher auf, die ehemals im Lesezimmer standen (Signatur: LZ Gal. A–F). Dieser Bestand setzt sich aus 497 deutschen und 367 französischen Einheiten, vornehmlich des 19.Jhs (689), zusammen und enthält eine Auswahl deutscher, französischer und schweizerischer Klassiker. Werke zu verschiedenen Sprachen und Literaturen finden sich in den Bestandsgruppen WL, ZJ und ZQ vereinigt (17.Jh: 1; 18.Jh: 169; 19.Jh: 548; 1901–1916: 175). Während unter WL vorwiegend Sekundärliteratur zu verschiedensprachigen Literaturen und Schriftstellern aufgestellt ist, widmen sich die Werke unter ZJ in erster Linie linguistischen Fragestellungen. Unter ZQ schliesslich sind Titel verschiedenster moderner Sprachen aus der ganzen Welt vereinigt, von der neugriechischen Grammatik über estnische Märchen bis hin zur Geschichte der Hindu-Literatur und einem malaiischen Wörterbuch.

Philosophie

2.92 Die Signaturen Y, LL, WU und ZA umfassen 3375 philosophische Einheiten (16.Jh: 186; 17.Jh: 458; 18.Jh: 740; 19.Jh: 1584; 1901–1916: 407), wovon 2054 deutsch, 630 lateinisch, 512 französisch, 126 englisch, 38 italienisch und 13 in anderen Sprachen publiziert worden sind. Während in der Signatur Y die lateinischen Titel des 17.Jhs überwiegen, sind es in den anderen Bestandsgruppen die deutschen Publikationen des 19.Jhs. Dementsprechend finden sich unter der Bestandsbezeichnung Y neben antiken Klassikern v.a. Autoren der Frühen Neuzeit wie Thomas Hobbes, Robert Hooke, Petrus Ramus, Paul Scaliger, Baruch de Spinoza oder Juan Luis Vives. Die anderen Signaturen verfügen mehrheitlich über modernere Autoren wie Paul-Henri Thiry Baron de Holbach, Ludwig Feuerbach, Gottfried Wilhelm Leibniz oder Friedrich Wilhelm Joseph Schelling. Auffallend sind die zahlreichen Titel von Johann Gottlieb Fichte, Immanuel Kant und Friedrich Nietzsche, wobei insbesondere zu Kant einige Sekundärliteratur vorhanden ist. Neben diesen Titeln zu verschiedenen philosophischen Disziplinen wie Ethik, Logik, Metaphysik, Moralphilosophie, Naturphilosophie finden sich auch pädagogische und psychologische Arbeiten.

Archäologie und Kunstgeschichte

2.93 Die Werke der beiden Fachgebiete Archäologie und Kunst wurden in den historischen Bestandsgruppen nicht separat, sondern zusammen aufgestellt. Insgesamt sind in den Signaturen S, KK, KKbis, OO, WP, ZH und Aeg 8825 Einheiten untergebracht (16. Jh: 199; 17. Jh: 317; 18. Jh: 1198; 19. Jh: 6430; 1901-1916: 662). Die Werke sind zur Hauptsache in deutscher Sprache gedruckt worden (4598), gefolgt von französischen (2026), italienischen (809), englischen (603) und lateinischen Publikationen (588) sowie 201 Einheiten in verschiedenen germanischen und anderen Sprachen. Die Signatur S enthält zahlreiche, zum Teil mehrbändige Titel des 17. und 18. Jhs zur alten Geschichte, Archäologie und zu den historischen Hilfswissenschaften wie etwa den *Thesaurus Graecarum antiquitatum* (Leiden 1697-1702) von Jacob Gronovius, Bernard de Montfaucons *L'Antiquité expliquée et présentée en figures* (Paris 1722) oder die *Inscriptiones antiquae totius orbis Romani* (Florenz 1737-1743). Unter der Signatur OO finden sich neben vielen Werken des 18. und 19. Jhs über Archäologie, Architektur, Kunstgeschichte und Malerei nicht zuletzt auch Sammlungskataloge und mehrere hundert Broschüren. Ein schöner Teil stammt aus der kunsthistorischen Privatbibliothek des Zürcher Historikers und Politikers Johann Heinrich Füssli (1745-1832), die 1833 erworben wurde. In die Bestandsgruppen WP und ZH fanden primär archäologische und kunsthistorische Werke des 19. Jhs Aufnahme, unter der erstgenannten Gruppe auch etliche Grossformate und Tafelwerke. Unter der letztgenannten Signatur sind neben ca. 1800 Broschüren über 1000 Titel zur Ur- und Frühgeschichte, zur griechischen und römischen Archäologie sowie zu Architektur, Bildhauerei und Malerei untergebracht. Bei den zahlreichen Klassikern finden sich Werke von berühmten Gelehrten des 19. Jhs wie Jacob Burckhardt, Wilhelm Dörpfeld, John Lubbock und Heinrich Wölfflin.

2.94 Die Signaturen KK und KKbis enthalten Abbildungs- und Tafelwerke zu Archäologie und Kunst sowie zu unterschiedlichen geisteswissenschaftlichen Gebieten v. a. des 19. Jhs. Die von alters her illustrierten Neujahrsblätter der verschiedenen Zürcher Gesellschaften haben dort ebenfalls Aufnahme gefunden. Eigenartig in diesem Verband, weil nicht illustriert, muten die 21 Nummern mit Werken von und über Ulrich von Hutten an, von denen ein paar aus seinem Besitz stammen und über handschriftliche Annotationen des Poeta laureatus verfügen. In der Signatur Aeg (ehemals »Aegypten-Kasten«) finden sich gegen 400 grossformatige archäologische, historische und kunsthistorische Tafelwerke, von denen einige das alte Ägypten zum Gegenstand haben.

2.95 Einen Sonderbestand in dieser Fachgruppe stellt die umfangreiche numismatische Literatur der Signatur MC (»Münzcabinet«) dar, welche nicht in der Zentralbibliothek, sondern im Landesmuseum aufbewahrt wird. Die meisten der 854 Werke erschienen auf Deutsch (355) oder Französisch (291). 76 liegen in italienischer, 67 in englischer, 55 in lateinischer und 10 in anderen Sprachen vor. Etwa drei Viertel (616) wurden im 19. Jh gedruckt (16. Jh: 3; 17. Jh: 12; 18. Jh: 155; 19. Jh: 618; 1901-1916: 66).

Mathematik, Medizin und Naturwissenschaften

2.96 1477 der 2222 Einheiten mathematischer, medizinischer und naturwissenschaftlicher Literatur erschienen vor 1700. Im Unterschied zu den anderen Fachgebieten sind das 18. und 19. Jh in diesem Bereich schlecht vertreten (16. Jh: 445; 17. Jh: 1032; 18. Jh: 232; 19. Jh: 372; 1901-1916: 141). Das hängt damit zusammen, dass 1746 die Naturforschende Gesellschaft gegründet wurde, deren Bibliothek wie dann auch die in den 1770er-Jahren eröffnete Bibliothek der Medizinisch-chirurgischen Gesellschaft die entsprechende Literatur sammelte. Daher wurden die betreffenden Gebiete spätestens ab Mitte des 18. Jhs in der Stadtbibliothek nicht mehr so intensiv gepflegt. Das Fehlen modernerer Titel schlug sich auch in der sprachlichen Zusammensetzung des Bestands nieder. Am meisten Werke wurden in lateinischer Sprache publiziert (1251), gefolgt von deutschen (714), französischen (153), italienischen (59), englischen (22) und 23 anderssprachigen Veröffentlichungen. Unter der Signatur T (»Mathematici«) finden sich auch Werke über Astronomie, Geographie, Architektur, Geometrie, Festungsbau, Physik und Musik. Die in den Bestandsgruppen Z und TZ untergebrachten Titel sind grundsätzlich medizinisch-naturwissenschaftlicher Natur, wobei der Medizin eine prioritäre Rolle zukommt. Auffällig sind nicht zuletzt die zahlreichen medizinischen Klassiker, die von den antiken Ärzten Galen und Hippocrates über den berühmten Anatomen Andreas Vesal bis hin zu 3 Bdn mit 85 Dissertationen des Chemikers und Mediziners Georg Ernst Stahl (1659-1734) reichen. Da in der Frühen Neuzeit jeder Arzt auch über gründliche botanische Kenntnisse verfügen musste, sind auch verschiedene Grössen der Botanik anzutreffen wie Caspar Bauhin, Otto Brunfels, Carolus Clusius, Rembertus Dodonaues, Konrad Gessner und andere. Mit Werken von Ulisse Aldrovandi, Ferrante Imperato, John Ray, Francis Willoughby und Eduard Wotton ist auch die zoologische Prominenz vertreten, zu der sich verschiedene erdwissenschaftliche Klassiker gesellen. Die unter ZU aufgestellte modernere Literatur des 19. Jhs ist breit gefächert und spannt den Bogen von Astronomie, Botanik, Chemie über Geologie, Paläontologie und Pharmazie bis hin zu Physik und Zoologie. Dabei stösst man auch auf verschiedene berühmte Schweizer

Forscher wie den Paläobotaniker Oswald Heer, den Geologen Albert Heim oder den Mediziner August Forel. Es scheint, dass auf dem Hintergrund der im 18. Jh neu organisierten Zürcher Bibliothekslandschaft nachher nur noch die wichtigsten naturwissenschaftlichen Werke angeschafft wurden.

Geographie

2.97 Eine eigene Signatur für geographische Literatur wurde erst in der zweiten Hälfte des 19. Jhs eingeführt. Vorher wurden die entsprechenden Werke unter naturwissenschaftlichen oder historischen Disziplinen subsumiert. Dementsprechend stammen lediglich 881 der 5356 Einheiten aus dem Zeitraum vor 1800 (16. Jh: 9; 17. Jh: 74; 18. Jh: 798; 19. Jh: 4063; 1901–1916: 412), weshalb die modernen Publikationssprachen deutlich überwiegen: 3146 Einheiten wurden deutsch, 1338 französisch, 620 englisch, 130 italienisch, 56 spanisch und 59 in anderen Sprachen publiziert. Die 4 Signaturen mit Geographica lauten 39, EE, WH und ZE und enthalten geographische Werke zu unterschiedlichen Ländern und Kontinenten sowie Reiseliteratur und Periodika. Vereinzelt finden sich auch ethnologische und geologische Titel. Zu den Zimelien gehören Atlanten von Gerhard Mercator und Abraham Ortelius sowie eine Kosmographie (Basel 1550) von Sebastian Münster. In quantitativer Hinsicht fallen nicht nur die verschiedenen Periodika, sondern auch mehrbändige Länderbeschreibungen auf. In die Signatur WH fanden eigenartigerweise verschiedene archäologische und althistorische Werke Eingang, u. a. gesuchte Veröffentlichungen von Heinrich Schliemann über seine Ausgrabungen in Troja und Mykene. In der Bestandsgruppe ZE fallen verschiedene Titel an Polarliteratur sowie über 100 Nummern an Literatur über Israel und den Nahen Osten auf.

Helvetica

2.98 1893 publizierten die Bibliothekare einen Bericht zuhanden des Bibliothekskonvents mit dem Titel *Die Helveticabestände der Stadtbibliothek Zürich*. Darin kamen sie zum Schluss, dass die Bürgerbibliothek Luzern und die Stadtbibliothek Zürich die grössten Helvetica-Sammlungen der Schweiz besässen, wobei Zürich die reichste Helvetica-Bibliothek für die Zeit bis 1835 sei. Für die darauffolgenden Jahrzehnte komme die Führungsrolle Luzern zu, was nicht zuletzt daher rühre, dass dort in diesem Bereich systematischer angeschafft worden sei und in Zürich andere fachwissenschaftliche Bibliotheken für Naturwissenschaften, Jurisprudenz und Medizin entstanden seien, die anstelle der Stadtbibliothek zahlreiche Helvetica eworben hätten. Bei dieser Erhebung wurden sämtliche Helvetica berücksichtigt, nicht nur diejenigen Bestandsgruppen, deren Standortkataloge mit einer entsprechenden Überschrift versehen wurden. Die folgenden Ausführungen beschränken sich auf die mit »Helvetica« überschriebenen Signaturen 31, 35, 36, ZF, KZ, PA.

2.99 Die frühesten Bezeichnungen von Bestandsgruppen als Helvetica stammen aus der ersten Hälfte des 19. Jhs, weshalb der grösste Teil der entsprechenden Publikationen aus diesem Jh datiert (16. Jh: 16; 17. Jh: 136; 18. Jh: 1854; 19. Jh: 9216; 1901–1916: 1015). Sprachlich überwiegen die deutschen Publikationen (10.213), gefolgt von französischen (1676), lateinischen (122), italienischen (106) und englischen (99) sowie 21 in anderen Sprachen. Allen Signaturen gemeinsam ist, dass sie eine grosse Bandbreite an Helvetica abdecken, gewissermassen von A wie Arbeiterfrage bis Z wie Zoologie. Schweizer Schriftsteller sind nur wenige vertreten; diese wurden mehrheitlich unter der »Deutschen Literatur« aufgestellt. In der Bestandsgruppe 31 fallen die ca. 3250 Flug- und Kleinschriften auf, die damit rund drei Viertel des entsprechenden Bestands ausmachen. Etwa 150 davon wurden zwischen 1625 und 1760 und ca. 3200 zwischen 1760 und 1840 gedruckt. Letztere finden sich z. T. in kleineren Gruppen nach Kantonen geordnet. In der Bestandsgruppe 35 sind u. a. zahlreiche kantonale oder eidgenössische amtliche Publikationen untergebracht. Die Signatur KZ zeichnet sich wiederum durch eine grosse Anzahl von Kleinschriften aus (ca. 500 von insgesamt 2241 Einheiten). Etwa 100 wurden vom Schweizer Physiker Heinrich Wild (1833–1902) verfasst.

Turicensia

2.100 Mehr als drei Viertel der 2220 Einheiten erschienen im 18. Jh, der zweiten kulturellen Blütezeit Zürichs nach der Reformation (16. Jh: 45; 17. Jh: 65; 18. Jh: 1713; 19. Jh: 397). Dabei erstaunt es nicht, dass 1949 deutsch gedruckt wurden, immerhin 210 lateinisch, 52 französisch und 9 in anderen Sprachen. Die betreffenden beiden Signaturen 7 und Sp beinhalten fast ausschliesslich Werke, die von einem Zürcher verfasst oder in der Limmatstadt gedruckt wurden. Auffällig sind die mehr als 100 Druckschriften mit Werken des Pfarrers und Schriftstellers Johann Caspar Lavater (1741–1801). Die hier nicht mitgezählte Signatur Lav. Dr. (Lavater Drucke) enthält Publikationen von und über Lavater (18. Jh: 327; 19. Jh: 21), von denen 339 deutsch, 5 englisch und 4 französisch veröffentlicht wurden. Werke von und über den Zürcher Schriftsteller, Maler und Politiker Gottfried Keller (1819–1890) wurden unter der Signatur GK gesammelt (19. Jh: 244; 1901–1916: 341). 554 erschienen in deutscher Sprache, 12 in englischer, 5 in französischer, 4 in italienischer und 10 in anderen Sprachen.

Broschüren, Zeitschriften und Varia

2.101 Immerhin etwa ein Sechstel des Gesamtbestands der Stadtbibliothek machen die 40.929 Broschüren aus, die unter den Signaturen Bro 4°,

Bro o. J., Bro 1621–1900 und Bro 1000 bis 20.539 aufgestellt sind (16. Jh: 51; 17. Jh: 598; 18. Jh: 1624; 19. Jh: 29.752; 1901–1916: 8903). Diese weniger als 100 Seiten umfassenden Publikationen lassen sich thematisch nicht eingrenzen, sondern enthalten Beiträge zu sämtlichen Fachgebieten. Die meisten erschienen in deutscher (33.019), französischer (4191) und lateinischer Sprache (2548), gefolgt von 531 italienischen, 480 englischen und 160 in anderen Sprachen.

2.102 Einen ebenfalls stattlichen Umfang nehmen die 9089 Einheiten an Zeitungen und Zeitschriften ein (17. Jh: 18; 18. Jh: 2035; 19. Jh: 5880; 1901–1916: 1156), die vornehmlich deutsch (5036), französisch (2812), englisch (959), italienisch (159) und lateinisch (77) gedruckt wurden. 46 erschienen in anderen Sprachen. Die erste Bestandsgruppe, die dem relativ jungen Medium der Zeitungen und Zeitschriften gewidmet war, ist die Signatur 30, die bald nach 1809 ins Leben gerufen wurde und der zahlreiche weitere folgten. Die abgeschlossenen Signaturen für Periodika, in denen grundsätzlich keine Neuzugänge mehr aufgestellt wurden, lauten: 30, 33, 34, 37, DD, WB, WS, ZT, KB, KC, KD, KE und Gal Y. Die letztgenannte Signatur trug ursprünglich die Bezeichnung *Catalogus scriptorum thesauri Ugoliani*, weil sie mit dem 34 Bde umfassenden *Thesaurus antiquitatum sacrarum* (Venedig 1744–1769) begonnen wurde, den der Hebraist Biagio Ugolini (1702–1775) herausgab.

2.103 Eine dritte grosse, fachlich nicht klar umrissene Bestandsgruppe stellen die zahlreichen Libri miscellanei- bzw. Varia-Bestände dar (Signaturen: O, P, 16, 17, 23, 24, HH, WM, KA, PC, Gal SS, Gal V, Gal X). Sie umfassen 13.633 Einheiten, wobei das Schwergewicht auf deutschen, französischen und lateinischen Publikationen des 18. und 19. Jhs liegt (16. Jh: 346; 17. Jh: 908; 18. Jh: 5214; 19. Jh: 7275; 1901–1916: 6). 7247 wurden deutsch gedruckt, 3145 französisch, 2226 lateinisch, 705 englisch, 197 italienisch und 115 in anderen Sprachen.

Sonderbestände

2.104 Unter der Signatur Dr M (Druckmanuskripte) sind 351 Einheiten aufgestellt, die über handschriftliche Annotationen und gelegentlich auch über Autorenkorrekturen verfügen (16. Jh: 27; 17. Jh: 8; 18. Jh: 110; 19. Jh: 178; 1901–1916: 28). Dazu gehört beispielsweise Konrad Gessners reich annotiertes Handexemplar seiner *Bibliotheca universalis* (Zürich 1545), das in der Fachliteratur wiederholt beschrieben wurde. 223 Titel erschienen deutsch, 116 lateinisch und 12 in anderen Sprachen. Die Signatur G II (oder Gy II) enthält das Depositum des Vereins Schweizerischer Gymnasiallehrer mit 1463 neueren Lehrbüchern (19. Jh: 126; 1901–1916: 1337). 1089 wurden deutsch gedruckt, 242 französisch, 107 englisch, 16 italienisch, 4 griechisch und 3 lateinisch. In der Bestandsgruppe M & P (Mandate und Proklamationen) werden mehrere Hundert obrigkeitliche Erlasse aufbewahrt, nicht selten in Form von Einblattdrucken. Sie stammen vornehmlich aus Zürich, ein schöner Teil aber auch aus anderen Schweizer Kantonen, und wurden zwischen dem 16. und 19. Jh publiziert. Die im Raritätenkasten bzw. Giftschrank unter den Signaturen RK I und RK II aufgestellten Werke sind erotischer Natur und eher jüngeren Datums (16. Jh: 3; 17. Jh: 2; 18. Jh: 26; 19. Jh: 99; 1901–1916: 184). Die meisten erschienen deutsch (227) oder französisch (68), lediglich 19 in anderen Sprachen. Unter der Signatur RP (Raritätenpult) sind sehr wertvolle Handschriften und Drucke vereinigt. Zu den 51 Preziosa des 15. bis 20. Jhs zählen auch 3 Blockbücher. In der Ende des 19. Jhs gegründeten Signatur »Res« (Reserve) wurden 1094 seltene Drucke des 16. bis 20. Jhs untergebracht, die z. T. aus dem Altbestand umsigniert wurden (16. Jh: 322; 17. Jh: 77; 18. Jh: 302; 19. Jh: 362; 1901–1916: 31). Neben 784 deutschen Drucken finden sich dort 157 lateinische, 118 französische, 30 englische und 5 in anderen Sprachen.

Privatbibliotheken

2.105 Im Laufe der Jhe sind zahlreiche Schenkungen und Privatbibliotheken eingegangen, von denen verschiedene oben bereits erwähnt wurden. Einige dieser Sammlungen lassen sich nur noch schwer eruieren und müssen zum Teil mühsam zusammengesucht werden. Die einzelnen Handexemplare können in diesen Fällen lediglich auf Grund von Widmungs- und Besitzeinträgen oder handschriftlichen Marginalien zugeordnet werden, z. B. die 370 wiedergefundenen Titel aus der Bibliothek des Reformators Rudolf Gwalther (1519–1586). Andere Privatsammlungen wurden weitgehend geschlossen aufgestellt, im Laufe der Jahre aber gelegentlich mit fachverwandten Werken angereichert, so dass nicht in jedem Fall eindeutig gesagt werden kann, ob ein Werk dem betreffenden Gelehrten gehörte oder ob es auf anderen Wegen in den Bestand gelangte.

2.106 Nachfolgend sei, ohne Anspruch auf Vollständigkeit, auf ein paar für die Bestandsbildung wichtige Privatbibliotheken hingewiesen, die in den vorigen Kapiteln nicht oder nur kurz Erwähnung fanden. Unter der Signatur Apz sind vornehmlich kunsthistorische Werke aufgestellt, die dem Kunsthändler Heinrich Appenzeller (1854–1921) gehörten. Die 370 Einheiten (18. Jh: 59; 19. Jh: 301; 1901–1916: 10) erschienen v. a. in deutscher (319) und französischer Sprache (50).

2.107 Die Bibliothek des berühmten Zürcher Literaturhistorikers und Schriftstellers Johann Jakob Bodmer (1698–1783) gelangte nach seinem Tod zum einen als Schenkung in die Stadtbibliothek und wurde dort unter der Signatur Gal Ch eingereiht.

Der andere Teil ging an die 1775 gegründete Zürcher Töchterschule, welche die Bücher 1809 ebenfalls in die Stadtbibliothek gab, wo sie unter der Signatur 25 aufgestellt wurden. Im Laufe der Zeit wurden Bodmer-Handexemplare aus thematischen Gründen innerhalb der Stadtbibliothek umgestellt, weshalb sich Werke aus seiner Sammlung etwa auch in der Signatur 3 oder anderswo finden. Der von Bodmers Nachfolger am Carolinum Johann Heinrich Füssli (1745–1832) angelegte Katalog (Ms Bodmer 38a) verzeichnet nur rudimentär und oft paraphrasierend ca. 1200 Titel. Die 1825 Einheiten, die heute in den Signaturen Gal Ch und 25 aufgestellt sind, gehen über Bodmers Bibliothek hinaus. Den Schwerpunkt bilden deutsche (959), französische (427), lateinische (190), italienische (117), englische (62) und spanische Publikationen (46) des 17. und 18. Jhs. (16. Jh: 181; 17. Jh: 549; 18. Jh: 1053; 19. Jh: 42).

2.108 Die Bibliothek des Geographen Johann Jakob Egli (1825–1896) trägt die sprechende Signatur »Egli«. Die 943 Einheiten (18. Jh: 14; 19. Jh: 929) enthalten zahlreiche Werke zur Ortsnamenkunde. Die meisten wurden deutsch (617) oder französisch (131) gedruckt, einige auch englisch (59), in weiteren germanischen Sprachen (55), in Italienisch (43), Spanisch (16) oder anderen Sprachen (22).

2.109 Auch der Zürcher Altertumsforscher Johann Caspar Hagenbuch (1700–1769) besass eine umfangreiche Privatbibliothek, die heute unter den Signaturen 19, 20, 21 und 22 aufgestellt ist. Verschiedene Werke wurden in andere Signaturen umgestellt oder sind vermutlich infolge Dublettenverkaufs nicht mehr vorhanden. Gemäss dem im Sommer 1764 handschriftlich erstellten, 117 Seiten starken Katalog seiner Bibliothek (Ms C 393) umfasste sie bei seinem Ableben um die 3000 Titel, einschliesslich Handschriftenbände. Der heute in den erwähnten Signaturen 19 bis 22 einsehbare und durch andere Titel angereicherte Bestand beinhaltet noch etwa 1700 Bde aus Hagenbuchs Besitz. Er vermerkte auf dem Vorsatz- oder auf dem Titelblatt häufig seinen Namen und das Kaufjahr. Zudem führte er ein Journal, das Auskunft über die Bücher gibt, die er während eines Jahres ganz gelesen hatte (Ms C 382). Der erste Eintrag betrifft das Jahr 1720, der letzte stammt vom 7. Mai 1762. Hagenbuch besass v. a. altertumswissenschaftliche und theologische Literatur, aber auch Werke über die deutsche Sprache und Literatur, Geschichte, Hebraistik und Philosophie. Heute sind in den besagten Signaturen 2890 Einheiten untergebracht (16. Jh: 337; 17. Jh: 780; 18. Jh: 1359; 19. Jh: 414), wovon 2184 lateinisch, 346 deutsch, 134 französisch, 121 italienisch, 55 griechisch und 50 in anderen Sprachen gedruckt wurden.

2.110 Eine weitere wichtige Bibliothek ist diejenige des jüdisch aufgewachsenen, zum Christentum konvertierten und 1859 zum anglikanischen Priester ordinierten Philosophen und Alttestamentlers Moritz Heidenheim (1824–1898). Die ca. 3000 Titel zählende Sammlung wurde im Laufe der Jahre mit wenigen fachverwandten Titeln angereichert, so dass heute unter der Signatur »Heid« 3223 Einheiten stehen (15. Jh: 12; 16. Jh: 359; 17. Jh: 311; 18. Jh: 823; 19. Jh: 1675; 1901–1916: 43). Die Bibliothek enthält Drucke in 25 Sprachen, wobei die meisten in Hebräisch (2377), Lateinisch (360), Deutsch (333), Englisch (84) und Französisch (33). Ausser 186 Bibelausgaben finden sich viele seltene Werke jüdischer Grammatiker und Philosophen sowie historische und theologische Werke des 18. und 19. Jhs in europäischen Sprachen. Christliche Theologie und Philologie sind mit rund 300 lateinischen Titeln vertreten. Daneben finden sich u. a. Werke von Universalgelehrten, arabischen Geographen, Poeten und russischen Exilautoren (Olivia Franz-Klauser).

2.111 Die Bibliothek des berühmten Zürcher Schriftstellers Gottfried Keller (1819–1890) macht die Signaturen 42 und 43 aus. Die 1426 Einheiten stammen überwiegend aus dem 19. Jh (16. Jh: 2; 17. Jh: 4; 18. Jh: 149; 19. Jh: 1271) und enthalten mehrheitlich Werke der deutschen Literatur. 1286 Einheiten erschienen in deutscher, 134 in französischer, 4 in englischer und 2 in lateinischer Sprache.

2.112 Aus der umfangreichen Privatbibliothek des Altphilologen Hans Jakob Ochsner (1776–1849) gelangten 1618 Einheiten an philologischer, theologischer, kirchenhistorischer und bibliographischer Literatur in die Stadtbibliothek, wo sie unter der sprechenden Signatur »Ochsner« aufgestellt wurden (16. Jh: 304; 17. Jh: 398; 18. Jh: 694; 19. Jh: 222). Die meisten Publikationen erschienen lateinisch (905), deutsch (316), englisch (177), französisch (131) oder griechisch (78).

2.113 Die Bücher des Zürcher Altphilologen und Universitätsgründers Johann Caspar von Orelli (1787–1849) wurden von der Stadtbibliothek nach seinem Tod für die stattliche Summe von 2000 Gulden erworben. Die etwa 3000 Bde wurden nach Themen geordnet und unter folgenden Signaturen aufgestellt: Orelli C (Cicero), Orelli G (Scriptores Graeci, Primär- und Sekundärliteratur zur griechischen Sprache und Literatur), Orelli L (Scriptores Latini, Primär- und Sekundärliteratur zur lateinischen Sprache und Literatur) und Orelli M (Miscellanea, Werke zu verschiedenen Fachgebieten). Im Laufe der Jahre wurden daraus einzelne wenige Bde umsigniert und in die Signaturen 4 oder LSF gestellt. Zu Beginn der aus der alten Kantonsbibliothek stammenden Signatur V X stehen 160 Nummern der 1885 erfolgten Schenkung der Tochter Erminia Hainisch (geborene von Orelli), damals wohnhaft in Wien. Es dürfte sich dabei um diejenigen Bücher handeln, die 1849 im Besitz der Familie blieben. Weitere etwa 70 Bde Orelliana finden sich im erst nach 1914 geschaffenen Bestand Dr M (Druckmanuskripte) und im Familienarchiv von Orelli, wobei die betreffenden Werke zu unterschiedlichen Zeitpunkten in das Eigentum der Stadt- bzw. Zentralbibliothek übergingen. Nach seinem Tod wurden Orellis Cicero-Bücher in der Stadtbibliothek unter der Signatur »Orelli C« aufgestellt (16. Jh: 136; 17. Jh: 44; 18. Jh: 205; 19. Jh: 613). 415 Titel davon waren Cicero-Ausgaben, womit Orelli über einen Thesaurus an Cicero-Literatur verfügte, der in der damaligen Schweizer Bibliothekslandschaft einzigartig war. Bei den Stadtbibliothek-Signaturen »Orelli G« für die Scriptores Graeci (17. Jh: 14; 18. Jh: 37; 19. Jh: 497) und »Orelli L« für die Scriptores Latini (16. Jh: 25; 17. Jh: 47; 18. Jh: 104; 19. Jh: 743) fällt auf, dass sich die Bibliothekare darum bemühten, die Literatur zu einzelnen Schriftstellern nebeneinander aufzustellen, wobei pro Autor auch mehrere derartige Häufungen vorkommen können. Innerhalb der Signatur G ist die Primär- und Sekundärliteratur zu Homer und Platon am besten vertreten, in der Signatur Orelli L zu Horaz und Tacitus. In der Signatur Orelli M (Miscellanea) mit 919 Einheiten (16. Jh: 6; 17. Jh: 19; 18. Jh: 73; 19. Jh: 802) finden sich Bücher verschiedener theologischer, geistes- und rechtswissenschaftlicher Disziplinen vereinigt. Am häufigsten sind Titel zur Geschichte des Altertums und der antiken Kulturgeschichte, Sekundärliteratur zur griechischen und lateinischen Literatur und Werke zur lateinischen Sprachwissenschaft.

2.114 Die volkswirtschaftlich ausgerichtete Bibliothek des Kaufmanns Hans Kaspar Ott (1801–1880) umfasst v. a. Werke des 19. Jhs (17. Jh: 1; 18. Jh: 5; 19. Jh: 500). 319 der 506 Einheiten wurden deutsch, 111 französisch, 75 englisch und ein Titel lateinisch gedruckt.

2.115 Abschliessend seien die umfangreichen Theologenbibliotheken von Pfarrer Ludwig Pestalozzi (1892–1909) und Alexander Schweizer (1808–1888) erwähnt. Erstere wurde innerhalb der Signatur ZX untergebracht, und letztere macht die Signatur WZ aus (16. Jh: 110; 17. Jh: 164; 18. Jh: 235; 19. Jh: 842). Die meisten Werke aus Schweizers Besitz erschienen deutsch (892), lateinisch (357) und französisch (72) sowie 30 in anderen Sprachen.

Bibliothek der Naturforschenden Gesellschaft

Chronologische Übersicht

2.116 Von den 27.603 Einheiten stammen 244 aus dem 16. Jh, 3148 aus dem 17. Jh, 5510 aus dem 18. Jh, 17.781 aus dem 19. Jh und 920 aus dem Zeitraum zwischen 1901 bis 1916. Auch nach der Übernahme der Bücher durch die Zentralbibliothek wurden einzelne Zeitschriften, Serien und Fortsetzungen weitergeführt.

Sprachliche Übersicht

2.117 Die meisten Publikationen erschienen in deutscher Sprache (14.848), gefolgt von französischen Veröffentlichungen (6255). Immerhin 2938 wurden lateinisch und 2270 englisch gedruckt. Weniger ins Gewicht fallen die 847 italienischen Einheiten sowie die 376 in weiteren germanischen sowie die 69 in übrigen Sprachen erschienenen Werke.

Systematische Übersicht

2.118 Die am besten dotierten Fachgebiete stellen die Signaturen NE mit Werken zu Mathematik, Astronomie und Mechanik (3709) sowie NP mit Publikationen zur Physik (4790) dar, beides Bereiche, in denen die sonst von der gelehrten Bürgerschaft frequentierte Stadtbibliothek wenig zu bieten hatte. Die Bibliothek der Naturforschenden Gesellschaft stand grundsätzlich nur Mitgliedern offen, doch wurde diese Regel oft durchbrochen. Der schnell wachsende Bestand machte bereits 1754, 8 Jahre nach Gründung der Gesellschaft, die Anstellung eines Bibliothekars erforderlich.

Allgemeines und Zeitschriften

2.119 Den Auftakt zur Signatur NA (17. Jh: 42; 18. Jh: 753; 19. Jh: 1087; 1901–1916: 149) macht die Erstausgabe der *Encyclopédie* von Diderot und d'Alembert (Paris 1751–1777) in 33 Bdn. Anschliessend folgt eine Handvoll Arbeiten zur Textilherstellung und -verarbeitung. Den überaus grössten Teil des Bestands bilden Zeitschriften und Periodika, darunter die *Transactions of the Royal Society* und das *Journal des scavans*, die beide 1665 begründet wurden und die ältesten Fachzeitschriften der Wissenschaftsgeschichte darstellen. Hinsichtlich der sprachlichen Zusammensetzung liegen die deutschen (617) und französischen Publikationen (604) quantitativ fast auf dem gleichen Niveau, gefolgt von englischen (397) und lateinischen (216) Arbeiten. 148 Werke wurden in germanischen und 42 in anderen Sprachen gedruckt.

Botanik

2.120 Von den 2097 botanischen Einheiten (16. Jh: 28; 17. Jh: 54; 18. Jh: 474; 19. Jh: 1480; 1901–1916: 62) wurden 841 lateinisch, 814 deutsch, 219 französisch, 129 englisch, 49 in germanischen Sprachen, 41 englisch und 4 in anderen Sprachen gedruckt. Der Bestand ist reich an illustrierten Werken und enthält einen repräsentativen Querschnitt durch die botanische Produktion des 16. bis 19. Jhs, beginnend mit Carolus Clusius, Rembertus Dodonaeus und Konrad Gessner bis hin zu den botanischen Arbeiten Charles Darwins und den paläobotanischen Publikationen des ETH-Professors Oswald Heer (1809–1883), dessen handschriftlicher Nachlass teils in der ETH-Bibliothek Zürich, teils in der Zentralbibliothek Zürich aufbewahrt wird. Auffallend sind die über 20 Titel von

Carl von Linné (1707–1778), der mit Johannes Gessner (1709–1790), dem Gründer der Naturforschenden Gesellschaft in Zürich, in Briefwechsel stand (Ms H 347). Der Mediziner Gessner übernahm in seinem posthum erschienenen Pflanzenwerk *Tabulae phytographicae* (1795–1804) Linnés botanisches System.

Mathematik, Astronomie und Mechanik

2.121 Der Schwerpunkt der 3709 Einheiten der Signatur NE (16. Jh: 82; 17. Jh: 378; 18. Jh: 799; 19. Jh: 2380; 1901–1916: 70) liegt auf mathematischer und astronomischer Literatur, wobei beide Fachgebiete breit abgedeckt sind. Werke zur Mechanik sind nur zweitrangig vertreten. Auch zeitlich liegt ein breit gefächerter Bestand vor, reicht er doch von antiken Autoren (Euklid) bis zu klingenden Namen der Moderne (Bernoulli, Tycho Brahe, Euler, Huygens, Laplace, Newton). Ausser Monographien sind auch mehrere Hundert Broschüren und wenige Periodika vorhanden. Einzelne Werke schenkten die Mathematikprofessoren Johann Caspar Horner (1774–1834), der Kapitän Krusenstern auf den russischen Entdeckungsfahrten um die Welt begleitete, und Johann Jakob Horner (1804–1886). Die meisten Einheiten erschienen in deutscher (1922), französischer (839), lateinischer (620), englischer (207) und italienischer Sprache (88).

Tafelwerke

2.122 Unter den Signaturen NF und NFF sind 283 Einheiten an Tafelwerken aufgestellt, wobei die 25 grossformatigen unter NFF (18. Jh: 45; 19. Jh: 238). Erstaunlicherweise wurden die meisten (105) in französischer Sprache gedruckt worden, gefolgt von deutschen (85), lateinischen (61), englischen (28) und 4 anderssprachigen Publikationen. Es handelt sich dabei nicht selten um hochkarätige Abbildungsbände mit Kupferstichen und Lithographien zu botanischen, zoologischen und anderen Werken, nicht selten auch zu Reiseberichten. Besondere Erwähnung verdienen die kolorierten Zeichnungen (Gouachen) in den Bdn mit dem Titel *Gesneri Museum* (NFF 3 & 4). Sie enthalten Abbildungen der umfangreichen privaten Naturaliensammlung von Johannes Gessner, von der nur noch Einzelstücke im Paläontologischen Institut und Museum der Universität Zürich vorhanden sind.

Geologie, Paläontologie, Mineralogie

2.123 Drei Viertel der 2401 Einheiten entfallen auf das 19. Jh (16. Jh: 4; 17. Jh: 20; 18. Jh: 382; 19. Jh: 1819; 1901–1916: 179), welches das grosse Jh der Geologie und der Paläontologie war. Es sei an dieser Stelle nur an die Entdeckung der Dinosaurier in England, die Erforschung einzelner geologischer Zeitstufen wie des Silurs durch Joachim Barrande (1799–1883) und Roderick Murchinson (1792–1871) und die wichtigen paläontologischen Arbeiten des Schweizers Louis Agassiz (1807–1873) erinnert. Die durch Charles Darwin 1859 formulierte Evolutionstheorie prägte die historische Geologie und die Stratigraphie nachhaltig. Die genannten und zahlreiche weitere namhafte Autoren sind im Bestand vertreten, dem nicht nur Monographien, sondern auch einige Broschüren und wenige Zeitschriften angehören. Die meisten Werke erschienen in deutscher (1111) oder französischer Sprache (801), während die englischen (257), lateinischen (117), italienischen (82) und anderssprachigen Titel (33) deutlich schlechter vertreten sind.

Keller-Escher und Linth-Escher

2.124 Die unter der Signatur NKL aufgestellte Spezialliteratur über Diatomeen (Kieselalgen) stammt aus dem Besitz des Kantonsapothekers Karl Keller-Escher (1815–1916). 38 der nur 40 Einheiten wurden im 19. Jh gedruckt (2 zwischen 1901 und 1916). 19 erschienen in deutscher, 12 in englischer und 8 in französischer Sprache. Ein weiterer privater, aber viel umfangreicherer Bestand innerhalb der Bibliothek der Naturforschenden Gesellschaft stellt die Arbeitsbibliothek des Geologieprofessors Arnold Escher von der Linth (1807–1872) dar, die mit der Signatur NLE versehen wurde (16. Jh: 1; 17. Jh: 5; 18. Jh: 182; 19. Jh: 1453). Mehr als die Hälfte der 1641 Einheiten erschien in deutscher Sprache (913), gefolgt von französischen (493), italienischen (128), englischen (98) und anderssprachigen Publikationen (9). Die Privatbibliothek des berühmten Alpengeologen enthält neben mehreren hundert Monographien etwa 1100 Broschüren und Separata.

Varia

2.125 Die 1891 Einheiten der Signatur NM (16. Jh: 17; 17. Jh: 51; 18. Jh: 307; 19. Jh: 1427; 1901–1916: 96) decken ein breites Spektrum ab. Vor allem interdisziplinär ausgerichtete Publikationen, Biographien, Briefwechsel, Bibliographien und Abhandlungen zu Fragestellungen aus dem Grenzbereich von Naturwissenschaften und Philosophie wurden hier untergebracht. 959 Einheiten, also etwa die Hälfte, erschienen in deutscher Sprache, 276 englisch, 259 französisch, 165 italienisch, 151 lateinisch, 76 in germanischen und 5 in anderen Sprachen.

Zoologie

2.126 Die unter den Signaturen NNN und NS aufgestellte zoologische Literatur stammt mehrheitlich aus dem 19. Jh, wobei die erstgenannte Bestandsgruppe mit 2966 Einheiten die letztere mit nur 482 deutlich überragt (16. Jh: 17; 17. Jh: 38; 18. Jh: 745; 19. Jh: 2462; 1901–1916: 183). 1839 wurden deutsch, 827 französisch, 379 lateinisch, 212 englisch, 159 italienisch und 36 in anderen Sprachen veröffentlicht. Beide Signaturen enthalten Werke zu allen Tierstämmen auf allen Kontinenten, darunter auch zahlreiche Klassiker von Konrad Gessner, dem Begründer der modernen beschreibenden Zoologie, bis hin zu Charles Darwin und Ernst Haeckel. Insgesamt sind über 500 Broschüren vorhanden. Darüber hinaus zeichnet sich die Signatur NNN durch etliche prächtige Tafelwerke aus.

Ökonomie und Technik

2.127 Unter der Signatur NO (17. Jh: 4; 18. Jh: 305; 19. Jh: 594; 1901–1916: 7) wurden Werke aufgestellt, die sich mit der praktischen Nutzung natürlicher Ressourcen beschäftigen. Besonders zahlreich sind Abhandlungen zu den Fachgebieten Agronomie, Forstwirtschaft, zum technischen Abbau und zur Verarbeitung von Bodenschätzen. Darüber hinaus finden sich einzelne Abhandlungen über anderweitige chemische und ingenieurwissenschaftliche Fragestellungen. 578 Einheiten wurden deutsch, 242 französisch, 45 italienisch, 34 englisch und 11 in anderen Sprachen gedruckt.

Physik

2.128 Die Literatur zur Physik stellt mit 4790 Einheiten den reichsten Bestand dar, wobei wiederum Titel des 19. Jhs am besten vertreten sind (16. Jh: 63; 17. Jh: 200; 18. Jh: 918; 19. Jh: 3485; 1901–1916: 126). Über die Hälfte der Publikationen erschien in deutscher Sprache (2665), 1294 in französischer, 488 in lateinischer, 252 in englischer, 74 in italienischer und 17 in anderen Sprachen. Sie decken ein breites Band an Fachgebieten ab, von Astronomie und Chemie über Elektrizitätslehre, Magnetismus, Mechanik, Optik und Thermodynamik bis zu Klimatologie und Meteorologie. Auffällig sind nicht nur die etwa 700 Broschüren, sondern auch die verschiedenen Titel aus den Privatbibliotheken von schätzungsweise drei Mitgliedern der Familie Horner sowie des Experimentalphysikers Albert Mousson (1805–1890).

Geographie und Reiseberichte

2.129 Von den 2192 Einheiten (16. Jh: 32; 17. Jh: 108; 18. Jh: 592; 19. Jh: 1356; 1901–1916: 119) wurden 1076 deutsch, 637 französisch, 368 englisch, 52 lateinisch, 31 italienisch und 28 in anderen Sprachen gedruckt. Der Schwerpunkt des Bestands liegt in Reisebeschreibungen des 18. und 19. Jhs aus allen Erdteilen. Unter den zahlreichen Berichten von Forschungs- und Entdeckungsreisen finden sich beispielsweise auch die berühmten Beschreibungen der Fahrten von James Cook nach Australien, Samuel Georg Gmelin nach Russland, Engelbert Kaempfer nach Japan oder David Livingstone nach Zentralafrika. Die weniger gut vertretene Literatur zur Geographie hinterlässt nicht den Eindruck, dass sie systematisch gesammelt worden ist.

Medizinische Bibliothek

Chronologische und sprachliche Übersicht

2.130 Der 14.100 Einheiten umfassende Bestand setzt sich zum überwiegenden Teil aus Werken des 18. und 19. Jhs zusammen (16. Jh: 302; 17. Jh: 775; 18. Jh: 3307; 19. Jh: 9518; 1901–1916: 198). Drei Viertel davon (10.274) wurden in deutscher Sprache gedruckt, 1543 französisch, 1523 lateinisch, 513 englisch, 222 italienisch und 25 in anderen Sprachen.

Systematische Übersicht

2.131 Wie erwähnt, ist die fachliche Zuordnung der Signaturen bis auf wenige Ausnahmen nicht mehr eruierbar. Der wichtigste und von Forschern unterschiedlicher Fachrichtungen am meisten benutzte Bestand stellen die Werke der Signatur Md U dar. Er enthält ca. 1800 Druckschriften u. a. über Heilbäder, Mineralwasser, Wasserheilkunde, Orts- und Regionenbeschreibungen, Erlebnisse von Badegästen bei Badekuren. Es fallen 3 Autoren auf, mit je 5 Publikationen vertreten sind, und zwar der Schriftsteller Karl Ludwig von Pöllnitz (1692–1775) sowie die beiden Ärzte Johann Philipp Seip (1686–1757) und Jakob Theodor Tabernaemontanus (1522–1590). Unter den beschriebenen Bädern in Belgien, Deutschland, England, Frankreich, Griechenland, Island, Italien, den Niederlanden, Österreich, Polen, Portugal, Rumänien, Russland, Schweden, der Schweiz und der Tschechei werden am meisten Publikationen über schweizerische und v. a. deutsche Bäder aufbewahrt, z. B. über Baden (AG), Baden-Baden, Bad Kissingen in Bayern, Bad Pyrmont in Niedersachsen oder Bad-Wildbad im Schwarzwald.

Juristische Bibliothek

Chronologische und sprachliche Übersicht

2.132 Die im 19. Jh gegründete, 11.053 Einheiten umfassende Bibliothek verfügt v. a. über rechtswissenschaftliche Texte des 19. Jhs (16. Jh: 64; 17. Jh: 108; 18. Jh: 1235; 19. Jh: 8565; 1901–1916: 1081). Weitaus die meisten erschienen in deutscher Sprache (9119), gefolgt von französischen (909), lateinischen (702), englischen (170) und italienischen Publikationen (136) sowie 17 in anderen Sprachen.

Systematische Übersicht

2.133 Am besten vertreten ist die Literatur zum Deutschen Recht (ca. 15 %, Signaturen Ca bis Cc), zum Partikularrecht (ca. 15 %, Da bis Dc) sowie zum Zivilrecht (ca. 14 %, Aa bis Ac und Ba bis Bc). Auch die Gebiete Kriminalrecht und Kriminalprozess (Fa bis Fc) sowie Schweizerisches Recht (Ea bis Ec) sind mit je ca. 12 % gut dotiert. Die Signaturen Ha bis Hc enthalten ein Sammelsurium von

Literatur zu Naturrecht, Öffentlichem Recht, Staats- und Völkerrecht sowie Kirchenrecht (ca. 9 %). Wenige Werke finden sich unter den nicht klar definierten Bestandsgruppen L, La, Mb und Na (total ca. 3 % des Bestands) sowie unter R II mit Publikationen zum Nordamerikanischen Recht (ca. 2 %).

Kantonsbibliothek

Chronologische Übersicht

2.134 Von den 91.701 Bdn erschienen 528 im 15. Jh, 3648 im 16. Jh, 3108 im 17. Jh, 11.255 im 18. Jh, 56.893 im 19. und 16.269 im 20. Jh (1901–1916).

Übersicht nach Sprachen

2.135 49.423 Einheiten wurden deutsch, 15.492 lateinisch, 16.381 französisch, 4154 englisch, 1586 italienisch, 1755 griechisch, 1008 in germanischen Sprachen, 560 spanisch, 276 hebräisch, 234 in weiteren romanischen Sprachen, 76 in slawischen Sprachen, 25 rätoromanisch und 281 in weiteren Sprachen abgefasst.

Systematische Übersicht

2.136 Der Bestand besteht aus den folgenden 10 Hauptgruppen: Medizin (Signaturen I A bis I Z), Naturwissenschaft und Technik (I AA bis I EE), Rechtswissenschaften (II A bis II F), Kirchengeschichte (II AA bis II DD), Theologie (III A bis III R), Geschichte (IV A bis IV M, IV EE bis IV GH), Sprach- und Literaturwissenschaften (IV N bis IV R, IV PO bis IV RR und V L), Philosophie (IV S bis IV Y), Klassische Philologie (V A bis V K, V M bis V W) und Varia (V X, V Z, I ZZ bis V ZZ, Kupfer, KB Bro, Diss III, Hy und SV).

Medizin

Allgemeines

2.137 Das medizinische Schrifttum umfasst 12.283 Einheiten. Unter der Signatur I A (163 Einheiten: 16. Jh: 1; 17. Jh: 1; 18. Jh: 34; 19. Jh: 127) sind medizinische Nachschlagewerke sowie 4 Leitfäden zur Mikroskopie aufgestellt, wobei der grösste Teil (133) in deutscher Sprache erschien. Dazu gesellen sich 506 v. a. lateinische (340) und deutsche (142) Einheiten mit gesammelten Werken verschiedener Ärzte quer durch die Jhe (I B: 16. Jh: 40; 17. Jh: 131; 18. Jh: 291; 19. Jh: 34; 1901–1916: 10) sowie medizinische Zeitschriften, v. a. deutsche (604) des 19. Jhs (517) (I C: 18. Jh: 151; 19. Jh: 517; 1901–1916: 90) und ältere, ebenfalls mehrheitlich deutsche »medicinische Zeitschriften« (I Y: 17. Jh: 2; 18. Jh: 38; 19. Jh: 98).

Anatomie und Physiologie

2.138 Anatomische und physiologische Literatur findet sich in den Signaturen I D (16. Jh: 10; 17. Jh: 40; 18. Jh: 102; 19. Jh: 226; 1901–1916: 14), I E (16. Jh: 4; 17. Jh: 37; 18. Jh: 151; 19. Jh: 500; 1901–1916: 93) und I F (17. Jh: 15; 18. Jh: 65; 19. Jh: 256; 1901–1916: 60). Die zahlreichen Lehrbücher, anatomischen Tafeln, Tabellen und Lehrbücher wurden zu drei Vierteln lateinisch und zu einem Viertel deutsch verfasst. Zahlreiche Schriften stammen aus der Feder bekannter Persönlichkeiten der Medizingeschichte wie etwa Caspar Bauhin, Hermann Boerhaave und dessen Schüler Albrecht von Haller, Antony van Leeuwenhoek, Lazzaro Spallanzani, Christian J. Trew oder Rudolf Virchow. Ausserdem fallen einige Titel über Elektrizität und Magnetismus des Tieres aus dem 18. und 19. Jh auf.

Pathologie

2.139 Pathologische Arbeiten sind in den Signaturen I G (17. Jh: 2; 18. Jh: 11; 19. Jh: 199; 1901–1916: 26), I H (16. Jh: 5; 17. Jh: 5; 18. Jh: 241; 19. Jh: 386; 1901–1916: 82), I K (16. Jh: 6; 17. Jh: 9; 18. Jh: 189; 19. Jh: 246; 1901–1916: 1), I L (17. Jh: 17; 18. Jh: 198; 19. Jh: 333; 1901–1916: 48) und I M (17. Jh: 9; 18. Jh: 191; 19. Jh: 324; 1901–1916: 138) untergebracht. Die meisten erschienen in deutscher (1375), lateinischer (419) und französischer Sprache (219). Ausser einer ganzen Anzahl von Lehrbüchern sind auch medizinische Ratgeber vorhanden. Nebst Werken zur Pathologie, pathologischen Anatomie und Diagnostik sind auch Titel über Ernährungslehre, Homöopathie, Geschlechtskrankheiten, Kinderkrankheiten und Geisteskrankheiten vertreten. Auf Grund seines stattlichen Umfangs fällt das 32-bändige, von Rudolf Virchow von 1854 bis 1885 herausgegebene *Handbuch zur speziellen Pathologie und Therapie* auf.

Klinische Medizin

2.140 Die Literatur zur klinischen Medizin beschränkt sich auf die Signatur I N (16. Jh: 9; 17. Jh: 42; 18. Jh: 235; 19. Jh: 229; 1901–1916: 41). Von den 556 Einheiten erschienen 270 in deutscher, 174 in lateinischer, 70 in englischer und 34 in französischer Sprache. Nebst verschiedenen Lehr- und Handbüchern sowie allgemeinmedizinischen Abhandlungen fallen zahlreiche Werke zur Krankenpflege auf. Integriert wurden einige Periodika, z. B. die *Berliner klinische Wochenschrift* (Berlin 1879–1907), *Guy's Hospital Report* (London 1836–1909) und das *Jahrbuch der Wiener K.K. Kranken-Anstalten* (Wien, Leipzig 1893–1908), aber auch mehrbändige Werke wie der *Sanitäts-Bericht über die deutschen Heere im Kriege gegen Frankreich 1870/71* (8 Bde, Berlin 1884–1891).

Chirurgie

2.141 Die chirurgischen Publikationen wurden in der Signatur I O (16. Jh: 2; 17. Jh: 19; 18. Jh: 180; 19. Jh: 622; 1901–1916: 123) aufgestellt. Infolge des grossen Anteils an Werken des 19. Jhs wurden die meisten Werke auf Deutsch (596) oder Französisch (215) und nur noch wenige auf Lateinisch (72) verfasst. Immerhin 52 wurden in verschiedenen romanischen Sprachen gedruckt. Der Bestand enthält Hand- und Lehrbücher zur Wundarzneikunst bzw. Chirurgie und Abhandlungen über chirurgische Eingriffe an einzelnen Organen (z. B. der Wirbelsäule). Ansonsten ist das Spektrum der Themen weit gefächert und reicht von der Verbandslehre bis zur Galvano-Chirurgie.

Gynäkologie und Pädiatrie

2.142 I P enthält v. a. deutsche (424), französische (84) und lateinische (46) Titel zur Gynäkologie und Pädiatrie (16. Jh: 1; 17. Jh: 11, 18. Jh: 168; 19. Jh: 364; 1901–1916: 49). Etwa zwei Drittel des Bestands macht die gynäkologische Literatur aus, die sich nebst Hand- und Lehrbüchern verschiedensten Gebieten von der Entbindung über Uterus-Krankheiten bis zur »Castration« der Frau widmet. Etwa ein Drittel entfällt auf die Kindermedizin, die auch Ratgeberliteratur miteinschliesst.

Psychiatrie und Hypnose

2.143 Die 588 Einheiten der Signatur I Q stammen mehrheitlich aus dem 19. Jh (18. Jh: 4; 19. Jh: 553; 1901–1916: 31) und wurden vorwiegend deutsch (307), französisch (162) oder englisch (76) verfasst. Der Bestand vereinigt die zwei Privatbibliotheken (oder Teile davon) von Prof. Dr. Wilhelm Griesinger (1817–1868) und Dr. med. Georg Ringier (1849–1914). Der in Berlin verstorbene Griesinger war 1860 bis 1864 Leiter der Klinik für Innere Medizin in Zürich und Planer der 1865 eröffneten psychiatrischen Universitätsklinik Burghölzli. Er hinterliess der Kantonsbibliothek vorwiegend Werke zur Psychiatrie, Neurologie und zu einzelnen geistigen Behinderungen. Die etwa 200 Titel aus dem ehemaligen Besitz des Mediziners Ringier erschienen alle zwischen 1883 und 1913 und sind der therapeutischen Hypnose gewidmet, worüber Ringier bereits 1891 mit der Disseration *Erfolge des therapeutischen Hypnotismus in der Landpraxis* promoviert hatte.

Pharmazie

2.144 Die beiden Signaturen I R »Receptirkunst, Arzneimittellehre« (16. Jh: 11; 17. Jh: 23; 18. Jh: 210; 19. Jh: 304; 1901–1916: 17) und I S »Arzneimittellehre, Balneologie« (16. Jh: 1; 17. Jh: 16; 18. Jh: 171; 19. Jh: 178; 19. Jh: 31) widmen sich einer breiten Palette von Heilmitteln und Wirkstoffen. Die meisten Werke erschienen deutsch (292 bzw. 276), lateinisch (66 bzw. 110) und französisch (35 bzw. 63). Die verschiedenen botanischen Klassiker aus der Feder von Rembertus Dodonaeus, Otto Brunfeld, Valerius Cordus, Theodor Zwinger und anderen erinnern daran, dass der Arzneimittelschatz früher vornehmlich aus Pflanzen gewonnen wurde. Nebst Hand- und Lehrbüchern finden sich zahlreiche »Pharmacopoeae« des 18./19. Jhs sowie Studien zu einzelnen Wirkstoffen, z. B. Aether, Arsen, Blei, Chloroform, Jod, Quecksilber usw. Einzelne Arbeiten spüren auch psychischen Phänomenen wie der Einbildungskraft oder der therapeutischen Wirkung von Musik nach. Etwa ein Viertel des Bestands der Signatur I S enthält Bäderschriften.

Medizingeschichte

2.145 Der grösste Teil der medizinhistorischen Literatur (I T: 16. Jh: 10; 17. Jh: 24; 18. Jh: 141; 19. Jh: 259; 1901–1916: 76) erschien in deutscher Sprache (276), gefolgt von lateinischen (110) und französischen Titeln (63). Der Bestand enthält auffallend viele Werke von und über Hippokrates. Zudem sind medizingeschichtliche Darstellungen, Biographien von Ärzten und Kataloge medizinischer Bibliotheken gut vertreten. Auch medizinische Varia und Kuriositäten wurden hier eingereiht, z. B. Publikationen zur Mathematik für Mediziner oder zur Medizin der Naturvölker.

Gerichtsmedizin

2.146 Die Literatur der Signatur I W (17. Jh: 10; 18. Jh: 211; 19. Jh: 446; 1901–1916: 96) mit der ursprünglichen Bezeichnung »Medicinische Polizei, Gerichtliche Medicin, Epidemien« enthält vorwiegend deutsche (564), französische (94) und englische (66) Veröffentlichungen. Die Themen sind weit gefächert und reichen von Hand- und Lehrbüchern zur Gerichtsmedizin über Literatur zu Giften und Vergiftungen, Hygiene, Volkskrankheiten und Epidemien bis hin zu einzelnen Arbeiten über Alkoholismus, Brandstiftung, Kindsmord, Prostitution, Tollwut, Vampirismus usw.

Veterinärmedizin

2.147 Verhältnismässig umfangreich ist der Bestand an tiermedizinischer und agronomischer Literatur (I Z: 16. Jh: 4; 17. Jh: 8; 18. Jh: 171; 19. Jh: 1252; 1901–1916: 126), wobei die deutschen Publikationen (1483) klar überwiegen. Ausser Lehr- und Handbüchern fallen quantitativ die hippologische Literatur sowie Werke über Tierzucht, Seuchen und Milchwirtschaft wie auch einzelne Periodika auf.

Naturwissenschaft und Technik

2.148 Knapp die Hälfte der 6702 Einheiten entfällt auf die Fachgebiete »Mathematik und Astronomie« (I AA: 16. Jh: 25; 17. Jh: 13; 18. Jh: 161; 19. Jh: 1208; 1901–1916: 174) sowie »Allgemeine Biologie« (I BB: 16. Jh: 1; 17. Jh: 5; 18. Jh: 145; 19. Jh: 992; 1901–1916: 489). In beiden Fällen überwiegen die deutschen Publikationen (1174 bzw. 891), im erstgenannten Bereich gefolgt von französischen (263) und lateinischen (70), im zweiten von englischen (400) und französischen (281). Die mathematischen und astronomischen Titel weisen zahlreiche Werke von Galilei, Gauss, Euler, Kopernikus, Laplace und anderen Berühmtheiten auf sowie Lehr- und Handbücher (vom Sekundarschul- bis zum Hochschulniveau) und Schriften zu Teilgebieten wie Himmelsmechanik, Kosmologie, Algebra, Analysis, Geometrie, Goniometrie, Trigonometrie und anderen.

2.149 Das Fachgebiet »Allgemeine Biologie« enthält Werke im Sinn des alten Begriffs der Naturgeschichte, also über die Biologie hinausgehend auch Titel zur Geologie, Glaziologie, Mineralogie, Paläontologie und Vulkanologie. Entsprechend reich ist das Autorenspektrum, zu dem beispielsweise die berühmten Naturforscher Charles Bonnet, Comte Georges-Louis Comte de Buffon, Heinrich Georg Bronn, Carolus Clusius, Ernst Haeckel (mindestens 6 Titel), Oswald Heer, Alexander von Humboldt, Carl von Linné und Friedrich August Quenstedt gehören.

2.150 Physikalische und chemische Werke sind in der Signatur I AB untergebracht, wobei diejenigen zur Physik etwa zwei Drittel des Bestands ausmachen (16. Jh: 2; 17. Jh: 20; 18. Jh: 153; 19. Jh: 688; 1901–1916: 169). Erwartungsgemäss sind die meisten Titel auf Deutsch (744), Französisch (161) und Englisch (66) erschienen. Den Bestand prägen einschlägige Lehr- und Handbücher, aber auch Werke zu Teilgebieten der Physik wie Elektrizität, Experimentalphysik, Magnetismus, Meteorologie, Optik, Seismologie, theoretische Physik usw. Im Bereich Chemie fallen die 11 Titel des englischen Chemikers Robert Boyle auf, wozu sich verschiedene Werke zur analytischen, angewandten, anorganischen, organischen, physikalischen und technischen Chemie gesellen.

2.151 Botanik (I BB: 16. Jh: 1; 17. Jh: 5; 18. Jh: 145; 19. Jh: 992; 1901–1916: 489) und Zoologie (I CC: 16. Jh: 4; 17. Jh: 2; 18. Jh: 50; 19. Jh: 535; 1901–1916: 284) sind insgesamt gleich stark vertreten. In der Botanik fällt der hohe Anteil an deutschen (473), französischen (156) und lateinischen (134) Werken auf, wohingegen in der Zoologie, ausser 523 deutschen und 205 französischen, 83 Publikationen englisch gedruckt wurden. Für beide Fachgebiete sind Lehr- und Handbücher, aber auch Abhandlungen zu verschiedensten Themen der Pflanzenwelt (Biochemie, Morphologie, Paläobotanik, Physiologie, Systematik usw.) und des Tierreiches (wenig Paläozoologie) vorhanden.

2.152 Mit 707 Einheiten ist der unter der Signatur I EE aufbewahrte Bestand »Technologie und Handelswissenschaft« das kleinste der naturwissenschaftlich-technischen Fächer (17. Jh: 5; 18. Jh: 65; 19. Jh: 491; 1901–1916: 146). Die meisten Werke erschienen in deutscher Sprache (524) oder auf Französisch (113) und englisch (66). Nebst technologischen Enzyklopädien und Periodika tangieren die betreffenden Schriften verschiedene Fachgebiete, z. B. Architektur, Ingenieurwissenschaften, Militaria und Wirtschaft.

Rechts- und Staatswissenschaften

2.153 Von den 16.377 Einheiten rechts- und staatswissenschaftlicher Titel machen fast ein Drittel (7120) die unter der Signatur II A(2) aufbewahrten juristischen französischen Dissertationen aus den Jahren 1880 bis 1910 aus (19. Jh: 3609; 1901–1916: 3511). Die verbleibenden 9257 Einheiten verteilen sich wie folgt: 1657 Einheiten römisches Recht, 2024 deutsches Recht, 247 Kanonisches Recht, 917 Kriminalrecht, 508 Prozessrecht und 3904 Staatswissenschaften.

2.154 Die 1657 Einheiten zum »Römischen Recht« wurden unter der Signatur II A(1) aufgestellt (16. Jh: 28; 17. Jh: 44; 18. Jh: 113; 19. Jh: 1231; 1901–1916: 241). 607 wurden französisch, 538 deutsch, 316 lateinisch, 132 italienisch, 33 englisch und 31 in anderen Sprachen abgefasst. Eigenartigerweise findet sich jedoch nur relativ wenig Literatur zum römischen Recht, dagegen zahlreiche Arbeiten zu anderen Gebieten (Rechtsgeschichte, Zivilrecht) oder Abhandlungen zu unterschiedlichen Themen vom Pfand- und Vertragsrecht bis hin zur englischen und französischen Jurisprudenz. Viel einheitlicher ist der unter II B aufgestellte Bestand »Deutsches Recht« (16. Jh: 14; 17. Jh: 12; 18. Jh: 137; 19. Jh: 1270; 1901–1916: 591), in dem die meisten Publikationen auf Deutsch (1709) sowie auf Französisch (191) und Lateinisch (68) verfasst wurden. Er stellt Rechtsbücher einzelner deutscher Städte und Regionen zur Verfügung, enthält aber auch rechtsgeschichtliche Werke sowie Arbeiten zu unterschiedlichen deutschen Rechtsfragen wie Bergrecht, Güter- und Erbrecht, Privatrecht, Vertragsrecht usw. Das Schweizer Recht ist mit etwas mehr als 200 Einheiten vertreten. Das »Canonische Recht« ist in der Signatur II C untergebracht (16. Jh: 3; 17. Jh: 5; 18. Jh: 29; 19. Jh: 163; 1901–1916: 47) und setzt sich v. a. aus deutschen (162), lateinischen (44) und französischen (35) Publikationen zusammen. Neben protestantischem und katholischem Kirchenrecht finden sich zahlreiche Titel zur Geschichte des Kirchenrechts sowie zu verschiedenen praktischen Fragen des kirchlichen Alltags vom Kirchenaustritt über das Mönchsgelübde bis zur Kirchensteuer. Die recht umfangreiche Literatur zum »Kriminalrecht« (II D: 16. Jh: 5; 17. Jh: 8; 18. Jh: 78; 19. Jh: 656; 1901–1916: 170) erschien hauptsächlich auf Deutsch (562), Französisch (161), Lateinisch (81) und Englisch (68). Sie bietet Lehr- und Handbücher, Titel zum allgemeinen Strafrecht wie auch zu einzelnen Tatbeständen sowie ein breit gefächertes Angebot an Publikation, z. B. zum Prozess Galileo Galileis, über den Anarchismus oder die Kriminalität der Balkanländer. Die Signatur II E widmet sich verschiedensten Seiten des »Processes« (16. Jh: 6; 17. Jh: 10; 18. Jh: 24; 19. Jh: 395; 1901–1916: 73) vorwiegend in deutscher (331), französischer (102), lateinischer (37) und italienischer (27) Sprache. Dazu gehören Gerichtsordnungen, Abhandlungen über den Zivilprozess und Literatur zu einschlägigen Fragen (Advokat, Beistand, Folter, Geschworene, Hexenprozess, Inquisition, Todesstrafe usw.). Die sehr umfangreiche, vorwiegend deutsche (2855), französische (745) und englische (193) staatswissenschaftliche Literatur wurde in der Signatur II F gesammelt (16. Jh: 8; 17. Jh: 21; 18. Jh: 59; 19. Jh: 2213; 1901–1916: 1603). Sie vereinigt Werke zur Verfassungsgeschichte sowie Gesetze und Gesetzessammlungen verschiedener Staaten, aber auch Veröffentlichungen zur Politologie, Staats- und Rechtsphilosophie sowie zum Völkerrecht.

Kirchengeschichte

2.155 Immerhin 4 Signaturen mit insgesamt 3811 Einheiten widmen sich ausschliesslich der Kirchengeschichte. Die 640 Bde der Signatur II AA (16. Jh: 16; 17. Jh: 39; 18. Jh: 42; 19. Jh: 498; 1901–1916: 45) enthalten Überblicke über die Kirchengeschichte, Lehr- und Handbücher sowie vorwiegend protestantische Abhandlungen zu einzelnen Themen aller Epochen vorwiegend in deutscher (460), lateinischer (94) und französischer Sprache (53), wobei hinsichtlich der alten Kirche ein Schwerpunkt auszumachen ist. Auffällig sind auch die immerhin 8 Titel des französischen Schriftstellers Ernest Renan. Die mit »Kirchengeschichte (seit der Reformation), kirchliche Archäologie und Papstgeschichte« betitelte Fachgruppe mit der Signatur II BB (16. Jh: 29; 17. Jh: 37; 18. Jh: 197; 19. Jh: 917; 1901–1916: 123) weist v. a. Untersuchungen des 19. Jhs zur Reformation, verschiedenen protestantischen Bewegungen (Täufertum, Hugenotten, Pietismus etc.) sowie auch katholische Werke (Konzilien, Papstgeschichte, christliche Archäologie usw.) auf, die mehrheitlich deutsch (982), französisch (143) und lateinisch (115) publiziert wurden. Der unter der Signatur II CC (16. Jh: 12; 17. Jh: 40; 18. Jh: 156; 19. Jh: 874; 1901–1916: 118) aufgestellte Bestand umfasst Arbeiten zur Geschichte der katholischen und der protestantischen Kirchen in hauptsächlich deutscher (825), lateinischer (184) und französischer Sprache (130). Schwerpunkte bilden die alte Kirche, Kloster- und Ordensgeschichte sowie Werke zur Geschichte christlicher Gruppierungen seit der Antike u. a. der Arianer, Gnostiker, Waldenser, Täufer, Methodisten, der Heilsarmee und anderer. Urkunden- und Quellensammlungen sind in der 668 Einheiten zählenden Bestandsgruppe II DD (16. Jh: 122; 17. Jh: 83; 18. Jh: 96; 19. Jh: 311; 1901–1916: 56) untergebracht, wo sich u. a. auch liturgische Werke beider Konfessionen befinden. Wie üblich überwiegen die deutschen Titel (487) vor den lateinischen (129) und italienischen (36).

Theologie

2.156 Die 10.722 Theologica können in 4 Gruppen beschrieben werden: Biblica (4684), Kirchenschriftsteller (2896), Dogmatik (2113) und Praktische Theologie (1029).

Biblica

2.157 Der Bestand mit der Signatur III A »Biblia« (16. Jh: 63; 17. Jh: 33; 18. Jh: 103; 19. Jh: 255; 1901–1916: 11) enthält vornehmlich Bibelausgaben, Literatur über Bibelmanuskripte sowie die Überlieferung der Bibel und verschiedene Werke der aufkommenden historisch-kritischen Methode, die in Zürich schon früh intensiv rezipiert wurde und deren erste Sturm-und-Drang-Phase im berühmten Straussenhandel kulminierte. Auf Grund der zahlreichen Bibelausgaben präsentiert sich die sprachliche Zusammensetzung etwas anders als gewohnt: 155 wurden in lateinischer, 147 in deutscher, 60 in hebräischer, 39 in griechischer und 64 in weiteren Sprachen gedruckt. Viele Ausg. des NT wurden separat in III C »Novum Testamentum« (16. Jh: 29; 17. Jh: 21; 18. Jh: 97; 19. Jh: 241; 1901–1916: 31) aufgestellt, wovon fast 90 % in lateinischer (143), deutscher (138) oder griechischer Sprache (85) veröffentlicht wurden.

2.158 Die Kommentare zum AT und NT fanden Aufnahme in den Signaturen III B (16. Jh: 245; 17. Jh: 93; 18. Jh: 155; 19. Jh: 550; 20. Jh: 91) und III D (16. Jh: 102; 17. Jh: 51; 18. Jh: 100; 19. Jh: 345; 1901–1916: 37). Die häufigsten Publikationssprachen sind Deutsch (503), Lateinisch (391), Hebräisch (114), Französisch (39) und Englisch (33) bzw. Lateinisch (285), Deutsch (268) und Englisch (30). Die alttestamentlichen Kommentare stammen vorwiegend von protestantischen Autoren, nicht zuletzt den Zürcher Reformatoren Bibliander, Pellikan und Vermigli. Nebst hebräisch-rabbinischem Schrifttum sind auch mehrere moderne Kommentarreihen vorhanden wie auch Studien zur Umwelt und zur Zeitgeschichte des AT. Auffällig sind zudem die zahlreichen Psalmenausgaben. Bei den neutestamentlichen Kommentaren stammen wiederum viele von Zürcher Reformatoren. Allein etwa 30 Kommentare sind der Apokalypse des Johannes gewidmet.

2.159 Die Signaturen III E (16. Jh: 13; 17. Jh: 44; 18. Jh: 144; 19. Jh: 482; 1901–1916: 73) und III F (16. Jh: 17; 17. Jh: 38; 18. Jh: 171; 19. Jh: 916; 1901–1916: 133) stellen gewissermassen Sammelbecken für verschiedene Bereiche bibelwissenschaftlicher Literatur dar. Der erstgenannte Bestand, der v. a. deutsche (461), lateinische (163) und englische (55) Titel umfasst, enthält zahlreiche Lehr- und Fachbücher zum neutestamentlichen Griechisch, zur Geschichte der Bibelübersetzungen in einzelne Sprachen, Literatur zu den alt- und neutestamentlichen Einleitungsfragen sowie zur neutestamentlichen Hermeneutik. Letztgenannte Gruppe ist betitelt mit »Biblische Archäologie, Zeitschriften« und enthält dementsprechend Werke zu Archäologie, Chronologie, Umwelt und Zeitgeschichte der Bibel sowie protestantische und katholische Zeitschriften, v. a. auf Deutsch (891) und Lateinisch (129), aber auch in verschiedenen germanischen Sprachen (182).

Kirchenschriftsteller

2.160 Die Signatur III G ist betitelt mit »Opuscula theologica« (16. Jh: 15; 17. Jh: 43; 18. Jh: 99; 19. Jh: 176; 1901–1916: 56). Der Diminutiv verrät, dass es sich in erster Linie um theologisches Kleinschrifttum handelt, das zur Hauptsache in lateinischer (218), deutscher (146) und englischer Sprache (19) verfasst wurde, zu dem sich auch etliche theologische Dissertationen gesellen. Die Autoren stammen mehrheitlich aus dem deutschsprachigen Raum und decken zeitlich wie geistesgeschichtlich einen weiten Horizont ab, der vom Humanisten Erasmus von Rotterdam über den Zürcher Aufklärer Johann Jakob Breitinger bis zum Württemberger Pietisten Johann Albrecht Bengel reicht.

2.161 Breiten Raum nimmt in typisch reformierter Manier die Patristik ein. Während die Signatur III H (16. Jh: 71; 17. Jh: 22; 18. Jh: 48; 19. Jh: 433; 1901–1916: 26) lateinische und griechische Väterausgaben sowie verschiedene Editionen des jüdischen Historiker Flavius Josephus enthält, wobei die meisten Titel in Latein (467), Deutsch (60), Englisch (34) und Griechisch (24) erschienen, finden sich in den Signaturen III K (16. Jh: 36; 17. Jh: 26; 18. Jh: 5; 19. Jh: 86; 1901–1916: 26) die griechischen und in III L die lateinischen Kirchenväter (16. Jh: 42; 17. Jh: 32; 18. Jh: 26; 19. Jh: 278; 1901–1916: 9).

2.162 Die Bestände III M (16. Jh: 346; 17. Jh: 4; 18. Jh: 5; 19. Jh: 340; 1901–1916: 22) und III N (16. Jh: 338; 17. Jh: 51; 18. Jh: 133; 19. Jh: 100; 1901–1916: 2) enthalten die Schriften verschiedener Reformatoren mit fast 700 Drucken des 16. Jhs. Sprachlich stehen naheliegenderweise Deutsch (365 bzw. 359) und Latein (336 bzw. 236) im Vordergrund. In der Signatur III N fanden zudem über 100 Bde von Johann Caspar Lavater Aufnahme, die der Kantonsbibliothek von Antistes Georg Finsler geschenkt wurden.

Dogmatik

2.163 Die in der Signatur III O (16. Jh: 373; 17. Jh: 242; 18. Jh: 135; 19. Jh: 139; 1901–1916: 34) aufbewahrte polemische und apologetische Literatur setzt sich vorwiegend aus lateinischen (434) und deutschen Titeln (411) zusammen, was auf den grossen Anteil an Drucken aus dem 16. und 17. Jh zurückzuführen ist (zwei Drittel bzw. 615 von 923). Thematisch ist der Bestand weit gefächert. Ein grosser Teil der Werke ist der innerprotestantischen (Lutheraner, Täufer, Pietismus) wie auch der interkonfessionellen Apologetik und Polemik gewidmet. Breiten Raum nimmt dabei die in der frühen Neuzeit stark angegriffene symbolische Abendmahlsauffassung der Zürcher Kirche ein. Dabei fanden auch Schriften der Gegenseite Aufnahme in die Bibliothek wie etwa die verschiedenen Ausgaben des *Index librorum prohibitorum* beweisen. Als apologetisches Kuriosum ist Johann Albert Fabricius' *Hydrotheologie oder Versuch durch Betrachtung der Eigenschaften des Wassers, die Menschen zur Liebe ihres Schöpfers zu ermuntern* (Hamburg 1734) zu bezeichnen. Mit dogmatischen Fragen beschäftigt sich die in der Signatur III P (16. Jh: 145; 17. Jh: 102; 18. Jh: 71; 19. Jh: 510; 1901–1916: 72) zusammengefasste Literatur. Die v. a. deutschen (505), lateinischen (290), französischen (57) und englischen Titel (33) beleuchten Aspekte der reformierten und lutherischen, aber auch der katholischen Dogmatik. Neben Schriften zur Moraltheologie finden sich auch Auseinandersetzungen mit dem Rationalismus und der Moderne (z. B. Evolutionstheorie). Bücher über die Charakteristika der einzelnen christlichen Konfessionen und ihre Bekenntnisschriften sind unter III Q »Moral und Symbolik« aufgestellt (16. Jh: 52; 17. Jh: 35; 18. Jh: 51; 19. Jh: 138; 1901–1916: 14). Neben den zahlreichen altkirchlichen und protestantischen Bekenntnissen und Kommentaren dazu findet sich wiederum einiges zu Moraltheologie und Ethik. Fast alle Werke wurden in deutscher (150) oder lateinischer Sprache (118) gedruckt.

Praktische Theologie

2.164 Dieser unter der Signatur III R (16. Jh: 142; 17. Jh: 91; 18. Jh: 197; 19. Jh: 569; 1901–1916: 30) aufgestellte Bestand vereinigt schwerpunktmässig deutsche Titel des 19. Jhs (848), gefolgt von lateinischen (114) und französischen (42). Unter den verschiedenen Predigtsammlungen finden sich nicht zuletzt diejenigen bedeutender Zürcher Reformatoren wie Zwingli, Bullinger und Gwalther. Gut vertreten sind Titel zur Pastoraltheologie, Homiletik, Katechetik, Handreichungen für junge Pfarrer wie auch Frömmigkeits- und Erbauungsliteratur.

Geschichte

2.165 Der Bereich der Geschichte umfasst 11.731 Einheiten, die in die 3 Gebiete »Allgemeine Geschichte«, »Alte Geschichte« und »Ländergeschichte« unterteilt werden können.

Allgemeine Geschichte

2.166 Der Standortkatalog des Bestands mit der Signatur IV A ist betitelt mit »Allgemeine Geschichte, Hilfswissenschaften« (16. Jh: 24; 17. Jh: 9; 18. Jh: 38; 19. Jh: 430; 1901–1916: 171) und enthält zumeist deutsche (541), lateinische (45) und französische Publikationen (43). Während der Anteil an Literatur zur allgemeinen Geschichte gering ist, ist derjenige an hilfswissenschaftlichen

Veröffentlichungen zu Diplomatik, Heraldik, Numismatik und Chronologie, nicht zuletzt zur vorderasiatischen antiken Chronologie, beachtlich. Etwa ein Viertel der Titel gehört erstaunlicherweise zur Geographie; darunter befinden sich 59 Bde *Petermanns geographische Mitteilungen*. Mehr Literatur zur allgemeinen Geschichte, v. a. in deutscher (716) und französischer Sprache (40), findet sich unter der Signatur IV B (16. Jh: 9; 17. Jh: 4; 18. Jh: 121; 19. Jh: 533; 1901–1916: 118). Die hier eingereihte Literatur umfasst nicht nur Darstellungen zur Weltgeschichte, Geschichtslehrbücher sowie Regional- und Ländergeschichten, sondern auch Arbeiten zu verschiedensten historischen Themen, z. B. Buchdruck, Kleidung oder Levantehandel.

Alte Geschichte

2.167 Unter IV C (16. Jh: 14; 17. Jh: 15; 18. Jh: 34; 19. Jh: 290; 1901–1916: 106) sind Werke zur ganzen Bandbreite der alten Geschichte aufgestellt, die ausser der griechischen und römischen Antike auch die Ägyptologie und die vorderasiatische Archäologie berücksichtigen, jene beiden Altertumswissenschaften, deren Grundlagen und erste Blütezeit im 19. Jh anzusetzen sind. Die vornehmlich deutsch (315), lateinisch (75) oder französisch (43) verfassten Titel zur klassischen Antike behandeln nicht nur Geschichte, sondern auch andere Aspekte der Griechen und Römer wie etwa Mythologie, Numismatik oder Wirtschaft. Der mit »Griechische und jüdische Geschichte« bezeichnete Bestand IV D (16. Jh: 6; 17. Jh: 9; 18. Jh: 82; 19. Jh: 697; 1901–1916: 161) bietet Werke zum antiken Griechenland und vorderen Orient. Architektur, Epigraphik, Geschichte, Geographie, Kunst, Literatur, Militär und Religion der Griechen, aber auch die Geschichte der Juden und ihrer Nachbarvölker sind Gegenstand der zahlreichen, in der Regel deutsch (640), lateinisch (153), französisch (96) oder englisch (51) verfassten Abhandlungen. Die Signatur IV E (16. Jh: 6; 17. Jh: 13; 18. Jh: 59; 19. Jh: 453; 1901–1916: 49) ist ganz der römischen Geschichte und Kultur gewidmet und enthält auch Arbeiten zur römischen Armee, Epigraphik, Kunst, Literatur, Numismatik und Rechtsprechung, die mehrheitlich deutsch (361), französisch (96), lateinisch (93) oder englisch (24) erschienen.

Ländergeschichte

2.168 Während unter der Signatur IV EE (16. Jh: 10; 17. Jh: 12; 18. Jh: 53; 19. Jh: 224; 1901–1916: 47) vornehmlich deutsche (274), französische (35) und lateinische (28) Werke zu unterschiedlichen Personen, Regionen und Fragestellungen des Mittelalters und der Neuzeit aufgestellt sind, widmen sich weitere 8 bestimmten Ländern oder Regionen. IV F (16. Jh: 35; 17. Jh: 25; 18. Jh: 178; 19. Jh: 1385; 1901–1916: 232) und IV G (16. Jh: 3; 17. Jh: 18; 18. Jh: 59; 19. Jh: 463; 1901–1916: 43) behandeln die deutsche Geschichte seit der Antike, wobei drei Viertel der Publikationen im 19. Jh erschienen. Beide Signaturen enthalten neben allgemeinen Darstellungen auch Regional- und Stadtgeschichten, Urkunden- und Quellensammlungen, Chroniken und Beiträge zur Wirtschaftsgeschichte wie zur Volkskunde. Im Bestand IV G finden sich zudem Werke zur Geschichte Österreichs, darunter das umfangreiche *Archiv zur Kunde österreichischer Geschichts-Quellen* (23 Bde, Wien 1851–1860). Die meisten Bücher erschienen in deutscher (1576 bzw. 528) und lateinischer (211 bzw. 53) Sprache.

2.169 IV H (16. Jh: 6; 17. Jh: 12; 18. Jh: 97; 19. Jh: 270; 1901–1916: 90) enthält die Literatur zur Geschichte Italiens, dementsprechend wurden die meisten Publikationen (317) in italienischer Sprache gedruckt, gefolgt von deutschen (87) und lateinischen (48) Arbeiten. Im Vordergrund stehen die Geschichte einzelner Regionen und Städte sowie verhältnismässig viele Titel zur noch jungen Geschichte des italienischen Staats. Die Urkunden- und Quellensammlungen sind eher spärlich vertreten, hingegen fallen die verschiedenen Jahresberichte italienischer Universitäten wie Modena, Parma, Piacenza oder Turin auf.

2.170 Die Werke zur Geschichte Frankreichs sind in der Signatur IV K untergebracht (16. Jh: 11; 17. Jh: 8; 18. Jh: 216; 19. Jh: 645; 1901–1916: 195), wovon 926 französisch, 114 deutsch und 28 lateinisch verfasst wurden. Sie enthalten Darstellungen der Geschichte Frankreichs, einzelner Regionen und Städte sowie der Kolonien. Breiten Raum nehmen die Französische Revolution und Napoleon ein, z. B. die fast 60 Bde umfassenden Protokolle der Nationalversammlung (Paris 1789–1792), die Dekrete der Nationalversammlung (40 Bde, Paris, Jahr 1–4) und die Korrespondenz Napoleons (32 Bde, Paris 1858–1869) beweisen.

2.171 Während unter IV L (16. Jh: 6; 17. Jh: 3; 18. Jh: 87; 19. Jh: 424; 1901–1916: 173) die Titel zu verschiedenen Themen der spanischen, englischen, nordischen und russischen Geschichte aufgestellt sind, wobei die meisten auf Deutsch (257), Englisch (121), in verschiedenen germanischen Sprachen (120) und auf Französisch (106) herausgegeben wurden, umfasst IV M das Schrifttum zur aussereuropäischen Geschichte (16. Jh: 4; 17. Jh: 19; 18. Jh: 82; 19. Jh: 828; 1901–1916: 306). Die deutschen (480) und englischen Publikationen (438) machen etwa zwei Drittel des Bestands aus, doch sind auch französische (179) zahlreich vertreten, da sowohl England wie Frankreich wichtige Kolonialmächte waren. Inhaltlich werden neben der aussereuropäischen Geschichte seit der Antike, weshalb auch Titel zur Ägyptologie, vorderasiatischen Archäologie und zur Indogermanistik vertreten sind, ebenso Geographie und Wirtschaft behandelt. Ausser historischen Darstellungen finden sich zahlreiche Reiseberichte über Afrika, Amerika, Asien und Australien, darunter die berühmte Beschreibung Japans (Den Haag 1729) von Engelbert Kaempfer, James Cooks Berichte über seine Fahrten im Pazifik und zum Südpol (London 1784/85) oder Alcide d'Orbignys *Voyage dans l'Amérique méridionale* (9 Bde, Paris 1835–1847). Zudem fallen die verschiedenen geographischen, ökonomischen und statistischen Untersuchungen zu Nord-, Mittel- und Südamerika auf sowie Bücher über den Islam und das Leben Mohammeds.

2.172 Ebenfalls breit gefächert ist das Angebot an Werken zur Schweizer Geschichte (IV GG: 16. Jh: 4; 17. Jh: 16; 18. Jh: 185; 19. Jh: 1261; 1901–1916: 384), die fast ausschliesslich in deutscher Sprache (1702) erschienen. Zeitlich reichen die Darstellungen vom Altertum bis in die Neuzeit, mit anderen Worten, von den Pfahlbauten bis zur glarnerischen Auswanderung in die USA im 19. Jh. Gut vertreten sind Kantons- und Ortsgeschichten, letztere meist aus dem Kanton Zürich, Biographien, militärgeschichtliche Werke sowie Arbeiten zu den unterschiedlichsten Themen der Schweizer Geschichte (vom Bergwerk bis zur Pressefreiheit). Darüber hinaus finden sich einige, v. a. zürcherische Periodika.

2.173 Die kleinste Gruppe der Ländergeschichten stellen die 160 Einheiten dar, die unter der Signatur IV GH ausgestellt wurden und deren Standortkatalog den Titel »Geschichte des Elsasses und der Niederlande« trägt, die aber auch Publikationen zur Geschichte Belgiens einschliessen (16. Jh: 4; 17. Jh: 6; 18. Jh: 5; 19. Jh: 112; 1901–1916: 33). Die meisten Werke erschienen auf Französisch (57), Deutsch (45) oder in anderen germanischen Sprachen (35).

Sprach- und Literaturwissenschaften

2.174 11.951 Einheiten enthalten sprach- und literaturwissenschftliche Arbeiten zu verschiedenen modernen Sprachen. Der unter IV N (16. Jh: 25; 17. Jh: 30; 18. Jh: 312; 19. Jh: 2579; 1901–1916: 1293) aufgestellte umfangreiche Bestand (4239) mit schwergewichtig deutschen (2751), französischen (702), englischen (412) und lateinischen Publikationen (191) ist betitelt mit »Enzyklopädie, Bibliographie, allgemeine Literaturgeschichte, Pädagogik« und stellt ein Sammelsurium der genannten Fachgebiete dar. Während nur wenige enzyklopädische Werke Aufnahme fanden, sind verschiedene Verlagsverzeichnisse sowie etwa 100 Kataloge von privaten und öffentlichen Bibliotheken vorhanden. Ausser Werken zu Dichtung, Kunst und Musik enthält der Bestand auch Literaturgeschichten zu verschiedensprachigen Literaturen. Beachtung verdient die reiche pädagogische Literatur, die von Schulgesetzen, den Geschichten einzelner Schulen, Beiträgen zum in- und ausländischen Schulwesen bis hin zu Literatur über Taubstumme und Blinde reicht.

2.175 Auch die gut dotierte, mit »Griechische, römische und deutsche Literaturgeschichte« betitelte Signatur IV O (16. Jh: 17; 17. Jh: 16; 18. Jh: 148; 19. Jh: 1584; 1901–1916: 589) ist ein Mix von Autobiographien, Bibliographien, Briefausgaben, Werken verschiedener Literaturen, Universitätsgeschichten, Sekundärliteratur zu verschiedenen Autoren und sogar einigen naturwissenschaftlichen Titeln in vorwiegend deutscher (1549), französischer (255), englischer (238) und lateinischer (200) Sprache. Die altnordische sowie alt- und mittelhochdeutsche Literatur (IV P: 18. Jh: 2; 19. Jh: 279; 20. Jh: 22) enthält v. a. deutsche (250) Textausgaben (u. a. Beowulf, Edda, Hartmann von Aue, Walther von der Vogelweide, Wolfram von Eschenbach) und Sekundärliteratur dazu in Ausgaben des 19. Jhs.

2.176 Die Signatur IV Q (16. Jh: 10; 17. Jh: 1; 18. Jh: 77; 19. Jh: 535; 1901–1916: 57) ist gemäss Standortkatalog der italienischen, spanischen und portugiesischen Literatur gewidmet und enthält v. a. italienische Primär- und Sekundärliteratur (417), gefolgt von 101 spanischen und ca. 50 rumänischen Titeln, letztere aus der zweiten Hälfte des 19. Jhs. Portugiesische Publikationen treten nur vereinzelt auf. Der Bestand zur englischen Sprache und Literatur (18. Jh: 32; 19. Jh: 243; 20. Jh: 42) besteht aus zahlreichen Textausgaben des 19. Jhs.

2.177 Die Signaturen IV PO (16. Jh: 1; 17. Jh: 8; 18. Jh: 54; 19. Jh: 78; 1901–1916: 3) und IV PP (16. Jh: 19; 17. Jh: 1; 18. Jh: 32; 19. Jh: 1246; 1901–1916: 49) enthalten die Werke der deutschen Literatur, die erstgenannte Signatur von Luther bis Lessing, letztere seit Lessing. An Schweizer bzw. Zürcher Autoren sind Johann Jakob Bodmer und Gottfried Keller gut vertreten. Ebenfalls reich ist das Angebot an französischer Primär- und Sekundärliteratur (IV QR: 17. Jh: 4; 18. Jh: 68; 19. Jh: 761; 1901–1916: 127), wobei verschiedene berühmte Namen wie Diderot, Rabelais oder Victor Hugo mehrfach vertreten sind.

2.178 Sehr bescheiden nimmt sich der Bestand an litauischer und slawischer Literatur aus (IV RR: 19. Jh: 17; 1901–1916: 6), wobei nur 4 Titel in einer slawischen Sprache und weitere 4 französisch sowie 15 deutsch vorliegen. Eine grosse Zahl Orientalia sowie Werke zu den allgemeinen Sprachwissenschaften sind unter der Signatur V L aufgestellt (16. Jh: 41; 17. Jh: 42; 18. Jh: 110; 19. Jh: 1129; 1901–1916: 262). Neben Titeln zur arabischen, hebräischen und syrischen Sprach- und Literaturwissenschaft fanden sprachwissenschaftliche Arbeiten zu verschiedensten Sprachen vom Italienischen über Schweizer Dialekte bis zu ostasiatischen und afrikanischen Sprachen Eingang. Entsprechend gross ist die sprachliche Bandbreite der Publikationen, von denen 837 deutsch, 173 lateinisch, 95 französisch, je 86 englisch und hebräisch, 55 in verschiedenen germanischen Sprachen, 51 italienisch, 19 weiteren in romanischen Sprachen, 12 griechisch, 4 rätoromanisch, 4 spanisch, eine slawisch und 161 in übrigen Sprachen gedruckt worden sind.

Philosophie

2.179 Die kleinste Fachgruppe der alten Kantonsbibliothek ist die Philosophie mit 2944 Einheiten. Von den 306 Einheiten »Scholastik« (IV S: 16. Jh: 75; 17. Jh: 15; 18. Jh: 6; 19. Jh: 165; 1901-1916: 45) wurden 263 in lateinischer, 35 in deutscher und je 4 in französischer und englischer Sprache veröffentlicht. Der Titel dieser Sachgruppe müsste etwas weiter gefasst werden, enthält er doch nicht nur Werke mittelalterlicher Autoren wie Bernhard von Clairvaux, Beda Venerabilis, Thomas von Aquin, Thomas Scotus, Petrus Lombardus, Bonaventura, sondern auch Schriften aus der Zeit des Humanismus (Enea Silvio Piccolomini), der Vorreformation (John Wyclif) und der Reformation (Luther, Zwingli). Der Geschichte der Philosophie sind 750 Einheiten gewidmet (IV T: 16. Jh: 10; 17. Jh: 28; 18. Jh: 79; 19. Jh: 505; 1901-1916: 128), wovon die meisten in deutscher (568) und lateinischer Sprache (77) erschienen sind. Die vorhandenen Titel decken den gesamten Bereich der Philosophiegeschichte seit der Antike bis zum Materialismus des 19. Jhs ab, doch stehen die deutschen, französischen und englischen Denker im Vordergrund. IV U (16. Jh: 16; 17. Jh: 27; 18. Jh: 190; 19. Jh: 59; 1901-1916: 13) enthält vorwiegend deutsche (143), lateinische (115) und französische (38) Ausg. vorkantianischer Philosophen des 16. bis 18. Jhs. Besonders zahlreich sind Werke Christian Wolffs (49 Bde), Alexander Gottlieb Baumgartens (10) und Georg Friedrich Meiers (23). IV W (16. Jh: 2; 17. Jh: 1; 18. Jh: 145; 19. Jh: 399; 1901-1916: 93) vereinigt Werke der neueren Philsosphie seit Kant in fast ausschliesslich deutschen Ausg. Neben Kant, der mit über 50 Bdn vertreten ist, stammen zahlreiche Texte von Hegel, Moses Mendelssohn und Johann August Eberhard. Die Literatur verschiedener philosophischer Disziplinen wie Ästhetik, Ethik, Dialektik, Logik, Metaphysik, Psychologie, Religionsphilosophie usw. werden unter der Signatur IV Y aufbewahrt (16. Jh: 46; 17. Jh: 26; 18. Jh: 97; 19. Jh: 552; 1901-1916: 222). Die meisten Titel wurden in deutscher (684), französischer (98), lateinischer (88) und englischer Sprache (62) veröffentlicht.

Klassische Philologie

2.180 Fast die gesamte Abteilung V enthält Literatur zur Klassischen Philologie. Der Schwerpunkt der 6893 Einheiten liegt auf der Primärliteratur. Die ältere griechische Literatur enthält zahlreiche Editionen von Homer und entsprechender Sekundärliteratur sowie etliche Ausg. von Anakreon, Aesop, Hesiod, Pindar und Sappho in lateinischer (205), deutscher (164), griechischer (44) und anderen Sprachen (23) (V A: 16. Jh: 41; 17. Jh: 5; 18. Jh: 67; 19. Jh: 296; 1901-1916: 27). V B (16. Jh: 15; 17. Jh: 1; 18. Jh: 26; 19. Jh: 294; 1901-1916: 35) vereinigt die griechischen Dramatiker, die fast ausschliesslich durch Aischylos, Euripides, Sophokles und Menander in Latein (226), Deutsch (94) und Griechisch (33) vertreten sind. Die späteren griechischen Dichter, die sogenannten Alexandriner und andere, sind in V C untergebracht (16. Jh: 11; 17. Jh: 12; 18. Jh: 18; 19. Jh: 115; 1901-1916: 9), wobei 148 der 165 Einheiten in lateinischer Sprache verfasst sind. In V D (16. Jh: 23; 17. Jh: 10; 18. Jh: 23; 19. Jh: 237; 1901-1916: 6) wurden die griechischen Redner gesammelt, jedoch fanden hier auch einige Dichter, Historiker und Dramatiker Aufnahme. Auffällig sind die vielen Demosthenes- und Isocrates-Ausgaben sowie die Produktion der Leipziger Verlage Tauchnitz und Weigel. Die meisten Bücher erschienen in lateinischer (221), griechischer (38) und deutscher (35) Sprache. V E (16. Jh: 48; 17. Jh: 5; 18. Jh: 50; 19. Jh: 235; 20. Jh: 42) enthält die griechischen Philosophen bis Aristoteles, wobei der Stagirit selber und Platon die beiden am besten vertretenen Autoren der zumeist lateinisch (266), deutsch (80) und griechisch (21) gedruckten Publikationen sind. Die griechischen Prosaiker vor und nach Aristoteles sind in V F (16. Jh: 25; 17. Jh: 8; 18. Jh: 50; 19. Jh: 114; 1901-1916: 20) bzw. V G (16. Jh: 35; 17. Jh: 12; 18. Jh: 25; 19. Jh: 141; 1901-1916: 15) untergebracht, die griechischen Historiker vor und nach Plutarch in V H (16. Jh: 27; 17. Jh: 8; 18. Jh: 93; 19. Jh: 440; 1901-1916: 16) bzw. V J (16. Jh: 22; 17. Jh: 15; 18. Jh: 33; 19. Jh: 200; 1901-1916: 21). Der umfangreichste Bestand innerhalb der klassischen Philologie ist unter der Signatur V K aufgestellt (16. Jh: 41; 17. Jh: 52; 18. Jh: 47; 19. Jh: 578; 1901-1916: 93) und enthält Werke vornehmlich in deutscher (426), lateinischer (211), griechischer (82) und französischer Sprache (52) zur griechischen und lateinischen Grammatik, Metrik, Rhetorik, Stilistik und Syntax sowie Wörterbücher. Die neulateinischen Autoren aus Humanismus, Barock und Frühaufklärung, z. B. Petrus Bembus, Angelus Politianus, Erasmus, Guillaume Budé, Jacob Balde oder Joseph Scaliger, sind zusammen mit Sekundärliteratur zur klassischen Philologie in der Signatur V M vereinigt (16. Jh: 32; 17. Jh: 63; 18. Jh: 89; 19. Jh: 425; 1901-1916: 70). Von den 679 Einheiten wurden 457 lateinisch und 208 deutsch gedruckt. Nachschlagewerke und Periodika v. a. zur Klassischen Philologie finden sich unter V N (16. Jh: 1; 17. Jh: 5; 18. Jh: 14; 19. Jh: 407; 20. Jh: 64), zumeist in deutscher Sprache (427). Während die Signaturen V A bis V J der griechischen Literatur gewidmet sind, umfassen V P bis V W die lateinische. Die grösstenteils lateinischen Textausgaben verteilen sich wie folgt: Lateinische Prosaiker seit Augustus wie Seneca, Tacitus, Plinius d. J., Sueton, Quintilian, Valerius Maximus und andere sind in V P aufgestellt (16. Jh: 40; 17. Jh: 34; 18. Jh: 81; 19. Jh: 183; 1901-1916: 1), lateinische Prosaiker seit Julius Obsequens, wozu Florus, Aulus Gellius oder Macrobius gehören, in V

Q (16. Jh: 39; 17. Jh: 23; 18. Jh: 41; 19. Jh: 121; 1901–1916: 9), römische Dichter bis Horaz in V R (16. Jh: 32; 17. Jh: 13; 18. Jh: 86; 19. Jh: 292; 1901–1916: 37), römische Dichter nach Horaz in V S (16. Jh: 34; 17. Jh: 22; 18. Jh: 54; 19. Jh: 142; 1901–1916: 3) und römische Prosaiker bis und mit Livius in V W (16. Jh: 44; 17. Jh: 10; 18. Jh: 23; 19. Jh: 168; 1901–1916: 5). Breiten Raum nimmt Cicero ein, der seit dem 16. Jh zur klassischen Schullektüre in Zürich gehört. Seine Reden sind in der Signatur V T und seine übrigen Schriften in V U untergebracht (zusammen: 16. Jh: 47; 17. Jh: 10; 18. Jh: 72; 19. Jh: 248; 1901–1916: 17).

Varia

2.181 Die Signatur V X (16. Jh: 1; 17. Jh: 2; 18. Jh: 13; 19. Jh: 507) enthält 2 Geschenke. 161 Nummern stammen aus dem Büchernachlass des Altphilologen und Mitbegründers der Universität Zürich, Johann Caspar von Orelli (1787–1849), dessen umfangreiche Cicero-Sammlung und weitere Werke schon vorher in den Besitz der Stadtbibliothek gelangten (vgl. Leu, 2000, S. 308–313). Seine Tochter Erminia Hainisch (geb. v. Orelli) übergab der Kantonsbibliothek diesen Restbestand der väterlichen Bibliothek im Sommer 1885. 142 weitere Nummern schenkte die Frau des Strohindustriellen Jean Isler-Cabezas in Wohlen (AG). Die Sammlung enthält ausschliesslich spanische Titel, z. B. Werke von Alexandre Dumas oder Victor Hugo in Spanisch, weshalb sich die sprachliche Zusammensetzung des Bestands mit einem deutlichen Übergewicht an spanischen Titeln (271) vor deutschen (160) und lateinischen (70) präsentiert. Während unter V Z (16. Jh: 13; 17. Jh: 2; 18. Jh: 2; 19. Jh: 1) 18 Rarissima aufbewahrt werden, vereinigen die Signaturen I ZZ, II ZZ, III ZZ, IV ZZ und V ZZ grossformatige Folio- und Tafelwerke quer durch alle Fachgebiete von der Botanik bis zur Theologie (16. Jh: 123; 17. Jh: 130; 18. Jh: 264; 19. Jh: 120; 19. Jh: 45), wobei die meisten lateinisch (457), deutsch (144) oder französisch (47) abgefasst worden sind. Ähnlich enthält auch die Signatur »Kupfer« (16. Jh: 1; 17. Jh: 6; 18. Jh: 26; 19. Jh: 474; 1901–1916: 72) illustrierte Tafelwerke zu verschiedenen Fachgebieten, v. a. zu Archäologie, Kunst und Medizin. Die häufigsten Publikationssprachen sind Deutsch (340), Französisch (118), Lateinisch (63) und Englisch (51). Das umfangreiche Kleinschrifttum ist unter der sprechenden Signatur »KB BRO« untergebracht (16. Jh: 5; 17. Jh: 26; 18. Jh: 112; 19. Jh: 2236; 1901–1916: 638) und liegt v. a. in deutscher (2130), englischer (306), französischer (275), lateinischer (137) und italienischer (88) Sprache vor. »Diss III« enthält 80 Sammelbände mit Hunderten von Dissertationen aus der Frühen Neuzeit (16. Jh: 82; 17. Jh: 568; 18. Jh: 793; 19. Jh: 92). Der hymnologische Nachlass des Höngger Pfarrers Dr. Heinrich Weber kam im Jahr 1900 in die Stadtbibliothek und wurde unter der Signatur »Hy« (Hymnologie) aufgestellt. Er zeichnet sich durch lutherische und reformierte Kirchengesangbücher und der Sekundärliteratur dazu aus (17. Jh: 5; 18. Jh: 146; 19. Jh: 359). Von den 510 Einheiten wurden 484 in deutscher Sprache gedruckt. Auch der 868 Nummern zählende Nachlass des Theologen und Kunsthistorikers Friedrich Salomon Voegelin (1837–1888) fand Aufnahme in der Kantonsbibliothek (SV: 16. Jh: 18; 17. Jh: 7; 18. Jh: 118; 19. Jh: 707; 1901–1916: 18) und enthält neben Werken der Weltliteratur Publikationen zur Geschichte, insbesondere auch zur Zürcher und Schweizer Geschichte, sowie zur reformierten Theologie. Die häufigsten Publikationssprachen sind Deutsch (751), Französisch (73) und Latein (26).

Zentralbibliothek

Chronologische und sprachliche Übersicht

2.182 Von den 148.512 Einheiten, die vor 1917 gedruckt worden sind, stammen schätzungsweise vier Fünftel aus der Zeit zwischen 1850 und 1916. Der Altbestand ist im Vergleich zu den historischen Vorgängerbibliotheken erwartungsgemäss relativ schwach vertreten (15. Jh: 14; 16. Jh: 1290; 17. Jh: 2612; 18. Jh: 14.948; 19. Jh: 88.972; 1901–1916: 40.676). Es überwiegen deutschsprachige Publikationen (92.720), gefolgt von 25.101 französischen, 12.609 englischen, 8445 lateinischen, 4873 italienischen, 1456 spanischen, 1039 in verschiedenen weiteren germanischen Sprachen, 274 in übrigen romanischen Sprachen, 171 griechischen, 124 rätoromanischen und 1267 in anderen Sprachen. Hinzu kommen 4519 Einheiten Neuzugänge mit Drucken vor 1917, die angeschafft oder geschenkt wurden und die auf Grund der Katalogsituation nur nach Jhn und nicht nach Sprachen ausgezählt werden konnten (Missionsbibliothek, Studienbibliothek zur Geschichte der Arbeiterbewegung, Hymnologische Sammlung Jenny und Nachlass Walter Robert Corti). Die Zahlen finden sich in den entsprechenden Abschnitten.

Systematische Übersicht

Inkunabeln

2.183 Nach der Gründung der Zentralbibliothek wurden in den Jahren 1924 bis 1933 leider viele Dubletten, darunter 86 Inkunabeln, für den Verkauf oder Tausch ausgeschieden. In der zweiten Jahrhunderthälfte trat Alfons Schönherr als Fachmann für Wiegendrucke in Erscheinung, doch leistete v. a. Martin Germann ab 1974 mit einer umfangreichen internen Arbeitskartei grosse Arbeit. Der Zettelkatalog verzeichnet fast alle der 1562 Inkunabeln der Zentralbibliothek und enthält zu den meisten Titelaufnahmen exemplarspezifische Beschreibungen.

2.184 Von den verschiedenen Fächern ist die Theologie mit 615 Werken am stärksten vertreten, gefolgt von Sprachen und Literaturen mit 358 Inkunabeln. Kanonisches und ziviles Recht bilden mit 264 Werken zusammen die drittgrösste Gruppe. Neben kirchlichen und zivilen Gesetzessammlungen (45 bzw. 46 Wiegendrucke) gehört dazu die umfangreiche Kommentarliteratur; mit den Schriften zur Rechtspraxis und den juristischen Handbüchern sind es 173 Werke, wobei sich auch hier die beiden Rechte die Waage halten. Bei den übrigen Fächern fallen die Zahlen tiefer aus. Die Philosophie ist mit 70, die Historiographie mit 69, die Medizin mit 54, die Astronomie und Astrologie mit 28, die Mathematik mit 8, und die übrigen Naturwissenschaften sind mit 28 Inkunabeln vertreten. Allgemeine Enzyklopädien, Kalenderdrucke und Schriften zu Bildung, Politik, Musik und weiteren Fachgebieten kommen zusammen auf 58 Werke.

2.185 Bei den Inkunabeln mit theologischem Inhalt fällt auf, dass Predigtsammlungen, Erbauungsliteratur und hagiographische Titel zusammen stärker vertreten sind als die ganze wissenschaftliche Theologie. Gut bestückt ist die Sammlung auch mit Bibelkommentaren oder Werken zur Pastoraltheologie. Erwähnenswert sind ausserdem die 68 Drucke der Heiligen Schrift: 47 lateinische, 15 deutsche, eine italienische und 5 hebräische Bibeln und Bibelteile. Mit gut 10 % ist der Anteil der nichtlateinischen Literatur im gesamten Inkunabelbestand verhältnismässig hoch. Bei den Gelehrtensprachen sind es 12 griechische und 11 hebräische, bei den Volkssprachen 123 deutsche, 10 italienische und 6 französische Inkunabeln. Wörterbücher und deutsch glossierte Werke sind dabei nicht berücksichtigt worden.

Monographien (A-, B- und E-Sequenzen)

2.186 Die Signaturen der A-, B- und D- Sequenzen sind noch nicht abgeschlossen und werden bis heute stellenweise ergänzt. Die Zahlen haben daher lediglich vorläufigen Charakter. Die A-Sequenzen (AAN bis AZZ, zur Fächersystematik vgl. Kap. 1, Bestandsgeschichte) enthalten total 18.617 Einheiten, davon erschienen 4021, also weniger als ein Viertel, vor dem Jahr 1801. Relativ stark mit Altbeständen durchsetzt sind die Fachbereiche Theologie (Signatur AB; 17. Jh: 128; 18. Jh: 463), Deutsche Sprache und Literatur (AK; 18. Jh: 293), Neuere Sprachen und Literaturen (AL; 18. Jh: 402) und Geschichte (AN; 18. Jh: 265). Zu diesen 1551 Einheiten kommen 1245 Drucke aus den Signaturen AW und AX hinzu, womit der eigentliche Altbestand weitgehend abgedeckt ist. Während in AW seit 1917 angeschaffte Werke des 15. und 16. Jhs aufgenommen wurden, diente AX der Vereinigung von wertvollen Titeln, die nach 1600 gedruckt worden sind. Da letztgenannte Signatur im Laufe der Jahrzehnte zu einem Sammelsurium von allerlei Publikationen verkam, wurden in den 1990er-Jahren die Signaturen AWA (wertvolle Drucke des 17.–19. Jhs), AWD (Exemplare mit berühmten Provenienzen), AWG (gedruckte Nachlässe) und AWZ (wertvolle Zürcher Drucke) geschaffen. Die zeitlich auf die A-Sequenz folgenden Signaturen der B-Sequenz (BA bis BZ) für Publikationen von 1881 bis 1915 enthalten nur noch wenige Drucke vor 1801, nämlich 130 von insgesamt 26.642 Einheiten.

2.187 Die während der Amtszeit von Direktor Burckhardt (1932–1949) als weniger wichtig eingestufte Literatur wurde in den Signaturen EA bis EX untergebracht. Die Verteilung des historischen Buchbestands auf Jhe ergibt folgendes Bild: 18. Jh: 9; 19. Jh: 897; 1901–1916: 1035. 801 Einheiten erschienen in deutscher Sprache, 518 französisch, 469 englisch, 71 spanisch, 49 italienisch und 33 in anderen Sprachen. Nach welchen Kriterien eine Publikation als »weniger wichtig« eingestuft wurde, lässt sich nicht eruieren. Die Standortkataloge verraten, dass dazu u. a. Ausstellungskataloge, Festschriften, Veröffentlichungen in weniger gebräuchlichen Sprachen und Werke, die Auffassungen oder Weltanschauungen vertraten, die nicht der vorherrschenden Meinung entsprachen, gehörten.

Broschüren

2.188 Die Signaturen DA bis DY enthalten tausende von Broschüren (Drucke mit weniger als 100 Seiten), von denen 17.561 vor 1917 erschienen sind (16. Jh: 6; 17. Jh: 81; 18. Jh: 579; 19. Jh: 8776; 1901–1916: 8119); weitaus die meisten in deutscher (13.360), französischer (2107) und englischer Sprache (548). Zum Kleinschrifttum gesellen sich 1080 Nekrologe, die v. a. Zürcher und Schweizer Persönlichkeiten des 19. und frühen 20. Jhs gewidmet sind und zu 97 % in deutscher Sprache vorliegen (17. Jh: 1; 18. Jh: 15; 19. Jh: 674; 1901–1916: 390).

Militärbibliothek

2.189 Die 1919 in die Zentralbibliothek überführte und 1940 zuhanden der ETH dezimierte Zürcher Militärbibliothek enthält vorwiegend Drucke des 19. Jhs. (18. Jh: 31; 19. Jh: 2254; 1901–1916: 496). Etwa drei Fünftel der Werke stammen aus der Zeit nach 1850. 2504 der 2781 Einheiten liegen in deutscher Sprache vor, 272 französisch und 5 in anderen Sprachen. Thematisch spannt sich der Bogen von militärgeschichtlichen Betrachtungen (Napoleonische Kriege, Krimkrieg, Deutsch-französischer Krieg 1870/71 usw.) über taktische und strategische Überlegungen bis hin zu Abhandlungen über einzelne Waffengattungen sowie Handbüchern und Reglementen. An die noch einige Jahre fortgesetzte Pflege des Bestands erinnern verschiedene Titel mit nationalsozialistischer Literatur, die z. T. auch in anderen Signaturen der Zentralbibliothek (C- und T-Sequenzen) unerwartet gut vertreten ist.

Missionsbibliothek

2.190 Das Zürcher Missionskomitee wurde 1819 von vier Männern mit einem missionarischen Anliegen gegründet. Sie machten es sich zur Aufgabe, die Sache der evangelischen Heidenmission im Kanton zu fördern. In erster Linie betrachtete sich das ehrenamtliche Komitee als Hilfsverein für die Evangelische Missionsgesellschaft in Basel. Dementsprechend floss auch der Hauptteil der Spendengelder der Basler Mission zu. Finanzielle Unterstützung fanden aber auch die Mission der Brüdergemeinde und einige weitere Missionsgesellschaften. Ab 1958 bildete das Komitee mit dem Kirchenrat der evangelisch-reformierten Landeskirche des Kantons Zürich, der ökumenischen Kommission und anderen Missionen den Zürcher Evangelischen Missionsrat. Im gleichen Jahr schloss es sich der Südafrika Mission, der Pariser Mission, der Mohammedaner Mission und der Mission der Brüdergemeinde zur Arbeitsgemeinschaft Evangelischer Missionen zusammen. Schliesslich löste sich das Komitee auf, das mittlerweile in der Kirche vollständig integriert war. Das Sekretariat, das die Basler Mission in Zürich unterhielt, wurde 1970 in das Pfarramt für Ökumene, Mission und Entwicklungsfragen überführt.

2.191 Der erste Beleg für die Existenz einer Bibliothek findet sich im Jahresbericht der Zürcher Missionskomitees von 1857. 1868 wurde sie mit einem Bestand von 123 Büchern der Evangelischen Gesellschaft als Depot übergeben. Ab 1877 befand sich die Sammlung bei Pfarrer Ludwig Heinrich Pestalozzi (1842-1909), Diakon am Grossmünster. Zwischen 1905 und 1909 kam sie in die Obhut von Heinrich Kurtz (1870-1947), der als Missionar in Ghana tätig war (Adresse: Auf der Mauer 21, Zürich). 1913 zog Kurtz mit der mittlerweile auf etwa 2000 Bände gewachsenen Bibliothek in eine Liegenschaft der Basler Mission an der Scheuchzerstrasse 22 um. Von dort gelangte die Bibliothek 1983 als Geschenk in die Zentralbibliothek, wo die 4977 Schriften ab 1995 elektronisch erschlossen wurden. Nach Ausscheiden der Dubletten zählt der historische Buchbestand heute 2349 Titel (18.Jh: 5; 19.Jh: 1259; 1901-1916: 1085).

2.192 Der Bestand gliedert sich in 4 Hauptgruppen: 1. Hilfswissenschaften (Ethnographie, Kolonialwesen, Nationales Schrifttum, Religionsgeschichte, Religionsphilosophie, Religionspsychologie, Sprachen), 2. Mission (Katholische Kirchen, Evangelische Kirchen, Judenmission, Wirksamkeit des Dienstes), 3. Missionswissenschaft, Ökumene und ein Anhang mit theologischer Literatur. Beim grössten Teil der Sammlung handelt es sich um Erbauungsliteratur, Jugendschriften und Erlebnisberichte.

Studienbibliothek zur Geschichte der Arbeiterbewegung (SGA)

2.193 Die SGA wurde als gemeinnützige Stiftung 1971 in Zürich gegründet und ging im Jahr 2000 als Geschenk an die Zentralbibliothek. Ihre Stifter waren Theodor Pinkus, Buchhändler und Buchantiquar in Zürich, und seine Frau Amalie Pinkus-de Sassi. Sie hatten während ihrer jahrzehntelangen aktiven Tätigkeit in der deutschen und schweizerischen Arbeiterbewegung eine umfangreiche Sammlung von Büchern, Broschüren, Flugschriften und anderen Materialien zusammengetragen, die den Grundstock der SGA bildete. Theodor Pinkus wurde 1909 in Zürich geboren und ging 1927 nach Berlin, wo er im Verlag von Ernst Rowohlt, später im Neuen Deutschen Verlag von Willi Münzenberg und bei der Arbeiter-Illustrierte-Zeitung (AIZ) arbeitete. 1933 musste er in die Schweiz zurückkehren. Dort baute er einen Büchersuchdienst und später ein eigenes Antiquariat auf. Die SGA konnte in den der Gründung folgenden Jahrzehnten durch Zukäufe und Geschenke erweitert werden und umfasst heute 32.944 Einheiten. Sie beinhaltet einen bedeutenden historischen Buchbestand aus dem 19. und 20.Jh, wobei für die Zeit vor 1917 nur 1009 Titel vorhanden sind (18.Jh: 3; 19.Jh: 342; 1901-1916: 664).

2.194 Die Schwerpunkte der SGA liegen bei folgenden Gebieten: Marxismus und Sozialismus, Geschichte der deutschen und schweizerischen Arbeiterbewegung, Spanischer Bürgerkrieg, Nationalsozialismus, Geschichte der UdSSR und der DDR, Kunst- und Kulturgeschichte, Arbeiterkultur, sozialkritische und revolutionäre Literatur.

2.195 Die Literatur zum Marxismus und Sozialismus manifestiert sich im historischen Bestand durch Erstausgaben von Werken der sozialistischen Klassiker, von Marx, Engels, August Bebel, Eduard Bernstein, Karl Kautsky, Wilhelm Liebknecht, Franz Mehring, Rosa Luxemburg u. a., ferner durch die Erstausgaben der Schriften von Vertretern der schweizerischen Arbeiterbewegung, von Karl Bürkli, Fritz Brupbacher, Robert Grimm und Hans Mühlestein.

2.196 Die sozialkritische Literatur der Zeit zwischen den beiden Weltkriegen ist v. a. in den Ausg. des Malik-Verlags, des Neuen Deutschen Verlags, der Universum-Bücherei und in der auch typographisch wertvollen Produktion der Büchergilde Gutenberg (vor ihrer Exilierung in die Schweiz) vertreten. Der Nationalsozialismus ist schwerpunktmässig durch Literatur des Widerstands und des Exils, insbesondere durch die Veröffentlichungen der ausserhalb Deutschlands wirkenden Verlage Oprecht Zürich, Jean Christophe Verlag Zürich, Editions du Carrefour Paris und Querido Verlag Amsterdam, dokumentiert. In diesen Bereich gehören auch ca. 300 Tarnschriften von kommunistischen und sozialdemokratischen Parteien.

2.197 Zum Bereich der UdSSR gehören der vollständige Bestand der Kongressberichte und der Berichte über die Tätigkeit des Präsidiums und der Exekutive der Kommunistischen Internationale (Komintern), eine Sammlung von Reiseberichten westlicher Sozialisten, die kurz nach der Oktoberrevolution Russland besuchten, russische Belletristik in frühen deutschen Übers. sowie zahllose Broschüren und Bücher der Verlagsgenossenschaft Ausländischer Arbeiter in der UdSSR und des Ring-Verlags Zürich. Aus der DDR sind neben einer umfassenden Dokumentation ihrer Geschichte ungefähr 1500 belletristische Werke vorhanden, mehrheitlich in Erstausgaben. Im Bereich der Kunst- und Kulturgeschichte findet sich eine Sammlung von Originalausgaben von George Grosz. Einige Hundert Bücher der SGA enthalten handschriftliche Widmungen der Verfasser an Theodor Pinkus und andere Widmungsempfänger.

2.198 In der Zentralbibliothek sind Socialistica über die Arbeiterbibliothek hinaus gut vertreten. Sie stammen zum Teil aus konfiszierten Polizeibeständen, die erst in der zweiten Hälfte des 20. Jhs abgetreten wurden. Während des deutschen Vormärz veröffentlichten 5 politische Verlagsanstalten in der Schweiz Schriften von Angehörigen des liberal-radikalen Bürgertums, die in Deutschland nicht erscheinen konnten. Zu diesen Verlagen gehört das von Julius Fröbel in Winterthur gegründete Literarische Comptoir Zürich und Winterthur (1841–1846), dessen Produktion fast vollständig vorhanden ist. Auch die anderen Verlage (Belle-Vue Constanz, Brodtmann Schaffhausen, Jenni Bern, Schläpfer Herisau) sind gut vertreten. Während des Sozialistenverbots in Deutschland (1878–1890) wirkte die Volksbuchhandlung Hottingen-Zürich von 1882 bis 1888 als Exilverlag der deutschen Sozialdemokratie. Zwischen Engels und dem Verlag bestanden enge Beziehungen (u. a. die 1884 gedruckte Erstausgabe von Engels *Der Ursprung der Familie*). Die Verlagsproduktion ist ebenfalls weitgehend vorhanden wie auch *Der Sozialdemokrat* als Organ der deutschen Sozialdemokratie, das während einigen Jahren in Zürich erschien. Die in der Zentralbibliothek aufbewahrten Socialistica kommen fast ausschliesslich aus Nachlässen und Schenkungen, u. a. von Karl Bürkli, Hermann Greulich, Robert Seidel, A. von Beust (Sohn von Friedrich und Anna Beust, letztere eine enge Verwandte von Engels), Ernst Toller und Emil Oprecht.

Privatbibliotheken

2.199 Wie in den Vorgängerbibliotheken spielen Schenkungen auch für die Bestandserweiterung der Zentralbibliothek eine wichtige Rolle. Verschiedene, insbesondere kleinere Sammlungen sind im allgemeinen Bestand aufgegangen, andere erhielten eine eigene Signatur. Etliche Zürcher Privatbibliotheken der Frühen Neuzeit wurden auseinandergerissen und in den letzten Jahren von Bibliothekaren rekonstruiert. Dies betrifft neuerdings die Bibliotheken des Philologen Johannes Fries (1505–1565), des Naturforschers Konrad Gessner (1516–1565) und der Reformatoren Heinrich Bullinger (1504–1575) sowie Rudolf Gwalther (1519–1586) (vgl. Leu 1996, 2003, 2004, 2008).

2.200 Unter den Donatoren finden sich auffällig viele Juristen. Die rechtswissenschaftliche Bibliothek von Georg Cohn (1845–1918) zählt 1486 Einheiten (17. Jh: 1; 18. Jh: 17; 19. Jh: 983; 1901–1916: 485), von denen 1278 deutsch, 81 französisch, 67 italienisch, 25 in germanischen Sprachen, 22 englisch und 12 in anderen Sprachen gedruckt wurden. Sein Berufskollege Fritz Fleiner (1867–1937) schenkte 1709 Einheiten (17. Jh: 1; 18. Jh: 6; 19. Jh: 837; 1901–1916: 865), von denen die meisten deutsch (1425), französisch (188) oder italienisch (45) erschienen. Etwa halb so gross ist die Schenkung des Rechtswissenschaftlers Hermann Ferdinand Hitzig (1868–1911) mit 722 Einheiten (16. Jh: 5; 18. Jh: 13; 19. Jh: 372; 1901–1916: 332). 544 wurden deutsch, 83 französisch, 53 lateinisch und 41 italienisch gedruckt. Die grösste private juristische Bibliothek geht auf Friedrich Meili (1848–1914) zurück, die 3593 Einheiten zählt (16. Jh: 35; 17. Jh: 79; 18. Jh: 120; 19. Jh: 2643; 1901–1916: 716). 1955 liegen in deutscher Sprache vor, 832 französisch, 347 italienisch, 184 lateinisch, 146 englisch, 65 in weiteren germanischen Sprachen, 35 spanisch und 29 in anderen Sprachen.

2.201 Unter den 56 ornithologischen Werken (19. Jh: 25; 1901–1916: 31) aus dem Besitz des Chemikers Ulrich A. Corti (1904–1969) finden sich 25 deutsche, 18 französische, 10 englische und 3 anderssprachige. Eine Bereicherung für die Vogelkunde stellt im Übrigen die Depotbibliothek der Ornithologischen Gesellschaft Zürich (OGZ) dar (19. Jh: 43; 1901–1916: 52), deren Altbestand fast ausschliesslich deutsche Werke ausmachen. Auch ein Teil der Bibliothek des bekannten Philosophen und Publizisten Walter Robert Corti (1910–1990) gelangte in die Zentralbibliothek (16. Jh: 20; 17. Jh: 32; 18. Jh: 77; 19. Jh: 174; 1901–1916: 24). Unter den 327 Titeln fallen die zahlreichen Dante-Ausgaben wie auch einzelne seltene Titel frühneuzeitlicher mystischer Spiritualisten auf. Im Jahr 2005 gelangte die Bibliothek des Pfarrers und Hymnologen Markus Jenny (1924–2001) als Geschenk in die Zentralbibliothek (16. Jh: 45; 17. Jh: 118; 18. Jh: 507; 19. Jh: 489; 1901–1916: 75), die sich durch eine reiche Sammlung an Kirchengesangbüchern verschiedener Denominationen auszeichnet. Die 731 Einheiten zählende Esperanto-Literatur war im Besitz des Philologen Karl Jost (1876–1952) und wurde unter der Signatur »Esperanto« aufgestellt (19. Jh: 15; 1901–1916: 731). 542 Einheiten liegen in dieser 1887 geschaffenen Plansprache vor, 121 deutsch, 35 französisch, 16 englisch und 17 in anderen Sprachen. Einige Handexemplare des

Schriftsteller Max Geilinger (1884–1948) befinden sich unter den vorwiegend deutschen Büchern, welche von der Geilinger-Stiftung in die Zentralbibliothek gelangten (18. Jh: 1; 19. Jh: 84; 1901–1916: 108). Die 1461 Einheiten aus der Bibliothek des Sozialökonomen Manuel Saitzew (1885–1951) zeichnen sich durch zahlreiche sozialistische und volkswirtschaftliche Klassiker aus (16. Jh: 10; 17. Jh: 15; 18. Jh: 377; 19. Jh: 670; 1901–1916: 389). Sprachlich bilden die 700 deutschsprachigen und 650 französischen Einheiten neben 61 englischen, 27 italienischen und 23 anderssprachigen das Schwergewicht. In der Sammlung des Schriftstellers Carl Seelig (1894–1962) kommen relativ häufig Widmungsexemplare von mehr oder weniger berühmten Zeitgenossen vor. Der 147 Einheiten zählende historische Bestand (19. Jh: 68; 1901–1916: 79) wurde fast ausschliesslich in deutscher Sprache veröffentlicht. Die 357 Einheiten zählende Bibliothek des Geographieprofessors Otto Stoll (1849–1922) verfügt über viele Publikationen zu Mittel- und Südamerika, was den hohen Anteil an spanischen Titeln (131) erklärt, gefolgt von 70 englischen, 68 französischen, 57 deutschsprachigen, 11 italienischen und 20 in anderen Sprachen. Die vom Ingenieur und Sinologen Jean-Pierre Voiret (Signatur »Voir«) angelegte Sammlung enthält 151 Einheiten, die zum historischen Buchbestand zählen (17. Jh: 15; 18. Jh: 27; 19. Jh: 103; 1901–1916: 6). Die dem Ostasiatischen Seminar der Universität Zürich gehörenden Bücher gelangten 1996 als Depotbibliothek in die Zentralbibliothek. Sie enthält v. a. Titel in westlichen Sprachen: 94 französische, 21 deutschsprachige, 18 englische, 13 lateinische und 5 anderssprachige.

Slawica

2.202 Erst nach der Errichtung der Zürcher Lehrstühle für Slawistik (1961) und Geschichte Osteuropas (1971) sah sich die Zentralbibliothek mit dem Bedarf an systematischer Literaturversorgung aus und über Ost-, Ostmittel- und Südeuropa konfrontiert. Dennoch reichen die Sammeltätigkeit der Vorgängerinstitutionen und ein bedeutender Teil ihrer Drucke zu diesem Bereich bis in die Frühe Neuzeit zurück. Die Osteuropa-Literatur besitzt weder einen eigenen Standort noch einen Katalog. Systematische Recherchen und Stichproben lassen auf einen historischen Bestand von mehr als 4000 Titeln schliessen. Für eine genauere Auswertung wurden 3200 Titel oder vier Fünftel der geschätzten Menge untersucht. Nahezu die Hälfte davon weist ein früheres Erscheinungsjahr als 1851 auf. Von ihr wiederum stammen 15 % aus dem 16. Jh, 13 % aus dem 17., 28 % aus dem 18. und 43 % aus der ersten Hälfte des 19. Jhs. Nur gerade ein Viertel der ausgewerteten Titel ist in slawischen und baltischen Sprachen verfasst. Das Hauptgewicht liegt auf den deutschsprachigen Publikationen (48 %); mit Abstand folgen französische (13 %) und lateinische (12 %). Innerhalb des slawisch-baltischen Anteils dominiert erwartungsgemäss das Russische (46 %), gefolgt von Serbisch und Kroatisch (zusammen 27 %), Tschechisch (13 %) und Polnisch (6 %). Mit Ausnahme des erst 1944 zur Literatursprache erhobenen Makedonischen sind sämtliche Slawinen sowie auch das Litauische und das Lettische vertreten. Die inhaltlichen Schwerpunkte bilden: Geschichte und Politik (27 %), Sprache und Literatur (21 %), Landeskunde und Reisen (17 %), Religion, Kirche und geistliches Schrifttum (13 %). Die übrigen 22 % entfallen auf Recht und Wirtschaft (5 %), Medizin (4 %), Kunst, Varia und Titel allgemeinen Inhalts wie Kalender, Lexika u. ä.

Russische Bibliothek Zürich (RBC)

2.203 Seit 2003 besitzt die ZBZ den Sonderbestand (Signatur »RBC«) der ehemaligen, von Russlandschweizern und Emigranten gegründeten Russischen Bibliothek in Zürich (Russkaja biblioteka v Cjuriche, 1927–1983). Die nahezu 6000 Bde (davon rund 200 Titel mit Erscheinungsjahr vor 1900) umfassen eine reiche Auswahl an Belletristik des 19. und 20. Jh sowie an Übersetzungen fremdsprachiger Literatur ins Russische. Zu den weiteren Schwerpunkten gehören Geschichte, Memoiren, Biographien, Kinderbücher und Zeitschriften (unter diesen viele vorrevolutionäre und die Originalausgabe von Alexander Herzens *Kolokol*). Zur Sammlung zählen auch 250 russische Postkarten aus dem ersten Drittel des 20. Jhs.

Serbische Bibliothek Zürich (SBC)

2.204 Mit der Übereignung der 1952 in Zürich gegründeten Serbischen Bibliothek »Katarina Jovanović« (Srpska čitaonica i knjižnica »Katarina Jovanović«) an die ZBZ gelangten im Jahr 2007 weit über 7000 Drucke (darunter mehr als 200 aus dem 19. Jh.) in serbischer Sprache als Spezialsammlung in unseren Bestand (Signatur »SBC«). Ihr Hauptgewicht liegt auf der Literatur, der südosteuropäischen Geschichte, dem religiösen Schrifttum sowie auf landeskundlichen Werken und Reisebeschreibungen. Die Schenkung knüpft an jene des Zürcher Südosteuropahistorikers Prof. Dr. Werner G. Zimmermann an, der 1999/2000 seine jugoslawienkundliche Privatbibliothek (darunter ca. 300 Titel zur Geschichte Montenegros) überlassen hatte.

Varia

2.205 Ebenfalls Socialistica enthalten die unter der Signatur »Revol« (Revolutionäre Literatur) aufgestellten 1542 Einheiten aus der Privatbibliothek des jüdischen Frankfurter Grafikers Hanns L. Katz (18. Jh: 224; 19. Jh: 953; 1901–1916: 365). 503 sind in deutscher Sprache erschienen, 462 französisch, 6 englisch und ein Titel italienisch. Im weltanschaulichen Gegensatz dazu steht z. T. die 1918 geschenkte USA-Bibliothek der Carnegie-Friedensstiftung (19. Jh: 145; 1901–1916: 662); nahezu alle Werke (797) dieses Bestands wurden in englischer Sprache veröffentlicht. Fast ausschliesslich italienische Titel finden sich unter den Verlagswerken von Ulrico Hoepli (1847–1935), die mit der gleichnamigen Signatur versehen wurden. 199 der 336 Titel stammen von vor 1917 (19. Jh: 107; 1901–1916: 92). Unter den Signaturen Jug P und Jug Z findet sich Jugend- und Kinderliteratur, wobei der erstgenannte Bestand aus dem Pestalozzianum stammt. Von den 1789 Einheiten (18. Jh: 147; 19. Jh: 1260; 1901–1916: 382) wurden 1648 deutsch gedruckt, 86 französisch, 49 englisch und 6 in anderen Sprachen. Die unter der Signatur Progr. versammelten Schulprogramme des 19. und frühen 20. Jhs. enthalten wissenschaftliche Abhandlungen der Professoren einzelner Gymnasien und Universitäten (18. Jh: 2; 19. Jh: 797; 1901–1916: 3882). Mit dem Schachspiel beschäftigen sich die Werke des Bestands Schach (18. Jh: 7; 19. Jh: 248; 1901–1916: 107), von denen 340 deutsch, 11 französisch, 2 italienisch und eine Publikation in einer slawischen Sprache gedruckt wurden. Unter der Signatur Zof wird die Bibliothek der Studentenverbindung Zofingia aufbewahrt, die über einen historischen Buchbestand von 549 Einheiten verfügt (18. Jh: 1; 19. Jh: 390; 1901–1916: 158). 429 liegen in deutscher, 119 in französischer und ein Werk in englischer Sprache vor. Die Signatur »Jagd« beinhaltet die Depot-Bibliothek des Zürcher Jagdschutzvereins (18. Jh: 1; 19. Jh: 15; 1901–1916: 47). Ein anderes Depot stellt die Bibliothek der Julius Klaus-Stiftung für Genetik und Sozialanthropologie dar, von denen 449 Einheiten vor 1917 gedruckt wurden (18. Jh: 3; 19. Jh: 137; 1901–1916: 309). Der grösste Teil der Publikationen erschien in deutscher (306) und englischer Sprache (96). Die Fortsetzung der in der Stadtbibliothek begründeten Signatur MC mit Literatur zur Numismatik stellt der 771 Einheiten zählende Bestand MCN dar (17. Jh: 2; 18. Jh: 30; 19. Jh: 506; 1901–1916: 233). 409 erschienen deutsch, 214 französisch, 72 italienisch, 34 englisch und 42 in anderen Sprachen. Loseblattsammlungen, Mappenwerke und Sonderformate finden unter der Signatur PAS Aufnahme (16. Jh: 1; 18. Jh: 10; 19. Jh: 130; 1901–1916: 109), wobei alle 250 zum historischen Buchbestand zählenden Einheiten in deutscher Sprache verfasst wurden. Die Sammlung mit Werkausgaben und Sekundärliteratur des Schriftstellers Conrad Ferdinand Meyer (1825–1898) findet sich unter der Signatur CFM (19. Jh: 421; 1901–1916: 123). 516 der 544 Einheiten wurden in deutscher Sprache publiziert.

3. KATALOGE

Moderne Kataloge gibt es für Bestände der Allgemeinen Musikgesellschaft, des Schweizer Alpen-Club (SAC) und der Zentralbibliothek. Die Kataloge der Vorgängerbibliotheken haben historischen Charakter. Ungedruckte Zugangsverzeichnisse figurieren bei den Archivalien. Übersicht nach Beständen: Allgemeine Musikgesellschaft; Antiquarische Gesellschaft; Gesellschaft vom alten Zürich; Juristische Bibliothek; Kantonsbibliothek; Kartenverein; Medizinische Bibliothek; Militärbibliothek; Naturforschende Gesellschaft; Rheinauer Bibliothek; Schweizer Alpen-Club (SAC), Sektion Uto; Schweizer Alpen-Club (SAC), Zentralbibliothek; Schweizerischer Zofingerverein; Stadtbibliothek; Stiftsbibliothek und Gymnasialbibliothek; Zentralbibliothek.

Standortangaben in der Bibliographie: ZBZ: Zentralbibliothek Zürich; StAZ: Staatsarchiv des Kantons Zürich

Allgemeine Musikgesellschaft
Historische allgemeine Kataloge

Die Anordnung nach Gattungen ist die übliche bei diesen Musikalienverzeichnissen, von denen einige gelegentlich die Melodieanfänge anführen.

Verzeichnis der Musikalien der Allgemeinen Musikgesellschaft [hschr. 1813; ZBZ: AMG Archiv IV B 33]

Verzeichnis der Musikalien der Allgemeinen Musikgesellschaft [hschr. 1814, 2 Exemplare, ZBZ: AMG Archiv IV B 34, 35]

Fortsetzung des Verzeichnisses der Musikalien der Allgemeinen Musikgesellschaft [hschr. 19. Jh; ZBZ: AMG Archiv IV B 36]

Verzeichnis der Musikalien der Allgemeinen Musikgesellschaft [hschr. 1831; ZBZ: AMG Archiv IV B 37]

Musikalisches Inhaltsverzeichnis der Allgemeinen Musikgesellschaft nach der Nummernfolge [hschr. 19. Jh, 2 Exemplare; ZBZ: AMG Archiv IV B 39, 40]

Katalog der neuen Musikalien der Allgemeinen Musikgesellschaft mit beigefügter Schätzung [hschr. 19. Jh; ZBZ: AMG Archiv IV B 41]

Titelkopien der Allgemeinen Musikgesellschaft bis 1960, hschr. und mschr. [nominal; ZBZ: Musikabteilung]

Historische Sonderkataloge

Verzeichnis der von Xaver Schnyder von Wartensee hinterlassenen Musikbücher und Notendrucke [hschr. 19. Jh; ZBZ: AMG Archiv IV 38]

Verzeichnis von Werken Joseph Haydns im Besitz der Allgemeinen Musikgesellschaft [hschr. 19. Jh;

ZBZ: AMG Archiv IV B 43]

Antiquarische Gesellschaft

Historische Kataloge

Katalog der Bibliothek der Antiquarischen Gesellschaft in Zürich. Zürich 1855 [voraus geographische Übersicht über ca. 100 Herausgeberkörperschaften, zumeist historische Vereine des Auslandes, dann ca. 800 Einzeltitel in 1200 Bdn nominal; ZBZ: ZL 849]

Nominalkatalog der Bibliothek der Antiquarischen Gesellschaft in Zürich [hschr. 1874; ZBZ: Arch St 706]

Nominalkatalog der Privatbibliothek von Ferdinand Keller [hschr. 19. Jh; der Bestand kam als Legat an die Antiquarische Gesellschaft; ZBZ: Arch St 713]

Gesellschaft vom alten Zürich

Historische Kataloge

Bibliothek-Katalog der G[esellschaft] v[om] a[lten] Z[ürich] 1882 [Zürich] 1882 [nach Fachgruppen; ZBZ: ZF 8175]

Erster Anhang zum Bibliothek-Katalog der G[esellschaft] v[om] a[lten] Z[ürich] von 1882. Zürich 1886 [nach Fachgruppen; ZBZ: ZF 8175]

Juristische Bibliothek

Historische Kataloge

Verzeichnis der Bücher der juristischen Bibliothek in Zürich. [Zürich] 1825 [nominal ohne Standortangaben, voraus Gesetze und Reglemente; ZBZ: IV N 262.1]

Verzeichnis der Bücher der juristischen Bibliothek in Zürich. Supplement 1-2. [Zürich] 1827-1829 [nominal ohne Standortangaben; ZBZ: IV N 262.2-3]

[Sartorius, Johann Baptist]: Bücher-Verzeichnis der juristischen Bibliothek in Zürich. Zürich 1840 [nominal mit Nummern des Repertoriums; ZBZ: IV N 262a]

(Orelli, A[loys] von): Katalog der juristischen Bibliothek in Zürich. Zürich 1863 [3152 Werke ohne Standortsignaturen: Alphabetisches Register (S. 1-170), Systematische Übersicht (S. 171-232); ZBZ: Arch St 179]

Publikumskatalog der Juristischen Bibliothek [nominal mit Standortsignaturen; Verschnitt des Katalogs von 1863 in 4 Bdn mit hschr. Fortführung bis nach 1910; ZBZ: Arch St 178 & a-c]

Titelkopien der Juristischen Bibliothek [teils hschr., nominal, mit Schlagwörtern; ZBZ: Arch St 174 : 1-5]

Titelkopien der Juristischen Bibliothek [teils hschr., nominal, als Dubletten zum Bestand der Zentralbibliothek, im Schlagwortkatalog nicht vorhanden; ZBZ: Arch St 175 : 1-2]

Kantonsbibliothek

Historische allgemeine Kataloge

Fritzsche, Otto Fridolin: Catalog der Bibliothek der Cantonal-Lehranstalten in Zürich. Im Auftrage des H. Erziehungsrathes des Eidg. Standes Zürich bearb. von Prof. Dr. O. F. Fritzsche, Oberbibliothekar. Zürich 1859 [nominal ohne Standortsignaturen; ZBZ: Arch St 170 c : 1]

Verwaltungskatalog der Kantonsbibliothek [durchschossenes Exemplar des Nominalkatalogs von 1859 mit hschr. Standortsignaturen und einigen Titelnachträgen; ZBZ: Arch St 170 & a]

Titelkopien der Kantonsbibliothek [hschr. 1859-1902, nominal mit Standortsignaturen und nachträglich notierten Schlagwörtern; ZBZ: Arch St 171 : 1-31]

Catalog der Bibliothek der Cantonal-Lehranstalten in Zürich. Fortsetzung enthaltend den Zuwachs von 1859-1898. 4 Bde. Zürich 1900-1904 [nominal ohne Standortsignaturen; ZBZ: Arch St 170 c : 2-5]

Verwaltungskatalog der Kantonsbibliothek [Exemplar des gedruckten Nominalkatalogs von 1859 mit hschr. Standortsignaturen der Bibliothekare Weber und Werner; ZBZ: Arch St 170 b]

Titelkopien der Kantonsbibliothek [hschr. 1902-1915, nominal mit Standortsignaturen und hschr. notierten Schlagwörtern; ZBZ: Arch St 172 : 1-20]

Publikumskatalog der Kantonsbibliothek in 6 Bdn 1904-1915 [nominal mit Standortsignaturen; ZBZ: Arch St 170 ca-cf]

Historische Sonderkataloge

Bücherinventar der Tierarzneischule [hschr. ca. 1835, nominal; ZBZ: Arch St 167]

Bücherinventar der Universität [hschr. ca. 1835; ZBZ: Arch St 167]

Verzeichnis der Privatbibliothek der Ärzte Rahn zum Leuenstein [hschr. 19. Jh, nominal; ZBZ: Ms. Car. XV 10]

Titelkopien des Bestandes Diss Germ der Kantonsbibliothek [hschr. 19. Jh, nominal mit Standortsignaturen; ZBZ: Arch St 746 : 1-49]

Verzeichnis zürcherischer Universitätsschriften 1833-1897. Zürich 1904 [Exemplar mit hschr. Standortsignaturen zu Titeln ausserhalb der Dissertationensammlung; ZBZ: Arch St 170 da]

Titelkopien von Zeitschriften der Kantonsbibliothek 1902-1915 [ZBZ: Arch St 173]

Verzeichnis der Zürcher Dissertationen [hschr. 1907/08–1916/17, nach Fakultäten; ZBZ: Arch St 168]

Alte Standortkataloge

I C – Medizinische Zeitschriften [ZBZ: Arch St 151]

II AA – Kirchengeschichte [ZBZ: Arch St 151 a]

II F – Staats- und Naturrecht [ZBZ: Arch St 151 b]

III O – Polemik, Apologetik [ZBZ: Arch St 151 c]

IV GG – Schweizergeschichte [ZBZ: Arch St 151 d]

IV O – Griechische und römische Literaturgeschichte [ZBZ: Arch St 151 e]

IV PP – Deutsche Literatur seit Lessing, italienische Schriftsteller [ZBZ: Arch St 151 f]

IV Y – Einzelne Disziplinen der Philosophie [ZBZ: Arch St 151 g]

V L – Ausserklassische Linguistik [ZBZ: Arch St 151 h]

(ohne Signatur)– Lesezimmer, 19. Jh [ZBZ: Arch St 151 i]

(ohne Signatur)– Lesezimmer, 20. Jh [ZBZ: Arch St 159]

Ra-RRr – Rheinauer Druckschriften [blosser Nummernkatalog mit Hinweisen auf herkunftsfremde Beifügungen; ZBZ: Arch St 158]

Kartenverein

Historische Kataloge

Bericht der Vorsteherschaft des Kartenvereins in Zürich an die Mitglieder desselben 1850–1856. [Zürich] o. J. [Sammlungsverzeichnis; ZBZ: Arch St 401]

Katalog des Kartenvereins in Zürich. 2 (1863), 3 (1870), 4 (1880), 5 (1890). [Zürich] 1863–1890 [schliesst an den Bericht über 1850–1856 an; ZBZ: Arch St 401]

(Pestalozzi, S[alomon]): Bericht über den Bestand der Sammlung des Kartenvereins in Zürich und über allfällige neue Erwerbungen zu ihrer Vervollständigung, vom Bibliothekar. Zürich 1894 [räsonierendes Sammlungsverzeichnis; ZBZ: Arch St 401]

Medizinische Bibliothek

Historische allgemeine Kataloge

Catalog der Bibliothek der medicinisch-chirurgischen Gesellschaft zu Zürich. [Zürich] 1796 [nominal; voraus S. 3–5: Gesetze für die medicinisch-chirurgische Bibliothek; ZBZ: 31.329.1]

Catalog der medicinisch-chirurgischen Lesegesellschaft zu Zürich. [Zürich] 1809 [2677 Titel nominal; voraus S. 2–5: Mitgliederverzeichnis, Vorwort, Gesetze; ZBZ: 31.329.2]

Supplement zu dem Catalog der Bibliothek der medicinisch-chirurgischen Lesegesellschaft in Zürich. 1 (1811), 2 (1822), 3 (1828). [Zürich] 1811–1828 [Nummern 2678–4312 nominal, voraus jeweils Mitgliederverzeichnis; ZBZ: 31.329.3–5]

Catalog der Bibliothek der medicinisch-chirurgischen Bibliothekgesellschaft in Zürich. Zürich 1834 [4560 Titel nominal, keine Brunnen- und Bäderschriften; ZBZ: 33.991.6]

Erstes Supplement zum Catalog der medizinischen Bibliothek in Zürich, enthaltend die seit 1834 hinzugekommenen Bücher [...] angefertigt im November 1841. [Zürich] o. J. [ohne Nummern nominal, S. 41–45: Brunnenschriften; ZBZ: 33.991.4]

Zweites Supplement zum Catalog der medizinischen Bibliothek in Zürich, enthaltend die seit November 1841 hinzugekommenen Bücher [...] angefertigt im April 1847. [Zürich] o. J. [ohne Nummern nominal, S. 23–28: Brunnenschriften; ZBZ: 33.991.5]

Bandkatalog der Medizinischen Bibliothek 1847 oder später (Kumulierung des gedruckten Katalogs von 1834 und der Supplemente von 1841 und 1847 [hschr., bis ca. 1870 fortgesetzt; nominal mit Standortsignaturen; ZBZ: Arch St 182]

Catalog der Bibliothek der medicinisch-chirurgischen Bibliothekgesellschaft in Zürich. Zürich 1871 [nominal, verzeichnet weder Brunnen- und Bäderschriften noch Dissertationen; ZBZ: Arch St 189]

Verzeichnis der von der medizinischen Bibliothekgesellschaft im Jahr 1871 angeschafften neuen Bücher. o.O. o. J. [nominal; ZBZ: BW 71 Z Me 1]

Verzeichnis der von der medizinischen Bibliothekgesellschaft in Zürich im Jahr 1872 angeschafften neuen Bücher und Zeitschriften. o. O. o. J. [nominal; ZBZ: BW 71 Z Me 1]

Catalog der Bibliothek der medicinisch-chirurgischen Bibliothekgesellschaft in Zürich. Erstes Supplement, umfassend die Erwerbungen der Jahre 1871–1883. Zürich 1884 [nominal; ZBZ: Arch St 189 : Suppl 1]

Zuwachs der Bibliothek der medicinisch-chirurgischen Bibliothekgesellschaft. 1884/1885, 1886/1888, 1889, 1890/1892, 1893/1897. o.O. o.J. [nominal; ZBZ: Arch St 189 : Suppl 2–6]

Bandkatalog der Medizinischen Bibliothek 1871 oder später [Kumulierung des gedruckten Katalogs von 1871 und späterer Titeldrucke, bis 1915 teils hschr. fortgesetzt, nominal mit Standortsignaturen; ZBZ: Arch St 184]

Titelkopien der Medizinischen Bibliothek [teils Ausschnitte aus gedruckten Verzeichnissen, mit beigefügten Schlagwörtern der Zentralbibliothek; ZBZ: Arch St 187 : 1–12]

Historische Sonderkataloge

(Finsler, J[akob]): Alphabetisches Verzeichnis der Schriften über Bäder und Mineralwasser, welche sich in der Bibliothek der medizinisch-chirurgischen Lesegesellschaft in Zürich befinden. Nebst einem Sach-Register. Zürich 1832 [Nr. 1–1084 und Anhang Nr. 1085–1094 nominal, die Einleitung mit sammlungsgeschichtlichen Hinweisen; ZBZ: Arch St 181]

Bandkatalog der Brunnen- und Bäderschriften 1832 [nominal mit Standortsignaturen, angelegt als Verschnitt des eben erschienenen Katalogs und bis ca. 1845 hschr. nachgeführt; ZBZ: Arch St 185]

Supplement zum alphabetischen Verzeichnis der Schriften über Bäder und Mineralwasser. o. O. o. J. [vor 1841; Nr. 1085–1160 nominal; ZBZ: 33.991.2]

Register über die Brunnenschriften der beiden Supplemente des Cataloges von den Jahren 1841 und 1847, alphabetisch nach Bädern geordnet, mit beigesetzten Verfassern oder demjenigen Worte, unter welchem die Schrift im Cataloge zu finden ist [...] angefertigt im August 1847. o. O. 1847 [mit den Supplementen sind diejenigen zum allgemeinen Katalog gemeint; ZBZ: 33.991.5 a]

Bandkatalog der Brunnen- und Bäderschriften ca. 1850 [nominal mit Standortsignaturen, angelegt als Kumulierung des Katalogs von 1832 und der Supplemente von 1841 und 1847, hschr. bis ca. 1870 nachgeführt; ZBZ: Arch St 181]

Titelkopien zu den Brunnen- und Bäderschriften [teils hschr., 19. Jh, nominal; ZBZ: Arch St 188 : 1–2]

Militärbibliothek

Historische Kataloge

Verzeichniss der Militair-Bibliothek. Zürich 1834 [systematisch; ZBZ: Bro 6487]

Catalog der Militär-Bibliothek des Cantons Zürich, aufgenommen im December 1840. o. O. o. J. [nominal, voraus Verordnung des Kriegsrates und Benutzungsreglement; ZBZ: DV 948]

Katalog der Militär-Bibliothek des Kantons Zürich. (Zürich 1853) [systematisch, voraus Verordnung des Kriegsrates und Reglement; ZBZ: DA 145]

Katalog der Militär-Bibliothek des Kantons Zürich, nachgeführt und ergänzt bis Ende Juli 1870. Zürich 1870 [systematisch, hier durchschossenes Exemplar mit beigebundenem Supplement von 1877 und hschr. Fortsetzung als Akzessions- und Standortkatalog bis 1919; ZBZ: Arch Z 668]

Erster Supplement-Katalog der Militärbibliothek des Kantons Zürich, umfassend den Zeitraum von Ende Juli 1870 bis Ende April 1877. Zürich 1877 [systematisch, hier durchschossenes Exemplar; ZBZ: Arch Z 668]

Katalog der Militärbibliothek des Kantons Zürich, ergänzt bis Frühjahr 1882. Zürich 1882 [systematisch; ZBZ: 33.992]

Nachtragsverzeichnis zum Katalog der Militärbibliothek von 1882. 1/2–6. o. O. o. J. [Titel bis 1888 nach Zugangsnummern, einige mit Erläuterungen; ZBZ: 33.992]

Katalog der Militärbibliothek des Kantons Zürich, ergänzt bis Ende 1892. Zürich 1893 [systematisch, voraus historische Einleitung; ZBZ: Arch Z 669]

Nachtragsverzeichnis zum Katalog der kantonalen zürcherischen Militärbibliothek von 1892. 6 (1898) – 8 (1900). Zürich 1899–1901 [nach Zugangsnummern, Heft 1–5 anscheinend verschollen; ZBZ: LK 854]

Katalog der Militär-Bibliothek des Kantons Zürich, ergänzt bis Ende 1902. Zürich 1903 [systematisch, voraus Benutzungsreglement; ZBZ: Arch Z 670]

Alphabetisches Register zum Katalog der kant. zürch. Militärbibliothek, ergänzt bis zum 31. Dezember 1904. Zürich 1905 [nominal mit Verweisungen auf den Katalog von 1903; ZBZ: Arch Z 671]

Nachtragsverzeichnis zum Katalog der zürcherischen Militärbibliothek. 1 (1903) – 13 (1916/1918) [systematisch; ZBZ: Arch Z 670 : Suppl 1–13]

Naturforschende Gesellschaft

Historische allgemeine Kataloge

Inventar der Bibliothek der Naturforschenden Gesellschaft [hschr., 1754; StAZ: B IX 150 a]

Inventar der Bibliothek der Naturforschenden Gesellschaft [hschr., 1757; StAZ: B IX 150 b]

Catalogus bibliothecae Societatis Physicae Thuricensis [hschr., 1767; nach Fächern, mit Standortangaben; StAZ: B IX 151]

Index topicus bibliothecae Societatis Physic. Oeconomicae [hschr., 1777; nach Fächern; StAZ: B IX 152]

Titel zum gedruckten Bibliothekskatalog der Naturforschenden Gesellschaft [hschr., 1815 oder früher; StAZ: B IX 157]

[Schinz, Christoph Salomon]: Catalogus bibliothecae Societatis physicae Turicensis. Turici 1815 [systematisch mit laufender Titelnumerierung, dazu Nominalregister und voraus Auszug aus den Statuten und Mitgliederverzeichnis; ZBZ: Gal Sp 500]

Catalogi Bibliothecae Societatis Physicae Turicensis supplementum interimisticum primum 1817 mens. Decembr. [Zürich] 1817 [StAZ: B IX 158]

Bandkatalog der Bibliothek der Naturforschenden Gesellschaft [durchschossenes Exemplar des gedruckten Kataloges von 1815 [hschr., mit Standortsignaturen versehen und bis ca. 1825 weitergeführt; StAZ: B IX 158]

Catalogus bibliothecae Societatis physicae Turicensis. Supplementum ordine alphabetico digestum. 1 (1815/1823) - 4 (1836/1842). Turici 1823-1842 [1-3 von Christoph Salomon Schinz, 4 von Johann Jakob Horner; ZBZ: Gal Sp 500]

[Horner, Johann Jakob]: Katalog der Bibliothek der Naturforschenden Gesellschaft in Zürich. 2. Aufl. Zürich 1855 [nominal ohne Standortsignaturen; voraus geographische Übersicht der körperschaftlichen Verfasser; ZBZ: HH 730]

[Horner, Johann Jakob]: Katalog der Bibliothek der naturforschenden Gesellschaft in Zürich. Supplement. Zürich 1867 [nominal; ZBZ: HH 730]

Katalog der Bibliothek der Naturforschenden Gesellschaft in Zürich. 3. Aufl. Zürich 1885 [nominal ohne Standortsignaturen, voraus geographische Übersicht der körperschaftlichen Verfasser; ZBZ: Arch Z 660.4]

Bibliothek der Naturforschenden Gesellschaft in Zürich. Zuwachs-Katalog für die Jahre 1885-1897. Zürich 1913. In: Vierteljahrsschrift der Naturforschenden Gesellschaft in Zürich 58 (1913), separat paginiert S. 1-83 und so auch ausgegeben [nominal mit Standortsignaturen, Ortsregister; ZBZ: Arch Z 660.5]

Bandkatalog der Bibliothek der Naturforschenden Gesellschaft [nominal mit hschr. beigefügten Standortsignaturen; Verschnitt des gedruckten Katalogs von 1885, nachgeführt bis 1915; ZBZ: Arch Z 663:1-2]

Titelkopien der Bibliothek der Naturforschenden Gesellschaft [teils gedruckt, teils hschr., nominal mit Standortsignaturen und Schlagwörtern; ZBZ: Arch Z 664:1-18]

Historische Sonderkataloge

Inventar der Privatbibliothek von Johannes Gessner, hschr. 18. Jh [nach Sachgruppen und Formaten; ehemals Phillips Ms 22248; ZBZ: Ms. Z II 620]

Catalogus librorum bibliothecae Joannis Gessneri quond. Med. Doct. et Canon. etc., qui venales constant apud J. F. Füssli filium. Turici 1798 [nach Sachgruppen und Formaten; ZBZ: O 456.4]

Alter Standortkatalog NF (Kupferwerke) [hschr. 19. Jh; Archiv NGZ unklassiert]

Bibliothek der Naturforschenden Gesellschaft in Zürich. Alphabetisches Verzeichnis der sämtlichen laufenden Periodika und Serienwerke mit Angabe der zur Zeit vorhandenen Bestände. Abgeschlossen im Mai 1911. Zürich 1911 [nominal ohne Standortsignaturen, dazu Ortsregister; ZBZ: BW 67.9 B]

Titelkopien von nicht im Schlagwortkatalog figurierenden Büchern der Naturforschenden Gesellschaft [teils gedruckt, teils hschr., nominal; ZBZ: Arch Z 665]

Rheinauer Bibliothek

Historische Kataloge

Schädler, Petrus: Druckschriftenkatalog der Abtei Rheinau. 4 Bde [hschr. 1735; nach Literaturkategorien und innerhalb derselben nominal, ohne Standortsignaturen; ZBZ: Ms. Rh. hist. 108-111]

Hauntinger, Blasius: Historisch-literarisch-kritisches Verzeichnis derjenigen raren Bücher, die von dem Anfange der erfundenen Buchdruckerei bis auf das Jahr 1530 sind gedruckt worden, die sich auf dem Büchersaale zu Rheinau befinden. 2 Bde [hschr. 1789-1791; mit bibliographischen und typographiegeschichtlichen Anmerkungen sowie Zeichnungen von Druckermarken und Wasserzeichen; Einsiedeln: Stiftsarchiv R 11 a]

Hauntinger, Blasius: Verzeichnis derjenigen Bücher in der Bibliothek des Klosters Rheinau, welche über Archäologie und Numismatik handeln [hschr. um 1800; nominal ohne Standortsignaturen, Titel bis 1808; Einsiedeln: Stiftsarchiv R 14]

Hohenbaum van der Meer, Moritz: Catalogus über vermischte Schriften der Rheinauer Bibliothek [Abschrift 1829; nominal mit Lokalstandortangaben; Einsiedeln: Stiftsarchiv R 13]

Schorno, Johann Baptist: Inkunabelkatalog der Rheinauer Bibliothek [hschr. 1832; war 1996 vermisst; Einsiedeln: Stiftsarchiv R 11 b]

Schorno, Johann Baptist: Conspectus litterarius bibliothecae Rhenoviensis [hschr. 1833; nominal ohne Standortsignaturen, zu persönlichem Gebrauch angelegt; Einsiedeln: Stiftsarchiv R 12]

Schweizer Alpen-Club (SAC), Bibliothek der Sektion Uto

Moderne allgemeine Kataloge

Bibliothek-Katalog der Sektion Uto S.A.C. Zürich (abgeschlossen per 30. April 1934). Zürich 1934 [nominal; ZBZ: A Bro 4564]

Sektion Uto S. A. C. Nachtrag zum Bibliothekskatalog von 1934. Neueingänge. 1 (1936) - 33 (1969), 34 (1970/1973) - 36 (1976/1979), 37 (1980/1989) ff. [Autoren- und Sachteil; ZBZ: A III 3803]

Historische allgemeine Kataloge

Bibliothek der Section Uto S. A. C. Zürich o. J. [Sammlungsgegenstände bis 1872 nominal; ZBZ: A Ber 65]

Bibliothek der Section Uto S. A. C. Zürich 1881 [nominal; ZBZ: A Bro 8558]

Bibliothek und Sammlungen der Section Uto S. A. C. Zürich 1889 [nominal; ZBZ: A Bro 8559]

Katalog der Bibliothek der Sektion Uto des S. A. C., mit Sachregister. Zürich 1909 [ZBZ: A Bro 3241]

Bibliothek- und Diapositiv-Katalog der Sektion Uto S. A. C. enthaltend ein alphabetisches Verzeichnis der Bücher, Broschüren und Zeitschriften mit Sachregister, sowie der Panoramen, Karten und Diapositive. Zürich 1916 [ZBZ: A III 3752]

Historischer Sonderkatalog

Katalog der Müller-Wegmann'schen Sammlung von Panoramen, Gebirgsansichten etc. im Eigentum der Sektion Uto, S. A. C. Zürich 1882 [hschr. ergänztes Verzeichnis des aus Drucken und Zeichnungen gemischten Bestands; ZBZ: Kart 1168]

Schweizer Alpen-Club (SAC), Zentralbibliothek

Moderner allgemeiner Katalog

(Imhof, Viola): Katalog der Zentralbibliothek des Schweizer Alpen-Club, hrsg. vom S. A. C. Bern 1990 [systematisch]

Moderner Sonderkatalog

Mutzner, Lydia: Panoramensammlung von Prof. Melchior Ulrich. Ein Depot des Schweizer Alpenclub in der Zentralbibliothek Zürich. Beschreibung, Katalog und Biographien. Zürich 1988 [mschr. Diplomarbeit über die ca. 700 seit 1893 ins Eigentum des S. A. C. übergegangenen meist handgezeichneten Panoramen; ZBZ: Kart 2590]

Historische allgemeine Kataloge

Bibliothek des Schweizer Alpenclub. Zuwachsverzeichnis. 1 (1891) –3 (1894) [nominal; ZBZ: A Arch 3:1]

Katalog der Bibliothek des S. A. C. Mai 1897. Zürich 1897 [nominal; ZBZ: A Arch 3:1]

Bibliothek des Schweizer Alpenclub (verwaltet von der Stadtbibliothek Zürich). Zuwachsverzeichnis zum Katalog von 1897. 1 (1897/1898) – 2 (1899/1900) [nominal; ZBZ: A Arch 3:1]

Titelkopien der Zentralbibliothek des S. A. C. [hschr. und mschr. ca. 1900–1951; nominal; ZBZ: A Arch 12:1-8]

Katalog der Bibliothek des Schweizer Alpenclub 1905. Mit Sachregister. Zürich 1905 [nominal; ZBZ: A Arch 3:1]

Katalog der Bibliothek des Schweizer Alpenclub 1912. Mit Sachregister. Zürich 1912 [nominal; ZBZ: A Arch 3:1]

Katalog der Zentralbibliothek des Schweizer Alpenclub 1925. Zürich 1925 [I: Druckschriften nominal, II: Panoramen topographisch, III: Sachregister; ZBZ: A Arch 3:1]

Katalog der Zentralbibliothek des Schweizer Alpenclub. Suppl. 1 (1926/1930) – 4 (1952/1963). Zürich 1931–1965 [ZBZ: A Arch 3:1]

Titelkopien der Zentralbibliothek des SAC [mschr. 1952–1963, nominal; ZBZ: A Arch 13]

Historische Sonderkataloge

Egger, C[arl]: Die Bibliothek des S. S. V. In: Ski. Jahrbuch des Schweizerischen Ski-Verbandes 9 (1913), S. 181–184 [systematisch]

Titelkopien von als Mss. aufgestellten annotierten Büchern der Sammlung Coolidge [hschr. 1928 oder später, nominal; ZBZ: A Arch 17]

Titelkopien von seinerzeit im gedruckten Katalogsupplement nicht angezeigten Büchern der Sammlung Coolidge [hschr. 1928 oder später, nominal; ZBZ: A Arch 18]

Katalog der Bibliothek des SSV (1. August 1936). In: Ski. Jahrbuch des Schweizerischen Ski-Verbandes 32 (1936), S. 193–204 [systematisch]

Schweizerischer Zofingerverein

Historischer Katalog

Bibliothek des Schweizerischen Zofingervereins, deponiert auf der Zentralbibliothek Zürich. In: Zofingia 78 (1937/38), S. 419–428 [Katalog nach Sachgruppen]

Stadtbibliothek

Historische allgemeine Kataloge

[Heidegger, Hans Konrad; Rahn, Johann Rudolf]: Catalogus librorum Bibliothecae Tigurinae in inferiore aedium parte collocatorum. Tomus 1-2. Tiguri 1744 [nominal mit Standortsignaturen; ZBZ: Arch St 747 : 1-2]

[Usteri, Leonhard; Rahn, Johann Rudolf; Scheuchzer, Johannes]: Catalogus librorum Bibliothecae Tigurinae in media aedium parte collocatorum. Tomus 3-4. [Zürich] 1781 [nominal mit Standortsignaturen; ZBZ: Arch St 747 : 3-4]

[Usteri, Leonhard]: Catalogus librorum Bibliothecae Tigurinae in summa aedium parte collocatorum. Tomus 5-6. [Zürich] 1809 [nominal mit

Standortsignaturen; Bd 5 enthält Gesamtplan der Aufstellung; ZBZ: Arch St 747 : 5–6]

Verzeichnis derjenigen Bücher, welche auf die Zürcherische Stadtbibliothek [...] theils angeschafft, theils geschenkt worden sind. 1828/1831, 1832/1833, 1834, 1835, 1836/1837, 1838/1839, 1840/1841, 1842/1845. Zürich 1833–1846 [nominal ohne Standortsignaturen, unterm Jahr 1834 die kunsthistorische Bibliothek von Johann Heinrich Füssli; ZBZ: Arch St 76]

Titelkopien der Stadtbibliothek als Vorlage für den Katalogdruck von 1864 [hschr., nominal, mit Standortsignaturen; ZBZ: Arch St 725 : 1–65]

[Horner, Johann Jakob; Vögelin, Anton Salomon]: Catalog der Stadtbibliothek in Zürich. 1–4. Zürich 1864 [nominal über den gesamten Bestand ohne Standortsignaturen, Bd 1 mit knapper Erläuterung der Katalogisierungsgrundsätze; ZBZ: Arch St 749 : 1–4]

Verwaltungskatalog 1–4 der Stadtbibliothek [Exemplar des gedruckten Nominalkatalogs von 1864 mit hschr. eingetragenen Standortsignaturen, voraus Notiz von Hermann Escher zur Verarbeitung der Broschüren; ZBZ: Arch St 750 : 8–11]

Stadtbibliothek Zürich: Zuwachs-Verzeichnis [1] (1888) – [9] (1892). [Zürich] o. J. [nominal ohne Standortsignaturen; [2] (1888): Schenkung der Erben des a. Stadtrath Hirzel-von Escher sel. (S. 1–10), Schenkung a. d. Nachlass von Musikdirektor G. Weber sel. (S. 10–15); ZBZ: Arch St 77]

Titelkopien der Stadtbibliothek als Vorlage für den Katalogdruck von 1896/1897, [hschr., nominal mit Standortsignaturen; ZBZ: Arch St 729 : 1–58]

Fortsetzung zum Catalog der Stadtbibliothek Zürich, enthaltend den Zuwachs von 1864–97. 1–3. Zürich 1896–1897 (Catalog der Stadtbibliothek Zürich 5–7) [nominal ohne Standortsignaturen, Bd 1 mit ausführlicher Erläuterung der Katalogisierungsgrundsätze durch Hermann Escher und Wilhelm von Wyss, Bd 3 mit letzten Nachträgen, so u. a. den Titeln aus den Privatbibliotheken von Johann Jakob Egli und Friedrich Bürkli; ZBZ: Arch St 750 : 1–2]

Verwaltungskatalog 5–7 der Stadtbibliothek [Exemplar des gedruckten Nominalkatalogs von 1896/97 mit hschr. eingetragenen Standortsignaturen; ZBZ: Arch St 750 : 12–15]

Titelkopien der Stadtbibliothek, vormals Druckvorlagen zum Zuwachsverzeichnis der Bibliotheken in Zürich 1897–1916 [hschr., nominal mit Schlagwörtern; ZBZ: Arch St 730 : 1–38]

Titelkopien der Stadtbibliothek als Vorarbeit zum 12- bzw. 15bändigen Publikumskatalog [hschr. 19. Jh; ZBZ: Arch St 737 : 1–27]

Publikumskatalog der Stadtbibliothek in 12 Bdn (in 15) der vorliegenden gedruckten Verzeichnisse, um 1900 [nominal mit Standortsignaturen, in der Zentralbibliothek stillgelegt; ZBZ: Arch St 728 : 1–5, 6 : 1–4, 7–12]

Alphabetisches Schlagwortverzeichnis mit Schema der systematischen Übersicht zum Schlagwort-Katalog der Stadtbibliothek Zürich. Zürich [1909] [ZBZ: Arch St 854]

Historische Sonderkataloge

Nominalkatalog des Druckschriftenbestandes Orelli (ohne Ciceroniana) der Stadtbibliothek [hschr. ca. 1850, ca. 2000 Titel des 16. bis 19. Jhs mit Standortsignaturen, im Anhang Verzeichnis von Hss.; ZBZ: Arch St 78 ba]

Katalog der Ciceroniana des Druckschriftenbestandes Orelli der Stadtbibliothek [hschr. ca. 1850, in regelloser Anordnung ca. 800 Titel des 16. bis 19. Jhs mit Standortsignaturen; ZBZ: Arch St 78 bb]

Nominalkatalog des Druckschriftenbestandes Ochsner der Stadtbibliothek [hschr. ca. 1850, ca. 1600 Titel des 16. bis 19. Jhs mit Standortsignaturen; ZBZ: Arch St 78 bc]

Nominalverzeichnis der von Friedrich Salomon Vögelin der Stadtbibliothek hinterlassenen Druckschriften [hschr. 1888 oder später, 1500 Titel vorwiegend des 19. Jhs, mit Standortsignaturen; ZBZ: Arch St 108]

Verzeichnis von Schriften zu den Umtrieben Zürichs mit David Friedrich Strauss 1839 [hschr. 19. Jh, ohne Standortsignaturen; ZBZ: Arch St 108 a]

Verzeichnis von Schriften Johann Caspar Lavaters [hschr. 1848, ohne erkennbare Ordnung, mit Standortsignaturen meist des Bestands »Gal Sp« der Stadtbibliothek; mit Hinweis auf die vergleichbare Sammlung der Kirchgemeinde Zürich-St. Peter; ZBZ: Arch St 108 b]

Chronologischer Katalog von Inkunabeln [hschr. 19. Jh, mit Standortsignaturen der Stadtbibliothek; ZBZ: Arch St 108 c]

Nominalkatalog der von Alexander Schweizer der Stadtbibliothek hinterlassenen Druckschriften [ca. 1100 Titel vorwiegend des 19. Jhs, mit Standortsignaturen, meist »WZ«; ZBZ: Arch St 109]

Chronologisches Verzeichnis zürcherischer Mandate 1504–1845 [hschr. 1858(?); ZBZ: Arch St 150 c]

Nominalkatalog der Druckschriftensammlung Heidenheim der Stadtbibliothek [mschr. 19. Jh, mit Standortsignaturen; ZBZ: Arch St 717 a]

Titelkopien der Stadtbibliothek [hschr. und gedruckt um 1900, mit Vermerk »Nicht drucken«; ZBZ: Arch St 731]

Titelkopien der Stadtbibliothek zu den vom Verein Schweizerischer Gymnasiallehrer deponierten Lehrmitteln (Gy II) [hschr. 19. Jh; laut Beischrift im Alphabetischen Zentralkatalog und im Schlagwortkatalog nicht figurierend; ZBZ: Arch St 732 : 1–2]

Titelkopien der Stadtbibliothek zur Sammlung »Genève« [hschr. 19. Jh, ca. 840 Titel nominal, im Katalogdruck von 1864 vollständig, im Alphabetischen Zentralkatalog nur teilweise figurierend, laut Notiz der Bibliothekarin Hedwig Aebly 1945; ZBZ: Arch St 733]

Titelkopien der Stadtbibliothek zu Mandaten [hschr. 19. Jh, chronologisch 1523–1868; ZBZ: Arch St 734 : 1–6]

Titelkopien der Stadtbibliothek »Aufgestellte Dubletten, die entbehrlich sind« [hschr. 19. Jh, Titel des 16.–19. Jhs, nominal mit Signaturen; ZBZ: Arch St 735 : 1–4]

Titelkopien der Stadtbibliothek »Aufgestellte Dubletten in Sammelbänden« [hschr. 19. Jh, Titel des 16.–19. Jhs, nominal mit Signaturen; ZBZ: Arch St 736: 1–2]

Titelkopien der Stadtbibliothek zu Zeitungen, Zeitschriften und anderen Reihenwerken [hschr. 19. Jh, nominal mit Standortsignaturen; Hinweis auf ihr Vorkommen im Alphabetischen Zentralkatalog; ZBZ: Arch St 740]

Titelkopien der Stadtbibliothek zur Sammlung Usteri [hschr. 19. Jh, nominal mit Standortsignaturen, die Arbeit u. a. von Ricarda Huch; ZBZ: Arch St 741 : 1–6]

Übersichtskatalog zu den Inkunabeln der Stadtbibliothek [hschr. 20. Jh, nach Standortsignaturen, mit Nummern nach Hain u. a.; für Bestandsrevision dienlich; ZBZ: Standortkatalog St 284]

Alter Übersichtskatalog zu den Inkunabeln der Stadtbibliothek [ZBZ: Standortkatalog St 285]

Verzeichnis von Revolutionszeitschriften der Stadtbibliothek [hschr. 19. Jh, anscheinend die Grundlage der Veröffentlichung von Alfred Stern; ZBZ: Standortkatalog St 288]

Rahn, Johann Rudolf: Nominalverzeichnis seltener Drucke der Stadtbibliothek [hschr. 1781, mit Standortsignaturen; ZBZ: Ms. C 360]

Weller, Emil Ottokar: Katalog der Druckschriften im Bestand Ms. F der Stadtbibliothek [hschr. 19. Jh, Titel des 16. Jhs, meist aus der Wickiana; ZBZ: Ms. F 35 a]

Alte Standortkataloge

Curiosa [Bestandsaufteilung: A = Aufgestellt, K = RK, W = Winde (Estrich), voraus Verzeichnis »Raritätenpult«; ZBZ: Arch St 108 d]

Einblattdrucke diversen Charakters [Karteien mit Recherchiermöglichkeit etwa nach folgenden Gesichtspunkten: Denkmäler, Diplome, Feste, Geschichte, Kalender, Klöster, Panoramen, Regimentskalender, Stammbäume, Wappentafeln; ZBZ: Graphische Sammlung]

3 - Historia litteraria per libros periodicos tradita [ursprünglich Gal III; 1890 infolge Versetzung des Bestands nach »WB« ausser Kraft gesetzt; ZBZ: Arch St 83]

4 - Auctores classici [ursprünglich Gal IV; 1890 infolge Umstellung des Bestands ausser Kraft gesetzt; ZBZ: Arch St 83 a]

18 - Drucke des 16. und 17. Jhs [ursprünglich Gal XVIII; ZBZ: Arch St 83 b]

Aeg - Ägyptenkasten [enthaltend auch Hss., mit Nominalregister, 1890 ausser Kraft gesetzt; ZBZ: Arch St 111]

BW - Buchwesen [Fadenschlaufenkatalog, ca. 1925 ausser Kraft gesetzt; ZBZ: Arch St 727 : 1–2]

BW - Buchwesen [seit 1969 nicht mehr nachgeführt; ZBZ: Arch St 726]

GK - Gottfried Keller, Nachlass und Druckschriften [nachgeführt bis ca. 1923; ZBZ: Arch St 723]

Gy I - Schulprogramme [anscheinend 1943 ausser Kraft gesetzt; ZBZ: Arch St 719]

Heid - Druckschriften der Bibliothek Heidenheim [ZBZ: Arch St 717 b]

Kal - Kalender [1934 durch neuen Standortkatalog ersetzt; ZBZ: Arch St 716]

Progr - Programme und Berichte von Mittelschulen [1932 durch neuen Standortkatalog ersetzt; ZBZ: Arch St 718]

Ms. F 12–19, 21, 34, 45 - Wickiana, Buch 1–10, 24, 25 [Detailbeschreibung mit Korrekturen Hermann Eschers, hschr. vor 1916; ZBZ: Standortkatalog St 295]

Ms. S - Flugschriften in der Simmlerschen Hss.-Sammlung [hschr. 19. Jh, angelegt vor der in den 1890er-Jahren begonnenen Versetzungsaktion zu den Beständen 18, Zw und Res; verzeichnet aus dem 16. Jh ca. 850, aus dem 17. Jh ca. 250 und aus dem 18. Jh ca. 300 Drucke; ZBZ: Standortkatalog St 286]

Private Kataloge

Gemeint sind Verzeichnisse zu nachmals in der Stadtbibliothek ganz oder teilweise aufgegangenen Privatbibliotheken.

Inventar der Privatbibliothek von Johann Jakob Bodmer nebst Vermisstenliste [hschr. 1783 oder später, mindestens 1250 Werke des 16. bis 18. Jhs; ZBZ: Ms. Bodmer 38 a]

Katalog der toponymischen Bibliothek des Geographen Prof. Johann Jakob Egli [hschr. 1895, 1300 Titel; ZBZ: Arch St 110]

Inventar der Privatbibliothek von Prof. Johann Caspar Hagenbuch [hschr. 1747; ZBZ: Ms. C 270.I]

Inventar der Privatbibliothek von Prof. Johann Caspar Hagenbuch [hschr. 1750-1756; ZBZ: Ms. C 277.3]

Inventar der Privatbibliothek von Prof. Johann Caspar Hagenbuch [hschr. 1758; ZBZ: Ms. C 361]

Nominalkatalog der Privatbibliothek von Prof. Johann Caspar Hagenbuch [hschr. 1764; ZBZ: Ms. C 393]

Nominalkatalog der Privatbibliothek des Hebraisten Moritz Heidenheim [hschr. 1890; ZBZ: Arch St 717]

Verzeichnis der Bibliothek des Dichters Dr. G. Herwegh, welche [...] 1867 [...] öffentlich versteigert wird. Zürich (1867) [ZBZ: DA 46]

Systematischer Katalog mit nominaler Erschliessung der Privatbibliothek von Antistes Hans Rudolf Stumpf [hschr. 16.Jh; ZBZ: Ms. D 193]

Verzeichnis der Bibliothek des sel. Herrn Doctor Paul Usteri, Bürgermeister des Cantons Zürich. Abtheilung 1–5. Zürich 1832–1833 [Auktionskatalog der Buchhandlung Schulthess; enthält weder die Bäder- und Brunnenschriften noch die 1865 bzw. 1869 von Hans Konrad Ott der Stadtbibliothek geschenkten französischen Broschüren und Zeitungen; ZBZ: O 299]

(Z[iegler], L[eonhard]): Sammlung von Landschafften und Prospecten des gantzen Schweitzerlands [...] (Zürich) 1777; Fortsetzung 1 (1780) – 4 (1790) [ZBZ: KK 717]

[Ziegler, Leonhard]: Atlas Helveticus oder Verzeichnis einer vollständigen Sammlung aller über die Schweitz und ihre verschiedenen Theile [...] herausgekommenen geographischen Charten. In: Büschings Magazin 14 (1780) S. 155–196 [auch als Reprint, Langnau 1974]

Catalogus schweizerischer Prospecten und Landscharten [hschr. 18./19. Jh, zur Zieglerschen Sammlung; ZBZ: Arch St 715]

Stiftsbibliothek und Gymnasialbibliothek

Historische allgemeine Kataloge

Die Kataloge der Stiftsbibliothek verzeichnen sowohl Drucke als auch Hss.

Pellikan, Konrad: Katalog der Stiftsbibliothek [hschr. 1532–1551; Inventar mit mehrfacher Erschliessung; ZBZ: Ms. Car. XII 4]

Pellikan, Konrad: Katalog der Stiftsbibliothek [fremde Abschrift 1537; Staats- und Universitätsbibliothek Bremen: Ms. b 8]

Lavater, Ludwig; Haller, Wolfgang: Katalog der Stiftsbibliothek [hschr. 1553–1595, Inventar mit mehrfacher Erschliessung; ZBZ: Ms. Car. XII 5]

Fries, Johann Jakob: Katalog der Stiftsbibliothek [hschr. 1588, systematisch; ZBZ: Ms. Car. XII 6–7]

Hottinger, Johann Jakob: Katalog der Stiftsbibliothek [hschr. 1710–1777, Inventar; ZBZ: Ms. Car. XII 8]

Breitinger, Johann Jakob: Katalog der Stiftsbibliothek [hschr. 1776, Inventar mit Nachweis von Zugängen; ZBZ: Ms. Car. XII 9]

Brennwald, Leonhard: Katalog der Stiftsbibliothek [hschr. 1809–1816, Inventar mit nominaler Erschliessung; ZBZ: Ms. Car. XII 10–13]

Hess, Salomon: Katalog der Stiftsbibliothek [hschr. 1816–1818, Abschrift des Brennwaldschen Katalogs; ZBZ: Ms. G 333–335]

Catalogus bibliothecae Gymnasii Turicensis. Turici 1829 [nominal; ZBZ: AAN 682]

Historische Sonderkataloge

Katalog der Privatbibliothek von Antistes Johann Jakob Breitinger [hschr. von Hans Heinrich Ott 1642; Inventar nach Literaturkategorien mit Verfasserregister, letztwilliger Verfügung über die Bibliothek, Ausleihregister und Vermisstenliste; ZBZ: Ms. F 100]

Detailbeschreibung von Johann Martin Usteri zu Buch 11–24 (Ms. F 22-34) der Wickiana [hschr. 19. Jh; ZBZ: Standortkatalog St 294]

Zentralbibliothek

Von den Zettelkatalogen der Zentralbibliothek sind die meisten seit je dem Publikum frei zugänglich und damit äusseren Einwirkungen besonders ausgesetzt.

Moderne allgemeine Kataloge

Alphabetischer Zentralkatalog (AZK)

Der um 1900 als Zettelkatalog der Bibliotheken Zürichs inaugurierte AZK ist heute vorrangig als die Nominalerschliessung der Buchbestände der Zentralbibliothek mit Druckjahr bis und mit 1989 von Bedeutung. Er leistet den Einzelnachweis selbständig erschienener Werke nach den PI-ähnlichen Escherregeln und weist zudem bis 1962 Zeitschriftenaufsätze bevorzugter Zürcher Verfasser mittels Sammeleintragungen nach. Körperschaftspublikationen des Bestands LK (vormals: Ber) sind im AZK summarisch und unter teils nicht regelkonformen Ansetzungen erfasst. Nicht in den AZK aufgenommen sind die im Schriftentausch zugegangenen Dissertationen, für die es einen besonderen Katalog gibt, sowie Einblattdrucke, graphische Blätter, geographische Karten und die Notendrucke der Allgemeinen Musikgesellschaft. Mit dem Nichtvorkommen von Titeln im AZK ist bei der Suche nach Musikalien, Kleinschrifttum und Titeln aus Extrabeständen zu rechnen. Der Nachweis von Mehrfachexemplaren ist zumal bei älteren Titeln mitunter unvollständig. Vom AZK liegt eine Ausg. mit Berichtsstand Herbst 1989 auf Microfiche vor. Eine digitalisierte Version gibt es seit 1997.

Chronologischer Katalog

Der Chronologische Katalog stellt eine Verzettelung der gedruckten Kataloge von Stadtbibliothek und Kantonsbibliothek sowie des Zuwachsverzeichnisses der Bibliotheken Zürichs dar. Er weist, meist ohne Standortsignatur, Werke bis Erscheinungsjahr 1914 nach, ist aber von 1850 an auf Drucke aus dem Kanton Zürich beschränkt.

Schlagwortkatalog (SWK)

Die von 1897 bis 1907 auf Zetteln angelegte und seither stets weitergeführte Sacherschliessung erst der Stadtbibliothek, dann der Zentralbibliothek, weist selbständig erschienene Druckschriften bis und mit Erscheinungsjahr 1989 nach. Grosso modo entspricht der Inhalt dem Anteil der Zentralbibliothek am AZK. Dem SWK wies die Katalogphilosophie der Zentralbibliothek, bis 1962 jedenfalls, im Vergleich mit dem AZK die sekundäre Rolle zu. Der Nachweis von Mehrfachexemplaren ist im SWK noch selektiver als im AZK, indem man sich gerne mit einer einzigen Standortangabe begnügte. Standortsänderungen wurden im SWK häufig nicht berücksichtigt, so dass hier gelegentlich ungültig gewordene Signaturen anzutreffen sind. Zu den Defiziten bezüglich der Extrabestände zählen im SWK zusätzlich die deutsche, französische und englische Belletristik mit Druckjahr ab 1750 – ältere Werke können unter Gattungsschlagwörtern wie »Englische Dramen« gefunden werden – und die Hebraica aus der Privatbibliothek von Moritz Heidenheim. Der historische Buchbestand ist von der im SWK seit 1965 praktizierten Verfeinerung des Vokabulars wenig betroffen und daher unter den begrifflich weiten Schlagwörtern der Anfangszeit nachgewiesen.

Dissertationen-Katalog

Dieser Nominalkatalog weist auf Zetteln das Gros der im Rahmen des internationalen Schriftentausches seit der Gründung der Kantonsbibliothek zugegangenen Titel nach. Universitätsschriften, die als Bücher verarbeitet wurden, figurieren im AZK.

Online-Katalog

Im Online-Katalog sind, nach formalen und sachlichen Gesichtspunkten abfragbar, die Titel der seit 1988 von der Katalogisierung erfassten Bücher und geographischen Karten auffindbar, auch solche älteren Datums.

Moderne Sonderkataloge (publiziert)

[Bankowski, Monika]: Bücher in slawischen Sprachen aus dem Nachlass der Schriftstellerin Alja Rachmanowa (1898–1991) [in der] Zentralbibliothek Zürich [mschr. 1997, systematisches Verzeichnis]

Hinz, James A.: A handlist of the printed books in the Simmlersche Sammlung. Revised edition, 2 Bde. Saint Louis 1976 (Sixteenth century bibliography 6,7) [verzeichnet 685 Drucke des 16. Jhs aus dem Bestand Ms. S 1–155 auf Grund eines beim Center for Reformation Research befindlichen Mikrofilms]

Pelzer, Erich: French revolutionary pamphlets. Usteri collection, Zentralbibliothek Zürich. Installment I (Nr. 1–1975)ff. [Leiden] 1996 ff. [Begleitheft zur Microfiche-Publikation]

Puskás, Regula: Musikbibliothek Erwin R. Jacobi. Seltene Ausgaben und Manuskripte. 3. erg. u. rev. Aufl. Zürich 1973

Steiger, Rudolf: Verzeichnis des wissenschaftlichen Nachlasses von Johann Jakob Scheuchzer (1672–1733), im Auftrag der Zentralbibliothek Zürich bearbeitet. Zürich 1933 [Separatum aus: Vierteljahrsschrift der Naturforschenden Gesellschaft in Zürich; verzeichnet, zusätzlich zum Nachlass, 173 Publikationen Scheuchzers mit Standortnachweis für die Zentralbibliothek]

Stopp, Klaus: Die Handwerkskundschaften mit Ortsansichten. Beschreibender Katalog der Arbeitsattestate wandernder Handwerksgesellen. Bd 9. Katalog Schweiz. Stuttgart 1986 [Anteil der Zentralbibliothek: 54 Stück]

Wartmann, Beat: Ornithologie Katalog Zentralbibliothek Zürich. Zürich 1989

Zürcher Neujahrsblätter. Beschreibendes Verzeichnis mit Personen-, Orts- und Sachregister. Catalogue raisonné, abgeschlossen bis und mit 1966. Hrsg. zum Fünfzig-Jahr-Geschäftsjubiläum des Antiquariates und der Buchhandlung Hans Rohr, Zürich. Zürich 1971

Moderne Sonderkataloge (unpubliziert)

Katalogsaal

Turicensia-Katalog [Zettelmaterial zur »Bibliographie der Geschichte, Landes- und Volkskunde von Stadt und Kanton Zürich«, weist systematisch die seit etwa 1930 selbständig und unselbständig zum Thema erschienenen Publikationen nach; hier wichtig sind insbesondere die Sektionen XI »Personengeschichte« und X 13 »Bibliotheken und Lesegesellschaften«. Der Turicensia-Katalog bezweckt den Nachweis weder des Schrifttums zürcherischer Autoren noch des zürcherischen Verlagsschaffens]

Bibliothek der Julius Klaus-Stiftung für Genetik und Sozialanthropologie [Zettelnachweis nominal, nach DK und Stichwörtern; im AZK figurieren die Einzeltitel ohne Standortsignaturen]

Missionsbibliothek [Zettelnachweis nominal und systematisch; im AZK keine Einzeltitel]

Bibliothek der Schweizerischen Kynologischen Gesellschaft, Sektion Zürich [Nachweis nominal und systematisch]

Bibliothek des Schweizerischen Zofingervereins [Nachweis nominal und systematisch]

Serbische Bibliothek »Katarina Jovanovic« in Zürich-Schweiz: Katalog. [Teil] 1: Bücher in serbokroatischer Sprache, [Teil] 2: Bücher in deutscher, französischer und englischer Sprache. – Zürich 1978, 2 Bde (hektogr.)

Graphische Sammlung

Leemann-van Elck, P(aul): Salomon Gessner. Zürich 1930 [S. 153–322 Bibliographie, mit hschr. Exemplarnachweis der Zentralbibliothek; ZBZ: Handbibliothek GS 069]

Stäheli, Marlies: Beschreibender Katalog der Einblattdrucke aus der Sammlung Wickiana in der Zentralbibliothek Zürich. Zürich 1950 [mschr., Diplomarbeit über 378 Stücke; ZBZ: PAS II 26]

Exlibris aus dem Gesamtbestand der Zentralbibliothek [Arbeitskartei von Agnes Wegmann um 1925, mit Standortnachweisen]

Exlibris-Sammlung Bebler [Zettelkatalog von 1976 nach Standortsignaturen, Künstlern, Besitzern und Motiven]

Primärliteratur mit druckgraphischen topographischen Ansichten aus dem Kanton Zürich [Zettelkatalog von 1978 der Werke nach Standortsignaturen und nominal sowie der Bilder nach Künstlern und dargestellten Orten]

Einblattdrucke aus der Sammlung Wickiana [Zettelkatalog von 1979 nach Standorten, Chronologie, dargestellten Orten und Personen, Textverfassern, Künstlern und Druckorten]

Physiognomische Fragmente von Johann Caspar Lavater [Zettelkatalog von 1985 der Grossquartausgaben nach Standortsignaturen und Titeln sowie der Porträts nach Künstlern und dargestellten Personen]

Bibliothek Conrad Ferdinand Meyers im Ortsmuseum Kilchberg [Katalog von 1986 nach Standortsignaturen und nominal sowie nach Vorbesitzern und Donatoren; der Bestand ist von AZK und SWK nicht erfasst]

Handschriftenabteilung

Fachkatalog Handschriftenkunde [Zettelkatalog zu den einschlägigen Teilen des Bestands BW, nominal und nach Standort; Neuformierung des Bestands ist geplant]

Fachkatalog Genealogie und Heraldik [Zettelkatalog zu den Beständen Gen, Wap und Hegi nominal und nach Schlagworten; Neuformierung von Gen und Wap ist geplant]

Kartei von autographen Einzelstücken der Zentralbibliothek [Papierstreifenkatalog nominal; enthält mitunter Hinweise auf hschr. Besitzervermerke in gedruckten Büchern]

Kartensammlung

Katalog der Atlanten [Zettelkatalog zum Bestand »Atl« nominal, nach Schlagwort und nach Standort]

Katalog der kartographischen Sekundärliteratur [Zettelkatalog zum Bestand »Kart« nach Schlagworten]

Katalog der Karten Deutschlands bis 1800 [Zettelkatalog von 1987 über 744 Karten nominal, chronologisch, thematisch und nach Standorten]

Katalog der Panoramen [Zettelkatalog von 1979 der Panoramen meist des 19. und 20. Jhs aus den Beständen der Zentralbibliothek und des Schweizer Alpenclubs einschliesslich der Sammlung Müller-Wegmann nominal, chronologisch, regional und nach Standorten]

Musikabteilung

Fachkatalog Musik [Zettelkatalog nominal; Musica practica zusätzlich nach Sachtiteln, Textanfängen und Besetzungen und Musica theoretica nach Schlagworten; Weiterführung seit 1991 im Online-Katalog]

Sammlung Alte Drucke

Zettelkataloge

Verzeichnis von ca. 2900 Besitzerangaben in Büchern der Signaturen 1–14 ehemals der Stadtbibliothek [unter der Leitung von Rudolf Steiger (1896–1976) nach Standortsignaturen angelegt vom nachmaligen Stadtarchivar Hans Waser (1906–1960); ZBZ: Standortkatalog Z 414]

Promptuarium Gessner [systematisch von Rudolf Steiger angelegte Zettelkartei zu Leben und Werk von Konrad Gessner, dazu grobsortiertes Rohmaterial]

Promptuarium Scheuchzer [systematisch von Rudolf Steiger angelegte Zettelkartei zu Leben und Werk von Johann Jakob Scheuchzer, dazu grobsortiertes Rohmaterial]

Katalog der Drucke des 16. Jhs der Zentralbibliothek [1974 begonnener und 1990 stillgelegter Zettelkatalog mit komplettem Exemplarnachweis der Titel der Zürcher Autoren und Offizinen sowie Luthers und Melanchthons; nachgewiesen sind Verfasser, anonyme Sachtitel, Illustratoren, Drucker und Buchbesitzer des 16. Jhs]

Provenienzkartei 16. Jh [Arbeitskartei auf Zetteln seit 1990 zum Nachweis von Büchern mit Eigentums- oder Widmungsvermerken namhafter Zürcher wie Heinrich Bullinger, Konrad Gessner, Rudolf Gwalther und Johann Rudolf Stumpf]

Gedruckte Kataloge

Vischer, Manfred: Bibliographie der Zürcher Druckschriften des 15. und 16. Jahrhunderts Bibliotheca Bibliographica Aureliana 124. Baden-Baden 1991

Vischer, Manfred: Zürcher Einblattdrucke des 16. Jahrhunderts. Bibliotheca Bibliographica Aureliana 185. Baden-Baden 2001

Scheidegger, Christian: Inkunabelkatalog der Zentralbibliothek Zürich. Bibliotheca Bibliographica Aureliana 220 und 223. Baden-Baden 2009

Sonstige Standorte

Zürcher Predigten des 17. Jhs [Computerausdruck von 1980 aus der Datenbasis des Projekts »Die Erforschung der literarischen Verhältnisse in Zürich im 17. Jahrhundert« des Deutschen Seminars der Universität Zürich; ZBZ: FB 1110]

Titelverzeichnis 17. Jh [Verzeichnis meist deutschsprachiger in Zürich gedruckter Texte als Computerausdruck von 1984 aus der Datenbasis des Projekts »Die Erforschung der literarischen Verhältnisse in Zürich im 17. Jahrhundert« des Deutschen Seminars der Universität Zürich; ZBZ: LS 81 SSA 709]

Historische allgemeine Kataloge

Zuwachsverzeichnis der Bibliotheken in Zürich. 1 (1897) – 53 (1949). Zürich 1899–1949 [nach Fachgruppen mit Standortsignaturen; ZBZ: Arch St 521–550]

Verwaltungskatalog [mschr.; 1917–1965, Original-Titelcopien (OTC) nominal; ZBZ: Katalogisierungsabteilung]

Dubletten 16.–20. Jh [hschr., Titelkopien nominal; ZBZ: Arch Z 564]

Präsenzbestand (LS und Praes) ohne Schweizer Geschichte [hschr., um 1916 bis um 1930, nominal; ZBZ: Arch Z 472]

Präsenzbestand (LS und Praes) ohne Schweizer Geschichte [mschr. und hschr., um 1950 bis um 1963, nominal; ZBZ: Arch Z 472 b]

Handexemplare des gedruckten Verzeichnisses zum Schlagwortkatalog [ZBZ: Arch Z 3224 : 1–2]

Systematische Übersicht der Schlagworte für den Katalogsaal [Verschnitt in 4 Bdn vom gedruckten Verzeichnis, hschr. bis 1961 nachgeführt; ZBZ: Arch Z 3225 : 1–4]

Historische Sonderkataloge

Rudolphi, E[dmund] Camillo: Die Buchdrucker-Familie Froschauer in Zürich 1521–1595. Verzeichnis der aus ihrer Offizin hervorgegangenen Druckwerke. Zürich 1869 [Exemplar mit hschr. nachgetragenen Standortsignaturen der Zentralbibliothek; ZBZ: Arch Z 4502]

Finsler, Georg: Zwingli-Bibliographie. Verzeichnis der gedruckten Schriften von und über Ulrich Zwingli. Zürich 1897 [Exemplar mit hschr. nachgetragenen Standortsignaturen der Zentralbibliothek; ZBZ: Arch Z 563]

Schweizerische Gesellschaft für Erziehung und Pflege Geistesschwacher. Sektion Zürich. Nach Sachgebieten geordneter Katalog ihrer der Zentralbibliothek Zürich übergebenen Bibliothek. [1]–2. Zürich 1922–1933 [mschr.; ZBZ: Bibliogr III CG 30 & a]

Zentralbibliothek Zürich. Revolutionäres Schrifttum 1789–1925. Katalog zweier 1932/33 erworbener Bibliotheken. Zürich 1933 [die hier mit der Signatur »Revol« bezeichneten Titel stammen aus der angekauften Privatbibliothek von Hanns L. Katz, die übrigen aus der Schenkung von Dr. Karl Georg Wendriner; ZBZ: BW 71 ZZ 3]

Zentralbibliothek Zürich. Hispanica (Sprache, Literatur, Geschichte und Kultur von Spanien, Portugal und Lateinamerika). Erwerbungen 1934–1936. Zürich 1937 [meist moderne Titel; ZBZ: Arch Z 710]

Verzeichnis von Hebraica, hschr. um 1940 [Kartei von Joseph Prijs zum Bestand »Heid«, nominal mit philologischen Anmerkungen; ZBZ: Fachreferat Judaistik. Die Titel figurieren alle im AZK, aber nur zum kleinsten Teil im SWK]

Broschüren der Sammlung Usteri [mschr., um 1950, Kartei nominal; ZBZ: Arch St 742 : 1–2]

Verzeichnis vom französischen Nationalkonvent 1792–1793 veröffentlicher Voten zum Prozess Ludwigs XVI. [ehemals Sammlung Usteri; ZBZ: 38. 734–739), mschr. um 1950 (Kartei nominal); ZBZ: Arch St 743]

Öberg, Blenda: Systematischer Katalog der Esperantobibliothek Karl Jost in der Zentralbibliothek Zürich. Zürich 1956 [mschr., Diplomarbeit; die Titel figurieren wohl im AZK, nicht aber im SWK; ZBZ: FA 1406]

Jacobi, Erwin R[euben]: Seltene Originalausgaben von Musica practica und Musica theoretica aus dem 15.–20. Jahrhundert, sowie einige Autographen und Manuskripte in der Bibliothek von Dr. phil. E. R. Jacobi. Zürich, Februar 1968 [vervielfältigt; ZBZ: BW 71 Z Ja 2]

Jacobi, Erwin R[euben]: Seltene Originalausgaben von Musica practica und Musica theoretica aus dem 15.–20. Jh, sowie einige Autographen und Manuskripte in der Bibliothek von Dr. phil. E. R. Jacobi. Zweite, ergänzte Ausg. Zürich, Juli 1970 [vervielfältigt; ZBZ: BW 71 Z Ja 3]

Zentralbibliothek Zürich. Revolutionäres Schrifttum 1789–1925. Katalog zweier 1932/33 erworbener Bibliotheken. London 1976 (The bibliography of socialism 6) [unveränderter Reprint des Drucks von 1933 zu den Erwerbungen Katz und Wendriner]

(Wartmann, Beat): Bibliothek der Ornithologischen Gesellschaft Zürich und Nachlass von Dr. Ulrich A. Corti. Katalog. Zürich 1979

Aktuelle Standortkataloge

Standortkataloge vormals der Stadtbibliothek einschliesslich der bis 1915 deponierten Bibliotheken [meist hschr., 18.-20. Jh; ZBZ: Standortkataloge St 1-380]

Standortkataloge vormals der Kantonsbibliohek einschliesslich der Rheinauer Bibliothek [hschr., 19.-20. Jh; ZBZ: Standortkataloge K 1-113]

Standortkataloge der Zentralbibliothek einschliesslich der seit 1916 deponierten Bibliotheken [ZBZ: Standortkataloge Z 1ff.]

Zu den Universitätsschriften der Signaturen »Diss« (Ausnahme: Diss III) und »Un« gibt es keine Standortkataloge.

Die Standortkataloge zu den historischen Buchbeständen werden bei der Sammlung Alte Drucke, diejenigen zu neueren Beständen bei den Abteilungen für Nominalkatalogisierung und Zeitschriften aufbewahrt.

Historische Standortkataloge

Carn - Amerikabibliothek der Carnegie-Friedensstiftung [hschr., 20. Jh, Titelkopien; ZBZ: Arch Z 560]

LS/Praes - Präsenzbestand ohne Schweizer Geschichte [hschr., ca 1930; ZBZ: Arch Z 472 a]

LS/Praes - Präsenzbestand ohne Schweizer Geschichte [mschr. und hschr. bis ca. 1963; ZBZ: Arch Z 496]

LK - Berichtsliteratur. Katalogisierte Einzeltitel mit Schlagworten auf Titelkopien [20. Jh; ZBZ: Arch Z 3135 : 2-3]

LK - Berichtsliteratur. Körperschaftsnamen auf Titelkopien [20. Jh; ZBZ: Arch Z 3135 : 4-5]

LSH/Praes H - Präsenzbestand Schweizer Geschichte [hschr. bis um 1931, Titelkopien in Fadenschlaufenkatalog; ZBZ: Arch Z 497]

LSH/Praes H - Präsenzbestand Schweizer Geschichte [mschr. bis um 1963, Titelkopien in Fadenschlaufenkatalog; ZBZ: Arch Z 498 : 1-2]

Sep - Separatdrucke bis ca. 1948 [ZBZ: Arch Z 561]

Wap - Heraldik [Arch Z 562]

4. QUELLEN UND DARSTELLUNGEN ZUR GESCHICHTE DER BIBLIOTHEK

Berichte und historische Darstellungen zur Stadtbibliothek sowie, bis ca. 1940, zur Zentralbibliothek sind mit einer Kartei nach Materien erschlossen [ZBZ: Arch Z ohne Signatur]. Über die Benutzung von Archivalien der Zentralbibliothek und ihrer Vorgängerinstitutionen entscheidet die Direktion.

Allgemeine Musikgesellschaft

Archivalien

Vereinsleben

Protokoll der Gesellschaft ab dem Musiksaal [hschr., 1613-1812; ZBZ: AMG Archiv IV A 1]

Protokoll der Musikgesellschaft zur Deutschen Schule [hschr., 1679-1692, 1692-1706 mit alphabetischem Materienregister, 1707-1760, 1760-1772; ZBZ: AMG Archiv IV A 2-5]

Protokoll der Musikgesellschaft auf der Chorherrenstube [hschr., 1698-1743, 1743-1772; ZBZ: AMG Archiv IV A 6-7]

Protokoll der Musikgesellschaft der mehreren Stadt [hschr., 1772-1812; ZBZ: AMG Archiv IV A 8]

Akten von diversen Musikgesellschaften [vor 1812; ZBZ: AMG Archiv I A, II A]

Protokoll der Engeren Kommission [seit 1895: des Vorstandes] der Allgemeinen Musikgesellschaft [hschr., 1812-1827 mit alphabetischem Materienregister, 1827-1861 ebenso, 1861-1968; ZBZ: AMG Archiv IV B 1-3]

Protokoll der Grossen Kommission der Allgemeinen Musikgesellschaft in Zürich [hschr., 1812-1861 mit alphabetischem Materienregister, 1862-1895; ZBZ: AMG Archiv IV B 4-5]

Protokoll der Hauptversammlung der Allgemeinen Musikgesellschaft [hschr., 1812-1950 mit alphabetischem Materienregister, hschr. und mschr. 1951-1968; ZBZ: AMG Archiv IV B 6-7]

Diverse Akten der Allgemeinen Musikgesellschaft 1812 ff. [ZBZ: AMG Archiv I B, II B]

Konzerte

Protokoll der gemeinsamen Konzertkommission [hschr. 1808-1809; ZBZ: AMG Archiv IV A 9]

Konzertprotokoll der Allgemeinen Musikgesellschaft [hschr. 1811-1839, 1839-1868; ZBZ: AMG Archiv IV B 8-9]

Komponistenregister zum Konzertprotokoll der Allgemeinen Musikgesellschaft [hschr., 19. Jh; ZBZ: AMG Archiv IV B 10-11]

Solistenregister zum Konzertprotokoll der Allgemeinen Musikgesellschaft [hschr., 19. Jh; ZBZ: AMG Archiv IV B 12-13]

Konzertprogramme der Allgemeinen Musikgesellschaft [gedruckt 1808–1839; ZBZ: AMG Archiv IV B 14]

Rechnungswesen

Abrechnungen von den Konzerten der Allgemeinen Musikgesellschaft 1824–1860 [1860–1868; ZBZ: AMG Archiv IV B 16–17]

Abrechnungen von den Benefiz- und Fremdenkonzerten der Allgemeinen Musikgesellschaft [hschr., 1824–1867; ZBZ: AMG Archiv IV B 18]

Zinsbuch der Allgemeinen Musikgesellschaft [hschr., 1819–1891; ZBZ: AMG Archiv IV B 19]

Kassabuch der Allgemeinen Musikgesellschaft [hschr., 1856–1913, 1913–1930; ZBZ: AMG Archiv IV B 20–21]

Kassajournal der Allgemeinen Musikgesellschaft [hschr., 1922–1942; ZBZ: AMG Archiv IV B 22–24]

Hauptbuch der Allgemeinen Musikgesellschaft [hschr., 1922–1946; ZBZ: AMG Archiv IV B 25–27]

Jahresrechnung der Allgemeinen Musikgesellschaft [hschr., 1923–1945; ZBZ: AMG Archiv IV B 28]

Wertschriftenverzeichnis der Allgemeinen Musikgesellschaft [hschr., 1920–1945; ZBZ: AMG Archiv IV B 29]

Postscheckrechnung der Allgemeinen Musikgesellschaft [hschr., 1932–1942; ZBZ: AMG Archiv IV B 30]

Varia

Notizbuch von Moritz von Wyss als Aktuar der Allgemeinen Musikgesellschaft [hschr., 1854–1870, 1862–1890; ZBZ: AMG Archiv IV B 31–32]

Ausleihekontrolle der Allgemeinen Musikgesellschaft [hschr., 1861–1869; ZBZ: AMG Archiv IV B 43]

Rechnung und Protokoll des Listeschen Gesangvereins [hschr., 1817–1834; ZBZ: AMG Arch 14]

Darstellungen

Allgemeine Musikgesellschaft Zürich. In: Archive, Bibliotheken und Dokumentationsstellen der Schweiz. Bern 1958, S. 105 [Nr. 141]

Bibliothek der Allg. Musikgesellschaft Zürich. In: Schweiz. Im Auftrag der Schweizerischen Bibliothekare bearb. von Felix Burkhardt. Berlin 1934 (Minerva-Handbücher. Abt. I: Die Bibliotheken, 3), S. 161

Jakob, Friedrich: Die Musik. In: Hans Wysling (Hrsg.): Zürich im 18. Jahrhundert. Zum 150. Jahrestag der Universität Zürich. Zürich 1983, S. 253–265

(Steiner, A[dolf]): Aus der Vorgeschichte der Allgemeinen Musikgesellschaft. 2 Teile. Zürich 1912/13 (Neujahrsblatt der Allgemeinen Musikgesellschaft in Zürich 100 und 101)

Wyss, Wilhelm von: Bibliothek der Allgemeinen Musikgesellschaft. In: ders.: Zürichs Bibliotheken. Zürich 1911, S. 46–48

Antiquarische Gesellschaft

Archivalien

Das im Schweizerischen Landesmuseum aufbewahrte Archiv der Antiquarischen Gesellschaft in Zürich enthält an bibliotheksgeschichtlichen Dokumenten:

Jahresrechnungen der Antiquarischen Gesellschaft 1839–1916

Kassabuch der Antiquarischen Gesellschaft 1837–1915

Korrespondenz von Behörden und Vereinen mit der Antiquarischen Gesellschaft 1832–1856

Briefe von Körperschaften an die Antiquarische Gesellschaft 1832–1890

Briefe von Privaten an die Antiquarische Gesellschaft 1836–1896

Verzeichnis des 1850 vom Stadtrat der Antiquarischen Gesellschaft zugewiesenen Legats von Frédéric Dubois de Montperreux [hschr., 1853, diverse museale Gegenstände, 83 archäologische Werke des 16. bis 19. Jhs, 151 Einzelblätter]

Geschenkeingangsjournal zur Bibliothek der Antiquarischen Gesellschaft [hschr., 1855–1897 (sog. Donationenbuch]

Administrativa

Bericht über die Verrichtungen der antiquarischen Gesellschaft in Zürich. 1 (1844/1845) ff. [letzter Bericht über die Bibliothek: 40 (1896/1897)]

Darstellungen

Antiquarische Gesellschaft in Zürich 1832–1982. Festgabe zum 150jährigen Bestehen. Mit Register der »Mitteilungen der Antiquarischen Gesellschaft in Zürich« (MAGZ). Zürich 1982

Denkschrift zur fünfzigjährigen Stiftungsfeier der Antiquarischen Gesellschaft in Zürich. Zürich 1882

Largiadèr, Anton: Hundert Jahre Antiquarische Gesellschaft in Zürich 1832–1932. Zürich 1932

Gesellschaft vom alten Zürich

Archivalien

Archiv der Gesellschaft vom alten Zürich 1856–1916 [bibliotheksgeschichtlich wenig ergiebig; ZBZ: Ms Z III 217–221, 364–383]

Statuten der Bibliothek der G. v. a. Z. [hschr., 19. Jh; ZBZ: Familienarchiv Nüscheler 794]

Darstellung

P[estalozzi], F[riedrich] O[tto]: Die Gesellschaft vom alten Zürich 1856–1906. Als Manuskript für die Mitglieder gedruckt. Zürich 1906 [beigebunden: Verfügungen über den Besitz der G. v. a. Z. 31.10.1901; ZBZ: Res 1418]

Julius Klaus-Stiftung für Genetik und Sozialanthropologie

Darstellungen

Bibliothek der Julius-Klaus-Stiftung für Genetik und Sozialanthropologie. In: Rainer Diederichs; Ella Studer (Red.): Bibliotheken in Zürich. Zürich 1977, S. 138f. [Nr. 211]

Bibliothek der Julius-Klaus-Stiftung für Vererbungsforschung, Sozialanthropologie und Rassenhygiene. In: Schweiz. Im Auftrag der Schweizerischen Bibliothekare bearb. von Felix Burkhardt. Berlin 1934 (Minerva-Handbücher. Abt. I: Die Bibliotheken, 3), S. 159

Julius-Klaus-Stiftung für Genetik und Sozialanthropologie. In: Archive, Bibliotheken und Dokumentationsstellen der Schweiz. Bern 1976, S. 684f. [Nr. 602]

Julius Klaus-Stiftung für Vererbungsforschung, Sozialanthropologie und Rassenhygiene. In: Archive, Bibliotheken und Dokumentationsstellen der Schweiz. Bern 1958, S. 97 [Nr. 408]

Keller, Christoph: Der Schädelvermesser. Otto Schlaginhaufen – Anthropologe und Rassenhygieniker. Eine biographische Reportage. Zürich 1995

Juristische Bibliothek

Archivalien

Vereinsleben

Benutzungsreglement der Juristischen Bibliothek [hschr., 1887; ZBZ: LK 5000 Ju 2]

Mitgliederverzeichnis der Juristischen Bibliotheksgesellschaft 1887–1897 [hschr.; ZBZ: LK 5000 Ju 2]

Bestandsentwicklung

Repertorium über Nr. 1–2479 der Juristischen Bibliothek [hschr., 1836 – ca. 1850, Akzessionskatalog mit Standortsignaturen; ZBZ: Arch St 177]

Repertorium über Nr. 2480–5490 der Juristischen Bibliothek [hschr.; Akzessionskatalog mit Standortsignaturen, wobei die Titel bis Nr. 3138 im gedruckten Katalog von 1863 figurieren und diejenigen mit Nr. 4740–5490 ausgeschnitten und als Titelkopien verwendet sind; ZBZ: Arch St 176 a]

Repertorium über Nr. 5491–6090 der Juristischen Bibliothek [hschr.; Akzessionskatalog mit Standortsignaturen, wobei die Titel im »Zuwachsverzeichnis der Bibliotheken in Zürich« figurieren; ZBZ: Arch St 176 b]

Administrativa

Statuten der im Jahre 1823 gegründeten Juristischen Bibliothek in Zürich. Zürich 1887 [ZBZ: LK 5000 Ju 2]

Darstellungen

Geschichte der Juristischen Bibliotheksgesellschaft bis 1897 [hschr., kurzer Auszug aus dem 1937 als verschollen gemeldeten Verhandlungsprotokoll; ZBZ: LK 5000 Ju 2]

Wyss, Wilhelm von: Bibliothek der juristischen Bibliotheksgesellschaft. In: ders.: Zürichs Bibliotheken. Zürich 1911, S. 48f.

Rheinauer Bibliothek

Archivalien

Verzeichnis von aus der Abtei Rheinau vom reformierten Pfarrer Heinrich von Lähr (1739–1812) selektionierten Büchern, deren Abtransport zur Auktion gerade noch verhindert wurde [hschr., 1800; ZBZ: Ms. Rh. hist. 44, S. 381–439]

Darstellungen

Butz, Heinrich Gebhard: Die Benediktinerabtei Rheinau im Zeitalter der Gegenreformation. Von der Wiederaufrichtung im Dezember 1531 bis zum Tode des Abtes Gerold I. Zurlauben 1601 [recte: 1607]. Diss. Zürich 1954

Boesch, Gottfried: Vom Untergang der Abtei Rheinau. Ein Beitrag zur Aufhebungsgeschichte des Benediktinerklosters auf Grund von Briefen und Tagebüchern. Zürich 1956 (Mitteilungen der Antiquarischen Gesellschaft in Zürich 38.3)

Calmet, Augustinus: Diarium Helveticum. Einsiedeln 1756 [hier S. 122]

Diederichs, Rainer, Eggenberger, Christoph (Red.): Die Bibliothek des Benediktinerklosters Rheinau in der Zentralbibliothek Zürich. Zürich 2005 (Librarium 48)

Diederichs, Rainer, Leu, Urs B. (Red.): Gelehrte Mönche in Rheinau: Inkunabeln, Drucke und Handschriften. Zürich 2009 (Librarium 52)

Drack, W[alter], Hagen, Ch[ristoph] (Hrsg.): Kloster Rheinau. Zur 1200-Jahr-Feier seiner Gründung. Stäfa 1978

Duft, Johannes: Schweizer Klosterbibliotheken im 17. und 18. Jahrhundert. In: Paul Raabe (Hrsg.): Öffentliche und private Bibliotheken im 17. und 18. Jahrhundert: Raritätenkammern, Forschungsinstrumente oder Bildungsstätten? Wolfenbüttel 1977, S. 119–141

Escher, Hermann: Ein amtlicher Bericht über die schweizerischen Bibliotheken aus der Zeit der Helvetik. In: ders.: Ausgewählte bibliothekswissenschaftliche Aufsätze. Zürich 1937, S. 208–230 [hier S. 219]

Gerbert, Martin: Reisen durch Alemannien, Welschland und Frankreich, welche in den Jahren 1759, 1760, 1761 und 1762 angestellet worden [...]. Ulm 1767 [hier S. 260–268]

Gubler, Hans Martin: Klosterkirche Rheinau. Bern 1978

Heer, Gall: Johannes Mabillon und die Schweizer Benediktiner. Ein Beitrag zur Geschichte der historischen Quellenforschung im 17. und 18. Jahrhundert. St. Gallen 1938 [hier S. 78–82, 272–277, 355–373 (S. 358–363: Bücherbestellungen Rheinaus bei den Maurinern)]

Henggeler, Rudolf: Professbuch der Benediktinerabtei U. L. Frau zu Rheinau. In: Monasticon-Benedictinum Helvetiae. Bd 2. Zug 1931, S. 163–402

Hildebrandt, [Walter]: Rheinau. In: Historisch-biographisches Lexikon der Schweiz. Bd 5. Neuenburg 1929, S. 604–606

Marti, Hanspeter: Protestantische und aufklärerische Literatur in deutschschweizer Klosterbibliotheken. Ein Forschungsprojekt zur Interkonfessionalität im 18. Jahrhundert. In: Benno Schubiger (Hrsg.): Sammeln und Sammlungen im 18. Jahrhundert in der Schweiz. Akten des Kolloquiums Basel, 16. – 18. Oktober 2003. Genève 2007, S. 189–216 [hier S. 198f., 211–214]

Steinmann, Judith; Stotz, Peter: Rheinau. In: Elsanne Gilomen-Schenkel (Red.): Helvetia Sacra. Abteilung III. Die Orden mit Benediktinerregel. Bd 1, zweiter Teil. Frühe Klöster. Die Benediktiner und Benediktinerinnen in der Schweiz. Bern 1986, S. 1101–1165

Zapf, Georg Wilhelm: Reisen in einige Klöster Schwabens, durch den Schwarzwald und in die Schweiz im Jahr 1781. Erlangen 1786 [hier S. 113–166]

Kantonsbibliothek

Archivalien

Allgemeines

Akten zur Kantonsbibliothek als Institution 1833–1892 [StAZ: U 116.1.1]

Akten zum Personalwesen der Kantonsbibliothek 1835–1896 [StAZ: U 116.1.3], 1897–1914 [StAZ: U 116.2.3]

Akten zur Kantonsbibliothek als Betrieb 1836–1915 [lückenhaft gegen das Ende der Reihe, bis 1867 hier auch die Jahresrechnung; ZBZ: Arch St 167 & a-p]

Zuschriften, auch Klagen, betreffend die Kantonsbibliothek 1845–1880 [StAZ: U 116.1.10], 1902–1908 [StAZ: U 116.2.8]

Horner, Johann Jakob: Denkschrift zur Reorganisation der Kantonsbibliothek [hschr., 19. Jh; ZBZ: Ms. M 12.39]

Briefkopierbuch der Kantonsbibliothek 1896–1899, 1902–1905, 1905–1908, 1908–1915, 1915 [ZBZ: Arch St 164 & a-e]

Rechnungswesen

Akten zum Rechnungswesen 1835–1896 und zur Versicherung 1854–1864 der Kantonsbibliothek sowie zu Zuwendungen an dieselbe 1834–1872 [StAZ: U 116.1.2 b-d]

Akten zum Rechnungswesen der Kantonsbibliothek 1897–1916 [StAZ: U 116.2.2]

Jahresrechnung der Kantonsbibliothek [hschr., 1836–1869; StAZ: RR II 66.1]

Jahresrechnung der Kantonsbibliothek [hschr. 1868–1915, mit Verzeichnung der Anschaffungen im Detail und bis 1888 jeweils Anhang »Geschenke«; ZBZ: Arch St 162 & a-aw]

Jahresrechnung der Kantonsbibliothek [hschr. 1890–1906, 1908–1915; ZBZ: Arch St 160 & a-v]

Rechnungskontrolle der Kantonsbibliothek zu Zeitschriften und Fortsetzungswerken 1913; Verzeichnis der an die Museumsgesellschaft ausgeliehenen Zeitschriften [ZBZ: Arch St 166]

Kassabuch der Kantonsbibliothek 1835–1869 [StAZ: RR II 66.2], 1843–1867 [StAZ: RR II 66.3]

Kassabuch der Kantonsbibliothek 1888–1906 [ZBZ: Arch St 165]

Verwaltungskollegium und Aufsichtskommission

Verhandlungsprotokoll des Verwaltungskollegiums der Kantonsbibliothek [hschr., 1836–1840; ZBZ: Arch St 156]

Verhandlungsprotokoll der Aufsichtskommission der Kantonsbibliothek [hschr.] 1863–1884 [ZBZ: Arch St 156 a,b], 1884–1916 [StAZ: UU 21 a]

Akten zum Protokoll der Aufsichtskommission der Kantonsbibliothek 1884–1916 [StAZ: U 116 a]

Bestandsvermehrung

Akten betr. Zuwendungen in bar und in Büchern an die Kantonsbibliothek bis 1896 [StAZ: U 116.1.4], 1899–1908 [StAZ: U 116.2.4]

Akten zu Bücheranschaffungen der Kantonsbibliothek 1836–1896 [StAZ: U 116.1.5], 1897–1914 [StAZ: U 116.2.5]

Akten zur Einverleibung der Rheinauer Bibliothek in die Kantonsbibliothek 1863–1869 [StAZ: U 116.1.8]

Kaufeingangsjournal der Kantonsbibliothek [hschr., 1875–1914, Aufteilung nach Krediten; ZBZ: Arch St 163 & a-f]

Kaufeingangsjournal der Kantonsbibliothek [hschr. 1913–1914, 1915; ZBZ: Arch St 169 & a]

Verzeichnis des Bücherlegats von Johann Konrad Kern an die Kantonsbibliothek [hschr., 1888; ZBZ: Arch St 162 u]

Verzeichnis des Bücherlegats von Alexander Schweizer an die Kantonsbibliothek [hschr., 1888; ZBZ: Arch St 162 u]

Verzeichnis des Bücherlegats von Friedrich Salomon Vögelin an die Kantonsbibliothek [hschr., 1889; Arch St 162 u]

Geschenkeingangsjournal der Kantonsbibliothek [hschr., 1896–1906, 1906–1915, darin 1896 Verzeichnis des Legats von Arnold Meyer und 1897 Verzeichnis des Legats von Arnold Nüscheler; ZBZ: Arch St 170 e, f]

Verzeichnis der zweiten Büchersendung aus dem Nachlass von Pfr. Heinrich Weber [hschr., 1900; ZBZ: Arch St 170 f]

Verzeichnis der Bücherschenkung aus dem Nachlass von Andreas Ludwig Kym, hschr. 1901 [ZBZ: Arch St 170 f]

Verzeichnis der Schenkung von Johann Jakob Heusser [hschr., 1901; ZBZ: Arch St 170 f]

Bestandsverarbeitung

Akten zum Katalogwesen der Kantonsbibliothek 1838–1898 [StAZ: U 116.1.9]

Abgänge

Verzeichnis der Verluste der Kantonsbibliothek seit 1836 [hschr., 1877; ZBZ: Arch St 170 d]

Verlustverzeichnisse der Kantonsbibliothek [hschr., 1905–1908, 1910–1914; ZBZ: Arch St 155]

Benutzung

Ausleihebuch der Kantonsbibliothek 1837–1905 [ZBZ: Arch St 170 ac-az]

Fremdenbuch der Kantonsbibliothek 1896–1917 [ZBZ: Arch St 152]

Verhältnis zu anderen Bibliotheken

Akten und Verträge zu den Beziehungen der Kantonsbibliothek zur Stadtbibliothek bis 1874, zur Medizinischen Bibliotheksgesellschaft bis 1879, zur Juristischen Bibliothek bis 1888, zur Museumsgesellschaft 1881–1897, zu anderen Bibliotheken 1861–1894 [StAZ: U 116.1.7]

Akten der Kantonsbibliothek zur Zürcher Bibliotheksvereinigung 1898–1915 [StAZ: U 116.2.7]

Akten zum Übergang der Kantonsbibliothek an die Zentralbibliothek 1915–1916 [StAZ: U 116.2.1]

Varia

Akten zu Gebäuden, Möblierung und Brandschutz der Kantonsbibliothek 1833–1895 [StAZ: U 116.1.6], 1898–1915 [StAZ: U 116.2.6]

Akten zum Predigerchor als Bibliotheksgebäude 1864–1882 [StAZ: V II 49.18]

Akten zur Versicherung der Kantonsbibliothek 1903 [StAZ: U 116.2.9]

Administrativa

Geschäftsbericht des Regierungsrates [Titel früher: Rechenschaftsbericht ...]. Zürich 1831 ff. [enthält von 1870 bis 1915 regelmässig kurze Berichte über die Kantonsbibliothek, hauptsächlich zu den Finanzen]

Beschluss des Regierungsrathes betreffend die Gründung einer Bibliothek der Cantonal-Lehranstalten. Zürich 1835 [ZBZ: LK 530]

Reglement betreffend die Besorgung und Benutzung der Bibliothek der Kantonal-Lehranstalten. Zürich 1843 [ZBZ: LK 530]

Reglement betreffend die Besorgung und Benutzung der Bibliothek der Kantonallehranstalten. Zürich 1860 [ZBZ: LK 530]

Reglement für die Kantonsbibliothek. Zürich 1874 [ZBZ: LK 530]

Gedruckte Formulare der Kantonsbibliothek 1876 [StAZ: U 116.1.11]

Reglement für die Kantonsbibliothek vom 5. Herbstmonat 1874, nebst Abänderungen vom 10. Mai 1879. Zürich 1879 [ZBZ: LK 530]

Reglement für die Kantonsbibliothek (vom 10. November 1892). Zürich 1892 [ZBZ: LK 530]

[Escher, Hermann]: An das Präsidium der Aufsichtskommission der zürcherischen Kantonsbibliothek. [Zürich] 1898 [gedrucktes Gutachten über die Katalogisierung der Dissertationensammlung]

Reglement für die Kantons-(Universitäts-)Bibliothek Zürich (vom 19. Februar 1913). Zürich 1913 [ZBZ: LK 530]

Benutzungsordnung der Kantons-(Universitäts-) Bibliothek in Zürich (vom 19. Februar 1913). Zürich 1913 [ZBZ: LK 530]

Darstellungen

Bodmer, Jean-Pierre; Germann, Martin: Kantonsbibliothek Zürich 1835–1915. Zwischen Bibliothek des Chorherrenstifts Grossmünster und Zentralbibliothek. Zürich 1985 [Ausstellungskatalog mit ausführlicher Würdigung auch der Stiftsbibliothek]

Weisz, Leo: Die Entstehung der Kantonsbibliothek Zürich. In: Zürcher Monats-Chronik 2 (1933), S. 117–121

Werner, Jakob: Die Kantons-(Universitäts-)Bibliothek Zürich. In: Zürcher Monats-Chronik 2 (1933), S. 137–141

Werner, Jakob: Aus der Geschichte der Kantonsbibliothek. In: Neue Zürcher Zeitung Nr. 1563 (25. August 1917) und Nr. 1569 (26. August 1917)

Werner, Jakob: Geschichte der Stifts- und der Kantonsbibliothek [hschr. um 1920, Vorarbeit zu einem nicht zustandegekommenen Neujahrsblatt der Zentralbibliothek Zürich; ZBZ: Ms. Z I 377.3]

Wyss, Wilhelm von: Kantonsbibliothek. In: ders.: Zürichs Bibliotheken. Zürich 1911, S. 54–58

Kartenverein

Archivalien

Jahresrechnung des Kartenvereins [hschr.] 1850–1897 [ZBZ: Arch St 402.1] nebst Belegen 1867–1897 [ZBZ: Arch St 402.2]

Diverse Akten 1850 ff.; Verhandlungsprotokoll der Kommission 1850–1852; Anschaffungsanträge von Mitgliedern 1850–1893; Kassahefte 1867–1893; Akzessionsjournal 1890–1897; Akten zur Übergabe der Karten an die Stadtbibliothek 1897 [ZBZ: Arch St 403]

Korrespondenz des Kartenvereins 1850–1897 [ZBZ: Arch St 404]

Administrativa

Statuten, div. Drucksachen und Zirkulare des Kartenvereins 1850–1896 [ZBZ: Arch St 402.3]

Bericht zur Rechnung des Zürcherischen Kartenvereins. 1875–1896. Zürich 1876–1897 [ZBZ: Arch St 403]

Medizinische Bibliothek

Archivalien

Kassabuch der Medizinisch-chirurgischen Bibliotheksgesellschaft [hschr., 1854–1893; ZBZ: Arch St 183 a,b]

Kassabuch der Medizinisch-chirurgischen Bibliotheksgesellschaft [hschr., 1894–1915; ZBZ: Ms. Z VII 28]

Jahresrechnung der Medizinischen Bibliotheksgesellschaft [hschr., 1886–1897; ZBZ: Arch St 183]

Protokoll der Medizinisch-chirurgischen Bibliotheksgesellschaft [hschr., 1884–1915, voraus Mitgliederverzeichnis; ZBZ: Ms. Z VII 28 a]

Administrativa

Statuten zur Benutzung der von der medicinischen Cantonal-Gesellschaft im Locale der medicinischen Bibliothek-Gesellschaft in Zürich niedergelegten Bücher, sowie der im Archive der Cantonal-Gesellschaft aufbewahrten Manuscripte. [Zürich] o. J. [enthält Nominalverzeichnis von Büchern mit Druckjahr bis 1834 und Jahresverzeichnis 1810–1824 der Hss.; ZBZ: 33.991.3]

Statuten der Medizinisch-chirurgischen Bibliotheksgesellschaft, gedruckt. 1834, 1864, 1885, 1897 [ZBZ: Arch St 186]

Darstellungen

Erne, Emil: Zürich. Medizinisch-chirurgische Bibliotheksgesellschaft um 1773/1780 bis 1917. In: ders.: Die schweizerischen Sozietäten. Zürich 1988, S. 125–127

Leisibach, Moritz: Das Medizinisch-chirurgische Institut in Zürich 1782–1833. Vorläufer der Medizinischen Fakultät der Universität Zürich. Zürich 1982

Wyss, Wilhelm von: Bibliothek der Medizinisch-chirurgischen Bibliothekgesellschaft. In: ders.: Zürichs Bibliotheken. Zürich 1911, S. 43–45

Militärbibliothek

Darstellung

Wyss, Wilhelm von: Kantonale Militärbibliothek, gegründet ca. 1830. In: ders.: Zürichs Bibliotheken. Zürich 1911, S. 48f.

Naturforschende Gesellschaft

Archivalien

Rechnungswesen

Jahresrechnung der Naturforschenden Gesellschaft [hschr., 1747–1954; StAZ: B IX 270]

Rechnungsbelege 1747–1933 [StAZ: B IX 271]

Bezahlte Conti für Bücherkäufe [StAZ: B IX 271 a]

Protokolle

Sitzungsprotokoll des Vorstandes der Naturforschenden Gesellschaft [hschr., 1746–1835; StAZ: B IX 172–177]

Sitzungsprotokoll des Vorstandes der Naturforschenden Gesellschaft [hschr., 1835–1959; StAZ: B IX 275]

Plenarsitzungsprotokoll der Naturforschenden Gesellschaft [hschr., 1748–1839; StAZ: B IX 178–202]

Plenarsitzungsprotokoll der Naturforschenden Gesellschaft[hschr., 1840–1961; StAZ: B IX 277]

Sitzungsprotokoll des Bibliothekariats der Naturforschenden Gesellschaft [hschr. 1888–1891, 1901–1902; Archiv NGZ unklassiert]

Briefe

Briefkopierbuch des Bibliothekars der Naturforschenden Gesellschaft [hschr., 1908–1915; Archiv NGZ unklassiert]

Ungedruckte Tätigkeitsberichte

Jahresbericht der Naturforschenden Gesellschaft [hschr., 1747–1825; StAZ: B IX 163–171]

Bestandsvermehrung

Donationenbuch der Naturforschenden Gesellschaft 1746–1790 [hschr., über Bücher, Instrumente, Geld; StAZ: B IX 160]

Donationenbuch der Naturforschenden Gesellschaft 1791–1807 [hschr., über Geld, Bücher, Instrumente; StAZ: B IX 161]

Donationenbuch der Naturforschenden Gesellschaft 1837–1884 [hschr., nur über Bücher; Archiv NGZ unklassiert]

Übersicht über die Anschaffungen der Naturforschenden Gesellschaft [hschr., 1837–1879; systematisch nach 9 Gruppen; Archiv NGZ unklassiert]

Akzessionskatalog der Bibliothek der Naturforschenden Gesellschaft [hschr., 1849–1888; nach Jahren und innerhalb derselben nach Fachgruppen, keine Standortsignaturen; ZBZ: Arch Z 660.5 a]

Verzeichnis des 1850 vom Stadtrat der Naturforschenden Gesellschaft zugewiesenen Bücherlegats von Frédéric Dubois de Montperreux [hschr., 1853; 191 Werke über Geographie und Reisen, 136 Werke über Naturwissenschaften und 27 Atlanten bzw. Kartenwerke; Archiv NGZ unklassiert]

Tauscheingangsjournal der Naturforschenden Gesellschaft [hschr., 1865–1880; Archiv NGZ unklassiert]

Tauschkontrolle der Naturforschenden Gesellschaft [hschr., 1870–1884; Archiv NGZ unklassiert]

Bestandsverarbeitung

Verzeichnis ungebundener Werke in der Bibliothek der Naturforschenden Gesellschaft [hschr., 1823–1830; Archiv NGZ unklassiert]

Verzeichnis ungebundener Werke in der Bibliothek der Naturforschenden Gesellschaft [hschr., 1829; Archiv NGZ unklassiert]

Benutzung

Ausleiheregister der Naturforschenden Gesellschaft [hschr., 1838–1881; lückenhaft; Archiv NGZ unklassiert]

Ausleiheregister der Bibliothek der Naturforschenden Gesellschaft [hschr., 1884–1887; Archiv NGZ unklassiert]

Verzeichnis der von der Naturforschenden Gesellschaft im Lesesaal der Museumsgesellschaft aufgelegten Zeitschriften [hschr., 1878 und 1887; Archiv NGZ unklassiert]

Verzeichnis der von der Naturforschenden Gesellschaft im Lesesaal der Museumsgesellschaft aufgelegten Zeitschriften, um 1900–1916 [hschr., nominal, Nummernkontrolle; ZBZ: Arch Z 311]

Verhältnis zu anderen Institutionen

Verträge der Naturforschenden Gesellschaft [hschr. und mschr., 1840–1926; dabei als Nr. 4 diverse Akten zur Abtretung der Bibliothek an die Zentralbibliothek Zürich und als Nr. 7 der Schenkungsvertrag vom 21./31.5.1915; Archiv NGZ unklassiert]

Administrativa

Bericht über die Verhandlungen der Naturforschenden Gesellschaft in Zürich. 1825/1826–1836/1837. Zürich 1826–1838 [ZBZ: LK 165 : 1]

Mitteilungen der Naturforschenden Gesellschaft in Zürich. 1 (1847/1849) – 4 (1856). Zürich 1849 [recte: 1847]–1856 [ZBZ: US 201 & a, b]

Vierteljahrsschrift der Naturforschenden Gesellschaft in Zürich. 1 (1856) ff. [letzter Bibliotheksbericht: 61 (1916), S. XVI–XIX]

Generalregister der Publikationen der Naturforschenden Gesellschaft in Zürich und Übersicht ihres Tauschverkehrs. Zürich 1892 [Verzeichnis der Tauschpartner nach Ländern; ZBZ: ZL 854]

Darstellungen

Boschung, Urs: Johannes Gessner (1709–1790), der Gründer der Naturforschenden Gesellschaft in Zürich. Zürich 1996 (Neujahrsblatt der Naturforschenden Gesellschaft in Zürich 198)

Erne, Emil: Zürich: Naturforschende Gesellschaft. In: ders.: Die schweizerischen Sozietäten. Zürich 1988, S. 135–149

Escher, Gottfried von: Geschichte der Bibliothek der Naturforschenden Gesellschaft in Zürich [hschr. 1843 oder später; StAZ: B IX 207]

Rübel, Eduard: 1746–1946. Geschichte der Naturforschenden Gesellschaft in Zürich. Zürich 1947 (Neujahrsblatt der Naturforschenden Gesellschaft in Zürich 149)

[Rudio, Ferdinand]: Die naturforschende Gesellschaft in Zürich 1746–1896. In: Vierteljahrsschrift der Naturforschenden Gesellschaft in Zürich 41 (1896) [1. Teil; und separat]

Wyss, Wilhelm von: Bibliothek der Naturforschenden Gesellschaft. In: ders.: Zürichs Bibliotheken. Zürich 1911, S. 41–43

Schweizer Alpen-Club (SAC), Bibliothek der Sektion Uto

Darstellungen

Bibliothek der Sektion Uto des Schweizer Alpen-Club. In: Schweiz. Im Auftrag der Schweizerischen Bibliothekare bearb. von Felix Burkhardt. Berlin 1934 (Minerva-Handbücher. Abt. I: Die Bibliotheken, 3), S. 174

Schweizer Alpen-Club (SAC), Zentralbibliothek

Archivalien

Allgemeines

Vertrag zwischen dem SAC und der Stadtbibliothek, Zürich 1.11.1890 [Fotokopie; ZBZ: A Arch 1]

Notizbuch von Hermann Escher zur Zentralbibliothek des SAC 1890–1929 [ZBZ: A Arch 2]

Sitzungsprotokoll der Bibliothekskommission der Zentralbibliothek des SAC [hschr. 1890–1948, mschr. 1949–1983; ZBZ: A Arch 2]

Akten zur Rechnung der Zentralbibliothek des SAC, 1891–1959 [ZBZ: A Arch 5]

Jahresbericht der Kommission der Zentralbibliothek des SAC [mschr., 1930–1967; ZBZ: A Arch 6]

Briefe

Briefkopierbuch der Zentralbibliothek des SAC, 1891–1907 [ZBZ: A Arch 7]

Diverse Korrespondenzen der Zentralbibliothek des SAC, 1914 ff. [ZBZ: A Arch 8]

Bestandsvermehrung

Eingangsjournal der Zentralbibliothek des SAC [hschr. 1891–1974, ZBZ: A Arch 10 : 1–4]

Akten zum Legat von Dr. Emil Burckhardt für die Zentralbibliothek des S.A.C. 1926 [ZBZ: A Arch 11]

Administrativa

Nachrichten von der Zentralbibliothek des SAC sind in den nationalen Cluborganen publiziert:

Jahrbuch des Schweizer Alpenclub 1 (1864) – 58 (1923)

Alpina. Mitteilungen des Schweizer Alpen-Club 1 (1893) – 32 (1924)

Die Alpen. Les Alpes. Le Alpi. Zeitschrift [ursprünglich: Monatsschrift] des Schweizer Alpenclub 1 (1925) ff.

Die Alpen. Les Alpes. Le Alpi. Chronik des SAC und kleine Mitteilungen. 1925–1956

Die Alpen. Les Alpes. Le Alpi. Monatsbulletin des Schweizer Alpen-Club 33 (1957) ff.

Darstellungen

Centralbibliothek des S.A.C. In: Die Alpen (1930), S. 191f.

Zentralbibliothek des Schweizer Alpen-Club. In: Schweiz. Im Auftrag der Schweizerischen Bibliothekare bearb. von Felix Burkhardt. Berlin 1934 (Minerva-Handbücher. Abt. I.: Die Bibliotheken, 3), S. 156

Zentralbibliothek des Schweizer Alpenclubs. In: Archive, Bibliotheken und Dokumentationsstellen der Schweiz. Bern 1958, S. 106 [Nr. 448]

Zentralbibliothek des Schweizer Alpenclubs (als Depositum der Zentralbibliothek Zürich). In: Archive, Bibliotheken und Dokumentationsstellen der Schweiz. Bern 1976, S. 749f. [Nr. 659]

Zentralbibliothek des Schweizer Alpenclubs / SAC. In: Diederichs, Rainer; Studer, Ella (Red.): Bibliotheken in Zürich. Zürich 1977, S. 128 [Nr. 201]

Burckhardt, Felix: Die Zentralbibliothek des Schweizer Alpenclub. In: Die Alpen 14 (1938), S. 422f.

Dübi, Heinrich: Beiträge zur Bibliographie. In: ders.: Die ersten fünfzig Jahre des Schweizer Alpenclub. Bern 1913, S. 279f. [betrifft die Bibliothek]

Sieber, Paul: Die Zentralbibliothek des S.A.C.. Ihre Gründung und Entwicklung. In: Die Alpen 39 (1963), S. 76–80

Sieber, Paul: 60 Jahre Zentralbibliothek des SAC. In: Die Alpen (1952), S. 189–191

Sieber, Paul: Rückblick auf 60 Jahre Bibliothekskommission des SAC [mschr., 1950; ZBZ: A Arch 11]

Walder E[rnst]: Die Zentralbibliothek des Schweizer Alpenclubs. In: Die Alpen (1934), S. 134–137

Walder, Ernst: Die Zentralbibliothek des S.A.C. In: Die Alpen (1930), S. 2f.

Stadtbibliothek

Archivalien

Die Überlieferung ist durch den 1885 zur Kenntnis genommenen Verlust der ältesten Protokolle und Akten empfindlich gestört.

Satzungen, Personenverzeichnisse

Leges bibliothecae Tigurinorum civicae [hschr., lateinisch und deutsch vor 1660; ZBZ: Arch St 5, S. 127–141]

Judicium de his legibus bibliothecae [hschr., deutsch nach 1643; ZBZ: Arch St 5, S. 143–146]

Leges bibliothecae Tigurinorum civicae fundatae 6. Feb. 1660 [sic] ... wie solche in der tafel begrifen und auch hiehar copirt und eingeschriben [hschr., lateinisch und deutsch 1660; ZBZ: Arch St 14, S. 59–65]

Fernere und notwendige Observationes [hschr., 1660, Pflichtenheft der Bibliothekare der Stadtbibliothek; ZBZ: Arch St 14, S. 66–69]

Ratserkenntnisse zur Stadtbibliothek 1665 [ZBZ: Arch St 14, S. 77–79]

Leges Bibliothecae Tigurinorum civicae fundatae 6. Februarii 1629 [hschr., lateinisch und deutsch um 1683; ZBZ: Ms. B 89.5]

Statuten und Reglemente der Stadtbibliothek [alte Fassung mit Kommentar des 18. Jhs, jüngere Fassungen 1711–1832; alles hschr.; ZBZ: Arch St 51–56]

Mitgliederverzeichnis der Bibliothekgesellschaft, 1794/1810, 1830, 1886, 1629/1912 [alles hschr.; ZBZ: Arch St 61–64]

Verzeichnis der Kuratoren der Stadtbibliothek 1629–1683 [hschr., 17. Jh; ZBZ: Ms. B 89.6]

Protokolle, Akten

Bodmer, Jean-Pierre: Stadtbibliothek Zürich. Protokolle und Akten von 1631 bis 1692. Der verlorene Band Arch St 1. Rekonstruktion des Inhalts aus dem Materienregister von Hans Kaspar Hirzel (Arch St 10) [mschr., 1997; ZBZ: Arch St 1 : Index]

Monita pro Bibliotheca Tigurinorum civica [hschr., 1660–1661, Memoranden zur Arbeit; ZBZ: Arch St 14, S. 71–74]

Konventsprotokoll der Stadtbibliothek [hschr., 1691–1713, mit Akten; ZBZ: Arch St 2]

Beilagen zum Konventsprotokoll der Stadtbibliothek [hschr., 1715–1762; ZBZ: Arch St 3]

Konventsprotokoll der Stadtbibliothek [hschr., 1644–1649, mit Akten; ZBZ: Arch St 5]

Konventsprotokoll der Stadtbibliothek [hschr., 1714–1722; ZBZ: Arch St 6]

Akten der Stadtbibliothek [hschr., 1634–1781; ZBZ: Arch St 7]

Konventsprotokoll der Stadtbibliothek [hschr., 1743–1785; ZBZ: Arch St 8]

Akten der Stadtbibliothek [hschr., 1782–1788; ZBZ: Arch St 9]

Alphabetisches Register von Sekretär Hans Kaspar Hirzel zu Bd 1–9 des Archivs der Stadtbibliothek [hschr. Original 1787; ZBZ: Arch St 11]

Alphabetisches Register von Hans Kaspar Hirzel zu Bd 1–9 des Archivs der Stadtbibliothek [bereinigte Abschrift 1788; ZBZ: Arch St 10]

Konventsprotokoll der Stadtbibliothek in Mehrjahresbänden mit alphabetischen Bandregistern [hschr., 1785–1804, 1804–1847, 1848–1871, 1871–1889, 1889–1899, 1900–1916; ZBZ: Arch St 12 & a-e]

Akten der Stadtbibliothek in Mehrjahresbänden mit alphabetischen Bandregistern [hschr. 1631–1798, 1801–1832, 1833–1880, 1881–1890, 1891–1900, 1911–1916; ZBZ: Arch St 13 & a, b, d-f, h]

Anhang zu den Akten der Stadtbibliothek [1720–1832, betr. u.a. die Umtriebe mit Bibliothekar Dr. med. Johannes Scheuchzer um 1720 und die Schenkung von 33 Bdn des 16. und 17. Jhs zur klassischen und humanistischen Literatur durch Johann Jakob Bodmer 1768; ZBZ: Arch St 13 a.1]

Anhang zu den Akten der Stadtbibliothek [hschr., 1833–1880; ZBZ: Arch St 13 c]

Anhang zu den Akten der Stadtbibliothek [hschr., 1901–1915, betr. u.a. den Bücherdieb Fritz Rudolf Moderow 1908 und die Feuerversicherung 1911–1912; ZBZ: Arch St 13 g]

Protokoll der Bücherkommission der Stadtbibliothek [hschr., 1833–1915; ZBZ: Arch St 16 & a,b]

Protokoll der Neujahrsblattkommission der Stadtbibliothek [hschr., 1833–1915; [ZBZ: Arch St 17 & a]

Konferenzprotokoll des Bibliothekariats der Stadtbibliothek [hschr., 1909–1915; ZBZ: Arch St 18 & a]

Briefe

Begleitbriefe zu Bücherschenkungen Fremder an Bürgermeister und Rat der Stadt Zürich 1604–1797 [StAZ: E I 22]

Briefe diverser Absender an die Stadtbibliothek [hschr. 1620 [sic] – 1676; ZBZ: Arch St 4]

Entwürfe zu Dankschreiben der Stadtbibliothek für Schenkungen [hschr., 1660–1661; ZBZ: Ms S 288.24]

Copiae literarum pro Bibliotheca Tigurinorum civica [hschr., 1660–1694; ZBZ: Arch St 14, S. 1–55]

115 Briefe an Zunftmeister Hans Heinrich Scheuchzer als Bibliothekar der Stadtbibliothek 1682–1690 meist vom Genfer Buchhändler Samuel de Tournes betreffend Bücherlieferungen [ZBZ: Ms D 107]

Briefe an Bibliothekar Johann Jakob Horner d. Ä. 1789–1831 [teils die Stadtbibliothek betreffend; ZBZ: Ms M 8–9]

Briefe an Bibliothekar Johann Jakob Horner d. J. 1812–1880 [häufig die Stadtbibliothek betreffend; ZBZ: Ms M 12]

Briefkopierbuch des Aktuars der Stadtbibliothek 1831–1904 [mit einigen Dankschreiben für Bücherschenkungen; ZBZ: Arch St 15 & a-c]

Briefkopierbuch des Bibliothekariats der Stadtbibliothek 1892–1897 [vorwiegend Dankschreiben für Bücherschenkungen; ZBZ: Arch St 15 aa]

Briefkopierbuch von Hermann Escher 1903–1923 [ZBZ: Arch St 86]

Ungedruckte Tätigkeitsberichte

Hirzel, Hans Kaspar: Bericht über die Verrichtungen des Kleinen Convents der Bibliothek an den Grossen Convent [hschr. 1780, 1785, 1787, 1794, Berichtsbeginn 1778; ZBZ: Arch St 71. 3 & a, 4, 5]

Berichte des Aktuariates der Stadtbibliothek [hschr., 1796, 1804, 1811, 1816, 1831, dann jährlich 1833–1869; Berichtsbeginn 1794; bis 1816 rapportierte Johann Martin Usteri (1763–1827); ZBZ: Arch St 73]

Wyss, Wilhelm von: Bericht über seine Verrichtungen in der Stadtbibliothek 1889–1902 [hschr.; ZBZ: Arch St 125]

Escher, Hermann: Diarium [hschr. 1894–1911, über die in der Stadtbibliothek laufenden Arbeiten; ZBZ: Arch Z 901]

Geschäftsverteilung der Bibliothekare und Pflichtenheft des Sekretärs der Stadtbibliothek 1903 [ZBZ: Arch St 131]

Rechnungswesen

Jahresrechnung der Stadtbibliothek [hschr., 1758–1915; ZBZ: Arch St 93 b-br]

Zinsbuch der Stadtbibliothek [hschr., 1790–1880; ZBZ: Arch St 92 & a]

Zinsbuch der Stadtbibliothek [hschr., 1880–1915; StAZ: RR I 102 a]

Zinsurbar der Stadtbibliothek [hschr., bis 1896; ZBZ: Arch St 92 b]

Jahresbilanz der Stadtbibliothek 1660–1813, 1746–1882 [hschr.; ZBZ: Arch St 91 & a]

Zusammenzug der Jahresrechnung der Stadtbibliotek [hschr. 1867–1892; Rechnungsauszug 1789/1852; ZBZ: Arch St 91 b, c]

Kassabuch des Quästorats der Stadtbibliothek 1880–1915 [ZBZ: Arch St 95]

Kassabuch der Kleinen Kasse der Stadtbibliothek 1904–1915 [ZBZ: Arch St 95 e-h]

Bankheft zur Doublettenkasse der Stadtbibliothek 1909–1915 [ZBZ: Arch St 95 aa]

Donationenverzeichnisse

Donationenbuch der Stadtbibliothek über Vermächtnisse und Geschenke in bar 1634–1874 [hschr., chronologisch; ZBZ: Arch St 21]

Donationenbuch der Stadtbibliothek über Bücher 1629 – ca. 1770 [hschr., nach Donatoren; ZBZ: Arch St 22]

Donationenbuch der Stadtbibliothek über Bücher 1774–1830 [hschr., chronologisch; ZBZ: Arch St 22 a]

Donationenbuch der Stadtbibliothek über Bücher 1774–1860 [hschr., chronologisch; ZBZ: Arch St 22 b]

Donationenbuch der Stadtbibliothek über Bücher 1861–1881 [hschr., chronologisch; ZBZ: Arch St 22 c]

Donationenbuch der Stadtbibliothek über Gegenstände der Kunstkammer 1630 – ca. 1770 [hschr., nach Donatoren; ZBZ: Arch St 23]

Donationentafeln der Stadtbibliothek über Vergabungen und Vermächtnisse in bar 1634–1894 und über grössere Bücherschenkungen 1857/1879, 1880–1894 [hschr., auf Pappe 19. Jh; ZBZ: Arch St 30]

Bestandsvermehrung im allgemeinen

Aufruf des Bibliothekars zur Unterstützung der Stadtbibliothek [hschr., nach 1631; ZBZ: Ms. B 89.3]

Verzeichnis der von Johann Jakob Scheuchzer und Johann Kaspar Hagenbuch 1723–1724 für die Stadtbibliothek angeschafften Abhandlungen [hschr., 18. Jh; ca. 130 Titel, meist des 18. Jhs; Ms C 232, S. 59–64]

Orelli, Johann Caspar von: Desideratenbuch der Stadtbibliothek [hschr., 1823 oder später, nach Fächern; ZBZ: Familienarchiv Orelli 45]

Jahresbericht des Bibliothekariates der Stadtbibliothek über Anschaffungen und Schenkungen von Büchern [hschr., 1832–1836, 1841–1848, 1850–1866, 1868–1878; ZBZ: Arch St 72]

Verzeichnis der Bücheranschaffungen der Stadtbibliothek 1834–1838, 1839/1844, 1844/1855, 1856/1865, 1866/1875, 1876/1879 [hschr., 19. Jh, systematisch unter 21 Rubriken; ZBZ: Arch St 78 & a-i]

Verzeichnis der Bücheranschaffungen der Stadtbibliothek 1846/1852 [hschr., 19. Jh, Titelkopien in Album; ZBZ: Arch St 78 ca, cb]

Jahresverzeichnis der Bücheranschaffungen der Stadtbibliothek 1849–1867 [hschr., 19. Jh, systematisch, Reinschrift; ZBZ: Arch St 78 aa]

Eingangsjournal der Stadtbibliothek für Büchergeschenke und -tauschgaben 1908–1913, 1913–1915 [ZBZ: Arch St 31, Arch St 705]

Bestandsvermehrung im Besonderen

Verzeichnis des Bücherlegats von Antistes Johann Jakob Breitinger an die Stadtbibliothek 1645 [Abschrift 17. Jh; ZBZ: Arch St 5, S. 39f.]

Verfügung eines Familienfideikommisses von Regula Meyer von Knonau geb. Lavater über die Sammlung von Drucken zum Reformationsjubiläum 1819 [hschr., 1821; ZBZ: Familienarchiv Meyer von Knonau 30 ba. 6]

Verzeichnis der Bücherschenkung von Bürgermeister Hans Konrad von Muralt an die Stadtbibliothek [hschr., 1851, ohne erkennbare Ordnung; ZBZ: Arch St 79]

Verzeichnis des 1850 vom Stadtrat der Stadtbibliothek zugewiesenen Bücherlegats von Frédéric Dubois de Montperreux [hschr., 1853, 53 Titel der griechischen und lateinischen Literatur, 70 Titel geschichtlichen und 172 Titel diversen Inhalts; ZBZ: Arch St 79]

Rechnung für die Stadtbibliothek über 12 in der Herwegh-Auktion ersteigerte Werke [hschr., 1867; ZBZ: Arch Z 207 : 11]

Verzeichnis der für die Stadtbibliothek aus dem Nachlass von Bibliothekar Johann Jakob Horner d. J. angekauften Bücher [hschr.; 1886 oder später; 840 Titel zur Literatur und Geschichte, nominal; ZBZ: Arch St 79]

Verzeichnis einer Schenkung an die Stadtbibliothek von alt Stadtrat Jakob Heinrich Hirzel [hschr., 19. Jh, 532 grössere Werke in 1067 Bdn nominal, ca. 400 kleinere Drucke; mit dem Verzeichnis im gedruckten Jahresbericht [2] (1888) nicht übereinstimmend; Arch St 79]

Verzeichnis der von Hans Konrad Stockar der Stadtbibliothek hinterlassenen Bücher [hschr., 1888; ZBZ: Arch St 79]

Catalogue d'une riche et précieuse collection de livres rétoromans en vente chez la Librairie ancienne et moderne J. Hess [...] Ellwangen (Wurtemberg). Ellwangen 1888 [Exemplar mit Anstreichung der in der Stadtbibliothek vorhandenen Titel; ZBZ: DL 309]

Catalogue d'une riche et précieuse collection de livres rétoromans en vente chez la Librairie ancienne et moderne J. Hess [...] Ellwangen (Wurtemberg). Ellwangen [1893] [Exemplar mit Anstreichung der von der Stadtbibliothek angeschafften Titel; ZBZ: DL 308]

Eingangsjournal des Zwinglivereins bzw. des Zwinglimuseums für Geschenke und Ankäufe 1897–1944 [ZBZ: Zw 1002]

Bestandsverarbeitung

Honorarquittungen der Stadtbibliothek für Eduard Pfeiffer, Unterbibliothekar der Kantonsbibliothek, fürs Katalogisieren von 2081 Mandaten [hschr., 14. Mai und 5. Juli 1858; ZBZ: Arch Z 207 : 11]

Titelkopien der Stadtbibliothek aus Umstellung wertvoller Bestände um 1890 [hschr., nominal, mit alten und neuen Standortsignaturen; ZBZ: Arch St 739 : 1–3]

Katalogisierungs-Instruction der Stadtbibliothek Zürich [hschr. Adaptation (ca. 1893) einer gedruckten Instruktion von Karl Dziatzko; ZBZ: Arch St 117]

Akten zur Schlagwortkatalogisierung der Stadtbibliothek um 1900 [ZBZ: Arch St 851]

Abgänge

Verlustlisten der Stadtbibliothek [hschr., 1819–1914; ZBZ: Arch St 105 za, zb]

Verzeichnis älterer Verluste der Stadtbibliothek [hschr., 1837; nach Signaturen; ZBZ: Arch St 105 zc]

Titelkopien der Stadtbibliothek von ausgeschiedenen Zeitungen [hschr., 19. Jh, überwiegend schweizerische Titel des 19. Jhs; ZBZ: Arch St 738]

Benutzung

Ausleihebuch der Stadtbibliothek 1829–1898 [ZBZ: Arch St 101 & a-bs]

Akten zur Benutzung der Stadtbibliothek durch die Professoren der Universität Zürich 1833–1835 [StAZ: U 94.1b]

Besucherbuch vom Lesezimmer der Stadtbibliothek 1834–1891, 1893–1915, 1905–1914 [ZBZ: Arch St 104 & a, b]

Varia

Vertrags- und Verpflichtungsbuch der Stadtbibliothek 1850–1915 [hschr.; ZBZ: Arch St 112]

Empfangsscheine für Leihgaben zur Bodmer-Ausstellung der Stadtbibliothek 1890 [ZBZ: Arch St 106 : 7]

Zeitungsartikel zur Stadtbibliothek und zum Bibliothekswesen Zürichs 1893–1914 [ZBZ: Arch St 116]

Empfangsscheine für Leihgaben zur Lavater-Ausstellung der Stadtbibliothek 1901 [ZBZ: Arch St 106 : 10]

Exponate der Stadtbibliothek an der Schweizerischen Landesausstellung in Bern 1914 [Arch St 501–520]

Wertung der Bestände der Stadtbibliothek für die Feuerversicherung 1912–1913 mit Zählung von 257.599 Bänden inklusive 91.731 Broschüren [ZBZ: Arch St 115]

Planskizzen der Stadtbibliothek für die Feuerwehr, 20. Jh [ZBZ: Arch St 120 & a-c]

Alter Standortkatalog über das Archiv der Stadtbibliothek [hschr., 1885, ohne den schon damals fehlenden Bd 1; ZBZ: Arch St 129]

Administrativa

Satzungen

Avertissement [...] 7. Heumonat 1759 [gedruckte Benutzungsordnung; ZBZ: Arch St 51 a]

Statuten und Reglemente der Stadtbibliothek, gedruckt 1832–1908; Benutzungsordnung, gedruckt 1907–1913 [ZBZ: Arch St 57–60 b]

Institution insgesamt

[Wyss, Georg von]: Nachricht von der Stadtbibliothek Zürich [1] (1849), 2 (1850/1854). [Zürich] 1850–1855 [ZBZ: Arch St 74. 1–2]

[Wyss, Georg von]: Bericht betreffend die Stadtbibliothek Zürich in den Jahren 1855/1879. [Zürich] 1880 [S. 2: Fächerschema; ZBZ: Arch St 74. 4]

Jahresbericht der Stadt-Bibliothek Zürich 1880–1915. Zürich 1881–1916 [ZBZ: Arch St 75 b]

Bericht des Bibliothekariats zu dem Antrag des Konvents an die Stadtbibliothek-Gesellschaft betreffend Verzicht auf die Verwaltung der Stadtbibliothek. Zürich 1911 [ZBZ: Arch Z 4]

Desiderata

Catalogus scriptorum Tigurinorum, qui in Bibliotheca civica Tigurina desiderantur. Register derjenigen Züricher Scribenten, so in die Burger-Bibliothec in Zürich begehret werden. [Zürich] 1678 [ZBZ: 6.270[5]]

[Wagner, Johannes]: Catalogus scriptorum Tigurinorum, qui in Bibliotheca civica Tigurina desiderantur. Register derjenigen Züricher Scribenten, so in die Burger-Bibliothec in Zürich begehret werden. [Zürich] 1703 [ZBZ: 6. 270[6]]

Aufruf der Stadtbibliothek zur Förderung von Kunstkammer sowie Münz- und Medaillensammlung, gedruckt 1763 [ZBZ: Ms S 307, S. 26]

Aufruf der Stadtbibliothek zur Anlage einer Sammlung zürcherischer Familienarchive, gedruckt 1900 [ZBZ: Arch St 133]

Zirkular der Stadtbibliothek betreffend die Deponierung von Zunftarchiven, gedruckt 1907 [ZBZ: Arch St 136]

Aufruf der Stadtbibliothek zur Sammlung von Dokumenten betreffend Gottfried Keller, gedruckt 1911 [ZBZ: Arch St 135]

Bestand und Kataloge

Subskriptionsprospekt zu Bd 3 und 4 des Katalogdrucks von 1781, gedruckt [ZBZ: Ms S 307, Bl. 267]

[Escher, Hermann]: Die Katalogisierungsarbeiten der Stadtbibliothek Zürich, ihre Fortsetzung und Ausdehnung. Bericht des Bibliothekariates an die Büchercommission. [1]–3. Zürich 1890–1897 [Teil 3 ist von Wilhelm von Wyss mitverfasst; ZBZ: Arch St 82]

Die Helveticabestände der Stadtbibliothek Zürich. Bericht des Bibliothekariates an den Convent der Stadtbibliothek Zürich. [Zürich 1893] [ZBZ: Arch St 84]

Wyss, Wilhelm von: Über den Schlagwortkatalog. Mit Regeln für die Stadtbibliothek Zürich. Leipzig 1909 [ZBZ Arch St 852]

Wyss, Wilhelm von: Über den Schlagwortkatalog; mit Regeln für die Stadtbibliothek Zürich. Leipzig 1909 [ZBZ: Arch St 853]

Darstellungen

Publikationen bis 1915

Escher, Hermann: Zwei zürcherische Sachkataloge. In: Vierteljahrsschrift der Naturforschenden Gesellschaft in Zürich 55 (1910), S. 549–553

F[üssli], J[ohann] M[elchior]: Freüdiges Angedencken der vor Hundert Jahren rühmlich gestiffteten Burger-Bücherey. Der Kunst und Tugendt l. Jugendt ab der Burger-Bücherey am Neüe Jahrs Tag verehrt Anno 1729. J. M. F. f.

[Einblattkupfer mit Versen und Bildern; ZBZ: Graphische Sammlung]

[Simmler, Johann Wilhelm]: H. Balthasar Venators verteutschtes Ehren- und Lobgedicht für die 1629 neuaufgerichtete Bürgerbücherey zu Zürich. Zürich 1661 [Einblattdruck; ZBZ: Ms J 228]

[Ulrich, Heinrich]: Bibliotheca Thuricensium publico privata selectiorum variarum linguarum et scientiarum librorum [...] Ex munificentia bonorum utriusque tam politici quam ecclesiastici ordinis, a quibus Respub. literaria aliquod vel ornamentum vel adjumentum vel emolumentum habere potest, collecta [...]. Tiguri 1629

[einziges bekanntes Exemplar des Gründungsberichts; ZBZ: Ms. B 89.1]

[Ulrich, Heinrich]: Bibliotheca nova Tigurinorum publico-privata selectiorum variarum linguarum, artium et scientiarum librorum. Ex liberalitate & munificentia bonorum utriusque tam politici quam ecclesiastici ordinis in usum Reipub. literariae collecta [...] Das ist, Newe Bibliothec welche gmein und eigen einer Ehrlichen Burgerschafft der loblichen Statt Zürych der besten unnd ausserlessnisten Büchern von allerhand gattung notw. Sprachen und freyen Künsten angestelt und zusamm gebracht [...]. [Zürich] 1629 [ZBZ: 6.115; auch als Reprint 1979]

[Usteri, Leonhard]: Der Tugend und Wissenschaft liebenden Jugend gewidmet von der Stadtbibliothek in Zürich auf das Neujahr 1802. Zürich 1802 [Neujahrsstück mit kurzer Geschichte der Stadtbibliothek]

Venator, Balthasar: Donarium, in nova Tigurinorum Bibliotheca suspendendum, perscriptum Meisenhemii Mense Iunio, anno 1643. [Zürich] o. J. [Einblattdruck; ZBZ: 18. 210[69]]

[Vögelin, Salomon]: Geschichte der Wasserkirche und der Stadtbibliothek in Zürich. Zürich 1842–1848 (Neujahrsblatt der Stadtbibliothek Zürich 1842–1848)

Wyss, Wilhelm von: Stadtbibliothek. In: ders.: Zürichs Bibliotheken. Zürich 1911, S. 16–41

Publikationen nach 1915

Barraud Wiener, Christine; Jezler, Peter: Die Kunstkammer der Bürgerbibliothek in der Wasserkirche in Zürich; eine Fallstudie zur gelehrten Gesellschaft als Sammlerin. In: Andreas Grote (Hrsg.): Macrocosmus in Microcosmo: Die Welt in der Stube. Zur Geschichte des Sammelns 1450 bis 1800. Opladen 1994, S. 763–798

Berger, Rudolf: Das Bodmer-Relief von Christen 1791. Ein Denkmal der Stadtbibliothek für den »zürcherischen Cicero«. In: Alfred Cattani, Michael Kotrba, Michael, Agnes Rutz (Hrsg.): Zentralbibliothek Zürich. Alte und neue Schätze. Zürich 1993, S. 110–113, 224–227

Bodmer, Jean-Pierre: Zur Gründung der Zürcher Stadtbibliothek vor 350 Jahren. In: Nachrichten der Vereinigung Schweizerischer Bibliothekare 55 (1979), S. 3–5

Bodmer, Jean-Pierre: Johann Caspar von Orelli (1787–1849) Oberbibliothekar der Stadtbibliothek Zürich von 1831 bis 1849. In: Michele C. Ferrari (Hrsg.): Johann Caspar von Orelli (1787–1849) und die Kultur seiner Zeit. Zürich 2000, S. 237–256

Bodmer, Jean-Pierre: Ricarda Huch und die Stadtbibliothek Zürich – eine symbiotische Geschichte. In: Zürcher Taschenbuch N. F. 125 (2005), S. 363–423

Diederichs, Rainer: Die Stadtbibliothek in Zitaten ihrer Besucher. In: Nachrichten der Vereinigung Schweizerischer Bibliothekare 55 (1979), S. 5–10

Erne, Emil: Bibliotheksgesellschaft 1629–1916. In: ders.: Die schweizerischen Sozietäten. Zürich 1988 [hier S. 71–81]

Escher, Hermann: Wilhelm von Wyss 1864–1930. In: Zürcher Taschenbuch N. F. 52 (1932), S. 114–137

Escher, Hermann: Geschichte der Stadtbibliothek Zürich. 2 Hälften. Zürich 1922 (Neujahrsblatt der Zentralbibliothek Zürich 4 und 5)

Escher, Hermann: Ricarda Huch an der Stadtbibliothek Zürich. In: Ricarda Huch. Persönlichkeit und Werk in Darstellungen ihrer Freunde. Berlin, Zürich 1934, S. 34–37

Germann, Martin: L'éditeur genevois Johann Hermann Widerhold et le public savant [...] Zurich vers 1670. In: J.-D. Candaux, B. Lescaze (Hrsg.): Cinq siècles d'imprimerie genevoise. Genève 1980, S. 299–340 [betrifft Bücherlieferungen an die Stadtbibliothek 1668–1671]

Germann, Martin: Arte et Marte: Durch Wissenschaft und Waffen. Die Gründungsidee der Bürgerbibliothek Zürich nach Balthasar Venators Lobgedicht von 1643/1661 und Heinrich Ulrichs Programmschrift aus dem Gründungsjahr 1629. In: Zürcher Taschenbuch N. F. 101 (1981), S. 25–45

Helfenstein, Ulrich: Geschichte der Wasserkirche und der Stadtbibliothek Zürich. Zürich 1961

Hirzel, Bruno: Conrad Ferdinand Meyer und die Zürcher Stadtbibliothek. In: Festgabe Hermann Escher zum 70. Geburtstage 17. August 1927, dargebracht von Freunden und Kollegen. [Zürich 1927], S. 45–60

Leu, Urs B.: »Nuhu trit herfur o pfaltzischer Lew« – Eine unbekannte Flugschriftensammlung zum Dreissigjährigen Krieg in der Zentralbibliothek Zürich. In: Gutenberg-Jahrbuch 84 (2009), S. 289–306

Rütsche, Claudia: Die Kunstkammer in der Zürcher Wasserkirche. Öffentliche Sammeltätigkeit einer gelehrten Bürgerschaft im 17. und 18. Jahrhundert aus museumsgeschichtlicher Sicht. Bern 1997

Serrai, Alfredo: Bibliotheca Tigurina. Hans Heinrich Ulrich, Bibliotheca nova Tigurinorum publico-privata (1629); Catalogus scriptorum Tigurinorum qui in Bibliotheca civica Tigurina desiderantur (1703). In: ders.: Storia della bibliografia. V: Trattatistica biblioteconomica. A cura di Margherita Palumbo. Roma 1993 (Il Bibliotecario. Nuova serie 5), S. 333–338

[Ulrich, Heinrich]: Bibliotheca nova Tigurinorum publico-privata [...] 1629. Neudruck mit Nachwort von Conrad Ulrich. Zürich 1979

Manuskripte

Breitinger, Johann Jakob: Dass Positiv wider auss der Wasserkilchen geschaffet [1641, Denkschrift gegen die Orgel im Bibliotheksraum; ZBZ: Ms F 180]

Bibliothec, derselben Geschichte an Meine Gnädigen Herren 1664, Registereintragung 1788 [ZBZ: Arch St 10, Bl. 6]

Wagner, Johann Jakob: Historia bibliothecae Tigurinorum civicae conscripta 1683 [17. Jh; ZBZ: Ms B 89. 4; davon Abschrift des 18. Jhs (ZBZ: Arch St 71. 1) und Inhaltsangabe bei Gottlieb Emanuel von

Haller: Bibliothek der Schweizer-Geschichte. Bd 2. Bern 1785, Nr. 36, S. 13f.]

Sammelband aus Drucken und Hss. zur Geschichte der Stadtbibliothek [1683 oder später; ZBZ: Ms B 89]

Sammelband aus Drucken und Hss. zur Geschichte der Stadtbibliothek bis ca. 1710 und der Thomannischen Stiftung [18. Jh; ZBZ: Ms J 228]

Leu, Johannes: Geschichte der Wasserkirche und der Stadtbibliothek, hschr. ca. 1750 [ZBZ: Ms L 443. 1; davon Inhaltsangabe bei: Gottlieb Emanuel von Haller: Bibliothek der Schweizer-Geschichte. Bd 2. Bern 1785, Nr. 37]

Usteri, Leonhard: Geschichte des Fortgangs der Stadt-Bibliothec, dem Grossen Convent vorgelesen anno 1778 [hschr., 18./19. Jh; ZBZ: Arch St 71. 2]

Sammelband betreffend das Schulwesen Zürichs und die Stadtbibliothek, hschr. um 1790 [ZBZ: Ms S 307]

Horner, Johann Jakob (1804–1886): Thomas Hollis [hschr., 1828; Vortragstext für eine historische Gesellschaft; ZBZ: Ms M 12. 36]

Stiftsbibliothek und Gymnasialbibliothek

Archivalien

Antistitialarchiv [StAZ: G I und II]

Grossmünsterstiftsarchiv [StAZ: A 112]

Messkataloge. Frankfurt am Main: Georg Willer 1569–1591 [Arbeitsexemplar von Johann Jakob Fries für die Stiftsbibliothek; ZBZ: IV N 138 & a, ab]

Verlustverzeichnis der Stiftsbibliothek [hschr., um 1580; ZBZ: Ms Car XII 5, Bl. 164–165]

Ausleiheregister der Stiftsbibliothek [hschr., 1588–1591; ZBZ: Ms Car XII 5, Bl. 255–262]

Berichte des Bibliothekars der Stiftsbibliothek [hschr., 1585–1595; ZBZ: Ms Car XII 5, Bl. 189–193]

Ott, Johann Baptist: Denkschriften betreffend Archiv und Bibliothek des Grossmünsterstifts [hschr., 1736; StAZ: G I 9]

Füssli, Hans Konrad (1704–1775): Von dem Missbrauch des zürcherischen Archivs und der Herrn Breitinger anvertrauten Bibliothek [gemäss Notiz 1778 von den Kuratoren der Stadtbibliothek beseitigt; ZBZ: Ms B 162. 7]

Brennwald, Leonhard: Tagebuch [hschr., 1795–1812; ZBZ: Ms Z II 314–331]

Rechnung über den Fonds der Stiftsbibliothek [hschr., 1800–1830; StAZ: U 116.2.a]

Ausleihebuch der Gymnasialbibliothek [hschr., 1830–1836; ZBZ: Arch St 170 aa]

Verhandlungsprotokoll der Bibliothekskommission des Gymnasiums [hschr., 1834–1835, mit Bibliotheksstatuten; ZBZ: Arch St 156]

Darstellungen

Barth, Robert: Bibliotheken an theologischen Ausbildungsstätten in Zürich: In: Zwingliana 18 (1983/1985), S. 308–314

Germann, Martin: Der Untergang der mittelalterlichen Bibliotheken Zürichs. Der Büchersturm vom 1525. In: Hans-Dietrich Altendorft; Peter Jezler (Hrsg.): Bilderstreit. Kulturwandel in Zwinglis Reformation. Zürich 1984, S. 103–107

Germann, Martin: Bibliotheken im reformierten Zürich vom Büchersturm (1525) bis zur Gründung der Stadtbibliothek (1629). In: Herbert G. Göpfert, Peter Vodosek, ErdmannWeyrauch, Reinhard Wittmann (Hrsg.): Beiträge zur Geschichte des Buchwesens im konfessionellen Zeitalter. Wiesbaden 1985, S. 189–212

Germann, Martin: Die reformierte Stiftsbibliothek am Grossmünster Zürich im 16. Jahrhundert und die Anfänge der neuzeitlichen Bibliographie. Rekonstruktion des Buchbestandes und seiner Herkunft, der Bücheraufstellung und des Bibliotheksraumes. Mit Edition des Inventars von 1531/1551 von Conrad Pellikan. Wiesbaden 1994

Helfenstein, Ulrich; Sommer-Ramer, Cécile: SS. Felix und Regula (Grossmünster) in Zürich. In: Helvetia Sacra. Abteilung II, Teil 2. Die weltlichen Kollegiatstifte der deutsch- und französischsprachigen Schweiz. Bern 1977, S. 565–596

Hoppeler, Guido: Aus der Bibliothek eines zürcherischen Geistlichen aus dem Jahre 1528. In: Zürcher Taschenbuch N. F. 46 (1926), S. 241–243 [betrifft das Legat von Johannes Murer]

Schwarz, Dietrich W. H. (Hrsg.): Die Statutenbücher der Propstei St. Felix und Regula (Grossmünster) zu Zürich. Zürich 1952 [Originale in ZBZ: Ms C 10 a & b]

Verein Schweizerischer Gymnasiallehrer

Darstellung

Bibliothek des Vereins Schweizerischer Gymnasiallehrer. In: Schweiz. Im Auftrag der Schweizerischen Bibliothekare bearb. von Felix Burkhardt. Berlin 1934 (Minerva-Handbücher. Abt. I: Die Bibliotheken, 3), S. 15

Zentralbibliothek

Archivalien

Gründung

Akten 1898–1916 [voraus Archivauszüge zum Verhältnis der Stadtbibliothek zur Universität 1832–1835; ZBZ: Arch Z 1 & a, b]

Akten von Prof. Ferdinand Rudio 1902–1905 [ZBZ: Arch Z 3]

Schriftstücke und Drucksachen zu Verhandlungen und Werbung 1903–1915 [ZBZ: Arch Z 2]

Gebäude 1917 (Altbau)

Rechnungen 1903–1915 [Arch Z 102 & a]

Kassabuch des Baufonds 1903–1915 [1996 vermisst; ZBZ: Arch Z 101]

Sitzungsprotokoll der Baukommission 1914–1917 [ZBZ: Arch Z 152]

Pläne, Photographien [ZBZ: Arch Z 51–80]

Bibliothekskommission und Bibliotheksausschuss

Sitzungsprotokoll der Bibliothekskommission [vervielfältigt, 1914–1962, mit Materienregister 1914/1926 und 1937/1936; ZBZ: Arch Z 155 & a–d]

Materienregister zum Sitzungsprotokoll der Bibliothekskommission [bis ca. 1950, Kartei; ZBZ: Arch Z ohne Signatur]

Sitzungsprotokoll des Bibliotheksausschusses [hschr., 1915–1962 mit Materienregister 1915/1926 und 1926/1936; ZBZ: Arch Z 154 & a]

Sitzungsprotokoll der Bibliothekskommission [vervielfältigt, 1963 ff.; ZBZ: Arch Z 1001 : 1 ff.]

Direktionsdossier Bibliothekskommission 1950–1962 [ZBZ: Arch Z 207 : 1]

Gesellschaft von Freunden der Zentralbibliothek

Mitgliederverzeichnis der Gesellschaft von Freunden der Zentralbibliothek [hschr. 1917 – ca. 1930; ZBZ: Arch Z 770]

Mitgliederverzeichnis und Beitragskontrolle der Gesellschaft von Freunden der Zentralbibliothek [hschr., 1918–1929; ZBZ: Arch Z 771]

Mitgliederverzeichnis und Beitragskontrolle der Gesellschaft von Freunden der Zentralbibliothek [hschr., 1930–1953; ZBZ: Arch Z 770 a]

Jahresrechnung der Gesellschaft von Freunden der Zentralbibliothek [hschr., 1918–1941; ZBZ: Arch Z 772]

Direktionsdossier Gesellschaft von Freunden der Zentralbibliothek 1914–1962 [ZBZ: Arch Z 207 : 3]

Versammlungsprotokoll der Gesellschaft von Freunden der Zentralbibliothek [hschr., 1917–1963; ZBZ: Arch Z 754]

Akten, Sitzungsprotokoll und Korrespondenz der Gesellschaft von Freunden der Zentralbibliothek 1917–1988 [ZBZ: Arch Z 1404 : 1]

Verhältnis zu Privaten und Institutionen

Traditionsbuch der Verpflichtungen der Zentralbibliothek und ihrer Vorgängerbibliotheken 1855–1928 [hschr., nach 1915; ZBZ: Arch Z 201]

Verträge der Zentralbibliothek und ihrer Vorgängerbibliotheken 1911–1951 in Kopie [ZBZ: Arch Z 209; die Originale in Arch Z 203 & a ff.]

Direktion, Bibliothekariat

Notizbuch Hermann Eschers zur Zentralbibliothek 1902–1935 [ZBZ: Familienarchiv Escher vom Glas 210 b. 111 b]

Sitzungsprotokoll der Bibliothekarenkonferenz [hschr., 1911–1962; ZBZ: Arch Z 151 & a–g]

Sitzungsprotokoll der Abteilungsleiterkonferenz 1963–1966 [ZBZ: Arch Z 1107]

Sitzungsprotokoll der Abteilungsleiterkonferenz (ALK) [vervielfältigt, 1972 ff.; ZBZ: Arch Z 1102 : 1 ff.]

Protokoll der Direktionssitzung [vervielfältigt, 1975 ff.; ZBZ: Arch Z 1101 : 1 ff.]

Akten der Direktion in Jahresbänden 1914–1962 [bis 1947 mit jährlichen Materienregistern; ZBZ: Arch Z 203 & a–al]

Materienregister zu den Akten der Direktion 1914–1962 [Kartei; ZBZ: Arch Z ohne Signatur]

Akten der Direktion nach Materien 1914/1962 [ZBZ: Arch Z 207 : 1–12]

89 Briefe von Hermann Escher an Wilhelm von Wyss 1888–1929 [teils zu Bibliothekssachen; ZBZ: Familienarchiv Escher vom Glas 210 b. 121 II 7]

Direktionskorrespondenz 1925–1930, 1935–1945 [ab 1938 in Jahrestranchen; ZBZ: Arch Z 354 e–v]

Direktionskorrespondenz 1952–1962 [in Jahrestranchen und innerhalb derselben nach Korrespondenten; ZBZ: Arch Z 356 : 1–11]

Direktionskorrespondenz 1962/1963 ff. [ZBZ: Arch Z 1105 : 1 ff.]

Ausgehende Post der Direktion 1972 ff. [chronologische Ablage der sogenannten Gelben Kopien; ZBZ: Arch 1106 : 1 ff.]

Jahresbericht der Zentralbibliothek 1922–1962 [vervielfältigt; ZBZ: Arch Z 205 & a]

Jahresbericht der Zentralbibliothek 1963 ff. [vervielfältigt; ZBZ: Arch Z 1004 : 1 ff.]

Jahresberichte der Abteilungen 1969 ff. [von der Direktion gesammelt; ZBZ: Arch Z 1003 : 1 ff.]

Interne Mitteilungen der Direktion [vervielfältigt 1963–1980, lückenhaft; ZBZ: Arch Z 1109 : 1–2]

ZB-Bulletin [vervielfältigt 1 (1973) – 7 (1980), lückenhaft; ZBZ: Arch Z 5201 : 1–2]

ZB-Information [vervielfältigt, 1981 ff.; ZBZ: Arch Z 5202 : 1 ff.]

Rechnungswesen

Kassabuchhaltung der Zentralbibliothek 1913/1916–1945 [ZBZ: Arch Z 105 & a–ae]

Jahresrechnung der Zentralbibliothek 1 (1916) – 48 (1962) [ZBZ: Arch Z 103 & a–av]

Direktionsdossier Finanzen 1916–1962 [ZBZ: Arch Z 207 : 2]

Akten zur Neuordnung des Rechnungswesens 1957 [ZBZ: Arch Z 110]

Sitzungsprotokoll der Rechnungskommission 1915–1965 [ZBZ: Arch Z 156]

Sitzungsprotokoll und Akten der Rechnungskommission 1963–1987, mit Beilagen [ZBZ: Arch Z 1002 : 1 ff.]

Spezialsammlungen

Direktionsdossier Graphische Sammlung 1962–1987 [ZBZ: Arch Z 4101 : 1 ff.]

Direktionsdossier Handschriftenabteilung 1963–1991 [ZBZ: Arch Z 4201]

Akten von Bibliothekar Dr. Martin Germann aus seiner Tätigkeit bei der Handschriftenabteilung 1971–1995 [ZBZ: Arch Z 4207: 1–9]

Akten aus der Handschriftenabteilung zur Katalogisierung von Drucken des 16. Jhs, 1980 [ZBZ: Arch Z 4207: 4 : 1]

Korrespondenz aus der Handschriftenabteilung zu Inkunabeln und alten Drucken 1980–1995 [ZBZ: Arch Z 4207: 5: 1]

Projekte aus der Handschriftenabteilung zur Betreuung von Inkunabeln und alten Drucken 1981–1991 [ZBZ: Arch Z 4207: 4 : 2]

Akten aus der Handschriftenabteilung zum Index der Schweizer Zeitschriften des 18. Jhs unter dem Kuratorium der Schweizerischen Akademie der Geisteswissenschaften 1985–1990 [ZBZ: Arch Z 4207: 5 : 2]

Korrespondenz aus der Handschriftenabteilung zu Büchern Zwinglis in der Zentralbibliothek 1985–1995 [ZBZ: Arch Z 4207: 4 : 4]

Akten und Korrespondenz aus der Handschriftenabteilung zum Incunabula Short Title Catalog der British Library und der Bayerischen Staatsbibliothek mit Test der CD-ROM 1988–1995 [ZBZ: Arch Z 4207: 4: 3]

Direktionsdossier Kartensammlung 1912–1952 [ZBZ: Arch Z 207 : 6]

Akten und Korrespondenz der Kartensammlung 1963–1972 [ZBZ: Arch Z 4301]

Akten und Korrespondenz der Musikabteilung 1967–1987 [ZBZ: Arch Z 4401]

Korrespondenz der Musikabteilung 1971–1987 [ZBZ: Arch Z 4403–4404]

Korrespondenz der Musikabteilung 1988 ff. [ZBZ: Arch Z 4505]

Akten der Sammlung Alte Drucke 1990 ff. [dabei auch ältere; ZBZ: Arch Z 4501 : 1 ff.]

Eingangsjournale

Masseneingänge sind nur summarisch in die Journale eingetragen. Wenn solche Eingänge nicht als Extrabestände aufgestellt wurden und wenn es bei den Eingangsakten keine Verzeichnisse gibt, ist die Rekonstruktion schwierig.

Kaufeingangsjournal [hschr.] 1916–1929 (Fol. 1–1000) und 1929–1964 (Fol. 1–3399), mit Nachweis sowohl nach Fächern und Helvetica als auch nach den Zugangsarten Zeitschriften, Fortsetzungen, Nova und Antiquaria [ZBZ: Arch Z 304 : 1–22]

Kaufeingangsjournal vom Überbrückungskredit nach Fakultäten und einzelnen Professoren [hschr., 1951–1954; ZBZ: Arch Z 309]

Kaufeingangsjournal [mschr., 1964–1990, ab 1981 in kleinerem Format und nur noch für Antiquaria und Masseneingänge; ZBZ: Arch Z 3115 : 1–19]

Kaufeingangsjournal, Computerausdruck 1975–1995 [nach Bestellnummern und mit jährlichem Nominalregister; ZBZ: Arch Z 3116 : 1 ff.]

Kaufeingangsjournal für Einzelwerke, EDV-Ausdruck auf Microfiche 1986–1990 [nach Bestellnummern und mit jährlichem Nominalregister; ZBZ: Arch Z 3117]

Kaufeingangsjournal der Gesellschaft von Freunden der Zentralbibliothek Zürich [hschr., 1921–1986; ZBZ: Arch Z 207 : 3 Suppl.]

Geschenkeingangsjournal [hschr., 1916–1968; mit durchlaufender Foliierung (1–2400) bis 1966, dann 1967–1968 in jährlichen Nummernfolgen; ZBZ: Arch Z 302 & a–m]

Geschenkeingangskartei [mschr., 1968–1991, nominal und nach Eingangsnummer; ZBZ: Arch Z 3136 : 1–57]

Geschenkeingangsjournal EDV-Ausdruck 1978–1984 [nach Eingangsnummern und mit Nominalregister; ZBZ: Arch Z 3137 : 1]

Depoteingangsbuch [hschr., 1916–1974, verzeichnet hauptsächlich Gegenstände und Hss.; ZBZ: Arch Z 303]

Übersichten zur Bestandsvermehrung

Kaufeingangskontrolle nach Fächern [hschr., 1916–1927; ZBZ: Arch Z 305]

Kaufeingangskontrolle nach den Zugangsarten Zeitschriften, Fortsetzungen, Nova und Antiquaria [hschr., 1916–1927; ZBZ: Arch Z 306]

Übersicht über die Verwendung des Anschaffungskredits nach Fächern und Helvetica sowie nach Zugangsarten [hschr., 1917–1967; ZBZ: Arch Z 221 : 1–2]

Allgemeine Kaufstatistik mit Ausweis auch der Jahresausgaben für Antiquaria [mschr., 1971–1989; ZBZ: Arch Z 3104 : 1–3]

Akten, Korrespondenz, Berichte zur Bestandsvermehrung

Direktionsdossier Berichtsliteratur 1913–1933 [ZBZ: Arch Z 207 : 6]

Direktionsdossier Akzession 1915–1963 [ZBZ: Arch Z 207 : 1]

Akten zum Geschenkeingang 1963–1986 [voraus chronologisches Verzeichnis bedeutender Eingänge 1916–1978; ZBZ: Arch Z 3131 : 1]

Akten zu Dubletten aus Geschenkeingängen 1963–1979 [ZBZ: Arch Z 3134 : 1]

Akten zu Beständen aus Depoteingang ca. 1963–1986 [ZBZ: Arch Z 3001 : 1–3]

Akten zu Schenkungen und Deposita 1963–1988 [ZBZ: Arch Z 1508 : 1]

Korrespondenz zur Erwerbung im Allgemeinen 1967–1989 [ZBZ: Arch Z 3103 : 1]

Korrespondenz zur Erwerbung von Einzelwerken 1969–1989 [ZBZ: Arch Z 3113 : 1–8]

Korrespondenz zum Geschenkeingang 1963–1991 [ZBZ: Arch Z 3133 : 1–23]

Jahresbericht der Erwerbungsabteilung [mschr., 1949–1960; ZBZ: Arch Z 220]

Jahresbericht der Erwerbungsabteilung [mschr., 1967–1973; ZBZ: Arch Z 3102 : 1]

Jahresbericht zum Geschenkeingang [mschr., 1971–1976; ZBZ: Arch Z 3132 : 1]

Sonderfälle der Bestandsvermehrung

Nominalverzeichnis der Privatbibliothek von Prof. Hermann Ferdinand Hitzig [mschr., 1911 oder später, angelegt durch Kollegen und Schüler; ZBZ: Arch St 721]

Akten zur Beschaffung von in der Zentralbibliothek nicht vorhandenen Froschauerdrucken 1916–1920 [ZBZ: Arch Z 202 w]

Schenkungsurkunde des Carnegie Endowment for International Peace zur »Collection of Books on America«, New York 16. Dezember 1918 [ZBZ: Arch Z 558]

Akten zur Amerika-Bibliothek 1918–1920 [ZBZ: Arch Z 202 e]

Akten zur Übergabe der Kantonalen Militärbibliothek 1919 [ZBZ: Arch Z 202 d)

The Saitschick Library. Zürich 1921 [Werbeschrift für den Verkauf der Privatbibliothek]

Verzeichnis des Bücherlegats von Museumsdirektor Heinrich Angst [mschr., 1922; ZBZ: Arch Z 203 c. 34]

Akten und Korrespondenzen zum Versuch, der Zentralbibliothek die Privatbibliothek von Prof. Robert Saitschick zu verkaufen, 1922–1926 [ZBZ: Arch Z 202 c, Arch Z 553]

Akten zur Erwerbung der Revolutionsbibliothek von Hanns L. Katz in Frankfurt a. M. 1932, mit Inventar des Sammlers über Nr. 1–1054 [ZBZ: Arch Z 202 m]

Akten und Korrespondenzen zum Projekt, die Bibliothek des Frankfurter Instituts für Sozialforschung in der Zentralbibliothek Zürich zu deponieren, 1933 [ZBZ: Arch Z 202 l]

Verzeichnis der Bücherstiftung von Ulrico Hoepli [hschr., 1933; ZBZ: Arch Z 203 o]

Akten zur Deponierung der Lavater-Sammlung von Heinrich Hanselmann durch den Robert J. F. Schwarzenbach-Fonds 1943 [ZBZ: Arch Z 207 : 2]

Akten zu Hss. und Büchern aus dem Nachlass von August A. L. Follen 1944–1945 [ZBZ: Arch Z 202 p]

Akten zur Deponierung der Privatbibliothek von Manuel Saitzew durch die Stiftung Bibliothek Prof. Saitzew 1952–1959 [ZBZ: Arch Z 207 : 9]

Korrespondenz mit dem Robert J. F. Schwarzenbach-Fonds der Universität Zürich betreffend die Subventionierung besonderer Ankäufe 1963–1987 [ZBZ: Arch Z 1403]

Akten zur Bibliothek der Julius-Klaus-Stiftung 1969–1987 [ZBZ: Arch Z 1305 : 1]

Bestandsaufstellung

Belegungsplan der Magazine [hschr., um 1915; mit spezieller Einweisung der Stadtbibliotheksbestände Bibl, 2, 2 App, 3, 4, 5, 8 bis, 18, 42, 43 und Gal Tz; ZBZ: Arch Z 66]

Verzeichnis der Bücher der Kantonsbibliothek mit grösserer Höhe als 27, 5 cm [hschr., um 1916; ZBZ: Arch Z 157]

Titelkopien zur Umstellung der Inkunabeln und Grossformate aus der Kantonsbibliothek [ZBZ: Arch St 170 g]

Akten zur Bestandssignierung 1963–1994 [ZBZ: Arch Z 3204 : 1]

Signaturenverzeichnisse [mschr. 1928 und ohne Datum und, als EDV-Ausdruck, 1973, 1974, 1976,

1977, 1978, 1979, 1981, 1982, 1983, 1984, 1985, 1987; ZBZ: Arch Z 3204 : 2]

Katalogwesen im Allgemeinen

Akten vom Katalogsaal 1897–1995 [ZBZ: Arch Z 3231 : 1]

Direktionsdossier Katalog 1920–1959 [Arch Z 207 : 6]

Akten der Katalogabteilung 1964–1986 [ZBZ: Arch Z 3201 : 1]

Korrespondenz der Katalogabteilung ca. 1952–1986 [ZBZ: Arch Z 3203 : 1]

Arbeitsprotokoll der Katalogabteilung 1916–1933 [ZBZ: Arch Z 160]

Jahresbericht der Katalogabteilung 1969–1985 [ZBZ: Arch Z 3202 : 1]

Jahresbericht vom Katalogsaal 1970–1985 [ZBZ: Arch Z 3232 : 1]

Nominalkatalog

Akten und Rechnungen zum »Zuwachsverzeichnis der Bibliotheken in Zürich« 1897–1944 [ZBZ: Arch Z 451 & a]

Akten zum Zentralzettelkatalog 1898–1915 [dabei auch Briefe, Kassabuch und Sitzungsprotokoll der Kommission; ZBZ: Arch St 148–150 & a]

Umfrage unter Bibliotheksbenutzern und Bibliothekaren zum Übergang vom Band- zum Zetttelkatalog 1916, mit Antworten [ZBZ: Arch Z 202 b]

Akten zum Nominalkatalog 1963–1985 [ZBZ: Arch Z 3211 : 1–2]

Annotierte Exemplare des gedruckten Regelwerks (Escherregeln) und Register dazu [ZBZ: Arch Z 3213 : 1–3]

Jahresbericht vom Nominalkatalog 1969–1985 [ZBZ: Arch Z 3212 : 1]

Sachkatalog

Akten zum Schlagwortkatalog 1963–1986 [ZBZ: Arch Z 3221 : 1–2]

Handexemplare der gedruckten Instruktion zum Schlagwortkatalog [ZBZ: Arch Z 3223 : 1]

Arbeitsprotokoll vom Schlagwortkatalog 1926–1936, 1949–1965 [ZBZ: Arch Z 3221 : 3]

Jahresbericht vom Schlagwortkatalog 1949–1985 [ZBZ: Arch Z 3222 : 1]

Kursunterlagen zur Sachkatalogisierung 1967–1973 [ZBZ: Arch Z 3221 : 4]

Sonderfälle der Bestandserschliessung

Akten zur Katalogisierung der hebräischen und jüdischen Drucke und Hss. durch Joseph Prijs 1933–1946 [ZBZ: Arch Z 202 s]

Aebly, Hedwig: Bericht über die Usteri-Sammlung [mschr., 1945; ZBZ: Arch St 745]

Blass, Curt: Entwurf zu einer sachlichen Giederung der Sammlung Usteri, Schlussbericht [mschr., 1948; ZBZ: Arch St 745]

Akten zur Katalogisierung der Broschürenammlung Usteri, dabei Archivauszüge zur Sammlungsgeschichte und Korrespondenz der Bibliothekarin Dr. Hedwig Aebly 1948–1954 [ZBZ: Arch St 745]

Zettelkasten von Dr. Curt Blass als Vorarbeit zu einem systematischen Verzeichnis der Broschürensammlung Usteri [hschr., um 1950; ZBZ: Arch St 744 : 1–2]

Aebly, Hedwig: Notizheft zur Sammlung Usteri, mit Bibliographie sowie Sammlungs- und Bearbeitungsgeschichte, ca. 1950 [ZBZ: Arch Z 3221 : 3]

Akten und Korrespondenzen zum Zürcher Exemplar des Missale speciale 1954–1955 [ZBZ: Arch Z 3201 : 1]

Akten zur Katalogisierung von Berichtsliteratur (LK) 1974–1976, Notizen zur Geschichte der Sammlung, ca. 1980 [ZBZ: Arch Z 3135 : 1]

Bestandszählung

Bestandszählung 1930; total 451.815 Bde, 347.787 Broschüren, 11.216 Hss.

[ZBZ: Arch Z 206]

Direktionsdossier Statistik 1930–1962 [ZBZ: Arch Z 207 : 11]

Zählung der Eingänge nach bibliographischen Einheiten 1933–1962 [ZBZ: Arch Z 307]

Zusammenstellung der Bestände nach Bandzahl, vermutlich 1943, bei Akten der Schweizerischen Mobiliar-Versicherungs-Gesellschaft 1910–1919 [ZBZ: Arch Z 551]

Benutzung im Allgemeinen

Direktionsdossier Benutzung 1916–1962 [ZBZ: Arch Z 207 : 1]

Akten der Benutzungsabteilung 1963–1985 [ZBZ: Arch Z 3403 : 1]

Akten zu einer neuen Benutzungsordnung ca. 1977–1980 [ZBZ: Arch Z 3404 : 1]

Korrespondenz des Vorstehers des Benutzungsdienstes 1953–1962
[ZBZ: Arch Z 418 : 1–9]

Korrespondenz der Benutzungsabteilung 1963–1970 [ZBZ: Arch Z 3402 : 1]

Sitzungsprotokoll der Bücherausgabekonferenz [hschr., 1920–1949; ZBZ: Arch Z 207 : 1]

Sitzungsprotokoll der Benutzungskonferenz [hschr., 1919–1924; ZBZ: Arch Z 153]

Sitzungsprotokoll der Benutzungskonferenz 1949–1959, mit Sammlung von Entscheidungen [ZBZ: Arch Z 417]

Entwürfe zur Benutzungsordnung [mschr., 1977–1980; ZBZ: Arch Z 3404 : 1]

Sitzungsprotokoll der Benutzungskonferenz (sog. Nullachtfuffzehn) [mschr., 1978 ff., betrifft auch die Spezialsammlungen; ZBZ: Arch Z 1103]

Benutzung durch Institutionen

Direktionsdossier zur Deponierung ausgewählter Bestände in Fachinstituten 1923–1949 [ZBZ: Arch Z 207 : 2]

Akten zur Deponierung ausgewählter Bestände in Fachinstituten 1952–1980 [ZBZ: Arch Z 3471]

Benutzung durch einzelne Personen

Einschreibebuch für Benutzer 1914–1963 [ZBZ: Arch Z 406 & a–t]

Einschreibebuch für Studenten und Mittelschüler 1942–1965
[ZBZ: Arch Z 408 & a–e]

Einschreibebuch für Benutzer 1966–1967 [ZBZ: Arch Z 3405 : 1–2]

Belege zu den von Benutzern hinterlegten Kautionen in bar 1910–1944 [ZBZ: Arch Z 409: 1–4]

Belege zu den von Benutzern hinterlegten Kautionen in bar 1944–1965 [ZBZ: Arch Z 3401 : 1–4]

Belege zu den an Benutzer 1969–1970 zurückbezahlten Kautionen in bar [ZBZ: Arch Z 3401 : 1–7]

Benutzungsjournal für die Mitglieder der Gesellschaft von Freunden der Zentralbibliothek 1952–1963 [ZBZ: Arch Z 760 & a–c]

Besuchsjournal der Handschriftenabteilung 1970 ff. [ZBZ: Arch Z 4202 : 1 ff.]

Bestellzettel zu im Lesesaal der Handschriftenabteilungng benutzten alten Drucken 1975–1989 [ZBZ: Arch Z 4206 : 1–5]

Sonderfälle der Benutzung

Benutzerkarte der Zentralbibliothek Zürich für Wladimir Uljanov 19. Februar 1916, nebst späteren Notizen zu Lenins Aufenthalt in Zürich [ZBZ: Arch Z 407]

Akten zu zwei Diebstahlsfällen 1923 [ZBZ: Arch Z 202 f]

Direktionsdossier Diebstähle 1923–1935 [ZBZ: Arch Z 207 : 2]

Akten zu Anständen mit Benutzern ca. 1930–1960 [ZBZ: Arch Z 419 : 1–3]

Akten zum Ausschluss von Benutzern ca. 1940–1960 [ZBZ: Arch Z 420 : 1]

Direktionsdossier Beschwerden ca. 1950–1962 [ZBZ: Arch Z 207 : 1]

Akten zu Kriminalfällen 1966–1990 [ZBZ: Arch Z 1506 : 1–2]

Akten aus der Handschriftenabteilung zu diebischen oder sonstwie suspekten Benutzern 1971–1991 [ZBZ: Arch Z 4207: 3: 2]

Konservatorisches

Akten zu kriegsbedingten Massnahmen 1938–1945, mit Verzeichnissen dislozierter Sammlungsgegenstände [ZBZ: Arch Z 202 r]

Mikrofilme von Standortkatalogen 1943–1944 [ZBZ: Arch Z 567]

Akten zur Bekämpfung von Bohrkäferlarven in einigen Altbeständen 1957 [ZBZ: Arch Z 422 : 1]

Akten aus der Handschriftenabteilung zur Restaurierung und Konservierung von Hss. und Inkunabeln 1987–1994 [ZBZ: Arch Z 4207: 4207 : 2 : 3]

Abgänge

Direktionsakten Revision 1915–1962 [ZBZ: Arch Z 207 : 9]

[Orelli, A[loys] von]: Katalog der juristischen Bibliothek in Zürich. Zürich 1863

[mit hschr. Vermerken zu einzelnen Titeln: G = getilgt, Bz = an die Bibliothek im Bezirksgebäude abgetreten, D = Dubletten zu anderen Beständen der Zentralbibliothek; ZBZ: Arch St 179 : Expl 2]

Akten zur Bestandsrevision 1918–1962 [ZBZ: Arch Z 423 : 1–7]

Literatur und Geschichte der Reformationszeit. Originaldrucke von Luther, Melanchthon, Zwingli, Hutten. Flugschriften. Drucke von 1500–1700. Zürich [1933] (Schweizerisches Antiquariat Hellmut Schumann. Antiquariatskatalog 381)

[enthält laut Notiz von Felix Burckhardt Dubletten der Zentralbibliothek; ZBZ: Arch Z 4503]

Titelkopien von 1940–1945 ausgeschiedenen nichtzürcherischen Zeitschriften
[ZBZ: Arch Z 565]

Akten zum Rückzug der Bibliothek des Allgemeinen Schweizerischen Stenographenvereins 1959 [ZBZ: Arch Z 207 : 2]

Bericht von Paul Scherrer zum Dublettenverkauf von 1962 [mschr., 1963; ZBZ: Arch Z 3134 : 1]

Akten zur Bestandesrevision 1963–1981 [ZBZ: Arch Z 3461 : 1]

Akten der Handschriftenabteilung zur Bestandesrevision bei alten Drucken und Rara 1981–1989 [ZBZ: Arch Z 4207: 3: 1]

Ausstellungen

Im besten Falle sind bei den Akten auch das Inventar, der gedruckte Katalog mit hschr. Exemplarnachweisen sowie Presseberichte zu einer Ausstellung zu finden. Von Beschriftungen und Reproduktionen aus ehemaligen Ausstellungen ist in der Graphischen Sammlung einiges aufbewahrt. Veranstaltungen mit Fremdgut sind im Folgenden nicht berücksichtigt.

Gottfried Keller, 1919 [ZBZ: Arch Z 502 & a, b]

Ulrich Zwingli, 1919 [ZBZ: Arch Z 501 & a–c]

Direktionsdossier Ausstellungen, 1923–1962 [ZBZ: Arch Z 207 : 1]

Zürcher Buchdruck bis 1800, 1924 [ZBZ: Arch Z 504]

Conrad Ferdinand Meyer 1925, [ZBZ: Arch Z 505 a]

Johann Heinrich Pestalozzi, 1927 [ZBZ: Arch Z 506]

Salomon Gessner, 1930 [ZBZ: Arch Z 507]

Johann Wolfgang Goethe, 1932 [ZBZ: Arch Z 508 & a]

Das gelehrte Zürich, 1933 [ZBZ: Arch Z 509 & a]

Konrad Gessner und Johannes Scheuchzer, 1934 [ZBZ: Arch Z 509 b]

Zeichen und Wunder, 1935 [Einblattdrucke der Wickiana; ZBZ: Arch Z 510]

Deutschschweizerische Buchillustration des 18. Jhs, 1936 [ZBZ: Arch Z 513]

Hans Georg Nägeli, 1936 [ZBZ: Arch Z 514]

Neue Zeitungen des 16. Jhs aus der Sammlung des Chorherrn Johann Jakob Wick, 1938 [ZBZ: Arch Z 516]

Fachgruppe Buch, Schweizerische Landesausstellung Zürich 1939 [ZBZ: Arch Z 202 v]

Johann Caspar Lavater, 1941 [ZBZ: Arch Z 519]

Nussberger, Max: Vorbereitender Katalog für die Lavater-Ausstellung [hschr., 1941; ZBZ: FA Lav. Ms. 156]

Das geistige Zürich zur Zeit Pestalozzis, 1946 [ZBZ: Arch Z 520 a]

Zürich und die Bundesverfassung von 1848, 1948 [ZBZ: Arch Z 520 h]

La déclaration des droits de l'homme ONU 1948 et la Suisse; Ausstellung zum Kongress der International Federation of University Women, 1950 [ZBZ: Arch Z 521]

Staat und Bildung, Jubiläumsausstellung Zürich 1351–1951, 1951 [ZBZ: Arch Z 522 & a]

England im Gespräch mit Zürich, 1953 [ZBZ: Arch Z 520 n]

Hispanica Turicensia, 1953 [ZBZ: Arch Z 520 m]

Gottfried Keller und die Weltliteratur, 1953 [ZBZ: Arch Z 520 o]

Mostra del libro italiano, 1954 [ZBZ: Arch Z 524]

Die Werke Konrad Gessners, 1954 [ZBZ: Arch Z 520 p]

Fliegende Teller, 1954 [ZBZ: Arch Z 526]

Graphic, 1957 [ZBZ: Arch Z 527 aa]

Zürichs Beitrag zur deutschen Literatur bis 1700, 1961 [ZBZ: Arch Z 529]

Ricarda Huch, 1964 [ZBZ: Arch 1509 : 1]

Polyhistorie im alten Zürich, 1965 [ZBZ: Arch 1509 : 1]

Konrad Gessner 1965/66 [ZBZ: Arch 1509 : 1]

Gottfried Keller, 1969 [ZBZ: Arch 1509 : 1]

Charles Dickens, 1970 [ZBZ: Arch 1509 : 1]

Kinderbücher, 1970 [ZBZ: Arch 1509 : 1]

Erschröckliche und wahrhafftige Wunderzeichen, 1972 [ZBZ: Arch Z 1509 : 2]

Antonio Lafreris römische Architekturansichten seit der Mitte des 16. Jhs, 1972 [ZBZ: Arch Z 1509 : 2]

Johann Jakob Scheuchzer 1972/73 [ZBZ: Arch Z 1509 : 2]

Oskar Pfister, 1973 [ZBZ: Arch Z 1509 : 2]

Hans Georg Nägeli, 1973 [ZBZ: Arch Z 1509 : 2]

Ein naturkundliches und literarisches Bestiar, 1974 [ZBZ: Arch Z 1509 : 2]

Der gefangene Floh, 1974 [Zusammenarbeit mit dem Bund für vereinfachte Rechtschreibung; ZBZ: Arch Z 1509 : 2]

Stufen zum Parnass, 1975 [Musikalien, 15.–20. Jh; ZBZ: Arch Z 1509 : 2]

Heinrich Bullinger, 1975 [ZBZ: Arch Z 1509 : 2]

Conrad Ferdinand Meyer, 1976 [ZBZ: Arch Z 1509 : 2]

Kartographische Schätze Zürichs, 1977 [ZBZ: Arch Z 1509 : 2]

Prof. Heinrich Rudolf Schinz, 1977 [ZBZ: Arch Z 1509 : 2]

Bücherwelt Europas. Meisterwerke der Literatur und Wissenschaft aus sechs Jahrhunderten, 1978 [ZBZ: Arch Z 1509 : 2]

Mary Wollstonecraft, 1979 [ZBZ: Arch Z 1509 : 2]

Die Zürcher und ihre Bibliothek, 1979 [ZBZ: Arch Z 1509 : 2]

Hebraica, 1981 [ZBZ: Arch Z 1509 : 2]

Die Bibel in tausend Sprachen, 1983 [ZBZ: Arch Z 1509 : 2]

August Corrodi und Hans Witzig, 1983 [ZBZ: Arch Z 1509 : 2]

Kantonsbibliothek, 1985; Korrespondenz und Akten zur Stiftsbibliothek

[ZBZ: Arch Z 4207: 9 : 1-2]

Esoterik, 1986 [ZBZ: Arch Z 1509 : 2]

Richard Wagner, Ausstellung im Vestibül des Opernhauses, 1990 [ZBZ: Arch Z 4207: 9: 3]

Baer, Hans: Gesammelte Ansprachen zu Ausstellungen 1972–1983 [ZBZ: Arch Z 1509 : 3]

Akten zu fremden Austellungen 1963–1986 [ZBZ: Arch Z 1510 : 1]

Presse

Bekanntmachungen der Stadtbibliothek und der Zentralbibliothek 1896–1946 [ZBZ: Arch St 114 & a]

Direktionsdossier Pressestimmen 1912–1962 [ZBZ: Arch Z 207 : 9]

Artikel zur Zentralbibliothek 1914–1930 [ZBZ: Arch Z 590 & a]

Artikel zur Zentralbibliothek 1930–1950 [ZBZ: Arch St 116 a]

Polemik von *Tages-Anzeiger* und *Nation* 1945 zu Benutzungsbeschränkungen bei der Sammlung Revol, mit Stellungnahme von Felix Burckhardt [ZBZ: Arch Z 202 q]

Artikel zur Zentralbibliothek 1963–1995 [ZBZ: Arch Z 5204]

Akten der Informationsstelle 1963–1986 [ZBZ: Arch Z 5203]

Korrespondenz mit Zeitungsredaktionen 1964–1989 [ZBZ: Arch Z 1110 : 1]

Varia

Akten der Gottfried Kellerschen Nachlassverwaltung 1890–1946 [ZBZ: Arch Z 801–806]

Verzeichnis der im Eckraum (3. Etage) der Zentralbibliothek vorhandenen Originalkupferplatten [mschr., 1938; ZBZ: Arch Z 471]

Bibliographie der Veröffentlichungen der Zentralbibliothek Zürich, Stand Mai 1985 [vervielfältigtes Verzeichnis von Druckschriftenvorräten; ZBZ: Arch Z 1522 : 1]

Administratives

Allgemeines

[Escher, Hermann]: Die Zentralbibliothek Zürich als Öffentliche Stiftung. Bericht zu dem von der bestellten Kommission ausgearbeiteten Entwurf eines Stiftungsvertrags. [Zürich 1906] [ZBZ: Arch Z 7 Beil]

Vertrag zwischen dem Kanton Zürich und der Stadt Zürich betreffend die Errichtung einer Zentralbibliothek als Öffentliche Stiftung (Stiftungsvertrag) (vom 26. November/16. Dezember 1910). In: Zürcher Gesetzessammlung 1981, Bd 3, S. 225–227 [letztgültige Fassung: Zürcher Loseblattsammlung 432.21]

Statuten der Zentralbibliothek Zürich (Öffentliche Stiftung) vom 21. Januar/25. April 1914. In: Zürcher Gesetzessammlung 1981, Bd 3, S. 528–531 [letztgültige Fassung: Zürcher Loseblattsammlung 432.211]

Beschreibung des Bauprojektes für die neue Zentralbibliothek in Zürich. Mit Bildern und Plänen. Dem Kantonsrate vom Regierungsrat vorgelegt im Februar 1914. Zürich 1914 [ZBZ: Arch Z 9]

Bibliotheksordnung der Zentralbibliothek Zürich vom 11. Februar 1915. In: Zürcher Gesetzessammlung 1981, Bd 3, S. 532–538 [letztgültige Fassung: Zürcher Loseblattsammlung 432.212]

Amtlicher Staatskalender (bis 1976/1977: Regierungsetat) des Kantons Zürich. 1916/1917 ff. Zürich 1916 ff. [verzeichnet auch Kommissionsmitglieder und Personal der Zentralbibliothek]

Gedruckter Aufruf zur Gründung einer Gesellschaft von Freunden der Zentralbibliothek mit Entwurf der Statuten und eines Vertrages mit der Zentralbibliothek, Zürich im Oktober 1917 [ZBZ: Arch Z 753]

Gedruckte Einladung zum Beitritt zur Gesellschaft von Freunden der Zentralbibliothek, mit den Statuten und dem Vertrag mit der Zentralbibliothek, ohne Datum [ZBZ: Arch Z 751]

Bericht der Zentralbibliothek Zürich. 1 (1914/1917) – 23 (1960/1961), 24 (1962/1972), 25 (1973/1975)ff. Zürich 1918 ff. [ZBZ: Arch Z 1005 : 1 ff.]

Bestandsaufstellung

Gedrucktes Aufstellungsschema, um 1916 [ZBZ: Arch Z 559]

Alphabetischer Zentralkatalog (AZK)

Jahresbericht der Kommission für den Zentralzettelkatalog der Bibliotheken der Stadt Zürich. 1 (1898/1899) – 16 (1914). [Zürich 1900–1915] [ZBZ: Arch St 118]

Der Zentralkatalog der Bibliotheken in Zürich im Helmhaus (Hochparterre), erstellt auf Kosten der Eidgenossenschaft, des Kantons und der Stadt Zürich. Zürich 1901 [gedruckte Bekanntmachung; ZBZ: Arch St 147 a]

Zentralbibliothek Zürich (Kantons-, Stadt- und Universitätsbibliothek). Alphabetischer Zentralkatalog der zürcherischen Bibliotheken (AZK). Hildesheim 1991 [Begleitheft zur Microfiche-Ausgabe des Zettelkatalogs mit Zusammenfassung der wichtigsten Regeln]

Escherregeln

Katalogisirungs-Instruktion zur Anlage der Titel-Copien für die gemeinsamen Zuwachs-Verzeichnisse der zürcherischen Bibliotheken. Zürich 1898 [ZBZ: Arch St 119]

Entwurf zu einer Katalogisierungs-Instruktion für den Schweizerischen Gesamtkatalog. Zürich 1913 [15 S., erster Anlauf, mit ausführlichen »Vorbemerkungen« des Redaktors Hermann Escher; ZBZ: Arch Z 3213 : 1]

Entwurf zu einer Katalogisierungs-Instruktion für den Schweizerischen Gesamtkatalog. Zürich 1914 [ein anscheinend nicht veröffentlichter Probedruck von 26 S., mit kurzer »Vorbemerkung« Eschers: »Die nachfolgenden Katalogisierungsregeln betreffen lediglich die Ordnungsworte, die Reihenfolge der Titel und die Rückweise. Die anderen Fragen sind noch zu behandeln«; ZBZ: Arch Z 3213 : 1]

Entwurf zu einer Katalogisierungs-Instruktion für den Schweizerischen Gesamtkatalog. Zürich 1915 [anscheinend die Erstveröffentlichung von 26 S., mit der oben erwähnten kurzen »Vorbemerkung«; ZBZ: Arch Z 3213 : 1]

Anhang zur Katalogisierungs-Instruktion (für den Schweizerischen Gesamtkatalog). Zürich 1918 [Ergänzung entsprechend den Bedürfnissen einer Bibliothek; ZBZ: Arch Z 3213 : 1]

Entwurf zu einer Katalogisierungs-Instruktion für den Schweizerischen Gesamtkatalog. Zürich 1921 [Text von 1915 auf 24 S., ohne Vorbemerkung; ZBZ: Arch Z 3213 : 1]

Nominalkatalogisierung 1946–1982

Merkblatt für das Katalogisieren von Verwaltungsbibliotheken nach den Escherregeln [vervielfältigt, 1946; ZBZ: Arch Z 3213 : 1]

Beispiele von Titelaufnahmen für Verwaltungsbibliotheken [vervielfältigt, 1946; ZBZ: Arch Z 3213 : 1]

Nachführung der Escherregeln auf den Stand von 1971 [ZBZ: Arch Z 3213 : 3]

Zusatzregeln und Weisungen zur Nominalkatalogisierung 1971–1980 [ZBZ: Arch Z 3213 : 3]

[Germann, Martin]: Katalogisierungs-Instruktion. Kapitel I–IV. Redaktion der Escherregeln [mschr., 1972; ZBZ: Arch Z 3213: 3]

Eschler, Margaret: Katalogisieren von Büchern des 16. Jhs [vervielfältigte Interne Mitteilung 74 05 14; ZBZ: Arch Z 3213 : 3]

Richtlinien für die Reihenfolge der Titelaufnahmen beim Einordnen in den Nominalkatalog [vervielfältigte Interne Mitteilung 74 12 11; ZBZ: Arch Z 3213 : 3]

Eschler, Margaret: Katalogisieren von Büchern des 16. Jhs. Richtlinien für den Katalog »Alte Drucke«. 2. Aufl. Zürich 1975 [vervielfältigt; ZBZ: BW 65.45]

Katalogisieren nach den Regeln der Zentralbibliothek Zürich. Eine programmierte Einführung, hrsg. von der Zentralbibliothek Zürich. Zürich 1975 [vervielfältigt; ZBZ: DW 9989]

Vereinigung Schweizerischer Bibliothekare. Katalogisierungsregeln. Bern 1977 [ZBZ: BW 56.103]

Erprobungsausgabe der internen Kurzfassung der Katalogisierungsregeln der Vereinigung Schweizerischer Bibliothekare [vervielfältigt, 1978; ZBZ: Arch Z 3213 : 5]

Bührer, Georg: Änderungen im Hinblick auf das Einreihen im Allgemeinen Zentralkatalog 1981 [vervielfältigt; ZBZ: Arch Z 3213 : 5]

Richtlinien für die Katalogisierung von Inkunabeln [vervielfältigte Interne Mitteilung 81 07 09; ZBZ: Arch Z 3213 : 5]

Titelaufnahmen für Monographien ab 1800. Regeln für die Form des Ordnungswortes, bibliographische Beschreibung, Form der Signatur und des Verwaltungsvermerks [vervielfältigte Interne Mitteilung 81 07 13; ZBZ: Arch Z 3213 : 5]

Richtlinien für die Katalogisierung von Musikdrucken ab 1800 [vervielfältigte Interne Mitteilung 82 04 06; ZBZ: Arch Z 4401]

Vereinigung Schweizerischer Bibliothekare: Katalogisierungsregeln. 2.* Auflage. 14 Faszikel. Bern 1983–1992

Online-Katalog

Zentralbibliothek Zürich. Neue Katalogisierungsregeln. Faszikel BA: ISBD(M); Faszikel C: Bestimmen der Eintragungen; Faszikel D: Ansetzung der Eintragungen, Faszikel Y: Anhang zu Faszikel D. 1987–1988 [vervielfältigt; ZBZ: Arch Z 3213 : 7–8; dazu revidierte Blätter 1993]

[Limacher, Wolfram]: Regeln für das Schlagwortregister zum EDV-Katalog der Zentralbibliothek Zürich, Stand Juni 1989 [vervielfältigt; ZBZ: Arch Z 3223 : 1]

Zentralbibliothek Zürich. ZB-MARC-FORMAT für Musikmaterial. Zürich 1990 [vervielfältigt; ZBZ: Arch Z 4402]

Zentralbibliothek Zürich. Neue Katalogisierungsregeln für Musikmaterial. Faszikel BD: ISBD(PM) Internationale Standardisierte Bibliographische Beschreibung für Musikdrucke; Faszikel FC: Spezifische Regeln für Musikmaterial. Zürich 1990 [vervielfältigt; ZBZ: Arch Z 4402]

[Limacher, Wolfram]: Regeln für das Schlagwortregister zum EDV-Katalog der Zentralbibliothek Zürich, Stand April 1991 [vervielfältigt; ZBZ: Arch Z XXXX]

Zentralbibliothek Zürich. Online-Publikumskatalog. Benutzungshinweise. Mai 1992. Zürich 1992 [auch vom November 1992; ZBZ: Arch Z 1522 : 5]

Zentralbibliothek Zürich. ZB-MARC-FORMAT für Monographien. Mai 1993 [vervielfältigt; [ZBZ: Arch Z XXXX]

Darstellungen

Kurzartikel in Bibliotheksführern

Zentralbibliothek Zürich. In: Archive, Bibliotheken und Dokumentationsstellen der Schweiz. Bern 1958, S. 90f., Nr. 371

Zentralbibliothek Zürich. In: Archive, Bibliotheken und Dokumentationsstellen der Schweiz. Bern 1976, S. 620–622, Nr. 541

Zentralbibliothek Zürich (Kantons-, Stadt- und Universitätsbibliothek). In: Rainer Diederichs, Ella Studer (Hrsg.): Bibliotheken in Zürich. Zürich 1977, S. 134–136, Nr. 207

Zentralbibliothek Zürich (Kantons-, Stadt- und Universitätsbibliothek). In: Rainer Diederichs, Hermann Schneider (Hrsg): Bibliothekstaschenbuch Schweiz 1988. Aarau [1988], S. 104, Nr. 685

Zentralbibliothek Zürich (Kantons-, Stadt- und Universitätsbibliothek). In: Rainer Diederichs, Hermann Schneider (Hrsg): Bibliothekstaschenbuch Schweiz. Aarau 1991, S. 140, Nr. 820

Zentralbibliothek Zürich (Kantons-, Stadt- und Universitätsbibliothek). In: Rainer Diederichs, Hermann Schneider (Hrsg.): Information Schweiz 1994. Aarau 1994, S. 189, Nr. 1026

Überblicke

Baer, Hans: Zentralbibliothek Zürich. In: Eléonore Coen (Hrsg.): Bibliotheken in der Schweiz. Bern 1976, S. 55–60

Cattani, Alfred: Meilensteine in Zürichs Bibliotheksgeschichte. Jahrhundertealte Tradition. In: European Research Libraries Cooperation. The LIBER Quarterly 5 (1995), S. 1–6

Diederichs, Rainer: Bibliotheksgeschichtliche Streiflichter. Von der Stadtbibliothek zur Zentralbibliothek. In: Uni Zürich (1986) Nr. 1/2, S. 3–5

Diederichs, Rainer: Von der Stadtbibliothek zur Zentralbibliothek. In: Zürcher Chronik 54 (1986), S. 146–148

Escher, Hermann: Die Errichtung der Zentralbibliothek Zürich. In: Zentralblatt für Bibliothekswesen 32 (1915), S. 4–21

Forrer, Ludwig: Die Zürcher Zentralbibliothek und ihre Vorgeschichte. In: Librarium 4 (1961), S. 2–7

Köstler, Hermann: Rückblick, Ausblick. In: Roland Mathys (Hrsg.): Die Zentralbibliothek Zürich baut. Zürich 1996, S. 92–95

[Mathys, Roland]: 1629 Stadtbibliothek – Zentralbibliothek 1979. Zürich 1979 [Ausstellungskatalog; ZBZ: DA 10615]

Mathys, Roland: La Bibliothèque centrale de Zurich. In: LIBER news sheet 5 (1981), S. 37–41

Waser, Hans: Ein Vierteljahrhundert Zentralbibliothek Zürich. In: Zürcher Monatschronik 11 (1942), S. 137–146

Wyss, Wilhelm von: Überblick über die Entwickelung des zürcherischen Bibliothekwesens. In: ders.: Zürichs Bibliotheken. Zürich 1911, S. 1–15

Die neue Zentralbibliothek. Zürichs beste Seiten. In: Neue Zürcher Zeitung, 1. November 1994, B 1–12 [Beitragssammlung aus Anlass der Neueröffnung am Zähringerplatz; die Beiträge wurden teils auch anderweitig publiziert]

Zentralbibliothek Zürich. In: Schweiz. Im Auftrag der Schweizerischen Bibliothekare bearb. von Felix Burkhardt. Berlin 1934 (Minerva-Handbücher. Abt. I: Die Bibliotheken, 3), S. 138–144

Betriebliches

Arnet, Helene: Ein Göttibatzen für kranke Bücher. Die Zentralbibliothek sucht Geldgeber für die Restaurierung beschädigter Bücher. In: Tagblatt der Stadt Zürich, 12. September 1995, S. 18 [zur Aktion »Adoptier ein Buch«]

Burckhardt, Felix: Die Zentralbibliothek Zürich. In: Neue Zürcher Zeitung, 3. November 1921 [zum Nachweis von Missionsliteratur im Nominalkatalog]

Escher, Hermann: Warum die Zentralbibliothek schönwissenschaftliche Werke nicht ausleiht. In: Neue Zürcher Zeitung, 20. April 1924

Escher, Hermann: Was es in einer Bibliothek zu tun gibt. Vortrag gehalten vor der Gesellschaft der Freunde der Zentralbibliothek Zürich 1928. In: ders.: Ausgewählte bibliothekswissenschaftliche Aufsätze. Zürich 1937, S. 105–122

[Gatani, Tindaro]: La nuova Biblioteca Centrale di Zurigo. Dalla Bibliotheca Universalis del Gessner alla piu sofisticata banca dati. Die neue Zentralbibliothek Zürich. Von Gessners Bibliotheca Universalis zur elektronischen Datenbank. [Zürich 1996]

Hug, Hannes; Köstler, Hermann: ETH und ZB. Die vernetzten Bibliotheken. In: European Research Libraries Cooperation. The LIBER Quarterly 5 (1995), S. 14–17

Isler, Albert: Die Aufstellung der Zentralbibliothek Zürich. In: Zentralblatt für Bibliothekswesen 52 (1935), S. 348–351

Kohler, Ludwig: Macht hoch die Tür... Freier Zugang zu Beständen in der Zentralbibliothek Zürich. Ein Erfahrungsbericht. In: Für alle(s) offen. Bibliotheken auf neuen Wegen. Festschrift für Dr. Fredy Gröbli, Direktor der Öffentlichen Bibliothek der Universität Basel. Basel [1995], S. 144–150

Laue, Hans J.: Schätze und Schutz von Büchern in Zürich. In: Bindereport (1992), S. 513–517 [25 % der Buchblockpapiere und 12 % der Einbände sind säuregefährdet]

Mathys, Roland: Abdeckung breiter Bildungsbedürfnisse. Richtlinien der Sammelpolitik der Zentralbibliothek Zürich. In: European Research Libraries Cooperation. The LIBER Quarterly 5 (1995), S. 10–13

Mathys, Roland: Überlegungen zur Personalentwicklung der Zentralbibliothek Zürich 1917–1994. In: Für alle(s) offen. Bibliotheken auf neuen Wegen. Festschrift für Dr. Fredy Gröbli, Direktor der Öffentlichen Bibliothek der Universität Basel. Basel [1995], S. 168–173

Meier, Oskar: Doktorand der Kunstgeschichte als Kunstdieb. In: Kriminalistik 36 (1982), S. 248–252 [der nachmals zum Reisebürokaufmann mutierte Musensohn hat nicht nur die Zentralbibliothek schwer geschädigt]

Ribi, Thomas: Curieuse Manuscripta und würdige Bibliothekare. Die Zentralbibliothek im Urteil ihrer Benutzer. In: Neue Zürcher Zeitung, 1. November 1994, B 9

ZB revolutioniert Informationssuche. Der 100 Jahre alte Zentralkatalog auf Internet abrufbar. In: Neue Zürcher Zeitung, 7. Februar 1997, S. 53

Altbau

Bodmer, Jean-Pierre: Die Spezialsammlungen im Altbau. In: Roland Mathys (Hrsg.): Die Zentralbibliothek Zürich baut. [Zürich 1996], S. 64–71

Escher, Hermann; Fietz, Hermann: Entstehungsgeschichte und Baubeschreibung der Zentralbibliothek. Zürich 1918 (Neujahrsblatt Nr. 3 hrsg. von der Zentralbibliothek Zürich auf das Jahr 1919)

Mathys, Roland: Die Zentralbibliothek Zürich in ihrem Gebäude von 1917 bis 1990, mit einem Ausblick auf den 1994 betriebsbereiten Erweiterungsbau. In: Roswitha Poll, Bertram Haller (Hrsg.): Bibliotheksbauten in der Praxis. Erfahrungen und Bewertungen. Wiesbaden 1994, S. 359–370

Weber, Bruno: Die Erscheinung des Altbaus. In: Mathys, Roland (Hrsg.): Die Zentralbibliothek Zürich baut. Zürich 1996, S. 72–87

Neubau

Diederichs, Rainer: Zentralbibliothek Zürich. Öffentlichkeitsarbeit für einen 72 Millionen-Bau. In: In: Für alle(s) offen. Bibliotheken auf neuen Wegen. Festschrift für Dr. Fredy Gröbli, Direktor der Öffentlichen Bibliothek der Universität Basel. Basel [1995], S. 61–71

Erweiterungsbau Zentralbibliothek Zürich. [Zürich 1995] [Bildbroschüre hrsg. vom Bauamt II der Stadt Zürich]

Gartzke, Wolfgang: »Die Lust zu schauen und zu lesen«. Zürichs neue Zentralbibliothek, eine Mischung aus Tradition und Moderne. In: Buch und Bibliothek 47 (1995), S. 349–356

Kohler, Ludwig: Umzug und Provisorien. In: Roland Mathys (Hrsg.): Die Zentralbibliothek Zürich baut. Zürich 1996, S. 24–34

Kohler, Ludwig: Benutzung im Neubau. In: Roland Mathys (Hrsg.): Die Zentralbibliothek Zürich baut. Zürich 1996, S. 52–63

Kohler, Ludwig: Planung und Ausführung des Erweiterungsbaus der Zentralbibliothek Zürich. In: Arbido Revue 8 (1993), S. 35–38

Mathys, Roland (Hrsg.): Die Zentralbibliothek Zürich baut. Texte und Bilder. Zürich 1996

Rüegg, Hans R.: Der Erweiterungsbau der Zentralbibliothek. In: Zürcher Denkmalpflege, Stadt Zürich. Bericht 1993/1994, S. 14–16

Spezialabteilungen

Bodmer, Jean-Pierre: Gehütete und gemehrte Spezialsammlungen. In: Neue Zürcher Zeitung, 1. November 1994, B 12

Roten, Hortensia von; Cahn, Erich B.: Münzen der Renaissance und des Barocks. Kostbarkeiten aus der Sammlung der Zentralbibliothek Zürich. Wiesbaden 1992

[S. 21–51: Die Münzsammlung der Zentralbibliothek Zürich]

Personelles

Baer, Hans: Ein Leben mit dem Buch, ein Leben für das Buch. Paul Scherrer zum 75. Geburtstag am 18. August 1975. In: Librarium 18 (1975), S. 134–137

Baer, Hans: Hinschied von Paul Sieber. In: Neue Zürcher Zeitung, 5. Mai 1983, S. 50

Balmer, Heinz: Rudolf Steiger 18. Mai 1896 bis 20. März 1978. In: Gesnerus 35 (1978), S. 144–148

Bodmer, Jean-Pierre: Ludwig Forrer gestorben. In: Neue Zürcher Zeitung, 26. Januar 1995, S. 53

Bodmer, Jean-Pierre: Dr. Jakob Werner, Bibliothekar. In: Peter Stotz (Hrsg.): Non recedet memoria eius. Beiträge zur lateinischen Philologie des Mittelalters im Gedenken an Jakob Werner (1861–1944). Bern 1995, S. 41–100

Bodmer, Jean-Pierre: Theodor Vetter und Ferdinand Rudio – Professoren als Mitbegründer der Zentralbibliothek Zürich. In: Zürcher Taschenbuch N. F. 123 (2003), S. 211–275

Bodmer, Jean-Pierre: Von Escher zu Burckhardt – die Direktorwahl von 1932 an der Zentralbibliothek Zürich. In: Zürcher Taschenbuch 127 (2008), S. 309–348

Bodmer, Jean-Pierre: Aus Zürichs Bibliotheksgeschichte. Beiträge von 1964–2007. Zürich 2008

Burckhardt, Felix: Hermann Escher 1857–1938. Zürich 1939 (Neujahrsblatt Nr. 5 hrsg. von der Zentralbibliothek Zürich auf das Jahr 1939)

Schwarz, Dietrich: Felix Burckhardt 13. Oktober 1883 – 14. Juni 1962. In: Zürcher Taschenbuch N. F. 84 (1964), S. 1–11

Wetter, Ernst: Agnes Wegmann und ihr Werk. In: Kleingraphik, ExLibris, Bucheignerzeichen. Mitteilungsblatt, Schweizerischer Ex Libris Club 6 (1975), S. 7

5. VERÖFFENTLICHUNGEN ZU DEN BESTÄNDEN

Veröffentlichungen zu Beständen der Vorgängerbibliotheken, die nach 1915 erschienen sind, gelten als Veröffentlichungen zu den Beständen der Zentralbibliothek.

Allgemeine Musikgesellschaft

Schenk, Erich: Die Österreichische Musik-Überlieferung der Züricher Zentralbibliothek. In: Josef Stummvoll (Hrsg.): Die Österreichische Nationalbibliothek. Festschrift [...] zum 25jährigen Dienstjubiläum des Generaldirektors Univ.-Prof. Dr. Josef Bick. Wien 1948, S. 576–581

Sieber, Paul: Die Bibliothek der Allgemeinen Musikgesellschaft Zürich. In: Hans Albrecht (Hrsg.): Zweiter Weltkongress der Musikbibliotheken, Lüneburg 1950. Kongress-Bericht. Kassel 1951, S. 7–15

Schweizer Alpen-Club (SAC), Zentralbibliothek

Walder, E[rnst]: Die alpine Bibliothek von Coolidge in der Zentralbibliothek des S. A. C. In: Die Alpen 4 (1928), S. 142–146

Stadtbibliothek
Sondersammlungen

Collection Usteri-Oelsner. In: Pierre Caron: Manuel pratique pour l'étude de la Révolution française. Paris 1912 [hier S. 162 und 199]

Huch, Ricarda: Die Wicksche Sammlung von Flugschriften und Zeitungsnachrichten aus dem 16. Jahrhundert in der Stadtbibliothek Zürich. Zürich 1895 (Neujahrsblatt der Stadtbibliothek Zürich 1895)

Lehrs, Max: Über einige Holzschnitte des 15. Jahrhunderts in der Stadtbibliothek Zürich. Strassburg 1906 [Einblattdrucke des 15. Jahrhunderts; Originale in ZBZ: Ms. C 101]

[Meyer, Heinrich]: Das Münzkabinett der Stadtbibliothek Zürich. 2 Hefte. Zürich 1862–1863 (Neujahrsblatt der Stadtbibliothek Zürich 1862–1863)

Stern, Alfred: La collection de journaux relatifs à la Révolution française conservée à la Bibliothèque municipale de Zurich. In: La Révolution française 21 (1891), S. 251–258

Talayrach d'Eckhardt, I.: Notice sur la collection Usteri-Oelsner. In: La Révolution francaise 51 (1906) S. 53–56

[Vögelin, Friedrich Salomon]: Die ehemalige Kunstkammer auf der Stadtbibliothek zu Zürich. 2 Hefte. Zürich 1872–1873 (Neujahrsblatt der Stadtbibliothek Zürich 1872–1873)

[Vögelin, Anton Salomon]: Die Sammlung von Bildnissen Zürcherischer Gelehrter, Künstler und Staatsmänner auf der Stadtbibliothek in Zürich. 2 Hefte. Zürich 1875–1876 (Neujahrsblatt der Stadtbibliothek Zürich 1875–1876)

Ausstellungen

Zwingli-Ausstellung, veranstaltet von der Stadtbibliothek Zürich in Verbindung mit dem Staatsarchiv und der Kantonsbibliothek [...] 1884. Ausstellungskatalog. [Zürich 1884] [ZBZ: Arch St 106. 1]

Katalog der Gottfried-Keller-Ausstellung in der Stadtbibliothek Zürich. 1. und 2. Aufl. Zürich 1893 [ZBZ: Arch St 106. 2]

Katalog der Sehenswürdigkeiten der Stadtbibliothek in Zürich. Zürich [1893] [ZBZ: Arch St 106. 4]

Ausstellung von Bildern zur baulichen Entwicklung von Zürich. Zürich 1895 [ZBZ: Arch St 106. 3]

Lavater-Ausstellung. Zum Gedächtnis von Johann Caspar Lavater (1741–1801) veranstaltet von der Stadtbibliothek Zürich im Commissionssaale des Stadthauses [...] 1901. Zürich 1901 [ZBZ: Arch St 106. 5]

[Gagliardi, Ernst]: Ausstellung von Chroniken und verwandten Quellen zur Geschichte Zürichs und der Schweiz. Veranstaltet zur Jahres-Versammlung der Allgemeinen Geschichtforschenden Gesellschaft [...] 1911. Zürich [1911] [ZBZ: Arch St 106. 6]

[Zemp, Josef]: Ausstellung zum Gedächtnis von Prof. Johann Rudolf Rahn. Zürich 1912 [ZBZ: Arch St 106. 7]

Historische Ausstellung über die Zeit von 1798–1815, veranstaltet von der Stadtbibliothek Zürich in der Helmhaushalle [...] 1914. Zürich 1914 [ZBZ: Arch St 106. 8]

Zentralbibliothek

Alte Bibliothekszeichen

Wegmann, [Agnes]: Schweizer Exlibris bis zum Jahre 1901. Zürich 1933–1937

[darin ohne Exemplarnachweis: Nr. 5880–5992: Rheinau, Benediktinerabtei; Nr. 8015–8016: Zürich, Alumneum, Bibliothek der Zöglinge; Nr. 8017–8025: Zürich, Antiquarische Gesellschaft; Nr. 8035: Zürich, Juristische Bibliothek; Nr. 8036–8037: Zürich, Kantonsbibliothek; Nr. 8044–8045: Zürich, Medicinische Bibliothek; Nr. 8049–8054: Zürich, Militärbibliothek; Nr. 8062–8069: Zürich, Naturforschende Gesellschaft; Nr. 8079–8080: Zürich, Physikalische Gesellschaft; Nr. 8097–8130: Zürich, Stadtbibliothek; Nr. 8131: Zürich, Stiftsbibliothek]

Sonderbestände

Albers-Schönberg, Heinz; Homburger, Charlotte; Reiser, Hans: Die Geschichte des Verlages Schulthess. Die ersten 120 Jahre. Zürich 1991

[Anonym]: Die Jahresversammlung des Vereins Schweizerischer Gymnasiallehrer. In: Neue Zürcher Zeitung, 9. Oktober 1917 [mit Beschluss zur Übereignung von Lehrmitteln an die ZBZ]

[Anonym]: Eine Americana-Bibliothek für die Schweiz. In: Neue Zürcher Zeitung, 31. Dezember 1919 [zum Bestand Carn]

[Anonym]: Zentralbibliothek Zürich. In: Neue Zürcher Zeitung, 1. Juni 1920 [zur Übernahme der Kantonalen Militärbibliothek]

[Anonym]: Zürcherische Bibliotheken. In: Neue Zürcher Zeitung, 12. Oktober 1924 [betrifft die von der ZBZ redigierten gemeinsamen Zuwachsverzeichnisse]

[Anonym]: Schenkung von 700 Kirchengesangbüchern. In: Neue Zürcher Zeitung, 13. Juni 2003, S. 45 [Sammlung von Markus Jenny]

Bächtold, Hans Ulrich: Ulrich von Hutten und Zürich. Eine Nachlese zum Hutten-Jahr 1988. In: Zwingliana 18 (1989/1991), S. 12–19

Bankowski, Monika: Schneehasen, Livengräber und Dainas. Ältere Lettland-Literatur in der Zentralbibliothek Zürich. In: Librarium 46 (2003), S. 78–114

Bankowski, Monika: Slavica legebantur! Der historische Buchbestand der Zentralbibliothek Zürich. In: ABDOS-Mitteilungen 28/2 (2008), S. 1–10

Baurmeister, Ursula: Einblattkalender aus der Offizin Froschauer in Zürich. Versuch einer Übersicht. In: Gutenberg-Jahrbuch 50 (1975), S. 122–135

Bircher, Martin: Zesen und Zürich. In: D. H. Green, L. P. Johnson, Dieter Wuttke (Hrsg.): From Wolfram and Petrarch to Goethe and Grass. Studies in honour of Leonard Forster. Baden-Baden 1982, S. 501–509

Birrer, Emil: Schätze aus der Zentralbibliothek. In: Du. Schweizerische Monatsschrift 16 (1956), S. 34–46

Bogel, Else: Schweizer Zeitungen des 17. Jahrhunderts. Beiträge zur frühen Pressegeschichte von Zürich, Basel, Bern, Schaffhausen, St. Gallen und Solothurn. Bremen 1973

Bond, William H.: Thomas Hollis of Lincoln's Inn. A Whig and his books. Cambridge 1990

Bürger, Thomas: Die Verlagsbuchhandlung Orell, Gessner, Füssli & Comp. in der zweiten Hälfte des 18. Jahrhunderts. Mit einer Bibliographie der Verlagswerke 1761–1798. In: Archiv für die Geschichte des Buchwesens 48 (1997), S. 1–278

Burckhardt, Felix: Revolutionäres Schrifttum. In: Neue Zürcher Zeitung, 1. November 1932 [zur Erwerbung der Sammlung von Hanns L. Katz in Frankfurt, Signatur: Revol]

Burckhardt, Felix: Zentralbibliothek Zürich. In: Neue Zürcher Zeitung, 29. August 1938, Bl. 2 [zu den Schenkungen der Bibliotheken von Prof. Fritz Fleiner und Prof. Bernhard]

Cattani, Alfred; Weber, Bruno: Zentralbibliothek Zürich. Schatzkammer der Überlieferung. Zürich 1989

Cattani, Alfred; Haag, Hans Jakob: Zentralbibliothek Zürich. Schätze aus vierzehn Jahrhunderten. Zürich 1991

Cattani, Alfred; Kotrba, Michael; Rutz, Agnes: Zentralbibliothek Zürich. Alte und neue Schätze. Zürich 1993

Cattani, Alfred (Hrsg.): Zentralbibliothek Zürich. Lust zu schauen und zu lesen. Zürich 1994

Chaubard, A.-H.: A propos des œuvres de Mr de Voltaire vendues à Zurich chez Heidegger et Cie, dans la première moitié, du 18e siècle. In: Librarium 9 (1966), S. 21–28

Collection Usteri-Oelsner. In: Pierre Caron: Manuel pratique pour l'étude de la Révolution française. Nouvelle édition mise à jour. Paris 1947, S. 191f. und 218

Conrad Gessner 1516–1565, Universalgelehrter, Naturforscher, Arzt. Mit Beiträgen von Hans

Fischer, Georges Petit, Joachim Staedtke, Rudolf Steiger, Heinrich Zoller. Zürich 1967

Derksen, Heinrich: Brunnen- und Bäderschriftensammlung aus den Jahren 1501–1901 der ehemaligen Medizinisch-chirurgischen Lesegesellschaft in Zürich jetzt für die Öffentlichkeit zugänglich. In: Der Mineralbrunnen 30 (1980), S. 226–244

Fehr, Hans: Massenkunst im 16. Jh. Flugblätter aus der Sammlung Wickiana. Berlin 1924

Forrer, Ludwig: Orientalische Bestände der Zentralbibliothek Zürich. In: Nachrichten der Vereinigung Schweizerischer Bibliothekare 24 (1948), S. 79–86

Franz-Klauser, Olivia: Ein Leben zwischen Judentum und Christentum: Moritz Heidenheim (1824–1898). Zürich 2008

Hellmann, G[ustav]: Die Meteorologie in den deutschen Flugschriften des 16. Jhs. Ein Beitrag zur Geschichte der Meteorologie. Berlin 1921

Himmighöfer, Traudel: Die Zürcher Bibel bis zum Tode Zwinglis (1531). Darstellung und Bibliographie. Mainz 1995 [mit Bibliographie der Bibelausgaben des 16. Jhs]

Kaiser, Bruno: Die Schicksale der Bibliothek Georg Herweghs. Liestal 1945 [Separatum aus: Nachrichten der Vereinigung schweizerischer Bibliothekare 20 (1944) und 21 (1945)]

Köhler, Walther: Huldrych Zwinglis Bibliothek. Zürich 1921 (84. Neujahrsblatt zum Besten des Waisenhauses in Zürich für 1921)

Köhler, Walther: Aus Zwinglis Bibliothek. Randglossen Zwinglis zu seinen Büchern. In: Zeitschrift für Kirchengeschichte 40 (1921), S. 41–73; 42 (1923), S. 49–76; 45 (1927), S. 243–276

Labhardt, Ricco: Die Sammlung Usteri auf der Zürcher Zentralbibliothek. In: Schweizerisches Gutenbergmuseum 30 (1944), S. 90–93

Ledermann-Weibel, Ruth: Zürcher Hochzeitsgedichte im 17. Jahrhundert. Untersuchungen zur barocken Gelegenheitsdichtung. Zürich 1984

Leu, Urs B.: Die Privatbibliothek Rudolph Gwalthers. In: Librarium 39 (1996), S. 96–108

Leu, Urs B.: Johann Caspar von Orellis Privatbibliothek. In: Michele C. Ferrari (Hrsg.): Gegen Unwissenheit und Finsternis. Johann Caspar von Orelli (1787–1849) und die Kultur seiner Zeit. Zürich 2000, S. 293–314

Leu, Urs B.: Die Privatbibliothek von Johannes Fries (1505–1565). In: Martin H. Graf, Christian Moser (Hrsg.): Strenarum lanx. Beiträge zur Philologie und Geschichte des Mittelalters und der Frühen Neuzeit. Festgabe für Peter Stotz zum 40-jährigen Jubiläum des Mittellateinischen Seminars der Universität Zürich. Zug 2003, S. 311–329

Leu, Urs B.; Weidmann, Sandra: Heinrich Bullingers Privatbibliothek. Heinrich Bullinger Werke. Erste Abteilung: Bibliographie. Bd 3. Zürich 2004

Leu, Urs B.: Die Zürcher Buch- und Lesekultur 1520–1575. In: Emidio Campi (Hrsg.): Heinrich Bullinger und seine Zeit. Eine Vorlesungsreihe. Zürich 2004, S. 61–90

Leu, Urs B.: Die Froschauer-Bibeln und die Täufer – Die Geschichte einer Jahrhunderte alten Freundschaft. The Froschauer Bibles and the Anabaptists – The History of an Old Friendship. Herborn 2005

Leu, Urs B.; Keller, Raffael; Weidmann, Sandra: Conrad Gessner's Private Library. Leiden 2008

Leu, Urs B.: Johann Jakob Bodmers Privatbibliothek. In: Anett Lütteken, Barbara Mahlmann-Bauer (Hrsg.): Bodmer und Breitinger im Netzwerk der europäischen Aufklärung. Göttingen 2009, S. 831–844

Leu, Urs B.: The Hollis-Collections in Switzerland. An Attempt to Disseminate Political and Religious Freedom through Books in the 18th Century. In: Zwingliana 38 (2011), S. 153–173

Liebing, Arnulf: Bibliothek Manuel Saitzew Zürich. Katalog 64: Wirtschafts- und Sozialwissenschaften des wissenschaftlichen Antiquariats und Hochschulbuchhandlung Arnulf Liebing OHG. Würzburg [1953] [enthält den Anteil der Bücher, den die Zentralbibliothek nicht übernommen hat]

Major, Emil: Holz- und Metallschnitte aus öffentlichen und privaten Sammlungen in Aarau, Basel, Romont, St. Gallen und Zürich. Strassburg 1918 [Einblattdrucke des 15. Jhs]

Michalak, Anita: Russkaja biblioteka v Cjuriche 1927–2003. In: Istorija bibliotek. Issledovanija, materialy, dokumenty, S.-Peterburg, vyp. 6, 2006, S. 301–306

Meier, Michael: Ein Hort des literarischen Geheimwissens. In: Tages-Anzeiger 45, 23. Februar 2002, S. 48 [zur Esoterik-Bibliothek Oskar Schlag]

Meyer, Rudolf: Die Flugschriften der Epoche Ludwigs XIV. Eine Untersuchung der in schweizerischen Bibliotheken enthaltenen Broschüren (1661–1679). Basel 1955

Niehans, Jürg: Die Bibliothek von Manuel Saitzew. In: Neue Zürcher Zeitung, 13. Juni 1952, Bl. 6

Pirożyński, Jan: Kilka nieznanych lub mało znanych batorianów ze zbiorow Centralnij Biblioteka w Zurychu. In: Roczniki Biblioteczne 37 (1993), S. 83–103 [über einige Flugschriften König Stephan IV. von Polen betreffend]

Pirożyński, Jan: Z dziejów obiegu informacji w Europie XVI wieku : nowiny z Polski w kolekcji Jana Jakuba Wicka w Zurychu z lat 1560-1587. – Kraków 1995, 361 S.

(Aus der Geschichte des Nachrichtenverkehrs im Europa des 16. Jhs.: Neuigkeiten aus Polen [-Litauen] in der Sammlung Johann Jakob Wicks in Zürich aus den Jahren 1560-1587)

Racine, André Jean: Jos Murer. Ein Zürcher Dramatiker des 16. Jhs. Im Anhang: Jos Murers *Der jungen Mannen Spiegel* (nach dem Originaldruck von 1560). Zürich 1973

Schiedt, Hans Ulrich: Karl Bürkli und die sogenannte sozialistische Bewegung der 1850er Jahre, mit besonderer Berücksichtigung seiner Schriften. Lizentiatsarbeit der Philosophischen Fakultät I der Universität Zürich. Zürich 1988 [S. 102-127: Karl Bürklis Bibliothek, von der Zentralbibliothek als Geschenk am 12. August 1924 registriert, mit Exemplarnachweis für die Zentralbibliothek Zürich; ZBZ: Lic. phil. I 88/327]

Schihin, Oliver: Die orientalische Bibliothek des Zürchers Friedrich Bürkli (1818-1896) in der Zentralbibliothek Zürich. In: Zürcher Taschenbuch, N. F. 131 (2011), S. 227-267

Schindler, Alfred: Zwinglis Randbemerkungen in den Büchern seiner Bibliothek. Ein Zwischenbericht über editorische Probleme. In: Zwingliana 17 (1986/1988), S. 477-496, und 18 (1989/1991), S. 1-11

Schmutz, Hans-Konrad: Schokolade und Messzirkel. Zur Steuerung rassenhygienischer Forschungsprojekte an der Universität Zürich in den zwanziger und dreissiger Jahren. In: Verhandlungen zur Geschichte und Theorie der Biologie 7 (2001), S. 305-317

Schreiber, W[ilhelm] L[udwig]: Holz- und Metallschnitte aus dem Kunsthaus, der Zentralbibliothek und der Eidgenössischen Technischen Hochschule in Zürich. Strassburg 1928 [Einblattdrucke des 15. Jhs]

Shakespeare und die Stadtbibliothek in Zürich. Zum 23. April 1616. In: Neue Zürcher Zeitung, 23. April 1916

Sommer, Horst: Die altdeutschen und alttschechischen Zeitungen über König Sebastians Tod bei Alcazar-Quebir (5. August 1578). In: Libri 16 (1966), S. 175-193

Sonderegger, Albert: Missgeburten und Wundergestalten in Einblattdrucken und Handzeichnungen des 16. Jhs. Aus der Wickiana der Zürcher Zentralbibliothek. Zürich 1927

Spiess-Schaad, Hermann: David Herrliberger. Zürcher Kupferstecher und Verleger 1697-1777. Zürich 1983

Spörri, Max: Die Fremdenkontrolle im alten Zürich. Das Nachtschreiberamt. In: Zürcher Taschenbuch N. F. 66 (1946), S. 77-82

Steiger, Rudolf: Erschliessung des Conrad-Gessner-Materials in der Zentralbibliothek Zürich. In: Gesnerus 25 (1968), S. 29-64

Stopp, Klaus: Zürcher Handwerkskundschaften. Faksimile-Wiedergaben von 16 alten Gesellenbriefen aus Zürich. Männedorf-Zürich 1978

Talib-Benz, Ursula: Schweizerische Pestschriften aus der Zentralbibliothek Zürich in deutscher & französischer Sprache vor 1700 gedruckt. Zürich 1984

Vollenweider, Alice: An den Quellen der Kochkunst. Seltene Kochbücher in der Zürcher Zentralbibliothek. In: Neue Zürcher Zeitung, 5./6. Februar 1977, S. 65-67

Weber, Bruno: Erschröckliche und warhafftige Wunderzeichen 1543-1586. Einblattdrucke aus der Sammlung Wikiana in der Zentralbibliothek Zürich. Dietikon-Zürich 1971/72

Weber, Bruno: Wunderzeichen und Winkeldrucker 1543-1586. Einblattdrucke aus der Sammlung Wikiana in der Zentralbibliothek Zürich. Dietikon-Zürich 1972

Weber, Bruno: »Die Welt begeret allezeit Wunder«. Versuch einer Bibliographie der Einblattdrucke von Bernhard Jobin in Strassburg. In: Gutenberg-Jahrbuch 51 (1976), S. 270-290

Weber-Steiner, Regula: Glückwünschende Ruhm- und Ehrengedichte. Casualcarmina zu Zürcher Bürgermeisterwahlen des 17. Jahrhunderts. Bern 2006

Wehrli-Jons, Martina: Mariengebete in Zürcher Frühdrucken der Offizin Hans Rüegger. In: Martin H. Graf; Christian Moser (Hrsg.): Strenarum lanx [...] Festgabe für Peter Stotz zum 40-jährigen Bestehen des Mittellateinischen Seminars der Universität Zürich. Zug 2003, S. 209-233

Werner, Jakob: Zwinglis Bibliothek. In: Neue Zürcher Zeitung, 24. Februar 1921 (Nr. 287 und 293)

Wissler, Elisabeth: Zur Geschichte der Neujahrsblätter der Stadtbibliothek Zürich. Die Sammlung der archivalischen Quellen und ihre Auswertung. Zürich 1955 [mschr., Diplomarbeit; ZBZ: Ms. Z I 395]

[Witz, Friedrich]: Der Rascher Verlag Zürich. Ein Rückblick. Zürich 1971

W. K.: Die romanischen Bibliotheken. In: Bündner Tagblatt, 4. September 1928 [mit Hinweis auf wertvolle Bestände in der ZBZ]

Wunderli, Alexander: Marksteine aus der Geschichte der Zürcherbibel. Eine Zusammenstellung der wichtigsten Zürcherbibeln aus der Sammlung der Zentralbibliothek Zürich. 2. Aufl. Erlenbach, Winterthur 1984

Zäch, Alfred: C. F. Meyers Bibliothek. In: Neue Zürcher Zeitung, 28. Oktober 1956, Bl. 4, und in: Stultifera navis 14 (1957), S. 96f.

Zentralbibliothek Zürich. Amerika-Bibliothek, dem Schweizervolk gewidmet von der Carnegie Friedens-Stiftung (Sitz in New York). Zürich [1920] [Benutzungsordnung mit Schlagwortverzeichnis; ZBZ: Arch Z 711]

Zentralbibliothek Zürich. In: Neue Zürcher Zeitung, 25. Mai 1946, Bl. 4 [zu den von der Gesellschaft von Freunden der Zentralbibliothek erworbenen französischen illustrierten Büchern des 19. Jhs der Sammlung von Dr. Ludwig Wille]

Zimmermann, Werner G.: »In meinem lieben Zürich aufbewahrt ... zum Nutzen der Studierenden oder seien es auch nur Kuriosen.« Das Büchergeschenk Ulrico Hoeplis von 1933. In: Joseph Jung (Hrsg.): Ulrico Hoepli 1847–1935. Buchhändler, Verleger, Antiquar, Mäzen. Zürich 1997, S. 133–145

Verarbeitung von Sonderbeständen

Aliverti, Christian: Huldrych Zwinglis Bibliothek in der Zentralbibliothek Zürich. Ein Katalog. Arbeitsbericht. Zürich 1993 [vervielfältigte Diplomarbeit]

Beer, Maya: Die Missionssammlung der Zentralbibliothek Zürich. Geschichte und Neukatalogisierung. Einführung und Arbeitsbericht. Zürich 1995 [vervielfältigte Diplomarbeit]

Bossart, Marianne: Katalogisierung der Karten Deutschlands vor 1800 in der Zentralbibliothek Zürich aufgrund vereinfachter VSB-Regeln. Einführung und Arbeitsbericht. Zürich 1987 [vervielfältigte Diplomarbeit]

Caduff, Claudio: Katalogisierung der Bäderschriften der ehemaligen Medizinisch-chirurgischen Lesegesellschaft Zürich in der Zentralbibliothek. Einführung und Arbeitsbericht. Zürich 1977 [vervielfältigte Diplomarbeit]

Casagrande, Roberto: Berichtsliteratur in der Zentralbibliothek Zürich. Neuerfassung der laufenden Periodika innerhalb der Signaturengruppe LK. Einführung und Arbeitsbericht. Zürich 1986 [vervielfältigte Diplomarbeit mit Bestandsgeschichte und Hinweis auf zürcherische Ereignisdossiers wie »Straussenhandel 1839«, »Tonhallekrawall 1871«, »Gordon Bennett Ballonwettfliegen 1909«, »Kaiserbesuch 1912«]

Dalessi, Cristina: La collection Usteri à la Zentralbibliothek Zürich. Inventaire de brochures, pamphlets et journaux de l'époque de la Révolution française. 2 vols. Zurich 1987 [vervielfältigte Diplomarbeit mit Konkordanz (für die Broschüren) der Standortsignaturen zu den Nummern der einschlägigen Verzeichnisse von A. Martin/G. Walter bzw. M. Tourneux]

Demuth, Silvia; Häusler, Ursula: Katalog der Bibliothek Conrad Ferdinand Meyer im Ortsmuseum Kilchberg (Bestand der Zentralbibliothek Zürich). Arbeitsbericht. Zürich 1986 [vervielfältigte Diplomarbeit mit Kurztitelübersicht sowie Verzeichnissen der Donatoren und der Besitzereinträge]

Ducret, Rosmarie: Vorarbeiten zu einem Katalog der Zürcher Bucheinbände des 16. Jhs. Zürich 1957 [vervielfältigte Diplomarbeit]

Germann, Thomas: Die Katalogisierung von Panoramen. Regeln zur Katalogisierung von Panoramen in der Zentralbibliothek Zürich und Bibliographie der Panoramen Heinrich Kellers des Älteren (1778–1862) und des Jüngeren (1829–1911). Zürich 1979 [vervielfältigte Diplomarbeit]

Kauffmann, Daniel: Ordnung und Erschliessung der Konzertprogramme der Zentralbibliothek Zürich. Überlegungen zu einem Erschliessungsmodell. Zürich 1985 [vervielfältigte Diplomarbeit]

Lather, Cornelia: Einblattdrucke aus der Sammlung Wickiana (Zentralbibliothek Zürich). Katalogisierung und Registerapparat. Arbeitsbericht. Zürich 1979 [vervielfältigte Diplomarbeit]

Lilljeqvist, Sabina: Berichtsliteratur in der Zentralbibliothek Zürich. Neuerfassung der abgeschlossenen Periodika und Monographien innerhalb der Signaturengruppe LK der Zentralbibliothek Zürich. Zürich 1989 [vervielfältigte Diplomarbeit]

Manz, Gisela: Katalogisierung der Bäderschriften der ehemaligen Medizinisch-chirurgischen Lesegesellschaft in Zürich in der Zentralbibliothek Zürich. Arbeitsbericht. Zürich 1980 [vervielfältigte Diplomarbeit mit alphabetischem und geographischem Register zum Gesamtbestand]

Meier, Karin: Neuordnung des Helvetica-Praesenzbestandes (LS H, Praes H) der Zentralbibliothek Zürich. Arbeitsbericht. Zürich 1983 [vervielfältigte Diplomarbeit]

Nietlispach, Urs: Katalogisierung der Bäderschriften der ehemaligen Medizinisch-chirurgischen Lesegesellschaft Zürich in der Zentralbibliothek Zürich. Arbeitsbericht. Zürich 1978 [vervielfältigte Diplomarbeit]

Roten, Marie-Gabrielle von: Catalogage de la collection de livres d'enfants et de livres d'images du Pestalozzianum déposée à la Zentralbibliothek à Zurich. Genève 1970 [vervielfältigte Diplomarbeit]

Schmidt, Regula: Arbeitsbericht zur Katalogisierung von in der Zentralbibliothek Zürich deponierten Bilder- und Jugendbüchern aus dem »Pestalozzianum« Zürich. Zürich 1976 [vervielfältigte Diplomarbeit]

Skvor, Ivana: Verzeichnis der Porträts in den deutschen und französischen Grossquartausgaben der Physiognomischen Fragmente von Johann Caspar Lavater. Einführung und Arbeitsbericht. Zürich 1985 [vervielfältigte Diplomarbeit mit Exemplarnachweis für die Zentralbibliothek Zürich]

Sieber, Paul: Grundsätzliche Fragen zu Katalogisierung, Aufstellung, Ausleihe von Musikalien an schweizerischen Bibliotheken nebst einer Wegleitung zur Titelaufnahme von Musikalien. In: Publikationen der Vereinigung Schweizerischer Bibliothekare 20 (1945), S. 3–26

Sotzek, Arlette: Bearbeitung der Bilder- und Jugendbücher aus dem Pestalozzianum Zürich, deponiert in der Zentralbibliothek Zürich. Einführung und Arbeitsbericht. Zürich 1977 [vervielfältigte Diplomarbeit mit statistischer Tabelle nach Sprachen und Erscheinungsjahren 1750–1960]

Steinmann, Judith: Züricher Einbände aus dem 16. Jahrhundert. In: Einbandforschung 6 (2000), S. 10–21, 7 (2000), S. 9–12, 8 (2001), S. 9–12, und 9 (2001), S. 13–16 [Standortnachweise für die ZBZ finden sich in den Dossiers der Verfasserin, die in der Sammlung alte Drucke und der Handschriftenabteilung deponiert sind]

Stöckli, Marie-Madeleine: Katalogisierung der Exlibris-Sammlung Emil Bebler. Zürich 1976 [vervielfältigte Diplomarbeit]

Vischer, Manfred: Katalog der Primärliteratur mit druckgraphischen topographischen Ansichten aus dem Kanton Zürich. Einführung und Arbeitsbericht. Zürich 1978 [vervielfältigte Diplomarbeit]

Einzelne Exemplare

[Anonym]: Eine Schenkung an die Zentralbibliothek. In: Neue Zürcher Zeitung, 17. März 1919 [zu einem von Prinz Mehmed Scheref ed-Din geschenkten Berliner Druck von Gedichten Sultan Selims I.; ZBZ: BZ 57]

[Anonym]: Zum Gottfried Keller-Zentenarium. In: Neue Zürcher Zeitung 976, 30. Juni 1919, Bl. 7 [zur Schenkung von Johanna Kapps Exemplar der 1. Fassung des Grünen Heinrich; ZBZ: GK 120 d, e]

[Anonym]: Neuenburgisches Buchdruckjubiläum. In: Neue Zürcher Zeitung, 12. November 1933 [Hinweis auf Unikate aus der Offizin Pierre de Vingle [Marcourt, Antoine: Le livre des marchands [...], 1533; ZBZ: 18.20028, Res 1330]

Bächtold, Hans Ulrich: Das Erdbeben von Ferrara 1570. Fundgrube Simmlersche Sammlung. In: Alfred Cattani, Michael Kotrba, Agnes Rutz (Hrsg.): Zentralbibliothek Zürich. Alte und neue Schätze 1993, S. 78–81, 202–204

(Bamberger Rechenbuch 1483). Faksimiledruck mit Nachwort von J[ohann] J[akob] Burckhardt. Zürich 1966

Baumeler, Ernst: Psalmanazars Beschreibung von Formosa 1705. Religiöse Streitschrift eines Hochstaplers. In: Alfred Cattani, Michael Kotrba, Agnes Rutz (Hrsg.): Zentralbibliothek Zürich. Alte und neue Schätze. Zürich 1993, S. 106–109, 222f.

Birkner, Günter: Johann Sebastian Bach, Dritter Theil der Clavier Übung 1739. Musica arithmetica et oratorica. In: Alfred Cattani, Bruno Weber (Hrsg.): Zentralbibliothek Zürich. Schatzkammer der Überlieferung. Zürich 1989, S. 92–95, 182f.

Bodmer, Jean-Pierre: Werner Steiners Pilgerführer. In: Zwingliana 12 (1964/1968), S. 69–73

Bodmer, Jean-Pierre: Werner Steiner und die Schlacht bei Marignano. In: Zwingliana 12 (1964/1968), S. 241–247

Borter, Alfred: Petrus Apianus, Astronomicum Caesareum 1540. Das geozentrische Weltbild im Aequatorium. In: Alfred Cattani, Bruno Weber (Hrsg.): Zentralbibliothek Zürich. Schatzkammer der Überlieferung. Zürich 1989, S. 50–53, 162–164

Borter, Alfred: Conrad Gessner, Historia animalium. »Uri icon ad vivum« 1554. In: Alfred Cattani, Bruno Weber (Hrsg.): Zentralbibliothek Zürich. Schatzkammer der Überlieferung. Zürich 1989, S. 54–57, 165f.

Büsser, Fritz: Theodor Biblianders Abhandlung über die Gemeinsamkeit der Sprachen 1548. Von der Sprachwissenschaft zur Einheit der Religionen. In: Alfred Cattani, Hans Jakob Haag (Hrsg.): Zentralbibliothek Zürich. Schätze aus vierzehn Jahrhunderten. Zürich 1991, S. 62–65, 170–172

Büsser, Fritz: Josias Simmlers Gedenkrede auf Petrus Martyr 1563. Vermigli in Zürich. In: Alfred Cattani, Michael Kotrba, Agnes Rutz (Hrsg.): Zentralbibliothek Zürich. Alte und neue Schätze. Zürich 1993, S. 74–77, 199–201

Burkhard, Claire: Faszinierendes Klöppeln. Nach Mustern des ältesten Klöppelbuches deutscher Sprache (1561) mit Anwendungsbeispielen für unsere Zeit, Klöppelbriefen und Erläuterungen. Faksimile des 1561 in Zürich erschienenen Nüw Modelbuch. Bern 1986

Cattani, Alfred: Kalligraphie in Rot. Gedruckt auf dem Limmatstein 1654. In: ders., Bruno Weber (Hrsg.): Zentralbibliothek Zürich. Schatzkammer der Überlieferung. Zürich 1989, S. 72–74, 173

Cattani, Alfred: Die Französische Revolution in der Zürcher Zeitung 1789. Weltpolitische Aktualität vor zweihundert Jahren. In: ders., Bruno Weber (Hrsg.): Zentralbibliothek Zürich. Schatzkammer der Überlieferung. Zürich 1989, S. 112–115, 192f.

Cattani, Alfred: Newes from most parts of Christendome. Eine englische Wochenzeitung von 1622. In: ders., Hans Jakob Haag (Hrsg.): Zentralbibliothek Zürich. Schätze aus vierzehn Jahrhunderten. Zürich 1991, S. 100–103, 188

Cattani, Alfred: Hans Erhart Tüsch, Burgundische Historie 1477. Eine Reimchronik aus der Frühzeit des Buchdrucks. In: ders., Michael Kotrba, Agnes Rutz (Hrsg.): Zentralbibliothek Zürich. Alte und neue Schätze. Zürich 1993, S. 34–37, 164–166

Collijn, Isak: Ett nyfundet exemplar av det L. Rosenthalska Missale Speciale. In: Nordisk tidskrift för bok- och biblioteksväsen 12 (1925), S. 189–204

Collijn, Isaak: Ein neuaufgefundenes Exemplar des L. Rosenthalschen Missale speciale. In: Gutenberg-Jahrbuch (1926), S. 32–46

Droz, Eugénie: Johann Baptist Fickler, traducteur de DuPuyherbault. In: Revue d'histoire et de philosophie religieuses 47 (1967), S. 49–57

Ein Fund auf der Zürcher Zentralbibliothek. In: Neue Zürcher Zeitung, 10. Juli 1931, Bl. 9 [Erstdruck des Bovo-Buches von Elia Levita, Isny, 1541]

Fierz, Markus: Johann Jacob Scheuchzer, Physica sacra 1731–1735. Bibelkommentar eines Naturforschers. In: Alfred Cattani, Hans Jakob Haag (Hrsg.): Zentralbibliothek Zürich. Schätze aus vierzehn Jahrhunderten. Zürich 1991, S. 108–111, 192

Friedrich, Rudolf: Das »Missale Constantiense«. In: Neue Zürcher Zeitung, 18. Juli 1945, Bl. 2 [zum Druck von Petrus Kollicker 1485; ZBZ: Ra 23 & a]

Gantenbein, Urs Leo u. a. (Hrsg.): Der Komet im Hochgebirge von 1531. Ein Himmelszeichen aus St. Gallen für Zwingli. Zürich 2006 [ZBZ: 18.28014]

Germann, Martin: Ein Messbuch um 1473/74. Rätsel aus der Frühzeit des Buchdrucks. In: Alfred Cattani, Bruno Weber (Hrsg.): Zentralbibliothek Zürich. Schatzkammer der Überlieferung. Zürich 1989, S. 34–37, 154f.

Germann, Martin: Fundort Bucheinband. In: Arbido Bulletin 5 (1990) Heft 3, S. 22–24

Germann, Martin: Der Mammotrectus aus Beromünster 1470. Erster datierter Schweizer Druck. In: Alfred Cattani, Hans Jakob Haag (Hrsg.): Zentralbibliothek Zürich. Schätze aus vierzehn Jahrhunderten. Zürich 1991, S. 30–33, 154f.

Germann, Martin: Zürcher Kalender-Einblattdruck 1481. Fundort Bucheinband. In: Alfred Cattani, Hans Jakob Haag (Hrsg.): Zentralbibliothek Zürich. Schätze aus vierzehn Jahrhunderten. Zürich 1991, S. 42–45, 161f.

Germann, Martin: Fundort Bucheinband. Ein Zürcher Kalender auf das Jahr 1482. Einblattdruck-Unikat in der Zentralbibliothek Zürich. In: Librarium 35 (1992), S. 165–175

Germann, Martin: Fundort Bucheinband. Ein Zürcher Kalender auf das Jahr 1482. Mit einem Überblick über die Zürcher Offizin und ihre Drucke 1479 bis um 1481. In: Gutenberg-Jahrbuch 68 (1993), S. 66–87

Germann, Martin: Neufund eines Exemplars von Gutenbergs 31zeiligem Ablassbrief von 1454/1455 (GW 6556) in der Zentralbibliothek Zürich. Bericht zum Fund und Überblick über den Stand der Kenntnisse der Druckgeschichte. In: Gutenberg-Jahrbuch 70 (1995), S. 51–56

Gnädinger, Louise: Paracelsus, Prognostication 1536. Zukunftsdeutung aus magischen Figuren. In: Alfred Cattani, Hans Jakob Haag (Hrsg.): Zentralbibliothek Zürich. Schätze aus vierzehn Jahrhunderten. Zürich 1991, S. 58–61, 168f.

Gnädinger, Louise: Catharina Regina von Greiffenberg, Geistliche Sonette, Lieder und Gedichte 1662. Das Frühwerk der Barockdichterin. In: Alfred Cattani, Michael Kotrba, Agnes Rutz (Hrsg.): Zentralbibliothek Zürich. Alte und neue Schätze. Zürich 1993, S. 90–93, 211–215

Haag, Hans Jakob: John Eliots Bibel für die Massachuset 1663. Mamusse wunneetupanatamwe Up-Biblum God. In: Alfred Cattani, Bruno Weber (Hrsg.): Zentralbibliothek Zürich. Schatzkammer der Überlieferung. Zürich 1989, S. 80–83, 175f.

Haag, Hans Jakob: Hebräische Karte des Heiligen Landes um 1560. Israels Auszug aus Ägypten in der Sicht Raschis. In: Alfred Cattani, Hans Jakob Haag (Hrsg.): Zentralbibliothek Zürich. Schätze aus vierzehn Jahrhunderten. Zürich 1991, S. 66–71, 173f.

Haag, Hans Jakob: Elia Levita, Bovo Buch 1541. Ein anglonormannisches Heldenepos in jiddischen Versen. In: Alfred Cattani, Michael Kotrba, Agnes Rutz, (Hrsg.): Zentralbibliothek Zürich. Alte und neue Schätze. Zürich 1993, S. 54–57, 185

Heusinger, Christian von: Ein unbeschriebener Teigdruck in der Zentralbibliothek Zürich. In: Zeitschrift für schweizerische Archäologie und Kunstgeschichte 15 (1954/55), S. 239–243

Hirsch, Rudolf: Two Meisterlieder on the art of writing (and printing): Daniel Holzman and Georg Miller. In: Gutenberg-Jahrbuch 1958, S. 178–182

Höhener, Hans-Peter: Die Schlacht von Sissek 1593. Eine Episode aus dem Türkenkrieg. In: Alfred Cattani, Hans Jakob Haag (Hrsg.): Zentralbibliothek Zürich. Schätze aus vierzehn Jahrhunderten. Zürich 1991, S. 83–87, 179

Joffe, Judah A. (Hrsg.): Elia Bachur's poetical works in 3 volumes. I: Reproduction of Bovobuch, first edition 1541. New York 1949

Koelbing, Huldrych M. F.: Andreas Vesal, Vom Bau des menschlichen Körpers 1543. Die neue Anatomie. In: Alfred Cattani, Michael Kotrba, Agnes Rutz (Hrsg.): Zentralbibliothek Zürich. Alte und neue Schätze. Zürich 1993, S. 58–61, 186–188

Kotrba, Michael: Malermis italienische Bibel 1471. Unbekanntes Werk ferraresischer Buchmalerei in Venedig. In: Alfred Cattani, Bruno Weber (Hrsg.): Zentralbibliothek Zürich. Schatzkammer der Überlieferung. Zürich 1989, S. 30–33, 152f.

Kotrba, Michael: Canticum Canticorum um 1465. Typologische Interpretation des Hohenlieds in einem niederländischen Blockbuch. In: Alfred Cattani, Michael Kotrba, Agnes Rutz (Hrsg.): Zentralbibliothek Zürich. Alte und neue Schätze. Zürich 1993, S. 26–29, 156–158

Leu, Urs B.: Conrad Gessner, Bibliotheca Universalis 1545. Das Handexemplar des »Vaters der Bibliographie«. In: Alfred Cattani, Michael Kotrba, Agnes Rutz (Hrsg.): Zentralbibliothek Zürich. Alte und neue Schätze. Zürich 1993, S. 62–65, 189–192

Leu Urs B.: Die Giraffe von Melchior Lorichs 1559. Von Konstantinopel über Nürnberg und Zürich nach Peking. In: Alfred Cattani, Michael Kotrba, Agnes Rutz (Hrsg.): Zentralbibliothek Zürich. Alte und neue Schätze. Zürich 1993, S. 70–73, 195–198

Leu, Urs B.: Marginalien Konrad Gessners als historische Quelle, in: Gesnerus 50 (1993), S. 27–47

Leu, Urs B.: Originalien aus Conrad Gessners erdwissenschaftlicher Sammlung. In: Bernd Ernsting: Georgius Agricola, Bergwelten 1494–1994. Essen 1994, S. 263f.

Leu, Urs B.: Die Widmungsexemplare von Heinrich Bullingers »Der Widertoeufferen ursprung ...« von 1560. In: Zwingliana 28 (2001), S. 119–164

Leu, Urs B.: Der Zürcher Bibeldruck im 16. und 17. Jahrhundert. In: Jeanette Derrer-Röthlisberger (Hrsg.): Barbara Schaufelberger. Unternehmerin, Bürgersfrau. 1645 bis 1718. Zürich 2006 (Neujahrsblatt der Gesellschaft zu Fraumünster auf das Jahr 2007, Erstes Stück), S. 7–11

Leu, Urs B.: Zwingli liest Erasmus. In: Christine Christ-von Wedel, Urs B. Leu (Hrsg.): Erasmus in Zürich. Eine verschwiegene Autorität. Zürich 2007, S. 167–175 und 396–398

Leu, Urs B.: Textbooks and their Uses. An Insight into the Teaching of Geography in 16th Century Zurich. In: Emidio Campi, Simone De Angelis, Anja-Silvia Goeing, Anthony T. Grafton (Hrsg.): Scholarly Knowledge: Textbooks in Early Modern Europe. Genf 2008, S. 229–248

[Levin-Dorsch, Eugen]: Salomon Gessner hebräisch. Ein Fund auf der Zürcher Zentralbibliothek. In: Jüdische Pressezentrale Zürich und Jüdisches Familienblatt für die Schweiz 17 (1934) [Nr. 800], 22. Juni 1934, S. 1–3

Mathys, Roland: Hans Jakob Zur Eich, Africanische Reisebeschreibung 1677. Aus dem neunjährigen Aufenthalt an der Goldküste. In: Alfred Cattani, Michael Kotrba, Agnes Rutz (Hrsg.): Zentralbibliothek Zürich. Alte und neue Schätze. Zürich 1993, S. 94–97, 216f.

Meier, Pirmin: Paracelsus, Halleys Komet und Zwinglis Untergang. Hohenheims prophetisches Engagement vor dem Zweiten Kappeler Krieg. In: Neue Zürcher Zeitung, 1./2. Dezember 1984, S. 69f. [ZBZ: 18.28014]

Meyer, Wilhelm Josef: Ein seltenes, unbekanntes Zürcher Exemplar der Burgundischen Legende, Strassburg 1477. In: Der Schweizer Sammler 3 (1929), S. 129–133

Mörgeli, Christoph: Guy de Chauliac, Chyrurgia 1498. Höhepunkt und Abschluss mittelalterlicher Chirurgie. In: Alfred Cattani, Hans Jakob Haag (Hrsg.): Zentralbibliothek Zürich. Schätze aus vierzehn Jahrhunderten. Zürich 1991, S. 46–49, 163

Moser, Christian; Vitali, David: Der Zürcher Ablasstraktat des Albert von Weissenstein (1480). In: Zeitschrift für schweizerische Kirchengeschichte 95 (2001), S. 49–109 [ZBZ: 2.62a3]

Peter-de Vallier, Otto: Die Musik in Johann Fischarts Dichtungen. In: Archiv für Musikwissenschaft 18 (1961), S. 206–222

Peter, Rodolphe: Jean Calvin avocat du comte Guillaume de Furstenberg. Eléments d'un dossier. In: Revue d'histoire et de philosophie religieuses 51 (1971), S. 63–78

Peter, Rodolphe: Notes de bibliographie calvinienne. A propos de deux ouvrages récents. In: Revue d'histoire et de philosophie religieuses 51 (1971) S. 79–87

Pizzo, P.: Ugo Foscolo. Zum 100. Todestag. In: Neue Zürcher Zeitung, 11. September 1927, 12. September 1927, 13. September 1927 [mit Hinweisen auf Widmungsexemplare in der ZBZ]

Scherrer-Bylund, Paul: Konrad Gessners verschollenes Handexemplar der Bibliotheca universalis wieder aufgefunden. In: Librarium 10 (1967), S. 59–61

Schönherr, Alfons: Missale speciale. Ein Zeugnis früher Buchkunst aus dem 15. Jahrhundert. Faksimiledruck von 13 ausgewählten Seiten. Zürich 1970

Schwerz, Franz: Vom Aussehen des Bruder Klaus nach Schädelform und Bildnis. In: Alte und Neue Welt (1943), S. 259–263

Solar, Gustav: Leonhard Thurneyssers Astrolabium 1575. Wunderwerk papierener Mechanik. In: Alfred Cattani, Hans Jakob Haag (Hrsg.): Zentralbibliothek Zürich. Schätze aus vierzehn Jahrhunderten. Zürich 1991, S. 80–82, 178

Staedtke, Joachim: Ein neuentdecktes Schulbuch Heinrich Bullingers. In: Zwingliana 11 (1959/1963), S. 389–394

Ten Doornkaat Koolman, Jacobus: The first edition of Dirk Philips' Enchiridion. In: Mennonite quarterly review 38 (1964), S. 357–360

Walton, Chris: Die Synopsis Isagoges Musicae von Johannes Fries 1552. Ein Zeuge des Musiklebens im nachreformatorischen Zürich. In: Alfred Cattani, Michael Kotrba, Agnes Rutz (Hrsg.): Zentralbibliothek Zürich. Alte und neue Schätze. Zürich 1993, S. 66–69, 193f.

Weber, Bruno: Martin Luther als Hercules Germanicus 1522. Der keulenschwingende Evangelist von Wittenberg. In: Alfred Cattani, Bruno Weber (Hrsg.): Zentralbibliothek Zürich. Schatzkammer der Überlieferung. Zürich 1989, S. 39–41, 156f.

Weber, Bruno: Flaminio della Croce, Teatro militare 1617. Ein Buch aus dem Besitz von Georg Jenatsch. In: Alfred Cattani, Bruno Weber (Hrsg.): Zentralbibliothek Zürich. Schatzkammer der Überlieferung. Zürich 1989, S. 68–71, 171f.

Weber, Bruno: William Hamilton, Campi Phlegraei 1776. Momentbild aus Pompeji. In: Alfred Cattani, Bruno Weber (Hrsg.): Zentralbibliothek Zürich. Schatzkammer der Überlieferung. Zürich 1989, S. 96-99, 184f.

Weber, Bruno: Theophrastos, Charakteres 1786. Salomon Gessners Exemplar von Bodonis Erstausgabe. In: Alfred Cattani, Bruno Weber (Hrsg.): Zentralbibliothek Zürich. Schatzkammer der Überlieferung. Zürich 1989, S. 108–111, 190f.

Weber, Bruno: Brüder Grimm, Kinder und Hausmärchen 1819. Von der Märchenfrau der Deutschen. In: Alfred Cattani, Bruno Weber (Hrsg.): Zentralbibliothek Zürich. Schatzkammer der Überlieferung. Zürich 1989, S. 124–127, 199–201

Weber, Bruno: Zeichen der Zeit. Aus den Schatzkammern der Zentralbibliothek Zürich. Zürich 2002 [kurze Aufsätze zu einzelnen Zimelien der ZBZ]

Wickram, Jürg: Die zehen Alter nach gemeinem Lauff der Welt [...]. Faksimile der Ausg. Augsburg 1543, mit Kommentar von Martin Germann. 2 Bde. Dietikon 1980

Wieser, Beat U.: Engelbert Kaempfer, History of Japan 1727. Die Weltstadt Edo: »so many streets, ditches and canals«. In: Alfred Cattani, Bruno Weber (Hrsg.): Zentralbibliothek Zürich. Schatzkammer der Überlieferung. Zürich 1989, S. 88–91, 179–181

Wüthrich, Lucas: Michael Maier, Atalanta fugiens 1618. Die Chymische Kunst in Wort, Bild und Ton. In: Alfred Cattani, Hans Jakob Haag (Hrsg.): Zentralbibliothek Zürich. Schätze aus vierzehn Jahrhunderten. Zürich 1991, S. 96–99, 185–187

Ausstellungen

Gottfried Keller Ausstellung. Zürich 1919

Zwingli Ausstellung. Zürich 1919

Zürcher Buchdruck bis 1800. Zürich (1924)

Pestalozzi-Ausstellung. Zürich 1927

Ausstellung Salomon Gessner. Schriften, Radierungen, Zeichnungen, Malereien, Porzellan. Ausführliches Verzeichnis mit Abbildungen. Zürich 1930

Sieber, Paul: Ausstellung »Das gelehrte Zürich«. In: Zentralblatt für Bibliothekswesen 50 (1933), S. 641f.

Sch[werz], F[ranz]: Zur Gessner-Scheuchzer-Ausstellung in der Zentralbibliothek. In: Zürcher Monats-Chronik 3 (1934), S. 233–238

Sch[werz], F[ranz]: Die Zürcher Bibel in der Bibelausstellung der Zentralbibliothek Zürich. In: Zürcher Monats-Chronik 6 (1937), S. 88–93

Ausstellung »Neuer Zeitungen« des 16. Jhs aus der Sammlung des Chorherrn Joh. Jak. Wick. [Zürich 1938] [gedruckter Begleitzettel; ZBZ: Arch Z 516]

Ernst, Fritz: Hispanica Turicensia. Eine Ausstellung in Worten. In: Neue Zürcher Zeitung, 21. Juni 1953, Bl. 4

Informationen hrsg. von der Ausstellergruppe der schweizerischen Papierindustrie anlässlich ihrer Ausstellung in der »Graphic 1957«, Lausanne. Internationale Ausstellung der Graphischen Industrie. o. O. 1957 [Das Ausstellungsgut wurde zum grössten Teil von der Zentralbibliothek Zürich zur Verfügung gestellt; ZBZ: Arch Z 527 aa]

Furrer, Ernst: Polyhistorie im alten Zürich vom 12. bis 18. Jh. Bericht über die von Rudolf Steiger erarbeitete Ausstellung in der Zentralbibliothek Zürich. In: Vierteljahrsschrift der Naturforschenden Gesellschaft in Zürich 110 (1965), S. 363–394

Scherrer, Paul: Ansprache [...] anlässlich der Eröffnung der Conrad-Gessner-Gedenkausstellung [...] 1965. In: Gesnerus 23 (1966), S. 301–305

Die Zürcher Reformation. Zürich 1967 [Vervielfältigung]

O[rell] F[üssli] 1519–1969. 450 Jahre Druckerei und Verlag. Zürich 1969

Furrer, Ernst: Die Ausstellung Johann Jakob Scheuchzer; Bericht über die von Rudolf Steiger unter Mitwirkung von Markus Schnitter gestaltete Ausstellung in der Zentralbibliothek Zürich. In: Vierteljahrsschrift der Naturforschenden Gesellschaft in Zürich 118 (1973), S. 363–387

Zum 400. Todestag. Heinrich Bullinger. Zwischen Reformation und Gegenreformation. Zürich 1975 [Vervielfältigung]

[Weber, Bruno]: Zeugnisse des Zürcher Buchdrucks aus sechs Jahrhunderten. Zürich 1977

[Bodmer, Jean-Pierre; Bührer, Georg]: Die Zürcher und ihre Bibliothek. Querschnitt durch die Sammlungen der Zentralbibliothek. Zürich 1979

[Bircher, Martin; Schinkel, Eckhard; Katalogredaktion]: Maler und Dichter der Idylle. Salomon Gessner 1730–1785. Wolfenbüttel 1980

[Weber, Bruno]: August Corrodi, Hans Witzig. Kinderbuchautoren, Literaten, Pädagogen. Zürich 1983

[Haag, Hans Jakob]: Die Bibel in tausend Sprachen. Vom 3. Jh v. Chr. bis zur Gegenwart. Zürich 1983

[Vischer, Manfred]: Alltag in Zürich zur Reformationszeit. Zürich 1984

[Weber, Bruno]: Das Porträt auf Papier. Zürich 1984

[Zaplata, Zdenek]: Theater in Zürich. Bücher und Bilder aus 150 Jahren. Zürich 1985

[Haag, Hans Jakob]: Wissende, Eingeweihte, Verschwiegene. Esoterik im Abendland. Zürich 1986

Reprints in Mikroform

Büsser, Fritz (Hrsg.): Early printed Bibles. Microfiche. Leiden: Inter Documentation Company [bisher 177 Titel]

Büsser, Fritz (Hrsg.): Reformed Protestantism. Microfiche. Leiden: Inter Documentation Company [Switzerland/Geneva: bisher 640 Titel; Strasbourg/France: bisher 127 Titel; The Netherlands and Germany: bisher 269 Titel]

Büsser, Fritz (Hrsg.): Humanism in 16th century Zurich. Microfiche. Leiden: Inter Documentation Company [152 Titel]

Büsser, Fritz (Hrsg.): Thesaurus Hottingerianus. Microfiche. Leiden: Inter Documentation Company

Büsser, Fritz (Hrsg.): Simler manuscript collection. Microfiche. Leiden: Inter Documentation Company [ohne diejenigen Druckschriften, die um 1900 aus dem Bestand Ms S entfernt worden sind]

Köhler, Hans-Joachim (Hrsg.): Sixteenth century pamphlets in German and Latin. Microfiche. Leiden: Inter Documentation Company [1501–1530: 5000 Titel; 1531–1600: bisher 1666 Titel]

Pelzer, Erich (Hrsg.): French revolutionary pamphlets. Usteri collection, Zentralbibliothek Zürich. Microfiche. Leiden: Inter Documentation Company [ca. 6500 Titel]

Wellisch, Hans H. (Hrsg.): Conrad Gessner. Microfiche. Leiden: Inter Documentation Company [77 Titel und Bio-Bibliographie]

GRAPHISCHE SAMMLUNG UND FOTOARCHIV DER ZENTRALBIBLIOTHEK ZÜRICH

Kanton: Zürich

Ort: Zürich

Bearbeiter: Michael Kotrba

Adresse: Zähringerplatz 6, 8001 Zürich

Telefon: +41 44 268 31 00

Telefax: +41 44 268 32 90

Homepage: www.zb.uzh.ch

E-Mail: graphik@zb.uzh.ch

Träger:
Kanton und Stadt Zürich

Funktion:
Spezialsammlung für Bilddokumentation

Sammelgebiete:
Geschichte, Kunstgeschichte und Kulturgeschichte mit Schwerpunkt auf Turicensia und Helvetica (Druckgraphik, Zeichnungen, Fotografien).

Benutzungsmöglichkeiten:
Präsenzbenutzung im Sonderlesesaal.

Öffnungszeiten:
Montag bis Freitag: 14.00–18.00 Uhr, Samstag: 14.00–16.00 Uhr.

Technische Einrichtungen für den Benutzer:
Kopiergerät bis A 2, Computer mit Zugang zum Online-Verbundsystem.

Hinweise für anreisende Benutzer:
s. Zentralbibliothek Zürich.

1. BESTANDSGESCHICHTE

1.1 Mit ihren etwa 210.000 graphischen Blättern (überwiegend topographische Ansichten und Porträts, daneben u. a. Einblattdrucke, Geschichtsblätter, Karikaturen, Kalender, Trachtendarstellungen, Scheibenrisse) bietet die Graphische Sammlung eine landeskundliche und kulturhistorische Bilddokumentation in einem Umfang, der von keiner anderen Schweizer Institution erreicht wird.

1.2 Bereits die alte Stadtbibliothek bewahrte in ihrer 1676 eingerichteten Kunstkammer einige wenige Kupferstiche (Ansichten und Landkarten) auf und besass darüber hinaus andere wertvolle Einzelstücke; doch die eigentliche Geschichte der Graphischen Sammlung beginnt erst 1854 mit dem Eingang einer umfangreichen, gegen 60.000 Blätter (Zeichnungen und Druckgraphiken) umfassenden Helvetica-Sammlung, die als Legat von Leonhard Ziegler zum Egli (1782–1854) in die Bibliothek gelangte. Die bereits zur damaligen Zeit berühmte Sammlung von Ansichten, Landkarten, Porträts und anderen landeskundlichen Dokumenten bildete den Grundstock der künftigen »Ikonothek« und somit auch der heutigen Graphischen Sammlung sowie der Kartensammlung. Die Stadtbibliothek nahm 1886 sogar Helvetica einschliesslich Ansichten und Porträts in ihr Sammelprogramm auf, stellte aber in der Folge für Ankäufe dieser Sammelgebiete nur bescheidene finanzielle Mittel zur Verfügung, so dass die Sammlung v. a. durch Schenkungen und Nachlässe wuchs – ein Zustand, der auch in der Zentralbibliothek andauerte und im Wesentlichen bis heute unverändert blieb.

1.3 So konnte die Stadtbibliothek folgende, meist stadtzürcherische Privatsammlungen übernehmen (Auswahl):

- 1857: 7151 graphische Porträts von den Erben Prof. Hans Jakob Pestalozzis (1785–1849).

- 1885: ca. 2000 Künstlerporträts aus dem Nachlass des Buchhändlers Adrian Ziegler (1806–1884).

- 1890: Legat des bildkünstlerischen Werks des Dichters Gottfried Keller (1819–1890).

- 1903 wurden ca. 2000 Ansichten von Zürich aus dem Nachlass des Architekten Jacques Simmler (1841–1901) erworben.

- 1910: ca. 8000 Porträts; Geschenk von Oberstdivisionär Ulrich Meister (1838–1917).

- 1911: 44 Skizzenbücher eigener Hand; Geschenk von Wilhelm Heinrich Füssli (1830–1916).

- 1912 schenkte der Zürcher Kunsthändler Heinrich Appenzeller (1854–1921)
- das druckgraphische Gesamtwerk von Daniel Chodowiecki (1726–1801), Franz Hegi (1774–1850) und Salomon Gessner (1730–1788), die gesammelten druckgraphischen Bildniswerke der Künstlerfamilie Meyer, eine Sammlung schweizerischer Neujahrsblätter. Im gleichen Jahr kam der Nachlass von Johann Rudolf Rahn (1841–1912) in die Bibliothek.
- 1914: 341 Aquarelle von Ludwig Schulthess (1805–1844) aus dem Nachlass seines Zwillingsbruders Emil Schulthess (1805–1855).
- 1917: ca. 8000 Porträts aus dem Nachlass von Hans Conrad Ott-Usteri (1788–1872).
- 1922: 46 Zeichnungen und Aquarelle von Rudolf Meyer (1803–1857; Lehrer von Gottfried Keller); Nachlass von Heinrich Angst (1847–1922).
- 1930: Sammlung Steinfels (vormals Sammlung von Johann Martin Usteri-von Muralt, 1722–1803); 2294 Schweizer Ansichten, davon 562 Zeichnungen aus dem 18. Jh. Der Ankauf wurde durch eine Spende von Frau Emma Escher-Abegg (1869–1949) möglich.
- 1941: ca. 300 topographische Zeichnungen von Johann Balthasar Bullinger d. Ä. (1713–1793); Nachlass von Anna Berta Dobler-Schulthess (1860–1941).
- 1951: Kupferstichsammlung von Rudolf von Schulthess-Rechberg (1860–1951) mit umfangreichen Werkkonvoluten von Franz Hegi (1774–1850), Johann Heinrich Lips (1758–1817) und Johann Rudolf Schellenberg (1740–1806).
- 1972/73: 54 topographische Zeichnungen und Aquarelle von Hans Conrad Escher von der Linth (1767–1823).
- 1985: 108 Zeichnungen und Aquarelle von Hans Conrad Escher von der Linth (1767–1823), die 1985 als Depot und 1999 als Geschenk aus dem Nachlass von Hans Beat Branger (1910–1998) in die Sammlung gelangten.
- 1988: 156 Aquarelle von Clementine Stockar-Escher (1816–1886) als Geschenk ihrer Urenkelin Ella Ninck-Schindler (1898–1996).
- 1989: Erwerb von 175 Bühnenbildentwürfe für die Cabarets Cornichon und Fédéral (Aquarelle und Gouachen).
- 1993: 219 Blätter schweizerische Ephemera des 18./19. Jhs (u. a. kalligraphische Probschriften, Tauf-, Gedenkzettel) als Nachlass von Max Wydler (1898–1991).
- 1999: Werkkonvolut von Franz Hegi (1774–1850) mit ca. 1500 Blättern; Sammlung Georg Weber (1856–1951), geschenkt von Fritz Schnorf, geb. 1923).
- 2001: Scheinbüchersammlung von Alfred Mohler (1925–1995); 127 Objekte des 18. bis 20. Jhs.
- 2004: ca. 300 illustrierte Bücher und ca. 140 Kupferstiche nach Johann Heinrich Füssli (1741–1825) als Geschenk des Ehepaars Marilyn Carbonell (geb. 1948) und David H. Weinglass (geb. 1934).
- 2008: Der Schauspieler Ingold Wildenauer (geb. 1938) vermachte eine Sammlung von rund 260 Illustrationen sowie 20 illustrierten Büchern und Mappenwerken zu Fjodor Dostojewski (1821–1881). Felix Rüegger, Zollikerberg (geb. 1925), schenkte 33 Originalkarikaturen von Horst Haitzinger (geb. 1939).
- 2009: ca. 75 Blätter mit Zeichnungen und Druckgraphiken von Emil Häfelin (1921–2001) als Geschenk von Doris Bieger, Winterthur (geb. 1926).

1.4 In letzter Zeit hat die Graphische Sammlung ihr Sammelgebiet auch auf die jüngere Vergangenheit ausgeweitet und Nachlässe mehrerer, meist Zürcher Kunstschaffender des 19. und 20. Jhs (Maler, Graphiker, Buchkünstler und Fotografen) wie Otto Baumberger (1889–1961), Bettina (i. e. Dora Maria Winternitz geb. Walter, 1911–1999), Oskar Dalvit (1911–1975), Max Hunziker (1901–1976), Barbara Kruck (1914–2000), Warja Lavater (1913–2007), Gregor Rabinovitch (1884–1958), Franz Rederer (1899–1965) oder Johann Jakob (1817–1877), Georg (1862–1913) und Heinrich Röttinger (1866–1948) übernommen.

2. BESTANDSBESCHREIBUNG

2.1 Die Sammlung ist, durch die verschiedenen Geschenke und Nachlässe vermehrt, kontinuierlich gewachsen. 1895 werden ca. 80.000 Blätter, Porträts und Ansichten genannt, 1915 wird ein Gesamtbestand (einschliesslich Landkarten) mit 102.500 Blättern angegeben, 1934 und 1942 die Ikonothek mit über 100.000 Blättern (zusätzlich 15.000 Landkarten) veranschlagt. 1975 schätzte man den Bestand der Graphischen Sammlung auf 160.000 Blätter ohne die 120.000 der nun selbständigen Kartensammlung (seit 1970/71). 2002 wurde sie mit 190.000 Blättern beziffert, so dass heute infolge weiterer Eingänge von einem Gesamtbestand von ca. 210.000 Blättern ausgegangen werden kann (ohne Ansichtskarten und Fotosammlung), wobei der Anteil an Druckgraphik auf etwa 90 % geschätzt wird.

Topographische Ansichten

2.2 Die wichtigste und vom Publikum meistfrequentierte Abteilung sind die topographischen Ansichten, die, in verschiedene Formate aufgeteilt (I–V), ca. 70.000 Blätter umfassen. Naturgemäss liegt der Schwerpunkt im lokalen Bereich: Die Entwicklung der Stadt Zürich und anderer Kantonsgemeinden ist mit ca. 20.000 Blättern des 16. bis 19. Jhs dokumentiert, der Rest entfällt auf die übrigen Schweizer Kantone. Ausländische Ansichten sind nur durch eine zufällige Auswahl meist grösserer Städte (Paris, London, Rom) vertreten. Die topographische Abteilung wird durch die hochwertigen Blätter der Sammlung Steinfels und durch teils umfangreiche Werkkonvolute verschiedener Zürcher Zeichner (Johannes Meyer, 1655–1712; Johann Melchior Füssli, 1677–1736; Hans Conrad Nözli, 1709–1751; Johann Balthasar Bullinger d. Ä., 1713–1793, und d. J., 1777–1844; Johann Jakob Hofmann, 1730–1772; Johann Rudolf Schellenberg, 1740–1806; Hans Conrad Escher von der Linth, 1767–1823; Conrad Corradi, 1813–1878) und Stecher (Familie Meyer, Johann Rudolf Schellenberg, 1740–1806; Johann Heinrich Lips, 1758–1817; Franz Hegi, 1774–1850) ergänzt. Besonders aufschlussreich für die Entwicklung der Ortsbilder des Kantons Zürich im 19. Jh ist ein Sammelband mit knapp 400 Zeichnungen des Zürcher Kartographen Heinrich Keller (1778–1862). Die einzelnen zürcherischen Kunstdenkmäler wurden von Ludwig Schulthess aufgenommen (1805–1844; 6 Sammelbände mit ca. 350 Zeichnungen: Kirchen und Burgen des Kantons Zürich) sowie von Johann Rudolf Rahn (1841–1912) in seinen Skizzenbüchern und Zeichnungen in Detailstudien festgehalten (Nachlass Rahn). Für die Zeit nach 1880 sei v. a. auf die Ansichtskarten- und Fotosammlungen mit den Sammlungen Breitinger (Stadt Zürich) und Künzli (ganze Schweiz) hingewiesen.

Porträtsammlung

2.3 Sie umfasst etwa 70.000 Blätter (Formate I–III) und weist zwei etwa gleich grosse Abteilungen auf (Schweiz und Ausland, letztere die bedeutendste ihrer Art in der Schweiz). Dazu kommen ca. 1400 Originalzeichnungen des 16. bis 19. Jhs in Passepartouts (darunter u. a. Vorzeichnungen zu den Künstlerviten von Johann Caspar Füssli, 1706–1782). In der ganzen Sammlung finden sich Einzelblätter aus Lavaters physiognomischem Kabinett verstreut. Separat aufgestellt ist die Silhouettensammlung (ca. 2000 Blätter inkl. 772 Blätter aus dem Besitz von August Gessner).

Druckgraphik

2.4 Die Graphische Sammlung besitzt Werkkonvolute von Franz Hegi (1774–1850) aus dem Besitz von Heinrich Appenzeller (1854–1921), Rudolf von Schulthess-Rechberg (1860–1951) und Georg Weber (1856–1951), Daniel Chodowiecki (1726–1801), Johann Heinrich Lips (1758–1817), Salomon Gessner (1730–1788) und Johann Rudolf Schellenberg (1740–1806).

Varia

2.5 Etwa 8000 Blätter sind verschiedenen Themen gewidmet (Geschichtsblätter, Kalender, Trachten, Militaria, Diplome, Feste, Wappen, Karikaturen), darunter befinden sich 20 z. T. nur fragmentarisch erhaltene Einblattdrucke mit Jahreskalendern des 16. Jhs aus der Offizin Froschauer sowie der grossformatige kolorierte Holzschnitt von Zoan Andrea Vavassore, der die Schlacht von Marignano (Unikum, um 1515/16) zeigt.

Exlibris

2.6 Die ungefähr 8000 Exlibris stammen grösstenteils aus den Nachlässen von Emil Bebler (1883–1954), Fritz Amberger (1869–1948) und Wilhelm Roth (1863–1936).

Einblattdrucke

2.7 Von den 18 in der Bibliothek aufbewahrten Einblattdrucken des 15. Jhs befinden sich die meisten im Handschriftenbestand. In der Graphischen Sammlung sind ca. 200 illustrierte Flugblätter des 16./17. Jhs sowie etwa 1000 meist rein typographische Drucke des 16. bis 18. Jhs aufgestellt. Von besonderem Interesse ist die Sammlung Wickiana mit 431 illustrierten Flugblättern aus dem Zeitraum von 1508 bis 1588, die von Johann Jakob Wick (1522–1588) zusammengetragen worden sind. Sie wurden 1925 aus konservatorischen Gründen aus den Manuskriptbänden der Wickschen Chronik (Ms F 12–35) herausgelöst und in der Graphischen Sammlung deponiert. Sie stellt eine der weltweit umfangreichsten und bedeutendsten Sammlungen ihrer Art dar.

Sammlung der Kupferplatten und Holzstöcke

2.8 Unter den über 300 Exemplaren befinden sich die Originalplatten für die Neujahrsblätter der Zürcher Gesellschaften und für die Porträtfolgen von Conrad (1618–1689) und Johannes Meyer (1655–1712) sowie Kupferplatten aus dem Nachlass von Max Hunziker (1901–1976) und Holzstöcke aus den Nachlässen von Hans Witzig (1889–1973) und Felix Hoffmann (1911–1975).

Nachlässe

2.9 Zu den Nachlässen mit druckgraphischen Werken gehören Daguerreotypien und Fotografien aus dem Besitz von Camilla Meyer (1879–1936), der Tochter des Schriftstellers Conrad Ferdinand Meyer, korrigierte Handexemplare von Druckschriften des Kunsthistorikers Johann Rudolf Rahn (1841–1912), das druckgraphische Gesamtwerk des Künstlers Oskar Dalvit (1911–1975), illustrierte Kinderbücher von Margarete Goetz (1869–1952), 13 illustrierte Bücher und ca. 400 Holzschnitte aus dem Nachlass des Illustrators Gottfried Grieshaber (1892–1983), Druckgraphiken von Remo Guidi (1937–2003), ca. 400 Fotografien der Graphikerin und Fotografin Isa Hesse-Rabinovitch (1917–2003), das druckgraphische Gesamtwerk und Kupferplatten des Malers Max Hunziker (1901–1976), Buchunikate, Zeichnungen, Druckgraphik und illustrierte Bücher der Graphikerin und Buchkünstlerin Warja Lavater (1913–2007), die kunsthistorische Fotosammlung mit über 70.000 Fotografien, Ansichtskarten und Reproduktionen des Architekturkritikers und Kunsthistorikers Peter Meyer (1894–1984), etwa 1100 Blätter mit Druckgraphik und Zeichnungen aus dem Nachlass des Zeichners Gregor Rabinovitch (1884–1958), 223 Blätter mit Druckgraphiken, 685 Zeichnungen, Gemälde, ca. 100 Holzstöcke und 50 Plastiken (Modelle) aus dem Nachlass des Graphikers und Illustrators Hans Witzig (1889–1973), die Originalentwürfe für die Illustrationen der SJW-Hefte der Jahrgänge 1932 ff. sowie 90 Druckgraphiken des Künstlers Werner Gadliger (geb. 1950).

Fotosammlung

2.10 Die 11.000 Photochrome der Firma Photoglob (Orell Füssli) stammen aus den Jahren 1889 bis 1914 und geben topographische Ansichten aller Kontinente wieder. Von den 160.000 Ansichtskarten zeigen über die Hälfte schweizerische Motive. Darunter befinden sich die Produktionen der Firmen Photoglob (ca. 1890–1910; bemerkenswert ca. 200 Panoramen) und Rudolf Suter AG in Oberrieden. Unter den rund 40.000 Fotografien verdienen die 8000 topographischen Aufnahmen der Stadt Zürich aus den Jahren 1886 bis 1910 (Abzüge und Glasplatten) des Amateurfotografen Robert Breitinger-Wyder (1841–1913) und die 9000 Bilder aus dem Kanton Zürich und der Schweiz, die zwischen ca. 1890 und 1910 entstanden sind und aus dem Archiv des Ansichtskartenverlags der Gebrüder Künzli (1883–1966) stammen, besondere Erwähnung. Der Nachlass von Heinrich Weber-Dressler (1898–1966) enthält ca. 600 Aufnahmen von Alt-Wollishofen. Etwa 1000 Fotos geben Zürcher Porträts der Jahre 1880 bis 1900 wieder, und über 1300 Aufnahmen zeigen Porträts von Sängerinnen und Sängern der Jahre 1880 bis 1920 (Depositum Allgemeine Musik-Gesellschaft Zürich). Zum Bestand an Fotografien gehören auch 25 Daguerreotypien.

Nachlässe

2.11 9000 Negative und Glasplatten (Familiengeschichte, Reisen, Zürcher Gesellschaft; 1903–1937) stammen von der Fotografin Renée Schwarzenbach-Wille (1883–1959). Der Nachlass des Alpinisten und Unternehmers Carl Seelig (1857–1917) enthält 14 Alben Gebirgsfotografien aus den Schweizer Alpen und 7 Alben Reisefotografien, während derjenige der Fotografin Bettina (i. e. Dora Maria Winternitz geb. Walter) Negative, Kontaktabzüge, Vintageprints und Porträtaufnahmen aus den Jahren 1957–1987 aufweist (Zürcher, aber auch internationale Klientel). Das Fotoarchiv der Firma Welti-Furrer (ca. 1900–1980) beinhaltet ca. 10.000 Fotografien und Negative mit Motiven aus dem Transportwesen, der Stadt Zürich und der Schweiz. Die Schenkung des Fotografen Werner Gadliger zeichnet sich durch rund 2100 Porträtfotografien von Kulturschaffenden aus. Etwa 50 Bde an Fotoalben und Fotobüchern sind unter der Signatur »AWP« aufgestellt. 1974 erfolgte die Schenkung eines Stereoskops (um 1900 fabriziert) aus dem Besitz von Otto Gampert (1842–1924) mit Aufnahmen der Schweizer Alpen aus den Jahren 1870 bis 1890.

Bibliophile Sammlungen

2.12 Der Nachlass von Erich Steinthal (1890–1963) enthält 147 Maler- und Künstlerbücher des 20. Jhs mit Originalgraphik von Marc Chagall (1887–1985), Jean Cocteau (1889–1963), Salvador Dalí (1904–1989), Aristide Maillol (1861–1944) u. a., z. T. in zeitgenössischen Meistereinbänden, z. B. von Thorvald Henningsen (1896–1977). In der Signatur AWQ sind über 500 illustrierte Bücher des 16. bis 20. Jhs aufgestellt (u. a. die Sammlung von David H. Weinglass). Eine Kuriosität stellt die Sammlung an Scheinbüchern des 18. bis 20. Jhs von Alfred Mohler dar.

3. KATALOGE

Die Sammlung ist durch keine modernen Kataloge erschlossen. Zu den einzelnen Teilsammlungen existieren alte handschriftliche Verzeichnisse, die allerdings nur von historischem Interesse sind. Durch Zettelkataloge unterschiedlicher Qualität sind die Sammlungen Bebler (Exlibris), Rahn, Steinfels und die Wickiana erschlossen. Seit 2006 werden weitere Teilsammlungen im Bibliothekssystem Aleph erschlossen.

4. QUELLEN UND DARSTELLUNGEN ZUR GESCHICHTE DER BIBLIOTHEK

Rutz, Agnes: Die Graphische Sammlung der Zentralbibliothek. In: Nachrichten der Vereinigung Schweizerischer Bibliothekare 41 (1965), S. 122–124

Weber, Bruno: Die Graphische Sammlung der Zentralbibliothek Zürich. In: Zürcher Taschenbuch N. F. 95 (1975), S. 108–147

5. VERÖFFENTLICHUNGEN ZU DEN BESTÄNDEN

Bircher, Martin, Weber, Bruno, unter Mitwirkung von Bernhard von Waldkirch: Salomon Gessner. Zürich 1982

Caflisch, L[eonhard]: Ein zeitgenössischer Holzschnitt der Schlacht bei Marignano. In: Das Werk 18 (1931), S. 308–310

Felder, Sabine; Hesse, Jochen; Weber, Bruno: Schöne Aussichten! Zürcher Ortsbilder und Landschaften in der Druckgraphik 1750–1850, Ausstellungskatalog Haus zum Rechberg, Zürich, 2. Februar – 17. März. Zürich 2002

Füssli, Johann Melchior: Landgüter am Zürichsee um 1717. Prospect Des Schlosses Wädenschweyl Sambt zerschiedenen an dem Zürich-See ligenden Lust- und Wonheüsren, gedruckt nach dem Exemplar in der Zentralbibliothek Zürich, mit Erläuterungen von Bruno Weber. Zürich 1985

Harms, Wolfgang, Schilling, Michael (Hrsg.): Die Wickiana. Die Sammlung der Zentralbibliothek Zürich, kommentierte Ausgabe, Teil I/II. Deutsche illustrierte Flugblätter des 16. Jahrhunderts. Bd 6/7. Tübingen 1997–2005

Mathis, Walter: Zürich – Stadt zwischen Mittelalter und Neuzeit. Gedruckte Gesamtansichten und Pläne, 1540–1875, hrsg. von Alexander Tanner. Zürich 1979

Senn, Matthias: Die Wickiana. Johann Jakob Wicks Nachrichtensammlung aus dem 16. Jahrhundert. Zürich 1975

Solar, Gustav: Alpenreise 1655 – Conrad Meyer und Jan Hackaert. Jubiläumsausstellung der Zentralbibliothek Zürich zum 350. Gründungsjahr der Stadtbibliothek, Ausstellungskatalog Helmhaus Zürich, 19. Mai – 19. Juni 1979. Zürich 1979

Stopp, Klaus: Die Handwerkskundschaften mit Ortsansichten. Beschreibender Katalog der Arbeitsattestate wandernder Handwerksgesellen. Bd 9: Katalog Schweiz. Stuttgart 1986

Weber, Bruno: Erschröckliche und warhafftige Wunderzeichen 1543–1586. Einblattdrucke aus der Sammlung Wikiana in der Zentralbibliothek Zürich. Dietikon-Zürich 1971–1972

Weber, Bruno: Wunderzeichen und Winkeldrucker 1543–1586. Einblattdrucke aus der Sammlung Wikiana in der Zentralbibliothek Zürich. Dietikon-Zürich 1972

Weber, Bruno: Berge und Städte der alten Schweiz. 75 Kupferstiche aus der Zeit um 1780, nach Beat Fidel [Anton] Zurlauben, Tableaux de la Suisse ou Voyage pittoresque fait dans les XIII. Cantons et Etats alliés du Corps Helvétique. Basel 1973

Weber, Bruno: [Schweizer Städte in alten Ansichten]. 124 Reproduktionen in Einzelblättern nach Originalen der Zentralbibliothek Zürich. Zürich 1976

Weber, Bruno: »Die Welt begeret allezeit Wunder«. Versuch einer Bibliographie der Einblattdrucke von Bernhard Jobin in Strassburg. In: Gutenberg-Jahrbuch 51 (1976), S. 270–290

Weber, Bruno (Hrsg.): Die Schweiz in ihren schönsten Ansichten. Graphik aus vier Jahrhunderten. Zürich [1979]

Weber, Bruno: Graubünden in alten Ansichten. Landschaftsporträts reisender Künstler vom 16. bis zum frühen 19. Jahrhundert, mit einem Verzeichnis topographischer Ansichten in der Druckgraphik von den Anfängen bis um 1880. Chur 1984

Weber, Bruno: David Herrliberger in seiner Zeit. Ausstellungskatalog Burg Maur, 31. Mai – 6. Juli 1997. Maur 1997

Weber, Bruno: Rund um die Welt in Photochrom. Maur 2002

HANDSCHRIFTENABTEILUNG DER ZENTRALBIBLIOTHEK ZÜRICH

Kanton: Zürich

Ort: Zürich

Bearbeiterin: Alexa Renggli

Adresse: Zähringerplatz 6, 8001 Zürich

Telefon: +41 44 268 31 00

Telefax: +41 44 268 32 90

Homepage: www.zb.uzh.ch

E-Mail: handschriften@zb.uzh.ch

Träger:
Stadt und Kanton Zürich

Funktion:
Spezialsammlung für Handschriften, Typoskripte und Dokumente von der Spätantike (Purpurpsalter) bis ins 21. Jh (Nachlässe).

Sammelgebiete:
Handschriften aus dem Mittelalter und der Neuzeit, Briefe, Nachlässe.

Benutzungsmöglichkeiten:
Präsenzbenutzung im Sonderlesesaal.

Öffnungszeiten:
Montag bis Freitag: 10.00–18.00 Uhr, Samstag: 10.00–16.00 Uhr. Originale müssen mindestens einen Tag im Voraus bestellt werden.

Technische Einrichtungen für den Benutzer:
Mikrofilm- und Mikrofiche-Lesegerät mit Drucker.

Hinweise für anreisende Benutzer:
s. Zentralbibliothek Zürich.

1. BESTANDSGESCHICHTE

1.1 Die Handschriften und Handschriftenfragmente vom 6. bis 21. Jh mit über 600 mittelalterlichen, lateinischen und volkssprachigen Codices und 30.000 neuzeitlichen, lateinischen, deutschen, französischen, italienischen, hebräischen und orientalischen Bdn stammen aus den Zürcher Kirchen und Klöstern, dem Carolinum und aus privaten Sammlungen. Die Säulen der Sammlung bilden die Handschriften aus dem Grossmünster und der Benediktinerabtei Rheinau, die Nachlässe von Bullinger, Bodmer und Breitinger, Johann Heinrich Hottinger, Lavater, Pestalozzi, Gottfried Keller, Conrad Ferdinand Meyer, Albert Schweitzer, Walter Robert Corti, Heinrich Zangger, Oskar Kokoschka, Elias Canetti, Jeanne Hersch, Medard Boss und die Familienarchive Escher, Ganz, Hirzel, Meyer von Knonau, Nüscheler, Ott, von Orelli, Rahn, von Wyss und viele andere. Darin finden sich nicht selten verschiedene Druckwerke eingebunden.

2. BESTANDSBESCHREIBUNG

2.1 Die grössten Bestände an gedruckten Texten stellen die eingebundenen Flugschriften dar, welche in den umfangreichen Sammlungen von Johann Jakob Simler (Ms S 1–266) und Johann Jakob Wick (Ms F 12–35) aufbewahrt werden. Die Sammlung Simler enthält 683 Flugschriften des 16. Jhs, 276 des 17. Jhs und 277 des 18. Jhs. Die Wickiana verfügt ihrerseits über 507 Flugschriften, die alle aus dem 16. Jh datieren.

2.2 Einzelne gedruckte Bde sind in verschiedenen Familienarchiven (16. Jh: 3; 17. Jh: 2; 18. Jh: 41; 19. Jh: 117) und Nachlässen anzutreffen, weil deren Zahl zu klein war, um als separater Druckbestand aufgestellt zu werden. Speziell zu erwähnen sind zudem gedruckte Werke, die als Handexemplare und Arbeitsgrundlagen in den Nachlässen von Heinrich Bullinger, Johann Jakob Scheuchzer, Antistes Johann Jakob Hess, Johann Caspar Lavater, Obmann Johann Heinrich Füssli und Johann Jakob Leu aufbewahrt werden.

2.3 Der Bestand mit der Signatur »LKR« umfasst ausschliesslich Drucke. Es handelt sich um 25 Bändchen und Mappen, mehrheitlich aus dem 19. Jh. Besonders auffällig sind zudem die 53 Bde unter der Signatur »A Ms«, die aus dem Nachlass des Alpinisten William Augustus Brevoort Coolidge stammen. Für Hinweise auf derartige Druckbestände müssen die unpublizierten, fortlaufend online zur Verfügung gestellten Nachlassverzeichnisse konsultiert werden. Vor allem die mehreren Hundert Nachlässe des 20. und 21. Jhs enthalten viele Drucke, als pars pro toto seien lediglich die Londoner und Zürcher Bibliotheken von Elias Canetti erwähnt. Der Kurzkatalog ist über die Homepage der Handschriftenabteilung abrufbar.

3. KATALOGE

Die Drucke sind weitgehend im Alphabetischen Zentralkatalog (AZK) verzeichnet und werden nach und nach ins Bibliothekssystem Aleph überführt.

Handschriftlicher Katalog der Wickiana (Signatur: Ms F 35a)

Bodmer, Jean-Pierre: Familienarchive. Katalog der Handschriften der Zentralbibliothek Zürich III. Zürich 1996

Gagliardi, Ernst; Forrer, Ludwig: Neuere Handschriften seit 1500 (ältere schweizergeschichtliche inbegriffen). Einleitung und Register von Jean-Pierre Bodmer. Katalog der Handschriften der Zentralbibliothek Zürich II. Zürich 1982

Hinz, James A.: A handlist of the printed books in the Simmlersche Sammlung. 2 Bde. Saint Louis 1976

4. QUELLEN UND DARSTELLUNGEN ZUR GESCHICHTE DER BIBLIOTHEK

Bodmer, Jean-Pierre: Die Handschriften-Abteilung der Zentralbibliothek Zürich. Bestände, Erschliessung, Dienstleistungen. In: Zürcher Taschenbuch N. F. 93 (1973), S. 84–113

5. VERÖFFENTLICHUNGEN ZU DEN BESTÄNDEN

Büsser, Fritz: Johann Heinrich Hottinger und der »Thesaurus Hottingerianus«. In: Zwingliana 22 (1995), S. 85–108

Harms, Wolfgang, Schilling, Michael (Hrsg.): Die Wickiana. Die Sammlung der Zentralbibliothek Zürich, kommentierte Ausgabe. Teil I/II. Deutsche illustrierte Flugblätter des 16. Jahrhunderts. Bd 6/7. Tübingen 1997–2005

Senn, Matthias: Die Wickiana. Johann Jakob Wicks Nachrichtensammlung aus dem 16. Jahrhundert. Zürich 1975

ABTEILUNG KARTEN UND PANORAMEN DER ZENTRALBIBLIOTHEK ZÜRICH

Kanton: Zürich

Ort: Zürich

Bearbeiter: Hans-Peter Höhener

Adresse: Zähringerplatz 6, 8001 Zürich

Telefon: +41 44 268 31 00

Telefax: +41 44 268 32 90

Homepage: www.zb.uzh.ch

E-Mail: karten@zb.uzh.ch

Träger: Stadt und Kanton Zürich

Funktion: Kartensammlung

Sammelgebiete:
Es werden im Wesentlichen nur moderne Karten erworben, die dem Sammelgebiet der ZBZ entsprechen, also topographische Kartenwerke aller Länder, Übersichtskarten, Stadtpläne und in gewissen Fällen auch thematische Karten. Von alten Karten werden Faksimileausgaben gekauft, Originale nur in seltenen Fällen und auch dann nur, wenn es sich um zürcherische oder wichtige schweizerische Stücke handelt. Es geht das Ziel dahin, von Europa topographische Karten bis zum Massstab 1:25.000 und von den übrigen Erdteilen, soweit es sinnvoll erscheint, bis zum Massstab 1:50.000 zu erwerben. Vollständig gesammelt werden als Kantonsbibliothek die Turicensia, d.h. die im Kanton Zürich erscheinenden und diesen betreffenden Karten, sehr weitgehend auch die Schweizer Karten.

Benutzungsmöglichkeiten:
Präsenzbenutzung im Sonderlesesaal.

Öffnungszeiten:
Montag bis Freitag: 14.00–18.00 Uhr, Samstag: 14.00–16.00 Uhr.

Technische Einrichtungen für den Benutzer:
Kopiergerät (nur für moderne Karten und neue Literatur) bis A2, Computer zur Nutzung digitaler Anwendungen von Karten.

Hinweise für anreisende Benutzer:
s. Zentralbibliothek Zürich.

1. BESTANDSGESCHICHTE

1.1 Der Stadtbibliothek wurden schon in ihrem Gründungsjahr Karten geschenkt, nämlich am 15. April 1629 von Hans Jakob und Hans Heinrich Haab eine *Mappemonde nouvelle papistique* und eine Karte von Deutschland in 7 Realbögen. Es kamen weitere Kartengeschenke hinzu, die in die 1676 eingerichtete Kunstkammer eingegliedert wurden. Weil die Bücher mehr Platz verlangten, wurde die Kunstkammer in den Jahren 1779 und 1783 aufgelöst und die Gegenstände z.T. an neu entstandene spezialisierte Institute der Stadt abgegeben. Auch das Kartengemälde von Hans Conrad Gyger, das 1677 vom Rat zusammen mit einer Karte der Eidgenossenschaft von Christoph Murer der Stadtbibliothek geschenkt worden war, nahm zuviel Platz ein. Ebenso wurde die Murersche Karte abgenommen.

1.2 Einzig 3 Globen wurden als letzter Rest der Kunstkammer auf dem untersten Boden der Wasserkirche aufgestellt. Heute wird die Gygersche Karte nach wechselvollem Schicksal im Staatsarchiv Zürich aufbewahrt. Von den übrigen rund 20 Karten, die die Kunstkammer bei ihrer Auflösung besass, haben sich die Spuren verloren.

1.3 Die Kartensammlung des Papiermüllers und Buchhändlers Leonhard Ziegler (1749–1800) wurde von dessen Sohn, dem Spitalpfleger Leonhard Ziegler zum Egli (1782–1854) 1854 als Bestandteil der Sammlung von Schweizer Prospekten der Stadtbibliothek geschenkt. Schon der ältere Leonhard Ziegler liess von seiner Landkartensammlung ein gedrucktes Verzeichnis unter dem Titel *Atlas Helveticus oder Verzeichniss einer vollständigen Sammlung aller über die Schweitz und ihre verschiedenen Theile in Kupferstich und Holz-Schnitt herausgekommenen geographischen Charten in systematischer Ordnung nach ihren auf den Charten selbst befindlichen Titeln genau beschrieben* herausbringen, das 300 Nummern umfasst. Im handschriftlichen *Catalogus schweizerischer Prospecten und Landcharten* werden 907 Karten aufgeführt, von denen 20 als Handrisse bezeichnet werden. 1878 schenkte ein Freiherr von Hurter in Eberfeld 994 Landkarten aus dem 17. und 18. Jh. Es handelt sich beim Sammler wohl um Justizrat Reinhold Heinrich von Hurter (1811–1875) und beim Donator um dessen Sohn, Justizrat Heinrich Gotthard Adolf von Hurter (1845–1910). Heute kann nicht mehr festgestellt werden, welche Karten im Einzelnen geschenkt wurden.

1.4 1850 konstituierte sich eine Gesellschaft zur Bildung einer Sammlung von Landkarten und Plänen, die sich später einfach Kartenverein nannte. Initianten waren Arnold Escher von der Linth (1807–1872), Privatdozent für Geologie an der Hochschule Zürich, und Johann Jakob Horner (1804–1886), Mathematiklehrer am Gymnasium und seit 1849 Oberbibliothekar an der Stadtbibliothek. In erster Linie sollten die amtlichen kartographischen Arbeiten Mitteleuropas gekauft werden, später gute Generalkarten anderer europäischer Länder und der übrigen Erdteile, daneben auch Stadtpläne. Schweizerkarten wurden keine angeschafft, da die Museumsgesellschaft eine vollständige Sammlung der neuen schweizerischen Kartenwerke besass und auch fortsetzte. 1877 beschloss dann aber der Vorstand auf eine Anregung von Stadtforstmeister Ulrich Meister (1838–1917), eine möglichst vollständige Sammlung der älteren schweizerischen Karten und Pläne zu erstellen. Diese Sammlung vermehrte sich durch Ankäufe, Schenkungen und Dublettentausch ziemlich rasch. Sie erlangte einen besonderen Wert, als die Mathematisch-Militärische Gesellschaft 1882 den grössten Teil ihrer älteren Karten dem Kartenverein schenkte.

1.5 1882 zählte die historische Sammlung von Schweizerkarten des Kartenvereins, deren Grundstock die Karten bildeten, die früher der Mathematisch-Militärischen Gesellschaft gehörten, insgesamt 379 Stück, und zwar 261 Landkarten, 94 Stadtpläne, 12 Grundrisse und 12 diverse Spezialkarten. 1894 steckte der Kartenverein in einer Krise: Die Sammlung wurde von den Mitgliedern, deren Zahl ständig zurückging, kaum mehr benutzt. In dieser Situation löste sich der Verein auf und übergab seine Sammlung, die um die 10.000 Blätter umfasste, am 9. Juni 1897 der Stadtbibliothek Zürich. Im Vertrag mit dem Kartenverein verpflichtete sich die Stadtbibliothek, die Sammlung an einem geeigneten Ort, wo sie leicht benutzt werden konnte, aufzustellen, nach den gleichen Gesichtspunkten zu verwalten wie ihre anderweitigen Sammlungen und sie in angemessener Weise zu vermehren.

1.6 Die Stadtbibliothek stellte der Kartensammlung zusammen mit der Porträt- und Ansichtensammlung den vorderen grösseren Vorraum des zweiten Stocks des Wasserhauses (1940–1942 abgebrochener Anbau der Wasserkirche) zur Verfügung, der sich aber bald als zu klein erwies. 1898 waren 12.344 Kartenblätter vorhanden, nämlich 2684 Schweizerkarten und 9660 ausländische Karten. Die Stadtbibliothek konnte sich nicht mehr im gleichen Masse wie der Kartenverein der Kartensammlung widmen. Sie wurde zusammen mit der Porträt- und Ansichtensammlung durch freiwillige Mitarbeiter betreut. Zunächst war dies der frühere Bibliothekar des Kartenvereins, Salomon Pestalozzi (1841–1905), nach dessen Tod Oberst Friedrich Carl Bluntschli (1834–1907) und schliesslich Alfons Escher-Züblin (1845–1924).

1.7 Die Kartensammlung der jungen ZBZ setzte sich im Wesentlichen aus den Beständen der Stadtbibliothek zusammen, die mittlerweile schätzungsweise 15.000 Blätter umfasste. Hinzu kamen geologische Karten der Naturforschenden Gesellschaft; Karten der Kantonsbibliothek sind nicht nachweisbar. Die Kartensammlung wurde im Raum der Graphischen Sammlung untergebracht und auch als Teil von ihr verwaltet. Bis zum Jahr 1923 betätigte sich weiterhin Alfons Escher-Züblin als freiwilliger Mitarbeiter in der Graphischen Sammlung. Danach übernahm ein Bibliothekar im Nebenamt die Verwaltung der Graphischen Sammlung und damit auch der Kartensammlung, der aber nicht die nötige Aufmerksamkeit geschenkt werden konnte.

1.8 Erst in den Jahren 1931/32 trat eine Wende zum Besseren ein, indem eine solide finanzielle Basis für die Kartenanschaffungen gelegt und ein Leiter für die Kartensammlung bestimmt wurde. Auf eine Anregung von Professor Eduard Imhof hin verpflichtete sich die Geographisch-Ethnographische Gesellschaft, der Kartensammlung jährlich einen Beitrag von mindestens 500 Franken zu leisten unter der Bedingung, dass auch die ZBZ den gleichen Betrag aufbringe. Für die ersten Anschaffungen wurden zudem vom Hochschulverein 800 Franken gegeben, und ein privater Gönner, der Bierbrauer und Oberstleutnant Albert Heinrich Hürlimann-Hirzel (1857–1934), schenkte überdies 2000 Franken. Es wurde ein Anschaffungsplan festgelegt: In erster Linie sollten die grossen modernen amtlichen Kartenwerke der europäischen Staaten erworben werden, daneben Karten der geographisch, wirtschaftlich und politisch wichtigen aussereuropäischen Gebiete und solche von morphologisch typischen Gegenden in Auswahl. Leiter der Kartensammlung wurde 1932 Rudolf Steiger (1896–1978), der dem Leiter der Graphischen Sammlung unterstand. Er widmete sich mit grossem Eifer der neuen Aufgabe. Bis zu seiner Pensionierung 1961 stand er der Kartensammlung vor, und obwohl er ständig durch andere Aufgaben stark in Anspruch genommen wurde, entwickelte sich diese sehr erfreulich. Unter seiner Ägide verfünffachte sich die Zahl der Karten. Nach dem Zweiten Weltkrieg ermöglichte ein Tauschabkommen zwischen der ZBZ und dem amerikanischen Staatsdepartement die Anschaffung von Kartenblättern fast aller Länder. 1952 schenkte die Eidgenössische Landestopographie infolge Platzmangels der ZBZ verschiedene topographische Kartenwerke europäischer Länder, insgesamt fast 7500 Blätter. Nach dem Rücktritt von Rudolf Steiger wurde die Kartensammlung neu geordnet und dabei »Dubletten und Materialien fraglichen Wertes ausgeschieden«. Aus Mangel an Arbeitskräften – der Kartensammlung stand nur eine Person halbtags zur Verfügung – wurde die Kontinuität unterbrochen, und sie konnte nicht mehr im erforderlichen Ausmass betreut werden. Dank der Initiative von Direktor Paul Scherrer wurde 1970 erstmals eine Angestellte mit vollem Arbeitspensum für die Betreuung der Karten eingesetzt, 1971 der Kartensammlung im zweiten Stock des Hauses ein eigener Raum zur Verfügung gestellt, 1972 ein Teil der alten Gestelle und Schränke durch moderne Planschränke, ein Teil der schweren alten Kartenmappen durch säurearme, speziell lackierte Umschläge ersetzt und schliesslich 1973 auch ein Akademiker mit einem halben Pensum der Kartensammlung zugeteilt. 1989 musste die Kartensammlung wegen des geplanten Erweiterungsbaus in die Graphische Sammlung ziehen. Als das Stammhaus umgebaut wurde, fand sie 1994 eine vorübergehende Bleibe im ersten Stock des Predigerchors; im Magazin wurde gleichzeitig ein separater Raum für die Kartenschränke der Kartensammlung und einen Teil der Handbibliothek eingerichtet. Am 17. Juni 1995 wurde der renovierte Altbau und damit auch die Kartensammlung an ihrem neuen Standort im ehemaligen Zeitschriftensaal im ersten Stock des Altbaus eröffnet. Heute wird die Zahl der Kartenblätter in der ZBZ auf über 220.000 angesetzt. Dazu kommen über 10.000 Bde Atlanten und kartographische Literatur, von denen etwas mehr als ein Viertel im Kartenlesesaal (Signatur »LKS«), die übrigen im Magazinraum der Kartensammlung aufgestellt sind (Signaturen »Atl« und »Kart«).

2. BESTANDSBESCHREIBUNG

Manuskriptkarten

2.1 In der ZBZ befinden sich rund 1000 Manuskriptkarten, die zum überwiegenden Teil schon in der Kartensammlung der Stadtbibliothek zu finden waren. Die meisten von ihnen betreffen schweizerisches Gebiet, einige wenige das Ausland. Bemerkenswert sind der Portolan von 1327 von Perino Vesconte und ein Manuskriptatlas von Battista Agnese, der um 1540 entstanden ist (beide in der Handschriftenabteilung).

2.2 Die Kartensammlung besitzt auch den Karten-Nachlass des Zürcher Kartographen und Panoramenzeichners Heinrich Keller (1778–1862), der 1944/45 vom Kartographischen Institut der ETH geschenkt wurde.

Alte gedruckte Karten

2.3 Der Anteil an Karten vor 1900 dürfte schätzungsweise ein Drittel des Gesamtbestands ausmachen. Etwa 10.000 davon stammen vom Kartenverein. Es handelt sich dabei im Wesentlichen um die wichtigsten Kartenwerke Europas aus dem 19. Jh, um Übersichtskarten einzelner Länder und um Stadtpläne wichtiger Städte sowie um einen repräsentativen Bestand von alten Schweizer Karten. Ein weiterer Grundstock alter Schweizer Karten bilden die etwa 900 Blätter der Zieglerschen Sammlung. Die alten Karten des Auslands aus dem 17. und 18. Jh waren v.a. Geschenke verschiedener Privatpersonen. Die Stadtbibliothek sammelte die schweizerischen Kartenwerke des 19. Jhs. Aus der Bibliothek der Naturforschenden Gesellschaft kamen geologische Karten. Als Beispiele besonders wertvoller Karten seien genannt: die Karte des Heiligen Landes der Froschauer-Bibel von 1525, die Karte des Zürcher Gebiets von 1566 von Jos Murer (3. Aufl. von 1670) sowie dessen Planvedute der Stadt Zürich von 1576 (3. Aufl. von 1700), die Karte des alten Berner Staatsgebiets 1577/78 von Thomas Schoepf (2 vollständige Exemplare der Aufl. 1672) und die Bodenseekarte von 1578 (Druck Konstanz 1603) von Tibianus (Johann Georg Schinbain).

Atlanten

2.4 Die Kartensammlung besitzt etwa 530 Atlanten von vor 1914 (15. Jh: 2; 16. Jh: 17; 17. Jh: 36; 18. Jh: 92; 19. Jh: 312; 1900–1914: 75). Bei den Inkunabeln handelt es sich um die beiden ältesten deutschen Ptolemäus-Ausgaben, die 1482 (1975 durch Diebstahl geplündert) und 1486 in Ulm erschienen sind. Eine der 12 Ptolemäus-Ausgaben des 16. Jhs in der ZBZ enthält die älteste gedruckte Karte der Schweiz von 1513. Der Erwähnung wert sind u.a. die 3 Ausg. der Stumpfschen Landtafeln (1548, 1562, 1574), das *Theatrum orbis terrarum* (Antwerpen 1595) von Abraham Ortelius, der *Atlas sive cosmographicae mediationes* (Duisburg 1595) von Gerhard Mercator, der *Novus Atlas* von Johan und Willem Blaeu (Amsterdam 1640–1642) sowie die spätere Ausg. davon (Amsterdam 1644/45). Letztgenanntes Exemplar wurde 1646 von Anton Studler dem Bürgermeister Salomon Hirzel geschenkt.

Handbibliothek der Kartensammlung und Bibliothek des SAC

2.5 In der Handbibliothek der Kartensammlung (Signatur »Kart«) finden sich fast 200 Bücher, die vor 1900 erschienen sind, 30 davon vor 1850. Im Katalog des Kartenvereins von 1880 werden 14 die Kartographie betreffende Werke aufgeführt.

2.6 Die Depotbibliothek des Schweizerischen Alpenclubs wird von der Kartensammlung verwaltet. Der historische Buchbestand umfasst 83 Broschüren (18. Jh: 1; 19. Jh: 28; 1901–1916: 54) und 6649 Einheiten, darunter auch die 442 aus der Privatbibliothek von William Augustus Brevoort Coolidge (1850–1926) (16. Jh: 6; 17. Jh: 30; 18. Jh: 395; 19. Jh: 4243; 1901–1916: 1932). Die meisten erschienen in deutscher Sprache (3478) gefolgt von französischen (1751), englischen (1032) und italienischen Publikationen (295) und solchen in anderen Sprachen (90).

Panoramen, Globen und Reliefs

2.7 Ausser Karten und Atlanten weist die ZBZ reiche Panoramenbestände auf, die von der Kartensammlung verwaltet werden. Ausserdem finden sich verschiedene Globen und Reliefs als Deposita ausserhalb des Hauses. Die Panoramen umfassen gut 4000 Blätter. Darunter befinden sich die Müller-Wegmannsche Sammlung und die Panoramen-Sammlung der Sektion Uto als Deposita des SAC.

2.8 Die ZBZ besitzt 3 wertvolle Globen: einen Erd- und Himmelsglobus, den 1595 Bernhard II. Müller, Abt von St. Gallen, besessen hatte und der 1712 als Beutestück des Toggenburgerkriegs nach Zürich gelangte, und 2 Globen des Paters Vincenzo Coronelli, nämlich ein Venedig gewidmeter Erdglobus und ein Zürich gewidmeter Himmelsglobus, die 1715 General Felix Werdmüller der Stadtbibliothek geschenkt hatte. 1897 wurden diese 3 Globen und 1899 dazu ein silberner, z. T. vergoldeter Globuspokal von Abraham Gessner (1552–1613), als Deposita ins Schweizerische Landesmuseum gebracht.

2.9 1818 wurde vom Stadtrat von Zürich das von etwa 1805–1816 angefertigte grosse Schweizer Alpenrelief im Massstab von ungefähr 1:40.000 von Ingenieur Joachim Eugen Müller (1752–1833) von Engelberg angekauft und in der Stadtbibliothek aufgestellt, zuerst im inneren, seit 1839 im äusseren Saal des Helmhauses, der deshalb Reliefsaal genannt wurde. Dieses Relief ist das grösste und bedeutendste von Müller in der Schweiz. Das grosse Relief misst 259 x 495 cm und umfasst das Gebiet zwischen den vier Punkten Lindau, Ardez, Simplon und Belpberg. Seit dem Jahr 2000 befindet es sich als Depositum im Schweizerischen Landesmuseum (aufbewahrt in einem Aussenlager). Von den übrigen Reliefs im Eigentum der ZBZ stehen die neuen als Deposita im Kloster Engelberg und je ein Relief im Historischen Museum St. Gallen und im Museum Sarganserland im Schloss Sargans. In der ZBZ selbst befindet sich nur noch ein Relief als Depositum der Sektion Uto des SAC.

3. KATALOGE

1992 wurde mit der EDV-Katalogisierung der Karten begonnen. Bis Ende 2005 waren 22'000 Kartentitel erfasst (Kartenwerke werden mit geringen Ausnahmen nur mit einer Gesamttitelaufnahme erfasst). Im Gegensatz zu den Buchbeständen werden sämtliche Karten, auch die alten Karten vor 1800, im Online-Verbundkatalog nachgewiesen. Die katalogisierten Titel werden dort auch durch einen speziellen Schlagwortkatalog (ZB-Schlagwort-Karten) erschlossen.

4. QUELLEN UND DARSTELLUNGEN ZUR GESCHICHTE DER BIBLIOTHEK

Archiv der Zentralbibliothek
Akten zum Kartenverein [Arch St 401 und 402]

Scheuchzer, Johann Jakob: Kunstkammer-Inventar [Arch St 25]

Ziegler, Leonhard: Catalogus schweizerischer Prospecten und Landcharten [Arch St 715]

Übrige Quellen und DarstellungenBericht der Vorsteherschaft des Kartenvereins in Zürich an die Mitglieder desselben 1850–1856. [Zürich 1856]

[Grob, Heinrich]: Vierter Katalog des Kartenvereins in Zürich. [Zürich] 1880. [Zürich 1880]

Dritter Katalog des Kartenvereins in Zürich 1870. [Zürich] 1870

Höhener, Hans-Peter: Die Kartensammlung der Zentralbibliothek Zürich. In: Turicum 4 (1973), S. 15–19

Höhener, Hans-Peter: Die Kartensammlung der Zentralbibliothek Zürich. In: Zürcher Taschenbuch 96 (1976), S. 62–86.

Hürlimann, Robert; Scherrer, Paul: Die Mathematisch-militärische Gesellschaft in Zürich und ihre Bibliothek. 2 Teile. Neujahrsblatt der Feuerwerker-Gesellschaft Zürich 145 und 146. Zürich 1954f.

[Pestalozzi, Salomon]: Fünfter Katalog des Kartenvereins in Zürich 1890. [Zürich 1890]

[Pestalozzi, Salomon]: Bericht über den Bestand der Sammlung des Kartenvereins in Zürich und über allfällige neue Erwerbungen zu ihrer Vervollständigung. Zürich 1894

Ziegler, Leonhard: Atlas Helveticus oder Verzeichniss einer vollständigen Sammlung aller über die Schweitz und ihre verschiedenen Theile in Kupferstich und Holz-Schnitt herausgekommenen geographischen Charten in systematischer Ordnung nach ihren auf den Charten selbst befindlichen Titeln genau beschrieben. In: Büschings Magazin 14 (1780) S. 155–196; Nachdruck Langnau am Albis 1974

Zweiter Katalog des Kartenvereins in Zürich 1863. [Zürich 1863]

5. VERÖFFENTLICHUNGEN ZU DEN BESTÄNDEN

Das Schweizerische Landesmuseum, Hauptstücke aus seinen Sammlungen. Stäfa 1969

Dürst, Arthur: Die Landkarten des Johannes Stumpf. Langnau am Albis 1975

Dürst, Arthur: Zürich im Bild seiner Kartenmacher: alte Karten aus fünf Jahrhunderten. Ausstellung Zentralbibliothek Zürich [...] 1978. [Zürich] 1978

Dürst, Arthur: Jos Murers Karte des Zürcher Gebiets von 1566. Langnau am Albis [1986]

Dürst, Arthur: Zur Wiederauffindung der Heiligland-Karte von ca. 1515 von Lucas Cranach dem Älteren. In: Cartographica Helvetica 3 (1991), S. 22–27.

Dürst, Arthur: Die Karte des Heiligen Landes in der Froschauer-Bibel 1525. Erste in Zürich gedruckte Karte. In: Zentralbibliothek Zürich. Alte und neue Schätze. Zürich 1993, S. 50–53, 180–184

Dürst, Arthur: Jos Murers Planvedute der Stadt Zürich von 1576. Zürich 1996

Dürst, Arthur: Die Planvedute der Stadt Zürich von Jos Murer, 1576. In: Cartographica Helvetica 15 (1997), S. 23–37

Dürst, Arthur; Bonaconsa, Ugo: Der Bodensee mit den angrenzenden Gebieten Deutschlands, Österreichs und der Schweiz in alten Kartendarstellungen. Konstanz 1975

Dürst, Arthur u. a. (Hrsg.): Die Ostschweiz im Bild der frühen Kartenmacher: Karten und Vermessungsinstrumente aus fünf Jahrhunderten. Murten 1994

Germann, Thomas: Johann Gottfried Ebel und sein Panorama von der Albishochwacht: In: Cartographica Helvetica 13 (1996), S. 23–30

Grosjean, Georges: Kantonaler Karten- und Plankatalog Bern. Bern 1960

Haag, Hans Jakob: Die vermutliche älteste bekannte hebräische Holzschnittkarte des Heiligen Landes (um 1560): Israels Auszug aus Ägypten in der Sicht Raschis. In: Cartographica Helvetica 4 (1991), S. 23–26

Höhener, Hans-Peter: Der älteste europäische China-Atlas. In: Librarium 31 (1988), S. 63–77

Höhener, Hans-Peter: Die Schlacht von Sissek 1593: Eine Episode aus den Türkenkriegen. In: Alfred Cattani, Hans Jakob Haag (Hrsg.): Schätze aus vierzehn Jahrhunderten. Zürich 1991, S. 83–87, 179–180

Höhener, Hans-Peter: Johannes Ardüser: Rheintalkarte 1632: Der Zürcher Stadtingenieur zeichnet Bündner Festungswerke. In: Alfred Cattani, Michael Kotrba, Agnes Rutz (Hrsg.): Alte und neue Schätze. Zürich 1993, S. 86–89, 207–210

Höhener, Hans-Peter: Karten: In: Hans Conrad Escher von der Linth: Die Ersten Panoramen der Alpen: Zeichnungen, Ansichten, Panoramen und Karten. Mollis 2002, S. 406–434

Weber, Bruno: Kartographische Hochleistung, 1576. In: Bruno Weber (Hrsg.): Zeichen der Zeit: Aus den Schatzkammern der Zentralbibliothek Zürich. Zürich 2002, S. 78f., 170f.

Weber, Bruno: Schweiz mit Randeinfällen, 1709–1710. In: Bruno Weber (Hrsg.): Zeichen der Zeit: Aus den Schatzkammern der Zentralbibliothek Zürich. Zürich 2002, S. 94f., 174

Weber, Bruno: Rundblick vom Grossmünster herab, 1825. In: Bruno Weber (Hrsg.): Zeichen der Zeit: Aus den Schatzkammern der Zentralbibliothek Zürich. Zürich 2002, S. 116f., 181

MUSIKABTEILUNG DER ZENTRALBIBLIOTHEK ZÜRICH

Kanton: Zürich

Ort: Zürich

Bearbeiter: Urs Fischer

Adresse: Chor der Predigerkirche, Predigerplatz 6, 8001 Zürich

Postadresse: Zähringerplatz 6, 8001 Zürich

Telefon: +41 44 268 31 00

Telefax: +41 44 268 32 90

Homepage: www.zb.uzh.ch

E-Mail: musik@zb.uzh.ch

Träger:
Stadt und Kanton Zürich

Funktion:
Spezialsammlung für musikbezogene Materialien und musikwissenschaftliche Literatur

Sammelgebiete:
Musikhandschriften, Musikdrucke, Musikliteratur, Archivalien, Tonträger.

Benutzungsmöglichkeiten:
Präsenzbenutzung im Sonderlesesaal, Ausleihe für neuere Musikalien und Sekundärliteratur (Freihandmagazin).

Öffnungszeiten:
Montag bis Freitag: 10.00–18.00 Uhr, Samstag: 10.00–16.00 Uhr.

Technische Einrichtungen für den Benutzer:
Kopiergerät, Mikrofilm- und Mikrofiche-Lesegerät, Abhörraum mit 4 Stationen (LP, CD, DAT, Musikkassette) und 1 DVD-Gerät, digitales Klavier mit Kopfhörer.

Hinweise für anreisende Benutzer:
s. Zentralbibliothek Zürich

1. BESTANDSGESCHICHTE

1.1 Wie jede vergleichbare Institution widerspiegelt auch die 1917 in Betrieb genommene Zentralbibliothek Zürich in ihren Beständen den Gang des kulturellen, wissenschaftlichen und insbesondere eben auch des musikalischen Lebens. Prägend waren hier die Reformation Zwinglis, die ein öffentliches Musikleben bis weit ins 18. Jh hinein zum Erliegen gebracht hatte, und die verhältnismässig späte Gründung der Universität im Jahr 1833.

1.2 Die älteste der Zürcher Bibliotheken ist die des Chorherrenstifts auf dem Grossmünster, erstmals 1260 erwähnt. Ein grosser Teil ihrer Bestände – darunter eine erhebliche Zahl von Musikhandschriften – fiel allerdings der Reformation zum Opfer. Die Stiftsbibliothek blieb aber in reduziertem Zustand erhalten und wurde 1835 zur Bibliothek der Cantonal-Lehranstalten, der Kantonsbibliothek, umfunktioniert. Die Aufhebung des Klosters Rheinau 1863 und die Überführung der Klosterbibliothek in die Kantonsbibliothek führten zu einem bedeutenden Zuwachs an liturgischen Musikhandschriften, Musikdrucken und musiktheoretischen Werken.

1.3 Die 1629 gegründete Zürcher Stadtbibliothek war hinsichtlich der Musik liberaler gesinnt als das Chorherrenstift. Zu ihren Beständen gehören einerseits Chor- und Liederbücher zürcherischer Provenienz anderseits kostbare Notendrucke des 17. und 18. Jhs, darunter auch Unikate des frühen Notendrucks, die aus dem Ausland auf unbekannten Wegen in die Limmatstadt gelangt sind.

1.4 Der Wunsch, das zersplitterte Zürcher Bibliothekswesen zu zentralisieren und damit auch den Einsatz von Arbeitskräften und Geldmitteln zu optimieren, wurde 1914 durch Beschluss der Stimmberechtigten von Stadt und Kanton mit der Errichtung der Stiftung Zentralbibliothek Zürich umgesetzt. Bei Inbetriebnahme der Zentralbibliothek als Kantons-, Stadt- und Universitätsbibliothek im Jahr 1917 galten als Sammelgebiete die an der Universität vertretenen Wissenschaften sowie Turicensia und Helvetica. Im Bereich Musik wurde vornehmlich Sekundärliteratur erworben; auf die Pflege einer für die Musikgeschichte repräsentativen Sammlung an Musikalien musste mangels finanzieller Mittel und Fachpersonals vorderhand verzichtet werden. Man beschränkte sich auf die Erwerbung einiger Gesamtausgaben bedeutender Komponisten. Diese zurückhaltende Bestandspflege wurde indessen durch den Umstand aufgewogen, dass die Zentralbibliothek bereits 1917 die Bibliothek der Allgemeinen Musik-Gesellschaft Zürich (AMG) als Dauerdepositum aufnehmen konnte.

1.5 Erst im Oktober 1971 wurden mit der Einrichtung einer eigenen Musikabteilung die organisatorischen und personellen Voraussetzungen geschaffen, die einen systematischen Ausbau des Bereichs Musik ermöglichten. Zunächst im Altbau untergebracht, verfügt die Abteilung seit 1996 über grosszügige Räumlichkeiten im hochgotischen Chor der Predigerkirche, der einen repräsentativen Lesesaal und vier Stockwerke Magazinräume umfasst.

1.6 In der Musikabteilung wurden zunächst die mehr oder weniger verstreut im Gesamtbestand liegenden Musikalien zusammengetragen; das musiktheoretische Schrifttum und die Sekundärliteratur, z.T. auch die Musikhandschriften, beliess man indessen an ihren bisherigen Standorten in der Handschriftenabteilung und im Gesamtbestand. Ausnahmen bildeten Lexika, Bibliographien, Werkverzeichnisse und sonstige Nachschlagewerke, die für den Musiklesesaal bestimmt waren. Während heute auch Musikhandschriften und Musikerkorrespondenzen, meistens im Rahmen von Nachlässen, vollumfänglich von der Musikabteilung verwaltet werden, werden Musica theoretica nach wie vor in den allgemeinen Bestand der Zentralbibliothek eingegliedert.

1.7 Dank systematischer Käufe, Schenkungen von erheblichem Umfang und Deposita hat sich die Musikabteilung der Zentralbibliothek in kurzer Zeit als Sammlung von europäischer Bedeutung etabliert. Als Zugänge grösseren Umfangs seien erwähnt: 1971 die Schenkung einer Sammlung von musikalischen Erst- und Frühdrucken aus dem Nachlass des Zürcher Dirigenten und Komponisten Ernst Hess (1912–1968); 1972 die Erwerbung eines grösseren Postens von Musikalien v.a. des 20. Jhs aus dem Verlagsprogramm der Universal-Edition Wien; 1973 eine Sammlung von Kammermusik aus dem Nachlass des früheren Kunsthausdirektors Wilhelm Wartmann (Zürich); 1974 die Musikbibliotheken des Publizisten Willi Reich (Zürich) und des Musikwissenschaftlers Erwin R. Jabobi (Zürich). Die wertvolle Bibliothek Jacobis mit Musikdrucken und musiktheoretischen Schriften des 17. und 18. Jhs französischer, deutscher und italienischer Provenienz bedeutete für die Zentralbibliothek eine Ausweitung in Bereiche, die in den bibliothekseigenen Beständen zuvor so gut wie nicht vertreten gewesen waren. 1999 konnte das Archiv des Verlags Rieter-Biedermann (Winterthur und Leipzig) erworben werden, und 2003 erhielt die Zentralbibliothek das Verlagsarchiv der Zürcher Liederbuch-Anstalt und die Bibliothek des Hymnologen Markus Jenny (Ligerz).

1.8 Darüber hinaus vereinigte die Musikabteilung nach und nach weitere Zürcher Bibliotheken unter ihrem Dach. Seit 1978 besitzt sie die alte Musikalienbibliothek des Opernhauses, eine umfangreiche Sammlung von Opern und Operetten aus dem 19. und frühen 20. Jh. 1999 konnte sie die alten Notenbestände des Konservatoriums und der Tonhalle übernehmen. Zusammenfassend kann man festhalten, dass damit die wertvollsten Musikbestände im Raum Zürich in der Zentralbibliothek der Forschung und der allgemeinen Öffentlichkeit zur Verfügung stehen.

1.9 Ein weiterer Aspekt der Sammlungstätigkeit betrifft die Erschliessung und Aufbewahrung von Nachlässen von Komponisten, Musikern und Musikwissenschaftlern. Zu erwähnen sind hier etwa die Komponisten Hans Georg Nägeli, Franz Xaver Schnyder von Wartensee, Othmar Schoeck, Heinrich Sutermeister, Wladimir Vogel und Paul Burkhard sowie die Dirigenten Friedrich Hegar, Wilhelm Furtwängler und Paul Klecki.

2. BESTANDSBESCHREIBUNG

2.1 Die Musikabteilung verwahrt vornehmlich gedruckte und handschriftliche Musikalien, Tonträger und Musikerkorrespondenz. Musica theoretica (Schriften zur Musiktheorie und musikwissenschaftliche Sekundärliteratur inkl. Zeitschriften) sind mit Ausnahme der Präsenzbestände im Lesesaal aus historischen Gründen im Gesamtbestand der Zentralbibliothek integriert; die Altbestände befinden sich dementsprechend in der 1996 errichteten Sammlung Alte Drucke. Nach der Gründung der Musikabteilung wurden Musikernachlässe nach und nach in die Obhut der Musikabteilung gegeben, Einzelhandschriften, insbesondere wenn sie zu Sammlungen gehören, verblieben in der Handschriftenabteilung. Musica theoretica werden im Folgenden nur soweit berücksichtigt, wie sie als Bestand von Sondersammlungen und Körperschaftsarchiven in der Musikabteilung aufbewahrt werden.

2.2 Die Musikabteilung verwahrt etwa 100.000 Musikdrucke, 1600 einzelne Musikhandschriften, 46.000 Musikerbriefe und 35.000 Tonträger. Weitere, hier nicht erfasste Musikhandschriften und sonstige Archivalien sind in 187 Nachlässen und personenbezogenen Sammlungen von Komponisten, Musikern und Musikwissenschaftlern und in 15 Körperschaftsarchiven (Orchester, Chöre, Verlage) zu finden.

Chronologische Übersicht

Notendrucke

2.3 Von den 17.168 bis 1900 erschienenen Drucken entfallen 49 auf das 16. Jh, 252 auf das

17. Jh, 1667 auf das 18. Jh und 15.200 auf das 19. Jh. Die Angaben beruhen auf einer Auszählung der elektronischen und handschriftlichen Kataloge und bei gemischten Beständen auf einer Zählung im Magazin. Stimmenmaterialien und mehrbändige Ausg. sind grösstenteils nicht einzeln erfasst. Die Werte für das 18. und 19. Jh sind als Richtwerte zu verstehen, da die oftmals undatierten Produktionen keine präzise chronologische Zuordnung zulassen.

Musica Theoretica und Libretti

2.4 Musiktheoretische Schriften und Sekundärliteratur befinden sich in den Beständen der AMG und der Sammlungen Jacobi und Jenny. Von den 723 Titeln gehören 2 ins 15. Jh, 11 ins 16. Jh, 31 ins 17. Jh, 223 ins 18. Jh und 456 ins 19. Jh. Musikzeitschriften bis 1900, insgesamt 16 Titel, sind ausschliesslich in der AMG-Bibliothek vorhanden. Die Textbuchsammlung umfasst 420 Exemplare, wovon 1 aus dem 17. Jh, 21 aus dem 18. Jh und 398 aus dem 19. Jh.

Systematische Übersicht

Alte Stadtbibliothek (Signatur: Diverse)

2.5 Der ältere Bestand umfasst 185 grösstenteils in Zürich entstandene Drucke geistlicher Vokalmusik (Kirchenlied, ein- und mehrstimmige Psalmen) im Hinblick auf das Musizieren im häuslichen Kreis und in der Schule. In der zweiten Hälfte des 18. Jhs wurden neben geistlichen Texten zunehmend auch solche patriotischen Inhalts vertont. In diesen Drucken sind v. a. Werke von Komponisten des Zürcherischen Musiklebens wie Johann Ludwig Steiner (1688–1761), Johann Caspar Bachofen (1695–1755), Johann Heinrich Egli (1742–1810) und Johann Jakob Walder (1750–1817) publiziert. Die Wende zum 19. Jh ist verbunden mit Philipp Christoph Kayser (1755–1824), dem aus Frankfurt stammenden Goethe-Freund, und Hans Georg Nägeli (1773–1836), dessen Verlagserzeugnisse nahezu vollständig vorhanden sind. Von älteren Musikdrucken nicht zürcherischer Provenienz seien genannt: Georg Rhaus *Enchiridion musicae mensuralis* (Wittenberg 1531), *Gassenhawerlin* sowie *Reutterliedlin* (beide Franfurt a. M. 1535) und Nicolas Gomberts *Motectorum quinque vocum liber secundus* (Venedig 1541). Erwähnenswert ist ferner eine für das gesellschaftliche Musizieren bestimmte Gruppe von Lautentabulaturen und Stimmbüchern des 16. und 17. Jhs, von denen Johannes Pacolonis Druck *Longe elegantissima tribus testudinibus ludenda carmina* (Löwen 1564) nur in diesem Zürcher Exemplar erhalten ist.

Allgemeine Musik-Gesellschaft Zürich (Signatur: AMG)

2.6 Mit der Vereinigung der Zürcher Collegia Musica zur Allgemeinen Musik-Gesellschaft Zürich (AMG) im Jahr 1812 wurden auch die Musikalienbibliotheken der Gesellschaften zusammengeführt. Die drei alten Musikgesellschaften wurden im 17. Jh aus dem Bedürfnis ins Leben gerufen, Vokal- und Instrumentalmusik wenigstens im privaten Bereich weiterzupflegen, nachdem dies, verursacht durch die Reformation, in der Kirche vollständig und in der Öffentlichkeit weitgehend unterbunden worden war. Mit der Gründung der AMG wurden die Voraussetzungen für ein öffentliches Musikleben geschaffen, nachdem schon für die zweite Hälfte des 18. Jhs eine Ausweitung des Musiklebens über die geschlossenen, patrizischen Zirkel hinaus feststellbar ist. Das Repertoire der Musikaliensammlung widerspiegelt diese Entwicklung. Ist das 17. und frühe 18. Jh vornehmlich mit Vokalmusik kleineren Zuschnitts repräsentiert, so brachte das 18. Jh eine zunehmende Berücksichtigung der Instrumentalmusik, bis dann die Gründung der AMG die Basis für die Aufführung auch grosser Instrumental- und Vokalwerke schuf. Die Bestände an geistlicher und weltlicher Vokalmusik des 17. und 18. Jhs – vorwiegend aus Italien, Holland und Deutschland – bilden eine der bedeutendsten Sammlungen dieser Art in ganz Europa. Hinzu kommen viele Instrumentalwerke aus dem 18. Jh: Triosonaten, Suiten, Konzerte und Sinfonien, italienischer, deutscher und österreichischer Provenienz, darunter Erstausgaben von Haydn, Mozart und Beethoven. Aus dem 19. Jh stammen zahlreiche Aufführungsmaterialien grosser Orchesterwerke, Oratorien und Opern. Der Musikalienbestand bis 1900 umfasst 3200 Musikdrucke; neben einer Sammlung der bis ins 17. Jh zurückreichenden Neujahrsblätter der Gesellschaften gehören zu den Beständen ferner 144 Titel zur Musiktheorie inkl. Nachschlagewerke und 16 Musikzeitschriften des 19. Jhs.

Bibliothek Erwin R. Jacobi (Signatur: Mus Jac)

2.7 Die Sammlung ist im Zusammenhang mit Erwin R. Jacobis musikwissenschaftlicher Auseinandersetzung mit Musiktheorie, Barockmusik und Verzierungslehre entstanden und umfasst 218 Musikdrucke und 263 Titel zur Musica theoretica. Frankreich ist mit Erst- und Frühdrucken von Musik für Tasteninstrumente, Kammermusik und Opern u. a. von Jean-Henri d'Anglebert, Claude Balbastre, Joseph Bodin de Boismortier, André Campra, François Couperin (le Grand), Jean-François Dandrieu, Jean-Baptiste Lully, Guillaume-Gabriel Nivers und Jean-Philippe Rameau hervorragend vertreten. Die italienische Musik ist mit Werken von Arcangelo Corelli, Pietro Locatelli und Giuseppe Tartini, die deutsche Musik mit solchen von Carl Philipp Emanuel Bach, Johann Sebastian Bach, Georg Friedrich Händel, Joseph Haydn, Johann Adam Hiller, Georg Philipp Telemann und Daniel Gottlob Türk vorhanden.

2.8 Aus dem umfangreichen, repräsentativen Bereich der Musica theoretica seien folgende Autoren genannt: Johann Georg Albrechtberger, Jean le

Rond d'Alembert, Boethius (Venedig 1491/92), Michel Corette, Johann Joseph Fux, Glarean, Johann Philipp Kirnberger, Friedrich Wilhelm Marpurg, Giambattista Martini, Johann Mattheson, Jean-Philippe Rameau, Georg Andreas Sorge, Giuseppe Tartini, Daniel Gottlob Türk und Gioseffo Zarlino. Hervorzuheben ist hier die *Grammatica brevis* (Venedig 1480) von Franciscus Niger und Johann Lucilius Santritter, das die ersten gedruckten Mensuralnoten und die früheste gedruckte weltliche Musik enthält.

Bibliothek des Opernhauses (Signatur: Mus BAZ)

2.9 Kern der Sammlung, die vom Zürcher Opernhaus regelmässig vermehrt wird, ist eine Bibliothek, die 1891 von der Zürcher Theater-Aktiengesellschaft dem ehemaligen Direktor des Breslauer Stadttheaters, Emil Hillmann, abgekauft wurde. Man beabsichtigte damit, die beim Brand des Zürcher Aktientheaters in der Neujahrsnacht von 1889 auf 1890 vernichtete Hausbibliothek zu ersetzen. Der Grundstock der Sammlung wurde vom Direktor des Leipziger Stadttheaters, Carl Christian Schmidt (1793–1855), zwischen 1843 und 1849 angelegt. Unter dem Nachfolger Schmidts in Leipzig, Rudolph Wirsing (1808–1878), wurde die Bibliothek weiter ausgebaut. Als Wirsing 1864 zum Deutschen Königlichen Landestheater nach Prag überwechselte, nahm er sie mit. 1878 wurde er an das Stadttheater nach Breslau berufen, starb aber im gleichen Jahr noch in Prag. 1879 übernahm Emil Hillmann (gest. 1902), vormals Kapellmeister in Königsberg, die Direktion des Breslauer Stadttheaters samt der Theaterbibliothek Wirsings. Die Sammlung, so wie sie die Zürcher Theater-Aktiengesellschaft von Hillmann übernommen hat, enthielt 179 vollständige Opern und Operetten sowie 800 Schauspiele, davon 398 als Drucke, die übrigen als Handschriften.

Bibliothek der Tonhalle-Gesellschaft (Signatur: Mus T)

2.10 Die alten Bestände der Tonhalle-Gesellschaft Zürich umfassen Orchestermaterial, das im heutigen Konzertbetrieb keine Verwendung mehr findet. Nebst älterem Aufführungsmaterial des gängigen Repertoires ist besonders ein bedeutender Bestand an Salonmusik und Bearbeitungen bzw. Auszügen aus Opern und Operetten zu erwähnen. Neben 1156 Drucken aus dem 19. Jh ist eine grosse Zahl von Handschriften, zumeist Kopistenabschriften, vorhanden, die in Zusammenhang mit Uraufführungen und Zürcher Erstaufführungen angefertigt wurden.

Wagneriana-Sammlung (Signatur: Diverse)

2.11 Die Sammlung dokumentiert Richard Wagners Aufenthalt in Zürich von 1849 bis 1858. Sie besteht einerseits aus Musikhandschriften und Korrespondenz im Bestand der AMG, die im Zusammenhang mit Wagners Tätigkeit als Gastdirigent der Gesellschaft entstanden sind, andererseits aus Schenkungen und systematischen Zukäufen. Nebst 255 autographen Briefen sind 23 Erstausgaben seines musikalischen und 37 Erstausgaben seines literarischen Werks sowie eine umfangreiche Sammlung an Sekundärliteratur aus dem 19. Jh. (132 Titel) zu erwähnen.

Notenarchiv des Verlags Rieter-Biedermann, Winterthur und Leipzig (Signatur: Mus RB)

2.12 Das Archiv des 1848 in Winterthur gegründeten, 1862 nach Leipzig expandierenden und 1917 in den Besitz von Carl Friedrich Peters wechselnden Verlags umfasst 1693 Musikdrucke des 19. Jhs, darunter Erstausgaben von Robert Schumann, Johannes Brahms und Theodor Kirchner.

Gesangbuchsammlung Markus Jenny (Signatur: Jenny A)

2.13 Die Bibliothek des reformierten Pfarrers und Theologen Markus Jenny umfasst Quellen und Sekundärliteratur zur Hymnologie, Theologie und Liturgik. Insbesondere der Bestand von Kirchengesangbüchern des 16. bis 20. Jhs, der 1403 Drucke (612 Drucke bis 1900) umfasst, gehört weltweit zu den bedeutendsten seiner Art. Sekundärliteratur zur Hymnologie ist mit 1047 Titeln (272 Titel bis 1900) vertreten.

3. KATALOGE

Die Musikalien, Musikbücher und Tonträger sind im Online-Verbundkatalog (Erwerbungen ab 1988) und im Alphabetischen Zentralkatalog (AZK, Zettelkatalog, Nachweis der Bestände 1465–1989), der in gescannter Form auch online zugänglich ist, erfasst. Ein Auszug aus dem AZK betreffend die Musikalien ist im Lesesaal der Musikabteilung vorhanden. Bei den im Online-Verbundkatalog aufgeführten Beständen besteht die Möglichkeit einer Suche nach Form/Gattung bzw. nach Besetzung. Für die Bestände bis 1989 muss diese Suche mit den entsprechenden Zettelkatalogen im Lesesaal der Musikabteilung vorgenommen werden; zudem existiert für diese Bestände ein Zettelkatalog der Titel- und Textincipits. Was die historischen Kataloge angeht, sei auf den Artikel über die Zentralbibliothek Zürich verwiesen.

Die Einzelhandschriften und die Briefe sind in online-recherchierbaren Datenbanken erfasst.

Die Nachlässe und Körperschaftsarchive sind in Verzeichnissen erschlossen, die auf der Internet-Site der Musikabteilung als http- bzw. pdf-Dokumente zur Verfügung gestellt werden.

Die Bestände der Allgemeinen Musik-Gesellschaft Zürich, des Opernhauses und der Bibliothek Erwin R. Jacobi sind in publizierten Katalogen erschlossen:

Geering, Mireille: Musikalienbibliothek des Opernhauses Zürich. Winterthur 1995

Puskás, Regula: Musikbibliothek Erwin R. Jacobi. Zürich 1973

Walter, Georg: Katalog der gedruckten und handschriftlichen Musikalien des 17. bis 19. Jahrhunderts im Besitze der Allgemeinen Musikgesellschaft Zürich. Zürich 1960

Die Mikroformen (zumeist Sicherheits- und Arbeitskopien eigener Bestände) sind in einem Zettelkatalog erfasst.

4. QUELLEN UND DARSTELLUNGEN ZUR GESCHICHTE DER BIBLIOTHEK

Die Musikabteilung der Zentralbibliothek Zürich. »Wir würden wohl auch Dr. Furtwänglers gesammeltes Schweigen erwerben«. In: Arbido 12 (1997), S. 3–5

Birkner, Günter: Die Musikabteilung der Zentralbibliothek Zürich. In: Zürcher Taschenbuch auf das Jahr 1978, Zürich 1977, S. 229–248

Ehrismann, Sibylle: Aus dem Archiv ans Ohr der Öffentlichkeit. Zur Neueröffnung der ZB-Musikabteilung im Predigerchor. In: Neue Zürcher Zeitung, 20. November 1996, Nr. 271, S. 54

Walton, Chris: Die Musikabteilung der Zentralbibliothek Zürich. In: Arbido Revue 7 (1992), S. 59–62

5. VERÖFFENTLICHUNGEN ZU DEN BESTÄNDEN

Die nachfolgend aufgeführten Publikationen erhalten entweder Werkverzeichnisse oder Darstellungen zu den Sammlungen und ihrer Geschichte. Vgl. hierzu auch die gedruckten Kataloge in Absatz 3 dieser Darstellung.

Bircher, Martin: Von Boethius bis Hindemith. Eine Zürcher Sammlung von Erstausgaben zur Geschichte der Musiktheorie. In: Librarium 13 (1970), S. 134–161

Birkner, Günter: Heinrich Sutermeister, der Weg des Bühnenkomponisten. 169. Neujahrsblatt der Allgemeinen Musikgesellschaft Zürich auf das Jahr 1985. Zürich 1985

Brunner, Adolf: Erinnerungen eines Schweizer Komponisten aus der Schule Philipp Jarnachs und Franz Schrekers, hrsg. von Chris Walton. 181. Neujahrsblatt der Allgemeinen Musikgesellschaft Zürich auf das Jahr 1997. Zürich 1997

Fischer, Urs: 'Ein Vorgefühl tödtlicher Langerweile.' Zur Bach-Rezeption im Zürcher Konzertleben des 19. Jahrhunderts. In: Urs Fischer, Hans-Joachim Hinrichsen und Laurenz Lütteken (Hrsg.): Nähe aus Distanz. Bach-Rezeption in der Schweiz. Winterthur 2005, S. 24–41

Föllmi, Beat A.: Praktisches Verzeichnis der Werke Othmar Schoecks. Zürich 1997

Geering, Mireille: Wladimir Vogel (1896–1984). Verzeichnis der musikalischen Werke. Winterthur 1992

Jakob, Friedrich: Paul Müller-Zürich. Winterthur 1991

Jenny, Markus: Auf der Jagd nach Kirchengesangbüchern. In: Librarium 15 (1972), S. 96–112

Prieberg, Fred K.: »Dass ich nicht vertreten bin...«. Der Komponist Hans Schaeuble. Winterthur 2002

Stoecklin, Ute (Hrsg.): Meinrad Schütter. Werkverzeichnis; Biographische Daten. Aarau 1997

Walter, Georg: Der Musikalische Nachlass H. G. Nägelis. In: Schweizerische Musikzeitung und Sängerblatt 76 (1936) Heft 22, S. 641–659

Walton, Chris: Der Komponist Alfred Berghorn. Portrait und Werkverzeichnis. Augsburg 1998

Walton, Chris: Czeslaw Marek. Komponist, Pianist, Pädagoge. Winterthur 1999

BIBLIOTHEK OSKAR R. SCHLAG, ZÜRICH

Kanton: Zürich

Ort: Zürich

Bearbeiter: Hans Jakob Haag

Adresse: Postadresse: Zentralbibliothek Zürich,
Zähringerplatz 6,
8001 Zürich

Telefon: +41 44 268 31 00

Telefax: +41 44 268 32 90

Homepage: www.zb.uzh.ch

E-Mail: bibliothek.schlag@zb.uzh.ch

Träger:
Stadt und Kanton Zürich

Funktion:
Spezialsammlung für Esoterik

Sammelgebiete:
Alchemie, Geheimgesellschaften (Freimaurer, Rosenkreuzer, hermetische und neugnostische Gruppierungen etc.), Magie, Mantik, östliche, jüdische und christliche esoterische Traditionen, Paramedizin, Parapsychologie, Symbolforschung, Tarot.

Benutzungsmöglichkeiten:
Präsenzbenutzung im Sonderlesesaal.

Öffnungszeiten:
Jeden Mittwoch von 13.00–18.00 Uhr nach vorgängiger Anmeldung. Benutzer müssen im Besitz eines gültigen Ausweises der Zentralbibliothek sein.

Technische Einrichtungen für den Benutzer:
Kopiergerät.

Hinweise für anreisende Benutzer:
Die Bibliothek befindet sich im ehemaligen Wohnhaus Oskar R. Schlags. Die geeigneten Verkehrsverbindungen werden bei der Anmeldung bekannt gegeben. Zwei kostenlose Parkplätze sind vorhanden.

1. BESTANDSGESCHICHTE

1.1 Seit den frühen 30er-Jahren bis zu seinem Tod hat der Psychotherapeut und Graphologe Oskar R. Schlag (1907–1990) mit Sachverstand und Leidenschaft Bücher und Dokumente aus den geheimwissenschaftlichen Disziplinen zusammengetragen und so eine weltweit bedeutende Bibliothek auf dem Gebiet der Esoterik errichtet. Um seine Sammlung sowohl der wissenschaftlichen Erforschung esoterischer Strömungen als auch der allgemeinen Benutzung zugänglich zu machen, schenkte sie Schlag testamentarisch der Zentralbibliothek Zürich, die sie im Sinne des Donators weiterführt und laufend ergänzt.

2. BESTANDSBESCHREIBUNG

Chronologische Übersicht

2.1 Der Gesamtbestand umfasst rund 21.200 Werke und 550 Zeitschriften (z. T. lückenhaft). 22 Titel entfallen auf das 16. Jh, 142 auf das 17. Jh und 361 auf das 18. Jh. Der Schwerpunkt der Sammlung liegt also bei Publikationen aus dem 19. und 20. Jh. Hier sind u. a. die vielen, oft nur hektographierten, in kleinen »eingeweihten« Kreisen verteilten Schriften von Bedeutung.

Systematische Übersicht

2.2 Der Altbestand der Bibliothek ist in 8 Signaturengruppen unterteilt, die im Wesentlichen noch auf Oskar Schlag zurückgehen. In SCH A findet sich Literatur aus nichtesoterischen Disziplinen, die für das Studium der Geheimwissenschaften hilfreich sein können (z. B. Psychologie, Sexualwissenschaften, Graphologie). Der Schwerpunkt in SCH B liegt bei alchemistischen und christlich-theosophischen Schriften sowie bei jüdischer, christlicher und islamischer Mystik. Umfassende Bestände zu ägyptischen und griechischen Mysterien, fernöstlichen esoterischen Traditionen, Geheimgesellschaften (Freimaurer, Rosenkreuzer), moderner Theosophie und Anthroposophie sind unter SCH C nachgewiesen. Die Gruppe SCH E setzt sich v. a. aus Sekundärliteratur über Märchen, Sagen und esoterische Motive in der Belletristik zusammen, während Magie, Dämonologie und Mantik zu SCH F gehört. Parapsychologisches ist in SCH G zu finden. SCH

R vereinigt Rara aus allen esoterischen Disziplinen. Von grosser Bedeutung ist der umfangreiche Zeitschriftenbestand (SCH Z).

2.3 Neuzugänge werden ab 2007 aus Platzgründen nur noch unter der Signatur SCH N aufgestellt. Allgemeine und esoterische Nachschlagewerke (491 Titel) stehen im Lesesaal unter der Grundsignatur LOS zur Verfügung. Der handschriftliche Nachlass Schlags ist Eigentum der Oskar R. Schlag-Stiftung (http://www.stiftung-schlag.ch/). Diese gibt seit 1995 die protokollierten Botschaften heraus, die das Medium Schlag seit 1926 von einer höheren Wesenheit, die sich »Atma« nannte, empfangen hatte.

3. KATALOGE

Alphabetischer Verfasser- und Anonymenkatalog (bis 1990) [Zettelform]

Systematischer Sachkatalog (bis 1990) [Zettelform]

[Diese beiden Kataloge wurden von Oskar Schlag geführt. Sie sind insofern von Bedeutung, als sie auch unselbständige Literatur und Zeitschriftenaufsätze verzeichnen.]

Seit September 2005 ist der Mongraphien-Bestand online im Autoren-/Titelkatalog der Zentralbibliothek sowie im Sonderkatalog »Bibliothek Oskar R. Schlag« recherchierbar.

Die Zeitschriften sind vorderhand nur in einer gedruckten Liste mit groben Bestandesangaben verzeichnet (»Bibliothek Oskar R. Schlag: Zeitschriften. Stand: Mai 1996«).

4. QUELLEN UND DARSTELLUNGEN ZUR GESCHICHTE DER BIBLIOTHEK

Baer, Claudia: Eine Fundgrube für Esoterik-Interessierte wird erschlossen. In: Neue Zürcher Zeitung, 5. August 1998, S. 45

Faivre, Antoine: Artikel »Schlag, Oscar (or Oskar) Rudolf«. In : Dictionary of gnosis and western esotericism. Leiden 2005, S. 1040–1042

Frischknecht, Martin: Von Geistwesen und Agenten am Zürichberg. In: Spuren 42 (1996), S. 38–43

Frischknecht, Martin: Wer spricht da? Auf einem Bücherberg sprach der Geist »Atma« durch den Mund des Volltrance-Mediums Oskar R. Schlag. In: Werner Singer: Psychopolis. Zürcher Innenweltgeschichten. Zürich 1997, S. 90–100

Kretz, Paul: Der Atem von Atma. In: Fluntern 50/3 (2005), S. 12–15

Meier, Michael: Ein Hort des literarischen Geheimwissens. In: Tages-Anzeiger, 23. Februar 2002, S. 47

5. VERÖFFENTLICHUNGEN ZU DEN BESTÄNDEN

Haag, Hans Jakob: Daniel Mögling: Speculum sophicum rhodo-stauroticum 1618. Rosenkreuzerische Pansophie. In: Zentralbibliothek Zürich. Schätze aus vierzehn Jahrhunderten. Hrsg. von Alfred Cattani und Hans Jakob Haag. Zürich 1991, S. 93–95, 184

Staub-Iseli, Pia: Freimaurerliteratur in der Bibliothek Schlag [BBS-Diplomarbeit]. Zürich 1998

Weber, Bruno: Literarischer Kontakt, 1910. In: Zeichen der Zeit. Aus den Schatzkammern der Zentralbibliothek Zürich. Zürich 2002, S. 138f. [über einen Brief Gustav Meyrinks (1868–1932) an Felix Schloemp (1880–1916)]

Wissende, Eingeweihte und Verschwiegene. Esoterik im Abendland. Katalog der Ausstellung vom 23. Sept. bis 22. Nov. 1986 in der Zentralbibliothek Zürich. Zürich 1986 [der Katalog beschreibt bedeutende Esoterica aus der Bibliothek Schlag und aus den Altbeständen der Zentralbibliothek Zürich]

ZÜRCHER HOCHSCHULE DER KÜNSTE ZHDK, MEDIEN- UND INFORMATIONSZENTRUM MIZ

Kanton: Zürich

Ort: Zürich

Bearbeiter: Elke Neumann

Adresse: Ausstellungstrasse 60, 8005 Zürich bzw. Postfach, 8031 Zürich

Telefon: +41 43 446 44 70

Telefax: +41 43 446 45 87

Homepage: http://miz.zhdk.ch

E-Mail: miz.info@zhdk.ch

Träger: Kanton Zürich

Funktion:
Zürcher Hochschule der Künste (ZHdK)

Sammelgebiete:
Design, Fotografie, Film, Medien und Kunst, Vermittlung in Kunst und Design.

Benutzungsmöglichkeiten:
Lesesaal

Öffnungszeiten:
Montag bis Freitag, 10.00–18.00 Uhr.

Technische Einrichtungen für den Benutzer:
Computer für Katalog-, Datenbank- und Internetbenutzung; Farbkopierer, Scanner.

Hinweise für anreisende Benutzer:
Tramlinien 4 und 13, Haltestelle Museum für Gestaltung; 5 Gehminuten vom Hauptbahnhof Zürich, Ausgang Sihlquai, Richtung Limmatplatz. – Keine Parkplätze vorhanden.

1. BESTANDSGESCHICHTE

1.1 Die ZHdK, eine der grössten Kunsthochschulen Europas, entstand im August 2007 aus dem Zusammenschluss der Hochschule Musik und Theater HMT und der Hochschule für Gestaltung und Kunst Zürich HGKZ zur Zürcher Hochschule der Künste. Zur Hochschule gehören u. a. das Medien- und Informationszentrum MIZ mit seinen 6 Standorten sowie das Museum für Gestaltung Zürich mit seinen bedeutenden Sammlungen.

1.2 Am 1. November 1875 wurde das Museum für Gestaltung Zürich als Kunstgewerbemuseum Zürich eröffnet. Es war in den Häusern Friedensgasse 5 und 7 in Selnau untergebracht. Am 3. Mai 1878 nahm die Kunstgewerbeschule des Museums ihre Tätigkeit auf. Der Grund für die Errichtung eines Kunstgewerbemuseums mit Schule war dessen grosse volkswirtschaftliche Bedeutung in der Zeit der Industrialisierung und des Kampfes um Absatzmärkte. Schule und Museum sollten auf das aktuelle Geschehen in Handwerk und Industrie gestalterisch, technisch und wirtschaftlich einwirken. Durch die Förderung v. a. der künstlerischen Qualität der handwerklichen und industriellen Produkte wollte man die Schweiz im internationalen Wettbewerb stärken. Im Jahr 1895 bezogen Museum und Schule einen Flügel des Landesmuseums am Sihlquai und im Frühjahr 1933 den Neubau der Architekten Karl Egender (1897–1969) und Adolf Steger (1888–1939) an der Ausstellungsstrasse.

1.3 Von Beginn an eine städtische Institution, übernahm im Jahr 2000 der Kanton Zürich aus hochschulpolitischen Gründen die Trägerschaft. Der Name hat im Laufe der Jahre mehrmals gewechselt: Das Kunstgewerbemuseum Zürich wurde zum Museum für Gestaltung Zürich, die Kunstgewerbeschule Zürich zur Kunstgewerblichen Abteilung der Gewerbeschule Zürich, zur Schule für Gestaltung Zürich, zur Höheren Schule für Gestaltung Zürich, zur Hochschule für Gestaltung und Kunst Zürich und 2007 schliesslich zusammen mit der Hochschule Musik und Theater zur Zürcher Hochschule der Künste.

1.4 Die Bibliothek Ausstellungsstrasse wurde 1875 als Bestandteil des damaligen Kunstgewerbemuseums eingerichtet; ab 1878 diente sie auch der

Kunstgewerbeschule als Arbeitsinstrument für die Ausbildung zu den kunsthandwerklichen Berufen. Der Lese- und Zeichnungssaal der Bibliothek war von Beginn an öffentlich zugänglich. 1898 lagen dort 60 Fachzeitschriften zur Ansicht auf.

1.5 Den wichtigsten Teil der Bibliothek stellte in den Anfangsjahren die Vorbildersammlung dar. Dieses Anschauungsmaterial, meistens Lose-Blatt-Werke bestehend aus Titelblatt, erläuterndem Text, Inhaltsverzeichnis und oft bis zu 100 Tafeln mit Abbildungen, war in Mappen zusammengefasst und diente v. a. den Handwerkern der Stadt, aber auch der Öffentlichkeit und den Schülern als ästhetisches Vorbild. Die Abbildungen sind meistens Reproduktionen in Lichtdruck und Heliogravure. Der regelmässig erschienene eigenständige Katalog der Vorbildersammlung weist auf ihre Bedeutung hin. Im Jahr 1898 wurde ein Bestand von 1102 Mappen nachgewiesen, der in 240 Fächern untergebracht war. Das Sachregister der Vorbildersammlung reichte u. a. von Abreisskalendern, Balkonen, Betpulten, Dolchen, Engeln und Fussböden über Kronen, Kruzifixe, Öfen, Räuchergefässe, Postgebäude, Ohrringe, Stadttore und Tanzkarten bis zu Totenschildern, Toiletten, weiblichen Handarbeiten, Weinkarten und Zeughäusern. Aus den wenigen überlieferten Quellen ist ersichtlich, dass in die Vorbildersammlung immer wieder manipulierend eingegriffen wurde. Je nach Zeitgeist wurden Werke in den Bibliotheksbestand integriert, ausgeschieden oder als Gegenbeispiele ausgesondert; schliesslich war die ganze Sammlung der Öffentlichkeit nicht mehr zugänglich. Erst in den 80er-Jahren des 20. Jhs wurde die Vorbildersammlung neu entdeckt, 1987 redimensioniert, nach VSB-Regeln rekatalogisiert, in neuen Schachteln verwahrt und in den Bestand der Bibliothek integriert. Viele Mappen sind heute unvollständig.

1.6 In den Anfängen der Bibliothek kann noch nicht von einem gezielten Bestandsaufbau gesprochen werden. Geprägt wurde er einerseits durch die jeweilige Bibliotheksleitung, aber auch Schenkungen trugen wesentlich zum Zuwachs bei. Es lassen sich folgende Schwerpunkte feststellen: Kunstgewerbe, Architektur, Mode, Textil, Typographie, Kostümgeschichte, Kunst, Künstlermonographien. Da es sich um eine Sammlungsbibliothek handelt, werden grundsätzlich keine Bücher ausgeschieden. Der Bestand von 2056 Bdn im Jahr 1897 wuchs alle 10 Jahre um ca. 1000 Bde, von 1937 bis 1947 um ca. 2000 und bis 1957 um ca. 3000 auf 11.788 Bde. 1971 waren 19.800, 1980 30.000 Einheiten vorhanden.

1.7 Auftrag der Bibliothek war immer die Literaturbeschaffung für die theoretische und die praktische Arbeit. Auch die enge Beziehung zur Zürcher Gewerbeschule, die viele Jahre im selben Haus untergebracht war, wird den Bestand beeinflusst haben. Aus heutiger Sicht vielleicht seltsam anmutende Naturkunde-, Mathematik- oder Reisebücher dienten als Grundlage und Anregung für gestalterische Arbeit und als Vorlage, denn Bildmaterial war früher nicht so frei verfügbar wie heute. So wurden auch Kinderbücher als Illustrationsbeispiele angeschafft. Häufige Benutzer des sehr heterogenen Bestands waren die Theater und später das Fernsehen auf der Suche nach Bildmaterial für die Ausstattung historischer Stücke.

1.8 In den 80er-Jahren wurde die Bibliothek grundlegend professionalisiert. Dazu gehörten besonders die Einführung der VSB-Regeln in der Katalogisierung und die Einstellung von ausgebildetem Personal. Anschaffungspolitisch wurde verstärkt auf die aktuellen Bedürfnisse der Benutzerinnen und Benutzer reagiert. Die 1933 eingerichtete Schülerbibliothek, die ca. 2000 belletristische Bücher umfasste und den Unterhaltungsbedürfnissen der Schüler entsprach, wurde aufgelöst. Historisch interessante Bücher wurden nicht mehr gekauft, da dies das Budget nicht zuliess und die räumlichen Verhältnisse für wertvolle Bücher ungeeignet waren. Wegen der prekären Raumsituation wurde 1984 eine Compactusanlage im Magazin, anfangs der 90er-Jahre eine zweite im Keller eingebaut. All diese Änderungen manifestierten sich im neuen Namen »Öffentliche Fachbibliothek« und liefen parallel mit der Umwandlung der Schule zur Höheren Schule für Gestaltung Zürich.

1.9 Seit der Einführung eines computergestützten Bibliothekssystems im Jahr 1993 werden die Bücher elektronisch erschlossen; der Altbestand wurde kurzkatalogisiert. Die Reorganisation und elektronische Erschliessung der Handbibliothek der Designsammlung des Museums für Gestaltung Zürich bildete 1999 den Grundstein für die Öffentliche Fachbibliothek als zukünftiges Bibliothekszentrum der HGKZ mit dem Ziel, alle Handbibliotheken der Sammlungen und Abteilungen der Fachhochschule zentral zu verwalten. Im Jahr 2000 wurde der Lesesaal aus- und umgebaut, und die Öffentliche Fachbibliothek trat dem NEBIS-Verbund bei. Die Bestände sind nun online abruf- und bestellbar. Bis 2001 Teil des Museums für Gestaltung Zürich, wurde die Öffentliche Fachbibliothek nun der Hochschule für Gestaltung und Kunst Zürich zugeordnet. Zwischen 2004 und 2007 wurden auch Teile der Handbibliothek der Kunstgewerblichen Sammlung sowie die Bestände der Bibliotheken »Internationales Büro«, »Vertiefung Fotografie«, »Vertiefung Mediale Künste«, »Bereich Vermittlung in Kunst und Design« in den NEBIS-Katalog aufgenommen. Im August 2007 schlossen sich die Bibliotheken und Archive der ZHdK zum Medien- und Informationszentrum zusammen. Die 3 Musikbibliotheken, die Theater- und die Kunstbibliothek (Bibliothek Ausstellungsstrasse) sowie das Archiv befinden sich heute noch an 6 verschiedenen Standorten. Voraussichtlich 2013, mit dem

Umzug der Hochschule ins Toniareal, wird sich das MIZ an einem gemeinsamen Standort präsentieren.

1.10 Die Bibliothek vermittelt heute aktuellste internationale Fachliteratur zu den Themen »Gestaltung« und »Kunst«. Zu den Sammlungsschwerpunkten zählen folgende Bereiche: Design, Fotografie, Film, Medien und Kunst, Vermittlung in Kunst und Design. Der Gesamtbestand erreichte im Jahr 2009 ca. 125.000 Einheiten. Während der Bibliothekskatalog von 1898 68 Zeitschriftentitel verzeichnete, sind heute 193 Titel abonniert. Entsprechend der sich wandelnden Art der Informationsbeschaffung stehen den Benutzenden Online-Datenbanken und elektronische Zeitschriften zur Verfügung. Regelmässig finden Bibliotheksführungen und Recherchekurse für interne Benutzer statt.

1.11 Zwischen der Bibliothek und der Grafiksammlung kommt es immer wieder zu Überschneidungen, die sich aus gemeinsamen inhaltlichen Interessen ergeben. So besitzt die Bibliothek viele Vorlagenwerke, die hier unter dem jeweiligen Sachgebiet zu finden sind. Buchgestaltung und Typographie sind gemeinsame Sammlungsbereiche. Obwohl kein Sammlungsgebiet der Grafiksammlung, finden sich dort z. B. etliche Werke über Architektur.

1.12 Ein Austausch zwischen Bibliothek und Grafiksammlung bestand von Anfang an, und viele Bücher der Grafiksammlung tragen denn auch den Stempel der Bibliothek. So wurden z. B. wertvolle Kinderbücher in die Grafiksammlung gebracht oder im Rahmen der Neubearbeitung der Vorbildersammlung einige Werke dorthin verschoben. Schriftlich gibt es darüber kaum Nachweise.

1.13 Zu einer gezielten Zusammenarbeit zwischen der Bibliothek und der Grafiksammlung kam es erst Ende der 90er-Jahre: Anschaffungen werden gegebenenfalls abgesprochen, Bücher aus inhaltlichen oder lagerungstechnischen Gründen verschoben, gemeinsame Projekte durchgeführt. Im Sommer 2003 wurde die Handbibliothek der Grafiksammlung, wie 2001 geplant, redimensioniert im NEBIS-Katalog nachgewiesen und der grösste Teil in den Bestand der Bibliothek integriert.

2. BESTANDSBESCHREIBUNG

2.1 Vom Gesamtbestand der Bibliothek gehören 3462 Einheiten zum historischen Buchbestand. Dieser ist in Kurzform elektronisch erfasst. So konnte bei der Zählung des Altbestands auf die Daten des elektronischen Bibliothekssystems ALEPH zurückgegriffen werden. Diese wurden am Gestell stichprobenhaft überprüft.

Chronologische Übersicht

2.2 Die 3462 Bde des Altbestands stammen zum überwiegenden Teil aus dem 19. Jh. Nur 114 Bde erschienen im 18. Jh.

Übersicht nach Sprachen

2.3 Die 3462 Bde verteilen sich auf 11 Sprachen. Am stärksten vertreten sind deutschsprachige Publikationen mit 2442 Einheiten, gefolgt von 788 französischen und 173 englischen. Die verbleibenden 59 Bde verteilen sich auf die italienische, lateinische, japanische, niederländische, russische, schwedische, dänische und auf die spanische Sprache. Von den insgesamt 114 Einheiten des 18. Jhs wurden 103 in französischer Sprache publiziert.

Systematische Übersicht

2.4 Der Bestand der Bibliothek ist, mit Ausnahme der Zeitschriften, nach einer ca. 400 Sachgruppen umfassenden Klassifikation, welcher die Aufstellung im Gestell entspricht, eingeteilt. Zusätzlich sind die Bde nach dem Format unterteilt. Der historische Bestand ist in diese Systematik integriert. Aus Platzgründen ist der Bestand auf 3 Standorte verteilt.

2.5 Um für das Handbuch signifikante Sachgruppen zu erhalten, wurde eine Grobeinteilung mit folgenden 9 Sachgebieten erstellt: Kunsthandwerk, Architektur, Künste, Kunst- und Kulturgeschichte, Künstlermonographien, Natur und Technik, Buchgestaltung, Kunstunterricht und Diverses. Daneben gibt es 2 Sondersammlungen, die Vorbildsammlung und die Zeitschriften.

2.6 Die 3462 Einheiten des historischen Bestands verteilen sich auf die Sachgebiete wie folgt: Kunsthandwerk 640, Architektur 439, Künste 157, Kunst- und Kulturgeschichte 392, Künstlermonographien 152, Natur und Technik 199, Buchgestaltung 119, Kunstunterricht 93 und Diverses.

Kunsthandwerk

2.7 Diese bestdotierte Sachgruppe vereint 640 Bücher über Handwerk, Industrie, Handarbeiten, Design und Mode. Bis auf 6 Einheiten aus dem 18. Jh stammen alle weiteren aus dem 19. Jh, wovon 405 in deutscher, 195 in französischer und 22 in englischer Sprache erschienen. Ausserdem gibt es 7 italienische und 3 schwedische Veröffentlichungen sowie 1 niederländische und 1 russische Publikation. Hervorragende Beispiele aus dieser Sachgruppe sind Eugène Grassets *La plante et ses applications ornementales* (2 Bde, Paris 1896–1901), Owen Jones' *The grammar of ornament* (London 1856) sowie Auguste Racinets *Le costume historique* (Paris 1888).

Architektur

2.8 Diese zweitgrösste Sachgruppe umfasst 439 Bde, bis auf 1 Bd des 18. Jhs alles Werke aus dem 19. Jh. Von diesen sind 301 Titel in Deutsch, 117 in Französisch, 16 in Englisch, 3 in Italienisch und einer in Spanisch erschienen. Zu diesem Sachgebiet gehören neben der Baukunst die Innenarchitektur und die Kunsttopographie, aber auch Kunst-

und Reiseführer. Erwähnt sei hier Hector Guimards *Le castel Béranger* (Paris 1899).

Künste

2.9 In diesem Sachgebiet wurden verschiedene Künste zusammengefasst, von der Zeichnung, der Druckgraphik, der Malerei und der Plastik über die Fotografie sowie die Literatur und die Musik bis zum Tanz und zum Theater. Von den 157 Einheiten stammen 156 aus dem 19. und nur ein Titel aus dem 18. Jh. Von den Werken des 19. Jhs sind 119 deutsch, 29 französisch, 7 englisch, und eine Publikation ist lateinisch abgefasst.

Kunst- und Kulturgeschichte

2.10 Von den 392 Bdn dieses drittgrössten Fachbereichs stammen 10 Bde aus dem 18., die restlichen aus dem 19. Jh. Von letzteren liegen 259 Bde in Deutsch, 97 in Französisch, 16 in Englisch, 8 in Japanisch und je 1 Bd in Italienisch und Niederländisch vor. Es sind Werke zur Kunstgeschichte und -theorie, Ästhetik, Philosophie, Psychologie, Religion, Mythologie, Ethnologie, zu Ausstellungen und Sammlungen sowie Schriften zur Kulturgeschichte und -kritik vertreten. Unter den Werken zur Ästhetik sei Leo Tolstois Studie *Was ist Kunst* (Berlin 1898) erwähnt.

Künstlermonographien

2.11 Die 152 Künstermonographien stammen alle aus dem 19. Jh. Davon erschienen 117 in deutscher, 18 in französischer und 17 in englischer Sprache. Darunter finden sich viele Bde der »Liebhaber-Ausgaben« der *Künstler-Monographien* begründet von Hermann Knackfuss (Bielefeld, seit 1895).

Natur und Technik

2.12 Die 199 Einheiten bilden die viertgrösste Gruppe des historischen Buchbestands. 75 stammen aus dem 18. Jh, darunter befinden sich 71 Werke in französischer Sprache. Von den 124 Einheiten des 19. Jhs sind 92 in deutscher, 22 in französischer, 7 in englischer und 3 in lateinischer Sprache geschrieben. Die Fachgruppe umfasst Werke über Naturwissenschaften, Technik, Umwelt und Verkehr, darunter das *Vermehrte und verbesserte Blackwellische Kräuterbuch* (6 Teile, Nürnberg 1750–1773) sowie die *Descriptiones et icones plantarum rariorum Hungariae* (3 Bde, Wien 1802–1812) von Franz de Paula Adam von Waldstein und Paul Kitaibel.

Buchgestaltung

2.13 Diese Sachgruppe umfasst 119 Bde, alle aus dem 19. Jh, 64 in Deutsch, je 26 in Französisch und Englisch, 2 in Italienisch und 1 Werk in Russisch. Thematisch vereint sind Werke über Buchkunst und Buchgestaltung, Typographie, Schrift und Drucktechnik.

Kunstunterricht

2.14 Mit 93 Einheiten aus dem 19. Jh ist dies die kleinste Sachgruppe. 84 deutsche Einheiten stehen neben 7 französischen und je 1 englischen und dänischen Publikation. Es finden sich u. a. Bücher über Pädagogik, viele Vorlagenwerke und Lehrbücher, z. B. über die Perspektive.

Diverses

2.15 In dieser 265 Bde umfassenden Sachgruppe ist das 18. Jh mit 21 französischen Werken vertreten. Von den 244 Bdn des 19. Jhs erschienen 220 in deutscher, 19 in französischer, 3 in englischer und 2 in italienischer Sprache. Es finden sich Bücher über Geschichte, Politik, Recht, Wirtschaft und Soziologie sowie Nachschlagewerke, Adress- und Wörterbücher. Erwähnenswert ist die dritte Ausg. von Diderots *Encyclopédie ou dictionnaire raisonné des sciences, des arts et des métiers* (33 Bde, Livorno 1770–1779) sowie der *Dictionnaire des arts de peinture, sculpture et gravure* (5 Bde, Paris 1792) von Claude-Henri Watelet und Pierre Charles Lévesque. Einen grossen Anteil (113 Einheiten) macht die Berichtsliteratur kultureller Institutionen aus, darunter die *Berichte des Gewerbeschulvereins von Zürich und Umgebung* sowie die *Jahresberichte der Zentralkommission der Gewerbemuseen Zürich*.

Sondersammlungen

2.16 Von den insgesamt 412 Einheiten der Vorbildersammlung stammen 352 aus dem 19. Jh. Die 19 Einheiten des 20. Jhs sowie die 41 mit unbekanntem Erscheinungsdatum wurden nicht mitgezählt. Von den 352 Bdn des 19. Jhs sind 292 in Deutsch, 47 in Französisch, 5 in Italienisch, je 3 in Englisch und Japanisch sowie 2 in Niederländisch erschienen.

2.17 Ordnet man die Werke einzelnen Sachgruppen zu, lässt sich der ursprüngliche Zweck der Sammlung erkennen, diente sie doch v. a. den Handwerkern als Vorbildrepertoire. 177 Werke entfallen auf das Kunsthandwerk, 65 auf die Architektur, 60 auf die Künste und 11 auf die Buchgestaltung. Die verbleibenden 39 Werke verteilen sich auf andere Fachgebiete. Es handelt sich hier um die Reste der historischen Vorbildersammlung, die im Rahmen einer Diplomarbeit 1987 neu zusammengestellt worden waren. Die Geschichte der Vorbildersammlung liess sich nur noch lückenhaft rekonstruieren.

2.18 Die Sammlung enthält u. a. Werke über Bucheinbände, Schriften, Ornamente, Trachten, Spitzen, Stoffe, Keramik, Möbel, Türen, Fenster, Erker, Denkmäler, Schmiedearbeiten, Stickerei und Glasmalerei. Viele der Werke sind Lose-Blatt-Sammlungen. Genannt seien hier stellvertretend Friedrich Hottenroths *Trachten, Haus-, Feld-, und Kriegsgeräthschaften der Völker alter und neuer Zeit*

(2 Bde, Stuttgart 1884–1891), die Enzyklopädie *L'art pour tous* (Paris 1861–1906) und die Zeitschrift *Le bijou* (Paris 1874–1914).

2.19 Aus dem 19. Jh sind 61 Zeitschriften in 654 Bdn vorhanden, davon 484 deutsche, 108 französische, 55 englische, 5 italienische sowie 2 niederländische Bde. Am stärksten vertreten sind Zeitschriften über das Kunsthandwerk, die Künste und den Kunstunterricht. Interessante Beispiele sind die *Allgemeine Moden-Zeitung* (Leipzig 1806–1903), *Der Architekt* (Wien 1895–1922), *Art et décoration* (Paris 1897–1938), *La décoration ancienne et moderne* (Paris 1892–1897), *Dekorative Kunst* (München 1897–1929), *Deutsche Kunst und Dekoration* (Darmstadt 1897–1934), *Gazette des Beaux-Arts* (Paris 1859–2002), *Jugend* (München 1896–1940), *Kunst und Handwerk* (München 1897–1932) sowie *Pan* (Berlin 1895–1900) und *Ver Sacrum* (Wien 1898–1903), die beiden führenden Jugendstil-Zeitschriften Deutschlands und Österreichs.

3. KATALOGE

Autorenkatalog [Zettelform; bis 1992]

Bibliothekskatalog NEBIS

Katalog der Bibliothek des Gewerbemuseums in Zürich. Zürich 1888

Katalog der Vorbildersammlung und der Bibliothek/Gewerbemuseum der Stadt Zürich. Zürich 1898

Katalog der Vorbildersammlung und der Bibliothek/Gewerbemuseum der Stadt Zürich. Zürich 1904 [neue, 3. Ausg.]

Sachkatalog [Zettelform; bis 1992]

4. QUELLEN UND DARSTELLUNGEN ZUR GESCHICHTE DER BIBLIOTHEK

Budliger, Hansjörg (Hrsg.): Gründung und Entwicklung 1878–1978: 100 Jahre Kunstgewerbeschule der Stadt Zürich, Schule für Gestaltung. Auftrag: Bilden und Gestalten für Mensch und Umwelt. Ausstellung, Kunstgewerbemuseum der Stadt Zürich, 9. September – 22. Oktober. Zürich 1978

Grossmann, Elisabeth, Budliger Hansjörg, Stahel, Urs (Hrsg.): 1875–1975: 100 Jahre Kunstgewerbemuseum der Stadt Zürich. Zürich 1975

Schulamt der Stadt Zürich (Hrsg.): Bericht über die Gewerbeschulen I und II der Stadt Zürich 1932–1938 sowie über das Kunstgewerbemuseum und dessen öffentliche Bibliothek 1927–1938. Zürich 1939

Gewerbeschule und Kunstgewerbemuseum der Stadt Zürich: Festschrift zur Eröffnung des Neubaues im Frühjahr 1933. o. O. 1933

5. VERÖFFENTLICHUNGEN ZU DEN BESTÄNDEN

Arvanitache, Constanza: Planungsstudie für den Aufbau der Diathek an der Bibliothek des Kunstgewerbemuseums Zürich. Zürich 1980 [mschr.; Diplomarbeit]

Enderli, Monika: Erschliessung der alten Vorbildersammlung, ikonographischen Sammlung der Bibliothek des Museums für Gestaltung Zürich. Zürich 1987 [mschr.; Diplomarbeit]

Lehmann, Susanne: Sachkatalogisierung zu den Beständen der Bibliothek des Kunstgewerbemuseums Zürich über Kunst des 20. Jahrhunderts. [Zürich] 1971 [mschr.; Diplomarbeit]

Treichler, Karin: Die Handbibliothek der Design-Sammlung des Museums für Gestaltung Zürich. Zürich 1999 [mschr.; Diplomarbeit]

ZÜRCHER HOCHSCHULE DER KÜNSTE (ZHDK), GRAFIKSAMMLUNG

Kanton: Zürich

Ort: Zürich

Bearbeiter: Elke Neumann

Adresse: Ausstellungsstrasse 60, 8005 Zürich bzw. Postfach, 8031 Zürich (Standort der Sammlung: Förrlibuckstrasse 62, 8005 Zürich)

Telefon: +41 43 446 65 50

Telefax: +41 43 446 45 62

Homepage: www.museum-gestaltung.ch

E-Mail: grafiksammlung@museum-gestaltung.ch

Träger: Kanton Zürich

Funktion: Zürcher Hochschule der Künste ZHdK

Sammelgebiete:
Europäische Gebrauchsgraphik (Drucksachen im weitesten Sinne) mit den Schwerpunkten Werbe- und Informationsgraphik des 20. Jhs bis heute, Schrift/Typographie und Buchgestaltung vom 15. Jh bis heute.

Öffnungszeiten:
Nach Vereinbarung.

Technische Einrichtungen für den Benutzer:
Online-Datenbank: www.emuseum.ch; TMS-Bild-Datenbank, Zettelkatalog, Arbeitsplatz.

Gedruckte Informationen:
Informationsbroschüre (deutsch, englisch), Sonderheft Typografische Monatsblätter Nr. 1/2002 (deutsch, französisch, englisch).

Hinweise für anreisende Benutzer:
Ab Hauptbahnhof Tram Nr. 4 bis Förrlibuckstrasse oder Tram Nr. 13 bis Escher Wyss Platz. – Parkplätze auf Anfrage.

1. BESTANDSGESCHICHTE

1.1 Die ZHdK, eine der grössten Kunsthochschulen Europas, entstand im August 2007 aus dem Zusammenschluss der Hochschule Musik und Theater HMT und der Hochschule für Gestaltung und Kunst HGKZ zur Zürcher Hochschule der Künste. Zur Hochschule gehören u. a. das Medien- und Informationszentrum MIZ mit seinen 6 Standorten sowie das Museum für Gestaltung Zürich mit seinen bedeutenden Sammlungen.

1.2 Am 1. November 1875 wurde das Museum für Gestaltung Zürich als Kunstgewerbemuseum Zürich eröffnet. Es war in den Häusern Friedensgasse 5 und 7 in Selnau untergebracht. Am 3. Mai 1878 nahm die Kunstgewerbeschule des Museums ihre Tätigkeit auf. Der Grund für die Errichtung eines Kunstgewerbemuseums mit Schule war dessen grosse volkswirtschaftliche Bedeutung in der Zeit der Industrialisierung und des Kampfes um Absatzmärkte. Schule und Museum sollten auf das aktuelle Geschehen in Handwerk und Industrie gestalterisch, technisch und wirtschaftlich einwirken. Durch die Förderung v. a. der künstlerischen Qualität der handwerklichen und industriellen Produkte wollte man die Schweiz im internationalen Wettbewerb stärken.

1.3 Im Jahr 1895 bezogen Museum und Schule einen Flügel des Landesmuseums am Sihlquai und im Frühjahr 1933 den Neubau der Architekten Karl Egender (1897–1969) und Adolf Steger (1888–1939) an der Ausstellungsstrasse.

1.4 Von Beginn an eine städtische Institution, übernahm im Jahr 2000 der Kanton Zürich aus hochschulpolitischen Gründen die Trägerschaft. Der Name hat im Laufe der Jahre mehrmals gewechselt: Das Kunstgewerbemuseum Zürich wurde zum Museum für Gestaltung Zürich, die Kunstgewerbeschule Zürich zur Kunstgewerblichen Abteilung der Gewerbeschule Zürich, zur Schule für Gestaltung Zürich, zur Höheren Schule für Gestaltung Zürich, zur Hochschule für Gestaltung und Kunst Zürich und 2007 schliesslich zusammen mit der Hochschule Musik und Theater zur Zürcher Hochschule der Künste.

1.5 Die Grafiksammlung ist eine der Sammlungen des Museum für Gestaltung Zürich. Neben ihr gibt es die Plakatsammlung, die Designsammlung und die Kunstgewerbesammlung. Ursprünglich existierte nur eine einzige Sammlung, die neben Druckgraphik und Gebrauchsgraphik auch Ostasiatica, Bucheinbände, Textilien, Möbel, Keramik, Glas, Metall- und Holzarbeiten sowie Marionetten und Plakate umfasste. Später wurde ein Teil der aussereuropäischen Objekte, nämlich die Sammlung Von der Heydt, vom Museum Rietberg übernommen. Ab 1954 wurde die Plakatsammlung mit dem Ankauf der umfangreichen Bestände Fred Schneckenburgers (1902–1966) eigenständig geführt. Als 1968 das Museum Bellerive gegründet wurde, überführte man die kunstgewerbliche Sammlung dorthin und machte sie der Öffentlichkeit zugänglich. 1987 entstand die jüngste der Sammlungen, die Designsammlung.

1.6 Die Grafiksammlung war zunächst provisorisch in der Bibliothek untergebracht und mit dieser eng verwoben. So wurde ein gemeinsames Eingangsjournal geführt, und manchmal wurden die Kosten bei teuren Anschaffungen geteilt. Mit dem Umzug in den Museumsneubau (1933) verfügte die Grafiksammlung über einen eigenen Raum, zeitweise auch über eine eigene Ausstellungsfläche. 1938 begann man mit der Führung eines eigenen Inventars, in welchem die Erwerbungen ab 1876 nachgetragen wurden. Wegen Renovationsarbeiten musste die Grafiksammlung 1997 ausgelagert und geschlossen werden. Da im Hauptgebäude zudem Platzmangel herrschte, wurden externe Räume gesucht. Die Sammlung konnte im Dezember 2000 in den Räumlichkeiten im Technopark wieder zugänglich gemacht werden. Mitte 2003 zog die Grafiksammlung zusammen mit der Designsammlung an den heutigen Standort. Fakten über ihre Entstehung und ihren Aufbau lassen sich kaum mehr eruieren, da ihre Geschichte anscheinend lange nicht dokumentationswürdig war. Dafür sprechen u. a. fehlende Nachweise über Schenkungen, Leihgaben und Veräusserungen oder verschiedene Standortsystematiken, die z. T. nicht mehr zurückzuverfolgen sind. Die heute benutzte Standortsystematik wurde Anfang der 80er-Jahre eingeführt.

1.7 Sammlungstätigkeit und Anschaffungspolitik wurden seit der Gründung der Grafiksammlung von verschiedenen Faktoren bestimmt. So spielten neben dem Zeitgeist die fachlichen Interessen und Vorlieben der Kuratoren eine prägende Rolle. 2001 wurde erstmals ein Sammlungsleitbild verfasst und, im Zuge des erweiterten Leistungsauftrags der Hochschule, ein Forschungsleitbild erstellt.

1.8 Kern der Sammlung bildeten zunächst illustrierte Bücher, Lehrbücher und Druckgraphik des 15. bis 20. Jhs. Die Objekte dienten in den Anfängen als Vorlagen und Lehrwerke für den gewerblichen und gestalterischen Unterricht an der Kunstgewerbeschule. Für alle Unterrichtsbereiche wurden Mustersammlungen angelegt. Darüber hinaus erwarb man ein breites Spektrum von künstlerischer und angewandter Graphik, die wegen ihres ästhetischen, technischen oder kulturhistorischen Wertes als Vorbild diente. Das erklärt die heterogene Anlage der Sammlung. Mit dem Einsatz neuer Lehrmittel und Medien im Unterricht sowie immer perfekteren Reproduktionsverfahren verlor die Vorbildsammlung an Bedeutung. Neue Sammelgebiete kamen hinzu, alte wurden stillgelegt. Seit den 70er-Jahren gewinnt die Gebrauchsgraphik zunehmend an Gewicht. Erwähnenswert sind hier die Ornamentstiche, die Initialen und Alphabete, die Schriftentwürfe, die Schriftmusterbücher, die Schutzumschläge, die Kinodias und die Akzidenzen wie Firmen- und Werbeprospekte, Inserate, Signete und Flyer. Andere Sammlungsgebiete der Grafiksammlung, welche nicht systematisch weiter ausgebaut werden, sind u. a. die Papiermustersammlungen, die Einwickelpapierchen für Zitrusfrüchte, die Ostasiatica und die Perückenbibliothek.

1.9 Die Grafiksammlung war bis vor kurzem in der Öffentlichkeit wenig bekannt. Die Erschliessung des Bestands richtet sich an ein gestalterisch interessiertes Publikum. Erschliessungskriterien sind in der Regel die Namen der Gestalter, Typographen, Drucker und Künstler und nicht, wie in konventionellen Buchbeständen, diejenigen der Autoren. Bücher aus den unterschiedlichsten Sachgruppen können auf Grund ihrer Buch- oder Einbandgestaltung, der verwendeten Schrift (Type), der Schriftentwerfer oder der Illustratoren gesammelt worden sein. Ebenfalls wichtig sind die Drucktechniken, die Druckereien und Schriftgiessereien. Aus diesem Grund findet man unter den Büchern der Sachgruppen »Buchgestaltung/Typographie«, »Illustration« und »Ostasiatica« eine grosse Themenvielfalt. Die elektronische Erschliessung des Bestands wurde mit Hilfe der TMS Bild- und Objektdatenbank (The Museum System) in Angriff genommen, die den vier Museumssammlungen sowie dem Archiv des Medien- und Informationszentrums seit 2002 als gemeinsames Arbeitsinstrument dient.

1.10 Der Buchbestand enthält auch Titel, die man kaum in der Grafiksammlung vermuten würde und die für weitere Benutzergruppen interessant sind, z. B. Suetons *Von Geburt, Leben, Thaten und Todt der XII. ersten römischen Keyser*, gedruckt von M. Jacob Cammerlander (Strassburg 1536), oder *I dieci libri dell' architettura* von Vitruv, gedruckt von Francesco Franceschi und Giovanni Chrieger (Venedig 1567), sowie die mit Kupferstichillustrationen Tizians versehene *Zergliederung dess menschlichen Körpers auf Mahlerey und Bildhauer-*

Kunst gericht von Andrea Vesalius, gedruckt von Andreas Maschenbauer (Augsburg 1706).

1.11 Im 19. Jh hatte die Grafiksammlung eine rein belehrende Funktion und diente als Quelle des guten Geschmacks. Heute dokumentiert sie wegweisende Positionen und Entwicklungen. Mit der Konzentration auf Gebrauchsgraphik (grafic design) positioniert sie sich international mit einem Sammlungsprofil, das in anderen Museen kaum Beachtung findet.

2. BESTANDSBESCHREIBUNG

2.1 Für den Bestand der Grafiksammlung existieren keine genauen Zahlen. Er wird auf über 100.000 Einheiten geschätzt, wovon die Bücher nur einen kleinen Teil ausmachen. Der historische Buchbestand wurde am Gestell nach Bänden gezählt, da die Kataloge lückenhaft und einige der katalogisierten Schriften nicht mehr vorhanden sind. Für die Bestimmung des Erscheinungsjahres wurde, falls im Werk nicht vermerkt, auf das Inventarbuch zurückgegriffen.

Chronologische Übersicht

2.2 Der Altbestand zählt 1072 Einheiten und ist zusammen mit den Werken, die nach 1900 erschienen sind, aufgestellt. Mit 536 Bdn stammt fast die Hälfte aus dem 19. Jh. Das 18. Jh ist mit 400 Einheiten vertreten. Aus dem 17. Jh stammen 78, aus dem 16. Jh 53 und aus dem 15. Jh 5 Bde.

Übersicht nach Sprachen

2.3 Die 1072 Werke verteilen sich auf 13 Sprachen. Mit 397 Einheiten sind deutschsprachige Publikationen am besten vertreten, gefolgt von den französischen mit 346, den italienischen mit 103, den englischen mit 76, den lateinischen mit 60 und den japanischen mit 44 Einheiten. Hinzu kommen 17 in Chinesisch, 12 in Niederländisch, 6 in Griechisch, 5 in Spanisch, 3 in Norwegisch, 2 in Rätoromanisch und 1 Werk in Russisch.

Systematische Übersicht

2.4 Die Sammlungssystematik besteht heute u.a. aus den Kategorien »Typographie/Schrift«, »Buchgestaltung« und »Akzidenzen«. Diese Einteilung wurde für das Handbuch modifiziert. So wurde der historische Bestand für die Zählung in die Sachgebiete »Buchgestaltung/Typographie«, »Illustration« und »Sondersammlungen« unterteilt. Zum Gebiet »Buchgestaltung/Typographie« zählen Bücher, Schriftmusterbücher, die Initialensammlung, Bucheinbände und die Papiermustersammlung, zu »Illustration« illustrierte Bücher, Vorlagenbücher, Kinderbücher und die Imagerie Populaire. Sondersammlungen stellen die Perückenbibliothek, die Schweizer Verordnungen und die Ostasiatica dar. Der historische Buchbestand von 1072 Einheiten verteilt sich wie folgt auf die genannten Fachgebiete: »Buchgestaltung/Typographie« 242, »Illustration« 402 und »Sondersammlungen« 428 Einheiten.

Buchgestaltung / Typographie

2.5 Unter den 221 Einheiten des Altbestands sind 5 Inkunabeln, davon 4 in lateinischer und 1 Wiegendruck in italienischer Sprache. 24 Einheiten stammen aus dem 16. Jh, 14 aus dem 17. Jh, 87 aus dem 18. und 91 aus dem 19. Jh. Der Altbestand enthält 62 Einheiten in deutscher, 60 in französischer, 43 in lateinischer, 29 in italienischer und 16 in englischer Sprache. Ausserdem sind 5 spanische, 4 griechische und 2 niederländische Bde vorhanden.

2.6 Neben den Gestaltern und Typographen sind für die Grafiksammlung auch die Druckereien von Bedeutung. Hier seien die venezianische Offizin des Aldus Manutius d. Ä. genannt, dessen Stempelschneider Griffo die erste Kursive entwarf, vertreten mit Nicolaus Bessarions *In calumniatorem Platonis* (Venedig 1503), und die Druckerei von Johannes Froben in Basel, von der die Sammlung das *Decretum Gratiani summo studio elaboratum* (Basel 1491) besitzt.

2.7 Thematisch vereint die Sachgruppe u.a. Erbauungsliteratur, militärische Bücher, Rittergeschichten, Werke antiker Autoren, Marionettentheaterstücke, Moralbücher, ferner Sekundärliteratur über Buchgestaltung und Typographie.

2.8 Die Schriftmusterbücher entstanden grösstenteils im 20. Jh. Nur gerade 7 Einheiten können dem historischen Bestand zugeordnet werden. Eine stammt aus dem 18. Jh, die anderen 6 Werke aus dem 19. Jh. Sie enthalten das vollständige Alphabet einer oder mehrerer Schriften und Schriftenfamilien, Zeichensätze, Zierelemente wie Randleisten und Vignetten sowie Anwendungsbeispiele. Schriftmusterbücher werden von den Druckereien aus kommerziellen Gründen hergestellt und dienen den Kunden zur Auswahl von Schriften. Hervorgehoben sei Samuel Sympsons *A new book of cyphers* (London 1739).

2.9 Die Initialensammlung, die einige Hundert Buchstaben umfasst, wurde zwar nicht gezählt, soll der Vollständigkeit halber aber doch erwähnt werden. Die Initialen stammen aus dem 16. bis 19. Jh und sind deutscher, französischer und italienischer Herkunft. Thematisch sind Floralien, Motive aus der griechischen und römischen Mythologie sowie aus der Bibel und aus Heiligenlegenden vertreten. Die Sammlung, die auch Handschrifteninitialen enthält, diente Vorlagezwecken.

2.10 Bei den Bucheinbänden finden sich nur 13 Einheiten aus dem 19. Jh. Nur gerade ein Album aus Frankreich stammt aus dem 17. Jh. Am stärksten ist das 20. Jh repräsentiert. Statistisch wurde diese Sachgruppe nicht nach Sprachen, sondern nach Herstellungsländern der Bucheinbände ausgewertet.

2.11 Die Papiermustersammlung wurde ebenfalls nicht ausgezählt. Die Buntpapiere, hier die Entwürfe, entstanden im 17. und 18. Jh in Deutschland und Italien. Buntpapiere wurden u. a. für den Bucheinband oder als Vorsatzpapiere verwendet. Zusätzlich sind einige Marmorpapier-Musterbücher des Etablissements Brepols in Belgien sowie Mustersammlungen von Druck- und Zeichenpapieren vorhanden.

Illustration

2.12 Die illustrierten Bücher bilden die umfangreichste Gruppe des historischen Buchbestands. Die 251 Einheiten stammen mehrheitlich aus dem 18. (91 Einheiten) und dem 19. Jh (119 Einheiten). Das 17. Jh ist mit 18, das 16. Jh mit 23 Einheiten präsent. Die deutsche Sprache ist mit 109 Bdn am stärksten vertreten, gefolgt von der französischen mit 81 Bdn. Weiter finden sich 19 italienische, 17 englische, 11 lateinische, 9 niederländische, 3 norwegische und 2 griechische Bde.

2.13 Neben sparsam illustrierten Werken sind reine Bilderbücher vorhanden. Das thematische Spektrum reicht von Architektur, Malerei, Kunst, Pflanzen- und Tierkunde zu Geschichte, Karikatur und zu Bildergeschichten. Auch Fotobücher, hauptsächlich aus dem 20. Jh, gehören zu dieser Sachgruppe.

2.14 Berühmte Beispiele sind Johannes Stumpfs *Schweizer Chronik* (Zürich 1548), Maria Sibylla Merians *Metamorphosis insectorum Surinamensium* (Amsterdam 1705) mit handkolorierten Kupferstichen, der *Neue Atlas über die ganze Welt* (Nürnberg 1712) von Johann Baptist Homann oder *The works of Geoffrey Chaucer* (Hammersmith 1896) mit Illustrationen von Edward Burne-Jones und typographisch gestaltet von William Morris.

2.15 Zu diesem Bereich gehören auch Vorlagenbücher, z. B. Zeichnungs- und Schriftbücher, die zu Imitationszwecken geeignet sind. Von den 67 Einheiten des Altbestands stammen 3 aus dem 17. Jh, 29 aus dem 18. und 35 aus dem 19. Jh. Sie erschienen hauptsächlich in deutscher und französischer Sprache. Erwähnt seien Albrecht Dürers *Underweysung der Messung mit dem Zirckel und richtscheyt* (Nürnberg 1538), die *Principes de dessein* (Paris 1773) und *A Dilettanti delle Bell'Arti* (Florenz 1785).

2.16 Eine weitere Gruppe illustrierter Werke sind die fast ausschliesslich im 19. Jh publizierten Kinderbücher (84 Einheiten; 38 in Deutsch, 30 in Englisch, 14 in Französisch, je 1 Veröffentlichung in Italienisch und in Russisch). Es finden sich Bücher mit Versen, Reimen und Geschichten sowie Bilderbücher von lexikalischem Charakter. Hingewiesen sei auf eine Art Kinderlexikon, das *Bilderbuch für Kinder* (10 Bde, Weimar 1792–1821) von Friedrich Justin Bertuch, mit deutschem und französischem und z. T. englischem Text.

2.17 Nennenswert sind ferner die *Imagerie Populaire* der Druckerei Épinal (Frankreich) und die deutschen Winckelmann-Bilderbögen, auch Bilder für die sinnliche Anschauung genannt. Diese für Kinder gedachten, belehrenden Einblattdrucke stammen aus dem 19. Jh und greifen mit Bild und Text jeweils ein Thema auf, z. B. die Könige Frankreichs, verschiedene Vogelarten oder die Entstehung eines Hutes. Sie wurden nicht ausgezählt.

Sondersammlungen

2.18 Unter den Sondersammlungen der Grafiksammlung werden hier nur jene aufgeführt, welche historische Druckerzeugnisse enthalten.

2.19 Die Perückenbibliothek aus der Sammlung von Fred Schneckenburger, einem Schweizer Puppengestalter, gelangte 1955 an die Grafiksammlung. Von den insgesamt 155 Titeln stammen 6 aus dem 16. Jh, 13 aus dem 17. Jh, 35 aus dem 18. und 101 aus dem 19. Jh. Ausser 1 deutschen und 1 niederländischen Titel, 3 lateinischen und 2 englischen Publikationen sind die Werke hauptsächlich in Französisch und Italienisch verfasst. Diese Sammlung enthält Bücher und einige Zeitschriften zu körperbezogenen Themen (Frisur, Perücke, Bart, Körperpflege, Schönheit, Medizin). So finden sich darunter auch Bücher mit Rezepturen für Arzneimittel, z. B. Domenico Audas *Breve compendio di maravigliosi secreti* (Venedig 1692). Der Bestand der Perückenbibliothek geht auf die Collezione Guido Chapon (Varese) zurück. Erwähnenswert sind die verschiedenen politischen Erlasse und Mandate für Perückenmacher (davon einige in Kopie), vorwiegend aus dem 18. Jh.

2.20 Umfangreich ist auch die Sammlung von Schweizer Verordnungen. Von den insgesamt 186 Schriften ist das 17. Jh mit 16, das 18. mit 136 und das 19. Jh mit 34 vertreten. Etwa 50 stammen aus der Zeit der Helvetik. Die Dokumente sind hauptsächlich in deutscher (131 Einheiten) und in französischer Sprache (47 Einheiten) erschienen, viele davon zweisprachig. Neben 1 in Latein verfassten Dokument finden sich darunter 5 italienische und 2 rätoromanische Publikationen. Die Verordnungen, Reglemente und Mandate stammen hauptsächlich aus Bern, aber auch aus Basel, Zürich und Graubünden. Inhaltlich reicht die Palette von Friedensordnungen, Reglementen zur Jagd, zum Schnapsbrennen und zum Viehhandel bis zu Brotpreistabellen, Steckbriefen und Schulordnungen.

2.21 Das Sachgebiet »Ostasiatica« umfasst Surimono und andere ostasiatische Druckgraphiken, Rollbilder, Fotografien, Katagami, Glasbilder sowie Bücher. Ein grosser Teil des Bestands stammt aus der Sammlung des Künstlers Marino Lusy (1880–

1954) (Schenkung 1955). Für die Auszählung beschränkten wir uns auf die Bücher. Von den 87 Einheiten entstanden 12 im 17. Jh, 15 im 18. und 60 im 19. Jh. Die japanische Sprache ist mit 44 Einheiten am stärksten vertreten, gefolgt von 21 in französischer, 17 in chinesischer und 3 in englischer Sprache; je 1 Werk wurde in Deutsch und in Italienisch publiziert. Ausser Architektur- und Landschaftsbüchern wie dem *Tengu-Kaiserstellvertreter (Tengunodairi)*, ein seltenes Buch von ca. 1660, und den chinesischen *Malanleitungen des Senfkorngarten (Jiezi yuan hua fu)*, um 1700 von Li Lifang veröffentlicht, finden sich Krieger-Epen, Reiseführer, Schulbücher, mystische Geschichten und Skizzenbücher. Bei den Illustrationen handelt es sich um Holzdrucke.

3. KATALOGE

Bild- und Objektdatenbank TMS [The Museum System; seit 2002]

Künstler- und Autorenkatalog [Zettelform; bis 2001]

Sachkatalog [Zettelform; bis 2001]

Standortkatalog [Zettelform; bis heute]

4. QUELLEN UND DARSTELLUNGEN ZUR GESCHICHTE DER BIBLIOTHEK

Gewerbeschule und Kunstgewerbemuseum der Stadt Zürich. Festschrift zur Eröffnung des Neubaues im Frühjahr 1933. o. O. 1933

Grossmann, Elisabeth, Budliger Hansjörg, Stahel Urs (Hrsg.): 1875–1975: 100 Jahre Kunstgewerbemuseum der Stadt Zürich. Zürich 1975

Schulamt der Stadt Zürich (Hrsg.): Bericht über die Gewerbeschulen I und II der Stadt Zürich 1932–1938 sowie über das Kunstgewerbemuseum und dessen öffentliche Bibliothek 1927–1938. Zürich 1939

5. VERÖFFENTLICHUNGEN ZU DEN BESTÄNDEN

Die Grafische Sammlung. Zürich 1996 [Faltblatt]

Die Grafische Sammlung des Museums für Gestaltung Zürich. Typografische Monatsblätter 70/1 (2002) [Sonderheft]

Binder, Ulrich; Schuppli, Madeleine: Reanimation – Hermann Gerber. Hrsg.: Kunstmuseum Thun und Hochschule für Gestaltung und Kunst. Zürich 2004

Brändle, Christian, Formanek, Verena (Hrsg.): Every Thing Design. Die Sammlungen des Museum für Gestaltung Zürich. Zürich 2009 [deutsch, englisch]

Carpenter, John T. (Hrsg.): Reading Surimono. The Interplay of Text and Image in Japanese Prints. With a Catalogue oft the Marino Lusy Collection. Zürich 2008

Hausherr, Cornelia: Archivieren ist kein abgeschlossener Vorgang. In: Kindergarten 88/12 (1998), S. 9

Heé, Nadin: Die japanischen Farbholzschnittbücher der Grafischen Sammlung im Museum für Gestaltung Zürich. In: Librarium 46/1 (2003), S. 45–61

Janser, Andres, Junod, Barbara (Hrsg.): Corporate Diversity. Schweizer Grafik und Werbung für Geigy. Zürich, Baden 2009 [deutsch, englisch]

Mauderli, Laurence: Archives and Collections. The Graphic Collection of the Museum für Gestaltung Zürich (Zürich Museum of Design), Switzerland. In: Journal of Design History 15/1 (2002), S. 47–55

Ribi, Hana: Edward Gordon Craig – Figur und Abstraktion. Craigs Theatervisionen und das Schweizerische Marionettentheater. Die Edward Gordon Craig-Sammlung im Museum für Gestaltung Zürich. Basel 2000 [S. 145–196]

PERSONENREGISTER

Die römischen Ziffern bezeichnen den Band, die arabischen die Seitenzahl und die kursiven die Nummer des Abschnitts.
Die Seitenverweise beziehen sich auf das Ende des Abschnitts, in dem das Registerstichwort zu finden ist.

Aal, Johannes   II 352, *1.8*; 375, *2.117*
Ab Esch, Anna Barbara (Bibl.)   II 17, *2.17*
Abauzit, Firmin   I 313, *1.13*
Abderhalden, Franz Joseph (Bibl.)   II 176, *2.8*
Abramsky (Antiquariat, Bibl.)   II 93, *2.169*
Achermann, Benno   II 28, *2.10*
Ackerknecht, Erwin H.   III 299, *1.1*
Adert, Jacques (Bibl.)   I 316, *1.35*
Aellen, Eugen (Bibl.)   II 279, *1.33*
Aellen, Paul (Bibl.)   I 332, *1.14*
Aepli, Arnold Otto (Bibl.)   II 196, *2.28*
Aeschbach-Stiftung (Stein, Bibl.)   I 77, *1.2*
Aeschlimann, Ulrich (Bibl.)   III 256, *2.108*
Agassiz, Louis   I 427, *2.7*; II 117, *1.3*; 141, *2.20*
Agustoni, Luigi (Bibl.)   II 449, *1.1*
Aischylos   I 154, *2.143*
Albert, Paul (Bibl.)   II 296, *2.32*
Albert, Peter (Bibl.)   II 288, *2.21*
Albertini, Filippo Maria   II 407, *1.4*
Albertinus, Aegidius   II 323, *2.46*
Albertolli, Fernando (Bibl.)   II 427, *1.4*
Albertolli, Giocondo (Bibl.)   II 427, *1.4*
Albisser, Hermann (Bibl.)   II 92, *2.161*
Alder, Oscar (Bibl.)   I 72, *1.2*; 73, *2.4*; 77, *1.2*
Alembert, Jean Le Rond d'   I 314, *1.15*; 427, *2.7*
Alexander I. (Zar, Bibl.)   I 88, *2.33*
Alexandri, Francesco de (Bibl.)   II 473, *2.9*
Allemann, Nikolaus (Bibl.)   II 352, *1.15*
Allgäuer, Oskar (Bibl.)   II 92, *2.166*
Alt, Gallus   II 213, *1.12*
Altmann, Johann Georg (Bibl.)   I 61, *1.2*; 68, *2.38*
Altmannshausen, Erasmus von   II 213, *1.9*; 213, *1.10*
Altorfer, Johann Jakob d. J.   II 261, *1.5*
Amberg, Frédéric de   I 290, *1.1*
Amberger, Fritz   III 336, *1.64*; 391, *1.171*
Amberger, Fritz (Bibl.)   II 16, *2.16*; 475, *2.6*
Amberger, Luise   III 372, *1.47*
Ambühl, Rudolf   II 46, *1.3*

Amerbach (Familie)   I 122, *1.11*; 153, *2.139*; 155, *2.150*
Amerbach (Familie, Bibl.)   I 125, *1.29*; 126, *1.31*; 135, *2.23*; 156, *2.157*; 162, *2.196*; 171, *2.271*; 182, *2.363*
Amerbach, Basilius   I 123, *1.18*
Amerbach, Basilius (Bibl.)   I 125, *1.29*
Amerbach, Bonifacius   I 123, *1.18*; 124, *1.23*; 172, *2.284*
Amerbach, Bonifacius (Bibl.)   I 125, *1.29*; 162, *2.202*; III 230, *2.24*
Amerbach, Bruno   I 123, *1.18*
Amerbach, Johannes   I 123, *1.17*
Amerbach, Johannes (Bibl.)   I 125, *1.29*; II 371, *2.89*
Amiet, Bruno   III 336, *1.63*
Amman, Johann Konrad (Bibl.)   II 288, *2.22*
Ammann, August Julius Ferdinand (Bibl.)   III 296, *2.35*
Ammann, Hans Jakob   III 327, *1.2*
Ammann, Hektor   I 17, *1.12*; 17, *1.14*; III 336, *1.63*
Amoudruz, Ernest (Bibl.)   I 336, *1.3*
Amoudruz, Georges (Bibl.)   I 359, *1.8*; 361, *2.11*
Amrhein, Johann Heinrich (Bibl.)   III 207, *2.11*
Amrhyn (Familie, Bibl.)   II 50, *1.22*; 55, *1.39*
Amrhyn, Josef Karl   II 50, *1.22*
Amrhyn, Josef Karl Franz   II 50, *1.22*
Amrhyn, Walthert   II 50, *1.22*
Amsler, Werner   II 280, *1.35*
Amstad, Fintan (Bibl.)   III 9, *1.10*
Amstein (Familie, Bibl.)   I 439, *1.24*
Amstein, Johann Georg (Bibl.)   I 441, *2.17*; 445, *2.60*
Amstutz, Irene   I 109, *1.14*
Amstutz, Théophile (Bibl.)   I 273, *1.9*
Amweg, Gustave   I 480, *1.23*
Anderallmend, Johann Rochus (Bibl.)   II 40, *2.9*
Anderhalden, Franz Josef (Bibl.)   II 175, *1.1*
Andlau, Columban von   II 214, *1.15*
Andreä, Johann Gerhard Reinhard (Bibl.)   III 379, *1.80*
Andrié, Jean-François-Daniel   II 121, *1.1*
Andrié, Jean-François-Daniel (Bibl.)   II 122, *1.5*
Anex, Jeanne-Marie   III 137, *1.16*
Angreville, Jacques-Etienne de (Bibl.)   III 162, *1.7*
Angst, Heinrich   III 388, *1.131*; 474, *1.4*

Angst, Heinrich (Bibl.)   I 215, *1.39;* 223, *2.39;*
    III 348, *2.38;* 388, *1.131*
Anhalt-Zerbst, Johann Friedrich von   II 291, *2.27*
Anhalt-Zerbst, Johann Friedrich von (Bibl.)
    II 263, *1.12;* 274, *1.7;* 277, *1.23*
Anhorn, Bartholomäus (Bibl.)   III 222, *1.2*
Anna (Königin von England)   II 40, *2.6*
Annesi, Nicolo (Bibl.)   I 446, *2.66*
Annone, Johann Jakob d' (Bibl.)   I 126, *1.37;*
    139, *2.45;* 146, *2.90*
Annoni, Hieronymus (Bibl.)   I 128, *1.49;* 134, *2.16;*
    136, *2.30;* 136, *2.31;* 138, *2.41;* 139, *2.43;*
    158, *2.173;* 183, *2.372*
Ansermet, Ernest (Bibl.)   I 336, *1.3*
Antognini, Antonio (Bibl.)   II 390, *2.46*
Apiarius, Mathias   I 252, *2.32*
Appenzeller, Heinrich (Bibl.)   III 373, *1.51;*
    377, *1.64;* 409, *2.106;* 474, *1.4*
Appia, Edmond (Bibl.)   I 336, *1.3;* 338, *2.7*
Archinard, Margarida   I 371, *1.3*
Arendt, Hannah   III 268, *1.3*
Aretius, Benedikt (Bibl.)   I 252, *2.33*
Aristoteles   I 122, *1.11;* 154, *2.143;* 253, *2.35;*
    II 32, *2.19;* 41, *2.11*
Arnim, Bettina von   I 427, *2.6*
Arnold, Johann (Bibl.)   II 17, *2.17*
Artopoeus, Nicolaus (Bibl.)   I 252, *2.33*
Arx, Ildefons von   II 212, *1.5;* 218, *1.39;* 220, *1.50*
Arx, Walther von   II 353, *1.24*
Arzoni, Constanz   II 306, *1.27*
Aubert, Hippolyte   I 353, *1.1*
Aubert, Louis   II 154, *1.20;* 154, *1.21*
Aubert, Samuel (Bibl.)   III 86, *1.5*
Auersperg, Wolfgang Engelbert (Graf von, Bibl.)
    I 428, *2.12*
Auf der Maur, Ivo   II 251, *1.2*
August (Fürst von Hohenzollern-Hechingen)
    II 308, *1.35*
Augustinus   II 356, *2.13*
Aurillac de Berville, Louis   II 364, *2.49;* 368, *2.70*
Ayala-Valva, Giuseppe de (Bibl.)   III 50, *1.18*
Azevedo, Emanuele de   II 306, *1.26*

Baccalà, Leopoldo (Bibl.)   II 464, *1.4*
Bach, Johann Sebastian   I 162, *2.199;* 337, *2.3*
Bächler, Emil (Bibl.)   II 294, *2.29*
Bachmann, Albert   III 335, *1.56*
Bachmann, Albert (Bibl.)   III 389, *1.150*
Bachmann, Barbara   II 337, *1.1*
Bächtold, Carl August   II 262, *1.11;* 276, *1.16;*
    278, *1.26*
Bächtold, Hermann   I 107, *1.6*
Bächtold, Kurt   II 279, *1.33*
Bader, Joseph (Bibl.)   II 38, *1.1*
Bader, Karl Siegfried   III 336, *1.63*
Badi', Amir Mehdi (Bibl.)   I 299, *1.11*
Baer, Hans   III 387, *1.122;* 390, *1.162*
Bagnasco, Orazio   II 433, *1.1*
Baillods, Jules   II 109, *1.12*
Baiter, Johann Georg   III 381, *1.91*

Baldinger, Johann Kaspar (Bibl.)   I 44, *1.4*
Baldinger, Johann Ludwig   II 103, *2.14*
Baldinger, Karl (Bibl.)   I 44, *1.4*
Ballalu, Pierre François   III 145, *1.7*
Ballet, Jean-Joseph   III 146, *1.13*
Ballmer, Karl (Bibl.)   I 25, *2.38;* 32, *2.88*
Ballmer, Roger   I 480, *1.24*
Balser, Brigitte   I 371, *1.4*
Balthasar, Joseph   I 15, *1.2*
Balthasar, Joseph Anton   I 31, *2.81;* II 51, *1.26;*
    52, *1.28;* 53, *1.33;* 66, *2.32*
Balthasar, Joseph Anton (Bibl.)   II 52, *1.30;*
    54, *1.35;* 56, *1.42;* 63, *2.22;* 88, *2.138*
Balthasar, Joseph Anton Felix von   II 51, *1.26;*
    294, *2.29*
Balthasar, Joseph Anton Felix von (Bibl.)
    II 53, *1.33*
Balthasar, Martin   II 46, *1.6*
Balthasar, Robert   II 30, *2.13;* 46, *1.6*
Baluze, Étienne   II 214, *1.15*
Balzac, Honoré   I 427, *2.6;* 265, *2.3*
Banga, Benedikt   I 96, *1.1;* 97, *1.6*
Banga, Benedikt (Bibl.)   I 97, *1.5*
Barante, Prosper Brugière de   I 314, *1.21*
Barbey, Georges   I 359, *1.3*
Barbey-Boissier, William   I 331, *1.7*
Barbey-Boissier, William (Bibl.)   I 331, *1.11;*
    331, *1.13;* 344, *1.6;* III 85, *1.2*
Barbier, Monique (Bibl.)   I 382, *1.13*
Barbier-Mueller, Jean Paul (Bibl.)   I 309, *1.2*
Barell, Maria Theresia (Bibl.)   II 254, *2.4*
Bark, Magnus   II 213, *1.10*
Barmettler, Kaspar   III 25, *1.1*
Barmettler, Kaspar (Bibl.)   III 26, *2.5*
Barmettler, Matthias (Bibl.)   II 169, *1.1;* 170, *2.7*
Baron, Pierre-Antoine   III 29, *1.1;* 90, *1.1*
Baron, Salo   III 268, *1.3*
Barquer, Maria Theresia   II 28, *2.10*
Barth, Hans (Bibl.)   III 245, *2.53*
Bartholoni, François   I 336, *1.1;* 370, *1.2*
Bartholoni, François (Bibl.)   I 338, *2.6*
Bartholoni, Jean (Bibl.)   I 336, *1.3*
Bärtschi, Alfred   I 252, *2.32*
Basswitz, Hermann (Bibl.)   II 123, *1.7*
Battaglini, Carlo (Bibl.)   II 420, *1.2;* 421, *2.3;*
    425, *2.31*
Bättig, Johann   II 50, *1.22;* 57, *1.49;* 59, *1.54*
Baud, Henri (Bibl.)   III 71, *1.3*
Baud-Bovy, Samuel   I 336, *1.4*
Baud-Bovy, Samuel (Bibl.)   I 336, *1.3*
Bauhin, Caspar   I 124, *1.21;* 176, *2.311*
Bauhin, Johann   I 176, *2.311*
Bauhofer, Arthur (Bibl.)   III 220, *1.1*
Baulacre, Léonard   I 313, *1.13*
Baumberger, Otto   III 474, *1.4*
Baumgartner (Gebrüder, Bibl.)   III 210, *2.28*
Baumgartner, Adolf (Bibl.)   I 153, *2.134;*
    182, *2.363*
Baumgartner, Erasmus   II 24, *1.2*
Baumgartner, Gallus Jakob   II 220, *1.45*

Baumgartner, Johannes (Bibl.) III 205, *1.2*
Baumgartner, Stefan (Bibl.) III 205, *1.2*
Bavier, Johann I 436, *1.4*
Bayard, O. III 163, *1.15*
Bayer, Johann II 307, *1.28*
Beauharnais, Eugène II 507, *2.16*
Beauharnais, Hortense (Bibl.) II 506, *1.1*
Beausobre, Benjamin de III 103, *1.8*
Bebel, August (Bibl.) III 318, *1.10*; 321, *2.17*
Bebler, Emil (Bibl.) III 390, *1.158*; 475, *2.6*
Beck, Alexander (Bibl.) II 278, *1.25*
Beck, Jean-Joseph (Bibl.) III 161, *1.5*
Beck, Johann Nepomuk III 368, *1.18*
Bedot, Maurice I 359, *1.3*
Beecroft, Thomas (Bibl.) II 42, *2.19*
Beer, Franz II 46, *1.6*
Beethoven, Ludwig van I 162, *2.199*; II 376, *2.121*
Behn, Wilhelm Friedrich Georg (Bibl.) I 204, *2.3*
Behrmann, A. (Bibl.) II 137, *1.33*
Behrmann, Johannes Karl Adolf (Bibl.) II 147, *2.55*
Belloni, Antonio (Bibl.) II 464, *1.4*
Bellot, Pierre-François (Bibl.) I 315, *1.28*
Belz, August (Bibl.) II 192, *1.15*; 202, *2.66*
Bendel-Rauschenbach, Heinrich (Bibl.) II 279, *1.29*
Benedikt XIV. (Papst) III 146, *1.9*
Benoist, Marcel (Bibl.) III 43, *1.6*; 44, *2.12*
Bentele, August Emil (Bibl.) II 191, *1.14*; 202, *2.65*
Berchem, Denis van (Bibl.) I 299, *1.11*
Berchem, Horace van I 359, *1.3*
Berchem, Max van (Bibl.) I 317, *1.38*
Berchtold, Joseph-Antoine III 161, *1.2*
Berchtold, Léon (Bibl.) III 71, *1.3*
Berès, Pierre I 298, *1.7*
Bergmann, Josef Ritter von I 80, *2.13*
Berna, Giovanni Giulio Girolamo (Bibl.) II 471, *1.1*
Bernal de Quiros, Hyacinthe (Bibl.) III 48, *1.4*
Bernasconi, Giorgio (Bibl.) II 452, *1.1*; 454, *2.17*
Bernegger, Matthias II 284, *2.13*
Bernegger, Matthias (Bibl.) I 64, *2.14*
Berner, Paul II 109, *1.12*
Berner, Paul (Bibl.) II 113, *2.17*
Bernet, Johann Jakob II 190, *1.7*
Bernet, Xaver II 57, *1.46*
Bernhard II. Müller (Bibl.) III 483, *2.8*
Bernhard von Clairvaux II 79, *2.93*
Bernhard, Johann (Bibl.) I 50, *1.3*
Bernhausen, Eberhard von II 329, *2.65*
Bernier, Paul-Dominique II 43, *2.21*
Bernoulli (Familie, Bibl.) I 171, *2.274*
Bernoulli, Carl Christoph I 129, *1.54*; 129, *1.55*
Bernoulli, Jakob (Bibl.) I 187, *2.394*
Bernoulli, Johann Jacob (Bibl.) I 147, *2.97*; 148, *2.100*; 187, *2.394*
Bernoulli, Johannes I 210, *1.11*; 214, *1.35*
Bernoulli, Johannes (Bibl.) I 187, *2.394*
Bernoulli-Werthemann, Jakob (Bibl.) I 128, *1.49*
Bernus, Auguste (Bibl.) III 59, *1.8*
Beroldingen, Jakob Jodocus Joseph von (Bibl.) III 16, *2.39*

Beroldingen, Sebastian von II 27, *2.8*
Beroldingen, Sebastian von (Bibl.) II 307, *1.29*
Berris, Emmanuel (Bibl.) III 306, *1.10*
Bertoni, Louis III 70, *1.1*
Bertoni, Louis (Bibl.) III 71, *1.3*
Bertrand, Alfred (Bibl.) I 359, *1.3*
Bertrand, Elie I 85, *2.21*; III 134, *1.1*; 135, *1.6*; 137, *1.15*
Bertrand, Elie (Bibl.) III 135, *1.2*; 136, *1.8*
Bertschinger, Hans II 278, *1.27*
Besenval, Pierre-Victor de (Bibl.) II 350, *1.1*; 360, *2.31*; 362, *2.39*
Bessire, Paul-Otto I 480, *1.23*
Besterman, Theodore I 391, *1.1*
Besterman, Theodore (Bibl.) I 391, *1.4*
Betschart, Ignaz (Bibl.) II 258, *2.8*
Betschart, Ildephons II 328, *2.62*
Betschart, Paul II 313, *2.20*
Bettschart, Johann Franz II 338, *2.5*
Bettschart, Maria (Bibl.) II 338, *2.5*
Beust, A. von (Bibl.) III 425, *2.198*
Beyel, Werner III 357, *2.100*
Bèze, Théodor de I 312, *1.4*; 355, *2.5*; III 47, *1.1*
Bianchetti, Giuseppe II 464, *1.4*
Biart, Ulrich Vigilius (Bibl.) I 430, *1.1*
Biaudet, Charles III 65, *1.1*
Bibliander, Theodor III 366, *1.6*
Bibliander, Theodor (Bibl.) III 230, *2.21*
Bickel, Albert (Bibl.) III 259, *2.121*
Bidell, Ephrem (Bibl.) I 454, *1.1*
Bieger, Doris (Bibl.) III 474, *1.4*
Bielmann, Franz (Bibl.) II 49, *1.21*
Bilgerig, Edmund (Bibl.) II 15, *2.12*
Binder, Johannes (Bibl.) II 279, *1.33*; 299, *2.41*
Binswanger, Ludwig II 511, *1.1*
Binz, Gustav I 130, *1.58*; 159, *2.181*
Bircher, Eugen I 32, *2.89*; III 271, *1.8*
Bircher, Ludwig II 8, *1.1*; II 33, *2.20*
Bircher, Ludwig (Bibl.) II 100, *1.1*; 103, *2.13*; 103, *2.18*; 105, *2.23*
Birchler, Meinrad (Bibl.) I 454, *1.1*; I 455, *2.2*; II 212, *1.6*
Bischof, Nicolin I 474, *1.1*
Bise, Placide (Bibl.) II 123, *1.7*
Biselx, François Joseph III 147, *1.14*
Bishop, Cortlandt F. (Bibl.) II 59, *1.56*
Bitschnau, Otto (Bibl.) III 25, *1.1*
Bitzius, Albert I 196, *2.19*
Blanc, Laurette III 128, *1.8*
Blanchet, Jacques Samuel I 330, *1.2*
Blanchet, Rodolphe III 91, *1.2*
Blarer, Ambrosius (Bibl.) II 500, *2.35*
Blarer, Ludwig II. II 304, *1.9*
Blarer von Wartensee, Diethelm II 213, *1.8*
Blarer von Wartensee, Diethelm (Bibl.) II 30, *2.13*
Blarer von Wartensee, Jakob Christoph I 476, *1.2*
Blarer von Wartensee, Jakob Christoph (Bibl.) II 43, *2.20*
Blaser, Fritz (Bibl.) II 93, *2.173*
Blättler, Balthasar (Bibl.) II 169, *1.1*

Blétry, Jean-François Joseph (Bibl.) I 479, *1.16*
Bliggenstorfer, Susanna III 387, *1.124;* 391, *1.174*
Blitzger, Christoph II 213, *1.10*
Bloc, Nathan (Bibl.) I 336, *1.1;* 338, *2.6;* 338, *2.8*
Bloch, Ambrosius I 15, *1.2*
Bloch, Augustin II 484, *1.1*
Bloch, Jules (Bibl.) II 144, *2.36*
Bloesch, Cäsar Adolf (Bibl.) I 203, *1.2*
Bloesch, Gustav (Bibl.) I 265, *2.3*
Bloesch, Hans III 256, *2.109*
Blondel de Gagny, Augustin (Bibl.) II 134, *1.11*
Blondet, Jerôme (Bibl.) I 291, *1.3*
Blum, Josef Leonz III 188, *1.1*
Blumer, Adam (Bibl.) I 416, *1.3*
Blumer, Bettina I 409, *2.36;* I 412, *2.53*
Blumer, Heinrich (Bibl.) I 401, *1.1;* 402, *2.7;* 407, *2.25*
Blumer, Johann Heinrich I 415, *1.2*
Blumer, Johann Jakob I 416, *1.3*
Blumer, Johann Jakob (Bibl.) I 415, *1.1*
Blumer, Kosmus (Bibl.) I 416, *1.3*
Blumer, Othmar (1715–1762, Bibl.) I 415, *1.1;* 416, *1.3*
Blumer, Walter I 397, *1.1*
Blumer, Walter (Bibl.) I 401, *2.1;* 411, *2.43*
Blumer-Gerber, Marguerite (Bibl.) I 411, *2.44*
Blümner, Hugo III 386, *1.111*
Bluntschli, Abraham I 263, *1.2*
Bluntschli, Friedrich Carl III 481, *1.6*
Boccard, François Xavier de (Bibl.) I 284, *2.16*
Bodeck, Bonaventura a (Bibl.) III 13, *2.20*
Bodenstein, Adam (Bibl.) II 288, *2.21*
Bodmer, Daniel I 299, *1.10*
Bodmer, Hans Jakob III 222, *1.2*
Bodmer, Hans Kaspar II 30, *2.15*
Bodmer, Heinrich III 222, *1.2*
Bodmer, Johann Jakob II 306, *1.26;* III 232, *2.27;* 369, *1.25*
Bodmer, Johann Jakob (Bibl.) III 370, *1.32;* 375, *1.57;* 375, *1.58;* 410, *2.107*
Bodmer, Kaspar (Bibl.) I 44, *1.6*
Bodmer, Martin I 299, *2.2*
Bodmer, Martin (Bibl.) I 297, *1.1*
Boegler, Irène I 51, *1.9*
Böhme, Jakob III 391, *1.174*
Böhmer, Johann Friedrich II 74, *2.71;* 297, *2.33*
Bohny, Johannes I 97, *1.6*
Boiceau, M. (Bibl.) III 85, *1.2*
Boieldieu, François-Adrien I 428, *2.13*
Boisot, Adolphe II 109, *1.7*
Boissier (Familie, Bibl.) I 131, *1.66;* 175, *2.308*
Boissier, Alfred (Bibl.) I 149, *2.108*
Boissier, Edmond (Bibl.) I 331, *1.11;* 331, *1.13*
Boissier, Henri I 314, *1.22;* 343, *1.1;* 373, *1.1;* 373, *1.2;* 379, *1.1*
Bolanden, Conrad von II 323, *2.46*
Boll, Hans Jakob (Bibl.) I 64, *2.13*
Bolli, Heinrich (Bibl.) II 279, *1.29*
Bolongaro-Crevenna, Pierre-Antoine (Bibl.) II 134, *1.11*

Bölsterli, Rudolf III 336, *1.64*
Bonaparte, Hieronymus Napoleon II 308, *1.38*
Bonaparte, Roland (Bibl.) II 177, *2.18*
Bonaventura II. Lacher (Abt) III 368, *1.18*
Boner, Leonhard (Bibl.) I 410, *2.38*
Bongard, Nicolas I 293, *1.10*
Bongars, Jacques (Bibl.) I 194, *1.2;* 241, *1.5;* 253, *2.34*
Bonhôte, Auguste (Bibl.) II 154, *1.18*
Boniface, Louis III 145, *1.8*
Bonivard, François (Bibl.) I 312, *1.2;* 323, *2.40*
Bonnet, Charles I 314, *1.18;* 370, *1.1;* III 101, *1.2*
Bonnet, Charles (Bibl.) I 314, *1.21*
Bonstetten, Karl Viktor von II 282, *2.6*
Bonstetten, Samuel de III 101, *1.3*
Bonuzzi, Pierre (Bibl.) III 319, *1.11;* 322, *2.19*
Bonvin, Ch. (Bibl.) III 163, *1.15*
Borel, Jacques-Louis II 135, *1.20*
Borel, Jacques-Louis (Bibl.) II 136, *1.25;* 141, *2.23*
Borel-de Rougemont, Jacqueline (Bibl.) II 124, *1.12*
Borel-de Rougemont, Pierre-Arnold (Bibl.) II 124, *1.12*
Borgeaud, Charles I 353, *1.1*
Bornhauser, Thomas II 500, *2.36*
Borrhaus, Martin (Bibl.) I 124, *1.23*
Borromeo, Carlo II 401, *1.1*
Borsinger, Kaspar Joseph Aloys I 43, *1.1*
Borsinger, Melchior (Bibl.) I 44, *1.6*
Bösch, Gottfried II 100, *1.1*
Boschetti-Alberti, Maria II 431, *2.29*
Boschmann von Wolfpergshofen, Sebastian (Bibl.) II 296, *2.32*
Bossard, Franz Michael (Bibl.) III 212, *1.2*
Bossard, Johann Konrad (Bibl.) III 196, *1.3*
Bossard, Mauriz (Bibl.) I 61, *1.2*
Bossart, Desiderius II 27, *2.9*
Bossart, Johann Konrad (Bibl.) III 205, *1.2*
Bossi, Arthur I 382, *1.11*
Botta, Mario I 212, *1.21;* 299, *1.13;* II 401, *1.2;* 437, *1.3*
Boulard, Antoine-Maire-Henri (Bibl.) I 315, *1.29*
Bourbon-Parma (Familie, Bibl.) II 192, *1.19;* 203, *2.68*
Bourdin, Antoine (Bibl.) III 173, *2.17*
Bourguet, Louis (Bibl.) II 134, *1.14*
Bourguignat, Jules-René (Bibl.) I 344, *1.7*
Bouvier, Auguste I 324, *2.45*
Bouvier, Nicolas (Bibl.) I 317, *1.38*
Bouvier, Xavier I 336, *1.6*
Bovet, André II 137, *1.30*
Bovet, Ernest (Bibl.) III 388, *1.131*
Bovet, Félix II 136, *1.22*
Bovet, Félix (Bibl.) I 216, *1.40;* II 137, *1.32;* 140, *2.16*
Bovet, Pierre-Elie (Bibl.) II 123, *1.7*
Bovio, Giovanni Filippo II 306, *1.27*
Bowring, John I 86, *2.28*
Boyle, Robert I 173, *2.290*
Boyve, Jacques-François (Bibl.) II 144, *2.40*

Boyve, Jérôme-Emmanuel (Bibl.) II 144, *2.40*
Bracciolini, Poggio I 157, *2.160*
Braissant, Milly III 123, *1.7*
Brandenberg, Carl Franz (Bibl.) III 205, *1.2*
Brandenberg, Franz II 257, *2.4*
Brandenberg, Franz Xaver (Bibl.) III 196, *1.3*
Brandenberg, Jakob Bernhard III 205, *1.2*
Brandenberger, Hans Konrad (Bibl.) III 16, *2.39*
Brandstetter, Renward (Bibl.) II 56, *1.43;* 58, *1.53;* 67, *2.41*
Brandt, Henri-Francois II 108, *1.3*
Brandt-Girardet, Samuel-Henri II 121, *1.1*
Branger, Hans Beat (Bibl.) III 474, *1.4*
Brant, Sebastian I 123, *1.17;* 155, *2.150*
Brant, Sebastian (Bibl.) I 186, *2.391*
Breitinger, Johann Jakob (1575–1645) III 369, *1.23;* 370, *1.30*
Breitinger, Johann Jakob (1575–1645, Bibl.) I 68, *2.38;* 84, *2.21;* III 354, *2.81;* 367, *1.10*
Breitinger, Johann Jakob (1701–1776) III 367, *1.10;* 369, *1.25*
Breitinger, Johann Jakob (1701–1776, Bibl.) III 367, *1.11*
Breitinger, Johannes III 367, *1.10*
Brennwald, Leonhard III 367, *1.11;* 368, *1.15*
Brentani, Luigi (Bibl.) II 391, *2.54*
Breslauer, Bernard (Bibl.) I 298, *1.7*
Breslauer, Martin (Bibl.) I 298, *1.7*
Brettauer, Guido Leopold (Bibl.) II 59, *1.56;* 93, *2.168*
Breuning, Georg (Bibl.) III 209, *2.22*
Bridel, Georges III 33, *2.17*
Bridel, Georges-Antoine (Bibl.) III 33, *2.17*
Bridel, Philippe II 286, *2.17*
Bridel, Philippe (Bibl.) III 59, *1.9*
Bridel, Philippe-Louis III 33, *2.17*
Bridel, Philippe-Sirice I 216, *1.40;* III 33, *2.17*
Bridel, Philippe-Sirice (Bibl.) III 49, *1.13*
Briefer, Jakob II 294, *2.29*
Briefer, Jakob (Bibl.) II 482, *1.2*
Briguet, Sébastien (Bibl.) III 183, *1.7*
Bringolf, Walther (Bibl.) II 279, *1.33*
Briquet, John I 330, *1.5*
Briquet, John (Bibl.) I 331, *1.7*
Brodhag, Mauritius II 294, *2.29*
Broggini, Romano II 393, *2.79*
Bronner, Franz Joseph (Bibl.) I 34, *2.103*
Bronner, Franz Xaver I 16, *1.4;* I 34, *2.99*
Bronner, Franz Xaver (Bibl.) I 16, *1.6;* 24, *2.35;* 34, *2.101*
Bronner, Hans I 34, *2.103*
Brose, August (Bibl.) III 318, *1.10*
Brosy, Edmund III 349, *2.47*
Brüderlin-Ronus, Rudolf (Bibl.) I 187, *2.394*
Brügger, Johannes (Bibl.) III 366, *1.5*
Brülisauer, Jakob (Bibl.) II 213, *1.11*
Brun, Jacques (Bibl.) I 330, *1.5*
Brun, Maria I 375, *1.10*
Brunck, Gervasius II 29, *2.11*
Brunner, Jost (Bibl.) I 401, *1.1*

Brunner, Kurt Heinrich (Bibl.) I 395, *1.1*
Brunner, Max (Bibl.) III 220, *1.1*
Brunner, Samuel (Bibl.) I 245, *1.14;* 256, *2.49*
Brunner-Hafter, Heinrich I 395, *1.1*
Brunner-Hafter, Heinrich (Bibl.) I 396, *2.3*
Brunner-Jenny, Johann Jakob (Bibl.) I 396, *2.3;* 406, *2.21*
Brunnhofer, Hermann I 17, *1.9*
Brunquell, Pius (Bibl.) III 194, *2.11*
Brupbacher, Fritz III 320, *2.9*
Brupbacher, Fritz (Bibl.) III 318, *1.9;* 322, *2.18*
Bucelin, Gabriel (Bibl.) II 307, *1.29*
Bucer, Martin I 137, *2.34*
Bucher, Gerold (Bibl.) III 25, *1.1*
Bucher-Heller, Franz (Bibl.) II 55, *1.40;* 63, *2.23*
Büeler, Franz Joseph II 217, *1.34*
Bufalini, Ottavio II 31, *2.17*
Bugglin, Justina III 26, *2.5*
Bühler, Franz II 376, *2.122*
Bührer, Jakob (Bibl.) I 229, *2.67*
Bullinger, Heinrich III 231, *2.26;* 366, *1.2*
Bullinger, Heinrich (Bibl.) I 80, *2.13;* II 62, *2.15;* III 230, *2.23;* 358, *2.107;* 425, *2.199*
Bullinger, Johann Balthasar d. Ä. III 474, *1.4*
Bumbacher, Ambros (Bibl.) II 257, *1.1*
Bünzli, Gregor (Bibl.) I 184, *2.381*
Buol, Johann Anton (Bibl.) I 436, *1.3*
Burckhardt, Achilles (Bibl.) III 245, *2.53*
Burckhardt, Felix III 387, *1.120;* 389, *1.138*
Burckhardt-Merian, Albert (Bibl.) I 128, *1.49;* 178, *2.329*
Bürer, Matthias (Bibl.) II 212, *1.6*
Burgauer, Johann d. J. (Bibl.) II 288, *2.22*
Bürger, Gottfried August III 302, *2.4*
Bürgisser, Leodegar II 214, *1.15*
Buri, Konrad II 25, *1.3;* 26, *2.6*
Buri, Konrad (Bibl.) II 341, *1.1*
Bürke, Kolumban II 215, *1.20*
Burkhard, Hans Jakob (Bibl.) III 307, *1.11*
Burkhard, Paul III 486, *1.9*
Bürkli, Fritz (Bibl.) III 372, *1.46;* 406, *2.90*
Bürkli, Karl (Bibl.) III 388, *1.133;* 425, *2.198*
Burnat, Emile (Bibl.) I 331, *1.8;* III 85, *1.2;* 86, *1.4*
Burnier, Louis (Bibl.) III 59, *1.5*
Busch, Seraphin II 337, *1.1*
Businger, Ferdinand (Bibl.) II 163, *1.3*
Buss, Ernst (Bibl.) I 402, *2.5*
Bussi, Daniel (Bibl.) I 401, *2.1;* 421, *1.1;* 423, *2.7;* 423, *2.11*
Butini, Adolphe I 374, *1.6*
Büttel, Peter (Bibl.) II 105, *2.23*
Buxtorf (Familie, Bibl.) I 126, *1.35*
Buxtorf, Johannes I 125, *1.27;* 126, *1.33*
Byron, Lord George I 427, *2.6*

Caesar I 155, *2.148*
Cahorn, Auguste I 406, *2.20*
Cailler, Henri (Bibl.) III 91, *1.6*
Calgari, Guido II 431, *2.29*

Calmet, Augustin   II 306, *1.26;* 306, *1.27;*
   III 368, *1.18*
Calvin, Jean   I 266, *2.12;* 311, *1.1;* 355, *2.4*
Calvin, Jean (Bibl.)   I 312, *1.2*
Camanis, Nicolas   III 176, *1.5*
Camanis, Nicolas (Bibl.)   III 176, *1.7*
Cambin, Gastone (Bibl.)   II 392, *2.63*
Camerarius, Joachim d. J. (Bibl.)   III 242, *2.46*
Campagna, Giuseppe (Bibl.)   II 464, *1.4*
Campana, Franciscus   II 306, *1.24*
Candolle, Alphonse de   I 330, *1.2*
Candolle, Augustin de (Bibl.)   I 331, *1.9*
Candolle, Augustin Pyramus de   I 314, *1.22;*
   315, *1.26;* 329, *1.1;* 344, *1.3;* 344, *1.4;* 379, *1.1*
Candolle, Augustin Pyramus de (Bibl.)   I 331, *1.9;*
   331, *1.13*
Candolle, de (Familie, Bibl.)   I 131, *1.66;*
   175, *2.309;* 331, *1.9*
Canetti, Elias (Bibl.)   III 391, *1.170;* 479, *2.3*
Canisius, Petrus   I 279, *1.1;* 285, *2.19;* III 397, *2.18*
Canonica, Luigi   II 431, *2.25*
Carbonell, Marilyn (Bibl.)   III 474, *1.4*
Caresana, Giuseppe   II 401, *1.2*
Carisch, Otto (Bibl.)   I 441, *2.18*
Carli, Pacifico   II 401, *1.1*
Carloni, Tita   II 401, *1.2*
Carpentarius, Georg   I 122, *1.9*
Carpzov, Friedrich Benedikt (Bibl.)   III 242, *2.46*
Carrard, Henri   III 91, *1.4*
Cartier, Alfred   I 375, *1.9*
Cartier, Alfred (Bibl.)   I 317, *1.38*
Casanate, Girolamo   II 305, *1.17*
Caspar, Anselm   II 222, *2.14*
Castella de Delay (Fam., Bibl.)   I 282, *1.13*
Castella, François (Bibl.)   I 287, *2.30*
Castella, Gaston   I 281, *1.8*
Castella, Joseph de (Bibl.)   I 287, *2.30*
Castella, Pierre de (Bibl.)   I 282, *1.13;* 287, *2.30*
Castella, Rodolphe II de (Bibl.)   I 287, *2.30*
Castoreo, Franz Josef Leodegar (Bibl.)   II 20, *1.1*
Cattaneo, Carlo   II 427, *1.3*
Cattaneo, Carlo (Bibl.)   II 420, *1.2;* 420, *2.2;*
   424, *2.28;* 427, *2.1*
Caze, Jean   I 313, *1.14*
Cendrars, Blaise   I 229, *2.67*
Ceronetti, Guido   II 431, *2.29*
Cervinus, Nikolaus August (Bibl.)   III 265, *2.4*
César, Pierre Antoine   I 478, *1.13*
Cesarotti, Melchior   II 325, *2.51*
Chaillet, Jean-Frédéric de (Bibl.)   II 136, *1.25*
Chalon, Jean (Bibl.)   III 110, *1.6*
Chalumeau, Lucien   I 382, *1.12*
Chambon, Emile   I 359, *1.3*
Chaponnière, Francis   I 354, *1.3*
Chappaz, Achille (Bibl.)   III 162, *1.7*
Chapponneau, Jean (Bibl.)   II 150, *1.1*
Chappuis, Samuel   III 59, *1.4*
Chappuis-Koechlin, Annemarie (Bibl.)   II 92, *2.160*
Chapuis, Alfred   II 117, *1.5*
Charras, Jean-Baptiste (Bibl.)   I 187, *2.394*

Charrière, Isabelle de (Bibl.)   II 134, *1.14*
Chassot, Isabelle   I 282, *1.13*
Châtelain, Nicolas   III 114, *1.3*
Chautems, Charles (Bibl.)   II 124, *1.12*
Chauvet, Michel (Bibl.)   I 317, *1.38*
Chavanne, André (Bibl.)   I 299, *1.11*
Chavannes, A. (Bibl.)   III 85, *1.2*
Chavannes, Alexandre-César   III 48, *1.4;* 90, *1.1*
Chavannes, Daniel-Alexandre   III 85, *1.1*
Chavannes, Ernest   III 42, *1.2;* 42, *1.3;* 59, *1.6*
Chenevière, Jean-Jacques   I 380, *1.4*
Chiesa, Francesco   II 431, *2.29;* 456, *1.2*
Chodat, Fernand (Bibl.)   I 332, *1.14*
Chodat, Robert (Bibl.)   I 332, *1.14*
Chodowiecki, Daniel   III 474, *1.4*
Choisy, Albert (Bibl.)   I 330, *1.5*
Choisy, Eugène   I 353, *1.1;* I 354, *1.3*
Choisy, Jacques Denis   I 344, *1.4;* I 383, *1.14*
Choisy, Jacques-Denis (Bibl.)   I 330, *1.5*
Choisy, Louis-James   I 330, *1.5*
Chouet, Jean-Robert   I 312, *1.5*
Choupard, Jean-Louis   II 151, *1.5*
Choupard, Jean-Louis (Bibl.)   II 151, *1.6*
Christen, Bernhard   II 27, *2.8;* 31, *2.17;* 406, *1.3*
Christina, Jean-Louis (Bibl.)   I 359, *1.7*
Christinger, Johann Jakob   II 493, *2.11*
Ciani (Familie, Bibl.)   II 427, *1.4*
Cibo, Alderano   II 306, *1.25*
Cibrario, Luigi (Bibl.)   II 308, *1.37*
Cicero   I 155, *2.148;* 253, *2.35;* II 199, *2.41;*
   368, *2.72;* III 371, *1.37;* 411, *2.113*
Claparède, René-Edouard (Bibl.)   I 316, *1.35*
Claraz, Georges (Bibl.)   III 388, *1.136*
Claret, Jean-Joseph   III 176, *1.8*
Clavel, Jean-Pierre   III 51, *1.20*
Clavel de Brenles, Samuel   III 66, *1.2*
Clemens VIII. (Papst)   II 426, *1.2*
Clément, Jean-Maurice (Bibl.)   III 183, *1.7*
Clément, Rodolphe   III 58, *1.3*
Clément, Rodolphe (Bibl.)   III 59, *1.6*
Cochem, Martin von   II 306, *1.27*
Cohn, Georg (Bibl.)   III 388, *1.128*
Coindet, Jean-Charles (Bibl.)   I 316, *1.35*
Colladon, Jean-Antoine   I 314, *1.21*
Colladon, Jean-Antoine (Bibl.)   I 330, *1.2*
Colladon, Jean-Daniel   I 370, *1.1*
Colladon, Jean-Pierre (Bibl.)   I 315, *1.28;* 381, *1.9*
Collomb, Louis   II 129, *1.4*
Combe, T. (Bibl.)   II 123, *1.10*
Comtesse, Alfred   III 163, *1.15*
Comtesse, Robert (Bibl.)   III 163, *1.15*
Concina, Daniello   II 306, *1.27*
Constant, Benjamin de   III 403, *2.72*
Constant, Charles de (Bibl.)   I 315, *1.28*
Coolidge, William Augustus Brevoort (Bibl.)
   I 215, *1.39;* 218, *2.14;* 228, *2.64;* III 388, *1.135;*
   479, *2.3;* 483, *2.6*
Cordonnier, Jacques   III 165, *1.24*
Corecco, Eugenio   II 450, *2.14*
Corrodi, Eduard   I 297, *1.2*

Corrodi-Sulzer, Adrian   III 336, *1.64*
Corthey, Jean-Pierre   III 176, *1.6*
Coubertin, Pierre de   II 109, *1.11*
Coulon, Louis (Bibl.)   II 136, *1.25*
Coulon, Paul-Louis   II 135, *1.20*
Couriard, Alfred (Bibl.)   I 316, *1.35*
Courvoisier, Eugène   II 121, *1.1*
Courvoisier-Grâa, Edouard (Bibl.)   II 123, *1.10*
Coutaz, Gilbert   III 42, *1.4*
Cramatte, Jean-François   I 478, *1.13*
Cramer, Gabriel   I 313, *1.14;* 370, *1.1*
Cramer, Heinrich   I 85, *2.21*
Cramer, Marc   I 371, *1.3*
Cratander, Andreas   I 123, *1.19*
Crauer, Franz Regis   II 26, *2.5;* 28, *2.10;* 32, *2.18*
Crauer, Franz Regis (Bibl.)   II 33, *2.22;* 34, *2.23;* 169, *1.1*
Crettaz, Cyprien   III 184, *1.8*
Crocius, Christian Friedrich   II 32, *2.18*
Cuendet, Georges-André (Bibl.)   I 299, *1.11*
Cuénod, Jeanne   III 128, *1.8*
Cuénod, Victor   III 129, *1.9*
Curio, Caelius Secundus   II 284, *2.13*
Curio, Valentin   I 123, *1.19*
Curtit, André   II 117, *1.6*
Custodi, Pietro   II 457, *1.7*
Cuvier, Georges (Bibl.)   I 205, *2.7*
Cyprian, Ernst Salomon (Bibl.)   III 229, *2.21*
Cyprian, Karl Joseph Anton (Bibl.)   II 258, *2.6*
Cysat, Kaspar (Bibl.)   II 49, *1.20*
Cysat, Renward   II 28, *2.10*
Cysat, Renward (Bibl.)   II 11, *2.27;* 11, *2.29;* 49, *1.20;* 311, *2.9;* III 230, *2.22*

Dafflon, Jacques (Bibl.)   I 286, *2.27*
Dalberti, Vincenzo (Bibl.)   II 456, *1.1*
Daldini, Agostino (Bibl.)   II 464, *1.4*
Dalvit, Oskar   III 474, *1.4;* 476, *2.9*
Dändliker, Karl (Bibl.)   III 335, *1.58*
Däniker, Johann Konrad   I 18, *1.16*
Däniker, Johann Konrad (Bibl.)   I 30, *2.72*
Dante Alighieri   I 156, *2.152;* 156, *2.157;* 298, *1.4;* 300, *2.12;* III 405, *2.88*
Darbellay, Jean-Isidore   III 146, *1.13*
Daudet, Alphonse   I 427, *2.6*
Davack, Pietro Agostino (Bibl.)   II 449, *1.1;* 450, *2.14*
De Beer, Gavin R.   I 214, *1.30;* 228, *2.64*
Debure, Jean   III 176, *1.8*
Déglon, Jean-Pierre   III 115, *1.11*
Delabays, Georges   I 281, *1.8;* 282, *1.10*
Delarue, Henri   I 375, *1.11*
Delasoie, Gaspard Abdon   III 147, *1.14*
Delisle, Edgar   III 116, *1.15*
Delpech, Albert (Bibl.)   III 50, *1.18*
Delpierre, Auguste (Bibl.)   II 123, *1.7*
Demange, Fidèle-Apollinaire (Bibl.)   I 484, *2.24*
Dentan, Gustave   III 66, *1.5*
Depoisier, Michel   III 30, *1.2*
Depuoz, Johann Fidel   I 454, *1.1*

Desai, Dhirajlal B. (Bibl.)   I 217, *2.9;* 230, *2.73*
Desai, Madhuri   I 230, *2.73*
Desarzens, Viktor (Bibl.)   III 251, *2.78*
Descartes, René   I 140, *2.48*
Deschwanden, Karl von   II 162, *1.1*
Desor, Edouard (Bibl.)   II 136, *1.26;* 141, *2.20*
Devantéry, Antoine   III 183, *1.3*
Devantéry, Jean   III 182, *1.2*
Devenoge (Pasteur, bibl.)   III 103, *1.9*
Diacon, Alphonse   II 135, *1.19;* 135, *1.20*
Diener, Ernst (Bibl.)   III 373, *1.49;* 382, *1.99*
Dierauer, Johannes   II 190, *1.9;* 191, *1.11;* 196, *2.28;* III 336, *1.63*
Diesbach, Max de   I 281, *1.6;* 281, *1.7*
Dietrich, Elisabeth   III 194, *2.7*
Dietrich, Josef   II 322, *2.43*
Dietrich, Josef (Bibl.)   I 47, *1.1*
Dillier, Johann Baptist (Bibl.)   II 175, *1.1*
Diodati, Antoine-Josué   I 313, *1.13*
Diodati-Plantamour, Amélie (Bibl.)   I 304, *1.1*
Diodatti, Giovanni (Bibl.)   II 285, *2.14;* 287, *2.19;* 296, *2.32*
Disdier, Henri (Bibl.)   I 316, *1.35*
Disteli, Andreas (Bibl.)   II 341, *1.1*
Disteli, Martin   III 302, *2.4;* 303, *2.18*
Ditters von Dittersdorf, Karl   I 226, *2.53*
Döbeli, Arnold (Bibl.)   II 38, *1.1;* 39, *2.5*
Dobler-Schulthess, Anna Berta   III 474, *1.4*
Döderlein, Johann Christoph   II 262, *1.7*
Doerner, Max (Bibl.)   III 271, *1.8*
Dolder, Josef   II 12, *1.1*
Dolivo, Michel   III 81, *1.1*
Donnet, André   III 164, *1.18;* 164, *1.21;* 173, *2.16*
Donzé, Fernand   II 110, *1.13*
Dor, Henri (Bibl.)   I 206, *2.17*
Dorer, Edmund (Bibl.)   I 217, *2.9*
Dorer, Ignaz Edward   I 43, *1.1*
Dorer, Kaspar Anton Joseph (Bibl.)   I 44, *1.4*
Dorrenboom, L. H. (Bibl.)   III 302, *1.4*
Dossenbach, Wilhelmina   III 192, *1.1*
Dossenbach, Wilhelmina (Bibl.)   III 193, *2.4*
Dostojewski, Fjodor   III 474, *1.4*
Doumergue, Emile   I 354, *1.3*
Dowsing, William   I 427, *2.5*
Doxat, Alexis (Bibl.)   III 137, *1.16*
Drachkovitch, Milorad M. (Bibl.)   I 317, *1.38*
Dragomanow, Michel   I 220, *2.23*
Dragoni Vela, Sabina (Bibl.)   II 416, *1.2*
Dresseli, Alberta (Bibl.)   II 257, *1.1*
Drexel, Jeremias   II 315, *2.29*
Dreyer, Johann Jakob   II 27, *2.8*
Dreyer, Johann Melchior   II 376, *2.122*
Drobisch, Karl Ludwig   II 376, *2.122*
Droz, Jean-Pierre   II 108, *1.3*
Droz, Numa   II 108, *1.5*
Droz-Farny, Arnold (Bibl.)   II 109, *1.9*
Dubois de Montperreux, Frédéric (Bibl.)   III 371, *1.38;* 379, *1.76*
Dubois, Célestin   II 153, *1.17*
Ducommun, Fritz (Bibl.)   I 368, *1.3*

Ducrest, François   I 281, *1.8*
Ducrey, Joseph   I 293, *1.10*
Dufey, Claude (Bibl.)   III 37, *2.42*
Dufour, Henri   I 198, *1.1*
Dufour, Théophile   I 353, *1.1*; 374, *1.7*
Dufour, Théophile (Bibl.)   I 354, *1.3*
Dulliker, Karl (Bibl.)   II 42, *2.14*
Dumas, Alexandre   I 265, *2.3*; 427, *2.6*
Dümge, Carl Georg   II 308, *1.34*
Dümmler, Ferdinand (Bibl.)   I 148, *2.100*; 187, *2.394*
Dumont, B.   III 114, *1.3*
Dumont-Lambert, Charles-Philippe   III 49, *1.14*
Dünnhaupt, Gerhard (Bibl.)   I 427, *2.6*
Dupan, Jean-Louis (Bibl.)   I 315, *1.28*
Dupan, Jean-Marc (Bibl.)   I 315, *1.28*
Dupasquier, Jacques-Louis   II 135, *1.19*
Dupasquier, James (Bibl.)   II 154, *1.20*
Dupasquier, Lucien   I 480, *1.20*
Dupeyrou, Pierre-Alexandre   II 134, *1.14*
Dupeyrou, Pierre-Alexandre (Bibl.)   II 134, *1.9*
Dupraz, Louis   III 50, *1.16*
Duret, Josef (Bibl.)   II 20, *1.1*
Dürler, Maria Caecilia Basilissa   II 28, *2.10*; 30, *2.14*
Dürr, Emil   I 108, *1.9*
Dürrenmatt, Friedrich (Bibl.)   I 212, *1.21*; 229, *2.67*
Durrer, Marcel   I 282, *1.13*
Durrer, Robert   III 336, *1.63*
Durrer, Robert (Bibl.)   II 163, *1.3*
Dürst, Arthur (Bibl.)   I 411, *2.47*
Dussex, Cyprien (Bibl.)   III 183, *1.7*
Dvorak, Antonin   I 428, *2.13*

Eberhard (Abt von Einsiedeln)   II 304, *1.5*
Eberhard, Johann (Bibl.)   II 169, *1.1*; 171, *2.15*
Eberhard, Johannes   III 195, *1.1*; 205, *1.2*
Eberlin, Maria Anna (Bibl.)   III 25, *1.1*; 26, *2.5*
Eberlin, Michael Leonz (Bibl.)   III 25, *1.1*; 27, *2.18*
Eberstein, Christian von (Bibl.)   I 478, *1.10*
Ecclesia, Antonius de (Bibl.)   II 311, *2.9*
Eck, Johann von (Bibl.)   I 88, *2.33*
Eckstein, Friedrich (Bibl.)   II 479, *2.7*
Effinger, Adelheid Sophie (Bibl.)   I 50, *1.5*
Effinger, Hans Friedrich (Bibl.)   I 49, *1.2*
Effinger, Julie   I 49, *1.1*
Effinger, Julie (Bibl.)   I 50, *1.5*
Effinger, Kaspar   I 49, *1.1*
Effinger, Leopold (Bibl.)   I 49, *1.2*
Effinger, Ludwig Rudolf (Bibl.)   I 50, *1.5*; 51, *1.8*
Egender, Karl   III 492, *1.2*; 497, *1.3*
Eggenstorfer, Michael (Bibl.)   II 261, *1.3*
Eggert, Fritz   III 302, *1.4*
Eggo, Alexis (Bibl.)   III 173, *2.17*
Egli, Edith   I 227, *2.56*
Egli, Johann Jakob (Bibl.)   III 372, *1.45*; 377, *1.64*; 410, *2.108*
Eglinger, Samuel (Bibl.)   I 86, *2.24*; II 291, *2.27*
Ehrenreich, Stephan   II 169, *1.1*

Ehrenzeller, Peter   II 192, *1.18*
Ehrler, Anton (Bibl.)   II 252, *1.3*
Eichholzer, Leodegar (Bibl.)   II 173, *2.22*
Eichhorn, Ambrosius   II 306, *1.26*
Eiffel, Gustav   I 426, *2.3*
Einstein, Albert   I 425, *1.1*
Eisenmann, Heinrich   I 298, *1.7*
Elaerts, Etienne   III 161, *1.2*
Eldin, Johann Jakob   I 263, *1.2*
Eldin, Johann Jakob (Bibl.)   I 264, *1.10*
Elisabeth Sophie Maria (Herzogin von Braunschweig-Lüneburg-Wolfenbüttel, Bibl.)   I 88, *2.33*
Elmenhorst, Gerhard   I 63, *2.10*
Elmer, Johann Heinrich (Bibl.)   III 231, *2.26*
Elpidin, Michail Konstantinowitsch   I 220, *2.23*
Elsener, Heinrich (Bibl.)   I 410, *2.38*
Elsig, Damian   III 165, *1.25*
Emberger, Peter (Bibl.)   II 49, *1.19*
Empser, Johann (Bibl.)   II 311, *2.9*
Enck, Mauritius   II 213, *1.9*; 257, *1.1*
Engel, Rudolf   II 27, *2.9*
Engel, Rudolf (Bibl.)   II 341, *1.1*
Engel, Samuel   I 243, *1.11*
Engel-Gros, Frédéric (Bibl.)   I 186, *2.390*
Engelmann, Theodor   I 252, *2.32*
Engelmann, Theodor (Bibl.)   I 246, *1.17*
Entlin, Josef Ignaz (Bibl.)   II 8, *1.1*
Entlin, Melchior (Bibl.)   II 105, *2.23*
Episcopius, Nicolaus   I 123, *1.19*
Epp, Sophia (Bibl.)   III 9, *1.10*
Erasmus von Rotterdam   I 121, *1.4*; 123, *1.18*; 125, *1.29*; 135, *2.23*; 155, *2.150*; 182, *2.363*; II 46, *1.4*; 313, *2.18*
Erasmus von Rotterdam (Bibl.)   I 406, *2.20*; II 62, *2.15*
Erlach, Albrecht Friedrich von (Bibl.)   III 115, *1.9*
Erlach, Sigmund von   I 242, *1.8*
Erlach, Sophie von   I 51, *1.8*
Erlach, Sophie von (Bibl.)   I 50, *1.4*
Ermatinger, Emil (Bibl.)   II 294, *2.29*
Ernst, Auguste   III 114, *1.3*; 115, *1.8*
Ernst, Konrad (Bibl.)   II 14, *2.8*
Ernst, Viktor von (Bibl.)   II 38, *1.1*
Erthal, Karl Joseph von   II 296, *2.32*
Escher, Conrad   III 370, *1.28*
Escher, Hans Konrad (Bibl.)   III 371, *1.38*
Escher, Heinrich (Bibl.)   III 381, *1.95*
Escher, Hermann   I 214, *1.35*; II 59, *1.54*; III 318, *1.4*; 370, *1.28*; 377, *1.65*; 386, *1.106*; 388, *1.127*; 404, *2.80*
Escher, Jakob   III 378, *1.69*
Escher-Abegg, Emma   III 474, *1.4*
Escher-Bürkli, Jakob (Bibl.)   III 351, *2.61*
Escher-Meyer, Anna Kleopha (Bibl.)   III 381, *1.95*
Escher von der Linth, Arnold   III 481, *1.4*
Escher von der Linth, Arnold (Bibl.)   III 379, *1.76*; 379, *1.77*
Escher von der Linth, Hans Conrad   III 474, *1.4*

Escher von der Linth, Hans Conrad (Bibl.)
    II 321, *2.42*
Escher-Züblin, Alfons   III 481, *1.6*
Escher zum Brunnen (Familie, Bibl.)   III 372, *1.41*
Eschmann-Dumur, Carl (Bibl.)   III 59, *1.9*
Estermann, Benno (Bibl.)   II 100, *1.1*
Estermann, Josef   II 13, *1.2*
Estermann, Josef Niklaus (Bibl.)   II 8, *1.1*
Ettinger, Max (Bibl.)   III 289, *1.5*
Euklid   I 171, *2.272*
Euler, Leonhard   I 171, *2.274*; 173, *2.286*
Euripides   I 154, *2.143*
Euw, Robert von   II 175, *1.3*
Eversteyn-Grütter, Arnold (Bibl.)   II 192, *1.15*;
    II 203, *2.71*
Exchaquet, Jacqueline   III 30, *1.2*
Eymann, Odette (Bibl.)   II 124, *1.12*
Eynard, Jacques   I 313, *1.14*
Eynard-Lullin (Familie)   I 316, *1.32*

Fabri, Johannes (Bibl.)   I 95, *2.8*; II 307, *1.29*
Fabricius, Johannes   II 273, *1.2*
Fabricius, Vincens (Bibl.)   I 204, *2.3*
Fabry, Wilhelm   I 242, *1.6*
Fädminger, Johannes (Bibl.)   I 241, *1.3*
Faesch (Familie)   I 155, *2.150*
Faesch (Familie, Bibl.)   I 156, *2.157*
Faesch, Remigius (Bibl.)   I 127, *1.44*; 154, *2.144*;
    162, *2.202*; 181, *2.360*; 182, *2.363*
Faesi, Robert   I 297, *1.2*
Falck, Peter (Bibl.)   I 282, *1.13*; I 286, *2.24*
Falk, Johann Konrad (Bibl.)   II 307, *1.29*
Falkeisen, Hieronymus (Bibl.)   I 128, *1.49*;
    145, *2.85*; 158, *2.174*; 182, *2.364*; 182, *2.366*;
    186, *2.390*
Falkeisen-Bernoulli, Theodor (Bibl.)   I 182, *2.366*
Fama, Adolphe (Bibl.)   III 162, *1.11*
Fantini, Bernardino   I 341, *1.2*
Farel, Guillaume   I 355, *2.6*
Farel, Guillaume (Bibl.)   II 150, *1.1*
Fäsi, Johann Ulrich (Bibl.)   III 371, *1.39*; 381, *1.95*
Fasnacht, Samuel-Friedrich   III 101, *1.2*
Fassbind, Anastasius (Bibl.)   II 170, *2.8*
Fässler, Oskar (Bibl.)   II 191, *1.14*
Fatio de Duillier, Nicolas   I 314, *1.21*
Fattlin, Melchior (Bibl.)   II 307, *1.29*
Fauche (Familie)   II 138, *1.39*
Fauconnet, Charles   I 330, *1.4*
Favrat, Louis (Bibl.)   III 85, *1.2*
Favre (Familie, Bibl.)   III 114, *1.5*
Favre, Alphonse (Bibl.)   I 344, *1.6*; 345, *2.4*
Favre, Emile Florentin   III 147, *1.14*
Favre, Ernest (Bibl.)   I 344, *1.6*; 345, *2.4*
Favre, Jean-Marc-Louis (Bibl.)   III 114, *1.5*
Favre, Léopold (Bibl.)   I 317, *1.38*
Favre, Louis (Bibl.)   III 114, *1.5*
Favre, Pierre (Bibl.)   I 325, *2.56*
Favre-Bertrand, Guillaume   I 373, *1.2*
Favre-Bertrand, Guillaume (Bibl.)   I 317, *1.38*;
    324, *2.51*

Favrot, Alexandre   I 480, *1.23*
Fazy, Georges (Bibl.)   I 317, *1.39*; 323, *2.44*
Fazy, Robert (Bibl.)   I 382, *1.13*; III 50, *1.18*
Feer-Herzog, Carl (Bibl.)   I 32, *2.91*
Fehr (Familie, Bibl.)   II 490, *1.2*
Fehr, Bernhard (Bibl.)   III 389, *1.143*
Fehrlin, Hans   II 192, *1.16*
Feierabend, Karl (Bibl.)   II 176, *2.7*
Fein, Georg (Bibl.)   I 97, *1.5*
Félice, Fortuné-Barthélemy de   III 135, *1.6*;
    136, *1.7*
Félice, Fortuné-Barthélemy de (Bibl.)   II 134, *1.10*
Fellenberg, Emanuel von (Bibl.)   I 245, *1.14*
Fellenberg, Philipp Emanuel von (Bibl.)   I 255, *2.42*
Fellow, Charles   I 426, *2.3*
Feltscher, Anton   I 443, *2.36*
Ferdinand IV. (König von Neapel)   I 243, *1.10*
Ferdinand Philipp (Herzog von Orléans)
    II 308, *1.35*; II 308, *1.37*
Ferrari, Tiberio (Bibl.)   II 464, *1.4*
Ferrario, Melchiorre (Bibl.)   II 464, *1.4*
Ferrer, Francisco   III 71, *2.5*
Fesch, Johann Rudolf (Bibl.)   I 436, *1.3*
Feuerlein, Joahnn Konrad (Bibl.)   III 230, *2.22*
Feyerabend, Hartmann (Bibl.)   I 44, *1.5*
Fiala, Friedrich (Bibl.)   II 353, *1.23*
Fietz, Hermann   III 386, *1.112*
Filicaia, Ludovico   II 401, *1.1*
Filli, Chatrina (Bibl.)   I 472, *1.1*
Fing, Alois Vinzenz (Bibl.)   I 430, *1.1*
Fink, Georg (Bibl.)   II 341, *1.1*; 342, *2.7*
Finsler, Georg (Bibl.)   I 187, *2.394*; III 381, *1.95*;
    388, *1.127*; 418, *2.162*
Firmian, Carlo Giuseppe (Bibl.)   II 457, *1.6*
Fischer, Henri   III 66, *1.4*
Fischer, Johann Jacob (Bibl.)   I 368, *1.3*
Fischer, Otto (Bibl.)   I 187, *2.394*
Fischer-Sigwart, Johann Hermann (Bibl.)   I 61, *1.3*
Fischli, Jakob   II 332, *1.1*
Fischli, Jakob (Bibl.)   II 333, *2.4*
Flaiano, Ennio   II 431, *2.29*
Fleckenstein, Franz Laurenz von (Bibl.)
    III 216, *2.15*
Fleiner, Fritz (Bibl.)   III 389, *1.142*
Fleischlin, Johann Heinrich (Bibl.)   II 8, *1.1*
Fleuret, Edouard   III 79, *1.1*
Florenius, Paulus   II 296, *2.32*
Florenius, Paulus (Bibl.)   II 274, *1.4*; 288, *2.22*;
    297, *2.34*
Flugi, Johann V.   II 101, *2.8*
Flüh Gyr, Nikolaus von   I 432, *1.2*
Fluri, Adolf   I 246, *1.17*
Flury, Andreas (Bibl.)   I 447, *2.75*; 447, *2.79*
Fontaine, Charles-Aloyse (Bibl.)   I 281, *1.7*;
    284, *2.16*; 291, *1.5*
Fontana, Antonio (Bibl.)   II 474, *1.2*
Fontane, Theodor   I 427, *2.6*
Forer, Johann Rudolf Philipp (Bibl.)   I 68, *2.38*
Fornerod, Auguste (Bibl.)   III 71, *1.3*

Forrer, Ludwig   III 387, *1.120;* 387, *1.121;* 390, *1.153*
Fraenckel, Jonas   III 267, *1.1*
Fraenkel, Pierre   I 347, *1.1;* I 354, *1.2*
France, Anatole   I 427, *2.6*
Francillon, Clarisse   III 129, *1.10*
Frank, Frowin (Bibl.)   I 430, *1.1*
Frank, Ludwig   II 511, *1.1*
Frank, Zacharias (Bibl.)   II 284, *2.13*
Franklin, Benjamin (Bibl.)   III 115, *1.9*
Franscini, Stefano   I 209, *1.3;* II 457, *1.5;* III 352, *2.68*
Franzoni, Alberto (Bibl.)   II 431, *2.25*
Fraschina, F. (Bibl.)   II 402, *1.5*
Frauenfelder, Reinhard   II 263, *1.16;* 279, *1.30*
Frei, Johann Jakob   I 88, *2.35*
Frei, Johann Jakob (Bibl.)   I 76, *1.1;* 77, *1.2;* 79, *2.9;* 80, *2.13;* 86, *2.24*
Frei, Verekund   II 25, *1.3;* 28, *2.10*
Freitag, Johann Rudolf (Bibl.)   II 286, *2.16*
Freudenberger, Uriel (Bibl.)   I 61, *1.2*
Frey, Beat (Bibl.)   II 297, *2.34*
Frey, Benedikt (Bibl.)   II 249, *1.1;* 250, *2.5*
Frey, Johann Jakob (Bibl.)   I 184, *2.376*
Frey, Johann Ludwig (Bibl.)   I 183, *2.373*
Freyenmuth, Johann Conrad (Bibl.)   II 498, *2.27*
Freytag, Gustav   I 427, *2.6*
Frick-Huber, Johannes   III 336, *1.64*
Fricker, Bartholomäus   I 43, *1.2*
Friderich, Samuel (Bibl.)   I 61, *1.3;* 66, *2.22*
Fridérici, V.   III 104, *1.12*
Fridlin, Franz Josef (Bibl.)   III 349, *2.44*
Friedländer, Immanuel (Bibl.)   III 271, *1.8*
Friedrich II. (König von Preussen, Bibl.)   III 115, *1.9*
Friedrich Wilhelm III. (König von Preussen)   II 308, *1.35*
Fries, Johann Jakob   III 366, *1.7;* 367, *1.13*
Fries, Johann Jakob (Bibl.)   II 62, *2.15*
Fries, Johannes (Bibl.)   II 62, *2.15;* III 425, *2.199*
Frigerio, Carl (Bibl.)   III 71, *1.3*
Friis, Finn (Bibl.)   I 231, *2.83*
Frisching, Samuel   I 313, *1.9*
Fritzsche, Otto Fridolin   III 380, *1.89;* 381, *1.95;* 385, *1.105*
Frizzoni, Giovanni   I 475, *2.5*
Froben, Hieronymus   I 123, *1.17;* 123, *1.19*
Froben, Johannes   I 123, *1.18*
Froburg, Ludwig von   III 192, *1.1*
Froelicher, Antoine   II 135, *1.21*
Fröhlich, Abraham Emanuel   I 23, *2.23*
Fröhlich, Friedrich Theodor (Bibl.)   I 162, *2.199*
Froschauer, Christoph   III 366, *1.5*
Fruenz, Josef Anton (Bibl.)   III 8, *1.8;* 15, *2.34*
Fuchs, Alois   II 218, *1.39;* 334, *1.1*
Fugger, Antoine   I 477, *1.4*
Führer, Robert   II 376, *2.122*
Fulach, Anna von   III 192, *1.1*
Fürer, Ivo   I 92, *1.3*
Furrer, Franz Joseph (Bibl.)   II 464, *1.4*

Furrer, Konrad (Bibl.)   III 373, *1.49*
Fürstenberg, Klemens Lothar von   II 30, *2.14*
Furtwängler, Wilhelm   III 486, *1.9*
Füssli, Johann Heinrich   III 474, *1.4*
Füssli, Johann Heinrich (Bibl.)   III 371, *1.35*
Füssli, Wilhelm Heinrich   III 474, *1.4*

Gacond, Claude   II 109, *1.12*
Gadliger, Werner   III 476, *2.9;* 476, *2.11*
Gady, Ignace de (Bibl.)   I 281, *1.7*
Gady, Nicolas de (Bibl.)   I 286, *2.23*
Gagnebin, Ferdinand Henri (Bibl.)   II 154, *1.21*
Gagnebin, Henri (Bibl.)   I 336, *1.3*
Gagnerot, Martine   III 82, *1.3*
Gaiffe, Adolphe (Bibl.)   III 109, *1.1*
Gajáry, Aladár   I 433, *1.5*
Galbreath, Donald Lindsay (Bibl.)   III 348, *2.36*
Galen   I 154, *2.143;* 179, *2.334;* 179, *2.338;* 241, *2.143*
Galiffe, Aymon (Bibl.)   I 317, *1.38*
Galilei, Galileo   I 172, *2.279*
Gallati, Frieda   III 336, *1.63*
Gallati, Frieda (Bibl.)   I 402, *2.7;* 404, *2.13*
Gallati, Johann Caspar (Bibl.)   II 307, *1.29*
Galletti, Angelo   I 363, *1.1*
Galli-Valerio, Bruno   III 82, *1.5*
Gallin, Franz Damian (Bibl.)   I 451, *2.115*
Gampert, Auguste (Bibl.)   III 59, *1.9*
Gampert, Otto   III 476, *2.11*
Ganghofer, Ludwig (Bibl.)   I 428, *2.13*
Ganguin, Jean-Albert (Bibl.)   II 154, *1.20*
Ganioz, Bernardine   III 182, *1.2*
Garampi, Guiseppe   II 306, *1.26*
Garampi, Giuseppe (Bibl.)   II 451, *2.18*
Gardu, Séraphin (Bibl.)   I 291, *1.2*
Gardy, Frédéric   I 316, *1.36*
Garmers, Johannes (Bibl.)   I 204, *2.3*
Garson, Francois Silvestre (Bibl.)   III 36, *2.33*
Gasparin, Agénor de (Bibl.)   I 382, *1.11*
Gasser, Johann Konrad   II 263, *1.14*
Gassner, Johann Joseph   II 521, *2.10*
Gasteyer, Maria Theresia   I 454, *1.1*
Gattlen, Anton   III 164, *1.21;* 165, *1.23*
Gaudard, Samuel   III 90, *1.1*
Gautier, Jean-Antoine   I 313, *1.11*
Gautier, Lucien   I 354, *1.3*
Gautier, Lucien (Bibl.)   I 317, *1.38;* III 59, *1.9*
Gehri, Maurice (Bibl.)   III 104, *1.12*
Gehring, Jacob (Bibl.)   I 408, *2.32;* 411, *2.48*
Geibel, Emanuel   I 427, *2.6*
Geiger, Christoph (Bibl.)   III 358, *2.103*
Geiger, Franz (Bibl.)   II 56, *1.43*
Geiger, Hans-Ulrich   III 92, *1.7*
Geiger, Norberta (Bibl.)   II 249, *1.1*
Geiger, Philipp   III 358, *2.103*
Geigy, Alfred (Bibl.)   I 130, *1.57;* 146, *2.90;* 165, *2.223;* 187, *2.394*
Geigy, Johann Rudolf   I 130, *1.57*
Geiser, Anne   III 92, *1.9*
Geiser, Peter   I 273, *1.5*

Geiser, Samuel   I 273, *1.7*
Geissberg, Sebastian   II 506, *1.1*
Gélieu, Bernard de   II 121, *1.1*
Geloes, Theodor de   III 316, *2.15*
Genhart, Raphael (Bibl.)   II 317, *2.33*
Georg Gustav (Herzog von der Pfalz-Veldenz, Bibl.)   II 296, *2.32*
Gerber, Abraham   I 273, *1.5*
Gerber, Aurèle   I 274, *1.11*
Gerber, Gabriel (Bibl.)   II 325, *2.50*
Gerber, Nicolas   I 274, *1.11*
Gerber, Samuel   I 272, *1.2*
Gerber, Ulrich J.   I 273, *1.9*
Gerbert, Martin   II 261, *1.4*; 306, *1.26*
Gerbert, Martin II.   I 434, *2.5*
Gerlach, Franz Dorotheus   I 127, *1.46*; 128, *1.48*; 145, *2.87*
Gerlach, Rudolf (Bibl.)   389, *1.150*
Germann, Basilius   III 368, *1.18*
Gerold II. Zurlauben (Abt)   III 368, *1.16*; 368, *1.18*
Gerster, Walter (Bibl.)   I 25, *2.42*; 33, *2.93*
Gesner, Johann Matthias (Bibl.)   III 237, *2.37*
Gessner, August (Bibl.)   III 475, *2.3*
Gessner, Georg   III 238, *2.39*
Gessner, Johannes   III 378, *1.75*; 412, *2.122*
Gessner, Johannes (Bibl.)   III 379, *1.76*
Gessner, Konrad   II 14, *2.8*; 291, *2.27*; 327, *2.61*; III 230, *2.23*; 299, *2.2*
Gessner, Konrad (Bibl.)   I 64, *2.15*; 427, *2.4*; II 62, *2.15*; III 230, *2.22*; III 425, *2.199*
Gessner, Salomon   III 369, *1.25*; 474, *1.4*
Ghika, Grégoire   III 164, *1.21*
Ghiringhelli, Pagano   II 397, *1.3*
Ghiringhelli, Vincenzo (Bibl.)   II 464, *1.4*
Gibelin, Wolfgang (Bibl.)   II 341, *1.1*
Gichtel, Johann Georg   III 391, *1.174*
Giel, Gotthard   II 212, *1.6*
Giesker, Hans (Bibl.)   III 389, *1.150*
Gilg, Jakob (Bibl.)   II 49, *1.19*
Gilli, Josef Anton   II 25, *1.3*
Gilliard, Charles   III 65, *1.1*
Gimmer, Anna   III 28, *2.19*
Gingins, Amédée-Philippe de (Bibl.)   III 122, *1.2*
Gingins, Frédéric de   III 122, *1.3*
Gingins, Frédéric de (Bibl.)   I 403, *2.10*; III 85, *1.2*; 123, *1.5*
Gingins, Victor de (Bibl.)   III 123, *1.4*
Gingins, Wolfgang-Charles de (Bibl.)   III 123, *1.4*
Girard, David (Bibl.)   II 151, *1.6*
Girard, Grégoire (Bibl.)   I 281, *1.7*; 284, *2.16*; 292, *1.6*
Girard, Jean-Michel   III 148, *1.21*
Girardet (Familie)   II 108, *1.3*
Gisler, Friedrich (Bibl.)   III 22, *2.14*
Gisler, Johann Joseph (Bibl.)   III 14, *2.31*
Gisler, Johanna   I 109, *1.12*
Gisler, Karl (Amtsarzt, Bibl.)   III 22, *2.16*
Gisler, Karl (Regierungsrat, Bibl.)   III 22, *2.16*
Glauber, Johann Rudolf   I 173, *2.290*
Gleyre, Jacques-Louis   III 114, *1.3*

Gloner, Samuel (Bibl.)   II 291, *2.27*
Gloor, Theophil René (Bibl.)   I 25, *2.42*; 33, *2.92*
Gluck, Christoph Willibald   I 226, *2.53*
Glutz (Familie, Bibl.)   II 373, *2.102*
Glutz, Malachias   II 46, *1.6*
Glutz-Blotzheim, Konrad (Bibl.)   II 38, *1.1*; 40, *2.9*; 42, *2.14*
Glutz-Blotzheim, Urs Robert Joseph   II 351, *1.5*
Glutz-Ruchti, Viktor Anton   II 352, *1.9*
Gmür, Leonhard   II 220, *1.45*; 220, *1.48*
Gmür, Robert   II 18, *1.2*
Gmür, Robert (Bibl.)   III 192, *1.1*; 194, *2.10*
Gobat, Georges   II 306, *1.23*
Gobel, Joseph   I 478, *1.11*
Gobel, Joseph (Bibl.)   I 477, *1.7*
Godet (Familie, Bibl.)   I 219, *2.18*
Godet, Charles-Henri   II 136, *1.22*
Godet, Marcel   I 215, *1.39*
Godet, Marcel (Bibl.)   I 231, *2.82*
Godet, Philippe (Bibl.)   I 215, *1.39*
Goethe, Johann Wolfgang von   I 298, *1.4*; 300, *2.7*; 427, *2.6*; II 306, *1.26*
Goetschy, Jean-Joseph   I 478, *1.12*
Goetz, Margarete   III 476, *2.9*
Golaz, Charles (Bibl.)   I 406, *2.22*
Goldast, Melchior   II 188, *1.3*; 214, *1.14*
Göldlin von Tiefenau, Franz Bernhard   II 26, *2.5*
Göldlin von Tiefenau, Franz Bernhard (Bibl.)   II 8, *1.1*; 10, *2.21*
Göldlin, Bernhard Ludwig   II 51, *1.26*
Goldmann, Hans (Bibl.)   I 203, *1.3*; 205, *2.7*; 206, *2.17*
Goldoni, Carlo   I 231, *2.83*; II 325, *2.51*
Goldschmied, Heinrich   II 27, *2.7*
Golowkin, Alexandre   III 101, *1.2*
Golowkin, Fédor   III 66, *1.2*
Goncourt, Edmond de (Bibl.)   II 59, *1.56*
Goncourt, Jules de (Bibl.)   II 59, *1.56*
Gonzenbach (Familie, Bibl.)   II 480, *2.13*
Gonzenbach, Wilhelm Eugen (Bibl.)   II 196, *2.25*; 196, *2.28*
Gossauer, Johann Heinrich   II 27, *2.8*
Gosse, Hippolyte-Jean (Bibl.)   I 316, *1.35*
Gotthard, Georg (Bibl.)   II 371, *2.87*; 372, *2.90*
Gotthard, Johann Wilhelm   II 352, *1.8*
Gotthard, Johann Wilhelm (Bibl.)   II 371, *2.87*; 372, *2.90*
Gottwald, Benedikt   II 257, *1.1*
Götz, Johann (Bibl.)   II 296, *2.32*
Götzinger, Ernst   II 201, *2.60*
Goulart, Simon   I 312, *1.4*
Graber, Alfred (Bibl.)   I 229, *2.67*
Graetz, Heinrich   III 267, *1.1*
Graf, Johann Heinrich   I 209, *1.5*
Graf, Urs   I 124, *1.20*; II 354, *1.32*
Graffenried, Anton von (Bibl.)   I 242, *1.8*
Graffenried, Emanuel von (Bibl.)   I 269, *1.1*
Graffenried, Franz Anton Emanuel von   I 269, *1.1*
Grandjean, Charles   III 137, *1.16*
Grapheus, Cornelius   I 427, *2.4*

Grass, Lukas Jeremias II 257, *2.4*
Grauer-Frey, Isidor (Bibl.) II 248, *2.5*
Graviseth, Jakob I 241, *1.5;* 253, *2.34*
Grebel, Georg (Bibl.) II 298, *2.36*
Grégoire, Jean II 134, *1.11*
Gregor XIII. (Papst) II 49, *1.19*
Greith, Karl Johann II 250, *2.5*
Gremaud, Jean (Bibl.) I 280, *1.4*
Gremlin, Georg (Bibl.) II 294, *2.30*
Grenue, François-Théodore-Louis de II 294, *2.29*
Grétillat, Augustin II 154, *1.21*
Greulich, Hermann III 388, *1.133*
Greulich, Hermann (Bibl.) III 425, *2.198*
Greuth, Hans Jakob vom II 273, *1.2;* 296, *2.32*
Greven, Jochen I 297, *1.2*
Grieshaber, Gottfried III 476, *2.9*
Griesinger, Wilhelm (Bibl.) III 381, *1.96;* 383, *1.101;* 415, *2.143*
Grillenzoni, Giovanni (Bibl.) II 427, *1.4*
Grillparzer, Franz I 427, *2.6*
Grimmenstein, Fanny von II 220, *1.44*
Grisebach, Eduard (Bibl.) III 302, *2.7*
Gritti, Joan Lucius I 474, *2.3*
Grivel, Louis III 42, *1.2;* 42, *1.4*
Grob, Heinrich (Bibl.) III 352, *2.65*
Grolig, Moriz (Bibl.) III 348, *2.36*
Gross, Jacques (Bibl.) III 71, *1.3*
Grotius, Hugo III 403, *2.69*
Gruaz, Julien III 91, *1.5*
Gruber, Albrecht Franz (Bibl.) I 256, *2.49*
Grynaeus, Johann Jakob I 137, *2.34*
Grynaeus, Johannes (Bibl.) I 183, *2.373*
Grynaeus, Simon I 153, *2.139*
Gschwen, Emil (Bibl.) II 485, *2.1*
Guébhard (Famille, Bibl.) III 34, *2.21*
Guex, Jean-Samuel III 102, *1.4*
Gugelberg, Johanna Regina III 192, *1.1*
Gugelberg, Paul (Bibl.) III 192, *1.1*
Gugelmann, Annemarie (Bibl.) I 216, *1.41*
Gugelmann, Rudolf (Bibl.) I 216, *1.41*
Guggenbühler, Xaver (Bibl.) II 59, *1.55*
Gugger von Staudach, Cölestin II 216, *1.24*
Gugger, Franz Philipp II 369, *2.75*
Gugger, Johann Jakob (Bibl.) II 42, *2.14;* 46, *1.5*
Gügler, Alois (Bibl.) II 49, *1.21*
Gügler, Josef Heinrich Alois II 308, *1.34*
Guidi, Antonio Maria (Bibl.) II 473, *2.9*
Guidi, Remo III 476, *2.9*
Guidini, Augusto II 427, *1.3*
Guillebert, Alphonse II 135, *1.19*
Guillimann, Franz II 369, *2.79*
Guillimann, Franz (Bibl.) II 104, *2.22;* 325, *2.51*
Guimps, Roger de I 81, *2.14;* III 136, *1.8*
Guisan, René (Bibl.) III 59, *1.9*
Guisolan, Michel II 482, *1.2*
Guler von Wyneck, Johannes (Bibl.) III 251, *2.75*
Guler, Jakob II 27, *2.7*
Guler, Johann Rudolf (Bibl.) I 436, *1.3*
Günther, Urs Joseph (Bibl.) II 38, *1.1;* 43, *2.20*
Gut, Aemilian II 103, *2.15*

Gutenberg, Johannes I 154, *2.145*
Gutmann, Salomon (Bibl.) I 407, *2.24*
Gutzwiller, Stephan I 96, *1.1*
Guye, Samuel II 117, *1.5*
Gwalther, Rudolf III 230, *2.21*
Gwalther, Rudolf (Bibl.) II 62, *2.15;* III 370, *1.30;* 409, *2.105;* 425, *2.199*
Gyger, Jean-Luc I 274, *1.11*
Gyr, Bernhard (Bibl.) II 257, *1.1*

Haas, Bernhard II 23, *1.1*
Haas, Leonhard II 40, *2.7*
Häderlin, Johann II 50, *1.24*
Haefeli, Leo (Bibl.) III 389, *1.149*
Häfeli, Eusebius II 170, *2.7;* 171, *2.14*
Häfeli, Eusebius (Bibl.) II 169, *1.1*
Häfelin, Emil III 474, *1.4*
Haffner, Anton (Bibl.) II 358, *2.21*
Haffner, Franz (Bibl.) II 352, *1.14*
Haffner, Franz Philipp II 359, *2.26;* 359, *2.29;* 365, *2.53;* 372, *2.90*
Haffner, Franz Philipp (Bibl.) II 352, *1.14;* 371, *2.87*
Haffter, Elias (Bibl.) II 491, *1.5*
Hafner, Aemilian (Bibl.) II 218, *1.40*
Hagenbach, Christoph (Bibl.) III 13, *2.20*
Hagenbach, Johann (Bibl.) I 125, *1.27*
Hagenbach, Karl Rudolf (Bibl.) I 128, *1.49*
Hagenbach-Bischoff, Eduard (Bibl.) I 166, *2.234;* 167, *2.236*
Hagenbach-Geigy, Karl Rudolf (Bibl.) I 134, *2.16;* 187, *2.394*
Hagenbuch, Johann Caspar II 261, *1.4*
Hagenbuch, Johann Caspar (Bibl.) III 370, *1.32;* 375, *1.57;* 410, *2.109*
Hagnauer, Johann Jakob I 63, *2.9*
Hahn, Magnus (Bibl.) II 520, *2.7*
Haimb, Gerold II 31, *2.16;* III 192, *1.1*
Hainisch, Erminia III 411, *2.113;* 422, *2.181*
Hainisch, Erminia (Bibl.) III 381, *1.95;* 383, *1.101*
Haitzinger, Horst III 474, *1.4*
Halder, Nold I 17, *1.14*
Haldimand, Frédéric (Bibl.) III 136, *1.8*
Haller, Albrecht von I 205, *2.6;* 243, *1.10;* 243, *1.11;* II 328, *2.62;* III 101, *1.2*
Haller, Albrecht von (Bibl.) I 66, *2.22;* 196, *2.15;* 210, *1.8*
Haller, Gottlieb Emanuel I 249, *2.20*
Haller, Gottlieb Emanuel (Bibl.) I 243, *1.10*
Haller, Wolfgang III 366, *1.6*
Halter, Ferdinand III 336, *1.64*
Halter, Peter (Bibl.) II 55, *1.39*
Hämmerli, Alois III 42, *1.2;* 42, *1.3*
Hammerstein, Ludwig von II 313, *2.22*
Hamsun, Knut I 425, *1.1*
Händel, Georg F. I 162, *2.199*
Häne, Johannes III 335, *1.56*
Hänggi, Anton III 368, *1.18*
Hänggi, Peter (Bibl.) II 38, *1.1;* 39, *2.5;* 42, *2.17*
Hanhart, Jakob (Bibl.) III 237, *2.37*

Hanhart, Rudolf II 493, *2.11*
Hanselmann, Heinrich (Bibl.) III 389, *1.144*
Hantz, Georges (Bibl.) I 304, *1.2*
Harder, Christoph (Bibl.) III 234, *2.32*
Harder, Hans Wilhelm (Bibl.) II 278, *1.25*
Harder-von Waldkirch, Hermann (Bibl.)
  II 278, *1.27*
Harpe, Emmanuel de la (Bibl.) III 115, *1.9*
Harpe, Frédric César de la (Bibl.) III 115, *1.9*
Hartmann, Alfred (Bibl.) II 353, *1.23*
Hartmann, Antoine (Bibl.) I 281, *1.8*
Hartmann, Benedikt I 447, *2.75*
Hartmann, Georg Leonhard (Bibl.) II 189, *1.6*
Hartmann, Theobald II 365, *2.61*
Hartmann, Theobald (Bibl.) II 352, *1.14*;
  368, *2.71*
Harvey, Robert (Bibl.) I 317, *1.38*
Hasaeus, Theodor (Bibl.) II 297, *2.33*
Hasler, Ernest (Bibl.) II 124, *1.12*
Hassius, Heinrich (Bibl.) III 15, *2.32*
Hauntinger, Blasius III 368, *1.19*
Hauntinger, Johann Nepomuk II 216, *1.24*;
  218, *1.35*; 222, *2.14*
Hauptmann, Gerhart I 425, *1.1*; III 259, *2.121*
Hauser, Edwin III 332, *1.34*; 336, *1.65*
Hauser, Edwin (Bibl.) III 334, *1.50*; 336, *1.62*
Hauser, Fridolin Joseph (Bibl.) I 423, *2.7*
Hauser, Jakob (Bibl.) I 423, *2.10*; 311, *2.9*;
  315, *2.29*; 338, *2.4*; III 212, *1.1*
Hauser, Walter (Bibl.) III 8, *1.6*
Hausheer, Jakob (Bibl.) III 389, *1.145*
Hausherr, Josef (Bibl.) II 251, *1.2*; 252, *2.5*
Hauswedell, Ernst I 298, *1.7*
Hautt, Anna-Felicitas II 50, *1.24*
Hautt, Benedikt II 50, *1.24*
Hautt, David II 50, *1.24*
Hautt, Gottfried II 50, *1.24*
Hautt, Heinrich Alois II 50, *1.24*
Hautt, Heinrich Ignaz Nicodemus II 50, *1.24*
Hautt, Innozenz Theoderich II 50, *1.24*
Haydn, Joseph II 376, *2.121*
Heberlein, Georg (Bibl.) I 201, *2.13*
Hecht, Laurentius II 311, *2.9*
Hediger, Agatha (Bibl.) III 193, *2.4*
Hedinger, Heinrich III 336, *1.64*
Hedio, Kaspar III 15, *2.32*
Heer, Adam (Bibl.) II 311, *2.9*; 316, *2.31*
Heer, Burkhard II 297, *2.33*
Heer, Gottfried II 16, *2.13*
Heer, Gottfried (Bibl.) I 403, *2.11*; 405, *2.19*
Heer, Joachim I 401, *1.1*
Heer, Oswald I 85, *2.21*; 409, *2.37*; 415, *1.2*;
  III 244, *2.51*
Hegar, Friedrich III 486, *1.9*
Hegglin, Beat Jakob III 196, *1.3*
Hegi, Franz III 474, *1.4*
Hegi, Friedrich III 332, *1.36*; 338, *1.75*; 340, *1.88*
Hegi, Friedrich (Bibl.) III 334, *1.50*; 335, *1.57*;
  348, *2.37*; 389, *1.147*; 390, *1.153*
Hegner, Hans Ulrich III 222, *1.1*

Hegner, Jakob III 222, *1.1*
Hegner, Johannes (Bibl.) III 233, *2.28*
Hegner, Ulrich III 225, *1.5*
Heidegger, Hans Heinrich (Bibl.) III 370, *1.30*
Heidegger, Hans Konrad III 369, *1.25*
Heidegger, Hans Konrad (Bibl.) III 367, *1.10*
Heidegger, Johann Heinrich II 313, *2.19*;
  II 313, *2.20*
Heidegger, Johann Heinrich (Bibl.) II 308, *1.36*
Heidenheim, Moritz (Bibl.) III 289, *2.5*; 372, *1.48*;
  377, *1.64*; 410, *2.110*
Heilmann, Johann Christoph I 265, *1.13*
Heimlicher, Jakob I 161, *2.193*
Heine, Heinrich I 427, *2.6*
Heinemann, Franz II 54, *1.37*
Heinemann, Franz (Bibl.) II 55, *1.38*
Heink, Paul Friedrich (Bibl.) II 392, *2.67*
Heinrich IV. (Graf von Lupfen, Bibl.) II 291, *2.27*
Heinrich, Anton II 296, *2.32*
Heinsius, Daniel I 63, *2.10*
Heiss, Eugen (Bibl.) II 169, *1.1*
Helbling, Thomasina (Bibl.) II 257, *1.1*
Held, Ferdinand (Bibl.) I 336, *1.3*
Helfenstein, Ulrich III 332, *1.35*; 340, *1.88*;
  345, *2.12*
Helg, Josef II 249, *1.1*
Hellen, Jean-Jacques III 135, *1.6*; 136, *1.7*
Helmlin, Ludwig (Bibl.) I 422, *2.4*; II 307, *1.29*
Helye, Helias II 15, *2.10*
Hemmerli, Felix II 351, *1.7*; 372, *2.97*
Henckel von Donnersmarck, Leo Viktor Felix
  (Bibl.) II 141, *2.18*
Henggeler, Rudolf III 336, *1.63*
Henking, Karl II 279, *1.28*
Henne am Rhyn, Otto II 192, *1.18*
Henne, Anton II 219, *1.42*
Henne, Hugo II 512, *1.2*
Henninger, Gottfried I 434, *2.5*
Henrici, Hermann (Bibl.) I 187, *2.394*
Henrici, K.O. I 298, *1.7*
Henzen, Jean-Baptiste (Bibl.) III 161, *1.5*
Henzi, Nicolaus I 241, *1.4*
Herberstein, Freiherr Sigismund von (Bibl.)
  II 296, *2.32*
Herbette, Jean (Bibl.) III 50, *1.18*
Herder, Johann Gottfried (Bibl.) II 282, *2.6*;
  286, *2.16*; 287, *2.19*
Hermann, Franz Jakob II 350, *1.1*; 351, *1.3*
Hermann, Jakob I 171, *2.274*; III 236, *2.36*
Herminjard, Aimé (Bibl.) III 59, *1.8*
Herrliberger, David I 428, *2.8*
Herrmann, Karl Emanuel I 263, *1.2*
Hersch, Jeanne (Bibl.) I 317, *1.38*
Hersch, Liebman I 350, *1.1*
Hersche, Herkules Fortunat (Bibl.) I 92, *1.2*;
  95, *2.8*
Herwagen, Johannes I 123, *1.19*
Herwegh, Georg II 502, *2.41*
Herzog, Agatha (Bibl.) III 193, *2.4*
Herzog, Hans I 17, *1.10*; III 335, *1.56*; 336, *1.63*

Herzog, Hans (Bibl.)   I 17, *1.12;* 25, *2.42;* 33, *2.94*
Herzog, Ignaz Vital   II 8, *1.1*
Herzog, Ignaz Vital (Bibl.)   II 10, *2.21;* 15, *2.10*
Herzog, Johann Jakob (Bibl.)   III 58, *1.2*
Herzog, Xaver   II 15, *2.10*
Hess, Ernst (Bibl.)   III 390, *1.163;* 486, *1.7*
Hess, Jean-Jacques (Bibl.)   III 389, *1.146;* 390, *1.153*
Hess, Johann Jacob   II 216, *1.26;* III 334, *1.46*
Hess, Johannes   II 213, *1.10*
Hess, Salomon (Bibl.)   III 350, *2.48*
Hesse, Hermann   I 297, *1.2*
Hesse, Hermann (Bibl.)   I 229, *2.67*
Hesse-Rabinovitch, Isa   III 476, *2.9*
Hettlingen, Josef Viktor Laurenz von   III 9, *1.10*
Hettlingen, Maria Franziska Rosa von (Bibl.)   III 9, *1.10*
Heubach, Jean-Pierre   III 101, *1.2*
Heusler, Andreas   I 129, *1.53;* III 336, *1.63*
Heusler, Andreas (Bibl.)   I 159, *2.176*
Heusser, Johann Jakob (Bibl.)   III 382, *1.98;* 384, *1.102*
Heussi, Johann Jakob (Bibl.)   I 410, *2.38*
Heyer, Henri   I 353, *1.1*
Heymowski, Adam   II 185, *2.2*
Heynlin, Johannes   I 123, *1.17*
Heynlin, Johannes (Bibl.)   I 122, *1.7;* 186, *2.391*
Hieberlin, Johann Christian (Bibl.)   II 34, *2.25*
Hildebrand, Bernhard (Bibl.)   III 196, *1.3*
Hildebrandt, Adolf Matthias (Bibl.)   III 335, *1.57*
Hindenburg, Paul von   I 427, *2.4*
Hintzsche, Erich   I 205, *2.14;* 206, *2.21*
Hintzsche, Erich (Bibl.)   I 203, *1.1*
Hinwil, Hans von   II 30, *2.13*
Hinwil, Hans von (Bibl.)   II 101, *2.7*
Hippokrates   I 154, *2.143;* 179, *2.338;* II 241, *2.143;* III 415, *2.145*
Hirsch, Adolphe   II 145, *2.46*
Hirschy, William   II 109, *1.9;* 109, *1.12*
Hirt, Adelheid (Bibl.)   III 360, *2.116*
Hirt, Maria Cäcilia   II 28, *2.10*
Hirzel, Esther (Bibl.)   III 381, *1.95*
Hirzel, Hans Kaspar   III 369, *1.25*
Hirzel, Heinrich (Bibl.)   III 371, *1.35*
Hirzel, Jakob Heinrich (Bibl.)   III 372, *1.42*
Hirzel, Johann Konrad   III 334, *1.45;* 354, *2.80*
Hirzel, Ludwig (Bibl.)   III 371, *1.36*
Hirzel, Salomon   III 371, *1.35*
His-Burckhardt, Friedrich (Bibl.)   I 139, *2.45;* 187, *2.394*
Hitz, John   I 442, *2.21*
Hitzig, Hermann Ferdinand (Bibl.)   III 382, *1.100;* 388, *1.127*
Höchle, Leopold   II 183, *2.3*
Hoe, Robert (Bibl.)   II 59, *1.56*
Hoepli, Ulrico   I 231, *2.79;* III 242, *2.47;* 389, *1.139;* 427, *2.205*
Hoepli, Ulrico (Bibl.)   III 239, *2.40*
Hoerschelmann, Ferdinand von (Bibl.)   III 389, *1.142*

Hoffmann, Arthur (Bibl.)   II 191, *1.14*
Hoffmann, Félix (Bibl.)   I 299, *1.11*
Hoffmann-Krayer, Eduard (Bibl.)   I 158, *2.174;* 170, *2.266;* 187, *2.394*
Hofmann, Augustin I.   II 304, *1.11;* 307, *1.28;* 313, *2.22;* 321, *2.42;* 324, *2.47*
Hofmann, Augustin I. (Bibl.)   II 104, *2.21;* 311, *2.9*
Hofmann, Elisaeus   I 422, *1.2*
Hofmann, Elisaeus (Bibl.)   I 423, *2.11*
Hofmeister, Sebastian (Bibl.)   II 260, *1.1*
Högger, Anton von (Bibl.)   I 126, *1.35*
Hohenbaum van der Meer, Moritz   II 294, *2.30;* III 368, *1.18*
Hohenzollern, Eitel Friedrich von (Bibl.)   II 307, *1.28*
Hohl, Ludwig (Bibl.)   I 229, *2.67*
Holbein, Ambrosius   I 124, *1.20*
Holbein, Hans d. J.   I 124, *1.20;* 125, *1.29*
Hold, Luzius   I 438, *1.12*
Hold, Luzius (Bibl.)   I 441, *2.18*
Holdener, Konrad   II 311, *2.9*
Holder, Karl   I 280, *1.5*
Holländer, Tobias   II 284, *2.13;* 292, *2.28*
Holländer, Tobias (Bibl.)   II 274, *1.6;* 290, *2.25;* 291, *2.27;* 294, *2.29;* 296, *2.32*
Hollis, Denzel (=Thomas)   I 313, *1.14*
Hollis, Thomas   I 243, *1.10;* III 370, *1.32;* 375, *1.58*
Hollis, Thomas (Bibl.)   I 247, *2.9;* 254, *2.36*
Holzer, Erwin (Bibl.)   I 246, *1.17;* 255, *2.46*
Holzmann-Forrer, Clara (Bibl.)   III 341, *1.95*
Homer   I 154, *2.143;* 298, *1.4;* 300, *2.9;* II 325, *2.50;* III 388, *1.127;* 405, *2.84;* 411, *2.113*
Honegger, Johannes   II 26, *2.5*
Honegger, Margareta   III 191, *1.1;* 192, *2.4*
Honegger, Wilhelm   I 97, *1.5*
Honnerlag, Johann Conrad   I 88, *2.35*
Honnerlag, Johann Conrad (Bibl.)   I 76, *1.1;* 77, *1.2;* 79, *2.9;* 80, *2.13;* 83, *2.17;* 86, *2.24*
Hoppeler, Robert   III 332, *1.33*
Horaz   I 155, *2.148;* III 411, *2.113*
Horkheimer, Max   III 389, *1.138*
Horneffer, Jacques   I 336, *1.4*
Horner, Johann Caspar (Bibl.)   III 412, *2.121*
Horner, Johann Jakob   III 370, *1.28;* 372, *1.41;* 378, *1.67;* 481, *1.4*
Horner, Johann Jakob (Bibl.)   III 371, *1.35;* 412, *2.121*
Hornstein, Xavier (Bibl.)   I 479, *1.19*
Hörrmann, Karl Friedrich (Bibl.)   I 215, *1.38;* 217, *2.9;* 219, *2.18;* 220, *2.22*
Hortensia (Königin von Frankreich)   II 308, *1.35*
Hortin, Samuel   I 241, *1.5*
Hospental, Ursula von   III 192, *1.1*
Hospinian, Leonhard (Bibl.)   I 241, *1.3;* 252, *2.33*
Hospinian, Rudolf   II 298, *2.36*
Hottinger, Johann Heinrich   I 428, *2.11;* III 366, *1.9*
Hottinger, Johann Jakob   III 367, *1.14*

Hottinger, Salomon   III 368, *1.15*
Hotz, A.   III 388, *1.134*
Hotz, Johann Heinrich   III 327, *1.6*
Huber, Albert   III 329, *1.19*
Huber, Daniel   I 127, *1.42*
Huber, Daniel (Bibl.)   I 128, *1.46;* 171, *2.275;* 172, *2.278*
Huber, Emanuel (Bibl.)   II 263, *1.13*
Huber, Ernst (Bibl.)   III 257, *2.114*
Huber, Hans (Bibl.)   I 162, *2.199*
Huber, Johannes (Bibl.)   II 16, *2.13*
Huber, Konrad (Bibl.)   II 393, *2.73*
Huch, Ricarda   III 335, *1.56;* 378, *1.71;* 404, *2.80*
Hüeblin, Eugen (Bibl.)   I 29, *2.71*
Huet, Pierre-Daniel   II 27, *2.7*
Huet, Pierre-Daniel (Bibl.)   I 32, *2.87;* 36, *2.118;* II 291, *2.26*
Hug, Jakob Christoph   III 371, *1.34;* 378, *1.66*
Hugo, Victor   I 300, *2.8;* 427, *2.6*
Huguenin, Adèle   II 123, *1.10*
Humair, Jacques-André   II 110, *1.15;* 117, *1.7*
Humberset, Edouard   II 123, *1.10*
Humbert, Charles (Bibl.)   II 109, *1.10;* 111, *2.7*
Humbert, Paul (Bibl.)   II 154, *1.23*
Hume, David   II 288, *2.21*
Hungerbühler, Johann Matthias (Bibl.)   II 201, *2.55*
Hungerbühler, Magnus   II 216, *1.25*
Hunziker, Max   III 474, *1.4;* 476, *2.9*
Hunziker, Otto (Bibl.)   III 257, *2.113*
Hunziker, Rudolf (Bibl.)   III 256, *2.109*
Hurley, Cecilia   II 117, *1.7*
Hürlimann, Horolanus (Bibl.)   II 103, *2.18*
Hürlimann, Johannes   II 28, *2.10*
Hürlimann, Johannes (Bibl.)   III 207, *2.11*
Hürlimann-Hirzel, Albrecht Heinrich   III 482, *1.8*
Hurter, Emanuel   II 274, *1.7*
Hurter, Friedrich (Bibl.)   II 310, *2.5*
Hurter, Reinhild Heinrich von (Bibl.)   III 481, *1.3*
Huser, Bernhard   I 430, *1.1*
Huser, Jakob (Bibl.)   III 207, *2.10*
Hutten, Ulrich von   I 155, *2.150;* III 407, *2.94*

Idtensohn, Johann Nepomuk   II 220, *1.44;* 221, *1.51*
Im Thurn, Freiherr von (Bibl.)   III 239, *2.40*
Im Thurn, Georg Friedrich   II 294, *2.29;* 298, *2.37*
Im Thurn, Georg Friedrich (Bibl.)   II 284, *2.13;* 286, *2.18*
Im Thurn, Joachim (Bibl.)   II 294, *2.31*
Im Thurn, Rüeger   II 261, *1.4*
Imesch, Denis   III 157, *1.7*
Imesch, Dionys   III 162, *1.8*
Imfeld, Nikolaus II.   II 304, *1.11*
Imhof, Eduard   III 482, *1.8*
Imhof, Johann Jakob (Bibl.)   I 186, *2.390*
Imhof, Johann Melchior   III 26, *2.5*
Imholz, Arnold (Bibl.)   I 454, *1.1;* 455, *2.2*
Imhoof-Blumer, Friedrich   III 265, *2.5*
Imhoof-Blumer, Friedrich (Bibl.)   III 264, *1.2*

Imseng, Josef (Bibl.)   III 167, *2.16*
Ineichen, Leodegar (Bibl.)   II 170, *2.7;* 171, *2.12;* 173, *2.20*
Innozenz XI. (Papst)   II 306, *1.25*
Irlet, Gustave   II 108, *1.5*
Iselin (Familie)   I 125, *1.30*
Iselin, Isaak   I 127, *1.40*
Iselin, Jakob Christoph   I 126, *1.37*
Isenegger, Joseph (Bibl.)   II 18, *1.2*
Isenegger, Paul   II 25, *1.3*
Isler-Cabezas, Jean (Bibl.)   III 382, *1.98;* 383, *1.101;* 422, *2.181*
Iten, Karl (Bibl.)   III 20, *1.1;* 22, *2.18*
Ith, Samuel   I 243, *1.11*
Ivernois, Charles-Guillaume de (Bibl.)   II 152, *1.8*
Ivernois, Jean-Antoine de (Bibl.)   II 152, *1.8*

Jaccard, Auguste (Bibl.)   II 123, *1.7*
Jaccottet, Philippe   I 297, *1.2*
Jacob, François   I 392, *1.6*
Jacobi, Erwin Reuben (Bibl.)   III 390, *1.164;* 391, *1.173;* 486, *1.7;* 488, *2.8*
Jacottet, Frédéric (Bibl.)   II 154, *1.21*
Jacquet, Claude   II 306, *1.27*
Jallabert, Jean   I 313, *1.13;* 313, *1.14*
Jann, Thomas   II 484, *1.1*
Janot, Ferdinand (Bibl.)   I 336, *1.3*
Jansenius, Ludger   II 337, *1.1*
Jaquet-Droz, Pierre   II 108, *1.3*
Jean-Richard, Daniel   II 108, *1.3*
Jeanjaquet, Pierre   II 151, *1.3*
Jeanneret, Francine   II 117, *1.6*
Jeanneret, Pierre-Henri   II 124, *1.11*
Jeantet, Louis   I 341, *1.2*
Jecklin, Fritz   III 336, *1.63*
Jenatsch, Jörg (Bibl.)   I 441, *2.16;* 443, *2.31*
Jenisch, Paul (Bibl.)   II 284, *2.13;* 287, *2.19;* 288, *2.22;* 297, *2.34*
Jenny, Ernst Heinrich   I 61, *1.3*
Jenny, Gustav (Bibl.)   II 191, *1.14;* 203, *2.72*
Jenny, Heinrich (Bibl.)   I 406, *2.21*
Jenny, Hilarius (Bibl.)   I 406, *2.21*
Jenny, Markus (Bibl.)   III 391, *1.172;* 486, *1.7;* 488, *2.13*
Jenny-Squeder, Daniel (Bibl.)   I 406, *2.21;* III 391, *1.169*
Jéquier, Gustave (Bibl.)   I 149, *2.108*
Jerger, Wilhelm   II 47, *1.8;* 373, *2.101;* 374, *2.106*
Jezler, Christoph (Bibl.)   II 275, *1.11;* 285, *2.14;* 289, *2.23;* 291, *2.26;* 294, *2.29;* 298, *2.37*
Jöcher, Christian Gottlieb (Bibl.)   II 297, *2.33*
Jodocus, Aegidius   III 182, *1.2*
Jodocus, Aegidius (Bibl.)   III 157, *1.5*
Johannes I. von Schwanden   II 304, *1.8*
Johannes von Ragusa (Bibl.)   I 121, *1.4*
Jolidon, Luc   III 104, *1.13*
Joller, Melchior   II 164, *2.10*
Joly, Jean (Bibl.)   I 290, *1.1;* 295, *2.18*
Jong, Gaston de   III 50, *1.17*
Joos, Wilhelm (Bibl.)   II 278, *1.25*

Jordan, Jean (Bibl.)   III 157, *1.5*
Jörg, Christoph   I 282, *1.9*
Jörg, Prosper Anton   I 421, *1.1*
Joseph von Rheinstein und Tattenbach (Graf, Bibl.)   I 88, *2.33*
Jossevel (Colonel)   III 102, *1.4*
Jost, Benedikta Gerolda   III 192, *1.1*
Jost, Gerold   II 46, *1.6*
Jost, Karl (Bibl.)   III 390, *1.154*
Jud, Leo   II 27, *2.7*
Jud, Leo (Bibl.)   II 62, *2.15*
Jud, Marian (Bibl.)   III 193, *2.4*
Juillard, Arnold   I 480, *1.23*
Juillerat, Charles   III 114, *1.3*
Jung, Franz (Bibl.)   II 175, *1.1*
Jung, Fritz   II 123, *1.10*
Junod, Charles-Daniel (Bibl.)   II 140, *2.16*
Jürgensen, Jules F. U. (Bibl.)   II 123, *1.7*
Jurine, Louis   I 343, *1.2*
Jurot, Romain   I 282, *1.9*; 483, *2.20*

Kaiser, Jakob   II 31, *2.16*
Kaiser, Jakob (Bibl.)   II 196, *2.28*; III 8, *1.8*; 14, *2.25*; 14, *2.31*
Kaiser, Johann Friedrich (Bibl.)   I 439, *1.24*; 443, *2.33*; 444, *2.45*; 446, *2.63*
Kaiser, Johann Placidus Friedrich (Bibl.)   I 450, *2.113*
Kaker, Franz Xaver (Bibl.)   I 280, *1.4*
Kalbermatten, Pierre-Angélique de   III 183, *1.4*
Kalbermatter, Bartholomäus (Bibl.)   III 157, *1.2*
Kalckreuth, Axel von (Bibl.)   III 335, *1.57*
Kälin, Johann Baptist   III 336, *1.63*
Kallir, Rudolf F.   I 298, *1.7*
Kant, Immanuel   I 140, *2.48*; 428, *2.12*; II 52, *1.30*; 70, *2.54*; III 373, *1.51*; 407, *2.92*; 421, *2.179*
Kappeler, Georg Alfred (Bibl.)   II 491, *1.5*; 497, *2.22*
Kappeler, Moritz Anton   II 15, *2.12*
Karl der Grosse   III 366, *1.2*
Karl Eugen (Herzog von Württemberg)   II 216, *1.26*
Karlstadt, Andreas   I 124, *1.23*; 137, *2.34*
Käslin, Evaristus   II 172, *2.18*
Käslin, Viktor (Bibl.)   II 169, *1.1*; 170, *2.7*
Katz, Hanns L. (Bibl.)   III 389, *1.138*; 427, *2.205*
Kaufmann, Melchior (Bibl.)   II 56, *1.43*
Kaufmann, Ottilia (Bibl.)   III 188, *1.1*
Keell, Tom (Bibl.)   III 71, *1.3*
Keiser, Beat Michael (Bibl.)   III 205, *1.2*; 207, *2.9*
Keiser, Heinrich Alois (Bibl.)   II 38, *1.1*
Keiser, Jakob Carl (Bibl.)   III 205, *1.2*
Keiser, Jakob Karl Leonz (Bibl.)   III 207, *2.9*
Keiser, Mark Anton Fidel (Bibl.)   III 205, *1.2*; 210, *2.28*
Keiser Im Hof, Xaver (Bibl.)   III 209, *2.19*
Keller, Anastasius (Bibl.)   II 341, *1.1*
Keller, Augustin   I 99, *2.6*; II 15, *2.12*
Keller, Augustin (Bibl.)   I 17, *1.9*; 22, *2.21*; 36, *2.116*

Keller, Benedikt (Bibl.)   III 26, *2.5*
Keller, Charles-Félix (Bibl.)   I 201, *2.12*
Keller, Felix   III 369, *1.21*
Keller, Ferdinand   III 372, *1.47*
Keller, Franz Xaver   II 53, *1.33*
Keller, Franz Xaver (Bibl.)   II 54, *1.35*
Keller, Gottfried   I 427, *2.6*; III 370, *1.28*; 377, *1.64*; 408, *2.100*; 474, *1.4*
Keller, Gottfried (Bibl.)   III 372, *1.44*; 375, *1.57*; 410, *2.111*
Keller, Hans Balthasar   III 369, *1.21*
Keller, Heinrich   II 53, *1.31*; 213, *1.10*; 274, *1.6*; III 482, *2.2*
Keller, Ludwig   II 52, *1.29*; 56, *1.43*; 56, *1.45*
Keller, Ludwig (Bibl.)   II 54, *1.35*
Keller, Philipp (Bibl.)   II 92, *2.166*
Keller, Robert (Bibl.)   III 244, *2.51*
Keller, Sebastian (Bibl.)   II 17, *2.17*
Keller, Ulrich (Bibl.)   II 285, *2.14*
Keller, Wolfgang (Bibl.)   II 263, *1.12*; 274, *1.3*; 277, *1.23*; 284, *2.13*; 287, *2.19*; 291, *2.27*; 296, *2.32*; 297, *2.34*
Keller-Escher, Karl (Bibl.)   III 379, *1.77*; 412, *2.124*
Kemli, Gallus (Bibl.)   II 212, *1.5*; 222, *2.14*
Kempen, Thomas von   II 338, *2.4*
Kepler, Johannes   I 172, *2.279*; II 291, *2.26*
Kern, Hans (Bibl.)   III 271, *1.8*
Kern, Johann Konrad (Bibl.)   III 372, *1.43*; 381, *1.96*; 384, *1.102*
Kerr, Charlotte   I 212, *1.21*
Kessler, Emil   II 201, *2.58*
Kessler, Johannes   II 188, *1.2*
Kessler, Johannes (Bibl.)   II 196, *2.28*
Kessler, Josua   II 188, *1.2*
Kiefer, Anton   II 103, *2.14*
Killias, Eduard (Bibl.)   I 443, *2.32*; 443, *2.33*; 450, *2.113*
Kind, Paul   I 438, *1.12*
Kinzelmann, Walburga (Bibl.)   II 257, *1.1*
Kircher, Athanasius   I 428, *2.12*; 428, *2.14*
Kirchhofer, Gottlob (Bibl.)   II 263, *1.13*; 294, *2.29*
Kirchhofer, Johannes (Bibl.)   II 263, *1.13*
Kläui, Paul (Bibl.)   III 220, *1.1*
Klawa-Morf, Anny   III 319, *1.12*
Klawa-Morf, Anny (Bibl.)   III 320, *2.8*
Klecki, Paul   III 486, *1.9*
Kleist, Heinrich von   I 427, *2.6*
Klingler-Lafont, Othmar (Bibl.)   II 196, *2.28*
Klöti, Emil   III 323, *2.26*
Knab, Jodocus (Bibl.)   II 307, *1.29*; 311, *2.9*
Knab, Jost   II 8, *1.1*
Knab, Jost (Bibl.)   II 20, *1.1*
Knébel, Charles   III 123, *1.7*
Knill, Johann Anton (Bibl.)   I 92, *1.3*; 93, *2.5*
Knobloch, Johann d.Ä.   I 23, *2.22*; 39, *2.138*
Knoepfli, Albert (Bibl.)   II 478, *1.1*
Köberlin, Georg (Bibl.)   II 492, *2.6*
Kobler, Arthur   II 192, *1.19*; 203, *2.68*
Kobler, Arthur (Bibl.)   II 203, *2.70*
Kobrich, Johann Anton   II 376, *2.122*

Koch, Hans   III 197, *1.9*
Kock, Charles Paul de   III 405, *2.87*
Koelbing, Huldrych M.   III 299, *1.1*
Kohler, Adrien (Bibl.)   I 479, *1.19*
Kohler, Xavier   I 479, *1.16*
Koller, Charles (Bibl.)   I 317, *1.38*
Kolumbus, Christoph   I 169, *2.255*
König, Daniel (Bibl.)   II 42, *2.14*
König, Emmanuel (Bibl.)   I 436, *1.3*
König, Johann Ulrich (Bibl.)   II 341, *1.1*
König, Karl Gustav (Bibl.)   I 245, *1.14;* 248, *2.14*
König, Ludwig (Bibl.)   I 436, *1.3*
König, Sigmund (Bibl.)   I 242, *1.8*
König-Warthausen, Elise von (Bibl.)   III 335, *1.57*
Kopernikus, Nikolaus   I 172, *2.278*
Köpfli, Jodokus (Bibl.)   III 188, *1.1*
Kopp, Josef Eutych   II 15, *2.10;* 74, *2.71*
Kornmeier, Baptist Johann (Bibl.)   II 38, *1.1;* 44, *2.22*
Köstler, Hermann   III 387, *1.123;* 391, *1.169*
Kramer-Frey, Konrad (Bibl.)   III 341, *1.94*
Krauer, Franz Regis (Bibl.)   II 43, *2.21*
Krauer, Heinrich (Bibl.)   II 52, *1.29*
Krauer, Johann Georg (Bibl.)   II 52, *1.29*
Kraus, Hans Peter   I 298, *1.7*
Krause-Stodola, Olga   III 336, *1.64*
Krebser, Heinrich (Bibl.)   III 220, *1.1*
Krippendorf, Heinrich August (Bibl.)   II 296, *2.32*
Kronauer, Johann Heinrich (Bibl.)   III 234, *2.30*
Kronenberg, Ignaz (Bibl.)   II 15, *2.10;* 17, *2.18*
Kruck, Barbara   III 474, *1.4*
Krüdener, Barbara Juliane von   II 298, *2.36*
Krüsi, Gottlieb   I 81, *2.14*
Krüsi, Gottlieb (Bibl.)   III 382, *1.99;* 384, *1.102*
Krüsi, Hermann   I 81, *2.14;* 87, *2.29*
Krüsi, Hermann (Bibl.)   I 74, *2.9;* 86, *2.24*
Krütli, Ursus (Bibl.)   II 341, *1.1*
Krütli, Viktor (Bibl.)   II 341, *1.1*
Kubly, Felix Wilhelm   II 190, *1.8*
Küchler, Anton (Bibl.)   II 175, *1.2;* 176, *2.11*
Kuhlmann, Eugène Alphonse   III 123, *1.7*
Kuhn, Albert   III 26, *2.6*
Kuhn, Antoine Léonce   I 478, *1.12*
Kuhn, Eugen (Bibl.)   I 69, *2.41*
Kuhn, Roland   II 512, *1.2*
Küng, Chrysostomus (Bibl.)   II 182, *1.2*
Kunkler, Johann Christoph   II 201, *2.58*
Küntzlin, Johann Georg (Bibl.)   III 251, *2.77*
Kunz, Anton (Bibl.)   III 27, *2.12*
Kunz, Franz Xaver (Bibl.)   II 51, *1.25;* 57, *1.49;* 69, *2.50;* 88, *2.138*
Kunz, Otmar   II 213, *1.8*
Künzli, Hans Georg   III 222, *1.1*
Künzli, Heinrich (Bibl.)   II 292, *2.28*
Künzli, Nivard (Bibl.)   III 192, *1.1*
Kuoni, Alfred (Bibl.)   I 449, *2.97*
Kurtz, Heinrich   III 424, *2.192*
Kurz, Heinrich   I 16, *1.6*
Küttel, Beat   II 306, *1.24;* 328, *2.64*
Küttel, Placidus   II 171, *2.12*

Kyburg, Jordan von   I 269, *1.1*
Kym, Andreas Ludwig (Bibl.)   III 382, *1.99*

La Harpe, Frédéric César de   II 457, *1.7;* III 66, *1.2*
La Harpe, Frédéric-César de (Bibl.)   III 49, *1.13*
La Nicca, Richard   I 443, *2.35;* 443, *2.36*
La Rive, Edmond de (Bibl.)   I 344, *1.6*
La Rive, Gaspard de   I 370, *1.1*
La Roche, Emanuel   I 129, *1.54*
La Roche Chandieu, Antoine de   III 233, *2.28*
Lachat, Eugène   II 38, *1.1*
Lachenal, Werner de (Bibl.)   I 126, *1.37*
Lacroix, Anne-Marie   I 382, *1.11*
Laffon, Johann Conrad   II 278, *1.25;* 291, *2.27*
Lalancy, Marguerite de   III 50, *1.17*
Lamoignon-Malesherbes, Chrétien-Guillaume (Bibl.)   II 134, *1.11*
Lamon, Jean François Benoît   III 147, *1.14*
Landolt, Johann Heinrich (Bibl.)   III 372, *1.41*
Landolt, Justus (Bibl.)   I 93, *2.5*
Landry, John (Bibl.)   III 136, *1.11*
Landthaler, Clara Serephina   I 430, *1.1*
Landtwing, Franz Fidel   III 205, *1.2*
Landtwing, Johann   III 193, *2.4*
Landtwing, Josef Anton (Bibl.)   III 205, *1.2;* 212, *1.2*
Landtwing, Karl Anton   III 205, *1.2*
Landtwing, Karl Martin (Bibl.)   III 205, *1.2*
Landtwing, Philipp   III 195, *1.1;* 205, *1.2*
Lang, Heinrich (Bibl.)   III 192, *1.1*
Lang, Johann Kaspar   II 273, *1.2*
Lang, Karl Niklaus   II 32, *2.18*
Lang, Odo   II 311, *2.9*
Lang, Robert (Bibl.)   II 279, *1.29*
Lange, Johann   II 296, *2.32*
Langhans, Theodor   I 206, *2.16*
Langie, André   III 59, *1.7;* 74, *1.2*
Lardy, Charles   III 85, *1.1*
Largiadèr, Anton   III 328, *1.12;* 336, *1.65*
Largiadèr, Anton (Bibl.)   III 336, *1.61;* 342, *1.103;* 349, *2.47*
Lassberg, Joseph Freiherr von   I 84, *2.20;* II 53, *1.34*
Lassberg, Joseph Freiherr von (Bibl.)   I 83, *2.17;* II 502, *2.42*
Laube, August   I 298, *1.7*
Lauber, Cassian   III 171, *1.4*
Lauer, Haïm (Bibl.)   I 350, *1.3*
Lauffen, Johann Franz Leodegar von   II 8, *1.1*
Laupper, Hans   I 401, *1.1*
Laurent, François (Bibl.)   I 313, *1.9*
Lauterburg, Gottlieb Ludwig (Bibl.)   I 255, *2.43*
Lauterburg, Irène   I 226, *2.53*
Lauterburg, Ludwig (Bibl.)   I 245, *1.14*
Lavallaz, Stanislas de   III 161, *1.4*
Lavater, David   III 367, *1.10*
Lavater, Hermann (Bibl.)   III 372, *1.43;* 381, *1.95;* 384, *1.102*
Lavater, Johann Caspar   I 85, *2.21;* 137, *2.35;* II 195, *2.19;* 202, *2.65;* III 238, *2.39;* 369, *1.25;*

373, *1.49;* 377, *1.64;* 381, *1.95;* 389, *1.144;*
408, *2.100;* 418, *2.162*
Lavater, Johann Caspar (Bibl.) I 264, *1.11;*
II 286, *2.16;* 287, *2.19*
Lavater, Johann Jakob (Bibl.) II 189, *1.6;* 190, *1.7;*
198, *2.37*
Lavater, Ludwig III 366, *1.6*
Lavater, Ludwig (Bibl.) II 62, *2.15;* 327, *2.61*
Lavater, Warja III 474, *1.4;* 476, *2.9*
Lavizzari, Luigi II 431, *2.25*
Le Sage, Georges-Louis (Bibl.) I 314, *1.21*
Lecomte, Dionys (Bibl.) I 382, *1.13*
Lectius, Jakob III 233, *2.28*
Ledergerber, Johann Georg (Bibl.) II 494, *2.12*
Leemann, Sebastian (Bibl.) I 93, *2.5*
Lehmann, Ernst Fritz I 61, *1.3*
Lehmann, Hans III 336, *1.64*
Lehr, Henry (Bibl.) III 59, *1.9*
Leibniz, Gottfried Wilhelm I 140, *2.48*
Leisibach, Joseph I 282, *1.9*
Lenau, Niklaus I 427, *2.6*
Lenfant, Jacques (Bibl.) III 47, *1.3*
Leopold (Grossherzog von Baden) II 308, *1.35*
Leopoldo, Pietro II 402, *2.3*
Lepori, Agostino Maria II 401, *1.2*
Lerch, David I 273, *1.7*
Leresche, Alexandre III 48, *1.8*
Leresche, Louis (Bibl.) I 331, *1.8;* III 85, *1.2*
Lescaze, Bernard (Bibl.) I 382, *1.13*
Lesquereux, Ami II 108, *1.5*
Lessing, Gotthold Ephraim I 427, *2.6*
Leti, Gregorio I 312, *1.4*
Lettau, Reinhard (Bibl.) III 302, *2.2*
Letter, Johannes Bonaventura III 212, *1.1*
Letter, Katharina III 192, *1.1;* 193, *2.4*
Leu, Gabriel (Bibl.) II 49, *1.19*
Leu, Johann (Bibl.) II 101, *2.7*
Leu, Johann Georg (Bibl.) II 288, *2.22*
Leu, Johann Jakob III 369, *1.25*
Leu, Johannes III 354, *2.81*
Leu, Josef Burkard II 15, *2.10*
Leu von Ebersol, Joseph II 15, *2.12*
Leutenegger, Maria Josepha Theresia (Bibl.)
III 25, *1.1*
Leuzinger, Peter I 401, *1.1*
Leuzinger-Imhoof, Jakob Theodor Fridolin (Bibl.)
I 407, *2.24*
Levade, Louis III 126, *1.1*
Levade, Louis (Bibl.) III 127, *1.5*
Leyden, Rudolf Bernhard Viktor van (Bibl.)
I 226, *2.55*
Lichtheim, Ludwig (Bibl.) I 206, *2.17*
Lieb, Fritz (Bibl.) I 131, *1.66;* 134, *2.16;* 135, *2.24;*
138, *2.41;* 139, *2.45;* 142, *2.65;* 152, *2.130;*
159, *2.182;* 168, *2.247;* 187, *2.394*
Liebenau, Anna von II 57, *1.50*
Liebenau, Theodor von II 362, *2.37;* III 335, *1.56;*
336, *1.63*
Liebenau, Theodor von (Bibl.) II 57, *1.50*
Liebeskind, Josef (Bibl.) I 226, *2.53*

Liebeskind, Wolfgang Amadeus (Bibl.) I 412, *2.52*
Liebig, Justus von I 173, *2.292*
Liechti, Adolf (Bibl.) I 252, *2.32*
Lierheimer, Bernhard M. II 175, *1.1*
Ligerz, Heinrich von II 304, *1.8*
Lignaridus, Hermann I 68, *2.38*
Lignaridus, Hermann (Bibl.) I 61, *1.3;* II 479, *2.6*
Liguori, Alphons Maria von III 193, *2.4*
Lindenmann, Arnold (Bibl.) II 485, *1.4;* 485, *2.1*
Lindinner, Felix (Bibl.) I 35, *2.105*
Lindsay, Thomas Effingham (Bibl.) II 506, *1.2;*
507, *2.17*
Linggi, Heinrich (Bibl.) II 261, *1.3*
Lips, Johann Heinrich III 474, *1.4*
Liszt, Franz I 162, *2.199;* 336, *1.1;* 428, *2.13*
Livingstone, David I 426, *2.3*
Lochmann, Johann Jakob III 114, *1.3*
Lochmann, Johann Jakob (Bibl.) I 97, *1.5*
Lohner, Karl Friedrich Ludwig (Bibl.) III 264, *1.2;*
349, *2.45*
Lombard, Marc-Antoine I 312, *1.4*
Lorichius, Jodocus II 43, *2.20;* 306, *1.21;*
313, *2.22*
Lorichius, Jodocus (Bibl.) II 307, *1.29*
Lorinser, Franz (Bibl.) I 280, *1.4*
Loriol-Le Fort, Perceval de (Bibl.) I 317, *1.38*
Loriti, Heinrich I 155, *2.150;* 406, *2.20;*
II 375, *2.117*
Lorme, Lola (Bibl.) I 216, *1.40;* 231, *2.83*
Lottenbach, Anton Sixtus (Bibl.) II 49, *1.21*
Louber, Jakob I 121, *1.6;* 122, *1.8*
Louber, Jakob (Bibl.) I 186, *2.391*
Louis XIV. III 183, *1.4*
Louis XV. (Bibl.) II 59, *1.56*
Loys de Bochat, Charles-Guillaume (Bibl.)
III 48, *1.4;* 51, *1.21;* 115, *1.9*
Lüdin, Joachim I 126, *1.35*
Ludwig (König von Bayern) II 308, *1.35*
Ludwig der Deutsche III 368, *1.16*
Ludwig von Granada II 315, *2.29*
Lugeon, Francis III 74, *1.4*
Lügger, Johann Chrysostomus II 520, *2.8*
Lügger, Johann Chrysostomus (Bibl.) II 519, *1.1;*
521, *2.11*
Luginbuhl (Mlle) II 109, *1.12*
Lullin, Ami (Bibl.) I 314, *1.15*
Lunel, Godefroy (Bibl.) I 344, *1.7*
Lüscher, Rudolf (Bibl.) III 319, *1.12;* 322, *2.21*
Lusser, Armin Oskar (Bibl.) III 8, *1.6*
Lussi, Andreas II 169, *1.1*
Lussi, Benno II 169, *1.1*
Lussi, Johann Ludwig (Bibl.) II 170, *2.8*
Lussi, Melchior II 169, *1.1*
Lussmann, Ludwig (Bibl.) III 8, *1.6*
Lusy, Marino (Bibl.) III 501, *2.21*
Lüthard, Christoph I 241, *1.4*
Lüthardt, Franz I 247, *2.10*
Lüthart, Fridolin (Bibl.) II 14, *2.6*
Luther, Martin I 137, *2.35;* 182, *2.369;*
III 366, *1.5;* 402, *2.66*

Luther, Martin (Bibl.)   I 428, *2.11*
Luthert, Paul   II 14, *2.6*
Lüthert, Theodor (Bibl.)   II 57, *1.47*
Lüthi, Karl J. (Bibl.)   I 217, *2.9;* 228, *2.64;* 229, *2.71;* 231, *2.85;* 234, *2.99*
Lütishofen, Friedrich von (Bibl.)   II 8, *1.1*
Lütold, Maurus (Bibl.)   I 47, *1.1*
Lütschg, Melchior (Bibl.)   I 401, *1.1;* 403, *2.8;* 405, *2.19*
Lutz, Jakob   III 329, *1.19*
Lutz, Marcus (Bibl.)   I 96, *1.2;* 145, *2.85;* 184, *2.379*
Luvini Perseghini, Giacomo (Bibl.)   II 427, *1.4*
Lycosthenes, Conrad (Bibl.)   I 186, *2.391;* II 62, *2.15*
L'Allemand, Jean Jacques   II 152, *1.8*
L'Eplattenier, Julien (Bibl.)   II 144, *2.41*
L'Huillier, Simon-Antoine-Jean (Bibl.)   I 315, *1.28*

Mabillon, Jean   II 306, *1.26*
Macconi, Gianna (Bibl.)   II 452, *1.1;* 453, *2.5*
Macconi, Gino (Bibl.)   II 452, *1.1;* 453, *2.5*
Machiavelli, Niccolò   I 156, *2.157*
Maday, André de (Bibl.)   I 382, *1.13*
Maderno, Diego Girolamo   II 401, *1.2*
Maestlin, Michael (Bibl.)   II 291, *2.26*
Mägis, Conrad   II 277, *1.24*
Mägis, Hermann   II 278, *1.27*
Mägis, Johann Conrad (Bibl.)   II 289, *2.24*
Mahler, Johannes (Bibl.)   III 207, *2.10*
Maillart, Ella (Bibl.)   I 317, *1.38*
Maillefer, Arthur (Bibl.)   III 86, *1.5*
Mairet, Sophie   II 109, *1.7*
Malacrida, Elisaeus (Bibl.)   I 428, *2.11;* 437, *1.5;* 437, *1.6;* 441, *2.12*
Malapert, Claudius de   II 311, *2.9*
Malapert, Claudius de (Bibl.)   I 47, *1.1;* 48, *2.8*
Maler, Josua (Bibl.)   III 352, *2.65*
Mallet, Abraham   I 313, *1.14*
Mallet, Jacques-André   I 370, *1.1*
Mallet, Jean-Jacques   I 391, *1.2*
Mandl, Georg Thomas (Bibl.)   I 425, *1.1*
Mandl, Gottfried   I 425, *1.1*
Mandrot, Alphonse de (Bibl.)   III 103, *1.9*
Mandrot, Hélène de (Bibl.)   III 123, *1.6*
Mandrot, Henry (Bibl.)   III 123, *1.6*
Mandrot, Louis-Alphonse (Bibl.)   III 123, *1.6*
Mandrot, Samuel   III 100, *1.1*
Mangold, Fritz   I 108, *1.9*
Mann, Golo (Bibl.)   I 229, *2.67*
Mannhardt, Bonaventura (Bibl.)   II 49, *1.18*
Mannhart, Notker   II 251, *1.1*
Männlin, Antoine Bonaventure (Bibl.)   I 291, *1.2*
Manser, Johann Anton (Bibl.)   I 92, *1.3;* 95, *2.8*
Manslieb, Urs   II 26, *2.6;* II 27, *2.7*
Manslieb, Urs (Bibl.)   II 341, *1.1;* 342, *2.7;* III 207, *2.11*
Mantz, Johannes (Bibl.)   III 366, *1.3*
Manuel, Abraham (Bibl.)   I 242, *1.8*
Manutius (Familie, Venedig)   II 297, *2.34*

Manzoni, Romeo   II 427, *1.3*
Manzoni, Romeo (Bibl.)   II 427, *2.1*
Maraini, Otto   II 427, *1.3*
Marca, Andrea a   I 457, *2.1*
Marca, Carlo Rodolfo a (Bibl.)   I 457, *1.2*
Marca, Giuseppe a (Bibl.)   I 457, *1.2*
Marca, Piero a   I 456, *1.1*
Marca, Rina a (Bibl.)   I 457, *1.2*
Marca, Spartaco a   I 456, *1.1*
Marchand, Séraphin (Bibl.)   I 291, *1.5*
Marclay, Isaac   III 162, *1.8*
Marek, Czeslaw (Bibl.)   III 391, *1.173*
Marescotti, André-François (Bibl.)   I 336, *1.3;* 338, *2.8*
Maria Isabella (Königin von Neapel)   II 308, *1.35*
Marie-Louise (Kaiserin von Frankreich)   II 308, *1.35*
Marignac, Gérard de   I 354, *1.3*
Marignac-Lullin, Ernest de (Bibl.)   I 357, *2.17*
Marin, Francis (Bibl.)   I 316, *1.35*
Markevitch, Dimitry (Bibl.)   I 336, *1.3*
Marks, Robert   III 320, *2.9*
Marquis, Pierre Joseph (Bibl.)   I 479, *1.19*
Marti, Benedikt (Bibl.)   I 241, *1.3*
Marti, Johannes   I 401, *1.1*
Martin, Charles   I 354, *1.3*
Martin, Colin   III 91, *1.6*
Martin, François-Joseph   III 36, *2.33*
Martinus, Johannes   I 474, *2.4*
Masarey, Theobald (Bibl.)   II 169, *1.1*
Masbou, Jean-Louis (Bibl.)   I 380, *1.3*
Masella, Bernardo   I 462, *2.13*
Massalska, Hélène (Bibl.)   III 110, *1.2*
Massella, Bernardo (Bibl.)   I 460, *1.3*
Matt, Hans von   II 162, *1.2*
Matt, Posper von   II 172, *2.18*
Matthaei, Karl (Bibl.)   III 251, *2.78*
Matthey, Jacques-André (Bibl.)   I 315, *1.28*
Matthey-Jeantet, Henri-A. (Bibl.)   II 123, *1.10*
Matthieu, Charles-Louis (Bibl.)   II 136, *1.25*
Mattmann, Kaspar Josef Xaver Thaddäus (Bibl.)   II 100, *1.1*
Mattmann, Verena   III 192, *1.1;* 193, *2.5*
Mattmann, Verena (Bibl.)   III 194, *2.8*
Mauchle, Ambrosius (Bibl.)   III 192, *1.1*
Maupassant, Guy de   I 265, *2.3;* 427, *2.6*
Maurer, Johann Conrad (Bibl.)   II 276, *1.19*
Maurer-Constant, Johann Heinrich   II 276, *1.19*
Maximilian Joseph (Graf von Montgelas)   II 308, *1.35*
May, Joseph-Alexis   III 183, *1.7*
May, von (Familie, Bibl.)   I 17, *1.9;* 34, *2.98;* 215, *1.39*
Mayer, Heinrica (Bibl.)   II 257, *1.1*
Mayor, Isaac Henri (Bibl.)   III 114, *1.6*
Mayor, Jacques (Bibl.)   I 304, *1.2*
Mayr, Alois   II 313, *2.22*
Mazzola-Hofer, Johann (Bibl.)   II 33, *2.22*
Mechel, Christian von   I 186, *2.390*
Medicus, Fritz (Bibl.)   III 271, *1.8*

Meglinger, Johann Ludwig   II 28, *2.10*
Meglinger, Kaspar   II 51, *1.25*
Mehlbaum, Augustin (Bibl.)   I 291, *1.3*
Meier, Carl Alfred (Bibl.)   III 271, *1.8*
Meier, Fritz (Bibl.)   I 151, *2.120*
Meier, Jeremias (Bibl.)   II 8, *1.1;* 11, *2.29;* 102, *2.10*
Meier, Wilhelm (Bibl.)   II 8, *1.1*
Meili, Friedrich (Bibl.)   III 381, *1.95;* 382, *1.100;* 384, *1.102;* 388, *1.127*
Meister, Leonhard   II 319, *2.38*
Meister, Ulrich   III 481, *1.4*
Meister, Ulrich (Bibl.)   III 474, *1.4*
Melanchthon, Philipp   I 155, *2.150;* II 202, *2.65*
Melanchthon, Philipp (Bibl.)   II 62, *2.15;* III 237, *2.37*
Mendelssohn Bartholdy, Felix   II 376, *2.121*
Menoud, Noël   I 216, *2.1*
Mentha, Claude   I 108, *1.10*
Mérard de Saint-Just, Simon-Pierre (Bibl.)   II 59, *1.56*
Mercator, Gerhard   I 170, *2.263*
Merian, Johann Jakob   I 129, *1.54*
Merian, Johann Jakob (Bibl.)   I 158, *2.173;* 187, *2.394*
Merian, Peter   I 127, *1.42*
Mermillod, Renée-Claude   I 375, *1.12*
Merz, Walther   II 16, *2.16*
Merz, Walther (Bibl.)   I 17, *1.12;* 22, *2.19;* 33, *2.96*
Mesmer, Vitus (Bibl.)   II 34, *2.25*
Mettauer, Markus (Bibl.)   I 47, *1.1*
Mettenwil, Ludwig von   II 46, *1.3*
Metze, Erich (Bibl.)   III 382, *1.98;* 384, *1.102*
Metzger, Enoch (Bibl.)   III 366, *1.5*
Meuron, Henri de   II 133, *1.6;* 135, *1.19*
Meuron, Henri de (Bibl.)   II 135, *1.18*
Meuron, Louis de   II 135, *1.20*
Meuron, Pierre de (Bibl.)   II 137, *1.33*
Meusy, Laurent   I 478, *1.12*
Meuwli, Joseph (Bibl.)   I 291, *1.3*
Meyenberg, Albert (Bibl.)   II 38, *1.1*
Meyenberg, Elisabeth   III 193, *2.4*
Meyenberg, Rochus (Bibl.)   III 209, *2.22*
Meyenburg, Franz von   II 274, *1.6*
Meyenburg, Johann Jakob von   II 286, *2.16*
Meyenburg, Johann Jakob von (Bibl.)   II 288, *2.21;* 289, *2.24*
Meyer von Knonau, Gerold   III 327, *1.2;* 327, *1.5;* 338, *1.73*
Meyer von Knonau, Gerold (Bibl.)   II 191, *1.14;* III 372, *1.48;* 377, *1.64;* 388, *1.136;* 402, *2.62*
Meyer von Schauensee, Franz Bernhard   II 52, *1.28;* 59, *1.55*
Meyer von Schauensee, Niklaus Leonz Xaver Balthasar   II 53, *1.31*
Meyer von Schauensee, Placidus   II 59, *1.54*
Meyer von Schauensee, Xaver   II 53, *1.31*
Meyer von Schauensee, Xaver (Bibl.)   II 59, *1.55*
Meyer, Albert (Bibl.)   III 336, *1.59*
Meyer, Arnold (Bibl.)   III 382, *1.99*
Meyer, Camilla   III 389, *1.140*
Meyer, Camilla (Bibl.)   III 476, *2.9*
Meyer, Carl   I 88, *2.35*
Meyer, Carl (Bibl.)   I 77, *1.2;* 80, *2.13;* 82, *2.15;* 85, *2.21;* 87, *2.29;* 87, *2.31*
Meyer, Conrad   II 217, *1.34*
Meyer, Conrad Ferdinand   I 427, *2.6;* III 427, *2.205*
Meyer, Conrad Ferdinand (Bibl.)   III 389, *1.140*
Meyer, David   II 274, *1.6*
Meyer, Franz Josef (Bibl.)   II 20, *1.1*
Meyer, Frieda   III 336, *1.59*
Meyer, Georg (Bibl.)   III 222, *1.2*
Meyer, Georg Hermann von (Bibl.)   III 381, *1.95*
Meyer, Hans Heinrich   III 222, *1.1*
Meyer, Heinrich (Bibl.)   III 373, *1.49*
Meyer, Jakob   III 222, *1.1;* 223, *1.3*
Meyer, Johannes   I 79, *2.8*
Meyer, Karl (Bibl.)   II 53, *1.32*
Meyer, Léo   III 162, *1.8;* 164, *1.17*
Meyer, Leodegar   I 27, *2.52*
Meyer, Meinrad   I 280, *1.2;* I 292, *1.7*
Meyer, Peter   III 476, *2.9*
Meyer, Rudolf   III 474, *1.4*
Meyer, Wilhelm-Joseph   I 281, *1.8*
Meyer, Xaver (Bibl.)   II 53, *1.32*
Meyer, Xaver II.   II 53, *1.31*
Meyer-Kraus, Benedikt (Bibl.)   I 129, *1.51;* 185, *2.389*
Meyer-Lichtenhahn, Remigius (Bibl.)   I 187, *2.394*
Meyer-Ochsner, Heinrich (Bibl.)   III 371, *1.40*
Meyer-Rahn, Hans   II 59, *1.54*
Meyer-Rüttimann, Josephine (Bibl.)   II 59, *1.55*
Meyhoffer, Jean   III 59, *1.9*
Meylan, Philippe (Bibl.)   III 79, *1.2*
Mezger, Johann Jakob   II 262, *1.10;* 276, *1.16*
Mezger, Johann Jakob (Bibl.)   II 263, *1.13;* 278, *1.25;* 296, *2.32*
Mezger, Martin   I 273, *1.6*
Michael (Grossfürst von Russland)   II 308, *1.35*
Michaelis, Axel   I 230, *2.73*
Michalakis, Meletis   III 75, *1.8*
Michaud, Léon   III 136, *1.11*
Micheli du Crest, Jacques-Jérôme   I 67, *2.27*
Micheli, Michel (Bibl.)   I 330, *1.2*
Midart, Laurent-Louis (Bibl.)   II 369, *2.75*
Miescher-His, Friedrich (Bibl.)   I 178, *2.327;* 179, *2.343;* 187, *2.394*
Miescher-Rüsch, Friedrich (Bibl.)   I 178, *2.327;* 179, *2.343;* 187, *2.394*
Mikulaschek, Walter   III 74, *1.4*
Miles, Jean (Bibl.)   III 176, *1.4*
Milleret, Antoine (Bibl.)   I 291, *1.3*
Milliou, Maurice (Bibl.)   III 50, *1.18*
Milt, Bernhard   III 299, *1.1*
Ming, Johannes   II 30, *2.15*
Minichhofer, Caecilia (Bibl.)   II 257, *1.1*
Minutoli, Vincent   I 312, *1.8*
Minutoli, Vincent (Bibl.)   I 313, *1.9*
Mirer, Johann Peter (Bibl.)   II 220, *1.47*

Mirgel, Johann Jakob (Bibl.) II 307, *1.29*
Mislin, Jacques I 478, *1.13*
Mitz, Daniel (Bibl.) I 436, *1.3*
Mohler, Alfred (Bibl.) III 474, *1.4;* 476, *2.12*
Mohr, Albert (Bibl.) II 175, *1.1*
Mohr, Josef Rudolf (Bibl.) II 48, *1.15*
Molitor, Mattheus (Bibl.) III 157, *1.5*
Moll, Friedrich Ernst (Bibl.) I 265, *2.3;* 266, *2.12*
Monastier-Gonin, Charles III 59, *1.7*
Monastier-Schroeder, Louis (Bibl.) III 59, *1.9*
Mone, Franz II 308, *1.34*
Monnay, Jacques (Bibl.) III 36, *2.33*
Monod (Famille, Bibl.) III 30, *1.3;* 34, *2.20*
Monod, Henri (Bibl.) III 103, *1.9*
Montanus, Thomas (Bibl.) II 178, *2.21*
Montet, Albert de III 128, *1.6*
Montet, Albert de (Bibl.) III 50, *1.18*
Montet, Marc de III 128, *1.6*
Monti, Pietro II 457, *1.7*
Montmollin, Frédéric Guillaume de (Bibl.) II 153, *1.12*
Montmollin, Pierre de (Bibl.) II 154, *1.20*
Monvert, César-Henri II 135, *1.20;* 136, *1.22*
Monvert, Charles II 154, *1.21*
Monvert, Charles (Bibl.) II 154, *1.20*
Moos, Gregor III 368, *1.18*
Moosbrugger, Otto II 38, *1.1*
Moosbrugger, Paul (Bibl.) III 192, *1.1*
Mooser, Aloys (Bibl.) I 317, *1.38;* 336, *1.3*
Morel, Apollinaris II 102, *2.10;* 170, *2.6;* 172, *2.18*
Morel, Apollinaris (Bibl.) I 286, *2.27*
Morel, Charles-Ferdinand (Bibl.) II 154, *1.23*
Morel, Gall I 47, *1.1;* II 307, *1.33;* 308, *1.41;* 311, *2.9;* 322, *2.43;* 328, *2.64;* III 25, *1.1*
Mörel, Peter Anton Venetz von II 25, *1.3*
Morel-Fatio, Arnold III 91, *1.2*
Morell, Johannes II 489, *1.1*
Moret, Grégoire (Bibl.) I 291, *1.3*
Moricand, Stefano (Bibl.) I 331, *1.7*
Mörikofer, Johann Caspar II 490, *1.2*
Mörikofer, Johann Caspar (Bibl.) II 491, *1.5*
Moritzi, Alexandre I 330, *1.2*
Morstein, Rathold (Bibl.) II 307, *1.29*
Morus, Alexander II 285, *2.14*
Mosca, Domenic (Bibl.) I 444, *2.47*
Moser, Urban I 122, *1.9*
Moser-Charlottenfels, Henri II 278, *1.25*
Mossbrugger, Kaspar II 304, *1.11*
Mottaz, Eugène (Bibl.) III 32, *2.8;* 33, *2.16*
Mousson, Albert (Bibl.) III 379, *1.76;* 413, *2.128*
Moutonnat, Louis-Antoine (Bibl.) I 315, *1.28*
Mozart, Wolfgang Amadeus I 162, *2.199;* II 376, *2.121*
Mühlebach, Adelrich II 251, *1.1*
Mühsam, Erich III 320, *2.9*
Mülinen, Friedrich von I 195, *2.6*
Mülinen, Friedrich von (Bibl.) I 195, *2.6*
Mülinen, Niklaus Friedrich von (Bibl.) I 195, *2.6*

Müller, Anselm I 422, *2.4;* II 521, *2.11*
Müller, Bernhard II 213, *1.12*
Müller, Bernhard (Bibl.) II 233, *2.89*
Müller, Carl Martin III 9, *1.10*
Müller, Edmund II 12, *1.1;* 13, *1.2*
Müller, Emil III 380, *1.89;* 382, *1.98*
Müller, Ernst II 514, *1.1*
Müller, Georg Franz (Bibl.) II 241, *2.138*
Müller, Hans Heinrich III 369, *1.21*
Müller, Hermann (Bibl.) I 17, *1.10;* 33, *2.97*
Müller, Hieronymus (Bibl.) II 519, *1.1*
Müller, Jean I 330, *1.4;* I 330, *1.5*
Müller, Joachim II 306, *1.24*
Müller, Johann II 33, *2.20*
Müller, Johann (Bibl.) I 63, *2.6;* 67, *2.27;* II 38, *1.1*
Müller, Johann Georg II 275, *1.10;* 275, *1.12*
Müller, Johann Georg (Bibl.) II 177, *2.18;* 275, *1.13;* 281, *2.5;* 282, *2.8;* 284, *2.12;* 284, *2.13;* 286, *2.16;* 287, *2.19;* 291, *2.27;* 292, *2.28;* 294, *2.29;* 294, *2.30;* 296, *2.32;* 298, *2.36*
Müller, Johann Joseph (Bibl.) II 220, *1.47*
Müller, Johannes (Bibl.) II 39, *2.5*
Müller, Johannes von I 73, *2.5;* II 261, *1.4*
Müller, Johannes von (Bibl.) II 177, *2.18;* 179, *2.27;* 179, *2.30;* 275, *1.12;* 281, *2.5;* 285, *2.14;* 288, *2.21;* 290, *2.25;* 292, *2.28;* 294, *2.29;* 296, *2.32;* 297, *2.33*
Müller, Joseph (Bibl.) III 14, *2.31*
Müller, Karl Leonhard (Bibl.) III 9, *1.9;* 25, *1.1;* 27, *2.18*
Müller, Karl Martin (Bibl.) III 26, *2.5*
Müller, Kuno (Bibl.) II 92, *2.165*
Müller, Marian II 307, *1.29;* 312, *2.15*
Müller, Mauritius II 215, *1.20*
Müller, Wolfgang (Bibl.) II 279, *1.33*
Müller-Dolder, Edmund II 12, *1.1*
Müller-Dolder, Hedwig II 12, *1.1*
Müller-Schlapbach, Hans I 61, *1.3*
Müller-Schlapbach, Martha I 61, *1.3*
Müller-Wolfer, Theodor (Bibl.) III 341, *1.95*
Mulzer, Peter I 234, *2.99*
Münchhausen, Börries Freiherr von (Bibl.) III 302, *1.4*
Münchhausen, Hieronymus Carl Friedrich von III 301, *1.1*
Muos, Karl (Bibl.) II 484, *1.1*
Muralt, von (Familie, Archiv) III 360, *2.118*
Muralt, Hans Konrad von III 369, *1.26;* 371, *1.38*
Muralt, Hans Konrad von (Bibl.) III 371, *1.40*
Muralt, Johannes von (Bibl.) III 239, *2.40*
Murbach, Elias (Bibl.) II 284, *2.13;* 286, *2.16;* 287, *2.19*
Murer, David (Bibl.) I 428, *2.8*
Murer, Heinrich (Bibl.) II 491, *1.5;* 498, *2.25;* 499, *2.31;* 501, *2.37*
Murer, Johannes (Bibl.) III 366, *1.5*
Muret, Maurice (Bibl.) III 104, *1.12*
Murith, André I 293, *1.8;* 293, *1.10*

Murith, Laurent-Joseph III 146, *1.13*
Murk, Tista (Bibl.) I 472, *1.1*
Murner, Thomas II 47, *1.10*
Musculus, Wolfgang I 63, *2.11*
Mutach, Abraham Friedrich von (Bibl.) I 195, *2.8*
Mutach, Alois von I 195, *2.9*
Mutach, Daniel von I 195, *2.9*
Mutach, Paul (Bibl.) II 16, *2.14*
Mutach, Vinzenz von I 195, *2.9*

Nabholz, Hans III 339, *1.79*
Nabholz, Hans (Bibl.) III 334, *1.50*; 335, *1.58*
Nachbaur, Rochus II 47, *1.11*
Naef, Johann Baptist II 220, *1.50*
Näf, Heinrich III 373, *1.49*
Nägeli, Hans Georg I 226, *2.52*; 411, *2.48*; III 486, *1.9*; III 487, *2.5*
Napoleon I. I 144, *2.76*; 187, *2.394*; 266, *2.12*
Napoleon I. (Bibl.) I 426, *2.3*
Napoleon III. II 308, *1.35*; 308, *1.37*
Napoleon III. (Bibl.) II 136, *1.26*; 506, *1.1*
Natalis, Alexander II 306, *1.27*
Nauer, Anton (Bibl.) II 105, *2.23*
Naville, Aloys I 359, *1.3*
Naville, Edouard (Bibl.) I 304, *1.2*; 317, *1.38*; II 137, *1.32*
Necker, Jacques I 314, *1.18*; 314, *1.21*
Necker, Louis-Albert (Bibl.) I 315, *1.28*
Nef, Johann Jakob (Bibl.) I 72, *1.2*
Nettlau, Max III 71, *1.4*
Neuhaus, André (Bibl.) I 204, *2.3*
Neumayr, Franz II 315, *2.29*; III 14, *2.30*
Nicklès, Christophe II 40, *2.7*
Nicola, Enrico I 456, *1.1*
Nicolai, Friedrich I 85, *2.23*; III 303, *2.17*
Nicolet, Célestin II 108, *1.2*
Nicolet, Célestin (Bibl.) II 108, *1.5*
Nicolet, Oscar II 108, *1.5*
Nicot, Jean-Henri III 128, *1.7*
Nicoulin, Martin I 282, *1.11*
Niederer, Johannes I 87, *2.29*
Niehans, Paul I 232, *2.86*
Nier, Matthäus (Bibl.) II 34, *2.25*
Nieschang, David I 263, *1.3*; 263, *1.6*
Nietzsche, Friedrich I 438, *1.20*; 443, *2.33*
Niklaus von Flüe II 81, *2.103*; 167, *2.37*; 176, *2.6*; III 198, *2.17*; 201, *2.39*
Nikolaus (Grossfürst von Russland) II 308, *1.35*
Ninck-Schindler, Ella (Bibl.) III 474, *1.4*
Noeninger, Josette III 75, *1.8*
Norden, Eduard (Bibl.) III 389, *1.150*
Norton, William I 243, *1.10*
Nowak-Jeziorański, Jadwiga II 185, *2.2*
Nowak-Jeziorański, Jan II 185, *2.2*
Nucé, Joseph de III 183, *1.6*
Nüesch, Jakob II 278, *1.27*
Nüesch, Jakob (Bibl.) II 299, *2.41*
Numagen, Petrus (Bibl.) III 366, *1.3*

Nüscheler, Arnold (Bibl.) III 334, *1.50*; 335, *1.53*; 347, *2.28*; 349, *2.43*; 372, *1.43*; 372, *1.47*; 382, *1.99*; 384, *1.102*
Nüscheler, Felix (Bibl.) I 85, *2.21*

Oberteufer (Familie) I 81, *2.14*
Oberteufer, Johann Georg I 87, *2.29*
Obrist, Arnold II 373, *2.98*
Occo, Adolph II 297, *2.33*
Ochsner, Hans Jakob (Bibl.) III 371, *1.37*; 377, *1.64*; 410, *2.112*
Ochsner, Meinrad II 30, *2.14*
Ochsner, Meinrad (Bibl.) I 95, *2.8*
Odet, Pierre-François (Bibl.) III 176, *1.4*
Odier, Louis (Bibl.) I 315, *1.28*
Odier, Pierre (Bibl.) I 316, *1.35*
Oechsli, Wilhelm III 336, *1.64*
Oehler, Theodor I 38, *2.128*
Oekolampad, Johannes I 63, *2.11*; 122, *1.12*; 137, *2.34*
Oertli, Josua (Bibl.) I 401, *1.1*; 402, *2.5*; 404, *2.15*; 406, *2.21*
Oertli, Matthias (Bibl.) I 85, *2.23*; 87, *2.29*
Oggier, Gustave III 162, *1.7*
Oken, Lorenz III 380, *1.88*
Oken, Louise (Bibl.) III 381, *1.95*
Oldelli, Gian Alfonso II 427, *1.4*
Olivier, Juste I 216, *1.40*
Olivier, Urbain I 65, *2.18*
Oporin, Johannes I 123, *1.19*; 124, *1.23*; II 46, *1.3*
Oprecht, Emil (Bibl.) III 425, *2.198*
Opser, Joachim II 213, *1.8*; 213, *1.12*
Orcy, Gigot d' (Bibl.) II 134, *1.11*
Orelli, Aloys von III 380, *1.86*
Orelli, Felix von III 371, *1.35*
Orelli, Jakob Konrad von (Bibl.) III 388, *1.129*
Orelli, Johann Caspar von III 369, *1.26*; 371, *1.35*; 380, *1.87*
Orelli, Johann Caspar von (Bibl.) I 438, *1.16*; 441, *2.14*; III 371, *1.37*; 377, *1.64*; 381, *1.95*; 383, *1.101*; 411, *2.113*; 422, *2.181*
Orelli, Johann Konrad von III 15, *2.34*
Orelli, Johann Konrad von (Bibl.) III 381, *1.91*
Orelli, Josephus III 334, *1.46*
Oschwald, Christoph II 261, *1.4*
Oschwald, Johann Jakob II 281, *2.5*
Ostervald, Frédéric-Samuel II 134, *1.9*
Ostervald, Jean-Frédéric (Bibl.) II 152, *1.8*
Ott, Gustav Heinrich III 373, *1.51*
Ott, Hans Kaspar III 371, *1.39*
Ott, Hans Kaspar (Bibl.) III 373, *1.51*; 377, *1.64*; 411, *2.114*
Ott, Hans Konrad III 371, *1.39*
Ott, Johann Baptist III 366, *1.9*
Ott, Johann Heinrich II 313, *2.19*
Ott-Usteri, Hans Konrad III 404, *2.80*
Ott-Usteri, Hans Konrad (Bibl.) III 474, *1.4*
Otto, Andreas I 437, *1.6*; I 437, *1.10*
Ottolini, Vittorio (Bibl.) II 464, *1.4*

Ovid I 155, *2.148*
Ozenne, M. (Bibl.) III 86, *1.3*

Pallard, Eugène I 354, *1.3*
Pallavicino, Federico Maria II 306, *1.27*
Panigarola, Francesco (Bibl.) I 469, *2.11*
Pantaleon, Heinrich I 124, *1.23*
Pappenheim (Adelsgeschlecht, Bibl.) II 297, *2.34*
Pappenheim, Maximilian von (Bibl.) II 274, *1.3*; 284, *2.13*; 286, *2.17*; 296, *2.32*; 297, *2.33*
Paracelsus I 124, *1.21*; 179, *2.334*; 179, *2.338*; 182, *2.363*; II 13, *2.4*; 328, *2.62*
Paravicini, Agnes von (Bibl.) I 430, *1.1*
Paravicini, Franciscus (Bibl.) I 446, *2.66*
Pareto, Vilfredo (Bibl.) III 50, *1.18*
Pâris, Moïse (Bibl.) I 375, *1.10*
Parocchi, Michele (Bibl.) II 464, *1.4*
Parrat, Henri I 478, *1.13*
Pasino, Carlo Geronimo (Bibl.) II 464, *1.4*
Passionei, Domenico I 422, *2.5*; II 306, *1.26*
Passionei, Domenico (Bibl.) III 215, *2.12*
Paul I. (Zar, Bibl.) II 59, *1.56*
Paul VI. (Papst) I 299, *1.10*
Pavillard, Daniel III 47, *1.3*
Pedretti, Giovanni (Bibl.) II 394, *2.81*
Pelikan, Giusep I 474, *1.1*
Pellikan, Konrad I 63, *2.11*; III 366, *1.4*; 367, *1.13*
Pellikan, Konrad (Bibl.) II 62, *2.15*; 291, *2.27*; III 366, *1.5*
Pellikan, Samuel (Bibl.) II 62, *2.15*; III 230, *2.23*
Pellouchoud, Alfred III 147, *1.14*; 147, *1.18*
Penneveyre, Henri-Louis-Paul-Frédéric II 135, *1.19*
Péquignot, Xavier I 478, *1.14*
Perdonnet, Vincent III 127, *1.2*
Pergmayr, Josef II 182, *1.2*
Perna, Peter I 123, *1.19*
Perregaux, de (Familie, Bibl.) I 219, *2.18*
Perregaux, Frédéric de (Bibl.) II 136, *1.26*
Perrelet, Abraham-Louis II 108, *1.3*
Perret, Louis-Daniel III 110, *1.5*; 116, *1.16*
Perret-Gentil, Auguste II 153, *1.15*
Perret-Gentil, Auguste (Bibl.) II 154, *1.18*
Perrier, Jules (Bibl.) I 317, *1.38*
Perrier, Louis (Bibl.) II 138, *1.37*; 144, *2.36*
Perrochet, Edouard (Bibl.) II 109, *1.9*
Perrollaz, Oscar III 162, *1.8*
Perron, Charles (Bibl.) I 316, *1.35*; I 324, *2.47*
Pestalozzi, Friedrich Otto III 336, *1.64*
Pestalozzi, Hans Jakob (Bibl.) III 355, *2.83*; 474, *1.4*
Pestalozzi, Heinrich I 140, *2.53*
Pestalozzi, Johann Heinrich I 81, *2.14*; II 359, *2.26*; 493, *2.11*; III 200, *2.31*
Pestalozzi, Ludwig (Bibl.) III 373, *1.50*; 376, *1.63*; 411, *2.115*
Pestalozzi, Ludwig Heinrich III 424, *2.192*
Pestalozzi, Salomon III 481, *1.6*
Petavel-Olliff, Emmanuel (Bibl.) II 137, *1.32*; 144, *2.42*
Péter-Contesse, René II 155, *1.25*

Petillet, Daniel (Bibl.) III 59, *1.5*
Petit, Antoine-François (Bibl.) II 134, *1.11*
Petitpierre, Gonzalve (Bibl.) II 108, *1.5*
Petitpierre, Henri (Bibl.) II 135, *1.18*
Petrarca, Francesco I 156, *2.152*; 156, *2.157*
Petri, Adam I 123, *1.19*
Petri, Heinrich I 123, *1.19*
Petzold, Karl Eugen (Bibl.) I 61, *1.3*; 68, *2.40*
Peyer, Alexander (Bibl.) II 291, *2.27*
Peyer, Hans Conrad I 88, *2.33*
Peyer, Heinrich II 261, *1.4*
Peyer, Johann Heinrich (Bibl.) II 294, *2.30*
Peyer, Johann Ludwig II 274, *1.6*
Peyer im Hof, Niklaus (Bibl.) II 9, *2.7*
Peyer-Neher, Thekla Frieda II 278, *1.27*
Peyer-Reinhart, Emil Ludwig (Bibl.) II 279, *1.29*
Pfaff, Adam (Bibl.) II 278, *1.25*
Pfalzer, Franzisca (Bibl.) II 257, *1.1*
Pfau, Georg II 27, *2.9*
Pfau, Gregor II 25, *1.3*
Pfau, Gregor (Bibl.) II 341, *1.1*
Pfenninger, Jakob (Bibl.) III 341, *1.94*
Pfenninger, Johann Konrad (Bibl.) II 294, *2.29*
Pfister, Conrad I 125, *1.25*; 125, *1.30*
Pfister, Niklaus (Bibl.) I 241, *1.3*
Pfister, Placidus (Bibl.) II 258, *2.9*
Pfluger, Anton II 346, *2.25*
Pfluger, Johann (Bibl.) II 341, *1.1*
Pflüger, Ernst (Bibl.) I 206, *2.17*
Pflüger, Paul (Bibl.) III 317, *1.1*; 320, *2.12*
Pfyffer, Franz Ludwig (Bibl.) II 63, *2.22*
Pfyffer, Johann Kaspar (Bibl.) II 10, *2.25*
Pfyffer, Kasimir (Bibl.) II 54, *1.36*; 57, *1.47*
Pfyffer, Kaspar II 23, *1.1*; II 31, *2.17*
Pfyffer, Kaspar (Bibl.) III 207, *2.9*
Pfyffer, Ludwig II 49, *1.19*
Pfyffer im Hof, Johann Kaspar (Bibl.) II 8, *1.1*
Pfyffer von Heidegg, Jakob Alfons Anton Ignaz (Bibl.) II 16, *2.13*
Phelps, Livingston (Bibl.) I 317, *1.38*
Piaget, Edouard (Bibl.) II 137, *1.32*
Pianzola, Maurice (Bibl.) I 359, *1.7*
Piazza, Angese II 461, *2.18*
Piazza, Julius II 29, *2.12*
Picard, Maurice II 117, *1.4*
Picchioni, Luigi (Bibl.) I 156, *2.154*; 156, *2.159*; 187, *2.394*
Picot, Jean I 314, *1.21*
Pictet, Camille (Bibl.) I 344, *1.6*
Pictet, François Jules (Bibl.) I 316, *1.35*
Pictet, Jean (Bibl.) I 313, *1.9*
Pictet, Marc-Auguste I 314, *1.19*; 343, *1.1*; 370, *1.1*; 379, *1.1*
Pictet-de La Rive, François-Jules I 344, *1.4*
Pictet-de La Rive, François-Jules (Bibl.) I 344, *1.5*
Pidou, Auguste (Bibl.) III 49, *1.13*
Pierroz, André (Bibl.) I 368, *1.1*; 369, *1.4*
Pillichody, Jean-Georges III 135, *1.3*; 137, *1.14*
Pillichody, Jean-Georges (Bibl.) III 136, *1.8*
Pinkus, Theodor III 425, *2.198*

Pinkus-de Sassi, Amalie   III 425, *2.198*
Pittard, Eugène   I 358, *1.1*
Placidus von Freiburg   II 33, *2.20*
Planta Wildenberg, Johann Bartholome von (Bibl.)
   I 436, *1.3*
Planta, Martin von   I 437, *1.10*
Planta, Robert von (Bibl.)   I 439, *1.24*; 446, *2.71*
Plantamour, Emile (Bibl.)   I 316, *1.35*
Plato   I 154, *2.143*; III 411, *2.113*
Platter, Felix   I 124, *1.21*
Plautus   I 155, *2.148*
Plinius (der Ältere)   I 155, *2.148*
Plutarch   I 154, *2.143*
Pol, Luzius (Bibl.)   I 439, *1.24*; 446, *2.67*
Polanus von Polansdorf, Amandus   I 137, *2.34*
Polla, Louis (Bibl.)   III 43, *1.6*
Pompadour, Marquise de (Bibl.)   I 88, *2.33*
Ponte, Ludwig de   II 315, *2.29*
Porlezza, Baldassare (Bibl.)   II 450, *2.3*
Porta, Charles   III 38, *2.47*
Porta, Petrus Domenicus Rosius à (Bibl.)
   I 443, *2.31*
Portia, Hieronymus   II 214, *1.13*
Potocka, Hélène (Bibl.)   III 110, *1.4*
Potocka, Sidonie (Bibl.)   III 110, *1.4*
Potocki (Grafen, Bibl.)   III 109, *1.1*; 110, *1.4*
Potocki, Francois (Bibl.)   III 110, *1.4*
Potulicki, Michal   II 185, *2.2*
Pourtalès, Aloys de (Bibl.)   II 154, *1.21*
Pozzi, Giovanni (Bibl.)   II 437, *1.2*; 444, *2.62*
Pozzobonelli, Giuseppe   II 306, *1.26*
Prenleloup, Louis-Alexandre (Bibl.)   III 85, *1.2*
Prezzolini, Guiseppe   II 431, *2.29*
Priscianensis, Julius   II 306, *1.24*
Privat, Edmond (Bibl.)   II 110, *1.14*; 111, *2.4*
Privat, Yvonne   II 110, *1.14*
Probst, Johann (Bibl.)   III 188, *1.1*
Proudhon, Pierre-Joseph   III 71, *1.3*; 71, *2.5*
Prudat, Etienne   I 477, *1.7*
Puerari, Marc Nicolas   I 330, *1.2*
Pugnet, Johann Franz Xaver (Bibl.)   I 203, *1.2*;
   265, *2.3*
Püntener, Azarias (Bibl.)   II 48, *1.13*; 49, *1.18*
Püntener, Michael   II 49, *1.18*
Pupikofer, Johann Adam (Bibl.)   II 491, *1.5*
Purtscher, Gottfried   I 432, *1.2*
Purtschert, Clemens   II 27, *2.9*; 29, *2.11*
Purtschert, Clemens (Bibl.)   II 101, *2.8*
Pury, David de   II 133, *1.2*
Pury, Jean de (Bibl.)   II 143, *2.34*
Python, Georges   I 281, *1.7*

Quaglia, Lucien   III 147, *1.14*
Quartéry, Antoine de   III 182, *1.2*
Quartéry, Nicolas   III 182, *1.2*
Quensell, Hermann   I 449, *2.97*
Quervain, Anne-Marie   I 51, *1.9*
Quirini, Angelo Maria   II 215, *1.21*; 306, *1.26*;
   307, *1.29*

Raabe, Josef Ludwig (Bibl.)   III 379, *1.76*
Räber (Buchdruckerfamilie)   II 59, *1.57*
Räber (Buchdruckerfamilie, Bibl.)   II 92, *2.164*
Räber, Bernard L. (Bibl.)   II 59, *1.57*
Rabinovitch, Gregor   III 474, *1.4*; III 476, *2.9*
Rachmanowa, Alja (Bibl.)   III 391, *1.169*
Racine, Jean   I 427, *2.6*
Radkersburg, Erhard von   II 29, *2.11*
Rahn, David (Bibl.)   III 381, *1.96*
Rahn, Hans Heinrich (17. Jh)   III 357, *2.100*
Rahn, Hans Heinrich (1749–1812)   III 379, *1.79*
Rahn, Hans Heinrich (1749–1812 Bibl.)
   III 381, *1.93*
Rahn, Hans Konrad (Bibl.)   III 381, *1.95*
Rahn, Johann Rudolf   III 474, *1.4*; 476, *2.9*
Rahn, Johann Rudolf (Bibl.)   III 334, *1.50*;
   335, *1.55*; 350, *2.48*; 373, *1.51*; 377, *1.64*;
   381, *1.93*
Ramelli, Adriana (Bibl.)   II 395, *2.87*
Ramsperg, Wolfgang Jakob (Bibl.)   I 92, *1.2*;
   95, *2.8*
Ramuz, Charles Ferdinand   I 297, *1.2*
Rarogne, Guillaume VI de (Bibl.)   III 157, *1.2*
Raspe, Rudolf Erich   III 302, *2.4*; 303, *2.17*
Raspieler, Dagobert   I 478, *1.9*
Rassler von Gamerschwang, Georg Sigismund
   (Bibl.)   I 24, *2.35*; 29, *2.65*
Rast, Mauritz (Bibl.)   II 17, *2.19*
Rastoldo, Louisette   III 129, *1.10*
Rauchenstein, Rudolf   I 403, *2.11*
Rauchenstein, Rudolf (Bibl.)   I 17, *1.9*; 25, *2.42*;
   35, *2.107*
Rauft, Franz Ignaz   II 25, *1.3*
Rauft, Heinrich Ludwig   II 25, *1.3*
Rauft, Josef   II 31, *2.16*
Ravanne, Mirco   III 171, *1.5*
Ravicini-Tschumi, Lotte (Bibl.)   II 348, *1.1*
Rebecque, Constant de (Bibl.)   III 43, *1.6*; 44, *2.13*
Reber, Burkhard (Bibl.)   I 304, *1.2*; 368, *1.3*;
   375, *1.11*
Rebetez, Maurice   III 110, *1.5*
Reclus, Elisée (Bibl.)   I 316, *1.35*; 320, *2.16*;
   324, *2.47*
Rederer, Franz   III 474, *1.4*
Reding von Biberegg, Augustin II.   II 305, *1.17*;
   306, *1.25*; 313, *2.19*
Reding von Biberegg, Josef Augustin (Bibl.)
   II 337, *1.1*; 338, *2.4*; 339, *2.7*
Regli, Alois Joseph (Bibl.)   III 22, *2.17*
Regli, Anizet   III 213, *1.3*
Reher, Pius   II 213, *1.12*
Reich, Willi (Bibl.)   III 486, *1.7*
Reiffer, Emil   II 514, *1.2*
Reimann, Paul   III 220, *1.1*
Reimann, Plazidus   II 305, *1.14*; 306, *1.22*;
   321, *2.42*; 322, *2.43*; 326, *2.54*
Reimann, Plazidus (Bibl.)   II 307, *1.29*
Reimmann, Jakob Friedrich (Bibl.)   II 286, *2.16*
Reinhard, Hans von   III 333, *1.41*; 369, *1.26*
Reinhart, Lydia   III 336, *1.65*

Reinhart, Werner (Bibl.)   III 251, *2.78*
Reinle, Karl Emil   I 186, *2.391*
Reitenau, Hans Werner von (Bibl.)   II 307, *1.29*
Rengger, Albrecht   I 31, *2.81*
Renner, Jakob Angelus (Bibl.)   III 15, *2.33*
Renouard, Antoine-Augustin (Bibl.)   II 59, *1.56*
Renz, Oskar (Bibl.)   II 38, *1.1*
Renz, Paul   I 234, *2.99*
Reuchlin, Johannes   I 121, *1.4*; 155, *2.150*
Reutti, Augustin   I 423, *2.6*
Reverdil (Familie, Bibl.)   III 114, *1.5*
Reverdil, Elie Salomon François (Bibl.)   III 114, *1.6*
Reverdil, Marc Louis (Bibl.)   III 114, *1.6*
Revilliod, Gustave   I 316, *1.33*
Revilliod, Gustave (Bibl.)   I 305, *1.3*; 307, *2.18*; 317, *1.38*; 324, *2.50*
Reyher, Jeanne de (Bibl.)   III 43, *1.6*
Reymond, Auguste   III 50, *1.16*
Reymond, Othmar (Bibl.)   I 234, *2.102*
Rezzonico, Clément Albert (Bibl.)   III 177, *1.15*
Rheinberger, Anton (Bibl.)   I 431, *2.3*
Ribordy, Pierre Alexis   III 176, *1.6*
Richard, Ferdinand (Bibl.)   II 123, *1.7*
Richard, Paul (Bibl.)   I 256, *2.47*
Richener, Franz Josef Michael (Bibl.)   III 212, *1.2*
Richey, Michael (Bibl.)   II 329, *2.65*; III 230, *2.22*
Richli, Franz   II 52, *1.29*
Richter, Max (Bibl.)   I 234, *2.102*
Rickenmann, Rochus   II 284, *2.13*
Rickly, Johann (Bibl.)   I 265, *2.8*; I 266, *2.12*
Riedmatten, Adrien II de   III 176, *1.3*
Riedmatten, Adrien II de (Bibl.)   III 173, *2.17*
Riedmatten, Augustin de (Bibl.)   III 163, *1.13*
Riedmatten, Hildebrand de (Bibl.)   III 173, *2.17*
Riedmatten, Jacques de (Bibl.)   III 163, *1.15*
Rietmann, Ernst (Bibl.)   II 491, *1.5*; 503, *2.43*
Riggenbach, Rudolf   III 164, *1.16*
Riggenbach-Stückelberger, Eduard (Bibl.)   I 160, *2.187*; 161, *2.193*; 187, *2.394*
Rilke, Rainer Maria   I 229, *2.67*
Rilliet, Ami   I 343, *1.2*
Rinccer, F.   III 163, *1.15*
Ringger, Eduard (Bibl.)   III 341, *1.95*
Ringholz, Odilo   III 336, *1.63*
Ringier, Abraham   I 61, *1.3*
Ringier, Georg (Bibl.)   III 415, *2.143*
Ringier, Gustav (Bibl.)   I 64, *2.14*
Ringier, Sigmund   I 61, *1.3*
Ringk von Wildenberg, Johann Conrad   II 274, *1.6*
Rion, Alphonse (Bibl.)   III 161, *1.2*
Riondet, Cyprien (Bibl.)   III 183, *1.7*
Rippertschwand, Niklaus Wolf von (Bibl.)   II 17, *2.17*
Riqueti, Honoré-Gabriel de (Bibl.)   II 134, *1.11*
Riser, Synesius (Bibl.)   I 423, *2.6*
Risold, Samuel Gottlieb (Bibl.)   I 245, *1.14*; I 256, *2.49*
Riss, François (Bibl.)   I 477, *1.7*
Rissi, Lienhart (Bibl.)   II 23, *1.1*; 35, *2.28*; III 207, *2.9*

Ritter, Karl   I 77, *1.2*
Ritter, Karl (Bibl.)   I 83, *2.17*
Ritzi, Leodegar (Bibl.)   II 47, *1.12*; 48, *1.14*
Riva, Gian Pietro   II 426, *1.2*
Riva, Gian Pietro (Bibl.)   II 427, *2.1*
Rivaz, Charles de (Bibl.)   III 162, *1.11*
Rivaz, Charles-Emmanuel de (Bibl.)   III 163, *1.12*
Rivier (Familie, Bibl.)   III 43, *1.6*
Rivière, George-Henri   II 117, *1.6*
Rivoire, Emile   I 375, *1.9*
Rivoire, Emile (Bibl.)   I 375, *1.11*
Robert, Arnold (Bibl.)   II 109, *1.10*
Robert, Charles   II 136, *1.28*
Robert, Eugène (Bibl.)   II 154, *1.20*
Robert, Léopold   II 108, *1.3*
Rocca (Familie, bibl.)   I 374, *1.6*
Rochaz (Familie, Bibl.)   III 38, *2.46*
Rofler-Roseli, Marie (Bibl.)   I 447, *2.75*
Rogers, Samuel   I 427, *2.6*
Roget, François (Bibl.)   I 316, *1.35*
Roggenbach, Joseph de (Bibl.)   I 477, *1.7*
Roguin, Jules (Bibl.)   III 79, *1.2*
Rohner, Beat (Bibl.)   III 25, *1.1*
Rohr, Hans Peter   II 280, *1.35*
Roll, von (Familie, Bibl.)   II 373, *2.102*
Roll, Franz Viktor Augustin von   II 351, *1.2*
Roll, Hieronymus von (Bibl.)   II 368, *2.70*
Roll, Karl von (Bibl.)   III 14, *2.29*
Römer, Hans Konrad (Bibl.)   III 379, *1.76*
Roos, Roman (Bibl.)   III 212, *1.2*
Rordorf, Johann Rudolf (Bibl.)   III 381, *1.96*
Rösch, Ulrich   II 212, *1.4*; 212, *1.6*
Roseli (Familie, Bibl.)   I 439, *1.24*
Roseli, Samuel (Bibl.)   I 447, *2.74*
Roselius, Johannes d. Ä. (Bibl.)   I 447, *2.74*
Roselius, Johannes d. J. (Bibl.)   I 447, *2.74*
Rosenbach (Familie, Bibl.)   I 298, *1.7*
Rosenroll, Rudolf von (Bibl.)   I 437, *1.5*
Rossat, Arthur (Bibl.)   I 216, *1.40*; 231, *2.77*
Rossel, Pierre (Bibl.)   III 82, *1.5*
Roth, Arnold (Bibl.)   I 77, *1.2*; 85, *2.21*
Roth, Josepha (Bibl.)   I 430, *1.1*
Roth, Karl Ludwig (Bibl.)   II 190, *1.8*
Roth, Moritz (Bibl.)   I 178, *2.327*; 178, *2.329*; 187, *2.394*
Roth, Wilhelm (Bibl.)   III 475, *2.6*
Rötheli, Ignaz (Bibl.)   II 17, *2.17*
Röthis, Johannes (Bibl.)   I 430, *1.1*
Rotschi, Ludwig (Bibl.)   II 373, *2.102*
Rott, Edouard (Bibl.)   II 137, *1.31*; 140, *2.11*; 145, *2.44*
Röttinger, Georg   III 474, *1.4*
Röttinger, Heinrich   III 474, *1.4*
Röttinger, Johann Jakob   III 474, *1.4*
Rotz, Konrad von (Bibl.)   I 63, *2.11*
Rougemont, Abraham Charles   II 134, *1.12*
Rougemont, Frédéric de (Bibl.)   II 154, *1.21*
Rougemont, Frédéric-Constant de (Bibl.)   II 136, *1.26*
Roulet, Maximilien (Bibl.)   II 123, *1.7*

Roulin, Alfred   III 50, *1.16*
Roulin, Suzanne   III 75, *1.5*
Rousseau, Jean-Jacques   I 140, *2.48;* 314, *1.15;* 392, *1.6;* II 144, *2.36;* 202, *2.61*
Rousseau, Jean-Jacques (Bibl.)   II 134, *1.14;* III 135, *1.2*
Roux, César (Bibl.)   III 82, *1.4*
Roviglio, Natale   II 328, *2.64*
Rubi, Christian   I 252, *2.32*
Ruchat, Abraham (Bibl.)   III 114, *1.5*
Rudio, Ferdinand   III 271, *1.5;* 386, *1.111*
Rudolf, Johann Ludwig   I 64, *2.14*
Rudolf, Johann Ludwig (Bibl.)   I 61, *1.3;* 64, *2.13;* 68, *2.38*
Rudolf, Johann Rudolf (Bibl.)   I 61, *1.3*
Rüeger, Johann Jakob (Bibl.)   II 261, *1.3;* 297, *2.33*
Rüegg, Johann Jakob   II 27, *2.8*
Rüegg, Johann Jakob (Bibl.)   II 9, *2.9*
Rüegger, Felix (Bibl.)   III 474, *1.4*
Rumine, Gabriel   III 59, *1.6*
Ruossinger, Johann Viktor   II 352, *1.8*
Ruossinger, Johann Viktor (Bibl.)   II 358, *2.21;* 368, *2.70;* 368, *2.73*
Ruppaner, Anton (Bibl)   I 256, *2.49*
Rusconi, Alois (Bibl.)   II 63, *2.22*
Rüsegger, Johannes (Bibl.)   III 360, *2.116*
Russ, Willy   II 147, *2.55*
Russ, Willy (Bibl.)   II 137, *1.33*
Rütimeyer, Markus (Bibl.)   I 61, *1.3;* 68, *2.38;* III 208, *2.18;* 237, *2.37*
Rütjes, Heinrich Gisbert   III 194, *2.8*
Rütsch, Julius (Bibl.)   I 35, *2.108*
Rüttimann, Beat   III 299, *1.1*
Rüttimann, Franz Josef   I 421, *1.1*
Rüttimann, Vinzenz (Bibl.)   II 59, *1.55*
Rychner, Max   I 297, *1.2*
Ryhiner, Charles de   III 102, *1.4*
Ryhiner, Johann Friedrich (Bibl.)   I 245, *1.14;* 254, *2.38*

Saenz de Aguirre, José   II 305, *1.17*
Sager, Joseph (Bibl.)   I 291, *1.2*
Sager, Peter (Bibl.)   I 254, *2.39*
Sailer, Johann Michael   II 41, *2.13;* 81, *2.105;* 82, *2.106;* 308, *1.34;* 312, *2.17;* III 314, *2.1*
Saint-Blaise, Tulmont de (Bibl.)   II 134, *1.9*
Saitschick, Robert (Bibl.)   III 388, *1.133*
Saitzew, Manuel (Bibl.)   III 390, *1.155*
Sales, Franz von   II 182, *1.2*
Salis, Simon von (Bibl.)   I 446, *2.66*
Salis, Ulysses von   I 437, *1.10*
Salis-Hegi, Isabella von   III 335, *1.57*
Salis-Marschlins, Meta von   I 443, *2.34*
Salis-Seewis, Gaudenz von (Bibl.)   I 439, *1.24;* 447, *2.80*
Salis-Seewis, Johann Gaudenz von   I 443, *2.34;* 447, *2.80*
Salis-Seewis, Johann Gaudenz von (Bibl.)   I 447, *2.82*
Salis-Soglio, Johann Ulrich von   I 447, *2.80*

Salzmann, Joseph Alois   II 51, *1.27*
Salzmann, Leodegar   III 194, *2.9*
Sancta Clara, Abraham a   II 323, *2.46*
Sancta Rosa, Ludwig a   II 337, *1.1*
Sancta Rosa, Ludwig a (Bibl.)   II 339, *2.7*
Sandholtz, Johann Jacob (Bibl.)   II 17, *2.17*
Sandoz (Familie)   II 124, *1.12*
Sandoz, Charles Louis de (Bibl.)   II 152, *1.8*
Santi, Cesare   I 457, *1.2;* 465, *1.3*
Sapin, Norbert   I 282, *2.1;* 286, *2.24;* III 171, *1.5*
Sarasin, Alfred (Bibl.)   I 152, *2.132;* 168, *2.247;* 170, *2.260*
Sarasin, Felix (Bibl.)   I 186, *2.390*
Sarasin, Fritz   I 170, *2.261*
Sarasin, Henri (Bibl.)   I 316, *1.35*
Sarasin, Jean (Bibl.)   I 313, *1.9*
Sarasin, Lukas (Bibl.)   I 162, *2.199*
Sarasin, Paul   I 170, *2.261*
Sarasin-Battier, Jacob (Bibl.)   I 186, *2.390*
Sarasin-Forcart, Adolf (Bibl.)   I 134, *2.16;* I 136, *2.31;* I 139, *2.43;* I 187, *2.394*
Sarasin-Iselin, Alfred (Bibl.)   I 187, *2.394*
Sartorius, Johann Baptist   III 380, *1.85*
Saudan, Guy   III 81, *1.1*
Sauppe, Hermann   III 380, *1.89;* 381, *1.93;* 383, *1.101;* 385, *1.105*
Saussure, Couvreu de (Bibl.)   III 127, *1.3*
Saussure, Ferdinand de (Bibl.)   I 317, *1.38*
Saussure, Horace-Bénédict de   I 370, *1.1*
Saussure, Raymond de   I 370, *1.2*
Sauvain, Jean-Paul   I 371, *1.3*
Savoy, Bernard (Bibl.)   I 286, *2.27*
Saxer, Michael (Bibl.)   II 101, *2.8*
Schabelitz, Jakob C.   I 97, *1.5*
Schädler, Hans Jakob (Bibl.)   III 352, *2.65*
Schädler, Peter   III 368, *1.18*
Schalch, Ferdinand (Bibl.)   II 279, *1.33;* 299, *2.41*
Schall, Nikolaus   II 25, *1.3;* II 29, *2.12*
Schaltenbrand, Jakob Friedrich   I 263, *1.2*
Schappeler, Christoph (Bibl.)   II 188, *1.1;* 193, *2.5*
Schäppi, Johann (Bibl.)   III 382, *1.100*
Schäppi, Johann Jakob (Bibl.)   III 329, *1.19;* 329, *1.20;* 351, *2.56;* 355, *2.85*
Schatzmann, Paul   I 375, *1.10*
Schaub, Jean-Jacques (Bibl.)   I 315, *1.29*
Schaub, Rudolf (Bibl.)   I 234, *2.102*
Schauenburg, Balthazar von   I 201, *2.14*
Schede, Paul   II 284, *2.13*
Scheitlin, Karl   I 85, *2.21*
Schell, Heinrich Anton (Bibl.)   III 206, *2.8*
Schellenberg, Ernst   II 279, *1.32*
Schellenberg, Hans von   II 296, *2.32*
Schellenberg, Johann Rudolf   III 474, *1.4*
Schenk von Castel, Johannes Chrysostomus (Bibl.)   II 101, *2.8*
Schenk, Hermann   II 214, *1.15*
Schenker, Arthur   III 391, *1.173*
Schenker, Lukas   III 9, *1.9*
Schenklin, Thomas   III 194, *2.7*
Scherer, Gustav   II 190, *1.8*

Scherer, Peter Ignaz   II 351, *1.6*
Scherer, Peter Ignaz (Bibl.)   II 373, *2.100*
Scherrer, Fintan   II 24, *1.2*
Scherrer, Gustav   II 222, *2.11*
Scherrer, Gustav (Bibl.)   II 196, *2.28*
Scherrer, Johann Jakob   II 214, *1.15*
Scherrer, Paul   III 271, *1.9*; 387, *1.121*; 390, *1.157*; 482, *1.8*
Scheuchzer, August (Bibl.)   III 371, *1.40*
Scheuchzer, Johann Jakob   I 427, *2.7*; II 291, *2.27*; III 369, *1.25*
Scheuchzer, Johannes   III 378, *1.66*
Schib, Karl (Bibl.)   II 279, *1.33*
Schibig, Augustin   II 334, *1.1*
Schiegg, Konrad (Bibl.)   I 92, *1.2*; 94, *2.6*; 95, *2.8*
Schiess, Georg (Bibl.)   II 34, *2.25*
Schiess, Traugott   III 336, *1.63*
Schiesser, Adam   I 415, *1.1*
Schiesser, Margretha (Bibl.)   I 402, *2.4*
Schiferli, Rudolf Abraham von (Bibl.)   I 256, *2.49*
Schiff, Mortimer L. (Bibl.)   II 59, *1.56*
Schiffmann, Franz Josef   II 57, *1.48*
Schiffmann, Franz Josef (Bibl.)   II 55, *1.38*
Schilter, Johannes (Bibl.)   I 437, *1.9*; 441, *2.12*; 441, *2.15*
Schinbein, Heinrich (Bibl.)   II 11, *2.29*
Schindler, Benedikt   II 46, *1.6*
Schindler, Conrad Friedrich (Bibl.)   I 410, *2.39*
Schindler, Dietrich   I 401, *1.1*
Schindler, Konrad   I 410, *2.39*
Schindler, Maria Mechthild (Bibl.)   III 25, *1.1*
Schindler, Paul   III 27, *2.9*
Schinz, Elisabeth (Bibl.)   III 238, *2.39*
Schinz, Heinrich Rudolf (Bibl.)   III 379, *1.76*
Schlag, Oskar R. (Bibl.)   III 391, *1.170*; 490, *1.1*
Schlaginhaufen, Otto   III 390, *1.160*
Schläpfer, Johann Georg   I 87, *2.29*
Schlegel, August Wilhelm   I 314, *1.21*
Schleicher, Johann-Christoph (Bibl.)   III 85, *1.1*
Schleiermacher, Friedrich (Bibl.)   III 237, *2.37*
Schleinitz, Friedrich August von   II 274, *1.7*
Schleuniger, Rosa Romana (Bibl.)   II 183, *2.7*
Schmalenbach, Eugen   I 232, *2.86*
Schmid, Alexander   II 31, *2.16*; 346, *2.25*
Schmid, Alexander (Bibl.)   II 341, *1.1*
Schmid, Andreas   III 334, *1.45*
Schmid, Erasmus (Bibl.)   III 366, *1.5*
Schmid, Franz Bernhard (Bibl.)   III 15, *2.36*
Schmid, Fridolin (Bibl.)   I 407, *2.28*
Schmid, Gabriel (Bibl.)   I 402, *2.4*
Schmid, Heinrich (Bibl.)   I 472, *1.1*
Schmid, Jakob (Bibl.)   III 212, *1.1*
Schmid, Johann Jakob (Bibl.)   III 206, *2.7*; 207, *2.9*
Schmid, Johann Rudolf (Bibl.)   III 212, *1.1*
Schmid, Josef (Bibl.)   II 92, *2.166*
Schmid, Joseph (Direktor, Bibl.)   II 485, *2.1*
Schmid, Joseph (Leutnant, Bibl.)   III 15, *2.32*
Schmid, Kaspar (Bibl.)   I 411, *2.42*
Schmid, Maria Kunigunde   III 27, *2.12*

Schmid, Maria Kunigunde (Bibl.)   III 25, *1.1*; 26, *2.5*
Schmid, Thaddäus   III 8, *1.8*; III 14, *2.23*
Schmid, Thaddäus (Bibl.)   III 14, *2.26*
Schnabelburg, Ulrich von   III 192, *1.1*
Schnebeli, Johann (Bibl.)   II 16, *2.14*
Schneckenburger, Fred (Bibl.)   III 498, *1.5*; 500, *2.19*
Schneider-Bonnet, Edouard (Bibl.)   I 317, *1.38*
Schnell, Johannes (Bibl.)   I 128, *1.49*
Schnetzler, Jean-Balthazar   III 85, *1.2*
Schnider, Johann Baptist (Bibl.)   I 44, *1.4*
Schnider, Johann Georg (Bibl.)   II 11, *2.29*
Schnierer, Johann (Bibl.)   II 366, *2.64*
Schnitzler, Emile   III 74, *1.4*
Schnorf, Fritz (Bibl.)   III 474, *1.4*
Schnüffis, Laurentius von   II 306, *1.27*
Schnürer, Liôba   I 281, *1.8*
Schnyder von Wartensee, Franz Xaver   III 486, *1.9*
Schnyder von Wartensee, Franz Xaver (Bibl.)   III 306, *1.9*
Schnyder von Wartensee, Michael   II 100, *1.1*; 102, *2.11*
Schnyder, Clemens   III 158, *1.7*
Schnyder, Werner   III 328, *1.12*
Schnyder, Wilhelm (Bibl.)   II 38, *1.1*
Schobinger, Bartholomäus   II 188, *1.3*
Schobinger, Christoph (Bibl.)   II 189, *1.4*
Schobinger, David Christoph (Bibl.)   I 80, *2.13*; 83, *2.17*; 86, *2.24*; 418, *2.8*; II 200, *2.51*
Schobinger, Sebastian (Bibl.)   II 188, *1.3*; 200, *2.51*
Schoch, Rudolf   III 336, *1.64*
Schoeck, Othmar   III 486, *1.9*
Scholl, Friedrich Salomon   I 263, *1.2*
Scholl, Samuel   I 263, *1.2*
Schön, Oswald (Bibl.)   III 207, *2.10*; 212, *1.1*
Schön, Severin   II 305, *1.15*; 321, *2.42*; 326, *2.54*
Schönau, Heinrich von   II 305, *1.17*
Schönau, Johann Heinrich von   II 306, *1.26*
Schönenberger (Familie)   III 188, *1.1*
Schönherr, Alfons   III 368, *1.18*
Schöni, Georg (Bibl.)   I 241, *1.3*
Schöpflin, Johann Daniel   I 427, *2.4*
Schoppius, Conrad   I 241, *1.5*
Schorno, Johann Baptist   III 368, *1.19*
Schreckenfuchs, Oswald (Bibl.)   II 288, *2.22*
Schröter, Christian   III 157, *1.4*
Schubert, Franz   I 162, *2.199*
Schuler, Anton (Bibl.)   II 216, *1.24*
Schuler, Hans   III 8, *1.1*; III 8, *1.8*
Schuler, Johann Melchior (Bibl.)   III 15, *2.32*
Schultheiss, Ulrich (Bibl.)   I 428, *2.8*
Schulthess, Emil (Bibl.)   III 474, *1.4*
Schulthess, Johannes (Bibl.)   III 371, *1.35*; 381, *1.93*
Schulthess, Ludwig   III 474, *1.4*
Schulthess-Rechberg, Rudolf von (Bibl.)   III 474, *1.4*
Schumacher, Edgar (Bibl.)   I 105, *2.50*
Schumann, Robert   I 162, *2.199*; I 428, *2.13*

Schürmann, Sebastian (Bibl.) II 101, *2.7*; 102, *2.11*
Schwarber, Karl I 130, *1.60*
Schwarzenbach-Wille, Renée III 476, *2.11*
Schweizer, Alexander (Bibl.) III 334, *1.50*;
    334, *1.52*; 352, *2.65*; 352, *2.68*; 372, *1.42*;
    376, *1.60*; 381, *1.96*; 384, *1.102*; 411, *2.115*
Schweizer, Johann Heinrich (Bibl.) III 230, *2.21*
Schweizer, Paul III 327, *1.8*; 332, *1.33*; 334, *1.48*;
    334, *1.52*; 336, *1.65*; 338, *1.75*; 340, *1.88*;
    353, *2.74*
Schweizer, Paul (Bibl.) III 334, *1.50*; 335, *1.56*
Schweizer, Werner R. (Bibl.) III 302, *1.4*
Schwenckfeld, Kaspar I 64, *2.13*
Schwertfeger, André (Bibl.) III 37, *2.38*
Schwerz, Franz (Bibl.) II 192, *1.15*; 204, *2.82*
Schwyter, Philibert II 24, *1.2*
Scopini, Giacomo II 456, *1.2*
Scotti, Ranutius II 30, *2.13*
Screta (Familie) II 288, *2.22*
Screta (Familie, Bibl.) II 297, *2.34*
Screta, Heinrich II 274, *1.6*
Screta, Heinrich (Bibl.) II 290, *2.25*; 292, *2.28*
Screta, Ludwig Lucius II 274, *1.6*
Seelig, Carl (Bibl.) III 476, *2.11*
Segantini, Renata III 74, *1.4*
Segesser von Bruneck, Franz Werner (Bibl.)
    II 479, *2.6*
Segesser, Franz von (Bibl.) II 38, *1.1*; 40, *2.9*;
    44, *2.22*
Segesser, Joseph (Bibl.) III 14, *2.29*
Segesser, Philipp Anton von III 336, *1.63*
Segond, Louis I 381, *1.9*
Segond, Pierre (Bibl.) I 336, *1.3*
Segond, Victor I 382, *1.10*
Seidel, Robert III 320, *2.9*; III 323, *2.26*
Seidel, Robert (Bibl.) III 318, *1.9*; 320, *2.12*;
    389, *1.138*; 425, *2.198*
Seigneux, Georges de (Bibl.) III 104, *1.11*
Seiler, Heinrich II 273, *1.2*
Seiler, Joachim II 306, *1.22*
Seiler, Johann Ludwig (Bibl.) II 284, *2.13*
Seitz, Beat Ludwig I 263, *1.2*
Semper, Gottfried III 270, *1.2*
Senebier, Jean I 313, *1.13*; 314, *1.21*
Sépibus, F. de III 163, *1.15*
Sepibus, Jean de (Bibl.) III 157, *1.5*
Serre-Faizan, Auguste (bibl.) I 375, *1.8*
Seutter, Matthäus (Bibl.) II 216, *1.26*
Sfondrati, Cölestin II 214, *1.15*
Shakespeare, William I 298, *1.4*; 300, *2.10*
Shaw, Bernard I 425, *1.1*
Siber, Gustav (Bibl.) III 388, *1.134*
Sidler, Johann Baptist (Bibl.) III 205, *1.2*
Sidler, Klementin II 24, *1.2*; III 213, *1.3*
Sieber, Ludwig I 128, *1.48*; I 129, *1.53*
Siegrist, August (Bibl.) I 206, *2.17*
Siegwart-Müller, Josephina II 15, *2.12*
Siegwart-Müller, Konstantin (Bibl.) II 15, *2.12*;
    III 22, *2.16*
Sigerist, Henry E. (Bibl.) III 299, *1.1*

Signer, Johann Georg (Bibl.) III 208, *2.16*
Silenen, Jost de (Bibl.) III 157, *1.2*
Simmler, Jacques (Bibl.) III 474, *1.4*
Simmler, Johann Jakob (Bibl.) III 370, *1.32*;
    375, *1.58*; 404, *2.79*; 478, *2.1*
Simmler, Johann Wilhelm III 370, *1.30*
Simmler, Johann Wilhelm (Bibl.) II 294, *2.29*
Simon, Johann Christian (Bibl.) I 437, *1.9*;
    441, *2.15*
Simond, Daniel (Bibl.) III 104, *1.13*
Singer, Samuel (Bibl.) I 255, *2.45*
Singisen, Elisabeth III 192, *1.1*
Singisen, Johann I 27, *2.52*
Singisen, Johann Jodok (Bibl.) III 192, *1.1*
Sinner, Gabriel Rudolf Ludwig von II 308, *1.34*
Sinner, Johann Rudolf I 247, *2.8*
Sinner von Ballaigues, Johann Rudolf I 243, *1.11*
Sismondi, Jean Charles Léonard de I 314, *1.21*
Sismondi, Jean-Charles de (Bibl.) I 382, *1.11*
Sneler, Heinrich III 358, *2.108*
Sofer, Micha III 104, *1.13*
Solari, Giacomo (Bibl.) II 464, *1.4*
Solari, Onorato (Bibl.) II 464, *1.4*
Solier, Jean III 102, *1.4*
Somander, Urs II 25, *1.3*
Sonnenberg, Hans Kaspar von (Bibl.) II 499, *2.31*
Sophokles I 154, *2.143*
Sordet, Louis I 86, *2.24*
Soret, Frédéric I 373, *1.2*
Sorg, Johann Ludwig (Bibl.) III 209, *2.22*
Spaeti, Wilhelm (Bibl.) II 370, *2.83*
Späni, Bernhard (Bibl.) II 8, *1.1*; 9, *2.17*
Specker, Emil II 38, *1.1*
Spescha, Placidus a I 446, *2.67*
Speti, Erbo II 372, *2.97*
Spielmann, Aloisia (Bibl.) III 193, *2.4*
Spielmann, Viktor (Bibl.) II 218, *1.40*; III 193, *2.4*
Spiess, Wolfgang II 353, *1.19*
Spiess, Wolfgang (Bibl.) II 343, *2.10*
Spinoza, Baruch I 140, *2.48*
Spitteler, Carl I 229, *2.67*
Spleiss, Johann Jakob (Bibl.) II 289, *2.24*
Spleiss, Stephan (Bibl.) II 275, *1.11*; 289, *2.24*;
    291, *2.26*; III 234, *2.32*
Spleiss, Thomas (Bibl.) II 290, *2.25*
Spörlin, Jakob (Bibl.) II 307, *1.29*
Sprecher von Bernegg, Theophil (Bibl.) I 445, *2.57*
Sprünglin, Franz Ludwig (Bibl.) I 61, *1.2*
Spyri, Johanna III 395, *1.179*
Staal, vom (Familie, Bibl.) II 351, *1.2*; 356, *2.13*;
    369, *2.79*; 376, *2.119*
Staal, Franz Philipp vom (Bibl.) II 358, *2.21*
Staal, Hans vom (Bibl.) II 371, *2.88*
Staal, Hans Jakob vom (Bibl.) II 55, *1.38*;
    354, *1.30*; 354, *2.2*; 358, *2.24*; 369, *2.79*
Staal, Wilhelm vom (Bibl.) II 42, *2.14*
Stadler, August (Bibl.) III 373, *1.51*; 376, *1.62*
Stadler, Moritz II 27, *2.7*
Stadler-Planzer, Hans III 8, *1.2*
Stadlin, Franz Karl III 196, *1.5*

Staehelin, Johann Jacob (Bibl.)   I 128, *1.49*; 147, *2.97*; 149, *2.111*; 187, *2.394*
Staël-Holstein, Anne Louise Germaine de   I 314, *1.21*
Stäffis-Mollondin, Franz-Heinrich von (Bibl.)   II 368, *2.70*
Stähele, Andreas   II 490, *1.2*; 491, *1.6*
Stalder, Franz Josef (Bibl.)   II 10, *2.23*; 53, *1.34*; 63, *2.22*
Stammler, Jakob (Bibl.)   II 38, *1.1*; 40, *2.7*; 43, *2.21*
Stanhope, Philippe   I 313, *1.14*
Stapfer, Laurenz (Bibl.)   II 351, *1.5*
Stapfer, Philipp Albert   I 209, *1.2*; 244, *1.13*; III 368, *1.19*
Stargardt, J.A.   I 298, *1.7*
Stark, Franz   I 92, *1.2*
Staub, Athanasius (Bibl.)   II 520, *2.5*
Staub, Bonifaz (Bibl.)   III 196, *1.5*; 196, *1.6*; 206, *2.7*
Staub, Fritz   I 209, *1.4*
Staub, Fritz (Bibl.)   I 214, *1.35*; 216, *2.4*; 219, *2.17*
Stauffacher, Melchior   III 334, *1.43*
Stauffer, William (Bibl.)   II 110, *1.13*; 113, *2.16*
Stavenhagen, Bernhard (Bibl.)   III 389, *1.150*
Stebler, Edouard   II 109, *1.8*
Stebler, Edouard (Bibl.)   II 109, *1.9*; 111, *2.4*; 113, *2.17*
Stefani, Franz Ludwig   I 263, *1.2*
Steffensen, Karl (Bibl.)   I 128, *1.49*; 134, *2.16*; 135, *2.20*; 138, *2.41*; 140, *2.51*; 144, *2.74*; 152, *2.130*; 153, *2.136*; 168, *2.245*; 187, *2.394*
Steger, Adolf   III 492, *1.2*; 497, *1.3*
Stehelin, Benedikt (Bibl.)   I 436, *1.3*
Steiger, Christoph (Bibl.)   I 61, *1.2*; 64, *2.13*
Steiger, Karl Ludwig von   I 251, *2.28*
Steiger, Rudolf   III 482, *1.8*
Steinbrüchel, Johann Jakob   III 370, *1.32*
Steinbrüchel, Johann Jakob (Bibl.)   II 286, *2.16*
Steinegger, Sebastian   III 193, *2.5*
Steinemann, Eugen   III 318, *1.5*; 318, *1.6*
Steiner (Familie, Archiv)   III 345, *2.12*
Steiner, Emil   III 228, *2.18*; 231, *2.26*; 232, *2.27*
Steiner, Herbert   I 297, *1.2*
Steiner, Werner (Bibl.)   III 366, *1.5*
Steiner, von (Familie, Bibl.)   III 360, *2.117*
Steinmüller, Johann Rudolf   I 401, *1.1*
Steinmüller, Johann Rudolf (Bibl.)   I 408, *2.31*
Steinthal, Erich (Bibl.)   III 476, *2.12*
Stephani, Franz Ludwig   II 307, *1.31*
Stern, Alfred   III 404, *2.80*
Stettler, Wilhelm (Bibl.)   I 242, *1.8*
Stickelberger, Emanuel (Bibl.)   II 163, *1.3*; 263, *1.13*
Stiebel, Heinrich (Bibl.)   I 298, *1.7*
Stifter, Adalbert   I 427, *2.6*
Stilling, Henri (Bibl.)   III 82, *1.3*; 84, *2.10*
Stimmer, Tobias   II 280, *1.35*
Stipplin, Chrysostomus   II 214, *1.13*
Stockalper von Thurn, Gaspard   III 160, *1.1*

Stockar, Hans Konrad (Bibl.)   III 372, *1.42*
Stockar, Maria Cleophea (Bibl.)   II 274, *1.6*
Stockar-Escher, Clementine   III 474, *1.4*
Stockar-Heer, Susanna Regula Alwina (Bibl.)   I 409, *2.37*
Stockar von Neunforn, Johann Conrad   II 275, *1.10*
Stockar von Neunforn, Niklaus   II 291, *2.27*
Stockar von Neunforn, Niklaus (Bibl.)   II 294, *2.29*; 296, *2.32*
Stocker, Mathilde (Bibl.)   II 8, *1.1*
Stolberg-Wernigerode (Familie, Bibl.)   I 298, *1.7*
Stoll, Otto (Bibl.)   III 388, *1.128*; III 388, *1.131*
Stolz, Franz (Bibl.)   II 175, *1.1*
Stolz, Johann Konrad (Bibl.)   II 175, *1.1*
Stooss, Carl (Bibl.)   I 219, *2.17*
Storm, Theodor   I 427, *2.6*
Stössel, Jakob   II 213, *1.10*
Stössel, Johannes (Bibl.)   III 341, *1.94*
Stotzingen, Hugo Wilhelm von   II 29, *2.12*
Straehl, Lilly Ida   I 61, *1.3*
Straehl-Straehl, Gustav Rudolf   I 61, *1.3*
Stral, Jakobus   II 46, *1.3*
Strässer, Georg Gottlieb   I 401, *1.1*
Strasser, Hans   I 205, *2.14*
Strauss, David Friedrich   II 313, *2.21*; III 221, *2.2*; 320, *2.9*
Strauss, Johann   I 428, *2.13*
Strebel, Josef (Bibl.)   II 13, *2.5*
Streit, Edouard   II 123, *1.10*
Streng, Franz von (Bischof)   II 485, *1.4*
Streng, Franziskus von   II 38, *1.1*
Streng, Johann Baptist von   II 506, *1.1*
Strich, Fritz (Bibl.)   I 256, *2.49*
Stricker, Wilhelm (Bibl.)   I 449, *2.97*
Strickler, Johannes   III 327, *1.7*; 332, *1.33*; 340, *1.88*
Strickler, Johannes (Bibl.)   III 334, *1.50*; 335, *1.54*
Striemer, Heinrich (Bibl.)   III 230, *2.25*
Stroehlin, Ernest (Bibl.)   I 354, *1.3*; II 140, *2.16*
Stucki, Johann Rudolf   II 27, *2.7*; III 366, *1.8*
Stucki, Johann Wilhelm   II 286, *2.17*; 296, *2.32*; III 359, *2.109*
Studer, Bernhard (Bibl.)   I 245, *1.14*
Studer, Franz Ludwig (Bibl.)   II 352, *1.13*; 373, *2.99*
Studer, Gottlieb Samuel (Bibl.)   I 210, *1.8*
Studer, Jakob (Bibl.)   II 188, *1.3*
Studer, Karl   II 512, *1.2*
Stulz, Lambert (Bibl.)   II 170, *2.10*
Sturm, Johann (Bibl.)   III 230, *2.22*
Sturmlerner, Friedrich   II 257, *2.4*
Stüssi, Heinrich (Bibl.)   III 329, *1.17*; 329, *1.20*; 354, *2.79*
Stüssi, Rudolf (Bibl.)   I 408, *2.32*
Stutz, Ulrich (Bibl.)   III 347, *2.31*; 389, *1.142*
Sue, Eugène   I 383, *1.14*
Sulser, Hans-Ulrich   I 108, *1.11*
Sulzer, Hans Kaspar (Bibl.)   III 223, *1.3*
Sulzer, Johann Georg (Bibl.)   III 12, *2.13*; 232, *2.27*

Sulzer, Wolfgang Dietrich (Bibl.)   III 228, *2.18;* 239, *2.40*
Supersaxo, Georges (Bibl.)   I 219, *2.20;* III 164, *1.16;* 173, *2.17*
Supersaxo, Walter (Bibl.)   III 157, *1.2;* III 164, *1.16*
Surläuli, Christoph (Bibl.)   I 44, *1.5*
Sury, Johann Viktor von   II 341, *1.1;* 342, *2.5*
Sury, von (Familie, Bibl.)   II 353, *1.23*
Suter, Hermann (Bibl.)   I 162, *2.199*
Suter, Johann Franz   II 332, *1.1*
Suter, Johann Franz (Bibl.)   II 333, *2.4*
Suter, Johann Rudolf (Bibl.)   I 34, *2.99;* 61, *1.2*
Sutermeister, Heinrich   III 486, *1.9*
Sylvestre, Pierre (Bibl.)   I 314, *1.19*
Szmitkowski, Tadeusz   II 185, *2.2*

Tacitus   I 155, *2.148;* III 411, *2.113*
Tami, Carlo   II 426, *1.1*
Tami, Rino   II 426, *1.1*
Tanner, Johann Jakob   I 72, *1.2*
Tanner, Konrad   II 324, *2.47*
Tanzer, Thomas   III 75, *1.5*
Tassin, René-Prosper (Bibl.)   II 104, *2.19*
Tatarinoff, Eugen   III 336, *1.63*
Taur, Friedrich von (Bibl.)   I 215, *1.38;* 217, *2.9;* 224, *2.46*
Tavel, Franz von (Bibl.)   I 231, *2.81*
Teichmann, Albert (Bibl.)   I 162, *2.201;* 187, *2.394*
Terenz   I 155, *2.148*
Thalmann, Karl (Bibl.)   III 91, *1.6*
Theiss, Henri (Bibl.)   II 123, *1.7*
Thérémin, François (bibl.)   I 375, *1.8*
Thérémin, Pierre-François (Bibl.)   I 316, *1.35*
Thomann, Heinrich (Bibl.)   III 318, *1.10*
Thomas, Max-Marc   I 371, *1.3*
Thomas, S. (Bibl.)   III 86, *1.3*
Thomasius, Christian   III 403, *2.71*
Thommen, Rudolf   III 335, *1.56;* 336, *1.63*
Thun-Hohenstein (Grafen von, Bibl.)   I 88, *2.33*
Thüring, Adolf (Bibl.)   I 162, *2.199*
Thüring, Heinrich (Bibl.)   II 38, *1.1;* 39, *2.5;* 41, *2.11;* 43, *2.20;* 44, *2.22*
Thurmann, Jules (Bibl.)   I 479, *1.18*
Thurneysen, Johann Jakob   I 186, *2.390*
Thurneysen, Johann Rudolf (Bibl.)   I 126, *1.36*
Tillier, André de (Bibl.)   III 145, *1.6*
Tingry, Pierre-François   I 343, *1.1*
Tingry, Pierre-François (Bibl.)   I 315, *1.28*
Tissières, Pierre Germain   III 147, *1.14*
Tissot, Pierre-Yves   II 124, *1.12*
Tissot, Samuel-Auguste   III 101, *1.2*
Tobler, Adolf   III 386, *1.112;* 388, *1.131*
Tobler, Alfred (Bibl.)   I 72, *1.2;* 73, *2.4;* 87, *2.29*
Tobler, Gustav   II 220, *1.45*
Tobler, Michael (Bibl.)   I 80, *2.13*
Tobler, Titus   I 87, *2.29*
Toller, Ernst (Bibl.)   III 389, *1.138;* 425, *2.198*
Tonoli, Albert (Bibl.)   III 177, *1.16;* 180, *2.17*
Tonoli, François   III 177, *1.16*
Torrenté, Philippe de (Bibl.)   III 163, *1.13*

Torriani, Nicola (Bibl.)   II 453, *2.4*
Torriani, Paolo (Bibl.)   II 452, *1.1;* 453, *2.4*
Travaglia, Carlo   II 401, *1.3*
Tresch (Familie, Bibl.)   III 22, *2.16*
Trew, Christoph Jakob (Bibl.)   I 427, *2.7*
Troll, Johann Konrad (Bibl.)   III 237, *2.37*
Tronchet, Lucien (Bibl.)   III 71, *1.3*
Tronchin (Familie, Bibl.)   I 356, *2.15*
Tronchin, Théodore   I 314, *1.15;* 370, *1.1*
Trouillat, Joseph   I 478, *1.14;* 479, *1.16*
Troxler, Ignaz Paul Vital   II 10, *2.21;* 15, *2.10;* 362, *2.37*
Truttmann, Alois (Bibl.)   II 180, *2.36*
Tryphaeus, Guilelmus (Bibl.)   II 46, *1.3*
Tschann, Christoph (Bibl.)   II 38, *1.1*
Tscharner, Bernard (Bibl.)   III 115, *1.9*
Tscharner, Charles (Bibl.)   III 354, *2.79*
Tscharner, Gion (Bibl.)   I 474, *1.1*
Tscharner, Johann von (Bibl.)   I 436, *1.3*
Tscharner, Vinzenz Bernhard (Bibl.)   II 358, *2.24;* III 135, *1.2*
Tscheinen, Moritz (Bibl.)   III 161, *1.5*
Tschudi, Aegidius   III 358, *2.102*
Tschudi, Aegidius (Bibl.)   I 39, *2.138;* 403, *2.11*
Tschudi, Hans (Bibl.)   I 416, *1.4*
Tschudi, Leonhard Ludwig   I 421, *1.1;* 423, *2.7*
Tschudi, Rudolf (Bibl.)   I 151, *2.120;* 151, *2.124;* 182, *2.363*
Tschudi, von (Familie, Bibl.)   II 191, *1.14*
Tschudin, Raymond   I 344, *1.8*
Tschui, Amadeus (Bibl.)   II 341, *1.1*
Tugginer (Familie, Bibl.)   II 373, *2.102*
Türler, Heinrich   III 336, *1.63*
Turrettini, François   I 221, *2.25*
Turrettini, Jean-Alphonse   I 312, *1.5*
Tuscher, Jean-Pierre   III 38, *2.46*

Uehlinger, Arthur (Bibl.)   II 279, *1.33*
Uffenbach, Zacharias Konrad (Bibl.)   II 287, *2.19*
Uhlirz, Karl (Bibl.)   III 335, *1.57*
Ulmer, Johann Conrad   II 261, *1.3*
Ulrich II. (Bischof von Konstanz)   II 484, *1.1*
Ulrich VI. de Mont (Bibl.)   I 93, *2.5*
Ulrich, Hans Ulrich   III 369, *1.21*
Ulrich, Heinrich   III 369, *1.21*
Ulrich, Jakob (Bibl.)   III 382, *1.100*
Ulrich, Johann Jakob (Bibl.)   III 334, *1.46;* 346, *2.27*
Ulrich, Johann Kaspar (Bibl.)   III 367, *1.10*
Umiastowski, Roman   II 185, *2.2*
Ummel, Michel   I 274, *1.11*
Ungnad zu Sonneck, Hans   I 135, *2.24*
Urech, Friedrich Wilhelm (Bibl.)   I 35, *2.109*
Usteri, Martin (Bibl.)   II 190, *1.7*
Usteri, Paulus   II 457, *1.7*
Usteri, Paulus (Bibl.)   III 336, *1.64;* 371, *1.35;* 372, *1.44;* 377, *1.64;* 379, *1.80;* 404, *2.80*
Usteri-von Muralt, Johann Martin   III 474, *1.4*
Uttiger, François Pierre (Bibl.)   I 291, *1.3*
Uttinger, Franz Xaver (Bibl.)   III 205, *1.2*

Vadianus, Joachim (Bibl.)   II 188, *1.1;* 191, *1.13;* 193, *2.5*
Valéry, Paul   I 425, *1.1*
Vannutelli, Serafino (Bibl.)   II 451, *2.18*
Vanotti, Ignaz   II 502, *2.41*
Varlet, Domique-Marie (Bibl.)   II 451, *2.18*
Vasella, Oskar   III 336, *1.63*
Vassalli (Familie, Bibl.)   II 450, *2.3*
Vaucher, Louis   I 315, *1.27*
Vautrey, Louis (Bibl.)   I 479, *1.19*
Vedrosi, Johann Jacob   I 436, *1.4*
Vela, Spartaco (Bibl.)   II 416, *1.2*
Vela, Vincenzo (Bibl.)   II 416, *1.2*
Veladini, Pasquale   II 427, *1.3*
Venedey, Jacob   II 502, *2.41*
Venetz, Peter Anton   II 28, *2.10;* 30, *2.15;* 31, *2.16*
Venturi, Kaspar (Bibl.)   II 20, *1.1*
Verdeil, François   III 66, *1.2*
Vergil   I 155, *2.148*
Verkholantzeff, Boris   III 391, *1.173*
Vermigli, Pietro Martire (Bibl.)   I 312, *1.2*
Veselic, Josef (Bibl.)   III 319, *1.11;* 322, *2.20*
Vetter, Ferdinand   III 335, *1.56*
Vetter, Theodor   III 386, *1.111;* 386, *1.114*
Vicat, Béat-Philippe   III 48, *1.4*
Villars Louis   I 480, *1.23*
Villiger, Karl (Bibl.)   II 8, *1.1*
Vincent, Alfred (Bibl.)   I 317, *1.38*
Vinet, Alexandre (Bibl.)   III 58, *1.2*
Vingle, Pierre de   II 138, *1.39*
Viollier, Ernest (Bibl.)   I 336, *1.3*
Vionnet, Paul   III 50, *1.17*
Viot, Roland (Bibl.)   III 146, *1.11*
Viret, Pierre   I 355, *2.6*
Vischer, Eduard (Bibl.)   I 412, *2.51*
Vischer, Fritz   I 187, *2.394*
Vischer, Wilhelm   I 128, *1.48;* 129, *1.53*
Vischer, Wilhelm (Bibl.)   I 128, *1.49;* 135, *2.20;* 139, *2.45;* 140, *2.52;* 142, *2.62;* 148, *2.100;* 152, *2.130;* 153, *2.136;* 168, *2.245;* 187, *2.394*
Vischer-Bilfinger, Wilhelm (Bibl.)   I 187, *2.394*
Vischer-Jenny, Eduard   III 391, *1.169*
Vock, Alois (Bibl.)   I 16, *1.7;* 18, *1.19;* 23, *2.27;* 25, *2.42;* 35, *2.111*
Voegelin, Friedrich Salomon (Bibl.)   III 422, *2.181*
Vogel, Jakob   I 406, *2.20*
Vogel, Jakob (Bibl.)   I 407, *2.26*
Vogel, Wladimir   III 486, *1.9*
Vögeli, Alfred (Bibl.)   II 491, *1.5*
Vögelin, Anton Salomon   III 378, *1.67*
Vögelin, Anton Salomon (Bibl.)   III 372, *1.42*
Vögelin, Friedrich Salomon (Bibl.)   III 372, *1.42;* 381, *1.96;* 385, *1.104*
Vögelin, Salomon   III 220, *1.1*
Vögelin, Salomon (Bibl.)   III 341, *1.95*
Vogler, Martha (Bibl.)   II 279, *1.33*
Vogt, Gregor (Bibl.)   II 307, *1.29;* 311, *2.9;* 313, *2.18;* 321, *2.42*
Vogt, Johann Peter (Bibl.)   II 325, *2.50*
Vogt, Wolfgang   III 195, *1.1;* 205, *1.2*

Voirol, Gregor   II 40, *2.8*
Voltaire   I 140, *2.48;* 300, *2.8;* 392, *2.4;* II 202, *2.61*
Voltaire (Bibl.)   III 135, *1.2*
Vulliemin, Louis (Bibl.)   III 59, *1.6*
Vuy, Jules (Bibl.)   I 317, *1.38*

Wackermann, Erwin (Bibl.)   III 301, *1.2*
Wackernagel, Rudolf   I 107, *1.1;* 107, *1.6;* III 336, *1.63*
Wackernagel, Wilhelm (Bibl.)   I 128, *1.49;* 152, *2.130;* 158, *2.170;* 158, *2.173;* 187, *2.394*
Wagner, Richard   I 256, *2.47;* III 488, *2.11*
Wagner, Urs Viktor   II 352, *1.8;* 368, *2.71*
Wagner, Urs Viktor (Bibl.)   II 371, *2.87*
Wagner, Valentin Fritz   I 108, *1.9*
Wahl, Josef (Bibl.)   I 402, *2.4*
Waldenbourg, Comtesse de (Bibl.)   III 128, *1.7*
Waldkirch, Conrad von   II 277, *1.23*
Waldkirch, Georg von (Bibl.)   II 297, *2.33*
Waldkirch, Johann Christoph von (Bibl.)   II 297, *2.33*
Waldkirch-Neher, Wilhelm von   II 278, *1.27*
Wallier, Johann Conrad Felix Josef (Bibl.)   II 368, *2.70*
Walser, Ernst (Bibl.)   I 156, *2.154;* 157, *2.160;* 187, *2.394*
Walser, Gabriel   I 85, *2.21;* II 215, *1.21*
Walser, Gabriel (Bibl.)   I 80, *2.13*
Walser, Iso   II 249, *1.1*
Walser, Johann (Bibl.)   II 311, *2.9;* 318, *2.36;* 325, *2.50*
Walser, Johann Conrad   I 71, *1.1*
Walt, Barbara   III 123, *1.8*
Walter, Otto F. (Bibl.)   I 229, *2.67*
Walthard, Bernhard Rudolf   I 206, *2.16*
Walther, Alphonse   III 162, *1.6*
Walther, Johann (Bibl.)   II 38, *1.1*
Walty, Hans (Bibl.)   I 28, *2.61*
Wammischer, Franz Alois (Bibl.)   II 169, *1.1*
Wanner, Konrad   I 61, *1.3*
Warnery, Charles-Emmanuel de   III 102, *1.4*
Warnery, Edmée   III 104, *1.12*
Wartmann, Jakob   II 190, *1.9*
Wartmann, Wilhelm (Bibl.)   III 486, *1.7*
Waser, Johann Heinrich   III 333, *1.41;* 334, *1.43*
Waser, Johannes (Bibl.)   II 169, *1.1*
Waser, Josias (Bibl.)   III 404, *2.78*
Waser, Kaspar (Bibl.)   III 404, *2.78*
Watt, Dorothea von   II 509, *2.3*
Watt, Johann Gottfried   I 263, *1.2*
Wattenwil, Franz J. von (Bibl.)   III 352, *2.66*
Wattenwyl, Jakob von   I 269, *1.1*
Wattenwyl, Juliana von   I 269, *1.1*
Weber, Anton (Bibl.)   III 202, *2.51*
Weber, Beda (Bibl.)   III 212, *1.2*
Weber, Felix (Bibl.)   I 408, *2.31*
Weber, Gotthard   I 422, *2.4;* III 213, *1.3;* 214, *2.7;* 216, *2.15*
Weber, Gustav (Bibl.)   III 372, *1.42*

Weber, Heinrich   III 329, *1.19;* 381, *1.90;* 382, *1.98*
Weber, Heinrich (Bibl.)   III 382, *1.99;* 385, *1.104;* 388, *1.131;* 422, *2.181*
Weber, Johann Heinrich   I 97, *1.3;* I 97, *1.6*
Weber, Johann Heinrich (Bibl.)   I 97, *1.5*
Weber, Joseph Georg (Bibl.)   II 93, *2.172*
Weber, Martina Augustina   III 192, *1.1;* 193, *2.5*
Weber, Martina Augustina (Bibl.)   III 193, *2.4*
Weber, Peter Xaver   III 336, *1.63*
Weckbecker (Familie)   III 188, *1.1*
Wedekind, Frank   I 18, *1.16*
Weder, Johann Josef   II 192, *1.18*
Wedgewood (Familie, Bibl.)   III 302, *2.2*
Wegelin, Carl   I 206, *2.16*
Wegelin, Johann Reinhard (Bibl.)   II 216, *1.26*
Wegelin, Karl (Bibl.)   II 192, *1.18*
Wegelin, Peter (Bibl.)   II 190, *1.8*
Wegmann-Markwalder, Helene R.   I 395, *1.1*
Wehrli, Gustav Adolf (Bibl.)   III 299, *1.1*
Weidenbusch, Nikolaus   III 192, *1.1*
Weidmann, Felix (Bibl.)   III 371, *1.40*
Weidmann, Franz   II 218, *1.39*
Weidmann, Franz (Bibl.)   II 258, *2.9*
Weidmann, Heinrich (Bibl.)   III 371, *1.40*
Weidner, Balthasar (Bibl.)   III 15, *2.36*
Weinglass, David H. (Bibl.)   III 474, *1.4*
Weinzierl, Johann Kaspar (Bibl.)   I 434, *2.4*
Weinzierl, Xaver   II 26, *2.5*
Weisbach, Werner (Bibl.)   I 160, *2.187;* 187, *2.394*
Weiss, Josef (Bibl.)   III 205, *1.2*
Weiss, Nathanaël (Bibl.)   I 354, *1.3*
Weissenbach, Angelikus   II 27, *2.7;* 29, *2.12;* 342, *2.5;* III 213, *1.3*
Weissenbach, Joseph Anton   II 312, *2.17;* III 14, *2.30;* III 213, *1.3*
Weissenbach, Kaspar (Bibl.)   III 212, *1.1;* 215, *2.11*
Weisshaupt, Wolfgang   III 25, *1.1*
Welti, Friedrich Emil   III 336, *1.63*
Wenceslaus, Clemens (Bibl.)   II 308, *1.40*
Wendriner, Karl Georg   III 389, *1.138*
Wepfer, Johann Jakob   II 288, *2.22*
Wepfer, Johann Jakob (Bibl.)   II 292, *2.28*
Werdmüller, Felix (Bibl.)   III 483, *2.8*
Werenfels, Samuel   I 137, *2.35*
Werenfels, Samuel (Bibl.)   I 126, *1.36;* III 236, *2.36*
Werlen, Paul   III 158, *1.7*
Werner, Jakob   III 386, *1.107*
Werner, Zacharias   II 282, *2.6*
Werro, Sebastien (Bibl.)   I 291, *1.5*
Wessenberg, Ignaz Heinrich von   I 80, *2.13;* 92, *1.3;* II 502, *2.41;* 506, *2.8*
Westerburg, Gerhard   I 80, *2.13*
Wette, Wilhelm Martin Leberecht de   I 137, *2.35*
Wetter, Laurenz   I 71, *1.1*
Wetter, Wolfgang (Bibl.)   II 188, *1.1*
Wettstein, Johann Rudolf   I 125, *1.27*
Wettstein, Johann Rudolf II.   I 126, *1.33*
Wettstein, Laurette   III 30, *1.2*

Wettstein, Oscar   III 339, *1.79*
Wettstein, Oscar (Bibl.)   III 341, *1.94*
Wettstein, Rudolf   I 125, *1.30*
Wettstein, Walter (Bibl.)   II 279, *1.29*
Whymper, Edward   I 426, *2.3*
Wick, Johann Jakob   III 366, *1.7*
Wick, Johann Jakob (Bibl.)   III 475, *2.7;* 478, *2.1*
Wickart, Beat Karl Anton Wolfgang   III 205, *1.2*
Wickart, Beat Karl Anton Wolfgang (Bibl.)   III 196, *1.2;* 206, *2.8;* 206, *2.7;* 209, *2.22*
Wickart, Michael   II 23, *1.1;* 29, *2.12;* 31, *2.17;* 344, *2.15*
Wickart, Michael (Bibl.)   III 208, *2.12*
Wickart, Paul Anton (Bibl.)   II 296, *2.32*
Wicki, Kaspar (Bibl.)   II 13, *1.2*
Wickihalter, Gerarda   III 194, *2.8*
Wider, Macarius (Bibl.)   II 100, *1.1;* 104, *2.19;* 104, *2.21*
Widmer, Jakob   II 8, *1.1;* 103, *2.14;* 104, *2.19*
Widmer, Jakob (Bibl.)   II 100, *1.1;* 104, *2.22*
Widmer, Josef   II 308, *1.34*
Widmer, Joseph (Bibl.)   II 56, *1.43*
Widmer, Josepha Gertrud   III 26, *2.6*
Wieland, Christoph Martin   I 427, *2.6;* III 228, *2.18*
Wierieth, Nikolaus   II 305, *1.15*
Wiesmann, Matthias   I 109, *1.14*
Wilczek, Ernest   III 86, *1.3*
Wild, Heinrich   III 408, *2.99*
Wild, Marquard   I 242, *1.7*
Wildenhauer, Ingold (Bibl.)   III 474, *1.4*
Wildermeth, Alexander Jakob   I 263, *1.2*
Wildermeth, Jakob Sigmund   I 263, *1.2*
Will, Philippe-Louis   III 66, *1.2*
Willading von Bern, Christian (Bibl.)   III 354, *2.79*
Wille, Hermann (Bibl.)   II 512, *1.2*
Wille, Ludwig (Bibl.)   III 389, *1.148*
Willermaula, Jacques (Bibl.)   III 173, *2.17*
Winkel, Annette   III 75, *1.7*
Winteler, Jakob   I 401, *1.1;* III 336, *1.63*
Winternitz, Dora Maria   III 474, *1.4;* 476, *2.11*
Wirth, Adrian (Bibl.)   II 62, *2.15*
Wirth, Barbara   II 321, *2.42*
Wirth, Johann Georg August   II 502, *2.41*
Wirz, Charles   I 392, *1.5*
Wirz, Hans Georg   I 199, *1.3;* III 336, *1.63*
Wirz, Hans Konrad (Bibl.)   II 292, *2.28*
Wirz, Joseph Nikolaus Ignaz (Bibl.)   II 175, *1.1*
Wirz, Otto   I 18, *1.16*
Wirz, Protasius   II 24, *1.2*
Wirz, Zita   II 175, *1.4*
Wiser, Johann Rudolf (Bibl.)   III 231, *2.26*
Wissmann, Martin (Bibl.)   II 257, *1.1*
Wittwiler, Ulrich   II 323, *2.46*
Wittwiler, Ulrich (Bibl.)   II 316, *2.31*
Witz, Daniel   I 263, *1.2*
Witzig, Hans   III 476, *2.9*
Wohlgemuth, Franz Joseph   II 374, *2.105*
Wolf (Familie, Archiv)   III 360, *2.118*
Wolf, Rudolf   III 271, *1.3;* 278, *2.38*

Wolfensberger, Johannes (Bibl.)   III 389, *1.150*
Wolff, Christian   I 140, *2.48*; III 421, *2.179*
Wolff, Jules (Bibl.)   II 109, *1.12*
Wolff, Kurt (Bibl.)   I 406, *2.22*
Wolff, Thomas   I 123, *1.19*
Wolfgang (Abt von Einsiedeln)   II 304, *1.5*
Wolfhart, Theobald (Bibl.)   I 63, *2.11*
Wolfskehl, Karl (Bibl.)   III 302, *2.2*
Wordsworth, William   I 427, *2.6*
Würgler, Géo (Bibl.)   III 43, *1.6*
Wurstemberger, Albrecht (Bibl.)   I 61, *1.2*
Wurstisen, Christian   I 428, *2.8*
Wurstisen, Christian (Bibl.)   II 46, *1.5*
Wutz, Johann Baptist (Bibl.)   I 77, *1.2*; 82, *2.16*; 86, *2.25*
Wydler, Heinrich   III 352, *2.68*
Wydler, Max   III 474, *1.4*
Wymann, Eduard   III 336, *1.63*
Wymann, Eduard (Bibl.)   III 11, *2.11*; 12, *2.13*
Wyss von Mollens, Georg Albert (Bibl.)   I 242, *1.8*
Wyss, Friedrich von (Bibl.)   III 336, *1.60*
Wyss, Georg von   III 327, *1.6*; 370, *1.28*
Wyss, Georg von (Bibl.)   III 336, *1.60*; 355, *2.85*
Wyss, Wilhelm von   III 378, *1.73*
Wyttenbach, Jakob Samuel   II 291, *2.27*

Xenophon   I 154, *2.143*

Zapf, Georg Wilhelm   III 368, *1.18*
Zberg, Carlo Francesco (Bibl.)   II 397, *1.3*
Zeerleder, Theodor (Bibl.)   I 245, *1.14*
Zehender, Karl Wilhelm von (Bibl.)   I 206, *2.17*
Zehntner, Hans Ulrich   I 108, *1.9*
Zeier, Franz (Bibl.)   III 391, *1.171*
Zeller, Ludwig (Bibl.)   II 8, *1.1*
Zeller, Peter (Bibl.)   III 351, *2.54*
Zeller-Rahn, Heinrich   III 336, *1.64*
Zellweger, Johann Caspar   I 81, *2.14*
Zellweger, Johann Caspar (Bibl.)   I 76, *1.1*; 77, *1.2*; 79, *2.9*; 80, *2.13*; 82, *2.15*; 87, *2.29*
Zellweger, Laurenz (Bibl.)   I 79, *2.9*; I 85, *2.21*
Zellweger-Hirzel, Johannes (Bibl.)   I 79, *2.9*
Zelter, Karl Friedrich   II 281, *2.5*
Zeltmeister, Rudolf (Bibl.)   III 205, *1.2*; 210, *2.28*
Zeltner, Franz Xaver Josef Anton (Bibl.)   II 359, *2.29*
Zesiger, Werner (Bibl.)   I 256, *2.49*
Ziegler, Adrian (Bibl.)   III 474, *1.4*
Ziegler, Augustin (Bibl.)   II 344, *2.13*
Ziegler, Gallus (Bibl.)   II 494, *2.13*
Ziegler, Hans Wilhelm   II 294, *2.31*
Ziegler, Jakob Melchior (Bibl.)   I 128, *1.49*; 168, *2.245*; 170, *2.262*; 187, *2.394*
Ziegler, Johann Heinrich (Bibl.)   III 223, *1.3*; 233, *2.28*; 235, *2.34*; 237, *2.37*; 239, *2.40*; 240, *2.42*
Ziegler, Johann Jakob (Bibl.)   II 296, *2.32*; 299, *2.41*
Ziegler, Leonhard   II 307, *1.31*; III 371, *1.38*
Ziegler, Leonhard (Bibl.)   III 371, *1.35*; 371, *1.38*; 481, *1.3*
Ziegler zum Egli, Leonhard (Bibl.)   III 473, *1.3*; 481, *1.3*
Zili, Dominik (Bibl.)   II 188, *1.1*
Zimmer, Patricius Benedikt   II 308, *1.34*
Zimmerli, Fritz (Bibl.)   I 61, *1.3*
Zimmerlin, Johann Jakob (Bibl.)   I 63, *2.6*
Zimmermann, Johann Jakob   III 367, *1.10*
Zimmermann, Josef Ignaz   II 21, *2.7*; III 194, *2.13*
Zimmermann, Karl Wilhelm   I 205, *2.14*
Zimmermann, Matthäus   II 306, *1.23*
Zimmermann, Robert (Bibl.)   I 139, *2.45*; 187, *2.394*
Zingg, Michael (Bibl.)   III 367, *1.10*
Zingg, Ulrich   I 48, *2.8*
Zode, Philippe (Bibl.)   II 136, *1.25*
Zola, Emile   I 265, *2.3*; III 405, *2.87*
Zolliker, Adolf   II 512, *1.2*
Zollikofer, Caspar Tobias   II 189, *1.6*
Zollikofer, Georg (Bibl.)   II 335, *2.5*
Zollikofer, Georg Joachim   II 510, *2.6*
Zollikofer, Hektor   II 510, *2.5*
Zollikofer, Johann   II 510, *2.6*
Zollikofer, Kaspar   II 510, *2.6*
Zollikofer, Kaspar (Bibl.)   II 216, *1.25*
Zollikofer, Laurenz   II 509, *2.3*
Zollikofer, Leonhard   II 509, *1.1*
Zoppi, Giuseppe   II 431, *2.29*
Zscheckenbürlin, Hieronymus   I 121, *1.6*; 122, *1.9*
Zschokke, Emil   I 96, *1.1*; I 97, *1.6*
Zschokke, Emil (Bibl.)   I 97, *1.5*
Zschokke, Heinrich   I 23, *2.23*; 30, *2.77*; II 294, *2.29*
Zschokke, Heinrich (Bibl.)   I 22, *2.19*; 22, *2.21*; 26, *2.45*; 35, *2.105*
Zschokke, Julius (Bibl.)   I 97, *1.5*
Zuber, Bertrand   II 251, *1.1*
Zuberbühler, Johann Jakob (Bibl.)   I 85, *2.23*
Zuberbühler, Johann Laurenz (Bibl.)   I 83, *2.17*
Zulauf, Max (Bibl.)   I 226, *2.54*
Zum Lufft, Arnold (Bibl.)   I 181, *2.360*
Zürcher, Dionysius   II 23, *1.1*; III 213, *1.3*
Zürcher, Isaac   I 273, *1.5*
Zurgilgen, Ludwig (Bibl.)   II 49, *1.18*
Zurlauben (Bibl.)   I 37, *2.126*
Zurlauben (Familie)   III 205, *1.2*
Zurlauben, Beat Caspar (Bibl.)   III 209, *2.22*
Zurlauben, Beat Fidel   I 18, *1.16*; III 209, *2.19*
Zurlauben, Beat Fidel (Bibl.)   I 15, *1.1*; 21, *2.11*; 31, *2.79*; 39, *2.133*; III 212, *1.2*; 216, *2.17*; 337, *1.66*
Zurlauben, Beat Jakob   III 194, *2.7*
Zurlauben, Gerold II. (Bibl.)   III 26, *2.5*
Zurlauben, Heinrich (Bibl.)   III 208, *2.15*
Zurlauben, Johann Baptist (Bibl.)   III 208, *2.12*
Zurlauben, Ludwig (Bibl.)   III 206, *2.8*
Zurlauben, Maria Barbara   III 208, *2.12*
Zurlauben, Placidus   I 27, *2.52*
Zwicky (Familie, Bibl.)   III 231, *2.26*

Zwicky, Fritz (Bibl.) I 402, *2.4;* I 411, *2.49*
Zwicky, Johann Heinrich (Bibl.) I 402, *2.6;* 404, *2.13;* 410, *2.39*
Zwicky, Johann Rudolf (Bibl.) I 405, *2.17*
Zwinger, Johann I 126, *1.33*

Zwinger, Theodor I 124, *1.21*
Zwingli, Huldrych I 88, *2.33;* 428, *2.11;* III 327, *1.7;* 366, *1.2*
Zwingli, Huldrych (Bibl.) II 62, *2.15;* III 230, *2.21;* 358, *2.106;* 366, *1.4*

SACHREGISTER (DE)

Die römischen Ziffern bezeichnen den Band, die arabischen die Seitenzahl und die kursiven die Nummern des Abschnitts.
Die Seitenverweise beziehen sich auf das Ende des Abschnitts, in dem das Registerstichwort zu finden ist.

Aarau (Sauerländer, Verlag) I 23, *2.23*
Aargau (19) I 39, *2.136*
Aargau (Evangelisch-reformierte Kirche) I 28, *2.62*
Aargau (Geschichte, 18–19) I 22, *2.21*; 33, *2.96*; 40, *2.143*
Aargau (Gewerbemuseum, Bibl.) I 26, *2.49*
Aargau (Historische Gesellschaft, Bibl.) I 17, *1.10*
Aargau (Jagdbibliothek) I 17, *1.12*
Aargau (Katholische Kirche) I 26, *2.48*
Aargau (Kirchengeschichte, 18–19) I 26, *2.48*
Aargau (Kulturkampf) III 395, *2.6*
Aargau (Lehrerbibliothek) I 17, *1.12*
Aargau (Lehrmittel, 19) I 29, *2.69*
Aargau (Militärbibliothek) I 17, *1.12*
Aargau (Mycologische Bibliothek) I 17, *1.14*; 18, *1.19*
Aargau (Predigerbibliothek) I 17, *1.12*
Aargau (Schulwesen, 19) I 29, *2.69*
Aargau (Staatsarchiv) I 18, *1.16*
Aargauer Kantonsbibliothek (Aarau) III 337, *1.66*
Aargauischer Kunstverein (Bibl.) I 26, *2.51*
Abendmahlsstreit (16) III 418, *2.163*
Académie de Neuchâtel (Bibl.) II 129, *1.3*
Adressbücher (Schweiz, 19) I 223, *2.41*
Aeschbach-Stiftung (Stein, Bibl.) I 77, *1.2*
Afrika (Ethnologie, 19) I 360, *2.5*
Agaunensia (17–19) III 180, *2.16*
Aggada III 268, *2.4*
Agnelli (Druckerei) II 407, *2.3*
Agronomie I 332, *2.8*
Ägyptologie I 149, *2.108*
Ägyptologie (19) III 389, *1.146*; 407, *2.94*
Akzidenzen III 493, *1.5*; 498, *1.8*
Akzidenzen (Bern, 19) I 255, *2.44*
Alchemie I 24, *2.35*; 174, *2.298*; II 71, *2.59*; 516, *2.11*; III 491, *2.2*
Alchemie (16) I 173, *2.289*
Alchemie (16–18) II 242, *2.146*; III 234, *2.32*
Alchemie (17) III 279, *2.51*

Allgemeine Lesegesellschaft Basel (Bibl.)
  I 130, *1.57*; 152, *2.130*; 158, *2.168*; 158, *2.174*; 184, *2.379*; 185, *2.385*
Allgemeine Musikgesellschaft Luzern II 59, *1.55*
Allgemeine Musikgesellschaft Zürich (Bibl.)
  III 388, *1.127*; 487, *2.6*
Allgemeine Sprachwissenschaft II 68, *2.44*
Allgemeine Sprachwissenschaft (16–19)
  II 430, *2.19*
Allgemeine Sprachwissenschaft (19) II 494, *2.12*; III 421, *2.178*
Allgemeiner Schweizerischer Stenographenverband (Bibl.) III 389, *1.139*; 390, *1.156*
Almanache I 254, *2.40*
Almanache (18–19) II 180, *2.38*
Almanache (Literatur, 19) III 309, *2.14*
Alpen I 218, *2.14*; 442, *2.28*
Alpen (19) III 151, *2.19*
Alpen (Geographie, 17–18) I 427, *2.5*
Alpinismus II 370, *2.82*
Alpinismus (19) III 258, *2.120*
Alpinismus (19–20) III 167, *2.16*
Altdorf (Kapuziner, Bibl.) II 346, *2.27*
Altdorf (Kollegium Karl Borromäus, Bibl.)
  III 9, *1.9*; 9, *1.10*; 11, *2.9*; 13, *2.18*
Altdorf (Leihbibliothek) III 8, *1.8*
Altdorf (Öffentliche Mädchenschule, Bibl.)
  III 22, *2.12*
Altertum (Kunst, 16–19) I 161, *2.190*
Altertumskunde I 187, *2.394*; 249, *2.18*; II 284, *2.13*
Altertumskunde (19) I 403, *2.11*
Althochdeutsche Literatur (19) III 420, *2.175*
Altorientalistik I 149, *2.106*; III 59, *1.9*
Altorientalistik (18–19) I 149, *2.111*; III 371, *1.40*; 401, *2.56*
Altstätten SG (Kapuzinerinnen, Bibl.) III 230, *2.24*
Amerika (Ethnologie, 19) I 360, *2.7*
Amerika (Geographie, 16) I 169, *2.255*
Amerika (Geschichte) III 388, *1.130*
Amerika (Geschichte, 16–19) I 145, *2.83*
Amerikaauswanderung (Glarus) I 406, *2.20*
Amerikanistik (19–20) III 388, *1.136*
Amtsdrucksachen III 12, *2.14*
Amtsdrucksachen (18) III 500, *2.20*
Amtsdrucksachen (19) II 166, *2.31*; 492, *2.7*
Amtsdrucksachen (Basel, 19) I 404, *2.16*

Amtsdrucksachen (Genf, 18)   III 33, *2.16*
Amtsdrucksachen (Graubünden)   I 443, *2.29*
Amtsdrucksachen (Schaffhausen, 18-19)
   II 294, *2.31*
Amtsdrucksachen (Schweiz)   I 223, *2.42*
Amtsdrucksachen (Schweiz, 19)   III 338, *1.74*;
   355, *2.86*
Amtsdrucksachen (Tessin, 19)   II 386, *2.21*
Amtsdrucksachen (USA, 19)   I 442, *2.21*
Amtsdrucksachen (Waadt, 18-19)   III 43, *2.6*
Amtsdrucksachen (Zürich)   III 338, *1.73*
Anarchismus   III 71, *2.5*; 322, *2.18*
Anarchismus (Kleinschrifttum, 19)   III 323, *2.26*
Anatomie (16-19)   I 179, *2.339*
Anatomie (17-19)   III 414, *2.138*
Anatomie (18)   I 196, *2.17*
Anatomie (18-19)   III 83, *2.4*
Anatomie (19)   I 205, *2.14*; III 84, *2.11*; 299, *2.5*
Anatomie (Tafelwerke, 16-19)   II 288, *2.22*
Andachtsbücher   II 438, *2.6*; 440, *2.19*; 442, *2.41*
Andachtsbücher (18)   II 439, *2.11*
Andachtsbücher (19)   II 440, *2.15*
Annecy (Kapuziner, Bibl.)   III 182, *1.1*
Ansichten (Chur, 19)   I 449, *2.103*
Ansichten (Graubünden, 19)   I 449, *2.101*
Ansichten (Grosser Sankt Bernhard)   III 153, *2.32*
Ansichten (Schweiz)   I 215, *1.36*
Ansichten (topographische)   III 371, *1.38*
Ansichtskarten (Graubünden, 19)   I 450, *2.107*
Anstaltswesen (18-19)   II 512, *2.4*
Anthroposophie   III 491, *2.2*
Antialkoholismus (19)   II 156, *2.9*
Antifaschismus (19-20)   I 26, *2.47*
Antike Kunst   I 160, *2.188*
Antiquariat Eggert (Stuttgart)   III 302, *1.4*
Antiquariat Rohr (Zürich)   II 13, *1.2*
Antiquarische Gesellschaft Zürich (Archiv)
   III 360, *2.116*
Antiquarische Gesellschaft Zürich (Bibl.)
   III 291, *1.1*; 372, *1.47*
Antistitialarchiv (Zürich)   III 358, *2.106*
Antistitialarchiv (Zürich, Bibl.)   III 334, *1.46*
Antistitium (Basel, Bibl.)   I 128, *1.49*; 134, *2.16*;
   136, *2.31*; 182, *2.364*
Anuntiatinnen (Pruntrut, Bibl.)   I 477, *1.8*
Apologetik (16-19)   I 319, *2.9*; II 30, *2.13*
Apologetik (19)   I 385, *2.16*; III 172, *2.8*;
   185, *2.10*
Apologetik (katholische)   II 171, *2.11*
Apologetik (katholische, 18-19)   I 434, *2.6*;
   III 152, *2.20*
Apologetik (protestantische)   III 107, *2.11*;
   418, *2.163*
Apologetik (protestantische, 18-19)   II 157, *2.23*
Appenzell (Bischöfliches Kommissariat, Bibl.)
   I 92, *1.3*; 95, *2.8*
Appenzell (Geschichte, 18-19)   I 73, *2.4*
Appenzell (Kapuzinerinnenkloster St. Maria der
   Engel)   II 28, *2.10*

Appenzell (Pfarreibibliothek St. Mauritius, Bibl.)
   I 92, *1.2*; 95, *2.8*
Appenzell (Recht, 19)   I 73, *2.4*
Appenzell (Zeitschriften, 16-19)   I 92, *2.4*
Appenzell-Ausserrhoden
   (Vaterländische Gesellschaft)   I 77, *1.2*; 78, *2.7*;
   83, *2.17*; 84, *2.19*; 87, *2.29*
Appenzellensia   I 87, *2.29*; 93, *2.5*
Appenzellensia (18-19)   I 73, *2.4*
Arabische Philologie   III 406, *2.90*
Arabische Philologie (16)   I 151, *2.122*
Arabische Philologie (16-19)   I 151, *2.120*
Arabische Philologie (17)   I 152, *2.125*
Arabische Philologie (18)   I 152, *2.126*
Arabische Philologie (19)   I 152, *2.127*
Arbeiterbewegung   III 71, *2.5*; 391, *1.172*;
   425, *2.198*
Arbeiterbewegung (19)   II 299, *2.39*; III 321, *2.16*
Arbeiterbewegung (Kleinschrifttum, 19)
   III 323, *2.26*
Arbeiterbewegung (Schweiz, 19)   I 113, *2.29*
Arbeiterbewegung (Zeitschriften)   III 72, *2.8*
Arbeiterbewegung (Zeitschriften, 19)   III 323, *2.30*
Arbeitersekretariat (Kopenhagen, Bibl.)
   III 320, *2.12*
Arbeiterunion   III 319, *1.13*
Arbeiterverein (Genf, Bibl.)   III 319, *1.11*;
   320, *2.10*
Arbeiterverein (Le Locle, Bibl.)   II 123, *1.8*
Arbeiterverein (Oerlikon, Bibl.)   III 320, *2.12*
Arbeitsamt (Zürich, Bibl.)   III 355, *2.85*
Archäologie   I 250, *2.23*; 441, *2.16*; III 139, *2.9*;
   226, *2.10*; 265, *2.6*; 372, *1.47*
Archäologie (16-19)   I 320, *2.19*
Archäologie (18-19)   I 148, *2.100*; 385, *2.13*;
   III 149, *2.6*; 293, *2.13*; 407, *2.94*
Archäologie (19)   I 306, *2.11*; II 140, *2.11*;
   III 245, *2.53*
Archäologie (Zeitschriften, 19)   III 293, *2.13*
Archäozoologie (19)   I 345, *2.4*
Architektur   I 104, *2.43*; 219, *2.18*; 250, *2.23*;
   321, *2.29*; II 66, *2.37*; 201, *2.58*; III 295, *2.28*
Architektur (16-19)   I 161, *2.193*; II 238, *2.126*;
   III 274, *2.11*
Architektur (18-19)   I 408, *2.30*; III 77, *2.15*;
   407, *2.94*
Architektur (19)   I 306, *2.14*; II 142, *2.29*; 417, *2.6*;
   III 53, *2.18*; 76, *2.7*; 252, *2.81*; 495, *2.8*
Architektur (Pläne)   III 274, *2.11*
Architektur (Zeitschriften)   III 286, *2.97*
Archivum Helveto-Polonicum (Freiburg, Bibl.)
   I 283, *2.2*
Argoviensia   I 19, *1.24*
Argoviensia (18-19)   I 22, *2.21*
Armenien (19)   I 153, *2.134*
Armenische Literatur (19)   I 153, *2.134*
Arth (Kapuziner)   II 30, *2.15*
Arth (Kapuziner, Bibl.)   II 25, *1.3*; 27, *2.7*; 29, *2.12*;
   30, *2.13*

Artillerie-Kollegium (Zürich, Archiv)
  III 360, *2.118*
Ascona (Benediktiner, Bibl.) II 427, *1.4*; 428, *2.6*
Asien (Ethnologie, 19) I 360, *2.6*
Asien (Geschichte, 16–19) I 145, *2.83*
Assens (Pfarrei, Bibl.) III 36, *2.33*
Ästhetik I 319, *2.12*
Astronomie I 102, *2.26*; 171, *2.276*; 248, *2.16*;
  II 71, *2.57*; 326, *2.54*; 515, *2.5*; III 227, *2.15*
Astronomie (15) I 172, *2.277*
Astronomie (16) I 172, *2.278*
Astronomie (16–17) II 291, *2.26*
Astronomie (16–18) II 240, *2.133*
Astronomie (16–19) I 321, *2.32*; II 200, *2.53*;
  III 275, *2.23*
Astronomie (17–19) II 290, *2.25*; III 412, *2.121*
Astronomie (18) I 172, *2.280*
Astronomie (18–19) I 301, *2.19*; 371, *2.7*;
  II 32, *2.18*; 142, *2.24*; III 416, *2.148*
Astronomie (19) II 145, *2.46*; 498, *2.25*;
  III 248, *2.61*
Astronomie (Zeitschriften, 18–19) I 248, *2.16*
Astronomische Gesellschaft Bern (Bibl.)
  I 248, *2.16*
Astrophysik (19) III 277, *2.31*
Aszetik I 27, *2.56*; 423, *2.6*; 461, *2.3*; 481, *2.6*;
  II 9, *2.8*; 21, *2.7*; 84, *2.120*; 101, *2.8*; 257, *2.4*;
  309, *2.4*; 315, *2.28*; 403, *2.8*; 409, *2.13*; 483, *2.5*;
  485, *2.6*; III 14, *2.25*; 189, *2.6*; 193, *2.4*;
  202, *2.51*
Aszetik (16–18) I 30, *2.76*; II 232, *2.80*
Aszetik (16–19) II 28, *2.10*
Aszetik (17) II 438, *2.8*
Aszetik (17–18) II 465, *2.6*
Aszetik (17–19) II 170, *2.8*; 183, *2.3*; 338, *2.4*;
  III 10, *2.4*; 26, *2.5*; 172, *2.7*; 185, *2.7*; 201, *2.39*;
  215, *2.11*
Aszetik (18) II 439, *2.11*
Aszetik (18–19) I 48, *2.2*; 434, *2.5*; II 250, *2.3*;
  254, *2.3*; 254, *2.4*; 333, *2.2*; 343, *2.9*; 520, *2.5*;
  III 207, *2.9*
Aszetik (Jesuiten) II 315, *2.29*
Atlanten III 482, *2.4*
Atlanten (16–17) II 241, *2.138*
Atlanten (17–19) I 38, *2.129*
Atlanten (19) III 252, *2.80*
Aufklärung I 76, *1.1*; 184, *2.378*; 394, *2.14*;
  II 262, *1.7*; 269, *2.34*; 312, *2.15*; 335, *2.5*;
  345, *2.20*; III 236, *2.36*; 397, *2.28*
Aufklärung (England) II 282, *2.8*
Aufklärung (Frankreich) II 282, *2.9*
Aufklärung (Kritik, 18–19) II 230, *2.62*
Aufklärung (Philosophie) I 393, *2.13*
Aufklärung (Politik) II 461, *2.16*
Aufklärung (Theologie) II 27, *2.7*; 312, *2.16*
Augsburg (Dominikaner, Bibl.) I 434, *2.5*
Augsburg (Franziskaner, Bibl.) I 92, *1.2*; 94, *2.6*
Augustiner (Interlaken, Bibl.) I 241, *1.2*

Augustiner (Kreuzlingen, Bibl.) II 490, *1.2*;
  492, *2.6*; 494, *2.13*; 496, *2.20*; 498, *2.25*;
  500, *2.35*; 501, *2.37*
Augustiner-Chorherren (Basel, Bibl.) I 122, *1.13*
Augustiner-Chorherren (Kreuzlingen) II 285, *2.14*;
  296, *2.32*
Augustiner-Chorherren (Kreuzlingen, Bibl.)
  II 288, *2.21*
Augustiner-Chorherren (Zürich) II 287, *2.19*
Augustiner-Chorherren (Zürich, Bibl.) II 101, *2.7*;
  III 218, *2.28*; 366, *1.6*
Augustinerinnen (Inzigkoven, Bibl.) III 316, *2.16*
Auktionskataloge II 65, *2.29*
Auktionskataloge (18) I 31, *2.85*
Auktionskataloge (19) III 296, *2.32*
Auktionskataloge (Münzen, 19) III 265, *2.4*
Ausländerpolitik (Kleinschrifttum, 19)
  III 323, *2.27*
Ausstellungskataloge (Kunst, 19) I 21, *2.8*
Austriaca (18–19) I 433, *2.3*; 434, *2.7*

Baar (Internat Walterswil, Bibl.) III 188, *1.2*
Bad Schönbrunn (Jesuiten, Bibl.) III 314, *1.7*;
  315, *2.3*
Baden (Kapuziner, Bibl.) II 25, *1.3*; 30, *2.13*;
  34, *2.25*; 103, *2.14*; 104, *2.19*; 341, *1.1*;
  342, *2.5*; 346, *2.26*; 346, *2.27*; III 13, *2.20*;
  14, *2.24*
Baden (Kollegiatstift, Bibl.) II 183, *2.9*
Bakteriologie (19) I 205, *2.8*
Balneologie I 446, *2.65*; II 13, *2.4*; 328, *2.62*;
  386, *2.17*; III 379, *1.80*
Balneologie (17–19) III 413, *2.131*
Balneologie (18–19) III 415, *2.144*
Balneologie (Graubünden) I 443, *2.33*
Baltica III 389, *1.142*
Baltische Philologie III 426, *2.202*
Bank in Basel (Stiftung) I 107, *1.4*
Banken (Schweiz, 19) I 112, *2.23*; 114, *2.42*;
  166, *2.229*
Banken (Schweiz, Graue Literatur, 19) I 115, *2.43*
Barfüsser (Basel, Bibl.) I 181, *2.360*
Barfüsser (Bern, Bibl.) I 241, *1.2*
Basel (Allgemeine Lesegesellschaft, Bibl.)
  I 130, *1.57*; 152, *2.130*; 158, *2.168*; 158, *2.174*;
  184, *2.379*; 185, *2.385*
Basel (Amtsdrucksachen, 19) I 404, *2.16*
Basel (Antistitium, Bibl.) I 128, *1.49*; 134, *2.16*;
  136, *2.31*; 182, *2.364*
Basel (Augustiner-Chorherren, Bibl.) I 122, *1.13*
Basel (Barfüsser, Bibl.) I 181, *2.360*
Basel (Bibelgesellschaft, Bibl.) I 134, *2.16*;
  135, *2.23*
Basel (Buchdruck) I 136, *2.27*; II 371, *2.87*
Basel (Buchdruck, 15–17) I 155, *2.150*
Basel (Buchdruck, 16) I 122, *1.11*; 123, *1.15*;
  183, *2.375*
Basel (Buchdruck, Griechisch, 16) I 154, *2.142*
Basel (Dissertationen) I 131, *2.1*
Basel (Dissertationen, Medizin) I 178, *2.330*

Basel (Dominikaner, Bibl.)   I 121, *1.4;* 122, *1.13*
Basel (Domstift, Bibl.)   I 122, *1.13*
Basel (Freiwillige Akademische Gesellschaft)
   I 128, *1.46*
Basel (Freiwilliger Museumsverein)   I 128, *1.49*
Basel (Frey-Grynaeum, Bibl.)   I 130, *1.57;*
   134, *2.17;* 150, *2.113;* 152, *2.130;* 158, *2.173;*
   159, *2.178;* 183, *2.373*
Basel (Geschichte)   I 145, *2.87*
Basel (Geschichte, 16–19)   I 182, *2.364*
Basel (Gymnasium, Bibl.)   I 96, *1.1*
Basel (Historische und Antiquarische Gesellschaft,
   Bibl.)   I 129, *1.51;* 141, *2.58;* 141, *2.59*
Basel (Jesuiten, Bibl.)   III 314, *1.6*
Basel (Kartäuser, Bibl.)   I 121, *1.6;* 122, *1.13;*
   135, *2.23;* 155, *2.150;* 181, *2.360;* 182, *2.363;*
   II 371, *2.89*
Basel (Kirchenarchiv)   I 128, *1.49;* 138, *2.37;*
   138, *2.41;* 150, *2.113;* 164, *2.212;* 182, *2.368*
Basel (Kirchengeschichte, 16–19)   I 182, *2.364*
Basel (Kleinschrifttum, 17–18)   I 184, *2.382*
Basel (Kunstverein, Bibl.)   I 130, *1.57;* 160, *2.187;*
   161, *2.193*
Basel (Militärbibliothek)   I 141, *2.56;* 166, *2.233;*
   167, *2.237*
Basel (Museum Faesch, Bibl.)   I 127, *1.44;*
   145, *2.87;* 146, *2.90*
Basel (Naturforschende Gesellschaft, Bibl.)
   I 129, *1.51;* 175, *2.309*
Basel (Pharmaziehistorisches Museum, Bibl.)
   I 180, *2.352*
Basel (Priesterseminar, Bibl.)   II 358, *2.22*
Basel (Recht, 16)   I 163, *2.205*
Basel (Reformation)   I 182, *2.369*
Basel (Schweizerisches Wirtschaftsarchiv, Bibl.)
   I 165, *2.223*
Basel (Stiftung Aellen, Bibl.)   I 332, *1.14*
Basel (Stiftung Johann Rudolf Geigy)   I 130, *1.57*
Basel (Stiftung Peter Merian)   I 128, *1.49*
Basel (Turnlehrerverein, Bibl.)   I 141, *2.56*
Basel (Universitätsbibliothek)   I 265, *1.13*
Basel (Vaterländische Bibliothek)   I 97, *1.2;*
   130, *1.57;* 145, *2.85;* 158, *2.168;* 184, *2.379;*
   186, *2.390*
Baselland (Naturforschende Gesellschaft)   I 99, *2.4*
Baselland (Naturforschende Gesellschaft, Bibl.)
   I 104, *2.49*
Basiliensia   I 99, *2.4;* 141, *2.58;* 145, *2.87;*
   182, *2.363*
Basiliensia (16–19)   I 184, *2.379*
Basler Bankverein (Archiv)   I 107, *1.4*
Basler Mission   I 139, *2.43*
Basler Mission (Zürich, Bibl.)   III 391, *1.169*
Bauchreden (19)   III 243, *2.50*
Bauwesen   I 248, *2.17;* II 89, *2.144*
Bauwesen (18)   II 242, *2.151*
Bauwesen (18–19)   I 322, *2.36;* III 278, *2.35*
Bauwesen (19)   I 177, *2.325;* II 142, *2.25;*
   III 278, *2.37*
Bauwesen (Graubünden, 19)   I 443, *2.35*

Bauwesen (Linth, 19)   I 406, *2.20*
Bauwesen (Schweiz)   I 112, *2.19;* 444, *2.45*
Bauwesen (Schweiz, 19)   I 115, *2.51*
Bauwesen (Zeitschriften)   III 76, *2.9*
Bayern (Volkskunde)   I 34, *2.103*
Beck'sches Antiquariat (Nördlingen)   II 484, *1.1*
Beersche Bibliothek   I 352, *2.9*
Beinwil (Benediktiner, Bibl.)   II 40, *2.7*
Belle-vue Verlag   II 502, *2.41*
Bellelay (Prämonstratenser, Bibl.)   II 43, *2.20*
Belletristik   I 83, *2.17;* 219, *2.18;* 250, *2.22;*
   423, *2.11;* 455, *2.3;* II 10, *2.22;* 21, *2.6;* 65, *2.30;*
   204, *2.79;* 276, *1.15;* 278, *1.26;* 335, *2.4;*
   345, *2.21;* 486, *2.8;* III 12, *2.15;* 27, *2.16;*
   226, *2.12*
Belletristik (16–18)   I 31, *2.84*
Belletristik (16–19)   I 25, *2.43;* 266, *2.11;*
   324, *2.50*
Belletristik (17–19)   I 57, *2.38*
Belletristik (18–19)   I 35, *2.108;* 74, *2.9;*
   185, *2.386;* 393, *2.13;* 411, *2.42;* 417, *2.5;*
   458, *2.13;* II 173, *2.20;* 348, *2.2;* 370, *2.82*
Belletristik (19)   I 444, *2.47;* 448, *2.85;*
   II 165, *2.22;* 252, *2.4;* 454, *2.17;* 496, *2.18;*
   510, *2.5;* III 35, *2.25;* 36, *2.37;* 38, *2.48;*
   38, *2.50;* 208, *2.18;* 265, *2.7;* 320, *2.11;*
   321, *2.16*
Belletristik (deutsche)   I 103, *2.35*
Belletristik (deutsche, 18–19)   II 34, *2.23*
Belletristik (deutsche, 19)   I 254, *2.41*
Belletristik (englische, 18–19)   I 384, *2.6*
Belletristik (französische, 18–19)   I 384, *2.6;*
   III 111, *2.6*
Belletristik (französische, 19)   I 254, *2.41*
Belletristik (Graubünden)   I 443, *2.34*
Belletristik (Schweiz)   I 444, *2.45*
Bellinzona (Druckort)   II 444, *2.55*
Bellinzona (Jesuiten, Bibl.)   II 311, *2.9;* 314, *2.26;*
   328, *2.62*
Benedictinum (Freiburg, Bibl.)   II 251, *1.1*
Benediktbeuern (Benediktiner, Bibl.)   II 43, *2.20*
Benediktiner (18–19)   III 395, *2.5*
Benediktiner (Ascona, Bibl.)   II 427, *1.4;* 428, *2.6*
Benediktiner (Beinwil, Bibl.)   II 40, *2.7*
Benediktiner (Benediktbeuern, Bibl.)   II 43, *2.20*
Benediktiner (Deggingen, Bibl.)   II 308, *1.40*
Benediktiner (Disentis, Bibl.)   III 15, *2.34*
Benediktiner (Ebersmünster, Bibl.)   II 321, *2.40*
Benediktiner (Einsiedeln)   I 423, *2.8;* II 8, *1.1;*
   III 25, *1.1;* 25, *2.4;* 346, *2.27*
Benediktiner (Einsiedeln, Bibl.)   I 405, *2.18;*
   II 20, *1.1;* 171, *2.15;* 482, *1.2;* 519, *1.1;* 520, *2.6*
Benediktiner (Engelberg)   II 8, *1.1*
Benediktiner (Engelberg, Bibl.)   I 73, *2.5;* II 20, *1.1;*
   43, *2.20;* 173, *2.22;* 176, *2.11;* 485, *2.1;*
   III 206, *2.7*
Benediktiner (Fischingen, Bibl.)   II 484, *1.1;*
   490, *1.2;* 492, *2.6;* 494, *2.13;* 497, *2.22;*
   499, *2.28;* 501, *2.37;* 519, *1.1;* 520, *2.5*
Benediktiner (Geschichte)   II 319, *2.37*

Benediktiner (Geschichte, 17–18)   II 228, *2.47*
Benediktiner (Herzogenbuchsee, Bibl.)   I 241, *1.2*;
  252, *2.29*
Benediktiner (Huysburg, Bibl.)   III 348, *2.36*
Benediktiner (Isny, Bibl.)   II 308, *1.40*
Benediktiner (Klingnau, Bibl.)   I 16, *1.3*
Benediktiner (Lambach, Bibl.)   I 84, *2.20*
Benediktiner (Luzern)   II 20, *1.1*
Benediktiner (Mariastein, Bibl.)   II 353, *1.19*;
  485, *2.1*
Benediktiner (Münsterlingen, Bibl.)   III 233, *2.28*
Benediktiner (Muri, Bibl.)   I 16, *1.6*
Benediktiner (Neu St. Johann, Bibl.)   II 257, *1.1*
Benediktiner (Ordensliteratur)   III 27, *2.10*
Benediktiner (Ordensregel, 17–18)   II 234, *2.90*
Benediktiner (Ottobeuren, Bibl.)   II 259, *2.12*
Benediktiner (Petershausen, Bibl.)   II 482, *1.2*;
  483, *2.5*
Benediktiner (Pfäfers, Bibl.)   II 192, *1.18*
Benediktiner (Regensburg, Bibl.)   II 308, *1.40*
Benediktiner (Rheinau)   III 327, *1.6*
Benediktiner (Rheinau, Archiv)   III 360, *2.114*
Benediktiner (Rheinau, Bibl.)   II 16, *2.13*;
  171, *2.12*; 254, *2.4*; 308, *1.40*; 328, *2.62*;
  III 206, *2.7*; 206, *2.8*; 351, *2.54*
Benediktiner (Rorschach, Bibl.)   II 510, *2.7*
Benediktiner (Sarnen)   I 27, *2.53*
Benediktiner (St. Gallen)   I 68, *2.38*; III 26, *2.5*
Benediktiner (St. Gallen, Archiv)   III 361, *2.119*
Benediktiner (St. Gallen, Bibl.)   II 9, *2.15*; 257, *1.1*;
  258, *2.8*
Benediktiner (St. Gerold, Bibl.)   II 311, *2.9*;
  311, *2.10*; 321, *2.42*
Benediktiner (St. Johann im Thurtal, Bibl.)
  II 311, *2.11*
Benediktiner (St. Ottilien)   II 251, *1.1*
Benediktiner (Werden, Bibl.)   I 86, *2.25*
Benediktiner (Wessobrunn, Bibl.)   I 74, *2.9*;
  85, *2.21*; II 308, *1.40*
Benediktinerabtei (Scheyern)   II 296, *2.32*
Benediktinerinnen (Münsterlingen, Bibl.)
  II 321, *2.42*
Benediktinerinnen (Salzburg, Bibl.)   III 25, *1.1*;
  26, *2.5*
Benediktinerkloster (Sion bei Klingnau, Bibl.)
  I 28, *2.63*
Benediktinerkloster St. Michael (Hildesheim)
  II 296, *2.32*
Benelux-Staaten (Geschichte, 19)   III 420, *2.173*
Benziger Verlag (Einsiedeln)   II 335, *2.6*
Bergbau   I 248, *2.17*; II 515, *2.6*
Bergbau (16–19)   I 427, *2.7*; III 278, *2.40*
Bergbau (18)   III 235, *2.33*
Bergbau (18–19)   II 243, *2.152*
Bergrecht   II 515, *2.6*
Bern (Astronomische Gesellschaft, Bibl.)
  I 248, *2.16*
Bern (Barfüsser, Bibl.)   I 241, *1.2*
Bern (Burgergemeinde)   I 193, *1.1*
Bern (Chorherrenstift St. Vinzenz, Bibl.)   I 241, *1.2*

Bern (Dominikaner, Bibl.)   I 241, *1.2*; 252, *2.29*
Bern (Erlasse, 18)   I 195, *2.8*
Bern (Flugschriften, 18)   I 195, *2.8*
Bern (Gemeinschaftliche Prediger-Bibliothek)
  I 244, *1.12*
Bern (Geographische Gesellschaft, Bibl.)
  I 245, *1.14*; 249, *2.21*
Bern (Gesetzessammlungen, 18)   I 195, *2.8*
Bern (Haller, Druckerei)   I 255, *2.44*
Bern (Historischer Verein, Bibl.)   I 245, *1.14*;
  249, *2.20*
Bern (Hohe Schule)   I 194, *1.2*
Bern (Hohe Schule, Bibl.)   I 241, *1.1*
Bern (Kalender)   I 254, *2.40*
Bern (Lateinschule, Bibl.)   I 241, *1.2*
Bern (Lesegesellschaft, Bibl.)   I 244, *1.12*; 245, *1.14*;
  250, *2.24*; 254, *2.41*
Bern (Medizinisch-Chirurgische- und Veterinarische
  Communbibliothek)   I 244, *1.12*
Bern (Naturforschende Gesellschaft, Bibl.)
  I 245, *1.14*; 248, *2.17*
Bern (Oekonomische und Gemeinnützige Gesell-
  schaft)   I 195, *2.11*
Bern (Schweizerisches Literaturarchiv)   I 212, *1.21*;
  216, *2.1*
Bern (Societas Studiosorum, Bibl.)   I 244, *1.12*
Bern (Spital Heiliggeist, Bibl.)   I 241, *1.2*; 252, *2.29*
Bern (Stadtbibliothek)   I 194, *1.2*
Bern (Universitätsbibliothek)   I 194, *1.2*
Bern (Zeitungen)   I 251, *2.25*
Bernensia   I 247, *2.7*; 249, *2.20*
Bernensia (16)   I 252, *2.32*
Beromünster (Chorherrenstift)   II 25, *1.3*; 30, *2.14*;
  100, *1.1*
Beromünster (Chorherrenstift, Bibl.)   II 38, *1.1*
Beromünster (Kollegiatstift)   II 13, *1.2*
Beronensia (19)   II 15, *2.10*
Berufsbildung (19)   I 113, *2.30*
Berufsverbände (Schweiz, 19)   I 116, *2.59*
Betriebswirtschaftslehre   I 114, *2.37*
Bevölkerung (Schweiz, Statistik, 19)   I 114, *2.37*
Bibel (Ausgaben)   I 23, *2.26*; 27, *2.56*; 135, *2.23*;
  229, *2.71*; 293, *2.5*; 298, *1.4*; 356, *2.11*; 423, *2.8*;
  434, *2.10*; 468, *2.7*; 481, *2.6*; II 9, *2.14*; 78, *2.87*;
  103, *2.16*; 140, *2.15*; 158, *2.25*; 169, *2.3*;
  195, *2.17*; 258, *2.8*; 264, *2.4*; 309, *2.4*; 311, *2.11*;
  341, *2.4*; 356, *2.13*; 403, *2.10*; 428, *2.12*;
  III 14, *2.26*; 27, *2.11*; 149, *2.7*; 194, *2.9*; 214, *2.6*;
  268, *2.4*
Bibel (Ausgaben, 16)   I 428, *2.11*
Bibel (Ausgaben, 16–17)   II 224, *2.25*
Bibel (Ausgaben, 16–18)   III 397, *2.20*; 401, *2.58*
Bibel (Ausgaben, 16–19)   I 274, *2.7*; 301, *2.21*;
  318, *2.8*; II 26, *2.5*; 39, *2.5*; 196, *2.20*; 224, *2.22*;
  286, *2.16*; III 231, *2.26*; 296, *2.36*; 417, *2.157*
Bibel (Ausgaben, 17–19)   II 486, *2.9*; III 61, *2.6*;
  172, *2.9*; 178, *2.5*; 207, *2.10*
Bibel (Ausgaben, 18)   I 475, *2.5*
Bibel (Ausgaben, 18–19)   III 257, *2.113*
Bibel (Ausgaben, 19)   I 324, *2.50*; III 189, *2.4*

Bibel (Exegese)   I 63, *2.8*; 135, *2.25*; 229, *2.71*;
  293, *2.5*; 423, *2.8*; 481, *2.6*; II 9, *2.13*; 78, *2.88*;
  102, *2.12*; 103, *2.16*; 158, *2.26*; 169, *2.5*;
  195, *2.17*; 258, *2.8*; 309, *2.4*; 311, *2.11*;
  356, *2.13*; 493, *2.8*; 493, *2.9*; III 14, *2.26*;
  27, *2.11*; 214, *2.8*; 315, *2.10*
Bibel (Exegese, 15–18)   II 225, *2.26*
Bibel (Exegese, 16)   II 438, *2.7*
Bibel (Exegese, 16–19)   I 318, *2.8*; II 26, *2.5*;
  27, *2.7*; 286, *2.16*; III 417, *2.158*
Bibel (Exegese, 17–18)   III 397, *2.19*
Bibel (Exegese, 17–19)   II 39, *2.5*; 338, *2.5*;
  342, *2.6*; 486, *2.9*; III 61, *2.6*; 172, *2.9*; 178, *2.5*;
  185, *2.11*; 207, *2.10*
Bibel (Exegese, 18–19)   I 434, *2.10*
Bibel (Exegese, 19)   I 385, *2.17*; II 502, *2.40*;
  III 400, *2.55*
Bibel (hebräisch, 18–19)   I 352, *2.12*
Bibel (Konkordanzen, 16–19)   II 26, *2.5*
Bibelgesellschaft Basel (Bibl.)   I 134, *2.16*;
  135, *2.23*
Bibelwissenschaft   III 59, *1.9*
Bibelwissenschaft (18–19)   III 418, *2.159*
Bibelwissenschaft (19)   II 158, *2.27*; III 371, *1.36*
Bibliographien (17–19)   I 318, *2.5*
Bibliographien (18–19)   I 408, *2.33*; III 232, *2.27*;
  420, *2.174*
Bibliographien (19)   II 143, *2.32*; III 251, *2.76*
Bibliographies   III 399, *2.42*
Biblioteca Civica (Lugano)   II 427, *1.3*
Bibliotheca Masonica   II 192, *1.15*; 202, *2.66*
Bibliotheksgeschichte (19)   II 281, *2.4*
Bibliotheksgesellschaft Schwyz   II 334, *1.1*
Bibliothekswesen   I 99, *2.5*; 227, *2.59*; 232, *2.88*;
  II 194, *2.12*; 355, *2.11*
Bibliothekswesen (16–19)   I 134, *2.14*
Bibliothekswesen (18–19)   II 492, *2.5*
Bibliothèque de la Maison du Peuple (Lausanne)
  III 71, *1.3*
Bibliothèque de l'Ariana (Genf)   I 324, *2.50*
Bibliothèque des étudiants (Lausanne)   III 50, *1.19*
Bibliothèque des Quartiers de l'Est à Lausanne
  III 71, *1.3*
Bibliothèque du Clergé (Genf)   I 317, *1.39*
Bibliothèque Léon Tolstoi   I 317, *1.39*; 323, *2.41*
Bibliothèque mondiale des chauves-souris
  I 344, *1.9*
Bibliothèque musicale de la Ville de Genève
  I 317, *1.42*
Bibliothèque nationale du Mont-Terrible
  I 478, *1.10*
Biennensia   I 265, *2.6*
Biographien   I 85, *2.22*; 102, *2.25*; 195, *2.5*;
  266, *2.12*; 404, *2.14*; 441, *2.16*; II 76, *2.80*;
  204, *2.79*; 440, *2.20*; III 139, *2.9*; 194, *2.8*
Biographien (16–19)   I 320, *2.23*; II 197, *2.29*;
  II 360, *2.31*
Biographien (18–19)   I 33, *2.95*; 57, *2.39*;
  185, *2.386*; II 281, *2.5*; III 105, *2.7*; 117, *2.7*;
  240, *2.44*; 404, *2.77*

Biographien (19)   II 112, *2.12*; 130, *2.4*; 143, *2.32*;
  III 309, *2.18*; 320, *2.11*
Biographien (Deutschland, 18–19)   I 385, *2.13*
Biographien (England, 18–19)   I 385, *2.13*
Biographien (Frankreich, 18–19)   I 385, *2.13*
Biographien (Gelehrte, 16–19)   I 133, *2.10*
Biographien (Genf, 18–19)   I 385, *2.13*
Biographien (Graubünden)   I 443, *2.29*
Biographien (Italien, 18–19)   I 385, *2.13*
Biographien (Komponisten, 19)   I 162, *2.197*
Biographien (Kunst)   I 321, *2.29*
Biographien (Musik)   I 338, *2.7*
Biographien (Schriftsteller)   I 250, *2.22*
Biographien (Schweiz)   I 444, *2.43*; II 198, *2.36*
Biographien (Schweiz, 18–19)   I 385, *2.13*
Biographien (Schweiz, 19)   I 405, *2.17*
Biographien (Theologie, 19)   II 156, *2.13*
Biographien (Wirtschaft, Schweiz)   I 117, *2.63*
Biographien (Zürich)   III 350, *2.51*
Biologie   I 100, *2.11*
Biologie (16–19)   I 176, *2.315*
Biologie (18–19)   III 416, *2.149*
Biologie (19)   I 205, *2.8*; III 199, *2.26*
Bischöfliches Kommissariat Appenzell (Bibl.)
  I 92, *1.3*; 95, *2.8*
Bischöfliches Priesterseminar Pelplin (Bibl.)
  III 233, *2.28*
Bodmer (Druckerei, Zürich)   III 231, *2.26*
Boécourt (Pfarrei, Bibl.)   I 484, *2.24*
Borromäusverein (Bibl.)   II 38, *1.1*; 39, *2.5*;
  44, *2.22*
Botanik   II 72, *2.63*; 200, *2.48*; 326, *2.55*;
  III 131, *2.9*
Botanik (16–18)   III 408, *2.96*; I 175, *2.306*;
  256, *2.49*; 322, *2.34*; III 283, *2.74*
Botanik (17–19)   I 176, *2.314*; III 87, *2.7*;
  235, *2.35*
Botanik (18)   I 196, *2.17*; III 252, *2.83*
Botanik (18–19)   I 332, *2.6*; II 141, *2.19*;
  240, *2.134*; 291, *2.27*; III 87, *2.8*; 151, *2.18*;
  412, *2.120*; 416, *2.151*
Botanik (19)   I 333, *2.9*; II 112, *2.9*; 498, *2.27*;
  III 244, *2.51*
Botanik (Kleinschrifttum, 19)   I 333, *2.14*
Botanik (Schweiz)   I 195, *2.5*
Botanik (Zeitschriften, 18–19)   I 333, *2.13*
Botanischer Garten (Madrid, Bibl.)   I 332, *1.14*
Bottens (Pfarrei, Bibl.)   III 35, *2.30*
Bourges (Jesuiten, Bibl.)   II 40, *2.6*
Bozen (Franziskaner, Bibl.)   I 429, *2.15*; II 479, *2.8*
Bozen (Kapuziner, Bibl.)   II 172, *2.18*
Brasilien (Volksliteratur)   I 359, *1.7*
Brauerei Feldschlösschen   I 115, *2.48*
Bremgarten (Kapuziner, Bibl.)   II 29, *2.12*; 30, *2.13*;
  31, *2.17*; 101, *2.8*; III 214, *2.6*; 215, *2.11*;
  230, *2.24*
Breslau (Rabbinisches Seminar, Bibl.)   I 350, *1.3*;
  III 267, *1.1*; 289, *1.4*
Brig (Jesuiten, Bibl.)   III 316, *2.13*
Buchdruck (18)   I 428, *2.10*

Buchdruck (Basel)   I 136, *2.27;* II 371, *2.87*
Buchdruck (Basel, 15–17)   I 155, *2.150*
Buchdruck (Basel, 16)   I 122, *1.11;* 123, *1.15;* 183, *2.375*
Buchdruck (Basel, Griechisch, 16)   I 154, *2.142*
Buchdruck (Einsiedeln)   II 329, *2.66;* 332, *2.1;* 483, *2.10;* III 25, *1.1*
Buchdruck (Italien, 18–19)   II 57, *1.47*
Buchdruck (Köln)   II 483, *2.10*
Buchdruck (Luzern, 16)   II 47, *1.10*
Buchdruck (Luzern, 17–18)   II 50, *1.24*
Buchdruck (Luzern, 19)   II 53, *1.31*
Buchdruck (Luzern, 19–20)   II 59, *1.57*
Buchdruck (St. Gallen)   II 189, *1.6;* 202, *2.63*
Buchdruck (Strassburg)   II 371, *2.87*
Buchdruck (Tessin)   II 453, *2.7*
Buchdruck (Tessin, 18–19)   II 407, *2.3;* 461, *2.16*
Buchdruck (Yverdon)   III 142, *2.22*
Buchdruck (Zug)   III 193, *2.4*
Bücherzensur (kirchliche, 16–19)   II 29, *2.12*
Buchgeschichte   I 425, *1.2*
Buchgeschichte (18)   II 236, *2.107*
Buchgeschichte (19)   II 143, *2.32*
Buchhaltung (16–18)   II 242, *2.149*
Buchhandelskataloge (18)   I 31, *2.85*
Buchhändlerverein (Schweiz)   I 213, *1.27*
Buchkunst   I 87, *2.31*
Buchkunst (15)   II 224, *2.20*
Buchkunst (16)   I 124, *1.20*
Buchkunst (19)   III 495, *2.13*
Buchwesen   I 227, *2.59;* 232, *2.88;* 250, *2.24;* II 64, *2.28*
Buchwesen (18)   III 399, *2.38*
Buchwesen (18–19)   I 134, *2.14;* 301, *2.23;* II 492, *2.5*
Buchwesen (19)   II 281, *2.4;* III 399, *2.47*
Buchwesen (Schweiz, 19)   III 250, *2.73*
Bulle (Kapuziner, Bibl.)   I 282, *1.13;* 286, *2.27;* II 102, *2.10*
Bundesverfassung 1874 (Schweiz)   I 114, *2.36*
Buntpapier   III 500, *2.11*
Burgdorf (Stadtbibliothek)   II 177, *2.18*
Burgen (18–19)   I 104, *2.48*
Bürgerbibliothek Luzern   I 210, *1.10;* 217, *2.8;* II 53, *1.33*
Burgergemeinde Bern   I 193, *1.1*
Burgerverein beider Basel   I 99, *2.4*
Buxheim (Kartäuser, Bibl.)   I 427, *2.4;* II 259, *2.12*
Byzanz (Geschichte)   I 142, *2.64;* 143, *2.67*

Cabaret Cornichon   III 474, *1.4*
Cabaret fédéral   III 474, *1.4*
Cabinet de numismatique (Genf, Bibl.)   I 304, *1.2;* 306, *2.6*
Cäcilienverein (Solothurn, Bibl.)   II 372, *2.95;* 374, *2.105;* 376, *2.123;* 376, *2.126*
Cailler   I 115, *2.48*
Capolago (Druckort)   II 444, *2.55*
Carnegie Endowment for International Peace   III 388, *1.130;* 427, *2.205*

Casino-Gesellschaft Ennenda (Bibl.)   I 412, *2.53*
Casinobibliothek (Herisau)   I 71, *1.1;* 72, *1.2;* 73, *2.4;* 77, *1.2;* 85, *2.21*
Centre Dürrenmatt (Neuenburg)   I 212, *1.21*
Chemie   I 248, *2.16;* 322, *2.33;* II 71, *2.59*
Chemie (16–19)   II 199, *2.46*
Chemie (17–19)   I 173, *2.288;* II 365, *2.53*
Chemie (18)   I 173, *2.291;* III 235, *2.34*
Chemie (18–19)   II 291, *2.27;* 326, *2.56;* III 416, *2.150*
Chemie (19)   I 386, *2.20;* II 142, *2.24;* 498, *2.26;* III 279, *2.47*
Chemie (Dissertationen, 19)   I 173, *2.292*
Chemie (Zeitschriften)   III 286, *2.97*
Chemische Industrie (19)   I 116, *2.53*
China (Geographie)   III 307, *1.11*
China (Reiseliteratur)   III 307, *1.11*
Chirurgie (16–19)   I 180, *2.346;* II 242, *2.144*
Chirurgie (17)   III 299, *2.3*
Chirurgie (18)   I 196, *2.17*
Chirurgie (18–19)   III 83, *2.5;* 84, *2.11;* 415, *2.141*
Chirurgie (19)   III 299, *2.5*
Chocolat Tobler   I 115, *2.48*
Choraulen- und Partisteninstitut (Solothurn, Bibl.)   II 372, *2.97*
Chorherrenstift (Beromünster)   II 25, *1.3;* 30, *2.14;* 100, *1.1*
Chorherrenstift (Beromünster, Bibl.)   II 38, *1.1*
Chorherrenstift (Luzern)   II 25, *1.3;* 34, *2.25*
Chorherrenstift (Schönenwerd, Bibl.)   II 42, *2.14;* 341, *1.1;* 344, *2.13;* 353, *1.21*
Chorherrenstift St. Urs (Solothurn, Bibl.)   II 351, *1.7;* 356, *2.12;* 368, *2.71;* 371, *2.87;* 372, *2.97;* 376, *2.123*
Chorherrenstift St. Martin (Rheinfelden, Bibl.)   I 17, *1.10;* 29, *2.65*
Chorherrenstift St. Vinzenz (Bern, Bibl.)   I 241, *1.2*
Chorwerke (19)   I 366, *2.15;* 366, *2.17;* II 377, *2.127*
Christliche Archäologie   I 149, *2.105*
Christliche Kunst (18–19)   II 156, *2.8*
Chur (Ansichten, 19)   I 449, *2.103*
Chur (Männerchor)   I 450, *2.113*
Chur (Pastoralbibliothek)   I 438, *1.18;* 445, *2.55*
Chur (Prämonstratenser, Bibl.)   I 432, *1.2;* 434, *2.10*
Chur (Stadtarchiv)   I 437, *1.10*
Chur (Stadtbibliothek)   I 436, *1.3;* 446, *2.66*
Chur (Theaterverein)   I 450, *2.113*
Club Jurassien (Bibl.)   II 124, *1.12*
Colmar (Dominikanerinnen, Bibl.)   II 175, *1.1*
Commission on European Jewish Cultural Reconstruction (Wiesbaden)   III 268, *1.3*
Como (Karmeliten, Bibl.)   II 315, *2.29*
Compagnie des pasteurs (Genf, Bibl.)   I 324, *2.45*
Congrégation du Grand-Saint-Bernard (Bibl.)   III 165, *1.25*
Coop-Bibliothek   I 109, *1.14;* 182, *2.363*
Courfaivre (Pfarrei, Bibl.)   I 484, *2.24*

Dänische Literatur (19)   I 300, *2.13*
Deggingen (Benediktiner, Bibl.)   II 308, *1.40*
Dépot littéraire (Delsberg)   I 478, *1.10*
Dépot littéraire (Pruntrut)   I 478, *1.10*
Dépot littéraire de la Seine   I 478, *1.10*
Dessau (Herzogliche Hofbibliothek)   I 88, *2.33*
Deutsche Christentumsgesellschaft   I 183, *2.372*
Deutsche Christentumsgesellschaft (Bibl.)
   I 134, *2.16;* 136, *2.30;* 137, *2.34*
Deutsche Literatur   I 158, *2.171;* 250, *2.22;*
   482, *2.8;* II 17, *2.18;* 65, *2.31;* 239, *2.128*
Deutsche Literatur (15–16)   I 158, *2.172*
Deutsche Literatur (16–19)   I 300, *2.7;* II 43, *2.21*
Deutsche Literatur (17–18)   I 158, *2.173;*
   II 323, *2.46;* 368, *2.71*
Deutsche Literatur (18)   I 65, *2.17;* III 237, *2.38*
Deutsche Literatur (18–19)   I 57, *2.41;* 103, *2.35;*
   158, *2.174;* 266, *2.11;* 294, *2.15;* 407, *2.26;*
   II 139, *2.8;* 201, *2.60;* 258, *2.11;* 282, *2.6;*
   III 226, *2.11;* 228, *2.18;* 307, *2.4*
Deutsche Literatur (19)   II 105, *2.25;* 111, *2.6;*
   203, *2.72;* III 246, *2.54;* 256, *2.109;* 420, *2.177*
Deutsche Literatur (Schweiz, 18–19)   I 300, *2.11*
Deutsche Literatur (Widmungsexemplare, 18–19)
   I 427, *2.6*
Deutsche Philologie   I 102, *2.30;* 157, *2.167;*
   187, *2.394;* 250, *2.22;* 255, *2.45;* II 17, *2.18;*
   53, *1.34;* 323, *2.46*
Deutsche Philologie (18)   III 423, *2.186*
Deutsche Philologie (18–19)   I 33, *2.95;* 256, *2.49;*
   II 282, *2.6;* 495, *2.14;* III 405, *2.86*
Deutsches Bucharchiv München   II 192, *1.19*
Deutschland (Biographien, 18–19)   I 385, *2.13*
Deutschland (Geschichte)   I 21, *2.10;* II 497, *2.21;*
   III 346, *2.26;* 397, *2.22*
Deutschland (Geschichte, 16–19)   I 143, *2.73;*
   II 296, *2.32*
Deutschland (Geschichte, 17)   I 67, *2.27*
Deutschland (Geschichte, 19)   I 404, *2.13;*
   III 419, *2.169*
Deutschland (Karten)   II 480, *2.11*
Deutschland (Karten, 18–19)   II 500, *2.33*
Deutschland (Kirchengeschichte)   II 157, *2.14*
Deutschland (Raubgut, 20)   III 267, *1.2*
Deutschland (Recht)   I 165, *2.218;* II 86, *2.129*
Deutschland (Recht, 19)   III 338, *1.75*
Deutschland (Regionalgeschichte)   I 21, *2.10*
Deutschland (Volkswirtschaft, 19)   I 166, *2.226*
Deutschland (Zeitschriften, 19)   I 409, *2.35*
Deutschordenskommende (Hitzkirch)   II 56, *1.44*
Dialektologie (deutsche)   II 68, *2.44*
Dialektologie (italienische)   II 393, *2.74*
Diätetik   II 434, *2.5*
Diatomeen (19)   III 379, *1.77;* 412, *2.124*
Dietfurt (Franziskaner, Bibl.)   II 172, *2.18*
Dijon (Oratorianer, Bibl.)   II 43, *2.20*
Diözesanbibliothek San Carlo (Lugano)   II 449, *1.1*
Diözese Sion (Bibl.)   III 177, *1.14*
Disentis (Benediktiner, Bibl.)   III 15, *2.34*
Dissertationen   I 251, *2.26*

Dissertationen (16–20)   III 385, *1.103*
Dissertationen (17)   II 298, *2.36;* 317, *2.33*
Dissertationen (17–18)   II 500, *2.34;* III 388, *1.137;*
   402, *2.66;* 422, *2.181*
Dissertationen (18)   II 267, *2.16*
Dissertationen (18–19)   II 369, *2.80*
Dissertationen (Basel)   I 131, *2.1*
Dissertationen (Chemie, 19)   I 173, *2.292;*
   II 142, *2.24*
Dissertationen (Medizin)   I 66, *2.22;* 322, *2.35*
Dissertationen (Medizin, 17–18)   I 441, *2.17;*
   II 200, *2.51;* III 299, *2.1*
Dissertationen (Medizin, 17–19)   III 253, *2.90*
Dissertationen (Medizin, Basel)   I 178, *2.330*
Dissertationen (Medizingeschichte)   III 82, *1.5*
Dissertationen (Naturwissenschaften, 19)
   III 244, *2.51;* 253, *2.91*
Dissertationen (Philologie, 19)   I 152, *2.129*
Dissertationen (Recht, 16–17)   II 285, *2.14*
Dissertationen (Recht, 17)   II 196, *2.26*
Dissertationen (Recht, 17–18)   I 270, *2.4*
Dissertationen (Recht, 19)   III 416, *2.153*
Dissertationen (Theologie)   I 319, *2.11*
Dissertationen (Theologie, 19)   III 59, *1.8*
Dissertationen (Veterinärmedizin)   III 82, *1.5*
Dogmatik   I 63, *2.8;* 136, *2.30;* 481, *2.6;*
   II 195, *2.17;* 258, *2.7;* 265, *2.8;* 312, *2.14;*
   428, *2.10;* III 10, *2.4;* 14, *2.23;* 193, *2.6*
Dogmatik (16–19)   I 319, *2.9*
Dogmatik (19)   III 418, *2.163*
Dogmatik (katholische)   I 423, *2.7;* II 9, *2.9;*
   102, *2.10;* 493, *2.8;* III 25, *2.4;* 185, *2.12;*
   214, *2.9*
Dogmatik (katholische, 16–19)   II 27, *2.8;* 41, *2.13;*
   229, *2.57*
Dogmatik (katholische, 17–18)   III 397, *2.18*
Dogmatik (katholische, 17–19)   II 483, *2.4;*
   486, *2.10*
Dogmatik (katholische, 18–19)   I 434, *2.6;*
   II 170, *2.6;* 342, *2.7;* 398, *2.5;* 520, *2.6;*
   III 149, *2.8;* 206, *2.8*
Dogmatik (katholische, 19)   II 410, *2.23;*
   III 26, *2.7;* 172, *2.11;* 202, *2.51*
Dogmatik (protestantische)   II 493, *2.9;*
   III 107, *2.11*
Dogmatik (protestantische, 17–19)   II 157, *2.21*
Dogmatik (protestantische, 19)   I 385, *2.16;*
   II 502, *2.40*
Dominikaner (Augsburg, Bibl.)   I 434, *2.5*
Dominikaner (Basel, Bibl.)   I 121, *1.4;* 122, *1.13*
Dominikaner (Bern, Bibl.)   I 241, *1.2;* 252, *2.29*
Dominikaner (Ordensliteratur)   II 254, *2.5*
Dominikaner (Retz, Bibl.)   I 298, *1.7*
Dominikaner (Steyr, Bibl.)   I 427, *2.4*
Dominikanerinnen (Colmar, Bibl.)   II 175, *1.1*
Dominikanerinnen (Schwyz, Bibl.)   II 311, *2.10*
Dominikanerinnen (St. Gallen, Bibl.)   II 257, *2.4;*
   257, *2.5*
Dominikanerinnen (St. Katharinental, Bibl.)
   II 253, *1.1;* 254, *2.4;* 482, *1.2*

Dominikanerinnen (Steinen, Bibl.) II 337, *1.1*
Dominikanerinnen (Weesen) II 55, *1.39*
Dommartin (Pfarrei, Bibl.) III 35, *2.24*
Domstift (Basel, Bibl.) I 122, *1.13*
Donaueschingen (Fürstenbergische Hofbibliothek)
  II 502, *2.42*; III 347, *2.33*; 351, *2.61*
Dornach (Kapuziner, Bibl.) II 25, *1.3*; 26, *2.6*;
  27, *2.7*; 30, *2.13*; 33, *2.22*; 34, *2.25*; 105, *2.25*;
  346, *2.27*
Dozentenverein (Zürich) I 401, *1.1*
Dramen (18–19) II 67, *2.40*; III 308, *2.11*
Dramen (französische, 18–19) II 144, *2.38*
Dramen (französische, 19) I 384, *2.8*
Dreissigjähriger Krieg III 404, *2.78*
Dreissigjähriger Krieg (Flugschriften) I 143, *2.73*;
  III 367, *1.10*
Druckerei (Bodmer, Zürich) III 231, *2.26*
Druckerei (Froschauer, Zürich) III 231, *2.26*
Druckerei (Haller, Bern) I 255, *2.44*
Druckerei (Honegger, Liestal) I 97, *1.5*
Druckgraphik I 321, *2.29*; II 363, *2.43*;
  III 473, *1.3*; 493, *1.5*
Druckgraphik (16) II 354, *1.32*
Druckgraphik (16–19) I 161, *2.194*; 175, *2.307*
Druckgraphik (18–19) III 500, *2.12*
Druckgraphik (19) I 306, *2.8*; II 204, *2.77*
Druckgraphik (Frankreich, 18) II 59, *1.56*
Druckgraphik (Ostasien) III 501, *2.21*
Druckgraphik (Polen) II 185, *2.2*; 185, *2.8*

Ebersmünster (Benediktiner, Bibl.) II 321, *2.40*
Ebingen (Fürstäbtische Statthalterei, Bibl.)
  II 257, *2.4*
École cantonale vaudoise d'agriculture (Bibl.)
  III 30, *1.3*
École de fromagerie et d'industrie laitière (Moudon,
  Bibl.) III 30, *1.3*
École de pharmacie (Genf, Bibl.) I 368, *1.2*
École des beaux-arts (Genf, Bibl.) I 305, *1.3*
École d'architecture (Genf, Bibl.) I 305, *1.3*
École d'horlogerie (La Chaux-de-Fonds, Bibl.)
  II 116, *1.1*
Écoles et stations agricoles (Marcelin-sur-Morges,
  Bibl.) III 30, *1.3*
Éditions de la Baconnière (Archiv) II 137, *1.34*
Éditions Victor Attinger (Archiv) II 137, *1.34*
Église indépendante de Neuchâtel (Bibl.)
  II 154, *1.21*
Église protestante de Genève (Bibl.) I 354, *1.2*
Eidgenössische Sternwarte Zürich (Bibl.)
  III 271, *1.7*
Eidgenössische Technische Hochschule Zürich
  (Bibl.) I 32, *2.89*
Einblattdrucke I 215, *1.36*
Einblattdrucke (15–16) I 252, *2.32*; III 366, *1.7*
Einblattdrucke (15–18) III 475, *2.7*
Einblattdrucke (16) III 475, *2.5*
Einsatzstab Reichsleiter Rosenberg III 267, *1.2*
Einsidlensia II 329, *2.66*

Einsiedeln (Benediktiner) I 423, *2.8*; II 8, *1.1*;
  III 25, *1.1*; 25, *2.4*; 346, *2.27*
Einsiedeln (Benediktiner, Bibl.) I 405, *2.18*;
  II 20, *1.1*; 171, *2.15*; 482, *1.2*; 519, *1.1*; 520, *2.6*
Einsiedeln (Benziger Verlag) II 335, *2.6*
Einsiedeln (Buchdruck) II 329, *2.66*; 332, *2.1*;
  483, *2.10*; III 25, *1.1*
Eisenbahn II 517, *2.12*
Eisenbahn (19) I 22, *2.18*; 113, *2.26*; 116, *2.55*;
  177, *2.325*; 387, *2.25*; II 243, *2.155*; III 32, *2.9*;
  33, *2.14*; 197, *2.5*; 252, *2.85*; 278, *2.36*
Eisenbahn (Kleinschrifttum, 19) III 323, *2.28*
Eisenbahn (Schweiz, 19) II 201, *2.55*
Eisenbahn (Zeitschriften) III 286, *2.97*
Eisenbahnkarten I 38, *2.131*
Eisenindustrie II 516, *2.10*
Eisenindustrie (18–19) II 516, *2.9*
Elektrizität (17–19) III 235, *2.35*
Elektrizität (18–19) I 173, *2.286*; II 291, *2.27*
Elektrizität (19) III 244, *2.51*
Elektrizität (Schweiz) I 112, *2.19*
Elektrowatt I 115, *2.44*
Elzevier (Verlag, 17) III 228, *2.19*; 254, *2.100*
Emblembücher I 247, *2.8*; II 51, *1.25*; 82, *2.107*
Embryologie III 283, *2.74*
Engelberg (Benediktiner) II 8, *1.1*
Engelberg (Benediktiner, Bibl.) I 73, *2.5*; II 20, *1.1*;
  43, *2.20*; 173, *2.22*; 176, *2.11*; 485, *2.1*;
  III 206, *2.7*
Engi (Jugend- und Volksbibliothek Sernftal)
  I 409, *2.36*; 412, *2.53*
England (Aufklärung) II 282, *2.8*
England (Biographien, 18–19) I 385, *2.13*
England (Geographie) I 145, *2.81*
England (Geographie, 16–19) I 426, *2.3*
England (Geschichte, 16–19) I 144, *2.80*; 427, *2.4*
England (Geschichte, 17–18) I 254, *2.37*
England (Geschichte, 19) I 385, *2.12*
England (Philosophie, 18–19) II 282, *2.8*
Englische Literatur I 103, *2.37*; II 368, *2.73*
Englische Literatur (17–19) I 300, *2.10*
Englische Literatur (18) II 66, *2.32*; III 239, *2.40*
Englische Literatur (18–19) I 58, *2.43*; 407, *2.27*;
  II 202, *2.61*; 282, *2.8*; 324, *2.48*; III 307, *2.4*
Englische Literatur (19) I 159, *2.180*; II 111, *2.6*;
  139, *2.8*; 203, *2.69*; III 44, *2.12*; 150, *2.13*;
  246, *2.57*; 420, *2.176*
Englische Philologie I 183, *2.373*; 321, *2.27*
Englische Philologie (18–19) I 159, *2.177*;
  III 406, *2.89*
Englische Philologie (19) II 495, *2.15*;
  III 389, *1.143*
Ennenda (Casino-Gesellschaft, Bibl.) I 412, *2.53*
Ennenda (Mittwoch-Gesellschaft, Bibl.) I 412, *2.53*
Ensisheim (Jesuiten, Bibl.) I 477, *1.7*; II 38, *1.1*;
  41, *2.11*
Entomologie III 388, *1.131*
Entomologie (19) III 244, *2.51*
Enzyklopädien II 194, *2.8*; 281, *2.4*; 355, *2.11*
Enzyklopädien (16–19) I 26, *2.45*

Enzyklopädien (18–19)   I 36, *2.114;* II 237, *2.118;*
   III 232, *2.27*
Enzyklopädien (19)   I 402, *2.4*
Erasmiana   I 155, *2.150*
Erbauungsliteratur   I 23, *2.26;* 136, *2.31;* 293, *2.7;*
   469, *2.12;* II 19, *2.7;* 43, *2.20;* 266, *2.13;*
   356, *2.13;* 485, *2.6*
Erbauungsliteratur (16–19)   I 319, *2.10*
Erbauungsliteratur (17–18)   II 252, *2.7*
Erbauungsliteratur (17–19)   I 57, *2.35*
Erbauungsliteratur (18–19)   I 434, *2.5;* II 348, *2.3;*
   III 207, *2.9*
Erbauungsliteratur (19)   II 252, *2.4;* 270, *2.39*
Erbauungsliteratur (katholische)   III 315, *2.10*
Erbauungsliteratur (katholische, 16–17)
   II 232, *2.78*
Erbauungsliteratur (katholische, 17–18)
   III 396, *2.17*
Erbauungsliteratur (protestantische, 18–19)
   II 156, *2.7*
Erbauungsliteratur (Täufer)   I 275, *2.9*
Erdbeben (17)   I 174, *2.295*
Erdbeben (18)   I 174, *2.296*
Erotica   III 409, *2.104*
Erweckungsbewegung   II 269, *2.36*
Erweckungsbewegung (Waadt)   III 44, *2.10*
Erziehungsrat (Thurgau, Bibl.)   II 491, *1.5*
Eschatologie (19)   II 157, *2.21*
Esoterik   III 391, *1.170;* 491, *2.2*
Esoterik (18–19)   II 288, *2.21*
Esperanto   II 109, *1.12;* III 390, *1.154*
Estavayer (Jesuiten, Bibl.)   III 316, *2.13;* 316, *2.15*
Ethik (16–19)   I 139, *2.46*
Ethik (19)   II 156, *2.9*
Ethnographie   II 77, *2.85*
Ethnographie (17–19)   II 292, *2.28*
Ethnologie   I 102, *2.28;* 168, *2.247;* 249, *2.19;*
   441, *2.19*
Ethnologie (19)   I 170, *2.261;* II 140, *2.13;*
   III 315, *2.3*
Ethnologie (Afrika, 19)   I 360, *2.5*
Ethnologie (Amerika, 19)   I 360, *2.7*
Ethnologie (Asien, 19)   I 360, *2.6*
Ethnologie (Mittelamerika)   III 388, *1.128*
Ethnologie (Ozeanien, 19)   I 361, *2.8*
Europa (Geographie, 16–19)   I 168, *2.250*
Europa (Geschichte)   II 75, *2.78*
Europa (Geschichte, 16–18)   I 29, *2.67*
Europa (Geschichte, 16–19)   I 143, *2.71;* 320, *2.22;*
   II 197, *2.29;* 296, *2.32*
Europa (Geschichte, 17–19)   I 53, *2.13;*
   II 235, *2.103*
Europa (Geschichte, 18–19)   I 74, *2.9*
Europa (Geschichte, 19)   I 101, *2.23*
Europa (Karten, 18–19)   I 39, *2.132;* II 298, *2.38*
Europa (Recht)   I 164, *2.217*
Europa (Recht, 19)   III 98, *2.7*
Europa (Staatsrecht, 16–19)   I 163, *2.206*
Europa (Stadtpläne, 18–19)   II 298, *2.38*
Europa (Volkskunde, 19)   I 34, *2.103*

Evangelisation (19)   II 156, *2.9*
Evangelisch-reformierte Kirche (Aargau)   I 28, *2.62*
Evangelische Allianz (19)   II 156, *2.9*
Evangelische Hülfsgesellschaft Glarus (Bibl.)
   I 410, *2.38*
Evangelischer Kirchenrat (Thurgau, Bibl.)
   II 491, *1.5;* 502, *2.40*
Exaten (Jesuiten, Bibl.)   III 316, *2.15*
Exlibris   I 130, *1.59;* 185, *2.389;* III 390, *1.158;*
   475, *2.6*
Exlibris (16–19)   III 296, *2.35*
Exlibris (18–19)   III 391, *1.171*
Exlibris (19)   I 186, *2.391*

Febronianismus   I 434, *2.7;* II 40, *2.9*
Fechten   I 141, *2.56*
Fédération abolitionniste internationale (Bibl.)
   I 317, *1.39*
Feldkirch (Jesuiten, Bibl.)   III 314, *1.7;* 314, *1.8;*
   316, *2.13;* 316, *2.15*
Festungsbau   I 200, *2.8*
Festungsbau (18–19)   II 365, *2.57*
Fideikommiss (Waldegg, Bibl.)   II 350, *1.1*
Finanzdirektion (Zürich, Bibl.)   III 342, *1.97*
Finanzwissenschaft (18–19)   I 319, *2.14*
Finanzwissenschaft (19)   I 387, *2.25*
Firmen (Schweiz, Graue Literatur, 19)   I 114, *2.38*
Fischingen (Benediktiner, Bibl.)   II 484, *1.1;*
   490, *1.2;* 492, *2.6;* 494, *2.13;* 497, *2.22;*
   499, *2.28;* 501, *2.37;* 519, *1.1;* 520, *2.5*
Fischingen (Verein St. Iddazell, Bibl.)   II 485, *1.4;*
   485, *2.1*
Fledermäuse (19)   I 344, *1.9*
Fliegerei   III 278, *2.38*
Florence Guggenheim Archiv   III 289, *1.5*
Florenz (Geschichte)   I 144, *2.78*
Floristik (18–19)   I 332, *2.7;* III 87, *2.5*
Flugschriften   I 246, *1.17;* II 461, *2.18;* III 306, *1.3*
Flugschriften (15–17)   I 253, *2.34*
Flugschriften (16)   I 122, *1.11;* 252, *2.32;*
   III 366, *1.5;* 366, *1.7;* 378, *1.70*
Flugschriften (16–17)   I 325, *2.56*
Flugschriften (16–18)   II 497, *2.23;* III 370, *1.32;*
   404, *2.79;* 478, *2.1*
Flugschriften (16–19)   III 404, *2.78*
Flugschriften (17)   III 198, *2.18*
Flugschriften (18–19)   III 408, *2.99*
Flugschriften (19)   II 167, *2.38*
Flugschriften (Bern, 18)   I 195, *2.8*
Flugschriften (Dreissigjähriger Krieg)   I 143, *2.73;*
   III 367, *1.10*
Flugschriften (Französische Revolution)
   I 144, *2.76;* II 63, *2.22;* III 43, *2.7;* 371, *1.39;*
   372, *1.44;* 404, *2.80*
Flugschriften (Geschichte, Schweiz, 19)   I 250, *2.24*
Flugschriften (Glarus, 19)   I 405, *2.19*
Flugschriften (Reformation)   II 195, *2.18;* 357, *2.20*
Flugschriften (Religionskriege, 17–18)   I 145, *2.86*
Flugschriften (Waadt, 18–19)   III 43, *2.7*
Flugschriften (Zürich, 19)   III 320, *2.9*

Fondation Claude Verdan-Musée de la main (Bibl.) III 82, *1.5*
Fondation Fazy (Bibl.) I 317, *1.39*
Fondation René Chassot (bibl.) III 82, *1.4*
Forensische Psychiatrie (18–19) II 512, *2.4*
Forstwirtschaft II 289, *2.23*; III 227, *2.15*
Forstwirtschaft (17–19) I 256, *2.49*
Forstwirtschaft (18–19) III 280, *2.54*
Forstwirtschaft (19) III 249, *2.63*
Forstwirtschaft (Schweiz) I 111, *2.15*
Fraenkelsche Stiftung (Bibl.) I 352, *2.9*
Frankreich (Aufklärung) II 282, *2.9*
Frankreich (Biographien, 18–19) I 385, *2.13*
Frankreich (Druckgraphik, 18) II 59, *1.56*
Frankreich (Geographie) I 320, *2.16*
Frankreich (Geographie, 19) I 361, *2.13*
Frankreich (Geschichte) I 21, *2.11*; 67, *2.27*; 266, *2.12*
Frankreich (Geschichte, 15–17) I 253, *2.35*
Frankreich (Geschichte, 16–18) I 31, *2.84*
Frankreich (Geschichte, 16–19) I 144, *2.75*; 320, *2.22*
Frankreich (Geschichte, 17–18) III 62, *2.11*
Frankreich (Geschichte, 17–19) II 145, *2.44*
Frankreich (Geschichte, 18–19) I 385, *2.12*; 482, *2.14*; II 124, *2.4*; 507, *2.16*; III 68, *2.8*; 105, *2.6*; 111, *2.5*; 130, *2.6*; 149, *2.6*; 198, *2.14*; 419, *2.170*
Frankreich (Geschichte, 19) I 377, *2.9*; II 111, *2.7*; 130, *2.8*; III 139, *2.8*; 371, *1.38*
Frankreich (Kirchengeschichte) I 318, *2.7*; II 157, *2.14*
Frankreich (Mandate) I 39, *2.133*
Frankreich (Philosophie) II 282, *2.9*
Frankreich (Protestantismus) III 59, *1.8*
Frankreich (Protestantismus, 16–17) III 59, *1.5*
Frankreich (Protestantismus, 17–19) III 61, *2.7*
Frankreich (Recht) I 165, *2.219*
Frankreich (Recht, 18) III 119, *2.19*
Frankreich (Recht, 19) III 338, *1.75*
Frankreich (Religionskriege) I 144, *2.76*
Franziskaner III 185, *2.14*
Franziskaner (Augsburg, Bibl.) I 92, *1.2*; 94, *2.6*
Franziskaner (Bozen, Bibl.) I 429, *2.15*; II 479, *2.8*
Franziskaner (Dietfurt, Bibl.) II 172, *2.18*
Franziskaner (Geschichte 17–19) III 173, *2.13*
Franziskaner (Luzern) II 25, *1.3*; 33, *2.20*; 47, *1.9*;
Franziskaner (Luzern, Bibl.) II 38, *1.1*; 41, *2.11*; 43, *2.21*; 103, *2.18*
Franziskaner (Niederteufen, Bibl.) I 94, *2.6*
Franziskaner (Ordensliteratur) II 346, *2.22*; 408, *2.9*
Franziskaner (Regensburg, Bibl.) III 14, *2.27*
Franziskaner (Solothurn, Bibl.) II 172, *2.18*; 352, *1.11*; 356, *2.12*; 358, *2.21*; 369, *2.80*; 371, *2.87*; 373, *2.99*
Franziskaner (Werthenstein) II 25, *1.3*; 33, *2.20*; 49, *1.18*
Französische Literatur I 325, *2.56*; II 65, *2.31*; 324, *2.49*; III 53, *2.14*; 371, *1.40*

Französische Literatur (16–19) I 300, *2.8*; II 43, *2.21*
Französische Literatur (17–19) II 139, *2.8*; 368, *2.70*; 506, *2.11*; III 62, *2.12*
Französische Literatur (18) III 124, *2.5*; 239, *2.40*
Französische Literatur (18–19) I 58, *2.44*; 103, *2.38*; 266, *2.11*; 294, *2.15*; 407, *2.27*; 483, *2.23*; II 111, *2.6*; 126, *2.16*; 202, *2.61*; 282, *2.9*; 495, *2.16*; III 119, *2.18*; 130, *2.7*; 138, *2.5*; 150, *2.13*; 307, *2.4*
Französische Literatur (19) I 365, *2.5*; II 130, *2.12*; 203, *2.69*; III 35, *2.25*; 44, *2.12*; 68, *2.7*; 173, *2.14*; 246, *2.55*; 420, *2.177*
Französische Literatur (Schweiz, 18–19) I 300, *2.11*
Französische Literatur (Widmungsexemplare, 18–19) I 427, *2.6*
Französische Philologie II 324, *2.49*
Französische Philologie (16–19) I 321, *2.27*
Französische Philologie (18–19) I 482, *2.8*; II 126, *2.15*
Französische Philologie (19) I 157, *2.162*; 384, *2.10*; III 34, *2.20*; 34, *2.22*
Französische Revolution I 144, *2.76*; 184, *2.382*; 187, *2.394*; III 33, *2.16*; 198, *2.14*; 198, *2.18*
Französische Revolution (Flugschriften) I 144, *2.76*; II 63, *2.22*; III 43, *2.7*; 371, *1.39*; 372, *1.44*; 404, *2.80*
Frauenbewegung (19) II 348, *1.1*; III 310, *2.25*; 321, *2.16*; 403, *2.72*
Frauenbewegung (Kleinschrifttum, 19) III 323, *2.28*
Frauenbewegung (Zeitschriften, 19) III 323, *2.30*
Frauenbildung II 88, *2.140*
Frauenfeld (Kapuziner, Bibl.) I 422, *2.4*; II 100, *1.1*
Frauenliteratur (17) III 229, *2.20*
Freiburg (Benedictinum, Bibl.) II 251, *1.1*
Freiburg (Jesuiten, Bibl.) I 284, *2.16*; 285, *2.17*
Freiburg (Kapuziner, Bibl.) I 282, *1.10*; 282, *1.13*; 286, *2.24*; 422, *1.2*
Freiburg (Musée pédagogique, Bibl.) I 281, *1.8*
Freiburg (Ökonomische Gesellschaft, Bibl.) I 281, *1.7*; 285, *2.22*
Freiburg (Priesterseminar, Bibl.) I 282, *1.10*
Freiburg (Ursulinen, Bibl.) I 423, *2.6*
Freiburg i. Br. (Jesuiten, Bibl.) II 38, *1.1*
Freidenker (19) III 322, *2.22*
Freikirchen (19) II 157, *2.17*
Freimaurer II 202, *2.66*; III 491, *2.2*
Freimaurer (18–19) I 166, *2.232*
Freimaurer (Kleinschrifttum, 19) III 254, *2.93*
Freimaurer (Schweiz, 19) II 294, *2.29*; III 254, *2.99*
Freiwillige Akademische Gesellschaft Basel I 128, *1.46*
Freiwilliger Museumsverein Basel I 128, *1.49*
Fremdenverkehr (Schweiz) I 112, *2.19*

Frey-Grynaeum (Basel, Bibl.) I 130, *1.57;* 134, *2.17;* 150, *2.113;* 152, *2.130;* 158, *2.173;* 159, *2.178;* 183, *2.373*
Friburgensia (16–19) I 285, *2.19*
Friburgensia (18–19) I 278, *2.2*
Friedensbewegung II 55, *1.40*
Friedensbewegung (Kleinschrifttum, 19) III 323, *2.27*
Fritz-Zwicky-Stiftung (Bibl.) I 406, *2.22*
Froschauer (Druckerei, Zürich) III 231, *2.26*
Fürsorge (Schweiz, 19) III 257, *2.113*
Fürstäbtische Statthalterei Ebingen (Bibl.) II 257, *2.4*
Fürstenbergische Hofbibliothek (Donaueschingen) II 502, *2.42;* III 347, *2.33;* 351, *2.61*
Fürstlich-Auerspergische Bibliothek (Ljubliana) I 428, *2.12*

Gais (Lesegesellschaft, Bibl.) I 81, *2.14*
Gartenbau I 332, *2.8*
Gartenbau (17–18) II 240, *2.135*
Gartenbau (18–19) I 196, *2.12;* II 291, *2.27*
Gastronomie II 433, *1.1*
Gebetbücher I 431, *2.3;* III 193, *2.5*
Gebetbücher (16–18) II 233, *2.82*
Gebetbücher (18–19) III 190, *2.11*
Gegenreformation I 27, *2.58;* 64, *2.12;* 136, *2.30;* 285, *2.19;* 348, *2.4;* 463, *2.19*
Gegenreformation (16–19) II 30, *2.13*
Geldwesen (Schweiz, 19) I 112, *2.23*
Gemeindebibliothek (Herisau) I 72, *1.2*
Gemeindebibliothek (Trogen) I 76, *1.1;* 78, *2.7*
Gemeinschaftliche Prediger-Bibliothek (Bern) I 244, *1.12*
Genealogie III 389, *1.147;* 390, *1.153*
Genealogie (16–18) I 31, *2.84*
Genealogie (16–19) I 147, *2.93*
Genealogisch-Heraldische Gesellschaft Zürich (Bibl.) III 220, *1.1*
Genetik (19) III 427, *2.205*
Genevensia (19) I 323, *2.43*
Genf (Amtsdrucksachen, 18) III 33, *2.16*
Genf (Arbeiterverein, Bibl.) III 319, *1.11;* 320, *2.10*
Genf (Bibliothèque de l'Ariana) I 324, *2.50*
Genf (Biographien, 18–19) I 385, *2.13*
Genf (Cabinet de numismatique, Bibl.) I 304, *1.2;* 306, *2.6*
Genf (Compagnie des pasteurs, Bibl.) I 324, *2.45*
Genf (École d'architecture, Bibl.) I 305, *1.3*
Genf (École de pharmacie, Bibl.) I 368, *1.2*
Genf (École des beaux-arts, Bibl.) I 305, *1.3*
Genf (Geschichte, 18–19) I 320, *2.22;* 376, *2.5;* 385, *2.12;* III 404, *2.80*
Genf (Geschichte, Kleinschrifttum, 18) II 198, *2.37*
Genf (Institut de botanique générale, Bibl.) I 332, *1.14*
Genf (Institut de physique, Bibl.) I 371, *1.3*
Genf (Karten) I 324, *2.49*
Genf (Kirchengeschichte) II 157, *2.14*

Genf (Konzertprogramme) I 337, *2.2*
Genf (Laboratoires de pharmacognosie et de pharmacie galénique, Bibl.) I 332, *1.14*
Genf (Musée académique, Bibl.) I 304, *1.2*
Genf (Musée archéologique, Bibl.) I 304, *1.2*
Genf (Musée Ariana, Bibl.) I 304, *1.2;* 305, *1.3*
Genf (Musée des arts décoratifs, Bibl.) I 304, *1.2*
Genf (Musée des beaux-arts, Bibl.) I 304, *1.2*
Genf (Musée du Vieux Genève, Bibl.) I 304, *1.2*
Genf (Musée épigraphique, Bibl.) I 304, *1.2*
Genf (Musée Fol, Bibl.) I 304, *1.2*
Genf (Musée Rath, Bibl.) I 304, *1.2*
Genf (Salle des armures, Bibl.) I 304, *1.2*
Genf (Société botanique, Bibl.) I 332, *1.14*
Genf (Société de musique, Bibl.) I 336, *1.1;* 338, *2.6;* 339, *2.11*
Genf (Société de physique et d'histoire naturelle) I 315, *1.30*
Genf (Société de physique et d'histoire naturelle, Bibl.) I 344, *1.3*
Genf (Société des arts, Bibl.) I 305, *1.4*
Genf (Société médicale, Bibl.) I 371, *1.3*
Genf (Theologie) I 324, *2.45*
Genovensia (Kleinschrifttum, 18–19) I 375, *1.10*
Geobotanik (19) III 88, *2.9*
Geodäsie (16–19) III 275, *2.23*
Geographie I 21, *2.12;* 68, *2.33;* 102, *2.26;* 187, *2.394;* 249, *2.19;* 249, *2.21;* 255, *2.42;* 441, *2.19;* II 10, *2.24;* 50, *1.23;* 73, *2.68;* 204, *2.79;* III 11, *2.9*
Geographie (15–16) I 168, *2.248*
Geographie (16) II 241, *2.138*
Geographie (16–18) III 53, *2.15*
Geographie (16–19) I 168, *2.247;* 320, *2.16;* 325, *2.55;* 426, *2.3;* II 197, *2.32;* 241, *2.139;* 321, *2.42;* 430, *2.22;* 479, *2.6;* III 293, *2.10*
Geographie (17–18) II 389, *2.42;* III 241, *2.45*
Geographie (17–19) I 102, *2.28;* 284, *2.13;* 294, *2.14;* 324, *2.50;* II 140, *2.12;* 166, *2.26;* 292, *2.28;* 363, *2.42;* III 226, *2.14*
Geographie (18–19) I 52, *2.8;* 267, *2.15;* 301, *2.19;* 387, *2.28;* 417, *2.7;* II 32, *2.18;* 112, *2.11;* 125, *2.6;* 180, *2.35;* 498, *2.24;* III 105, *2.5;* 111, *2.5;* 117, *2.8;* 130, *2.5;* 166, *2.7;* 198, *2.8;* 379, *1.76;* 408, *2.97;* 413, *2.129*
Geographie (19) I 333, *2.12;* 406, *2.21;* 444, *2.49;* 448, *2.85;* II 203, *2.75;* 259, *2.13;* III 44, *2.8;* 141, *2.17;* 151, *2.19;* 248, *2.60;* 482, *2.5*
Geographie (Alpen, 17–18) I 427, *2.5*
Geographie (Amerika, 16) I 169, *2.255*
Geographie (China) III 307, *1.11*
Geographie (England) I 145, *2.81*
Geographie (England, 16–19) I 426, *2.3*
Geographie (Europa, 16–19) I 168, *2.250*
Geographie (Frankreich) I 320, *2.16*
Geographie (Frankreich, 19) I 361, *2.13*
Geographie (Glarus, 18–19) I 411, *2.46*
Geographie (Graubünden) I 443, *2.37*
Geographie (Italien) I 144, *2.78*
Geographie (Japan) III 307, *1.11*

Geographie (Kleinschrifttum, 19)   III 254, *2.97*
Geographie (Namenkunde)   III 372, *1.45*
Geographie (Schweiz)   I 195, *2.5;* 200, *2.3;*
    218, *2.14;* 320, *2.16;* 444, *2.45;* II 197, *2.31*
Geographie (Schweiz, 16–19)   I 169, *2.251*
Geographie (Schweiz, 17–18)   II 362, *2.40*
Geographie (Schweiz, 17–19)   II 370, *2.82;*
    III 21, *2.5;* 198, *2.9;* 293, *2.11*
Geographie (Schweiz, 18–19)   II 125, *2.6;*
    III 11, *2.10*
Geographie (Schweiz, 19)   II 112, *2.11;*
    III 250, *2.67*
Geographie (Schweiz, Zeitschriften)   III 293, *2.12*
Geographie (Schwyz)   II 335, *2.2*
Geographie (Westschweiz, 19)   I 361, *2.13*
Geographie (Zeitschriften)   I 249, *2.21*
Geographie (Zug, 17–19)   III 198, *2.9*
Geographische Gesellschaft Bern (Bibl.)
    I 245, *1.14;* 249, *2.21*
Geologie   I 100, *2.11;* II 72, *2.62;* 299, *2.41;*
    326, *2.57;* III 283, *2.74;* 379, *1.76*
Geologie (16)   I 174, *2.294*
Geologie (17–19)   I 173, *2.293*
Geologie (18)   III 235, *2.33*
Geologie (18–19)   II 200, *2.49;* III 412, *2.123;*
    416, *2.149*
Geologie (19)   I 174, *2.297;* 322, *2.34;* 345, *2.4;*
    II 141, *2.20;* 498, *2.26;* 516, *2.7;* III 412, *2.124*
Geologie (Karten)   I 38, *2.131*
Geometrie   III 227, *2.15*
Geometrie (16–18)   II 240, *2.133*
Geometrie (17–18)   II 242, *2.150*
Gerichtsmedizin   I 322, *2.35;* 341, *2.3;* III 83, *2.7*
Gerichtsmedizin (18–19)   III 415, *2.146*
Germanische Philologie (19)   I 321, *2.27;*
    II 495, *2.15*
Gerz (Schloss Gerzensee, Bibl.)   I 256, *2.49*
Gesangbücher   I 339, *2.10;* II 195, *2.17;* 263, *1.13;*
    378, *2.134*
Gesangbücher (17–18)   II 67, *2.39*
Gesangbücher (17–19)   I 138, *2.37*
Gesangbücher (19)   I 408, *2.32*
Gesangbücher (Täufer)   I 275, *2.9*
Geschichte   I 27, *2.57;* 84, *2.19;* 101, *2.18;*
    141, *2.59;* 187, *2.394;* 233, *2.97;* 249, *2.19;*
    255, *2.42;* 441, *2.16;* II 10, *2.20;* 16, *2.15;*
    57, *1.50;* 62, *2.14;* 204, *2.79;* 204, *2.83;* 258, *2.9;*
    309, *2.4;* 344, *2.15;* 345, *2.18;* 404, *2.19;*
    486, *2.7;* 497, *2.23;* III 22, *2.16;* 27, *2.16;*
    110, *1.6;* 194, *2.11;* 217, *2.18;* 315, *2.11;*
    388, *1.135;* 389, *1.142;* 397, *2.21*
Geschichte (15–17)   I 253, *2.35*
Geschichte (16)   I 356, *2.14*
Geschichte (16–18)   I 247, *2.8;* III 53, *2.15;*
    403, *2.74*
Geschichte (16–19)   I 33, *2.95;* 283, *2.9;* 320, *2.20;*
    324, *2.50;* 325, *2.53;* 427, *2.4;* 482, *2.14;*
    II 40, *2.6;* 104, *2.22;* 235, *2.101;* 320, *2.39;*
    429, *2.15;* III 12, *2.13;* 239, *2.41;* 284, *2.80;*
    293, *2.10*
Geschichte (17–19)   I 53, *2.11;* 294, *2.14;*
    323, *2.44;* 404, *2.12;* 458, *2.10;* II 140, *2.11;*
    158, *2.30;* 360, *2.34;* 361, *2.36;* 441, *2.33;*
    III 62, *2.11;* 105, *2.6;* 117, *2.6;* 166, *2.8;*
    179, *2.10;* 226, *2.13*
Geschichte (18)   II 389, *2.42;* III 423, *2.186*
Geschichte (18–19)   I 101, *2.21;* 185, *2.386;*
    301, *2.20;* 417, *2.6;* 434, *2.4;* II 31, *2.17;*
    111, *2.7;* 124, *2.3;* 164, *2.8;* 422, *2.18;*
    506, *2.12;* III 32, *2.13;* 68, *2.8;* 111, *2.5;*
    124, *2.4;* 149, *2.6*
Geschichte (19)   I 256, *2.49;* 306, *2.9;* 333, *2.12;*
    403, *2.10;* 412, *2.51;* 423, *2.11;* 444, *2.48;*
    448, *2.85;* II 130, *2.4;* 171, *2.15;* 252, *2.4;*
    391, *2.56;* 459, *2.9;* 488, *2.4;* III 36, *2.37;*
    139, *2.8;* 186, *2.15;* 209, *2.20;* 247, *2.59;*
    310, *2.22;* 372, *1.43;* 419, *2.166;* 495, *2.15*
Geschichte (Aargau, 18–19)   I 22, *2.21;* 33, *2.96;*
    40, *2.143*
Geschichte (Altertum)   I 101, *2.21;* II 75, *2.77;*
    284, *2.12;* III 149, *2.6*
Geschichte (Altertum, 16–19)   I 142, *2.62;*
    320, *2.21*
Geschichte (Altertum, 18–19)   II 140, *2.11*
Geschichte (Altertum, 19)   III 419, *2.167*
Geschichte (Amerika, 16–19)   I 145, *2.83*
Geschichte (Appenzell, 18–19)   I 73, *2.4*
Geschichte (Asien, 16–19)   I 145, *2.83*
Geschichte (Atlanten)   III 252, *2.84*
Geschichte (Basel)   I 145, *2.87*
Geschichte (Basel, 16–19)   I 182, *2.364*
Geschichte (Benediktiner)   II 319, *2.37*
Geschichte (Benediktiner, 17–18)   II 228, *2.47*
Geschichte (Benelux-Staaten, 19)   III 420, *2.173*
Geschichte (Byzanz)   I 142, *2.64;* 143, *2.67*
Geschichte (Deutschland)   I 21, *2.10;* II 497, *2.21;*
    III 346, *2.26;* 397, *2.22*
Geschichte (Deutschland, 16–19)   I 143, *2.73;*
    II 296, *2.32*
Geschichte (Deutschland, 17)   I 67, *2.27*
Geschichte (Deutschland, 19)   I 404, *2.13;*
    III 419, *2.169*
Geschichte (England, 16–19)   I 144, *2.80;* 427, *2.4*
Geschichte (England, 17–18)   I 254, *2.37*
Geschichte (England, 19)   I 385, *2.12*
Geschichte (Europa)   II 75, *2.78*
Geschichte (Europa, 16–18)   I 29, *2.67*
Geschichte (Europa, 16–19)   I 143, *2.71;* 320, *2.22;*
    II 197, *2.29;* 296, *2.32*
Geschichte (Europa, 17–19)   I 53, *2.13;*
    II 235, *2.103*
Geschichte (Europa, 18–19)   I 74, *2.9*
Geschichte (Europa, 19)   I 101, *2.23*
Geschichte (Florenz)   I 144, *2.78*
Geschichte (Frankreich)   I 21, *2.11;* 67, *2.27;*
    266, *2.12*
Geschichte (Frankreich, 15–17)   I 253, *2.35*
Geschichte (Frankreich, 16–18)   I 31, *2.84*
Geschichte (Frankreich, 16–19)   I 144, *2.75;*
    320, *2.22*

Geschichte (Frankreich, 17–18)   III 62, *2.11*
Geschichte (Frankreich, 17–19)   II 145, *2.44*
Geschichte (Frankreich, 18–19)   I 385, *2.12*;
  482, *2.14*; II 124, *2.4*; 507, *2.16*; III 68, *2.8*;
  105, *2.6*; 111, *2.5*; 130, *2.6*; 149, *2.6*; 198, *2.14*;
  419, *2.170*
Geschichte (Frankreich, 19)   I 377, *2.9*; II 111, *2.7*;
  130, *2.8*; III 139, *2.8*; 371, *1.38*
Geschichte (Genf, 18–19)   I 320, *2.22*; 376, *2.5*;
  385, *2.12*; III 404, *2.80*
Geschichte (Genf, Kleinschrifttum, 18)   II 198, *2.37*
Geschichte (Glarus, 18–19)   I 406, *2.20*
Geschichte (Glarus, 19)   I 428, *2.9*
Geschichte (Graubünden)   I 443, *2.29*
Geschichte (Helvetica)   I 73, *2.5*
Geschichte (Hochschulen, 16–19)   I 133, *2.11*
Geschichte (Italien)   II 385, *2.10*
Geschichte (Italien, 16–19)   I 144, *2.77*
Geschichte (Italien, 18–19)   III 419, *2.169*
Geschichte (Italien, 19)   I 377, *2.10*; 385, *2.12*
Geschichte (Jesuiten)   I 253, *2.35*; III 315, *2.11*;
  316, *2.12*
Geschichte (Jesuiten, 17–18)   II 228, *2.48*
Geschichte (Kapuziner, 17–19)   II 30, *2.14*
Geschichte (Kleinschrifttum, 19)   III 254, *2.96*
Geschichte (Lausanne, 18–19)   III 43, *2.5*
Geschichte (Lombardei, 19)   II 391, *2.55*
Geschichte (Luzern)   II 75, *2.76*
Geschichte (Luzern, 19)   II 15, *2.12*; 21, *2.3*
Geschichte (Mittelalter, 16–19)   I 142, *2.65*;
  II 297, *2.33*
Geschichte (Montenegro)   III 426, *2.204*
Geschichte (Neuenburg)   II 158, *2.30*
Geschichte (Neuenburg, 17–19)   II 140, *2.11*
Geschichte (Neuenburg, 18–19)   II 124, *2.3*
Geschichte (Neuenburg, 19)   II 130, *2.6*
Geschichte (Nidwalden)   II 164, *2.8*; 171, *2.14*
Geschichte (Niederlande, 16–19)   I 145, *2.82*
Geschichte (Osteuropa, 16–19)   II 297, *2.33*
Geschichte (Philosophie)   I 139, *2.46*; 140, *2.49*
Geschichte (Polen, 18)   II 185, *2.6*
Geschichte (Polen, 19)   II 185, *2.7*
Geschichte (Portugal)   I 144, *2.79*
Geschichte (Reformation)   II 319, *2.38*
Geschichte (religiöse Orden)   II 319, *2.37*
Geschichte (Rom)   I 142, *2.63*
Geschichte (Russland, 19)   I 32, *2.90*
Geschichte (Savoyen, 19)   I 377, *2.10*; 385, *2.12*
Geschichte (Schaffhausen, 18–19)   II 294, *2.29*
Geschichte (Schweiz)   I 85, *2.21*; 101, *2.22*;
  195, *2.5*; 218, *2.14*; 249, *2.20*; 266, *2.12*;
  320, *2.22*; 444, *2.43*; II 10, *2.20*; 62, *2.18*;
  75, *2.75*; 104, *2.21*; 309, *2.4*; 319, *2.38*;
  385, *2.10*; 486, *2.7*; III 12, *2.14*; 15, *2.32*;
  21, *2.4*; 22, *2.12*; 216, *2.17*; 346, *2.26*
Geschichte (Schweiz, 16)   I 184, *2.381*
Geschichte (Schweiz, 16–18)   I 31, *2.84*; 428, *2.8*;
  III 349, *2.43*
Geschichte (Schweiz, 16–19)   I 145, *2.86*;
  II 198, *2.36*; 198, *2.37*; 235, *2.101*

Geschichte (Schweiz, 17–19)   I 200, *2.4*; II 40, *2.7*;
  145, *2.44*; 158, *2.30*; 294, *2.29*; 370, *2.82*;
  III 62, *2.11*; 227, *2.17*; 293, *2.11*
Geschichte (Schweiz, 18–19)   I 54, *2.16*; 255, *2.43*;
  376, *2.6*; 385, *2.12*; 418, *2.8*; 434, *2.4*;
  II 31, *2.16*; 111, *2.7*; 124, *2.4*; 140, *2.11*;
  164, *2.11*; 165, *2.15*; 275, *1.12*; 362, *2.37*;
  509, *2.3*; III 43, *2.5*; 124, *2.4*; 130, *2.6*; 149, *2.6*;
  397, *2.23*; 420, *2.172*
Geschichte (Schweiz, 19)   I 185, *2.383*; II 16, *2.13*;
  130, *2.5*; 164, *2.9*; 171, *2.14*; III 105, *2.6*;
  139, *2.8*; 173, *2.13*; 209, *2.19*; 250, *2.66*;
  349, *2.46*
Geschichte (Schweiz, Flugschriften, 19)   I 250, *2.24*
Geschichte (Schweiz, Kleinschrifttum, 18–19)
  II 198, *2.37*
Geschichte (Schweiz, Zeitschriften)   III 293, *2.12*
Geschichte (Schwyz)   II 335, *2.2*
Geschichte (Spanien)   I 144, *2.79*
Geschichte (St. Gallen)   II 509, *2.3*
Geschichte (St. Gallen, 18–19)   II 235, *2.102*
Geschichte (Täufer)   I 275, *2.10*
Geschichte (Tessin)   II 385, *2.10*
Geschichte (Tessin, 19)   II 391, *2.55*; 413, *2.40*
Geschichte (Thurgau)   II 509, *2.3*
Geschichte (Uri)   III 21, *2.4*
Geschichte (Uri, 19)   III 12, *2.14*
Geschichte (USA)   III 388, *1.130*
Geschichte (Veltlin)   I 458, *2.10*
Geschichte (Waadt, 18–19)   III 43, *2.5*
Geschichte (Wallis, 19)   III 173, *2.13*
Geschichte (Zeitschriften)   I 141, *2.59*
Geschichte (Zeitschriften, 18–19)   I 101, *2.18*;
  II 235, *2.100*
Geschichte (Zeitschriften, 19)   I 37, *2.119*;
  II 104, *2.20*; 299, *2.40*
Geschichte (Zürich)   III 346, *2.26*; 350, *2.48*
Geschichte (Zürich, 16–18)   II 198, *2.37*
Geschichte (Zürich, 17–19)   II 294, *2.30*
Geschichte (Zürich, 18–19)   III 293, *2.11*
Geschichte (Zürich, 19)   II 313, *2.21*
Geschichtsforschende Gesellschaft der Schweiz
  (Bibl.)   I 245, *1.14*; 249, *2.20*
Geschichtsforschende Gesellschaft Graubünden
  (Bibl.)   I 438, *1.14*; 443, *2.29*
Gesellschaft auf der Chorherrenstube (Zürich)
  III 306, *1.1*
Gesellschaft der Bogenschützen (Zürich, Archiv)
  III 360, *2.118*
Gesellschaft der Freunde (Schaffhausen, Bibl.)
  II 275, *1.9*; 276, *1.15*; 291, *2.27*; 296, *2.32*
Gesellschaft Pro Vadiana   II 191, *1.14*
Gesellschaft vom alten Zürich (Bibl.)   III 373, *1.50*;
  376, *1.63*
Gesetzessammlungen (19)   III 98, *2.6*; 243, *2.49*
Gesetzessammlungen (Bern, 18)   I 195, *2.8*
Gesetzessammlungen (Schaffhausen, 18–19)
  II 294, *2.29*
Gesetzessammlungen (Schweiz, 18–19)   I 408, *2.33*
Gesundheitswesen (Schweiz)   I 112, *2.19*

Gesundheitswesen (Schweiz, 19) III 250, *2.71*
Gewerbe (19) I 26, *2.49*
Gewerbe (Graubünden) I 443, *2.38*
Gewerbemuseum Aarau (Bibl.) I 26, *2.49*
Gewerbemuseum Winterthur (Bibl.) III 257, *2.115*
Gewerbeverein (Liestal) I 98, *1.7*
Gewerbeverein Schaffhausen (Bibl.) II 276, *1.19*; 279, *1.28*; 299, *2.39*
Gewerbeverein St. Gallen (Bibl.) II 190, *1.8*
Gewerkschaften III 319, *1.13*; 322, *2.19*
Gewerkschaften (Zeitschriften, 19) III 323, *2.30*
Gewerkschaftskartell Schaffhausen (Bibl.) II 279, *1.28*; 299, *2.39*
Giftschrank III 153, *2.25*; 377, *1.64*
Glarus (18–19) I 406, *2.20*
Glarus (19) I 398, *2.3*; 419, *2.11*
Glarus (Amerikaauswanderung) I 406, *2.20*
Glarus (Evangelische Hülfsgesellschaft, Bibl.) I 410, *2.38*
Glarus (Flugschriften, 19) I 405, *2.19*
Glarus (Geographie, 18–19) I 411, *2.46*
Glarus (Geschichte, 18–19) I 406, *2.20*
Glarus (Geschichte, 19) I 428, *2.9*
Glarus (Historischer Verein, Bibl.) I 401, *1.1*; 403, *2.10*
Glarus (Kartographie, 18–19) I 411, *2.46*
Glarus (Kleinschrifttum, 19) I 405, *2.19*; 419, *2.11*
Glarus (Landesbibliothek) I 397, *1.1*; 416, *1.3*; 422, *1.2*; II 177, *2.19*
Glarus (Lehrerverein, Bibl.) I 403, *2.8*
Glarus (Medicinisch-chirurgischer Lesezirkel, Bibl.) I 401, *1.1*; 406, *2.22*
Glarus (Medizinische Gesellschaft) I 401, *2.3*
Glarus (Medizinische Gesellschaft, Bibl.) I 401, *1.1*; 409, *2.34*
Glarus (Naturforschende Gesellschaft, Bibl.) I 401, *1.1*
Glarus (Politischer Lesezirkel, Bibl.) I 401, *1.1*; 404, *2.14*; 406, *2.21*
Glarus (Technischer Verein, Bibl.) I 401, *1.1*; 407, *2.23*; 409, *2.36*
Glarus (Zeitschriften) I 405, *2.19*
Gliederfüsser (18–19) I 345, *2.6*
Gorheim (Jesuiten, Bibl.) III 316, *2.15*
Gotthard III 10, *2.3*
Grand séminaire diocésain (Sion, Bibl.) III 165, *1.25*
Grand Théâtre de Genève (Bibl.) I 364, *1.2*
Grandgourt (Prämonstratenser, Bibl.) I 483, *2.23*; II 40, *2.8*
Graphik (16–19) III 296, *2.37*
Graphik (19) III 153, *2.32*
Graphologie III 491, *2.2*
Graubünden (Amtsdrucksachen) I 443, *2.29*
Graubünden (Ansichten, 19) I 449, *2.101*
Graubünden (Ansichtskarten, 19) I 450, *2.107*
Graubünden (Balneologie) I 443, *2.33*
Graubünden (Bauwesen, 19) I 443, *2.35*
Graubünden (Belletristik) I 443, *2.34*
Graubünden (Biographien) I 443, *2.29*

Graubünden (Geographie) I 443, *2.37*
Graubünden (Geschichte) I 443, *2.29*
Graubünden (Geschichtsforschende Gesellschaft, Bibl.) I 438, *1.14*; 443, *2.29*
Graubünden (Gewerbe) I 443, *2.38*
Graubünden (Graue Literatur, 19) I 450, *2.111*
Graubünden (Historisch-antiquarische Gesellschaft, Bibl.) I 438, *1.14*
Graubünden (Karten, 17–19) I 448, *2.88*
Graubünden (Klimatologie) I 443, *2.33*
Graubünden (Kunst) I 443, *2.36*
Graubünden (Landwirtschaft) I 443, *2.38*
Graubünden (Lehrbücher) I 443, *2.33*
Graubünden (Lese-Anstalt, Bibl.) I 437, *1.10*
Graubünden (Lese-Bibliothek für Stadt und Land) I 437, *1.10*
Graubünden (Naturforschende Gesellschaft, Bibl.) I 438, *1.14*; 441, *2.19*; 443, *2.32*
Graubünden (Ökonomische Gesellschaft, Bibl.) I 438, *1.13*
Graubünden (Recht) I 443, *2.30*
Graubünden (Recht, 19) I 457, *2.7*
Graubünden (Staatswissenschaften) I 443, *2.30*
Graubünden (Verkehr, 19) I 443, *2.35*
Graubünden (Wohltätigkeit) I 443, *2.38*
Graubünden (Zeitschriften 18–19) I 443, *2.39*
Graubünden (Zeitungen 18–19) I 443, *2.39*
Graue Literatur (Banken, Schweiz, 19) I 115, *2.43*
Graue Literatur (Firmen, Schweiz, 19) I 114, *2.38*
Graue Literatur (Graubünden) I 442, *2.22*
Graue Literatur (Graubünden, 19) I 450, *2.111*
Graue Literatur (Schweiz) I 224, *2.44*
Graue Literatur (Solothurn) II 368, *2.74*
Graue Literatur (Wirtschaft, Schweiz, 19) I 110, *2.6*
Graue Literatur (Zürich, 19) III 339, *1.76*; 355, *2.88*
Griechische Literatur I 103, *2.33*; 154, *2.141*; II 43, *2.21*; 68, *2.47*; 368, *2.72*; III 53, *2.14*
Griechische Literatur (15–17) I 253, *2.35*
Griechische Literatur (16–17) II 384, *2.8*
Griechische Literatur (16–18) I 247, *2.8*; 482, *2.8*
Griechische Literatur (16–19) I 300, *2.9*; II 198, *2.40*; 239, *2.127*; 284, *2.12*; 325, *2.50*
Griechische Literatur (17) III 229, *2.20*
Griechische Literatur (17–18) III 62, *2.12*
Griechische Literatur (18) II 139, *2.8*
Griechische Literatur (18–19) II 475, *2.6*
Griechische Literatur (19) II 159, *2.31*
Griechische Philologie II 68, *2.43*
Griechische Philologie (15–16) I 153, *2.139*
Griechische Philologie (16–19) I 153, *2.140*; II 284, *2.12*
Griessenberg (Thurgauische Herrschaft, Archiv) III 360, *2.118*
Grosse Gesellschaft (Solothurn, Bibl.) II 351, *1.3*
Grosser Sankt Bernhard (Ansichten) III 153, *2.32*
Grosser Sankt Bernhard (Pass) III 153, *2.27*
Grosser Sankt Bernhard (Priesterseminar, Bibl.) III 177, *1.14*

Grossmünsterstift (Zürich, Archiv) III 359, *2.113*
Grütliverein (Bibl.) III 320, *2.9*; 320, *2.12*
Grütliverein (Herisau, Bibl.) I 72, *1.2*; 73, *2.5*
Grütliverein (Le Locle, Bibl.) II 123, *1.8*
Grütliverein (Schaffhausen, Bibl.) II 279, *1.28*
Grütliverein (Winterthur, Bibl.) III 249, *2.63*
Gutenberg Museum (Bibl.) I 231, *2.85*; 232, *2.87*
Gymnasium (Basel, Bibl.) I 96, *1.1*
Gymnasium (Schwyz, Bibl.) II 334, *1.2*
Gynäkologie II 14, *2.7*
Gynäkologie (16–19) I 180, *2.349*
Gynäkologie (18) I 205, *2.6*
Gynäkologie (18–19) III 415, *2.142*
Gynäkologie (19) II 288, *2.22*

Haggada (18–19) I 352, *2.12*
Hagiographie I 27, *2.57*; 431, *2.4*; II 19, *2.8*;
  21, *2.7*; 81, *2.103*; 103, *2.13*; 183, *2.6*; 309, *2.4*;
  318, *2.36*; 428, *2.11*; 493, *2.8*; III 14, *2.28*;
  27, *2.8*; 216, *2.16*
Hagiographie (16–18) II 227, *2.45*
Hagiographie (17–19) I 294, *2.14*; II 30, *2.15*;
  171, *2.13*; 338, *2.5*
Hagiographie (18–19) I 434, *2.5*; II 254, *2.3*;
  333, *2.3*; III 190, *2.12*
Hagiographie (19) I 48, *2.3*; 423, *2.9*; II 228, *2.46*;
  440, *2.16*; III 150, *2.12*; 186, *2.15*
Halacha III 268, *2.4*
Halacha (18–19) I 352, *2.12*
Haldenstein (Philanthropin, Bibl.) I 437, *1.10*
Haller (Druckerei, Bern) I 255, *2.44*
Handel I 248, *2.17*
Handel (18–19) I 319, *2.14*
Handel (19) I 100, *2.16*; 111, *2.17*; II 203, *2.75*;
  499, *2.31*
Handel und Gewerbe I 442, *2.20*; III 11, *2.8*
Handel und Gewerbe (18–19) II 364, *2.51*
Handel und Gewerbe (19) II 200, *2.54*
Handel und Gewerbe (Schweiz) I 444, *2.45*
Handelshochschule St. Gallen (Bibl.) II 191, *1.14*
Handelsrecht III 388, *1.128*
Handelsrecht (19) III 98, *2.4*
Handwerk II 289, *2.24*
Handwerk (19) I 26, *2.49*; 100, *2.16*; II 142, *2.25*
Handwerk (Ratgeber, 18–19) I 24, *2.31*
Hauswirtschaft I 66, *2.24*; 100, *2.14*; 248, *2.17*;
  II 89, *2.143*
Hauswirtschaft (18) I 270, *2.6*
Hauswirtschaft (18–19) II 364, *2.49*
Hauswirtschaft (19) II 499, *2.30*
Hautecombe (Zisterzienser, Bibl.) II 170, *2.6*
Hauterive (Zisterzienser, Bibl.) I 285, *2.17*
Hautt (Druckerei, Luzern) II 50, *1.24*
Hebraica I 351, *2.5*
Hebraica (16–19) III 289, *2.3*
Hebraica (18) III 268, *2.2*
Hebraica (18–19) I 352, *2.10*; 352, *2.12*
Hebräische Philologie I 150, *2.114*; II 78, *2.90*;
  237, *2.113*; III 372, *1.48*; 406, *2.90*
Hebräische Philologie (16) I 150, *2.115*

Hebräische Philologie (17) I 150, *2.116*
Hebräische Philologie (19) I 151, *2.118*;
  II 494, *2.12*; III 400, *2.55*
Heidelberger Katechismus II 266, *2.12*
Heilpflanzen (18–19) I 333, *2.11*
Heilsarmee (Bibl.) I 217, *2.9*
Helvetica I 219, *2.15*; 220, *2.21*; 249, *2.20*;
  483, *2.23*; II 14, *2.9*; 16, *2.14*; 53, *1.33*; 54, *1.37*;
  62, *2.16*; 335, *2.4*; III 370, *1.27*; 372, *1.43*;
  387, *1.117*; 473, *1.3*
Helvetica (16–19) I 184, *2.379*
Helvetica (17–19) II 294, *2.29*
Helvetica (18–19) I 73, *2.6*; 182, *2.367*; 418, *2.10*;
  483, *2.17*; II 496, *2.20*; III 408, *2.99*
Helvetica (19) I 404, *2.15*; II 344, *2.17*;
  III 310, *2.23*
Helvetica (Geschichte) I 73, *2.5*
Helvetica (Kleinschrifttum, 16–19) III 356, *2.95*
Helvetica (Kleinschrifttum, 19) III 254, *2.99*
Helvetica (Musik) I 225, *2.50*
Helvetica (Reformation) I 73, *2.5*
Helvetica (russische) I 220, *2.23*
Helvetica (Topographische Ansichten) III 475, *2.2*
Helvetica (Topographische Ansichten, 19)
  III 476, *2.10*
Helvetik I 15, *1.1*; II 164, *2.9*; 165, *2.15*;
  198, *2.37*
Helvetik (18–19) I 22, *2.18*; 35, *2.106*; 195, *2.8*
Helvetik (Kleinschrifttum) II 319, *2.38*
Helvetische Naturforschende Gesellschaft
  I 126, *1.36*
Heraldik II 392, *2.66*; III 389, *1.147*; 390, *1.153*
Heraldik (16–18) I 31, *2.84*
Heraldik (16–19) I 147, *2.93*
Heraldik (17–19) III 294, *2.15*
Herisau (Casinobibliothek) I 71, *1.1*; 73, *2.4*;
  77, *1.2*; 85, *2.21*
Herisau (Gemeindebibliothek) I 72, *1.2*
Herisau (Grütliverein, Bibl.) I 72, *1.2*; 73, *2.5*
Herisau (Lectur-Liebende Gesellschaft, Bibl.)
  I 71, *1.1*
Herisau (Lehrerbibliothek) I 72, *1.2*
Herisau (Lesegesellschaft, Bibl.) I 71, *1.1*
Herisau (Schulbibliotheken) I 72, *1.2*
Hero Schweiz AG I 115, *2.48*
Herrnhuter Brüdergemeine III 367, *1.10*
Herzogenbuchsee (Benediktiner, Bibl.) I 241, *1.2*;
  252, *2.29*
Herzogliche Hofbibliothek (Dessau) I 88, *2.33*
Hexen II 102, *2.9*; 170, *2.9*
Hexen (16) II 230, *2.63*
Hexen (16–19) II 196, *2.25*
Hexen (17) II 234, *2.95*
Hildesheim (Benediktinerkloster St. Michael)
  II 296, *2.32*
Himmelsmechanik (19) III 277, *2.30*
Histologie (19) I 205, *2.8*
Historiographie (17–19) I 34, *2.98*
Historisch-antiquarische Gesellschaft Graubünden
  (Bibl.) I 438, *1.14*

Historisch-antiquarischer Verein Schaffhausen
 (Bibl.) II 279, *1.28*
Historisch-antiquarischer Verein Winterthur
 (Bibl.) III 258, *2.116*
Historische Gesellschaft des Kantons Aargau
 (bibl.) I 17, *1.10*
Historische Hilfswissenschaften I 146, *2.89*;
 247, *2.9*; 249, *2.19*; 266, *2.12*; 320, *2.19*;
 II 74, *2.71*; 197, *2.29*; 361, *2.36*; 497, *2.23*;
 III 348, *2.35*
Historische Hilfswissenschaften (16–19)
 II 296, *2.32*
Historische Hilfswissenschaften (18–19)
 III 293, *2.14*
Historische Hilfswissenschaften (19) I 301, *2.20*;
 II 140, *2.11*
Historische und Antiquarische Gesellschaft Basel
 (Bibl.) I 129, *1.51*; 141, *2.58*; 141, *2.59*
Historischer Verein der Zentralschweiz II 58, *1.51*
Historischer Verein des Kantons Bern (Bibl.)
 I 245, *1.14*; 249, *2.20*
Historischer Verein des Kantons Nidwalden (Bibl.)
 II 163, *1.3*
Historischer Verein Glarus (Bibl.) I 401, *1.1*;
 403, *2.10*
Historischer Verein Schaffhausen (Bibl.)
 II 279, *1.28*; 299, *2.40*
Historischer Verein St. Gallen (Bibl.) II 190, *1.8*
Hitzkirch (Deutschordenskommende) II 56, *1.44*
Hoch- und Tiefbauamt (Zürich, Bibl.) III 342, *1.97*
Hochobrigkeitliche Schule (Solothurn, Bibl.)
 II 352, *1.15*
Hochschulen (Geschichte, 16–19) I 133, *2.11*
Hochschulschriften I 250, *2.24*
Hochschulschriften (18–19) I 133, *2.12*
Hoepli Verlag III 242, *2.47*
Hohe Schule (Bern) I 194, *1.2*
Hohe Schule (Bern, Bibl.) I 241, *1.1*
Höhere Lehranstalt (Solothurn, Bibl.) II 352, *1.12*
Homiletik I 23, *2.26*; 27, *2.56*; 63, *2.8*; II 8, *2.6*;
 83, *2.113*; 195, *2.17*; 266, *2.10*; 438, *2.6*
Homiletik (16) II 438, *2.7*
Homiletik (16–19) I 319, *2.10*; II 33, *2.20*
Homiletik (17) II 438, *2.8*
Homiletik (17–18) III 178, *2.4*
Homiletik (17–19) I 35, *2.112*
Homiletik (18) II 439, *2.10*
Homiletik (18–19) II 42, *2.19*
Homiletik (19) II 439, *2.14*; III 221, *2.2*
Homiletik (katholische, 17–19) II 344, *2.13*;
 III 201, *2.39*; 206, *2.7*
Homiletik (katholische, 18–19) II 485, *2.5*
Homiletik (protestantische) III 107, *2.11*
Homiletik (protestantische, 17–19) II 156, *2.6*
Honegger (Druckerei, Liestal) I 97, *1.5*
Hülfsgesellschaft St. Gallen (Bibl.) II 191, *1.11*
Humanismus I 122, *1.11*; 123, *1.15*; 136, *2.27*;
 153, *2.136*; 155, *2.150*; II 297, *2.35*
Humanismus (17) III 230, *2.21*; 237, *2.37*
Humanismus (Italien) I 156, *2.152*; 157, *2.160*

Humanismus (Literatur, 16) II 33, *2.22*
Humanismus (Philologie) II 284, *2.13*
Humanismus (Philologie, 16–18) II 237, *2.113*
Hurter (Verlag, Schaffhausen) II 277, *1.20*;
 287, *2.19*; 296, *2.32*
Huysburg (Benediktiner, Bibl.) III 348, *2.36*
Hygiene (19) I 342, *2.5*; II 499, *2.29*
Hymnologica I 134, *2.16*; 470, *2.13*; III 59, *1.9*;
 372, *1.42*; 391, *1.172*; 488, *2.13*
Hymnologica (18–19) III 422, *2.181*
Hymnologica (19) III 382, *1.99*
Hypnose (19) I 140, *2.51*; III 415, *2.143*

Ikonographie (19) I 306, *2.9*
Illustrierte Bücher (Kunst, 19) I 39, *2.139*
Imkerei I 33, *2.97*
Indogermanistik I 152, *2.131*; II 494, *2.12*;
 III 226, *2.10*
Indogermanistik (19) I 447, *2.73*
Indologie I 187, *2.394*; 230, *2.74*
Indologie (19) I 152, *2.131*
Industrie (18–19) II 125, *2.11*
Industrie (19) I 111, *2.17*; II 200, *2.54*; 203, *2.75*;
 499, *2.31*
Industrie (Schweiz) I 166, *2.229*; 444, *2.45*
Industrie (Schweiz, 19) III 250, *2.72*
Industrie- und Gewerbemuseum St. Gallen (Bibl.)
 II 201, *2.55*
Infektionskrankheiten (19) I 342, *2.4*
Ingenieurwesen III 277, *2.32*
Ingenieurwesen (19) III 53, *2.18*; 76, *2.6*
Ingenieurwesen (Zeitschriften) III 286, *2.97*
Ingolstadt (Jesuiten, Bibl.) II 105, *2.23*;
 III 208, *2.14*
Ingolstadt (Universität, Bibl.) II 103, *2.18*
Inkunabeln I 27, *2.55*; 37, *2.126*; 44, *2.3*; 68, *2.38*;
 129, *1.54*; 130, *1.59*; 181, *2.359*; 187, *2.394*;
 246, *2.2*; 251, *2.28*; 253, *2.34*; 285, *2.17*;
 295, *2.18*; 299, *2.3*; 302, *2.25*; 323, *2.40*;
 325, *2.52*; 429, *2.15*; 440, *2.10*; 483, *2.21*;
 II 11, *2.29*; 25, *2.2*; 34, *2.25*; 46, *1.2*; 47, *1.9*;
 57, *1.48*; 61, *2.9*; 100, *2.2*; 143, *2.34*; 159, *2.34*;
 163, *2.2*; 173, *2.22*; 193, *2.5*; 222, *2.11*;
 263, *1.16*; 264, *2.3*; 279, *1.30*; 297, *2.34*;
 310, *2.7*; 346, *2.27*; 370, *2.86*; 383, *1.2*;
 402, *2.1*; 434, *2.11*; 447, *2.82*; 470, *2.34*;
 482, *1.2*; 483, *2.5*; 500, *2.35*; III 52, *2.7*;
 54, *2.24*; 153, *2.28*; 158, *2.6*; 167, *2.15*;
 173, *2.16*; 180, *2.17*; 210, *2.28*; 218, *2.28*;
 230, *2.21*; 230, *2.24*; 273, *2.5*;
 386, *1.107*; 423, *2.185*; 499, *2.5*
Inquisition II 29, *2.12*
Institut de botanique générale (Genf, Bibl.)
 I 332, *1.14*
Institut de physique (Genf, Bibl.) I 371, *1.3*
Institut et musée Voltaire (Genf, Bibl.) I 317, *1.42*
Institut für Sozialforschung Frankfurt (Bibl.)
 III 389, *1.138*
Institut Galli-Valerio (Bibl.) III 82, *1.5*

Institut jurassien des sciences, des lettres et des arts (Bibl.) I 481, *2.2*
Institut national genevois I 317, *1.39*
Interlaken (Augustiner, Bibl.) I 241, *1.2*
Internat Walterswil (Baar, Bibl.) III 188, *1.2*
Internat Wiesholz (Ramsen, Bibl.) III 188, *1.2*
Internationales Recht (19) III 98, *2.5*
Inzigkoven (Augustinerinnen, Bibl.) III 316, *2.16*
Iran III 388, *1.134*
Islamwissenschaft III 406, *2.90*
Islamwissenschaft (16–19) I 151, *2.120*
Isny (Benediktiner, Bibl.) II 308, *1.40*
Israel (Nationalbibliothek) III 268, *1.3*
Italien (Biographien, 18–19) I 385, *2.13*
Italien (Buchdruck, 18–19) II 57, *1.47*
Italien (Geographie) I 144, *2.78*
Italien (Geschichte) II 385, *2.10*
Italien (Geschichte, 16–19) I 144, *2.77*
Italien (Geschichte, 18–19) III 419, *2.169*
Italien (Geschichte, 19) I 377, *2.10*; 385, *2.12*
Italien (Humanismus) I 156, *2.152*; 157, *2.160*
Italien (Recht) I 165, *2.220*
Italienische Literatur I 444, *2.47*; II 66, *2.33*; 282, *2.7*; 325, *2.51*; 368, *2.73*; 459, *2.8*
Italienische Literatur (16) I 310, *2.3*
Italienische Literatur (16–17) II 388, *2.28*
Italienische Literatur (16–19) I 300, *2.12*; II 384, *2.8*; 430, *2.20*; 445, *2.67*
Italienische Literatur (17) I 156, *2.159*
Italienische Literatur (18) II 388, *2.29*; III 239, *2.40*
Italienische Literatur (18–19) I 58, *2.45*; II 467, *2.16*; III 307, *2.4*
Italienische Literatur (19) II 139, *2.8*; 417, *2.5*; 444, *2.58*; III 246, *2.56*; 420, *2.176*
Italienische Philologie (16–19) I 156, *2.156*; II 440, *2.20*; 446, *2.73*
Ittingen (Kartäuser, Bibl.) I 93, *2.5*; 434, *2.5*; II 250, *2.3*; 258, *2.9*; 490, *1.2*; 492, *2.5*; 492, *2.6*; 494, *2.13*; 498, *2.25*; 501, *2.37*; III 206, *2.7*; 218, *2.28*

Jagd (19) I 26, *2.50*
Jagdbibliothek (Aargau) I 17, *1.12*
Jansenismus II 358, *2.21*; 501, *2.38*; III 59, *1.9*
Japan III 50, *1.18*
Japan (Geographie) III 307, *1.11*
Japan (Reiseliteratur) III 307, *1.11*
Jesuiten II 268, *2.31*
Jesuiten (Bad Schönbrunn, Bibl.) III 314, *1.7*; 315, *2.3*
Jesuiten (Basel, Bibl.) III 314, *1.6*
Jesuiten (Bellinzona, Bibl.) II 311, *2.9*; 314, *2.26*; 328, *2.62*
Jesuiten (Bourges, Bibl.) II 40, *2.6*
Jesuiten (Brig, Bibl.) III 316, *2.13*
Jesuiten (Ensisheim, Bibl.) I 477, *1.7*; II 38, *1.1*; 41, *2.11*
Jesuiten (Estavayer, Bibl.) III 316, *2.13*; 316, *2.15*
Jesuiten (Feldkirch, Bibl.) III 314, *1.7*; 314, *1.8*; 316, *2.13*; 316, *2.15*
Jesuiten (Freiburg i.Br., Bibl.) II 38, *1.1*
Jesuiten (Freiburg, Bibl.) I 284, *2.16*; 285, *2.17*; III 316, *2.13*
Jesuiten (Geschichte) I 253, *2.35*; III 315, *2.11*; 316, *2.12*
Jesuiten (Geschichte, 17–18) II 228, *2.48*
Jesuiten (Gorheim, Bibl.) III 316, *2.15*
Jesuiten (Ingolstadt, Bibl.) II 105, *2.23*; III 208, *2.14*
Jesuiten (Konstanz, Bibl.) II 38, *1.1*
Jesuiten (Kontroverstheologie, 18) II 230, *2.61*
Jesuiten (Luzern) II 30, *2.14*; 49, *1.19*
Jesuiten (Luzern, Bibl.) I 423, *2.11*; II 8, *1.1*; 9, *2.11*; 28, *2.10*; 31, *2.16*; 38, *1.1*; 43, *2.21*; 103, *2.18*; 173, *2.20*; 316, *2.31*; 342, *2.8*; 397, *1.3*; III 8, *1.8*; 14, *2.25*; 14, *2.31*; 208, *2.14*; 216, *2.15*; 240, *2.42*; 316, *2.13*
Jesuiten (Missionsgeschichte, 17–18) II 228, *2.48*
Jesuiten (München, Bibl.) III 313, *1.2*
Jesuiten (Paris, Bibl.) II 343, *2.9*
Jesuiten (Pruntrut, Bibl.) I 476, *1.1*; II 38, *1.1*; 40, *2.6*; 41, *2.13*; 43, *2.20*; 43, *2.21*
Jesuiten (Regensburg, Bibl.) III 316, *2.15*
Jesuiten (Sitten, Bibl.) III 316, *2.13*
Jesuiten (Solothurn, Bibl.) II 38, *1.1*; 352, *1.14*; 352, *1.17*; 356, *2.12*; 358, *2.21*; 359, *2.29*; 364, *2.49*; 365, *2.61*; 368, *2.71*; 370, *2.83*; 373, *2.100*; 376, *2.123*; III 26, *2.7*; 207, *2.9*; 316, *2.13*
Jesuiten (Tisis, Bibl.) III 314, *1.8*; 316, *2.15*
Jesuiten (Ypres, Bibl.) II 38, *1.1*
Jesuiten (Zürich, Bibl.) III 314, *1.7*
Jesuitica I 445, *2.57*; II 81, *2.101*; 338, *2.4*; 356, *2.12*; 356, *2.15*; 501, *2.38*; III 59, *1.9*; 67, *2.4*; 313, *1.3*; 370, *1.32*; 398, *2.29*
Jesus Christus (19) I 138, *2.42*
Jiddische Literatur I 351, *2.5*
Josephinismus I 434, *2.7*; II 501, *2.38*
Judaica I 351, *2.5*; II 93, *2.169*
Judaica (16) I 150, *2.115*
Judaica (16–19) I 150, *2.113*; III 289, *2.3*
Judaica (17) I 150, *2.116*
Judaica (18) I 150, *2.117*
Judaica (18–19) I 352, *2.10*; 352, *2.12*
Judaica (19) I 151, *2.118*
Judaica (Schweiz) III 289, *1.3*
Judenmission I 150, *2.117*
Jugend- und Volksbibliothek Sernftal (Engi) I 409, *2.36*; 412, *2.53*
Jugendbewegung (Sozialismus) III 319, *1.12*
Jugendbücher II 92, *2.160*
Jugendbücher (19) II 114, *2.20*
Jugendliteratur (19) I 25, *2.43*; 29, *2.69*
Julius Klaus-Stiftung (Bibl.) III 390, *1.160*; 427, *2.205*
Jurassica I 483, *2.18*; 483, *2.23*
Juristenverein Schaffhausen (Bibl.) II 280, *1.35*
Justizdirektion Zürich (Bibl.) III 342, *1.97*

Kalchrain (Zisterzienserinnen, Bibl.)   II 482, *1.2*
Kalender   I 147, *2.96*; 215, *1.36*; 254, *2.40*;
   II 63, *2.24*; 74, *2.72*
Kalender (15–16)   I 252, *2.32*
Kalender (16–19)   I 320, *2.19*
Kalender (18–19)   I 409, *2.34*; II 180, *2.38*
Kalender (19)   I 387, *2.26*; II 167, *2.39*; III 21, *2.8*
Kalender (Bern)   I 254, *2.40*
Kalender (Schweiz)   I 223, *2.39*
Kalender (Schweiz, 18–19)   III 296, *2.31*
Kalthoeber (Buchbinderei, London)   III 302, *2.2*
Kantonale Gemeinnützige Gesellschaft Uri (Bibl.)
   III 11, *2.9*; 13, *2.18*
Kantonale Militärbibliothek Solothurn
   II 353, *1.22*; 365, *2.54*
Kantonale Offiziersgesellschaft Schaffhausen
   (Bibl.)   II 279, *1.28*; 299, *2.39*
Kantons-Kriegs-Commission (Solothurn, Bibl.)
   II 365, *2.54*
Kantonsbibliothek Luzern   II 55, *1.41*
Kantonsbibliothek Solothurn   II 351, *1.6*;
   354, *1.28*
Kantonsbibliothek Zürich   III 337, *1.66*
Kantonsschule Graubünden (Bibl.)   I 436, *1.2*;
   437, *1.11*
Kantonsschule Solothurn (Bibl.)   II 372, *2.95*;
   374, *2.104*
Kapuziner (Altdorf, Bibl.)   II 346, *2.27*
Kapuziner (Annecy, Bibl.)   III 182, *1.1*
Kapuziner (Arth)   II 30, *2.15*
Kapuziner (Arth, Bibl.)   II 25, *1.3*; 27, *2.7*; 29, *2.12*;
   30, *2.13*
Kapuziner (Baden, Bibl.)   II 25, *1.3*; 30, *2.13*;
   34, *2.25*; 103, *2.14*; 104, *2.19*; 341, *1.1*;
   342, *2.5*; 346, *2.26*; 346, *2.27*; III 13, *2.20*;
   14, *2.24*
Kapuziner (Bozen, Bibl.)   II 172, *2.18*
Kapuziner (Bremgarten, Bibl.)   II 29, *2.12*; 31, *2.17*;
   101, *2.8*; III 214, *2.6*; 215, *2.11*; 230, *2.24*
Kapuziner (Bulle, Bibl.)   I 282, *1.13*; 286, *2.27*;
   II 102, *2.10*
Kapuziner (Dornach, Bibl.)   II 25, *1.3*; 26, *2.6*;
   27, *2.7*; 30, *2.13*; 33, *2.22*; 34, *2.25*; 105, *2.25*;
   346, *2.27*
Kapuziner (Frauenfeld, Bibl.)   I 422, *2.4*;
   II 100, *1.1*
Kapuziner (Freiburg, Bibl.)   I 282, *1.10*; 282, *1.13*;
   286, *2.24*; 422, *1.2*
Kapuziner (Geschichte, 17–19)   II 30, *2.14*
Kapuziner (Laufenburg, Bibl.)   I 16, *1.3*; 28, *2.63*
Kapuziner (Le Landeron, Bibl.)   II 437, *1.6*
Kapuziner (Loreto, Bibl.)   I 422, *1.2*
Kapuziner (Lugano, Bibl.)   II 437, *1.2*
Kapuziner (Luzern, Bibl.)   I 93, *2.5*; 422, *1.2*;
   II 34, *2.25*; 171, *2.16*; 341, *1.1*; 346, *2.27*;
   III 207, *2.9*
Kapuziner (Mendrisio, Bibl.)   II 427, *1.4*; 428, *2.6*;
   453, *2.2*; 454, *2.15*
Kapuziner (Mesocco, Bibl.)   II 446, *2.77*
Kapuziner (Montcroix, Bibl.)   I 484, *2.25*

Kapuziner (Näfels)   II 30, *2.15*
Kapuziner (Näfels, Bibl.)   I 410, *2.41*; II 25, *1.3*;
   34, *2.25*
Kapuziner (Pruntrut, Bibl.)   I 477, *1.8*; II 38, *1.1*;
   41, *2.13*; 341, *1.1*
Kapuziner (Rheinfelden, Bibl.)   I 16, *1.3*; 28, *2.63*
Kapuziner (Schüpfheim, Bibl.)   II 25, *1.3*; 33, *2.20*;
   34, *2.25*
Kapuziner (Schweiz)   II 407, *1.4*
Kapuziner (Solothurn, Bibl.)   II 26, *2.6*; 33, *2.22*;
   100, *1.1*; 170, *2.6*
Kapuziner (St. Maurice, Bibl.)   III 176, *1.10*
Kapuziner (Stans, Bibl.)   II 346, *2.27*
Kapuziner (Steyr, Bibl.)   I 427, *2.4*
Kapuziner (Sursee)   II 8, *1.1*
Kapuziner (Thonon, Bibl.)   III 182, *1.1*
Kapuziner (Tiefencastel, Bibl.)   II 437, *1.6*
Kapuziner (Wil, Bibl.)   I 421, *1.1*; II 100, *1.1*
Kapuziner (Zug, Bibl.)   II 252, *2.5*; 341, *1.1*
Kapuzinerinnen (Altstätten SG, Bibl.)   III 230, *2.24*
Kapuzinerinnenkloster St. Maria der Engel (Appen-
   zell)   II 28, *2.10*
Karikatur (19)   III 302, *2.4*
Karmeliten (Como, Bibl.)   II 315, *2.29*
Karmeliten (Lunéville, Bibl.)   II 26, *2.6*
Kartäuser (Basel, Bibl.)   I 121, *1.6*; 122, *1.13*;
   135, *2.23*; 155, *2.150*; 181, *2.360*; 182, *2.363*;
   II 371, *2.89*
Kartäuser (Buxheim, Bibl.)   I 427, *2.4*; II 259, *2.12*
Kartäuser (Ittingen, Bibl.)   I 93, *2.5*; 434, *2.5*;
   II 250, *2.3*; 258, *2.9*; 490, *1.2*; 492, *2.6*; 492, *2.5*;
   494, *2.13*; 498, *2.25*; 501, *2.37*; III 206, *2.7*;
   218, *2.28*
Kartäuser (La Part-Dieu, Bibl.)   I 285, *2.17*
Kartäuser (Molsheim, Bibl.)   II 26, *2.6*
Kartäuser (Thorberg, Bibl.)   I 241, *1.2*; 252, *2.29*;
   III 209, *2.22*
Karten   I 105, *2.50*; 130, *1.59*; 168, *2.247*;
   170, *2.262*; 187, *2.394*; 320, *2.16*; 449, *2.98*;
   II 321, *2.42*; III 371, *1.38*; 372, *1.46*; 482, *2.3*
Karten (16)   I 170, *2.263*
Karten (16–19)   I 254, *2.38*; 324, *2.48*;
   II 480, *2.14*
Karten (17–19)   II 198, *2.34*; III 55, *2.27*;
   153, *2.31*; 362, *2.124*
Karten (18–19)   I 267, *2.15*; 406, *2.21*
Karten (19)   II 125, *2.6*; 363, *2.43*; III 44, *2.15*
Karten (Aargau)   I 38, *2.131*
Karten (Deutschland)   II 480, *2.11*
Karten (Deutschland, 18–19)   II 500, *2.33*
Karten (Europa, 18–19)   I 39, *2.132*; II 298, *2.38*
Karten (Genf)   I 324, *2.49*
Karten (Geologie)   I 38, *2.131*
Karten (Graubünden, 17–19)   I 448, *2.88*
Karten (Luzern)   II 94, *2.175*
Karten (Militärwesen)   I 38, *2.131*
Karten (Polen)   II 185, *2.2*
Karten (Polen, 17–18)   II 185, *2.9*
Karten (Schweiz)   I 200, *2.3*; 215, *1.36*; 448, *2.91*
Karten (Schweiz, 16–17)   I 169, *2.251*

Karten (Schweiz, 16–19) I 227, *2.56;* II 480, *2.10;*
 III 297, *2.38*
Karten (Schweiz, 18–19) II 298, *2.38;* 500, *2.33*
Karten (Schweiz, 19) I 249, *2.21;* III 251, *2.77*
Karten (Wallis) III 167, *2.18*
Karten (Zürich, 19) III 345, *2.18*
Kartographie I 22, *2.15*
Kartographie (16–19) I 38, *2.131;* III 275, *2.23*
Kartographie (17–19) I 38, *2.129*
Kartographie (Glarus, 18–19) I 411, *2.46*
Katechetik II 286, *2.18;* 344, *2.14;* III 217, *2.22*
Katechetik (16–19) I 319, *2.10;* II 103, *2.17*
Katechetik (18–19) II 33, *2.21;* 42, *2.17*
Katechetik (19) III 243, *2.48*
Katechetik (katholische) III 185, *2.12*
Katechetik (katholische, 18–19) I 433, *2.3;*
 II 172, *2.19*
Katechetik (katholische, 19) III 172, *2.10*
Katechismen I 481, *2.6;* II 83, *2.113;* 84, *2.119;*
 195, *2.17;* 266, *2.11;* III 62, *2.9*
Katechismen (katholische, 19) III 150, *2.11*
Katechismen (protestantische) I 469, *2.10*
Katechismen (protestantische, 16–17) I 137, *2.34*
Katechismen (protestantische, 18–19) II 156, *2.10*
Katholische Kirche (Aargau) I 26, *2.48*
Kaufmännische Lesegesellschaft (Zürich)
 III 306, *1.1*
Kaufmännisches Direktorium St. Gallen (Bibl.)
 II 191, *1.14;* 203, *2.74*
Kaufmännisches Direktorium Zürich (Archiv)
 III 358, *2.105*
Kettenbücher II 47, *1.9;* 260, *1.1*
Kinderbücher III 390, *1.159*
Kinderbücher (19) I 52, *2.6;* 140, *2.52;*
 III 427, *2.205;* 500, *2.16*
Kirchenarchiv (Basel) I 128, *1.49;* 138, *2.37;*
 138, *2.41;* 150, *2.113;* 164, *2.212;* 182, *2.368*
Kirchenarchiv (Zürich) III 358, *2.106*
Kirchengeschichte I 23, *2.26;* 27, *2.57;* 63, *2.8;*
 80, *2.13;* 143, *2.69;* 422, *2.5;* II 9, *2.7;* 21, *2.5;*
 80, *2.97;* 104, *2.19;* 195, *2.17;* 265, *2.6;* 309, *2.4;*
 483, *2.6;* 486, *2.7;* 520, *2.8;* III 179, *2.10;*
 190, *2.10;* 216, *2.15;* 315, *2.11;* 371, *1.37;*
 372, *1.42;* 417, *2.155*
Kirchengeschichte (15–19) I 138, *2.41*
Kirchengeschichte (16–18) I 31, *2.84;* 247, *2.8;*
 II 227, *2.44*
Kirchengeschichte (16–19) I 183, *2.373;* 427, *2.4;*
 II 226, *2.39;* 286, *2.17;* 318, *2.35;* 356, *2.17;*
 451, *2.16;* III 14, *2.31*
Kirchengeschichte (17–18) I 29, *2.65;* III 349, *2.44;*
 402, *2.68*
Kirchengeschichte (17–19) I 294, *2.14;* II 30, *2.14;*
 40, *2.8;* III 61, *2.7;* 226, *2.13*
Kirchengeschichte (18–19) I 37, *2.123;* 385, *2.15;*
 II 171, *2.12;* 227, *2.43;* 440, *2.18;* III 131, *2.11;*
 186, *2.15*
Kirchengeschichte (19) I 33, *2.97;* II 250, *2.5;*
 III 26, *2.6;* 67, *2.4;* 207, *2.11*
Kirchengeschichte (Aargau, 18–19) I 26, *2.48*

Kirchengeschichte (Basel, 16–19) I 182, *2.364*
Kirchengeschichte (Deutschland) II 157, *2.14*
Kirchengeschichte (Frankreich) II 157, *2.14*
Kirchengeschichte (Genf) II 157, *2.14*
Kirchengeschichte (katholische) I 318, *2.7;*
 II 80, *2.98;* 258, *2.9;* 344, *2.15;* 385, *2.13;*
 493, *2.8;* III 395, *2.4*
Kirchengeschichte (katholische, 18–19) III 395, *2.6*
Kirchengeschichte (katholische, 19) II 157, *2.18;*
 344, *2.16;* 469, *2.28;* III 59, *1.8;* 173, *2.13;*
 202, *2.51*
Kirchengeschichte (Neuenburg) II 157, *2.14*
Kirchengeschichte (Nidwalden, 19) II 165, *2.19*
Kirchengeschichte (Osteuropa) I 187, *2.394*
Kirchengeschichte (protestantische) II 493, *2.9*
Kirchengeschichte (protestantische, 18–19)
 III 107, *2.11*
Kirchengeschichte (protestantische, 19)
 II 502, *2.40*
Kirchengeschichte (protestantische, Frankreich)
 I 318, *2.7*
Kirchengeschichte (protestantische, Schweiz)
 I 318, *2.7*
Kirchengeschichte (reformierte) I 324, *2.45*
Kirchengeschichte (Schaffhausen) II 270, *2.42*
Kirchengeschichte (Schweiz) I 182, *2.366;*
 184, *2.382;* II 80, *2.99;* 104, *2.21;* 157, *2.14;*
 294, *2.29*
Kirchengeschichte (Schweiz, 17–19) II 40, *2.7;*
 III 294, *2.19*
Kirchengeschichte (Schweiz, 18–19) II 165, *2.18*
Kirchenmusik (17–19) II 375, *2.115*
Kirchenmusik (18) II 373, *2.100*
Kirchenmusik (18–19) II 67, *2.39*
Kirchenrecht I 23, *2.26;* 27, *2.57;* 164, *2.212;*
 294, *2.13;* 463, *2.23;* II 21, *2.7;* 40, *2.9;*
 85, *2.124;* 103, *2.14;* 265, *2.7;* 386, *2.14;*
 403, *2.16;* III 179, *2.12*
Kirchenrecht (15) II 223, *2.19*
Kirchenrecht (16–18) III 398, *2.35*
Kirchenrecht (16–19) II 29, *2.12;* 440, *2.25;*
 451, *2.16*
Kirchenrecht (17–18) I 29, *2.65*
Kirchenrecht (17–19) I 35, *2.112*
Kirchenrecht (18) III 186, *2.16*
Kirchenrecht (18–19) II 343, *2.11;* III 215, *2.13*
Kirchenrecht (19) III 152, *2.23;* 417, *2.154*
Kirchenrecht (katholisches) I 319, *2.13*
Kirchenrecht (katholisches, 16–19) II 233, *2.89*
Kirchenväter II 79, *2.95*
Klassische Philologie I 64, *2.15;* 153, *2.136;*
 233, *2.95;* 249, *2.18;* II 173, *2.20;* 324, *2.47;*
 325, *2.50;* 335, *2.5;* 494, *2.13;* III 226, *2.10;*
 237, *2.37;* 371, *1.37;* 372, *1.47;* 405, *2.83;*
 422, *2.180*
Klassische Philologie (16) III 398, *2.30*
Klassische Philologie (16–19) I 321, *2.26*
Klassische Philologie (17–19) I 34, *2.98*
Klassische Philologie (18) I 34, *2.100;*
 III 398, *2.31*

Klassische Philologie (18–19)   I 35, *2.107*
Klassische Philologie (19)   III 245, *2.53;* 256, *2.111*
Klassische Philologie (Kleinschrifttum, 19)
   III 254, *2.94*
Kleinschrifttum   I 134, *2.15;* II 190, *1.9;* 276, *1.19;*
   III 344, *2.9*
Kleinschrifttum (15–16)   III 357, *2.98*
Kleinschrifttum (16–19)   I 36, *2.115*
Kleinschrifttum (17–19)   III 409, *2.101*
Kleinschrifttum (18–19)   I 35, *2.105;* 39, *2.133;*
   40, *2.143;* 255, *2.43;* 445, *2.50;* III 404, *2.76;*
   408, *2.99;* 423, *2.188*
Kleinschrifttum (19)   II 165, *2.22;* III 153, *2.29;*
   422, *2.181*
Kleinschrifttum (Anarchismus, 19)   III 323, *2.26*
Kleinschrifttum (Arbeiterbewegung, 19)
   III 323, *2.26*
Kleinschrifttum (Ausländerpolitik, 19)
   III 323, *2.27*
Kleinschrifttum (Basel, 17–18)   I 184, *2.382*
Kleinschrifttum (Botanik, 19)   I 333, *2.14*
Kleinschrifttum (Eisenbahn, 19)   III 323, *2.28*
Kleinschrifttum (Frauenbewegung, 19)
   III 323, *2.28*
Kleinschrifttum (Freimaurerei, 19)   III 254, *2.93*
Kleinschrifttum (Friedensbewegung, 19)
   III 323, *2.27*
Kleinschrifttum (Genf, Geschichte)   I 375, *1.10;*
   II 198, *2.37*
Kleinschrifttum (Geographie, 19)   III 254, *2.97*
Kleinschrifttum (Geschichte, 19)   III 254, *2.96*
Kleinschrifttum (Glarus, 19)   I 405, *2.19;* 419, *2.11*
Kleinschrifttum (Helvetica, 16–19)   III 356, *2.95*
Kleinschrifttum (Helvetica, 19)   III 254, *2.99*
Kleinschrifttum (Helvetik)   II 319, *2.38*
Kleinschrifttum (katholisches, 19)   III 36, *2.32*
Kleinschrifttum (Klassische Philologie, 19)
   III 254, *2.94*
Kleinschrifttum (Kunst, 19)   III 254, *2.98*
Kleinschrifttum (Landwirtschaft, 19)   III 323, *2.28*
Kleinschrifttum (Lucernensia)   II 21, *2.3*
Kleinschrifttum (Medizin, 18–19)   III 253, *2.90*
Kleinschrifttum (Musik, 19)   III 254, *2.98*
Kleinschrifttum (Naturwissenschaften, 19)
   III 253, *2.91*
Kleinschrifttum (Neuenburg, 19)   II 146, *2.54*
Kleinschrifttum (Pädagogik, 19)   III 254, *2.93*
Kleinschrifttum (Philosophie, 19)   III 254, *2.93*
Kleinschrifttum (Politik, 17–19)   II 298, *2.36*
Kleinschrifttum (Psychologie, 19)   III 254, *2.93*
Kleinschrifttum (Recht, 19)   III 253, *2.88*
Kleinschrifttum (Schaffhausen, 17–19)   II 298, *2.37*
Kleinschrifttum (Schaffhausen, 18–19)   II 294, *2.31*
Kleinschrifttum (Schweiz, 19)   I 418, *2.9;*
   II 294, *2.29*
Kleinschrifttum (Schweiz, Geschichte, 18–19)
   II 198, *2.37*
Kleinschrifttum (Sozialismus, 19)   III 320, *2.9;*
   323, *2.26*
Kleinschrifttum (Technik, 19)   III 253, *2.92*

Kleinschrifttum (Theologie, 16–19)   II 287, *2.19*
Kleinschrifttum (Theologie, 17–18)   III 359, *2.110*
Kleinschrifttum (Theologie, 18–19)   III 253, *2.87*
Kleinschrifttum (Universität, 17–19)   II 298, *2.36*
Kleinschrifttum (Volkswirtschaft, 19)   I 165, *2.221*
Kleinschrifttum (Wahlrecht, 19)   III 323, *2.26*
Kleinschrifttum (Winterthur, 19)   III 257, *2.113*
Kleinschrifttum (Wirtschaftswissenschaften, 19)
   III 253, *2.89*
Kleinschrifttum (Zug)   III 201, *2.46;* 202, *2.54*
Klimatologie (19)   III 282, *2.72*
Klimatologie (Graubünden)   I 443, *2.33*
Klingnau (Benediktiner, Bibl.)   I 16, *1.3*
Kloster (Muri, Bibl.)   I 23, *2.27;* 25, *2.38;* 27, *2.52;*
   37, *2.126*
Kloster (Wettingen, Bibl.)   I 23, *2.27;* 25, *2.38;*
   30, *2.76;* 37, *2.126;* 44, *1.9*
Klosterarchive (Zürich)   III 327, *1.4;* 359, *2.112*
Klosterdruckerei (St. Gallen)   II 215, *1.17*
Kochbücher   II 142, *2.25;* 434, *2.6;* III 22, *2.18*
Kollegiatstift (Baden, Bibl.)   II 183, *2.9*
Kollegiatstift (Beromünster)   II 13, *1.2*
Kollegiatstift (Solothurn)   II 344, *2.13*
Kollegium Altdorf (Bibl.)   III 12, *2.13*
Kollegium Karl Borromäus (Altdorf, Bibl.)
   III 9, *1.9;* 9, *1.10;* 11, *2.9;* 11, *2.11;* 13, *2.18*
Köln (Buchdruck)   II 483, *2.10*
Kolonialismus   I 319, *2.14*
Kolonialismus (19)   I 387, *2.26*
Kometen (17)   I 172, *2.279*
Kometen (19)   III 277, *2.31*
Kommunismus   I 32, *2.90;* III 71, *2.5*
Komparatistik   I 301, *2.18*
Komponisten (Biographien, 19)   I 162, *2.197*
König-Leesenbergsche Fideikommissbücherei
   III 22, *2.15*
Königliche Bibliothek (Berlin)   III 239, *2.40*
Konkursrecht (19)   III 98, *2.5*
Konservatorium und Musikhochschule Zürich
   (Bibl.)   III 486, *1.8*
Konstanz (Jesuiten, Bibl.)   II 38, *1.1*
Kontroverstheologie   II 81, *2.105;* 195, *2.19;*
   265, *2.9;* 313, *2.19;* 356, *2.15;* III 316, *2.12*
Kontroverstheologie (16–17)   II 357, *2.20*
Kontroverstheologie (16–19)   II 102, *2.11;*
   286, *2.17*
Kontroverstheologie (17)   II 262, *1.11*
Kontroverstheologie (17–19)   II 358, *2.21*
Kontroverstheologie (Jesuiten, 18)   II 230, *2.61*
Kontroverstheologie (katholische)   II 41, *2.13;*
   III 216, *2.14*
Kontroverstheologie (katholische, 16–19)
   II 30, *2.13;* 230, *2.58*
Kontroverstheologie (katholische, 17–18)
   II 230, *2.60*
Kontroverstheologie (katholische, 18–19)
   I 434, *2.6;* II 343, *2.12*
Konzertprogramme   I 162, *2.200*
Konzertprogramme (19)   I 365, *2.10*
Konzertprogramme (Genf)   I 337, *2.2*

Konzil von Basel   I 136, *2.27*
Konzilien   I 481, *2.6;* II 311, *2.13*
Konzilien (16–18)   III 401, *2.60*
Kopenhagen (Arbeitersekretariat, Bibl.)
   III 320, *2.12*
Koptologie   I 149, *2.110*
Koran (16–17)   I 151, *2.124*
Kosmographie (16–17)   I 426, *2.3*
Kosmographie (17–19)   II 292, *2.28*
Kräuterbücher   II 291, *2.27;* III 87, *2.6*
Kräuterbücher (16)   I 175, *2.310;* 180, *2.354*
Kräuterbücher (16–17)   II 240, *2.135*
Kreuzlingen (Augustiner)   II 285, *2.14;* 296, *2.32*
Kreuzlingen (Augustiner, Bibl.)   II 288, *2.21;*
   490, *1.2;* 492, *2.6;* 494, *2.13;* 496, *2.20;*
   498, *2.25;* 500, *2.35;* 501, *2.37*
Kriegsgeschichte   I 100, *2.10*
Kriegsgeschichte (19)   II 299, *2.39*
Kriegsgeschichte (Schweiz, 18–19)   I 28, *2.60*
Kriminalrecht (19)   III 417, *2.154*
Kryptogamen (18–19)   III 88, *2.13*
Kulturgeschichte   II 77, *2.84*
Kulturgeschichte (17–19)   II 360, *2.35*
Kulturgeschichte (18–19)   I 301, *2.20*
Kulturgeschichte (19)   I 102, *2.24*
Kulturkampf   I 448, *2.85;* II 80, *2.99;* 164, *2.8;*
   164, *2.10;* 198, *2.37;* 358, *2.21;* III 199, *2.19*
Kulturkampf (Aargau)   III 395, *2.6*
Kunst   I 21, *2.8;* 104, *2.43;* 160, *2.187;* 219, *2.18;*
   250, *2.23;* 267, *2.19;* 423, *2.11;* 442, *2.20;*
   II 66, *2.36;* 201, *2.58*
Kunst (16–18)   II 390, *2.44*
Kunst (16–19)   I 160, *2.188;* 161, *2.189*
Kunst (17–19)   I 321, *2.28;* 325, *2.55*
Kunst (18–19)   I 301, *2.24;* 408, *2.30;* II 16, *2.16;*
   34, *2.24;* III 53, *2.18;* 167, *2.11;* 227, *2.16;*
   295, *2.29;* 310, *2.29*
Kunst (19)   I 65, *2.20;* 294, *2.17;* 306, *2.9;*
   387, *2.31;* 444, *2.49;* II 113, *2.16;* 125, *2.14;*
   359, *2.29;* 500, *2.32;* III 68, *2.6;* 141, *2.21;*
   199, *2.20;* 249, *2.64;* 252, *2.81;* 258, *2.117;*
   495, *2.9*
Kunst (Antike)   I 148, *2.100;* 148, *2.104;*
   I 161, *2.190*
Kunst (Ausstellungskataloge, 19)   I 21, *2.8*
Kunst (Biographien)   I 321, *2.29*
Kunst (Graubünden)   I 443, *2.36*
Kunst (Illustrierte Bücher, 19)   I 39, *2.139*
Kunst (Kleinschrifttum, 19)   III 254, *2.98*
Kunst (Museumskataloge, 19)   I 21, *2.8*
Kunst (Pädagogik)   III 495, *2.14*
Kunst (Schweiz)   I 444, *2.45*
Kunst (Tafelwerke, 19)   I 38, *2.130*
Kunst (Zeitschriften, 19)   I 306, *2.10;* III 496, *2.19*
Kunst und Gewerbe   I 248, *2.17*
Kunst und Gewerbe (19)   I 322, *2.36*
Kunstgeschichte   I 21, *2.8;* 160, *2.187;* II 66, *2.36;*
   281, *2.4;* 328, *2.64*
Kunstgeschichte (16–19)   III 274, *2.11*
Kunstgeschichte (17–19)   III 295, *2.28*

Kunstgeschichte (18)   III 371, *1.35*
Kunstgeschichte (18–19)   II 386, *2.20;* III 407, *2.94*
Kunstgeschichte (19)   I 160, *2.188;* II 142, *2.29;*
   500, *2.32;* III 249, *2.64;* 495, *2.10;* 495, *2.11*
Kunstgeschichte (Zeitschriften)   III 286, *2.97;*
   295, *2.28*
Kunstgewerbe   II 66, *2.36;* III 274, *2.11*
Kunstgewerbe (18–19)   III 295, *2.30*
Kunstgewerbe (19)   I 65, *2.20;* 306, *2.9;* 307, *2.15;*
   II 248, *2.4;* III 252, *2.81;* 257, *2.115*
Kunstschule (Le Locle, Bibl.)   II 123, *1.8*
Kunstverein Basel (Bibl.)   I 130, *1.57;* 160, *2.187;*
   161, *2.193*
Kunstverein St. Gallen (Bibl.)   II 192, *1.15;*
   193, *2.4;* 204, *2.77*
Kunstverein Winterthur (Bibl.)   III 258, *2.117*
Kuriosa (18)   I 29, *2.65*
Kyburg (Kirchgemeinde, Archiv)   III 361, *2.120*
Kyrillische Drucke (16)   I 135, *2.24*

La Chaux-de-Fonds (École d'horlogerie, Bibl.)
   II 116, *1.1*
La Chaux-de-Fonds (Musée d'horlogerie, Bibl.)
   II 116, *1.1*
La Grange (Bibl.)   I 323, *2.40;* 324, *2.51*
La Part-Dieu (Kartäuser, Bibl.)   I 285, *2.17*
Laboratoires de pharmacognosie et de pharmacie
   galénique (Genf, Bibl.)   I 332, *1.14*
Lambach (Benediktiner, Bibl.)   I 84, *2.20*
Landesbibliothek Glarus   I 397, *1.1;* 416, *1.3;*
   422, *1.2;* II 177, *2.19*
Landeskunde (Schweiz, 17–19)   I 427, *2.5*
Landwirtschaft   I 66, *2.24;* 100, *2.14;* 248, *2.17;*
   442, *2.20;* II 89, *2.143;* 289, *2.23;* 434, *2.4;*
   III 11, *2.8;* 30, *1.3;* 227, *2.15*
Landwirtschaft (17–18)   III 242, *2.46*
Landwirtschaft (18)   I 270, *2.6;* II 389, *2.35*
Landwirtschaft (18–19)   I 177, *2.320;* 196, *2.12;*
   322, *2.36;* II 143, *2.31;* 201, *2.57;* 364, *2.49;*
   III 280, *2.54*
Landwirtschaft (19)   I 111, *2.13;* 386, *2.20;*
   II 178, *2.24;* 243, *2.155;* 499, *2.30;* III 33, *2.14;*
   249, *2.63*
Landwirtschaft (Graubünden)   I 443, *2.38*
Landwirtschaft (Kleinschrifttum, 19)   III 323, *2.28*
Landwirtschaft (Zeitschriften)   III 286, *2.97*
Landwirtschaftliche Gesellschaft St. Gallen (Bibl.)
   II 190, *1.8;* 201, *2.57*
Landwirtschaftliche Schule Wetzikon (Bibl.)
   III 337, *1.67*
Landwirtschaftsamt Zürich (Bibl.)   III 342, *1.97*
Lateinische Literatur   I 103, *2.33;* 155, *2.147;*
   II 43, *2.21;* 69, *2.48;* 459, *2.8;* III 53, *2.14*
Lateinische Literatur (15–16)   I 155, *2.148*
Lateinische Literatur (15–17)   I 253, *2.35*
Lateinische Literatur (16–17)   II 384, *2.8*
Lateinische Literatur (16–18)   I 247, *2.8;* II 139, *2.8*
Lateinische Literatur (16–19)   I 300, *2.9;*
   II 199, *2.41;* 239, *2.127;* 284, *2.12;* 324, *2.47;*
   368, *2.72*

Lateinische Literatur (17)   III 229, *2.20*
Lateinische Literatur (17–18)   III 62, *2.12*
Lateinische Literatur (18)   III 118, *2.17*
Lateinische Literatur (18–19)   II 159, *2.31;* 475, *2.6*
Lateinische Philologie   I 102, *2.30;* 154, *2.146;*
   II 68, *2.43*
Lateinische Philologie (16–18)   I 482, *2.8*
Lateinische Philologie (16–19)   II 284, *2.12*
Lateinschule (Bern, Bibl.)   I 241, *1.2*
Laufenburg (Kapuziner, Bibl.)   I 16, *1.3;* 28, *2.63*
Lausanne (Bibliothèque de la Maison du Peuple)
   III 71, *1.3*
Lausanne (Bibliothèque des Quartiers de l'Est)
   III 71, *1.3*
Lausanne (Geschichte, 18–19)   III 43, *2.5*
Le Landeron (Kapuziner, Bibl.)   II 437, *1.6*
Le Locle (Arbeiterverein, Bibl.)   II 123, *1.8*
Le Locle (Grütliverein, Bibl.)   II 123, *1.8*
Le Locle (Kunstschule, Bibl.)   II 123, *1.8*
Lectur-Liebende Gesellschaft (Herisau, Bibl.)
   I 71, *1.1*
Lehrbücher   I 446, *2.62;* II 328, *2.63*
Lehrbücher (19)   I 140, *2.52;* II 126, *2.18;*
Lehrbücher (Graubünden)   I 443, *2.33*
Lehrbücher (Mathematik)   II 326, *2.58;*
   III 282, *2.66*
Lehrbücher (Mathematik, 19)   I 99, *2.9*
Lehrbücher (Schweiz, 19)   II 195, *2.16*
Lehrbücher (Sprachen)   II 43, *2.21*
Lehrbücher (Uhrmacherei, 19)   II 118, *2.9*
Lehrerbibliothek (Aargau)   I 17, *1.12*
Lehrerbibliothek (Herisau)   I 72, *1.2*
Lehrerkapitel Winterthur (Bibl.)   III 258, *2.118*
Lehrerverein Glarus (Bibl.)   I 403, *2.8*
Lehrmittel (Aargau, 19)   I 29, *2.69*
Lehrmittel (Uri)   III 9, *1.11*
Leichenpredigten (Schweiz, 17–18)   III 254, *2.99*
Leihbibliothek Altdorf   III 8, *1.8*
Lese-Anstalt für Bünden (Bibl.)   I 437, *1.10*
Lese-Bibliothek für Stadt und Land Graubünden
   I 437, *1.10*
Lesegesellschaft Bern (Bibl.)   I 244, *1.12;* 245, *1.14;*
   250, *2.24;* 254, *2.41*
Lesegesellschaft Gais (Bibl.)   I 81, *2.14*
Lesegesellschaft Herisau (Bibl.)   I 71, *1.1*
Lesegesellschaft Luzern   II 52, *1.28*
Lesegesellschaft Neuenburg (Bibl.)   II 134, *1.10*
Lesegesellschaft Schäfle (Trogen, Bibl.)   I 85, *2.21*
Lesegesellschaft zur Krone (Trogen, Bibl.)   I 77, *1.2;*
   81, *2.14*
Lieder (18)   II 377, *2.128*
Lieder (französische, 18–19)   I 231, *2.77*
Lieder (Schweiz)   I 252, *2.32*
Liestal (Gewerbeverein)   I 98, *1.7*
Liestal (Honegger, Druckerei)   I 97, *1.5*
Lindt & Sprüngli   I 115, *2.48*
Linguistik (19)   I 448, *2.85;* II 111, *2.6;*
   III 310, *2.30*
Linth (Wasserbau, 19)   I 406, *2.20*

Literarische Gesellschaft (Solothurn, Bibl.)
   II 353, *1.25*
Literatur (16–19)   III 284, *2.80*
Literatur (Almanache, 19)   III 309, *2.14*
Literatur (Anthologien, 19)   III 309, *2.14*
Literatur (Humanismus, 16)   II 33, *2.22*
Literatur (Schweiz, 18–19)   I 407, *2.26*
Literatur (Schweiz, 19)   III 250, *2.68*
Literatur (Sozialismus, 19)   III 320, *2.7*
Literatur (Zeitschriften)   II 66, *2.34*
Literatur (Zeitschriften, 18–19)   III 255, *2.104*
Literatur (Zeitschriften, 19)   I 103, *2.32*
Literaturgeschichte   I 103, *2.32;* II 64, *2.28;*
   194, *2.12*
Literaturgeschichte (17–19)   II 33, *2.22*
Literaturgeschichte (18–19)   I 35, *2.108*
Liturgie   I 23, *2.26;* 27, *2.56;* 48, *2.6;* 481, *2.6;*
   II 9, *2.11;* 258, *2.6;* 267, *2.14;* 286, *2.18;*
   314, *2.23;* 314, *2.24;* III 59, *1.9;* 194, *2.7;*
   208, *2.12*
Liturgie (15–16)   I 135, *2.25*
Liturgie (18–19)   I 138, *2.37;* II 29, *2.11;*
   III 178, *2.7*
Liturgie (katholische)   II 83, *2.112;* 84, *2.118;*
   102, *2.9;* 183, *2.4;* 357, *2.19;* III 27, *2.9;*
   158, *2.4*
Liturgie (katholische, 16–19)   II 231, *2.74*
Liturgie (katholische, 17–19)   I 294, *2.10;*
   II 21, *2.4;* 41, *2.10;* 338, *2.5;* III 215, *2.12*
Liturgie (katholische, 18–19)   I 433, *2.3;*
   II 254, *2.3;* 343, *2.10*
Liturgie (katholische, 19)   III 152, *2.24*
Liturgie (protestantische, 19)   II 156, *2.11*
Ljubliana (Fürstlich-Auerspergische Bibliothek,
   Bibl.)   I 428, *2.12*
Locarno (Druckort)   II 444, *2.55*
Logik   I 139, *2.46;* 248, *2.16;* 319, *2.12*
Logik (16)   II 501, *2.39*
Logik (19)   I 387, *2.30;* II 159, *2.32*
Lombardei (Geschichte, 19)   II 391, *2.55*
Loreto (Kapuziner, Bibl.)   I 422, *1.2*
Lucelle (Zisterzienser, Bibl.)   I 477, *1.8*
Lucernensia   II 91, *2.155*
Lucernensia (19)   II 15, *2.12*
Lucernensia (Kleinschrifttum)   II 21, *2.3*
Luftschifffahrt   III 278, *2.38*
Lugano (Biblioteca Civica)   II 427, *1.3*
Lugano (Diözesanbibliothek San Carlo)   II 449, *1.1*
Lugano (Druckort)   II 444, *2.55*
Lugano (Kapuziner, Bibl.)   II 437, *1.2*
Lugano (Reformierte Konventualen, Bibl.)
   II 427, *1.3;* 428, *2.6*
Lugano (Somasker, Bibl.)   II 427, *1.3;* 428, *2.12*
Lunéville (Karmeliten, Bibl.)   II 26, *2.6*
Luzern (Benediktiner)   II 20, *1.1*
Luzern (Buchdruck, 16)   II 47, *1.10*
Luzern (Buchdruck, 17–18)   II 50, *1.24*
Luzern (Buchdruck, 18–19)   II 59, *1.57*
Luzern (Buchdruck, 19)   II 53, *1.31*

Luzern (Bürgerbibliothek) I 210, *1.10;* 217, *2.8;* II 53, *1.33*
Luzern (Chorherrenstift) II 25, *1.3;* 34, *2.25*
Luzern (Franziskaner) II 25, *1.3;* 47, *1.9*
Luzern (Franziskaner, Bibl.) II 38, *1.1;* 41, *2.11;* 43, *2.21;* 103, *2.18*
Luzern (Franziskaner-Konventualen) II 33, *2.20*
Luzern (Geschichte) II 75, *2.76*
Luzern (Geschichte, 19) II 15, *2.12;* 21, *2.3*
Luzern (Jesuiten) II 30, *2.14;* 49, *1.19*
Luzern (Jesuiten, Bibl.) I 423, *2.11;* II 8, *1.1;* 9, *2.11;* 28, *2.10;* 31, *2.16;* 38, *1.1;* 43, *2.21;* 103, *2.18;* 173, *2.20;* 316, *2.31;* 342, *2.8;* 397, *1.3;* III 8, *1.8;* 14, *2.25;* 14, *2.31;* 208, *2.14;* 216, *2.15;* 240, *2.42;* 316, *2.13*
Luzern (Kantonsbibliothek) II 41, *2.11;* 55, *1.41*
Luzern (Kapuziner, Bibl.) I 93, *2.5;* 422, *1.2;* II 34, *2.25;* 171, *2.16;* 341, *1.1;* 346, *2.27;* III 207, *2.9*
Luzern (Karten) II 94, *2.175*
Luzern (Marianische Sozietät) II 28, *2.10*
Luzern (Recht) II 86, *2.128*
Luzern (Schulbücher, 19) II 92, *2.161*
Luzern (Staatsarchiv) II 20, *1.1*
Luzern (Theologische Fakultät, Bibl.) II 41, *2.10*

Madrid (Botanischer Garten, Bibl.) I 332, *1.14*
Maggi I 115, *2.48*
Magie III 491, *2.2*
Magnetismus (18) I 173, *2.286*
Magnetismus (animalischer) II 90, *2.151*
Mailand (Druckort, 19) II 476, *2.9*
Malaiische Literatur III 367, *1.10*
Malerei I 321, *2.29*
Malerei (16-19) I 428, *2.13*
Malerei (19) I 306, *2.7*
Mandate III 409, *2.104*
Mandate (Frankreich, 18) I 39, *2.133*
Mandate (Schweiz, 16-19) I 224, *2.43*
Männedorf (Kirchgemeinde, Archiv) III 361, *2.120*
Männerchor Chur I 450, *2.113*
Männerchor Zürich (Bibl.) III 391, *1.173*
Märchen III 388, *1.131*
Marianische Sozietät (Luzern) II 28, *2.10*
Mariastein (Benediktiner, Bibl.) II 353, *1.19;* 485, *2.1*
Mariologie II 43, *2.20;* 170, *2.8*
Mariologie (19) II 465, *2.6*
Marschlins (Philanthropin, Bibl.) I 437, *1.10*
Marxismus III 425, *2.198*
Maschinenbau (16-19) III 278, *2.38*
Maschinenbau (19) I 173, *2.287;* II 517, *2.12*
Maschinenbau (Zeitschriften) III 286, *2.97*
Maschinenindustrie (Schweiz) I 112, *2.19*
Maschinenindustrie (Schweiz, 19) I 115, *2.51*
Mathematik I 24, *2.35;* 66, *2.21;* 86, *2.24;* 219, *2.19;* II 71, *2.57;* 326, *2.58;* III 76, *2.7;* 227, *2.15;* 379, *1.76*
Mathematik (16-18) II 240, *2.133;* III 408, *2.96*
Mathematik (16-19) I 171, *2.270;* 321, *2.32;* 427, *2.7;* II 200, *2.53;* III 281, *2.60*
Mathematik (17) I 171, *2.273*
Mathematik (17-18) III 242, *2.46*
Mathematik (17-19) I 284, *2.14;* II 290, *2.25;* 365, *2.53;* III 412, *2.121*
Mathematik (18) I 171, *2.274;* III 77, *2.13;* 118, *2.11*
Mathematik (18-19) I 34, *2.102;* 248, *2.16;* 301, *2.19;* 371, *2.5;* 386, *2.20;* II 125, *2.10;* 142, *2.24;* III 416, *2.148*
Mathematik (19) I 171, *2.275;* 444, *2.49;* II 112, *2.13;* 145, *2.46;* 498, *2.25;* III 131, *2.9;* 248, *2.61;* 382, *1.99*
Mathematik (Lehrbücher) II 326, *2.58;* III 282, *2.66*
Mathematik (Lehrbücher, 19) I 99, *2.9*
Mathematik (Zeitschriften) III 76, *2.10*
Mathematisch-Militärische Gesellschaft Zürich (Bibl.) III 271, *1.6*
Mechanik II 289, *2.24*
Mechanik (16-19) III 278, *2.38*
Mechanik (17-19) III 412, *2.121*
Mediävistik I 255, *2.45*
Mediävistik (19) II 236, *2.104*
Medicinisch-chirurgischer Lesezirkel Glarus (Bibl.) I 401, *1.1;* 406, *2.22*
Medizin I 24, *2.35;* 86, *2.25;* 100, *2.12;* 178, *2.329;* 187, *2.394;* 219, *2.19;* 248, *2.15;* 284, *2.14;* 441, *2.17;* 443, *2.32;* 446, *2.65;* II 52, *1.29;* 309, *2.4;* 386, *2.17;* 404, *2.22;* III 199, *2.26;* 381, *1.93;* 381, *1.95*
Medizin (15) I 178, *2.332*
Medizin (15-17) I 253, *2.35*
Medizin (16) I 124, *1.21;* II 62, *2.14;* 90, *2.149;* III 299, *2.2*
Medizin (16-17) I 428, *2.14*
Medizin (16-18) II 241, *2.143;* III 408, *2.96*
Medizin (16-19) I 322, *2.35;* II 13, *2.3;* 200, *2.51;* 288, *2.22;* 328, *2.62;* 454, *2.14;* 454, *2.18*
Medizin (17) I 204, *2.4;* II 90, *2.150*
Medizin (17-18) III 140, *2.16;* 234, *2.30*
Medizin (17-19) II 125, *2.7;* 141, *2.23;* 366, *2.63;* 441, *2.28;* III 226, *2.7;* 381, *1.96;* 413, *2.131*
Medizin (18) I 196, *2.17;* 205, *2.6;* II 90, *2.151;* III 299, *2.4*
Medizin (18-19) I 371, *2.6;* II 32, *2.18;* 179, *2.31;* 205, *2.87;* III 83, *2.6;* 111, *2.4;* 131, *2.9;* 414, *2.137;* 414, *2.140*
Medizin (19) I 205, *2.8;* 256, *2.49;* 301, *2.19;* 341, *2.3;* 386, *2.19;* 406, *2.22;* 444, *2.49;* II 90, *2.152;* 499, *2.29;* III 84, *2.12;* 150, *2.15;* 243, *2.50;* 257, *2.114;* 299, *2.5*
Medizin (Dissertationen) I 66, *2.22;* 322, *2.35*
Medizin (Dissertationen, 17-18) I 441, *2.17;* II 200, *2.51;* III 299, *2.1*
Medizin (Dissertationen, 17-19) III 253, *2.90*
Medizin (Dissertationen, Basel) I 178, *2.330*
Medizin (Kleinschrifttum, 18-19) III 253, *2.90*
Medizin (Schweiz) I 444, *2.44*

Medizin (Zeitschriften)   II 200, *2.51*
Medizin (Zeitschriften, 19)   I 341, *2.2*
Medizingeschichte (18–19)   III 415, *2.145*
Medizingeschichte (19)   I 342, *2.8*
Medizingeschichte (Dissertationen)   III 82, *1.5*
Medizinisch-Chirurgische- und Veterinarische Communbibliothek Bern   I 244, *1.12*
Medizinische Bibliothek (Schaffhausen)   II 278, *1.25*
Medizinische Gesellschaft Glarus   I 401, *2.3*
Medizinische Gesellschaft Glarus (Bibl.)   I 401, *1.1*; 409, *2.34*
Medizinische Gesellschaft Schaffhausen (Bibl.)   II 276, *1.19*
Memoiren (17–19)   I 34, *2.98*
Memoiren (18–19)   III 240, *2.44*
Memoiren (19)   III 309, *2.18*
Mendrisio (Kapuziner, Bibl.)   II 427, *1.4*; 428, *2.6*; 453, *2.2*; 454, *2.15*
Mendrisio (Serviten, Bibl.)   II 427, *1.4*; 428, *2.6*
Mendrisio (Spital, Bibl.)   II 452, *1.1*; 454, *2.14*
Menukarten (19)   II 147, *2.55*
Menzingen (Pfarrei, Bibl.)   II 252, *2.5*
Meran (Priesterseminar, Bibl.)   I 432, *1.3*
Mervelier-La Scheulte (Pfarrei, Bibl.)   I 484, *2.24*
Mesocco (Kapuziner, Bibl.)   II 446, *2.77*
Metallurgie   II 516, *2.11*
Metaphysik   I 139, *2.46*; 319, *2.12*; III 373, *1.51*
Metaphysik (19)   II 159, *2.32*
Meteorologie   I 38, *2.131*
Meteorologie (16)   III 281, *2.62*
Meteorologie (18)   III 282, *2.69*
Meteorologie (19)   I 93, *2.5*; 173, *2.287*; II 498, *2.25*; III 244, *2.51*; 282, *2.72*
Mezzovico (Pfarrei, Bibl.)   II 383, *1.2*
Mikroskopie (19)   I 342, *2.7*
Militärbibliothek (Aargau)   I 17, *1.12*
Militärbibliothek (Basel)   I 141, *2.56*; 166, *2.233*; 167, *2.237*
Militärbibliothek (St. Gallen)   II 192, *1.18*; 205, *2.84*
Militärdirektion (Zürich)   III 342, *1.97*
Militärgeschichte   I 143, *2.72*; III 130, *2.6*
Militärgeschichte (16–19)   II 296, *2.32*
Militärgeschichte (18–19)   I 167, *2.240*; II 365, *2.56*
Militärgeschichte (19)   II 320, *2.39*; 503, *2.44*
Militärwesen   I 97, *1.3*; 187, *2.394*; 219, *2.17*; 286, *2.23*; II 55, *1.39*; 71, *2.57*; 197, *2.29*; 517, *2.14*
Militärwesen (16–18)   I 31, *2.84*
Militärwesen (16–19)   I 166, *2.233*; III 275, *2.17*
Militärwesen (17–19)   II 290, *2.25*; III 295, *2.26*
Militärwesen (18)   III 124, *2.6*
Militärwesen (18–19)   I 24, *2.30*; 322, *2.36*; II 142, *2.25*; 365, *2.54*; 386, *2.15*; 506, *2.12*
Militärwesen (19)   I 100, *2.10*; 386, *2.20*; II 180, *2.36*; 205, *2.85*; 453, *2.4*; 503, *2.44*; III 310, *2.24*; 423, *2.189*
Militärwesen (19–20)   III 388, *1.129*

Militärwesen (Karten)   I 38, *2.131*
Militärwesen (Reglemente, 17–19)   I 201, *2.10*
Militärwesen (Reglemente, 19)   I 28, *2.60*
Militärwesen (Schweiz)   I 200, *2.6*; III 295, *2.26*
Militärwesen (Schweiz, 18–19)   I 28, *2.60*; 167, *2.237*; 167, *2.242*
Militärwesen (Schweiz, 19)   III 250, *2.73*; 258, *2.119*
Militärwesen (Strategie)   I 167, *2.243*
Militärwesen (Zeitschriften)   III 286, *2.97*
Militärwesen (Zeitschriften, 19)   II 299, *2.39*
Mineralogie   I 322, *2.33*; III 283, *2.74*
Mineralogie (16–19)   I 174, *2.298*
Mineralogie (18)   I 174, *2.296*; III 235, *2.33*
Mineralogie (18–19)   II 516, *2.8*; III 412, *2.123*
Mineralogie (19)   I 345, *2.4*; III 244, *2.51*
Ministerialbibliothek (Schaffhausen)   II 279, *1.28*; 286, *2.16*
Mission   III 315, *2.11*
Mission (19)   I 139, *2.43*; III 243, *2.48*
Mission (katholische, 16–18)   II 81, *2.102*
Mission (protestantische, 19)   II 157, *2.16*; 270, *2.41*; III 424, *2.192*
Missionsgeschichte (17–19)   III 61, *2.7*
Missionsgeschichte (Jesuiten, 17–18)   II 228, *2.48*
Missionsgeschichte (katholische)   III 395, *2.4*
Mittelalter (Geschichte)   I 142, *2.65*; II 297, *2.33*
Mittelamerika (Ethnologie)   III 388, *1.128*
Mittelamerika (Sprachwissenschaft)   III 388, *1.128*
Mittelgriechische Literatur   II 69, *2.49*
Mittelhochdeutsche Literatur (19)   III 420, *2.175*
Mittellateinische Literatur   II 199, *2.42*; 494, *2.13*
Mittelschule (Zofingen)   I 35, *2.108*
Mittwoch-Gesellschaft Ennenda (Bibl.)   I 412, *2.53*
Möbel (19)   II 248, *2.4*
Mode   II 77, *2.85*
Mode (19)   II 248, *2.4*; III 496, *2.18*
Mode (Zeitschriften, 18–19)   III 50, *1.18*
Molsheim (Kartause, Bibl.)   II 26, *2.6*
Mont-Terrible (Bibliothèque nationale)   I 478, *1.10*
Montcroix (Kapuziner, Bibl.)   I 484, *2.25*
Montenegro (Geschichte)   III 426, *2.204*
Moralphilosophie   I 319, *2.12*
Moralphilosophie (19)   I 387, *2.30*; II 159, *2.32*
Moraltheologie   I 423, *2.7*; 481, *2.6*; II 103, *2.15*; 314, *2.26*; 428, *2.10*; III 208, *2.13*
Moraltheologie (16–18)   I 30, *2.76*
Moraltheologie (16–19)   I 319, *2.9*
Moraltheologie (17–18)   II 27, *2.9*
Moraltheologie (18–19)   III 178, *2.7*
Moraltheologie (katholische)   II 9, *2.10*; 42, *2.14*; 82, *2.108*; 170, *2.7*; 342, *2.8*; III 25, *2.4*; 185, *2.12*; 214, *2.10*
Moraltheologie (katholische, 16–18)   III 315, *2.10*
Moraltheologie (katholische, 16–19)   II 466, *2.7*
Moraltheologie (katholische, 17–18)   III 172, *2.11*
Moraltheologie (katholische, 17–19)   I 294, *2.9*; II 229, *2.55*
Moraltheologie (katholische, 18)   II 439, *2.12*

Moraltheologie (katholische, 18–19) I 434, *2.11*;
    II 398, *2.5*; III 149, *2.8*
Motor-Columbus I 115, *2.44*
Mühlenbau III 278, *2.38*
Mühlenbau (18) I 427, *2.7*
München (Jesuiten, Bibl.) III 313, *1.2*
Münchhausiana (17–20) III 303, *2.15*
Münsterlingen (Benediktinerinnen, Bibl.)
    II 321, *2.42*
Münsterlingen (Benediktiner, Bibl.) III 233, *2.28*
Münzen (Auktionskataloge, 19) III 265, *2.4*
Muri (Benediktiner, Bibl.) I 16, *1.6*; 23, *2.27*;
    24, *2.35*; 25, *2.38*; 27, *2.52*; 37, *2.126*
Musée académique (Genf, Bibl.) I 304, *1.2*
Musée archéologique (Genf, Bibl.) I 304, *1.2*
Musée Ariana (Genf, Bibl.) I 304, *1.2*; 305, *1.3*
Musée des arts décoratifs (Genf, Bibl.) I 304, *1.2*
Musée des beaux-arts (Genf, Bibl.) I 304, *1.2*
Musée du Vieux Genève (Bibl.) I 304, *1.2*
Musée d'horlogerie (La Chaux-de-Fonds, Bibl.)
    II 116, *1.1*
Musée épigraphique (Genf, Bibl.) I 304, *1.2*
Musée Fol (Genf, Bibl.) I 304, *1.2*
Musée pédagogique de Fribourg (Bibl.) I 281, *1.8*
Musée Rath (Genf, Bibl.) I 304, *1.2*
Museum Faesch (Basel, Bibl.) I 127, *1.44*;
    145, *2.87*; 146, *2.90*
Museum für Buchbinderei (Bibl.) I 234, *2.100*
Museumsgesellschaft St. Gallen (Bibl.) II 190, *1.8*;
    192, *1.15*; 204, *2.78*
Museumsgesellschaft Zürich III 372, *1.45*
Museumsgesellschaft Zürich (Bibl.) II 180, *2.34*
Museumskataloge (Kunst, 19) I 21, *2.8*
Museumskunde (19) III 293, *2.9*
Museumsverein Schaffhausen (Bibl.) II 279, *1.28*
Musik I 68, *2.39*; 104, *2.43*; 162, *2.196*; 250, *2.23*;
    II 9, *2.18*; 67, *2.39*; 201, *2.58*; 373, *2.102*;
    III 390, *1.162*; 390, *1.164*
Musik (16–18) III 371, *1.40*
Musik (16–19) I 428, *2.13*; III 487, *2.5*
Musik (17–19) I 321, *2.30*; II 47, *1.8*; 374, *2.111*;
    375, *2.115*
Musik (18) II 259, *2.13*
Musik (18–19) I 162, *2.197*; 183, *2.372*; 338, *2.7*;
    II 59, *1.55*; 373, *2.98*; 375, *2.114*; 376, *2.120*;
    507, *2.17*; III 227, *2.16*; 390, *1.163*
Musik (19) I 39, *2.135*; 294, *2.17*; 301, *2.24*;
    365, *2.5*; 366, *2.18*; 408, *2.31*; 411, *2.48*;
    II 142, *2.29*; 165, *2.23*; 500, *2.32*; III 34, *2.23*;
    53, *2.18*; 249, *2.65*; 252, *2.79*; 310, *2.29*;
    488, *2.10*
Musik (19–20) III 390, *1.165*; 391, *1.173*
Musik (Biographien) I 338, *2.7*
Musik (Helvetica) I 225, *2.50*
Musik (Kleinschrifttum, 19) III 254, *2.98*
Musik (Pädagogik) I 338, *2.6*
Musik (Widmungsexemplare) I 428, *2.13*
Musikdrucke (18–19) III 256, *2.110*
Musikgeschichte (19) III 251, *2.78*
Musikkollegium Winterthur (Bibl.) III 251, *2.78*

Musis et amicis (Lesegesellschaft) II 275, *1.9*;
    278, *1.25*
Musterbücher (Textilindustrie) II 248, *2.6*
Musterbücher (Textilindustrie, 19) II 248, *2.4*
Mycologische Bibliothek (Aargau) I 17, *1.14*;
    18, *1.19*
Mykologie I 24, *2.35*
Mykologie (19) I 28, *2.61*
Mystik I 423, *2.6*; II 9, *2.8*; 43, *2.20*; 84, *2.120*;
    101, *2.8*; 285, *2.15*; 315, *2.28*; 403, *2.9*;
    483, *2.5*; 485, *2.6*; III 189, *2.6*; 193, *2.4*;
    367, *1.10*; 491, *2.2*
Mystik (16–18) I 30, *2.76*
Mystik (16–19) III 233, *2.28*
Mystik (17) III 229, *2.20*
Mystik (17–18) III 59, *1.5*
Mystik (17–19) I 294, *2.8*; II 183, *2.3*; III 26, *2.5*;
    62, *2.9*; 150, *2.10*
Mystik (18) II 439, *2.11*
Mystik (18–19) I 48, *2.2*; 434, *2.5*; II 250, *2.3*;
    333, *2.2*; 343, *2.9*; 520, *2.5*; III 207, *2.9*
Mystik (katholische, 17–18) III 396, *2.14*
Mythologie I 23, *2.27*

Näfels (Kapuziner) II 30, *2.15*
Näfels (Kapuziner, Bibl.) I 410, *2.41*; II 25, *1.3*;
    34, *2.25*
Nahrungsmittelindustrie (Schweiz) I 112, *2.19*
Nahrungsmittelindustrie (Schweiz, 19) I 115, *2.48*
Namenkunde (Geographie) III 372, *1.45*
Nationalbibliothek Israel III 268, *1.3*
Nationalbibliothek Polen II 184, *1.2*
Naturforschende Gesellschaft (Schweiz, Bibl.)
    I 248, *2.17*
Naturforschende Gesellschaft Basel (Bibl.)
    I 129, *1.51*; 175, *2.309*
Naturforschende Gesellschaft Baselland I 99, *2.4*
Naturforschende Gesellschaft Baselland (Bibl.)
    I 104, *2.49*
Naturforschende Gesellschaft Bern (Bibl.)
    I 245, *1.14*; 248, *2.17*
Naturforschende Gesellschaft Glarus (Bibl.)
    I 401, *1.1*
Naturforschende Gesellschaft Graubünden (Bibl.)
    I 438, *1.14*; 441, *2.19*; 443, *2.32*
Naturforschende Gesellschaft Schaffhausen (Bibl.)
    II 279, *1.28*; 299, *2.40*
Naturhistorisches Museum Schaffhausen (Bibl.)
    II 291, *2.27*
Naturwissenschaften I 16, *1.6*; 24, *2.35*; 66, *2.21*;
    86, *2.24*; 100, *2.11*; 170, *2.267*; 219, *2.19*;
    248, *2.17*; 255, *2.42*; 267, *2.17*; 284, *2.14*;
    441, *2.19*; 443, *2.32*; II 72, *2.61*; 105, *2.24*;
    199, *2.45*; 259, *2.12*; 309, *2.4*; 325, *2.53*;
    515, *2.4*; III 11, *2.7*; 53, *2.16*; 217, *2.19*;
    283, *2.73*
Naturwissenschaften (16–18) II 240, *2.136*;
    III 398, *2.36*; 408, *2.96*
Naturwissenschaften (16–19) I 427, *2.7*;
    II 441, *2.28*; III 283, *2.74*

Naturwissenschaften (17–19)   II 239, *2.130*;
  365, *2.53*; III 63, *2.13*; 226, *2.8*; 234, *2.31*;
  235, *2.35*
Naturwissenschaften (18)   II 388, *2.34*
Naturwissenschaften (18–19)   I 37, *2.123*; 55, *2.24*;
  294, *2.16*; 333, *2.10*; 372, *2.8*; 386, *2.19*;
  419, *2.13*; 482, *2.9*; II 112, *2.9*; 125, *2.7*;
  179, *2.27*; 291, *2.27*; 499, *2.28*; III 111, *2.4*;
  118, *2.13*; 130, *2.8*; 141, *2.19*; 151, *2.17*;
  495, *2.12*
Naturwissenschaften (19)   I 33, *2.97*; 406, *2.22*;
  444, *2.49*; II 130, *2.10*; 141, *2.21*; 159, *2.33*;
  171, *2.16*; 345, *2.19*; 423, *2.21*; III 44, *2.9*;
  68, *2.6*; 310, *2.31*
Naturwissenschaften (Dissertationen, 19)
  III 244, *2.51*; 253, *2.91*
Naturwissenschaften (Kleinschrifttum, 19)
  III 253, *2.91*
Naturwissenschaften (Schulbücher, 19)
  III 244, *2.51*
Naturwissenschaften (Schweiz)   I 444, *2.44*
Naturwissenschaften (Tafelwerke, 19)   I 38, *2.130*
Naturwissenschaften (Zeitschriften)   II 517, *2.17*;
  III 286, *2.97*
Naturwissenschaften (Zeitschriften, 17–19)
  III 411, *2.119*
Naturwissenschaften (Zeitschriften, 19)
  I 37, *2.119*; II 299, *2.40*; III 255, *2.106*
Naturwissenschaftliche Gesellschaft St. Gallen
  (Bibl.)   II 190, *1.8*
Neapel (Zeitungen)   II 57, *1.47*
Nekrologe   I 195, *2.5*; III 423, *2.188*
Nestlé   I 115, *2.48*
Neu St. Johann (Benediktiner, Bibl.)   II 257, *1.1*
Neuenburg (17–19)   II 113, *2.19*
Neuenburg (Centre Dürrenmatt)   I 212, *1.21*
Neuenburg (Geschichte)   II 158, *2.30*
Neuenburg (Geschichte, 17–19)   II 140, *2.11*
Neuenburg (Geschichte, 18–19)   II 124, *2.3*
Neuenburg (Geschichte, 19)   II 130, *2.6*
Neuenburg (Kirchengeschichte)   II 157, *2.14*
Neuenburg (Kleinschrifttum, 19)   II 146, *2.54*
Neuenburg (Plakate, 19)   II 146, *2.52*
Neuenburg (Reformation)   II 111, *2.8*
Neuenburg (Société de généalogie, Bibl.)
  II 124, *1.12*
Neuenburg (Société de géographie, Bibl.)
  II 137, *1.31*
Neuenburg (Société typographique, Archiv)
  II 137, *1.34*
Neues Schloss Gerzensee (Bibl.)   I 256, *2.49*
Neujahrsblätter (18–19)   I 223, *2.40*; 409, *2.34*
Neujahrsblätter (Zürich)   III 353, *2.73*
Neulateinische Literatur   II 69, *2.51*; 199, *2.42*;
  368, *2.72*; 494, *2.13*
Neurologie   III 84, *2.12*
Neurologie (18–19)   II 512, *2.4*
Neurologie (19)   I 341, *2.3*
Neuzelle (Zisterzienser, Bibl.)   II 43, *2.20*
Nidwalden   II 176, *2.8*

Nidwalden (Geschichte)   II 164, *2.8*; 171, *2.14*
Nidwalden (Kirchengeschichte, 19)   II 165, *2.19*
Nidwalden (Zeitungen)   II 167, *2.39*
Nidwaldensia   II 163, *2.5*
Niederlande (Geschichte, 16–19)   I 145, *2.82*
Niederteufen (Franziskaner, Bibl.)   I 94, *2.6*
Nordische Literatur   I 159, *2.176*
Nordische Literatur (19)   I 103, *2.36*
Nordische Philologie (19)   I 158, *2.175*
Nördlingen (Beck'sches Antiquariat)   II 484, *1.1*
Notendrucke (18–19)   II 93, *2.171*; 93, *2.172*
Notendrucke (Chor, 18–19)   I 339, *2.10*
Notendrucke (Gesang, 18–19)   I 337, *2.5*
Notendrucke (Instrumentalmusik, 18–19)
  I 338, *2.8*
Notendrucke (Kammermusik, 18–19)   I 338, *2.9*
Notendrucke (Klavier, 18–19)   I 337, *2.5*
Notendrucke (Oper, 18–19)   I 337, *2.4*
Notendrucke (Orchester, 18–19)   I 337, *2.4*
Notendrucke (Orgel, 18–19)   I 337, *2.5*
Nova Esperanto Clubo (Bibl.)   II 191, *1.14*
Numismatik   I 147, *2.92*; 165, *2.224*; 187, *2.394*;
  II 47, *1.7*; 50, *1.23*; 201, *2.55*
Numismatik (16–18)   I 31, *2.84*
Numismatik (16–19)   I 146, *2.90*; III 264, *2.2*
Numismatik (17–19)   II 236, *2.108*; III 92, *2.3*;
  294, *2.16*
Numismatik (18–19)   I 306, *2.6*; 385, *2.13*;
  II 31, *2.17*; III 265, *2.4*; 371, *1.40*; 407, *2.95*
Numismatik (19)   I 24, *2.30*; 32, *2.91*; 249, *2.19*;
  III 197, *2.5*; 265, *2.5*; 427, *2.205*
Numismatik (Orient, 18)   I 147, *2.92*
Numismatik (Schweiz)   III 294, *2.16*
Numismatische Gesellschaft (Bibl.)   I 249, *2.19*

Obergericht (Zürich, Bibl.)   III 342, *1.97*; 351, *2.56*
Obligationenrecht (19)   III 98, *2.4*
Obligationenrecht (Schweiz)   I 114, *2.37*;
  164, *2.216*
Observatoire astronomique de Neuchâtel (Bibl.)
  II 145, *2.46*
Obwalden   II 176, *2.6*
Obwalden (Offiziersverein, Bibl.)   II 180, *2.36*
Obwalden (Priesterkapitel, Bibl.)   II 175, *1.1*
Oerlikon (Arbeiterverein, Bibl.)   III 320, *2.12*
Öffentliche Finanzen   I 166, *2.229*
Öffentliche Finanzen (Schweiz, 19)   I 113, *2.34*
Öffentliche Mädchenschule Altdorf (Bibl.)
  III 22, *2.12*
Öffentliche Verwaltung (Schweiz, 19)   I 114, *2.36*
Öffentliche Volksbibliothek (St. Gallen)
  II 192, *1.15*
Öffentlicher Verkehr (Schweiz, 19)   I 116, *2.55*
Offiziersbibliothek Winterthur   III 258, *2.119*
Offiziersverein Obwalden (Bibl.)   II 180, *2.36*
Okkultismus   I 23, *2.27*; 187, *2.394*; 322, *2.36*;
  II 359, *2.27*; 413, *2.42*
Okkultismus (18)   I 29, *2.65*
Okkultismus (18–19)   II 288, *2.21*
Ökonomische Gesellschaft (Bibl.)   I 244, *1.12*

Ökonomische Gesellschaft Freiburg (Bibl.)
  I 281, *1.7;* 285, *2.22*
Ökonomische Gesellschaft Graubünden (Bibl.)
  I 438, *1.13*
Ökonomische Gesellschaft Solothurn (Bibl.)
  II 350, *1.1;* 351, *1.2;* 364, *2.49*
Ökonomische und Gemeinnützige Gesellschaft
  Bern   I 195, *2.11*
Oper (Libretti, 19)   III 249, *2.65*
Oper (Notendrucke, 18–19)   I 337, *2.4*
Oper (Zürich)   III 390, *1.165*
Opernhaus Zürich (Bibl.)   III 488, *2.9*
Ophthalmologie (19)   I 206, *2.17*
Optik   II 291, *2.26*
Optik (17–19)   I 173, *2.286*
Optik (18)   III 282, *2.68*
Optik (18–19)   II 291, *2.27*
Oratoire des âmes intérieurs (Bibl.)   III 43, *1.6;*
  44, *2.14*
Oratorianer (Dijon, Bibl.)   II 43, *2.20*
Orchester (Notendrucke, 18–19)   I 337, *2.4*
Orchesterwerke   II 377, *2.129*
Orchesterwerke (19)   I 366, *2.13*
Orden (geistliche)   II 81, *2.101*
Ordensliteratur (Benediktiner)   III 27, *2.10*
Ordensliteratur (Dominikaner)   II 254, *2.5*
Ordensliteratur (Franziskaner)   II 346, *2.22;*
  408, *2.9*
Ordensregel (Benediktiner, 17–18)   II 234, *2.90*
Ordensregeln   I 48, *2.4;* II 411, *2.26;* III 215, *2.13*
Ordensregeln (16–19)   II 29, *2.12*
Ordo Templi Orientis (Stein, Bibl.)   I 88, *2.35*
Orell, Füssli (Verlag)   III 371, *1.35*
Orient (Numismatik, 18)   I 147, *2.92*
Orientalistik   I 187, *2.394;* III 50, *1.18;* 372, *1.46;*
  372, *1.47;* 389, *1.145;* 390, *1.153;* 406, *2.90*
Orientalistik (19)   II 494, *2.12*
Ornamentik (19)   II 248, *2.4;* III 495, *2.16*
Ornithologie   I 246, *1.17;* 255, *2.46*
Ornithologie (19)   I 345, *2.7*
Orthodoxie (Protestantismus)   I 136, *2.30;*
  184, *2.378*
Ortsbürgergemeinde St. Gallen (Bibl.)   II 192, *1.17*
Ostasien (Druckgraphik)   III 501, *2.21*
Österreich (Recht, 19)   III 338, *1.75*
Österreich (Zeitschriften, 19)   I 409, *2.35*
Osteuropa   I 160, *2.183*
Osteuropa (Geschichte, 16–19)   II 297, *2.33*
Osteuropa (Kirchengeschichte)   I 187, *2.394*
Ostschweizerische Geographisch-Kommerzielle
  Gesellschaft (Bibl.)   II 191, *1.14;* 197, *2.30*
Ottobeuren (Benediktiner, Bibl.)   II 259, *2.12*
Ozeanien (Ethnologie, 19)   I 361, *2.8*

Pädagogik   I 104, *2.47;* 219, *2.17;* 219, *2.20;*
  255, *2.42;* 319, *2.12;* 442, *2.20;* 444, *2.45;*
  II 42, *2.18;* 57, *1.49;* 88, *2.138;* 238, *2.120;*
  287, *2.20;* III 11, *2.11;* 226, *2.9*
Pädagogik (16–19)   I 294, *2.12*
Pädagogik (17–19)   I 284, *2.12;* II 258, *2.10;*
  359, *2.26*
Pädagogik (18–19)   I 140, *2.52;* 410, *2.38;*
  433, *2.3;* II 142, *2.28;* 195, *2.16;* 328, *2.63;*
  III 284, *2.80;* 420, *2.174*
Pädagogik (19)   I 25, *2.39;* 29, *2.69;* 387, *2.30;*
  403, *2.8;* 444, *2.49;* II 493, *2.11;* III 199, *2.22;*
  245, *2.52;* 258, *2.118*
Pädagogik (Kleinschrifttum, 19)   III 254, *2.93*
Pädagogik (Kunst)   III 495, *2.14*
Pädagogik (Musik)   I 338, *2.6*
Pädagogik (Sport, 19)   I 141, *2.56*
Pädagogische Hochschule Pruntrut (Bibl.)
  I 484, *2.25*
Pädiatrie (18–19)   III 415, *2.142*
Paläographie (17–19)   II 236, *2.104*
Paläontologie   II 299, *2.41;* III 283, *2.74*
Paläontologie (18–19)   I 174, *2.302;* 322, *2.34;*
  III 412, *2.123*
Paläontologie (19)   I 345, *2.4;* II 141, *2.20;*
  III 244, *2.51*
Palästina (Wallfahrt, 15–16)   I 169, *2.256*
Panoramen   III 483, *2.7*
Panoramen (18–19)   I 39, *2.132;* III 257, *2.113*
Panoramen (19)   III 252, *2.80*
Panoramen (Schweiz)   I 227, *2.58;* II 481, *2.16*
Papier (18)   I 428, *2.10*
Parasitologie (18–19)   I 345, *2.5*
Paris (Jesuiten, Bibl.)   II 343, *2.9*
Partituren (16–19)   I 162, *2.199*
Partituren (17–19)   I 321, *2.30*
Partituren (18–19)   I 365, *2.11;* 411, *2.48*
Pastoralbibliothek (Chur)   I 438, *1.18;* 445, *2.55*
Pastoraltheologie   II 19, *2.9;* 267, *2.15;* 356, *2.16*
Pastoraltheologie (18)   III 178, *2.7*
Pastoraltheologie (18–19)   II 29, *2.11*
Pastoraltheologie (19)   II 440, *2.17*
Pastoraltheologie (katholische)   II 82, *2.111;*
  102, *2.9;* 170, *2.9;* 483, *2.6*
Pastoraltheologie (katholische, 17–19)   II 42, *2.16;*
  III 172, *2.10;* 215, *2.12*
Pastoraltheologie (katholische, 18–19)   I 433, *2.3;*
  II 343, *2.10*
Pastoraltheologie (protestantische, 19)   II 156, *2.11*
Pastoraltheologie (reformierte, 18–19)   I 385, *2.16*
Pathologie (16–19)   I 179, *2.342;* 322, *2.35*
Pathologie (18)   I 196, *2.17*
Pathologie (18–19)   III 414, *2.139*
Pathologie (19)   I 205, *2.8;* 206, *2.16;* III 83, *2.6;*
  84, *2.12*
Patriotismus (Schweiz, 19)   III 199, *2.19*
Patristik   I 27, *2.56;* 356, *2.9;* 461, *2.3;* 462, *2.15;*
  481, *2.6;* II 79, *2.93;* 103, *2.18;* 157, *2.15;*
  169, *2.4;* 264, *2.5;* 311, *2.12;* 342, *2.5;* 356, *2.13;*
  403, *2.11;* III 14, *2.27;* 172, *2.12;* 185, *2.13;*
  208, *2.14;* 214, *2.7*
Patristik (15–16)   I 136, *2.28*
Patristik (16–18)   III 401, *2.60*
Patristik (16–19)   II 26, *2.6;* 42, *2.15;* 225, *2.31;*
  286, *2.17*

Patristik (17)   III 179, *2.8*
Patristik (17–19)   I 293, *2.6;* II 226, *2.35*
Patristik (18–19)   I 434, *2.8;* II 485, *2.4;*
  III 149, *2.7*
Patristik (19)   II 9, *2.12;* III 418, *2.162*
Patristik (griechische, 16–19)   II 226, *2.37*
Patristik (lateinische, 16–19)   II 226, *2.36*
Pauperismus   I 99, *2.7*
Pauperismus (Schweiz, 19)   I 113, *2.31*
Pazifismus (19)   II 156, *2.9*
Pelplin (Bischöfliches Priesterseminar, Bibl.)
  III 233, *2.28*
Perücken   III 500, *2.19*
Pest   I 179, *2.344;* II 501, *2.39*
Pest (16)   II 242, *2.144;* 288, *2.22*
Petershausen (Benediktiner, Bibl.)   II 482, *1.2;*
  483, *2.5*
Peyersche Tobias-Stimmer-Stiftung (Schaffhausen)
  II 280, *1.35*
Pfäfers (Abtei, Bibl.)   II 220, *1.47;* 222, *2.12*
Pfäfers (Benediktiner, Bibl.)   II 192, *1.18*
Pfarrarchiv Wassen (Bibl.)   III 22, *2.16*
Pfarreibibliothek St. Mauritius (Appenzell, Bibl.)
  I 92, *1.2;* 95, *2.8*
Pferde   I 141, *2.56*
Pferde (19)   III 244, *2.51;* 265, *2.7*
Pharmazie   I 248, *2.15;* 368, *1.1;* II 90, *2.153*
Pharmazie (16)   I 181, *2.355*
Pharmazie (16–19)   I 180, *2.352;* 322, *2.35;*
  II 288, *2.22*
Pharmazie (17–18)   I 181, *2.356*
Pharmazie (18)   I 66, *2.23;* 173, *2.291;* III 299, *2.4*
Pharmazie (18–19)   II 141, *2.23;* III 415, *2.144*
Pharmazie (19)   I 205, *2.8;* 369, *2.3;* II 499, *2.29;*
  III 299, *2.5*
Pharmazie (Geschichte)   I 368, *1.1*
Pharmazie (Zeitschriften)   III 286, *2.97*
Pharmaziehistorisches Museum Basel (Bibl.)
  I 180, *2.352*
Philanthropie   I 319, *2.14*
Philanthropin (Haldenstein, Bibl.)   I 437, *1.10*
Philanthropin (Marschlins, Bibl.)   I 437, *1.10*
Philologie   I 250, *2.22;* 255, *2.42;* III 381, *1.95*
Philologie (15–17)   I 253, *2.35*
Philologie (16–19)   I 320, *2.25*
Philologie (17–19)   I 325, *2.54*
Philologie (Dissertationen, 19)   I 152, *2.129*
Philologie (Humanismus)   II 284, *2.13*
Philologie (Zeitschriften, 18–19)   II 236, *2.111*
Philosophie   I 25, *2.38;* 81, *2.14;* 99, *2.8;* 219, *2.20;*
  255, *2.42;* 267, *2.18;* 442, *2.20;* II 69, *2.53;*
  105, *2.23;* 271, *2.45;* 309, *2.4;* 335, *2.3;*
  404, *2.18;* 493, *2.10;* III 11, *2.11;* 53, *2.20;*
  59, *1.9;* 200, *2.31;* 209, *2.21;* 217, *2.20;* 226, *2.9;*
  372, *1.42;* 381, *1.93;* 381, *1.95;* 407, *2.92*
Philosophie (15)   II 223, *2.19*
Philosophie (15–16)   I 126, *1.31*
Philosophie (15–17)   I 253, *2.35*
Philosophie (16–18)   I 247, *2.8;* II 390, *2.44*

Philosophie (16–19)   I 139, *2.46;* 294, *2.12;*
  319, *2.12;* 324, *2.50;* 325, *2.55;* II 41, *2.11;*
  195, *2.14;* 238, *2.119;* 317, *2.33;* 358, *2.24;*
  429, *2.16;* III 284, *2.80;* 421, *2.179*
Philosophie (17)   III 229, *2.20*
Philosophie (17–18)   II 70, *2.55;* III 398, *2.37*
Philosophie (17–19)   I 284, *2.12;* II 32, *2.19;*
  142, *2.28;* 179, *2.29;* III 62, *2.10*
Philosophie (18)   I 64, *2.14;* 270, *2.5;* 419, *2.14;*
  428, *2.12;* II 10, *2.21;* III 111, *2.3;* 118, *2.14;*
  371, *1.35*
Philosophie (18–19)   I 32, *2.88;* 301, *2.22;*
  II 126, *2.19;* 159, *2.32;* 288, *2.21;* 345, *2.20;*
  422, *2.15;* III 131, *2.10;* 310, *2.26*
Philosophie (19)   I 387, *2.30;* 402, *2.7;* 444, *2.49;*
  448, *2.85;* II 113, *2.14;* 172, *2.17;* 252, *2.4;*
  387, *2.23;* III 68, *2.6;* 152, *2.21;* 245, *2.52;*
  321, *2.16;* 322, *2.21;* 382, *1.99*
Philosophie (Aufklärung)   I 393, *2.13*
Philosophie (England, 18–19)   II 282, *2.8*
Philosophie (Frankreich, 18–19)   II 282, *2.9*
Philosophie (Geschichte)   I 139, *2.46;* 140, *2.49;*
  319, *2.12;* III 373, *1.51*
Philosophie (Kleinschrifttum, 19)   III 254, *2.93*
Philosophie (Zeitschriften, 18–19)   II 236, *2.111*
Physik   I 24, *2.35;* 248, *2.16;* II 71, *2.59;* 327, *2.60;*
  515, *2.5;* III 227, *2.15;* 282, *2.71*
Physik (16–19)   I 172, *2.282;* 322, *2.33;*
  II 199, *2.46;* III 281, *2.60*
Physik (17–19)   I 284, *2.14;* II 365, *2.53;*
  III 413, *2.128*
Physik (18–19)   I 34, *2.102;* 301, *2.19;* 371, *2.5;*
  II 142, *2.24;* 291, *2.27;* III 151, *2.16;* 416, *2.150*
Physik (19)   I 386, *2.20;* II 113, *2.17;* 145, *2.46;*
  498, *2.25;* III 382, *1.99*
Physik (Zeitschriften)   III 76, *2.10*
Physiologie (17–19)   III 414, *2.138*
Physiologie (18)   I 196, *2.17*
Physiologie (18–19)   III 83, *2.4*
Physiologie (19)   I 205, *2.8;* 341, *2.3;* III 84, *2.11*
Pietismus   I 64, *2.13;* 136, *2.27;* 136, *2.30;*
  183, *2.372;* 184, *2.378;* 445, *2.57;* 447, *2.78;*
  II 170, *2.8;* 195, *2.19;* 269, *2.34;* 285, *2.15;*
  287, *2.19;* 510, *2.6;* III 62, *2.8;* 233, *2.28*
Pietismus (17–19)   III 62, *2.9*
Plakate   III 498, *1.5*
Plakate (19)   I 365, *2.7;* 450, *2.108;* II 124, *2.3;*
  167, *2.38;* III 168, *2.19*
Plakate (Neuenburg, 19)   II 146, *2.52*
Plakate (Schweiz, 19)   I 324, *2.46*
Polemik (16–19)   I 319, *2.9*
Polemik (katholische)   III 216, *2.14*
Polemik (katholische, 16–18)   I 30, *2.76;*
  III 396, *2.10;* 396, *2.12*
Polemik (katholische, 17–19)   III 36, *2.36*
Polemik (katholische, 19)   III 172, *2.8*
Polemik (konfessionelle, 16–17)   I 27, *2.56*
Polemik (konfessionelle, 16–19)   II 30, *2.13*
Polemik (protestantische)   III 418, *2.163*
Polemik (protestantische, 17)   II 157, *2.22*

Polemik (protestantische, 17–19)   III 61, *2.7*
Polemik (protestantische, 19)   II 157, *2.22*
Polemik (reformierte)   I 348, *2.4*
Polemik (reformierte, 17)   I 349, *2.7*
Polemik (reformierte, 19)   I 385, *2.16*
Polemik (Täufer)   I 274, *2.8*
Polen (Druckgraphik)   II 185, *2.2;* 185, *2.8*
Polen (Geschichte, 18)   II 185, *2.6*
Polen (Geschichte, 19)   II 185, *2.7*
Polen (Karten)   II 185, *2.2*
Polen (Karten, 17–18)   II 185, *2.9*
Polen (Nationalbibliothek)   II 184, *1.2*
Politik   I 255, *2.42;* II 50, *1.23;* 458, *2.2;*
    III 284, *2.80;* 388, *1.133;* 389, *1.142*
Politik (16–19)   I 324, *2.50*
Politik (17–19)   II 360, *2.34*
Politik (18–19)   I 319, *2.14;* III 53, *2.18*
Politik (19)   I 402, *2.6;* II 126, *2.20;* 142, *2.26*
Politik (Aufklärung)   II 461, *2.16*
Politik (Kleinschrifttum, 17–19)   II 298, *2.36*
Politik (Russland, 19)   I 256, *2.48*
Politik (Schweiz)   I 166, *2.234*
Politik (Schweiz, 17–19)   III 351, *2.57*
Politik (Schweiz, 19)   III 355, *2.85*
Politik (Tessin)   II 458, *2.3*
Politik (Waadt, 18–19)   III 43, *2.7*
Politik (Zug, 18–19)   III 201, *2.40*
Politischer Lesezirkel Glarus (Bibl.)   I 401, *1.1;*
    404, *2.14;* 406, *2.21*
Politologie (17–19)   II 363, *2.45*
Politologie (19)   II 112, *2.10*
Polizeidirektion Zürich (Bibl.)   III 355, *2.85*
Polnische Literatur (19)   II 185, *2.7*
Polonica   II 185, *2.1*
Porträts   I 130, *1.59;* III 371, *1.38*
Porträts (18–19)   I 185, *2.389*
Porträts (19)   I 450, *2.105*
Portugal (Geschichte)   I 144, *2.79*
Portugiesische Philologie   I 157, *2.164*
Post (Schweiz, 19)   I 113, *2.27*
Praktische Theologie   I 183, *2.372*
Praktische Theologie (16–19)   I 136, *2.31;*
    319, *2.10*
Praktische Theologie (17)   II 438, *2.8*
Praktische Theologie (17–19)   III 62, *2.9*
Praktische Theologie (katholische)   II 493, *2.8*
Praktische Theologie (katholische, 17–18)
    III 396, *2.13*
Praktische Theologie (katholische, 17–19)
    II 398, *2.5;* III 36, *2.36*
Praktische Theologie (katholische, 18–19)
    II 485, *2.5*
Praktische Theologie (katholische, 19)   II 358, *2.22;*
    III 149, *2.8*
Praktische Theologie (protestantische)   II 493, *2.9*
Praktische Theologie (protestantische, 17–19)
    II 155, *2.5*
Praktische Theologie (protestantische, 18–19)
    III 418, *2.164*

Praktische Theologie (protestantische, 19)
    II 502, *2.40*
Prämonstratenser (Bellelay, Bibl.)   II 43, *2.20*
Prämonstratenser (Chur, Bibl.)   I 432, *1.2;*
    434, *2.10*
Prämonstratenser (Grandgourt, Bibl.)   I 483, *2.23;*
    II 40, *2.8*
Prämonstratenser (Roggenburg, Bibl.)   II 250, *2.5*
Prämonstratenser (Weissenau, Bibl.)   III 316, *2.16*
Predigerbibliothek (Aargau)   I 17, *1.12*
Predigten   I 293, *2.7;* 481, *2.6;* II 100, *2.6;* 183, *2.5;*
    195, *2.17;* 257, *2.5;* 315, *2.30;* 429, *2.13;* 438, *2.6;*
    III 14, *2.24*
Predigten (16–17)   I 45, *2.7*
Predigten (16–19)   I 137, *2.35*
Predigten (17)   II 438, *2.8*
Predigten (17–19)   III 184, *2.6;* 206, *2.7*
Predigten (18)   I 183, *2.372;* II 195, *2.19;* 439, *2.10*
Predigten (19)   II 298, *2.36;* 439, *2.14;*
    III 243, *2.48*
Predigten (katholische)   II 83, *2.116;* III 27, *2.12;*
    217, *2.21;* 315, *2.10*
Predigten (katholische, 16)   II 231, *2.67*
Predigten (katholische, 16–19)   II 33, *2.20;*
    172, *2.18;* 357, *2.18;* 465, *2.5*
Predigten (katholische, 17–18)   II 8, *2.6*
Predigten (katholische, 17–19)   I 422, *2.4;*
    II 338, *2.6;* 344, *2.13;* 483, *2.3;* III 149, *2.9;*
    172, *2.6*
Predigten (katholische, 18–19)   II 21, *2.3;*
    231, *2.68;* 520, *2.7;* III 189, *2.9*
Predigten (lateinisch, 17)   II 316, *2.31*
Predigten (protestantische, 17–19)   II 156, *2.6*
Priesterkapitel (Obwalden, Bibl.)   II 175, *1.1*
Priesterkapitel (Uri, Bibl.)   III 8, *1.8*
Priesterseminar (Basel, Bibl.)   II 358, *2.22*
Priesterseminar (Freiburg, Bibl.)   I 282, *1.10*
Priesterseminar (Grosser Sankt Bernhard, Bibl.)
    III 177, *1.14*
Priesterseminar (Meran, Bibl.)   I 432, *1.3*
Priesterseminar (Solothurn, Bibl.)   II 38, *1.1*
Privatrecht   I 319, *2.13;* III 388, *1.127*
Privatrecht (19)   III 80, *2.7*
Protestantismus (Frankreich)   III 59, *1.8*
Protestantismus (Frankreich, 16–17)   III 59, *1.5*
Protestantismus (Frankreich, 17–19)   III 61, *2.7*
Prozessrecht (19)   III 417, *2.154*
Pruntrut (Anuntiatinnen, Bibl.)   I 477, *1.8*
Pruntrut (Dépot littéraire)   I 478, *1.10*
Pruntrut (Jesuiten, Bibl.)   I 476, *1.1;* II 38, *1.1;*
    40, *2.6;* 41, *2.13;* 43, *2.20;* 43, *2.21*
Pruntrut (Kapuziner, Bibl.)   I 477, *1.8;* II 38, *1.1;*
    41, *2.13;* 341, *1.1*
Pruntrut (Pädagogische Hochschule, Bibl.)
    I 484, *2.25*
Psalterien   II 140, *2.16;* III 61, *2.6*
Psychiatrie   III 84, *2.12*
Psychiatrie (18–19)   I 180, *2.351;* II 512, *2.4*
Psychiatrie (19)   I 341, *2.3;* III 83, *2.5;* 381, *1.96;*
    415, *2.143*

Psychologie   I 319, *2.12;* II 195, *2.14;* III 226, *2.9*
Psychologie (17–19)   II 358, *2.25*
Psychologie (18–19)   I 140, *2.51;* 267, *2.18*
Psychologie (19)   I 25, *2.39;* 402, *2.7;* 444, *2.49;*
  II 142, *2.28;* 159, *2.32;* III 152, *2.21*
Psychologie (Kleinschrifttum, 19)   III 254, *2.93*
Psychopathologie (18–19)   II 512, *2.4*

Quietismus (18)   III 44, *2.14*

Rabbinisches Seminar Breslau (Bibl.)   I 350, *1.3;*
  III 267, *1.1;* 289, *1.4*
Raetica   I 220, *2.22;* 438, *1.17;* 439, *1.25;*
  442, *2.22;* 474, *1.1*
Raetica (16–19)   I 442, *2.26*
Raetica (18–19)   I 434, *2.4*
Raetica (19)   I 473, *2.5;* 475, *2.6*
Ramismus   II 501, *2.39*
Ramsen (Internat Wiesholz, Bibl.)   III 188, *1.2*
Rascher Verlag (Zürich)   III 390, *1.161*
Rassenhygiene   III 390, *1.160*
Ratgeber (Handwerk, 18–19)   I 24, *2.31*
Ratgeber (Technik, 18–19)   I 24, *2.31*
Rathausen (Zisterzienserinnen)   II 48, *1.17*
Rathausen (Zisterzienserinnen, Bibl.)   III 26, *2.5;*
  27, *2.12*
Rätoromanische Literatur   I 473, *2.5;* 474, *1.1;*
  III 372, *1.45*
Rätoromanische Literatur (19)   I 475, *2.6;*
  III 406, *2.91*
Raubgut (Deutschland, 20)   III 267, *1.2*
Recht
  I 99, *2.7;* 162, *2.201;* 163, *2.203;* 187, *2.394;*
  219, *2.17;* 248, *2.14;* 255, *2.42;* 266, *2.13;*
  294, *2.13;* 441, *2.15;* 461, *2.3;* II 10, *2.19;*
  54, *1.36;* 85, *2.122;* 170, *2.10;* 335, *2.3;*
  386, *2.14;* 412, *2.38;* 458, *2.2;* 469, *2.26;*
  III 10, *2.5;* 53, *2.19;* 200, *2.32;* 284, *2.80;*
  389, *1.142;* 398, *2.32*
Recht (15)   II 223, *2.19*
Recht (15–16)   I 126, *1.31*
Recht (15–17)   I 253, *2.35*
Recht (16–17)   III 403, *2.69*
Recht (16–18)   I 482, *2.15;* II 234, *2.93*
Recht (16–19)   I 319, *2.13;* II 40, *2.9;* 196, *2.22;*
  285, *2.14;* 322, *2.43;* 429, *2.14;* 440, *2.25;*
  III 167, *2.12;* 226, *2.6*
Recht (17)   I 437, *1.9;* II 309, *2.4*
Recht (17–18)   I 24, *2.30;* II 390, *2.43;*
  III 140, *2.14;* 179, *2.12;* 233, *2.29*
Recht (17–19)   I 65, *2.19;* 284, *2.11;* II 142, *2.26;*
  363, *2.45;* III 62, *2.10;* 403, *2.71*
Recht (18–19)   I 386, *2.23;* 434, *2.7;* 483, *2.23;*
  II 126, *2.21;* 234, *2.96;* 343, *2.11;* 393, *2.70;*
  422, *2.14;* 492, *2.6;* III 43, *2.6;* 107, *2.12;*
  111, *2.3;* 201, *2.40;* 215, *2.13;* 414, *2.133*
Recht (19)   I 402, *2.6;* 412, *2.52;* 444, *2.49;*
  II 113, *2.15;* 130, *2.9;* 166, *2.30;* 180, *2.37;*
  390, *2.47;* III 32, *2.13;* 34, *2.20;* 67, *2.5;* 80, *2.7;*
  152, *2.22;* 243, *2.49;* 403, *2.72*

Recht (Appenzell, 19)   I 73, *2.4*
Recht (Basel, 16)   I 163, *2.205*
Recht (Deutschland)   I 165, *2.218;* II 86, *2.129*
Recht (Deutschland, 19)   III 338, *1.75*
Recht (Dissertationen, 16–17)   II 285, *2.14*
Recht (Dissertationen, 17)   II 196, *2.26*
Recht (Dissertationen, 17–18)   I 270, *2.4*
Recht (Dissertationen, 19)   III 416, *2.153*
Recht (Europa)   I 164, *2.217*
Recht (Europa, 19)   III 98, *2.7*
Recht (Frankreich)   I 165, *2.219*
Recht (Frankreich, 18)   III 119, *2.19*
Recht (Frankreich, 19)   III 338, *1.75*
Recht (Graubünden)   I 443, *2.30*
Recht (Graubünden, 19)   I 457, *2.7*
Recht (Italien)   I 165, *2.220*
Recht (Kleinschrifttum, 19)   III 253, *2.88*
Recht (Luzern)   II 86, *2.128*
Recht (Österreich, 19)   III 338, *1.75*
Recht (Schweiz)   I 444, *2.43;* II 86, *2.128*
Recht (Schweiz, 16–19)   II 196, *2.24;* III 344, *2.10;*
  351, *2.60*
Recht (Schweiz, 17–19)   I 164, *2.215;* III 355, *2.83*
Recht (Schweiz, 18–19)   III 354, *2.79*
Recht (Schweiz, 19)   I 418, *2.9;* II 113, *2.15;*
  III 98, *2.7;* 250, *2.69*
Recht (Tessin, 19)   I 457, *2.7*
Recht (Zeitschriften, 19)   I 162, *2.201*
Recht (Zürich, 16–19)   III 354, *2.80*
Recht (Zürich, 18–19)   III 354, *2.79*
Rechtsgeschichte   I 319, *2.13;* II 85, *2.125*
Rechtsgeschichte (19)   III 80, *2.7;* 98, *2.6*
Rechtsgeschichte (Zürich, 19)   III 221, *2.2*
Redemptoristen (Weesen, Bibl.)   II 253, *1.1*
Reformation   I 63, *2.11;* 99, *2.6;* 122, *1.12;*
  123, *1.18;* 136, *2.27;* 137, *2.34;* 182, *2.364;*
  187, *2.394;* 318, *2.7;* 348, *2.4;* II 80, *2.100;*
  157, *2.15;* 260, *1.1;* 268, *2.26;* 493, *2.9;*
  502, *2.40;* III 366, *1.9;* 372, *1.48;* 418, *2.162*
Reformation (Basel)   I 182, *2.369*
Reformation (Flugschriften)   II 195, *2.18;* 357, *2.20*
Reformation (Geschichte)   II 319, *2.38*
Reformation (Geschichte, 19)   I 23, *2.26*
Reformation (Helvetica)   I 73, *2.5*
Reformation (Neuenburg)   II 111, *2.8*
Reformation (Schweiz)   II 294, *2.29*
Reformation (Zürich)   III 402, *2.62*
Reformationsjubliäum (1819)   III 402, *2.62*
Reformierte Konventualen (Lugano, Bibl.)
  II 427, *1.3;* 428, *2.6*
Reformiertes Pfarrkapitel Uster (Bibl.)   III 220, *1.1*
Regensberg (Gemeindearchiv)   III 361, *2.120*
Regensburg (Benediktiner, Bibl.)   II 308, *1.40*
Regensburg (Franziskaner, Bibl.)   III 14, *2.27*
Regensburg (Jesuiten, Bibl.)   III 316, *2.15*
Regensdorf (Kirchgemeinde, Archiv)   III 361, *2.120*
Regensdorf (Strafanstalt, Bibl.)   III 337, *1.67;*
  351, *2.54;* 354, *2.79*
Regierungsrat (Zürich, Bibl.)   III 329, *1.16;*
  330, *1.23;* 355, *2.85*

Reglemente (Militärwesen, 17-19) I 201, *2.10*
Reglemente (Militärwesen, 19) I 28, *2.60*
Reiseberichte I 22, *2.15;* 68, *2.33;* 85, *2.23;*
  102, *2.28;* 195, *2.5;* 325, *2.56;* II 10, *2.24;*
  73, *2.67;* 198, *2.35;* 321, *2.42;* 517, *2.15*
Reiseberichte (16-18) II 241, *2.140*
Reiseberichte (16-19) I 320, *2.17;* 426, *2.3*
Reiseberichte (17) I 169, *2.257*
Reiseberichte (17-19) I 169, *2.254;* II 198, *2.33;*
  III 198, *2.10*
Reiseberichte (18) I 169, *2.258;* III 124, *2.4;*
  241, *2.45*
Reiseberichte (18-19) I 37, *2.122;* 53, *2.10;*
  185, *2.386;* 267, *2.15;* 387, *2.28;* II 125, *2.6;*
  140, *2.13;* III 105, *2.5;* 111, *2.5;* 117, *2.8;*
  130, *2.5;* 413, *2.129*
Reiseberichte (19) I 249, *2.21;* 254, *2.41;*
  306, *2.12;* 333, *2.12;* II 203, *2.75;* III 44, *2.8;*
  44, *2.12;* 141, *2.17;* 151, *2.19;* 248, *2.60*
Reiseberichte (Schweiz) I 200, *2.3;* III 141, *2.18*
Reiseberichte (Schweiz, 16-19) I 218, *2.14*
Reiseberichte (Schweiz, 19) II 140, *2.13*
Reiseliteratur III 11, *2.9*
Reiseliteratur (17-19) II 292, *2.28;* 363, *2.42*
Reiseliteratur (18-19) II 498, *2.24*
Reiseliteratur (19) III 44, *2.8;* 309, *2.21*
Reiseliteratur (China) III 307, *1.11*
Reiseliteratur (Japan) III 307, *1.11*
Reiseliteratur (Schweiz) III 11, *2.10*
Religionsgeschichte II 76, *2.83*
Religionsgeschichte (16-19) II 140, *2.17;*
  286, *2.17*
Religionsgeschichte (17-19) I 294, *2.14*
Religionskriege (Flugschriften, 17-18) I 145, *2.86*
Religionskriege (Frankreich) I 144, *2.76*
Religionspolitik I 99, *2.6*
Religiöses Schauspiel II 156, *2.8*
Restauration (18-19) I 35, *2.106*
Retz (Dominikaner, Bibl.) I 298, *1.7*
Revolutionen (18-20) III 389, *1.138*
Rheinau (Benediktiner) III 327, *1.6*
Rheinau (Benediktiner, Archiv) III 360, *2.114*
Rheinau (Benediktiner, Bibl.) II 16, *2.13;*
  171, *2.12;* 254, *2.4;* 308, *1.40;* 328, *2.62;*
  III 206, *2.7;* 206, *2.8;* 351, *2.54*
Rheinfelden (Chorherrenstift St. Martin, Bibl.)
  I 17, *1.10;* 29, *2.65*
Rheinfelden (Kapuziner, Bibl.) I 16, *1.3*
Rheinfelden (Kapuzinerkloster, Bibl.) I 28, *2.63*
Riemenstalden (Pfarrei, Bibl.) II 38, *1.1*
Rieter-Biedermann (Verlag, Winterthur)
  I 226, *2.52;* III 486, *1.7;* 488, *2.12*
Riva San Vitale (Pfarrei, Bibl.) II 449, *1.1;* 449, *2.1*
Roggenburg (Prämonstratenser, Bibl.) II 250, *2.5*
Rolle (Pfarrei, Bibl.) III 37, *2.38*
Rom (Antike, 16-19) I 148, *2.104*
Rom (Geschichte) I 142, *2.63*
Romanische Philologie I 156, *2.154;* 187, *2.394*
Romanische Philologie (17-19) I 33, *2.93;*
  321, *2.27;* III 405, *2.88*

Romanische Philologie (19) II 495, *2.17*
Römisches Recht I 164, *2.210;* II 85, *2.123;*
  III 388, *1.127*
Rorschach (Benediktiner, Bibl.) II 510, *2.7*
Rosenkranz-Bruderschaft II 338, *2.4*
Russica (17-20) III 391, *1.169*
Russische Literatur (16-19) I 254, *2.39*
Russische Literatur (19) I 300, *2.13;* III 426, *2.203*
Russland (16-19) I 254, *2.39*
Russland (18-19) I 160, *2.185*
Russland (Geschichte, 19) I 32, *2.90*
Russland (Politik, 19) I 256, *2.48*

Salem (Zisterzienser, Bibl.) II 501, *2.38;*
  III 194, *2.7*
Salle des armures (Genf, Bibl.) I 304, *1.2*
Salzburg (Benediktinerinnen, Bibl.) III 25, *1.1;*
  26, *2.5*
Sammlung Stroganoff (Petersburg, Bibl.)
  I 246, *1.17*
Sangallensia II 189, *1.6;* 190, *1.9*
Sangallensia (16-19) II 202, *2.63*
Sängerverein Harmonie Zürich (Bibl.)
  III 391, *1.173*
Sanitätsbibliothek (St. Gallen) II 192, *1.18;*
  205, *2.86*
Sanskrit I 152, *2.133*
Sarnen (Benediktiner) I 27, *2.53*
Sauerländer (Verlag, Aarau) I 23, *2.23*
Savoyen (Geschichte, 19) I 377, *2.10;* 385, *2.12*
Scaphusiana II 279, *1.30;* 294, *2.30*
Scaphusiana (17-19) II 294, *2.29*
Scaphusiana (18-19) II 294, *2.31*
Schach (19) III 427, *2.205*
Schachgesellschaft Zürich (Bibl.) III 389, *1.141*
Schaffgottsche Majoratsbibliothek (Warmbrunn,
  Bibl.) I 428, *2.14*
Schaffhausen (Amtsdrucksachen, 18-19)
  II 294, *2.31*
Schaffhausen (Geschichte, 18-19) II 294, *2.29*
Schaffhausen (Gesellschaft der Freunde, Bibl.)
  II 275, *1.9;* 276, *1.15;* 291, *2.27;* 296, *2.32*
Schaffhausen (Gesetzessammlungen, 18-19)
  II 294, *2.29*
Schaffhausen (Gewerbeverein, Bibl.) II 276, *1.19;*
  279, *1.28;* 299, *2.39*
Schaffhausen (Gewerkschaftskartell, Bibl.)
  II 279, *1.28;* 299, *2.39*
Schaffhausen (Grütliverein, Bibl.) II 279, *1.28*
Schaffhausen (Historischer Verein, Bibl.)
  II 279, *1.28;* 299, *2.40*
Schaffhausen (Juristenverein, Bibl.) II 280, *1.35*
Schaffhausen (Kantonale Offiziersgesellschaft,
  Bibl.) II 279, *1.28;* 299, *2.39*
Schaffhausen (Kirchengeschichte) II 270, *2.42*
Schaffhausen (Kleinschrifttum, 17-19) II 298, *2.37*
Schaffhausen (Kleinschrifttum, 18-19) II 294, *2.31*
Schaffhausen (Medizinische Bibliothek)
  II 278, *1.25*

Schaffhausen (Medizinische Gesellschaft, Bibl.)
    II 276, *1.19*
Schaffhausen (Ministerialbibliothek) II 279, *1.28*;
    286, *2.16*
Schaffhausen (Museumsverein, Bibl.) II 279, *1.28*
Schaffhausen (Naturforschende Gesellschaft, Bibl.)
    II 279, *1.28*; 299, *2.40*
Schaffhausen (Naturhistorisches Museum, Bibl.)
    II 291, *2.27*
Schaffhausen (Peyersche Tobias-Stimmer-Stiftung)
    II 280, *1.35*
Schaffhausen (Schulschriften, 18–19) II 298, *2.36*
Schaffhausen (Stadtbibliothek) II 177, *2.18*
Schaffhausen (Stadtpläne, 18–19) II 298, *2.38*
Schaffhausen (Sturzenegger Stiftung) II 280, *1.35*;
    299, *2.41*
Schaffhausen (Verlag Hurter) II 277, *1.20*;
    287, *2.19*; 296, *2.32*
Scheyern (Benediktinerabtei) II 296, *2.32*
Schlacht bei Sempach (1386) II 21, *2.3*
Schloss Oberherrlingen (Bibl.) II 479, *2.6*
Schloss Spiez (Bibl.) I 215, *1.39*
Schmiedekunst II 517, *2.13*
Scholastik I 136, *2.27*; 481, *2.6*; II 42, *2.15*;
    70, *2.55*; 81, *2.105*; 267, *2.17*; 356, *2.14*
Scholastik (Philosophie) I 139, *2.47*
Schönenwerd (Chorherrenstift, Bibl.) II 42, *2.14*;
    341, *1.1*; 344, *2.13*; 353, *1.21*
Schulbibliothek (Herisau) I 72, *1.2*
Schulbücher I 104, *2.47*; 431, *2.9*
Schulbücher (16–18) II 237, *2.113*; 238, *2.120*
Schulbücher (19) III 221, *2.2*
Schulbücher (Luzern, 19) II 92, *2.161*
Schulbücher (Naturwissenschaften, 19)
    III 244, *2.51*
Schulbücher (Primarstufe, 19) I 34, *2.103*
Schulbücher (Uri, 19) III 12, *2.15*
Schulschriften (Schaffhausen, 18–19) II 298, *2.36*
Schulwesen II 195, *2.16*
Schulwesen (19) II 328, *2.63*
Schulwesen (Aargau, 19) I 29, *2.69*
Schüpfheim (Kapuziner, Bibl.) II 25, *1.3*
Schüpfheim (Kapuzinerkloster, Bibl.) II 33, *2.20*;
    34, *2.25*
Schusswaffen I 200, *2.9*
Schweiz (Adressbücher, 19) I 223, *2.41*
Schweiz (Amtsdrucksachen) I 223, *2.42*
Schweiz (Amtsdrucksachen, 19) III 338, *1.74*;
    355, *2.86*
Schweiz (Ansichten) I 215, *1.36*
Schweiz (Arbeit, 19) I 113, *2.29*
Schweiz (Arbeiterbewegung, 19) I 113, *2.29*
Schweiz (Banken, 19) I 112, *2.23*; 114, *2.42*
Schweiz (Banken, Graue Literatur, 19) I 115, *2.43*
Schweiz (Bauwesen) I 112, *2.19*; 444, *2.45*
Schweiz (Bauwesen, 19) I 115, *2.51*
Schweiz (Belletristik) I 444, *2.45*
Schweiz (Berufsverbände, 19) I 116, *2.59*
Schweiz (Bevölkerung, Statistik, 19) I 114, *2.37*
Schweiz (Biographien) I 444, *2.43*; II 198, *2.36*

Schweiz (Biographien, 18–19) I 385, *2.13*
Schweiz (Biographien, 19) I 405, *2.17*
Schweiz (Biographien, Wirtschaft) I 117, *2.63*
Schweiz (Botanik) I 195, *2.5*
Schweiz (Bücherverzeichnisse, 19) I 228, *2.62*
Schweiz (Buchwesen, 19) III 250, *2.73*
Schweiz (Bundesverfassung 1874) I 114, *2.36*
Schweiz (Eisenbahn, 19) II 201, *2.55*
Schweiz (Elektrizität) I 112, *2.19*
Schweiz (Firmen, Graue Literatur, 19) I 114, *2.38*
Schweiz (Forstwirtschaft) I 111, *2.15*
Schweiz (Freimaurerei, 19) II 294, *2.29*;
    III 254, *2.99*
Schweiz (Fremdenverkehr) I 112, *2.19*
Schweiz (Fürsorge, 19) III 257, *2.113*
Schweiz (Geldwesen, 19) I 112, *2.23*
Schweiz (Geographie) I 195, *2.5*; 200, *2.3*;
    218, *2.14*; 320, *2.16*; 444, *2.45*; II 197, *2.31*
Schweiz (Geographie, 16–19) I 169, *2.251*
Schweiz (Geographie, 17–18) II 362, *2.40*
Schweiz (Geographie, 17–19) II 370, *2.82*;
    III 21, *2.5*; 198, *2.9*; 293, *2.11*
Schweiz (Geographie, 18–19) II 125, *2.6*;
    III 11, *2.10*
Schweiz (Geographie, 19) II 112, *2.11*;
    III 250, *2.67*
Schweiz (Geographie, Zeitschriften) III 293, *2.12*
Schweiz (Geschichte) I 85, *2.21*; 101, *2.22*;
    195, *2.5*; 218, *2.14*; 249, *2.20*; 266, *2.12*;
    320, *2.22*; 444, *2.43*; II 62, *2.18*; 75, *2.75*;
    104, *2.21*; 309, *2.4*; 319, *2.38*; 385, *2.10*;
    486, *2.7*; III 12, *2.14*; 15, *2.32*; 21, *2.4*; 22, *2.12*;
    216, *2.17*; 346, *2.26*
Schweiz (Geschichte, 16) I 184, *2.381*
Schweiz (Geschichte, 16–18) I 31, *2.84*; 428, *2.8*;
    III 349, *2.43*
Schweiz (Geschichte, 16–19) I 145, *2.86*;
    II 198, *2.36*; 198, *2.37*; 235, *2.101*
Schweiz (Geschichte, 17–19) I 200, *2.4*; II 40, *2.7*;
    145, *2.44*; 158, *2.30*; 294, *2.29*; 370, *2.82*;
    III 62, *2.11*; 227, *2.17*; 293, *2.11*
Schweiz (Geschichte, 18–19) I 54, *2.16*; 255, *2.43*;
    376, *2.6*; 385, *2.12*; 418, *2.8*; 434, *2.4*;
    II 31, *2.16*; 111, *2.7*; 124, *2.4*; 140, *2.11*;
    164, *2.11*; 165, *2.15*; 275, *1.12*; 362, *2.37*;
    509, *2.3*; III 43, *2.5*; 124, *2.4*; 130, *2.6*; 149, *2.6*;
    397, *2.23*; 420, *2.172*
Schweiz (Geschichte, 19) I 185, *2.383*; II 16, *2.13*;
    130, *2.5*; 164, *2.9*; 171, *2.14*; III 105, *2.6*;
    139, *2.8*; 173, *2.13*; 209, *2.19*; 250, *2.66*;
    349, *2.46*
Schweiz (Geschichte, Flugschriften, 19) I 250, *2.24*
Schweiz (Geschichte, Kleinschrifttum, 18–19)
    II 198, *2.37*
Schweiz (Geschichte, Zeitschriften) III 293, *2.12*
Schweiz (Geschichtsforschende Gesellschaft, Bibl.)
    I 245, *1.14*; 249, *2.20*
Schweiz (Gesetzessammlungen, 18–19) I 408, *2.33*
Schweiz (Gesundheitswesen) I 112, *2.19*
Schweiz (Gesundheitswesen, 19) III 250, *2.71*

Schweiz (Graue Literatur) I 224, *2.44*
Schweiz (Handel und Gewerbe) I 444, *2.45*
Schweiz (Industrie) I 166, *2.229;* 444, *2.45*
Schweiz (Industrie, 19) III 250, *2.72*
Schweiz (Judaica) III 289, *1.3*
Schweiz (Kalender) I 223, *2.39*
Schweiz (Kalender, 18–19) III 296, *2.31*
Schweiz (Kantone, 19) I 404, *2.16*
Schweiz (Kapuziner) II 407, *1.4*
Schweiz (Karten) I 200, *2.3;* 215, *1.36;* 448, *2.91*
Schweiz (Karten, 16–17) I 169, *2.251*
Schweiz (Karten, 16–19) I 227, *2.56;* II 480, *2.10;* III 297, *2.38*
Schweiz (Karten, 18–19) II 298, *2.38;* 500, *2.33*
Schweiz (Karten, 19) I 249, *2.21;* III 251, *2.77*
Schweiz (Kirchengeschichte) I 182, *2.366;* 184, *2.382;* II 80, *2.99;* 104, *2.21;* 157, *2.14;* 294, *2.29*
Schweiz (Kirchengeschichte, 17–19) II 40, *2.7;* III 294, *2.19*
Schweiz (Kirchengeschichte, 18–19) II 165, *2.18*
Schweiz (Kirchengeschichte, protestantische) I 318, *2.7*
Schweiz (Kleinschrifttum, 19) I 418, *2.9;* II 294, *2.29*
Schweiz (Kriegsgeschichte, 18–19) I 28, *2.60*
Schweiz (Kunst) I 444, *2.45*
Schweiz (Landeskunde, 16–19) I 427, *2.5*
Schweiz (Lehrbücher, 19) II 195, *2.16*
Schweiz (Leichenpredigten, 17–18) III 254, *2.99*
Schweiz (Lieder) I 252, *2.32*
Schweiz (Literatur, 18–19) I 407, *2.26*
Schweiz (Literatur, 19) III 250, *2.68*
Schweiz (Mandate, 16–19) I 224, *2.43*
Schweiz (Maschinenindustrie) I 112, *2.19*
Schweiz (Maschinenindustrie, 19) I 115, *2.51*
Schweiz (Medizin) I 444, *2.44*
Schweiz (Militärwesen) I 200, *2.6;* III 295, *2.26*
Schweiz (Militärwesen, 18–19) I 28, *2.60;* 167, *2.237;* 167, *2.242*
Schweiz (Militärwesen, 19) III 250, *2.73;* 258, *2.119*
Schweiz (Nahrungsmittelindustrie) I 112, *2.19*
Schweiz (Nahrungsmittelindustrie, 19) I 115, *2.48*
Schweiz (Naturforschende Gesellschaft, Bibl.) I 245, *1.14*
Schweiz (Naturwissenschaften) I 444, *2.44*
Schweiz (Numismatik) III 294, *2.16*
Schweiz (Obligationenrecht) I 114, *2.37;* 164, *2.216*
Schweiz (Öffentliche Finanzen, 19) I 113, *2.34*
Schweiz (Öffentliche Verwaltung, 19) I 114, *2.36*
Schweiz (Öffentlicher Verkehr, 19) I 116, *2.55*
Schweiz (Panoramen) I 227, *2.58;* II 481, *2.16*
Schweiz (Patriotismus) III 199, *2.19*
Schweiz (Pauperismus, 19) I 113, *2.31*
Schweiz (Plakate, 19) I 324, *2.46*
Schweiz (Politik) I 166, *2.234*
Schweiz (Politik, 17–19) III 351, *2.57*
Schweiz (Politik, 19) III 355, *2.85*
Schweiz (Post, 19) I 113, *2.27*
Schweiz (Recht) I 444, *2.43;* II 86, *2.128*
Schweiz (Recht, 16–19) II 196, *2.24;* III 344, *2.10;* 351, *2.60*
Schweiz (Recht, 17–19) I 164, *2.215;* III 355, *2.83*
Schweiz (Recht, 18–19) III 354, *2.79*
Schweiz (Recht, 19) I 418, *2.9;* II 113, *2.15;* III 98, *2.7;* 250, *2.69*
Schweiz (Reformation) II 294, *2.29*
Schweiz (Reiseberichte) I 200, *2.3;* III 141, *2.18*
Schweiz (Reiseberichte, 16–19) I 218, *2.14*
Schweiz (Reiseberichte, 19) II 140, *2.13*
Schweiz (Reiseliteratur) III 11, *2.10*
Schweiz (Soziale Frage) I 166, *2.231*
Schweiz (Soziale Frage, 19) I 113, *2.31*
Schweiz (Staatswissenschaften) I 82, *2.15;* 444, *2.43*
Schweiz (Staatswissenschaften, 19) I 418, *2.9;* II 87, *2.132*
Schweiz (Stenographenverband, Bibl.) I 17, *1.14*
Schweiz (Stenographenverein, Bibl.) I 18, *1.19;* 30, *2.72;*
Schweiz (Steuern, 19) I 113, *2.34*
Schweiz (Textilindustrie) I 112, *2.19*
Schweiz (Textilindustrie, 19) I 115, *2.47*
Schweiz (Theologie) I 444, *2.44;* II 62, *2.18*
Schweiz (Theologie, 19) III 250, *2.70*
Schweiz (Uhrenindustrie) I 112, *2.19*
Schweiz (Uhrenindustrie, 19) I 115, *2.47*
Schweiz (Uniformen, 19) I 200, *2.6*
Schweiz (Vereinsschriften, 18–19) I 224, *2.44*
Schweiz (Vereinsschriften, Universitäten) I 225, *2.49*
Schweiz (Vereinsschriften, Verkehr) I 225, *2.49*
Schweiz (Verfassungsgeschichte) III 285, *2.92*
Schweiz (Verkehr) I 444, *2.45*
Schweiz (Verkehr, 19) I 113, *2.27;* III 250, *2.72*
Schweiz (Versicherungen, 19) I 112, *2.25*
Schweiz (Volkswirtschaft) I 110, *2.9*
Schweiz (Volkswirtschaft, 19) I 166, *2.226*
Schweiz (Wasserwirtschaft, 19) I 111, *2.15*
Schweiz (Wirtschaft, Graue Literatur, 19) I 110, *2.6*
Schweiz (Wirtschaft, Zeitungsartikel, 19) I 110, *2.6*
Schweiz (Wirtschaftspolitik) I 110, *2.9*
Schweiz (Wirtschaftsrecht) I 110, *2.9*
Schweiz (Wohltätigkeit) I 444, *2.45*
Schweiz (Zeitschriften) I 221, *2.32*
Schweiz (Zeitschriften, 19) III 250, *2.74*
Schweiz (Zeitungen) I 222, *2.36*
Schweiz (Zivilgesetzbuch) I 114, *2.37;* 164, *2.216*
Schweizer (Zeitschriften) III 200, *2.29*
Schweizer Alpen-Club (Bibl.) II 138, *1.39;* III 372, *1.43;* 483, *2.6*
Schweizer Alpen-Club (Moléson, Bibl.) I 283, *2.2*
Schweizer Alpen-Club (Monte Rosa, Bibl.) III 163, *1.13*
Schweizer Alpen-Club (St. Gallen, Bibl.) II 192, *1.15;* 204, *2.80*

Schweizer Alpen-Club (Tödi, Bibl.)   I 412, *2.50*
Schweizer Alpen-Club (Weissenstein, Bibl.)
    II 354, *1.34;* 370, *2.82*
Schweizer Alpen-Club (Winterthur, Bibl.)
    III 258, *2.120*
Schweizerhalle Chemie   I 109, *1.12*
Schweizerische Depeschenagentur   I 223, *2.38*
Schweizerische Freidenker-Vereinigung (Bibl.)
    III 322, *2.22*
Schweizerische Gesellschaft für Familienforschung
    (Bibl.)   I 234, *2.101*
Schweizerische Gesellschaft für Theaterkultur
    (Bibl.)   I 232, *2.86*
Schweizerische Gesellschaft für Urgeschichte
    (Bibl.)   II 353, *1.26*
Schweizerische Konkordatsbanken (Archiv)
    I 107, *1.4*
Schweizerische Landesbibliothek   I 72, *1.2*
Schweizerische Naturforschende Gesellschaft
    (Bibl.)   I 245, *1.14;* 248, *2.17*
Schweizerische Politische Korrespondenz
    I 223, *2.38*
Schweizerischer Buchhändlerverein   I 213, *1.27*
Schweizerischer Gewerkschaftsbund (Bibl.)
    III 320, *2.12*
Schweizerischer Metall- und Uhrenarbeiterverband
    (Archiv)   II 124, *1.12*
Schweizerischer Stenographenverband (Bibl.)
    I 17, *1.14;* 18, *1.19;* 30, *2.72*
Schweizerischer Tonkünstlerverein (Bibl.)
    I 225, *2.51*
Schweizerisches Arbeitersekretariat (Bibl.)
    III 349, *2.46*
Schweizerisches Idiotikon (Zürich)   I 216, *2.4*
Schweizerisches Literaturarchiv Bern   I 212, *1.21;*
    216, *2.1*
Schweizerisches Wirtschaftsarchiv Basel (Bibl.)
    I 165, *2.223*
Schwyz (Bibliotheksgesellschaft)   II 334, *1.1*
Schwyz (Dominikanerinnen, Bibl.)   II 311, *2.10*
Schwyz (Geographie)   II 335, *2.2*
Schwyz (Geschichte)   II 335, *2.2*
Schwyz (Gymnasium, Bibl.)   II 334, *1.2*
Schwyz (Regierungsrat)   III 330, *1.22*
Schwyz (Zeitungen, 19)   III 210, *2.27*
Semitistik   I 183, *2.373;* 184, *2.377*
Semitistik (16–19)   I 150, *2.113;* 151, *2.119*
Semitistik (19)   III 371, *1.36;* 421, *2.178*
Serbische Literatur (19)   III 426, *2.204*
Service de l'agriculture (Bibl.)   III 30, *1.3*
Serviten (Mendrisio, Bibl.)   II 427, *1.4;* 428, *2.6*
Serviten (Wien, Bibl.)   II 479, *2.7*
Seuzach (Kirchgemeinde, Archiv)   III 361, *2.120*
Siebenjähriger Krieg   III 404, *2.76*
Sion (Diözese, Bibl.)   III 177, *1.14*
Sion bei Klingnau (Benediktinerkloster, Bibl.)
    I 28, *2.63*
Sitten (Jesuiten, Bibl.)   III 316, *2.13*
Skandinavische Literatur (18–19)   III 307, *2.4*
Slawische Literatur   I 131, *1.66*

Slawische Literatur (19)   I 160, *2.185*
Slawische Philologie   I 187, *2.394;* III 426, *2.202*
Slawische Philologie (18–19)   I 159, *2.182*
Societas Studiosorum (Bern, Bibl.)   I 244, *1.12*
Société botanique (Genf, Bibl.)   I 332, *1.14*
Société de géographie (Neuenburg, Bibl.)
    II 137, *1.31*
Société de géographie de Genève   I 317, *1.39*
Société de géographie de Genève (Bibl.)   I 359, *1.6*
Société de musique (Genf, Bibl.)   I 336, *1.1;*
    338, *2.6;* 339, *2.11*
Société de physique et d'histoire naturelle (Genf)
    I 315, *1.30*
Société de physique et d'histoire naturelle (Genf,
    Bibl.)   I 330, *1.2;* 344, *1.3*
Société des arts (Genf, Bibl.)   I 305, *1.4*
Société des pasteurs de Jura (Bibl.)   II 154, *1.23*
Société d'histoire et d'archéologie de Genève
    I 317, *1.39*
Société genevoise d'horticulture (Bibl.)   I 332, *1.14*
Société genevoise d'utilité publique   I 317, *1.39*
Société Jean-Jacques Rousseau (Genf, Bibl.)
    I 317, *1.39*
Société jurassienne d'Emulation (Bibl.)   I 481, *2.2;*
    483, *2.23*
Société médicale (Genf, Bibl.)   I 371, *1.3*
Société neuchâteloise de généalogie (Bibl.)
    II 124, *1.12*
Société typographique de Neuchâtel   II 134, *1.9*
Société typographique de Neuchâtel (Archiv)
    II 137, *1.34*
Société valaisanne des sciences naturelles (Bibl.)
    III 163, *1.13*
Société vaudoise d'horticulture (Bibl.)   III 43, *1.6*
Solodorensia   II 368, *2.74*
Solothurn (Cäcilienverein, Bibl.)   II 372, *2.95;*
    374, *2.105;* 376, *2.123;* 376, *2.126*
Solothurn (Choraulen- und Partisteninstitut, Bibl.)
    II 372, *2.97*
Solothurn (Chorherrenstift St. Urs, Bibl.)
    II 351, *1.7;* 356, *2.12;* 368, *2.71;* 371, *2.87;*
    372, *2.97;* 376, *2.123*
Solothurn (Franziskaner, Bibl.)   II 172, *2.18;*
    352, *1.11;* 356, *2.12;* 358, *2.21;* 369, *2.80;*
    371, *2.87;* 373, *2.99*
Solothurn (Graue Literatur)   II 368, *2.74*
Solothurn (Grosse Gesellschaft, Bibl.)   II 351, *1.3*
Solothurn (Hochobrigkeitliche Schule, Bibl.)
    II 352, *1.15*
Solothurn (Höhere Lehranstalt)   II 352, *1.12*
Solothurn (Jesuiten, Bibl.)   II 38, *1.1;* 352, *1.14;*
    352, *1.17;* 356, *2.12;* 356, *2.16;* 358, *2.21;*
    359, *2.29;* 364, *2.49;* 365, *2.61;* 368, *2.71;*
    370, *2.83;* 373, *2.100;* 376, *2.123;* III 26, *2.7;*
    207, *2.9;* 316, *2.13*
Solothurn (Kantonale Militärbibliothek)
    II 353, *1.22;* 365, *2.54*
Solothurn (Kantons-Kriegs-Commission, Bibl.)
    II 365, *2.54*

Solothurn (Kantonsbibliothek) II 351, *1.6;* 354, *1.28*
Solothurn (Kantonsschule, Bibl.) II 372, *2.95;* 374, *2.104*
Solothurn (Kanzlei, Bibl.) II 353, *1.22*
Solothurn (Kapuziner, Bibl.) II 26, *2.6;* 33, *2.22;* 100, *1.1;* 170, *2.6*
Solothurn (Kollegiatstift) II 344, *2.13*
Solothurn (Literarische Gesellschaft, Bibl.) II 353, *1.25*
Solothurn (Ökonomische Gesellschaft, Bibl.) II 350, *1.1;* 351, *1.2;* 364, *2.49*
Solothurn (Priesterseminar, Bibl.) II 38, *1.1*
Solothurn (Römisch-Katholische Kirchgemeinde, Bibl.) II 352, *1.10*
Solothurn (Stadtbibliothek) II 351, *1.6;* 354, *1.28*
Solothurn (Studentenbibliothek) II 353, *1.18*
Somasker (Lugano, Bibl.) II 427, *1.3;* 428, *2.12*
Sozialanthropologie III 390, *1.160*
Sozialanthropologie (19) III 427, *2.205*
Sozialdemokratische Partei (Schweiz) III 319, *1.13*
Sozialdemokratische Partei (Zürich) III 319, *1.13*
Soziale Frage I 387, *2.26;* II 87, *2.136;* 156, *2.9;* III 319, *2.1*
Soziale Frage (19) II 299, *2.39;* III 320, *2.7;* 321, *2.16*
Soziale Frage (Schweiz) I 166, *2.231*
Soziale Frage (Schweiz, 19) I 113, *2.31*
Sozialismus I 113, *2.32;* 402, *2.6;* III 71, *2.5;* 320, *2.11;* 321, *2.16*
Sozialismus (19) III 310, *2.25;* 320, *2.9*
Sozialismus (Jugendbewegung) III 319, *1.12*
Sozialismus (Kleinschrifttum, 19) III 320, *2.9;* 323, *2.26*
Sozialismus (Literatur, 19) III 320, *2.7*
Sozialismus (Zeitschriften) III 72, *2.8;* 317, *1.2*
Sozialistica III 389, *1.138;* 390, *1.155;* 425, *2.198;* 427, *2.205*
Sozialmedizin III 83, *2.7*
Sozialpolitik II 55, *1.40;* III 317, *1.2*
Sozialwissenschaften I 187, *2.394;* 219, *2.17;* 266, *2.13;* III 317, *1.2*
Sozialwissenschaften (17-19) III 62, *2.10*
Sozialwissenschaften (19) I 166, *2.231;* II 112, *2.10;* 142, *2.26*
Spanien (Geschichte) I 144, *2.79*
Spanische Literatur II 66, *2.33;* 282, *2.7*
Spanische Literatur (17-19) I 300, *2.13*
Spanische Literatur (19) III 382, *1.98;* 420, *2.176*
Spanische Philologie I 157, *2.164*
Speisegesellschaft Winterthur (Bibl.) III 319, *1.12;* 321, *2.14*
Spielkarten (15-16) I 252, *2.32*
Spielkarten (16-19) III 297, *2.39*
Spiritualismus I 187, *2.394;* 431, *2.3;* II 268, *2.27;* 285, *2.15*
Spiritualismus (18-19) III 178, *2.6*
Spital (Mendrisio, Bibl.) II 452, *1.1;* 454, *2.14*
Spital zum Heiliggeist (Bern, Bibl.) I 241, *1.2;* 252, *2.29*

Sport (19) I 141, *2.56*
Sport (Pädagogik, 19) I 141, *2.56*
Sprachgeschichte (19) I 37, *2.125*
Sprachwissenschaft I 82, *2.16*
Sprachwissenschaft (16-18) I 31, *2.84*
Sprachwissenschaft (16-19) I 301, *2.17;* II 198, *2.38;* 367, *2.66*
Sprachwissenschaft (17-19) I 36, *2.113*
Sprachwissenschaft (19) I 25, *2.42;* 33, *2.92;* 158, *2.169;* 447, *2.73;* II 159, *2.31;* III 245, *2.53*
Sprachwissenschaft (Mittelamerika) III 388, *1.128*
St. Gallen (Benediktiner) I 68, *2.38;* III 26, *2.5*
St. Gallen (Benediktiner, Archiv) III 361, *2.119*
St. Gallen (Benediktiner, Bibl.) II 9, *2.15;* 257, *1.1;* 258, *2.8*
St. Gallen (Buchdruck) II 189, *1.6;* 202, *2.63*
St. Gallen (Dominikanerinnen, Bibl.) II 257, *2.4;* 257, *2.5*
St. Gallen (Geschichte) II 509, *2.3*
St. Gallen (Geschichte, 18-19) II 235, *2.102*
St. Gallen (Gewerbeverein, Bibl.) II 190, *1.8*
St. Gallen (Handelshochschule, Bibl.) II 191, *1.14*
St. Gallen (Historischer Verein, Bibl.) II 190, *1.8*
St. Gallen (Hülfsgesellschaft, Bibl.) II 191, *1.11*
St. Gallen (Industrie- und Gewerbemuseum, Bibl.) II 201, *2.55*
St. Gallen (Kaufmännisches Direktorium, Bibl.) II 191, *1.14;* 203, *2.74*
St. Gallen (Klosterdruckerei) II 215, *1.17*
St. Gallen (Kunstverein, Bibl.) II 192, *1.15;* 193, *2.4;* 204, *2.77*
St. Gallen (Landwirtschaftliche Gesellschaft, Bibl.) II 190, *1.8;* 201, *2.57*
St. Gallen (Militärbibliothek) II 192, *1.18;* 205, *2.84*
St. Gallen (Museumsgesellschaft, Bibl.) II 190, *1.8;* 192, *1.15;* 204, *2.78*
St. Gallen (Naturwissenschaftliche Gesellschaft, Bibl.) II 190, *1.8*
St. Gallen (Öffentliche Volksbibliothek) II 192, *1.15*
St. Gallen (Ortsbürgergemeinde, Bibl.) II 192, *1.17*
St. Gallen (Sanitätsbibliothek) II 192, *1.18;* 205, *2.86*
St. Gallen (Stiftsbibliothek) II 249, *1.1*
St. Gallen (Zeitschriften) II 194, *2.8*
St. Gerold (Benediktiner, Bibl.) II 311, *2.9;* 311, *2.10;* 321, *2.42*
St. Johann im Thurtal (Benediktiner, Bibl.) II 311, *2.11*
St. Katharinental (Dominikanerinnen, Bibl.) II 253, *1.1;* 254, *2.4;* 482, *1.2*
St. Maurice (Kapuziner, Bibl.) III 176, *1.10*
St. Ottilien (Benediktiner) II 251, *1.1*
St. Urban (Zisterzienser) II 25, *1.3;* 28, *2.10;* 33, *2.20;* 33, *2.22;* 41, *2.13;* 46, *1.2*
St. Urban (Zisterzienser, Bibl.) II 38, *1.1;* 42, *2.14;* 43, *2.20;* 92, *2.162;* 172, *2.18;* 173, *2.22;* 308, *1.40;* III 230, *2.21*
Staatsanwaltschaft Zürich (Bibl.) III 342, *1.97*

Staatsarchiv Aargau   I 18, *1.16*
Staatsarchiv Luzern   II 20, *1.1*
Staatskalender (18–19)   I 409, *2.34*
Staatskanzlei Zürich (Bibl.)   III 338, *1.75*; 351, *2.61*; 355, *2.83*
Staatsrecht (19)   III 98, *2.5*
Staatsrecht (Europa, 16–19)   I 163, *2.206*
Staatsrecht (Schweiz)   I 82, *2.15*
Staatswissenschaften   I 99, *2.7*; 166, *2.234*; 248, *2.14*; 441, *2.15*; II 87, *2.131*; 458, *2.2*
Staatswissenschaften (16–19)   I 24, *2.30*
Staatswissenschaften (18–19)   II 492, *2.6*
Staatswissenschaften (19)   I 402, *2.6*; 448, *2.85*; II 236, *2.106*; III 243, *2.49*; 417, *2.154*
Staatswissenschaften (Graubünden)   I 443, *2.30*
Staatswissenschaften (Schweiz)   I 444, *2.43*
Staatswissenschaften (Schweiz, 19)   I 418, *2.9*; II 87, *2.132*
Stadtarchiv Chur   I 437, *1.10*
Stadtbibliothek Aarau   I 17, *1.10*
Stadtbibliothek Bern   I 194, *1.2*
Stadtbibliothek Burgdorf   II 177, *2.18*
Stadtbibliothek Chur   I 436, *1.3*; 446, *2.66*
Stadtbibliothek Schaffhausen   II 177, *2.18*
Stadtbibliothek Solothurn   II 351, *1.6*; 354, *1.28*
Stadtbibliothek Winterthur   III 264, *1.2*
Stadtbibliothek Zug   III 204, *1.1*
Stadtbibliothek Zürich   I 217, *2.8*; II 62, *2.15*; III 230, *2.21*; 337, *1.66*
Städtebau   III 274, *2.11*
Stadtkanzlei Zürich (Bibl.)   III 333, *1.40*; 334, *1.43*; 346, *2.27*
Stadtpläne   II 481, *2.15*
Stadtpläne (18–19)   I 39, *2.132*
Stadtpläne (Europa, 18–19)   II 298, *2.38*
Stadtpläne (Schaffhausen, 18–19)   II 298, *2.38*
Stans (Kapuziner, Bibl.)   II 346, *2.27*
Stans (Studentenbibliothek)   II 171, *2.14*
Statistik   I 99, *2.7*; 166, *2.226*; 386, *2.24*; 442, *2.20*
Statistik (19)   I 387, *2.26*
Statistische Jahrbücher (18–19)   I 409, *2.34*
Statistisches Bureau (Zürich, Bibl.)   III 342, *1.97*
Stein (Aeschbach-Stiftung, Bibl.)   I 77, *1.2*
Stein (Ordo Templi Orientis, Bibl.)   I 88, *2.35*
Steinen (Dominikanerinnen, Bibl.)   II 337, *1.1*
Stenographie (19)   I 30, *2.72*; 134, *2.14*
Steuern (Schweiz, 19)   I 113, *2.34*
Steyr (Dominikaner, Bibl.)   I 427, *2.4*
Steyr (Kapuziner, Bibl.)   I 427, *2.4*
Stickerei (19)   II 248, *2.4*; 248, *2.5*
Stiftsbibliothek St. Gallen   II 249, *1.1*
Stiftung Aellen (Basel, Bibl.)   I 332, *1.14*
Stiftung Fazy   I 323, *2.44*
Stiftung Johann Rudolf Geigy (Basel)   I 130, *1.57*
Stiftung Peter Merian (Basel)   I 128, *1.49*
Stiftung zur Förderung des Schweizerischen Wirtschaftsarchivs   I 107, *1.7*
Strafanstalt Regensdorf (Bibl.)   III 337, *1.67*; 351, *2.54*; 354, *2.79*

Strafrecht   I 319, *2.13*; II 86, *2.126*; 196, *2.24*
Strafrecht (19)   III 98, *2.5*
Strassburg (Buchdruck)   II 371, *2.87*
Strategie (Militärwesen)   I 167, *2.243*
Studentenbibliothek (Solothurn)   II 353, *1.18*
Studentenbibliothek (Stans)   II 171, *2.14*
Studienbibliothek zur Geschichte der Arbeiterbewegung (Zürich)   III 391, *1.172*
Stundenbücher   II 84, *2.120*
Sturzenegger Stiftung (Schaffhausen)   II 280, *1.35*; 299, *2.41*
Südostasiatische Philologien   II 58, *1.53*; 67, *2.41*
Sulzer AG (Bibl.)   II 514, *1.3*
Sursee (Kapuziner)   II 8, *1.1*

Tafelwerke (Anatomie, 16–19)   II 288, *2.22*
Tafelwerke (Kunst, 19)   I 38, *2.130*
Tafelwerke (Naturwissenschaften, 19)   I 38, *2.130*
Tafelwerke (Reisen, 19)   I 38, *2.130*
Talmud (Ausgaben)   III 268, *2.4*
Tänikon (Zisterzienserinnen, Bibl.)   III 194, *2.7*
Tarnschriften (19)   III 425, *2.198*
Täufer   I 64, *2.13*; 187, *2.394*
Täufer (Erbauungsliteratur)   I 275, *2.9*
Täufer (Gesangbücher)   I 275, *2.9*
Täufer (Geschichte)   I 275, *2.10*
Täufer (Polemik)   I 274, *2.8*
Technik   I 442, *2.20*; II 89, *2.145*; 142, *2.25*; 201, *2.55*; 243, *2.152*; 289, *2.24*; 386, *2.16*; 515, *2.4*; III 11, *2.8*; 227, *2.15*
Technik (16–19)   I 177, *2.322*; 427, *2.7*
Technik (17–18)   III 242, *2.46*
Technik (18–19)   II 289, *2.23*; 364, *2.50*; III 413, *2.127*; 495, *2.12*
Technik (19)   I 173, *2.287*; 386, *2.20*; 407, *2.23*; 444, *2.49*; II 200, *2.54*; 499, *2.31*; III 76, *2.6*; 248, *2.62*; 416, *2.152*
Technik (Kleinschrifttum, 19)   III 253, *2.92*
Technik (Ratgeber, 18–19)   I 24, *2.31*
Technik (Zeitschriften)   II 517, *2.17*; III 76, *2.9*
Technik (Zeitschriften, 19)   I 177, *2.325*; 409, *2.36*; II 289, *2.23*
Technischer Verein Glarus (Bibl.)   I 401, *1.1*; 407, *2.23*; 409, *2.36*
Tessin (Amtsdrucksachen, 19)   II 386, *2.21*
Tessin (Buchdruck)   II 453, *2.7*; 459, *2.7*
Tessin (Buchdruck, 18–19)   II 407, *2.3*; 461, *2.16*
Tessin (Geschichte)   II 385, *2.10*
Tessin (Geschichte, 19)   II 391, *2.55*; 413, *2.40*
Tessin (Politik)   II 458, *2.3*
Tessin (Recht, 19)   I 457, *2.7*
Tessin (Zeitschriften)   II 395, *2.91*
Tessin (Zeitschriften, 19)   II 431, *2.26*
Tessin (Zeitungen)   II 395, *2.91*
Textbücher (Musik, 19)   I 365, *2.6*
Textilindustrie   II 247, *1.1*
Textilindustrie (18–19)   I 177, *2.325*
Textilindustrie (Musterbücher)   II 248, *2.6*
Textilindustrie (Schweiz)   I 112, *2.19*
Textilindustrie (Schweiz, 19)   I 115, *2.47*

Textilkunde (19)　II 248, *2.4*
Theater (18–19)　I 300, *2.16*
Theater (19)　I 40, *2.140;* II 165, *2.22*
Theaterverein Chur　I 450, *2.113*
Theologie　I 16, *1.6;* 18, *1.19;* 27, *2.56;* 63, *2.8;*
　80, *2.13;* 99, *2.6;* 136, *2.26;* 219, *2.20;* 233, *2.93;*
　255, *2.42;* 267, *2.16;* 441, *2.14;* 446, *2.70;*
　455, *2.2;* II 17, *2.17;* 41, *2.12;* 264, *2.3;*
　277, *1.22;* III 10, *2.4;* 22, *2.16;* 53, *2.17;* 59, *1.9;*
　193, *2.6;* 315, *2.10;* 371, *1.37;* 372, *1.42;*
　381, *1.95;* 389, *1.142;* 389, *1.145;* 400, *2.49*
Theologie (15)　II 223, *2.19*
Theologie (15–17)　I 253, *2.35*
Theologie (16)　I 252, *2.33;* II 62, *2.14*
Theologie (16–17)　I 45, *2.6;* III 400, *2.50*
Theologie (16–18)　I 30, *2.76;* 247, *2.8;* 428, *2.11;*
　481, *2.5*
Theologie (16–19)　I 56, *2.29;* 183, *2.373;*
　248, *2.13;* 256, *2.49;* 301, *2.21;* 324, *2.50;*
　325, *2.55;* 457, *2.9;* 468, *2.3;* II 140, *2.14;*
　285, *2.15;* 398, *2.5;* 446, *2.74;* 446, *2.79;*
　450, *2.6;* 454, *2.15;* III 226, *2.5;* 284, *2.80;*
　381, *1.96*
Theologie (17–18)　I 29, *2.65;* 447, *2.78;*
　II 252, *2.7;* III 423, *2.186*
Theologie (17–19)　I 324, *2.45;* II 442, *2.41*
Theologie (18)　III 371, *1.35*
Theologie (18–19)　I 32, *2.88;* 410, *2.38;*
　II 111, *2.8;* 444, *2.59;* III 111, *2.3;* 131, *2.11*
Theologie (19)　I 33, *2.97;* 402, *2.5;* 444, *2.49;*
　475, *2.6;* II 130, *2.11;* 252, *2.4;* III 38, *2.50;*
　310, *2.27*
Theologie (Aufklärung)　II 27, *2.7;* 312, *2.16*
Theologie (Biographien, 19)　II 156, *2.13*
Theologie (Dissertationen)　I 319, *2.11*
Theologie (Genf)　I 324, *2.45*
Theologie (katholische)　I 446, *2.62;* II 25, *2.4;*
　48, *1.14;* 53, *1.34;* 268, *2.28;* 335, *2.3;*
　385, *2.13;* 394, *2.80;* 493, *2.8;* 501, *2.38;*
　III 158, *2.4*
Theologie (katholische, 16)　III 173, *2.17*
Theologie (katholische, 16–17)　III 402, *2.67*
Theologie (katholische, 16–18)　II 388, *2.33;*
　III 167, *2.10*
Theologie (katholische, 16–19)　I 23, *2.26;*
　283, *2.8;* II 403, *2.15;* 438, *2.6;* 472, *2.7*
Theologie (katholische, 17–19)　I 294, *2.11;*
　465, *2.3;* II 167, *2.35;* 423, *2.20;* III 32, *2.7;*
　36, *2.36;* 38, *2.45;* 201, *2.39*
Theologie (katholische, 18)　I 410, *2.41*
Theologie (katholische, 18–19)　I 26, *2.48;*
　II 475, *2.3;* III 37, *2.40*
Theologie (katholische, 19)　II 335, *2.6;* 390, *2.47;*
　487, *2.2;* III 22, *2.17*
Theologie (Kleinschrifttum, 16–19)　II 287, *2.19*
Theologie (Kleinschrifttum, 17–18)　III 359, *2.110*
Theologie (Kleinschrifttum, 18–19)　III 253, *2.87*
Theologie (lutherische, 16)　I 348, *2.4*
Theologie (lutherische, 16–17)　I 64, *2.12;*
　III 402, *2.66*

Theologie (orthodoxe, 18–19)　I 160, *2.185*
Theologie (protestantische)　I 445, *2.57;*
　II 313, *2.18;* 493, *2.9;* 502, *2.40*
Theologie (protestantische, 16–19)　I 319, *2.11*
Theologie (protestantische, 17)　II 195, *2.19*
Theologie (protestantische, 17–19)　II 126, *2.17;*
　III 61, *2.5;* 62, *2.8;* 119, *2.20;* 140, *2.13*
Theologie (protestantische, 18)　III 400, *2.53*
Theologie (protestantische, 19)　II 269, *2.35;*
　III 38, *2.49;* 400, *2.52;* 400, *2.55*
Theologie (reformierte)　I 442, *2.24;* 443, *2.31;*
　463, *2.20*
Theologie (reformierte, 16)　I 252, *2.30;* 348, *2.4;*
　355, *2.7;* III 54, *2.25*
Theologie (reformierte, 16–17)　I 63, *2.11;*
　III 402, *2.65*
Theologie (reformierte, 16–18)　I 29, *2.67;*
　III 400, *2.51*
Theologie (reformierte, 16–19)　I 183, *2.371;*
　468, *2.3;* III 233, *2.28*
Theologie (reformierte, 17)　I 349, *2.7;* II 268, *2.29;*
　III 229, *2.20;* 230, *2.21;* 402, *2.63;* 402, *2.64*
Theologie (reformierte, 17–18)　I 355, *2.8*
Theologie (reformierte, 17–19)　I 385, *2.14*
Theologie (reformierte, 18)　I 475, *2.5*
Theologie (reformierte, 19)　III 44, *2.10;* 243, *2.48*
Theologie (Schweiz)　I 444, *2.44;* II 62, *2.18*
Theologie (Schweiz, 19)　III 250, *2.70*
Theologie (Zeitschriften)　II 195, *2.17*
Theologie (Zeitschriften, 18–19)　II 226, *2.42;*
　231, *2.72*
Theologie (Zeitschriften, 19)　I 434, *2.9;* II 11, *2.28;*
　34, *2.26;* 44, *2.22;* 104, *2.20;* 346, *2.25;*
　442, *2.37;* III 210, *2.27*
Theologische Fakultät Luzern (Bibl.)　II 41, *2.10*
Theosophie　I 187, *2.394;* II 285, *2.15;* III 491, *2.2*
Theosophie (17–18)　III 59, *1.5*
Theosophie (17–19)　III 62, *2.8*
Theosophie (18–19)　I 32, *2.88*
Thonon (Kapuziner, Bibl.)　III 182, *1.1*
Thorberg (Kartäuser, Bibl.)　I 241, *1.2;* 252, *2.29;*
　III 209, *2.22*
Thurgau (19)　II 496, *2.19*
Thurgau (Erziehungsrat, Bibl.)　II 491, *1.5*
Thurgau (Evangelischer Kirchenrat, Bibl.)
　II 491, *1.5;* 502, *2.40*
Thurgau (Geschichte)　II 509, *2.3*
Thurgau (Zeitungen)　II 500, *2.36*
Thurgauische Naturforschende Gesellschaft (Bibl.)
　II 491, *1.5*
Thurgauische Offiziersgesellschaft (Bibl.)
　II 491, *1.5;* 503, *2.44*
Ticinensia　II 431, *2.25;* 453, *2.5*
Ticinensia (18–19)　II 444, *2.54*
Tiefencastel (Kapuziner, Bibl.)　II 437, *1.6*
Tierzucht (18–19)　I 196, *2.12*
Tisis (Jesuiten, Bibl.)　III 314, *1.8;* 316, *2.15*
Toggenburgerkrieg　II 215, *1.20*
Tonhalle-Gesellschaft Zürich (Bibl.)　III 391, *1.173;*
　486, *1.8;* 488, *2.10*

Topographische Ansichten (Helvetica)   III 475, *2.2*
Topographische Ansichten (Helvetica, 19)
   III 476, *2.10*
Topographische Ansichten (Turicensia)   III 475, *2.2*
Topographische Ansichten (Turicensia, 19)
   III 476, *2.10*
Torre (Pfarrei, Bibl.)   II 383, *1.2*
Trachten (19)   II 248, *2.4*
Traktate (19)   II 298, *2.36*
Trey (Pfarrei, Bibl.)   III 35, *2.27*
Trivialliteratur (19)   II 348, *1.1*; III 308, *2.6*
Trogen (Gemeindebibliothek)   I 76, *1.1*; 78, *2.7*
Trogen (Lesegesellschaft Schäfle, Bibl.)   I 85, *2.21*
Trogen (Lesegesellschaft zur Krone, Bibl.)   I 77, *1.2*;
   81, *2.14*
Tugiensia   III 201, *2.38*; 202, *2.53*
Turicensia   III 387, *1.117*; 473, *1.3*
Turicensia (16–18)   III 400, *2.51*
Turicensia (17–19)   II 294, *2.30*
Turicensia (18–19)   III 408, *2.100*
Turicensia (19)   III 339, *1.76*
Turicensia (Topographische Ansichten)   III 475, *2.2*
Turicensia (Topographische Ansichten, 19)
   III 476, *2.10*
Turnlehrerverein Basel (Bibl.)   I 141, *2.56*
Typographie   III 493, *1.5*; 498, *1.8*; 499, *2.6*
Typographie (18–19)   II 492, *2.5*

Uhren   III 278, *2.38*
Uhrenindustrie (Schweiz)   I 112, *2.19*
Uhrenindustrie (Schweiz, 19)   I 115, *2.47*
Uhrmacherei (16–19)   II 118, *2.8*
Uhrmacherei (18–19)   I 307, *2.15*; II 118, *2.10*
Uhrmacherei (19)   II 112, *2.13*; 142, *2.25*
Uhrmacherei (Lehrbücher, 19)   II 118, *2.9*
Ungarisch-schweizerische Gesellschaft (Bibl.)
   I 232, *2.86*
Uniformen (19)   II 248, *2.4*
Uniformen (Schweiz, 19)   I 200, *2.6*
Universal-Edition (Verlag)   III 486, *1.7*
Universität (Kleinschrifttum, 17–19)   II 298, *2.36*
Universität Ingolstadt (Bibl.)   II 103, *2.18*
Universitäten (Vereinsschriften, Schweiz)
   I 225, *2.49*
Universitätsbibliothek Basel (Bibl.)   I 265, *1.13*
Universitätsbibliothek Bern   I 194, *1.2*
Unterhaltung (Zeitschriften, 19)   I 409, *2.36*
Unterhaltungsliteratur (19)   III 308, *2.6*
Unterwalden (Zeitungen, 19)   III 210, *2.27*
Uraniensia   III 8, *1.4*; 10, *2.3*; 20, *2.3*
Urgeschichte   II 299, *2.41*
Urgeschichte (19)   I 147, *2.99*; III 407, *2.94*
Uri (Geschichte)   III 21, *2.4*
Uri (Geschichte, 19)   III 12, *2.14*
Uri (Kantonale Gemeinnützige Gesellschaft, Bibl.)
   III 11, *2.9*; 13, *2.18*
Uri (Lehrmittel)   III 9, *1.11*
Uri (Priesterkapitel, Bibl.)   III 8, *1.8*
Uri (Schulbücher, 19)   III 12, *2.15*
Uri (Zeitungen, 19)   III 210, *2.27*

Ursulinen (Freiburg, Bibl.)   I 423, *2.6*
USA (Amtsdrucksachen, 19)   I 442, *2.21*
USEGO (Archiv)   I 109, *1.12*
Uster (Reformiertes Pfarrkapitel, Bibl.)   III 220, *1.1*

Valchiavenna   I 442, *2.28*
Valdensia   III 54, *2.26*
Vallesiana   III 163, *1.13*; 163, *1.15*
Vallesiana (19)   III 173, *2.13*; 180, *2.16*
Vaterländische Bibliothek Basel   I 97, *1.2*;
   130, *1.57*; 145, *2.85*; 158, *2.168*; 184, *2.379*;
   186, *2.390*
Vaterländische Gesellschaft Appenzell-Ausserrho-
   den   I 77, *1.2*; 78, *2.7*; 83, *2.17*; 84, *2.19*;
   87, *2.29*
Veltlin   I 442, *2.28*
Veltlin (Geschichte)   I 458, *2.10*
Venedig (Druckort, 16)   II 387, *2.27*
Verband Schweizerischer Vereine für Pilzkunde
   (Bibl.)   I 28, *2.61*
Verein Burgenfreunde beider Basel   I 104, *2.48*
Verein des Heiligen Vinzenz von Paul (Bibl.)
   II 38, *1.1*
Verein Schweizerischer Gymnasiallehrer
   III 372, *1.44*; 377, *1.64*; 409, *2.104*
Verein St. Iddazell (Fischingen, Bibl.)   II 485, *1.4*;
   485, *2.1*
Vereinsschriften (Schweiz, 18–19)   I 224, *2.44*
Vereinsschriften (Universitäten, Schweiz)
   I 225, *2.49*
Vereinsschriften (Verkehr, Schweiz)   I 225, *2.49*
Verfassungsgeschichte (Schweiz)   III 285, *2.92*
Verkehr   I 166, *2.229*
Verkehr (18–19)   II 125, *2.11*
Verkehr (19)   I 100, *2.16*
Verkehr (Graubünden, 19)   I 443, *2.35*
Verkehr (Schweiz)   I 444, *2.45*
Verkehr (Schweiz, 19)   I 113, *2.27*; III 250, *2.72*
Verkehr (Vereinsschriften, Schweiz)   I 225, *2.49*
Versicherungen (Schweiz, 19)   I 112, *2.25*
Veterinärmedizin   I 248, *2.15*
Veterinärmedizin (17)   II 288, *2.22*
Veterinärmedizin (18–19)   III 415, *2.147*
Veterinärmedizin (19)   III 299, *2.5*; 381, *1.96*
Veterinärmedizin (Dissertationen)   III 82, *1.5*
Villars (maître chocolatier)   I 115, *2.48*
Villars-le-Terroir (Pfarrei, Bibl.)   III 37, *2.41*
Volksbildungsverein (Bibl.)   I 97, *1.3*
Volkskunde   I 187, *2.394*
Volkskunde (19)   I 170, *2.266*; III 221, *2.2*
Volkskunde (Bayern, 19)   I 34, *2.103*
Volkskunde (Europa, 19)   I 34, *2.103*
Volksliteratur (Brasilien)   I 359, *1.7*
Volkswirtschaft   I 187, *2.394*; II 87, *2.134*
Volkswirtschaft (19)   I 111, *2.17*
Volkswirtschaft (Deutschland, 19)   I 166, *2.226*
Volkswirtschaft (Kleinschrifttum, 19)   I 165, *2.221*
Volkswirtschaft (Schweiz)   I 110, *2.9*
Volkswirtschaft (Schweiz, 19)   I 166, *2.226*

Volkswirtschaftsdirektion Zürich (Bibl.)
   III 342, *1.97*
Von Roll AG (Bibl.) II 514, *1.3*
Votivbilder (18) II 447, *2.88*
Vulkanismus (17) I 174, *2.295*
Vulkanismus (18) I 174, *2.296*

Waadt (18–19) III 120, *2.26*
Waadt (Amtsdrucksachen, 18–19) III 43, *2.6*
Waadt (Erweckungsbewegung) III 44, *2.10*
Waadt (Flugschriften, 18–19) III 43, *2.7*
Waadt (Geschichte, 18–19) III 43, *2.5*
Waadt (Politik, 18–19) III 43, *2.7*
Waadt (Zeitungen) III 43, *2.7*
Waffenkunde (18–19) I 28, *2.60*
Waffenkunde (19) II 299, *2.39*
Wahlrecht (Kleinschrifttum, 19) III 323, *2.26*
Wahlreform (19) I 167, *2.236*
Wald (Zisterzienserinnen, Bibl.) II 249, *1.1*;
   250, *2.3*
Waldegg (Fideikommiss, Bibl.) II 350, *1.1*
Waldsassen (Zisterzienser, Bibl.) I 428, *2.11*
Wallfahrt II 319, *2.37*
Wallfahrt (Palästina, 15–16) I 169, *2.256*
Wallis (Geschichte, 19) III 173, *2.13*
Wallis (Karten) III 167, *2.18*
Wallis (Zeitungen) III 167, *2.17*
Wander AG I 115, *2.48*
Warmbrunn (Schaffgottsche Majoratsbibliothek,
   Bibl.) I 428, *2.14*
Wassen (Pfarrarchiv, Bibl.) III 22, *2.16*
Wasserwirtschaft (Schweiz, 19) I 111, *2.15*
Weberei (19) II 248, *2.4*
Weesen (Dominikanerinnen, Aszetik, 17–19)
   II 55, *1.39*
Weesen (Redemptoristen, Bibl.) II 253, *1.1*
Weinbau II 434, *2.7*; III 30, *1.3*
Weinbau (18–19) II 291, *2.27*
Weinbau (19) II 143, *2.31*
Weissenau (Prämonstratenser, Bibl.) III 316, *2.16*
Weltausstellungen (19) II 517, *2.16*
Werden (Benediktiner, Bibl.) I 86, *2.25*
Werkstoffkunde (19) I 173, *2.292*
Werthenstein (Franziskaner) II 25, *1.3*; 33, *2.20*;
   49, *1.18*
Wessobrunn (Benediktiner, Bibl.) I 74, *2.9*;
   85, *2.21*; II 308, *1.40*
Westschweiz (Geographie, 19) I 361, *2.13*
Wettingen (Kloster, Bibl.) I 23, *2.27*; 25, *2.38*;
   30, *2.76*; 37, *2.126*; 44, *1.9*
Wettingen (Zisterzienser) III 192, *1.1*
Wettingen (Zisterzienser, Bibl.) I 16, *1.6*; II 39, *2.5*;
   339, *2.7*
Wetzikon (Landwirtschaftliche Schule, Bibl.)
   III 337, *1.67*
Widmungsexemplare (Deutsche Literatur, 18–19)
   I 427, *2.6*
Widmungsexemplare (Französische Literatur, 18–
   19) I 427, *2.6*
Widmungsexemplare (Glarus, 19) I 428, *2.9*

Widmungsexemplare (Musik) I 428, *2.13*
Wien (Serviten, Bibl.) II 479, *2.7*
Wiesbaden (Commission on European Jewish Cultural Reconstruction) III 268, *1.3*
Wil (Kapuziner, Bibl.) I 421, *1.1*; II 100, *1.1*
Wilhelm Tell III 12, *2.14*
Winterberg (Gemeindearchiv) III 361, *2.120*
Winterthur (19) III 255, *2.101*
Winterthur (Gewerbemuseum, Bibl.) III 257, *2.115*
Winterthur (Historisch-Antiquarischer Verein,
   Bibl.) III 258, *2.116*
Winterthur (Kleinschrifttum, 19) III 257, *2.113*
Winterthur (Kunstverein, Bibl.) III 258, *2.117*
Winterthur (Lehrerkapitel, Bibl.) III 258, *2.118*
Winterthur (Musikkollegium, Bibl.) III 251, *2.78*
Winterthur (Offiziersbibliothek) III 258, *2.119*
Winterthur (Rieter-Biedermann, Verlag)
   I 226, *2.52*
Winterthur (Schweizer Alpen-Club, Bibl.)
   III 258, *2.120*
Winterthur (Speisegesellschaft, Bibl.) III 319, *1.12*;
   321, *2.14*
Wirbellose Tiere (18–19) I 345, *2.5*
Wirtschaft II 89, *2.146*
Wirtschaft (17–18) II 243, *2.154*
Wirtschaft (18–19) II 289, *2.23*
Wirtschaft (19) II 126, *2.20*
Wirtschaft (Schweiz, Biographien) I 117, *2.63*
Wirtschaft (Schweiz, Graue Literatur, 19)
   I 110, *2.6*
Wirtschaft (Schweiz, Zeitungsartikel, 19)
   I 110, *2.6*
Wirtschaft (Zeitschriften) II 204, *2.76*
Wirtschaft (Zeitschriften, 19) I 117, *2.66*
Wirtschaftspolitik (19) I 111, *2.17*
Wirtschaftspolitik (Schweiz) I 110, *2.9*
Wirtschaftsrecht (Schweiz) I 110, *2.9*
Wirtschaftswissenschaften I 255, *2.42*; II 458, *2.2*;
   III 226, *2.9*; 284, *2.80*; 373, *1.51*; 388, *1.133*;
   390, *1.155*
Wirtschaftswissenschaften (17–19) I 284, *2.11*;
   II 363, *2.45*
Wirtschaftswissenschaften (18–19) I 24, *2.30*;
   165, *2.224*; 319, *2.14*; 386, *2.24*; III 53, *2.18*
Wirtschaftswissenschaften (19) II 112, *2.10*;
   142, *2.26*; 166, *2.32*; 430, *2.21*; III 140, *2.15*;
   245, *2.52*
Wirtschaftswissenschaften (Kleinschrifttum, 19)
   III 253, *2.89*
Wirtschaftswissenschaften (Zeitschriften, 19)
   I 166, *2.227*
Wirtschaftswissenschaftliches Zentrum der Universität Basel I 108, *1.11*
Wissenschaftsgeschichte II 64, *2.28*
Wissenschaftsgeschichte (16–19) I 133, *2.11*
Wohltätigkeit (Graubünden) I 443, *2.38*
Wohltätigkeit (Schweiz) I 444, *2.45*
Wörterbücher (19) I 412, *2.52*
Wörterbücher (orientalische, 17–19) I 36, *2.113*

Ypres (Jesuiten, Bibl.) II 38, *1.1*
Yverdon (Buchdruck) III 142, *2.22*

Zeitmessung (16–19) I 372, *2.9*
Zeitmessung (17–18) II 242, *2.150*
Zeitschriften I 185, *2.385*; II 63, *2.19*; III 13, *2.19*
Zeitschriften (17–19) II 145, *2.49*; 298, *2.37*;
  III 286, *2.95*
Zeitschriften (18) III 237, *2.38*
Zeitschriften (18–19) I 35, *2.105*; 205, *2.10*;
  323, *2.42*; 387, *2.32*; 408, *2.33*; 442, *2.21*;
  II 126, *2.23*; 194, *2.9*; 310, *2.6*; 370, *2.85*;
  III 13, *2.18*; 16, *2.39*; 153, *2.30*; 255, *2.102*;
  409, *2.102*
Zeitschriften (19) I 37, *2.125*; 39, *2.133*; 445, *2.52*;
  II 58, *1.51*; 442, *2.37*; III 21, *2.8*; 311, *2.36*
Zeitschriften (Appenzell, 16–19) I 92, *2.4*
Zeitschriften (Arbeiterbewegung) III 72, *2.8*
Zeitschriften (Arbeiterbewegung, 19) III 323, *2.30*
Zeitschriften (Archäologie, 19) III 293, *2.13*
Zeitschriften (Architektur) III 286, *2.97*
Zeitschriften (Astronomie, 18–19) I 248, *2.16*
Zeitschriften (Bauwesen) III 76, *2.9*
Zeitschriften (Botanik, 18–19) I 333, *2.13*
Zeitschriften (Chemie) III 286, *2.97*
Zeitschriften (Deutschland, 19) I 409, *2.35*
Zeitschriften (Eisenbahn) III 286, *2.97*
Zeitschriften (französische, 18–19) III 167, *2.14*
Zeitschriften (Frauenbewegung, 19) III 323, *2.30*
Zeitschriften (Geographie) I 249, *2.21*
Zeitschriften (Geographie, Schweiz) III 293, *2.12*
Zeitschriften (Geschichte) I 141, *2.59*; II 74, *2.72*
Zeitschriften (Geschichte, 18–19) I 101, *2.18*;
  II 235, *2.100*
Zeitschriften (Geschichte, 19) I 37, *2.119*;
  II 104, *2.20*; 299, *2.40*
Zeitschriften (Geschichte, Schweiz) III 293, *2.12*
Zeitschriften (Gewerkschaften, 19) III 323, *2.30*
Zeitschriften (Glarus) I 405, *2.19*
Zeitschriften (Graubünden, 18–19) I 443, *2.39*
Zeitschriften (Ingenieurwesen) III 286, *2.97*
Zeitschriften (katholische, 19) II 173, *2.25*;
  III 200, *2.29*; 218, *2.25*; 399, *2.39*
Zeitschriften (Kunst, 19) I 306, *2.10*; III 496, *2.19*
Zeitschriften (Kunstgeschichte) III 286, *2.97*;
  295, *2.28*
Zeitschriften (Landwirtschaft) III 286, *2.97*
Zeitschriften (Literatur) II 66, *2.34*
Zeitschriften (Literatur, 18–19) III 255, *2.104*
Zeitschriften (Literatur, 19) I 103, *2.32*
Zeitschriften (Luzern, 18–19) II 31, *2.16*
Zeitschriften (Maschinenbau) III 286, *2.97*
Zeitschriften (Mathematik) III 76, *2.10*
Zeitschriften (Medizin) II 200, *2.51*
Zeitschriften (Medizin, 19) I 341, *2.2*
Zeitschriften (Militärwesen) III 286, *2.97*
Zeitschriften (Militärwesen, 19) II 299, *2.39*
Zeitschriften (Mode, 18–19) III 50, *1.18*
Zeitschriften (Naturwissenschaften) II 517, *2.17*;
  III 286, *2.97*

Zeitschriften (Naturwissenschaften, 17–19)
  III 411, *2.119*
Zeitschriften (Naturwissenschaften, 19)
  I 37, *2.119*; II 299, *2.40*; III 255, *2.106*
Zeitschriften (Österreich, 19) I 409, *2.35*
Zeitschriften (Pharmazie) III 286, *2.97*
Zeitschriften (Philologie, 18–19) II 236, *2.111*
Zeitschriften (Philosophie, 18–19) II 236, *2.111*
Zeitschriften (Physik) III 76, *2.10*
Zeitschriften (rätoromanische, 19) I 473, *2.6*;
  475, *2.7*
Zeitschriften (Recht, 19) I 162, *2.201*
Zeitschriften (russische, 19) I 222, *2.35*
Zeitschriften (Schweiz) I 221, *2.32*
Zeitschriften (Schweiz, 19) III 200, *2.29*; 250, *2.74*
Zeitschriften (Sozialismus) III 72, *2.8*; 317, *1.2*
Zeitschriften (St. Gallen) II 194, *2.8*
Zeitschriften (Technik) II 517, *2.17*; III 76, *2.9*
Zeitschriften (Technik, 19) I 177, *2.325*; 409, *2.36*;
  II 289, *2.23*
Zeitschriften (Tessin) II 395, *2.91*
Zeitschriften (Tessin, 19) II 431, *2.26*
Zeitschriften (Theologie) II 195, *2.17*
Zeitschriften (Theologie, 18–19) II 226, *2.42*;
  231, *2.72*
Zeitschriften (Theologie, 19) I 423, *2.10*; 434, *2.9*;
  II 11, *2.28*; 34, *2.26*; 44, *2.22*; 104, *2.20*;
  346, *2.25*; 442, *2.37*; III 210, *2.27*
Zeitschriften (Unterhaltung, 19) I 409, *2.36*
Zeitschriften (Wirtschaft) II 204, *2.76*
Zeitschriften (Wirtschaft, 19) I 117, *2.66*
Zeitschriften (Wirtschaftswissenschaften, 19)
  I 166, *2.227*
Zeitschriften (Wissenschaftsgeschichte) I 251, *2.25*
Zeitschriften (Zürich, 18–19) III 353, *2.73*
Zeitschriften (Zürich, 19) III 355, *2.88*
Zeitungen I 234, *2.99*
Zeitungen (17) III 403, *2.74*
Zeitungen (18–19) I 101, *2.18*; 134, *2.15*;
  II 63, *2.19*; III 409, *2.102*
Zeitungen (19) I 40, *2.144*; II 94, *2.176*;
  III 311, *2.36*
Zeitungen (Aargau, 18–19) I 26, *2.45*
Zeitungen (Bern) I 251, *2.25*
Zeitungen (Graubünden, 18–19) I 443, *2.39*
Zeitungen (katholische, 19) III 399, *2.39*
Zeitungen (Neapel) II 57, *1.47*
Zeitungen (Nidwalden) II 167, *2.39*
Zeitungen (Schweiz, 18–19) I 26, *2.45*
Zeitungen (Schwyz, 19) III 210, *2.27*
Zeitungen (Tessin) II 395, *2.91*
Zeitungen (Thurgau) II 500, *2.36*
Zeitungen (Unterwalden, 19) III 210, *2.27*
Zeitungen (Uri, 19) III 210, *2.27*
Zeitungen (Waadt) III 43, *2.7*
Zeitungen (Wallis) III 167, *2.17*
Zeitungen (Zug) III 201, *2.47*
Zeitungen (Zug, 19) III 210, *2.27*
Zeitungsartikel (Wirtschaft, Schweiz, 19)
  I 110, *2.6*

Zensur (16–17)   II 46, *1.4*
Zeughaus Zürich (Bibl.)   III 342, *1.97*
Zisterzienser   II 19, *2.9;* 501, *2.38*
Zisterzienser (Hautecombe, Bibl.)   II 170, *2.6*
Zisterzienser (Hauterive, Bibl.)   I 285, *2.17*
Zisterzienser (Lucelle, Bibl.)   I 477, *1.8*
Zisterzienser (Neuzelle, Bibl.)   II 43, *2.20*
Zisterzienser (Salem, Bibl.)   II 501, *2.38;*
   III 194, *2.7*
Zisterzienser (St. Urban)   II 28, *2.10;* 33, *2.20;*
   41, *2.13;* 46, *1.2*
Zisterzienser (St. Urban, Bibl.)   II 25, *1.3;* 33, *2.22;*
   38, *1.1;* 42, *2.14;* 43, *2.20;* 92, *2.162;* 172, *2.18;*
   173, *2.22;* 308, *1.40;* III 230, *2.21*
Zisterzienser (Waldsassen, Bibl.)   I 428, *2.11*
Zisterzienser (Wettingen)   III 192, *1.1*
Zisterzienser (Wettingen, Bibl.)   I 16, *1.6;* II 39, *2.5;*
   339, *2.7*
Zisterzienserinnen (Kalchrain, Bibl.)   II 482, *1.2*
Zisterzienserinnen (Rathausen)   II 48, *1.17*
Zisterzienserinnen (Rathausen, Bibl.)   III 26, *2.5;*
   27, *2.12*
Zisterzienserinnen (Tänikon, Bibl.)   III 194, *2.7*
Zisterzienserinnen (Wald, Bibl.)   II 249, *1.1;*
   250, *2.3*
Zivilgesetzbuch (Schweiz)   I 164, *2.216*
Zivilrecht (16–18)   III 80, *2.3*
Zivilrecht (19)   III 98, *2.4;* 98, *2.5*
Zivilrecht (Schweiz)   I 114, *2.37*
Zofingia (19)   III 427, *2.205*
Zofingia (Bibl.)   III 389, *1.141*
Zoologie   II 72, *2.64;* 199, *2.47;* 327, *2.61*
Zoologie (16–18)   III 408, *2.96*
Zoologie (16–19)   I 176, *2.315;* 322, *2.34;*
   III 283, *2.74*
Zoologie (18–19)   II 141, *2.19;* 240, *2.134;*
   291, *2.27;* III 413, *2.126*
Zoologie (19)   I 301, *2.19;* 345, *2.7;* 345, *2.8;*
   II 112, *2.9;* 498, *2.27;* III 416, *2.151*
Zug (Buchdruck)   III 193, *2.4*
Zug (Geographie, 17–19)   III 198, *2.9*
Zug (Kanton)   III 216, *2.17*
Zug (Kapuziner, Bibl.)   II 252, *2.5;* 341, *1.1*
Zug (Kleinschrifttum)   III 201, *2.46;* 202, *2.54*
Zug (Politik, 18–19)   III 201, *2.40*
Zug (Stadt)   III 216, *2.17*
Zug (Stadtbibliothek)   III 204, *1.1*
Zug (Zeitungen)   III 201, *2.47*
Zug (Zeitungen, 19)   III 210, *2.27*
Zunft zur Zimmerleuten (Zürich, Archiv)
   III 360, *2.118*
Zürcher Dozentenverein   I 401, *1.1*
Zürich (Amtsdrucksachen)   III 338, *1.73*
Zürich (Antiquarische Gesellschaft, Archiv)
   III 360, *2.116*
Zürich (Antiquarische Gesellschaft, Bibl.)
   III 291, *1.1;* 372, *1.47*
Zürich (Antistitialarchiv)   III 358, *2.106*
Zürich (Antistitialarchiv, Bibl.)   III 334, *1.46*
Zürich (Arbeitsamt, Bibl.)   III 355, *2.85*

Zürich (Artillerie-Kollegium, Archiv)
   III 360, *2.118*
Zürich (Augustiner-Chorherren)   II 287, *2.19*
Zürich (Augustiner-Chorherren, Bibl.)   II 101, *2.7;*
   III 218, *2.28;* 366, *1.6*
Zürich (Basler Mission, Bibl.)   III 391, *1.169*
Zürich (Biographien)   III 350, *2.51*
Zürich (Direktion des Innern, Bibl.)   III 342, *1.97*
Zürich (Eidgenössische Sternwarte, Bibl.)
   III 271, *1.7*
Zürich (Eidgenössische Technische Hochschule,
   Bibl.)   I 32, *2.89*
Zürich (Finanzdirektion, Bibl.)   III 342, *1.97*
Zürich (Flugschriften, 19)   III 320, *2.9*
Zürich (Geschichte)   III 346, *2.26;* 350, *2.48*
Zürich (Geschichte, 16–18)   II 198, *2.37*
Zürich (Geschichte, 17–19)   II 294, *2.30*
Zürich (Geschichte, 18–19)   III 293, *2.11*
Zürich (Geschichte, 19)   II 313, *2.21*
Zürich (Gesellschaft auf der Chorherrenstube)
   III 306, *1.1*
Zürich (Gesellschaft der Bogenschützen, Archiv)
   III 360, *2.118*
Zürich (Graue Literatur, 19)   III 339, *1.76;*
   355, *2.88*
Zürich (Grossmünsterstift, Archiv)   III 359, *2.113*
Zürich (Hoch- und Tiefbauamt, Bibl.)   III 342, *1.97*
Zürich (Jesuiten, Bibl.)   III 314, *1.7*
Zürich (Justizdirektion, Bibl.)   III 342, *1.97*
Zürich (Kantonsbibliothek)   III 337, *1.66*
Zürich (Karten, 19)   III 345, *2.18*
Zürich (Kaufmännische Lesegesellschaft)
   III 306, *1.1*
Zürich (Kaufmännisches Direktorium, Archiv)
   III 358, *2.105*
Zürich (Kirchenarchiv)   III 358, *2.106*
Zürich (Klosterarchive)   III 327, *1.4;* 359, *2.112*
Zürich (Landwirtschaftsamt, Bibl.)   III 342, *1.97*
Zürich (Männerchor, Bibl.)   III 391, *1.173*
Zürich (Mathematisch-Militärische Gesellschaft,
   Bibl.)   III 271, *1.6*
Zürich (Militärdirektion, Bibl.)   III 342, *1.97*
Zürich (Museumsgesellschaft)   III 372, *1.45*
Zürich (Museumsgesellschaft, Bibl.)   II 180, *2.34*
Zürich (Neujahrsblätter)   III 353, *2.73*
Zürich (Obergericht, Bibl.)   III 342, *1.97;* 351, *2.56*
Zürich (Oper)   III 390, *1.165*
Zürich (Polizeidirektion, Bibl.)   III 355, *2.85*
Zürich (Recht, 16–19)   III 354, *2.80*
Zürich (Recht, 18–19)   III 354, *2.79*
Zürich (Rechtsgeschichte, 19)   III 221, *2.2*
Zürich (Reformation)   III 402, *2.62*
Zürich (Regierungsrat, Bibl.)   III 329, *1.16;*
   330, *1.23;* 355, *2.85*
Zürich (Sängerverein Harmonie, Bibl.)
   III 391, *1.173*
Zürich (Schweizerisches Idiotikon)   I 216, *2.4*
Zürich (Staatsanwaltschaft, Bibl.)   III 342, *1.97*
Zürich (Staatskanzlei, Bibl.)   III 338, *1.75;*
   351, *2.61;* 355, *2.83*

Zürich (Stadtbibliothek) I 217, *2.8;* II 62, *2.15;*
  III 230, *2.21;* 337, *1.66*
Zürich (Stadtkanzlei, Bibl.) III 333, *1.40;*
  334, *1.43;* 346, *2.27*
Zürich (Statistisches Bureau, Bibl.) III 342, *1.97*
Zürich (Studienbibliothek zur Geschichte der Arbeiterbewegung) III 391, *1.172*
Zürich (Tonhalle-Gesellschaft, Bibl.) III 391, *1.173*
Zürich (Volkswirtschaftsdirektion, Bibl.)
  III 342, *1.97*

Zürich (Zeitschriften, 18–19) III 353, *2.73*
Zürich (Zeitschriften, 19) III 355, *2.88*
Zürich (Zeughaus, Bibl.) III 342, *1.97*
Zürich (Zunft zur Zimmerleuten, Archiv)
  III 360, *2.118*
Zürich (Zwingliverein) III 372, *1.46*
Zwinglimuseum III 370, *1.28;* 402, *2.62*
Zwingliverein III 402, *2.62*
Zwingliverein (Zürich) III 372, *1.46*

SACHREGISTER (FR)

Les chiffres romains désignent le volume, les arabes les numéros des pages et les chiffres cursifs les paragraphes.
Les numéros des pages se réfèrent à la fin des paragraphes.

Aarau (Sauerländer, éditeur) I 23, *2.23*
Aargauischer Kunstverein (bibl.) I 26, *2.51*
Abbaye (Pfäfers, bibl.) II 220, *1.47;* 222, *2.12*
Abbaye bénédictine (Scheyern) II 296, *2.32*
Abbaye de cisterciens (St-Urban) II 25, *1.3;* 33, *2.22*
Académie de Neuchâtel (bibl.) II 129, *1.3*
Administration publique (Suisse, 19) I 114, *2.36*
Aéronautique III 278, *2.38*
Affiches III 498, *1.5*
Affiches (19) I 365, *2.7;* 450, *2.108;* III 168, *2.19*
Affiches (Suisse, 19) I 324, *2.46*
Afrique (ethnologie, 19) I 360, *2.5*
Agaunensia (17–19) III 180, *2.16*
Agence télégraphique suisse I 223, *2.38*
Aggada III 268, *2.4*
Aggada (18–19) I 352, *2.12*
Agnelli (imprimerie) II 407, *2.3*
Agriculture I 66, *2.24;* 100, *2.14;* 248, *2.17;* 442, *2.20;* II 89, *2.143;* 289, *2.23;* 434, *2.4;* III 11, *2.8;* 30, *1.3;* 227, *2.15*
Agriculture (17–18) III 242, *2.46*
Agriculture (18) I 270, *2.6;* II 389, *2.35*
Agriculture (18–19) I 177, *2.320;* 196, *2.12;* 322, *2.36;* II 143, *2.31;* 201, *2.57;* 364, *2.49;* III 280, *2.54*
Agriculture (19) I 111, *2.13;* 386, *2.20;* II 178, *2.24;* 243, *2.155;* 499, *2.30;* III 33, *2.14;* 249, *2.63*
Agriculture (brochures, 19) III 323, *2.28*
Agriculture (Grisons) I 443, *2.38*
Agriculture (périodiques) III 286, *2.97*
Agronomie I 332, *2.8*
Aide sociale (Suisse, 19) III 257, *2.113*
Alchimie I 24, *2.35;* 174, *2.298;* II 71, *2.59;* 516, *2.11;* III 491, *2.2*
Alchimie (16) I 173, *2.289*
Alchimie (16–18) II 242, *2.146;* III 234, *2.32*
Alchimie (17) III 279, *2.51*
Allemagne (biens volés, 20) III 267, *1.2*
Allemagne (biographies, 18–19) I 385, *2.13*

Allemagne (cartes) II 480, *2.11*
Allemagne (cartes, 18–19) II 500, *2.33*
Allemagne (droit) I 165, *2.218;* II 86, *2.129*
Allemagne (droit, 19) III 338, *1.75;* 417, *2.154*
Allemagne (économie nationale, 19) I 166, *2.226*
Allemagne (histoire de l'Église) I 21, *2.10;* II 157, *2.14*
Allemagne (histoire régionale) I 21, *2.10*
Allemagne (histoire) II 497, *2.21;* III 346, *2.26;* 397, *2.22*
Allemagne (histoire, 16–19) I 143, *2.73;* II 296, *2.32*
Allemagne (histoire, 17) I 67, *2.27*
Allemagne (histoire, 19) I 404, *2.13;* III 419, *2.169*
Allemagne (périodiques, 19) I 409, *2.35*
Allgemeine Lesegesellschaft Basel (bibl.) I 130, *1.57;* 152, *2.130;* 158, *2.168;* 158, *2.174;* 184, *2.379;* 185, *2.385*
Allgemeine Musikgesellschaft Luzern II 59, *1.55*
Allgemeine Musikgesellschaft Zürich (bibl.) III 388, *1.127;* 487, *2.6*
Alliance évangélique (19) II 156, *2.9*
Almanachs I 254, *2.40*
Almanachs (18–19) II 180, *2.38*
Almanachs (littérature, 19) III 309, *2.14*
Alpes I 218, *2.14;* 442, *2.28*
Alpes (19) III 151, *2.19*
Alpes (géographie, 17–18) I 427, *2.5*
Alpinisme II 370, *2.82*
Alpinisme (19) III 258, *2.120*
Alpinisme (19–20) III 167, *2.16*
Altdorf (capucins, bibl) II 346, *2.27*
Altdorf (Kollegium Karl Borromäus, bibl.) III 9, *1.9;* 9, *1.10;* 11, *2.9;* 11, *2.11;* 13, *2.18*
Altdorf (Leihbibliothek) III 8, *1.8*
Altdorf (Öffentliche Mädchenschule, bibl.) III 22, *2.12*
Altstätten SG (capucines, bibl.) III 230, *2.24*
Amérigue (histoire) III 388, *1.130*
Amérique (ethnologie, 19) I 360, *2.7*
Amerique (géographie, 16) I 169, *2.255*
Amérique (histoire, 16–19) I 145, *2.83*
Amérique centrale (ethnologie) III 388, *1.128*
Amérique centrale (linguistique) III 388, *1.128*
Anabaptistes I 64, *2.13;* 187, *2.394*
Anabaptistes (histoire) I 275, *2.10*
Anabaptistes (livres d'édification) I 275, *2.9*

Anabaptistes (polémique)   I 274, *2.8*
Anabaptistes (recueils de cantiques)   I 275, *2.9*
Anarchisme   III 71, *2.5;* 322, *2.18*
Anarchisme (brochures, 19)   III 323, *2.26*
Anatomie (16–19)   I 179, *2.339*
Anatomie (17–19)   III 414, *2.138*
Anatomie (18)   I 196, *2.17*
Anatomie (18–19)   III 83, *2.4*
Anatomie (19)   I 205, *2.14;* III 84, *2.11;* 299, *2.5*
Anatomie (ouvrages illustrés, 16–19)   II 288, *2.22*
Angleterre (biographies, 18–19)   I 385, *2.13*
Angleterre (géographie)   I 145, *2.81*
Angleterre (géographie, 16–19)   I 426, *2.3*
Angleterre (histoire, 16–19)   I 144, *2.80;* 427, *2.4*
Angleterre (histoire, 17–18)   I 254, *2.37*
Angleterre (histoire, 19)   I 385, *2.12*
Angleterre (philosophie, 18–19)   II 282, *2.8*
Angleterre (siècle des Lumières)   II 282, *2.8*
Annecy (capucins, bibl.)   III 182, *1.1*
Annonciades (Porrentruy, bibl.)   I 477, *1.8*
Annuaires officiels (18–19)   I 409, *2.34*
Annuaires statistiques (18–19)   I 409, *2.34*
Anthologies (littérature, 19)   III 309, *2.14*
Anthropologie sociale   III 390, *1.160*
Anthropologie sociale (19)   III 427, *2.205*
Anthroposophie   III 491, *2.2*
Antialcoolisme (19)   II 156, *2.9*
Antifascisme (19–20)   I 26, *2.47*
Antiquariat Eggert (Stuttgart)   III 302, *1.4*
Antiquariat Rohr (Zurich)   II 13, *1.2*
Antiquarische Gesellschaft Zürich (archives)   III 360, *2.116*
Antiquarische Gesellschaft Zürich (bibl.)   III 291, *1.1;* 372, *1.47*
Antiquité (art, 16–19)   I 161, *2.190*
Antiquité (beaux-arts, 16–19)   I 160, *2.188*
Antiquité (histoire, 16–19)   I 142, *2.62*
Antiquité classique   I 187, *2.394;* II 284, *2.13*
Antiquité classique (19)   I 403, *2.11*
Antistitialarchiv (Zurich)   III 358, *2.106*
Antistitialarchiv (Zurich, bibl.)   III 334, *1.46*
Antistitium (Bâle, bibl.)   I 128, *1.49;* 134, *2.16;* 136, *2.31;* 182, *2.364*
Apiculture   I 33, *2.97*
Apologétique (16–19)   I 319, *2.9;* II 30, *2.13*
Apologétique (19)   I 385, *2.16;* III 172, *2.8;* 185, *2.10*
Apologétique (catholique)   II 171, *2.11*
Apologétique (catholique, 18–19)   I 434, *2.6;* III 152, *2.20*
Apologétique (protestante)   III 107, *2.11;* 418, *2.163*
Apologétique (protestante, 18–19)   II 157, *2.23*
Appenzell (Bibliothèque paroissiale St-Mauritius, bibl.)   I 92, *1.2;* 95, *2.8*
Appenzell (Commissariat épiscopal, bibl.)   I 92, *1.3;* 95, *2.8*
Appenzell (Couvent des capucines St. Maria der Engel)   II 28, *2.10*
Appenzell (droit, 19)   I 73, *2.4*

Appenzell (histoire, 18–19)   I 73, *2.4*
Appenzell (périodiques, 16–19)   I 92, *2.4*
Appenzell Rhodes-Extérieures (Vaterländische Gesellschaft)   I 77, *1.2;* 78, *2.7;* 83, *2.17;* 84, *2.19;* 87, *2.29*
Appenzellensia   I 87, *2.29;* 93, *2.5*
Appenzellensia (18–19)   I 73, *2.4*
Archéologie   I 249, *2.18;* 250, *2.23;* 441, *2.16;* III 139, *2.9;* 226, *2.10;* 265, *2.6;* 372, *1.47*
Archéologie (16–19)   I 320, *2.19*
Archéologie (18–19)   I 148, *2.100;* 385, *2.13;* III 149, *2.6;* 293, *2.13;* 407, *2.94*
Archéologie (19)   I 306, *2.11;* II 140, *2.11;* III 245, *2.53*
Archéologie (périodiques, 19)   III 293, *2.13*
Archéologie paléochrétienne   I 149, *2.105*
Archéozoologie (19)   I 345, *2.4*
Architecture   I 104, *2.43;* 219, *2.18;* 250, *2.23;* 321, *2.29;* II 66, *2.37;* 201, *2.58;* III 295, *2.28*
Architecture (16–19)   I 161, *2.193;* II 238, *2.126;* III 274, *2.11;*
Architecture (18–19)   I 408, *2.30;* III 77, *2.15;* 407, *2.94*
Architecture (19)   I 306, *2.14;* II 142, *2.29;* 417, *2.6;* III 53, *2.18;* 76, *2.7;* 252, *2.81;* 495, *2.8*
Architecture (périodiques)   III 286, *2.97*
Architecture (plans)   III 274, *2.11*
Archives de la paroisse (Wassen, bibl.)   III 22, *2.16*
Archives de l'Église (Bâle)   I 128, *1.49;* 138, *2.37;* 138, *2.41*
Archives de l'Église (Zurich)   III 358, *2.106*
Archives de l'État (Argovie)   I 18, *1.16*
Archives des couvents (Zurich)   III 327, *1.4;* 359, *2.112*
Archives Florence Guggenheim   III 289, *1.5*
Archives littéraires suisses Berne   I 212, *1.21;* 216, *2.1*
Archivum Helveto-Polonicum (Fribourg, bibl.)   I 283, *2.2*
Argovie (19)   I 39, *2.136*
Argovie (Archives de l'État)   I 18, *1.16*
Argovie (Bibliothèque de chasse)   I 17, *1.12*
Argovie (Bibliothèque des pasteurs)   I 17, *1.12*
Argovie (Bibliothèque des professeurs)   I 17, *1.12*
Argovie (Bibliothèque militaire)   I 17, *1.12*
Argovie (Bibliothèque mycologique)   I 17, *1.14;* 18, *1.19*
Argovie (cartes)   I 38, *2.131*
Argovie (Église catholique)   I 26, *2.48*
Argovie (Église évangélique réformée)   I 28, *2.62*
Argovie (histoire, 18–19)   I 33, *2.96;* 40, *2.143*
Argovie (histoire de l'Église, 18–19)   I 22, *2.21;* 26, *2.48*
Argovie (Kulturkampf)   III 395, *2.6*
Argovie (manuels scolaires, 19)   I 29, *2.69*
Argovie (Musée des arts et des métiers, bibl.)   I 26, *2.49*
Argovie (rapports annuels)   I 37, *2.119*
Argovie (Société historique, bibl.)   I 17, *1.10*

Argovie (système scolaire, 19)   I 29, 2.69
Argoviensia   I 19, 1.24
Argoviensia (18–19)   I 22, 2.21
Aristotelica   I 139, 2.47
Arithmétique (17)   III 282, 2.66
Armée du salut (bibl.)   I 217, 2.9
Arménie (19)   I 153, 2.134
Armes à feu   I 200, 2.9
Arsenal (Zurich, bibl.)   III 342, 1.97
Art   I 21, 2.8; 160, 2.187; 267, 2.19; 442, 2.20; II 66, 2.36
Art (16–18)   II 390, 2.44
Art (18–19)   I 408, 2.30; II 34, 2.24; III 53, 2.18; 227, 2.16
Art (19)   I 65, 2.20; 294, 2.17; 387, 2.31; II 500, 2.32; III 68, 2.6; 199, 2.20; 249, 2.64; 252, 2.81; 258, 2.117; 495, 2.9
Art (Antiquité, 16–19)   I 161, 2.190
Art (brochures, 19)   III 254, 2.98
Art (catalogues de musées, 19)   I 21, 2.8
Art (catalogues d'expositions, 19)   I 21, 2.8
Art (livres illustrés, 19)   I 39, 2.139
Art (ouvrages illustrés, 19)   I 38, 2.130
Art (pédagogie)   III 495, 2.14
Art (périodiques, 19)   III 496, 2.19
Art chrétien (18–19)   II 156, 2.8
Art du livre (19)   III 495, 2.13
Arth (Couvent de capucins)   II 30, 2.15
Arth (Couvent de capucins, bibl.)   II 25, 1.3; 27, 2.7; 29, 2.12
Arth (Couvent des capucins, bibl.)   II 30, 2.13
Arthropodes (18–19)   I 345, 2.6
Articles des journaux (économie, Suisse, 19)   I 110, 2.6
Artillerie-Kollegium (Zurich, archives)   III 360, 2.118
Artisanat   II 289, 2.24
Artisanat (19)   I 26, 2.49; 100, 2.16
Arts décoratifs   II 66, 2.36
Arts décoratifs (18–19)   III 295, 2.30
Arts décoratifs (19)   I 65, 2.20; 306, 2.9; 307, 2.15; II 248, 2.4; III 252, 2.81
Arts et métiers   I 248, 2.17; III 274, 2.11
Arts et métiers (19)   I 322, 2.36; II 142, 2.25; III 257, 2.115
Arts et métiers (Grisons)   I 443, 2.38
Arts plastiques (18–19)   III 295, 2.29
Ascétisme   I 27, 2.56; 423, 2.6; 461, 2.3; 481, 2.6; II 9, 2.8; 21, 2.7; 43, 2.20; 84, 2.120; 101, 2.8; 257, 2.4; 309, 2.4; 315, 2.28; 403, 2.8; 409, 2.13; 483, 2.5; 485, 2.6; III 14, 2.25; 189, 2.6; 193, 2.4; 202, 2.51
Ascétisme (16–18)   I 30, 2.76; II 232, 2.80
Ascétisme (16–19)   II 28, 2.10
Ascétisme (17)   II 438, 2.8
Ascétisme (17–19)   II 55, 1.39; 170, 2.8; 183, 2.3; 338, 2.4; 465, 2.6; III 10, 2.4; 26, 2.5; 172, 2.7; 185, 2.7; 201, 2.39; 215, 2.11
Ascétisme (18)   II 439, 2.11

Ascétisme (18–19)   I 48, 2.2; 434, 2.5; II 250, 2.3; 254, 2.3; 254, 2.4; 333, 2.2; 343, 2.9; 520, 2.5; III 207, 2.9
Ascétisme (jésuites)   II 315, 2.29
Ascona (bénédictins, bibl.)   II 427, 1.4; 428, 2.6
Asie (ethnologie, 19)   I 360, 2.6
Asie (histoire, 16–19)   I 145, 2.83
Asie orientale (estampes)   III 501, 2.21
Assens (paroisse, bibl.)   III 36, 2.33
Association des métiers (Schaffhouse, bibl.)   II 299, 2.39
Association suisse des libres penseurs (bibl.)   III 322, 2.22
Association suisse des musiciens (bibl.)   I 225, 2.51
Associations professionnelles (Suisse, 19)   I 116, 2.59
Assurances (Suisse, 19)   I 112, 2.25
Astronomie   I 102, 2.26; 171, 2.276; 248, 2.16; II 71, 2.57; 326, 2.54; 515, 2.5; III 227, 2.15
Astronomie (15)   I 172, 2.277
Astronomie (16)   I 172, 2.278
Astronomie (16–17)   II 291, 2.26
Astronomie (16–18)   II 240, 2.133
Astronomie (16–19)   I 321, 2.32; II 200, 2.53; III 275, 2.23
Astronomie (17–19)   II 290, 2.25; III 412, 2.121
Astronomie (18)   I 172, 2.280
Astronomie (18–19)   I 301, 2.19; 371, 2.7; II 32, 2.18; 142, 2.24; III 416, 2.148
Astronomie (19)   II 145, 2.46; 498, 2.25; III 248, 2.61
Astronomie (périodiques, 18–19)   I 248, 2.16
Astronomische Gesellschaft Bern (bibl.)   I 248, 2.16
Astrophysique (19)   III 277, 2.31
Atlas   III 482, 2.4
Atlas (16–17)   II 241, 2.138
Atlas (17–19)   I 38, 2.129
Atlas (19)   III 252, 2.80
Augsbourg (dominicains, bibl.)   I 434, 2.5
Augsbourg (franciscains, bibl.)   I 92, 1.2; 94, 2.6
Augustins (Interlaken, bibl.)   I 241, 1.2
Augustins (Inzigkoven, bibl.)   III 316, 2.16
Augustins (Kreuzlingen, bibl.)   II 490, 1.2; 492, 2.6; 494, 2.13; 496, 2.20; 498, 2.25; 500, 2.35; 501, 2.37
Austriaca (18–19)   I 433, 2.3; 434, 2.7
Autriche (droit, 19)   III 338, 1.75
Autriche (périodiques, 19)   I 409, 2.35
Aviation   III 278, 2.38

Baar (Internat Walterswil, bibl.)   III 188, 1.2
Bactériologie (19)   I 205, 2.8
Bad Schönbrunn (jésuites, bibl.)   III 314, 1.7; 315, 2.3
Baden (capucins, bibl.)   II 25, 1.3; 30, 2.13; 33, 2.20; 103, 2.14; 104, 2.19; ; 341, 1.1; 342, 2.5; 346, 2.26; 346, 2.27; III 13, 2.20; 14, 2.24
Baden (Collège, bibl.)   II 183, 2.9

Baden (Couvent des capucins, bibl.) II 34, *2.25*
Bâle (Allgemeine Lesegesellschaft, bibl.)
  I 130, *1.57*; 152, *2.130*; 158, *2.168*; 158, *2.174*;
  184, *2.379*; 185, *2.385*
Bâle (Antistitium, bibl.) I 128, *1.49*; 134, *2.16*;
  136, *2.31*; 182, *2.364*
Bâle (Archives de l'Église) I 128, *1.49*; 138, *2.37*;
  138, *2.41*
Bâle (Bibelgesellschaft, bibl.) I 134, *2.16*;
  135, *2.23*
Bâle (Bibliothèque de la cathédrale) I 150, *2.113*;
  164, *2.212*; 182, *2.368*
Bâle (Bibliothèque universitaire) I 265, *1.13*
Bâle (brochures, 17–18) I 184, *2.382*
Bâle (chanoines réguliers de saint Augustin, bibl.)
  I 122, *1.13*
Bâle (chartreux, bibl.) I 121, *1.6*; 122, *1.13*;
  135, *2.23*; 155, *2.150*; 181, *2.360*; 182, *2.363*;
  II 371, *2.89*
Bâle (dominicains, bibl.) I 121, *1.4*; 122, *1.13*
Bâle (droit, 16) I 163, *2.205*
Bâle (Fondation Aellen, bibl.) I 332, *1.14*
Bâle (Fondation Johann Rudolf Geigy) I 130, *1.57*
Bâle (Freiwillige Akademische Gesellschaft)
  I 128, *1.46*
Bâle (Freiwilliger Museumsverein) I 128, *1.49*
Bâle (Frey-Grynaeum, bibl.) I 130, *1.57*; 134, *2.17*;
  150, *2.113*; 152, *2.130*; 158, *2.173*; 159, *2.178*;
  183, *2.373*
Bâle (histoire) I 145, *2.87*
Bâle (histoire de l'Église, 16–19) I 182, *2.364*
Bâle (Historische und Antiquarische Gesellschaft,
  bibl.) I 129, *1.51*; 141, *2.58*; 141, *2.59*
Bâle (imprimerie) I 136, *2.27*; II 371, *2.87*
Bâle (imprimerie, 15–17) I 155, *2.150*
Bâle (imprimerie, 16) I 122, *1.11*; 123, *1.15*;
  183, *2.375*
Bâle (imprimerie, grec, 16) I 154, *2.142*
Bâle (imprimés officiels, 19) I 404, *2.16*
Bâle (jésuites, bibl.) III 314, *1.6*
Bâle (Kunstverein, bibl.) I 130, *1.57*; 160, *2.187*;
  161, *2.193*
Bâle (Lycée, bibl.) I 96, *1.1*
Bâle (Militärbibliothek) I 141, *2.56*; 166, *2.233*;
  167, *2.237*
Bâle (Museum Faesch, bibl.) I 127, *1.44*; 145, *2.87*;
  146, *2.90*
Bâle (Naturforschende Gesellschaft, bibl.)
  I 129, *1.51*; 175, *2.309*
Bâle (Pharmaziehistorisches Museum, bibl.)
  I 180, *2.352*
Bâle (réformation) I 182, *2.369*
Bâle (Schweizerisches Wirtschaftsarchiv, bibl.)
  I 165, *2.223*
Bâle (Séminaire, bibl.) II 358, *2.22*
Bâle (Stiftung Peter Merian) I 128, *1.49*
Bâle (thèses) I 131, *2.1*
Bâle (thèses, médecine) I 178, *2.330*
Bâle (Turnlehrerverein, bibl.) I 141, *2.56*

Bâle (Vaterländische Bibliothek) I 97, *1.2*;
  130, *1.57*; 145, *2.85*; 158, *2.168*; 184, *2.379*;
  186, *2.390*
Bâle-Campagne (Naturforschende Gesellschaft)
  I 99, *2.4*
Bâle-Campagne (Naturforschende Gesellschaft,
  bibl.) I 104, *2.49*
Balnéologie I 446, *2.65*; II 13, *2.4*; 328, *2.62*;
  386, *2.17*; III 379, *1.80*
Balnéologie (17–19) III 413, *2.131*
Balnéologie (18–19) III 415, *2.144*
Balnéologie (Grisons) I 443, *2.33*
Baltica III 389, *1.142*
Bank in Basel (Fondation) I 107, *1.4*
Banques (19) I 166, *2.229*
Banques (Suisse, 19) I 112, *2.23*; 114, *2.42*
Banques (Suisse, littérature grise, 19) I 115, *2.43*
Banques concordataires suisses (archives)
  I 107, *1.4*
Basiliensia I 99, *2.4*; 141, *2.58*; 145, *2.87*;
  182, *2.363*
Basiliensia (16–19) I 184, *2.379*
Bataille de Sempach (1386) II 21, *2.3*
Bavière (ethnologie, 19) I 34, *2.103*
Beaux-arts I 104, *2.43*; 219, *2.18*; 250, *2.23*;
  423, *2.11*; II 201, *2.58*
Beaux-arts (16–19) I 160, *2.188*; 161, *2.189*
Beaux-arts (17–19) I 321, *2.28*; 325, *2.55*
Beaux-arts (18–19) I 301, *2.24*; II 16, *2.16*;
  III 167, *2.11*; 310, *2.29*
Beaux-arts (19) I 306, *2.9*; 444, *2.49*; II 113, *2.16*;
  125, *2.14*; 359, *2.29*; III 141, *2.21*
Beaux-arts (Antiquité, 16–19) I 148, *2.100*;
  160, *2.188*
Beaux-arts (biographies) I 321, *2.29*
Beaux-arts (Grisons) I 443, *2.36*
Beaux-arts (périodiques, 19) I 306, *2.10*
Beaux-arts (Rome, Antiquité, 16–19) I 148, *2.104*
Beaux-arts (Suisse) I 444, *2.45*
Beck'sches Antiquariat (Nördlingen) II 484, *1.1*
Beersche Bibliothek I 352, *2.9*
Beinwil (SO) (bénédictins, bibl.) II 40, *2.7*
Belle-vue Verlag II 502, *2.41*
Bellelay (prémontrés, bibl.) II 43, *2.20*
Bellinzone (jésuites, bibl.) II 311, *2.9*; 314, *2.26*;
  328, *2.62*
Bellinzone (lieu d'impression) II 444, *2.55*
Bénédictins (18–19) III 395, *2.5*
Bénédictins (Ascona, bibl.) II 427, *1.4*; 428, *2.6*
Bénédictins (Beinwil [SO], bibl.) II 40, *2.7*
Bénédictins (Benediktbeuern, bibl.) II 43, *2.20*
Bénédictins (Deggingen, bibl.) II 308, *1.40*
Bénédictins (Disentis, bibl.) III 15, *2.34*
Bénédictins (Ebersmünster, bibl.) II 321, *2.40*
Bénédictins (Einsiedeln) I 423, *2.8*; II 8, *1.1*;
  III 25, *1.1*; 25, *2.4*; 346, *2.27*
Bénédictins (Einsiedeln, bibl.) I 405, *2.18*;
  II 20, *1.1*; 171, *2.15*; 482, *1.2*; 519, *1.1*; 520, *2.6*
Bénédictins (Engelberg) II 8, *1.1*

Bénédictins (Engelberg, bibl.) I 73, *2.5;* II 20, *1.1;* 43, *2.20;* 173, *2.22;* 176, *2.11;* 485, *2.1;* III 206, *2.7*
Bénédictins (Fischingen, bibl.) II 484, *1.1;* 490, *1.2;* 492, *2.6;* 494, *2.13;* 497, *2.22;* 499, *2.28;* 501, *2.37;* 519, *1.1;* 520, *2.5*
Bénédictins (Herzogenbuchsee, bibl.) I 241, *1.2;* 252, *2.29*
Bénédictins (Hildesheim) II 296, *2.32*
Bénédictins (histoire) II 319, *2.37*
Bénédictins (histoire, 17–18) II 228, *2.47*
Bénédictins (Huysburg, bibl.) III 348, *2.36*
Bénédictins (Isny, bibl.) II 308, *1.40*
Bénédictins (Klingnau, bibl.) I 16, *1.3*
Bénédictins (Lambach, bibl.) I 84, *2.20*
Bénédictins (Lucerne) II 20, *1.1*
Bénédictins (Mariastein, bibl.) II 353, *1.19;* 485, *2.1*
Bénédictins (Münsterlingen, bibl.) II 321, *2.42;* III 233, *2.28*
Bénédictins (Muri, bibl.) I 16, *1.6*
Bénédictins (Neuf St-Johann, bibl.) II 257, *1.1*
Bénédictins (observance, 17–18) II 234, *2.90*
Bénédictins (Ottobeuren, bibl.) II 259, *2.12*
Bénédictins (Petershausen, bibl.) II 482, *1.2;* 483, *2.5*
Bénédictins (Pfäfers, bibl.) II 192, *1.18*
Bénédictins (Ratisbonne, bibl.) II 308, *1.40*
Bénédictins (Rheinau) III 327, *1.6*
Bénédictins (Rheinau, archives) III 360, *2.114*
Bénédictins (Rheinau, bibl.) II 16, *2.13;* 171, *2.12;* 254, *2.4;* 328, *2.62;* III 206, *2.7;* 206, *2.8;* 351, *2.54*
Bénédictins (Rorschach, bibl.) II 510, *2.7*
Bénédictins (Sarnen) I 27, *2.53*
Bénédictins (Sion chez Klingnau, bibl.) I 28, *2.63*
Bénédictins (St-Gall) I 68, *2.38;* III 26, *2.5*
Bénédictins (St-Gall, archives) III 361, *2.119*
Bénédictins (St-Gall, bibl.) II 9, *2.15;* 257, *1.1;* 258, *2.8*
Bénédictins (St-Gerold, bibl.) II 311, *2.9;* 321, *2.42*
Bénédictins (St-Johann, vallée de la Thur, bibl.) II 311, *2.11*
Bénédictins (St-Ottilien) II 251, *1.1*
Bénédictins (St. Gerold, bibl.) II 311, *2.10*
Bénédictins (Werden, bibl.) I 86, *2.25*
Bénédictins (Wessobrunn, bibl.) I 74, *2.9;* 85, *2.21;* II 308, *1.40*
Benedictinum (Fribourg, bibl.) II 251, *1.1*
Benediktbeuern (bénédictins, bibl.) II 43, *2.20*
Benziger Verlag (Einsiedeln) II 335, *2.6*
Berne (Archives littéraires suisses) I 212, *1.21;* 216, *2.1*
Berne (Astronomische Gesellschaft, bibl.) I 248, *2.16*
Berne (Bibliothèque municipale) I 194, *1.2*
Berne (Bibliothèque universitaire) I 194, *1.2*
Berne (Burgergemeinde) I 193, *1.1*
Berne (calendriers) I 254, *2.40*
Berne (Chapitre de Saint Vincent, bibl.) I 241, *1.2*

Berne (Collège, bibl.) I 241, *1.2*
Berne (décrets, 18) I 195, *2.8*
Berne (dominicains, bibl.) I 241, *1.2;* 252, *2.29*
Berne (Gemeinschaftliche Prediger-Bibliothek) I 244, *1.12*
Berne (Geographische Gesellschaft, bibl.) I 245, *1.14;* 249, *2.21*
Berne (Haller, imprimerie) I 255, *2.44*
Berne (Historischer Verein, bibl.) I 245, *1.14;* 249, *2.20*
Berne (Hohe Schule) I 194, *1.2*
Berne (Hohe Schule, bibl.) I 241, *1.1*
Berne (Hôpital Heiliggeist, bibl.) I 241, *1.2;* 252, *2.29*
Berne (journaux) I 251, *2.25*
Berne (Lesegesellschaft, bibl.) I 244, *1.12;* 245, *1.14;* 250, *2.24;* 254, *2.41*
Berne (Medizinisch-Chirurgische- und Veterinarische Communbibliothek) I 244, *1.12*
Berne (Naturforschende Gesellschaft, bibl.) I 245, *1.14;* 248, *2.17*
Berne (Ökonomische Gesellschaft, bibl.) I 244, *1.12*
Berne (pamphlets, 18) I 195, *2.8*
Berne (recueils de lois, 18) I 195, *2.8*
Berne (Societas Studiosorum, bibl.) I 244, *1.12*
Berne (Société d'économie et d'utilité publique) I 195, *2.11*
Bernensia I 247, *2.7;* 249, *2.20*
Bernensia (16) I 252, *2.32*
Beromünster (collège de chanoines) II 25, *1.3;* 30, *2.14;* 100, *1.1*
Beronensia (19) II 15, *2.10*
Bibelgesellschaft Basel (bibl.) I 134, *2.16;* 135, *2.23*
Bible (concordances, 16–19) II 26, *2.5*
Bible (éditions) I 23, *2.26;* 27, *2.56;* 135, *2.23;* 229, *2.71;* 293, *2.5;* 298, *1.4;* 356, *2.11;* 423, *2.8;* 434, *2.10;* 468, *2.7;* 481, *2.6;* II 9, *2.14;* 78, *2.87;* 103, *2.16;* 140, *2.15;* 158, *2.25;* 169, *2.3;* 195, *2.17;* 258, *2.8;* 264, *2.4;* 309, *2.4;* 311, *2.11;* 341, *2.4;* 356, *2.13;* 403, *2.10;* 428, *2.12;* III 14, *2.26;* 27, *2.11;* 149, *2.7;* 194, *2.9;* 214, *2.6;* 268, *2.4*
Bible (éditions, 16) I 428, *2.11*
Bible (éditions, 16–17) II 224, *2.25*
Bible (éditions, 16–18) III 397, *2.20;* 401, *2.58*
Bible (éditions, 16–19) I 274, *2.7;* 301, *2.21;* 318, *2.8;* II 26, *2.5;* 39, *2.5;* 196, *2.20;* 224, *2.22;* 286, *2.16;* III 231, *2.26;* 296, *2.36;* 417, *2.157*
Bible (éditions, 17–19) II 486, *2.9;* III 61, *2.6;* 172, *2.9;* 178, *2.5;* 207, *2.10*
Bible (éditions, 18) I 475, *2.5*
Bible (éditions, 18–19) III 257, *2.113*
Bible (éditions, 19) I 324, *2.50;* III 189, *2.4*
Bible (exégèse) I 63, *2.8;* 135, *2.25;* 229, *2.71;* 293, *2.5;* 423, *2.8;* 481, *2.6;* II 9, *2.13;* 78, *2.88;* 102, *2.12;* 103, *2.16;* 158, *2.26;* 169, *2.5;* 195, *2.17;* 258, *2.8;* 309, *2.4;* 311, *2.11;*

356, *2.13;* 493, *2.8;* 493, *2.9;* III 14, *2.26;* 27, *2.11;* 214, *2.8;* 315, *2.10*
Bible (exégèse, 15–18) II 225, *2.26*
Bible (exégèse, 16) II 438, *2.7*
Bible (exégèse, 16–19) I 318, *2.8;* II 26, *2.5;* 27, *2.7;* 286, *2.16;* III 417, *2.158*
Bible (exégèse, 17–18) III 397, *2.19*
Bible (exégèse, 17–19) II 39, *2.5;* 338, *2.5;* 342, *2.6;* 486, *2.9;* III 61, *2.6;* 172, *2.9;* 178, *2.5;* 185, *2.11;* 207, *2.10*
Bible (exégèse, 18–19) I 434, *2.10*
Bible (exégèse, 19) I 385, *2.17;* II 502, *2.40;* III 400, *2.55*
Bible (hébreu, 18–19) I 352, *2.12*
Bibliographie III 399, *2.42*
Bibliographies (17–19) I 318, *2.5*
Bibliographies (18–19) I 408, *2.33;* III 232, *2.27;* 420, *2.174*
Bibliographies (19) II 143, *2.32;* III 251, *2.76*
Bibliologie (18) III 399, *2.38*
Bibliologie (19) III 399, *2.47*
Bibliophilie I 87, *2.31;* 425, *1.2*
Biblioteca Civica (Lugano) II 427, *1.3*
Bibliotheca Masonica II 202, *2.66*
Bibliotheca Masonica (St-Gall) II 192, *1.15*
Bibliothéconomie I 99, *2.5;* 227, *2.59;* 232, *2.88;* II 194, *2.12;* 355, *2.11*
Bibliothéconomie (16–19) I 134, *2.14*
Bibliothéconomie (18–19) II 492, *2.5*
Bibliotheksgesellschaft Schwyz II 334, *1.1*
Bibliothèque communale (Herisau) I 72, *1.2*
Bibliothèque communale (Trogen) I 76, *1.1;* 78, *2.7*
Bibliothèque de chasse (Argovie) I 17, *1.12*
Bibliothèque de la cathédrale (Bâle) I 150, *2.113;* 164, *2.212;* 182, *2.368*
Bibliothèque de La Grange I 323, *2.40;* 324, *2.51*
Bibliothèque de la Maison du Peuple (Lausanne) III 71, *1.3*
Bibliothèque de l'Ariana (Genève) I 324, *2.50*
Bibliothèque de Schönborn-Buchheim (bibl.) I 427, *2.4*
Bibliothèque des étudiants (Lausanne) III 50, *1.19*
Bibliothèque des pasteurs (Argovie) I 17, *1.12*
Bibliothèque des professeurs (Argovie) I 17, *1.12*
Bibliothèque des professeurs (Herisau) I 72, *1.2*
Bibliothèque des Quartiers de l'Est à Lausanne III 71, *1.3*
Bibliothèque diocésaine San Carlo (Lugano) II 449, *1.1*
Bibliothèque du Clergé (Genève) I 317, *1.39*
Bibliothèque ducale (Dessau) I 88, *2.33*
Bibliothèque Léon Tolstoï I 317, *1.39;* 323, *2.41*
Bibliothèque militaire (Argovie) I 17, *1.12*
Bibliothèque mondiale des chauves-souris I 344, *1.9*
Bibliothèque municipale (Aarau) I 17, *1.10*
Bibliothèque musicale de la Ville de Genève I 317, *1.42*

Bibliothèque mycologique (Argovie) I 17, *1.14;* 18, *1.19*
Bibliothèque nationale (Suisse) I 72, *1.2*
Bibliothèque nationale de Pologne II 184, *1.2*
Bibliothèque nationale du Mont-Terrible I 478, *1.10*
Bibliothèque nationale d'Israel III 268, *1.3*
Bibliothèque paroissiale St-Mauritius (Appenzell, bibl.) I 92, *1.2;* 95, *2.8*
Bibliothèque Säntis I 93, *2.5*
Bibliothèques de l'école (Herisau) I 72, *1.2*
Bienfaisance (Grisons) I 443, *2.38*
Bienfaisance (Suisse) I 444, *2.45*
Biennensia I 265, *2.6*
Biens volés (Allemagne, 20) III 267, *1.2*
Bilboquets III 493, *1.5;* 498, *1.8*
Bilboquets (Berne, 19) I 255, *2.44*
Biographies I 85, *2.22;* 102, *2.25;* 195, *2.5;* 266, *2.12;* 404, *2.14;* 441, *2.16;* II 76, *2.80;* 204, *2.79;* 440, *2.20;* III 139, *2.9;* 194, *2.8*
Biographies (16–19) I 320, *2.23;* II 197, *2.29*
Biographies (17–19) II 360, *2.31*
Biographies (18–19) I 33, *2.95;* 57, *2.39;* 185, *2.386;* II 281, *2.5;* III 105, *2.7;* 117, *2.7;* 240, *2.44;* 404, *2.77*
Biographies (19) II 112, *2.12;* 130, *2.4;* 143, *2.32;* III 309, *2.18;* 320, *2.11*
Biographies (Allemagne, 18–19) I 385, *2.13*
Biographies (Angleterre, 18–19) I 385, *2.13*
Biographies (beaux-arts) I 321, *2.29*
Biographies (compositeurs, 19) I 162, *2.197*
Biographies (économie, Suisse) I 117, *2.63*
Biographies (écrivains) I 250, *2.22*
Biographies (France, 18–19) I 385, *2.13*
Biographies (Genève, 18–19) I 385, *2.13*
Biographies (Grisons) I 443, *2.29*
Biographies (Italie, 18–19) I 385, *2.13*
Biographies (musique) I 338, *2.7*
Biographies (savants, 16–19) I 133, *2.10*
Biographies (Suisse) I 444, *2.43;* II 198, *2.36*
Biographies (Suisse, 18–19) I 385, *2.13*
Biographies (Suisse, 19) I 405, *2.17*
Biographies (théologie, 19) II 156, *2.13*
Biographies (Zurich) III 350, *2.51*
Biologie I 100, *2.11*
Biologie (16–19) I 176, *2.315*
Biologie (18–19) III 416, *2.149*
Biologie (19) I 205, *2.8;* III 199, *2.26*
Bodmer (imprimerie) III 231, *2.26*
Boécourt (paroisse, bibl.) I 484, *2.24*
Bolzano (capucins, bibl.) II 172, *2.18*
Bolzano (franciscains, bibl.) I 429, *2.15;* II 479, *2.8*
Borromäusverein (bibl.) II 38, *1.1;* 39, *2.5;* 44, *2.22*
Botanique II 72, *2.63;* 200, *2.48;* 326, *2.55*
Botanique (16–18) III 408, *2.96*
Botanique (16–19) I 175, *2.306;* 256, *2.49;* 322, *2.34;* 332, *2.6;* III 283, *2.74*
Botanique (17–19) I 176, *2.314;* III 235, *2.35*
Botanique (18) I 196, *2.17;* III 252, *2.83*

Botanique (18–19)   II 141, *2.19;* 240, *2.134;* 291, *2.27;* III 87, *2.8;* 131, *2.9;* 151, *2.18;* 412, *2.120;* 416, *2.151*
Botanique (19)   I 333, *2.9;* II 112, *2.9;* 498, *2.27;* III 244, *2.51*
Botanique (brochures, 19)   I 333, *2.14*
Bourges (jésuites, bibl.)   II 40, *2.6*
Botanique (périodiques, 18–19)   I 333, *2.13*
Botanique (Suisse)   I 195, *2.5*
Botanique systématique (17–19)   III 87, *2.7*
Bottens (paroisse, bibl.)   III 35, *2.30*
Brauerei Feldschlösschen   I 115, *2.48*
Bremgarten (capucins, bibl.)   II 29, *2.12;* 30, *2.13;* 31, *2.17;* 101, *2.8;* III 214, *2.6;* 215, *2.11;* 230, *2.24*
Brésil (littérature populaire)   I 359, *1.7*
Breslau (séminaire rabbinique, bibl.)   I 350, *1.3;* III 267, *1.1;* 289, *1.4*
Bréviaires (16–19)   II 232, *2.77*
Brigue (jésuites, bibl.)   III 316, *2.13*
Brochures   I 134, *2.15;* II 190, *1.9;* 276, *1.19;* III 344, *2.9*
Brochures (15–16)   III 357, *2.98*
Brochures (16–19)   I 36, *2.115*
Brochures (17–19)   III 409, *2.101*
Brochures (18–19)   I 35, *2.105;* 39, *2.133;* 40, *2.143;* 255, *2.43;* 445, *2.50;* III 404, *2.76;* 408, *2.99;* 423, *2.188*
Brochures (19)   II 165, *2.22;* III 153, *2.29;* 422, *2.181*
Brochures (agriculture, 19)   III 323, *2.28*
Brochures (anarchisme, 19)   III 323, *2.26*
Brochures (art, 19)   III 254, *2.98*
Brochures (Bâle, 17–18)   I 184, *2.382*
Brochures (botanique, 19)   I 333, *2.14*
Brochures (catholique, 19)   III 36, *2.32*
Brochures (chemin de fer, 19)   III 323, *2.28*
Brochures (droit, 19)   III 253, *2.88*
Brochures (droit de vote, 19)   III 323, *2.26*
Brochures (économie nationale, 19)   I 165, *2.221*
Brochures (franc-maçonnerie, 19)   III 254, *2.93*
Brochures (Genève, histoire)   I 375, *1.10;* II 198, *2.37*
Brochures (géographie, 19)   III 254, *2.97*
Brochures (Glaris, 19)   I 405, *2.19;* 419, *2.11*
Brochures (Helvetica, 16–19)   III 356, *2.95*
Brochures (Helvetica, 19)   III 254, *2.99*
Brochures (Helvétique)   II 319, *2.38*
Brochures (histoire, 19)   III 254, *2.96*
Brochures (Lucernensia)   II 21, *2.3*
Brochures (médecine, 18–19)   III 253, *2.90*
Brochures (mouvement féministe, 19)   III 323, *2.28*
Brochures (mouvement ouvrier, 19)   III 323, *2.26*
Brochures (mouvement pour la paix, 19)   III 323, *2.27*
Brochures (musique, 19)   III 254, *2.98*
Brochures (Neuchâtel, 19)   II 146, *2.54*
Brochures (pédagogie, 19)   III 254, *2.93*
Brochures (philologie classique, 19)   III 254, *2.94*
Brochures (philosophie, 19)   III 254, *2.93*
Brochures (politique d'immigration, 19)   III 323, *2.27*
Brochures (politique, 17–19)   II 298, *2.36*
Brochures (psychologie, 19)   III 254, *2.93*
Brochures (Schaffhouse, 18–19)   II 294, *2.31*
Brochures (sciences économiques, 19)   III 253, *2.89*
Brochures (sciences naturelles, 19)   III 253, *2.91*
Brochures (socialisme, 19)   III 320, *2.9;* 323, *2.26*
Brochures (Suisse, 19)   I 418, *2.9;* II 294, *2.29*
Brochures (Suisse, histoire, 18–19)   II 198, *2.37*
Brochures (technique, 19)   III 253, *2.92*
Brochures (théologie, 16–19)   II 287, *2.19*
Brochures (théologie, 17–18)   III 359, *2.110*
Brochures (théologie, 18–19)   III 253, *2.87*
Brochures (université, 17–19)   II 298, *2.36*
Brochures (Winterthur, 19)   III 257, *2.113*
Brochures (Zoug)   III 201, *2.46;* 202, *2.54*
Broderie (19)   II 248, *2.4;* 248, *2.5*
Bulle (capucins, bibl.)   I 282, *1.13;* 286, *2.27;* II 102, *2.10*
Burgenverein beider Basel   I 99, *2.4*
Bürgerbibliothek Luzern   I 210, *1.10;* 217, *2.8;* II 53, *1.33*
Burgergemeinde Bern   I 193, *1.1*
Buxheim (chartreux, bibl.)   I 427, *2.4;* II 259, *2.12*
Byzance (histoire)   I 142, *2.64;* 143, *2.67*

Cabaret Cornichon   III 474, *1.4*
Cabaret fédéral   III 474, *1.4*
Cabinet de numismatique (Genève, bibl.)   I 304, *1.2;* 306, *2.6*
Cäcilienverein (Soleure, bibl.)   II 372, *2.95;* 374, *2.105;* 376, *2.123;* 376, *2.126*
Cailler   I 115, *2.48*
Calendriers   I 147, *2.96;* 215, *1.36;* 254, *2.40;* II 63, *2.24;* 74, *2.72*
Calendriers (15–16)   I 252, *2.32*
Calendriers (16–19)   I 320, *2.19*
Calendriers (18–19)   I 409, *2.34;* II 180, *2.38*
Calendriers (19)   I 387, *2.26;* II 167, *2.39;* III 21, *2.8*
Calendriers (Berne)   I 254, *2.40*
Calendriers (Suisse)   I 223, *2.39*
Calendriers (Suisse, 18–19)   III 296, *2.31*
Capolago (lieu d'impression)   II 444, *2.55*
Capucines (Alstätten SG, bibl.)   III 230, *2.24*
Capucins (Altdorf, bibl.)   II 346, *2.27*
Capucins (Annecy, bibl.)   III 182, *1.1*
Capucins (Baden, bibl.)   II 103, *2.14;* 104, *2.19;* 341, *1.1;* 342, *2.5;* 346, *2.26;* 346, *2.27;* III 13, *2.20;* 14, *2.24*
Capucins (Bolzano, bibl.)   II 172, *2.18*
Capucins (Bremgarten, bibl.)   II 101, *2.8;* III 214, *2.6;* 215, *2.11;* 230, *2.24*
Capucins (Bulle, bibl.)   I 282, *1.13;* 286, *2.27;* II 102, *2.10*
Capucins (Dornach, bibl.)   II 105, *2.25;* 346, *2.27*
Capucins (Frauenfeld, bibl.)   I 422, *2.4;* II 100, *1.1*
Capucins (Fribourg, bibl.)   I 282, *1.10;* 282, *1.13;* 286, *2.24*

Capucins (histoire, 17–19)   II 30, *2.14*
Capucins (Laufenburg, bibl.)   I 16, *1.3*; 28, *2.63*
Capucins (Le Landeron, bibl.)   II 437, *1.6*
Capucins (Lucerne, bibl.)   I 93, *2.5*; II 171, *2.16*; 341, *1.1*; 346, *2.27*; III 207, *2.9*
Capucins (Lugano, bibl.)   II 437, *1.2*
Capucins (Mendrisio, bibl.)   II 427, *1.4*; 428, *2.6*; 453, *2.2*; 454, *2.15*
Capucins (Mesocco, bibl.)   II 446, *2.77*
Capucins (Montcroix, bibl.)   I 484, *2.25*
Capucins (Näfels, bibl.)   I 410, *2.41*
Capucins (Porrentruy, bibl.)   I 477, *1.8*; II 38, *1.1*; 41, *2.13*; 341, *1.1*
Capucins (Rheinfelden, bibl.)   I 16, *1.3*; 28, *2.63*
Capucins (Soleure, bibl.)   II 100, *1.1*; 170, *2.6*
Capucins (St-Maurice, bibl.)   III 176, *1.10*
Capucins (Stans, bibl.)   II 346, *2.27*
Capucins (Steyr, bibl.)   I 427, *2.4*
Capucins (Suisse)   II 407, *1.4*
Capucins (Sursee)   II 8, *1.1*
Capucins (Thonon, bibl.)   III 182, *1.1*
Capucins (Tiefencastel, bibl.)   II 437, *1.6*
Capucins (Wil, bibl.)   I 421, *1.1*; II 100, *1.1*
Capucins (Zug, bibl.)   II 252, *2.5*; 341, *1.1*
Caricatures (19)   III 302, *2.4*
Carmes (Côme, bibl.)   II 315, *2.29*
Carnegie Endowment for International Peace   III 388, *1.130*; 427, *2.205*
Cartes   I 105, *2.50*; 130, *1.59*; 168, *2.247*; 170, *2.262*; 187, *2.394*; 320, *2.16*; 449, *2.98*; II 321, *2.42*; III 371, *1.38*; 372, *1.46*; 482, *2.3*
Cartes (16)   I 170, *2.263*
Cartes (16–19)   I 254, *2.38*; 324, *2.48*
Cartes (17–19)   II 198, *2.34*; III 55, *2.27*; 153, *2.31*; 362, *2.124*
Cartes (18–19)   I 267, *2.15*; 406, *2.21*
Cartes (19)   II 125, *2.6*; 363, *2.43*; III 44, *2.15*
Cartes (Allemagne)   II 480, *2.11*
Cartes (Allemagne, 18–19)   II 500, *2.33*
Cartes (Argovie)   I 38, *2.131*
Cartes (Europe, 18–19)   I 39, *2.132*; II 298, *2.38*
Cartes (Genève)   I 324, *2.49*
Cartes (Grisons 17–19)   I 448, *2.88*
Cartes (Lucerne)   II 94, *2.175*
Cartes (Pologne)   II 185, *2.2*
Cartes (Pologne, 17–18)   II 185, *2.9*
Cartes (Suisse)   I 200, *2.3*; 215, *1.36*; 448, *2.91*
Cartes (Suisse, 16–17)   I 169, *2.251*
Cartes (Suisse, 16–19)   I 227, *2.56*; II 480, *2.10*; III 297, *2.38*
Cartes (Suisse, 18–19)   II 298, *2.38*; 500, *2.33*
Cartes (Suisse, 19)   I 249, *2.21*; III 251, *2.77*
Cartes (Valais)   III 167, *2.18*
Cartes (Zurich, 19)   III 345, *2.18*
Cartes à jouer (15–16)   I 252, *2.32*
Cartes à jouer (16–19)   III 297, *2.39*
Cartes de chemin de fer   I 38, *2.131*
Cartes de menus (19)   II 147, *2.55*
Cartes géologiques   I 38, *2.131*
Cartes météorologiques   I 38, *2.131*

Cartes militaires   I 38, *2.131*
Cartes panoramiques (18–19)   I 39, *2.132*
Cartes postales (Grisons, 19)   I 450, *2.107*
Cartographie   I 22, *2.15*
Cartographie (16–19)   I 38, *2.131*; III 275, *2.23*
Cartographie (17–19)   I 38, *2.129*
Cartographie (Glaris, 18–19)   I 411, *2.46*
Casino-Gesellschaft Ennenda (bibl.)   I 412, *2.53*
Casinobibliothek Herisau   I 71, *1.1*; 73, *2.4*; 77, *1.2*; 85, *2.21*
Catalogues de collections   II 65, *2.29*
Catalogues de collections (18–19)   I 321, *2.29*
Catalogues de collections (19)   I 306, *2.13*
Catalogues de libraire (18)   I 31, *2.85*
Catalogues de libraire (Suisse, 19)   I 228, *2.62*
Catalogues de musées (art, 19)   I 21, *2.8*
Catalogues de ventes aux enchères   II 65, *2.29*
Catalogues de ventes aux enchères (18)   I 31, *2.85*
Catalogues de ventes aux enchères (19)   III 296, *2.32*
Catalogues de ventes aux enchères (numismatique, 19)   III 265, *2.4*
Catalogues d'échantillons (textiles)   II 248, *2.6*
Catalogues d'échantillons (textiles, 19)   II 248, *2.4*
Catalogues d'expositions (art, 19)   I 21, *2.8*
Catéchèse   II 286, *2.18*; 344, *2.14*; III 217, *2.22*
Catéchèse (16–19)   I 319, *2.10*; II 103, *2.17*
Catéchèse (18–19)   II 42, *2.17*
Catéchèse (catholique)   III 185, *2.12*
Catéchèse (catholique, 18–19)   I 433, *2.3*; II 172, *2.19*
Catéchèse (catholique, 19)   III 172, *2.10*
Catéchisme de Heidelberg   II 266, *2.12*
Catéchismes   I 481, *2.6*; II 83, *2.113*; 84, *2.119*; 195, *2.17*; 266, *2.11*; III 62, *2.9*
Catéchismes (18–19)   II 33, *2.21*
Catéchismes (19)   III 243, *2.48*
Catéchismes (catholiques, 19)   III 150, *2.11*
Catéchismes (protestants)   I 469, *2.10*
Catéchismes (protestants, 16–17)   I 137, *2.34*
Catéchismes (protestants, 18–19)   II 156, *2.10*
Censure (16–17)   II 46, *1.4*
Censure des livres (ecclésiastique, 16–19)   II 29, *2.12*
Centre Dürrenmatt (Neuchâtel)   I 212, *1.21*
Cercle des travailleurs (Le Locle, bibl.)   II 123, *1.8*
Chancellerie (Soleure, bibl.)   II 353, *1.22*
Chancellerie d'État (Zurich, bibl.)   III 338, *1.75*; 351, *2.61*; 355, *2.83*
Chancellerie municipale (Zurich, bibl.)   III 333, *1.40*; 334, *1.43*; 346, *2.27*
Chanoines réguliers de saint Augustin (Bâle, bibl.)   I 122, *1.13*
Chanoines réguliers de saint Augustin (St-Martin, Zurich)   II 101, *2.7*; 287, *2.19*
Chanoines réguliers de saint Augustin (St-Martin, Zurich, bibl.)   III 218, *2.28*; 366, *1.6*
Chansonniers (français, 18–19)   I 231, *2.77*
Chansonniers (Suisse)   I 252, *2.32*
Chapitre (Beromünster, bibl.)   II 38, *1.1*

Chapitre (Obwald, bibl.) II 175, *1.1*
Chapitre (Schönenwerd, bibl.) II 42, *2.14*;
    341, *1.1*; 344, *2.13*
Chapitre (Uri, bibl.) III 8, *1.8*
Chapitre collégiale (Soleure) II 344, *2.13*
Chapitre de Saint Martin (Rheinfelden, bibl.)
    I 17, *1.10*
Chapitre de Saint Vincent (Berne, bibl.) I 241, *1.2*
Chapitre de St Leodegar (Schönenwerd, bibl.)
    II 353, *1.21*
Chapitre de St Urs (Soleure, bibl.) II 351, *1.7*;
    356, *2.12*; 368, *2.71*; 371, *2.87*; 372, *2.97*;
    376, *2.123*
Chartreux (Bâle, bibl.) I 121, *1.6*; 122, *1.13*;
    135, *2.23*; 155, *2.150*; 181, *2.360*; 182, *2.363*;
    II 371, *2.89*
Chartreux (Buxheim, bibl.) I 427, *2.4*; II 259, *2.12*
Chartreux (Ittingen, bibl.) I 93, *2.5*; 434, *2.5*;
    II 250, *2.3*; 258, *2.9*; 490, *1.2*; 492, *2.5*; 492, *2.6*;
    494, *2.13*; 498, *2.25*; 501, *2.37*; III 206, *2.7*;
    218, *2.28*
Chartreux (La Part-Dieu, bibl.) I 285, *2.17*
Chartreux (Molsheim, bibl.) II 26, *2.6*
Chartreux (Thorberg, bibl.) I 241, *1.2*; 252, *2.29*;
    III 209, *2.22*
Chasse (19) I 26, *2.50*
Château de Spiez (bibl.) I 215, *1.39*
Château d'Oberherrlingen (bibl.) II 479, *2.6*
Châteaux forts (18–19) I 104, *2.48*
Chauves-souris (19) I 344, *1.9*
Chemin de fer II 517, *2.12*
Chemin de fer (19) I 22, *2.18*; 113, *2.26*;
    116, *2.55*; 177, *2.325*; 387, *2.25*; II 243, *2.155*;
    III 32, *2.9*; 33, *2.14*; 197, *2.5*; 252, *2.85*;
    278, *2.36*
Chemin de fer (brochures, 19) III 323, *2.28*
Chemin de fer (périodiques) III 286, *2.97*
Chemin de fer (Suisse, 19) II 201, *2.55*
Chimie I 248, *2.16*; 322, *2.33*; II 71, *2.59*
Chimie (16–19) II 199, *2.46*
Chimie (17–19) I 173, *2.288*; II 365, *2.53*
Chimie (18) I 173, *2.291*; III 235, *2.34*
Chimie (18–19) II 291, *2.27*; 326, *2.56*;
    III 416, *2.150*
Chimie (19) I 386, *2.20*; II 142, *2.24*; 498, *2.26*;
    III 279, *2.47*
Chimie (périodiques) III 286, *2.97*
Chimie (thèses) II 142, *2.24*
Chimie (thèses, 19) I 173, *2.292*
Chine (géographie) III 307, *1.11*
Chine (récits de voyages) III 307, *1.11*
Chirurgie (16–19) I 180, *2.346*; II 242, *2.144*
Chirurgie (17) III 299, *2.3*
Chirurgie (18) I 196, *2.17*
Chirurgie (18–19) III 83, *2.5*; 84, *2.11*; 415, *2.141*
Chirurgie (19) III 299, *2.5*
Chocolat Tobler I 115, *2.48*
Chroniques (15–17) I 142, *2.60*
Chronologie I 147, *2.95*
Chronométrie (16–19) I 372, *2.9*

Chronométrie (17–18) II 242, *2.150*
Cisterciennes (Kalchrain, bibl.) II 482, *1.2*
Cisterciennes (Rathausen) II 48, *1.17*
Cisterciennes (Rathausen, bibl.) III 26, *2.5*;
    27, *2.12*
Cisterciennes (Tänikon, bibl.) III 194, *2.7*
Cisterciennes (Wald, bibl.) II 249, *1.1*; 250, *2.3*
Cisterciens II 19, *2.9*; 501, *2.38*
Cisterciens (Hautecombe, bibl.) II 170, *2.6*
Cisterciens (Hauterive, bibl.) I 285, *2.17*
Cisterciens (Lucelle, bibl.) I 477, *1.8*
Cisterciens (Neuzelle, bibl.) II 43, *2.20*
Cisterciens (Salem, bibl.) II 501, *2.38*; III 194, *2.7*
Cisterciens (St-Urban) II 46, *1.2*
Cisterciens (St-Urban, bibl.) II 38, *1.1*; 41, *2.13*;
    43, *2.20*; 92, *2.162*; 172, *2.18*; 173, *2.22*;
    308, *1.40*; III 230, *2.21*
Cisterciens (Waldsassen, bibl.) I 428, *2.11*
Cisterciens (Wettingen) III 192, *1.1*
Cisterciens (Wettingen, bibl.) I 16, *1.6*; II 39, *2.5*;
    339, *2.7*
Climatologie (19) III 282, *2.72*
Climatologie (Grisons) I 443, *2.33*
Club Alpin Suisse (bibl.) II 138, *1.39*; III 372, *1.43*;
    483, *2.6*
Club Alpin Suisse (Moléson, bibl.) I 283, *2.2*
Club Alpin Suisse (Monte-Rosa, bibl.)
    III 163, *1.13*
Club Alpin Suisse (St-Gall, bibl.) II 192, *1.15*;
    204, *2.80*
Club Alpin Suisse (Tödi, bibl.) I 412, *2.50*
Club Alpin Suisse (Weissenstein, bibl.)
    II 354, *1.34*; 370, *2.82*
Club Alpin Suisse (Winterthur, bibl.)
    III 258, *2.120*
Club Jurassien (bibl.) II 124, *1.12*
Code civil (Suisse) I 114, *2.37*; 164, *2.216*
Coire (Archives de l'État) I 437, *1.10*
Coire (Bibliothèque municipale) I 436, *1.3*;
    446, *2.66*
Coire (Männerchor) I 450, *2.113*
Coire (Pastoralbibliothek) I 438, *1.18*; 445, *2.55*
Coire (prémontrés, bibl.) I 432, *1.2*; 434, *2.10*
Coire (Theaterverein) I 450, *2.113*
Coire (vues, 19) I 449, *2.103*
Collection Stroganoff (Saint-Pétersbourg, bibl.)
    I 246, *1.17*
Collège (Baden, bibl.) II 183, *2.9*
Collège (Berne, bibl.) I 241, *1.2*
Collège (Beromünster) II 13, *1.2*
Collège de chanoines (Beromünster) II 25, *1.3*;
    30, *2.14*; 100, *1.1*
Collège de chanoines (Lucerne) II 25, *1.3*
Collège de chanoines (Lucerne, bibl.) II 34, *2.25*
Collège de chanoines réguliers de saint Augustin
    (Kreuzlingen) II 285, *2.14*; 296, *2.32*
Collège de chanoines réguliers de saint Augustin
    (Kreuzlingen, bibl.) II 288, *2.21*
Collège de chanoines saint Martin (Rheinfelden,
    bibl.) I 29, *2.65*

Collège de jésuites (Lucerne) II 30, *2.14*
Collège de musique (Winterthur, bibl.)
    III 251, *2.78*
Colmar (dominicaines, bibl.) II 175, *1.1*
Cologne (imprimerie) II 483, *2.10*
Colonialisme I 319, *2.14*
Colonialisme (19) I 387, *2.26*
Côme (carmes, bibl.) II 315, *2.29*
Comètes (17) I 172, *2.279*
Comètes (19) III 277, *2.31*
Commanderie de l'ordre teutonique (Hitzkirch)
    II 56, *1.44*
Commerce I 248, *2.17*
Commerce (18–19) I 319, *2.14*
Commerce (19) I 100, *2.16*; 111, *2.17*;
    II 203, *2.75*; 499, *2.31*
Commerce et industrie I 442, *2.20*; III 11, *2.8*
Commerce et industrie (18–19) II 364, *2.51*
Commerce et industrie (19) II 200, *2.54*
Commerce et industrie (Suisse) I 444, *2.45*
Commissariat épiscopal Appenzell (bibl.) I 92, *1.3*;
    95, *2.8*
Commission on European Jewish Cultural Reconstruction (Wiesbaden) III 268, *1.3*
Communisme I 32, *2.90*; III 71, *2.5*
Compagnie des pasteurs (Genève, bibl.)
    I 324, *2.45*
Compositeurs (biographies, 19) I 162, *2.197*
Comptabilité (16–18) II 242, *2.149*
Concile de Bâle I 136, *2.27*
Conciles I 481, *2.6*; II 311, *2.13*
Conciles (16–18) III 401, *2.60*
Congrégation du Grand-Saint-Bernard (bibl.)
    III 165, *1.25*
Conseil d'État (Schwyz) III 330, *1.22*
Conseil d'État (Zurich, bibl.) III 329, *1.16*;
    330, *1.23*; 355, *2.85*
Constance (jésuites, bibl.) II 38, *1.1*
Constitution fédérale 1874 (Suisse) I 114, *2.36*
Construction hydraulique (18–19) III 278, *2.35*
Construction hydraulique (Linth, 19) I 406, *2.20*
Construction mécanique (16–19) III 278, *2.38*
Construction mécanique (19) I 173, *2.287*;
    II 517, *2.12*
Construction mécanique (périodiques)
    III 286, *2.97*
Contre-Réforme I 27, *2.58*; 64, *2.12*; 136, *2.30*;
    285, *2.19*; 348, *2.4*; 463, *2.19*
Contre-Réforme (16–19) II 30, *2.13*
Conventuels (Lugano, bibl.) II 427, *1.3*
Conventuels réformés (Lugano, bibl.) II 427, *1.3*;
    428, *2.6*
Coop (bibl.) I 109, *1.14*; 182, *2.363*
Copenhague (Secrétariat ouvrier, bibl.)
    III 320, *2.12*
Coptologie I 149, *2.110*
Coran (16–17) I 151, *2.124*
Correspondance politique suisse I 223, *2.38*
Cosmographie (16–17) I 426, *2.3*
Cosmographie (17–19) II 292, *2.28*

Costumes (19) II 248, *2.4*
Courfaivre (paroisse, bibl.) I 484, *2.24*
Couvent de capucines St. Maria der Engel (Appenzell) II 28, *2.10*
Couvent de capucins (Arth) II 30, *2.15*
Couvent de capucins (Arth, bibl.) II 25, *1.3*;
    27, *2.7*; 29, *2.12*; 30, *2.13*
Couvent de capucins (Baden, bibl.) II 25, *1.3*;
    30, *2.13*; 34, *2.25*
Couvent de capucins (Bremgarten, bibl.)
    II 29, *2.12*; 31, *2.17*
Couvent de capucins (Dornach, bibl.) II 25, *1.3*;
    27, *2.7*; 30, *2.13*; 33, *2.22*; 34, *2.25*
Couvent de capucins (Fribourg, bibl.) I 422, *1.2*
Couvent de capucins (Loreto, bibl.) I 422, *1.2*
Couvent de capucins (Lucerne, bibl.) I 422, *1.2*;
    II 34, *2.25*
Couvent de capucins (Näfels) II 30, *2.15*
Couvent de capucins (Näfels, bibl.) II 25, *1.3*;
    34, *2.25*
Couvent de capucins (Schüpfheim, bibl.) II 25, *1.3*;
    33, *2.20*; 34, *2.25*
Couvent de capucins (Soleure, bibl.) II 26, *2.6*;
    33, *2.22*
Couvent de carmes (Lunéville, bibl.) II 26, *2.6*
Couvent de cisterciens (St-Urban) II 28, *2.10*;
    33, *2.20*
Couvent de cordeliers (Lucerne) II 25, *1.3*;
    33, *2.20*
Couvent de cordeliers (Werthenstein) II 25, *1.3*;
    33, *2.20*
Cryptogames (18–19) III 88, *2.13*
Curiosités (18) I 29, *2.65*

Daguerreotypies III 476, *2.9*
Déchaux (Bâle, bibl.) I 181, *2.360*
Déchaux (Berne, bibl.) I 241, *1.2*
Décrets (19) II 298, *2.36*
Décrets (Berne, 18) I 195, *2.8*
Décrets (France, 18) I 39, *2.133*
Décrets (Suisse, 16–19) I 224, *2.43*
Degersheim (Grauer, bibl.) II 248, *2.5*
Deggingen (bénédictins, bibl.) II 308, *1.40*
Dépôt littéraire (Delémont) I 478, *1.10*
Dépôt littéraire (Porrentruy) I 478, *1.10*
Dépôt littéraire de la Seine I 478, *1.10*
Dessau (Bibliothèque ducale) I 88, *2.33*
Deutsche Christentumsgesellschaft I 183, *2.372*
Deutsche Christentumsgesellschaft (bibl.)
    I 134, *2.16*; 136, *2.30*; 137, *2.34*
Deutsches Bucharchiv München II 192, *1.19*
Dialectologie (allemande) II 68, *2.44*
Dialectologie (italienne) II 393, *2.74*
Diatomées (19) III 379, *1.77*; 412, *2.124*
Dictionnaires (19) I 412, *2.52*; III 251, *2.76*
Dictionnaires (orientaux, 17–19) I 36, *2.113*
Didactique (19) I 104, *2.47*
Diététique II 434, *2.5*
Dietfurt (frères mineurs, bibl.) II 172, *2.18*
Dijon (oratoriens, bibl.) II 43, *2.20*

Diocèse de Sion (bibl.) III 177, *1.14*
Diplomatie (17–19) II 145, *2.44*
Direction de la police (Zurich, bibl.) III 355, *2.85*
Disentis (bénédictins, bibl.) III 15, *2.34*
Divertissement (périodiques, 19) I 409, *2.36*
Dogmatique I 63, *2.8*; 136, *2.30*; 481, *2.6*;
  II 195, *2.17*; 258, *2.7*; 265, *2.8*; 312, *2.14*;
  428, *2.10*; III 10, *2.4*; 14, *2.23*; 193, *2.6*
Dogmatique (16–19) I 319, *2.9*
Dogmatique (19) III 418, *2.163*
Dogmatique (catholique) I 423, *2.7*; II 9, *2.9*;
  102, *2.10*; 493, *2.8*; III 185, *2.12*; 214, *2.9*
Dogmatique (catholique, 16–19) II 27, *2.8*;
  41, *2.13*; 229, *2.57*
Dogmatique (catholique, 17–18) III 397, *2.18*
Dogmatique (catholique, 17–19) II 483, *2.4*;
  486, *2.10*
Dogmatique (catholique, 18–19) I 434, *2.6*;
  II 170, *2.6*; 342, *2.7*; 398, *2.5*; 520, *2.6*;
  III 149, *2.8*; 206, *2.8*
Dogmatique (catholique, 19) II 410, *2.23*;
  III 172, *2.11*; 202, *2.51*
Dogmatique (protestante) II 493, *2.9*; III 107, *2.11*
Dogmatique (protestante, 17–19) II 157, *2.21*
Dogmatique (protestante, 19) I 385, *2.16*;
  II 502, *2.40*
Dominicaines (Colmar, bibl.) II 175, *1.1*
Dominicaines (Schwyz, bibl.) II 311, *2.10*
Dominicaines (St-Gall, bibl.) II 257, *2.4*; 257, *2.5*
Dominicaines (St-Katharinental, bibl.) II 253, *1.1*;
  254, *2.4*; 482, *1.2*
Dominicaines (Steinen, bibl.) II 337, *1.1*
Dominicaines (Weesen) II 55, *1.39*
Dominicains (Augsburg, bibl.) I 434, *2.5*
Dominicains (Bâle, bibl.) I 121, *1.4*; 122, *1.13*
Dominicains (Berne, bibl.) I 241, *1.2*; 252, *2.29*
Dominicains (Retz, bibl.) I 298, *1.7*
Dominicains (Steyr, bibl.) I 427, *2.4*
Dommartin (paroisse, bibl.) III 35, *2.24*
Domstift (Bâle, bibl.) I 122, *1.13*
Donaueschingen (Fürstenbergische Hofbibliothek)
  II 502, *2.42*; III 347, *2.33*; 351, *2.61*
Dornach (capucins, bibl.) II 25, *1.3*; 27, *2.7*;
  30, *2.13*; 33, *2.22*; 34, *2.25*; 105, *2.25*;
  346, *2.27*
Dozentenverein (Zurich) I 401, *1.1*
Drames (18–19) II 67, *2.40*; III 308, *2.11*
Drames (français, 18–19) II 144, *2.38*
Drames (français, 19) I 384, *2.8*
Dressage I 141, *2.56*
Droit I 99, *2.7*; 162, *2.201*; 163, *2.203*; 187, *2.394*;
  219, *2.17*; 248, *2.14*; 255, *2.42*; 266, *2.13*;
  294, *2.13*; 441, *2.15*; 461, *2.3*; II 10, *2.19*;
  54, *1.36*; 85, *2.122*; 170, *2.10*; 335, *2.3*;
  386, *2.14*; 412, *2.38*; 458, *2.2*; 469, *2.26*;
  III 10, *2.5*; 53, *2.19*; 200, *2.32*; 284, *2.80*;
  389, *1.142*; 398, *2.32*
Droit (15) II 223, *2.19*
Droit (15–16) I 126, *1.31*
Droit (15–17) I 253, *2.35*
Droit (16–17) III 403, *2.69*
Droit (16–18) I 482, *2.15*; II 234, *2.93*
Droit (16–19) I 319, *2.13*; II 40, *2.9*; 196, *2.22*;
  285, *2.14*; 322, *2.43*; 429, *2.14*; 440, *2.25*;
  III 167, *2.12*; 226, *2.6*
Droit (17) I 437, *1.9*; II 309, *2.4*
Droit (17–18) I 24, *2.30*; II 390, *2.43*;
  III 140, *2.14*; 179, *2.12*; 233, *2.29*
Droit (17–19) I 65, *2.19*; 284, *2.11*; II 142, *2.26*;
  363, *2.45*; III 62, *2.10*; 403, *2.71*
Droit (18–19) I 386, *2.23*; 434, *2.7*; 483, *2.23*;
  II 126, *2.21*; 234, *2.96*; 343, *2.11*; 393, *2.70*;
  422, *2.14*; 492, *2.6*; III 43, *2.6*; 107, *2.12*;
  111, *2.3*; 201, *2.40*; 215, *2.13*; 414, *2.133*
Droit (19) I 402, *2.6*; 412, *2.52*; 444, *2.49*;
  II 113, *2.15*; 130, *2.9*; 166, *2.30*; 180, *2.37*;
  390, *2.47*; III 32, *2.13*; 34, *2.20*; 67, *2.5*; 80, *2.7*;
  152, *2.22*; 243, *2.49*; 403, *2.72*
Droit (Allemagne) I 165, *2.218*; II 86, *2.129*
Droit (Allemagne, 19) III 338, *1.75*; 417, *2.154*
Droit (Appenzell, 19) I 73, *2.4*
Droit (Autriche, 19) III 338, *1.75*
Droit (Bâle, 16) I 163, *2.205*
Droit (brochures, 19) III 253, *2.88*
Droit (Europe) I 164, *2.217*
Droit (Europe, 19) III 98, *2.7*
Droit (France) I 165, *2.219*
Droit (France, 18) III 119, *2.19*
Droit (France, 19) III 338, *1.75*
Droit (Grisons) I 443, *2.30*
Droit (Grisons, 19) I 457, *2.7*
Droit (Italie) I 165, *2.220*
Droit (Lucerne) II 86, *2.128*
Droit (périodiques, 19) I 162, *2.201*
Droit (Suisse) I 444, *2.43*; II 86, *2.128*
Droit (Suisse, 16–19) II 196, *2.24*; III 344, *2.10*;
  351, *2.60*
Droit (Suisse, 17–19) I 164, *2.215*; III 355, *2.83*
Droit (Suisse, 18–19) III 354, *2.79*
Droit (Suisse, 19) I 418, *2.9*; II 113, *2.15*;
  III 98, *2.7*; 250, *2.69*
Droit (Tessin, 19) I 457, *2.7*
Droit (thèses, 16–17) II 285, *2.14*
Droit (thèses, 17) II 196, *2.26*
Droit (thèses, 17–18) I 270, *2.4*
Droit (thèses, 19) III 416, *2.153*
Droit (Zurich, 16–19) III 354, *2.80*
Droit (Zurich, 18–19) III 354, *2.79*
Droit civil (16–18) III 80, *2.3*
Droit civil (19) III 98, *2.4*; 98, *2.5*
Droit commercial III 388, *1.128*
Droit commercial (19) III 98, *2.4*
Droit constitutionel (19) III 98, *2.5*
Droit criminel (19) III 417, *2.154*
Droit de poursuites (19) III 98, *2.5*
Droit de réels (19) III 98, *2.4*
Droit de vote (brochures, 19) III 323, *2.26*
Droit des affaires (Suisse) I 110, *2.9*
Droit des obligations (19) III 98, *2.4*

Droit des obligations (Suisse) I 114, *2.37*;
  164, *2.216*
Droit du procès (19) III 417, *2.154*
Droit ecclésiastique I 23, *2.26*; 27, *2.57*;
  164, *2.212*; 294, *2.13*; 319, *2.13*; 463, *2.23*;
  II 21, *2.7*; 40, *2.9*; 85, *2.124*; 103, *2.14*; 265, *2.7*;
  386, *2.14*; 403, *2.16*; III 179, *2.12*
Droit ecclésiastique (15) II 223, *2.19*
Droit ecclésiastique (16–18) III 398, *2.35*
Droit ecclésiastique (16–19) II 29, *2.12*; 233, *2.89*;
  440, *2.25*; 451, *2.16*
Droit ecclésiastique (17–18) I 29, *2.65*
Droit ecclésiastique (17–19) I 35, *2.112*
Droit ecclésiastique (18) III 186, *2.16*
Droit ecclésiastique (18–19) II 343, *2.11*;
  III 215, *2.13*
Droit ecclésiastique (19) III 152, *2.23*; 417, *2.154*
Droit international (16–19) I 163, *2.206*
Droit international (19) III 98, *2.5*
Droit minier II 515, *2.6*
Droit pénal I 319, *2.13*; II 86, *2.126*; 196, *2.24*
Droit pénal (19) III 98, *2.5*
Droit privé I 319, *2.13*; III 388, *1.127*
Droit privé (19) III 80, *2.7*
Droit public I 319, *2.13*
Droit public (Europe, 16–19) I 163, *2.206*
Droit public (Suisse) I 82, *2.15*
Droit romain I 164, *2.210*; II 85, *2.123*;
  III 388, *1.127*
Dynasties (Europe, 16-19) II 297, *2.33*

Ebersmünster (bénédictins, bibl.) II 321, *2.40*
Ebingen (Fürstäbtische Statthalterei, bibl.)
  II 257, *2.4*
Échecs (19) III 427, *2.205*
École (brochures, 18-19) II 298, *2.36*
École cantonale des Grisons (bibl.) I 436, *1.2*
École cantonale vaudoise d'agriculture (bibl.)
  III 30, *1.3*
École de fromagerie et d'industrie laitière (Moudon,
  bibl.) III 30, *1.3*
École de pharmacie (Genève, bibl.) I 368, *1.2*
École des beaux-arts (Genève, bibl.) I 305, *1.3*
École d'architecture (Genève, bibl.) I 305, *1.3*
École d'art (Le Locle, bibl.) II 123, *1.8*
École d'horlogerie (La Chaux-de-Fonds, bibl.)
  II 116, *1.1*
École normale Porrentruy (bibl.) I 484, *2.25*
École polytechnique fédérale Zurich (bibl.)
  I 32, *2.89*
Écoles et stations agricoles (Marcelin-sur-Morges,
  bibl.) III 30, *1.3*
Économie II 89, *2.146*
Économie (17–18) II 243, *2.154*
Économie (18–19) II 289, *2.23*
Économie (19) II 126, *2.20*
Économie (périodiques) II 204, *2.76*
Économie (périodiques, 19) I 117, *2.66*
Économie (Suisse, articles de journaux, 19)
  I 110, *2.6*

Économie (Suisse, biographies) I 117, *2.63*
Économie (Suisse, littérature grise, 19) I 110, *2.6*
Économie domestique I 66, *2.24*; 100, *2.14*;
  248, *2.17*; II 89, *2.143*
Économie domestique (18) I 270, *2.6*
Économie domestique (18–19) I 196, *2.12*;
  II 364, *2.49*
Économie domestique (19) II 499, *2.30*
Économie forestière (17–19) I 256, *2.49*
Économie forestière (Suisse) I 111, *2.15*
Économie nationale I 187, *2.394*; II 87, *2.134*
Économie nationale (19) I 111, *2.17*
Économie nationale (Allemagne, 19) I 166, *2.226*
Économie nationale (brochures, 19) I 165, *2.221*
Économie nationale (Suisse) I 110, *2.9*
Économie nationale (Suisse, 19) I 166, *2.226*
Écrits camouflés (19) III 425, *2.198*
Écrivains (biographies) I 250, *2.22*
Éditions de la Baconnière (archives) II 137, *1.34*
Éditions Victor Attinger (archives) II 137, *1.34*
Éducation des femmes II 88, *2.140*
Église catholique (Argovie) I 26, *2.48*
Église catholique-romaine (Soleure, bibl.)
  II 352, *1.10*
Église évangélique réformée (Argovie) I 28, *2.62*
Église indépendante de Neuchâtel (bibl.)
  II 154, *1.21*
Église morave III 367, *1.10*
Église protestante de Genève (bibl.) I 354, *1.2*
Églises libres (19) II 157, *2.17*
Égyptologie I 149, *2.108*
Égyptologie (19) III 389, *1.146*; 407, *2.94*
Einsatzstab Reichsleiter Rosenberg III 267, *1.2*
Einsidlensia II 329, *2.66*
Einsiedeln (bénédictins) I 423, *2.8*; II 8, *1.1*;
  III 25, *1.1*; 25, *2.4*; 346, *2.27*
Einsiedeln (bénédictins, bibl.) I 405, *2.18*;
  II 20, *1.1*; 171, *2.15*; 482, *1.2*; 519, *1.1*; 520, *2.6*
Einsiedeln (Benziger Verlag) II 335, *2.6*
Einsiedeln (imprimerie) II 329, *2.66*; 332, *2.1*;
  483, *2.10*; III 25, *1.1*
Électricité (17–19) III 235, *2.35*
Électricité (18–19) I 173, *2.286*; II 291, *2.27*
Électricité (19) III 244, *2.51*
Électricité (Suisse) I 112, *2.19*
Elektrowatt I 115, *2.44*
Élevage d'animaux (18–19) I 196, *2.12*
Élevage de chevaux (19) III 244, *2.51*
Elzevier (maison d'édition, 17) III 228, *2.19*
Elzevier (maison d'édition, 19) III 254, *2.100*
Embryologie III 283, *2.74*
Émigration vers l'Amérique (Glaris) I 406, *2.20*
Enchères II 217, *1.30*
Encyclopédies II 194, *2.8*; 281, *2.4*; 355, *2.11*
Encyclopédies (16–19) I 26, *2.45*
Encyclopédies (18–19) I 36, *2.114*; II 237, *2.118*;
  III 232, *2.27*
Encyclopédies (19) I 402, *2.4*
Engelberg (bénédictins) II 8, *1.1*

Engelberg (bénédictins, bibl.)   I 73, *2.5*; II 20, *1.1*; 43, *2.20*; 173, *2.22*; 176, *2.11*; 485, *2.1*; III 206, *2.7*
Engi (Jugend- und Volksbibliothek Sernftal)   I 409, *2.36*; 412, *2.53*
Ennenda (Casino-Gesellschaft, bibl.)   I 412, *2.53*
Ennenda (Mittwoch-Gesellschaft, bibl.)   I 412, *2.53*
Ensisheim (jésuites, bibl.)   I 477, *1.7*; II 38, *1.1*; 41, *2.11*
Entomologie   III 388, *1.131*
Entomologie (19)   III 244, *2.51*
Entreprises (Suisse, littérature grise, 19)   I 114, *2.38*
Erasmiana   I 155, *2.150*
Erotica   III 409, *2.104*
Erziehungsrat (Thurgovie, bibl.)   II 491, *1.5*
Eschatologie (19)   II 157, *2.21*
Escrime   I 141, *2.56*
Ésotérisme   III 391, *1.170*; 491, *2.2*
Ésotérisme (18–19)   II 288, *2.21*
Espagne (histoire)   I 144, *2.79*
Espéranto   II 109, *1.12*; III 390, *1.154*
Estampes   II 363, *2.43*; III 473, *1.3*; 493, *1.5*
Estampes (16)   II 354, *1.32*
Estampes (16–19)   I 161, *2.194*; 175, *2.307*; III 296, *2.37*
Estampes (18–19)   III 500, *2.12*
Estampes (19)   II 204, *2.77*; III 153, *2.32*
Estampes (Asie orientale)   III 501, *2.21*
Estampes (France, 18)   II 59, *1.56*
Estampes (Pologne)   II 185, *2.2*; 185, *2.8*
Estavayer (jésuites, bibl.)   III 316, *2.13*; 316, *2.15*
Esthétique   I 319, *2.12*
État fédéral   I 22, *2.18*
État libre des Grisons (imprimés officiels)   I 443, *2.29*
États du Benelux (histoire, 19)   III 420, *2.173*
États-Unis (imprimés officiels, 19)   I 442, *2.21*
Éthique (16–19)   I 139, *2.46*
Éthique (19)   II 156, *2.9*
Ethnographie   II 77, *2.85*
Ethnographie (17–19)   II 292, *2.28*
Ethnographie (19)   I 170, *2.266*; II 140, *2.13*
Ethnologie   I 102, *2.28*; 168, *2.247*; 187, *2.394*; 249, *2.19*; 441, *2.19*
Ethnologie (19)   I 170, *2.261*; III 221, *2.2*; 315, *2.3*
Ethnologie (Afrique, 19)   I 360, *2.5*
Ethnologie (Amérique centrale)   III 388, *1.128*
Ethnologie (Amérique, 19)   I 360, *2.7*
Ethnologie (Asie, 19)   I 360, *2.6*
Ethnologie (Bavière, 19)   I 34, *2.103*
Ethnologie (Europe, 19)   I 34, *2.103*
Ethnologie (Océanie, 19)   I 361, *2.8*
Études bibliques   III 59, *1.9*
Études bibliques (18–19)   III 418, *2.159*
Études bibliques (19)   II 158, *2.27*; III 371, *1.36*
Études orientales   I 187, *2.394*; III 50, *1.18*; 59, *1.9*; 372, *1.46*; 372, *1.47*; 389, *1.145*; 390, *1.153*; 406, *2.90*
Études orientales (19)   II 494, *2.12*

Eucharistie (16)   III 418, *2.163*
Eugénisme   III 390, *1.160*
Europe (cartes, 18–19)   I 39, *2.132*; II 298, *2.38*
Europe (droit)   I 164, *2.217*
Europe (droit, 19)   III 98, *2.7*
Europe (droit publique, 16–19)   I 163, *2.206*
Europe (dynasties, 16-19)   II 297, *2.33*
Europe (ethnologie, 19)   I 34, *2.103*
Europe (géographie, 16–19)   I 168, *2.250*
Europe (histoire)   II 75, *2.78*
Europe (histoire, 16–18)   I 29, *2.67*
Europe (histoire, 16–19)   I 143, *2.71*; 320, *2.22*; II 197, *2.29*; 296, *2.32*
Europe (histoire, 17–19)   I 53, *2.13*; II 235, *2.103*
Europe (histoire, 18–19)   I 74, *2.9*
Europe (histoire, 19)   I 101, *2.23*
Europe (plans de ville, 18–19)   II 298, *2.38*
Europe de l'Est   I 160, *2.183*
Europe de l'Est (histoire de l'Église)   I 187, *2.394*
Europe orientale (histoire, 16-19)   II 297, *2.33*
Évangélisation (19)   II 156, *2.9*
Evangelische Hülfsgesellschaft Glarus (bibl.)   I 410, *2.38*
Evangelischer Kirchenrat (Thurgovie, bibl.)   II 491, *1.5*; 502, *2.40*
Ex-libris   I 185, *2.389*
Ex-libris (19)   I 186, *2.391*
Exlibris   I 130, *1.59*; III 390, *1.158*; 475, *2.6*
Exlibris (16–19)   III 296, *2.35*
Exlibris (18–19)   III 391, *1.171*
Expositions universelles (19)   II 517, *2.16*

Fables   III 388, *1.131*
Factums (juridiques, 18)   II 144, *2.40*
Faculté de théologie Lucerne (bibl.)   II 41, *2.10*
Fébronianisme   I 434, *2.7*; II 40, *2.9*
Fédération abolitionniste internationale (bibl.)   I 317, *1.39*
Fédération suisse de sténographie (bibl.)   I 17, *1.14*; 18, *1.19*; 30, *2.72*; III 389, *1.139*; 390, *1.156*
Feldkirch (jésuites, bibl.)   III 314, *1.7*; 314, *1.8*; 316, *2.13*; 316, *2.15*
Feuilles du nouvel an (18–19)   I 223, *2.40*
Fidéicommis (Waldegg, bibl.)   II 350, *1.1*
Finances (18–19)   I 319, *2.14*
Finances (Suisse, 19)   I 112, *2.23*
Finances publiques   I 166, *2.229*
Finances publiques (Suisse, 19)   I 113, *2.34*
Fischingen (bénédictins, bibl.)   II 484, *1.1*; 490, *1.2*; 492, *2.6*; 494, *2.13*; 497, *2.22*; 499, *2.28*; 501, *2.37*; 519, *1.1*; 520, *2.5*
Fischingen (Verein St-Iddazell, bibl.)   II 485, *1.4*; 485, *2.1*
Florence (histoire)   I 144, *2.78*
Floristique (18–19)   I 332, *2.7*; III 87, *2.5*
Fondation Aellen (Bâle, bibl.)   I 332, *1.14*
Fondation Claude Verdan-Musée de la main (bibl.)   III 82, *1.5*
Fondation Fazy   I 323, *2.44*
Fondation Fazy (bibl.)   I 317, *1.39*

Fondation Fritz Zwicky (bibl.)   I 406, 2.22
Fondation Johann Rudolf Geigy (Bâle)   I 130, 1.57
Fondation René Chassot (bibl.)   III 82, 1.4
Forge   II 517, 2.13
Formation professionnelle (19)   I 113, 2.30
Fortification   I 200, 2.8
Fortification (18–19)   II 365, 2.57
Fraenkelsche Stiftung (bibl.)   I 352, 2.9
Franc-maçonnerie   II 202, 2.66; III 491, 2.2
Franc-maçonnerie (18–19)   I 166, 2.232
Franc-maçonnerie (brochures, 19)   III 254, 2.93
Franc-maçonnerie (Suisse, 19)   II 294, 2.29; III 254, 2.99
France (biographies, 18–19)   I 385, 2.13
France (décrets, 18)   I 39, 2.133
France (droit)   I 165, 2.219
France (droit, 19)   III 338, 1.75
France (estampes, 18)   II 59, 1.56
France (géographie)   I 320, 2.16
France (géographie, 19)   I 361, 2.13
France (guerres de religions)   I 144, 2.76
France (histoire de l'Église)   II 157, 2.14
France (histoire de l'Église, protestante)   I 318, 2.7
France (histoire)   I 21, 2.11; 67, 2.27; 266, 2.12
France (histoire, 15–17)   I 253, 2.35
France (histoire, 16–18)   I 31, 2.84
France (histoire, 16–19)   I 144, 2.75; 320, 2.22
France (histoire, 17–19)   II 145, 2.44; III 62, 2.11
France (histoire, 18–19)   I 385, 2.12; 482, 2.14; II 124, 2.4; 507, 2.16; III 68, 2.8; 105, 2.6; 111, 2.5; 130, 2.6; 149, 2.6; 198, 2.14; 419, 2.170
France (histoire, 19)   I 377, 2.9; II 111, 2.7; 130, 2.8; III 139, 2.8; 371, 1.38
France (philosophie, 18–19)   II 282, 2.9
France (protestantisme)   III 59, 1.8
France (protestantisme, 16–17)   III 59, 1.5
France (protestantisme, 17–19)   III 61, 2.7
France (science du droit, 18)   III 119, 2.19
France (siècle des Lumières)   II 282, 2.9
Franciscains   III 185, 2.14
Franciscains (Augsbourg, bibl.)   I 92, 1.2; 94, 2.6
Franciscains (Bolzano, bibl.)   I 429, 2.15; II 479, 2.8
Franciscains (histoire 17–19)   III 173, 2.13
Franciscains (littérature)   II 408, 2.9
Franciscains (Lucerne, bibl.)   II 38, 1.1; 41, 2.11; 43, 2.21; 103, 2.18
Franciscains (Niederteufen, bibl.)   I 94, 2.6
Franciscains (Ratisbonne, bibl.)   III 14, 2.27
Franciscains (Soleure, bibl.)   II 352, 1.11; 356, 2.12; 358, 2.21; 369, 2.80; 371, 2.87; 373, 2.99
Frauenfeld (capucins, bibl.)   I 422, 2.4; II 100, 1.1
Freiwillige Akademische Gesellschaft Basel   I 128, 1.46
Freiwilliger Museumsverein Basel   I 128, 1.49
Frères mineurs (Dietfurt, bibl.)   II 172, 2.18
Frères mineurs (Lucerne)   II 47, 1.9
Frères mineurs (Soleure, bibl.)   II 172, 2.18
Frères mineurs (Werthenstein)   II 49, 1.18

Frey-Grynaeum (Bâle, bibl.)   I 130, 1.57; 134, 2.17; 150, 2.113; 152, 2.130; 158, 2.173; 159, 2.178; 183, 2.373
Fribourg (Benedictinum, bibl.)   II 251, 1.1
Fribourg (capucins, bibl.)   I 282, 1.10; 282, 1.13; 286, 2.24; 422, 1.2
Fribourg (Grand séminaire, bibl.)   I 282, 1.10
Fribourg (jésuites, bibl.)   I 284, 2.16; 285, 2.17; III 316, 2.13
Fribourg (Musée pédagogique, bibl.)   I 281, 1.8
Fribourg (Société économique, bibl.)   I 281, 1.7; 285, 2.22
Fribourg (ursulines, bibl.)   I 423, 2.6
Fribourg-en-Brisgau (jésuites, bibl.)   II 38, 1.1
Friburgensia (16–19)   I 285, 2.19
Friburgensia (18–19)   I 278, 2.2
Froschauer (imprimerie)   III 231, 2.26
Fürstäbtische Statthalterei Ebingen (bibl.)   II 257, 2.4
Fürstenbergische Hofbibliothek (Donaueschingen)   II 502, 2.42; III 347, 2.33; 351, 2.61
Fürstlich-Auerspergische Bibliothek (Ljubliana, bibl.)   I 428, 2.12

Gais (Société de lecture, bibl.)   I 81, 2.14
Gastronomie   II 433, 1.1
Gemeinschaftliche Prediger-Bibliothek Bern   I 244, 1.12
Généalogie   III 389, 1.147; 390, 1.153
Généalogie (16–18)   I 31, 2.84
Généalogie (16–19)   I 147, 2.93
Genealogisch-Heraldische Gesellschaft Zürich (bibl.)   III 220, 1.1
Génétique (19)   III 427, 2.205
Genève (Bibliothèque de l'Ariana)   I 324, 2.50
Genève (biographies, 18–19)   I 385, 2.13
Genève (Cabinet de numismatique, bibl.)   I 304, 1.2; 306, 2.6
Genève (cartes)   I 324, 2.49
Genève (Compagnie des pasteurs, bibl.)   I 324, 2.45
Genève (École d'architecture, bibl.)   I 305, 1.3
Genève (École de pharmacie, bibl.)   I 368, 1.2
Genève (École des beaux-arts, bibl.)   I 305, 1.3
Genève (histoire de l'Église)   II 157, 2.14
Genève (histoire, 18–19)   I 320, 2.22; 376, 2.5; 385, 2.12; III 404, 2.80
Genève (histoire, brochures, 18)   II 198, 2.37
Genève (imprimés officiels, 18)   III 33, 2.16
Genève (Institut de botanique générale, bibl.)   I 332, 1.14
Genève (Institut de physique, bibl.)   I 371, 1.3
Genève (Laboratoires de pharmacognosie et de pharmacie galénique, bibl.)   I 332, 1.14
Genève (Musée académique, bibl.)   I 304, 1.2
Genève (Musée archéologique, bibl.)   I 304, 1.2
Genève (Musée Ariana, bibl.)   I 304, 1.2; 305, 1.3
Genève (Musée des arts décoratifs, bibl.)   I 304, 1.2
Genève (Musée des beaux-arts, bibl.)   I 304, 1.2
Genève (Musée du Vieux Genève, bibl.)   I 304, 1.2

Genève (Musée épigraphique, bibl.)   I 304, *1.2*
Genève (Musée Fol, bibl.)   I 304, *1.2*
Genève (Musée Rath, bibl.)   I 304, *1.2*
Genève (programmes de concerts)   I 337, *2.2*
Genève (Salle des armures, bibl.)   I 304, *1.2*
Genève (Société botanique, bibl.)   I 332, *1.14*
Genève (Société de musique, bibl.)   I 336, *1.1*; 338, *2.6*; 339, *2.11*
Genève (Société de physique et d'histoire naturelle)   I 315, *1.30*
Genève (Société de physique et d'histoire naturelle, bibl.)   I 344, *1.3*
Genève (Société des arts, bibl.)   I 305, *1.4*
Genève (Société médicale, bibl.)   I 371, *1.3*
Genève (théologie)   I 324, *2.45*
Genève (Union ouvrière, bibl.)   III 319, *1.11*; 320, *2.10*
Genevensia (brochures, 18–19)   I 375, *1.10*
Génie civil (18)   II 242, *2.151*
Genovensia (19)   I 323, *2.43*
Géobotanique (19)   III 88, *2.9*
Géodésie (16–19)   III 275, *2.23*
Géographie   I 21, *2.12*; 68, *2.33*; 102, *2.26*; 187, *2.394*; 249, *2.19*; 249, *2.21*; 255, *2.42*; 441, *2.19*; II 10, *2.24*; 50, *1.23*; 73, *2.68*; 204, *2.79*; III 11, *2.9*
Géographie (15–16)   I 168, *2.248*
Géographie (16)   II 241, *2.138*
Géographie (16–18)   III 53, *2.15*
Géographie (16–19)   I 168, *2.247*; 320, *2.16*; 325, *2.55*; 426, *2.3*; II 197, *2.32*; 241, *2.139*; 321, *2.42*; 430, *2.22*; 479, *2.6*; III 293, *2.10*
Géographie (17–18)   II 389, *2.42*; III 241, *2.45*
Géographie (17–19)   I 102, *2.28*; 284, *2.13*; 294, *2.14*; 324, *2.50*; II 140, *2.12*; 166, *2.26*; 292, *2.28*; 363, *2.42*; III 226, *2.14*
Géographie (18–19)   I 52, *2.8*; 267, *2.15*; 301, *2.19*; 417, *2.7*; II 32, *2.18*; 112, *2.11*; 125, *2.6*; 180, *2.35*; 498, *2.24*; III 105, *2.5*; 111, *2.5*; 117, *2.8*; 130, *2.5*; 166, *2.7*; 198, *2.8*; 379, *1.76*; 408, *2.97*; 413, *2.129*
Géographie (19)   I 333, *2.12*; 406, *2.21*; 444, *2.49*; 448, *2.85*; II 203, *2.75*; 259, *2.13*; III 44, *2.8*; 141, *2.17*; 151, *2.19*; 248, *2.60*; 482, *2.5*
Géographie (alpes, 17–18)   I 427, *2.5*
Géographie (Amérique, 16)   I 169, *2.255*
Géographie (Angleterre)   I 145, *2.81*
Géographie (Angleterre, 16–19)   I 426, *2.3*
Géographie (brochures, 19)   III 254, *2.97*
Géographie (Chine)   III 307, *1.11*
Géographie (Europe, 16–19)   I 168, *2.250*
Géographie (France)   I 320, *2.16*
Géographie (France, 19)   I 361, *2.13*
Géographie (Glaris, 18–19)   I 411, *2.46*
Géographie (Grisons)   I 443, *2.37*
Géographie (Italie)   I 144, *2.78*
Géographie (Japon)   III 307, *1.11*
Géographie (onomastique)   III 372, *1.45*
Géographie (périodiques)   I 249, *2.21*
Géographie (Schwyz)   II 335, *2.2*

Géographie (Suisse)   I 195, *2.5*; 200, *2.3*; 218, *2.14*; 320, *2.16*; 444, *2.45*; II 197, *2.31*
Géographie (Suisse, 16–19)   I 169, *2.251*
Géographie (Suisse, 17–18)   II 362, *2.40*
Géographie (Suisse, 17–19)   I 427, *2.5*; II 370, *2.82*; III 21, *2.5*; 198, *2.9*; 293, *2.11*
Géographie (Suisse, 18–19)   II 125, *2.6*; III 11, *2.10*
Géographie (Suisse, 19)   II 112, *2.11*; III 250, *2.67*
Géographie (Suisse, périodiques)   III 293, *2.12*
Géographie (Suisse romande, 19)   I 361, *2.13*
Géographie (Zoug, 17–19)   III 198, *2.9*
Geographische Gesellschaft Bern (bibl.)   I 245, *1.14*; 249, *2.21*
Géologie   I 100, *2.11*; II 72, *2.62*; 299, *2.41*; 326, *2.57*; III 283, *2.74*; 379, *1.76*
Géologie (16)   I 174, *2.294*
Géologie (17–19)   I 173, *2.293*
Géologie (18)   III 235, *2.33*
Géologie (18–19)   II 200, *2.49*; III 412, *2.123*; 416, *2.149*
Géologie (19)   I 174, *2.297*; 322, *2.34*; 345, *2.4*; II 141, *2.20*; 498, *2.26*; 516, *2.7*; III 412, *2.124*
Géométrie   III 227, *2.15*
Géométrie (16–18)   II 240, *2.133*
Géométrie (17–18)   II 242, *2.150*
Geschichtsforschende Gesellschaft der Schweiz (bibl.)   I 245, *1.14*; 249, *2.20*
Geschichtsforschende Gesellschaft Graubünden (bibl.)   I 438, *1.14*; 443, *2.29*
Gesellschaft auf der Chorherrenstube (Zurich)   III 306, *1.1*
Gesellschaft der Bogenschützen (Zurich, archives)   III 360, *2.118*
Gesellschaft der Freunde (Schaffhouse, bibl.)   II 275, *1.9*; 276, *1.15*; 291, *2.27*; 296, *2.32*
Gesellschaft Pro Vadiana   II 191, *1.14*
Gesellschaft vom alten Zürich (bibl.)   III 373, *1.50*; 376, *1.63*
Gestion des eaux (Suisse, 19)   I 111, *2.15*
Gestion d'entreprises   I 114, *2.37*
Gewerbemuseum Winterthur (bibl.)   III 257, *2.115*
Gewerbeverein (Liestal)   I 98, *1.7*
Gewerbeverein Schaffhausen (bibl.)   II 276, *1.19*; 279, *1.28*; 299, *2.39*
Gewerbeverein St. Gallen (bibl.)   II 190, *1.8*
Gewerkschaftskartell Schaffhausen (bibl.)   II 279, *1.28*
Glaris (18–19)   I 406, *2.20*
Glaris (19)   I 398, *2.3*; 419, *2.11*
Glaris (brochures, 19)   I 405, *2.19*; 419, *2.11*
Glaris (cartographie, 18–19)   I 411, *2.46*
Glaris (émigration vers l'Amérique)   I 406, *2.20*
Glaris (Evangelische Hülfsgesellschaft, bibl.)   I 410, *2.38*
Glaris (géographie, 18–19)   I 411, *2.46*
Glaris (histoire, 19)   I 406, *2.20*; 428, *2.9*
Glaris (Historischer Verein, bibl.)   I 401, *1.1*; 403, *2.10*

Glaris (Landesbibliothek) I 397, *1.1;* 422, *1.2;* II 177, *2.19*
Glaris (Lehrerverein, bibl.) I 403, *2.8*
Glaris (livres dédicacés, 19) I 428, *2.9*
Glaris (Medicinisch-chirurgischer Lesezirkel, bibl.) I 401, *1.1;* 406, *2.22*
Glaris (Medizinische Gesellschaft) I 401, *2.3*
Glaris (Medizinische Gesellschaft, bibl.) I 401, *1.1;* 409, *2.34*
Glaris (Naturforschende Gesellschaft, bibl.) I 401, *1.1*
Glaris (pamphlets, 19) I 405, *2.19*
Glaris (périodiques) I 405, *2.19*
Glaris (Politischer Lesezirkel, bibl.) I 401, *1.1;* 404, *2.14;* 406, *2.21*
Glaris (Technischer Verein, bibl.) I 401, *1.1;* 407, *2.23;* 409, *2.36*
Gorheim (jésuites, bibl.) III 316, *2.15*
Grandgourt (prémontrés, bibl.) I 483, *2.23;* II 40, *2.8*
Grand-St-Bernard (col) III 153, *2.27*
Grand-St-Bernard (Séminaire, bibl.) III 177, *1.14*
Grand-St-Bernard (vues) III 153, *2.32*
Grand séminaire (Fribourg, bibl.) I 282, *1.10*
Grand séminaire diocésain (Sion, bibl.) III 165, *1.25*
Grand théâtre de Genève (bibl.) I 364, *1.2*
Graphologie III 491, *2.2*
Grauer (Degersheim, bibl.) II 248, *2.5*
Gravures I 321, *2.29*
Gravures (19) I 306, *2.8*
Griessenberg (domaine thurgovien, archives) III 360, *2.118*
Grisons (agriculture) I 443, *2.38*
Grisons (arts et métiers) I 443, *2.38*
Grisons (balnéologie) I 443, *2.33*
Grisons (beaux-arts) I 443, *2.36*
Grisons (belles-lettres) I 443, *2.34*
Grisons (bienfaisance) I 443, *2.38*
Grisons (biographies) I 443, *2.29*
Grisons (cartes postales, 19) I 450, *2.107*
Grisons (cartes, 17–19) I 448, *2.88*
Grisons (climatologie) I 443, *2.33*
Grisons (droit) I 443, *2.30*
Grisons (droit, 19) I 457, *2.7*
Grisons (géographie) I 443, *2.37*
Grisons (Geschichtsforschende Gesellschaft, bibl.) I 438, *1.14;* 443, *2.29*
Grisons (histoire) I 443, *2.29*
Grisons (Historisch-antiquarische Gesellschaft, bibl.) I 438, *1.14*
Grisons (industrie du bâtiment, 19) I 443, *2.35*
Grisons (journaux, 18–19) I 443, *2.39*
Grisons (Lese-Anstalt, bibl.) I 437, *1.10*
Grisons (Lese-Bibliothek für Stadt und Land) I 437, *1.10*
Grisons (littérature grise, 19) I 450, *2.111*
Grisons (manuels) I 443, *2.33*
Grisons (Naturforschende Gesellschaft, bibl.) I 438, *1.14;* 441, *2.19;* 443, *2.32*

Grisons (Ökonomische Gesellschaft, bibl.) I 438, *1.13*
Grisons (périodiques, 18–19) I 443, *2.39*
Grisons (sciences politiques) I 443, *2.30*
Grisons (transports, 19) I 443, *2.35*
Grisons (vues, 19) I 449, *2.101*
Grosse Gesellschaft (Soleure, bibl.) II 351, *1.3*
Grossmünsterstift (Zurich, archives) III 359, *2.113*
Grütliverein (bibl.) III 320, *2.9;* 320, *2.12*
Grütliverein (Schaffhouse, bibl.) II 279, *1.28*
Grütliverein Winterthur (bibl.) III 249, *2.63*
Guerre de Sept Ans III 404, *2.76*
Guerre de Trente Ans III 404, *2.78*
Guerre de Trente Ans (pamphlets) I 143, *2.73;* III 367, *1.10*
Guerres de religion (France) I 144, *2.76*
Guerres de religion (pamphlets) I 145, *2.86*
Guillaume Tell III 12, *2.14*
Gymnasium (Schwyz, bibl.) II 334, *1.2*
Gynécologie II 14, *2.7*
Gynécologie (16–19) I 180, *2.349*
Gynécologie (18–19) III 415, *2.142*
Gynécologie (19) II 288, *2.22*

Hagiographie I 27, *2.57;* 431, *2.4;* II 19, *2.8;* 21, *2.7;* 81, *2.103;* 103, *2.13;* 183, *2.6;* 309, *2.4;* 318, *2.36;* 428, *2.11;* 493, *2.8;* III 14, *2.28;* 27, *2.8;* 216, *2.16*
Hagiographie (16–18) II 227, *2.45*
Hagiographie (17–19) I 294, *2.14;* II 30, *2.15;* 171, *2.13;* 338, *2.5*
Hagiographie (18–19) I 434, *2.5;* II 254, *2.3;* 333, *2.3;* III 190, *2.12*
Hagiographie (19) I 48, *2.3;* 423, *2.9;* II 228, *2.46;* 440, *2.16;* III 150, *2.12;* 186, *2.15*
Halakha III 268, *2.4*
Halakha (18–19) I 352, *2.12*
Haldenstein (Philanthropin, bibl.) I 437, *1.10*
Haller (Berne, imprimerie) I 255, *2.44*
Handelshochschule St. Gallen (bibl.) II 191, *1.14*
Haute école (Berne) I 194, *1.2*
Hautecombe (cisterciens, bibl.) II 170, *2.6*
Hauterive (cisterciens, bibl.) I 285, *2.17*
Hautt (imprimerie, Lucerne) II 50, *1.24*
Hebraica I 351, *2.5*
Hebraica (16–19) III 289, *2.3*
Hebraica (18) III 268, *2.2*
Hebraica (18–19) I 352, *2.10;* 352, *2.12*
Helvetica I 219, *2.15;* 220, *2.21;* 249, *2.20;* 483, *2.23;* II 14, *2.9;* 16, *2.14;* 53, *1.33;* 54, *1.37;* 62, *2.16;* 335, *2.4;* III 370, *1.27;* 372, *1.43;* 473, *1.3*
Helvetica (16–19) I 184, *2.379*
Helvetica (17–19) II 294, *2.29*
Helvetica (18–19) I 73, *2.6;* 182, *2.367;* 418, *2.10;* 483, *2.17;* II 496, *2.20;* III 408, *2.99*
Helvetica (19) I 404, *2.15;* II 344, *2.17;* III 310, *2.23*
Helvetica (brochures, 16–19) III 356, *2.95*
Helvetica (brochures, 19) III 254, *2.99*

Helvetica (histoire)   I 73, *2.5*
Helvetica (musique)   I 225, *2.50*
Helvetica (réformation)   I 73, *2.5*
Helvetica (russes)   I 220, *2.23*
Helvetica (vues topographiques)   III 475, *2.2*
Helvetica (vues topographiques, 19)   III 476, *2.10*
Helvétique   I 15, *1.1*
Helvétique (18–19)   I 22, *2.18;* 35, *2.106;* 195, *2.8*
Helvétique (brochures)   II 319, *2.38*
Héraldique   II 392, *2.66;* III 389, *1.147;* 390, *1.153*
Héraldique (16–18)   I 31, *2.84*
Héraldique (16–19)   I 147, *2.93*
Héraldique (17–19)   III 294, *2.15*
Herisau (bibliothèque communale)   I 72, *1.2*
Herisau (bibliothèque des professeurs)   I 72, *1.2*
Herisau (Casinobibliothek)   I 71, *1.1;* 73, *2.4;* 77, *1.2;* 85, *2.21*
Herisau (Grütliverein, bibl.)   I 72, *1.2*
Herisau (Lectur-Liebende Gesellschaft, bibl.)   I 71, *1.1*
Herisau (Lesegesellschaft, bibl.)   I 71, *1.1*
Hero Schweiz AG   I 115, *2.48*
Herzogenbuchsee (bénédictins, bibl.)   I 241, *1.2;* 252, *2.29*
Hildesheim (bénédictins St-Michael)   II 296, *2.32*
Hippologie (19)   III 265, *2.7*
Histoire   I 27, *2.57;* 84, *2.19;* 101, *2.18;* 141, *2.59;* 187, *2.394;* 233, *2.97;* 249, *2.19;* 255, *2.42;* 441, *2.16;* II 10, *2.20;* 16, *2.15;* 57, *1.50;* 62, *2.14;* 204, *2.79;* 204, *2.83;* 258, *2.9;* 309, *2.4;* 344, *2.15;* 345, *2.18;* 404, *2.19;* 486, *2.7;* 497, *2.23;* III 22, *2.16;* 27, *2.16;* 110, *1.6;* 194, *2.11;* 217, *2.18;* 315, *2.11;* 388, *1.135;* 389, *1.142;* 397, *2.21*
Histoire (15–17)   I 253, *2.35*
Histoire (16)   I 356, *2.14*
Histoire (16–18)   I 247, *2.8;* III 53, *2.15;* III 403, *2.74*
Histoire (16–19)   I 283, *2.9;* 320, *2.20;* 324, *2.50;* 325, *2.53;* 427, *2.4;* 482, *2.14;* II 40, *2.6;* 104, *2.22;* 235, *2.101;* 320, *2.39;* 429, *2.15;* III 12, *2.13;* 239, *2.41;* 284, *2.80;* 293, *2.10*
Histoire (17–19)   I 53, *2.11;* 294, *2.14;* 323, *2.44;* 404, *2.12;* 458, *2.10;* II 158, *2.30;* 360, *2.34;* 361, *2.36;* 441, *2.33;* III 62, *2.11;* 105, *2.6;* 117, *2.6;* 166, *2.8;* 179, *2.10;* 226, *2.13*
Histoire (18)   II 389, *2.42;* III 423, *2.186*
Histoire (18–19)   I 33, *2.95;* 101, *2.21;* 185, *2.386;* 301, *2.20;* 417, *2.6;* 434, *2.4;* II 31, *2.17;* 111, *2.7;* 124, *2.3;* 164, *2.8;* 422, *2.18;* 506, *2.12;* III 32, *2.13;* 68, *2.8;* 111, *2.5;* 124, *2.4;* 149, *2.6*
Histoire (19)   I 256, *2.49;* 306, *2.9;* 333, *2.12;* 403, *2.10;* 412, *2.51;* 423, *2.11;* 444, *2.48;* 448, *2.85;* II 130, *2.4;* 140, *2.11;* 171, *2.15;* 252, *2.4;* 391, *2.56;* 459, *2.9;* 488, *2.4;* III 36, *2.37;* 139, *2.8;* 186, *2.15;* 209, *2.20;* 247, *2.59;* 310, *2.22;* 372, *1.43;* 419, *2.166;* 495, *2.15*

Histoire (Allemagne)   I 21, *2.10;* II 497, *2.21;* III 346, *2.26;* 397, *2.22*
Histoire (Allemagne, 16–19)   I 143, *2.73;* II 296, *2.32*
Histoire (Allemagne, 17)   I 67, *2.27*
Histoire (Allemagne, 19)   I 404, *2.13;* III 419, *2.169*
Histoire (Amérique, 16–19)   I 145, *2.83*
Histoire (anabaptistes)   I 275, *2.10*
Histoire (Angleterre, 16–19)   I 144, *2.80;* 427, *2.4*
Histoire (Angleterre, 17–18)   I 254, *2.37*
Histoire (Angleterre, 19)   I 385, *2.12*
Histoire (antiquité)   I 101, *2.21;* II 75, *2.77;* 284, *2.12;* III 149, *2.6*
Histoire (antiquité, 16–19)   I 142, *2.62;* 320, *2.21*
Histoire (antiquité, 18–19)   II 140, *2.11*
Histoire (antiquité, 19)   III 419, *2.167*
Histoire (Appenzell, 18–19)   I 73, *2.4*
Histoire (Argovie, 18–19)   I 22, *2.21;* 33, *2.96*
Histoire (Asie, 16–19)   I 145, *2.83*
Histoire (Bâle)   I 145, *2.87*
Histoire (Bâle, 16–19)   I 182, *2.364*
Histoire (bénédictins)   II 319, *2.37*
Histoire (bénédictins, 17–18)   II 228, *2.47*
Histoire (brochures, 19)   III 254, *2.96*
Histoire (Byzance)   I 142, *2.64;* 143, *2.67*
Histoire (capucins, 17–19)   II 30, *2.14*
Histoire (Espagne)   I 144, *2.79*
Histoire (États du Benelux, 19)   III 420, *2.173*
Histoire (Europe orientale, 16-19)   II 297, *2.33*
Histoire (Europe)   II 75, *2.78*
Histoire (Europe, 16–18)   I 29, *2.67*
Histoire (Europe, 16–19)   I 143, *2.71;* 320, *2.22;* II 197, *2.29;* 296, *2.32*
Histoire (Europe, 17–19)   I 53, *2.13;* II 235, *2.103*
Histoire (Europe, 18–19)   I 74, *2.9*
Histoire (Europe, 19)   I 101, *2.23*
Histoire (Florence)   I 144, *2.78*
Histoire (France)   I 21, *2.11;* 67, *2.27;* 266, *2.12*
Histoire (France, 15–17)   I 253, *2.35*
Histoire (France, 16–18)   I 31, *2.84*
Histoire (France, 16–19)   I 144, *2.75;* 320, *2.22*
Histoire (France, 17–19)   II 145, *2.44;* III 62, *2.11*
Histoire (France, 18–19)   I 385, *2.12;* 482, *2.14;* II 124, *2.4;* 507, *2.16;* III 68, *2.8;* 105, *2.6;* 111, *2.5;* 130, *2.6;* 149, *2.6;* 198, *2.14;* 419, *2.170*
Histoire (France, 19)   I 377, *2.9;* II 111, *2.7;* 130, *2.8;* III 139, *2.8;* 371, *1.38*
Histoire (Genève, 18–19)   I 320, *2.22;* 376, *2.5;* 385, *2.12;* III 404, *2.80*
Histoire (Genève, brochures, 18)   II 198, *2.37*
Histoire (Glaris, 19)   I 406, *2.20;* 428, *2.9*
Histoire (Grisons)   I 443, *2.29*
Histoire (Helvetica)   I 73, *2.5*
Histoire (Italie)   II 385, *2.10*
Histoire (Italie, 16–19)   I 144, *2.77*
Histoire (Italie, 18–19)   III 419, *2.169*
Histoire (Italie, 19)   I 377, *2.10;* 385, *2.12*

Histoire (jésuites)   I 253, *2.35;* III 315, *2.11;* 316, *2.12*
Histoire (jésuites, 17–18)   II 228, *2.48*
Histoire (Lausanne, 18–19)   III 43, *2.5*
Histoire (Lombardie, 19)   II 391, *2.55*
Histoire (Lucerne)   II 75, *2.76*
Histoire (Lucerne, 19)   II 15, *2.12;* 21, *2.3*
Histoire (Montenegro)   III 426, *2.204*
Histoire (Moyen-Âge, 16–19)   I 142, *2.65;* II 297, *2.33*
Histoire (Moyen-Âge, 19)   II 236, *2.104*
Histoire (Neuchâtel)   II 158, *2.30*
Histoire (Neuchâtel, 17–19)   II 140, *2.11*
Histoire (Neuchâtel, 18–19)   II 124, *2.3*
Histoire (Neuchâtel, 19)   II 130, *2.6*
Histoire (Nidwald)   II 171, *2.14*
Histoire (ordres religieux)   II 319, *2.37*
Histoire (Pays-Bas, 16–19)   I 145, *2.82*
Histoire (périodiques)   I 141, *2.59*
Histoire (périodiques, 18–19)   I 101, *2.18;* II 235, *2.100*
Histoire (périodiques, 19)   I 37, *2.119;* II 104, *2.20;* 299, *2.40*
Histoire (philosophie)   I 139, *2.46;* 140, *2.49*
Histoire (Pologne, 18)   II 185, *2.6*
Histoire (Pologne, 19)   II 185, *2.7*
Histoire (Portugal)   I 144, *2.79*
Histoire (réformation)   II 319, *2.38*
Histoire (Rome)   I 142, *2.63*
Histoire (Russie, 19)   I 32, *2.90*
Histoire (Savoie, 19)   I 377, *2.10;* 385, *2.12*
Histoire (Schaffhouse, 18–19)   II 294, *2.29*
Histoire (Schwyz)   II 335, *2.2*
Histoire (St-Gall)   II 509, *2.3*
Histoire (St-Gall, 18–19)   II 235, *2.102*
Histoire (Suisse)   I 85, *2.21;* 101, *2.22;* 195, *2.5;* 218, *2.14;* 249, *2.20;* 266, *2.12;* 320, *2.22;* 444, *2.43;* II 10, *2.20;* 62, *2.18;* 75, *2.75;* 104, *2.21;* 309, *2.4;* 319, *2.38;* 385, *2.10;* 486, *2.7;* III 12, *2.14;* 15, *2.32;* 21, *2.4;* 22, *2.12;* 216, *2.17;* 346, *2.26*
Histoire (Suisse, 16)   I 184, *2.381*
Histoire (Suisse, 16–18)   I 31, *2.84;* 428, *2.8;* III 349, *2.43*
Histoire (Suisse, 16–19)   I 145, *2.86;* II 198, *2.36;* 198, *2.37;* 235, *2.101*
Histoire (Suisse, 17–19)   I 200, *2.4;* II 40, *2.7;* 145, *2.44;* 158, *2.30;* 294, *2.29;* 370, *2.82;* III 62, *2.11;* 227, *2.17;* 293, *2.11*
Histoire (Suisse, 18–19)   I 54, *2.16;* 255, *2.43;* 376, *2.6;* 385, *2.12;* 418, *2.8;* 434, *2.4;* II 31, *2.16;* 111, *2.7;* 124, *2.4;* 140, *2.11;* 164, *2.11;* 165, *2.15;* 275, *1.12;* 362, *2.37;* 509, *2.3;* III 43, *2.5;* 124, *2.4;* 149, *2.6;* 397, *2.23;* 420, *2.172*
Histoire (Suisse, 19)   I 185, *2.383;* II 16, *2.13;* 130, *2.5;* 164, *2.9;* 171, *2.14;* III 105, *2.6;* 139, *2.8;* 173, *2.13;* 209, *2.19;* 250, *2.66;* 349, *2.46*
Histoire (Suisse, brochures, 18–19)   II 198, *2.37*

Histoire (Suisse, pamphlets, 19)   I 250, *2.24*
Histoire (Suisse, périodiques)   III 293, *2.12*
Histoire (Tessin)   II 385, *2.10*
Histoire (Tessin, 19)   II 391, *2.55;* 413, *2.40*
Histoire (Thurgovie)   II 509, *2.3*
Histoire (universités, 16–19)   I 133, *2.11*
Histoire (Uri)   III 21, *2.4*
Histoire (Uri, 19)   III 12, *2.14*
Histoire (USA)   III 388, *1.130*
Histoire (Valais, 19)   III 173, *2.13*
Histoire (Valteline)   I 458, *2.10*
Histoire (Vaud, 18–19)   III 43, *2.5*
Histoire (Zurich)   III 346, *2.26;* 350, *2.48*
Histoire (Zurich, 16–18)   II 198, *2.37*
Histoire (Zurich, 17–19)   II 294, *2.30*
Histoire (Zurich, 18–19)   III 293, *2.11*
Histoire (Zurich, 19)   II 313, *2.21*
Histoire constitutionnelle (Suisse)   III 285, *2.92*
Histoire culturelle   II 77, *2.84*
Histoire culturelle (18–19)   I 301, *2.20*
Histoire de la civilisation (17–19)   II 360, *2.35*
Histoire de la civilisation (19)   I 102, *2.24*
Histoire de la guerre   I 100, *2.10*
Histoire de la guerre (19)   II 299, *2.39*
Histoire de la guerre (Suisse, 18–19)   I 28, *2.60*
Histoire de la médecine (18–19)   III 415, *2.145*
Histoire de la médecine (19)   I 342, *2.8*
Histoire de la médecine (thèses)   III 82, *1.5*
Histoire de la mission (17–19)   III 61, *2.7*
Histoire de la mission (catholique)   III 395, *2.4*
Histoire de la musique (19)   III 251, *2.78*
Histoire de la pharmacie   I 368, *1.1*
Histoire de la philosophie   I 319, *2.12;* III 373, *1.51*
Histoire de la réformation (19)   I 23, *2.26*
Histoire de l'art   I 21, *2.8;* 160, *2.187;* II 66, *2.36;* 281, *2.4;* 328, *2.64*
Histoire de l'art (17–19)   III 295, *2.28*
Histoire de l'art (18)   III 371, *1.35*
Histoire de l'art (18–19)   II 386, *2.20;* III 407, *2.94*
Histoire de l'art (19)   I 160, *2.188;* II 142, *2.29;* 500, *2.32;* III 249, *2.64;* 495, *2.10;* 495, *2.11*
Histoire de l'art (périodiques)   III 286, *2.97;* 295, *2.28*
Histoire de l'Église   I 23, *2.26;* 27, *2.57;* 63, *2.8;* 80, *2.13;* 143, *2.69;* 422, *2.5;* II 9, *2.7;* 21, *2.5;* 80, *2.97;* 104, *2.19;* 195, *2.17;* 265, *2.6;* 309, *2.4;* 483, *2.6;* 486, *2.7;* 520, *2.8;* III 179, *2.10;* 190, *2.10;* 216, *2.15;* 315, *2.11;* 371, *1.37;* 372, *1.42;* 417, *2.155*
Histoire de l'Église (15–19)   I 138, *2.41*
Histoire de l'Église (16–18)   I 31, *2.84;* 247, *2.8;* II 227, *2.44*
Histoire de l'Église (16–19)   I 183, *2.373;* 427, *2.4;* II 226, *2.39;* 286, *2.17;* 318, *2.35;* 356, *2.17;* 451, *2.16;* III 14, *2.31*
Histoire de l'Église (17–18)   I 29, *2.65;* III 349, *2.44;* 402, *2.68*
Histoire de l'Église (17–19)   I 294, *2.14;* II 40, *2.8;* III 61, *2.7;* 226, *2.13*

Histoire de l'Église (18–19)   I 37, *2.123;* 385, *2.15;*
    II 171, *2.12;* 227, *2.43;* 440, *2.18;* III 131, *2.11*
Histoire de l'Église (19)   I 33, *2.97;* II 250, *2.5;*
    III 26, *2.6;* 67, *2.4;* 207, *2.11*
Histoire de l'Église (Allemagne)   II 157, *2.14*
Histoire de l'Église (Argovie, 18–19)   I 26, *2.48*
Histoire de l'Église (Bâle, 16–19)   I 182, *2.364*
Histoire de l'Église (catholique)   I 318, *2.7;*
    II 80, *2.98;* 258, *2.9;* 344, *2.15;* 385, *2.13;*
    493, *2.8;* III 395, *2.4*
Histoire de l'Église (catholique, 18–19)   III 395, *2.6*
Histoire de l'Église (catholique, 19)   II 157, *2.18;*
    344, *2.16;* 469, *2.28;* III 59, *1.8;* 173, *2.13;*
    202, *2.51*
Histoire de l'Église (Europe de l'Est)   I 187, *2.394*
Histoire de l'Église (France)   II 157, *2.14*
Histoire de l'Église (Genève)   II 157, *2.14*
Histoire de l'Église (Neuchâtel)   II 157, *2.14*
Histoire de l'Église (Nidwald, 19)   II 165, *2.19*
Histoire de l'Église (protestante)   II 493, *2.9*
Histoire de l'Église (protestante, 18–19)
    III 107, *2.11*
Histoire de l'Église (protestante, 19)   II 502, *2.40*
Histoire de l'Église (protestante, France)   I 318, *2.7*
Histoire de l'Église (protestante, Suisse)   I 318, *2.7*
Histoire de l'Église (reformée)   I 324, *2.45*
Histoire de l'Église (Schaffhouse)   II 270, *2.42*
Histoire de l'Église (Suisse)   I 182, *2.366;*
    184, *2.382;* II 80, *2.99;* 104, *2.21;* 157, *2.14;*
    294, *2.29*
Histoire de l'Église (Suisse, 17–19)   II 40, *2.7;*
    III 294, *2.19*
Histoire de l'Église (Suisse, 18–19)   II 165, *2.18*
Histoire des bibliothèques (19)   II 281, *2.4*
Histoire des missions (jésuites, 17–18)   II 228, *2.48*
Histoire des religions   II 76, *2.83*
Histoire des religions (16–19)   II 140, *2.17*
Histoire des religions (17–19)   I 294, *2.14*
Histoire des sciences   II 64, *2.28*
Histoire des sciences (16–19)   I 133, *2.11*
Histoire des sciences (périodiques)   I 251, *2.25*
Histoire du droit   I 319, *2.13;* II 85, *2.125*
Histoire du droit (19)   III 80, *2.7;* 98, *2.6*
Histoire du droit (Zurich, 19)   III 221, *2.2*
Histoire du livre   I 227, *2.59;* 232, *2.88;* 250, *2.24;*
    425, *1.2;* II 64, *2.28*
Histoire du livre (18)   II 236, *2.107*
Histoire du livre (18–19)   I 134, *2.14;* 301, *2.23;*
    II 492, *2.5*
Histoire du livre (19)   II 143, *2.32;* 281, *2.4*
Histoire du livre (Suisse, 19)   III 250, *2.73*
Histoire militaire   I 143, *2.72;* III 130, *2.6*
Histoire militaire (16–19)   II 296, *2.32*
Histoire militaire (18–19)   I 167, *2.240;*
    II 365, *2.56*
Histoire militaire (19)   II 320, *2.39;* 503, *2.44*
Histoire régionale (Allemagne)   I 21, *2.10*
Histologie (19)   I 205, *2.8*
Historiographie (17–19)   I 34, *2.98*

Historisch-antiquarische Gesellschaft Graubünden
    (bibl.)   I 438, *1.14*
Historisch-antiquarischer Verein Schaffhausen
    (bibl.)   II 279, *1.28*
Historisch-antiquarischer Verein Winterthur
    (bibl.)   III 258, *2.116*
Historische Gesellschaft des Kantons Aargau
    (bibl.)   I 17, *1.10*
Historische und Antiquarische Gesellschaft Basel
    (bibl.)   I 129, *1.51;* 141, *2.58;* 141, *2.59*
Historischer Verein der Zentralschweiz   II 58, *1.51*
Historischer Verein des Kantons Bern (bibl.)
    I 245, *1.14;* 249, *2.20*
Historischer Verein des Kantons Nidwalden (bibl.)
    II 163, *1.3*
Historischer Verein Glarus (bibl.)   I 401, *1.1;*
    403, *2.10*
Historischer Verein Schaffhausen (bibl.)
    II 279, *1.28;* 299, *2.40*
Historischer Verein St. Gallen (bibl.)   II 190, *1.8*
Hitzkirch (commanderie de l'ordre teutonique)
    II 56, *1.44*
Hoch- und Tiefbauamt (Zurich, bibl.)   III 342, *1.97*
Hochobrigkeitliche Schule (Soleure, bibl.)
    II 352, *1.15*
Hoepli (éditions)   III 242, *2.47*
Hohe Schule (Berne, bibl.)   I 241, *1.1*
Höhere Lehranstalt (Soleure, bibl.)   II 352, *1.12*
Homilétique   I 23, *2.26;* 27, *2.56;* 63, *2.8;* II 8, *2.6;*
    83, *2.113;* 195, *2.17;* 266, *2.10;* 438, *2.6*
Homilétique (16)   II 438, *2.7*
Homilétique (16–19)   I 319, *2.10;* II 33, *2.20*
Homilétique (17)   II 438, *2.8*
Homilétique (17–18)   III 178, *2.4*
Homilétique (17–19)   I 35, *2.112*
Homilétique (18)   II 439, *2.10*
Homilétique (18–19)   II 42, *2.19*
Homilétique (19)   II 439, *2.14;* III 221, *2.2*
Homilétique (catholique, 17–19)   II 344, *2.13;*
    III 201, *2.39;* 206, *2.7*
Homilétique (catholique, 18–19)   II 485, *2.5*
Homilétique (protestante)   III 107, *2.11*
Homilétique (protestante, 17–19)   II 156, *2.6*
Honegger (imprimerie, Liestal)   I 97, *1.5*
Hôpital (Mendrisio, bibl.)   II 452, *1.1;* 454, *2.14*
Hôpital Heiliggeist (Berne, bibl.)   I 241, *1.2;*
    252, *2.29*
Hoplologie (18–19)   I 28, *2.60*
Hoplologie (19)   II 299, *2.39*
Horlogerie   III 278, *2.38*
Horlogerie (16–19)   II 118, *2.8*
Horlogerie (18–19)   I 307, *2.15;* II 118, *2.10*
Horlogerie (19)   II 112, *2.13;* 142, *2.25*
Horlogerie (manuels, 19)   II 118, *2.9*
Horlogerie (Suisse)   I 112, *2.19*
Horlogerie (Suisse, 19)   I 115, *2.47*
Horticulture   I 332, *2.8*
Horticulture (17–18)   II 240, *2.135*
Horticulture (18–19)   I 196, *2.12;* II 291, *2.27*
Hülfsgesellschaft St. Gallen (bibl.)   II 191, *1.11*

Humanisme   I 122, *1.11;* 123, *1.15;* 136, *2.27;* 153, *2.136;* 155, *2.150;* II 297, *2.35*
Humanisme (17)   III 230, *2.21;* 237, *2.37*
Humanisme (Italie)   I 156, *2.152;* 157, *2.160*
Humanisme (littérature, 16)   II 33, *2.22*
Humanisme (philologie)   II 284, *2.13*
Humanisme (philologie, 16–18)   II 237, *2.113*
Hurter (éditions, Schaffhouse)   II 277, *1.20;* 287, *2.19;* 296, *2.32*
Huysburg (bénédictins, bibl.)   III 348, *2.36*
Hygiène (19)   I 342, *2.5;* II 499, *2.29*
Hymnologica   I 134, *2.16;* 470, *2.13;* III 59, *1.9;* 372, *1.42;* 391, *1.172;* III 488, *2.13*
Hymnologica (18–19)   III 422, *2.181*
Hymnologica (19)   III 382, *1.99*
Hypnose (19)   I 140, *2.51;* III 415, *2.143*

Iconographie (19)   I 306, *2.9*
Illustration du livre   I 87, *2.31*
Illustration du livre (15)   II 224, *2.20*
Illustration du livre (16)   I 124, *1.20*
Impôts (Suisse, 19)   I 113, *2.34*
Imprimées cyrilliques (16)   I 135, *2.24*
Imprimerie (18)   I 428, *2.10*
Imprimerie (Bâle)   I 136, *2.27;* II 371, *2.87*
Imprimerie (Bâle, 15–17)   I 155, *2.150*
Imprimerie (Bâle, 16)   I 122, *1.11;* 123, *1.15;* 183, *2.375*
Imprimerie (Bodmer)   III 231, *2.26*
Imprimerie (Cologne)   II 483, *2.10*
Imprimerie (Einsiedeln)   II 329, *2.66;* 332, *2.1;* 483, *2.10;* III 25, *1.1*
Imprimerie (Froschauer)   III 231, *2.26*
Imprimerie (grec, Bâle, 16)   I 154, *2.142*
Imprimerie (Haller, Berne)   I 255, *2.44*
Imprimerie (Honegger, Liestal)   I 97, *1.5*
Imprimerie (Italie, 18–19)   II 57, *1.47*
Imprimerie (Lucerne, 16)   II 47, *1.10*
Imprimerie (Lucerne, 17–18)   II 50, *1.24*
Imprimerie (Lucerne, 19)   II 53, *1.31*
Imprimerie (Lucerne, 19–20)   II 59, *1.57*
Imprimerie (St-Gall)   II 189, *1.6;* 202, *2.63*
Imprimerie (Strasbourg)   II 371, *2.87*
Imprimerie (Tessin)   II 453, *2.7*
Imprimerie (Tessin, 18–19)   II 407, *2.3;* 461, *2.16*
Imprimerie (Yverdon)   III 142, *2.22*
Imprimerie (Zoug)   III 193, *2.4*
Imprimerie de l'abbaye (St-Gall)   II 215, *1.17*
Imprimés officiels   III 12, *2.14*
Imprimés officiels (18)   III 500, *2.20*
Imprimés officiels (18–19)   III 43, *2.6*
Imprimés officiels (19)   II 166, *2.31;* 492, *2.7*
Imprimés officiels (Bâle, 19)   I 404, *2.16*
Imprimés officiels (État libre des Grisons)   I 443, *2.29*
Imprimés officiels (États-Unis, 19)   I 442, *2.21*
Imprimés officiels (Genève, 18)   III 33, *2.16*
Imprimés officiels (Schaffhouse, 18–19)   II 294, *2.31*
Imprimés officiels (Suisse)   I 223, *2.42*

Imprimés officiels (Suisse, 19)   III 338, *1.74;* 355, *2.86*
Imprimés officiels (Tessin, 19)   II 386, *2.21*
Imprimés officiels (Zurich)   III 338, *1.73*
Incunables   I 27, *2.55;* 37, *2.126;* 44, *2.3;* 68, *2.38;* 129, *1.54;* 130, *1.59;* 181, *2.359;* 187, *2.394;* 246, *2.2;* 251, *2.28;* 253, *2.34;* 285, *2.17;* 295, *2.18;* 299, *2.3;* 302, *2.25;* 323, *2.40;* 325, *2.52;* 429, *2.15;* 440, *2.10;* 483, *2.21;* II 11, *2.29;* 25, *2.2;* 34, *2.25;* 46, *1.2;* 47, *1.9;* 57, *1.48;* 61, *2.9;* 100, *2.2;* 143, *2.34;* 159, *2.34;* 163, *2.2;* 173, *2.22;* 193, *2.5;* 222, *2.11;* 263, *1.16;* 264, *2.3;* 279, *1.30;* 297, *2.34;* 310, *2.7;* 346, *2.27;* 370, *2.86;* 383, *1.2;* 402, *2.1;* 434, *2.11;* 447, *2.82;* 470, *2.34;* 482, *1.2;* 500, *2.35;* III 52, *2.7;* 54, *2.24;* 153, *2.28;* 158, *2.6;* 167, *2.15;* 173, *2.16;* 180, *2.17;* 210, *2.28;* 218, *2.28;* 230, *2.21;* 230, *2.24;* 273, *2.5;* 386, *1.107;* 423, *2.185;* 499, *2.5*
Indica   I 230, *2.74*
Indologie   I 187, *2.394*
Indologie (19)   I 152, *2.131*
Industrie (18–19)   II 125, *2.11*
Industrie (19)   I 111, *2.17;* II 203, *2.75;* 499, *2.31*
Industrie (Suisse)   I 166, *2.229*
Industrie (Suisse, 19)   III 250, *2.72*
Industrie alimentaire (Suisse)   I 112, *2.19*
Industrie alimentaire (Suisse, 19)   I 115, *2.48*
Industrie chimique (19)   I 116, *2.53*
Industrie du bâtiment   I 248, *2.17;* II 89, *2.144*
Industrie du bâtiment (18–19)   I 322, *2.36*
Industrie du bâtiment (19)   I 177, *2.325;* II 142, *2.25*
Industrie du bâtiment (Grisons, 19)   I 443, *2.35*
Industrie du bâtiment (périodiques)   III 76, *2.9*
Industrie du bâtiment (Suisse)   I 112, *2.19;* 444, *2.45*
Industrie du bâtiment (Suisse, 19)   I 115, *2.51*
Industrie mécanique (Suisse)   I 112, *2.19*
Industrie mécanique (Suisse, 19)   I 115, *2.51*
Industrie minière   I 248, *2.17;* II 515, *2.6*
Industrie minière (16–19)   III 278, *2.40*
Industrie minière (18)   III 235, *2.33*
Industrie sidérurgique   II 516, *2.10*
Industrie sidérurgique (18–19)   II 516, *2.9*
Industrie textile   II 247, *1.1*
Industrie textile (18–19)   I 177, *2.325*
Industrie textile (Suisse)   I 112, *2.19*
Industrie textile (Suisse, 19)   I 115, *2.47*
Industrie- und Gewerbemuseum St. Gallen (bibl.)   II 201, *2.55*
Ingénierie   III 277, *2.32*
Ingénierie (19)   III 53, *2.18;* 76, *2.6*
Ingénierie (périodiques)   III 286, *2.97*
Ingolstadt (jésuites, bibl.)   II 105, *2.23;* III 208, *2.14*
Ingolstadt (Université, bibl.)   II 103, *2.18*
Inquisition   II 29, *2.12*

Institut de botanique générale (Genève, bibl.)
  I 332, *1.14*
Institut de physique (Genève, bibl.) I 371, *1.3*
Institut et musée Voltaire (Genève, bibl.)
  I 317, *1.42*
Institut für Sozialforschung Frankfurt (bibl.)
  III 389, *1.138*
Institut Galli-Valerio (bibl.) III 82, *1.5*
Institut jurassien des sciences, des lettres et des arts
  (bibl.) I 481, *2.2*
Institut national genevois I 317, *1.39*
Interlaken (augustins, bibl.) I 241, *1.2*
Internat Walterswil (Baar, bibl.) III 188, *1.2*
Internat Wiesholz (Ramsen, bibl.) III 188, *1.2*
Inventaires analytiques (19) III 347, *2.29*
Inventaires analytiques (Suisse, 19) III 347, *2.32*
Invertébrés (18–19) I 345, *2.5*
Inzigkoven (augustines, bibl.) III 316, *2.16*
Iran III 388, *1.134*
Islam III 406, *2.90*
Islam (16–19) I 151, *2.120*
Isny (bénédictins, bibl.) II 308, *1.40*
Israel (Bibliothèque nationale) III 268, *1.3*
Italie (biographies, 18–19) I 385, *2.13*
Italie (droit) I 165, *2.220*
Italie (géographie) I 144, *2.78*
Italie (histoire) II 385, *2.10*
Italie (histoire, 16–19) I 144, *2.77*
Italie (histoire, 18–19) III 419, *2.169*
Italie (histoire, 19) I 377, *2.10*; 385, *2.12*
Italie (humanisme) I 156, *2.152*; 157, *2.160*
Italie (imprimerie, 18–19) II 57, *1.47*
Ittingen (chartreux, bibl.) I 93, *2.5*; 434, *2.5*;
  II 250, *2.3*; 258, *2.9*; 490, *1.2*; 492, *2.5*; 492, *2.6*;
  494, *2.13*; 498, *2.25*; 501, *2.37*; III 206, *2.7*;
  218, *2.28*

Jansénisme II 358, *2.21*; 501, *2.38*; III 59, *1.9*
Japon III 50, *1.18*
Japon (géographie) III 307, *1.11*
Japon (récits de voyages) III 307, *1.11*
Jardin botanique (Madrid, bibl.) I 332, *1.14*
Jésuites II 268, *2.31*
Jésuites (Bad Schönbrunn, bibl.) III 314, *1.7*;
  315, *2.3*
Jésuites (Bâle, bibl.) III 314, *1.6*
Jésuites (Bellinzone, bibl.) II 311, *2.9*; 314, *2.26*;
  328, *2.62*
Jésuites (Bourges, bibl.) II 40, *2.6*
Jésuites (Brigue, bibl.) III 316, *2.13*
Jésuites (Constance, bibl.) II 38, *1.1*
Jésuites (Ensisheim, bibl.) I 477, *1.7*; II 38, *1.1*;
  41, *2.11*
Jésuites (Estavayer, bibl.) III 316, *2.13*; 316, *2.15*
Jésuites (Feldkirch, bibl.) III 314, *1.7*; 314, *1.8*;
  316, *2.13*; 316, *2.15*
Jésuites (Fribourg, bibl.) I 284, *2.16*; 285, *2.17*;
  III 316, *2.13*
Jésuites (Fribourg-en-Brisgau, bibl.) II 38, *1.1*
Jésuites (Gorheim, bibl.) III 316, *2.15*

Jésuites (histoire) I 253, *2.35*; III 315, *2.11*;
  316, *2.12*
Jésuites (histoire, 17–18) II 228, *2.48*
Jésuites (histoire des missions, 17–18) II 228, *2.48*
Jésuites (Ingolstadt, bibl.) II 105, *2.23*;
  III 208, *2.14*
Jésuites (Lucerne) II 49, *1.19*
Jésuites (Lucerne, bibl.) I 423, *2.11*; II 8, *1.1*;
  9, *2.11*; 28, *2.10*; 31, *2.16*; 38, *1.1*; 43, *2.21*;
  103, *2.18*; 173, *2.20*; 316, *2.31*; 342, *2.8*;
  397, *1.3*; III 8, *1.8*; 14, *2.25*; 14, *2.31*; 208, *2.14*;
  216, *2.15*; 240, *2.42*; 316, *2.13*
Jésuites (Munich, bibl.) III 313, *1.2*
Jésuites (Paris, bibl.) II 343, *2.9*
Jésuites (Porrentruy, bibl.) I 476, *1.1*; II 38, *1.1*;
  40, *2.6*; 41, *2.13*; 43, *2.20*; 43, *2.21*
Jésuites (Regensburg, bibl.) III 316, *2.15*
Jésuites (Sion, bibl.) III 316, *2.13*
Jésuites (Soleure, bibl.) II 38, *1.1*; 352, *1.14*;
  352, *1.17*; 356, *2.12*; 358, *2.21*; 359, *2.29*;
  364, *2.49*; 365, *2.61*; 368, *2.71*; 370, *2.83*;
  373, *2.100*; 376, *2.123*; III 26, *2.7*; 207, *2.9*;
  316, *2.13*
Jésuites (théologie de controverse, 18) II 230, *2.61*
Jésuites (Tisis, bibl.) III 314, *1.8*; 316, *2.15*
Jésuites (Ypres, bibl.) II 38, *1.1*
Jésuites (Zurich, bibl.) III 314, *1.7*
Jesuitica I 445, *2.57*; II 81, *2.101*; 338, *2.4*;
  356, *2.12*; 356, *2.15*; 501, *2.38*; III 59, *1.9*;
  67, *2.4*; 313, *1.3*; 370, *1.32*; 398, *2.29*
Jeux et sports I 322, *2.36*
Joséphinisme I 434, *2.7*; II 501, *2.38*
Journaux I 234, *2.99*
Journaux (17) III 403, *2.74*
Journaux (18–19) I 101, *2.18*; 134, *2.15*;
  II 63, *2.19*; III 409, *2.102*
Journaux (19) I 40, *2.144*; II 94, *2.176*;
  III 311, *2.36*
Journaux (Argovie, 18–19) I 26, *2.45*
Journaux (Berne) I 251, *2.25*
Journaux (catholiques, 19) III 399, *2.39*
Journaux (Grisons, 18–19) I 443, *2.39*
Journaux (Naples) II 57, *1.47*
Journaux (Nidwald) II 167, *2.39*
Journaux (Nidwald, 19) III 210, *2.27*
Journaux (Schwyz, 19) III 210, *2.27*
Journaux (Suisse) I 222, *2.36*
Journaux (Suisse, 18–19) I 26, *2.45*
Journaux (Tessin) II 395, *2.91*
Journaux (Thurgovie) II 500, *2.36*
Journaux (Uri, 19) III 210, *2.27*
Journaux (Valais) III 167, *2.17*
Journaux (Vaud) III 43, *2.7*
Journaux (Zoug) III 201, *2.47*
Journaux (Zoug, 19) III 210, *2.27*
Jubilé de la réformation (1819) III 402, *2.62*
Judaica I 351, *2.5*; II 93, *2.169*
Judaica (16) I 150, *2.115*
Judaica (16–19) I 150, *2.113*; III 289, *2.3*
Judaica (17) I 150, *2.116*

Judaica (18)   I 150, *2.117*
Judaica (18–19)   I 352, *2.10;* 352, *2.12*
Judaica (19)   I 151, *2.118*
Judaica (Suisse)   III 289, *1.3*
Jugend- und Volksbibliothek Sernftal (Engi)
    I 409, *2.36;* 412, *2.53*
Julius Klaus-Stiftung (bibl.)   III 390, *1.160;*
    427, *2.205*
Jurassica   I 483, *2.18;* 483, *2.23*
Juristenverein Schaffhausen (bibl.)   II 280, *1.35*
Justizdirektion (Zurich, bibl.)   III 342, *1.97*

Kalchrain (cisterciennes, bibl.)   II 482, *1.2*
Kalthoeber (atelier de reliure, London)   III 302, *2.2*
Kantonale Gemeinnützige Gesellschaft Uri (bibl.)
    III 11, *2.9;* 13, *2.18*
Kantonale Militärbibliothek (Soleure)   II 353, *1.22;*
    365, *2.54*
Kantonale Offiziersgesellschaft Schaffhausen
    (bibl.)   II 279, *1.28;* 299, *2.39*
Kantons-Kriegs-Commission (Soleure, bibl.)
    II 365, *2.54*
Kantonsschule Graubünden (bibl.)   I 437, *1.11*
Kantonsschule Solothurn (bibl.)   II 372, *2.95;*
    374, *2.104*
Kaufmännische Lesegesellschaft (Zurich)
    III 306, *1.1*
Kaufmännisches Direktorium (Zurich, archives)
    III 358, *2.105*
Kaufmännisches Direktorium St. Gallen (bibl.)
    II 191, *1.14;* 203, *2.74*
Klingnau (bénédictins, bibl.)   I 16, *1.3*
Kollegium Karl Borromäus (Altdorf, bibl.)
    III 9, *1.9;* 9, *1.10;* 11, *2.9;* 13, *2.18*
König-Leesenbergsche Fideikommissbücherei
    III 22, *2.15*
Königliche Bibliothek (Berlin)   III 239, *2.40*
Konservatorium und Musikhochschule Zürich
    (bibl.)   III 486, *1.8*
Kreuzlingen (augustins, bibl.)   II 490, *1.2;* 492, *2.6;*
    494, *2.13;* 496, *2.20;* 498, *2.25;* 500, *2.35;*
    501, *2.37*
Kreuzlingen (collège de chanoines réguliers de saint
    Augustin)   II 285, *2.14;* 296, *2.32*
Kreuzlingen (collège de chanoines réguliers de saint
    Augustin, bibl.)   II 288, *2.21*
Kulturkampf   I 448, *2.85;* II 80, *2.99;* 164, *2.8;*
    164, *2.10;* 198, *2.37;* 358, *2.21;* III 199, *2.19*
Kulturkampf (Argovie)   III 395, *2.6*
Kunstverein Basel (bibl.)   I 130, *1.57;* 160, *2.187;*
    161, *2.193*
Kunstverein St. Gallen (bibl.)   II 192, *1.15;* 193, *2.4;*
    204, *2.77*
Kunstverein Winterthur (bibl.)   III 258, *2.117*
Kyburg (paroisse, archives)   III 361, *2.120*

La Chaux-de-Fonds (École d'horlogerie, bibl.)
    II 116, *1.1*
La Chaux-de-Fonds (Musée d'horlogerie, bibl.)
    II 116, *1.1*

La Grange (bibl.)   I 323, *2.40;* 324, *2.51*
La Part-Dieu (chartreux, bibl.)   I 285, *2.17*
Laboratoires de pharmacognosie et de pharmacie
    galénique (Genève, bibl.)   I 332, *1.14*
Lambach (bénédictins, bibl.)   I 84, *2.20*
Landesbibliothek Glarus   I 397, *1.1;* 416, *1.3;*
    422, *1.2;* II 177, *2.19*
Landwirtschaftliche Gesellschaft St. Gallen (bibl.)
    II 190, *1.8;* 201, *2.57*
Landwirtschaftliche Schule Wetzikon (bibl.)
    III 337, *1.67*
Landwirtschaftsamt (Zurich, bibl.)   III 342, *1.97*
Laufenburg (capucins, bibl.)   I 16, *1.3;* 28, *2.63*
Lausanne (Bibliothèque de la Maison du peuple)
    III 71, *1.3*
Lausanne (Bibliothèque des Quartiers de l'Est)
    III 71, *1.3*
Lausanne (histoire, 18–19)   III 43, *2.5*
Le Landeron (capucins, bibl.)   II 437, *1.6*
Le Locle (Cercle des travailleurs, bibl.)   II 123, *1.8*
Le Locle (École d'art, bibl.)   II 123, *1.8*
Le Locle (Société suisse du Grutli, bibl.)   II 123, *1.8*
Lectur-Liebende Gesellschaft (Herisau, bibl.)
    I 71, *1.1*
Lehrerkapitel Winterthur (bibl.)   III 258, *2.118*
Lehrerverein Glarus (bibl.)   I 403, *2.8*
Leihbibliothek Altdorf   III 8, *1.8*
Lese-Anstalt für Bünden (bibl.)   I 437, *1.10*
Lese-Bibliothek für Stadt und Land Graubünden
    I 437, *1.10*
Lesegesellschaft (Herisau, bibl.)   I 71, *1.1*
Lesegesellschaft Bern (bibl.)   I 244, *1.12;* 245, *1.14;*
    250, *2.24;* 254, *2.41*
Lesegesellschaft Luzern   II 52, *1.28*
Lesegesellschaft Schäfle (Trogen, bibl.)   I 85, *2.21*
Lesegesellschaft zur Krone (Trogen, bibl.)   I 77, *1.2;*
    81, *2.14*
Lexicographie   III 399, *2.42*
Libéralisme   I 76, *1.1*
Libres penseurs (19)   III 322, *2.22*
Liestal (Gewerbeverein)   I 98, *1.7*
Liestal (imprimerie, Honegger)   I 97, *1.5*
Lindt & Sprüngli   I 115, *2.48*
Linth (construction hydraulique, 19)   I 406, *2.20*
Literarische Gesellschaft (Soleure, bibl.)
    II 353, *1.25*
Littérature   I 83, *2.17;* 219, *2.18;* 250, *2.22;*
    423, *2.11;* 455, *2.3;* II 10, *2.22;* 21, *2.6;* 65, *2.30;*
    204, *2.79;* 276, *1.15;* 278, *1.26;* 335, *2.4;*
    345, *2.21;* 486, *2.8;* III 12, *2.15;* 27, *2.16;*
    226, *2.12*
Littérature (16–18)   I 31, *2.84*
Littérature (16–19)   I 25, *2.43;* 266, *2.11;*
    324, *2.50*
Littérature (17–19)   I 57, *2.38*
Littérature (18–19)   I 35, *2.108;* 74, *2.9;*
    185, *2.386;* 393, *2.13;* 411, *2.42;* 417, *2.5;*
    458, *2.13;* II 173, *2.20;* 348, *2.2;* 370, *2.82*
Littérature (19)   I 444, *2.47;* 448, *2.85;*
    II 165, *2.22;* 252, *2.4;* 454, *2.17;* 496, *2.18;*

510, *2.5*; III 35, *2.25*; 36, *2.37*; 38, *2.48*; 38, *2.50*; 208, *2.18*; 320, *2.11*; 321, *2.16*
Littérature (almanachs, 19)   III 309, *2.14*
Littérature (anthologies, 19)   III 309, *2.14*
Littérature (Grisons)   I 443, *2.34*
Littérature (humanisme, 16)   II 33, *2.22*
Littérature (périodiques)   II 66, *2.34*
Littérature (périodiques, 18–19)   III 255, *2.104*
Littérature (périodiques, 19)   I 103, *2.32*
Littérature (socialisme, 19)   III 320, *2.7*
Littérature allemande   I 103, *2.35*; 158, *2.171*; 250, *2.22*; 482, *2.8*; II 17, *2.18*; 65, *2.31*; 239, *2.128*
Littérature allemande (15–16)   I 158, *2.172*
Littérature allemande (16–19)   I 300, *2.7*; II 43, *2.21*
Littérature allemande (17–18)   I 158, *2.173*
Littérature allemande (17–19)   II 323, *2.46*; 368, *2.71*
Littérature allemande (18)   I 65, *2.17*; III 237, *2.38*
Littérature allemande (18–19)   I 57, *2.41*; 103, *2.35*; 158, *2.174*; 266, *2.11*; 294, *2.15*; 407, *2.26*; II 139, *2.8*; 201, *2.60*; 258, *2.11*; 282, *2.6*; III 226, *2.11*; 228, *2.18*; 307, *2.4*
Littérature allemande (19)   I 254, *2.41*; II 105, *2.25*; 111, *2.6*; 203, *2.72*; III 246, *2.54*; 256, *2.109*; 420, *2.177*
Littérature allemande (livres dédicacés, 18–19)   I 427, *2.6*
Littérature allemande (Suisse, 18–19)   I 300, *2.11*
Littérature anglaise   I 103, *2.37*; II 368, *2.73*
Littérature anglaise (17–19)   I 300, *2.10*
Littérature anglaise (18)   II 66, *2.32*; III 239, *2.40*
Littérature anglaise (18–19)   I 58, *2.43*; 384, *2.6*; 407, *2.27*; II 202, *2.61*; 282, *2.8*; 324, *2.48*; III 307, *2.4*
Littérature anglaise (19)   I 159, *2.180*; II 111, *2.6*; 139, *2.8*; 203, *2.69*; III 44, *2.12*; 150, *2.13*; 246, *2.57*; 420, *2.176*
Littérature arménienne (19)   I 153, *2.134*
Littérature bénédictine   III 27, *2.10*
Littérature comparée   I 301, *2.18*
Littérature danoise (19)   I 300, *2.13*
Littérature de l'ancien haut-allemand (19)   III 420, *2.175*
Littérature du moyen-haut-allemand (19)   III 420, *2.175*
Littérature d'édification   I 23, *2.26*; 136, *2.31*; 469, *2.12*; II 19, *2.7*; 43, *2.20*; 356, *2.13*; 485, *2.6*
Littérature d'édification (16–19)   I 319, *2.10*
Littérature d'édification (17–18)   II 252, *2.7*
Littérature d'édification (17–19)   I 57, *2.35*
Littérature d'édification (18–19)   I 434, *2.5*; II 348, *2.3*; III 207, *2.9*
Littérature d'édification (19)   II 252, *2.4*; 270, *2.39*
Littérature d'édification (catholique)   III 315, *2.10*
Littérature d'édification (catholique, 16–17)   II 232, *2.78*
Littérature d'édification (catholique, 17–18)   III 396, *2.17*
Littérature d'édification (protestante, 18–19)   II 156, *2.7*
Littérature espagnole   II 66, *2.33*; 282, *2.7*
Littérature espagnole (17–19)   I 300, *2.13*
Littérature espagnole (19)   III 382, *1.98*
Littérature féminine (17)   III 229, *2.20*
Littérature française   I 325, *2.56*; II 65, *2.31*; 324, *2.49*; III 53, *2.14*; 167, *2.9*; 371, *1.40*
Littérature française (16–19)   I 300, *2.8*; II 43, *2.21*
Littérature française (17–19)   II 139, *2.8*; 368, *2.70*; 506, *2.11*
Littérature française (17–19)   III 62, *2.12*
Littérature française (18)   III 124, *2.5*; 239, *2.40*
Littérature française (18–19)   I 58, *2.44*; 103, *2.38*; 266, *2.11*; 294, *2.15*; 384, *2.6*; 407, *2.27*; 483, *2.23*; II 111, *2.6*; 126, *2.16*; 202, *2.61*; 282, *2.9*; 495, *2.16*; III 111, *2.6*; 119, *2.18*; 130, *2.7*; 138, *2.5*; 150, *2.13*; 307, *2.4*
Littérature française (19)   I 254, *2.41*; 365, *2.5*; II 130, *2.12*; 203, *2.69*; III 35, *2.25*; 44, *2.12*; 68, *2.7*; 173, *2.14*; 246, *2.55*; 420, *2.177*
Littérature française (livres dédicacés, 18–19)   I 427, *2.6*
Littérature française (Suisse, 18–19)   I 300, *2.11*
Littérature franciscaine   II 346, *2.22*
Littérature grecque   I 103, *2.33*; 154, *2.141*; II 43, *2.21*; 68, *2.47*; 368, *2.72*; III 53, *2.14*
Littérature grecque (15–17)   I 253, *2.35*
Littérature grecque (16–17)   II 384, *2.8*
Littérature grecque (16–18)   I 247, *2.8*; 482, *2.8*
Littérature grecque (16–19)   I 300, *2.9*; II 198, *2.40*; 239, *2.127*; 284, *2.12*; 325, *2.50*
Littérature grecque (17)   III 229, *2.20*
Littérature grecque (17–18)   III 62, *2.12*
Littérature grecque (18)   II 139, *2.8*
Littérature grecque (18–19)   II 475, *2.6*
Littérature grecque (19)   II 159, *2.31*
Littérature grecque médiévale   II 69, *2.49*
Littérature grise (banques, Suisse, 19)   I 115, *2.43*
Littérature grise (économie, Suisse, 19)   I 110, *2.6*
Littérature grise (entreprises, Suisse, 19)   I 114, *2.38*
Littérature grise (Grisons, 19)   I 450, *2.111*
Littérature grise (Neuchâtel, 19)   II 146, *2.54*
Littérature grise (rhéto-romane)   I 442, *2.22*
Littérature grise (Soleure)   II 368, *2.74*
Littérature grise (Suisse)   I 224, *2.44*
Littérature grise (Zurich, 19)   III 339, *1.76*; 355, *2.88*
Littérature hispanique (19)   III 420, *2.176*
Littérature italienne   I 444, *2.47*; II 66, *2.33*; 282, *2.7*; 325, *2.51*; 368, *2.73*; 459, *2.8*
Littérature italienne (16)   I 310, *2.3*
Littérature italienne (16–17)   II 388, *2.28*
Littérature italienne (16–19)   I 300, *2.12*; II 384, *2.8*; 430, *2.20*; 445, *2.67*
Littérature italienne (17)   I 156, *2.159*
Littérature italienne (18)   II 388, *2.29*; III 239, *2.40*

Littérature italienne (18–19)   I 58, *2.45;*
　II 467, *2.16;* III 307, *2.4*
Littérature italienne (19)   II 139, *2.8;* 417, *2.5;*
　444, *2.58;* III 246, *2.56;* 420, *2.176*
Littérature latine   I 103, *2.33;* 155, *2.147;*
　II 43, *2.21;* 69, *2.48;* 459, *2.8;* III 53, *2.14*
Littérature latine (15–16)   I 155, *2.148*
Littérature latine (15–17)   I 253, *2.35*
Littérature latine (16–17)   II 384, *2.8*
Littérature latine (16–18)   I 247, *2.8;* II 139, *2.8*
Littérature latine (16–19)   I 300, *2.9;* II 199, *2.41;*
　239, *2.127;* 284, *2.12;* 324, *2.47;* 368, *2.72*
Littérature latine (17)   III 229, *2.20*
Littérature latine (17–18)   III 62, *2.12*
Littérature latine (18)   III 118, *2.17*
Littérature latine (18–19)   II 159, *2.31;* 475, *2.6*
Littérature latine médiévale   II 199, *2.42;* 494, *2.13*
Littérature latine moderne   II 494, *2.13*
Littérature malaise   III 367, *1.10*
Littérature néolatine   II 69, *2.51;* 199, *2.42;*
　368, *2.72*
Littérature nordique   I 159, *2.176*
Littérature polonaise (19)   II 185, *2.7*
Littérature populaire (Brésil)   I 359, *1.7*
Littérature rhéto-romane   I 473, *2.5;* 474, *1.1;*
　III 372, *1.45*
Littérature rhéto-romane (19)   I 475, *2.6;*
　III 406, *2.91*
Littérature russe (16–19)   I 254, *2.39*
Littérature russe (19)   I 300, *2.13;* III 426, *2.203*
Littérature sanskrite   I 152, *2.133*
Littérature scandinave (18–19)   III 307, *2.4*
Littérature scandinave (19)   I 103, *2.36*
Littérature serbe (19)   III 426, *2.204*
Littérature slave   I 131, *1.66*
Littérature slave (19)   I 160, *2.185*
Littérature Suisse   I 444, *2.45*
Littérature Suisse (18–19)   I 407, *2.26*
Littérature Suisse (19)   III 250, *2.68*
Littérature yiddish   I 351, *2.5*
Liturgie   I 23, *2.26;* 27, *2.56;* 48, *2.6;* 481, *2.6;*
　II 9, *2.11;* 258, *2.6;* 267, *2.14;* 286, *2.18;*
　314, *2.23;* 314, *2.24;* III 59, *1.9;* 194, *2.7;*
　208, *2.12*
Liturgie (15–16)   I 135, *2.25*
Liturgie (18–19)   I 138, *2.37;* II 29, *2.11;*
　III 178, *2.7*
Liturgie (catholique)   II 83, *2.112;* 84, *2.118;*
　102, *2.9;* 183, *2.4;* 357, *2.19;* III 27, *2.9;*
　158, *2.4*
Liturgie (catholique, 16–19)   II 231, *2.74*
Liturgie (catholique, 17–19)   I 294, *2.10;* II 21, *2.4;*
　41, *2.10;* 338, *2.5;* III 215, *2.12*
Liturgie (catholique, 18–19)   I 433, *2.3;* II 254, *2.3;*
　343, *2.10*
Liturgie (catholique, 19)   III 152, *2.24*
Liturgie (protestante, 19)   II 156, *2.11*
Livres de cuisine   II 142, *2.25;* 434, *2.6;*
　III 22, *2.18*

Livres de dévotion   II 438, *2.6;* 440, *2.19;*
　442, *2.41*
Livres de dévotion (18)   II 439, *2.11*
Livres de dévotion (19)   II 440, *2.15*
Livres de prières   III 193, *2.5*
Livres de prières (16–18)   II 233, *2.82*
Livres de prières (18–19)   III 190, *2.11*
Livres de prières (catholique)   I 431, *2.3*
Livres dédicacés (Glaris, 19)   I 428, *2.9*
Livres dédicacés (littérature allemande, 18–19)
　I 427, *2.6*
Livres dédicacés (littérature française, 18–19)
　I 427, *2.6*
Livres dédicacés (musique)   I 428, *2.13*
Livres d'emblèmes   I 247, *2.8;* II 51, *1.25;*
　82, *2.107*
Livres d'enfants   II 92, *2.160;* III 390, *1.159*
Livres d'enfants (19)   I 25, *2.43;* 52, *2.6;* 140, *2.52;*
　II 114, *2.20;* III 427, *2.205;* 500, *2.16*
Livres d'herbes   II 291, *2.27;* III 87, *2.6*
Livres d'herbes (16)   I 175, *2.310;* 180, *2.354*
Livres d'herbes (16–17)   II 240, *2.135*
Livres d'heures   II 84, *2.120*
Livres enchaînés   II 47, *1.9;* 260, *1.1*
Livres pour la jeunesse (19)   I 29, *2.69*
Livrets (musique, 19)   I 365, *2.6*
Ljubljana (Fürstlich-Auerspergische Bibliothek,
　bibl.)   I 428, *2.12*
Locarno (lieu d'impression)   II 444, *2.55*
Logique   I 139, *2.46;* 248, *2.16;* 319, *2.12*
Logique (16)   II 501, *2.39*
Logique (19)   I 387, *2.30;* II 159, *2.32*
Lombardie (histoire, 19)   II 391, *2.55*
Loreto (capucins, bibl.)   I 422, *1.2*
Lucelle (cisterciens, bibl.)   I 477, *1.8*
Lucerne (bénédictins)   II 20, *1.1*
Lucerne (Bürgerbibliothek)   I 210, *1.10;* 217, *2.8;*
　II 53, *1.33*
Lucerne (capucins, bibl.)   I 93, *2.5;* 422, *1.2;*
　II 34, *2.25;* 171, *2.16;* 341, *1.1;* 346, *2.27;*
　III 207, *2.9*
Lucerne (cartes)   II 94, *2.175*
Lucerne (collège de chanoines)   II 25, *1.3*
Lucerne (collège de chanoines, bibl.)   II 34, *2.25*
Lucerne (collège des jésuites)   II 30, *2.14*
Lucerne (couvent des cordeliers)   II 25, *1.3;*
　33, *2.20*
Lucerne (droit)   II 86, *2.128*
Lucerne (faculté de théologie, bibl.)   II 41, *2.10*
Lucerne (franciscains, bibl.)   II 38, *1.1;* 41, *2.11;*
　43, *2.21;* 103, *2.18*
Lucerne (frères mineurs)   II 47, *1.9*
Lucerne (histoire)   II 75, *2.76*
Lucerne (histoire, 19)   II 15, *2.12;* 21, *2.3*
Lucerne (imprimerie, 16)   II 47, *1.10*
Lucerne (imprimerie, 17–18)   II 50, *1.24*
Lucerne (imprimerie, 18–19)   II 59, *1.57*
Lucerne (imprimerie, 19)   II 53, *1.31*
Lucerne (jésuites)   II 49, *1.19*

Lucerne (jésuites, bibl.) I 423, *2.11;* II 8, *1.1;*
  9, *2.11;* 28, *2.10;* 31, *2.16;* 38, *1.1;* 43, *2.21;*
  103, *2.18;* 173, *2.20;* 316, *2.31;* 342, *2.8;*
  397, *1.3;* III 8, *1.8;* 14, *2.25;* 14, *2.31;* 208, *2.14;*
  216, *2.15;* 240, *2.42;* 316, *2.13*
Lucerne (manuels scolaires, 19) II 92, *2.161*
Lucerne (Société mariale) II 28, *2.10*
Lucerne (Staatsarchiv) II 20, *1.1*
Lucernensia II 91, *2.155*
Lucernensia (19) II 15, *2.12*
Lucernensia (brochures) II 21, *2.3*
Lugano (Biblioteca Civica) II 427, *1.3*
Lugano (Bibliothèque diocésaine San Carlo)
  II 449, *1.1*
Lugano (capucins, bibl.) II 437, *1.2*
Lugano (conventuels, bibl.) II 427, *1.3*
Lugano (conventuels réformés, bibl.) II 427, *1.3;*
  428, *2.6*
Lugano (lieu d'impression) II 444, *2.55*
Lugano (somasques, bibl.) II 427, *1.3;* 428, *2.12*
Lunéville (couvent des carmes, bibl.) II 26, *2.6*
Lycée (Zofingen) I 35, *2.108*

Madrid (jardin botanique, bibl.) I 332, *1.14*
Maggi I 115, *2.48*
Magie III 491, *2.2*
Magnétisme (18) I 173, *2.286*
Magnétisme (animal) II 90, *2.151*
Männedorf (paroisse, archives) III 361, *2.120*
Männerchor Chur I 450, *2.113*
Männerchor Zürich (bibl.) III 391, *1.173*
Manuels (horlogerie, 19) II 118, *2.9*
Manuels (métiers, 18–19) I 24, *2.31*
Manuels (technique, 18–19) I 24, *2.31*
Manuels scolaires I 104, *2.47;* 431, *2.9;* 446, *2.62;*
  II 328, *2.63*
Manuels scolaires (16–18) II 237, *2.113;*
  238, *2.120*
Manuels scolaires (19) I 140, *2.52;* II 126, *2.18;*
  III 221, *2.2*
Manuels scolaires (Argovie, 19) I 29, *2.69*
Manuels scolaires (école primaire, 19) I 34, *2.103*
Manuels scolaires (Grisons) I 443, *2.33*
Manuels scolaires (langues) II 43, *2.21*
Manuels scolaires (Lucerne, 19) II 92, *2.161*
Manuels scolaires (mathématiques) II 326, *2.58;*
  III 282, *2.66*
Manuels scolaires (mathématiques, 19) I 99, *2.9*
Manuels scolaires (sciences naturelles, 19)
  III 244, *2.51*
Manuels scolaires (Suisse, 19) II 195, *2.16*
Manuels scolaires (Uri) III 9, *1.11*
Manuels scolaires (Uri, 19) III 12, *2.15*
Mariastein (bénédictins, bibl.) II 353, *1.19;*
  485, *2.1*
Mariologie II 43, *2.20;* 170, *2.8*
Mariologie (19) II 465, *2.6*
Marschlins (Philanthropin, bibl.) I 437, *1.10*
Marxisme III 425, *2.198*
Matériels de chœur (19) I 366, *2.15;* 366, *2.17*

Matériels d'orchestre (19) I 366, *2.13*
Mathématiques I 24, *2.35;* 66, *2.21;* 86, *2.24;*
  219, *2.19;* 248, *2.16;* II 71, *2.57;* 326, *2.58;*
  III 76, *2.7;* 227, *2.15;* 379, *1.76*
Mathématiques (16–18) II 240, *2.133;*
  III 408, *2.96*
Mathématiques (16–19) I 171, *2.270;* 321, *2.32;*
  427, *2.7;* II 200, *2.53;* III 281, *2.60*
Mathématiques (17) I 171, *2.273*
Mathématiques (17–18) III 242, *2.46*
Mathématiques (17–19) I 284, *2.14;* II 290, *2.25;*
  365, *2.53;* III 412, *2.121*
Mathématiques (18) I 171, *2.274;* III 77, *2.13;*
  118, *2.11*
Mathématiques (18–19) I 34, *2.102;* 301, *2.19;*
  371, *2.5;* 386, *2.20;* II 125, *2.10;* 142, *2.24;*
  III 131, *2.9;* 416, *2.148*
Mathématiques (19) I 171, *2.275;* 444, *2.49;*
  II 112, *2.13;* 145, *2.46;* 498, *2.25;* III 248, *2.61;*
  382, *1.99*
Mathématiques (manuels scolaires) II 326, *2.58;*
  III 282, *2.66*
Mathématiques (manuels scolaires, 19) I 99, *2.9*
Mathématiques (périodiques) III 76, *2.10*
Mathematisch-Militärische Gesellschaft Zürich
  (bibl.) III 271, *1.6*
Mécanique II 289, *2.24*
Mécanique (16–19) III 278, *2.38*
Mécanique (17–19) III 412, *2.121*
Mécanique céleste (19) III 277, *2.30*
Médecine I 24, *2.35;* 86, *2.25;* 100, *2.12;*
  178, *2.329;* 187, *2.394;* 219, *2.19;* 248, *2.15;*
  284, *2.14;* 441, *2.17;* 443, *2.32;* 446, *2.65;*
  II 52, *1.29;* 309, *2.4;* 386, *2.17;* 404, *2.22;*
  III 199, *2.26;* 381, *1.93;* 381, *1.95*
Médecine (15) I 178, *2.332*
Médecine (15–17) I 253, *2.35*
Médecine (16) I 124, *1.21;* II 62, *2.14;* 90, *2.149;*
  III 299, *2.2*
Médecine (16–17) I 428, *2.14*
Médecine (16–18) II 241, *2.143;* III 408, *2.96*
Médecine (16–19) I 322, *2.35;* II 13, *2.3;*
  200, *2.51;* 288, *2.22;* 328, *2.62;* 454, *2.14;*
  454, *2.18*
Médecine (17) I 204, *2.4;* II 90, *2.150*
Médecine (17–18) III 140, *2.16;* III 234, *2.30*
Médecine (17–19) II 125, *2.7;* 141, *2.23;*
  366, *2.63;* 441, *2.28;* III 226, *2.7;* 381, *1.96;*
  413, *2.131*
Médecine (18) I 196, *2.17;* 205, *2.6;* II 90, *2.151;*
  III 299, *2.4*
Médecine (18–19) I 371, *2.6;* II 32, *2.18;*
  179, *2.31;* 205, *2.87;* III 83, *2.6;* 111, *2.4;*
  131, *2.9;* 414, *2.137*
Médecine (19) I 205, *2.8;* 256, *2.49;* 301, *2.19;*
  341, *2.3;* 386, *2.19;* 406, *2.22;* 444, *2.49;*
  II 90, *2.152;* 499, *2.29;* III 84, *2.12;* 150, *2.15;*
  243, *2.50;* 257, *2.114;* 299, *2.5*
Médecine (brochures, 18–19) III 253, *2.90*
Médecine (périodiques) II 200, *2.51*

Médecine (périodiques, 19)   I 341, *2.2*
Médecine (Suisse)   I 444, *2.44*
Médecine (thèses)   I 66, *2.22*; 322, *2.35*
Médecine (thèses, 17–18)   I 441, *2.17*; II 200, *2.51*; III 299, *2.1*
Médecine (thèses, 17–19)   III 253, *2.90*
Médecine (thèses, Bâle)   I 178, *2.330*
Médecine clinique (18–19)   III 414, *2.140*
Médecine légale   I 322, *2.35*; 341, *2.3*; III 83, *2.7*
Médecine légale (18–19)   III 415, *2.146*
Médecine sociale   III 83, *2.7*
Médecine vétérinaire   I 248, *2.15*
Médecine vétérinaire (17)   II 288, *2.22*
Médecine vétérinaire (18–19)   III 415, *2.147*
Médecine vétérinaire (19)   III 299, *2.5*; 381, *1.96*
Médecine vétérinaire (thèses)   III 82, *1.5*
Medicinisch-chirurgischer Lesezirkel Glarus (bibl.)   I 401, *1.1*; 406, *2.22*
Medizinisch-chirurgische- und veterinarische Communbibliothek (Berne)   I 244, *1.12*
Medizinische Bibliothek (Schaffhouse)   II 278, *1.25*
Medizinische Gesellschaft Glarus   I 401, *2.3*
Medizinische Gesellschaft Glarus (bibl.)   I 401, *1.1*; 409, *2.34*
Medizinische Gesellschaft Schaffhausen (bibl.)   II 276, *1.19*
Mémoires (17–19)   I 34, *2.98*
Mémoires (18–19)   III 240, *2.44*
Mémoires (19)   III 309, *2.18*
Mémoires (académiques)   I 251, *2.25*
Mémoires (académiques, 18–19)   I 133, *2.12*
Mendrisio (capucins, bibl.)   II 427, *1.4*; 428, *2.6*; 453, *2.2*; 454, *2.15*
Mendrisio (hôpital, bibl.)   II 452, *1.1*; 454, *2.14*
Mendrisio (servites, bibl.)   II 427, *1.4*; 428, *2.6*
Menzingen (paroisse, bibl.)   II 252, *2.5*
Meran (séminaire, bibl.)   I 432, *1.3*
Mercenaires   I 200, *2.5*
Mervelier-La Scheulte (paroisse, bibl.)   I 484, *2.24*
Mesocco (capucins, bibl.)   II 446, *2.77*
Métallurgie   II 516, *2.11*
Métaphysique   I 139, *2.46*; 319, *2.12*; III 373, *1.51*
Météorologie (16)   III 281, *2.62*
Météorologie (18)   III 282, *2.69*
Météorologie (19)   I 93, *2.5*; 173, *2.287*; II 498, *2.25*; III 244, *2.51*; 282, *2.72*
Métiers (19)   I 26, *2.49*
Métiers (manuels, 18–19)   I 24, *2.31*
Meubles (19)   II 248, *2.4*
Mezzovico (paroisse, bibl.)   II 383, *1.2*
Microscopie (19)   I 342, *2.7*
Milan (lieu d'impression, 19)   II 476, *2.9*
Militaire   I 97, *1.3*; 187, *2.394*; 219, *2.17*; 286, *2.23*; II 55, *1.39*; 71, *2.57*; 197, *2.29*; 517, *2.14*
Militaire (16–18)   I 31, *2.84*
Militaire (16–19)   I 166, *2.233*; III 275, *2.17*
Militaire (17–19)   II 290, *2.25*; III 295, *2.26*
Militaire (18)   III 124, *2.6*

Militaire (18–19)   I 24, *2.30*; 322, *2.36*; II 142, *2.25*; 365, *2.54*; 386, *2.15*; 506, *2.12*
Militaire (19)   I 100, *2.10*; 386, *2.20*; II 180, *2.36*; 205, *2.85*; 453, *2.4*; 503, *2.44*; III 310, *2.24*; 423, *2.189*
Militaire (19–20)   III 388, *1.129*
Militaire (périodiques)   III 286, *2.97*
Militaire (périodiques, 19)   II 299, *2.39*
Militaire (règlements, 17–19)   I 201, *2.10*
Militaire (règlements, 19)   I 28, *2.60*
Militaire (stratégie)   I 167, *2.243*
Militaire (Suisse)   I 200, *2.6*; III 295, *2.26*
Militaire (Suisse, 18–19)   I 28, *2.60*; 167, *2.237*; 167, *2.242*
Militaire (Suisse, 19)   III 250, *2.73*; 258, *2.119*
Militärbibliothek (Bâle)   I 141, *2.56*; 166, *2.233*; 167, *2.237*
Militärbibliothek (St-Gall)   II 192, *1.18*; 205, *2.84*
Militärdirektion (Zurich, bibl.)   III 342, *1.97*
Minéralogie   I 322, *2.33*; III 283, *2.74*
Minéralogie (16–19)   I 174, *2.298*
Minéralogie (18)   I 174, *2.296*; III 235, *2.33*
Minéralogie (18–19)   II 516, *2.8*; III 412, *2.123*
Minéralogie (19)   I 345, *2.4*; III 244, *2.51*
Mines (exploitation, 16–19)   I 427, *2.7*
Mines (exploitations, 18–19)   II 243, *2.152*
Ministerialbibliothek (Schaffhouse)   II 279, *1.28*; 286, *2.16*
Minoterie   III 278, *2.38*
Mission   III 315, *2.11*
Mission (19)   I 139, *2.43*; III 243, *2.48*
Mission (catholique, 16–18)   II 81, *2.102*
Mission (protestante, 19)   II 157, *2.16*; 270, *2.41*; III 424, *2.192*
Mission auprès des Juifs   I 150, *2.117*
Mission de Bâle   I 139, *2.43*
Mission de Bâle (Zürich, Bibl.)   III 391, *1.169*
Mittwoch-Gesellschaft Ennenda (bibl.)   I 412, *2.53*
Mode   II 77, *2.85*
Mode (19)   II 248, *2.4*; III 496, *2.18*
Mode (périodiques, 18–19)   III 50, *1.18*
Molsheim (chartreuse, bibl.)   II 26, *2.6*
Monastère (Muri, bibl.)   I 23, *2.27*; 25, *2.38*; 27, *2.52*; 37, *2.126*
Monastère (Wettingen, bibl.)   I 23, *2.27*; 25, *2.38*; 30, *2.76*; 37, *2.126*; 44, *1.9*
Mont-Terrible (Bibliothèque nationale)   I 478, *1.10*
Montcroix (capucins, bibl.)   I 484, *2.25*
Montenegro (histoire)   III 426, *2.204*
Motor-Columbus   I 115, *2.44*
Moulins (18)   I 427, *2.7*
Mouvement de jeunesse (socialisme)   III 319, *1.12*
Mouvement féministe (19)   II 348, *1.1*; III 310, *2.25*; 321, *2.16*; 403, *2.72*
Mouvement féministe (brochures, 19)   III 323, *2.28*
Mouvement féministe (périodiques, 19)   III 323, *2.30*
Mouvement ouvrier   III 71, *2.5*; 391, *1.172*; 425, *2.198*
Mouvement ouvrier (19)   II 299, *2.39*; III 321, *2.16*

Mouvement ouvrier (19–20) I 26, 2.47
Mouvement ouvrier (brochures, 19) III 323, 2.26
Mouvement ouvrier (périodiques) III 72, 2.8
Mouvement ouvrier (périodiques, 19) III 323, 2.30
Mouvement ouvrier (Suisse, 19) I 113, 2.29
Mouvement pour la paix II 55, 1.40
Mouvement pour la paix (brochures, 19)
   III 323, 2.27
Moyen-Âge (histoire, 16–19) II 297, 2.33
Moyen-Âge (histoire, 16–19) I 142, 2.65
Moyen-Âge (histoire, 19) II 236, 2.104
Münchhausiana (17–20) III 303, 2.15
Munich (jésuites, bibl.) III 313, 1.2
Münsterlingen (bénédictines, bibl.) II 321, 2.42
Münsterlingen (bénédictins, bibl.) III 233, 2.28
Muri (bénédictins, bibl.) I 16, 1.6; 23, 2.27;
   25, 2.38; 27, 2.52; 37, 2.126
Musée académique (Genève, bibl.) I 304, 1.2
Musée archéologique (Genève, bibl.) I 304, 1.2
Musée Ariana (Genève, bibl.) I 304, 1.2; 305, 1.3
Musée des arts décoratifs (Genève, bibl.) I 304, 1.2
Musée des arts et des métiers (Argovie, bibl.)
   I 26, 2.49
Musée des beaux-arts (Genève, bibl.) I 304, 1.2
Musée du Vieux Genève (bibl.) I 304, 1.2
Musée d'horlogerie (La Chaux-de-Fonds, bibl.)
   II 116, 1.1
Musée épigraphique (Genève, bibl.) I 304, 1.2
Musée Fol (Genève, bibl.) I 304, 1.2
Musée Gutenberg (bibl.) I 231, 2.85; 232, 2.87
Musée pédagogique de Fribourg (bibl.) I 281, 1.8
Musée Rath (Genève, bibl.) I 304, 1.2
Musée Zwingli III 370, 1.28; 402, 2.62
Muséologie (19) III 293, 2.9
Museum Faesch (Bâle, bibl.) I 127, 1.44;
   145, 2.87; 146, 2.90
Museum für Buchbinderei (bibl.) I 234, 2.100
Museumsgesellschaft St. Gallen (bibl.) II 190, 1.8;
   192, 1.15; 204, 2.78
Museumsgesellschaft Zürich III 372, 1.45
Museumsgesellschaft Zürich (bibl.) II 180, 2.34
Museumsverein Schaffhausen (bibl.) II 279, 1.28
Musique I 68, 2.39; 104, 2.43; 250, 2.23;
   II 9, 2.18; 67, 2.39; 201, 2.58; 373, 2.102;
   III 390, 1.162; 390, 1.164
Musique (16–18) III 371, 1.40
Musique (16–19) I 162, 2.196; 428, 2.13;
   III 487, 2.5
Musique (17–19) I 321, 2.30; II 47, 1.8;
   374, 2.111
Musique (18) II 259, 2.13
Musique (18–19) I 162, 2.197; 183, 2.372;
   338, 2.7; II 59, 1.55; 93, 2.171; 93, 2.172;
   373, 2.98; 375, 2.114; 376, 2.120; 507, 2.17;
   III 227, 2.16; 390, 1.163
Musique (19) I 39, 2.135; 294, 2.17; 301, 2.24;
   365, 2.5; 408, 2.31; 411, 2.48; II 142, 2.29;
   165, 2.23; 500, 2.32; III 34, 2.23; 53, 2.18;
   249, 2.65; 252, 2.79; 310, 2.29; 488, 2.10
Musique (19–20) III 390, 1.165; 391, 1.173

Musique (biographies) I 338, 2.7
Musique (brochures, 19) III 254, 2.98
Musique (helvetica) I 225, 2.50
Musique (livres dédicacés) I 428, 2.13
Musique (pédagogie) I 338, 2.6
Musique de chambre (19) I 366, 2.18
Musique instrumentale (17–19) II 375, 2.115
Musique sacrée (17–19) II 375, 2.115
Musique sacrée (18) II 373, 2.100
Musique sacrée (18–19) II 67, 2.39
Musique vocale (17–19) II 375, 2.115
Musis et amicis (société de lecture) II 275, 1.9;
   278, 1.25
Mycologie I 24, 2.35
Mycologie (19) I 28, 2.61
Mystique I 423, 2.6; II 9, 2.8; 43, 2.20; 84, 2.120;
   101, 2.8; 285, 2.15; 315, 2.28; 403, 2.9;
   483, 2.5; 485, 2.6; III 189, 2.6; 193, 2.4;
   367, 1.10; 491, 2.2
Mystique (16–18) I 30, 2.76
Mystique (16–19) III 233, 2.28
Mystique (17) III 229, 2.20
Mystique (17–18) III 59, 1.5
Mystique (17–19) I 294, 2.8; II 183, 2.3;
   III 26, 2.5; 62, 2.9; 150, 2.10
Mystique (18) II 439, 2.11
Mystique (18–19) I 48, 2.2; 434, 2.5; II 250, 2.3;
   333, 2.2; 343, 2.9; 520, 2.5; III 207, 2.9
Mystique (catholique, 17–18) III 396, 2.14
Mythologie I 23, 2.27

Näfels (capucins) II 30, 2.15
Näfels (capucins, bibl.) I 410, 2.41; II 25, 1.3;
   34, 2.25
Naples (journaux) II 57, 1.47
Naturforschende Gesellschaft Basel (bibl.)
   I 129, 1.51; 175, 2.309
Naturforschende Gesellschaft Baselland I 99, 2.4
Naturforschende Gesellschaft Baselland (bibl.)
   I 104, 2.49
Naturforschende Gesellschaft Bern (bibl.)
   I 245, 1.14; 248, 2.17
Naturforschende Gesellschaft Glarus (bibl.)
   I 401, 1.1
Naturforschende Gesellschaft Graubünden (bibl.)
   I 438, 1.14; 441, 2.19; 443, 2.32
Naturforschende Gesellschaft Schaffhausen (bibl.)
   II 279, 1.28; 299, 2.40
Naturhistorisches Museum Schaffhausen (bibl.)
   II 291, 2.27
Naturwissenschaftliche Gesellschaft St. Gallen
   (bibl.) II 190, 1.8
Nécrologues I 195, 2.5; III 423, 2.188
Nestlé I 115, 2.48
Neuchâtel (17–19) II 113, 2.19
Neuchâtel (brochures, 19) II 146, 2.54
Neuchâtel (Centre Dürrenmatt) I 212, 1.21
Neuchâtel (histoire) II 158, 2.30
Neuchâtel (histoire, 17–19) II 140, 2.11
Neuchâtel (histoire, 18–19) II 124, 2.3

Neuchâtel (histoire, 19) II 130, 2.6
Neuchâtel (histoire de l'église) II 157, 2.14
Neuchâtel (littérature grise, 19) II 146, 2.54
Neuchâtel (placards, 19) II 146, 2.52
Neuchâtel (réformation) II 111, 2.8
Neuchâtel (Société de généalogie) II 124, 1.12
Neuchâtel (Société de géographie, bibl.)
  II 137, 1.31
Neuchâtel (Société typographique, archives)
  II 137, 1.34
Neuf St-Johann (bénédictins, bibl.) II 257, 1.1
Neurologie III 84, 2.12
Neurologie (18–19) II 512, 2.4
Neurologie (19) I 341, 2.3
Neuzelle (cisterciens, bibl.) II 43, 2.20
Nidwald II 176, 2.8
Nidwald (histoire) II 164, 2.8; 171, 2.14
Nidwald (histoire de l'Église, 19) II 165, 2.19
Nidwald (journaux) II 167, 2.39
Nidwaldensia II 163, 2.5
Niederteufen (franciscains, bibl.) I 94, 2.6
Nördlingen (Beck'sches Antiquariat) II 484, 1.1
Nova Esperanto Clubo (bibl.) II 191, 1.14
Numismatique I 147, 2.92; 165, 2.224; 187, 2.394;
  II 47, 1.7; 50, 1.23
Numismatique (16–18) I 31, 2.84
Numismatique (16–19) I 146, 2.90; III 264, 2.2
Numismatique (17–19) II 236, 2.108; III 92, 2.3;
  294, 2.16
Numismatique (18–19) I 306, 2.6; 385, 2.13;
  II 31, 2.17; III 265, 2.4; 371, 1.40; 407, 2.95
Numismatique (19) I 24, 2.30; 32, 2.91; 249, 2.19;
  II 201, 2.55; III 197, 2.5; 265, 2.5; 427, 2.205
Numismatique (catalogues de ventes aux enchères,
  19) III 265, 2.4
Numismatique (orient, 18) I 147, 2.92
Numismatique (Suisse) III 294, 2.16
Numismatische Gesellschaft (bibl.) I 249, 2.19

Obergericht (Zurich, bibl.) III 342, 1.97; 351, 2.56
Observance (16–19) II 29, 2.12
Observance (bénédictins, 17–18) II 234, 2.90
Observatoire astronomique de Neuchâtel (bibl.)
  II 145, 2.46
Observatoire fédéral Zurich (bibl.) III 271, 1.7
Obstétrique (16–19) I 180, 2.349
Obstétrique (18) I 205, 2.6
Obwald II 176, 2.6
Obwald (chapitre, bibl.) II 175, 1.1
Obwald (Offiziersverein, bibl.) II 180, 2.36
Occultisme I 23, 2.27; 187, 2.394; 322, 2.36;
  II 359, 2.27; 413, 2.42
Occultisme (18) I 29, 2.65
Occultisme (18–19) II 288, 2.21
Océanie (ethnologie, 19) I 361, 2.8
Oerlikon (Union ouvrière, bibl.) III 320, 2.12
Öffentliche Mädchenschule (Altdorf, bibl.)
  III 22, 2.12
Öffentliche Volksbibliothek St. Gallen II 192, 1.15
Offiziersbibliothek Winterthur III 258, 2.119

Offiziersverein Obwalden (bibl.) II 180, 2.36
Ökonomische Gesellschaft (Soleure, bibl.)
  II 350, 1.1; 351, 1.2; 364, 2.49
Ökonomische Gesellschaft Bern (bibl.) I 244, 1.12
Ökonomische Gesellschaft Graubünden (bibl.)
  I 438, 1.13
Onomastique (géographie) III 372, 1.45
Opéra (libretti, 19) III 249, 2.65
Opéra (partitions, 18–19) I 337, 2.4
Opernhaus Zürich (bibl.) III 488, 2.9
Ophtalmologie (19) I 206, 2.17
Optique II 291, 2.26
Optique (17–19) I 173, 2.286
Optique (18) III 282, 2.68
Optique (18–19) II 291, 2.27
Oraisons funèbres (Suisse, 17–18) III 254, 2.99
Oratoire des âmes intérieurs (bibl.) III 43, 1.6;
  44, 2.14
Oratoriens (Dijon, bibl.) II 43, 2.20
Orchestre (partitions, 18–19) I 337, 2.4
Ordo Templi Orientis (Stein, bibl.) I 88, 2.35
Ordres religieux II 81, 2.101
Ordres religieux (histoire) II 319, 2.37
Orell, Füssli (maison d'édition) III 371, 1.35
Orient (numismatique, 18) I 147, 2.92
Orient ancien I 149, 2.106; III 371, 1.40
Orient ancien (18–19) I 149, 2.111; III 401, 2.56
Ornithologie I 246, 1.17; 255, 2.46
Ornithologie (19) I 345, 2.7
Orthodoxie (protestantisme) I 136, 2.30;
  184, 2.378
Ortsbürgergemeinde St. Gallen (bibl.) II 192, 1.17
Ostschweizerische Geographisch-Kommerzielle
  Gesellschaft (bibl.) II 191, 1.14; 197, 2.30
Ottobeuren (bénédictins, bibl.) II 259, 2.12
Ouvrages illustrés (anatomie, 16–19) II 288, 2.22
Ouvrages illustrés (art, 19) I 38, 2.130
Ouvrages illustrés (sciences naturelles, 19)
  I 38, 2.130
Ouvrages illustrés (voyages, 19) I 38, 2.130

Pacifisme (19) II 156, 2.9
Paléographie (17–19) II 236, 2.104
Paléontologie II 299, 2.41; III 283, 2.74
Paléontologie (18–19) I 174, 2.302; 322, 2.34;
  III 412, 2.123
Paléontologie (19) I 345, 2.4; II 141, 2.20;
  III 244, 2.51
Palestine (pèlerinage, 15–16) I 169, 2.256
Pamphlets I 246, 1.17; II 461, 2.18; III 306, 1.3
Pamphlets (15–17) I 253, 2.34
Pamphlets (16) I 122, 1.11; 252, 2.32; III 366, 1.5;
  366, 1.7; 378, 1.70
Pamphlets (16–17) I 325, 2.56
Pamphlets (16–18) II 497, 2.23; III 370, 1.32;
  404, 2.79; 478, 2.1
Pamphlets (16–19) III 404, 2.78
Pamphlets (17) III 198, 2.18
Pamphlets (18–19) III 408, 2.99
Pamphlets (19) II 167, 2.38

Pamphlets (Berne, 18) I 195, *2.8*
Pamphlets (Glaris, 19) I 405, *2.19*
Pamphlets (guerre de Trente Ans) I 143, *2.73*;
    III 367, *1.10*
Pamphlets (guerres de religion) I 145, *2.86*
Pamphlets (histoire, Suisse, 19) I 250, *2.24*
Pamphlets (réformation) II 195, *2.18*; 357, *2.20*
Pamphlets (révolution française) I 144, *2.76*;
    II 63, *2.22*; III 43, *2.7*; 371, *1.39*; 404, *2.80*;
    III 372, *1.44*
Pamphlets (Vaud, 18–19) III 43, *2.7*
Pamphlets (Zurich, 19) III 320, *2.9*
Panoramas III 483, *2.7*
Panoramas (18–19) III 257, *2.113*
Panoramas (19) III 252, *2.80*
Panoramas (Suisse) I 227, *2.58*; II 481, *2.16*
Papier (histoire, 18) I 428, *2.10*
Papier de couleurs III 500, *2.11*
Parasitologie (18–19) I 345, *2.5*
Paris (jésuites, bibl.) II 343, *2.9*
Paroisse réformée d'Uster (bibl.) III 220, *1.1*
Parti socialiste (Suisse) III 319, *1.13*
Parti socialiste (Zurich) III 319, *1.13*
Partitions (16–19) I 162, *2.199*
Partitions (17–19) I 321, *2.30*
Partitions (18–19) I 365, *2.11*; 411, *2.48*
Partitions (chant, 18–19) I 337, *2.5*
Partitions (chorale, 18–19) I 339, *2.10*
Partitions (musique de chambre, 18–19) I 338, *2.9*
Partitions (musique instrumentale, 18–19)
    I 338, *2.8*
Partitions (opéra, 18–19) I 337, *2.4*
Partitions (orchestre, 18–19) I 337, *2.4*
Partitions (orgue, 18–19) I 337, *2.5*
Partitions (piano, 18–19) I 337, *2.5*
Pathologie (16–19) I 179, *2.342*; 322, *2.35*
Pathologie (18) I 196, *2.17*
Pathologie (18–19) III 414, *2.139*
Pathologie (19) I 205, *2.8*; 206, *2.16*; III 83, *2.6*;
    84, *2.12*
Patriotisme (Suisse, 19) III 199, *2.19*
Patristique I 27, *2.56*; 356, *2.9*; 461, *2.3*; 462, *2.15*;
    481, *2.6*; II 79, *2.93*; 79, *2.95*; 103, *2.18*;
    157, *2.15*; 169, *2.4*; 264, *2.5*; 311, *2.12*;
    342, *2.5*; 356, *2.13*; 403, *2.11*; III 14, *2.27*;
    172, *2.12*; 185, *2.13*; 208, *2.14*; 214, *2.7*
Patristique (15–16) I 136, *2.28*
Patristique (16–18) III 401, *2.60*
Patristique (16–19) II 26, *2.6*; 42, *2.15*; 225, *2.31*;
    226, *2.37*; 286, *2.17*
Patristique (17) III 179, *2.8*
Patristique (17–19) I 293, *2.6*; II 226, *2.35*
Patristique (18–19) I 434, *2.8*; II 485, *2.4*;
    III 149, *2.7*
Patristique (19) II 9, *2.12*; III 418, *2.162*
Paupérisme I 99, *2.7*
Paupérisme (Suisse, 19) I 113, *2.31*
Pays-Bas (histoire, 16–19) I 145, *2.82*
Pédagogie I 81, *2.14*; 104, *2.47*; 219, *2.17*;
    219, *2.20*; 255, *2.42*; 319, *2.12*; 442, *2.20*;
    444, *2.45*; II 42, *2.18*; 57, *1.49*; 88, *2.138*;
    238, *2.120*; 287, *2.20*; III 11, *2.11*; 226, *2.9*
Pédagogie (16–19) I 294, *2.12*
Pédagogie (17–19) I 284, *2.12*; II 258, *2.10*;
    359, *2.26*
Pédagogie (18–19) I 140, *2.52*; 410, *2.38*; 433, *2.3*;
    II 142, *2.28*; 195, *2.16*; 328, *2.63*; III 284, *2.80*;
    420, *2.174*
Pédagogie (19) I 25, *2.39*; 29, *2.69*; 387, *2.30*;
    403, *2.8*; 444, *2.49*; II 493, *2.11*; III 199, *2.22*;
    245, *2.52*; 258, *2.118*
Pédagogie (art) III 495, *2.14*
Pédagogie (brochures, 19) III 254, *2.93*
Pédagogie (musique) I 338, *2.6*
Pédagogie (sport, 19) I 141, *2.56*
Pédiatrie (18–19) III 415, *2.142*
Peinture I 321, *2.29*
Peinture (16–19) I 428, *2.13*
Peinture (19) I 306, *2.7*
Pèlerinage II 319, *2.37*
Pèlerinage (Palestine, 15–16) I 169, *2.256*
Pelplin (séminaire épiscopal, bibl.) III 233, *2.28*
Pénitencier (Regensdorf, bibl.) III 337, *1.67*;
    351, *2.54*; 354, *2.79*
Périodiques I 185, *2.385*; II 63, *2.19*; III 13, *2.19*
Périodiques (17–19) II 145, *2.49*; 298, *2.37*;
    III 286, *2.95*
Périodiques (18) III 237, *2.38*
Périodiques (18–19) I 35, *2.105*; 205, *2.10*;
    323, *2.42*; 387, *2.32*; 408, *2.33*; 442, *2.21*;
    II 126, *2.23*; 194, *2.9*; 310, *2.6*; 370, *2.85*;
    III 13, *2.18*; 16, *2.39*; 153, *2.30*; 255, *2.102*;
    409, *2.102*
Périodiques (19) I 37, *2.125*; 39, *2.133*; 445, *2.52*;
    II 58, *1.51*; 442, *2.37*; III 21, *2.8*; 311, *2.36*
Périodiques (agriculture) III 286, *2.97*
Périodiques (Allemagne, 19) I 409, *2.35*
Périodiques (Appenzell, 16–19) I 92, *2.4*
Périodiques (archéologie, 19) III 293, *2.13*
Périodiques (architecture) III 286, *2.97*
Périodiques (art, 19) III 496, *2.19*
Périodiques (astronomie, 18–19) I 248, *2.16*
Périodiques (Autriche, 19) I 409, *2.35*
Périodiques (beaux-arts, 19) I 306, *2.10*
Périodiques (botanique, 18–19) I 333, *2.13*
Périodiques (catholiques, 19) II 173, *2.25*;
    III 200, *2.29*; 218, *2.25*; 399, *2.39*
Périodiques (chemin de fer) III 286, *2.97*
Périodiques (chimie) III 286, *2.97*
Périodiques (construction mécanique) III 286, *2.97*
Périodiques (divertissement, 19) I 409, *2.36*
Périodiques (droit, 19) I 162, *2.201*
Périodiques (économie) II 204, *2.76*
Périodiques (économie, 19) I 117, *2.66*
Périodiques (français, 18–19) III 167, *2.14*
Périodiques (géographie) I 249, *2.21*
Périodiques (géographie, Suisse) III 293, *2.12*
Périodiques (Glaris) I 405, *2.19*
Périodiques (Grisons) I 443, *2.39*
Périodiques (histoire) I 141, *2.59*; II 74, *2.72*

Périodiques (histoire, 18–19)   I 101, *2.18;*
    II 235, *2.100*
Périodiques (histoire, 19)   I 37, *2.119;* II 104, *2.20;*
    299, *2.40*
Périodiques (histoire, Suisse)   III 293, *2.12*
Périodiques (histoire de la science)   I 251, *2.25*
Périodiques (histoire de l'art)   III 286, *2.97;*
    295, *2.28*
Périodiques (industrie du bâtiment)   III 76, *2.9*
Périodiques (ingénierie)   III 286, *2.97*
Périodiques (littérature)   II 66, *2.34*
Périodiques (littérature, 18–19)   III 255, *2.104*
Périodiques (littérature, 19)   I 103, *2.32*
Périodiques (Lucerne, 18–19)   II 31, *2.16*
Périodiques (mathématiques)   III 76, *2.10*
Périodiques (médecine)   II 200, *2.51*
Périodiques (médecine, 19)   I 341, *2.2*
Périodiques (militaire)   III 286, *2.97*
Périodiques (militaire, 19)   II 299, *2.39*
Périodiques (mode, 18–19)   III 50, *1.18*
Périodiques (mouvement féministe, 19)
    III 323, *2.30*
Périodiques (mouvement ouvrier)   III 72, *2.8*
Périodiques (mouvement ouvrier, 19)   III 323, *2.30*
Périodiques (pharmacie)   III 286, *2.97*
Périodiques (philologie, 18–19)   II 236, *2.111*
Périodiques (philosophie, 18–19)   II 236, *2.111*
Périodiques (physique)   III 76, *2.10*
Périodiques (rhéto-romans, 19)   I 473, *2.6;*
    475, *2.7*
Périodiques (russes, 19)   I 222, *2.35*
Périodiques (sciences économiques, 19)
    I 166, *2.227*
Périodiques (sciences naturelles)   II 517, *2.17;*
    III 286, *2.97*
Périodiques (sciences naturelles, 17–19)
    III 411, *2.119*
Périodiques (sciences naturelles, 19)   I 37, *2.119;*
    II 299, *2.40;* III 255, *2.106*
Périodiques (socialisme)   III 72, *2.8;* 317, *1.2*
Périodiques (St-Gall)   II 194, *2.8*
Périodiques (Suisse)   I 221, *2.32*
Périodiques (Suisse, 19)   III 200, *2.29;* 250, *2.74*
Périodiques (syndicats, 19)   III 323, *2.30*
Périodiques (technique)   II 517, *2.17;* III 76, *2.9*
Périodiques (technique, 19)   I 177, *2.325;* 409, *2.36;*
    II 289, *2.23*
Périodiques (Tessin)   II 395, *2.91*
Périodiques (Tessin, 19)   II 431, *2.26*
Périodiques (théologie)   II 195, *2.17*
Périodiques (théologie, 18–19)   II 226, *2.42;*
    231, *2.72*
Périodiques (théologie, 19)   I 423, *2.10;* 434, *2.9;*
    II 11, *2.28;* 34, *2.26;* 44, *2.22;* 104, *2.20;*
    346, *2.25;* 442, *2.37;* III 210, *2.27*
Périodiques (Zurich, 18–19)   III 353, *2.73*
Périodiques (Zurich, 19)   III 355, *2.88*
Perruques   III 500, *2.19*
Peste   I 179, *2.344;* II 501, *2.39*
Peste (16)   II 242, *2.144;* 288, *2.22*

Petershausen (bénédictins, bibl.)   II 482, *1.2;*
    483, *2.5*
Peyersche Tobias-Stimmer-Stiftung (Schaffhouse)
    II 280, *1.35*
Pfäfers (abbaye, bibl.)   II 220, *1.47;* 222, *2.12*
Pfäfers (bénédictins, bibl.)   II 192, *1.18*
Pharmacie   I 248, *2.15;* 368, *1.1;* II 90, *2.153*
Pharmacie (16)   I 181, *2.355*
Pharmacie (16–19)   I 180, *2.352;* 322, *2.35;*
    II 288, *2.22*
Pharmacie (17–18)   I 181, *2.356*
Pharmacie (18)   I 173, *2.291;* III 299, *2.4*
Pharmacie (18–19)   III 415, *2.144*
Pharmacie (19)   I 205, *2.8;* 369, *2.3;* II 499, *2.29;*
    III 299, *2.5*
Pharmacie (périodiques)   III 286, *2.97*
Pharmacologie (18)   I 66, *2.23*
Pharmacologie (18–19)   II 141, *2.23*
Pharmaziehistorisches Museum (Bâle, bibl.)
    I 180, *2.352*
Philanthropin (Haldenstein, Bibl.)   I 437, *1.10*
Philanthropin (Marschlins, Bibl.)   I 437, *1.10*
Philanthropisme   I 319, *2.14*
Philologie   I 82, *2.16;* 250, *2.22;* 255, *2.42;*
    III 381, *1.95*
Philologie (15–17)   I 253, *2.35*
Philologie (16–18)   I 31, *2.84*
Philologie (16–19)   I 301, *2.17;* 320, *2.25;*
    II 198, *2.38;* 367, *2.66;* 430, *2.19*
Philologie (17–19)   I 36, *2.113;* 325, *2.54*
Philologie (19)   I 25, *2.42;* 33, *2.92;* 447, *2.73;*
    448, *2.85;* II 111, *2.6;* 159, *2.31;* 494, *2.12;*
    III 245, *2.53;* 310, *2.30;* 421, *2.178*
Philologie (Amérique centrale)   III 388, *1.128*
Philologie (humanisme)   II 284, *2.13*
Philologie (périodiques, 18–19)   II 236, *2.111*
Philologie (thèses, 19)   I 152, *2.129*
Philologie allemande   I 102, *2.30;* 157, *2.167;*
    187, *2.394;* 250, *2.22;* 255, *2.45;* II 17, *2.18;*
    53, *1.34*
Philologie allemande (18)   III 423, *2.186*
Philologie allemande (18–19)   I 33, *2.95;* 256, *2.49;*
    II 282, *2.6;* 495, *2.14;* III 405, *2.86*
Philologie américaine (19–20)   III 388, *1.136*
Philologie anglaise   I 183, *2.373;* 321, *2.27*
Philologie anglaise (18–19)   I 159, *2.177;*
    III 406, *2.89*
Philologie anglaise (19)   II 495, *2.15;* III 389, *1.143*
Philologie arabe   III 406, *2.90*
Philologie arabe (16)   I 151, *2.122*
Philologie arabe (16–19)   I 151, *2.120*
Philologie arabe (17)   I 152, *2.125*
Philologie arabe (18)   I 152, *2.126*
Philologie arabe (19)   I 152, *2.127*
Philologie balte   III 426, *2.202*
Philologie classique   I 64, *2.15;* 153, *2.136;*
    233, *2.95;* 249, *2.18;* II 173, *2.20;* 324, *2.47;*
    325, *2.50;* 335, *2.5;* 494, *2.13;* III 226, *2.10;*
    237, *2.37;* 371, *1.37;* 372, *1.47;* 405, *2.83;*
    422, *2.180*

Philologie classique (16)   III 398, *2.30*
Philologie classique (16–19)   I 321, *2.26*
Philologie classique (17–19)   I 34, *2.98*
Philologie classique (18)   I 34, *2.100*; III 398, *2.31*
Philologie classique (18–19)   I 35, *2.107*
Philologie classique (19)   III 245, *2.53*; 256, *2.111*
Philologie classique (brochures, 19)   III 254, *2.94*
Philologie espagnole   I 157, *2.164*
Philologie française   II 324, *2.49*
Philologie française (16–19)   I 321, *2.27*
Philologie française (18–19)   I 482, *2.8*; II 126, *2.15*
Philologie française (19)   I 157, *2.162*; 384, *2.10*; III 34, *2.20*; 34, *2.22*
Philologie germanique   II 323, *2.46*
Philologie germanique (19)   I 321, *2.27*; II 495, *2.15*
Philologie grecque   II 68, *2.43*
Philologie grecque (15–16)   I 153, *2.139*
Philologie grecque (16–19)   I 153, *2.140*; II 284, *2.12*
Philologie hébraïque   I 150, *2.114*; II 78, *2.90*; 237, *2.113*; III 372, *1.48*; 406, *2.90*
Philologie hébraïque (16)   I 150, *2.115*
Philologie hébraïque (17)   I 150, *2.116*
Philologie hébraïque (19)   I 151, *2.118*; II 494, *2.12*; III 400, *2.55*
Philologie indo-européenne   I 152, *2.131*; II 494, *2.12*; III 226, *2.10*
Philologie indo-européenne (19)   I 447, *2.73*
Philologie italienne (16–19)   I 156, *2.156*; II 440, *2.20*; 446, *2.73*
Philologie latine   I 102, *2.30*; 154, *2.146*; II 68, *2.43*
Philologie latine (16–18)   I 482, *2.8*
Philologie latine (16–19)   II 284, *2.12*
Philologie nordique (19)   I 158, *2.175*
Philologie portugaise   I 157, *2.164*
Philologie romane   I 156, *2.154*; 187, *2.394*
Philologie romane (17–19)   I 33, *2.93*; 321, *2.27*; III 405, *2.88*
Philologie romane (19)   II 495, *2.17*
Philologie sanskrite   I 152, *2.133*
Philologie sémitique   I 183, *2.373*; 184, *2.377*
Philologie sémitique (16–19)   I 150, *2.113*; 151, *2.119*
Philologie slave   III 426, *2.202*
Philologie slave (18–19)   I 159, *2.182*
Philologies de l'Asie du sud est   II 67, *2.41*
Philosophie   I 25, *2.38*; 81, *2.14*; 99, *2.8*; 219, *2.20*; 255, *2.42*; 267, *2.18*; 442, *2.20*; II 69, *2.53*; 105, *2.23*; 271, *2.45*; 309, *2.4*; 335, *2.3*; 404, *2.18*; 493, *2.10*; III 11, *2.11*; 53, *2.20*; 59, *1.9*; 200, *2.31*; 209, *2.21*; 217, *2.20*; 226, *2.9*; 372, *1.42*; 381, *1.93*; 381, *1.95*; 407, *2.92*
Philosophie (15)   II 223, *2.19*
Philosophie (15–16)   I 126, *1.31*
Philosophie (15–17)   I 253, *2.35*
Philosophie (16–18)   I 247, *2.8*; II 390, *2.44*

Philosophie (16–19)   I 139, *2.46*; 294, *2.12*; 319, *2.12*; 324, *2.50*; 325, *2.55*; II 41, *2.11*; 195, *2.14*; 238, *2.119*; 317, *2.33*; 358, *2.24*; 429, *2.16*; III 284, *2.80*; 421, *2.179*
Philosophie (17)   III 229, *2.20*
Philosophie (17–18)   II 70, *2.55*; III 398, *2.37*
Philosophie (17–19)   I 284, *2.12*; II 32, *2.19*; 142, *2.28*; 179, *2.29*; III 62, *2.10*
Philosophie (18)   I 64, *2.14*; 270, *2.5*; 393, *2.13*; 419, *2.14*; 428, *2.12*; II 10, *2.21*; III 111, *2.3*; 118, *2.14*; 236, *2.36*; 371, *1.35*
Philosophie (18–19)   I 32, *2.88*; 301, *2.22*; II 126, *2.19*; 159, *2.32*; 288, *2.21*; 345, *2.20*; 422, *2.15*; III 131, *2.10*; 310, *2.26*
Philosophie (19)   I 387, *2.30*; 402, *2.7*; 444, *2.49*; 448, *2.85*; II 113, *2.14*; 172, *2.17*; 252, *2.4*; 387, *2.23*; III 68, *2.6*; 152, *2.21*; 245, *2.52*; 321, *2.16*; 322, *2.21*; 382, *1.99*
Philosophie (Angleterre, 18–19)   II 282, *2.8*
Philosophie (brochures, 19)   III 254, *2.93*
Philosophie (France, 18–19)   II 282, *2.9*
Philosophie (histoire)   I 139, *2.46*; 140, *2.49*
Philosophie (périodiques, 18–19)   II 236, *2.111*
Philosophie morale   I 319, *2.12*
Philosophie morale (19)   I 387, *2.30*; II 159, *2.32*
Physiologie (17–19)   III 414, *2.138*
Physiologie (18)   I 196, *2.17*
Physiologie (18–19)   III 83, *2.4*
Physiologie (19)   I 205, *2.8*; 341, *2.3*; III 84, *2.11*
Physique   I 24, *2.35*; 248, *2.16*; II 71, *2.59*; 327, *2.60*; 515, *2.5*; III 227, *2.15*; 282, *2.71*
Physique (16–19)   I 172, *2.282*; 322, *2.33*; II 199, *2.46*; III 281, *2.60*
Physique (17–19)   I 284, *2.14*; II 365, *2.53*; III 413, *2.128*
Physique (18–19)   I 34, *2.102*; 301, *2.19*; 371, *2.5*; II 142, *2.24*; 291, *2.27*; III 151, *2.16*; 416, *2.150*
Physique (19)   I 386, *2.20*; II 113, *2.17*; 145, *2.46*; 498, *2.25*; III 382, *1.99*
Physique (périodiques)   III 76, *2.10*
Piano-chant (19)   I 366, *2.16*
Piété (catholique, 17–19)   II 465, *2.6*
Piétisme   I 64, *2.13*; 136, *2.27*; 136, *2.30*; 183, *2.372*; 184, *2.378*; 445, *2.57*; 446, *2.70*; II 170, *2.8*; 195, *2.19*; 269, *2.34*; 285, *2.15*; 287, *2.19*; 510, *2.6*; III 62, *2.8*; 233, *2.28*
Piétisme (17–18)   I 447, *2.78*
Piétisme (17–19)   III 62, *2.9*
Placards   I 215, *1.36*
Placards (15–16)   I 252, *2.32*; III 366, *1.7*
Placards (15–18)   III 475, *2.7*
Placards (16)   III 475, *2.5*
Placards (19)   II 124, *2.3*; 167, *2.38*
Placards (Neuchâtel, 19)   II 146, *2.52*
Plans de villes   II 481, *2.15*
Plans de villes (18–19)   I 39, *2.132*
Plans de villes (Europe, 18–19)   II 298, *2.38*
Plans de villes (Schaffhouse, 18–19)   II 298, *2.38*
Plantes médicinales (18–19)   I 333, *2.11*
Poésie (française, 19)   I 384, *2.7*

Polémiqe (anabaptistes)   I 274, *2.8*
Polémique (16–19)   I 319, *2.9*
Polémique (catholique)   III 216, *2.14*
Polémique (catholique, 16–18)   I 30, *2.76*;
   III 396, *2.10*; 396, *2.12*
Polémique (catholique, 17–19)   III 36, *2.36*
Polémique (catholique, 19)   III 172, *2.8*
Polémique (confessionnelle, 16–17)   I 27, *2.56*
Polémique (confessionnelle, 16–19)   II 30, *2.13*
Polémique (protestante)   III 418, *2.163*
Polémique (protestante, 17)   II 157, *2.22*
Polémique (protestante, 17–19)   III 61, *2.7*
Polémique (protestante, 19)   II 157, *2.22*
Polémique (réformée)   I 348, *2.4*
Polémique (reformée, 17)   I 349, *2.7*
Polémique (reformée, 19)   I 385, *2.16*
Politique   I 255, *2.42*; II 50, *1.23*; 458, *2.2*;
   III 284, *2.80*; 388, *1.133*; 389, *1.142*
Politique (16–19)   I 324, *2.50*
Politique (17–19)   II 360, *2.34*
Politique (18–19)   I 319, *2.14*
Politique (19)   I 402, *2.6*; II 126, *2.20*
Politique (brochures, 17–19)   II 298, *2.36*
Politique (Russie, 19)   I 256, *2.48*
Politique (siècle des Lumières)   II 461, *2.16*
Politique (Suisse)   I 166, *2.234*
Politique (Suisse, 17–19)   III 351, *2.57*
Politique (Suisse, 19)   III 355, *2.85*
Politique (Ticinensia)   II 458, *2.3*
Politique (Vaud, 18–19)   III 43, *2.7*
Politique (Zoug, 18–19)   III 201, *2.40*
Politique de la religion   I 99, *2.6*
Politique d'immigration (brochures, 19)
   III 323, *2.27*
Politique économique (19)   I 111, *2.17*
Politique économique (Suisse)   I 110, *2.9*
Politique sociale   II 55, *1.40*; III 317, *1.2*
Politischer Lesezirkel Glarus (bibl.)   I 401, *1.1*;
   404, *2.14*; 406, *2.21*
Pologne (Bibliothèque nationale)   II 184, *1.2*
Pologne (cartes)   II 185, *2.2*
Pologne (cartes, 17–18)   II 185, *2.9*
Pologne (estampes)   II 185, *2.2*; 185, *2.8*
Pologne (histoire, 18)   II 185, *2.6*
Pologne (histoire, 19)   II 185, *2.7*
Polonica   II 185, *2.1*
Ponts   II 517, *2.12*
Population (Suisse, statistique, 19)   I 114, *2.37*
Porrentruy (annonciades, bibl.)   I 477, *1.8*
Porrentruy (capucins, bibl.)   I 477, *1.8*; II 38, *1.1*;
   41, *2.13*; 341, *1.1*
Porrentruy (dépôt littéraire)   I 478, *1.10*
Porrentruy (école normale, bibl.)   I 484, *2.25*
Porrentruy (jésuites, bibl.)   I 476, *1.1*; II 38, *1.1*;
   40, *2.6*; 41, *2.13*; 43, *2.20*; 43, *2.21*
Portraits   I 130, *1.59*; III 371, *1.38*
Portraits (18–19)   I 185, *2.389*
Portraits (19)   I 450, *2.105*
Portugal (histoire)   I 144, *2.79*
Poste (Suisse, 19)   I 113, *2.27*

Préhistoire   II 299, *2.41*
Préhistoire (19)   I 147, *2.99*; III 407, *2.94*
Prémontrés (Bellelay, bibl.)   II 43, *2.20*
Prémontrés (Coire, bibl.)   I 432, *1.2*; 434, *2.10*
Prémontrés (Grandgourt, bibl.)   I 483, *2.23*;
   II 40, *2.8*
Prémontrés (Roggenburg, bibl.)   II 250, *2.5*
Prémontrés (Weissenau, bibl.)   III 316, *2.16*
Programmes de concerts   I 162, *2.200*
Programmes de concerts (19)   I 365, *2.10*
Programmes de concerts (Genève)   I 337, *2.2*
Protestantisme (France)   III 59, *1.8*
Protestantisme (France, 16–17)   III 59, *1.5*
Protestantisme (France, 17–19)   III 61, *2.7*
Psautiers   II 140, *2.16*; III 61, *2.6*
Psychiatrie   III 84, *2.12*
Psychiatrie (18–19)   I 180, *2.351*; II 512, *2.4*
Psychiatrie (19)   I 341, *2.3*; III 83, *2.5*; 381, *1.96*;
   415, *2.143*
Psychiatrie légale (18–19)   II 512, *2.4*
Psychologie   I 81, *2.14*; 319, *2.12*; II 195, *2.14*;
   III 226, *2.9*
Psychologie (17–19)   II 358, *2.25*
Psychologie (18–19)   I 140, *2.51*; 267, *2.18*
Psychologie (19)   I 25, *2.39*; 402, *2.7*; 444, *2.49*;
   II 142, *2.28*; 159, *2.32*; III 152, *2.21*
Psychologie (brochures, 19)   III 254, *2.93*
Psychopathologie (18–19)   II 512, *2.4*; I 387, *2.26*

Question sociale   II 87, *2.136*; 156, *2.9*; III 319, *2.1*
Question sociale (19)   II 299, *2.39*; III 320, *2.7*;
   321, *2.16*
Question sociale (Suisse)   I 166, *2.231*
Question sociale (Suisse, 19)   I 113, *2.31*
Quiétisme (18)   III 44, *2.14*

Raetica   I 220, *2.22*; 438, *1.17*; 439, *1.25*;
   442, *2.22*; 474, *1.1*
Raetica (16–19)   I 442, *2.26*
Raetica (18–19)   I 434, *2.4*
Raetica (19)   I 473, *2.5*; 475, *2.6*
Ramisme   II 501, *2.39*
Ramsen (Internat Wiesholz, bibl.)   III 188, *1.2*
Rapports (Schaffhouse, 17–19)   II 298, *2.37*
Rapports annuels (Argovie, 19)   I 37, *2.119*
Rascher Verlag (Zurich)   III 390, *1.161*
Rathausen (cisterciennes)   II 48, *1.17*
Rathausen (cisterciennes, bibl.)   III 26, *2.5*; 27, *2.12*
Ratisbonne (bénédictins, bibl.)   II 308, *1.40*
Ratisbonne (franciscains, bibl.)   III 14, *2.27*
Récits de voyage   I 22, *2.15*; 68, *2.33*; 85, *2.23*;
   102, *2.28*; 325, *2.56*; II 10, *2.24*; 73, *2.67*;
   198, *2.35*; 321, *2.42*; 517, *2.15*; III 11, *2.9*
Récits de voyage (16–18)   II 241, *2.140*
Récits de voyage (16–19)   I 320, *2.17*; 426, *2.3*
Récits de voyage (17)   I 169, *2.257*
Récits de voyage (17–19)   I 169, *2.254*;
   II 198, *2.33*; 292, *2.28*; 363, *2.42*; III 198, *2.10*
Récits de voyage (18)   I 169, *2.258*; III 124, *2.4*;
   241, *2.45*

Récits de voyage (18–19)   I 37, *2.122;* 53, *2.10;*
   185, *2.386;* 267, *2.15;* 387, *2.28;* II 125, *2.6;*
   140, *2.13;* 498, *2.24;* III 105, *2.5;* 111, *2.5;*
   117, *2.8;* 130, *2.5;* 413, *2.129*
Récits de voyage (19)   I 249, *2.21;* 254, *2.41;*
   306, *2.12;* 333, *2.12;* II 203, *2.75;* III 44, *2.8;*
   44, *2.12;* 141, *2.17;* 151, *2.19;* 248, *2.60;*
   309, *2.21*
Récits de voyage (Chine)   III 307, *1.11*
Récits de voyage (Japon)   III 307, *1.11*
Récits de voyage (Suisse)   I 195, *2.5;* 200, *2.3;*
   III 11, *2.10;* 141, *2.18*
Récits de voyage (Suisse, 16–19)   I 218, *2.14*
Récits de voyage (Suisse, 19)   II 140, *2.13*
Recueils de cantiques   I 339, *2.10;* II 195, *2.17;*
   263, *1.13;* 378, *2.134*
Recueils de cantiques (17–18)   II 67, *2.39*
Recueils de cantiques (17–19)   I 138, *2.37*
Recueils de cantiques (18)   II 377, *2.128*
Recueils de cantiques (19)   I 408, *2.32*
Recueils de cantiques (anabaptistes)   I 275, *2.9*
Recueils de lois (19)   III 98, *2.6;* 243, *2.49*
Recueils de lois (Berne, 18)   I 195, *2.8*
Recueils de lois (Schaffhouse, 18–19)   II 294, *2.29*
Recueils de lois (Suisse, 18–19)   I 408, *2.33*
Rédemptoristes (Weesen, bibl.)   II 253, *1.1*
Réformation   I 63, *2.11;* 99, *2.6;* 122, *1.12;*
   123, *1.18;* 136, *2.27;* 137, *2.34;* 182, *2.364;*
   187, *2.394;* 318, *2.7;* 348, *2.4;* II 80, *2.100;*
   157, *2.15;* 260, *1.1;* 268, *2.26;* 493, *2.9;*
   502, *2.40;* III 366, *1.9;* 372, *1.48;* 418, *2.162*
Réformation (Bâle)   I 182, *2.369*
Réformation (helvetica)   I 73, *2.5*
Réformation (histoire)   II 319, *2.38*
Réformation (Neuchâtel)   II 111, *2.8*
Réformation (pamphlets)   II 195, *2.18;* 357, *2.20*
Réformation (Suisse)   II 294, *2.29*
Réformation (Zurich)   III 402, *2.62*
Réforme électorale (19)   I 167, *2.236*
Regensberg (archives communales)   III 361, *2.120*
Regensburg (jésuites, bibl.)   III 316, *2.15*
Regensdorf (paroisse, archives)   III 361, *2.120*
Regensdorf (pénitencier, bibl.)   III 337, *1.67;*
   351, *2.54;* 354, *2.79*
Règlements (militaire, 17–19)   I 201, *2.10*
Règlements (militaire, 19)   I 28, *2.60*
Religions (non chrétiennes, 16–19)   I 135, *2.20*
Religions (non chrétiennes, 19)   II 157, *2.19*
Restauration (18–19)   I 35, *2.106*
Retz (dominicains, bibl.)   I 298, *1.7*
Réveil   II 269, *2.36*
Réveil (Vaud)   III 44, *2.10*
Révolution française   I 144, *2.76;* 184, *2.382;*
   187, *2.394;* III 33, *2.16;* 198, *2.14;* 198, *2.18*
Révolution française (pamphlets)   I 144, *2.76;*
   II 63, *2.22;* III 43, *2.7;* 371, *1.39;* 372, *1.44;*
   404, *2.80*
Révolutions (18–20)   III 389, *1.138*
Rheinau (bénédictins)   III 327, *1.6*
Rheinau (bénédictins, archives)   III 360, *2.114*

Rheinau (bénédictins, bibl.)   II 16, *2.13;* 171, *2.12;*
   254, *2.4;* 308, *1.40;* 328, *2.62;* III 206, *2.7;*
   206, *2.8;* 351, *2.54*
Rheinfelden (capucins, bibl.)   I 16, *1.3;* 28, *2.63*
Rheinfelden (Chapitre de Saint-Martin, bibl.)
   I 17, *1.10;* 29, *2.65*
Riemenstalden (paroisse, bibl.)   II 38, *1.1*
Rieter-Biedermann (édition)   I 226, *2.52;*
   III 486, *1.7;* 488, *2.12*
Riva San Vitale (paroisse, bibl.)   II 449, *1.1;*
   449, *2.1*
Roggenburg (prémontrés, bibl.)   II 250, *2.5*
Rolle (paroisse, bibl.)   III 37, *2.38*
Romans (français, 18)   III 110, *1.6*
Romans (français, 18–19)   III 110, *1.4;* 111, *2.6*
Rome (Antiquité, 16–19)   I 148, *2.104*
Rome (histoire)   I 142, *2.63*
Rorschach (bénédictins, bibl.)   II 510, *2.7*
Rosaire   II 338, *2.4*
Russica (17–20)   III 391, *1.169*
Russie (16–19)   I 254, *2.39*
Russie (18–19)   I 160, *2.185*
Russie (histoire, 19)   I 32, *2.90*
Russie (politique, 19)   I 256, *2.48*

Salem (cisterciens, bibl.)   II 501, *2.38;* III 194, *2.7*
Salle des armures (Genève, bibl.)   I 304, *1.2*
Salzbourg (bénédictines, bibl.)   III 25, *1.1;* 26, *2.5*
Sangallensia   II 189, *1.6;* 190, *1.9*
Sangallensia (16–19)   II 202, *2.63*
Sängerverein Harmonie Zürich (bibl.)
   III 391, *1.173*
Sanitätsbibliothek (St-Gall)   II 192, *1.18;* 205, *2.86*
Santé publique (Suisse)   I 112, *2.19*
Santé publique (Suisse, 19)   III 250, *2.71*
Sarnen (bénédictins)   I 27, *2.53*
Sauerländer (éditeur, Aarau)   I 23, *2.23*
Savoie (histoire, 19)   I 377, *2.10;* 385, *2.12*
Scaphusiana   II 279, *1.30;* 294, *2.30*
Scaphusiana (17–19)   II 294, *2.29*
Scaphusiana (18–19)   II 294, *2.31*
Schachgesellschaft Zürich (bibl.)   III 389, *1.141*
Schaffgottsche Majoratsbibliothek (Warmbrunn,
   bibl.)   I 428, *2.14*
Schaffhouse (association des métiers, bibl.)
   II 299, *2.39*
Schaffhouse (bibliothèque médicale)   II 278, *1.25*
Schaffhouse (brochures, 18–19)   II 294, *2.31*
Schaffhouse (Gesellschaft der Freunde, bibl.)
   II 275, *1.9;* 276, *1.15;* 291, *2.27;* 296, *2.32*
Schaffhouse (Gewerbeverein, bibl.)   II 276, *1.19;*
   279, *1.28;* 299, *2.39*
Schaffhouse (Gewerkschaftskartell, bibl.)
   II 279, *1.28*
Schaffhouse (Grütliverein, bibl.)   II 279, *1.28*
Schaffhouse (histoire, 18–19)   II 294, *2.29*
Schaffhouse (histoire de l'Église)   II 270, *2.42*
Schaffhouse (Historisch-antiquarischer Verein,
   bibl.)   II 279, *1.28*

Schaffhouse (Historischer Verein, bibl.)
  II 279, *1.28;* 299, *2.40*
Schaffhouse (Hurter, éditeur)   II 277, *1.20;*
  287, *2.19;* 296, *2.32*
Schaffhouse (imprimés officiels, 18–19)
  II 294, *2.31*
Schaffhouse (Juristenverein, bibl.)   II 280, *1.35*
Schaffhouse (Kantonale Offiziersgesellschaft,
  bibl.)   II 279, *1.28;* 299, *2.39*
Schaffhouse (Medizinische Gesellschaft, bibl.)
  II 276, *1.19*
Schaffhouse (Ministerialbibliothek)   II 279, *1.28;*
  286, *2.16*
Schaffhouse (Museumsverein, bibl.)   II 279, *1.28*
Schaffhouse (Naturforschende Gesellschaft, bibl.)
  II 279, *1.28;* 299, *2.40*
Schaffhouse (Naturhistorisches Museum, bibl.)
  II 291, *2.27*
Schaffhouse (Peyersche Tobias-Stimmer-Stiftung)
  II 280, *1.35*
Schaffhouse (plans de villes, 18–19)   II 298, *2.38*
Schaffhouse (rapports, 17–19)   II 298, *2.37*
Schaffhouse (recueils de lois, 18–19)   II 294, *2.29*
Schaffhouse (Stadtbibliothek)   II 177, *2.18*
Schaffhouse (Sturzenegger Stiftung)   II 280, *1.35;*
  299, *2.41*
Scheyern (abbaye bénédictine)   II 296, *2.32*
Schönenwerd (chapitre collégial, bibl.)   II 42, *2.14;*
  341, *1.1;* 344, *2.13;* 353, *1.21*
Schüpfheim (capucins, bibl.)   II 25, *1.3;* 33, *2.20;*
  34, *2.25*
Schweizerhall Chemie   I 109, *1.12*
Schweizerisches Arbeitersekretariat (bibl.)
  III 349, *2.46*
Schweizerisches Idiotikon (Zurich)   I 216, *2.4*
Schweizerisches Wirtschaftsarchiv Basel (bibl.)
  I 165, *2.223*
Schwyz (Bibliotheksgesellschaft)   II 334, *1.1*
Schwyz (Conseil d'État)   III 330, *1.22*
Schwyz (dominicaines, bibl.)   II 311, *2.10*
Schwyz (géographie)   II 335, *2.2*
Schwyz (Gymnasium, bibl.)   II 334, *1.2*
Schwyz (histoire)   II 335, *2.2*
Schwyz (journaux, 19)   III 210, *2.27*
Science des matériaux (19)   I 173, *2.292*
Science financière (19)   I 387, *2.25*
Sciences auxiliaires de l'histoire   I 146, *2.89;*
  247, *2.9;* 249, *2.19;* 266, *2.12;* 320, *2.19;*
  II 74, *2.71;* 197, *2.29;* 361, *2.36;* 497, *2.23;*
  III 348, *2.35*
Sciences auxiliaires de l'histoire (16–19)
  II 296, *2.32*
Sciences auxiliaires de l'histoire (18–19)
  III 293, *2.14*
Sciences auxiliaires de l'histoire (19)   I 301, *2.20;*
  II 140, *2.11*
Sciences économiques   I 255, *2.42;* II 458, *2.2;*
  III 226, *2.9;* 284, *2.80;* 373, *1.51;* 388, *1.133;*
  390, *1.155*

Sciences économiques (17–19)   I 284, *2.11;*
  II 363, *2.45*
Sciences économiques (18–19)   I 24, *2.30;*
  165, *2.224;* 319, *2.14;* 386, *2.24;* III 53, *2.18*
Sciences économiques (19)   II 112, *2.10;* 142, *2.26;*
  166, *2.32;* 430, *2.21;* III 140, *2.15;* 245, *2.52*
Sciences économiques (brochures, 19)   III 253, *2.89*
Sciences économiques (périodiques, 19)
  I 166, *2.227*
Sciences naturelles   I 16, *1.6;* 24, *2.35;* 66, *2.21;*
  86, *2.24;* 100, *2.11;* 170, *2.267;* 219, *2.19;*
  248, *2.17;* 255, *2.42;* 267, *2.17;* 284, *2.14;*
  441, *2.19;* 443, *2.32;* II 72, *2.61;* 105, *2.24;*
  199, *2.45;* 259, *2.12;* 309, *2.4;* 325, *2.53;*
  515, *2.4;* III 11, *2.7;* 53, *2.16;* 217, *2.19;*
  283, *2.73*
Sciences naturelles (16–18)   II 240, *2.136;*
  III 398, *2.36;* 408, *2.96*
Sciences naturelles (16–19)   I 427, *2.7;* II 441, *2.28;*
  III 283, *2.74*
Sciences naturelles (17–19)   II 239, *2.130;*
  365, *2.53;* III 63, *2.13;* 226, *2.8;* 234, *2.31;*
  235, *2.35*
Sciences naturelles (18)   II 388, *2.34*
Sciences naturelles (18–19)   I 37, *2.123;* 55, *2.24;*
  294, *2.16;* 333, *2.10;* 372, *2.8;* 386, *2.19;*
  419, *2.13;* 482, *2.9;* II 112, *2.9;* 125, *2.7;*
  179, *2.27;* 291, *2.27;* 499, *2.28;* III 111, *2.4;*
  118, *2.13;* 130, *2.8;* 141, *2.19;* 151, *2.17;*
  495, *2.12*
Sciences naturelles (19)   I 33, *2.97;* 406, *2.22;*
  444, *2.49;* II 130, *2.10;* 141, *2.21;* 159, *2.33;*
  171, *2.16;* 345, *2.19;* 423, *2.21;* III 44, *2.9;*
  68, *2.6;* 310, *2.31*
Sciences naturelles (brochures, 19)   III 253, *2.91*
Sciences naturelles (manuels scolaires, 19)
  III 244, *2.51*
Sciences naturelles (ouvrages illustrés, 19)
  I 38, *2.130*
Sciences naturelles (périodiques)   II 517, *2.17;*
  III 286, *2.97*
Sciences naturelles (périodiques, 17–19)
  III 411, *2.119*
Sciences naturelles (périodiques, 19)   I 37, *2.119;*
  II 299, *2.40;* III 255, *2.106*
Sciences naturelles (Suisse)   I 444, *2.44*
Sciences naturelles (thèses, 19)   III 244, *2.51;*
  253, *2.91*
Sciences politiques   I 99, *2.7;* 166, *2.234;* 248, *2.14;*
  441, *2.15;* II 87, *2.131;* 458, *2.2*
Sciences politiques (16–19)   I 24, *2.30*
Sciences politiques (17–19)   II 363, *2.45*
Sciences politiques (18–19)   II 492, *2.6;* III 53, *2.18*
Sciences politiques (19)   I 402, *2.6;* 448, *2.85;*
  II 112, *2.10;* 142, *2.26;* 236, *2.106;* III 243, *2.49;*
  417, *2.154*
Sciences politiques (Grisons)   I 443, *2.30*
Sciences politiques (Suisse)   I 444, *2.43*
Sciences politiques (Suisse, 19)   I 418, *2.9;*
  II 87, *2.132*

Sciences sociales   I 219, *2.17;* 266, *2.13;*
  III 317, *1.2*
Sciences sociales (17–19)   III 62, *2.10*
Sciences sociales (19)   I 166, *2.231;* II 112, *2.10;*
  142, *2.26*
Scolastique   I 136, *2.27;* 139, *2.47;* 481, *2.6;*
  II 42, *2.15;* 70, *2.55;* 267, *2.17;* 356, *2.14*
Secrétariat ouvrier (Copenhague, bibl.)
  III 320, *2.12*
Séminaire (Bâle, bibl.)   II 358, *2.22*
Séminaire (Grand-St-Bernard, bibl.)   III 177, *1.14*
Séminaire (Meran, bibl.)   I 432, *1.3*
Séminaire (Soleure, bibl.)   II 38, *1.1*
Séminaire épiscopal de Pelplin (bibl.)   III 233, *2.28*
Séminaire rabbinique (Breslau, bibl.)   I 350, *1.3;*
  III 267, *1.1;* 289, *1.4*
Sémitique (19)   III 371, *1.36;* 421, *2.178*
Sermons   I 293, *2.7;* 481, *2.6;* II 100, *2.6;* 183, *2.5;*
  195, *2.17;* 257, *2.5;* 315, *2.30;* 429, *2.13;*
  438, *2.6;* III 14, *2.24*
Sermons (16–17)   I 45, *2.7*
Sermons (16–19)   I 137, *2.35*
Sermons (17)   II 438, *2.8*
Sermons (17–19)   III 184, *2.6;* 206, *2.7*
Sermons (18)   I 183, *2.372;* II 195, *2.19;* 439, *2.10*
Sermons (19)   II 298, *2.36;* 439, *2.14;* III 243, *2.48*
Sermons (catholiques)   II 83, *2.116;* III 27, *2.12;*
  217, *2.21;* 315, *2.10*
Sermons (catholiques, 16)   II 231, *2.67*
Sermons (catholiques, 16–19)   II 33, *2.20;*
  172, *2.18;* 357, *2.18;* 465, *2.5*
Sermons (catholiques, 17–18)   II 8, *2.6*
Sermons (catholiques, 17–19)   I 422, *2.4;*
  II 338, *2.6;* 344, *2.13;* 483, *2.3;* III 149, *2.9;*
  172, *2.6*
Sermons (catholiques, 18–19)   II 21, *2.3;* 231, *2.68;*
  520, *2.7;* III 189, *2.9*
Sermons (latins, 17)   II 316, *2.31*
Sermons (protestants, 17–19)   II 156, *2.6*
Service de l'agriculture (bibl.)   III 30, *1.3*
Servites (Mendrisio, bibl.)   II 427, *1.4;* 428, *2.6*
Servites (Vienne, bibl.)   II 479, *2.7*
Seuzach (paroisse, archives)   III 361, *2.120*
Siècle des Lumières   I 76, *1.1;* 184, *2.378;*
  394, *2.14;* II 262, *1.7;* 269, *2.34;* 312, *2.15;*
  335, *2.5;* 345, *2.20;* III 397, *2.28*
Siècle des Lumières (Angleterre)   II 282, *2.8*
Siècle des Lumières (critique, 18–19)   II 230, *2.62*
Siècle des Lumières (France)   II 282, *2.9*
Siècle des Lumières (philosophie)   I 393, *2.13*
Siècle des Lumières (politique)   II 461, *2.16*
Siècle des Lumières (théologie)   II 27, *2.7;* 312, *2.16*
Sion (Diocèse, bibl.)   III 177, *1.14*
Sion (jésuites, bibl.)   III 316, *2.13*
Sion chez Klingnau (bénédictins, bibl.)   I 28, *2.63*
Slavistique   I 187, *2.394*
Socialisme   I 113, *2.32;* 402, *2.6;* III 71, *2.5;*
  320, *2.11;* 321, *2.16*
 Socialisme (19)   III 310, *2.25;* 320, *2.9*
 Socialisme (brochures, 19)   III 320, *2.9;* 323, *2.26*

Socialisme (littérature, 19)   III 320, *2.7*
Socialisme (mouvement de jeunesse)   III 319, *1.12*
Socialisme (périodiques)   III 72, *2.8;* 317, *1.2*
Socialistica   III 390, *1.155;* 425, *2.198;* 427, *2.205*
Societas Studiosorum (Berne, bibl.)   I 244, *1.12*
Société botanique (Genève, bibl.)   I 332, *1.14*
Société de Banque Bâloise (archives)   I 107, *1.4*
Société de géographie (Neuchâtel, bibl.)
  II 137, *1.31*
Société de géographie de Genève   I 317, *1.39*
Société de géographie de Genève (bibl.)   I 359, *1.6*
Société de lecture (Neuchâtel, bibl.)   II 134, *1.10*
Société de lecture Gais (bibl.)   I 81, *2.14*
Société de musique (Genève, bibl.)   I 336, *1.1;*
  338, *2.6;* 339, *2.11*
Société de physique et d'histoire naturelle
  (Genève)   I 315, *1.30*
Société de physique et d'histoire naturelle (Genève,
  bibl.)   I 330, *1.2;* 344, *1.3*
Société des arts (Genève, bibl.)   I 305, *1.4*
Société des libraires et éditeurs de la Suisse
  romande   I 213, *1.27*
Société des pasteurs de Jura (bibl.)   II 154, *1.23*
Société d'économie et d'utilité publique de Berne
  I 195, *2.11*
Société d'histoire et d'archéologie de Genève
  I 317, *1.39*
Société économique de Fribourg (bibl.)   I 281, *1.7;*
  I 285, *2.22*
Société genevoise d'horticulture (bibl.)   I 332, *1.14*
Société genevoise d'utilité publique   I 317, *1.39*
Société helvétique des sciences naturelles
  I 126, *1.36*
Société helvétique des sciences naturelles (bibl.)
  I 245, *1.14;* 248, *2.17*
Société Jean-Jacques Rousseau (Genève, bibl.)
  I 317, *1.39*
Société jurassienne d'émulation (bibl.)   I 481, *2.2;*
  483, *2.23*
Société mariale (Lucerne)   II 28, *2.10*
Société médicale (Genève, bibl.)   I 371, *1.3*
Société neuchâteloise de généalogie (bibl.)
  II 124, *1.12*
Société suisse de préhistoire (bibl.)   II 353, *1.26*
Société suisse des professeurs de l'enseignement
  secondaire   III 372, *1.44;* 377, *1.64;* 409, *2.104*
Société suisse du Grutli (Le Locle, bibl.)   II 123, *1.8*
Société suisse du théâtre (bibl.)   I 232, *2.86*
Société suisse d'études généalogiques (bibl.)
  I 234, *2.101*
Société typographique de Neuchâtel   II 134, *1.9*
Société typographique de Neuchâtel (archives)
  II 137, *1.34*
Société valaisanne des sciences naturelles (bibl.)
  III 163, *1.13*
Société vaudoise d'horticulture (bibl.)   III 43, *1.6*
Sociologie   I 187, *2.394*
Soleure (Cäcilienverein, bibl.)   II 372, *2.95;*
  374, *2.105;* 376, *2.123;* 376, *2.126*

Soleure (capucins, bibl.) II 26, *2.6;* 33, *2.22;* 100, *1.1;* 170, *2.6*
Soleure (chancellerie, bibl.) II 353, *1.22*
Soleure (chapitre collégiale) II 344, *2.13*
Soleure (chapitre de St-Urs, bibl.) II 351, *1.7;* 356, *2.12;* 368, *2.71;* 371, *2.87;* 372, *2.97;* 376, *2.123*
Soleure (Choraulen- und Partisteninstitut, bibl.) II 372, *2.97*
Soleure (Église catholique, bibl.) II 352, *1.10*
Soleure (franciscains, bibl.) II 352, *1.11;* 356, *2.12;* 358, *2.21;* 369, *2.80;* 371, *2.87;* 373, *2.99*
Soleure (frères mineurs, bibl.) II 172, *2.18*
Soleure (Grosse Gesellschaft, bibl.) II 351, *1.3*
Soleure (Hochobrigkeitliche Schule, bibl.) II 352, *1.15*
Soleure (Höhere Lehranstalt, bibl.) II 352, *1.12*
Soleure (Kantonale Militärbibliothek) II 353, *1.22;* 365, *2.54*
Soleure (Kantons-Kriegs-Commission, bibl.) II 365, *2.54*
Soleure (Kantonsbibliothek) II 351, *1.6;* 354, *1.28*
Soleure (Kantonsschule, bibl.) II 372, *2.95;* 374, *2.104*
Soleure (Literarische Gesellschaft, bibl.) II 353, *1.25*
Soleure (littérature grise) II 368, *2.74*
Soleure (Ökonomische Gesellschaft, bibl.) II 350, *1.1;* 351, *1.2;* 364, *2.49*
Soleure (séminaire, bibl.) II 38, *1.1*
Soleure (Stadtbibliothek) II 351, *1.6;* 354, *1.28*
Soleure (Studentenbibliothek) II 353, *1.18*
Soleure (jésuites, bibl.) II 38, *1.1;* 352, *1.14;* 352, *1.17;* 356, *2.12;* 356, *2.16;* 358, *2.21;* 359, *2.29;* 364, *2.49;* 365, *2.61;* 368, *2.71;* 370, *2.83;* 373, *2.100;* 376, *2.123;* III 26, *2.7;* 207, *2.9;* 316, *2.13*
Solodorensia II 368, *2.74*
Somasques (Lugano, bibl.) II 427, *1.3;* 428, *2.12*
Sonderbund II 171, *2.14*
Sorcières II 102, *2.9;* 170, *2.9*
Sorcières (16) II 230, *2.63*
Sorcières (16-19) II 196, *2.25*
Sorcières (17) II 234, *2.95*
Sozialistica III 389, *1.138*
Speisegesellschaft Winterthur (bibl.) III 319, *1.12;* 321, *2.14*
Spiritualisme I 187, *2.394;* II 268, *2.27;* 285, *2.15*
Spiritualité (16-19) II 43, *2.20*
Spiritualité (18-19) III 178, *2.6*
Spiritualité (catholique) I 431, *2.3*
Sport (19) I 141, *2.56*
Sport (pédagogie, 19) I 141, *2.56*
St-Gall (bénédictins) I 68, *2.38;* III 26, *2.5*
St-Gall (bénédictins, archives) III 361, *2.119*
St-Gall (bénédictins, bibl.) II 9, *2.15;* 257, *1.1;* 258, *2.8*
St-Gall (dominicaines, bibl.) II 257, *2.4;* 257, *2.5*
St-Gall (Gewerbeverein, bibl.) II 190, *1.8*
St-Gall (Handelshochschule, bibl.) II 191, *1.14*

St-Gall (histoire) II 509, *2.3*
St-Gall (histoire, 18-19) II 235, *2.102*
St-Gall (Historischer Verein, bibl.) II 190, *1.8*
St-Gall (Hülfsgesellschaft, bibl.) II 191, *1.11*
St-Gall (imprimerie) II 189, *1.6;* 202, *2.63;* 215, *1.17*
St-Gall (Industrie- und Gewerbemuseum, bibl.) II 201, *2.55*
St-Gall (Kaufmännisches Direktorium, bibl.) II 191, *1.14;* 203, *2.74*
St-Gall (Kunstverein, bibl.) II 192, *1.15;* 193, *2.4;* 204, *2.77*
St-Gall (Landwirtschaftliche Gesellschaft, bibl.) II 190, *1.8;* 201, *2.57*
St-Gall (Militärbibliothek) II 192, *1.18;* 205, *2.84*
St-Gall (Museumsgesellschaft, bibl.) II 190, *1.8;* 192, *1.15;* 204, *2.78*
St-Gall (Naturwissenschaftliche Gesellschaft, bibl.) II 190, *1.8*
St-Gall (Öffentliche Volksbibliothek) II 192, *1.15*
St-Gall (Ortsbürgergemeinde, Bibl.) II 192, *1.17*
St-Gall (périodiques) II 194, *2.8*
St-Gall (Sanitätsbibliothek) II 192, *1.18;* 205, *2.86*
St-Gall (Stiftsbibliothek) II 249, *1.1*
St-Gerold (bénédictins, bibl.) II 311, *2.9;* 311, *2.10;* 321, *2.42*
St-Gotthard III 10, *2.3*
St-Johann (vallée de la Thur, bénédictins, Bibl.) II 311, *2.11*
St-Katharinental (dominicaines, bibl.) II 253, *1.1;* 254, *2.4;* 482, *1.2*
St-Maurice (capucins, bibl.) III 176, *1.10*
St-Ottilien (bénédictins) II 251, *1.1*
St-Urban (cisterciens) II 25, *1.3;* 28, *2.10;* 33, *2.22;* 46, *1.2*
St-Urban (cisterciens, bibl.) II 38, *1.1;* 41, *2.13;* 43, *2.20;* 92, *2.162;* 172, *2.18;* 173, *2.22;* 308, *1.40;* III 230, *2.21*
St-Urban (couvent de cisterciens) II 33, *2.20*
Staatsanwaltschaft (Zurich, bibl.) III 342, *1.97*
Staatsarchiv Luzern II 20, *1.1*
Stadtarchiv Chur I 437, *1.10*
Stadtbibliothek (Zug) III 204, *1.1*
Stadtbibliothek Bern I 194, *1.2*
Stadtbibliothek Burgdorf II 177, *2.18*
Stadtbibliothek Chur I 436, *1.3;* 446, *2.66*
Stadtbibliothek Schaffhausen II 177, *2.18*
Stadtbibliothek Solothurn II 351, *1.6;* 354, *1.28*
Stadtbibliothek Winterthur III 264, *1.2*
Stadtbibliothek Zürich I 217, *2.8;* II 62, *2.15;* III 230, *2.21;* 337, *1.66*
Stans (bibliothèque des étudiants) II 171, *2.14*
Stans (capucins, bibl.) II 346, *2.27*
Statistiques I 99, *2.7;* 166, *2.226;* 386, *2.24;* 442, *2.20*
Statistiques (19) I 387, *2.26*
Statistisches Bureau (Zurich, bibl.) III 342, *1.97*
Stein (Ordo Templi Orientis, bibl.) I 88, *2.35*
Steinen (dominicaines, bibl.) II 337, *1.1*
Sténographie (19) I 30, *2.72;* 134, *2.14*

Steyr (capucins, bibl.)   I 427, 2.4
Steyr (dominicains, bibl.)   I 427, 2.4
Stiftsbibliothek St. Gallen   II 249, 1.1
Stiftung Peter Merian (Bâle)   I 128, 1.49
Stiftung zur Förderung des Schweizerischen Wirtschaftsarchivs   I 107, 1.7
Strasbourg (imprimerie)   II 371, 2.87
Stratégie (militaire)   I 167, 2.243
Studentenbibliothek (Soleure)   II 353, 1.18
Studentenbibliothek (Stans)   II 171, 2.14
Studienbibliothek zur Geschichte der Arbeiterbewegung (Zurich)   III 391, 1.172
Sturzenegger Stiftung (Schaffhouse)   II 280, 1.35; 299, 2.41
Suisse (administration publique, 19)   I 114, 2.36
Suisse (affiches, 19)   I 324, 2.46
Suisse (aide sociale, 19)   III 257, 2.113
Suisse (associations professionnelles, 19)   I 116, 2.59
Suisse (assurances, 19)   I 112, 2.25
Suisse (banques, 19)   I 112, 2.23; 114, 2.42
Suisse (banques, littérature grise, 19)   I 115, 2.43
Suisse (beaux-arts)   I 444, 2.45
Suisse (belles-lettres)   I 444, 2.45
Suisse (Bibliothèque nationale)   I 72, 1.2
Suisse (bienfaisance)   I 444, 2.45
Suisse (biographies)   I 444, 2.43; II 198, 2.36
Suisse (biographies, 18–19)   I 385, 2.13
Suisse (biographies, 19)   I 405, 2.17
Suisse (biographies, économie)   I 117, 2.63
Suisse (botanique)   I 195, 2.5
Suisse (brochures, 19)   I 418, 2.9; II 294, 2.29
Suisse (calendriers)   I 223, 2.39
Suisse (calendriers, 18–19)   III 296, 2.31
Suisse (cantons, 19)   I 404, 2.16
Suisse (capucins)   II 407, 1.4
Suisse (cartes)   I 200, 2.3; 215, 1.36; 448, 2.91
Suisse (cartes, 16–17)   I 169, 2.251
Suisse (cartes, 16–19)   I 227, 2.56; II 480, 2.10; III 297, 2.38
Suisse (cartes, 18–19)   II 298, 2.38; 500, 2.33
Suisse (cartes, 19)   I 249, 2.21; III 251, 2.77
Suisse (catalogues de livres, 19)   I 228, 2.62
Suisse (chansonniers)   I 252, 2.32
Suisse (chemin de fer, 19)   II 201, 2.55
Suisse (code civil)   I 114, 2.37; 164, 2.216
Suisse (commerce et industrie)   I 444, 2.45
Suisse (constitution fédérale 1874)   I 114, 2.36
Suisse (décrets, 16–19)   I 224, 2.43
Suisse (droit)   I 444, 2.43; II 86, 2.128
Suisse (droit, 16–19)   II 196, 2.24; III 344, 2.10; 351, 2.60
Suisse (droit, 17–19)   I 164, 2.215; III 355, 2.83
Suisse (droit, 18–19)   III 354, 2.79
Suisse (droit, 19)   I 418, 2.9; II 113, 2.15; III 98, 2.7; 250, 2.69
Suisse (droit des affaires)   I 110, 2.9
Suisse (droit des obligations)   I 114, 2.37; 164, 2.216
Suisse (droit public)   I 82, 2.15

Suisse (économie forestière)   I 111, 2.15
Suisse (économie nationale)   I 110, 2.9
Suisse (économie nationale, 19)   I 166, 2.226
Suisse (économie, articles de journaux, 19)   I 110, 2.6
Suisse (économie, littérature grise, 19)   I 110, 2.6
Suisse (électricité)   I 112, 2.19
Suisse (entreprises, littérature grise, 19)   I 114, 2.38
Suisse (Fédération suisse de sténographie, bibl.)   I 17, 1.14; 18, 1.19
Suisse (finances publiques, 19)   I 113, 2.34
Suisse (finances, 19)   I 112, 2.23
Suisse (franc-maçonnerie, 19)   II 294, 2.29; III 254, 2.99
Suisse (géographie)   I 195, 2.5; 200, 2.3; 218, 2.14; 320, 2.16; 444, 2.45; II 197, 2.31
Suisse (géographie, 16–19)   I 169, 2.251
Suisse (géographie, 17–18)   II 362, 2.40
Suisse (géographie, 17–19)   I 427, 2.5; II 370, 2.82; III 21, 2.5; 198, 2.9; 293, 2.11
Suisse (géographie, 18–19)   II 125, 2.6; III 11, 2.10
Suisse (géographie, 19)   II 112, 2.11; III 250, 2.67
Suisse (géographie, périodiques)   III 293, 2.12
Suisse (Geschichtsforschende Gesellschaft, bibl.)   I 245, 1.14; 249, 2.20
Suisse (gestion des eaux, 19)   I 111, 2.15
Suisse (histoire)   I 85, 2.21; 101, 2.22; 195, 2.5; 218, 2.14; 249, 2.20; 266, 2.12; 320, 2.22; 444, 2.43; II 62, 2.18; 75, 2.75; 104, 2.21; 309, 2.4; 319, 2.38; 385, 2.10; 486, 2.7; III 12, 2.14; 15, 2.32; 21, 2.4; 22, 2.12; 216, 2.17; 346, 2.26
Suisse (histoire, 16)   I 184, 2.381
Suisse (histoire, 16–18)   I 31, 2.84; 428, 2.8; III 349, 2.43
Suisse (histoire, 16–19)   I 145, 2.86; II 198, 2.36; 198, 2.37; 235, 2.101
Suisse (histoire, 17–19)   I 200, 2.4; II 40, 2.7; 145, 2.44; 158, 2.30; 294, 2.29; 370, 2.82; III 62, 2.11; 227, 2.17; 293, 2.11
Suisse (histoire, 18–19)   I 54, 2.16; 255, 2.43; 376, 2.6; 385, 2.12; 418, 2.8; 434, 2.4; II 31, 2.16; 111, 2.7; 124, 2.4; 140, 2.11; 164, 2.11; 165, 2.15; 275, 1.12; 362, 2.37; 509, 2.3; III 43, 2.5; 124, 2.4; 130, 2.6; 149, 2.6; 397, 2.23; 420, 2.172
Suisse (histoire, 19)   I 185, 2.383; II 16, 2.13; 130, 2.5; 164, 2.9; 171, 2.14; III 105, 2.6; 139, 2.8; 173, 2.13; 209, 2.19; 250, 2.66; 349, 2.46
Suisse (histoire constitutionnelle)   III 285, 2.92
Suisse (histoire de la guerre, 18–19)   I 28, 2.60
Suisse (histoire de l'Église)   I 182, 2.366; 184, 2.382; 318, 2.7; II 80, 2.99; 104, 2.21; 157, 2.14; 294, 2.29
Suisse (histoire de l'Église, 17–19)   II 40, 2.7; III 294, 2.19
Suisse (histoire de l'Église, 18–19)   II 165, 2.18
Suisse (histoire du livre, 19)   III 250, 2.73
Suisse (histoire, brochures, 18–19)   II 198, 2.37

Suisse (histoire, pamphlets, 19)   I 250, *2.24*
Suisse (histoire, périodiques)   III 293, *2.12*
Suisse (horlogerie)   I 112, *2.19*
Suisse (horlogerie, 19)   I 115, *2.47*
Suisse (impôts, 19)   I 113, *2.34*
Suisse (imprimés officiels)   I 223, *2.42*
Suisse (imprimés officiels, 19)   III 338, *1.74*; 355, *2.86*
Suisse (industrie)   I 166, *2.229*
Suisse (industrie, 19)   III 250, *2.72*
Suisse (industrie alimentaire)   I 112, *2.19*
Suisse (industrie alimentaire, 19)   I 115, *2.48*
Suisse (industrie du bâtiment)   I 112, *2.19*; 444, *2.45*
Suisse (industrie du bâtiment, 19)   I 115, *2.51*
Suisse (industrie mécanique)   I 112, *2.19*
Suisse (industrie mécanique, 19)   I 115, *2.51*
Suisse (industrie textile)   I 112, *2.19*
Suisse (industrie textile, 19)   I 115, *2.47*
Suisse (inventaires analytiques, 19)   III 347, *2.32*
Suisse (journaux)   I 222, *2.36*
Suisse (Judaica)   III 289, *1.3*
Suisse (littérature grise)   I 224, *2.44*
Suisse (littérature, 18–19)   I 407, *2.26*
Suisse (littérature, 19)   III 250, *2.68*
Suisse (livres d'adresses, 19)   I 223, *2.41*
Suisse (manuels scolaires, 19)   II 195, *2.16*
Suisse (médecine)   I 444, *2.44*
Suisse (militaire)   I 200, *2.6*; III 295, *2.26*
Suisse (militaire, 18–19)   I 28, *2.60*; 167, *2.237*; 167, *2.242*
Suisse (militaire, 19)   III 250, *2.73*; 258, *2.119*
Suisse (mouvement ouvrier, 19)   I 113, *2.29*
Suisse (numismatique)   III 294, *2.16*
Suisse (oraisons funèbres, 17–18)   III 254, *2.99*
Suisse (panoramas)   I 227, *2.58*; II 481, *2.16*
Suisse (patriotisme, 19)   III 199, *2.19*
Suisse (paupérisme, 19)   I 113, *2.31*
Suisse (périodiques)   I 221, *2.32*; III 200, *2.29*
Suisse (périodiques, 19)   III 250, *2.74*
Suisse (politique)   I 166, *2.234*
Suisse (politique, 17–19)   III 351, *2.57*
Suisse (politique, 19)   III 355, *2.85*
Suisse (politique économique)   I 110, *2.9*
Suisse (population, statistique, 19)   I 114, *2.37*
Suisse (poste, 19)   I 113, *2.27*
Suisse (publications des sociétés, 18–19)   I 224, *2.44*
Suisse (publications des sociétés, transports)   I 225, *2.49*
Suisse (publications des sociétés, universités)   I 225, *2.49*
Suisse (question sociale)   I 166, *2.231*
Suisse (question sociale, 19)   I 113, *2.31*
Suisse (récits de voyage)   I 195, *2.5*; 200, *2.3*; III 11, *2.10*; III 141, *2.18*
Suisse (récits de voyage, 16–19)   I 218, *2.14*
Suisse (récits de voyage, 19)   II 140, *2.13*
Suisse (recueils de lois, 18–19)   I 408, *2.33*
Suisse (réformation)   II 294, *2.29*

Suisse (santé publique)   I 112, *2.19*
Suisse (santé publique, 19)   III 250, *2.71*
Suisse (sciences naturelles)   I 444, *2.44*
Suisse (sciences politiques)   I 444, *2.43*
Suisse (sciences politiques, 19)   I 418, *2.9*; II 87, *2.132*
Suisse (Société des sciences naturelles, bibl.)   I 245, *1.14*; 248, *2.17*
Suisse (théologie)   I 444, *2.44*; II 62, *2.18*
Suisse (théologie, 19)   III 250, *2.70*
Suisse (tourisme)   I 112, *2.19*
Suisse (transports publics, 19)   I 116, *2.55*
Suisse (transports)   I 444, *2.45*
Suisse (transports, 19)   I 113, *2.27*; III 250, *2.72*
Suisse (travail, 19)   I 113, *2.29*
Suisse (uniformes, 19)   I 200, *2.6*
Suisse (vues)   I 215, *1.36*
Suisse romande (géographie, 19)   I 361, *2.13*
Sulzer SA (bibl.)   II 514, *1.3*
Sursee (capucins)   II 8, *1.1*
Sylviculture   II 289, *2.23*; III 227, *2.15*
Sylviculture (18–19)   III 280, *2.54*
Sylviculture (19)   III 249, *2.63*
Syndicats   III 319, *1.13*; 322, *2.19*
Syndicats (périodiques, 19)   III 323, *2.30*
Système scolaire (Argovie, 19)   I 29, *2.69*

Tableaux votifs (18)   II 447, *2.88*
Talmud (éditions)   III 268, *2.4*
Tänikon (cisterciennes, bibl.)   III 194, *2.7*
Technique   I 442, *2.20*; II 89, *2.145*; 243, *2.152*; 289, *2.24*; 386, *2.16*; 515, *2.4*; III 11, *2.8*; 227, *2.15*
Technique (16–19)   I 177, *2.322*; 427, *2.7*
Technique (17–18)   III 242, *2.46*
Technique (18–19)   II 289, *2.23*; 364, *2.50*; III 413, *2.127*; 495, *2.12*
Technique (19)   I 173, *2.287*; 386, *2.20*; 407, *2.23*; 444, *2.49*; II 200, *2.54*; 201, *2.55*; 499, *2.31*; III 76, *2.6*; 248, *2.62*; 416, *2.152*
Technique (brochures, 19)   III 253, *2.92*
Technique (manuels, 18–19)   I 24, *2.31*
Technique (périodiques)   II 517, *2.17*; III 76, *2.9*
Technique (périodiques, 19)   I 177, *2.325*; 409, *2.36*; II 289, *2.23*
Technischer Verein Glarus (bibl.)   I 401, *1.1*; 407, *2.23*; 409, *2.36*
Tessin (droit, 19)   I 457, *2.7*
Tessin (histoire)   II 385, *2.10*
Tessin (histoire, 19)   II 391, *2.55*; 413, *2.40*
Tessin (imprimerie)   II 453, *2.7*
Tessin (imprimerie, 18–19)   II 407, *2.3*; 461, *2.16*
Tessin (imprimés officiels, 19)   II 386, *2.21*
Tessin (journaux)   II 395, *2.91*
Tessin (lieu d'impression)   II 459, *2.7*
Tessin (périodiques)   II 395, *2.91*
Tessin (périodiques, 19)   II 431, *2.26*
Textiles (19)   II 248, *2.4*
Textiles (catalogues d'échantillons)   II 248, *2.6*
Theaterverein Chur   I 450, *2.113*

Théâtre (18–19)   I 300, *2.16*
Théâtre (19)   I 40, *2.140;* II 165, *2.22*
Théâtre religieux   II 156, *2.8*
Théologie   I 16, *1.6;* 18, *1.19;* 27, *2.56;* 63, *2.8;*
  80, *2.13;* 99, *2.6;* 136, *2.26;* 219, *2.20;* 233, *2.93;*
  255, *2.42;* 267, *2.16;* 441, *2.14;* 446, *2.70;*
  455, *2.2;* II 17, *2.17;* 264, *2.3;* 277, *1.22;*
  III 10, *2.4;* 22, *2.16;* 53, *2.17;* 59, *1.9;* 193, *2.6;*
  315, *2.10;* 316, *2.12;* 371, *1.37;* 372, *1.42;*
  381, *1.95;* 389, *1.142;* 389, *1.145;* 400, *2.49*
Théologie (15)   II 223, *2.19*
Théologie (15–17)   I 253, *2.35*
Théologie (16)   I 252, *2.33;* II 62, *2.14*
Théologie (16–17)   I 45, *2.6;* II 357, *2.20;*
  III 400, *2.50*
Théologie (16–18)   I 30, *2.76;* 247, *2.8;* 428, *2.11;*
  481, *2.5*
Théologie (16–19)   I 56, *2.29;* 183, *2.373;*
  248, *2.13;* 256, *2.49;* 301, *2.21;* 324, *2.50;*
  325, *2.55;* 457, *2.9;* 468, *2.3;* II 102, *2.11;*
  140, *2.14;* 285, *2.15;* 286, *2.17;* 398, *2.5;*
  446, *2.74;* 446, *2.79;* 450, *2.6;* 454, *2.15;*
  III 226, *2.5;* 284, *2.80;* 381, *1.96*
Théologie (17)   II 262, *1.11*
Théologie (17–18)   I 29, *2.65;* 447, *2.78;*
  II 252, *2.7;* III 423, *2.186*
Théologie (17–19)   I 324, *2.45;* II 358, *2.21;*
  442, *2.41*
Théologie (18)   III 371, *1.35*
Théologie (18–19)   I 32, *2.88;* 410, *2.38;*
  II 111, *2.8;* 444, *2.59;* III 111, *2.3;* 131, *2.11*
Théologie (19)   I 33, *2.97;* 402, *2.5;* 444, *2.49;*
  475, *2.6;* II 130, *2.11;* 252, *2.4;* III 38, *2.50;*
  310, *2.27*
Théologie (biographies, 19)   II 156, *2.13*
Théologie (brochures, 16–19)   II 287, *2.19*
Théologie (brochures, 17–18)   III 359, *2.110*
Théologie (brochures, 18–19)   III 253, *2.87*
Théologie (catholique)   I 446, *2.62;* II 25, *2.4;*
  41, *2.13;* 48, *1.14;* 53, *1.34;* 268, *2.28;* 335, *2.3;*
  385, *2.13;* 394, *2.80;* 493, *2.8;* 501, *2.38;*
  III 158, *2.4;* 216, *2.14*
Théologie (catholique, 16)   III 173, *2.17*
Théologie (catholique, 16–17)   III 402, *2.67*
Théologie (catholique, 16–18)   II 388, *2.33;*
  III 167, *2.10*
Théologie (catholique, 16–19)   I 23, *2.26;* 283, *2.8;*
  II 30, *2.13;* 230, *2.58;* 403, *2.15;* 438, *2.6;*
  472, *2.7*
Théologie (catholique, 17–18)   II 230, *2.60*
Théologie (catholique, 17–19)   I 294, *2.11;*
  465, *2.3;* II 167, *2.35;* 423, *2.20;* III 32, *2.7;*
  36, *2.36;* 38, *2.45;* 201, *2.39*
Théologie (catholique, 18)   I 410, *2.41*
Théologie (catholique, 18–19)   I 26, *2.48;* 434, *2.6;*
  II 343, *2.12;* 475, *2.3;* III 37, *2.40*
Théologie (catholique, 19)   II 335, *2.6;* 390, *2.47;*
  487, *2.2;* III 22, *2.17*
Théologie (Genève)   I 324, *2.45*
Théologie (jésuites, 18)   II 230, *2.61*

Théologie (luthérienne, 16)   I 348, *2.4*
Théologie (luthérienne, 16–17)   I 64, *2.12;*
  III 402, *2.66*
Théologie (orthodoxe, 18–19)   I 160, *2.185*
Théologie (périodiques)   II 195, *2.17*
Théologie (périodiques, 18–19)   II 226, *2.42;*
  231, *2.72*
Théologie (périodiques, 19)   I 434, *2.9;* II 11, *2.28;*
  34, *2.26;* 44, *2.22;* 104, *2.20;* 346, *2.25;*
  442, *2.37;* III 210, *2.27*
Théologie (protestante)   I 445, *2.57;* II 313, *2.18;*
  493, *2.9;* 502, *2.40*
Théologie (protestante, 16)   II 82, *2.109*
Théologie (protestante, 16–19)   I 319, *2.11*
Théologie (protestante, 17)   II 195, *2.19*
Théologie (protestante, 17–19)   II 126, *2.17;*
  III 61, *2.5;* 62, *2.8;* 119, *2.20;* III 140, *2.13*
Théologie (protestante, 18)   III 400, *2.53*
Théologie (protestante, 19)   II 269, *2.35;*
  III 38, *2.49;* 400, *2.52;* 400, *2.55*
Théologie (réformée)   I 442, *2.24;* 443, *2.31;*
  463, *2.20*
Théologie (réformée, 16)   I 252, *2.30;* 348, *2.4;*
  355, *2.7;* III 54, *2.25*
Théologie (réformée, 16–17)   I 63, *2.11;*
  III 402, *2.65*
Théologie (réformée, 16–18)   I 29, *2.67;*
  III 400, *2.51*
Théologie (réformée, 16–19)   I 183, *2.371;*
  468, *2.3;* III 233, *2.28*
Théologie (réformée, 17)   I 349, *2.7;* II 268, *2.29;*
  III 229, *2.20;* 230, *2.21;* 402, *2.63;* 402, *2.64*
Théologie (réformée, 17–18)   I 355, *2.8*
Théologie (réformée, 17–19)   I 385, *2.14*
Théologie (réformée, 18)   I 475, *2.5*
Théologie (réformée, 19)   III 44, *2.10;* 243, *2.48*
Théologie (siècle des Lumières)   II 27, *2.7;*
  312, *2.16*
Théologie (Suisse)   I 444, *2.44;* II 62, *2.18*
Théologie (Suisse, 19)   III 250, *2.70*
Théologie (thèses)   I 319, *2.11*
Théologie dogmatique (catholique)   III 25, *2.4*
Théologie dogmatique (catholique, 19)   III 26, *2.7*
Théologie morale   I 423, *2.7;* 481, *2.6;* II 103, *2.15;*
  314, *2.26;* 428, *2.10;* III 208, *2.13*
Théologie morale (16–18)   I 30, *2.76*
Théologie morale (16–19)   I 319, *2.9*
Théologie morale (17–18)   II 27, *2.9*
Théologie morale (18–19)   III 178, *2.7*
Théologie morale (catholique)   II 9, *2.10;* 42, *2.14;*
  82, *2.108;* 170, *2.7;* 342, *2.8;* III 25, *2.4;*
  185, *2.12;* 214, *2.10*
Théologie morale (catholique, 16–18)   III 315, *2.10*
Théologie morale (catholique, 16–19)   II 466, *2.7*
Théologie morale (catholique, 17–18)   III 172, *2.11*
Théologie morale (catholique, 17–19)   I 294, *2.9;*
  II 229, *2.55*
Théologie morale (catholique, 18)   II 439, *2.12*
Théologie morale (catholique, 18–19)   I 434, *2.11;*
  II 398, *2.5;* III 149, *2.8*

Théologie pastorale   II 19, *2.9;* 267, *2.15;* 356, *2.16*
Théologie pastorale (18)   III 178, *2.7*
Théologie pastorale (18–19)   II 29, *2.11*
Théologie pastorale (19)   II 440, *2.17*
Théologie pastorale (catholique)   II 82, *2.111;* 102, *2.9;* 170, *2.9;* 483, *2.6*
Théologie pastorale (catholique, 17–19) II 42, *2.16;* III 172, *2.10;* 215, *2.12*
Théologie pastorale (catholique, 18–19)   I 433, *2.3;* II 343, *2.10*
Théologie pastorale (protestante, 19)   II 156, *2.11*
Théologie pastorale (réformée, 18–19)   I 385, *2.16*
Théologie pratique   I 183, *2.372*
Théologie pratique (16–19)   I 136, *2.31;* 319, *2.10*
Théologie pratique (17)   II 438, *2.8*
Théologie pratique (18–19)   III 62, *2.9*
Théologie pratique (catholique)   II 493, *2.8*
Théologie pratique (catholique, 17–18)   III 396, *2.13*
Théologie pratique (catholique, 17–19)   II 398, *2.5;* III 36, *2.36*
Théologie pratique (catholique, 18–19)   II 485, *2.5*
Théologie pratique (catholique, 19)   II 358, *2.22;* III 149, *2.8*
Théologie pratique (protestante)   II 493, *2.9*
Théologie pratique (protestante, 17–19)   II 155, *2.5*
Théologie pratique (protestante, 18–19)   III 418, *2.164*
Théologie pratique (protestante, 19)   II 502, *2.40*
Théologie systématique   II 41, *2.12*
Théorie de la connaissance   I 139, *2.46*
Théosophie   I 187, *2.394;* II 285, *2.15;* III 491, *2.2*
Théosophie (17–18)   III 59, *1.5*
Théosophie (17–19)   III 62, *2.8*
Théosophie (18–19)   I 32, *2.88*
Thèses   I 250, *2.24;* 251, *2.26*
Thèses (16–20)   III 385, *1.103*
Thèses (17)   II 298, *2.36;* 317, *2.33*
Thèses (17–18)   II 500, *2.34;* III 388, *1.137;* 402, *2.66;* 422, *2.181*
Thèses (18)   II 267, *2.16*
Thèses (18–19)   II 369, *2.80*
Thèses (Bâle)   I 131, *2.1*
Thèses (chimie, 19)   I 173, *2.292;* II 142, *2.24*
Thèses (droit, 16–17)   II 285, *2.14*
Thèses (droit, 17)   II 196, *2.26*
Thèses (droit, 17–18)   I 270, *2.4*
Thèses (droit, 19)   III 416, *2.153*
Thèses (histoire de la médecine)   III 82, *1.5*
Thèses (médecine)   I 66, *2.22;* 322, *2.35*
Thèses (médecine, 17–18)   I 441, *2.17;* II 200, *2.51;* III 299, *2.1*
Thèses (médecine, 17–19)   III 253, *2.90*
Thèses (médecine, Bâle)   I 178, *2.330*
Thèses (médecine vétérinaire)   III 82, *1.5*
Thèses (philologie, 19)   I 152, *2.129*
Thèses (sciences naturelles, 19)   III 244, *2.51;* 253, *2.91*
Thèses (théologie)   I 319, *2.11*
Thèses (théologiques, 19)   III 59, *1.8*

Thonon (capucins, bibl.)   III 182, *1.1*
Thorberg (chartreux, bibl.)   I 241, *1.2;* 252, *2.29*
Thurgauische Naturforschende Gesellschaft (bibl.)   II 491, *1.5*
Thurgauische Offiziersgesellschaft (bibl.)   II 491, *1.5;* 503, *2.44*
Thurgovie (19)   II 496, *2.19*
Thurgovie (Evangelischer Kirchenrat, bibl.)   II 491, *1.5;* 502, *2.40*
Thurgovie (histoire)   II 509, *2.3*
Thurgovie (journaux)   II 500, *2.36*
Ticinensia   II 431, *2.25;* 453, *2.5*
Ticinensia (18–19)   II 444, *2.54*
Ticinensia (politique)   II 458, *2.3*
Tiefencastel (capucins, bibl.)   II 437, *1.6*
Tisis (jésuites, bibl.)   III 314, *1.8;* 316, *2.15*
Tisseranderie (19)   II 248, *2.4*
Tonhallegesellschaft Zürich (bibl.)   III 391, *1.173;* 486, *1.8;* 488, *2.10*
Torah   III 268, *2.4*
Torberg (chartreux, bibl.)   III 209, *2.22*
Torre (paroisse, bibl.)   II 383, *1.2*
Tourisme (Suisse)   I 112, *2.19*
Transports   I 166, *2.229*
Transports (18–19)   II 125, *2.11*
Transports (19)   I 100, *2.16*
Transports (Grisons, 19)   I 443, *2.35*
Transports (publications des sociétés, Suisse)   I 225, *2.49*
Transports (Suisse)   I 444, *2.45*
Transports (Suisse, 19)   I 113, *2.27;* III 250, *2.72*
Transports publics (Suisse, 19)   I 116, *2.55*
Travail (Suisse, 19)   I 113, *2.29*
Tremblement de terre (17)   I 174, *2.295*
Tremblement de terre (18)   I 174, *2.296*
Trey (paroisse, bibl.)   III 35, *2.27*
Trogen (bibliothèque communale)   I 76, *1.1;* 78, *2.7*
Trogen (Lesegesellschaft Schäfle, bibl.)   I 85, *2.21*
Trogen (Lesegesellschaft zur Krone, bibl.)   I 77, *1.2;* 81, *2.14*
Tugiensia   III 201, *2.38;* 202, *2.53*
Tunnel (19)   III 278, *2.37*
Turicensia   III 473, *1.3*
Turicensia (16–18)   III 400, *2.51*
Turicensia (17–19)   II 294, *2.30*
Turicensia (18–19)   III 408, *2.100*
Turicensia (19)   III 339, *1.76*
Turicensia (vues topographiques)   III 475, *2.2*
Turicensia (vues topographiques, 19)   III 476, *2.10*
Turnlehrerverein Basel (bibl.)   I 141, *2.56*
Typographie   III 493, *1.5;* 498, *1.8;* 499, *2.6*
Typographie (18–19)   II 492, *2.5*

Ungarisch-schweizerische Gesellschaft (bibl.)   I 232, *2.86*
Uniformes (19)   II 248, *2.4*
Uniformes (Suisse, 19)   I 200, *2.6*
Union ouvrière   III 319, *1.13*

Union ouvrière (Genève, bibl.)   III 319, *1.11;* 320, *2.10*
Union ouvrière (Oerlikon, bibl.)   III 320, *2.12*
Union suisse des sociétés mycologiques (bibl.)   I 28, *2.61*
Union syndicale suisse (bibl.)   III 320, *2.12*
Universal-Edition   III 486, *1.7*
Universitätsbibliothek Basel   I 265, *1.13*
Universitätsbibliothek Bern   I 194, *1.2*
Université (brochures, 17–19)   II 298, *2.36*
Université Ingolstadt (bibl.)   II 103, *2.18*
Uraniensia   III 8, *1.4;* 10, *2.3;* 20, *2.3*
Urbanisme   III 274, *2.11*
Uri (chapitre, bibl.)   III 8, *1.8*
Uri (histoire)   III 21, *2.4*
Uri (histoire, 19)   III 12, *2.14*
Uri (journaux, 19)   III 210, *2.27*
Uri (Kantonale Gemeinnützige Gesellschaft, bibl.)   III 11, *2.9;* 13, *2.18*
Uri (manuels scolaires)   III 9, *1.11*
Uri (manuels scolaires, 19)   III 12, *2.15*
Ursulines (Fribourg, bibl.)   I 423, *2.6*
USEGO (archives)   I 109, *1.12*
Uster (paroisse réformée, bibl.)   III 220, *1.1*

Valais (cartes)   III 167, *2.18*
Valais (histoire, 19)   III 173, *2.13*
Valais (journaux)   III 167, *2.17*
Valchiavenna   I 442, *2.28*
Valdensia   III 54, *2.26*
Vallesiana   III 163, *1.13;* 163, *1.15*
Vallesiana (19)   III 173, *2.13;* 180, *2.16*
Valteline   I 442, *2.28*
Valteline (histoire)   I 458, *2.10*
Vaterländische Bibliothek Basel   I 97, *1.2;* 130, *1.57;* 145, *2.85;* 158, *2.168;* 184, *2.379;* 186, *2.390*
Vaterländische Gesellschaft Appenzell-Ausserrhoden   I 77, *1.2;* 78, *2.7;* 83, *2.17;* 84, *2.19;* 87, *2.29*
Vaud (18–19)   III 120, *2.26*
Vaud (histoire, 18–19)   III 43, *2.5*
Vaud (imprimés officiels, 18–19)   III 43, *2.6*
Vaud (journaux)   III 43, *2.7*
Vaud (pamphlets, 18–19)   III 43, *2.7*
Vaud (politique, 18–19)   III 43, *2.7*
Vaud (Réveil)   III 44, *2.10*
Venise (lieu d'impression, 16)   II 387, *2.27*
Ventriloquie (19)   III 243, *2.50*
Verein Burgenfreunde beider Basel   I 104, *2.48*
Verein des Heiligen Vinzenz von Paul (bibl.)   II 38, *1.1*
Verein St-Iddazell (Fischingen, bibl.)   II 485, *1.4;* 485, *2.1*
Vienne (servites, bibl.)   II 479, *2.7*
Villars Maître Chocolatier   I 115, *2.48*
Villars-le-Terroir (paroisse, bibl.)   III 37, *2.41*
Viticulture   II 434, *2.7;* III 30, *1.3*
Viticulture (18–19)   II 291, *2.27*
Viticulture (19)   II 143, *2.31*

Volksbildungsverein (bibl.)   I 97, *1.3*
Volkswirtschaftsdirektion (Zurich, bibl.)   III 342, *1.97*
Von Roll SA (bibl.)   II 514, *1.3*
Vues (Coire, 19)   I 449, *2.103*
Vues (Grand-St-Bernard)   III 153, *2.32*
Vues (Grisons, 19)   I 449, *2.101*
Vues (Suisse)   I 215, *1.36*
Vues (topographiques)   III 371, *1.38*
Vues topographiques (Helvetica)   III 475, *2.2*
Vues topographiques (Helvetica, 19)   III 476, *2.10*
Vues topographiques (Turicensia)   III 475, *2.2*
Vues topographiques (Turicensia, 19)   III 476, *2.10*
Vulcanisme (17)   I 174, *2.295*
Vulcanisme (18)   I 174, *2.296*

Wald (cisterciennes, bibl.)   II 249, *1.1;* 250, *2.3*
Waldegg (fidéicommis, bibl.)   II 350, *1.1*
Waldsassen (cisterciens, bibl.)   I 428, *2.11*
Wander AG   I 115, *2.48*
Warmbrunn (Schaffgottsche Majoratsbibliothek, bibl.)   I 428, *2.14*
Wassen (archives de la paroisse, bibl.)   III 22, *2.16*
Weesen (dominicaines)   II 55, *1.39*
Weesen (rédemptoristes, bibl.)   II 253, *1.1*
Weissenau (prémontrés, bibl.)   III 316, *2.16*
Werden (bénédictins, bibl.)   I 86, *2.25*
Werthenstein (couvent de cordeliers)   II 25, *1.3;* 33, *2.20*
Werthenstein (frères mineurs)   II 49, *1.18*
Wessobrunn (bénédictins, bibl.)   I 74, *2.9;* 85, *2.21;* II 308, *1.40*
Wettingen (cisterciens)   III 192, *1.1*
Wettingen (cisterciens, bibl.)   I 16, *1.6;* II 39, *2.5;* 339, *2.7*
Wettingen (monastère, bibl.)   I 23, *2.27;* 25, *2.38;* 30, *2.76;* 37, *2.126;* 44, *1.9*
Wetzikon (Landwirtschaftliche Schule, bibl.)   III 337, *1.67*
Wiesbaden (Commission on European Jewish Cultural Reconstruction)   III 268, *1.3*
Wil (capucins, bibl.)   I 421, *1.1;* II 100, *1.1*
Winterberg (Archives communales)   III 361, *2.120*
Winterthur (19)   III 255, *2.101*
Winterthur (brochures, 19)   III 257, *2.113*
Winterthur (Club alpin suisse, bibl)   III 258, *2.120*
Winterthur (Collège de musique, bibl.)   III 251, *2.78*
Winterthur (Gewerbemuseum, bibl.)   III 257, *2.115*
Winterthur (Historisch-Antiquarischer Verein, bibl.)   III 258, *2.116*
Winterthur (Kunstverein, bibl.)   III 258, *2.117*
Winterthur (Lehrerkapitel, bibl.)   III 258, *2.118*
Winterthur (Offiziersbibliothek)   III 258, *2.119*
Winterthur (Rieter-Biedermann, édition)   I 226, *2.52*
Winterthur (Speisegesellschaft, bibl.)   III 319, *1.12;* 321, *2.14*
Wirtschaftswissenschaftliches Zentrum der Universität Basel   I 108, *1.11*

Ypres (jésuites, bibl.) II 38, *1.1*
Yverdon (imprimerie) III 142, *2.22*

Zentralbibliothek Zürich III 306, *1.3;* 337, *1.66*
Zofingia (19) III 427, *2.205*
Zofingia (bibl.) III 389, *1.141*
Zoologie II 72, *2.64;* 199, *2.47;* 327, *2.61*
Zoologie (16–18) III 408, *2.96*
Zoologie (16–19) I 176, *2.315;* 322, *2.34;* III 283, *2.74*
Zoologie (18–19) II 141, *2.19;* 240, *2.134;* 291, *2.27;* III 413, *2.126*
Zoologie (19) I 301, *2.19;* 345, *2.7;* 345, *2.8;* II 112, *2.9;* 498, *2.27;* III 416, *2.151*
Zoug (brochures) III 201, *2.46;* 202, *2.54*
Zoug (canton) III 216, *2.17*
Zoug (capucins, bibl.) II 252, *2.5;* 341, *1.1*
Zoug (géographie, 17–19) III 198, *2.9*
Zoug (imprimerie) III 193, *2.4*
Zoug (journaux) III 201, *2.47*
Zoug (journaux, 19) III 210, *2.27*
Zoug (politique, 18–19) III 201, *2.40*
Zoug (Stadtbibliothek) III 204, *1.1*
Zoug (ville) III 216, *2.17*
Zunft zur Zimmerleuten (Zurich, archives) III 360, *2.118*
Zürcher Dozentenverein I 401, *1.1*
Zurich (Antiquarische Gesellschaft, archives) III 360, *2.116*
Zurich (Antiquarische Gesellschaft, bibl.) III 291, *1.1;* 372, *1.47*
Zurich (Antistitialarchiv) III 358, *2.106*
Zurich (Antistitialarchiv, bibl.) III 334, *1.46*
Zurich (archives de l'Église) III 358, *2.106*
Zurich (archives des couvents) III 327, *1.4;* 359, *2.112*
Zurich (arsenal, bibl.) III 342, *1.97*
Zurich (Artillerie-Kollegium, archives) III 360, *2.118*
Zurich (Basler Mission, bibl.) III 391, *1.169*
Zurich (Bibliothèque de la Ville) I 217, *2.8;* II 62, *2.15*
Zurich (biographies) III 350, *2.51*
Zurich (cartes, 19) III 345, *2.18*
Zurich (Chancellerie d'État, bibl.) III 338, *1.75;* 351, *2.61;* 355, *2.83*
Zurich (Chancellerie municipale, bibl.) III 333, *1.40;* 334, *1.43;* 346, *2.27*
Zurich (chanoines réguliers de saint Augustin) II 287, *2.19*
Zurich (chanoines réguliers de saint Augustin, bibl.) II 101, *2.7;* III 218, *2.28;* 366, *1.6*
Zurich (Conseil d'État, bibl.) III 330, *1.23;* 355, *2.85*
Zurich (Direktion des Innern, bibl.) III 342, *1.97*

Zurich (droit, 16–19) III 354, *2.80*
Zurich (droit, 18–19) III 354, *2.79*
Zurich (École Polytechnique Fédérale, bibl.) I 32, *2.89*
Zurich (Finanzdirektion, bibl.) III 342, *1.97*
Zurich (Gesellschaft auf der Chorherrenstube) III 306, *1.1*
Zurich (Gesellschaft der Bogenschützen, archives) III 360, *2.118*
Zurich (Grossmünsterstift, archives) III 359, *2.113*
Zurich (histoire) III 346, *2.26;* 350, *2.48*
Zurich (histoire, 16–18) II 198, *2.37*
Zurich (histoire, 17–19) II 294, *2.30*
Zurich (histoire, 18–19) III 293, *2.11*
Zurich (histoire, 19) II 313, *2.21*
Zurich (histoire du droit, 19) III 221, *2.2*
Zurich (Hoch- und Tiefbauamt, bibl.) III 342, *1.97*
Zurich (imprimés officiels) III 338, *1.73*
Zurich (jésuites, bibl.) III 314, *1.7*
Zurich (Justizdirektion, bibl.) III 342, *1.97*
Zurich (Kantonsbibliothek) III 337, *1.66*
Zurich (Kaufmännische Lesegesellschaft) III 306, *1.1*
Zurich (Kaufmännisches Direktorium, archives) III 358, *2.105*
Zurich (Landwirtschaftsamt, bibl.) III 342, *1.97*
Zurich (littérature grise, 19) III 339, *1.76;* 355, *2.88*
Zurich (Männerchor, bibl.) III 391, *1.173*
Zurich (Mathematisch-Militärische Gesellschaft, bibl.) III 271, *1.6*
Zurich (Militärdirektion, bibl.) III 342, *1.97*
Zurich (Museumsgesellschaft) III 372, *1.45*
Zurich (Museumsgesellschaft, bibl.) II 180, *2.34*
Zurich (Obergericht, bibl.) III 342, *1.97;* 351, *2.56*
Zurich (Office du travail, bibl.) III 355, *2.85*
Zurich (Opéra) III 390, *1.165*
Zurich (pamphlets, 19) III 320, *2.9*
Zurich (périodiques, 18–19) III 353, *2.73*
Zurich (périodiques, 19) III 355, *2.88*
Zurich (Polizeidirektion, bibl.) III 355, *2.85*
Zurich (réformation) III 402, *2.62*
Zurich (Sängerverein Harmonie, bibl.) III 391, *1.173*
Zurich (Schweizerisches Idiotikon) I 216, *2.4*
Zurich (Staatsanwaltschaft, bibl.) III 342, *1.97*
Zurich (Stadtbibliothek) III 230, *2.21;* 337, *1.66*
Zurich (Statistisches Bureau, bibl.) III 342, *1.97*
Zurich (Studienbibliothek zur Geschichte der Arbeiterbewegung) III 391, *1.172*
Zurich (Tonhallegesellschaft, bibl.) III 391, *1.173*
Zurich (Volkswirtschaftsdirektion, bibl.) III 342, *1.97*
Zurich (Zunft zur Zimmerleuten, archives) III 360, *2.118*
Zwingliverein (Zurich) III 372, *1.46;* 402, *2.62*